国家出版基金项目
NATIONAL PUBLICATION FOUNDATION

上海出版资金项目
Shanghai Publishing Funds

近代漢語詞典

一
二
三
四

主 编 白维国
副主编 江蓝生 汪维辉

上海教育出版社

图书在版编目(CIP)数据

近代汉语词典/白维国主编. –上海：上海教育出版社，
2015.12
ISBN 978-7-5444-6810-7

Ⅰ.①近… Ⅱ.①白… Ⅲ.①汉语–近代–词典
Ⅳ.①H109.3–61

中国版本图书馆CIP数据核字(2015)第303356号

近代汉语词典（全四卷）
白维国 主编
江蓝生 汪维辉 副主编

出　版　上海世纪出版股份有限公司
　　　　　上 海 教 育 出 版 社
　　　　　易文网 www.ewen.co
地　址　上海永福路123号
邮　编　200031
发　行　上海世纪出版股份有限公司发行中心
印　刷　上海中华印刷有限公司
开　本　889×1194　1/16　印张 187.75　插页 20
版　次　2015年12月第1版
印　次　2015年12月第1次印刷
书　号　ISBN 978-7-5444-6810-7/H·0250
定　价　1980.00元(特精)

主　编　白维国

副主编　江蓝生　汪维辉

作　者　王锳（ABCD）　刘百顺（EFG）　董志翘（HJ）　曹广顺（KT）

　　　　袁宾（LMN）　白维国（OP）　徐时仪（Q）　李崇兴（RS）

　　　　汪维辉（WX）　蒋宗许（YZ）

修订者　黑维强（KT）　陈秀兰（KT）　刘百顺（RS）　王东（T 少部分）

部分审定者　徐时仪（T）　汪维辉、刘君敬（Y 后部分，Z）

其他参加者　钟明立　都兴宙　彭　慧　罗明月　李　丽　郭东阳

　　　　　　洪帅等

《近代汉语词典》出版工作委员会

目　　录

序　言

　　最早提出"近代语"与"近代汉语"这个学术概念的是著名语言文字学家黎锦熙先生(1890—1978)。早在 1928 年，黎先生在《新晨报副刊》发表了题为"中国近代语研究提议"的文章，揭开了近代汉语研究的序幕。题目中的"近代语"就是今天所说的"近代汉语"。黎先生的提议之一是编写"近代汉语大辞书"，也出现了"近代汉语"这个学术名词。对黎先生的主张积极响应并身体力行的是吕叔湘先生。他从上个世纪三四十年代起就投入对近代语的研究，发表了一批材料翔实、观点新颖的近代汉语专题语法研究论文，后来收在他的《汉语语法论文集》中。那时专门以近代汉语为研究对象的学者几乎是绝无仅有，正如吕先生自己所说，"多少有点垦荒的性质"。回顾近 90 年来近代汉语研究的历史，可以说，黎锦熙先生是"近代语、近代汉语"这个汉语史分期术语的发明者，是近代汉语研究的首倡者，而吕叔湘先生则是近代汉语研究的拓荒者和奠基人。

　　吕叔湘先生是用白话作品出现的时代(尤其是变文的出现)作为划分近代汉语与古代汉语的界限的，因此他把近代汉语的上限定在晚唐五代。而有的学者，如蒋绍愚先生等，认为综合语音和语法方面的情况看，似以唐代初年作为近代汉语的上限较宜。黎先生虽然把"近代语"的上限定在宋代，但实际上并没有把唐五代一些接近语体的资料排除在外。可以看出，各家对近代汉语上限的分期虽然不尽相同，但却十分接近，且分期的标准原则是共同的，即以口语的实际状况作为分期的依据。关于近代汉语的下限，学界一般定在清代。由于清代乾隆年间成书的《儒林外史》《红楼梦》等白话小说的语言跟现代汉语已无根本性的区别，乾隆八年成书的《圆音正考》表明当时口语中［tsi］［ki］已经舌面化，近代汉语与现代汉语语音的最后一个差异也消失了(仅存于某些方言中)。因此一般认为把近代汉语的下限定在清初比较合适。本词典收词在充分尊重学界共识的前提下，也根据词汇发展的特点，做了一些小小的变通，即收词的时代上限是唐初，下限为鸦片战争以前(即清代中叶)，比学界划定的稍稍延后了一些。这是考虑到鸦片战争以后，随着中国社会性质的改变，反映社会生活比较直接的词汇面貌有较大的变化，而在这以前，词汇的演变比较平缓，不像语法、语音那样有较分明的界限。此外，虽然唐宋以后是古白话成熟的时期，但其萌芽至少要上溯至魏晋；有些词语魏晋已见，本不该收，但其大量使用是在唐以后，为了体现历时的量变与质变，本词典也酌情少量收录了一些。

　　我国悠久的历史留下了丰富的文献典籍，对于先秦两汉文献词义的研究，清代学者做了大量工作，成果辉煌；而对于近代汉语文献中的白话词汇，则着力者甚少，研究很不充分。因为传统语文学、训诂学主要为解经而用，是"经学"的附庸，用口语或接近口语的文字写成的作品自然难登大雅之堂，更不用说成为研究的对象了。这样就造成如王锳先生所指出的，汉语词汇史的研究存在着"详古略近、头重脚轻"的状况。与文言词的普遍通用和词义相对固定不同，口语词及其词义的变动性较大，往往随时代和地域而异，有的是某一时代新生的或特有的，有的仅流行于某一方言地区，有的则只通行于某一行业、某种文体或某种场合。由于缺乏研究，经常造成阅读理解上的障碍。从词汇史的角度说，唐宋以来的白话词汇反映的是彼时真实的词汇面貌，是现代汉语词汇的源头，没有对近代汉语词汇的系统研究，就不可能科学、连贯地勾勒出汉语词汇发展演变的历史面貌，也就难以从中寻绎汉语词汇发展演变的规律。因此，无论从继承文化遗产的角度，还是从语言史研究的角度，都需要加强对近代汉语词汇的研究和整理，都需要编纂一部收词量较大的、能够基本满足上述两种需求的近代汉语词典。

编纂一部收词量大、释义精确、例句恰当、全面反映近代汉语词汇系统面貌及其动态演变的近代汉语词典不是一件易事,一定要有扎实丰厚的学术积累做基础。黎先生当年在谈及近代语的研究方法和步骤时,曾倡议进行专书研究,出版"某书语言研究",等到有相当积累时"可合并改编成为一部'近代汉语大辞书'"。王力先生也指出,"如果为了编写一部汉语大辞典,古人的研究成果还是不够用的,因为(一)他们只注意上古,不大注意中古以后的发展;(二)他们只注意单音词,不大注意复音词。所以这一方面的工作,还需要投入巨大的人力,才能有所成就的。"(《汉语史稿》)

自黎先生首倡近代汉语研究以来,特别是自吕先生上世纪70年代末创建学科、培养队伍、加强资料建设以来,近代汉语的研究逐渐在全国范围内推广开来,形成规模,成果丰硕。其中词汇研究的成绩相当可观,攻克了许多"非雅诂旧义所能赅"的俗语词。蒋礼鸿、郭在贻、项楚、张涌泉、黄征等有关敦煌文献中白话词汇的考释之作,多所发明,创获甚多,不仅破解了大量疑难词,而且也对俗语词的考释提供了可资借鉴的方法和经验。在诗词曲语词方面,继张相《诗词曲语词汇释》之后,王锳、王学奇、蒋绍愚等人续有建树。王锳《诗词曲语词例释》在义项分合和考证方法上都较张氏更为合理、科学。顾学颉、王学奇《元曲释词》,王学奇、王静竹《宋金元明清曲辞通释》收词量大,新见颇多。在禅宗语录词汇研究方面,袁宾《禅宗著作词语汇释》成绩突出。董志翘《〈入唐求法巡礼行记〉词汇研究》揭示了日僧圆仁书中的词汇和语法受日语影响的痕迹,有独到的见解。从宋元话本到明清白话小说词汇的研究成果也很丰硕,除了大量的考释性论文外,还出版了一批专书词典,如胡竹安《水浒词典》、周定一等人的《红楼梦词典》、白维国《金瓶梅词典》、李申《金瓶梅方言俗语汇释》等。此外,石汝杰、宫田一郎主编的《明清吴语词典》是比较少见的历史方言词典。断代语言词典也陆续出版,如:龙潜庵《宋元语言词典》,江蓝生、曹广顺、袁宾、李崇兴等编撰的唐五代、宋、元各代语言词典等。已出版的《近代汉语词典》有两部,一部为高文达主编(收词13 000条,117万字,知识出版社1992)。另一部为许少峰所编(收词25 000条,320万字,团结出版社1997。2008年修订,改名《近代汉语大词典》,收词50 000余条,500万字,中华书局出版)。两部词典筚路蓝缕,各有成绩,尤其是许编,以一人之力编成大书,实为不易。当然,由于受当时研究成果和技术手段等客观条件所限,二书在收词、释义和引例上都还留有相当多的遗憾,有待后人继其功而努力。二十多年来近代汉语词汇研究的丰厚积累不仅为利用这一时期的文献资料提供了一把把钥匙,而且也大大推进了汉语词汇史研究的发展和汉语史学科的建设。

正是有了上述前提条件,1997年,我们两人产生了一个共同的想法,即在现有研究基础上,扩大语料范围,力争穷尽性地搜集有关资料,编写一部体例更完善、收词量更大、释义更精准、举例更可靠、学术性更强的近代汉语词典。这一想法得到诸多同道的响应,上海教育出版社领导也极为支持,编写工作随即上马。辞书界流行一句话,叫做资料决定一切,足见资料对词典质量所起的关键作用。幸运的是,在编写过程中,几个可供检索的大型汉语历史文献语料库,如《四库全书电子文本》《国学宝典》《中国基本古籍库》等陆续建成,如果对这些超过十亿字次的历史语料电子文本加以利用,将使编写中的《近代汉语词典》在资料基础上远比前人完备丰富,从而为提高词典的质量提供更加可靠的保证。我们决心不避繁难,重新对资料体系加以调整,要求力争做到对每一个词条都进行电子文本的检索,在全面占有资料的基础上科学分析归纳义项,选取最早、最恰当的用例加以佐证。因此,可以说,这部词典在资料的扎实丰厚、义项的完备、释义的准确和例句的丰富贴切上,都较前有一些新的进步,新的突破。下面扼要介绍本词典的特点,或者更准确地说,是我们努力追求的目标。

(一)收词以口语词为重点,以作为汉语词汇主干的常用词为主体,并要体现词汇的历史系统性,尽力做到近代汉语时期新出现的口语词、常用词和常用义项没有重大偏失和遗漏。

如上所说,本词典收词时代纵贯唐初到清代中叶,这段时期的历史文献数量很多,文献中出现的词语更是难以计数,不能也不宜全部尽收。怎样确定一个科学的收词原则,避免发生当收未收、不当收而收以及畸轻畸重的弊病,是编写这部词典的重点和难点之一。下面以《汉语大词典》(以下简称《汉大》)为对照,谈谈本词典在收词方面的一些做

法和原则。

在收词方面，《汉大》通贯古今，其数量之多，前所未有，但有些常用词却未能尽收，具体情况可分为四种。其一如"案犯、暗道、白矾、拜认、保本、关心、派驻、石墨"等词，《现代汉语词典》收了，历史文献中也有用例，《汉大》却未收，本词典补收。其二如"挨迟、安耽、凹兜、巴家、奔碌、猜算、嘈聒、查刷"等词，在近代汉语文献中显现出一定的使用频率，《汉大》未收，本词典收录。其三从系统性角度检视，《汉大》对一些同类词语的收录间或有失平衡。如收"挨户、挨门、挨家比户"等，未收"挨家"；收"靠近"未收"挨近"；收"触损"未收"触伤"；收"插言、插话、插嘴"等，未收"插口、插语"；收"茶坊、茶户、茶寮、茶社"等，未收"茶阁、茶家、茶局、茶室、茶屋、茶庄"。以上漏收词，本词典根据收词的系统性、平衡性原则，予以收录。其四牵涉词的本体与变体。《汉大》收了变体"打张鸡儿"，却未收其本体"打张惊儿"；收了"白矾"的别名"白君"，却未收本名"白矾"；收了变体"杜撰"，却未收本体"肚撰"（详下文）。凡此等等，本词典都酌情做了补正。

本词典和《汉大》在词典性质和时段上既有差异又有重合，因此在收词上同样既有重合也有明显的不同。由于本词典力求成系统地收录近代汉语中的口语词、常用词，因此，客观上能够弥补《汉大》应收而漏收的相关词语和义项。举一个例子。跟元代纸币有关的词，《汉大》收了"料钞"（新的好的纸钞）、"昏钞"（票面字迹模糊的旧纸钞），而未收"择钞"。我们根据《永乐大典》所收元代史料以及前几年在韩国新发现的古本《老乞大》，补收了这个元代常用词：

【择钞】 zé chāo　元代以纸钞为通行货币，时人称虽旧但仍能使用的纸币为择钞。择钞有上等、次等之分。元《南台备要·整治钞法》："既有库官、库子人等，通同将关到钞本，推称事故，刁蹬百姓，不行依例倒换，私下接揽，妄分料钞、～、市钞等第，多取工墨接到（倒），使诸人不得倒换。"古本《老乞大》："俺则要上等～，见钞，不赊也。"又："依的俺时成交；依不的时，俺不卖。钞呵，～、烂钞都不要。"参看"料钞、昏钞、工墨"等条。

"择钞"的注释和例句吸收和借鉴了近几年学者的研究成果，并有赖于新发现的资料。

（二）义项排列和释义体现词义演进的历史轨迹和规律。

解释词义是词典的主要功能，也是决定词典质量的关键环节。词典主要通过排比用例，归纳出词的意义。一般来说，只要有足够的用例，正确归纳词义并不很困难（当然，要做到准确、贴切也并非易事）；难的是，要依据词义发展的脉络，合理确定和排列义项。就是说，义项的排序要注意词义内部的引申关系，要尽可能反映某些词语语法化的过程。这就要求编写者既要有训诂学功底，又要具备现代语义学观点和对语法化规律的认识。应该说本词典在这方面比起先前的各类历时词典有明显的进步。比如介词"打从"，我们根据其词义的变化和用法的不断扩大列了四个义项：① 表示空间的经由（宋）；② 表示空间的起点（明）；③ 表示虚拟的空间起点（明）；④ 表示时间的起点（清）。这样归纳和排序既客观又科学地反映了介词"打从"从表经由到表起点、从用于空间到用于时间的发展过程。《汉大》"打从"列出两个义项：① 从、由；② 自从。两相比较，可以看出本词典释义的精细与科学。再如"差役"一词，本词典列有五个义项：① 官府派给百姓的劳役（唐）；② 被指派到官府应差执役（明）；③ 差遣使役（明）；④ 当差执役的人（明清）；⑤ 差事（明清）。由①到②是名词转用为动词；由②到③是动词应用范围的扩大，从特定场合扩大到一般场合；由③到④⑤是动词转用为名词，即由动词转用为与此动词相关的人或事。这几个义项的排列，既勾勒出该词词义发展的线索，同时各义项间的引申关系也反映了许多名词、动词词义演变的一般规律。而《汉大》仅有①④两个义项，且引例从宋骤跳到清，不仅晚于唐，也看不出词义演进的过程。总之，我们内心的目标是编纂一部汉语词汇史性质的工具书，而不仅仅是释疑解难。当然，为学力所限，词典中许多词的解释还不能都达到这个要求，我们只是心向往之，尽力去做罢了。

在通常情况下，由于材料不足，词典往往会发生引例滞后的问题。也就是说，某个词或某个意义早就出现了，可是词典出示的例句是较后时代的。与此相反，有一些词的某个意义较晚才出现，但是词典由于误解而把它的出现时代大大提前了，这倒是更容易忽略的问题。为避免这后一种错误，就要用词义发展变化的时代连续性加以验证。如果一个意义只有孤例，而且在它之后很晚才又见到用例，中间缺乏连续性，那是很可怀疑的。比如"打量"一词，《汉

大》义项②释作"料想;估计"。引例为宋范成大《甘雨应祈》诗:"说与东江津吏道,打量今晚涨痕来。"但是经检索电子文本得知,非但同时代,连清代中期以前的文献中都未见"打量"作"料想;估计"用的例子,因此这个解释很可疑。查原诗,前两句为:"高田一雨免飞埃,上水纲船亦可催。"通读全诗,知诗中的"打量"应为"丈量"义。是让管水道的小吏去丈量水痕升高了多少,能否让"纲船"(运送大宗货物的船队)通过。而"打量"在宋代已有"丈量"义。我们用词义发展的时代连续性原则纠正了《汉大》等历时词典释义超前的一些失误。

释义的另一个难点是一些跟民俗文化相关的词语。由于时代久远,有些民俗文化现象已经消亡,有的虽然流传至今,其间也发生了很多变化,因此这方面的词语解释起来有相当的难度。本词典借助丰富的文献资料详加考证,多有突破,也匡正了前人不少错误,比如"案杯、按喝、八老、白打、鲍螺、参逐、苍鹘、耳报、发甲、发科、腐饭、腐酒、方量、方局、反初"等民俗文化词,《汉大》的解释均不够确切,读者可对照本词典加以比较,这里就不详细说明了。

(三)吸收借鉴最新研究成果,力求反映历史词汇研究的新水平。

注意吸收近些年来学界的研究成果是本词典的一个特点或曰后发优势,因而对《汉大》等同类辞书所漏收的义项多所增补,对于释义的失误也多有辨正。以下各举一例。"仿佛"(又作"彷彿、髣髴")一词自唐代开始出现一种新的用法,在一些与数字搭配的场合,用以估计数量,相当于"大约",直至元明之际仍见使用。例如:

先卖南坊十亩园,次卖东郭五顷田,然后兼卖所居宅,仿佛获缗二三千。(唐白居易《达哉乐天行诗》)

脊上缝个服子,髣髴亦(欲)高尺五。(《敦煌变文校注》卷三《燕子赋(一)》)

自与兄别来,彷彿十馀日。(金《董解元西厢记》卷五)

义见严纲军到,皆伏而不动。彷彿有数十步远,一声炮响,八百弓弩手一齐俱发。(元明《三国志通俗演义》卷二)

此义《汉大》未见,唯《唐五代语言词典》列出,但由于是断代词典,举例仅限于唐诗和变文。本词典举例通贯唐、宋、金、元、明,表明此义产生和使用的时代。同时,又通过宋、元和清代的用例反映其词义的发展变化。即到了宋代,"仿佛"又产生另一个新的义项:模仿;沿袭;效法。直到清代仍见其例:

至于他饮食器,亦往往有尊彝簠簋之状,而燕饮陈设,又多类于莞簟几席。盖染箕子美化,而彷彿三代遗风也。(宋徐兢《宣和奉使高丽图经》卷三〇)

每惭举场未放,欲彷彿二先生之实学而未能。(元杨奂《题东游集后》)

后来薛、相两家也都大同小异,彷彿了狄家谢那程乐宇,也都不甚淡薄。(清《醒世姻缘传》三九回)

这一义项各历时词典皆未见收。上举"仿佛"的两个义项是近代汉语阶段产生的新义,符合词义引申的逻辑和规律,但它们都未能沿用至现代。其原因可能是词汇系统内部分工调整的结果。因为在现代汉语的词汇系统中已分别有"大约、大概"和"模仿、沿袭、仿效、效法"等词来专门表达这两个意义了,没有必要再由主要为"好像"义的"仿佛"兼表这两个意义了。

再举一个吸收最新研究成果纠正成说的例子。各大型历时词典都收有"杜撰"一词,释为"编造、虚构"。但是在文献中另有与"杜撰"同义的"肚撰"却未见收录。"杜撰"与"肚撰"是什么关系?何者为正?根据姚永铭、崔山佳二位的研究成果,我们认为"肚撰"犹"臆撰","肚、腹"与"胸、臆"属同一义域的词,"肚撰"与"臆撰"的构词方式与思路相同,从"心知肚明"也能看出"肚"与心智类词语的联系。关于"杜撰"的来源,宋代以后有多种说法(详见《辞源》"杜撰"条),然诚如《辞源》所判定:"杜撰之源,说法不一,……皆不足信。"两相比较,我们认为"肚撰"更符合词义的内涵,于是补收了"肚撰"条,并将它列为正条,把"杜撰"列为副条:

【肚撰】 dù zhuàn 凭臆想编造;虚构。唐慧琳《一切经音义》卷三九:"译经者于经卷末自音为领剂,率尔~造字,兼陈村叟之谈,未审姶侉是何词句。"明《鼓掌绝尘》一回:"许叔清也不再辞,把酒饮一口,想一想,连饮了三四口,想了三四想,遂说道:'有了,有了。只是~,不堪听的,恐班门弄斧,益增惭愧耳。'"又四回:"杜开先道:'已~多时,只候老伯到来,还求笔削。'"

【杜撰】 dù zhuàn 同"肚撰"。杜，"肚"的同音借字。唐人作"肚撰"，宋人作"杜撰"。（引例自宋始，此处略）

类似的例子很多，限于篇幅，就不在这里多谈了。总之，编词典一定要关注学术界的动态，及时将最新研究成果吸收到词典中来，这对于提高词典的质量是十分重要的一环。为了做到这一点，我们尽力搜罗所能找到的有关论文和专著，但是，阅览所限，肯定有不少遗漏，希望读者能补我不逮，慷慨相告。

（四）引例提供多层面信息，力求能反映时代、地域、文体及其功能和用法。

引用恰当的例句可以帮助读者理解词义和用法，同时也便于对释义加以验证和复核，所以引例也是编词典不容忽略的重要环节。我们希望通过确定科学的引例原则为读者尤其是语言研究者提供尽可能多的信息。可以说，对例句的取舍安排从另一侧面体现了我们编纂历时语言词典的学术思想。本词典引例的原则是：不仅要反映被释词语出现和使用的时代，同时还要反映这个词语通行的地域；对有些词语，还要反映它使用的文献范围或文体要求。在贯彻以上原则的同时，还要通过例句尽可能地反映词语的用法、功能。比如，"擦摩"一词下列出了宋至清的用例，表明这个词从宋代出现一直沿用到清代。有的词如"巴毁、查郎"等只列出唐代用例，则表明这些词只出现在现存唐代文献中，唐以前或以后的文献中均未见。有的词如"财东、查封"等只列出清代例句，则表明这些词在现存清代以前的文献中未见。再比如"碜"这个词，其中的两个义项（① 丑、羞；使人感到丑、羞。② 狠、极、甚）下所举例子都出自山东一带作者或山东方言作品中，表明这个词应是山东方言词。"茶糊、搽糊"引例皆出自禅宗语录，表明其他文献未见；"常则是、常只是、常则待""畅道是、畅好道、畅好是"等引例皆出自元明戏曲作品，表明这些词多在戏曲中使用，口语化程度较高。上举"碜"的第⑥义项下列的例子既有"背膊儿碜摇"，又有"比梅花又瘦的碜"，表明这个意义的"碜"的功能是作状语和补语。

由于有大型电子文本的支持，本词典能较好地避免例句滞后的遗憾，使得凡出一义必征引首见例句的要求更加成为可能。除了孤例或没有更恰当的例句之外，本词典一般避免引举其他同类词典已使用过的例句，务求推陈出新。也因为此，编写的工作量不知陡然增加了多少倍！

流年似水，岁月不饶人；时乎时，不再来！在悠悠 18 年光景之中，我们已由中年步入老年，第一批参加本词典编写的师友们也都平添华发。他们放下自己手头的工作，为本书的编纂投入大量时间和精力，特别是将自己的研究心得慷慨地贡献给本书，使本书新见迭出，新意盈篇，而我们，只能用"辛苦了！""谢谢！"两句话表示对他们的感激之情。他们是以王锳先生为首的一批汉语词汇史研究专家（按承担内容次序）：刘百顺、董志翘、曹广顺、袁宾、徐时仪、李崇兴、汪维辉、蒋宗许等，我们很为有这样强大的阵容而庆幸和骄傲！王锳先生从辈分和学术上都是我们大家尊敬的老师，他不顾身体有病，热心支持，倾注心力认真撰稿，为这部词典增色许多。汪维辉、徐时仪、刘百顺等先生还帮我们审看、订补了部分稿子，无法用语言表达我们的感激之情。

我们还要感谢黑维强、陈秀兰、王东等同道，他们在本词典面临巨大交稿压力时，慨然伸出支援之手，为本词典订补条目、义项，审核替换引例，对保证这部词典的质量贡献良多。

上海教育出版社原社长包南麟、党委书记袁正守同志，编辑部主任唐发铙、张荣、徐川山同志，责任编辑芮东莉同志等，始终给予我们热情的支持，在长达 18 年的交往过程中，我们相互理解，配合默契。现任社长贾立群同志对本词典极为重视，亲到北京与我们商量后期工作。谨在此一并向他们致谢。

编词典是个永无终结、永远需要修订的工作，这部词典当然也不例外。尽管我们做了许多努力，但错误和疏漏肯定不少，可以说新见创获与错误疏漏并在。时间和身体不容我们再打磨下去，只好带着遗憾交稿。好在出版后可以广泛听取专家学者和广大读者的意见，或许更有助于提高它的质量。在此，我们热切希望专家学者和广大读者不吝指教。

白维国　江蓝生

2015 年 9 月 16 日

凡　　例

一　条目安排

1. 本词典按音序排列词条。形同而音、义不同的,分立条目。

2. 同音字按笔画数多少排列;笔画数相同的按起笔点、横、竖、撇、折为序;同声符的同音字连排,不受笔画多少的限制;同声符的非同音字按偏旁笔画多少为序。

3. 本词典所收词条分单字词条和多字词条。首字音、形相同的,先出单字词条,再出多字词条。多字词条不止一条的,按第二字的音序排列(同音字按笔画排列)。第二字相同的,按第三字排列。依此类推。

4. 词条均用【　】括起。每个词条下先注音,次释义,再引例。必要时加按语。

二　字形和词形

1. 本词典采用现行规范的汉字排印。为反映近代汉语时期文献用字的字形面貌,视情况酌用一些异体字和繁体字。

2. 异形词分别出条,各举例句。其中一般以有理据的或使用频率最高的为主条,其餘为参见条。主条释义,不列出参见条的异体写法;参见条注明"同""即"或"犹"某主条,不再释义。"同"表示二者之间音同(或音近)义同只是词形不同;"即"表示二者词义相同但词形不同;"犹"用来表示二者意义相同或相近,但不适合用"同""即"来表示的情况。如果主条是多义项条目,异形词条只与其中某一个义项或某几个义项相对应时,释义时注明相对应的义项序号。

三　注音

1. 本词典条目一般按现代音注音,用汉语拼音字母标注。按独立音节标音,不连写,不标变读音。个别词条为区别意义用汉语拼音标注古音。

2. 条目中的轻声字,注音不标调号。"儿""子""头"等字作词尾标为独立的轻声音节。

3. 多音且意义不同的单字和多字词条在注音后用"另见"标明其他读音。

4. 多音而意义无区别的就只列一条,用"一音"注明又音。

四　释义

1. 释义只解释近代汉语出现的新义,不罗列古义和今义。

2. 词条不止一个意义时,分立义项,用❶❷❸等标示。较早出现的意义排在前面,出现较晚的意义在后。实词、虚词义项混现时,实词义项在前。同一义项下再分小义类时,用a)、b)、c)等标示,分别进行释义和举例。

五　引例

1. 引例内容一般包括时代、作者、作品名和引文。外国人作品在时代后用〔　〕注明国别。书名已显示出作者姓

氏名字的,只标时代,不出作者名。书名显示时代的,也不标时代。白话小说一律不出时代和作者名。禅宗和道教作品集、类书、正史、通鉴类等文献,一般不标时代。

2. 同一义项下的引例按出现时代早晚为序排列。同一义项下两个以上的引例均属于同一时代的,时代名只出现一次,其馀不标注。

3. 作者名原则上取名不取字、号。作者姓名不详的用"佚名"表示。

4. 19 世纪晚期的引例,用"△"表示。

5. 引例本身脱字的地方用"□"表示。

6. 引例中的出条词语,用"～"表示。离合、重叠等特殊情况,用例则照引原文,不用"～"表示。

7. 由于引用文献的版本不同以及各种大型电子数据库采纳的文本不同,本词典书证中的文字会有一些异文,为避免改动原文,均照录如旧;对引例的内容也不做改动。

词目首字汉语拼音检字索引

—M—

mā
妈 1226
抹 1227
脶 1227

má
麻 1227

mǎ
马 1229
杩 1232
码 1232

mà
骂 1232

ma
吗 1232
麻 1232
嘛 1232

mái
埋 1232

mǎi
买 1234

mài
麦 1237
卖 1237
脉 1239

mān
颟 1240

mán
埋 1240
蛮 1240
谩 1241
馒 1241
瞒 1241

mǎn
满 1241

màn
谩 1243
漫 1243
慢 1245
墁 1246
幔 1246
缦 1246

máng
忙 1246
芒 1247
盲 1248
茫 1248

mǎng
莽 1248
漭 1249

māo
猫 1249

máo
毛 1249
茆 1251
茅 1251
酕 1251
蝥 1251

mǎo
卯 1252

mào
皃 1252
茂 1253
眊 1253
冒 1253
帽 1254
氀 1254
貌 1252
瞀 1254

méi
没 1254
眉 1260
梅 1260
媒 1260
煤 1261
楣 1260

měi
每 1261
美 1261
浼 1261

mèi
妹 1261
昧 1262
寐 1262
媚 1262

mēn
闷 1262

mén
门 1262
们 1267
满 1267
瞒 1267
懑 1267

mèn
闷 1267

méng
萌 1268
蒙 1268
盟 1268
甍 1269
懞 1268
朦 1268
矇 1269

měng
猛 1269
蒙 1270
懵 1270
懵 1270

mèng
孟 1270
梦 1270

mī
咪 1271
眯 1271

mí
弥 1271
迷 1271
眯 1273

mǐ
米 1273
弭 1273

mì
觅 1273
秘 1274
密 1274
蜜 1275

mián
眠 1275
绵 1275

miǎn
免 1276
勉 1276
勔 1276
缅 1276
腼 1276
睍 1277

miàn
面 1277

miáo
苗 1281
描 1281

miǎo
邈 1282

miào
妙 1283
庙 1283

miē
乜 1283

miè
灭 1284
蔑 1284
懱 1284
篾 1284

mín
民 1285

mǐn
闵 1285
抿 1285

míng
名 1286
明 1287
鸣 1290
冥 1290
暝 1293
瞑 1293
螟 1293

míng
明 1288

mǐng
酩 1293

mìng
命 1293

mō
摸 1294

mó
么 1296
摸 1296
馍 1296
摹 1296
模 1297
摩 1297
磨 1300
模 1297
嬷 1304
劘 1303
魔 1304
蟆 1304
饝 1304

mǒ
抹 1304
懡 1305
嬷 1305
黡 1305

mò
么 1306
末 1306
没 1307
抹 1307
陌 1308
袜 1307
莫 1308
蓦 1309
颎 1310
嘿 1310
磨 1310
默 1310

mo
么 1311
末 1311
摩 1311

móu
牟 1311
桦 1311
谋 1311

mǒu
厶 1312
乞 1312
某 1312

mú
模 1313

mǔ
母 1313
拇 1314
姆 1314

mù
木 1314
目 1315
沐 1315
募 1316
墓 1316
幕 1316
慕 1317
暮 1317

—N—

ná
拿 1318

nǎ
那 1321

nà
那 1323
呐 1326
纳 1326
衲 1327
捺 1328

nǎi
乃 1329
奶 1329

nài
奈 1330
耐 1332

nán
男 1333
南 1334
难 1335
喃 1334
諵 1335
籋 1335

nàn
难 1337

nāng
囊 1337
儾 1337
囔 1337
臜 1337

náng
囊 1337

nǎng
攮 1339
曩 1339

nāo
孬 1340

náo
挠 1340
猱 1340

nǎo
恼 1341
嫐 1342
脑 1342

nào
闹 1344

nèi
内 1347

nèn
恁 1349
嫩 1351

néng
能 1352

nī
妮 1353

ní
尼 1353
泥 1353

nǐ
拟 1354
你 1354
旎 1354
薴 1354
薴 1354

nì
泥 1354
逆 1355
腻 1355

ni
呢 1355

niān
拈 1355

nián
年 1357
粘 1359
黏 1360

sóng
尿 2023

sǒng
扠 2023
悚 2023
耸 2023
竦 2023

sòng
讼 2023
宋 2024
送 2024
颂 2024

sōu
溲 2026
搜 2026
馊 2027

sǒu
嗾 2027

sòu
嗽 2027

sū
苏 2027
酥 2028
窣 2028

sú
俗 2028

sù
夙 2029
诉 2029
素 2030
速 2030
宿 2031
塑 2032
嗉 2030
蔌 2031
簌 2031

suān
酸 2032

suàn
蒜 2033
算 2033

suī
虽 2035

suí
随 2035

suì
岁 2037
崇 2037
遂 2037
碎 2037
穗 2038

sūn
孙 2038

sǔn
损 2038
笋 2038

suō
莎 2039
唆 2039
梭 2039
傞 2039
睃 2039
趖 2039
缩 2040

suǒ
所 2040
索 2040
琐 2042
锁 2042

=== T ===

tā
它 2044
他 2044
溻 2047
塌 2045
遢 2047

tǎ
塔 2047

tà
拓 2048
沓 2048
傝 2054
阘 2054
踏 2049

tāi
台 2054
哈 2054
胎 2054

tái
台 2055
抬 2062

tài
太 2065
汰 2069
态 2070
泰 2070

tān
坍 2071
贪 2071
摊 2073

tán
坛 2073
谈 2075
弹 2074
痰 2076
谭 2076
檀 2076

tǎn
忐 2078
坦 2078
祖 2078
毯 2079

tàn
叹 2079
炭 2079
探 2080

tāng
汤 2083
铴 2086
嘡 2086
趟 2086
镗 2086

táng
唐 2086
堂 2090
塘 2088
搪 2089
糖 2090

táng
堂 2090
塘 2088
搪 2089

tǎng
倘 2094
淌 2094
傥 2095
躺 2094

tàng
倘 2094
傥 2095

tàng
趟 2095

tàng
汤 2095

tāo
叨 2095
掏 2097
滔 2097
韬 2097

táo
逃 2097
桃 2099
陶 2099
淘 2100

tǎo
讨 2101

tào
套 2105

tè
忒 2106
忑 2106
特 2107

téng
疼 2107
誊 2109
腾 2108
藤 2110

tī
剔 2110
梯 2112
踢 2111

tí
提 2113
啼 2118
缇 2116
题 2116
醍 2118
蹄 2118

tǐ
体 2118

tì
屉 2121
剃 2121
涕 2121
倜 2121
替 2121
裼 2122

tiān
天 2122
添 2127

tián
田 2128
甜 2129
填 2130

tiǎn
忝 2131
拱 2131
觍 2131
腆 2131
餂 2132
舔 2131

tiàn
掭 2132

tiāo
佻 2132
挑 2132

tiáo
条 2132
迢 2134
调 2134
笤 2134

tiǎo
挑 2137

tiào
粜 2138
跳 2138

tiē
帖 2140
贴 2140

tiě
帖 2142
铁 2143

tīng
厅 2145
听 2145
鞓 2146

tíng
廷 2146
亭 2147
庭 2147
停 2147

tǐng
挺 2148

tìng
汀 2149

梃 2149
濎 2149

tōng
通 2149

tóng
同 2153
铜 2155
童 2157
瞳 2157

tǒng
统 2158
捅 2158
桶 2158
筒 2158

tòng
痛 2158

tōu
偷 2161

tóu
头 2162
投 2164
骰 2166

tòu
透 2166

tū
凸 2166
秃 2167
突 2167

tú
图 2168
涂 2170
荼 2169
途 2170
徒 2169
屠 2170
酴 2170

tǔ
土 2171
吐 2174

tù
吐 2175
兔 2176
堍 2177

tuān
湍 2177

tuán
团 2178
抟 2180

tuǎn
疃 2181

tuàn
彖 2181

tuī
推 2181

tuí
颓 2184

tuǐ
腿 2186

tuì
退 2187

tūn
吞 2188

tún
屯 2189
囤 2189
豚 2189

tǔn
氽 2189
唞 2189

tùn
褪 2189

tuō
托 2189
拖 2189

tuò
拓 2189
柝 2190
唾 2190
跅 2190
箨 2191

—W—

wā
凹 2192
乞 2192
洼 2192
挖 2192
哇 2192
窊 2193
蛙 2193

wá
哇 2193
娃 2193

wǎ
瓦 2193
邷 2194
抵 2194
掘 2194
蹂 2194

wà
袜 2194
嗢 2194

wāi
呙 2194
歪 2194
喎 2194
猧 2196

wǎi
捱 2196
踒 2196

wài
外 2196

wān
弯 2200
剜 2200
湾 2200
蹒 2200

wán
丸 2201
刓 2201
完 2201
玩 2203
顽 2204

wǎn
宛 2206
挽 2207
捥 2206
晚 2208
婉 2206
绾 2209
椀 2207
腕 2207
碗 2207

wàn
万 2209
腕 2210

wāng
汪 2211
尫 2211

wáng
亡 2211
王 2211

wǎng
网 2212
枉 2212
罔 2214
往 2213
魍 2214

wàng
妄 2214
忘 2214
旺 2215
望 2215

偎 2216
隈 2217
葳 2216
煨 2217
微 2217
薇 2217
巍 2217

wéi
为 2217
违 2219
围 2219
帏 2220
桅 2220
唯 2220
帷 2220
维 2221
嵬 2221

wěi
伪 2221
伟 2221
苇 2221
尾 2221
炜 2221
委 2223
猥 2224
脮 2224

wèi
卫 2224
为 2224
未 2225
位 2226
味 2226
畏 2227
胃 2227
谓 2227
喂 2227
喂 2227
蔚 2227
慰 2227

wēn
温 2228
嗢 2229
膃 2229
瘟 2229

wén
文 2229
纹 2231
闻 2231

稳 2232

wèn
问 2234
搵 2236

wēng
翁 2236
嗡 2237
鳊 2237

wèng
瓮 2237

wō
埚 2237
倭 2239
猗 2237
猧 2237
窝 2237
蜗 2239
嚄 2239

wǒ
呙 2239
我 2239
鬌 2239
鬘 2240

wò
卧 2240
沃 2240
涴 2240
渥 2240
握 2240
斡 2241
噩 2241
龌 2241

wū
乌 2241
污 2243
巫 2243
呜 2242
诬 2243
屋 2244

wú
亡 2244
无 2244

吾 2252
吴 2252

wǔ
五 2252
午 2254
伍 2254
仵 2255
忤 2255
武 2256
侮 2255
妩 2256
舞 2256

wù
兀 2256
勿 2258
乌 2242
务 2259
扤 2258
机 2258
物 2258
误 2260
悟 2260
忤 2260
恶 2260
焐 2260

—X—

xī
夕 2261
西 2261
吸 2262
希 2262
析 2263
恓 2261
栖 2262
奚 2263
息 2263
惜 2264
牺 2262
翕 2264
稀 2262
傒 2263
溪 2263
锡 2264
徯 2263
嘻 2264
膝 2264
嬉 2264

xí
习 2265

席 2265
媳 2265

xǐ
洗 2266
喜 2267
躧 2268

xì
戏 2269
系 2270
细 2271
隙 2272
㩠 2273

xiā
匣 2273
呀 2273
呷 2273
虾 2273
瞎 2273

xiá
匣 2274
侠 2274
狎 2274
柙 2274
狭 2274
瑕 2274
辖 2275
霞 2274

xià
下 2275
吓 2282
夏 2282
厦 2282
嘎 2282
罅 2283

xiān
仙 2283
先 2283
纤 2284
忺 2284
掀 2284
鲜 2285

xián
闲 2285
贤 2287
弦 2287
涎 2288

持 2288
衔 2288
嫌 2289

xiǎn
显 2289
险 2290
跣 2290
鲜 2290

xiàn
见 2290
县 2291
现 2291
限 2291
线 2292
宪 2292
陷 2292
馅 2292
献 2292

xiāng
香 2298

xiāng
乡 2293
相 2294
香 2297
厢 2297
湘 2297
箱 2297
镶 2298

xiáng
详 2298
降 2299

xiǎng
享 2299
响 2299
想 2300

xiàng
向 2301
项 2303
相 2304
象 2304
像 2305

xiāo
枭 2305
枵 2305
削 2305
消 2305
宵 2309
哨 2309
萧 2311
销 2309
潇 2311
嚣 2311

xiáo
淆 2311

xiǎo
小 2311
晓 2319

xiào
孝 2320
效 2320
笑 2320
啸 2321

xiē
些 2321
楔 2322
歇 2323
蝎 2325

xié
邪 2325
挟 2325
谐 2325
斜 2325
颉 2325
携 2325
鞋 2326

xiě
写 2326

xiè
泄 2327
卸 2327
屑 2328
谢 2328
懈 2329
邂 2329

殷 2491
陛 2491
喑 2491
嗜 2491
闉 2491

yín
吟 2491
淫 2492
寅 2492
唫 2491
银 2491
龂 2493
黄 2493

yǐn
引 2493
饮 2495
隐 2496
繼 2497

yìn
印 2497
饮 2498
荫 2498
喑 2499
窨 2499

yīng
应 2499
英 2500
莺 2500
婴 2501
嘤 2501
缨 2501
鹦 2501
鹰 2500
劓 2501
罂 2501

yíng
迎 2501
茔 2502
荧 2502
盈 2504
莹 2502
萤 2502
营 2502
萦 2504
蓥 2504
蝇 2504
瞙 2504
赢 2504

yǐng
颖 2505
影 2505

yìng
应 2508
映 2510
硬 2510
癭 2510

yō
哟 2513

yōng
佣 2513
拥 2513
庸 2513
慵 2514

yóng
颙 2514

yǒng
永 2515
甬 2515
咏 2515
勇 2515
涌 2515
踊 2516

yòng
用 2516

yōu
优 2517
忧 2518
呦 2518
幽 2518
悠 2519
嚘 2518

yóu
尤 2519
由 2520
邮 2521
犹 2519
油 2521
疣 2523
游 2523

yǒu
友 2524
有 2524
酉 2530
羑 2530

yòu
又 2530
右 2530
幼 2530
幼 2530
佑 2530
侑 2530
宥 2531
诱 2531

yū
迂 2531
纡 2531
淤 2531

yú
于 2531
余 2532
盂 2531
鱼 2533
俞 2534
渔 2534
隅 2534
喁 2534
逾 2534
榆 2534
虞 2535
愚 2534
舆 2535
餘 2532

yǔ
与 2535
宇 2536
伛 2536
羽 2536
雨 2536
语 2537

yù
玉 2537
驭 2539
芋 2539
妪 2539
郁 2539
狱 2540

浴 2540
预 2541
谕 2542
欲 2541
寓 2542
遇 2542
喻 2542
鹆 2543
御 2543
誉 2543
愈 2542
蔚 2543
鋊 2541
豫 2542
飈 2543
鬻 2543

yuān
冤 2544
鸳 2543
鹓 2544

yuán
元 2545
园 2546
员 2547
垣 2547
原 2547
圆 2549
援 2552
缘 2552
源 2553
猿 2553
辕 2553

yuǎn
远 2553

yuàn
怨 2554
院 2555
掾 2556
缘 2556
愿 2556

yuē
约 2557

yuě
哕 2558

yuè
月 2558

乐 2560
岳 2561
阅 2561
跃 2562
越 2562
籥 2563

yūn
晕 2563
煴 2563
氲 2563

yún
云 2563
匀 2565
芸 2565
纭 2565
耘 2565

yǔn
允 2565
陨 2565

yùn
运 2566
晕 2566
酝 2566
愠 2566
缊 2566
韵 2566
煴 2566
熨 2567

Z

zā
扎 2568
匝 2568
咂 2569
拶 2569
臜 2569

zá
杂 2569
咱 2571
砸 2571

zǎ
咋 2571
咱 2572

zāi
灾 2572
栽 2572

zǎi
宰 2572
崽 2572

zài
再 2573
在 2573
载 2575

zān
簪 2575
簪 2575

zán
咱 2575
喒 2575

zǎn
攒 2575

zàn
暂 2577
嘁 2577
鏨 2577
赞 2577
趱 2579
暂 2579
囋 2579
讚 2579

zāng
赃 2579
脏 2579

zǎng
驵 2579

zàng
脏 2580
葬 2580
藏 2580

zāo
遭 2580
糟 2581

záo
凿 2581

zǎo
早 2582
枣 2584
蚤 2584
澡 2584

zào
灶 2584
皂 2584
造 2585
懆 2586
操 2586
噪 2586
燥 2586
躁 2586

zé
则 2587
泽 2588
责 2588
择 2589
狏 2589
捑 2589
喷 2589
羁 2590

zè
仄 2590
庂 2590
厕 2590

zéi
贼 2590

zěn
怎 2591

zēng
曾 2593
憎 2594
增 2594
磳 2594

zèng
赠 2594

zhā
扎 2594
吒 2595
咋 2595
查 2595
渣 2595
揸 2595
喳 2596
楂 2596
劄 2596
戳 2596
髽 2596
齄 2596

zhá
扎 2596
札 2596
轧 2597
闸 2597
炸 2597
閘 2597
铡 2597
煠 2597
劄 2597

zhǎ
扎 2598
扠 2598
刢 2598
眨 2598

zhà
乍 2598
诈 2599
炸 2600
柞 2600
栅 2600
咤 2600
酢 2600
醡 2600

zhāi
侧 2600
斋 2600
摘 2601
秾 2602

zhái
宅 2602

ā

【阿】 ā 另见 ē。❶ 名词、代词前缀。a) 加在亲属称谓之前，如阿公、阿舅、阿母、阿兄、阿姊之类。这种用法汉代已见，魏晋时已常用，除新见称谓与新义外，不再出条与引例。b) 加在一般称谓词之前，如阿监、阿郎、阿老、阿师之类（参见各条）。c) 加在妇人的姓氏之前，已婚妇女加在夫姓后父姓前。唐赵璘《因话录》卷四："衢州视事际，有妇人姓翁，陈牒论田产，称～公、～翁在日——下'～翁'两字言其大父也。坐客笑之。因征其类。余尝目睹者，王屋有梓人女曰～家，京中有～辅，洪州有～姑，蜀中有～母，洛中有～伯、～郎，皆因其姓，亦堪笑也。"宋赵彦卫《云麓漫钞》卷一○："妇人无名，第以姓加'～'字。今官府妇人供状，皆云'～王''～张'，盖承唐之旧云。"元孟汉卿《魔合罗》三折："这是王～张，数次骂街坊。"d) 加在各类代词之前（人称代词仅限于"你"），如阿那、阿你、阿谁之类。❷ 语气助词。a) 用于呼语之后。《元曲选·潇湘雨》楔子："天～，兀的不害杀我也！"明《朴通事谚解》卷中："老子伯伯～，你敢那？"清《儒林外史》二回："儿～，不是我有心要耽误你。"b) 用于句末，表示感叹、疑问、祈使等语气。《元曲选·东堂老》四折："如今文书便有，那写文书的人在那里也～！"《秦并六国平话》卷上："王翦招讨，比个胜负～！"明《老乞大谚解》卷上："你这店里草料都有～没？"

【阿本郎】 ā běn láng 犹"阿郎❶"。唐赵璘《因话录》卷三："及杨（凭）自京尹谪临贺尉，使使候先生……使还，先生曰：'报汝～，不久即归，勿忧也。'"

【阿卜】 ā bǔ 蒙古语音译词，走。元权衡《庚申外史》："辛丑，赫厮军马望见红军阵大，扬鞭曰：'～，～！'‘～'者，华言走也。"

【阿呆】 ā dāi 傻子。元范康《竹叶舟》一折："你这先生自揣做的好写的好便写，不然你莫写，省得人笑你杭州～。"明田艺蘅《留青日札》卷一五："至于戏骂人曰'蜜浸～'，言人死也。回回俗，老人舍身蜜浸而死，百年后谓之可为药。"清《儒林外史》九回："所以一店里人都称呼他是个老～。"

【阿懛】 ā dāi 同"阿呆"。明郎瑛《七修类稿》卷二三："苏杭呼痴人为～子……尝闻小儿云：'～，雨落走进屋里来。'"

【阿的】 ā de 指示代词。这；这个。元关汉卿《拜月亭》三折："～是甚么言语那！"贯云石《孝经直解》一："～是孝道的为头儿合行的勾当有。"元古本《老乞大》："这桥梁，桥柱比在前眼牢壮，～推十年也坏不得。"

【阿的般】 ā de bān 这般；这样。元古本《老乞大》："～钞

使不得。"佚名《普天乐》："～恩爱，怎生么离别。"

【阿弟】 ā dì 弟弟，或称比自己年龄小的同辈男性。宋杨万里《送萧仲和往长沙见张钦夫》："阿兄采兰寿梅堂，～东书参蜀张。"元杨维桢《铜将军》："～柱国秉国钧，僭逼大兄称孤君。"明《金瓶梅词话》五四回："我胜那白～的扇子，倒是板骨的。"

【阿芙蓉】 ā fú róng 即鸦片，用罂粟果实中的乳状汁液提炼而成的毒品。明李时珍《本草纲目》卷二三："～前代罕闻，近方有用者，云是罂粟花之津液也。"

【阿哥】 ā gē 哥哥，或称比自己年长的同辈男性。宋觉范《禅林僧宝传》卷一四《神鼎湮禅师》："姨姨娘姊妹，嫂嫂～妻。"《大宋宣和遗事》后集："如今～被灵州同知使往燕京下文字。"明徐畹《杀狗记》一四出："～，你有了钱时，怎么受用？"

【阿各绰】 ā gè chuò 同"阿磕绰"。脉望馆本《女姑姑》一折："～！我跳过这粉墙来。"

【阿公】 ā gōng ❶ 女子称丈夫的父亲。唐赵璘《因话录》卷四："衢州视事际，有妇人姓翁，陈牒论田产，称～、阿翁在日——下'阿翁'两字言其大父也。坐客笑之。"元石君宝《紫云庭》四折："哎，狠～间问来无恶。"明《山歌·镬子》："我里～道是费柴费火了，略拿个灰钯来动介一动。"❷ 妻称夫，多指年老的。六十种曲本《琵琶记》二〇出：〔外〕阿婆，他那里得钱去买。〔净〕～，我吃饭他缘何不在？"明刘元卿《贤奕编》卷三："一夕主妻感慨，蹴主公谓曰：'～徼天颇饶于赀，视瞽奚若？乃终生营营，反不逮渠之适，何也？'"❸ 对老年男子的尊称。元明《水浒传》二一回："～休怪。不是我说谎，只道金子在招文袋里，不想出来得忙，忘了在家。"明《古今小说》卷三："八老相见罢，主管道：'～来有甚事？'"清《后水浒传》二五回："宋～，一向生意好么？"

【阿姑婆】 ā gū pó 姑母。唐杨廷玉《回波词》："～见作天子，旁人不得枨触。"按，杨廷玉为武则天之表侄。

【阿孩儿】 ā hái ér 即小孩儿。五代王定保《唐摭言》卷三："苗台符六岁能属文……年十六及第。张读亦幼擅词赋，年十八及第。同年进士，同佐郑薰少师宣州幕。二人尝列题于西明寺之东庑。或窃讥之曰：一双前进士，两个～。"《敦煌变文校注》卷五《佛说观弥勒菩萨上升兜率天经讲经文》："王母全成小女子，老君浑是～。"

【阿囝】 ā jiǎn 儿子。宋杨万里《舟中即事》："阿翁～自相随，尝遍江淮春盛时。"牟巘《送程茂叔》："天涯忽送非常喜，～斑衣郎罢前。"清陈维崧《林玉岩诗集序》："抚榕荫以踌躇，～空呼郎罢。"

【阿监】 ā jiàn 宫女；太监。唐裴铏《传奇·张无颇》："见一丈夫，衣王者之衣，戴远游之冠……遂令～二人引入贵主院。"元王沂《题秉烛图》："莫倚天阶月昼，忙催～举金莲。"清孔尚任

《桃花扇》续四〇出："山羊群跑,守陵～几时逃。"

【阿舅】ā jiù ❶ 舅父。《隋书·五行志上》："白杨树头金鸡鸣,只有～无外甥。"明孟称舜《娇红记》三五出："昨～差人来说,任满改调,打从这里经过。"清张英《龚湖自雄县以果蔬雉兔见遗》："怪杀诸雏喜,争看～书。" ❷ 舅子,妻的弟弟。唐刘肃《大唐新语》卷一二："承乾既废,立高宗为太子,又欲立恪。长孙无忌谏曰:'……储位至重,岂宜数易?'太宗曰:'朕意亦如此,不能相违。～后无悔也。'"按,长孙为太宗后兄。元明《水浒传》五〇回:"你又不曾和他妹子成亲,便又思量一丈人。"清《儒林外史》五回:"他两个～姓王,……听见妹夫请,一齐走来。" ❸ 称丈夫的父亲。明康海《李节妇歌》:"～宦去卖田亩,妻孥俱作燕台走。"

【阿磕绰】ā kē chuò 伴随用力动作发出的声音,略同现代"哎嗨佐""哎嗨哟"之类。《元曲选·朱砂担》二折:"～!我靠倒这墙,遮了这死尸。"

【阿可绰】ā kě chuò 即"阿磕绰"。脉望馆本《四春园》二折:"～!我跳过这墙来。"

【阿可赤】ā kě chì 即"阿磕绰"。《元曲选外编·独角牛》三折:"本对也可不道三角瓦儿,～可兀的绊翻了人。"

【阿郎】ā láng ❶ 奴婢称男主人或臣民称官长。唐郑还古《博异志·刘方玄》:"往年～贬官时,常令老身骑偏面骝,抱阿荆郎。"《敦煌变文校注》卷二《庐山远公话》:"舍身与～为奴,须尽一世。"宋赵与时《宾退录》卷六:"忽闻者奔告曰:'～至矣。'智士仓黄弃帚而趋迎富人于堂下。" ❷ 指父亲。宋司马光《书仪·家书》:"古人谓父为～,谓母为娘子。" ❸ 称年轻人。元方回《听航船歌》之七:"雇载钱轻载不轻,～拽来阿奴撑。"贡师泰《海歌》之一〇:"上蓬起舵气力强,花布缠头袴两裆。说与众人莫相笑,吃酒著衣还～。"明胡奎《出江》之二:"黄帽～歌棹讴,手牵百丈上山头。" ❹ 称丈夫或情郎。宋杨万里《和道父山歌》之一:"闻得～谁来得妇,无媒争得到郎前。"明孝孺《杨节妇》:"推门鬻市卒不售,死将地下还～。"清吴绮《虎丘竹枝词》之三:"侬意只怜栀子树,～偏爱美人蕉。" ❺ 称儿子。宋郑刚中《祭胡宣抚文》:"緅帐之间,泣者呱呱,～可怜而幼女仅离于抱。"明张吉《慰汪方伯失子》:"～倦埃垲,早趁三岛游。"邹元标《记慈训》:"～听吾训,朝夕慎莫忘。"

【阿劳】ā láo 劳扰。宋克勤《碧岩录》四则:"佛法无许多事,那里着得情见来? 是他心机那里有如许多～!"按,《种电钞》注云:"阿,发语;劳,劳扰,又劳烦。"

【阿老】ā lǎo 儿女称父母;老妻称老伴。《元曲选·神奴儿》一折:"见孩儿撒旖旎,放娇痴,眼乜嘻,打～,痛伤悲。"六十种曲本《琵琶记》二出:"〔净笑介〕～,有得吃。〔外〕阿婆,这是子孝双亲乐,家和万事成。"明《警世通言》卷二二:"刘翁便招阿妈到背后道:'阿妈,你休如此说。姻缘之事,莫非天数。'刘妪道:'～见得是。'"也用作老年男子自称。《元曲选·儿女团圆》楔子:"〔社长上,词云〕老～,起早卧早,硬的便嫌软,软的蒸饼儿倒好。"

【阿搂】ā lǒu 揉搓。元李寿卿《度柳翠》二折:"抖擞的宝钗鸣,偓促的云鬟松,～的湘裙皱。"

【阿妈】ā mā ❶ 同"阿马❶"。《元曲选·货郎旦》三折:"～有甚话,对你孩儿说呵,怕做甚么?"清黄叔璥《台海使槎录》卷七:"(凤嶓)呼父曰～,称叔伯母舅如之。"《霓裳续谱·泪如梭》:"这也是我～额娘没主意,就信了媒婆。" ❷ 丈夫称老妻。明《警世通言》卷二二:"刘翁便招～到背后道:'～,你休如此说。姻缘之事,莫非天数。'"《醒世恒言》卷九:"朱世远吃了一惊非小,忙

把灯儿剔明,高叫:'～快来,女孩儿缢死了!'" ❸ 称老年妇女。明《山歌·烧香娘娘》:"张大姐有个涂金蝴蝶,李三～借点翠个螳螂。"《警世通言》卷五:"那和尚见了员外回家,不敢久坐,已无心吃饼了。见丫环送出来,知是～美意,也不好虚得。"清《十二楼·拂云楼》二回:"闻得有个女工师父叫做俞～,韦小姐与能红的绣作,是他自小教会的。" ❹ 称母亲。元王恽《绛桃春·寿李夫人》之四:"人生几度春风面,细思谁似,君家～,康健地行仙。"明汤显祖《牡丹亭》五五出:"爹爹,你不认呀,有娘在。〔指鬼门〕现放著实丕丕贝母开谈亲～。"

【阿马】ā mǎ ❶ 少数民族称父。元关汉卿《拜月亭》二折:"自从都下对尊堂,走马离朝,～间别无恙?"《元曲选外编·五侯宴》楔子:"今奉～将令,差俺五百义儿家将统兵收捕草寇。" ❷ 仆从称男主人。元关汉卿《调风月》一折:"这书方存得～,会得客宾。"《元曲选外编·五侯宴》三折:"〔卒子云〕理会得。报的～得知,有李亚子来了也。"

【阿莽】ā mǎng 什么;怎么。"阿"为前缀,"莽"单用时也可表此义。《敦煌变文校注》卷三《燕子赋(一)》:"将作你吉达到头,何期天还报你,如今及～次第,五下乃是调子。"又:"妇闻雀儿被杖。不觉精神咀(沮)丧,但知捶胸拍臆,发头忆想～。"《敦煌杂录·劝善文》:"煞命始得他肉吃,思量～有慈悲?""莽"字单用例如《敦煌变文校注》卷一《捉季布传文》:"今受困厄天地窄,更向何边投莽人?"

【阿弥】ā mí 犹"阿嬭❷"。宋刘子寰《霜天晓角·子庆母八十》:"满前儿女,今日都欢聚。今也～八十,儿也五十五。"

【阿嬭】ā mí 同"阿弥"。唐李商隐《李长吉小传》:"长吉了不能读,欻下榻叩头,言'～老且病,贺不愿去'。"明方以智《通雅》卷一九:"李贺称母～,江南曰阿妈。"

【阿没】ā mò 即"阿莽"。五代王定保《唐摭言》卷一二:"天下只知有杜荀鹤,～处知有张十五郎!"《敦煌变文校注》卷三《燕子赋(一)》:"无事破啰啾唧,果见论官理府,更被枷禁不休,于身有～好处?"或单用"没"字。又卷六《大目乾连冥间救母变文》:"和尚,缘有何事诈认狱中罪人是阿嬭? 缘没事漫语?"又卷五《金刚般若波罗蜜经讲经文》:"向下经文没语道? 三千七宝唱将来。"

【阿母】ā mǔ ❶ 称老年妇女或仆妇。唐张夫人《拜新月》:"东家～亦拜月,一拜一悲声断绝。"元明《水浒传》二四回:"～牢笼设计深,大郎愚鲁不知音。"清黄之隽《芳年》之一:"金钗醉就胡姬画,云髻慵邀～梳。" ❷ 指鸨母。唐薛宜僚《别青州妓段东美》:"～桃花方似锦,王孙草色正如烟。"宋王山《答盈盈长歌》:"～偏怜掌上看,自此风流难管束。"清董以宁《百媚娘·私语》:"准拟将身嫁,～听来应诈。" ❸ 称少女。宋毛滂《调笑令·莺莺》引诗:"春风户外花萧萧,绿窗绣屏～娇。白玉郎君恃恩力,樽前心醉双翠翘。"清符曾《南宋杂事诗》卷五:"笔底芳兰娇～,为裁宫体谱新腔。"

【阿姆】ā mǔ ❶ 同"阿母❶"。元柳贯《题谌母授道许旌阳图》:"～孕气胎,万生皆其婴。"明《型世言》三六回:"奶～,我记得你前日手上破鱼伤了,缚条白布条。"△清翟灏《通俗编》卷一八:"按,姆即母之音转,汉呼乳母曰阿姆,见《后汉书·杨震传》。今通谓之～。" ❷ 妯娌之间弟妇称嫂子。宋元《清平山堂话本·李翠莲》:"～我又不惹你,如何将我比臭污?"《明史·列女传》:"鄞县诸生李珂妻,胡氏……邻火作,珂兄珮往救之,曰:'～来,吾乃出。'珮使妻陈往。"《禅真后史》一六回:"聂氏道:'～沉吟不语,却是为何?'张氏道:'罢了。你做好人,我何苦做甚冤家。'" ❸ 母亲。明郎瑛《七修类稿》卷五一:"明日其子若绑缚状,跪伏

枢前,口称'～,～!'昼夜不绝。"

【阿姥】ā mǔ ❶同"阿母❶"。宋杨万里《至后入城道中杂兴》之五:"长亭～短亭翁,探借桃花作面红。"清《聊斋志异·巧娘》:"华姑益怒,聒絮不已。巧娘故哂曰:'～亦大笑人。是丈夫而巾帼者,何能为?'"❷称母亲、岳母或婆母。明殷奎《见月》:"～此时堂下拜,教儿无事归来快。"清毛奇龄《黄姑娶妻词》之四:"黄姑娶妻共一处,黄姑上堂拜～。"施闰章《黄鹄歌哀胶州韩烈妇张氏》:"偷生义不为,堂上辞～。"

【阿那】ā nǎ 另见 ā nà。疑问代词。哪;哪里;哪个;什么。《敦煌变文校注》卷一《李陵变文》:"五千步卒逢狂虏,此苦从来～经?"又卷四《八相变》:"南北东西行七步,问:'～盘陀石最平?'"《祖堂集》卷一八《赵州和尚》:"师云:'～是维摩祖父?'"宋晁说之《风雪》:"怪今～事,不得作春诗。"元刘将孙《送春三首》之一:"今夜初程～家,飞舻恨不到天涯。"

【阿那边】ā nǎ biān 另见 ā nà biān。疑问代词。哪边,问处所。唐李白《相逢行》:"万户垂杨里,君家～?"《敦煌变文校注》卷四《八相变》:"问太子如今在～?"宋魏了翁《阮郎归·送赵监丞赴利州提刑》:"稻粱啄尽不留残,依归～?"

【阿那个】ā nǎ gè 疑问代词。哪个,可兼问人和物。《祖堂集》卷三《牛头和尚》:"夫出家者,～不是道人?"《敦煌变文校注》卷二《庐山远公话》:"相公问:'昨晚西院内,～佳(家)人念经之声?'"《五灯会元》卷一五《智门光祚禅师》:"祇如四种丛林,是汝诸人在～丛林里安身立命?"

【阿那里】ā nǎ lǐ 疑问代词。哪里,问处所,也用于虚指。《祖堂集》卷三《靖居和尚》:"祖曰:'生缘在～?'"又卷七《夹山和尚》:"洞山问:'～去来?'对云:'到夹山。'"《敦煌变文校注》卷五《父母恩重经讲经文》:"只忧身命片时,～有心语话。"

【阿那朋】ā nǎ péng 疑问代词。哪一边,问处所。唐李郢《上元日寄湖杭二从事》:"谢公留赏山公唤,知人笙歌～?"

【阿那头】ā nǎ tóu 疑问代词。哪头;哪边。《景德传灯录》卷一〇《景岑禅师》:"蚯蚓斩为两段,两头俱动,佛性在～?"又卷一七《无殷禅师》:"四壁无禾,中行划草,和尚赴～?"

【阿那】ā nà 另见 ā nǎ。指示代词。那。宋杨万里《过南荡》:"垂杨一径深深去,～人家住得奇。"刘辰翁《醉江月·五日和尹存吾》:"小酌千年,知他是、～年时沉午。"清弘历《董邦达秋山晚霁图》:"石屋松林～畔,招呼应有道人逢。"

【阿那边】ā nà biān 另见 ā nǎ biān。指示代词。那边。宋贺铸《浣溪沙》:"双鹤横桥～,静坊深院闭婵娟。"石孝友《鹧鸪天》:"梦魂不怕风波险,飞过江西～。"清弘历《秋江晚渡》:"沧波～何处?便是江南廿四桥。"

【阿奶】ā nǎi 称老年妇女。明《醋葫芦》一六回:"前面就是孟～门首,送这妇人讨杯茶吃去。"清《说唐全传》四八回:"小的住在太原东门外青布桥西首,有一个曲～,就是小人的丈母。"

【阿㜷】ā nǎi 亦作"阿妳"。❶俗称乳母。唐赵璘《因话录》卷二:"南阳夫人乳母之子抵禁,都虞候杖杀。诸子泣告于王……王曰:'某之诸子,皆奴材也。遂告以故曰:'伊不赏父之都虞候,而惜母之～儿,非奴材而何?'"《太平广记》卷四五一引《广异记》:"后为原武县丞,在厅事,忽见狐奴婢,诣黯再拜。云是大家～,往者娘子枉为崔家杀害,翁婆追念,未尝离口。"清赵翼《陔馀丛考》卷三八:"俗称乳母曰～,亦称㜷婆。"❷母亲。宋华岳《邻女搔绵吟》:"今年莫怪功绩稀,～勒绣鸳鸯帏。"元柳贯《祭孙据文》:"阿翁与汝阿爹～,以家馔祭于中殇童子阿据之魂。"❸称祖母。△清翟灏《通俗编》卷一八:"今吴俗称祖母曰阿妳。"

【阿尼师】ā ní shī 尼姑。五代何光远《鉴诫录》卷一〇:"面折掇斋穷措大,笑迎搽粉～。"

【阿你】ā nǐ 你。"阿"为前缀。《敦煌变文校注》卷三《茶酒论》:"～不闻道:男儿十四五,莫与酒家亲。"《祖堂集》卷一六《南泉和尚》:"～诸人,莫错用心。"《景德传灯录》卷一一《紫桐和尚》:"僧问:'如何是紫桐境?'师曰:'～眼里著得沙么?'"

【阿娘】ā niáng ❶称母亲或假母。《敦煌变文校注》卷四《太子成道经》:"～作事一受,女且无因替。"宋佚名《张协状元》一二出:"阿爹～,教我传语,些儿酒米,担来与你。"清董以宁《菩萨蛮·代伊》:"～碎语绵如絮,檀郎只好心头贮。"❷称少女。明唐桂芳《鲍母江旌节歌》:"～二八已择对,纫针补缀秋灯昏。"清汪琬《读杨廉夫竹枝词拟作》之四:"劝郎莫上真孃墓,～原是狭邪倡。"❸称妻子。《全闽诗话》卷一二引《团社谣》:"～垢面迎相公,西邻椎牛换新酒。"清《说唐后传》一七回:"茂生道:'……～,你笼子内可有斗把米么?将来赠了他。'毛氏道:'官人,米是有的。'"

【阿奴】ā nú ❶我,第一人称代词。唐五代时,男女尊卑均可用,后为女性专用。《敦煌变文校注》卷二《韩擒虎话本》:"(陈王)当时宣问:'～今拟兴兵,收伏狂秦,卿意者何?'"又卷四《降魔变文》:"女道:'～身年十五春,恰似芙蓉出水滨。'"元杨维桢《西湖竹枝词》之六:"片言许郎金石刚,～不是野鸳鸯。"宋元《清平山堂话本·错认尸》:"母高氏先叫～去房内睡了,并不知小二死亡之事。"明《山歌·瞒夫》:"有福个情哥弗知吃子个多少团脐蟹,我个亲夫弗知吃子小阿奴奴多少鳗。"❷称奴仆。宋黄公度《南来苦热戏作》之一:"～投烛婢翻羹,飞蛾赴焰鸡遭烹。"明龚诩《秃奴诗戏寄沈诚学》:"争似吾家～秃,落落数竿删后竹。"六十种曲《琵琶记》三九出:"〔外〕如此,叫老姥姥过来。〔净上〕女婿要同归,岳丈意何如?忽叫～缘何的?想必与他做区处。"❸称情人或丈夫。明朱诚泳《折花美人》:"浪蝶狂蜂莫相妒,妆成要使～看。"田汝成《炎徼纪闻》卷四:"主闻变,失声哭曰:'不听吾言,果有今日。～虽死,奴不负信黄泉也。'"

【阿片】ā piàn 鸦片。明李时珍《本草纲目》卷二三:"～,俗作鸦片。"

【阿婆】ā pó ❶称丈夫之母。《敦煌变文校注》卷二《韩朋赋》:"～报客,但道新妇病卧在床,不胜医药。"宋洪迈《夷坚志》丁卷五:"丈夫狠恶,常遭鞭箠,而～性尤严暴,不曾得一日定叠。"明《拍案惊奇》卷二〇:"叵耐媳妇十分不学好,倒终日与～斗气。"❷称妻子,多称老妻。《敦煌变文校注》卷六《金刚丑女姻缘》:"夫主入来全不识,却觅前头丑～。"六十种曲本《琵琶记》二出:"〔净笑介〕阿老,有得吃。〔外〕～,这是子孝双亲乐,家和万事成。"明《古今小说》卷二六:"张公只不答应,挑着担子径入门歇下,转身关上大门道:'～,你来,我与你说话。'"❸泛称老年妇女。唐张鷟《朝野佥载》卷三:"何婆乃调弦柱,和声气,曰:'丈夫富贵,今年得一品,明年得二品……'郭曰:'～错,品少者官高。'"元宋褧《漂母墓》:"游绕家资消几许,～高冢碧崚嶒。"明《醒世恒言》卷三四:"小二道:'～,我出了力,不把银子与我,反发喉急。'"❹称母亲。宋杨万里《三月三日上忠襄坟》之六:"女唱儿歌去踏青,～笑语伴郊行。"《金史·后妃传下》:"仁圣太后谕上曰:'祖宗初取天下甚不易……'上曰:'～有此意,臣亦何尝忘。'"清朱彝尊《嫁女词》:"～嫁女重钱刀,何不东家就食西家宿。"

【阿扑】ā pū 合扑;前扑。《元曲选·东堂老》三折:"这业海打一千个家～逃不去,那穷坑你便旋一万个翻身急切里也跳不出。"

【阿鹊】ā què 打喷嚏声,指打喷嚏。俗谓被他人在背后牵念谈说则会打喷嚏。宋辛弃疾《谒金门·和陈提干》:"因甚个~地,没功夫说里。"黄中《瑞鹤仙》:"便做无,~频频,可能睡稳?"

【阿嫂】ā sǎo ❶哥哥的妻子,或称年纪相仿的朋友的妻子。唐戴孚《广异记·韦璜》:"赠嫂一章,序云:'~相疑,留诗曰:赤心用尽为相知,虑后防前只定疑。'"元古本《老乞大》:"你来时,俺父亲、母亲……二哥、三哥、~、姊妹、兄弟每,都安乐么么?"明《醒世恒言》卷三六:"我众兄弟各人敬~一杯酒。"❷称已婚的年轻仆妇。明《山歌·大人家阿嫂》:"大人家~跟轿来,翠蓝裙青袄一个好身材。"

【阿奢】ā shē 即"阿爹"。元张端《白头母次徐孟岳韵》:"岂学乳媪嫁窦老,竟使世人呼~。"

【阿师】ā shī 称和尚。唐段成式《酉阳杂俎》前集卷五:"李又曰:'~可下阶。'僧又趋下,自投无数,衄鼻败颡不已。"金元好问《野谷道中怀昭禅师》:"说向~应被笑,人生生处果难冬。"清《隋唐演义》七三回:"南衙宰相往来,今后~当从北门出入。"

【阿叔】ā shū ❶妇女称丈夫的弟弟。元明《水浒传》一七回:"阿嫂便道:'~,胡乱救你哥哥,也是兄弟情分。'"清《聊斋志异·湘裙》:"忽甘嫂自外入曰:'~勿怪,吾送湘裙至矣。'"❷对男子的尊称。元明《水浒传》二五回:"何九叔揭起帘子入来,王婆接着道:'久等~多时了。'"明《警世通言》卷一五:"金满正在家中吃利市饭,忽见老门子陆有恩来拜年,叫道:'金~恭喜了!'"❸对别人仆役的敬称。明《金瓶梅词话》五四回:"太医下了马,对他两个道:'~们,且坐着吃茶。'"

【阿瘨瘨】ā wēi wēi 喊叫声。《说郛》卷二引唐张鷟《朝野佥载》:"周沧州南皮县丞郭务静每巡乡,唤百姓妇,托以缝补而奸之。其夫至,缚静鞭数十。主簿李抃往救解之,静羞讳其事,低身答云:'忍痛不得。'一唱曰:'~,务静不被打,~!'"元陶宗仪《辍耕录》卷一一:"淮人寇江南日,于临阵之际,齐声大喊'~'以助军威。"明《古今小说》卷一三:"有朝一日天破了,人家都叫的。"亦作"呵唉唉"。

【阿物儿】ā wù ér 犹言东西,含贬义。清《红楼梦》一九回:"那是我手里调理出来的毛丫头,什么~!"又五八回:"你是什么~,跑来胡闹!"

【阿姨】ā yí ❶称妻之姊妹。宋乐史《杨太真外传》上:"上戏曰:'阿瞒乐籍,今日幸得供养夫人,请一缠头。'秦国(夫人)曰:'岂有大唐天子~无钱用邪?'遂出三百万为一局焉。"明《山歌·阿姨》:"姐夫强横了要偷~,好像个枕头边筛米满床梐。"清《隋唐演义》八○回:"~风骚,姨夫识窍。"❷称庶母或妾。五代刘崇远《金华子杂编》卷下:"诘朝僮仆捷至,穆氏长~入贺北堂。伯母方起,未离寝榻。问安之后,虑惊尊情,不敢遽闻,但嬉笑于前。久之,忽问曰:'小娘今日何喜色之甚耶?'"明《禅真后史》四四回:"舒宽道:'若非~出来救驾,这会子头已不在颈上了。'含苞笑道:'……我爹爹若肯守分营生,也不致死于非命,将女儿嫁人为妾。'"❸称妓之假母。唐白居易《琵琶行》:"弟走从军~死,暮去朝来颜色故。"宋杨隆民《应天长》:"当日俊游时,屡向平康,吟咏共题壁。自后纵经回曲,难寻~宅。"

【阿姨师】ā yí shī 犹"阿尼师"。《敦煌变文校注》卷五《佛说阿弥陀经讲经文(二)》:"更有诸都统,毗尼、法师……尼众,不及一一称名。"清厉鹗《游明因尼寺》:"~居近鼎湖,创造传自陈黄奴。"

【阿爹】ā zhē 称乳母之夫。唐刘肃《大唐新语》卷九:"韦庶人乳母王氏,本蛮婢也。怀贞聘之为妻,封莒国夫人。俗为嬭母之婿曰~。怀贞每因谒见及进奏状,列其官次,署曰'翊圣皇后~'时人鄙之。"按,《广韵·麻韵》:"爹,正奢切,吴人呼父。"

【阿者】ā zhě ❶女真语称母。元关汉卿《拜月亭》二折:"又被哨马赶上,轰散俺子母两人,不知~那里去了。"佚名《黄蔷薇》:"玉纤手忙把面皮遮,道是~他去出,你是必明夜早来些。"❷仆从称女主人。元关汉卿《调风月》二折:"老~使将来伏侍你,展污了咱身起。"《元曲选外编·五侯宴》四折:"报的~得知,有李从珂来也。"

【阿正】ā zhèng 正妻;妻子。明《型世言》三八回:"适才蒋日休说,他医得令爱。只是医好了,就要与他作~。"阮大铖《燕子笺》七出:"今年大比又临。嗏!只要赚几贯铜钱养~。"

【阿祖】ā zǔ ❶佛道徒称祖师。《景德传灯录》卷末附正觉《疏》:"比丘思鉴,久怀此怀;~传灯,欲成其印。"明杨巍《送昌山人往邯郸谒吕祖祠》:"祠内真君是~,清宵应得梦中语。"❷祖父。明王绅《柏台馀思为陆广平御史作》:"严亲掩重泉,欲见杳无期。尚幸有~,远在天一涯。"边贡《题杨四山卷》:"苍峰崔嵬,翠巘巉業,~当年手亲叠。"

【呵】ā 另见hē。❶用在句中某些成分或呼语之后,以引起下文。宋辛弃疾《玉蝴蝶·追别杜叔高》:"试听~,寒食近也,且住为佳。"元尚仲贤《三夺槊》四折:"我~,坊墙地勒住征宛,立在这边。"明刘仲景《遇恩录》:"每每和那士大夫翰林院说~,也只把你这几个老子来说。"❷用在各类单句之末,表示祈使、疑问、感叹、直陈、推度等语气。宋杨无咎《多丽·中秋》:"功名事,到头须在,休用忙~。"方千里《满路花》:"那日尊前,只今问有谁~?"元关汉卿《调风月》一折:"想俺这等人好难~!"《秦并六国平话》卷上:"王翦思量,今夜必有刺客来~。"❸用于复句的前一分句之末,与后一分句构成假设、条件、让步等关系。宋李之仪《满庭芳·八月十六夜》:"归来~,休教独自,肠断对团圆。"元高文秀《遇上皇》一折:"春里断~,春暖群芳放;夏里断~,夏暑芰荷香。"贯云石《孝经直解》二:"存着自家爱父母的心~,也不肯将别人来小看有。"

【呵唉唉】ā huì huì 同"阿瘨瘨"。《元曲选外编·玩江亭》一折:"人生在世长安乐了那,焚香顶礼则个谢苍天。~!"

【唵喒】ā zā 同"腌臜"。元刘时中《朱履曲·鞋杯》:"激滟得些口儿润,淋漓着揝根儿漕,更怕那口~的展涴了。"

【唵嗻】ā zā 同"腌臜❶"。元高安道《哨遍·嗓淡行院》:"都是些~砌末,猥琐行头。"

【唵嗻】ā zā 同"腌臜❶"。金《古本董解元西厢记》卷七:"鬓似虮虱浑如糁,你寻思大仆(小)大~。"

【腌】ā 另见yān。一音ān,āng。❶脏;弄脏。《元曲选·赵礼让肥》一折:"你瞅他泥污的~身分,风梢的黑鼻凹。"《元曲选外编·西厢记》五本三折:"枉~了他金屋银屏,枉污了他锦衾绣褥。"❷劣;恶;歹。金《董解元西厢记》卷一:"穷缀作,~对付,怕曲儿捻到风流处,教普天下颠不剌的浪儿每许。"元佚名《醉花阴·怨恨》:"偏喳偏喳瘁憔症候试~,满怀愁端者为谁耽。"《元曲选·勘头巾》一折:"则你那帮闲钻懒~身分,到官中也不索取词因。"❸困窘;疲软;穷酸。金《董解元西厢记》卷一:"开口这不敥十句,把张君瑞送得来~受苦。"又卷五:"起来陪告,东倾西侧的做些~躯老。"《元曲选·諕范叔》二折:"似吃着无心草,死熬这~情况。"

【腌臜】ā zā 同"腌臜❶"。明《西游记》一三回:"三藏见这般凶险~,不敢久坐,遂出了草亭。"清《红楼梦》九三回:"贾政道:'那

里有这样的事,写的是什么?'门上的人道:'是水月庵里的～话。'"

【腌醃】ā zā　同"腌臜❶"。明《西游记》四四回:"藏便藏得好,只是濺起些水来,污了衣服,有些～臭气,你休恶心。"

【腌脬】ā zā　同"腌臜❷"。元佚名《清江引》:"～小贱人,传着姐姐夫人命,教哥哥睡去来他独自冷。"

【腌腤】ā zā　❶同"腌臜❶"。金《董解元西厢记》卷七:"鬓边虮虱浑如糁,你寻思大小大～。"《元曲选·赚蒯通》三折:"休笑我面色～,形容儿猥缩。"也指脏东西。明《醒世恒言》卷三:"秦重脱下道袍,将吐下一袖的～,重重裹着,放于床侧。"　❷卑鄙;污秽。元曲选·灰阑记》一折:"倒屈陷我～勾当,也只是我不合自小为娼。"按,《元曲选·音释》于此例云:"腌音庵,臜音簪。"　❸同"腌臜❷"。明陈鲲斋《跃鲤记》二八出:"呀!原来是～泼贱忤逆妇,来引诱我安安何处去。"　❹同"腌臜❸"。金《董解元西厢记》卷五:"自家这一场～病,病得来骁蹊。"　❺同"腌臜❹"。《元曲选·马陵道》三折:"自从我做作风魔汉,受了些～歹气息。"明《醒世恒言》卷一:"受了一肚子的～昏闷之气。"清李渔《意中缘》二一出:"要夺风流趣,反受～气。"

【腌臛】ā zā　同"腌臜❶"。明《西游记》三八回:"驮着他,～臭水淋将下来,污了衣服,没人与我浆洗。"

【腌臜】ā zā　一音 ān zān。❶肮脏;不干净。宋佚名《张协状元》一〇出:"纸炉里又～,它来供床下睡。"明徐伯龄《蟫精隽》卷九:"元章作诗云:'神护卫公塔,天留米老庵。'有戏之者各添两字云:'神护李卫公塔飒,天留米老娘～。'盖元章母入内为收生婆也。"清《红楼梦》二五回:"破衲芒鞋无住迹,～更有满头疮。"有时用重叠式。清李玉《一捧雪》一六出:"腌腌臜臜的东西,瞧他甚么?"　❷贱;劣。多用作詈词。元纪君祥《赵氏孤儿》二折:"被那些～屠狗辈,欺负俺慷慨钓鳌翁。"元明《水浒传》一九回:"量这一个泼男女～畜生,终作何用!"明王錂《春芜记》一一出:"这～泼贱,我不指望他与我成事,反忍了他一场气。"　❸讨厌的;令人烦恼的。元王元和《小桃红·题情》:"～闷～闷甚时断绝,恹煎病恹煎病甚日医疗!"明汤显祖《牡丹亭》一六出:"则除是八法针针断软绵情,怕九还丹丹不的～症。"孟称舜《娇红记》七出:"眉暗锁,这～病甚时才可。"　❹委屈;窝囊。明《二刻拍案惊奇》卷三五:"况我挡不得这擦刮,受不得这～,不如死了,与他结个生缘罢!"《禅真逸史》二四回:"小儿曹,木樨花戴光头上,受这～惹这样骚。"清《隋唐演义》八回:"三义坊当铺受～,二贤庄卖马识豪杰。"　❺作践;使难堪。清《歧路灯》四二回:"混帐场中,闯来闯去,断乎没有什么好处。我也叫他那老贾的～足呛。"

【醃醃】ā zā　❶同"腌臜❶"。六十种曲本《琵琶记》八出:"看你腹中何所有,一袋～臭。"　❷同"腌臜❹"。明《警世通言》卷三:"荆公晓得苏东坡受了些～,终惜其才,明日奏过神宗天子,复了他翰林学士之职。"

【腤臜】ā zā　❶同"腌臜❶"。《元曲选·岳阳楼》二折:"休笑我形骸土木一扮,强如紫绶,胜似白襕。"可用 AABB 式重叠。《元曲选·曲江池》三折:"这叫化头身子腤腤臜臜希臭的,你还想和他作伴?"　❷同"腌臜❸"。《元曲选·倩女离魂》三折:"空服遍晒眩药不能痊,知他这～病何日起?"　❸同"腌臜❹"。《元曲选·谢金吾》二折:"因拆门楼,得了些～气,这几日才较可。"

【腤臛】ā zā　❶同"腌臜❶"。元王伯成《哨遍·赠长春宫雪庵学士》:"形骸伛偻,涕唾～。"　❷同"腌臜❷"。《元曲选·㑇梅香》三折:"几曾做出这般出丑～勾当。"　❸同"腌臜❹"。明张景《飞丸记》二二出:"出塞鸿,从天下鸟笼,～受尽,受尽情难控。"

【腤臜】ā zā　同"腌臜❹"。《元曲选·冻苏秦》二折:"你问我官在那里,教我说个甚的,可兀的干受了这一肚皮～气。"

āi

【哀】āi　祈求。《景德传灯录》卷五《江西志彻禅师》:"行昌惊扑,久而方苏,求～悔过,即愿出家。"以上"求""哀"连用,均为祈求义。清《聊斋志异·雹神》:"公以壤坏关切,离席乞免。天师曰:'此上帝玉敕,雹有额数,何能相徇?'公～不已。"

【哀告】āi gào　苦求;恳求。《太平广记》卷四三二引《原化记》:"此人虽变,然心犹思家,遂～。老人曰:'汝曹为天神所使作此身,今欲向毕,却得复人身。'"明《老乞大谚解》卷上:"这铡刀是我亲眷家的,他不肯,我～借将来,风刃也似快。"清《霓裳续谱·崔莺莺倒在床上》:"崔莺莺倒在牙床上睡,～红娘小妹妹。"

【哀恳】āi kěn　❶祈求;祈祷。《敦煌愿文集·亡文》:"焚香设供,兼舍净财,含悲～者,有谁施作?"明《古今小说》卷八:"乃设酒饭于竹笼之前,含泪再拜,虔诚～:'愿吴永固夫妇显灵,保佑仲翔脚患顿除。'"　❷苦求;恳求。唐张九龄《谢赴祥除状》:"伏望察臣罔极,俯遂～,假以传乘,暂赴来月。"明《禅真后史》一八回:"阿晓再三～,全伯通方才收了,开箱撮药。"清陆陇其《派灰车详文》:"所以前任董令一详再详,～免替,未蒙允。"　❸悲伤恳切。唐柳宗元《祭弟宗直文》:"死生同归,誓不相弃。庶几有灵,知我～。"明范景文《请告三疏》:"语促情穷,一字一血,不胜～激切。"清《聊斋志异·胡四姐》:"生惶急自投,情词～。"

【哀露】āi lù　悲痛。《景德传灯录》卷一《第四祖优波掬多》:"波旬受教已,即下天宫,礼尊者足,～忏悔。"

【哀祈】āi qí　❶犹"哀恳❶"。《太平广记》卷三四四引《乾𦢊子》:"君今速为某造四分食,置李树下。君则向树下～,某必得再履人世也。"宋苏辙《苦热》之一:"生灵惴惴苗同槁,救喝～风雨吹。"元张养浩《西华岳庙催雨文》:"谨斋沐,于二十九日早～雨泽于金天帝君之前。"　❷犹"哀恳❷"。《敦煌变文校注》卷二《叶净能诗》:"岳神自趋走下殿,长跪设拜,～使者。"明《古今小说》卷三七:"这青衣人一齐叩头～,涕泣而去。"清毛奇龄《诰授奉直大夫何君墓志铭》:"值方马溃兵东奔者略始宁诸山,遇于溪,挥刃如雪,大夫障曾公,以胸承刃,～之。"

【哀请】āi qǐng　犹"哀恳❷"。唐郑处诲《明皇杂录》卷下:"玄宗复～,久之,乃以水喋其面,法善即时复生。"《景德传灯录》卷四《信州智常禅师》:"初到彼三月,未蒙开示。以为法切,故于中夜独入方丈,礼拜～。"清《东周列国志》四七回:"先克欲按军法斩之,诸将皆代为～。"

【哀求】āi qiú　犹"哀恳❷"。《太平广记》卷四五引《原化记》:"一岩高百餘丈,道士腾身而起。卿不能登,遂～礼拜。"明《醒世恒言》卷二一:"我已筋疲力尽,不能行动。此家灯火未息,只得～借宿,再作道理。"清方成培《雷峰塔》二五出:"我这般～,只是不肯放还。"

【哀书】āi shū　❶讣告。《祖堂集》卷五《石室和尚》:"数年后迁化,主事差两人往洞山达～。"元郝经《续后汉书·文章总序》:"死丧凶讣则谓之～。"《元曲选·青衫泪》四折:"则说道贾谊没长沙,可不这寄～的该万剐。"　❷遗书;遗诏。元明《三国志通俗演义》卷一二二:"人报长史张绒自辞疾回家而死,有～上呈。"明何景明《送张行人赍大行皇帝遗诏使秦蜀》:"九霄持使节,万里捧～。"

【哀信】āi xìn　即"哀书❶"。《敦煌愿文集·愿文范本三·

太保相公》:"将为贵置(至)纳庆,永沐康宁;秦(奈)何～忽临,转祸祈福。"也指人死亡的消息。宋王之望《祭宜州欧阳氏姊文》:"姊殁三岁,我始获知～。"清弘历《临和亲王府第酹酒永言志痛》:"视疾起居执手询,旋闻～达枫宸。"

【挨】 āi 另见 ái。❶ 贴近;紧靠。字又作"捱"。五代贯休《览姚合极玄集》:"好鸟～花落,清风出院迟。"《敦煌变文集补编·双恩记》:"莫遣违心于弟误,莫教失事把兄。"明《金瓶梅词话》一四回:"李瓶儿那边同两个丫鬟迎春、秀春放桌旁,把箱柜～到墙上。"按,明胡震亨《唐音癸签》卷二四:"今俗谓相抵曰相挨。乐天诗'坐依桃叶妓''日醉依香枕','依'音乌皆反,正'挨'字。"❷ 依靠;依赖。《元曲选·争报恩》二折:"倚仗着你那个官有势,欺负我无靠无～。"明汤显祖《牡丹亭》三六出:"想独自谁～,独自谁～?"❸ 依次。唐易静《兵要望江南·占月》:"直须～得赏儿郎,悭吝必相伤。"宋曾巩《分宁县云峰院记》:"长少～坐里闾。"明杨循吉《一枝花·秋景》:"秋空一字雁行～,餘暑疏蝉吟满怀。"❹ 排开(拥堵);挤蹭。元明《水浒传》三六回:"宋江分开人丛,～入去看时,却原来是一个使枪棒卖膏药的。"明单宇《菊坡丛语·戏谑》:"宋公见野牛就木～痒。"冯惟敏《水仙子·偶题》:"会谈天跳不出一空囊,会论地～不开四堵墙。"

【挨捕】 āi bǔ 通缉。元施惠《幽闺记》六出:"只走了陀满兴福一人,奉上司明文,遍贴文榜,画影图形,十家为甲,排门粉壁,各处～。"明张岳《截获苗贼疏》:"设立哨堡,量留精锐军兵防守,及相机～不服。"《古今小说》卷三九:"闻知官府～紧急,料是藏躲不了。"

【挨擦】 āi cā ❶ 接触摩擦。宋陈耆卿《赤城志》卷二五:"世传龙于此出入,其展转～处,犹有痕焉。"清李渔《闲情偶寄》卷三:"况以手按发,自上而下亦难保其不相～,所至之处,即生油发亮之处也。"《野叟曝言》六五回:"锦囊焦躁,但遇着～的人,把肩一摆,摆得那人乱跌乱撞。"❷ 沾润;营求。清《歧路灯》一〇五回:"当小幺的,想～新官这一宗斟酒捧茶的轻差。"可用 AABB 式重叠。明《西游记》六〇回:"罗刹觉有半酣,色情微动,就和孙大圣挨挨擦擦,搭搭拈拈。"

【挨查】 āi chá 逐一查找;逐户盘查。元《三遂平妖传》一一回:"茶坊酒店铺内略有些叉色的人,即便去～审问。"明周履靖《锦笺记》一〇出:"启芸窗,翻蠹简,漫～。"清玄烨《谕大学士九卿》:"朕于就近直隶地方,遣人逐户～,即可得实。"

【挨次】 āi cì 按顺序。元《典章·刑部六》:"今将怯来知府打五十七下,别个的根底～着罪过。"明《金瓶梅词话》三二回:"当下吴银儿递乔大户,郑爱香儿递吴二舅,韩玉钏儿递吴二舅,两分头～递将来。"清陆陇其《与三儿宸征书》:"次用一二个时辰,将读过书～温习。"

【挨簇】 āi cù 挤碰。明张岱《西湖梦寻》卷三:"春时肩摩趾错,男女杂沓,以～为乐。"多以 AABB 式重叠。明《西游记》八三回:"那些小怪在里面,一个个唧唧嘈嘈,挨挨簇簇。"

【挨风缉缝】 āi fēng jī fèng 指钻营或多方打探消息和门路。明《醒世恒言》卷七:"但有一二分才貌的,那一个不～,央媒说合。"又卷二九:"别个秀才要去结交知县,要～,央人引进。"清《醒名花》六回:"便叫家人等各处～,并无影响。"

【挨户】 āi hù 逐家逐户。清《隋唐演义》一八回:"高力士领旨,至次日早晨带着从人依昨夜笛声所在～查过。"

【挨挤】 āi jǐ ❶ 拥挤。宋周必大《吉州新贡院记》:"为广居以待其来,使群试者泮奂优游,无挡拯～之患。"元《三遂平妖传》一一回:"打起锣儿来,那看的人时刻～不开。"清《儒林外史》九回:"那河里各家运租米船～不开。" ❷ 挤;排开(拥堵)。宋元《熊龙峰刊小说·彩鸾灯》:"舜美虑他是个妇女,身体柔弱,～不出去。"清孔尚任《桃花扇》一五出:"乘舆一到,只怕递职名的还～不上哩。"其重叠形式为 AABB。元明《水浒传》一〇一回:"你是开封府一个军健,你好大胆!如何也在这里挨挨挤挤?"

【挨家】 āi jiā 逐家逐户。明《醒世恒言》卷二七:"嘉靖爷嗣统,下速诏遍选嫔妃,府司着令民间～呈报。"

【挨家比户】 āi jiā bǐ hù 逐家逐户。清郑燮《范县署中寄舍弟墨》:"汝持俸钱南归,可～,逐一散给南门六家。"

【挨肩】 āi jiān ❶ 并肩。元张氏《青衲袄·偷期》:"我和他～携手,悄悄的行入兰房。"明何瑭《病归留别诸友》:"不嫌邻叟～坐,却恐明公枉驾寻。"清孔尚任《桃花扇》一八出:"看你～雁序,恰似好同胞。" ❷ 指同胞兄弟姐妹排行相连,年龄差别小。明冯惟敏《集贤宾·舍弟乞休》:"同胞好兄弟,～厮靠倚。"清《醒世姻缘传》二四回:"～的三个儿女。"

【挨近】 āi jìn 贴近。明《拍案惊奇》卷三:"举子下了马,一手牵着,～看时,只见进了门便是一大空地。"

【挨靠】 āi kào ❶ 依靠;倚仗。金《董解元西厢记》卷六:"小生客寄,没个人～。"元关汉卿《拜月亭》二折:"您孩儿无～,没倚仗,深得他本人将傍。"邓玉宾《粉蝶儿》:"金珠宝贝休～,天符帝敕难逃。" ❷ 紧贴。明唐顺之《武编》前集卷五:"低怕擦阴跨裆拳,～紧进休脱手。"清《杏花天》四回:"悦生将身紧贴,～酥胸。"《平定台湾纪略》卷一七:"并于城内～木栅节节安兵,昼夜严守。"

【挨闹】 āi nào 拥挤。宋佚名《张协状元》二七出:"百尺彩楼高,十里人～。状元今日欲游街,一段风光好。"

【挨那】 āi nuó 挪移筹措。宋王炎《上宰直论造甲》:"盖缘本州困乏,～不行,不免控告,至于哀鸣。"文天祥《授刑节制司与安抚司平寇循环历》:"恐本州或有不继,今总督司与之暂时～。"

【挨排】 āi pái 密密排列;依次排列。唐姚合《恶神行雨》:"凶神扇簸恶神行,汹涌～白雾生。"《元朝秘史》卷二:"白日般月明里,斡难河边树林里～着寻。"清《野叟曝言》一二回:"编保甲,散由单～里长,查勘堡房,每月出具并无盗贼发生。"

【挨牌】 āi pái ❶ 同"捱牌"。明佚名《黄莺儿·嘲村妇》:"大花鞋,不宽不窄,堪可做～。"清《平定三逆方略》卷四二:"统所属官兵驰赴岳州,多备火器～鹿角携往。" ❷ 指持捱牌的人。元佚名《保越录》:"总管倪昶以甲士迎敌奋击,斩其～八人。"清屈大钧《广东新语》卷一六:"每车一辆,车正一人,～六人。"

【挨搪】 āi táng 贴近碰触,调戏。宋周密《武林旧事》卷二:"其前列荷校囚数人,大书犯由云:'某人为不合抢扑钗环,～妇女。'"

【挨托】 āi tuō 依赖;凭借。五代王仁裕《和蜀后主题剑门》:"孟阳曾有语,刊在白云楼。李杜常～,孙刘亦恃凭。"

【挨晚】 āi wǎn 傍晚。清《红楼梦》一〇八回:"大家喝酒,到～再到各处行礼去。"《蜃楼志》八回:"直到～,方才点鼓开船。"

【挨倚】 āi yǐ 犹"挨靠❶"。《元曲选外编·延安府》二折:"今日老汉见你个清耿耿志正直无私曲宰相官人,与俺这离着乡,背着井,忍着寒,受着冷,苦恹恹,穷滴滴,无～的百姓做主。"明佚名《认金梳》二折:"闪的我无所归,无～。"

【挨匝】 āi zā 同"挨拶❶"。元武汉臣《老生儿》三折:"吵闹了前庄后庄,～满高墙矮墙。"《元曲选·留鞋记》三折:"这绣鞋儿只为人～,知他是失落谁家?"

【挨拶】 āi zā ❶ 拥挤。宋朱熹《社仓事目》:"只许两人入

中门,其餘并在门外,不得近前～搀夺。"葛长庚《鹤林问道篇》:"昔日天子登封泰山,其时士庶～,独召一县尉行轿而前。" ❷挤靠;紧贴。唐杨松筠《葬法倒杖》:"突之单者用挨法,当靠实放棺,以～为义。"宋陈旉《农书》卷下:"仍以棘刺绊缚绕护,免牛羊～损动也。"史弥宁《十里》:"十里樵风自一村,草庵～小园林。" ❸紧逼;勉强;强行。《五灯会元》卷一一《蕴聪慈照禅师》:"第一句道得,石里递出;第二句道得,～将来;第三句道得,自救不了。"宋《朱子语类》卷一〇一:"德字较紧,道字较宽,但他故下这宽字,不要～著他。口语中多用重叠式。《元曲选·东坡梦》三折:"你那里挨挨拶拶,闪闪藏藏,无影无踪。"六十种曲本《琵琶记》一五出:"拜的拜,跪的跪,那一个敢挨挨拶拶喧哗?" ❹犹言琢磨。宋《虚堂和尚语录》卷四:"衲僧九十日内暂挂瓶盂。若～不透,则孤负行脚大事;若～得透,如白衣拜相,庆快平生。"克勤《碧岩录》四六则:"镜清岂不知是雨滴声,何消更问。须知古人以探竿影草,要验这僧。这僧也善～,便道:'和尚又作么生直得?'"

【捱】āi 另见ái。❶同"挨(āi)❶"。《元曲选外编·西厢记》四本一折:"羞答答不肯把头抬,只将鸳鸯枕～。"明沈周《窗下独坐》:"渐觉年～七十傍,聪明视旧已茫茫。"刘宗周《凤山葬记》:"即故穴而退前者尺许,～右者二尺七寸许,起基一尺五寸。" ❷紧贴着走。明汤显祖《牡丹亭》一二出:"～过雕栏,转过秋千,揂着裙花展。"孟称舜《娇红记》四一出:"甫能得～到书窗,衷肠瞒神吓鬼休待讲。" ❸同"挨(āi)❷"。元张国宾《薛仁贵》二折:"我如今无亲无眷,无靠无～。"明《型世言》三〇回:"没廉耻,上门凑!青头白脸好后生～人人家。"引申指图赖、沾润。明《型世言》三〇回:"未待时时节,相与上等是书手外郎,做这副腻脸～他些酒食。" ❹同"挨(āi)❸"。元曹泾《次胡餘学同年四首》之一:"惟餘学课随年～,共我艰勤知几员。"明《二刻拍案惊奇》卷一五:"正值知州投文,～牌唱名,点到江溶名字。"清毛奇龄《诰授中宪大夫姜公神道碑铭》:"且分各年之十分而各作十分,则～递察,不致重累。" ❺同"挨(āi)❹"。明《禅真逸史》一五回:"或被房屋墙垣压死,或你我～被人踏死。"《禅真后史》四回:"邻里街坊人来看的挤满一厅,此时裴五福也～在厅内站着。"

【捱查】āi chá 同"挨查"。明《禅真逸史》一〇回:"当堂点委缉捕使臣、巡兵民壮,至京都内外遍处～。"清《东周列国志》九〇回:"昭阳回府,教门下客～盗璧之人。"

【捱衬】āi chèn 贴近爱护。明施绍莘《黄莺儿·花生祝供花》:"阿翁济胜身无病,更园丁,时时～,绒索护金铃。"

【捱次】āi cì 同"挨次"。明郎瑛《七修类稿》卷一二:"明日,子与沐英～出战。"《醒世恒言》卷二九:"况又是个好饮之徒,可有不去的道理么? 定然一家家～都到。"

【捱挤】āi jǐ 同"挨挤❷"。明《警世通言》卷二三:"乐和身材即溜,在人丛里～进去。"清《东周列国志》九五回:"城破,安平人复争窜,乘车皆～。"

【捱摩】āi mó 触碰。明徐祯卿《放言赋》:"出门累累坟墓多,死人白骨相～。"

【捱牌】āi pái 盾牌的一种。明茅元仪《武备志·器械》:"～,亦用白杨木为之,每面长五尺,阔一尺五寸,上头比下略小四五分。"

ái

【挨】ái 另见āi。❶熬;忍受。《元曲选·合汗衫》三折:"也

是俺注定的合受这饥寒债,我如今无铺无盖叫我冷难～。"明《醒世恒言》卷二六:"却说少府病到第七日,身上极热,便是顷刻也～不过。"清《醒世姻缘传》引起:"那知这等异人偏偏撞着个异妇,心意相投,同～贫苦。" ❷遭受;承受。明《金瓶梅词话》八三回:"独我一个在此,搜孤恓,～冷淡。"清《霓裳续谱·我劝情人》:"千万别说咱俩相好的话,说出来,你受嘟哝我～骂。"《红楼梦》六三回:"你一天不～他两句硬话村你,你再过不去。" ❸艰难地或不情愿地度过或等待。金《古本董解元西厢记》卷三:"昨夜甚短,今夜甚长,～几时东方亮?"明《金瓶梅词话》二一回:"你亦发吃了出去,教他外头～着去。"《挂枝儿·咒》:"我别你三冬后,拥衾寒,～漏永,数尽更筹。" ❹勉强支持。宋方大琮《与何判官书》:"又不知官司仓廪可支得一月否? 又不知指廪望新可～得一月否?"明《二刻拍案惊奇》卷三:"一时未好许人,且随着母亲兄弟,穿些淡素衣服,～着过日。"清《儒林外史》一五回:"～这两日多,那憨仙寿数已尽,断气身亡。" ❺敷衍;拖延。宋《朱子语类》卷一〇八:"今世士大夫惟以苟且逐旋～去为事,～得过且过也。"元明《水浒传》一六回:"你们不替洒家打这夫子,却在背后也慢慢地～。"清《白雪遗音·问卜》:"吾想十四浪弗完姻没,到十五岁浪～弗去个哉。" ❻吃力地缓慢地走;蹭。元明《水浒传》八回:"棒疮却发,又是个新吃棒的人,路上一步～一步,走不动。"元明《三国演义》四一回:"却说玄德引十数万百姓,三千餘军马,一程程～往江陵进发。"清《红楼梦》二三回:"宝玉只得～进门去。" ❼勉强吞咽。《元曲选·赚蒯通》二折:"他为甚么远着红尘,守着青山,～着黄齑。"清《醒世姻缘传》一四回:"晁大舍因秋夜渐长,孤栖难寐,所以还独自一个在那里～酒。" ❽别住;插住。明盛如梓《庶斋老学丛谈》卷中之下:"东郭先生都不管,～上门儿稳睡。"清《飞龙全传》一七回:"那红棋的老者才把自己的棋势细细一看,闪着一个双马卧槽的输局,连忙放下了炮,～那马眼。" ❾拨动;推转。元明《水浒传》三一回:"武松却来门边,～那门响。" ❿执着地钻研;琢磨。宋《朱子语类》卷一五:"才有些发见处,便从此～将去,渐渐开明。"又卷一九:"及看得此一章透彻,则知便至,或自未有见识,只得就这里～。"

【挨迟】ái chí 拖延。明《金瓶梅词话》一九回:"既没银子,不消只管～了,趁早到衙门回话去罢!"清《醒世姻缘传》七四回:"你快快出去! 你要稍一～,我一顿桃棍。"《歧路灯》八〇回:"你们只管～,他在家下就要跳的。"

【挨光】ái guāng 偷情的隐语。明《金瓶梅词话》三回:"但凡～的两个字最难,怎的是～? 似如今俗呼偷情就是了。"《二刻拍案惊奇》卷一四:"一心只痴想着赵县君,思量寻机会～。"《型世言》二六回:"杭州一个秀才,年纪不多,也有些学问,只是轻薄,好～讨便宜。"

【挨哼】ái hēng 同"哐哼"。清《醒世姻缘传》七三回:"狄相公被他咬的待死的火势哩,那桥栏干底下坐着～的不是么?"

【挨门】ái mén 守在城门边,等待开门。《元曲选外编·裴度还带》三折:"俺娘女二人一夜不曾睡,今日早～出来,入的庙门来寻,谁想不见了玉带。"明《二刻拍案惊奇》卷三七:"店内同宿的多不曾起身,他独自一个急到关前,～而进。"清《醒世姻缘传》二八回:"乡约地方连夜～进城,传梆报了县官。"

【挨命】ái mìng 勉强延续生命。明《西游记》五三回:"但只可～,待时而生产罢了。"清《醒世姻缘传》八八回:"只得每日些微买碗粥汤,叫他～。"

【挨磨】ái mō 同"挨磨(mó)❶"。清《醒世姻缘传》五八回:"后响来家,到姑娘屋里～会子,估量着中睡觉的时节才进屋

里去。"

【挨磨】 ái mó 另见 ái mò。❶ 磨蹭;拖延。明《金瓶梅词话》六八回:"我的马走的快,你步行,赤道～到多咱晚。"清《醒世姻缘传》六七回:"他倒～了今日四日,他爽利不来了。"《绿野仙踪》九二回:"诚恐明帝喜怒不测,又不敢将应龙参奏,因此日日～。" ❷ 忍受。明佚名《楚江秋》:"咳嗽吁吁心内疼,～暂时,挑水到黄昏。"

【挨抹】 ái mǒ 同"挨磨(mó)❶"。清《醒世姻缘传》四九回:"从此每日晚间～到三四更才去。"

【挨磨】 ái mò 另见 ái mó。推磨。明邹元标《答杨明府》:"若以学脉自先生斩,则乙酉后吉安人从梦寐中如驴～。"《金瓶梅词话》六二回:"三年没过一日好日子,镇日教他挑水～来!"

【挨忍】 ái rěn 忍受。明《金瓶梅词话》四四回:"那丫头～不过,方说:'我在六娘房里地下拾的。'"

【挨延】 ái yán 拖延。明高攀龙《答七弟》:"以此未忍,然亦只是～之法,如父母病危,人子尽爱日之诚耳。"清《天豹图》二七回:"如再～,倘太师爷到来,如何是好?"

【唉哼】 ái hēng 同"唉哼"。清《醒世姻缘传》九〇回:"(晁梁)从做梦日起,昼夜像那吃奶孩子一般,不住声～,饭也不吃,黑瘦的似鬼一般。"

【捱】 ái 另见 āi。❶ 同"挨(ái)❶"。金刘祁《归潜志》卷一〇:"赵可可,肚里文章可可。三场～了两场过,只有这番解火。"《元曲选·玉壶春》三折:"准备着一条脊骨～那黄桑棒,安排着八片天灵撞翠岩。"明盛从周《折桂令·闺情》:"近别离怎地～波,才到黄昏,觅死求活。"清《续金瓶梅》三〇回:"饿得眼里黄花乱滚,肚里肠子乱叫起来,好像蚯蚓之声,其实难～。" ❷ 同"挨(ái)❷"。明孙叔顺《一枝花》:"绣帏中受坎坷,锦帐内～囚禁。"清戴璐《藤阴杂记》卷一:"敢只望乞面去～些脸臊,那知道吃雷回唬得魂消。" ❸ 同"挨(ái)❸"。宋文天祥《满江红·和王夫人满江红韵》:"燕子楼中,又～过几番秋色。"明《老乞大谚解》卷上:"这桥梁,桥柱比在前尤牢壮,这的～十年也坏不得。"清《醒世姻缘传》七五回:"要像这们等的,这天长地久的日子怎么～!" ❹ 同"挨(ái)❹"。宋章谦亨《步蟾宫·守岁》:"团圞小酌醺醺醉,厮～著没人肯睡。"元刘壎《呈州转申廉访分司救荒状》:"上年腊月,农家多已无饭度岁矣。若～至春,又遇雪冻闰月。"明杨寅秋《粤中与弟贞叔书》:"无奈身不自由,地方事不得宁贴,只得强～半年。" ❺ 同"挨(ái)❺"。宋陈著《烛影摇红·寿内子》:"～到如今,信知空挂闲怀抱。"明王樵《与从子坚书》:"黄安朝刻书,已尽付银米,但此人性不耐淡,而又善～工,须时时一查督之。"《醒世恒言》卷一:"老媳妇原许下与他婆一房妻小的,因手头不宽展,～下去。" ❻ 同"挨(ái)❻"。宋元《清平山堂话本·陈巡检》:"前面梅岭,望着好生险峻崎岖,凹凸难行,只得～过此岭,且去沙角镇上了任,却来打听。"元王恽《水口》:"山路～来仆马瘏,方舟南下颇安徐。"明《平妖传》五回:"婆子道:'此去离剑门山不远,那里好歹有个庵院,可以安身,说不得再～几步去。'" ❼ 同"挨(ái)❼"。元白贲《醉花阴》:"料今生缘分拙,四时饮膳强～些。"清《聊斋俚曲·墙头记》:"才～了一碗,战战起来,说:'禁了心了,不吃罢。'" ❽ 同"挨(ái)❾"。《太平广记》卷三二一:"屋西厢有磨,鬼就～此磨,如人推法。"明冯惟敏《朝天子·乌须》:"绢罗儿细筛,瓷钵儿烂～。"清许重炎《潘天成先生年谱》:"独～石磨,推转而象乾坤。" ❾ 同"挨(ái)❿"。宋《朱子语类》卷一一一:"读书理会道理,只是将勤苦～去,不解一时便成。"明邹元标《答钟文陆

侍御》:"夫学非可以意气承当,非可以知识揣摩,日推月～,自有光融。"

【捱迟】 ái chí 同"挨迟"。清《聊斋俚曲·磨难曲》:"我因此～时刻,也教他料理从容。"

【捱抵】 ái dǐ 禁受;承当。明高濂《步步娇·薄命吟》:"不挣持红衫瘦小,难～粉容消耗。"

【捱光】 ái guāng 同"挨光"。元明《水浒传》二四回:"但凡～最难,十分光时,使钱到九分九厘,也有难成就处。"

【捱哼】 ái hēng 同"唉哼"。清《醒世姻缘传》三三回:"先生教,他口里～;先生住了口,他也就不做声。"又七四回:"素姐尚睡觉未起,在床嗳哟嗳哟的～。"

【捱命】 ái mìng 同"挨命"。明《西游记》四四回:"正都在倒悬～之处,忽然天降下三个仙长来俯救生灵。"《禅真逸史》五回:"这李秀和庄客两个倒在地上哼哼地～。"

【捱磨】 ái mò 同"挨磨(mò)"。清《续金瓶梅》四〇回:"到了三十一岁,招了个穷人,担水～。"

【捱耐】 ái nài 忍耐等待。元方回《三月十七夜大雷雨》:"～天明招敢叟,能来破闷赖斯人。"

【捱取】 ái qǔ 拖延。"取"为动词词尾。明孟称舜《娇红记》四八出:"强～一响的时光,也反添着嗟嘘。"

【捱忍】 ái rěn 同"挨忍"。明《金瓶梅词话》五一回:"我晓的今日这命死在你手里了,好难～也。"《醒世恒言》卷二七:"玉英姊妹～不过,几遍要寻死路。"

【捱受】 ái shòu 忍受。明《禅真后史》四回:"这苦楚实难～。"

【捱延】 ái yán 同"挨延"。明唐顺之《公移·牌》:"此不过将官共作～之计而已。"清毛奇龄《请定勋贤祠产典守公议》:"犹隐忍不即发,～至康熙三十三年。"《十二楼·拂云楼》四回:"这头亲事决成,只是～不得。"

【睚】 ái 同"睚❷"。元马致远《集贤宾·思情》:"更漏永,怎地～。"《元曲选外编·紫云庭》二折:"你是老人家,须知道些道理,有的事便～不到家哩。"

【睚喍】 ái chái 张开嘴巴,贪馋凶狠貌。唐寒山《我见百十狗》:"我见百十狗,个个毛擘鬖……投之一块骨,相与～争。"又作"崖柴"。《敦煌变文校注》卷六《大目乾连冥间救母变文》:"长蛇皎皎三曾黑,大鸟崖柴两翅青。"按,唐玄应《一切经音义》卷一二《起世经》第三卷音义:"睚喍,五佳反,下佳反。犬见齿然也。"又《广韵·佳韵》:"睚,犬斗。"

【睚哼】 ái hēng 哼唧;呻吟。清《醒世姻缘传》九五回:"他～说:'恶心,眼黑。'"《聊斋俚曲·禳妒咒》:"那情可是大家的情,怎么丢下些相思,叫俺自家～?"

【睚】 ái 另见 yá。❶ 艰难地度过或等待。宋辛弃疾《一剪梅》:"而今独自～黄昏,行也思量,坐也思量。"元王伯成《哨遍·项羽自刎》:"自清晓彻终日,从黄昏～五更。"郑光祖《驻马听近·秋闺》:"强～夜永把灯挑,欲求欢梦和衣倒。" ❷ 拼;抵挡。元吕济民《鹦鹉曲·叹光阴》:"怎禁他地久天长,～不过暗去明来。"周德清《斗鹌鹑·双陆》:"休惧怯～他免回,如征战要加神气。"

ǎi

【欸乃】 ǎi nǎi ❶ 湖南一带的船歌或渔歌。唐元结《欸乃

曲》："谁能听～，～感人情。"题注："棹舡之声。"《元曲选·倩女离魂》二折："听长笛一声何处发，歌、橹咿呀。"清曹尔堪《木兰花令·送客南还》："五湖烟景从今占，～莲歌游女艳。" ❷引申指诗人唱和或吟诵。宋陈师道《和黄预感秋》："黄生多新诗，如盆茧抽絮。唱高难～，隽永得咬咀。"明郑真《寄凤阳府斯文诸君子·陈仲良》："金缕词工春～，宝炉香热昼氤氲。"

【矮】 ǎi ❶身材短。唐白居易《道州民》："道州水土所生者，只有～民无～奴。"《元曲选·燕青博鱼》三折："奸夫在那里? 姓张姓李? 姓赵姓王? 可是长也～，瘦也胖?"清《醒世姻缘传》一回："家丁庄客，那管老的少的，长的～的。" ❷短;低。唐皮日休《新秋言怀寄鲁望》："桧身浑个～，石面得能頽。"宋陆游《老学庵笔记》卷三："然笺启不废，但用一二～纸密行细书。"清《醒世姻缘传》五七回："可不这天爷近来更～，汤汤儿就是现报。" ❸变矮;减弱。明《西游记》三二回："呆子闻言，就吓得～了二寸。"清《儒林外史》五五回："他就一凿，把小和尚凿～了半截。"《红楼梦》七九回："自此便加一倍小心，不免气概又～了半截下来。" ❹喻指胆怯、畏惧。金《董解元西厢记》卷二："来后怎生当待? 思量怎怪那不怪，由然甚～也不~?"

【矮挫】 ǎi cuó 犹"矮❶"。元明《水浒传》三三回："宋江～，人背后看不见。"明《金瓶梅词话》六五回："张三矮胖，只把气吁;李四～，频将脚蹯。"

【矮短】 ǎi duǎn ❶犹"矮❶"。唐张鷟《朝野佥载》卷四："唐波若～，目为'郁屈蜀马'。"元明《水浒传》二五回："武大～，正踢中心窝里。"《明会典》卷一〇六："(武职)缺唇、跛足、～、残疾，不准袭。" ❷犹"矮❷"。明朱橚《救荒本草》卷二："(兔儿酸)苗比水荭～，茎叶皆类水荭。"

【矮小】 ǎi xiǎo ❶犹"矮❶"。宋洪迈《夷坚志》丙卷六："及生子，乃～成侏儒。"元《三遂平妖传》九回："看那解厌法师时，身才～。"清戴璐《藤阴杂记》卷二："马墨麟维翰人本～，挺立不跪。" ❷犹"矮❷"。元刘一清《钱塘遗事》卷九："屋宇～，多以地窟为屋。"明郑若曾《江南经略》卷八上："倭舟～，福船乘风下压，如车碾螳螂。"清《儒林外史》九回："一径走到市梢头，只见七八间～房子。"

【矮子】 ǎi zi 个子矮的人。《景德传灯录》卷一七《京兆白云善藏禅师》："僧问:'如何是深深处?'师曰:'～渡深溪。'"明沈璟《义侠记》一六出："～肚里疙瘩多。"清《十二楼·夺锦楼》一回："～队里选将军，叫我如何选得出?"

ài

【艾虎】 ài hǔ 用彩线和艾叶扎缚或粘贴成虎形，端午节佩戴或挂在门上以避邪祛祟。宋王诜失调名词："偷闲结个～儿，要插在、秋蝉鬓畔。"明《金瓶梅词话》五一回："李瓶儿正在屋里，与孩子做那端午节戴的那绒绒符牌儿及各色纱小粽子儿并解毒～儿。"清《聊斋俚曲·富贵神仙》："五月五日是端阳，角黍香，菖蒲酒满觞，～挂门旁。"

【艾年】 ài nián ❶五十岁或五十岁以上的老年。语本《礼记·曲礼上》："五十曰艾。"宋方樗《饷吴良贵》："寿介～，期先桂夕。"元张养浩《晋宁张氏先茔碑铭》："德舆母氏永和郡君，今春秋八秩，神明不衰，犹勤女功不置，则其～治内可知。"明魏校《复余子积论性书》："南邦漳热，非～异乡所宜。" ❷芳年(女性之)青少年。明魏学洢《读史述·荀松女灌》："荀家有娇女，～方十三。"

【艾人】 ài rén 用彩线和艾叶扎缚成人形，端午节挂在门上以避邪祛祟。唐李商隐《为荥阳公端午谢赐物状》："彼～远具于《岁时》，角黍近标于《风土》。"宋周密《武林旧事》卷三："又以青罗作赤口白舌帖子，与～并悬门楣，以为禳禬。"元佚名《迎仙客·十二月》："(五月)结～，赏蕤宾，菖蒲酒香开玉樽。"

【艾窝窝】 ài wō wō 把糯米蒸熟捣烂裹馅制成的食品，多凉食。明《金瓶梅词话》七回："合子里拐着乡里来的四块黄米面枣儿糕，两块糖，几个～。"也作"爱窝窝"。清李光庭《乡言解颐》卷五："相传明世中宫有嗜之者，因名御爱窝窝，今但日爱窝窝而已。"

【爱】 ài ❶常;经常。《敦煌变文校注》卷五《父母恩重经讲经文(一)》："时时～被翁婆怪，往往频遭伯叔嗔。"《祖堂集》卷一九《香严和尚》："(洞)山云:'有什摩佛法因缘?'对云:'佛法因缘即多，只是～说三等三。'"《敦煌变文集补录·维摩碎金》："常将妙法度众生，～把正因教我等。" ❷容易发生某种行为或情况。唐施肩吾《晚春送王秀才游剡川》："第一莫寻溪上路，可怜仙女～迷人。"宋《五代史平话·梁上》："您～贪酒，莫误我事。"清《红楼梦》六四回："(黛玉)本来素习～哭。" ❸贪图;贪恋。宋《三朝北盟会编》卷五五："若水曰:'盖缘三镇军民未肯交割，故欲将逐年租赋奉贵朝，其利均一，止是～省事。'"克勤《碧岩录》一八则："国师尝奏帝，令召他，三诏不起。常骂国师耽名～利，恋著人间。"明《禅真逸史》四回："钟守净毕竟是个小家出身，胸襟窄狭，吝啬贪鄙，～的是小便宜。"

【爱巴物儿】 ài bā wù er 即"爱物"。清《红楼梦》程乙本七三回："这傻丫，又得个什么～，这样喜欢?"

【爱的做】 ài de zuò 爱怎么做就怎么做。《元曲选外编·渑池会》三折："我和他～，和你那锦片也似秦州做不的主。"《元曲选·后庭花》二折："要行处，便行去，由得你，～。"

【爱好】 ài hǎo 贪色。"好"指美色。明《金瓶梅词话》八七回："他性儿又好，年纪小小，又偶俏，～，你就是个有造化的。"薛论道《玉抱肚·杂情》："东墙撞倒自不回，～贪他敢怨谁?"

【爱眷】 ài juàn ❶眷恋;爱恋。《敦煌变文校注》卷五《双恩记》："无恨怨酬(仇)无～，不怜毫(豪)富不斯(欺)贫。"清《东周列国志》九九回："异人得了赵姬，如鱼似水，～非常。"《九云记》二一回："及见郑小姐，～之心不但由中而出。" ❷眷属;夫妻。明汤显祖《牡丹亭》一二出："咱不是前生～，又素乏平生半面。则道来生出见，乍便今生梦见。"孟称舜《娇红记》二一出："我把红线千条系好缘，管取两人成～。" ❸眷顾。谦词。宋韩元吉《与执政论千秋涧事宜札子》："某仰恃～，敢私布之，幸赐容查。"明顾清《三儿继聘陆氏礼书》："阁下崇执虚谦，初无择于寒素;而仆乃仰承～，又敢忘于佩铭!"

【爱悯】 ài mǐn 爱惜怜悯。唐苏涤《宣宗谥议》："～生育，则禁三月五月之采捕。"宋叶梦得《谢军寨遇火赦罪表》："虽～黎元如御朽索之马，而保全臣子每漏吞舟之鱼。"元张养浩《时政书》："在下者既知上之人～如是，故临期操畚荷插，乐然趋事。"

【爱昵】 ài nì 喜爱;亲近。《新唐书·王世充传》："阴奏远方珍物以媚帝，帝～之。"宋杨简《家纪》四："小人以利合，尔汝～，相濡以沫。"清《聊斋志异·周克昌》："年五旬，止一子，名克昌，～之。"

【爱溺】 ài nì 溺爱。宋吕祖谦《左氏博议》卷一四："邻人之笛，怀旧有感之;斜谷之铃，～者悲之。"清《聊斋志异·邵女》："父

～之,有议婚者,辄令自择。"

【爱娘子】　ài niáng zi　称妾。明《金瓶梅词话》三四回:"你便图毡他那屁股门子,奴才左右奁你家～。"

【爱女】　ài nǚ　贪恋女色,有时径指嫖妓。金《董解元西厢记》卷八:"后门外横着尸首,牌写着数行字出示:这厮一生～,今番入死。"《元曲选·杀狗劝夫》三折:"买酒处白厮呈,做事处干厮哄,～处干厮迎。"

【爱偶】　ài ǒu　犹"爱眷❷"。明孟称舜《娇红记》五〇出:"三生梦中成～,把昔日情怀今日勾。"

【爱卿】　ài qīng　❶君王爱称臣子或妃子。《元曲选·汉宫秋》三折:"那里也～,～,却怎生无些灵圣? 偏不许楚襄王枕上雨云情。"元明《水浒传》八一回:"李师师举杯上劝天子。天子大喜,叫:'～近前一处坐地。'"清《隋唐演义》六二回:"时唐帝见了秦琼,分外优礼,便道:'～父子平身。'"　❷情人间的爱称。明《古今小说》卷三:"将简拆开灯下看时,写道:'山顿首,字覆～韩五娘妆次。'"《欢喜冤家》二二回:"难得～一点真心,令我何福消受。当此月明之下,交拜立誓。慢慢蓄发,回家永为夫妻。"清《锦香亭》三回:"故此留宴宫中,耽搁了一日,冷落了～了。"　❸男子对亲近友人的爱称。宋刘过《和刘叔拟》:"百年为客老,一念～深。"陈造《寄张茂深郎中》之二:"高会几陪山简醉,长篇许为～吟。"

【爱人】　ài rén　❶称所爱的人。明汤式有《一枝花·子弟每心寄青楼～》。　❷令人喜爱。《元曲选外编·东墙记》一折:"你看那桃杏花是好～也!"明《禅真后史》二回:"忽听得一派笛音从庙后而出,清亮,～。"清《绿野仙踪》九七回:"好齐整美人! 好～美人! 好俊俏美人! 何不拿他去进与大王?"

【爱物】　ài wù　心爱的玩物;稀罕的东西。明《金瓶梅词话》一三回:"此是人的～,我借了他来家瞧瞧。"又三一回:"(玉箫)因见他白滚纱漂白布汗褂儿上系着一个银红纱香袋儿,一个绿纱香袋儿,问他要:'你与我这个银红的罢!'书童道:'人家个～儿,你就要。'"清《红楼梦》庚辰本六回:"刘姥姥心中想着:这是什么～?"

【爱小】　ài xiǎo　好占小便宜。明《西游记》五〇回:"出家人不要这等～。"《型世言》三回:"或是勤吃懒做,与公姑不合;或鄙啬～,嫌憎公姑费他赡养。"清《荡寇志》七九回:"你忒～,这搔头能值几钱?"

【隘】　ài　通"溢"。充盈;充满。唐杜甫《草堂》:"城郭喜我来,宾客～村墟。"《敦煌愿文集·二月八日文》:"遂乃梅花始笑,喜鹊欲巢;真俗旋成,幡花～路。"六十种曲本《琵琶记》六出:"荣戟门前,平沙堤上,何事车填马～?"

【碍】　ài　遮蔽。唐杜甫《见王监兵马使说近山有白黑二鹰》:"鹏～九天须却避,兔藏三窟莫深忧。"宋《虚堂和尚语录》卷七:"断来妙喜针锋上,塞破虚空不～空。"清汪由敦《恭和御制落叶诗元韵》之四:"报他干霄虽好在,屯云～日尚能无?"

【碍不着】　ài bù zháo　挡不住。明贾凫西《木皮词》:"当日在华容小道,撞在关公手里,被他老人家提起青龙偃月刀,一刀斫为两段,岂不直捷痛快! 也～他留万世的骂名。"又:"就留着伯鱼送了他老,也～他做古今文章祖,历代帝王师。"

【碍叫】　ài jiào　吵闹;争吵。明佚名《薛苞认母》二折:"你则待寻些～,把家缘家计尽都分了。"

【碍口】　ài kǒu　因故不便直接说出。明《拍案惊奇》卷一:"文若虚终是～,待说又止。"清《隋唐演义》二二回:"要晓得这八个人里面,倒有好几个曾在绿林中吃茶饭,因此,只得叫老～,待说还休。"

爷。"《梦中缘》二回:"又踌躇道:'终是～。他是我的东主,我是他的西宾,宾主之间这话好好提起?'"

【碍难】　ài nán　❶阻碍;不便。明徐元太《喻林》卷九四:"人行于道路,不可须臾离也,若离道则～不通。"《绣榻野史》卷上:"虽日亲近,只是有些～。"　❷为难。明《醒世恒言》卷一三:"你且说是谁,直恁地～!"　❸难于;不能够。清《平定两金川方略》卷六三:"但兵役相杂,且尚有照常打仗及得病受伤者,～尽办。"《珍珠舶》一四回:"应即选吉完尔伉俪,惟尔岳翁不归,～造次。"

【碍事】　ài shì　❶误事;失误。《旧五代史·唐书·张宪传》:"上怒,戒有司速治行事之庭,～者毕去。"宋钱时《融堂四书管见》卷八:"子贡聪明多智,正是他～处。"清焦袁熹《此木轩四书说》卷五:"虽未能尽时措之宜,然大段守得个正道,无差跌了,固非拘执偏见,十分～也。"　❷有所妨碍;不方便。元古本《老乞大》:"这般时,敢少了怎饭,不～,便少时,俺再做些个就是。"《元曲选·朱砂担》一折:"连我也被这脚跘儿～。小二哥,将个针来,烦兄弟与我挑破这跘者。"明《山歌·汤婆子与竹夫人相骂》:"道是我热闹闹介有趣,暖烘烘介对科,弗比薰笼介～,又强如火炭个脚炉。"　❸严重;要紧。金《董解元西厢记》卷五:"是您姐姐今宵与我偷期的意思,说与你也不～。"明《朴通事谚解》卷上:"这们时不～,容易医他,不须帖膏药。"清《儒林外史》一六回:"却也还有个虚惊,不大～,此后运气一年好似一年哩。"

【碍手】　ài shǒu　❶硌手;手摸时有凸起的感觉。宋唐积《歙州砚谱》:"赘子若乌豆状,隐起～。"明徐谦《仁端录》卷二:"头面痘细碎坚实,摸之～。"清《野叟曝言》一六回:"用指去摸,如火刺一般,干涩～。"　❷障碍;妨碍。或指成为障碍的人。明锺惺《朱云梅福论》:"其意全在诉王章之枉,发明王氏篡汉先除～之由。"沈德符《万历野获编》卷二〇:"沈方负相望,词林后辈有忌其～,捏造此谤。"文秉《烈皇小识》卷二:"不过以其稍持公道,每多参驳,乃借外转以除～耳。"　❸麻烦;难于处理。宋周必大《与王仲行尚书札子》:"大抵州郡有美听之事,则络绎而来,稍～,必避罪掩蔽。"明《禅真逸史》七回:"弄起来却也不难,只有一桩儿～。"清《歧路灯》二九回:"况且皮货箱儿放着一百五十两银也就～,再拿这戏衣,事是必犯的。"

【碍眼】　ài yǎn　❶满眼;充满视野。唐杜牧《送沈处士赴苏州》:"譬如匠见木,～皆不弃。"金朱之才《谢孙侍丞惠梅花》:"弥望多枣栗,～皆荆榛。"　❷障眼;妨碍视线。宋陈舜俞《中秋佳月独游垂虹亭》之二:"寥沉更无云～,沧浪合是我维舟。"明沈周《蚤起》:"面前雪影流头乱,空里虫丝～多。"王肯堂《证治准绳》卷三五:"已上六味并无去翳之功,不用更妙,恐有～作痛害眼之祸也。"　❸刺眼;惹人注意或引起视觉不快。宋李复《杂诗》:"秋风叶落时,～如矛戟。斤斧不得施,怅然空叹息。"明沈德符《万历野获编》补遗卷三:"举朝骇愕,盖以首篇明德马后进封一事,不免稍～耳。"清《荡寇志》八〇回:"我这般装束～,方以关上那将官只管朝我看。"　❹嫌人在眼前于自己不便。元明《水浒传》二六回:"如今家中又没人～,任意停眠整宿。"明沈德符《万历野获编》卷五:"沙复与恶少通体,憎其子～,以药鸩之。"清《红楼梦》八〇回:"虽是香菱犹在,却亦如不在的一般,总不能十分畅快了,就不觉的～了。"

【嗳嗲】　ài dài　眼镜。明《西洋记》九九回:"万岁爷道:'～是个甚么?'元帅奏道:'眼镜之类,观书可以助明。'"方以智《通雅》卷三四:"～,眼镜也。"清弘历《赋得眼镜》:"奇名曰～,老景助婆娑。"

ān

【安】 ān ❶ 给予(名字等)。《祖堂集》卷六《洞山和尚》:"师问僧名什摩,对曰:'请和尚～名。'"《景德传灯录》卷一七《道膺禅师》:"只如天上无弥勒,地下无弥勒,未审谁与～字?"清弘历《团河行宫八景叠甲寅韵·镜虹亭》:"碧水虚亭焉识此,笑～名者只空空。" ❷ 藏匿;隐藏。《景德传灯录》卷二〇《匡一定觉禅师》:"碧潭清似镜,盘龙何处～?"元《七国春秋平话》卷中:"齐王……寻太子固存,游东海,不知～在那里。"《元典章·刑部十九》:"张元一～着姚千六等在家,用火印竹马子并用太平铜钱八文赌扑八叉。" ❸ 怀着;存着。清《醒世姻缘传》四〇回:"你不知～着什么低心哩。"《红楼梦》五五回:"大家省事罢,别～着没良心的主意。"

【安办】 ān bàn 安排;准备。明《警世通言》卷七:"郡王又去灵隐寺斋僧,长老引常并众僧接入方丈,少不得～斋供,款待郡王。"

【安保】 ān bǎo ❶ 保护使平安。五代王建《郊天改元赦文》:"朕自援旗誓众,仗钺平戎,廓定封疆,～生聚。"宋张方平《请详定盗贼条法事》:"精立赏罚条格颁行,以禁止凶暴,～万民。"明《西游补》九回:"桧虽愚劣,原有～君王宴宁天室之意。" ❷ 平安。元明《三国演义》四三回:"若不待气脉和缓,便投以猛药厚味,欲求～,诚为难矣。"

【安便】 ān biàn ❶ 安宁;舒适。唐白居易《新秋喜凉》:"老夫纳秋候,心体殊～。"宋苏辙《次韵子瞻祈雨》:"庙令酒肴时醉饱,田家糠秕久～。"清赵执信《泊常山明日将山行》:"北客南来揶马鞭,渐于水宿得～。" ❷ 稳妥方便。宋范纯仁《奏分兵守汝遮》:"比之汝遮,有机可乘,则役兵者皆在邻近,委实～。"明戚继光《纪效新书》卷一八:"个船放铳,须将火药收藏～,免致火星爆入。"清黄叔璥《台海使槎录》卷一:"以台湾所产白糖,配台湾兴贩船数,固为～。" ❸ 平安。宋范祖禹《申门下省乞罢泸州置梓夔路状》:"所贵西南久远,～,谨具申门下省,伏乞详酌实行。"《大金吊伐录》卷二:"不然,则上有伤朝廷合抚人民,亦恐贵国不获～。"明李贤《述土木之难》:"边烽从此息,黎庶始～。" ❹ 安定;平定。元王恽《论钞息复立常平仓事》:"百姓缺食,官为减价出粜,民赖以安。此先事之效也,兼～官民。"袁桷《先大行述》:"将循视沿江诸屯垒,苟可～,毋忌也。"

【安泊】 ān bó ❶ 居留;住宿。《敦煌变文校注》卷五《双恩记》:"这个也为闲处事,问善友到何～唱将来。"宋佚名《张协状元》二出:"同途相识,一道共店～。"明瞿佑《剪灯新话》卷四:"既无旅店,何以～?"有时指住宿处,用为名词。宋吴自牧《梦粱录》卷二:"诸州士人,自二月前后到都,各寻～待试。" ❷ 停靠;停泊。宋田锡《先君赠工部郎中墓碣》:"就开池沼,良有其由。一则以～战船,一则以澄渟水潦。"明杨士奇《嘱咐侄升缘路事宜》:"遇美云气风色不便,便须早寻～处。"清《东周列国志》五四回:"那船俱四散,一时不能取齐。" ❸ 安置;安顿。宋王安石《赐韩琦依所乞诏》:"由河阴本路赴相州～骨肉行李讫,径乘递马赴阙朝见。"明郑叔夫《答杨叔亨》:"若苦去书本上搜求该博,一旦年力衰莫,却于何处～?"清陈世祥《解连环·次顾同束怀旧原韵》:"待叠起相思,又难抛却。百转回肠,镇日夜全无～。"

【安藏】 ān cáng ❶ 窝藏;隐藏。《元典章·户部六》:"刘大首获同居弟刘伯养儿,知情～反狱造伪人苏坚,又于本家雕造伪钞,取问招是实。"明《西游记》六三回:"那九头虫将公主～在内,

急取月牙铲,赶至前宫。" ❷ 止息;居留。元段成己《临江仙·李山人寿》:"四海干戈犹未定,此身底处～?"明沈周《感燕》:"他垒皆有据,负固恃～。尔尚务速成,致败无忖量。" ❸ 保藏;贮藏。元陶宗仪《慈云十咏·嗜师全身塔》:"一定千年与世忘,当时起塔谨～。"明高濂《遵生八笺》卷一五:"用以作画,俨若生纸。若～三二月用,更妙。"

【安插】 ān chā ❶ 插入;放进。宋李诫《营造法式》卷一二:"凡雕插写生毕,先约栱眼壁之高广,量宜分布画样,随其卷舒雕成华叶于宝山之上,以华盆～之。"明《警世通言》卷二二:"一对儿黄布袄驮了冥财,黄布袋～纸马文书,挂于项上。"清徐乾学《读礼通考》卷九六:"大升舆,其制下方而盖以殿宇,四柱皆旋～,夹以青障。" ❷ 安置;使有着落。元张养浩《朱履曲》:"那的是为官荣贵?止不过多吃些筵席,更不呵～些旧相知。"《明史·广西土司传二》:"臣随至其营,抚定其众七万馀人,复委布政使林富等～,于二月二十六日悉命归业。"清《红楼梦》六回:"先到了倒厅,周瑞家的将刘姥姥～在那里,略等一等。" ❸ 驻留;定居;驻扎。明佚名《普天乐·思情》:"等他来何他,在谁家～? ～在谁家?"《型世言》一七回:"胁从贼人渐渐出降,总督都给与执照,许他近地～。"清《东周列国志》九六回:"出邯郸东门三十里,传令立壁下寨。～已定,又出令曰:'有言及军事者斩!'" ❹ 布置;处理。清洪昇《长生殿》一二出:"～,一字字要调停如法,一段段须融和入化。"《红楼梦》一六回:"黛玉又带了许多书籍来,忙着打扫卧室,～器具。"

【安存】 ān cún ❶ 安置;使有着落。《敦煌变文校注》卷一《捉季布传文》:"若得片云遮顶上,楚来投来总～。"宋曹勋《六和塔记》:"先造僧寮、库司、水陆堂、藏殿,～新众。"明于谦《兵部为公务事奏》:"但遇边方有警,即将沿河军民如法～,船只如法整治。" ❷ 安身;安歇。宋佚名《张协状元》四四出:"村落人家不足论,不如古庙且～。"《元曲选·潇湘雨》四折:"定道是馆驿里好借～,谁想你恶眼眼将咱赶出。" ❸ 抚慰;慰问。《敦煌变文校注》卷一《捉季布传文》:"季布得知心里怕,甜言美语却～:'不用惊狂心草草,大夫定意但安身。'"唐[日]圆仁《入唐求法巡礼行记》卷三:"州押衙姓何,来寺中相看~。"宋张咏《陈州到任谢表》:"宪司弹云:'臣僚在假百日不朝者,准式罢免。'皇帝宽给假告,倍加～,不去官,不停俸。"

【安单】 ān dān ❶ 坐垫之类。宋吴潜《朝中措·和刘自诏三用韵》:"不是无情描貌,奚奴且放～。" ❷ 僧侣在寺院中居止。宋吴自牧《梦粱录》卷三:"盖孟夏望日,乃法王禁足、释子护生之日,自此有九十日,可以～办道。"清方成培《雷峰塔》三〇出:"飞锡湖干,俺本是西来动土偶～。"《续金瓶梅》五九回:"只有一众小和尚,约有二十岁年纪,却同了空一处～。"

【安耽】 ān dān 安坦;安闲自在。明《英烈传》一二回:"通源说:'你们好自在货儿,只好吃～饭,这些儿便拽不起!'"《型世言》五回:"咱闭好了门,正待睡个～觉儿。"清《豆棚闲话》五则:"何不随我到府中受用些～衣饭,度汝母亲残年?"

【安顿】 ān dùn ❶ 安放;安排。宋《朱子语类》卷四:"若以天命之性为根于心,则气质之性又～在何处?"元明《水浒传》三回:"金老得了这一十五两银子,回到店中,～了女儿。"明张鍊《寄生草·有感》:"迟共早天,荣和枯运刮划。" ❷ 同"安泊❷"。宋真德秀《申枢密院措置沿海事宜状》:"目今见泊近城水次,今欲移就法石港～。" ❸ 安歇;安身。明《封神演义》五回:"美人暂且～,待朕出殿就回。"清《聊斋志异·娇娜》:"仆皇甫氏,祖居陕,以家宅焚于野火,暂借～。" ❹ 安稳。清《红楼梦》七七回:"听着宝

玉在枕上长吁短叹,翻去复来,直至三更以后方渐渐的～了,略有鼾声。"陈维崧《醉春风·上巳阴雨》:"丝管精详,宾朋妥贴,心情～。" ❺ 安抚。明佚名《胭脂记》一六出:"只得开门,把言语～他去便了。"

【安放】 ān fàng ❶ 摆放;放置。宋《三朝北盟会编》卷九八:"所取本朝辂辇逍遥子,在燕山延寿寺。"《元曲选·抱妆盒》四折:"就将太子～妆盒里面。"清吴绮《金凤钩·独见鞋》:"行行惟恐纤尘漾,长只向、枕边～。"也指布置、摆设。明《封神演义》四四回:"着南宫适、武吉起造芦篷,～席殿。"引申指储存。清《平定朔漠方略》卷二一:"凡坐塘之处,俱各～米三石。" ❷ 支应;安抚。明《古今小说》卷五:"客官不须发怒。那边人众,只得先～他;你只一位,却容易答应。"《醒世恒言》卷一:"又请石小姐出来再三抚慰,连养娘都用许多好言～。" ❸ 安顿;安排。明《金瓶梅词话》七七回:"西门庆令玳安把马牵进来,后边院落～。"清《平定准噶尔方略》正编卷一二:"沿河下游～卡伦,侦探信息。"李玉《清忠谱》一三折:"两个～已妥,此时该去拿周文元了。" ❹ 安定。清《红楼梦》一〇七回:"(凤姐)今见贾母仍旧疼他,王夫人也不嗔怪,过来安慰他,又想贾琏无事,心下～好些。"

【安分】 ān fèn 守本分。唐元稹《班肃授尚书司封员外郎制》:"游其门者莫不跧窜奔进,惧罹其身。惟尔～不渝,进退有素。"《元曲选·东坡梦》一折:"倒不如咱家～,向深山将姓名隐。"清《聊斋志异·细柳》:"既知悔,无须挞楚,可～牧豕,再犯不宥。"

【安伏】 ān fú ❶ 安顿;安置。《元曲选·鲁斋郎》二折:"投到～下两个小的,收拾了家私,四更出门,急急走来,早五更过了也。" ❷ 安抚;抚慰。《元曲选·合汗衫》一折:"那厮有些怪我,我着几句言语～他咱。"有时用重叠式 ABAB。清《红楼梦》程乙本六〇回:"你跟了你妈去,到宝姑娘房里,把莺儿～～,也不可白得罪了他。"

【安付】 ān fù 即"安伏❶"。明佚名《认金梳》楔子:"将孩儿来,我～的停当了,回你的话。"《金瓶梅词话》八二回:"经济梯己与了他一方手帕,～他看守房中。"

【安复】 ān fù ❶ 即"安伏❷"。《元曲选外编·刘弘嫁婢》二折:"贪烦恼,却忘了～姊子。" ❷ 平复;痊愈。宋苏轼《答苏伯固书》:"昨在途中,风闻公下痢,想～矣。"慕容彦逢《辞免再除中书奏状》:"臣见为伤暑不安,依例乘船起发前去。只候稍～时,乘递马至国门听候指挥。"

【安覆】 ān fù 告知。元明《水浒传》七四回:"教师两年在庙上不曾有对手,今年是第三番了,教师有甚言语～天下众香官?"

【安好】 ān hǎo 平安。多作问候语。唐张九龄《敕新罗王金兴光书》:"春暮犹暄,卿及首领百姓并～。"元胡祗遹《寄杜提学》:"谏章烂云锦,万类遂～。"清《荡寇志》七一回:"范旗牌～!何不吃碗茶去?"

【安候】 ān hòu ❶ (身体)平复;平安。宋李纲《与吕相公第一书》:"譬犹病人有向～,正须自养,而欲遽与人斗,可乎?"清李光地《冢男钟伦墓志铭》:"遣医去,犹能问我～而瞑。" ❷ 请安;问候。清《天雨花》四回:"并同小姐与公子,上前～老夫人。"

【安迹】 ān jì 安宁;安居。宋洪迈《夷坚志》甲卷八:"饮食器皿自厨冉冉而行,直入后隙圃。人取之回,复去如故,举家不得～。"元明《三国演义》六〇回:"故能如此,但未有～之所。"明《醒世恒言》卷二一:"闹了黄龙寺中半夜不～。"

【安济坊】 ān jì fāng 宋代救济、治疗贫病无依者的慈善机构。宋洪迈《夷坚志》乙卷四:"不幸而有病,家贫不能拯疗,于是有～,使之存处。"又作"安济院"。真德秀《司农卿湖广总领詹公行状》:"又以馀力立举子仓,创安济院,所活不可胜记。"

【安健】 ān jiàn 平安健康。《太平广记》卷二四二引《王氏见闻》:"道路间睹其形貌,甚是～。"六十种曲本《琵琶记》二六出:"忽拜尊翰,激切意悬悬。幸喜爹娘和媳妇,尽～。"清彭孙遹《冬夜舟中写怀寄王阮亭司农》:"愿君益～,玉体轻翩珊。"

【安康】 ān kāng ❶ 安宁;安乐。《敦煌愿文集·愿文》:"然后愿阖城士庶,并各无虑,千家永保于～。"《元曲选·连环记》二折:"想当初避лядьвремя时干戈扰攘,到如今太平年黎庶～。"清蓝鼎元《林母李太君哀词》:"天城避兵,四载～。一朝弃去,寇坠岩疆。" ❷ 犹"安健"。唐徐成《王良百一歌·疗黄》:"头闷忽衔缰,此即是心黄。先须用火烙,时下得～。"明孟称舜《娇红记》二五出:"你怎生作法禳解,得我官人病体～。"清吴伟业《遣闷》之二:"上有王母方～,下有新妇相扶将。"

【安乐】 ān lè 平安无恙。金《刘知远诸宫调》一一:"甚你却抵讳,问我儿～存亡。"明《老乞大谚解》卷上:"天可怜见,身己～时,也到。"清《聊斋志异·素秋》:"我家公子尚健耶?借口寄语:秋姑亦甚～。"

【安乐堂】 ān lè táng 供人养病的场所。宋刘辰翁《大梵寺记》:"其间马粪荒凉,病者居之,其名为～。"《元典章·兵部一》:"各翼并都镇抚司起盖～,将护病军人。"清孙承泽《春明梦馀录》卷六:"北安门内街东曰～,内宫有疾者移此。"

【安宁】 ān níng 平安;康健。唐白居易《蜀路石妇》:"其夫有父母,老病不～。"元郑光祖《周公摄政》一折:"恰救得苍生安息,便不能龙体～。"清《飞龙全传》四回:"公公向来～,何曾有病!"

【安排】 ān pái ❶ 安置;摆设。《祖堂集》卷二《弘忍和尚》:"惠能领得其银,分付～老母讫,便辞母亲。"元关汉卿《拜月亭》三折:"梅香,～香桌儿去,我待烧灶夜香咱。"清《红楼梦》二回:"将历年做官积的些资本并家小人属,送至原籍,～妥协。" ❷ 筹划;布置;准备。唐易静《兵要望江南·占气》:"必主好谋事已定,～大战夺吾城。"《元曲选外编·西厢记》四本一折:"～着害,准备着抬。"清洪昇《长生殿》六出:"宫帏事,费～。云翻和雨覆,蓦地闹阳台。" ❸ 打发;排遣。《敦煌变文校注》卷一《王昭君变文》:"若道一时一饷,犹可～,岁久月深,如何可度?"《元曲选外编·西游记》四本一折:"意悬悬业眼,急攘攘情怀。身心一片,无处～。"清彭孙遹《卜算子·夏至日》:"来日还如去日长,没个～处。" ❹ 故意做作。宋《朱子语类》卷一一三:"佛氏要空此心,道家要守此气,皆是～。"《慧南禅师语录》:"古人随时一言半句,亦无巧妙;今人用尽心力,终不到他境界。"清钱谦益《病榻消寒杂咏》之二七:"由来造物忌～,遮莫残生事事乖。" ❺ 提弄;算计。《景德传灯录》卷二〇《广济和尚》:"问:'如何是广济水?'师曰:'无饥渴。'曰:'怎么即学人不虚设也。'师曰:'情知你受人～。'"元明《水浒传》三一回:"你虽费用了些钱财,却也～得那厮好。"清《儒林外史》四〇回:"沈琼枝在宋家过了几天,不见消息,想道:'彼人一定是～了我父亲,再来和我歪缠。'" ❻ 整治;烹调。《元曲选·窦娥冤》二折:"有俺婆婆不快,想羊肚汤吃,我亲自～了与婆婆吃去。"明《古今小说》卷三:"教八老买两个猪肚磨净,把糯米、莲肉灌在里面,～烂熟。"清《飞龙全传》三八回:"这白兔儿你拿了不曾?快与乐子拿回去～起来,好与你下酒。"

【安清】 ān qīng 安宁;平静。《祖堂集》卷四《药山和尚》:"师曰:'闻说长安甚大闹,汝还知也无?'对曰:'不知,我国甚～。'"又卷六《洞山和尚》:"僧曰:'臣有功时如何?'师云:'国界～。'"

【安痊】 ān quán 痊愈。唐易静《兵要望江南·人药方》："独头大蒜乌梅肉,速将酒煮便～。"宋洪迈《夷坚志》丙卷六:"迨病者～,坊众相率敛钱建大庙,以报土地之德。"清《万花楼》一○回:"今幸～,到底两腿尚劣弱。"

【安人】 ān rén 本为宋代命妇的封号,后用为对妇女的尊称。元高明《琵琶记》三二出:"如今蔡伯喈老员外、老～、小娘子三人在陈留郡里,我如今交你去请将这里来。"明陈罴斋《跃鲤记》九出:"待我明日到他老～面前搬几句言语,老～必然听我。"清《红楼梦》六三回:"原来尤老～年高喜睡。"

【安设】 ān shè ❶ 摆设;安放。《太平广记》卷一一二引《冥祥记》:"手伐林木,构造小屋,～高座。"宋孟元老《东京梦华录》卷七:"上有层楼台观,槛曲～御座。"清《红楼梦》二三回:"各处收拾打扫,～帘幔床帐。" ❷ 设立;设置。明韩邦奇《～兵马防御敌骑以明烽堠以固地方事》:"谨题为～兵马防御敌骑以明烽堠以固地方事。"清于成龙《请带郎笔帖式疏》:"切照直抚衙门笔帖式郎图于康熙十三年十二月内～,迄今七年有餘。"《平定金川方略》卷二:"沃日、党坝二处,俱～正协粮务各一员。"

【安生】 ān shēng 安静;安宁。明《西游记》三三回:"我们若吃了他师父,他肯甘心?来那门前吵闹,莫想能得～。"清《红楼梦》一七至一八回:"你的意思不叫我～,我就离了你。"《歧路灯》一三回:"这端福儿本是聪明人,离了书本没有～的道理。"

【安胜】 ān shèng 平安;安好。常作书信问候语。唐白居易《代忠亮答土蕃东道节度使》:"岁暮严冬,惟所履～。"宋苏轼《答陈季常书》:"辱得季常手书累幅,审知近日尊候～。"明顾璘《与鲁南书》:"到家已几时,宅眷想并～。"

【安泰】 ān tài ❶ 平安;康宁。唐白居易《幽居早秋闲咏》:"且得身～,从他世险艰。"《元曲选·蝴蝶梦》四折:"赦得俺一家儿今后都～。"清《飞龙全传》三八回:"兄长不必忧心。父母在家,俱各～。" ❷ 安定;平静。唐杜牧《唐故淮南支使杜君墓志铭》:"君因居淮南,筑室治生,不复言治眼。事闻于天下,无不嗟叹君～自如。"宋吕乔年《丽泽论说集录》卷七:"夫三子之言,惟颜渊之言气象～。"明《封神演义》二二回:"况西伯又是久离故乡,睹此一片景色,心中如何～!"

【安贴】 ān tiē ❶ 安帖;安宁。唐赵申旷《唐故居士天水赵府君墓志铭》:"生涯亦不遭毁爇,钱谷湛然,上下无虞,丛食～。"宋《三朝北盟会编》卷三九:"中外民心已渐～。"清《绿野仙踪》八七回:"也有周通夫妇同去的时候,住了数天,甚是～。" ❷ 妥帖;稳当。唐佚名《月波洞中记·河岳》:"折旋俯仰,诸凡～,使人见之不觉悚然生敬者,蔡泽云:'第一上相之人有此威仪。'"明王志长《周礼注疏删翼》卷二七:"使辐股外皲轮较辐门,车行～而不掉。"清《红楼梦》一三回:"事事都算～了,大哥哥还愁什么?" ❸ 舒适;(治疗)感觉好。宋袁文《瓮牖闲评》卷八:"工未毕,而臂疾顿除,～如平时。"清喻昌《寓意草》卷三:"众议姑以前方煎四分之一,服之～,再煎未迟。"

【安童】 ān tóng 童仆。宋吴自牧《梦粱录》卷一九:"六部朝奉顾倩私身、轿番、～等人。"明陆采《明珠记》二出:"昨日分付～塞鸿收拾行李,未曾完备么?"清《飞龙全传》二回:"那夫人听了此言,方才住哭,遂叫～把大爷请出来。"

【安妥】 ān tuǒ ❶ 平安;安定;使安定。《宋史·岳飞传》:"赵鼎奏:湖北鄂岳最为上游要害,乞令飞屯鄂岳,不惟江西借其声势,湖广江浙亦获～。"《元曲选外编·智勇定齐》四折:"这春秋战国争豪,平定了临淄,～了齐朝。" ❷ 平静;痊安。唐白居易《郡斋暇日辱常州陈郎中》:"敢辞官远慢,且贵身～。"明史磐《石

竹花·怀晋陵王姬秀真》:"听谗言反把我责过,怎知道泪眼愁眉别后也甚时～!"清《隋唐演义》一○回:"渐将米汤调理,病亦逐渐～。" ❸ 适宜;妥帖。宋张九成《孟子拾遗》:"公明仪之言与成覸相类,皆有奋然作为之意,不似颜子之言～也。"明《杜骗新书·婚娶骗》:"文字有我族人为证,何等～,不必再疑。"清许廷录《五鹿块》七出:"心头怒气虽稍可,细思量还非～。"

【安慰】 ān wèi 安心;安适;平宁。宋范成大《刺濟漳》:"已定稍～,倏出更惊眩。"金《董解元西厢记》卷六:"莺不守义而忘恩,每侍汤药,愿见～。"明韩雍《先考通议府君发引告祭文》:"我父幸～长往,勿惧勿惊。"清《红楼复梦》四回:"今日心中～,一旦病痊,且有几件要事与你商酌。"

【安稳】 ān wěn ❶ 妥当;合适。唐李恒《停抽俸钱敕》:"近者以每岁经费量入不充,外官俸料,据数抽贯。再三思度,终未～。"明《醒世恒言》卷三:"惟恐他人知道,有玷芳名,还是早些去了～。"清《红楼梦》五回:"(贾母)见他去安置宝玉,自是～的。" ❷ 安顿;安置。明《古今小说》卷一九:"杨知县到得县里,径进后堂衙里,～了奶奶家小,才出到后堂与典史拜见。" ❸ 同"安置 ❷"。唐张鷟《游仙窟》:"新妇向来专心为勾当,以后之事,不敢预知,娘子～,向房卧去也。"明邵璨《香囊记》二九出:"大人请～,此处没人打扰。"

【安息】 ān xī 休息;安歇。元明《三国演义》五三回:"传令不许解甲宿睡,左右曰:'今日全胜,吴兵远遁,将军何不卸甲～?'"六十种曲本《琵琶记》二一出:"公公且自在床上～,待我看婆婆如何。"清洪昇《长生殿》三四出:"孤家醉了,到便殿中～去罢。"

【安席】 ān xí 宴会入座时举行排位次、敬酒等礼节仪式。明《金瓶梅词话》六一回:"道国把盏,与西门庆～坐下。"《二刻拍案惊奇》卷一四:"果然赵县君出来,双手纤纤,捧着杯盘,来与宣教～。"清孔尚任《桃花扇》一三出:"～,坐,斟酒欲饮介。"

【安下】 ān xià ❶ 住宿;安歇。唐薛调《无双传》:"汝易衣服,押领此物出开远门,觅一深隐店～。"《元典章·台纲二》:"如遇巡按差役,止宜于各处馆驿或廊内～。"清《红楼梦》七○回:"说话时,大家～,至次日起来梳洗了。" ❷ 指住处。《元曲选·赵礼让肥》一折:"现如今弟兄衣袂不遮身,可着俺贫寒子母无～。"明佚名《拗芝麻》:"暑气炎,宜趱步,早去寻～。"

【安详】 ān xiáng 平安;安稳。宋魏了翁《长女生日》之三:"两地爷娘正健强,门楣况是得～。"明《西洋记》三九回:"(天师)恐怕有些差错,于自家身上不～。"

【安歇】 ān xiē 住宿;就寝。宋朱熹《按唐仲友第六状》:"有唐仲友亲戚高宣教,将带箬笼,盛贮绢并绵,前去报恩库下～。"《元曲选·金钱记》二折:"打扫书房,就着先生～。"清《红楼梦》一九回:"宝玉命取表来看时,果然针已指到亥正,方从新盥漱,宽衣～。"

【安心】 ān xīn 存心;故意。明刘兑《娇红记》卷下:"不是俺～下得,休怨畅一时间拆散,权宁耐几日分离。"李梅实《精忠旗》一七出:"朦胧,痴心立大功,～恼相公。"清《红楼梦》三○回:"(袭人)料着宝玉未必是～踢他。"

【安愈】 ān yù 犹"安痊"。五代杜光庭《贺圣体渐痊愈表》:"伏审昨日以来,圣体顿就～,臣某诚欢诚跃。"《元曲选外编·降桑椹》二折:"任你摘来与你母亲食用,自然病体～。"清《飞龙全传》一七回:"今得～,诚可庆也。"

【安札】 ān zhá 落脚安身。《元曲选·盆儿鬼》一折:"过一搭荒村小径,转几曲弯浦浮槎,咱则去那汪汪的犬吠处寻～。"

【安扎】 ān zhá ❶ 安插;安顿。明《金瓶梅词话》七六回:

"还缠什么温葵轩、鸟葵轩哩,平白～怎样行货子,没廉耻!" ❷ 驻扎;停歇。明《古今小说》卷三九:"便请王立在厅侧小阁儿内坐下,差个主管相陪,其馀从人俱在门首空房中～。"《西游记》六回:"大圣收了猴兵,～在洞门之外。"清《东周列国志》四五回:"先掺将大营移后十馀里～。" ❸ 构建;修筑。清《平定朔漠方略》卷二三:"令～营垒如故,而营内尽撤去帐房。"《平定两金川方略》卷二九:"阿桂鼓励官兵冒雨搬运木石,陆续前进,～栅卡。"

【安镇】 ān zhèn ❶ 安定;使安定。唐史崇《沙门由起序》:"遂能保佑帝王,～黎庶,此之功德,何以加焉。"宋《太平惠民和剂药方》卷一○:"食后临卧常服,～心神,散败邪热。"清《飞龙全传》二六回:"既是这大王伏妖除害,～村坊,便是有功于民。" ❷ 安抚;镇守。元姚燧《谭公神道碑》:"以公代往,责使抚定。～一年,移师西戎。"元明《三国演义》一○五回:"单说魏王主封司马懿为太尉,总督军马,～诸边。" ❸ 安宁;平安。五代杜光庭《莫庭义本命醮词》:"水旱勿兴,农桑滋阜。龙神～,远近昭苏。"又《中元众修金箓斋词》:"必冀三天降佑,万圣延慈,宗社隆昌,宝图～。"

【安置】 ān zhì ❶ 就寝,也作劝请对方就寝的礼貌语。唐张鹫《游仙窟》:"时既曛黄,且还房室,庶张郎共娘子～。"明魏校《体仁说》:"人子昼常侍亲而夜各就寝。父母弗～,岂自能安。"清《绿野仙踪》六四回:"文炜等道了～,于冰打坐到天明。" ❷ 遭贬谪官员及其家属被指定到某地居住并接受管制。唐李治《免岐王珍为庶人制》:"俾从放黜,以申宽典,宜免为庶人,仍于溧州～。"明《古今小说》卷二二:"天子听信了,即命翰林草制,贬吴潜循州～。"清蓝鼎元《壬午忠节略》:"老父身～海南,二子编伍充匠。" ❸ 安排;打点。《景德传灯录》卷二九《香严袭灯大师智闲》:"唯此人,善～,足法财,具惭愧。"《元曲选·灰阑记》一折:"则是衙门官吏,也要～停当。"清《歧路灯》四六回:"谭绍闻看完宪票,心中惶恐,不能不叫王忠计议,一面～来役。"

【安住】 ān zhù ❶ 驻留;居住。《旧唐书·高骈传》:"卿既～芜城,郑畋以春初入觐,遵命上相,亲领师徒。"《元曲选外编·东墙记》楔子:"足下既要～,老夫有一小顽,名曰山寿,就托足下教训攻书。"清《说岳全传》二八回:"东山乃贼逸扎营～,西山乃贼人屯粮聚草之处。" ❷ 安放;使固定。明朱橚《普济方》卷六一:"右用白矾一块为末,～在铁香匙上,中间作一井,入去壳好巴豆一粒。"徐光启《新法算书》卷二○:"中开一长方口,以入子午圈,下留小钉为戊,～高弧。"清庄亨阳《庄氏算学》卷二:"再于径线之两末作两立表,～不动。"

【安着】 ān zhuó ❶ 收留;容纳。宋吴自牧《梦粱录》卷一六:"大街有三五家开茶肆,楼上专～妓女,名曰'花茶坊'。"元明《水浒传》一一回:"王伦道:'我这里是小去处,如何～得你。'"清《八洞天》卷一:"我这里躲的人多了,～你们不下。" ❷ 安置;安放;安排。宋真德秀《西山读书记》卷一九:"若无主一工夫,则所讲底义理无～处。"苏易简《文房四谱》卷一:"王羲之《笔势论》云:凡欲书时,先干研墨,～水中。水中研墨,须调不得生用。"清吴绮《满江红·醉吟》:"尽浮沉诗酒,任天～。"

【安著】 ān zhuó ❶ 同"安着❶"。宋朱熹《奏绍兴府都监贾佑之不抄札饥民状》:"仍遍行收拾病患饥困及遗弃小儿,就宽阔寺院～。"许棐《跋竹轩石药帖》:"茄不上贵人盘盒,赖有山僧野道闲肚皮～。" ❷ 同"安着❷"。《法苑珠林》卷五○:"持一金钱,～塔下,发愿而去。"宋《朱子语类》卷一○四:"为学者不先存此心,虽说要去理会东东西西,都自有～处。"清陈维崧《满江红·楼中》:"任楼头倚遍玉阑干,难～。"

【安坐】 ān zuò 犹"安席"。明《西游记》六九回:"那国王玉手擎杯,先与唐僧～。三藏道:'贫僧不会饮酒。'"《梼杌闲评》二八回:"应星拜毕,扯椅～。忠贤上坐,尔耕与应星东西列坐。"清《醒世姻缘传》二九回:"停了片刻,那美少年回来,与祁伯常～递盏。"

【安座】 ān zuò 犹"安席"。明李贽《焚书》卷四:"于时主人出,～已,坐未一茶,长者果起。"《西游记》六○回:"我大王多多拜上,幸赐早临,好～也。"清孔尚任《桃花扇》二一出:"吹打排三席～介;副净、末谦恭告坐介;入座饮介。"

【鞍乔】 ān qiáo 同"鞍桥"。金《刘知远诸宫调》一二:"展猿臂手拈玉带,提离马～。"清佚名《才貌缘》二八出:"进山坡,曲偻身,向那～靠。"

【鞍桥】 ān qiáo 马鞍,形状像桥。唐张鹫《朝野佥载》卷六:"一手捉,双足直上捺蜻蜓,走马二十里。"《元曲选外编·千里独行》三折:"则要你个关云长牢把～,咱可便嘴尾相衔紧相着。"清《绿野仙踪》六九回:"一伸手将如玉提过～。"

【鞍鞒】 ān qiáo 同"鞍桥"。《太平广记》卷二五七引《抒情诗》:"不知元在～里,将谓空驮乘帽归。"元纪君祥《赵氏孤儿》五折:"是是是不商量,来来来可匹塔的提离～上。"元明《水浒传》一三回:"周谨纵马赶来,将缰绳搭在马～上。"

【鞍鞊】 ān tiē 放在马背上便于骑乘的坐垫之类。元《三国志平话》卷下:"曹公用～遮其首,顺流而下。"关汉卿《新水令》:"玉骢丝鞚锦～,系垂杨小庭深院。"

【谙】 ān ❶ 领略;经受。唐赵嘏《昔昔盐·今岁往辽西》:"只～新别苦,忘却旧时娇。"元明《水浒传》二二回:"不是路行人,怎～秋滋味。"清王士禄《行香子·别恨》:"别恨曾～,往事重拈,记临歧暮色红帘。" ❷ 熟知;熟悉。参见"谙会""谙熟""谙委"诸条。

【谙会】 ān huì ❶ 深刻领会;理解。《祖堂集》卷一○《安国和尚》:"既不是此教,且是什麼教? 还有人择摩? 若有人择得,便出来看;若无人择,我与你择。这个便是纳(衲)僧～处。"又卷二○《端云寺和尚》:"若其人,见而～,如子期听伯牙之琴,提婆见龙树之相。" ❷ 熟知;熟悉。宋真德秀《申枢密院措置军政状》:"于重役军兵中,拣选少壮轻捷～船水之人。"《续资治通鉴长编》卷二三:"如～公事,久远堪充堂后官者,即留。"明唐顺之《武编》前集卷六:"马虽平安,亦可每日骑习,使之惯熟,～金鼓旗色,进止回军、转阵遇敌之法。"

【谙练】 ān liàn ❶ 犹干练,指办事有经验、能力强。《唐会要》卷五:"高宗崩,与侍中刘齐贤等知山陵事。齐贤服其～,谓人曰:'非我辈所及。'"明文徵明《故资善大夫顾公墓志铭》:"及以左辖重临,益～宏达,措意复周。"清《野叟曝言》一三六回:"久居翰林,预问枢务,正是老成～,何任不胜!" ❷ 犹"谙会❷"。宋王栐《燕翼贻谋录》卷一:"开宝六年四月癸巳,诏流内铨于前任令、录、判、司、簿、尉选～公事一十五人,补堂后官。"《三朝北盟会编》卷二○四:"当用～伪境事情武为边知州。"

【谙熟】 ān shú 犹"谙会❷"。唐卢钧《岭南官吏请停吏部注拟奏》:"若非～土风,即难搜求人瘼。"宋丁特起《靖康纪闻》:"在秦凤守官几二十年,汉番人情,委是～。"清魏裔介《四川布政使钜鹿杨公犹龙墓志铭》:"或疑公注情风雅,必不～吏事。"

【谙委】 ān wěi 犹"谙会❷"。唐李德裕《李克勤请官军断贼山东三州道路状》:"其涉县道路远近、山川险阻,先不曾～。"宋黄庭坚《次韵时进叔二十六韵》:"鹊巢最知风,蚁穴识阴雨。世网事～,醉乡俗淳古。"明郑岳《明奉议大夫黄君墓志铭》:"君～世故,与人交有礼而识鉴尤精。"

【谙习】 ān xí　犹"谙会❷"。五代李煜《不敢再乞潘慎修掌记室手表》:"元栖方在幼年,于笺表素不～。"元明《三国演义》四五回:"二人久居江东,～水战。"清张玉书《诰授奉政大夫袁公墓志铭》:"公讨论掌故,～部务,胥吏敛手,不敢牟毫末之利。"

【谙详】 ān xiáng　犹"谙会❷"。唐白行简《李娃传》:"三任皆与生为代,故～其事。"五代刘崇远《金华子·序》:"其间耳目～公私变易、知闻传载可系铅椠者,渐恐年代浸远,知者已疏。"宋韩琦《辞免三司使状》:"在兵旅之间,颇知一二;于钱谷之事,实不～。"

【谙晓】 ān xiǎo　犹"谙会❷"。唐元稹《授牛元翼深冀等州节度使制》:"幼为儿戏,营垒已成;长学神枢,风云～。"明刘兑《娇红记》卷下:"娘子平生俊快,岂不～世事?"清李光地《请开河间府水田疏》:"查管河同知许天馥,籍贯江南,～农事。"

【庵酒店】 ān jiǔ diàn　一种容留娼妓接待嫖客的酒店。宋耐得翁《都城纪胜·酒肆》:"～,谓有娼妓在内,可以就欢,而于酒阁内暗藏卧床也。"

【庵堂】 ān táng　❶ 享堂;(墓地里)设牌位供祭享的房屋。宋朱熹《知南康榜文》:"未审其墓是与不是的实,～墓碣曾与不曾损坏。"元吴澄《答吴宗师书》:"近世俗人之家,祠堂之外,墓所～及寺观又立祠以奉祀。"❷ 寺院(多指较小的或尼姑所居的)。元明《水浒传》九八回:"却是个小小～,……见里面一个老和尚在那里坐地诵经。"明文徵明《重修大云庵碑》:"其餘寺院～,无虑千数,悉从归并。"清《儒林外史》三八回:"只是贱性山野,不能在衙门里住,贵治若有甚么～,送我去住两天罢。"

【庵子】 ān zi　❶ 小草屋;棚子。唐王梵志《贫穷田舍汉》:"贫穷田舍汉,～极孤栖。"宋克勤《碧岩录》一二则:"某甲他日向无人烟处卓个～,不蓄一粒米,不种一茎菜。"欧阳修《洛阳牡丹记》:"用软土拥之,以箬叶作～罩之,不令见风。"❷ 指寺院。宋刘克庄《石塘感旧十绝》之八:"寒翁～如蜗壳,却有弥天释住持。"清《续金瓶梅》三回:"城里～原是他师兄王姑子的,告他不守僧规一状,就失了体面,住不下了。"

【婩阿】 ān ē　同"婩婀"。宋梅尧臣《雷逸老以仿石鼓文见遗》:"欲以毡衣归上庠,天宫～驼肯将。"元邓文原《送蒲廷瑞北游序》:"宪府用荐士,补佐史,不肯～苟禄。"清朱鹤龄《愚庵说》:"世人党同而伐异,余则介立不～。"

【婩婀】 ān ē　犹豫不决;缺乏主见。唐韩愈《石鼓歌》:"中朝大官老于事,讵肯感激徒～。"宋刘宰《回何抚干》:"是尝有言于未仕之前,其肯～于既仕之后。"清汪由敦《寄吴门沈颖谷》:"虞山陶四契尤笃,斑心突兀振～。"

ǎn

【俺】 ǎn　❶ 我,第一人称代词。宋石孝友《浪淘沙》:"好恨这风儿,催～分离。"金《刘知远诸宫调》一:"那日见你来～庄院。"清《红楼梦》八六回:"那一天晌午,李家店里打发人来叫～。"❷ 用于复数,多为排除式,即不包括听话的对方。《元曲选·举案齐眉》三折:"～两口儿与人家春米为生。"明《金瓶梅词话》一二回:"这个都是人气不愤～娘们,做作出这样事来。"清《儒林外史》二回:"～合衙门里的人都拦着街递酒。"有时也包括对方,相当于"我们"。《元曲选外编·西厢记》二本一折:"～同到法堂上两廊下,问僧俗有高见者。"❸ 有时也可指代对方或第三者,相当于"你"或"他"。元刘时中《一枝花·罗帕传情》:"我见～一针拈

一丝,一针针不造次,一针针那真至。想～那不容易的恩情,怎敢道待的轻视。"此指对方。金《董解元西厢记》卷四:"恰才据～对面不敢支吾,白受恁闲惊怖。"脉望馆本《勘金环》四折:"大人,你怀揣万古轩辕镜,照察～这衔冤负屈人。"此犹言"他"。

【俺行】 ǎn háng　我这边;我辈。《元朝秘史》卷一:"日里～吃马奶子,夜间不知那里宿。"明佚名《点绛唇》:"则他这真情贴在～,怎不教我眠思梦想。"

【俺家】 ǎn jiā　我,主要用于第一人称单数,也可用为复数。元明《水浒传》一一九回:"众和尚,～问你,如何唤作圆寂?"《元曲选·金线池》二折:"只为杜蕊娘他把俺赤心相待,时常与这虔婆合气,寻死觅活,无非为～的缘故。"明《古今小说》卷四:"天朝情愿与你通好,将～布粟换你家马,名为马市。"

【俺家的】 ǎn jiā de　妻子称丈夫。明《金瓶梅词话》四三回:"～常时乍搅这里,多蒙看顾。"《绣像金瓶梅》二六回:"～门外头来了,要饭吃,我到家瞧瞧就来。"

【俺每】 ǎn měi　我们。也可用为单数。《元典章·刑部十一》:"～商量来,依体例刺了呵,发遣元籍还俗。"《元曲选·盆儿鬼》一折:"〔搽旦上云〕是谁叫?〔正末云〕～是过路的,要投宿哩。"明《金瓶梅词话》一二回:"应伯爵道:'可见的～只自白嚼你家孤老,就还不起个东道?'"

【俺们】 ǎn men　❶ 我们;咱们。《元曲选·金线池》三折:"～都是杜蕊娘姨姨的亲眷。"明《金瓶梅词话》二一回:"好秃子,把～都说在里头。"清孔尚任《桃花扇》一一出:"他变了卦,～依旧鼓噪,有何难哉!"❷ 有时也用于单数,含谦虚语气。明《金瓶梅词话》一一回:"如今把～也吃他活埋了,弄的汉子乌眼鸡一般,了～便不待见。"又二一回:"六姐他诸般曲儿倒都知道,～却不晓的。"

【俺咱】 ǎn zán　我。宋赵长卿《浪淘沙》:"惟有～真分浅,往事成空。"金《知知远诸宫调》一一:"好饭好食充你驴肚,试想～无弱意。"元张国宾《薛仁贵》楔子:"等他来时,着他去～。"

【揞】 ǎn　❶ 揞拭。《元曲选·萧淑兰》二折:"春衫双袖漫漫将泪～。"❷ 按抑;掩盖。元乔吉《一枝花·私情》:"风声儿惹起如何～? 从那遍再谁敢。"△清《何典》一回:"形容鬼忽觉一阵肚肠痛,放出一个热屁来,连忙～住屁股。"

【揞塞】 ǎn sè　遮蔽。唐卢仝《月蚀诗》:"恐是眵瞙间,～所化成。"

àn

【按】 àn　❶ 依随节拍唱歌、跳舞或奏乐。唐司空图《柳》之一:"谁家～舞傍池塘,已见繁枝嫩眼黄。"宋欧阳修《明妃曲和王介甫作》:"汉家争～新声谱,遗恨已深声更苦。"清洪昇《长生殿》一六出:"恰和着羯鼓低昂,～新腔,度新腔。"❷ 压低;落下。《景德传灯录》卷八《昙藏禅师》:"言讫,其蟒～首徐行,倏然不见。"元孟汉卿《魔合罗》四折:"漾一个瓦块儿在虚空里怎生住的? 呀,到了呵须～实田地。"❸ 调驯(鹰犬)。唐佚名《杂曲歌辞·排遍第一》:"锦背苍鹰初出～,五花骢马喂来肥。"《宋史·太祖纪二》:"八月乙卯,～鹘于近郊。"清查慎行《题沈客子寒郊调马图》之一:"如何却向渔阳道,毡帽茸裘学～鹰。"❹ 安;安装。明《朴通事谚解》卷下:"一托来长的两个机角,当间里～一个木头做的明珠。"

【按板】 àn bǎn　❶ 犹"按❶"。明沈德符《万历野获编》卷二

五："初～时即以箫管为辅，则其正音反为所遏。"《警世通言》卷二九："今女～于窗中，小子逾墙到厅下，皆非善行。"清田雯《冬夜招揆哉石楼小饮》之四："小伶～无新曲，来谱番厘观里歌。" ❷ 同"案板❸"。《元曲选外编·村乐堂》二折："同知着我不将差罚当，专把征驼喂，喂的似～肥。"

【按发】 àn fā 揭发。宋《三朝北盟会编》卷一三七："彦威与一宗女私通，事露，邦彦欲～之。"元柳贯《跋蔡忠惠公帖》："一尉贪墨，于政未为大害，而忠惠犹～其私。"明凌濛初《宋公明闹元宵》六折："着落开封府，要～我课税不登。"

【按核】 àn hé 查核；检验。宋胡宿《议乐诏》："真宗始出圣意，大祠用乐，又议随月转律之法，屡加～。"元吴师道《池阳纪事》："咨尔～务尽公，校官遣偕俱谬庸。"《明史·魏呈润传》："中官王坤以册籍委顿劾巡按御史胡良机。帝夺良机官，即令坤～。"

【按喝】 àn hè 随节拍高声喝叫。元明《水浒传》五一回："那白秀英唱到务头，这白玉乔～道：'虽无买马博金艺，要动聪明鉴事人。'"《元曲选·王粲登楼》四折："一声雷震报春光，〔卒～科〕起蛰龙九重天上。"

【按候】 àn hòu 等候。明《西游记》一一回："且再～一日，我主必还魂也。"

【按诘】 àn jié 查究；审问。唐孙逖《诫励吏部侍郎及南曹郎中敕》："敕铨综之司，名器所属，苟亏审慎，必有奸滥，及今～，其数颇多。"《宋史·周审玉传》："因～之，尽得其奸。"元富珠哩翀《平章政事致仕尚公神道碑》："选官～，得二十餘人，决杖追赃。"

【按酒】 àn jiǔ ❶ 下酒；下酒用的菜肴。宋梅尧臣《和张秘校得糟鲍》："淮浦箱鳞更腴美，谁怜～敌庖羊。"元薛昂夫《端正好·高隐》："无～时摘几个生茄儿来酱抹。"明《石点头》卷九："看那～的，乃是鹿脯、鹅鲊、火肉、腊鹅、青梅、绿笋、瓜子、莲心，共是八碟。" ❷（歌伎）佐觞；劝酒。宋刘克庄《满江红》："唤妓行～，客来操瑟。"方千里《六丑·次周美成韵》："想旧家，～巡歌计，今难再得。"

【按临】 àn lín 巡察到（某处）。宋强至《上运使卢工部书》："于时使车～，未尝虚月。"明佚名《罗衫记》三五出："宪公祖～敝地，治生尚未请教。"清《聊斋志异·聂小倩》："会学使～，城舍价昂。"

【按落】 àn luò 降下。《元曲选·金安寿》一折："贫道～云头，来到女直地面。"明《西游记》四七回："急收云头，～河边。"清《绿野仙踪》四六回："约半个时辰，已到都中彰义门外，于无人处～云头。"

【按拿】 àn ná 把握；掌握。明吴廷翰《集贤宾·题情》："伊家心性难～，瞒人俐齿伶牙。"佚名《金络索·四景闺情》："恨才郎薄性儿，不思家，一似风飏游丝难～。"

【按捺】 àn nà ❶ 按；用手或手指压。唐王焘《外台秘要方》卷一九："收桃花，阴干，量取一大升，但随虚满，不须～。"清毛奇龄《答李恕谷问琴弦正变书》："使弹北曲《新水令》，即须用左手作～声矣。"《后水浒传》四三回："用个霸王请宴式，轻轻将王摩～在地。" ❷ 抑制；压制。《元曲选·忍字记》二折："深山中将一个养家心来～，僧房中将一个修行心来自发。"明《古今小说》卷二三："心上一把无名火高三千丈，～不下。"清《歧路灯》一〇六回："他们的口舌是～不住的。" ❸ 搁置；寄放；放下。金《董解元西厢记》卷一："好弱高低且～，话儿不是朴刀捍棒，长枪大马。"清《隋唐演义》四回："一段雄心没～处，不会吟诗作赋，鼓瑟弹琴，拈一回枪棒，也足以消耗他。"《醒世姻缘传》五二回："狄员外虽是求了圣签，又解不出是甚意味，好生～不下。"

【按纳】 àn nà ❶ 同"按捺❶"。明《封神演义》一九回："所隔疏远，按弦多有错乱，……我有一法，可以两便，又相近，可以～。"清孙承泽《砚山斋杂记》卷三："磨墨～不待用力，而滃然蓬勃。" ❷ 同"按捺❷"。金《董解元西厢记》卷三："忿得来七上八下，烦恼身心怎～。"清《好逑传》一〇回："只得将一腔怒气～下去，转将好言劝谕。" ❸ 同"按捺❸"。明吴桂森《周易像象述》卷三："人只为高卑多寡之见横在胸中，～不下，便不能谦。"

【按拍】 àn pāi ❶ 击节；打拍子。五代花蕊夫人《宫词》之九五："旋炙银笙先～，海棠花下合《梁州》。"明《醒世恒言》卷二五："遐叔在黑暗中看见浑家并不推辞，就拔下宝钗～歌曲。"清姜宸英《题蒋君长短句》："顷得蒋君度臣此卷，～而歌之，酒酣以往，慷当以慨。" ❷ 叩击；拍打。宋林希逸《己巳回生日启》："杜陵野客之家，谁来剥啄；退庵年兄之子，酷喜～。"明孙一奎《赤水元珠》卷一九："手～之有声又软，此停水；手按则散，此虚气。" ❸ 考核（技艺）。宋朱熹《与赵帅书》："本名之下，各注斗力，不得点名抽换，令赴帅司～。"周必大《与赵扬州札子》："止可在家阅习，来春遣官～。"《文献通考》卷一五七："今所在～，唯务持满为合格，殊不知不过垛者为不应法。既不应法，虽合格复何所用？"

【按山】 àn shān 同"案山"。宋克勤《碧岩录》三六则："山云：'放出关中主看。'"注云："主山高，～低。"又六二则："良久云：'与我拈面前～来看。'"

【按试】 àn shì 考察；考试。特指学官到各地考试生员。《唐会要》卷六八："时大潦，有诏执政者，以为刺史抵禁，不经～遽贬官，不可。乃追诏，遣御史驰往推究。"明贾仲明《凌波仙·挽顾正清》："府州县，～流名。"清于成龙《饬励学政事宜》："嗣后学道～，止许随带谨恪书吏数名以供书写。"

【按俗】 àn sú 巡视地方，考察民情。唐刘长卿《贾侍郎自会稽使回》："惊年一叶落，～五花嘶。"宋陈襄《与两浙安抚陈舍人书》："然自昔观风～之臣罕有行者，今执事独能轩然振举其事。"明王恭《美宪佥陈公重修玉融天宝陂》："褰帷询潦旱，～悯年凶。"

【按习】 àn xí 演习；按规定的程式操演。宋陈旸《乐书》卷一一九："第一弦黄钟中声，第十三弦黄钟清应。其～也，令左右手互应，清正声相和。"苏辙《乞禁军日一教状》："右臣窃见诸道禁军自置将以来，日夜～武艺。"元虞集《金人出塞图》："锦鞲金镞红绒绦，～久畜思一超。"

【按寻】 àn xún 查考（文献等）。《唐律疏议》卷二四："律云：一事分为二罪，罪法若等，则累论；罪法不等，即以重法并满轻法。～此状，正当累并之条。"唐智昇《开元释教录》卷一三下："右《十八部论》，～群录，并云梁代三藏真谛所译。"宋张栻《袁州学记》："至于今守，乃慨然～旧规，首辟讲肆之堂，立稽古阁于堂上。"

【按巡】 àn xún 巡视；巡察。《旧五代史·晋书·高祖纪三》："今汴州水陆要冲，山河形胜，乃万庾千箱之地，是四通八达之郊。爰自～，益观宜便，俾升都邑，以利兵军。"元王恽《固安道中》："十月燕南道，提封入～。"清《野叟曝言》八四回："闻洋内各岛为大盗所据，故从登州～莱州。"

【按讯】 àn xùn 审问。《新唐书·裴寂传》："麟州刺史韦云起告寂反，～无状。"元同恕《林潼县尹马军去思颂》："上官奇其才，疑狱辄属君～，轻重情得。"明李梦阳《送梁处州序》："而～有推官，收逋有通判，兵戎有同知，亮工分职，各具成案而决于守。"

【按压】 àn yā 按住下压。宋陆游《南唐书·高丽传》："俗重匾头，生男，旦日～其首，惟恐不匾也。"元明《水浒传》二七回："那妇人被～在地上，只叫道：'好汉饶我！'"

【按院】 àn yuàn　巡按御史衙门，也代称巡按御史。明陈应芳《凤阳粮申文》："～高爷登城阅水，垂悯灾伤，出示行府，查处议豁。"《欢喜冤家》一四回："同了承差，竟到～，苏爷传鼓升堂。"清《醒世姻缘传》四一回："后来为那写书说上的事，～火绳绳的待要拿问。"

【按阅】 àn yuè　检阅；巡视。唐李泌《议复府兵》："至所期处，将帅～，有教习不精者，罪其折冲。"宋司马光《乞罢保甲状》："又朝廷时遣使者遍行～，所至辄设赏赉，糜费金帛以巨万计。"明王世贞《明中顺大夫程公墓志铭》："乃以间饬学官，～诸生，与讲经术。"

【按照】 àn zhào　比照；依据。明郑若曾《江南经略》卷三上："应令苏松二府，～国初旧制修复故堡。"清于成龙《弭盗安民条约》："倘有谋劫事犯，彼处～牙票，本处～底册，立刻关会原籍地方捕拿凶身。"《红楼梦》九五回："贾政又是工部，虽～仪注办理，未免堂上又要周旋他些。"

【按证】 àn zhèng　查证；复核。宋富弼《上仁宗河北守御十三策》："天圣二年，复曾遣使来朝，朝廷差柳植管接。其事甚近，可以～……时真宗方尹京，～其事，请教辞屈，乃出元画。"明胡应麟《读〈景定建康志〉卷五〇〈文献通考〉》："乃其持论，衷操见确，～精，又昔人之难于兼美者。"

【按置】 àn zhì　❶ 处置；设置。《旧唐书·食货志下》："顷者刘晏领使，皆自～租庸，至于州县否臧，钱谷利病，之物虚实，皆得而知。"《新唐书·房玄龄传》："延陀铁勒，～州县；高昌吐浑，偏师扫除。"明曹学佺《蜀中广记》卷六六："遣荣州资官令孔嗣宗～，穷访民瘼，有不便者皆除之。" ❷ 惩处。唐韩愈《越州刺史薛公墓志铭》："冕意欲除摠，阴上意为事，使公～其罪。"宋王安石《与孟逸秘校手书》之六："邑中但痛绳之，岂有不从者乎？～一二人，自然趋令矣。"程颢《程郎中墓志》："有李洞元者，为神怪之说……从者如市。公亦～于法，由是远近慄服。"

【案】 àn　科举童生县、府、院试后公布的榜。明毕自严《顺天府尹霞城吴公墓志铭》："已取余第三，尚未发～，外无从知。"汤显祖《牡丹亭》五三出："便童生应试，也要候～；怎么殿试了，不候榜开来淮阳胡撞？"清《聊斋志异·何仙》："～发，竟居四等。"

【案板】 àn bǎn　❶ 几案的面板；厚实而长大的工作台。宋黄庭坚《奉和王士弼寄上七兄先生》："西归到官舍，尘土昏～。"清《儒林外史》二八回："晚里在刻字店一个～上睡觉。" ❷ 比喻稳妥或厚重。《古今杂剧·救风尘》四折："笑吟吟～似写着休书，则俺这脱空的故人何处？"明朱有燉《柳营曲·咏风月担儿》："铜斗儿家缘，～儿盘缠，使尽了不疼钱。" ❸ 猪。以猪在案板上宰杀而指代。脉望馆本《怒斩关平》二折："哥哥用心，刷刨的泼油也似光，～也似肥，喂的犇也似劣。"

【案杯】 àn bēi　酒杯，也用以指代饮酒或下酒菜肴。宋苏舜元、苏舜钦《悲二子联句》："～小大空，布被旁午裂。"文彦博《与韩公帖》："适有客见遗糟蟹，辄敢分献以佐～。"宋祁《李先辈昆仲见过》："霏雪欣谈麈，炊葫乏～。"

【案犯】 àn fàn　作案的人。《续资治通鉴长编》卷三三三："元丰六年二月丁未朔，大理寺上两地供输人周辛祖顺祖六儿私过北界与崔觉郎等觇事～在赦。"清陈仪《闲云老人传》："先移书谕之，然后檄提～。"

【案房】 àn fáng　衙署中掌文案的办事房，也指其中的办事人员。《元曲选·鲁斋郎》一折："则俺这令史当权，～里面，关文卷。"清《国子监志》卷二九："国子监额设书吏九名，堂书四名，东厢～、西厢～，并承纳闾堂行事件。"又："典簿厅二名，管本厅文案。"

【案检】 àn jiǎn　案卷；案牍。宋沈括《梦溪笔谈》卷一："予尝购得后唐闵帝应顺元年～一通，乃除宰相刘昫兼判三司堂检。"苏颂《翰林侍讲学士杨公神道碑铭》："属文须词理相副，不尔同乎～，无足观也。"明杨士奇《送史常序》："得其尝罚老引商民米，以赡狱囚之无家者，虽具～，不阅而坐人已，考黜当为民。"

【案件】 àn jiàn　❶ 犹"案检"。宋周必大《论架阁库文字》："仍置一般簿籍，匮藏于长贰厅，以备参考。间遇索～，须郎官押帖子。" ❷ 有关诉讼和违法的事件。明《梼杌闲评》五〇回："因其时岁阑年尽，把一切～都到灯节才会议定了，将魏忠贤、客氏、崔呈秀三人的罪状上闻。"清毛奇龄《文华殿大学士冯公年谱》："诸凡～，除叛逆外，不得牵累多人。"

【案酒】 àn jiǔ　同"按酒❶"。宋梅尧臣《金橙寄谢舍人》："玉白捣齑怜鲙美，金盘～助杯香。"明《醒世恒言》卷二九："将肴馔撤去，止留果品～。"

【案卷】 àn juàn　❶ 案件的判词。五代王仁裕《开元天宝遗事·口案》："张九龄累历刑狱之司，无所不察……因于前面分曲直，口撰～。因无轻重，咸乐其罪。时人谓之张公口案。" ❷ 成卷存放的文件。宋周必大《乞修架阁库》："两月前曾有人叙舟于岸，偷窃吏部～敕黄之类，欲载往外州作故纸出卖。"元明《三国演义》五七回："吏皆纷然赍抱～上厅，诉词被告人等环跪阶下。"清《石峰堡纪略》卷一九："臣前在军营检阅～，有秦州详报回民密尚德等潜谋从逆、私制刀矛运往伏羌一案。"

【案临】 àn lín　同"按临"。宋周南《池阳目试策问》："凡～一道，牧养一州，视事半岁，咸俾以民间利害边防来上，司籍记之。"清《醒世姻缘传》五〇回："不料新宗师行了文书，要～绣江岁考。"《聊斋志异·颜氏》："会学使～，两人并出，史又落。"

【案山】 àn shān　与主山相对而言较低矮的山。堪舆家指穴山前的矮山。唐杨筠松《疑龙经》下篇："出人短小与气宽，皆是明堂与～逼迫人凶顽。"《景德传灯录》卷一七《道膺禅师》："师曰：'孤迥且巍巍。'僧曰：'不会。'师曰：'面前～，子也不会？'"明《型世言》一九回："听信了这些堪舆，道此处来龙好，沙水好，前有～，后有靠合。"

【案首】 àn shǒu　科举县、府、院试第一名。因居发案之首，故名。明沈德符《万历野获编》卷一六："仆巡盐两浙，曾试此生，拔为～。"清《儒林外史》一三回："蒙历任宗师的青目，共考过六七个～，只是科场不利。"

【案元】 àn yuán　即"案首"。明《拍案惊奇》卷一〇："好文字！就做～帮补也不为过，何况优等！"

【案长】 àn zhǎng　掌文案的人。元王恽《金效忠显校尉先考府君墓志铭》："试京师，摧吏员甲首，时年二十有六。方军国多故，经费一仰大农调度，即充运司～。"明《西游记》九七回："我因他斋僧，是个善士，收他做个掌善缘簿子的～。"

【案卓】 àn zhuō　同"案桌"。宋陈槱《负暄野录》卷下："漆砚亦然，本取漆匠～上自然久积者，质坚而芒，利于研磨。"元明《水浒传》八二回："楼台宝座千层玉，～龙床一块金。"明陆容《菽园杂记》卷一三："白者，以砖板制为～状，圬以石灰，而盾火下也。"

【案桌】 àn zhuō　没有抽斗的长条桌。明《西游记》四八回："小的们，抬过～，磨快刀来！"清孙承泽《春明梦馀录》卷一七："看时却放在～上，他自往前来跪听，不要将着祝文跪着说。"

【案子】 àn zi　❶ 没有抽斗的长条桌，或架起来供操作用的长木板。也借指摆案子经营的摊店。五代王定保《唐摭言》卷一

二："郑光业中表间有同人试者。于时举子率皆以白纸糊～面，昌图潜纪之曰：'新糊～，其白如银。'"元《三遂平妖传》九回："直赶到安上大门楼下，见一伙人围着一个肉～门前看。"清《歧路灯》三九回："我适才过十字口，在车上坐着，看见熟食～摆出街来。" ❷ 有关诉讼或违法的事件。清陈廷敬《太子太保谥清端于公传》："每疑～，公专讯，谳狱明允。"

【暗】 àn 潜伏。元《前汉书平话》卷上："又令宋公达引马兵二万，离中寨正西北以来雁门曲河岸，～军二万。"元关汉卿《乔牌儿》："想人间造物搬兴废，吉藏凶，凶～吉。"

【暗暗】 àn àn ❶ 私下；不引人注意。宋《朱子语类》卷九七："自'锦衣尚䌹'以下，皆是只～地做工夫。"元纪君祥《赵氏孤儿》五折："诚恐一时激变，着程勃～的自行捉获。"清《说岳全传》三回："那张显、汤怀见了，～地把短家伙撇掉。" ❷ 不知不觉地；不自觉地。元关汉卿《碧玉箫》："宽尽衣，一搦腰肢细。痴，～的添憔悴。"明汤式《一枝花·劝妓女从良》："妆镜里～添了白发，酒席上飘飘的过了青春。"谭元春《操缦草序》："予年十六时即学为诗……执笔运思，辄有一二字近古者，则亦十六时刻画殆遍，～为我根株也。" ❸ 隐约地；不分明地。宋权无染《凤凰台上忆吹箫》："一树垂云似画，香～，白浅红斑。"元《三遂平妖传》三回："前番因爹爹打了，都忘记了，～也记得些儿，不知用得也不？"清《红楼梦》二六回："觉得一缕幽香从碧纱窗中～透出。"

【暗道】 àn dào 隐蔽的通道。宋许洞《弩台》："上建女墙，内通～。"

【暗地】 àn dì ❶ 私下；背地。唐元稹《寒食夜》："今年不是明寒食，～秋千别有期。"名家杂剧本《窦娥冤》二折："只说少些盐醋，支转小妇人，～倾下毒药。"清《醒世姻缘传》二五回："薛教授因与长史合气，被他～里开了个老疾，准了致仕。" ❷ 暗处；黑暗中。《敦煌变文校注》卷一《汉将王陵变》："双弓背射分分中，～惟闻落马声。"明何良臣《陈纪》卷四："或去营百步，每燃火数堆，～可见敌之向往。"清《野叟曝言》五回："也有扮得狐狸似的，在灯下围坐说笑；也有面带愁容眼泪汪汪的，在～里坐着。"

【暗房】 àn fáng 产房，妇女坐月子的专用房间。明《金瓶梅词话》三〇回："又把老冯叫来～中使唤，每月与他五钱银子，管顾他衣服。"清《醒世姻缘传》七六回："调羹也满月出了～。"《说岳全传》一回："今日家中生了小官人，忙忙碌碌，况且是～。"

【暗行】 àn háng 另见 àn xíng。不光明正大的职业。明《醒世恒言》卷一四："且说当日一个后生的，年三十餘岁，姓朱名真，是个～人，日常惯与仵作约做帮手。"

【暗号】 àn hào 秘密约定的记号或信号。宋《三朝北盟会编》卷二二〇："每道（策）头尾各用祖宗故实一事，疑即～也。"明佚名《金貂记》三四出："今分付你一个～儿。我若说到要紧所在，你在旁边便道：'爹爹，你看拐儿。'"清《红楼梦》九回："因此秦钟趁此和香怜挤眉弄眼，递～儿。"

【暗黑】 àn hēi 黑暗。唐封演《封氏闻见记》卷八："床壁窗户之间，～之处，多有之。"元明《三国演义》一〇二回："原来二更时阴云～，乃孔明用遁甲之法。"清《后水浒传》二六回："老夫妇即时过来，引着许蕙娘母子，在～处踅入冷静巷中。"

【暗记】 àn jì 犹"暗号"。唐李商隐《无愁果有愁曲》："白杨别屋鬼迷人，空留～如蚕纸。"明《朴通事谚解》卷下："这告子写了也：几年月日，走失了甚色马，牙儿岁，有甚～没印。"清《醒世姻缘传》四六回："既说生员是他儿子，他知生员身上有甚～？"

【暗里】 àn lǐ ❶ 犹"暗地❶"。五代李珣《南乡子》："～回眸深属意，遗双翠，骑象背人先过水。"元孟汉卿《魔合罗》二折："我则道调理风寒，谁想他～藏毒药。"清《红楼梦》二五回："明不敢怎样，～也就算计了。" ❷ 犹"暗地❷"。唐梁铉《天门街西观荣王聘妃》："罗绮明中识，箫韶～传。"宋赵抃《酬剑守王嘉锡郎中》："初疑～双珠掷，自喜怀间万玉陈。"清汤右曾《自平溪至便水》："五更江起雾，～荡双桨。" ❸ 指冥间。宋虞俦《游宦十年于外归自浙东睹西山先茔》："先君～应倾倒，方信流长渊更深。"元许衡《病中杂言》之五："～乘除皆造化，分中操守是良图。"清《后西游记》三五回："烧一炷香便希冀冥中保佑，舍一碗饭便思量～填还。" ❹ 隐含；包藏，或被蒙蔽。《五灯会元》卷七《福州长庆慧棱禅师》："明明歌咏，汝尚不会；忽被～来底事，汝作么生？"元明《水浒传》六一回："避灾因作泰山游，～机谋不自由。"明《醒世恒言》卷二："他是亮里，你是～，用一说十，用十说百，那里晓得？" ❺ 不自觉地；不知不觉地。唐沈佺期《和常州崔使君寒食夜》："斗柄更初转，梅香～残。"明陈铎《醉花阴·夏日即景写怀》："少年行乐，好光阴～轻过。"清《飞龙全传》四四回："那赵匡胤乃是九朝八帝班头，天大的福分；又是鸿运初来，～能够致人恭敬。"

【暗昧】 àn mèi ❶ 同暧昧。（事情）不清不白；（行为）不光彩。宋《名公书判清明集》卷一〇："事属～，不欲以疑似之迹而遽加罪于人。"《元曲选外编·符金锭》二折："夫人，我想来，则怕孩儿害的病症有些～。"清《补红楼梦》三二回："他自来就与贾琏不端，现今年少在此寡居，难保其无～之私。" ❷ 委屈；冤枉。宋孙觌《上皇帝书》："消弭告讦之风，屏除苛刻之吏，追还禁锢不齿之囚，洗涤～无辜之罪。"元《前汉书平话》卷中："高祖曰：'尔因何唆梁王反？'辄曰：'此事臣死～，难明分诉。'"《元曲选外编·五侯宴》二折："兀那妇人，你抱着这个小的丢在地下，去了可又回来，数番不止，你必是～。" ❸ 秘密；隐秘。清《绿野仙踪》一九回："我听的话，都是他夫妻～话，算不得凭据。"又六〇回："既系抵盗，此系～之事，你怎么就能知道？" ❹ 糊弄；欺哄。《元曲选外编·哭存孝》一折："则今日～神祇。"

【暗面】 àn miàn 私下；背地。《元曲选·张生煮海》四折："他两个～关情，遂许中秋赴会。"

【暗器】 àn qì 暗中携带的或伤人的兵器。元明《水浒传》一九回："兄长身边各藏了～，只看小生把手来捻须为号。"明唐顺之《武编》前集卷五："夫锤者，～也，不得已而用之。"清《说岳全传》三一回："本帅虽没用过这般～，今日就借你的来试试看。"

【暗头】 àn tóu 暗中。《五灯会元》卷四《镇州普化和尚》："振一铎曰：'明头来明头打，～来～打。'"明《山歌·灯笼》："你～里走来郎了能有亮，引得小阿奴奴火动满身红。"清《野叟曝言》四回："将两扇栗树大门砰的一声关住，却无门闩，～里摸去，总无觅处。"

【暗行】 àn xíng 另见 àn háng。暗中；私下。宋李纲《差官体究周十隆等受招安奏状》："不得关借枪杖手，如有～关借之人，本司查探得知，将来朝廷遣发大兵，并须一例讨杀。"《元曲选·抱妆盒》四折："将宫女寇承御～嘱咐，把太子磣可可着他死生别路。"清《绿野仙踪》五八回："众人看他光景，像个埋银时被人识破，不知几时～挖去。"

【暗中】 àn zhōng ❶ 犹"暗里❶"。唐杜牧《望少华》之一："今对晴峰无十里，世缘多累～悲。"元明《三国演义》七二回："操恐人～谋害己身，常分付左右：'吾梦中好杀人。凡吾睡着，汝等且勿近前。'"清洪昇《长生殿》六出："那日在望春宫，教万岁召他侍宴。三杯之后，便～筑座连环寨，哄结上同心罗带。" ❷ 犹"暗里❸"。唐韩偓《感事三十四韵》："本是谋赊死，因之致劫迁。氛霾言下合，日月～悬。"元马致远《夜行船》："就里荣枯，～贫富，人

力不能除取。"清《醒世姻缘传》引起："月下老将赤绳把男女的脚~牵住,你总然海角天涯,寇仇吴越,不怕你不凑合拢来。" ❸ 犹"暗里❹"。唐程长文《狱中书情上使君》："一命任从刀下死,千金岂受~欺。"宋强至《咏雁》："莫倚善飞江汉阔,~矰缴绝须防。"清《野叟曝言》一二回:"天下事总有定数,人在~,自不觉耳。" ❹ 犹"暗里❺"。唐王建《宫词》之八三:"教遍宫娥唱遍词,~头白没人知。"明孟称舜《娇红记》三八出:"窗外日光弹指过,庭前花影~移。"《型世言》三八回:"袅袅是宫腰,婷婷无限娇。谁知有膏火,肌骨~消。"

【暗自】àn zì 犹"暗地❶"。宋晁补之《金凤钩·送春》之二:"忽惊拂水双来燕,~忆、故人犹远。"元明《三国演义》四三回:"刘琮孺子,听信佞言,~投降,致使曹操得以猖獗。"清方成培《雷峰塔》二七出:"他乡久客急归程,望见家门~惊。"

āng

【肮脏】āng zāng ❶ 屈伏;委屈。唐王勃《上明员外启》:"松槚坐月,临黛壑而遐征;桂席攀风,俯青岩而自足。而欲俯首屈膝,逶巡多士之林,吊影惭魂,~文昌之府。"宋晁冲之《书怀寄李相如》:"我生复何如? 憔悴常照颜。清晨戴星出,薄暮及日还。~二十载,老发羞儒冠。"明《醒世恒言》卷三:"刘四妈道:'……假如你执意不肯接客,做娘的没奈何,寻的肯出钱的主儿,卖你去做妾,这也叫从良。那主儿或是年老的,或是貌丑的,或是一字不识的村牛,你却~不了一世?'"清《野叟曝言》一四〇回:"千言万语嘱怀恩,努力加餐勿~。" ❷ 卑琐;下贱。宋程俱《周萃秀才惠诗次韵酬之》:"名驹始就秣,意气已不群。~市门客,岂堪同日论。"清姜宸英《送王白民南归序》:"王子任真乐易,无~失意之色于去就间。"《后水浒传》四三回:"王摩大怒,起立身喝骂道:'恁~不识羞! 知俺是豪杰,可知豪杰不苟且。'" ❸ 污秽;不干净。宋洪迈《赠觉师》:"家山亦何有? ~间一番。"明《封神演义》一四回:"超凡不用~骨,入圣须寻返魂香。"清《飞龙全传》一二回:"乐子脸上又没有什么~,为甚的要你把唾沫来擦我?"可用 AABB 重叠式。清孙锦标《通俗常言疏证·服饰》引《绣襦记》:"身上肮肮脏脏,也不脱下来浆洗浆洗。" ❹ 糟蹋;侮辱。明《醒世恒言》卷二七:"熬到十五六岁,渐渐成人,那时打骂就把污话来~了! 不骂要趁汉,定说想老公。"清方成培《雷峰塔》一五出:"你为何听信道人言语,反将我来~!"《隋唐演义》三五回:"俺这里百拜君王,谢伊家把人。没些儿保国开疆,却教奴小裙钗宫闱女,向老单于调谎。"

áng

【昂邦】áng bāng 犹"昂藏❶"。明丁惟恕《驻云飞》:"当日忒风狂,何等~。今日里缩颈垂头,不敢把门来上。"

【昂藏】áng cáng ❶ 气宇轩昂貌。唐李白《赠潘侍御论钱少阳》:"绣衣柱史何~,铁冠白笔横秋霜。"明冯惟敏《点绛唇·量移东归述喜》:"子俺这平生意气忒,甘疏放。"清《平山冷燕》一七回:"虽弱不胜衣,而神情气宇~如鹤。" ❷ 挺拔竖立貌。唐杜甫《四松》:"幽色幸秀发,疏柯亦~。"明《痴婆子传》卷下:"~伟壮,非寻常物,似驴之行货耳。"清张英《赐金园赋》:"苍干莫名,虬枝难拟。或~而披云,或支离而拂水。"

【昂贵】áng guì 价格很高。"昂"古作"卬",见《汉书》。宋袁说友《给降度牒补籴常平米疏》:"况每遇饥岁,米既鲜少,价复~。"清《聊斋志异·僧术》:"十千而得一第,直亦廉矣;然一千准贡,犹~耳。"《镜花缘》一七回:"况椁非稀世之宝,即使~,亦不过价倍于棺。"

āo

【凹】āo 另见 wā。❶ 下陷;收缩。《法苑珠林》卷四:"以足蹈地,地~四寸。"宋郑清之《和白雪老禅二偈》之二:"檐铎吟风月半~,黄金布地欠诛茅。"清《醒世姻缘传》一一回:"计巴拉把布裙带子解开往,把肚~了一~,往前走了一步,把布裙掉了。" ❷ 躲;藏。元高安道《哨遍·嗓淡行院》:"淡翻东瓦来西瓦,却甚放走南州共北州。~了也难收救,四边厢土糁,八下里砖彪。"明《型世言》二九回:"不提防徐公子~在门边,早把门拦住。"又四〇回:"帖木儿悄悄~他背后,叫一声'美人'。" ❸ 勾搭;巴结。明《金瓶梅词话》三七回:"他要来和你坐半日儿,你怎么说? 这里无人,你若与他~上了,愁没吃的穿的使的用的?"《型世言》三〇回:"但处非其地,也不过些市井流俗、游食的光棍,东~西靠,赚他几分钱罢了。"

【凹答】āo dā 低陷。答,通"塌"。《元曲选·黄粱梦》三折:"崎岖峪道,~岩壑。"明黄元吉《流星马》三折:"怕踏碎莎草黄华,过汉躯(渠)残水~,行过时马踏乏。"

【凹兜】āo dōu (面部)凹陷。元明《水浒传》六四回:"卷缩短黄须发,~黑墨容颜。"

【凹榻】āo tà 即"凹答"。清《醒世姻缘传》一八回:"鼻相不甚高梁,眼睛有些~。"

【熝】āo 熬。唐佚名《大唐传载》:"有士人,平生好食~牛头。"明《朴通事谚解》卷上:"~烂蹄蹄,蒸鲜鱼,煠牛肉,炮炒猪肚。"清《儒林外史》一三回:"坊里捧出先生的饭来,一碗~青菜,两个小菜碟。"

【熝煎】āo jiān 同"熬煎❶"。明《西游记》四四回:"到此熬不得苦楚,受不得~,忍不得寒冷,服不得水土,死了有六七百,自尽了有七八百。"

áo

【敖曹】áo cáo ❶ 高大壮伟或粗大貌。唐段成式《酉阳杂俎》续集卷六:"名下固无虚,~貌严毅。"明《绣像金瓶梅》五三回:"初还假做不肯,及被经济累垂~触着,就禁不的把手去摸。"按,今广州方言"敖曹"的重叠式"敖敖曹曹"尚有高大义。 ❷ 同"嗷嘈❶"。清《聊斋志异·白于玉》:"诸丽者笙管~,呜呜杂和。"又《金和尚》:"鼓钲锽聒,笙管~。"

【嗷嘈】áo cáo ❶ 声音纷乱嘈杂。唐杜甫《荆南兵马使太常卿赵公大食刀歌》:"太常楼船声~,问兵刮寇趋下牢。"宋周邦彦《汴都赋》:"歌管~。"明罗玘《戏赠杨蕲邵三君子》:"灯前促膝吞醇醪,狂夫大叫仍~。" ❷ 数落抱怨。清《红楼梦》九〇回回目:"失绵衣贫女耐~,送果品小郎惊叵测"。

【熬】áo ❶ 煎熬;折磨。唐李德裕《述梦诗四十韵》:"聚散俄成昔,悲秋益自~。"元马臻《岁莫偶成》:"念与追攀绝,心辞宠辱~。"清《醒世姻缘传》一七回:"整夜叫人厮守,~得那母亲眼一

似胶锅儿。" ❷忍耐;挨受。《元曲选·灰阑记》二折:"正时节盼的个清官来到,则我这泼残生怎~了这死因牢。"明《拍案惊奇》卷六:"那卜良是个游花插趣的人,那里~得刑惯?"清《红楼梦》七三回:"或掷骰,或斗牌,小顽意儿,不过为~困起见。"

【熬稃】áo fū 爆米花。宋范成大《上元纪吴中节物》:"撚粉团栾意,~脶膊声。"自注:"炒糯谷以卜,俗名孛娄,北人号糯米花。"

【熬锅】áo guō 指蒸煮等炊事。明《拍案惊奇》卷二:"不要说日逐做烧火、煮饭、~、打水的事,只是油盐酱醋,他也拌得头疼了。"

【熬煎】áo jiān ❶熬煮;熬炼。唐顾况《归阳萧寺》:"此辈之死后,镬汤所~。"明《西游记》七八回:"枯坐参禅,尽是些盲修瞎炼。俗语云:坐坐坐,你的屁股破。火~,反成祸。"清袁枚《子不语》卷一:"取盐池之水,~数日而盐不成。"引申指炊事或饮馔。元方回《七月三日同访南山无竭师》:"过帆候灭没,聚市常~。" ❷逼迫;搅扰;折磨。唐韦应物《答崔都水》:"盱税况重叠,公门极~。"《元曲选外编·云窗梦》一折:"便有那天子呼来不上船,休把女~。"明王冕《江南民》:"老羸饥饿转沟壑,贫富徭役穷~。" ❸痛苦;忧烦。《元曲选·铁拐李》二折:"比如包尸裹骨棺函内烂,把似遇节迎寒您子母每穿,省可里~。"明刘基《以梨饷石末公》:"珍重使君方闵雨,急须走送涤~。"清《隋唐演义》一一回:"叔宝积下一向~,顿觉宽慰。" ❹敷衍;纠缠;斯守。宋王质《论州郡财富殿最赏罚札子》:"今陛下郡国布在宇内,臣窃料其间上下~支吾不前者,居其大半。"元商挺《潘妃曲》:"禁不过敲才厮~。你且觑门前,等的无人呵旋转。"清《红楼梦》二六回:"昨儿宝玉还说,明儿怎么样收拾房子,怎么样做衣裳,倒像有几百年的~。" ❺忍受;禁受。明《拍案惊奇》卷六:"却像掉下了一件甚么东西,无时无刻不在心上。~不过,因到他家前后左右访问消息。"清《珍珠舶》二回:"情欲久疏,~不过,怕不走了邪路。"《万花楼》五二回:"奸臣初时抵赖不招,次后~刑法不得,只愿从细招认明白。"

【熬炼】áo liàn ❶加热提炼。宋苏轼《东坡志林》卷一:"取首生男子之乳……慢火~,不住手搅。"明谢肇淛《五杂组》卷一一:"用童男女小便,~如雪,当盐服之。"清《红楼复梦》七七回:"先用大锅~其油,俟其枯干,再煅为灰。" ❷磨炼;修炼;历练。元尚仲贤《三夺槊》四折:"那回是真个今番演,越显得俺经~。"明《西游记》三五回:"原来孙大圣是~过的身体,急切化他不得。"清《醒世姻缘传》三三回:"你要结识官府……要打迭一派市井的言谈,~一副涎皮顽钝的嘴脸。" ❸禁受(折磨等)。明《古今小说》卷四〇:"被杨总督严刑拷打,打得体无完肤。沈衮、沈褒~不过,双双死于杖下。"《醒世恒言》卷二〇:"又加一包杠子,死而复苏,~不过,只得枉招。"清《隋唐演义》二八回:"这许庭辅被官刑拷问,~不过,只得将索骗金钱的真情一一招出。" ❹折磨;侵害。清《十二楼·鹤归楼》一回:"赶去赶来,央求媒妁,受了许多~奔波之苦。"《隋唐演义》一九回:"半晌的露水,那禁得十分~,四月间已成病了。"

【熬盘】áo pán 即"鏊子"。明《金瓶梅词话》五五回:"日里便似~上蚁子一般,跑进跑出,再不坐在屋里。"

【熬糟】áo zāo 同"鏖糟❶",可用为詈词。明黄元吉《流星马》三折:"~禽兽无理!这个是我妹子,其末道走来将他搂抱住?"清李光地《榕村语录》卷二〇:"陆子静要人把心地扫洁净,若一肚子~,读书亦不相干。"

【熬挣】áo zhēng 煎熬挣扎。明太平野史《朝天子·老

鸨》:"生长在教坊,~做老娘,卖弄出当家样。"

【熬炙】áo zhì ❶犹"熬炼❶"。唐王焘《外台秘要方》卷一九:"谷叶及桑白皮~为饮,饮之亦良。" ❷灼烫。元明《水浒传》一〇四回:"你待将钱往那里去?只怕是才出炉的,热的~了手。"

【熬治】áo zhì 加热提炼。宋胡宿《赐镇潼军节度李端懿口宣》:"卿守在藩条,述兹方贡,谨于~,协乃精良。"庞安时《伤寒总病论》卷四:"除细辛、丹砂、干姜、雄黄、桂枝外,皆~作散,酒服。"

【熬煮】áo zhǔ ❶放在有水的容器里用火较长时间加热。宋佚名《小儿卫生总微论方》卷二〇:"搅和药匀,入磁器中,重汤慢火~成膏。"元李存《吴公行述》:"药饵必亲~,饮食必亲尝而后进。"《大清会典则例》卷一六八:"以库内存贮朽皮,每年~水胶、鹿角胶尽用,~鱼鳔、广胶,酌量所用。" ❷指烹饪或烹饪的菜肴。宋吕本中《寄周司理》:"周侯磊落人,怜我自~。殷勤半月留,可得一笑许。"周密《武林旧事》卷七:"约午时初,后苑恭进酥酒,十色~。"

【遨头】áo tóu 宋代成都太守春季率众出游,被称作遨头。后泛称出游的地方长官。宋苏轼《次韵刘景文周次元寒食同游西湖》:"蓝尾忽惊新火后,~要及浣花前。"原注:"成都太守自正月二日出游,谓之~,至四月十九日浣花乃止。"元戴表元《张景忠学政之平江》:"我亦少年心性在,经从准拟作~。"清田雯《城西书所见》:"孤负~过上巳,吟鞭今日踏香泥。"

【鳌山】áo shān ❶传说中的海上仙山,载在巨鳌背上。唐杨系《通天台赋》:"若瑶台之云栖,冠~于溟海。"宋喻良能《蓬莱阁》:"争似卧龙云际阁,不劳跨海即~。"元卢琦《海赋》:"赤鳞紫贝,诡石文渠,蛟室之所储,又何止乎~之贝,蚌壳之珠。" ❷借指翰林院、秘书省或泛指宫廷。唐韩偓《与吴子华侍郎同年玉堂同直》:"往年莺谷接清尘,今日~作侍臣。"宋杨亿《谢太仆钱少卿启》:"召试~之署,式摇鸡距之毫。"元谢应芳《次韵贾教授暮春言怀》:"~邈在天东北,时复瞻云首一昂。" ❸借指科举考试入鼎甲。宋魏野《贻司马池》:"~将首冠,莫叹尚沉沦。"徐积《赠探花郎》:"身如骥子无双俊,人报~第几宫。" ❹元宵节扎制的大型灯彩,像海上鳌山形,故名。起自北宋。宋柳永《迎新春》:"十里然绛树,~耸,喧天箫鼓。"元明《水浒传》六六回:"大名府留守司州桥边搭起一座~,上面盘红黄纸龙两条,每片鳞甲上点灯一盏,口喷净水。"清施闰章《灯夕同诸公月下口号》之二:"太平鼓静~暗,锦勒香车不断来。"

【鳌首】áo shǒu 犹"鳌头❷"。宋徐元杰《及第谢丞相启》:"班先~,惭无晁、董之忠规;谶冷龟山,敢继汪、刘之逸武。"佚名《张协状元》二五出:"三年一度选英贤,论学业非浅。又未知,谁氏登~,甚且满奴心愿。"明王绂《赠朱编修》:"~已攀蟾窟桂,马头还看凤城花。"

【鳌头】áo tóu ❶唐宋时翰林学士、承旨等官员立于镂鳌的殿陛石正中,因称入翰林为上鳌头。也代称翰林院官员。唐姚合《和卢给事酬沛员外》:"鸳鸯簪裾上龙尾,蓬莱宫殿压~。"宋王禹偁《赠卫尉宋卿送前输长侍郎》之一:"性情和雅得天真,卿寺~任屈伸。"明倪谦《刘主静学士题墨梅见寄》:"故人天上客,遥寄一枝梅。问是谁知己,~旧大魁。" ❷借指状元。五代黄滔《与卢员外启》:"实以从古干时之道,至今取第之由,莫不路邈~,程悬骥尾。"《元曲选外编·陈母教子》二折:"一个曾前年登了虎榜,一个便去岁可兀的占了~。"清《野叟曝言》一二三回回目:"两抄落卷小状元再占~。"也泛指第一名。明《肉蒲团》一六回:"云姐的话极讲的是,我们一概除名,让那老门生独占~罢了。" ❸同

"遨头"。元王恽《平湖乐·乙亥三月七日宴湖上赋》:"~游赏,浣花风物,好个暮春初。"

【鏖糟】 áo cáo 即"鏖糟❶"。《元曲选·铁拐李》四折:"一个~叫化头,出去!"

【鏖糟】 áo zāo ❶污浊;肮脏。宋庄绰《鸡肋编》卷中:"又有大泽,弥望草莽,名'好草陂',而夏秋积水,沮洳泥淖,遂易为'~陂'。"明《醒世恒言》卷一七:"今日这浴就如脱皮退壳,身上~足足洗了半缸。"清田雯《舍弟有江南之游作此寄之》:"小者身手太猾黠,大者~无完襦。"按,元陶宗仪《辍耕录》卷一〇:"俗语以不洁为鏖糟。" ❷窝囊;烦闷。《元曲选·燕青博鱼》一折:"〔燕二云〕哥哥,俺是甚等样人家,着他辱门败户,顶着屎头巾走,你还不知道!〔燕大云〕兄弟也,我怎生顶着屎头巾走?〔搽旦云〕你哥哥更是~头。""鏖糟头"犹言"窝囊废"。清褚人穫《坚瓠五集》引明文徵明《嘲学究》:"劝人切莫做先生,满肚~气不平。" ❸暗昧;糊涂。明陈铎《雁儿落带过得胜令·嘲赵良佐非法算帐》:"一个经营不当行,一个银两图生放,一个落些零碎钱,一个算起~帐。"

【鏖醩】 áo zāo 同"鏖糟❶"。明《古今小说》卷三:"我这里都是好人家,如何容得这等~的在此住。"

ǎo

【袄子】 ǎo zi 有衬里的上衣。唐王梵志《家贫无好衣》:"家贫无好衣,造得一~。"元古本《老乞大》卷下:"咱们再商量,这个柳青纻丝有多少尺头,勾做一个~么?"清《红楼梦》七〇回:"宝玉听了,忙披上灰鼠~出来一瞧。"

【拗】 ǎo 另见 ào。❶转弯;弯曲。五代徐夤《题福州天王阁》:"江~碧湾盘洞府,石排青壁护禅关。"宋王洋《策问》:"其人材宜百倍曩时,而~指计数,才三数人耳。"元黑老五《粉蝶儿·集中州韵》:"你望那草桥~,小道绕,青菱萍正径出。"引申指偏僻。明《醒世恒言》卷二九:"这浚县又是个~处,比京都更难,故宦家园亭虽有,俱不足观。" ❷舀。元鲁明善《农桑衣食撮要》卷下:"腌三日后,将菜倒过,~出卤水于净器内另放。"明《西游记》二五回:"把清油~上一锅,烧得滚了,将孙行者下油锅扎他一扎。"

【拗曲】 ǎo qū 弯曲;曲折。宋袁说友《翻流水》序:"荆江七百里路多~。当夏则荆江水涨,浊波涌急。"

【拗折】 ǎo zhé 犹"拗曲"。清《聊斋志异·钟生》:"入南山十餘里,山径~绝险,不复可乘。"《直隶河渠志》:"至药王行宫前,河形~,土人谓之鹅颈。"引申指不顺畅。《聊斋志异·粉蝶》:"晏教以《天女谪降》之曲,指法~。习之三日,始能成曲。"

【媪】 ǎo 指青壮年妇女。明《古今小说》卷五:"前年赵三郎已故了,他老婆在家守寡,接管店面。这就是新丰店中王公的外甥女儿。年纪虽然三十有餘,兀自丰艳胜人,京师人顺口都唤他做'卖䭔~'。——北方的'~'字,即如南方的'妈'字一般。"按,唐苏鹗《苏氏演义》卷上:"媪者,妇人之美称。"

ào

【拗】 ào 另见 ǎo。❶背戾;不顺。唐孟郊《峡哀十首》之八:"腥语信者谁?~歌欢非真。"宋《朱子语类》卷九二:"自黄钟下生至七,若更插一声,便~了。"清吴绮《丁雁水观察暨令弟韬汝棣华集序》:"而近之作者,或极意以争新,人竞从之,皆效颦而取~。" ❷违背;对抗。唐韩愈《答孟郊》:"古心虽自鞭,世路终难~。"元王嘉甫《八声甘州》:"待装些气高,难禁脚~,不由人又走了两三遭。"清《儒林外史》二四回:"要打就打,要罚就罚,一个字也不敢~的。" ❸撬。五代贯休《偶作》:"口如暴死人,铁尺~不开。"《云笈七籤》卷一一二上:"有疰误暴死者,研丹一粒,~开其口,灌之即活。"

【拗校】 ào jiào 抗拒;不顺从。《敦煌变文集·无常经讲经文》:"如今尽狂乱施为,冥司业镜分明照。那磨时,无~,一任磨磨兼碓捣。"

【拗捩】 ào lì 不顺从;不顺当。《敦煌变文校注》卷三《燕子赋(一)》:"当时髋髋劝谏,~不相用语。"宋陈岩肖《庚溪诗话》卷下:"然近时学其诗者,或未得其妙处,每有所作,必使声韵~,词语艰涩,曰江西格也。"

【拗气】 ào qì 闹别扭,生气。清《后西游记》一六回:"我一生最怕与人~,谢师父教诲。"

【拗硬】 ào yìng 精明强干。《敦煌变文校注》卷五《维摩诘经讲经文(一)》:"纵文有漏姿(恣)狂迷,斗聘(骋)无明夸~。"

【奥妙】 ào miào 秘密。明《古今小说》卷一〇:"这是我的行乐图,其中自有~,你可悄地收藏。"《醒世恒言》卷一八:"工人知是家长所为,谁敢再言?流水自去收拾,那晓其中~。"

【奥主】 ào zhǔ 本指一国之主,借指靠山。五代王定保《唐摭言》卷一〇:"李群玉,不知何许人,诗篇妍丽,才气遒健。咸通中,丞相修行杨公为~,进诗三百篇,授麟台雠校。"宋洪适《先君述》:"闽人倪督老矣,以承务郎守郡,自谓卑秩无~,闻新兴守以巧中迁客取使者意,跃然效之。"明钱薇《海上事宜议》:"若彼沿海之奸,嗜利无几,必投势豪之家,以为~。"

【澳】 ào 水湾可泊船处。唐[日]圆仁《入唐求法巡礼行记》卷二:"西风吹,解缆出~。"宋陆游《入蜀记》卷三:"盖黄州临大江,了无港~可泊。"清《野叟曝言》一四九回:"国王亦一大船,一副舶,专候日京巡海至~,见后开船。"

【懊怅】 ào chàng 懊恼惆怅。明汤显祖《感宦籍赋》:"有平昌之令尹,淹结课以孤羁。偶犹夷而~,暂循求于展披。"《拍案惊奇》卷一〇:"公孙黑得意,越发耀武扬威了。外人看见,都~徐小姐不嫁得他。"清李光地《榕村语录》卷九:"《易》传中有解不去的,有硬说的。每看至此等,便~他当日只藏着,不与人看。"

【懊恨】 ào hèn ❶怨恨;抱怨。唐李商隐《与陶进士书》:"归自惊笑,又复~周、李二学士以大法加我。"明孟称舜《娇红记》一二出:"~苍天,怎不肯与人行些方便?"清《十二楼·拂云楼》一回:"此妇乍闻此言,虽然~,还要顾惜名声,不敢发作。" ❷悔恨;后悔。宋文同《利州绵谷县羊摸谷仙洞记》:"忽闻在洞中呼妇者,妇仰应不得去,~至死。"元明《三国演义》四八回:"操大怒曰:'汝安敢败吾兴!'手起一槊刺死刘馥。众皆惊骇,遂罢宴。次日操酒醒,~不已。"清《聊斋志异·小梅》:"止隔百步许,愈追愈远,渐不可见,~而返。"

【懊悔】 ào huǐ 因失误而自恨。《太平广记》卷三一六引《广古今五行记》:"当时并忘,去后醒觉。抚心~,不可复追。"元锺嗣成《一枝花·自序丑斋》:"叹息了几声,~了一会。觉来时记得,记得他是谁。"清《红楼梦》九二回:"司棋的母亲~起来,倒哭的了不得。"

【懊闷】 ào mèn (心理或生理)郁闷;不舒畅。唐王焘《外台秘要方》卷一七:"日渐羸瘦,胸心~。"宋《朱子语类》卷一三二:"观其文字议论,是一个白直响快底人,想是~死了。"清《隋唐演

义》八回："叔宝正在～之际，见老者之言，反欢喜起来了。"

【懊恼】　ào nǎo　❶悲痛；感伤。《敦煌变文校注》卷一《孟姜女变文》："哭之以毕，心神哀失。～其夫，掩从亡没。"宋欧阳修《寄刘昉秀才》："东风鸳友应相望，～孤飞不及群。"明郑岳《美女篇》："贞性岂善媒，蛾眉生妒忌。～难自明，抚床时掩泣。"　❷恼恨；恼怒。唐刘禹锡《竹枝词》："～人心不如石，少时东去复西来。"元佚名《四换头》："佳人薄命，～东君忒世情。"清《隋唐演义》一回："当下一场～散了，早已种下祸根。"　❸烦恼；郁闷。唐杜荀鹤《献钱塘县罗著作判官》："莫把一名专～，放教双眼绝冤仇。"金张从正《儒门事亲》卷一〇："血溢流注，精液衰少，目赤心热，甚则瞀闷～，善暴死也。"清《荡寇志》一〇九回："续闻得宋江、公孙胜仍为希真所败，心中十分～。"　❹可喜；可意。是一种表示极端喜爱的反语。宋苏轼《减字木兰花·赠君猷家妓》："眉长眼细，淡淡梳妆新绾髻。～风情，春著花枝百态生。"明王世贞《弇园杂咏·散花峡》："长年鼓棹穿岸嵝，恰值春阑藤花落。一花堕帧酒一杯，～东风不作恶。"清陈维崧《望江南》："江南忆，～是西湖。秋月春花钱又赵，青山绿水越连吴，往事只模糊。"　❺懊悔；后悔。元明《水浒传》六五回："张旺灯影下见砍翻婆娘，推开后窗，跳墙走了，张顺～无极。"明《型世言》六回："那寡妇又恼又笑：恼的是贪杯误事，笑的是没福消受。那壁汪涵宇～无及。"清宋琬《菩萨蛮·闺情》之二："天门东畔天涯远，摧残豆蔻香痕浅。～不留行，连敲砧杵声。"　❻轻视；侮辱。明《警世通言》卷一八："岂

可屈身小就，终日受人～，吃顺气丸度日。"《金瓶梅词话》五三回："我没有儿子，受人这样～。我求天拜地也要求一个来。"　❼犹"薅恼"。清《后水浒传》一二回："可知不是死亡、失火、盗贼勾当，也要大惊小怪地～人。"又一九回："王摩领了五十名小校，冲州撞府，到处劫取，幸喜他生性不去～穷民善姓。"

【傲撇】　ào piē　傲慢；倔强。宋《五代史平话·唐下》："北都留守从荣，年少骄蹇，～不事政治。"明叶宪祖《鸾鎞记》一一出："我见他时节，虽然略大样了些，也不道这温庭筠这等～，竟把我呵叱了一场。"

【傲忽】　ào hū　❶不看重；不在乎。唐柳宗元《祭万年裴令文》："脱略细微，～烦言。坦然自居，无顾仇怨。"宋褚伯秀《南华真经义海纂微》卷七七引碧虚注："山林异类，以无识而敖人，犹不免速死，况人为物灵，有知有识，而欲～同类之尊者乎?"明尹直《謇斋琐缀录》卷八："予观黄山谷先生贬在宜州……盖亦山谷好戏侮～人之所致。"　❷傲慢；轻忽。唐张固《幽闲鼓吹》："某与贺中外，自小同处，恨其～，常思报之。"宋王明清《挥麈后录》卷一一："康国自谓践扬之久，率多～。"清《凤凰池》六回："水生见他言语之间大有俗气，而～之态俱于口角露出。"

【鏊子】　ào zi　铁器，平面圆形，中间微凸，烙饼用。唐张鷟《朝野佥载》卷四："目舍人杨伸嗣为'热～上胡孙'。"元董君瑞《哨遍·硬谒》："～饼热时赶热翻。"清蒲松龄《日用俗字·器皿章》："馍馍上笼忌出犯，～熁饼勿胡黄。"

B

bā

【八八】　bā bā　西北少数民族对老者或父亲的称谓。明方以智《通雅》卷一九："～，乃夷语之称巴巴也。《唐书》：'德宗以怀光外孙燕～为后～，盖夷语称老成者曰～或巴巴。'今回回教以老成者呼～，其声近'把'。"张自烈《正字通·父部》："夷语称老者为～或巴巴，后人加'父'作'爸'字。吴人称父曰爸。"

【八步床】　bā bù chuáng　一种结构复杂的老式木床，外有雕花护栏，栏内有搁架，两端嵌小柜，床正面设抽屉、踏脚等物。明《金瓶梅词话》九六回："因有你爹在日，将他带来那张～赔了大姐。"清《醒世姻缘传》五六回："与巧姐做的八步大床、描金衣柜、雕花斗桌，都用强将自己赔嫁的旧物换了他新物。"

【八窗玲珑】　bā chuāng líng lóng　本指四壁窗户敞亮，引申指心地明彻通达。宋《朱子语类》卷一四："明德，如～，致知格物各从其所明处去。"邓肃《单化禅师行化序》："其与人之颂若所为文，初不经意，一瞬百纸，飒如风雨。岂以锥画沙乎？岂以印印泥乎？抑～而人之善恶莫得以逃之乎？"居简《幻庵铭》："～，十虚内充。惟一精明，复何所容？"

【八搭鞋】　bā dā xié　一种行路穿的鞋，多用麻制，成八字形交叉系缚脚上。元《三遂平妖传》六回："脚穿八搭麻鞋。"明《梼杌闲评》五回："身穿青布羊裘，脚穿八搭麻鞋。"清《后水浒传》三二回："只一脚踏去，直将八搭麻鞋踹布穿过，搁通脚底。"

【八答鞋】　bā dā xié　同"八搭鞋"。《元曲选·朱砂担》二折："一领布衫我与你刚刚的扣，八答麻鞋款的兜。"《元曲选外编·玩江亭》二折："身穿粗布袍，腰系杂彩绦，脚下行缠～。"元明《水浒传》容与堂本二七回："身穿白衫，下面腿绷护膝，八答麻鞋。"

【八刀】　bā dāo　"分"的拆字隐语。宋洪迈《容斋续笔》卷一四："严州分水县，故额草书分字。县令有作聪明者，谓草体非宜，自真书三字，刻而立之。是年邑境恶民持刃杀人者众，盖分字为～也。"明《型世言》三二回："待我寻着主儿，一百两之外，与兄～。"清孔尚任《桃花扇》一七出："赚了钱不可偏背，大家～才好。"

【八分】　bā fēn　八成；多半。表示肯定性的推测。《元曲选·青衫泪》一折："俺娘～里又看上他那条乌犀带。"明《型世言》三〇回："这印～是他。如今老大人只问他要。"清《歧路灯》一二回："你爹爹这病，多是～不能好的。"

【八老】　bā lǎo　即"牙老❷"。宋元《古今小说》卷三："吴山来到铺中，卖了一回货，里面走动的～来接吃茶，要纳房状。"明《金瓶梅词话》九八回："王六儿与爱姐旁边金坐，～往来筛酒下菜。"清《醒世姻缘传》五一回："再要娶娼妓，必定做～。"

【八木】　bā mù　"米"的拆字隐语。清《魏头陀传》八则："就是出家，我此木、～早晚少不得的；倘若兴头，只怕家中的三酉草军，还要叫来使唤。"

【八秋】　bā qiū　指时间久。例句用于过去时，相当于"很久以前"。清《醒世姻缘传》二〇回："若是当真要打，从～打得稀烂，可不还阁了板子合人商议哩！"又九八回："周相公，你要是个见小记恨的，你还肯再三再四的劝他么？"

【八十孩儿】　bā shí hái ér　祝婴儿长寿语。宋代风俗，小儿生日时书"八十"于额，以祝吉利长寿。宋陈藻《邱叔乔八十》："大家于此且贪生，～题向额。""孩儿"或作"儿儿"。宋刘辰翁《一剪梅》："人生总被业风吹。三岁儿儿，八十儿儿。"

【八踏鞋】　bā tā xié　即"八搭鞋"。明佚名《女贞观》一折："七星冠日转芙蓉影，～露湿凌波映。"

【八文十二】　bā wén shí èr　指少量的钱或薄利。宋龚明之《中吴纪闻》卷六："不如更叠个盆山，卖～。"史浩《南浦·四月八日》："若犹未悟，且管领师僧，～。"陆游《老学庵笔记》卷五："故都里巷间，人言利之小者曰～。"

【八下的】　bā xià de　犹"八下里"。清《歧路灯》六四回："他近日光景也比不得从前，况且才行殡事，～亏空。"

【八下里】　bā xià lǐ　八方，引申指所有地方、各个方面。元高安道《哨遍·嗓淡行院》："凹了也难收救，四边厢土糁，～砖瓢。"《元曲选·马陵道》三折："四下里安营，～札寨。"清《红楼梦》六一回："如今这事～水落石出了，连前儿太太屋里丢的也有了主儿。"

【八阳经】　bā yáng jīng　本佛经名，《八阳神咒经》（又名《八佛名号经》）之简称，喻指说话啰唆或唠叨。元叶颙《樵云老人独唱歌》："杜撰～，何止三千帙。"石君宝《紫云庭》一折："我唱的是《三国志》，先饶十大曲，俺娘便《五代史》，续添～。"《元曲选·对玉梳》二折："因甚的闹吵吵做不的个存活？每日间～便少呵也有三千卷，《五代史》至轻呵也有二百合。"

【八字】　bā zì　星相家把人的出生年月日时各配以干支，共得八字，借以推断命运吉凶。宋蔡絛《铁围山丛谈》卷二："汝于大相国寺，迟其开寺时，持我命～往，即诣卦肆，遍问以吉凶来。"元马致远《陈抟高卧》一折："凭着～从头断您一生，叮咛，不交差半星。"清《红楼梦》二五回："把他两个的年庚～写在这两个纸人身上，一并五个鬼，都掖在他们各自的床上就完了。"

【扒头】　bā tóu　披发，指未束发加冠、插笄的少男少女。《元曲选·酷寒亭》三折："又无那胖高丽去往来迎，又无那小～浓妆艳裹，又无那大行首妙舞清歌。"明《型世言》三〇回："偶然见张继良一影，他见是个～，便道：'甚么人？'叫过来问时，是本寺行童。"

清李玉《清忠谱》二折："赌场到处惯拈头，打就；人人认得老～，年幼。"按，原批云："吴人方言以壮年未包网巾者为'扒头'。"

【虾蚱】bā zhà　蚂蚱。清《醒世姻缘传》二回："他撅撅屁股去了，穷日子是你过，寡是你守，可是说～秀才的话：飞不了你，跳不了你。"

【虾蜡】bā zhà　同"虾蚱"。明王尧笃《清江引》："谷子谷子没结果，偏我做的错。起初苗儿稀，次后～过。"《西游记》一回："跑沙窝，砌宝塔，赴蜻蜓，扑～。"

【巴】bā　❶ 挨着；靠近。宋吴潜《满江红·景回计院行有日》："问我年华旬并七，异乡时景春～二。"《元曲选·桃花女》楔子："前不～村，后不着店。"清《红楼梦》九九回："我只道是谁，～着窗户眼儿一瞧，原来宝妹妹坐在炕沿上。" ❷ 盼望；等待。宋陈著《卜算子》："望得眼儿穿，～得心头热。"《元曲选外编·西厢记》三本三折："夜凉苔径滑，露珠儿湿透了凌波袜，我看那生和俺小姐～不得到晚。"清《醒世姻缘传》四回："晃大舍望萧北川来，～得眼穿。" ❸ 营求；追逐。《元曲选·合汗衫》二折："家私家私且莫夸，算来算都是假，难镇难压，空急空～。"明吕景儒《哨遍·庄子叹骷髅》："你莫不是～钱财离故乡，你莫不是为功名到这里?"清《八洞天》卷五："若得这九两银子做本钱，便可酿些白酒，养些小猪。～得生意茂盛，那时算还他本利，有何不可?" ❹ 吃力地运输或行进。宋周辉《清波杂志》卷六："禁苑花竹，皆取于四方，在涂之远，～至上林，则已焦矣。"《元曲选·潇湘雨》三折："我湿淋淋只待要～前路，哎，行不动我这打损的身躯。"清《隋唐演义》一〇回："上东岳殿前一层阶级，就像一个山头，～到殿上，指望叩拜神明，求阴空庇护。" ❺ 扒；挖；挠。《元曲选·荐福碑》三折："他那里撼岭～山，搅海翻江，倒树摧崖。"明冯惟敏《清江引·省悟》："恶狠狠虎～心。"清《聊斋志异·珠儿》："珠儿心暴痛，～刮床席，色如土灰。" ❻ 攀；抓住可依附的东西。明《山歌·老鼠》："能会～檐上屋，又会掾柱爬梁。"清《醒世姻缘传》九一回："若是一只死狗，你狠命的扶他上墙，那死狗的前腿定是～不住，后腿定是上不来。" ❼ 张；睁；裂开。明冯惟敏《粉蝶儿·李争东有犯》："趁着个就地滚的官铺，～着个等饭吃的窟窿。"清《红楼梦》八九回："那些小学生都～着眼瞧，却原是晴雯所补的那件雀金裘。" ❽ 牵缠；连缀。《元曲选·杀狗劝夫》四折："我说的丁一确二，你说的～三揽四。"清《聊斋俚曲·增补幸云曲》："拆破袄，做背搭；大补丁，白线～。" ❾ 说；聊。清《聊斋俚曲·禳妒咒》："已是完了一天的大事，且找个人去～～瞎话。" ❿ 焦；失去水分。也指焦干物。《类说》卷四引宋陈亚《赠祈雨僧》："无雨若还过半夏，和师嗑作葫芦～。"清屈大均《广东新语》卷二七："～者，焦也。其叶～而不陨，焦而长悬，故合言之曰芭蕉也。"《野叟曝言》一二回："二人只得坐下。先摆的兔脯、獐干、鹿肉。" ⓫ 茶；茶水。元杨立斋《哨遍》："饥时节选着那六局全食店里添些个气，渴时节拣那百尺高楼上咽数盏儿～。"《元曲选·玉镜台》四折："今日酒渴的我没是处，恨不的～到喉咙咽下去。"

【巴巴】bā bā　另见 bǎ bǎ。❶ 急切盼望。宋柳永《爪茉莉·秋夜》："～望晓，怎生捱，更迢递。"《元曲选·盆儿鬼》一折："父亲，可怜你泪眼如麻望～，定道我流落在水远山遥。"清《凤凰池》一〇回："看看春闱近了，～悬望云生，云生竟不见到。" ❷ 特地；专门地。明《金瓶梅词话》八三回："一心只是牵挂想你，～使来，好歹教你快去的家伙多着哩。"清《红楼梦》三七回："家常送东西的家伙多着哩，～儿的拿这个。" ❸ 口齿流利貌。宋陆游《大慧禅师真赞》："平生嫌遮老子，说法口～地。"《元曲选·冯玉兰》四折："还待要嘴～肯应。"清《后西游记》三四回："我们今日还嘴～，

是三个讲经说法的和尚，再过几日，就要变做妖精的臭粪了。" ❹ 辛苦忙碌貌。《元曲选·盆儿鬼》一折："世不曾闲闲暇暇，常则是结的这～。"明孟称舜《娇红记》二四出："～走，长短途，说亲不成恼杀吾。"清范希哲《偷甲记》一五出："早ански求生意，朦胧睡未惺，～衣裳难安静。" ❺ 形容词词尾，表状貌。《元曲选·冤家债主》一折："急～日夜费筹划。"明《醒世恒言》卷二："脏～的，吐在那里?"清《隋唐演义》六〇回："生～将他拉上车儿回去了。" ❻ 对乳母或义父的称谓。明《梼杌闲评》二二回："只听得宫娥叫道：'客～，请小爷进膳哩。'众内侍与那保姆带着小爷蜂拥而去。"清《儒林外史》五三回："当初，太祖皇帝带了王妈妈、季～到皇宫里去，他们认做古庙。" ❼ 巴掌。清《荡寇志》八〇回："一个举起黄牛皮的掌子，一声呼喝，向那左边面颊上足足的盒了二十个大～。"

【巴鼻】bā bí　❶ 鼻子。五代《云门禅师广录》卷中："衲僧须得～即识得天下人，作么生是老僧～?"《五灯会元》卷一二《道吾悟真禅师》："手提～脚踏尾，仰面看天听流水。"又卷一七《渤潭善清禅师》："不用祖师～，不用金刚眼睛，不用师子爪牙。" ❷ 来由；根据。多用否定形式。宋吴潜《望江南》："著甚来由为皎皎，好无～弄醒醒。"明《古今小说》卷三八："可知道前日说你与甚么阿舅有奸，眼见得没～，在我面前胡说!"清《野叟曝言》一回："此地空馀黄鹤楼，曰空馀，是没～的事，我只见楼，不见黄鹤也。" ❸ 依靠；凭借。元耶律楚材《代忘忧居士请琳公禅师住持寿宁禅寺疏》："千年罕遇，最难时节因缘；一疏速来，便是衲僧～。"清《凤凰池》六回："不免再往别处游玩一番，倘或幸遇相知若文总戎者，又好为将来居停。不然全无～，何以扬名异乡，荣归故土?"

【巴避】bā bì　同"巴鼻❷"。金《董解元西厢记》卷四："一刻儿没～抵一夏，不当道你个日光菩萨，没转移好教圣贤打。"元杜仁杰《耍孩儿·喻情》："唐三藏立墓铭空费了碑，闲槽枋里躲酒无～。"

【巴壁】bā bì　同"巴鼻❷"。《元曲选·灰阑记》四折："早则是公堂上有对头，更夹着这祗候人无～。"

【巴臂】bā bì　同"巴鼻❷"。宋佚名《张协状元》五出："你好没～。"元石君宝《紫云庭》二折："乱下风雹的又没～，更做你是开封府同知，却不取招平人无罪!"明徐伯龄《蟫精隽》卷一二："胡开口的柳宗元，翻道黔庐赭居之足贺；没～的陈去非，反说祝融回禄之意佳。"

【巴柄】bā bǐng　同"把柄❷"。明王玉峰《焚香记》五出："凄凉晚景，回头顾影没～。"

【巴不的】bā bu dé　同"巴不得"。《元曲选·黄粱梦》一折："我～选场中去哩。"明《金瓶梅词话》七三回："月娘见他醉了，～打发他前边去睡。"《禅真后史》一四回："这老何也～到寺中去。"

【巴不得】bā bu dé　急切盼望。《元曲选·墙头马上》二折："～天晚了也，我如今与小姐赴期去来。"元明《水浒传》三五回："他闻得父亲殁了，恨不得自也寻死，如何肯停脚，～飞到家里。"清孔尚任《桃花扇》三一出："～叫他知道，才好请俺进府哩。"

【巴不能】bā bu néng　即"巴不得"。明《醒世恒言》卷二〇："那晚守到这时候，一个个拗腰凸肚，～睡卧。"《挂枝儿·错认》："～到跟前，忙使衫袖儿招。"清《情梦柝》一二回："县官受了审文之托，～延捱下去。"

【巴不能够】bā bu néng gòu　即"巴不得"。元明《水浒传》二五回："这妇人～他出去了，便踅过王婆房里来等西门庆。"清《醒世姻缘传》六八回："得你去，俺～的哩。"《隋唐演义》四二回：

"这些兵快,听见官府叫他进去拿人,～。"

【巴斗】 bā dǒu　柳条等编成的底部半球形容器。明冯惟敏《一枝花·县官卖柳》:"第一年嫩生生大似车轴,第二年圆混混粗如～。"《金瓶梅词话》六〇回:"一个急急脚脚的老小,左手拿着一个黄豆～,右手拿着一条绵花叉口。"清《说岳全传》六八回:"手中铁锤足有～大。"

【巴都儿】 bā dū ér　勇士。蒙古语音译。《元曲选外编·老君堂》楔子:"大小～,摆开阵势!"按,脉望馆本作"把突儿"。

【巴毁】 bā huǐ　击伤。《敦煌变文校注》卷三《燕子赋(一)》:"夺我宅舍,捉我～,将作你吉达到头,何期天还报你。"按,本字当为"犯擎",《说文解字·巴部》:"犯,捣击也。"又《手部》:"擎,伤击也。"

【巴家】 bā jiā　辛苦持家。明《石点头》卷一一:"却教端端正正、～做活,撇得下老公放不开婆婆的一个周大娘子,走到江都绝命之处。"△清《跻春台·节寿坊》:"你这妹崽,好不～哟! 为啥无故就拿些钱来与人?"

【巴劫】 bā jié　❶同"巴结❶"。《元曲选·救风尘》二折:"他每待强～深宅大院,怎知道摧折了舞榭歌楼。" ❷同"巴结❹"。明《金瓶梅词话》六七回:"家中一窝子人口要吃穿盘搅,自这两日媒,～的魂也没了。"朱有燉《柳营曲·咏风月担儿》:"每日家供送～,侍养喃呷。"元狄君厚《介子推》四折:"道他曾巴巴劫劫背着主公,波波碌碌践红尘。"

【巴结】 bā jié　❶盼望。元刘庭信《折桂令·忆别》:"笃笃寞寞终岁,孤孤另另彻夜咨嗟。" ❷勉强应付。明顾起元《客座赘语》卷一:"勉强营为曰捌拽,曰～,曰扯拽。"《醒世恒言》卷三三:"光阴迅速,大娘子在家巴巴结结,将近一年。父亲见他守不过,便叫家里老王去接他来。"清《醒世姻缘传》二五回:"内中一个程生,……入赘在一个寡妇丈母家内,～叫他读书,因府考没有银子寻分上,每次不得进道。"《红楼梦》六四回:"若说一二百,奴才还可～;这五六百,奴才一时那里得来?" ❸追求。清《红楼梦》一一八回:"但愿他从此一心～正路,把从前那些邪魔永不沾染,那就好了。" ❹辛苦;忙碌。明《石点头》卷三:"只晓得巴巴结结,经营过活,世务一些不晓。"清《聊斋俚曲·增补幸云曲》:"吃穿二字你不管,逐日把我～煞,世间要你中做嗄?"史梦兰《燕说》:"奔波曰～。" ❺讨好;结交。清《野叟曝言》三回:"未老爷本来不愿因县上～主司,差人十分敦促,登时坐轿进城。"《镜花缘》一六回:"俺们死后并无一毫指望,为甚何去极力～?"

【巴竭】 bā jié　同"巴结❹"。明冯惟敏《仙桂引·思归》:"觑行踪恰便似风中叶,好功名少了半截,早抽身省去～。"又《折桂令·除名》:"岂知道这样儿清高,那样儿～。"

【巴拉】 bā lā　疤瘌;疤痕。清《醒世姻缘传》四四回:"将头砍掉,碗口大～。"

【巴拦】 bā lán　依靠。清《豆棚闲话》一一则:"万一时年不熟,转到荒乱时,也还有些～,有些担架。"

【巴揽】 bā lǎn　❶生拉硬扯。宋《朱子语类》卷一二一:"今公辈看文字,大概都有个生之病,只说来说去不透彻。只是去～包笼他,元无实见处。"又:"今公们只是扭～来说,都记得不熟,所以这道理收拾他不住。" ❷依靠。宋《朱子语类》卷九七:"人于敬上未有用力处,且自思人,庶几有个～处。"

【巴篱】 bā lí　篱笆。唐白居易《买花》:"上张幄幕庇,旁织～护。"宋方岳《汉宫秋·探梅》:"家住江南烟雨,想疏花开遍,野竹～～。"

【巴漫】 bā màn　同"巴镘"。《大宋宣和遗事》前集:"一片心

【巴镘】 bā màn　贪财。镘代指钱币。元石君宝《紫云庭》一折:"俺这个狠精伶,他那生时节决定犯着甚爱钱～的星。"明汤式《一枝花·嘲名妓佛奴》:"苦保呵四十八愿叮咛咒誓,～呵五十三参容颜变改。"陈铎《耍孩儿·嘲外有事实》:"则道是为云作雨巫娥女,原来是～搯绫母夜叉。"

【巴棚】 bā péng　同"芭棚"。元薛昂夫《端正好·高隐》:"醉时节六轴上乔衙坐,醉时节～下和衣儿卧。"

【巴钱】 bā qián　贪财;弄钱。《元曲选·曲江池》四折:"为～毒计多,被天公生折磨。"明佚名《一枝花·子弟收心》:"一任那恶哏哏～母严,一任那喜孜孜统馒偎快。"

【巴掌】 bā zhǎng　手掌,也指用手掌打人。明《山歌·烧香娘娘》:"打你大～,谁许你胡言乱主张!"《石点头》卷五:"来元分诉时,劈脸就是两个～。"清《霓裳续谱·小红娘》:"小红娘,进绣房,一见了莺莺说不好,拍了拍～。"

【巴拽】 bā zhuài　勉强张罗。清《醒世姻缘传》二八回:"严列宿～做了一顶明青布道袍,盔了顶罗帽,买了双暑袜、镶鞋,穿着了去迎亲媳妇。"

【巴子】 bā zi　❶晒干或风干的肉。宋孟元老《东京梦华录》卷三:"北食则樊楼前李四家、段家爊物、石逢～。"明《西游记》八六回:"只见那向阳处有几个小妖,拿些人肉～,一块块地理着晒哩。"《金瓶梅词话》二一回:"一碟香喷喷晒干的～肉。" ❷指女阴。明《金瓶梅词话》二回:"他家卖的拖煎河漏子,干～肉翻包着菜肉匾食。"按,此为双关语。清《品花宝鉴》二二回:"他妈的～,两吊钱叫太爷们吃什么!"

【芭篱】 bā lí　同"巴篱"。明《老乞大谚解》卷下:"他在那个房子里下? 那西南角上,～门边,小板门儿便是。"

【芭棚】 bā péng　用苇片等盖顶的棚子。元佚名《朝天子》:"～下饭饱,麦场上醉倒,快活煞村田乐!"《元曲选·赵氏孤儿》二折:"就在这～下放下这药箱。"

【吧】 bā　❶吃。清蒲松龄《东郭箫鼓儿词》:"见了肉来恨不能拿来大口～。" ❷说。清《聊斋俚曲·翻魇殃》:"院里官问他实有多少钱,他只是信口～,说是收着几千万。"又《慈悲曲》:"就不吃嗄,咱～嗓子瞎话也行么!"

【吧吧】 bā bā　同"巴巴(bā bā)❸"。《景德传灯录》卷三〇《魏府华严长老》:"口子～地,眼子眨眨地。"《五灯会元》卷一八《黄龙道震禅师》:"石人问枯桩:'合时汝发华?'枯桩怒石人:'何得口～!'"

【鈀子】 bā zi　❶同"巴子❶"。元明《水浒传》一一回:"将精肉片为～,肥肉煎油点灯。"清《野叟曝言》一五回:"另外又是两三吊钱,四五匹白布,一串牛肉～。" ❷市语,呆子。明佚名《墨娥小录》卷一四《行院声嗽》:"呆,～。"

【笆壁】 bā bì　同"巴鼻❸"。《元曲选·秋胡戏妻》二折:"早则俺那婆娘家无依倚,更合着这子母每无～。"

【笆箔】 bā bó　竹、苇箔。也指篱笆片。《续资治通鉴长编》卷二〇六:"愿自备工力修盖屋宇,瓦木外量支～之费。"《元曲选外编·裴度还带》三折:"我则见泥脱下些抑托,更和这水浸过这～。"

【笆篷】 bā péng　同"芭棚"。元周文质《时新乐》:"迓鼓童童～下,数个神翁年高大。"

【笆片】 bā piàn　即"笆箔"。元明《水浒传》八〇回:"两边亦立弩楼,仍设遮洋～。"

【笆子】 bā zi　即"笆箔"。清《荡寇志》一〇九回:"速将整枝粗竹,扎成竹～,苫盖城上。"

bá

【拔】　bá　❶拨；使回转或分开。唐杜甫《江涨》:"渔人萦小楫,容易~船头。"宋李之仪《雨中自瓜步追宝觉》:"生者今何在?别有一丈室。相期同过之,佳思久~拂。"元戴良《题何监丞画山水歌》:"何侯迁官定何处?有客~图正倾慕。"❷汲;提(水)。《元曲选·燕青博鱼》三折:"则你个纸做的瓶儿怎~干的井,蜡打的锹儿怎撅就的坑!"古本《老乞大》:"浅浅的井儿,则著绳子~水。"❸用冰或冷水浸使变凉。元古本《老乞大》:"你将料捞出来,冷水里~著。"清《醒世姻缘传》八二回:"走的通身是汗,坐着吃冰~的窝儿白酒。"❹捉拿。拔,通"把"。《敦煌变文校注》卷一《汉将王陵变》:"二将交雪罪过,过在锺离末。霸王曰:'~至帐前!'"❺分;剖。拔,通"擘"。元明《水浒传》二九回:"武松酒却涌上来,把布衫~开。"

【拔白】　bá bái　天刚亮。《元曲选·青衫泪》一折:"从天未~,酒旗挑在歌楼外。"明佚名《墨娥小录》卷一四《行院声嗽》:"早,~。"清洪昇《长生殿》一出:"一夜无眠乱愁搅,未~潜踪来到。"

【拔本】　bá běn　捞回本钱;挽回损失。宋《法演禅师语录》卷上:"昨日那里落节,今日者里~。"克勤《碧岩录》四则:"东边落节,西边~。"

【拔步】　bá bù　(迅疾)举步;起步。元明《水浒传》六一回:"卢俊义不赶和尚,来斗武松,武松~便走。"明《醒世恒言》卷三三:"那人见刘官人手脚活动,便~出房。"

【拔步床】　bá bù chuáng　即"八步床"。明《金瓶梅词话》七回:"手里有一分好钱,南京~也有两张。"清《红楼梦》四〇回:"东边便设着卧榻,~上悬着葱绿双绣花卉草虫的纱帐。"

【拔地】　bá de　狠狠地。清《醒世姻缘传》三回:"珍哥把晁大舍~瞅了一眼,骂道:'这是那里的臭声!'"

【拔都】　bá dū　即"巴都儿"。元张翥《后出军》之三:"先锋才攻门,后军已登陴。~不怕死,直上搴贼旗。"《元史·张拔都传》:"流矢中额不少却,帝闻而壮之,赐名~。"

【拔短】　bá duǎn　即"拔短梯"。清《八洞天》卷六:"到得事完之后,学役索谢,晏敖竟~不与,学役怀恨在心。"

【拔短筹】　bá duǎn chóu　抽到数目小的筹码(计数用的竹片),比喻短命或有始无终。《元曲选·老生儿》三折:"不想你也拔着短筹,都死了。"明刘兑《娇红记》卷下:"不是俺凤鸾交拔了短筹,这恩情直到那海枯石烂怎时休。"王骥德《金梧桐·友人有奇遇颇为所制赋以代谑》:"将我二十岁青春~,神明自有。"

【拔短梯】　bá duǎn tī　抽去梯子,比喻毁约食言使人陷于困境。明《金瓶梅词话》五四回:"贼淫妇!在二爷面上这般的~乔作衙哩。"《二刻拍案惊奇》卷二〇:"又去知县、乡里处~,故重复弄出这个事来。"

【拔缝】　bá fèng　接缝处脱裂。明《西游记》六五回:"那钹口倒也不像金铸,好似皮肉长成的,顺着亢金龙的角紧紧嚅住,四下更无一丝~。"清《红楼梦》四六回:"太太的车拔了缝,拿去收拾去了。"

【拔禾】　bá hé　即"拔禾徕"。元周文质《蝶恋花·悟迷》:"叹书生轻别素娥,看佳人输与~。"张国宾《薛仁贵》三折:"正末扮~上。"

【拔禾徕】　bá hé lái　指庄稼人。明汤式《一枝花·赠玉马杓》:"掯得些~家计空空,兜得些偷花汉劳心冉冉。"

【拔和】　bá hé　宋杂剧的散段,扮村人以取乐。宋耐得翁《都城纪胜·瓦舍众伎》:"杂扮或名杂班,又名纽元子,又名~,乃杂剧之散段。在京师时,村人罕得入城,遂撰此端,多是借装为山东河北村人以资笑。"参见"拔禾"。

【拔河】　bá hé　一种双方牵拉粗绳角力的民间体育活动。唐封演《封氏闻见记》卷六:"拔河,古谓之牵钩,……古用篾缆,今民则用大麻绳,长四五十丈,两头分系小索数百条挂于胸前,分二朋,两向齐挽。"宋苏颂《和诸君观画鬼拔河》:"关中古有~戏,传闻始盛隋唐世。长絚百尺人两朋,递以勇力相牵制。"清《续金瓶梅》一二回:"又有鳌山会、~戏会、汴河龙船会。"

【拔虎须】　bá hǔ xū　比喻撩惹强者。元明《水浒传》一一回:"洒家正要捉你,这厮们倒来~。"

【拔救】　bá jiù　拯救。《说郛》卷一一二下引唐韩若云《韩仙传》:"因愈叔遭险命入刑囚,暂假下瑶池~乡贯。"《元曲选·还牢末》四折:"谢仁兄~死重生,似枯枝得雨花再开。"清《飞龙全传》一九回:"幸蒙恩人~,脱离苦海。"

【拔撅】　bá juē　一种比较手力的竞技。撅,或作"橛",短木棒。唐范摅《云溪友议》卷一:"闻镇海军进健卒四人,……悉能~、角抵之戏。"

【拔马】　bá mǎ　回转马头。《敦煌变文校注》卷一《捉季布传文》:"~挥鞭而便走,阵似山崩遍野尘。"《旧五代史·梁书·张归霸传》:"归霸为飞戈所中,即~却逸。"

【拔哨】　bá shào　抽出赌资,谓中途退出赌局。哨,通"稍",赌本。清《歧路灯》五九回:"赢了他两个元宝,我不住使眼瞅你,想着叫你~。"

【拔头】　bá tóu　披散头发。《敦煌变文校注》卷四《八相变》:"六亲号叫,九族哀啼,散发~,浑塸自扑。"

【拔头筹】　bá tóu chóu　占头名;占先。明《醒世恒言》卷二七:"如今遗下许多短命杂种,纵挣得泼天家计,少不得被他们先~。"《欢喜冤家》一一回:"好一个年轻美貌的人儿,先与我师父拔个头筹。"清《平山冷燕》一二回:"若要与兄考,以兄门第,自然要~。"

【拔突】　bá tū　即"巴都儿"。元虞集《淮阳献武王堂庙之碑》:"宪宗皇帝尝赐名曰~。~者,国语勇敢无敌之名也。"陶宗仪《辍耕录》卷二:"后以国言赐名~,~即拔都。"

【拔寨】　bá zhài　撤去营寨,指军队出发。唐李德裕《续得高文端贼中事宜四状》:"贼军无水可吃,即须~退走。"元明《三国演义》六回:"坚随即上马,~离洛阳而去。"清《说岳全传》一八回:"嗯哨一声,竟~起身,往山西抄路绕回转本国去了。"

【胈项】　bá xiàng　即"脖项"。宋元《清平山堂话本·简帖和尚》:"那汉见那妇人叫将起来,却慌,就把只手去克着他~,指望坏他性命。"《警世通言》卷一三:"见先押司爹爹,~上套着井栏,眼中滴出血来。"

【犮】　bá　矮人行走貌。明《西游记》三七回:"那行者跳将出来,~呀~的,两边乱走。"

【跋地】　bá de　同"拔地"。清《醒世姻缘传》四四回:"(素姐)将薛三省娘子~瞅了一眼道:'你们耳朵不聋,任凭叫这个野牛在我房里胡说白道的,是何道理?'"

【跋蓝】　bá lán　即"薄蓝❶",引申指穷困。《元曲选外编·西游记》四本一三出:"争奈他身命儿太~,几时能勾驷马安车左右骖。"

【跋罗回】　bá luó huí　大角,唐代军中所吹乐器,本为北魏

角笛名。《敦煌变文校注》卷一《伍子胥变文》："子胥乃布兵列阵，一似鱼鳞，～吼唤三声，大鼓扬名即发。"

【跋马】bá mǎ　❶同"拔马"。唐严武《巴岭答杜二见忆》："～望君非一度，冷猿秋雁不胜愁。"宋王明清《挥麈后录》卷九："南寨有二骑袭其背，(赵)立一回顾，左右手奋两枪，贼俱坠地。"元马祖常《龙门》："自惭曾奏长门赋，～彷徨念暴鳃。"❷催马；骑马驰逐。宋王安石《谢郏宣秘校见访于锺山之庐》："误有声名只自惭，烦君～过茅檐。"明薛瑄《晓出东平州十韵》："～桥频渡，看山客屡回。"清汪由敦《平定准噶尔恭拟铙歌》："直捣伊犁士气豪，十旬～不知劳。"

【跋嘴】bá zuǐ　费口舌；拌嘴。明《西洋记》一六回："天师心里想道：这和尚今番却有些～了。"又一七回："非干小的们要～，缘是街坊上一个钉碗的，他偏生要碗钉，因此上跋起嘴来。"

【洴】bá　同"拔❸"。明《金瓶梅词话》二七回："秋菊搊着果盒，盒子上一碗水～的果子。"清《红楼梦》三一回："才刚鸳鸯送了好些果子来，都～在那水晶缸里呢。"

bǎ

【巴巴】bǎ bǎ　另见 bā bā。同"把把❶"。《元曲选外编·存孝打虎》二折："我若杀不过，我便走了，看你怎生剌～。"

【把】bǎ　❶捉拿；擒拿。《敦煌变文校注》卷二《韩擒虎变文》："将士亦见，当下擒将，～在将军马前。"五代何光远《鉴诫录》卷一："言讫，遂令武士～下阶檐，严亦苍黄，失其节操。"元《七国春秋平话》卷上："子之大怒，遂令金瓜：'～下者！'"❷把守；看守。唐李德裕《赐张仲武诏意》："已令～绝雁门，遏其归路。"金《董解元西厢记》卷二："担柄簸箕来大开山板斧：是～桥将士孙飞虎。"清《醒世姻缘传》八三回："与我～住大门，不许放出一个人去！"❸封闭；布满。唐杜甫《对雪》："北雪～长沙，朝云冷万家。"杜荀鹤《浙中逢诗友》："冻～城根雪，风开岳面云。"宋王禹偁《拍板谣》："陇头江～泉声绝，律吕与我数页齐。"❹采；摘；折。唐王勃《采莲曲》："官道城南～桑叶，何如江上采莲花。"宋蔡襄《丙申秋八月过渔溪驿》："曾～早梅枝，思君在别离。"明李东阳《戴胜》："园中少妇～桑归，掩袖低眉半落晖。"❺按(弦)；弹奏。唐顾况《李湖州孺人弹筝歌》："独～梁州凡几拍，风沙对面胡秦隔。"五代冯延巳《蝶恋花》："谁～钿筝移玉柱，穿帘海燕双飞去。"宋晏几道《庆春时》："尊前为～、桃根丽曲，重倚四弦看。"❻按(脉)；诊治。《元曲选·魔合罗》二折："我与哥哥～～脉咱。"明《朴通事谚解》卷上："夺脑疼的一宿不得半点睡，与我～脉息，看一看。"❼携；拿。宋辛弃疾《满江红》："可恨东君，～春去、春来无迹。"《元曲选·东堂老》四折："老叔，～来还我。〔正末云〕甚么来？〔扬州奴云〕～甚么来？白纸上写着黑字儿哩！"清《醒世姻缘传》一九回："难为你这样穷人，拾了七八两银子不入了己，肯～来还我。"❽典当。《元曲选外编·刘弘嫁婢》一折："人家道那～时节将烂钞你强揣与巴的到那赎时节要那料钞教他赎将去。"按，明《朴通事谚解》卷下："又元时语有'把解'之语，犹言典当也。"❾对；面向。宋韩琦《壬子寒食会压沙寺》之二："藏火未须传蜡烛，感时空自～梨花。"赵湘《和子华对雨有感》："小桃凌乱逐东风，繁杏枝梢次第红。～雨直须连日看，春风一半已成空。"❿当作；看成。唐寒山《寒山无漏岩》："世间有王傅，莫～同周邵。"宋辛弃疾《南歌子·新开池》："斗匀红粉照香腮，有个人儿，～做镜儿猜。"魏野《和郡侯咏雪》："须知祥瑞同霖雨，莫～梅花柳

絮看。"⓫指派；使令。《元曲选外编·哭存孝》一折："他两个有甚么功劳，～他潞州天党郡去？"明《金瓶梅词话》九回："武二～迎儿房中睡，他便把条席子就武大灵桌子前睡。"⓬介词。a) 引进工具或条件。用；以；拿。唐姚合《惜别》："似～剪刀裁别恨，两人分得一般愁。"《元曲选·窦娥冤》楔子："他数次问小生索取，教我～甚么还他。"清《儒林外史》一回："遇着花明柳媚的时节，～一乘牛车载了母亲。"b) 引进处置对象。唐寒山《有人把椿树》："有人～椿树，唤作白旃檀。"明《金瓶梅词话》三五回："悄的在屋里，～门儿关着，敢守着哩。"清方成培《雷峰塔》二出："禅心不～毒龙绕。"有的在其后隐含一个表处置义的动词。这类句式多用于骂詈。《元曲选·魔合罗》二折："我～那贼丑生弟子孩儿！"明《西游记》三五回："我～你这个大胆的泼猴，怎敢这等欺人！"清《红楼梦》三八回："我～你这嚼舌根的小蹄子儿！"c) 引进施事者。叫；被。宋辛弃疾《好事近》："彩胜斗华灯，萍～东风吹却。"《元曲选·刘行首》二折："官人在衙门里庆重阳令节，谁想走到人市处，～梅香迷了。"清李渔《蜃中楼》九出："别人的女儿，～你骗去吃酒。"d) 引进受事者。给；与。清《醒世姻缘传》三六回："还有写了遗嘱，～他收执，日后任他所为。"《水浒后传》一五回："牙行忌他威势，赊～他黄连，川附共价一百两。"又一九回："珍藏这甲在家，等闲也不～人看。"e) 凭；借。唐李白《登邯郸洪波置酒观发兵》："我～两赤羽，来游燕赵间。"宋韩琦《过太原旧城》："欲～金汤角天命，却惊禾黍满秋风。"明《型世言》三九回："每当阴天细雨微风之际，他～着一片壳浮在水面。"f) 使；让。宋范成大《闰月四日石湖众芳烂漫》："尽～园林蒙锦绣，多添门户锁烟霞。"明汤显祖《牡丹亭》六出："四目相视，～湘入一点凡心顿起。"清《儒林外史》三回："那童生叫做魏好古，文字也还通通。学道道：'～他低低的进了学罢。'"g) 引进处所。在；从。《敦煌变文校注》卷一《张议潮变文》："即乃点兵，凿凶门而出，取西南上～疾路进军。"元关汉卿《西蜀梦》三折："居在人间世，只合～路上经过，向阴云中步行因甚么？"《三国志平话》卷中："夏侯淳败了，必～你手内过也。"明《续欢喜冤家》一九回："我们不知道，只管～下流处打捞。"h) 引进对象。向；朝着。金《董解元西厢记》卷五："欲把莺莺今夜约，殷勤～红娘告。"明《金瓶梅词话》五三回："迎春～他做了个脸。"清《醒世姻缘传》七三回："薛如卞～他两兄弟点了点头，都出席装合狄希陈说话，长吁短叹的去了。"⓭助词。用在某些数量词之后，表示数量相近。元明《水浒传》二四回："他便央你做得件～衣裳，你便自归来吃些点心，不值得搅恼他。"明《拍案惊奇》卷一五："又花费了半年一～，如今却有些急迫了。"清《白雪遗音·游庵》："里势阿有个一～人来朵？"

【把把】bǎ bǎ　❶解大便。明《西游记》四〇回："若要尿尿～，须和我说。"也指大便。元佚名《岳飞精忠》楔子："输了的都罚去史家胡同吃～。"清《醒世姻缘传》二一回："晁夫人一只手拿着他两条腿，替他擦～。"❷即"八八"。明金銮《朝天子·嘲金回回父子》："金家，～，生下个满喇，衙自己声抬价。"

【把杯】bǎ bēi　犹"把酒"。宋郑獬《招余补之》："赤泥圆印木兰酒，欲饮无人共～。"元明《水浒传》二三回："众猎户先把野味将来与武松～。"清洪昇《长生殿》一六出："看酒来，待朕与妃子～。"

【把背】bǎ bèi　即"巴鼻❷"。元佚名《新水令·禄山忆杨妃》："往常时胖得来无～，如今瘦得来试恁地。"

【把鼻】bǎ bí　即"巴鼻❷"。宋苏轼《贱人》："有甚意头求富贵，没些～使奸邪。"明《古今小说》卷二七："自古及今，那见卖柴的人做了官？却说这没～的话。"清毛奇龄《仲氏易》卷二七："或

妮或复,全无～。"

【把壁】 bǎ bì 即"巴鼻❷"。元佚名《粉蝶儿·子弟收心》:"虽是些泼风尘,自做的无～。"清朱素臣《四大庆》一本六出:"只为没～浮虚境,怕女儿家向外生心。"

【把臂】 bǎ bì 即"巴鼻❷"。《元曲选·贬夜郎》三折:"谎得来无～。"明《醒世恒言》卷八:"万一有些山高水低,有甚～?"

【把柄】 bǎ bǐng ❶ 器物供持握的部分。清《女仙外史》一一回:"霎时间,连剑的～都没有了。" ❷ 主宰;主脑。宋方逢辰《蛟峰文集》卷七:"后世异端之家,乃有窃此以为识心见性之～者,此不足辩也。"明罗洪先《冬游记》:"如此方是造化～在我,横斜曲直,好丑高低,无往不可。"清《歧路灯》九〇回:"绍闻作完四书文,便作《忠经》策,拿住'资于事父以事君'做～。" ❸ 主意;主见。明张岱《陶庵梦忆》卷六:"心与目谋,毫无～,不得不聊且迁就,定其一人。" ❹ 凭借;依靠。清《十二楼·三与楼》一回:"回廊曲折,走路的耽搁工夫;绣户玲珑,防贼时全无～。"《野叟曝言》九二回:"若此地设兵置伏,真有一夫当关之势!便定了主意,在此处得一个～。" ❺ 把持;控制。《元典章·刑部十九》:"又有一等诈称牙人,～行市。"《元曲选·老生儿》三折:"如今那好家财,则教我那姐夫张郎～。"明《警世通言》卷三五:"又有一种男不慕色,女不怀春,志比精金,心如坚石,没来由被人播弄,设圈设套,一时失了～,堕其术中。" ❻ 证物;凭据。明《二刻拍案惊奇》卷四:"没有～,未好动手。"清《红楼梦》二一回:"平儿手里拿着头发笑道:'这是一辈子的～儿,好便罢,不好,咱们就抖出来!'"洪昇《长生殿》三〇出:"若早知为断绠,枉自去将他留下了这伤心～。" ❼ 犹"巴鼻❷"。明《型世言》三七回:"才方道'因蛙梗做了个女人',真是没～子的说话!"

【把并】 bǎ bìng 即"把柄❺"。脉望馆本《勘金环》楔子:"你道我～家私忒放荡。"

【把不的】 bǎ bu dé 即"巴不得"。明《金瓶梅词话》八〇回:"经济听了,～一声,先往屋里开门去了。"

【把不能】 bǎ bu néng 即"巴不得"。明《醒世恒言》卷一五:"吓得众人一个个心下慌张,～脱离了此处。"

【把草】 bǎ cǎo 草把;小捆的草。明《金瓶梅词话》九三回:"总甲分付他看守著他,寻个～教他烤。"

【把叉】 bǎ chā 竭力操持。清《聊斋俚曲·穷汉词》:"～了一年来,弄的是净打光的。"

【把持】 bǎ chí ❶ 节制;把握;控制。宋李觏《与胡先生书》:"凡此之类,难以遽数,皆因人之情而～之,使有所成就耳。"明《禅真逸史》一〇回:"这陈阿保心下有了三百两银子打搅,一刻也～不定。"清《醒世姻缘传》七二回:"谁知这程大姐甚不老成,晚间床上乜乜泄泄的,致得周龙皋不能～。"用作名词时指控制能力。清《红楼梦》一〇二回:"亏得宝钗有～,听见丫头们混说,便吓唬着要打,所以那些谣言略好些。" ❷ 把守。清《东周列国志》四三回:"是夜,命壮士以绳缒下东门,径奔秦寨。将士～,不容人见。" ❸ 主持某种事务的人。明《封神演义》一五回:"子牙坐得没趣,叫众～:'你们把酒看都吃了了罢。'"《隋史遗文》二回:"那底下各处抛场子弟、～行头,尽来看美女圆情。"清《隋唐演义》一七回:"二位～,公子旁边两个美女可曾圆情?"

【把刀】 bǎ dāo 掌刀,指厨案工作。清《醒世姻缘传》八八回:"我在下不才,这～的手段,也没有人比下我去的。"《儒林外史》五二回:"羊肉不曾吃,空惹一身腥,倒不如不干这～儿了。"

【把定】 bǎ dìng 下聘(订婚时男方送给女方聘礼以确定婚姻)或聘礼。金《董解元西厢记》卷三:"不须～,不在通媒说,百媚

莺莺应入手。"元《通制条格》卷四:"巩昌府李秀告。求问令狐坤女与男思聪为亲,备办表里头面羊酒,～了当,其女身死,欲回～等物。"《元曲选外编·智勇定齐》二折:"贤女许个肯字,接了公子～,再与你父母议亲。"

【把都】 bǎ dū 即"巴都儿"。《元曲选·汉宫秋》三折:"～儿,将毛延寿拿下,解送汉朝处治!"明汤显祖《紫钗记》三〇出:"～,且抢杀他一番!"清《说岳全传》三七回:"粘罕大怒,分付～儿们,将王铎家私抄了。"

【把断】 bǎ duàn 扼住;占尽。唐张彦远《法书要录》卷四:"文与书被公与陆机已～也,世应无敢为赋者。"元刘时中《朝天子·同文子方邓永年泛洞庭湖宿凤凰台下》:"有钱,有权,～风流选。"《秦并六国平话》卷上:"楚王令周霸、邹阔各兵一千,～函谷关。"

【把扼】 bǎ è 把守;扼守。宋蔡襄《乞相度沿海防备盗贼》:"其海口旧时各有镇寨,～海路。"《三朝北盟会编》卷九一:"已遣大兵,纠合诸郡,～险阻。"明归有光《论御倭书》:"既不能～,而使之突入三江五湖之间。"

【把法】 bǎ fǎ 执法。元萧德祥《小孙屠》二出:"朱邦杰是～犯法。"《元曲选·救孝子》二折:"我是～的人,倒要你教我这等验尸?"

【把风】 bǎ fēng 望风;放哨。《元典章·吏部六》:"如何施威入去,何人在外～,何人在内收拾财物。"清《皇朝文献通考》卷一九八:"盗犯于黑儿行劫五次,俱系随从～,并未下手伤人。"△《儿女英雄传》一一回:"大凡作强盗的,敢于拦路劫财,了断不是三个五个,内中有瞭高的、～的、动手的、接赃的。"

【把勾】 bǎ gōu 勾引。明《金瓶梅词话》九八回:"爱姐把些风月话儿～经济。"

【把棍】 bǎ gùn 地痞。明高攀龙《申严宪约责成州县疏》:"凡天罡地煞、打降～之类,访其首恶重治。"清顾炎武《日知录》卷三二:"京师奸宄丛集,游手成群,有谓之～者,有谓之拿讹头者。"施闰章《前嘉议大夫刘公墓志铭》:"而辇下豪猾亡命,酿金植党,动至数百人,谓之～,横恣不道。"

【把滑】 bǎ huá 控制脚步滑动,防止跌倒。明程敏政《苦雨漫兴》:"御街石路光凌乱,坐想诸公～行。"叶盛《水东日记》卷七:"前人失脚,后人～。"《平妖传》一七回:"左脚～不住,扑通的倒撞下水去。"

【把猾】 bǎ huá 耍奸猾。元董君瑞《哨遍·硬谒》:"谩～,枉占奸。"脉望馆本《十样锦》二折:"因某生前揣奸～,死后永做饿鬼。"

【把家】 bǎ jiā 即"巴家"。宋《虚堂和尚语录》卷五:"～干蛊虽相似,也有贪杯落草人。"明汤显祖《牡丹亭》三出:"你好些时做客为儿,有一日～当户。"清《醒世姻缘传》五二回:"你恭我敬,戮力同心,立纪～,守苦做活。"

【把交】 bǎ jiāo 交代;总结。元耶律楚材《屏山居士鸣道集序》:"屏山临终,出此书付敬鼎臣曰:'此吾末后～之作也。子其秘之,当有赏音者。'"《元曲选·铁拐李》一折:"我今日为头便～,争奈在前事乱似牛毛。"引申为完结、完蛋。元尚仲贤《三夺槊》二折:"若是来日到御园中,忽地门旗开处,脱地战马相交,哎,齐王呵!这一番要～。"

【把截】 bǎ jié 扼守。宋《三朝北盟会编》卷二一五:"已遣五千骑越淮分守盱眙、龟山,～水路。"宋元《古今小说》卷三九:"却是太平郡差出军官,领水军～采石,盘诘行船,恐防反贼汪革走逸。"《元典章·刑部十六》:"与百户乔林议定:～贼人出入要

路,互相救援。"

【把酒】 bǎ jiǔ 端起酒杯,实指饮酒。唐孟浩然《过故人庄》:"开筵面场圃,~话桑麻。"宋李清照《醉花阴》:"东篱~黄昏后,有暗香盈袖。"引申为向人敬酒。《元曲选·隔江斗智》二折:"军师请自在,三弟执壶,关某~。"元明《水浒传》七三回:"老儿听得说是替天行道的人,因此叫这十八岁的女儿出来~。"

【把来】 bǎ lái 直接用在动词之前,作用如同提前宾语的介词"把",但其后宾语是隐含的。《元曲选·㑇梅香》三折:"呀,争些儿~忘了。"元明《水浒传》五回:"你依着洒家,~弃了,别选一个好的。"

【把拦】 bǎ lán ❶ 阻拦;劝阻。明《金瓶梅词话》九七回:"自从春梅这边被经济~,两家都不相往还。"清《醒世姻缘传》六九回:"只针鼻子点事儿,他就里头~住不叫咱做。" ❷ 独占;霸占。明《金瓶梅词话》四四回:"第二日教人眉儿眼儿的,只说俺们什么~着汉子。"又七五回:"我~他,我拿绳子拴着他腿儿不成?"

【把揽】 bǎ lǎn 把持包揽。明《金瓶梅词话》二回:"(西门庆)近来发迹有钱,专在县里管些公事,与人~说事过钱,交通官吏。"△清《官场现形记》四九回:"平时~家私以及驾驭这些姨太太,压制手段是有的。"

【把滥】 bǎ làn 即"把揽"。"滥"当是音近通假。元明《水浒传》二四回:"近来暴发迹,专在县里管些公事,与人放刁~,说事过钱,排陷官吏。"又四三回:"那人原是闲吏,专一在乡放刁~,近来暴有几贯浮财,只是为人行短。"

【把礼】 bǎ lǐ 行礼。元贯云石《孝经直解》一八:"孝子没了父母的时分,啼哭呵无做作的声气,~呵无妆饰的容颜。"

【把脉】 bǎ mài 按脉诊病。《元曲选·冤家债主》二折:"我昨日请一个太医,那厮也说的是,道我气裹了食也。"明《金瓶梅词话》一九回:"不想是个女人不好,素体容妆,走在房来,舒手叫他~。"《醒世恒言》卷二六:"医人李八百的~,老君庙里铺灯,怎么这等灵验的紧!"

【把慢】 bǎ màn 即"巴鳗"。明佚名《点绛唇·妓者嗟怨》:"他那时我侬头缕当,断了你那爱钱也~的铁心肠。"

【把弄】 bǎ nòng 把玩;玩味。《祖堂集》卷七《夹山和尚》:"其僧归却举似师,师云:'门前~,不如老僧入理之谭,欠他三步。'"宋陆游《入秋游山赋诗略无阙日戏作》之五:"明年即八十,日月难~。"

【把取】 bǎ qǔ ❶ 拿着;握着。取,助词。唐张鷟《游仙窟》:"张郎门下贱客,必不肯先提,娘子径须~。"《太平广记》卷一六〇引《异闻录》:"崔家小娘子,容德无比,年已及笄,供奉与~家状,到府日,求秦晋之匹可乎?" ❷ 掌握;把握。《景德传灯录》卷一九《云门文偃禅师》:"一尘才举,大地全收,一毛头狮子,全身总是。汝~,翻覆思量,日久岁深,自然有个入路。"宋张伯寿《水调歌头》:"~升平事业,趁取河清桃熟,十载付金銮。"

【把如】 bǎ rú ❶ 不如。金《董解元西厢记》卷三:"婆婆娘儿好心毒,~休教请俺去,及至请得我这里来,却教我眼(腌)受苦。" ❷ 与其。金《董解元西厢记》卷八:"~吃恁摧戕,厮合燥,不[如]出衙门,觅个身亡却是了。"元《七国春秋平话》卷中:"~你先杀我,不如先杀你。" ❸ 当作。宋詹玉《桂枝香·丙子送李倅东归》:"只今便~伊吕,是当年、渔翁樵夫。" ❹ 譬如。宋刘克庄《乍归》:"~为客看,还得似家无?"

【把色】 bǎ sè 为戏剧演出伴奏的乐工。宋耐得翁《都城纪胜·瓦舍众伎》:"杂剧中,末泥为长,每四人或五人为一场,……其吹曲破断送者,谓之~。"《元曲选外编·蓝采和》二折:"〔末〕着

李薄头去。〔祇候〕也不要他。〔末〕着王~引着妆旦色去。〔祇候〕都不要,只要蓝采和去。"

【把梢】 bǎ shāo 赌场中为赌客收配赌注。梢,通"稍",赌本。元明《水浒全传》郑序本一〇四回:"赢的都被~的、放囊的扢了头儿去。"

【把势】 bǎ shì ❶ 武术招式。也指武艺。明《英烈传》一二回:"这些人说:我们有眼不识泰山。俞三官,你何故不做个~我们看看?"清《醒世姻缘传》六七回:"那厨子平日是晓得些~的人,谁知触怒了凶神,甚么~还待使得出来?" ❷ 精于某种技艺的人。《元曲选·玉壶春》二折:"若是我老~展旗幡立马停骖,着那俊才郎倒戈甲抱头缩项。"明《西游记》九七回:"教他供一个供状,看他是雏儿强盗,~强盗。" ❸ 泛指招式、技能或摆招式、做样子。明汤显祖《牡丹亭》一三出:"〔净扮郭驼上〕前山低坬后山堆,驼背;牵弓射弩做人儿,~。"又三〇出:"昨宵个微芒暗影轻罗,~儿试显豁。为甚么人到幽期话转多?"

【把似】 bǎ sì ❶ 不如。多用在复句的下一分句,与上一分句的"譬如""比如"等(均为"与其"义)相呼应。金《董解元西厢记》卷一:"解元休心头怒恶!譬如这里闹镬铎,~书房里睡取一觉。"又"引调得张生没乱煞,~当初休见他,越添我闷愁加。"《元曲选·铁拐李》二折:"比如包尸裹骨棺函内烂,~遇节迎寒你子母每穿。" ❷ 连词。a)与其。用在复句的上一分句,与下一分句的关连词语相呼应。宋邵雍《先幾吟》:"~众中呈丑拙,争如静里且诙谐。"金马钰《满庭芳·自咏》:"尽是狼虫虎豹,蛇蝎狐狸。养他毒物,又何如、物外修持?"明《二刻拍案惊奇》卷三二:"~他日在家守着,何如今日不去的是。" b)即使。用于让步复句。《元曲选·荐福碑》三折:"~你便逞头角欺负俺这秀才,~你便有牙爪近取那龙潭,周处也曾除三害!" c)假如。用于假设复句。宋刘克庄《贺新郎·端午》:"~而今醒到了,料当年、醉死差无苦。"元古本《老乞大》:"俺是高丽人,汉儿田地里不惯行。你~拖带俺做伴当去,不好那?"明冯惟敏《僧尼共犯》二折:"~你肯留头嫁做个良人妇,不枉了发似漆,体如酥。" ❸ 犹"把作"。宋刘辰翁《花犯》:"白发翁翁向儿道:那曲巷袁安爱晴早。便~、一年春看,惜花花自老。"《元曲选·墙头马上》三折:"休~残花败柳冤仇结,我与你生男长女填还彻。"

【把酥】 bǎ sū 一种执手礼。明佚名《牧羊记》六出:"这是雁门关上的旧规。只是个~,没有磕膝的礼。"

【把素】 bǎ sù 吃素。宋元《清平山堂话本·李翠莲》:"每日持斋~,终朝酌水献花。"《元曲选·勘头巾》三折:"我持斋~,口诵黄庭道德真经,怎肯持刀杀人?"

【把体面】 bǎ tǐ miàn 依礼节行礼。《元曲选·玉镜台》一折:"小姐,~拜哥哥者!"又《看钱奴》二折:"兀那秀才,你过去~见员外者!"

【把头】 bǎ tóu ❶ 把握;掌握;控制。宋《朱子语类》卷二〇:"只云'其为人孝弟',则和逊温柔能齐家,则推之可以仁民,务者朝夕为此,则把这一个作一~处。"刘仁父《踏莎行·赠傀儡人刘师父》:"不假牵丝,何劳刻木,天然容貌施妆束。~全仗姓刘人,就中学写秦城筑。" ❷ 行帮头目。借指为首的或把持局面的人。元刘时中《端正好·上高监司》:"穷汉们将绰号称,~每表德呼。"明《金瓶梅词话》五八回:"我知道你在这屋里成了~,便说你恁久惯牢头,把这打来不理会。"佚名《古玉环记》一四出:"既如此,叫众~架着鹰犬就去。"

【把突儿】 bǎ tū ér 即"巴都儿"。脉望馆本《老君堂》楔子:"大小~,摆开阵势!"

【把稳】　bǎ wěn　可靠;有把握。元古本《老乞大》:"俺一等不惯的人根底,多有瞒有,恁使着记号,大家～。"明《平妖传》三回:"两只脚赶着四只脚,也～不得。"《警世通言》卷一五:"吏房是不必说了,但当堂拈阄,怎么这等～?"

【把戏】　bǎ xì　❶杂技;戏法。明《朴通事谚解》卷中:"有呈诸般～的那,好看的甚么没?"《梼杌闲评》三回:"一出是大娘点的,一出是做～的女人点的。"　❷手段;本事。金《董解元西厢记》卷四:"十个指头儿,自来不孤你,这一回看你～。"用于贬义时则指花招、手腕。明《二刻拍案惊奇》卷二七:"那里是甚么新升游击!只为不舍得爱妾,做出这一场～。"清《红楼梦》八〇回:"治死我,再拣富贵的标致的娶来就是了,何苦作出这些～来!"　❸怪事;丑事。明《醒世恒言》卷三六:"他既不肯接客,留之何益?倘若三不知做出～,倒是老大利害。"清《醒世姻缘传》一九回:"李成名媳妇一手掀开帘子,晁大舍合唐氏正在那里撮～,上竿卖解,忙劫不了。"

【把细】　bǎ xì　小心仔细。元明《水浒传》六四回:"你若这般～,何年月日能够建功?"明《醒世恒言》卷一九:"万里是个～的人,仓卒之间,岂肯倾心吐胆?"

【把与】　bǎ yǔ　给予。宋佚名《张协状元》八出:"你抵得我一条棒过时,便～你去。"《元曲选·金钱记》三折:"这金钱正是我的,我～女孩儿带着。"明《金瓶梅词话》九四回:"你与我把这奴才脸上～他四个嘴巴。"

【把斋】　bǎ zhāi　持斋;吃素。《元典章新集·刑部》:"～的日头里,宰杀性命呵,不是不当那?"明郎瑛《七修类稿》卷一八:"彼之薄葬～,不食自杀,终身无改焉。"

【把盏】　bǎ zhǎn　犹"把酒"。宋卢柄《诉衷情》:"同～,且伸眉,对斜晖。"《五代史平话·汉上》:"引上阶来,为他把一个盏,与他退惊则个。"元明《水浒传》二一回:"不～便怎地我?终不成飞剑来取了我头!"

【把掌】　bǎ zhǎng　即"巴掌"。明《醒世恒言》卷三六:"卞福正还酣睡,那婆娘三个～打醒。"

【把钟】　bǎ zhōng　犹"把酒"。《元曲选·铁拐李》二折:"教孩儿出去～,我在家里执料。"

【把捉】　bǎ zhuō　❶把守;守卫。唐李德裕《昭义军事宜状》:"诸城门亦合先布腹心～。"易静《兵要望江南·占月》:"月边气,其象若群猪。羽姓将军兵大吉,宫商角徵不占拘。～顾方隅。"《旧唐书·食货下》:"今请强干官吏,先于出茶山口,及庐、寿、淮南界内,布置～,晓谕招收。"　❷捉拿。《太平广记》卷四四六引《野人闲话》:"手下胡狲一时上舍,齐手～内厕胡狲,立在殿上。"五代何光远《鉴诫录》卷三:"付司散帖所由,如入界,～申送。"　❸抓握;抓扯。五代齐己《灵松歌》:"老鳞枯节相～,踉跄立在青崖前。"元郑廷玉《看钱奴》四折:"疼的他合了双目,～定冷了四肢。"清《聊斋志异·牛飞》:"鹰屡摆扑,～稍懈,带巾腾去。"　❹把握;封卡;控制。宋陆九渊集卷三五:"防闲,古人亦有之,但他底防闲与吾友别,吾友是硬～,直到不动心处,岂非难事?只是依旧不是。告子硬～,难叫难号。"元孟汉卿《魔合罗》四折:"咽喉被药～,难叫难号。"明《西游记》六五回:"心猿意马,～不定。"

【把总】　bǎ zǒng　❶总揽一切,全面负责。元明《水浒传》四四回:"又令陶宗旺～监工,掘港汉,修水路,开河道。"　❷明清时低级武官名。明《警世通言》卷九:"逃至浔阳江口,被守江～擒拿。"清《儒林外史》四二回:"那巡街的王～进来,见是汤六老爷,才不言语。"　❸尊称工匠。清《醒世姻缘传》三三回:"沈木匠回了狄员外的话,狄员外说:'……就仗赖沈～你来拾掇拾掇罢!'"

【把作】　bǎ zuò　当作;看成。宋《朱子语类》卷一二二:"伯恭《文鉴》去取之文,……～好句法,又无好句法;～好意思,又无好意思;～劝戒,又无劝戒。"佚名《望江南·谕新及第友人》:"荷上露,莫～珠穿。"明《醒世恒言》卷三一:"张员外～自己亲儿女看成,男取名郑武,女取名彩娘。"

【把做】　bǎ zuò　❶同"把作"。宋《朱子语类》卷一一:"圣人言语,皆天理自然,本坦易明白在那里。只被人不虚心去看,只管外面捉摸。及看不得,便将自己身上一般意思说出,～圣人意思。"元明《水浒传》三〇回:"放他穿房入户,～亲人一般看待。"明《二刻拍案惊奇》卷三四:"只～一个厌物看成而已。"　❷拿来做。明《今古小说》卷四:"这金子好～妆佛用,保小姐百事称心。"《警世通言》卷二四:"这二十两碎银,～赏人杂用。"

bà

【罢】　bà　❶表示时间,有"时"或"后"的意思。唐杜甫《怀旧》:"老～知明镜,悲来望白云。"施肩吾《杂古词》:"怜时鱼得水,怨～参与商。"韩翃《送山阴姚丞携妓之任兼寄山阴苏少府》:"山阴政简正从容,到～唯求物外踪。"　❷犹言算了,表示认可某种事实,不再考虑其他。《元曲选·窦娥冤》一折:"若不来便～,若来阿,我自有个主意。"明《梼杌闲评》一三回:"若没得,就是绒线店驮两匹也～。"清《红楼梦》五一回:"你妈若好了就～,若不中用了,只管住下。"　❸叹词。表示无奈或禁止。元古本《老乞大》:"～,～,咱则依人的言语,成了者。"明《西游记》一四回:"～,～,～!也是我命里不该招徒弟。"清《儒林外史》三八回:"～,～!父亲也料想不肯认我了。"　❹语气词。a)可表示陈述、祈使、提议、疑问等语气。宋元《清平山堂话本·李翠莲》:"我如今没钱,只是死了～。"《元曲选·虎头牌》四折:"看茶茶面上,开了门～!"清《红楼梦》四〇回:"刘姥姥听了,想了半日,说道:'是个庄稼人～?'"b)用反问表示强调语气,相当于"呢"。明《西洋记》二六回:"脱了衣服,一个澡洗,洗得好不快活,那里再有半点儿痒气～。"又六九回:"就是跟随的军士,一个个的都跌翻在地上,再有那个晓得些人事～。"

【罢斥】　bà chì　罢免;斥退。宋叶梦得《石林燕语》卷一〇:"公尝疾士大夫交通权近,至是,亦有伪作公乙～宦官章传播者。"明《金瓶梅词话》七七回:"此二臣者,所当亟赐～者也。"

【罢窜】　bà cuàn　斥退流放。宋《三朝北盟会编》卷二二〇:"诸亲王珣等数十人,皆～之。"

【罢了】　bà le　另见 bà liǎo。❶语气词。用在陈述句末,有"仅此而已"之义。明《醒世恒言》卷四:"那看的但觉好看,赞声好花～,怎得知种花的烦难。"清孔尚任《桃花扇》六出:"俺们不及桃李花～,怎的便是辛夷树?"《红楼梦》六七回:"靠那道士能往那里远去,左不过是在这方近左右的庙里寺里～。"　❷叹词。多用作独立语。明李梅实《精忠旗》一五出:"〔生哭介〕～,～!如今孤掌难鸣了。"《梼杌闲评》一八回:"～!可惜可惜!我守了他三十餘年,不意为你所有,可惜大材小用了。"清《儒林外史》二三回:"～!我上这小畜生的当了。"

【罢了我了】　bà le wǒ le　苦了我了;坑了我了。表示不能承受,难于担当。明丁彩《山坡羊·秋怀》:"这凄凉可～!夜又长待怎么去熬!"《金瓶梅词话》七八回:"～,好难忍也!"△清《儿女英雄传》二回:"这可就～!慢说我没有这样家当,便有,我也不肯这样作法。"

【罢了】 bà liǎo 另见 bà le。❶ 完了;糟了。表示惊慌、沮丧、为难等。元明《水浒传》二三回:"只见枯草丛中钻出两只大虫来,武松道:'阿呀,我今番～!'"明汤显祖《牡丹亭》六出:"一出门蓝关雪阻,马不能前。先祖心里暗暗道:第一程采头~。"清《红楼梦》四三回:"(宝玉)于是又问炉炭,茗烟道:'这可～,荒郊野外,那里有?'" ❷ 表示停止或不再追究(某事),犹言罢休,多用于反问句。明《拍案惊奇》卷二:"难道潘家不见了媳妇就～,凭他自在那里快活不成?"清《红楼梦》三二回:"明儿倘或把印丢了,难道也就～不成?"《说岳全传》三三回:"进去了这好一回,还不出来赔还我的鹰,难道我就～不成?" ❸ 行了;可以了。表示认可、认同,下文往往有转折。明《西游记》八三回:"你这两个呆子!看着师父～,谁要你来帮什么功!"清《红楼梦》七五回:"贾母道:'这就～,他能多大,定要他做才子不成?'" ❹ 算了。表示无奈、容忍。六十种曲本《琵琶记》一五出:"俺这里也索～,如今爹爹苦不放过他。"明《醒世恒言》卷二六:"只算今日是他数尽之日,救不得～。"清《醒世姻缘传》四五回:"素姐见无计可施,喜得他不来缠帐,也便～。" ❺ 语气词。犹言便了、就是了。表示肯定或强调。明孟称舜《娇红记》二五出:"如此,可先着人去说,随后起身～。"《二刻拍案惊奇》卷九:"你只打点迎亲~。"清《儒林外史》一九回:"每日清早上是我弟媳妇出来屋后抱柴,你明日众人伏在那里,遇着就抢～。"

【罢刚】 bà lie 语气词。❶ 即"罢了(bà le)❶"。清《红楼梦》八八回:"这是老祖宗的餘德,我们托着老祖宗的福～。"△《儿女英雄传》一七回:"你也是吃人的稀的,拿人的干的,不过一个坐着的奴才～。" ❷ 即"罢了(bà liǎo)❺"。清《红楼梦》六七回:"凤姐道:'打那里娶过来的?'兴儿回道:'就在他老娘家抬过来的。'凤姐道:'好～!'" ❸ 表示无奈、勉强。清《红楼梦》一〇九回:"(宝钗)想了想,便问宝玉道:'你今夜还在外头睡去～。'"

【罢论】 bà lùn 不再提起。《元曲选·救风尘》三折:"你今日结婚姻,咱就肯～。"元明《水浒传》一九回:"若这厮语言有理,不似昨日,万事～。"

【罢么】 bà me ❶ 算了吧;拉倒吧。表示不以为然。《元曲选·窦娥冤》三折:"～,你不要大惊小怪的,吓杀我也!"明《朴通事谚解》卷中:"～,相公,饶他么。大人不见小人过。"《西游记》九三回:"二哥,～!你的嘴脸不见怎的,莫到朝门外装胖,还教大哥去。" ❷ 犹"嘛"。明《金瓶梅词话》二三回:"怪小油嘴儿,休傈落我～。"清《醒世姻缘传》四一回:"他管不了我来,你替他管我～。"

【罢散】 bà sàn ❶ 消除;消释。《敦煌愿文集·礼佛舍施发愿文》:"佛日辉盈,法轮常转;刀兵～,四海通还。"又《结坛散食回向发愿文》:"怨家债主,早已休雠;负命负财,各生～。" ❷ 结束。宋孟元老《东京梦华录》卷九:"初十日,尚书省宰执率宣教郎以并诣相国寺,～祝圣筵次,赴尚书省都厅赐宴。"明《朴通事谚解》卷上:"说几个日头?说三日三宿。从今日起,后日～。"

【罢收】 bà shōu 罢休;了结。元沙正卿《斗鹌鹑·闺情》:"实丕丕罪犯先招受,直到折倒了庞儿～。"明佚名《普天乐·风情》:"本待要撇了他来呵,我则怕撇了时我便～。"

【罢手】 bà shǒu 住手;作罢。《元曲选·冤家债主》二折:"为孩儿所事存心,我怎肯等闲～。"元明《水浒传》五回:"不如～,后来倒好相见。"明张錬《醉太平·偶书》:"风云会里惹冤仇,趁早儿～。"

【罢休】 bà xiū ❶ 停止;终止。宋范成大《次韵宗伟阅番乐》:"～诗社工夫淡,洗净书生气味酸。"《虚堂和尚语录》卷六:"欲要了,无可了,山头月圆又缺。只好～看,夜深风露寒。"

❷ 作罢;不再计较或争执。宋元《醒世恒言》卷三三:"你若不去,便是心虚,我们却和你～不得。"元明《水浒传》四四回:"且看我二人薄面,且～了。"

【罢亚】 bà yà 本义为稻穗摇摆,转作水稻品种名。唐杜牧《郡斋独酌》:"～百顷稻,西风吹半黄。"原注:"～,稻名。"

【罢呀】 bà ya 即"罢么❶"。清《醒世姻缘传》五七回:"他来～? 你哝的这们等的是怎么?"又八七回:"奶奶～! 杀人不过头点地,爷这们认了不是,也就该将就了。"

【罢呀怎么】 bà ya zěn me 犹"罢呀"。但语气更强烈。清《醒世姻缘传》四五回:"(薛三省娘子)说道:'狄大娘,你看俺姐姐展污的褥子这们等的!'狄婆子看着,笑说:'～! 你还替他叠起来?'"又六〇回:"我这真是势败奴欺主的! ～! 浑深我是死不的,等我起来看手段!"

【罢呀仔么】 bà ya zǐ me 即"罢呀怎么"。清《醒世姻缘传》六七回:"我知道真个是他用来么? 我当是他要给别人贴来。另拿帖膏药贴上,～!"

【穤秅】 bà yà 同"罢亚"。《广韵·祃韵》:"秅,衣嫁切。穤秅,稻名。"五代韦庄《稻田》:"绿波春浪满前陂,极目连云～肥。"

【靶】 bà 形容牙齿暴露在唇外。明《醒世恒言》卷一:"萧雅一脸麻子,眼眍齿～,好似飞天夜叉模样。"

【靶镜】 bà jìng 有柄的小镜子。清《红楼梦》五二回:"晴雯自拿着一面～,贴在两太阳上。"又五五回:"因探春才哭了,便有三四个小丫环捧了沐盆、巾帕、～等物来。"

【霸王鞭】 bà wáng biān 编成鞭(辫)状的连响爆竹,以其声音响亮,故名。明《金瓶梅词话》四二回:"～到处响亮,地老鼠串绕人衣。"

【攭拦】 bà lán 即"把揽"。明《金瓶梅词话》一一回:"比如我当初摆死亲夫,你就不消叫汉子娶我来家,省得我～着他,撑了你的窝儿。"清《儒林外史》五四回:"自从一进了城,这些大老官家的命都是他～着算了去。"

bāi

【刮划】 bāi huà 一音 bāi huai。❶ 处置;安排。《元曲选·争报恩》二折:"这公事怎～?"明《朴通事谚解》卷中:"怎～我这一场愁?"薛论道《傍妆台·闺情》:"一春花信空寂寞,两字相思无～。"用作名词时则有"办法"之义。《元曲选外编·衣袄车》四折:"杀的那史牙恰无～。" ❷ 筹划;筹措。《元曲选·儿女团圆》二折:"我这里把这恩养钱,我可也便～。"元明《水浒全传》郑序本九八回:"小生正在～,欲得个内应。" ❸ 摆弄。明《金瓶梅词话》三〇回:"不拘贵宅娇娘,那管皇亲国太,教他任意端详,被他～衣～。"

bái

【白】 bái ❶ 揭露;戳穿。《元曲选·桃花女》楔子:"我周公在卦铺里面,你自唤他出来,～他谎,讨他银子去。"《元曲选外编·哭存孝》二折:"媳妇儿,你在家中,我和孩儿两个见你阿妈,～那两个丑生的谎去来。"又《三战吕布》三折:"小将将着衣袍铠甲,收的牢者! 元帅府里～那厮的谎去。" ❷ 抢白;讥讽。明《金瓶梅词话》七三回:"这个牢成的又不顾惯,只顾拿言语～他,和他

整厮乱了这半日。" ❸ 虚假。清蒋士铨《四弦秋》一出："再不要～殷勤，假亲热。" ❹ 道白，亦称宾白，指俗讲或戏曲中只说不唱的部分。《敦煌变文校注》卷五《维摩诘经讲经文(五)》："诗：为重修禅向此居，……不审师兄万福无？～：尔时波旬语持世曰：'上人修行日久，禅定时多。'"《元曲选外编·西厢记》一本二折："夫人上，～。"明李诩《戒庵老人漫笔》卷五："北曲中有全宾、全～，两人对说曰宾，一人自说曰～。" ❺ 副词。a)凭空地、平白无故地。宋《朱子语类》卷七五："诸交立象，圣人必有所据，非是～撰，但今不可考耳。"《元曲选·伍员吹箫》一折："也枉了俺竭忠贞辅一人，扫烽烟定八方，倒不如他无仁无义无谦让，～落的父子擅朝纲。"清《红楼梦》六一回："如今有赃证的～放了，又去找谁，谁还肯认？"b)无偿地。宋欧阳修《乞放行牛皮胶鳔》："盖其抛死牛马，已是下民之苦，更不支得价钱，令人户～纳。"明《西游记》一八回："我得到了你家，虽是吃了些茶饭，却也不曾～吃你的。"《金瓶梅词话》二〇回："俺每都拿着拜见钱在这里，不～教他出来见。"c)轻易地。《元曲选外编·西厢记》四本三折："小生这一去，～夺一个状元。"脉望馆本《曲江池》二折："他～夺铁鹞三千引，赢(赢)得青蚨十万钱。"d)徒然地。金《董解元西厢记》卷五："料来必定是些儿闲气，～瘦得个清秀脸儿不戏。"明金銮《一枝花·嘲吴山人雪中招客游天界寺》："那里也参禅解下东坡带，只管里～打浑死妆呆。"e)只；只是。清《红楼梦》三四回："王夫人道：'也没甚么，～问问他这会子疼的怎么样。'"又七六回："右脚面上肿了些，如今调服了药，疼的好些了，也不甚大关系。"f)总是；一直。明冯惟敏《玉抱肚·寄示润仙》："难捱长夜，呆答孩～没话说，闪的人冷冷清清。"《金瓶梅词话》三回："近来得了个细疾，～不得好。"又九〇回："原来教我只顾认了半日，～想不起。"g)与否定副词连用，表示意外，相当于"竟"。明《金瓶梅词话》一三回："他今日不知怎的，～不肯吃酒。"清《醒世姻缘传》四九回："我倒也想他的，～没个信儿。"h)与否定词连用，表示强调，相当于"并"。明冯惟敏《寒鸿秋·乞休》："闲时节消停停遍采天台药。石坛晒道书，童子看丹灶。那时候冷清清～没人来到。"清《红楼梦》七四回："我只答应着知道了，～不在我心上。"

【白白】 bái bái ❶ 凭空地；无端地。《元曲选·金线池》三折："今日～的吃他娘儿两个一场欺负。"元明《水浒传》七三回："闻他两年曾在庙上争跤，不曾有对手，～地拿了若干利物。"清《红楼梦》二八回："好没意思，～的说什么誓，管你什么金什么玉的呢！" ❷ 无偿地。宋元《警世通言》卷一三："先押司三遍出现，教我与他申冤，又～里得了他一包银子。"又卷一六："后来只一句话破绽些，失了主人之心，情愿～里把与人。"清《红楼梦》八八回："你手里窄，我很知道，我何苦～儿使你的。" ❸ 徒然地；无意义地。明《拍案惊奇》卷二〇："那萧秀才因一时无心失误，～送了一个状元，世人做事不可不检点。"清《儒林外史》一〇回："～坐在京里，赔钱度日。"

【白捕】 bái bǔ 没有正式名分的捕快(缉拿人犯的差役)。明《警世通言》卷一五："江南人说阴捕，就是北方叫番子手一般。其在官有名者谓之官捕，帮手谓之～。"《型世言》二七回："正是，扰了半日，牌也不送看一看，倒是～了。"

【白步床】 bái bù chuáng 即"八步床"。写作"白"是模仿方音。明《金瓶梅词话》六二回："孟玉楼拿钥匙开了床屋里门，～上第个描金箱子里都是新做的衣服。"

【白擦】 bái cā 抢白。明佚名《小桃红·西厢百咏》："不想今番变了卦，受～，这场风月干休罢。"

【白财】 bái cái 凭空得到的钱财。明《金瓶梅词话》三一

回："你只与我好生收着，随问甚么人来抓寻，休拿出来！我且拾了～儿着。"清《醒世姻缘传》三四回："平日那些赌友知他得了～，千方百计的哄他。"

【白搽白折】 bái chá bái zhé 嘲谑；顶撞。也省作"白搽白"。明《金瓶梅词话》二六回："看不出他旺官娘子，原来也是个辣菜根子，和他大爹～的平上。"又七三回："但是他爹说出来个曲儿，就和爹热乱，两个白搽白的，必须搽恼了才罢。"

【白嘲】 bái cháo 嘲谑，含说有讽喻性的玩笑话。唐刘肃《大唐新语》卷一三："温彦博为吏部侍郎，有选人裴略被放，乃赞于彦博，称解～。彦博即令嘲厅前丛竹，略曰：'竹，冬月不肯凋，夏月不肯热。肚里不能容国士，皮外何劳生枝节？'又令嘲屏墙，略曰：'高下八九尺，东西六七步，突兀当厅坐，几许遮贤路。'……博惭而上官。"宋刘挚《次韵辂氏东亭书事》之四："自有逃虚乐，徒兴尚～。"

【白打】 bái dǎ ❶ 徒步击球(指不乘马)的打球游戏，又称步打球，以击入球门赌胜。唐代清明节令的活动之一。唐王建《宫词》之八一："寒食内人长～，库中先散与金钱。"五代韦庄《长安清明》："内官初赐清明火，上相闲分～钱。"《太平广记》卷二四九引《启颜录》："唐封抱一，任益州九陇尉，与同列戏～赌钱，座下数百钱，输已略尽。" ❷ 宋元时蹴踘(踢皮球)名目，指二人远距离对踢。宋陈元靓《事林广记》续集卷七《白打场户》："每人两踢名打二，拽开大踢名～。"元关汉卿《斗鹌鹑·女校尉》："～赛官场，三场儿皆有。"六十种曲本《琵琶记》三出："～从来逞势，官场自小驰名。如今年老脚膁疼，圆社无心驰骋。" ❸ 徒手搏斗。明《二刻拍案惊奇》卷三九："一时偷儿中高手有芦茄茄，骨瘦如青芦枝，探丸～最胜。"《西洋记》三三回："叫滚叉，左右的成双作对滚叉；叫～，左右成双作对～。"清周亮工《闽小记》："武艺十八，以～为终，明乎其不持寸铁也。"

【白当】 bái dāng 竟；竟然。清《醒世姻缘传》二〇回："我还承望你死在后头，仗赖你发送我，谁知他～的死在我头里去了！"又四〇回："从那一遭去考，我就疑他不停当；你只说他老实，～叫他做出来才罢。"

【白道】 bái dào 大路。因行路人多，草不能生，望之色白，故称。唐李商隐《无题(一云阳城)》："～萦回入暮霞，斑骓嘶断七香车。"方干《题松江驿》："门前～通丹阙，浪里青山占几多。"宋王安石《怀吴显道》："南郭红亭冷，西山～曛。"

【白瞪】 bái dèng 瞪着白眼。形容生气、发呆或发窘。明陈铎《满庭芳·聋子》："难则道附耳传情，两只眼常～。"清《水浒后传》二〇回："这袁武幸喜少吃，却～两眼，浑身麻软，说不出话来。"《儒林外史》二八回："把那和尚骂的～着眼。"

【白地】 bái dì ❶ 空地；荒地。宋王明清《玉照新志》卷三："宣和末，居清湖中，时东西两岸居民稀少，～居多。"《宋会要辑稿·食货一》："相州见估卖官田内有系元～，因人户承佃后来栽种到桑枣果木之类地段。"明《古今小说》卷七："庙中忽然起火，烧做～。" ❷ 纯白的质地。《新唐书·仪卫志上》："第四行：小戟、刀、盾，～云花袄、冒。"宋《朱子语类》卷一二〇："若趋向正底人，虽有病痛，也是～上出黑花。此特其禀气之偏，未能尽胜耳，要之～多也。" ❸ 副词。a)凭空；无根据地。宋《朱子语类》卷一："且如天地间人物、草木、禽兽，其生也莫不有种，定不会无种子～生出一个物事。"又卷八三："但威文是～做起来，悼公是见成基址。" b)忽地；忽然间。唐李白《越女词》："相看月未堕，～断肝肠。"宋莫伦《卜算子》："不道东风上海棠，～春归了。"明施绍莘《清江引·别思》："他跟来不得从教别，～轻抛舍。功名值几些？"

【白丁】bái dīng ❶平民;没有功名的人。唐尉迟枢《南楚新闻》:"生乃输数百万于鬻爵者门,以～易得横州刺史。"《太平广记》卷一八四引《锺傅》:"虽里～,片文只字求贡于有司者,莫不尽礼接之。"清《醒世姻缘传》四七回:"要是三奶奶没了,他还是个～,我也还有三句话说。" ❷不识字或不学无术的人。唐刘禹锡《陋室铭》:"谈笑有鸿儒,往来无～。"清《平山冷燕》一七回:"这个～,不知央甚人代作,倒被他取笑了。" ❸临时征集的壮丁。唐吴兢《贞观政要》卷二:"更有敕旨,今年～多已役讫,若从此放免,并是虚荷国恩。"韦应物《采玉行》:"官府征～,言采蓝溪玉。"《金史·章宗纪》:"且兵皆～,自裹粮糒,穷蹙饥疫,死者十二三。"

【白发】bái fā 揭露。《新唐书·韦保衡传》:"俄为怨家～阴罪,贬贺州刺史。"宋洪迈《夷坚志》乙卷七:"事既彰露,不可复续,而～其事,皆出仲女,所谓坏其法者岂此邪?"

【白矾】bái fán 明矾的通称。清《歧路灯》一〇二回:"匠人道:'这先得儿百斤～。'"

【白干】bái gān ❶白白地。宋《朱子语类》卷一一一:"不知名园丽圃其费几何?日费几何?下面头会箕敛以供上之求,又有上不在天子,下不在民,只在中间～消没者何限!"《景定建康志》卷四一:"计买绢八十六匹三丈,官折钱四百三十三贯七百五十文,～敷认于编户名下。" ❷平白地;无缘无故地。宋《朱子语类》卷一〇七:"某所议,赵丞相～地不付出,可怪!"佚名《张协状元》二八出:"～骗了我三文。" ❸忽地;一下子。宋《五代史平话·周上》:"(郭威)走去他手中夺过剑来,～地把那厮杀了,将身逃归邢州路去。"

【白鬼】bái guǐ 说谎捣鬼。明《金瓶梅词话》三二回:"道你调子曰儿骂我,我没的说,只是一味～,把你妈那裤带子也扯断了。"

【白棍】bái gùn ❶本色的木棍。元明《水浒传》三二回:"背后十数个人跟着,都拿木杷～。"清《绿野仙踪》八回:"只见那妇人取出个～儿来,长不过七寸,在那男子面上乱圈。" ❷犹"光棍❶"。清《醉醒石》八回:"其随从～,充军问徒不等。"

【白话】bái huà ❶说闲话;聊天。明《型世言》三一回:"那李二娘一见便道:'向日杨亲娘说周亲娘标致,果然标致得势!哪不肯走出来～一～?'"清《醉醒石》一三回:"以后董文甫常去探望,琼琼极忙也毕竟与他一会～。"《醒世姻缘传》二五回:"寻了一大瓶极好的清酒,请过狄员外来～赏雨。" ❷空话;谎话。明《鼓掌绝尘》三七回:"你晓我杨东翁不比别个乡先生,开口定用一名水手,～定弗能够。"清《红楼梦》五七回:"紫鹃道:'你妹妹回苏州家去。'宝玉笑道:'你又说～。苏州虽是原籍,因没了姑父姑母,无人照管,才就来了的。明年回去找谁?可见是扯谎。'" ❸口头说的未经文饰的话。清《红楼梦》五二回:"偏这个颦儿惯说这些～,把你就伶俐的!"△《儿女英雄传》四〇回:"这么着罢,老爷剪直的拿～说说,是怎么件事罢。"

【白健】bái jiàn 精明强干。《敦煌变文校注》卷三《燕子赋(一)》:"曹司上下,说公～。今日之下,乞与些方便。"

【白嚼】bái jiáo 白吃。明《金瓶梅词话》一二回:"我从来不晓得请人,只会～人。"《型世言》一五回:"至于妓者生日,妈儿生日,都撺哄沈刚为他置酒庆贺,众人乘机～。"

【白净】bái jìng (皮肤)白而光洁。宋《五代史平话·周上》:"～面皮,今被刺得青了。"元明《水浒传》一〇回:"五短身材,～面皮,没甚髭须。"

【白卷】bái juàn 没有写出答案的考卷。明吴柄《绿牡丹》二四出:"不要说考案首,便将就成篇,免得～,也勾了。"清袁枚《子不语》卷六:"日未午,即收拾考篮,投～求出。"

【白君】bái jūn 白矾的别名。明李明珍《本草纲目》卷一一:"白矾,方士谓之～。"

【白俊】bái jùn 犹"白净"。元明《水浒传》八一回:"第二位坐的,～面皮,三牙髭须。"

【白侃】bái kǎn 说空话、谎话。明陈铎《朝天子·保儿》:"大小姐硬扳,老虔婆～,他手里求衣饭。"

【白客】bái kè 清白无辜的人。明《西游记》一四回:"若到城市,倘有人一时冲撞了你,你也行凶,执着棍子,乱打伤人,我可做得～?怎能脱身?"

【白空】bái kōng ❶犹言长空。辽阔的天空。唐李贺《平城下》:"塞长连～,遥见汉旗红。"元马臻《中秋见月》:"精光浮～,谁见虾蟆丑?" ❷凭空。宋《朱子语类》卷一二二:"近日浙中一项议论,尽是～撰出,觉全捉摸不着。"

【白口】bái kǒu ❶空口无凭;随口。明《西游记》二五回:"你这个童儿,年幼不知事体,就来乱骂,～咀咒,枉赖了我们也。"清屈大均《广东新语》卷一二:"儿女子天机所触,虽未尝目接诗书,亦解～唱和,自然合韵。" ❷口角。清《清夜钟》七回:"父亲回来,定要与咱～,咱且开去。"

【白拉】bái la 抢白。拉,词缀。清《醒世姻缘传》八五回:"你呀,我同着你大舅不好～你的。"

【白赖】bái lài ❶冒认;用无赖手段强占。《元曲选·薛仁贵》四折:"您孩儿跨海征辽,曾立下五十四件功劳,争些儿被总管张士贵～去了。"元明《水浒传》四九回:"我家昨夜射得一个大虫,如何来～我的!" ❷赖账;抵赖。宋元《清平山堂话本·错认尸》:"你今送我些钱钞买求,便等那妇人错认了去。你若～不与我,我就去本府首告,叫你吃一场人命官司。"《元曲选·㑇梅香》四折:"讲财礼两下欺瞒,落花红我则～。"明凌濛初《新水令·夜窗话旧》:"负心的～着牙疼誓,一抹地无根无蒂。"

【白癞】bái lài 同"白赖❷"。宋宗杲《宗门武库》:"赞之毁之,俱遭～。"

【白粮】bái liáng 明代从江南征收专供宫廷和京师官员用的粮食。元明《水浒传》一一一回:"你将来～怎地装载?"明汤显祖《邯郸记》一三出:"分付各路粮货船千百馀艘,着以五方旗色,编齐纲运。逐队写着某路,某州奇货～。"清《醉醒石》一〇回:"有个族兄浦其良,因解～,遭风失水,赔补不来,把他田盗卖与人。"

【白蚂蚁】bái mǎ yǐ 在房产交易中牵线获利以为职业者。清李渔《十二楼·归正楼》三回:"到了次日,央些房产中人,俗名～,惯替人卖房买屋,趁些居间钱过活的。"

【白眉赤脸】bái méi chì liǎn 即"白眉赤眼❶"。清《红楼梦》庚辰本六九回:"～,那里来的孩子?他不过指着哄我们那个绵花耳朵的爷罢了。"

【白眉赤眼】bái méi chì yǎn ❶凭空地;无根据地。明《金瓶梅词话》二五回:"此是我姨娘家借来的钗梳,是谁与我的!～见鬼到,死因根子!"又五二回:"玉楼,你怎的恁～儿的,我在那里讨个猫来?"沈榜《宛署杂记》卷一七:"语无稽曰～。" ❷无缘无故地。明《金瓶梅词话》七五回:"～教人家汉子来做什么!"清《红楼梦》三四回:"～做什么去呢?到底说句话儿,也像一件事。"

【白眉神】bái méi shén 妓院所供神名。明沈德符《万历野获编》补遗卷四:"近来狭邪家多供关壮缪像,余窃以为亵渎正神,后乃知其不然。是名～,长髯伟貌,骑马持刀与关像略肖,但眉白而眼赤。"清《斩鬼传》五回:"金娘忙让到客房,只见摆设得甚是齐整,上面供奉着他的～。"

【白米】 bái mǐ 行贿时银子的隐语。明《金瓶梅词话》七五回："荆都监又向袖中取出礼贴来递上，……西门庆见上面写着'～二千石'。"陈洪谟《治世餘闻》上篇卷二："搜得一帙纳贿簿首进之。簿中所载，某送黄米几百石，某送～几千石，通计数百万石。黄米即金，～即银。"

【白面】 bái miàn ❶未施墨刑（脸上刺字）的面孔，与"黥面"相对。宋《朱子语类》卷八〇："古时流罪不刺面，只如今～编管样是，唐五代方是黥面。" ❷即"两头白面"。宋元《清平山堂话本·李翠莲》："莫怪我今骂得丑，真是～老母狗！"

【白木】 bái mù 喻愚蠢无才学。明《型世言》一四回："文士笑他穷酸，武夫笑他。"也指愚蠢无才学的人。明《醋葫芦》一三回："腹中尽是无物，故又叫他做'都～'。"

【白恁】 bái nèn 平白地。明《金瓶梅词话》七六回："当初也有个三媒六证，～就跟了往你家来？"

【白拈贼】 bái niān zéi 原指徒手盗物不留痕迹者，禅宗借以喻禅师教化讲究以心印心，手段奇特，不留斧凿痕。又常以指唐代临济宗的义玄禅师，含称赞他施设高妙之意。宋《密庵和尚语录》："忽有问家贼难防时如何，便与一刀两断，教他洒洒落落，作一枚～，到处偷营劫寨。"《五灯会元》卷二〇《提刑吴伟明居士》："要识临济小厮儿，便是当年～。"

【白弄卵】 bái nòng luǎn 白花力气；白费精神。明《型世言》一九回："没算计穷儒！八两银子生放一年，也得数两利钱，怎轻易与人？可不一年～！"

【白破】 bái pò 揭穿（谎言之类）。《元曲选·救孝子》四折："若不是李押狱～你张千谎，待教俺孩儿将人命偿。"又《荐福碑》二折："他恐怕日久后～他这事，故意着哥哥来杀坏小生。"

【白钱】 bái qián ❶白纸做的纸钱，与"黄钱"相对。清《红楼梦》五八回："我请了这～，巴巴儿的和林姑娘烦了他来，替我烧了祝赞。"《红楼复梦》八回："走到东院门口，见那两扇院门倒在地下，门上挂着一大吊～。" ❷不劳而获的钱。明《醒世恒言》卷三："平昔是个游手游食，不守本分，惯吃白食用～的主儿。"△清《济公全传》一二三回："我和尚不要～，我和尚专会相面，我送你一相。"

【白抢白相】 bái qiǎng bái xiàng 抢白。明《金瓶梅词话》三〇回："头里我自不是，说了句话儿，他不是这个月的孩子，只怕是八月里的，教大姐姐～。"

【白镪】 bái qiǎng 即"白镪"。明《醒世恒言》卷三四："见因贪～，番自丧黄泉。"

【白镪】 bái qiǎng 银子。镪，通"繦"，穿钱的索子，也指钱币。明《石点头》卷二："忍将～，夺我青灯。"《型世言》一三回："无令～有权，赤子抱怨也。"

【白人】 bái rén 即"白身人"。清《歧路灯》九〇回："我家做过官。卖与你房子，不曾卖与你脊兽。你家是～，许你家住房子，不许你家安兽。"

【白日】 bái rì 人世；阳间。唐孟郊《悼幼子》："一闭黄蒿门，不闻～事。"杜牧《忍死留别献盐铁相公二十叔》："青春辞～，幽壤作黄埃。"

【白日鬼】 bái rì guǐ 骗子；盗贼。宋刘跂《暇日记》："浙江贼号曰～，多在舟舡中作祸。彼中人见诞谩者，指为～。"明《鼓掌绝尘》三二回："一个叫做方帮，一个叫做李蔑，原是终日在那些娼妓人家串进串出，趁水钱吃闲饭的～。"清《水浒后传》一〇回："这班～！赖了我货物，反毒打我，要扯我到官。"

【白日见鬼】 bái rì jiàn guǐ 指事情离奇或无中生有。明陆采《西厢记》一七出："东家许了钗钏似海底捞针，西家说送衣服如～。到处捱宿强风情，并没个粉头爱你。"《二刻拍案惊奇》卷九："～，枉着人急了这许多时！"

【白日贼】 bái rì zéi 骗子。宋周密《武林旧事》卷六："又卖买物货，以伪易真，至以纸为衣，铜铅为金银，土木为香药，变换如神，谓之～。"清石成金《笑得好·避显者》："是何～匿我门内，想偷东西？"

【白日撞】 bái rì zhuàng 白天闯入人家作案的贼。明《山歌·镗子》："你搭自弗小心，吃个～偷自物事。"《二刻拍案惊奇》卷三九："这是你串通了～，偷了我帽子去了。"清《风流悟》四回："我说这个人像个歹人，原来果然是个～。"

【白赏】 bái shǎng ❶犹"白相❶"。明袁于令《西楼记》一〇出："老爷道是小家主公出去～，尽是门上隐藏，捉我打得两腿稀烂。" ❷犹"白相❷"。清《豆棚闲话》一〇则："将桌上一碗酱煮肥肉，照着众～头脸一泼。"

【白身】 bái shēn 指平民或尚无功名的士子。唐徐凝《自鄂渚至河南将归江外留辞侍郎》："欲别朱门泪先尽，白头游子～归。"元金仁杰《追韩信》一折："你道我～无靠何时了，可不说青云有路终须到。"明《拍案惊奇》卷二九："罗仁卿是个～富翁，见县官具帖相请，敢不急赴。"

【白身人】 bái shēn rén 即"白身"。宋《三朝北盟会编》卷四六："～补承信郎，有官人转三官。"《元史·选举志四》："无出身不应叙。"明《拍案惊奇》卷二二："兄长不过是～，便弄上一个显官，又无四壁依仗。"

【白甚】 bái shèn 凭什么；平白地为什么。金《董解元西厢记》卷六："一双儿心意两相投，夫人～闲疙瘩？"元刘庭信《寨儿令》："他咱行无意留心，咱他行～情深。"明佚名《小桃红·题白蕉扇》："清谈笑语，风流人物，～不心舒！"

【白甚么】 bái shèn me 即"白甚"。元睢景臣《哨遍·高祖还乡》："只道刘三谁肯把你揪摔住，～改了姓更了名唤做汉高祖。"

【白事】 bái shì 丧事。清《红楼梦》六四回："那个青东西，除族中或亲友家夏天有～才带的着。"△《济公全传》一四一回："我姑父一死，我就张罗办～。"

【白手】 bái shǒu 空手，形容不费力气或一无所有。宋《五代史平话·周上》："小人远来来投大王，要为大王～取了太原。"明郎瑛《七修类稿》卷二一："如取钱之言，初见官府曰拜见钱，～取人曰撒花钱。"《警世通言》卷九："但卿有大功于朕，岂可～还山？"

【白厮打】 bái sī dǎ 即"白打❸"。宋佚名《张协状元》四八出："十八般武艺都不会，只会～。"《元曲选·任风子》一折："你如今～，赢的便杀那先生去。"

【白厮赖】 bái sī lài 即"白赖❶"。《元曲选·楚昭公》二折："我的分毫不与人，人的我会～。"

【白题】 bái tí 北方少数民族的毡笠。唐杜甫《秦州杂诗》之三："马骄珠汗落，胡舞～斜。"宋张邦基《墨庄漫录》卷二："盖～，胡名也。……戎骑入城，有胡人风吹毡笠落地，后骑告云'落下～'，其胡下马拾之，始悟乃胡人谓毡笠也。子美所谓'胡舞～斜'，胡人多为旋舞，笠之斜似乎谓此也。"

【白条】 bái tiáo 即白鲦，一种身体扁长，银白色，游动迅速的鱼。元明《水浒传》三七回："水里行一似～根。"

【白跳】 bái tiào 即"白条"。元明《水浒传》三七回："因此人起他一个异名，唤做浪里～张顺。"

【白物】bái wù　银子。宋陈元靓《事林广记》续集卷八《绮谈市语》："银,～、冣物。"明《醒世恒言》卷一六："今日先有十两～在此,送你开手。"《拍案惊奇》卷二九："看见搭包多是～,约有五百餘两,心中大喜。"

【白席】bái xí　民间宴会上主持礼仪者。宋孟元老《东京梦华录》卷八："市学先生预敛诸生钱作社会,以致雇请祗应、～、歌唱之人。"陆游《老学庵笔记》卷八："北方民家,吉凶辄有相礼者,谓之～,多鄙俚可笑。"

【白席人】bái xí rén　即"白席"。宋孟元老《东京梦华录》卷四："凡民间吉凶筵会,……以至托盘下请书,安排坐次,尊前执事,歌说劝酒,谓之～。"

【白想】bái xiǎng　即"白相❷"。明《型世言》一回："俗谭信口极腌臢,道是在行～。"又一一回："他父亲是个老～起家,吹箫、鼓琴、弹棋、做歪诗也都会得。"

【白鲞】bái xiǎng　即"白相❷"。清《歧路灯》七七回："你遭遭都像这个有才料,就是好～。"

【白相】bái xiàng　❶嬉戏;玩耍。明冯梦龙《双雄记》五折："我做小娘官样,天生极会～。"清朱佐朝《血影石》二六出："喜得年朝,不免到衙上去～～。"按,清顾张思《土风录》卷一五："《姑苏志·方言》'薄相'注云:'嬉劣无益,儿童作戏。薄音如勃。'今俗呼'薄'作'白',又作'别',音之转也。"❷帮闲;清客。清孔尚任《桃花扇》一七出："院里长留老～,衙中新聘大陪堂。"《品花宝鉴》四二回："那一个衣裳略新些,帽上拖着一绺红线纬,虽不像有钱的,或者倒是个老～。"

【白小】bái xiǎo　即银鱼。唐杜甫《白小》："～群分命,天然二寸鱼。"宋陆游《小隐》："庖厨供～,篱落蔓黄团。"

【白血】bái xuè　❶色泽较淡的血。元王好古《医垒元戎》卷九："经云阳明司天,唾出～者,其状浅红如肺色,故曰～。"清屈大均《广东新语》卷九："(丘必明)战败被执,死之,～飞流,无涓滴红者。"❷指乳汁。《敦煌变文校注》卷五《父母恩重经讲经文(一)》："干处儿卧,湿处母眠,三年之中,饮母～。"明郎瑛《七修类稿》卷四九："宋建炎间,荆州长阳民妇向氏,被贼皮仲执之,不受辱,被害。人见其白乳自吭流至踵。……世之戏言,此或可拟也。"

【白衣秀士】bái yī xiù shì　指没有功名的读书人。《元曲选·倩女离魂》一折："俺家三辈儿不招～。"元明《水浒传》八一回："只见道君皇帝引着一个小黄门,扮做～,从地道中径到李师师家后门来。"

【白役】bái yì　官署定额以外的差役。清《醉醒石》七回："关门上,已养了许多包揽的光棍,又有这些～巡拦,已是勾了。"《明史·食货志二》："天启时,刺史李应升疏陈十害,其三条切言马夫、河役、粮甲、修办、～扰民之弊。"赵慎畛《榆巢杂识》卷上："步军统领衙门番役私用之～人等,俗名圆扁子,并非额役,亦无定数。"

【白雨】bái yǔ　暴雨。唐杜甫《寄柏学士林居》："青山万重静散地,～一洗空垂萝。"宋陆游《大雨中作》："贪看～掠地风,飘洒不知衣尽湿。"

【白正】bái zhèng　同"白证"。清《歧路灯》三〇回："到如今盛大哥也不理我,说我是狗屎朋友。我几番到你家要～这话,竟不出来。"

【白证】bái zhèng　说破;对证。清《歧路灯》四〇回："你方才为啥不～住我,说'我不曾换钱,他婶子说的是瞎话',昂然把银子拿出来,交给他带回去?"

【白知】bái zhī　禀知;告知。宋《三朝北盟会编》卷一六三："若所闻审的,当须奏知,岂敢不～朝廷?"明《古今小说》卷三二："御史中丞何铸,鞫审无实,将冤情～秦桧。桧大怒,罢去何铸不用。"

【白直】bái zhí　❶官府中的额外吏役。此制起自两晋,唐宋沿用。《隋书·百官志中》："自州郡县,各因其大小置～,以供其役。"也用作动词,意为供使唤。《宋会要辑稿·食货一四》："又有所谓传帖人,各在诸厅～,每月雇钱多者至十餘千,少不下数千。"❷坦白正直。宋《朱子语类》卷二二："良善之人,自然易直而无险诈,犹俗言～也。"又卷一三二："观其文字议论,是一个～响快底人。"❸直截了当。宋《朱子语类》卷八三："吕舍人《春秋》却好,～说去,卷首与末梢又好,中间不似。"又卷一二六："经中本说得简径～,却被注解得越没收煞。"滕珙《答吕东莱》："古人之教,自其小学之时,已有～分明训说,而未有后世许多浅陋玄空上下走作之弊。"

【白著】bái zhù　正税之外的横征暴敛。唐高亭《讥元载》："上元官吏务剥削,江淮之人皆～。"原注云："……重敛之,时人谓之～。"言其役敛无名,所著者皆公然明白,无所嫌避。佚名《大唐传载》："乾元二年,御史中丞元载为江淮五道租庸使,高户定数征钱,谓之～榷酤。"《宋史·食货志下》："今官司以官价买物,行铺以时直计之,什不得二三。……积日既久,类成～,至有迁居以避其扰,改业以逃其害者。"

【白撰】bái zhuàn　❶凭空编撰;杜撰。宋《朱子语类》卷七五："诸爻立象,圣人必有所据,非是～。"又卷八七："当时做这文字时,不曾用识讠礼底人,只是胡乱变易古文～,全不考究。"陈亮《谢陈同知启》："怨家～于其外,狱吏文致于其中。"❷指额外征收的赋税。宋袁甫《知徽州便民五事状》："惟是凿空～之赋,皆系上供及总所色目,额钱太重,虐害细民。"真德秀《荐本路十知县政绩状》："盖上供送使,为数实繁,月供版帐,率多～。"

【白妆】bái zhuāng　妇女居丧的装束。唐白居易《江岸梨花》："最似孀闺少年妇,～素袖碧纱裙。"《太平广记》卷二八八引《广古今五行记》："忽逢一妪,年可五十餘,面作～,漫糊可畏,以皂巾抹头。"

【白撞】bái zhuàng　即"白日撞"。明吴炳《情邮记》一四出："那个人初说要马,怎生一进驿中再不出来,敢是～剪绺的?"

【白子】bái zǐ　❶指植物白色的子实。明朱橚《救荒本草》卷七："其莲青皮,裹～为的,即莲子也。"❷指动物的卵。唐王焘《诸淋方三十五首》："取葛上亭长生折断腹,腹中有～如小米,长二三分。"明田汝成《西湖游览志》卷八《北山胜迹》："大蛇一条,重五十斤,腹中～数十枚。"《二刻拍案惊奇》卷三〇："看来像是莲肉,拾起仔细一看,原来是蜂房中～。"

【白嘴】bái zuǐ　辩白;争辩。明《型世言》二六回："舍妹夫在广东不回,是这个人来说,与他同回,带一个妾,住在这厢,舍妹特来～。"又三六回："事一明白,奶子要赶到冯外郎家,与他女人～,道冤他做贼,害他出丑受刑。"

bǎi

【百】bǎi　❶即"白❺f"。明《金瓶梅词话》五八回："郑家那贼小淫妇儿,吃了糖五老座子儿,～不言语。"清《醒世姻缘传》六六回："狄员外寻人看视,～不见好。"❷即"白❺h"。清《醒世姻缘传》七九回："我要把我这袄脱了,就～没话说的了。"又:"你

只叫他有口气儿,我～没话说;要是折堕杀了,察院没开着门么?"

【百般】 bǎi bān ❶ 各式各样。唐韩愈《晚春》:"草树知春不久归,～红紫斗芳菲。"《景德传灯录》卷二一《慧球寂照禅师》:"若无智眼而审谛之,任汝～巧妙,不为究竟。"明《古今小说》卷一:"生意场中,～都会。" ❷ 用各种方式。《祖堂集》卷一〇《长庆和尚》:"我若放你过,纵汝～东道西道,口似悬河则得。"金《刘知远诸宫调》一:"～毁谤,傍里知谟嗔怒,叫一声不若春雷。"元明《水浒传》二五回:"原来这妇人往常时只是骂武大,～的欺负他。" ❸ 无论怎样。明《朴通事谚解》卷下:"左边搭右边躲,右边搭左边去,～搭不着。"毛舜臣《新水令·春怨》:"恨和愁甚道理,～的不准人央及。"清《醒世姻缘传》一二回:"高四嫂,你千万受些委曲。……你是～别拿出那一宠性儿来。" ❹ 十分。宋周邦彦《玉楼春》:"浅颦轻笑～宜,试著春衫犹更好。"清《红楼梦》一七至一八回:"非其山而强为山,虽～精而终不相宜。"

【百不会】 bǎi bù huì 什么都不懂。五代《云门禅师广录》卷上:"问:'～底人来,师如何接?'"

【百不解】 bǎi bù jiě 即"百不会"。唐卢仝《杂兴》:"意智未成～,见人富贵亦心爱。"

【百当】 bǎi dāng 即"白当"。清《醒世姻缘传》七三回:"整日上庙烧香,～烧的这等才罢。"又八六回:"弟子赶了他这一路,赶的人困马乏,～没的赶上。"

【百凡】 bǎi fán 凡百,指所有的事情。《元曲选·潇湘雨》三折:"则愿你停嗔息怒,～照觑。"明汤显祖《南柯记》一一出:"看人情自懂,俺死后～尊重。"清《醒世姻缘传》四一回:"到了二十五日,宗、金两个自己原有体面,又有这五十两银子,于是～都尽象一个丧仪。"

【百方做计】 bǎi fāng zuò jì 想尽一切方法,"做"或写成"作"。唐[日]圆仁《入唐求法巡礼行记》卷四:"在府之时,百方作计申诉,不免递过。"宋黄庭坚《沁园春》:"恨一回相见,～,未能偎依,早觅东西。"《朱子语类》卷六:"又如人做家主,要钱使,在外面～,壹钱也要将归。"

【百分】 bǎi fēn ❶ 形容酒斟得极满。唐杜牧《题禅院》:"觥船一棹～空,十岁青春不负公。"宋晁端礼《踏莎行》:"离杯莫厌～斟,船头转便三千里。" ❷ 副词。非常;很。明程可中《新水令·寄苏台娄小一》:"锦红香攒定个玉楼人,隔珠帘～难近。"清《后水浒传》二回:"鞠氏十分心慌,手中又抱着孩子,～吃力。"

【百过】 bǎi guò 百遍,形容次数很多。《敦煌变文校注》卷一《伍子胥变文》:"水底将头～窥,波上玉腕千回举。"又卷六《大目乾连冥间救母变文》:"口里千回拔出舌,胸前一铁犁耕。"明曹学佺《蜀中广记》卷一〇三:"建隆初,有人泊舟巴峡,夜闻人咏。……通宵凡吟～。"

【百划】 bǎi huà 即"刮划❶"。元孔文卿《东窗事犯》四折:"想秦桧无～,送微臣大理寺问罪责。"

【百计】 bǎi jì 想方设法。唐薛渔思《河东记》:"令公却回,望为洪～致一书,与洪儿子。"明《拍案惊奇》卷一一:"王甲一思量害他,未得其便。"清《醒世姻缘传》七〇回:"童七打听陈公公因甚计较,～打听不出一个信儿。"

【百家衣】 bǎi jiā yī 为求吉祥向各家乞取零碎布帛而缝成的衣服。宋陆游《多感》:"哀哉穷子～,岂识万斛倾珠玑。"明《西游补》一回:"此儿长大了,还穿～。"按,此一名"敛衣",旧题唐冯挚著《云仙杂记》卷四:"伊处士从众人求尺寸之帛,聚而服之,名曰敛衣。"

【百脚】 bǎi jiǎo 蜈蚣。明《西游记》九五回:"他这山名为

～山。近来说有蜈蚣成精,黑夜伤人。"《拍案惊奇》卷三:"就是那赤脚蜈蚣,俗名～,又名百脚之虫。"

【百口】 bǎi kǒu 满嘴。宋《朱子语类》卷一二〇:"如今诸公说道这个也好,某敢～保其自见不曾分明。"清《聊斋志异·冤狱》:"以此疑朱,捕至,～不承。"

【百口良舌】 bǎi kǒu liáng shé 犹"恶口凉舌"。"百"当作"白","良"当作"凉"。清《醒世姻缘传》六六回:"他嗔黄举人不留他在房里,来到杨家,～咒骂旧主人家。"

【百浪嚣虚】 bǎi làng xiāo xū 轻佻虚浮。明《金瓶梅词话》一六回:"这贲四名唤贲地传,年少生的～,百能百巧。"

【百六】 bǎi liù 犹"百五"。一说距上年冬至一百六日,故称。宋赵长卿《玉楼春·春半》:"江村～春强半,拍拍池塘春水满。"元赵善庆《庆东原·晚春杂兴》:"～楚风酸,三月吴姬瘦。"

【百禄儿】 bǎi lù er 即"百日❶"。明《英烈传》五回:"一日两,两日三,早已是满月儿,～,拿周儿。"

【百忙里】 bǎi máng lǐ ❶ 匆遽间;十分忙碌中。宋石孝友《惜奴娇》:"宿世冤家,～方知你。没前程,阿谁似你!"明杨一清《新水令·闲情》:"论人生百岁间,阴晴悲喜常相半。～且偷闲,把琴棋诗酒来消遣。"清《儒林外史》二〇回:"央了几个庵邻,七手八脚,在房里入殓。～老和尚还走到自己房里,披了袈裟,拿了手击子,到他枢前来念往生咒。" ❷ 慌乱间;急迫中。《元曲选外编·单刀会》四折:"说与你两件事先生记者:～趁不了老兄心,急且里倒不了俺汉家节。"关汉卿《拜月亭》一折:"嗻,～一步一撒。嗨,索与他一步一提。"施惠《幽闺记》一七出:"～散失,差了路头,寻子不见。" ❸ 突然间。元佚名《替杀妻》四折:"半霎儿午时三刻,弟兄子母别离。哭哭啼啼,切切悲悲,～地惨天昏,雾锁云迷。"《元曲选·冯玉兰》三折:"我是个女孩儿家,守着一船死尸,好是怕人也。哎哟!～又被大风刮断了缆,将这船直飘进江心里去了。"清《水浒后传》三回:"正在万分苦楚,忽见这虎～跌伏不动,便随虎跌落下地,一时得了安稳。" ❹ 无端地;没来由地。元佚名《替杀妻》二折:"哎,你个楚襄王,～唱甚白雪阳春!"《元曲选·玉壶春》二折:"素兰呵,那里也翠珠囊,～玉螳螂!决撒了高烧银烛照红妆,没指望月夜双歌玉螳腔,空压杀春风一曲杜韦娘。"《元曲选外编·飞刀对箭》二折:〔正末云〕大人,与小人改个名字。〔张士贵云〕这厮也说的是。我替你改——薛写谢薛。〔卒子云〕～切字。" ❺ 百般;无论如何。《元曲选·王粲登楼》三折:"有路在青霄内,又被那浮云塞闭。老兄也,～寻不见上天梯!"金仁杰《追韩信》二折:"月明朗回头把剑看,忽然伤感默上心来,～揾不干我英雄泪眼。"明《金瓶梅词话》九三回:"挨不过凄凉,要寻死路,～舍不的颏命。"

【百媚神】 bǎi mèi shén 即"白眉神"。明程可中《一枝花·寓嘲》:"大招牌苏小卿,好主顾冯员外。～催打卯,芦席鬼告烧埋。"

【百年】 bǎi nián ❶ 指人的一生。唐王梵志《知识相伴侣》:"朝夕乞暂时,～谁肯保。"明沈受先《三元记》一〇出:"请回旋,教你骨肉重完聚,别选姻缘遂～。" ❷ 死亡的婉词。《元曲选·儿女团圆》三折:"他道是～时入墓穴,两下里驾舆车。"元明《水浒传》二一回:"你～归寿时,我却再与你些送终之资。"

【百千】 bǎi qiān 数词。即十万。宋袁采《世范》卷上:"若以～金银计之,用以买产,岁收必十千。"洪迈《夷坚志》甲卷三:"及期,聚博于灵隐山前冷泉亭上。(邵)南入僧寮偃卧,忽出门呼(郑)甸曰:'子有可止,已溢数矣。'急视之,正～餘八百也。"

【百日】 bǎi rì ❶ 婴儿满一百天举行的庆祝宴会。明《古今

小说》卷三〇："明旦分娩一子,生得眉清目秀,父母皆喜。三朝、满月、～、一周,不在话下。" ❷ 人死一百天举行的祭祀仪式。宋俞文豹《吹剑录外集》："世俗信浮屠,以初死七日,至七七日、～、小祥、大祥,必作道场功德。"明《金瓶梅词话》七八回："前日娘的～,请姥姥,怎的不来?"清《红楼梦》六五回:"爷在家庙里同珍大爷商议作～的事,只怕不能来家。"

【百色】　băi sè　犹"百般❶"。宋朱埴《点绛唇》："抬纤指,微签玉齿,～思量起。"《五灯会元》卷二〇《门司黄彦节居士》:"妙德到这里,～无能。"

【百生法儿】　băi shēng fǎ er　想方设法。清《歧路灯》四二回："况且伶俐不过光棍,～与他加上些风湿,便不知不觉麻姑爪已到背上。"又五六回:"本来不能自克,这些人也～,叫人把持不来。"

【百声叶气】　băi shēng xié qì　出各种恶声;说各种难听的话。清《醒世姻缘传》八七回:"相骂没好口,相打没好手。只许你～的骂俺爷么?"

【百十】　băi shí　指一百左右的概数。唐寒山《我见百十狗》:"我见～狗,个个毛鬖鬖。"宋《五代史平话·梁上》:"在乡里开设学馆,将五经教导～个徒弟。"元明《水浒传》二回:"宰了一腔大羊,杀了～个鸡鹅。"

【百十分】　băi shí fēn　十分;非常。宋孟元老《东京梦华录》卷四:"欲就园馆亭榭寺院游赏命客之类,举意便办,亦各有地分,……虽～厅馆整肃,主人只出钱而已,不用费力。"明《拍案惊奇》卷一:"此卦非凡,有～财气,不是小可。"

【百事】　băi shì　事事;样样。宋元《古今小说》卷三九:"汪孚在麻地坡住了十个多月,～做得停停当当。"元萧德祥《小孙屠》八出:"我孩儿怹聪惠,娶得媳妇～宜。"《元曲选·窦娥冤》一折:"俺公公撞府冲州,阆阓的铜斗儿家缘～有。"

【百事吉】　băi shì jí　预兆吉祥的物件,如把柏叶插在橘子上取意"百事吉利"。宋周密《武林旧事》卷三:"后妃诸阁,又各进岁轴儿及珠翠、～、利市袋儿。"吴自牧《梦粱录》卷六:"街市扑买锡打春幡胜、～斛儿,以备元旦悬于门首,为新岁吉兆。"

【百耍】　băi shuǎ　犹"百戏"。清《红楼梦》一四回:"连前面的各色执事、陈设、～,浩浩荡荡,一带摆三四里远。"

【百厮求院子】　băi sī qiú yuàn zi　犹"悲田院"。宋元《清平山堂话本·花灯轿》:"便交婆婆归去～内,收拾了粗衣破衫便来。"

【百岁】　băi suì　犹"百日❶"。宋元《清平山堂话本·五戒禅师》:"明旦分娩一子,生得眉清目秀,父母皆喜。三朝、满月、～、一周,不在话下。"明《平妖传》一六回:"无移时,生下一个女儿来,员外甚是欢喜。老稳婆收了。不免做三朝汤同～。"

【百碎】　băi suì　粉碎。宋陈耆卿《赤城志》卷二〇:"地所产石无大小,～皆方正有棱。"《朱子语类》卷一〇〇:"如子房之在汉,漫说一句,当时承者便须～。"明李东阳《明通议大夫文肃谢公神道碑铭》:"石生其间,～无屈。"

【百穗头儿】　băi suì tóu er　犹言多种。上百个流苏穗头,比喻头绪多。明李开先《一江风》:"病难捱,万样娇婆态,～债。"

【百索】　băi suǒ　❶ 跳绳用的绳子。明《金瓶梅词话》一八回:"一般的三个人在院子里跳～儿,只拿我煞气。" ❷ 五彩丝缕,系小儿臂上以祛邪。唐韩鄂《岁华纪丽·端午》:"～绕臂,五彩缠筒。"原注:"以五彩缕造～系臂,一名长命缕。"宋《西湖老人繁胜录》:"端午节,扑卖诸般～,小儿荷戴。"明《梼杌闲评》五回:"三朝、满月,王奶奶皆着人来送～、衣袄等类。"

【百五】　băi wǔ　寒食日的别称。距上年冬至一百五日,故称。宋周邦彦《锁窗寒》:"嬉游处,正店舍无烟,禁城～。"清纳兰性德《秋千索·渌水亭春望》:"悠扬扑尽风前絮,又～,韶光难住。"

【百戏】　băi xì　杂技、乐舞。唐刘晏《咏王大娘戴竿》:"楼前～竞争新,唯有长竿妙入神。"《元曲选外编·襄阳会》一折:"我打的筋斗,他调的～。"清《红楼梦》一四回:"里面两班小戏并耍～的,与亲朋堂客伴宿。"

【百样】　băi yàng　❶ 犹"百般❶"。明《拍案惊奇》卷三〇:"～整齐,只等副大使来。" ❷ 犹"百般❷"。明沈璟《绣带引·题情》:"任教他～相摧挫,只忍受痛肠无那。"清《醒世姻缘传》八一回:"丫头病着,请医买药,不知费了多少钱,～治不好。"

【百杂碎】　băi zá suì　粉碎。五代《云门禅师广录》卷上:"尽十方世界,乾坤大地,以拄杖一画～。"《五灯会元》卷一一《广会元琏禅师》:"苦哉!虾蟆蚯蚓,字跳上三十三天;撞着须弥山～。"宋赵秉文《松糕》:"玉兔持玉杵,捣此玄霜膏。文章～,肪泽滋煎熬。"

【百丈】　băi zhàng　拉船用的纤。唐杜甫《十二月一日》:"一声何处送书雁,～谁家上濑船。"明《醒世恒言》卷二五:"风略小些,便要扯着～。你道怎么叫做～? 原来就是纤子。"

【百晬】　băi zuì　犹"百日❶"。宋孟元老《东京梦华录》卷五:"生子百日置会,谓之～。"《文献通考》卷二七七:"皇子生～,命名,初除美军额节度使。"

【伯子】　băi zi　❶ 伯父。明《二刻拍案惊奇》卷二六:"没侄儿叫个～来家看鹅之理。" ❷ 丈夫的哥哥。明《拍案惊奇》卷四:"～不良,把言语调戏我,我正色拒之。"

【捭】　băi　同"摆❶"。捭,"摆"字的俗体。《敦煌变文校注》卷四《降魔变文》:"亦有雪山象王,金毛狮子,震目扬眉,张牙切齿,奋迅毛衣,摇头～尾。"

【摆】　băi　❶ 摆动;摇晃。唐杜牧《叹花》:"如今风～花狼藉,绿叶成荫子满枝。"《景德传灯录》卷一九《太原孚上座》:"和尚摇头,某甲～尾。"元古本《老乞大》:"那帖落不吃水,怎么不会～,帖落上拴著一块砖头者。" ❷ 摇摇摆摆地走。元明《水浒传》一〇三回:"后面张世开～将出来,不知暗里有人,望着前只顾走。"明《醒世恒言》卷二二:"随有中年和尚,油头滑脸,～将出来。"《拍案惊奇》卷六:"只见一个人谎子打扮的,在街上～来。" ❸ 漂洗。明《朴通事谚解》卷中:"这细绵绸染鸦青,～一～。"周履靖《群物奇制·衣服》:"洗头巾,用沸汤入盐,～洗,则垢自落。"《古今小说》卷二:"把旧的脱将下来,用清水～净。" ❹ 摆脱;撇除。唐刘禹锡《酬留守牛相公宫城早秋》:"～去将相印,渐为逍遥身。"《祖堂集》卷一七《福州西院和尚》:"不久之间,僧众至五百。师乃劳心顿～,或坐房廊,凝如株杌。"宋曾巩《京师观音院新堂》:"顿惊俯仰远嚣浊,岂直形骸～羁束。" ❺ 整治;弄。宋元《古今小说》卷三六:"看见那五个男女,闻那香,一霎间都～番了。"《元曲选·魔合罗》题目:"李文道毒药～哥哥,萧令史暗里得钱多。"明《金瓶梅词话》二五回:"又说五娘那咱在家,毒药～杀了亲夫。" ❻ 排列;摆放。元明《水浒传》三五回:"当先一只船上,～着三五十个小喽啰。"明《朴通事谚解》卷上:"一边～桌儿。怎么么? 外手一遭儿十六碟菜蔬。"清《儒林外史》一七回:"先有一个客人坐在一张桌子上,面前～了一本书,在那里静静的看。" ❼ 包;裹。明《警世通言》卷二四:"皮氏就将三尺白布～头,扯了玉姐往知县处叫喊。" ❽ 叙述;一样样地说。明赵南星《步步娇·夏日感恩楼酒集》:"闲讲会花书酒帖,把矮李长张那篇儿～也编捏。"

❾ 折断。摆,通“掰”。《元曲选·望江亭》四折:“他只待强拆开我长搀搀的连理枝,生～断我颤巍巍的并头莲。” ❿ 介词。摆,通“把”。明《金瓶梅词话》三二回:“怪攮刀子,好干净嘴儿,～人的牙花已攞了。”

【摆班】 bǎi bān 按班次排列。明《西游记》三六回:“那众和尚真个齐齐整整,～出门迎接。”清孙承泽《春明梦餘录》卷二七:“鸿胪寺堂上官提督司宾司仪分～、次序班,搬放茶饭桌椅。”

【摆拨】 bǎi bō ❶ 摇摆;摇动。《太平广记》卷七三引《逸史》:“郑公令捉倒,先折脚笞死,沃以豕血,埋狱中。明旦,～复自门来至。”清纪昀《阅微草堂笔记》卷一一:“取饮注壶时,当以勺平挹,～则味亦变,再澄数日乃复。” ❷ 摆脱;撇开。五代何光远《鉴诫录》卷一〇:“大丈夫儿须豁豁,莫学痴人受摩挼。也系裹,也～,也学柔和也粗犷。”宋陆游《晓登千峰榭》:“只道文书无了日,也能～上层台。”元明《水浒传》二一回:“我今日县里事务忙,～不开,改日却来。” ❸ 处置;安排。六十种曲本《琵琶记》二四出:“万苦千辛难～,力尽心穷,两泪空流血。”元明《水浒传》六二回:“蔡福得了这个消息,～不下。”用作名词时则表示“办法”。宋元《古今小说》卷三六:“正在那里没～,只见店小二来说道:‘公公,昨夜同公公来的官人来相见。’” ❹ 即“摆布❹”。元明《水浒传》一〇二回:“原来童贯密使人分付了府尹,正要寻罪过～他。”

【摆布】 bǎi bù ❶ 排列;布置。宋《三朝北盟会编》卷二〇一:“抵暮,尚有铁骑数千～河外。”元明《水浒传》七七回:“此寇知得官军到来,预先～下这座阵势。” ❷ 备办;筹措。宋元《清平山堂话本·杨温传》:“便归房中收拾担仗,安排路费,～那暖轿马匹。”明《老乞大谚解》卷下:“我知他甚么好拿去,大哥,你与我～着!”《西游记》八六回:“只可将就一饭,切莫费心大～。” ❸ 安排;处置。宋《三朝北盟会编》卷七九:“大元帅府～勤王人马。”《元曲选·冤家债主》二折:“求医无效,服药无灵,看看至死,教我没做～。”明《古今小说》卷四〇:“官人有路尽走,奴家自会～,不要挂念。” ❹ 整治;惩罚。《元曲选·灰阑记》一折:“你这小贱人,则等送了员外出去,我慢慢的～你!”明梁辰鱼《浣纱记》一三出:“他若不肯时,待我下牢实～他,怕他走上天去!”《醒世恒言》卷三四:“那样没上下的人,怎生设个计策～死了,也省了后患。”

【摆当】 bǎi dāng 摆设。《元曲选·冻苏秦》三折:“放下一张饭床,上面都没～。”

【摆动】 bǎi dòng 振作。宋《密庵和尚语录》:“去年八月间,得旨与安闲。～水云性,纵步到阳山。”

【摆对】 bǎi duì 成对。明《金瓶梅词话》二回:“只鸾孤凤,霎时间交仗成双;寡妇鳏男,一席话搬唆～。”吕毖《明宫史》卷四:“其前导～之滚灯,则御用监灯所作备者也。”清《世宗宪皇帝上谕内阁》卷三一:“以侍卫～,前引后随。”

【摆划】 bǎi huà ❶ 同“刬划❶”。《元曲选外编·独角牛》二折:“你看我倒蹅儿智厮瞒,由咱～。”明陈铎《一江风·四时闺怨》:“一更强打捱,三更怎～,刻刻难支派。”清《儒林外史》二一回:“这也不甚难～的事。假如你焦他没有房屋,何不替他娶上一个孙媳妇,一家一计过日子?” ❷ 摆脱。明郑若庸《沉醉东风·春闺》:“这些冤债,何时～? 除非是那人儿相见。” ❸ 办法。《元曲选外编·西厢记》四本一折:“忧愁因间隔,相思无～,谢芳卿不见责。”元明《水浒传》二〇回:“兄长不必忧心,小生自有～。” ❹ 摆弄;拨弄。清《醒世姻缘传》六回:“村孩子! 放着两件活宝贝不看,拿着那两个珠子～。”

【摆话】 bǎi huà 说话。明《金瓶梅词话》二一回:“说他爹怎的跪着上房的叫妈妈,上房的又怎的声唤～的,碜死了!”

【摆换】 bǎi huàn 调换。宋《朱子语类》卷一〇六:“某在漳州,凡胥吏辈窠坐,有优轻处,重难处,尽与他～一次:优者移之重处,重者移之优处。惟通判厅人吏不愿移换,某曰:‘你若不肯,尽与你断罢。’于是皆一例～。”

【摆酒】 bǎi jiǔ 设宴。明《金瓶梅词话》七八回:“爹分付下俺每挂了灯,明日娘的生日好～。”清《儒林外史》一七回:“潘保正替他约齐了分子,择个日子贺学,又借在庵里～。”

【摆绝】 bǎi jué 撇开;抛弃。宋王令《书怀寄黄任道满子权》:“伊余有遐致,久此困俗械。尝思～去,自放出世外。”

【摆浪子】 bǎi làng zi 摆花架子;装门面。明《金瓶梅词话》三回:“外头～,家里老婆啃家子。”

【摆落】 bǎi luò 摆脱;撇开。唐白居易《闲居自题戏招宿客》:“屏除身外物,～世间缘。”刘禹锡《寄杨虢州与之旧姻》:“玉城山里多云药,～功名且养神。”明梅鼎祚《玉合记》二九出:“师弟,你自入寺来颇能～,今日却为何啼哭?”

【摆忙】 bǎi máng 即“百忙里❸”。明《警世通言》卷二八:“那孙公～的吃他一惊,小肠气发,跌倒在地。”

【摆忙里】 bǎi máng lǐ 同“百忙里❶”。明《朴通事谚解》卷中:“～说甚闲话来。”

【摆弄】 bǎi nòng ❶ 摇动。唐韩愈《镇州初归》:“别来杨柳街头树,～春风只欲飞。”清《野叟曝言》三回:“十几棵树,宛如湖滩上的枯芦,随风～,东倒西歪。” ❷ 拨弄;把玩。清《红楼梦》五八回:“昨日是他～了那坠子半日,就坏了。”又六七回:“一面想,一面把那些东西翻来复去的～瞧看一回。” ❸ 即“摆布❹”。清《红楼梦》四六回:“见我待他好了,你们自然气不过,弄开了他,好～我。” ❹ 假装。金《董解元西厢记》卷一:“佛名也不执,旧时敦厚性都改,抖擞风狂,～九伯。作怪,作怪!”按,九伯,风魔、风颠之义。

【摆扑】 bǎi pū ❶ 摆动扑打。《太平广记》卷四七三引《广古今五行记》:“夜中闻有～声,往掩得大发,长三尺许,而变为蟮。”清《聊斋志异·促织》:“旋见鸡伸颈～,临视,则虫集冠上,力叮不释。” ❷ 摆布;支配。唐《临济禅师语录》:“道流,今时且要识取四种无相境,免被境～。”

【摆手】 bǎi shǒu ❶ 摇手,表示拒绝或禁止。唐张碧《答张郎中分寄翰林贡餘笔歌》:“梦中～不相许,怅望空乘碧云去。”宋文莹《玉壶野史》卷九:“人或与钱,则～不接。” ❷ 撒手,表示放弃。《说郛》卷一一六引宋鲁应龙《括异志》:“居士颂曰:‘……今朝～西归,自有现成裹脚。’”宋文同《杜逸人归龙山》:“安得～掉世故,相与傲兀于其间。” ❸ 甩手、放手,表示自在,不受约束。宋苏亶《游灌顶》之一:“白云不碍青天路,赢得重来～行。”《元曲选·黑旋风》一折:“我和你待～去横行,管教他抹着我的无干净。”

【摆徒】 bǎi tú 发配到指定地点服劳役。清《歧路灯》五一回:“若惜钱不照应他两个,便当堂供出姐夫,只该有苦同受,少不得都去充军～。”

【摆脱】 bǎi tuō 脱离;不受拘束。唐韩偓《送人弃官入道》:“忸怩非壮志,～是良图。”宋《朱子语类》卷一三:“若见得时,自须猛省,急～出来!”元汪元亨《沉醉东风·归田》:“着意来寻安乐窝,～了名缰利锁。”

【摆席】 bǎi xí 设宴。清《红楼梦》九六回:“待宝玉好了,过了功服,然后再～请人。”

【摆摇】 bǎi yáo 摇动。《宋高僧传》卷一九《唐嵩岳闲居寺

元珪传》:"神曰:'……我必昏夜风雷,~震运,愿师无骇。'"宋张孝祥《题定山寺》:"千山苍茫月东出,万木~风怒号。"清《红楼梦》一一六回:"只见微风动处,那青草已~不休。"

【摆斋】 bǎi zhāi 安排斋饭。明《西游记》九三回:"那驿丞看见嘴脸丑陋,暗自心惊,不知是人是鬼,战兢兢的,只得看茶~。"

【摆站】 bǎi zhàn 发配到驿站服劳役。明李实《蜀语》:"驿递曰站,充徒曰~。"《西游记》八〇回:"八戒该问充军,沙僧也问~。"清《醒世姻缘传》八八回:"问成徒罪,刺了金印,发去~。"

【摆制】 bǎi zhì 整治;虐待。清《醒世姻缘传》五七回:"他得了晁无晏的全分家事,一个六七岁的孩子,他还要~杀他哩!"

【摆拽】 bǎi zhuài 排列。宋《三朝北盟会编》卷二四八:"再添生兵,~阵势,与官军迎敌。"《元典章·礼部一》:"差遣诸色行户,妆扮社直娼妓之类,沿街巷陌~,名为起敬,实为混杂。"

【摆子】 bǎi zi 疟疾。清《水浒后传》七回:"我正发~,动掸不得。"

bài

【败】 bài ❶ 凋残;萎败。唐李商隐《夜冷》:"一夜将愁向~荷。"元白樸《点绛唇》:"~叶纷纷拥砌石。"清《红楼梦》五回:"下面有一池沼,其中水涸泥干,莲枯藕~。" ❷ 揭穿(谎言、真相)。《元曲选·赚蒯通》三折:"夜深也咱独坐,谁想道人瞧破,呀,早将我这佯狂~脱。"《元曲选外编·敬德不伏老》三折:"只被你~破了我谎也军师的世勋!"

【败坏】 bài huài 毁谤;糟蹋。明《金瓶梅词话》九九回:"叵耐张胜那厮,好生欺压于我,说我当初亏他寻得来,几次在下人前~我。"清《聊斋志异·公孙九娘》:"小婢无端~人,教阿舅齿冷也。"

【败家子】 bài jiā zǐ 败坏家业的不肖子弟。清《歧路灯》二〇回:"这大的行径,并不像门第人家子弟,直是三家村暴发财主的~儿。"△《跻春台·十年鸡》:"还骂我不攒积把草搞烂,~想讨口快出门阑。"

【败落】 bài luò ❶ 破败;萧条。元明《水浒传》六回:"只见知客寮门前大门也没了,四围壁落全无。智深寻思道:这个大寺如何~的恁地?"明谢肇淛《五杂组》卷九:"自此狱中得苏,而卖饼家遂~矣。"《拍案惊奇》卷一五:"当初准与我时,多是些~房子,荒芜地基。" ❷ 没落。《太平广记》卷四五三引《灵怪录》:"有弟一人,别且数岁。一旦忽至,见其家道~,因征其由。"明张岱《陶庵梦忆》卷八:"有夏耳金者,制灯剪彩为花,亦无虚日,人称耳金为'~隋炀帝'。" ❸ 晦倒霉事。明《金瓶梅词话》九五回:"死了汉子,~一齐来,就这等被人欺负,好苦也!"

【败盟】 bài méng 毁约。宋《三朝北盟会编》卷二〇二:"十七日,兀术之军已压境。兀术之~举兵,来祈州也。"明沈鲸《鲛绡记》二二出:"金酋乌禄等~,我等舍舟至顺昌。"

【败衄】 bài nǜ 战斗失利。宋《三朝北盟会编》卷四:"昨因契丹皇帝重遭~,竟是奔飞。"又卷二〇一:"当其~时,城上见有车马自寨而北,复渡河而去。"清《荡寇志》九九回:"宋贼虽然~,人马尚存小半。"

【败缺】 bài quē ❶ 破绽;错失。唐白居易《苏州刺史谢上表》:"自中书舍人出为杭州刺史,幸免~,实无政能。"宋克勤《碧岩录》四则:"依前作这去就,已是第二重~,崄!" ❷ 败坏;破坏。元宫天挺《范张鸡黍》二折:"纪纲都~,炎炎的汉火看看灭。"

【败阙】 bài quē 同"败缺❶"。唐韩愈《论变盐法事宜状》:"宰相者,所以临察百司,考其殿最;若自为使,纵有~,遣谁举之?"《祖堂集》卷一一《云门和尚》:"(师)却问:'大众还会么?'对云:'不会。'师打住,云:'打你个两重~!'"五代孙光宪《北梦琐言》卷四:"某每岁公税,享六十缗岁例钱,苟无~,终身优渥。"

【败兴】 bài xìng 犹"扫兴❶"。《元曲选·青衫泪》一折:"白侍郎要住下,着这二位催逼得慌,好生~。"明《西游记》四四回:"你这先生,怎么说这等~的话?"

【败意】 bài yì 犹"败兴"。宋张元幹《蝶恋花》:"~常多如意少,着甚来由,入闹寻烦恼?"觉范《冷斋夜话》卷四:"昨日闲卧,闻搅林风雨声,欣然起,题其壁曰:'满城风雨近重阳。'忽催租人至,遂~。"

【拜把子】 bài bǎ zi 结为异姓兄弟或姐妹。清《红楼梦》六〇回:"梅香~,都是奴儿呢。"△《官场现形记》二一回:"两人同天到省贺岁,却都是这双二爷的~兄弟。"

【拜表】 bài biǎo ❶ 向皇帝奉上表章。唐刘禹锡《洛中初冬拜表》:"凤楼南面控三条,~郎官早渡桥。" ❷ 向神灵敬献祈祷文。《云笈七籤》卷一一九:"晟即修黄箓道场,~上告,然后取经以进。"宋元《警世通言》卷四:"招天下高僧,设七七四十九日斋醮,荐度亡灵,荆公亲自行香~。"清顾张思《土风录》卷五:"道士伏坛读疏曰~。"

【拜茶】 bài chá 请人喝茶的敬词。《元曲选外编·西厢记》一本一折:"请先生方丈~。"元明《水浒传》七二回:"请过寒舍~。"

【拜忏】 bài chàn 礼拜忏悔,后指僧人诵经拜佛以代人消灾或超度亡魂。明《金瓶梅词话》六三回:"黄僧官为首座,引领做水陆道场,诵《法华经》,拜三昧水忏。"清《儒林外史》四回:"众和尚吃完了斋,洗了脸和手,吹打~。"《红楼梦》一四回:"禅僧们行香,放焰口,拜水忏。"按,该词两个语素之间常可插入一些别的成分。水忏,又称"慈悲水忏",替人忏悔消灾的佛教经文之一。

【拜从】 bài cóng ❶ 拜师受业,引申为恭敬地听从。明《醒世恒言》卷三八:"闻得李一帖名头,那一个不来~门下,希图学些方术。"清《镜花缘》九五回:"倘蒙指点,情愿~为弟子。"《蜃楼志》一三回:"愿闻先生万全之策,某等敢不~。" ❷(向神佛)祈求。明《醒世恒言》卷一四:"官人之事,奴已~五道将军。但耐心,一月之后必然无事。"清《豆棚闲话》一二则:"乡人称为奇异,奉为佛母~的,不及一年,约有万人。"

【拜单】 bài dān 即"拜垫"。明《醋葫芦》二回:"成茂把食盒摆开,点了香烛,铺了~。"清《娱目醒心编》卷九:"友仁走近佛座,见有一青布包在~左首地下。"

【拜垫】 bài diàn 行跪拜礼所用的垫子。清《野叟曝言》四回:"瞥眼看见殿中间,紧靠石供桌,一条~横在那里。"《红楼梦》一〇六回:"琥珀知是老太太拜佛,铺下大红猩毡~。"

【拜斗】 bài dǒu 礼拜北斗星君,道教祈祷的一种。元辛文房《唐才子传》卷三《顾况》:"遂舍家去,隐茅山,炼金~,身轻如羽。"《元曲选·争报恩》四折:"自从你下在牢里,我替你~,直到如今。"明《金瓶梅词话》七九回:"孟玉楼又许下逢七~。"

【拜烦】 bài fán 托人办事的敬词。宋汪应辰《与李逢吉》:"前日所~,附去书一,乞指挥早达之为幸。"清《说岳全传》三回:"休要太谦,一定要~的了。"

【拜覆】 bài fù 托人或受托致问候的敬词。宋元《古今小说》卷三:"多多~五姐,过三两日,定来相望。"《元曲选外编·西

厢记》五本四折:"妾前来～,省可里心头怒。间别来安乐否?"

【拜家庆】 bài jiā qìng 归家省亲。唐孟浩然《夕次蔡阳馆》:"明朝～,须著老莱衣。"宋葛立方《韵语阳秋》卷一〇:"唐人与亲别而复归,谓之～。"

【拜见钱】 bài jiàn qián ❶ 初次谒见上司奉送的礼金。明《二刻拍案惊奇》卷二六:"当初吾在沂州做学正,他是童生新进学,家里甚贫,出那～不起。"叶子奇《草木子》卷四下:"元朝末年官贪吏污,……其问人讨钱,各有名目:所属始参曰～。" ❷ 初见面时受人拜见的答谢钱。《元曲选·李逵负荆》二折:"俺有些零碎金银在这里,送与嫂嫂做～。"明《金瓶梅词话》二〇回:"俺每都拿着～在这里,不白教他出来见。"

【拜节】 bài jié 节日上门祝贺。宋吴自牧《梦粱录》卷一:"正月朔日,谓之元旦,俗呼为新年。……士夫皆交相庆贺,细民男女亦皆鲜衣,往来。"明《朴通事谚解》卷上:"常言道:有心～,寒食不迟。"清《醒世姻缘传》二二回:"贫僧一则来与奶奶～,二则挂念着,不知添了小相公不曾?"

【拜具】 bài jù 蒲团,礼拜或打坐时所用。元明《水浒传》四回:"一面在寺里做僧鞋、僧衣、僧帽、袈裟、～,一两日都已完备。"

【拜恳】 bài kěn ❶ 下拜恳求。元陶宗仪《辍耕录》卷一一:"杨即诣紫虚,～太无于床下。"明陆粲《庚巳编》卷七:"驾至,僧～不已。" ❷ 恳求。敬词。元高明《琵琶记》五出:"昨日已蒙亲许,今日特此～。"明《西游记》三七回:"今来志心～,千乞到我国中。"清《红楼梦》一一四回:"俟老亲翁安抚事竣后,～便中一视。"

【拜门】 bài mén ❶ 新婚夫妇首次往拜岳家或岳家姻亲。宋孟元老《东京梦华录》卷五:"婿往参岳家,谓之～。"《三朝北盟会编》卷三:"其携妻归宁,谓之～,因执子婿之礼。"明《梼杌闲评》一一回:"次日起来谢了亲,往众亲戚家去～。" ❷ 在门首下拜。明《西游记》五九回:"沙和尚看见,急请师父～迎接。"清《续金瓶梅》三八回:"到门前放下轿,～行礼。"

【拜盟】 bài méng 即"拜把子"。清胤禛《朱批御旨》卷四三下:"查康熙六十年台湾朱一贯叛逆时,有广东饶平县奸民余应茂等,～谋匪发觉。"《儒林外史》二回:"顾二哥是俺下册书,又是～的好弟兄。"《玉蟾记》三七回:"百花娘娘说:'我欲与小娘子～姊妹,不知可能俯从?'"

【拜年】 bài nián 农历正月初一拜家中尊长及到亲友处祝贺。唐[日]圆仁《入唐求法巡礼行记》卷三:"正月一日,僧俗～中。"明陈士元《俚言解》卷一:"自元日以后,亲友往来,交错道路,谓之～。"阮大铖《燕子笺》七出:"有心来～,端午也不迟。"

【拜牌】 bài pái 向龙牌跪拜行礼。明清两代,外官逢节日或庆典都要跪拜皇帝龙牌,以示朝贺。明《金瓶梅词话》六二回:"明日十五,衙门里～公座大发放。"清韩菼《江阴守城记》卷上:"都司周瑞珑等,纠集绅士,于五月十五日早～集议,募兵勤王。"

【拜钱】 bài qián 即"拜见钱❷"。明《金瓶梅词话》三五回:"明日吴大妗子家做三日,掠了个帖子儿来,不长不短的,也寻件甚么子与我做～。"清《醒世姻缘传》四八回:"狄婆子叫出巧姐来见薛夫人,留了～,巧姐又从头谢了。"

【拜认】 bài rèn 举行一定的仪式认某人作丈人或师傅等。明《拍案惊奇》卷二九:"县宰就叫幼谦当堂～了丈人。"

【拜扫】 bài sǎo 扫墓。唐徐凝《嘉兴寒食》:"嘉兴郭里逢寒食,落日家家～归。"宋庄绰《鸡肋编》卷上:"寒食日上冢,亦不设香火,纸钱挂于茔树。……而京师四方因缘,遂设酒馔,携家春游。"

【拜上】 bài shang 犹"拜覆"。元明《水浒传》二〇回:"晁头领哥哥再三～大恩人,得蒙救了性命,见今做了梁山泊主都头领。"

明《梼杌闲评》一一回:"你回他说,多～他,爷知道了,明日来。"

【拜岁】 bài suì 迎新年的拜神祈祷活动。《五灯会元》卷一六《万杉寿坚禅师》:"岁旦,上堂:'有一人不～,不迎新。'"清《醒世姻缘传》三六回:"回到县里,那裁缝还不曾拿到,只得退了回衙,家中～饮酒。"

【拜堂】 bài táng 婚仪之一,新郎新娘拜天地、父母并夫妻交拜。唐王建《失钗怨》:"双杯行酒六亲喜,我家新妇宜～。"明孟称舜《娇红记》四出:"人爷打点做新郎,请怜娘权作新人～。"清《儒林外史》二一回:"又一个大捧盘,十杯高果子茶,送了过来,以为明早～之用。"

【拜贴】 bài tiē 即"拜帖"。明《朴通事谚解》卷上:"小人昨日贵宅里留下一个～来,见来么?"

【拜帖】 bài tiě 拜访他人所用的名帖。明《金瓶梅词话》九八回:"等舅写了一张状子,该拐了多少银子货物,拿爷个～儿都封在里面,等小的送与提刑所两位官府案下。"清《醒世姻缘传》二二回:"我见那～子上都写个'正'字,一像这个'正'字是个好字眼。"

【拜帖匣】 bài tiě xiá 即"拜匣"。明《金瓶梅词话》三一回:"每日派定和琴童儿两个背书袋,夹～跟马。"又五八回:"他若出门望朋友,跟他拿～儿。"

【拜匣】 bài xiá 拜客送柬时放置柬帖、礼封和零碎物品的长方形扁匣。明《醒世恒言》卷三五:"只见献世保同着几个中人,两个小厮拿着～,一路拍手拍脚的笑来。"高濂《遵生八笺》卷八:"余制以轻木为之,外加皮包,厚漆如～。"

【拜揖】 bài yī 见人行礼时说的客气话。元明《水浒传》一〇回:"众位～!小人是牢城营差使人。"明《老乞大谚解》卷上:"～主人家哥!我是客人,今日晚了,你房子里寻个宿处。"丘濬《忠孝记》六出:"妈妈,～。今日光降寒舍,有甚么事?"

【拜义】 bài yì 结拜。《元曲选·冻苏秦》楔子:"他～了个哥哥,姓张名仪。"元明《水浒传》六三回:"这个兄弟,姓郝双名思文,是我～弟兄。"

【拜允】 bài yǔn 女家允亲之后,男家来人拜谢。清《红楼梦》七九回:"你二姐姐已有人家求准了,想是明儿那家人来～。"《儒林外史》四五回:"我听见说,就是王公做媒,择的日子是出月初三日～。"

【拜毡】 bài zhān 行跪拜礼所用毡垫。宋元《警世通言》卷四:"荆公焚香送佛,忽然昏倒于～之上。"△清《儿女英雄传》三六回:"当下安公子铺好～,递过贽仪,早拜下去。"

bān

【扳】 bān 另见 pān。❶ 扭;持握使转动或翻转。宋佚名《题公馆壁》:"猛风～大树,其树根已露。"《元典章新集·刑部》:"将冬字廒短窗～下,偷盗粮米七石五升。"元明《水浒传》七回:"林冲赶到跟前,把那后生肩胛只一～过来。" ❷ 抵拒;违反。唐韩愈《许国公神道碑铭》:"有弟有子,提兵守藩。一时三公,人莫敢～。"《新唐书·则天武皇后传》:"帝谓能奉己,故～公议立之。"

【扳翻】 bān fān 攀折;弄倒。《全芳备祖》卷一三引宋苏养直《清平乐》:"淮南岩桂小山,诗翁合得～。"明《醒世恒言》卷二九:"那知汪知县因～了个有名富豪,京中多道他有风力。"

【扳障】 bān zhàng 同"板障❷"。明凌濛初《香遍满·伤逝》:"夜台前犹试他金莲步,冥使符,生～阳台路。"《拍案惊奇》卷

九:"及至该是姻缘的,虽是被人～,受人离间,却又散的弄出合来,死的弄出活来。"

【班】 bān ❶ 行列。唐白居易《洛下送牛相公出镇淮南》:"万人开路看,百吏立～迎。"宋李攸《宋朝事实》卷九:"诸行尚书丞郎、郎中、员外郎,并于都堂门内,分左右列～迎候。"元明《水浒传》四回:"面前首座、维那、侍者、监寺、都寺、知客、书记,依次排立东西两～。" ❷ 按行业、工作或工作时段等组成的小单位。宋周紫芝《鹧鸪天·李彦恢生日》:"他时人物君须记,玉笋～中李泰和。"元明《水浒传》五六回:"他在东京,见做金枪～教师。"清《红楼梦》五四回:"小厮们忙为戏房,将～中所有大人一概带出。" ❸ 集体量词。群;伙。《元曲选·气英布》二折:"况他周勃、樊哙一～大将,都是尚气的人。"清《儒林外史》三二回:"忙出来吩咐,雇了两～脚子。" ❹ 挽回。明《醒世恒言》卷八:"媳妇转嫁时,我家原聘并各项使费,少不得～足了放他出门。"按,"班"有"返还"义,上义由此引申。 ❺ 助词。班,通"般"。明《醒世恒言》卷三〇:"把众人那～说话细细一味,转觉有理。" ❻ 移动。班,通"搬"。《元曲选外编·西游记》四本一五出:"我看了,～起一块大石,调打下去。" ❼ 扳扭。班,通"扳"。元邓玉宾《粉蝶儿》:"挽下藤花,～下竹笋,采下茶苗,化下道粮。"

【班辈】 bān bèi ❶ 指身分、地位、年龄等相仿的人。明董其昌《绣带儿》:"你是书生～,好个书生～,错认仙姑比做神女。"《西洋记》五三回:"只是这一千军士,都是小人的～,他岂肯听小人调遣?"清《醒世姻缘传》五一回:"邻舍家,倒是那大人家喜他,只是那同～的小户甚是憎恶。" ❷ 行辈;辈分。《元曲选·举案齐眉》三折:"咱与你甚～?自来不相会,走将来磕牙料嘴!"清《醒世姻缘传》一八回:"俱来与晁大舍提亲,也不管男女的八字合得来合不来,也不管两家门第攀得及攀不及,也不论～差与不差。"

【班驳】 bān bó ❶ 间或;断续。宋《朱子语类》卷九一:"又问幞头所起,曰:'亦不知所起,但诸家小说中,时～见一二。'"又卷一二五:"道教式衰,儒教虽不甚振,然犹有学者班班驳驳说些义理。"按,"班驳"有"错落相间"义,以上副词用法由此引申。 ❷ 反驳;异议。明《警世通言》卷一五:"县主落得在乡官面上做个人情,又且当堂阉着,更无～。"清《定情人》五回:"这话他一说,我就～他过了。他也自悔误言,连连谢过。" ❸ 责难;申斥。元佚名《黄孝子》一五出:"我一身拼死,免教受～。"

【班部】 bān bù 朝班的行列。《大宋宣和遗事》前集:"言未绝,见一人出离～,倒笏躬身,口称:'万岁,万岁!'"元狄君厚《介子推》一折:"我与你出～,上瑶阶,赴丹墀,直望着君王拜。"

【班房】 bān fáng 衙役值班的房间。也用来临时羁押犯人。明《金瓶梅词话》一〇〇回:"一日,冬月天气,李安正在～上宿。"清袁枚《子不语》卷一七:"而差役拘王三不得,遂拘其弟往,管押～。"《歧路灯》三〇回:"小姚兄弟,先把这两个费油盐的押到～去。"

【班行】 bān háng ❶ 朝班的行列;仪仗属员的行列。唐佚名《大唐传载》:"高平徐弘毅为弹侍御史,创一《知班官令》。……有公卿大僚令之曰:'未到～之中,何必拾人细事。'"明于慎行《穀山笔麈》卷一:"以予所见,～其东西分立,则勋戚在西上,东面,不与百僚齿。"刘元卿《贤弈编》卷一:"曾未及至,而司寇公适早至,鸣铎升座矣。司寇视～,曾不在,询其故。" ❷ 指朝官,也指具列班资格的官员或职衔。《旧唐书·裴延龄传》:"尤好慢骂,毁诋朝臣,～为之侧目。"宋李攸《宋朝事实》卷一六:"有殿值者,径逾壕诣城下,谓贼曰:'我～也,汝下索,我就汝语。'"《续资治通鉴》卷四三:"请遣人募首领愿用者,籍姓名及士马之数,及千

人,听自推其有谋勇者一人,授以～及巡检之名,使将领出境。" ❸ 班辈;行辈。五代王定保《唐摭言》卷一四:"扶即薛谓近从兄弟～,内外亲族绝多。" ❹ 比肩;并列。元刘时中《端正好·上高监司》:"可与萧、曹比并,伊、傅齐肩,周、召～。"明李贽《藏书》卷三九:"柳宗元文章识见议论,不与唐人～者,《封建论》卓且绝矣。" ❺ 同身分;同行业。或指这样的人。元佚名《粉蝶儿·阅世》:"屈指数～后生,少甚么无才无德,无义无能,一跳身平步登台省。"尚仲贤《气英布》二折:"若不看从来相识,往日～,这厮儿番了面皮。"赵明远《斗鹌鹑·名姬》:"省郎,是你旧～。他诉真是咱断肠,不知音枉了和他讲。" ❻ 特指戏班。《元曲选外编·蓝采和》三折:"勾栏中得悟,再不入～。唐巾歪裹,板撒云阳,腰系编带,舞袖衫长。"

【班鸠】 bān jiū 喻指入赘的女婿。班,通"斑"。俗传鸠占鹊巢,故称。金《刘知远诸宫调》三:"岳氏娘子好女,花见自然羞。团练常便,不图豪贵,故招知远做～。"

【班里班】 bān lǐ bān 地位、年纪、能力等相当。明丁彩《锁南枝半插罗江怨·嘲村妇》:"癫虾蟆穿不的纱罗,赛狗羊上不的台盘,～则寻个营生干。"

【班配】 bān pèi 相配;配得上。清《聊斋俚曲·禳妒咒》:"他老兄弟又极相好,孩子又极～,有何不可呢?"《续金瓶梅》四〇回:"姑娘,你心下如何?只有这个金二官人十分～你。"

【班首】 bān shǒu ❶ 朝班中位置最前的。唐元稹《初除浙东妻有阻色》自注:"予在中书日,妻以郡君朝太后于兴庆宫,猥为～。"《元典章·礼部一》:"凡遇进贺行礼,若令守土官为～,于礼相应。"明《金瓶梅词话》七一回:"言未毕,～中闪过一员大臣来。" ❷ 一伙人的首领。宋刘克庄《念奴娇·和诚斋休致韵》:"地行仙里,合推侬做～。"元明《水浒传》四五回:"～轻狂,念佛号不知颠倒,阇黎没乱,诵真言岂顾高低。"清洪昇《长生殿》一四出:"自家李龟年是也。向作伶官,蒙万岁爷点为梨园～。"

【班头】 bān tóu ❶ 即"班首❶"。宋王质《临江仙·南楼席上寿张守》:"酒阑君便起,归去立～。"《元曲选·汉宫秋》二折:"您只会文武～,山呼万岁,舞蹈扬尘。" ❷ 即"班首❷"。宋佚名《张协状元》四八出:"〔净〕者卿也吟得诗,做得词,超得烘儿,品得乐器,射得弩,踢得气球。〔末〕那些个浪子～。"元关汉卿《一枝花·不伏老》:"我是个普天下郎君领袖,盖世界浪子～。"明《醒世恒言》卷三六:"谁想下福老婆是个拈酸的领袖,吃醋的～。" ❸ 衙役头目,也用来称呼衙役。明《金瓶梅词话》三四回:"你外边快叫个答应的～来。"清《儒林外史》二回:"就像今日请我的黄老爹,他就是老爷面前站得起来的～。"

【班役】 bān yì 衙役。衙役分皂、快等班。也泛指随从、跟班。清《聊斋志异·遵化署狐》:"事未就,姑窖藏于～之家。"《歧路灯》七回:"一主两仆,一～,一车夫,一齐望大路赶赴京城。"

【班迎】 bān yíng 列队相迎。宋《三朝北盟会编》卷二一八:"太母出殿,归次国门,将相大臣一～道上。"《明史·张居正传》:"赐八宝金钉川扇、御膳、饼果、醴醴,百僚复～。"

【班长】 bān zhǎng 衙役头目,也用以称衙役。清《歧路灯》三〇回:"王少湖心有照应,道:'谈～,尊姓是那个字?'"又七二回:"况且你这个～也蠢极了。衙役奉承官府,不过借官府威势,弄几个钱。"

【班直】 bān zhí 宋代皇帝的侍卫扈从,即禁卫军,分行门班、殿前班等二十四班。宋孟元老《东京梦华录》卷六:"教坊钧容直乐部前引,驾后诸～马队作乐。"《三朝北盟会编》卷一〇一:"二帝北狩,随行官吏、～诸军及诸色人等见有家属,并仰依旧支破请

给。"明《金瓶梅词话》二〇回:"先是玉箫问道:'六娘,你家老公公当初在皇城内那衙门来?'李瓶儿道:'先在惜薪司掌厂,御前～,后升广南镇守。'"

【班子】 bān zi 戏班。清《红楼梦》五四回:"如今这小戏子又是那有名玩戏的人家的～,虽是小孩子,却比大～还强。"《儒林外史》二五回:"老爷吩咐,要定二十本戏。鲍师父,你家可有～?"

【斑子】 bān zi ❶ 老虎。毛皮有斑纹,故称。《太平广记》卷四二六引《广异记》:"老人乃登山呼,倏尔有虎数头,相继而至。"清宫梦仁《读书纪数略》卷五三:"虎又呼,……南诏呼为波卢,岭南呼为～。" ❷ 疹子。金张元素《病机气宜保命集》卷下:"《内经》云:病瘅疮疡,皆属心火。～者,是相君行命三焦,真阳气之所作也。"元危亦林《世医得效方》卷一一:"秋～为火克金,冬～为土克水。"

【掰】 bān 扳扭。掰,通"扳"。《元曲选·还牢末》楔子:"我心中不平,将那年纪小的～过来一拳。谁想拳头上没眼,把他打死了。"明《二刻拍案惊奇》卷三一:"我被洪家长痛打,致恨而死。但彼是富人,料～他不倒。"

【掰倒头】 bān dǎo tóu 躺下。明《拍案惊奇》卷三四:"闻人生洗了澡,已自困倦,～只寻睡了。"

【般】 bān ❶ 移动;搬运。后多作"搬"。唐白居易《官牛》:"官牛官牛驾官车,浐水岸边～载沙。"《旧唐书·裴延龄传》:"自冬历夏,～载不了。"《景德传灯录》卷二二《从贵禅师》:"今日打禾,明日～柴。" ❷ 同"搬❷"。《元曲选外编·三夺槊》三折:"咱那亢金上圣明君,则但～着半句儿十分地信。" ❸ 同"搬❸"。宋吴潜《宝鼎现》:"闻说旧日京华,～百戏,灯棚如履。"孟元老《东京梦华录》卷五:"～杂剧:杖头傀儡任小三,每日五更头回小杂剧,差晚看不及矣。"《元典章·刑部十九》:"除系籍正色乐人外,其馀农民市户良家子弟,若有不务本业,学习散乐,～说词话人等,并行禁约。" ❹ 量词。种;样。唐贾岛《闻蝉感怀》:"正遇友人来告别,一心分作两～悲。"《敦煌变文校注》卷二《韩擒虎话本》:"一事未成,回去须得三～之物。"明《醒世恒言》卷一三:"暗地着人带了四～法物,远远伺候。" ❺ 助词。"……一样""……似的"。《元曲选外编·西厢记》二本三折:"太行山～高仰望,东洋海～深思渴,毒害的恁么!"清《红楼梦》六回:"底下又坠着一个秤砣～一物,却不住的乱晃。"

【般般】 bān bān 样样;件件;种种。《景德传灯录》卷三〇宏智《疏》:"布袋里～著得,短长在我。"金王喆《花心动》:"俗景～绝欲,要舍尽爷娘,共妻骨肉。"明《西游记》四回:"天宫异物～有,世上如他件件无。"

【般比】 bān bǐ 相并;相比。般,通"班",比并。《敦煌变文校注》卷四《降魔变文》:"六师自道无～,化出两个黄头鬼。头脑异种丑尸骸,惊恐四边令怖畏。"

【般次】 bān cì ❶ 头绪。《祖堂集》卷一一《仙宗和尚》:"师问僧:'汝平生成得什摩业次?'对云:'已前在众东举西举,如今无业可成,总无～。'" ❷ 批;批次。唐陆贽《奏请减京东水运储蓄军粮事宜状》:"况江淮转输,～不停,但恐过多,不虑有阙。"《旧唐书·高宗纪下》:"五月庚子,移高丽户二万八千二百,……将入内地莱、营二州～发遣。"《册府元龟》卷二二:"仍委子仪即差人,先于诸道计会,分～进发,仍与回纥兵马犄角相应。" ❸ 特指成批贡品或入贡使团。《敦煌表状笺启书仪辑校·沙州书状稿》:"贵府人使至,所示勾取敝藩入贡一事,今差青乚等一行上京进奉,克副来书。"《宋会要辑稿·刑法二》:"请今后解发诸蕃～,不许数外夹带,私下抵换人口上京。"《册府元龟》卷一六八:"(太和

八年九月,诏应进奉口味时果,进献之外,不得广为～,烦于邮传。"《文献通考》卷三三五:"富室以毡为幕,贡献谓之～。"

【般当】 bān dāng 犹"般比"。《敦煌变文校注》卷四《降魔变文》:"忽见宝树数千林,花开异色无～。"又:"牙上各有七莲华,华中玉女无～。"

【般递】 bān dì 插进;掺入。宋《朱子语类》卷四八:"看文字,不要～来说。方说这一事未了,又取那一事比并说。般来愈多,愈理会不得。"

【般贩】 bān fàn 贩运。宋真德秀《申尚书省免和籴尽数状》:"又因湖北水伤,多有～出境,米价日见腾涌。"《宋会要辑稿·刑法二》:"诏江浙等州军,应客旅～米斛,并从便往来。"

【般涉】 bān shè 同"搬涉"。宋《朱子语类》卷一一:"大凡读书,不要～。但温寻旧底不妨,不可将新底来搀。"

【般调】 bān tiáo 同"搬调❶"。元尚仲贤《三夺槊》二折:"那宝剑得来你怎消,不出君王行斯～。"

【般挑】 bān tiāo 同"搬调❸"。元佚名《一枝花·惜春》:"莺语～,断送得风光好,隔墙声尤自巧。"

【般样】 bān yàng 种类;类型。宋《朱子语类》卷四:"此只当以人品贤愚清浊论。有合下发得善底,也有合下发得不善底,也有发得善而为物欲所夺,流入于不善底,极多～。"明曹端《通书述解》卷上:"然细推之,极多～,千般百种,不可穷究。"

【搬】 bān ❶ 移运;迁移。唐陆贽《冬至郊祀大赦天下制》:"江西湖南见运到襄州米一十五万石,设法～赴上都,以救百姓荒馑。"《元典章·刑部十六》:"将引巡军徐全等一十三名前去遇仙桥～取竹子。"明《朴通事谚解》卷中:"徐五的徒弟李大,如今～在法藏寺西边混堂间壁住里。" ❷ 搬弄;挑拨。元关汉卿《乔牌儿》:"想人间造物～兴废,吉藏凶凶暗吉。"《元曲选·刘行首》三折:"为钱呵,～的人爷娘恩爱忘,夫妻情分绝。"又《杀狗劝夫》四折:"每日着这两个帮闲钻懒,～的俺兄弟不和。" ❸ 表演。宋佚名《张协状元》一出:"状元张叶传,前回曾演,汝辈～成。"元高文秀《遇上皇》一折:"搽灰抹土学～唱,剃头削发为和尚。" ❹ 同"扳❶"。《元曲选外编·五侯宴》一折:"我哭啼啼～住臂膊,泪漫漫的扯住衣服。"清《红楼梦》六八回:"凤姐儿听说,哭着两手～着尤氏的脸紧对相问道:'你发昏了?'"

【搬驳】 bān bó 批驳。清《红楼梦》一〇一回:"奶奶又来了,一个佛爷可有什么凭据呢?"△《儿女英雄传》一八回:"才略略有些知觉,便要～先生,那先生往往就被他问得无话可讲。"

【搬场】 bān chǎng 搬家;移居。明程可中《罗子昭移居度小曲贺之》:"酒枪书笥,眼见～两次。"清李玉《清忠谱》四折:"拣日子也不论～做亲,看通书那管他安葬修造。"

【搬扯】 bān chě 拉扯;牵连。清《红楼梦》七九回:"这如今定了,可以不用～别家了。"

【搬唇】 bān chún 念叨;数说。明高濂《普天乐·有所思》:"把闷和愁排成阵,在心头般般记恩,在眉头长长惹恨,在口头教我日日～。"

【搬唇递舌】 bān chún dì shé 用言语拨弄是非。《元曲选·儿女团圆》三折:"不似你这个两头白面～的歹弟子孩儿!"

【搬唇弄口】 bān chún nòng kǒu 犹"搬唇递舌"。明施绍莘《十二红·闺恨》:"曾记～,有无数前头后头,亏心硬手。"

【搬唇弄舌】 bān chún nòng shé 犹"搬唇递舌"。明郑若庸《南北双调合套·阻欢》:"平白地送暖偷寒,猛可地～。水晶丸不住撒,蘸钢锹一味撅。"

【搬递】 bān dì 即"搬唇递舌"。《元曲选·铁拐李》三折:

"不争我去的迟,被那家使心力,使心力斯~,斯~卖东西。"明冯惟敏《新水令·十美人被杖》:"有谁~是非场,无端牵扯平康巷。"

【搬喋】 bān dié 犹"搬递"。明徐畈《杀狗记》一五出:"信他人~是非,把亲生兄弟逐出去。"王錂《寻亲记》二五出:"被那同窗朋友,~是非。"

【搬斗】 bān dòu ❶同"搬逗"。元于伯渊《点绛唇》:"弄春情漏泄的秋波送,秋波送~的春山纵,春山纵勾引的芳心动。" ❷挑拨;怂恿。《宋元戏文辑佚·王祥卧冰》:"你奶婢佞得紧,~得我萱亲,兀的使着一个绵里针。"元明《水浒传》八五回:"都是你这奴婢佞臣,往来~,折了俺霸州紧要的城池。"明《拍案惊奇》卷二〇:"却恐怕有甚风声吹到老子和儿子耳朵里,颠倒在老子面前~。" ❸炫示;施展。明《西洋记》六九回:"若只是~术法,摩弄宝贝,还可自得。"又七三回:"这一场卖弄,虽是元帅指麾,却也亏了唐状元~。"

【搬逗】 bān dòu 挑逗;惹引。《元曲选·㑇梅香》一折:"老夫人着你伴我读书,你倒~我废学!"

【搬房】 bān fáng 搬家;移居。明刘效祖《粉蝶儿·良辰乐事》:"热闹似~拜庙,喧哗的如挝鼓夺旗。"清《八旗通志》卷一一三:"凡~额数,顺治五年题准一品官给房二十间。"

【搬火】 bān huǒ ❶临时应急。明《欢喜冤家》一回:"小弟因宗师发牌县考,一向学业荒疏,故此到馆中~,久失亲近。" ❷指性交。清《一片情》一回:"不料符成这一月多搬搬火,身上添上好几桩病起来。"

【搬口】 bān kǒu 搬弄口舌;挑拨是非。元明《水浒传》一六回:"两个虞候在老都管面前絮絮聒聒地~。"清《五色石》卷五:"刁妪便在韦氏面前~道:'大官人道主母逐了高懋去,甚是怨恨。'"

【搬口弄舌】 bān kǒu nòng shé 犹"搬口"。元明《水浒传》四四回:"必有人~,想是疑心,不做买卖。"

【搬掳】 bān lǔ 强行拆走;抢掠。元明《水浒传》七八回:"近山砍伐木植,人家~门窗,搭盖窝铺,十分害民。"

【搬弄】 bān nòng ❶搬动;倒腾。明朱有燉《点绛唇·席上双关意咏斗戏赠歌者》:"欺暗了些利叟,~了些仓廒。"《二刻拍案惊奇》卷二一:"前日着落银两,多是大主人王爵亲手~,后来只剩得这些上车。" ❷挑逗;引逗。元顾德润《点绛唇·四友争春》:"锦心绣腹春陪奉,月眉星眼情~。"明《金瓶梅词话》九八回:"那何官人被王六儿~得快活,两个打得一似火炭般热。" ❸嘲弄;嘲讽。明陈铎《粉蝶儿·效杨景言一点情牵体》:"我为他握雨携云少定踪,被了些人讥讽。他为我带月披星苦用功,受了些人~。"沈璟《画угол序·忆旧》:"咱因你,咱因你,被多少人讥讽。伊为咱,伊为咱,受多少人~。" ❹挑拨。《元曲选·汉宫秋》三折:"我想来,人也死了,枉与汉朝结下这般仇隙,都是毛延寿那厮~出来的。"明王士贞《皇明异典述》卷一〇:"小人狡诈之资,奸邪谲诡之行,往来构祸,~是非。"清《水浒后传》二〇回:"王摩见他意念已决,不能挽回,才知中了四人毒计,撺哄~,将他赶逐。" ❺表演。《元曲选·赵氏孤儿》二折:"向这傀偪棚中,鼓笛~。"

【搬陪】 bān péi 即"搬配"。明《金瓶梅词话》四一回:"做亲也罢了,只是有些不~。"

【搬配】 bān pèi 相并相配。搬,通"般"。清《红楼梦》一九回:"宝玉听了,忙笑道:'你又多心了!我说往咱们家来,必定是奴才不成?说亲戚就使不得?'袭人道:'那也~不上。'"

【搬亲】 bān qīn 结亲。搬,通"扳"。清《歧路灯》二八回:

"我久已有心与福儿搬过亲来,一来孔亲家没在家,二来这宗聘礼我备办不来。"

【搬涉】 bān shè 移换;拉杂牵涉。宋《朱子语类》卷一〇四:"读书须纯一,如看一般未了,又要~,都不济事。"明方以智《物理小识·刻碑法》:"章简甫~其韵,愈胜而章。"

【搬唆】 bān suō 搬弄口舌以达到唆使目的。《宋元戏文辑佚·风流王焕贺怜怜》:"伊休信别人~。"《元曲选·赚蒯通》三折:"我死呵一任人鼎镬,你你你则休管掀扬也波~。"元明《水浒传》二四回:"只鸾孤凤,霎时间交仗成双;寡妇鳏男,一席话~捉对。"

【搬腾】 bān téng ❶闹腾;折腾。明康海《骂玉郎感皇恩采茶歌·丁卯即事》:"害冯唐,囚李广,荐韩嫣。尽争先,要调元,~的赤眉铜马遍中原。" ❷搬运;倒腾。清胤禛《朱批谕旨》卷一二六:"且每当六月等月暑气薰蒸之时,晒晾~,须得空房存贮。"

【搬调】 bān tiáo ❶挑拨。《元曲选·灰阑记》二折:"岂知他有两面三刀,向夫主斯~。" ❷怂恿。《元曲选·窦娥冤》二折:"这厮~咱老母收留utt,自药死亲爷,待要唬吓谁?"又《儿女团圆》一折:"我教三两句话~他,把李春梅或是赶了,或是休了。" ❸挑逗;引惹。元宫天挺《七里滩》三折:"则为你~人两字功名,驱策人半世浮生。"《元曲选·柳毅传书》四折:"谁想并头莲情断藕丝长,~的俺趁波逐浪。" ❹拨动;拨弄。明冯惟敏《一枝花·嘲友人试琴》:"高手名家,团弄的琴心怕,~的风韵滑,止不过古流传一派仙音,又打上巧做作千般指法。"

【搬挑】 bān tiǎo ❶同"搬调❶"。明刘兑《娇红记》卷下:"你不合~了一句口,你可休打灭了这两重亲。"清《醒世姻缘传》五七回:"若叫他到家,不消几日,便~的叫你嫡庶不和,母子相怨。" ❷同"搬调❷"。元徐再思《柳营曲·春情》:"奶娘还问着,小玉会~,教推道把夜香烧。" ❸同"搬调❸"。清蒋士铨《香祖楼·情转》:"一样的皮肉躯形甚丑娇,当不起血气~。"

【搬楦头】 bān xuàn tou 揭发隐私。清《儒林外史》四五回:"又大家~,说偷着店里的店官。"

【搬演】 bān yǎn 扮演;演出。元明《水浒传》八二回:"~的是玄宗梦游广寒宫,狄青夜夺昆仑关。"明佚名《鸣凤记》一出:"且问后房子弟,今日~谁家故事?"

【搬嘴】 bān zuǐ 犹"搬口"。明《醒世恒言》卷一七:"却去过老面前,说:令郎与某人某人往来,怎样嫖赌。"清《说唐三传》六七回:"你的门下多有~,道友不可听他。"

【搬嘴弄舌】 bān zuǐ nòng shé 即"搬口弄舌"。明《禅真逸史》一四回:"又有奉承锺守敬的,背地说他~。"清《十二楼·萃雅楼》三回:"那些宫人听了,个个走到世宗面前~。"

【搬做】 bān zuò 犹"搬演"。元明《三国演义》八八回:"令乐人~杂剧,殷勤劝酒。"

【瘢疙】 bān niè 疤痕。唐韩愈《征蜀联句》:"念齿慰徽飍,视伤悼~。"

【瘢痕】 bān zhǐ ❶疤痕。宋《三朝北盟会编》卷二一八:"某……冒白刃,中流矢,未尝退衄,~尚在。" ❷引申为缺憾。宋苏轼《以黄子木拄杖为子由生日之寿》:"一时偶收用,千载相~。"明娄坚《学古绪言》卷六:"求瘢得秕,能无~?"

【斒斓】 bān lán 色彩错杂鲜明。唐元稹《台中鞫狱忆开元观旧事》:"十过乃一往,遂成相往还。以我文章卷,文章甚~。"《太平广记》卷三三三引《纪闻》:"忽见物两手据厕,大耳深目,虎鼻猪牙,面色紫而~。"

bǎn

【板】 bǎn ❶ 指寿材。宋吴处厚《青箱杂记》卷三:"乡人朱熙邻,景祐中举进士,梦造棺缺~而弗成。"明《金瓶梅词话》六二回:"大街上陈千户家,新到了几副好~。"清《红楼梦》一三回:"我们木店里有一副~~,叫作什么樯木,出在潢海铁网山上,作了棺材,万年不坏。" ❷ 拍板,击打节拍的乐器。唐郑损《泛香亭》:"声交鸣玉歌沈~,色幌寒金酒满船。"宋张唐英《蜀梼杌》卷上:"衍自执~,唱《霓裳羽衣》。"元杨立斋《哨遍》:"锣敲月面,~撒红牙。" ❸ 板眼,乐曲中的节拍。宋张先《碧牡丹·晏同叔出姬》:"缓~香檀,唱彻伊家新制。"明汤显祖《紫箫记》六出:"唱有三紧:一要调儿记得远,二要~儿落得稳,三要声儿唱得满。"清《红楼梦》二八回:"唱完,大家齐声喝采,独薛蟠说:'没~儿。'" ❹ 板舆,一种简易的轿子。五代韦庄《和郑拾遗秋日感事一百韵》:"忸恨山思,怀归海欲航。"明刘若愚《酌中志》卷一九:"~,其制如床,面高五尺许,于偏后些安一椅圈,前后以粗细绳拴,用扛二条斜插抬走。" ❺ 迟滞;停止。唐李商隐《玄微先生》:"树栽嗤汉帝,桥~笑秦皇。"按,指秦始皇驱石造桥,石去不速之事。 ❻ 僵直;僵硬。《元曲选·桃花女》三折:"周公也可不教我直挺挺~死在门闾,羞杀你晓三才的孔明,知六壬的鬼谷,画八卦的伏羲。"清《野叟曝言》六二回:"两手撑定了腰胯,咴着一张小嘴,~起面孔,皱着眉心。" ❼ 死板;呆板。宋韩拙《山水纯全集·论用笔墨格法气韵之病》:"用笔有三病:一曰~病,二曰刻病,三曰结病。"明张岱《陶庵梦忆》卷八:"照面楼之侧,又堂之,阁之,梅花缠折旋之。未免伤~,伤实,伤排挤,意反局踏。"清《红楼梦》七八回:"好个'走'字,便见得高低了,且通句转的也不~。" ❽ 一种面值相当于官制钱二分之一的铜钱。泛指铜钱。明董毂《碧里杂存》卷上:"正德丁丑,余始游京师。初至,见交易者皆称钱为~儿,怪而问焉,则所使者皆低劣之钱,以二折一。"贾凫西《木皮词》:"我愿那来世的莺莺丑似鬼,石崇脱生没个~渣。"

【板板】 bǎn bǎn 形容表情严肃一本正经。明《二刻拍案惊奇》卷一四:"若说是有情,如何眉梢眼角不见些些光景?只是恁地~地,往来有何了结?"清《野叟曝言》一二九回:"今日是讲笑话的日子,许你~儿讲道学吗?"

【板壁】 bǎn bì 分隔房间的木板墙。唐康骈《剧谈录》卷下:"僧乃自开一房,其间设施幡像,有~,遮以旧幕。"元明《水浒传》二一回:"~缝里张时,见宋江和婆惜两个都低着头。"明《金瓶梅词话》六一回:"原来那边卧房只隔着一层~~儿,忽听人房里声唤起来。"

【板肠】 bǎn cháng 大肠。比喻心思。明《醒世恒言》卷三:"你只看亚仙病中想马~汤吃,郑元和就把个五花马杀了,取肠煮汤奉之。"《禅真后史》五〇回:"在你肚腹走的几个回往,你那贼~,岂不省的透彻?"

【板齿】 bǎn chǐ 门牙。唐杜甫《戏赠友》:"一朝被马踏,唇裂~无。"《敦煌变文校注》卷二《韩朋赋》:"宋王遂取其言,打韩朋双~落。"金张元素《病机气宜保命集》卷下:"前~干燥,当灸骨口大推。"

【板搭】 bǎn dā 即"板闼"。《元曲选·争报恩》三折:"上了~,关了门户。"又《黑旋风》楔子:"我今日开开~,烧的镟锅儿热着,看有甚么人来。"明冯惟敏《醉花阴·听钟有感》:"街坊小户掩了篱笆,酒店茶房上了~。"

【板达儿】 bǎn dá er 即"板闼"。喻人体阔壮健。明贾仲明《凌波仙·挽红字李二》:"梁山泊壮士病杨雄,~劚搜黑旋风,打虎的英俊天生勇。"

【板刀】 bǎn dāo 长方形无尖的刀。元明《水浒传》三七回:"那艄公便去艎板底下摸出那把明晃晃~来。"

【板刀面】 bǎn dāo miàn 江湖黑话,指用板刀杀人弃尸于水中。元明《水浒传》三七回:"若还要吃~时,俺有一把泼风也似快刀在这艎板底下。"清《水浒后传》一二回:"你要香喷喷的老婆,叫你先吃碗~着!"

【板凳】 bǎn dèng 长条形无靠背的木凳。元明《水浒传》三四回:"燕顺焦燥,便提起~却待要打将去。"明陆采《明珠记》二四出:"~从来无只脚,与鸡婆暂宿中间。"沈德符《万历野获编》卷一一:"海刚峰起南总宪,到任后,忽设二大红~,云欲答御史不法者。"

【板扉】 bǎn fēi 即"板门❶"。唐王维《田家》:"雀乳青台井,鸡鸣白~。"明《警世通言》卷三〇:"徘徊半晌,去白~上题四句诗。"

【板斧】 bǎn fǔ 扁平而宽的大斧。元明《水浒传》六七回:"拿了两把~,不知那里去了。"明《警世通言》卷二:"(田氏)自己寻了砍柴~,……觑定棺头,双手举斧,用力劈去。"

【板挂】 bǎn guà 牌额。宋《三朝北盟会编》卷一六二:"河内有运粮船百只,并是东京~。"

【板笏】 bǎn hù 手板。元富大用《古今事文类聚新集》卷一一:"尚书佩契刀囊,执~簪笔。"明《拍案惊奇》卷七:"(法善)说罢,将手中一~掷,现出一条雪练也似的银桥来。"

【板荒】 bǎn huāng (田地)板结荒芜。明徐光启《农政全书》卷八:"查万历二十八、九两年间,前任赵知县清勘坍荒,有二项焉:一曰~,一曰坍江。"《石点头》卷三:"甲内或有~田地,逃亡人丁,或有绝户,产去粮存,俱要里长赔补。"张内蕴、周大韶《三吴水考》卷一四:"~则年代愈深,草根盘结如木板然。"

【板僵】 bǎn jiāng (身体)僵硬。《元曲选·桃花女》楔子:"这卦中该今夜三更前后三尺土底下~身死也。"《元曲选外编·裴度还带》二折:"明日巳时前后,你在那乱砖瓦之下~身死。"

【板强】 bǎn jiàng 呆板生硬。清《红楼梦》五三回:"且字迹勾踢转折轻重连断与笔草无异,亦不比市绣字迹~可恨。"

【板肋】 bǎn lèi 指宽厚结实像门板似的胸背。元明《三国演义》二八回:"两臂有千斤之力,~虬髯,形容甚伟。"清《隋唐演义》二二回:"只有叔宝他别人不同,经得打,浑身都是虬筋~。"

【板脸】 bǎn liǎn 表情严肃或不高兴。明《禅真逸史》二一回:"两个板着脸,走入去了。"清《醉醒石》三回:"县官板了脸说道:'从前既有此事,则今日带帮是实。'"

【板门】 bǎn mén ❶ 木板门。《元曲选·朱砂担》二折:"遮莫你~似手掌儿,也掩不得俺这叫屈的口。"清《儒林外史》一九回:"一带青墙,两扇半截~。" ❷ 用门板做成的临时担架。明《警世通言》卷一五:"阴捕将~抬秀童到于家中,用粥汤将息。"清《醒世姻缘传》一三回:"妇人上了车辆,伍圣道又依旧上了~。"

【板实】 bǎn shí 呆板实在。明张岱《陶庵梦忆》卷八:"而近有伧父载之《舌华录》曰:'张氏兄弟赋性奇哉!肉不论美恶,只是吃;酒不论美恶,只是不吃,'字字~。"清徐大椿《医学源流论》卷下:"至于宋人,并不知药,其方亦~肤浅。"

【板闼】 bǎn tà 店铺临街一面代墙的木板,上下两端固定在槽子里,开铺卸下,闭铺合上。也指门板、护墙的木板或隔板。《元曲选·岳阳楼》一折:"且下楼去,收了旋锅儿,落了这酒望子,

上了这～。"明《朴通事谚解》卷上："～门那甚么门？朝南开着一个小墙门便是。"清《醉醒石》一○回："大船急卒撑不动，后梢忙驾两枝橹摇，那里移得一步？是前后缆不曾解得，～已打碎。"

【板榻】　bǎn tà　❶ 同"板闼"。明《西游记》五九回："只见那路旁有座庄院，乃是红瓦盖的房舍，红砖砌的垣墙，红油门扇，红漆～，一片都是红的。" ❷ 一种坐卧两用的木制家具，狭长而腿短。清《红楼梦》五五回："此时探春因盘膝坐在矮～上，那捧盆丫环走至跟前，便双膝跪下，高捧脸盆。"

【板踏】　bǎn tà　同"板闼"。《元典章·刑部十三》："将临街～门剢开，入来铺内，偷讫钞两等物。"

【板头】　bǎn tóu　❶ 唐代村中管理户籍的人。唐[日]圆仁《入唐求法巡礼行记》卷二："得～窦文至状报：日本国船上抛却人三人。"又："前件僧等先具事由申上讫。恐后州可要有追勘状，请帖海口所由及当村～并赤山寺院纲维等。" ❷ 指禅板。五代《云门禅师广录》卷中："又敲～云：'作么么？'"《景德传灯录》卷一二《义玄禅师》："首座云：'这老汉忒风邪。'黄檗打～一下便出去。" ❸ 零碎板块木料。明汤显祖《牡丹亭》三七出："这草窝里不是朱漆～？这不是大锈钉？"《警世通言》卷二五："厅房楼房烧做一片白地，三口棺材尽为灰烬，不曾剩一块～。"

【板眼】　bǎn yǎn　❶ 传统音乐谓节拍。明王骥德《曲律·论板眼》："盖凡曲，句有长短，字有多寡，调有紧慢，一视板为节制，故谓之～。"清《歧路灯》二二回："九娃顿起娇喉，唱了两牌子小曲，逢若哼哼的接着腔儿，用箸敲着碟子，却也合～。" ❷ 引申为规矩、法度。清《歧路灯》六二回："若不然，死的不合，定怕子孙贫贱时，埋怨祖宗死的不成化命。" ❸ 心意；心眼。明《金瓶梅词话》六八回："这西门庆听了，见粉头所事合着他的～，亦自欢喜。"清《歧路灯》六二回："这句话正合了王象荩的～。"

【板样】　bǎn yàng　死板；呆板。清《歧路灯》二一回："柳陌花巷快乐一辈子也是死，执固～拘束一辈子也是死。"

【板障】　bǎn zhàng　❶ 木制屏风或板壁。宋王谠《唐语林》卷二："今之～，屏墙也。"明《二刻拍案惊奇》卷三五："（方妈妈）隔着～大声骂道：'孙家小猢狲听着！'" ❷ 阻挠；阻隔。金《刘知远诸宫调》一一："手中握定黄桑棒，变作通天～。"《元曲选·对玉梳》一折："与上厅行首顾玉香作伴二年，被虔婆～，将小生气成疾病。"

【板脂】　bǎn zhī　板油，腹腔内成片状的脂肪。宋《圣济总录纂要》卷四："射干煎：治咽喉痛，闭塞不通。射干朱朱（末）半斤，猪～一斤切。"明《西游记》九四回："吃了饭儿不挺尸，肚里没～。"

【板直】　bǎn zhí　古板耿直。元佚名《两朝纲目备要》卷一三："其后蛮人为招安等言：初以叙州负其～，故击之。"清《歧路灯》五回："但叫他出这宗银子打点书办，他那～性情，万不肯办。"也指书画笔法呆滞不流畅。清《石渠宝笈·唐陆柬之书文赋一卷》："唐初诸公仿晋，率涉～。如此妙腕，未见其匹。"

【板拙】　bǎn zhuó　呆板；不灵活。清《野叟曝言》一二二回："当初笑三姐～，不肯讨太师爷欢喜。"冯班《钝吟杂录》卷六："苏尔宣所作，多用古人碑额上字。……字多者～不堪观。"

【板子】　bǎn zi　竹木制成的刑具。《元曲选·曲江池》二折："你不敢打，取～过来，待我自家打。"清袁枚《子不语》卷二："又如官府出门，皂役拖～一声。"《儒林外史》四回："明日早堂，将这老师夫拿来，打他几十个～。"

【版牙】　bǎn yá　即"板齿"。明《西游记》五○回："舌长时搅鼻，口阔～黄。"

【办】　bàn　❶ 成；做到。唐张籍《寄梅处士》："君今独得居山乐，应喜多时未～归。"宋《朱子语类》卷一○一："虏自海入寇，科州县造舟，仓卒扰扰，油灰木材莫不踊贵。独张公素备，不劳而～。"元乔吉《玉交枝·闲适》："英雄事业何时～，空熬煎两鬓斑。" ❷ 能；能够。《太平广记》卷三三一引《广异记》："其妻每抚棺恸哭，……数日后，棺中忽语曰：'夫人无苦，当自～归。'"宋范成大《初约邻人至石湖》："荒寒未～招君醉，且吸湖光当酒泉。"明陈铎《雁儿落带过得胜令·机匠》："双臀坐不安，两脚登不～。" ❸ 具备；怀有。《敦煌变文校注》卷一《伍子胥变文》："一死一进，唯努唯前，各～杀心，终无退意。"宋《朱子语类》卷七二："前辈尝言：'做宰相只要～一片心，～一双眼。心公则能进贤退不肖，眼明则能识得那个是贤，那个是不肖。'此两言说尽做宰相之道。"《元曲选外编·西厢记》四本一折："～一片志诚心留得形骸在，试着那司天台打算半年愁。" ❹ 准备；打算。《敦煌变文校注》卷三《燕子赋（一）》："但～脊背祇承，何用密竿相镝！"《元曲选·东堂老》一折："这许多钱钞也一时～不迭。"明《醒世恒言》卷一九："张万户教他来试我，我今日偏要当面说破，固住了他的念头，不来堤防，好～走路。" ❺ 拼；拼着。办，通"判"。宋范成大《冬日铜壶阁落成》："已～一鬓霜供岁龠，仍拚髀肉了征鞍。"《朱子语类》卷一二："须著火急痛切意思，严了期限，趱了工夫，～几个月日气力去攻破一过。"清《娱目醒心编》卷四："自己早～一死。" ❻ 惩罚；处治。清《红楼梦》七七回："快办了这一件，再～咱们家的那些妖精。"又九三回："贾政等赖大回来要～贾芹，此时又要该班，心里纳闷。"

【办备】　bàn bèi　预先准备。宋黄伦《尚书精义》卷二六："此言军威须当～，各各悉地整顿精神，听我号令。"明《金瓶梅词话》三七回："凡一应衣服首饰妆奁厢柜等件，都是我这里替他～。"清《平定两金川方略》卷一二七："沿途支应口粮，只须饬令各该地方就近～。"

【办碜】　bàn chèn　装丑；出丑。明陈铎《耍孩儿·嘲川戏》："身长力壮无生意，～的谁人似你。三三五五厮追陪，不着家四散求食。"

【办道】　bàn dào　修炼道行；宣扬道法。宋吴自牧《梦粱录》卷三："盖孟夏望日，乃法王禁足、释子护生之日，自此有九十日，可以安单～。"《元曲选外编·单刀会》二折："贫道在此江下结一草庵，修行～，是好悠哉也呵！"明《清平山堂话本·张子房》："臣誓不回，只在山中修行～。"

【办得】　bàn dé　另见 bàn de。办到；备妥。元《七国春秋平话》卷下："（乐）毅出阵曰：'莫是齐国来进奉？'田单立马曰：'今国家不能～，请伯杨仙长出阵。'"

【办的】　bàn de　同"办得（bàn de）"。元王和卿《蓦山溪·闺情》："问着时节只～摆手，骂着时节永不开口。"《元曲选·桃花女》一折："你为甚么这等悄无言则～眉儿皱，泪簌簌不住点儿流。"

【办得】　bàn de　另见 bàn dé。顾得上；能够。宋《朱子语类》卷一一："而今人只～十日读书，下着头不与闲事，管取便别。"元明《水浒传》六回："两个斗到八九合，崔道成渐渐力怯，只～走路。"

【办集】　bàn jí　办妥；料理齐备。宋吴自牧《梦粱录》卷一六："或遇婚姻日，及府第富家大席华筵数十处，欲收市腰肚，顷刻

并皆～，从不劳力。"又卷一九："欲就名园异馆、寺观亭台或湖舫会宾，但指挥局分，立可～，皆能如仪。"

【办举】 bàn jǔ 办理。宋吴曾《能改斋漫录》卷一三："政和四年，臣僚上言：'欲望应见任教授，不得为人撰书启、简牍、乐语之类，庶几日力有餘，～职事，以副陛下责任师儒之意。'"明曹学佺《蜀中广记》卷四八："当官理任，衎衎～，图殖财施，有义有叙。"

【办卖】 bàn mài 作价卖出。明《金瓶梅词话》一〇回："（武松）来到本县家中，将家活都～了，打发那两个公人路上盘费。"又九四回："半夜叫将薛嫂儿来，即时罄身领出去。"

【办纳】 bàn nà 备办交纳。明陈铎《天净纱·皂隶》："锡牌出入随身，雉翎斜插头巾，多半村乡懒民。甘心认得，随衙～柴薪。"清洪昇《长生殿》一五出："现今官粮紧急，将何～？好苦也！"

【办取】 bàn qǔ ❶ 具办；准备。宋吴潜《水调歌头》："～黄鸡白酒，演了山歌村舞，等得庆年丰。"清《平定三逆方略》卷二："马若疲瘦，则向河漕诸臣～船艘，星夜速往。" ❷ 能做到；拼着。明王骥德《赛观音·丽情》："且捱他几个恶黄昏，～和叶和根总付君。"卜世臣《瓦盆儿·忆旧》："最无赖倚林亭凄断了啼鸦，只～闷支解拨残兽鼎烟。"

【办事】 bàn shì ❶ 办理公务。《元曲选·张天师》二折："老夫衙门中～去也。" ❷ 犹言会办事、能干。用为形容词。元明《水浒传》四〇回："前日有劳你走了一遭，真个～，不曾重重赏你。"

【办心】 bàn xīn 起心；立意。《敦煌变文校注》卷五《双恩记》："必若～亲去得，是名太子不思议。"按，"不思议"谓功德无量，不可思议。宋黄庭坚《简州道俗斋万僧会所疏》："知恩万解报恩，～即是办供。"明朱存理《清微道院修三元阁募缘疏》："居士～于肯构，神天著力于图成。"

【办嘴】 bàn zuǐ 同"拌嘴"。明《金瓶梅词话》一八回："西门庆问道：'你与谁～来？'"

【办做】 bàn zuò 做；举办。明《西游记》九六回："那员外才请了本处佛僧二十四员，～圆满道场。"

【半壁】 bàn bì 半边；半侧。唐刘沧《雨后游南门寺》："～楼台秋月过，一川烟水夕阳平。"元萧德祥《小孙屠》一〇出："空使鸳衾闲～，何日是归期？"明《西游记》三六回："～灯烟光闪灼，一行香霭雾朦胧。"

【半壁厢】 bàn bì xiāng 即"半壁"。"壁""厢"同义叠用。《元曲选·看钱奴》三折："这的是雕梁画栋圣祠堂，又不是锦帐罗纬你的卧房，怎这般厮推厮抢，赶我在～。"

【半臂】 bàn bì 短袖或无袖上衣。《太平广记》卷二七八引《宣室志》："尝一夕梦德宗召对于便殿，问以经国之务。上喜，因以锦～赐之。"宋吴潜《朝中措·五用韵戏呈》："想有歌姬～，更深自可鏖寒。"清《续金瓶梅》一九回："解下那贴肉一件罗衫来，替他换上～，露出雪白的肌肤。"

【半边】 bàn biān 旁边；一边。元明《水浒传》三〇回："打得鼻青嘴肿，脖子歪在～。"明《醒世恒言》卷二〇："众家人各自远远站立，廷秀也立在～。"清《野叟曝言》六四回："～挤过一人，将一个青衣扯了一扯。"

【半边女人】 bàn biān nǚ rén 指寡妇。清《歧路灯》五三回："原来王中忠心向主，一见了夏逢若坐在楼下，与家主母～说心，这个恼法，切齿碎心。"按，清孙锦标《通俗常言疏证》："今丧夫称寡居，又称半边人。"

【半边俏】 bàn biān qiào ❶ （身体）上边不俏下边俏。是下流话。明《金瓶梅词话》五二回："你休笑话，我～，动的。"又

五八回："我～，把你这四个小淫妇儿还不够摆布哩。" ❷ 私娼的隐语。清《续金瓶梅》四六回："对门河边有的是～，找个来陪唱。" ❸ 半把手（不全在行）。清《歧路灯》二四回："爽快今晚再学会掷，他日到一堆时，说掷就掷，省的是个～。"

【半不大】 bàn bù dà 中等的。清《歧路灯》六四回："原来城隍庙后马家，是个～儿财主。"

【半……不……】 bàn……bù…… 分别用在意义相反的两个语素前面，表示介于相对的两种性质或状态之间。元关汉卿《调风月》二折："你那浪心肠看得我忒容易，欺负我是半良不贱身躯。"按，此指介于自由民（良）与奴婢（贱）之间。明沈璟《琐窗寒·思秋》："半生不死，相思成病，眼见得半昏不醒。孤影，守着半明不灭灯。"清《野叟曝言》三〇回："里面一个半村不俏的女人，插着满头珠翠。"按，此指介于粗俗与高雅之间。

【半侧】 bàn cè 半边；半块。宋沈括《梦溪笔谈》卷七："以粉涂其～，视之则粉处如钩。"明《金瓶梅词话》二三回："妇人向腰里摸出～银子儿来，央及贲四替他凿。"

【半拆】 bàn chāi 犹"半扠"。《元曲选外编·西厢记》四本一折："绣鞋儿刚～，柳腰儿勾一搦。"明佚名《粉蝶儿·题美人小脚》："窄弓弓藕牙儿刚～。"

【半抄】 bàn chāo 半勺。形容数量少。宋元《清平山堂话本·李翠莲》："两个初煨黄栗子，～新炒白芝麻。"元佚名《小张屠》一折："常则是～儿活计，一合儿糠粮。"

【半朝銮驾】 bàn cháo luán jià ❶ 比皇帝出巡时的仪仗低一等的仪仗。明《西游记》三七回："我今～进山，虽无旨意知会，不当远接，此时军马临门，也该起身。" ❷ 嘲笑妇女脚大的隐语。清《醒世姻缘传》一回："下面虽然不是三寸金莲，却也不是～。"

【半筹】 bàn chóu 半个筹码，强调数量少。《元曲选外编·单刀会》二折："你着我筵前劝几瓯，那汉劣性怎肯道折了～。"元明《三国演义》五四回："若非我借东南风，周郎安能展～之功？"

【半筹不纳】 bàn chóu bù nà 半点计谋也施展不了。《元曲选·昊天塔》二折："万骑交驰，两军相见，咱手里～。"又《燕青博鱼》一折："往常时我习武艺学兵法，到如今半筹也不纳。"

【半筹不展】 bàn chóu bù zhǎn 犹"半筹不纳"。明《西洋记》七一回："却说银角大仙费了一夜心机，～。"

【半答儿】 bàn dā er 半块，强调空间小。元关汉卿《一枝花·杭州景》："百十里街衢整齐，万餘家楼阁参差，并无～闲田地。"

【半大】 bàn dà 介于大小之间的。清《醒世姻缘传》九回："这一匹水红绢，叫裁缝替我裁个～袄。"《红楼梦》三回："厅北边立着一个粉油大影壁，后有一～门。"

【半肚】 bàn dù 指怀胎时间过半。明《金瓶梅词话》八五回："我从三月内洗换身上，今方六个月，已有～身孕。"清《醒世姻缘传》四七回："你还说是已有～，是个男胎。"

【半二不三】 bàn èr bù sān 事情没做完，呈凌乱貌。谓不成材料或不成样子。明《醋葫芦》五回："连周智也不知这家的亲事，果然七伶八俐，亦能赛过西施否？还是～，也堪比得南威么？"又一六回："这是玉帝钦犯，……倘与途中辛苦，弄得～，倒要自己抵罪。"

【半分】 bàn fēn 表示分量少或程度轻。元明《水浒传》五六回："感承舅舅如此挂念，我又不曾有～孝顺之心。"明《西游记》六七回："原来那怪只是舞枪遮架，更无～儿攻杀。"

【半垓】 bàn gāi 五千万（古以万万为垓），强调数量极多。

《元曲选·黑旋风》一折:"某聚三十六大伙,七十二小伙,～来小喽罗。"《元曲选外编·西游记》三本一二出:"驾一片妖云,引～厉鬼。"

【半尴不尬】 bàn gān bù gà 不尴不尬,指行为不端。明《醋葫芦》三回:"只因早年没有父亲教训,交结了～的一班损友。"清《豆棚闲话》七则:"或是商朝在籍的缙绅,告老的朋友,或是～的假斯文、伪道学,言清行浊这一班。"

【半好】 bàn hǎo 谓艺不精通。清《歧路灯》五八回:"他学的有一身～的拳棒,每日在车厂内开场赌博。"

【半合儿】 bàn hé er 一会儿;刹那间。《元曲选·曲江池》三折:"一家儿簇捧做心头肉,～憎嫌做眼内钉。"又《谢金吾》一折:"步难捱,～行不出宅门外。"明《金瓶梅词话》七一回:"一霎时九重宫阙如银砌,～万里乾坤似玉妆。"

【半会】 bàn huì 犹言好久,指相当长的一段时间。明《西游记》二三回:"磕磕撞撞,转弯抹角,又走了～,才是内堂房屋。"清《醒世姻缘传》一八回:"晁大舍看了庚帖,～子没有做声。"

【半伙】 bàn huǒ 中年;壮年。清《醒世姻缘传》七二回:"别说年小的,只怕你这～子婆娘还照不住他哩!"又八六回:"那个～老婆子是俺爷的丈母,那个年小的就是另娶的奶奶。"

【半间半界】 bàn jiān bàn jiè 即"半间不界"。宋《朱子语类》卷一七:"《大学》必使人从致知直截要理会透,方做得。不要恁地～,含含糊糊。"

【半间不界】 bàn jiān bù jiè 不上不下;不伦不类。宋《朱子语类》卷三四:"然圣人之为人,自有不可及处,直要做到底,不做个～底人。"又卷一二九:"其所引援皆是～无状之人,弄得天下之事日入于昏乱。"

【半截】 bàn jié 半段或一半。五代孙光宪《北梦琐言》卷一一:"取瓦一片,研丹一粒,半涂入火,烧成～紫磨金。"宋《朱子语类》卷一〇:"圣人说话,开口见心,必不只说～,藏着一～。"清《红楼梦》七九回:"自此便加一倍小心,不免气概又矮了～下来。"

【半截汉子】 bàn jié hàn zi 比喻低头认输,屈服于人。清《醒世姻缘传》六〇回:"可说我让你骂了好几句了,你再骂,我不依了!～不做,你待逼的人反了是好么?"△《九尾龟》五六回:"还是听了我旁人的解劝,做个～落一个好好的收场。"

【半截门】 bàn jié mén 上半截可以吊起的门,妓院所用。其形制功用见沈德符《万历野获编》卷二三:"今两京教坊诸妓家门,多设半扉,其上截钓起,或时歌姬辈立于内,露半身以窥客。"明《金瓶梅词话》五九回:"到个人家,只～,都用锯齿儿镶了。门里立着个娘娘,打扮的花花黎黎的。"

【半斤八两】 bàn jīn bā liǎng 旧制一斤为十六两,半斤等于八两。比喻彼此不相上下。宋佚名《张协状元》二八出:"两个～,各家归去不须噴。"明杨慎《折桂令·道情》:"是谁弱,是谁强?齐下手,听人歌,听人哭,急回头两鬓千霜。"

【半开门】 bàn kāi mén 私娼。清《一片情》八回:"凡人家妇女,端正的,不端正的,初开门的,～的,吃一盅的,不吃一盅的,没一个人不在肚里。"李斗《扬州画舫录》卷九:"官妓既革,土娼潜出,如私窠子、～之属,有司禁之。"

【半来许中】 bàn lái xǔ zhōng 一半。宋刘辰翁《金缕曲·和潭东劝饮寿觞》:"数百岁,～。儿女牵衣团栾处,绕公公,愿献生申颂。"按,"半来许"下原注:"俗语,中半。"

【半栏脚】 bàn lán jiǎo 即"半篮脚"。清《聊斋俚曲·增补幸云曲》:"赤淌脸儿～。"

【半篮脚】 bàn lán jiǎo 妇女略经缠裹,或缠过又放开,尚未完全扭曲变形的脚。清《醒世姻缘传》四九回:"皂角色头发,洼跨脸,骨挝腮,塌鼻子,～,是一个山里人家。"

【半揽子脚】 bàn lǎn zi jiǎo 即"半篮脚"。清《聊斋俚曲·襄妒咒》:"唱的倒罢了,不大白生,又是～。"

【半粒】 bàn lì 犹"半米"。元明《水浒传》二〇回:"未曾有～微功,怎能占上!"

【半路】 bàn lù 某一过程中间。元岳伯川《铁拐李》三折:"今日个独自个落便宜,更那堪～里脚残疾。"明陈铎《一枝花·乞儿乍富》:"他是个有限量斗筲,无根源潢潦,一个个～里消乏到头的少。"清郑燮《范县署中寄舍弟墨第三书》:"如何没头没脑,～上从隐公说起?"

【半路出家】 bàn lù chū jiā 成年后才出家,比喻中途改行。宋元《醒世恒言》卷三三:"先前读书,后来看看不济,却去改业做生意,便是半路上出家的一般。"明《西游记》三二回:"那怪笑道:'这和尚是～的。'"

【半路夫妻】 bàn lù fū qī 再婚的夫妻。清《绿野仙踪》二一回:"两人同归西正房,做一对～。"

【半落不合】 bàn luò bù hé 事情做到一半就放下,造成残缺或凌乱。明《金瓶梅词话》一七回:"房子盖的～的,多丢下了。"又五二回:"平白进来把哥哥头来剃了去了,剃的恁～的,欺负我的哥哥!"

【半门】 bàn mén ❶ 指两扇门中的一扇。《说文解字·户部》:"半门曰户。"宋王铚《默记》卷上:"一日过功臣阁,风开～。"❷ 即"半截门",也代指妓院。明《金瓶梅词话》五九回:"(郑爱香儿)见西门庆到,笑吟吟在～里首迎接进去。"又:"囚根子,一个院里～子也认不的了,赶着粉头叫娘娘起来!"

【半米】 bàn mǐ 半颗米大小,形容极小极少。唐皮日休《中台莲花》:"歆红娇婿力难任,每叶头边～金。"元《秦并六国平话》卷中:"箭发分毫中,刀争～偏。"明陈铎《一枝花·怀妓》:"那里一毫儿破绽,端的无～憎嫌。"

【半旁】 bàn páng 旁边;一侧。明《禅真后史》三〇回:"利厮宣平地骤起,早已闪在～。"清《飞龙全传》七回:"那桥顶～,搭着一座席篷遮盖的税棚,阻住往来,监察抽税。"

【半瓶醋】 bàn píng cù ❶ 比喻一知半解,技艺不精。脉望馆本《司马相如题桥记》:"如今那街市上常人,粗读几句书,咬文嚼字,人叫他做～。"清《醒世姻缘传》五四回:"要动得手起,又要工钱减省,只是个～厨子的光景就罢了。" ❷ 隐喻没有性功能的男子。清《续金瓶梅》四七回:"却使手去抹他那腰间的物,原来是有名无实的～,二尾子,缩的好似一个蚕蛹儿模样。"

【半掐】 bàn qiā 半把,形容很少很小。掐,拇指与其他四指圆拢所握的量。宋曾觌《鹊桥仙》:"温柔伶俐总天然,没～、教人看破。"《宋元戏文辑佚·陈巡检梅岭失妻》:"果是一双并两好,～儿真个没节病。"元张可久《凭栏人·暮春即事》:"小玉栏干千月～,嫩绿池塘春几家。"

【半恰】 bàn qià 即"半掐"。金《董解元西厢记》卷五:"您瞅人,俺怎敢嗔他?自来不曾亏伊～。"

【半青半黄】 bàn qīng bàn huáng 本谓庄稼未熟,喻思想不成熟,悟理未透彻。宋《朱子语类》卷九:"今既要理会,也须理会取透,莫要～,下梢都不济事。"《密庵和尚语录》:"兄弟自己事如何?一等是抛离父母,挑囊负钵,蹈破草鞋,直须硬着脊梁,穷究教彻头彻尾去,莫只～,似有似无。"《五灯会元》卷一二《云峰文悦禅师》:"设有十个五个,走上走下,～,会即总道我会,各各自谓握灵蛇之珠,孰肯知非?"

【半日】 bàn rì　犹言好久,指相当长的一段时间。唐皇甫松《采莲子》:"无端隔水抛莲子,遥被人知～羞。"元明《水浒传》六回:"叫了～,没一个答应。"明《金瓶梅词话》五八回:"这潘金莲坐着,～不言语。"

【半日片刻】 bàn rì piàn kè　指不长的一段时间。清《红楼梦》二一回:"故用柔情以警之,料他不过～仍复好了。"

【半三不四】 bàn sān bù sì　犹"半二不三"。明《西湖二集》卷五:"勾引得官家一心在你身上;就在我身边,也是～。"

【半霎】 bàn shà　犹言刹那,指较短的时间。宋杨万里《插秧歌》:"笠是兜鍪蓑是甲,雨从头上湿到胛。唤渠朝餐歇～,低头折腰只不答。"元关汉卿《拜月亭》楔子:"相留得～,咫尺隔天涯。"明佚名《满庭芳·西厢十咏》:"你只待搂娇姿朝欢暮赏,他怎肯顺徒徕共枕同床,～儿将身丧。"

【半霎时】 bàn shà shí　犹"半霎"。《宋元戏文辑佚·王魁负桂英》:"自共伊,～,怎离身畔?"明《西游记》三〇回:"那呆子急纵云头,径回城里,～到了馆驿。"

【半饷】 bàn shǎng　同"半响❶"。宋周邦彦《霜叶飞》:"横天云浪鱼鳞小。似故人相看,又透入清辉～,特地照。"宋元《清平山堂话本·三怪记》:"大叫一声,倒地而死。急忙救起,～重苏。"

【半响】 bàn shǎng　❶犹"半天❷"。宋贺铸《雨中花》:"人非物是,～鸾肠易断,宝勒空回。"《元曲选外编·东墙记》一折:"对韶光～不开言,一天愁都结做心间恨。"明《西游记》三一回:"公主闻此正言,～家面红耳赤,惭愧无地。"❷一会儿,指很短一段时间。元明《水浒传》二四回:"～风流有何益,一般滋味不须夸。"

【半上半落】 bàn shàng bàn luò　犹"半上落下"。宋《朱子语类》卷二六:"固有这般～底人,其所谓志,也是志得不力。只是名为志道,及外物来诱,则又变迁了,这个最不济事。"

【半上落下】 bàn shàng luò xià　不上不下;半途而废。宋《朱子语类》卷八:"学者做功夫,当忘寝食做一上,使得些入处,自后方滋味接续。浮浮沉沉,～,不济得事。"又卷三四:"圣人不肯～,直是做到底。"

【半身】 bàn shēn　❶半生,即半辈子。《敦煌愿文集·愿文范本·亡妻文》:"将谓久居人代,偕老齐亡;何图一已变倾,～老苦。"宋楼钥《陆参议沉挽词》:"声名三语掾,身世～寮。"❷指半身像,相对于全身的"大影"而言。宋《咸淳临安志》卷七九:"宣和中,僧思净就石镌成大佛。"明《金瓶梅词话》六五回:"见灵床安在正面,大影挂在傍边,灵床内安着～。"

【半时】 bàn shí　半个时辰,即今一个小时,指不长的时间。宋汪元量《湖州歌》:"爱此淮南山水好,问天乞得～晴。"清《红楼梦》四五回:"不免又承色陪坐闲话～。"

【半时霎】 bàn shí shà　犹"半霎"。宋王之道《虞美人·和孔纯老送郑深道守严州》:"一樽聊罄金蕉叶,更语～。"

【半瞬】 bàn shùn　犹"半霎"。明金銮《一枝花·丙申年除夕》:"便总然添得些春色无多,却又早减去个年华～。"

【半丝麻线】 bàn sī má xiàn　指私情、私弊。明《古今小说》卷三八:"他便是我爹爹结义的妹子养的儿子,我的爹娘记挂我,时常教他来望我。有甚么～!"

【半死剌活】 bàn sǐ lā huó　同"半死辣活"。明《朴通事谚解》卷上:"却拿着那和尚,打的～的。"

【半死辣活】 bàn sǐ là huó　不死不活。清《醒世姻缘传》七五回:"走到什么深沟大涧的所在,忙跑几步,好失了脚吊得下去,～跌得烂酱如泥,免得～,受苦受罪。"

【半天】 bàn tiān　❶半空。《景德传灯录》卷一六《道虔禅师》:"问:'如何是希有底事?'师曰:'白莲花向～开。'"元明《水浒传》二四回:"我倒不曾见日头在～里,便把着丧门关了。"明《西游记》九二回:"此时约有三更时候,～中月明如昼。"❷好一会儿,指较长的一段时间。清《红楼梦》三二回:"黛玉听了,怔了～。"

【半头】 bàn tóu　❶半边。宋赵长卿《水龙吟》:"起来思想,当初与你,忒煞容易。及至而今也,～天眼,不存不济。"❷磕头时头不抵地,是一种介于磕头与作揖之间的礼节。明《金瓶梅词话》七八回:"(吴大舅)说着磕下头去,西门庆慌忙～相还下来。"

【半头砖】 bàn tóu zhuān　半截砖。明《金瓶梅词话》七八回:"我见那水眼淫妇,矮着个靶子,像个～儿也是的。"

【半晚】 bàn wǎn　傍晚。宋元《古今小说》卷三:"又闲坐了一回,捱到～,复到铺中来。"明吴宽《晚寝》:"～连长夜,三朝隔小春。"《醋葫芦》一二回:"二人别归,已有～光景。"

【半夏】 bàn xià　坐夏期间。中国佛教习俗,从阴历四月十五日至七月十五日,禁止僧尼外出,以免伤害昆虫草木,只在寺院内坐禅学法。宋《虚堂和尚语录》卷二:"复举黄檗因临际～上山问讯,见檗看经。际云:'我将谓是个人,元来是淹黑豆老僧。'住数日乃辞。檗云:'汝破夏来,何不终夏去?'又卷一〇:"自己禅只参～,行脚眼带来几春?"

【半些】 bàn xiē　丝毫;一点儿。元明《水浒传》八回:"我不曾有～儿点污,如何把我休了?"明马佶人《新水令·经年感悼》:"梅花自主张,全不管断肠人～儿疼痒。"清《儒林外史》二六回:"若有～差池,我手里不能轻轻的放过了你!"

【半歇】 bàn xiē　一会儿。元明《水浒传》四回:"下得亭子,松树边又坐了～。"又二三回:"那武松尽平昔神威,仗胸中武艺,～儿把大虫打做一堆。"

【半星】 bàn xīng　半点儿,表示数量很少。宋张镃《兰陵王》:"而今两鬓如花白,但一线才思,～心力。"元马致远《陈抟高卧》一折:"凭着八字从头断您一生,叮咛不交差～。"清《醒世姻缘传》八九回:"及至他自己到京,禁住了人,不许～透露。"

【半虚空】 bàn xū kōng　❶半空中;半天空。明冯惟敏《黄莺儿·秋千》:"遥望肉飞山,～如线牵。"清《聊斋俚曲·墙头记》:"每日在闪电影里存身,～度日。"❷凭空地;没来由地。明殷士儋《端正好·冬夜许殿卿潘望甫载酒过访观傀儡》:"～弄几条线索,平白地做百样躯劳。"赵南星《山坡羊》:"事到而今我还只是昏迷不醒,～掉下来的美满前程。"❸指暗中神灵。清《醒世姻缘传》一〇〇回:"诸恶不可作,～有登纪,分毫不错。"

【半腰】 bàn yāo　中间;半截。元马致远《夜行船》:"鼎足虽坚～里折,魏耶? 晋耶?"清《东周列国志》四〇回:"忽然鼓声大震,先轸、郤溱引精兵一枝,从～里横冲过来。"

【半影】 bàn yǐng　寡妇自喻。《敦煌愿文集·愿文范本·亡夫》:"残魄坐泣,泪泻如泉;～将销,形□□辟。"又《愿文范本》:"空顾花月,独照愁心;～鸾台,飞入虚室。"

【半早】 bàn zǎo　指清早至中午之间。元明《水浒传》二四回:"大哥,怎么～便归?"

【半灶】 bàn zào　负责下厨但厨艺不高的仆妇。清《续金瓶梅》一〇回:"厨上略会些饮食,京师有～之称。"

【半扎】 bàn zhā　即"半挓"。明兰楚芳《粉蝶儿·思情》:"我则见窄弓弓藕芽儿刚～。"佚名《点绛唇·思忆》:"～金莲小。"

【半楂】 bàn zhā　即"半挓"。清《聊斋俚曲·禳妒咒》:"金

莲不够～大。"

【半戳】　bàn zhā　即"半挼"。清《聊斋俚曲·增补幸云曲》："红绣鞋窄～大。"

【半札】　bàn zhá　即"半挼"。《元曲选·金安寿》一折："罗裙轻拂湘纹动，依～风头弓。"

【半挼】　bàn zhǎ　半拃。拃，张开拇指和中指或小指之间的距离。明《金瓶梅词话》四回："只见妇人尖尖趫趫刚三寸恰～一对小小金莲，正趫在箸边。"

【半折】　bàn zhé　即"半挼"。宋元《警世通言》卷八："莲步～小弓弓，莺啭一声娇滴滴。"金《董解元西厢记》卷一："穿对儿曲弯弯的～来大弓鞋。"元马致远《寿阳曲》："金莲肯分迭～，瘦厌厌柳腰一捻。"

【半中间】　bàn zhōng jiān　当中；中途。《元曲选·桃花女》四折："你砍那桃树去，休要伤了他根儿，你只～砍折。"明《西游记》四八回："这河忒也冻得结实，地凌响了，或者这～连底通锢住了也。"清《红楼梦》三三回："偏生我没在跟前，打到～我才听见了。"

【半中腰】　bàn zhōng yāo　犹"半中间"。明《金瓶梅词话》二五回："两个打到～里都下来了，却是春梅和西门大姐两个打了一回。"清《醒世姻缘传》八八回："一根绳拴在树的～里，铁棍皮鞭，诸刑咸备，不忍细说。"

【半装肚子】　bàn zhuāng dù zi　犹"半肚"。清《醒世姻缘传》二〇回："极旺的胎气，这差不多是半装的肚子了。"

【半子】　bàn zǐ　半个儿子，指女婿。《新唐书·回鹘传上》："是时，可汗上书恭甚，言：'昔为兄弟，今婿，～也。'"明《平妖传》二二回："还是赘一个女婿在门，帮家过活，你我也得个～倚靠。"

【伴】　bàn　❶边。伴，通"畔"。《太平广记》卷三四〇引《通幽录》："八口，一～四口。"《敦煌变文校注》卷一《汉将王陵变》："王陵抬刀南～斫，将士开从梦里惊。"明《醒世恒言》卷三九："仔细一觑，正是昨日的欢喜冤家，身～并无一人跟随。"❷比。明冯惟敏《财神冤》："俺是寻常百姓家，怎～的威严九棘王！"清《醒世姻缘传》三回："他都是前生修的，咱拿什么～他？"

【伴材】　bàn cái　守灵；伴灵。清《野叟曝言》三〇回："夜里没有人肯进去～，大姨作主，叫了两个挑水的水夫。"

【伴当】　bàn dàng　❶同伴；朋友。元萧德祥《小孙屠》八出："恰才城外见二三个～，吃了两三杯酒。"孟汉卿《魔合罗》四折："那下书的是同买卖新～？元茶酒旧相知？"明陈铎《八声甘州·春日咏蝶》："一个在花下偷睛望，一个搧粉翅来寻～。"用作动词时犹结伴。明《金瓶梅词话》五七回："只有那吴月娘与孙月娥两个，～在那里整办嗄饭。"❷随从；帮闲。《元曲选·金钱记》一折："叫两个老成～伏侍你去。"《武王伐纣平话》卷上："臣纵马而走，遂杀了～数人。"明佚名《一枝花·花酒》："顶字续麻快商谜。街头巷底，将咱说起，小～丛中占了第一。"

【伴等】　bàn děng　❶即"伴当❶"。元张可久《朱履曲·归兴》："莺花新～，鹅鸭旧比邻。"《元曲选外编·西厢记》二本二折："夫人只一家，老兄无～。"❷即"伴当❷"。《元曲选·争报恩》楔子："我是夫人，他是我的～。"

【伴读】　bàn dú　陪伴官宦富贵人家的儿女读书。明汤显祖《牡丹亭》五出："春香丫头，向陈师父叩头。着他～。"《警世通言》卷二六："我书房中写帖的不缺，可送公子处作～。"清《红楼梦》二回："这女学生年纪幼小，身体又弱，功课不限多寡，其馀不过两个～丫环，故雨村十分省力。"

【伴哥】　bàn gē　泛称乡村男性青少年。元姚守中《粉蝶

儿·牛诉冤》："为伍的是～王留，受用的是村歌社鼓。"《元曲选·荐福碑》一折："则这寒儒，则索村居，教～读书，牛表描朱。"

【伴姑】　bàn gū　❶泛称乡村女性青少年。《元曲选·黄鹤楼》二折："～儿，你等我一等波！"明《金瓶梅词话》七九回："他家有个花园，俺每小时在俺姨娘家住，常过去和他家～儿耍去。"❷略同现代的女傧相。清袁枚《随园诗话》卷一〇："越中故事：娶新妇，必选处女迎之，号曰～。"

【伴话】　bàn huà　陪伴说话。明汤显祖《牡丹亭》三〇出："相公，权留小姑姑～。"《警世通言》卷二五："孤苦中正要婶婶时常～，何忍舍我而去？"

【伴换】　bàn huàn　陪伴。《敦煌变文集·下女夫词》："何方所营？谁人～？次第申陈，不须潦乱。"《敦煌变文校注》卷四《八相变（一）》："处分彩女频（嫔）妃，～太子，恒在左右，不离终朝。"

【伴伙】　bàn huǒ　伙伴。明《拍案惊奇》卷一七："又一日，同窗～传言来道：'先生已到馆。'"

【伴客】　bàn kè　陪客。也指陪客的人。元关汉卿《单刀会》二折："你为汉上九座州，我为筵前一醉酒，咱两个落不得个完尸首，我共你～同病相忧。"《元曲选外编·赤壁赋》一折："小官略排小酌，请众位相公为～。"

【伴恋】　bàn liàn　陪伴。《敦煌变文校注》卷一《捉季布传文》："送语传言兼识字，会交～入庠门。"又卷四《太子成道经》："但遣取一～人，必合解忧。何者为～之人？取一新妇，便是～之人。"

【伴灵】　bàn líng　守灵。元明《水浒传》二五回："但是入殓用的都买了，并家里一应物件也都买了，就叫了两个和尚晚些～。"清《红楼梦》一一一回："一面商量定了看家的，仍是凤姐、惜春，馀者都遣去～。"

【伴妈】　bàn mā　即"伴娘"。明《石点头》卷一二："姚二妈本是大媒，又做～，一刻不离。"

【伴娘】　bàn niáng　熟悉婚嫁礼仪，陪送并照料新娘的妇女。明《醒世恒言》卷七："高赞老夫妇亲送新郎进房，～替新娘卸了头面。"《拍案惊奇》卷九："～开帘，等待再三，不见抬身。"

【伴怕】　bàn pà　壮胆。清《醒世姻缘传》五三回："你再把咱的那链给我，我～好走。"

【伴婆】　bàn pó　即"伴娘"。明《石点头》卷二："～多饮了几杯酒，也觉睡魔来到。"《梼杌闲评》四二回："将交更时，丫头～收拾床铺，都出去了。"沈德符《万历野获编》卷二四："今浙东有丐户者，……其妻入大家为栉工，及婚姻事执保媪诸职，如吴中所谓～者。"

【伴涉】　bàn shè　陪伴。唐王梵志《本是达官儿》："高马衣轻裘，～诸王子。"《敦煌变文校注》卷二《舜子变》："夜夜～恶人，不曾归来宅里。"《敦煌变文集·下女夫词》："女答：'何方所营，谁人伴换？……'儿答：'敦煌县摄，公子～。'"

【伴宿】　bàn sù　另见 bàn xiù。❶陪着一起睡觉。唐郑谷《南康郡牧陆肱郎中辟许棠先辈为郡从事因有寄赠》："夜清僧～，水月在松梢。"明《拍案惊奇》卷三四："若是晚来无人，叫你奶子～。"❷隐指发生两性关系。《元曲选·青衫泪》四折："这茶客是江西人，拿着三千引茶要来～，妾拿侍郎分上，坚意不从他。"明《拍案惊奇》卷三四："少不得先是那庵主起手，快乐一宵。此后这两个你争我夺，轮番～。"

【伴酸的】　bàn suān de　帮闲。明朱有燉《曲江池》一折："今日小生闷倦，上街闲行，怎生得个～来，要笑一回也？"

【伴堂】　bàn táng　帮闲。清《续金瓶梅》三〇回："帮闲热

闹,着人一时舍不得他,如今苏杭又叫做～。"

【伴宿】　bàn xiǔ　另见 bàn sù。❶ 人死出殡之前,亲友家人通宵守灵,陪伴死者。《拍案惊奇》卷一三:"夜间单留六老一人冷清清的在灵前～。"清《红楼梦》五七回:"原来他和太太告了假,出去给他兄弟～坐夜,明儿送殡去。" ❷ 特指请艺人表演,为前来吊丧的亲友释倦解闷。明《金瓶梅词话》六四回:"又每人送了一两银子～分资,叫了两个唱道情的来。"清《红楼梦》一四回:"里面两班小戏并要百戏的与亲朋堂客～。"

【拌】　bàn　另见 pān。❶ 搅和。唐张贲《以青饲饭分送袭美鲁望因成一绝》:"应宜仙子胡麻～,因送刘郎与阮郎。"明《拍案惊奇》卷二:"不要说日逐做烧火、煮饭、熬锅、打水的事,只是油盐酱醋,他也～得头疼了。"清《隋唐演义》七回:"我怕行李～差了,就把爷的行李搬在后边幽静些的去处。" ❷ 争吵;分辩。明《金瓶梅词话》七五回:"玉楼见两个～的越发不好起来,一面拉起金莲往前边去。"《醒世恒言》卷六:"店左店右住宿的客商闻得,当做一件异事,都走出来讯问,到～得口苦舌干。"

【拌唇撅嘴】　bàn chún juē zuǐ　嘟着嘴,形容生气的样子。清《醒世姻缘传》三回:"女儿泪眼愁眉,养娘婢女～。"

【拌嘴】　bàn zuǐ　争吵。明《金瓶梅词话》二四回:"两个正～,被小玉儿请的月娘来,把两个都喝开了。"清《红楼梦》八〇回:"婆婆这里说话,媳妇隔着窗子～。"

【绊】　bàn　寻求;找。明《拍案惊奇》卷四〇:"何不把实话对他说? 总是那边未见得成,或者另～得头主,大家商量商量也好。"《二刻拍案惊奇》卷一七:"他若没有这箭起这些因头,那里又～得景家这头亲事来?"

【绊磕】　bàn kē　脚下遇障碍而走不稳,喻挫折。明冯惟敏《水仙子·偶题》:"青云路上时辰错,好前程有～。"

【绊惹】　bàn rě　牵缠;羁绊。唐白居易《柳絮》:"凭莺为向杨花道,～春风莫放归。"宋张先《诉衷情》:"此时愿作,杨柳千丝,～春风。"

【绊索】　bàn suǒ　用来绊倒人或动物的绳索。元明《水浒传》九八回:"被北军赶上,撒起～,将解珍、解宝双双儿横拖倒拽,捉入阵中去了。"清《四川通志》卷一九:"长带弓弩、～、地网,入山捕猎。"

【扮】　bàn　❶ 充当;充任。清《醒世姻缘传》一八回:"次日,老夏同晁书媳妇都～了这边的媒人先到了唐侍郎府里。" ❷ 挣扎。清《樵史》一五回:"倘然圣怒不测,这一跌就～不起了。" ❸ 演出;表演。元关汉卿《切鲙旦》三折:"这厮每～南戏那!"明《金瓶梅词话》四二回:"戏文～了四折。"《醒世恒言》卷二〇:"～出来的戏,出人意表,贤愚共赏。" ❹ 打扮;装扮。《元曲选外编·绯衣梦》一折:"拣的他这玉簪花自插学宫～。"元明《水浒传》六九回:"可～做贫婆,潜入城中。"清洪昇《桃花扇》三六出:"小生～弘光帝,便服骑马。"

【扮道】　bàn dào　同"办道"。《元曲选·马陵道》楔子:"在这云梦山水帘洞～修行。"《元曲选外编·玩江亭》三折:"出家～最稀奇,渔鼓简子手中提。"

【扮会】　bàn huì　节日集会沿路演出杂戏、杂耍。清《儒林外史》一一回:"其馀各庙,社火～,锣鼓喧天。"

bāng

【邦邦】　bāng bāng　说话;斗嘴。清《醒世姻缘传》一〇回:

"替他说公道话,临了还要～,不是大爷教人砍出来,他还不知有多少话淘哩!"又七四回:"他不说还好,他要～两句闲话,我爽利两三宿不回家来!"

【邦老】　bāng lǎo　贼;强盗。《元曲选·朱砂担》一折:"〔净扮～上云〕行不更名,坐不改姓,自家铁幡竿白正的便是。"《元曲选外编·绯衣梦》二折:"〔～上〕两只脚穿房入户,一双手偷东摸西。某裴炎的便是,一生好打家截舍。"明佚名《墨娥小录》卷一四《行院声嗽》:"贼,～。"

【挷挷】　bāng bāng　同"邦邦"。清《红楼梦》二二回:"你婆婆也不敢和我强嘴,你和我～的!"

【帮】　bāng　❶ 鞋帮,指鞋面和边侧部分。宋蒋捷《柳梢青·游女》:"柳雨花风,翠筠裙褶,红腻鞋～。"元乔吉《赏花时·睡鞋儿》:"听宝钏响珊珊,藕瓏儿般冰腕,用纤指将绣～儿弹。"明《金瓶梅词话》五八回:"大红段子新鞋儿上,满～子都展污了。" ❷ 靠拢;贴近。《元曲选·冯玉兰》三折:"梢子,将俺的船略挪上前,～在那空船一搭里者!"元明《水浒传》二一回:"那婆子是乖的,……只怕宋江走去,便～在身边坐了。"清《醒世姻缘传》四五回:"明见他把那张吃饭卓端在那抽斗卓边,～成一处。" ❸ 在物体边侧附加上。明《平妖传》一三回:"中间三间大敞厅,左右几间杂屋。"清《醒世姻缘传》二三回:"庄前一道古堤,堤下一溪活水,他把那边又～阔了丈许。" ❹ 帮助。宋元《清平山堂话本·李翠莲》:"我在家,不多时,相～做些道怎地?"元明《水浒传》七回:"智深道:'我来～你厮打!'" ❺ 从旁加力使不能动。元明《水浒传》三八回:"李逵正打哩,一个人在背后劈腰抱住,一个人便来～住手。"清《野叟曝言》三一回:"石氏急要转身,左手却被老鸨一把扯定右边又紧紧的～着。" ❻ 附带得到;依附沾染。元明《水浒传》二一回:"胡乱去那里寻几贯钱使,就～两碗酒吃。"清《歧路灯》八二回:"绍闻怒道:'……你就起身,再不用上我家来!'巫氏道:'不来你家～体面。'"

【帮岸】　bāng àn　用石头等物砌在岸坡面上的护墙。明《拍案惊奇》卷二二:"元来那株楠树年深月久,根行之处,把这些～都拱得松了。"用为动词时犹言砌帮岸。明张国维《吴中水利全书》卷二二:"纵容夫役堆泥滩边～岸上,或以浮土～补缺。"

【帮班】　bāng bān　替补别人值班。清《红楼梦》九三回:"今日又是老爷的～,请老爷只管去。"

【帮帮】　bāng bāng　同"邦邦"。清《醒世姻缘传》二三回:"那里这山根子底下的杭杭子也来到这城里～!"

【帮补】　bāng bǔ　❶ 增补;修补。明黄佐《泰泉乡礼》卷六:"一牌夫下有四丁,强壮者即夹带残弱一人于内,凡守望备警,仍量存之,不得需索～。"潘季驯《河防一览》卷一〇:"每岁派定官夫,时加～。" ❷ 帮助弥补。清《蜃楼志》八回:"就是陌路旁人,见了此等伤心之事,也要～些。"《红楼梦》一〇六回:"如今丈人抄了家,不但不来瞧看～,倒赶忙的来要银子。" ❸ 科举增广生员考试优等,可以按序补入廪膳生员,称"帮补"。明《肉蒲团》二回:"不得已出来应试,垂髫就入泮,入泮就～。"清顾炎武《日知录》卷一八:"生员有引用佛书一句者,廪生停廪一月,增附不许～。"

【帮馋】　bāng chán　宴席上助兴。明陈铎《朝天子·架儿》:"席面～,牙儿闲嗑,攘一回才散火。"

【帮衬】　bāng chèn　❶ 帮助;帮忙。《元曲选·留鞋记》二折:"今日一天大事,都在这殿里,你岂可不～着我?"明丘濬《举鼎记》六出:"幸亏丞相王乾奏言～,才得诏旨到手。"《警世通言》卷一五:"又去结交这些门子,要他在知县相公面前～。" ❷ 体贴;凑趣。元高文秀《啄木儿》:"为你,殷勤～,虽然梦寐间,风流当

尽。"明梅鼎祚《玉合记》三八出:"人才出群,风流~。"《醒世恒言》卷三:"至今风月中市语,凡夸人善于~,都叫做'秦小官',又叫'卖油郎'。" ❸ 方式;手段。明《石点头》卷四:"若像你这喉急,放出霸王请客~,原成不得。"又卷七:"放出少林~,攥着大拳,当心便捶。"

【帮趁】 bāng chèn 同"帮衬❶"。清《红楼梦》六回:"今者女婿接来养活,岂不愿意?遂一心一计~着女儿女婿过活起来。"

【帮持】 bāng chí 犹"帮扶"。明佚名《满庭芳·嘲夫妻磨豆腐》:"同心合意为活计,一并~。"

【帮窗】 bāng chuāng 在轿窗旁边伺候的随从人员。宋元《警世通言》卷八:"当时郡王在轿里看见,叫~虞候道:'我从前要寻这个人,今日却在这里。'"

【帮凑】 bāng còu ❶ 帮助;帮补。清《歧路灯》四〇回:"咱三叔好过,都说是有好丈人~他哩。"△《老残游记》五回:"诸位有甚么法子大家~想想。" ❷ 拼凑。明袁宏道《雪涛阁集序》:"无才者拾一二浮泛之语,~成诗。"张岱《西湖梦寻》卷二:"意古人取景,或亦如近代词客捃拾~。"

【帮寸】 bāng cùn 即"帮衬❶"。明《西游记》二八回:"这个买卖,我也去得,果是晓得实实的~。"

【帮丁】 bāng dīng 帮手;随从。明《西游记》七五回:"我只与你一个对一个,不许~。"清《醉醒石》九回:"一旗校番役身边,又有若干~副手。"

【帮扶】 bāng fú 帮助扶持。宋元《古今小说》卷三:"令子吴山,再拨主管~~,也好开一个铺。"明《金瓶梅词话》五回:"你那边只敲壁子,我自过来~你。"清《醒世姻缘传》九九回:"你没了~,提妨不了这许些,只怕你要落他的虎口。"

【帮副】 bāng fù 从旁帮助。明陈铎《粉蝶儿·佛诉冤》:"撇的我独打独坐,嘴谷都无人~。"《西游记》三二回:"一则~他手段降妖,二来看他可有个诚心拜佛。"

【帮功】 bāng gōng 助力。明《西游记》三四回:"那神仙听见说孙行者,他也恼他,要与我们~。"清《河南通志》卷一六:"如遇水涨,涛击下风堤岸,则以秫秸、粟藁及树枝、草蒿之类,束成捆把,遍浮下风之岸而系以绳,……丁夫却于堤外~。此风防之要诀也。"

【帮光】 bāng guāng 沾光。清《歧路灯》三二回:"二十四亩园子,一座鞋铺子,也就够百十两了。到我明日过上来时,还要~哩。"

【帮虎吃食】 bāng hǔ chī shí 比喻趋奉人,从中捞好处。清《续金瓶梅》一一回:"这些狐朋狗友,~,酒肉利徒,算不得朋友。"《醒世姻缘传》七八回:"又兼陆好善的母亲妻子~,狐假虎威,陪看皇姑寺煞实有趣,也要素姐再走一遭。"

【帮护】 bāng hù 辅助扶持。元明《水浒传》三回:"为因俺这里无人~,拨他来做提辖。"明潘季驯《河防一览》卷一〇:"某处迎溜作何卷筑,以当其冲;某处扫湾作何~,以防其汕。"清《四川通志》卷二一:"臣等挑选满汉兵,整顿马匹,即前往迎接平逆将军延信之兵,~合力剿灭贼寇。"

【帮家】 bāng jiā 操持家务。宋元《古今小说》卷三九:"最是~做活,看蚕织绢,不辞辛苦。"明《平妖传》二二回:"还是赘一个女婿在门,~过活,你我也得个半子倚靠。"

【帮客】 bāng kè 替人出主意、跑腿办事以获取利益的人。清《豆棚闲话》九则:"若只自己输钱,也还有限,那知自己输了,~又输。"《歧路灯》三四回:"古董混帐场中,~不可要两个,有了两个,就如妻妾争宠一般,必要坏事。"《续金瓶梅》二四回:"到了

天明,这些~早已到门,大喊要喜酒吃。"

【帮懒钻闲】 bāng lǎn zuān xián 犹"帮闲钻懒"。《元曲选·东堂老》二折:"你赉发呵,与那个陷本的商贾;……不强似与虔婆子弟三十锭,更和那~二百瓶?"

【帮泥】 bāng ní 龟的代称。传说大禹治水时,龟曾帮着运泥。明《西游记》四二回:"根源出处号~,水底增光独显威。"

【帮腔】 bāng qiāng 帮着唱以衬托主要唱腔,引申为从旁说好话。清《歧路灯》二三回:"这夏逢若不知何时已到,早在旁边醉翁椅儿上,拍着手哼哼的~。"△《红楼真梦》一五回:"我只怕晴雯那张嘴,又有金钏儿~,明儿不定拿我怎么开心呢!"

【帮手】 bāng shǒu 助手;相帮的人。明李梅实《精忠旗》一七出:"若非枢密一力担承,老夫便没个~了。"清《东周列国志》七回:"戴既有~,必然合兵索战。"用作动词表示从旁助力。《醒世姻缘传》六一回:"素姐自此也晓得这几日相大妗子日日要来,碍他~,也便放松了,不来搜索。"

【帮贴】 bāng tiē ❶ 补贴。明《醒世恒言》卷二七:"巴到十来岁,也就要指望教去学做生意,趁三文五文,~柴火。"清《红楼梦》一〇三回:"所以金桂时常回去,也~他些银钱。" ❷ 趋承;帮助。明冯梦龙《绣带儿·怨离词》:"没见了软款趋承,再休提伶俐~,悲咽。"清《豆棚闲话》一〇则:"譬如嫖客,本领不济的,望门流涕不得受用,靠着一条簚片~了方得进去。" ❸ 紧贴住。清《歧路灯》七二回:"德喜坐下解袜渡水,早有卢重环~住了。" ❹ 帮手。明冯惟敏《步蟾宫·下桥》:"猱着头姐儿的火者,眵着眼鸨儿的候缺,放倒身撅儿的~。"

【帮同】 bāng tóng 帮他人共同做某事。清《野叟曝言》一〇二回:"小人逃脱至此,就与蓝五同住在庙,今日一早,~起义的。"《平定两金川方略》卷一:"臣等即令明正土司多派土兵,前赴革地~防守。"

【帮闲】 bāng xián 为富豪子弟寻欢作乐撮合助兴的人,也指以此为业的人。《元曲选·冤债主》二折:"只见那两个~的花满头,这一个败家的面带酒。"古本《老乞大》:"落后下的孩儿每不务营生,教些~的泼男女,狐朋狗党,每日穿茶房入酒肆。"明《平妖传》一一回:"比如男子家,读书的有个伴读,顽耍的有个~。"

【帮闲攒懒】 bāng xián cuán lǎn 即"帮闲钻懒"。元孔文卿《东窗事犯》一折:"杨戬是个~元戎将,蔡京是个传书递简头厅相。"

【帮闲钻懒】 bāng xián zuān lǎn 耍乖弄巧以讨好别人。《元曲选·勘头巾》一折:"你没事哏,没事村,则你那~腌身分,到官中也不索取词因。"明《金瓶梅词话》八六回:"我手里使不的你巧语花言,~。"《拍案惊奇》卷二二:"才是行径如此,便有~一班儿人,出来诱他去跳槽。"

【帮兴】 bāng xìng ❶ 凑热闹;助兴。明《警世通言》卷一一:"正说间,后堂又有几个闲荡的公人听得了,走来~,骂道:'那里来这光棍,打他出去就是!'"《二刻拍案惊奇》卷八:"便等我在里头与贤妹们~一~也好。"清《五色石》卷一:"一元又羞又恼,却又不敢违座师之命,只得于中奔走~。" ❷ 帮忙。明《禅真后史》一三回:"相公待坟山一成即与太太安人举殡,恰好忙哩,大官人怎不过来~?"

【帮桌儿】 bāng zhuō er 桌面用几块板材拼装的桌子,中间一块叫心,四围的叫帮。明《金瓶梅词话》三四回:"一边一张螳螂蜻蜓脚、一封书大理石心壁画的~,桌儿上安放古铜炉、流金仙鹤。"

【梆】 bāng 说;讲。清《醒世姻缘传》八四回:"你姑父这话

～下道儿去了。"

【梆梆】 bāng bāng　同"邦邦"。清《醒世姻缘传》六回："我的强娘娘,知不到什么,少要～。"

【梆子】 bāng zi　用来打更报警或集散人众的响器,以竹子或挖空的木头做成。宋周密《武林旧事》卷二："殿帅执挝躬奏:'诸司人马排齐',举黄旗,招诸军向御前敲～。"元明《水浒传》二回："我庄上打起～,你众人可各执枪棒前来救应。"

bǎng

【绑】 bǎng　捆绑。金《刘知远诸宫调》二："至天晓,用绳索～定,欲要入官。"《元曲选·汉宫秋》四折："有番国差使命～送毛延寿来。"元明《水浒传》八回："把林冲连手带脚和枷紧紧的～在树上。"

【绑衬身】 bǎng chèn shēn　紧贴身。明《金瓶梅词话》六二回："又寻出件～紫绫小袄儿。"

【绑缚】 bǎng fù　捆绑。《元曲选·争报恩》一折："做甚道使绳子便～?"元明《水浒传》五回："庄家那厮无礼,要～洒家。"明《西游记》一三回："众妖一齐将三人用绳索～。"

【绑剪】 bǎng jiǎn　将手臂交叉在背后捆绑。明《西游记》一九回："行者又拔了一根毫毛,吹口仙气,叫:'变!'即变做一条三股麻绳,走过来,把手背～了。"

【绑着鬼】 bǎng zhe guǐ　无论如何;不管怎样。明《金瓶梅词话》四三回："若不是我在跟前劝着,～也有几下子打在身上。"又四四回："不想是你二娘屋里的丫头偷了,才显出个青红皂白来;不然,～只是俺这屋里丫头和奶子。"

【脚】 bǎng　肩膀。金《董解元西厢记》卷二："牛～阔,虎腰长,带三尺戒刀,提一条铁棒。"

【榜额】 bǎng é　匾额。《旧唐书·杨炯传》："又所居府舍多进士亭台,皆书～。"宋彭乘《墨客挥犀》卷三："锺弱翁所至,好贬剥～字画,必除去之,出新意自立名。令具牌,为重书之。"明《古今小说》卷三二："行到城门,见～乃'酆都'二字。"

【榜格】 bǎng gé　张榜公布的赏格(悬赏条件与数目),也指公布赏格的告示。明焦竑《玉堂丛语》卷四："亨劝上出榜,募能告捕者,赏以三品职。上令撰～。"《明史·岳正传》："或为匿名书列曹吉祥罪状。吉祥怒,请出榜购之,帝使正撰～。"

【榜例】 bǎng lì　张榜公布的条规、准则,引申指榜样。明郑晓《今言》卷三："汝能缚和尚献军门,升赏有～。"王衡《郁轮袍》七折："你二人发愿在世,遇而不遇,与天下文人墨士做个～。"

【榜聘】 bǎng pìn　出榜文招聘。明《西游记》八七回："榜上写着:'大天竺国凤仙郡侯上官,为～名师,招求大法事。'"

【榜期】 bǎng qī　科举考试出榜公布录取者的日期。明沈德符《万历野获编》卷一六："遂促出～,以二月廿七揭晓,才毕事而至公堂被烬。"《拍案惊奇》卷一六："目下～在迩,幸将贱造推算,未知功名有分与否?"

【榜示】 bǎng shì　布告;告示。宋魏泰《东轩笔录》卷二："至李谘为三司使,始改茶法,而晋公之规模渐革,向之～亦稍稍除削。"元施惠《幽闺记》一一出："明张～,今朝驾幸汴梁城。"

【榜首】 bǎng shǒu　科举乡、会试的第一名。宋苏轼《放榜后论贡举合行事件》："自来释褐举人,惟南省～或本场第一人唱名近下者,或有旨升一甲。"清《绿野仙踪》一回："余于十二日三鼓时始得此卷,深喜～必出吾门。"

【榜贴】 bǎng tiē　❶即"榜帖❶"。宋曾敏行《独醒杂志》卷四："东坡知贡举时,得章贡孙穮之文于黜籍中,见而异之,撰置第五。～既传,诽议籍籍。" ❷即"榜帖❷"。《元典章·刑部十四》："不合在家写～,谎称是释迦老子,又号白衣居士,诈称神降。"

【榜帖】 bǎng tiē　❶招贴;告示。多指科举名榜或报帖。唐李翱《徐襄州碑》："与韦宙仆射为元从押衙,赍～先至江西,安存百姓。"五代孙光宪《北梦琐言》卷三："某叨忝柄,今年～全为司空先辈一人而已。"明陈继儒《太平清话》卷四："犹藏登第时金花～,乃用涂金纸,阔三寸,长四寸许。" ❷犹"榜子❷"。宋龙衮《江南野史》卷一〇："行舟次淮汴,修谒,称'袁州刺史诣主口岸者'。朱供奉见乃掷刺于地,大骂曰:'亡国之俘,仍刺史为!'令具～,乃赞见。"

【榜文】 bǎng wén　告示。宋丁特起《靖康纪闻》："军民士庶忧疑,令多出～晓谕。"元明《水浒传》四回："见今明明地张挂～,出一千贯赏钱捉你,你缘何却去看榜?"《元曲选·赵氏孤儿》二折："一面张挂～,若有掩藏赵氏孤儿者,全家处斩。"

【榜眼】 bǎng yǎn　科举殿试第二名。宋《西湖老人繁胜录》："丽正门喝出状元来三人:第一名状元,第二名～,第三名探花郎。"吴自牧《梦粱录》卷三："武举进士,前三名照文科为状元、～、探花,恩例各赐紫囊、金带、靴笏。"

【榜样】 bǎng yàng　❶模样。宋王洋《病痰有感》："待尽生涯蚕作茧,就衰～发缫丝。"张镃《俯镜亭》："唤作大圆镜,波纹从此生。何妨云影杂,～自天成。" ❷情况;情形。《五灯会元》卷一〇《德韶国师》："所以祖师道:心自本来心,本心非有法。有法有本心,非心非本法。此是灵山付嘱～。"明《二刻拍案惊奇》卷二〇："那陈定男人家心性,见大娘子有病在床,分外与小老婆肉麻的～也是有的。" ❸典型;可引为楷模或教训的先例。《景德传灯录》卷二三《法济禅师》："僧问:'如何是和尚家风?'师曰:'与天下人作～。'"明《古今小说》卷一："则日后听我说《珍珠衫》这套词话,可见果报不爽,好教少年子弟做个～。"清《歧路灯》七一回："戏是劝世文,不过借古人的好事歹事,写个～劝人。"

【榜元】 bǎng yuán　科举会试第一名。唐范摅《云溪友议》卷二："主司先进五人,一诗最佳者,则李肱也。……乃以～及第。"明焦竑《玉堂丛语》卷六："张治庚辰举南宫第一。州有龙化湖,旧有谶云:'龙湖坼,～出。'"

【榜子】 bǎng zi　另见 bàng zǐ。❶唐代称奏事文书。唐王建《宫词》之五九："自写金花红～,前头先进凤凰衫。"五代孙光宪《北梦琐言》卷五："公欲尽诛之,虑其冤,乃密奏一曰:'但有罪莫舍,有阙莫填,自然无遗类矣。'"宋欧阳修《归田录》卷二："唐人奏事,非表非状者,谓之～,亦谓之录子,今谓之札子。" ❷宋以后称名帖。宋佚名《张协状元》三五出："状元万福! 且息怒,奴家不具～参贺。"《五代史平话·梁上》："明日写着～,做着一首诗去见那朱五经,问他学习些个。"陆游《老学庵笔记》卷三："士大夫交谒,祖宗时用门状,……绍兴初乃用～,直书衔及姓名,至今不废。"金《刘知远诸宫调》一二："人报:'门外一个后生,年甲三十,凛凛身材七尺,眉疏目秀,容止可观。'将～与经略占亲(观)。" ❸布告;启事。《太平广记》卷四九一引唐李公佐《谢小娥传》："岁馀,至浔阳郡,见竹户上有纸～,云'召佣者'。"宋《朱子语类》卷一二七："当时人骨肉相散失,沿路皆帖～。"明《拍案惊奇》卷三一："赛儿就挂出安民～,不许诸色人等抢掳人口财物。" ❹即"榜额"。明陆深《书辑跋》："一日有旨命子山书宣文阁～。"清汪森《粤西文载》卷二一引董传策《青秀山记》："余复于精上舍中题～云:天空海

阔中原界,云白山青万里心。"　❺ 样子;榜样。明王衡《郁轮袍》七折:"故意遇而不遇,傲睨一世,凌轹千古,与世人做个～。"

【膀背】　bǎng bèi　臂膀。比喻得力助手。"背"是"臂字"口语音的记音字。清《红楼梦》庚辰本五五回:"如今他既有这主意,正该和他协同,大家做个～。"又七二回:"赵姨娘素日深与彩霞契合,巴不得与了贾环,方有个～。"

【膀子】　bǎng zi　臂膀;胳膊。元明《水浒传》四回:"智深把皂直裰褪膊下来,……扇着两个～上山来。"清《红楼梦》二一回:"(湘云)一弯雪白的～掠于被外,又带着两个金镯子。"

bàng

【蚌壳楦】　bàng ké xuàn　男阴的隐称。蚌壳,喻指女阴。明《石点头》卷四:"孙三走到厨房,取过尖刀,将这子孙桩、～,一刀割坏。"

【棒疮】　bàng chuāng　挨棒后留下的创面。《元曲选·灰阑记》三折:"走的来力尽筋乏,又加上些脓撼撼的～发。"元明《水浒传》一○二回:"小人～疼痛,行走不动。"清《红楼梦》三四回:"就是哭出两缸泪来,也医不好～。"

【棒槌】　bàng chuí　捶打用的木棒,多用于洗衣。明《朴通事谚解》卷上:"我猜大哥是～,二哥是运斗,三哥是剪子。"《金瓶梅词话》七二回:"不想金莲这边,春梅也洗衣裳捶裙子,使秋菊问他借。"清《红楼梦》一六回:"人家给个～,我就认作针。"

【棒儿香】　bàng er xiāng　用细的竹棍儿或木棍儿做芯子的香。芯子露出一截,可插于地。明《金瓶梅词话》三七回:"上桌鉴妆、镜架、盒罐、锡器家活堆满,地下插着～。"《禅真逸史》三三回:"晚上我把～点着,插在转弯处为记。"

【棒喝】　bàng hè　棒击或吆喝,是禅宗启悟学人、交流禅机的一种特殊方式。宋《密庵和尚语录》:"德山临济,～交驰。"克勤《碧岩录》二则:"殊不知这老汉(指赵州和尚)平生不以～接人,只以平常言语。"

【棒脊】　bàng jǐ　以杖击背,是唐代刑法的一种。唐王梵志《百岁有一人》:"赤绳串著项,反缚～皮。"《敦煌变文校注》卷三《燕子赋(一)》:"阿你逋逃落籍,不曾见你膺王役,终遣官人～,流向撺(儋)崖象白。"

【棒头】　bàng tou　棍棒。《景德传灯录》卷三○《遍参三昧歌》:"～喝下露幽奇,纵去夺来看殊特。"明《拍案惊奇》卷一三:"～出孝子,箸头出忤逆。"

【棒子】　bàng zi　木棍。《元曲选·赵氏孤儿》三折:"令人与我拣大～,着实打者!"明《醒世恒言》卷六:"王宰见在面前,看见母亲,即撇下～,上前叩拜。"

【傍寸】　bàng cùn　不离分寸;相差无几。明常伦《落韵锁南枝》:"十八学士官,二十八将台。你觑破那答儿担忧,那答儿开怀。～人儿随您拣。"《西游记》六○回:"两条棍响振天关,不见输赢皆～。"

【傍虎吃食】　bàng hǔ chī shí　即"帮虎吃食"。清《绿野仙踪》八五回:"你们众人打我么? 把你们这一群～没良心的奴才!"

【傍今】　bàng jīn　现在。宋《五代史平话·梁上》:"这个孩儿真个作怪,若不兴吾宗,定是灭吾族。莫若～杀了,斩草除根,萌芽不发。"

【傍来】　bàng lái　近来。宋佚名《张协状元》一四出:"〔生上唱〕愁多怨极,历尽万千滋味,幸儿身安免虑。〔旦上接〕听说～……"

无事,使奴暗喜。"

【傍墨儿】　bàng mò er　贴谱儿;接近事实或情理。清《歧路灯》三九回:"你说的也有点～,但只是咱现今欠人家四十多两行息银子,俱是我埋前头带�

你花消的。"又五七回:"你这话傍点墨儿,依我说,也不必申儿说。"

【傍午】　bàng wǔ　临近正午。宋张宪《端午词》:"五色灵钱～烧,彩胜金花贴鼓腰。"宋元《古今小说》卷三六:"果然,将～时,只见大江水面上有二大鱼追赶将来。"清《醒世姻缘传》四四回:"将近～,叫了许多人,抬了桌子,前边鼓乐引导。"

【傍影】　bàng yǐng　露面。明《金瓶梅词话》八回:"你爹家中有甚事? 如何一向不来傍个影儿?"清《醒世姻缘传》四四回:"后来人都知道他另有个家,那亲戚朋友们都往那里寻他,通也没人再往这里～。"《歧路灯》七一回:"这娄潜斋家法森严,宅眷住的内宅门,从无外姓傍个影儿。"

【榜子】　bàng zǐ　另见 bǎng zi。船夫。宋梅尧臣《望芒砀山》:"出舟跳北岸,林外见修冈。回头问～,前嶻是芒砀。"明谢榛《送吴比部峻伯使豫章》:"青苹忽起骚人兴,明月常闻～歌。"

bāo

【包】　bāo　❶包裹起来的物品。唐杜甫《北征》:"粉黛亦解～,衾裯稍罗列。"宋梅尧臣《答建州沈屯田寄新茶》:"价与黄金齐,～开青篛整。"明汤显祖《牡丹亭》二二出:"香山峼里打～来,三水船儿到岸开。"　❷担保。《元曲选·杀狗劝夫》二折:"他觉来我自支持他,～你没事。"明《古今小说》卷一:"娘限在我两个身上,五日内～唤一个来占卦便了。"　❸包赔;承担全部赔偿责任。清《红楼梦》一四回:"要终久忘了,自然是你～出来,都便宜了我。"　❹包占;出钱独自占有。明《金瓶梅词话》二回:"南街子又占着窠子卓二姐,名卓丢儿,～了些时,也娶来家居住。"《警世通言》卷三二:"却好有瓜洲差使船转回之便,讲定船钱,～了舱口。"

【包办】　bāo bàn　保证办到。元明《水浒传》八回:"明日到地了时,是必揭取林冲脸上金印回来做表证,陆谦再～二位十两金子相谢。"明《禅真后史》一七回:"妈妈若能除得此害,我二人重重酬谢,你老果送终之具,我一力也～得来。"

【包肚】　bāo dù　一种用布、绸做成的腰带,里面可装钱物。元明《水浒传》一三回:"系一条绯红～,骑一匹鹅黄马。"清《后水浒传》八回:"既是这等,你收了银两,可还他～。"

【包复】　bāo fù　同"包袱❶"。宋洪迈《夷坚志》三辛卷六:"乾道元年冬,弋阳某客子独携～来宿,至夜,买酒邀胡同饮,询问麻价。"

【包袱】　bāo fu　❶衣物包裹。明《朴通事谚解》卷中:"我的衣裳、被儿、～也都咬了,恨我没是处。"丘濬《忠孝记》二二出:"早间有个客人带得～来,说老夫人寄来。"有时指包衣物用的布,即所谓"包袱皮"。清《红楼梦》八九回:"宝玉也不答言,叠好了便问:'包这个的～呢?'"　❷指烧给死人的特制纸包,内装纸锭纸钱等。清《红楼梦》五八回:"你告诉我名姓,外头去叫小厮们打了～,写上名姓去烧。"

【包管】　bāo guǎn　❶负责照管。明《二刻拍案惊奇》卷二五:"新娘子在你家里,岂是我掌礼人～的?"　❷保证;担保。《元曲选·盆儿鬼》四折:"放我家去,做好事与你,～得超度生天。"明《二刻拍案惊奇》卷三:"若只要五花官诰,～箱笼里就取得出。"

❸ 指担保的文字。清《儒林外史》五二回："老哥如不见信,我另外写一张～与你。"

【包裹】bāo guǒ ❶包扎;围裹。唐韩愈《赤藤杖歌》:"几重～自题署,不以珍怪夸荒夷。"宋龚明之《中吴纪闻》卷三:"何妨如风药,且免淋漓似水鸡。"清《红楼梦》一四回:"连夜打点大毛衣服,和平儿亲自检点～。" ❷衣物包儿。元明《水浒传》二回:"当时高俅辞了柳大郎,背上～,离了临淮州。"明沈受先《三元记》一五出:"床下是什么～? 原来是个银袋儿。" ❸包容。宋《朱子语类》卷八:"须是心广大似这个,方～得过,运动得行。"又卷一〇:"未见道理时,恰如数重物色～在里许,无缘可以便见得。" ❹围绕。明《醒世恒言》卷三九:"汪大尹观看那寺周围,都是粉墙,墙边种植古柳高槐。"

【包荒】bāo huāng ❶包容无遗。清《金屋梦》四三回:"第三是那登徒子,淫不论色,饮不择泉,就是东施、嫫母、黄发历齿的村妇、鸡皮鹤发的老妪,一味～。" ❷包涵;见谅。明柯丹邱《荆钗记》一二出:"家下仓卒之间,诸事不曾整备,望姑婆～。"清《聊斋志异·马介甫》:"彼穷鬼自觉无颜,任其斫树摧花,止求～于炉妇。" ❸掩饰;遮盖。明邵璨《香囊记》三八出:"我一力～,没事没事!"清《野叟曝言》八四回:"只求老爷～,在大老爷跟前不提起这事,感恩不浅。"

【包慌】bāo huāng 同"包荒❸"。明《醒世恒言》卷九:"这句话王三老却也闻知一二,口中只得～道:'只怕没有此事。'"

【包谎】bāo huǎng 即"包荒❸"。明《醒世恒言》卷七:"常言无谎不成媒,你与我～,只说十二分人才。"

【包髻】bāo jì 裹扎发髻用的巾帕,也指用巾帕扎成的发髻。包髻是未成年人或下人的发式。妾亦用包髻,妻用鬏髻。元关汉卿《调风月》一折:"你可休言而无信,许下我～、团衫、绸手巾。"明佚名《粉蝶儿·妓女收心》:"遂了我心间事,丢了这翠花～,带一个帔子冠儿。"《金瓶梅词话》六〇回:"那个扎～儿的清俊小优儿是谁家的?"

【包浆】bāo jiāng 铜、玉、竹一类古董表面经长期摩挲所形成的光泽。明张丑《清河书画舫》卷九下:"鉴家评定铜玉研石,必以～为贵。～者何? 手泽是也。"清《儒林外史》一一回:"你看这上面～,好颜色!"

【包巾】bāo jīn 用纱布等制成的一种便帽。宋葛长庚《水调歌头》:"一个清闲客,无事挂心头。～纸袄,单瓢只笠自逍遥。"元明《水浒传》八三回:"耶律国宝被个戴青的使石子打下马来拿去。"明景时珍《点绛唇·嘲盐商》:"粗丝绦勒在胯骨边,细～裹在额颅上。"

【包揽】bāo lǎn 招揽;全部承担。明冯惟敏《鸿门奏凯歌·谢会友枉顾》:"又不曾费推敲将诗债担,又不曾闲～把风情勘。"《警世通言》卷二五:"惯走京师,～事干,出入贵人门下。"清《歧路灯》六四回:"正主儿是谭绍闻～,为何叫小的替他受王法呢?"

【包笼】bāo lóng ❶包藏;隐含。宋《朱子语类》卷一三九:"只是它(指苏东坡)每常文字华妙,～将去,到此不觉漏逗,说出他本根病痛所以然处。"金《董解元西厢记》卷四:"怀儿里兀自有简帖,写着'启户迎风,西厢待月',明道暗。"明陆采《西厢记》一〇出:"元来那诗句儿里～着三更枣,简帖儿里埋伏着九里山,他着紧处将人慢。" ❷包含;容纳。宋程大昌《演繁露》卷一一:"此言环四海皆天子园囿,使齐楚所夸,俱在～中。"《元曲选·金线池》三折:"或是曲儿中唱几个花名,诗句里～着尾声。"明《警世通言》卷一一:"但看生身六尺,喉间三寸流通,财和酒色尽～。" ❸隐弊;弊端。明陈铎《折桂令·棺材铺》:"料少工完,板难认,

辨,价有～。" ❹包裹。名词、动词两用。明《古今小说》卷三八:"捉得一个猫儿,解开胸膛,包在怀里。这猫儿见衣服～,舒脚乱抓。"《欢喜冤家》一五回:"只要丈夫家里～过来,没有人接财礼的。" ❺即"包荒❷"。元汪元亨《醉太平·警世》之二〇:"耳闻时做聋,眼见处推言,且达时知务暗～,权装个懵懂。"明柯丹邱《荆钗记》一二出:"只为窘中,凡百事,凡百事,望乞～。"

【包票】bāo piào 包管负责或有效的帖子。明《醒世恒言》卷九:"也有讨着荐书到来,说大话,夸大口,索重谢,写～,都只有头无尾。"《石点头》卷五:"才是真正见色不迷,盘古到今,只有此二人。若是柳下惠坐怀不乱,就写不得～了。"

【包钱】bāo qián 嫖客包占妓女所出的钱。明《金瓶梅词话》九四回:"各寨窝刮刷将来,替张胜出～。"清《醒世姻缘传》六一回:"那妓者的～,你自己支与他。"

【包取】bāo qǔ ❶掠取。《宋史·黄廉传》:"其后契丹果～两不耕地,下临雁门,父老以为恨。"明林俊《见素集·禁约民害》:"校尉强买货物,～脚钱,把持河岸。" ❷包管;准定。《元曲选·气英布》一折:"只要大王借与俺樊哙八十万军马,～活拿英布来也。"

【包认】bāo rèn 负责承担。《历代名臣奏议》卷一〇五:"宋苏轼杭州上奏:'准元祐五年四月初九日敕,诸处见欠蚕盐和预买青苗钱物,元是冒名,无可催理,或全家逃移,邻里～。'"清《醒世姻缘传》五回:"这头口闲一日,就空吃草料,谁人～?"

【包弹】bāo tán ❶批评;指责。《说郛》卷五引唐李商隐《杂纂·不达时宜》:"席上～品味。"宋张镃《夜游宫·美人》:"你待～怎开口? 暖底雪,活底花,嫩底柳。"元关汉卿《拜月亭》四折:"我特故里说的别,～一遍。" ❷缺点;毛病。金《董解元西厢记》卷一:"德行文章没,绰有赋名诗价。"《元曲选·金钱记》一折:"这娇娃是谁家? 寻～,觅破绽,则敢无纤掐。"

【包头】bāo tóu ❶头巾;包头的布。脉望馆本《四春园》二折:"装破脑戴,鲜血直流,贴上膏药,撕上～。"明冯惟敏《折桂令·阅报除名》:"拾了个破～有何难舍,打了个昏斯谜费尽周折。"清《红楼梦》四二回:"这两件袄儿和两条裙子,还有四块～,一包绒线,可是我送姥姥的。" ❷传统戏曲旦角头饰的总称。清《儒林外史》三〇回:"当下戏子吃了饭,一个个装扮起来,都是簇新的～。"

【包稳】bāo wěn 保准;稳保。明马佶人《新水令·经年感悼》:"苍天呵,若得似那琬娘的真一会价魂还,可不～这老仙才再百年价欢畅。"

【包羞】bāo xiū 忍受羞辱。唐陆龟蒙《寒泉子对秦惠王》:"大王出则夺气,入则～。"明陈罴斋《跃鲤记》三九出:"问得我没口无回言语,自～垂珠泪,常言道好事多磨也。"

【包羞忍耻】bāo xiū rěn chǐ 即"包羞"。唐杜牧《题乌江亭》:"胜败兵家事不期,～是男儿。"明《西洋记》五七回:"这国师敌不过道士,没有面目见人,故此封了门,～去了。"佚名《胭脂记》二二出:"夫妻两口浑无计,～向前求济。"

【包衣】bāo yī 胞衣;胎膜。宋陈言《三因极一病症方论》卷一八:"小儿初生气绝不能啼者,……急以绵絮包裹抱怀中,未可断脐带,且将～置炭火炉中煨之,仍捻大指捻蘸油点灯于脐带上往来烧之。"明《金瓶梅词话》三〇回:"横生就用刀割,难产须将拳揣。不管脐带,着忙用手撕坏。"

【包月】bāo yuè 出钱整月地独占专用。清《续金瓶梅》一六回:"你说梳拢,这又是巢窝里讲～的话了,少也得三五百银子。"△《老残游记》一九回:"却在齐河县雇了一个小车,讲明～,

每天三钱银子。"

【包占】　bāo zhàn　出钱独占(人身)。明《金瓶梅词话》三七回回目:"冯妈妈说嫁韩氏女,西门庆～王六儿。"清《红楼梦》六九回:"若必定着张华带回二姐去,未免贾琏回来再花几个钱～住。"

【包指】　bāo zhǐ　扳指;射箭时套在拇指上勾动弓弦的环状护指,用牛角等制成。宋王质《诗总闻》卷三:"鞢,指沓,今～。"明《朴通事谚解》卷上:"咱们教场里射箭去来。……你借馈我～么?馈你济机。"

【包子】　bāo zi　❶ 用布等包起来的包儿。明《金瓶梅词话》五〇回:"爹进屋里来,向床背阁抽替内翻了一回去了,谁知道那～放在那里?"清《醒世姻缘传》六六回:"钥匙～在抽斗里,不是么?"《儒林外史》一五回:"床头边摸出一个～来打开,里面有几块黑煤。"❷ 包好的物件。清《歧路灯》七回:"行李打成～,棕箱皮包都煞住不动。"❸ 指有馅蒸熟的面食。宋吴自牧《梦粱录》卷一六:"更有～酒店,专卖灌浆馒头、薄皮春茧、虾肉、鱼兜杂合粉、灌熬大骨之类。"明《金瓶梅词话》四二回:"每人青花白地吃了一大深碗八宝攒汤,三个大～。"❹ 贬称拘执而不通达的人。明贾凫西《木皮词》:"那迂学～看书只管瞎赞叹,只怕那其间的字眼有些讹传。"

【包总】　bāo zǒng　总括;包揽。宋《朱子语类》卷五:"性才发便是情,情有善恶,性则全善,心又是一个～性情底。"元王恽《暇日登飞仙休逸二台》:"陇陌按行馀利泽,山川～见雄襟。"清《红楼梦》四九回:"你们四分子送了来,我～五六两银子也尽够了。"

【褒贬】　bāo biǎn　偏义复词,只取"贬"义,犹批评、指责。明陈铎《朝天子·嘲云窗买房不成》:"讲论着七八下,买的～卖的夸,难定真实价。"清《红楼梦》一四回:"凤姐虽然如此之忙,只因素性好胜,惟恐落人～,故费尽精神,筹划的十分整齐。"

【褒谈】　bāo tán　同"包弹❷"。明佚名《夜行船·窃欢》:"想娇妹,无半点～处。"

【褒弹】　bāo tán　❶ 同"包弹❶"。明施绍莘《黄莺儿·花生日祝花》:"花前生惯撒风情,惺惺,尽把我诗句～。"❷ 同"包弹❷"。元于伯渊《点绛唇》:"天生下没～的可意种,翰林才咏不成,丹青笔画不同。"《元曲选外编·金凤钗》二折:"写染得无～,吟咏得忒风骚。"

【褒誉】　bāo yù　赞扬。《敦煌变文校注》卷四《降魔变文》:"王闻～,尚未委其根由。"宋周密《齐东野语》卷一六:"窃见囊之词臣,以圣之清、之和～韩侂胄,以有文事有武备～苏思旦,然亦未敢用人臣不当用之语。"

báo

【雹】　báo　摔。雹,通"扑"。《敦煌变文校注》卷一《孟姜女变文》:"姜女自～哭黄(皇)天,只恨贤夫亡太早。"又卷七《齖䶗新妇文》:"入厨恶发,翻粥扑羹,轰盆打甌,～釜打铛。"按,唐[日]遍照金刚《文镜秘府论》地卷:"频眉造态,雹粉傤着。""雹粉"即"扑粉",可证"雹""扑"相通。

【雹凸】　báo tū　暴凸,鼓起。唐刘禹锡《牛相公见示新什谨依本韵》:"玉柱玲珑韵,金觥～棱。"

bǎo

【宝】　bǎo　钱币。宋吴自牧《梦粱录》卷一三:"铜钱乃历代

所用之～,汉唐以来,天下通行。宋朝开宝中,其钱文曰'宋通元宝',至宝元间则曰'皇宋通宝'。近世钱文皆著年号,景定年铸文曰'景定元宝'。"《宋史·乐志十三》:"刻简以珉,铸～以金。"

【宝贝】　bǎo bèi　❶ 财宝;贵重物品。《太平广记》卷二三六引《朝野佥载》:"真珠玛瑙,琉璃琥珀,颇梨珊瑚,车渠碗琰,一切～,用钱三万。"《景德传灯录》卷三〇《石头和尚》:"吾结草庵无～,饭了从容图睡快。"明汤式《一枝花·赠玉马杓》:"纵然道夏鼎商彝,休将做一啐,也不似他情忪。"❷ 法宝;有特异功能的法器。明《西游记》三三回:"若要拿孙行者,不消我们动身,只教两个小妖,拿两件～,把他装将来罢。"《西洋记》二七回:"把个～望空一撒,只见满天飞的都是些明幌幌的钢刀。"❸ 泛指珍爱的东西。明《朴通事谚解》卷上:"咱男子汉没马时怎么过?半步也行不得。马是第一～。"《封神演义》七五回:"且说土行孙骑着五云驼,只在关里串,不得出关去。土行孙曰:'～,你还出关去!'话犹未了,那五云驼便落将下地来。"❹ 对亲爱者的昵称。有时含贬义。清《红楼梦》二三回:"贾母只得安慰他道:'好～,你只管去,有我呢。'"《荡寇志》一二二回:"原来安道全这两妾都有羞花闭月之貌,……此时病急,还记住这两个～。"

【宝钞】　bǎo chāo　元明清发行的一种纸币。《宋元戏文辑佚·李亚仙》:"～如山不嫁你!"元陶宗仪《辍耕录》卷二六:"至元印造通行～,分一十一料。"明冯惟敏《一枝花·县官卖柳》:"一个个铜钱扣手,一张张～当头。"

【宝方】　bǎo fāng　❶ 敬称佛门佛地。唐徐纶《元化长寿禅院记》:"谅尘外之～,葺栖云之梵刹。"《唐文拾遗》卷五一史超《观音势至二尊龛铭并序》:"瑞花杂晕,岂异安养;～圣相,齐临逼似。"❷ 敬称对方乡土。明《西游记》五〇回:"老施主,我和尚是东土大唐钦差上西天拜佛求经者,适路过～。"

【宝号】　bǎo hào　敬称帝号或佛号。《众许摩诃帝经》卷一一:"于后父王摩贺钵纳摩崩已,即灌顶传～。"清《红楼梦》二回:"这'女儿'两个字尊贵极清净的,比那阿弥陀佛元始天尊这两个～,还更尊荣无对的呢。"

【宝检】　bǎo jiǎn　玺匣,或代指玉玺。唐李绅《禹庙》:"秘文镂石藏青壁,～封公化紫泥。"宋周密《齐东野语》卷一九:"久之,(赵)珙归,得其大将扑鹿花所献'皇帝恭膺天命之宝'玉玺一座,……及镇江府诸军副都统翟朝宗所献～一座,并缴进于朝。"《三朝北盟会编》卷一八:"获耶律德光伪尊号～、契丹涂金印数十。"按,"检"的本义是在封泥上钤印,以为封缄。此为引申义。宋赵彦卫《云麓漫钞》卷一五:"又元符初,得汉传国玺,……然独得玺而无检,螭又不缺。"

【宝卷】　bǎo juàn　一种韵散相间的说唱文学,由变文和说经发展而成。明《金瓶梅词话》七四回:"～已终,佛圣已知。法界有情,同生胜会。"

【宝眷】　bǎo juàn　敬称对方眷属。宋阳枋《与赵侍讲札子》:"～想随轩在京,或只在於潜耶?"元《水浒传》三九回:"请二位贤弟自去接～。"明《古今小说》卷一:"还是大家～,见多识广。"

【宝瓶】　bǎo píng　❶ 指佛塔顶端或佛寺屋脊上一种像瓶的装饰。明《西游记》六二回:"～影射天边月,金铎声传海上风。"清《隋唐演义》一五回:"远望一座旧寺鼎新,殿脊上现出一座流金～。"❷ 女子出嫁时怀抱的瓶子,内装金银珠宝与五谷等物,象征富足与平安。明《金瓶梅词话》九一回:"媒人替他带上红罗销金盖袱,抱着金～。月娘守寡出不的门,请大姨送亲。"△清《儿女英雄传》二八回:"新娘抱着那个～,一步步的随行。"

【宝山】　bǎo shān　同"保山"。明《石点头》卷一二:"这姚二

妈原是走千门踏万户,惯做～的喜虫儿。"

【宝体】 bǎo tǐ 指佛像或神仙躯体。《敦煌愿文集·造像发愿文》:"遂使割舍珍玩,选就良才,建立大圣之慈尊,创成如来之～。"明《二刻拍案惊奇》卷三七:"但见这两个道士,冰一般冷,石一样坚,俨然两个皮囊,块然一双～。"

【宝位】 bǎo wèi 指帝位。唐韩愈《皇帝即位贺诸道状》:"皇帝以闰正月三日嗣临～,海内惟新。"元明《三国演义》九八回:"陛下初登～,未可动兵。"有时也泛指高位。《敦煌愿文集·燃灯文》:"司徒鸿寿,～定千载遐隆;国母天公主延龄,宠禄厚万年莫竭。"

【宝鸭】 bǎo yā 鸭状香炉。唐孙鲂《夜坐》:"划多灰杂苍虬迹,坐久烟消一～香。"明《西游记》九回:"～香无断,瓷瓶水恣清。"《金瓶梅词话》六九回:"兰房儿曲深悄悄,香胜～晴烟袋。"

【宝字】 bǎo zì 指钱币,因其上有"某某通宝"字样,故称。明《拍案惊奇》卷三五:"一贯钞,许多～哩!"

【宝子】 bǎo zi 一种香炉。唐慧立、彦悰《大慈恩寺三藏法师传》卷九:"辄敢进金字《般若心经》一卷并函,……香炉、～、香案、澡瓶、经架、数珠、锡杖、澡豆楪各一,以充道具,用表私欢。"《敦煌变文校注》卷四《降魔变文》:"六师被吹脚距地,香炉～逐风飞。"宋黄伯思《东观馀论》卷下:"题者多云～不知何物,以余考之,乃迦叶之香炉耳。上有金华,华内乃有金台,即台为～,则知～乃香炉耳。"

【饱醋生】 bǎo cù shēng 犹言酸丁,指读书人。《元曲选外编·破窑记》一折:"见二人衣冠齐整,鞍马非常,能偿个守蓝桥～,料强如误桃源俊俏刘郎。"

【保爱】 bǎo ài 保重爱惜。唐王梵志《父母怜男女》:"父母怜男女,～掌中珠。"《太平广记》卷三二引《纪闻》:"君有宰相禄,当自～。"五代孙光宪《北梦琐言》卷四:"公弟兄俱有封侯之相,善自～。"

【保本】 bǎo běn 保荐人的奏章。明夏言《一明封爵以惩挟诈以杜纷扰疏》:"臣恐日后查出前项伊捏～,未经改正,临期罪责难辞。"清《红楼梦》一六回:"贾雨村亦进京陛见,皆由王子腾累上～,此来候补京缺。"

【保不得】 bǎo bù dé 难以保证;说不定。清《红楼梦》一〇六回:"就是尊驾在外任,我～——你是不爱钱的——那外头的风声也不好,都是奴才们闹的。"

【保不定】 bǎo bù dìng 犹"保不住"。清《红楼梦》一回:"训有方,～日后作强梁。"△《儿女英雄传》一四回:"此去我～耽搁一半天,家眷自然就在茌平住下听信。"

【保不严】 bǎo bù yán 说不定。清《红楼梦》四六回:"鸳鸯素昔是个极有心胸气性的丫头,虽如此说,～他愿意不愿意。"

【保不住】 bǎo bù zhù 难免;可能。清《红楼梦》六七回:"听见他说要到琏二奶奶那边去,～还到林姑娘那里去呢。"又七四回:"再如今他们的丫头也太多了,～人大心大,生事作耗。"

【保呈】 bǎo chéng 为荐举或案件做保证的呈文或保状。元王士点等《秘书监志》卷四:"先准翰林应奉汪将仕～前鄂州路儒学教授方平彩画地理总图,已经移关秘监。"明昌楠《泾野子内篇》卷二三:"监生王永寿有孝行,诸友～,先生深加叹赏。"清《红楼梦》四回:"小的在暗中调停,令他们报个暴病身亡,令族中及地方上共递一张～。"

【保持】 bǎo chí ❶ 保护。唐刘肃《大唐新语》卷五:"陛下贵为天子,富有四海,岂不能～一弟一妹,受人罗织?"《敦煌变文校注》卷五《父母恩重经讲经文(一)》:"入为侯,出为将,土地～人

敬仰。"《敦煌变文集补编·双恩记》:"宝珠解下汝收取,在意著心勤守护。行坐专专共～,睡眠好好相分付。" ❷ 保重;保养。唐张鷟《朝野金载》卷六:"某是生人,安州编户,少府当为安州都督,故先施敬,愿自～。"《敦煌变文校注》卷五《父母恩重经讲经文(一)》:"人家男女,父母憍(娇)怜,忽失～,身染疾患。"

【保虫儿】 bǎo chóng ér 即"保儿❶"。明《金瓶梅词话》五二回:"好～!只有错买了的,没有错卖了的,你院中人肯把病儿错害了!"

【保揣】 bǎo chuāi 爱护;保重。《元曲选外编·西厢记》四本三折:"到京师服水土,趁途程节饮食,顺时自～身体。"

【保的住】 bǎo de zhù 能够保证;准保。多用于否定语气。清《红楼梦》四四回:"小孩子们年轻,馋嘴猫儿似的,那里～不这么着。"又七四回:"园内丫头太多,～个个都是正经的不成?"

【保得住】 bǎo de zhù 同"保的住"。清《红楼梦》一〇〇回:"若是做官的,谁～总在一处?"

【保儿】 bǎo ér ❶ 同"鸨儿"。元佚名《柳营曲·风月担》:"～心雄纠纠,撅了脸冷搊飕。"又《庆东原》:"顽涎把按捺,私情儿拽塌,好话儿填扎。犹自～嗔,断不了姨夫骂。" ❷ 泛称男仆。《元曲选·罗李郎》三折:"引兴儿共～,穿茶坊入酒肆。"明郑墟泉《斗鹌鹑·嘲假斯文》:"穿的是阔领衣样儒鞋,顾觅的～不离侧,把相公声价高抬。"有时也指妓院杂役。明《金瓶梅词话》三二回:"次日买了盒果馅饼儿,一副豚蹄、两只烧鸭、两瓶酒、一双女鞋,教～挑着盒担,绝早坐轿子先来。"佚名《一枝花·子弟追悔前非》:"两三日不上门,着～再四催。"

【保福】 bǎo fú ❶ 祭神求福。明《警世通言》卷二七:"过了数日,自备三牲祭礼,往华光庙,一则赛愿,二则～。"清《豆棚闲话》八则:"祈神～与禳星,牌谱棋经俱胜。" ❷ 祭神的供品。明《西游记》六回:"他坐中间,点查香火:见李虎拜还的三牲,张龙许下的～。"

【保辜】 bǎo gū 古代刑律规定的一段期限:凡打人致伤,官府责令限期为伤者治疗。期内死亡,以死罪论;不死,以伤人论。唐颜师古注《急就篇》卷四"疻痏保辜谳呼号":"～者,各随其状轻重,令殴者以日数保之,限内致死,则坐重辜也。"《元典章·刑部六》:"所据苏则毛用棒将小沈右手第二指打折落讫一节,招证明白,依例～五十日。"清《醒世姻缘传》二〇回:"又做刚做柔的说着,叫他替季春江立了一张～的文约。"

【保管】 bǎo guǎn ❶ 即"包管❷"。明《北宋志传》四〇回:"此行须从三关寨经过,见杨郡马,借军助行,～无事。"清《绿野仙踪》八十回本二二回:"这事原是我作主,设或官府任性乱闹起来,你两个只用一家搃一夹棍,我～完帐。"按,百回本作"管保"。《歧路灯》二三回:"等你的戏主到了,我～一一清还。" ❷ 一定;必定。清《歧路灯》七五回:"如今也不知出那门去了,此时～六十里外。"

【保候】 bǎo hòu 保出罪犯听候传讯。明陈邦瞻《元史纪事本末》卷二:"每闻上司官至,则将囚徒～,审录既毕,仍复收禁。"《二刻拍案惊奇》卷一七:"闻俊卿自把生员出名去递投诉,就求～父亲。"《大清会典则例》卷二七:"四十五年,覆准各府州县问刑衙门原设监狱,除重犯羁禁外,其馀干连轻人犯,令地保～审理。"

【保护】 bǎo hù 特指神佛保佑。宋元《清平山堂话本·杨温传》:"唱三个喏与东岳圣帝,谢菩萨～。"又《花灯轿》:"张待诏去神前烧香点烛祷告:'不在是男是女,～快生快养!'"明《醒世恒言》卷四〇:"满船的人尽皆恐惧,虔诚祷告江神,许愿～。"

【保家】 bǎo jiā 保人。明《拍案惊奇》卷一一:"那原首人胡

阿虎自有～，俱到明日午后，带齐听审."

【保甲】 bǎo jiǎ 宋代的一种乡兵制度。也可指乡兵。宋丁特起《靖康纪闻》："军人～乘时作乱,劫掠财宝."佚名《张协状元》一二出:"〔打丑,丑叫〕～! 打老公,老婆打老公!"

【保驾】 bǎo jià 保卫皇帝。元明《三国演义》一三回:"我～在此,何为反贼?"明丘濬《举鼎记》八出:"千岁虑无良将～前往,为父的为此忧虑."

【保见】 bǎo jiàn 保人和见证人的合称,泛指保人。唐拾得《世上一种人》:"为他作～,替他说道理。一朝有乖张,过咎全归你."《敦煌变文校注》卷二《庐山远公话》:"缘贫道宿世曾为～,有其债负未还."

【保见人】 bǎo jiàn rén 即"保见"。《元曲选·看钱奴》四折:"你父亲是周秀才,偶然打员外家经过,我是～,将你卖与那员外为儿."

【保结】 bǎo jié 写给官府的保证文书,内容是担保他人身分、行为清白或符合某些约定条款。明《醒世恒言》卷四:"明日同合村人具张连名～,管你无事."清《醒世姻缘传》三七回:"薛如卞有了这等苗实的～,那些千百年取不中的老童,也便不敢攻讦."

【保钱】 bǎo qián 付给担保人的酬金。清《醒世姻缘传》二六回:"当初那一百两的本,又没有净银子与你,带准折,带～,带成色,带家人抽头,极好有七十两上手."

【保亲】 bǎo qīn 做媒,也指媒人或证婚人。《元曲选·汉宫秋》三折:"那里取～的李左车,送女客的萧丞相!"明《西游记》二三回:"师父做个男亲家,这婆儿做个女亲家,等老孙做个～,沙僧做个媒人."清《醒世姻缘传》四六回:"倒也亏不尽你把这事早掀腾了,要待闺女过了门,可怎么处? 这～的这们可恶哩!"

【保取】 bǎo qǔ 保证;担保。取,助词。宋沈瀛《野庵曲》:"若唱此曲没休时,～长年到期颐."元危亦林《世医得效方》卷一一:"大便……通者只须用和不冷不热之药,自～平全."

【保禳】 bǎo ráng 祈求鬼神保佑,消灾除病。明汤显祖《牡丹亭》一八出:"紫阳宫石道姑,夫人有召,替小姐～."《拍案惊奇》卷三四:"妈妈可也曾许个愿心～～～么?"

【保人】 bǎo rén 担保人。《敦煌变文校注》卷二《庐山远公话》:"劝门徒弟子,欠债直须还他。贫道为作～,上(尚)自六载为奴不了."明《朴通事谚解》卷中:"买人的契,～只管一百日,要做甚么?"清《红楼梦》二五回:"下剩的我写个欠银子文契给你,你要什么～也有人."

【保任】 bǎo rèn ❶ 举主为荐举对象作担保。《旧唐书·薛登传》:"谨按汉法,所举之主,终身～."按,《唐律》卷二五有"保任不如所任"条,规定被保任人如有罪,举主按所任罪减二等论处。《宋史·选举志六》:"故予夺升黜,品式具在,而又责官以～之."❷ 佛家语。保持;守护。《祖堂集》卷一〇《鼓山和尚》:"师云:'作何道理?'峰乃呵曰:'大有人未到此境界,切须～护持.'"又卷五《龙潭和尚》:"师闻已,顿悟指要,便问:'毕竟如何～,则得始终无患?'"

【保塞】 bǎo sài 即"报赛❷"。《敦煌变文校注》卷五《无常经讲经文》:"望儿孙,行孝义,～我一生错使意。饶你～总无筹,也不如闻健先祇备."

【保山】 bǎo shān 媒人或证婚人。明《金瓶梅词话》一七回:"既要做亲,须得要个～来说,方成礼数."《石点头》卷二:"现有方姨妈做～,不是我与房下草毛白付."清《红楼梦》五七回:"(贾母)因回房来,即刻就命人叫了邢夫人过来硬作～."

【保山婆】 bǎo shān pó 媒婆。明袁宏道《与丘长孺书》:

"大约遇上官则奴,候过客则妓,治钱谷则仓老人,谕百姓则～."

【保社】 bǎo shè 一种以修福为目的的结社,成员多为老年人。宋郭应祥《踏莎行·三月二日元择旬会》:"幸有杯觞,堪同～,棋如飞电晴空下."曾慥《调笑·净友莲》:"远公～今何有? 怅望东林搔首."金元好问《刘光甫内卿新居》:"父老渐来同～,儿童久已爱文章."

【保识人】 bǎo shí rén 担保人。宋吴自牧《梦粱录》卷一九:"凡顾倩人力及干当人,……俱各有行老引领。如有逃闪,将带东西,有元地脚～前去跟寻."

【保谈】 bǎo tán 即"包弹❶"。元王和卿《醉中天·咏俊妓》:"俊的是庞儿,俏的是心,更待～甚?"

【保童】 bǎo tóng 少年男仆。明《朴通事谚解》卷下:"～,疾快将茶来!"

【保头钱】 bǎo tóu qián 即"保钱"。保头即保人。明《金瓶梅词话》三一回:"吴典恩又早封下十两～,双手递与伯爵."又四二回:"左右是你与老孙作保,讨～使."

【保伍】 bǎo wǔ 古代一种民间联防编籍制度,已见于《北史》,宋代普遍推行。也指在编的人员。《新唐书·毛若虚传》:"大抵核囚,先收家赀以定赃,有不满意,摊索～姻近."宋《三朝北盟会编》卷二一六:"分欲乞召师道同团结西京兵马及本路～,于黄河岸河桥诸陵寝措置守把讫,与师道同入护京师."《宋史·兵志六》:"(宣和)三年,诏:先帝若稽成周制～之法。自五家相比,推而达之,二十五家为一大保,二百五十家为一都保。保各有长,都各有正,正各有副。使之相保相爱,以察奸慝."

【保惜】 bǎo xī 保护;爱怜。《敦煌变文校注》卷五《父母恩重经讲经文(一)》:"不于女处生嫌厌,不向儿边起爱亲。一个个教招兼～,未曾有意略言恩."宋洪迈《夷坚志》丁卷一〇:"此花高丈馀,春末花开烂漫。……人共～."明朱橚《普济方》卷七一:"眼目……若能终身～,可使白首无患."

【保休】 bǎo xiū 保佑赐福。《敦煌愿文集·置伞文》:"延百福以竖胜幢,珍千灾而征白伞。将奉～家国,子育黎元;四方无衰变之忧,郡牧有康宁之庆."

【保养】 bǎo yǎng 客套话,犹言发福。明《金瓶梅词话》八七回:"武二哥比旧时～,胡子植儿也有了."

【保义】 bǎo yì 保义郎,本为官职名,因可捐得,借作仆役或技艺人的尊称。宋曾慥《高斋漫录》:"近年贵人仆隶,以仆射、司徒为卑小,则称～,又或称大夫也."周密《武林旧事》卷六:"小说:……徐～、汪～."

【保愿】 bǎo yuàn 祈求。《敦煌愿文集·燃灯文》:"时即有官家已下诸社众等～平安之福会也."宋曹勋《华严塔铭》:"～王香惟馨兮,谓时岁永厥龄."

【保债】 bǎo zhài 做借贷双方的担保人。明柯丹邱《荆钗记》八出:"自古道:男不作媒,女不～."《金瓶梅词话》一一回:"第三名唤吴典恩,乃本县阴阳生,因事革退,专一在县前为官吏."

【保长】 bǎo zhǎng 保甲、保伍制度每保的主事人。《宋史·兵志六》:"十家为一保,选主户有干力者一人为～."

【保正】 bǎo zhèng 保甲、保伍制度每一大保的主事人。参见"保伍"。宋苏辙《龙川略志》卷四:"乃以夏税过期为名,召诸乡～."《五灯会元》卷一六净慈道臻禅师:"这个是三家村里～书门底,为甚么将来华王座上当作宗乘?"宋元《警世通言》卷四:"虽说五日一教,那做～的日聚于教场中,受贿方释."

【保证】 bǎo zhèng 做担保的人或用来作担保的信物。唐白行简《李娃传》:"乃邀立符契,署以～,然后阅之."高彦休《阙

史》卷上："且无～，又乏簿籍，终为所拒。"《宋史·赵普传》："太宗入弭德超之谮，疑曹彬不轨。属普再相，为彬辩雪，事状明白。"

【保知】 bǎo zhī ❶ 保证；肯定。《敦煌变文校注》卷四《降魔变文》："然我神通变现，无有尽期，一般虽则不如，再现～取胜。" ❷ 保人；证人。《敦煌变文校注》卷一《张议潮变文》附录一："阿耶驱来作证见，阿嬢也交作～。"《吐鲁番出土文书》第七册《唐垂拱元年康义罗施等请过所案卷》："但你那等～不是压良等色，若后不依今款，求受依法罪。"

【保重】 bǎo zhòng ❶ 保护；注重。五代齐己《谢人惠端溪砚》："～更求装钿匣，闲将濡染寄知音。"清《歧路灯》六七回："况且咱本族虽然有人，现今隔省，侄只愿～这个喜信。"按，"喜信"指怀胎。 ❷ 规劝或希望别人注重健康，犹言珍重。宋余靖《与李觐书》："道远未由胥会，徒益倾渴耳。冬寒。"金《董解元西厢记》卷四："君瑞道闺房里～，莺莺道路途上宁宁。"明佚名《金貂记》一一出："且自将息贵体，～，～。"清《红楼梦》二九回："虽然生气，姑娘到底也该～着些。"

【保状】 bǎo zhuàng 替人担保的文书。《宋史·职官志九》："诸训武郎至进武校尉，……愿换文资者，听召保官二员具家状连～二本，诣登闻鼓院投进乞试。"清《儒林外史》九回："你去把我们前日黄家圩那人来赎田的一宗银子兑七百五十两替他上库，……你再拿他的名字添上一个～。"

【保子】 bǎo zi 即"保儿❷"。明陈铎《耍孩儿·嘲川戏》："妆生的道将身去长街上看黄宣张挂，妆旦的说手打着马房门叫～跟随。"

【鸨儿】 bǎo ér 妓女的假母；妓院的女老板。元刘庭信《寨儿令·戒嫖荡》："撅丁威凛凛，～恶哏哏。"明《拍案惊奇》卷二五："怎当得做～、龟子的吮血磨牙，不管天理。"

【鸨母】 bǎo mǔ 即"鸨儿"。明佚名《古玉环记》二六出："想花前输情万千，～见偏起风波，拆散锦鸯。"

【鸨子】 bǎo zi 即"鸨儿"。明《金瓶梅词话》五八回："止有郑爱月儿不到，他家～说，收拾了才待来。"《醒世恒言》卷三六："乐户与～商议道：他既不肯接客，留之何益？"

bào

【报】 bào 告知；告诉。唐韩愈《咏灯花同侯十一》："更烦将喜事，来～主人公。"寒山《昔日极贫苦》："大有碧眼胡，密拟买将去。余即～渠言：此珠无价数。"崔令钦《教坊记》："为我～侯大兄，晚间有人送粥，慎莫吃。"

【报本】 bào běn 报答恩德。元明《水浒传》五四回："当初也是你送了他，今日正宜～。"明沈采《千金记》四八出："待我奠他一杯酒，以尽我～之意。"《金瓶梅词话》二六回："你这媳妇也是你家主婆的，配与你为妻，又把资本与你做买卖，你不思～，还生事，倚醉黉夜突入卧房，持刀杀害。"

【报不平】 bào bù píng 同"抱不平"。唐韦洵美《假僧榻闷吟》："人间有此不平事，何处人能～。"明徐祯卿《结客少年场行》："雪刃亲将，千金购首未分明。"清《红楼梦》九回："如今自己要挺身出来～，心中且忖度一番。"

【报酬】 bào chóu 酬答；报答。宋梅尧臣《答张子卿秀才》："逍遥独咏歌，寄翼与～。"脉望馆本《鲁斋郎》二折："你与了我你的浑家，我的妹子～你。"按，《元曲选》本作"酬答"。明《西游记》三七回："拿住妖魔，辨明邪正，朕当结草衔环，～师恩也。"

【报撺箱】 bào cuàn xiāng 即"喝撺箱"。《元曲选·魔合罗》三折："只听的咚咚传击鼓，偺偺～。"

【报单】 bào dān 报告事项的文书。❶ 指喜报，报告得官、升迁、应试得中等信息。明《二刻拍案惊奇》卷三："拿出一张～来，已升了学士之职，只管嚷着求赏。"清《红楼梦》一一九回："那家人赶忙出去接了～回禀，见贾兰中了一百三十名。" ❷ 公文；呈文。明《西游记》二回："送文书，递～，不管那里寻了饭吃。"《拍案惊奇》卷六："于是写下～，正值知县升堂，当堂递了。"清孔尚任《桃花扇》二九出："速递～，叫他校尉拿人。" ❸ 报税凭证。明倪元路《门税积弊疏》："因吊取从前一阅之，每一单所开货物，多者至二三千件，数十商之所共也。"《金瓶梅词话》五九回："老爹接了～，也没差巡拦下来查点，就把车喝过来了。"清胤禛《圣训·理财》："～任意重轻，为纳课之多寡。" ❹ 邸报，专门刊登朝廷消息的一种新闻纸。清《樵史》一六回："正慌乱间，外边传进说报房里报，有圣旨在吴弘业本上批：崔呈秀着九卿会勘。～在此。" ❺ 告示；启事。清《歧路灯》一〇三回："这家人出街，看了栅栏墙头'赁官居住，家伙俱备'的～，照着所写胡同寻去。"

【报道】 bào dào 报知；回答。唐刘肃《大唐新语》卷一〇："遮莫冬冬动，须倾湛湛杯。金吾倘借问，～玉山颓。"《景德传灯录》卷八《南泉普愿禅师》："庄主云：'昨夜土地～，和尚今日来。'"元虞集《风入松》："凭谁寄，锦字泥缄，～先生归也。"

【报定】 bào dìng 婚俗。相亲中意后，男方告知女方，并送去定婚礼品。宋吴自牧《梦粱录》卷二〇："既已插钗，则伐柯人通好，议定礼，往女家～。"

【报房】 bào fáng 发送邸报、文书的处所。清《樵史》一六回："家人去不多时，即来回说道：'～打听没有什么消息。'"《醒世姻缘传》一七回："差了晃凤到城上～，打听那全本的说话。"

【报伏】 bào fú 即"报复❶"。《元曲选外编·单刀会》一折："左右～去，道乔公来了也。"又《黄花峪》二折："众头领来时，～我知道。"

【报复】 bào fù ❶ 禀告；通报；答复。唐孙棨《北里志·楚儿》："光业性疏纵，且无畏惮，不拘小节，是以敢驻马～，仍便送之。"《元曲选·鸳鸯被》楔子："可早来到也，不必～，我自过去。"元明《水浒传》三九回："正值知府退堂在衙内，使人入去～。" ❷ 本指回报，唐以后渐偏指报偿旧仇积怨。《太平广记》卷二四〇引《谭宾录》："晚年多冤仇，惧其～，出广车仆。"《元典章·刑部七》："(李百一)与潘万三原有仇嫌。大德元年三月十三日，见潘万三九岁幼女茂娘，用膏药诱引来家，起意奸污，～旧恨。"清《醒世姻缘传》六二回："但吃了狄希陈这场大亏，后来曾否～，且再看后回结束。" ❸ 报应。明《二刻拍案惊奇》卷二〇："贾廉访昔年设心拐去的东西，到此仍还与商家用度了。这是羹里来饭里去，天理～之常。"

【报覆】 bào fù 同"报复❶"。金《刘知远诸宫调》三："睹门吏走至阶旁，来～嗦匆忙。"元《七国春秋平话》卷中："有一小军～：'有兵来也！'"

【报辜】 bào gū 被打伤后到官府申告。参见"保辜"。元明《水浒传》一〇三回："扶他到家，卧床将息，央人写了状词，去新安县投递～。"

【报官囚】 bào guān qiú 已判死刑，待上报批准执行的囚犯。比喻被官场束缚有如囚犯的人。《元曲选·竹叶舟》二折："枉了俺这大罗仙，来度脱你个～。"

【报尽】 bào jìn 僧人谓天年已尽。参见"报龄"。《文苑英华》卷七八六《唐故洪州开元寺石门道一禅师塔铭并序》："化缘既

周,趺坐～,时贞元四年二月庚辰,春秋八十,夏腊六十。"《景德传灯录》卷四《鸟窠道林禅师》:"师于长庆四年二月十日告侍者曰:'吾今～。'言讫坐亡。"明《十六国春秋》卷二一:"有得道者曰:'此檀越～,当受鸡身。'"

【报君知】 bào jūn zhī　走街算命者招揽顾客的响器。明《古今小说》卷一:"响的这件东西,唤做～,是瞎子卖卦的行头。"《拍案惊奇》卷一:"恰遇一个瞽目先生,敲着～走将来。"清李光庭《乡言解颐》卷三:"今之瞽者,……有以木槌击小钹者,名为～,乡人不知,但曰打铛铛挞点儿。"

【报龄】 bào líng　佛家语,称僧人的自然年龄,与"法腊"(出家受戒年龄)相对。《祖堂集》卷六《石霜和尚》:"光启四年戊申岁二月十日迁化,～八十,僧夏五十九。"《宋高僧传》卷九《法钦传》:"八年壬申十二月示疾,说法而长逝,～七十九,法腊五十。"

【报录人】 bào lù rén　给应试中、得官升官人家报喜的人。清《儒林外史》三回:"那些～道:'原来是老太太!'大家簇拥着要喜钱。"徐锡龄等《熙朝新语》卷七:"启关未及询,众拥而入,乃～也。"

【报马】 bào mǎ　骑马报告消息的人。元明《水浒传》五五回:"却说梁山泊远探～径到大寨,报知此事。"明金幼孜《北征录》:"饭毕,久俟～不至,日已暮。"清《聊斋志异·王子安》:"近放榜时,痛饮大醉,归卧内室。忽有人曰:'～来。'王踉跄起曰:'赏钱十千。'"

【报年】 bào nián　犹"报龄"。唐李华《荆州南泉大云寺故兰若和尚碑》:"享龄七十九,经夏六十。～之限,涅槃之时,同于如来。"《祖堂集》卷一七《双峰和尚》:"语毕,怡然迁化,～七十有一,僧腊四十四霜。"

【报喏】 bào nuò　❶官员升堂或退堂时衙役齐声吆喝,以壮堂威。《元曲选·望江亭》二折:"不听的～声齐,大古里坐衙来恁时节不退。"❷应答尊长,表示遵从。元《三国志平话》卷上:"玄德坐于帐上,问曰:'谁人敢去探贼兵多少?'道一声未了,有张飞帐前～:'飞愿自往。'"

【报庆】 bào qìng　犹报喜。唐于邵《请册皇太子表》:"伏乞以时册天,～天人。"宋吴曾《能改斋漫录》卷一二:"及副枢李公谘卒,公(章郇)代之。时有亲吏闻命,即径造斋阁,～公厉声曰:'无妄语!'乃叱出之。"清施峻有《萧行人～两广归江西》。

【报人】 bào rén　❶报告消息的人;告密者。元明《水浒传》一○五回:"王庆等预先知觉,拒敌官兵。都头与～黄达都被杀害。"明《醒世恒言》卷三四:"赵完问～道:'他们共有多少人在此?'答道:'十来个男子,六七个妇人。'"❷即"报录人"。明《二刻拍案惊奇》卷三:"只见老家人权孝同了一班京～,一见了就磕头道:'京中～特来报爷高升的。'"清《五色石》卷一:"正话间,小鬟来说,前厅有～来报老爹喜信。"

【报偌】 bào ruò　即"报喏❶"。《元曲选·虎头牌》三折:"贺平安～可便似春雷。"

【报赛】 bào sài　❶祭祀神灵,答谢保佑。唐王建《赛神曲》:"但愿牛羊满家宅,十月～南山神。"明谢肇淛《五杂组》卷一五:"其供佛像,一饭一水而已,无酒果之献,无楮陌之焚,无祈祷～之事,此正礼也。"❷引申为一般的回报、报答。唐白居易《偶以拙诗数首寄呈裴少府侍郎》:"一縻丽龟绝,五鹿连挂难支梧。"《敦煌变文校注》卷五《父母恩重经讲经文(一)》:"今既成人,还须～;莫学愚人,返生逆害。"

【报事人】 bào shì rén　负责通禀事项的人。元《前汉书平话》卷中:"通曰:'公乃何人见公?'广曰:'道与～道:是你爷来见广也!'门人不敢报。"

【报书】 bào shū　简短的回函。唐元稹《酬乐天书怀见寄》:"天明作诗罢,草草随所如。凭人寄将去,三月无～。"李翱《答独孤舍人书》:"所以不数附书者,一二年来往还多,得官在京师,既不能周遍,又且无事,性颇慵懒,便一切断置,祗作～。"按,由此可见"报书"与一般的回信有所不同。宋陈与义《寄大光二绝句》:"心折零陵霜入鬓,更修短札问何如? 江湖不是无来雁,只惯平生作～。"

【报说】 bào shuō　报告;告知。《元朝秘史》卷五:"有赤忽儿忽哨望人来～:'敌人将至。'"元明《水浒传》三回:"那店小二把手帕包了头,正来郑屠家～金老之事。"清《红楼梦》一六回:"忽见门吏忙忙进来,至席前～:'有六宫都太监夏爷爷来降旨。'"

【报条】 bào tiáo　即"报帖❶"。清《后水浒传》三八回:"到了次日,杨公与众弟兄细细商议了一番,遂使章文用写了几千百张～,遣人往各乡村镇去,报的报,帖的帖。"《聊斋志异·张鸿渐》:"见一高门,有～粘壁上。近视,知为许姓,新孝廉也。"

【报帖】 bào tiě　❶通报事情的单子;报事帖子。宋元《警世通言》卷七:"径到西山灵隐寺,先有～知。长老引众僧鸣钟擂鼓,接郡王上殿烧香。"明于慎行《谷山笔麈》卷一二:"乃至公卿往来,权贵交际,各边都府日有～,此所当禁也。"清况周颐《眉庐丛话》:"牛奇章镇维扬,每冬,令街卒卫杜记夜游,～盈箧。"❷犹"报单❶"。清《儒林外史》三回:"范进三两步走进屋里来,见中间～已经升挂起来。上写道:捷报贵府老爷范讳进高中广东乡试第七名亚元,京报连登黄甲。"

【报头】 bào tou　报答的缘由。明徐渭《四声猿·雌木兰》一出:"就随着俺的爷也读过书,学过些武艺,这就是俺今日该替爷的～了。"

【报晓】 bào xiǎo　报告已经天亮。唐韩愈《大行皇太后挽歌词三首》之二:"无复临长乐,空闻～钟。"元《秦并六国平话》卷中:"驿马嘶风,邻鸡～。"

【报效】 bào xiào　酬谢。宋元《警世通言》卷一九:"敢就贵庄借宿一宵,来日归家,丞相爹爹却当～。"元明《水浒传》二五回:"九叔记心,不可泄漏,改日别有～。"

【报衙】 bào yá　❶主管官员开衙办公时,衙门击鼓通知衙属到参。唐柳宗元《同刘二十八院长述旧言怀》:"蹀躞骀先驾,笼铜鼓～。"元方回《早起》:"窗曙书灯暗,闲居免～。"❷蜜蜂早晚围簇蜂巢口外,如同吏役朝衙。宋陈允平《醉桃源》:"东风开到坼桐花,游蜂初～。"明高启《题许澜伯三虫图》:"蜜脾未满～频,蠹化初成傅粉新。"

【报怨】 bào yuàn　同"抱怨"。明《金瓶梅词话》一回:"原来金莲自从嫁武大,见他一味老实,人物猥獕,甚是憎嫌,常与他合气、大户～。"《西游记》二○回:"我不曾～的,他就说我～。"清《红楼梦》程乙本二六回:"那晴雯正把气移在宝钗身上,偷着在院内～说:'有事没事,跑了来坐着,叫我们三更半夜的不得睡觉。'"

【报愿】 bào yuàn　还愿。《敦煌愿文集·愿文等范本三一》:"公等奉为本使元戎小有违和,今得痊损,军府庆慰,谨设清斋之为灼。"宋《云笈七籤》卷一一七引《段相国～修忠州仙都观验》。

【报状】 bào zhuàng　❶邸报。唐王建《赠华州郑大夫》:"拆开知足雨,赦书宣过喜无冤。"五代孙光宪《北梦琐言》卷五:"始蒋伸相登庸,李景逊尚书西川览～而叹曰:'不能伏事斯人也!'"宋王辟之《渑水燕谈录》卷九:"暇日接僚吏,殊不喜谈朝廷除授,亦未尝览除目。每得邸吏～,则纳怀中,不复省视。"❷递状

子,也指报事文书。清《儒林外史》四回:"和尚同妇人拴做一处,候知县出堂~。"《歧路灯》八〇回:"这德喜儿后来吊死在冠县野坟树上,乡保递了~,官府相验。"

【报子】 bào zi ❶犹"报帖❶"。元施惠《幽闺记》二五出:"我要写个~,打到孟津驿去。"明《平妖传》三〇回:"发~到各门上去,如有和尚出门,便叫捉住。"《拍案惊奇》卷三一:"赛儿接得这~,就集各将官说:'如今傅总领兵领大军来征剿我们,我须亲自领兵去杀退他。'" ❷犹"报帖❷"。清《醒世姻缘传》一回:"将~挂了红,送在当日教学的书房内供给。" ❸探子;走报消息的人。元《三遂平妖传》一六回:"却说贝州~探听得刘彦威起兵,飞马来报王则。"明《禅真逸史》三六回:"早间有~来说,老爷升官加爵,即便回家。"屠隆《彩毫记》二二出:"〔探子〕~叩头。〔小生〕~勿忙,所说何事?" ❹即"报录人"。清《儒林外史》三回:"你中了举了,叫你家去打发~哩。"

【抱】 bào ❶领养;抚育。宋元《清平山堂话本·五戒禅师》:"长老道:'我问你,那年~的红莲,如今在那里?'"《元曲选·儿女团圆》二折:"姐姐,亏我~的他这般大。" ❷孵。唐张鷟《朝野佥载》卷四:"王幸在家穷,无物设馔,有一鸡见~儿,已得十馀日,将欲杀之。"宋吕渭老《谒金门》:"花尽叶长蚕又~,子规啼未了。"《元曲选外编·五侯宴》四折:"王员外将鸭蛋拿到家中,不期有一雌鸡正在暖蛋之时,王员外将此鸭蛋与雌鸡伏,数日个个~成鸭子了。"按,扬雄《方言》八:"北燕、朝鲜洌水之间谓伏鸡曰抱。"

【抱不平】 bào bù píng 看到别人受到不公平的待遇,产生强烈的愤慨情绪或在行动上有所表现。宋徐集孙《岳鄂王墓》:"古木号风~,百年忠义日争明。"元刘埙《龚祥甫墓志铭》:"其孙畴依既又目击人众者之为,~曰:'不可使亡友肉未寒而有此,今惟孤是恤。'"清《醒世姻缘传》五三回:"晁思才见得出殡甚是苟简,棺木甚是不堪,抱了不平。"

【抱粗腿】 bào cū tuǐ 喻攀附有权势的人。《元曲选·谇范叔》一折:"放鹰的,则不如去放雕。调大谎,往上趱;~,向前跳;倒能勾禄重官高。"清《醒世姻缘传》四四回:"还要把那家中使数的人都说他欺心胆大,~,惯炎凉。"

【抱肚】 bào dù 即兜肚。宋王铚《默记》卷下:"皇祐二年,有狂人冷青言,母王氏本宫人,因禁中火,出外,已尝得幸有娠,嫁冷绪而后生青。……并妄以神宗与其母绣~为验。"《汾阳禅师语录》卷下:"师身形,像王裤,更绞毒龙为~。非但人间见者惊,一切邪魔无不怖。"明朱橚《普济方》卷一三五:"温内玉~治阴毒伤寒。"按,这种内衣汉以前即有,称"抱腹"。刘熙《释名·释衣服》:"抱腹,上下有带,抱裹其腹,上无裆者也。"

【抱佛脚】 bào fó jiǎo 比喻临时应付。唐孟郊《读经》:"垂老~,教妻读黄经。"宋刘攽《邵氏闻见后录》卷一九:"王荆公初执政,对客怅然曰:'投老欲依僧耳。'客曰:'急则~。'公微笑:'投老欲依僧,古人全句也。'客曰:'急则~,亦全俗语也。'"清《绿野仙踪》五五回:"我于八股一途,真荒疏得了不得。若要下场,必须抱抱佛脚。"

【抱负】 bào fù 志向。《旧五代史·梁书·太祖纪》:"帝初受禅,求理尤切,委宰臣搜访贤良,或有在下位~器业久不得伸者,特加擢用。"宋楼钥《绩溪县尉楼君墓志铭》:"念吾兄~不凡,不见于用。"明沈采《千金记》一七出:"此间谈论,足见~。"

【抱告】 bào gào 明清制度,指诉讼时原告可委托亲属或家人代理出庭。也指代理出庭的人。明张居正《旧章饬学政以振兴人才疏》:"除本身切己事情,许家人~,有司从公审问。"清《野叟曝言》一八回:"老爷只消问那~讨奸证情就是了。"

【抱官囚】 bào guān qiú 同"报官囚"。宋黄庭坚《四休居士》:"富贵何时润髑髅,守钱奴与~。"金元好问《诉衷情》:"升平责望富民侯,愁损~。自家本无烦恼,闹处要钻头。"元范康《竹叶舟》三折:"好不聪明愚汉汉,疾是悟~。"

【抱嫁】 bào jià 江南风俗,女子出嫁,由其兄或弟抱上轿并送上门,因以称其兄或弟。明《醒世恒言》卷七:"原来江南地方娶亲,不行古时亲迎之礼,都是女亲家和阿舅自送上门。女亲家谓之送娘,阿舅谓之~。"

【抱空窝】 bào kōng wō 母鸡伏窝而不孵小鸡,喻指妇女小产后坐月子。明《金瓶梅词话》三三回:"平白膘剌剌的抱什么空窝,惹的人动的唇齿!"

【抱蓝】 bào lán 即"薄蓝❷"。明佚名《一枝花·道情》:"效何郎枉撒暂,病躯老已~,老双褥尽打怜,小苏卿便张喊。"

【抱搂】 bào lǒu 搂抱。明陈所闻《沉醉东风·咏琵琶》:"爱你时怀中~,为你时费些春秋。"《封神演义》二六回:"纣王见他如此,双手~,偏殿交欢。"

【抱锣】 bào luó 宋代民间一种携铜锣伴奏的乐舞。宋孟元老《东京梦华录》卷七:"有假面披发,口吐狼牙烟火,如鬼神状者上场,着青帖金花短后之衣,帖金皂裤,跣足,携大铜锣,随身步舞而进退,谓之~。"周密《武林旧事》卷二"大小全棚傀儡"下有"~装鬼"。

【抱歉】 bào qiàn 心怀歉疚;表示歉疚。明薛应旂《答熊元直检讨》:"虽知己如江直,亦遂疏阔,~何可言。"清李渔《慎鸾交》一六出:"连因俗冗,不得过来奉陪,甚是~。"《红楼梦》一〇九回:"宝玉~,欲安宝钗之心。"

【抱屈】 bào qū 遭受委屈。敦煌词《望江南》:"每恨六番生留滞,只缘当路寇雠多,~怎知何!"清《聊斋俚曲·禳妒咒》:"公子勒头上云:'呀,朋众云集了。'众云:'~呀。'公子说:'少笑!'"《红楼梦》七七回回目:"俏丫鬟~夭风流,美优伶斩情归水月。"

【抱裙】 bào qún 一种方形絮有棉花的布片或夹层布片,钉有带子,天凉时束在小儿腰间,护住臀部和腿,以挡风保暖。明《金瓶梅词话》三九回:"李瓶儿走过来,替他脱衣裳时,就拉了~奶屎。"清《玉楼春》一三回:"两个乳母各抱起一个来,解开~看验。"△《红楼真梦》五九回:"宝钗看那桢哥儿,围着绣花大红棉~,穿着杏红绸子小棉袄。"

【抱认】 bào rèn 认领;承担。宋岳珂《桯史》卷一〇:"足下可与军中议,取散关要银绢钱引若干,取凤祥要若干,可以必克,本所当一切~,……如克敌而赏不行,仆之责也;若本所~而不能成功,足下当如何?"周密《武林旧事》卷六:"若住屋则动辄公私房赁,或终岁不偿一环。诸务税息,亦多蠲放,有连年不收一孔者,皆朝廷自行~。"

【抱腰】 bào yāo 接生;助产。唐王焘《外台秘要方》卷三三:"又凡产法,唯须熟忍,不得逼迫。要须儿痛欲出,然后~,傍人不得惊扰。"元明《水浒传》二四回:"老身为头是做媒,又会做牙婆,也会~,也会收小的。"明《金瓶梅词话》八六回:"莫不是你五娘养了儿子了,请我去~?"

【抱怨】 bào yuàn 埋怨。《元曲选·潇湘雨》楔子:"船便开,倘若有些不测,只不要~我。"明《醒世恒言》卷七:"万一不成,舍亲何面目回转?小子必然讨他~了。"清《儒林外史》一回:"秦老过来~他道:'你方才也太执了。'"

【抱状】 bào zhuàng 同"报状❷"。宋洪适《招安海贼札子》:"其人云:在明州时,便有意招安,但以路远难通,来时船主令

人～投告。"明冯惟敏《耍孩儿·骷髅诉冤》："～的是招财童子,访事的是利市仙官。"《禅真后史》二三回："仰县押解二凶,并印府～人等至司,以便鞫审。"

【鲍螺】　bào luó　同"鲍螺"。明《金瓶梅词话》五八回："这应伯爵看见酥油～,浑白与粉红两样,上面都沾着飞金。"又三二回："李瓶儿与玉箫在房首拣酥油～儿。"

【鲍儿】　bào er　即"庞儿"。元佚名《柳营曲·风月担》："倚仗他性儿谦,～甜,曲弓弓半弯罗袜纤。"又："眼角眉尖,意顺情忺,且是可意娘～甜。"

【鲍老】　bào lǎo　❶傀儡戏中的丑角。《历代诗话》卷上《后山诗话》："杨大年《傀儡》诗云：'～当筵笑郭郎,笑他舞袖太郎当。若教当筵舞,转更郎当舞袖长。'"宋吴潜《秋夜雨·依韵戏赋傀儡》："谁知～从旁笑,更郭郎摇手消薄。"明《醒世恒言》三四回："不是傀儡场中～,竟像秋千架上佳人。"❷戏曲或民间乐舞中逗笑的角色。元明《水浒传》三三回："那跳～的身躯纽得村村势势的,宋江看了,呵呵大笑。"明梁辰鱼《好事近·元宵灯词》："骨冬冬鼓儿,舞翩翩～儿。"《金瓶梅词话》四二回："呀,一壁厢舞～,仕女每打扮的清标。"

【鲍螺】　bào luó　一种制成螺蛳状的乳酪制品。宋周密《武林旧事》卷六："瓜蒌煎、～、裹蜜。"明张岱《陶庵梦忆》卷四："而苏州过小拙和以蔗浆霜,熬之,滤之,钻之,掇之,印之,为带骨～,天下称至味。"

【鲍气】　bào qì　臭气。五代孙光宪《北梦琐言》卷一五："大败歧军,横尸不绝,～闻于十里。"

【豹脚】　bào jiǎo　一种腿上有斑点的蚊子。宋韩琦《中元病起》："风摧～蚊休怕,露逼鸡毛菜已长。"周密《齐东野语》卷一〇："坡翁尝曰：'湖州多蚊蚋,～尤毒。'且见之诗云：'飞蚊猛捷如花鹰。'又云：'风定轩窗飞～。'"

【豹跳】　bào tiào　即"暴跳"。《五灯会元》卷一一《延沼禅师》："羯鼓掉鞭牛～,远树梅村嘴都卢。"宋《朱子语类》卷一四："看他只恁地～,不肯在这里理会,又自思量做别处去。"清《醉醒石》一五回："这日许校尉来说起,他便～道：'你家是锦衣,咱家不是锦衣？'"

【豹子】　bào zi　假的；伪的。《元曲选·举案齐眉》一折："兀的是～峨冠士大夫,何必更称誉。"钱霖《哨遍》："田连阡陌心犹窄,架插诗书眼不瞅,也学采东篱菊。子是个装呵元亮,～浮丘。"古本《老乞大》："这漆器家具,一半儿是通布裹的,一半儿是胶漆托的,更有些～生活,其餘的通布裹的是主顾生活。"

【暴】　bào　❶鼓起；突出。清《醒世姻缘传》四九回："年纪约有二十多岁,黄白净脸儿,～～的两个眼。"又六一回："竖了两道双舞剑的蛾眉,突了两只张翼德的～眼。"❷穷困；困乏。元岳伯川《铁拐李》一折："名分轻薄俸钱些小,家私～。我又不会耕种得锄刨,倚仗着笞杖徒流绞。"《元曲选·㽮范叔》一折："便读得十年书也只受的十年～,便晓得十分事也抵不得十分饱。"参见"穷暴❶""贫暴"。❸敲击。暴,通"㩧"。作名词时犹言栗暴。宋元《古今小说》卷三五："皇甫殿直捻得拳头没缝,去顶门上屑那厮一～。"按,《清平山堂话本·简帖和尚》作"㩧"。《广雅·释诂三》："㩧,击也。"❹(尘土)溅；扬。清《醒世姻缘传》五回："拿罩儿罩住,休要～上土。"《聊斋俚曲·增补幸云曲》："茶壶放在床底下,没有盖子闭着嘴,～上灰尘怎么顿茶？"

【暴出龙】　bào chū lóng　初次从事某种职业。明《型世言》三〇回："内中也有几个欺他～,骗他,十两公事做五两讲。"按,民国《定海县志》："初次做事曰暴出龙。"

【暴发户】　bào fā hù　突然发财得势的人家。明陈铎《小桃红·古董》："脱货求财～,强支吾。"清《儒林外史》五三回："也是那些～人家,若是我家,他怎敢大胆！"

【暴节竹】　bào jié zhú　即筇竹,蜀地所产,竹节突出,可做手杖。明《西游记》五九回："手中拄一根弯不弯直不直～杖。"李时珍《本草纲目》卷三七："～出蜀中,高节磊砢,即筇竹也。"

【暴囚】　bào qiú　即"报官囚"。《元曲选·救风尘》二折："逐朝家如～,怕不将性命丢。"

【暴跳】　bào tiào　猛烈地跳,形容激动。明《西游记》八六回："行者气得～道：'中他计了！'"清《醒世姻缘传》二八回："那人喜得～,拿了这药,忙到他卖药的所在。"

【暴下】　bào xià　猛烈腹泻。唐韩愈《病中赠张十八》："中虚得～,避冷卧北窗。"明《二刻拍案惊奇》卷二九："那官人～不止,依言赎平胃散服过才好。"

【暴懆】　bào zào　同"暴躁"。《元曲选外编·襄阳会》二折："你道我休～,逞粗豪,擎红光剑锋手搭着。"

【暴燥】　bào zào　❶暴晒。唐王焘《外台秘要方》卷一三："取桑根白皮切三升,～作汤,淋取汁,浸小豆二升。"宋唐慎微《证类本草》卷一："凡丸散药,亦先切细,～乃捣之。"清《广群芳谱》卷九七："其草～色青白堪用,若阴干便黑烂郁坏矣。"引申为干涸、干枯。明朱橚《普济方》卷一七九："夫暴渴缘热甚,腠理开,汗大泄,而津液～。"❷同"暴躁"。宋《圣济总录纂要》卷一七："毒气乘肝冲发于目,则热气外泄,泪下眵多,日夜～。"明《西游记》一五回："行者见他哭将起来,他那里忍得住,发声喊道：'师父,莫要这等脓包形么！'"又六五回："这里面不通光亮,满身～,却不闷杀我也！"

【暴躁】　bào zào　焦躁或急躁不能控制。宋李新《呼卢说》："他日祢衡、潘岳辈,腰千钱求一掷,汹汹～,矜己傲物。"元张光祖《言行龟鉴》卷一："君子所养,要令～邪僻之气不设于身体。"明《封神演义》三回："吾因一时～,题诗反商。"

【爆】　bào　❶迸；冒。明《西洋记》二六回："弟子初生之时,不见父不见母,却在龙牙门山洞里～将出来。"清《红楼梦》八四回："凤姐急得火星直～。"❷同"暴❶"。明《拍案惊奇》卷五："牙长数寸,～出口外两边。"清《红楼梦》九三回："但见包勇身长五尺有零,肩背宽肥,浓眉～眼。"❸烹调方法,猛火热油快速煎炒。宋孟元老《东京梦华录》卷九："凡御宴至第三盏,方有下酒肉,咸豉、～肉、双下驼峰角子。"

【爆然】　bào rán　❶形容声音清脆响亮。《太平广记》卷三六三引《原化记》："(韦洵)于暗中引满射之,一箭正中,～有声。"宋叶叔微《证类普济本事方》卷七："击一下,～有声,遂瘥。"元赵孟頫《隆道冲真崇真人杜公碑》："十一日旦,顶中～有声而逝。"❷突然。宋王义山《贺新郎·自贺生孙》："好事～来子舍,报道生孙新浴。"周弼《禹穴》："不知灵变从何发,～夜半横分裂。"元李冶《测圆海镜序》："老大以来,得洞渊九容之说,日夕玩绎,而向之病我者,使～落去而无遗餘。"

【爆炭】　bào tàn　唐代妓女假母的俗称。唐孙棨《北里志·海论三曲中事》："妓之母多假母也。"自注："俗曰爆炭,不知其因,应以难姑息之故也。一曰～。"明方以智《通雅》卷一九："～、……即今之鸨也。"

【爆仗】　bào zhàng　同"爆杖"。宋孟元老《东京梦华录》卷七："忽作一声如霹雳,谓之～。"

【爆杖】　bào zhàng　爆竹。宋《朱子语类》卷七二："雷便是如今一个～。"明陆容《菽园杂记》卷一二："成化间,流星～等作,

一切取榜纸为之。"

【爆趠】 bào zhuó 奔跑。宋《朱子语类》卷五八:"只管跳踯~不已,如乘生驹相似,制御他未下。"按,爆,通"暴";"趠",《集韵·觉韵》音"竹角切",义为"疾走也"。

bēi

【杯珓】 bēi jiào 一种占卜用具,用蚌壳或竹木片制成,占卜时掷于地,据其俯仰断定吉凶。唐韩愈《谒衡岳庙遂宿岳寺题门楼》:"手持~导我掷,云此最吉餘难同。"宋洪迈《夷坚志》甲卷五:"善文取~掷之,连得吉卜。"《元曲选·合汗衫》二折:"我那徐州东岳庙至灵至圣,有个玉~儿,掷个上上大吉便是个小厮儿,掷个中平便是个女儿,掷个不合神道,便是鬼胎。"

【杯笅】 bēi jiào 同"杯珓"。宋叶梦得《石林燕语》卷一:"香案有竹~,因取以占己之名位。"宋元《清平山堂话本·杨温传》:"祝献台前,案上放灵神~。"《元人杂剧钩沉·海神庙王魁负桂英》:"清耿耿将明香来爇,骨碌碌将~掷。"

【卑】 bēi 幼小;幼辈。唐孙棨《北里志·杨妙儿》:"长妓曰莱儿,字蓬仙,貌不甚扬,齿不~矣。"《祖堂集》卷一《释迦牟尼佛》:"诸天福尽下生,皆化为人,欢喜为食,身光远照,飞行自在,无有男女尊~亲属。"

【卑伏】 bēi fú ❶ 俯伏;趴伏。《太平广记》卷四一引《广异记》:"俄而奏乐,音响清亮,非人间所有。李~听其妙音。"明章潢《图书编》卷一一〇:"今则折腰扫地,~失容,足恭过礼。"引申为低矮。明《徐霞客游记》卷三:"既达一窍,则窍内果通中窍。第中窍~,不能昂首。" ❷ 谦卑服气。唐吴兢《贞观政要》卷九:"匈奴人面兽心,非我族类。强必寇盗,弱则~。"《元曲选·谢金吾》四折:"忍一点恓惶眼泪,陪一句哀求言语,做下~。"

【卑行】 bēi háng 幼辈;下级。唐赵璘《因话录》卷五:"又中表疏远~,多有座前之目,尤可惩怪。夫阁下去殿下一阶,座前降几前一等。此之乖僭,其可行耶?"宋罗大经《鹤林玉露》卷九:"此简盖与其亲戚~也,《大全集》所不载。"明戚继光《练兵实纪》卷三:"每一项人员,班内一人,先尊行,后~,高声报曰:'某官叩头。'"

【卑末】 bēi mò 本指低级官吏,后用为男子自称的谦词。金《董解元西厢记》卷三:"侵晨等到合昏个,不曾汤个水米,便不饿损~?"《五灯会元》卷二〇《东禅思岳禅师》:"~谩道将来。"清《隋唐演义》四八回:"(杨义臣)问道:'足下可是巡河王大夫?'那人道:'~就是远臣王义。'"

【卑田】 bēi tián 即"卑田院"。明《石点头》卷六:"我怜汝是良家女子,暂落~。"

【卑田院】 bēi tián yuàn 同"悲田院"。宋佚名《张协状元》三九出:"婆婆望你归,道你为宅眷,裙破衣穿面瘦着脸,一似乍出~。"《元曲选·金线池》一折:"好运,好运,~里赶趁。"明《醒世恒言》卷三:"假如郑元和在~做了乞儿,……李亚仙于雪天遇之,便动了一个恻隐之心。"

【卑屑】 bēi xiè 低贱。唐孙棨《北里志·海论三曲中事》:"妓中有铮铮者,多在南曲中曲。其循墙一曲,~妓所居。"《太平广记》卷三八四引《宣室志》:"帝命至严,地府~,何敢违乎?"元吴澄《庐陵张君材墓志铭》:"出其素所长以应试,一不偶即不肯再,盖志趣弗与流俗卑卑屑屑者同。"

【碑珓】 bēi jiào 同"杯珓"。《元曲选·荐福碑》二折:"将~儿咒愿了,香炉上度了几遭。"

【碑落】 bēi luò 背跌;跟头。金《董解元西厢记》卷八:"觑着一丈来高石阶级赛衣跳,衙内每又没半个人扯着,头扎番身吃一个大~。"

【碑亭】 bēi tíng 保护石碑的亭子,元曲中常以喻身材魁梧。《元曲选·黑旋风》一折:"他见我这威凛凛的身似~,他可惯听我这莽壮声!"又《朱砂担》一折:"我也曾拳到处倒了~,我也曾匾担打碎了天灵。"

【背】 bēi 另见 bèi。❶ 用背驮。唐李商隐《李长吉小传》:"恒从小奚奴,骑距驴,一~一古破锦囊。遇有所得,即书投囊中。"《元典章·刑部四》:"用背麻绳子拴了赵羊头项上,推称自缢身死,~来到家。"特指杖刑时将犯人驮在背上,防其躲闪。元明《水浒传》二八回:"但凡初到配军,须打一百杀威棒。那兜拖的,~将起来。"明《老乞大谚解》卷上:"若背(书)不过时,教当直的学生~起,打三下。" ❷ 承担;遭受。清《聊斋俚曲·墙头记》:"你好生去发表,扎挂起来面有光,费贰两钱也还有名望。人见您弄的不精致,就说不是好儿郎,该您钱他也~了映。"《红楼梦》六八回:"为什么使他违旨背亲,将混帐名儿给我~着?" ❸ 从中落得钱财。明《金瓶梅词话》三五回:"明日又拿银子买向五皇亲房子,少说也有几两银子~。"

【背负】 bēi fù 另见 bèi fù。即"背(bēi)❶"。明《二刻拍案惊奇》卷二五:"那些后生~着只是走,心里正慌,只见后面赶来,两个人撒在地下,竟自去了。"

【背手】 bèi shǒu ❶ 双手在背后交叉相握;手从背后(抽、取东西)。明焦竑《玉堂丛语》卷二:"使吏抱成案读之,至数万言,~立听。"清《歧路灯》七三回:"出了大门,嵩叔拱手,绍闻~弯身作别。"《说岳全传》七〇回:"~抽金箭,翻身挽角弓。" ❷ 指暗中给人的酬报。清《醉醒石》一五回:"你得了陆指挥~,用了一生一世。"

【悲天院】 bēi tiān yuàn 即"悲田院"。明杨彦华《粉蝶儿·一点情牵》:"他两个风月了~。"

【悲田】 bēi tián 佛家谓以悲悯之心救济贫苦为福田之一,此福田称为悲田。《宋高僧传》卷九《玄素传》:"楚人相庆佛日再耀,倾陨奔赴,会于津所。人物拒道,间无立位,解衣投施,积若山丘。略不干其怀抱,今悉充~之费。"

【悲田院】 bēi tián yuàn 原为佛寺救济贫民的场所,后泛称乞丐收容机构。《类说》卷三五引佚名《事始》:"开元中,京城乞儿官为置病坊,给廪食,近代改为~,或曰养病院。"《元曲选·任风子》一折:"恰便似饿狼般撞入肥羊圈,乞儿般闹了~。"明王克笃《寒鸿秋·闲劝》:"伎俩小做不得河阳县,根基穷闯不出~。"

běi

【北里】 běi lǐ 唐长安平康里位于城北,又称北里,为娼妓聚居之地,后代指妓院。唐许浑《赠王处士》:"冠盖西园夜,笙歌~春。"元辛文房《唐才子传》卷六《张祜》:"同时崔涯亦工诗,与祜齐名,颇自放行乐,或乘兴~,每题诗倡肆。"明沈德符《万历野获编》卷二三:"昔徐昌榖纪金陵徐妓诗云:'杨花厚处春云薄,清冷不胜单夹衣。'……俱风雅可诵,然皆~种也。"

【北下】 běi xià 北边。唐颜真卿《抚州南城县麻姑山仙坛记》:"池~坛旁有杉松,松皆偃盖。"宋郑侠《西塘集》卷一:"此等人南~各有田,名燕子田。若北旱则南,南荒又北。"明《西游记》二回:"那厮自称混世魔王,住居在直~。"又四一回:"红眼马郎南

面舞,黑甲将军～冲。"

【北羊】 běi yáng　绵羊。宋洪皓《松漠纪闻》卷二:"～皆长面多髯,有角者百无二三。"明俞汝楫《礼部志稿》卷二〇:"～三十二只,用红绿绢销金盖袱三十二条。"明《金瓶梅词话》七一回:"于是拿帖来,宛红帖儿上写着:'谨具金段一端、云纻一端、鲜猪一口、～一腔、……'"

bèi

【贝多】 bèi duō　梵语 pattra 的音译,义为树叶。古代印度常以贝多罗树叶书写佛经,后因以为佛经的代称。唐李商隐《题僧壁》:"若信～真实语,三生同听一楼钟。"元吴莱《双林寺观傅大士顶相舍利及耕具故物》:"～遗文曰氎像,经律诣疏洪其源。"

【贝戎】 bèi róng　"贼"的拆字隐语。明《金瓶梅词话》二回:"也会针灸看病,也会做～儿。"清李渔《十二楼·归正楼》一回:"～来了,大家谨慎!"

【贝叶】 bèi yè　即贝多罗树叶,借指佛经。《景德传灯录》卷一七《新罗泊严和尚》:"问:'如何是教?'师曰:'～收不尽。'"宋《虚堂和尚语录》卷五:"～持来晓者疏,自称灵验世无如。依然还我唐人译,始有人知是梵书。"清《红楼梦》一七至一八回:"因听见长安都中有观音遗迹并～遗文,去岁随着师父上来。"

【备】 bèi　❶ 详尽。唐王维《送高适弟耽归临淮作》:"深明戴家礼,颇学毛公诗。～知经济道,高卧陶唐时。"元《水浒传》二四回:"小喽啰～说交锋一节,怎当史进英勇。"明《警世通言》卷三二:"十娘～述来因。"　❷ 佑助。《敦煌变文校注》卷六《金刚丑女因缘》:"赖为如来亲加～,还同枯木再生春。"《敦煌愿文集·咒愿新郎文》:"内外贤良善神,齐心加～,日胜日昌。"又《二月八日文等范本》:"惟愿三明～佑,永登无畏之身;八解澄心,早证无生之理。"按,此例"备""佑"同义连文。　❸ 编造;背后说人坏话。明《金瓶梅词话》二六回:"于是心生一计,行在后边调唆孙月娥,说来旺儿媳妇怎的说你要了他汉子,～了他一篇是非。"　❹ 更加。备,通"倍"。唐王昌龄《宴南亭》:"城楼空杳霭,猿鸟～清切。"　❺ 赔偿。备,通"赔"。《唐律》卷一:"即有人教令,坐其教令者;若有赃应～,受赃者之。"《唐律疏议》卷六:"犯罪应征正赃及赎,无财可～者,皆据其本犯正赃准铜,每二斤各加杖十。"

【备办】 bèi bàn　准备;置办。唐康骈《剧谈录》卷下:"恶人将归矣,速令～茶饭,勿令喧噪。"元古本《老乞大》:"今日～了些个茶饭,请咱每众亲眷闲坐的。"明《金瓶梅词话》八四回:"那时吴大舅保定～香烛纸马祭品之物。"

【备榜】 bèi bǎng　❶ 出榜。宋周应合《景定建康志》卷四一:"并自当使交割日为始,一切住罢,仍～晓示,不许县吏乡胥尚循旧辙,私行催讨。"《五代史平话·周上》:"今～招募敢死义士,充军前勾当。"明盛时《两广年事疏》:"除再通行申明钦遵节次圣旨榜文外,并将吕赵罪恶,～晓谕。"　❷ 副榜,乡试定额以外录取人员的名榜。《元史·选举志》:"举人下第者,悉授以路府学正及书院山长;增取乡试～,亦授以郡录及县教谕。"

【备极】 bèi jí　极其;非常。唐戴孚《广异记·僧道宪》:"宪令画工持斋洁己,诸彩色悉以乳头香代胶,～清净。"宋陆游《家世旧闻》卷下:"此老败坏天下至此,若使晏然死牖下,～哀荣,岂复有天道哉!"清《水浒后传》一三回:"那些百姓在路,流离困苦,弃子抛妻,逼辱鞭朴,～艰辛。"

【备拟】 bèi nǐ　准备;防备。《敦煌变文校注》卷四《降魔变

文》:"速须～,来月八日,城南建立道场。"《旧唐书·王晙传》:"若多屯士卒,广为～,亭障之地,蕃汉相参,费甚人劳,此下策也。"《续资治通鉴长编》卷一三七:"车驾声言亲征,有司各为～。"

【备全】 bèi quán　完全。宋李新《再与赵运使》:"恭惟道德隆峻,忠孝～。"明《西游记》六八回:"望闻问切四般事,缺一之时不～。"

【备舌】 bèi shé　搬弄唇舌。明《金瓶梅词话》七二回:"只赖奶子如意儿备了舌在月娘处,逐日只和如意儿合气。"

【备悉】 bèi xī　完备;全部。明李时勉《刘氏祠堂记》:"创立祠堂,凡若干楹,缭以周垣,门庑厨库器用～,又置祭田三十亩。"清《豆棚闲话》一则:"把古来的妒妇心肠并近日间见的妒妇实迹,～纂成一册,刻了书本。"

【备席】 bèi xí　❶ 陪席;陪客饮酒。元明《水浒传》一〇二回:"龚端请王庆上面坐了,两个公人一带儿坐下,龚端和兄弟在下面～。"　❷ 准备酒席。清《儒林外史》二四回:"次日,向知县备了席,摆在书房里自己出来陪。"《歧路灯》六一回:"拣个好日子,咱就～请这胡先生。"

【备细】 bèi xì　❶ 详细;仔细。宋《建炎以来繫年要录》卷一九〇:"帝于差来正旦使处,当～道来,朕要知端的。"《元典章·吏部五》:"开写妨碍始末年月,～缘由,于所在官司陈告。"许衡《直说大学要略》:"～思量,正心是《大学》的好法度。"明《二刻拍案惊奇》卷三七:"撞着这人来游雨花台,林屋知道了,着人邀请他来相会,方说得始末根由备备细细。"　❷ 详情;底细。宋晁说之《康节先生谥议后记》:"先生乃徐道其立身本末,苦辛～。"元古本《老乞大》:"俺家里书信有那没? 书信有。这书上写著,无甚～。"元明《水浒传》三五回:"叙礼罢,动问～。"明《西洋记》二七回:"末将祖籍出自西域回回,极知西番的～。"

【惫赖】 bèi lài　❶ 泼辣;无赖;刁恶。《元曲选·窦娥冤》一折:"美妇人我见过万千向外,不似这小妮子生得十分～。"明顾起元《客座赘语》卷一:"人之亡赖曰～。"清《儒林外史》四〇回:"新娘人物倒生得标致,只是样子觉得～,不是个好惹的。"　❷ 用于处所,指条件恶劣。明《拍案惊奇》卷二九:"见了以下出身的,就不是异途,也必拣个～所在打发他。"按,清翟灏《通俗编》卷一五"泼赖"条引《馀冬序录》:"苏州以丑恶曰泼赖,泼音如派。"

【惫懒】 bèi lǎn　即"惫赖❶"。赖,或书作"憨",误为"懒"。明《西游记》四〇回:"这泼猴多大～! 全无有一些儿善良之意,心心只是要撒泼行凶哩。"清《红楼梦》程乙本三回:"这个宝玉,不知是怎生个～人呢!"按,庚辰本等作"憨"。

【鞴】 bèi　把鞍辔等套在马上。唐张鷟《朝野佥载》卷五:"一手撮耳,一手抠目,马战不敢动,乃～乘之。"明《朴通事谚解》卷下:"将一百个钱去,疾快赁的来,牵将来～了也。"《警世通言》卷二一:"公子～了赤麒麟,将行李扎缚停当。"

【鞴马】 bèi mǎ　给马装上鞍辔。唐王昌龄《塞上曲》:"遥见胡地猎,～宿严霜。"明《警世通言》卷二一:"不觉五更鸡唱,公子起身～要走。"

【诗晦】 bèi huì　即"背晦"。清《白雪遗音·母女顶嘴》:"～老亲娘,糊涂老人家,留在我家里做甚么?"又:"～父母,不下雨的天,好伤感!"

【悖晦】 bèi huì　即"背晦"。清《醒世姻缘传》六回:"哎哟! 你小人儿家只这们～哩!"

【背】 bèi　另见 bēi。❶ 背面;反面。宋《朱子语类》卷一〇:"须是正看～看,左看右看。"特指铜钱无字的一面。宋赵彦卫《云麓漫钞》卷五:"今人目钱有文处为字,～为漫。"明《醒世恒言》卷

三四:"怎的样攫钱?也有八个六个,攫出或字或～,一色的谓之浑成。" ❷ 隐瞒;避开。宋晏幾道《河满子》:"对镜偷匀玉箸,～人学写银钩。"《元曲选·情女离魂》二折:"王生也,我～着母亲,一径的赶将你来,咱同上京去罢。"明《醒世恒言》卷二六:"因此悄地里～了夫人,瞒了同僚,竟提一条竹杖,私离衙斋。" ❸ 朝相反方向动作。唐李益《洛阳河亭奉酬留守群公送这》:"还ია汀洲雁,相逢又～飞。"宋王安石《别孙莘老》:"茫然乃分散,独～东南驰。"苏轼《江神子·恨别》:"隋堤三月水溶溶,～归鸿,去吴中。" ❹ 扭;转。清《儒林外史》五三回:"我这观音菩萨最灵验,我只把他～过脸来,朝了墙,叫你同别人睡,偎着枕头就头疼。"《歧路灯》二七回:"你别要把脸～着,写帖子去罢。" ❺ 背诵。宋《虚堂和尚语录》卷一○:"～得四大部经,到头不识如是。"明《老乞大谚解》卷上:"到晚,师傅前撤签～念书。～过的,师傅与免帖一个。"《明实录·太祖洪武实录》:"诸生每三日一～书。" ❻ 偏僻。宋《朱子语类》卷一一八:"譬如扫地,不可只扫面前,如椅子之下及角头～处,亦须扫著。"《元曲选·范张鸡黍》一折:"既然贤弟要去,其路也～,同往赴会去了。"清《醒世姻缘传》五九回:"这里就好,～肮拉它待亲家的。" ❼ 听力差。《祖堂集》卷一二《中塔和尚》:"满眼觑不见眼根昧,满耳听不闻耳根～。"《元曲选·争报恩》一折:"则这徐宁、徐胜两个字相差较,妹子你莫耳朵～错听了?"明徐𣈶《杀狗记》一四出:"这个人耳朵生来～。" ❽ 装裱;衬。唐张怀瓘《二王等书录》:"晋代装书,真草浑杂,～纸皱起。"宋范公偁《过庭录》:"然绢地杇烂为数十片,无能修之者。李因荐一匠者,酬佣直四十千,就书室～之。" ❾ (灯)暗;熄。唐王涣《惆怅诗》:"梦里分明入汉宫,觉来灯～锦屏空。"五代毛熙震《菩萨蛮》:"小窗灯影～,燕语惊愁态。"宋闻人武子《菩萨蛮·晴风吹暖枝头雪》:"灯～欲眠时,晓莺催又啼。" ❿ 背地;暗中。宋张伯端《西江月》:"不～自思己错,更将错路教人。"《五代史平话·梁上》:"恰遇昭义节度使薛志勤薨,～密引泽州兵马乘夜入潞州城,将主将杀了。"清《水浒后传》五回:"却说管营见玉娥～谤杜兴,要了他性命。" ⓫ 倒霉;不顺。唐李白《赠从弟宣州长史昭》:"才将圣不偶,命与时俱～。"元汪元亨《朝天子·归隐》:"朱颜去不回,白发来暗催,黄金尽将时～。" ⓬ 编造;背后说人坏话。背,通"备"。明杨柔胜《玉环记》一七出:"前日韦姐夫被我在爹爹面前～了一场是非。"《西游补》一回:"八戒闭了眼在草里哼哼的乱滚,道:'菩萨可曾说我些～么?'行者道:'菩萨怎么不说?'" ⓭ 把鞍辔等套在马上。背,通"鞴"。《元曲选·鸳鸯被》三折:"我想来一马不～两鞍,双轮岂辗四辙?"明《朴通事谚解》卷中:"马都将来,疾忙着～鞍子。"

【背绑】 bèi bǎng 反剪双臂捆绑。元明《水浒传》四七回:"只见七八十个军人,～着一个人过来。"明《朴通事谚解》卷中:"官人们引着几个皂隶,将棍绳到那家里,把老李拿着～了。"

【背膊】 bèi bó 胳膊。背,通"臂"。唐刘恂《岭表录异》卷下:"瓦屋子,盖蚌蛤之类也。……吃多即壅气,～烦疼,未测其本性也。"元尚仲贤《气英布》二折:"谁将我这～来牢扶定?"明冯惟敏《朝天子·巫》:"扇鼓儿狠敲,～儿碜摇,不住的梭梭跳。"

【背槽抛粪】 bèi cáo pāo fèn 牲口刚在槽边吃完草料,转身就拉屎。比喻翻脸不认人,忘恩负义。元关汉卿《调风月》一折:"一个个～,一个个负义忘恩。"《元曲选·渔樵记》三折:"我孩儿又不曾别嫁了人,是斗他耍,怎么这等认真,就说嘴说舌,～!"

【背衬】 bèi chèn 内衬。金王予可《宫词》:"金闺～鸳鸯冷,春困秋千立画干。"元明《三国演义》二一回:"忽然灯花落于带上,烧着～。"

【背触】 bèi chù 不符合;违背。宋《大慧禅师语录》卷一二:"客来须看,贼来须打,一条竹笸,天上天下;～当锋,任人酬价,咄哉村僧,少说大话!"清《四库总目提要·周易观象》:"其大旨虽与程、朱二家颇有出入,而理足相明,有异同而无～也。"

【背搭】 bèi dā 背心。因其无袖,只搭于前胸后背,故称。清《醒世姻缘传》七九回:"四钱八分银买了一匹平机白布,做了一件主腰,一件～。"

【背褡】 bèi dā 同"背搭"。宋佚名《小儿卫生总微论方》卷二:"凡儿于冬月,须著帽项之衣,夏月须著～及于当脊,更衬缀一重,以防风寒。"元张国宾《薛仁贵》四折:"穿着个破～,虱子儿乱如麻。"清《风流悟》六回:"身上穿一领白布衫,玄色绸～。"

【背地】 bèi dì ❶ 背面;不当面。《祖堂集》卷一○《长庆和尚》:"师有时云:'与摩举扬,～看来却成返厌。'"《宋诗纪事》一○○《浙西谚》:"苏杭两浙,春寒秋热。对面斯啜,～斯说。" ❷ 暗中;私下。宋周邦彦《归去难·期约》:"佳约人未知,～伊先变。"《五代史平话·晋下》:"思温知契丹动息,～令人与延照言:契丹终变,乞以幽州内附。"明《拍案惊奇》卷四○:"如此举动,道是被作弄着了,～暗笑他者鬼。"

【背地后里】 bèi dì hòu lǐ 犹"背地里"。清《醒世姻缘传》七四回:"回到家来,两个兄弟没出来探探头儿,问声是怎么,～已是恨说辱没了他。"

【背地里】 bèi dì lǐ 即"背地❷"。宋《虚堂和尚语录》卷四:"莫～强顷(项)自高。"《元典章·刑部十九》:"这四个日头,不拣是谁,但是有性命的,～偷杀的人每,不断按省奚那甚么!"清《红楼梦》五五回:"一家子大约也没个～不恨我的。"

【背儿】 bèi er 即"背子"。宋元《古今小说》卷三六:"砖顶背系带头巾,皂罗文武带～。"

【背翻身】 bèi fān shēn 转身。元明《水浒传》六回:"那汉子在林子听的,大笑道:'我晦气,他倒来惹我!'就从林子里拿着朴刀,～跳出来。"又四七回:"搭上箭,拽满弓,觑得较亲,～一箭。"

【背反】 bèi fǎn 背叛。元尚仲贤《气英布》二折:"不由我不～,不由我不掀腾。"元明《三国演义》一七回:"汝赖吾玉玺,僭称帝号,～汉室,大逆不道!"

【背负】 bèi fù 另见 bēi fù。背弃;辜负。唐韩愈《柳子厚墓志铭》:"指天日涕泣,誓生死不相～。"宋洪迈《容斋随笔》卷一五:"论文潞公～国恩,吕汲公动摇先烈,辩引惠卿、蔡确无罪。"明《拍案惊奇》卷一○:"曾将亲女金氏许元子程寿为妻,六礼已备,讵恶远徙台州,～前约。"

【背工】 bèi gōng ❶ 裱褙工。清卞永誉《式古堂书画考》卷三一:"一日先君就视之,见～以旧绢山水揩拭几案。取视之,乃郭熙笔也。" ❷ 替人办事,暗中截留的财物。清《醒世姻缘传》一回:"媒人打夹帐,家人落～,陪堂讲谢礼,那羊毛出在羊身上。"又一二回:"这五百是过送的,那二百是伍小川、邵次湖～。"

【背后】 bèi hòu ❶ 物体或位置的后面;背面。金元好问《续夷坚志》卷三:"王莽大钱作燕尾状者,比今所有,其大四倍,文曰'端伯当千',～有两字。"元杨立斋《哨遍》:"敲着棍也门门～合伏地巴背,中毒拳也教铛里仰卧地寻叉。"明《朴通事谚解》卷中:"你弟兄两个引的那小厮们,～河里洗澡去。" ❷ 次序在后的部分;后面。元杜仁杰《耍孩儿·庄家不识勾栏》:"前截儿院本《调风月》,么末敷演《刘耍和》。"明洪应明《菜根谭·评议》:"荣宠旁边辱等待,不必扬扬;困穷～福跟随,何须戚戚。" ❸ 背地里;私下。宋陈师道《清平乐》:"藏藏摸摸,好事争如莫。～寻思浑是

错,猛与将来放著。"金张师颜《南迁录》:"是者未必服非是者,～窃笑而未必争。"清《红楼梦》二〇回:"饶这样还有人～谈论,还禁得辖治他了!"

【背花】 bèi huā 受杖刑后的疮疤,也指受杖刑。宋《五代史平话·周上》:"因吃酒得罪,被主帅将小人打了三十～。"明《西游记》三一回:"小的们,选大棍来! 先打二十个见面孤拐,再打二十个～。"

【背花棒】 bèi huā bàng 即"背花"。宋元《警世通言》卷八:"郡王焦躁,把郭立打了五十～。"

【背悔】 bèi huǐ 即"背晦"。《元曲选·冻苏秦》二折:"俺爹娘他须是老～。"又《儿女团圆》一折:"这婆娘家便～,也忒瞒心昧己。"

【背会】 bèi huì 即"背晦"。元关汉卿《拜月亭》三折:"俺个～爷,听的把古书说,他便恶纷纷的脑裂,粗豪的今古皆绝。"

【背晦】 bèi huì 糊涂;不通情理。《元曲选外编·哭存孝》二折:"词未尽将他来骂,口未落便拳敦,常好～萧丞相,你常好是莽撞也祇候人!"清《红楼梦》二〇回:"你妈妈再要认真排场他,可见老～了。"

【背惑】 bèi huò 即"背晦"。明丁惟恕《河南韵·嘲惧内走章台》:"你横竖折掇的是俺,谁受的这等～。"

【背脊】 bèi jǐ 脊背;背部。唐杨筠松《撼龙经》:"须弥山是天地骨,中镇天地为巨物。如人～与项梁,生出四肢龙突兀。"宋《朱子语类》卷三八:"遣使问人于他邦,则主人拜而送之,从～后拜。"明陈铎《集贤宾·元夜》:"那老儿破袖衫～弯,皂头巾须鬓白。"

【背剪】 bèi jiǎn 双手交叉在背后(捆绑)。《宋元戏文辑佚·王祥卧冰》:"不想遇着强贼至,把大官人～入山去。"宋元《警世通言》卷三六:"都是地方敛钱,预先买贫户人家儿女。临祭时将来～在柱上,剖腹取心,劝大王一杯。"清《儒林外史》五二回:"把两手～着,把身子一扭,那条柱子就离地歪在半边。"

【背匠】 bèi jiàng 书画装裱匠。背,通"褙"。宋周密《齐东野语》卷六:"《六典》载崇文馆有装潢匠五人,即今～也。"

【背净】 bèi jìng 同"背静"。清《醒世姻缘传》六六回:"又把小玉兰拉到了～去处,再三嘱咐。"

【背静】 bèi jìng 清静;偏僻少人。明陈铎《朝天子·嘲云窗买房不成》:"闹市里两家,～处几家,讲论着七八下。"《古今小说》卷四:"半晌间,扯身亲于～处,说道:'当初原是儿的不是,坑了阮三郎的性命。'"清《红楼梦》九六回:"那丫头跟着黛玉到那畸角儿上葬桃花的去处,那里～。"

【背马】 bèi mǎ 同"鞴马"。《元曲选外编·陈母教子》四折:"下次小的每,与我～者!"明《西游记》二〇回:"次日天晓,行者去～。"

【背面】 bèi miàn ❶ 不当面;背地。唐王梵志《劝君莫杀命》:"劝君莫杀命,～被生嗔。"金《董解元西厢记》卷三:"比及相面待追依,见了依前还又休,是～相思对面羞。"明《禅真后史》一〇回:"惟见得昨日这妇人呶唇咂嘴,恁般做作,原来是～讲我过失。" ❷ 分别。唐韩愈《赠别元十八协律六首》之一:"临当～时,裁诗示缱绻。"陆龟蒙《登高文》:"反掌～,天辽海隔。如此者又欲见耶?"

【背抛】 bèi pāo 即"背抛筋斗"。元王大学士《点绛唇》:"一个将斤斗番,一个将～打,一个响扑儿学咯牙。"

【背抛筋斗】 bèi pāo jīn dǒu 后空翻。宋觉范《石门文字禅》卷一五:"乞与盘山狂弟子,～撒攧风。"元明《水浒传》六一回:"

【背篷】 bèi péng 同"背篷"。唐韩偓《江岸闲步》:"立谈禅客传心印,坐睡渔师著～。"宋陆游《七言绝句》:"雨送寒声满～,如今真是荷锄翁。"

【背篷】 bèi péng 一种特制雨衣。唐皮日休《背篷》:"侬家～样,似个大龟甲。雨中踯躅时,一向听霎霎。"宋王质《蓑笠背篷诗序》:"～亦如之,或棕毛为衫笠,以鲜密为良。"清《授时通考》卷三六:"覆壳一名鹤翅,一名～。篾竹编如龟壳,加以箬箬,覆于人背,绳系肩下。耘耨之际,以御畏日,兼作雨具。"

【背前背后】 bèi qián bèi hòu 犹"背前面后❶"。清《红楼梦》六五回:"如今跟爷的这几个人,谁不～称扬奶奶圣德怜下?"

【背前面后】 bèi qián miàn hòu ❶ 当面和背后。明《西游记》三一回:"这妖怪无礼,他敢～骂我!"清《红楼梦》一一〇回:"如今只有他几个自己的人瞎张罗,～的也抱怨。" ❷ 脊背朝前,面孔朝后。比喻当面一套,背后一套,口是心非。明《西洋记》七五回:"只因他平素为人有些～,故此今日再生也是背前面后。"

【背身】 bèi shēn ❶ 身体背面。《元曲选·看钱奴》三折:"〔贾仁云〕画喜神特不要画前面,则画～儿。〔小末云〕……画前面才是,可怎么画～的?" ❷ 背转身。宋洪迈《夷坚志》支庚卷七:"(女)复～挽罗裙,不觉裙里一尾出。生引手拈杖击之,成一狐而走。"《虚堂和尚语录》卷六:"寒山～立。"

【背生】 bèi shēng 父亲未在(多指长久外出)时出生。明王錂《寻亲记》三一出:"你是他～之子,路上相逢相不认得。"冯梦龙《万事足》二九折:"～有子今无憾,亏你空门守节把儿担。"

【背生儿】 bèi shēng ér 生而未见其父之儿。明王錂《寻亲记》三二出:"这是我～,二十年不曾相见。"

【背生儿子】 bèi shēng ér zi 即"背生儿"。清《野叟曝言》四九回:"两侄拜见后,只见一个奶娘抱着一位眉清目秀的孩子,跪将下去。水夫人道:'这是你的～。'"

【背时】 bèi shí 不走运;倒霉。宋陆游《老学庵笔记》卷五:"予生～性孤僻,自信已道轻浮名。"《元曲选·竹叶舟》楔子:"嗨,小生好～也!"清《歧路灯》七四回:"老来～,没人理论。"

【背厅】 bèi tīng 倒霉。元关汉卿《调风月》三折:"大刚来主人有福牙推胜,不似这调风月媒人～。"

【背听】 bèi tīng 听力不好;耳背。宋张表臣《珊瑚钩诗话》卷二:"予知之,戏曰:'近日和尚耳明否?'曰:'～如旧。'"明佚名《墨娥小录》卷一四《行院声嗽》:"错听:～。"

【背心】 bèi xīn ❶ 脊背中间。宋元《古今小说》卷三九:"让一步过去,出其不意,从～上狠的一拳,将董四抑倒。"清《儒林外史》三回:"他抹胸口,捶～,舞了半日,渐渐喘息过来。" ❷ 一种不带领、袖的上衣。宋曹勋《北狩闻见录》:"徽庙出御衣衣衬一领。自注:俗呼～。"明《西游记》五〇回:"呆子提起来看时,却是三件纳锦～儿。"清《醒世姻缘传》三六回:"扎括的红绢夹袄,……绰蓝布棉～子。"

【背益】 bèi yì 更加。《敦煌愿文集·亡文》:"至孝等相(想)慈颜之日暮,～悲辛;思鞠育之恩深,无阶答效。"

【背阴】 bèi yīn 阳光照不到(处)。宋张镃《东风第一枝·忆梅》:"～未返冰魂,梢上已含红萼。"元马致远《任风子》二折:"褪身在～黑处,我子怕马丹阳先有埋伏。"

【背影】 bèi yǐng 暗地;暗中隐蔽地。元施惠《沉醉东风·登毗陵永庆阁所见》:"忽飞来南浦娇云,～藏羞,忍笑含颦。"《元曲选·两世姻缘》三折:"〔末偷视科,正旦唱〕他～里斜将眼梢抹,唬的我脸烘霞。"

【背子】　bèi zi　一种袖宽而短、长垂至脚的对襟袍。五代马缟《中华古今注》卷中："～，隋大业末，炀帝宫人、百官母妻等，绯罗蹙金飞凤～，以为朝服及礼见宾客舅姑之长服也。"《元曲选外编·五侯宴》一折："你穿着些布～排门儿告些故疏。"明《拍案惊奇》卷三〇："只见庙内一人，着皂绦～，缓步而出。"

【褙子】　bèi zi　同"背子"。宋元《警世通言》卷三七："背系带砖项头巾，着斗花青罗～。"《元典章·礼部二》："娼家出入，止服皂～，不得乘坐车马，餘依旧例。"

【被】　bèi　❶介词。使；让。唐皇甫松《采莲子》："无端隔水抛莲子，遥～人知半日羞。"《景德传灯录》卷七《宝云禅师》："只如鲁祖节文在什么处，～南泉怎么道？"元明《水浒传》五一回："小人自不小心，路上～雷横走了。"　❷连词。由于；因为。《太平广记》卷三四〇引《李章武传》："复～彼夫东西，不时会遇。脱有至者，愿以物色名氏求之。"金《刘知远诸宫调》一一："～你一生在村泊，不治国法事如何。"元明《水浒传》一八回："观察久等，却～村里有个亲戚，在下处说些家务，因此担阁了些。"　❸准备鞍辔。被，通"鞁"。《敦煌变文校注》卷四《太子成道经》："大王问知，遂遣车匿～骣騌白马，遣太子观看。"又卷七《季布诗咏》："战马有时恒～着，一弓无夜不张弦。"

【被池】　bèi chí　为防汗垢而在被头加缝的布帛。唐颜师古《匡谬正俗》卷七："今人被头别施帛为缘者，犹谓之～。"宋仇远《忆旧游》："～半卷红浪，衣冷覆熏篝。"清王士禄《河满子·效和凝体》："枕瑟孤眠思好梦，～虚绣双鸯。"

【被袋】　bèi dài　出游时盛物用的口袋。唐李匡乂《资暇集》卷下："～，非古制，不知孰起也。比者远游行则用，……旧以细革为腰囊，置于殿乘，至是服用既繁，乃以被易之，成俗于今。大中以来，吴人亦结丝为之。"五代王定保《唐摭言》卷三："敕下后，人置～，例以图障、酒器、钱绢实其中，逢花即饮。故张籍诗云：'无人不借花园宿，到处皆携酒器行。'其～，状元、录事同检点，阙一则罚金。"

【被襆】　bèi fú　装衣物行李的包袱。唐白居易《司马厅独宿》："府吏下厅帘，家僮开～。"宋费枢《廉吏传·陆纳》："临发，止有～而已，其餘封纸以还官。"明曹学佺《蜀中广记》卷一〇八："（道）宏只寄迹旅店中，一空榻，虽～之属亦无所有。"

【被窠儿】　bèi kē er　即"被窝"。明佚名《山坡羊·思念》："敲才心斜，不来家一月，～里整咒三十夜。"

【被论人】　bèi lùn rén　被告。《元曲选·鲁斋郎》楔子："～有势权，原告人无门下。"郑光祖《周公摄政》四折："如今～当了罪责，不想那原告人安然在。"

【被套】　bèi tào　出门时装被褥衣物的布袋。清《醒世姻缘传》八六回："拴下牲口，放下了两个～，忙忙的饭也不吃，都出去。"胤禛《朱批谕旨》卷四三上："今年六月十八日将落时，杨廷选拿了～从我门前过。"

【被头】　bèi tou　被子。五代张泌《河传》："锦屏香冷无睡，～多少泪。"明《二刻拍案惊奇》卷三七："他若要摆布着我，我便不起来，这～里岂是躲得过的？"

【被窝】　bèi wō　睡觉时卷成筒状的被子，也泛指被子。《元曲选外编·西厢记》一本三折："枕头儿上孤零，～里寂静。"明沈仕《玉抱肚·客愁》："月朦胧黄蕉影摇，～中客梦初醒。"《平妖传》三回："衫儿、袖儿、笼儿、箱儿、减妆儿、～儿，各处都翻遍了。"

【被卧】　bèi wò　被子；卧具。宋周密《武林旧事》卷六："盖自酒器、首饰、～、衣服之属，各有赁者。"宋元《古今小说》卷三六：

"脊背上背着一包～，手里提着包裹，……离了客店。"元明《水浒传》三回："王观察听了，教打开他房门看时，只有些旧衣旧裳和些～在里面。"

【鞁】　bèi　同"鞴"。唐崔涯《嘲李端端》："觅得黄骝～绣鞍，善和坊里取端端。"《元曲选·儿女团圆》二折："下次小的每，～下头口儿！"

【鞁马】　bèi mǎ　同"鞴马"。五代徐锴《说文解字繫传》卷六"鞁"字下："犹今人言～也。"《元曲选·老生儿》楔子："便着下次小的每～，送老的往庄儿上去。"

【倍】　bèi　❶更；更加。唐王维《九月九日忆山东兄弟》："独在异乡为异客，每逢佳节～思亲。"《敦煌愿文集·亡文范本等》："一为乞～胜之田蚕，二乃当常岁之佳会。"明《拍案惊奇》卷一七："吴氏～加扫兴，忿怒不已。"　❷赔偿。倍，通"赔"。唐王梵志《贫穷田舍汉》："租调无处出，还须里正～。"《敦煌变文校注》卷六《大目乾连冥间救母变文》："栽接果木入伽蓝，布施种子～常住。"

【倍常】　bèi cháng　异常；不同一般。唐冯贽《云仙杂记》卷五："李初直遇与人相知，则曰：'棠棣之好，何以过此？'喜庆～。"明张瀚《松窗梦语》卷三："时襄垣西轩者年七十餘，精神～。"《拍案惊奇》卷四〇："李君愈加敬重，与他围炉同饮，欢洽～。"

【倍极】　bèi jí　同"备极"。《续资治通鉴》卷一〇一："东来从卫官吏士，无不欣喜，西北尤以近乡，～踊跃。"清《聊斋志异·黎氏》："先匿舍外，即入遣媪讫，扫榻迎妇，～欢好。"

【倍射】　bèi shè　扭转身向后射。倍，通"背"。《敦煌变文校注》卷一《捉季布传文》："马上盘枪兼弄剑，翻身～胜陵君。"又卷二《韩擒虎话本》："五十步翻身～，箭既离弦，世（势）同僻（劈）竹。"

【辈】　bèi　量词。位；个。唐李冗《独异志》卷上："李师古暇日常宴其从事，适有日者预坐，师古遣遍视幕客皇甫弼、贾直言之徒，凡十～。"宋杨万里《食鹧鸪》："方兄百～买一只，可惜羽衣锦狼藉。"元明《水浒传》五八回："五军并进，前后列二十～英雄。"

【辈行】　bèi háng　❶行辈；辈分或排行。唐韩愈《唐故江南西道观察太原王公神道碑铭》："其誉蔼郁，当时名公皆折官位～愿为交。"宋范镇《东斋记事》卷五："明日遣内人问起居，以～呼，而不名之。"韩淲《临江仙·和答昌甫见寄生朝》："如翁～敢随肩？徒知言语妙，欢喜向谁传？"　❷同一行辈、地位、类型，或同一行辈、地位、类型的人。宋《朱子语类》卷一三二："王说习之性直，好人，与林艾轩～。"周煇《清波杂志》卷二："前说煇得于叔祖元仲。叔祖视政，宣诸名公为～。"元辛文房《唐才子传》卷四《李益》："大历四年齐映榜进士，调郑县尉。同～稍进达，益久不升。"

bēn

【奔驰】　bēn chí　奔走营求。唐韩愈《送僧澄观》："浮屠西来何施为？扰扰四海争～。"五代王定保《唐摭言》卷二："近日以来，前规顿改，互争强弱，多务～。"明《古今小说》卷五："静听天公分付去，何须昏夜苦～。"

【奔凑】　bēn còu　快速聚集。唐岑参《与高适、薛据登慈恩寺浮图》："连山若波涛，～似朝东。"《祖堂集》卷六《石霜和尚》："四海玄徒～，日夜围达（绕），师走避深山而不能免。"宋王栐《燕翼诒谋录》卷四："诸州士人以期制妨试，～京毂，请自今卑幼期服，不妨取解。"

【奔碌】　bēn lù　犹"奔忙❶"。明《西游记》二二回："这一向在途中～，未及致谢。"

【奔忙】 bēn máng ❶ 奔走忙碌。唐白居易《春日题乾元寺上方最高峰亭》:"始知天造空闲境,不为～富贵人。"宋叶梦得《水调歌头·次韵叔父寺丞林德祖和休官咏怀》:"今古几流转,身世两～。"明张瀚《松窗梦语》卷八:"刓兑运长运,老岁月于～。" ❷ 迅速移动。宋范祖禹《和子瞻禁林锁院诏赐烛酒》:"晨入金华暮浴堂,声容不动笔～。"明张岱《寿具和尚并贺大殿落成》:"生公叱石如叱羊,沙飞石走山～。" ❸ 急忙。宋彭汝励《观画》:"贵家欲得心～,背锦轴玉红绛囊。"明《杨家府》卷八:"方用～回到岩中,问左右曰:'方狗何在?'"

【奔迫】 bēn pò ❶ 急走;急速流动。唐赵璘《因话录》卷三:"遇李师道渐阻王命,扶侍老亲归洛,与其弟自舁肩舆,晨暮～,两肩皆疮。"《太平广记》卷三四五引《集异记》:"有白头姬步走,随车而come。……车中有老青衣从四小女,其中有哀其～者,问其所居。"宋朱熹《云谷记》:"水行其间,～澎湃,声震山谷。" ❷ 奔波。《太平广记》卷五九引《集仙录》:"若碌碌随时进退,恐不可免于支离之苦,～之患也。"五代杜光庭《张道衡还北斗愿词》:"寻以一道途,辛勤南北。"清方苞《与吕宗华》:"砣矿于车船,～人事丛杂中,盖二十餘年。" ❸ 引申为急促、急迫。唐李白《淮南卧病书怀寄蜀中赵征君蕤》:"功业莫从就,岁光屡～。"

【奔趋】 bēn qū 奔走趋承;奔走营求。宋吴处厚《青箱杂记》卷二:"皇祐、嘉祐中,未有谒禁,士人多驰骛请托,而法官尤甚。有一人号'望火马',又一人号'日游神',盖以其日有～,闻风即至,未尝暂息故也。"明王克笃《折桂令·自述》:"半生来百事无能,不会～,不会经营。"《二刻拍案惊奇》卷四:"终日在仕宦途中,冠裳里面,驰逐富贵,～利名。"

【犇】 bēn 强劲;凶猛。《元曲选·冯玉兰》二折:"倒惹他努睛突眼生嗔怒,一谜的将俺～呼。"《元曲选外编·三战吕布》一折:"画戟金冠战马,征袍铠甲带狮蛮。"又《哭存孝》一折:"番番番,地恶人～,骑宝马,坐雕鞍,飞鹰走犬,野水荒山。"

【犇劣】 bēn liè 脾性暴躁。《元曲选外编·三战吕布》一折:"骑一匹卷毛赤兔马,好生～也。"

běn

【本】 běn ❶ 本钱;家底。唐元稹《估客乐》:"所费百钱～,已得十倍赢。"明《朴通事谚解》卷上:"限至周年,～利八两银子。"《西游记》八一回:"想是我那长嘴和尚食肠大,吃伤了你的～儿也。" ❷ 奏章。明刘若愚《酌中志》卷一七:"过皇极门再东,曰会极门,凡京官上～接～俱于此。"《封神演义》一七回:"此事岂可行! 胶鬲有～启奏。" ❸ 指示词。相当于"这""那""此""该"。元关汉卿《拜月亭》二折:"您孩儿没挨靠,没倚仗,深得他～人将傍。"《元典章·刑部三》:"因慕爱娼女邓丑丑颜色,不时申言将～妇调戏。"明佚名《民抄董宦事实·县示》:"纵～宦与豪奴尚有未尽之辜,本府现审院道,另有详处。"

【本兵】 běn bīng 明代兵部尚书的别称。明郑晓《今言》卷三:"木麓川之役王骥、嘉靖初河西之役金献民,皆～也。"明《梼杌闲评》四八回:"岂有兄为～,而弟亦握兵于外者乎?"

【本柄】 běn bǐng ❶ 本源,根本。宋《朱子语类》卷六:"《集注》说:'爱之理,心之德。'爱是恻隐,恻隐是情,其理则谓之仁。心之德,德又只是爱。谓之心之德,却是爱之～。"元俞琰《周易参同契发挥》卷中:"盖修丹～在乎持其志。无暴其气。"明高濂《遵生八笺》卷一:"本来二物互相亲,失却将何为～?" ❷ 本金;本

钱。宋杨亿《论龙泉县三处酒坊乞减额状》:"臣窃见龙泉县松瞿、小梅、松源三处酒坊,……并是勾当人自备曲米～酝造沽卖。"周必大《奉诏录四》:"鄂州虽有酒库,利息绝少。……以前利息不登,消折～。"《建炎以来繫年要录》卷一七一:"拘收军中回易之类,不究其～之所自。"

【本常】 běn cháng 本来;本有的。《景德传灯录》卷一七《师彦禅师》:"初礼岩头,致问曰:'如何是～理?'岩头曰:'动也。'"又卷二二《志端禅师》:"怎么即沤生沤灭还归水,师去师来是～。"

【本初】 běn chū 原本;原始。宋司马光《稷下赋》:"诚能拨去浮末,敦明～。"《朱子语类》卷五三:"然孟子之意,便是～处。若不见得大意,如何下手作工夫?"

【本处】 běn chù ❶ 当地;本地。唐李肇《国史补》卷下:"蜀之三峡,河之三门,……皆险绝之所,自有～人为篙工。"元陶宗仪《辍耕录》卷一〇:"后至元间,～寇起,掠其里。" ❷ 原籍。明沈德符《万历野获编》卷一一:"弘治元年,有云南按察司金事林淮,奏云南路远,母老不堪就养,辞则家贫难供朝夕,乞授～或附近教授,以养其母。"清《红楼梦》七回:"你父母在那里呢? 今年十几了,～是那里的人?"

【本次】 běn cì 位次;应占的位置。《大唐开元礼》卷一:"妃哭拜讫,主人以下各列～,拜辞如初。"宋江少虞《事实类苑》卷二八:"设食讫,所司复抗声曰:'食毕,揖。'群官复抗声就～。"引申为本人管辖的地方。明《古今小说》卷一九:"到得～,人夫接着,把行李扛抬起来。"

【本待】 běn dài 本想;本来打算。宋蔡絛《铁围山丛谈》卷五:"复曰:'本欲蜀中相见,休止于此,相见可也。'公曰:'某帅长安。'则又曰:'～于蜀中相见尔。'"明《朴通事谚解》卷中:"我～要请你去来。"《西游记》四回:"我～一棒打死你,恐无人去报信。"

【本等】 běn děng ❶ 本分;本色;分内应有的。宋舒璘《上程安抚叔达》:"两分芹泮,叹莫效于卑官;三易莲池,望实逾于～。"《元曲选·柳毅传书》一折:"进取功名是你读书的～,则要你着志者!"明薛论道《朝元歌·妓盟》:"活计赖媒婷,牢笼托誓盟,烟花～。"《二刻拍案惊奇》卷二:"至于本质下劣,就是奢遮的国手师父指教他秘密几多年,只到得自家～,高也高不多些儿。" ❷ 本分的;与身分、年龄、品质、习性等相适应的。《元曲选·百花亭》一折:"小的别的不会,这调风贴怪,帮闲钻懒,须是～行业,我就与你说去。"元明《水浒传》一一〇回:"为军的人学射弓箭,是～的事。"明陈铎《一枝花·道人应付》:"吃惯了见成茶饭,干不的～营生。"清《醒世姻缘传》一一回:"你老本本等等另娶一个正经亲家婆,叫他出来随人情过家理纪的。" ❸ 本来;原来。宋文天祥《通庙堂》:"若先人有齐衰,则某当以齐衰;先人有心制,则某只合承心制。岂有先人～止有心制而某乃有齐衰之服乎?"《元曲选·薛仁贵》一折:"薛仁贵～是个庄农,倒着他做了官;我～是官,倒着我做庄农。"明《金瓶梅词话》一二回:"你倒休怪他,他那日～心中不自在。"《拍案惊奇》卷一七:"那妇人～生得姿容美丽,更兼着白衣白髻,越显得态度潇洒。" ❹ 平常;一般。明《型世言》卷三六:"争奈家中便只～,娶得一个妻小,稍稍颇有些儿赔嫁,那里够他东那西掩。"《醋葫芦》二回:"人人说员外聪明伶俐,谁想也只～。" ❺ 确实;实在。明《金瓶梅词话》六九回:"～三叔往庄子上去了,不在家。使人请去了,便来也。"

【本底】 běn dǐ ❶ 根底;素质。清张英《书经衷论》卷三:"王若曰一节,言国家累世功德,为得天下之～。"《歧路灯》九六回:"原来盛希侨是个～不坏的人,少年公子性儿。" ❷ 原来;本

来。清《歧路灯》四〇回:"今日一旦把一年束金付之乌有,愈觉难对哥哥。～毫无可说,只推有些须感冒。"《后红楼梦》九回:"我们从前豪盛时候,～儿原也赶不上这里,却也还撑得起一个门户。"

【本对】 běn duì　力量相当的对手。元《七国春秋平话》卷下:"一个神通广大,一个变化多般,二人正是～。"《元曲选外编·博望烧屯》二折:"到的阵前,则是盹睡。若遇敌将,做不的～。"

【本分】 běn fèn　❶ 安分守己;老实。宋元《警世通言》卷一六:"这张主管是个～之人,况又是个孝顺的,听见娘说,便不往铺里去了。"《元曲选外编·西游记》一本一出:"我看你也是～人,你肯去么?"明《老乞大谚解》卷下:"边头立地闲看的人说,这牙家说的价钱,正是～的言语。"❷ 分内的;自身应具有或遵循的。《祖堂集》卷一六《沩山和尚》:"虽然如此,人义途中与和尚提瓶挈水,亦是～。"元贯云石《孝经直解》一一:"不依～放党在上的人呵,便似没上不的一般有。"明《古今小说》卷六:"为将者出师破贼,自是～常事,何足为喜。"❸ 本来;原来。《敦煌变文校注》卷五《维摩诘经讲经文(四)》:"父母闻言道大奇,少年～正娇痴。"《元曲选·红梨花》二折:"～天然白雪香,谁知今日却浓妆。"

【本夫】 běn fū　亲夫。金《刘知远诸宫调》一二:"三娘一片贞心不改,直守～取到。"《元典章·刑部四》:"省议:李政、何阿安所犯,系因奸杀死～,其二人俱各处死。"清《醒世姻缘传》四〇回:"也是为不老实,偷人家的老婆,吃了那～的亏了。"

【本官】 běn guān　本部门的主管官员。宋叶梦得《石林燕语》卷三:"待制自如本品,无职则随～在庶官班中,皆系皂带。"元萧德祥《小孙屠》五出:"昨晚那孙必达所托之事,已自从～根前覆过了。"元明《水浒传》七回:"原来是～高太尉的衙内,不认得荆妇,时间无礼。"

【本管】 běn guǎn　❶ 自己任所或属自己管辖的。唐刘禹锡《谢中使送至郡表》:"山川萦转,晨夜奔驰,幸无他疾,得至～。"元明《水浒传》一三回:"两个都头领了台旨,各自回归点了～土兵,分投自去巡察。"❷ 顶头上司。元明《水浒传》七回:"当时林冲扳将过来,却认得是～高衙内,先自手软了。"明李开先《宝剑记》一一出:"官人,～索取如何敢违?"

【本贯】 běn guàn　原籍。唐[日]圆仁《入唐求法巡礼行记》卷四:"公案无名者尽勒还俗,递归～。"《敦煌变文校注》卷三《燕子赋(二)》:"大宅居山所,此乃是吾庄。～属京兆,生缘在帝乡。"《元曲选·合汗衫》一折:"老夫姓张名义,字文秀,～南京人也。"

【本家】 běn jiā　❶ 本家族;同宗族。宋范祖禹《转对条上四事状》:"宰相苏逢吉草诏,意云应贼盗其～并四邻同保,皆全族处斩。众以为盗犹不可族,况邻保乎?"清《红楼梦》九二回:"雨村老先生是贵～不是?"❷ 事主;当事人家。明《古今小说》卷二六:"今出赏钱,说有人寻得头者,～赏钱一千贯。"《二刻拍案惊奇》卷二五:"徐达道:'我有些小事,等不得酒散,我要回去。'众人道:'你要回去,直不得对～说声?'"清《红楼梦》一〇二回:"法师下坛,叫～领着,到各处楼阁殿亭房廊屋舍山崖水畔洒了法水。"❸ 自家;自己。宋司马光《乞后族不推恩札子》:"又闻有圣旨,令皇后～分析亲的(嫡)骨肉闻奏,亦与推恩。"赵汴《奏状论宰臣陈执中家杖杀女使》:"臣窃闻宰臣陈执中～捶挞女使迎儿,致命身死,开封府见检覆行遣。"

【本领】 běn lǐng　❶ 犹"主管❷"。宋钱易《南部新书》乙集:"五方师子～出在太常。靖恭崔尚书邠为乐卿,左军并教坊曾移牒索此戏,称云备行从。崔公判回牒不与阅。"明谢肇淛《五杂组》卷一三:"冷曹之文胜于要津,失路之文胜于登第,不过以～省而心计闲耳。"❷ 指根底、本源、本分等。唐段安节《乐府杂录·

琵琶》:"段奏曰:'且请昆仑弹一调。'及弹,师曰:'～何杂,兼带邪声。'"宋《朱子语类》卷四:"论性不论气,这性说不尽;论气不论性,性之～处又不透彻。"宋元《醒世恒言》卷三三:"功名二字,是俺～前程,不索贤卿忧虑。"❸ 技能;本事;手段。宋蔡絛《铁围山丛谈》卷六:"梵如之亚,僧则全根,～雅不及梵如,但下指能作金石声。"明许浩《复斋日记》卷上:"看你这厮模样,有甚～,爷爷爱你信你!"清《红楼梦》七八回:"你有多大～,上头说了一句大开门的散话,如今又要一句连转带煞?"

【本破】 běn pò　金代四品以下官员侍从职名。金《刘知远诸宫调》一二:"身褴褛,说不得万千寂寞。自言是经略在衙～。"《金史·仪卫志下》:"凡内外官自亲王以下,傔从各有名数差等,……三曰～,内外正四品以下设之。"

【本钱】 běn qián　❶ 用于经营、生息、赌博等的钱财。唐韩愈《处州孔子庙碑》:"又为置讲堂,教之行礼,肄习其中。置～廪米,令可继处以守。"明《朴通事谚解》卷上:"到今一年半了,只还我～,一分利钱也不肯还。"《二刻拍案惊奇》卷八:"两人又着家童到下处再取东西,下着～,……丁生煞是好手段,越赢得来,精神越旺。"❷ 凭以生利、应付局面的东西。明《醒世恒言》卷二六:"我们专靠这网做～,养活两口。"清李渔《风筝误》一三出:"做媒须带～行,莫待无聊听怨声。佳婿脱逃谁代职?床头别有一先生。"❸ 隐指性器。明《醒世恒言》卷一〇:"临上交时,原来老妪腰间到有～,把桑茂后庭弄将起来。"《拍案惊奇》卷三一:"原来何正寅有个好～,又长又大。"

【本情】 běn qíng　❶ 实情。《敦煌变文校注·汉将王陵变》:"陵妻亦见非常怪,致袂堂前说～。"《太平广记》卷七二引《原化记》:"生既被擒,遂被枷锁捶拷,讯其妖状。生遂述其～。"《元曲选·碧桃花》三折:"妾身念此旧盟,与他重谐匹配。那张道南曾做《青玉案》一词留证。只此～,伏望上仙尊鉴不错。"❷ 真情;真心。宋范祖禹《左中散大夫守少府监吕公墓志铭》:"民有相詈激,语近讪上,无悖慢情。尹及同僚皆欲以指斥抵法,公力争,请上闻。神宗果笑曰:'小人无知,灼非～,释之。'"清《歧路灯》六回:"这是～实话。你还不知道我么?"《红楼复梦》八回:"妙能那孩子,我～欢喜,正想着要给他寻个终身出路。"

【本然】 běn rán　❶ 天然;自然。宋《朱子语类》卷六五:"既成个物事,便如此齐整,皆是天地～之妙元如此。"金刘祁《归潜志》卷一三:"况夫此身受气于天地,受形于父母,自幼及老,将以率其～之性,充其固有之心。"明陆树声《清暑笔谈》:"都下庖制食物,凡鹅鸭鸡豕,类用料物炮炙。气味辛浓,已失～之味。"❷ 本色;本质。宋游酢《论语杂解·形色天性也章》:"视谓之明,耳谓之聪,皆耳目之～也。"明郎瑛《七修类稿》卷四六:"狼子野心,贪财好色,～也。二房之所以著名,亦有是善。"汤显祖《牡丹亭》六出:"他倚定著摩崖半壁天,称孤道寡,是他英雄～。"❸ 本来;原本。明《西洋记》七回:"我们兄弟是个天罡大王,你～不认得我哩!"清《歧路灯》八五回:"夫妇之际,～看得是乌合之侣;一旦变,如何不生蠡起之像?"

【本日】 běn rì　当天。宋朱熹《公移·行下米场具籴过米式》:"一本场～合籴入户计若干,共籴米若干。"《元典章·刑部十一》:"不合于延祐二年二月初十日,因去本寺随喜观看,就彼乞食,起意偷盗神像衣服,以此于～一更时分,盗讫本寺小位祖师元穿旧黄素罗单直裰一件。"明《醒世恒言》卷三四:"～蚤起在某处河沿边遇见,不知是何人撇下。"

【本丧】 běn sāng　板(着脸);表情严肃愁苦。清《儒林外史》五回:"两位舅爷看了,把脸一～着,不则一声。"

【本色】 běn sè ❶ 本行;内行。《唐律》卷七:"诸杀人应死会赦免者,移乡千里外。其工、乐、杂户及官户奴并太常音声人,虽移乡,各从～。"《唐律疏议》卷一八:"各从～,谓移乡避雠,并从～驱使。"五代《云门禅师广录》卷上:"我与么道,唤作三家村里老婆说话。忽然遇着一行脚汉,闻与么道,把脚拽向阶下,有什么罪过?" ❷ 唐末至明清实物田赋的名称,与改征他物或钱币的"折色"相对。唐元稹《当州两税地》:"臣今便于当州近城县纳粟,官为变碾,取一脚钱。"宋洪迈《容斋续笔》卷一六引许载《吴唐拾遗录》:"吴顺义年中,差官兴版簿,定租税,……宋齐丘时为员外郎,上策乞虚抬时价,而折绸绢以～。"《明史·食货志五》:"所收税课,有～,有折色。" ❸ 原来的(样式、物品、面貌等)。《太平广记》卷四五八引《传奇》:"至乌江,忽遇会稽宰遭毒蛇螫其足,……甲曰:'须召得～蛇,使收其毒,不然者,足将刖矣。'"《元典章·刑部九》:"失陷短少粮斛,拟合追征～。如无粮斛,照依犯事月日比附原收年分从价高者依数追征。"明《二刻拍案惊奇》卷一四:"见说道身畔所有剩得不多,徇徇家～,就不十分亲热得紧了。" ❹ 即"本分❷"。宋吴自牧《梦梁录》卷一九:"更有一等不～业艺,专为探听妓家宾客,赶趁唱喏,买物供过。"明《封神演义》六六回:"你只是下马受死,是你～。"

【本身】 běn shēn ❶ 原身;原貌。《祖堂集》卷二〇《瑞云寺和尚》:"语犹未讫,师现一座上。"五代尉迟偓《中朝故事》卷下:"～已败坏,此即魂耳,善相保。"明《西游记》三七回:"将太子哄到宝林寺山门之下,行者现了～。" ❷ 自身;自己。宋《朱子语类》卷七五:"太阳居一,除了～便是九个。"元明《水浒传》一二回:"梁中书道:'着副牌军施逞一武艺。'"明《杨家府》卷四:"六郎徐步进庙看之,只见中间一座塑着～之像。"

【本生】 běn shēng 亲生。也指亲生父母。《隋书·薛孺传》:"收初生,即与孺为后,养于孺宅。至于成长,殆不识一。"宋王栐《燕翼诒谋录》卷二:"子之出继他位者,得封赠其一父母,此前所未闻也。"明张瀚《松窗梦语》卷六:"隆庆戊辰,遇册立东宫,余乞恩移赠～大父母,奉旨俞允。"

【本事】 běn shì ❶ 事情的原委。唐吴兢《乐府古题要解·乌生八九子》:"若梁刘孝威'城上乌,一年生九雏',但咏乌而言,不言～。"元明《水浒传》二三回:"武松把那打大虫的～再说了一遍。" ❷ 技能;本领。宋罗烨《醉翁谈录》丁集卷一:"暇日群聚金莲棚中,各呈～。"明《朴通事谚解》卷上:"你待卖(买)什么～的马? 我要打围处骑的快走的马。"清《红楼梦》五〇回:"你有～,把二萧的韵全用完了,我才伏你。"

【本司三院】 běn sī sān yuàn 指明代教坊司及其所辖东、南、北三院,也泛指乐户妓院。明《金瓶梅词话》七五回:"俺家～唱的老婆不知见过多少,稀罕你这个儿!"

【本司院】 běn sī yuàn 即"本司三院"。明《警世通言》卷二四:"那曾见～举了节妇,你却来守那穷鬼做甚?"

【本头】 běn tóu ❶ 奏章;奏本。《元曲选外编·敬德不伏老》二折:"老夫明日作一～,就保他还朝也。"清《赛花铃》一四回:"遂将岑元文阴受洳寇唐云厚贿,反把百姓杀害,充作贼俘,欺君误国等情,做了～,奏闻圣上。" ❷ 书本;著作。明《石点头》卷一:"郭乔被武氏再三劝不过,只得又走到学中去销了假,重新寻出旧～来又读起。"清《聊斋志异·双灯》:"君非抱～者,何作措大气!"《歧路灯》九五回:"彼时详审举动,细听话音,底是个有体有用的人,怎的没有～儿? 即令不曾著书立说,也该有批点的书籍。"

【本主】 běn zhǔ ❶ 物件或奴婢的原主人。唐陆贽《冬至大礼大赦制》:"如是逃户田地,～复业,即却给还。"元明《水浒传》三〇回:"～已自在这里了,你一面便搬,一面快去请人来陪话。"清《红楼梦》九九回:"瞧瞧你十太爷的本领,少不得～儿依我!" ❷ 当事人。《文苑英华》卷四二二《元和十四年七月二十三日上尊号赦》:"应在城内有私债经十年已上,～及原保人死亡,又无资产可征理者,并宜放免。"元明《水浒传》二七回:"～西门庆妻子留在本府羁管听候。" ❸ 固有的依托。宋朱熹《答赵致道》:"此心之～而诚之正宗也。"元吴澄《感兴诗》:"墨翟名宗禹,杨朱实师老。～虽不同,一是畔吾道。"

【畚】 běn 用畚箕撮装。明《古今小说》卷三二:"后因朝廷开浚运河,～土堆积府门。"清《说岳全传》三回:"即去取了一个畚箕,走出门来,竟到水口边满满的～了一箕的河沙。"

bèn

【夯】 bèn 另见 hāng。不灵活;不聪明。《元曲选·忍字记》一折:"你肥如那安禄山,更胖如那汉董卓,则道是个～神儿来进宝。"明《西游记》一三回:"雄豪多胆量,轻健～身驱。"清《儒林外史》四六回:"小儿蠢～,自幼失学。"

【夯吃】 bèn chī 傻吃。清《醒世姻缘传》五八回:"咱只～,不许多话。"

【夯工】 bèn gōng 同"坌工"。明《西游记》八五回:"背马挑包做～,前生少了唐僧债。"清《后西游记》一一回:"只好执鞭随镫,挑行李,做～。"

【夯汉】 bèn hàn 粗汉;干笨重活的男子。明《封神演义》八回:"方弼乃一～,尚知不忍国母负屈,太子枉死。"清《儒林外史》一回:"只见远远的一个～,挑了一担食盒来。"

【夯货】 bèn huò 笨蛋;蠢货。詈词。明《西游记》一九回:"那馕糠的～,快出来与老孙打么!"《二刻拍案惊奇》卷二一:"尼姑微笑道:'～,谁说道叫你独宿?'"

【夯力】 bèn lì 能做粗笨活的较大力气。宋黄震《申提刑司乞浚甘露港状》:"养兵百万,不费一夫担～也。"明《西游记》二五回:"那呆子有些～,走了去一嘴一颗,就拱了四颗。"

【坌】 bèn ❶ (尘土)蒙覆。《敦煌变文校注》卷三《燕子赋(一)》:"正见雀儿卧地,面色恰似～土。"唐段成式《酉阳杂俎》前集卷一三:"汉平陵王墓,墓旁冢狐,狐自穴出者,皆毛上～灰。"元稹《说剑》:"古今困泥滓,我亦～尘垢。" ❷ (尘土)扬起。唐张读《宣室志》卷七:"忽大风雷,若起于禅堂,殷然不绝,烛灭而尘～。" ❸ 堆积(尘土)。五代孙光宪《北梦琐言》卷一二:"庄内有鼠狼穴,养四子为蛇所吞。鼠狼雌雄情切,乃于穴外～土,恰容蛇头。俟其出穴,果入所～处出头,度其回转不及,当腰啮断。" ❹ 喷。宋《朱子语类》卷八:"先猛火煎,教百沸大衮,直至涌～出来,然后却可以慢火养之。"元明《三国演义》二三回:"飞辩骋词,溢气～涌。" ❺ 笨;愚蠢。《元曲选外编·陈母教子》一折:"我似那灵禽在后,你这等～鸟先飞。"清《醉醒石》七回:"到大来真叫其～如驴,一毫世故不晓。" ❻ 粗劣。《元曲选·桃花女》一折:"您穿的是轻纱异锦,俺穿的是～绢的这粗绸。" ❼ 粗重;笨重;不灵活。《元曲选外编·剪发待宾》一折:"常着我左肩那在这右肩,与人家做生活打些～活。"马致远《陈抟高卧》二折:"幸实带不得展髻紧,着不得公裳～。"明《二刻拍案惊奇》卷二五:"我身子～,果然下去不得。"

【坌蠢】 bèn chǔn ❶ 粗笨。元明《水浒传》一〇四回:"腰肢

～,全无袅娜风情。" ❷ 愚蠢。元明《水浒传》一〇四回:"那老公果是～,不上一年,被他炙燸杀了。"

【坌工】　bèn gōng　粗活;做粗活的人。《元曲选·看钱奴》一折:"我每日家不会做甚么营生,则是与人家挑土筑墙,和泥托坯,担水运浆,做～生活度日。"明《朴通事谚解》卷下:"叫一个泥水匠和两个～来,整治这炕壁。"

【奔】　bèn　❶ 挣;用力摆脱。明《拍案惊奇》卷一三:"六老听罢,扯住赵聪,号天号地的哭。赵聪～脱了身,竟进去了。" ❷ 喷;涌。清《红楼梦》一三回:"只觉心中似戳了一刀的,不忍哇的一声,直～出一口血来。"

【奔命】　bèn mìng　❶ 逃命。唐司空图《复安南碑》:"贼将朱道古等倾巢～,负固偷安。"宋《三朝北盟会编》卷二一八:"金山之战,酋渠～,仅以身免。"清孔尚任《桃花扇》闰二〇:"渡过江来,看见满路都是逃生～之人。" ❷ 形容急走。明《金瓶梅词话》四三回:"头儿也不回,～直往屋里去了。"

【悷】　bèn　理解力或记忆力差;不聪明。《元曲选·东坡梦》一折:"小和尚心～,一本《心经》念了三年零六个月,还记不得。"

【逩】　bèn　❶ 奔赴;奔向。宋梅应发、刘锡同《再赋喜雪》:"征人～路昏投店,戍士乘城夜守陴。"《元曲选·墙头马上》二折:"离魂随梦去,几时得好事～人来?" ❷ 同"奔❶"。《元曲选·灰阑记》三折:〔正旦扯住搽旦科〕〔搽旦～脱,同赵令史走科〕

【挤挣】　bèn zhèng　用力使自己摆脱束缚。《元典章·刑部四》:"将云一头髻揪扯,连头脑于田禾内连撞数下,云一～,不放。"

【臀】　bèn　粗笨。元佚名《耍孩儿·拘刷行院》:"摸鱼爪老粗如扒齿,担水腰肢～似碌轴。"

【笨伽】　bèn jiā　不是行家。清《红楼梦》四七回:"湘莲走上来瞧瞧,知道他是个～,不惯捱打,只使了三分气力。"△《三侠剑》一一回:"如果真有此事,大人必然揣度绿林道有名的人物,武术超群的能人,～子决不敢办这宗事。"

bēng

【伻头】　bēng tóu　奴仆。明《警世通言》卷一七:"逐逐风尘已厌游,好音刚喜见～。"阮大铖《燕子笺》一五出:"小人是华家～,接霍相公的。"清《歧路灯》一五回:"只见一个～拿着一个拜匣,到他门前。"

【捆】　bēng　❶ 用捆子束缚人的肢体,泛指捆绑。元明《水浒传》五一回:"兄长,没奈何,且胡乱～一～。"清《金云翘传》一八回:"马不进四肢用捆子～开,挑破皮肤,尽抽其筋。" ❷ 勉强支撑。明《西游记》六五回:"苦～苦拽来相战,皆因三藏拜灵陀。"

【捆扒】　bēng bā　犹"捆❶"。元萧德祥《小孙屠》一一出:"谁知命运遭乖蹇,今朝受刑宪。免教受～,感恩即非浅。"元明《水浒传》五一回:"这一班禁子人等,都是和雷横一般的公人,如何肯～他?"

【捆扒吊拷】　bēng bā diào kǎo　泛指问案所用的各种酷刑。《元曲选·渔樵记》三折:"他将你～施呈尽,直将你那索休离的冤仇他待证了本。"按,"拷"或作"拷"。明《二刻拍案惊奇》卷五:"捆扒吊拷,备受苦楚,这些顽皮赖肉只肯招。"

【捆儿】　bēng er　即"捆子(bēng zi)"。明佚名《山坡羊》:"熨斗儿熨不展眉尖折皱,竹～捆不开面皮黄瘦。"

【捆拽】　bēng zhuài　❶ 捆扯;紧拉使张开。明陈铎《朝天

子·鼓铺》:"彩画周遭,钉儿千个,要～才挺妥。" ❷ 喻勉强支撑。元汪元亨《醉太平·警世》:"但新词雅曲闲编挽,且粗皮淡饭权～。"明《二刻拍案惊奇》卷二:"妙观见第二番这局,觉得力量～,心中有些着忙。"顾起元《客座赘语》卷一:"勉强营为曰～,曰巴结,曰扯拽。"

【捆子】　bēng zi　刑具。用竹片与绳索做成,拉紧后可将人的肢体固定。清《金云翘传》一八回:"马不进四肢用～捆开。"

【崩背】　bēng bèi　死亡的讳词。《敦煌变文校注》卷六《目连缘起》:"父母忽然～,修斋闻法酬恩。"

【崩摧】　bēng cuī　倒塌。唐李白《梦游天姥吟留别》:"列缺霹雳,丘峦～。"宋庄绰《鸡肋编》卷中:"岸高二丈许,上多积薪,人皆乘薪而立。忽风驾洪涛出岸,激薪～,死者有数百人。"元明《水浒传》六回:"但见钟楼倒塌,殿宇～。"

【崩迫】　bēng pò　急迫;匆遽。唐杜甫《早行》:"干戈未揖让,～开其情。"明李梦阳《与殷明府期嵩少诸山不果十四韵》:"旅寓限～,骚屑隘烦务。"

【绷】　bēng　❶ 同"捆❶"。元明《水浒传》一二回:"黄须节级,麻绳准备吊～揪。"明《金瓶梅词话》一二回:"当下把琴童儿～子～着,雨点般榄杆打将下来。"清《聊斋志异·马介甫》:"万石入,见妇赤身～系,心头刀痕纵横不可数。" ❷ 即"捆拽❶"。元《秦并六国平话》卷上:"有那陷马坑,使麻布～了,将土撒在上。"元明《水浒传》二七回:"张青便引武松到人肉作坊里看时,见壁上～着几张人皮。" ❸ 同"捆❷"。明《西游记》二二回:"就把吃奶的气力也使尽了,只～得个手平。" ❹ 射出;喷溅。绷,通"迸"。《元曲选外编·飞刀对箭》四折:"我把摩利支杀的他片甲不归,口咬杀高丽大将,屁～杀摩利支。"

【绷巴吊拷】　bēng bā diào kǎo　同"捆扒吊拷"。明《西游记》二四回:"只见那呆子绷在树上,声声叫痛苦难禁。行者上前笑道:'……好个～的女婿呀!'"

【绷扒】　bēng bā　同"捆扒"。明沈自徵《鞭歌妓》:"但轻呵脆罚,重呵便～,休使您巧撩扎。"清《荡寇志》八四回:"刘广见了,泪如雨倾,忙打开匣床,解了～。"

【绷扒吊拷】　bēng bā diào kǎo　同"捆扒吊拷"。《元曲选·灰阑记》二折:"你若经官发落,这～要桩桩儿捱过。"明佚名《粉蝶儿·割耳寄》:"则为这酒艳花浓,受这般～。"

【绷带】　bēng dài　婴儿包被。五代孙光宪《北梦琐言》卷八:"《诗》云:'载衣之裼。'裼'即小儿褓衣,乃～也。"

【绷吊】　bēng diào　即"绷扒吊拷"。宋彭龟年《论州府公庭治囚失体书》:"厅前～罪人,昔尝效愚悃,未蒙垂听。"明《警世通言》卷一五:"我等如此,还不肯吐露真情。"

【绷接】　bēng jiē　即"绷籍"。明《金瓶梅词话》三〇回:"大娘预备下～草纸不曾?"

【绷藉】　bēng jiè　即"绷籍"。《元曲选·东堂老》一折:"你曾出的胎也波胞,你娘将你那～包。"

【绷籍】　bēng jiè　婴儿包被。宋孟元老《东京梦华录》卷五:"凡孕妇入月,于初一日,父母家……用盘合装送馒头,谓之分痛。并作眠羊、卧鹿羊、生果实,取其眠卧之义。并牙儿、衣物、～等。"按,一本"绷"作"棚"。

【绷拷】　bēng kǎo　即"绷扒吊拷"。宋祝穆《古今事文类聚》卷三二:"须臾引问,二囚皆若隐讳不实者,后令～捶挞,痛楚之声,至不忍闻。"《三朝北盟会编》卷一九九:"守信见人情惶惑,戒推司不得用～,恐致生事,当以智推之。"

【绷爬吊拷】　bēng pá diào kǎo　即"绷扒吊拷"。宋元《警

世通言》卷三七:"押下司理院,～,一一勘正,三人各自招伏了。"

【绷拽】 bēng zhuài 同"绷拽❷"。元刘庭信《折桂令·忆别》:"好时光谁曾受用,穷家活逐日～。"明冯惟敏《朝天子·东村楼成》:"破二作三,少七没八,谩～,穷对搭。枝笆,草榻,高卧无惊怕。"《二刻拍案惊奇》卷二八:"而今只好绷绷拽拽,朝升暮合过去,那得赢餘?"

【绷子】 bēng zi ❶ 褓褓。颜师古注《汉书·宣帝纪》"曾孙虽在褓褓":"褓,即今之小儿绷也。"唐张鷟《朝野佥载》卷一:"平王诛逆韦,崔日用将兵杜曲,诛诸韦略尽,～中婴孩亦捏杀之。"清朱彝尊《题汪方伯小像》:"薇堂～出花前,野老来逢汤饼筵。" ❷ 同"绷子"。明《金瓶梅词话》一二回:"当下把琴童儿～绷着,雨点般榄杆打将下来。"清胤禛《朱批谕旨》卷一二五:"又活捉去兵三名,用～绷住手脚。"

【棚扒】 bēng bā 同"绷扒"。元睢玄明《耍孩儿·咏鼓》:"紧紧的～的我没奈何。"

【棚儿】 bēng er ❶ 即"绷子❶"。元朱德润《题张参政所藏太真上马图》:"秦、虢椒房恩宠鲜,宫中异出锦～。" ❷ 喻指竹笋。元杨维桢《管夫人悬崖朱竹》:"网得珊瑚枝,掷向筼筜谷。明年锦～,春风生面目。"明沈周《虎丘东院送笋》:"我来虎丘笋未苗,一住三日湿且热。夜来大雨忽浪浪,满地～思可掘。" ❸ 即"棚子(bēng zi)"。明张景《飞丸记》一〇出:"绣～将纤指慢按,粉地儿将金针频贯。蜀锦越罗间,更挑刺繁英綦。"

【棚子】 bēng zi 另见 péng zi。刺绣工具,用竹木制成,可将蒙覆其上的绸缎绷紧。明张景《飞丸记》一〇出:"碧桃,和你趁此日长,做些针黹。叫翠梅取了绒线板儿,你拿～过来。"清《荡寇志》九五回:"看见那女子手捧绣花～,走近窗前,将～支好,……拈针刺绣。"

【绷】 bēng ❶ 同"绷❶"。宋《朱子语类》卷一八:"说得来局蹙,不恁地宽舒,如将绳索～在这里一般。"宋元《古今小说》卷一五:"罪人入狱,教狱子～在廊上,一面勘问。" ❷ 紧绷;板着。元乔吉《一枝花·合筝》:"风流这生,忔戏可憎,我便有陶学士的鼻凹也下不得～。"

【绷扒】 bēng bā 同"绷扒"。元明《水浒传》一〇八回:"军汉得令,便来套枷～摆布。"按,元徐元瑞《史学指南》:"绷,谓以绳绑缚也;扒,谓控首也。"

【绷扒吊拷】 bēng bā diào kǎo 同"绷扒吊拷"。元纪君祥《赵氏孤儿》三折:"欲要不拔树寻根觅下落,我子索盛吃些～。"孔文卿《东窗事犯》三折:"不能够悬牌挂印将君恩受,只落的～百事有,早难道众臣千秋!"

bèng

【迸】 bèng 另见 bēng。紧绷;板着(脸)。《元曲选·张天师》三折:"你看那雪天王～着一个冷脸儿。"又《盆儿鬼》一折:"他骨碌碌将怪眼睁叉,～定鼻凹,咬定凿牙,则被你唬杀人那。"明《拍案惊奇》卷一五:"卫朝奉也不答应,～起了面皮,竟走进去。"

【顺】 bèng 同"迸(bèng)"。明佚名《小桃红·西厢百咏》:"～着冷脸将人晒,伴俅不采。"

bèng

【进】 bèng 另见 bēng。❶ 挣;用力解脱。清《后水浒传》一

一回:"得个空处～断绳索,夺了大刀,将堂上几个头目砍倒。"《豆棚闲话》一则:"伯玉惊得魂飞天外,猛力一～,忽然苏醒。" ❷ 冒。唐杜荀鹤《游茅山》:"石面～出水,松头穿破云。"明《金瓶梅词话》九一回:"我家里并没半个儿人～出外边,人怎得晓的?" ❸ (言语)堵塞。《元曲选外编·西厢记》三本三折:"却早禁住隋何,～住陆贾,叉手躬身,妆聋做哑。" ❹ 跑;快跑。进,通"奔"。《元曲选·红梨花》二折:"我为甚直抄过绿径慌忙～?我则怕迟到蓝桥淹了尾生。" ❺ 屁。元高安道《哨遍·嗓淡行院》:"踏鞒的险不椿的头破,翻跳的争些儿跌的～流。"

【进波】 bèng bō 奔走;奔波。《元曲选外编·西游记》一本二出:"一个赤子入井谁人救?一个红粉～那个瞅?"

【进攒】 bèng cuān 喷涌。明《西游记》一七回:"掣出棒就照头一下,打得脑里浆流出,腔中血～。"

bī

【屄声浪嗓】 bī shēng làng sǎng 贬称别人言语的恶词。清《红楼梦》六一回:"他离的远,看不真,只当我摘李子呢,就～喊起来。"

【屄声嗓气】 bī shēng sǎng qì 犹"屄声浪嗓"。清《醒世姻缘传》六七回:"送给他去,也只是驴膫子上画墨线,没处显这道黑,只怕惹的他还～的哩!"

【逼】 bī ❶ 近似;类似。唐段成式《酉阳杂俎》续集卷六:"㐌与吴道玄同时,吴以其艺～己,募人杀之。"宋沈辽《翰林唐公祠堂记》:"所为文章,论乃似贾长沙,下笔～欧阳率更,皆其所喜也。"明陈铎《新水令·哭万柳溪》:"他也曾把辞金鲍叔交,将养客田文笑,～豪吟杜甫狂,类申菊陶潜傲。" ❷ 抑;压。元明《水浒传》七七回:"被卢俊义把枪只一～,～过大刀,抢入身去,劈腰提住。"明《西游记》三三回:"早被他一～住宝杖,轮开大手,挝住沙僧,挟在左胁下。" ❸ 握持。元顾德润《点绛唇·四友争春》:"桑柴弓悬臂间,纸糊锹～手中。" ❹ 紧贴;紧靠。明《西游记》八五回:"又见～左右手下有三四十个小妖摆列。"清《醒世姻缘传》六八回:"不料素姐～在门外头听,猛虎般跑进门来。"《红楼梦》二四回:"贾芸深知凤姐是喜奉承、尚排场的,忙把手～着,恭恭敬敬抢上来请安。" ❺ 挡住渣滓之类使液体倒出。逼,通"滗"。唐玄应《一切经音义》卷五:"去汁曰滗,江南言～,讹耳。"清《醒世姻缘传》二六回:"水饭要吃那精硬的生米,两个碗扣住,～得一点汤也没有才吃。"

【逼并】 bī bìng 逼迫。《元曲选外编·剪发待宾》三折:"他道是～的娘剪发,安排筵席,则俺这个赛曾参气也不气!"

【逼绰】 bī chāo 摆脱;断绝。《元曲选·金线池》三折:"我为你～了当官令,烟花簿上除抹了姓名。"又《度柳翠》三折:"粘着处休热相偎,～了便是伶俐。"《元曲选外编·升仙梦》一折:"断绝了利锁名缰,～了酒色财气。"

【逼绰刀子】 bī chāo dāo zi 随身携带的刀子。《元曲选·朱砂担》二折:"我拖在这墙根底下,着这～搜开这墙。"

【逼绰子】 bī chāo zi 即"逼绰刀子"。《元曲选·争报恩》三折:"被风刮起衣服,露见我这～。"

【逼促】 bī cù ❶ 紧迫;短促。《敦煌变文校注》卷四《破魔变》:"尊高纵使千人诺,～都成一梦斯(期)。"《太平广记》卷一三四引《冥报拾遗》:"行十数里,马遂不进。信以程期～,挝之数十下。" ❷ 催逼。唐刘肃《大唐新语》卷四:"司刑使相次而至,～其行

刑。"《元曲选·玉镜台》四折:"这官人待须臾,休怎般相～。"清《聊斋志异·霍女》:"女～之,黄不得已诣焉。"

【逼法】 bī fǎ 循法;依样;照旧。明《西游记》二七回:"那公公路也走不上来,～的还念经哩。"又三三回:"井上落一个长嘴大耳的和尚来了,赤淋淋的,衣服全无,还不死,～说话哩。"又八五回:"又见逼左右手下有三四十个小妖摆列,他在那里～的喷风嗳雾。"

【逼截】 bī jié 逼迫;挤压。宋《朱子语类》卷四二:"问:'居之无倦,行之以忠。'曰:'若是有头无尾底人,便是忠也不久,所以孔子先ященち'无倦'～它。'"又卷一一四:"先生因学者少宽舒意,曰:'公读书怎地缜密,固是好。但怎地～成一团,此气象最不好,这是偏处。'"

【逼拷】 bī kǎo 刑讯逼迫;硬逼强求。《续通典》卷一一二:"御史李节义参奏指挥时铎～平人为盗。"清《醒世姻缘传》四一回:"我说的有耳报,是你肚子的蛔虫,就知道你要来～我的银子,我就预先估倒了不成?"

【逼榼】 bī kào 即"逼拷"。清《红楼梦》八八回:"就只他还太小呢,也别～了他。"

【逼勒】 bī lè 逼迫。《续资治通鉴长编》卷三七二:"昨民庶进状:兴平县灵宝乡诸村土地约二百四十餘顷,并纳二税。熙宁五年,本县～退为牧地。"《元典章·刑部七》:"有司径直捉拿,苦楚勘问,～招承。"明《醒世恒言》三四:"看了那样光景,方懊悔前日～老婆,做了这件拙事。"

【逼临】 bī lín 即"逼凌"。临,通"凌"。《元典章·刑部四》:"母阿薛于门外躲走,其牛阿侯等根赶,～母阿薛落井身死。"钱霖《哨遍》:"恰待调和新曲歌金帐,～得佳人坠玉楼。"明《金瓶梅词话》二九回:"生生儿祸弄的打发他出去了,把个媳妇又～的吊死了。"

【逼凌】 bī líng 逼迫欺凌。明柯丹邱《荆钗记》一出:"岳母生嗔,～改嫁。"元佚名《薛包认母》二折:"你情愿要分来,我又不曾～着你分。"清《山西通志》卷一五三:"杨月斗妻梁氏,生有殊姿。月斗叔杨庆渔其色,窥月斗出外,潜入～之。"

【逼逻】 bī luó 安排;张罗。宋佚名《张协状元》二出:"我却说与你妈妈,教～些行李裹足之资。"元高明《琵琶记》一九出:"争奈公婆死生难保,朝夕又无可为甘旨之奉,只得～口淡饭。奴家自把细米皮糠～吃,苟留残喘。"

【逼塞】 bī sè ❶ 充塞。《敦煌变文校注》卷五《金刚般若波罗蜜经讲经文》:"菩提大道本来圆,妙法多能助世间。……也刚筑,也柔和,虚空～满婆娑。"宋《朱子语类》卷一八:"天下之理,～满前。" ❷ 偏僻闭塞。明王士性《广志绎》卷四:"然其地～蒸湿,无夷旷之致。"清戴璐《藤阴杂记》卷一〇:"小巷～同破寺,邻人指说来官衙。"

【逼投】 bī tóu 催逼;逼迫。明万勋《一枝花·秋雨》:"～的画屏前宋玉愁忝,揎断的青镜里潘安鬓改。"

【逼吓】 bī xià 逼迫威吓。元《三国志平话》卷下:"欺凌寡妇夺玉玺,～孤魂离故乡。"

【逼匝】 bī zā ❶ 即"逼挐"。宋朱鉴《文公易说》卷一九:"程子此书,平淡地慢慢委曲,说得更无餘蕴,不是那敲磕～出底。" ❷ 引逗。元乔吉《朝天子·小娃琵琶》:"暖烘,醉容,～的芳心动。"曾瑞《一枝花·买笑》:"见别人有破绽着冷句儿填扎,见别人生科泛着笑话儿～。"

【逼挐】 bī zā 逼迫;挤压。宋《朱子语类》卷六七:"程子此书,平淡底慢慢委曲,说得更无餘蕴。不是那敲磕～出底,义理平

铺地放在面前。"明陈铎《一枝花·火烧上新河唱店》:"～的些昧死饭使闲钱垒厥俫扒叉叉恨不得钻泥。"清洪昇《长生殿》三八出:"不提防餘年值乱离,～得歧路遭穷败。"

【逼攒】 bī zǎn 驱逐。明陈铎《斗鹌鹑·劝子弟收心》:"我非是厮～,待把他相救救,好将那些须资本手中拿。"

【逼迮】 bī zé 即"逼仄"。《祖堂集》卷五《龙谭和尚》:"乃问弟子:'浮生扰扰,毕竟如何?'天皇云:'在家牢狱～,出家逍遥宽广。'"元冯子振《十八公赋》:"撷野韭而为异味之助,任～飌肠之献嘲。"

【逼仄】 bī zè 狭窄。唐李邕《斗鸭赋》:"～兮掣曳,联翩兮踊跃。"宋《朱子语类》卷一一二:"京信其说,遂毁拆重造,比前苟简～之甚,无忌惮如此!"

【逼真】 bī zhēn 真切;确实。明《二刻拍案惊奇》卷三一:"必待审得人命～,然后行简定罪。"清《醒世姻缘传》四六回:"宗师见是个披发童生,眉清目秀,知是～梁无疑。"

【逼直】 bī zhí 笔直;僵直。明《封神演义》四五回:"此桩按三才,桩上下有三圈,将秦完缚得～。"《拍案惊奇》卷二四:"忽然有一根幡竿～竖将起来。"清《醒世姻缘传》七八回:"一头钻在轿里,～的到了芦沟桥。"

【逼逐】 bī zhú 追赶;驱赶;追撵;跟随。宋徐度《却扫编》卷上:"职卑者付以懦兵,～先出;位高者各据精兵,逗遛不进。"元宫天挺《范张鸡黍》三折:"则被这君章、子征将我紧～,并不肯相离了左右。"清《聊斋志异·青凤》:"会清明上墓归,见小狐二,为犬～。"

bí

【荸笼】 bí lóng "蓬(棚)"的切脚语。宋张端义《贵耳集》卷中:"杨青,不知何许人。自云从军遇异人,来隐南华山中,以缚茅为～,饮食寝处其间。"

【鼻凹】 bí āo 鼻翼旁边凹下去的部分,也指整个面部。元乔吉《一枝花·合筝》:"风流这生,忔戏可憎,我便有陶学士的～也下不得绷。"明《朴通事谚解》卷下:"他走到金水河里,和将一块青泥来,大仙～里放了,变作青母蝎。"《西游记》四六回:"摇身一变,变作一条七寸长的蜈蚣,径来道士～里叮了一下。"

【鼻坳】 bí ào 即"鼻凹"。清《歧路灯》八九回:"横涂竖抹,登时嘴角～成了个墨人儿。"

【鼻嚳】 bí ào 即"鼻凹"。明《西游记》七回:"一阵异香来～,惊动满堂星与宿。"

【鼻翅】 bí chì 鼻翼,鼻尖两旁的部分。清《红楼梦》八四回:"脸皮趣青,眉梢～微有动意。"△《儿女英雄传》二五回:"他在那里梗梗着个小脖颈儿,撑着两个小～儿。"

【鼻观】 bí guān 鼻孔,也指嗅觉。宋卫宗武《酹江月·山中霜寒有作》:"～流珠,肌纹浮粟,欹枕难成梦。"元朱庭玉《梁州第七·咏梅》:"时有暗香浮动,萧然～通。"清《负曝闲谈》二〇回:"一股花香,直钻～。"

【鼻尖儿】 bí jiān er 指嗅觉。明冯惟敏《满庭芳·蝇》:"酒席间闹闹垓垓,～快,静悄悄荒郊野外,人坐下一齐来。"

【鼻孔辽天】 bí kǒng liáo tiān 高傲貌,禅门喻禅悟者能超然出世。《五灯会元》卷二〇《蒋山善直禅师》:"诸佛不曾出世,人人~;祖师不曾西来,个个壁立千仞。"《嘉泰普灯录》卷二八《庵体禅师》:"眼空四海恣纵横,～信脚行。"宋《法演禅师语录》卷上:

"曹源一滴,弥满人间;衲僧一吸,～。"

【鼻气】bí qì　鼻息;鼻孔呼吸的气。《太平广记》卷三三〇引《广异记》:"举置床上,细细有～。"金《刘知远诸宫调》二:"到此残生看怎脱,熟睡～如雷作。"清《聊斋志异·青娥》:"女醒,闻～休休,开目见穴隙亮人。"

【鼻汀】bí tīng　鼻涕。清《歧路灯》九七回:"绍闻不能让客,坐在一把椅子上,歪着头,～眼泪流了一大摊。"

【鼻头】bí tou　❶ 鼻子。唐白居易《自觉》之二:"结为肠间痛,聚作～辛。"明《西游记》六一回:"一把拿住～,将索穿在鼻孔里,用手牵来。"《拍案惊奇》卷一八:"把这堆狗屎堆在你～上,等你开不得口。"　❷ 鼻涕。明《金瓶梅词话》六二回:"那冯妈妈见没了主儿,哭的三个～,两个眼泪。"　❸ 方言谓奴仆。明徐复祚《红梨记》二七出:"昨日还是小娘身边烧汤的龟子,今日做了状元家里打站的～。"冯梦龙《笑史·微词部·张伯起》:"苏州王氏仆吴一郎,富而恣,以资得官。尝乘四人轿赴姻家席,孝廉张伯起恶之,……曰:'只一个～,亦用四人抬之。'"自注:"吴下称奴为～。"

【鼻洼】bí wā　即"鼻凹"。明赵南星《锁南枝带过罗江怨》:"才成就,又别离,要鸳鸯刚刚儿一霎时,分明是一点～儿蜜。"△清《三侠剑》二回:"白素长方脸,二～有十几个黑痣。"

【鼻窝】bí wō　即"鼻凹"。清《聊斋俚曲·禳妒咒》:"若是差一点儿,胡桃栗子摆在～里,可不就脸上开起山果铺子来了么?"

【鼻珠】bí zhū　鼻尖。清《醒世姻缘传》七六回:"仅抠瞎了一只眼,咬落了个～,不致伤命。"

【鼻准】bí zhǔn　鼻梁。《太平广记》卷三三五引《广异记》:"有一婢名秋华,以纸烛烧其～成疮。"元陶宗仪《辍耕录》卷一一:"凡写像,……先兰台庭尉,次～。～既成,以之为主。"明《西游记》四九回:"～高隆如峤耸,天庭广阔若龙仪。"

【鼻子】bí zi　即"鼻头❸"。清《醉醒石》八回:"又诌一个笑话,用著两句浣纱曲子道:胥门有神人,头大如车轮。一个呆～,抬他用四人。"

【鼻子头】bí zi tóu　喻代人受过者。清《醒世姻缘传》五三回:"我真扯淡!我是为儿,是为女?干这们营生,替人做～。"《红楼梦》五五回:"偏一个向一个,仗着老太太、太太威势的就怕,不敢惹,只拿着软的做～。"

bǐ

【比】bǐ　❶ 官府捉拿人犯或征收赋税,限期完成,定时查验。如在规定时限内未完成,则责打差役或当事人户,叫作"比"。明冯惟敏《胡十八·刘麦有感》:"五月半间便开仓,里正哥过堂,花户每～粮。"清《樵史》二九回:"他只～钱粮,日夜敲扑,那顾百姓流离饿莩。"《聊斋志异·韩方》:"官捉吾等赴城,～追乐输耳。"　❷ 比画;做手势。清《儒林外史》三九回:"右手执着风快的刀,在老和尚头上试一试,～个中心。"《红楼梦》四〇回:"刘姥姥两只手～着,说道:'花儿落了结个大倭瓜。'"　❸ 介词。常和它的宾语一起,用于比较性状和程度的差别,相当于"和……相比"。唐白居易《秋雨中赠元九》:"莫怪独吟秋思苦,～君校近二毛年。"宋李清照《醉花阴》:"莫道不消魂,帘卷西风,人～黄花瘦。"明归有光《先妣事略》:"有功之生也,孺人～乳他子加健。"　❹ 副词。本;本来。唐元稹《谕宝》:"此物～在泥,斯言为谁发?于今凡几耳,不为君不说。"敦煌词《鹊踏枝》:"～拟好心来送喜,谁知锁我在金

笼里。"《敦煌变文校注》卷一《汉将王陵变》:"斫营～是王陵过,拿老母有何怨!"

【比迸】bǐ bèng　即"比并❹"。明《西游记》五二回:"天昏地暗,不是个赌斗之时,且各自歇息歇息,明日再与你～。"又:"两家～,被他将一个白森森的一个圈子,抢了我的铁棒。"

【比并】bǐ bìng　❶ 相等同;相并列。唐顾况《萧寺偃松》:"山中多好树,可怜无～。"《敦煌变文校注》卷六《金刚丑女因缘》:"兽头浑是可憎儿,国内计应无～。"元刘时中《端正好·上高监司》:"可与萧曹～,伊傅齐肩,周召班行。"　❷ 比较;对比。五代和凝《宫词百首》之二九:"若论万国来朝日,～涂山更较多。"宋《朱子语类》卷一九:"如看《论语》精义,且只将诸说相～看,自然比得正道理出来。"　❸ 比拟;比喻。唐罗虬《比红儿诗》之二三:"何物把来堪～?野塘初绽一枝莲。"《元曲选·忍字记》一折:"我这里量度,将他～着,恰便似快活三恰将头剃了。"《元曲选外编·陈母教子》二折:"俗言有几句～,尊舅岂不闻?"　❹ 比试;较量。元尚仲贤《三夺槊》二折:"咱两个～一个好弱低高。"明《西游记》三〇回:"他必然不忿,断乎要去与那妖精～。"

【比捕】bǐ bǔ　责成衙役限期捕获人犯,或监押人犯亲属,限期交出人犯正身,逾期受罚。元明《水浒传》四三回:"前日江州行移公文到来,着落原籍追捕正身,却要提捉我到官～。"明《醒世恒言》卷二〇:"你去劫许多东西,在家好快活,却带累我们不时～!"

【比辰】bǐ chén　近日;近来。宋苏轼《答范梦得书》之二:"久不奉书,愧负不可言。不审～起居佳否?"陈渊《代龟山与南剑张守》:"～霜寒,伏惟镇抚多暇,尊侯动止万福。"

【比对】bǐ duì　❶ 犹"比并❶"。《说郛》卷八五引宋张商英《护法论》:"吴王孙权问尚书令阚泽曰:'孔丘、老子得与佛～否?'"　❷ 犹"比并❷"。元《秦并六国平话》卷中:"辛胜接得首级与招讨,招讨令人取出燕丹图像～,元来不是,只是假的。"明陈铎《红绣鞋·裁缝》:"能～回肩倒袖,惯缝连细縠轻裘。"　❸ 犹"比并❸"。《景德传灯录》卷二八《慧海和尚》:"法过,一切不可～。法身无象,应物现形,非离世间而求解脱。"　❹ 比照……而言。明《金瓶梅词话》一一回:"～我当初摆死亲夫,你就不消叫汉子婆我来家。"

【比儿】bǐ ér　侄儿。明程登吉《幼学琼林》卷二:"曰诸父,曰亚父,皆叔父之辈;曰犹子,曰～,俱侄儿之称。"清李渔《蜃中楼》九出:"常言道,～子类椿萱,我便做个便宜行事也非强擅。"

【比附】bǐ fù　❶ 依附。《晋书·律历志上》:"枝条顺气,转相～。"唐灵一《林公》:"谁为竹林贤,风流相～。"　❷ 比较并参照。《隋书·刑法志》:"大理明法,上下～,欲出则附依轻议,欲入则附从重法。"《宋史·舆服志一》:"又有七宝辇,……～大辇、平辇制度为之。"《元史·武宗纪》:"丰年收籴粟麦米谷,值青黄不接之时,～时估,减价出粜,以遏沸涌。"　❸ 即"比并❶"。《敦煌变文校注》卷四《降魔变文》:"(释迦)身长丈六,项背圆光,由日之晖盈,稍难～。"唐颜师古注《汉书·陈汤传》"无比者先以闻":"比谓相～也。"

【比各】bǐ gè　即"彼各❶"。元关汉卿《新水令·天仙子》:"画的来厮顾盼厮温存,～青春。"佚名《端正好》:"我上车儿倦向前,他上雕鞍懒赠鞭,～无言两泪涟。"

【比合】bǐ hé　❶ 比对使相合;符合。宋朱熹《跋黄仲本朋友说》:"而夫妇君臣之际,有杂出于情,事势而不能自已者,以故虽或不尽其道,犹得以相牵联～而不至于尽坏。"元许衡《大学直解》:"如治丝一般,分别其等,～其类。"明沈鍊《文赋》:"故能发挥义理,～宫商。"　❷ 犹"比并❹"。金《董解元西厢记》卷二:

"见法聪临阵怯～，与飞虎冲军恶战讨，也独力难加他走却。"

【比后】bǐ hòu 后来。《元曲选·梧桐叶》四折："小生……挡住绣球，策马过了。～打着武状元，成其姻眷。"清《荡寇志》九三回："～看见那武妓，确是那姓郭的嘴脸，那声音举动毫忽无二。"

【比及】bǐ jí ❶ 未及；在……之前。金《董解元西厢记》卷三："～相面待追依，见了依前还又休，是背面相思对面羞。"《元典章·吏部二》："～朝廷选官到任，合须使人权摄其事。"元明《水浒传》八〇回："且说高太尉在济州和闻参谋商议，～添拨得军马到来，先使人去近处山林砍伐木植大树。" ❷ 在……期间；当……时。元古本《老乞大》："我别无甚买卖，～恁卖布的其间，我买些羊到涿州地面卖去。"元明《水浒传》六六回："～兄长卧病之时，小生累累使人去北京探听消息。"明《金瓶梅词话》六二回："～乱着，鸡就叫了。" ❸ 自从。《元典章·吏部四》："今后各投下差委人员，～换授以来，无令先行之任署事。"《通制条格》卷一三："～通行定夺以来，比附腹里官员职田体例，于无碍系官荒闲地内减半拨付。" ❹ 连同；连带。明《二刻拍案惊奇》卷四〇："御屏上山河一统皆图画，～俺水泊三关也在范围。" ❺ 连词。a) 既是；既然。《元曲选·看钱奴》二折："～你这等贫呵，把这小的儿与了人家可不好?"明徐㬎《杀狗记》一九出："～小官人受苦，我院君何不瞒了小员外，暗地使人送些钱米与小官人?"b) 与其。《元曲选·荐福碑》二折："～见这四方豪士频插手，我争如学五柳先生懒折腰。"元明《水浒传》二八回："～都头去牢城营里受苦，不若就这里把两个公人做翻。"

【比甲】bǐ jiǎ 一种无领无袖的女式罩衣。明《朴通事谚解》卷上："明绿抹绒胸背的～，鸦青绣四花织金罗搭护。"《西游记》八二回："发盘云髻似堆鸦，身着绿绒花～。"《金瓶梅词话》一二回："到晚夕，桂姐临家去，拜辞月娘。月娘与他一件云绢～儿，汗巾花翠之类。"

【比较】bǐ jiào ❶ 犹"比并❹"。宋司马光《乞罢保甲札子》："若见充弓手人有勇力武艺衰退，许他人指名～，若胜于旧者，即令充替。"明《西游记》七六回："你却等他吞在肚里，他便弄起法来，教你受苦，怎么敢与他～?" ❷ 犹"比❶"。《元曲选·货郎旦》四折："禀爷，这两个名下，欺侵窝脱银一百多两，带累小的们～，不知替他打了多少。"明陈洪谟《继世纪闻》卷三："大理少卿周东在宁夏与都御史安惟学～屯粮，严加刑于军官妻子，人心愤怨。"清《照世杯·走安南》："限三个月交纳，过过限拿家属～。" ❸ 折磨；逼迫。明丁彩《山坡羊·秋恨》："秋呵你是散相思的凶神也，～的离人憔瘦了形骸。"清《醒世姻缘传》一九回："原来是他拾得，空教我～那些小厮。" ❹ 介词。用来比较性状、程度的差别。宋司马光《二十六日作真率会别用韵》："座中七叟推年纪，～前人少几多。"明祝允明《三十腔·闺情》："这相思，却见撦，～他时分外浓。"

【比今】bǐ jīn 如今；现在。唐李亨《申明赏罚诏》："京城诸色所縣，先缘与逆贼追捕，～招捉，矜其胁迫，一切放免。"宋穆修《东海徐君墓志铭》："～贵家富族将葬其先，必惑葬师说，拘以岁月。"宗杲《宗门武库》："我与汝相别才逾月，～相见时如何?"

【比近】bǐ jìn ❶ 附近；邻近。《唐律疏议》卷八："其有奸人入出，力所不敌者，传告～城戍。"《太平广记》卷七引《神仙传》："未至，先闻金鼓箫管人马之声，～皆惊，莫知所在。" ❷ 接近(某一时间)；近来。《旧五代史·汉书·隐帝纪下》："～日旰，朝臣步出宫门而……。"宋王令《定吴夫人书》："惟尊候安否? ～何如? 伏惟万福。"

【比看】bǐ kàn 对比着看。元明《水浒传》七回："太尉钧旨，道你买一口好刀，就叫你去～。"清《醒世姻缘传》六五回："你只不要合顾家的生活～，这也就好; 你要是拿着，那就差远着哩。"

【比况】bǐ kuàng 比拟。唐权德舆《杂诗》之二："魂交复目断，缥缈难～。"宋克勤《碧岩录》九则："如将鱼目～明珠，似则似，是则不是。"佚名《柳梢青·寿人母五月初六》："祝颂勤拳，将何～，只个南山。"

【比来】bǐ lái ❶ 从前; 原先。唐顾况《悼雏》："稚子～骑竹马，犹疑只在屋东西。"《敦煌变文校注》卷六《金刚丑女因缘》："～丑陋前生种，今日端严遇释迦。"《宋史·吕蒙正传》："朕～征讨，盖为民除暴。" ❷ 近来；不久前。唐韩翃《送襄垣王君归南阳别墅》："少妇～多怅望，应知蟢子上罗巾。"元曾瑞卿《迎仙客·闺情》："愁满怀，泪盈腮，愁泪～深似海。"明汤显祖《紫钗记》二出："～流寓长安，占籍新昌客里。" ❸ 本来；原本。唐崔涂《金陵晚眺》："何必登临更惆怅，～身世只如浮。"按，此句"比"一本作"本"。五代何光远《鉴诫录》卷一〇："亦无魔，亦无佛，三界～无一物。"《景德传灯录》卷八《普愿禅师》："～去礼拜国师，南泉为什么却相唤回?" ❹ 插在两个句子中间，表示理所当然。明《金瓶梅词话》一三回："嫂子说那里话! ～，相交朋友做甚么? 我已定苦心谏哥。"又四六回："三姑娘慌怎的? 上门儿怪人家。～，大姑娘们在俺这里，大节下姊妹间众位开怀大坐坐儿。"

【比量】bǐ liáng ❶ 比照；对比。明陈铎《塞鸿秋·架户》："一砖与一石，本利皆丁对，～盖造差十倍。"《西游记》一四回："行者遂脱下旧日直裰，将绵布直裰穿上，也就是～身体裁的一般。" ❷ 测量; 比画。《元史·郭守敬传》："今司天浑仪，宋皇祐中汴京所造，不与此处天度相符，～南北二极，差约四度。"清《聊斋俚曲·禳妒咒》："公子把两手～着说:'那脚够真么大!'"

【比领】bǐ lǐng 蒙受。元明《水浒传》八五回："小将～国舅的福荫，宋江当尽心报答郎主大恩。"

【比卯】bǐ mǎo 即"比❶"。卯，卯时，早晨五点到七点钟，是旧时官衙签到办公的时间。明《禅真逸史》一〇回："却惊动了一起缉捕公人，为因江宁县知县祝鹏差委搜捕这林澹然不着，被本县两日一～。"清《豆棚闲话》三则："或有说官司连累，急急去救父母的，或有说钱粮拖欠，即刻去～救家属的。"

【比昵】bǐ nì 亲近; 交好。宋易袚《周易总义》卷一五："妇孕不育，则～于四爻而不由于正矣。"《辽史·萧革传》："太平初，累迁官职。游近习间，以谀悦相～，为流辈所称，由是名达于上。"明周洪谟《殷民叛周论》："其后不服周而念商者，非商之民也，乃纣所～之罪人也。"

【比暱】bǐ nì 同"比昵"。明蔡清《易经蒙引》卷二上："人情于此，易至与之～而丧其所守。"清努尔哈赤《圣训·天命六年酉七月甲寅》："若与不善人相～，则愈久而愈受其损矣。"

【比前】bǐ qián 先前; 以前。《元曲选外编·绯衣梦》一折："俺父亲～是李十万，如今无了钱，人叫做李叫化。"

【比如】bǐ rú ❶ 连词。a) 与其。元吕止庵《夜行船·咏金莲》："～常向心头挂，争如移向双肩搭。"《元曲选·铁拐李》二折："～包尸裹骨棺函内烂，把似遇节迎寒教你子母每穿，省可里熬煎。"元明《三国演义》八一回："～他杀我，不如我杀他。"b) 纵然; 即使。明《金瓶梅》一回："假饶你闭月羞花的容貌，一到了垂眉落眼，人皆掩鼻而过之; 你陆贾、隋何的机锋，若遇着齿冷唇寒，吾未如之何已也。"c) 假使; 若是。《元曲选·金线池》楔子："那苏小卿不辨贤愚。～我五十年不见双通叔，……遮莫拷我皮肉烂，炼的我骨髓枯，我怎肯跟将那贩茶的冯魁去。"明汤显祖《牡丹亭》四四

出:"直恁的活擦擦,痛生生,肠断了。～你在泉路里可心焦?"清《儒林外史》一五回:"～长兄你如今要回家去,须得多少盘程?" ❷ 比;比起。宋刘克庄《念奴娇·壬寅生日》:"～去岁前年,今朝差觉门庭静。"《元典章·刑部八》:"各路总管府俸给职田,所受子粒,每年会计。其数～都省之官俸给转多。" ❸ 相比;比况。《元曲选·渔樵记》一折:"则说那姜子牙,正与区区可～。他也曾朝歌市里为屠,蟠溪水上为渔。" ❹ 如同;好像。《太平广记》卷二三二引《玉堂闲话》:"其瑞炉～金色,轻重不定。"清《红楼梦》八九回:"但见黛玉身上穿着月白绣花小毛皮袄,……腰下系着杨妃色乡花绵裙,真～亭亭玉树临风立,冉冉香莲带露开。"

【比赛】 bǐ sài ❶ 竞争;较量。明《朴通事谚解》卷中:"是我先掷。你怎么先掷?咱～。咱赌甚么?不要赌甚么?"《醋葫芦》三回:"吃的吃,用的用,竟像帮闲的篾片,相争搭唑,～趋承。" ❷ 相比;赛过。明《西游记》二二回:"不当大胆自称夸,天下枪刀难～。看你那个锈钉钯,只好锄田与筑菜。"《古今小说》卷二六:"吃了些点心,打点笼儿,盛着个无～的画眉。"

【比时】 bǐ shí ❶ 当时;那时。唐罗隐《投前夏口韦尚书启》:"某～当驻征桡,仰趋画载。"《元曲选·货郎旦》四折:"～小孩儿高叫道:'救人咱!'"元明《水浒传》五三回:"这个先生一向云游在外,～唤作公孙一清,如今出姓,都只叫他清道人。" ❷ 连词。a) 与其。明《金瓶梅词话》一六回:"～明日与哥庆喜,不如咱如今替哥把一杯儿酒,先庆了喜罢。"b) 既然。明《金瓶梅词话》二六回:"～你怎害怕,当初大家省言一句儿便了。"又四八回:"～搭月台,不如买些砖瓦来盖上两间厦子却不好?"

【比试】 bǐ shì ❶ 考试;考较。五代孙光宪《北梦琐言》卷五:"乐公举进士,初陈启事谒李昭待郎,自媒云:'则于九经书史及老庄泊八都赋外,著八百卷书,请垂～。'"宋吴处厚《青箱杂记》卷六:"孙惶恐失措而退,～学院。"明何孟春《馀冬序录》卷五:"子孙年十六,出幼袭职领职,免～。" ❷ 较量。《元朝秘史》卷一二:"斡惕赤斤将他衣领揪住,说:'你昨日教我伏罪,我如今与你～。'"元明《水浒传》三五回:"今日我和你～,分个胜败,见个输赢。"明《西游记》三四回:"我虽与他相会一场,却不曾与他～。"

【比势】 bǐ shì 即"比试❷"。明《西游记》五○回:"你今果有手段,即与我～。"《警世通言》卷四○:"许逊敢与我～么?"

【比是】 bǐ shì ❶ 比;比起。金《董解元西厢记》卷七:"从别后,脸儿清秀,～年时瘦。" ❷ 已是。元曾瑞《醉花阴·怀离》:"～情凄惨,避不得这羞惭。" ❸ 连词。既是;既然。明《金瓶梅词话》一二回:"～你怎怕他,就不消剪他的来了。"又一五回:"～哥请俺每到酒楼上,咱何不往里边望望李桂姐去?"

【比手】 bǐ shǒu 交手;较量。明《西游记》五一回:"想我闹天宫时,玉帝遣十万天兵,布天罗地网,更不曾一将敢与我～。"《西洋记》六五回:"你这无名末将,也敢来和我～哩!"清《飞龙全传》二○回:"你这红脸大汉,敢是要与俺～么?"

【比似】 bǐ sì ❶ 比拟;比况。宋王炎《念奴娇·海棠时过江潭》:"桃杏不堪来～,信是倾城倾国。"《元曲选·谢天香》五折:"你道是金笼内鹦哥能念诗,这便是咱家的好～。" ❷ 犹"比是❶"。宋杨无咎《多丽·中秋》:"断约他年,重挥大手,桂枝须斫最高柯。恁时节,清光～,今夕应更多。"《元典章·兵部三》:"近日走递～已前稍减,正是存恤站户之时。"明施绍莘《新水令·送张冲如游靖州》:"我较长你春秋五岁啊,～你更穷彻。" ❸ 好像;如同。宋曾觌《壶中天慢》:"素飙漾碧,看天衢稳送、一轮明月。翠水瀛壶人不到,～世间秋别。"元明《水浒传》六○回:"宋江见晁盖死了,～丧考妣一般,哭得发昏。"明叶宪祖《鸾鎞记》五出:"～我做了亏心台馆客,到不如守义终

❹ 连词。a) 假使;倘若。金《董解元西厢记》卷六:"～他时,再相逢也,这的般愁,兀的般闷,终该话儿说。"《元曲选外编·存孝打虎》二折:"～我守辛勤放羊北海,几时得逞英雄射虎南山?"b) 与其。宋元《警世通言》卷八:"～只管等待,何不和你今夜先做夫妻?"《元曲选·桃花女》一折:"～你做阴司干鬼囚,争似得他这天堂上阳寿?"高明《琵琶记》三六出:"～我做了亏心台馆客,到不如守义终身田舍郎。"c) 既然;既是。《元曲选·李逵负荆》一折:"～你这般烦恼,休嫁他不的!"明沈璟《步步娇·告杜鹃》:"～你和春唤得愁来会,怎不唤愁回避?"

【比先】 bǐ xiān 从前;以往。《元曲选·儿女团圆》楔子:"这家私～家兄在时,原无积趲,都是我苦挣下的。"脉望馆本《阴山破房》三折:"想北番胡寇无礼,～有盟,不许犯边界;此胡房今番侵边,当可剿除。"元明《水浒传》一八回:"我～曾跟一个闲汉去投奔他,因此我认得。"

【比嫌】 bǐ xián 嫌弃厌恶。宋元《清平山堂话本·三塔记》:"只见树上一件东西叫,看时,那件物是人见了～。"

【比限】 bǐ xiàn 追比的期限;追比。参见"比❶"。明《古今小说》卷四○:"只求小娘子休去州里啼啼哭哭,宽小的～。"清《醒世姻缘传》八二回:"谁知天理不容,鬼神不愤;人财两空,故有尽失;察院夹打,兵马～。"

【比责】 bǐ zé 追比责讨。参见"比❶"。清《水浒后传》一七回:"小乙哥,员外～不过,已身故了。"《绿野仙踪》八十回本一六回:"一到任,就将林岱家人林春拿去,日夜～。"

【比照】 bǐ zhào ❶ 参照;按照(旧例)。明田汝成《炎徼纪闻》卷二:"昔韩公以五屯地方盗贼盘踞,～迁江事体,设立顿所。"清《野叟曝言》一二七回:"～子孙违犯教令律,杖一百。" ❷ 对比;对照(验看)。《宋史·选举志三》:"仍命州郡守倅结罪保明,～字迹无伪,方许帝引注籍。"明何孟春《馀冬序录》卷四:"凡行移在外事务,发勘合科填写号纸,下各地方。～朱墨字号相同,将开去事件奉行完报。"

【比者】 bǐ zhě ❶ 前者;上次。《太平广记》卷三五引《逸史》:"尔何乃轻泄也?～升仙之事亦得,今不果矣。"宋丁特起《靖康纪闻》:"～城破,本意纵兵,但缘不忍,以致约束。"金佚名《大金吊伐录》卷一:"～盟书既定,和议方深,用孚千载之期,永保两朝之好。" ❷ 先前;以前。唐王方庆《魏郑公谏录》卷一:"～常闻公中正不能得相见。今论长乐公主礼事,不许增加,始验从来所闻,信非虚妄。"《太平广记》卷二三九引《谭宾录》:"臣愚,～只知有陛下,不知有太子。"

【比着】 bǐ zhe 比;比起。宋辛弃疾《江神子·博山道中书王氏壁》:"雪后疏梅,时见两三花。～桃源溪上路,风景好,不争些。"金《刘知远诸宫调》一:"～寝殿,是贫穷,交两个未遇皇后与潜龙,借一间草舍为正宫。"明《醒世恒言》卷三:"那主儿或是年老的,或是貌丑的,或是一字不识的村牛,你却不肮脏了一世? ～把你料在水里,还有扑通的一声响,讨得旁人叫一声可惜。"

【枇排】 bǐ pái 准备;安排。为"排比"的倒文。《敦煌变文校注》卷二《叶净能诗》:"高力士等面奉进止,当时～装束。"《敦煌资料》第一辑(五)《后梁龙德四年张ㄙ甲雇工契》:"馀外欠缺,仰自～。"

【彼此】 bǐ cǐ 在并列句中用作发端语。明《西洋记》三八回:"天地间贞元会合,五百年一聚,五百年生出一代好人。～你中国五百年生出七十二个贤人,我西洋不读书,不知道理,五百年就生出我们七十二个女将。"又四九回:"我们这里有个规矩:～

是我的祖师的班辈,往来具一个束帖;下一辈的往来,具一个禀帖;再下一辈的,不敢具帖,当面口禀。"

【彼各】 bǐ gè ❶ 你我;双方。宋元《清平山堂话本·刎颈鸳鸯会》:"往往倚门而立,朱秉中时来调戏,~相慕。"金《董解元西厢记》卷四:"薄情业种,咱两个~当年。"《元曲选外编·西厢记》二本楔子:"忆昔联床风雨,叹今~天涯。" ❷ 分手;别离。明佚名《桃园结义》二折:"脱离了下贱营生,~了尘中伴侣。"

【彼我】 bǐ wǒ 指争辩、争斗。《敦煌变文校注》卷五《佛说阿弥陀经讲经文(一)》:"输者自合甘心,赢者无妨感激。……乃看陀罗,申其罪过:'小辈非常罪过,不合妄申~。'"

【笔仗】 bǐ zhàng 笔迹。元高明《琵琶记》三六出:"这是谁~? 觑着他,教我心儿好感伤。"明丘濬《投笔记》三七出:"呀! 又是我女弟子~。正是见鞍思马,睹物伤情。"清吴庆坻《蕉廊脞录》卷七引王夫之自题画像诗:"谁~,此形骸,闲愁输泮两眉开?"

【笔资】 bǐ zī ❶ 写字作文的天资禀赋。明《警世通言》卷一八:"如今到不要取四经整齐,但是有些~的,不妨题旨影响。这定是少年之辈了。" ❷ 替人写字、作画、刻图章等所获得的报酬。清《儒林外史》二一回:"尊章即镌上献丑,~也不敢领。"《八洞天》卷七:"冶娘即托故不去,只坐在家中卖画,取些~度日。"

【鄙猥】 bǐ wěi 鄙陋猥琐。宋司马光《上皇太后疏》:"外亲~之人,或忝污官职;左右谗谄之臣,或窃弄威柄。"元明《水浒传》八三回:"臣乃~小吏,误犯刑典,流递江州。"明《西游记》二一回:"那妖仔细观看,见行者身躯~,面容羸瘦。"

bì

【必得】 bì dé 必须;一定要。《元曲选外编·西厢记》五本四折:"张生此一事,~杜将军来方可。"明郎瑛《七修类稿》卷一七:"虽欲补之,~自擅其术,记多识多方可也。"清《红楼梦》四〇回:"众人都知贾母所行之令~鸳鸯提着。"

【必定】 bì dìng 表示判断或推论的确凿无疑。《敦煌变文校注》卷一《伍子胥变文》:"若着此卦,~身亡。"金《董解元西厢记》卷五:"料来想~是些儿闲气,白瘦得个清秀脸儿不戏。"明《西游记》二一回:"只怕昨日那阵风不曾刮死孙行者,他今日~还来。"

【必合】 bì hé 必当;一定会。唐张九龄《贺破突厥状》:"陛下料其终始,指授规模,知其举种来,本自无策,劳师袭远,~成擒。"《敦煌变文校注》卷二《前汉刘家太子传》:"彼先有受恩之人,~救汝。"

【必竟】 bì jìng ❶ 必定。唐贾岛《投孟郊》:"~获所实,尔焉遂深衷。"宋《朱子语类》卷四:"~冬时其气贞固,故难得谢。"明《二刻拍案惊奇》卷四:"若是晓得上司寻他不是,他~先去下手,非同小可。" ❷ 终究;到底。《敦煌变文集·无常经讲经文》:"思量能得几多时,~于身为大患。"宋《二程语录》卷三:"如从军者之行,~是为利禄。"明《型世言》六回:"却是汪涵宇~要他,故意用钱叫禁子凌辱他。"

【必然】 bì rán 一定。《敦煌变文校注》卷一《伍子胥变文》:"观君面色,~心有所求。"元明《水浒传》四三回:"大哥归来见了,~不赶来。"明《二刻拍案惊奇》卷一三:"我念平日相与之情,倘可用力,~尽心。"

【必若】 bì ruò 如果。"必"也表"若"义。《敦煌变文校注》卷一《李陵变文》:"卿今~来净伏,勉(免)杀留卿镇房强(疆)。"

《旧唐书·薛万彻传》:"~食逆者心肝而为忠孝,则刘兰之心为太子诸王所食,岂至卿邪?"宋欧阳修《南省试策五道》:"~取人以才,考行以实,……自然无冒举之过。"

【必索】 bì suǒ 必须;一定要。索,须。《元曲选外编·博望烧屯》一折:"既然一年三访,此人诚心,我~与他相见者。"明朱有燉《团圆梦》二折:"你将这银子在荒郊野外与我呵,知他这银子我从何处得来的,~引你见了我婆婆,说知了,方才敢受你银子。"《禅真后史》二九回:"不趁此时擒住,日后~报仇。"

【必先】 bì xiān 唐代应试举子相互间的一种称呼。五代王定保《唐摭言》卷一二:"郑光业常言及第之岁,策试夜,有一同人突入试铺,为吴语谓光业曰:'~,~! 可以相容否?'光业为辍半铺之地。"

【必须】 bì xū ❶ 一定要。多用以表示主观要求或客观需要。《祖堂集》卷六《洞山和尚》:"住止~择伴,时时闻于未闻;远行要假良朋,数数清于耳目。"《元典章·刑部十》:"己身犯罪,~己身当官陈首,子侄奴隶不许代替。"明《西游记》六回:"小圣来此,~与他斗个变化。" ❷ 必定;必然。表示对未来情况的推断确凿无疑。唐张鷟《朝野佥载》卷四:"通川界内多獭,各有主养之,并在河侧岸间。……取得鱼,~上岸,人便夺之。"宋《三朝北盟会编》卷一一〇:"此段事上畔人当时亦曾预料,他日大楚~如此。"宋元《古今小说》卷二四:"当时妾若贪生,~玷辱我夫。"

【必要】 bì yào 必须;一定要。金刘祁《归潜志》卷一〇:"王子端才固高,然太为名所使。每出一联一篇,~使人皆称之。"明《二刻拍案惊奇》卷二一:"即差快手李彪随着王爵跟捕贼人,~擒获,方准销牌。"清《红楼梦》六五回:"老二,到底是你,哥哥~吃干这钟。"

【必因】 bì yīn 必定。元《前汉书平话》卷下:"有王陵在朝门外立等多时,王陵言叹:'陈平~死矣。'"△清《七剑十三侠》一三四回:"若误入死门,其人~气闷而死,因死门内皆积各种秽气而设。"

【必用】 bì yòng 必须;一定要。宋徐度《却扫编》卷上:"由是言之,则是除目既下,~是日草词。"元明《水浒传》一一回:"只是沧州道口现今官司张挂榜文,又差两个军官在那里搜检,兄长~从那里经过。"明叶盛《水东日记》卷五:"然四体之动,乃德之符,步履进退,~安详。"

【闭气】 bì qì ❶ 憋住呼吸。宋蔡絛《铁围山丛谈》卷五:"蜑乃~,随大缒直下数百十丈,舍缒而摸取珠母。"《元典章·刑部四》:"本官~佯死,不肯招承。按,"闭气"本是道家的一种修炼方法,这里是其引申义。 ❷ 闷气。清《醒世姻缘传》五〇回:"狄希陈跨进门去,秦敬宇接出门来,与了狄希陈一个~。"

【闭字加点】 bì zì jiā diǎn "闲"的拆字隐语。明《古今小说》卷一二:"管字下边无分,~如何?"

【捌】 bì 把刀剑之类在物件上擦拭、磨砺。元明《水浒传》二六回:"提起刀来,望那妇人脸上便~两~。"清《荡寇志》七六回:"他且把剑上血就死人身上~干净了,插在鞘里。"

【毕】 bì 囊中羞涩。毕,通"瘪"。清《儒林外史》三三回:"今日大老官~了! 但你是个豪杰,这样事何必焦心? ……我拿十两银子给你去。"

【毕罢】 bì bà ❶ 停止;结束。《元曲选外编·西厢记》三本三折:"打叠起嗟呀,~了牵挂,收拾了忧愁,准备着撑达。"明冯惟敏《粉蝶儿·辞署县印》:"~了簿书消遣,俺可也黄卷内对先贤。" ❷ 抛开;断绝。毕,通"撇"。元汪元亨《朝天子·归隐》:"采商山紫芝,理桐江钓丝,~了功名事。"《元曲选·扬州梦》四折:"~

雪月风花,医可了游荡疏狂病。"明薛论道《朝元歌·章台回首》:"花乡柳乡,隔断平康巷;红妆粉妆,～烟花帐。"

【毕竟】　bì jìng　❶一定。宋如晦《卜算子·送春》:"有意送春归,无计留春住。～年年用著来,何似休归去。"明叶宪祖《团花凤》一折:"一个如花似玉的小姐,霎时落在我手里。～还有许多金珠首饰,岂不一举两得?"清《醉醒石》二回:"巡检道:'怎么弓兵和你熟?'妇人道:'是表兄。'巡检道:'～还有缘故。'又要拶。"❷终究;到底。唐王维《叹殷遥》:"人生能几何,～归无形。"《敦煌变文校注》卷五《维摩诘经讲经文(四)》:"众生～总成佛,无以此法诱天子。"宋《三朝北盟会编》卷一一〇:"～所恳二帝之事,贵朝诸公曾有商量否?"

【毕究】　bì jiū　同"毕竟❷"。宋《朱子语类》卷四:"后世气运渐乖,如古封建,～是好人在上。"△清《海上尘天影》五〇回:"我泡过福建的茶饼子,～不如散叶。"

【毕了】　bì liǎo　了结;完毕。唐孔颖达疏《礼记·杂记上》"丧服未毕":"丧服将终,但未～。"《元朝秘史》卷一五:"此书大聚会著,鼠儿年七月于客鲁连河阔送额阿喇勒地面处下时写。"明《金瓶梅词话》九回:"待事务～,我再与你十来两银子做本钱。"

【毕罗】　bì luó　同"馪饠❶"。《太平广记》卷二三四引《卢氏杂说》:"翰林学士每遇赐食,有物若～,形粗大,滋味香美,呼为诸王修事。"宋陆游《老学庵笔记》卷一:"集英殿宴金国人使,九盏:……第五群仙臡、太平～。"

【毕落】　bì luò　同"逼逻"。明丘濬《忠孝记》一三出:"〔净云〕阿妈,娘子唤你。〔丑云〕我在厨下～下饭,不得闲。"

【毕手】　bì shǒu　完毕;结束。《祖堂集》卷九《罗山和尚》:"有僧与疏山和尚造延寿塔～,白和尚。和尚便问:'汝将多少钱与匠人?'"金刘祁《归潜志》卷一二:"郑公碑文,今夕可～也。"

【馪饠】　bì luó　❶一种从吐蕃传入的食品,一说即抓饭,中土为面食。唐段成式《酉阳杂俎》前集卷七:"韩约能作樱桃～,其色不变。"又续集卷一:"初,将入～肆,鬼掩鼻不肯前。……疑其嫌置蒜也。"元佚名《黄孝子》三二出:"你进去多少取些～与他充饥罢。"❷同"逼逻"。六十种曲本《琵琶记》二一出:"〔外〕呀!这便是糠,要他何用?〔旦〕将～堪疗饥。"明陆采《明珠记》二四出:"快去～,务要如法济楚。"

【畐塞】　bì sè　即"逼塞❶"。《景德传灯录》卷二〇《慧禅师》:"～虚空,汝作么生去?"

【塎作】　bì zuò　土作;土方工程。《吐鲁番出土文书》第三册《高昌武城额名籍(一)》:"□月廿五日,武城～额麹忠悌、赵延丰,……"又《高昌武城额名籍(三)》:"～人赵华得、索道佑,……"

【婢子】　bì zi　女仆,用为对妇女的詈词。元明《水浒传》五一回:"你那老～却才道甚么?"明《古今小说》卷三七:"没教训的～!男婚女嫁,人伦常道。"

【辟差】　bì chāi　宋代一种委官制度,引申指差派、吩咐。宋赵昇《朝野类要》卷三:"～:帅监列郡守或奉选使堪倚之人,具名诣阙奏差。"《宋史·职官志》:"少府监既归工部,文思院上下界监官并从本部～。"杨万里《晚兴》:"处分新霜且留菊,～寒日早开梅。"

【辟逻】　bì luó　同"逼逻"。宋佚名《水调歌头》:"～世间万事,推放那边一壁,百尺卧高楼。"

【辟置】　bì zhì　聘任;聘用。五代徐铉《唐故朝请大夫乔公墓志铭》:"丞相宋楚公初复进用,位望日崇,闻君之名,～门下。"宋《朱子语类》卷一一二:"唐之兵尽付与刺史、节度使,其他牙将之类,皆自～,无如今许多官属。"

【避躲】　bì duǒ　躲避。《元曲选·黄粱梦》四折:"休休休怎～,是是是决难活。"明《封神演义》一三回:"天数已定,怎能～?"

【避乖】　bì guāi　躲避是非和祸患。《元曲选·王粲登楼》二折:"如今那友人门下难投托,因此上安乐窝中且～,倒大来悠哉。"《元曲选外编·存孝打虎》一折:"若说俺朝野公卿,无一个将相之才,因此上万乘君向西蜀～。"

【避路】　bì lù　犹择路。元明《水浒传》三回:"逃生不～,到处便为家。"清《聊斋志异·姊妹易嫁》:"闻妹为孝廉妇,弥增愧怍,姊辄～而行。"

【避明】　bì míng　患眼病怕见光。清《歧路灯》六三回:"暗问双庆,方知王象荩病目欲瞽,在后院一个小房～哩。"

【避头】　bì tóu　避身;抽身。唐王梵志《身卧空堂内》:"我今～去,抛却空闲舍。"

【避谢】　bì xiè　回避辞谢。清《照世杯·七松园》:"那知到第三杯上,嘴唇虽然领命,腹中先写了的帖子。"清吴庆坻《蕉廊脞录》卷四:"或馈米数斗,不受。其人固请,则固辞。方宛转～间,遂饿扑于地。"

【避羞】　bì xiū　遮羞;掩饰羞报。明陆楫《古今说海》卷一九引《星槎胜览·柯枝国》:"男女裸体,纫结树叶或草遮其前后。行人遇之,则蹲避道旁,俟过方行,盖～也。"清李渔《闲情偶寄》卷三:"妇人～,目必下饰。"

【避眼】　bì yǎn　避人眼目;不惹人注意。明李梦阳《东庄冬日会别谢行人》:"干红冷绿难～,剩香馀馥故侵壶。"《金瓶梅词话》九〇回:"他那里曲弯弯小巷倒～,咱两个投奔那里去。"

【壁】　bì　边。宋《三朝北盟会编》卷一一三:"臣乘勘京城四～濠河楼橹与守御器具。"元《武王伐纣平话》卷中:"纣王大怒,令左右捽下皇伯比干,推在一～。"元明《水浒传》二八回:"请都头去那～房里安歇。"

【壁虫】　bì chóng　臭虫。明谢肇淛《五杂组》卷一一:"鼋脂可以燃铁,驼粪能杀～。"清《歧路灯》六回:"有说天太热的,有说店中～厉害的。"

【壁角】　bì jiǎo　墙角。也喻冷僻处。唐张读《宣室志》补遗:"明日搜寻之,于～得一败囊。"宋《朱子语类》卷一三:"须要前面开阔,不要就那～里去。"明《醒世恒言》卷一七:"连这田也不买了,气倒在一个～边坐地。"

【壁角落头】　bì jiǎo luò tou　即"壁角头"。宋《大慧禅师语录》卷一二:"而今各自不得已,一任画出这般不唧嚼底老冻脓,但将悬向～,使来者瞻之仰之。"元《明本禅师杂录》卷中:"单单一条性命,最要与之拶向～。"

【壁角头】　bì jiǎo tou　即"壁角"。宋《朱子语类》卷一一五:"浙间士夫又却好就道理上～著工夫,如某人辈,恐也是风声气习如此。"

【壁落】　bì luò　墙壁。宋《朱子语类》卷八:"为学须先立得个大腔当了,却旋去里面修治～教绵密。"《五灯会元》卷一八《崇觉空禅师》:"十方无～,四面亦无门。"宋元《古今小说》卷三六:"～共门都不曾动,你却是从那里来,讨了我的包儿?"

【壁上泥皮】　bì shàng ní pí　糊在墙壁上的一层薄泥,脱落后可再糊上一层。喻男人可以停妻再娶。《元曲选·秋胡戏妻》二折:"常言道:媳妇是～。"

【壁听】　bì tīng　窃听。《元曲选·生金阁》二折:"是谁人村声泼嗓,他～在门儿外厢。"又《争报恩》二折:"你则道我不肯将门开,多管是你～在这窗儿外。"

【壁下】　bì xià　边。元《七国春秋平话》卷中:"两～是甲马

步军,中间里青黄五百条毒龙出阵,后锣鼓振天。"

【壁厢】 bì xiāng 边。《元曲选·儿女团圆》三折:"可这~便气杀他娘,那~冲倒他爷。"明《朴通事谚解》卷下:"那西~打一流儿短墙。"《西游记》五回:"见右一~长廊之下,有几个造酒的仙官。"

【壁衣】 bì yī 室内的帷幕。唐岑参《玉门关盖将军歌》:"暖屋绣帘红地炉,织成~花氍毹。"宋《三朝北盟会编》卷六:"夜久,忽刘宗言自~下出。"清《东周列国志》一〇回:"祭足伏死士百人于~之中,请诸大夫至内室相见。"

【壁鱼】 bì yú 蛀蚀书籍、衣服等的蠹虫。唐《大业拾遗记》:"汝所得野蚕,即《江淹文集》中~所化也。"五代孙光宪《北梦琐言》卷一二:"内一子,忘其名,少年闻说入~道经函中,因蠹食'神仙'字,身有五色。"

【壁直】 bì zhí 竖直。元明《水浒传》四七回:"那马负疼,~立起来,险些儿把祝彪掀在马下。"清《荡寇志》八三回:"月光下,只见那杯玟~的立在阶下。"

【壁子】 bì zi 墙壁。《元曲选·风光好》一折:"这一堵素光白壁,谁写字在上头,涴了这~。"明《老乞大谚解》卷上:"这的灯来了,~上挂着。"《警世通言》卷六:"当下磨得墨浓,蘸得笔饱,拂拭一堵~干净,写下鹊桥仙词。"

【臂膀】 bì bǎng ❶胳膊。清《醒世姻缘传》六四回:"他使那铁棍,一顿把那强贼恶盗的两个~打却折了。"《说岳全传》三四回:"四个战住两双,十六只~撩乱,廿八个马蹄掀翻。" ❷比喻助手。清《说岳全传》四七回:"本帅亲自出马去,收降这个英雄来做个~。"△《小五义》一一七回:"忽然闯进几个人来。智爷一拍巴掌说:'咳!我的~来了。'"

【臂膊】 bì bó 胳膊。唐路德延《孩儿诗》:"~肥如瓠,肌肤软胜绵。"宋叶隆礼《辽志·岁朝杂记·端午》:"又以杂丝或绿结合欢索,缠之于~。"明《古今小说》卷二一:"锺明见了,也无暇作揖,一只~牵出门外。"

【弊病】 bì bìng 事情上的毛病。宋《朱子语类》卷一〇八:"设使强做得成,亦恐意外别生~。"《元史·食货志五》:"其舟小而不固,渗溺侵盗,~多端。"

【弊窦】 bì dòu ❶产生弊害的漏洞。明《杜骗新书·衙役骗》:"予素不入公庭,此中情弊,稀所知闻。此其偶得于真见者,故述其~如此。"《醒世恒言》卷二〇:"上人只道百姓咸受其惠,那知恁般~,有名无实。" ❷指作奸舞弊的事。《明史·钱一本传》:"科场~,污人齿颊。"清《儒林外史》二五回:"倒是前日考场里,亏我这鲍朋友在彼巡场,还不曾有甚么~。"

【弊讹】 bì é 弊病。唐刘肃《大唐新语》卷六:"卿孤洁独行,有古人之风。自临蜀川,~顿易。"宋王谠《唐语林》卷三:"开元初,上留理道,革去~。"

【弊幸】 bì xìng ❶弊病。宋《五代史平话·周上》:"世宗因高平之战见樊爱能、何徽等一军不战而溃,察知军中~。"《元典章·刑部十》:"若许新官豪右百姓人等率敛钱物饯送去官,渐启奸贪之门,其间~而有不可胜言者。" ❷奸计邪谋。《元曲选外编·豫让吞炭》二折:"你如何要整队伍,出军营?做的个~。"元明《水浒传》八一回:"第二番招安,故把诏书读破句读,要除宋江,暗藏~。"

【蔽膝】 bì xī 即"膝裤"。五代毛文锡《甘州遍》之一:"花~,玉衔头,寻芳逐胜欢宴,丝竹不曾休。"宋元《清平山堂话本·刎颈鸳鸯会》:"遥夜定怜香~,闷时应弄玉搔头。"

【篦工】 bì gōng 篦头理发人。明《拍案惊奇》卷一二:"乃

是将元人《玉清庵错送鸳鸯被》杂剧与嘉定~徐达拐逃新人的事三四件,做了个扭名粮长,弄得头头不了,债债不清。"

【篦头】 bì tóu ❶梳篦头发。元明《水浒传》二八回:"又带了个~待诏来,替武松篦了头,绾了髻子。"清《红楼梦》二〇回:"这会子没什么事,我替你~罢。" ❷即"篦子"。《清史稿·舆服四》:"~八,棕荐三十,静鞭三十。"

【篦子】 bì zi 齿状密排的一种器物,用于过滤或梳理等。《太平广记》卷二三四引《卢氏杂说》:"林肚中取出银盒一枚,银~银笊篱各一。候油煎熟,于盒中取餤子麸,以手于烂面中团之。五指间各有面透出,以~刮却。"清《红楼梦》二〇回:"宝玉拿了~替他一一的梳篦。"

biān

【边】 biān ❶指事物的部分或方面。唐李咸用《春日》:"危城三面水,古树一~春。"《祖堂集》卷五《道吾和尚》:"师有时示众云:出世不出世,尽是出世~说。"有时特指整猪的一半。宋吴自牧《梦粱录》卷一六:"每日各铺悬挂成~猪,不下十餘。如冬年两节,各铺日卖数十~。" ❷表示方位或处所。唐李白《奔亡道中》之二:"苏武天山上,田横海岛~。"《敦煌变文校注》卷二《庐山远公话》:"相公遂于白庄~借钱五百贯文。"宋周紫芝《朝中措》:"风里一池杨柳,月~满树梨花。" ❸表示时间,相当于"……之时"。唐岑参《送武判官将归河东》:"谢君贤主将,岂忘轮台~。"按,《全唐诗》编者注:"参曾北庭事赵中郎,故有下句。"宋晁冲之《题鲁山温泉》:"忆昔君来必十月,骑玉龙骢带风雪。太真独侍沐浴~,鲸甲龙鳞影清绝。"明《醒世恒言》卷二九:"少不得初十~,就有乡绅同僚中相请。" ❹方位词词缀。唐刘禹锡《竹枝词二首》之一:"东~日出西~雨,道是无晴却有晴。"《景德传灯录》卷四《破灶堕和尚》:"僧乃回师上~又手而立。"金《刘知远诸宫调》三:"知远心恐怖,出营来外~觑。"

【边岸】 biān àn ❶岸边。《太平广记》卷九引《神仙传》:"又凿水~,作一窟室,方广丈餘。"明《西游记》四七回:"如今通看不见~,怎定得宽阔之数?" ❷边际。元佚名《骂玉郎过感皇恩采茶歌》:"恰才见枪刀军马无~,唬的我无人处走,走到浅草里听。"清《照世杯·掘新坑》:"其实不敢欺我的吊法,你们~还不曾摸着。"

【边表】 biān biǎo 边境,引申指边际。《祖堂集》卷六《洞山和尚》:"问:古人有言,以虚空之心合虚空之理,如何是虚空之理?师曰:荡荡无~。"《五灯会元》卷七《玄妙师备禅师》:"若到这里,体寂寂,常的的,日赫焰,无~。"

【边幅】 biān fú 边境地区。宋刘斧《青琐高议》后集卷三:"熙宁八年,广西五溪蛮獠相结交趾,大侵~,擅杀守令,连陷数州,被害者众。"清屈大均《广东新语》卷二:"南澳在饶平东南二百里,盖海中之山,而潮之~,全粤之东蔽也。"

【边近】 biān jìn 靠近;附近。《续资治通鉴长编》卷三一七:"乞于河北~本路州县差科人夫四万人,般担军须至太原府。"明汤显祖《牡丹亭》二二出:"~有梅花观,权将息,度岁而行。"

【边口】 biān kǒu 边界关口。明沈德符《万历野获编》卷二四:"如今宣府大同~,某一路兵马,值其酋帐房是也。"《明史·地理志一》:"(宣府左卫)北有葛峪堡,西北有长峪口、青~、羊房等堡。"

【边栏】 biān lán 边缘;边框。《元典章·户部六》:"今后行

使宝钞,虽是～破碎,仍存贯伯分明,即便接受。"明沈德符《万历野获编》补遗卷三:"《国本攸关》,本书用缸连纸刷印,皮面上签是此四字,无～。"

【边阑】 biān lán 同"边栏"。明汤显祖《牡丹亭》一四出:"这本色人儿妙,助美的谁家裤？要练花绺,帘儿莹,～小。"清《四库总目提要·斜川集》:"其书但有～,而不界每行之乌丝。"

【边炉】 biān lú 火锅。粤方言词。明陈献章《南归寄乡旧》:"生酒鲟鱼会,～蚬子羹。"清屈大均《广东新语》卷一一:"冬至围炉而食曰打～。"按,"打边炉"即吃火锅。

【边面】 biān miàn 边境;边防。宋《三朝北盟会编》卷二三:"乘我～空虚,乃敢渝盟,两路直入。"《金史·宗浩传》:"如欲世为子国,即当尽割淮南,直以大江为界。陕西～并以大军已占为定据。"明郎瑛《七修类稿》卷三八:"其后恢复事起,遂分委～。赴镇之日,朝绅钱之。"

【边畔】 biān pàn 边;边际。唐王焘《外台秘要方》卷二八:"以苦酒数升,先洒井中四～,停少时然后可入。"宋佚名《七娘子》:"溪～,轻蕊有如浅杳,一枝喜得东君信。"明王彦泓《太湖》:"烟峦数髻镜中孤,～樯帆一点无。"

【边旁】 biān páng ❶ 旁边;侧面。《敦煌变文校注》卷一《董永变文》:"董仲长年到七岁,街头由喜道～。"宋《朱子语类》卷一〇:"读圣人之书,只看得他个影象,大概路脉如此。若～四畔,也未易理会得。"清《儒林外史》四七回:"腰锣、马上吹、提炉簇拥着老太太的主亭子,～八个大脚婆娘扶着。" ❷ 偏旁。明刘若愚《酌中志》卷二二:"其楷书笔法似沈度,而草书则从张颠、怀素,间杂以篆籀～。"清赵慎畛《榆巢杂识》卷下:"乾隆戊戌间,诏于敏中就其漫漶阙画者,随～补成全字。"

【边傍】 biān páng 同"边旁❶"。唐易静《兵要望江南·占虹霓》:"兵行次,虹贯日～。"宋《朱子语类》卷二五:"如树已枯朽,～新根,即接续这正气来。"明汤显祖《牡丹亭》二三出:"有地分,则合北斗司、阎浮殿,立俺～。"

【边前】 biān qián 跟前。明《西游记》四九回:"若到～,这一棒就打死你！"又五七回:"今来到～,方知是个人家。"△清《女娲石》一回:"溜到石头～,左一相,右一瞧。"

【边上】 biān shang ❶ 边疆。唐赵璘《因话录》卷六:"此后若干年,当得一～御史。"元明《水浒传》三回:"怕日后父亲处～要这个人时,却不好看。"明孟称舜《娇红记》一六出:"如今各～监军置使等官,都要秀才做哩。" ❷ 边沿。宋《朱子语类》卷三:"此山亦小,但是来远,到此溪～,外面群山皆来朝。"明《西游记》二四回:"二人到于房中,一家一个,坐在床～。"

【边头】 biān tou ❶ 边塞;边地。唐杜甫《严氏溪放歌》:"剑南岁月不可度,～公卿仍独骄。"五代李煜《采桑子》:"辘轳金井春断双蛾皱,回首～。"宋《虚堂和尚语录》卷五:"一自赤心来报国,～刁斗不曾闻。" ❷ 边侧;边沿。宋《朱子语类》卷一二〇:"只是将身挂在理义～,不曾真个与之为一。"《元曲选·货郎旦》二折:"慌走到岸～,仓卒间怎措手？"明《金瓶梅词话》四二回:"进门只望着他拜了一拜,都在炕～坐了。" ❸ 旁边。元古本《老乞大》:"～立地闲看的人道:'这牙家说的价钱,哏是本分的言语。'"元明《水浒传》七二回:"燕青立在～,和哄取笑。"

【边厢】 biān xiāng 侧;旁边。《元曲选·䇲范叔》二折:"只见一条沉铁索当前面,两束粗荆棍在～。"明陈铎《朝天子·油坊》:"槽～打梜,箍儿里使楔。"清《豆棚闲话》三则:"耳～听得道路传闻,说海东天子占了某州某县。"

【边子】 biān zi ❶ 束发的带子。宋元《古今小说》卷一五:

"郭大郎取下头巾,除下一条鏖糟臭油～来,教王婆把去做回定。" ❷ 边缘或残余部分。元刘时中《端正好·上高监司》:"有钞脚频成印上字模,半～兀自可,捶作钞甚胡突。"清《歧路灯》一三回:"银山银海的人家,那碎银～还使不清哩。" ❸ 边;侧。清《醒世姻缘传》七八回:"众人磕头,可叫他也混在里头,爬到磕个头溜在一～去。"《红楼梦》四四回:"不管在那里祭一祭罢了,必定跑到江～上来作什么？"

【编摆】 biān bǎi 设计整治。明《型世言》三回:"倒是这两个邻人恼了,……定要计议～他。"

【编并】 biān bìng 即"偏并"。《太平广记》卷四八三引《岭表录异》:"有一假僧不伏排位,太守王弘夫怪而问之。僧曰:'役次未当,差遣～。去岁已曾摄文宣王,今年又差作和尚。'"《吐鲁番出土文书》第七册《唐景龙三年高昌县处分田亩案卷》:"三家同籍别财,其地先来各自充分讫,不敢～授田。"

【编管】 biān guǎn 宋代以后,官吏获罪,贬谪到边远州郡,编入该地户籍,由当地官吏监管,称"编管"。宋《三朝北盟会编》卷一〇六:"王绍除名勒停,送容州～。"宋元《古今小说》卷三五:"这婆子不合假妆姑姑,同谋不首,亦合～邻州。"△清陈其元《庸闲斋笔记》卷二:"奏上,仁宗震怒,命发黑龙江～。"

【编谎】 biān huǎng 编造谎言。明《西游记》三二回:"悟空说你～,我还不信。今果如此,其实该打。"《禅真逸史》三二回:"小生并不会～,且说何处是脱空？"

【编缉】 biān jī ❶ 组织编排(文字)。唐颜元孙《干禄字书序》:"不揆庸虚,久思。顷因闲暇,方契宿心。"宋苏舜钦《题杜子美别集后》:"杜甫本传云:有集六十卷。今所存者才二十卷,又未经学者～。"明杨士奇《圣谕录》中:"凡修齐治平为君为臣之道悉具,请～以进,用备览阅。" ❷ 组织编排(人员)。明余继登《典故纪闻》卷一:"民间岂无武勇之材？宜精加简拔,～为伍。"

【编辑】 biān jí 缀连。明《西洋记》五九回:"山下居民都是些巢居穴处,不分男女,身上都没有寸纱,只是～些树叶儿遮着前后。"

【编集】 biān jí 编排纂集。唐刘肃《大唐新语序》:"马迁创变古体,班氏遂业前书。～既多,省览为殆。"宋王巩《闻见近录》:"时书史适先持杜集来,而和叔遂以其所送先后,～初无高下也。"元陶宗仪《辍耕录》卷一三:"特为～成帙,题曰《绿窗遗稿》。"

【编摩】 biān mó 犹"编集"。宋赵与时《宾退录》卷九:"始可概见如此,恨史官～疏漏耳。"明焦竑《玉堂丛语》卷四:"高帝以宋濂为翰林学士,令总修《元史》。时～之士,皆山林布衣。"清永瑢《进旧五代史表》:"故以杨大年之淹通,司马光之精确,无不资其赅贯,据以～。"

【编捏】 biān niē 编撰;创作。《元曲选·两世姻缘》二折:"信口里小曲儿～成,端的是剪雪裁冰。"明朱有燉《醉太平·风流女娘》:"多温柔多娇媚多情况,能吹弹能～能歌唱。"

【编排】 biān pái ❶ 宋、金仪卫执掌名目,指挥编队。宋周密《武林旧事》卷一:"～禁卫行子:三十人,于内往来编排。"《宋史·仪卫志一》:"～仪仗职掌五人,立殿下伞扇后。"《金史·仪卫志上》:"黄麾半仗,摄官一百七十五人,擎执二千八十一人,～职掌九人。" ❷ 宋代贡举执掌名目,负责试卷名次编排。宋王辟之《渑水燕谈录》卷六:"唱名自雍熙二年梁颢榜始,弥封、誊录、覆考、～,皆始于景德、祥符之间。"《宋史·神宗纪》:"(六月丁巳)命龙图阁直学士张掞兼～,录用勋臣子孙。"明陆容《菽园杂记》卷一四:"近得《晦庵先生同年录》,因得以知科举之制。……覆考官三人,详定官三人,～官二人。" ❸ 组织编排仪仗队伍。《宋史·

仪卫志三》："捧日、天武厢主四人,～捧日、奉宸队及执仗人。"又《职官志六》："(殿前司)入则侍卫殿陛,出则扈从乘舆,大礼则提点～,整肃禁卫卤簿仪仗。" ❹ 组织编排一般人员。《宋史·兵志五》："宜州土丁七千餘人缓急可用,欲令所属～,分作都分。"《元史·答失八都鲁传》："得义丁二万,～部伍,申其约束。"元明《水浒传》七九回："比及～得军士上船,训练得熟,已得半月之久。" ❺ 编辑;对资料进行整理编排。宋《朱子语类》卷二九："当初孔门～此书,已从其类。"江休复《醴泉笔录》卷下："宋宣献公绶～卷子,知其误,不敢移易。"清纪昀《阅微草堂笔记》卷一:"乾隆己酉夏,以～秘籍,于役滦阳。" ❻ 犹"编派❷"。清《红楼梦》四二回："宝姐姐,你还不拧他的嘴? 你问问他～你的话。"

【编派】 biān pài ❶ 摊派。明王士性《广志绎》卷四："未至而又有民变起于～,火夫奸民聚而劫夺城中。"于慎行《穀山笔麈》卷三："祠司既无别项支费,教坊～势不可已。" ❷ 编造虚构;编造或夸大事实以取笑、攻击他人。明李开先《一江风》："哑谜藏机,丽曲传情,信口胡～。"清《红楼梦》七四回："况且近日我每每风闻得有人背地里议论什么多少不堪的闲话,我若再去,连我也～上了。"

【编述】 biān shù 编写叙述。唐刘知幾《史通》卷一："自古帝王,～文籍,外编言之备矣。"《旧唐书·沈传师传》："班、马良史也,～汉事,立高后以续帝载,岂有非之者乎?"清《红楼梦》一回："忽见一块大石上面字迹分明,～历历。"

【编置】 biān zhì ❶ 犹"编管"。宋周密《齐东野语》卷二〇："于是尽以群小具狱,杖脊～焉。"《大宋宣和遗事》后集："遂窜蔡京儋州～,及其子孙三十三人并编管远恶州军。"明胡士宁《回人入境官军击斩退去随递番文讨要羁留夷使疏》："敢有似前骄纵,不听约束者,轻则～两广,重则斩首地方。" ❷ 编排设置。清《皇朝通志》卷六八："迨后户口日繁,乃～蒙古、汉军八旗,合为二十四旗。"《明史纪事本末》卷二二："既分郡县,～官僚,垂三十年,俨然字下。"

【编撰】 biān zhuàn 编辑撰写。宋耐得翁《都城纪胜·瓦舍众伎》："诸宫调本京师孔三传～。"佚名《张协状元》二出："精奇古怪事堪观,～于中美。"明张居正《纂修事宜疏》："盖～之事,必草创修饰,讨论润色,工夫接续不断,乃能成书。"

【编纂】 biān zuǎn 编造。清《红楼梦》一九回："又说只除'明明德'外无书,都是前人自己不能解圣人之书,便另出己意混～出来的。"

【鞭逼】 biān bī 催促;逼迫。《五灯会元》卷一二《云峰文悦禅师》："各各自谓握灵蛇之珠,孰肯知非? 及乎挨拶～将来,直是万中无一。"宋《朱子语类》卷一一六："彼一般说话,虽是说禅,却能～得人紧。"明汪砢玉《赵书勉学赋》："特地加～,生蛇化活龙。"

【鞭耻】 biān chǐ 鞭打有过者,使感羞耻。唐王梵志《奴人赐酒食》："宁肯出头坐,谁肯被～。"《敦煌变文校注》卷二《舜子变》："千重万过,一任阿耶～。"按《唐律疏议》卷一："答者,击也,又训为耻。言人有小愆,法须惩诫,故加捶挞以耻之。"

【鞭春】 biān chūn 立春日以鞭打土制春牛迎春的一种风俗仪式。宋孟元老《东京梦华录》卷六："立春前一日,开封府进春牛入禁中。开封、祥符两县置春牛于府前,至日绝早,府僚打春,如方州仪。"程公许《立春》："月堕霜空发上亭,土牛今日却～。"

【鞭聪明】 biān cōng ming 用葱拍打儿童,使聪明。"葱"谐音"聪"。唐代为正月初一儿童游戏,后代亦用于洗儿。唐元稹《酬复言长庆四年元日郡斋感怀见寄》："富贵祝来何所遂,聪明鞭

得转无机。"自注:"祝富贵,～,皆正旦童稚俗法。"

【鞭督】 biān dū 督促。《新唐书·后妃传上》："播、璿入军中,～万骑,欲立威,士怨不为用。"宋《朱子语类》卷四五："至之问:'学要鞭辟近里,鞭辟如何?'曰:'此是洛中语,一处说作鞭约,大抵是要～向里去。今人皆不是～向里,心都向外。'"明王慎中《与张净峰书》之二:"他日安可自诿半路歇脚,直是与不曾上路行一步者同科,所谓可忧者也。惟公有以～之。"

【鞭辟】 biān pì 督促。宋《朱子语类》卷四五："杨问:'学要～近里,何谓～?'曰:'辟,如驱辟一般。'"又卷一〇四:"且如公有谁～? 毕竟是自要读书。"元柳贯《俞器之诗集序》:"予世之困者,由困致亨,有学而已,因自凤夜～于学。"明魏校《与高汝白》:"困学无朋,常思海内贤者以自～。"

【鞭约】 biān yuē 督促。宋《朱子语类》卷四五："至之问:'学要鞭辟近里,鞭辟如何?'曰:'此是洛中语,一处说作～,大抵是要鞭督向里去。'"

【鞭杖行】 biān zhàng háng 贩卖牲口的店铺。明《隋史遗文》七回："你是～,还是兽医出身?"清《隋唐演义》二二回："原来贾润甫开～,雄信西路有马,往山东来卖,都在贾家下。"

【鞭子】 biān zi 雄性牲口的外生殖器。明《金瓶梅词话》六八回:"且留着那驴子和你早晚做伴儿也罢了。别的罢了,我见他常时落下来好个大～。"

biǎn

【贬】 biǎn 同"扁❶"。清《醒世姻缘传》五三回："粮食留够吃的,其餘的都粜了,银钱～在腰里。"《聊斋俚曲·翻魇殃》："果然着他粜一石,他就粜三石,大腰里～着钱去赌博。"

【贬剥】 biǎn bō 即"贬驳"。宋《陆九渊集》卷三五："行状赞叹人,须要有道,班固不如马迁。"《五灯会元》卷一八《云岩天游禅师》："南来者与你三十棒,北来者与你三十棒,从教天下～。"元《武王伐纣平话》卷下:"～忠良,不能赏设三军。"

【贬驳】 biǎn bó 贬斥;批评;挖苦。宋庄绰《鸡肋编》卷上:"议者又谓维摩画像一本足矣,何用多为? 盖～他人易于为工也。"明文秉《烈皇小识》卷一:"而杨维垣一手障天,于蒲州、先文肃尤力行～,舆情不平甚。"清《十二楼·合影楼》一回:"两个姊妹虽是嫡亲瓜葛,只因好尚不同,互相～。"

【贬扯】 biǎn chě 贬斥;贬损。清《聊斋俚曲·禳妒咒》:"进门流水款待你,倒被你～到如今,扯上来还该打一顿。"又《增补幸云曲》:"那汉子光～人,又是瓢,又是桃哩,夜又哩,东瓜哩!"

【贬罚】 biǎn fá 惩罚;贬斥。《册府元龟》卷一一三引唐开元十年正月丁巳制:"所在公私并不得辄有进献,违者所由州县官及进献人各量事～。"宋《五代史平话·梁上》:"做一卷书唤作《春秋》,褒奖他善的,～他恶的。"明蒋悌生《五经蠡测》卷六:"夫篡弑之贼,鲁桓也。得以安享禄位,传诸后嗣,不蒙～。"

【扁】 biǎn ❶ 塞;掖。清《醒世姻缘传》五七回："他那里还有甚么地,还有甚么房哩! 叫那贼老婆都卖了钱～在腰里走了。"《聊斋俚曲·富贵神仙》:"只有二两银子,～在腰里,就与娘子作别,好叫人也!" ❷ 钱币的隐称。明孙峡峰《驻云飞》:"囊中欠～,亲也不亲。"风月友《金陵六院市语》:"银子则曰杏树,铜钱则为～儿。"

【扁扁】 biǎn biǎn 同"匾匾❶"。《元曲选·争报恩》楔子:"肉也休吃,面也休吃,投至回家,饿的你娘～的。"

【扁担】 biǎn dàn　同"匾担"。宋范致明《岳阳风土记》："州地客山高，主山隐伏，不甚利土，人而侨居多兴葺者，俗谓之～州。"明戚继光《练兵实纪》卷一："用铁尖～，便于肩挑，又可击刺，亦农中战器也。"

【扁毛】 biǎn máo　羽毛，状扁平，故称。代指鸟类。明《西游记》八二回："却不知这个～畜生从那里飞来，把我的家火打碎。"《醋葫芦》一七回："你这～畜生，只因你是个怕婆星，以致如来作此《怕婆经》。人间怕婆的总也是你～一类。"清《野叟曝言》一四四回："公主幸喜平安，只所生者非人，是一个～怪物。"

【扁食】 biǎn shí　饺子。宋《三朝北盟会编》卷七一："（金人）并吃馄饨～。"清《醒世姻缘传》八一回："调羹包的～，通开炉子，炖滚了水，等狄希陈梳洗完了才下。"

【扁挑】 biǎn tiāo　扁担。明《醒世恒言》卷三四："这一早要到田头去割稻，同着十来个家人，拿了许多～、索子、镰刀，正来下工。"清《隋唐演义》九回："老庄家急拿～，做两步赶上叔宝。"

【扁扎】 biǎn zā　❶ 捆绑。清《水浒后传》一四回："剥下衣服，～起来！" ❷ 扎束；系。明《梼杌闲评》二六回："不上里许，贼兵早到。但见他……～头巾尽蒙赤绢，棋子半臂皆插黄旗。"

【匾】 biǎn　❶ 一种圆形平底框缘较浅的竹器，用来养蚕或盛粮食。明《二刻拍案惊奇》卷三五："～大的天，凭你掇出掇入的？" ❷ 狭窄。明陈铎《集贤宾·赏中秋》："我笑那谢玄晖吟咏悭，庾元规局量～。"

【匾匾】 biǎn biǎn　❶ 形容很瘦很薄。《元曲选外编·遇上皇》一折："你若不断酒，我饭也不与你吃，饿的你～的。" ❷ 形容服帖信从。元明《水浒传》七回："从明日为始，这二三十个破落户，见智深～的伏。"明《拍案惊奇》卷三九："乡里人信是活灵活现的神道，～的信伏。"

【匾担】 biǎn dàn　竹木制成的挑东西的条状工具。《续传灯录》卷二〇《法演禅师》："尔一似个三家村里卖柴汉子，把～向十字街头立地。"《元曲选·朱砂担》二折："连～也送与你罢。"元明《水浒传》七四回："燕青看了，便扯～，将牌打得粉碎。"

【匾短】 biǎn duǎn　拮据；不宽裕。匾，扁，钱币的隐称。《元曲选·小尉迟》二折："这些时没人来，手头～，终日家闲邀邀的闷坐。"

【匾毛】 biǎn máo　同"扁毛"。明《西游记》七二回："这个～畜生，猫嚼头的亡人！把我们衣服都雕去了，教我们怎的动手？"

【匾食】 biǎn shí　同"扁食"。宋林光朝《鹊山碑阴》："～豆羹，名之所聚；布载列鼎，怨之所满。"元佚名《朝天子·嘲妓家～》："生时节手儿上捏，熟时节口儿里嚼，美甘甘肚儿内知滋味。"明《朴通事谚解》卷中："熬些稀粥，你将那白面来，捏些～，撒些秃秃么思。"

【匾扎】 biǎn zā　❶ 同"扁扎❶"。元明《水浒传》四〇回："就大牢里把宋江、戴宗两个～起，又将胶水刷了头发。" ❷ 同"扁扎❷"。元明《水浒传》一五回："里面～起裤子，上面围着一条间道棋子布手巾。"又三八回："脱得赤条条的，～起一条水裩儿。"

【匾窄】 biǎn zhǎi　❶ 狭窄。《元曲选·抱妆盒》二折："比着那五凤丹楼较～，比着那一合乾坤少宽大。"元明《水浒传》一七回："王伦那厮心地～，安不得人。" ❷ 犹"匾短"。元佚名《四换头》："任家私～，但醉里乾坤大。"

【匾子】 biǎn zi　盒子。宋周辉《清波杂志》卷七："已而顾寺僧，拈几上香合在手，曰：'此香～自此却属老夫矣。'"

【褊窄】 biǎn zhǎi　同"匾窄❶"。明《醒世恒言》卷四："此皆是我平日心胸～，故外侮得至。"清《隋唐演义》二回："妇人心肠～

浅露。"《儒林外史》二回："李老爹家房子～，所以把席摆在黄老爹家大厅上。"

biàn

【变】 biàn　❶ 变文或其附图"变相"的省称。唐杜甫《观薛稷少保书画壁》："又挥西方～，发地扶屋椽。"[日]元开《唐大和尚东征传》："所将如来肉舍利三千粒，功德绣普集～一铺，阿弥陀如来像一铺，……" ❷ 变卖。清《醒世姻缘传》一〇回："这地要退与他，好叫他～了上纸价。"

【变报】 biàn bào　同"变暴"。清《醉醒石》三回："我自爹爹许了你之后，念念在你。那里晓得有此～，埋没我在这老穷酸手里。"朱鹤龄《附录传家质言》："甲申春，馆金陵唐仪曹署，闻庄烈皇帝，乃泫然长号。"

【变暴】 biàn bào　变故；急遽的变化。明朱橚《普济方》卷一一〇："夫乌癞，初觉皮肉～，肌腠之间，淫淫跃跃如虫行动。"《西游记》四三回："小的们，将我的披挂钢鞭伺候，恐一时～。"

【变产】 biàn chǎn　变卖家产。明《警世通言》卷一五："先获元宝二个，本当还库，但库银已经金满～赔补，姑照给主赃例，给还金满。"清徐锡龄《熙朝新语》卷一五："投赠无虚日，坐是亏累，～以偿。"

【变场】 biàn chǎng　唐代讲唱变文等的娱乐场所。唐段成式《酉阳杂俎》前集卷五："秀才忽怒曰：'我与上人素未相识，焉知予不逞徒也？'僧复大言：'望酒旗玩～者，岂有佳者乎？'"

【变出】 biàn chū　滋生出；衍化成。宋元《清平山堂话本·简帖和尚》："只因这封简帖儿，～一本跷蹊作怪底小说来。"元明《水浒传》三二回："我的造物只如此偃蹇，只为杀了一个烟花妇人，～得如此之苦！"明《醒世恒言》卷八："欲待允了，恐怕女婿真个病重，～些不好来，害了女儿。"

【变法】 biàn fǎ　❶ 变化招数、法式，也指变化的招数、法式。元明《三国演义》一一三回："此阵～共三百六十五样，按周天之数。"《水浒传》五七回："（钩连枪）上中七路，三钩四拨，一搠一分，共使九个～。"又八七回："你识吾阵，看俺～，教汝不识。" ❷ 想方设法。清《红楼梦》九回："你闹了学堂，不说～儿压息了才是，倒要往大里闹。"又六八回："凤姐又～将他的丫头一概退出，又将自己的一个丫头送他使唤。"

【变卦】 biàn guà　本指算卦时卦爻变出新卦，借喻中途反悔、变心等。元关汉卿《调风月》二折："好说话清晨，变了卦今日，冷了心晚夕。"明佚名《小桃红·西厢百咏》："谁知你个小冤家，走滚机谋大，不想今番变了卦。"《警世通言》卷三一："若再有人撺掇，怕不～？"

【变换】 biàn huàn　❶ 改变更换。唐白居易《埇桥旧业》："改移新径路，～旧村邻。"宋《朱子语类》卷一二六："大抵多是剽窃《老子》《列子》意思，～推衍以文其说。"明张岱《陶庵梦忆》卷四："其阵法奇在～，谵动而鼓，左抽右旋，疾若风雨。" ❷ 兑换；变卖。明《梼杌闲评》四〇回："周秉取出称时，有二两四钱重，十分欢喜，拿了～出钱来，买了些酒米鱼肉。"清《醒世姻缘传》三回："你也还有衣裳首饰，拿出件来～了也过年下。"

【变价】 biàn jià　作价变卖。明王守仁《行江西布按二司厘革抚绥条件》："其已买物料有不堪贮者，姑令～还官。"《明史·食货志四》："万户高时夏奏，浙、闽餘盐岁可～三十万两。"清《醒世姻缘传》八八回："两个骡子～入官了。"

【变脸】 biàn liǎn 改变脸色;翻脸。《元曲选·杀狗劝夫》三折:"大嫂,我说呵,恐怕兄弟变了脸。"明《西游记》四一回:"他两个也不论亲情,一齐~,各使神通,跳在云端里,好杀!"清《万花楼》九回:"孙兵部~大喝道:'休得多言!'"

【变卖】 biàn mài 卖出实物之类换取现金。宋黄震《乐县尉绝户业助桌榜》:"此外尚有玉带一条,恐是乐氏先世旧物,兼干人亦难责其仓卒~,特给还继绝之文炳。"《元典章·刑部十一》:"万五盗牵前项牛只,往赣州路南营~,被捉到官。"明《古今小说》卷八:"衣单食缺,万难存济,只得并叠几件破家火~盘缠。"

【变弄】 biàn nòng ❶ 变化显示。《景德传灯录》卷一八《玄沙宗一大师》:"只如释迦出头来,如许多~,说十二分教,如瓶灌水。"元耶律铸《秋日避暑尘外亭》:"年光~蒲萄色,天气经营菡萏香。" ❷ 变幻捉弄。宋李廷忠《上庙堂》:"官无尺籍,而文帐~于黠胥之手;户归富室,而税物坐留于婆人之家。"明《禅真逸史》二二回:"这发辫与浑身黑,都是那小鬼~我的。" ❸ 设法觅取。清《红楼梦》三六回:"才出了,一定还是龄官要什么,他去~去了。"

【变派】 biàn pài 设法支出。明陈铎《朝天子·过卖》:"趁私房~,尝汤汁好歹,绕店里无人赛。"

【变泰】 biàn tài 否极泰来,谓困厄过后交上好运。泰,《周易》卦名,意为顺利。宋耐得翁《都城纪胜·瓦舍众伎》:"说公案,皆是搏刀赶棒,及发迹~之事。"明《拍案惊奇》卷二二:"专为贫贱之人,一朝~,得了富贵,苦尽甜来,滋味深长。"

【变头】 biàn tou 变故;事端。清《后西游记》一〇回:"莫非唐朝中有甚~? 明日可请他来见一见。"《野叟曝言》九回:"出门不过几日,就有许多~,可见世路崎岖。"

【变相】 biàn xiàng 佛经故事画像。多用连续的几幅表现一个故事,可供俗讲用。敦煌本慧能《坛经》:"五祖堂前有步廊三间,拟请供奉卢珍画楞伽经~。"《景德传灯录》卷一八《玄沙宗一大师》:"自画作地狱~,作大虫刀剑了,好好地看了,却自生怕怖。"明陆树声《清暑笔谈》:"寺刹中地狱~,具刀林沸镬,极阴惨之状。"

【变移】 biàn yí 改变。《太平广记》卷一八七引《嘉话录》:"会文宗晏驾,时事~,遂中辍焉。"宋《朱子语类》卷八:"若见得大底道理分明,有病痛处,也会~不自知,不消得费力。"清洪昇《长生殿》四四出:"好会年年天上期,不似尘缘浅,有~。"

【变易】 biàn yì 交易;变卖。《隋书·律历志上》:"夫所谓率者,有九流焉:一曰方田,以御田畴界域;二曰粟米,以御交质~;三曰衰分。"宋丁特起《靖康纪闻》:"诸州县镇,曾遣人在京买卖,见在金银仰仼下尽数赴官交纳。"清《情梦柝》一〇回:"本期二月到府,不期房业颇多,~甚难,直至七月终乃得妥。"

【变转】 biàn zhuǎn ❶ 变啭;鸣声或音调变化。唐杜甫《秋日夔府咏怀奉寄郑监》:"法歌声~,满座涕潺湲。"李岑《东峰亭各赋一物得栖烟鸟》:"~对朝阳,差池栖夕烟。" ❷ 变更;转变。《太平广记》卷三八四引《广异记》:"若不相值,几成闲鬼,三五百年,不得~。"明王九思《梧叶儿·春情》:"甜话儿着疼热,俏心儿知~。"《禅真后史》四回:"若使小皮知道,~脸时,莫嗔我作事反复。" ❸ 交易;变卖。宋司马光《乞趁时收籴常平斛斗白札子》:"若州县斛斗,价及下等而不收籴,价及上等而不出粜,及收贮不如法,~不以时,……并取勘实行。"清顾炎武《日知录》卷一一:"又缘青苗、助役之法,农民皆以谷帛,输纳见钱。"《醒世姻缘传》一〇回:"那八十亩地几时退已了? 好叫他~了,上纸价。"

【变作】 biàn zuò ❶ 变化。明心一山人《玉钗记》二二出:"想是我夫君有甚~了。" ❷ 异常地发生。清袁枚《续子不语》卷二:"时方隆冬,天忽阴晦,雷电~,震死搏徒七人。"

【变做】 biàn zuò 犹"变出"。宋元《古今小说》卷三六:"如今再说一个富家,安分守己,并不惹事生非,只为一点悭吝未除,便弄出非常大事,~一段有笑声的小说。"《警世通言》卷七:"异日却为这妇女~个利害,却又不坏了我?"

【便】 biàn ❶ 借贷。《敦煌资料》第一辑(五)《酉年曹茂成便豆契》:"酉年三月一日,下部落百姓曹茂成为无种子,遂于僧海清处~豆壹硕捌斗。"《资治通鉴》卷二七三:"豆卢革尝以手书~省库钱数十万。"胡三省注:"今俗谓借钱为~钱,以借贷以便用也。" ❷ 副词。a)正;恰。唐白居易《池上即事》:"林下水边无厌日,~堪对老岂论年。"宋朱弁《曲洧旧闻》卷五:"遇天色明暖,笔砚和畅,~宜作草书数纸。"明汤显祖《还魂记》三六出:"〔生〕~好今宵成配偶。〔旦〕懵腾还自少精神。"b)却;倒。表转折或让步语气。《太平广记》卷三二四引《法苑珠林》:"其父为人,不信妖邪,有一宅凶,居者辄死,父~买居之。"《元曲选·青衫泪》一折:"好~好,只是不当取扰。"明《金瓶梅词话》五三回:"西门庆道:'是~是,那里去凑?'"c)已经。表时间。《太平广记》卷三二九引《广异记》:"瑒如其言往,见鬼~在树头,欲往锡舍,为狗所咋,未能得前。"五代李建勋《宫词》:"宫门长闭舞衣闲,略识君王鬓已斑。"d)岂;怎;难道。多表反问或与否定词连用。宋杨万里《游丰湖》:"东坡原是西湖长,不到罗浮~得休?"金董解元西厢记》卷四:"姑舅做亲,~不败坏风俗!"《元曲选·东堂老》三折:"你也曾照顾我来,我~下的要你作佣工还旧账?" ❸ 连词。a)纵然;即使。表让步。唐杜甫《送郑十八虔贬台州司户阙为面别》:"~与先生应永诀,九重泉路尽交期。"宋辛弃疾《满江红·暮春》:"~恁归来能几许,风流已自非畴昔。"明《醒世恒言》卷三八:"虽然如此,一百随四十岁的人,无病而死,~不是仙人,却也难得。"b)如果。表假设。明《拍案惊奇》卷二三:"郎君~早到半年,或者还不到得死的地步了;今日来时,却无及了。"《二刻拍案惊奇》卷九:"总是老孺人守着在此,~再迟两日去,也会他不得了。"

【便罢】 biàn bà 就算了;就是了。《元曲选·鲁斋郎》一折:"大嫂,你主了~。"明陈洪谟《治世餘闻》上篇卷一:"今再差四千人进贡,若都准了~;若只准一二千呵,也不进贡,都生起歹心了。"《西游记》二回:"决不敢提起师父一字,只说是我自家会的~。"

【便不然】 biàn bù rán ❶ 若不然。六十种曲本《琵琶记》三一出:"〔外〕~只教蔡伯喈自去便了。〔贴〕爹爹!" ❷ 纵然;即使。明冯惟敏《点绛唇·量移东归述喜》:"~匹马潇潇返故乡,参详,五柳庄,这陀儿山水园林生意广。"

【便贷】 biàn dài 借贷。同义复词。唐王梵志《村头语户主》:"在县用钱多,从吾相~。我命自贫穷,独办不可得。"又《父母生儿身》:"父母生儿身,衣食养儿德。暂托寄处来,欲似相~。"清《皇朝通典》卷一七:"出陈易新,并将新贮各仓粟照常平仓例,听民~。"

【便待】 biàn dài ❶ 就要;打算。宋《朱子语类》卷二九:"如猫儿狗子,饥~物事吃,困便睡。"明《西游记》一五回:"不还你,~怎的?" ❷ 纵然;即使。宋《朱子语类》卷一九:"看此一书,且须专此一书。~此边冷如冰,那边热如火,亦不可舍此而观彼。"又卷二五:"若非所当祭底,~有诚意,然这个都已错了。"

【便待要】 biàn dài yào 犹"便待❶"。《元曲选外编·西厢记》二本一折:"更将那天宫般盖造焚烧尽,则没那诸葛孔明,~博

望烧屯。"高克礼《黄蔷薇过庆元贞》:"三纳子藤箱儿问肯,～锦帐罗帏就亲。"明《二刻拍案惊奇》卷八:"抓起色子,～掷下去。"

【便袋】 biàn dài 随身佩带的小口袋。宋陈世崇《随隐漫录》卷三:"信庵先生开阃维扬时,偶入教场,取芰草二卒所带～,题姓名悬梁间。"元明《水浒传》三九回:"～里藏了书信盘缠,挑上两个信笼,出到城外。"明《警世通言》卷一八:"论他的志气,便像冯京、商辂连中三元,也只算他～里东西。"

【便当】 biàn dang 容易;方便。《元典章·刑部十五》:"不拣甚么大勾当小勾当,～不一底,提奏有。"明《老乞大谚解》卷上:"这早晚黑地里出入不～。"《平妖传》四回:"你抄化也须赶早,如今关门闭户的时候,谁家这等～,拿着钱来在门口等你布施?"

【便道】 biàn dào ❶ 顺路。宋陈鹄《耆旧续闻》卷一:"苏言南渡之初,朱新仲寓居严陵,时汪彦章南迁,～过新仲。"明沈德符《万历野获编》补遗卷四:"自言为福建清流县人,因渡海漂至其国,今使回,～乞展墓归国。"《古今小说》卷一二:"柳耆卿在餘杭三年,任满还京,想起谢玉英之约,～再到江州。" ❷ 捷径;近便路。宋李纲《靖康传信录》卷二:"欲诣亳州上清宫烧香,及取～如西都。"元王鹗《汝南遗事》卷二:"俟稍安好,续当遣人由～护送以往。" ❸ 即使;就说是。表让步。元佚名《叨叨令过折桂令·驮背妓》:"～是倒凤颠鸾,莺俦燕侣,弯不刺怎么安排?"明《平妖传》三五回:"王则与永儿同窝居住,～不曾亲眼看见,难道没些风声吹在耳朵里面?"李梅实《精忠旗》三一出:"～是弥天有恨怜忠骨,一滴何曾到冥途?" ❹ 说话间。指很短的时间。明《金瓶梅词话》三二回:"应二爹从辰时就来了,爹使他有勾当去了,～就来也。"

【便碟】 biàn dié 用碟子盛着的现成的平常菜肴。清《儒林外史》二五回:"倪老爹道:'长兄,我们自己人,吃个～罢。'鲍文卿道:'～不恭。'"

【便毒】 biàn dú 中医指腹股沟部肿胀而未溃烂的淋巴结炎。明《金瓶梅词话》六一回:"我想起来了,不是～鱼口,定然是经水不调匀。"《型世言》三七回:"不期李良雨周身发起寒热来,小肚下连着腿起上似馒头两个大毒,吕达知是～了。"

【便好】 biàn hǎo ❶ (田宅)便利质优。《新唐书·李林甫传》:"薛王别墅丽甲京师,以赐林甫,其邸第、田园、水硙皆～上腴。"宋司马光《涑水纪闻》卷一:"汝曹何不释去兵权,择～田宅市之,为子孙立永久之业。" ❷ 恰宜;正好。宋欧阳修《渔家傲》:"～开尊夸酒量,酒阑莫遣笙歌放。"《元曲选·潇湘雨》二折:"不须办幞头袍笏,～么喝撺箱。"清孔尚任《桃花扇》五出:"老汉无事,～奉陪。" ❸ 用于句末,表示希望,相当于"……才好"。元明《三国演义》一六回:"玄德暗祝曰:'只愿他射得中～!'"明《金瓶梅词话》七八回:"娘看顾看顾儿,～如何只说打起来?"清方成培《雷峰塔》一六出:"少顷宴饮之时,都是雄黄酒,你须要留神～。"

【便好道】 biàn hǎo dào 犹常言道。《元曲选·魔合罗》一折:"～画虎画皮难画骨,知人知面不知心。"又《神奴儿》一折:"～老米饭捏杀也不成团。"

【便好做】 biàn hǎo zuò 即使。《元曲选·救孝子》二折:〔带云〕～大限临身呵,〔唱〕合着双眼都不问,今日个这愁闷何时尽!

【便换】 biàn huàn 唐宋两代官府发给商人的汇兑凭证,也指这种汇兑行为。唐赵璘《因话录》卷六:"有士鬻产于外,得钱数百缗,惧川途之难赍也,祈所知纳于公藏,而持牒以归,世所谓～者,置之衣囊。"《旧唐书·食货志上》:"奏茶商等公私～见钱,并须禁断。"《宋史·食货志下二》:"先是,太祖时取唐飞钱故事,许

民入钱京师,于诸州～。"

【便给】 biàn jǐ 便捷;灵巧敏捷。《续资治通鉴》卷二一九:"夫质朴者多迂缓,狡猾者多～。"《明史·徐学诗传》:"盖嵩权力足以假手下石,机械足以先发制人,势利足以广交自固,文词～足以掩罪饰非。"清《东周列国志》五九回:"时胥童巧佞～,最得宠信。"

【便假饶】 biàn jiǎ ráo 纵然;即使。宋张昇《满江红》:"～百岁拟如何,从他老。"金《董解元西厢记》卷八:"～天下雪,解不得我这腹热。"

【便假若】 biàn jiǎ ruò 即"便假饶"。金《董解元西厢记》卷五:"那相国夫人探看了张君瑞,～铁石心肠应粉碎。"

【便教】 biàn jiào ❶ 一任;听凭。唐罗虬《比红儿诗》之八六:"～汉曲争明媚,应没心情更弄珠。"宋程垓《木兰花慢》:"谁遣风狂雨横,～无计留春。"朱敦儒《清平乐》:"～恩浅情疏,隔花空望金舆。春晚不拈红粉,碧窗自录仙书。" ❷ 纵使;就算。宋《朱子语类》卷七:"但不先就切身处理会得道理,～考究得些礼文制度,又干自家身己甚事!"元《三遂平妖传》五回:"～媪母也嫌憎,纵是无盐羞配合。"清洪昇《长生殿》三二出:"这伤心真无两,休说是泥人堕泪,～那铁汉也肠荒。"

【便就】 biàn jiù ❶ 就;便。同义叠用。明《金瓶梅词话》八回:"我故便不对你说,对你说～如此。"清《醒世姻缘传》八一回:"能放刁撒谎,这官司～赢他。"洪昇《长生殿》二〇出:"他一闻此信,～呵呵大笑。" ❷ 即使;就算。《元曲选·谢金吾》一折:"你～长出些个胡子来,我也不理你。"明《金瓶梅词话》三回:"他～打我四百顿,休想我回他一拳。"《石点头》卷五:"～杀一刀,也说不得了。"

【便了】 biàn liǎo 语气词。用于陈述句末,表示肯定,相当于"就是了"。宋苏轼《东坡志林》卷一:"僧言:'本欲起塔,却吃了。'弟云:'吾三人肩上各置一小塔。'"《元朝秘史》卷八:"若皇帝恩赐呵,天命父母生得皮肤全有,问我皮肤～。"清《红楼梦》六六回:"他怎样说,只依他～。"

【便门】 biàn mén ❶ 正门之外的旁门。宋张齐贤《洛阳缙绅旧闻记》卷三:"向来囊箧搬运已尽,盖花项等诳令开东边～,揭箧俱潜逃矣。"明《拍案惊奇》卷一二:"只见数十步外,有空地丈餘,小小一扇～也关着在那里。"清《红楼梦》九七回:"不必走大门,只从园里从前开的～内送去。" ❷ 肛门。宋《圣济总录纂要》卷一五:"大小～。"明《西游记》七七回:"我欲从他～而出,恐污真身,是我剖开他脊背,跨上灵山。"

【便乃】 biàn nǎi 就;便。同义叠用。《敦煌变文校注》卷一《汉将王陵变》:"受口敕之次,～决鞭走过。"五代杜光庭《历代崇道记》:"俄有紫兔白兔现于枯桑之下,～穿掘,下到水际,得石函经匮。"明《醒世恒言》卷二:"许武既归,省视先茔已毕,～纳还官诰,只推有病,不愿为官。"

【便且】 biàn qiě ❶ 副词。姑且;权且。宋《朱子语类》卷一一:"读史有不可晓处,札出待去问人,～读过。有时读别处,撞有文义与此相关,便自晓得。"《元曲选·金钱记》四折:"梅香,你～莫焦。"明薛论道《水仙子·养恬》:"心不忧眉上锁,好善跎～磨跎。" ❷ 连词。便;就。宋《朱子语类》卷五二:"若依序问,当先问知言。公孙丑只承孟子之言,～问浩然之气。"明叶盛《水东日记》卷七:"但今已行,无可得说,～借此为话端而兴谤议耳。"

【便如】 biàn rú 纵然;即使。宋《三朝北盟会编》卷四:"我从生来不会说脱空,今日既将燕京许与南朝,～我自取得,亦与南朝。"杨泽民《品令·咏棋》:"双叠远山非有恨,正藏机休问。～喝

采争堂印,局番无定,有幸君须尽。"

【便若】 biàn ruò 即"便如"。宋《朱子语类》卷一一二:"官无大小,凡事只是一个公。若公时,做得来也精采,～小官,人也望风畏服。"《宋诗纪要续补》卷一三引胡昉诗:"有谁端的爱江湖,～归来意亦虚。"

【便使】 biàn shǐ 连词。纵然;即使。唐陆龟蒙《自遣诗三十首》之一○:"～笔精如逸少,懒能书字换群鹅。"宋吴潜《满江红》:"～积官居鼎鼐,假饶累富堆金玉,似浮埃、抹电转头空,休迷局。"宋《朱子语类》卷一○九:"～时文做得十分好后,济得甚事?"

【便是】 biàn shì ❶连词。纵然是;即使是。宋陈与义《送人归京师》:"故园～无兵马,犹有归时一段愁。"金《董解元西厢记》卷一:"脸儿稔色百媚生,出得门儿来慢慢地行,～月殿里姮娥也没恁地撑。"《大宋宣和遗事》前集:"休道徽宗自恁荒狂,～释迦尊佛,也恼教他会下莲台。" ❷用于句末,表示肯定、允诺语气。五代王定保《唐摭言》卷九:"锴俯首良久曰:'然则略要见裴学士。'思谦曰:'卑吏。'"明孟称舜《娇红记》五出:"〔丑〕些个事,关情况。〔二净〕去接了丁怜怜来～。"《西游记》三七回:"我们打起火,开了门,看看如何～。" ❸在句末表示判断,多为剧曲中角色自报家门时用。《元曲选·窦娥冤》二折:"小子赛卢医的～。"有时组成"……(便)是……便是"的叠架结构,有强调意味。《元曲选·举案齐眉》三折:"老身是孟老相公宅上嬷嬷的～。"元明《水浒传》四九回:"小人便是孙提辖妻弟乐和的～。" ❹偏是。唐杨郇伯《送妓人出家》:"暂惊风烛难留世,～莲花不染身。"宋毛滂《临江仙·客有逢故人者代书其情》:"～旧时帘外月,却来小槛低窗。"明《古今小说》卷二二:"～这恶物事偏受得许多苦恼,要他好死却不肯死。" ❺正是;恰是。唐朱放《别李季兰》:"莫将罗袖拂花落,～行人断肠时。"宋晁补之《下水船·和季良琼花》:"百紫千红翠,唯有琼花特异。～当年,唐昌观中玉蕊。"六十种曲本《琵琶记》三四出:"〔净〕五戒,你这佛父支费太多。〔末〕～。" ❻只因为。《元曲选·杀狗劝夫》二折:"～他不肯,因此来寻你。"元明《水浒传》五回:"'丈人,我的夫人在那里?'太公道:'～怕羞,不敢出来。'"明《警世通言》卷二八:"～雨不得住,鞋儿都踏湿了。"

【便是了】 biàn shì le 表肯定语气,有虚化为语气词的倾向。元明《水浒传》二四回:"你还我一纸休书来,你自留他。"明《二刻拍案惊奇》卷九:"甚么终身,拼得立定主意嫁了他～。"清《红楼梦》四一回:"我也不领你的情,只谢他二人～。"

【便索】 biàn suǒ ❶就要;就得。《元曲选外编·西游记》二本五出:"今日辞了天子,～登程去也。"金佚名《大金吊伐录》卷三:"不晚降到册文,见得事体轻重～镌造。"明朱有燉《香囊愿》二折:"小生也去院里做一番子弟,今日约了朋友弟兄,～去走一遭也。" ❷就算。表让步。清《醒世姻缘传》八回:"这也～罢了,他还嫌那屄嘴闲得慌,将那日晁夫人分付的话,捎带的银珠尺头,一五一十向着珍哥、晁大含学个不了。"

【便旋】 biàn xuán 小便;上厕所。唐韩愈《石鼎联句诗序》:"天且明,道士起出门,若将～然。"金元好问《续夷坚志》卷二:"夜起～,足才出门,见对街一鬼。"明《醒世恒言》卷二三:"出入不得独行,～须四人偕往。"

【便宜】 biàn yí 另见 pián yí。❶方便;便利。元《秦并六国平话》卷上:"二人再战十合,蒙毅得～,一鞭正中甘彦夹背。"清《醒世姻缘传》三九回:"不必请酒,折银二两,图两家个～。"《红楼梦》三回:"咱们把那张花梨圆炕桌子放在炕上坐,又宽绰又～。" ❷麻利;便捷。《元曲选·丽春堂》二折:"已抛下二捭,似

啄木寻食。从来那撇无凝滞,疾局到底～。"《元曲选外编·西游记》二本六出:"胖哥王留,走得来偏疾;王大张三,去得～。" ❸大小便的婉词。清《歧路灯》二九回:"他肚里水泻,出外边～去了。"

【便易】 biàn yì 方便容易。唐陆贽《请不与李万荣汴州节度使状》:"先皇帝示眷悼之优崇,贪因循之～,知神玉才不胜任,排众议而竟授之。"宋宋庠《贤良等科廷试次札子》:"臣以谓有司祇事失于奏请,苟从～,乖戾旧章,措置之间,其不称陛下求贤之意。"明郎瑛《七修类稿》卷九:"上见朝臣衣服多取～,日至短窄,有乖古制。"

【便益】 biàn yì 另见 pián yì。方便有利。宋杨万里《朝奉大夫起居郎关公墓志铭》:"言所部～事,谓南民贫,不应租外复与丁米,请蠲除之。"明《封神演义》七五回:"我若得此战骑,催粮真是～。"清《聊斋志异·云翠仙》:"不如以妾鬻贵家,两所～。"

【便意】 biàn yì 随意;方便。清《豆棚闲话》九则:"目前这班好汉,果然囊中银钱～,衣服鲜明。"《儒林外史》二三回:"晚生有个亲戚在贵治,还是住在他那里～些。"

【便用】 biàn yòng 便须;就要。宋《朱子语类》卷一○:"既是已前不曾做得,今～下工夫去补填。"又卷一七:"为家长者～爱一家之人,惜一家之物。"元明《水浒传》一六回:"礼物都已完备,明后日～起身。"

【便则道】 biàn zé dào 犹"便做"。《元曲选·儿女团圆》三折:"～肠里出来肠里热,怎生把俺来全不借?"

【便中】 biàn zhōng ❶就便;顺便。宋陈渊《代龟山与南剑张守》:"～草草,言不能尽,惟祝为民自厚。"明汤显祖《牡丹亭》五一出:"则这生员,是杜安抚叫他招安了李全,～带有降表,故此引见。"《拍案惊奇》卷三:"倘若前途撞着,～拿个把儿,你看手段。" ❷方便的时候。宋朱熹《答任行甫书》:"亦已喻于请人令勿帮正月以后俸钱,并烦为收起券身之属,～示及也。"明《禅真逸史》三三回:"如有鳞鸿可托,～密密地寄个信音来。"清《红楼梦》一一四回:"弟深念小女,侯老亲翁安抚事竣后,拜恳～一视。"

【便转】 biàn zhuǎn 大便。唐张鷟《朝野佥载》卷四:"饱食房中侧卧,家里～,集得野棚蜣蜋。"敦煌本《启颜录·昏忘》:"至田中,遂急～,因放斧于地。旁～讫,忽起见斧,大欢喜,云'得一斧'。"

【便做】 biàn zuò 纵然;即使。宋《三朝北盟会编》卷一二:"将折兵死,兵折将死。延庆果是退败,～官大,亦行军法。"宋元《警世通言》卷三七:"～我拿了你三五十钱,你只不使我便了。"金《董解元西厢记》卷一:"傥或明日见他时分,把可憎的媚脸儿饱看了一顿,～受了这恓惶也正本。"

【便做到】 biàn zuò dào 犹"便做"。宋元《古今小说》卷二四:"～官人问句话,就说何妨。"《元曲选外编·贬黄州》四折:"～达人知命,君子务本,也则索十谒朱门。"

【便做道】 biàn zuò dào 犹"便做"。《元曲选·燕青博鱼》二折:"～佛世尊,这回家也怎地忍?"明冯惟敏《粉蝶儿·辞署县印》:"～考察册开了逃,俺也是六十翁罢差遣,也不怕革职为民。"《拍案惊奇》卷三八:"～是亲,未必就该是他掌把家私。"

【遍处】 biàn chù 到处;处处。《祖堂集》卷八《本仁和尚》:"师临迁化时,先～辞人。"元明《水浒传》三一回:"如今官司～都有了文书,出三千贯信赏钱,画影图形,明写乡贯年甲,到处张挂。"清俞蛟《潮嘉风月》:"齐昌境内,～皆池沼。"

【遍里】 biàn lǐ 挨个地;逐一地。明《金瓶梅词话》七六回:"说毕,各分次序坐下,～递上一道茶来,然后收拾上座。"

【辨白】 biàn bái 辨明;辨别。宋梅尧臣《十九日出曹门见水牛拽车》:"一一夜眠头向南,越鸟心肠谁～。"《密庵和尚语录》:

"学人眼目不明,如何~?"明《二刻拍案惊奇》卷一八:"却是天理难昧,元不是他谋害的,毕竟事久~出来。"

【辨别】biàn bié　分辨区别。唐元稹《哭子》之二:"才能~东西位,未解分明管带身。"宋《朱子语类》卷一二:"若事物之来,当~一个是非,不成只管敬去。"元纪君祥《赵氏孤儿》四折:"索甚~好弱,审察实虚。"

【辨的】biàn dí　辨明;辨识。宋《法演禅师语录》卷上:"问:'白云长老、太平禅师,于其中间,未审如何~?'师云:'你试定当看。'"《五灯会元》卷一七《黄龙祖心禅师》:"一沤未发,古帆未征。风信不来,无人举棹。正当恁么时,水脉如何~?"宋克勤《碧岩录》一则:"雪窦于他初句下著这一句,不妨奇特,且道毕竟作么生~?"

【辨眼】biàn yǎn　目力好。唐杜甫《送顾八分文学适洪吉州》:"顾于韩蔡内,~工小字。"清《十二楼·拂云楼》一回:"(那人)故意走上前来,把左话右说,要使人~看神仙,忽地逢魑魅。"

【辨验】biàn yàn　辨别查验。《太平广记》卷一六八引《玉溪编事》:"侯以今书~,与叶上无异也。"元明《水浒传》七一回:"当时何道士~天书,教萧让写录出来。"明《朴通事谚解》卷下:"某与邻人等~得贼人踪迹,约贼几人于本家那边跳墙入来家内。"

【辨嘴】biàn zuǐ　拌嘴;吵嘴。明《金瓶梅词话》一八回:"西门庆问道:'你与谁~来?'"又四三回:"刚才惹得他爹和六姐两个在这里好不辨了这回嘴,差些儿没曾辨恼了打起来。"

【辩白】biàn bái　同"辨白"。宋王明清《挥麈后录》卷一一:"秦既当路,无从~,竟准以盗论,流端州。"明《拍案惊奇》卷一一:"假的时节,纵然严刑拷掠,诬服莫伸,到底有个~的日子。"

【辩赖】biàn lài　狡辩抵赖。清《红楼梦》一〇三回:"且说金桂的母亲心虚事实,还想~。"

【辩嘴】biàn zuǐ　同"辨嘴"。清《红楼梦》一三回:"姑娘到是和我~呢,是和二爷~呢?"

biāo

【标】biāo　另见 biào。❶ 标格;风度。《元曲选·碧桃花》一折:"谁想今宵遇着小娘子,看了他千般淹润,万种清~。"元明《水浒传》八一回:"芳容丽质更妖娆,秋水精神瑞雪~。"清方成培《雷峰塔》四出:"~森玉树,正当入洛之年;迹类转蓬,犹作依刘之客。" ❷ 美好;出色。《元曲选外编·符金锭》四折:"则听的聒耳笙歌闹吵,珍馐端的奇~。"脉望馆本《紫微宫》二折:"这正是海山银阙宴蟠桃,幸喜的节序好,景物~。"明王九思《寨儿令·嘲妓》:"容貌儿~,福分儿薄,恶姻缘撞着个灯鲍老。" ❸ 优良;强。《元曲选外编·延安府》二折:"我做厨子实是~,偏能蒸作快烹包。"明陈铎《朝天子·索物》:"铁杷的最~,花梨的也好,随意与不索落。" ❹ 古板;傻气。明汤显祖《牡丹亭》七出:"〔末〕哭什么子,一发换了来。〔贴背介〕好个~老儿!" ❺ 招牌;营业或出售物品的标志。明《拍案惊奇》卷二七:"只见外面一个人,手里拿着草书四幅,插个~要卖。"清洪昇《长生殿》一〇出:"我家酒铺十分高,罚誓无赊挂酒~。" ❻ 锦标;竞赛的奖品。宋孟元老《东京梦华录》卷七:"又见旗招之,则两行舟鸣鼓并进,捷者得~。"清《十二楼·夺锦楼》一回:"特悬两位淑女、两头瑞鹿做了锦标,与众人争夺。已娶者以得鹿为~,未娶者以得女为~。" ❼ 标枪。明《西游记》三回:"教小猴砍竹为~,削木为刀。" ❽ 即"团标"。元佚名《蟾宫曲·归隐》:"结草为~,编竹为门。" ❾ 喷射。清

《野叟曝言》一〇三回:"岑兵魂飞魄散,屁出尿~。" ❿ 砍;刺。标,通"摽"。宋《三朝北盟会编》卷五六:"二十一日甲申,~童贯首榜示开封府。"《元曲选·望江亭》二折:"奉圣人的命,差人去~了白士中首级。" ⓫ 瞧;偷看。标,通"瞟"。明汤显祖《还魂记》一五出:"俺司天台~那南朝,~着他那答儿好。"《西游记》八二回:"行者远远地~那两怪,渐入深山。" ⓬ 同"彪❷"。《元曲选外编·三战吕布》一折:"今有吕布,领一~人马,威镇在虎牢关下。"明《英烈传》二回:"一声锣响,即刻冲出一~人来,两下厮杀。"

【标表】biāo biǎo　❶ 标格;风采。唐李邕《石赋》:"凌云插峰,隐霄横嶂,峻削~,汗漫仪状。"宋沈端节《念奴娇》:"笙歌鼎沸,万人争看~,黄裳在中。" ❷ 表率;榜样。唐杜牧《上吏部高尚书状》:"伏惟尚书秩高天爵,德冠人伦,为缙绅之纪纲,作朝廷之~。"明崔铣《太子少保吏部尚书许公神道碑》:"阅公及周文端公封章,每弹指太息曰:'斯谓古之遗直,世之~。'"用作动词时则表示"作……榜样"。宋余铣《故兵部侍郎王公集序》:"公则首冠纶阁,~朝伦,前达后进,莫不推仰。" ❸ 标明;宣示。唐柳宗元《答吴武陵论非国语书》:"夫为一书,务富文采,不顾事实,……是犹用文锦覆陷阱也,不明而出之,则颠者众矣。仆故为之~以告夫游乎中道者焉。"白居易《杨於陵母亡祖母赠郡夫人制》:"发挥妇道,~母仪,施及孝孙,陟于高位。"

【标拨】biāo bō　划分;调拨。《续资治通鉴长编》卷二一二:"其间有蕃户~入官地土数多而今耕种不足者,欲却于元献纳数内给还三分之一。"《元典章·户部五》:"若无主,就近~与无田地百姓有者。"明《平妖传》一七回:"又~官马一匹,到公馆去伺候法师起身。"

【标船】biāo chuán　船。明《金瓶梅词话》六九回:"家中放官吏债,开四五处铺面,缎子铺、生药铺、绸绢铺、绒线铺,外边江湖又走~。"清《八旗通志》卷一九〇:"又内有督提二,~三十三,酌归荆州武昌城守及汉阳守就近管理。"

【标的】biāo dì　靶子。唐韩愈《国子助教河东薛君墓志铭》:"后九月九日,大会射,设~,高出百数十尺,令曰:中,酬锦与金若干。"明《于少保萃忠全传》二〇传:"一一与众暗设~记号已毕。"

【标垛】biāo duǒ　❶ 标准;榜样。宋《二程遗书》卷一二:"人之学,当以大人为~。"明吕柟《泾野子内篇》卷二二:"学者言行须以圣人为~。" ❷ 犹言门面、场面。《元曲选·对玉梳》二折:"你待要装~,下锹镬,哎,罢呵!"佚名《耍孩儿·拘刷行院》:"请个有声名旦色,迭~娇羞。"按,"迭标垛"犹言上得了场面。明汤显祖《南柯记》四出:"卖花声斜抹着宫墙过,那穿宫引见俺~。"

【标附】biāo fù　附笔记录。《金史·食货志一》:"造籍后如无人告,一月内以本官文牒推唱定,~于籍。"《元典章·刑部十九》:"今后但有把持公事并妄告官吏之人,初犯枷项,于犯人门首示众,痛行断罪,红粉壁书写过名,所在官司~籍记。"

【标竿】biāo gān　❶ 悬挂标识物的竿。宋乐史《太平寰宇记》卷一〇七:"刺史张栖贞以人之行莫大于孝,悬《孝经》~上赏之。"孟元老《东京梦华录》卷七:"则有小舟一军校,执一竿,上挂以锦彩、银碗之类,谓之~。"明田汝成《西湖游览志馀》卷三《偏安佚豫》:"立~于湖中,挂锦彩、银碗、官楮以赏捷者。" ❷ 作为标记的竿。宋尹洙《秦州申本路招讨使状》:"今月某日,与崔懿将带手下兵士等到彼中立~次,不谓蕃贼于谷内扬尘挑斗。"《元曲

选·谢金吾》楔子:"在这京城里外立下丈二~,但抹着~者,不问军民房舍,尽行拆毁。"清《野叟曝言》一二八回:"下马,即走近~,直跃横跃,皆过数尺。"

【标挂】 biāo guà　悬挂。宋刘攽《舍人院奏乞再建紫薇阁状》:"伏乞圣慈,特赐详酌,复于中书后省建置紫薇阁一御篆。"丁特起《靖康纪闻》:"载金帛牛酒者络绎于道,各以长竿~大揭榜示:某坊某人献物于国相太子元帅。"

【标记】 biāo jì　❶ 标明;记录。宋吴曾《能改斋漫录》卷一二:"一日,学院诸生偕往,见石一截,黄色,用木牌一曰:万年松化石。"元明《水浒传》九四回:"将军等同赚此关,功劳不小,宋某于功劳簿上,一一~。" ❷ 标志;记号。唐孙逖《天宝三载亲祭九宫坛大赦制》:"自古圣帝明王、名臣烈士陵墓有颓毁者,宜令所管量事修葺,仍明立~,禁止樵采。"五代何光远《鉴诫录》卷五:"不敢置其坟冢,本无~,人莫能知。"《元曲选·小尉迟》三折:"我把这信物接将来手里,看有甚题亲~。"

【标录】 biāo lù　即"标记❶"。《册府元龟》卷九一:"应天下有孝子顺孙、义夫节妇,事绩彰显为世所知者,仰所在长吏~闻奏。"元王士点《秘书监志》卷五:"已令本馆将已起见在使客,询问本国国主姓名、土地广狭、城邑名号,……具报本部,移关贵监,以备~。"元明《水浒传》一一〇回:"却说陈安抚、宋先锋~李俊、胡俊、琼英、孙安功次,出榜去各处招抚,以安百姓。"

【标赏】 biāo shǎng　竞赛的奖品。宋吴自牧《梦粱录》卷一:"又以旗招之,其龙舟远列成行,而先进者得捷取~。"

【标示】 biāo shì　标明揭示。唐鱼孟威《桂州重修灵渠记》:"皆招求羡财,~善价,以佣愿者。"宋范祖禹《唐鉴》卷四:"厚葬之祸,古今之所同知也。夫藏金玉于山陵,是为盗积而~其处也。"明王守仁《传习录》卷中:"又取其'厌繁就约''涵养本原'数说~学者,指为晚年定论,此亦恐非。"

【标手钱】 biāo shǒu qián　领头出的赏钱。宋晓莹《罗湖野录》卷四:"端曰:'从他在此听说话。'显曰:'不曾带得~来。'"

【标首】 biāo shǒu　❶ 同类中的第一。唐张鷟《沧州高弓县实性寺释迦像碑》:"仲尼,礼乐之~。"宋潘自牧《记纂渊海》卷二六:"唐自武德以来,宰相醇厚以陆象先为~,词翰以姚元崇为~,词学以张说为~,决遣以张义正为~。"《宋高僧传》卷一五《唐杭州灵隐山道标传》:"至德二年,诏白衣通佛经七百纸者,命为比丘~。" ❷ 即"标手钱"。元明《水浒传》五一回:"官人坐当其位,可出个~。"

【标题】 biāo tí　书写;记录。《敦煌变文校注》卷二《叶净能诗》:"与朕~,烈(列)于清(青)史。"元《前汉书平话》卷中:"又上第三阁,内皆是有功名将一百餘人,各~名姓。"明佚名《续西厢》一六出:"这一位女犯,也有~成案现在,待咱看来。"

【标下】 biāo xià　部下。明《古今小说》卷四〇:"杨总督~有个心腹指挥,姓罗名铠。"文秉《烈皇小识》卷二:"刘爱塔者,辽人也,莅孙阿部~,改名兴祚。"清孔尚任《桃花扇》一八出:"你既驻扎在本境,就在本帅~,做个先锋。"

【标写】 biāo xiě　题写;记录。宋楼钥《北行日录》:"自后人家粉壁多~禁约,不得采捕野物。"元王仲元《粉蝶儿·道情》:"~在凌烟阁,便做到太师太傅太保,难免折腰劳。"明张錬《端正好·贺对山舅得逸子》:"这一个寻儿的果见真,那一个认爷的不是谎。我与你从头儿~在新词上。"

【标则】 biāo zé　标准。《景德传灯录》卷一七《咸启禅师》:"曰:'还有的当也无?'师曰:'不立~。'"宋罗泌《路史·汤逊解》:"尧知天下之将争且乱,而欲以逊禅示天下后世~久矣,其非一

日也。"李之仪《贺时相除少保》:"矢言皆载籍之精微,动容真列位之~。"

【标致】 biāo zhì　❶ 美好;美丽。唐赵璘《因话录》卷二:"君初至金陵,于府主庶人锜坐,屡赞招隐寺~。"《元曲选·秋胡戏妻》二折:"自家李大户的便是。家中有钱财,有粮食,有田土,有金银,有宝钞,则少一个标标致致的老婆。"清《儒林外史》二〇回:"人物又~,嫁妆又齐整。" ❷ 风度;韵致。五代贯休《山居》之六:"鸟外尘中四十秋,亦曾高揾汉诸侯。如斯~虽清拙,大丈夫儿合自由。"元曹德《庆东原·江头即事》:"~似刘伶,受用如陶令。"

【标柱】 biāo zhù　柱子。元明《三国演义》七五回:"当于静处立一~,上钉大环,请君侯将臂穿于环中。"《水浒传》七四回:"只见两条红~,恰与坊巷牌额一般相似。"

【膘息】 biāo xī　牲口身上的肥肉。元马致远《耍孩儿·借马》:"逐宵上草料数十番,喂饲得~胖肥。"明《金瓶梅词话》三八回:"初时着了路上走,把~跌了许多,这两日才吃的好些儿了。"

【彪】 biāo　❶ 同"标❾"。明《西洋记》八八回:"龙口里就~出沸滚的香油,一直照着汉子满头扑面下来。" ❷ 量词。支。用于军队。元明《水浒传》三四回:"只听见山上锣声震天响,飞下一~人马出来。"

【彪形】 biāo xíng　形容身躯魁伟。元明《水浒传》六三回:"此人生的面如锅底,鼻孔朝天,卷发赤须,~八尺。"清《野叟曝言》四二回:"素臣带转马头,见马上都是~大汉。"

【膔】 biāo　膘,牲口身上的肉。明《朴通事谚解》卷上:"每日这般勤勤的喂时,甚么~添不上?"徐光启《农政全书》卷四一:"一年之中,勿喂青草,喂之则减~破腹,不肯食枯草矣。"《大清会典则例》卷一七四:"此项骟马,前经交直隶各营牧养,~分既属充足,且闻于该兵丁等亦属有益著,不必交热河副都统及各庄头。"

【膔息】 biāo xī　同"膘息"。元古本《老乞大》:"咱这马每路上来,每日供路子生受,喂不到,都没甚~。"

【彪】 biāo　另见 diū。❶ 同"彪❷"。元睢景臣《哨遍·高祖还乡》:"见一~军马到庄门。" ❷ 同"标❿"。金《刘知远诸宫调》一二:"两条褊檐向前~,洪信、洪义更强怎措手?"

biǎo

【表】 biǎo　❶ 仪表。用在数词、指示词后,有虚化为量词的趋向。《元曲选·东堂老》三折:"谁家个年小无徒,他生在无忧愁太平时务,空生得貌堂堂一~非俗。"其前数词"一"往往可省。元明《水浒传》三七回:"宋江看那穆弘时,端的好~人物。"又六九回:"宋江在阵前,看了董平这~人物。" ❷ 中表;表亲。唐徐夤《赠表弟黄校书辂》:"产破身穷为学儒,我家诸~爱诗书。"五代孙光宪《北梦琐言》卷一二:"或一日,有亲表对坐,闻鹿鸣,其~曰:'釜戴山中鹿又鸣。'" ❸ 表字。明《醒世恒言》卷七:"(高翁)接口就问道:'此位就是令亲颜大官人? 前日不曾问得贵~。'钱青道:'年幼无~。'"清李玉《清忠谱》二折:"〔净向末介〕请问尊姓贵~? 〔末〕小弟杨念如。" ❹ 叙述;说明。明《西游记》七回:"话~齐天大圣被众天兵押去斩妖台下,绑在降妖柱上。"清《醒世姻缘传》三四回:"你道我说许多话头做甚? 如今要单~狄员外掘藏还金的事情。" ❺ 中医术语,用药把人受的风寒散发出来。宋王衮《博济方》卷一:"如服了觉身热,汗久未行,却并服金沸散~之。……若是阳毒,并先~汗,后用此药。"明《醒世恒言》卷一〇:

"须请个太医来用药，～他的汗出来方好。" ❻ 即"表子"。《元曲选·曲江池》一折："那一个生的好些的，是上厅行首李亚仙；这一个是他妹子刘桃花，就是敝～。"明汤式《一枝花·自省》："妆孤的已受王魁戒，赠～的休夸双渐才。"按，宋汪云程《蹴踘谱·圆社锦语》："表，妇人。"后特指娼妓。

【表白】 biǎo bái ❶ 显露；显示。《太平广记》卷四四五引《传奇》："阴阳之盛衰，魂魄之交战，在体而微有失位，莫不～于气色。"明汤显祖《牡丹亭》三二出："〔旦〕可知道，奴家便是画中人也。〔生合掌谢画介〕小生烧的香到哩! 小姐，你好歹～一些儿!" ❷ 行医、卖卜者手里拿的布招子。《太平广记》卷三一〇引《传奇》："但立一～，曰'能治业疾'。"明杨珽《龙膏记》四出："高标着～待人求，个中便是神仙意。" ❸ 做法事时，负责向神佛宣唱的僧道。元明《水浒传》四回："～宣疏已罢，行童引鲁达到法座下。"明《西游记》四四回："司鼓司钟，侍香～，尽都侍立两边。"《金瓶梅词话》三九回："有绛衣～在旁，先宣念斋意。"按，道诚《释氏要览》卷上："表白，亦曰唱导也。" ❹ 说明；叙述。明陆容《菽园杂记》卷六："近日程克勤谕德，始征士大夫诗文～其事而复篁墩之名。"《平妖传》七回："如今且丢起胡媚儿这段关目，索性把'遇蛋而明'四个字～起来。"《醒世恒言》卷二六："看官们牢记下这个话头，待下回～。" ❺ 诵读；念诵。《太平广记》卷三四六引《续玄怪录》："贵人能为写金字《金刚经》一卷，一心～，回付与登，即登之职，遂乃小转。"《元曲选·玉壶春》二折："待妾身～这一首《玉壶春》词。"脉望馆本《东篱赏菊》一折："〔家僮云〕老爹也，你既写就了，你～一遍者。〔正末念科，云〕白发被两鬓，肌肤不复实。"

【表背】 biǎo bèi 同"裱褙"。宋王炎午《赠晏裱背》："庐陵阓阛间，装理书画者署其门曰～。"

【表得】 biǎo dé 同"表德"。元刘时中《端正好·上高监司》："旋将～官名相体呼，声音多鄙俗，字样不寻俗。"

【表德】 biǎo dé 古人的字或别号。唐孙棨《北里志序》："其中诸妓多能谈吐，颇有知书言语者，自公卿以降，皆以～呼之。"元贯云石《孝经直解》一："仲尼是孔夫子的～。"清《十二楼·生我楼》一回："'该替你上个徽号，叫做尹小楼才是。'尹厚闻之甚喜，就孝来做了～。"按，《颜氏家训·风操》："古者，名以正体，字以表德。"

【表段】 biǎo duàn 即"表礼❶"。宋《三朝北盟会编》卷二九："三宝奴、耶律忠、王讷于斡离不处受书，又出一幅不封，乃是所须金银牛马～等。"原注云："番语以帛为表段。"丁特起《靖康纪闻》："右榜人户等将本家金银～，竭其家资，赴府送纳。"金佚名《大金吊伐录》卷一："～皆新好之物，可及四十余万。"

【表儿】 biǎo er 即"表❻"。宋陈元靓《事林广记》续集卷七《圆里圆》："近日闲游戏，因到花市，帘儿下瞥见一个～圆，咱每便着意。"

【表号】 biǎo hào 即"表德"。明《醒世恒言》卷九："就有张家嫂、李家婆，一班靠撮合山养家的，抄了若干～，到朱家议亲。"《禅真后史》一三回："交结大叔们，称兄弟，呼～，挽臂搠肩。"

【表记】 biǎo jì ❶（男女间）作凭证的纪念品。《元曲选·风光好》二折："则怕你日后不取我呵，被人笑耻，有何～的物件与我，可为凭信。"明陈铎《香遍满·春怨》："～留，香罗半幅诗一首，做一个香囊儿紧收。"《古今小说》卷一："莫非是你老相交送的～?" ❷ 一般的信物。宋元《警世通言》卷七："先前他许供养你一家，有甚么～为证?"元明《水浒传》四六回："怕哥哥日后中了奸计，因此来寻哥哥，有～教哥哥看。"

【表礼】 biǎo lǐ ❶ 作礼品或赏赐用的绸缎布匹之类。明

《西游记》五三回："但欲求水者，须要花红～，羊酒果盘，志诚奉献。"《拍案惊奇》卷三一："每人各赏元宝二锭，四～。" ❷ 泛指礼物。清《红楼梦》八回："今见了秦钟是这般人品，也都欢喜，临去时都有～。"

【表里】 biǎo lǐ ❶ 本指内外，引申为到处、处处的意思。唐刘禹锡《贬而归》："雪霁太阳津，城池～春。"宋司马光《初春登兴国寺塔》："为君作意登高处，试望皇州～春。"张孝祥《念奴娇·过洞庭》："素月分辉，明河共影，～俱澄澈。" ❷ 同"表礼❶"。宋《三朝北盟会编》卷三六："特于元定赏军物内减金万铤、银一十万锭、～一十万段，以充振乏广施之用。"《元曲选·秋胡戏妻》二折："如今将着羊酒～，取梅英去。"明《朴通事谚解》卷中："上位赏了一百锭钞、两～段子。"

【表亲】 biǎo qīn 中表亲戚，包括祖、父两辈姐妹的子女及祖母、母亲兄弟姐妹的子女。明《禅真逸史》三一回："在下姓曹，这薛大王与在下原系～。"清《聊斋志异·泥鬼》："余乡唐太史济武，数岁时，有～某相携戏寺中。"

【表照】 biǎo zhào 即"表证"。照，凭证。宋黄榦《曾适张潜争地》："开禧二年正月，未抄估之前，有曾宅干人朱端陈词，称产业系三位均分，有朱契、砧基簿～。"宋元《古今小说》卷三六："公公教我归来，问婆婆取一领新布衫、汗衫、裤子、新鞋袜，有金丝罐在这里～。"

【表正】 biǎo zhèng 同"表证"。元《三遂平妖传》七回："欲待回去，又无些～，终不成只说见只石虎来，知州如何肯信我?"

【表证】 biǎo zhèng 凭证；作凭证或证明。《宋史·欧阳修传》："好古嗜学，凡周汉以降金石遗文、断编残简，一切掇拾，研稽异同，立说于左，的的可～，谓之《集古录》。"明《二刻拍案惊奇》卷三："只把一个钿盒儿分做两处，留与侄儿做执照，指望他年重到京师，或是天涯海角，做个～。"清洪昇《长生殿》三〇出："说到此悔不来，惟天～。"

【表字】 biǎo zì 本名之外另取的一个名字，二者之间有一定的意义联系。元明《水浒传》一八回："那押司姓宋名江，～公明。"明贾仲明《凌波仙·吊孟汉卿》："已斋老曳播声名，～相同亦汉卿。"清《红楼梦》三回："宝玉又问～，黛玉道：'无字。'"

【表子】 biǎo zi 娼妓；姘头。元睢玄明《耍孩儿·咏鼓》："排场上～偷睛望，恨不得街上行人将手拖。"元明《水浒传》五一回："那知县虽然爱朱仝，只是恨这雷横打死了他～白秀英。"明陆江楼《玉钗记》六出："我有一个旧～，叫做陈大娘。"

【婊子】 biǎo zi 同"表子"。清《锦香亭》一回："相公一向老实的，如今想是众位相公牵去结识了什么～。"《醒世姻缘传》六五回："你要是与了～去了，你是个有怕惧的，你就该钻头觅缝的另寻一套与我。"

【脿子】 biǎo zi 同"表子"。元陶宗仪《辍耕录》卷二八："表梓，谓～，总贱娼滥妇之称。"

【裱褙】 biǎo bèi 用纸或绢绸等作衬托贴上字画，使之美观耐久。明沈德符《万历野获编》卷二六："往时吴中文、沈诸公，又喜用～家复褙故纸作画。"清李玉《一捧雪》五出："晚弟寓所却有一人，到古董行家，赏鉴颇精，又会～。"

biào

【标】 biào 另见 biāo。同"摽❷"。明《金瓶梅词话》一三回："你安下人～住他汉子在院里过夜，却这里要他老婆。"

【摽】biào ❶本谓击打,引申为戳刺、砍割。《敦煌变文校注》卷一《汉将王陵变》:"一任上殿,～寡人首。"元明《水浒传》二回:"史进跳起身来,转过树背后,打一看时,认得是猎户～兔李吉。"又七〇回:"龚旺心慌,便把飞枪～将来,却～不着花荣、林冲。" ❷缠住。明《金瓶梅词话》五一回:"每日被老孙、祝麻子、小张闲三个～着在院里撞,把二条巷齐家那小丫头子齐香儿梳笼了。"又五二回:"你家汉子成日～着人在院里顽。"

【鳔】biào 用鳔胶粘。《元曲选·虎头牌》二折:"有他这～接来的两根儿家竹箭,更有条蜡打来的这弓弦。"

【鳔胶】biào jiāo 用鱼鳔或猪皮等熬制的胶,黏性很大。宋沈括《梦溪补笔谈》卷二:"朝廷调发军器,有弩桩箭干之类,海州素无此物,民甚苦之,请以～充折。"元纪君祥《赵氏孤儿》二折:"似～粘住口角,似鱼刺嘎了喉咙。"

【俵】biào 分发。五代杜光庭《谢宣赐道场钱表》:"其所赐钱,臣已依数跪受,～给道众讫。"元明《水浒传》五五回:"一面令韩先锋～钱赏军。"按,"俵"字不见于《说文解字》,《玉篇·人部》:"俵,彼庙切,散也。"《广韵·笑韵》:"俵,俵散。"

【俵拨】biào bō 分拨。元明《水浒传》八九回:"所得马匹,就行～各将骑坐。"

【俵济】biào jì 分发救济。元明《水浒传》六七回:"又开仓廒,将粮米～满城百姓了,餘者亦装载上车,将回梁山泊仓用。"

【俵卖】biào mài 分散卖出。《册府元龟》卷四九四:"(后唐庄宗同光)三年二月,敕其逐年～蚕盐、食盐、大盐、甜次冷盐,每斗与减五十文。"宋苏辙《论蜀茶五害状》:"茶官贪求羡息,般运之多,出卖不尽,逐州多亏岁额,遂令每斤增价,～与人。"元《通制条格》卷二九:"撰造签筹阡万枚,托散权豪势力之家转行～。"

【俵散】biào sàn 分发;分送。《旧五代史·食货志》:"晋天福中,河南河北诸州除～蚕盐征钱外,每年末盐界分场务约糶钱一十七万贯有餘。"《元典章·户部八》:"社户内有倒死牛只,除牛皮官为拘收外,牛肉～社众人。"清《红楼梦》一一二回:"众贼议定,分赃～不提。"

【俵子】biào zi 发给僧道的赴斋凭证。元佚名《湖海新闻夷坚续志》后集卷一:"(张居士)常斋僧道。一日,先散一百个,至日凭此赴斋。临期,收～只九十九个,不见一个。"

【捊散】biào sàn 同"俵散"。明《金瓶梅词话》四八回:"先把抬轿子的,每人一碗酒,四个烧饼,一盘子熟肉,～停当。"

biē

【憋】biē ❶抑制不畅。《元曲选·盆儿鬼》三折:"～得俺浑身上下汗淋漓,哎哟!恰好是一夜不曾尿。"又《玉镜台》四折:"偏不肯好头面到成都,～的我没牙没口题桥柱。" ❷固执;执拗。《元曲选外编·豫让吞炭》三折:"这～豫让更别无甚别话。"宫天挺《范张鸡黍》二折:"想当日那逾垣而走的其实～,饮鸩而亡的则是呆。"

【憋古】biē gǔ 固执;古板。《元曲选·陈州粜米》一折:"老汉陈州人氏,姓张。人见我性儿不好,都唤我做张～。"明孟称舜《娇红记》二四折:"不分他狠爹娘乔～,干则掇赚了咏桃花翠鸾女。"

【憋强】biē jiàng 不驯顺。《元曲选·昊天塔》二折:"我想孟良是个～的性儿:你使他去,他可去;你不使他去,他可要去。"

【憋劣】biē liè 倔强;粗暴。《元曲选·后庭花》三折:"凭着我～村沙,谁敢道侥幸奸猾!"

【憋拗】biē niù 固执;不驯顺。《元曲选·神奴儿》二折:"他那里越～,放蒙挣,则管里啼天哭地相刁蹬。"又《生金阁》二折:"我这夫人有些～,嬷嬷,你须放出那䯄通般舌来方好。"

【憋气】biē qì 赌气;生闷气。金《刘知远诸宫调》二:"自人舍做女婿,觑俺咱似儿戏。使着后道东说西,畅～。"

【憋性】biē xìng 闹别扭。《元曲选·金线池》一折:"母亲,你只管与孩儿～怎的?"

【憋懆】biē zào ❶焦急;烦闷。《元曲选·连环计》二折:"～的我浑如痴挣,直似风颠,恰便似闷弓儿在心下熬煎,快刀儿腹内盘旋。"明朱有燉《醉太平·老病初痊戏作》:"热不热冷不冷空～,眠不睡醒不稳干黑恼。" ❷凶猛。元尚仲贤《三夺槊》二折:"但征敌处躁暴,相持处～。"《元曲选·盆儿鬼》四折:"只要分付那憋憋懆懆狠门神,休尝住咱叮叮珰珰盆儿鬼。" ❸违拗;闹别扭。《元曲选·留鞋记》一折:"又不是侍女无情与我相～,又不是老亲多事把我紧收拾。"

【撇】biē 另见 piē、piě。❶固执;古怪。金《董解元西厢记》卷二:"先生好性～,众人都烦恼,偏你怎欢悦。"明《拍案惊奇》卷三九:"弄得他们不耐烦,我们做个天气,只是～着要去,不肯再留。" ❷掖。清《飞龙全传》一三回:"郑恩并不理论,把柴荣的银包～在腰间,往街坊上闲撞。"

【撇不过】biē bù guò 拗不过;抹不开(情面)。元明《水浒传》二回:"待不收留他,又～柳大郎面皮。"清《隋唐演义》四一回:"来总管～众人情面,勉饮几杯。"

【撇古】biē gǔ 同"憋古"。明汤显祖《紫钗记》三〇出:"些娘大的小河西生生儿～,东瓜大的小西瓜瓢红子乌。"《型世言》三回:"这些女伴知他婆婆～,也不来邀他。"

【撇皂】biē zào 同"憋懆❸"。《元曲选·忍字记》一折:"这和尚故将人来～,直写的来怎般牢。"

【撇转】biē zhuǎn 同"别转"。清《隋唐演义》七二回:"婉儿～头来,见是三思。"《绿野仙踪》六回:"于冰举手道:'多承指引了!'～身便走。"

【嫳】biē 抑制;压低。明《金瓶梅词话》五三回:"一名是潘金莲,与孟玉楼两个同靠着栏杆,～了声气,絮絮答答的讲说。"

【瞥子】biē zi 尿壶。明陆采《西厢记》五出:"小人没法了,去～里倒了一壶臭尿,坑板上剥得几块干粪,胡乱答应。"

【憋气】biē qì 赌气;生闷气。明《醋葫芦》三回:"前日怪我卖了丫头,～出门,颇无下落。"《石点头》卷九:"偏要憋口气,夺这西川节度使的爵位。"

【憋懆】biē zào 同"憋懆❶"。元贯云石《小梁州》:"百般的撇吞妆夭,气的我心下焦,空～。"

【鳖】biē ❶憋闷。鳖,通"憋"。《元曲选·魔合罗》四折:"直这等～杀我也!"元明《水浒传》二八回:"管营恁地时,却是秀才要,倒教武松～破肚皮。"清《醒世姻缘传》七三回:"你要拦我,这一夜就～杀我了。" ❷使憋闷。宋杨无咎《天下乐》:"雪后雨儿雨后雪,镇日价,长不歇。今番为寒忒太切,和天地,也来厮～。" ❸逼迫;敲诈。清《醒世姻缘传》一〇回:"仗赖二位哥下狠催着他,～他～儿,出出咱那气。"又五三回:"独自一了晁近仁的二十五亩地,占住了两座房,抢了许多家伙。" ❹塞;掖。明《醒世恒言》卷三:"这一主银子,是你完完全全～在腰胯里的。" ❺物体凹陷;不丰满。鳖,通"瘪"。元明《水浒传》九六回:"半空里落下个黄泥龙尾,把乔道清劈头一下,险些儿将头打破,把个道

冠打～。”清《后西游记》一八回：“一个～小和尚能有多重，这等难得紧！等我自拿到后洞吊起与你们看。” ❻ 窝囊；无能。元明《水浒传》二四回：“我是一个不带头巾男子汉，……不是那等搠不出的～老婆！”清《醉醒石》一四回：“别人家丈夫轩轩昂昂，偏你这等～煞，与死的差甚么？” ❼ 女性生殖器。清《野叟曝言》九三回：“若在路上猝被男子捉住，也把衣服盖过头面，凭他行奸，总不与他做嘴讲话。故此洞里有句口号是：输嘴不输～，输～不输嘴。”又九七回：“我和婆子都是赶不上墟的大球大～，生得出小蚌来么？”

【鳖鸟】 biē diǎo 粗话，本分别指女性和男性生殖器，这里用为副词，犹言横竖、硬是。元明《水浒传》一二回：“牛二紧揪住杨志说道：‘我～买你这口刀！’”又三五回：“便是赵官家，老爷也～不换！”

【鳖羔儿】 biē gāo er 龟仔。詈词。清《醒世姻缘传》三二回：“你要今日打杀我，你就是那指甲盖大的～！”

【鳖拗】 biē niù 同“憋拗”。元明《水浒传》一六回：“你三人和他做伴去，一路上早起晚行住歇，都要听他言语，不可和他～。”

【鳖棋】 biē qí 一种棋类游戏。棋盘上先布子，掷骰点多者先走，以堵截对方棋子通路为手段竞胜负。明《朴通事谚解》卷中：“姐姐来，咱们下～。”《金瓶梅词话》八三回：“吃了一回，摆下棋子，三人同下～儿。”

【鳖气】 biē qì 同“憋气”。宋赵长卿《水龙吟》：“银缸独对，相思方切，教人怎睡？解叹从前事，解叹了，依前～。”金《刘知远诸宫调》一一：“称(畅)～，吃和不吃，也即由伊，平白便发无明，不改从前穷性气。”

【鳖头】 biē tóu 缩头；闷头。宋王之道《减字木兰花》：“～龟手，孤坐书生能意就。暖体温肤，绣被春寒想见无？”清《野叟曝言》一回：“倘时运不济，便牛角挂书，～饮酒，路见不平，拔刀相助。”

【鳖懆】 biē zào 同“鳖燥”。金《刘知远诸宫调》一一：“洪信和洪义好～，引两个妻儿总来到。”

【鳖燥】 biē zào 生气；烦躁。金《刘知远诸宫调》一：“早是弟兄不仁，两个妯娌唆送，致令李洪义、洪信～。”元明《水浒传》一一五回：“行者武松见鲁智深战宝光不下，恐有疏失，心中～，便舞起双戒刀，飞出阵来，直取宝光。”

【鳖坠】 biē zhuì 腹部发胀下坠。明《金瓶梅词话》三〇回：“大娘，我只心口连小肚子往下～着疼。”又七五回：“如今倒弄的不死不活，心口内只是发胀，肚子往下～着疼。”

【瘪】 biē 塞；掖。明《石点头》卷七：“状元～在荷包里，又被京师剪绺多。”

bié

【别】 bié ❶ 辨识；辨别。唐白居易《谢李六郎中寄新蜀茶》：“不寄他人先寄我，应缘我是～茶人。”《敦煌变文校注》卷一《伍子胥变文》：“我闻～玉不贱，～玉不贫。”《元曲选・救孝子》二折：“许令烧焚，我只道不如生殡，且留着～冤屈，辨清浑。” ❷ 独特；出众。《太平广记》卷二七一引《幽闲鼓吹》：“问末座惨绿少年何人也，曰：‘补阙杜黄裳。’夫人曰：‘此人全～，必是有名卿相。’”宋陈瓘《蝶恋花》：“有个胡儿模样～，满颔髭须，生得浑如漆。”《元曲选・虎头牌》二折：“往常我便打扮的～，梳妆的善。” ❸ 格外。唐李中《柳》之一：“春来无树不青青，似共东风～有情。”《敦煌变文校注》卷一《张议潮变文》：“田地今年～滋润，家园果树似口脂。”宋《朱子语类》卷一〇三：“李先生涵养得自是～真，所谓不为事物所胜者。” ❹ 另；另外。唐陆龟蒙《奉和袭美抱疾杜门见寄》：“栖野鹤笼宽使织，施山僧饭～教炊。”《元典章・吏部六》：“除今犯外，目前至今～不曾作下其餘重罪。”《七国春秋平话》卷中：“我王则不如～交人替去。” ❺ 别的；其他的。《敦煌变文校注》卷二《庐山远公话》：“若要～事即无，若要寺舍伽蓝，即当小事。”《元曲选外编・蒋神灵应》二折：“唤你来不为～，那壁厢有王坦之相公在此，把体面与他相见。”明《朴通事谚解》卷下：“他～处画了一个官人的影来，一似那活的。” ❻ 转动；扭转。唐杜牧《牧陪昭应卢郎中在江南》：“泥情斜拂印，～脸小低头。”宋元《清平山堂话本・花灯轿》：“小官只不肯说，～了面皮，朝里壁睡了。”《元曲选・蝴蝶梦》三折：“～过枷梢来，打三下杀威棒！” ❼ 违拗。《元典章新集・刑部》：“只般宣谕了呵，～了的人每要罪过者。”《元曲选・合同文字》二折：“待奉着俺先人的教训，怎敢道～了家尊的义分！”元明《水浒传》四回：“他是赵员外檀越的兄弟，如何～得他的面皮？” ❽ 不顺；差错。明《金瓶梅词话》四六回：“只落下兰香在后边了，～了鞋，赶不上，骂道：‘……把人的鞋都～了，白穿不上。’”清《醒世姻缘传》九六回：“情管不知是那个混帐耳朵听的不真，学的～了，叫你生气。”《儒林外史》四回：“前日替这里作了一个荐亡的疏，我拿了给人看，说是倒～了三个字。” ❾ 顶住人腰或物件的中间部位，脚下或一端用力勾、压，使之跌倒或折断。《元曲选・陈州粜米》楔子：“若不与我呵，就踢就打，就挦毛，一交～番倒，剁上几脚。”清《醒世姻缘传》六七回：“将一把药铡在门槛底下～成两截。” ❿ 同“鳖❸”。清《醒世姻缘传》五六回：“因那大床无处另买，～了二十两银子，问他回了出来。”又六九回：“素姐初次烧香，不知但凡过客都是这等强拉，拉的你吃了他的，按着数儿～钱。” ⓫ 插；掖。清《红楼梦》程乙本三〇回：“只见一个女孩子蹲在花下，手里拿着根～头的簪子在地下抠土。”《五美缘》三五回：“将上盖衣服脱下，朴刀～在腰间。” ⓬ 女阴。元佚名《错立身》二出：“相公若知道，打你娘个本。妇人剜了～，舍人割了卵。” ⓭ 表示否定。不。宋欧阳修《渔家傲》：“晴川祓禊归未晚，况是踏青来处远，犹不倦，秋千～闭深庭院。”张元幹《念奴娇》：“浩荡今夕风烟，人间天上，～似寻常月。”清《醒世姻缘传》六八回：“他是嫁出去的人。你好哩，认他是姐姐；你要不好哩，～认他是姐姐，别叫他上门。” ⓮ 表示禁止。不要。敦煌词《失调名・三嘱歌》：“莫听邻里外人言，便即恶发～开口。”《元曲选・㑳梅香》一折：“只恐怕老夫人知道无干净，～引逗出半点儿风声。”清《红楼梦》二一回：“你～走，我有话给你说呢。” ⓯ 表示揣测。莫非。清《红楼梦》七一回：“鸳鸯笑道：‘～又是受了谁的气不成？’” ⓰ 感到局促。别，通“憋”。清《醒世姻缘传》五六回：“在婆婆家又行动不的，来到娘家又不教他动弹，你～死他罢！” ⓱ 不丰满。别，通“瘪”。明《西游记》二七回：“颧骨望上翘，嘴唇往下～。” ⓲ 语气副词。别，通“并”。《元典章・刑部十一》：“原情盖为饥贫，兼所盗神衣～非常用之物，若比章万一盗东岳庙黄绢字幡例免刺。缘事干通例，咨请照详。”

【别白】 bié bái 分辨；辩驳。唐颜真卿《朝议大夫徐府君神道碑铭》：“无何，或讼冤于执事者，召公问状，则他判官之为也。宋欲～旌公，公曰：‘仆虽不才，岂可藉人之过以为己功乎？’”《元典章・吏部六》：“监察御史分守省部寺监，刷磨诸司案牍，纠察官吏非违，～利害，举刺贤否。”清《醒世姻缘传》九回：“晁大舍自己心里也明知出去的原非和尚，小珍哥是瞎神捣鬼捕影捉风的。但一来不敢～那珍哥，二来只道那计氏是降怕了的。”

【别般】 bié bān 犹“别样❶”。宋朱敦儒《水调歌头》：“中秋

一轮月,只和旧青冥。都缘人意,须道今夕～明。"金海陵王《见几间有岩桂植瓶中索笔赋》:"绿叶枝头金缕装,秋深自有～香。"清林蕙堂《中吕粉蝶儿》:"为苍生打动嗟呀,何曾有～牵挂?"

【别变】 bié biàn ❶同"别辨"。宋苏轼《议学校贡举札子》:"总欲今法得所行之实,不必～而论自明确。"明唐顺之《武编》前集卷三:"或军行未止,营舍未定,行列未立,必先巡警八面,断敌来道,以防卒然之冲突,皆临时～,错综八阵而用之。" ❷打发;处治。明《金瓶梅词话》一一回:"有时道没时道,没的把俺娘儿两个～了罢!"又四一回:"好姐姐对汉子说,把我～了罢!" ❸违拗;别扭。清《醒世姻缘传》五六回:"千亏万亏,亏不尽寻了这个人,只怕也还可以活得几年。若不是这等体贴,就生生的叫人～死了。"又六九回:"我待来随着社里烧烧香,他合他老子拧成一股,～着不叫我来。"

【别辨】 bié biàn 分辨;辨别。元周文质《斗鹌鹑·自悟》:"指鹿做马,唤凤做鸡,葫芦今后大家提,想谁～个是和非。"张国宾《薛仁贵》一折:"我与你定夺个功罪,～个实虚。"

【别个】 bié gè ❶别的。指物。《元曲选外编·西厢记》五本三折:"休说～,只俺这一套衣服也冲动他。"明《老乞大谚解》卷下:"～不要,只要深青织金胸背缎子。"《古今小说》卷四〇:"题目摆布沈錬不了,只有白莲教通虏一事,圣上所最怒。" ❷别人。宋辛弃疾《眼儿媚·妓》:"相逢比著年时节,顾意又争些。来朝去也,莫因～,忘了人咱!"明《醒世恒言》卷一九:"就是汝等,还喜得遇我,所以尚在,逢着～,死去几时了。"有时可加"的"。元关汉卿《调风月》二折:"你养着～的,看我如奴婢。"明《老乞大谚解》卷上:"留一个看房子,～的牵马去来。"

【别更】 bié gēng 另外。《祖堂集》卷一一《保福和尚》:"僧问:'至理幽微,如何得到?'师云:'～梦见作什摩?'"《太平广记》卷九一引《冥报录》:"即摩四壁而以写经,又取方石,～摩写,藏诸室内。"宋姜特立《声声慢·岩桂》:"满额涂黄,～一种施丹。"

【别号】 bié hào 正式名称之外的称呼。唐因亮《颜鲁公集行状》:"公姓颜,名真卿,字清臣,小名羡门子,～应方。"《太平广记》卷四六引《洽闻记》:"鳄鱼～忽雷。"元王恽《浑源刘氏世德碑》:"(刘)祁弟郁字文季,～归愚,亦名士。"

【别划】 bié huà 即"刮划❶"。明康海《梧桐树·离恨》:"想当初同行同坐同欢爱,到如今孤另另怎～。"

【别脚】 bié jiǎo 漏洞。清《醒世姻缘传》四六回:"只这他自己的状上好些～,'一字入公门,九牛拔不出'哩!"

【别敬】 bié jìng ❶作为礼品的钱物。清《醒世姻缘传》一四回:"自己到四衙里辞了典史,送了十两～,托那典史看顾。"《儒林外史》六回:"将衣裳和银子收好,又细问浑家,知道和儿子们都得了他些～,这是单留与大老官的。" ❷称饯别的酒资。明《型世言》二三回:"到会钞时,朱恺拿出银子,道:'这番作我～,回时扰列兄罢。'"

【别来】 bié lái 另外。明《醒世恒言》卷三七:"眼见得这座祖宅,还值万数银子,怎又要舍作道院,～募化黄金,兴铸仙像?"

【别路】 bié lù 外乡。明《二刻拍案惊奇》卷一一:"他是～来的,与他做下了事,打点怎的?"

【别人】 bié rén ❶其他人;另外的人。唐[日]圆仁《入唐求法巡礼行记》卷四:"两军中尉不肯,仍奏云:'差～去即得,然赵归真求仙之长,不合自去。'"宋《朱子语类》卷八:"不理会自身己,说甚～长短!"元贯云石《孝经直解》二:"存着自家爱父母的心呵,也不肯将～来小看有。" ❷外人。指非亲属、非知交。唐王梵志《有钱不造福》:"奴婢换曹主,马即～骑。"明《金瓶梅词话》二五

回:"三娘在这里,也不是～。"

【别认】 bié rèn 分辨;辨认。五代齐己《贺孙支使郎中迁居》:"～公侯礼上才,筑金何啻旧燕台。"宋《朱子语类》卷五九:"若此心放而不存,一向反复颠错了,如何～得善恶?"明何良臣《阵纪》卷二:"古者旌旗旛帜,幢葆旌旗,不过束武司方,使士卒～本部之进退,为分合之指麾耳。"

【别是】 bié shì ❶另是;另有。五代李煜《乌夜啼》:"剪不断,理还乱,是离愁,一番滋味在心头。"宋文莹《湘山野录》卷中引吴歌:"你辈见侬底欢喜,～一般滋味子。"明《醒世恒言》卷三:"银匠是小辈,眼孔极浅,见了许多银子,～一番面目。" ❷别样;特殊。宋柳永《尉迟杯》:"困极欢馀,芙蓉帐暖,～恼人情味。"苏轼《荷华媚·荷花》:"霞苞电荷碧,天然地、～风流标格。"元张可久《寨儿令·闺怨》之一:"雕鞍去了才郎,画堂～风光。" ❸莫非是。清《红楼梦》四一回:"常听见富贵人家有种穿衣镜,这～我在镜子里头吗?"△《儿女英雄传》三八回:"你老人家～把我那件抓了去穿上了罢?"

【别说】 bié shuō 表示让步,与"就是""便是"等呼应。清《醒世姻缘传》六四回:"～狄大嫂是个快性人受不的这们顿碫,就是我也受不的。"《红楼梦》五五回:"～庶出,便是我们的丫头,比别人家的小姐还强呢。"

【别样】 bié yàng ❶异样;特别。宋晏殊《瑞鹧鸪》:"何时驿使西归,寄与相思客,一枝新,报道江南～春。"金《刘知远诸宫调》二:"打扮身份～,生得敛道邹搜。"明王九思《八声甘州·闺情》:"心撩乱,心撩乱,可不道都是～乾坤。" ❷其他的;另外的。元明《水浒传》四九回:"若不去劫牢,～也救他不得。"明《朴通事谚解》卷上:"着甚么铁头打? 不要～铁,着镔铁打。"清《红楼梦》五回:"不过皆是宁、荣二府女眷家宴小集,并无～新文趣事可记。"

【别要】 bié yào ❶表示禁戒。不要。明《朴通事谚解》卷下:"相公道的正好正好,～盖甚么房子。不要盖,尽勾也。"《金瓶梅词话》二三回:"你～管他,丢着罢。"清《红楼梦》四二回:"也～怪老太太,都是刘姥姥一句话。" ❷表示揣测。莫非。清《醒世姻缘传》四五回:"这媳妇儿有些不调贴,～叫那姑子说着了?" ❸表示让步。清《醒世姻缘传》五三回:"～说这寡妇,就是铜头铁脑、虎眼金睛,也当不起这八卦炉中的煅炼。"又八九回:"你要出去合他男女混杂斗一斗口,～说狄大哥回来不好相见,就是旁人也说你不是。"

【别馀】 bié yú 其他。《敦煌变文校注》卷四《太子成道经》:"歌舞不缘～事,伏愿大王乞个儿。"宋唐慎微《证类本草》卷一九:"按鵁如鹩,嘴长色苍,在泥涂间作鵁鵁声,人取食之如鹩,无～功。"

【别致】 bié zhì 有特色;不同一般。清李渔《闲情偶寄》卷三:"惟近制弹墨裙,颇饶～。"弘历《秋日剪园蔬赐大学士蒋溥等为十蔬图以进》:"谱创十蔬多～,豆棚瓠架入新词。"《红楼梦》一回:"历来野史,皆蹈一辙,莫如我这不借此套者,反倒新奇～。"

【别转】 bié zhuǎn 背转;扭转。元明《水浒传》二一回:"见那宋江低着头不做声,女儿也～着脸弄裙子。"明《醒世恒言》卷一五:"又恐师父认出,到把头儿～伏在地上。"清《儒林外史》四回:"说着,恐怕有人听见,把头～来望着门外。"

biè

【别强】 biè jiàng 倔强执拗。明《拍案惊奇》卷一七:"你爹

死了,我只看得你一个,你何苦凡事与我～?"

【别拗】 biè niù　别扭;违拗。元明《水浒传》九二回:"居民见两个是军士,那敢与他～。"

【别棋】 biè qí　即"鳖棋"。清《醒世姻缘传》五四回:"又教给狄希陈看骨牌,下～。"又七七回:"如闷的慌了,合娘坐着说话儿消闲,或与小婶儿看牌,下～,挦子儿。"

【别气】 biè qì　赌气。宋元《古今小说》卷三九:"因与哥哥汪孚酒中争论一句闲话,别口气只身径走出门。"明《拍案惊奇》卷二六:"小的妻子向来与小的争竞口舌,～归家的。"清《医宗金鉴》卷一六:"不饮如与人,至二三日汤水不沾唇之类,肺失游溢精气,故脉濡而唇口干燥也。"

【癍气】 biè qì　同"别气"。明《古今小说》卷二:"梁尚宾一向夫妻无缘,到此说了尽头话,癍一口气,真个就写了离书,手印付与田氏。"

bīn

【宾白】 bīn bái　戏曲的说白。明沈德符《万历野获编》卷二五:"至于走雨、错认、拜月诸折,俱问答往来,不用～,固为高手。"清毛奇龄《西河词话》卷二:"末泥主男唱,旦儿主女唱,他若杂色入场,第有白而无唱,谓之～。"

【宾次】 bīn cì　客席;客座。《大唐开元礼》卷一四二:"葬有期,前一日之夕,掌事者除苇障,备启奠,设～于大门外合南向。"五代孙光宪《北梦琐言》卷四:"唐吴融侍郎策名后,曾依相国太尉韦公昭度,以文笔受知。……曰:'某幸得齿在～,唯以文字受眷,虽愧荒拙,敢不著功。'"《宋史·杨巨源传》:"语毕,轹起,巨源送之～。"

【宾伏】 bīn fú　敬重;钦服。宋司马光《上英宗乞戒边城阔略细故》:"如此而望戎狄～,疆场无虞,是犹添薪扇火而求汤之沸也。"元佚名《粉蝶儿》:"停头的和顺做妻夫,则要你休争竞,厮～。"《元曲选·丽春堂》三折:"则要你抚恤军卒,爱惜民户,兄弟和睦,伴当～。"

【宾服】 bīn fú　同"宾伏"。宋田锡《上太宗答诏论边事》:"待彼羸弱,因势取之;候其～,以德绥之。"清《红楼梦》八四回:"那给人家做了媳妇儿,怎么叫公婆不疼,家里上上下下的不～呢?"

【宾家】 bīn jiā　客人。唐《临济禅师语录》:"师曰:'～有过,主家有过?'曰:'二俱有过。'师曰:'过在甚处?'"《祖堂集》卷六《洞山和尚》:"云门拈问西峰:洞山前语道'将来与你刮',～第二机来,为什摩道不刮?"

【宾天】 bīn tiān　帝王死亡的讳词。后也用于一般人。《唐中宗神龙元年享太庙乐章》:"监国方永,～不归。"宋周密《齐东野语》卷一七:"明年秋,度宗～。"清《红楼梦》六三回:"正顽笑不绝,忽见东府中几个人慌慌张张跑来说:'老爷～了!'"

【宾相】 bīn xiàng　同"傧相"。宋戴侗《六书故》卷一四"摈"字下:"古通作'宾',又为～之宾,赞相宾客也。"明徐霖《绣襦记》四一出:"〔外上〕宦途骨肉喜相逢,花烛筵开喜气浓。……就请乐驿丞作～赞礼。"清李渔《怜香伴》三六出:"小子生来做～,走尽朱门并陌巷。不见二女嫁一郎。嗳!何曾撤过这般帐。"

【傧相】 bīn xiàng　司仪;赞礼人。《太平广记》卷二五六引《云溪友议》:"唐陆畅,云阳公主出降都尉刘氏,朝士举为～。"明沈德符《万历野获编》卷二三:"又金元胡俗,凡掌礼～,亦称山人,

见杂剧中。"

bìn

【摈兑】 bìn duì　抵换(性命)。明《金瓶梅词话》二四回:"我破着这命～了你,也不差甚么!"又二六回:"他若不依,我拚着这命～在他手里也不差什么!"

【鬓脚】 bìn jiǎo　鬓角;耳前长发部位或该部位长出的头发。五代韦庄《秦妇吟》:"凤侧鸾敧～斜,红攒翠敛眉心折。"元乔吉《折桂令·秋日与高敬臣胡善甫辈饮湖楼即事》:"杯影涵秋,歌声送晚,～生寒。"明冯惟敏《仙子步蟾宫·剪发》:"耳轮儿提防着汤抹,～儿休当作打耍。"

【鬓嘴】 bìn zuǐ　鬓角。明《金瓶梅词话》一四回:"玉楼在席上看见金莲艳抹浓妆,～边撒着一根金寿字簪儿。"

bīng

【并刀】 bīng dāo　古并州(今河北保定与山西太原一带)所产剪刀,以锋利著称。宋郭祥正《奉和运判吴翼道题石室》:"长丝千结盘雕梅,簌簌～脍赪鲤。"明《二刻拍案惊奇》卷一四:"好将鬓发付～,只恐经时失俊髦。"

【冰床】 bīng chuáng　一种冰上交通运输工具,类似雪橇。明刘侗、于弈正《帝京景物略》卷一:"冬水坚冻,一人挽木小兜,驱如衢,曰～。"清《红楼梦》五六回:"当差之人,关门闭户,起早睡晚,大雨大雪,姑娘们出入,抬轿子,撑船,拉～,一应粗糙活计,都是他们的差使。"

【冰光细丝】 bīng guāng xì sī　雪白光亮有细纹的上等银子。清《醒世姻缘传》六回:"与你～二十九两,天平兑己你。"

【冰棱】 bīng léng　即"冰凌"。《海录碎事》卷八上引唐段成式诗:"高谈敬风鉴,古貌怯～。"明陈全《叨叨令·病疟自嘲》:"冷时节冷的在～上卧,热时节热的在蒸笼里坐。"

【冰凌】 bīng líng　冰。唐孟郊《戏赠无本》之一:"瘦僧卧～,嘲咏含金痍。"元佚名《红绣鞋》:"也不索下钳锤,对我吃半碗带～的凉酪水。"明《西游记》四八回:"你不曾走过～,不晓得,凡是冰冻之上,必有凌眼。"

【冰溜】 bīng liù　滴水凝成的冰条。宋王禹偁《堂前井》:"一杯～满,六月火云生。"明李东阳《次丹山屠都宪韵》:"碧树春阴高比盖,玉堂～大于橼。"清厉鹗《摸鱼儿·尘梅追和元人颜吟竹》:"恐疏朵横陈,探春多误,更与洒～。"

【冰轮】 bīng lún　指月亮。唐朱庆馀《十六夜月》:"昨夜忽已过,～始觉亏。"宋黄庭坚《减字木兰花》:"清光无外,白发老人心自会。何处歌楼,贪看～不转头。"元明《水浒传》二回:"～展出三千里,玉兔平吞四百州。"

【冰媒】 bīng méi　媒人。明汤显祖《紫箫记》一三出:"待十郎过了门,重开凤烛宴。"清《聊斋志异·素秋》:"不数日,～相属,卒无所可。"

【冰盘】 bīng pán　❶装碎冰以镇瓜果的大盘。唐韩偓《雨后月中玉堂闲坐》:"绿香熨齿～果,清冷侵肌水殿风。"明《朴通事谚解》卷上:"那～上放一块冰,杏儿樱桃诸般鲜果浸在～里,好生好看。"《金瓶梅词话》二九回:"有梅汤提一壶来,放在这～内湃着。"❷喻明月。宋李流谦《点绛唇·德茂生朝作》:"一剪秋光,

阿谁洗得无纤泽。～彻底,人也清如此。"元曾瑞《哨遍·古镜》:"素魄团圆照满天,似银汉～转。"元明《水浒传》二回:"～如昼,赏玩正宜人。"

【冰人】 bīng rén 媒人。晋令狐策梦立冰上与冰下人语,索纨谓当作媒人(见《晋书·索纨传》),故称。《五百家播芳大全文粹》卷八六引宋吴与吉《送定书》:"深愿贪缘,预告休于月老;成兹佳会,爰有兆于～。"元周文质《蝶恋花·悟迷》:"蓝桥路千里烟波,桃源洞百结藤萝。细寻思—颇可,好前程等闲差错。"明孟称舜《娇红记》一九出:"谢你～成眷爱,光光帽,喜满腮。"

【冰澌】 bīng sī 冰凌。宋欧阳修《冬夕小斋联句寄梅圣俞》:"破砚裂～,败席荐霜笥。"张元幹《夜游宫》:"半吐寒梅未拆,双鱼洗,～初结。"金《董解元西厢记》卷一:"小春寒尚浅,前岭早梅应绽,玉壶一夜,积渐里～生满。"

【冰台】 bīng tái 对媒人的尊称。清《歧路灯》六八回:"上年郭寅伯,如今在部里升了郎中,原是舍弟的～。"又九○回:"昨日我到他学堂,座右贴个红签儿,写着'大～梅翁老表叔老先生大人尊前'。"

【冰纹】 bīng wén ❶ 冰上纹路。唐昌温《冬夜即事》:"风吹雪片似花落,月照～如镜破。"宋杨时《冬晓》:"洗砚～破,凭炉火色春。" ❷ "仌"(古文"冰"字)状花纹。唐罗邺《白角簟》:"高价不唯标越绝,～疑似卧潇湘。"宋程垓《西江月》:"阴阴庭户薰风满,～簟怯菱芽。" ❸ 犹"冰光细丝"。清《歧路灯》五三回:"张绳祖拿过银子一看,俱是～。"

【冰雪堂】 bīng xuě táng 指破陋的屋子。《元曲选·合汗衫》三折:"到晚来可便不敢番身,拳成一块。天那,天那! 则俺两口儿受～地狱灾。"《元曲选外编·金凤钗》三折:"将一座～翻做敬宾宅,也有春风和气画堂开。"

【冰言】 bīng yán 媒人的话。明《禅真后史》八回:"仆荐～,俯成姻娅。倘蒙不弃,乞赐星期。"清李渔《奈何天》三出:"山鸡与凤凰,雏时难预晓。一旦惑～,终身误窈窕。"

【冰窨】 bīng yìn 冰窖。元明《水浒传》二五回:"那西门庆听了这话,却似提在～子里。"明《醋葫芦》五回:"不觉过了三五六日,忽然～的冷了,不见说起。"

【冰语】 bīng yǔ 犹"冰言"。清《广西通志》卷八八:"氏夫(矢)志养母,终不适人,至老而卒。后蒋壁明赞曰:'不容～说良人,固守香闺一点贞。'"△陈裴之《香畹楼忆语》:"闻姬父屡言姬雅意属余,情传～,因先访余于丁帘水榭。"

【冰箸】 bīng zhù 即"冰溜"。五代王仁裕《开元天宝遗事·冰箸》:"冬至日大雪,……所结檐溜皆为冰条。妃子使侍儿敲下二条看玩。帝自晚朝视政回,问妃子曰:'所玩何物耶?'妃子笑而答曰:'妾所玩者,～也。'"宋黄及行《贺新郎·～》:"参差向晓森如削,似吴姬、妆残粉指,向人垂著。"元曹文晦《四时宫词·冬》:"邻娃取～,道是玉搔头。"

【兵房】 bīng fáng ❶ 唐宋时中书门下下属机构,协助宰相处理兵部文案。《新唐书·百官志一》:"开元中,又改政事堂曰中书门下,列五房于其后:一曰吏房,二曰枢机房,三曰～,四曰户房,五曰刑礼房。" ❷ 明清时州县所属部门之一,掌兵事。明《二刻拍案惊奇》卷四:"即忙唤～金牌出去,调取一卫兵来,有三百余人。"清《儒林外史》四三回:"这汤镇台接了批禀,即刻差人把府里～书办叫了来。"

【兵级】 bīng jí 宋元时士兵和低级军官的合称。宋王明清《玉照新志》卷三:"(朱勔)占官舟～月费钱粮,供其私用。"《宋史·河渠志七》:"自胥吏、壕寨、～等,皆能恐喝入户。"《元史·选

举志一》:"诸巡铺官及～不得喧扰。"

【兵健】 bīng jiàn 士兵。《宋会要辑稿·职官六四》:"(李)溥为江浙发运使,私役～为姻家吏部侍郎林持起宅。"明《醋葫芦》一二回:"勾人便是无常,～定是猛汉。"

【兵快】 bīng kuài 士兵或缉捕衙役。明张瓒《东征纪录》:"二十五日,遣指挥刘忠率合州、江津等处～千三百人为先哨。"汤显祖《南柯记》三一出:"～们,拿周弁监了!"清《隋唐演义》四二回:"这些～听见官府叫他进去拿人,巴不能够。"

【兵牌】 bīng pái ❶ 担任巡夜、传令等事务的士兵。明《金瓶梅词话》九三回:"这陈经济打了回梆子,打发当夜的～过去。"清蒋士铨《桂林霜》:"禀老爷,～驿马俱到门外。" ❷ 调遣兵卒的凭证。清孔尚任《桃花扇》三四出:"今奉江防兵部尚书阮老爷～,调俺驻扎坂矶,堵截左寇。"《野叟曝言》五七回:"府县是官到来,呈递手本、文书、解批,～并诸般刑法,把人犯解将进去。"

【兵职】 bīng zhí 武职。宋《三朝北盟会编》卷二○一:"太守龙学、陈规,倅汪若海,洎一官吏,门首迎逆。"清《续通志·愍帝应顺一年》:"愍帝即位,朱弘昭、冯赟用事,乃罢重吉～。"朱轼《史传三编·名臣传·赵汝愚》:"帝喜,诏今内侍不得兼～。"

bǐng

【丙丁】 bǐng dīng ❶ 指火。古人以十干与五行相配,丙丁属火,故称。宋李光《与胡邦衡书》:"取平生朋友书问,悉付～。"元明《水浒传》四一回:"～神忿怒,踏翻回禄火车。"清《绿野仙踪》八十回本三回:"已被陶大人付诸～,你从何处领起?" ❷ 指火神。宋朱敦儒《清平乐》:"画个～帖子,前阶后院求晴。"《景德传灯录》卷一七《志圆禅师》:"玄则问:'如何是佛?'师曰:'～童子来求火。'"

【柄靶】 bǐng bǎ 把柄,比喻证据或依据。宋晁端礼《柳初新》:"些儿～天来大,闷损也,不知么?"《朱子语类》卷一五:"孟子论四端,便各自有个～,仁义礼智皆有头绪可寻。"

【柄欛】 bǐng bà 即"柄靶"。宋《朱子语类》卷四○:"点操得～,据著源头;诸子则从支派上做工夫。"

【柄国】 bǐng guó 执掌国政。唐孙棨《北里志·俞洛真》:"于公～时,颇用事。"宋周密《齐东野语》卷一九:"贾师宪～日,尝梦金紫人相迎逢。"清《十二楼·奉先楼》一回:"就像当权～,不曾杀害忠良,清夜扪心,亦可以不生惭悔。"

【秉赋】 bǐng fù 同"禀赋"。元刘秉忠《感事》:"万物茫茫体一如,只争～有精粗。"清《红楼梦》六四回:"因宝玉素昔～柔弱,虽暑月不敢用冰。"

【秉墙】 bǐng qiáng 即"屏墙"。元孟汉卿《魔合罗》三折:"我慢慢的过两廊,他遥遥的映～。"

【饼餤】 bǐng dàn 犹"饼锭"。唐苏鹗《杜阳杂编》卷下:"上赐酒一百斛,～三十骆驼。"宋陆游《老学庵笔记》卷一:"蜀人爨薪,皆短而粗,束缚齐密,状如大～。"

【饼锭】 bǐng dìng 糕饼。锭,糕名,状如银锭。明《西游记》六九回:"斗糖龙缠列狮仙,～拖炉摆凤侣。"《金瓶梅词话》五八回:"你去对兰香说,还有两个～,教他拿与你来。"

【饼馓】 bǐng sǎn 犹"饼锭"。馓,参见"馓子"。宋元《清平山堂话本·刎颈鸳鸯会》:"平旦,买两盒～,雇顶轿儿,送母回了。"元明《水浒传》二四回:"取些银子与武大,教买～茶果请邻舍吃茶。"

【饼师】　bǐng shī　以做饼为职业的人。《祖堂集》卷五《龙潭和尚》："在俗之时,世业作～。"宋蔡絛《铁围山丛谈》卷六:"汉宣帝在仄微,有售饼之异,……而关中～每图宣帝像于肆中,今殆成俗。"

【饼餷】　bǐng zhě　一种糕点。明《朴通事谚解》卷下:"软肉薄饼,～,煎饼。"谚解:"～,《质问》云:将绿豆粉掺和粘谷米,着水浸湿,用石磨磨细,杓儿盛在锅内,一撮一撮,煎熟而食。"

【禀白】　bǐng bái　向尊长报告。宋文莹《玉壶清话》卷一:"吏之～者,虽剧暑,不冠不与见。"元陶宗仪《辍耕录》卷二:"省台院官议不可行,宛转～。"明《金瓶梅词话》一八回:"管家翟爷请出来,小人见见,有事～。"

【禀报】　bǐng bào　犹"禀白"。宋周必大《同宰执答史少傅》:"某昨蒙钧翰,即已附递～,何为未达?"元明《三国演义》五六回:"周瑜大笑曰:'原来今番也中了吾计!'便教鲁肃～吴侯。"清《红楼梦》八六回:"仵作～说:'前日验得张三尸身无伤。'"

【禀单】　bǐng dān　百姓或下级向官府呈递的文书。清《情梦柝》一二回:"尤汝锡差人打听,晓得审文惊走,故意到县递一个催审～。"《疗妒缘》七回:"要夫人出一～,用老爷一个名帖,众人情愿动呈保出。"

【禀复】　bǐng fù　犹"禀白"。《续资治通鉴长编》卷一六〇:"所司既被受,其有不可奉行者,又须～。"元明《水浒传》三三回:"那亲随人被人赶出寨门,急急归来,～花荣知道。"

【禀赋】　bǐng fù　人的体魄与智力素质。宋沈括《梦溪笔谈》卷九:"夏文庄性豪侈,～异于人,才睡即身冷而僵。"元苏天爵《故真定路儒学教授节轩狄先生墓碣铭》:"先生～既异,用力清苦,问学高出时辈。"明徐咸《徐襄阳西园杂记》卷上:"尝闻上古之人,率以百二十岁为上寿,虽其～之厚,亦由修养而得。"

【禀覆】　bǐng fù　犹"禀白"。《续资治通鉴长编》卷二二〇:"伏乞陛下特赐诚励检正官等,每有定夺文字,须是遍行～。"明《古今小说》卷二九:"那老道人连忙走去长老禅房里法座下,～长老。"

【禀见】　bǐng jiàn　晋见上级或尊长。明《二刻拍案惊奇》卷四:"旧治下云南贡生张寅,～。"《大清会典则例》卷六八:"学政更衣升堂,守门吏启门,各官吏师生序进,逐起～。"

【禀墙】　bǐng qiáng　即"屏墙"。《元曲选·勘头巾》二折:"张鼎行至～边,见一个待报的囚人,称冤叫屈。"

【禀帖】　bǐng tiě　卑幼向尊长、百姓或下级向官府呈递的文书。明《西洋记》四九回:"彼此见我的祖师的班辈,往来具一个柬帖;下一辈的往来,具一个～。"清《儒林外史》二四回:"因把这些话,又写了一个～,禀按察使。"

bìng

【并】　bìng　❶似;如;像。唐元稹《酬乐天东南行一百韵》:"是非浑～漆,词讼敢研朱。"宋丘崈《谒金门·为韩漕无咎寿》:"照眼冰壶寒～玉,赐衣便雾縠。"❷比;比较。唐方干《上张舍人》:"海内芳声谁可～,承家三代相门深。"宋彭乘《墨客挥犀》卷九:"彼乃苑中狮子,吾曹员外郎耳,安可～耶?'"元郑光祖《周公摄政》一折:"配三才天地人,明三光日月星,百姓将与时甘雨把君恩～。"❸拼;拼斗。元张可久《寨儿令·妓怨》:"缘分薄,是非多,展旗幡硬～倒十数合。"《七国春秋平话》卷下:"燕齐二国相～,你来助燕,为我所捉。"明《醒世恒言》卷一六:"若不还时,与你

～个死活。"❹逼;逼迫。《元曲选·东堂老》一折:"先气得个娘命夭,后～的你那爷死了。"又《陈州粜米》一折:"则这官吏知情,外合里应,将穷民～。"❺副词。a)表范围,相当于"全""都"。宋黄冀之《南烬纪闻》:"自信县到徐村二百里,～无人烟。"元明《水浒传》五回:"～听大哥言语,兄弟再不敢登门。"b)用在否定词前,加强否定语气,相当于"决""绝"。《敦煌变文校注》卷一《汉将王陵变》:"前后修书招儿,儿～不信。"《元曲选外编·剪发待宾》一折:"母亲严教,～不敢吃酒。"《武王伐纣平话》卷中:"纣王依奏,令出榜于朝门外,～不得杀害狐狸。"❻连词。与;并;和。元《七国春秋平话》卷上:"刘元献大败,～柳金龙引兵走入齐城。"明《醒世恒言》卷二七:"将昨日邻家说话～夜来玉英上吊事说与。"

【并比】　bìng bǐ　❶犹"比并❷"。《元曲选外编·渑池会》四折:"秦昭公乃虎狼之国,雄兵百万,战将千员,廉将军难以～。"❷犹"比并❹"。明杜大成《新水令·桃柳争春》:"你两个何须～,我与你判断了是非头。"清《飞龙全传》六〇回:"此花乃临寒独放,幽香洁白,不与凡流～芳妍。"

【并除】　bìng chú　清除。并,本作"併",通"屏(bǐng)",除去。《敦煌变文校注》卷五《佛说观弥勒菩萨讲经文》:"见于六道受苦众生,欲～地狱,不要畜生,咸使出离。"宋郭印《治园》:"满地叶狼籍,草木方不芳。儿童力～,百卉俨成行。"明文洪《病目》:"～青白障,宁计晦明催。"

【并迭】　bìng dié　同"并叠"。明《古今小说》卷八:"只得～几件破家火,变卖盘缠。"

【并叠】　bìng dié　收拾;整理。宋宗杲《宗门武库》:"正值雪寒,省诃骂驱逐,以至将水泼旦过,衣服皆湿。其他僧皆怒而去,惟远、怀～敷具,整衣,复坐于旦过中。"《五代史平话·周上》:"那常氏带取这个孩儿,年幼无依,未免～了家财,……投奔着常武安家里收留,同共作活。"明《二刻拍案惊奇》卷三三:"这尸首在床,血痕狼籍,……若要～过,一时怎能干净得?"

【并工】　bìng gōng　集中人力抓紧时间完成(某事)。宋《三朝北盟会编》卷二三:"一乞人马甲,令委州县取改碎旧甲～联缉,无虑日成数百领,旬月之间则足用。"元王鹗《汝南遗事》卷二:"上以器甲不完,诏～修缮。"元明《三国演义》六一回:"便差军数万筑濡须坞,晓夜～,刻期告竣。"

【并火】　bìng huǒ　即"火并"。元明《水浒传》一九回回目:"林冲水寨大～,晁盖梁山小夺泊。"

【并皆】　bìng jiē　全都。《敦煌变文校注》卷一《伍子胥变文》:"其粟还呆被蒸,入土～不生。"《旧唐书·文宗纪》:"辛丑,大风,含元殿四鸱吻～落。"清《聊斋志异·大力将军》:"少间登堂,则卷帘者、移座者,～少姬。"

【并且】　bìng qiě　❶副词。全都。唐韩愈《论天旱人饥状》:"伏乞特敕京兆府,应今年税钱及草粟等,在百姓腹内征未得者,～停征。"宋欧阳修《论均税札子》:"其餘生立税数及远年虚数,却与放免,及未均地分,～罢均。"❷连词。表示递进。明谢肇淛《五杂组》卷一四:"而少时受业之师,富贵之日非但忘其恩,～忘其人矣。"清《儒林外史》六回:"赵氏此番的哭泣,不但比不得哭大娘,～比不得哭二爷,直哭得眼泪都哭不出来。"《红楼梦》八四回:"宝玉说亲,却也是年纪了,～老太太常说起。"

【并然】　bìng rán　断然;全然。《元曲选·窦娥冤》一折:"婆婆,你要招你自招,我～不要女婿!"元明《水浒传》二六回:"小人～不知前后因地。"

【并日】　bìng rì　❶同一日。宋宋庠《贤良等科廷试设次札子》:"使天子制策之士,(与武举)～较能,此又国体之深讥者也。"

胡宿《宋垂范可著作佐郎王尧臣杜松张知常并可大理寺丞王景华可卫尉寺丞制》："～美迁,尚期来效。" ❷连日。元姚燧《皇太后尊号玉册文》："旋闻国恤,～驰赴。"明《古今小说》卷一八："也有放下人头账目,与随童分头～催讨。"

【并杀】 bìng shā 拼杀。元明《水浒传》四八回："宋江听罢,进兵夹攻,夺路奔出村口～。"明《英烈传》一三回："邓愈等催兵～,蛮子海牙大败。"

【并头】 bìng tóu 一起。《祖堂集》卷四《招提和尚》："师曰:'你来去为阿谁?'对曰:'替渠东西。'师曰:'何不教伊～行?'"

【并总】 bìng zǒng 全都。《敦煌变文校注》卷一《伍子胥变文》："吴之战士～平安。"《敦煌愿文集·儿郎伟》："乡官鬼恐吓合郡,百姓～称怨。"《祖堂集》卷一《释迦牟尼佛》："菩萨为平等故,～受之。"

【病】 bìng 赛过。《大宋宣和遗事》前集："赛关索王雄,～尉迟孙立。"宋元《古今小说》卷三六："这汉走得楼阁没赛,起个浑名,唤做～猫儿。"

【病包儿】 bìng bāo er 指多病的人。清《红楼梦》一〇一回："奶奶跟前尽着身子累的成了个～了,这是何苦来呢!"

【病疢】 bìng chèn 疾病。疢,烦热。宋王迈《诸门生祭真大参西山先生文》："天日清明,甫及闻政。筋力未衰,乃婴～。"明王九思《新水令》："想人生第一无～,富贵何须论。"

【病坊】 bìng fāng 即"悲田院"。《太平广记》卷九五引《纪闻》："眆于陕城中,选空旷地造龙光寺,又建～,常养病者数百人。"《旧唐书·黄巢传》："各于两市出僦万计,佣雇负贩屠沽之穷人,以为战士。"明于慎行《榖山笔麈》卷四："唐时,禁京城丐者,分置～于诸寺以廪之,亦谓之悲田院。"

【病根】 bìng gēn ❶疾病的根源与来由。唐白居易《病气》："若问～深与浅,此身应与病齐生。"明王守仁《传习录》卷中："病痤之人,疟虽未发,而～自在。"《西游记》六九回："即取净桶,连行了三五次,……内有糯米饭块一团。妃子近龙床前来报:'～都下来也。'" ❷积年的旧病。唐吴融《端居》："片雨度前汀,端居枕簟清。～随暑退,诗思傍凉生。"宋陆游《散怀》："习气尚存诗入梦,～未去药关心。"清《红楼梦》七回："小小的年纪,到作下了个～儿。" ❸比喻事故的原因。唐白居易《与济法师书》："故为阐提说十善法,为小乘说四谛法,……皆对～,救以良药。"宋《朱子语类》卷一一四："(读书)常苦于粗率,无精察之功,不知～何在?"明袁了凡《了凡四训·改过之法》："前日怒骂,今戒不怒,此就其事而改之者也。强制于外,其难百倍,且～终在,东灭西生。"清孔尚任《桃花扇》一七出："大家是一样～:你们怕做师父,我们怕做徒弟的。"

【病患】 bìng huàn ❶染病;患病。《敦煌变文校注》卷五《父母恩重经讲经文(一)》："才见女男身～,早忧性命掩泉台。"宋宋慈《洗冤集录》卷二："凡有死尸肥壮无痕损,不黄瘦,不得作～死。"元《前汉书平话》卷上："太后～,一向沉重。" ❷疾病。唐张鷟《朝野佥载》卷一："遂取药和为杀鬼丸,有～者服之差。"《元曲选外编·绯衣梦》一折："我觑了你面颜,休忧愁染～。"元明《水浒传》二回："住了五七日,觉道母亲～痊了,王进收拾要行。"

【病体】 bìng tǐ ❶有病的身体。唐刘禹锡《秋中暑退赠乐天》："岁稔贫心泰,天凉～安。"元曾瑞《集贤宾·宫词》："伤心情脉脉,～困腾腾。"清《红楼梦》六四回："只见黛玉面向里歪着,恹恹,大有不胜之态。" ❷病症;疾病。《元曲选·来生债》楔子："小生～在身,不能施礼。"明《醒世恒言》卷二八："论起怎般太医,莫说数日内奏效,就一千日还看不出～。"清洪昇《长生殿》四九

出："妃子既许重逢,我～一些也没有了。"

【病痛】 bìng tòng ❶疾病;因病引起的痛苦。唐元稹《醉题东武》："～梅天发,亲情海岸疏。"宋元《清平山堂话本·花灯轿》："婆婆是这般健便好,倘有些～,何人伏侍你?"明《金瓶梅词话》七五回："你又常病儿痛儿的,不贪此事,随他去罢。" ❷喻缺点、错误。宋《朱子语类》卷一三五："伯夷圣之清,伊尹圣之任,柳下惠圣之和,都是个有～底圣人。"明谢肇淛《五杂组》卷七："章子厚日临《兰亭》一过,苏子瞻哂之,谓从门入者,终非家珍。……苏公一生～,亦政坐此。"《二刻拍案惊奇》卷四："其间说话虽是愤激,却句句透射着今时～。"

【病状】 bìng zhuàng 犹言病假条。元明《水浒传》二回："半月之前,已有～在官,患病未痊,不曾入衙门管事。"明《西游记》四四回："那些和尚,乃国王御赐,若放一二名,还要在师父处递了～,然后补个死状,才了得哩。"

bō

【波】 bō ❶逃;奔。唐张鷟《朝野佥载》卷六："商旅惊～,行纲侧胆。"宋元《清平山堂话本·花灯轿》："和尚都～了,去告长老。" ❷蜀语尊称老人。五代何光远《鉴诫录》卷二："蜀人呼老弱为～。"宋范成大《吴船录》卷上："仅行二十里,至王～宿。蜀中称尊老者为～,祖及外祖皆曰～。……此王～,盖王老或王翁也。"佚名《爱日斋丛钞》卷五："林谦之诗:'惊起何～理残梦。'自注:'述梦中所见何使君。蜀人以～呼之,犹丈人也。'" ❸助词。般;样。脉望馆本《任风子》一折："俺守着么合罗～好儿天可怜。"按,《元曲选》作"般"。明陈所闻《朝天子·席上咏拨不倒一名醉纪》："也不管疏亲,也不择富贫,似这～老儿善把年光混。" ❹语气助词。用法近于"吧"。a)用于祈使句。《元曲选外编·拜月亭》二折："父亲息怒,宽容瑞兰一步,付与他本人三两句言语呵,咱便行～。"又《调风月》二折："你又不吃饭也。睡～!"b)用于陈述句。《元曲选·度柳翠》二折："我不往这前街里去,则怕撞见那和尚,只后巷里去～。"清洪昇《长生殿》一〇出："客官,你一面吃酒,我一面告诉你～。"c)用于疑问句。《元曲选·合汗衫》三折："长街市上,有那等舍贫的财主～?救济俺老两口儿!"d)用在"好"等词语后,表示同意。《元曲选·陈州粜米》三折："好～好～。我跟将姐姐去,那里使唤老汉?" ❺句中衬字,无义。《元曲选·合汗衫》三折："那舍贫的～众檀樾,救苦的～观自在,肯与我做场儿功德散分儿斋!"《元曲选外编·刘弘嫁婢》一折："咱这人眼前贫～富,可则也是兀那枕上的这荣枯。" ❻不好。赖。明佚名《普天乐·风情》："恰便是孤鹤寒厮趁,似瘦影儿厮逐。打睃这～面色儿黄,扑撒这～皮肤皱。"《金瓶梅词话》七二回："你这～答子烂桃行货子,豆芽菜,有甚正条捆儿也怎的!"

【波迸】 bō bèng 漂泊;奔走。《隋书·文四子传》："恋土怀旧,民之本情,～流离,盖不获已。"宋吴芾《吊宗留公长篇》："邦人此时失所依,～东下纷苍黄。"《元曲选·荐福碑》四折："说小生当日,正～流移,无处可也依栖。"

【波波】 bō bō ❶奔波,谓辛苦劳碌。唐岑参《闻乡送上官秀才归关西别业》："风尘杳汝何,终日独～。"宋杨万里《二月十三日谒西庙早起》："近来事事都无味,老去～有底忙?"《元曲选·货郎旦》一折："你把解库存活,草堂工课,都耽阁。终日～,白日休空过。" ❷打寒战声。《敦煌变文校注》卷六《目连缘起》："死堕三途无间狱,终朝受罪苦～。" ❸悖悖,馒头一类的食品。明孙

峡峰《黄莺儿·胤渠叔有酒每日要约未有定期》:"干～蛤牙,吃了块查喇。"《金瓶梅词话》五七回:"也常有那火烧、～、馒头、栗子拿来进奉他。"清《醉醒石》九回:"只见一个孩子喊:'热～、火烧哩!'"

【波津】　bō jīn　指水中世界。明《西游记》四三回:"行者欣然相别,捏了避水诀,跳出～。"又四九回:"八戒与沙僧分开水道,……却入后宫,揭开石匣,驮着唐僧,出离～。"

【波浪】　bō làng　❶ "面庞"之"庞"的切音,指脸、容貌。元高安道《哨遍·嗓淡行院》:"切驾的～上堆着霜雪,把关子的栲门上似告油。"明朱有燉《点绛唇》:"外面儿～挣,就里又心性耍。"❷ 风流,俊俏。《元曲选·风光好》二折:"一划地疏狂,千般的～,诸餘的事行,难道是不理会惜玉怜香?"柳枝集本《青衫泪》二折:"小子金银又多,又～,不陪我,却伴的那样人!"按,《元曲选》作"波俏"。❸ 温存;殷勤。《元曲选·玉壶春》二折:"我是寨儿中风月的元戎将,善吟咏,会～,能撰梨园新乐章。"❹ 波折。《元曲选·玉壶春》二折:"这场祸事从天降,奶奶你便休唱叫,咱可便好商量,走将来平白地生～。"清《隋唐演义》一四回:"叔宝在山东也做了些事,一到潞州,吃了许多～,只是一个时运未到。"

【波罗盖】　bō luó gài　膝盖。明冯惟敏《一枝花·月食救护》:"软兀剌腿丁骨存了血,硴柯查～去了皮。"△清《二十年目睹之怪现状》一〇三回:"这老妈子把自己的～儿堵住了二奶奶的谷道,一只手便把头头提起,叫人轻轻的代他揉颈脖子,撳喉管。"

【波落盖】　bō luò gài　即"波罗盖"。清《聊斋俚曲·禳妒咒》:"戚老爷丢了刀,一～跪下。"

【波俏】　bō qiào　❶ 漂亮;俊美。《元曲选·青衫泪》二折:"小子金银又多,又～,不陪我,却伴那样人!"明施绍莘《好事近·除夕》:"紫陌烟消,花容洗出十分～。"《拍案惊奇》卷三二:"两生心里各怀着一点不良之心,多各卖弄～,打点打动女佳人。"❷ 口齿伶俐。元高明《琵琶记》六出:"我做媒婆甚妖娆,谈笑;说开说合口如刀,～。"明张岱《陶庵梦忆》卷五:"然其口角～,眼目流利。"

【波峭】　bō qiào　指风采或文采俊逸。宋朱弁《曲洧旧闻》卷九:"东坡天才,无施不可,以少也实嗜梦得诗,故造词遣言,峻峭渊深,时有梦得～。"周密《齐东野语》卷八:"今京师指人之有风指者,亦谓之～。"

【波斯】　bō sī　宝贝。波斯,古国名,在今伊朗高原,古人以为盛产宝贝,故称。明《西洋记》四回:"只见包儿里面,端正有两件～。还是那两件? 一件是个羚羊角,一件是个宾铁刀儿。"

【波涛】　bō tāo　即"波逃"。唐李白《白马篇》:"叱咤经百战,匈奴尽～。"按,一本作"奔逃"。《敦煌变文校注》卷七《季布诗咏》:"三三五五总～,各自思归营幕内。"

【波逃】　bō táo　逃。同义复词。《册府元龟》卷一五三引唐元和十五年诏:"山人柳泌,辄怀左道,……自知虚诞,仍更～。"《敦煌变文校注》卷一《张议潮变文》:"行至雪山南畔,被番贼回鹘劫夺国信,所以各自～。"又卷二《庐山远公话》:"云庆见和尚再三不肯回避,两泪悲啼,自家走出寺门,随众～。"

【波吒】　bō zhā　❶ 地狱中受苦声。唐拾得《得此分段身》:"死后受～,更莫称冤屈。"《敦煌变文校注》卷四《破魔变》:"天宫快乐处,须生地狱下。～莫去死,去了却生来。"又卷六《大目乾连冥间救母变文》:"如来遣我看慈母,阿鼻地狱救～。"按,《法苑珠林》卷一一:"三名阿吒吒地狱,由唇动得,唯舌不得动,故作此声。四名阿波波地狱,由舌不得动,唯唇得动,故作此声。"❷ 泛指痛苦;苦难;折磨。《祖堂集》卷一八《紫胡和尚》:"有人拈问潼南:'紫胡捉贼意作摩生?'云:'还肯受与摩～摩?'"明冯惟敏《黄

罗歌·纪笑》:"空自嗟呀,安排不到家,枉受～,休嗔我笑他。"清《豆棚闲话》三则:"可见苏东坡只为这口不谨慎,受了许多波波吒吒。"

【波查】　bō zhā　❶ 同"波吒❶"。明朱载堉《山坡羊·十二鬼》:"听咱,天穹鬼没个～;听咱,狂张鬼叫吃的什么。"也用作普通叹词。明汤显祖《邯郸记》二〇出:"～,祸起天来大! 怎泣奏当今銮驾?"❷ 同"波吒❷"。《元曲选·救孝子》一折:"时坎坷,受～,且浇菜,且看瓜,且种麦,且栽麻。"明张凤翼《九回肠·题情》:"想前生曾欠鸳鸯债,今世里合受～。"清《隋唐演义》四〇回:"做人再不要做女人,不知受多少～。"

【波渣】　bō zhā　同"波吒❷"。明郑若庸《玉玦记》二二出:"逐兴衰,观成败,受～。"

【波喳】　bō zhā　同"波吒❷"。明《金瓶梅词话》六回:"可怪狂夫恋野花,因贪淫色受～。"

【波踷】　bō zhā　同"波吒❷"。引申为艰辛劳碌义。明汤式《山坡羊·书怀示友人》:"相逢休说伤时话,路～,事交杂,秋光何处堪消暇?"黄元吉《流星马》六折:"背义走路远,赶上时命掩黄沙。"佚名《一枝花·皮匠》:"屠沽羞俯仰,商贾倦～。"

【饽饽】　bō bō　饽饽,馒头一类的食品。《元曲选·黄粱梦》四折:"他怀里又没点点,与孩儿每讨～。"

【拨】　bō　❶ 弹奏弦乐器的指法或动作。唐白居易《琵琶行》:"转轴～弦三两声,未成曲调先有情。"宋王安石《酬冲卿月晦夜有感》:"归来亦置酒,玉指调弦～。"清《红楼梦》五一回:"黑水茫茫咽不流,冰弦～尽曲中愁。"也指拨弦的工具。唐白居易《琵琶行》:"沉吟放～插弦中,整顿衣裳起敛容。"❷ 挑;刺。《敦煌变文校注》卷一《王昭君变文》:"黄羊野马捻枪～,麋鹿从头吃箭川(穿)。"《景德传灯录》卷一七《师虔禅师》:"金鎞～破脑,顶上灌醍醐。"❸ 触;碰。《太平广记》卷二四八引《启颜录》:"道旁树有骨骴者,车～伤,岂是天使其然?"唐张鷟《朝野金载》卷六:"又乘驴于街中,有骑马人靴鼻～其膝,遂怒,大骂。"❹ 挑动;撩拨。唐秦韬玉《长安书怀》:"凉风吹雨滴寒更,乡思欺人～不平。"《元曲选·柳毅传书》二折:"倘或被他知道,～动他这个性子,可怎了也!"明《金瓶梅词话》一回:"那妇人时常把些言语来～他。"❺ 扭转;掉转。《祖堂集》卷九《罗山和尚》:"轸上座问:'只如岩头和尚道:洞山好个佛,只是无光彩。未审洞山有何亏阙,便道无光彩?'师唤无轸,无轸应喏。师云:'酌然好个佛,只是无光彩。'轸云:'大师因什摩～无轸话?'"元明《三国演义》二回:"玄德～马便走,张宝驱兵赶来。"清《绿野仙踪》七七回:"两军未交,赵大人便～船回走,众将亦各退避。"❻ 指点;点拨。《景德传灯录》卷一九《文偃禅师》:"汝若有少许来由,且昧你亦不得,你若实未得方便,～则不可。"明《金瓶梅词话》二五回:"数语～开君子路,片言提醒梦中人。"❼ 分派;调拨。宋李纲《靖康传信录》卷一:"以平仲为宣抚司都统制,应西兵及四方勤王之师,并隶宣抚司,又～前、后军之在城外者属之。"元陶宗仪《辍耕录》卷一:"遂封为答剌罕,与五品印,～三百户以食之。"明《金瓶梅词话》六回:"不多时,何九先～了几个火家整顿。"❽ 摇;摆。宋晏殊《浣溪沙》:"渔父酒醒重～棹,鸳鸯飞去却回头。"《景德传灯录》卷一二《光穆禅师》:"问:'如何是顿?'师以圆相示之。曰:'如何是渐?'师以手空中～三下。"❾ 量词。用于人的分组,犹言批、伙。《宋史·礼志二十四》:"共一千二百六十人,每六十人作一～。"元明《水浒传》六三回:"第一～,当先哨路黑旋风李逵,部领小喽罗五百。"❿ 换取。拨,通"博"。宋杨无咎《雨中花令》:"惆怅红尘千里,恨死～、浮名浮利。欠我温存,少伊撋就,两处悬悬地。"元关汉卿《古

调石榴花·怨别》:"咱各办着个坚心,要～个终缘之计。" ⓫ 倾洒。拨,通"泼"。敦煌本《残道经》:"或引水入穴,煞害众生;或热汤～地,煞害众生。"宋杜安世《风栖梧·闲上江楼初雪过》:"叠秀危横,黛～山千朵。" ⓬ 酿(酒)。拨,通"酸"。宋苏轼《蜜酒歌》:"三日开瓮香满城,快泻银瓶不须～。"辛弃疾《鹧鸪天·寄叶仲洽》:"掀老瓮,～新醅,客来且尽两三杯。"

【拨不倒】 bō bù dǎo 不倒翁。明黄祖儒《醉太平·陈荩卿咏～》:"老头儿纸糊,在筵席上支吾,转来转去捻着头颅。"苏子文《锁南枝·集景谈》:"船家打老婆,水深人不过。～,没奈何,弄死人,笑杀我。"

【拨船】 bō chuán 驳船。一种轻便的木船,可为大船装卸货物或作短途运输。清《儒林外史》四三回:"便有两百只小～,岸上来了两百个凶神似的人,齐声叫道:'盐船搁了浅了,我们快帮他去起拨!'"《红楼复梦》八二回:"正值运粮船挤,江船不能进去,只得另雇小～。"

【拨刀】 bō dāo ❶ 一种面食。宋孟元老《东京梦华录》卷四:"更有插肉、～、炒羊、细物料棋子、馄饨店。"元邹铉续编《寿亲养老新书》卷四:"半夏～……右三味同以生姜汁并米醋少许和,切作,煮熟如常法,空心食之。"明朱橚《普济方》卷二五七:"葛粉～方:……右以水五大盏,先煎荆芥三盏,和葛粉切作～,入汁中煮熟顿食之。" ❷ 即"博刀"。《元典章·刑部五》:"据～无钻柄,难作军器定罪。"

【拨倒】 bō dǎo 躺倒;使躺倒。《元曲选·马陵道》一折:"将一个军卒～在地,将那枪刀剑戟都簇在那军卒身上。"《元曲选外编·村乐堂》二折:"我与你直挺挺忙～身躯,就着这凉渗渗席垫着我这脊梁。"

【拨地】 bō de 猛然。明《金瓶梅词话》五回:"武大矮短,正踢中心窝,～望后便倒了。"

【拨调】 bō diào 调拨;调遣。《元曲选·隔江斗智》二折:"三将军随着贫道,早晚自有～的去处。"元明《水浒传》八六回:"宋江便～关胜带宣赞、郝思文,领兵在左。"清《野叟曝言》八八回:"你们不奉诏旨,辄敢听从权禹～兵马,师ături失律。"

【拨掉】 bō diào 摇动(船只)。五代何光远《鉴诫录》卷八:"逐迁属吏随列剡,～扁舟不忘恩。"按,所引为唐贾岛诗,见《全唐诗》卷五七四《观冬设上东川杨尚书》。"掉"字本作"櫂",即"棹"字,本指船桨,亦可表摇动义,故"掉"字实为"棹"字之误,但相沿成习,构成该词。宋田况《儒林公议》:"复以杂彩为二舟,辘轳转动,自山门洞中出,载妓女二百二十人,～行舟,周游于地衣之上。"明汪砢玉《珊瑚网》卷二三上:"舟中观长年荡桨,群丁～,乃觉少进。"

【拨队】 bō duì 结队。宋邵伯温《邵氏闻见录》卷七:"依吾令即当有重赏,不然则连群～,有斧钺之诛。"魏泰《东轩笔录》卷一一:"～为参政,成群作副枢。"明杨一清《为修举马政事》:"且其耐贫寒,习畜牧,比与新～军万万不同。"

【拨风】 bō fēng 形容速度快。元明《水浒传》二回:"那匹战马～也似去了。"又六三回:"早见宋江军马～也似价来。"

【拨弗倒】 bō fú dǎo 即"拨不倒"。清顾张思《土风录》卷三:"吴梅村有咏不倒翁诗,按即今儿童嬉戏之～也(俗讹为佛佛倒)。或以之侑酒,古名酒胡。"

【拨付】 bō fù 划拨;拨给。《宋史·职官志七》:"诏将本年分马纲钱价,责茶马司～湖广总领所。"《元史·河渠志一》:"拟将东阿河道～江淮都漕运司提调管领。"元明《水浒传》九九回:"当下田虎～卞祥将佐十员,精兵三万,前往迎敌卢俊义,花荣等

【拨换】 bō huàn 换取;调换。《元曲选·隔江斗智》三折:"那周瑜的计策,则要留住俺主公,不放过江,～了荆州。"明商辂《边务疏》:"或于腹里远处地方,量宜～口外之地,决不可听其置作庄田。"清《贵州通志》卷三三:"其委防弁兵,以一年为期,即于四省附近营伍内轮流～。"

【拨火】 bō huǒ 犹"拨火挑灯"。清《红楼梦》六五回:"或有不好的事,或他自己错了,他便一缩头,推到别人身上去,他还在旁边～儿。"《后水浒传》三〇回:"谁知好货招摇,也有忌我们的,也有妒我们的,也有怪我们不肯卖的,便去挑风～,惹了这些人来。"

【拨火挑灯】 bō huǒ tiǎo dēng 比喻挑拨。明金銮《锁南枝·风情集常言》:"听的风来就是雨,尚兀自～,一密里添盐加醋。"

【拨拉】 bō la 拨动。"拉"字无义,类似词缀。清《醒世姻缘传》三二回:"一日两顿饭,没端碗,先打着问心替嫂子念一千声佛,这碗饭才敢往口里～。"又九五回:"素姐伸手,罗氏使手～。"

【拨刺】 bō la ❶ 同"拨拉"。唐白居易《九日宴集醉题郡楼兼呈周殷二判官》:"胡琴铮鏦指～,吴娃美丽眉眼长。"元《农桑辑要》卷二:"于畦内用极细梢杖四五根,～令平。"明汤式《一枝花·赠会稽吕周臣》:"张玩着辋川图四壁烟云驰骤,～峰阳琴一帘风雨飕飕。" ❷ 鱼摆尾貌或摆尾声。唐杜甫《漫成一绝》:"沙头宿鹭联拳静,船尾跳鱼～鸣。"宋朱敦儒《好事近·渔父词》:"锦鳞～满篮鱼,取酒价相敌。"清《歧路灯》七〇回:"听的声响,乃是鱼儿～,虾蟆跳水之声。"

【拨浪鼓】 bō làng gǔ 带柄的小鼓,来回转动时,两旁系在短绳上的小锤击鼓作声。货郎招揽顾客用,也作小孩玩具。清《红楼梦》四七回:"张着嘴,瞪着眼,头似～一般不住左右乱瞧。"高静亭《正音撮要》卷三:"～,小手鼓,两耳自击。"

【拨历】 bō lì 明制,国子监生分配到中央各部见习,后可授官,称拨历。明尹直《謇斋琐缀录》卷七:"陈宪章蚤习举业,领乡荐。上春官,屡不偶,乃卒业成均,从众～选而归。"《明史·选举志一》:"监生～,初以入监年月为先后,……天顺以前,在监十馀年,然后诸司,历事三月,仍留一年,送吏部铨选。"《警世通言》卷三一:"当初与可成同坐监,同一～的,近选得浙江按察使经历。"

【拨闷】 bō mèn 消愁;解闷。唐杜甫《～》:"闻道云安曲米春,才倾一盏即醺人。"宋黄庭坚《减字木兰花·登巫山县楼作》之二:"巫山古县,老杜淹留情始见。～题诗,千古神交世不知。"清《平山冷燕》六回:"闲话休题,且请快饮一杯,与宋先生～。"

【拨弄】 bō nòng ❶ 拨动;弹奏。宋苏轼《减字木兰花·赠小鬟琵琶》:"～幺弦,未解将心指下传。"明冯惟敏《一枝花·嘲友人试琴》:"者么您～的拍滑,丢答的手乏,使一个访友携琴卖乖法。"清《红楼梦》五四回:"二人听说,忙和弦按调～起来。" ❷ 同"播弄❹"。明朱长祚《玉镜新谭》卷一:"松江府毫无解监,职因见惊,遂遍访根因,仍是起元～。"刘效祖《沉醉东风》:"乔模样口是心非,～的意似痴,禁害的心如醉。"清《二度梅》三五回:"须得大家作个计较,保救榜眼。一则吾辈斯后不为奸人～,二则榜眼名列儒教。"

【拨皮】 bō pí 即"泼皮❷"。《元典章·刑部六》:"我知道,怯来是一个～歹人有,将他打五十七下。"明《梼杌闲评》四回:"将那些～又打了三十,枷在四牌楼示众。"

【拨弃】 bō qì 抛开;丢弃。唐杜甫《雨过苏端》:"妻孥隔军

垒,～不拟道。"宋苏轼《答孔周翰求书与诗》:"～万事勿复谈,百觚之后那辞酒?"元周砥《陪方厓士玄自桃溪看山至西冈》:"营营谅何为?～不复言。"

【拨遣】 bō qiǎn ❶ 犹"拨调"。宋苏辙《论吏额不便二事札子》:"况尚书左选拨到兵部手分,近已准都省指挥～归元来去处。"明《禅真后史》四六回:"又～百名偻儸,分作四队,随路埋伏接应。" ❷ 排遣;排解。宋李之仪《与荣天和》:"连绵事绪,殆不容～,甚欲稍从容,竟尔相妨。"元赵孟頫《赠周景远田师孟》:"世间万事可～,日日痛饮醉即休。"明唐寅《山坡羊》:"独自愁,何时有住头。刚能～,～还依旧。"

【拨冗】 bō rǒng 挤出时间。宋《朱子读书法》卷四:"圣贤之言,意旨深远,子细反覆,十年二十年尚未见到一二分。岂可～看得一过,便敢遽然立论?"明《禅真后史》一四回:"庵主嗔咐父许久不会,好生嗟怨,今日～可到庵内走走。"清《红楼梦》一六回:"见贾琏远路归来,少不得～接待。"

【拨撒】 bō sǎ 抛撒。宋觉范《渔父词·丹霞》:"言下百骸俱～,无剩法,灵然昼夜通达。"张嵲《庚申寒食湖上作》:"今朝寒食节,～挥涕餘。"

【拨食家】 bō shí jiā 宋代皇帝进膳时,专门负责吆喝示意的人。宋孟元老《东京梦华录》卷一:"每遇早晚进膳,自殿中省对凝晖殿,禁卫成列,约拦不得过往。省门上有人一呼喝,谓之～。"按,吴自牧《梦粱录》卷八作"拨食"。

【拨獭】 bō tǎ 肥满。《太平广记》卷二五五引《启颜录》:"唐甘洽与王仙客友善,因以姓相嘲。洽曰:'王,计尔应姓田,为你面～,抽却你两边。'"

【拨天关】 bō tiān guān 拨开天门关锁,喻本领极大。明王九思《绣停针·寿对山先生》:"铲地归休,浒西伴鹭鸥,～本事落在沧州。"《金瓶梅词话》四八回:"只把他的本立了案,不覆上去,随他有～本事也无妨。"

【拨置】 bō zhì ❶ 移动放置。《金史·术虎高琪传》:"不攻京城而纵其别攻州县,是犹火在腹心,～于手足之上,均一身也。" ❷ 划拨;拨给。明《古今小说》卷二二:"即命刘八太尉在临安城中～甲第一区,又选宫中美女十人赐为妻妾。"清《陕西通志》卷二九:"范文正公祠在城西南,弘治己酉营将刘锐重建,申请抚军黄黻～祀田。" ❸ 处理;分拨安排。宋曾巩《送宣州杜都官》:"～簿书有餘力,放意樽罍无俗情。"许景衡《方文林墓志铭》:"有所～,则从容以办。"明张永明《议处铺行疏》:"照得南京守备内臣公侯勋贵,皆有常跟人役,或系投充,或自私占,久惯～,不畏法度。" ❹ 抛开;搁置。宋曾巩《雨后环波亭韵四首》之一:"从今～庭中事,最喜西轩睡枕书。"元汪元亨《雁儿落过得胜令·归隐》之三:"追思纯与鲈,～名和利。"明刘基《旅兴》之四五:"但愿生若斯,～身外事。" ❺ 点拨;挑拨。元明《水浒传》二六回:"次后来怎生踢了武大,何因设计下药,王婆怎地教唆,从头至尾说了一遍。"明郑晓《今言》卷四:"军民～害人者罪死。"《明史·叶绅传》:"～皇亲,希图恩宠。"

【拨转】 bō zhuǎn ❶ 使离开。元《武王伐纣平话》卷上:"纣王闻言大怒,亲身骤起,～宫娥,亲手扯住皇后。" ❷ 掉转。宋朱敦儒《好事近》:"～钓鱼船,江海尽为吾宅。"明《西游记》五回:"即～云头回来,会众猴在于洞中。"

【拨嘴】 bō zuǐ ❶ 播弄口舌。明《封神演义》一六回:"子牙暗想:几个月全无生意,今日撞着这一个,又是～的人。"《型世言》一五回:"花纹与甘觉便～道:'这样奴才是少见的。'便撺掇逐他。" ❷ 找借口。清《红楼梦》五二回:"宝二爷当面使他,他～儿。"

不动。"

【钵头】 bō tóu ❶ 即"拨头"。后因舞者披发,又用作乐舞名。唐张祜《容儿钵头》:"两边角子羊门里,犹学容儿弄。"段安节《乐府杂录·鼓架部》:"～,昔有人父为虎所伤,遂上山寻其父尸。山有八折,故曲八叠。戏者披发素衣,面作啼装,盖遭丧之状也。" ❷ 即盂钵。明《西游记》五三回:"只见那婆子端出一个大瓦钵来,递与行者道:'拿这～儿去,是必多取些来,与我们留着用急。'"《二刻拍案惊奇》卷一三:"到灶下看时,～内有炊下的饭。"

【剥】 bō ❶ 削夺;革除。《旧唐书·安禄山传》:"张守珪为幽州节度,禄山盗羊事觉。守珪～坐,欲棒杀之。"元佚名《博望烧屯》一折:"早安排下见识,便～官罢职,早向未央宫万剐凌迟。" ❷ 盘剥;克扣。《太平广记》卷四三四引《原化记》:"有邻人与之交利,～刻至多,乡人积恨。"明王韬《重民下》:"不知立官以卫民,徒知～民以奉官。"《拍案惊奇》卷四:"世间有做将帅,只～军饷,不勤武事,败坏封疆的。" ❸ 换取。剥,通"博"。元赵彦晖《点绛唇·省悟》:"若是柳耆卿～得个紫袍新,你便是谢天香不避黄薑臭。"

【剥船】 bō chuán 即"拨船"。宋元《古今小说》卷三:"只见屋后河边泊着两只～,船上许多箱笼、卓凳家火。"

【剥放】 bō fàng 犹言斥退。唐元稹《中书省议举县令状》:"检勘榜样～程式及试书判,并请准平选人例处分。"宋江休复《江邻几杂志》:"宋相与高锡同发天府解,《日月为常赋》'象'字韵之押'状'者,以落韵先～近百人。"清《醉醒石》六回:"只因他恃才过甚,不肯俯就这科目的程式,又或躁率差误,以此多不合式,常被～。"

【剥落】 bō luò ❶ 贬退;斥退。《太平广记》卷二〇一引《谭宾录》:"邕负才名,频被贬斥,皆以邕能文养士,贾生、信陵之流,执事忌胜,～在外。"《旧五代史·周书·世宗纪五》:"王汾据其文辞,亦未精当,念以顷曾～,特与成名。"《元曲选·倩女离魂》三折:"他得了官则就新婚,～呵羞归故里。"也指断绝、摒弃。明陈铎《一枝花·乞儿乍富》:"者磨你～了亲房贫贱交,那里肯施济分毫。" ❷ 落魄;潦倒失意。宋叶适《徐斯远文集序》:"徐观笔墨轻重,以十一敛藏千百,虽铺写纵放,亦无怠惰～之态。"明《杨家府》卷二:"～文章空满腹,飘零何日是归期?" ❸ 敲剥;折磨。明丁惟恕《朝元歌》:"新愁旧愁,～的眉儿皱;口头念头,搅乱的腰肢瘦。"清《鸳鸯针》二卷一回:"那知府将他～一回,见他初次不招,只得作个松局。" ❹ 贬驳;奚落。明汤显祖《牡丹亭》二九出:"俺虽然年青试妆,洗凡心冰壶月朗,你怎生～的人轻相。"

【剥取】 bō qǔ 榨取;搜刮。宋廖刚《乞戒约招军札子》:"窃见诸军将士,颇无忌惮,纵人于四处绑缚百姓,拥入营寨,或强刺充军,或监留苦役,或～衣服钱物然后放出。"元张宪《橘洲行》:"毋有女赘婿,不识孝义惟务利。日思～生家赀,甚至汤药之费亦来掯克,生卒与之无吝词。"明陈洪谟《继世纪闻》卷二:"河南太监廖堂亦奏兼管修河,～民财,遍与乡野。"

【剥消】 bō xiāo。 摆弄;折腾。明《平妖传》二四回:"店里歇的人都起来救他,也有喂喂吐的,也有咬中拇指的,那厮吃～了一夜,三魂再至,七魄重生。"

【剥削】 bō xuē ❶ 罢官免职。《元曲选外编·金凤钗》一折:"免了我死,纳下笏靴襴袍,～了官,为民了。" ❷ 侵害;损害。明《二刻拍案惊奇》卷一五:"自经此一番横事～之后,家计萧条下来。"清《续金瓶梅》三二回:"求复那一点孤阳出来还不可得,如何当得群阴～?"《绿野仙踪》一回:"况娶亲太早,未免～元气。" ❸ 反驳;数落。明《型世言》一五回:"老奴才,怎就当人面前～我!"清《野叟曝言》一一回:"被我～了几句,说这位文兄是一个不趋炎势的正人,你休得以俗眼视之。"

【剥啄】 bō zhuó 敲门声,也指敲门。唐高适《重阳》:"岂有白衣来…,亦从乌帽自欹斜。"韩愈《剥啄行》:"剥剥啄啄,有客至门。"宋洪迈《夷坚志》三己卷二:"及家时,已三更后,令王八先～。"明《警世通言》卷三〇:"渐次黄昏,只听得～之声。"

【剥嘴】 bō zuǐ 拌嘴。明《西洋记》五三回:"番官和他～,不肯放他进去。"

【播】 bō ❶ 倾;撒。明《警世通言》卷二八:"正走之间,只见一家楼上推开窗,将熨斗～灰下来,都倾在许宣头上。" ❷ 簸扬。播,通"簸"。清《醒世姻缘传》五四回:"连那奢侈惯了的童奶奶也时常的劝他,说他碎米不该～吊。" ❸ 博取。播,通"博"。《元曲选外编·圯桥进履》三折:"我则待坚心扶立明圣主,我～一个史记内便书名可着人慢慢的讲。"

【播菜儿】 bō cài er 布菜;宴席上为他人夹菜劝食。《元曲选外编·降桑椹》一折:"〔白厮赖云〕哥吃酒,我～。〔做拿下饭与王伴哥递科,王伴哥张口科〕"

【播传】 bō chuán 传播。宋苏轼《应诏论四事状》:"欢声～,和气充塞。"明佚名《逸老堂诗话》卷下:"唐人'风雨'字入诗最佳者,载于《麓堂诗话》。宋诗唯潘邠老'满城风雨近重阳',～人口。"清《说岳全传》八回:"三言两语,结成生死知己;千秋百世,～报国忠良。"

【播郎鼓】 bō láng gǔ 即"拨浪鼓"。明《西游记》八〇回:"手中摇着～,口念番经听不真。"

【播乱】 bō luàn 动乱;作乱。元明《三国演义》六回:"关东贼起,天下～。"《水浒传》三九回:"纵横三十六,～在江东。"清《日讲易经解义》卷一一:"汉唐末世,时际艰难,群小～。"

【播弄】 bō nòng ❶ 簸扬;掀动。明周是非《清隐堂歌为安城王使君赋》:"蛟龙～沧海水,鸾凤飞舞梧桐冈。"清《后西游记》三四回:"都是人心造出的一重孽海,是非冤业,终日～波涛。"《绿野仙踪》六二回:"起先也有些神怪野仙,或明夺,或暗来,或调遣龙虎,或～风雷。" ❷ 摆弄;用动作刺激。《元曲选外编·云窗梦》一折:"吟几首嘲咏情诗,写数幅锦字花笺,惯～香娇玉软,温存出痛惜轻怜。"清《续金瓶梅》四一回:"梅玉果然件件依他,一一听他。金桂用香两炷灸在乳下,疼得梅玉口口叫心肝不绝。"《情梦柝》七回:"衽席之间,～得子刚魂都活快。" ❸ 宣扬;传扬。元佚名《庆东原》:"难收救,怎结煞,小恩情～得天来大。"清《绿野仙踪》二三回:"大闹上一番,将他两口子前后事件并前后阴谋,～的人人共知。" ❹ 摆布;算计;耍弄。《元曲选·风光好》二折:"想我那往常伎俩,～的子弟如翻掌。"明洪应明《菜根谭·闲适》:"天之机缄不测,抑而伸,伸而抑,皆是～英雄,颠倒豪杰处。"清方成培《雷峰塔》二一出:"愁怀万种,无端罹讼,都为妖魔～。" ❺ 操纵;擅自主掌。宋韩性同《岳王墓》:"秦家小儿真戏剧,～造化摇枢机。"《元曲选·梧桐雨》二折:"如今明皇年已昏眊,杨国忠、李林甫～朝政。"明《封神演义》九四回:"俱是你这一班贼子～国政,欺君罔上,造此祸端。"

bó

【字堆】 bó duī 堆积。宋毛滂《浣溪沙·八月十八夜东堂作》:"瑶瓮～春这里,锦屏屈曲梦诗边,熏笼香暖索衣添。"

【字兰】 bó lán ❶ 同"字篮❶"。元佚名《新水令》:"使尽心,才得悟,则不如将取～便数。"宋方壶《一枝花·妓女》:"将取～数取梨,有甚希奇?" ❷ "盘"的切脚语。宋洪迈《容斋三笔》卷一六:"世人语有以切脚而称者,如以蓬为勃笼,盘为～。"

【字篮】 bó lán ❶ 篮子。《元曲选·东堂老》三折:"今日呵,便担着～,拽着衣服,不害羞,当街里叫将过去。"明朱有燉《柳营曲·咏风月担儿》:"酒湿衣衫,花插冠簪,出卖着锦～。" ❷ 同"薄蓝❶"。《元曲选·罗李郎》三折:"〔净～挑土筐上云〕做子弟的看样也!汤哥,你不信好人言,果有凄惶事。"

【字老】 bó lǎo ❶ 戏曲中扮演普通老年男子的角色。《元曲选·潇湘雨》一折:"〔～上云〕欢来不似今朝,喜来那逢今日。老汉崔文远的便是。"《元曲选外编·独角牛》一折:"冲末～儿上。" ❷ 妓女的假父,鸨母之夫。元曾瑞《四块玉·嘲妓家》:"奴非不爱双生俊,～严,坡撒狠,钱上紧。"明朱有燉《柳营曲·咏风月担儿》:"～贪小俫憨,泼风声做得来实大胆。"

【字相】 bó xiàng 即"白相❶"。明沈自晋《望湖亭》四出:"表弟在玄真观中读书,不肯出来,待着儿差颜小乙去请他来会会何如?"清况周颐《眉庐丛话》:"乌程张秋水《冬青馆诗》,《山塘感旧》句云:'东风西月灯船散,愁绝空江～人。'～,吴语,今讹为'白相'也。"

【勃笼】 bó lóng 蓬草。《敦煌变文校注》卷一《李陵变文》:"管敢怕李陵斩之,背军逃走,直至单于帐前,～宛转,舞道(蹈)飔声,口称死罪。"按,"勃笼"切音为"蓬"。又宋俞文豹《唾玉集》"俗语切脚字"条亦云:"勃龙,蓬字。"此处用作状语,犹言如蓬草般旋转。

【勃罗回】 bó luó huí 即"跛罗回"。唐段成式《酉阳杂俎》前集卷一九:"落回一曰博落回,有大毒,生江淮山谷中,茎叶如麻,茎中空,吹作声如～,因名之。"

【勃跳】 bó tiào 跳。五代《云门禅师广录》卷中:"师乃云:'火炉～上三十三天,见么,见么?'"《敦煌变文校注》卷一《汉将王陵变》:"卢绾～下阶,便奏霸王。"明陈耀文《天中记》卷五四:"巨鹿无数,四环成围,以角外向,凡数十重,二麑尘处中～嬉戏。"按,"勃"之本字应为"踣",《说文·足部》:"踣,跳也。"异体为"踣","勃"与"踣"同音相借。

【垳土】 bó tǔ 尘土。五代贯休《野田黄雀行》:"深花中睡,～里浴。"

【哱啰】 bó luó 号角。明戚继光《练兵实纪》卷三:"风吹～,是要各兵起身。"

【脖儿齐】 bó er qí 指砍头。清《聊斋俚曲·快曲》:"若是没走华容道,把我就给个～。"

【脖根】 bó gēn 脖子的后部。明《金瓶梅词话》五九回:"当下刘婆子把官哥儿眉攒、～,两手关尺并心口共灸了五醮。"清《醒世姻缘传》三三回:"他娘劈～一把掌。"

【脖脐】 bó qí 肚脐。《元曲选·任风子》一折:"都是猪～狗奶子与乔亲眷,都坐满一圆圈。"清《聊斋俚曲·寒森曲》:"亏了错的锯条快,一霎到～以下,不多时一锯两开。"

【脖抢骨】 bó qiāng gǔ 颈椎。抢,通"腔"。清《醒世姻缘传》八三回:"狄希陈像折了～似的,搭拉着头不言语。"

【脖项】 bó xiàng 脖子。《元典章·刑部三》:"用左脚踏住～,用左手将丑奇舌头扯出,用鞋锥烙讫三下。"明《朴通事谚解》卷下:"行者用手把头提起,接在～上依旧了。"清《红楼梦》二四回:"宝玉便把脸凑在他～上闻那香油气。"

【脖子】 bó zi 头和躯干相连接的部分。《元曲选·杀狗劝夫》四折:"我敢向云阳市里挺着～,替哥哥死、死。"元明《水浒传》七三回:"若还对翻了,就那里舒着～,受你板斧。"

【鹁鸽】 bó gē 鸽子。五代花蕊夫人《宫词》九四:"安排竹

栅与巴篱,养得新生～儿。"元明《水浒传》四一回:"来日三更二点为期,只听门外放起带铃～,便教白胜上城策应。"明《拍案惊奇》卷二〇:"比如一边有财有势,那趋财慕势的多只向一边去,这便是俗语叫做'一帆风',又叫'～子旺边飞'。"

【跻跳】 bó tiào 跳跃;蹦跳。宋《如净和尚语录》卷下:"拄杖子～上三十三天。"明田汝成《西湖游览志馀》卷一四《方外玄踪》:"俊鹰快鹘,便须乘时;跛鳖盲龟,徒劳～。"

【鍒锣】 bó luó 号角。明杨铭《正统临戎录》:"也先起营了。听得吹号头～响,铭跟随扒山。"

【伯伯】 bó bo ❶ 伯父。唐李商隐《祭小侄女寄寄文》:"～以果子弄物,招送寄寄体魂。"宋魏泰《东轩笔录》卷一五:"元有侄不率教令,将杖之。其侄方醉,大呼曰:'安能挞我,但堂～耳!'"《元曲选·后庭花》四折:"〔正末问云〕这个敢是你叔叔?〔俫摆手科,正末云〕是你～?〔俫摆手科,正末云〕是你父亲?〔俫点头就拜科〕" ❷ 妇女称丈夫之兄、义兄或与丈夫年龄相仿的亲密友人。《元曲选·虎头牌》二折:"〔老千户同老旦上云〕……有二哥哥金住马在这庄儿上坐,我辞了哥哥,便往夹山口子去也。〔老旦云〕老相公,咱在这里等者,你去辞了～,早些儿来。"明谢肇淛《五杂组》卷一六:"唐陈国张伯偕与弟仲偕形貌一般。仲偕娶妻,妻新妆毕,忽见伯偕自窗外过,妻问曰:'我今妆饰好否?'答曰:'我伯偕也。'妻报趋避。既出房,至姑所又逢伯偕,告之曰:'适见～大羞。'伯偕笑曰:'误,误,我固伯也。'"《西游记》一九回:"八戒上前扯住高老道:'爷,请我拙荆出来拜见公公、～。'"按,此处"伯伯"指孙悟空。 ❸ 尊称年辈较长的男子。元明《水浒传》四九回:"多时,毛太公出来。解珍、解宝放下钢叉,声了喏说道:'～,多时不见。'"明《醒世恒言》卷一三:"只见一个老汉坐着个矮凳儿,在门首将稻草打绳。冉贵陪个小心问道:'～,借问一声。'"清方成培《雷峰塔》一一出:"～,借问一声,你店中可有位杭州来的许宣客人住下么?"

【伯爹】 bó diē 伯父。明《禅真后史》二〇回:"更恳屈～偕往一乐。少伸子侄之私,望～金诺。"又四一回:"小人奉二～并主母之命,几次令我二人谋害小官人。"

【伯母】 bó mǔ 妇女称夫兄之妻。《敦煌变文校注》卷五《父母恩重经讲经文(二)》:"云鬓不梳经数月,风钗抛掷似闲事。不遂少姑花下去,懒陪～趁娇儿。"

【伯娘】 bó niáng ❶ 伯母;伯父之妻。《元曲选外编·刘弘嫁婢》二折:"多多禀告伯伯、～,春郎每日看书。"明《老乞大谚解》卷下:"你来时,我父亲、母亲、伯父、叔父、～、婶子、……都安乐好么?" ❷ 女子称丈夫兄长或义兄之妻。元岳伯川《铁拐李》二折:"怕有禁礼的言语你说不出来,着俺那无面皮婶子将他来劝:'～,俺伯伯在时是人头上行的人,你休做歹勾当,你休辱末它!'"《元曲选·儿女团圆》楔子:"〔正末见搽旦施礼科云〕呀,早辰间不曾见嫂嫂。嫂嫂祗揖。〔搽旦回礼科云〕叔叔请坐。〔正末云〕二嫂,您恰才为什么这般炒闹那?〔二旦云〕恰才～请将我来,要分另了这家私。"按,"二嫂"称己妻。

【伯婆】 bó pó ❶ 丈夫的伯母。清顾张思《土风录》卷一六:"夫之伯母曰～,叔母曰叔婆。考庆元六年沙堽里人龚大雅《鳌义井题记》具列高曾祖翁婆及伯翁叔翁～叔婆外翁外婆诸名氏,则宋时已有此称。"《野叟曝言》一一八回:"去冬被～叔婆们再三撺掇,说:'皇上过去,即清了道,没一个男人。俺门有屋在道旁,候皇帝过了,出去看一看皇妃宫女。'" ❷ 伯母。宋元《清平山堂话本·合同文字》:"望相公公问孩儿之罪,不干伯父～之事。"

【伯叔】 bó shū 犹言叔伯,指同祖或同曾祖的血缘关系。

清《红楼梦》二〇回:"亲姊妹有元春、探春,～的有迎春、惜春。"

【泊】 bó 停留;栖息。五代王仁裕《开元天宝遗事·传书燕》:"燕子飞鸣上下,似有所诺。兰复问曰:'尔若相允,当～我怀中。'燕遂飞于膝上。"宋洪迈《夷坚志》丙卷二〇:"予妻族入蜀时过其处,～僧寺中。"

【驳回】 bó huí ❶ 批驳发回(呈文之类)。明沈德符《万历野获编》卷二〇:"凡投通政者不尽得上闻,其或事体窒碍,或情节矫诬者,一切～。"《明史·刑法志二》:"情词不明或失出入者,大理寺～改正。"清《醒世姻缘传》四七回:"万一得不如自己意思,允了转详,自己的心又过意不去;～再问,彼此的体面又甚是无光。" ❷ 反驳;回绝。清姚之骃《元明事类钞》卷六:"思陵再临辟雍,龙虎山张真人适在京,疏请入监观礼。礼臣不可～。"《红楼梦》四二回:"我又不会这工细楼台,又不会画人物,又不好～,正为这个为难呢。" ❸ 掉转。清《歧路灯》四九回:"绍闻只得～牲口,向家而来。"

【驳落】 bó luò ❶ 斑驳;色彩深浅不均貌。唐白居易《题流沟寺古松》:"烟叶葱茏苍尘尾,霜皮～紫龙鳞。"明王鏊《山行三首·天平》:"～残碑犹可读,陂陀巨石自堪眠。" ❷ 同"剥落❶"。唐封演《封氏闻见记》卷三:"选曹每年皆先立版榜,悬之南院。选人所通文书皆依版样,一字有违,即被～,至有三十年不得官者。"《旧唐书·萧颖士传》:"与时不偶,前后五授官,旋即～。"《元曲选外编·西厢记》四本二折:"得官呵,来见我;～呵,休来见我。"

【驳弹】 bó tán ❶ 弹劾。唐张鷟《朝野金载》卷四:"小人在位,君子～。" ❷ 批评;挑毛病。明《老乞大谚解》卷下:"这弓你却是胡～,这的弓你还嫌么?"《朴通事谚解》卷中:"我再没高的了,官人十分休～。"

【驳头】 bó tou 反驳的由头。清《野叟曝言》一八回:"欲要寻个～,急切思量不起。"又五六回:"合堂衙役俱道廖监这～不错,连素娥、湘灵都不肯信是素臣。"

【驳杂】 bó zá ❶ 混杂不纯;紊乱。《太平广记》卷八一一引《梁四公记》:"其年风灾,蒲桃刺蜜不熟,故～。"宋《朱子语类》卷四:"天地之气,当其昏明～之时,则其理亦随而昏明～否?"明张纶言《林泉随笔》:"予观是书,文虽高妙而言则～。" ❷ 困顿坎坷。元明《水浒传》四回:"虽然时下凶顽,命中～,久后却得清净,正果非凡。"明杨珽《龙膏记》一八出:"只为你谪尘世命运～,因此上受着眼前折罚。"清《聊斋俚曲·磨难曲》:"我虽然杀了人,却未曾坏良心,不过遇着～运。"

【博】 bó ❶ 换取。唐韩愈《石鼓歌》:"羲之俗书趁姿媚,数纸尚可～白鹅。"《敦煌变文校注》卷三《茶酒论》:"阿你不闻道:剂酒干和,～锦～罗。"元明《水浒传》一二回:"指望把一身本事,边庭上一枪一刀～个封妻荫子。" ❷ 赌博。宋陆游《老学庵笔记》卷五:"市人有以博戏取人财者,每～必大胜。"元明《水浒传》三八回:"当时李逵慌忙跑出城外小张乙赌房里来,便去场上将这十两银子撒在地下,叫道:'把头钱过来我～!'"明《二刻拍案惊奇》卷一四:"这柑子可要～的?"

【博齿】 bó chǐ 一种博戏用具,类似骰子。唐刘禹锡《观博》:"有～二,异乎古之齿。其制用骨,觚棱四均,镂以朱墨,……视其转止,依以争道。"宋欧阳修《公子》:"犀投～呼成白,桥隔车音听似雷。"

【博刀】 bó dāo 朴刀,一种刀身长而有短柄的兵器。《宋会要辑稿·刑法二》:"诏民间私置～及炉户辄造,并依私有禁兵器法。见有者限一月赴官首纳。"《续资治通鉴长编》卷一一七:"初,转运使言民为盗者多恃～,捕获止科杖罪,法轻不能禁。"

【博赌】bó dǔ 赌博。《太平御览》卷九七八:"服闻者,不知何许人,常往来海边。诸祠中有三仙于祠中~瓜,雇间使担黄白瓜数十头。"清《聊斋志异·王大》:"复入庙,相与~,自午至夜分,李大胜。"《都是幻·写真幻》二回:"貌陋如鬼,酗酒如狂,终日以~为事。"

【博风板】bó fēng bǎn 传统建筑悬山、歇山式屋顶山墙两侧封闭外露檩头的板。元明《水浒传》八四回:"石秀直扒去蓟州衙门庭屋上~里,点起火来。"清《格致镜原》卷二〇:"唐制,王公以下不得施重栱藻井,非常参之官不得用抽心舍、悬鱼、……悬鱼者,~合尖下所垂之物也。"

【博换】bó huàn 换取。《唐律疏议》卷二五:"问曰:有人将私债曲~官奴,得以转事,衣食之直准折官奴价否?"金《刘知远诸宫调》一二:"贪喜欢,失计度,腰间金印他夺却,还~了麻糖怎奈何?"元武汉臣《老生儿》二折:"则是问天~一个儿,却指望养小防备老。"

【博接】bó jiē 即"博唼"。《敦煌变文校注》卷四《降魔变文》:"遥见毒龙,数回~,虽然不饱我一顿,且得噎饥。"

【博浪】bó làng ❶即"波浪❶"。明佚名《墨娥小录》卷一四《行院声嗽》:"脸,~。"❷即"波浪❷"。明《金瓶梅词话》九一回:"孟玉楼看见衙内生的一表人物,风流~。"《警世通言》卷三〇:"那儿子却是个风流~的人,专要结识朋友,觅柳寻花。"

【博浪鼓儿】bó làng gǔ er 即"拨浪鼓"。明《金瓶梅词话》五〇回:"李瓶儿交迎春拿~哄着他,抱与奶子那边屋里去了。"

【博买】bó mǎi 宋代政府管理下的大宗购买。宋苏轼《答李琮书》:"多出钱物茶彩,于沿边一夷人粮米。"《宋史·食货志上三》:"熙宁七年,诏河北转运、提举司置场,以常平及省仓岁用餘粮,减直听民以丝、绵、绫、绢增价、俟秋成博籴。"

【博卖】bó mài ❶宋代政府管理下的大宗出卖交易。宋欧阳修《论矾务利害状》:"臣昨准三司牒,缴连录到晋州~生熟矾始末一宗事理。"《宋史·食货志下六》:"仍许川路餘羡茶货入陕西变卖,于成都府置~都茶场。"❷一种销售方式,以掷钱定输赢,顾客赢则得物,输则付款。宋孟元老《东京梦华录》卷三:"每日如宅舍宫院前,……~冠梳领抹、头面衣着、动使铜铁器、衣箱瓷器之类。"《建炎以来繫年要录》卷一八三:"乙亥诏,禁止沿淮私渡、盗买鞍马、~物色。"

【博磨】bó mó 即"薄嬷"。《宋元戏文辑佚·张姿鸳鸯灯》:"奴家从幼堕落烟花,被这~一个禁价,吃了万千控持。"

【博末子】bó mò zi 即"薄嬷"。明佚名《醉太平带莲花落·掉侃》:"寸打徕不能肚饱,~委实心焦。"

【博钱】bó qián 即"擲钱"。明《朴通事谚解》卷上:"开春时,打球儿,或是~拿钱。"按,谚解引《质问》:"两人赌钱,将八文钱捏在手指,掷之于地。有八背谓之八八,有七字谓之七七,此是为胜;无八八、七七,此是为输。"郎瑛《七修类稿》卷三〇:"~者错处,抹牌者同区。"清《飞龙全传》三六回:"那里有~不给,反欺负乐子的侄儿!"

【博唼】bó qiè 咀嚼出声貌。《敦煌变文校注》卷二《韩擒虎话本》:"不蝼咬嚼,~之间,并乃倾尽。"

【博士】bó shì 对技艺人或茶楼酒店服务人员的尊称。唐封演《封氏闻见记》卷六:"茶毕,命奴子取钱三十文酬煎茶~。"宋孟元老《东京梦华录》卷三:"凡店内卖下酒,厨子谓之茶饭量酒~。"明《金瓶梅词话》六二回:"我是你娘退灾的~。"

【博易】bó yì 交易;交换。唐韩愈《论变盐法事宜状》:"比来商人或自负担斗石,往与百姓~。"宋何薳《春渚纪闻》卷九:"古

铜蟾蜍,章申公砚滴也。……米元章见而甚异之,求以古书~,申公不许。"《明史·西域传三》:"番民所处老思冈之地,土瘠人繁,专务贸贩碉门乌茶、蜀之细布,~羌货,以赡其生。"

【博嘴】bó zuǐ 即"拨嘴❷"。明《挂枝儿·查问》:"汗巾儿送与谁?实实的说来。冤家,休得要~。"

【搏撮】bó cuō 攫取;抓取。《法苑珠林》卷六五:"父母宗亲共相合集,诣大江边饮食自娱,临河不固,失儿堕水,寻时~,竟不能得。"五代刘崇远《金华子杂编》卷下:"厨人馈食于堂,手中盘馔,皆被众禽~。"明徐元太《喻林》卷二三:"如金翅鸟投龙宫中,~诸龙而食啖之。"

【搏弄】bó nòng 摆弄。宋杨万里《雪》:"是雨还堪拾,非花却解飞。儿童最无赖,~肯言归。"元明《水浒传》二回:"俺是东京八十万禁军教头王进的便是,这枪棒终日~。"

【搏手】bó shǒu 徒手相搏,也指徒手搏击的技法。宋李曾伯《回宸翰抚慰将士奏》:"率众登陴,知捐躯而共守;麾军却敌,顾~以遏施。"《元曲选外编·独角牛》一折:"我和你话不相投,我则待斗智相~。"

【膊】bó 肩。唐刘肃《大唐新语》卷一三:"太宗尝宴近臣,令嘲谑以为乐。长孙无忌先嘲欧阳询曰:'耸~成山字,埋肩不出头。谁家麟阁上,画此一猕猴?'"宋张方平《谒青州范天章》:"剑横驴、儒装陋,载列台门霸府雄。"明周瑛《仆夫谣》:"丈二长舆在肩~,山路长驱疾如马。按,此例"肩"与"膊"同义叠用。

【膊项】bó xiàng 同"脖项"。唐王焘《外台秘要方》卷三七:"凡痈疽,脓出后不可疗者有五:……四、~中不仁;五、音嘶色夺。"元王大学士《点绛唇》:"一个上瘿疙疸,一个唇缺丑势煞。"明《西游记》四六回:"那刽子手将一条绳套在他~上,一条绳札住他腿足。"

【膊子】bó zi ❶胳膊。明《西游记》九八回:"长老还自惊疑,行者叉着~,往上一推。"清《儒林外史》六回:"严贡生坐在船上,忽然一时头晕上来,……来富同四斗子一边一个,架着~。"❷同"脖子"。《元曲选·李逵负荆》三折:"他开开门,搂着俺那黑~,叫道:'我那满堂娇儿也!'"清《儒林外史》二二回:"卜信听见这话,头~都飞红了。"

【薄】bó ❶略微;稍稍。唐郑黄《才鬼记·孟氏》:"美容质,能歌舞,~知书,稍有词藻。"《敦煌变文校注》卷二《庐山远公话》:"贱奴身虽居下贱,佛法~会些些。"清《聊斋志异·江城》:"翁姑~让之,女抵牾不可言状。"❷轻;浅。谦词。称自己方面的。《元曲选·柳毅传书》三折:"这~礼呵请先生休见阻。"明《古今小说》卷五:"有个~亲马秀才,饱学之士,在此觅一馆舍。"清《聊斋志异·桓侯》:"岁岁叨扰亲宾,聊设~酌,尽此区区之意。"

【薄薄】bó bó 略微;稍微。明《警世通言》卷三〇:"老拙两个~罪过他两句言语,不想女儿性重,顿然恼快。"《禅真后史》七回:"小弟从幼不才,自倚着~有些技俩,做了那杀人放火的勾当。"清袁枚《子不语》卷一八:"其夫患之,请吴山施道士作法。方设坛,其妻笑曰:'施道士~有名,敢来治我!'"

【薄脆】bó cuì 一种面食。将白面和白糖、清油一起拌和,擀成薄片,撒上去皮的芝麻,放入炉内烤熟。宋高似孙《纬略》卷四:"似孙昔奉祀攒陵,得牙盘食,有所谓薄饵,状如~,而甘脆特甚。"明《金瓶梅词话》四五回:"一面教玉箫将他那原来的盒子装了一盒元宵,一盒白糖。"清朱彝尊《日下旧闻考》卷一六〇:"原京都人以京城内外所有作对,其最可破颜者如臭水塘对香山寺,……细皮~对多肉馄饨。"

【薄干】bó gàn 小事;办点小事。外出办事的婉词。宋元

《清平山堂话本·简帖和尚》："某偶有～，不及亲诣。"《警世通言》卷一六："员外对小夫人道：'出外～，夫人耐静。'"明《禅真逸史》二二回："小可岐阳人氏，有些～出外。"

【薄贱】bó jiàn ❶ 轻视；鄙视。宋《朱子语类》卷一二一："汪圣锡、吕居仁辈稍谨愿，痛被他～。"金《刘知远诸宫调》一："你分星百两，道俺不姓慕容，汉家怎受小儿～？" ❷ 折磨；糟蹋。宋佚名《张协状元》一〇出："因登此山上，强人衣虎皮，把协劫掠～，一查打得、皮肉破损鲜血满。"又三九出："一路自去时，是奴吃～。水远山高甚般险价，谁知见我先抛闪。"

【薄喇】bó la 薄；贫瘠。喇，词缀无义。清《聊斋俚曲·翻魇殃》："还有四十亩～地，也还打他几石粮。"

【薄蓝】bó lán ❶ 衣衫褴褛。《元曲选·合汗衫》三折："〔正末同卜儿～上云〕叫化咱！叫化咱！"又《争报恩》一折："徐宁～上。" ❷ （身体）羸弱。元张可久《寨儿令·收心》："鬓发耽珊，身子～，无语似痴憨。"

【薄襕】bó lán 同"薄蓝❶"。明佚名《女姑姑》楔子："外扮张端甫～上。"又《锁白猿》楔子："真人～冲上。"

【薄篮】bó lán 同"字篮❶"。《元曲选·东堂老》三折："扬州奴同旦儿携～上。"

【薄劣】bó liè ❶ 浅陋不才。谦词。唐杜甫《独酌》："～惭真隐，幽偏得自怡。"《太平广记》卷二六一引《乾𦠿子》："季遐且谦以～，乃率数十人请益。"《旧唐书·郭子仪传》："臣诚～，窃慕古人。" ❷ 顽劣。宋《东坡志林》卷六："涂巷中小儿子～，其家所厌（厌）苦，辄与钱令聚坐，听说古话。"元郑光祖《驻马听·秋闺》："一点来不够身躯小，响喉咙针眼里应难到，煎聒的离人，斗来合噪，草虫之中无你般～把人焦！"清《平山冷燕》一七回："原来这燕生如此～，纵使有才，亦不是重。" ❸ 薄情；薄幸。元张彦文《一枝花》："双渐又程赊，苏卿又～。冯魁恳切，不堪防暗使锹掘。"明柯丹邱《荆钗记》三五出："懊恨娘行忒～，抛闪得两分离在中路里。"郑若庸《南北双调合套·阻欢》："饶君总把机谋设，怎禁那负心～，一一向梦儿中对他分说。" ❹ 粗劣；不佳。《明史·食货志五》："后益杂铅锡，～无形制，至以六七十文当银一分。"《醋葫芦》一二回："他单道自己命中～，八字偃塞。" ❺ 纤弱；羸弱。元宋方壶《一枝花·蚊虫》："妖娆体态轻，～腰肢细。"明孟称舜《娇红记》四五出："但郎气质屡屡～，自来多病，身躯～，怎当得千万折。"

【薄落】bó luò ❶ 同"驳落❶"。唐王建《酬于汝锡晓雪见寄》："～阶前人踏尽，差池树里鸟衔残。"又《梦看梨花云歌》："薄薄落落雾不分，梦中唤作梨花云。" ❷ 即"剥落❷"。《敦煌变文校注》卷六《金刚丑女因缘》："私地诏一宰相，交觅～儿郎。"《元曲选·竹叶舟》楔子："仁兄今日虽然～，一朝运至时来，为师为相，做出那伊尹、傅说的事业，又何难哉！"明薛蕙《村居》："～聊凝望，清江正苦吟。"

【薄媚】bó mèi ❶ 轻薄；无赖。詈词。唐张𬸦《游仙窟》："谁知可憎病鹊，夜半惊人；～狂鸡，三更唱晓。"王梵志《可笑世间人》："背地道他非，对面伊不见；埋著黄蒿中，犹成～鬼。"《敦煌变文校注》卷三《燕子赋（二）》："～黄头雀，便漫说缘由！" ❷ 妩媚；美丽。唐陆龟蒙《和行次野梅韵》："风怜～留香与，月会深情借艳开。"五代何光远《鉴诫录》卷八引章孝标《贻美人》："诸侯帐下惯新妆，皆怯刘家～娘。"宋杜安世《鹊桥仙》："妖娆～，不禁抛摆，渐觉肌肤瘦悴。" ❸ 唐教坊曲调名。唐刘禹锡《曹刚》："一听曹刚弹～，人生不合出京城。"宋黄庭坚《清平乐》："日日梁州～，年年金菊荣花。"按，宋以降衍为多种曲调。《武林旧事》卷一〇有

"传神薄媚""九妆薄媚"等名目，《曲洧旧闻》卷五谓琵琶曲有"轹弦薄媚"。

【薄嬷】bó mó 即"薄母"。明朱有燉《柳摇金·再戒嫖荡》："一觉地青蚨亏欠，～苦熬煎，道调猱酿狙，须恁是钱。"又《香囊怨》三折："禁不得～嗔，受不得子弟窘。"

【薄母】bó mǔ 鸨母。元马致远《青杏子·悟迷》："也不怕～放诈捐，谙知得性格儿从来织下。"

【薄怯】bó qiè ❶ （物体）单薄；不厚实。《册府元龟》卷四九七引后晋天福七年四月诏："当有堤堰～水势冲注处，预先计度，不得临时失于防护。"宋陈规《守城录》卷三："一城门～损敝，寻于门外别立小门一重，各以毡皮钉裹。"金《董解元西厢记》卷七："薄薄怯怯半张鸳被，冷冷清清地睡。"元佚名《风入松》："悄悄鸳帏惭冷，薄怯怯绣衾空设。"明祝允明《南北双调合套·春闺愁绪》："为伴着～翡翠衾，空倚着香枕积黄金兽。" ❷ （某一方面）单弱；有所不足。宋郭若虚《图画见闻志》卷四："吴僧继拳工画山水，与巨然同时，体虽相类而峰峦稍～也。"《元曲选·儿女团圆》三折："我常记的旧年时节，你身子儿～。"

【薄相】bó xiàng ❶ 游戏；戏耍。宋苏轼《赠虔州慈云寺鉴长老》："遍界难藏真～，一丝不挂且逢场。"葛立方《满庭芳·簪梅》："吾年，今老矣。佳人～，笑插林中。" ❷ 犹"薄劣❷"。宋侯寊《减字木兰花》："天公～，惯得柳绵高万丈。"杨万里《竹林》："珍重人家爱竹林，织篱辛苦护寒青。那知竹性元～，须要穿来篱外生。"又《蜡梅》："江梅珍重雪衣裳，～红梅学杏妆。"

【薄行】bó xíng 即"薄幸❶"。唐范摅《云溪友议》卷二："汝父～，嫌吾寝陋。"敦煌词《凤归云》："征夫数载，萍寄他邦。去便无消息，累换星霜。……想君～，更不思量。"

【薄幸】bó xìng ❶ 薄情；负心。唐施肩吾《望夫词》之一："看看北雁又南飞，～征夫久不归。"《元曲选·碧桃花》一折："则要你说下言词有准，休着我为你个～王魁告海神。"明《古今小说》卷二七："可惜一表人才，干恁般～之事。" ❷ 薄情人；负心人。多作情人昵称。五代冯延巳《南乡子》："～不来门半掩，斜阳，负你残春泪几行。"宋黄机《丑奴儿》："泪满乌丝，～知他知不知？"元朱庭玉《一枝花·女怨》："～多应、今宵醉也。" ❸ 薄命。宋张继先《苏幕遮·用伍先生韵和元规》："恰是迷天迷望斗，只恐微躯，～随枯朽。"《元曲选外编·东墙记》二折："他是个异乡背井飘零客，我便是孤枕独眠董秀英，都～。"

bǒ

【跛胳】bǒ gé 膝盖。清《聊斋俚曲·寒森曲》："二相公听的吩咐，疾忙上去，一～跪下禀道：'望爷爷还着妹妹还阳！'"

【跛胳盖】bǒ gé gài 即"跛胳"。清《聊斋俚曲·禳妒咒》："你说他再也不敢了。他出来，我光着～跪着他。"

【跛罗盖子】bǒ luó gài zi 即"跛胳盖"。清《醒世姻缘传》一〇回："这话长着哩，隔着层夏布裤子，垫的～慌，我起来说罢。"

【跛跷】bǒ qiāo 瘸；瘸行貌。清《聊斋俚曲·慈悲曲》："邻舍家有个周妈妈，见他～～的，便问：'这孩子，你那里疼呀？'"

【跛子】bǒ zi 瘸腿的人。《旧五代史·周书·张彦超传》："张彦超，本沙陀部人也，素有邸克之疾，时号为～。"宋刘山老《满庭芳》："～年来，形容何似，俨然一部髭须。"明《平妖传》五回："当初七国时孙膑军师，唐朝娄师德丞相，也都是个～。"

【簸】 bǒ 摆弄。清《儒林外史》四回："不过要～掉我几两银子,好把屋后的那一块田卖与他。"

【簸弄】 bǒ nòng ❶ 摆弄;(在手中)颠倒晃动。唐韩愈《别赵子》:"婆娑海水南,～明月珠。"宋张齐贤《洛阳缙绅旧闻记》卷三:"黄须于床上取一短剑,引出匣,以手～讫,以指弹剑。"明汤式《一枝花·赠儒医任先生归隐》:"常则怕白云引入青山去,包含丹篆,～明珠。" ❷ 操纵;支配控制。《大宋宣和遗事》前集:"徽宗悉由诸奸～,册李师师做李明妃。"明郎瑛《七修类稿》卷〇:"今之小人,一～威权,贪图富贵者,实繁有徒。"《明史·刘概传》:"巧计既行,刑赏予夺虽名人主独操,实一出于其所～。" ❸ 戏弄;捉弄。宋卫宗武《张石山戏笔序》:"夫以宇宙间事事物物牢笼于胸次,顿挫于毫端,以之～娱悦,扢诃嘲笑,美刺抑扬,一惟吾意,可谓善于为戏者矣。"《元曲选·荐福碑》一折:"我平生正直无私曲,一任着小儿～,山鬼揶揄。"明《醒世恒言》卷三七:"子春任他百般～,也只是忍着。" ❹ 挑拨;搬弄(是非)。明陈继儒《读书镜》:"此辈皆能变易听闻,～是非。"《梼杌闲评》二八回:"客氏又在旁～,激恼皇上。" ❺ 施展;显示。宋吴潜《满江红》:"造物小儿忺～,翻云覆雨难摐融。"元柳贯《夜过高邮有感二首》之二:"高沙河里明珠颗,～寒光久寂寥。"明《西湖二集》卷八:"感得一位圣僧神通,铲了一颗头,又钻出一颗头来,如此三五次不止。"

【簸钱】 bǒ qián 即"擲钱"。唐王建《宫词》之九三:"暂向玉花阶下坐,赢得两三筹。"宋陈克《菩萨蛮》:"几处～声,绿窗春睡轻。"清陈维崧《少年游·感旧和柳屯田》:"～庭院,筑球天气,春草绿裙腰。"

bò

【擘】 bò 砸;砍。明《醒世恒言》卷一七:"拿起石头,口里狠着一声,照过迁顶门～将去。"

【擘扯】 bò chě 撕开。《太平广记》卷四三三引《原化记》:"虎得衣跳跃,～而吞之。"

【擘划】 bò huà ❶ 处置;安排。宋金盈之《醉翁谈录》卷六:"送汝上天堂,玉皇不待客;送汝入地狱,阎罗道九百。赠汝一把火,前路自～。"《元曲选·货郎旦》四折:"抛着他浑家不睬,只教那媒人往来,闲家～,诸般绰开。"又《李逵负荆》四折:"怎～,但得个完全尸首,便是十分采。" ❷ 筹措;筹划。宋范祖禹《上哲宗乞不限人数收养贫民》:"畿内诸县亦乞令～官屋,依京师收养,无令远者聚于都下。"宋元《古今小说》卷三三:"你不合勒他讨十万贯见钱。不知这大伯如今那里～将来。"金《董解元西厢记》卷六:"忒孤穷,要一文钱物,也～不动。" ❸ 分辩;分别。元孟汉卿《魔合罗》四折:"已招伏,难～,怎支持?"清梅文鼎《拟璿玑玉衡赋》:"旋之中规,直之中绳,～细,度万其分。"

【擘画】 bò huà ❶ 同"擘划❶"。宋苏颂《奏乞粜官米济民》:"如此～,比之出粟赈济,所费寡而所惠溥。"苏轼《上神宗皇帝书》:"凡所～利害,不问何人,小则随事酬劳,大则量才录用。"元《三国志平话》卷下:"少主问军师:'怕蛮王再来,如何～?'"也指手段、办法。宋《朱子语类》卷一〇六:"绍兴时去得迟,已无～,只依常行,先差一通判抄札城下两县饥民。" ❷ 同"擘划❸"。唐杜牧《寄内兄和州崔员外十二韵》:"光尘能混合,～分明。"明王廷相《新水令·送康对山太史归田》:"空有那好～的诉屈,没巴鼻的望举,及至那当道的先生却欠处。" ❸ 教训;吩咐。清《歧路灯》一四回:"我家大相公,自从俺大爷不在之后,气局不胜从前。少时,爷们～几句话儿,休教失了大爷在日门风。"又八五回:"(王氏)转向巴氏道:'亲家母～他一两句何如?'巴氏道:'我生女儿不用～。'"

【擘苗】 bò jiǎn ❶ 指缲丝。宋许纶《次韵苏伯茂立春日雪》:"蓝田种玉夜生苗,吴娃～盈箔。"元王沂孙《高阳台·咏纸被》:"霜楮刳皮,冰花～,满腔絮湿湘帘。"明徐熥《新弦曲》:"蛮工～冰丝香,旧弦未断新弦张。" ❷ 掰开茧状的面食,其中有预先放入写有官品的纸片,以此推测官运如何。宋梅尧臣《和勇叔内翰》:"来时～正探官,走马传宣夹路看。"黄昇《重叠金·除日立春》:"～莫探官,人间行路难。"

【擘两分星】 bò liǎng fēn xīng 比喻仔细计较。《元曲选·伍员吹箫》三折:"我问他个～,说一段从头的至尾。"

【擘钱】 bò qián 撕冥钱。客居者寒食日的祭祀仪式。宋庄绰《鸡肋编》卷上:"登山望祭,裂冥帛于空中,谓之～。"

【擘眼】 bò yǎn 扒大眼睛,指怒目瞪视。唐王梵志《秋长夜正明》:"两两相劫夺,分毫～净。"又《工匠莫学巧》:"未作道与钱,作了～你。"明陆耀文《天中记》卷四三引《录异传》:"(鬼)复～吐舌,(杨)度怖几死。"

【簸箕】 bò jī 簸扬用具,一端有口,可簸去糠屑。喻指圆弧形。明《西游记》四四回:"众僧把他～阵困了。"《禅真后史》四回:"大家唱了一个～嗒,坐下吃酒。"

【簸箕星】 bò jī xīng 扫帚星;彗星。《五灯会元》卷一一《谷隐蕴聪禅师》:"问:'古人道:见色便见心。露柱是色,那个是心?'师曰:'昼见～。'"《元曲选·黑旋风》一折:"若有人将哥哥厮欺负,我和他两白日便见那～。"

【簸箕掌】 bò jī zhǎng 簸箕的上沿,比喻三面环绕的形式。元明《水浒传》二〇回:"晁盖等头领都上到山寨聚义厅上,～栲栳圈坐定。"又六四回:"左右两边,马军步军分作八路,～栲栳圈重重叠叠围裹将来。"

bǔ

【卜】 bǔ 即"卜旦"。明朱权《卓文君》四折:"〔外扮～引小旦上〕妾身是茂陵富家老妇,夫主亡过,只守着这个女儿过活。"朱有燉《香囊怨》一折:"〔外同～、正旦上〕〔外〕自家姓刘,是这汴梁乐人院里一个出名的末泥。"

【卜安】 bǔ ān ❶ 占卜以择安居之所。唐骆宾王《寒夜独坐游子多怀简知己》:"鹑服长悲碎,蜗庐未～。" ❷ 卜葬的婉词。占卜以择吉祥的葬地。宋欧阳修《皇从侄康州刺史高密侯墓志铭》:"虽不永年,而垂令名。～于此,其固其宁。"张纲《祭叔排岸文》:"人曰不足,叔亦何憾。有子若孙,～于坎。"

【卜处】 bǔ chù 选择处所。宋刘敞《朝散大夫陈君墓志铭》:"～于此,实惟君存。盖古别子,百世不迁。"黄榦《与胡伯量书》:"幹老矣,一二年间,亦有～康庐之意。"

【卜代】 bǔ dài 预兆帝王世代。唐张鷟《朝野佥载》卷六:"心知～之数,中兴之期,乃以假故,来谒睿宗。"李亨《答郭子仪上天子信宝诏》:"我国家～悠久,历数无疆,明神降休,灵贶斯格。"宋田锡《太平颂》:"汉家刑典非刘氏而不王,宜乎皇基若磐石之安,宗室比维城之固。庸知～之吉,何止于三十;卜年之永,将逾于万龄。"

【卜旦】 bǔ dàn 戏曲中扮演老妇人的角色。《元曲选·度柳翠》三折:"〔旦儿云〕母亲,将过那双陆来,我和师父打几贴儿

咱。〔～云〕下次小的每，将过双陆来者。"

【卜地】 bǔ dì ❶ 选择居处。唐李白《题元丹丘颍阳山居》："忽遗苍生望，独与洪崖群。～初晦迹，兴言且成文。"皇甫冉《送窦叔向》："～会为邻，还依仲长室。"清汪琬《袁氏六俊小传》："晚而～桃花坞，筑室灌园，抱膝长吟其间。" ❷ 选择葬地。唐李邕《羽林大将军臧公墓志铭》："以明年七月，～于白鹿原。"元明《三国志通俗演义》卷一六："令人寻庞德尸首，亲自拜祭，用棺椁载往邺郡，～葬之。"清《隋唐演义》二八回："炀帝赐侯夫人御祭一坛，将祭文烧在灵前，～厚葬。"

【卜第】 bǔ dì 选择居处，也指所选择的居处。唐杨巨源《胡二十拜户部兼判度支》："为爱山前新～，不妨风月事琴樽。"宋刘克庄《宋故朝奉大夫方公行状》："公先～城南，至是奉母居焉。"明高启《送唐处敬序》："各以故来居吴，而～适皆与余邻，于是北郭之文物遂盛矣。"

【卜鼎】 bǔ dǐng 选择都城所在地。宋文天祥《改元贺皇帝表》："敚凤历以改弦，衍冯图而～。"宋元《警世通言》卷一二："高宗～临安，改元绍兴。"清弘历《过清河望明陵各题句》："迁京违议辞江国，～深谋近帝都。"

【卜度】 bǔ duó 推测；猜测。《五灯会元》卷一〇《永安禅师》："十方诸佛，一时云集，与诸上座证明，诸上座与佛一时证明，还信么？切忌～。"

【卜儿】 bǔ ér ❶ 即"卜旦"。《元曲选·救孝子》楔子："〔～王婆婆上，云〕老身东军庄人氏。"又《窦娥冤》一折："〔做勒～科。孛老同副净张驴儿冲上，赛卢医慌走下。孛老救～科。张驴儿云〕爹，是个婆婆。"明徐翙《春波影》楔子："〔～扮老尼上〕贫道乃芙蓉城仙尼是也。" ❷ 妓女的假母，即鸨母。元刘庭信《醉太平·走苏卿》："老～接了鸦青钞，俊苏卿受了金花诰。"张可久《柳营曲·酒边有诉》："梦撒幺分，受尽艰辛，撅丁骂，～嗔。"《元曲选·金线池》一折："〔搽旦扮～上，诗云〕不纺丝麻不种田，一生衣饭靠皇天。尽道吾家皮解库，也自人间嫌得钱。"

【卜凤】 bǔ fèng 择婿；（女子）占卜配偶。唐李隆基《册乐成公主文》："方谐～之期，式叶从人之典。"明王錂《春芜记》二〇出："我晓得了。多管是～无期，孤鸾恨牵。"清杨在浦《惜馀春慢》："取荠花～，踏青吉协，颦眉轻扫。"

【卜耕】 bǔ gēng 选择耕种为生，多指隐退田园。唐罗隐《送程尊师东游有寄》："华盖峰前拟～，主人无奈又闲行。"明林俊《明进中顺大夫郭先生墓志铭》："徙东关以让诸弟，～滨居焉。"清朱彝尊《鲈鱼同魏坤作》之三："已脱朝衫分～，剧怜乡味算归程。"

【卜龟】 bǔ guī 用龟占卜，俗称卜龟儿卦。宋赵蕃《挽宋柳州绶》："～得安宅，厥后斯云覆。"明《禅真后史》一七回："又传他个方子，令他办了些礼物，到那占卦的詹师长、～的吴先生、城隍庙孙道士、观音庵洪长老四处吹嘘。"清黄宗羲《陈令升先生传》："尝见其～追一亡人，指其兆在某方，已果于某方获之。"

【卜婚】 bǔ hūn 择婚；选择配偶。宋谢邁《寄饶次守》："颇闻君～，我亦未有妇。要如子柳子，各娶老农女。"明徐渭《寿张滦州朱宜人序》："将～焉而感诸梦，乃得望族朱氏。"清《聊斋志异·云萝公主》："甫周岁，急为～。诸媒接踵。"

【卜基】 bǔ jī 选择建筑基址。宋余安裕《冲天观记》："洞霄知宫灵济通真大师孙处道，兴起宫事，既勤既备，乃～于安吉之青坡。"明《英烈传》六〇回："前者诏建宫殿，那礼、工二部官员，奏请～，恰好在宝志长老冢边。"清陈文述《河口筑堤设闸说》："莫若河口筑堤设闸为宜。堤之筑御黄束清，有旧形也，酌其中而～焉。"

【卜珓】 bǔ jiào 用杯珓（一种蚌壳形的卜具）占卜。宋陆游《入蜀记》："建炎中，大盗张遇号一窝蜂，拥兵过庙下，相率～。一珓腾空中不下，一珓跃出户外。"《朱子语类》卷一二七："此有崔府君庙，甚灵，可以～。"清朱彝尊《乌江谒项王祠题名》："金海陵师渡江，～神前，不许。"

【卜筊】 bǔ jiào 同"卜珓"。元姚桐寿《乐郊私语》："及入城，谒所谓鲁公祠，祠旁有思鲁桥，壁端有～词。州民有疑辄问，凶吉如响。"明《弁而钗·情烈纪》一回："馀生恨乏防身诰，只得向玄冥～，无奈春去秋来赶趱俊髦。"

【卜课】 bǔ kè 起课占卜。明陆采《怀香记》二九出："我家有个乡亲，请你～。"杨致和《西游记传》卷一："我每日送他一尾金色鲤鱼，他便与我～，百下百着。"《大清律例》卷一七："凡阴阳术士，不许于大小文武官员之家，妄言国家祸福，违者杖一百。其依经推算，星命～，不在禁限。"

【卜流】 bǔ liú 以卜卦为业的一类人。明孙绪《无用闲谈》："医流而按摩导引，巫流而咒诅符箓，兵流而纵横游侠，～而谶纬禄命。"清《巧联珠》五回："身穿葛布道袍，搭著补丁数重。恍似村中学究，俨然市上～。"

【卜枚】 bǔ méi 枚卜。古代选士，逐一占卜，称枚卜。也泛指占卜。宋卫泾《先伯知县先伯母孺人墓铭》："择吉～，终公丧之后五月，乃兆于先君墓右。"明吾邱瑞《运甓记》七出："樗栎庸材，深荷玄纁类～。"

【卜命】 bǔ mìng ❶ 占卜命运。唐刘长卿《感怀》："愁中～看周易，梦里招魂读楚词。"明《西湖二集》卷二三："见说枯槽能～，柳州弄口问来婆。"清张祖继《题樊南生小象》："文士如飞将，终身太数奇。问年丁午壮，～甲辰雌。" ❷ 算命；卖卦。明《杜骗新书·诈哄骗》："昼往于市～，夜则归宿于僧寺。"

【卜钱】 bǔ qián ❶ 付给卜师的酬金。唐刘采春《啰唝曲》之三："莫作商人妇，金钗当～。朝朝江口望，错认几人船。"明孙蕡《闺怨》之六〇："凭谁断得郎归日，愿与金钗当～。" ❷ 用钱币做卜具占卜，或指用作卜具的钱币。宋晁说之《淮海》之一："～簇簇怯单单，小妇扬州桥上看。"元任士林《送楼平隐序》："今楼君淳甫将以卜闻而隐其心也，为我张帘大坐，阅市人之富复有饭牛牵狗者乎？子盍掷～而谢之曰：'六经昌矣。'"清朱彝尊《野老》："学易村夫子，劳劳六寸心。～求汉铸，新得火珠林。" ❸ 卖卜的收益。明高启《答胡博士留别》："杜曲无归业，成都有～。"

【卜巧】 bǔ qiǎo 用观察蜘蛛结网疏密等方式占断是否有巧事。宋赵必瑑《齐天乐·簿厅壁灯》："茧帖争先，芋郎～，细说成都旧话。"赵师使《鹊桥仙·丁巳七夕》："花瓜应节，蛛丝～，望月穿针。"

【卜胜】 bǔ shèng ❶ 选择佳处。《敦煌变文校注》卷三《燕子赋(一)》："～[而]处，遂托弘(虹)梁。铺置才了，暂往坻塘。"宋程俱《虞君明謩和刘氏园居诗》："归欤乃其分，～如浮瓌。"明胡直《仁社三逸图赞序》："又创社祭乡约，议得隙壤树屋可以畜众，相率～，咸曰觉山寺之右宜。" ❷ 选择佳时。唐于邵《送峡州刘使君忠州李使君序》："惜五马之不留，合六官以追饯，乃～撰吉，咸集于吏部郎元公之居室。"又《送从舅赴阳翟序》："指途惜别，～初筵。当献岁之方春，对上林之晴雪。"

【卜士】 bǔ shì 占卜师。宋梅尧臣《九月十一日下昭亭舟中》："留取自支机，成都无～。"明《欢喜冤家》九回："那～有人家问，方来问你取钱。"清李渔《凰求凤》二七出："医生不肯用药，～又说极凶。"

【卜室】 bǔ shì 选择居室。唐柳宗元《游南亭夜还叙志》："～有鄠杜，名田占沣涝。"李商隐《为外姑陇西郡君祭张氏女文》：

"旋移许下,念汝支离。～筑居,言迁颍上。"清毛奇龄《依韵答徐生我刚见赠长句》:"他年～想比邻,愿仿吴山待君筑。"

【卜算】 bǔ suàn ❶ 占卜推算。《法苑珠林》卷一〇八:"若学种种咒术,～吉凶,心术不正,如是等不净活命者,是名维口食。"《太平广记》卷二一七引《耳目记》:"既觉,心神恍惚,召贺～之。"明《封神演义》五五回:"方才贫道～,这畜生与那女子该有系足之缘。" ❷ 指占卜推算的术法。唐康子元《对习卜算判》:"赵丁年十八,弟乙年十六,并解～。"元刘壎《隐居通议》卷二八:"～家以四方分金木水火,而土居中位。"清《说岳全传》六四回:"我有兵书三卷:上卷占风望气,中卷行兵布阵,下卷～祈祷。"

【卜坛】 bǔ tán ❶ 选择筑坛位置。《旧唐书·吐蕃传下》:"以丰邑坊盟坛在京城之内,非便,请～于京城之西。" ❷ 卜肆;卦摊。清《玉蜻蜓·问卜》:"你看小小店堂只一间,朱漆栏杆分两边,'～'二字红纸,当面还有班竹帘。"

【卜推】 bǔ tuī 犹"卜算❶"。明《隋炀帝艳史》三六回:"以崔善为司户参军,占候风云,～敌贼。"

【卜问】 bǔ wèn 占卜询问或选择。唐张鷟《朝野佥载》卷五:"忠惶恐,私речи～,被不良人疑之,执送县。"宋叶适《先君述》:"薨之明年,孤适等恸哭行所,～丛辰。"清《十二楼·奉先楼》一回:"绝后不绝后,关系于祖宗,还须对着神主～一～。"

【卜婿】 bǔ xù 择婿。明胡直《敕封张母廖安人墓志铭》:"年及笄～,骂富人不与婚。"朱鼎《玉镜台记》四出:"吾女～,岂敢希汝为比。倘果得如温郎,三生幸也。"《西游记》附录:"有丞相所生一女,名唤温娇,又名满堂娇,未曾婚配,正高结彩楼,抛打绣球～。"

【卜选】 bǔ xuǎn 占卜选择。唐李晔《张文蔚平章事制》:"古者明王居亿兆之上,虑弗用乂,兢兢业业,～梦征,思得全才,俾谋共理。"袁郊《甘泽谣》:"常令三百人夜直州宅。～良日,将并潞州。"宋程颐《葬法决疑》:"至于～时日,亦多乖谬。"

【卜夜】 bǔ yè ❶ 彻夜;通宵。唐权德舆《祭杨校书文》:"猥以蒙琐,辱当亲娅。嘉礼用时,欢言～。"明屠隆《彩毫记》六出:"真殊遇,千年鱼水,又何妨～欢娱。"《西湖二集》卷二一:"郎君何须急急遽如此,妾与君正有～之欢。" ❷ 过夜;度夜;守夜。唐陈羽《彭州新置唐昌县建德草市歌马亭镇》:"遂以俸钱建长亭……则往来者非止昼食,而～可矣。"宋杨亿《史馆张学士知婺州》:"属邑行春熊轼稳,公堂～蟹螯肥。"清施闰章《哭颖亭少司农》:"定交元杵臼,～屡壶觞。" ❸ 入夜;乘夜。唐白居易《得吏部选人入试请继烛以尽精思对》:"历试文辞,俾从～。……虑失宝于握珠,有命则许借光于秉烛。"《太平广记》卷二七五引《常侍旨言》:"家有大丧,贫甚,不办葬礼。伏知相公诚济物,所以～而来,幸相公无怪。"清曾衍东《小豆棚》卷八:"某日之夜,炬而亲迎。……夜而往者何? 曰恐人以朴,故多～。" ❹ 择夜。宋韦骧《再和范同年得厅字》:"冒寒欺雨势,～托龟灵。"张镃《寄呈尤侍郎》之二:"何时容～,灯畔听文衡。"明王立道《平冈七夕见招风雨不克赴》:"仿看牛女会,箕毕尔何如? 旅舍悲秋早,华堂～虚。" ❺ 记夜;夜间计时。宋许纶《次转菴用发公韵并简洪樗野》:"短日驰驱驹一罅,百刻六句分～。"明宋权《野宿》:"农人星～,荒寺磬为更。"清彭肇洙《夜坐》:"田家无刻漏,～听鸡鸣。"

【卜易】 bǔ yì 以《易经》占卜。元舒顿《赠卜筮毕斗南序》:"晋隗烔善～,临终语其妻曰:'五年后有诏使姓龚至。'"明陆采《怀香记》二九出:"据此阴阳明～,免他歧路亡羊。"清《儒林外史》一〇回:"～谈星、看相算命,……晚生都略知道一二。"

【卜姻】 bǔ yīn 犹"卜婚"。清李玉《清忠谱》五折:"〔末〕小

孙年方十三。〔生〕曾～否? 〔末摇手介〕咳! 那里还作此想。"《聊斋志异·柳生》:"因诣柳,将以～。"

【卜隐】 bǔ yǐn 选择隐居。唐郑谷《题嵩高隐者居》:"岂易访仙踪,云萝千万重。他年来～,此景愿相容。"明吾邱瑞《运甓记》二八出:"念郭璞埋名～,他哆口今朝还血刃。"清钱谦益《王氏世德赞》:"德操四世一身,皆持斋断肉,泊然如老僧,～于斯者百有馀年矣。"

【卜茔】 bǔ yíng 选择茔地。唐王维《达奚侍郎夫人寇氏挽词》之一:"～占二室,行哭度千门。"宋陆佃《王氏夫人墓志铭》:"某也抱巨创之至痛,迎棺东归,～宝峰之南。"元牟巘《题李尹异菌》:"己酉正旦,以微恙终。～未遂,停枢中堂。"

【卜昼】 bǔ zhòu 作竟日之欢。唐独孤及《仲春裴胄先宅宴集联句赋诗序》:"后清明三日,二三子春服成,思欲修好寻盟,选胜～,裴侯是以再有投辖之会。"《太平广记》卷三二六引《异闻录》:"将晓,小女郎起,谓警曰:'人神事异,无宜～。'"清吴绮《江秋水园居倡和诗序》:"既经秋而涉岁,或～以连宵。"

【补报】 bǔ bào ❶ 事后补报报告。唐高郢《唐故开府仪同三司守太傅致仕白公墓志铭》:"□先皇帝藉会日语兵,后思理平事,～庙社。"清雍正四年九月二十四日田文镜奏文:"况光州～盗案系四月内事,秋审邹权系六月内事,何难实时揭报,乃候至七月终旬。" ❷ 报答。宋柳开《上言时政表》:"日月垂照临之私,葵藿展～之效。"《元曲选外编·西厢记》二本楔子:"老身子母,如将军所赐之命,将何～?"清《醒世姻缘传》四七回:"那梁和尚发愿要托生冤家做儿,～晁奶奶的恩。" ❸ 添补;贴补。《元曲选外编·智勇定齐》四折:"想当日频采桑园,躬收蚕茧,把家私～。"

【补备】 bǔ bèi ❶ 补充完备。清李光地《进校完朱子全书札子》:"内有重复数十条,及遗漏数条,俱已更换～讫。"又《与友人书》:"至于文义章句之间,后贤有作,不妨～。" ❷ 事后补充备办。清《荡寇志》一一六回:"家父说干戈匆忙之际,一切聘礼,都是草草,只好平定之后～。"

【补偿】 bǔ cháng ❶ 抵偿;赔补损失。宋刘一止《宋故从义郎赵君权厝铭》:"为见使者,请以身任其课,更酿～,有不足,继以私财。"明《醒世恒言》卷二:"左右屋宇窄狭,以所在粟帛之数～晏普,他日自行改造。"清《野叟曝言》一二七回:"那年同大妹在西湖社神庙中过夜,曾借庙中柴火,许其修庙～。" ❷ 补报;报偿。清陈端生《再生缘》六一回:"儿蒙抚长得为王,真正是,养育深恩难～。" ❸ 抵补拖欠(的功课)。清《蜃楼志》四回:"中秋散馆之期,你不想顽,还能～功课,这很使得。"又:"我因欠了功课,在此～,节间不得回家。"

【补衬】 bǔ chèn ❶ 衬垫;作为底衬或内衬。宋李诫《营造法式》卷一三:"凡瓦下～,柴栈为上,版栈次之。"朱彧《萍洲可谈》卷二:"南方大龟长二三尺,介厚而白,造玳瑁器者,用以～,名曰龟筒。" ❷ 补贴;补充。《文献通考》卷四:"后唐天成二年户部奏,苗子一布袋,令纳钱八文,三文仓司吃食～。"《元典章·礼部五》:"但有罪囚患病,其狱卒人等止是报答病证,分数其当该案分,以为～案卷之用。" ❸ 衬托;映衬。清孔尚任《桃花扇》二三出:"樱唇上调朱,莲腮上临稿,写意儿几笔红桃。～些翠枝青叶,分外夭夭。" ❹ 铺衬;做补丁或袼褙用的碎旧布片。明《西游记》四一回:"那包袱也无甚么值钱之物,左右是和尚的破褊衫、旧帽子,背进来拆洗做～。"清《醒世姻缘传》九二回:"当日实有这件破袄,是媳妇子赌气夹了来家,合陈师娘换下的一条破裤,都拆破做～使了。"

【补呈】bǔ chéng ❶事后补充呈上（文稿等）。明王守仁《和大司马白岩乔公诸人送别》："餘数诗，诗稿亡，不及录，容后便求得～也。"徐渭《与萧先生书》："久命作竹南、味菜二诗。竹南诗往时郎君出册已书矣，味菜之作还当努力～。" ❷补递呈词。清《醒世姻缘传》八九回："一个汉子，怕得老婆如虎一般，那里还成世界！快～来，不必过虑！"

【补充】bǔ chōng ❶递补充任（职务）。唐李隆基《亲谒太庙推恩制》："行事斋郎及权～者各赐物十段，升阶者各赐物十五段。"五代石重贵《收复青州大赦文》："其子仁钦，可特授官资，～东头供奉官。"明《拍案惊奇》卷二二："不数日，李全果死，彦思遂得～健儿，为牧守圉人。" ❷添补以抵偿（亏欠）。宋洪适《荆门军奏便民五事状》："县吏却称自均敷以来，逐年递趱，以次年春夏季～前一年之数。"清朱轼《请定盐法疏》："此县之民买食彼县之盐，则彼县之引必不足，而此县之引自有餘，何不即以有餘之引～不足之数？"《聊斋志异·王者》："前银六十万，业已验收在库。当自发贪囊，～旧额。"

【补词】bǔ cí 犹"补呈❷"。清《儒林外史》二四回："正值向知县出门，就喊了冤。知县叫～来。"

【补凑】bǔ còu ❶添补凑足。宋叶适《上宁宗皇帝札子》："比因更易频仍，通约岁终当欠四万餘缗。臣将去官，百方～交之数，极为费力。"明《古今小说》卷八："若还有亲有眷，挪移～得来，那一家不想借贷去取赎？"清洪昇《长生殿》一五出："〔丑〕马一匹驿中现有。〔末、副净〕再要一匹。〔丑〕第二匹实难。" ❷将就；凑合。宋陈著《与贝氏子书中》："柴门任风开闭，茅屋尽日虚闲。～粗茶淡饭，报答流水青山。" ❸拼凑。元方回《赵宾晹诗集序》："惟恐夫诗之不工于言语也，则以风云月露、草木禽鱼之状，～而成诗。"明锺惺《韵诗序》："无彭举之才、情、识、诣，百七章中，必不能无断缺～，虽创胡取焉？"清钱谦益《题交芦言怨集》："诗为主而我为奴，由是而膏唇拭舌，描眉画眼，不至于～割剥，续凫断鹤，截足以适屦，犹以为工。"

【补霉】bǔ cuì 填补；补充。《古尊宿语录》卷四《镇州临济慧照禅师语录》："你向此世界中觅个什么物作解脱？觅取一口饭吃，～过时。"

【补答】bǔ dá 另见 bǔ da。弥补报答。唐张九龄《敕突骑施毗伽可汗书》："可汗向若有礼，以理论奏，阙俟斤牛羊马数虽稍多，欲为～，亦何足难？"明张宁《寄杨同府书》："已上不能～朝廷，抚字黎庶；中不能仰承藩臬，赞其命令。"《警世通言》卷二五："某受施君活命之恩，今生倘不得～，来生亦作犬马相报。"

【补打】bǔ dǎ 打补丁。明《山歌·烧香娘娘》："收捉铜杓注子两件，同两领～个衣裳，替我拿来典当里去当当。"

【补答】bǔ da 另见 bǔ dá。弥补。答，词缀。元刘时中《端正好·上高监司》："借贷数～得十分停当，都侵用过将官府行唐。"

【补代】bǔ dài 上门女婿。宋朱翌《猗觉寮杂记》卷下："世号赘婿为布袋，多不晓其义。……忽一人曰：'语讹也。谓之～，昔人家有女无子，恐世代自此绝，不肯嫁出，招婿以补其世代耳。'"《元曲选·老生儿》一折："无倒断则是营生的计策，今日个眼睁睁都与了～。那里也我的运拙时乖。"清《照世杯·百和坊》："夤缘进去，做个～，不怕一生不享荣华？"

【补垫】bǔ diàn ❶填补（欠额或亏空）。清康熙二十三年三月癸酉上谕："地方督、抚将在库银两那移私用，虽云～，但至题奏时必致朦混销算。"雍正元年七月初九日上谕："每匹扣银三两交部，为王纲明～亏空。"《娱目醒心编》卷七："须知必大家私连田产房屋不满千金，那有现银～？" ❷修补铺衬。清翟均廉《海塘录》卷五："又查石工坍塌后，多用柴镶筑～，是以容易漏纵。"

【补丁】bǔ dīng 补在破损的衣物或物件上的东西。明徐渭《十月望十二月朔百舌群鸣连日》："几筵屏帐无家火，鞋袜衣衫多～。"《西游记》三八回："污了衣服，没人与我浆洗。上面有几个～，天阴发潮，如何穿么？"清《白雪遗音·两口变脸》："身上穿着一件破衣衫，补着～露着肩。"

【补钉】bǔ dīng 同"补丁"。清《姑妄言》二○回："下边穿着一件破夏布小衣，还有几个大～。"《锦绣衣·移绣谱》四回："燕娘身上一件布衫，有百餘个～。"

【补订】bǔ dìng 补充订正。元吴师道《长安志图后题》："取志所书以考史迹，更以旧图较讹舛而～之。"明程敏政《苏溪程氏族谱序》："要其同，合其离，正足以辅统宗之不及而可憾，其～之为难哉！"清沈彤《征仕郎翰林院检讨潘先生行状》："乃著《类音》八卷，以～前古音学之讹阙。"

【补定】bǔ dìng 同"补丁"。明《朴通事谚解》卷中："夜来着李三木匠家里旋做一个柜子，……板子又薄，都是接头～么，多有节子。"

【补洞】bǔ dòng （衣物上）缝补的破洞。明《型世言》二七回："穿了一领油腻的布衫，～的水袜，上皮湾的宕口草鞋。"

【补牍】bǔ dú ❶修补碎牍。用宋赵普被太祖碎其牍修补后再奏的故事（见《宋史·赵普传》），表示忠谏。明杨继盛《送万枫潭少参山东》："圣朝此际求言切，～还思旧谏官。"张景《飞丸记》二五出："〔旦〕君王不听如何？〔生〕则平～还须谏。"清张英《寄座师论谏茬平王公》之一："自是敷天思，康成翘首望尤深。" ❷补充公牍。明吕光洵《请治田围疏》："谨～奏闻，伏候命下，通行申饬。"《明史·刘世扬传》："或国有大事，上命先发诸曹，必～，于次日早朝进之，无竟批文牍者。"清张玉书《萧长源奏疏序》："凡所条列，有朝奏而夕报可者；有～再三，部议中格，卒得俞旨从公请者。"

【补额】bǔ é 补充额定之数。宋《建炎以来繫年要录》卷一七三："泸南帅臣闻于朝，有旨招河东北、陕西等处流寓人及本军子弟～。"明王樵《使代记》："有此四五枝兵，京兵只当阅实，不必～。"清《野叟曝言》八八回："辽东本卫，不过三千额兵，而调拨各卫～之兵，反过于额。"

【补儿】bǔ er 即"补子❶"。明佚名《鸣凤记》三五出："〔旦〕婶婶，你绣著甚么花？〔占〕绣我相公袍上的～。"清《野叟曝言》二八回："我将来就挣不起仙鹤补子，一世穿这鹨鹕～么？"

【补房】bǔ fáng 即"填房❷"。明《梼杌闲评》四二回："只说是个过路官员，要娶他做。"又："新没了夫人，要娶个～。"

【补伏】bǔ fú ❶设伏。元杨维桢《八阵图赋》："凡行军而会阵，或设疑而～，皆游军二十四阵之功。" ❷补偿。明《金瓶梅词话》七五回："也不打紧处，到明日使个小厮送一两银子～他，也是一般。"

【补服】bǔ fú 官员、命妇、兵勇等在正式场合穿用的胸背缀有补子的衣服。参见"补子❶"。明沈德符《万历野获编》卷二："今内廷虽尚设乞巧山子，兵仗局进乞巧针，至宫嫔辈则皆衣鹊桥～。"《金瓶梅词话》七八回："只见荆总制穿着大红麒麟～、浑金带来。"清袁枚《子不语》卷九："果有牛头夜叉辈，约数百人，胸前绣'勇'字～，向裘狰狞呵叱。"

【补复】bǔ fù 同"补伏❷"。清《醒世姻缘传》三○回："他曾卖了老计奶奶一顶珠冠，十八两银子，他没留下一分，都给爷使了。我感他这情，寻思着～他～。"

【补褂】bǔ guà 官员、命妇等在正式场合穿用的胸背缀有

补子的上衣。参见"补子❶"。清雍正元年八月十二日黄国材奏文:"凡在京在外现任官员,每日按品俱穿～;其有职未仕之人,许穿暗织～。"陈端生《再生缘》六八回:"跌脚拍胸寻物件,心慌意乱着衣裳。斜披～大开袖,歪带冠儿出了房。"袁枚《子不语》卷二〇:"道有当事贵人要来相会,遂着蟒衣～,迎至大门外。"

【补官】 bǔ guān 授予官职。宋王安石《祭盛侍郎文》:"～扬州,公得谢归,曾几何时,讣者来门。"明《拍案惊奇》卷二七:"当下别过众尼,自到真州字家,另日赴京,这是后事,不必再题。"清《儒林外史》五二回:"我昨日听得一个朋友说,这里胭脂巷有一位中书秦老爹要上北京～,攒凑盘程,一时不得应手,情愿七扣的短票,借一千两银子。"

【补锅】 bǔ guō 修补漏锅。宋《朱子语类》卷一〇八:"譬如～,谓之小补可也。若要做,须是一切重铸。"明史仲彬《致身录》:"王之臣,家世～,欲以此作生计,号老～。"△清《跻春台·血染衣》:"文环即拿钱请～匠作证,上堂喊冤,告扇是伍黑牛捡去,现有～匠作证。"

【补还】 bǔ huán 补偿归还;弥补还原。宋周必大《论科举代笔》:"或有不能动笔,及大段错谬者,即行驳放,仍推究代笔人,依条施行,却将驳放之数次举～。"明吴易《满江红·和王昭仪》:"愿化为、彩石～他,乾坤缺。"清《醒世姻缘传》四〇回:"他两个是前世少欠下的姻缘,这世里～。"

【补籍】 bǔ jí 补入登录各类人物身分的籍册。宋洪迈《夷坚志》支戊卷四:"生一子,小字云郎。自少即向学,尝应进士,预待～。"明王世贞《周一之墓志铭》:"徐有子三人,长爻～为医士。"清朱鹤龄《书袁杞山事》:"盖郡守姚公善与子澄倡议勤王,潜以其子玉～昆山,更名彦修。"

【补给】 bǔ jǐ 补充给予。明张永明《乞处补禄粮疏》:"将扣留保定等仓提编等项银两,～禄粮支用。"《古今小说》卷九:"差人到吏部去,查他前任履历及新授湖州参军文凭,要得重新～。"清《野叟曝言》一一九回:"两人料是～冠带,登时红光上脸,眼笑眉花。"

【补剂】 bǔ jì ❶ 滋补身体的方剂。金成无已《伤寒明理论》卷四:"人参味甘,为～,去之,使不助热也。"明袁中道《寄苏云浦》:"微有火疾,时起时灭。投～则发火,投清剂则伤胃。"清《红楼梦》八三回:"理宜疏肝保肺,涵养心脾。虽有～,未可骤施。" ❷ 调剂。元戴良《丹溪翁传》:"此作劳后病温,惟当服～自已。今六脉皆搏手,必凉药所致。"清汤斌《详陈芦课办销之艰疏》:"诚以此项银两在小民计亩输将,在州县按则征解,岁有定数,非若关税按货征收,岁额之外稍有盈馀,可以通融～者。"姚延启《上赵观察论粤俗书》:"结之以信,震之以威,平之以情,持之以法。破庸人之见,求～之宜。"

【补价】 bǔ jià 补付价值。清《野叟曝言》九六回:"素臣忙取出四包,送与头人。头人道:'怎好白受你的? 停会原要派人来查,就叫我婆子来～罢。'"又:"多谢你的厚礼,却忘带银钱,改日～罢。"

【补景】 bǔ jǐng ❶ 在人物为主的画幅上点缀花木、山石等衬景,也泛指为画幅添补景色。明王世贞《清明上河图别本》:"上时时草创,下诸祇候～设色,皆称御笔。"清郑绩《梦幻居画学简明》卷二:"写山水点景人物,以山水为主,人物为配;写人物～山水,则以人物为主,山水为配。"《品花宝鉴》六〇回:"这个图怎样的好呢? 还是单画人,还是～呢?" ❷ 添补景色。清李联琇《春兴》:"寄园树槐柳,秾春但一碧。邻家为～,出墙杏花白。"

【补敬】 bǔ jìng 补送礼物,以表尊敬。清《珍珠舶》一六回:

"这个意思,实为轻亵。但因一时不能措备,容俟另日～。"

【补救】 bǔ jiù 弥补以挽回(颓势或损失)。宋宋庠《答内降手诏》:"速遣韩琦等驰至边郡,采访利病,～颓敝。"明《禅真后史》一七回:"且今暂做这一次亏心的事,下次干几件好事～便了。"清李渔《风筝误》一〇出:"地方的事,被前人坏到这个地步,教我怎么～得来?"

【补苴】 bǔ jū 修补;弥补。唐韩愈《进学解》:"抵排异端,攘斥佛老。～罅漏,张皇幽眇。"明《辽海丹忠录》一五回:"朝廷且不惜数百万金钱,为～之计,而明明能乘奴者,任其疾呼不为引手。"清查慎行《送汤西厓南归兼寄严定隅》:"溪堂行～,湖舫待刳剡。"

【补考】 bǔ kǎo ❶ 补充考据。宋王珪《提点京东诸路州军刑狱公事晁君墓志铭》:"又以唐白傅所撰《事类集传》者浸舛,乃参考经史,一以刊是之,仍据旧目,～搪新,别为三十卷,曰《事类后集》。" ❷ 未参与考试或考试不合格者,补行考试。宋许景衡《与晋臣书》:"戴伯挥晚路得禄,一官敕局,忽将终更,～易秩,尚须半年许。"明葛昕《先祖考太子少保葛公行述》:"福建吏二百馀人,以先巡按有事,未与考。既～,具文送部。"清《镜花缘》四二回:"郡县各考,或因患病未及赴试,准病痊时于该衙门呈明～。"

【补孔】 bǔ kǒng 犹"补洞"。明陆采《明珠记》二四出:"被儿底万千～,抛将东海洗难清。"《警世通言》卷一八:"破儒巾,欠时样,蓝衫～重重绽。"清《海烈妇百炼真传》一〇回:"见海氏身上止穿得三层旧布衣,并无半点绵絮,浑身都是～。"

【补空】 bǔ kòng ❶ 书法用语,谓在露白处加笔,以使间架结构稳定。唐欧阳询《三十六书法》:"～,如'我''哉'字作点,须对左边实处,不可与'成''戟''戈'诸字同。"明费瀛《大书长语》:"疏者不得浪宕,密者不得逼塞。分间～,变换垂缩,俱要心匠巧构,因物付形。"清鲁一贞、张廷相《玉燕楼书法》:"或以少而附多,或～而增点,或减繁以生波。" ❷ 谓在别人字画的空白处补笔,也谦称自己的书画、题跋等。宋欧阳修《夏日学书说》:"不必取悦当时之人,垂名于后世,要于自适而已。嘉祐七年正月九日～。"明薛章宪《临江仙》词小注:"石翁既为缪君复端图此,仍书旧作,因语及贱名,故复要余一云。"清弘历《题董邦达西湖画册十四幅》:"而一溪一壑,或以路俊偶经,未有专诗;或以地处幽遐,不及领要,则在全图中尚餘十四景。船窗展玩,南望情驰,各体不拘,聊云～。" ❸ 泛指填补空白或空缺。宋李诫《营造法式》卷一四:"如方桁之类,全用龙凤走飞者,则遍地以云文～。"明绍荦《点绛唇·小园》之二:"三面临流,一方～教栽竹。"清《姑妄言》八回:"日里兴已饱足了,夜间又有阮大铖～,他却也得了个快足。" ❹ 中医指出过一次痘以后,在未出痘处,又出一层痘。明孙一奎《赤水元珠》卷二七上:"其头面疮已破者,复加肿灌手足,遍身原无疮处,又复出一层,谓之～。"张介宾《景岳全书》卷四四:"若只始出一层,后无～之痘,此必尚有伏也。" ❺ 填补空额。清雍正元年正月初一日上谕:"半为胥吏中饱,半为州县～,一遇灾荒,茫无赈贷。"

【补苦】 bǔ kǔ 事后以酒食等慰劳辛苦。清《野叟曝言》九回:"一个是被弩所伤,一个是跌下河去,被水底石块磕伤了头脸。素臣解开银包,取出一块三五钱重的银子,赏令买酒～。"又一二三回:"万岁爷说,累世子吃吓,与太皇太后、皇后、皇妃、各位娘娘赏赐～的。"又一三〇回:"我跪着淌眼泪时,苦得要死。不把红蛋喜果来补我的苦,还扮我的鬼脸吗?"

【补库】 bǔ kù 填补库额空缺。明海瑞《申军门吴尧山便宜六事文》:"况此事柱头原无取银之念,县中止是欲～便了事。"清魏象枢《君心仁爱无尽督抚实政当修等事疏》:"又有各项私派,种

种不一,按粮摊洒,明催暗收,总而名之曰～,谓有司动用库银,应令百姓补之也。"《风流悟》四回:"料想打死这贼,不能赔偿～,不若在这几个捕人身上,尚可协赔。"

【补亏】 bǔ kuī ❶ 宋代杂税的一项名目。宋刘宰《代金坛县申殿最钱札子》:"从使府点定最多一年,行下各县认解,责令通判厅人吏此外不得妄立殿最～等名,另项专人追扰。"《建炎以来繁年要录》卷一六二:"搜刷丁钱,诡立名项,曰～,曰失收,曰复撑,曰排门。" ❷ 填补亏虚。明归有光《自生堂赞》:"～夺其盈,生理罔不奏。"孙承恩《管城答文》:"巧不掩咎,益不～,是故剖斗折衡而民不争,毁字废书而民不欺。"清李渔《比目鱼》一八出:"人死关,登生岸;仗法坛,施奇幻。慢道把孤魂救得成双,～完绽。"

【补礼】 bǔ lǐ 事后补送礼品或补答礼敬。明《禅真逸史》七回:"难得大娘子随喜,偏遇尊体有恙,斋也不曾用得,先去了,另日作东～。"清《说岳全传》三二回:"先拜了元帅,就请新人与牛皋拜了花烛,送归洞房。元帅对金总兵道:'今日匆匆,另日～罢。'"

【补廪】 bǔ lǐn 补入廪生名籍。廪生,公家供给膳食(或折合成廪银)的生员。明归有光《抑斋先生夏君墓志铭》:"御史试高等,当～,忽遭疾。"《醒世恒言》卷二二:"十岁进了府庠,次年第一～。"清《醒世姻缘传》九八回:"禁不得性地聪明,功夫勤力,次年岁考取了案首,即时～。"

【补衲】 bǔ nà ❶ 缝补僧衣。衲,僧衣。也泛指缝补破衣。唐周贺《送灵应禅师》:"坐禅山店迥,～夜烟微。"《元曲选·薛仁贵》四折:"这其间干运供给,执畚捥菜,缝衣～,多亏你这柳氏浑家。"清《续金瓶梅》六〇回:"那白衣婆婆揭开襟底,一个金针送与了空。" ❷ 缝补过的僧衣。唐戴叔伦《赠行脚僧》:"～随缘住,难违尘外踪。"清《野叟曝言》一二五回:"衣必～,食必粗粝。" ❸ 缝补;联缀。宋洪迈《容斋五笔》卷三:"盖取崔信明'枫落吴江冷',……严武'江头赤叶枫愁客',合而用之,乃如～衣裳,殊为可笑。"元佚名《满庭芳》:"破鹤袖～的百般,旧裙腰台色十番。"《元曲选·蝴蝶梦》三折:"叫化的剩饭重煎再煎,～的破袄儿番穿了正穿。" ❹ 身着衲衣,指隐居。金李俊民《题郎文炳心远斋》:"窃笑滥巾北岳,那能～中条。自有胸中邱壑,不妨隐向市朝。"按,此用唐代诗人潘阆改换僧服入中条山避祸之典。 ❺ 堆砌;重复。《五代诗话》卷四引《补泒水亭杂识》:"(张)蟣诗稍通格调,力去～之弊。"明唐志契《绘事微言》卷上:"后生不知法度,描染细巧,以媚俗眼。此是人物景致便成～,非山水也。"清毛奇龄《胡氏东冈琐言序》:"其闻必取真而见必贵确,他日者史馆有人,当必求是书以备搜采,岂曰～是资而已乎!"

【补袍】 bǔ páo 缀有补子的袍服。参见"补子❶"。《大清会典则例》卷一五二:"武舞生用销金百花袍,乐生、文舞生均用素绘葵花。"《皇朝文献通考》卷一七三:"瓦尔喀部系舞司舞八人,服石云缎镶妆缎花,～,狐皮大帽。"《绿野仙踪》三九回:"内穿起花绉纱红袄,外罩暗龙四爪～。"

【补赔】 bǔ péi 补价赔偿。明杨一清《为慎固地方以遏边人事奏》:"前项官军缺少马匹,于各监苑～倒失亏欠儿扇马内给领。"清李中孚《与布抚台论救荒书》:"总催摊派花户,转相侵削。花户得价无几,～不胥倍蓰。"《万花楼》三四回:"无奈军衣尽失,除非代～了,方得完善。"

【补砌】 bǔ qì ❶ 修补砌筑。唐德徽《怀州竖立生台记》:"功圆匠毕,～复周,谨具芳名,以清永固。"元吕希才《闻喜县补修宣圣庙记》:"阶基未完者～之,墙壁未墁者涂墁之。"锺嗣成《醉太平》:"拾灰泥～了旧砖窑,开一个教乞儿市学。" ❷ 拼凑组织。明康海《与彭济物书》:"而二三者,又～所无,以为真有,使仆含垢

于有罪者之籍。"周宏禴《西塘王先生春煦轩集序》:"掠马迁及诸汉人所为文,而～组织;罗太白及诸唐人所为诗,而裁割缀缝。" ❸ 填补;修补。清胡荣《减字木兰花·春昼》:"落红如雨,～苍苔留空处。"《醒世姻缘传》七九回:"某年月日将《檀弓》一本裁坏,以致～。"

【补情】 bǔ qíng 事后补答感谢之情。清陈端生《再生缘》四一回:"我备了几件东西,又忘记带来了,明日送与尔～罢。"《野叟曝言》五五回:"晚间匆匆,愧不成礼,明日再为～!"《歧路灯》四六回:"王中心内着慌,袖内急塞上银子,还承许下事后～的话,差人方才把铁绳收讫。"

【补纫】 bǔ rèn ❶ 缝纫补缀。宋吕南公《哭邓氏女兄》之二:"平生尚未谙奢泰,已病犹能强～。"金元好问《五翼都总领豪士信公之碑》:"周困乏,业单贫,奉宾客,而己身服～之衣,家无肉食之奉。"明《二刻拍案惊奇》卷三二:"只绩纺～,资给度日,守那寄儿长成。" ❷ 修补。宋陈文蔚《穷冬积雪闻织纺妇》:"冯谁歌七月,俾汝知时节。塞壎聊～,团栾围榾柮。"清毛奇龄《初入史馆作》:"馆案既渐缺,册府亦已湮。因命合绳纂,众腋同～。" ❸ 扶立;扶持。宋吴泳《李埴授兼侍读制》:"逮诸老收声之尽,屹孤忠贯日之明。～犀倾,扶立鼇断。"魏了翁《被召除授礼部尚书内引奏事第一札》:"是岂知权奸擅国之久,无一不坏。譬诸衣敝而生虮虱,木蠹而长蟫蚁,～培养,此岂一旦夕之功?" ❹ 裁剪。宋赵蕃《戏明叔》:"我云未若子陈子,挂箔为图能事新。剪刀不用求诸并,海图波涛供～。"

【补塞】 bǔ sāi ❶ 修补堵塞(疏失或脱漏)。唐刘知古《日月元枢论》:"今更撰录～遗脱,故复作《五类》,则《大易》情性尽矣。"宋朱熹《辞免直秘阁状》:"政使粗能措画、不致大段狼狈,亦是职守之常,何足～愆负?"清蔡世远《黄元杜文集序》:"即幸而得第,亦不过与时俯仰,随事～,无志气以鼓之。" ❷ 修补堵塞(裂隙或破口)。宋孙沔《潭州灵津庙碑》:"吏惰不虔,椠积不厚,……事失备豫,不复可～。"明《英烈传》四七回:"众军着急,都去舱内～。"清马逢皋《筑堤事宜状》:"因时～,逐年加治,行见高者益高,厚者益厚。"

【补寿】 bǔ shòu ❶ 增添寿数。金王处一《赠杨都目》:"都目精持道念深,教门有分做知音。添神～光明聚,退志违余祸必临。" ❷ 事后为人庆寿。清李渔《比目鱼》二七出:"一齐告过晏公,替他改期一月,到了十一月初三,方才替他～。"《绿野仙踪》四七回:"但今日实为金姐母亲～而来。新愈之躯,亦不敢与孙吴对垒。"《醒名花》一一回:"直至初六那一日,陶家的请酒帖到了,方晓得缘故。急得手足无措,忙忙的备些礼物,到门～。"

【补数】 bǔ shù 凑数;填补数目上的空缺。宋真德秀《上宰执乞截上供米借见管钱札子》:"兑不足者,虽上供谷亦听兑,候丰熟时粜～起发。"元胡祗遹《军前身死在逃之弊状》:"管军官恐负逃军之罪责,皆以死夭申报,复来鄂勒起发～。"清《醒世姻缘传》三二回:"也是那一年这街上打了众人没打他,他如今来～儿哩。"

【补送】 bǔ sòng 事后呈送。明徐霖《绣襦记》一七出:"〔丑〕要娶大姐,必须得好些礼。〔生〕论聘仪容当～。"清弘历《村行》之一:"据鞍回望得神解,～兰中一段凉。"《绿野仙踪》四八回:"因为我的贱辰,～礼物,已经过分了。"

【补损】 bǔ sǔn 补救医治跌打损伤。宋钱易《南部新书》辛集:"无名异自南海来,……一云药木胶所成,然其功～立验。"明王肯堂《证治准绳》卷一一八:"次以～好膏贴之,亦要以杉皮夹住,令损处坚固。"《杜骗新书·妇人骗》:"我跌坏了,前去须买～膏药贴。"

【补填】 bǔ tián 填补。《旧唐书·李德裕传》："唯有留使钱五十万贯，每年支用，犹欠十三万贯不足。常须是事节俭，百计～。"明《二刻拍案惊奇》卷三九："金子是小事，挣得再做几个富户不着，便好～了。"清弘历《命大学士于敏中补书柳公权兰亭诗帖版缺画者》："镌刻戏鸿惜漫漶，～卧虎付丝纶。"

【补贴】 bǔ tiē ❶ 贴补。唐白居易《和东川杨慕巢尚书府中独坐》："老将荣，愁用道销磨。"清查慎行《谢院长惠人参》之一："朝来忽荷盈斤赐，～贫官俸两年。"《绣戈袍》二八回："若问库内所发的工料费银，一切秤头银水以及物价低昂，无不～的。" ❷ 修补贴护。宋李复《乞开黄河中滩疏》："臣既多方措置，两月稍见次第。然今年～虽得稍定，来年遇涨还待。"方岳《春日杂兴》之六："身似漏船难～，齿如败屐久凋零。" ❸ 粘补。宋朱熹《答詹帅书》："～处不入行道，须得善工识字体者偿那取正。"元胡祇遹《又稽迟违错之弊》："奸吏倒提月日，～虚检，行移调发，文饰捏合。" ❹ 衬补；衬托。清孔尚任《桃花扇》二出："这是蓝田叔画的拳石。呀！就写兰于石旁，借他的～也好。"

【补帖】 bǔ tiě ❶ 一种临时颁发的官身文凭，留待将来实授。宋洪适《礼部论王振服色札子》："本人元系靖康元年于客人处，买到代州纳白米空名将仕郎～，经开封府书填续。"真德秀《又申乞黄达等赏疏》："于是书写赏榜，出给～，密切发下本军。且许事成之日，具申朝廷补授真命权军事。" ❷ 事后补呈名帖。清《歧路灯》四九回："也不用先投帖子，请舅爷自己拣个闲的日子，咱这里～才是。"又一○八回："进的西门，满路都是贺桌，人人举觞。黄岩公父子疾忙下轿，一一致谢，说：'改日～罢。'"

【补托】 bǔ tuō 用药托补肌体。宋陈言《三因极一病证方论》卷一四："若能审其名证，早早施治，仍用药以攻利其根，～其里。"明程敏政《橘泉翁传》："疡医欲与之《十宣散》～之。翁曰：'此有馀之火，无事于补。'"清《绣戈袍》四回："但尊夫人邪由虚入，苟非以熟地～，邪反不得出。"

【补完】 bǔ wán ❶ 补足；补充使充足。唐李绛《李相国论事集》卷五："锷有理事才，长于～省费收聚储蓄之事，虽毫芒不遗。"宋韩琦《到魏四年乞移乡郡奏状》："俾臣得爱养精神，～气血，少休岁月，或就痊平。"清《歧路灯》一○○回："他的银子，二十两不足钱数，腰里瓶口又掏出一小封银子～。" ❷ 修补使完整。元《七国春秋平话》卷上："两手～天地缺，一心分破帝王忧。"明潘季驯《河防一览》卷一二："创筑完遥堤长一千零五丈，～缺口五十七处。"杨柔胜《玉环记》三四出："只今撑住山河，～天地，无使蛮夷叛逆。" ❸ 修补完了；补办完了。明《西洋记》二八回："容贫道暂且回山采些药草，～了这个瓶儿，再来与大王出力。"清李玉《清忠谱》九折："～未了事，题作小云栖。"

【补伍】 bǔ wǔ 补充军伍缺员。明吴宽《明故中议大夫蔡君墓表》："会大雨雪，不可进，冻死甚众。众议募民壮～。"沈鲸《双珠记》四出："王津是王沂的弟，王楫是王津的男。王津已故，该王楫～。"清《女仙外史》一九回："止有三四十名带伤，发在护军营内调养，挑换精锐～。"

【补谢】 bǔ xiè 事后致谢。宋元《古今小说》卷三九："世雄手无利权，只有些小私财，权当路费。改日两位若便道光顾，尚容～。"清《春柳莺》五回："家下凡百，俱求代看一二。倘有简亵，俟回日～。"

【补修】 bǔ xiū 修补。《唐会要》卷六四："（大中）三年二月弘文馆奏请添修屋宇，……伏望赐敕所司遂急～。"明潘季驯《河防一览》卷九："如有汕刷浪窝，随时～。"清《绿野仙踪》七七回："我恐不足用，又谕令～三百只，着连夜措办。"

【补叙】 bǔ xù ❶ 官员按资历或功勋叙用。宋李新《上皇帝万言书》："至一牧守，一监司，迁除～，出自权门。天子颔之而已。"明孙传庭《报三水捷功疏》："前叙澄城捷功，未经列名，昨于寇渠投抚疏中～。"清《平定台湾纪略》卷五一："其意不过遇有带兵打仗，即可将恒瑞～功绩，冀朕加恩录用。" ❷ 补充叙述。清王懋竑《读史漫记》："不知《通鉴》所书乃后事，非～前事也。"《镜花缘》一○○回："将碑记付给此人，径自回山。此人见上面事迹纷纭，～不易。"《绣戈袍》二八回："未知吴翰回衙如何寻着王氏，王氏现在何处？下回～。"

【补养】 bǔ yǎng 用饮食或药物滋养身体。唐孙思邈《备急千金要方》卷五七："平旦服而不下者，平旦更加药半钱，下后自然～。"宋胡寅《亡室张氏墓志铭》："后乃病益数，不遇大医，又缺～，享年三十。"清《醒世姻缘传》七三回："乖儿子去的多了，吃娘的些奶～～。"

【补衣】 bǔ yī ❶ 补过的衣服。宋赵蕃《次韵伯元季奕送父因以见寄》之五："秋之为气已堪悲，那对掺掺旧～。"元程文海《题召秀才孟阳处士诗卷》："孟阳处士入京师，身着山中旧～。"清汪琬《工部尚书汤公墓志铭》："性故廉介，～素食，怡然自适。" ❷ 指僧衣。明何宇度《益部谈资》卷上："僧皆系中年，红～僧帽，束五彩软带。" ❸ 即"补服"。明佚名《霞笺记》一○出："未登云路，先穿～，快脱下来！"清《水浒后传》三八回："燕青太子少师，封文成侯，特赐金印一章，文曰'忠真济美'，仙鹤～一袭。"《歧路灯》一○七回："可见正人做官，到重来时欢声遍野；若是小人，只得唾骂由其唾骂了。穿～的人，何可不惧？"

【补荫】 bǔ yìn 以荫功授予官职或监生资格。《续资治通鉴长编》卷一○一："诏～京朝官，监当六年无赃私罪者与亲民，尝坐赃私者听旨。"明《二刻拍案惊奇》卷三二："宁可先报了名字去，他日可把人来。"清《野叟曝言》一二○回："东方旭替洪儒在阁部两处料理，准了～，故来坐监。"

【补元】 bǔ yuán 滋补元气。宋《圣济总录纂要》卷九："鹅梨煎丸，治冷痰，凉心肺，利胸膈，解毒～益气。"明徐谦《仁端录》卷三："用人参、黄芪、甘草以～。"清《野叟曝言》一三五回："老爷病久元虚，不必攻病，只消～。"

【补圆】 bǔ yuán 犹"补完❷"。元佚名《小张屠》三折："那爷爷曾抚的社稷安，～天地窄。"

【补增】 bǔ zēng 补入增广生员名额。增广生员是比廪生低一等的生员。清李渔《怜香伴》八出："〔末、丑〕相公还是要～补廪？〔净〕谁做那迂阔的事，不过要打个平安醮。"《醒世姻缘传》一六回："从小小的年纪进了学，头一次岁考补了增，第二遍科考补了廪。"

【补绽】 bǔ zhàn 缝补。唐白居易《狂吟七言十四韵》："～衣裳愧妻女，支持酒肉赖交亲。"清《霓裳续谱·美满的姻缘》："衣衫破了来，谁与你缝连。"明徐复祚《投梭记》八出："看你衣服殷，多，脊背弯，如病疽。"《元曲选·老生儿》楔子："一来依仗着他爷娘家，二来与人家缝破～，洗衣刮裳，觅的些东西，来与这孩儿做学课钱。"清李渔《意中缘》一○出："我自有金针能～，何愁破衲凋残。"

【补帐】 bǔ zhàng 填补账目上的空缺。清《侠义风月传》八回："我又不是你历城县人，又不少你历城县的钱粮，你太爷只管来寻我做什么？莫非前日谋我不死，今日又来请去～？"

【补笊篱】 bǔ zhào lí 比喻用多馀的钱做没有用的事。元郑廷玉《后庭花》一折："谁有闲钱～，谁贪酒溺脚跟。"高文秀《黑旋风》三折："俺孩儿每卧土坑，披麻被，你可也争知？谁有那闲

钱～。"

【补针】bǔ zhēn　用针修补衣服。明《山歌·专心》:"姐儿弗会缝联弗～,单单只会结私情。"

【补纸】bǔ zhǐ　即"补状"。清《娱目醒心编》卷六:"官府问了话,着令～进来。赛葛便与他写了呈词。"

【补烛】bǔ zhú　旧蜡烛燃完后换上新蜡烛。《元曲选·竹坞听琴》楔子:"愿富贵待何如? 我则待添香可也～,常伏侍着你这一个老姑姑。"

【补助】bǔ zhù　补益;给予帮助。清李渔《怜香伴》八出:"〔外〕还该仗药饵～才是。〔副净〕只不过盘供苜蓿,那里讨芪术参苓?"《飞龙全传》二七回:"原来这二妖专一变做美貌妇人,迷惑男子,漏取真阳,～自己工力。"

【补祝】bǔ zhù　事后致贺。清《绿野仙踪》五四回:"明日是正生日,我们大家～也不迟。"又四七回:"我这几天,遍数略少些;到二十三日,也就好了。即或不好,我将来亲去,与他～罢。"

【补妆】bǔ zhuāng　对化过的妆进行修补。明陈铎《小桃红·纸雁儿》:"～羞对双金钿,清愁一点,有谁曾见,和影过远山前。"

【补状】bǔ zhuàng　补呈诉状或供状,也指补呈的状纸。明《醋葫芦》九回:"或是假捏牌票,曾经诈害甚么人过,还是私造公文,欺诳官长? 只将的确罪犯～上来,待本部这里也好处分。"《拍案惊奇》卷二九:"不想辛家知道,也来～,要追究奸情。"《杜骗新书·谋财骗》:"材上船,见丝搬去,乃大与逢殴,即一复告抢丝五十担,以一船客伙稍公作证。"清《醒世姻缘传》八〇回:"他得咱这们些银子,哄着咱又告下状来。我必定～追他的银子还咱。"

【补缀】bǔ zhuì　缝补;修补。明《醒世恒言》卷二七:"抬头看见梁间燕子,～旧垒。"《石点头》卷六:"大凡妇女缝联～,原为本事。"清《雪月梅》八回:"只见一个有年纪的妇人在灯下～,因问道:'这是那里?'"

【补子】bǔ zi　❶缀在官服上用金丝彩线绣成的图案,作为不同品级的标志。清梁绍壬《两般秋雨随笔·补子》:"品级～,定于洪武,行于嘉靖,仍用至今。"△《儿女英雄传》三六回:"是日,安老爷因是个喜庆日期,兼要叩谢天恩祖德,便穿了件纵线打边加红配绿的打字儿七品～的公服。"❷衣服上刺绣的图案。明《金瓶梅词话》七回:"妇人出来,上穿翠蓝麒麟～花纱衫,大红装花宽栏。"又五九回:"头上戴着披巾,身上穿青纬罗暗～直身,粉底皂靴。"

【补足】bǔ zú　补充使足数。明《醒世恒言》卷二七:"若少了一文,便打个臭死,夜饭也不与我吃,又要在明日～。"沈采《千金记》四七出:"这名人夫,就着里长押带长亭,～伺候。"清《醒世姻缘传》五回:"如今只是一面做着,将见有的且先交付与他,待小人们着一人先回去取来～。"

【补罪】bǔ zuì　弥补罪过、过错。明《杜骗新书·引赌骗》:"望相公赦我,索须出去迎他,容后日多陪相公几日以～。"

【捕房】bǔ fáng　衙门里关押犯人的房间。清《歧路灯》六五回:"单说捕班一起人接着,吴虎山是兄弟二山搀着,尚腾云是厨头张五海搀着,进了～下处。"

【捕获】bǔ huò　缉拿。明《醒世恒言》卷四:"即差缉捕使臣带领几个做公的,押张霸做眼,前去～。"清《儒林外史》一〇回:"这位王道却是了不得。而今朝廷～得他甚紧。"

【捕快】bǔ kuài　衙门里捕人的差役。明《醒世恒言》卷二〇:"众～将一应细软,都搜括出来,只拣银两衣饰,各自溜过,其餘打起几个大包,连店中布匹,尽情收拾。"清《歧路灯》七二回:

"这二位是县爷堂上～,往元城关口供。"

【捕拿】bǔ ná　捉拿。清《儒林外史》一〇回:"所以朝廷尤把他罪状的狠,悬赏～。"

【捕人】bǔ rén　即"捕役"。明《醒世恒言》卷二〇:"幼时有个同窗杨洪,闻得现今充当～。"又:"只因强盗设～,谁知～赛强盗。"

【捕厅】bǔ tīng　明清州县衙门中的佐杂官,如吏目、县丞、典史等。因有缉捕之职,故称。有时也指其官衙。明《型世言》一六回:"(萧腾)混了两年,后来实授。拿了一起江洋大盗,不曾送～,竟自通申,恼了～。"△清《官场现形记》四五回:"前任～随太爷坐在帐房里,请帐房师爷说话。"

【捕头】bǔ tóu　捕快的头目。明《二刻拍案惊奇》卷三九:"知县即唤书房写下捕盗批文,差下～两人,又写下关子,关会长、吴二县,必要拿那懒龙到官。"清《歧路灯》七三回:"况这里～王大哥、张家第三的,咱们与他有个香头儿。"

【捕衙】bǔ yá　即"捕厅"。明《二刻拍案惊奇》卷四:"谢廉使审得真情,即发宪牌一张,……又发牌～,在红花场起尸。"

【捕役】bǔ yì　州县衙负责缉捕的差役。明《醒世恒言》卷三六:"管事三日,便差当的～缉访贼党胡蛮等。"

【哺抱】bǔ bào　喂养;养育。清《子不语》卷二一:"其姊生子,年甫五岁。每舅氏来,代为～,以为惯常。"

【哺菜】bǔ cài　布菜,吃饭时夹菜给别人。明《金瓶梅词话》五一回:"孟玉楼在旁斟酒,～儿与他吃。"又五二回:"伯爵道:'等我～儿。我本领儿不济事,拿勤劳准折罢了。'"

【哺啜】bǔ chuò　吃喝。《元曲选外编·西厢记》二本三折:"小生非图～而来,此事果若不谐,小生即当告退。"元郑光祖《周公摄政》四折:"打打这厮冻妻子舌尖了快,打打这厮图～信口胡开。"清李渔《慎鸾交》九出:"图～,把山登。更有心头事,盼财星。"袁枚《续子不语》卷二:"有酒食送楼上,盘盘皆空,但闻～之声。"

【哺馇】bǔ chuò　吃喝。《太平广记》卷三二三引《述异记》:"见瓯器自运,盛饮斟羹,罗列案上,闻～之声。"元明《三国志通俗演义》卷四:"吾非为～而来,欲见一面回西凉州去,何太薄情而外我?"

【哺鸡】bǔ jī　抱窝的鸡。清《虞初新志》卷一八:"衢州里胥至贫民家督赋,民只一～,拟烹之。"

【哺乳】bǔ rǔ　喂奶;吃奶。宋洪迈《夷坚志》三辛卷四:"志在为姬侍,不屑～,故杀儿。"明《欢喜冤家》二一回:"存下此子,待断～,倘后生了子侄,将此子付还朱家。"清《万花楼》一回:"却说这狄广止有一子,方在～小儿。"又六〇回:"圣上春秋只有十九,当初乃是～小儿,焉知奸人暗害。"《野叟曝言》四二回:"田氏已卸下男装,抱过小孩～。"

【哺时】bǔ shí　申时。下午三点到五点。明《鸳渚志餘雪窗谈异》卷下:"至元丙申春日～,翁婿倚门柳相语。"清《野叟曝言》三回:"加以～即雨,游人本来稀少。"

【哺食】bǔ shí　喂食。明陈汝元《金莲记》三六出:"梦绕云山,酷似捶心之鹿;养疏菽水,有惭～之乌。"清《野叟曝言》六八回:"丫鬟送上参粥早膳,随氏～已毕,素臣疲乏睡去。"

【哺饲】bǔ sì　喂养;饲养。宋洪迈《夷坚志》乙卷一七:"晨起行径中见鸠雏堕地,携以归。躬自～。"

【哺送】bǔ sòng　嘴对嘴喂送。清《野叟曝言》六七回:"向来承值参药的,是都含着参汤一口一口的～下去。"

【哺养】bǔ yǎng　喂养。《太平广记》卷一一〇引《冥报拾遗》:"有鸠巢其房楹上,～二雏。"又卷三一四引《野人闲话》:"过

桥,见一婴儿,以蕉叶荐之,泳怜其形相貌异,收归～为子。"明佚名《四贤记》三三出:"承怜悯流离琐尾,～好维持。"

【哺育】 bǔ yù 喂养;培育。宋洪迈《夷坚志》支甲卷八:"乃抱归邸舍。适邸妇有乳,倩使～。"明《英烈传》三三回:"孙氏对他说知,渔翁嗟叹不已,便说:'我当为你～此儿。'"

【哺种】 bǔ zhǒng 养育后代。清《何典》一〇回:"就安居乐业的住在里头,生儿～。"

bù

【不】 bù 副词。 ❶ 不曾;没有。宋《朱子语类》卷一〇六:"(贼)捉得,便自欢喜;～捉得,则终夜皇恐。"元明《水浒传》六七回:"下山来,～杀得一人,空着双手,怎地回去!"清《红楼梦》二九回:"今儿～承望来这么些人。" ❷ 莫非。元《元曲选·鲁斋郎》二折:"你～有些烦恼,心中舍不的么?" ❸ 用在重叠的名词、形容词或动宾结构中间,表示选择、不在乎或不相干。明《二刻拍案惊奇》卷四:"杨金事见唱出'滇南'两字,一个撞心拳,变了脸色道:'要你们提起甚么滇南～滇南?'"清李渔《怜香伴》二八出:"随往各衙门说些分上,赚些银子,还了前账,白白落彼这个举人。你说便宜～便宜?"《红楼梦》一一回:"一家子骨肉,说甚么年轻～年轻的话。"

【不碍】 bù ài ❶ 能通过,无阻碍。唐元稹《蟆子诗序》:"蟆,蚊类也。其实黑而小,～纱縠,夜伏而昼飞。"宋文天祥《己未上皇帝书》:"其弊也,有才者常以无资格而不得迁,不肖者常以～资格法而至于大用。" ❷ 不亚于。唐韦宗卿《隐山六峒记》:"左右石壁,皆光滑密致,有如磨砻,～绵絮。" ❸ 不弃;不排除。唐李商隐《为举人上翰林萧侍郎启》:"丙丞相之车茵,宁弹醉客;平津侯之宾馆,～布衣。"李儇《委使臣征访兵术贤才诏》:"跅弛遗才,沈沦末位,～文武,并须干闻。"明张鼐《盖茅处记》:"古之至人,以三光为户牖,故～桑枢;四时为庭除,故不卑茨草。" ❹ 不关涉;不影响。唐孙公辅《新修夏邑县城门楼记》:"其经费也,自抡材至卒工,～匹夫之膏泽,必因庶役之餘羡。"宋朱熹《乞蠲减星子县税钱第二状》:"计其所捐,除上供数外,不过绸绢一千五十餘匹、钱二千九百餘贯,比之汀州之数,未为甚费。"明屠隆《昙花记》二一出:"看金屏绣褥,～壶冰。污泥清水,香发莲花莹净。" ❺ 不计较;不在乎。《古尊宿语录》卷一〇《并州承天嵩禅师语录》:"问:'莲华未出水时如何?'师云:'隐隐地。'云:'出水后如何?'师云:'～众人看。'"宋刘斧《青琐高议》后集卷一〇:"先生日过其门,则引手谓李生曰:'赠我百金为酒费。'生～其请,即时遗之。"明袁中道《太和山中杂咏》之五:"烟眠月宿渐沉酣,邃壑崇峰任意探。～繁华随点缀,有情污垢尽包含。" ❻ 不触犯;不妨害。宋张端义《贵耳集》卷下:"贫道铸者泥钱,不曾用铜,似～法令。"宋元《警世通言》卷一二:"足下既然别娶,可携新阃同来,做个亲戚,庶于邻里耳目～。"明孙仁孺《东郭记》四四出:"微时旧事何深讽? 总～齐人今日这恩荣。" ❼ 反衬出;能显出。宋王之道《菩萨蛮·采莲女》:"藕丝衫剪剪红窄,衫轻～琼肤白。"元刘壎《隐居通议》卷六:"自后作者继出,各有所长,然于组织错综之中,～纵横逸之势,则左太冲之赋。"清李渔《凤求凤》八出:"又谁料才肥～腰肢瘦,笔劲翻宜指节柔。" ❽ 无妨;不要紧。元《三国志平话》卷下:"马谡又骂太守,言军师者吾乃乡人也,吾失了城～。"明《警世通言》卷二四:"老鸨听说,拜道:'不知贵公子,失瞻休罪。'公子道:'～,休要计较。'"清《白雪遗音·相思债》:"那先

生,看罢脉时说～,也不是病来也不是灾。" ❾ 纵是;哪怕。清顾炎武《采芝》:"采芝来谷底,汲水到池坳。～风尘际,常观气化交。"查慎行《汤西厓前辈自通政改授翰林掌院学士》之一:"文章旧价新增重,～来迟十二年。"又《奉题座主宗伯公松下读书图》之一:"～须髯银样白,精神犹似入朝初。"

【不办】 bù bàn 不完;不及。置于动词之后,补充说明动作难以完成。宋《朱子语类》卷九:"道理无穷。你要去做,又做～;极力做得三五件,又倦了。"又卷一〇五:"如今书已尽多了,更有,却看～。"《五灯会元》卷一九《白云守端禅师》:"大似临嫁医瘿,卒著手脚～。"

【不比】 bù bǐ ❶ 不同;不一样。《敦煌变文校注》卷四《太子成道变文(四)》:"我此太子,且与世间～,具有毫相双光。" ❷ 不同于;跟……不一样。唐白居易《宴桃源》:"前度小花静院,～寻常时见。见了又还休,愁却等闲分散。肠断。肠断。"宋张先《蝶恋花》:"移得绿杨栽后院,学舞宫腰,二月青犹短。～灞陵多送远,残丝乱絮东西岸。"清《飞龙全传》七回:"我如今～往常了,新合着一个伙计,银子是他掌管。" ❸ 不亚于;比……不差。宋刘敞《昨日风赠王舒》:"十年麻衣走南北,饥寒～仓中鼠。"《元曲选·倩女离魂》一折:"他拂素楮鹅溪茧,蘸中山玉兔毫。不弱如骆宾王夜作论天表,也不让李太白醉写平蛮稿,也～汉相如病受征贤诏。"清孔尚任《桃花扇》二出:"这恩荣锡衮封主,～那登龙御李。" ❹ 不是。金《董解元西厢记》卷二:"僧人把他衣扯着,低言悄语唤哥哥:'又～书房里闲吟课,你须见贼军排列着。'"明《西游记》四九回:"这不是打银之锤,……原来～凡间物,出处还从仙苑名。"清《飞龙全传》一八回:"匡胤好言抚慰道:'俺～那邪淫之辈,你休妄惊慌。'" ❺ 不如;比不上。《元曲选·窦娥冤》二折:"你莫不为黄金浮世宝,白发故人稀,因此上把旧恩情全～新知契。"明汤式《小梁州·代人寄情》:"我家私虽～王十万,论声名索另眼儿相看。"清《歧路灯》七七回:"但家中～前几年丰厚,还要费个周章,你看怎么料理?" ❻ 不能。元明《水浒传》八二回:"头一个装外的,……虽～持公守正,亦能辨律吕宫商。"

【不便】 bù biàn ❶ 患病、怀孕、来月经等情况的避讳语。《元曲选外编·升仙梦》一折:"我身上也～,……我还家去,等天明了我来看他。"清李渔《凤求凤》七出:"我的耳朵～,待小姐出来,你对他讲。"《歧路灯》二五回:"那冰梅也顾不得身上～,急去厨下,泡的姜汤来灌。" ❷ 缺钱用的婉词。明《醒世恒言》卷一六:"花钱今日～,改日奉还罢。"《禅真后史》一七回:"这也不多。但今日～,另日何如?"清李渔《意中缘》三出:"这几日手头～,改日送来罢。" ❸ 不安稳。明汤显祖《牡丹亭》一〇出:"雨香云片,才到梦儿边。无奈高堂,唤醒纱窗睡～。"

【不便处】 bù biàn chù 讳指性器官或它所在的部位。宋元《古今小说》卷三六:"这一块皮上许多短毛儿,须是人的～。"《元典章·刑部四》:"将本人用胳膝于～踢死。"明《金瓶梅词话》七九回:"到次日,下边虚阳肿胀,～发出红晕来了。"

【不便道】 bù biàn dào 难道。明《拍案惊奇》卷三一:"不想着来这条路上走的人,只贪近,都不是依良本分的人,～白白的等你拿了财物去?"

【不并】 bù bìng 不同于。唐李商隐《上李舍人状》:"伏以冬年例寒,～常岁,伏惟善加摄护。"宋蒲宗孟《望梅花》:"堪赏素华长独秀,～开红抽紫。"清程之鵕《芦花被》:"～青绫一样看,只从江上借秋寒。"

【不才】 bù cái 自称的谦词。唐萧颖士《重答李清河书》:"以其先门在殡,旧茔未祔,将事启卜,指用早秋。见托～,俾述铭

志。"元明《水浒传》三四回："～便起军马，不拿了这贼，誓不再见公祖。"清孔尚任《桃花扇》二四出："区区～，同在文学侍从之班。"

【不测】bù cè ❶ 难以意料的行为或事情，指危害、死亡、惩戒等。唐陆贽《商量处置宝参事体状》："然此人交结中外，意在～。朕试根寻，灼然审知情状。"《元曲选·潇湘雨》楔子："船便开，倘若有些～，只不要抱怨我。"清《绿野仙踪》三八回："弟子安敢有违师训，自取～。" ❷ 指危险境地。宋王明清《玉照新志》卷六："英宗大怒，君谟几陷～。"清《赛花铃》一三回："闻知朝廷发与红爷，止有二千残弱之兵，今已深入～，死伤大半。"

【不差什么】bù chà shén me 　什，字或作"甚"，不另区分。❶ 没什么差别，表示相同或相似。明阮大铖《燕子笺》六出："我看你的天姿出色，与这画上明妃分明一样个粉扑儿，～。"清《红楼梦》六五回："一个是咱们姑太太的女儿，姓林，小名儿叫什么黛玉，面庞身段和三姨～。"《品花宝鉴》三八回："再看素兰、宝珠，大致相仿，与蕙芳也～，就没有讲他们出身。" ❷ 不算什么，表示不在乎。明《金瓶梅词话》二六回："他若不依，我拚着这命拚兑在他手里也～。" ❸ 无妨；不要紧。明《金瓶梅词话》一六回："他既恁说，我容他上门走走也～。但有一句闲话，我不饶他。"清李渔《蜃中楼》八出："做几日工夫不着，就去试一试，也～。"《后西游记》三七回："今既撞着老和尚这样刁钻古怪，便虚虚实实，有有无无，做两个戏法儿耍耍也～。但请出题。" ❹ 说得过去。表示理所当然或可以接受。明《金瓶梅词话》八一回："他占用着老娘，使他这几两银子也～。"清《风流悟》四回："平日将这些小贼索诈，今日还还愿，也～。"《后水浒传》八回："值与不值也不晓得。若是肯念冤枉，量情减少也～。" ❺ 差不多。表示接近完成或接近极限。清《儒林外史》三五回："因小弟立了一个志向，要把本朝名人的文集都寻遍了，藏在家里。二十年了，也寻的～的了。"《红楼梦》九七回："今儿早起听见说，房子～就妥当了。"《红楼复梦》二三回："紫箫心中发闷，不住饮酒，将一大壶陈酒喝的～。" ❻ 不出什么差错。清《醒世姻缘传》八三回："你且放宽了心，等我替你算计，情管也算计～。"

【不彻】bù chè 用在动词或形容词之后，补充说明状态、程度、结果等。❶ 不及；来不及。唐韩偓《励学吟》："劳着力，勤咬啮，无常到来救～。"宋洪迈《夷坚志》三辛卷一〇："急奔道左树下，闪避～，牛低头角抵其腹。"明汤显祖《牡丹亭》三二出："未知深浅，怕一时间攒～。" ❷ 不堪；受不了。表示程度到极点。唐杜甫《江畔独步寻花》之一："江上被花恼～，无处告诉只颠狂。"五代尹鹗《拨棹子》："偏挂恨、少年抛掷。羞觑见、绣被堆红闲～。"清诸锦《读孟郊诗》："东野穷～，五十得一官。" ❸ 不休；不停。《五灯会元》卷五《潭州道吾山宗智禅师》："山上乌儿头似雪，涧底游鱼忙～。"宋俞桂《秋夜》："络纬篱边吟～，做成秋意十分深。"明佚名《玉娇枝带过四块玉》："梅香乖劣，……把一个俏书生撩拨，来～歇，去～，传消息，送书帖。" ❹ 不尽；没完。《五灯会元》卷一六《长芦宗赜禅师》："但能心口相应，一生受用～。"宋苏舜钦《永叔石月屏图》："玉川子若在，见必喜～。"元关汉卿《青杏子·骋怀》："尚还～相思债，携云挈雨，批风切月，到处绸缪。" ❺ 不到；不得。宋《朱子语类》卷三三："盖此中但是仁，除是圣人方做得，然尧舜犹病，尚自做～。"魏了翁《浪淘沙·刘左史》："天高鸡犬碍云关。掉臂列仙留～，还任人间。"明汤显祖《紫钗记》三〇出："暂回去放你一线降唐路，咱则怕大唐家做～—拔刀相助。"

【不成】bù chéng ❶ 成不了；形不成。唐李白《登敬亭山南望怀古》："强食～味，清晨起长叹。"《祖堂集》卷一《释迦牟尼佛》："太子发弘愿言：'我若～无上菩提，誓不起于此座。'"宋觉范《禅林僧宝传》卷四《潭州罗汉琛禅师》："又问：'以'字～，'八'字不是，是甚字？'" ❷ 不能；不得。唐杜甫《遣闷》："～寻别业，未敢息微躬。"项斯《边州客舍》："开门～出，麦先偏前坡。"宋《朱子语类》卷一二〇："此事不用商量。若商量持敬，便～持敬；若商量穷理，便～穷理。"《元曲选外编·西厢记》一本三折："怨不能，恨～，坐不安，睡不宁。" ❸ 看不出；找不到。《祖堂集》卷一三《山谷和尚》："到这里，更能翻掷自由，开合～痕缝。如水入水，如火入火。"《元曲选·楚昭公》三折："早则不三战杀人王都。吓得我乱慌慌，忙劫劫，～活路。" ❹ 不像。五代欧阳炯《更漏子》："一向，凝情望。待得～模样。虽叵耐，又寻思。"清《儒林外史》二三回："话说牛玉圃看见牛浦跌在水里～模样，叫小厮叫轿子先送他回去。" ❺ 不是；不算。元乔吉《小桃红·闺思》："日高犹自睡沉沉，梦绕鸳鸯枕。～闲愁厮拘禁，恋香衾。"明邵璨《香囊记》一三出："〔旦〕婆婆已害多番，难以启齿。〔丑〕你说那里话。如此～邻舍了。"清《儒林外史》一四回："眼睁睁看他有事，不能替他掩下来，这就～个朋友了。" ❻ 够不上（某种规格或标准）。《元曲选·谢天香》一折："贤弟，～管待。只听你他日得意，另当称贺。"明《型世言》一一回："束脩不多，～一个礼。"清《儒林外史》二一回："实是～个酒馔，至亲面上，休要笑话。" ❼ 不能够；不可以。明《警世通言》卷二："婆娘心下发痒，再唤他进房，问其前事。老苍头道：'～，～。'"清李玉《占花魁》八出："〔丑〕秦哥哥救我一救。〔生〕这事决～的。"《醒世姻缘传》八回："别都罢了，这忘八我当～！" ❽ 不像样。明《金瓶梅词话》一二回："俺们虽是门户中出身，跷起脚儿比外边良人家～的货儿高好些。"《二刻拍案惊奇》卷一九："虽有几个～的字儿，意会得去，也便是了。" ❾ 在动词后作补语，表示否定的结果。唐《曹山禅师语录》："一切物类比况不得，诸佛祖计较～。"明《金瓶梅词话》七八回："近节这两日也是请，直到月间罢了。"清李玉《一捧雪》一八出："不要说死罪是稳的，只打上一套就活～哩。" ❿ 副词，用于句中，强调反问语气，相当于难道、莫非。宋《朱子语类》卷一一三："若无人可问时，～便休也？"金《刘知远诸宫调》二："～为新妻，便把旧妻忘了？"清《荡寇志》七四回："他推托不肯来，～捉了他来？" ⓫ 助词，用在句末，表示反问语气。a) 跟"难道""没地里""莫非""莫不是"等语气副词配用。《元曲选·杀狗劝夫》二折："难道着你死，你就死了～？"元明《水浒传》二八回："看你怎地奈何我，没地里倒把我发回阳谷县去～？"清《红楼梦》六〇回："莫不是两个月之后，还找出这个碴儿来问你～？"b) 单用。《元曲选·岳阳楼》三折："我也道花枝般好媳妇被你杀了～？快教他出来，还了我罢。"清《绿野仙踪》三九回："我一个黄堂太守，就拿你个秀才拚去～么？"《白雪遗音·寂寞寻春》："你找你只管找去，谁藏着他～？"

【不啻】bù chì ❶ 相当于；无异于。唐卢照邻《病梨树赋序》："共语周齐间事，历历如眼见，以此参之，～百岁人也。"明佚名《宜春香质·风集》二回："当我与兄缔交时，同窗辈望兄～天上碧桃、日边红杏。"清李玉《占花魁》二四出："幸蒙患难周旋，～恩深再造。" ❷ 不止。用在数量词后，表示不止于此。唐萧颖士《赠韦司业书》："然其所未知者，乃三四～，岂一二而已哉？"宋赵长卿《雨中花令·初夏远思》："别日不堪频屈指。回头早、一年～。"清汪由敦《鲁孝妇传》："孝妇既殁，其舅述孝妇内行，缕缕数千百言，不能尽其妇之孝道者～。" ❸ 何其；多么。唐刘知古《日月元枢论》："古今修仙学道，藜莠蓬蒿，～多也，得之者麟凤鹏鸾，不亦稀乎？"宋赵令畤《菩萨蛮》："诗句妙春豪，风云～高。" ❹ 已经；已然。唐魏徵《谏责显仁宫官司》："陛下若以为足，今日～足矣；为不足，万此亦不足矣。"宋晁冲之《寄江子之》："～三年别，如何一字无？"明张岳《与夏桂洲书》："但得地方略靖，上以仰称任

使，而不负此行之意，于平生～幸足，岂敢复有希冀？" ❺ 不为；算不上。唐杜甫《奉寄高常侍》："总戎楚蜀应全未，方驾曹刘～过。"明李昌祺《剪灯馀话·贾云华还魂记》："吾之遇汝，自谓有缘，虽张琪之红娘，～过也。"清查慎行《哭朱大司空》之四："衣褐初相见，云泥～过。" ❻ 不同；比不上。五代贯休《上卢使君》："逸少情有馀，东山境～。恭闻圣天子，廊庙犹虚伫。"明《杜骗新书·伪交骗》："和屡谋不遂，因诈与交好，屡席相款，旦夕游戏，即同胞～焉。"清《聊斋志异·封三娘》："吾姊妹骨肉～也，然终无百年聚。" ❼ 不禁；受不了。五代冯延巳《醉花间》："晓风寒～，独立成憔悴。"

【不丑】 bù chǒu ❶ 不丢人；有脸面。《元曲选·谢天香》四折："比俺那门前乐探等着官身，我今日个～、丑。"清《儒林外史》一八回："只是中了出来，这三篇文章要见得人，～。不然，只算做侥幸，一生抱愧。" ❷ 不恶；善。明郭登《自饮》："我貌不逾人，幸自心～。"清《野叟曝言》二三回："咱相貌丑，心却～。" ❸ 俊；容貌好。明《金瓶梅词话》四〇回："也是吃了薛师父符药，如今生了好～满抱的小厮儿。"《梼杌闲评》四回："如今到是弋腔班的小王，著实～，与他不相上下。" ❹ 指收入丰厚。明《梼杌闲评》三七回："他是一清如水，一文不爱。他若肯要个把，一年就～了。" ❺ 不赖；好。清田雯《赭阳酒民歌》："比屋曲米各斗强，多者百缸少十瓶。糟床下注鹅子黄，味较索郎辄～。"《说唐三传》一二回："我也晓得你的本事～。"《呼家将》二七回："两位妹子这个计策却是～。既如此，不必再议。"

【不揣】 bù chuǎi 不自量。多用作谦词。唐陈子昂《上大周受命颂表》："臣～朴固，辄献《神凤颂》四章，以言大周受命之事。"明《拍案惊奇》卷二四："前日这老道硬来求亲时，我们只怪他～，岂知是个妖魔。"清李玉《永团圆》五出："～葑菲，特备芹樽奉屈。"

【不次】 bù cì 没遍数。指多次。元佚名《清江引·相思》："帘外无情月，如何你独圆，照得人来缺？恶相思挽霜毫～写。"明陈铎《醉花阴·复欢》："空将那辨吉凶蓍草数番摸，无灵验羊肠儿遍揆，托幽思花笺～写。"佚名《集贤宾·春思》："空教我将龟儿几遍占，把羊肠～结，更那堪辨吉凶蓍草数番摸。"

【不错】 bù cuò ❶ 对；正确。唐张九龄《敕吐蕃赞普书》："一往边头所备，只缘虑有非常。今果如言，防乃～。"清孔尚任《桃花扇》五出："山谷问：'没把葫芦怎生拿？'东坡答：'抛在水中。'佛印说：'答的也～。'"李渔《凤求凤》三〇回："古语说来～，大瓜结在梢头。" ❷ 不差；没出入。《敦煌变文校注》卷三《燕子赋(一)》："'耕田人打兔，蹑履人吃雁。'古语分明，果然～。"明《梼杌闲评》二二回："好似月姐的模样，举止像貌一些～，只是胖了些。"清《儒林外史》三回："我自己觉得，女儿像有些福气，毕竟要嫁与个老爷。今日果然～。" ❸ 表示对别人文笔的赞赏。五代贯休《观李翰林真》之一："御宴千钟饮，蕃书一笔成。宜哉杜工部，～道骑鲸。"齐己《谢秦府推官寄丹台集》："秦王手笔序丹台，～褒扬最上才。" ❹ 好；不坏。宋朱熹《答蔡季通》："近校得《步天歌》，颇～。其说虽浅而词甚俚，然亦初学之阶梯也。"明《型世言》三二回："我先君眼力～，尝道可值三百。"清《幻中游》七回："那人把画展开一看，专道：'画的委实～。'" ❺ 鉴察；明辨。宋李曾伯《满江红》："粟可饭，衣从恶。秫可酒，茶胜薄。但此身长健，老天～。"金《刘知远诸宫调》一二："不免词与经略，伏望台颜～，向衙中搜刷穷刘大。"元《三国志平话》卷上："汉帝～，须是斟量功劳大小，任便更等待三五日。" ❻ 定夺；裁决。宋《三朝北盟会编》卷一一："二十二日见元帅粘罕，且言：'今来所计议事节，与自家上京时说底话煞别也。'对以'大信既定，本无异同'之

意。粘罕云：'候到日皇帝～。'"《元曲选·倩女离魂》一折："小生不敢自专，母亲尊鉴～。"明《拍案惊奇》卷二："老爷青天详察，主鉴～。" ❼ 有情趣；有安排；有道理。宋梅尧臣《感李花》："当时李白欲骑鲸，醉向江南曾～。"清《好逑传》八回："说便是这等说，却妙在天生人～：生一个孟光，定生一个梁鸿。"《歧路灯》三回："人为儿孙远虑，怕的～。" ❽ 把握；掌控。金《董解元西厢记》卷五："思量俺，日前恩非小，今夕是他～。"元佚名《斗鹌鹑》："不堤防侧脚里姨夫每闹，全在你个有终始冤家。我身上但留心，偷方便应付了。"《元曲选·老生儿》楔子："我似那老树上今日个长出些笋根苗，你心中可便，你是必休将兀那热汤浇。" ❾ 用于应答，表示肯定。清《玉蜻蜓·访庵》："〔旦〕吓，解元果然你贵人多忘事了，贫尼叫志贞呀。〔生〕呀，是吓，～的，方才已曾见过。"《野叟曝言》八回："相公，～，果然这一会子就大了许多了。"《歧路灯》一六回："范姑子道：'这年庚，像是盛山主做大哥，王山主第二，谭山主第三的了。'隆吉道：'～的。'"

【不单】 bù dān ❶ 不仅；不只。清李渔《比目鱼》一一出："我～为做戏，要借这个名色与绛仙叙叙旧情。"《十二楼·归正楼》二回："至于经过的地方，凡有可做之事、可得之财，他又不肯放过一件，～为抽丰而已。"《红楼梦》四回："也～靠这三家，他的世交亲友，在都在外者本亦不少。" ❷ 不但。清《红楼梦》四七回："所以～我得靠，连你小婶媳妇也都省心。"《二度梅》一四回："～是一枝，而且满园中各花开放。"

【不但】 bù dàn 连词。用在表示递进关系复句的前一分句中，后一分句多用"而且""就是""还""也"等与之呼应。唐吕令问《掌上莲峰赋》："～子先之霓裳时见，羊公之石榻仍全。"明梁辰鱼《浣纱记》一三出："他如今～不来见我，土仪也不见一些。"清《绿野仙踪》二回："～说中会，就是着先生中个状元，也不过和滚锅中爆出一豆儿相同。"

【不当】 bù dāng ❶ 不当作……；算不上。宋《三朝北盟会编》卷一四："兼契丹旧银绢也～人情。大抵契丹地土一齐都得，岂有不得银绢的道理？"元明《水浒传》二回："小官人若是～村时，较量一棒要子。"清《白雪遗音·穷妓》："～你是调情，只当你是可怜。可怜我，三天吃了一顿饭。" ❷ 客套语。不应该；不敢当。元明《水浒传》一四回："且多多相扰，理甚～。"明佚名《鸣凤记》五出："敢是请吃酒？～厚扰。"清李玉《永团圆》一九出："〔净〕我有大屋一所，在三山街上，就请亲母与小女搬往居住。〔老旦〕这个一发～。" ❸ 不尽。元明《水浒传》九回："大官人不必多赐，只此十分勾了。感谢～。" ❹ 不仅；不止。明《西洋记》八三回："小的还有别法，～只是一根隐身草。" ❺ 不是；别看作。明李梅实《精忠旗》四出："如今起兵在南朝厮杀，～小可。"《金瓶梅词话》七回："～老身年小，自古'先说断，后不乱'。"清《醒世姻缘传》八二回："要紧人犯，好生看守，走了～顽耍。" ❻ 不能(做到)。宋元《古今小说》卷三："此时胖妇人年纪约近五旬，孤老来得少了，恰好得女儿来接代，也～断这样行业，索性大做了。"明《西游记》三七回："我今半朝銮驾进山，虽无旨意知会，～远接。此时军马临门，也该起身，怎么还坐着不动？" ❼ 没用；当不得什么。明《拍案惊奇》卷六："说也～，料是做不得的。"

【不当家】 bù dāng jiā 家，语助词，后面还可以再接"花花""花拉""豁拉"等加强语气的助词。 ❶ 不应该。明《金瓶梅词话》八八回："一个僧家，是佛家弟子，你有要没紧，恁谤他怎的，～化化的。"《西洋记》五四回："国师从头彻尾看了一遍，说道：'阿弥善哉！王明，你好～哩！'老爷道：'怎么王明好～哩？'国师道：'拿了这书，好不当人子。'"清《白雪遗音·婆媳顶嘴》："你这孩子，这

话可是～的说。" ❷ 不值得;不值当。明《金瓶梅词话》二八回:"甚么罕稀物件,也～化化的,怪不的那贼淫妇死了堕阿鼻地狱!"清《红楼梦》二五回:"若舍多了倒不好,还怕哥儿禁不起,倒折了福。也～花花的。"《姑妄言》一五回:"你一个诵经念佛的嘴,～花花的,怎么舔这腌脏东西?" ❸ 表示承受不起或接受不了,犹言罪过或作孽。明《金瓶梅词话》三九回:"我的佛爷,～,老身吃的可勾了。"清《醒世姻缘传》二○回:"你要靠他收拾,他就拉到坡里喂了狗,～的。"又四九回:"真是长昧心疮,～豁拉的!"

【不当人】 bù dāng rén 即"不当人子❹"。明《西游记》一回:"～,～! 我拙汉衣食不全,怎敢当神仙二字?"

【不当人子】 bù dāng rén zǐ 子,语助词。❶ 不是人(做的事);不当作人。明《醒世恒言》卷三八:"你是个残疾人,哄了你也～。"清《一片情》一四回:"事虽可恶,但杀人一事,～。只将这明晃晃刀吓他,他自然再不敢来了。"《女仙外史》八五回:"我知道刹魔把你～,就该撞死在那边,怎回来见帝师的面?" ❷ 没用;不顶事。明《西游记》三二回:"你若走出门,不管好歹,但是和尚就拿将来,假如不是唐僧,却也～。"又三三回:"大王,没用的和尚,放他出去罢,～。"《二刻拍案惊奇》卷二:"小道人道:'也要在此教教下棋,与对门棋师赛一赛。'老者道:'～,那里还讨个对手么?'" ❸ 犹"不当家❶"。明《醒世恒言》卷八:"我千难万难,娶得个媳妇,到三朝便要回去,说也～。"《拍案惊奇》卷九:"刘兄恶取笑,～,怎么把一个死人背在家里来吓人?"《二刻拍案惊奇》卷一五:"想到一个有恩义的人,到如此猜他,也～。" ❹ 犹"不当家❸"。明《醒世恒言》卷一○:"多谢厚情,只是无功受禄,～。"清《荡寇志》八二回:"刘母见丽卿下跪,连忙撇了戒尺,扶起来道:'卿姑请起,～。'"《姑妄言》二二回:"要说受苦,阿弥陀佛,～。像这样的苦,吃一辈子也是愿意的。"

【不到】 bù dào ❶ 不至于;不见得。唐康骈《剧谈录》卷下:"吾取九龄之言,～如此。"明李梅实《精忠旗》二出:"如今忠臣若出得力时,国家也～这般了。"清《红楼梦》九二回:"往后子孙遇见不得意的事,还是点儿底子,～一败涂地。" ❷ 不及;达不到(目的或标准)。唐张鷟《游仙窟》:"十娘咏弓曰:……下官答曰:'缩干中入,抬头则大过。若令脐下入,放狂故筹多。'"宋柳永《木兰花》:"酥娘一搦腰肢袅,回雪紫尘皆尽妙。几多狎客看无厌,一辈舞童功～。"清《歧路灯》三○回:"一年～,就当卖产业,脸面反倒不好看。" ❸ 不料;没承想。宋杨万里《大庾岭题云封寺》:"客心恨杀云遮却,～无云即断肠。"赵以夫《解语花·东湖赋莲后五日双苞呈瑞》:"倒银河,秋夜双星,～佳期误。"王沂孙《琐窗寒·春思》:"试凭他,流水寄情,溯红～春更远。" ❹ 不周到;不到位。宋司马光《涑水纪闻》卷一○:"为人刚严,不可干以私,京师为之语曰:'关节～,有阎罗包老。'"明《古今小说》卷四:"我爹曾说阮三点报朝中驸马,因使用～,退回家中。"清《白雪遗音·妓女悲伤》:"眼观六路,耳听八方,照应～,定要遭殃。" ❺ 没比上。金《董解元西厢记》卷三:"系一条水运绦儿,穿一对儿浅面铃口僧鞋。都～怎大小身材,畅好台孩,举止没俗态。"元乔吉《水仙子·瑞安东安寺夏日清思》:"俗事天来大,红尘海样深,都～一片云心。" ❻ 用在动词后,表示未达到或未实现。唐温宪《郊居》:"雄声闻～,山势望横空。"宋佚名《张协状元》二○出:"我门去后,伊自行料～动春心。"清《歧路灯》六六回:"我是出息揭你的,一天还～,有一天的利息。"

【不到的】 bù dào de ❶ 哪能;怎肯。《元曲选·城南柳》二折:"樗散材怎能勾做梁作栋,你这片岁寒心～似柏如松。"《元曲选外编·符金锭》一折:"恰才那个韩松若不是走了,我～饶了他哩。"明朱有燉《继母大贤》二折:"老婆子厅前跪膝,说你两个小猴子的就里,～轻轻素放了你!" ❷ 不会;不至于。《元曲选·老生儿》一折:"若是肯慈悲呵,也～生患害。"又《陈州粜米》一折:"多要些也～担罪名。"元明《水浒传》三八回:"你便寻我过失,也不计利害,便～该死。" ❸ 不待;不打算。《元曲选·对玉梳》一折:"先留五十两银子,与奶奶做茶钱。料着二十载绵花,也～剩一分回去。" ❹ 不到;没达到(程限)。《元曲选·张天师》一折:"〔陈告英云〕仙子若果有心于小生,便～来年,怕甚么那? 〔正旦唱〕我则怕六丁神告与天蓬。" ❺ 莫非;难道。元明《水浒传》二四回:"老身央及娘子在这里做生活,如何颠倒教娘子坏钱? 婆子的酒食,～吃伤了娘子!"

【不到得】 bù dào de ❶ 同"不到的❶"。宋《朱子语类》卷一:"譬如将水放锅里煮,水既干,那泉水依前又来,～将已干之水去做它?"明徐复祚《投梭记》五出:"你当面骂我。女儿不嫁我,～饶了你哩!"清《八洞天》卷五:"他若不曾掘藏,到底做豆腐,哪里有厚味吃,～生此症?" ❷ 同"不到的❷"。宋元《古今小说》卷三六:"师父你只放心,赵正也～胡乱吃输。"明陆采《明珠记》三三出:"便干不成,也～败露。"《禅真逸史》一三回:"留此银子衙门使用,～问了杜伯实的死罪。" ❸ 何至于。金《董解元西厢记》卷四:"闻语红娘道:'踏实了地,兼能把戏,你还待教跳龙门,～恁的。'" ❹ 同"不到的❹"。明《醒世恒言》卷三八:"我若早知如此,就～这里也罢! 何苦使我子孙恁般不成器,坏了我的门风。"《拍案惊奇》卷三:"然负卿之约,～河间。魂梦之间,还记得与卿并辔任丘道上。"清《荡寇志》八二回:"～一望之地,刘广箭疮迸裂,又跌下马来。" ❺ 同"不到的❺"。清《说岳全传》八回:"我们自走他娘,～官府就晓得是我们杀的,来拿我们。"又一四回:"拼得偿了他一命,～杀了我的头,又把我充了军去?" ❻ 到不了;不会到。清范希哲《偷甲记》二九出:"若小将军早依了宋大王之言,……也～这个田地。"

【不道】 bù dào ❶ 不管;顾不上。唐徐安贞《送丹阳采访》:"为怜乡棹近,～使车遥。"元杨朝英《梧叶儿·客中闻雨》:"夜雨好无情,～我愁人怕听。"清《白雪遗音·古人名》:"为朋友生死存亡全～,那怕说餐刀。" ❷ 同"不到❸"。唐杜甫《承闻河北诸节度使入朝》:"～诸公无表来,茫茫庶事遣人猜。"明《警世通言》卷二二:"两个老人家～女儿执性如此,……次早只得依顺他,开船上水。"清洪昇《长生殿》一八出:"～君心,霎时更变,总是奴当谴。" ❸ 不以为;没当作。唐李白《幽州胡马客歌》:"虽居燕支山,～朔雪寒。妇女马上笑,颜如赪玉盘。"明《拍案惊奇》卷四○:"下处有好几位同会试的在那里,何举人也～是什么机密勾当,不以为意。"清《锦香亭》一四回:"倘他到彼处问明端的,～是我的好意,倒说我诳骗他了。" ❹ 不觉;没察觉。五代冯延巳《鹊踏枝》:"几日行云何处去? 忘却归来,～春将暮。"清《飞龙全传》一三回:"其实清淡不过,将这银子每日使用,～多花费在肚内了,因此这银子毫厘也都没有。" ❺ 不奈;怎堪。五代冯延巳《三台令》:"更深影入空床,～帏屏夜长。"宋张元幹《菩萨蛮》:"雁行离塞晚,～衡阳远。" ❻ 并非;不是。《太平广记》卷三四五引《潇湘录》:"谁家少年儿,心中暗自欺。～终不可,可即恐郎知。" ❼ 不知。用于推测。宋刘过《水仙子》:"是则青衫深可喜,～恩情拚得未?"元朱庭玉《行香子·痴迷》:"情知不的是娘拘禁,度量来非为人逷潜。再审小冤家,～人图甚?" ❽ 没听说。后接说明情理的成句,表示情理显然。宋赵长卿《雨中花慢》:"情知这场寂寞,不干你事,伤我穷忙。～是:'久长活路,终要称量。'"元明《水浒传》三二回:"你这个鸟头陀,好不依本分,却怎地便动手动脚? 却是:'出家人勿起嗔心。'"清李渔《巧团圆》二五出:"莫说买人做妻

房，就是贩菜撺蔬也要论个先后也，～是'先来后发'。" ❾ 哪里；岂能。《元曲选·秋胡戏妻》二折："狼虎般公人每拿下伊，我可也～轻轻的便素放了你!"《元曲选外编·豫让吞炭》一折："待除了赵氏，～肯轻饶了你哩!"明《醒世恒言》卷一三："分明是痴想妄想，～有这般巧事!" ❿ 难道；莫非。《元曲选·两世姻缘》三折："你道与你亡妻相类，～与你做了媳妇罢!"清《风流悟》一回："钱大见他做事来得希奇，道：'亲家公，～你近日大有利市?'" ⓫ 同"不到❶"。《元曲选·单鞭夺槊》二折："三将军，敬德这一去～有失。"明《金瓶梅词话》九〇回："哥嫂～酒肉吃伤了，你对真人休说假话。" ⓬ 非；不。《元曲选·救风尘》二折："御园中可～是栽路柳，好人家怎容这等娼优?"《元曲选外编·博望烧屯》三折："张飞也，你～是架海紫金梁，他不是那托塔的李天王。"明《型世言》二三回："从此脚步越来得紧，钱也～肯用，这陈有容也觉有些相厌。" ⓭ 不知道；不了解。明《西游记》九三回："隐隐见苍松偃盖，也不知是几千百年间故物到于今；潺潺听流水鸣弦，也～是那朝代时分开山留得的。"清纳兰性德《南歌子·古戍》："东风回首尽成非，～兴亡命也，岂人为。"《白雪遗音·仙姑》："欲收凡女为仙子，～人间巧计多。" ⓮ 想不到；没意识到。明《醋葫芦》七回："却说成员外自娶熊氏之后，朝朝纳闷，夜夜耽愁，决～是妻子用的心术，一惟怨命而已。"清《醒世姻缘传》一五回："两个还～是晁大舍用了调虎离山计，只疑道是转了背。"《荡寇志》七九回："云天彪也一时～是计，甚是欢喜。" ⓯ 别说。表示让步关系。清陈端生《再生缘》三〇回："真个是相隔多年了。～母亲难认，奴也是一时莫辨。"

【不道的】 bù dào de ❶ 同"不到的❶"。《元曲选·灰阑记》楔子："你好生看觑母亲。若有些好歹，我～轻轻饶了你哩!"又《赵氏孤儿》四折："谁来负看你来? 对您孩儿说，我～饶了他哩。" ❷ 同"不到的❷"。《元曲选外编·博望烧屯》二折："俺二兄弟提闸放水，三兄弟伏路，便～走了那夏侯惇嘞。"明佚名《端正好》："如今那虔婆每～羊儿般善，有钱呵管甚么臭回回腽肭脐同衾睡，无钞你便是俊子弟悒郎君独自眠。"《金瓶梅词话》八六回："你这小孩儿家，空口来说空话，倒还敢奚落老娘。老娘～吃伤了哩!" ❸ 同"不到的❺"。《元曲选·李逵负荆》二折："秃驴，你做的好事来! 打干净球儿～走了你!"明孟称舜《英雄成败》三折："你记得试场中说过许多说话，如今有何面目见我? ～献了东都，便饶过你性命哩!"《金瓶梅词话》八九回："你家收着俺许多箱笼，因此起的这大产业，～白养活了女婿!" ❹ 即"不道❽"。《元曲选·冻苏秦》二折："万一将他逼去饥寒死，呸! 可～'一夜夫妻百夜恩'。" ❺ 说不上；谈不到。明《粉蝶儿·割耳寄》："秃顶老没分没晓，劣撅丁越显越恼，歪刺骨～堪画堪描。"

【不道得】 bù dào de ❶ 同"不到得❷"。宋元《古今小说》卷一五："你空手去说亲，只道你去取笑他；我教你把这件物事将去为定，他～肯。"元明《水浒传》二四回："家兄却～惹事，要嫂嫂忧心。" ❷ 岂不是。元明《水浒传》一六回："一般还你钱，便卖些与我们，打甚么不紧。看你～舍施了茶汤，便又救了我们热渴。"

【不得】 bù dé 另见 bù de。不会；不至于。清《儒林外史》三四回："先生放心。小弟就回来的，～误了泰伯祠的大祭。"《红楼梦》四七回："我有了这么个人，便是媳妇和孙子媳妇有想不到的，我也～缺了。"《歧路灯》一〇回："王中是精细人，必～错。"

【不得命】 bù dé mìng 生命危急或讳指死亡。明《西游记》一三回："正在那～处，忽然见一老叟，手持拄杖而来。"《金瓶梅词话》六二回："哥儿死了，娘又这般病的～。"清《姑妄言》二三回：

"小儿若～，弟并无他男，也就不能活了。"

【不得认】 bù dé rèn 不认得；不相识。清《醒世姻缘传》八回："那和尚～的，和青梅同走，只怕也只是个姑子。"又四六回："原来是方大叔，就～的。"《桃花艳史》八回："这位姑娘，我怎么～的?"

【不的】 bù de ❶ 用在动词或形容词之后。a)表示不能忍受或接受。元徐琰《一枝花·间阻》："觑～小池中一来一住交颈鸳鸯，听～疏林外一递一声啼红杜宇，看～画檐间一上一下斗巧蜘蛛。"明《禅真后史》一八回："谁要你假忙做一团，我从来瞧～怎样贼势。"清《醒世姻缘传》七〇回："我赔银子放不在我心里，我可捱～打。"b)表示达不到、够不上。元康进之《新水令·武陵春》："美名儿比并清新，比～他能舞能讴，宜喜宜嗔。"明《封神演义》一五回："子牙次日挑着担朝歌货卖，把西门都走至了，也卖～一斤。"c)表示不能够、做不到。元王庭秀《粉蝶儿·怨别》："从来好事多颠倒，好着我短叹长吁到～晓。"元明《水浒传》三回："父亲懦弱，和他争执～。"清《醒世姻缘传》二回："真是一个同～一个。他高大爷先鬼头蛤蟆眼，你先虎背雄腰的个婆娘!"d)表示不可以。《元曲选·赵氏孤儿》二折："你急切里老～形容，正好替赵家出力做先锋。"明汤显祖《牡丹亭》八出："摔破了花花你赖～我。"清《红楼梦》六三回："便是老太太，太太屋里的猫儿狗儿，轻易也伤他～。"e)不行；不成。明《金瓶梅词话》一三回："非独嫂子担心，显的在下干事～了。"清《警寤钟》二回："来家说杨氏，口推不知，埋怨孙婆作事～。" ❷ 连词。不然；否则。明《金瓶梅词话》一六回："房子卖的卖，～你着人来看守。"

【不得】 bù de 另见 bù dé。❶ 同"不的❶a)"。《祖堂集》卷一〇《长庆和尚》："有一日，心造坐～，却院外绕茶园三匝了，树下坐。"元商衢《一枝花·远寄》："是他惯追陪济楚高人，见～村沙谎厮。"清《东周列国志》四五回："快快闪开，让我过去。若迟慢时，怕你推～我一戟。" ❷ 同"不的❶b)"。唐高蟾《长门怨》之一："烟翠薄情攀～，星芒浮艳采无因。"元明《水浒传》二四回："我的面儿虽比～潘安，也充得过。"清《醒世姻缘传》二回："珍哥等～天亮，差了一个家人晁住，去请宣阜街住的杨太医来诊视。" ❸ 同"不的❶c)"。唐刘禹锡《杨柳枝》："春尽絮飞留～，随风好去落人家。"元明《水浒传》二回："小人不合属他所管，和他争～，只得子母二人逃上延安府去。"清李玉《一捧雪》五出："只怕一鲰生支～军和骑，顷刻里凶吉怎能期。" ❹ 同"不的❶d)"。唐聂夷中《行路难》："门前两条辙，何处去～!"明柯丹邱《荆钗记》八出："这是宝贝，擦～的。"清《歧路灯》三〇回："这是胡来～的。" ❺ 同"不的❶e)"。明《拍案惊奇》卷二九："我是妇人家，干～甚么事，只好管他牢中送饭罢了。"清《醉醒石》四回："如今央老大人求一亲事～，被人耻笑。"《歧路灯》三回："只是教幼学之法，慢～，急～，松～，紧～，一言以蔽之曰难而已。"

【不抵】 bù dǐ ❶ 不合；不符。唐苏颋《对勤学犯夜判》："奚殊政本，～彝条。竟释吏人之执，旋辱宰君之惠。" ❷ 不到；未及。《敦煌变文校注》卷五《妙法莲华经讲经文（一）》："仙人当日运神通，彩雾迎王出帝宫。……～门徒弹指倾（顷），王逐仙人到碧峰。"明顾贞立《如梦令·冬夜》："宵短，宵短，～离愁一半。"清《女仙外史》一六回："彼虽败衄，然部下将卒尚多，以我之众，还～十之二三。" ❸ 掩不过；抵不上。唐李郢《和绵州于中丞》："景象诗情在，幽奇笔迹分。使君徒说好，～怨离群。"宋范成大《鹊桥仙·七夕》："新欢～旧愁多，倒添了、新愁归去。"明徐暅《杀狗记》三五出："情节已显然，千虚～一实。" ❹ 不敌；难抵挡。明《禅真逸史》二〇回："两下里扯来捜去，终是双拳～四手。" ❺ 不抵偿。

明祁彪佳《莆阳谳牍》卷下："大抵盐徒多无赖,往往草菅人命,此之～,其何以谢死冤而创枭风哉?"清《后水浒传》一六回:"若有人来放对,令他写明了死伤～文契,然后使他上台。"

【不调】 bù diào ❶ 落魄;失意。多指士人功名仕途不顺利。唐孟浩然《陪卢明府泛舟回岘山作》:"犹怜～子,白首未登科。"五代郑遨《辞征聘表》:"微臣学圃无成,文场～。"宋王辟之《渑水燕谈录》卷七:"默久不第,落魄～,不护名节。" ❷ 不着调;品行不端。唐张鷟《朝野佥载》卷六:"彭城刘诚之粗险～,高言庳语,凌上忽下。"孙棨《北里志·海论三曲中事》:"诸女自幼丐,有或佣其下里贫家。常有～之徒,潜为渔猎。"宋王铚《默记》卷中:"李教者,都官郎中昙之子。自少～,学左道变形匿影飞空妖术。"

【不迭】 bù dié ❶ 不及;来不及。《五灯会元》卷四《芙蓉道楷禅师》:"道我四事俱足,方可发心。只恐做手脚～,便是隔生隔世去也。"《元典章·刑部四》:"勒马躲避～,以马头于朱阿郭脊后撞伤,致命身死。" ❷ 不止;不停。金《董解元西厢记》卷一:"諕杀那诸僧和寺主,气喘～叫苦。"元明《水浒传》一三回:"两边众军官看了,喝采～。"清《红楼梦》五回:"宝玉称赏～。" ❸ 不尽;没完。清陈祥裔《玉楼春·闺情》:"春心一任委东君,从此春愁愁～。"《情梦柝》四回:"楚卿出来,悔恨～。"《飞龙全传》二回:"弘殷听了此言,大惊～,随即请罪谢恩。"

【不赌时】 bù dǔ shí 同"不睹事❷"。元佚名《替杀妻》一折:"～搂抱在祭台边,这婆娘色胆大如天。"

【不赌是】 bù dǔ shì ❶ 同"不睹事❶"。宋晁端礼《步蟾宫》:"奴哥一向～,算谁敢、共他争气?" ❷ 同"不睹事❹"。宋朱熹《与刘共父书》:"今既用官钱刊一部书,却全～,只守却胡家错本文字,以为至当,可谓直截不成议论。"《朱子语类》卷五六:"'小德役大德,小贤役大贤',是以贤愚论。'小役大,弱役强',全～,只是以力论。"元高明《琵琶记》二三出:"这壁厢道咱是个不撑达害羞的乔相识,那壁厢道咱是个～负心的薄幸郎。"

【不睹事】 bù dǔ shì ❶ 强横。也指强横不驯顺的人。元《三国志平话》卷下:"老贼忒过～,当斩黄忠。"明汤显祖《邯郸记》一九出:"四马车才下的这东华路,但是官僚多俯伏,有一班儿～难容恕。" ❷ 强行地;无理地。元高文秀《遇上皇》二折:"好模样,歹做处,～,要休书。"《元曲选外编·西厢记》五本三折:"硬打捱强为姻眷,～强谐秦晋。"明佚名《端正好·咏苏卿》:"～拆鸾凰,软兀剌分莺燕。" ❸ 糊里糊涂、不明情状地。《元曲选·蝴蝶梦》二折:"俺孩儿,好冤屈,～,下牢狱。" ❹ 不明事理;糊涂。明顾养谦《八声甘州·训妓》:"～丫头枉性高,羞杀了,你道那人曾许报琼瑶。"《醒世恒言》卷二六:"二位老长官好～!想他还掉不下水中滋味,多分又去变鲤鱼玩耍去了。"《二刻拍案惊奇》卷一四:"那里这样～的少年,遭如此圈套。"

【不睹是】 bù dǔ shì ❶ 同"不睹事❷"。元姚守中《粉蝶儿·牛诉冤》:"被这厮添钱买我离桑枢,～牵咱过前途。"王氏《粉蝶儿·寄情人》:"把一封正家书改做诈休书,冯魁～将我来娶,娶。" ❷ 同"不睹事❹"。元张养浩《寨儿令·赴詹事丞召》:"水和山应也恨,来与去不曾停。几曾经,～的晋渊明?"

【不对】 bù duì ❶ 不对症。五代杜光庭《生死歌诀》:"鬼贼脉在一年内,此事人间尽称会。春得肺脉死庚辛,愚者反嫌药～。"宋《太医局诸科程文格》卷六:"若服药～,求治失时,俾荣卫之俱虚,致水谷之不纳,……则知其病变为胃反之候也。" ❷ 没对仗;对仗不合要求。宋司马光《起请科场札子》:"及其末流,专用律赋格诗取舍之落,摘其落韵、失平侧、偏枯、～、蜂腰、鹤膝以进退。"元赵文《高信则诗集序》:"今人但知律诗有律,不知古诗歌

行亦必有律。故散语中必间以属对一二,不然则不韵～,漂漂何所底止。" ❸ 不般配;不相当。宋郑刚中《与徐彦思书》:"世路方艰,吾侪齿发如许,寻姻～者,谅非所乐。"明《拍案惊奇》卷四:"我非宦家之女,门楣～,他日必有悔。"清李渔《风筝误》二九出:"〔小旦〕莫非为寒家门户～么?〔生〕都是仕宦人家,门户有甚么～。" ❹ 不符合;不相符。宋方回《上南行》之六:"民贫今已极,名实殊～。"元明《水浒传》四〇回:"可细细盘问下书人,曾见府里谁来。若说～,便是假书。"清《红楼梦》六二回:"宝琴一掷,是个三,岫烟宝玉等皆掷的～,直到香菱方掷了一个三。" ❺ 配不上;不搭配。宋黄庭坚《送薛乐道知郇乡》:"城头月黑乌尾毕逋,春寒啄雪送行车。解佩我无明月珠,折柳～千里驹。"明袁于令《西楼记》二七出:"或是八字～,或是做亲日子不吉,或是进门方向不利。"清《红楼梦》四三回:"那汤虽好,就只～稀饭。" ❻ 不对称;不正相对。明李时珍《本草纲目》卷一二:"黄精,叶偏生～者,名偏精,功用不如正精。正精叶对生。"又卷一八:"(土茯苓)其叶～,状颇类大竹叶而质厚滑。"清《女仙外史》七七回:"其南北东西四门为正门,第二层前后左右为奇门,开于四隅,与正门～。" ❼ 不对付;合不来。明《二刻拍案惊奇》卷一二:"一班风月场中人自然与道学～,但是来看严蕊的,没有一个不骂朱晦庵两句。"清《后西游记》二四回:"这支文笔,我们粗人与他～,还借重老帝君替我去拿拿。"《红楼梦》六〇回:"都是夏妈和我们～,每每的造言生事。" ❽ 不向着;不看重。明《醒世恒言》卷三:"又有一等痴心的子弟,晓得小娘心肠～他,偏要娶他回去。"《欢喜冤家》一四回:"有钱时,和尚便是心肝;你无了钱,心肝便～和尚了。" ❾ 不济;不佳。明《拍案惊奇》卷四〇:"怎如命运～,连应过五六举,只是下第。"清《凤凰池》二回:"怎奈时运～,这些乡人不晓得敬重斯文,真正是对牛而弹琴者也。" ❿ 不合适;不合机会或情理。明《西湖二集》卷一三:"其中必有原故。或者时候～,有剪绺之人乘机剪去,亦未可知。"清《醒世姻缘传》一一回:"有两数金子正在要换,讲价～,想还要转来哩。"《续金瓶梅》二三回:"人家一个黄花女儿是轻提的?咱回～,也教他笑咱不是行家了。"

【不对头】 bù duì tóu 不符合;对不上(数目)。清《歧路灯》一〇〇回:"梅二爷听了闲言,核月账,这一月适少了七两八钱四分银子,～。"

【不多】 bù duō ❶ 用在表示量或数量的词语前,表示数量、时间或距离有限。唐柳祥《潇湘录》:"鹊桥织女会,也是～时。今日送君处,羞言连理枝。"《元曲选·范张鸡黍》一折:"我们饮～几钟,早天色明了也。"清《红楼梦》四〇回:"走～远,已到了荇叶渚。" ❷ 用在极端的假设条件后,表示这样的情况并不过分。《元曲选·儿女团圆》二折:"我把哥这个形象画将来,着俺子子孙孙辈辈儿供养着哥,也～哩。"明《金瓶梅词话》七六回:"要着我,把学舌的奴才打的烂糟糟的,问他个死罪也～。"清李玉《占花魁》一七出:"我若遇见此贼,便手刃他也～。"

【不多些】 bù duō xiē 不多一点。明刘宗周《论语学案》卷二:"此中罅隙～子,才罅隙便有贼子窥伺在。"《二刻拍案惊奇》卷二:"据汝力量,已与我争～儿了,汝可先往一试。"清《幻中游》一五回:"出了省城。一路私访前去。～时,到了滁州地方。"

【不多争】 bù duō zhēng 差不多。宋朱熹《答范伯崇》:"此说与来书云云固～,但此处不容有毫发之差。"《元曲选·玉镜台》二折:"年纪和温峤～,和温峤一样身形。"又《两世姻缘》二折:"我把他汉相如厮敬重～,我比那卓文君有上稍没了四星。"

【不犯】 bù fàn ❶ 犯不着;没必要。《元曲选·鲁斋郎》二折:"我着他今日～,明日送来。"清《红楼梦》六四回:"那个青东西

除族中或亲友家夏天有丧事方带得着，一年遇着带一两遭，平常又～做。"《品花宝鉴》一四回："你就爱饮也～拖累人。" ❷ 不相触犯；不相干。明郑若庸《玉玦记》二〇出："试倭铅金白黄，打红茆～砒礵。"《西游记》一四回："天晚，特造檀府借宿一宵，明早～天光就行。"清《荡寇志》九三回："何不投诚了，将山寨中～紧要之事，呈明几件，盖天锡必欢喜，留下你们性命。" ❸ 不值；没遇上。明《金瓶梅词话》二一回："月娘先说个：'掷个六娘子，醉杨妃，落了八珠环，游丝儿抓住荼蘼架。'～。该西门庆掷。" ❹ 不至于。清《红楼梦》七五回："四丫头～罗唣你，却是谁呢？"《荡寇志》七二回："我恁的没路走，也～做贼！便做贼，也～做宋江的副手。" ❺ 不费；不会。清《醒世姻缘传》二〇回："他老人家从来说话～寻思。"《歧路灯》三四回："再不然，把谭家那孩子宰割了，一发～扎挣。"

【不犯触】 bù fàn chù 不可轻易触动。《元曲选·㑳梅香》二折："他将那～的庞儿变了，将我这奈抢白的脸儿难描。"《元曲选外编·五侯宴》一折："这孩儿能夜啼，～。则从那摇车儿上挂着爷单裤挂，到有三十遍倒啼驴。"明孟称舜《娇红记》一〇出："望妹妹休焦躁，且担饶，将～庞儿早变了。"

【不犯着】 bù fàn zháo ❶ 即"不犯❶"。着，助词，无实义。清《红楼梦》二〇回："你自己便比世人好，也～见一个打趣一个。"《绿牡丹》二一回："我原是要的银子，既把银子，我～与你们淘气。"《品花宝鉴》一二回："就算慷慨性成，挥霍贯了，然亦～以有用之黄金，填无底之粪窖。" ❷ 即"不犯❹"。清《玉支玑》一二回："就是个粗手大臂惯于行凶的泼妇，你好好以礼去求婚，是爱他慕他，也～触他之怒，动他之气。" ❸ 即"不犯❺"。清《春柳莺》七回："我老爷姓齐。若不相认，～差小的来请了。"

【不方便】 bù fāng biàn ❶ 缺少钱物的婉词。明《古今小说》卷二一："小人今日～，在此只有这十两银子。"清《续西游记》四九回："长老，别家去化，我处～。"《白雪遗音·途中艰难》："路途中，总有银钱～。" ❷ 身体不适的婉词。明《金瓶梅词话》二四回："大娘因身上～，大姐不自在，故不去了。"清《隋唐演义》二三回："秦兄的贵体，却有些～。" ❸ 挂碍；受牵制。清《绿野仙踪》七六回："此本一奏，赵文华休矣，只怕严嵩也有些～。"

【不防】 bù fáng ❶ 不料；没承想。金李俊民《宣差射虎》："北原风劲霜草枯，草间出没藏於菟。耽耽来此被谁驱，～邂逅冯妇车。"《元曲选外编·千里独行》三折："则他那饯行的意虽好，铺谋的智难逃，～马上接了香醪，我与你附耳低低道。"清《红楼梦》六回："正呆时，只听得当的一声，又若金钟铜磬一般，～倒唬的一展眼。" ❷ 无妨；没问题。《元曲选·老生儿》楔子："你有甚么话，但说～。"元明《水浒传》二四回："你有这般好的，与我主张一个，便来说～。" ❸ 不觉；没察觉中已然……。明俞彦《望江南·同周长卿焦不害咏所见》："扇底～明月上，轻衫微动晚风纤。"清鲁瀾《浣溪纱·惜别》："立尽残阳坐晚风，倚阑低语暗芳丛，～疏月透帘栊。" ❹ 不提防；没顾及。明《醒世恒言》卷五："韦德低着头，只顾检柴，～张稍从后用斧劈来。"《金瓶梅词话》一九回："惟有金莲且在山子前花池边，用白纱团扇扑蝴蝶为戏，～经济悄悄在他身背后观。"清《红楼梦》四四回："凤姐儿瞅人～，便离了席。" ❺ 宜于；可以。清《镜花缘》八八回："待贫道先念几句，大家～各就所知，互相评论。"

【不防头】 bù fáng tóu 不管不顾；不顾及别人的感受。《元曲选·燕青博鱼》二折："我则见五个镘儿乞丢磕塔稳，更和一个字儿急留骨碌滚。唬的我咬定下唇，掐定指纹，又被这个～爱撇的砖儿稳，可是他便一博六浑纯。"明《金瓶梅词话》三八回："妇人见他的话～，一点红从耳畔起，须臾紫涨了双腮。"清《红楼梦》七回："你侄儿倘或言语～，你千万看着我，不要理他。"

【不防头脑】 bù fáng tóu nǎo 即"不防头"。明《金瓶梅词话》三〇回："以后见他说话儿出来有些～，只低着头弄裙子，并不作声应答他。"

【不妨】 bù fáng ❶ 同"不防❶"。唐张祜《乌夜啼》："咽绝声重叙，愔淫思乍迷。～还报喜，误使玉颜低。"李商隐《漫成》之一："～何范尽诗家，未解当年重物华。远把龙山千里雪，将来拟并洛阳花。"清《姑妄言》七回："～那狗一下跳在地下乱跑，恰值街上一条大狗赶上，一口咬死了。" ❷ 同"不防❷"。唐戴孚《广异记·仆仆先生》："宿即～，但无食耳。"《元曲选·墙头马上》三折："我就上朝取应去。一面瞒着父亲，悄悄送小姐回到家中，料也～。"清《红楼梦》五七回："贾母道：'果真～？'王太医道：'实在～，都在晚生身上。'" ❸ 同"不防❸"。唐罗隐《鹰》："近来脂腻足，驱遣～难。"杜荀鹤《自发吟》："一茎两茎初似丝，～惊度少年时。"宋张耒《春晚有感》："何处浮云度天末，～微雨破春晴。" ❹ 同"不防❺"。唐温大雅《大唐创业起居注》卷二："然通虽不武，久在戎行，守法惧罪，终无坐位。～伺便时相邀袭。"元萧德祥《小孙屠》一〇出："三人路途须仔细，～早作归计。"清《红楼梦》一五回："若令郎在家难以用功，～常到寒第。" ❺ 或许；可能。唐赵璘《因话录》卷四："元和中，僧鉴虚本为不知肉味，作僧素无道行。及有罪伏诛，后人遂作鉴虚煮肉法，大行于世。～他僧为之，置于鉴虚耳。"又卷五："公诚佳士，但此官与公不相当，不敢以故人之私，而隳朝廷纲纪。他日有瞎眼宰相怜公者，～却得。某必不可。"郑怀古《博异志》："俄又闻车马来声，有人相请曰：'此乃逃人之室，～马生匿于此？'" ❻ 极；十分。《敦煌变文校注》卷五《维摩诘经讲经文(四)》："初闻道著我名时，心里～怀喜庆。"《古尊宿语录》卷二一《舒州白云山海会演和尚语录》："忽有个出来道：'长老～好文章。'乃云：'咄！白云口里道，谁敢道不好？'"宋文同《访李奂山人隐居》："状貌～古，言谈何太文。" ❼ 无须；不必。《敦煌变文校注》卷五《维摩诘经讲经文(六)》："如斯设无遮大会，论情是没量大因缘；若求来世丰饶，此事～好作。"《古尊宿语录》卷一六《云门匡真禅师广录中》："师令僧举：'我与你道。'其僧便举，师云：'我～与你道。'"明范濂《云间据目抄》卷四："其或坍江坍泖，苟可修复故道，～动众劳民。" ❽ 终归是；免不了。《祖堂集》卷三《慧忠国师》："众生与佛虽同一性，～各各自修自得。看他人食，终自不饱。"宋洪迈《容斋五笔》卷七："杜老《观曹将军画马图》云：……其语视东坡似若不及，至于'斯须九重真龙出，一洗万古凡马空'，～独步也。"《新编五代史平话·梁上》："这黄巢是个无信行的头口。咱自去据了同州，他日相逢，～厮杀。" ❾ 能够；可以做到。宋苏轼《东坡志林》卷一："若人悟此，虽兵阵相接，鼓声如雷霆，进则死敌，退则死法，当甚么时也～熟歇。"清《载花船》一回："一泄～再举，徐疾暗揣女情，此最上一等者矣。" ❿ 为宜；为好。宋《新编五代史平话·梁上》："姊夫与家老小，且往邻村闪避。咱在此应对他～。"明《禅真逸史》三回："这古庙中甚是荒凉，并无人影，怎地在这里安歇？还是到我们家里去～。"清《荡寇志》七一回："孤山恐难久守，择平地州县有形势之处，把据几处～。" ⓫ 不管；不论。明刘若愚《酌中志》卷一六："宫内教书，选二十四衙门多读书、善楷书、有德行、无势力者任之。……～原衙门原职衔，而随御司房或管柜子关赏。" ⓬ 听凭；任从。明《型世言》二二回："银子～零碎，只要足纹。"清《续金瓶梅》五五回："饶使鲁肃指囷，～公瑾分春。"《姑妄言》一回："宿案俱完，你可去回复阎君，倘有不合处，～改正。" ⓭ 不至于；不会。明张大复《梅花草堂笔谈》卷一〇："赖腊酿政饶，～竟日昏昏也。"《醋葫芦》六回："熊阴

阳道：'非我不肯，倘是讨个送去，反惹得许多闲气。'妈妈道：'这必～。'"《禅真逸史》一九回："虽是拗劣，慢慢地训诲得好。走失之事，决～的。"

【不妨得】 bù fáng de　即"不妨❷"。得，助词，无实义。宋元《古今小说》卷三六："好也，他两个要恁地对副我性命，～。"明孙柚《琴心记》八出："相公，～。你自出去，小人有理会在此。"清李渔《风筝误》一三出："只要换得好，来迟些也～。"

【不妨事】 bù fáng shì　不碍事；没关系。六十种曲本《琵琶记》三出："老姥姥放心，～，只管打。"明杨铭《正统临戎录》："达子舞手将刀要砍。圣驾看见，奉圣旨：'哈铭，你进来罢。'铭回奏：'爷爷，～。'"清《红楼梦》一一九回："你若前门走来就知道了，如今是后门来的，～。"

【不妨头脑】 bù fáng tóu nǎo　同"不防头脑"。清《姑妄言》七回："我丈夫在门口，你说话～。我怕他听见，故拿搋话回你。"

【不分】 bù fèn　❶犹"不防❶"。唐崔湜《婕妤怨》："～君恩断，新妆视镜中。容华尚春日，娇爱已秋风。"白居易《酬舒三员外见赠长句》："已判到老为狂客，～当春作病夫。"明孟称舜《娇红记》二四出："想当日灯前密约，月下深盟，～真个休了也。" ❷犹"不防❸"。唐陈陶《水调词》之二："容华～随年去，独有妆楼镜里知。"宋张元幹《春光好》："疏雨洗，细风吹，淡黄时。～小亭芳草绿，映檐低。"明《警世通言》卷三五："春花秋月足风流，～红颜易白头。" ❸怨恨；不平；不满。唐白居易《元和十二年淮寇未平》："～气从歌里发，无明心向酒中生。"《敦煌变文校注》卷一《李陵变文》："单于见阵输失，心怀～。"明汤显祖《紫钗记》三八出："是佳人命薄，惯了些呆打孩，也～，把阑干拍。" ❹不愿。唐李峤《鹊》："～荆山抵，甘从石印飞。"储光羲《同张侍御宴永北楼》："～开襟悲楚奏，愿言吹笛退胡兵。"清《女仙外史》一回："原来是斗牛宫赫赫天狼星，～做大明国岩岩新帝主，只因好色爱嫦娥，故此潜身来月殿。" ❺不能；做不到。唐元稹《感小株夜合》："～秋同尽，深嗟小便衰。" ❻不如；比不上。明汤显祖《牡丹亭》四二出："天下事，鬓边愁，付东流。～吾家小杜，清时醉梦扬州。" ❼犹"不妨⓬"。明张怡《六十初度》之一："钟声无复传长乐，花气犹疑出建章。～帘钩双燕子，喃喃只似说兴亡。"王錂《春芜记》一二出："朱楼日上人初起，凭栏处，～漫人愁绪。"又一九出："枕簟惊寒已暮秋，心愁难付与东流。年来意气俱消尽，～书空独倚楼。"

【不忿】 bù fèn　❶同"不分❶"。唐孔氏《赠夫》之一："～成故人，掩涕每盈巾。" ❷同"不分❸"。《太平广记》卷一一九引《还冤记》："昔枉见杀，实所～，诉天得理，今故取君。"宋元《古今小说》卷三六："把他一笊篱钱都倾在钱堆里，却教众当直打他一顿。路行人看见，也～。"清洪昇《长生殿》九出："寡人昨因杨妃娇妒，心中～，一时失计，将他遣出。" ❸对……不平、不满。《敦煌变文校注》卷四《降魔变文》："～欺屈，忽然化出毒龙。口吐烟云，昏天翳日。"《元曲选·连环计》四折："被我把几句忠义的说话激发他，连李肃也～其事。因此拔刀相助。"清《红楼梦》二五回："那赵姨娘素日虽然常怀嫉妒之心，～凤姐宝玉两个，也不敢露出来。" ❹同"不分❹"。唐郑谷《游蜀》："～黄鹂惊晓梦，唯应杜宇信春愁。"宋赵长卿《菩萨蛮》："日夕犹恋珊瑚枕，羞红～花如锦。" ❺不怪；怪不得。明汤显祖《邯郸记》一○出："〔生〕夫人喜也。一鞭红雨促归程，〔旦〕～朝来喜鹊声。〔生〕官诰五花叨圣宠，〔旦〕名扬四海动奴情。"

【不忿得】 bù fèn de　即"不忿❸"。得，助词，无实义。明

《西洋记》五一回："长大成人，心里有些～这个渔翁，尝背后说道：'此我父之仇。'"《醒世恒言》卷六："王臣一来被他破荡了人家，二来又被他数落这场，三来～这书，咬牙切齿，东张西望寻觅。"又卷一○："他与兄共创家业，况他是先到，兄是后来，～兄先娶，故此假意推托。"

【不忿气】 bù fèn qì　气不平；不服气。明《西游记》八○回："第三第四个都爱我美色，七八十家一齐争吵。大家都～，所以把奴奴绑在林间，众强人散盘而去。"

【不愤】 bù fèn　❶同"不忿❷"。《太平广记》卷九五引《原化记》："其僧～，遂将经纶，遍历名山，以访知者。"明吾邱瑞《运甓记》二八出："我一时～，将他杀了。"清《后西游记》三六回："看见沙弥扯着两个打，都～道：'那里走来的野和尚，怎敢在寺里打人！'" ❷同"不忿❸"。唐赵嘏《倦寝听晨鸡》："～连年别，那堪长夜啼。"明《金瓶梅词话》七四回："一个～一个。那一个有些时道儿，就要蹿下去。"清《醒世姻缘传》八七回："这权、戴二位奶奶见主人公不在跟前，你～我，我～你，从新又合气起来。" ❸同"不忿❶"。宋王庭珪《浪淘沙》："蕊珠宫殿倚彤霞，～江南梅信早，争下香车。" ❹同"不忿❹"。明屠滽《拂水岩》："此来～空归去，旋构新篇拣竹镌。" ❺无奈。宋欧阳修《蝶恋花》："薄幸辜人终～，何时枕畔分明问。"刘斧《洞仙歌》："薄幸苦无端，误却婵娟，有人在、玉楼天半。最～，西风破帆来。甚时节、收拾望中心眼。"

【不愤气】 bù fèn qì　同"不忿气"。明《金瓶梅词话》九四回："我买将你来伏侍我，你～！"清《醉醒石》一五回："这先前两个妾，是先人门，又是本京人，好生～。"

【不敷】 bù fū　❶不够；不足。五代程逊等《上十三事奏》："每年给散蚕盐～斤两，杂之以硝土。"《元曲选·看钱奴》二折："口食～，难以度日。"清《飞龙全传》二二回："到底久病之人，身体软怯，怎经得大汗一出，元气～。" ❷不周全。《敦煌变文校注》卷六《金刚丑女因缘》："女缘前生貌～，每看恰似兽头牟。"

【不伏烧埋】 bù fú shāo mái　本指不服判决。烧埋，烧埋银，杀人或伤人致死者付给苦主的安葬费。后以此语表示不认错、不听劝说等。《元曲选·争报恩》二折："你待教我从实取责，我又不敢当厅抵赖；恰待分说，又道咱家～。"又《李逵负荆》四折："休道您兄弟，由你便直打到梨花月上来。"明《金瓶梅词话》七五回："说着你，嘴头子不伏个烧埋。"

【不扶】 bù fú　"不扶捏"的省称。没有捏造；保证属实。用于法律文书。明《醒世恒言》卷三八："即便分付州官，取左右邻～结状，见得李清平日有何行谊，怎地修行，于某年月某日时已经身死。"清《海烈妇百炼真传》四回："再央众邻里出个～甘结，同去回官，包你无事。"《醒世姻缘传》一三回："差人寻了地方保甲来到，验看了明白，取了～甘结。按，"不扶甘结"指呈交给官府的画押字据，保证没有捏造，并声明与事实不符则甘愿受罚。

【不服烧埋】 bù fú shāo mái　同"不伏烧埋"。明汤式《一枝花·自省》："知自知虚脾枉自温存，笑自笑讪脸偏禁打掴，怪自怪痴心～。"

【不尴不尬】 bù gān bù gà　尴尬。不，只起填充音节、强化语气的作用，不表示否定。尴尬，字或作"魫魀"等，不另区分。 ❶即"尴尬❶"。明《西洋记》一一回："那隔壁的门里，又闪出一个～、不伶不俐、没摆布的邋遢头来。"清李玉《清忠谱》一六折："我一见时，就道有些～。他背着人，啼啼哭哭。人来会他，都交头密语。"《红楼梦》九○回："（薛蝌）及见了宝蟾这种鬼鬼祟祟～的光景，也觉了几分。" ❷即"尴尬❷"。明柯丹邱《荆钗记》二八出："撇得我～，闪得我无聊无赖。"高濂《玉簪记》五出："大家逃难走，

命难捱,偷生并就死,～。"《醒世恒言》卷三四:"看了那样光景,方懊悔前日逼勒老婆做了这件拙事。如今又弄得～,心下烦恼。" ❸不正派;不规矩。明王玉峰《焚香记》五出:"若少有～,再寻个户对门当,不要怪我!"《金瓶梅词话》五七回:"那薛姑子就有些～,专一与那些寺里的和尚行童调嘴弄舌,眉来眼去。"清《十二楼·合影楼》二回:"岂有青天白日对了男子做那～的事,没有人捉奸之理?" ❹即"尴尬❺"。明石庞《风中柳·闺夜》:"明灭灯花,开的～。数不完、更声漏债。"杨珽《龙膏记》一八出:"这桩事～,有天来大。"孟称舜《娇红记》三八出:"似这等～,没底相思,害的我萧萧头白。" ❺不明不白;不清不楚。明高濂《玉簪记》一七出:"我东人～,到此处多愁多害。"徐复祚《投梭记》一六出:"对着你眼张狂不瞅不睬,问着你嘴都卢～。"清《儒林外史》二二回:"外甥女少不的是我们养着,牛姑爷也该自己做出一个主意来,只管～住着也不是事。" ❻不解决问题;不中用。明《西游记》七四回:"他不知怎么钻过头不顾尾的,问了两声,～的就跑回来了。"《禅真逸史》五回:"况自幼娇养,不会生理,～的。"《拍案惊奇》卷二五:"虽是寄了一两番信,又差了一两次人,多是～,要能不够的。" ❼不自在。清李渔《凤求凤》二六出:"真个是疑心生暗鬼。为甚么他去了半晌,觉得我身子里面,有些～起来?" ❽隐秘;难猜测。清李渔《玉搔头》二〇出:"如今要与刘公公商议,做桩～的事儿。只因一着不到处,还你满盘都是空。" ❾小里小气。清《十二楼·归正楼》二回:"有心置货,素性多置几箱,为什么～,只带这些?"

【不尴尬】　bù gān gà　❶即"不尴不尬❶"。元明《水浒传》一〇回:"大姐,这两个人来的～。"明《西洋记》一四回:"分付工人方圆广阔止用三尺,直深却用一丈。众和尚道:'钦差老爷,这个坑却筑得有些～。'"清《红楼梦》九一回:"薛姨妈看那人～,于是略坐坐儿,便起身道:'舅爷坐着罢。'" ❷即"不尴不尬❷"。明《西游记》三六回:"老爷,十分～,搬出去也罢,扛子打进门来了。"《禅真逸史》二一回:"住持爷好生着恼,杜公公一夜不睡,见面时有些儿～哩。"清《儒林外史》二三回:"万雪斋老爷是极肯相与人的,除非你说出他程家那话头来才～。" ❸即"不尴不尬❸"。清《醉醒石》一五回:"十五六了,就有那干～的人,哄诱他出去花哄闯口面。" ❹即"不尴不尬❹"。明《西游记》八一回:"只是眼下有件事儿～,一进门就要说,恐怕冒犯洪威。" ❺即"不尴不尬❻"。明《禅真后史》四回:"我看瞿先儿柔懦,怎与他做的敌手?况且无钱使用,这官事多分～了。"

【不敢】　bù gǎn　谦词。❶犹言斗胆。元明《水浒传》一五回:"～拜问先生高姓,仙乡何处?"明《醒世恒言》卷三:"～动问,你家花魁娘子一夜歇钱要几千两?"清《女仙外史》二三回:"～请问,是何勾当?" ❷犹言不敢当。《元曲选·薛苞叔》二折:"〔魏齐云〕多承大夫重意,老夫来迟休怪。〔须贾云〕～。"明李开先《宝剑记》八出:"〔僧白〕近闻兄弟志在兴革天下利害。〔生白〕～!"清《儒林外史》四回:"二位接了酒道:'尚未奉谒,倒先取扰。'严贡生道:'～,～。'" ❸犹言抱歉。清《红楼梦》二九回:"话说宝玉正自发怔,不想黛玉将手帕子甩了来,正碰在眼睛上,倒唬了一跳,问是谁。林黛玉摇着头儿笑道:'～,是我失了手。'"

【不怪】　bù guài　怪不得;难怪。《大唐三藏取经诗话》一一则:"猴行者曰:'此桃种一根,千年始生,……若人吃一颗,享年三千岁。'师曰:'～汝寿高。'"明吴宽《四答胡彦超》:"～连朝风雨恶,暑天真为洗诗魂。"清《品花宝鉴》四八回:"这是庾香不好,谁叫他做得如此伤心?倒～玉侬要哭。"

【不怪得】　bù guài de　怪不得。宋胡翼龙《宴清都》:"湖山旧曾游遍。～、近番心懒。"

【不管】　bù guǎn　❶不顾及;不管顾。唐白居易《和春深》之一〇:"何处春深好?春深经业家。唯求太常第,～曲江花。"宋《朱子语类》卷一五:"若未获乎上,更不去治民,且一向去信朋友;若未信朋友时,且一向去悦亲,掉了朋友～。"清《红楼梦》七七回:"一时高兴了,你就～有人无人了。" ❷不涉及;不相干。《唐律疏议》卷六:"自馀唯据临统本司及有所案验者,即临统其身而～家口者。"元明《三国志通俗演义》卷二二:"诸葛恪吾已奉诏斩之,并～汝等官军之事。"清《红楼梦》二八回:"凭他谁叫我裁,也～二爷的事。" ❸不知;不晓。唐皎然《戛铜碗为龙吟歌》:"初戛徐徐声渐显,乐音～何人辨。似出龙泉万丈底,乍怪声来近而远。"《敦煌变文校注》卷五《父母恩重经讲经文(一)》:"有一类门徒弟子,为人去就乖疏。不修仁义五常,～温良恭俭。"《太平广记》卷三三二引《通幽记》:"儿亡之后,都不记,死时,亦不知殡葬之处。钱财奴婢,君与则知。至如形骸,实总～。" ❹不理睬。《祖堂集》卷七《岩头和尚》:"疏山参见师。师才见,却低头佯佯而睡。疏山近前立久,师并～。"宋佚名《张协状元》一出:"强人～他说,怒从心上起,恶向胆边生。"宋元《古今小说》卷二四:"婆子正待说,大伯又埋怨多口。婆子～大伯,向二人道:'媳妇是东京人。'" ❺不论。表示不区分后面所列的条件或情况。《敦煌变文校注》卷四《八相变(一)》:"财物库藏,任意般将,～与谁,进(尽)任破用。"《元曲选·谢金吾》一折:"～大小官员房舍,但是侵占官街的,尽皆拆毁。"清《红楼梦》四四回:"我～是谁,拿拐棍子给他一顿。" ❻不管理;不管事。《五灯会元》卷二〇《国清行机禅师》:"生死不住,涅槃不证,汉地不收,秦地～,且道在甚么处安身立命?"元明《水浒传》六回:"洒家～菜园,俺只要做都寺、监寺。"清《红楼梦》二回:"如今敬老爹一概～。这珍爷那里肯读书,只一味高乐不了。" ❼休得;不要;不许。宋魏泰《东轩笔录》卷一:"官职须生处有,才能～用时无。"金《董解元西厢记》卷五:"异日休要逢别的,更～负人呵!"《刘知远诸宫调》一二:"有一事最大,救取夫人,～分毫有损害。" ❽不会;不至于。金《董解元西厢记》卷二:"僧行,有谁随俺?但请无虑,～有分毫失赚。"清《授时通考》卷四二:"如事干众,即时闻官,纠率人功,借贷钱本,日下修筑,～误事。" ❾不负责;不承担。明柯丹邱《荆钗记》二九出:"这都是你生出来许多事端。我～,你自去问他。"清《醒世姻缘传》一八回:"这题目我倒容易做,只恐又有陈老先生来责备,我却～。"《歧路灯》二三回:"绍闻道:'戏钱我。'逢若道:'衣裳鞋脚钱,你可管了罢?'" ❿哪怕;就算是。明汤显祖《南柯记》六出:"但是晦气的人家,便请我撮科打哄。～有趣的子弟,都与他钻懒帮闲。"朱鼎《玉镜台记》三二出:"〔内问〕你每这等贪婪,难掩上司耳目。〔净〕～他绣衣考察官员,拚个两腿无肉。"

【不光】　bù guāng　不止;不仅。清《醒世姻缘传》四四回:"况且又～止打骂那妾,毕竟也要把自己丈夫牵扯在里头。"《红楼梦》一〇一回:"再者也～为我,就是太太听见也喜欢。"《红楼幻梦》一四回:"～做诗,还做了些灯谜。"

【不过】　bù guò　❶不能通过;被斥退或驳回。唐李肇《国史补》卷中:"德宗自复京阙,常恐生事,一郡一镇,有兵必姑息之。惟浑令公奏事～,辄私喜曰:'上必不疑我也。'"段成式《酉阳杂俎》前集卷二:"青鸟公入华山,四百七十一岁,十二试三～。"五代刘崇远《金华子杂编》卷上:"读一碑文,不识其间两字,谓宾客曰:'此碑无用于世矣。成式读之～,更何用乎?'" ❷只须;只要。唐杜甫《有感》之三:"～行俭德,盗贼本王臣。"陆龟蒙《阖闾城北有卖花翁讨春》:"若要见春归处所,～携手问东风。"《敦煌变文校注》卷七《故圆鉴大师二十四孝押座文》:"要似世尊端正相,～孝

顺也唱将来。"　❸ 不外乎；无非是。唐郑处海《明皇杂录》卷上："成某志～烦相君诸子：五郎文，六郎书，七郎致石。"明李开先《宝剑记》二九出："这个有甚好处？～偷盗仓粮而已。"清《红楼梦》三回："丫鬟们斟上茶来，～说些黛玉之母如何得病，如何请医服药，如何送死发丧。"　❹ 没比；难匹。《敦煌变文校注》卷五《妙法莲华经讲经文（三）》："佛言供养最为多，是事精强更～。若有智人能算，此人功德复如何？"又《双恩记》："润息村田更～，无论夏麦与秋禾。三升今岁垄三亩，一粒来年收一科。"又卷六《金刚丑女因缘》："公主轻盈世～，还同越女及娘娥。"　❺ 用在动词性或形容词性成分之后。a)表示受阻碍过不去。宋《朱子语类》卷二一："伯寿问：'曾子只以此三者自省，如何？'曰：'盖是来到这里打～。'"清《隋唐演义》一五回："那老母游魂复返，身体沉重，翻～身来。"b)表示不能超过或对敌。宋蔡條《铁围山丛谈》卷四："时夜中仓卒，故不大惊，然刘但顾曰：'汝又胜他～。'"明《西游记》四回："末将战他～，败阵回来请罪。"清《绿野仙踪》八回："只怕我力量对他～，该怎处？"c)表示不能支持或忍受不了。宋洪迈《夷坚志》三己卷二："每日定要钱五千，如不及数，必遭棰打。吃受～，不免将身逃窜。"《元曲选·窦娥冤》一折："俺家里又不是没有饭吃，没有衣穿，又不是少欠钱债，被人催逼～。"清《绿野仙踪》一九回："他又无力赔补，受刑～，便行自缢。"d)表示过意不去。宋《二程语录》卷一四："当时不合立之，只被见是武帝孙，担当～，须立之也。"《朱子语类》卷一三："不荐自是好，然于心终不忘，便是吃他取奉意思。这便是私意。"明《醒世恒言》卷一："暗暗地颠唇簸嘴，批点那飞天夜叉之丑。王奉自己也看～，心上好不快活。"e)表示不到位、做不到。宋《朱子语类》卷一○："今举者不忖自己力量去观书，恐自家照管他～。"清《醒世姻缘传》九回："计大官道：'家里有板没有？'晁大舍道：'家里虽有收下的几付，只怕用～。'"《飞龙全传》一二回："三弟，慢慢的行，愚兄跟你～。"f)不成；没成功。宋《朱子语类》卷二二："曰：'万一料事～，则如之何？'曰：'这却无可奈何，却是自家理不明尔。'"金《董解元西厢记》卷四："做个夫人做～，做得个积世虔婆。"g)表示不能够或不可以。金《董解元西厢记》卷五："负心的神天放～。"明《挂枝儿·多心》："到如今，眼面上就做工夫，偷铃掩耳，瞒我～。"清《醒世姻缘传》七回："咱那媳妇不是善茬儿，容他做这个？我信～。"h)用于比较，表示不及、不行。金《董解元西厢记》卷一："其间盖造的非小可，想天宫上光景，赛他～。"清《醒世姻缘传》九回："若忖量罩～他，趁着刚才那个意思，做个半截汉子罢了。"《霓裳续谱·树叶儿发》："姐儿打扮一枝花，俏皮～他。"i)表示不能拒绝或推却。元明《水浒传》二一回："宋江被他劝～，连饮了三五杯。"明《拍案惊奇》卷一："金老欲待摸出还了，一时摸个不着，面儿通红。又被王老央，只得作揖别了。"清《儒林外史》一回："秦老在旁，着实撺掇。王冕屈～秦老的情，只得应诺了。"　❻ 用在形容词性成分之后，表示程度最高。明《拍案惊奇》卷二："那月娥是个久惯接客，乖巧～的人。"清孔尚任《桃花扇》六出："〔丑〕奴家郑妥娘。〔生沈吟介〕果然妥当～。"《儒林外史》一二回："因把书房后一个大轩敞～的亭子上，换了一匾，匾上写作'潜亭'。"　❼ 连词。表示语意转折。清《聊斋俚曲·禳妒咒》："这倒极好，～那太太同意没？"《品花宝鉴》三回："你不见楼上那个人将他轰出来，砸掉了许多东西，他何曾敢说一声。～，咱们不肯做这样霸道事。"

【不好】 bù hǎo　❶ 不对。唐张鷟《朝野佥载》卷二："君坐我门上，我出入常值君。君自～，非我之为也。"温大雅《大唐创业起居注》卷一："但唐公欲迎隋主，共我和好。此语～，我不能从。"　❷ 不适；不舒服。唐刘肃《大唐新语》卷六："朕四体～，百司奏事，可共元常平章以闻。"《元朝秘史》卷一："我心里好生～。"清《儒林

外史》五回："奶奶这些时心里有些～，今日一者请吃酒，二者奶奶要同舅爷们谈谈。"　❸ 用于疑问或反问，表示一选择为好。金《董解元西厢记》卷四："自心思忖，怕咱做夫妻后～？奴正青春，你又方年少。"《元朝秘史》卷五："天明，及视坐处流的血，都如泥泞。成吉思说：'如何这般做，远些弃呵～？'"明《金瓶梅词话》九二回："咱～将计就计，把他当贼拿下，除其后患如何？"　❹ 不宜；不便。元张光祖《言行龟鉴》卷二："旧多恐惧，～打叠了此心。"《元曲选·青衫泪》一折："人说道这是裴妈妈家。～进去，我咳嗽一声。"清《歧路灯》三回："就是姐夫那边，我自己惶愧，也～多走动的。"　❺ 无法；不能够。《元曲选·任风子》三折："你如今真个～过日子，不如跟着我一同回去住罢。"又《青衫泪》三折："无时不思念大姐。只是无心腹人，～寄书。"　❻ 不好看；难堪。元明《水浒传》一九回："恐日后误了足下，众位面皮～。因此不敢相留。"　❼ 讳指生病或疾病。《元曲选·张天师》楔子："〔净云〕你那病人～几日了？〔张千云〕～七日了。"明《金瓶梅词话》六二回："为他气的我～了，把大娘的寿日都误了。"清《醒世姻缘传》二回："我害～，多谢你去看我。"　❽ 指短处或缺点。明《韩湘子》五回："你们那里晓得这酒的～，古来有诗为证，我且念与你们听着。"清《玉支玑》一○回："不如哄他到野外去，大家吃个烂醉，数说他的～，方打得痛快。"《红楼梦》六一回："一面又奉承他办事简断，一面又讲述他母亲素日许多～。"　❾ 表示情况极不正常，令人惶恐。明汤显祖《牡丹亭》二○出："～了，～了，老爷奶奶快来!"清《儒林外史》六回："严贡生口里叫道：'～! ～!'叫四斗子快丢了。"《红楼梦》七八回："～，有鬼!"　❿ 讳指疾病不治或死亡。清《醒世姻缘传》九○回："晁夫人又不头疼脑热，又不耳聋眼花……那像一个将～的人？"《红楼梦》一一回："况且听得大夫说，若是不治，怕的是春天～呢。"

【不计】 bù jì　❶ 别说。表示让步。《敦煌变文校注》卷一《舜子变》："是你怨（冤）家修仓，须得两个笠子。大（待）伊怨家上仓，～是两个笠子，四十个笠子也须烧死。"　❷ 不论；无论。《敦煌变文校注》卷五《长兴四年中兴殿应圣节讲经文》："此时恩泽彻西东，功德何（河）沙算不清。～诸批兼县镇，共惊牢狱一时空。"

【不济】 bù jì　❶ 承受不了；不堪。唐李绛《论许遂振进奉请驿递送至上都状》："有司所支食料减刻，已恐不充。今若进奉货财，悉令馆驿递送，岂唯馆驿～，实州县难堪。"牛僧孺《玄怪录》卷一："亦尝坠火堕床，痛苦～，终不失声。"又卷二："其两胫各有杖痕四，痛苦～，匍匐而行。"　❷ 不行；不顶用。《敦煌变文校注》卷一《李陵变文》："汉将得脱，归报帝知，言单于一一～。"明《西游记》一八回："请了有三四个人，都是～的和尚，脓包的道士，降不得那妖精。"清《白雪遗音·唱曲》："我的嗓子～，赛过破锣。"　❸ 没作用；不见效。宋洪迈《夷坚志》补卷一九："今已日暮，去亦～。俟明日，同诣道人谋之。"元高安道《哨遍·皮匠说谎》："好一场恶一场，哭不得笑不得，软厮禁硬厮拼却。"清《白雪遗音·一轮明月》："真心要与奴相好，除非管个破马号，～死，一月还赚几斗料。"　❹ 不好；不佳。六十种曲本《琵琶记》八出："〔净〕看你腹中何所有，……你押下韵。〔丑〕把与试官来下酒。〔净〕～，～。将他黑墨搽脸，乱棒打出去。"　❺ 不景气；拮据。明李开先《宝剑记》一○出："近来命塞时乖，所事营生～，十日不见一文钱，三日不曾得饭吃。"《警世通言》卷二四："原来是年景消疏，买卖～。"清《红楼梦》一一四回："自己回明了贾政去，然后行事。但是手头～，诸事拮据。"　❻ 不如；比不上。清《红楼梦》五三回："果然我们就～凤丫头了？"又八一回："只是佛爷菩萨看的真，他们姐儿两个，如今又比谁～了呢。"又八四回："要赌宽厚待人里头，却～他宝姐姐有耽待，有尽让了。"

【不济事】bù jì shì ❶ 不顶事；不中用。宋洪迈《夷坚志》支庚卷一："待制十日内，当有鞶带之锡，却～。才到立春日，有迁陟之喜。"元明《水浒传》一八回："两个都头尚兀自～，近他不得。我们有何用？"清李玉《人兽关》二一出："妈妈独自回来，想又～了。" ❷ 病重将亡的婉词。宋洪迈《夷坚志》三壬卷二："即遣吏赍沉香一斤，并银绢往谢。吏跪致漕意，陈嚬眉良久曰：'～了。'悉却不纳。"佚名《张协状元》三二出："我胜花娘子～了！"明《二刻拍案惊奇》卷六："我～了，难得你出来见这一面。"

【不加】bù jiā 不足。《敦煌变文校注》卷一《伍子胥变文》："比为势力～，所以蹉跎年岁。"金《西厢记诸宫调》卷二："聪独力～，走出阵去。"清《林兰香》三二回："但迩来气血虚弱，饮食～，恐继后有人，而此身莫保。"

【不拣】bù jiǎn ❶ 不理；不计较。唐孟郊《伤春》："春色～墓傍枝，红颜皓色逐春去，春去春来那得知？"《太平广记》卷二四三引《乾膜子》："至其余千产业，街西诸大市各千馀贯，与常住法安上人经营。～日时拟议，其钱亦不计利。"明《型世言》三回："天热恐怕酒坏，只得又叫他将就些。他便乱卖，低银低钱，也便～，便两三遭也添。" ❷ 不分；分不清。《敦煌变文校注》卷二《庐山远公话》："树木丛林拥郁，花开～四时；泉水傍流，岂有春冬段（断）绝。"宋何梦桂《蓦山溪·和雪三用韵》："平明三尺，～江南道。" ❸ 不管；不论。唐杜牧《与汴州从事书》："先行文帖，克期令至，～贫富，职掌一切均同。"《元典章·礼部六》："今后～是谁，寺里休做筵席。"清《粉妆楼》一三回："～人家贫富，只要人才出众，文武双全的人，方才许配。" ❹ 不拣择；不挑选。宋杜范《郑宁夫携诗什访余并有赠篇》："宫徵自调相和应，珠玑～尽光圆。"明徐渭《寄郦绩溪仲玉为钱氏门人》："真儒～啼儿抱，主簿同安是阿谁？"高拱《本语》卷五："若不试以事，徒取文艺，～其才，徒俟俸资，则岂能遂为百辟之师，平章军国重事而无舛乎？" ❺ 即便；哪怕。元高文秀《遇上皇》三折："问甚么秋泉竹叶青，九酝荷叶杯，～你与我沧浪水，也强似忍风雪饥寒半路里。"

【不见的】bù jiàn de 同"不见得❺"。《元曲选·昊天塔》一折："假当时不寻自尽，拚命杀出去，或者有个侥幸也～。"又《朱砂担》三折："父亲且自宽心，这早晚回家也～。"元明《水浒传》四五回："原来这婆娘倒不是个良人。莫教撞在石秀手里，敢替杨雄做个出场，也～。"

【不见得】bù jiàn de ❶ 不得见；没见到。《法苑珠林》卷九二："前有大河，雇他两钱，然后得渡。到彼往债，竟～。来还渡河，复雇两钱。" ❷ 看不出；显不出；感觉不到。《景德传灯录》卷三○《华严示众》："你一念中见得，在你眉毛鼻孔上，你若～，如接竹点月。"《元曲选·窦娥冤》三折："若没些儿灵圣与世人传，也～湛湛青天。我不要半星热血红尘洒，都只在八尺旗枪素练悬。"清《红楼梦》五回："宝玉听了此曲散漫无稽，～好处。" ❸ 不管顾；不在乎。《五灯会元》卷三《南泉普愿禅师》："王老师自小养一头水牯牛。拟向溪东牧，不免食他国王水草。拟向溪西牧，亦不免食他国王水草。不如随分纳些些，总～。"宋陈普《谊利道功》："古之徇谊而弃利，守道而忘功，无所留难者，皆于谊道而～与生之为利故也。" ❹ 不至于。宋元《清平山堂话本·错认尸》："若还思量此事，只消得打发了小二出门，后来～自身同女打死在狱，灭门之事。"明柯丹邱《荆钗记》三○出："我有半年粮食，也～到你家来。"崔时佩、李日华《西厢记》二五出："你早说一两日，也～病体这等沉重。" ❺ 不一定；说不定。《元曲选·看钱奴》四折："若告我，我拚的把这金银官府上下打点使用，我也～便输与他。"明《古今小说》卷四○："我同你去，或者他家留酒饭也～。"清李渔《风筝误》二九出："恐怕事有差讹，也～。"

【不将】bù jiāng "阴阳不将"之省，星相家认为这样的日子宜于婚嫁。明《石点头》卷六："选定九月初二行聘，十三日天德黄道～日成亲。"清解鉴《益智录》卷二："月初即为夏季天月，德俱在甲，初五日甲午，午为月之明，星且为六合、兼合～，是日嫁娶，吉莫如之。"《水浒后传》三一回："娶亲的男家要选～吉日，入赘的女家看纳婿良辰。"

【不将难】bù jiāng nán 不觉难；不以为难。唐元积《咏廿四气诗·立冬十月节》："野鸡投水日，化蜃～。"敦煌词《证无为》："好道变泥水，如来涌清泉。付法掩泥～，受记结因缘。"《敦煌变文校注》卷五《佛说阿弥陀经讲经文（二）》："一团干饭～，如何便得生天果？"

【不较差】bù jiào chā 差不多；差别不大。明《拍案惊奇》卷六："色中饿鬼是僧家，尼扮由来～。"

【不较多】bù jiào duō ❶ 犹"不较差"。唐李贞白《咏狗蚤》："与虱都来～，撩挑筋斗太喽啰。"《五灯会元》卷二《扣冰澡光古佛》："又问：'器中何物？'曰：'酱。'峰曰：'何处得来？'曰：'自合得。'峰曰：'还熟也未？'曰：'～。'"元耶律铸《席上》："方知世上闲滋味，气比神仙～。" ❷ 不很多；不为远。唐胡曾《金义岭》："凿开山岭引湘波，上去昭回～。无限鹊临桥畔立，迢来天道过天河。"金赵秉文《送人之河中》："功名蚁穴梦南柯，投老空门～。" ❸ 不在多。《古尊宿语录》卷八《汝州首山念和尚语录》："僧云：'如何是和尚家风？'师云：'无丝傀儡有人牵。'僧云：'牵后如何？'师云：'妙有无言。'僧云：'如何是妙有无言～？'僧云：'有言须得句。'" ❹ 不算多；不为过。《景德传灯录》卷一五《洪州泐潭宝峰和尚》："僧曰：'某甲在途时。便知有此一问。'师曰：'更与二十年行脚也～。'"

【不借】bù jiè 不顾惜；不照顾。唐卢照邻《悲夫》："花覆地兮无待，河倾天兮～。无灵草兮驻朽质乎千年，无雕戈兮回踆乌乎三舍。"《元曲选·儿女团圆》三折："除你外别无甚枝叶，争忍道义断恩绝。便则道肠里出来肠里热，怎生把俺来全～。"清尉方山《春雨》："独坐生春感，芳华等逝波。韶光今～，风雨意如何。"

【不籍】bù jiè ❶ 不看重；不在乎。《敦煌变文校注》卷六《金刚丑女因缘》："乃可不要富贵，亦～你官职。"敦煌词《浣溪沙》："却挂绿杨栏用笔章，～你马上弄银枪。罢却龙泉身擐甲，学文章。"宋陈造《涑口守风》："明朝起拖计，未敢决可否？身已～在，心自无何有。" ❷ 不顾；顾不上。金《董解元西厢记》卷三："把那弓箭解，刀斧撤，旌旗鞍马都～。回头来觑着白马将军，喝一声爆雷也似喏。"又卷四："当初指望，风也不教泄，事到而今已～。"《元曲选·范张鸡黍》二折："觉来时泪流血，寸心酸，五情裂。咱功名，已～。" ❸ 同"不借"。金《董解元西厢记》卷七："几番待撇了～，思量来当甚厮嚼？"元佚名《一机锦·离思》："难割难舍，把他奴全然～，怎惹的信音绝。"

【不禁】bù jīn ❶ 顶不住；抵挡不了。唐张鷟《游仙窟》："自隐风流到，人前法用多。计时应拒得，伴作～他。"段成式《酉阳杂俎》前集卷一三："忽有巨手出于床前，牵王臂坠床，身渐入地。其妻与奴婢共曳之，～地如裂状，初馀衣带，顷亦不见。" ❷ 不得；不了；不止。唐张鷟《朝野佥载》卷一："于后饥，作鲙未成，爽忍饥～，遂吐一物，状如虾蟆。"《元曲选·渔樵记》四折："也非是我忍耐～，也非是我牵牵搭搭。则为你四十九岁只思得妻靠妇。"明《二刻拍案惊奇》卷二一："合家看见了这个光景，思量他们在外死的苦恼，一齐恸哭～。" ❸ 受不了；经不起。唐白居易《杨柳枝》之七："小树～攀折苦，乞君留取两三条。"明李开先《宝剑记》四一

出:"青鸾信断鱼书速,斜倚灵床痛～。"清《醒世姻缘传》一四回:"标致妇人～磕打,一时磕打坏了,上司要人不便。" ❹ 忍不住;不由自主地。五代孙光宪《浣溪沙》:"翠袂半将遮粉臆,宝钗长欲坠香肩。此时模样～怜。"明孟称舜《娇红记》三一出:"翠压春山双黛浅,几番见记起从前。雕栏倚遍、～的柔肠千转。"清《红楼梦》三七回:"众人看了,也都～叫好。" ❺ 不如;比不上。《敦煌变文校注》卷五《金刚般若波罗蜜经讲经文》:"又将七宝依前施,～演说事如何?……若人以无量七宝满僧祇界布施,不如发大菩萨心,持经如经行也。" ❻ 跟"打甚么"呼应,构成反问句式,表示没什么要紧。元明《水浒传》九三回:"莫说那几个鸟汉,就是杀了几千,也打甚么鸟～!"又:"李逵正说到兴浓处,揎拳裹袖的说道:'打甚么鸟～,真个一生不曾做恁般快畅的事!'" ❼ 难免;脱不了。明高濂《玉簪记》四出:"儿遭分散,娘归那边?绣鞋儿～娇颤,塞北江南。"孙柚《琴心记》八出:"苍苔路湿,湮透弓鞋。腰肢瘦损,～延仁。"清李玉《永团圆》二八出:"画阁强相邀,～萦怀抱。" ❽ 不过。明《西游记》二〇回:"来往～三五回,先锋腰软全无力。"清《醒世姻缘传》八二回:"火上弄冰,～几日,弄得精空。"

【不紧】 bù jǐn ❶ 不紧张。金《西厢记诸宫调》卷二:"能征惯战,不慌～不忙,果手疾眼辨。" ❷ 不紧要;不紧急。《元典章・兵部三》:"～的使臣每教水路里相合回去。这般行呵,无体例多滥骑铺马的人每也怕也者。" ❸ 不打紧;不要紧。《元曲选・马陵道》二折:"我死～,只可惜我腹中有卷《六甲》天书,不曾传授与人。"清《品花宝鉴》四三回:"早今王大人叫我去,我当是什么紧要事,原来很～的一句话。"《红楼真梦》四五回:"吃的倒～,你们可记着给老太太凑牌。" ❹ 跟"有甚么""打甚么"呼应,构成反问句式,表示没什么要紧。《元曲选・渔樵记》二折:"我打你这一下,有甚么～!"元明《水浒传》五回:"歇一夜打甚么～,怎地便是讨死?"明《二刻拍案惊奇》卷一四:"区区几个柑子,打甚么～的事,要官人如此重酬?" ❺ 不上紧;不抓紧。明《西游记》五六回:"那马更不惧他,凭那呆子'嗒嗒嗒'的赶,只是缓行～。"清《歧路灯》九九回:"那毛越长了,约有半寸许。老樊道:'预备镊子,拔的～,这风毛会钻进去。'"《姑妄言》一四回:"穷人家见债主～,乐得巨揞。" ❻ 不严紧。明杨致和《西游记传》卷四:"行者得了此牌,径上宝德关见李达天王,责他闺门～,纵放幼女为妖。"《醒世恒言》卷九:"倘或傍观的口嘴～,遇煞着处溜出半句话来,赢者输,输者反赢。"

【不经】 bù jīng ❶ 未曾;不曾。唐李恒《南郊改元德音》:"应亡官失爵及放还流人,如有先庄田～没官,被人请射,本主子孙到,并委州县却还。"《元曲选・潇湘雨》四折:"想必你～出外,早难道惯曾为旅。"明《二刻拍案惊奇》卷一:"揭开里头看时,却是册页一般装的,多年～裱褙,糨气已无,周围镶纸多泛浮了。" ❷ 即"不禁❽"。《敦煌变文校注》卷四《降魔变文》:"神力～弹指间,须臾即至皇城阙。"元《武王伐纣平话》卷下:"三人在路,～数日,前到潼关。"孔文卿《东窗事犯》楔子:"～旬日,有大金国四太子追袭,到于浙西钱塘镇。" ❸ 即"不禁❸"。明《醋葫芦》七回:"老年之人,况且病后,～酒力,那里和那些后生家赌赛得过?"《二刻拍案惊奇》卷一〇:"落了他们圈套,这人家～拆的。"清李玉《清忠谱》一一折:"这样～打的,把尸骸抛在城脚下喂狗便了。" ❹ 不动用。明《禅真逸史》二五回:"老奴贱骨,～刑罚,焉肯成招!"清陈端生《再生缘》六〇回:"奴才们,～刑法不能招。"《水浒后传》七回:"满面灰尘,几日～浆水;四肢委顿,昨宵决少粥汤。"

【不净】 bù jìng 指粪便。《敦煌变文校注》卷六《大目乾连冥间救母变文》:"饥即于坑中食人～,渴饮长流以济虚。"《祖堂集》卷七《雪好和尚》:"尽乾坤是一个眼,是你诸人向什摩处放

～?"《五灯会元》卷一四《杭州净慈自得慧晖禅师》:"珠回玉转,被人唤作拭～故纸。"

【不拘】 bù jū 连词。不管;无论。宋《三朝北盟会编》卷二二:"日后国相～欲要何物,但请见谕,童太师当自一一奏上应付。"《元曲选・两世姻缘》二折:"～甚么饮食,我吃不下去了,但觉这病越越的沉重了。"清《红楼梦》一〇回:"心又重,～听见个什么话儿,都要度量个三日五夜才罢。"

【不觉】 bù jué ❶ 不料。唐崔颢《江畔老人愁》:"直言荣华未休歇,～山崩海将竭。"宋洪迈《夷坚志》支戊卷三:"俊往疗之,问儿曰:'汝误踏践之以致啮耶,将自行其傍而然耶?'曰:'初未尝触之,～咬我。'"元明《水浒传》三六回:"向前来扶他,～自家也头晕眼花,扑地倒了。" ❷ 不知不觉地;无形中。宋李新《临江仙》:"只知闲信马,～误随车。"元明《水浒传》二回:"～荏苒光阴,早过了半年之上。"清《霓裳续谱・想你想的肝肠断》:"佳人无语双眉皱,泪湿罗衫满面愁,对菱花～容颜瘦。"

【不觉的】 bù jué de ❶ 忽的;骤然间。金《董解元西厢记》卷五:"九伯了多时,～高声说:'呵啰,日斋时!哑,日转角!哑,日西落!'"元张养浩《胡十八》:"正妙年,～老来到。"《西游记》一五回:"那老渔撑开筏子,如风似箭,～过了鹰愁陡涧。" ❷ 即"不觉❷"。元顾德润《愿成双・忆别》:"一春常是盼佳期,～香消玉体。"元明《水浒传》五六回:"又见李荣一路上说些枪棒,唱几个曲儿,～又过了一日。"清《霓裳续谱・柳絮如郎意》:"芙蓉帐冷馀春恨,倚遍阑干枉自疑。哎,～减却冰肌。" ❸ 不由的;不由自主地。《元曲选・窦娥冤》四折:"我将这文卷压在底下,别看一宗咱。〔做打呵欠科,云〕～一阵昏沉上来。"明冯从吾《疑思录》:"此皆从此一念不容已处流出,故孔子入太庙～每事问。"清《红楼梦》三二回:"说话忘了情,～动了手。" ❹ 没察觉。明《醒世恒言》卷三八:"两傍参天的古树,间着奇花异卉,看不尽的景致,便再走两里,也～。"清《儒林外史》五三回:"陈木南起首还～,到了半盘四处受敌。"

【不觉得】 bù jué de ❶ 同"不觉的❹"。《唐律疏议》卷八:"虽非候望者,但是城戍主司,～,徒一年。"宋《朱子语类》卷一二七:"惟是转来临安,南北声迹寖远,上下宴安,都～外面事。"清《红楼梦》一〇〇回:"他自己也～,只是一意一心要弄得薛蝌感情时,好行宝蟾之计。" ❷ 同"不觉的❷"。元关汉卿《新水令・二十换头》:"斩ımı～绿窗儿外月明却又早转,畅好是疾明也么天!"明《西游记》一四回:"师徒两个走着路,说着话,～太阳星坠。"《西洋记》五二回:"为因国师差遣来此山中取凤凰的蛋,～天色已晚,前去无门,只得到老爷庙里来借一夜宿。" ❸ 同"不觉的❶"。明《西游记》六一回:"使斩妖剑望颈项上一挥,～把个牛头斩下。"清《醒世姻缘传》八七回:"喜得顺风顺水,～到了南京。" ❹ 同"不觉的❸"。清《醒世姻缘传》引起:"试想汉高后鸩死赵王如意,酷杀戚氏夫人,忽然见日食也不由的害怕,～自己说道:'此天变盖为我也!'"《红楼梦》一一回:"凤姐儿听了,～又眼圈儿一红。"

【不可】 bù kě 并非;不是。《敦煌变文校注》卷二《庐山远公话》:"只如佛法,大体均平,似降甘泽,普其总润。～平田残草下频滋,坑坎丘陵不蒙惠泽。……～甘甜果子,雨便甘甜;苦涩果子,雨便苦涩。雨元一味,受性自殊。"又卷五《佛说阿弥陀经讲经文(一)》:"一日一月,照四天下,故有昼夜。～一日一月,长在净土之上,而不运行,无此道理。"

【不可知】 bù kě zhī 说不定。《元曲选・李逵负荆》二折:"想必有那依草附木,冒着俺家名姓,做这等事情的,也～。"明《禅真逸史》一八回:"君当尽力守城,激励军民,或者可以保全,～

也。"清李玉《清忠谱》五折："且容他见见。或者送些盘缠使用也～。"

【不可止】 bù kě zhǐ 即"不可知"。明《金瓶梅词话》四四回："他也不论，遇着一遭也～，两遭也～。"

【不快】 bù kuài 不吉；不幸。元刘时中《端正好·上高监司》："少甚命～遭逢贼寇，霎时间送了身躯。"《元曲选·黄粱梦》二折："不争夫人死呵，枉乞两的两个小冤家～，那凄凉日月索耽捱。"《元曲选外编·金凤钗》三折："莫不住着太岁凶宅，可怎生行一步徜踏着～？"

【不匡】 bù kuāng 不料；没想到。明王錂《春芜记》一一出："～这块好羊肉，倒落在狗口里。"《警世通言》卷二八："许宜自开店来，～买卖一日兴一日。"清《风流悟》四回："你实是我恩人，～今日在此相逢。"

【不诓】 bù kuāng 同"不匡"。明《二刻拍案惊奇》卷二〇："就是贾成之夫妻两人，也只说是甚么神棍弄了去。神仙也～是自家老子。"清《野叟曝言》五三回："小的也知道爷衙门有赛过王彦章的人，～就是爷。"

【不恇】 bù kuāng 同"不匡"。《元曲选·合汗衫》一折："则打的一拳，～就打杀了。"明佚名《赠书记》七出："～行路辛苦，染成一病。"

【不剌】 bù lā ❶形容词后缀。金《董解元西厢记》卷一："怕曲儿捻到风流处，教普天下颠～的浪儿每许。"明汤显祖《南柯记》二六出："偏背那扑楞生老淳于干别煞了他，成就这悄～小檀郎快活煞了我。"清洪昇《长生殿》三八出："破～马嵬驿舍，冷清清佛堂倒斜。"❷用在两个分句之间，另起一层意思，多表示语意转折。《元曲选·后庭花》三折："我敢搠碎你口中牙，～，这是你家里说话？"《元曲选外编·拜月亭》三折："我怨感，我合哽咽；～，你啼哭，你为甚迭？"明佚名《寄生草》："他生的庞儿丰韵可人憎，～，你眉儿淡了教谁画？"❸即"拨拉"。元王大学士《点绛唇》："一个将花桑树纽捏搬调话，一个打和的差，一个～着簸箕拨琵琶。"《元曲选外编·刘弘嫁婢》一折："掏火棒儿短，强似手～。"又《飞刀对箭》一折："他那里嘴～的，他也聒聒噪噪。"

【不来】 bù lái 用在动词之后。❶表示不能回归或来到。宋郭祥正《春归》之四："只嫌花片随流水，荡漾无情唤～。"《元曲选·虎头牌》三折："有老完颜失误了夹山口子，差人勾去勾～，差我勾去。"清孔尚任《桃花扇》一三出："呼不应天灵祖灵，调～亲兵救兵。"❷表示动程不能达到。宋杨万里《上巳》："冻蝇触纸飞还落，仰面翻身起～。"明李开先《宝剑记》三三出："将草围了门，趁着这风势放火，林冲会飞也出～。"清《霓裳续谱·摘头换鞋》："小耗子，上灯台，偷油吃，他可下～。"❸表示不及、不到。宋《大慧禅师语录》卷一二："铁蛇在握，毒气烁烁。拟议～，劈口便著。"明《古今小说》卷二："银子凑～许多，有几件首饰，可用得么？"清《歧路灯》一六回："庵中锅灶不便，调料菜蔬不全，有周章～处，我再替你斡旋。"❹表示不成。《元曲选·举案齐眉》四折："他起初要我吟诗，偏生再做～。如今倒气出我四句来了。"明汤显祖《牡丹亭》四一出："里老和事，和～，罢；国家事，和～，怎了？"清李渔《意中缘》三出："如今这口饿气争～了，将来毕竟要上这条路。"❺表示不够、不足。明《醒世恒言》卷一七："去扯那袖子，却都只有得半截，又是破的，左扯也盖～手，右扯也遮不着臂。"又卷一八："常年我家养十筐蚕，自己园上叶吃～，还要买。"《挂枝儿·大脚》："四张羊皮金，嵌～双凤头。"❻表示不能够、做不到。明《古今小说》卷二："梁尚宾遮掩～，只得把自己打脱冒事，认了一遍。"清李玉《一捧雪》九出："果然高手！若不细看

也辨～。"《红楼梦》三九回："这点子事也干～。" ❼表示不可以。明《型世言》三回："这店我原道女人管～，那不长进的银子不肯添，酒苦要添。"清李渔《怜香伴》一六出："我原说这桩事是做～的，你十拿九稳，定要央人去做。" ❽表示不能忍受或不能持续。清《歧路灯》一回："遇见正经老成前辈，便似坐了针毡，一刻也忍受～。"又一六回："我竟是闲坐～，咱生法玩玩罢。" ❾表示不得法，不到位。清《醒世姻缘传》四回："园内也还有团瓢亭榭，尽一个宽阔去处。只是俗人安置～，摆设的象了东乡浑帐骨董铺。" ❿表示程度深。清洪昇《长生殿》三〇出："说到此，悔～，惟天表证。"

【不俫】 bù lái 即"不剌❷"。《元曲选·东堂老》二折："虽然道贫穷富贵生前定，～，咱可便稳坐的安然等。"又《渔樵记》二折："你向我这冻脸上，～，你怎么左揾来右揾？"又《桃花女》二折："他这般唱叫扬疾，～，便可也为甚么？"

【不郎鼓】 bù làng gǔ 即"拨浪鼓"。脉望馆本《四春园》三折："自家是个货郎儿，来到这街市上，我摇动～儿，看有甚么人来。"

【不琅鼓】 bù làng gǔ 同"不郎鼓"。《元曲选·渔樵记》三折："这是刘二公家门首，摇动这～儿。"

【不离】 bù lí ❶不停。明《西洋记》一九回："照得这条孽畜是一条白龙，口里～的吃人哩。" ❷不差；相差不多。清《红楼梦》七二回："一个金累丝攒珠的，那珍珠都有莲子大小，一个点翠嵌宝石的。两个都与宫中之物～上下。"又八四回："这也并没有什么出色处，但初试笔能如此，还算～。"又一〇八回："别人还～，独有琏二嫂子连模样儿都改了。"

【不劣方头】 bù liè fāng tóu 即"方头不劣"。《元曲选·陈州粜米》二折："我从来～，恰便似火上浇油，我偏和那有势力的官人每卯酉。"

【不律】 bù lǜ ❶不合格律。后唐长兴二年中书门下详覆进士杂文奏："诗内'莲莆'字合著平声字，兼'黍粱'～。"元方回《跋阮梅峰诗》："以笔圈点相示，亦谓不当数用人名、故实，及拗平仄～。" ❷不循法规。宋吴自牧《梦粱录》卷一〇："以兵卒三五人为一铺，遇夜巡警地方盗贼烟火，或有闹吵～公事投铺，即与经厢察觉，解州陈讼。"元程文海《金广西提刑按察司事胡公墓碣》："岭海吏治～，公所至发摘荡涤之。"明《于少保萃忠全传》一三传："闻汝行事多～，今赐汝死。"

【不律头】 bù lǜ tóu 凶狠不法的人。元佚名《满庭芳》："突柱门～天生劣，不肯输半点亏折。"名家杂剧本《窦娥冤》一折："招的个村老子，领着个～。"明沈自徵《新水令·赠君善》："捏个泥圈套，装成～。野狐涎撒何家肉，三足鸡怎禁谈天口？"

【不论】 bù lùn ❶不惜；不在乎。唐李贺《公莫舞歌》："汉王今日须秦印，绝膑刳肠臣～。"明《型世言》三回："徐婆仍旧乘晚来见掌珠，说：'客人已中意，肯出四两银子，连谢我的都在里边。'掌珠道：'这也～，只是怎得他起身？'"《宜春香质·花集》三回："只要像意，价钱～。" ❷不管；不加区别。唐[日]圆仁《入唐求法巡礼记》卷二："有一黄毛狗，见俗僧咬，不惮杖打；见僧人，～主客，振尾猥驯。"明《西游记》二八回："～甚么时度，他逐日家在这里缠扰。"清《白雪遗音·青山绿水》："劝亲友，～贫富一样待。" ❸不一定；说不准。唐王梵志《家有梵志诗》："家有梵志诗，生死免人狱。～有益事，且得耳根熟。白纸书屏风，客来即与读。"明《浓情快史》三〇回："那人把韦后抽了数百。韦后搂著问道：'你可有几时工夫？'那人道：'这也～。'"清《醒世姻缘传》四三回："珍哥说：'就待合我睡觉，可也好讲。这们降发人，还有甚么兴头子

合他睡觉？……'囚妇说：'这倒～哩。他谁没这们降？他只得了手就好了。'" ❹ 不计；不较量。明《西洋记》一八回："即时分付各铺行运铁，各匠人运炭，实于各炉之中，以满为度，也～他千百担斗。"又五二回："左右道：'去了有七八日，才得到那里。'王爷道：'也～他路程多远，就要整兵前去，不可迟疑。'" ❺ 连词。a) 表示任何条件下结果不变。唐易静《兵要望江南・占日》："～春夏与秋冬，所举总成空。"明李梅实《精忠旗》一七出："他有个痰疾，偶然发了，～甚事都记不清。"清《绿野仙踪》一九回："你是帮助人的，～到那里，都有人帮你。"b) 不仅；不但。唐施肩吾《桃源词》之一："归去～无相识，子孙今亦是他人。"明汤显祖《紫钗记》一四出："～靡家靡室，兼之无食无衣。"清《万花楼》一四回："～茶坊酒肆，也要看看，即招商旅店，古庙庵堂，也进去瞧瞧。"c) 且不说，表示让步。明《拍案惊奇》卷一〇："且～没有点绣女之事，就是愚民惧怕时节，金声女儿若果有程家聘礼为证，也不消再借韩生做躲避之策了。"《二刻拍案惊奇》卷三一："～世情敌他不过，纵是偿得命来，伤残父骨，我心何忍？"清《儒林外史》二回："～别人，只这一位荀老爹，三十晚里，还送了五十斤油与你。"d) 哪怕；就算。清《儒林外史》二四回："～你走到一个僻巷里面，总有一个地方悬着灯笼卖茶。"△《施公案》三四一回："只要将这神功运动起来，～你再厉害的刀枪暗器，总不能伤他分毫。"

【不免】 bù miǎn ❶ 死亡的婉词。《敦煌变文校注》卷二《前汉刘家太子传》："汉帝忽遇患疾，颇有不安，似当～。"明《西洋记》一四回："朕有一日有所～，你却怎么样儿相待朕来？" ❷ 难免；免不了。唐易静《兵要望江南・占鸟》："城营内，鸟众泊营墙。头向此营皆尽叫，人惊不起是天殃。～见伤亡。"宋《张协状元》四出："君出去向北尽得，～有些，跌扑脓血疾。"清《红楼梦》五回："既熟惯，则更觉亲密；既亲密，则～一时有求全之毁，不虞之隙。" ❸ 不由得；不由自主地。《敦煌变文校注》卷五《双恩记》："太子比意出游，翻招苦恼。为睹前耕织等，～泪流盈目，尘坌满身。"清《醒世姻缘传》八五回："素姐听见狄周这一场热嘴，也～的喜欢。"《红楼梦》一回："如此想来，～又回头两次。" ❹ 只好；只得。敦煌词《捣练子》："孟姜女，杞梁妻。一去燕山更不归。造得寒衣无人送，～自家送征衣。"元王和卿《一半儿・题情》："待不梳妆怕娘左猜。～插金钗，一半儿鬅松一半儿歪。"清《醒世姻缘传》三六回："既说今夜三更出汗，～再等这半日。" ❺ 即；便；就。表顺承。《大唐三藏取经诗话》四则："举头见一寺，额号'香山之寺'，法师与猴行者～进上寺门歇息。"宋佚名《张协状元》四一出："奴家缉麻才罢，采桑稍闲，～唤过大婆，厮伴去采茶。"清李玉《一捧雪》一出："今早园丁来报梅花大开，～与夫人同往一游。" ❻ 不如。明《西洋记》三五回："他说这等大话，我～先幌他一幌，然后着实的才下手他。"《醒世恒言》卷二一："见物不取，失之千里。～留住他们，再作区处。"《二刻拍案惊奇》卷二二："省得他自家蛮做出事来，～用个计较，哄他在圈套中了，慢作道理。"

【不奈】 bù nài ❶ 怎奈；无奈。唐李昂《戚夫人楚舞歌》："君王纵恣翻成误，吕后由来有深妒。～君王容发衰，相存相顾能几时。"于濆《宫怨》："谓言入汉宫，富贵可长久。君王纵有情，～陈皇后。"明李梅实《精忠旗》八出："今夜该我下班，要出来和哥哥好睡一觉了。～小姐只是绣袍、绣袍。" ❷ 不如；比不上。唐庞蕴《城内数万户》："城内数万户，～我恒一。时时师子吼，禽兽俱皆卒。" ❸ 不称；不配。唐苏鹗《杜阳杂编》卷上："休退，语伪黄门侍郎蒋谏曰：'若度其才，即吾为萧，姚为曹耳。'职者闻之，谓休～官职。" ❹ 不能。元佚名《夷坚续志》前集卷一："卖了良田千万顷，而今却去钓虾蟆，两片骨臀～遮。"明汤显祖《紫钗记》三出："个人年少，长是索春饶。忽报春来，他门户重重～瞧。"又三六出："影阑珊，几般儿夜色无人玩，着甚秋光～看？" ❺ 不耐受；禁不起。元刘秉忠《干荷叶》："干荷叶，色无多，～风霜锉。"明佚名《赠书记》一三出："谈麈同小的逃到中途，～风霜，得病死了。"清《林兰香》六一回："那琴亦是朽木，亦～烧。" ❻ 只是；不过。表示语意转折。元明《水浒传》六二回："自古丈夫造反，妻子不首。～有情皮肉，无情杖子。你便招了，也只吃得有数的官司。"明孙仁孺《东郭记》一九出："欠了俺冤亲债，～他风情大。乖，笑对俺两裙钗，十分恩爱。"

【不奈烦】 bù nài fán 同"不耐烦❷"。明徐霖《绣襦记》一四出："我只道叫我杀李大妈，喜得～。"

【不耐】 bù nài ❶ 不愿；不喜。《太平广记》卷五四引《神仙感遇传》："到郡疾稍加羸瘠，～见人，常于郡后山斋养性独处。"清洪昇《长生殿》一九出："既是～看花，朕和你到西宫闲话去。"《儒林外史》三三回："我因他～同这一班词客相聚，所以前日不曾约他。" ❷ 同"不奈❹"。宋洪迈《夷坚志》支甲卷一〇："若然，则做大事无疑矣，恨～久远。然明年三月，宜自勇退。"清曾衍东《小豆棚》卷一三："莲漏三滴，犹抱石子不寐，夫人将～等矣。" ❸ 同"不奈❷"。元佚名《天净沙》："生红闹簇枯枝，只愁吹破胭脂，说与莺儿燕子。东君知道，杏花～开时。" ❹ 不中；不堪。《元曲选・风光好》二折："月中桂子宜攀折，苑内凡花～看。"清沈起凤《谐铎》卷六："强以手按拍，歌《阳台梦》一曲。赛奴曰：'音节乖舛，殊～听。'"《驻春园》六回："此花不会落英，只是过时～观玩。" ❺ 同"不奈❸"。清屠绅《蟫史》卷九："吾所著薄纱比于蝉翼，诚～上客之征袍矣。"

【不耐烦】 bù nài fán ❶ 用在动词成分之后，表示时间长。明《西游记》一五回："三藏大惊道：'菩萨何在？待我去拜谢他。'行者道：'菩萨此时已到南海～矣。'"《金瓶梅词话》三八回："爹来家～了，在六娘房里吃酒的不是？" ❷ 用在谓词性成分之后，表示程度深。明《警世通言》卷二四："我们也不敢和他说这话。你不见中秋夜骂的我们～。"《型世言》七回："起初羞得～，渐渐也闪了脸，陪茶陪酒。"清李玉《占花魁》九出："我把这乐从良说与你听，教你喜得～哩。"

【不拟】 bù nǐ ❶ 不计；不打算。唐令狐楚《少年行》之三："未收天子河湟地，～回头望故乡。"清姚颐《开元铁牛歌》："我亦从今～横笛效野牧，但愿年年鞭春长作多牛翁。" ❷ 不愿；不忍。唐令狐楚《远别离》之二："玳织鸳鸯履，金装翡翠簪。畏人相问著，～到城南。"《敦煌变文校注》卷三《燕子赋(二)》："凤凰住佛法，～煞伤人。忽然责情打，几许愧金身。"清帅家相《因视饥籍夜投山寺憩宿有述》："老僧供薄粥，挥退～餐。忍饥度深夕，庶以齐恫瘝。" ❸ 不料；没想到。宋戴复古《新安寒食》："～今年到歙州，要知行止岂人谋？"六十种曲本《琵琶记》二四出："我自从离了父母妻室，来此赴选，～一擢高科，拜授当职。"清田需《秋日》："蕉鹿何因来梦里，华胥～到人间。"

【不那】 bù nuò ❶ 即"不奈❶"。《敦煌变文校注》卷一《汉将王陵变》："项羽领兵至北面，～南边有灌婴。"宋张孝祥《鹊桥仙・梅》："吹香成阵，飞花如雪，～朝来风雨。"清任绳隗《少年游・索粉》："也知脂粉污颜色，～病愁中。青螺小黛，芙蓉新靥，索补旧时容。" ❷ 即"不奈❻"。唐陈裕《放生池》："鹅鸭同群世所知，蜀人竞送放生池。比来养狗图鸡在，～阇梨是野狸。"《敦煌变文校注》卷一《王昭君变文》："单于虽是番人，～夫妻义重，频多借问。"宋邵雍《览照吟》："虽然天下本无事，～世间长有贤。" ❸ 没奈何。唐李商隐《别薛岩宾》："别离真～，风物正相仍。"宋楼钥《王县尉挽词》之二："家有书堪读，囊无钱为看。情亲悲～，

望绝旗飞丹。"清吴绮《扑蝶》:"轻狂知～,引笑复相寻。"

【不期】 bù qī　不料;没想到。唐范摅《云溪友议》卷下:"是日既集省门试,谓同年曰:'～崔侍郎今年倒挂榜也。'"金《刘知远诸宫调》一二:"昨朝～是他来到,觑了穷神添惊愕。"清《情梦柝》七回:"跨出门槛,回头一望,～一脚踏在空里,仰身跌倒阶沿石上。"

【不恰当】 bù qià dàng　不好;恶。明《拍案惊奇》卷三六:"专一哄诱他小娘子动了春心,做些～的手脚,便好乘机拐骗他的东西。"《二刻拍案惊奇》卷一五:"江老见说话跷蹊,反怀着一肚子鬼胎道:'敢怕有甚～处。'"

【不恰好】 bù qià hǎo　犹"不恰当"。宋洪迈《夷坚志》支乙卷八:"居家有～一事,宜亟起理会。"元佚名《满庭芳》:"除我外又无亲旧,若得个～证候,我也替俺娘忧。"《元曲选·盆儿鬼》一折:"如今嫁这盆罐赵做了浑家,两口儿做些～的勾当。"

【不强】 bù qiáng　❶不行;低劣。唐于逊《野外作》:"穷郊日萧索,生意已苍黄。小弟家亦白,两男俱～。"元《三国志平话》卷中:"关羽～。兄弟百万军中取一颗人头,如观手掌。"明《韩湘子》二五回:"我是时的人,说也～,道也不好。五嫂正是时人儿,我还要靠你吃饭哩。"❷不好;不佳。《敦煌变文校注》卷六《金刚丑女因缘》:"懊恼今生貌～,紧盘云髻罢红妆。"又:"新妇出来见王郎,都缘面貌多～。"

【不巧】 bù qiǎo　❶不凑巧;不如意。元明《水浒传》三七回:"这般～的事,怎生是好! 却又撞在他家投宿。"明《隋炀帝艳史》一三回:"朕特为琼花而来,却又刚刚开过,这等～。"清《儒林外史》一二回:"偏有这许多～的事! 我们正要去访权先生,却遇着这厅官来讲丈量。"❷不好对付。也指不好对付的事。明《西洋记》三七回:"元帅神见,果有疏虞。我此行多应也有些～。"又五二回:"非俺将军失机,只是撞得对头～。"《二刻拍案惊奇》卷三九:"他也有遇着～,受了窘迫,却会得逢急智生,脱身溜撒。"❸不合适。明陈铎《朝天子·架儿》:"这家里打合,那家里撮合。本分少,虚头大,一些～又腾挪。"《金瓶梅词话》四二回:"十分～,只消三分银子烧酒,把抬轿的灌醉了,随你这小淫妇儿去。"清《红楼梦》七〇回:"我这一社开的又～了,偏忘了这两日是他的生日。"❹不佳。清李绥《五子炮说》:"胆气不壮,则临时多仓皇失措;目力～,则无以定准头而规近远。"❺即"不恰好"。巧,"恰好"的合音。清《醒世姻缘传》八八回:"差人道:'你这主人家别要把祸揽在身上。这人～。'吕祥骂道:'贱瞎限的狗头,我那里放着～? 我,我偷你娘的尻来了?'差人道:'你那里放着～? 一似在淮安府金龙大王庙做过～来。'"

【不情】 bù qíng　❶薄情;无情。元明《水浒传》六九回:"神龙失势滞飞升,得遇风雷便～。"明杨柔胜《玉环记》二六出:"逐婿非我～,于理自当责遣。"清蔡秉公《寓普贤寺邀八大山人小饮》:"水云坐我浑如梦,鬓发催人太～。"❷不情愿;不如人意。明袁宏道《郊外水亭小集》之一:"已倦呼儿犹问酒,～逢客强加冠。"清李渔《慎鸾交》三出:"休夸貌比夭桃灼,开时偏虑随风落。随风落,～飞絮,引人无着。"严绳孙《春后》:"困懒莺花经眼失,衰迟风雨～多。"❸乖张;无状。清李渔《奈何天》九出:"都似这般样的喜笑呵,转教人恐惧彷徨。这叫做宜嗔反喜的～庞,休猜做得意把眉扬。"《聊斋志异·马介甫》:"屠既横暴,每醉归,则挞詈～。"袁枚《续子不语》卷二:"女偶食鳖得怪疾,喜则明妆艳服,笑舞百出;怒则抛盆掷碗,诟詈～。"

【不请】 bù qǐng　不要;不必。劝止之词。《敦煌变文校注》卷五《维摩诘经讲经文(三)》:"直须认取速行行,～无端恋意情。"

五代孙光宪《北梦琐言》卷一二:"木围裹头,于事最便。何必油拭火熨,日日劳烦? 此一事～师古。"宋王铚《默记》卷下:"曼卿道服仙巾以就坐,不交一言。……一典客从旁赞曰:'通判尊重,～久坐。'潜大怒索去。"

【不然】 bù rán　❶要不;或者。连词,用于选择。唐李泌《长歌行》:"～绝粒升天衢,～鸣珂游帝都。焉能不贵复不去,空作昂藏一丈夫。"六十种曲本《琵琶记》二二出:"〔生〕如今弹一曲《孤鸾寡鹊》何如?〔贴〕两个夫妻正团圆,说什么孤寡。〔生〕～弹一曲《昭君怨》何如?"清《醒世姻缘传》五回:"～等到十三日,与老公上寿的日子,我们两个齐过去与他说说,量事也不难。"❷不以为然;不赞同。宋元《清平山堂话本·李翠莲》:"公婆不必苦憎嫌,十分～休了罢。"明《梼杌闲评》四三回:"忠贤便把本票拟拿问送到御前。皇上见了,意颇～。"清《八洞天》卷四:"岑鳞已晓得些风声,今日见他忽然要去,心里好生～。"

【不若】 bù ruò　❶不如。表示某种条件下的选择。唐张固《幽闲鼓吹》:"谋之于外庭,即恐有太和末事。～就其中拣拔有才识者,委以计事。"《元曲选·窦娥冤》一折:"事已至此,～连你也招了女婿罢。"清《飞龙全传》一一回:"～待我说个谜儿,与他猜详,且看他心下如何,再作计较。"❷正如;恰似。宋元《清平山堂话本·简帖和尚》:"眼昏一似秋水微浑,发白～楚山云淡。"《古今小说》卷一五:"遮拦架隔,有如素练眼前飞;打觑支撑,～耳边风雨过。"元佚名《错立身》二出:"鹊飞顶上,尤如仙子下瑶池;兔走身边,～姮娥离月殿。"❸不亚于。金《刘知远诸宫调》一:"傍里知远嗔怒,叫一声－春雷。"元明《水浒传》六回:"八臂相交,明如三战吕布;一声响亮,～四座天王。"

【不杀】 bù shā　用在动词后,表示程度深。明《别有香》一二回:"打开一看,果尽是白银。心下快活～。"清《醒世姻缘传》四八回:"你不说你不省事,不会教道孩子。自己惹的,还怨人哩吧? 自己悔～么!"《醉醒石》三回:"汤家父母听着这话,喜欢～道:'如此,听凭冯亲家那边择个日子便了。'"

【不沙】 bù shā　不然,表示没料想是这样或倘若不是这样。沙,语助词。参见"既不沙""若不沙"。元萧德祥《小孙屠》一四出:"当日重意离京城,谁想今日耽愁闷,急回来～闷的独自个和泪而行。"《元曲选·汉宫秋》三折:"他去也～架海紫金梁,枉养着那边庭上铁衣郎。"《元曲选外编·三夺槊》二折:"你知我选不的相迎,～贱丑生也合着些儿通报。"

【不善】 bù shàn　❶凶狠;不友善。金《刘知远诸宫调》一二:"两个怒恶发～,各施威勇斗聘,英彦交马决战。"《元曲选·碧桃花》三折:"这一个饿金铠身上穿,那一个蘸钢鞭腕上悬,一个个气昂昂性儿～。"清《八洞天》卷五:"刘辉见知县词色～,不敢再辨。"❷善;足够好。不,只起加强语气的作用。元王和卿《一枝花·为打球子作》:"棒过处飞星如箭,茂林中法头～。"元明《三国志通俗演义》卷一〇:"虽然不捉得曹操,益德这场功,料也～。"明《禅真后史》三〇回:"那箭却也～,紧紧对猴儿头颅上射去。"❸不得了;不同一般。表示情况或程度超出一般。《元曲选·潇湘雨》四折:"看了这风雨呵,委实的～。"明《金瓶梅词话》一二回:"家中这几个老婆、丫头,但打起来也～,着紧二三十马鞭子还打不下来。"清孔尚任《桃花扇》三四出:"你看狼烟四起,势头～。"

【不上】 bù shàng　❶不到;不足。宋孟元老《东京梦华录》卷四:"冬用即黄河诸远处客鱼来,谓之车鱼,每斤～一百文。"明汤显祖《牡丹亭》一四出:"再愁烦,十分容貌怕～九分瞧。"清李玉《永团圆》一八出:"且喜～两站路,就是山上了。"❷用在动词后。a)表示做不到。宋周密《齐东野语》卷六:"至今俗谚以人喜

过其者,云'兜~下颏',即其意也。"清李渔《风筝误》八出:"万一来迟,天上放满了,挨挤~,却怎么处?"b)表示达不到目的或标准。宋洪迈《夷坚志》支庚卷七:"家众既往,我独避雨,赶趁~。"《元曲选·蝴蝶梦》一折:"因无人买的起,出~银子,小人就不曾卖。"清《意中缘》一四出:"西瓜大的字识~两箩。"c)表示不满意。清《醒世姻缘传》二回:"只是我看拉~,倒骂两句打两下子,倒是有的。"

【不审】 bù shěn　问候,也用作见面时的问候语。《敦煌变文校注》卷四《悉达太子修道因缘》:"世尊六年在山间苦行,~万福!"《祖堂集》卷七《岩头和尚》:"有僧到石霜,才跨门,便问~。石霜云:'不必。'"《五灯会元》卷八《枣树二世和尚》:"僧婴地次,见师来乃~。师曰:'见阿谁了便~。'曰:'见师不问讯,礼式不全。'"

【不甚么】 bù shèn me　❶ 不很;不怎么。表示程度不够。元佚名《集贤宾》:"论文学~明,论江湖~省。"明《封神演义》二三回:"我看你的嘴脸也~好。"清《醒世姻缘传》二二回:"你三个的银子分文没有,怎便把文书交与你? 况我们平日又~久相处,这个不便。" ❷ 不是;不那么。表示委婉的否定。明《金瓶梅词话》二四回:"嫂子,你也~清净姑姑儿。"又七三回:"就是当初有他在,也~的。"又八五回:"成就了倒是风流,~也是有。" ❸ 不大;不多。表示程度相近。清《后水浒传》二八回:"直恁日不停,夜没静,闹得鬼跳,敢不吃人笑破,便使他先到也差~。"

【不胜】 bù shēng　❶ 忍不住;止不住。金《董解元西厢记》卷一:"烧罢功德疏,百媚地莺莺~悲哭。"清《后水浒传》一〇回:"杨幺听了这些缘故,似喜非喜,~流泪。" ❷ 不如。清《歧路灯》五五回:"赢钱还弄出不好的事,~不赢他。"又五七回:"只吃亏没修下你这个福,一般赌钱吃嘴,~你手头宽绰。"

【不时】 bù shí　不一会儿。宋葛长庚《山坡羊》:"战罢方能见圣人。英雄~,干戈定太平。"元明《水浒传》六回:"~见个人影来,知道有暗算的人,叫一声:'着!'"

【不时常】 bù shí cháng　时常;经常。元明《水浒传》六〇回:"今被曾家五虎~来本寺行践啰唣。"明《拍案惊奇》卷二〇:"洛阳与京师却不甚远,~有音信往来。"清《梦中缘》二回:"以后还望吾兄~来为小弟开释闷怀。"

【不时间】 bù shí jiān　❶ 一时间;不一会儿。金李道玄《村丑歌》:"寂然澄定,斡动天轮运机白。"明《欢喜冤家》一回:"三官炊火,二娘当厨,~都已完备。"清《后红楼梦》一二回:"彼此搀着手,跟着这仙女前走,~就到了一处院宇中。" ❷ 犹"不时常"。元明《水浒传》一〇回:"林冲自李小二家来往,~送汤送水来营里与林冲吃。"明陆采《明珠记》三二出:"~来往的是广成子、赤松子、宁封子、绝洞子、太阳子,人人散散消消,共酌流霞。"《欢喜冤家》七回:"这陈彩常到潘家,假意问候,~送些东西。"

【不是】 bù shì　❶ 失误;过错。《敦煌变文校注》卷二《舜子变》:"树下多埋恶刺,刺他两脚成疮,这个是阿谁~?"《元曲选·争报恩》二折:"他两个数次寻我的~。"清《儒林外史》一回:"你在此须要小心,休惹人说~。" ❷ 表示否定判断。唐张鷟《游仙窟》:"~百兽率舞,乃是凤凰来仪。"金《刘知远诸宫调》二:"莫想青凉伞儿打,休指望坐骑着鞍马,你~冻杀须饿杀。"清《歧路灯》八回:"你想古今以文学传世者,有几个童生? ~阁部,便是词林。" ❸ 岂不是;难道不是。用于反问,委婉表示肯定。《敦煌变文校注》卷二《舜子变》:"阿耶厅前枯井,三二年来无水,汝若淘井水出,~儿干了事?"《元曲选·窦娥冤》二折:"前日谋死蔡婆婆的,~你来?"清《儒林外史》一回:"票子传着倒要去,帖子请着倒

不去,这~不识抬举了!" ❹ 莫不是;可是。表示推测性疑问。《敦煌变文校注》卷二《唐太宗入冥记》:"朕前拜舞者,~辅阳尉崔子玉否?"宋洪迈《夷坚志》甲卷二:"韩曰:'所欠文字,~职司否?'答曰:'常员也。'"清《歧路灯》七回:"东宿道:'他~谭年兄西席么?'乔龄道:'是么。'" ❺ 若不是。表示让步性的假设。唐储光羲《江南曲》之四:"~长干住,那从此路行。"元萧德祥《小孙屠》一三出:"~奴家设此一计,今日怎得和君家相会?"清《醒世姻缘传》二回:"~我气的极了,打了两个嘴巴,他还不知怎么顶撞俺娘哩。" ❻ 并非;不算;不为。唐岑参《题新乡王釜厅壁》:"~旧相识,声同心自亲。"金《刘知远诸宫调》二:"论匹夫心肠狠,庞涓~毒,说这汉意乖诈,黄巢真佛行。"清《霓裳续谱·骂鸡王奶奶》:"偷鸡人儿你是听知,我养活鸡儿,~甚么容易。" ❼ 不胜;超不过。唐刘禹锡《竹枝词》之八:"巫峡苍苍烟雨时,清猿啼在最高枝。个里愁人肠自断,由来~此声悲。" ❽ 不对;不正确。宋《朱子语类》卷二:"此说~。若以为天是一日一周,则四时中星如何解不同?"《元曲选·赵氏孤儿》三折:"着我拿细棍子又~,拿大棍子又~,好着我两下做人难也。"清《歧路灯》三回:"我也觉他说的~,我却强他不过。" ❾ 只为;只因。金《刘知远诸宫调》二:"欲待去,却徊徨,非无决断,莫怪频来往,~难割舍李三娘!"元明《水浒传》五回:"~鲁智深投那个去处,有分教:到那里断送了十餘条性命生灵。"又四九回:"~教戴宗连夜来取这四个人来,有分教:水泊重添新羽翼,山庄无复旧衣冠。" ❿ 不能够。宋元《警世通言》卷八:"因晓得郡王性如烈火,惹着他~轻放手的。"明《拍案惊奇》卷一:"朋友家喜欢他有趣,游耍去处少他不得,也只好趁口,~做家的。"清《续金瓶梅》二回:"你老人家无儿无女,在城里也~久住的,肯看常和俺娘们做伴也好。" ⓫ 就是;正是。元明《水浒传》一一回:"林冲道:'你道我是谁?'那汉道:'你~豹子头林冲。'"清《霓裳续谱·清明时节》:"那~桃花坞,杏花村,草团瓢,前有酒旗儿动,上写着那开坛十里香。" ⓬ 不然;否则。元明《水浒传》一七回:"又差人来捉洒家,却得一伙泼皮通报,~着了那厮的手。"明《金瓶梅词话》八六回:"临时出门,倒亏了小玉丫头做个人分上,教他娘拿了两件衣服与他。~,往人家相去,拿甚么做上盖?" ⓭ 不止。明《挂枝儿·口许》:"眉儿来,眼儿去,非止一次。情儿谐,口儿许,~一时。"《拍案惊奇》卷一:"老客长们海外往来,~一番了。"清林起龙《请宽粮船盘诘疏》:"一帮~一船,少则三四十只,多则七八十只;一联~一帮,少则十数帮,多则二三十帮。" ⓮ 不成。明孟称舜《娇红记》二二出:"亲事~,媒婆怎生去回覆?" ⓯ 不知。明《醒世恒言》卷五:"吃了一惊,正~甚么缘故,'莫非女孩儿不从,在轿里又弄出什么把戏?'" ⓰ 用于句末。a)跟"是"呼应构成选择问。宋元《古今小说》卷三五:"这婆子,知他是我姑姑也~。"元佚名《错立身》四出:"〔虔末白〕真个是相公唤~?〔净〕终不成我胡说?"清《醒世姻缘传》八回:"那郭姑子穿着油绿机上纱道袍子,蓝跐子,是也~?"b)表示商量、肯定、劝告等。明《西游记》三回:"我兄弟们点起兵,拿他~!"《警世通言》卷二五:"问邻舍家:'旧时施小舍人今在何处?'邻舍道:'大宅里~!'"清《红楼梦》二六回:"你不嫌脏,进来逛逛~。"

【不是话】 bù shì huà　❶ 情势不对;情况不妙。元明《水浒传》七五回:"没遮拦穆弘、九纹龙史进一齐发作,六个水军头领都骂下关去了。宋江见~,横身在里面拦当。"清《醒世姻缘传》五九回:"狄希陈见~,撒开脚就往外跑。" ❷ 话不对头,暗含讥讽或不合情理。明《金瓶梅词话》三三回:"那老者见~,低着头一声儿没言语了。"清《绿野仙踪》二三回:"乔武举道:'这敢使得,只要加二百两利钱。'文魁见~,心里恨不得上吊身死。"《玉蜻蜓·问卜》:"先生,这就~了。别人家也是钱,我家也是钱,你到底去呢

不去?"　❸ 不好说;说不准。明《西游记》四八回:"就行也～,再住也～。口说无凭,耳闻不如眼见。"

【不是话头】 bù shì huà tou　❶ 即"不是话❶"。元明《水浒传》二五回:"郓哥见～,撇了王婆撒开。"又三〇回:"施恩见～,便取十来两银子送与他两个公人。"明《醒世恒言》卷二七:"玉英着了急,乱喊'杀人!'那禁子见～,急忙转身。"　❷ 即"不是话❷"。清《歧路灯》五八回:"姚荣见～,说道:'他这光景是醉了。'"

【不是路】 bù shì lù　❶ 不是出路;不是办法。元施惠《幽闺记》九出:"本为盖世英雄,英雄。奸邪疾妒难容,难容。万山深处隐其踪,～,且相从。"清《歧路灯》四四回:"到了晚上,仍自睡倒。左右盘算,俱～。"　❷ 路径不对。明《古今小说》卷一二:"舟人贪了赏赐,果然乘月仙下船,远远撑去。月仙见～,喝他住舡。"《欢喜冤家》一八回:"生春道:'既然,待小姐奉陪到门首便了。'月华道:'恐～,不敢劳。'"　❸ 犹"不是话❷"。明《金瓶梅词话》五七回:"潘金莲便骂:'怪尖嘴的贼囚根子,那个晓的你什么爹在那里……'那玳安就晓的～了,说'是了',望六娘目里便走。"清《红楼梦》八二回:"听见贾母道:'鸳鸯,你来送姑娘出去歇歇。我倒被他闹乏了。'黛玉情知～了,求去无用。"　❹ 犹"不是话❶"。清《说岳全传》三三回:"逃得快,已杀死了二十多个。刘猊看来～,回马飞跑。"《飞龙全传》一〇回:"把百十馀的庄兵,打死了大半。其馀见～,四散逃生走了。"《娱目醒心编》卷七:"邻舍人家始而不管闲帐,以后听见闹得～了,多进来探信。"

【不是路头】 bù shì lù tou　即"不是路❹"。清《海烈妇百炼真传》一一回:"两个签差认得杨二,一把扯住,口里说道:'本厅老爷唤你。'杨二方知～。"《歧路灯》四五回:"缘王中是街坊器重的,所以人俱不平。老贾见～,话儿便柔弱上来。"

【不是事】 bù shì shì　❶ 不妥;不合适。《敦煌变文校注》卷五《维摩诘经讲经文(五)》:"天女奢华～,笙歌音乐亦非宜。"清《红楼梦》九〇回:"就像前年那些人喝酒耍钱,都～。"《歧路灯》二四回:"端的干的～,算不起个人。"　❷ 不是办法。明《金瓶梅词话》三四回:"噙着骨秃露着肉,也～。对着你家大官府在这里,越发打开后门说了罢。"清《儒林外史》二二回:"牛姑爷也该自己做出一个主意来,只管不尴不尬住着也～。"《红楼梦》四八回:"天天装病,也～。"　❸ 犹"不是话❶"。明《金瓶梅词话》七回:"那张四气的眼大大的,敢怒而不敢言。众邻舍见～,安抚了一回,各人多散了。"清《儒林外史》三回:"金有馀见～,同行主人一左一右架着他的膀子,他那里肯起来。"《红楼梦》八四回:"锦子倒了,火已泼灭了一半。贾环见～,自觉没趣,连忙跑了。"

【不是耍】 bù shì shuǎ　不是闹着玩的。❶ 谓非同一般,不可小看。元曾瑞《一枝花·买笑》:"细寻思再想咱,好前程～。由你彻骨的娘透了的滑,你那疑惑心则有半米儿争差。"《元曲选·看钱奴》一折:"一个胡脸儿阎王～,一个揑胎鬼依正法,一个注生的分数不争差?"明许三阶《节侠记》二五出:"〔净扮武承嗣上〕俺家姑娘弑福大,一言出便开花,带挈孩儿也造化。〔丑扮李秦授上〕嗳,这也造化～。"　❷ 谓后果严重。元乔吉《新水令·闺丽》:"若是真么,回与我句实成的话。天那,送了人呵～。"明梁辰鱼《浣纱记》一三出:"我家本官没挦煞,一生只爱把钱抓。上司知道也不怕,嗏,连累皂隶～。"清《女仙外史》九九回:"唯独老鲍、老曼大家带着个死鬼走,不要被他迷了,～。"　❸ 谓不是走形式。清洪昇《四婵娟·卫茂漪》:"兰房高筑起杏花坛,元～;要做的个堕履坦边,授书石上,要把个子房来点化。"

【不是耍处】 bù shì shuǎ chù　❶ 即"不是耍❶"。《元曲

选·金钱记》一折:"我和你正饮酒中间,你逃席来了。这九龙池上～。"元明《水浒传》五一回:"兄弟,～。这个小衙内是知府相公的性命,分付在我身上。"明《醒世恒言》卷一:"官府衙门,～,事到其间,哭也无益。"　❷ 即"不是耍❷"。元佚名《错立身》五出:"你直待要唱曲,相公知道,～。"明单本《蕉帕记》八出:"停会小英随我出来,你若一些儿响动,～。"清《醒世姻缘传》一九回:"事要详细,不要错杀了人,～。"

【不是耍的】 bù shì shuǎ de　❶ 即"不是耍❶"。明周履靖《锦笺记》三四出:"〔老旦〕觉倦怎么?〔旦〕困腾腾惟恋衾帏。〔老旦儿〕～。"清《歧路灯》一九回:"真正神前说话,～!果然有灵有圣,叫得应的。"　❷ 即"不是耍❷"。明张四维《双烈记》八出:"话也要说巧些。他的拳头重,～。"清孔尚任《桃花扇》三一出:"万一元帅听得,连累小店,倒～。"《二度梅》二〇回:"下面又是万丈深潭,稍或失足,却～。"

【不是耍子】 bù shì shuǎ zi　❶ 即"不是耍❶"。明《西游记》六九回:"这事～。马尿腥臊,如何入得药品?"　❷ 即"不是耍❷"。明《西游记》四七回:"只是抬到庙里,就要吃哩,这个却～。"清《野叟曝言》二六回:"白日里拖拖扯扯,闹得大奶奶知道,～。"

【不是头】 bù shì tóu　❶ 不对头;话茬儿对不上或说不通。宋元《古今小说》卷一五:"李霸遇所说,本是见面钱。见说十八般武艺,～了。"清《水浒后传》二三回:"戴宗见～,和杨林、郓哥转身走出。"《歧路灯》六六回:"德喜儿见话～,回来说道:'大叔要出去见他。'"　❷ 犹"不是话❶"。元明《水浒传》四回:"鲁达见～,拿起凳子,从楼上打将下来。"明《醒世恒言》卷七:"只等新郎进来,便替他解衣科帽。钱青见～,除了头巾,急急的跳上床去,贴着里自睡。"《拍案惊奇》卷二九:"惜惜见～,情知事发,便走向阁外来,望井里要跳。"　❸ 不成对手,谓难以应付。明《西洋记》二四回:"那晓得番官把两只眼齐瞪了一瞪,那枝箭儿竟望马前地下去了。唐英心里想道:'这冤家～了。'"

【不是头路】 bù shì tóu lù　即"不是头❷"。清《说岳全传》六九回:"弟兄两人见～,回去又怕张俊见罪,趁着闹里,一溜风不知逃往何处去了。"《好逑传》九回:"亏我言语来得尖利,他看见～,下不得手,故假作悻悻而去。"《何典》九回:"众伤司见～,忙要逃走。"

【不是头势】 bù shì tóu shì　即"不是头❷"。元明《水浒传》六六回:"梁中书见～,带领随行伴当飞奔南门。"《西洋记》四六回:"张狼牙看见～,只得挼的挼,架的架,大家顾弄得转来。"清《野叟曝言》二五回:"那大汉见～,长叹一声,纵出房去。"

【不是顽的】 bù shì wán de　犹"不是耍的❷"。明《梼杌闲评》一四回:"家里耳目多,～。"清《醒世姻缘传》七回:"休被人拿讹头,～。"《绿野仙踪》五四回:"大爷明日与晚生同回去罢。五六百银子,～。"

【不算】 bù suàn　❶ 无数。唐韩愈《游青龙寺赠崔大补阙》:"前年岭隅乡思发,踯躅成山开～。"宋曾巩《秋日》:"绣帘锦幕～重,从此朱门戒霜雪。"　❷ 不为;算不上。宋刘攽《游章运判园亭》:"自有林亭不种花,总将春色寄邻家。桃红梅白须寻得,暮去朝来～赊。"元明《水浒传》三八回:"老爷怕你的～好汉!"清孔尚任《桃花扇》一二出:"依我说三百财礼,也～吃亏;香君嫁个漕抚,也～失所。"　❸ 不用说。表示前一条件已经不堪,加上后一条件更不堪。宋辛弃疾《蝶恋花·送佑之弟》:"衰草残阳三万顷。～飘零,天外孤鸿影。"张镃《醉高楼·初月》:"甚只解、催人须鬓老。更～、将人情绪恼。"　❹ 算不准;不一定。《元曲选·燕青博鱼》二折:"则这新染来的头钱不甚昏,可～先道的准,手心里明明

白白摆定一文文。" ❺ 不是。明归淑芬《踏莎行·春日永丰村庄访女》："～寻芳,非游南浦。行舟只把津梁数。"清《歧路灯》二七回："只是没星秤这个杀才,连我的朋友都弄起来。夏家第四的这个东西,也～一个人。" ❻ 难为;难以。明沈永启《雨中花慢·哭醒公弟》："此去依宁是我,再来尔更何年。纵饶化鹤,令威谁识,～招魂。" ❼ 用在假想目的不能实现的句子之后,表示不可接受,不能罢休。明《金瓶梅词话》三一回："爹若打了我,我把这淫妇饶了也～!"清《醒世姻缘传》四〇回："我捞着他,不打一个够也～!"又六〇回："我不叫你上了木驴,戴上长板,我也～!" ❽ 用在递进复句的前一个分句之后,表示除此之外,还有进一步的情况发生。清《醒世姻缘传》四二回："若赔了,倾家～,徒罪充军,这是再没有走滚。"《红楼梦》四三回："出了钱～,还要我来操心。"

【不索】 bù suǒ ❶ 无须;不必。宋元《醒世恒言》卷三三:"功名二字,是俺本领前程,～贤卿忧虑。"明陈铎《胡十八·风情》:"也～央外人,各自要取方便。"清《野叟曝言》四四回:"你们～喜欢,也不须苦楚,凭各人本事。" ❷ 勿使;莫让。元施惠《幽闺记》三九出:"爹爹母亲望乞垂怜见,早使相逢,～留恋。" ❸ 不甚;不很。明《禅真后史》一六回:"近来腹里常动,四肢倦怠,贪的是打睡,饮食也～上紧。"

【不停】 bù tíng 不匀;不平均。唐陆龟蒙《水鸟》:"雏巢吞啄即一例,游处高卑殊～。"《敦煌变文集·无常经讲经文》:"送回来,男女闹,为分财～怀懊恼。"

【不妥】 bù tuǒ ❶ 不安定。宋《建炎以来繫年要录》卷一六三:"三人者有大功德于圣朝,今神灵～,士庶悲嗟。"元李存《詹氏孺人墓志铭》:"养正以溪水啮射墓地,虑～,元统甲戌十月己未,改葬龙坛阡。" ❷ 不宜;不合适。明《欢喜冤家》四回:"你若出去,这双鞋儿～。待我去寻一双与你穿了方像。"《挂枝儿·取妾》:"眷生既～,晚娶又不宜。只得递一个寅生也,与你做同寮般共相处。"清李玉《永团圆》一二出:"如今送小娘子归家,决然～。何不同我们去迎接回来,送到宅上何如?" ❸ 难受;不舒服。明赵完璧《送疥文》:"据不安于绮席,僵～于锦衾。"清许尚质《烛影摇红·咏灯花》:"屏山深处护兰缸,挨到三更卧。只咒衾儿～。"《歧路灯》六〇回:"我听的你说话久了,只是身上～,难以出来。" ❹ 不行;不成。明《二刻拍案惊奇》卷三〇:"况令郎名在楚籍,婚在楚地,还闻之说,必是～。"清孔尚任《桃花扇》一五出:"但他现握着兵权,一倡此论,那九卿班里,如高弘图、姜曰广、吕大器、张国维等,谁敢竟行? 这迎立之事,便有几分～了。"解鉴《益智录》卷一:"场后归商令堂,不嫌寒微,自与～。" ❺ 不测。指不好的结果。明《醒世恒言》卷八:"只因刘璞病势愈重,恐防～,单要哄媳妇到了家里,便是买卖了。"《欢喜冤家》一九回:"医生下药,石上浇水。求签买卜,都说～。"清孔尚任《桃花扇》二四出:"若无官遮盖,香君性命也有些～哩。" ❻ 不好;不妙。明《西洋记》一九回:"却说三宝老爷同了王尚书来见天师,天师正在玉皇阁上说:'这个风浪～。'"清孔尚任《桃花扇》三六出:"他们亲眼看见圣上出宫,这光景～了。快到媚香楼收拾行李,趁早还乡罢。"《红楼梦》一回:"那士隐夫妇,见女儿一夜不归,便知有些～。" ❼ 不稳妥;不停妥。清李渔《凰求凤》三〇出:"他们才走下轿,料想那些诗云子曰还不曾念出来,快些走去收账,再迟一会就有些～了。"《红楼梦》六〇回:"凡有口舌～的,一总来回了责罚。"《蜃楼志》一回:"老实告诉你说,里边五十万,我们十万,少一厘～。" ❽ 不合;说不通。清《隋唐演义》一六回:"刚才进店来,是差官打扮。今见我是个妇人,反有许多～了。"又二二回:"言语～,就厮杀起来。"《蜃楼志》一七回:"这话不但乌妹妹的哥哥～,恐怕我们姐姐一定不依他。" ❾ 不正当;不正派。清《红楼梦》六四回:

二姐又是水性的人,在先已和姐夫～。"《歧路灯》二回:"我也只为这侄子小,恐怕人家子弟引诱的～。"又二八回:"况且外甥儿近日事体也不大好,书儿也高搁起,～的事儿也做出来。"

【不外】 bù wài ❶ 不外乎;无非。指不超出某种范围以外。唐封演《封氏闻见记》卷二:"太史史籍更著大篆十五篇,与古文或异,然～六书之指。"明谭元春《答赠葛震甫》:"君虽还山我出村,相逢～一白门。"清《绿野仙踪》一〇回:"吾道至大,总～'性命'二字。" ❷ 别见外;不当作外人。宋苏轼《与陈季常书》:"药物有彼中难得须此干置者,千万～。"元萧德祥《小孙屠》三出:"如蒙～,待小生多将些金珠,去官司上下使了,与娘子落籍从良。"元《水浒传》八二回:"倘蒙～,赏价前来,以一报答,并无虚谬。" ❸ 书信用语,表示不另外一一道及。宋陈傅良《与徐韫之书》:"不及拜状,皇恐之意,诸识～,此恩。"明《金瓶梅词话》九六回:"仰希高轩俯临,～,幸甚。"

【不枉】 bù wǎng ❶ 没白费;值得。唐庞蕴《云何为人演》:"若能如是学,～用工夫。"金《刘知远诸宫调》一一:"霞帔金冠看看带,十三载宁奈心肠,管～交你守待刘郎。"清《歧路灯》二四回:"咱与红玉喝上一场子酒,也～你费了十几两银。" ❷ 不愧;当得起。元《七国春秋平话》卷下:"被马升直杀到阵里,四柄刀来并,马升却杀将去来。孙子曰:'～了也!'"明佚名《魏徵改诏》四折:"军师～了,你端的阴阳有准。"清《续金瓶梅》二〇回:"你～是个积年子弟,倒底算计的长。"

【不望】 bù wàng 不意;不料。唐谭临《冥报记》卷中:"亡妻存日,常读此经,钗亦是亡妻之物。妻因产死,遂失所在,～使君乃示其处。"《敦煌变文校注》卷五《长兴四年中兴殿应圣节讲经文》后附诗:"玉蹄红耳槽头时,喂饲真交(教)称体肥。～垂缰兼步,近来特地却难骑。"金《董解元西厢记》卷五:"咱家干志诚,～他家,怎地孤恩短命!"

【不问】 bù wèn ❶ 不论;不区分。唐杜甫《诣徐卿觅果栽》:"草堂少花今欲栽,～绿李与黄梅。"金《董解元西厢记》卷二:"恐斩关而入,～老幼善恶,皆被残灭。"清《十二楼·合影楼》一回:"本衙只别男妇,～亲疏,各宜体谅。" ❷ 不管;不顾。金《刘知远诸宫调》二:"拴了牛驴,～拖车,上得庙阶。"明《西游记》四七回:"三个人听得师父招呼,牵着马,挑着担,～好歹,一阵风闯将进去。"清《红楼梦》六三回:"你们掷去罢。我只自吃一杯,～你们的废与兴。"

【不悟间】 bù wù jiān 不觉之间;无意间。金《刘知远诸宫调》一二:"今知吾兄贵享,特来相会。～劫了三娘,喜得弟兄夫妻相见。"

【不误间】 bù wù jiān 同"不悟间"。《元曲选·救孝子》三折:"中途调戏嫂嫂,他坚意不肯,～拔出刀子来杀了他。"又《神奴儿》四折:"带酒慌速,～撞了他一交。"

【不戏】 bù xì 不成样子;憔悴。金《董解元西厢记》卷一:"一个少年身己,多因为那薄幸种,折倒得～。"又卷五:"料来想必定是些儿闲气,白瘦得个清秀脸儿～。"

【不忺】 bù xiān 不高兴。宋姜夔《浣溪沙》:"钗燕笼云晚～,拟将裙带系郎船,别离滋味又今年。"宋元《清平山堂话本·简帖和尚》:"淡画眉儿斜插梳,～拈弄绣工夫。"明李梦阳《方山子集序》:"嘉靖五年,郑生年四十七岁,病痰核,～于游。"

【不想】 bù xiǎng 犹"不望"。元孙叔顺《粉蝶儿》:"则道洞房风月少人知,～被红娘先蹑破。"《元朝秘史》卷一二:"大军直进,彼中～卒到,就筵席间掳了。"清《红楼梦》四五回:"～日未落时天就变了,渐渐沥沥下起雨来。"

【不像】 bù xiàng ❶ 不像样;不像话。明《二刻拍案惊奇》卷一八:"一日,有个双鬟髻的道人特来访他,身上甚是蓝缕~,却神色丰满和畅。"清《红楼梦》一四回:"论理,我们里面也须得他来整治整治,都忒~了。"《霓裳续谱·佳人下牙床》:"在我的跟前,谁许你嘴大舌长,这两日太~!" ❷ 不妙;不利。明《型世言》一三回:"两姚见势~,便要往家中跑。"又二一回:"舅母不要声张,声张起来你也~。"清《后水浒传》一三回:"张鸭儿见光景~,便常来絮聒。" ❸ 不合适;不相宜。明《型世言》三六回:"自己不动笔,痴呆般在那里坐又~,只得回去。"清《歧路灯》二二回:"你衣服太短,我穿着~。"《白雪遗音·婆媳顶嘴》:"这样个吃斋的~,长着一脸的横肉,合那变蛋似的心,还要吃斋!" ❹ 不佳。明《型世言》三回:"为体面~,倒收拾了酒店,仍旧外边去做生意。"《欢喜冤家》一三回:"他妇人家不比你,倘若不肯,喊叫起来,体面~了。" ❺ 不了。明《型世言》一五回:"前日这些人来,我也不理;说暖屋,我也苦辞。今日来了,打发我也并不曾与妓者取笑一句,骰子也不曾拈着。" ❻ 不对头;不合常情。清《儒林外史》四六回:"这个话有些~。恐怕是外方的甚么光棍,打着太尊的旗号,到处来骗人的钱。"《红楼梦》三三回:"贾政听这话~,忙跪下含泪说道:'为儿的教训儿子,也为的是光宗耀祖。母亲这话,我做儿的如何禁得起?'"《歧路灯》五三回:"他说的全然~,大相公我拿稳是不敢打人的人,城内翰林也没姓郑的。"

【不像模样】 bù xiàng mú yàng ❶ 不合规矩;不成体统。六十种曲本《琵琶记》一〇出:"马都牵到僻处去,倘或人道四位官员,如何有三个马? ~。"明王錂《春芜记》四出:"早上分付院子整酒,与他同赏玩一番,省得又寻闹撒泼,~。"清《野叟曝言》一一二回:"这件里衣,披在椅上,~;该着他官位,赶做公服,罩在上面方好。" ❷ 形象不佳;景况不良。明《隋炀帝艳史》四〇回:"只见炀帝蓬头跣足,被令狐行达与许多军士推推拥拥,十分狼狈,~。"清《隋唐演义》八回:"叔宝在桥南树下拴马,见那匹马瘦得~。"《玉楼春》一五回:"两家有二十余个丫环乳母辈,跟随拥进,入房里冷冷清清,~,都掩口而笑。" ❸ 没有脸面;不体面。明《韩湘子》二五回:"只为张二妈吃了崔夫人一场没意思,恐别人听见~,没人知重他。"清《隋唐演义》九回:"叔宝看看厅上光景,又瞧瞧自己身上褴褴褛褛,原怪不得这些狗才拦阻。见如今坐在上面自觉~。" ❹ 程度严重。明《金瓶梅词话》九四回:"次后见打得人~,上楼来解劝。"清《后西游记》二一回:"看见众鬼兵被小行者打得~,因吐一口气,弄起一阵阴风来。"

【不像体面】 bù xiàng tǐ miàn ❶ 犹"不像模样❸"。《元曲选·货郎旦》一折:"你若不还他礼,他要唱叫起来,就~了。"明《欢喜冤家》一八回:"船到门头,天色尚早,走进城来,恐遇亲邻~。"清李渔《意中缘》一七出:"本待要把衣服剥下来赶他上岸,只是我明日到了京中,没个家人服事,~。" ❷ 犹"不像模样❶"。清李渔《比目鱼》一五出:"他如今比往常不同,是我的浑家了。你们都要立开些,不要挨挨挤挤~。"

【不像样】 bù xiàng yàng ❶ 犹"不像模样❷"。《元曲选外编·降桑椹》一折:"〔王伴哥拿酒壶科云〕众位长者请酒了,罢罢罢,我嘴对嘴吃罢。〔外呈答云〕~得么。"清《风流悟》二回:"却说阴氏在寺中诈病,准日蓬了头发,将荷叶汤洗了脸,黄瘦得~。"《飞花艳想》八回:"细看字迹,也一般的写~。" ❷ 犹"不像模样❶"。明《欢喜冤家》一九回:"初时江官人倒也还好,后来用计奸了娘子,竟穿房入户,甚~。"清《醒世姻缘传》六五回:"谁想娇生惯养了,你通常~了。"《品花宝鉴》三六回:"开赌宿娼,闹得~。" ❸ 犹"不像模样❸"。明《型世言》三回:"他本心要嫁,因为儿子媳

妇,怕人笑~,不要你们的轿子迎接。"又三八回:"主人家女儿,切不可去打牙撩嘴,惹出()面,须~。" ❹ 犹"不像模样❹"。明《古今小说》卷二:"顾金事见女婿穷得~,遂有悔亲之意。"清《雪月梅》二九回:"只是这个呆子自你去后一发呆得~了。吃了酒,当众大骂侯巡按。"《姑妄言》一二回:"那锺生见得太~,又见他叫采钱贵出去,着了急。" ❺ 说不过去;(心理上)过不去。明《古今小说》卷一:"他们还得忒~,教老身在主人家面前,如何告得许多消乏?"《欢喜冤家》一七回:"况三朝满月,亲友皆知,难道如今再与亲友说不是我的,也~。"清《红楼梦》一一〇回:"发一回急,央及一会。胡弄过了一起,又打发一起。别说鸳鸯等看去~,连凤姐自己心里也过不去了。" ❻ 不丰厚。清《野叟曝言》九〇回:"岑猛意素臣既在客边,松纹又系下人,预料回聘断~,惟恐亲族鄙薄。"

【不消】 bù xiāo ❶ 不该;承受不了。唐郑处诲《明皇杂录》卷上:"(王毛仲)出其儿以示臣,熟眎褓中曰:'此儿岂~三品官?'"宋王谠《唐语林》卷一:"卢钧进士出身,历中外五十年,岂~中书一顿饭?"元明《水浒传》二四回:"便取出来,和帕子递与王婆,备办些酒食。那妇人便道:'~生受得。'" ❷ 无须;不必。《祖堂集》卷一三《报慈和尚》:"问:'诸馀则不问,请师尽机。'师云:'~汝三拜,对众道却。'"元明《水浒传》三七回:"我~三刀五刀,我只一刀一个,都剁你三个人下水去。"清李玉《人兽关》三出:"桂娘子,~避得,大家相一相。" ❸ 不及;用不到。明《西游记》六回:"~半个时辰,直至封君之庙。"《古今小说》卷一三:"假如你在闲居独宿之际,偶遇个妇人,~一分半分颜色,管请你失魂落意,求之不得。"清《红楼梦》一〇七回:"也是摆了几年虚架子,没有出这样事已经塌下来了,~一二年就完了。"

【不消的】 bù xiāo de 不需要;用不着。《元曲选·看钱奴》二折:"先生,这'财主'两字也~上文书。"《元曲选外编·望江亭》三折:"~咱说,则这鱼鳞甲鲜滋味别。"明孟称舜《娇红记》二八出:"你是惯家的张君瑞,也~我红娘了。"

【不消得】 bù xiāo de ❶ 即"不消❶"。宋江休复《江邻几杂志》:"我前画大虫犹用金箔贴眼,我便~一对金眼睛?" ❷ 同"不消的"。宋觉范《禅林僧宝传》卷二一《慈明禅师》:"大年顾令别点茶曰:'元来是家里人。'公曰:'也~。'"佚名《张协状元》一四出:"〔生〕娘行怎说有些儿意。〔末〕~我每是媒氏。"清《荡寇志》一二二回:"我但坚守以俟其退,退而击之,必得大胜。今日~性急也。" ❸ 即"不消❸"。《元曲选·曲江池》一折:"辘轴儿盘旋,钢钻儿钻研,~追欢买笑几多年,早下翻了你个穷原宪。"

【不信道】 bù xìn dào ❶ 没料到;想不到。宋欧阳修《梁州令》:"~、相思苦。如今却忆空追悔,元来也会忆人去。"韩淲《恋绣衾·晁仲一将到滁阳新买妾》:"~、伤春瘦,怕人猜、犹待皱眉。"元马致远《寿阳曲》:"~为伊曾害,害时节有谁曾见来,瞒不过主腰胸带。" ❷ 难道;岂能。明《挂枝儿·归迟》:"既闲行,没甚事,为甚摸到三四更?~撞寡门吃寡茶,有这般高兴!"《笑府》卷九:"最后娶一年极少者,问如前,曰:'我不识。'曰:'此卵也。'其女曰:'~卵是这一点点儿!'"清《女仙外史》二六回:"这人不肯诮媚,与平常相士有间。然说到灭族~有叛逆的事,株连着我?"

【不省】 bù xǐng ❶ 未见过;不认识。唐杜甫《见王监兵马使说近山有白黑二鹰》:"黑鹰~人间有,度海疑从北极来。"宋彭乘《墨客挥犀》卷一:"有控马卒岁满辞公,公问:'汝控马几时?'曰:'五年矣。'公曰:'吾~汝。'" ❷ 不知;忘记。唐刘得仁《赠道人》:"三山来往寻常事,~曾惊市井人。"宋叶绍翁《四朝闻见录》卷四:"介者促迫之登车,偶~《论语》在袖中,至韩所,欲揖而《论

语》落地。"清李玉《人兽关》一三出:"不知为何气息微弱,人事～。" ❸ 不曾。唐白居易《恨词》:"从来恨人意,～似今朝。"《敦煌变文校注》卷一《伍子胥变文》:"贵人多望错相认,～从来识娘子。"

【不醒】 bù xǐng 同"不省❸"。《太平广记》卷五〇引《传奇》:"女曰:'裴郎不相识耶?'航曰:'昔非姻好,～拜侍。'"

【不宣】 bù xuān 书信用语,表示不一一道及。唐韩愈《答魏博田仆射书》:"拜奉末由,无任驰恋。谨因使回奉状,～。谨状。"宋佚名《张协状元》五〇出:"专等左右过来。～。张协惶恐再拜。"清《红楼梦》九三回:"专此奉达,馀容再叙。～。"

【不选】 bù xuǎn 犹"不拣❸"。元中统二年鹿邑太清宫圣旨碑:"～是何物色,毋得夺要。"张光祖《言行龟鉴》卷五:"你果能补报朝廷,假使得罪,我～甚处,随你去。"《通制条格》卷二:"打捕鹰房,～是何投下民户有呵,依着您每定下底差发。"

【不要】 bù yào ❶ 不需要;不索取;不接受。《祖堂集》卷一五《龟洋和尚》:"临迁化时,垂训有偈曰:八十年来辩东西,如今～白头公。"宋丁特起《靖康纪闻》:"先～绸布等,至是悉要,搬担不绝于道。"清《红楼梦》三回:"我也～这劳什子了!" ❷ 不许;不让。《敦煌变文校注》卷二《庐山远公话》:"白庄曰:'念经即是闲事。我等各自带煞,不欲得闻念经之声。'远公曰:'既不许念经,～高声,默念得之已否?'"明李开先《宝剑记》三出:"如今高老爹叫你做活,你若手段不济,～你去。"清李玉《一捧雪》一八出:"说便说了,～反悔。" ❸ 不可以;不行。《敦煌变文校注》卷五《妙法莲华经讲经文(一)》:"才欲到,未多时,王告仙人愿察知:'所许《莲经》便请说,～如今有踊移!'"《元曲选·汉宫秋》一折:"我本待退了他,〔做忖科,云〕～,倒好了他了。" ❹ 不能够;做不到。《敦煌变文校注》卷五《金刚般若波罗蜜经讲经文》:"须转念,莫蹉跎,知是漂沉～过。眼暗耳聋看即是,要身曲吕又如何?"清《情梦柝》九回:"楚卿忙问:'如今有选中的么?'答道:'他到八十岁也～选中了。'" ❺ 无须;不必。唐白居易《闺怨》:"苦战应憔悴,寒衣～宽。"《元曲选外编·西厢记》四本三折:"张生,你向前来,是自家亲眷,～回避。"清《儒林外史》九回:"相见之时,原～提起。朋友闻声相思、命驾相访,也是常事。" ❻ 休;别。表示劝阻或禁止。《景德传灯录》卷一二《镇州宝寿沼和尚》:"～动着,动着即折汝腰。"明《西游记》五回:"～走,请吃老孙一棒!"清孔尚任《桃花扇》一六出:"立国之初,诸事未定,～叫高、姜二相夺了俺的大权。" ❼ 不想;不愿。元高明《琵琶记》四出:"孩儿非～去。争奈爹妈年老,家中无人侍奉。"《元曲选·窦娥冤》二折:"这汤特做来与你吃的,便～吃,也吃一口儿。"清《情梦柝》二回:"我是～去,有个亲眷托我,故此替他问一声。" ❽ 不。表示一般性否定。明《西湖二集》卷一六:"若说红颜薄命,这是小可之事。如今是佳人薄命,怎么得～痛哭流涕!"清《情梦柝》二〇回:"我当初偷小姐的诗稿与你,媒人也～一谢? 竟忘记了?"《警寤钟》一〇回:"你就～挑钱与我,也是小事。你就打死我,也不能从命。" ❾ 要不得;不得了。表示程度深。明《型世言》三回:"求得我歇,还要半月不许他上床,急他个～。"又二五回:"一个浸得～,蹲在壁边吐水;一个靠着窗口,看水心焦。"又二六回:"这妇人气得～,人上央人,去接阿哥王秀才来。" ❿ 难道;莫非。表示疑虑性揣测。清《情梦柝》六回:"才说作媒,就下礼来。若到洞房花烛,～磕破了头?"《红楼梦》一一七回:"咱们拢翠庵的什么妙玉,不是叫人抢去? ～就是他罢?"《何典》八回:"闻说鬼谷先生近来住在黑甜乡里,～就是他?"

【不要说】 bù yào shuō 犹"别说"。《元曲选·岳阳楼》一折:"～汉江,连洞庭湖、鄱阳湖、青草湖都看见了。"明《西游记》四七回:"～二三百两没处买,就是几千万两,也没处买这般一模一样同年同月的儿女。"清李玉《一捧雪》七出:"奉他的～一岁三迁,便一日九迁也縻得他哩。"

【不一日】 bù yī rì ❶ 今一日;只一天。宋叶适《华文阁待制知庐州钱公墓志铭》:"敌设乘虚自招信、盱眙抵淮阴,～薄扬州,不二日滁、真、通、泰亦径至江上。" ❷ 不止一日。指不长的一段时间。宋罗愿《显谟阁学士程迈传》:"上感悟,命大臣由海道。贼不虞王师至,～平。"元《七国春秋平话》卷中:"乐毅令众兵造云梯车攻城,～造成云梯车。"清《儒林外史》四回:"～,进了高要城。"

【不一时】 bù yī shí 不多一会儿;不长时间。《元曲选·冯玉兰》一折:"奶奶和小姐、小舍人,～早出的城门了也。"明《平妖传》六回:"才动身时,脚不点地,～来到一个所在。"清《歧路灯》八回:"～,中有随绍闻到二门外。"

【不移时】 bù yí shí ❶ 迅即;刻不容缓。宋欧阳修《免晋绛等州人户远请蚕盐牒》:"今欲牒州,候牒到日,请～疾速详前项事理。"周必大《亲征录》:"尚书省揭黄榜于通衢,～摹印遍都下。" ❷ 同"不一时"。宋刘攽《故朝散大夫给事中刘公行状》:"为上尊号表,时凡五请一谢,～即具。"明屠隆《彩毫记》三〇出:"一霎里刀斗无声,～旌麾夺气。"清《续金瓶梅》一回:"二鬼去了,早有黑面赤须一人,手执大簿呈祖师。"

【不以】 bù yǐ 连词。不管;无论。唐易静《兵要望江南·占鸟》:"群鸟队,飞去又飞来。～下营并在路,此行千里足难回。"《敦煌变文校注》卷五《维摩诘经讲经文(三)》:"～玉石金土,一等焦然;拣甚大地山河,一时倾灭。"《元典章·圣政一》:"诸王公主驸马,～是何势要人等,毋得搅扰沮坏。"

【不忆】 bù yì 不曾。《法苑珠林》卷一〇:"胡大惊,与叙乖阔,问:'何时来?'二僧答云:'贫道本住此寺,往日～与君相识。'"又卷九〇:"比丘顾视,问沙弥言:'汝何故啼?'沙弥言:'我～有过,无故得恼。'"唐张鷟《游仙窟》:"未曾饮炭,胆热如烧;～吞刀,腹穿似割。"

【不易】 bù yì ❶ 贫困。宋佚名《张协状元》一〇出:"奴家世,本富室,只因水火家～。"董斜《闲燕常谈》:"俚语以贫婆为～也。"金《刘知远诸宫调》二:"道我长贫没富多,酸寒嘴脸只合气,百般言语难能吃,这般才料怎地发迹!" ❷ 用作慰问语,犹言辛苦。宋《三朝北盟会编》卷一五:"某官远来～。"宋元《古今小说》卷三三:"等得两个媒人回来,道:'且坐,生受!'"元《武王伐纣平话》卷中:"纣王问:'卿在路跋涉～。'"

【不因】 bù yīn 正因;只因。"不"字无义。唐居遁《只为因无用》:"只为因无用,方能伴住山。～无用后,伴我住应难。"金《刘知远诸宫调》一二:"～嗔责些儿个,便投军在太原营幕,把妹子三娘陡成抛朵。"清《说岳全传》一一回:"～这一怒,有分教:一国藩王,死于非命;数万贼兵,竟成画饼。"

【不应】 bù yīng ❶ 不应该。唐严维《送薛居士和州读书》:"年少～辞苦节,诸生若遇亦封侯。"《元曲选外编·西厢记》五本三折:"他是先奸后娶的,～娶他。"清《儒林外史》六回:"赵氏既扶过正,～只管说是'妾'。" ❷ 不能;不会。唐李邕《咏云》:"影虽沈涧底,形在天际游。风动必飞去,～长此留。"王昌龄《留别伊阙张少府郭大都尉》:"把手相劝勉,～老尘埃。"元刘因《寄杨晋州》之二:"明日朝廷访耆旧,～白首尚为郎。" ❸ 不为。唐上官婉儿《游长宁公主流杯池》之一五:"～题石壁,为记赏山时。"韦应物《游南斋》:"～朝夕游,良为蹉跎客。"元曹文晦《咏十器·鱼鱿

屏》："何人遗公鱼鲛屏，定须东海鲩长鲸。～虚室自生白，正与幽人相对清。" ❹ 不是；并非。唐王绩《咏妓》："～令曲误，持此试周郎。"刘禹锡《三阁词》之一："贵人三阁上，日晏未梳头。～有恨事，娇尽却成愁。"清吴启元《念奴娇·灯下海棠》："春睡～还未足，自是娇憨时节。" ❺ 岂不是；莫非。唐骆宾王《畴昔篇》："～永弃同刍狗，且复飘飘类转蓬。"按，"不应"一作"岂教"。《敦煌变文校注》卷四《降魔变文》："卿今忽出此言，～狂妄？"清佟世思《望湘人·秋夜坐雨书怀》："更滴沥里，蕉声碎了。抽却苦心多少？～把、昔日风流，翻作一天烦恼。" ❻ 不曾；未尝。唐韩翃《送客之江宁》："春流送客～赊，南入徐州见柳花。"宋晁补之《洞仙歌·菊》："～夸绝艳，曾妒春华，因甚东君意不到？"陈师道《呜呼行》："今年夏旱秋水生，江淮转粟千里行。～远水救近渴，空仓四壁雀不鸣。" ❼ 不知；不觉；不识。唐钱起《哭辛霁》："旦暮馀生几息在，～存没未尝悲。"宋晏殊《破阵子》："人貌～迁换，珍丛又睹芳菲。重把一尊寻旧径，所惜光阴去似飞。"元王翰《游鼓山灵源洞》："旭日照高岑，天风振远林。～沧海色，那识白云心。" ❽ 不必；无须。唐柳宗元《同刘二十八院长述旧言怀》："令肃军无扰，程悬市禁赊。～虞竭泽，宁复叹栖苴！"宋周文璞《赠赵子野歌》："书来～寄他物，只要秋林一双笛。"宋刘珊《秋归》："新雨蝉声足，斜阳雁影沈。～怨迟暮，流水自鸣琴。" ❾ 不在意；不顾及。唐卢象《送赵都护赴安西》："～行万里，明主寄安危。"宋周紫芝《临江仙·送光州曾使君》："只愁飞诏下青冥，霜塞晚，横槊看诗成。"明姚涞《过宋故宫次沈启南韵》："废苑秋深草树微，湖山湖水少光辉。～河北颂师急，却使江南报捷稀。" ❿ 不愿；不肯。宋赵彦端《阮郎归》："追问阔，数清明，～歌渭城。只愁河畔草青青，却须离绪生。"元刘因《反垂柳短吟》："有分只偷春色早，无心要结岁寒知。～再得东风力，更与行人管别离。"清朱彝尊《钗头凤·藏钩》："三杯外，含娇态。～输与，笑拈衣带。" ⓫ 不意；不料。宋周紫芝《木兰花》："嫦娥天上人谁识，家在蓬山烟水隔。～着意眼前人，便是登瀛当日客。"明岳正《致仕后戏作》："五十年来谢世纷，百年劳逸喜平分。～又受先生号，去与青山管白云。"清陈起书《由观音寨移避大头陇寄弟》："路隔干戈归梦阻，心惊鼙鼓徙居频。～大块难容我，已入深山尚畏人。" ⓬ 法律名词，指情节较轻或非有意犯罪。《元典章·兵部五》："止据各人～罪犯量拟，为首决一十七下，为从笞七下。"《元曲选·玉壶春》四折："兀那甚黑子，倚仗财物，夺人妻妾，罪该。杖断四十，抢出衙门去。"明《二刻拍案惊奇》卷三三："元非左道惑众死罪，不过术人妄言祸福，只问得个～。"

【不在】 bù zài ❶ 不用；不必。唐南卓《羯鼓录》："大哥～过虑，阿瞒自是相师。"《祖堂集》卷三《腾腾和尚》："不要广学多闻，～辩才聪隽。识取自家城郭，莫漫游他州郡。"金《董解元西厢记》卷三："不须把定，～通媒媾，百媚莺莺应入手。" ❷ 死的讳词。《敦煌资料》第一辑(五)《未年张国沼便麦契》："如中间身～，一仰保人代还。"《元曲选·伍员吹箫》三折："父母在，不许女以死。今我母亲～了，我如今为个好朋友舍死报仇，岂为不孝？"清《醒世姻缘传》二〇回："大尹道：'晁老先生是几时～的？'夫人道：'这妾是二月初二日收，丈夫是三月二十一～的。'"

【不则】 bù zé ❶ 不止；不仅。宋杨万里《乙未春日山居杂兴》之八："即今遍地栾枝锦，～梢头几点红。"《元曲选外编·西厢记》三本三折："～俺那姐姐害，那生呵，二三日来水米不粘牙。"明《水浒传》六一回："～一身好花绣，那人更兼吹、弹、唱、舞的，拆白道字，顶真续麻，无有不能，无有不会。" ❷ 不是。《元曲选·李逵负荆》一折："兀那王林，有酒么？～这般白吃你的，与你一抄碎金子，与你做酒钱。" ❸ 不但。《元曲选·盆儿鬼》一

折："他～说出来，必然做出来，若是放了回去，可不倒着他道儿。" ❹ 正是；则是。《元曲选·桃花女》四折："怎知你会把持、能搬弄，～这日恶时凶。逼的我难躲难逃一命终，做一个虚名儿妇冢。"又《昊天塔》四折："俺兄弟正六郎杨景镇边庭。韩延寿！也～你兵临在颈，再休想五千人放半个得回营。" ❺ 用在表示时间或距离的数量词前面，表示一个不很大的约数。宋元《清平山堂话本·陈巡检》："离了红莲寺，迤逦在路。～一日，回到东京故乡。"明《醋葫芦》二回："夫妻二人即便上轿，～一步，已到成家。"清《女仙外史》八一回："郑洽二人，～一日，寻到思州地方。"

【不曾】 bù zēng 即"不争❷"。曾，通"争"。元佚名《替杀妻》二折："嫂嫂，～你这般呵，送的我有家难奔。"又三折："你儿～不招，把哥哥送了。"

【不照】 bù zhào ❶ 不行；不成。明张凤翼《红拂记》一八出："这破镜有谁要？若将去做交易，只怕这买卖～了。"王錂《春芜记》二一出："〔净作怒声又叫介〕〔丑〕想是那话儿～了。"清《歧路灯》四九回："俗语说：庄稼～只一季，娶妻～就一世。" ❷ 不像；不同于。清《醒世姻缘传》一九回："晁源虽是也尝是管他，～这一次管教的厉害。"又六八回："与奶奶烧炷香，保护我来生～这世里不如人。"《补红楼梦》一〇回："娶过来，要～说的这么样，我可是要罚你的。"

【不争】 bù zhēng ❶ 不差。唐贾岛《赠牛山人》："凿石养蜂休买蜜，坐山秤药～星。"金元好问《满江红》："彭殇同一醉，～毫末。"清金人望《沁园春·独秀山怀古》之二："如相讯，说～多少，有类阳狂。" ❷ 只因；只为。唐陆龟蒙《新夏东郊闲泛有怀袭美》："料得只君能爱此，～烟水似封侯。"《元曲选·扬州梦》一折："～我听拨琵琶楚江头，愁泪湿，青衫袖。"清《飞龙全传》三三回："～有此一奏，有分教：征诛克遂初心，泉石堪娱素志。" ❸ 不要紧。a)用于转折复句的上一分句末尾。金《董解元西厢记》卷八："您两个死后～，怎结束这秃吊？"《元曲选·黄粱梦》三折："我死～，可怜见这一双儿女，眼见的三口儿无那活的人也！"元明《水浒传》一六回："卖一桶与你～，只是被他们说的不好。"b)用于转折复句的上一分句开头。元佚名《错立身》一二出："～你要来我家，我孩儿要招个做杂剧的。"明李开先《宝剑记》一三出："～你死去一身当，抛闪下七十娘，二句少妇，如何厮守？"《金瓶梅词话》一二回："～你们和他合气，惹的孟三姐不怪，只说你们挤撮他的小厮。" ❹ 不计较；不在乎。《大宋宣和遗事》后集："～边境之虚实，方争立法之新旧；不辨军实之强弱，而辨党派之正邪。"元马致远《夜行船·百岁光阴》："眼前红日又西斜，疾似下坡车。～镜里添白雪，上床与鞋履相别。"清《水浒后传》七回："大人～小人之过，请睡了赶路罢。" ❺ 倘若；如果。元古本《老乞大》："兀的鼻子里摆颡，是瘰马。俺怎么敢买将去？～将去时，连其馀的马都染的坏了。"《元曲选外编·西厢记》五本三折："～不成合，一答里路上难厮见。"清《荡寇志》九三回："押狱官人虽是自己人，～被外人听了，多惹是非。" ❻ 不意；不料。《元曲选·倩女离魂》楔子："可待要隔断巫山窈窕娘，怨女鳏男各自伤，～你左使着一片黑心肠。"明李开先《宝剑记》一一出："则为你气吐长虹冲斗宫，指望着剪恶除凶。～落在好人手，费我十年磨炼功。"清《女仙外史》七一回："三位皆有倾城之色，出世之姿，～恼了性子，动起刀兵，要拚你死我活。" ❼ 不只；不仅。《元曲选外编·存孝打虎》二折："～小人一个受苦，上辈古人多有受窘的哩。"明孟称舜《娇红记》八出："～咱一拳儿骨都都打得昆仑踢，敢一气儿呵，呵得千层黑海扬。"屠隆《彩毫记》一三出："准备着巫山断肠，～教浥露凝香。群玉瑶台路渺茫，只落得云花并想。" ❽ 若不是。《元曲选·金线池》二折："俏哥哥～你先和他暮雨朝云，劣奶奶则有分吃他那闲

茶浪酒，好姐姐几时得脱离了舞榭歌楼?”又《倩女离魂》二折：“人去阳台，云归楚峡。～他江渚停舟，几时得门庭过马?” ❾ 差一点儿。《元曲选·荐福碑》四折：“～将黄阁玉堂臣，几乎的做了违宣抗敕鬼。” ❿ 哪能；不会。《元曲选外编·蓝采和》三折：“又着俺媳妇每那一火快疾忙去梳裹，～我又做场又索央众父老每妆喝。”清洪昇《长生殿》一〇出：“想古来多少乘除，显得个勋名垂宇宙，～便姓字老樵渔!”《荡寇志》七六回：“似你这般人物，～就此罢休!” ⓫ 只不过。明佚名《精忠记》九出：“不免往钱塘门外，去唤张湖船。～三五步，咫尺是他家。”又《黄孝子》五出：“～三五步，咫尺是他家。”清《隋唐演义》一〇回：“吉人天相，料无十分大虑，～早晚多应到家。” ⓬ 不如；比不上。明徐复祚《红梨记》一九出：“只见异香满庭，麝兰～。原来是风送着唇脂袭馨。” ⓭ 却；却是。《元曲选外编·西厢记》三本三折：“为甚媒人心无惊怕? 赤紧的夫妻每意～差。我这里蹑足潜踪，悄地听咱：一个羞惭，一个怒发。”明汤显祖《紫箫记》二〇出：“怕只怕笺梅字殷，道得个海枯石烂。～你侨啜赚，谩将牢这话难。”清《荡寇志》七九回：“我等一百八位好汉，替天行道，义同生死，～被你们一起伤损我两个。此仇岂有不报?” ⓮ 不会；不至于。清洪昇《长生殿》三出：“全凭仗金投暮夜，把一身离阱穴。算有意天生吾也，～待半路枉摧折。” ⓯ 不行；差。清陈端生《再生缘》二回：“丽君见说微微笑，最是人才命～。好事多磨从古说。”

【不争差】 bù zhēng chā ❶ 不相差；没差别。明邹仁卿《沁园春·招隐看梅》：“风流话，道林逋妻汝，端～。”孟称舜《娇红记》三九出：“虽然是依花附草形儿假，人和鬼两女娃，真情一点～。”清《后西游记》九回：“真是水乳针芥，毫～，早望见一座佛宫，十分庄雅。” ❷ 不算什么。明梁辰鱼《红线女》三折：“我要打碎他云窗绣榻，蹂损他爱妾娇娃，我待要将他的躯老活缚拿。头去断，发来拔，也～。” ❸ 不会；不至于。明许自昌《水浒记》一九出：“子凭着运阴符鬼谷玄诀，煞强似役鬼神法和妖孽。～英雄送也，一任恁地网天罗，怎禁俺熟路轻车。” ❹ 不意；不料。明屠隆《昙花记》二三出：“那一时不拚了胸中热血，才挣得鼎足勋业。～一些英雄送也，又奈可五丈原将星宵灭。” ❺ 不敢耽搁。清李渔《巧团圆》二四出：“身安浑似家，但听呼声，便～。小官人，你叫我出来有何使唤?”

【不争的】 bù zhēng de ❶ 却；却是。表语意转折。《元曲选·气英布》三折：“则咱这镇江淮，无征斗，倒大来散诞优游。～信随何说谎谩天口，你道咱封王业时当就。”明徐复祚《红梨记》二三出：“谁知道前度刘郎，再来时面貌堪颦。～把渔郎勾引，惹得人急穰穰争去问迷津。” ❷ 于是乎。表示情理上自然会如此。明梁辰鱼《浣纱记》一二出：“眼见的千载荆城，霎时间遍地蓬蒿。～把昭王杀了，笑包胥急穰穰秦国去号咷。” ❸ 不怕；不在意。明祁麟佳《错转轮》四出：“俺若是有召去如前，愿将旧路访。～些儿肉躯幻罔俺，自有骗不去的真身可再往。” ❹ 莫非；难道。清《快心编》三集一回：“若不收他进来藏放，～掉在外头任人拿去?”

【不争得】 bù zhēng de 不计较；不在乎。明《二刻拍案惊奇》卷二六：“家里～这一口，就吃了白饭，也是自家骨肉，又不养了闲人。”

【不争多】 bù zhēng duō ❶ 差不多。五代齐己《寄无愿上人》：“六十八去七十岁，与师年鬓～。”明《二刻拍案惊奇》卷二〇：“金鼓看来都一样，官人与贼～。”清陈廷敬《题西亭榆树寄豫朋》之二：“纸上功名换笠蓑，槐庭柳塞～。” ❷ 不算多。宋李石《题师永锡知县画老竹枯木》之二：“水墨三十年，一枝更一节。工夫～，尽立庭下雪。”王柏《和易岳春雪韵》：“腊前雷，春半雪。颠倒失其时，相去逾一月。一月～，燠寒异厥罚。”清励宗万《驾幸南苑大阅恭撰》：“奖士恩浓沾饫赐，铜山锦市～。” ❸ 不须多。表示差别很小或很容易达到。宋阳枋《辨惑》：“界限～，只些子间便是天渊之判别了。”元张养浩《新水令·辞官》：“急流中勇退～，厌喧烦静中闲坐。”清曹尔堪《高阳台·观女伶》：“对菱花，倦眼生波。尽娇憨，动人些子，元～。” ❹ 不曾想。明汤显祖《牡丹亭》一〇出：“闪的俺心悠步亸，意软鬟偏。～费尽神情，坐起谁忺? 则待去眠。”又五五出：“你得便宜人偏会撒科，则道你偷天把桂影那。～，先偷了地窟里花枝朵。” ❺ 不多。清查慎行《题楼敬思梦洗三砚图》之二：“梦笔如江梦鸟罗，微凹聚墨～。”

【不争些】 bù zhēng xiē 差不多少。宋辛弃疾《江神子·博山道中书王氏壁》：“比着桃源溪上路，风景好，～。”明谢谠《四喜记》一一出：“比翼鹣鹣～，连理芳枝相似者，到底团圆不差别。”清史唯圆《怨王孙·花》：“怯雨愁烟，倚阑无力。娇女媚脸凝霞。～。”

【不知】 bù zhī ❶ 不料。《敦煌变文校注》卷二《韩擒虎话本》：“权军百万，便拟横行天下，自号称尊。～衾虎兵士到来一击，当时瓦解。”元萧德祥《小孙屠》一四出：“你哥哥不听人说话，娶了这个妇女，～做了不良事济，你哥哥把它杀了。”清李玉《一捧雪》一一出：“〔末〕老爷昨日报升了，今日也该去拜一拜严爷才是。〔生〕～心绪欠宁，今日身子倦得紧。” ❷ 不管；不问。唐李白《赠崔侍御》：“但仰山岳秀，～江海深。”金《董解元西厢记》卷二：“待觅个身亡命夭，又恐贼军，～缕细，葫芦提把寺院焚烧。”清李玉《一捧雪》一八出：“蚁蛭为高泰岳卑，世情颠倒正如斯。不如痛饮中山酒，朝野安危总～。”

【不值】 bù zhí ❶ 享不起；够不上。六十种曲本《琵琶记》三八出：“道你拜别人的爹娘好美哉，亲爹娘死～你一拜。”清《绿野仙踪》六〇回：“我一个亡八的老婆，还怕拌总督的儿子～么?”按，此例为反语。《姑妄言》三回：“我若可效力，童太爷难道还～一个相与么? 内中有个缘故你不知道。” ❷ 不如；比不上。《元曲选·杀狗劝夫》二折：“是这等人，狗也～。”明《拍案惊奇》卷一八：“我去不久，就干出这样昧心的事来，原来是狗彘～的。”清《姑妄言》一〇回：“我这一朵鲜花，难道还～你这朵残花么?” ❸ 抵不上；价值不相当。元明《水浒传》二回：“我枉自经了许多师家，原来～半分。”明《警世通言》卷二二：“这一件衣服，价在一两之外，倘嫌～。权时相抵，待小子取赎。”清李玉《清忠谱》一五折：“笑你虫蚁命，无多大，切时～颗儿菜。” ❹ 过滥；不值钱。明《金瓶梅词话》九二回：“你抵盗的东西与鸨子～了，到学舌与汉子，说我偷米偷肉。”清《姑妄言》一三回：“你同你嫂子偷弄得～了，倒反赖我养汉。” ❺ 犯不着；没必要。清陈端生《再生缘》六〇回：“但是如今帝躲开，本宫也，不甘～去求来。”《后水浒传》二四回：“节级～远飞，同马霳去奔焦山快活。”《荡寇志》七七回：“不省得，便问声也不打紧，～便骂。” ❻ 不够格；没意义。清《歧路灯》三六回：“论起俺香火之情，本不该干这事。只是他近来待我～，我少不得借花献佛。”《荡寇志》一二八回：“我一身铜筋铁骨，死而无名，真～也。”《霓裳续谱·缘法未尽》：“没人疼的相思，我害的～。” ❼ 不意；不料。清《风流悟》二回：“大凡大人家，家主与家人媳妇有染，不为大过。～竟有此小失节奉报。” ❽ 不肯；不能。清《后水浒传》二〇回：“将俺们欺负也罢，怎连阿爷也不放在眼内，～孝顺，将野物去私地自噇。”《荡寇志》七八回：“怎奈本阁这个小女十分孝顺，最可人意，～便这般下得。” ❾ 不堪。清《姑妄言》四回：“若再写他呆，不但作书者说呆话，且太把富翁说得～了。”

【不值的】 bù zhí de 同“不值得❶”。清《红楼梦》六三回：

"我当谁的,这样大惊小怪,这也～。"

【不值得】 bù zhí de ❶ 即"不值❺"。元明《水浒传》二四回:"我自作乐耍子,～便当真起来。"明《拍案惊奇》卷一一:"你女儿痘子本是没救的了,难道是我不接得郎中断送了他?～将我这般毒打。"清李玉《清忠谱》一一折:"俺老爷们,奉了皇爷的圣旨,厂爷的钧旨,到此拿人。你做那一家的官儿,～在犯官身上弄万把银子送俺们?" ❷ 即"不值❽"。明徐复祚《投梭记》七出:"我今有难,～一言相救,反要杀了我,自做好官去。"清《风流悟》四回:"专怪蔡拐子这个油嘴,得了这桩大财,香蹄子也～买一只来。"陈端生《再生缘》六〇回:"你看姐姐无用么?所以～进宫来告我?" ❸ 即"不值❸"。清《荡寇志》一一九回:"你这身武艺,跟了这点点知县,也～。"

【不值甚的】 bù zhí shèn de 即"不值甚么❶"。清《锦香亭》二回:"况且这幅绫帕儿也～我所以必要寻着者,皆因我题诗在上。"

【不值甚么】 bù zhí shèn me ❶ 价值不大;无关紧要。清《醒世姻缘传》二二回:"论这几间房倒也～。你这一伙子没有一个往大处看的人,鬼扯腿儿分不匀。"《飞龙全传》七回:"这二两银子～,贤弟休要惹祸。"《白雪遗音·细细雨儿》:"湿透了衣服,～,怎么回家?" ❷ 不当一回事;不犯难。清《儒林外史》五四回:"四老爷在国公府里,人参、黄连论秤称也～,聘娘那里用的了!"《红楼梦》一六回:"你要爱他,～,我去拿平儿换了他来如何?"《荡寇志》八六回:"待我擒了陈希真,好教那厮们吃惊,就被那厮们冒些功去,也～。"

【不止】 bù zhǐ 说不定;有可能。明《金瓶梅词话》六五回:"怕这贼没廉耻货镇日在那屋里,缠这老婆也～的。"又八九回:"怕不就是春梅来了也～的。"清《醒世姻缘传》七八回:"你说我去还早哩,住半年也～,三月也～。"

【不中】 bù zhōng ❶ 不可;不堪。唐王梵志《不见念佛声》:"臭秽～停,火急须埋葬。"明《西游记》五六回:"长老:'请令郎相见拜揖。'老者道:'那厮～拜。老拙苦苦,养不着他,如今不在家了。'"清《霓裳续谱·女大思春》:"女大～留,留下咱,就结冤仇。" ❷ 恶;坏。宋杨万里《午热登多稼亭》之二:"御风不必问雌雄,只有炎风最～。却是竹君殊解事,炎风筛过作清风。"元佚名《替杀妻》三折:"我因此上手揽定青丝,杀坏了～淫妇。"《元曲选·曲江池》二折:"想这虔婆好是～,见元和无了钱物,就赶将出去。" ❸ 不可人意;不中。宋佚名《张协状元》一二出:"我嫁你?看牛骨自～,三分像人,七分像鬼。"明汤显祖《紫箫记》一一出:"不敢望谢,只伏侍～,免赐嗔责便了。"清《歧路灯》二八回:"打造的死相,也没好珠翠,戴出来我先看～。" ❹ 不行;不中用。元高明《琵琶记》九出:"鞍辔并不周全,牵鞚何曾完备,其实～。"元明《水浒传》一七回:"我～,也是你一个亲兄弟。你便奢遮杀,只做得个缉捕观察。"清《醒世姻缘传》四八回:"管家,烦你把这丫头送到我家去,已是打的～了。" ❺ 不合适;不适宜。《元曲选·金线池》楔子:"〔府尹云〕……请秀才在书房中安下者。〔韩辅臣云〕花园冷静,怕～么?"又《潇湘雨》二折:"相公,莫非是你的前妻,敢～么?不如留他在家,做个使用丫头,也省的人谈论。"清《歧路灯》六四回:"好奶奶!只要你说好话,～说的休要说。" ❻ 比不上。清《醒世姻缘传》二回:"咬脐郎打围,并边遇着他娘是李三娘。如今大官人同着小娘子打围,～咬脐郎么?"

【不主事】 bù zhǔ shì 即"不睹事❹"。元尚仲贤《三夺槊》一折:"当日都是那～萧丞相,更合着那没政事汉高皇,把韩元帅葫芦提斩在未央。"

【不著】 bù zhuó ❶ 不要;不须。唐白居易《自劝》:"忆昔羁贫应举年,脱衣典酒曲江边。十千一斗犹赊饮,何况官供～钱。"宋《朱子语类》卷一四:"学者贵复其初,至于已到地位,则～个'复'字。"元乔吉《玉交枝》:"这一条青穗条,傲煞你黄金带。再一父母忧,再不还儿孙债。" ❷ 不靠;不凭借。唐卢肇《逸史》卷三:"至则见李尉袄妇人衣,拽张于林下,殴击良久,云:'此贼若～红衫子招,肯下阶耶?'"宋范成大《雨后东郭排岸司申梅开方及三分》:"司花好事相邀勒,～笙歌不肯春。"明杨循吉《初春山居还城》:"好山～诗人句,辜负浮岚翠满空。" ❸ 用在动词后,表示不能够。唐皇甫枚《三水小牍》卷下:"当时扑落涡河里,可是撞～耶?"元周文质《叨叨令》:"睡～也末哥,睡～也末哥,纵然有梦还惊觉。"清《镜花缘》三〇回:"看了多时,摸～是何病症,只管呆呆发愣。" ❹ 不教;不让。清厉鹗《白秋海棠》:"琼姿～一分肥,如此幽闲绝世稀。" ❺ 不逢;遇不着。《元曲选·冤家债主》三折:"正遭逢太平时序,偏是我老～暮景桑榆。典了庄宅,卖了田土,销了几多钱物。"

【不著便】 bù zhuó biàn 不幸;不走运。《祖堂集》卷七《岩头和尚》:"今生～,共文遂个行数处,被他带累。今日共师兄到此,又只管打睡。"《景德传灯录》卷一九《韶州云门山文偃禅师》:"大丈夫汉谁无分。触目承当得,犹是～。不可受人欺谩,取人处分。"《五灯会元》卷一四《芙蓉道楷禅师》:"山僧今日向诸人面前,说家门已是～,岂可更去升堂入室,拈槌竖拂,东喝西棒,张眉努目,如病病发相似。"

【不着】 bù zhuó ❶ 不得;不成。唐寒山《我有六兄弟》:"我有六兄弟,就中一个恶。打伊又不得,骂伊又～。"《元曲选·墙头马上》二折:"且教这秀才求官去,再来取你;～,嫁了别人。"清《醒世姻缘传》三五回:"我看你断不肯慨然做个人情叫我知感,你将来必定人也做～、鬼也做～才罢。" ❷ 用在动词或某些动宾结构之后,表示不能够或不必要。唐白居易《有木诗》之四:"几度野火来,风回烧～。"明汤显祖《牡丹亭》五四出:"两日再寻个钱塘门～。正好撞着老军,说知夫人下处。"清《歧路灯》一五回:"这话提它～。" ❸ 不得当;不对头。宋杨万里《和道父山歌》之二:"种田不收一年事,取妇～一生贫。"元明《水浒传》一六回:"只因用人～,半路被贼人劫持去了。"清《红楼梦》一回:"士隐知投人～,心中未免悔恨。" ❹ 不在。宋李弥逊《邵文伯得玉兰于昭亭持以见遗》:"虞师老圃眼未识,名字～三坟编。"元明《水浒传》二回:"如今高殿帅新来上任,点你～。军正司禀说染患在家。"明《金瓶梅词话》一三回:"你也成日～个家,在外养女调妇。" ❺ 不遍及;不周备。宋李纲《同诸司乞兵应副本路急阙使唤奏状》:"帅司虽随宜遣发兵将前去讨捕,缘军马单弱,分俵～。"金《刘知远诸宫调》一二:"接待～且休怪,倒玉柱金山纳头拜。"明佚名《破风诗》二折:"管待～,恕贫僧罪也。" ❻ 若非;倘没有。金完颜璹《秋郊雨中》:"羸骖破盖雨淋淋,一抹烟林覆野塘。～沙禽闲点缀,只横秋浦更凄凉。"元明《水浒传》三二回:"这秃贼打得我一身伤损,～两个月,将息不起。"清《醒世姻缘传》九五回:"～临了那一个臭屁救了残生,还不知怎生狼狈。" ❼ 同"不著❶"。宋邵雍《依韵和田大卿见赠》:"日日步家园,清风～钱。" ❽ 同"不著❹"。宋杨万里《过平望》:"望中～一山遮,四顾平田接水涯。"《元曲选外编·西厢记》二本四折:"你去呵,则说道夫人时下有人唧哝,好歹～你落空。"明《欢喜冤家》一九回:"你们倒不要七差八缠,待一个开口。你们只要赞助些儿,自然～我们来了。" ❾ 同"不著❷"。元张之翰《归至镇国寺嗣宗以酒相劳》之三:"山行全不觉艰辛,白石清泉尽可人。～一杯三咽下,几时融作满怀春?"元《三国志通俗演义》卷一四:"张郃乃魏之名将,非等闲可及,～益

德,无人可当。"清《醒世姻缘传》六回:"北京城~这们傻孩子,叫那光棍饿杀罢。" ❿ 不如。元《三遂平妖传》五回:"见今无处着身,若官司得知,如何是好?~去郑州投奔圣姑姑,看是如何。"明《欢喜冤家》一〇回:"~待秋鸿竟造南园,见了许生,将玉鱼送去,看他意思如何。"清《万花楼》一回:"他年将半百,尚无后嗣。~趁此选点秀女,挑其美丽超群有贵相的,送与王兄作配。" ⓫ 不顾;不在乎。元曲选·东堂老》楔子:"饮酒为非,吃穿衣饭,~家业。"又《冤家债主》一折:"你怎生这等把钱钞~疼热使用?可不疼杀我也。" ⓬ 不生;不出现。明汤显祖《牡丹亭》二八出:"亏杀你走花阴不害些儿怕,点苍苔不溜些儿滑,背萱亲不受些儿吓,认书生~些儿差。"

【不着便】 bù zhuó biàn ❶ 同"不著便"。《古尊宿语录》卷五《临济禅师语录之馀》:"牛拟开口,师便打。牛作倒势,师又打。牛云:'今日~。'"又卷九《石门山慈照禅师风岩集》:"上堂云:'……被个衲子出来,请师举唱佛法。向伊道什么即得?若打他即龙头蛇尾,且道向伊道什么?'良久云:'山僧与上座,两家~。'" ❷ 不了悟;不灵透。五代《云门禅师广录》卷上:"尽乾坤大地三乘十二分教三世诸佛天下老师言教,一时向汝眼睫上会取去。饶汝便向这里一时明得,亦是~汉。"又卷中:"乾坤大地总在上头。若透得去,拄杖也不见。直饶与么,也是~。"

【不足】 bù zú ❶ 不悦;不满。唐张仲素《忆秦娥》:"参差竹,吹断相思曲。情~,西北有楼穷远目。"段成式《酉阳杂俎》前集卷一二:"皓因领遣,唯薛觉皓颜色~,伺客散,独留,从容谓周曰:'向卿问著绯老吏,似觉卿不悦,何也?'"元明《三国志通俗演义》卷七:"蔡瑁虽怀~,安敢形于颜色?" ❷ 不满足。唐戴孚《广异记·韦明府》:"死野狐魅,你公然魅我一女~,更恼我儿!"《元曲选·老生儿》一折:"你在那钱眼里面坐的,兀自~哩。"清《醒世姻缘传》二二回:"没得捞着豆子,心里就有些~的慌了。" ❸ 不够;不尽兴。唐白居易《钱塘湖春行》:"最爱湖东行~,绿杨阴里白沙堤。"明汤显祖《牡丹亭》一〇出:"这园子委是观之~也!"清《红楼梦》一七至一八回:"你还不去,难道还逛~!" ❹ 不止;不停。《敦煌变文校注》卷二《叶净能诗》:"若不餐,动经三十五日;要餐,顿可食六七十料。"清《歧路灯》三九回:"咱哥地里一回,园里一回,黑汁白汗挣个~,才还了一半,还欠人家二十五两。" ❺ 遗憾;欺然。《太平广记》卷三五一引《桂林风土记》:"又有人来卜,谢无物奉酬,深为~者,不见子平也。"宋刘斧《青琐高议》前集卷四:"吾死无恨,吾所~者,不见子也。" ❻ 不看重;不满意。五代孙光宪《北梦琐言》卷一:"吾于此人~久矣。其文章精绝,何必览焉,但恐同吾之心。"明《西洋记》一二回:"这个陈侍郎老大有些~天师处,心上分明要去兴那个僧家。"《禅真逸史》一回:"你道高澄为何~林时茂?原来高澄为人狠毒。" ❼ 不和;有隙。宋《三朝北盟会编》卷三二:"扩与令嗣提举~,众人共知,何谓不干渠事?" ❽ 不尽。谓不足以表达(感谢)。《元曲选·玉镜台》二折:"因为老身薄面,误了学士公事,老身知感~。" ❾ 谦词。谓不足道,不值一提。明《西洋记》五回:"碧峰道:'老禅师尊名大号?愿闻其详。'那禅师道:'~是法名慧达。'"又六一回:"问他道:'大国叫做甚么国?'国王道:'小国~,叫做古俚国。'"又九一回:"承下问,~便是。" ❿ 不到。明《警世通言》卷三二:"欣欣然来见十娘,刚是第九日,还~十日。"清《醒世姻缘传》八八回:"他是咱同府的人,隔咱~一百多路。"

【布】 bù ❶ 用口、舌吹送、递送。宋洪迈《夷坚志》支庚卷六:"合子至,~气数口,以手帕缄封。"明《浓情快史》二回:"三思道:'茶不能解醉,得一口津唾,酒便醒了。'媚娘情兴已动,便道:'你来~去。'三思捧著脸儿,把舌头咂得紧紧的。"清《聊斋志异·

莲香》:"复纳一丸,自乃接唇而~以气。生觉丹田火热。" ❷ (嘴)贴近。清《一片情》一四回:"只见一个妇人,有十八九岁,生得如花似玉,叫他进去,~了耳朵说了一歇。"《载花船》二四回:"两手捧定玉姐脸儿,~去讨他津唾润口。"《醒世姻缘传》九二回:"又把自己的嘴冻冷冰冰,向他母亲嘴上~了收气。他母亲果然昏沉,不能动弹。" ❸ 摆布;处治。明《型世言》一三回:"都是两姚作梗,定要出这口气。~得二姚倒,自然小胡拱手奉让了。" ❹ 呈报;报告。清《醒世姻缘传》一二回:"那些街坊不愤,报了乡约,~了地方,呈到县里。" ❺ 席上为客人夹菜敬让。清《红楼梦》四一回:"薛姨妈又命凤姐儿~个菜儿,凤姐笑道:'老老要吃什么?说出名儿来,我夹了喂你。'"《红楼真梦》一三回:"席间上了熊掌,湘云赶忙夹一块,~与姥姥。"

【布按】 bù àn 布政司与按察司的合称,也称其长官布政使与按察使。明王启《崇先贤以励风教文移》:"~掌印会提学议处停当,差人赍文湖广布政司。"佚名《鸣凤记》三八出:"小的是江西~差官,带领门役皂快,迎接老爷上任。"清陈廷敬《与徐少宗伯论一统志书》:"一省而有两巡抚,两~,虽分地而治,亦当与统辖全省者同例。"

【布白】 bù bái ❶ (书画)留白;留出空白。唐韦续《墨薮》卷一:"(视形象体)务以平稳为本,分间~,上下齐平,均其体制。"清张英《聪训斋语》:"分行~,取乎匀净,然亦以自然为妙。"蒋和《学书杂论》:"~有三字中之,逐字之~,行间之~。初学皆须停匀。" ❷ 告白;呈告。宋李刘《除成都漕谢李制置》:"兹奉大元帅之承制,必欲小行人之疾驱。冒昧渎红,凌兢~。"明李梦阳《奉邃庵先生书》:"通家骨肉,敢附以闻。虞万里行,草次~,不胜惶惧。"

【布摆】 bù bǎi ❶ 安排;整理。元许衡《鲁斋遗书》卷二:"制之于外以资其内,外面文理都~得是,一切整暇,心身安得不泰然?"明《弁而钗·情贞记》二回:"涂相公收拾未完,叫我相帮他~,故尔来迟。"清洪昇《四婵娟·谢道韫》:"你可把家筵~,俺还待倩丝竹唤春来。" ❷ 摆列;排开。《元曲选·单鞭夺槊》一折:"传将令疾教军~,休觑他如小哉,则这七重围子两边排。"明汤式《湘妃引·山中乐》:"对潮门时时开放,北海宴朝朝~,南州榻夜夜铺排。"清毛奇龄《秋凉饮酒诗和冯天子韵》:"中厨饬修肴,姜韭纷~。" ❸ 谋害;处治。《元曲选·谢金吾》一折:"咱和你又无甚别仇隙,怎这般狠~?"明《型世言》二二回:"他家有两个骡子。他自己赶脚,捉空也要~两个人。"清《续金瓶梅》四三回:"就是妻妾不相容,也要慢慢的~,岂有一见就凌辱到这样的。" ❹ 筹划;应对;措置。六十种曲本《琵琶记》二〇出:"婆婆耐烦。待奴家去~些东西,再安排过来。"明《禅真逸史》二六回:"才出门就惹出大事来,招动干戈,如何~!"清《豆棚闲话》一则:"那些中等小家无计~,只得二月中旬觅得几株羊眼豆秧,种在屋前屋后闲空地边。" ❺ 办法;主意;手段。清《一片情》二回:"你看这瞎子步步不离,叫我也没~,只得假意硬着。"洪昇《长生殿》四一出:"独步增哀,双泪频揩,千思万量没~。"《醉醒石》一五回:"这王公子镟枪头,便软了,也就没~。" ❻ 指围棋的着子布局。明《二刻拍案惊奇》卷二:"花下手闲敲,两下交。争先一~圈套,单敲这着,双关那着。"

【布兵】 bù bīng 部署军队。唐萧遘《和王侍中谒张恶子庙》:"鄷侯为国亲箫鼓,堂上神筹更~。"宋司马光《涑水纪闻》卷一一:"纲又使员僚王德作城内~图,久之不成。"明唐顺之《武编》前集卷五:"方其冲敌之时,乃迁延时刻,为~左右与后之计。"

【布草】 bù cǎo 粗布(衣)。元佚名《博望烧屯》一折:"但穿

些～衣,但吃些藜藿食。"明《禅真逸史》六回:"只看我身面上,～兀自不充,焉能够想这富贵的道路?"清《儒林外史》二一回:"我不争你的财礼,你也不争我的装奁,只要做几件～衣服。"

【布策】 bù cè 排列算筹。策,竹、木片,可用于计数或占卜。宋陆游《赠童道人盖与予同甲子》:"一事尚须烦～,几时能具钓鱼船?"元程以文《石君世家》:"先生～立卦,得归妹之良。"明王世贞《沈慂》:"却筳篿之小技兮,专精诚而～。"

【布衬】 bù chèn ❶ 布施。明谢肇淛《五杂组》卷八:"亦有无赖贪得钱帛,临期服冰片数铢者,但觉寒战,烈焰焦灼,气无痛楚。故远近信之,～云集。" ❷ 衬布。明沈周《石田杂记》:"描锡方锡一两,铁杓中炒,熬成渣,以个底下～,将锡渣带热倾入。"

【布雏】 bù chú 哺育雏鸟。布,嘴对嘴地喂食。明《西游记》三二回:"想必这里是他的窠巢,生蛋～,怕我占了,故此这般打搅。"

【布达】 bù dá ❶ 传达;宣示。唐崔元略《兴元元从正议大夫李公墓志铭序》:"夫王者统极垂理,其外必有英哲,宣力股肱,其内必有良佐,～心膂,以达帝道。" ❷ (书信)告知。元明《三国演义》三七回:"先此～,再容斋戒薰沐,特拜尊颜,面倾鄙悃。"明孙传庭《与枢辅札》:"数行～,临颖无任延切。"清《桃花影》一二回:"况足下原属香案文星,诸夫人亦是瑶台暂谪,故特走书～,幸祈早断尘鞅。"

【布代】 bù dài 称招赘的女婿。宋佚名《潜居录》:"冯布少时,绝有才干,赘于孙氏。其外父有烦琐事,辄曰:'畀布代之。'至今吴中谓倩为～。"按,"倩"指赘婿。明徐元《八义记》一七出:"〔丑〕甚么驸马?〔末〕晋侯女婿。〔丑〕却怎么说,我家女婿叫做烧火～?"

【布袋】 bù dài 同"布代"。宋朱翌《猗觉寮杂记》卷上:"世号赘婿为～。"元张国宾《薛仁贵》二折:"那刘太公善萨女,却招了壮王二做～。"清《何典》四回:"昨日他一头走路,只管十步九回头的看你,谅必配眼的。若再肯做入舍～,岂不是有缘千里来相会?"

【布复】 bù fù (书信)答复。宋周必大《与王宰书》:"姑此～,餘冀以时保爱。不宣。"元吴澄《复孟中书》:"病中草草～,深愧厐略。不宣。"清《鸳鸯配》一〇回:"崔小姐向在敝营,自有寒荆伴慰。先此～,尚图临期驰报。不宣。"

【布覆】 bù fù 同"布复"。宋李新《与县宰启》:"若行衙未有要官占,能假一宿否?谨～,不宣。"

【布卦】 bù guà 排列卦局,也指卜卦。唐王福畤《录关子明事》:"于是揲蓍～。遇夬之革,舍蓍而叹曰:'当今大运,不过一再传尔。'"明杜柠《读文中子有感》:"但多名理障,～露圭角。"清《东周列国志》一回:"伯阳父～已毕,献上繇词。词曰:哭又笑,笑又哭。羊被鬼吞,马逢犬逐。"

【布合】 bù hé 散布拢合。元明《水浒传》四二回:"罩下一阵黑云,～了上下,冷气侵人。"明张吉《新城对雪有感》:"轻云逗晴汉,～全未力。"清《说岳全传》三七回:"天上忽然阴云～,降下一场大雨。"

【布划】 bù huà 同"布画❹"。《元曲选·张生煮海》二折:"这宝呵,出在那瑶台紫府清虚界,碧落苍空天上来。任熬煎,任～,可从心,可称怀。"

【布画】 bù huà ❶ 运筹谋划。唐元积《加裴度幽镇两道招抚使制》:"以丞相～于千里之外,使诸将持重于四封之中。"宋夏竦《中书祭故太尉尚书令王文贞公文》:"虑善兴谋,协力～,靡恤人言,务均王泽。"元大䜣《寄赵伯宁中丞》之二:"～劳钧轴,经营

识化机。" ❷ 安排或标示笔画。宋项安世《项氏家说》卷一:"古之制字者,一二三四皆依数～。"陈渊《用中示以字瑞既书其事》:"河图～非人力,鸟迹成文岂偶然。"清任兰枝《书画跋跋序》:"庖羲氏始造卦象时,未有书,但～成体。" ❸ 指书写或书写的文字、笔画。宋宋庠《舍人院观御篆紫微阁榜》:"近署新层构,仙趼锡宝题。凝章下天汉,～俨星奎。"元戴表元《余景游乐府编序》:"今夫小学之家,钩毫而～,一人意而创之,千万人楷而习之,世之所谓正书。"王恽《笔说》:"然不数日,燕锋方练,～愈精,顾楚产已败,而不任吾用矣。" ❹ 布置规划。元大䜣《送岳住留守还朝序》:"即位之初,首改所居为大龙翔集庆寺。……其～规度,悉按京都。"又《恭题文宗皇帝御画万岁山图》:"大年辞未尝至其地,上索纸为运笔,～位置,令按稿图上。"李祁《赠胡矛敬序》:"观其立规～,授业解经,已卓然有领袖诸生之意。" ❺ 排列算筹运算。《金史·方伎传·武祯》:"尝与一学生终日相对,握筹～,目炯炯若有所营。"

【布幌】 bù huǎng 商铺或摊位悬挂的布制招子。清陈端生《再生缘》六三回:"大道内,高车大转趋金殿;两夹边,～招牌启店门。"《醒世姻缘传》七一回:"先是那铺面招牌檐前的～都不敢写了'陈'字,野鸡戴着皮帽,还充得甚么鹰!"《歧路灯》三七回:"夏鼎道:'贱姓夏,夏鼎。请问先生贵姓。'先生回头指着～儿说道:'一念便知。'"

【布货】 bù huò 供货卖的布匹。宋洪迈《夷坚志》乙卷七:"邢州富人张翁,本以接小商～为业。"明《金瓶梅词话》六六回:"他与来保还往松江下五处置买些～来发卖,家中段货绸绵都还有哩。"清《续金瓶梅》八回:"这～是算出来的,又不零碎,又没剩货。"

【布甲】 bù jiǎ ❶ 犹"布兵"。甲,甲胄,代指军队。唐李绅《到宣武》:"宿云看～,疏柳见分营。" ❷ 布制的甲胄。清吴伟业《绥寇纪略》卷二:"督臣洪承畴提兵远赴,单骑～,出入万山。"

【布荆】 bù jīng 布裙荆钗。指妇女朴素的衣装。宋孙觌《答张氏问亲》:"以某舍弟县丞幼女,袭～之素而不废于缷营。"明柯丹邱《荆钗记》一八出:"矢心共贫素,～乐有馀。"清孔尚任《桃花扇》七出:"脱裙衫,穷不妨;～人,名自香。"

【布局】 bù jú ❶ 下棋时着子以形成格局。也指这样的格局。唐王建《夜看美人宫棋》:"宫棋～不依经,黑白分明子数停。"元袁桷《望湖庭山联句》:"稻田棋～,草舍篆书斋。"清《隋唐演义》九五回:"尊官既好此,必善于此。今可率己意～置子,使老身观之。" ❷ 排列卦局。五代何溥《灵城精义》卷下:"用先天以统龙,当详明于四龙天星;用后天以～,尤宜审乎三盘卦例。"宋洪迈《夷坚志》支戊卷三:"术士曰:'……容再为推测。'及～才成,复云:'今日尚是正月,犹可虑也。'" ❸ 对事物作出安排,规划局势。宋张方平《江宁府重修府署记》:"公堂隆深,中敞广庭,以颁诏条,听民成;崇树壮雄,东辟坦场,以训军乘,严戒备。分曹～,旧邦鼎新。"明陈仁锡《三国志序》:"其善者政无越畔而亦苦谨严无馀地,故～少狭。"清《女仙外史》八七回:"吕军师悬军荆州,势不能飞越南下,反落在道衍～之内。" ❹ 指文章、书画的结构安排。明《醒世恒言》卷二〇:"那时先生教他做文字,却就知～练格,琢句修词。"清朱和羹《临池心解》:"每字中立定主笔,凡～展势,结构操纵,侧泻力撑,皆主笔左右之也。"笪重光《画筌》:"～观乎缜楮,意寓于规程。统于一而缔构不夥,审所之而开阖有准。"

【布军】 bù jūn 犹"布兵"。宋《五代史平话·梁上》:"有那老的名做风后,乃握机制胜,做着阵图来献黄帝。黄帝乃依阵～,遂杀死炎帝,活捉蚩尤。"金麻九畴《跋范宽秦川图》:"一山一形似争长,一石一态如～。"

【布课】 bù kè　犹"布卦"。宋洪迈《夷坚志》甲卷一七:"因请虞、窦各~。虞之占得申酉戌,窦之占得戌申。"

【布帘】 bù lián　❶布制的帘子,多指门帘。宋张琰《官柳》:"不见楼东黄~,树犹如此我何堪。"明《型世言》二六回:"那光棍先走到坐启~边,叫一声:'张二爷在家么?'"清张英《夜读松皋诗册有作》:"轻寒下~,水仙列绛儿。"❷即"布幌"。宋陆游《夏末野兴》:"土增饭香供晚饷,~字大卖新醅。"明《二刻拍案惊奇》卷八:"~沽酒处,惟有耕农村老来尝,小艇载鱼还,多是牧竖樵夫来问。"清《后西游记》一三回:"花深处~悬影,是卖酒人家。"

【布捻】 bù niǎn　布条搓成的捻子。《元曲选·任风子》三折:"这手帕中做~,好做铺尺。"又《王粲登楼》一折:〔蔡相云〕你看他乘甚么鞍马。〔祇候云〕脂油点灯。〔蔡相云〕这怎么说?〔祇候云〕~。"按,此为双关语,布捻跟"步撵"谐音,指步行。

【布碾】 bù niǎn　同"布捻"。元马致远《任风子》三折:"这的中做~,好做铺持,急切里无片纸。"

【布牌】 bù pái　❶布制的招牌。宋周密《武林旧事》卷三:"每库各用匹布书库名高品,以长竿悬之,谓之~。"吴自牧《梦粱录》卷二:"首以三丈馀高白布,写'某库选到有名高手酒匠酝造一色上等酝辣无比高酒、呈中第一',谓之~,以大长竹挂起,三五人扶之而行。"❷布制的盾牌。宋汤璹《德安守御录》:"二十五日贼掠涢河,客船载兵入壕,及用~、木牌遮箭。"明戚继光《练兵实纪》卷一:"用车之时,先用正厢车,随又加以偏厢,四方行俱如墙,又兼以~,以防断续不联之患。"

【布旗】 bù qí　❶布列旗帜。明唐顺之《武编》前集卷四:"唐司空杜佑推演布列之法,初鼓而阵,再鼓而~,三鼓而就列。"清《荡寇志》一三一回:"当时天彪便传令众军列阵~,一一如议。"❷布制的旗帜。明于谦《兵部为捷音等事奏》:"但是来降苗人,令其各置~一面,开写'已招'二字,于各寨门首悬挂。"戚继光《纪效新书》卷一七:"每厂竹竿一根,长一丈三尺,上用~一面,叠方二幅。"清《歧路灯》一〇五回:"一条黄~,上写'奉旨特授黄岩县正堂'大字,飘在半空中。"❸即"布幌"。明赵南星《新水令》:"茅店~悬,道神仙玉佩曾留换。"清黄任《孟家堰》:"草店危扶老树腰,江头沽酒~招。"《春柳莺》六回:"正携手走时,面前有一村店,~上书'酒家'二字。"

【布让】 bù ràng　餐饮时为人夹菜敬让。清《红楼梦》三回:"旁边丫鬟执着拂尘、漱盂、巾帕。李、凤二人立于案旁~。"

【布扰】 bù rǎo　布散骚扰。明陆采《明珠记》一三出:"四下里,四下里,兵戈~。一家儿,一家儿,残生无靠。"

【布设】 bù shè　❶排列;摆设。唐倪少通《太一观董真人殿碑铭序》:"七政将平,而定八方。八方~,是为九宫。"明《英烈传》六八回:"随处相机~云梯,树筑高台。"清弘历《青玉簪》:"赠君青玉簪,荐君玳瑁床。珠窃绕四围,~庭中央。"❷安排布置。宋苏轼《上皇帝书》:"颇赐缗钱,使得以~耳目,畜养爪牙。"辽了洙《范阳丰山章庆禅院实录》:"苟欲~景物,高树亭观,絜朋命侣以骋游燕者,此非其处也。"明张宁《昭忠录序》:"公去未旋踵,其间立废黜陟,朝章国典,皆若为武人驱除~天下之势。"

【布绅】 bù shēn　布制的衣带。明张凤翼《红拂记》一三出:"飘摇此身,燕齐秦晋。角巾~,资粮无甚。"

【布势】 bù shì　❶排布格局或意态。五代何溥《灵城精义》卷上:"又如大父母既~降脉而来,若于其间不遇雌雄交媾,何以成胎?"明朱元璋《灵谷寺记》:"诸岙~,若堆螺髻于天边。"清弘历《书同文赋》:"或偃露涌泉而称工,或离星垂珠以~。"❷排布

军阵或声势。宋曾公亮等《武经总要》前集卷八:"或即张形~,破敌攻围,不定其形,故为动也。"宋卫宗武《和催雪》:"不必作威藉风伯,不必~劳丰隆。"❸指下棋时布子以形成有利格局。宋胡寅《戊午上殿札子》:"善奕棋者必~,故举棋不定不胜。"元胡助《围棋赋》:"初磊落以~,渐纵横而见形。"佚名《一枝花·棋》:"闲展揪枰,初~求全胜,后分途起战争。"

【布署】 bù shǔ　安排布置。明杨一清《为经理要害边防保固疆场事奏》:"守臣不能讲求规画,~官兵防守,则亦不能阻遏贼骑。"文秉《烈皇小识》卷六:"献忠乃得从容运器甲资粮入房山,~已定,文灿始令进兵。"

【布数】 bù shù　占卜。数,筮法。唐牛肃《纪闻》:"人有请者,到则布算为卦,纵横布列,动用算数百,布之满床。~已,乃告家之休咎。"元陈高《送刘仲彬序》:"上官有据权势者,方骄肆得意甚。仲彬~,为言不避去将败,未几果败。"明夏良胜《再答德辉》:"然皇极未~之先,未闻许多细数。春秋战国间为卜筮瞽史学者,亦指可掬,岂尽颜子以上人乎!"

【布水】 bù shuǐ　瀑布。唐李邕《嵩岳寺碑》:"引流插竹,上激登楼,菱镜漾于玉池,金虬飞于~。"宋范成大《云安县》:"两山多~,一岛几柴扉。"元蒲寿宬《瀑布泉赋》:"香山草堂,~三尺,泻阶隅,落渠石。"

【布送】 bù sòng　餐饮时为人夹菜呈送。清《绿野仙踪》七二回:"二女妖亦不敢再强,拣精美之物,~过口。"

【布算】 bù suàn　❶排列算筹推命。唐高彦休《阙史》卷下:"他日复往,振策~,宛得前卦。"宋洪迈《夷坚志》乙卷三:"酒罢还家,复~推测,密告人曰:'若虚苟得禄,吾不复谈命。'"清沈起凤《谐铎》卷六:"老僧取庚申~良久,曰:'汝骨相是佛门种子。'"❷计算;运算。元胡祗通《显武将军李公墓志铭》:"往返之间,先曰若干顷亩。掌数者~推之,不跬步之差。"赵孟頫《题耕织图·九月》:"朝出连百车,莫入还满庭。勾稽数多寡,必假~精。"清张照《论乐律及权量疏》:"躬亲累黍,而得今尺八寸一分,恰合千二百黍之分。"❸谋算。明屠隆《昙花记》一四出:"才运有方,星斗难逃其~;谋深无底,神鬼莫测其机关。"❹指弈棋的算路,也指弈棋。清邹祗谟《菩萨蛮·弈棋》:"长星对挑棋,犹嗔~迟。"陶自悦《寄怀中表唐四弟致尧》:"素心渺秋水,妙响流瓶笙。~辄忘恚,听歌忽沾襟。"

【布田】 bù tián　种田。宋洪迈《夷坚志》三辛卷七:"梦张着皂衣白领巾,扣门曰:'来共~。'"朱熹《旅行许令人户借贷官司米谷》:"因旱伤冒今布种,是时缺少种粮,乞行借贷常平米斛~。"

【布头】 bù tóu　零碎布块。宋苏轼《东坡志林》卷一一:"川纸取~,机馀经不受纬者治作之,故名布头笺。"清晏斯盛《清厘关务积弊疏》:"又秧鞋、蒲鞋、……旧笆子、碎~、……皆穷人度活之物。"《野叟曝言》一二八回:"靴子原在脚上,只垫的~并在一边,几乎吃跌。"

【布瓦】 bù wǎ　❶瓦(wà)瓦(wǎ);铺苫屋瓦。唐段成式《酉阳杂俎》前集卷一九:"又有阿黑者,亦能治屋。~如齿,间不通缝。"宋沈括《梦溪笔谈》卷一八:"钱帅登之,患其塔动。匠师云:'未~,上轻,故如此。'"❷屋瓦;瓦片。元王大学士《点绛唇》:"一个水盆里击着料瓜,一个拖床上拍着~。"明朱橚《普济方》卷三四:"暮以新~火炙以熨目,并蒸大豆便装囊成枕。"

【布望】 bù wàng　即"布幌"。金《刘知远诸宫调》一:"新开酒务,一竿斜刺出疏篱。飘飘招风任吹,~高悬长三尺。"

【布韦】 bù wéi　"布衣韦带"之省,指平民的衣装,也指平民。宋陈舜俞《上英宗皇帝书》之一:"臣将见草茅有致国之论,~

陈经世之策。"元鲜于必仁《折桂令·杜拾遗》:"草堂里闲中～,曲江边醉后珠玑。"明林文俊《钱氏偕寿序》:"翁之弟某君方为临江守,临江二子及采之又皆已举于乡,何其盛也! 而翁方泊然～自处,略无盈侈之色。"

【布伍】 bù wǔ 犹"布兵"。《太平广记》卷四七八引《纂异记》:"见被坚执锐者数千骑,自西腼下分行～,号令而至。"明杨慎《新都县八阵图记》:"在夔者,盖侯从先主伐吴,防守江路行营～之遗制。"

【布宣】 bù xuān 传布宣扬。唐韩云卿《平淮碑铭序》:"涉淮浮江,枭悬魁逆,～德泽,返旃河南。"金元好问《闲闲公墓铭》:"北兵由汉中道袭荆襄,京师戒严,上命公为赦文,以～悔悟哀痛之意。"清《荡寇志》九二回:"今我大振军威,～朝廷恩命,劝希真归降。"

【布衍】 bù yǎn 布算推衍。明吾邱瑞《运甓记》二八出:"郭璞那老贼方才着他～一卦,被他数黑论黄,肆无忌惮说了许多不吉之语。"

【布意】 bù yì ❶(用书信)传达己意。宋石介《与杨侍讲书》:"继之百千言,岂能尽一二,聊～尔。"晁说之《答陈秀才书》:"未及往谒,先此～。不宣。"明李东阳《答南京吏部王公书》:"使还,谨此～。" ❷(诗文、书画)立意,结构意境。明屠隆《观灯百咏序》:"即观灯之咏,多至百首。～绵密,寄兴婉丽。"沈周《题峦容川色图》:"是三人,若论其一立趣,高闲清旷之妙,不能无少优劣焉。"清允禧《恭和御制题田盘山色图·金山寺》:"写神胜写形,～漫布色。"

【布谕】 bù yù 布告晓谕。唐钱珝《代史馆王相公谢令枢密使》:"凡所～,必尽洪纤。"宋郑侠《李天与五经轩记》:"其事之至大非民常与者,则有典谟、训诰、誓命之文,以～而申饬之,是为书。"明子龙《明中奉大夫山东张公神道碑铭》:"公既抚诸蛮,威信大行。驰檄～,革面请降。"

【布甑】 bù zèng 滤酒用的壶,中有稀布隔层,可以滤掉酒滓。结构类似古代有孔状隔层用以蒸饭的甑,故称。明《金瓶梅词话》四二回:"琴童便在旁边用铜～儿筛酒。"又六一回:"然后贮于～内,筛出来,醇厚好吃。"

【布展】 bù zhǎn ❶施展;发挥(手段)。《元曲选·单鞭夺槊》四折:"他、他、他袋内有弯弓,壶中无只箭;待、待、待要～怎地展?"又《连环计》二折:"将百计搜寻遍,奈一时难～。" ❷布列展开。明佚名《斗鹌鹑·射猎》:"捕禽网巡拖～,狮头弩蹬开也似秋月般团圆。"

【布阵】 bù zhèn ❶排布军阵。唐骆宾王《兵部奏姚州破贼设蒙俭等露布》:"连营～,据险扬兵。"《元曲选·马陵道》一折:"俺这哥哥善能排兵。今日就在教场中拨与他三千军马,着他排几个阵势,与公子看波。"清《荡寇志》七一回:"那边秦明脑门气破,不待～完,飞马先出。" ❷犹"布势❸"。唐刘禹锡《观棋歌送儇师西游》:"雁行～众未晓,虎穴得子人皆惊。"明杨基《题明皇贵妃对奕杨山傍观图》:"～似窥龙尾道,争边未至马嵬坡。"曹方《虞美人·闺棋》:"瓶火光映沉香烛,～参差熟。" ❸比喻形成格局或阵势。宋赵蕃《咏笋用昌黎韵》:"有朋如角立,～似争骞。"元姚燧《小孤山》:"彭郎拥千山,～如刘沛。小孤乃穷羽,独战气弥倍。"清查慎行《秋旱》:"蝗来疑～,萤照俨然犀。" ❹指文章布置结构或揭示行文格局。宋杨万里《与隆兴府赵参议》:"令子下笔,其～甚似项羽。"徐积《寄吕帅》之二:"更看铃斋凭几处,文如～翰如飞。"明陈昌积《寄刘雪台》:"讵知身化数千载,获此良朋,为之～展局,协例比律,使其心神不损,幸何之有!"

【布嘱】 bù zhǔ (用书信)传达嘱咐。清《飞龙全传》四六回:"专此～,餘不赘繁。"

【布子】 bù zǐ 另见bù zi。❶弈棋着子。唐李洞《和兵部永崇侍郎句筵茶席》:"月上分题遍,钟残～匀。"元刘楚《游梅田洞记》:"龙首之阴有石,方广一尺餘,颇类棋局,有乳头进出石面,～然。"清纪昀《阅微草堂笔记》卷一五:"夫操管运思,临枰～,虽当局之人,有不能预自主持者,而卜者乃能先知之。" ❷(植物)结子。元李昱《学圃斋杂咏》之二:"碧瓜方～,紫芋更添孙。"明袁中道《感怀诗》之四四:"含桃多～,采之得一石。" ❸(蚕)产子。清玄烨《题耕织图·蚕蛾》:"蛾儿～如金粟,水际分飞任所之。"沈秉成《蚕桑辑要》:"用桑皮纸,每方广尺餘为一幅,引蛾～其上。"

【布子】 bù zi 另见bù zǐ。布;布片。明朱橚《普济方》卷一一二:"右细研,用～三五寸,无灰酒浸一夜,取出令干。再用酒渍湿～上,前三药擦令匀遍。"清《醒世姻缘传》四六回:"徐老娘收了生,接下来就使～裹着,揣在怀里来了。"《绿野仙踪》五三回:"吓的金钟儿连忙将一块铺枕头的～递与。那汉子拿过去,胡乱揩了两下。"

【布罪】 bù zuì 告罪。明《西游补》五回:"门上贴一纸头,写着:二十日到轩辕家闲话,十日乃归。有慢尊客,先此～。"

【步】 bù ❶登;踏。唐孟浩然《白云先生王迥见访》:"手持白羽扇,脚～青芒履。"明王錂《寻亲记》二九出:"曲江赐宴琼林宴,宫花帽簇,天香袍袅,高～云梯。"清《镜花缘》八〇回:"我也学个即景罢,就是'～尘无迹',打《孟子》一句。" ❷爬;匍匐。唐慧立《玄奘三藏法师论》:"戒日王等见之报喜,皆肘～鸣足,倾珍供养。"《元曲选·玉镜台》四折:"今日膝行肘～,招了个百般嫌皓首汉相如。" ❸地步;程度。《元曲选外编·东墙记》五折:"想小生今日到了的这一～,夫荣妻贵,怎肯忘了那时?"清《歧路灯》七回:"小的不敢动问,老爷是高迁那一～一功名?" ❹脚步。明柯丹邱《荆钗记》四一出:"～徐徐水边林下,路迢迢野田禾稼。"沈采《千金记》一一出:"见人羞,～转踌躇。"清《儒林外史》一回:"但乡民一介愚人,怎敢劳王爷贵～。" ❺行径。清《歧路灯》五六回:"千场纵赌家犹富,此语莫为诗人误。强则为盗弱为丐,末梢只有两条路。试看聚赌怕人知,此时已学偷儿～。" ❻安放。步,通"布"。明《拍案惊奇》卷三一:"小牛掇得梯子来,～着阁儿口。"

【步蟾】 bù chán ❶月下散步。蟾,指月亮,传说月中有蟾蜍。明凌云翰《苏武慢·无俗念》之四:"漉酒春朝,～秋夜,却忆旧时巾舄。"朱朴《集句·拟少陵秋兴八首》之一:"～倚杖看牛斗,天上星惟玉垒深。"陈宗契《新闻北督学之命寄祝融君》:"～便踏芙蓉顶,半夜无人独自看。" ❷指登名科举。传说月中有桂树,古代把夺冠登科称为折桂。明沈受先《三元记》二六出:"〔末〕你读书如何?〔丑〕腹饱五车期～。"

【步从】 bù cóng 随从;随行或随行的人。五代钱昱《忠懿王庙碑文》:"挺曹笔则阴兵欲动,闻郢工则神马欠嘶。～悉周,精灵如在。"《元曲选·鲁斋郎》一折:"我领着张龙一行～,直到郊野外踏青走一遭去来。"元明《水浒传》八六回:"引了一行～兵卒,回到幽州城内。"

【步打】 bù dǎ 徒步击球的游戏(区别于打马球)。五代孙光宪《北梦琐言》卷一:"洎僖宗皇帝,好蹴球、斗鸡为乐。自以能于～,谓俳优石野猪曰:'朕若作～进士,亦合得一状元。'"

【步祷】 bù dǎo 行禹步祈祷。禹步,巫、道作法所行的步法。金元好问《通奉大夫赵公神道碑》:"值岁旱,公～山神祠,应期而雨。"明《拍案惊奇》卷三九:"急得那狄县令屏去侍从仪卫,在城隍庙中跌足～,不见一些征应。"清李渔《蜃中楼》四出:"天下非常大旱,唐尧天子虔诚～。"

【步递】 bù dì　(驿传役夫)步行递送公文。宋沈括《梦溪笔谈》卷一一:"驿传旧有三等,曰~、马递、急脚递。"《续资治通鉴长编》卷四五七:"常程文书入~,日行二百里。"明沈榜《宛署杂记》卷五:"古~曰邮,马递曰驿,凡以羽檄不时,令缓亟无壅情也。"

【步蹀】 bù dié　踏步;踏足。元朱庭玉《一枝花·女怨》:"幽庭闲~,红叶飞来,就我将相思字写。"明高濂《夏时幽赏·苏堤看新》:"落花在地,~残红,恍入香霞堆里。"

【步斗】 bù dǒu　道士做法事的一种步态,谓踏在斗宿之上。宋曾丰《寄题阁皂陈元礼苍玉轩》:"鸣珮琅琅夜~,握圭挺挺晨朝贞。"明汤显祖《牡丹亭》二九出:"~风前,吹笙月上。"清洪昇《长生殿》四六出:"趁天风,随仙乐,双引步鸾旌高~。"

【步队】 bù duì　步兵队列;徒步作战的部队。《通典》卷一〇七:"次左右厢~十六队,队别三十人,果毅一人,皆执弓箭刀槊弩相间。"元《三国志平话》卷上:"言未尽,见一将出,认得是徐州太守陶谦手中~将曹豹。"明《大宋中兴通俗演义》三八回:"尔二人领着骁骑二千,攻其左之~。"

【步度】 bù duó　行步测量距离。《敦煌变文校注》卷三《燕子赋(一)》:"欲造宅舍,夫妻平章。东西~,南北占详。"又卷四《降魔变文》:"思忖已了,即共舍利佛相随,~东西,按行南北。"

【步伐】 bù fá　军阵进退与击刺的动作。元刘明道《脱脱木儿先茔之记》:"受敕牒,荐敦武校尉,管长印信之符,训百夫之长,出从军伍,深明~。"明毕自严《补发津兵疏》:"在津训练渐已经年,亦能明~而习技击,修戈矛而赋同仇矣。"清《林兰香》三三回:"若先命偏将数员,前去教演~娴熟,后来者便为师法。"

【步法】 bù fǎ　❶ 步军布列战阵的法则。宋《九朝编年备要》卷二一:"乃增城守之备,按古~以计戍卒。"佚名《唐太宗李卫公问对》卷中:"吴起云:'绝而不离,却而不散,此~也。'……臣修其术,凡立队相去各十步。"明王樵《尚书日记》卷九:"盖古者步卒夹车而行,动止相为用。车不妄驰,步不妄动,~即车法也。"❷ (醮仪、武术等)脚步进退的方法。宋罗愿《尔雅翼》卷一六:"知巨石大木间有蛇虺,即为禹步以禁之,……昔有人入山,见其~。"明戚继光《纪效新书》卷首:"长枪单人用之,如圈串是学手法,进退是学~、身法。"清《镜花缘》九五回:"如果要学,小弟倒可指点。但必须把旧日这些~,势子尽都弃了,从头另讲究一番。"❸ 以步测量距离的办法。大约以商尺(营造尺)五尺为一步。元沙克什《河防通议》卷下:"法曰:高阔相乘得二百四十五尺,以~五尺通之,得一千二百二十五尺。"《明会典》卷一六二:"职官一品茔地九十步,坟高一丈八尺;……七品以下二十步,坟高六尺。以上~,皆从茔心各数至边。"❹ 推算历数的方法。清秦蕙田《五礼通考》卷一九一:"刘歆三统术始有五步之术、……其理最确。古今~虽疏密不同,要无有易其说者矣。"《皇朝文献通考》卷二五六:"颜曰'御制历象考成后编',与前书合成一帙,得旨颁刻。书凡十卷,先数理,次~,次日躔月离交食表。"❺ 步伐;脚步。清《醒世姻缘传》一回:"~整齐,行列不乱。"

【步纲】 bù gāng　犹"步斗"。此谓脚步踏在天纲之上。《云笈七籤》卷二〇:"乃又两足俱上北极星,以右手抚心,以左手指天关星,闭气三息,叩齿三通,咽液三过,名曰~。"唐刘禹锡《游桃源》:"如严三清居,不使恣搜索。唯餘一~,八趾在沙砾。"宋林迪《寄玉梁施道士》:"氤氲颢气朝胎息,熠熠辰辉夜~。"

【步罡】 bù gāng　犹"步斗"。此谓脚步踏在罡星之上。唐皮日休《寒日书斋即事》之一:"空庭好待中宵月,独礼星辰学~。"《元曲选·碧桃花》三折:"吾今将来净妖气。〔做仗剑~科,云〕谨请当日功曹,直符使者,吾用你,速至坛前。"清《珍珠舶》八回:

"随即披发仗剑,~已毕,便向南坐定,焚着朱符一道。"

【步弓】 bù gōng　❶ 量具,用于丈量土地。步弓形似圆规,两足间距为步法的一步(合营造尺五尺)。以两足轮流作支点,轮序丈量。宋谢采伯《密斋笔记》卷四:"昔黄帝令竖亥步,自东极至于西极,五亿十万九千八百步。不知如何稽考,莫是用经界局~打量?"明《隋炀帝艳史》二八回:"刘岑领旨,坐了一只小舟,用~随湾就湾的丈量将去。"清顾炎武《日知录》卷一〇:"其~有以五尺为步,有以六尺、七尺、八尺为步。"❷ 称女子的脚步。弓,弓鞋。宋薛季宣《坊情赋》:"瞬目分秋波,~兮飞凫。"❸ 步兵所用的弓。《大清会典事例·兵部·武科》:"马弓以三力为率,~以三力为率,其不及三力五力者,不准合式。"

【步击】 bù jī　即"步打"。宋李攸《宋朝事实》卷一三:"会鞠于大明殿,……凡三筹毕,乃御殿召从臣饮。又有~及跨驴骡击者。"

【步屧】 bù jī　❶ 行步;迈步。唐杜甫《答郑十七郎一绝》:"雨后过畦润,花残~迟。"明严嵩《李学士薇园秋霁图题赠》:"仙人~出幽林,长啸时逢鸾凤音。"清盛枫《水调歌头·黄茅冈》:"~凌危险,孤亭耸郁危岗。"❷ 脚步,指行踪。唐皇甫冉《宿淮阴南楼酬常伯能》:"独立宵分远来客,烦君~忽相求。"宋陈师道《寄黄充》:"深知阻泥泞,~意何如?"明孙承恩《题画为许松皋赋》之一:"春风迟~,幽意满江南。"❸ 闲行;散步。宋周邦彦《红林檎近·雪晴》:"~晴正好,宴席晚方欢。"元王沂《又题心远亭诗和孙老人韵》:"~西郊曲,幽怀得暂摅。"清吴士玉《含清亭赏芍药奉和用韵》:"明公~来,宾从携莲幕。"

【步级】 bù jí　❶ 台阶。元刘将孙《定光圆应普慈通圣大师事状》:"又东为小岩平行,~曲转,可直上东岩之顶。"❷ 踏着台阶。明桑悦《重修岭路记》:"又砌以石磴,~而升,开元遗险,脱于回旋。"

【步迹】 bù jì　脚步;步伐。元佚名《错立身》一二出:"子这撇末区老赚,我学那刘耍和行踪。"明陶安《过山家》:"~随深径,春声接近村。"《列国志传》七四回:"五人为旗,十人为总,各要~相继,无得混乱喧哗。"

【步健】 bù jiàn　健步,急递公文或办紧急公务的差役。唐李昂《贬张又新李续之诏》:"众状满前,群议溢耳。终则~不至,银铛空来,蔑视纪纲,颇同侮谑。"温庭筠《乾馔子》:"狂士蒋传知长孺有嗜人爪癖,乃于~及诸佣保处薄给酬,直得数刖下爪。"宋王谠《唐语林》卷九:"巨容得之大怒,遣~十餘辈,移牒潭鄂追捕。"

【步锦】 bù jǐn　❶ 出行时张开遮蔽风尘或视线的锦制步障(帷幕),也指这样的帷幕。宋陈允平《昼锦堂·北城韩园即事》:"上苑寒收,西塍雨歇,东风是处花柳。~笼纱,依旧五陵台沼。"刘镇《花心动·临安新亭》:"障泥~寻芳路,称来往,纵横珠翠。"奚淢《解连环·姑苏怀古》:"~珠沉,漫一晌,千年如昨。"❷ 踏在锦绣上,比喻行走在落英缤纷的路上。元曹德《沉醉东风·村居》:"枫林晚家家~,菊篱秋处处分金。"明岳和声《后骖鸾录》:"~塘上,飞英满地,呼平头掇贮恬白盏中。"

【步鞠】 bù jū　徒步打球。元王和卿《一枝花·为打球子作》:"选高原胜地面,就华屋芳妍,将~家风习演。"

【步历】 bù lì　❶ 推算历法。唐张说《大唐封礼坛颂》:"立土圭以~,革铜浑以正天。"宋黄仲元《愚丘记》:"推数~吾不如西州智士,妙术通玄吾不如竺国澄公。"❷ 巡行。清《载花船》一回:"来到河南,先~了开封、彰德、归德等府,然后来到卫辉府内。"

【步立】 bù lì　行走与站立,多偏指站立。唐李翱《释怀赋》:

"当晨旦而~兮,仰白日而自明。"宋姚勉《月崖前集序》:"倚栏良久,~桥上,天高月小,寒影在地。"清宫伟镠《满庭芳·癸卯七夕》:"还呼酒,虚檐~,瓜果荐庭隅。"

【步量】 bù liáng 用脚步或步弓丈量。唐子兰《寄乾陵杨侍郎》:"冷落官资不畏贫,司曹且共内官分。~野色成公案,点检樵声入奏闻。"元贡师泰《学圃吟》:"江边乞地学种蔬,周遭~弓百餘。"清储大文《河套志序》:"北又以黄河故道计水程,而隔河套境即可~也。"

【步漏】 bù lòu 推算漏刻(古代用漏刻计时)。宋沈括《梦溪笔谈》卷七:"历家言晷漏者,自《颛帝历》至今见于世谓之大历者,凡二十五家,其~之术,皆未合天度。"

【步履】 bù lǚ ❶ 迈步;行走。唐刘长卿《同姜泛水题裴司马东斋》:"~侵苔藓,顷冠拂薜萝。"宋洪迈《夷坚志》补卷一:"独母存,患疯疾,累年不能~。"清《姑妄言》一五回:"他~了万餘里,到此上了口子船,自滩河顺流直下。" ❷ 脚步;步伐。唐韩愈《和侯协律咏笋》:"暂须回~,要取助盘飧。"明孟称舜《娇红记》三九出:"适闻户外~之声,今又弹响窗棂,是有谁来也?"清《镜花缘》三七回:"舅兄为何~甚慢?难道国王果真要你缠足不?" ❸ 到达;步行通过。唐韦宗卿《隐山六峒记》:"松侧有竹,夤缘尽岸。策杖未穷,~犹远。"明《西游释厄传》卷三:"又见一座高山,山上有恶气遮漫,不能~。"清《聊斋志异·西僧》:"历火焰山,山重重,气熏腾若炉灶,凡行必于雨后,心凝目注,轻迹~之。" ❹ 行踪;步迹。唐李绅《四望亭记》:"郡守彭城刘君字嗣之理郡之二载,~所及,悦而创亭焉。"明黎民表《奉送大司马王公还河东》之一:"~暂违天北极,山川不改晋王官。"清陈端生《再生缘》二一回:"~相同寻旧路,一朝学艺得真传。" ❺ 穿鞋,特指穿皮鞋。五代孙光宪《北梦琐言》卷四:"使院小吏罗九皋,巾裹~,有似裴条郎中。大貂遥见促召,衫带逼视,方知其非。"元陈栎《谢履袜巾币》:"何一拂拭一~,无非铭篆恩私时也。" ❻ 指鞋。宋韦骧《再咏黄石榴花》之二:"佳人最爱石榴红,染作轻裙~同。"明《封神演义》四九回:"真君顶上现出庆云,遮盖上面,无水粘身。下面红水不能粘其~,如一叶莲舟相似。" ❼ 尊称对方的动止起居。宋王安石《先状上韩太尉》:"方随传车,得望~。固愿阶缘于畴昔,因得钻仰于绪餘。"李之仪《与金马部书》:"苦寒,伏惟~之餘,尊候万福。"明吴宽《再入翰林次韵周伯常见寄》:"阙下方期从~,衰年病肺恨多屯。" ❽ 步态;行姿。宋杨简《蒙训》:"欲我为君子,所以约束我。语话须诚实,~学疏迟。"元黄溍《敕赐喀喇氏先茔碑》:"世祖皇帝见其骨气沈雄,~庄重,即命入宿卫。"清陈端生《再生缘》三九回:"巍巍郡主声名贵,赫赫夫人~庄。" ❾ 步行(指不用交通工具)。元张珩《东岳庙碑记》:"或輦父载母,燃香~,不远数百里而奔走山下,以酬信愿者,岁以万计。"清于成龙《弥盗约》:"或自备骡马,或雇长脚,将骡马毛色认明;或孤客~,有无行李,尽数登记簿内。"陈端生《再生缘》九回:"诚心何用跟奴仆,~同游黄鹤山。" ❿ 行迹;行为。明归有光《夏怀竹字说序》:"章甫为人滑稽,与伶人伍,衣裳偏倚,忽去忽来,见者咸轻之。"孙绪《故城县重修护国寺记》:"其餘闻亦渐知谨~,远利欲。"杨爵《次绪山韵》之五:"也知~须藏用,却笑疏狂真妄投。"

【步马】 bù mǎ ❶ 步军与马军;骑马的与徒步的(兵将)。唐陈子昂《为副大总管屯营大将军谢表》:"川谷地险,客主势殊,~相悬,左右受敌。"明徐渭《正宾以日本刀见赠》:"五千~随朱缨,手指东海鸣金钲。"清《飞龙全传》五回:"正见他~往来,刀棍迎送。" ❷ 驱马。唐赵冬曦《陪燕公游溈湖上寺》:"江外多山水,~上寺。

招要~来。"元阿鲁威《蟾宫曲·东皇太乙·湘君》:"~椒丘,忍别灵修。"明《金瓶梅词话》二一回:"爹使性~回家,路上发狠,到明日还要摆布淫妇哩。"

【步碾】 bù niǎn 步行。明《西洋记》七〇回:"那晓得金角大仙手里拿着一杆三股托天叉,~而来,抢得就是个乌飞兔走。"

【步蹑】 bù niè ❶ 追踪;仿效。唐许嵩《建康实录》卷一四:"然后请号上帝,~前王。零陵去之而无猜心,高祖受之而无愧色。" ❷ 穿(鞋);足蹬(鞋)。宋张詠《谢云居山人草鞋》:"昨日公餘偷~,万端心绪忆天台。"明胡应麟《赠张真人》:"何年赤松子,羽节到皇家。~飞云履,游乘贯月查。" ❸ 踩踏攀登。明何良俊《何氏语林》卷一四:"用索系树,~上下,神色不动。"王錂《寻亲记》二七出:"若还果得文章力,谩自~云梯路。"清玄烨《盘山绝顶》之三:"盘道峻嶒难~,危岩巇嶸恐身劳。"

【步砌】 bù qì ❶ 步行。宋范成大《会散夜步》:"贪看雪样满街月,不上篮舆~归。"自注:"~,吴语也。"佚名《张协状元》五〇出:"〔净〕洒是厮杀汉,只~去。〔末〕也没人来抬轿。"《三朝北盟会编》卷一九一:"惟着布衣草履,雨中自执盖~。" ❷ 步行在台阶上。明朱一是《满庭芳·姜子羽索赠澹衣少君》:"几度凭栏~,魂消处,月下花前。"清弘历《新月》:"底用巡檐将~,清光无碍到毡帷。"

【步趋】 bù qū ❶ 脚步进退(的仪轨)。唐元稹《授裴注等侍御史制》:"尔等或以吏最,或以文学,当僧孺慎拣之初,遇朝廷渴用之日,又安可回惑顾虑于豪黠,而姑为揖让~之际为塞责乎?"元胡祗遹《读春秋》:"譬于决痈破疽,救焚拯溺,舍砭石而示抚摩,耻奔赴而严~,可谓不知务矣。"清鲁之裕《选兵论》:"兵贵能劳能苦,不贵其言语委婉,~周折也。" ❷ 脚步;脚迹。宋王庭珪《李仲孙佩轩》:"~踏龙尾,锵然中音会。"清李渔《凤求凤》九出:"过朱门,经绣虎,~忙,懒回顾。"吴乔《围炉诗话》卷二:"文人讥诃前人处,须细细点勘,不可随人~。" ❸ 犹"步蹑❶"。宋叶适《题陈寿老论孟纪蒙》:"使子及其时,~规矩于亲领密承之间,回复折旋于互畅交阐之盛,不挺然异材乎?"明汤显祖《合奇序》:"予谓文章之妙,不在~形似之间,自然灵气,恍惚而来,不思而至,怪怪奇奇,莫可名状,非物寻常可得合之。"清李兆洛《骈体文钞序》:"少读《文选》,颇知~齐、梁。" ❹ 涉足;置身。金姬志真《玄教袭明论》:"掉臂人间,~方外,弃尊就卑,舍富居贫。"又《无为抱道素德真人夏公道行碑记》:"~玄域,而无一毫利欲之私。" ❺ 格局;规制。元王恽《跋黄华墨迹》:"其格调~,要本二王,气韵萧散,得元章之胜。"清杭世骏《东城杂记序》:"洛社高耆英之名,《梁书》创《止足》之传。折齿效其~,小冠别为风尚。"张泰来《江西诗社宗派图录》:"驹父戏效孟浩然,作语如王、谢子弟,风神~,不能优劣。"

【步人】 bù rén ❶ 步行的人。《唐律疏议》卷三:"行程,依令:马日七十里,驴及~五十里,车三十里。"明黄省曾《游清凉寺》:"无劳支遁马,碧草~还。"徐有贞《涌翠轩诗序》:"一径缕悬,仅可容~行其下。" ❷ 步兵。《敦煌变文校注》卷二《韩擒虎话本》:"马军是海眼皂旗,~是红旗。"宋《三朝北盟会编》卷二〇五:"其~见马军走,谓其已败,皆散。"明唐顺之《武编》前集卷五:"马军与~之甲有四不同:~则直身起立,马军则蹲坐抵控。" ❸ 随人脚步。清夏力恕《读昌黎诗》:"公不~人步公,纵肖其形神弗充。"

【步岁】 bù suì 推算年历。宋沈括《梦溪笔谈》卷七:"历法~之法,以冬至斗建所抵,至明年冬至所得辰、刻、衰、秒,谓之斗分。"清李光地《经书笔记》:"历象日月星辰,与~月日同法。"

【步踏】 bù tà ❶ 行踏;闲行。明瞿佑《点绛唇·美人图为王英题》:"瑶阶西畔,～金莲软。"徐元《八义记》八出:"节届寒食清明,清明。西郊外～红青,红青。"清《白雪遗音·雪景》:"寻梅的老叟,～琼瑶。" ❷ 犹"步蹋❷"。清陈端生《再生缘》六三回:"明堂想罢放开怀,～朝靴上玉阶。" ❸ 一种喇嘛教的宗教舞蹈。清《平定准噶尔方略》前编卷四四:"今日适跳～,是以召长入观。"弘历《普宁寺观佛事》:"象龙～惟天力,老幼骈观与众娱。"

【步天】 bù tiān ❶ 在天上行走。唐孟郊《送萧炼师入四明山》:"静言不话俗,灵迹时～。" ❷ 测算天体。《新唐书·李淳风传》:"淳风幼爽秀,通群书,明～历算。"元陆文圭《江阴州新作刻漏记》:"历,～之数也;象,测天之器也。"清钱谦益《赠归元恭》:"望气指锺离,～肇星纪。"

【步头】 bù tóu ❶ 足下;脚步踏行处。宋陈淳《与陈伯澡论李公晦往复书》:"知得如是而行不去,便就～思所以窒碍。" ❷ 渡口;码头。宋王洧《湖山十景·曲院荷风》:"避暑人归自冷泉,～云锦晚凉天。"元沈梦麟《发华家步》之一:"华家～山作城,溪中小船如奕行。"明王世贞《和徐荆州覆水歌》:"黄姑～天如赭,帝遣丰隆策风马。" ❸ 码头包揽客货运输的人。元《通制条格》卷一八:"近年都下诸物价腾,盖因各处所设船行～刁蹬客旅,把柄船户,以致舟船涩滞,货物不通。"

【步位】 bù wèi ❶ 位置;地方。宋刘温舒《素问入式运气论奥》卷中:"天之六气,客也。将此客气,布于地之六气～之上则有气化之异矣。"明《隋炀帝艳史》二九回:"炀帝因得袁紫烟传授,晓得些星辰,便用手一个一个指示与萧后看。"清《绿野仙踪》七九回:"放眼一觑,见七大八小到有五六十个,虽然少年人多,却眉目口鼻都安顿的不是～。" ❷ 脚步;步法。明《辽海丹忠录》二回:"马不停蹄行了两日,人心渐懒,～渐乱。"清《荡寇志》八八回:"二人谦逊了一回,大家放开～,理开解数,竟是一对穿花蛱蝶,寒光四射。"

【步幄】 bù wò ❶ 出行时张开遮蔽风尘或视线的帷幕,也指这样的帷幕。幄,布帛围起的帐幕。宋仇远《探芳信·和草窗西湖春感词》:"坐清昼。记～行春,短亭呼酒。"陈允平《酹江月·赋水仙》:"～尘高,征衫酒润,谁暖玉香篝?"明汪道昆《水嬉记》:"屋其一若楼船,以坐宾主;幂其一若～,以贮歌人。" ❷ 咏李少翁为汉武帝摄李夫人亡魂在帐中相见之事(见《汉武故事》),用以悼亡,或谓死后相见。明李攀龙《为殿卿悼亡歌》:"安得招魂术,姗姗～还。"王世贞《许解元悼妾》之二:"吹箫不同去,杳难寻。"梅鼎祚《玉合记》三四出:"怕珠沉在渊,～姗姗,来迟相见。"

【步伍】 bù wǔ ❶ 队伍,指军队。五代薛昭文《陈十事疏》:"脱使赏给不充,抚养不至,非惟士卒生劫掠之心,抑以～有逃遁之患。" ❷ 队形;队列军卒的步法进退。宋郭祥正《于将军》:"沉阴苦雨十馀日,汉水溢出高腾骧。苍黄不暇治,攀缘蹙踏半死伤。"明陈子龙《上张中丞论御城事宜书》:"夫兵欲其聚者,欲齐其～击刺之法也。"清《东周列国志》一〇〇回:"得精兵八万人,整齐～,申明军法。" ❸ 犹"步蹋❶"。清《后西游记》一回:"欲赤须近朱,欲黑须近墨。若要～老大圣的芳规,必须亲炙老大圣的风范。" ❹ 指文章、书画的格局或结构。清吴伟业《程翼苍诗序》:"仲房诗整练有法,～秩然。"

【步武】 bù wǔ ❶ 犹"步履❶"。唐许敬宗《唐并州都督鄂国公尉迟恭碑》:"而翠虹骧雾,必先阶于尺木;紫燕追风,初发踪于～。"宋文莹《玉壶清话》卷四:"及将辞,嫌服太长,～紫足,复欲左衽。"清张潮《虞初新志》卷五:"父兄来叱曰:'谁家豚犬,敢与老子相触耶?'健儿曰:'焉敢相触? 为长者服～之劳,则可耳。'"

❷ 犹"步趋❶"。唐柳宗元《岭南节度飨军堂记》:"必厚栋大梁,夷庭高门,然后可以上充于揖让,下周于～。"清雍正七年闰七月十二日杨鹏奏文:"楚地兵马柔弱,大非秦晋壮健可比。惟藤牌之设,绘以虎豹之形,～有方,进退有则。"曾衍东《小豆棚》卷一三:"筒中有赤黑二蚁千百,分队出,累累如贯珠,～罔不中矩矱。" ❸ 犹"步履❷"。唐杜牧《赠李处士长句四韵》:"蔼蔼祥云随～,累累秋冢叹蓬蒿。"宋程大昌《韵令·硕人生日》:"寿开八秩,两鬓全青,颜红～轻。"明谢谠《四喜记》三〇出:"蝉联～云台上,愿奉君王万寿杯。" ❹ 犹"步趋❹"。唐李濬《授孔温裕忠武军节度使制》:"自～中朝,驰声内署,甘泉侍从,宣室对扬,相如之工,尔实无愧。"佚名《唐中岳沙门释法如禅师行状》:"明者即南天竺三藏法师菩提达摩,绍隆此宗,～东邻之国,传日神化幽迹。"明李昌祺《剪灯馀话·贾云华还魂记》:"吾弟聪明才智,早掇魏科,～青云。" ❺ 指交际往来。唐韩愈《和席》:"纶綍谋猷盛,丹青～亲。"柳宗元《为韦京兆祭杜河中文》:"自天昭回,分命邦畿,～获陪,同志为友。"元金履祥《祭何南坡文》:"始侍宦游,临川之浒。父师同寅,伯仲～。" ❻ 犹"步履❿"。宋程颐《祭李邦直文》:"惟公世推文章,位登丞辅。简编见其才华,廊庙存其～,固不待谏而后知也。"楼钥《送刘德修少卿漕川漕》:"矫矫刘御史,一鹗胜百鸷。顾瞻最有力,～亦严毅。"明高濂《玉簪记》二出:"你可早向长安访学朋侪,因而入试,夺取功名,书香～。" ❼ 用脚步测量出来的距离。大约以营造尺五尺为一步。元王恽《绛州正平县新开浦润渠记》:"楗石为堰者三,袤可六十～。" ❽ 追随脚步,也指仿效。金姬志真《长春真人成道碑》:"闻其风者,梯山航海以来观;游其门者,～抠衣而上问。"明《型世言》一八回:"可喜贤侄如许豪爽,应能～前人。"清《飞龙全传》五五回:"我系初学,岂敢占先? 就请众位大才一试,我当～可也。" ❾ 犹"步伍❹"。清梁廷枏《曲话》卷三:"番禺令仲拓庵卸事后,寓省垣,作《双鸳词》八折,即别驾李亦珊事也。起伏顿挫,～井然。"周星莲《临池管见》:"字有一定～,一定绳尺,不必我去造作。"

【步舞】 bù wǔ 踏步起舞。唐顾况《宫词》之四:"九重天乐降神仙,～分行踏锦筵。"宋孟元老《东京梦华录》卷七:"携大铜锣,随身～而进退,谓之抱锣。"

【步屣】 bù xǐ ❶ 犹"步履❶"。唐元稹《春月》:"拥抱颠倒领,～东西厢。"宋王沂孙《醉蓬莱·旧故山》:"～荒篱,谁念幽芳远?"清文昭《村居书事有怀城中诸友》:"连筒引水看浇菜,～缘堤课牧猪。" ❷ 犹"步履❷"。唐皇甫冉《宿淮阴南楼酬常伯能》:"独立宵分远来客,烦君～忽相求。"明钱文荐《爱妾换马赋》:"妾本才人,嫁于荡子。媚临妆镜,娇移～。"清张英《寄题龚湖龙眠山庄》:"细路缘山椒,垂藤接～。"

【步戏】 bù xì 一种地头表演的简易戏剧。明《金瓶梅词话》一九回:"在新买庄上摆酒,叫了四个唱的,一起乐工,杂耍～。"清《醒世姻缘传》三八回:"狄希陈两个眼东张西厂,那里有甚么～? 连偶戏也是没的。"

【步下】 bù xià ❶ 举步下行。《法苑珠林》卷一一五:"乃自力入台,至云龙门不能～。"明朱朴《谢王雨舟惠灵寿杖》:"乘舟著篙马著鞭,凌高～无不便。"《西游记》六〇回:"大圣看彀多时,～尖峰。" ❷ 足下;脚前。唐李复言《续玄怪录》卷四:"风急如箭,雷霆起于～。"宋朱熹《转运判官黄公墓碣铭》:"不越月而至永嘉者八万斛,永嘉之人焚香迎拜～曰:'此广东运使活我也!'"清弘历《对瀑》之一:"香山桥下来～,到此峰头望举头。" ❸ 徒步作战的(军兵)。明《封神演义》七四回:"一会儿不知南北西东,昏昏惨惨,被～军卒生擒下马。"清李绂《藤牌撒星阵法说》:"如敌用马上

火枪、火炮及～火枪、火炮者,敌至一里之外,即擂鼓变阵前进。" ❹ 船步之下,指码头。《五灯会元》卷一二《舒州法华院全举禅师》:"邪问:'近离甚处?'师曰:'两浙。'曰:'船来?陆来?'师曰:'船来。'曰:'船在甚处?'师曰:'～。'"宋杨万里《闻门外登溪船》:"～新船试水初,打头揽载适逢予。" ❺ 步行。清《红楼梦》三回:"另换了三四个衣帽周全十七八岁的小厮上来,复抬起轿子。众婆子～围随。"《白雪遗音·秋残一候》:"闷来时,只带琴童～游。"

【步虚】 bù xū ❶ 凌空步行。唐李峤《贺天尊瑞石及雨表》:"千乘亿骑,浮空而下;九仙五老,～而来。"明陆采《明珠记》三二出:"～轻蹑彩虹腰,回头指点沧溟小。"清《东周列国志》八一回:"美人登朱楼,凭栏而立,自下望之,飘飘乎天仙～矣。" ❷ 道士唱经。唐颜真卿《抚州南城县麻姑山仙坛记》:"池北下坛傍有杉松,松皆偃盖,时闻～钟磬之音。"明徐霖《绣襦记》一八出:"日暮焚香绕坛上,～犹作按歌声。"清陈球《燕山外史》卷八:"玉女窗前,清磬助～之响;琼芝圃内,黄精传益寿之方。" ❸ 道士唱经声。唐李观《道士刘宏山院壁记》:"苔驳竹径,风吟～,岩生夏色,林散秋色。"五代韩熙载《真风观碑》:"陟星坛于月夕,会真侣于霜朝。唱～于缥缈,动霞帔之飘飘。"明朱鼎《玉镜台记》二一出:"我拂袖透天衢,清风吹～。"

【步云】 bù yún ❶ 乘云而行。唐姚鹄《大唐润州句容县大泉寺新三门记》:"其明春又之岭南,诣禅访道,酌水～,心契如期,不远千里。"金齐希谦《七夕》:"缥缈针楼外,天教彩羽过。～榆送影,拂月桂交柯。"清《续西游记》五六回:"这精怪积年已久,每每乘风～。" ❷ 比喻登上高位或科举考中。宋杨万里《再和春雨呈袁起岩》:"顾我江湖钓竿客,识君台阁～人。"明王锜《寻亲记》二九出:"如今他孩儿～,特来报父子喜音。"

【步展】 bù zhǎn 迈步;行走。清洪昇《长生殿》五〇出:"这青霄际,全托赖引～。"弘历《题扁竹杖》:"截以为杖助～,头饰汉玉雄鸡绚。"《载花船》三回:"痛未少减,～不能。"

【步帐】 bù zhàng 犹"步幄❶"。唐卢纶《送黎兵曹往陕府结亲》:"～歌声转,妆台烛影重。"明孙柚《琴心记》二九出:"春藏～花开早,喜云鬓翠身单香绡。"清《都是幻·梅魂幻》四回:"闻昔晋朝王恺作紫丝～三十里,石崇作锦丝～四十里。"

【步幢】 bù zhuàng 犹"步幄❶"。幢,挂在舟车上的帷幕。宋吴文英《惜秋华·木芙蓉》:"路远仙城,自玉郎去却,芳卿憔悴。锦段镜空,重铺～新绮。"元薛昂夫《一枝花·赠小园春》:"千金价总宜,锦～何须五十里。"

【步子】 bù zi 脚步。清《醒世姻缘传》六四回:"这能几～地哩,咱如今去走遭罢。"《续西游记》八〇回:"且说行者一筋斗打到洞前,才半里多路,自家笑将起来道:'几～路也费我神通。'"按,此两例指一步所跨的距离。

【部】 bù ❶ 量词。a)用于胡须。金《董解元西厢记》卷二:"额阔颏宽卓竖,一～赤髭须。"明《型世言》四回:"虬髯一～逐风飘。"清《儒林外史》一四回:"一～大白须直垂过脐,飘飘有神仙之表。"b)用于部位。《元曲选外编·裴度还带》二折:"我是肉眼通神相,看你面貌上无一～可观处。"c)用于车辆。清《野叟曝言》四五回:"况那几间房子,只消一～火车,便立时煨尽。" ❷ 脸上生胡须的部位。《元曲选·谢天香》一折:"夫自幼修髯满～,军民识与不识,皆呼为波斯钱大尹。"

【部案】 bù àn ❶ 由刑部审理的案件。清康熙四十七年戊子闰三月甲午上谕:"前命直隶各省督抚,将钦件～限内完结及未完结之处,逐季奏报。"黄中坚《制科策》:"其五曰明习法律科。法在取古人已事与～之疑难者,设为甲乙之语而使之剖决。"

❷ 中央各部存档的卷宗。清顾琮《请分繁简重名器疏》:"查世祖章皇帝时,招民授职,所费七八千两,甚而有万金者,尚行考试。文理通顺者为知县,不通者改授守备。～俱在,何不举而行之乎?"

【部别】 bù bié ❶ 按部划分的类别。《法苑珠林》卷三〇:"八万修多,十二～,敷演投机,随时利物。"唐义净《南海寄归内法传》:"西国相承,大纲维四。其间离分出没,～名字,事非一致。" ❷ 按部类划分。宋刘一止《吴武陵献更化论循两赀》:"尔献书公车,勉朕更化,条陈～,粹然可观。"明王世贞《唐诗类苑序》:"萃而为书,一有所需,随叩随足,灿若指掌。譬之大将军将十万众,～垒置,旌旄异色。"清弘历《题文徵明茶事图·茶籯》:"编竹为籝雅制精,品殊～贮分明。" ❸ 区分。清袁枚《江苏按察使李公墓志铭》:"徐受其辞,～首从,流数人,杖若干人,狱遂平。"

【部次】 bù cì 部类次序。宋佚名《小儿卫生总微论方》卷三:"凡脉大小不依～者,恶候。"明方以智《通雅》卷一一:"由于黄、赤道二极不同心,星系赤道而执黄道之～以求合,故自洛下闳以及郭守敬诸名家测验无符者。"清姜宸英《王阮亭五七言诗选序》:"集中分别～,具有精意。"

【部从】 bù cóng ❶ 随从的队列或其中的组成人员。唐康骈《剧谈录》卷下:"雄尾在东庑观音院天王～中,绯衣神人抱野雄一只。"《元曲选·汉宫秋》三折:"他～入穷荒,我銮舆返咸阳。"清《女仙外史》六八回:"我与瞿、楚二位将军,去擒谷王及其～等。" ❷ 跟随;随从。元明《水浒传》八〇回:"六人自己都有～人马,迎接回梁山泊去了。" ❸ 部首。清毛奇龄《三复王进士书》:"故凡如来旨所谓毫厘千里者,大抵多见之～之间,如云'祇祇苗笛'者。"

【部单】 bù dān 中央各部发给的凭单。明祁彪佳《莆阳谳牍》卷下:"凡吏役因事退缴吏札者捏造～,仍可希图当该充选,正有绍今日期弊之意也。"清于成龙《请免河间灾民估买房地疏》:"如照～所开之价,勒令种地。贫民承买,万难完纳。"王明德《敬筹淮扬水患疏》:"臣请比照济宁境内,天井、石佛等闸事例,验实～,按时开放。"

【部封】 bù fēng 辖境。宋杨杰《谢蒲左丞荐启》:"昔依造化,垂庇已深。今托～,辱知尤重。"元柳贯《嘉兴监运分司纪惠颂》:"会稽地联东西,～域广矣。"明宋濂《苏州重修孔子庙学之碑》:"既率～,复登府僚。分劳授事,具乃教条。"

【部画】 bù huà ❶ 部署谋划。《新唐书·独孤怀恩传》:"会君素死,而行本得其兵,～已定,而夏人吕崇茂杀县令应武周。"清钮琇《觚賸》卷三:"复纠纪纲之仆数辈,～已定,与之誓曰:'苟念旧德,毋渝此言。'" ❷ 部首笔画。清徐文靖《管城硕记》卷二一:"虑四方沉湎《字汇》日久,故～次第如旧。阙者补之,误者正之。"

【部汇】 bù huì ❶ 分部汇编。《新唐书·褚无量传》:"初,内府旧书,自高宗时藏宫中,甲乙丛倒。无量建请缮录补第,以广秘籍。天子诏于东都乾元殿东厢～整比。"《文献通考》卷一八二:"后又因读《太平御览》,凡其～列叙古《繁露》语特多。" ❷ 部类;类别。清章学诚《文史通义》卷八:"夫既志艺文,当仿《三通》《七略》之意,取是邦学士著书籍,分其～,首标目录,次序颠末。"

【部列】 bù liè ❶ 按部类排列。唐杨炯《少室山少姨庙碑铭》:"两京畿甸,五载巡游。驰驱太一,～蚩尤。"宋陈镒《上总制胡公次陈伯亮韵》之二:"身佩龙泉三尺剑,家传豹略一编书。且须～平沙幕,未许闲乘下泽车。"清弘历《四库全书荟要联句序》:"色分锦帙,应五星之聚奎躔;～牙签,象四渎之归海若。" ❷ 按部序排列的军阵或仪仗。唐李治《大唐纪功颂》:"乃率数百骑,入

其境五十餘里,观其～,摩垒而旋。"清《聊斋志异·吴令》:"建诸旗幢,杂卤簿,森森～,鼓吹竟日且作。"

【部领】 bù lǐng ❶ 携带;护送。唐白居易《论王锷欲除官事宜状》:"五年诛求,百计侵削。钱物既足,～入朝。号为羡餘,亲自进奉。"宋王明清《挥麈后录》卷五:"其胡立已下,今各给鞍马衣装钱帛等,专差御衣库使李彦昭～送至贵境。"元刘应雄《潮阳县东山张许庙记》:"宋熙宗间,郡遣军校锺英～方物贡于朝。" ❷ 属下的机构或人员。唐赵良器《印赋》:"当司存之～,览职事之巨细。"明王守仁《辞封爵普恩赏以彰国典疏》:"盖有诸将士所不与知,而辛苦艰难亦有诸～所未尝历者。"李东阳《明故太傅兼太子太傅陈公墓志铭》:"～有疾,躬往抚视。" ❸ 任务;职守。唐牛肃《纪闻》:"时杜暹为婺州参军,与贾同列,相得甚欢。与暹同～,使于洛阳。"元明《水浒传》五八回:"～已定,各宜遵守,不许违误。"清李因笃《秋兴》:"使节临东路,军粮及两关。江湖轮挽阔,～度支闲。" ❹ 任职;担任(职务)。元郑介夫《太平策》:"所设伴读又不择人,重略监官,……更不知所伴、所读者何事,惟想望～史、儒学教授而已。" ❺ 头目;首领。宋彭大雅《黑鞑事略》:"西南曰辖速益律于(水鞑粗也),曰木波(西番～,不立君);西北曰克鼻梢(回回国,即回纥之种)。"明胡翰《吴季可墓志铭》:"逻得之,以谍当杀。公适见之。～问曰:'此谍乎?'公曰:'亦平民耳。'"费信《星槎胜览》卷一:"其～所居,亦分等第,门高有限。民下编茅覆屋,门不过三尺,过者即罪之。"

【部判】 bù pàn 区别判断。明《二刻拍案惊奇》卷二〇:"有冥数不该,不行分别误伤性命的,多一一诘责,据案～。随人善恶细微,各彰报应。"

【部凭】 bù píng 吏部发给的任官文凭。清傅讷居士《咫闻录》卷八:"太守持刺往拜,居然邀见,索看赴任,名姓异而任所同。"《粉妆楼》一八回:"次日柏文连领了～,到云南上任去了。"

【部色】 bù sè 在歌舞或戏剧表演中担任的角色。唐宋教坊有大鼓、杖鼓等部,舞旋、杂剧、参军等色,合称部色。明方以智《通雅》卷一九:"～,教坊称也。教坊有部头,有色长。"清洪昇《长生殿》二一出:"杨娘娘爱我伶俐,选做《霓裳》～。"

【部试】 bù shì 由礼部、吏部、兵部主持的考试。礼部试科举、吏部试文官、兵部试武职。明归有光《通政立斋王先生寿序》:"及入～,一吏持几随其后,逾时而出。考功叹其文,以为非有养者不能。"锺惺《家传》:"章明经,生所聘妇翁也。～法当得县令。"清《镜花缘》四二回:"考试先由州县考取,造册送郡,郡考中式,始与～,～中式,始与殿试。"

【部属】 bù shǔ ❶ 从属;归属。《唐律疏议》卷二二:"监临官司于所统属佐官以下,及所管～之人有高官而监临官司殴之者,同凡斗法,不计阶、品,为其所管故也。"宋《五代史平话·晋下》:"吐谷浑从晋割雁门后～契丹,不禁契丹贪虐,思归中国。"清《赛花铃》九回:"一日,适值项工部设宴,邀请～各官。" ❷ 部下;从属的人员。唐陆贽《请不与李万荣汴州节度使状》:"然尚号令由已,～畏威,缉修戎旅,振耀声势。"元张珪《因灾异上泰定帝奏议》:"比年游惰之徒,妄投宿卫～及宦者、女红、太医、阴阳之属,不可胜数。"清《女仙外史》八回:"他比天还富,龙宫海藏、珍奇宝玩,何物蔑有? 赏赐～,动以千万。" ❸ 部类格局;篇章结构。唐杨筠松《疑龙经·疑龙十问》:"堂局真处抱身曲,忽然平过却如何? 即以从缠分～,缠送护托辨假真。"智昇《开元释教录》卷一:"右别录之曲分为七:……就七门中二乘区别,三藏殊科,具悉委曲,兼明～。"元许有壬《大元本草序》:"书有三纲九目,其明～。" ❹ 辖境;属地。唐澄玉《疏山白云禅院记》:"自郡城～淮

南,除替官资不停。周至孙,孙至刘,刘至陇西李公,尽申虔敬,并为外护檀主。"宋《五代史平话·唐上》:"唐太宗朝,使李靖袭破突厥,分诸～,置十三州。"明王鏊《姑苏志》卷三七:"(谢承)为吴郡督邮,岁穑。有嘉禾六穗,生于～。" ❺ 系统;统属。《旧五代史·周书·刘晞传》:"晞问丕文鬼事,曰:'冥司各有～,外不知也。'"宋黄震《申提刑司辨总所再欲追人状》:"兼官司各有～,转般仓自系提刑司统领。"元滑寿《难经本义》卷上:"厥阴脉循阴器,肝病故溲便难转筋者,肝主筋也。此内证之～及所主病也。" ❻ 中央六部各司的属员。明陆钶《病逸漫记》:"正统初选经筵官,阁下悉以翰林院官充选。时章后在内批云:'如何不见居外贤良?'以旨付弘文馆。于是刘球等几人自～进次经筵。"《石点头》卷一:"到了廷试,郭乔止殿在二甲,选了～。郭梓倒殿了探花,职授编修。"清《醒世姻缘传》七七回:"你小叔儿做着个穷～,搅缠不来。"

【部署】 bù shǔ ❶ 统辖;节制。唐温大雅《大唐创业起居注》卷二:"宜君贼帅刘旻又率其党数千人降。帝并不次封,遣书劳之,仍令各于当界率众,便受敦煌公～。"宋《五代史平话·晋下》:"是日晚,晋主入洛阳,唐军皆解甲待罪。晋主谓刘知远曰:'您～京城,分汉军使归营宿。'"清钱谦益《国初群雄事略序》:"假滦城之虚名,嘘崖山之餘烬,用以～东南,号令天下。" ❷ 系统;序列;体系。唐李百药《安置突厥议》:"突厥虽云一国,然其种类区分,各有酋帅。今宜因其离散,各即本～为君长,使不相臣属。"杨炯《浑天赋》:"观众星之～,历七曜而驱驰。"清《医宗金鉴》卷二:"伤寒之有六经,无非从浅深而定～。以皮肤为太阳所辖,故署之太阳;肌肉为阳明所辖,故署之阳明。" ❸ 护送;陪伴。五代陈守中《大汉韶州云门山宏明大师碑铭序》:"当月二十九日,宣下李托～却回山门。有参学小师双峰山长老,……应悟大师常宝等,同～真身到阙。" ❹ 五代、宋、辽时期高级武职名,执掌一个方面的兵马,有都部署、副都部署、部署之分。五代吕梦奇《后唐招讨使李存进墓碑》:"以公凤著廉勤,素有威望,九月补天雄军都～巡检使。"《宋史·舆服志五》:"使相节度使自镇来朝入见日,赐衣五事,金带鞍马;……为都～者,别赐带甲鞍勒马一。……防御团练使、刺史为～,钤辖,赐窄衣三事、金束带。"辽志铨《王悦墓志铭》:"复受命为上京兵马,遂押军戎。" ❺ 宋英宗赵曙治平年间,为避英宗名讳,改称部署为总管。民间遂以部署称军校、武艺教师或武艺比赛的主持人。宋佚名《张协状元》八出:"我是徽州婺源县祠山广德军枪棒,四山五岳刺枪使棒有名人。"宋元《古今小说》卷一五:"空手径来衙门前招人牌下,等～李霸遇来,投见他。"元明《水浒传》七四回:"一个年老的～,拿着竹批,上得献台,参神已罢,便请今年相扑的对手出马争交。" ❻ 职官设置。宋田况《儒林公议》卷上:"拓跋德明承继迁土宇,志在自守,……其号令,宫室旌旗,一拟王者。"元姚燧《颍州万户邸公神道碑》:"虽居平时,营栅、～、器械、车马,凛如在敌。"曾坚《中书省户部题名记》:"～尚书三员,正三品。侍郎二员,正四品。" ❼ 摆列。明陆深《续停骖录》:"先是掘地得行元帅府事铜印,以是～帐下,而反势其猖獗。" ❽ 中央六部属官。清《赛花铃》七回:"时下王团练闻得爹都督高升,其父昝老封翁七秩寿辰,特央小弟写一锦轴贺寿。" ❾ 中央六部或职级所辖的衙署。清《聊斋志异·公孙夏》:"某出资交兑,客即导至～,见贵官坐殿上。"《万花楼》六六回:"平日已于臣～中试验,众将人人惊惧。"

【部堂】 bù táng ❶ 六部大堂。宋孙觌《宋故右朝散大夫朱公墓志铭》:"越七日,北使坐～,趣还甚急。"明《于少保萃忠全传》二〇传:"此时高磐回京,正欲趋朝奏闻,因景泰退朝,一径来到于公～相见。"清钱谦益《故淮府左长史何公墓志铭》:"丁丑上计,生

素发垂领,婆娑~前。" ❷ 六部堂官,指其尚书、侍郎等主管官员。明朱国祯《涌幢小品》卷八:"南京科道,不避~。台臣犹压于堂官,至科臣则直与大九卿公会矣。"王守仁《批南昌府追征钱粮呈》:"~诸公,非无恤民之念,但身司国计,不得不以空乏为虞。"清《粉妆楼》四〇回:"内监领旨,引沈太师和六位~,通政司共八位大臣,一齐来到内殿。" ❸ 指吏部和职司所在的中央主管部门。官员任职,到吏部领凭,然后到职司所在的中央主管部门报到。明《金瓶梅词话》七〇回:"(何千户)又问:'长官今日拜毕~了?'西门庆道:'从内里蒙公公赐酒出来,拜毕部,又到本衙门见堂。'" ❹ 借称六部部门。清王命岳《漕弊疏》:"抵通之苦,责在~仓督,使投文者立收立拆,严革保家,则需索之苦除矣。" ❺ 各省总督例兼兵部尚书衔,亦称部堂。清章学诚《文史通义》卷六:"督抚虽同曰封疆,而总督头衔则称~。盖兵部堂官,虽兼右都御史,而仍以戎政为主者也。"吴俊《请建米艇状》:"顷奉总督两广~宪札:'东省洋面一带,盗匪出没。'"《二度梅》二六回:"只听得鸣锣开道,高灯提着,上面写着:'提督军门操江~。'" ❻ 称有部堂职衔的官员,或这样官员自称。清陈宏谋《请通查兴修水利状》:"自前鄂、高两~,檄行查修,次第兴举。"李光地《饬广积贮牒》:"遵照本~导沟、疏渠、开井三法,择其便于民者,讲究行之。纵遇旱潦,足以补救。"《二度梅》二六回:"那大人在轿内点了一点头道:'这不象渔人的口气。'便向春生道:'告状人,你抬起头来,本~有话问你。'"

【部帖】 bù tiě 中央各部下发的文书。宋范应铃《冒官借补权摄不法判》:"监赃候足具申,借补文书毁抹入案,~三纸照条批毁。"清金埴《巾箱说》:"~来取善走千里人,可能有麦铁杖,日行五百隋骁将。"

【部头】 bù tóu ❶ 教坊各部艺人的头目。唐王建《宫词》之四七:"移来女乐一边,新赐花檀木五弦。"宋吴自牧《梦粱录》卷二〇:"旧教坊有筚篥部、大鼓部、拍板色、色有歌板色、……杂剧色、参军等色。但色有色长,部有~。"清钱芳标《惜黄花慢·赋菊》:"雅淡衣裳,想一小字,合唤秋娘。" ❷ 军卒、衙署部门的头目。宋欧阳修《乞许转运司差县士捉贼》:"据赵州宁晋县乡兵~管用德状及口称,缉得昨来北京走却壮城兵士强贼一十一人。"《金史·完颜霆传》:"县人共推霆为四乡。霆招集离散,纠合义兵,众赖以安。"元盛如梓《庶斋老学丛谈》卷四:"官属率吏各持榜书名以次参,至柴牙~某人,公曰:'甚感尔来。'" ❸ 书的开本、篇幅、卷帙。清《绿野仙踪》四五回:"符篆、丹灶秘诀七十二部,《万法渊鉴》八百馀部,率皆玉匣锦装,摆列在架上。其馀小些~,亦有四百部有奇。"《歧路灯》九五回:"只这八个字,不成~,又不成片段,如何刻印呢?"

【部位】 bù wèi ❶ 行列;次序。唐阎随侯《西岳望幸赋》:"正卒伍,骈~。鹅鹳鱼丽兮雁行鳞次;鸣笳叠鼓兮隐天动地。"元吴师道《与刘生论易书》:"自'坤'以下则又改弼之例而从郑氏耳,去'象曰''象曰',而加以'大象传''象传''小象传'字,~如故,而改立标帜,其得失又何相远哉。"明《列国志传》七回:"诸将参见已毕,子牙令军吏窃通诸将,挨次而出,各逞其勇。子牙又逐名训饬了一番,令其各按~,勿令乱轶。" ❷ 部从;部下。唐杨筠松《疑龙经》上篇:"君如就此问疑龙,此是干龙迎送队。譬如赍粮适千里,岂无顿宿分内外。龙行长远去茫茫,定有随~长。"《太平广记》卷六七引《通幽记》:"大将军姓许名光,小将曰陈万。每呼~驱使,~甚多,来往如风雨声。"宋曹彦约《与尉论捕盗书》:"昏夜伺便抄劫,比官知之,则已分散跳匿。无次舍旗鼓可以物色求,无偏神~可以策画破。" ❸ 地位;职位。宋洪迈《容斋五笔》卷一〇:"凡会者十二人,薛在~最下。"明徐贲《从军行》:"昨日破邯

郸,归来论功勋。君王更~,官属冯将军。" ❹ 相面术指人与其命运相关的面相、骨法等。宋叶适《赠岩电隐士》:"从来钟鼎无山林,老去岂复少年心。若言~许亏阙,已早腾踏非埋沉。"明《醒世恒言》卷一三:"韩夫人面上~气色,并无鬼祟相侵。"清沈起凤《谐铎》卷一〇:"翁曰:'其相若何?'道人曰:'按是儿~,岁十二当入学,十五登贤书。'" ❺ 位置。明李东阳《题沈启南所藏郭忠恕雪霁江行图》:"平看侧睨一~匀,叠见层分了无隔。"《西游记》六九回:"又教解下左手,依前系在右手腕下~。行者即以左手指,一一从头诊视毕。"清程含章《通饬各官熟读律例》:"今见各州、县验报命案,或一~错误,或分寸遗漏。"

【部辖】 bù xiá ❶ 统辖;管理。《旧五代史·汉书·史弘肇传》:"弘肇严毅寡言,~军众,有过无舍。"宋赵抃《奏札乞差填殿帅》:"夫禁卫士旅众多,全藉忠干有心力帅副分头~,训练精强,以壮朝廷之威。"明陈全之《蓬窗日录》卷四:"此累朝于监牧之制,所以必加之意也。~有方,秣饲以时,而腾驹游牝,顺其物性矣。" ❷ 统辖、管理的能力。宋宋庠《答手诏》:"量其户口,籍定土兵。每至农闲,轮番教阅,仍选勇敢有~之人,充等第将校。" ❸ 统辖、管理者;担当职守者。宋周密《癸辛杂识》续集卷下:"其处有张、曾二者颇黠健,蔡委以为~。"宋元《古今小说》卷三三:"下手椥着一个顶盔贯甲,称是某县山神,虎狼损害平人,~不前。"

【部押】 bù yā 督率;统领押送。宋宋庠《赐祠部郎中县赵世长敕书》:"近雨水冲注幕先桥,汝~兵士救得本桥事在。"洪迈《夷坚志》支景卷七:"秦蜀买马入东方,率以五十匹为一纲,遣兵校~。"明潘季驯《工部覆前疏》:"选委廉能官员,~赴工。明开某官一员,押夫若干名。"

【部引】 bù yǐn ❶ 引导;统领。《唐会要》卷七一:"常参朝服,旧制未称。今后请各衣锦绣,具巾袜,带仪刀,~出入。"元明《水浒传》五二回:"烦请林冲、花荣、……白胜十二个头领,~马步军兵五千,作前队先锋。"明《大宋中兴通俗演义》三二回:"岳飞遂大宴将士于茶陵。岭表既安妥,~得胜人马回过永州祁阳县。" ❷ 户部发给的运盐凭照。元史伯璿《代言盐法书》:"莫只且革去转运提举之官,以各处盐场分隶布路府州县,却将~照依各场原额发付。"清裘行简《闽盐请改收税疏》:"民无私盐之禁,场无商引之盐,即以~作为官单。"张德地《四川盐课疏》:"合无仍照见行引票,俟人民繁衍之日,再请~,庶上不亏课,下不病商。"

【部元】 bù yuán 科举部试(即会试,由礼部主持)第一名。清《镜花缘》六五回:"十三日试毕,于二十二日放榜:阴若花中了第一名,唐闺臣中了第二名亚元。"

【部长】 bù zhǎng ❶ 酋长;部落首领。《唐会要》卷七:"突厥、于阗、……及新罗、百济、高丽等诸蕃~,各率其属扈从。"明朱鼎《玉镜台记》九出:"自家姓石名勒,表字季龙。世为西番~。"清屠绅《蟫史》卷一一:"侯取罗鬼一人听勘,即陈状云:'身是猓夷,罗鬼乃~名号。'" ❷ 中央六部的长官。宋张方平《应贤良方正能直言极谏科对制策》:"故驭吏之法ခ重惟货,而受赇抵禁相继有焉。意者,官刑稍以宽弛,~多所故纵欤?"明罗玘《广西按察司佥事熊君墓志铭》:"其为主事也,属部多大狱。~使鞫,则屡掣于大阉、贵人。"清毛奇龄《列朝备传·吴洪》:"时~缺,资望已及洪。瑾故勿与,出为南京刑部尚书。" ❸ 用作对中央六部官员的敬称。明佚名《鸣凤记》二七出:"下官工科给事吴时来是也。昨约董~同劾奸臣,今日到他家议本。那来的想是张~,待他同进。" ❹ 即"部头❶"。清屠绅《蟫史》卷一七:"木兰变男形为梨园~,挈解鱼行。"

【部照】 bù zhào 犹"部单"。《大清会典事例·礼部·贡

举》:"临场捐监未获～者,该州县出具印结申文,发给本生,并亲齐实收,赴布政司衙门核实,转送学臣考录,一体乡试。"《蜃楼志》二回:"家人报捐事毕,由盐务千里马上寄回～。"

【部者】 bù zhě　即"部署❺"。宋元《古今小说》卷一五:"二人把棒在手,唱了喏。～喝教二人放对。"

【部卒】 bù zú　❶ 统领军卒。《敦煌变文校注》卷一《伍子胥变文》:"子胥随帝～入城,检纳干戈,酬功给效。"　❷ 军卒;士兵。《新唐书·卢士玫传》:"士玫空家赏助军,然～多家幽州,阴导克融入,故士玫阖府皆见囚。"明《禅真逸史》一五回:"至期黎明,上自总戎都督,下自～小军,齐入教场。"清《荡寇志》一一〇回:"小侄禀明父亲,特领～六千,来从剿贼。"

【埠船】 bù chuán　码头上承载客货运输的船。清黄六鸿《保甲三论》:"鸿更欲渔舟～,一例编保,使居民行旅,其相安于高枕而无虞。"

【埠地】 bù dì　埠商运盐的销售地。清雍正七年十一月十八日郝玉麟奏文:"查行盐～虽有难易之分,而所获羡馀每封实约有四、五、六百金不等。"孙玉庭《盐法隅说》:"其价饷重者,如粤西～较远,则行配高、廉西场之盐,并无再近之场,且销值亦多。"

【埠丁】 bù dīng　码头运盐的夫役。清张甄陶《论渔户私盐状》:"现欠运埠盐斤七十馀两,已交者赈簿可凭,未清者～可据。"

【埠商】 bù shāng　盐业经销商。清雍正十年九月初七日刘章奏文:"窃照属南、赣二府例食粤盐。～将引盐运回,听各乡村子店分析零卖。"杨琳《陈粤省盐法疏》:"向来设商行盐,有场商、～之分。场商养灶收盐,卖于～。～纳课买盐,行销各地。"《蜃楼志》七回:"自初在广充当～,娶了家小后,因有了亏空,被运台递解回籍。"

【埠头】 bú tóu　❶ 同"步头❷"。元成廷珪《次饶介之游东皋佳作》:"蛮王～多载酒,李家园中来看花。"元明《水浒传》四一回:"一帆顺风,早到岸边～。一行众人都上岸来。"清《都是幻·梅魂幻》五回:"此时之营官船,泊在天津～。"　❷ 同"步头❸"。明潘季驯《钦奉敕谕查理河漕疏》:"民船仍旧车盘,俾小民藉有生计,乃于牙行～,每年顾夫一千八百名。"吾邱瑞《运甓记》一二出:"撞着子个虎伤件个～,扣除得我介尽情了绝意;揽着子个老江湖个主顾,算计得我介刻骨样尖酸。"清《儒林外史》五一回:"随即付～一两八钱银子,包了他一个中舱,一个前舱。"

【簿】 bù　主簿,掌管文书簿籍的属官。宋楼钥《送孙子祥赴新昌主簿》:"高士不为～,子严论独殊。不遭何不可,而况主簿乎!"孙觌《周氏十公记》:"知雄随计试礼部不合,后以特奏恩主韶州乐昌～。"

【簿案】 bù àn　簿籍与案卷,泛指官府文书。唐张鷟《朝野佥载》卷四:"每村立社官,仍置平、甚、老三员,掌～,设锁钥。"明陆深《送沈文忠左判德庆州序》:"其民习劳而啬,健于讼,～繁夥。"清李兆洛《书见素居壁》:"謷謷听搒捶,屑屑领～。"

【簿牒】 bù dié　簿籍文书。《新唐书·裴遵庆传》:"天宝时,

选者岁万计。遵庆性强敏,视～,详而不苟,世称吏事第一。"明储巏《涿州分司夜坐》:"～相仍急,沉迷眼欲花。"清吴伟业《监察御史王君慕吉墓志铭》:"故余之志君,独详于练湖一事,援据～,参稽见闻。"

【簿对】 bù duì　对簿;受审。簿,诉状。《新唐书·侯君集传》:"及还京师,有司劾之,诏君集诣狱～。"宋洪适《白宜人墓志铭》:"谤起桂林,将～比郡。"明孙继皋《太学生又山浦公墓表》:"公中蜚语就吏矣,～寻得白。"

【簿计】 bù jì　按簿审计;登簿计算。宋郑侠《代谢章相公启》:"偶以孤踪,误蒙圣眷。擢从～之当,屡更使命之华。"明郑纪《祭田记》:"彼此查对相同,其～祭物务要明白清切,与众同知。"李攀龙《孟宜人墓志铭》:"然治家人生产,其稍人皆手自～,缯筭衡量焉。"

【簿记】 bù jì　❶ 设簿登记。元赵汸《芝山老人李君生墓志铭》:"君令仓佥～日月主名,所费如干。即事败,明无一钱入已。"明李时勉《刑部尚书魏公传》:"令有司～足食之家,人给丐者二,俾饲之。"海瑞《吏书参评》:"苟非上人逐一～所赂之事,遇若事则谆谆然问有赂是否有。"　❷ 所登记的文簿。元赵天麟《太平金镜策》:"凡当籍没之财,贮于一所,明立～。"清汪辉祖《佐治续言》:"且出入～,一时难以交卸,虽有不合,亦不能去。"《后西游记》二四回:"既有～,可叫人细细再查。"

【簿吏】 bù lì　掌簿籍的吏员。唐李贺《感讽》之一:"县官踏殡去,～复登堂。"明史鑑《吴江水利说》:"水患初作,上自长贰,下至～,无不躬亲看视。"清《聊斋志异·某公》:"殿东隅,设数架,上搭猪羊犬马诸皮。～呼名,或罚作马,或罚作猪,皆裸之,于架上取皮被之。"

【簿讼】 bù sòng　对簿审理,也指审理的案卷。明李东阳《寄题谢宝庆逸老堂得乞字》:"君昔守湖南,驰驱奉纶綍。晨兴必～,夜坐犹佩韨。"又《明故文林郎李君士常墓志铭》:"～填委,不遑寝食。"

【簿头】 bù tóu　簿端,指簿籍。《续资治通鉴长编》卷三三七:"且畸零税物,明有令敕。指挥听众户合钞送纳,但于～大数得足,即非亏陷省税,于条无碍。"

【簿帐】 bù zhàng　簿籍;账簿。唐徐有功《驳论邱神鼎处斩议》:"必是反书,论何事?为是～,为是职谶图,竟不甄明。"宋苏轼《赵既见和复次韵答之》:"几回无酒欲沽君,却畏有司书～。"清《空空幻》一三回:"遂把田产房屋之文契～,并仓库金银、典铺,尽交清于晴园。"

【簿子】 bù zi　❶ 簿册;本子。宋朱熹《约束榜》:"有日逐诸杂申,于省符公牒文字,并置～,划隔眼,拘管遇夜销,逐句委官点号。"《元曲选·魔合罗》四折:"手拿着一管笔,挟着个纸～。"清《红楼梦》一〇六回:"那管总的家人将近来支用～呈上。"　❷ 指簿籍。宋陈师道《秋怀》之三:"采薪墟墓间,行歌当归耕。向来轻～,怀谖以为荣。"清朱彝尊《聒龙谣·龙虱》:"刀砧唤住,擘珠娘纤爪。算加恩,～须添;辨异味,食经重草。"

cā

【擦】 cā ❶ 触；碰。唐顾况《杜秀才画立走水牛歌》："江村小儿好夸骋，脚踏牛头上牛领。浅草平田～过时，大虫着钝儿落井。"《元曲选·谢金吾》一折："不提防被他来这一摔，错闪了腰胯，～伤了膝盖。"明《西游记》三回："那块铁，挽着些儿就死，磕着些儿就亡，挨挨儿皮破，～～儿筋伤。" ❷ 滑。《元曲选外编·西厢记》二本二折："下功夫将额颅十分挣，迟和疾～倒苍蝇。"《元曲选·度柳翠》一折："清早晨间一个和尚在俺门前～倒，我着两句言语嘲拨他。"明《金瓶梅词话》二五回："不想那画板滑，又是高底鞋，趷不牢，只听得滑浪一声，把金莲～下来。" ❸ 溜；滑行。元佚名《红绣鞋》："恰睡到三更前后，款款的～下床头，不提防携酒夫人被窝儿里搜。"又："款款的分开罗帐，轻轻的～下牙床。栗子皮踏著不提防，惊得胆丧。" ❹ 挨近；紧靠。宋《三朝北盟会编》卷六六："令殿班～城下，战胜者赏金帛。"明王衡《郁轮袍》一折："兄弟，与你～着门，静坐一回者。"也指时间。清《醒世姻缘传》三三回："你先来收拾着木料，等～过节去就动工。" ❺ 揉搓。宋《朱子语类》卷一二一："某若臂痛，常以手～之，其痛遂止。"《元史·后妃传二》："侍昭睿顺圣皇后，不离左右，至涸厕所用纸，亦必面～令柔软以进。" ❻ 揩拭；拂拭。元陶宗仪《辍耕录》卷一七："三者并以新布～，令光莹。"明郎瑛《七修类稿》卷四七："血则用萝卜嚼细，旋～即去。"清《儒林外史》四二回："姑娘们拿出汗巾子来揩，他又夺去一夹肢窝。" ❼ 搽；涂；敷。宋曾敏行《独醒杂志》卷四："乃取屑之，每早作，以二钱七～齿上，漱咽以酒。"明李贤《杂录》："若箭头上～此毒药，一着皮肉，人马即死。"清《红楼梦》四四回："姐姐还该～上些脂粉，不然，倒像是和凤姐姐赌气似的。" ❽ 顶撞。明《金瓶梅》五八回："潘姥姥听见女儿这等～他，走到里边屋里，呜呜咽咽哭去了。"

【擦床儿】 cā chuáng er 嵌有斜孔金属片用来擦削瓜果及萝卜等的长方形小木板或竹板。《元曲选·铁拐李》一折："﹝做拿金牌科，云﹞这老汉是村里人，进城来诸般不买，先买了个～。"按，这是把金牌当成了擦床儿，因二者形似。明《朴通事谚解》卷中："碗碟、匙箸、杩杓、卓篱、炊帚、擦床儿……都收拾下着！"

【擦挫】 cā cuò 滑动错开。宋《朱子语类》卷二："日月相会时，日在月上。不是无光，光都载在上面一边，故地上无光。到得日月渐渐相远时，渐～，月光渐渐见于下。"

【擦扛】 cā gāng 顶撞。明《金瓶梅词话》七九回："他好不兜胆的性儿，着紧把我也～的眼直直的也见。"

【擦刮】 cā guā ❶ 责骂。明《二刻拍案惊奇》卷三五："况我当不的这～，受不得这腌臜，不如死了，与他结个来生缘罢。""刮"，或作"括"。沈采《还带记》二二出："你看这厮老奸巨滑，先说了许多话，哄出我的言语，擦括我一顿。" ❷ 擦洗。清《醒世姻缘传》五八回："你到这后头脱了这湿衣裳，～～，吃咱那酒去罢。"

【擦杩】 cā mā 即"擦磨❷"。明陈铎《耍孩儿·嘲外有事实》："谁想你油罗帽再打迭，破白靴仍～，绿罗搭护重披挂。"

【擦摩】 cā mó 摩擦；揉摩。宋张舜民《郴行录》："即以纸一幅于两乳间，～之，转有乌豆数粒出。"明高濂《遵生八笺》卷一八："疮初起时，将末子～手心脚心。"清魏之琇《续名医类案》卷二五："然后用葱二斤，煎汤浴洗腰腹，即将热葱～，使气通透。"

【擦磨】 cā mó ❶ 摩擦；打磨。宋潘良贵《答雷公达》："仆自喻为昏镜，喻书为磨镜药，当用此药～尘垢，使之通明透彻而后已。"元刘庭信《寨儿令》："假若你便铜脊梁，者莫你是铁肩膀，也～成风月担儿疮。"明王肯堂《证治准绳》卷一一四："取药少许涂两脚心，以两手心对脚心～良久。" ❷ 揩拭。明《警世通言》卷一一："惊醒回来，～睡眼，定睛看时，那见四女踪迹。"《醒世恒言》卷六："王妈妈～老眼仔细看时，连称怪哉！"

【擦抹】 cā mǒ ❶ 涂抹。明朱橚《普济方》卷六五："细辛散，疗齿痛。徐徐～，以涎溜为度。"薛巳《薛氏医案》卷五四："因浴拭外伤皮肤者，用绵灰或枯矾～之即愈。" ❷ 同"擦磨❷"。明《封神演义》二〇回："～条台桌椅，铺设奇异华筵。"清《红楼梦》四〇回："李纨侵晨便先起，看着老婆子丫头们扫那些落叶并～桌椅。"

【擦头皮儿】 cā tóu pí er 比喻贴近实际。清《醒世姻缘传》八四回："周嫂儿道：'……你说十八两也忒多了点子，你就～来。'童奶奶道：'～得二两银子。'"

【擦洗】 cā xǐ ❶ 用手或巾、帚等搓摩洗抹。宋胡知柔《象台首末》卷二："（皂角）铁汉尽禁当，不比冰肌细腻。纵来～，也只是本来肤体。"明宋诩《竹屿山房杂部》卷五："鸡头鲜者，和石灰加厉石～，入锅煮熟。"清《醒世姻缘传》九〇回："叫人将打就的杉木寿器抬到手边，用水布～干净。" ❷ 涂改。元郑元祐《赵州守平反冤狱记》："公即追萧所告状，反复披阅，见～告日，兼证佐皆非当时与见皖捶翟者。"

【擦卓儿】 cā zhuō er 到酒店巡座卖唱。宋元《古今小说》卷三六："宋四公仔细看时，有些个面熟，道这妇女是酒店～的，请小娘子坐则个。"

【擦坐】 cā zuò 即"擦卓儿"。宋周密《武林旧事》卷六："又有小环，不呼自至，歌吟强聒，以求支分，谓之～。"

cāi

【猜】 cāi ❶ 窥视；探看。唐刘长卿《小鸟篇上裴尹》："少年

挟弹遥相～，遂使惊飞往复回。"明方择《孤雁》："岸岸兼葭深可宿，善鸣亦恐有人～。"清厉鹗《题嶰谷所藏郭河寒风密雪图》："浦溆一色相萦回，幽人高卧无人～。" ❷ 当作；看待。唐卢象《赠程秘书》："殷勤拯黎庶，感激论诸公。将相～贾谊，图书归马融。"《元曲选·刘行首》四折："怎将蓼儿洼强～做蓝桥驿，梁山泊权当做武陵溪，太行山错认做桃源内。" 清宋琬《一剪梅·梨花》："静女仙姝澹不群，～作湘君，唤作文君，软风娇雨护香温。" ❸ 担忧；害怕。唐李峤《人日侍宴大明宫恩赐彩缕人胜》："鱼～水冻行犹涩，莺喜春熙弄欲娇。"宋苏轼《和陶读山海经》之一三："践蛇及茹蛊，心空了无～。"元周权《徐州暮泊风雨骤至》："须臾雷电急驱雨，神物变幻令人～。" ❹ 猜想；推测。宋秦观《南歌子》："月屏风幌为谁开？天外不知音耗百般～。"明《朴通事谚解》卷上："我说几个谜，你～。"清《红楼梦》六回："周瑞家的听了，便已～着几分来意。" ❺ 哄；骗。明朱有燉《柳营曲·咏风月担儿》："真心儿将彼待，谎话儿把人～。开，再休将风月担儿挨。" ❻ 语气助词，表示感叹语气，相当于"哎""哟"之类。宋佚名《张协状元》八出："〔末〕惭愧，我且担渴走了。〔丑〕～！你那里去？"金《董解元西厢记》卷一："被你风韵韵杀人也～！"元张可久《金字经·春闺》："满院东风花正开。～！玉奴何处来？"

【猜测】 cāi cè 凭想象估计。宋《朱子全书》卷六："《春秋》是当时实事，孔子书在册子上。后世诸儒学未至，而各以己意～。"清阎若璩《尚书古文疏证》卷五下："今改而截其半曰：'尔惟风，下民惟草。'将成王为好作歇后之语，而令君陈～之乎？"《玉楼春》四回："其中必有个得来的缘故，令人～不出。"

【猜揣】 cāi chuǎi 犹"猜度"。《景德传灯录》卷三〇道寻《遍参三昧歌》："卷舒重重孰可委，休呈识意谩～。"元郝经《周易外传序》："后之人德未至于圣，欲以一己之见，求夫数大人之意，虽敝精极神，不免于～料量之私。"

【猜忖】 cāi cǔn 犹"猜度"。明刘若愚《酌中志·忧危·竑议后纪》："～此书必是素有嫌怨者所作。"

【猜妒】 cāi dù 猜疑嫉妒。唐萧颖士《江有枫》之九："粤鸥与鹭，浮湍戏渚。皓然洁素，忘其～。"宋向子諲《鹊桥仙》："同盘风味，合欢情思，不管星娥～。"清《九云记》三〇回："狄娘每每～，可不是妒妾狠姬么？"

【猜度】 cāi duó 猜测揣度。宋《三朝北盟会编》卷一〇："不敢疑贵朝爽约，但只～，恐舟船海中阻风，或别失误。"明张錬《点绛唇·闺情》："睡不著翻的腰节儿挫，单功儿思想，做意儿～。"清《红楼梦》三四回："薛大哥从来不是这样，你们别混～。"

【猜间】 cāi jiàn 猜疑隔阂。五代孙光宪《北梦琐言》卷一七："亚王宽衣缓带，略无～，众心大服。"宋《三朝北盟会编》卷二一六："臣窃料陛下与鼎，君臣之间嫌疑已久，～已深。"清张英《聪训斋语》："其相与周旋，多者至七八十年之久，若恩意浃洽，～不生，其乐岂有涯哉！"

【猜刻】 cāi kè （心地）猜忌刻毒。唐陆贽《招谕淮西将吏诏》："狼心多忌，枭性无亲，以芟伐立威，以～为志。"明《古今小说》卷四〇："（严嵩）为人外装曲谨，内实～。"清姜炳璋《诗序补义》卷七："突，～人也。祭仲立之而欲杀仲，傅瑕迎之而卒诛瑕。"

【猜量】 cāi liáng 犹"猜度"。宋柳永《少年游》："万种千般，把伊情分，颠倒尽～。"元陈致虚《周易参同契分章注》卷上："夫玄言密旨，不可思议，文公屡举而去之，盲师却要～。"明王守仁《别湛甘泉》之二："奉命危难际，流俗反～。"

【猜料】 cāi liào 犹"猜度"。元马端临《文献通考·经籍五》："使后人各出其智，以～之工拙，恐非圣经诲人之意也。"明

程岂一《金索挂梧桐·再娶感怀》："愿做个韦皋玉箫再相逢一遭，呀！是姻缘总难～。"清《醒世姻缘传》七回："老晁父子～了一会，开了衙门，放他进见。"

【猜枚】 cāi méi 一种游戏，把棋子儿等小东西握在手心里，让人猜单双、个数或颜色，猜中的为胜。多用为酒令。《元曲选外编·射柳捶丸》四折："有酒拿来，我先打三钟，然后～行令耍子。"明谢肇淛《五杂组》卷六："藏钩似今～，如《酉阳杂俎》所载，则众人共藏一钩而一人求之，此即古意钱之戏也。"清《红楼梦》一九回："贾珍、贾琏、薛蟠等，只顾～行令，百般作乐。"

【猜摸】 cāi mō 猜测捉摸。明张介宾《景岳全书》卷三："以此重任，使不有此见此识，诚不可～尝试，以误生灵。"清《野叟曝言》二三回："那些衙役见管家不敢发威，也就不敢作恶。看的人都～不着。"《歧路灯》六〇回："王氏～不着，又问道：'你或者是赌输了谁家钱么？'"

【猜摩】 cāi mó 犹"猜度"。明孟称舜《娇红记》二九出："我心中自～，有般心犯，害却愁多。"

【猜拳】 cāi quán ❶ 即"猜枚"。元姚文奂《竹枝词》之二："剥将莲肉～子，玉手双开各赌空。"明陆容《菽园杂记》卷一二："今人以～为藏阄……或云汉钩弋夫人手拳曲，时人效之，因为此戏。" ❷ 划拳。明沈受先《三元记》六出："东阳美酒七八瓶，忒盛，正好～掷色赌输赢，行令。"清《儒林外史》四二回："六老爷要～，输家吃酒赢家唱。"

【猜色】 cāi shǎi 掷骰子赌胜负。色，骰子。明《金瓶梅词话》五四回："我怎的好独要？我与你～，那个色大的拿了吧。"

【猜算】 cāi suàn 猜测。明《金瓶梅词话》一五回："你老人家会～，俺大官近日相与乃绝色的表子。"《醒世恒言》卷一五："静真～空照定有些不三不四的勾当。"

【猜头儿】 cāi tóu er 犹谜语。明汤显祖《牡丹亭》一二出："〔旦〕我待要折的那柳枝儿问天，我如今悔，我如今悔不与题笺。〔贴〕这一句～是怎言？"

【猜团】 cāi tuán 猜测。"团"也是"猜"的意思。金《刘知远诸宫调》一："此般希差事，我慈父你试～。"

【猜详】 cāi xiáng 猜测推断。明《西洋记》二一回："这个法，我也～得他的着，不过是个天将天兵虚空撮过的手段。"《石点头》九回："原来一句藏着哑谜，教我～。"

【猜想】 cāi xiǎng 猜测。元陈天祥《四书辨疑》卷一〇："是或别有一种道理，此是～揣度之言。"明王时槐《答龚修默》："今未透性而强以～立说，终是隔靴爬痒。"清《八洞天》卷四："养娘、老妪都只含含糊糊，不说明白。观保～不出，只得葫芦提过去了。"

【猜讶】 cāi yà 猜忌疑怪。唐韩愈《县斋有怀》："指摘两憎嫌，睢盱互～。"宋王迈《谢京尹惠酒馔》："妻孥共感戚，道路或～。"清田雯《述怀上朱大司空》："袖诗谒张韩，睢盱屏～。"

【猜意】 cāi yì 猜忌；担心。唐李商隐《安定城楼》："不知腐鼠成滋味，～鹓雏竟未休。"明彭大翼《山堂肆考》卷二一三引张文潜诗："饥鸢跕跕下林隈，～鹓雏夺鼠来。"

cái

【才】 cái ❶ 刚刚。唐独孤及《梦远游赋》："觅旧山与乔木，～依稀而明灭。"玄应《一切经音义》卷二引《三苍》："～，微见也。" ❷ 初；始。唐韦应物《凌雾行》："～看含鬓白，稍视沾衣密。"韩愈《答孟郊》："～春思已乱，始秋悲又搅。"宋王禹偁《谢除右拾遗直

史馆启》:"伏念某门第本寒,才华不秀。乡庠里塾从师,而~识姓名;画地书空力学,而稍通经史。" ❸ 已;已经。唐韩愈《唐正议大夫尚书左丞孔公墓志铭》:"翔为人守节清苦,论议正平,年~七十,筋力耳目未觉衰老。"白居易《雨中赴刘十九二林之期及到寺刘已先去》:"将谓独愁犹对雨,不知多兴已寻山。~应行到千峰里,只校来迟半日间。"宋张詠《贺东封礼毕表》:"自前世称颂者七十二君,汉~依稀,唐亦梗概。" ❹ 刚才,指不久以前。元明《水浒传》四六回:"我的鸡~在笼里,不是你偷了是谁?"明《老乞大谚解》卷下:"~射的歪了,高些个射,休小了。"清《红楼梦》五五回:"我~已经行在先,这会子又反嘱咐我。" ❺ 方始,指事情发生比主观预期的晚。《元曲章·刑部三》:"继母杨氏于元祐元年十二月二十一日亡殁,延祐二年四月初九日~闻讣音。"清《红楼梦》三回:"天下真有这样标致的人物,我今儿~见了。" ❻ 正;恰。唐温庭筠《菩萨蛮》:"夜来皓月~当年,垂帘悄悄无人语。"宋杨万里《池亭》:"小沼~阶下,孤亭恰水边。"金段克己《正月十六日夜雪》:"闲中事业澹无味,佳趣~如食蟹螯。" ❼ 尚;还;又。宋山主《临江仙》:"始向初更~未睡,金天节届清凉。"元戴良《抵胶州》:"逗浦波尚险,即陆路又~砥。"明吴稼竳《金陵酒肆赠茅平仲》:"暮年看尔壮心孤,落落酤歌击唾壶。但数一钱怜姹女,~夸千骑笑罗敷。" ❽ 表示在某种条件下产生某种结果。唐颜真卿《天下放生池碑铭》:"昔殷汤克仁,犹存一面之网;汉武垂惠,~致衔珠之答。"《元曲章·刑部四》:"师姑用手摸着头秃,~知是杨重二。"清《霓裳续谱·昨宵个》:"只为风流俊俏,~订下永远佳期。" ❾ 若是;如果。宋《朱子语类》卷一二:"《大学》曰:'物格而后知至,知至而后意诚。'~意诚,则自然无此病。"《五代史平话·梁上》:"您去攻破宋州,为我夺取张节使归娘。~得,便发文字来报我。"明柯丹邱《荆钗记》一五出:"路途迢递,不无危险。~日暮,问路程,寻宿店。" ❿ 一旦;一经。唐祖咏《泊扬子津》:"~入维扬郡,乡关此路遥。"宋武衍《示舵师》:"不逢活水鱼休买,~见清溪米便淘。"清《霓裳续谱·相伴着黄荆篮》:"有一日洞房~整合欢杯,那时才配风流婿婿。" ⓫ 表示前后事情紧接着;就。明《西游记》五二回:"孙大圣~同天王等众打入洞里剿尽了群妖。"又六三回:"还有一个老龙婆撺身就走,被八戒扯住,举耙~筑。" ⓬ 竟然;反倒。清《绿野仙踪》四〇回:"我家女儿年青,有不是处指驳他,防备人家动手脚;怎么你老~动起手脚来了?"又七六回:"我为此珠昼夜被水冰了好几个时辰,好容易到手,~说丢去的话么!" ⓭ 骂人的话,相当于"东西"。《元曲选·王粲登楼》二折:"把你掳掠中军帐门外,这等跋扈襄阳吃剑~,那其间才识俺长安少年客!"元张国宾《汗衫记》三折:"当年认得不良~,是俺一家儿横祸非灾。"清《霓裳续谱·阵阵伤怀》:"阵阵伤怀,都只为那薄幸的~。你为何雁断衡阳音信乖?"

【才初】cái chū ❶ 刚刚开始。唐薛能《秋雨》:"宿雨觉~,亭林忽复徐。" ❷ 刚刚。宋穆修《希言官舍种花》:"~看君栽小园,已报新花着桃李。" 金《董解元西厢记》卷七:"前者~得个书信,告假驰驱,远来就亲。"元刘秉忠《卜算子》:"晓角~弄,惊觉幽人梦。" ❸ 初次。宋刘安世《再论何洵直差不当》:"洵直已依新命赏转一官,解罢校理,今日不因课最复贴职名,与黄景~入馆事体不类。" ❹ 初始;开始。元孟汉卿《魔合罗》一折:"七月~,孟秋时序,犹存暑。"

【才此】cái cǐ ❶ 就此;此际。宋葛长庚《贺新郎·咏雪》之二:"恰自江南消息断,~六花飞舞。"蔡襄《溪行》:"秋气已寥落,清溪~行。"明于慎行《可大邀游张常侍园》之一:"愁中春色过,~一凭阑。" ❷ 因此;所以。宋李之仪《次韵晁尧民》:"路年与君俱,~意少宽。"张栻《答朱元晦帖》:"幸蒙赐可,~详讲熟虑,庶几

有少宽。"清窦光鼐《平定两金川》:"官军猝乘怠,~后户辟。" ❸ 仅此;只此。宋叶梦得《春秋穀梁传谳》卷五:"'公如京师',~一见尔。"叶适《习学记言》卷一六:"而孔子用世之验,~一举。"清毛奇龄《与何八十七国仁饮次书赠》之二:"十年~会,莫道不思君。" ❹ 仅;只;不过。宋吴锡畴《结屋》:"结屋须教坐对山,把茅~有三间。"史浩《余姚待县官致语》:"浙右风烟属舜亭,几年~萃群英。"陈傅良《与王德修书》:"某还家~数月,观书虽未得如台山静僻,然亦有绪。" ❺ 刚刚。宋方岳《与蔡宪》:"江城凋瘵,景象萧然。方自月十日来,始有愿贾于涂者,一二行铺,~开张。" ❻ 刚才。《元曲选·李逵负荆》一折:"你还不知道,~这杯酒是肯酒,这褡膊是红定。"

【才待】cái dài ❶ 刚要;正打算。金佚名《大金吊伐录》卷二:"~移文理会次,今年三月二十八日,游骑来报:巡到团柏镇南,不觉撞出南军。"明《西游记》一七回:"那妖~要咽,那药顺口儿一直滚下。"清孔尚任《桃花扇》二八出:"熬煎,~转,嫩花枝靠着疏篱颤。" ❷ 刚刚。明汤式《新水令·秋夜梦回有感》:"业眼儿~交,丫鬟早来报。"清《醒世姻缘传》五三回:"这时小琏哥~八岁,晓得什么事体?"

【才地】cái dì ❶ 质地。唐元稹《离思》之三:"红罗着压逐时新,吉了花纱嫩曲尘。第一莫嫌~弱,些些纰缦最宜人。"按,一本作材地。清陈维崧《昆山盛逸斋六十寿序》:"然而梗柟杞梓虽~之皆同,橘柚榧梨实遭逢之各异。" ❷ 才质;才情。唐李咸用《投知》:"酌量~心虽动,点检囊装意又阑。"明杨珽《龙膏记》四出:"据先生~,岂长贫贱。"清田雯《长河志籍考》:"洪识性通明,~卓美。以直谏被放。"

【才丁】cái dīng "打"的拆字格。明《平妖传》一七回:"库吏心贪道士乖,欲图千贯作私财。八刀无成~有,不是天灾是自灾。"清《醒世姻缘传》七八回:"按倒地下,足足~了二十大敲。"

【才方】cái fāng ❶ 刚刚;刚一。唐张干《叙雪寄喻凫》:"高人坐卧~逸,援笔应成六出词。"宋《法演语录》卷上:"~搓弹子,便要捏金刚。"清《醒世姻缘传》三九回:"~进学,就忘了这等的恩师!" ❷ 只;仅仅。宋沈括《梦溪笔谈》卷二〇:"越州应天寺有鳗井,在一大盘石上。其高丈许,井~数寸,乃一石窍也。"元《水浒传》六一回:"年方二十五岁,姓贾,嫁与卢俊义~五载。"明陈铎《满庭芳·秃子》:"花花搭搭,~遮护,又待挠抓。" ❸ 刚才。元明《水浒传》一七回:"我~说了,是七个贩枣子的客人打劫去。"明孟称舜《娇红记》二六出:"孩儿,你~睡中觉怎么?"《金瓶梅词话》六七回:"我~梦见他来。" ❹ 表示动作发生晚或在某种情况下才能发生。宋刘克庄《挽夔漕王中甫》之一:"生前多半游榆塞,身后~领木天。"《元典章·吏部五》:"却行推病,安然在州署事八十馀日,~起程。"清《续金瓶梅》五八回:"把太监俱挥出回避,秦桧~密言道:'张浚、赵鼎和岳飞等久有秘谋。'"

【才刚】cái gāng ❶ 犹"才方❶"。明《北宋志传》二六回:"五郎~诵之,忽狂风大作,飞沙走石。" ❷ 犹"才方❸"。清《红楼梦》三五回:"今儿奇怪,~太太打发人给我送来了两碗菜来。"又四〇回:"你可别多心,~不过大家取笑儿。" ❸ 犹"才方❹"。清《九云记》一回:"存化良久,复归正果,依然妥志,~一夜安寝。"

【才将】cái jiāng ❶ 犹"才刚❶"。明李学曾《叙直沽用韵》:"~十日别京华,客里乾坤感慨赊。"《型世言》三一回:"~得志,便弃糟糠,故我道他薄幸。" ❷ 犹"才刚❷"。清《红楼梦》六四回:"~老爷还问叔叔呢,说是什么事情要使唤叔叔去。"

【才俊】cái jùn 才华;才干。宋欧阳修《渔家傲》:"妾解清歌并巧笑,郎多~兼年少。"《大宋宣和遗事》前集:"说这个官家,

～过人。"明程敏政《经筵讲章·尚书》:"所称那三等有～的人,着实能就这常伯常任准人之德,而无有虚名。"

【才可】 cái kě ❶ 才;仅;止。《太平广记》卷一二〇引《还冤记》:"少时出射,而箭栝伤指,～见血,不以为事。"又卷三三六引《广异记》:"此易事耳。然不得多时,～七日。"宋柳开《讽虞嫔诗》序:"复东南望九嶷山,～百数里。" ❷ 恰;正好。唐储光羲《晦日任桥池亭》:"清泠水木阴,～适我忧。"宋曾协《次韵谢郑仲南惠诗》之二:"腰组归来且打乖,阖庐～着吾侪。"明张元凯《喜谢侯相过》:"东邻杏花方嫣然,柳条～胜春烟。"

【才郎】 cái láng ❶ 称有才华的年轻男子。宋魏野《依韵和益州同理刘大》:"棠郊野客空遥羡,兰省～称共游。"明《古今小说》卷四:"话说这兔演巷内,有个年少～,姓阮,名华。"清彭孙遹《赠吕梦轩》之二:"胜国兴王地,～拥传时。" ❷ 女子对所爱男子的称呼。宋张孝祥《天仙子》:"肯将心绪向～,待拟处,终须与,作个罗帏收拾起。"明《挂枝儿·描真》:"碧纱窗下描郎像,描一笔,画一笔,想着～。"清尤侗《渔家傲·春闺》:"作怪鸦头扯谎报,～到,愁眉错向菱花笑。"

【才料】 cái liào ❶ 指人的才干、品行、气质等。金《刘知远诸宫调》二:"这般～,怎地发迹?"清黄宗羲《明文海》卷六四:"难道督抚～,朕一人也不知,只听人求求?"《歧路灯》八六回:"像兴官儿这个孩子,也是个进士～。" ❷ 对人的蔑称或昵称。元佚名《游四门》:"呆～不顾蔷薇刺,贪折海棠枝。"明《金瓶梅词话》八二回:"你这贼～,说来的牙疼誓,亏你口内不害磣。" ❸ 同"材料❶"。宋朱熹《孟子精义》卷一一:"譬如作一器械,须是有器械～,方可为也。"又:"才犹言～,曲可以为轮,直可以为梁栋。"

【才然】 cái rán ❶ 刚刚;刚一。元《七国春秋平话》卷下:"～待要去,鬼谷至齐寨。"元明《水浒传》四七回:"不说万事皆休,～说罢,晁盖大怒。"清《霓裳续谱·七月十五到了》:"然听见一个蛐蛐儿得说的叫。" ❷ 刚才。明《西游记》四〇回:"我～间见一朵红云从地而起。"又六三回:"～大战一场,是我把老龙打死。" ❸ 表示条件关系。清《杏花天》二回:"必是我昨夜之欲,投他的妙境,～肯许随我。"

【才人】 cái rén 宋元时代称话本、杂剧的编者。《元曲选外编·蓝采和》一折:"俺路歧每怎敢自专,这的是～书会划新编。"宋元《清平山堂话本·杨温传》:"～有诗说得好:求人须求大丈夫,济人须济急时无。"明《警世通言》卷二八:"～把笔,编成一本风流话本。"

【才时】 cái shí ❶ 刚刚;刚一。元《三国志平话》卷上:"至厅前,～施礼,有太守大怒,喝云:'刘备休拜!'" ❷ 刚才。明《西游记》二九回:"我～睡在罗帏之内,梦魂中忽见个金甲神人。" ❸ 偶尔。宋晁补之《猪齿白化佛赞》:"夫以不可说劫,无日不杀,万死万生之中,而佛之威神～一现,而乃独动于职氏之猪与刘氏之犬。" ❹ 表示条件关系。金《刘知远诸宫调》一二:"向筵间苦告,把安抚频劝谏,知远～息怒颜。"《董解元西厢记》卷八:"夜来晓去,约末近数月。不因败漏,～许我为眷。"《元典章·刑部三》:"为是气断,～解下撒放。"

【才始】 cái shǐ ❶ 同"才时❶"。唐袁郊《甘泽谣》:"某～十年,身便孤立。"《敦煌变文校注》卷五《父母恩重经讲经文(一)》:"～安排交仕宦,等闲早被使令嗔。"宋黄震《黄氏日抄》卷二九:"啐～入口,故犹在席末;卒觯则尽爵,故远在西阶上。" ❷ 同"才时❷"。宋王观《卜算子·送鲍浩然之浙东》:"～送春归,又送君归去。" ❸ 表示动作发生晚。《大唐三藏取经诗话》三则:"行者教令僧行闭目。行者作法,良久之间,～开眼。"宋周密《祝英台

近》:"独自奈春冷,过了收灯,～作花信。"明刘炳《示宜学绩学甲戌三月题》:"阿爷五十四,怜汝～生。"

【才是】 cái shì ❶ 刚刚;刚一。宋陈杰《小桂》之一:"隔窗只道花如簌,～梢头一粟黄。"元《前汉书平话》卷中:"高祖～归天,陵土未干,尔乃快活!"清朱奇龄《题画幛子》:"～锦堂悬晓幛,便教白鹭满晴川。" ❷ 用在句末,表示应该如何。《元曲选·赵氏孤儿》四折:"你藏着孤儿,日后与他父母报仇～。"明杨继盛《赴义前一夕遗属》:"应箕,敬你哥哥要十分小心,合敬我一般的敬～。"清《儒林外史》四回:"他和你是田邻,你也该去问讯一声～。" ❸ 用在动词前表强调。清《红楼梦》三二回:"那里哄得信他,他～认得出来呢!"又四三回:"不是你素日孝敬我,我～不依你呢。"

【才则】 cái zé ❶ 刚才。元《前汉书平话》卷中:"～太后到此,言妾等我王万岁之后,要将俺母每屠之。"《元曲选·陈州粜米》三折:"～喝了几碗投脑酒,压一压胆,慢慢的等他。"清周如璧《孤鸿影》一折:"小姐～窗外听咱吟诗。" ❷ 刚刚。强调时间慢。《元曲选·墙头马上》二折:"几时得月离海峤,～是日转申牌!"

【才只】 cái zhǐ ❶ 仅仅;只。唐韦嗣立《请减去滥食封邑疏》:"皇运之初,功臣共定天下,当时食封～三二十家。"清李光地《榕村语录》卷二九:"太公丹书,行儿多大礼,说出来～四句。" ❷ 表示在某种情况之后才如何。明《朴通事谚解》卷上:"亲戚们那水里,金银珠子之类各自丢入去,～洗了孩儿,剃了头,把孩儿上摇车。"又卷下:"又吃一会酒,抬了卓子,～掾史们将文卷来。"

【才自】 cái zì 刚才。明《西游记》六回:"那猴儿～变座庙宇哄我。"又五二回:"～若嚷迟了些儿,你敢就不出来了。"

【才子】 cái zi 同"才则❶"。明《西游记》七五回:"他～闪着身,笑了一声,我见他就露出个雷公嘴来。"又九二回:"～老孙看时,妖精都睡着。"

【材】 cái 同"才⓭"。《元曲选·窦娥冤》四折:"猛见了你这吃敝～,我只问你这毒药从何处来?"明汤显祖《牡丹亭》三七出:"是什么发冢无情,短幸～,他有多少金珠葬在打眼来!"

【材板】 cái bǎn 做棺材的木料。明何乔新《奏议集略》:"唐王要买寿器,闻知越熙雍曾在播州教书,本州出产紫杉～,差校尉张琳将银五十两,前来本州收买。"《金瓶梅词话》六二回:"谁家有好～,你和姐夫两个拿银子看一副来。"清《醒世姻缘传》四一回:"又讲就了二两八钱银子赊了一副枣木～,就唤了三四个木匠合了材,单等小献宝回家入敛。"

【材地】 cái dì 同"才地❷"。唐康杰《安天王碑阴》:"虽势居熏灼,不以～骄人;位高出刺,能以谦卑自牧。"宋觉范《禅林僧宝传》卷二九《报本元禅师》:"群儿剧于前,袖手趺坐而已。父母商略曰:'儿～如此,宁堪世用?意事佛僧可耳。'"清毛奇龄《两浙张中丞监临庚午科乡试》:"夫程材无方,升求有数,则限于～;风帘官烛,刻日迫促,则艰于审视。"

【材分】 cái fèn 天资;才能。宋司马光《辞知制诰第五状》:"顾人之～,各有所宜。"元黄溍《白云许先生墓志铭》:"为学者师垂四十年,着录殆千馀人,随其～,咸有所得。"清毛奇龄《杨童子歌》:"醴泉有根草有本,进士杨君擅～。"

【材料】 cái liào ❶ 可以直接制造成品(包括抽象事物)的东西。宋魏野《和宗人用见寄》:"妻识琴～,童谣鹤性灵。"元张可久《庆东原·次马致远先辈韵》之九:"山容瘦,木叶凋,对西窗尽是诗～。"清《醒世姻缘传》三六回:"看那个皮又大又有绒头,够做两个帽套的～。" ❷ 同"才料❷"。《元曲选·东堂老》一折:"那泼烟花专等你个腌～!"明《金瓶梅词话》一七回:"甚么～儿! 奴与他这般顽耍,可不碍磣杀奴罢了。"清《红楼梦》九四回:"大嫂

子，你也学那起不成～的样子来了。"

【材植】　cái zhí　犹"木植"。宋欧阳修《论罢修奉先寺等状》："开先殿初因两条柱损，今所用～物料，共一万七千五百有零。"李攸《宋朝事实》卷一六："军中盛寒，凡系官～及河防物料，权许采取为薪。"元任士林《新城县重修学记》："钱谷曰德麟，曰铉度，～曰景星，曰应辰，庀工役教谕蒋昂奉唯谨，乃建直舍。"

【财本】　cái běn　资财；本钱。宋周邦彦《汴都赋》："训典严密，～丰阜，刑罚纠虔，布施优裕。"宋元《清平山堂话本·错认尸》："住了两年，～使得一空，被虔婆常常发语。"△清《品花宝鉴》五回："他家～没有数儿。那年娶了靖边侯苏兵部的姑娘，这妆奁就有百万。"

【财不露白】　cái bù lù bái　随身携带的钱财不在人前显露。明《二刻拍案惊奇》卷二一："盛彦到船相拜，见船中白物堆积，笑道：'财不可露白，今满舟累累，见人眼目如此。'"清《歧路灯》七二回："单讲行路客人，凡事要处处慎密。俗话说：～。"

【财采】　cái cǎi　财运；意外之财。明《古今小说》卷一："月尽月初，必然回家，更兼十分～。"《醒世恒言》卷一八："官人可曾在左边中间柱下得些～？"

【财东】　cái dōng　出资经营的人。清《绿野仙踪》三五回："他的旧伙计，都与新～做了生意。"《歧路灯》四〇回："义昌号来说，～有字，要收回生意，算帐不做。"

【财赋】　cái fù　财物。《旧唐书·郭子仪传》："公私～，一皆遏绝。"元明《水浒传》三九回："小人两个是上泰安州刻石镌文的，又没一分～，止有几件衣服。"

【财红】　cái hóng　财礼。《元典章·户部四》："李兴奴服内改嫁王节级为妻，受讫～纱绢段子银钗金环。"

【财礼】　cái lǐ　娶妇的聘金或买童仆的身价。《太平广记》卷三四二引《乾膜子》："柳生极喜，自备数百千～，期内结婚。"明《朴通事谚解》卷中："两言议定，恩养～银五两，永远为主，养成驱使。"清《儒林外史》二一回："你我爱亲做亲，我不争你的～，你也不争我的装奁。"

【财马】　cái mǎ　财神像。参见"神马"。宋吴自牧《梦粱录》卷六："岁旦在迩……纸马铺印锺馗、～、回头马等，馈与主顾。"

【财忙】　cái máng　为发财忙碌，客套话。清《儒林外史》四回："你老人家这些时这等～，因甚事总不来走走？"

【财钱】　cái qián　❶钱财。《法苑珠林》卷六六引《百喻经》："我有～，不减于彼。"明许自昌《水浒记》八出："有一主大～，特来送与保正。"清《十二楼·归正楼》三回："世上的～都聚在区区家里，随你论百论千，都取得出。"　❷财礼。《元典章新集·户部》："男家生业凌替，元议～不能办足。"明《朴通事谚解》卷上："今年才十六岁的女孩儿，下多少～？"清《醒世姻缘传》七六回："这要是我常时的日子，我一分～也是不要的。如今的日子不成话说了，又在儿手里过活，打发女儿出门，也得几两银子使。"

【财乡】　cái xiāng　钱财。本为星命用语。明《警世通言》卷三〇："好一注大～，没人有福受得。"《醒世恒言》卷一一："施复因免了两次大难，又得了这注～，愈加好善。"清《醒世姻缘传》三五回："只为先生时运驳杂，～不旺。"

【财香】　cái xiāng　犹"财采"。清《娱目醒心编》六卷二回："知道吾兄窘乏，特送大大一注～到门。"

【财爻】　cái yáo　财运。本为星命用语。明《警世通言》卷一五："你明日可往胥门童瞎子家起一当家宅课，看～发动也不。"《拍案惊奇》卷八："不消到得南京，但往南京一路上去，自然～旺相。"

【财主】　cái zhǔ　有大量财产的人。唐寒山《我见凡愚人》："～忽然死，争共当头哭。"元刘时中《端正好·上高监司》："见饿莩成市街上，乞出拦门斗抢，便～每也怀金鹄立待其亡。"清《儒林外史》五〇回："说是个中书，那些商家同乡绅～们，才肯有些照应。"

【裁】　cái　❶作；成。唐李商隐《玄微先生》："龙竹～轻策，鲛绡熨下裳。"五代孙光宪《生查子》："梦难～，心欲破，泪逐檐声堕。"　❷裁缝的省称。明佚名《精忠记》五出："我家爷爷要做红锦战袍，不免去唤贵～。"《古今小说》卷一〇："赵～存日，曾借用过小人七八两银子。"清《醒世姻缘传》一回："再取出一匹银红素绫做里，叫陈～来做了。"

【裁夺】　cái duó　❶裁减削夺。宋司马光《霍光说》："乃复任之以政，授之以兵，及事丛萃积，更加～，遂至怨惧。"明章潢《图书编》卷五一："先年入贡，称王亦三四十人者，答敕并称王。今尽～，恐夷情觖望。"　❷考虑决定。《元曲选·謔范叔》楔子："须贾未敢自专，请老相国～。"明朱长祚《玉镜新谭》卷八："操纵张弛，还归睿断。统候圣明，～施行。"清方成培《雷峰塔》一三："这风光魂销奈何，心里没些。禁不得乜斜星眼，忍笑微睃。"　❸忖度；斟酌。清《红楼梦》五五回："如今请姑娘～着，再添些也使得。"又三五回："那宝玉一心～、盘算，痴痴的回到怡红院中。"

【裁度】　cái duó　猜测。清《红楼梦》三四回："那焙茗也是私心窥度，并未据实，大家都是一半～，一半据实，竟认是他说的。"

【裁缝】　cái féng　❶斟酌；取舍安排。宋杨万里《至日薄寒》："～苦思诗千首，排遣清愁酒一钟。"　❷做衣服为业的匠人。元明《水浒传》二四回："央及娘子与老身捡个好日，去请个～来做。"明曹安《谰言长语》："一家用～裁衣，逐出之。"清《红楼梦》三三回："因为这么样，我现叫～赶两套给他。"

【裁革】　cái gé　裁削革除。宋胡宿《宋故朝散大夫蒋公神道碑》："凡过泰无名之费，姑息不正之事，多所～。"明汤显祖《牡丹亭》二七出："只为痴情慕色，一梦而亡。凑的十地阎君奉旨，无人发遣。"清蓝鼎元《揭阳县图说》："雍正四年，～陋规，不为限额。"

【裁划】　cái huà　❶谋划；处断。《元曲选外编·介子推》一折："想纣王兴衰，我王～，则为摘星楼把山河败坏。"明汤式《一枝花·赠人》："转储胥周馈饷掌上～，抚疲羸知劳逸阃外驱差。"明汤显祖《牡丹亭》五五出："哑谜难猜，今上亲～。"　❷盘算；寻思。元刘庭信《新水令·春恨》："海棠零落胭脂败，自～，今春更比前春煞。"明陈铎《好事近·怨别》："懒梳妆慵临镜台，无语自～，正芳年，又不道的色减容衰。"清《儒林外史》六回："两个人自心里也～道：……我们没来由今日为他得罪严老大。"　❸折磨。元佚名《叨叨令过折桂令·驮背妓名陈观音奴》："莺花寨命里合该，一背儿残疾，一世儿～。"《元曲选外编·金凤钗》一折："你将我恶抢白，死～：将休书疾快写将来！"　❹装点。明朱有燉《海棠仙》一折："恰便似木伴哥姨姨抹着颊腮，被我～笑满怀。"

【裁画】　cái huà　❶同"裁划❶"。《新唐书·封伦传》："虞世基得幸炀帝，而不悉吏事，处可失宜。伦阴为～。"明倪岳《文林郎四川道监察御史张君墓表》："给赏河南潼关有功官军，因事～，时称其能。"清毛奇龄《乐天堂集说序》："故东汉诸贤去古稍远，然犹受郡国征聘，一展～。"　❷同"裁划❷"。元佚名《夜行船·忆所见》："细～，命合该，姻缘顷刻多成败。"明佚名《雁儿落带得胜令·梨园》："～，巴镘官场赛；伤怀，钳锤大会垓。"

【裁剪】　cái jiǎn　❶取舍；斟酌；安排。唐杜牧《自遣》："遇事知～，操心识卷舒。"宋王之道《秦楼月·和张文伯雪词》："金杯

浅,新词丽句,要人～。"明黄淳耀《南还至杜生村阻雪》之六:"天遣吴侬看朔雪,等闲～出新尖。" ❷ 数落;责骂。清《绿野仙踪》五一回:"苗秃用被子蒙了头,一声也不敢言语,任凭玉磬儿～。"

【裁襟】 cái jīn 即"割衫襟"。明汤显祖《牡丹亭》五三出:"不说到纳采下茶,便是指腹～,一些没有,何曾得有个女婿来?"

【裁排】 cái pái 安排;算计。宋王炎《再用元韵因简县庠诸先辈》:"茶不疗饥何苦吃,泉新火活费～。"元狄君厚《介子推》一折:"武王伐纣功劳大,一来是神天佑护,一来是天地～。"明康海《梧桐树·离恨》:"怎禁那揽闲人是非,施巧计～,撕挣碎合欢带。"

【裁派】 cái pài 分派;指派。明《金瓶梅词话》五九回:"南边还少个人立庄置货,老爹已定还～我去。"清《后西游记》三三回:"你既～我去,我也没奈何。"

【裁思】 cái sī 斟酌思量;考虑判断。《元曲选·谢天香》一折:"这一场无分晓不～;他道敬重看待自有几桩儿。"明曹于汴《答卢生守恭》:"今俱录奉阅,幸与同志～,仍牖我之愚也。"

【裁损】 cái sǔn ❶ 削减;减少。《新唐书·唐绍传》:"比群臣务厚葬,以俑人象骖,眩耀相矜。下逮众庶,流宕成俗。愿按令切敕～。"明夏良胜《议储畜》:"先朝节省,冗食人员,时复～。"清田雯《慎刑纂要序》:"余按《汉书·汤传》全袭《史记》,未尝少有～。" ❷ 贬抑;降低。宋欧阳修《论美人张氏恩宠宜加裁损札子》:"当其被宠之时,骄奢自恣,不早～,及至满盈。"明葛昕《封孺人葛室谷氏墓志铭》:"复以贵家女为贵家妇,苦自～,寡言语,耻矜诩。"

【裁汰】 cái tài 削减除掉。《宋史·徽宗纪四》:"丙戌诏,三省枢密院额外吏职,并从～。"明孙传庭《行清军兵备道查各衙门军役檄》:"但系滥役,尽行～。"清《醒世姻缘传》三一回:"前院～了许多承差。"

【裁旨】 cái zhǐ 裁断的意见,宋代特称太守以下官员的处置意见。《旧唐书·礼仪志四》:"伏恐不合却用大祠礼料,伏候～。"宋袁文《瓮牖闲评》卷三:"本朝君相曰圣旨、钧旨,太守而下曰台旨,又其次曰～,初不敢指名其人。"明黄佐《泰泉乡礼》卷四:"里长某人,承本县,钦奉皇帝圣旨:普天之下,后土之上,无不有人。"

【裁治】 cái zhì ❶ 斟酌处置。宋苏籀《上赵枢密都督书》:"以帝王之法则～中司,以桓文之节制抚循二镇。"黄庭曹《与楼谦中秘校书》:"浦江事简,加之明君子相与～,闻日中庭无留人。"明祝允明《故袁天禄妻王氏令人墓志铭》:"值事能～,无忒差。" ❷ 处治;惩治。明《情史·情鬼类·桃园女鬼》:"第愿公勿恤之,任吾～可耳。"清《红楼梦》七三回:"若使二姐姐是个男人,这一家上下若许人,又如何～他们?" ❸ 整理;治理。明吴宽《雨庵宗谱序》:"章疏书札,～精捷,则又出其徒定征手也。"祝允明《重浚湖川塘记》:"民吴贤等乃备陈于今巡抚南都察院右副都御史彭公礼,提督浙西水利工部郎中傅公潮,乞～,活赤民。"

cǎi

【采】 cǎi ❶ 赌博时赌具呈现的花色,多指得胜的花色。唐白居易《就花枝》:"醉翻衫袖抛小令,笑掷骰盆呼大～。"宋《五代史平话·汉上》:"才方出注,掷下便是输～。"清《聊斋志异·丐仙》:"或掷骰为令,陈每代高呼～,雉卢无不如意。" ❷ 运气;幸运。宋刘过《竹香子·同郭季端访旧不遇有感》:"千朝百日不曾

来,没这些儿个～。"金《董解元西厢记》卷一:"得后是自家～,不得后是自家命。"明《警世通言》卷一七:"但是早行遇着钝秀才的一日没～,做买卖的折本,寻人的不遇。" ❸ 采头;竞赛奖金;赌资。元明《水浒传》一〇四回:"王庆一口气掷赢了两贯钱,得了～。"明《古今小说》卷二一:"大郎有～时,进去赌对一局。"清朱素臣《十五贯》一八出:"鼠哥!近日赌钱得～么?"引申指利益、好处。明《型世言》二五回:"水退,街上人簇簇的道:'某人得～,捞得两个箱子了。'" ❹ 扯;揪。《元曲选·陈州粜米》四折:"张千,将杨金吾～上来!"明《警世通言》卷二四:"刘爷叫皂隶把皮氏～上来。"清孔尚任《桃花扇》四出:"把胡须都～落了,如何见人?" ❺ 同"睬"。唐张白《武陵春色》:"是非都不～,名利混然休。"《景德传灯录》卷七《灵默禅师》:"倾山覆海晏然静,地动安然岂～伊。"清佚名《偷甲记》三一出:"夫人不要～他。"

【采拔】 cǎi bá 揪扯殴打。清《醒世姻缘传》一二回:"珍哥自从计氏附在身上～了那一顿,终日掩头搭脑,甚不旺相。"又四四回:"算计赶到下处,带他连那妓者～一顿,与他做个没体面。"

【采办】 cǎi bàn ❶ 采集。《元曲选·抱妆盒》二折:"万岁爷赐我这黄封妆盒,到后花园～时新果品。" ❷ 犹"采买"。明杨士奇《即位诏》:"其各处～铁梨木,只照依洪武年间例～,餘悉停罢。"清蓝鼎元《琼州府图说》:"今则～木植,官吏穷极幽深。"《红楼梦》四回:"现领着内帑钱粮,～杂料。"

【采补】 cǎi bǔ ❶ 一种修炼术,采取他人元气精血以补益己身。唐沈知言《通元秘录序》:"时于其间人寰,～延生,往往得其一二。"明《警世通言》卷四〇:"行嗽咽者,晒吐纳之为错;着～者,笑清静以为愚。"清《聊斋志异·莲香》:"李问:'狐能死人,何术否?'莲曰:'是～者流,妾非其类。'" ❷ 采集补充。元虞集《代中书平章政事张珪辞职表》:"累朝嘉言善行,多合纪录,～得宜,全资学识。"明蒋宗鲁《奏罢屏石疏》:"行未百里,大半损缺,众复～沿途丢弃所解石块,二年外方得到京。"

【采打】 cǎi dǎ ❶ 开采(矿石、木料等)。宋《建炎以来繫年要录》卷一八四:"令窟匠自～,尽赴官中卖,依条抽三分入官。"元王恽《为添科南京不任差人事状》:"百色所须,尽出民间,如挑河运粮、和买和杂,～木植、造作船只器甲等事。"明陆容《菽园杂记》卷一四:"次日火气稍歇,作匠方可入身,动锤尖～。" ❷ 犹"采拔"。明赵南星《笑赞·惧内》:"一人被其妻～,无奈钻在床下。"何乔新《奏议集略》:"王均不合将罗庸叫骂,因而互相～喧闹。"清《醒世姻缘传》九回:"晁大官被计家的人们～了一顿,也有好几分吃重。"

【采工】 cǎi gōng 采摘或采矿的工人。宋黄儒《品茶要录》:"～汗手薰渍,拣摘不给,则制造虽多,皆为常品矣。"明宋应星《天工开物·五金》:"～篝灯,逐径施概,得矿方止。"

【采顾】 cǎi gù 垂顾;理睬。五代孙光宪《北梦琐言》卷一二:"家姊多幸,蒙杨郎～。"宋晁补之《喜朝天·秦宅作》:"谁～,斜风教舞,月下庭间。"明《金瓶梅词话》七八回:"那月娘、玉楼也不～,就罢了。"

【采括】 cǎi guā 理睬;听取。唐王梵志《你孝我亦孝》:"耶娘不～,专心听妇语。"

【采揪】 cǎi jiū ❶ 揪;扯。元关汉卿《调风月》四折:"推那领系眼落处,～住那系腰行行恰跨骨。" ❷ 睬睬;理睬。明杨慎《洞天玄记》一折:"那厮每不肯修,决将咱不～。"佚名《白兔记》二二出:"我欲待诉说个冤仇,待说来谁人～?"

【采猎】 cǎi liè ❶ 打猎。《太平广记》卷四三四引《玉堂闲话》:"有山民曰仲小小,众号仲野牛,平生以～为务。"明《西游记》

三〇回:"微臣自幼儿好习弓马,~为生。"清《满洲源流考》卷一四:"惟都统尼雅满之宗族达穆布鲁,原系~之人。" ❷ 搜集选取。宋司马光《乞令校定资治通鉴所写稽古录札子》:"臣先于英宗皇帝时,尝一~经史。"明包节《苑诗类选后序》:"特其所载~泛滥,简核或寡,乃因其部类,剪刈繁芜。"

【采买】cǎi mǎi （批量）购买。宋《续资治通鉴长编》卷二六二:"既无急用,即可权住~,以纾经费。"元王恽《论开光济两河事状》:"缘石材地丁非民间素有积蓄之物,计其~工价搬运脚力,上户已不能办。"清《绿野仙踪》三六回:"吩咐厨下速刻整理素菜,又着~各色鲜果。"

【采生】cǎi shēng ❶ 杀死活人以为祭品。《宋会要辑稿·刑法二》:"淳化元年八月二十七日,峡州长杨县民向祚与兄向收共受富人钱十贯,俾之~。巴峡之俗,杀人为牺牲以祀鬼,以钱募人求之,谓之~。"元黄溍《苏御史治狱记》:"过洞庭遇风,祷于神,许~以祭,而杀周取心肝祭之。"明都穆《都公谭纂》卷下:"北京刘老者,曾往湖广岳州。其地往往有杀人者,谓之~。" ❷ 即"采生折割"。元陶宗仪《辍耕录》卷一三:"拣性格聪明的童男童女,用符命法水咒语迷惑,活割鼻、口唇、舌尖、耳朵、眼睛,剖腹、掏割心、肝各小块,晒干,捣罗为末,收裹,及用五色彩帛,同生魂头发相结,用纸作人形样,符水咒遣往人家作怪……万里与讫钞七十五两,买得五色彩帛头发相结一块,称说我改名买卖,传教~遣使、收禁符命咒水。"

【采生折割】cǎi shēng zhé gē 巫术。捕杀生人,折割肢体,取五官脏腑以合药或供驱遣作祟。《明律·刑律》:"凡~人者,凌迟处死。"注:"~人是一事,谓取生人耳目脏腑之类而折割其肢体也。"明《二刻拍案惊奇》卷一八:"眼见得吃狗肉吃人肉惯的,是一伙方外~、做歹事的强盗也不见得。"《大清律例》卷二六:"凡~人者,凌迟处死。"

【采拾】cǎi shí 采纳;听取。《敦煌变文校注》卷一《伍子胥变文》:"子胥狂语,何足可观;风里野言,不须~。"《景德传灯录》卷一一《慧寂禅师》:"我若说禅宗,身边要一人相伴亦无,岂况有五五七百众耶? 我若东说西说,则争头向前~。"

【采头】cǎi tóu ❶ 兆头;兴头;运气。明汤显祖《紫箫记》一一出:"呀,好~! 就番着十九卷一个情字。"单本《蕉帕记》二六出:"今科试官得人,魁星也来助~了。"《醒世恒言》卷三四:"谁知风无常顺,兵无常胜,这番~又轮到再旺了。" ❷ 同"采❸"。明《古今小说》卷二一:"便对一局打甚紧,只怕~少,须吃他财主笑话。" ❸ 意外的钱财或好处。明《醒世恒言》卷一六:"小人情愿将兜肚打开,看是何物,若果有些~,分作三股,小人与强大哥各得一股,那一股送与列位做个市利。"《二刻拍案惊奇》卷三八:"郁盛回来,道是占了~,心中欢喜。" ❹ 赏赐或赠送的钱物。明《石点头》二回:"多分到那处打秋风,羁留住了,须有些~,然后归哩。"清《歧路灯》三四回:"李魁讨了三四两~,西妮也讨了二三两。"

【采物】cǎi wù 赌注;竞赛奖品。明《二刻拍案惊奇》卷八:"中间放下酒榼一架,一个骰盆,盆边七八堆~。"清《东周列国志》八八回:"及二棚、三棚,田忌之马皆胜,多得~千金。"

【采战】cǎi zhàn ❶ 一种游戏,即掷骰子。宋曾慥《类说》卷三五引《事始》:"明皇与贵妃~将北,惟重四可转败为胜。"元程端学《和雨中牡丹》:"醉舞霓裳~酣,汗香随髻倚朱檐。" ❷ 即"采补❶"。宋夏元鼎《阴符经讲义》卷二:"凡其御房~,嗜酣声乐,饫酒食,逞财气,即轻命之谓也。"明《二刻拍案惊奇》卷一八:"终日在闺门之内,轮流侍寝,~取乐。"清魏之琇《续名医类案》卷

二六:"酒后近内,每行三峰~对景忘情之法,致成血淋。"

【保】cǎi 同"睬"。宋尹焕《唐多令·苕溪有牧之之感》:"说著前欢伴不~,飐莲子,打鸳鸯。"明《朴通事谚解》卷中:"这斯们打的轻,他不~,好生打!"《警世通言》卷一八:"那笑他的他也不~,怜他的他也不受。"

【啋】cǎi ❶ 同"采❷"。《元曲选·合汗衫》三折:"我今日先认了那个孙儿大古来~。"又《虎头牌》四折:"只留得你潦倒餘生,便是大古里~。" ❷ 同"猜❻"。《元曲选外编·三战吕布》二折:"自从那早晨间打躬到日平西,孙坚~,那里取这个礼,礼!"又《村堂乐》三折:"~! 咱两人好生的说话。"

【睬】cǎi 理睬。唐曹唐《羽林贾中丞》:"胸中别有安边计,谁~髭须白似银。"宋蒋捷《浪淘沙》:"听得人催伴不~,去洗珠钿。"清《儒林外史》二七回:"王太太不~,坐着不动。"

【睬瞅】cǎi chǒu 即"瞅睬"。《元曲选·救风尘》二折:"有谁人相~,空这般出尽丑。"

【睬聒】cǎi guā 同"采括"。敦煌词《十二时·普劝四众依教修行》:"热油浇,沸汤泼,号诉求他谁~。"

【彩】cǎi ❶ 同"采❶"。唐李白《送外甥郑灌从军》之一:"大博争雄好~来,全盘一掷万人开。"李肇《国史补》卷下:"其骰五枚,分上为黑,下为白。黑者刻二为犊,白者刻二为雉。掷之全黑者为卢,其~十六;二雉三黑为雉,其~十四;二犊三白为犊,其~十;全白为白,其~八;四者贵~也。天为十二,塞为十一,塔为五,秃为四,撅为三,枭为二:六者杂~也。" ❷ 同"采❷"。《元曲选·蝴蝶梦》四折:"且休提这恩德无涯,单则是子母团圆大古里~。"又《来生债》三折:"这便是风送王勃赴洪都的命~。" ❸ 同"采❸"。唐张鹜《朝野佥载》卷六:"王无导好博戏,善鹰鹘。文武圣皇帝微时,与无导蒲戏争~。"清《儒林外史》五三回:"我知先生是不空下的,而今下个~罢。" ❹ 指钱,含彩头义。明《禅真后史》一七回:"我如今先出~,送妈妈一半。姑缓数日,婶婶奉上。何如?"

【彩帛铺】cǎi bó pù 绸缎店。宋朱熹《按唐仲友第三状》:"往仲友私家婺州所开~,高价买到暗花罗并瓜子春罗三四百匹。"元《三遂平妖传》五回:"与员外一般开~的胡员外宅里,花枝也似一个小娘子。"清魏之琇《续名医类案》卷二一:"孙兆治~刘员外患伤寒。"

【彩坊】cǎi fāng 用彩帛、松枝等扎制的牌坊,供庆喜用。清《万寿盛典初集》卷四三:"至宫门前,直南五色锦缯大彩墙一座,结'万寿无疆'四字,左右大~各一。"《雪月梅》四四回:"谁知那马快劣异常,早飞过第一座~,不及发箭。"

【彩轿】cǎi jiào 即花轿。明田汝成《西湖游览志餘》卷二五:"他如珠冠、礼衣、方巾、花扇、~、盒担、帏幕、吉凶器具,皆有置赁者。"清孔尚任《桃花扇》二一出:"一霎红丝联喜,花花~门前挤。"《醒世姻缘传》六二回:"用笙箫细乐,~花红,送到庙里。"

【彩局】cǎi jú 赌会;结局赌赛。宋李昂英《兰陵王》:"孤酌,住春脚。更~谁饮,宝轮傍学。"明谢肇淛《五杂组》卷八:"唐明皇时……宫女几四万人,侍寝者难于取舍,至为~以定胜负。"

【彩礼】cǎi lǐ ❶ 采头;竞赛奖品。清《红楼梦》二回:"今日原听见老太太这里大设春灯雅谜,故也备了~酒席,特来入会。" ❷ 聘妇下定的财物。清《红楼梦》六五回:"凭你说谁就是谁,一应~都有我们置办。"《歧路灯》五〇回:"女家情愿,婆子家也情愿,~是五十两。"

【彩棚】cǎi péng 用彩帛、松枝、苇竹等扎制的棚子,供婚丧仪式或庆典用。《旧唐书·懿宗纪》:"自开远门达安福门,~夹

道,念佛之音震地。"明《金瓶梅词话》四九回:"门首搭照山～,两院乐人奏乐。"清《儒林外史》四回:"汤父母到任的那日,敝处阖县绅衿公搭了一个～,在十里牌迎接。"

【彩色】 cǎi sè 吉利;好运气。明《英烈传》四回:"只见本寺伽蓝轻轻的对长老说:'我寺中也觉有些～。'"《禅真后史》三回:"小不死,又来扯淡,有何利市～?"

【彩山】 cǎi shān 用彩帛、松枝、灯饰等扎成的多层装饰性建筑。宋邵伯温《邵氏闻见录》卷一:"一日升太清楼宴亲王宰执,用仙韶女乐数百人。有司以宫嫔不可视外,于楼前起～幛。"《大宋宣和遗事》前集:"自冬至日,下手架造鳌山。高一十六丈,阔三百六十五步,中间有两条鳌柱……中间有一个牌,长三丈六尺,阔二丈四尺,金书八个大字,写道:'宣和～,与民同乐。'"清张英《内庭应制诗·上元》:"～灯灿若流霞,藕席高张倚碧纱。"

【彩胜】 cǎi shèng ❶立春日饰物。以纸帛作幡或剪成燕、蝶等,插鬓上或系花枝以为胜。又叫幡胜、春幡、春胜等,各见该条。唐阎朝隐《奉和圣制春日幸望春宫应制》:"～年年逢七日,酿醿岁岁满千钟。"明殷士儋《南北中吕合套·新春五日燕集》:"列椒盘,悬～,做一个赏春佳会。"清汪由敦《南廊斋宿》:"回舆恰趁迎春仗,～辛盘胜往年。" ❷彩物;奖品。清《天雨花》一一回:"我便以此剑为～,速作两诗,诗若好,即以此剑与你。"

【彩头】 cǎi tóu ❶吉兆;好运气。《元曲选·灰阑记》楔子:"呀,姐姐正在门首,这也是个～。待我见去。"清《水浒后传》二回:"我这孩子刚刚满月,撞到野蛮这担东西送上门,值一二千银子,也是～。"或用于反义打诨。明汤显祖《牡丹亭》二二出:"我陈最良,为求馆冲寒到此,～恰遇著掉水之人。" ❷赏赐、奖励或馈赠的财物。清《歧路灯》七四回:"近日新来了一位堂客,很使得,叫谭相公那边走走,赏个～,好轰动些。"△《双凤奇缘》九回:"门官见了～,不敢怠慢,即报知毛相。" ❸体面;荣耀。清《红楼梦》一七至一八回:"人人都说你才那些诗比众人都强,今儿得了～,该赏我们了。"又三七回:"衣裳也是小事,年年横竖都得,却不像这个～。"

【彩物】 cǎi wù 同"彩头❷"。清《后水浒传》:"搭立擂台,各出～摆在台下,使人与教头放对。"《补红楼梦》三五回:"上面春灯谜儿四方遍满,旁边摆设着许多荷包、香囊、宫扇、玉玩、笔墨等类各样～。"

【彩选】 cǎi xuǎn 一种赌输赢、卜官运的游戏,类似后来的升官图。宋吕渭老《浣溪沙》:"～骰儿隔袖拈,整钗微见玉纤纤。"王巩《闻见近录》:"至上元,偶思道士所留书,启之,乃一册。因会子弟作选,至宰相,视上惟有真人耳,始悟道士意也。"明谢肇淛《五杂组》卷六:"唐李郃有骰子选格,宋刘蒙叟、杨亿等有～格,即今升官图也。"

【彩子】 cǎi zi 绢、纸等扎或剪成的悬挂饰物。清《儒林外史》四七回:"看见祠门前尊经阁上,挂着灯,悬着～。"△《三侠剑》五回:"看见东南角上有座彩棚,红绿五色绸子扎的～。"

【踩】 cǎi ❶践踏。明冯惟敏《玉江引·纪笑》:"回又不敢回,下又不敢下,脚～着赚人坑不是耍。"清魏之琇《续名医类案》卷四七:"中有物如鳖,蠕蠕动,色纯红,两眼正碧。家人惊怪,以足～之。"《歧路灯》四五回:"看的人多,都挤在园里,把半亩好韭菜都～了。" ❷行走。明《西湖二集》卷一八:"遥望见山下一股清泉,项忠一步步～将下来,走到泉水边,吃了数口。" ❸侦察;察访。清《石峰堡纪略》卷一二:"一面督饬府县,将马达弟子密～查拿。"《醒世姻缘传》九六回:"那人不是善茬儿……只怕～惯你的性儿,倒回来欺负你。"

【踩访】 cǎi fǎng 侦察。清《兰州纪略》卷一九:"已密差干役赴彼～的确,即会同该处文武添差兵役协拿。"《平定台湾纪略》卷八:"将凤花亭住址密速～,期于必得。"

【踩缉】 cǎi jī 侦察缉拿。清《梼杌闲评》四一回:"养春果然暗暗差人四路～,不数日竟捉住了。"清于成龙《弭盗安民条约》:"一面多差勤干捕役,四面～,务获真盗。"宋荦《山东臬司条议四事》:"一旦脱逃,多方～。"

【踩看】 cǎi kàn 侦察;寻访。清《平定两金川方略》卷一一四:"逆酋等遣令来营,密嘱～虚实及堆放米粮铅弹之处。"《醒世姻缘传》七二回:"周大叔,你如不嫌,你娶了他何如? 俺也正替他～着主儿哩。"

【踩拿】 cǎi ná 犹"踩缉"。清于成龙《弭盗安民条约》:"选差勤干兵快,设法～。"雍正七年十一月十三日范时绎奏文:"并谕城守营协同慎密,不使知风兔脱。"

【踩曲】 cǎi qū 制造酒曲。造曲时用脚踩,故称。清《皇朝文献通考》卷一九:"私销私盐～,贩卖硝磺,并私立名色,敛财聚会。"《大清律例》卷九:"凡广收麦石,肆行～,大开烧锅者,杖一百。"

【踩踏】 cǎi tà 实地察看。清《红楼梦》五八回:"并两处执事人等,或有跟随人朝的,或有朝外照理下处事务的,又有先～下处的。"

【踩探】 cǎi tàn 犹"踩访"。清《石峰堡纪略》卷一〇:"至贼营附近处所,详细～进兵路径。"《平定台湾纪略》卷五四:"臣等即令许大花等前往,一得确信,即行踪跟搜剿。"《野叟曝言》一三六回:"又命二练勇持令箭,间道～,诣黄镇行营报信。"

cài

【菜把】 cài bǎ 扎成把儿供出售的蔬菜。唐杜甫《园官送菜》:"清晨送～,常荷地主恩。"宋洪迈《容斋三笔》卷六:"平旦起,俟卖菜者过门,问:'～直几何?'"清《歧路灯》一〇三回:"他的女儿姻素贞静,像一束青～。我心欲以为媳。"

【菜户】 cài hù ❶种菜为业的人家。宋洪迈《夷坚志》支庚卷四:"同时有～孙氏者亦浚井。匠入凿土,闻其下人声。"明《禅真逸史》三回:"有一伙沿村～约十数人,口唱山歌,挑着菜担,到城内去换钱来。" ❷明代宫女与太监结成的假夫妻。明沈德符《万历野获编》卷六:"按宫女配合,起于汉之对食,犹今之～也。"清纪昀《明懿安后外传》:"明之宫人无子者,各择内监为侣,谓之对食,亦谓之～。" ❸为宫女雇用做买办杂役的太监。明沈德符《万历野获编》卷六:"闻近日宫人另雇内臣为～,专买办之役,其所与讲好者自有美称,不复呼～。"

【菜甲】 cài jiǎ 菜初生的嫩芽嫩叶。唐白居易《二月二日》:"二月二日新雨晴,草芽～一时生。"宋韩淲《眼儿媚·下郭赵园》:"细晴～,旋寻蔬笋,一梦黄粱。"清陈鼎《东林列传》卷二二:"尝于隙地手艺～,曰:'不如是,何能无求于人。'"

【菜市】 cài shì 出售蔬菜的市场。宋范成大《晨至午起居饮食皆以墙外人物之声为节》之二:"～喧时窗透明,饼师叫后药煎成。"明《西湖二集》卷一六:"韦固跟随在后,走入～。"清朱彝尊《二月自古藤书屋移寓槐市斜街》之四:"屠门～费赢骖,地僻长稀过客谭。"

【菜蔬】 cài shū 指菜肴。宋耐得翁《都城纪胜·酒肆》:"初坐定,酒家人先下看菜,问买多少,然后别换～。亦有生疏不惯

人，便忽下箸。"元明《水浒传》一〇回："安排的好～，调和的好汁水，来吃的人都喝采。"明《西游记》八五回："因那～太咸了些，不喜多吃。"

【菜蔬局】 cài shū jú 专门备办宴席的"四司六局"之一，负责供应和摆设菜肴。宋耐得翁《都城记胜》："官府贵家置四司六局，各有所掌……～专掌瓯飣、菜蔬、糟藏之属。"吴自牧《梦粱录》卷一九："～，掌筵上簇飣看盘，菜蔬供筵，泛供异品菜蔬、时新品味、糟藏、像上件段等。"

cān

【参】 cān ❶ 拜见；谒见。唐顾况《郑女弹筝歌》："郑女生～丈人时，落花惹断游空丝。"宋宗杲《宗门武库》："自庆藏主者，蜀人，丛林知名，遍～真如、惠堂、普觉诸大老。"清《儒林外史》四九回："长班带着全班的戏子，都穿了脚色的衣裳，上来禀～了。" ❷ 选拔；委派。唐韩愈《唐故相权公墓碑》："时天子以为宰相宜～用道德人，因拜礼部尚书，同中书门下平章事。"元明《水浒传》二回："前官没眼，～你做个都头，如何敢小觑我，不伏俺视听！"清《儒林外史》二回："这人姓夏，乃薛家集上旧年新～的总甲。" ❸ 弹劾。宋张方平《刍荛论》："有贪暴而居优课，循良而处劣第，得以论纠～。"明《醒世恒言》卷二九："寻两件风流事过，～与上司，罢官而去。"清《红楼梦》二回："不到一年，便被上司～了一本。"

【参榜】 cān bǎng 拜谒所投名帖。金《董解元西厢记》卷八："抵关入城，直至衙门旁，不及殷勤展～。"

【参本】 cān běn 弹劾官员的奏章。明《金瓶梅词话》四八回："如此这般，说大巡新近有～上东京，长官与学生俱在参例。"清康熙五十四年十月二十六日上谕："朕手批令其停止，以俟悛改。乃谕旨未到，～已至。"孔尚任《桃花扇》三一出：〔揖外介〕临侯替俺修起～。〔外〕怎么样写？〔小生〕你只痛数马、阮之罪便了。"

【参禅】 cān chán 佛教语，指通过静心思虑、排除杂念来领悟教义。《祖堂集》卷五《华亭和尚》："只道子期能弁律，谁知座主将～。"《元曲选·忍字记》一折："不想这病维摩入定～早，谁想你是个瘦阿难结果收因好。"清朱彝尊《古南禅院重建方丈记》："凡宰官之～，诸弟子之问法，必于是焉。"

【参处】 cān chǔ ❶ 斟酌处理；参与处理。《新唐书·戴胄传》："～法意，至析秋毫，随类指擿，言若泉涌。"宋卫泾《辞免兼侍读奏札》："开元之择耆学，实赖于质疑；兴国之擢名儒，允资于顾问。皆～故老旧臣之重，或详求洽闻博物之流。"余靖《富副枢祖令荀赠太子少傅制》："～机衡之重，时惟庙社之福。" ❷ 杂处；处于混杂的地方。《新唐书·王晙传》："亭障之下，蕃华～，广屯成为备拟，费甚力劳。"宋朱震《汉上易传》卷四："而孤犹之人也，畴类异处，适有人～乎两者之间，则疑矣。"明黄淳耀《策》："然而冯唐袁盎之徒，皆郎官小臣。或得与人主直言曲譬，如朋友然；或～深宫之间，至斥言其嫔妾之可否，而人主不以为忌。" ❸ 弹劾处分。明徐光启《农政全书》卷八："如此沮人心挠成议者，该抚按司道访实～。"《醋葫芦》一九回："与我采下，先打四十。明早上道，再行～。"清李光地《请严定承审亏空处分疏》："臣于亏空各案，虽屡行严催，屡次～，而承讯各官展转稽迟。"

【参从】 cān cóng 随从，也指随从的人。《唐会要》卷五六："行遇途，但揖而过，其～各随本官之后，少相回避。"《元曲选·

张生煮海》一折："俺可更有门风，无非是蛟虬～。"明《拍案惊奇》卷二八："小童愿为～，不敢擅离。"

【参的】 cān de 犹"划的❻"。元佚名《赏花时》："这证候儿敢晓蹀：～寒亮恰禁起，忽的浑身如火气逼，厌的皱了双眉。"

【参度】 cān duó 参考度量。五代彭晓《周易参同契通真义》卷中："～圣文，究寻药母，俾乾坤离坎，混而相符。"宋朱熹《君臣服议》："大本既立，然后益考礼经，以修殡葬馈奠之礼，～人情，以为居处饮食之节。"清《红楼梦》五六回："将园中所有的婆子的名单要来，大家～，大概定了几个。"

【参告】 cān gào ❶ 参与谋划或报告。宋孙抃《寇忠愍公准旌忠之碑》："助敷密画，～大猷，剖符十藩，持节二镇。"明祝允明《钱处士诔》："翼翼先祠，累累世丘，祭荐～，谒扫封修。" ❷ 官员告假期满，重新参与政事。《旧五代史·唐书·明宗纪五》："于邺授官之后，文纪自请连假。邺寻就位，及差延州官告使副未行，文纪～。"宋文莹《续湘山野录》："首台丁晋公适在药告，惟冯相拯在中书，覆奏曰：'乞候丁谓出厅商议。'殆丁～，果传前语。"

【参革】 cān gé 弹劾革职。明戚继光《练兵实纪》卷四："下下等，将官以抗违练兵，捆打～；中军千把百总，俱捆打八十革回。"《梼杌闲评》一回："朱公即将本官～，带罪督修。"清于成龙《请禁健讼条议》："果有不法等弊，分别轻重，轻者记过，重者～究拟。"

【参劾】 cān hé 检举官员的过失。《宋史·吕溱传》："还，判流内铨，～其借官曲作酒，以私货往河东贸易。"明郑晓《今言》卷三："又有贡谀～属吏妄言者，上遂怒不可解。"清《红楼梦》一〇一回："苏州刺史李孝一本，～纵放家奴，倚势凌辱军民。"

【参画】 cān huà 参与谋划。唐吕温《故太子少保韦府君神道碑》："即拜东台侍御史，～惟允，持绳不回。"明《禅真后史》三二回："臣表弟瞿琰、耿宪～军机，神于孤矢。"清施闰章《为郑瑚山舍人挽其先公》："舍人～亲王幕，侧闻世胄本名臣。"

【参假】 cān jià 销假。《旧唐书·裴度传》："度以所伤请告二十餘日，诏以卫兵宿度私第，中使问讯不绝。未拜前一日，宣旨谓度曰：'不用宣政～，即延英对来。'"宋苏辙《论黄河软堰札子》："所有八日指挥乞未行下，俟臣～商量取旨。"宋元《清平山堂话本·阴骘积善》："不只一日，到于学中，参了假，仍归旧斋读书。"

【参纠】 cān jiū 弹劾追查。明王世贞《史乘考误》："政府首臣夏文愍言，勋与水火而意轻。凡文愍所厚，～不少恕。"清雍正九年四月六日魏廷珍奏文："学习邪教，例应～。"

【参究】 cān jiū ❶ 考索研究。宋单锷《吴中水利书》："三者之论，未尝～，得之既不详，攻之则易破。"明屠隆《昙花记》四二出："先引入鄷都，历观苦趣，再拽升天界，～乐因。"清潘天成《评某生文》："凡街谈巷议，喜笑怒骂，皆当细细～。" ❷ 弹劾追究。明王健《题覆进乐律疏》："如有仍前因循以致误事者，听本部～。"《警世通言》卷一五："限十日内将银补库，如无，定然～。"清于成龙《革秋审陋规檄》："敢有故违，立即揭报，以凭～。"

【参军】 cān jūn 本职官名，唐宋时一种滑稽表演中假扮官员者假借此称，表演因称参军戏或假官戏。唐赵璘《因话录》卷一："肃宗宴于宫中，女优有弄假官戏，其绿衣秉简者谓之～桩。"宋周密《武林旧事》卷一："其日，驾自文德殿诣丽正门御楼。教坊作乐迎导，～色念致语，杂剧色念口号。"宋洪迈《容斋随笔》卷一四："士之处世，视富贵利禄，当如优伶之为～。方其据几正坐，噫鸣诃棰，群优拱而听命，戏罢则已矣。"

【参看】 cān kàn ❶ 互相对比着看。宋林希逸《庄子口义》卷八："此乃二人平生戏剧之言。东方朔与舍人争辩亦有此意，可

以～。”明薛巳《薛氏医案》卷二一：“此条治法，当以前后论～，用药调治。”清《儒林外史》三四回：“朱文公解经，自立一说，也是要后人与诸儒～。” ❷ 公文用语，审看。明朱长祚《玉镜新谭》卷一：“附刑部勘案云：～得杨涟、左光斗等，位居显要，速化功名，要誉矫情，乱谋坏法。”沈德符《万历野获编》卷四：“图册语多曲隐，假公行谤，无人臣礼，下礼部～。”

【参礼】 cān lǐ ❶ 参见礼拜。《祖堂集》卷一三《报慈和尚》：“师云：‘古人道，不见一相出莲花。汝既离莲花，何烦更到这里？’对云：‘～和尚。’”元明《水浒传》四五回：“海阇黎着众僧用心看经，请天王拜忏，设浴召亡，～三宝。”明叶宪祖《鸾鎞记》八出：“连日到施主人家修斋，不曾上殿～。” ❷ 思考领会。元佚名《一枝花・张道姑》：“～透朝云暮雨情如纸，戒得断酒病花愁气似丝。”

【参论】 cān lùn 弹劾论罪。明林俊《正廖鹏等狱疏》：“各犯乃敢饰词奏辩，冀图幸免。该科各行～，诚为有见。”李梅实《精忠旗》三三出：“台谏汤鹏举等上本～老爷，不知圣旨怎么？”清魏裔介《举荐宜有实政疏》：“彼不肖官吏已知身被～，必且极力浚剥。”

【参破】 cān pò 看透；识破；揭穿。宋李昴英《赠海珠湛老》：“也曾～动风幡，坐得形枯鬓早斑。”《元曲选・隔江斗智》二折：“是周瑜要袭取荆州的计策，被我～了。”清《凤凰池》七回：“今晚待他进来，不免把几句话～了，看他怎么样回答？”

【参请】 cān qǐng 拜见请益。本禅语，亦可泛指请益。《祖堂集》卷六《洞山和尚》：“问：‘如何是无心意识底人？’师曰：‘非无心意识人。’僧曰：‘还～得也无？’师曰：‘不曾闻人传语。’”元刘壎《隐居通议・理学一》：“惜予生晚，不及见诸贤而～也。”明徐一夔《全室集序》：“至其地者，莫不折节而与广智交。泐公～之餘，又得博其闻见。”

【参随】 cān suí 侍从；跟随。五代花蕊夫人《宫词》之十五：“才人出入每～，笔砚将行绕曲池。”按，《全唐诗》注：“参一作相。”元明《水浒传》七回：“林冲道：‘我在府中不认的你。’两个人说道：‘小人新近～。’”明于慎行《穀山笔麈》卷一三：“宫人～视朝起于晋代，六朝相因，至唐不改。”

【参堂】 cān táng ❶ 位卑者或晚辈晋见尊长者的一种礼仪。宋《建炎以来繫年要录》卷二二：“即今更押卿赴都堂，令刘光世、韩世忠、张俊等皆～，以正朝廷之体。”吴自牧《梦粱录》卷二〇：“其礼官请两新人出房，诣中堂～。”清《儒林外史》一〇回：“戏子上来参了堂，磕头下去。” ❷ 佛家语，指入僧堂参见首座、长老。《祖堂集》卷七《岩头和尚》：“师因便下阶收坐具相看主事，～。”宋宗杲《宗门武库》：“圆悟亟归祖山，演和尚喜曰：‘汝复来耶？’即日～，入侍者寮。”清毛奇龄《兀庵节嵓蛤庵同集净土放和尚》：“解开经橐～转，罩得灯纱对榻眠。”

【参头】 cān tóu ❶ 对参学僧人中领头僧人的称呼。《古尊宿语录》卷一一《慈明禅师语录》：“师同大愚数辈辞汾阳，相让不肯作～。”《五灯会元》卷一一《铁佛智嵩禅师》：“有同参到，师见便问：‘还记得相识么？’～拟议，第二僧打～一坐具曰：‘何不快祇对和尚？’师曰：‘一箭两垛。’”宋洪迈《夷坚志》支庚卷五：“绍兴中，童行金法静主香火之事甚敬，为寺～。” ❷ 泛称僧人。金《董解元西厢记》卷一：“几个～行者，着箭后即时坐化。”宋元《古今小说》卷二四：“思温听其语音类东京人，问行者道：‘～，仙乡何处？’”

【参详】 cān xiáng ❶ 斟酌；考虑。《敦煌变文校注》卷四《破魔变》：“心头托手细～，世事从来不久长。”元孟汉卿《魔合罗》四折：“他合数说半日，依本分话儿有道理。恰～了一会，干剌，这人有暗昧。”清吴伟业《丑奴儿令・艳情》：“低头一霎风光变，多大心肠，没处～。” ❷ 犹端详，仔细看。《元曲选・魔合罗》三折：“正行中举目～，见雄纠纠公人如虎狼。”

【参学】 cān xué 本指僧人参访大德，云游修学，亦泛指游学请益或潜心研究。《祖堂集》卷一七《岑和尚》：“问：‘和尚承嗣何人？’师云：‘我无人承嗣。’云：‘师还～不？’师云：‘我自参。’”明李贽《卓吾论略》：“且闻邵氏苦志～，晚而有得乃归洛，始婚娶。”清姜宸英《香山了义禅师塔志》：“复携续宗，听讲于阿育王寺，～于天童密云大和尚。”

【参寻】 cān xún ❶ 犹“参学”。唐裴说《不出院僧》：“四远～遍，修行却不行。”《景德传灯录》卷二四《道诠禅师》：“师年二十五，结友冒险远来～。”明李贽《答李见罗先生书》：“每念才弱质单，独力难就，恐遂为门下鄙弃，故往往极意～，多方选胜。” ❷ 泛指参观。宋秦观《西城宴集》之二：“宜秋门外喜～，豪竹哀丝发妙音。”清李光地《赋得为有源头活水来》：“咫尺灵泉隐故林，由来钝懒寡～。”

【参展】 cān zhǎn 参拜。唐张鷟《游仙窟》：“比不相知，阙为～；今日之后，不敢差违。”宋黄庭坚《与南康使君察院书》：“比闻使节当来惠江西，尚冀得一～。”朱熹《与王枢使谦仲札子》：“行未两日，即闻大纛移镇是邦，甚恨不得宿留，以俟～。”

【参照】 cān zhào ❶ 参考比照。宋刘挚《乞修敕令疏》：“将庆历嘉祐以来旧敕与新敕～去取，略行删正。”《元典章・刑部二》：“诸鞫问罪囚，必须～元发事头，详审本人词理，研究合用证佐，追究可信显迹。”清《八旗通志》卷六四：“履亩详勘地之肥瘠，～邻亩，秉公定议租数。” ❷ 犹“参看❷”。明张宁《礼部搀越行人司差遣》：“臣～萧聪等，奏对不诚，奸慝斯渐，下侵庶职，上罔于君。”《金瓶梅词话》四八回：“～山东提刑所掌刑金吾卫正千户夏延龄，阘茸之材，贪鄙之行。”

【参证】 cān zhèng ❶ 参考验证。宋程大昌《禹贡山川地理图》卷上：“此泽地望既应古义，又孔安国亦言泽在敦仓东南，可～也。”明汤显祖《南柯记》四二出：“破空虚照映一切影，把公案及期～。”清江永《乡党图考序》：“自圣迹至一名一物，必稽诸经传，根诸注疏，讨论源流，～得失。” ❷ 从旁证明。宋《续资治通鉴长编》卷二三五：“子几委蔡驷根问，乃是因砍木误斩指，有数人～甚明。” ❸ 可供参考证明的东西。宋程大昌《禹贡论》下：“条支弱水，其时以为传闻，未尝亲见，则信否未易轻判。至金城临羌，虽班固之所定着，而亦绝无～。”

【参逐】 cān zhú ❶ 追逐；追随。宋吕南公《请见蔡太守书》：“而某不赀之身，幸在照临之下，可得～诸生尾末。”明金幼孜《福禄兽歌》：“万里飞航度海来，天吴海若相～。”清储大文《与梁质人书》：“矧学问渊源，根极周孔，～贾陈。主者不能博求天下第一流，昌言献之。” ❷ 比喻趋奉；逢迎。《旧唐书・刘仁轨传》：“州县发遣兵募，人身少壮，家有钱财～官府者，东西藏避，并即得脱。无钱～者，虽是老弱，推背即来。”

【参奏】 cān zòu 上奏文弹劾。明徐溥《题前日钦蒙发下揭帖一纸》：“臣等看得李华系传奉官，礼部～行事乖缪致仕。”王衡《郁轮袍》六折：“将他去了袍带，我明日～者。”清于成龙《兴利除弊条约》：“如有故违事发，官则飞章～，役则立毙杖下。”

【餐】 cān 受；挨，特指受杖刑。宋彭乘《墨客挥犀》卷五：“献臣喜甚，欲令左右延饭，乃问之曰：‘……官人～来未？’其人惭沮而言曰：‘不敢仰昧，为三司军将日，曾乞却十三。’盖鄙语谓遭杖为～。”明《封神演义》九回：“我叫你千钟未享～刀剑，功未褒封血染衣。”

【餐柴】 cān chái 受杖刑。《元曲选・李逵负荆》四折：“呼

保义哥哥见责,我李山儿情愿~。"明佚名《墨娥小录》卷一四《行院声嗽》:"吃棒:~。"

【餐刀】 cān dāo 吃刀;被刀杀或用刀杀。《元曲选·酷寒亭》楔子:"若不是孔目哥哥救了宋彬,这期间吃剑~作鬼魂。"明《封神演义》八一回:"武吉只教活拿余兆,邓秀喊捉余光~。"清李玉《清忠谱》二三折:"血淋淋~赴法场,草萋萋义骨埋荒壤。"

cán

【残】 cán 尽;将尽未尽。唐白居易《咏怀》:"两地江山踏得遍,五年风月咏将~。"元明《水浒传》二一回:"谯楼禁鼓,一更未尽一声催,别院寒砧,千捣将~千捣起。"清汪琬《游灵岩杂咏·吴王井》:"金秋既已~,碧阑复已无。"

【残薄】 cán bó ❶ 残缺;缺损不足。唐樊绰《蛮书》卷一〇:"伏缘数年之间,当州镇厘革南诏入朝人数,纵有经过者,邮传~。"明张介宾《景岳全书》卷四八:"阴虚而精血俱损脂膏~者,舍熟地何以厚肠胃?"清靳辅《经理河工第三疏》:"原有石工,定要加高三尺。~之堤,一律修葺。" ❷ 冷酷薄情。明《醒世恒言》卷三〇:"此等~之人,跟之何益!"清陆陇其《姚崇十事》:"君意未坚而欲与之图治,则吾以宽仁进,而君且流于~矣。" ❸ 摧残。明沈鲤《学政条陈疏》:"陵侮尊长,~骨肉,为不友之过。"

【残步】 cán bù 残馀的步履,意指不是专诚的访问。明《西游记》五回:"一向要来望此老,不曾得来,今趁此~就望他一望也好。"清《平山冷燕》九回:"今幸有缘相遇,若不嫌~,便当登堂晋谒。"《歧路灯》一一回:"今夕~不敢奉谒,明日竭诚到书房拜揖。"

【残喘】 cán chuǎn 残馀的气息、生命。唐李朝隐《让扬州长史起复表》:"穷衰~,不自殒灭,朝夕苦块,才经半年。"明沈受先《三元记》一六出:"命合掣肘,一无所有,~不如休,为人枉生受。"清《野叟曝言》二〇回:"况愚兄病中,承他舍命服侍,救我~。"

【残毒】 cán dú ❶ 残害;蹂躏。唐韩信卿《河南尹张公碑》:"惟唐六叶,岁在乙未,凶臣肇乱,~生灵。"宋《续资治通鉴长编》卷一三一:"其士卒绝无用命赴敌之心,使~人命,剽劫财物。"明王守仁《八寨断藤峡捷音疏》:"官府剿抚之计益穷,各贼~之害日甚。" ❷ 残破凌夷。五代杜光庭《五星醮词》:"兵锋凌暴,士庶流移,千里疮痍,一方~。" ❸ 残暴狠毒。宋石介《朋友解》:"州县吏贪墨~者满目,曾不闻罪一人。"元王冕《伤亭户》:"今朝分运来,鞭笞更~。"清《玉蟾记》三〇回:"这蒋大之妻,性情十分~。"

【残疾】 cán jí ❶ 残废;伤残。也指有残疾的人。《旧唐书·武宗纪》:"恐~无以取给,两京量给寺田赈济。"明郎瑛《七修类稿》卷五一:"或恶人不深,但易其一手一足,其人遂为~。"清《红楼梦》三四回:"幸而没动筋骨,倘或打出个~来,可叫人怎样呢?" ❷ 宿疾;久治不愈的病。也指患病的人。唐元稹《祭翰林白学士太夫人文》:"太夫人推济壑之念,悯绝浆之迟,问讯~,告谕礼仪。"《元曲选外编·替杀妻》三折:"母亲第一来~多,第二来年纪老。"清《红楼梦》七回:"家父又年纪老迈,~在身,公务烦冗。"

【残苛】 cán kē 残忍苛刻。唐周昙《闲吟·傅昭》:"为政~兽亦饥,除饥机在养疲羸。"明刘麟《寻甸太守马碧溪墓表》:"不幸狱吏~,龙请代父之刑,必不可代。"清雍正八年正月十三日鄂尔泰奏文:"即或绳以法纪,亦并不禁其~。"

【残刻】 cán kè 残暴狠毒。唐王志愔《应正论》:"《内律》

云:释种亏戒律,一日诛五百人,如来不救其罪。岂谓佛法为~耶?"明沈采《千金记》一七出:〔外〕那见他~处?〔生〕他坑秦卒三十万之馀。"清蓝鼎元《叔孙通起朝仪征鲁两生不至论》:"夫汉高~嫚儒,非能兴礼乐之主。"

【残零】 cán líng ❶ 残缺;残损;残破。宋黄震《申省宽盐课状》:"诸场委是败坏~,见存无几。"元郑太和《祭故翰林柳待制先生文》:"自后或盛于唐,复有五代之浅陋;再阐于宋,又逢季世之~。"明王袆《长安杂诗》之七:"汉儒事掇拾,区区补~。" ❷ 残馀;零星剩馀。宋苏颂《奏乞移屯禁军于真楚泗州就粮》:"有少阙人数,欲乞令本处相度,将~士兵并入。"程俱《吴江县申乞准敕放秋苗议状》:"欠苗米未纳之人多是~,或贫氓下户力未能及者。"《元曲选·赵礼让肥》三折:"将俺这~殖儿休要损坏,将俺这弟兄每一处里藏埋。" ❸ (官员)编外待选。宋洪适《礼部论王振服色札子》:"若使可以注授,寘阙出官,必无缘升改至承务郎以上。"岳珂《桯史》卷五:"至临安,果以初筮无举员,当入~。"《建炎以来繫年要录》卷八九:"不由试选者,虽~及破格,阙亦不得注应。"

【残戕】 cán qiāng 残害;伤害。元赵天麟《策》:"此将终无所改矣。非惟~良民,而抑且累澄清之化也。"清陈廷敬《赠日者》:"譬彼松柏姿,径寸遭~。"

【残削】 cán xuē 剥削;侵害。唐元结《管仲论》:"今王室将卑,诸侯更强,文王风化,~向尽。"明张宁《读史录》:"卒之入秦,变更法制,~诸侯,而魏先受其祸。"清姚炳《诗识名解》卷一四:"桑叶虽茂,而或采之,或捋之,又或刘之,则无遗弃。喻王之于民所以~之者,无所不至也。"

【惭】 cán 感念;感激。唐杜甫《北征》:"顾~恩私被,诏许归蓬荜。"《敦煌变文校注》卷一《伍子胥变文》:"君虽贵重相辞谢,儿意~君亦不轻。"又《捉季布传文》:"但言季布心顽硬,不~圣德背皇恩。"

【惭胲】 cán gǎi 羞愧。胲,脸面。《元曲选·黄粱梦》二折:"我这里伤心空跌脚,低首自~。"

【惭荷】 cán hè 羞愧感荷。对受惠表示感激。唐王梵志《出家多种果》:"新人食甘果,~种花人。"宋苏轼《与林天和长官》:"花木栽,感留意惠贶,鹿肉尤增~。"明杨慎《与徐用先书》:"一拜雅什,~之益加,作报之未间,酬德之无由,谅能鉴之。"

【惭愧】 cán kuì ❶ 感谢;多承。唐王梵志《撩乱失精神》:"前人多贮积,后人无~。"宋刘攽《湖口》之三:"~湖波淹客棹,到官不畏上官嗔。"清查慎行《与灵上人饷龙井雨前茶》之一:"~老僧亲手摘,青纱缝纸饷山家。" ❷ 用于句首,表示庆幸,犹言"难得""侥幸""谢天谢地"。唐[日]圆仁《入唐求法巡礼行记》卷二:"~!在路并无病累。"元明《水浒传》三六回:"酒店中那人道:'~!好几日没买卖,今日天送这三头行货来与我。'"明《醒世恒言》卷三八:"~,今朝脱得这一场大难!"

【惭忸】 cán niǔ 羞愧。唐白居易《春寒》:"省躬念前哲,醉饱多~。"宋梅尧臣《鬼火后》:"客~无辞而起,余方掩夫衡门。"清汪由敦《送比部伯南还》:"三年乏报章,涉笔辄~。"

【惭人一色】 cán rén yī sè 和颜悦色地向人致谢。《敦煌变文校注》卷一《伍子胥变文》:"子胥得食吃足,心自思惟:凡人得他一食,~;得人两食,为他着力。"《敦煌变文集·搜神记》:"凡吃人一食,~;吃人两食,与人着力。朝来饮他酒脯,岂可能活取此人?"

【惭忝】 cán tiǎn 忝然惭愧。表示有愧于承受对方的夸奖或给予。唐元稹《上令狐相公诗启》:"昨又面奉教约,令献旧文。

战汗慄踊，～无地。"宋蔡襄《龟山夜泊书事》："赐告虽庆幸，被恩实～。"

【惭谢】 cán xiè　感谢。《敦煌变文校注》卷一《汉将王陵变》："陵母从楚营内，乘一朵黑云，空中～皇帝。"又卷六《金刚丑女因缘》："公主因佛端正，事须～大圣。"宋周必大《与杨廷秀札子》："谨此叙～之万一，尚乞矜亮。来年春社，尚躬布之。"

【惭羞】 cán xiū　羞惭；羞愧。唐元结《辞监察御史表》："愧无才能，苟求禄位，分符佩印，不知～。"宋刘范《良月游水乐》："我本山林人，对此多～。"明柯丹邱《荆钗记》二六出："我身出丑，脸～。"

【惭皱】 cán zhòu　羞愧。皱，通"愀"。宋元《清平山堂话本·柳耆卿》："姐姐免劳，我将那点钢锹掘倒了玩江楼。"

cǎn

【惨】 cǎn　❶惧怕。唐杜甫《后出塞》："悲笳数声动，将士～不骄。"《元曲选外编·西厢记》二本楔子："劣性子人皆～，舍着命提刀仗剑。"元乔吉《朝天子·赋所感》："小心儿真个敢，为俺，大胆，我倒有三分～。"❷羞惭。唐白居易《裴常侍以题蔷薇十八韵见寄》："蕙～隈栏避，莲羞映浦藏。"《元曲选·合汗衫》一折："他怒嗔嗔，劈手里夺了他银，显的我也～，他也羞。"❸浅色；暗淡。唐段成式《酉阳杂俎》前集卷一四："乙日当有两骑，衣～绯。"《元典章·吏部三》："其面光而不～，烦燥，手足不冷。"清《醒世姻缘传》五七回："那人～白胡须，打着辫子，寡骨瘦脸。"

【惨暗】 cǎn àn　暗淡；昏暗。明范守己《肃皇外史》："而轮郭粗粝，色泽～，与前大不侔矣。"徐谦《仁端录》卷三："色者，五脏之精华也。正则光明，衰则～。"清陆陇其《四书讲义困勉录》卷二二："真如太阳一没，天地～。"

【惨黯】 cǎn àn　同"惨暗"。宋李鼐《松菊堂赋》："菅茅萧艾，委靡玄黄；兼葭蒲苇，～苍苍。"明宗臣《七哀诗为伊氏作》："痛哭回白日，～黄云垂。"清《隋唐演义》九五回："到五六声之后，只见月色～，大风顿作。"

【惨醋】 cǎn cù　羞恼。《敦煌变文校注》卷四《降魔变文》："六师闻请佛来往，心生忿怒，颊帐（胀）腮高，双眉斗竖，且齿冲牙，非常～。"按，"醋"为"作"的借字。

【惨蹙】 cǎn cù　悲伤。唐薛用弱《集异记·马总》："总凭几，忽若假寐，而神色～。"宋洪迈《夷坚志》乙卷一："后数月，少年～语之曰：'汝良人自海道将归矣。'"杨士瀛《仁斋直指》卷三："又治心气不足，神志不定，惊恐怕怖，悲忧～。"

【惨惶】 cǎn huáng　悲伤惊惶。唐王勃《与契苾将军书》："临书啜泣～，不次。"明石珤《感双雁赋》："忽流影之感予兮，声激烈而～。"△清《儿女英雄传》一二回："今又见他如此举动，满面～，更加不忍。"

【惨沮】 cǎn jǔ　忧伤沮丧。《太平广记》卷八三引《原化记》："度人间无此物，求不可得，颜色～。"明沈德符《万历野获编》卷一〇："适友人姚仲含受吏科，其颜色甚～。"清《醒世姻缘传》六三回："不惟绝无愁怨之言，且并无～之色。"

【惨可可】 cǎn kě kě　形容凄惨或可怕的景况。元张国宾《薛仁贵》二折："把孩儿捕鲁鲁推出寨门，～待杀坏。"元商衢《新水令·彩云声断紫鸾箫》："～曾对着神灵告。"

【惨刻】 cǎn kè　狠毒刻薄；残酷。唐张鷟《朝野佥载》卷二："皆狼戾不轨，鸩毒无仪，体性狂疏，精神～。"宋《朱子语类》卷七

八："法家者流，往往常患其过于～。"清《豆棚闲话》二则："还有许多～刑罚，却难尽说。"

【惨烈】 cǎn liè　刚烈；严厉。《敦煌变文校注》卷一《伍子胥变文》："心雄～，不惧千兵。"敦煌词《十二时·普劝四众依教修行》："我此言，虽～，只要人闻心改彻。"宋《朱子语类》卷六："义便是～刚断底意思。"

【惨然】 cǎn rán　❶惨淡昏暗貌。唐刘恂《岭表录异》卷上："南海秋夏间，或云物～，则其晕如虹，长六七尺。"明梁辰鱼《步步娇·秋日别情》："洞房虚煜孤灯～，似枯枝泣露蝉，似风花泣杜鹃。"清稽有仁《有云蒙谷步履难移起立需杖扶之》："昼夜晦冥中，灯火～碧。"❷凄惨貌；凄凉貌。唐元结《夜燕石鱼湖作》："风霜虽～，出游熙天正。"元陶宗仪《辍耕录》卷五："闲居忽忽，万古咄咄，天风～，如动生发。"明孟称舜《娇红记》一二出："昏昏庭院，酒花枝声声～。"❸恐惧貌。唐张读《宣室志》卷七："蓟人见之，尽～汗栗，即驰走远避。"又："四望数十里，阒然无睹，其僧～有惧。"

【惨杀】 cǎn shā　❶肃杀；萧瑟。唐杜牧《罪言》："并州，力足以并吞也。幽州，幽阴～也。"明刘宗周《修正学疏》："至于今日报复不已，使庙堂之上尽成一片～气象。"清李光地《吉凶悔吝无咎》："凶者，～之气，故属秋。"❷攻杀；残杀。宋胡寅《义斋记》："朱利于为我，翟利于兼爱，聘周利于虚放，申韩利于～。"明《型世言》二九回："徐行无故～二命，一绞不足以谢两冤。"清于成龙《严禁奢靡檄》："致庖厨之～惊闻，椒桂之芬辛满鼻。"❸悲伤极；惨痛极。明汪廷讷《种玉记》一六出："那边风似火，又何曾禁受。兀的不～人也么愁，兀的不苦杀人也么愁！"清洪昇《长生殿》二九出："哀猿断肠，子规叫血，好教人怕听。兀的不～人也么哥，兀的不苦杀人也么哥！"《玉蟾记》二三回："无端卖与豪家，可怜～娇娃。"

【惨伤】 cǎn shāng　❶悲伤；惨痛忧伤。唐杜甫《寄韩谏议注》："昔随刘氏定长安，帷幄未改神～。"《元曲选·柳毅传书》四折："情～，则教你热心肠看不破这勾当。"清《红楼梦》一一七回："平儿等人不免叮咛了好些话，只有巧姐儿～的了不得。"❷伤病。唐李敬方《题黄山汤院》："～因有暇，徒御诚无喧。"清周在浚《介休道中大雪》："道傍尚自多流亡，～半仰依人雀。"❸伤害。宋褚伯秀《南华真经义海纂微》卷八四："世间冻馁、疾厄、缧绁、丧忧，皆谓之灾，而性命，莫大于戮死。"周紫芝《夜苦秋蚊达旦不寐》："利吻极～，群飞固轻矫。"清雍正五年二月二十五日石文焯奏折朱批："程如丝夔州～私商一案，汝前番审鞫，大有不协之处。"❹悲惨。明徐谦《仁端录》卷九："其毒内攻，溃而成脓。口舌皆白，是其兆也。极为～。"清《宁海将军固山贝子功绩录》："俱告以荒乱～情形，贝子恻然动念。"《说岳全传》七一回："也有丢在峰上搠破肚肠的，也有打破头的，鲜血淋漓，好不～！"

【惨恸】 cǎn tòng　悲痛。唐杨炯《益州温江县令任君神道碑》："佳人不再，荀奉倩之伤神；赤子无期，潘安仁之～。"李华《润州鹤林寺故径山大师碑铭》："神祇～，天地晦冥。"△清《狐狸缘》四回："这苍头，不由的，一见白骨，心中～。"

【惨羞】 cǎn xiū　羞惭。金《刘知远诸宫调》一二："两人凝眸，认得经略却是女婿刘郎，那些个～。"

【惨恤】 cǎn xù　指丧事。唐张九龄《薛王薨上损膳请复膳状》："右未经旬时，～相次。"宋刘攽《申中书省坤成节合罢斋筵状》："仁宗但以相臣新在～，为辍盛会。"《宋史·王旦传》："京师赐酺，且以～不赴会。"

【惨咽】 cǎn yè　悲伤哽咽。宋柳永《倾杯》："每高歌，强遣离怀，～，翻成心耿耿。"葛胜仲《木兰花·与诸人泛溪作》："人生

何乐似同襟,莫待骊驹声~。"毛珝《登黄岗清淮门》:"孤城~暮笳起,城下荒榛接淮水。"

【惨纸】 cǎn zhǐ 指写字,犹言涂鸦。明朱有燉《新水令·拟八段锦戏作题情》:"善吟诗能~,能~寄情词。"

cāng

【仓】 cāng 监狱。清《续金瓶梅》五回:"只见一个狱卒吃的醉醺醺的进~来。"△《跻春台·万花村》:"既舍不得儿,就该拿银把~团了,免得受苦。"

【仓廒】 cāng áo 粮仓。金张师颜《南迁录》:"每城内立~甲仗库,各穿复道与内城通。"明《金瓶梅词话》六一回:"西门庆因问:'~修理的也将完了?'"清李光地《请定仓谷春粜秋籴之例疏》:"餘剩留存者颇多,而各处~缺少,收贮不固。"

【仓场】 cāng chǎng 官府收纳藏储粮食的地方。唐韩愈《论变盐法事宜状》:"请量闲剧,留官吏于~勾当。"宋司马光《涑水纪闻》卷一二:"贼于周回下七寨,杀房寨主、监押及寨内军民,焚荡~库务。"清《东周列国志》三三回:"~中储积刍粮,以待各国军马食费。"

【仓钞】 cāng chāo 明代额外向国家仓储交纳粮食可获钞引贩盐,称仓钞。明王直《纪文远墓志铭》:"尝早过市,就浴堂得~于地,计其直巨万万。"景时珍《点绛唇·嘲盐商》:"路引在李家收,监引在萧家放,~在陈家当。"《明史·食货志四》:"边商~已到,内商不得留难。"

【仓促】 cāng cù 匆忙急促。清《平山冷燕》二四回:"今日~中,不敢草草简亵。"《红楼梦》一五回:"今日初会,~竟无敬贺之物。"

【仓房】 cāng fáng 储粮或储物的房屋。元陈椿《熬波图》卷上:"各灶户自备木植、砖瓦、铁丁、石灰、工食等项物料,就团内起盖~。"明杨继盛《赴义前一夕遗属》:"酒肉面果油盐酱菜必总收一库房,五谷粮食必总收一~。"清《醒世姻缘传》四八回:"狄宾梁家的觅汉李九强,叫他往~里量出稻子来晒。"

【仓皇】 cāng huáng 匆忙慌张。唐杨鼎夫《记皂江堕水事》:"手携弱杖~处,命出洪涛顷刻间。"明李梅实《精忠旗》三五出:"梦里~,带锁披枷直恁忙。"清蓝鼎元《先王父逸叟先生行状》:"贼且至,里妇皆~窜匿。"有时用重叠式。明《拍案惊奇》卷一一:"(船家周四)仓仓皇皇对王生说道:'相公,你的祸事到了!'"按,"皇"也作"黄""惶""遑"。唐陆贽《中书奏议论装延龄奸蠹书》:"师徒仓黄奔驰,咸未冬服。"《太平广记》卷一三〇引《通幽记》:"明日,庭中复得一书,词言哀切,曰祸起旦夕。凝方仓惶。"又卷一八一引《卢氏杂说》:"裴仓遑失错,骑前人马出门去。"

【仓遽】 cāng jù 仓促;匆忙。五代孙光宪《北梦琐言》卷一六:"~之际,忽见沟内蜀黍秆积以为道。"按,"仓"一作"忽"。宋胡次焱《省巷后序》:"破雾戴星,~赴限,惟恐时刻差池。"清《聊斋志异·莲花公主》:"王~不知所为。"

【仓忙】 cāng máng 仓促;匆忙。唐郑处海《明皇杂录》卷上:"颖士~觇之,左右曰:'吏部王尚书。'"《元曲选·盆儿鬼》一折:"~煞,走的我力尽筋乏。"清雍正十一年十一月一日冶大雄奏文:"你们为何事携带男女~走出关来?"

【仓迫】 cāng pò 仓皇急迫。唐苏鹗《杜阳杂编》卷下:"头顶焦烂,举止~,凡见者无不大哂示。"宋方大琮《直前札子》:"事出~,强俾视师以至流落。"清袁枚《子不语》卷四:"有老者怜其

~,谓曰:'……右有房,可以暂宿。'"

【伧头】 cāng tóu 鄙琐的人。元尚仲贤《气英布》三折:"我料来子房公你~,一池绿水浑都占,却怎不放旁人下钓钩?"

【苍赤】 cāng chì 苍黎赤子,指百姓。元王恽《淇州创建周府君祠堂碑铭》:"何忍~为肉鱼,龙庭入奏为允俞。"明吾邱瑞《运甓记》九出:"足下九秋雕鹗,千里神驹,借控胡藩,福延~。"清叶方蔼《送欧阳宝坻罢官还江右》:"姓字不博公卿怜,惠爱长在~口。"

【苍根】 cāng gēn 骂老年男子的话。明《金瓶梅词话》七回:"姑娘急了,骂道:'张四,贼老~,老猪狗!'"又:"张四,你这老~,老奴才,老粉嘴!"后一例"苍"原作"花",草书形误,当作"苍"。

【苍鹘】 cāng hú 唐宋时参军戏中的角色之一。梳髫髻,穿蔽衣,扮演苍仆,与另一角色参军相配合作滑稽表演。唐李商隐《骄儿》:"忽复学参军,按声唤~。"路德延《小儿诗》:"头依~裹,袖学柘枝揎。"《新五代史·杨陵演传》:"尝饮酒楼上,命优人高贵卿侍酒,知训为参军,隆演鹘衣髻髦为~。"清厉鹗《题村学堂图》:"周遭三五劣儿童,正抛书兴浓。探雏趁蜨,受朋侪哄,参军~把先生弄。"

【苍皇】 cāng huáng 同"仓皇"。唐戴叔伦《下鼻亭泷行八十里聊状艰险》:"倏闪疾风雷,~荡魂魄。"元陈基《送剡九成诗序》:"海寇闻风,率丑逃匿,~蹙缩。"清查慎行《麦饭亭》:"~那免叹途穷,大业几隳小蛆中。"按,"皇"又作"黄""惶""遑"等。唐吴融《宿青云驿》:"苍黄负谴走商颜,保得微躯出武关。"杜甫《送郑十八贬台州司户》:"苍惶已就长途往,邂逅无端出钱迟。"《敦煌变文校注》卷一《张淮深变文》:"应是生降回鹘,尽放归回。首领苍遑,咸称万岁。"

【苍浪】 cāng làng 花白;斑白。唐白居易《浩歌行》:"鬓发~牙齿疏,不觉身年四十七。"明张四维《双烈记》四三出:"年迈已衰残,鬓发~骨髓干。"清邹祗谟《沁园春》:"怕教鬓发~,且随分新词赋几章。"

【苍老】 cāng lǎo ❶ 显出老态。唐李贺《出城别张又新酬李汉》:"华实自~,流来长倾盆。"明乌斯道《清节先生传》:"上见其~,诏慎侍王回国,以便侍养。"清《歧路灯》九七回:"因像貌~,衣服改变,仔细端相,方认的了。" ❷ 指痘疮成熟枯萎收敛。明徐谦《仁端录》卷一〇:"痘浆将半足,渐~,宜静养之。"清《医宗金鉴》卷五六:"(痘)不疾不徐者,谓先~者先收屬结痂,次~者次收屬结痂。" ❸ 风格苍劲老到。宋邓椿《画继》卷六:"其笔墨~,峰峦秀润。"明沈受先《三元记》三四出:"论其年其年少小,论其才其才~。"清稽永仁《上严灏亭先生书》:"某窃拟先生画,当~疏宕,全是元人。"

【苍忙】 cāng máng ❶ 同"仓忙"。《敦煌变文校注》卷四《降魔变文》:"~寻逐,不知所去之踪。"宋苏轼《与引伴高丽练承议》:"老业未尽,有此~。"明谢榛《刘节推行可尚宝仕可出钱郭外》:"杯酒~强自吟,江淹能赋别时心。" ❷ 苍茫。唐刘禹锡《遥伤丘中丞》:"邺下杀才子,~冤气凝。"宋晁公遡《涪川寄蒲舜美桐烟墨来》:"~忽惊玄云晦,毫霜顿失寒松色。"

【苍茫】 cāng máng ❶ 仓促;匆忙。唐杜甫《奉赠射洪李四丈》:"~风尘际,蹭蹬麒麟老。"按,"茫"一作"忙"。宋方夔《登岳阳楼》:"不作~去,真成浪荡游。" ❷ 迷茫;怅惘。唐王维《哭殷遥》:"泱漭寒郊外,萧条闻哭声。浮云为~,飞鸟不能鸣。"宋范成大《海棠欲开雨作》:"春睡花枝醉梦回,安排银烛照妆台。~不解东风意,政用此时吹雨来。"杨万里《午睡起》:"倦来聊作睡,睡起更~。"

cáng

【藏包】cáng bāo　包藏；裹藏。明佚名《小桃红·西厢百咏》:"弯东题情送期约,暗～,佳人有意郎君俏。"

【藏藏昧昧】cáng cáng mèi mèi　捉迷藏。明《朴通事谚解》卷上:"冬里踢建子,开春里打毬儿,或是博钱拿钱,一夏里～。"

【藏叠】cáng dié　收存。明《拍案惊奇》卷二六:"郑举人也只道是僧家～资财的去处,大家凑趣,不去窥觑他。"《二刻拍案惊奇》卷二二:"一向家中牢曹什物没处～,半把价钱烂贱送掉。"

【藏躲】cáng duǒ　躲藏。元许衡《大学直解》:"君子是好的一样人,厌然是惶恐要～的模样。"明《古今小说》卷一五:"当时不叫地方捉将去,倒教他入里面～。"清方成培《雷峰塔》一○出:"料他没处～,且到后房各处搜寻便了。"

【藏放】cáng fàng　收藏存放。宋李复《乞罢造船》:"将造成船于黄河顺流放下,至会州西小河内～。"元明《水浒传》三五回:"讨石勇的八搭麻鞋穿上,取了些银两～在身边。"清《石峰堡纪略》卷一七:"该处风俗,多有开挖地窖,以为～粮食、畜养牲口处所。"

【藏风】cáng fēng　避风。宋韩淲《次韵景瑜》:"与其凌霜驾雪,争如避日～。"明《西游记》五○回:"此间又不～,又不避冷。"《拍案惊奇》卷一:"舟人把船撑入～避浪的小港内。"

【藏机】cáng jī　猜破暗藏物品。《元曲选外编·博望烧屯》四折:"我这哥哥难比其餘的,可会～之术。您这元帅府下,者么您甚么物件,不问你藏在何处,我这哥哥便得知道。"

【藏阄】cáng jiū　❶即"猜枚",也叫"猜拳"。宋司马光《春帖子·夫人阁》之二:"～新过腊,习舞竞裁衣。"明陈铎《南北黄钟合套·富文堂初夏燕集》:"聒耳笙歌正喧炒,越盘桓情越好,射覆～任呼号。"清李调元《弄谱百咏·藏阄》:"筵上花枝照烛红,随拈莲子斗雌雄。真空两手君休诧,看破乾坤总是空。"自注:"～即猜拳。" ❷喻隐语。元明《水浒传》四一回:"宋江呆了,不听得话里～,在船舱里悄悄的和两个公人说:'也难得这个梢公救了我们三个性命。'"明马守真《锦缠道·闺思》:"幸书投,片言句句暗～,可堪机变难参透。"

【藏弆】cáng jǔ　收藏。"弆"亦"藏"义。《敦煌变文集·搜神记》:"惟只阿嬢床脚下作孔,盛著中央,恒在头上卧之,岂更取得,遂～讫。"宋杨万里《蒋彦回传》:"彦回日从之游,～其文字诗画二百餘纸。"清陈廷敬《传经堂集序》:"其苗裔吾尝访而求之,问其家牒之所～。"

【藏六亲】cáng liù qīn　指女子未嫁时藏于深闺,连近亲中的男性都须回避。唐李商隐《无题》:"十四～,悬知犹未嫁。"

【藏闪】cáng shǎn　躲藏闪避。宋朱熹《龙岩县劝谕牓》:"始则诡名下状,终则将身～。"《元典章·刑部四》:"避怕本使问著,走往阜城县周家～。"清雍正四年十一月八日高其倬奏文:"如此则各处哨船不能保安,而外洋大盗亦难～。"

【藏收】cáng shōu　收藏。宋苏轼《石苍舒醉墨堂》:"胡为议论独见假,只字片纸皆～。"明《西游记》一二回:"有一件锦襕异宝袈裟,九环锡杖,还有那金紧禁三个箍儿,密密～。"清汤右曾《医巫闾山》:"丹青入图画,秘府多～。"

【藏头】cáng tóu　❶缩头;埋头。唐卢仝《月蚀诗》:"北方寒龟被蛇缚,～入壳如入狱。"元无名氏文苑《一枝花》:"笑我～缄舌闭

口,但则索向寒窗袖手～。"明《醋葫芦》一回:"可侮浑如系颈羊,堪欺偃似～鳖。" ❷藏身。唐韩翃《题张逸人园林》:"～不复见时人,爱此云山奉养真。"宋俞德邻《鹧鸪词》:"长安挟弹多少年,劝尔～莫相遇。"清《歧路灯》五○回:"不识天兵何处降,须寻地缝好～。"按,"头"与"身"近代口语中每可通用,参见"避头""出头""抽头"等条。引申指避世。明冯惟敏《新水令·寿马南江》:"古稀年从容到手,太平世安稳～。" ❸掩藏;遮掩不显露。宋《朱子语类》卷一二三:"只缘怕人讥笑,遂以此为戒,便～不说。"又卷九四:"某常说太极是个～底,动时属阳,未动时又属阴了。" ❹一种修辞手段。把要表述的文字拆散,隐藏在诗句(或其他文句)的头上。宋严羽《诗体》:"又有六甲十属之类,及～、歇后等体。"明田汝成《西湖游览志餘》卷二○:"好事者或为～诗句,任人商揣,谓之猜灯。"清《说岳全传》四五回:"那和尚赠我偈言四句,谁知～诗,按着'老鹳河走'四个字在头上。"

【藏行】cáng xíng　指下棋时不露机关。宋黄庭坚《游龙水城南帖》:"余与彦明棋,赌大白。彦明似～也。"周密《齐东野语》卷一三:"有士赴考,其父充役,为贴书勉其子,登第则可免。子方浪游都城,窘无资用,即答曰:'大人欲某勠力就试,则宜多给其费,否则至场中定～也。'弈者以不露机为～云。"

【藏兴】cáng xìng　即"藏行"。明《西游记》三四回:"棋逢对手难～,将遇良才可用功。"

【藏幸】cáng xìng　❶即"藏行"。元明《水浒传》一三回:"棋逢敌手难～,将遇良才怎用功?" ❷隐藏;遮掩。唐杨筠松《疑龙经》:"疑龙尽说总无疑,真龙一便宜知。"宋《朱子语类》卷一二八:"只缘当初立法不肯公心明白,留得这般掩头～底路径。"

【藏蓄】cáng xù　❶收藏;储存。唐裴延翰《樊川文集后序》:"以是在延翰久～者,甲乙签目比校焚外十多七八。"明《西游记》七回:"葫芦～万年丹,宝篆名书千纪寿。"清王子接《绛雪园古方选注》卷七:"夫精之～在肾,统摄在脾。" ❷含藏;隐瞒;怀有。宋张纲《祭弟彦深文》:"不知者谓君～之深而独善,知之者未尝不叹其优游。"明沈恺《与怀沈二弟书》:"性不善,见人辄吐肺肝。"清《醒世姻缘传》六一回:"怎么如此一个美人,～恁般的狠恶?"

【藏掩】cáng yǎn　❶掩藏;遮掩;隐瞒。宋文同《奏为乞差京朝官知井研县事》:"其所谓卓筒井者,以其临时易为,官司悉不能知其的实多少数目。"《朱子语类》卷一三○:"介甫初与吕吉甫好时,常简帖往来,其一云'勿令上知'。后来不足,吕遂缴奏之,神宗亦胡乱～了。"清《醒世姻缘传》九一回:"虽把些言语遮饰,那一肚皮的冤屈闷气,两个眼睛不肯替他～。" ❷掩埋。《法苑珠林》卷五一:"母兄承舍利从东都来,将欲～嗣不许往。"宋苏辙《乞葬埋城外白骨状》:"相度于隙地上作数大坟,如法～。"

【藏掖】cáng yē　❶隐藏;藏匿。元邓玉宾《村里迓古·仕女圆社气球双关》:"跷跟儿掩映着真圈套,里勾儿～着深窟窝。"明《金瓶梅话》六九回:"倒只是他家里深宅大院,一时三老爹不在,～个儿去,人不知鬼不觉,倒还许说。" ❷指舞弊或弊端。清《红楼梦》一六回:"这个事虽不算甚大,里头大有～的。"

【藏拽】cáng yè　同"藏掖❷"。明冯惟敏《朝天子·感述》:"百计弥缝,万般辗转。弄～,图幸免。"

【藏撷】cáng yè　❶变戏法。宋彭乘《墨客挥犀》卷八:"伶人有杂手伎号～者在焉。丁顾夏曰:'古无咏～诗,内翰可作一首。'英公即席献诗曰:'舞拂桃珠复吐丸,遮藏巧伎百千般。主公端坐无由见,却被傍人冷眼看。'"《元史·刑法志四》:"诸弄禽蛇、傀儡、～、撇钹、倒花钱、击鱼鼓,惑人集众以卖伪药者,禁之。" ❷犹"藏掖❶"。元曾瑞《哨遍·秋扇》:"见坯胎破绽难～,有点污

唵嗏强打迭。”

【藏擪】 cáng yè 犹“藏掖❶”。唐元稹《高荷》:“亭亭自抬举,鼎鼎难～。”元乔吉《小桃红·中秋怀约》:“桂花风雨较凉些,愁字儿难～。”

【藏橀】 cáng yè 犹“藏撷❶”。明叶子奇《草木子》卷三下:“散乐则立教坊司,掌天下妓乐,有驾前承应杂戏、飞竿、走索、踢弄、～等伎。”

【藏隐】 cáng yǐn ❶ 私藏;隐瞒。《法苑珠林》卷七一:“此酥是招提僧物,一切有分,此人～。”《唐会要》卷八六:“恐刺史已下官人及富豪衣冠商人百姓计会～,及量与钱物索取。”宋《续资治通鉴长编》卷三:“民间有者悉送官,所在设棘围以受之。敢有～,许人陈告。” ❷ 隐藏;躲藏。唐刘悚《隋唐嘉话》卷中:“贼初持兵觇望,见船中无所有,乃闭营～。”《元曲选·黑旋风》一折:“拳打的南山猛虎难～,脚踢的北海蛟龙怎住停。”明《西游记》四九回:“既无水,你再～在左右,待老孙去打听打听。” ❸ 掩蔽;掩藏。宋文同《书卭州天庆观希夷先生诗后》:“苔涂埃昏,～晦黑,积久不问。”明孟称舜《娇红记》二〇出:“好把风声细～,莫教鹦鹉语人知。”

【藏拙】 cáng zhuō 掩盖短处,不使人知。唐韩愈《和席八十二韵》:“倚玉难～,吹竽久混真。”元明《水浒传》一九回:“今日事在～,甘心与头领帐下做一小卒。”清《聊斋志异·仙人岛》:“从此不作诗,亦～之一道也。”

cāo

【操】 cāo ❶ 擂;击。《元曲选·梧桐雨》四折:“(这雨呵)一会价猛呵,似绣旗下数面征鼙～。”又《马陵道》三折:“扑冬冬～画鼓,磕擦擦驱征骑。” ❷ 操练;演练。《元曲选外编·千里独行》楔子:“你则合～士马教三军,明隄备破曹兵。”明《朴通事谚解》卷上:“午门外前看～马去来,夜来两个舍人～马。”也指这样的活动。沈德符《万历野获编》卷二二:“至于阅～,先令缪诣教场较技,继乃亲往复核。”清孔尚任《桃花扇》一三出:“特地要夸其本领,即日放炮传～。”

【操抱】 cāo bào 勇猛。操,通“躁”。《元曲选外编·三夺槊》二折:“但征敌处～,相持处嗷懆。”

【操持】 cāo chí ❶ 操守;品格。唐独孤及《故御史中丞卢奕谥议》:“故全其～于白刃之下,孰与夫怀安偷生者同其风哉!”元曹伯启《王仲通宰公自东吴别去十载》:“～到此真奇士,不道今奇古亦奇。”清汤斌《郡守田公降调代陈舆情疏》:“素闻其～廉介,莅事勤慎。” ❷ 筹划;操劳;料理。宋黄庶《谢青州文相书》:“凡世俗之所～以奔走于进取之途者,非独不肯为,是亦不能。”明汪廷讷《狮吼记》一二出:“闺阃箴规解,井臼～在。”清《红楼梦》一六回:“贾琏遂问别后家中的诸事,又谢凤姐的～劳碌。”

【操次】 cāo cì 造次;轻率。《敦煌变文校注》卷二《庐山远公话》:“许公辄行～。座主身披法服,常宜真经。”

【操兑】 cāo duì 筹措。清《醒世姻缘传》三六回:“晁夫人说:‘你这二两可往那里～?’他说:‘到家里看,还有几件破衣裳,几件破烂家伙,都损折了添上。’”又七九回:“我流水家去看他老子,别处～,弄点子袄来,且叫这孩子穿着再挨。”

【操江】 cāo jiāng 官名。明代设提督操江,以副佥都御史充任,负责江防。明郑晓《今言》卷四:“守备武臣、～都宪、总兵最为要职,人不可择其人。”清《樵史》一五回:“也有攻～刘志选、兵

部侍郎潘汝祯的,都干连着魏忠贤。”

【操刺】 cāo là 勇猛。《新五代史·汉高祖纪》:“此都军甚～,无大故,勿弃之。”原注:“世俗谓勇猛为～,录其本语。”宋陈世崇《随隐漫录》卷一:“‘煮粥饭僧者,都头甚～’,六一公化俗语为神奇者也。”清玄烨《平定台湾后三十功臣像赞·额尔登保》:“中林效绩,健捷过人。星驰飞镞,～罕伦。”

【操劳】 cāo láo 操心劳累。清雍正七年十二月二十四日史贻直奏文:“臣质羸弱,向有心悸之证,每遇～,辄竟夕不寐。”《红楼梦》六一回:“好容易怀了一个哥儿,到了六七个月还掉了,焉知不是素日～太过。”

【操练】 cāo liàn ❶ 用队列形式训练。宋龙衮《江南野史》卷一〇:“号令日严,～水战。”按,一本作“操习”。《元曲选·梧桐雨》二折:“自到渔阳,～蕃汉人马。”清宋荦《题补游击疏》:“～兵马,分守防御。” ❷ 练习;学习掌握。明陆深《京中家书》:“家事只宜敬慎收束,吾儿将此事～熟,以为他日致用之地。”罗洪先《寄尹道舆》:“居官与打坐,虽动静二境不同,却好～存习。”张景《飞丸记》二六出:“试期不远,且一～番,以备文场鏖战。”

【操淖】 cāo nào 烦恼。清《聊斋俚曲·禳妒咒》:“怕婆子休得取笑,十个人九个～。谁家盆碗不厮敲?”又:“使银钱也把好缺也么挑,当日的文章未必高。甚～,敲门砖把进士唠。”

【操习】 cāo xí ❶ 犹“操练❶”。《元曲选外编·襄阳会》一折:“则要你用心机将那士马～。”明戚继光《纪效新书》卷八:“善用兵者因敌情转化,其法已云然矣,而不知善～者,亦因兵法转化,岂有一定之习哉?”清雍正七年正月十九日田文镜奏文:“是以营伍一切～,俱至废弛。” ❷ 犹“操练❷”。明罗洪先《与刘龙山》:“今春游毗陵,得与荆川、七泉二三君子聚处,又觉彼此相长。始知此学须日有所～,方是有寻路头处。” ❸ 调教。明陈铎《沉醉东风·鞭杖行》:“残兵马加功喂息,蹶劣骡不住～。”

【操心】 cāo xīn 劳心;费心思。《旧唐书·张濬传》:“汉阴令李康献糗饵数百骡纲,军士始得食。僖宗召康问曰:‘卿为县令,安～及此?’”《元曲选·神奴儿》一折:“这个家私都是哥哥嫂嫂掌把着,他十分～。”清《醒世姻缘传》二四回:“就以上大人虽是身子不动,也是要起早睡晚,～照管。”

【操演】 cāo yǎn ❶ 犹“操练❶”。元明《三国演义》八一回:“却说先主每日自下教场～军马,克日兴师。”明朱长祚《玉镜新谭》卷五:“忠贤传呼水次～,以当玩戏。自为大帅,发纵指麾,千军齐出,百将拱听。”清蓝鼎元《与荆璞家兄论镇守南湾事宜书》:“而又于每月三六九期勤行～,考其技能工拙而赏罚之。” ❷ 排练;排演。明朱载堉《乐律全书》卷一八:“操乃～之操,缦乃紧缦之缦,谓演习之不许紧也。”《古今小说》卷九:“装扮那六个人如天仙相似,全副乐器,整日在衙中～。”清《红楼梦》八七回:“又即叫雪雁向箱中将自己带来的短琴拿出,调上弦,又～了指法。”

【操制】 cāo zhì 操纵;掌管。宋王安石《牛渚》:“朱衣乘车作官府,～生杀非我权。”元富珠哩翀《大都路都总管姚公神道碑》:“以宣慰使～兵民,党结中奥。”明金幼孜《讷斋为泥田周仲升作》:“以兹贵守默,～若管键。”

【操纵】 cāo zòng ❶ 收与放。宋洪迈《夷坚志》丙卷四:“鼋出食肝,并吞钩……渔者以棰击其首,然而没,则放索随之,任其所往。度已困,复举索引钩,又击之。至于三四,鼋死……盖鼋性嗜猪肝,渔者知之。又得～之术,故为力甚易。” ❷ 控制;掌握。宋刘挚《青州祈雨文》:“惟神～阴阳,用赞化育,降食此土,休戚与同。”明文秉《烈皇小识》卷三:“皇上以为近臣可任,而不知幸窦已开;以为内任可惟我～,而不知屈辱士大夫如此也。”清《东周

列国志》三四回:"明明把中国～之权,授之于楚。" ❸ 处理;决断。明徐霖《绣襦记》一七出:"我进退无谋,请问娘行,何策把冤家断送?"吕天成《齐东绝倒》一出:"〔小生惊状〕瞽叟杀人了,这怎么好?〔末〕奏请圣裁～,拿下狱怎生松!" ❹ 谋略。明佚名《鸣凤记》一九出:"我既有进身之阶,须要展胸中～。"

【糙】　cāo　同"操❶"。明赵南星《南北双调合套·得魏中丞书》:"浮浇,常赶着诸葛亮拳头～;轻薄,几回将司马光踢顿脚。"

cáo

【曹聚】　cáo jù　群聚;会聚。唐元结《闵岭中》:"彼猛毒兮～,必凭托乎阻修。"宋王十朋《论用兵事宜札子》:"其人皆健而善斗,往往～于茶商盐贾间。"《明史纪事本末》卷七三:"五千年来,通国之俊～而讲究之。"

【曹破】　cáo pò　糟破;破旧。明《警世通言》卷三七:"那厮身上两件衣裳,生绢底衣服,渐渐底都～了。"按,明沈榜《宛署杂记》卷七:"物不新曰曹。"

【曹长】　cáo zhǎng　❶ 唐代尚书丞郎、郎中彼此间的称呼,也泛称官长。唐王梵志《前人心里怯》:"前人心里怯,乾唤愧～。"白居易《六年寒食洛下宴游赠冯李二少尹》:"殷勤二～,各捧一银觥。"李肇《国史补》卷下:"尚书丞郎、郎中相呼为～。"后代偶有借称之例。明王世贞《与倪仁甫书》:"仆至都门,憩观音阁,诸故～皆会,而独不见执事。" ❷ 称诸曹的长官。宋刘弇《足斋记》:"太守始至府,坐黄堂上,～率其属手板束带立墀下,谓之庭参。"明李梦阳《送程南昌序》:"予于君官同部,又同进士,不宜无言以别。会～胡君伯雍合群僚友以文见属,遂发其所欲言者如此。"

【曹主】　cáo zhǔ　主人。唐王梵志《有钱不造福》:"奴婢换～,马即别人骑。"《敦煌变文校注》卷六《大目乾连冥间救母变文》:"在生之日,女将男子,男将女人,行淫欲于父母之床,弟子于师长之床,奴婢于～之床,当堕此狱之中。"

【嘈】　cáo　❶ 吵;搅闹。宋《朱子语类》卷一一九:"又如有一个盅在他肚中,～得他自不得由己样。"按,一本作"蛴"。《元曲选外编·智勇定齐》楔子:"只是小的每～的我谎。"明《二刻拍案惊奇》卷二五:"见过泰山,又请岳翁受礼;参究堂上,还叫父母升厅。不管一坏郎君,只是贪看新妇。"按,明顾起元《客座赘语》卷一:"群口而嘲其人曰～。" ❷ 指责;说(含贬义)。宋蔡襄《会亭遇孙资政孙公赴阙》:"众口方～,即欲置之死。"元明《水浒传》四五回:"那妇人三杯酒落肚,便觉有些朦胧上来,口里～道:'师兄,你只管央我吃酒做甚么?'"清《后水浒传》四一回:"吓得这些穿红执笏齐伏在地,口内不知～些什么。" ❸ 指胃部难受。宋张杲《医说》卷五:"五更心～,牙关拆硬,恶心而清水出。"《元曲选·忍字记》一折:"你端的便不疲乏世不害心～。"明《西游记》二七回:"桃子吃多了,也有些～人,又有些下坠。"

【嘈烦】　cáo fán　胃部难受而心情烦乱。唐孙思邈《备急千金要方》卷五八:"心下汪洋～,或水鸣多唾。"明王肯堂《证治准绳》卷四一:"右方治痰饮停积,中脘闭塞,眩晕～,怔悸呕逆。"

【嘈沸】　cáo fèi　形容声音喧嚣嘈杂。宋高似孙《纬略》卷五引陆龟蒙《蟹志》:"蚤夜～,指江南而奔。"

【嘈聒】　cáo guō　吵闹。元唐元《寒事已动促织入床下》:"谁云四壁寂,～两耳盈。"明田汝成《游鼓山记》:"相传水旧穿石壁,有异僧入定龛中,厌其～,喝令右转。"清《红楼梦》五八回:"探春因家务冗杂且不时有赵姨娘与贾环来～,甚不方便。"

【嘈然】　cáo rán　声音杂乱貌。唐刘禹锡《聚蚊谣》:"～欻起初骇听,殷殷若自南山来。"宋邓肃《送游教授》:"世事龊龊饥寒语,思怨～相尔汝。"明顾璘《雨游花岩牛岭记》:"木叶滴沥,悬涧泉落,四壁～,莫听人语。"

【嘈嚷】　cáo rǎng　吵嚷。明《梼杌闲评》二○回:"将至天明,忽听外面～,拥进了许多人来。"

【嘈心】　cáo xīn　本指胃里难受,利用谐音指"操心"。明《金瓶梅词话》二○回:"卖罗卜的跟着盐担子走,好个闲～的小肉儿。"

【嘈杂】　cáo zá　❶ 喧闹。宋蔡絛《铁围山丛谈》卷四:"马行人物～,灯火照天,每至四鼓罢。"《元曲选·金钱记》一折:"紫燕儿画檐外漫～,黄莺儿柳梢上日呱呱。"明《型世言》六回:"故意嫌人～,移在厢楼上,与寡妇楼相近。" ❷ 不安宁。明汤显祖《牡丹亭》二八出:"教俺迷留没乱的心～,无夜无明快著他。" ❸ 犹"曹破"。元张国宾《薛仁贵》四折:"身子儿村沙,衣服儿～。" ❹ 胃部难受。宋许叔微《类证普济本事方》卷三:"心下汪洋～,肠鸣多唾。"明谢肇淛《五杂组》卷五:"如此半晌,觉胸间～不可耐。"《金瓶梅词话》七五回:"(西门庆)问道:'我的亲亲,你心口这回吃下药觉好些?'妇人道:'疼便止了,还有些～。'"

【漕】　cáo　朽。《元曲选外编·裴度还带》三折:"我则见梁～椽烂柱根槽,这的是欠九分来待倒。"

【漕院】　cáo yuàn　管理漕运的机构,也指其主管官员。《新唐书·藩镇淄青横海传》:"师道乃遣客烧河阴～钱三十万缗,米数万斛。"明张岳《江西提学金事紫峰陈先生墓志铭》:"人人称便,而～之抚淮安者,微欲有所干挠。"清《醒世姻缘传》一四回:"典史接了～回来,只听得监中一片声唱曲猜枚,嚷做一团。"

【槽】　cáo　水道;河床。唐元稹《酬刘猛见送》:"云势正横黎,江流初满～。"原注:"江槽,楚语。"清田雯《安东县》:"娄堤幸不溃,十日水归～。"

【槽床】　cáo chuáng　榨酒的器具。宋王安石《和微之药名劝酒》:"真珠的皪鸣～,金罍琥珀正可尝。"元张可久《槽声诗》:"老瓦盆倾金滟滟,小～压玉泠泠。"清魏裔介《村居》:"～自漉茅柴易,摆桠新收玉粒齐。"

【槽道】　cáo dào　❶ 水道;液体流通的沟道。明《徐霞客游记》卷九下:"～如龙破峡,余从崖端俯而见之。"宋应星《天工开物·冶铸》:"四面泥作……洪炉熔化时,决开槽梗,一起如水横流,从～中枧注而下。" ❷ 喂养牲口的地方。清《石峰堡纪略》卷一七:"又转向西挖,长七尺六寸,宽一丈五尺,有～一处……～处有蹄啮痕迹甚多,系收养牲畜者。"《歧路灯》六四回:"某屋子开床铺,某屋子做厨房,就是没～喂牲口。" ❸ 比喻规矩。明《金瓶梅词话》一八回:"骂我每也罢,如何连大姐也骂起淫妇来了,没～的行货子。"又五○回:"你看是有个～的,这里人等着,就不进来了。"

【槽坊】　cáo fáng　酿酒的工场。《元曲选·岳阳楼》一折:"谁着你直侵北斗建～?"明吴宽《喜迁莺·又答贺其厚》:"为我再解金龟,当～新醅。"《二刻拍案惊奇》卷二八:"小人若有得十两五两银子,便多做些好酒起来,开个兴头的～。"

【槽房】　cáo fáng　❶ 即"槽坊"。元锺嗣成《骂玉郎过感皇恩采茶歌·四福》:"解库～,碾磨油坊。"《元史·食货志二》:"大德八年,大都酒课提举司设～一百所,九年并为三十所,每所每日所酝不许过二十五石之上。"明《西游记》四九回:"径直寻到宫后,看果有一石匣,却像人家的～猪槽。" ❷ 造纸作坊。清雍正十年《江西通志》卷二七:"广信府纸槽前不可考,自洪武年间创于玉山一县,至嘉靖以来始有永丰、铅山、上饶三县续告官司,亦各起立～。"

【槽口】cáo kǒu ❶槽的开口处。元王祯《农书》卷一六："其下用厚板嵌作底盘,盘上圆凿小沟,下通～,以备注油于器。"明朱国祯《涌幢小品》卷一三："又取马槽千馀,即针工各户妇人,以绵布缝成槽,～缀以绳,用木桩张其四角,饲马食,便收卷。"清金简《武英殿聚珍版程序·成造木子》:"将木子数十个仄排槽内,川活闩挤紧刨之,以平～为度。" ❷指金银浇铸的场所。清《歧路灯》七五回:"那银匠一看,说:'是好干银子。何处～?'绍闻道:'济宁衙门的。'"

【槽上】cáo shàng 指饲养牲畜的圈厩。唐王梵志《富饶田舍儿》:"～饲肥马,仍更买奴婢。"《敦煌掇琐》卷七三《驼官马善昌呈报驼匹死亡状》:"伏以今月二十三日～大骠驼壹头病死,皮付内库,未蒙判凭,伏请处分。"

【槽头】cáo tóu ❶给牲畜喂饲料的地方。《敦煌变文校注》卷五《长兴四年中兴殿应圣节讲经文》:"玉蹄红耳～时,喂饲真交称体肥。"《元曲选·儿女团圆》二折:"就～上选那风也似的快马,着小的每到城中来报我。"明《古今小说》卷三三:"昨夜就～不见了那照殿玉狮子。" ❷榨酒槽床的出酒口。宋苏辙《十月二十九日雪》之二:"枕上诗成那起草,～酒滴暗鸣缸。"元顾瑛《饯谢子兰》:"～夜滴百斛酒。"明石珤《斗酒吟》:"大呼满掬～珠,千滴万滴恨未除。" ❸指猪颈部的肉。明李时珍《本草纲目》卷五〇:"(豕)颈肉,俗名～。"

【槽牙】cáo yá 白齿。清《医宗金鉴》卷八〇:"齿者,口龂所生之骨也,俗名曰牙,有门牙、虎牙、～、上下尽根牙之别。"《红楼梦》三九回:"都还好,就是今年左边的～活动了。"

【槽子】cáo zi 物体中间凹下(多指人工抠挖成的)的部分,或指这样的器具。宋李诫《营造法式》卷三:"身内开～,广深各五分,令水通过。"明《朴通事谚解》卷上:"懒小厮们,一发满～馈草。"清《红楼梦》一七至一八回:"且满墙满壁,皆系随你古董玩器之形抠成的～,诸如琴、剑、悬瓶、桌屏之类,虽悬于壁,却都是与壁相平的。"

cǎo

【草】cǎo ❶粗劣;简略。多用作谦词。《敦煌变文校注》卷一《伍子胥变文》:"臣今死罪有馀,乞存～命。"元明《水浒传》七回:"既蒙到我寒舍,本当～酌三杯,争奈一时不能周备。"清孔尚任《桃花扇》六出:"小弟无以为敬,～办妆奁,粗陈筵席,聊助一宵之乐。" ❷母马;雌性的(禽畜)。唐张鷟《朝野金载》卷五:"须臾,赤～生一白驹。"《元曲选·鲁斋郎》三折:"你夺了我的浑家,～鸡也不曾与我一个。"明赵南星《喜连声》:"谁家～驴跳了槽,弃了张就把李来招。"

【草把】cǎo bǎ 草束,可悬挂作乡村酒店的标记。宋孟元老《东京梦华录》卷六:"又于左右门上,各以～缚成戏龙之状。"《元曲选·来生债》一折:"将些～围着,点火来烧了者。"明《西游记》五三回:"忽见那路旁一村舍,树梢头挑着两个～。行者道:'师父,好了,那厢是个卖酒的人家。'"

【草包】cǎo bāo 比喻没有真本事的人。明汤显祖《牡丹亭》二二出:"论～似俺堪调药,暂将息梅花观好。"清李渔《意中缘》二三出:"～饭包,忽然荣耀。时高运高,说来堪笑。"

【草标】cǎo biāo ❶插在物品上表示出售的草棍儿或草圈儿。《元曲选外编·刘弘嫁婢》二折:"妾身无计所奈,我插一～,自己卖身。"明杨爵《鬻子行》:"市上纷纷～待,卖者空多买者稀。"清《儒林外史》三回:"见范进抱着鸡,手里插个～,一步一踱的,东张西望,在那里寻人买。" ❷草团标;茅屋。明佚名《上小楼·道情》:"俺住在茅庵～,喜的是青山依靠。"

【草篰】cǎo bù 盛草的疏篾大眼的竹筐。篰,通"箁",疏眼竹器。明《二刻拍案惊奇》卷一九:"(寄儿)便把锲刀,～一撩,道:'还干那营生么!'"又:"两人商量,把个～来,里外用乱草补塞,中间藏着窖中物事。"

【草草】cǎo cǎo ❶仓促;匆忙。唐杜甫《送长孙九侍御赴武威判官》:"问君适万里,取别何～?天子忧梁州,严程到须早。"宋杨万里《醉吟》:"三春一眼中过,未抵三冬乐事多。"清《杏花天》八回:"～的鸡声,将旭日唤起。" ❷草率;马虎;苟简。唐张鷟《朝野金载》卷四:"裹头极～,掠鬓不蓍奉。"宋《朱子语类》卷一一六:"他们读书,尽是如此,～。以言事,则不实;以立辞,则害意。"清《歧路灯》五三回:"原来王中因南乡仓房失火,到乡里收拾灰烬中残基,～盖完一所仓房。"

【草场】cǎo chǎng ❶积储草料的场所。唐[日]圆仁《入唐求法巡礼行记》卷四:"长乐门外失火,烧～。"明沈德符《万历野获编》卷二八:"京师明智～火发,薪刍如山,一夕尽为煨烬。"清《野叟曝言》九六回:"见西边一处,俱圈着猛兽,养着马匹;东边一处,俱是仓廒～。" ❷草地;牧场。元古本《老乞大》:"俺这家前院后有的是～,您吃了饭时,著两个赶著马那里放去。"明敖英《东谷赘言》卷上:"元世祖欲尽杀汉人,以中国为牧马～。"《西游记》四七回:"水田有四五十顷,旱田有六七十顷,～有八九十处。"

【草次】cǎo cì ❶栖息草野间,也指草间。唐张说《谏跸暑三阳宫疏》:"蓬宿～,风雨暴至。"宋郑獬《职方员外郎周革可屯田郎制》:"群司奔走以率厥职,暴露～,夙夜之劳,兹亦久矣。"清毛奇龄《为恭进圣孝合录奏》:"礼毕,复于～俯伏,哭问皇帝陛下起居。" ❷草率;苟简;轻率。宋彭汝砺《端午》:"羁穷念时节,～盘餐。"元《三国志平话》卷上:"关公见飞非～之人,说话言谈便和。"明顾璘《哀曲》之四:"客居虽～,聊尔乐昕夕。"

【草地】cǎo dì 草原,特指塞北地区。宋《三朝北盟会编》卷一一一:"粘罕自～归至云中。"《续资治通鉴·元顺帝至正九年》:"明日,章再上。帝不得已,仅夺哈玛尔、舒苏官,居之～。"《元曲选·汉宫秋》三折:"不见他花朵儿精神,怎趁那～里风光?"

【草店】cǎo diàn 简陋的酒店或旅店。《太平广记》卷三一四引《稽神录》:"俄而遇一新～数间,独一妇人迎客。"元古本《老乞大》:"前头不远有个～儿,到那里咱每吃几盏酒解渴,歇住头口者。"清《杏花天》五回:"此时日落西山,不能进城,随投郭外～,下了头口。"

【草囤儿】cǎo dùn er 即"草稕❷"。《孤本元明杂剧·衣袄车》三折:"挑起这～,烧着这镟锅儿热。"按,囤,《元曲选外编》作"稕"。

【草儿】cǎo er 喻指娼妓。元刘庭信《折桂令·忆别》:"家儿活儿既是抛撇,书儿信儿是必休绝,花儿～打听的风声,车儿马儿我亲来也。"明佚名《墨娥小录》卷一四《行院声嗽·人物》:"花娘,～。"

【草稿】cǎo gǎo ❶文章、文件或发言的底稿。唐封演《封氏闻见记》卷一〇:"协律郎郑虔采集异闻,著书八十馀卷,人有窃其～告虔私修国史。"宋朱松《上赵丞相札》:"仆喻妻孥,使掇拾以来,当缮写以尘燕几。"清李玉《清忠谱》一一折:"打成～在唇牙,指佞庭前拼骂。" ❷喻念头、主意。明《古今小说》卷二:"原来梁尚宾是个不守本分的歹人,早打下欺人～。"《醒世恒言》卷一五:"大卿正在腹中打点～,谁知那尼姑亦有此心。" ❸比喻预

先定好的方案或次序。清《十二楼·鹤归楼》二回:"哪里知道金榜题名就是洞房花烛的～,洞房花烛仍照金榜题名的次序。"

【草荒】 cǎo huāng 荒草。明《警世通言》卷二一:"言犹未毕,～中钻出一个人来,手执钢叉,往公子便刺。"

【草积】 cǎo jī 草堆。唐段成式《西阳杂俎》续集卷一:"鹘惊走,透后门投驿厩,潜身～中。"宋魏泰《东轩笔录》卷八:"尔言无井,今乃有泥以护～,何也?"清吴广成《西夏书事》卷二七:"时引兵十万入泾原,纵火焚～,蕃汉民死者甚众。"

【草荐】 cǎo jiàn 草垫;草席。宋朱翼中《北山酒经》卷下:"寒时用～麦麯围盖之,温凉时去了以单布盖之。"《元曲选·伍员吹箫》一折:"我着他有备算无备,无备则盖着～睡。"清《儒林外史》五四回:"听他两人说的,都是堂屋里挂～,不是话。"

【草军】 cǎo jūn "荦"的拆字。清《曲头陀传》八则:"倘若兴头,只怕家中的三酉～,还要叫来使唤。"

【草科】 cǎo kē 草丛。《元曲选外编·五侯宴》二折:"望得无人拾将这～儿遮,将乳食来喂来。"明陈铎《一枝花·乞儿乍富》:"正是驴群里骆驼大,～中荆棘高。"《西游记》一五回:"小龙委实难搪,将身一幌,变作一条水蛇儿,钻入～中去了。"

【草窠】 cǎo kē 同"草科"。宋梅尧臣《邱家渡早发》:"～残野烧,树挂经流沫。"明《醒世恒言》卷一四:"那狗子见个生人跳过墙来,从～里爬出来便叫。"清《豆棚闲话》一一则:"～里伸出许多挠钩,将党都司捆缚而去。"

【草寇】 cǎo kòu 山野间的盗匪。唐易静《兵要望江南·占月》:"四海荒荒兴逆叛,都缘人主宠奢昏,～辄称尊。"元明《水浒传》六一回:"路上便有些个～出来,小人也敢发落得三五十个去。"清蓝鼎元《黄太常传》:"果胸有成算,知～无能为。"

【草里金】 cǎo lǐ jīn 闹蛾的一种,用微型葫芦夹真草虫制成,为明代宫人春日节令饰物。明刘若愚《酌中志·饮食好尚》:"自岁暮正旦咸头戴闹娥,乃乌金纸裁成画颜色装成者,亦有用真草虫蝴蝶者,咸簪于首以应节景。仍有真正小葫芦,如豌豆大者,名曰～。"蒋之翘《天启宫词》之一二五:"逡巡避重闲寻扯,一笑拼输～。"原注:"时宫人所插闹蛾,尚用真虫草,夹以葫芦,形如豌豆大,名～。"

【草料】 cǎo liào ❶ 牲口的饲料。唐[日]圆仁《入唐求法巡礼行记》卷二:"所将驴一头寄在停点院,嘱院主僧勾当～。"元马致远《耍孩儿·借马》:"逐宵上～数十番,喂饲得臕息胖肥。"清于成龙《请免夷运详》:"此外去役之盘费,驴只之～,赔驴之价值,俱属安费。" ❷ 谦称自己的寿考福分。古时认为人一生应享用的粮食与俸禄都是命中注定的,故云。元明《水浒传》三〇回:"量小人何者之人,怎敢望恩相宅眷为妻,枉自折武松的～!"清《歧路灯》五一回:"老伯母使不得,看折侄子～!"

【草略】 cǎo lüè 草率疏略,或作书信谦词。宋苏轼《与赵德麟札》:"行役迫遽,裁谢～,想蒙恕察。"明宗臣《报胡文学书》:"便羽附致鄙私,冗中～,公定能谅我。"清顾炎武《日知录》卷一四:"宋时封国大小之名皆有准式……有明则～殊甚。"

【草民】 cǎo mín 草野之民;平民。多用作平民自称。元代以前作"小草民"。宋李觏《上余监丞书》:"觏,南城小～也。"明何东序《西小池垣记》:"不佞～黪浅,恶能究其端倪焉。"清《野叟曝言》九五回:"天阙山虎狼极多,～只能指路,不敢入山。"

【草娘】 cǎo niáng 犹"花娘❶"。元陶宗仪《辍耕录》卷一四:"娼妇曰花娘,达旦(鞑靼)又谓～。"

【草苫】 cǎo shān 草垫或房顶的苫草。《元曲选·勘头巾》二折:"他着我打～儿,正打之间,外厢有人叫门。"明倪岳《青溪漫稿》卷一二:"日午时分,偶作狂风,揭起各军房上～。"清《醒世姻

缘传》二四回:"又忙劫劫打～,拧绳索,收拾割麦。"

【草刷儿】 cǎo shuā er 犹"草帚❶"。《元曲选·生金阁》三折:"～向墙头挑,醉八仙壁上描。"按,刷,脉望馆本作"稃"。明冯惟敏《新水令》:"～斜向县门插,布帘儿飘飒谯楼下。"

【草率】 cǎo shuài ❶ 草草。指礼节不周备,多作书信用语。宋欧阳修《与吴正献公启》:"盛暑为时,自重。人还,～为谢,不宣。"元陈栎《与程材仲书》:"拿楮拜此,殊愧～,惟高明恕鉴之,不宣。"明陈文凤《与弟子彰书》:"今因回便,复以楮以尽欲言。～不具。" ❷ 粗陋;苟简;粗鄙。宋梅尧臣《元日》:"～具盘餐,约略施粉黛。"明谢肇淛《五杂组》卷四:"今诸夷进贡方物,仅有其名耳,大都～不堪。"清《红楼梦》三回:"不知令亲大人现居何职?只怕晚生～,不敢骤然入都干渎。" ❸ 轻率;轻易;不严肃认真。宋《朱子语类》卷一九:"今人将孔孟之言都只恁地～看过了。"明《封神演义》八三回:"今日定要与你等见个高低,断不～干休!"清《飞龙全传》三三回:"况此乃大事,汝等诸将岂可～为之?" ❹ 仓促;冒昧。宋欧阳修《与刘侍读书》:"偶然之会虽～,而缚于文字遂为他时故事。"明刘嵩《怀万德躬》:"停舟一相过,取别伤～。"孙柚《琴心记》二〇:"严先生,～进拜,实有所求。" ❺ (字迹)潦草。明杨爵《家书》:"仕每写书,如何笔迹无光? 我疑之。又多～。舍儿写书,如何不令他写?"清张英《聪训斋语》:"学字忌飞动～,大小不匀,而妄言奇古磊落。"

【草帖】 cǎo tiě 订亲时男女双方首次介绍各自情况的文书。宋孟元老《东京梦华录》卷五:"凡娶媳妇,先起～子,两家允许,然后起细帖子。"吴自牧《梦粱录》卷二〇:"婚娶之礼,先凭媒氏,以～通于男家。男家以～问卜,或祷忏,得吉无克,方回～。"

【草头】 cǎo tóu ❶ 草里;草上。"头"为方位词。唐岑参《冀州客舍酒酣贻王绮寄题南楼》:"野旷不见山,白日落～。"敦煌词《赞普子》:"本是蕃家将,年年在～。夏日披毡帐,冬天挂皮裘。"清毛奇龄《春行自东城迤北郭》:"～喜见飞蝴蝶,树里愁听叫杜鹃。" ❷ 草,特指可入药的草。唐易静《兵要望江南·占鸟》之六九:"宿处不知人不识,终须血染～红,防备有奸通。"明《平妖传》三回:"这老狐也识得几味～,煎汤洗治,全无功效。"清《后水浒传》二二回:"他们一起马步军卒,扛抬人众若过了,～地土必被马足蹂躏。" ❸ 指草野;江湖。唐杨筠松《撼龙经》:"怪形异穴出凶豪,杀戮平民终大坏。～作乱因此山,赤族诛夷偿命债。"明梁辰鱼《浣纱记》一七出:"我这样～郎中,奉不得这样主顾。"清《说唐》四六回:"降伏了一班喽罗,封了几个臣子,做了～王。" ❹ 草字头,汉字部首之一。宋《续资治通鉴长编》卷一五八:"(苏)绅与梁适同在两境,人以为险诐,故语曰:～木脚,陷人倒卓。"明《朴通事谚解》卷中:"满字怎么写? 点水傍,做～,底下两字。"清《红楼梦》五三回:"下则从玉者,贾珍为首;再下从～者,贾蓉为首。"

【草头方】 cǎo tóu fāng 用草药治病的偏方。明孙柚《琴心记》二〇出:"父亲传下～,学得杀人如溜。"《西游记》六八回:"我有几个～儿,能治大病。"清魏之琇《续名医类案》卷一二:"最后一人与～四味,中有六月雪,馀忘之矣。"

【草窝】 cǎo wō ❶ 草窝铺;简陋的小茅屋。明程可中《点绛唇·吴次鲁止畊堂》:"只这俺牛背上胜龙驹,～内胜甀甀。"郑真《送王运同》:"～气湿苍烟暗,花麓光寒白雪多。"张简《禅窝》:"～双树下,借与定僧居。" ❷ 草科;草丛。元明《水浒传》四六回:"枯草里舒出两把挠钩,正把时迁一挠钩搭住,拖入～去了。"明汤显祖《牡丹亭》三七出:"这～里不是朱漆板头? 这不是大锈钉?" ❸ 草垛;草堆。元明《水浒传》四七回:"叫了安置,自去屋后～里睡了。"明《禅真后史》一四回:"小的们四下里寻觅时,止见

本庵道人老何睡在～里发抖。"

【草鞋钱】 cǎo xié qián ❶ 草鞋磨损费;跑路钱。特指衙役向当事人索取的办差报酬。宋佚名《张协状元》四〇出:〔丑〕酒钱?〔生〕一日各一贯。〔净〕～?〔生〕各支十文。"《元曲选·铁拐李》一折:"我劝哥哥饶了你性命,有甚么～与我些。"又《陈州粜米》三折:"我过去唬他一唬,吃他几钟酒,讨些～儿。" ❷ 禅语指探究禅理的过程及花费的精力。《五灯会元》卷一六《慧林常悟禅师》:"问:'达磨未来时如何?'师曰:'省得～。'曰:'来后如何?'师曰:'重叠关山路。'"金董文甫《临终诗》之三:"白发三千丈,红尘六十年。只今无见在,虚费～。"清《续金瓶梅》六三回:"赵州八十犹行脚,须信心头未了然。及至得珠无一事,始知虚费～。"

【草贼】 cǎo zéi 称强盗;有时也蔑称聚义起事者。唐段成式《酉阳杂俎》卷一:"高祖少神勇,隋末尝以十二人破～号无端儿数万。"金《董解元西厢记》卷八:"初典郡城,更牢狱无囚;后临边郡,灭尽～猾寇。"清《说岳全传》二八回:"无名～! 我牛老爷昨晚吃醉了酒,自家跌下水去,误被你擒来。"

【草纸】 cǎo zhǐ ❶ 草稿用纸;草稿。宋司马光《答范梦得》:"禅位以后事,于今来所看书中见者,亦请令书吏别用～录出。"明李东阳《怀麓堂诗话》:"予集《蒙翁类博》稿,见旧～,皆翁亲书《王母宫》四律,爱而录之。颇疑无改窜字,与他草不类。" ❷ 一种粗纸,可裹物或做厕纸。明郎瑛《七修类稿》卷四一:"右药用～包为长筒,用瓦二块封在内,点火留一头出烟。"清《照世杯·掘新坑》:"穆家喷香新坑,奉求远近君子下顾,本宅愿贴～。"清袁枚《子不语》卷一六:"女知不免,私以败絮～置裤中,护其臀。"

【草帚】 cǎo zhǒu ❶ 乡村酒店挑挂在门以外以为标志的草圈草把。元明《水浒传》四回:"远远地杏花深处,市梢尽头,一家挑出个～儿来。"又一〇回:"林冲住脚看时,见篱笆中挑着一个～儿在露天里。" ❷ 扫帚。宋方夔《续憎苍蝇》:"更凭～时一扫,坠地死者堆当升。"清纪昀《阅微草堂笔记》卷八:"至于浑家门客并苍蝇～亦俱能诗,即属寓言,亦不应荒诞至此。"

【草稕】 cǎo zhùn ❶ 即"草帚❶"。元周德清《红绣鞋·郊行》:"茅店小斜挑,竹篱疏半掩柴门。"《元曲选·黑旋风》二折:"墙角畔滴溜溜～挑,茅檐单疏刺刺布帘儿斜。" ❷ 草把;草束。元司农司《农桑辑要》卷六:"纽～如臂大置畦中,以泥涂～上。"明方以智《物理小识》卷九:"此种秋分后接以棠梨,春以～悬于枝端。"

cè

【册】 cè ❶ 通"策",扶。《敦煌变文校注》卷二《韩擒虎话本》:"杨妃一见,处分左右:'～起使君,便赐上殿。'"又"衾(擒)虎亦见,处分左右,～起蛮奴。" ❷ 竖。《敦煌变文校注》卷二《韩擒虎话本》:"任蛮奴不分,～起头稍。"

【册档】 cè dàng 登记人口、土地、财产等留存备查的簿册。清雍正三年二月十六日黄国材奏文:"照数解交布政司库,取具库收同～送部。"《八旗通志》卷二〇五:"被勒之属员及改造～书吏,概免罪。"《红楼梦》一〇六回:"这鲍二是不在～上的。"

【册籍】 cè jí ❶ 登记簿。宋郑兴裔《请禁传馈》:"扬州一郡,每岁馈遗见于～者,至二十万缗。"《元曲选·桃花女》二折:"我受了你香灯祭祀,与你名下勾抹了该死的～。"清蓝鼎元《送劳尊三令昭文序》:"余闻江南之弊,惟在～不清,户无真丁,亩无真额。" ❷ 典籍;书本。宋岳珂《金佗粹编》卷一:"因田寓兵,肇自

黄帝。立井之法,～维见。"明李贽《复邓石阳》:"或凭～以为断案,或依孔、佛以为泰山欤!"

【册历】 cè lì 记录本。元睢景臣《哨遍·高祖还乡》:"有甚胡突处,明标着～,现放着文书。"明陆容《菽园杂记》卷七:"闻公有一～,自记日行事,纤悉不遗。"

【册立】 cè lì ❶ 帝王下诏书加封太子、皇后、藩王等。唐刘肃《大唐新语》卷一二:"～武昭仪,遂良固执不从,且止。"元明《水浒传》三五回:"近闻朝廷～皇太子,已降下一道赦书,应有民间犯了大罪,尽减一等科断。"清姜宸英《先太常公传略》:"近见大学士申时行请～东宫。" ❷ 确立名分。明《拍案惊奇》卷二〇:"夫人便铺个下房,劝相公～朝云为妾。"清《野叟曝言》三〇回:"后来公子的正室死了,把妹子～起来,就做了一品堂堂。" ❸ 设置。元明《水浒传》七一回:"上堂要立一面牌额,大书'忠义堂'三字,断金亭也换个大牌匾,前面～三关。" ❹ 支撑站立。元明《水浒传》一二〇回:"不想水银坠下腰胯并骨髓里去,～不牢,亦且酒后失脚,落于淮河深处而死。"

【册叶】 cè yè 分页装订的书或分页装裱成册的字画。宋程大昌《演繁露》卷一五:"然古竹牒已用叠简为名,顾唐始以缣代卷轴改为～耳。"明张岱《陶庵梦忆》卷五:"访友报恩寺,出～百方,宋元名笔。"清《平山冷燕》五回:"前日还有张副使的～,钱御史的手卷,俱安放错了。"

【册页】 cè yè 即"册叶"。明《禅真逸史》七回:"屏风里一张金漆桌子,堆着经卷书籍,文房四宝,图书～,多般玩器。"清赵慎畛《榆巢杂识》卷上:"谕有以诗文献者留览,由是诸臣恭进庆祝万寿屏,复以屏文缮写～进呈。"

【册正】 cè zhèng 把妾立为正妻。元明《水浒传》二四回:"若得他会当家时,自～了他多时。"明《金瓶梅词话》九四回:"未几,大奶奶下世,守备就把春梅～做了夫人。"清《醒世姻缘传》一回:"(晁大舍)要聘娶珍哥为妾,许说:计氏已有五六分的疾病,不久死了,便册珍哥为正。"

【册子】 cè zi ❶ 分页装订成的书或本子。唐〔日〕观贤《奉勘空海遗迹状》:"勘申真言根本阿阇梨入唐,求得法文～三十帖。"宋罗璧《识遗》卷一:"唐末书犹未有模印,多是传写,故古人书不多而精审。作册亦不解线缝,只叠纸成卷后以幅纸概黏之,其后稍作～。"李之仪《与友人往还书》:"～与二卷并领,只未收周诗尔。"也泛指书本。朱熹《答吕子约》:"今一向耽着文字,令此心全体都奔在～上,更不知有己,便是个无知觉不识痛痒之人。" ❷ 名册;登记簿。宋李曾伯《贺郑左相除太师魏国公》:"谱名未洗,岂敢希人才～之收;庆颂喧传,犹愿效儒士歌诗之作。"明徐复祚《红梨记》一一出:"这不是花名～,你自看。"清《续金瓶梅》一七回:"只见长老取出一本～,上写某年月日收蔡府宅内馀粮若干。"

【侧】 cè 另见 zhāi。斜靠;侧卧。指略躺一躺。元关汉卿《单刀会》二折:"跪着膝殷勤劝酒,他待吃候吃,～候～,那里交他受候受。"明《金瓶梅词话》七九回:"你陪着俺每坐,只怕劳碌着你。俺每去了,你自在～～儿罢。"

【侧边】 cè biān ❶ 一侧;边缘。唐赵鸾鸾《云鬟》:"～斜插黄金凤,妆罢夫君带笑看。"明俞汝楫《礼部志稿》卷一八:"册用金二片,每片依周尺长一尺二寸,阔五寸,厚二分五厘,镂刻真书。每片～上下有窍,用红绦联贯。"清《医宗金鉴》卷六一:"太阴肺经起乳上,系横出腋膊,中廉达本,循臂入寸口上鱼大指内～。" ❷ 靠近的地方;旁边。五代孙光宪《北梦琐言》卷四:"乃致酒糟盆盛,措于野径,仍削木棒,可长一二尺者三五十条于～。"《元曲选外编·西厢记》一本二折:"塔院～西厢一间房,甚是潇洒,正可

先生安下。"清《醒世姻缘传》五回："到了次日,将胡旦、梁生叫到～一座僻静书房内。"

【侧犯】 cè fàn 触犯;冒犯。明汤显祖《牡丹亭》一六出："怕腰身触污了柳精灵,虚器～了花神圣。"

【侧脚】 cè jiǎo ❶ 建筑物下端向外延展或凸出的部分。宋李诫《营造法式》卷五："凡立柱,并令柱首微收向内,柱脚微出向外,谓之～。"秦九韶《数学九章》卷四上："临水城台立高三丈,其上架楼,其下址～阔二尺。"金蔡珪《出居庸》："～柴荆短,平头土舍低。" ❷ 脚向两旁横向移动,本宋元时蹴鞠术语。元关汉卿《斗鹌鹑·女校尉》："换步那踪,趋前退后,～旁行,垂肩弹袖。" ❸ 从旁阑入,喻横生枝节。其后每缀一"里"字。元曾瑞《红绣鞋·风情》："乔断案村徕杂嗽,望梅花子弟单兜,～里姨夫做了冤仇。"佚名《斗鹌鹑》："～里相知每不该,胡喧乱讲,纸糊锹怎撅得倒阳台?"又《新水令》："相知每～里来轰减,盖因他酒半酣。" ❹ 暗地里。元佚名《耍孩儿》："索怯薛～安排起,要赏钱连声不住口。"

【侧近】 cè jìn ❶ 靠近;就近;接近。唐李商隐《河阳歌行》："百尺相风插重屋,～嫣红伴柔绿。"元袁桷《宫女赏花图》："玉环已侍昭阳殿,～传杯得自由。"清《说唐》三七回："叔宝心生一计,将身～呼雷豹,连发几铜。" ❷ 旁边;附近。《敦煌变文校注》卷一《张义潮变文》："取西南上把疾路进军,才经信宿,即至西同～,便拟交锋。"《元典章·圣政二》："前者夏间,大都、上都等～城子里有底见禁罪囚每教放了来。"清《醒世姻缘传》八六回："这城里～有个尼姑庵,我且送你到那里存歇,再作区处。" ❸ 近。《元曲选·救孝子》二折："这里又离城～,怎不唤一行仵作仔细检报缘因。" ❹ 近日;近期。指时间。宋董嗣杲《删旧稿感赋》："吁嗟旧存无二三,所取不偿失。"《元曲选外编·拜月亭》二折："这～的佳期休承望,直等你身体安康。"明罗洪先《谢罗整庵公》："某去冬趋谒,仰辱教海抚爱,眷眷不欲去。～者手书嘉币,复劳贤孙远来。拜受感激,匪意可尽。"

【侧近边】 cè jìn biān 旁边;附近。清《醒世姻缘传》三四回："我～曾不见有你这人,若是外来的远人,如何得来的恁蚤?"

【侧静】 cè jìng 僻静。明《金瓶梅词话》七〇回："临起身,翟谦又拉西门庆到一处说话。"按,"静"一作"净"。

【侧面】 cè miàn 旁边的一面。可用于抽象事物。宋李诫《营造法式》卷一二："凡大材植,须合大面在下,然后垂绳取正抨墨。其材植广而薄者,先自～抨墨。"清《儒林外史》四〇回："木耐随手开了六扇窗格,正对着广武山～,看那山上,树木凋败。"《本朝四书文》卷一〇韩菼《今王鼓乐于此何以能田猎也》文评语："意在摹写覆述语气神情,故多从反面～,翻腾跌宕,以注末句。"

【侧伴】 cè pàn 同"侧畔❷"。唐易静《兵要望江南·占树》："营～,树木自崩摧。"宋范元卿《太师纳孙妇礼席》："云屏～齐眉案,长共春光映紫垣。"清弘历《题木画屏·梅竹》："孤山处士孤吟处,～安能少此君?"

【侧畔】 cè pàn ❶ 犹"侧边❶"。唐王焘《外台秘要方》卷三七："罐底开小孔子令遍,～近下又两行开孔绕遍。"清陈元龙《格致镜原》卷三三："凡犀带,有角地上贴好犀作面而夹成一片者,可验底面花儿大小远近,更于～寻合缝处,可见真伪。" ❷ 犹"侧边❷"。唐刘禹锡《酬乐天扬州初逢席上见赠》："沉舟～千帆过,病树前头万木春。"明孟称舜《娇红记》三八出："东轩～多潇洒,阻隔中庭如海。"清陈世祥《沁园春·客中将发》："忆窗棂～,梅花已雪。"

【侧僻】 cè pì ❶ 偏僻;僻远。唐柳宗元《愚溪对》："今汝之

托也,远王都三千餘里,～回隐。"宋韦骧《谢杨侍郎》："栖迟于使部,第拘～,未仰辉光。" ❷ 邪僻。宋张孝祥《取友铭》："天高听卑,好是正直。～取容,幽与鬼蜮。"金赵秉文《黄河九昭·匡俗》："悲世俗之～兮,偭规矩而诡驰。"明薛瑄《论取友为学答周秉忠书》："于闳博诚直之良友,则忌其贤,疏而不亲,而独取夫～固陋、圆和软熟、与己不龃龉者为契合。"

【侧塞】 cè sè 充满;充塞。《法苑珠林》卷五一："乃睹塔内,～僧徒,合掌而立。"宋杨万里《过松源晨炊漆公店》："～千山缝也无,上天下井万崎岖。"清田文《葛镜桥》："平越东五里,两山～,岸高涧深。"

【侧手】 cè shǒu 同"侧首"。元明《水浒传》五六回："墙里望见两间小巧楼屋,～却是一根戗柱。"明《西游记》四九回："众水族摆列两边,有个斑衣鳜婆坐于～,都商议要吃唐僧。"

【侧首】 cè shǒu 旁边。元陶宗仪《辍耕录》卷二八："杭州荐桥～,有高楼八间。"明徐复祚《红梨记》二九出："小弟有个内书房,就在卧房～。"清《说岳全传》六回："请僧道做了七七四十九日经事,送往沥泉山～安葬。"

【侧歪】 cè wāi 倾斜。清《歧路灯》七三回："过到河中间,滑了一个～,鞋袜皆顺水而去。"

【侧隐】 cè yǐn 藏伏;隐居。宋林之奇《尚书全解》卷一："及舜登庸于～之中,而居其上,始有不平之心而肆其恶,故舜诛之耳。"明《封神演义》二四回："久慕先生大德,～溪岩,特具小聘。"

【恻恻】 cè cè 同"测测"。唐韩偓《深夜》："～轻寒翦翦风,小梅飘雪杏花红。"宋秦观《梦扬州》："燕子未归,～轻寒如秋。"清厉鹗《西溪山庄有感》："阛压堆衣户网尘,嫩寒～那禁春。"

【测测】 cè cè 微寒的感觉。唐韦应物《再游西山》："～石泉冷,暖暖烟谷虚。"宋赵孟坚《蓦山溪·怨别》："桃花雨动,～轻寒小。"明杨基《青玉案·江上闲居写怀》："～餘寒侵绣被。"

【测赖】 cè lài 即"渗癞"。明《山歌·门神》："我吃你刮又刮得介～,铲又铲得介尽情。"

【测癞】 cè lài 即"渗癞"。明《挂枝儿·小官人》："小官人,在行的,一发～,也会妖,也会者,也会肉麻。"又《破鬃帽歌》："十字街蟠龙玉乌纱冠石皮得介～,老弗识波罗生荔枝圆夕得介忒村。"

【测验】 cè yàn 推测验证;测量检验。唐《唐会要》卷四四："载初元年六月敕,相书及～家书多妄论祸福,并宜禁断。"元耶律楚材《送门人刘德真征蜀》："三辰～须吾子,创作天朝宝历新。"清《平定准噶尔方略》卷六一："将辟展等处节候地气～确实,即于明春布种。"

【测字】 cè zì 把汉字的笔画拆开或拼合,以占卜吉凶。明都穆《都公谭纂》卷下："四明儒士胡宏任之,精卜筮之术,尤善～。"清《儒林外史》五四回："你每日在外～,也还寻得几十文钱。"

【策】 cè 扶掖;扶持。敦煌本《黄仕强传》："初死之时,见有四人来取,一人把文书,一人撮头,二人～腋,将向阎罗王处。"元明《水浒传》四二回："不多时,铁扇子宋清～着一乘山轿,抬着宋太公到来。"

【策立】 cè lì ❶ 确立太子、皇后、藩王等。唐李冗《独异志》卷下："汉昭帝纳上官杰孙女,其父名安,～为后,年方六岁。"金刘祁《归潜志》卷一〇："后章宗崩,无子,元妃等与宰相撒速定～卫

王。"明《警世通言》卷二八:"原来是宋高宗～孝宗,降赦通行天下。"　❷ 控制止立。元明《水浒传》三四回:"先使小喽啰或在东,或在西,引诱的秦明人困马乏,～不定。"又五五回:"前面五队军马望见,便乱撺了,～不定。"

【策望】　cè wàng　策应守望。元明《水浒传》四五回:"若买得这等一个时,一者得他外面～,二乃不教你失了晓。"又:"我这里自有个头陀胡道人,我自分付他来～便了。"

【策应】　cè yìng　呼应配合。宋丁特起《靖康纪闻》:"殿前司以京尝兵万人,分屯五军,以备四壁～。"明汤显祖《牡丹亭》四三出:"从今日起,文官守城,武官出城,随机～。"清《儒林外史》三九回:"教两都督率领本部兵马,作中军～。"

【閟然】　cè rán　全然;一律。《敦煌变文校注》卷四《降魔变文》:"二心俱一种,平等～齐。"

【閟塞】　cè sè　同"侧塞"。《敦煌变文校注》卷四《降魔变文》:"天仙～虚空,四众云奔衢路。"

cēn

【参差】　cēn cī　❶ 蹉跎;错过。唐杜甫《自瀼西荆扉移居东屯茅屋》:"牢落西江外,～北户间。"敦煌词《临江仙》:"如今时世已～,不如归去。"清陈世祥《内家娇·忆见》:"只怕书生分薄,端又～。"　❷ 差错。《敦煌变文校注》卷二《韩擒虎话本》:"一句～,殿前总杀。"宋史达祖《齐天乐》:"问因甚～,暂成离阻。"明《拍案惊奇》卷二九:"难道要我不成?还是相约里头,有甚么说话～了?"　❸ 依稀;隐约。情态副词。宋范成大《枕上六言》:"寒更寂历向晚,短梦～屡惊。"方信孺《重题龙隐岩》:"石上～鳞甲动,眼中在处画图开。"元《三遂平妖传》一〇回:"见一座石门,～门缝里射出一路亮来。"　❹ 几乎;大约。估量副词。唐白居易《长恨歌》:"中有一人字太真,雪肤玉貌～是。"敦煌词《破阵子》:"风送征轩迢递,～千里馀。"金《董解元西厢记》卷八:"莺莺在普救,～被虏。"　❺ 顷刻。唐杜牧《闻雁》:"归梦当时断,～欲到家。"《元曲选·蝴蝶梦》二折:"草虫之蝴蝶,一命在～。"《元曲选外编·黄鹤楼》三折:"谁承望命在～,任渔公自三思,空有翻波志,他可便眼见的在钢刀下死。"

cén

【岑寂】　cén jì　孤独冷清。唐李商隐《西溪》:"天涯常病意,～胜欢娱。"宋谢逸《好事近》:"荻花枫叶只供愁,清吟写～。"明《二刻拍案惊奇》卷三:"一来家姑相留,二来小生形孤影只,不过,贪着骨肉相傍,懒向外边去了。"

céng

【曾】　céng　可;是否。表疑问语气。《大唐三藏取经诗话》三则:"汝若是九度见黄河清,～知天上地府事否?"宋佚名《张协状元》二五出:"不知相公～有钧旨,分付你排办采楼,招纳驸马也?"

【曾此】　céng cǐ　❶ 曾经在这里。唐薛逢《题上皇观》:"狂寇穷兵犯帝畿,上皇～振衣衣。"《大唐三藏取经诗话》一一则:"此是西王母池,我小年～作贼了,至今由怕。"元姚燧《满庭芳》:"天

风海涛,昔人～,酒圣诗豪。"　❷ 曾经。唐薛能《江柳》:"天津～见,亦是怆行行。"宋宋祁《感事》:"曹鼠秦车未足多,几人～动悲歌?"清田雯《题王瑶湖宫詹下直传经图》:"渊明～生嗟吁,卢仝久衰暮添丁无?"

【曾经】　céng jīng　副词。表示从前有过某种行为或情况。《太平广记》卷一四七引《定命录》:"侍郎前身～打杀两人,今被谪罪,所以十年左降。"宋王栐《燕翼诒谋录》卷一:"开元三年三月壬寅朔,诏礼部阅贡士十五举以上～终场者,具名以闻。"清洪昇《长生殿》一一出:"他妃子杨玉环,前身原是蓬莱玉妃,～到此。"

【曾来】　céng lái　从来。唐白居易《病后寒食》:"抛掷风光负寒食,～未省似今年。"明李攀龙《留子与署中》:"大抵冥鸿心自远,～老骥气难平。"佚名《南北商调合套·闺情》:"～不曾受慜僈,消瘦了容颜。"

【曾是】　céng shì　❶ 已是;已经。唐李商隐《无题》:"～寂寥金烬暗,断无消息石榴红。"元滕安上《牛钦夫尹同州》:"～无心致驯雉,肯容烦手触烹鲜。"清《九云记》九回:"春云一心,女儿～料度了。"　❷ 曾经。唐刘长卿《关门望华山》:"～朝百灵,亦闻会群仙。"元虞集《与侯颐轩》:"洞庭高士成都客,～相从大父时。"明吴宽《二马图》:"紫骝嘶逐玉花骢,～沙场百战功。"　❸ 正是;恰逢。元程文海《画牛》:"～江南新雨过,闲看稚子引乌犍。"

cèng

【蹭】　cèng　❶ 蹭蹬;迟钝。宋刘一止《祭方时敏学士文》:"人谁不达,公独困～;人谁不寿,公独早世。"元许有壬《盆菊联句》:"灌溉瓶屡馨,咏歌笔已～。"　❷ 跐;为支撑身体而用脚踩。元郝经《先姊行状》:"蹊径不辨,指峰峦为的,攀缘嵌隙,循～崖磴。"又《去三汊见太行》:"何时鹤发翁,携我～叠嶂。"　❸ 慢吞地走。清《霓裳续谱·因为隔墙》:"手拿着束帖儿,我可慢慢的～。"《醒世姻缘传》一九回:"慢腾腾的～到庄上,约有一更多天。"《红楼梦》六回:"周瑞家的又和他咕唧了一会子,方～到这边屋内。"　❹ 擦;挨;碰。清《醒世姻缘传》七五回:"(寄姐)伸出白藕般的手臂,带着乌银镯子,狄希陈接在手中,说道:'怪不得不叫打,我也舍不的打呢。'放在脸上～了几～。"《红楼梦》二九回:"那边车上又说'～了我的花儿',这边又说'碰折了我的扇子'。"《飞龙全传》二一回:"那枝箭刷的一声,打从肋下～将过去。"　❺ 蹲。明吴之鲸《武林梵志》卷六:"寺之祖山为天钟,而钵盂山为对,左狮～,右象伏。"《醒世恒言》卷一四:"却把斗笠掩着身子和腰,～在地下,蓑衣也放在一边。"《今古奇观》卷三八:"那经纪～在柑子篮边,一头拾钱,一头数数。"　❻ 拖延;磨蹭。明冯梦龙《挂枝儿·五更天》:"怕的是寒衾枕,和衣在床上～。"清《斩鬼传》一〇回:"呆邪鬼也不理他,又～了顿饭时候,大叫道:'过来!'"

【蹭答】　cèng da　磨蹭。答,词尾。明汤显祖《紫钗记》三九出:"则道他觅封侯时运低有甚巧争差,受皇宣道途中有些闲～。"

【蹭道】　cèng dào　蹬道;台阶。宋徐兢《宣和奉使高丽图经》卷五:"依崧山之脊,～突兀,古木交阴,殆若岳祠山寺而已。"

【蹭蹬】　cèng dèng　❶ (道路)险阻难行。唐储光羲《赴冯翊作》:"～失归道,崎岖从下位。"元郝经《青州山行》:"垠崿叶乱滑,～几欲坠。"清查慎行《毕铁岚金事将督学贵州》:"浪游我昨趋黔境,一线乾坤叹～。"　❷ 趔趄;失足;行步不稳。唐刘肃《大唐新语》卷一三:"有意嫌兵吏,专心取考功。谁知脚～,几落省墙东。"宋张方平《陇西郡麦积山有献白鹿者》:"烟崖一～,华馆久埃

尘。"清《荡寇志》一三〇回:"吃三娘尽力一拖,丽卿用力一挣,两骑马都打了～。" ❸ 跋涉;远行;艰难行进。元王恽《题玄宗幸蜀图》:"至牗遣扶风,～蜀道,彷徨踯躅,愁焉如捣。"滕安上《伴读杨观谦逢吉告归平定省觐》:"胡为事远游? 舍迩趋～。"清《醒世姻缘传》九四回:"别人跑出几千里路去,你还在大后边～。" ❹ 踟蹰;缓步;要走不走。宋蔡襄《送任山归河东》:"～不敢前,抚心愈疑恐。"周紫芝《十日不至湖上》:"我始跨匹马,～来东吴。"明梁潜《义马传》:"邑丞躬造马所,谕马使且往。马～强出门去。" ❺ 闲逛;游荡。《敦煌资料》第一辑(五)《后梁龙德四年张厶甲雇工契》:"不得□抛涤工夫,忽忙时不就田畔,～闲行,左右(南)直北,抛工一日,克物贰斗。" ❻ 蹉跎;白白度过。《太平广记》卷一七九引《乾膜子》:"某当是时,年已～。常于江激,往往山钦大师处问法。"五代齐己《忆制匡山寄彭泽茱昼上人》:"却回看五老,翻悔上孤舟。～三千里,蹉跎二十秋。"明唐桂芳《赠陈养吾》:"我穷不自振,～成白叟。" ❼ 拖延;耽搁。宋李之仪《答人求所为诗文书》:"偶刻字人招致不来,尚有未完。虑参差不足以奉省阅,故尔～因循晚矣。"明殷奎《寄吴宗德明府》:"恨我归期成～,向君离思转彷徨。"袁凯《观王生所藏王维画》:"右丞小景树参差,我有林塘实似之。日日欲归还～,时时借看解愁思。" ❽ 困顿;失意。唐李白《赠张相镐》之一:"晚途未云已,～遭谗毁。"宋陆九渊《陆修职墓表》:"虽～场屋,而人所推尊不在利达者后。"明薛近兖《绣襦记》三出:"功名～,豪杰之志已灰。" ❾ 敏捷;不凡;突出。宋秦观《答朱广微》:"葱茏晓景破新花,～老拳擒脱兔。"元郝经《挽刘善甫》:"葱葱玉树照清秋,～群伦正黑头。"又《原古上元学士》:"黄山与黄华,双凤高～。"清风玉树鸣,千古一辉映。" ❿ 零落。宋仲并《奉和陈德召游惠山见寄》:"荒凉石径深,～云色晚。"元马臻《春霁陪葛元白游南山》:"～繁花老,阴沉乱叶新。"范梈《立秋日分司书怀》:"飘飘百年内,过者已～。" ⓫ 不顺利;有闪失。明吾邱瑞《运甓记》二五出:"今朝赌钱多,输尽无投奔。"清《十二楼·十卺楼》二回:"谁想他姻缘～,命运乖张,娶来的女子,不是前生的孽障,就是今世的冤家。"《醒世姻缘传》三三回:"却是要保佑祝赞得那官府功名显达,一些也没有跌磕。使那护法天尊成了佛祖,这演法的才得做了伽蓝。若是那相处的官～一～,这便是孙行者陷在火焰山,大家俱着。" ⓬ 妨害。清《野叟曝言》一一二回:"一头说,一头去捧灵牌道:'快烧掉了罢,休～着文爷!'" ⓭ 晦气;倒霉。明《西游记》一八回:"～,～! 家长的屈气受不了,又撞着这个光头,受他的清气!"又六三回:"快将宝贝献还他,免汝老少全家命。敢若无知骋胜强,教你水涸山颓都～!"又九九回:"我的～! 那时节吃得,却没人家连连十请;今日吃不得,却一家不了又是一家。"

【蹭踏】 cèng tà　挨挤踩踏。明冯梦龙《新灌园》三五折:"行人争看共～,沿路小儿齐笑哈。"

【蹭窝】 cèng wō　蹲窝;蹲守在狭小的居处。明冯梦龙《新灌园》二四折:"大将军高居戎幕,小健儿在水草～。"

【蹭踊】 cèng yǒng　或快或慢地走。元郝经《周子祠堂碑》:"其学不知所自,不事章句,不工文辞,不务决科。沛然一致诸道,～孔孟之后,瞰视羲文之前。"

【蹭坐】 cèng zuò　蹲坐。明《平妖传》一〇回:"拣个大大的丫杈中,似乌鹊般做一堆儿～着。"

chā

【叉】 chā　另见 chá、chà。 ❶ 张开(手掌)。元明《水浒传》四回:"智深用手隔过,～开五指,去那门子脸上只一掌,打的跟跟跄跄。"又二一回:"这婆子乘着酒兴,～开五指,去那唐牛儿脸上连打两掌。" ❷ 用手掌卡住推。《元曲选外编·升仙梦》二折:"这斯每狐朋狗党,把我～出来,推在沟里。"明李梅实《精忠旗》一〇出:"这不是报军情的所在,谁着你来? 快～出去!"清《儒林外史》三回:"两旁走过几个如狼似虎的公人,把那童生～着膊子,一路跟头～到大门外。" ❸ 赌博用语。指规定判输的花色点数。跟规定判赢的"快"相对。元明《水浒传》三八回:"李逵又拿起头钱,叫声'快!'肐膊的又博个～。"明《拍案惊奇》卷三六:"带了钱到赌坊里去赌,怎当得博去就是个～色,一霎时把钱多输完了了。"清《飞龙全传》一六回:"你掷的是四个二,两个幺,名为果头名色,非～非快,为甚么不许我掷?"

【叉巴子】 chā bā zi　前端分叉的农具,又取柴草用。清《红楼梦》程乙本四〇回:"这个～,比我们那里的铁掀还沉,那里拿的动他?"按,例句喻指筷子,它本或作"叉钯子""叉爬子"。

【叉把】 chā bā　即"叉巴子"。清《醒世姻缘传》三二回:"虽然没有什么坚甲利兵,只一顿～扫帚撑的那贼老官兔子就是他儿。"

【叉袋】 chā dài　袋口上有两只叉角的麻袋或布袋。也叫"叉口布袋"。《太平广记》卷一二七引《逸史》:"行李贫困,有驴两头,～一,奴才十馀岁而已。"元明《水浒传》四一回:"有烦穆太公对付八九十个～,又要百十束芦柴。"清陈皋谟《笑倒·叉袋》:"有持银入市籴,失～于途。"

【叉竿】 chā gān　一端有叉的竿子,用来叉取或挑挂物品。《太平广记》卷三八四引《史传》:"店中皆持一弓矢,欲杀同。"元明《水浒传》二四回:"这妇人正手里拿～不牢,失手滑将倒去。"清王杰《恭和御制盛京土产杂咏·鳝鳇鱼》:"翻腾觳觫兼围网,摆脱～与钓缗。"

【叉口】 chā kǒu　另见 chà kǒu。即"叉袋"。明《金瓶梅词话》六〇回:"一个急急脚脚的老小,左手拿着一个黄豆巴斗,右手拿着一条绵花。"《拍案惊奇》卷三:"一个人走将进来,将肩上～也似一件东西往庭中一捽。"

【叉裤】 chā kù　 ❶ 裤子(本指只有裤腿没有裤腰的裤子)。清《荡寇志》七九回:"凡是跑解马的武妓,她那打扮都是单～,不系裙子。"《红楼圆梦》七回:"太监将他剥去衣裙,只留～,拖翻在地。" ❷ 也指穿着裤子。旧时妇女着裙,只穿裤子是亵服。清《醒世姻缘传》七回:"小人进去,那新姨叉着裤,正合晃住媳妇子踢毽儿。"又一〇回:"昨六月初六日,我在家里叉着裤子,手拐着几个茧。"

【叉取】 chā qǔ　用叉挑取。唐牛僧孺《玄怪录》卷一:"肯言姓名即放,不肯言即当心～,置之镬中。"元王祯《农书》卷一四:"叉又有以木为干,以铁为首,二其股者,利如戈戟,唯用～禾束,谓之铁禾杈。"明陆容《菽园杂记》卷一五:"家仆俟其老,斫而芟去旁枝,用以～薀草饲猪。"

【叉手】 chā shǒu　 ❶ 一种礼节。左手握住右手拇指,右手四指伸直,掩在胸前,躬身俯首至手(见屠义英《童子礼》)。《敦煌变文校注》卷二《舜子变》:"舜子～启阿嬢。"宋陈著《虞美人·次韵人咏菊》:"老来犹解高～,遮上花前寿。"清《儒林外史》二一回:"那小厮作了一个揖,叫声'老师父',～不离方寸。" ❷ 指僧人的合十(合掌)礼。唐王维《能禅师碑》:"思布发以奉迎,愿～而作礼。"明《西游记》五九回:"行者～向前,笑道:'嫂嫂切莫多言。'" ❸ 抄手;两手相交叉握拢。五代孙光宪《北梦琐言》卷四:"(温庭筠)每入试,押官韵作赋,凡八～而八韵成。"宋《朱子语类》卷一二

六："世上人所以只得～看他自动。"明陆采《明珠记》六出："袅娜腰肢，～抱来无一捻。"

【叉牙】 chā yá 长短或高低不齐貌。唐韩愈《落齿》："～妨食物，颠倒怯漱水。"李贺《南山田中行》："荒畦九月稻～，蛰萤低飞陇径斜。"明朱橚《救荒本草》卷三："叶似枸杞叶，微长而有～锯齿。"

【叉子】 chā zi 另见 chà zi。顶端有分叉以刺取物品的用具。宋《朱子语类》卷七九："毕是叉网。漉鱼的～，又鼎中漉肉～，亦谓之毕。"清《红楼复梦》一六回："只见双梅取了几枝小银～，放在桌上。梦玉笑道：'费事巴拉的，还是用指头的爽快。'"

【叉嘴】 chā zuǐ 插嘴；打岔。明《山歌·歪缠》："我也无介气力听渠～，自听卖鱼个开言。"

【扠】 chā 另见 chá、zhǎ。❶用叉刺取。唐柳宗元《同刘二十八院长述旧》："野鹜行看弋，江鱼或共～。"元丁复《次夏允中禁体雪诗》："卧来穷就捉，跳出捷从～。" ❷拳打。《敦煌变文校注》卷三《燕子赋》："雀儿出来，不问好恶，拔拳即～。"按，原录作"差"，此据丙卷。唐窦昉《嘲许子儒》："瓦恶频蒙搅，墙虚屡被～。"按，《广韵·佳韵》："～，以拳加人。"引申指较量。元明《水浒传》二回："俺经了七八个有名的师父，我不信倒不如你！你敢和我～一～么？"

【嗏】 chā ❶叹词。多用以表追问。元佚名《错立身》一二出："～！模样似乞的，盖纸被。"张可久《寨儿令》："把你做心事人，望的我眼睛花。～！因甚不来家？"清洪昇《长生殿》四二出："今朝驾到不是耍，～，若有差迟拿去便杀。" ❷语气词。表惊讶、感叹等语气。宋辛弃疾《南乡子》："好个主人家，不问因由便去～。"宋元《清平山堂话本·杨温传》："这汉要共李贵使棒～，你却如何赢得他！"元马致远《任风子》二折："先生～，你今日不合死，明日我来杀！" ❸把嘴凑进液体食物取食。明《金瓶梅词话》七五回："往来有声，如狗～糯子一般。"按，清光绪《东平州志》："口就食曰嗏（音插）。"

【差背】 chā bèi 违背；差错。宋《朱子语类》卷二："望以后，日与月行便～向一畔。"又卷一三八："陶隐居注《本草》，不识那物，后说得～底多。"

【差池】 chā chí ❶差错。唐李湛《南郊赦文》："如闻去冬吏部三铨选人，驳放者众。或文状粟错，或书判～，主司守文，不得不尔。"《元曲选·马陵道》楔子："是咱旧交朋友，我便有些儿～，你就耽待不得？"清毛奇龄《上宋大司马论婚姻书》："偶一～，百口莫辩。" ❷意外。元高明《琵琶记》四出："教孩儿出去，万一有些～，教兀谁管来？"清《醒世姻缘传》二回："天爷可怜见，叫你好了罢！你要有些～，我只好跑到你头里罢了。"

【差驰】 chā chí 同"差池❶"。《敦煌变文校注》卷四《降魔变文》："纤毫～，臣可得全腰领！"

【差迟】 chā chí ❶同"差池❶"。唐李俨《南郊赦文》："吏部选人，如闻累年驳放至多。或文状粟错，或书判～，主司守文，不得不尔。"《元曲选·柳毅传书》一折："可怜我～了这夫妇情，错配了这姻缘簿，都只俺水性的儿夫。"清《红楼梦》九三回："如有半点～，再行禀退本官，重重处治。" ❷同"差池❷"。《元曲选·碧桃花》二折："怎又道守关尺三部脉都沉细，还只怕这病候有～。"明《封神演义》二三回："我儿，你有～，为娘的焉能有命？" ❸拖延；耽搁。宋陆九渊《与包敏道书》："承秋凉有肯顾之意，傥不～，当得面叩也。"元明《水浒传》二回："小人怎敢～，路上不曾住脚，一直奔回庄上。"明郑若曾《江南经略》卷八下："两军格斗，手眼瞬息不得～，何暇割首？"

【差讹】 chā é 差错。唐韩愈《石鼓歌》："公从何处得纸本，毫发尽备无～。"元郑廷玉《看钱奴》二折："这孩儿～了一个字，千般儿见责。"清宋荦《东坡先生画竹歌》："醉墨吐作苍苍石，涪翁击节无～。"

【差落】 chā luò 错漏。宋觉范《禅林僧宝传》卷一《曹山本寂禅师》："动成窠臼，～顾伫。背触俱非，如大火聚。"明《警世通言》卷一五："学生也亲口念过几遍，并无～。"《大清会典则例》卷六七："如誊录潦草淡抹，句字～，些小失误，责令重录。"

【差扭】 chā niǔ 乖违；不顺遂。明佚名《山坡羊·离情》："当初指望无～，不承望你今番把我丢。"

【差异】 chā yì ❶差别；不同。唐元稹《进西北边图状》："诸家所进河陇图，勘验皆有～。"宋《朱子语类》卷一二五："如佛经本自远方外国来，故语音～。" ❷奇特；怪异。宋《朱子语类》卷一二五："大抵楚地便多有此样～底人物学问，所以孟子说陈良云云。"佚名《张协状元》二出："此段新奇～，更词源移宫换羽。"

【差争】 chā zhēng 另见 chà zhēng。纷争。《元曲选·扬州梦》四折："既然是太守相容，俺朋友间有甚～。"《元曲选外编·周公摄政》一折："临至日若是上下交征，内外～，老微臣怎地施行？"

【插】 chā ❶掺和；混杂。元刘时中《端正好·上高监司》之一："谷中添秕屑，米内～粗糠。"明《金瓶梅词话》一〇〇回："那老婆炕上柴灶，登时做出一大锅秕稻～豆子干饭。" ❷加入；参加进来。明《金瓶梅词话》二二回："我们闲的声唤在这里，你也来～上一把子。"清《平山冷燕》一五回："平如衡听了忙～上问道：'山阁老既不曾回去，如今在哪里住？'"《红楼梦》九一回："也有想～在里头做跑腿儿的。" ❸边拌边煮。明佚名《粉蝶儿·悭吝》："早饭白粥才餐过，到晚来又～和和。"清《醒世姻缘传》五四回："擀薄饼也能圆泛，做水饭，～黏粥、烙火烧都通路。" ❹用闩闩门。元孟汉卿《魔合罗》二折："我则道十分紧闭着，却原来不～拴牢，靠着时呀的门开了。"明《金瓶梅词话》五一回："交我把门～了出不来。" ❺扎；刺绣。清《聊斋俚曲·磨难曲》："我绣线～三条。"又："绣线重添十五条，梅树已～的枝头闹。" ❻插补；修补。清《聊斋俚曲·翻魇殃》："～～草屋扫扫灰。" ❼指男子性交动作。明高濂《玉簪记》二八出："若得爹爹讨了陈道姑，省得终朝～我。"

【插板】 chā bǎn 可插入槽中起屏挡作用的木板。宋《三朝北盟会编》卷五三："西门～索断，不能出之。"明李开先《一江风·卧病江皋》："到头来，善有祯祥，恶有灾殃，～厮挨派。"张岱《陶庵梦忆》卷五："今虽湖，尚田也，不下～，不筑堰，则水立涸。"

【插标】 chā biāo 犹"插草"。元吴师道《老翁行》："老翁手～，泣售官道边。"清《聊斋志异·乱离二则》："时大兵凯旋，俘获妇口无算，～市上，如卖牛马。"《飞龙全传》五五回："自挂号之后，其马就在城内～买卖。"

【插标卖首】 chā biāo mài shǒu 犹言送死。元明《三国演义》二五回："吾观颜良，如～耳！"明丘濬《举鼎记》二〇出："你这草寇无识，～来此地。"

【插草】 chā cǎo 插上草标表示出售。清乾隆二年《江南通志》卷一九七："睢宁县霪潦岁饥，民～鬻子女。"《幻中游》一回："路旁一人，手拿旧书一部，～出卖。"《醒世姻缘传》三六回："恰好一个人拿了一只天鹅绒皮，插了草走过。"

【插插】 chā chā 小声说话。清《醒世姻缘传》七回："这是媳妇子们背地～，我绰见点影儿。"又四〇回："你刚才和媳妇子～甚么？叫他扯脖子带脸的通红？"

【插钗】 chā chāi 婚俗之一。男方至女家相亲，如中意，即

以钗插冠中。宋孟元老《东京梦华录》卷五:"若相媳妇,即男家亲人或婆往女家,看中即以钗子插冠中,谓之'插钗子'。"宋元《警世通言》卷一四:"自从当日插了钗,离不得下财纳礼,奠雁传书。"《元曲选·两世姻缘》四折:"不索你~下财纳采,有甚消不的你展脚伸脚两拜?"

【插带】 chā dài ❶ 插戴首饰。"带"与"戴"通。《元曲选·玉壶春》三折:"我与你审问个明白,因甚上不~犀梳凤钗,懒亲傍宝镜鸾台?"又明《水浒传》四六回:"那妇人不知有些事,只顾打扮的齐齐整整,迎儿也~了。" ❷ 指首饰。有时特指订婚时男方送给女方的首饰及其他礼品。清《娱目醒心编》六卷三回:"见筹姑生得好,便有哀怜他的意思,赏他新衣数件,~数事,打扮得筹姑如花似玉。"《续金瓶梅》二〇回:"珠冠金镯、宝石环珮、衣服~在外,也得千两才出的门。" ❸ 犹"插钗"。明张岱《陶庵梦忆》卷五:"看中者,用金簪或钗一股插其鬓,曰~。"

【插带婆】 chā dài pó 梳妆女工。明田艺蘅《留青日札》卷二一:"曰~者,富贵大家妇女赴人筵席,金玉珠翠首饰甚多,自不能簪妆,则专雇此辈。"

【插戴】 chā dài ❶ 同"插带❶"。《元曲选·玉镜台》三折:"但能勾与你~些首饰,执料些饮食,则这的我早福天共齐。"明王士性《广志绎》卷四:"首则饰以高髻,耳垂大环,铸锡成花,满头~。"《二刻拍案惊奇》卷九:"不耐烦与你缠帐,且将菊花去与姐姐~则个。" ❷ 同"插带❷"。明《金瓶梅词话》七回:"(西门庆)打选衣帽齐整,袖着~,骑着大白马,玳安平安两个小厮跟随。"清《醒世姻缘传》二五回:"择了吉日,彼此来往通了婚书,又落了~。" ❸ 同"插带❸"。明范景文《和北吴歌》之二六:"闻说郎来亲,背人偷觑倚窗间。"清雍正元年五月十一日九卿奉旨议婚嫁之礼奏文:"凡官民婚娶,止许照例行纳采礼成婚礼,不许行~等礼。"

【插戴婆】 chā dài pó 即"插带婆"。清周召《双桥随笔》卷六:"也有~者,富贵大家妇女赴人之筵席,金玉珠翠首饰甚多,自不能簪妆,则专雇此辈为之插戴者也。"

【插定】 chā dìng 订婚时男方送给女方礼品。明《金瓶梅词话》九七回:"春梅这里备了两抬茶叶、喜饼、羹果,教孙二娘坐轿子,往葛员外家~女儿,带戒指儿。"清雍正十三年《陕西通志》卷四五:"近有~纳采重复繁琐,令人难支。"也指订婚时所送的礼品。清《儒林外史》二七回:"但我说明了他家是没有公婆的,不要叫鲍老太自己来下~。"

【插号】 chā hào 含有隐喻性质的称号;绰号。明田汝成《西湖游览志馀》卷二五:"今之风俗大抵仍之,而~稍异:白手骗人谓之打清水网,夹剪衫袖以掏财物谓之剪绺。"《禅真后史》二一回:"只因这刘爷慈祥好善,引动一个强徒,姓金,~为焦面鬼。"《型世言》七回:"这徐海号明山,~徐和尚。"

【插花】 chā huā ❶ 喻指中箭出血。《宋史·种仆传》:"乃宣言曰:'吾令最先行者眉间~。'引弓三发,陨三人,皆中面。" ❷ 把兵器使出花样击刺。清《说岳全传》七五回:"舞起紫金锤,左~,右~,上三路,下三路,战了四十餘合。"《说唐三传》八〇回:"那赵仁果然厉害,使开枪,左~,右~,枪花中只见日光闪闪。"

【插话】 chā huà 插嘴。明《金瓶梅词话》六五回:"奶子如意儿无人处常在根前递茶递水,挨挨抢抢,掐掐捏捏,~儿应答。"清《后西游记》一三回:"滕本听见他师徒们商量要去看看,忍不住~道:'这位孙小师父想是痴子?'"《野叟曝言》一〇九回:"众宫人横身护救,跪地求告。正妃喝道:'王爷若接不转来,你们都是死数,还敢~吗?'"

【插诨】 chā hùn 说话凑趣。明《梼杌闲评》二三回:"皇上在宫中无事,看着那些小内侍们斗鹌鹑,进忠也拿着袋子在傍~。"清《隋唐演义》九五回:"积薪把上项事奏闻,黄幡绰在旁,听了~道:'弈称手谈,那家妈妈媳妇却又口著,真是异事。'"

【插和】 chā huò 搅和;掺杂混合。《元典章·户部八》:"诸人兴贩盐货,务要两平发卖,不得中间~灰土。"明冯惟敏《醉太平·李中麓醉归堂夜话》:"闷葫芦藏在埋头囤,浑泥浆~面糊盆,不明白似您。"《明儒学案》卷五八:"世味一些靠不着,方见道味亲切;道味有些靠不着,只是世味~。两者推敲,尽有进步。"

【插脚】 chā jiǎo ❶ 厕足;置身。宋赵灌园《满江红·寿云峤尚书》:"只恐怕,明天子,黄纸唤,先生起,教依前~,孔鸾丛里。"清《豆棚闲话》一〇则:"有的猜道说,这些人光着身子随处~,不管人家山水园亭、骨董文客,不费一文,白白赏鉴的意思。"《续金瓶梅》四五回:"沙糖舌头弯弯嘴,到处有他插上脚。巢窝里帮闲说他能,帮虎吃食人不觉。" ❷ 巾帽后部伸展出来的翅状部分。宋李攸《宋朝事实》卷一三:"打球供奉官,左朋服紫绣,右朋服绯绣,乌皮靴,冠以花~上巾。"

【插科】 chā kē 即"插科打诨"。元关汉卿《一枝花·不伏老》:"我也会围棋,会蹴鞠,会打围,会~。"明张宁《唐人钩栏图》:"障中挝鼓外击锣,初来队子后~。"清《野叟曝言》一二五回:"大姐只讲道学,妹子却要~。"

【插科打诨】 chā kē dǎ hùn 本指戏曲演员在演出中穿插些滑稽谈话或动作以引人发笑,也泛指调笑逗乐。元高明《琵琶记》一出:"休论~,也不寻宫数调,只看子孝共妻贤。"明张岱《陶庵梦忆》卷八:"其串架斗笋,~,色色眼目,主人细细与之讲明,知其指归。"清《后水浒传》一三回:"终日轻轻薄薄,打扮得俊俏,去串巢窝,闯勾栏,~。"

【插科使砌】 chā kē shǐ qì 戏曲表演中的滑稽言语、动作。宋佚名《张协状元》一出:"苦会~,何昝搭灰抹土,歌笑满堂中。"

【插口】 chā kǒu 插嘴。元明《水浒传》二四回:"王婆便~道:'好个精细的娘子,不惟做得好针线,诸子百家皆通。'"清《儒林外史》五回:"奶妈抱着哥子~道:'老爷想是因为两位舅爷不在跟前,故此记念。'"

【插老】 chā lǎo 簪子的切口。明风月友《金陵六院市语》:"簪子则曰~。"

【插屏】 chā píng ❶ 绘画用具,有底架,上可插画板作画。明《金瓶梅词话》六三回:"(画师韩先生)领了银子,教小童拿着~,拜辞出门。" ❷ 一种摆设,下面有座,上面插着有图画的镜框或大理石、彩绘瓷板等。明《西游记》四一回:"远列巅峰似~,山朝涧绕真仙洞。"清《红楼梦》三回:"当地放着一个紫檀架子大理石的大~。"

【插翘】 chā qiào 山獭的别名。宋周密《齐东野语》卷二〇:"周子功尝使大理,经南丹州,即此物所产之地,其土人号之曰'~'。极为贵重,一枚直黄金数两。"

【插趣】 chā qù 凑趣;凑热闹。《元曲选·百花亭》二折:"咱费了多少钱财,赔了多少功夫,占的这个表子,你只管来~,好没礼也。"明《拍案惊奇》卷二二:"赛儿又时常接了家里的姊妹,论递来陪酒~。"《型世言》三七回:"吕达与这栾宝儿两个说说笑笑,打一拳,骂一句,便缠住不就肯起身,李良雨也插插趣儿。"

【插身】 chā shēn 置身;厕身;参与。宋觉范《入九峰道中》:"~在俗热恼处,留眼看山寒翠中。"明袁宏道《志别种山阁作》:"~净丑场,演作天魔戏。"清《豆棚闲话》一〇则:"就有几个门生故旧走来,他也要~奉陪,还要掉句歪文,读起破句。"

【插手】 chā shǒu ❶ 厕身;参与。宋王洋《闻何为孙作内集以长言戏之》:"村歌社曲莫～,定本风流教坊谱。"《朱子语类》卷三六:"如鲁有三桓,齐有田氏,晋有六卿,比比皆然,如何容圣人～?"清《红楼梦》八八回:"那贾芸听见了,也要～弄一点事儿。" ❷ 同"叉手❶"。《元曲选·荐福碑》二折:"比及见这四方豪士频～,我争如学五柳先生懒折腰。" ❸ 同"叉手❸"。宋《朱子语类》卷一七:"然圣人也不是～掉臂做到那处,也须学也得。"

【插田】 chā tián 插秧。《五灯会元》卷八《桂琛禅师》:"因～次。见僧,乃问:'从甚处来?'"明《夹竹桃·才了蚕桑》:"我搭情郎一夜做了十七八样风流阵,好像才了蚕桑又～。"清张英《吾园》之三:"布谷声声唤～,雨晴新绿正芊绵。"

【插言】 chā yán 插嘴。清《万花楼》五一回:"国丈欲待～辩驳,又因涉及自己,多有不便。"

【插语】 chā yǔ ❶ 插嘴。清《绣戈袍》一五回:"语至此,云豹～道:'此亦兵丁了望偷闲,致令下官有失远接。'" ❷ 小声说。清《聊斋俚曲·禳妒咒》:"进了房门,只落了游游一口气儿,那喉咙眼里～着说:'杀呀!'"

【插烛】 chā zhú 形容磕头一起一伏貌。元明《水浒传》四回:"请鲁达居中坐了,～也似拜了六拜。"明《金瓶梅词话》五五回:"又是主命难违,只得～也似磕了几个头,谢辞了员外。"

【插状】 chā zhuàng 呈递状子,即"告状❷"。《元曲选·铁拐李》一折:"也不索官中～衙中告,只消得二指阔纸提条。"又《后庭花》三折:"你去到黄昏～来,咱两个白日里难说话。"

【插足】 chā zú 犹"插脚❶"。《五灯会元》卷八《隆寿法骞禅师》:"僧问:'如何是隆寿境?'师曰:'无汝～处。'"宋苏辙《送葆光蹇师游庐山》:"归来～九陌尘,独游凝祥芳草春。"元胡祗遹《送雷彦正序》:"非其道,未尝～于权贵之门。"

【插嘴】 chā zuǐ 别人话未完就插进来说。《祖堂集》卷一三《报慈和尚》:"因师看经次,僧便问:'古人道:佛教祖教,如似怨家。和尚为什摩却看经?'师云:'见若不见,触事何妨?'与摩则超毗卢去也。'师云:'亦是傍助～。'"明汤显祖《牡丹亭》二三出:"谁叫你～!起去伺候。"清《红楼梦》八六回:"他们人多说话,我也插不进嘴去。"

chá

【叉】 chá 另见 chā、chà。交叉堵塞或拦挡。《元曲选外编·博望烧屯》二折:"等他入的城来,着鹿角～住巷口,当住城门。"

【叉语】 chá yǔ 同"查语"。唐[日]遍照金刚《文镜秘府论》南卷《论文意》:"调笑～,似谑似讥,滑稽皆为诗赘。"

【挓】 chá 另见 chā、zhǎ。同"叉(chá)"。《元曲选外编·绯衣梦》三折:"那厮可便舒着腿脡,～着门桯,精唇口毁骂不住声。"

【茶】 chá ❶ 同"搽❶"。《敦煌变文校注》卷五《无常经讲经文》:"只趁事持夸窈窕,斗艳争辉呈面俏。酒肉～妆尽恣情,见说讲开失笑。" ❷ 代指婚姻或定亲礼品。明《金瓶梅词话》三五回:"原来吴大舅儿子王舜臣娶了乔大户娘子侄女郑三娘做媳妇儿,西门庆早送了～去。" ❸ 少女的美称,亦作通称。金元好问《德华小女五岁能诵余诗》:"牙牙娇语总堪夸,学念新诗似小～。自注:唐人以～为小女美称。"《元曲选·金线池》三折:"～儿是妹子,你与我好好的看承。"

【茶饼】 chá bǐng ❶ 犹"茶❷"。《元典章·刑部四》:"有邓

成二将引雷九俚用木檐一条檐得饼面等物,称是邓定五将此～定你为妻,阿余坚执不受。" ❷ 即饼茶,制成饼状的碾茶。有的加香料。宋冯时行《山居》:"酒缸开半熟,～索新煎。"李涛《春昼回文一首》:"～嚼时香透齿,水沉晓处碧凝烟。" ❸ 犹"茶食❷"。《太平广记》卷三四四引《河东记》:"叔卿即令市果实,备～,就堂垂帘而坐。"明刘球《游玉泉记》:"下马憩松栢下,出～啖之。"清《醒世姻缘传》一六回:"晁夫人又差晁书押了四盒～,四盒点心,二斤天池茶,送到寺内管待那诵经的僧人。"

【茶茶】 chá chá 金元时少女的通名。元马致远《赏花时·掬水月在手》:"快道与～嬷嬷,宝鉴妆奁难备着,就这月华明乘兴梳裹。"又佚名《一锭银过大德乐·双姬》:"绣袄儿齐腰撒跨,小名儿唤做～。"清焦循《剧说》卷一:"金元人多呼女为～。"

【茶船】 chá chuán 茶托。清顾张思《土风录》卷五:"富贵家茶杯用托子,曰～。"《海公大红袍全传》二九回:"烹上了茶,却不用～,就敦在茶盘之上。"

【茶店】 chá diàn 茶馆。《五灯会元》卷一三《文邃禅师》:"师与岩头、雪峰过江西,到一～吃茶次。"明张燮《东西洋考》卷一二:"日本人善嗷茶,道傍有～,邀人啜茶,如汉人人酒馆。"清《荡寇志》七一回:"忽见辕门外边一个大～内,有许多官人做公的,三三五五在那里吃茶。"

【茶饭】 chá fàn 泛指饮食。《敦煌变文校注》卷五《双恩记》:"因此街坊人众递互相传,装裹衣裳供给～。"元明《水浒传》一一回:"次日早起来,吃些～。"清《石峰堡纪略》卷一七:"吃毕～,即上尖山项札营。"有时指菜肴或筵席。宋孟元老《东京梦华录》卷二:"所谓～者,乃百味羹、头羹、新法鹌子羹、三脆羹、二色腰子、虾罩……炸蟹、洗手蟹之类。"《元曲选外编·西厢记》五本四折:"今日做个喜庆的～,着他两口儿成合者。"

【茶坊】 chá fāng 茶馆。宋孟元老《东京梦华录》卷二:"东十字大街,曰从行裹角,～每五更点灯。"《元曲选·青衫泪》三折:"昨日～里张小闲来说,有个浮梁茶客刘一郎,要来和孩儿吃酒。"清《红楼梦》八三回:"只是满城里～酒铺儿以及各胡同儿都是这样说。"

【茶房】 chá fáng ❶ 茶馆。宋《三朝北盟会编》卷二四二:"虞侯见道傍～酒店官军闲坐。"明冯惟敏《醉花阴·听钟有感》:"街坊小户掩了篱笆,酒店～上了板搭。"清《后西游记》二〇回:"只见那些～酒肆中吃茶吃酒的人出入人人。" ❷ 煮茶,供应茶水和存放茶具的部门或屋子。唐张籍《和左司元郎中秋居十首》之八:"菊地才通履,～不垒阶。"明何乔新《椒丘文集》卷三二:"有五儿惧怕,潜于～内自缢身死。"清《红楼梦》三五回:"我记得交给谁了,多半在～里。" ❸ 供茶水、打杂差的人役。清《幻中游》一五回:"回衙只得换上便服,带了一个～。妆作算卦的模样,出了省城。"

【茶夫】 chá fū ❶ 制茶的工匠。宋韩元吉《劝农文》:"每岁～既散,富家大屋宜有以招之,俾其耕种于无用之山荒墟之地。"清陆廷灿《续茶经》附录:"建宁太守钱蟓因本山茶枯,令以岁～银二百两及水脚银二十两赍府造办,自此遂罢茶场。" ❷ 烧茶供水的仆役。清《说岳全传》二一回:"门子答应,走到茶房,那～姓蔡名茂。"《绿野仙踪》八五回:"玉兰见两把大壶都是空壶,咒骂了～几句。"

【茶阁】 chá gé 品茶的楼阁。清樊增祥《寄爽翁》:"敛手棋枰嘘管豹,留宾～荐琴鱼。"

【茶馆】 chá guǎn 供顾客饮茶的店铺。明张岱《西湖梦寻》卷三:"其临湖一带,则酒楼～,轩爽面湖。"清吴伟业《望江南》:

"江南好,～客分棚。"《十二楼·归正楼》一回:"赶到一处,恰好那当金之人同着几个朋友在～内吃茶。"

【茶果】　chá guǒ　茶食点心。唐封演《封氏闻见记》卷六:"晋时谢安诣陆纳,纳无所供办,设～而已。"宋洪迈《容斋随笔》卷一四:"悉召老幼,亲慰劳之,赐以酒食～。"清《红楼梦》三回:"说话时,已摆上了～上来。"

【茶红酒礼】　chá hóng jiǔ lǐ　指定亲礼品。明《西游记》一九回:"像你强占人家女子,又没个三媒六证,又无些～,该问个真犯斩罪哩!"

【茶糊】　chá hú　污蔑;贬斥。《五灯会元》卷一八《东山吉禅师》:"李竖起拳,师曰:'贼身已露。'李曰:'莫～人好!'师曰:'赃证见在。'"

【茶户】　chá hù　栽茶的农户。《旧唐书》卷四九:"既无害茶商,又不扰～。"

【茶话】　chá huà　饮茶谈话。宋林逋《盱眙山寺》:"高僧拂经榻,～到黄昏。"明王玉峰《焚香记》三〇出:"此地有镇海大王,延我～。"清《豆棚闲话》六则:"进方丈～毕,作别起身。"

【茶家】　chá jiā　制茶或卖茶的人家。唐苏廙《十六汤品》:"在～亦有法律。水忌停,薪忌熏。犯律逾法,汤乖则茶殆矣。"元洪希文《阮郎归·焙茶》:"除冷湿,煎春阳,～方法良。"清洪昇《四婵娟》三折:"你看此茶,臭似芳兰,色同雪乳,真～上品也。"

【茶脚】　chá jiǎo　❶浓茶汁。元宋无《许山人家》:"～碧云凝午椀,酒声红雨滴春槽。"明缪希雍《神农本草经疏》卷一二:"治蛊痢下黑血～色,或脓血如靛色,栢叶焙干为末,黄连和煎为汁,服之。"　❷量词。宋王衮《博济方》卷三:"慢火熬及半盏许,去滓,次乳香碾碎先入,又熬之,候如～一许。"明王肯堂《证治准绳》卷六九:"大辰砂一二钱,重研令极细,人乳三四～许调。"

【茶酒】　chá jiǔ　❶宫廷中司茶酒或办筵席时负责接待宾客、张罗茶酒的人。《旧五代史·晋书·少帝纪五》:"御厨七人,～三人,仪司司三人,军健二十人从行。"明陆容《菽园杂记》卷二:"吏人称外郎者,古有中郎、外郎,皆台省官,故僭拟以尊。医人称郎中,镊工称待诏,磨工称博士,师巫称太保,～院使,皆然。"《金瓶梅词话》七三回:"西门庆分付:六名厨役,二名～,明日具酒筵共五桌,俱要齐备。"　❷婚礼中的赞礼者。明《二刻拍案惊奇》卷二五:"(徐达)又去做那婚筵～,得以窥看新人。如何叫得～?即是那边傧相之名。因为赞礼时节,在旁高声'请茶''请酒',多是他口里说的,所以此称呼。"

【茶酒司】　chá jiǔ sī　承办酒席的"四司六局"之一,专掌供茶斟酒之类的事务。宋耐得翁《都城纪胜》:"官府贵家置四司六局,各有所掌……～专掌宾客茶汤、暖烫筛酒、请座咨席、开盏歇坐、揭席迎送应干节次。"

【茶局】　chá jú　❶官府征收茶税的机构。《宋史·杨掞传》:"制置使孟珙辟于幕,用其策为小子房,与之～,周其资用。"元张伯淳《嘉兴路总管刘君先茔碑》:"强盗龙兴等掠杀～官,至是逮捕。"《明史·食货志四》:"四川茶盐都转运使言,宜别立～征其税。"　❷茶会;饮茶的聚会。明吴宽《种竹》:"好来此地倒壶觞,安用他家置～。"　❸茶馆或特指茶炉间。脉望馆本《四春园》三折:"他去那阁子里扳了窗棂,～子里摔破了汤瓶。"元明《水浒传》二四回:"王婆只做不看见,只顾在～里煽风炉子,不出来问茶。"

【茶客】　chá kè　❶贩茶的客商。宋张栻《答朱元晦》:"今年～尽循约束,无一夫敢持兵行于途者。"明张岱《陶庵梦忆》卷三:"京师～,有茶则至,意不在雪芽也。"清《续金瓶梅》三六回:"恰好

有一个～,叫汪引之,汴梁久住开茶店,平日认的郑玉卿。"　❷到茶馆饮茶的顾客。《元曲选·吕洞宾》二折:"我且在这阁子里歇一歇,若有～来时,着我知道。"

【茶礼】　chá lǐ　定亲聘礼。元王实甫《西厢记》五本三折:"准备筵席～花红,克日过门者。"明《石点头》卷四:"隔了两日,孙三郎来问消息,方氏将女儿要行～、花烛成亲的事说与。"

【茶寮】　chá liáo　❶僧寺道院中待客饮茶的地方。宋魏了翁《成都府朝真观记》:"其中为玉虚清皇之居,而列其右者,经藏、仙祠、云堂、～与方丈室湛然之堂也。"明《型世言》九回:"叫知客留他～待饭,与他在客房宿。"清《豆棚闲话》六则:"这些名目科派出来,写下一张榜文,贴在～却也好看。"　❷家庭中专供炊茶品茶的地方。明文震亨《长物志》卷一:"～,构一斗室,相傍山斋,内设茶具,教一童专主茶役,以供长日清谈。"清吴伟业《和王太常西田杂兴韵》之六:"屋置～图陆羽,轩开画壁祀探微。"　❸茶馆。清孔尚任《桃花扇》五出:"一带板桥长。闲指点,～酒坊。"

【茶楼】　chá lóu　带楼的茶馆。宋林逋《黄家庄》:"野兴几多寻竹径,风情些小上～。"耐得翁《都城纪胜》:"～多有都人子弟占此会聚,习学乐器或唱叫之类。"元马臻《都下初春》:"～酒馆照晨光,京邑舟车会万方。"

【茶卤】　chá lǔ　浓茶汁。明王肯堂《证治准绳》卷三八:"右和匀,～调,搽髭发。"清《红楼梦》五七回:"早有人捧过漱盂～来,漱了口。"

【茶铺】　chá pù　❶宋代运茶的驿站。宋苏辙《论蜀茶五害状》:"至去年八九月间,剑州剑阳一铺人全然走尽,沿路号～为纳命场。"《宋史·王庠传》:"尝摄兴州,改川茶运置～,免役民岁课。"　❷贩茶的商铺。《宋史·食货志下六》:"凡在京茶户擅磨末茶者有禁,并许赴官请买。而～入米豆杂物糅和者,募人告。"　❸茶馆。清《儒林外史》一四回:"马二先生正走着,见～子里一个油头粉面的女人招呼他吃茶。"

【茶券】　chá quàn　即"茶引"。《宋史·梅执礼传》:"苑吏有持～至为钱三百万者,以杨戬旨意迫取甚急。"明《二刻拍案惊奇》卷八:"吾随身箧中有金宝千金,又有二三千张～子,可以为稍。"

【茶三婆】　chá sān pó　卖茶的妇女。《元曲选外编·绯衣梦》三折:"茶博士,你替我唤～来。"又:"剩这一脚儿狗腿,送与那～去。"

【茶上】　chá shàng　犹"茶房❸"。清《儒林外史》二九回:"叫～拿茶来与太太吃。"又四九回:"众人随便坐了,～捧进十二样的攒茶来。"

【茶社】　chá shè　❶茶客聚会品茶的组织。元魏初《感皇恩·次商参政韵》:"画载朱门,谁堪妙手,～诗盟要长久。"《渊鉴类函》卷三九〇引《类林》:"和凝在朝,率同列递以茶相饮,味劣者有罚,号为～。"　❷茶馆。元李继本《渔阳客邸》:"天涯倦客此停骖,～烟销犹隐儿。"清《日下旧闻考》卷一六〇:"余自束发来京师,凡城市巷陌旗亭～无不观。"《儒林外史》二四回:"～里坐满了吃茶的人。"

【茶时】　chá shí　吃茶的时间。指清晨后正午前的一段时间。明汤显祖《牡丹亭》一〇出:"早～了,请行。"《金瓶梅词话》八三回:"晚夕贪睡失晓,至～前后还未起来。"清乾隆三十五年《郴州总志》:"日将午曰～。"

【茶食】　chá shí　❶犹"茶饭"。宋吴自牧《梦粱录》卷一六:"凡点索～,大要及时。如欲速饱,先重后轻。兼之食次名件甚多,姑述以于后:曰百味羹、锦丝头羹……"元张国宾《薛仁贵》三折:"节遇寒食,一家家上坟准备,煮炸了些祭奠:有些个菜馒

头、瓢漏粉、鸡豚狗彘。" ❷ 指糕点果脯之类下茶的零食。《太平广记》卷三二三引《异苑》:"不须费设,若意不已,止可～耳。"《元曲选·盆儿鬼》三折:"俺大年日将你帖起,供养了徽子,指望你驱邪断祟。"清《红楼梦》二九回:"冯紫英家听见贾府在庙里打醮,连忙预备猪羊、香烛、～之类,赶来送礼。"

【茶室】 chá shì ❶ 炊茶品茶的房间。元倪瓒《题天平寺》:"龙门秋月影,～白云泉。"按,"室"一作"屋"。清弘历《竹炉山房歌》:"右廊展转入～,古梅对我吹幽芬。" ❷ 茶馆。清《儒林外史》一三回:"两人拉着手,到街上一个僻静～里坐下。"

【茶肆】 chá sì 茶馆。《太平广记》卷三四一引《河东记》:"俄而憩于～,有扁乘数十适至。"元明《水浒传》二四回回目:"王婆贪贿说风情,郓哥不忿闹～"。清于成龙《劝民节俭歌》:"酒楼～切莫登,法物玩器切莫觅。"

【茶汤】 chá tāng 茶水,泛指茶类饮料。唐王建《宫词》之七:"天子下帘亲考试,宫人手里过～。"明《西游记》一三回:"却又将些山地榆叶子,着水煎作～。"清陈廷敬《樾阴不和人日诗》:"淡淡～薄薄酒,让他粱肉过今朝。"按,宋代茶、汤有别,宋朱彧《萍洲可谈》卷一:"今世俗客至则啜茶,去则啜汤。汤取药材甘香者屑之,或温或凉。"

【茶汤会】 chá tāng huì 施舍茶水的慈善组织。宋吴自牧《梦粱录》卷一九:"更有城东城北善友道者,建～,遇诸山寺院建会设斋,又神圣诞日,助缘设茶汤供众。"

【茶头】 chá tóu ❶ 僧院管供茶的人,也泛称供茶的人。《祖堂集》卷六《石霜和尚》:"圆～问:'志圆为什摩勿奈何?'师云:'非但一个,阖国人亦无奈何。'"宋方岳《访恭率翁不值》:"且容晴梦泊鸥沙,传语～莫点茶。"元明《水浒传》六回:"还有那管塔的塔头,管饭的饭头,管茶的～。" ❷ 蹴鞠名目。三人下场踢球的次要球手。宋汪云程《蹴鞠图谱·三人场户》:"校尉一人,～一人,子弟一人,站立须用均停。校尉过论与子弟,子弟用右膁与～,须转一周,方使杂踢。"

【茶托】 chá tuō 托茶杯的器具,即后世所谓茶船。唐李匡乂《资暇集》:"蜀崔宁之女以茶杯无衬,病其熨指,取楪承之。既啜而杯倾,乃以腊环楪夹其杯,遂定。即命匠以漆环代腊,进于蜀相。蜀相奇之,名为～子。"宋黄伯思《跋北齐勘书图后》:"《资暇录》谓～始于唐崔宁,今北齐画图已有之,则知未必始自唐世。"《元曲选·来生债》二折:"他将那～子人情可便暗乘除。"

【茶屋】 chá wū 炊茶品茶的房间。宋陈著《次韵黄子羽七十自叹》:"归时孤闷有～,天地独醒存芰衣。"元高明《西湖葛岭玛瑙寺僧》:"松窗～梦初醒,别鹤凄凄怨烟岭。"明高启《寒夜与家人坐语忆客中时》:"～夜灯青,竹庭寒雪白。"

【茶务】 chá wù 政府专卖茶叶的机构。宋林駉《古今源流至论续集》卷四:"商纳刍粟于边郡,官给文券于～,此交引之法尔。"《宋史·秦羲传》:"雷有终称其有心计,遣监兴国军～。"

【茶牙】 chá yá ❶ 刚出叶尖的嫩茶。《新唐书·地理志》:"(金州)土贡:麸金、～、椒、干漆。"宋刘敞《送南昌郭主簿》:"狸品牛尾贵,～鹰爪长。"清朱彝尊《题周编修云松雪瀑图》:"雨前～舌比雀,篝下竹笋头如猫。" ❷ 茶叶交易的中间人。宋朱彧《萍洲可谈》卷三:"绍圣间在成都,见提举茶马司以课羡赐五品衣鱼。府中开宴,伶人口号有'～人赐绯'之句。"吕陶《奏为官场买茶亏损园户状》:"其～子并给贩客人,为见官中息钱,却只于茶园人户茶货上估定价例低小。" ❸ 同"槎牙❶"。宋吴潜《柳梢青·戊午十二月十五日》:"老梅傍水～,人那得、光阴似他?"

【茶仪】 chá yí 酬赠别人的钱,含自谦菲薄的口气。清《情梦柝》一二回:"遂折～二两与来人,再具书仪一封,着得力家人送与县官。"《歧路灯》六回:"自然有一杯～,改日送上。"

【茶银】 chá yín 犹"茶礼"。清袁于令《西楼记》一九出:"母亲写下婚书,～五百亲收。"

【茶引】 chá yǐn 茶商纳税后官府发给准许行销的凭证,可作有价证券使用。宋李心传《建炎以来繫年要录》卷一八:"仿效政和都茶场法,印给～,使商人即园户市之。"元王实甫《苏小卿月夜贩茶船》残折:"倚仗你冯魁～三千广,强把苏卿热似粘。"明《二刻拍案惊奇》卷八:"宋时禁茶榷税,但是茶商纳了官银,方关～,认引不认人。有此～,可以到处贩卖。"

【茶庄】 chá zhuāng 产茶卖茶的庄园。清郭嵩焘《郭侍郎奏疏》卷四:"今～既移至福建,上海、汉口等处多不来粤。"

【茶】 chá 涂抹。《敦煌变文校注》卷一《李陵变文》:"人执一根车辐棒,着者从头面奄沙;顿时草木遭霜剑,是日山川被血～。"按,清顾炎武《音学五书·唐韵正》"茶"字下云:"茶,宅加切,古音涂。《说文》:'荼,苦菜也。从草余声。'臣铉等曰:此即今之茶字。"由此可见"荼"有 chá 音。

【涂】 chá 另见 tú。涂抹。唐王梵志《本是尿屎袋》:"本是尿屎袋,强将脂粉～。凡人无所识,唤作一团花。"按,唐颜师古注《汉书·东方朔传》"老柏涂"云:"涂,音又加反。"

【涂污】 chá wū 另见 tú wū。犹"茶糊"。《五灯会元》卷七《雪峰义存禅师》:"师曰:'你是了事人,乱走作么?'曰:'和尚莫～人好!'"

【搽】 chá ❶ 涂抹。五代何光远《鉴诫录》卷一〇:"面折掇斋穷措大,笑迎～粉阿尼师。"《元曲选·生金阁》一折:"我我我这面不～头不梳,那那那有甚的中意处。"清《儒林外史》四三回:"～上一脸的石灰,妆做地方鬼模样。" ❷ 擦;揩拭。《元曲选·墙头马上》三折:"被那棘针都将衣袂扯,将孩儿指尖儿都～破也。"明《金瓶梅词话》五八回:"打的秋菊嘴唇都破了,只顾揾着～血。" ❸ 按;搁;捺。宋佚名《银海精微》卷上:"若打着晴珠流出者,以手掌心～进珠,亦以生地黄敷之。"元张养浩《普天乐》:"只为爱山的别,耽书的煞。轻轻～下,黄阁乌台。整八年,江村外,偿却从前莺花债。"明周嘉胄《香乘》卷一八:"采木犀未开者,以生蜜拌匀,不可蜜多,实～入磁器中。" ❹ 同"叉(chá)"。唐刘肃《大唐新语》卷一三:"景嵩二人多须,对立于庭。铿嘲之曰:一双胡子着绯袍,一个须多一鼻高。相对庭前～早立,自言身品世间毛。"《元曲选外编·独角牛》三折:"〔正末云〕我上的这露台来,我和他搭去。〔部署～科云〕兀那小厮靠厾!"元明《水浒传》四八回:"甫能望火把亮处取路,又有苦竹签、铁蒺藜,遍地撒满鹿角,都～了路口。" ❺ 交击;对打。明佚名《东平府》三折:"吕教首,闻你的名,谁敢来赌赛!你师徒～两路,热闹社会也。"《西游记》九二回:"斧剁棒迎争胜负,钯轮刀砍两交～。" ❻ 嘲讽;顶撞。明《金瓶梅词话》一四回:"几句话连～带骂,骂的子虚闭口无言。"又七三回:"两个白～白的,必须～恼了才罢。"

【搽擦】 chá cā 涂抹。明沈德符《万历野获编》卷三〇:"渠病时～苏合油等物遍体,云其国疗病之法如是。"

【搽旦】 chá dàn 杂剧角色,犹今彩旦。《元曲选·陈州粜米》三折:"～王粉连赶驴上,云:'自家王粉连的便是。'"又《儿女团圆》楔子:"〔～诗云〕人无千日好,花无百日红。"

【搽敷】 chá fū 涂抹。清《醒世姻缘传》六六回:"见狄希陈使血染了个红人,知是胳膊受伤,慌乱着寻陈石灰合柳絮、明府骨头,与他～。"

【搽糊】 chá hú 同"茶糊",引申为搅扰、作弄义。《古尊宿语录》卷三四《佛眼和尚语录》:"禅床惊震被～,惹得儿孙不丈夫。拄杖劈头连打出,也教知道赤须胡。"又:"僧问:'和尚因什么得悟?'代云:'莫～我见。'"《联灯会要》卷一《竺乾诸大贤圣》:"在岩间宴坐,也被这一队汉～。"又卷四《五泄山灵默禅师》:"似这般担板汉,放去便休;又唤回,被伊～一上。糊,或作'胡'。宋克勤《碧岩录》一则:"当时志公恁么问,且道作么生祗对?何不一棒打杀,免见搽胡。"

【搽画】 chá huà 涂饰。元明《水浒传》五六回:"我把哥哥的雁翎甲穿了,～了脸,说哥哥名姓,劫了那伙客人的财物。"明《金瓶梅词话》三五回:"你装龙似龙,装虎似虎,下边～妆扮起来,相个旦儿的模样才好。"清郑方坤《五代诗话》卷一引《坚瓠集》:"李存勖～粉墨,与敬新磨等日闹优场。"

【搽和】 chá huò 拌和。明周嘉胄《香乘》卷二一:"右十四味为末,以上枣子～前药,阴干用。"

【搽磨】 chá mó 涂抹摩擦。元沙图穆苏《瑞竹堂经验方》卷三:"右为细末,用绢帛包裹,时干于鼻上～。鼻闻其臭即效。"

【搽抹】 chá mǒ ❶涂抹。宋赵汝适《诸蕃志》卷上:"蛮妇～及妇人染指甲衣帛之属,多用朱砂。"元睢景臣《六国朝·收心》:"剩馥残脂,你能～,谁敢粘沾?"清《绿野仙踪》二二回:"那方氏逐日～的粉人一般,梳光头,穿花鞋。" ❷揩拭。元商衟《一枝花·叹秀英》:"禽唇撮口由闲可,殴面枭头甚罪过?圣长里厮～,倒把人看舌头厮缴络。"明《金瓶梅词话》一七回:"吃了一回,使丫鬟房中～凉席干净。"

【搽拳】 chá quán 打拳。明佚名《东平府》三折:"吕彦彪同众作～科,社头同众喝采科。"又《鹦鹉记》二五出:"叫苏虎去邀他到后园游戏,与他～。"

【搽拭】 chá shì 擦抹;揩拭。明《金瓶梅词话》六三回:"止不住眼中泪落,袖中不住取汗巾儿～。"

【搽头】 chá tóu 同"茶头❷"。元关汉卿《斗鹌鹑·女校尉》:"若说论这～,谦答板楼,入来的掩,出去的兜。"明佚名《一枝花·圆社》:"校尉每撒演妆景巧样式,～每倒身倒体俏形骸。"

【搽涂】 chá tú 涂抹。宋许洞《虎铃经》卷一〇:"以羊膻熬成膏油,入炒黄丹搅匀,令～之,三五次即愈。"

【糁胡】 chá hú 同"茶糊"。《祖堂集》卷一一《保福和尚》:"才施三寸尽～,如何示徒,免负于前机?"

【查】 chá 另见 zhā。❶唐代市语称男女放纵不拘礼法者。唐封演《封氏闻见记》卷一〇:"近代流俗,呼丈夫妇人放纵不拘礼度者为'～'。"按,《太平御览》卷六三四引《俗说》(据《艺文类聚》校正数字):"张敷在彭城,请假当归东,傅亮时为宋官侍中,下舫中与张别。张不起,授两手指著舫户外。傅遂不执其手,熟视张面曰:'楂故是梨中之不臧者?'便去。"因张敷纵放不拘,故傅亮讥之为"楂"。"楂",或作"查",都是记此词之音。据此,则六朝时已有这一称谓。 ❷同"又 chà❶"。《元曲选外编·紫云庭》二折:"越道着越～声破嗓越骂得精细。" ❸稽查;调查。宋欧阳修《乞差武卫人员》:"已上四人……准步军司牒,权充第六十六指挥副都头勾当,并未省正授。～其人等,各系曾在信安军作过之人。"《元曲选·李逵负荆》二折:"有甚么事也不～一个明白,就提起板斧来要砍倒我杏黄旗。"清《红楼梦》六二回:"你们又不放心,来～我们来了。"

【查办】 chá bàn 调查处理或惩办。清雍正八年十二月七日楼俨奏文:"照州县接审官例展限一月,庶得细心～,不致局促了事。"《红楼梦》九四回:"昨儿老爷见了揭帖生气,把芹儿和女尼女道等都叫进府来～。"《绿野仙踪》七八回:"我到杭州,～被寇郡县地方事务。"

【查察】 chá chá 调查;检查。清李玉《清忠谱》一七折:"夜巡老爹在此,快快开门。"《平定金川方略》卷五:"今所存四千余人,现在所资以为食者何物?并询问张广泗,令其留心～奏闻。"《红楼梦》九九回:"便有几处揭报,上司见贾政古朴忠厚,也不～。"

【查抄】 chá chāo 清查并没收财产。明王守仁《剿平安义叛党疏》:"原问犯人胡顺并杨子桥等家属财产,通该～解报呈详。"清《平定台湾纪略》卷五七:"前据琅玕奏,～柴大纪家产。"《红楼梦》一〇五回:"贾赦贾政并未分家,闻得他侄儿贾琏现在承总管家,不能不尽行～。"

【查处】 chá chǔ ❶检查安排。明梁储《请停工疏》:"工部职掌工作已经会计～,派征差官分投前去各处,采取大木,烧造砖瓦。"毕自严《犄角最重疏》:"即将一切安家盔甲器械衣装船只月饷之类,预为～,俾令各有着落。" ❷调查处理;调查处治。明潘希曾《慎兴作以隆治功疏》:"仍令各该衙门～前项时弊,于奢僭则申明禁之,于盗贼则设法捕之。"《二刻拍案惊奇》卷五:"朕今即要送还汝父,只可惜没～那个贼人。"清《平定准噶尔方略》续编卷一二:"倘有疏防故纵等情,即行革退分别～。"

【查点】 chá diǎn 核查清点。《元曲选·勘头巾》二折:"我这一向不曾～这囚犯。"明朱长祚《玉镜新谭》卷八:"其行李,该地方官公同～,与他见搜赃物进奏。"清于成龙《弭盗安民条约》:"仍汇造花户字号细册,一样二本,以一册报官,一册存保长处,不时～。"

【查对】 chá duì 检查核对。《元典章·台纲二》:"每遇照刷未绝,一一～,设或差漏,随事究治。"明《型世言》二五回:"我也着吏与你写一单,你报来我～。"清《警寤钟》四回:"考时十名一连,～年貌无弊,方许放进。"

【查儿】 chá er 指关系、后台。清《聊斋俚曲·翻魇殃》:"拿过笔砚就写呈,先告赵阎罗,不怕他～硬。"

【查访】 chá fǎng 调查打听。《元曲选·抱妆盒》四折:"前日我～寇承御所在,说已死过多年了。"明林俊《大垭捷音疏》:"臣又委千户曹楫、百户杨杲等,亲诣杀场及大垭月垭红崖关口等处～。"清《醒世姻缘传》四三回:"这是晃住那砍头的瞎话!奶奶可也～～,就听他的说话?"

【查封】 chá fēng 清查封存。清雍正七年十月十三日尹继善奏文:"一面将继椿拿禁,差员～任所,并密移山西抚臣严查原籍家资。"《红楼梦》一〇七回:"如今你们道是没有～是好,那知道外头的名声。"《野叟曝言》一一三回:"分头搜灭贼党,招降禁军,～财帛米粮。"

【查核】 chá hé 检查核实。明余继登《典故纪闻》卷一八:"此事至今益为滥费,必不可一～者。"《醒世恒言》卷六:"至都～旧业,幸得一毫不废。"清《红楼梦》九四回:"贾政正要下班,因堂上发下两省城工估销册子,立刻要～,一时不能回家。"

【查缉】 chá jī 搜查追捕。明刘宗周《参奏阉竖疏》:"臣尝奉旨行保甲事宜,首禁梨园以正风化,势不得不行五城兵马司～。"清蓝鼎元《料三林逸贼逃归内地请移广省擒捕书》:"令潮州镇道府县密行各乡社～,不旬日间便可悉数擒获。"《绿野仙踪》五八回:"这件事,我家老爷在数日前已差捕役～。"

【查检】 chá jiǎn ❶检查;查验。宋包拯《请罢巡驿内官》:"况接伴使副初离京,亦可专委沿路因便～,必无误事。"明刘宗周《论语学案》卷三:"圣人视诸子之仁,不是影响摸索,实实就心上

～得是离是合。"清《剿捕临清逆匪纪略》卷九:"即到被焚屋内～,见一尸傍果有剑一把。" ❷ 翻阅检索。明陈铎《粉蝶儿·佛诉冤》:"～遍轮回六道,差派去作马为驴。"《醒世恒言》卷一三:"当下养娘逐一～,看得这靴是去年三月中自着人制造的。"清《兰州纪略》卷六:"臣等～旧案,缘撒拉尔回民约有六千多户,分为十二工。"

【查诘】 chá jié 盘查;查问。明范景文《剔旧营积弊疏》:"然纸上之陋习似清,而营中行伍仍虚,俱难一一～。"清《聊斋志异·某乙》:"后大案发,群盗悉获,惟乙无名籍,莫可～,得免。"《红楼梦》一一二回:"门官只知是有公干出城的,也不及～。"

【查究】 chá jiū 检查追究。明李贤《天顺日录》:"法司奏石亨等冒报升官者俱合～。"祁麟佳《错转轮》三折:"望乞判翁～,救俺兄弟一命。"清宋荦《山东臬司条议四事》:"或系兖州府所属州县违禁,关会该府～。"

【查勘】 chá kān 到现场调查。《元典章·台纲二》:"如因后事发露或～后却有漏报,该刷卷宗首领官吏情愿当罪。"明《西游记》五回:"吾奉玉帝点差,代管蟠桃园,今来～也。"清蔡世远《大理寺少卿陈公墓志铭》:"会陕甘荒歉,上命同工部侍郎常公～。"

【查看】 chá kàn 检验观察。《元曲选·还牢末》四折:"小偻罗,～山冈,看他来时,报复我家知道。"明《西游记》三回:"那判官不敢怠慢,便到司房里,捧出五六簿文书并十类簿子,逐一～。"清毛奇龄《杭州治火议》:"每日早晚则值者至各家,呼曰:'请查火。'俟其家～一遍,答曰:'查讫。'"

【查考】 chá kǎo 检验考察。明沈受先《三元记》二三出:"凡人间小善微恶之事,具表累奏,以凭～。"《醒世恒言》卷一七:"每日见儿子早出晚入,只道是在学里,那个去～。"清魏裔介《士习隳靡已久疏》:"将修学银两照数给发,取学官收支文卷～。"

【查郎】 chá láng 放浪子弟。敦煌本《王梵志诗集序》:"逆子定省翻成孝,懒妇晨夕事姑嫜。～弱子生惭愧,诸州游客忆家乡。"唐李涉《却归巴陵途中走笔寄唐知言》:"更有风流欹奴子,能窬盘帕来欺尔。白马青袍豁眼明,许他真是～髓。"按,《广韵·平声·佳韵》:"查,查郎。"

【查梨】 chá lí ❶ 脚步歪斜。《元曲选外编·调风月》二折:"见我这般微微喘息,语言恍忽,脚步～。"《曲谱》卷三引佚名《镇江回》:"一脚高来一脚低,心惊颤步难移。觑不的我这乔乔怯怯慌张势,睒大身子不～。" ❷ 犹言"卖查梨",指赔笑脸乞人怜的行为。《五灯会元》卷二○《龟峰慧光禅师》:"更有临济德山,用尽自己～,烦恼钵盂无柄。"元佚名《点绛唇·妓者嗟怨》:"一半儿～一半儿谎。"《元曲选·谢天香》二折:"恰才陪着笑脸儿应昂,怎觑我这～相,只因他试过当。" ❸ 一种酸涩的果子,比喻无用或不被重视。宋龙衮《江南野史》卷八:"磻溪老叟无人用,闲到～校《六韬》。"元佚名《错立身》一二出:"我这蠢体不～,格样全学贾校尉。"

【查黎】 chá lí 同"查梨❶"。明朱有燉《辰钩月》二折:"也斜着眼脑胡支对,一会家意张狂,脚步～。"

【查理】 chá lǐ ❶ 调查处理。明孙传庭《清屯示》:"为此示谕尔屯军屯馀及佃种屯地之家,其各静听～。"明王恕《论吏典丁忧奏状》:"为无办事衙门公文送到,连人送该司～,该司又行查催。"清雍正七年三月十一日刘世明奏文:"臣随密饬新任泉州府知府刘而位,亲往就近～,许其便宜措置。" ❷ 打理;清理整顿。明《古今小说》卷三九:"汪师中遣龚四八、董四二人,往麻地坡～旧时产业。"清毛奇龄《增定乐章议》:"即郊祀庙祀已有乐章者,

如未全备,则迎神、登歌、三献、望燎诸节次,再加～。"《醒世姻缘传》七回:"户部措处粮饷,工部料理火器,悬帘滚木,～盔甲,鏊磨器械。"

【查拿】 chá ná 搜查捉拿。明《杜骗新书·拐带骗》:"此幼童直奔至乡官前,哀告厨子要杀我,太监即令～厨子斩首。"清康熙三十六年丁丑二月癸巳上谕:"如沿途兵斯匪类,有争斗抢夺民间财物者,即行～。"袁枚《子不语》卷三:"江西巡抚阿公方入庙行香,为仇人持斧斫额,众官齐集,～凶人。"

【查盘】 chá pán 盘查;盘点;检查。明王世贞《赏赉考·武宗即位之赏》:"宜令承运库会同司礼监,将老年所积金银～见数,仍会内阁计处。"明汤显祖《邯郸记》一三出:"纵有～点视,除了刺字替身。"清《醒世姻缘传》八八回:"遇着～官点闸,驿丞雇了人替他代点,这是那第一等的囚徒。"

【查审】 chá shěn 审查;查核。明林俊《均平丁粮徭役疏》:"各亲赍查过县属丁粮里甲均徭揭帖,前来～。"清《聊斋志异·李司鉴》:"李司鉴,永年举人也,于康熙四年九月二十八日,打死其妻李氏。地方报广平,行永年～。"《醒世姻缘传》一四回:"摘了他的帽子,那里有一根头发!～起来,却是那关帝庙住持的和尚。"

【查视】 chá shì 视察。明《禅真逸史》三六回:"又着枢密院差官～延州诸郡县所少官员,量材擢用。"清康熙三十五年七月乙卯胤禔奏文:"臣沿路而来,～边外贸易之蒙古,俱不争竞,市易和平。"《隋唐演义》四○回:"着王义同众公卿～,是何地方? 有何灾异?"

【查刷】 chá shuā 审核检查。宋洪迈《夷坚志》补卷一六:"奉帝命诣东岳,～世间善恶人姓名簿书。"明谭纶《为征收隆庆三年夏税秋粮马草疏》:"有司库藏,近日尽数～解京。"《西洋记》二回:"把个杭州城里城外的洞天福地,逐一磨勘一番,逐一～一番。"

【查算】 chá suàn 核查计算。明商辂《修德弭灾疏》:"合敕户部仍～彼处各堡粮草实数。"《金瓶梅词话》一四回:"心中甚是焦燥,因问李瓶儿～西门庆那边使用银两下落。"清于成龙《筹废藩及江淤地亩认粮议》:"成龙自奉清丈之檄,～黄属田亩。"

【查探】 chá tàn 侦探探听。明杨一清《关中奏议》卷一二:"今将～过套人声息缘由,遵照钦依奏报。"清《平定两金川方略》卷一六:"一面即～美诺以西与金川可通之路,酌分官兵前往邀截。"《万花楼》二八回:"本帅犹恐有弊端欺瞒,是以飞差～。"

【查头儿】 chá tóu er 同"茶头❷"。元邓玉宾《村里迓古·仕女圆社气球双关》:"他来的你论道儿真,寻的你～是,安排的科范儿牢。"

【查问】 chá wèn 检查询问。《元曲选·抱妆盒》四折:"～宫女寇承御所在,说已死过多年了。"明孙懋《陈言疏》:"若查出见役军人与粮册不对者,照依刷卷事例,行拘各卫首领官吏～回答。"清《说岳全传》二一回:"或者城里地方,另有别个崔府君庙,也未可知。明早老爷着保甲,自然就晓得了。"

【查询】 chá xún 检查询问。明潘季驯《申明职掌疏》:"随该臣咨行应天巡抚周继,～管河该道缘由。"清雍正五年九月二十九日孔毓珣奏文:"～各属,均称谷价尚未平减。"△《风月梦》九回:"职疑系人家失慎,近前～,始知系积惯窝娼之龟棍强大家女妓桂林、巧云等出局回归。"

【查讯】 chá xùn 审查讯问。清《平定准噶尔方略》前编卷五二:"臣于十二月二十一日至藏,传集现存之官员兵丁等,～起事情形。"△《风月梦》二五回:"某月日堂谕:～得吴珍恃系曾充扬关差役,胆敢藐不畏法,违禁吸烟。"

【查牙】 chá yá ❶权丫；树枝歧出貌。唐皮日休《虎丘寺殿前有古杉》："卓荦掷枪干，～束戟枝。"元张翥《摸鱼儿·题熊伯宣藏梅花卷子》："水边曾见，～老树如此。" ❷尖而突出貌。唐李贺《马诗》之六："饥卧骨～，粗毛刺破花。"元郝经《灵泉行》："～折角获铤鹿，模糊生血禽孤罴。"明杨基《食烧笋留题陈惟寅竹间》："登盘～玉版肥，焦尾碎剥苍龙皮。"

【查验】 chá yàn 检查验看。元宋褧《建言救荒》："去岁夏秋霖雨及溪河泛涨渰没，田禾十损八九，已蒙上司累次～。"明《醒世恒言》卷三九："差刑房吏带领兵快，到监～，将应有兵器尽数搜出。"清《醒世姻缘传》一八回："晁夫人又叫他把皮箱开锁～，他苦说钥匙不曾带来。"

【查阅】 chá yuè ❶检查验看。明谭纶《分布兵马以慎秋防疏》："自冲要以及遍援当～，务要身亲经历，不得转委他人，而致有疏虞之咎。"清宋荦《淮徐二属请赈疏》："惟是清河桃源安东三县亦被秋灾，臣同督臣就便～。"《雪月梅》四九回："但今倭寇虽平，尚需～江浙沿海各营汛兵马。" ❷翻阅查看。明何孟春《应诏陈言疏》："敝纸千百之中展转～，幸得查出一二。"清陆廷灿《续茶经》凡例："每以茶事下询，～诸书。"《野叟曝言》八回："若必求吻合，则更有密率，现载成书，将来你～自知。"

【查账】 chá zhàng 本指检查账目，引申为一般的查证核实。明《二刻拍案惊奇》卷三："一二十年的事，三四千里的路，有甚～处？只须如此如此。"清李渔《奈何天》二三出："你说与他各房居住，不曾失身。这句话儿叫我那里去～？"

【查照】 chá zhào 查证核实。《元典章·户部七》："仍将缎匹等物，照依续降事迹依式供报，庶使将来易于～。"明张鍊《要孩儿》："吃紧的盟山誓海无～，好光景登时过了。"清《歧路灯》八〇回："这德喜儿后来吊死在冠县野坟树上，乡保递了报状，官府相验，衣襟内还缝着一封书。冠县行文到济宁～。"

【查子】 chá zi 同"楂儿❶"。明《金瓶梅词话》二五回："玉箫拦着我，不教我进去，说爹在里面，教我骂了两句。我到疑影和他有些甚么～帐。"

【揸】 chá 另见 zhā。同"搽❶"，涂抹。明高濂《遵生八笺》卷五："立秋太阳未升，采楸叶熬膏，～疮疡立愈。"清《儒林外史》四三回："便叫他穿上一件长白布直裰，戴上一顶纸糊的极高的帽子，～上一脸的石灰，妆做地方鬼模样。"

【揸头】 chá tóu ❶缩头。明吕诚《题渔翁图》："呼儿去换城中酒，新得～缩项鳊。" ❷同"茶头❷"。明《金瓶梅词话》一五回："次教桂姐上来与两个圆社踢，一个～，一个对障。"

【楂儿】 chá er ❶(隐秘的)关系。明《金瓶梅词话》八七回："原来你五娘和你姐夫有～，看不出人来。"又一〇〇回："王六儿原与韩二旧有～，就配了小叔。" ❷借口。明《金瓶梅词话》二九回："一五一十告西门庆说，来昭媳妇一丈青怎的在后边指骂，说你打了他孩子，要逻～和人攘。"

【樝】 chá 指黎民百姓。唐李贺《贫家洞》："闲驱竹马缓归家，官军自杀容州～。"按，"樝"与"查"音同，"查(楂)"为梨之一种，故以"查"称梨，又以梨谐音"黎"。

【樝牙】 chá yá ❶树木枝杈貌。唐陆龟蒙《奉和袭美古杉三十韵》："拥肿顽庄辩，～费痪词。"明汤显祖《牡丹亭》二一出："树～饿鸢惊叫，岭迢遥病魂孤吊。"有时用重叠式。宋《如净语录》卷下："樝樝牙牙，老梅树，忽开花。" ❷错落不齐貌。唐陆龟蒙《奉和太湖诗·太湖石》："～真不材，反作天下彦。"宋徐积《华阳山和查教授》："冲断浮云截断霞，满天矛戟竞～。"明黄淳耀《蚵蚾矶》："生平奴视九华叟，老语～肯钳口。"

【察访】 chá fǎng 考察查访；视察。唐白居易《奏所闻状·向外所闻事宜》："如有违越，仰御史台～闻奏。"元黄溍《跋何节妇诗》："永康何公以阁职导旨枢庭，奉诏～江淮，招集射阳湖流民。"清方成培《雷峰塔》一九出："奉总捕老爷钧票，缉拿萧太师府中八宝明珠巾一案的赃贼，遍处～，并无踪影。"

【察官】 chá guān 监察官员。宋赵鼎《建炎笔录》卷一："初至温，对江心寺，即荐温人吴表臣、林季仲，以补～之阙。"元黄溍《故陕西诸道行御史台御史张公祠堂碑》："有司怠于奏行，则分遣～临视之。"明陆深《跋东海草书卷》："冷庵名琦字粹之，罢～归，至口食不给。"

【察核】 chá hé 考察核实。元许有壬《故承直郎葛公墓碑》："时河北荐饥，部使者颁区田法，郡邑不敏于行，檄公～。"明倪元璐《慎察司饷疏》："凡目前所定饷差，无论已未具题得旨，俱须臣再三～，保任得过。"清《红楼梦》七八回："昨日因又奉恩旨，着～前代以来应加褒奖而遗落未经请奏各项人等。"

【察觉】 chá jué ❶考察发现；体察。宋司马光《乞令监司州县各举按所部官吏白札子》："续更体量的确事迹，纠发施行，若有失～，别致因事彰露，其监司降知州军。"明胡居仁《居业录》卷七："只去庄敬涵养上做工夫，而心之本体已立，不用～安排，而道之全体已浑然在中。"清雍正六年十月二十日迈柱奏文："一船犯事，十船连坐。如此则所有小船彼此自相～，似为弭盗之一法也。" ❷觉察；看出来。清《绣戈袍》三六回："阿骥一时似悔及失言一般，英华～，对他说：'你若能说得真确，本部不惜千金相奉。'"

【察勘】 chá kān 考察；实地查看。《唐会要》卷六八："若他时～不实，本判官量加削夺。"明于谦《忠肃集》卷四："今特命尔星驰往彼，～广东贼势。"清《女仙外史》八一回："追缇骑至～无获，燕王不能加以杀戮，乃籍没其产，流徙于蜀。"

【察看】 chá kàn 考察；观察。元明《三国志通俗演义》卷一八："故差人入南蛮之境，于路～可屯兵下寨之处及战敌截杀之场，画成一图。"清于成龙《报赈宣属饥民疏》："今复差官各处～，闾阎尚多逃亡，田土仍然荒弃。"《歧路灯》二〇回："咱三个耐着心～他。勿使孝老九泉之下翘首悬望。"

【察视】 chá shì ❶考察；视察。唐刘禹锡《高陵令刘君遗爱碑》："御史属元谷实司～，持诏书诣渠上，尽得利病。"元王恽《论五品以上官殿授事状》："俱系国家系重臣子，而朝廷诚不可不～其人之邪正能否也。"清李光地《覆漳河分流疏》："每年于水未发分段挑浚，臣等按季～，务令此两支俱疏通无滞。" ❷监视。宋袁说友《论帘试中铨人》："且场屋所恃者门监官，官有巡案，巡有逻卒，又皆各有兵吏，互相～。" ❸指监察官员或职务。唐李直方《祭权少监文》："旋升外台，乃居～。"宋李廷忠《贺倪察院》："简求惟旧，～方新。"

【察探】 chá tàn 侦察探听。宋田锡《上真宗乞询求将相》："自来皇城司差人探事，又别差探皇城司探事人。如此～，京城民间，事无巨细，皆达圣聪。"《元朝秘史》卷三："帖木真未知篾儿乞是实回去是潜伏着，使别勒古台、勃斡儿出、者勒篾三人自后～。"清《珍珠舶》一七回："且说证空暗暗～陆氏，日逐动用，十分淡泊。"

【察听】 chá tīng 探听。《元朝秘史》卷六："回去说与同伴乞失里黑，乞失里黑说：'我再去～。'"明陈铎《一枝花·道人应付》："搅斋事专～，小家儿图减省。"清《红楼梦》七一回："赵姨娘原是好～这些事的，且素日又与管事的女人们扳厚，互相连络，好作首尾。"

【察验】 chá yàn 检查验证。《唐律疏议》卷二九："若证不足，告者不反坐。～难明，二人证实，犹故不合人罪，况一实一虚。被告之人全不合坐，其于告者亦得免科。"明祝允明《跋锺元常荐焦季直表真迹》："弘治初，客从越来，持锺元常书荐焦季直表示予，～真伪。"清《醒世姻缘传》五一回："有人见两个公差打死在地，一片长板丢弃在旁，报知了武城知县。差人～，知是走了程谟。"

【察院】 chá yuàn ❶ 唐宋监察御史的官署，也作监察御史的代称。《新唐书・百官志三》："（御史台）其属有三院：一曰台院，侍御史隶焉；二曰殿院，殿中侍御史隶焉；三曰～，监察御史隶焉。"宋魏泰《东轩笔录》卷七："元因访今日有何事，曾曰：'但闻御史蔡承禧入札子，不知言何等事也。'语未已，内探报，今日蔡～言吕参政兄弟。" ❷ 明清都察院的省称，也称由该院出巡的御史及其驻节的衙署。明郎瑛《七修类稿》卷一三："御史王彬，建文朝巡按江淮，靖难师至扬州而死节焉。逮正统间，日日现形于～。"邵璨《香囊记》三六出："待大人下马，就带这香囊，一竟到～里陈告。"清《红楼梦》六八回："次日便往都察院处喊了冤，～坐堂，看状子是告贾琏的事。" ❸ 院试的考场。明清各省学政初多由御史出任，故称。清《儒林外史》二六回："鲍文卿领了命，父子两个在～里巡场查号。"《歧路灯》三八回："那年苏学台岁考时，在～门口与他相会了一次。"

【察只】 chá zhī 天下无双。宋张邦基《墨庄漫录》卷三："班行李质，人材魁岸，磊落甚伟，欲求一人相称者为对，竟无可俪，当时同列目为～子。京师俚语谓无对者为～。"

【察子】 chá zǐ 密探。《太平广记》卷二九〇引《妖乱志》："于是招募府县先负罪停废胥吏阴狡兔猾者，得百许人，厚其官佣，以备指使。各有十餘丁，纵横闾巷间，谓之～。"宋吴曾《能改斋漫录》卷二："近世官司以探事者谓之～。"

chǎ

【蹅】 chǎ 同"蹅❶"。明《金瓶梅词话》二一回："我搊你去，倒把我一只脚～在雪里，把人的脚也蹅脱了。"

【蹅】 chǎ ❶ 踏；踩。元马致远《青杏子・悟迷》："柳户花门从潇洒，不再～，一任教人道情分寡。"明《西游记》九八回："维河架海还容易，独木单梁人怎～！"清薛凤祚《两河清汇》卷六："以草数千束，多至万餘，匀布厚铺于绵腰索之上，橐而纳之。丁夫数千，以足～实。" ❷ 舞蹈。元王恽《春夜宴史右相宅》："直须劣薄伎，尤异是雄～。登踏寒林判，轩呈迓古丫。"明朱有燉《醉太平・风流乐官》："能歌时曲能～爨，能翻古本能妆判。"佚名《一枝花・灯词》："一壁厢躧高橇，一壁厢～迓鼓。" ❸ 尾随。脉望馆本《四春园》二折："我如今～着脚踪儿，直到李庆安家。"

【蹅跟】 chǎ gēn 尾随侦察。脉望馆本《冤家债主》楔子："白日里～下这一家人家，晚间偷他些钱钞。"

【蹅狗屎】 chǎ gǒu shǐ 犹"蹅狗尾"。《元曲选・百花亭》二折："我苦着个科子，唤作白捉鬼。他没廉耻，每夜瞒了我去与他偷。那丑东西便也不打紧，只是咱同斋朋友，来我跟前～，可不着别斋生员笑话？"按，"屎"字疑误，脉望馆本作"尾"。

【蹅狗尾】 chǎ gǒu wěi 即"踏狗尾"。明朱有燉《折桂令・劝人》："见如今莺朋燕友交杂，拖狗皮从他，～休夸。"又《柳营曲・咏风月担儿》："咽羊头干热闹，～不曾嫌，廉，再休将风月担儿沾。"

【蹅践】 chǎ jiàn 践踏。《元曲选・救孝子》二折："越寂寂四野无闻，谩～萋萋荒草迷芳径。"又《冤家债主》三折："又不曾触忤著那尊圣贤，～了那座庙宇。"

【蹅勘】 chǎ kān 实地查看。清薛凤祚《两河清汇》卷四："当会集司、府、州、道、厅、县与司河衙门公同～，仍用丈竿探水浅深。"

【蹅踏】 chǎ tà ❶ 踩踏；践踏。元陈椿《熬波图》卷下："却着所晒咸灰倾入满了，又用生灰一担盖面，用脚～坚实。"《元典章・刑部十六》："喝令弓手徐魁五等七人将叶十、叶层五用木棒放在各人腑脉内，令弓兵并立，轮番用力～。"明朱有燉《柳营曲・咏风月担儿》："冲阵马惯～，暖融融火内开花，虚飘飘水上捺瓜。" ❷ 蹂躏；糟蹋。《元曲选・鲁斋郎》楔子："他为臣不守法将官府敢斯压，将妻女敢夺拿，将百姓敢～。"又《货郎担》一折："你～的我太过。"

chà

【叉】 chà 另见 chā、chá。❶ 声音沙哑。元张国宾《汗衫记》二折："将我这泪眼模糊望不见他〔再叫，唱〕兀的不叫得我咽喉～！"《元曲选・盆儿鬼》三折："不好，有些儿声～。再换一个。" ❷ 视力偏差；斜。《元曲选・单鞭夺槊》二折："〔敬德先行科，元吉刺槊被夺坠马科〕〔元吉云〕我马眼～。"又《丽春堂》一折："我这马眼～，走了箭也。"又《盆儿鬼》一折："他骨碌碌将怪眼睁～，迸定鼻凹，咬定凿牙。" ❸ 岔；分岔或差误。元张可久《燕引雏・分水道中》："树楂牙，清溪九曲路三～。"元乔吉《新水令・闺丽》："只因你赡不下解合的心肠儿～，不是我口不严俵扬的风声儿大。"清《歧路灯》五八回："虎镇邦赢的几乎够一千之数，正想散场，恰好遇见这个～儿，便掏出兵丁气象，发话道：'你那个样子，休来我面前抖威！'" ❹ 向旁边走。明《金瓶梅词话》一八回："你见他进门有酒了，两三步～开一边便了，还只顾在跟前笑成一块。"又二三回："老婆见无人，急伶俐两三步就～出来，往后边看茶去了。"

【叉股子】 chà gǔ zi 合不到一起的两股，指分歧、有矛盾。清《醒世姻缘传》四六回："那梁上见有建造年月日时，他没打听真就说是酉时。只这两三个～，问不煞他哩！"又八六回："你爷儿两个说的～话，我这就不省的。"

【叉口】 chà kǒu 另见 chā kǒu。即"岔口"。清《飞龙全传》一六回："走已多时，不觉出了～，已在关西地面。"

【叉色】 chà sè 行为奇怪。元《三遂平妖传》一一回："茶坊酒店铺内，略有些～的人，即便去挨查审问。"

【叉子】 chà zi 另见 chā zi。即"杈子"。宋李诫《营造法式》卷二一："拒马～，一间斜高五尺，间广一丈，下广三尺五寸。"

【杈】 chà ❶ 撑；支起。元王恽《广中早发》："夜来一雨～炎伞，借得长途两日凉。" ❷ 即"杈子"。清汤右曾《元夜在汴城偶念孟元老所记》："两行绮陌界朱～，灯火三更夜市哗。"

【杈栏】 chà lán 即"杈子"。元杨瑀《山居新话》卷二："宗远亟逾～而出，髭鬓悉为雷火所燎。"

【杈子】 chà zi 一种木架，置于官府门前或大街两旁，用以禁约行人车马；也有安放于酒楼茶馆门前的，多为装饰性标记。宋宗泽《乞回銮疏》："臣已修整御街、御廊、护道～。"孟元老《东京梦华录》卷一："大内正门宣德楼列五门，门皆金钉朱漆……下列两阙亭相对，悉用朱红～。"吴自牧《梦粱录》卷一六："如酒肆门

首，排社～及栀子灯等，盖因五代时郭高祖游幸汴京，茶楼酒肆俱如此装饰，故至今店家仿效成俗也。”

【衩衣】 chà yī 内衣；便服。唐李肇《国史补》卷中：“其童哀勉，密告之，勉～乘马而逸。”宋《三朝北盟会编》卷一九二：“（王）庶请知县高某，～相见。”清吴伟业《望江南》：“窄袖～持楫女，短箫急鼓采菱讴，逆桨打潮头。”

【跴】 chà 踏；踩。《五灯会元》卷一八《子陵自瑜禅师》：“赤脚～泥冷似冰。”明《西游记》三八回：“行者先举步～入，忍不住跳将起来，大呼小叫。”

【岔】 chà ❶ 道路或山脉分支的地方。元明《水浒传》三二回：“行到市镇稍头，三～路口，武行者下了四拜。”明徐复祚《红梨记》二出：“此间是三～路口，不知该从那一条路赶。”清《绿野仙踪》六回：“猛见对面西山～内，陡起一阵腥风。” ❷ 错；不符合。明《金瓶梅词话》四九回：“平安在旁边，恐怕他知道是王六儿那里来的，恐怕他说～了话，向前把他拉过一边。”清《红楼梦》六一回：“这话～了。方才我见你妈出来我才关门。既是你妈使了你去，他如何不告诉我说你在这里呢。”《歧路灯》六三回：“虽然是四家祖师，却合的很好，全没有一点言～语刺。” ❸ 偏离原来的或正确的方向。清《红楼梦》一五回：“众小厮听了，一带辕马，～出人群，往北飞走。”《醒世姻缘传》四回：“治那姬妾多的人，凭他甚么病，只上十全大补为主；治那贫贱的人，只是开郁顺气为主。这是一条正经大路，怕他～去那里不成？”《荡寇志》七五回：“看那四面无人之际，父女二人～进那条大路。” ❹ 把话题引向别处。清《红楼梦》六七回：“宝玉听了这话正对了黛玉方才的心事，连忙拿话～道：‘明年好歹大哥哥再去时，替我们多带些来。’”《歧路灯》七一回：“潜斋又指陈八家中之次最，这绍闻那的能答。娄朴只得躬身回应。谭绍闻恨不得另～话头。”《绮楼重梦》二二回：“湘云脸上下不来，连忙～些闲话，坐一回退了出来。” ❺ 同“叉(chà)❷”。清《红楼复梦》八回：“不提防路旁搁着一架水车，牲口眼～，猛然间将头低了两低。” ❻ 中间插入的跟原话题无关或引起话题改变的话。清《红楼复梦》四七回：“郑大姐姐要去，我送他出去，一个～就打忘了。”

【岔步】 chà bù 斜跨步。明《封神演义》四七回：“赵公明正欲用鞭复打赤精子顶上，有广成子～大叫：‘少待伤吾道兄，吾来了！’”

【岔道】 chà dào 岔路。清《九云记》六回：“定安门内大桥向西边，有一条～，岔了过去。那里有一个东岳庙。”《补红楼梦》一九回：“向南有一条～。”

【岔故】 chà gù 差错；意外事故。清《红楼复梦》四五回：“太太今日很不舒服，现在服药。若闹点别的～，媳妇都要活不了。”

【岔开】 chà kāi 把注意力引向别处。清《红楼梦》二〇回：“宝玉不等说完，忙用话～。”《补红楼梦》八回：“因怕薛姨妈伤心，即忙忍住，拿话～。”《蜃楼志》一四回：“邦臣见二位没趣，忙拿话～，再三劝酒。”

【岔口】 chà kǒu 水流或道路分叉的地方。清《红楼梦》一七至一八回：“原从那闸起流至那洞口，从东北山坳里引到那村庄里，又开一道～，引到西南上。”又六六回：“从此后我们是亲弟亲兄一般。到前面～上分路。”

【岔路】 chà lù ❶ 从一条路上分出来的道路。清《荡寇志》七五回：“直追定陶，亦毫无踪迹。不知他～走，还不知是改换了服色。”《九云记》三〇回：“及至～，兰阳便顾桂娘道：‘娘子跟我来。’” ❷ 错路；歧途。清《后西游记》一六回：“沙弥听见说出九个骷髅头，吃惊道：‘莫非媚阴和尚又走了～？’” ❸ 喻差误。清《醒世姻缘传》一三回：“当初刑厅审的句句都是真情，这复审还有甚么～？”又二八回：“倒下头去细看，真真的严列星，有甚～？”

【岔气】 chà qì 呼吸时两肋觉得不舒服或疼痛。清《医宗金鉴》卷八七：“凡腰间闪挫～者，以常法治之。”《红楼梦》四〇回：“林黛玉笑岔了气，伏着桌子嗳哟。”《霓裳续谱·摘头换鞋》：“翻身才要打，闪下牙床来，扭了腰，岔了气。”

【岔子】 chà zi ❶ 事故；差错。清《红楼真梦》三回：“我实在没有法子，才想把至情感动他，希冀不至出别的～。”又七回：“招呼了这边，那边又出～，我倒怪可怜他的。” ❷ 道路或河流的分叉。清《红楼真梦》三五回：“这里的路七～八～的，我要到这儿来，倒走到二姐姐那里去了。”

【差】 chà ❶ 错。宋《朱子语类》卷一二：“应事接物，能免不～否？”宋元《清平山堂话本·快嘴李翠莲记》：“堪笑乔才你好～，端的是个野庄家。”明《朴通事谚解》卷上：“写～字的，手心上打三戒方。” ❷ 缺欠。明《醒世恒言》卷二二：“不如小房过夜，明日蚤行，～得几时路程，却不安稳了多少？”清《儒林外史》二回：“我如今同了几个大本钱的人，到省城去买货，～一个记帐的人。” ❸ 怪异。唐韩偓《两贤》：“而今若有逃名者，应被品流呼～人。”《敦煌变文校注》卷六《金刚丑女因缘》：“丈人丈母不知，今日浑成～。”❹ 不好，特指貌丑。《敦煌变文校注》卷六《金刚丑女因缘》：“前生修甚姻缘，今世形容转～。”又：“争奈就中容貌～，教奴耻见国朝臣。”

【差别】 chà bié 错误乖违。元刘伯亨《朝元乐》：“七月七，牛郎织女期。好相别，还相会，一年一度不～。”明《西游记》五九回：“休教～走西东，紧锁牢靴。”

【差不多】 chà bu duō ❶ 指行事适可而止。清《醒世姻缘传》八回：“你～儿做半截汉子儿罢了，只顾一头撞倒南墙的！”又一三回：“财散人离可奈何，监生革去亲投罗。早知今日无聊甚，何似当初～。” ❷ 相近；相差有限。明高攀龙《高子遗书》卷四：“几希者，～也。”《二刻拍案惊奇》卷一七：“两人与闻俊卿意气相投，学业相长，况且年纪～。”清孔尚任《桃花扇》一一出：“〔净〕这等说，我们这穷兵当真要饿死了。〔副净〕也～哩。” ❸ 一般；普通。清《醒世姻缘传》六四回：“如拘唤那等～的恶人便要使那牛头马面，如阴间差探马的一般。”《红楼梦》三二回：“他们家嫌费用大，竟不用针线上的人，～的东西多是他们娘儿动手。”

【差点儿】 chà diǎn er 稍逊。明赵南星《一口气·有感于梁别驾之事》：“饶你有伶俐聪明，弹唱聪明，沥丁拉丁也还～张三儿。”

【差恶】 chà è 丑陋。《敦煌变文校注》卷六《目连缘起》：“～身体干枯，岂有平生之貌。”

【差殊】 chà shū ❶ 差错。《太平广记》卷二三九引《谭宾录》：“天下出入钱物，新陈相因，而常不减六七千万贯。唯在一库，～散失，莫可知之。”《敦煌变文校注》卷四《降魔变文》：“忽然分寸～，手下身当依法。” ❷ 差别；不同。《大唐三藏取经诗话》四则：“有此众蛇，虽大小～，且缘皆有佛性，逢人不伤，见物不害。”宋吴曾《能改斋漫录》卷一〇：“岂东坡别有所见而为是说欤？不然，何～如此也？”明敖英《东谷赘言》卷下：“闻有不其然者，盖禀赋气数之或～也。”

【差移】 chà yí 另见 chāi yí。❶ 变动；改变；相差。《旧唐书·傅仁均传》：“今孝通不达宿度之～，未晓黄道之迁改，乃执南斗为冬至之恒星，东井为夏至之常宿。”明程可中《玉芙蓉·赠徐氏》：“端详我共伊，细察真和违，总难言，并无一字～。”《古今小说》卷一：“人心或可昧，天道不～。” ❷ 闪耀；辉映。唐李贺《洛

姝真珠》：“八骢笼晃脸～，日丝繁散曛罗洞。”

【差争】 chà zhēng 另见 chā zhēng。❶ 差异；相差。元王旭《赠潘景山》：“大而国家小而物，气数荣悴无～。”明朱橚《普济方》卷一二五：“水金甲戌言文汗，木火乙戌不～。” ❷ 争执。《元曲选·扬州梦》四折：“既然是太守兼容，俺朋友间有甚～。”

chāi

【拆】 chāi ❶（花）开。宋陆游《老学庵笔记》卷四：“（木莲）状如芙蕖，香亦酷似。寺僧云：‘花～时有声如破竹。’”《五灯会元》卷一〇《般若静遵禅师》：“优昙花～人皆睹。” ❷ 拆开；分开。唐韩愈《寄皇甫湜》：“～节放床头，涕与泪垂四。”金《董解元西厢记》卷五：“香烟上度过把封皮儿～。”元明《水浒传》二一回：“唐牛儿大怒，那里听他说，把婆子手一～～开了。” ❸ 毁坏。唐杜甫《自京赴奉先县咏怀五百字》：“河梁幸未～，枝撑声窣窣。”《元曲选·谢金吾》一折：“我只见他带瓦和砖拥下来，他他他将椽木～做柴。”《元史·彻里帖木儿传》：“参政可谓过河～桥者矣。” ❹ 量词，大拇指与食指张开时的距离。《元曲选外编·西厢记》四本一折：“绣鞋儿刚半～，柳腰儿勾一搦。”明佚名《点绛唇·赠丽人》：“六幅湘裙簇绛纱，绣鞋儿刚半～。” ❺ 悔棋，棋子下定后又收回重下。明《金瓶梅词话》五四回：“那白来创果然要～几着子，一手撇去当时节着的子。”又：“他下了棋，差了三四着，后又重待～起来，不算帐。” ❻ 用三枚铜钱卜卦，背为单，面为双。两背一面为拆，两面一背为单。《元曲选·金钱记》三折：“八八六十四卦内占一卦，三百八十四爻内占一爻，来意志诚，无不感应。单，单，单！～，～，～！”清《红楼梦》一〇二回：“检起钱来，嘴里说是：‘内爻已示，更请外象三爻，完成一卦。’起出来是单～单。”

【拆白道字】 chāi bái dào zì 一种文字游戏，把一个字拆开来代替要说的那个字。《元曲选·竹叶舟》楔子：“我说与你，这个叫做～：耳东是个‘陈’字，禾子是个‘季’字，即夕是个‘卿’字。”明朱有燉《雁儿落过得胜令·咏美色》：“他又会顶真续麻，～，打的双陆，下的象棋，知音的所见能。”清《姑妄言》二回：“人背后送他一个美号，叫做贝者贝戒，不懂～的人，就直呼之曰赌贼。”

【拆除】 chāi chú 拆掉；除去。五代王定保《唐摭言》卷三：“事资改作，遂命官司。承已～，终须结构。已有处分，无假致辞。”宋范成大《范村梅谱》：“比年又于舍南买王氏僦舍七十楹，尽～之，治为范村。”明张永明《乞停额外加征疏》：“～官民房屋，街道改辟，府地宽广倍前。”

【拆火】 chāi huǒ 散伙；分手。金马钰《满庭芳·赠涂山于先生》：“生死不相替代，甚劳劳、为他辛苦？还省悟，便当～，拂袖归去。”

【拆牌道字】 chāi pái dào zì 即“拆白道字”。《元曲选外编·玩江亭》一折：“平日之间，好打双陆，下象棋，～，顶真续麻。”按，“拆”原作“折”，形误。明《金瓶梅词话》八〇回：“诗词歌赋，诸子百家，～，双陆象棋，无不通晓。”

【拆洗】 chāi xǐ ❶（把衣物）拆开洗涤。宋邓肃《辞免除左正言札子》之九：“前日御药院奉圣旨下封府，买～女童。”《元曲选·救孝子》楔子：“女婿当军去了半年，待取我那女孩儿春香家来，～衣服。”清《醒世姻缘传》七九回：“夹袄夹裤从新～，絮了棉套。” ❷ 宋代指士兵换成休整。宋魏了翁《奏乞降结局指挥收回新命速赐窜斥札子》：“将士正当～之时，一闻君命，各动归心。”李曾伯《回宣谕奏》：“臣初以寇兵既退，边粮宜省，本欲于见成兵

内，将近地人撤回一半，俾令～。”刘克庄《寄章贡姚使君》：“敛成官兵申～，放衙溪洞报平安。” ❸ 重新整理；整顿；修整。宋周辉《清波杂志》卷四：“（惠山泉水）顷岁亦可致于汴都，但未免瓶益气，用细沙淋过则如新汲时，号～惠山泉。”杨万里《贺澹庵先生胡侍郎新居落成》之二：“翦裁风月聊堪醉，～乾坤正要渠。”明《金瓶梅词话》七一回：“千年房舍换百主，一番～一番新。” ❹ 破除；改变。宋朱熹《答吕子约》：“若此处不下功夫，便要翻腾～了安静和平底家计，做艰难辛苦底功夫。”明《金瓶梅词话》九八回：“久旱逢甘雨，他乡遇故知。洞房花烛夜，金榜挂名时。一番～一番新。” ❺ 改头换面地套用（前人的诗文）。元王构《修辞鉴衡》卷一引《诗宪》：“冷斋云：不易其意而造其语，谓之换骨。朱皋逢年云：今人皆～诗耳，何夺胎换骨之有？”明杨慎《升庵集》卷四六：“《文中子》一书格言至论甚多，若其中～《论语》之文，描尽孔门之像。”又卷五八：“其《杨叛儿》一篇，即暂出白门前之郑笺也，因其拈用而古乐府之意益显，其妙益见，如李光弼将子仪军，旗帜益精明，又如神僧拈佛祖语，信口无非妙道，岂生吞义山～杜诗者比乎！” ❻ 惩治；处罚。清《姑妄言》八回：“当日倚着奶奶的势儿，他胆子大多着呢。且等我慢慢的～他。”又一二回：“牛氏将几个丫鬟仆妇从头至足～一番，细细的敲打，以泄前番之根。”

【拆卸】 chāi xiè 拆开卸下。元方回《废宅叹》：“窗户半～，髹漆留馀光。”明佚名《鸣凤记》四〇出：“厅堂舍宇三千八百间，俱已～官卖。”清《说岳全传》八〇回：“且说孝宗即命工部将秦桧宅基～，重新起造王府，与岳雷居住。”

【拆帐】 chāi zhàng 结清账目，指散伙。明《挂枝儿·交恶》：“歹冤家，只今日便与你～。也是欠下了前生债，与你相交这场。”

【拆拽】 chāi zhuài ❶ 拆开；拆毁。宋欧阳修《乞条制催纲司》：“自来纲船，利于杂般……既充杂般之后，多是妄称不堪行运，便行拆毁，或于沿河孤迥村落地分，故意损坏靠阁，便于本处～堆垛，枉破兵梢看守。”王铚《默记》卷中：“邻坐者乃见李能属文，甚喜，因尽说赋中所当用事，及将己卷子拽过，铺在李案子上，云：‘某乃国学解元欧阳修，请公～回互，尽用之不妨。’李见开怀若此，顿觉成篇。”张炎《词源》卷上：“慢近曲子顿不叠，歌颂连珠叠顿声。反掣用时须急过，折拽悠悠带汉音。”按，“折”当为“拆”字之误。“拆拽”意谓把一个音节拆开拽长来唱，就像现代戏曲中拖腔的唱法。 ❷ 哄骗；捉弄。明《西洋记》五三回：“莫错认了王克新，尽好～哩。”《型世言》三三回：“如今只要列位相帮我，～他一番。”

【拆字】 chāi zì ❶ 将汉字拆开分析，多用来卜吉凶，犹“测字”。宋龚鼎臣《东原录》：“引殷仲堪天圣论，解仁宗年号，证～为‘二人圣’之非。”明田汝成《西湖游览志馀》卷二：“孝宗既退重华宫，群臣请以圣诞为重明节。有术者以～名，叹曰：‘重华重明，非佳名也，其文皆二千日。’至甲寅而孝宗上升，正合其数。”清《儒林外史》一五回：“忽见茶室旁边添了一张小桌子，一个少年坐着～。” ❷ 即“拆白道字”。唐颜师古《大业拾遗记》：“帝于宫中尝小会，为～令，取左右离合之意。时杳娘侍侧，帝曰：‘我取杳字为十八日。’”元陶宗仪《昜谷漫录》：“世俗为善谑者多～为谜。”清《红楼梦》二三回：“低吟悄唱，～、猜枚，无所不至。”

【钗鈚】 chāi bì 钗。《元曲选·薛仁贵》三折：“你失掉了镢～，歪斜了油鬏髻。”

【钗梳】 chāi shū 泛指首饰。唐王建《宫词》之五四：“私缝黄帔舍～，欲得金仙观里居。”元郝经《蔡江月歌》：“归来了发辞姑嬬，脱去蚡蜕投～。”明《警世通言》卷五：“单氏瞒过了丈夫，将自

己～二十餘金布施与福善庵老僧。"

【差拨】 chāi bō ❶ 调派；调拨。宋包拯《论修商胡口》："先令～兵夫,渐次开理。"《宋史·职官志五》："路并府、监修造～人工物料,遵执元丰条格,不得应副。"《元典章·刑部十三》："除见役外,不敷者于各该州县当差户内～。" ❷ 差遣。《元曲选·谢天香》一折："我这府里祗候几曾闲,～无铨次。"元明《水浒传》二〇回："济州府～军官,带领约有一千人马,乘驾大小船四五百只,见在石碣村湖荡里屯住。"明戚继光《练兵实纪》卷二："如有私情应迎送者,准于杂流内～。" ❸ 宋代管囚犯的差役。元明《水浒传》九回："沧州大尹也与柴进好,牢城管营,～也与柴进交厚。"又二八回："你新到这里,包裹里若有人情的书信并使用的银两,取在手头,少刻～到来,便可送与他。"

【差除】 chāi chú 任命官职,"除"为"除授"义。宋庄绰《鸡肋编》卷中："自熙宁中分三省职事,故命令所出,必自中书。宰相进拟～,及应干取旨施行者,亦由此而始。"《三朝北盟会编》卷二二〇："凡欲～,皆非典故,止及其亲戚故旧而已。"明田汝成《西湖游览志馀》卷一〇："花憎嫉凡十四条:为狂风,为连雨……为谈时事,为论～。"

【差调】 chāi diào 差遣;调派。宋李曾伯《淮阃奉诏言边事奏》："丰、寿两郡～谢天祐,石闻等诸郡舟师防遏隘口。"《金史·世宗纪》："朕每念百姓～,官吏互为奸弊。"明王恕《处置地方奏状》："后因节将官军餘丁～各边备御征进并漕运去讫,止留老弱残疾之人,不堪防御。"

【差发】 chāi fā ❶ 调派。泛指差派、支使。《旧唐书·僖宗纪》："其河东一千二百人,令窦瀚不要～。"《元典章·户部八》："合用夫匠,本处自便,～。"明陈铎《朝天子·嘲人言南京妓女好》："正盏儿劝着,傍盏儿怎躲? 浪～当不过。" ❷ 徭役,泛指赋税。宋彭大雅《黑鞑事略》："其赋敛～,数马而乳,宰羊而食,皆视民户畜牧之多寡而征之。"元睢景臣《哨遍·高祖还乡》："少我的钱,～内旋拨还;欠我的粟,税粮中私准除。" ❸ 明初指西北少数民族纳马易茶。明朱元璋《谕西番罕都必喇等诏》："他每这火人,为甚么不将～来?"杨一清《为修复茶马旧制以抚驭番众安靖地方事》："至我朝纳马谓之～,如田之有赋,身之有庸,必不可少。"

【差法】 chāi fǎ ❶ 犹"差发❷"。《元曲选·汉宫秋》一折："你便晨挑菜,夜看瓜,春种谷,夏浇麻,情取棘针门粉壁上除了～。" ❷ 方法;办法。《元曲选·争报恩》一折："偌长的身子,则怕人看见。你低着腰,把那脚抬得轻着。这等的～,也着人教你!"

【差公】 chāi gōng 对差役的敬称。《元曲选·货郎旦》四折："如今不贪这等衙门坐,不如依还着我做。"清《十二楼·闻过楼》三回："～到此,有何见教?"《醒世姻缘传》一三回："我已是打发了路费,你已是起身去了。这是～留回你来,以后只是～照管你了。"

【差顾】 chāi gù 雇佣。"顾"通"雇"。宋吴自牧《梦粱录》卷一三："遇新春,街道巷陌,官府～淘渠人沿门通渠。道路污泥,～船只搬载乡落空闲处。"

【差官】 chāi guān 被派遣出差的官员或差役。宋欧阳修《论茶法奏状》："臣亦闻方改法之时,商议已定,犹选～数人,分出诸路,访求利害。"清孔尚任《桃花扇》二六出："〔副净问介〕你是何处～?〔外〕小的是总兵许定国家将。"《警寤钟》八回："李县主急得无奈,假意出签子,发捕役拿人,指望掩过～耳目。"

【差科】 chāi kē 犹"差发❷"。《唐律疏议》卷一三："凡～,先富强,后贫弱;先多丁,后少丁。"元杜仁杰《耍孩儿·庄家不识构阑》："桑蚕五谷十分收,官司无甚～。"清顾炎武《日知录》卷八:"比年所用,多非其人,或出自隶仆,规避～。"

【差命】 chāi mìng 差派使令。宋郑侠《代李秘校乞侍养》："老母日思北归,闻将有～,即食不甘寝不安。"《续资治通鉴长编》卷四五:"官吏森罗于郡邑,～之烦也,使者旁午于道路,廪禄之费耗,驿券之供给,何可胜数。"明《西游记》六回:"叫开天罗地网门,见了父亲,道师父～之意。"

【差排】 chāi pái ❶ 按序排列。《九朝编年备要》卷一五:"夏四月,定差衙前法。罢里正衙前,以货产～乡户衙前。"宋黄震《黄氏日抄》卷七九:"中户以下既入义役,～轮充,或十日五日,宜不为重。"清顾镇《虞东高诗》:"今观《楚茨》《信南山》二篇所陈,皆祭祀之事,其～行礼节次,与《礼经》纤悉皆合。" ❷ 处置;安排。宋杨万里《晚步》:"清水芙蓉未肯开,暑天花草底～。"元杨允孚《滦京杂咏》之五九:"汤羊内膳日～,红帖呼名到玉阶。"明汤显祖《紫钗记》四四出:"倘那人到来,百万与～,赎取你归去戴。" ❸ 差遣;支使;支配。宋《如净语录》卷下:"天生岂受～,谁肯轻从抑屈?"《元曲选·汉宫秋》二折:"当日未央宫里,女主垂旒,文武每我不信你敢～吕太后。" ❹ 谋划;算计。《元曲选·陈州粜米》四折:"你只待钱眼里狠,今日个刀口上送早骸。"又《货郎旦》四折:"对面儿相挑泛,背地里暗～。" ❺ 栽派;硬指定。宋《朱子语类》卷八〇:"谥法中如堕覆社稷曰顷,便将《柏舟》一诗硬～为卫顷公之诗。"洪迈《容斋四笔》卷八《穆护歌》:"且四句律诗,如何便～为犯角曲?"清王澍《竹云题跋》卷一:"然晋书小楷至今,百无一真者,但令不失古法,便足爱玩,正不必硬～一人以为证也。"

【差派】 chāi pài 指派;分派安排。元明《三国演义》八八回:"擒孟获之计,吾已～下也。"明陈铎《粉蝶儿·佛诉冤》:"休想道从宽恕,查检遍轮回六道,～去作马为驴。"徐三重《采芹录》卷一:"惟官司出米,或委任所属官吏,或～地方富民。"

【差批】 chāi pī 差解人携带的差事文书。元明《水浒传》三六回:"解开文书袋来看了～,众人只叫得惭愧。"《明会典》卷三二:"仍令该部主事厅,于原解官～内,将实收过数目批回。"

【差遣】 chāi qiǎn ❶ 调遣;指派。唐翁承赞《擢探花使三首》之一:"洪崖～探花来,检点芳丛饮数杯。"《元曲选·谢金吾》一折:"上命～,盖不由己。"明钟芳《与蔡半洲书》:"及地方失事,英锐可用者先受祸而腼弱无为者享安闲之福,故智者宁托病自逸而～每患于无官。" ❷ 宋制,官职称号而外实际担任的职务称差遣。宋吴处厚《青箱杂记》卷二:"世传陈执中作相,有婿求～。执中曰:'官职是国家的,非卧房笼箧中物,婿安得有之?'"苏轼《述灾沴论赏罚及修河事》:"童政凶狡贪残,非一日之积,而监司乃令将兵讨贼,以致千人无辜就死,亦只降一～。"《宋史·职官志一》:"其官人堂授之别,则有官,有职,有～。官以寓禄秩叙位著,职以待文学之选,而别为～以治内外之事。" ❸ 排遣;消解。明屠隆《与张肖甫司马》:"日与二三同心拥榼枻煨蹲鸱而啖,有少黄米酒佐名理～寂寥。"

【差人】 chāi rén 称官府的差役,也泛称被差使的人。明李梅实《精忠旗》一九出:"门上通报,秦府～在此。"《醒世恒言》卷一五:"那拘老和尚的～不见了原被告,四处寻觅。"清孔尚任《桃花扇》一四出:"〔丑出呼介〕马老爷~呢?〔小生〕有。"

【差使】 chāi shǐ ❶ 差遣;支使。《旧唐书·懿宗纪》:"到本道后,仍令节度使各犒劳,放归私第,便令歇息,未用~。"元明《水浒传》五一回:"依旧每日县中书画卯酉,听候～。"明《朴通事谚解》卷下:"我～出去了,一夏里不曾好生收拾。" ❷ 差事;被委派的工作或职务。宋张齐贤《洛阳缙绅旧闻记》卷二:"既入,夫人谓李公曰:'有不称意～乎?'夫默然泣下。"元睢景臣《哨遍·高祖还乡》:"社长排门告示:但有的～无推故。这～不寻俗,一壁厢纳草

也根，一边又要差夫。"清《红楼梦》六〇回："我又没甚么～，有要没紧跑些甚么！"

【差事】 chāi shì　被差遣做的事。宋胡次焱《嫠答媒》："王母有～，青鸟信频传。"《元史·顺帝纪一》："庚午诏，以察汗诺尔宣慰司人民止令应当徽政院～。"清孔尚任《桃花扇》一七出："杨老爷免了咱们～，莫大的恩典哩。"

【差头】 chāi tóu　差役。清《歧路灯》九二回："吃过午饭，叫个能干～，跟的送去。"

【差委】 chāi wěi　差遣委派。《宋史·选举志六》："凡朝廷须人才，及欲理州县弊政剧务，即籍内视举任及课绩数多而资历相当者～。"元明《水浒传》四六回："知府随即～一员县尉，带了仵作行人，来翠屏山检验尸首已了。"明佚名《鸣凤记》二八出："孩儿职掌工料，为朝廷兴造，～点计王木。"

【差移】 chāi yí　另见 chà yí。差遣；派遣。宋黄庭坚《与范宏父书》："然～兵士，亦烦使府多矣。熟念诚不自安。"刘挚《乞留杜纮编敕奏》："自来编修官～不定，难得成书。"明倪元璐《归省疏奏》："故从筮仕至今，除中间两奉～，未尝一日称疾求便。"

【差役】 chāi yì　❶ 官府派给百姓的劳役。唐陆贽《冬至大礼大赦制》："诸道有解退官健，州府长吏切务安存，仍量以空闲田地给付，免其～，任自营生。"《元曲选·铁拐李》三折："则我那一管笔扭曲直，一片心瞒天地。一家儿享富贵，一辈儿无～。"清《隋唐演义》四二回："时四方多盗，民困～，村落里家家户户泥涂封锁。"　❷ 被指派到官府应差执役。明王錂《寻亲记》五出："奴家丈夫被官～，缺少使用。"　❸ 差遣使役。明《二刻拍案惊奇》卷一五："那韩侍郎是个正直忠厚的大臣，见提控谨厚小心，仪表可观，也自另眼看他，时留在衙前听候～。"　❹ 当差执役的人。明《二刻拍案惊奇》卷一三："当下点一个～，押了那妇人去寻他刘家儿子同来回话。"清孔尚任《桃花扇》一一出："别无军情，只有～一名，口称解粮到此，要见元帅。"袁枚《子不语》卷二："有跃出者，青衣皂冠，长三寸许，类世间～状。"　❺ 差事；职役。宋元《警世通言》卷一三："如今来说亲的，元是奉符县第二名押司。如今死了大孙押司，钻上～，做第一名押司。"元明《三国志通俗演义》卷一六："吴押狱却了～，回家问妻要书，行医治病。"清《红楼梦》五三回："两府男妇小厮丫鬟亦按～上中下行礼毕，散押岁钱。"

【差占】 chāi zhàn　❶ 犹"差使❶"。《金史·选举志四》："岁一人，仍令兼领枢密院弹压之职，以镇军人，凡上司不得～及凌辱决罚。"《元典章·台纲二》："据设定弓手，专一捕盗巡防，本管官员不得别行～。"明王鏊《夏忠靖公传》："积谷养将士，禁～屯田之卒以妨农务。"　❷ 犹"差使❷"。《宋史·食货志上五》："其于百色无名之～，一切非理之资陪，悉用熙宁新法禁之。"元施惠《幽闺记》一二出："别的都有～，独你两个没有勾当与你管。"

【差注】 chāi zhù　选派任命(官吏)。宋《三朝北盟会编》卷五一："(吴)敏又～亲戚数人，处仁抹去之。"《金史·选举志三》："有荫者，初中簿，二军器库副，后依本门户～；无荫者，与差使。"

【跻排】 chāi pái　同"差排❷"。《敦煌变文校注》卷五《父母恩重经讲经文(一)》："日月迁移年渐长，仕农工巧各～。"

chái

【柴】 chái　指打人用的棍棒或鞭子。宋佚名《张协状元》二四出："〔净〕我讨～。〔丑〕我讨～。〔生、末〕要厮打只得请退。"《元曲选·虎头牌》四折："打的你哭啼啼湿肉伴干～，也是你老官人合受血光灾。"明《金瓶梅词话》二〇回："先是玉箫问道：'六娘，你家老公公当初在皇城内那衙门来？'李瓶儿道：'先在惜薪司掌厂，御前班直，后升广南镇守。'玉箫笑道：'嗔道你老人家昨日挨的好～。'"

【柴禾】 chái hé　柴火。明《金瓶梅词话》二三回："只说他会烧的好猪头，只用一根～，烧的稀烂。"

【柴火】 chái huǒ　❶ 做燃料用的木材之类。《元曲选·蝴蝶梦》四折："他两个哥哥抬尸首去了，我叫化了些纸钱，将着～烧埋孩儿去呵。"元明《三国演义》五九回："又盖义舍，舍内饭米、～、肉食齐备，许过往人量食多少，自取而食。"　❷ 借指生计、家用。明《醒世恒言》卷二七："巴到十来岁，也就要指望教去学做生意，趁三丈五文帮贴～。"　❸ 金代称内府供柴薪的人。《金史·百官志四》："草料，亲王米一石，宰执七斗……写诰诸祗候人、大程官院子、酒匠、～一升。"　❹ 市语，指搏击行家。柴，棍棒。明程万里《六院汇选江湖方语》："～，会打内家。"

【柴头】 chái tóu　❶ 木柴。宋苏轼《猪肉颂》："净洗铛，少着水，～罨焰烟不起。"清《醒世姻缘传》六〇回："连自己五人，都要拿了～棒杖，赶来狄家回打相栋宇娘子。"　❷ 僧院负责劈柴烧火的人。《景德传灯录》卷二〇《池州嵇山章禅师》："池州嵇山章禅师曾在投子作～……师后谒雪峰和尚，雪峰问：'莫是章～么？'"

【豺狗阵】 chái gǒu zhèn　乱哄哄奔跑貌。清《醒世姻缘传》二〇回："邀了那一班虾兵蟹将，带了各人的婆娘，病的病，瞎的瞎，寻了几个头口，～一般赶将出去。"又六八回："然后一群婆娘，～一般，把那驴子乱窜乱跑。"

chān

【辿步】 chān bù　缓步。明《西游记》二三回："那师父手软勒不住，尽他劣性，奔上山崖，方大达～走。"

【觇觑】 chān qù　窥视；侦察。《太平广记》卷一二二引《逸史》："张乃易其衣服先往，于院内一脱空佛中坐，～之。"宋陈傅良《民论》："而不知天下之大可畏者，伏于大泽之卒，隐于鉅鹿之野，而其睥睨～者，已满于山之西江之东也。"《五代史平话·唐上》："却说晋王往魏县劳军，自帅马军百餘人沿河而上，要～刘鄩军营。"

【觇探】 chān tàn　窥察打探。宋李曾伯《缴印经略书遣官往安南奏》："令臣选择三山仕于湖广者，遣之往安南～近事。"《五代史平话·唐上》："晋王疑刘鄩数日不出战，遣间骑～，只见有旗帜沿城往来。"明夏言《惩邪说以正典礼疏》："究其所自，类皆不识一丁，往往假手奸人与之代笔，抑或在位不才臣僚讽使狂愚，以～上意。"

【搀】 chān　❶ 插刺；触。五代徐夤《塔院小屋四壁皆是卿相名》之一："雁塔～空映九衢。"宋苏轼《佛日山荣长老方丈》："千株玉槊～云立，一穗珠旒落镜寒。"《元曲选·渔樵记》二折："则不如我侧坐着土坑，这般颏～着膝。"　❷ 搀言；插嘴。《元曲选·萧淑兰》二折："我着些言语来探，将他赚，他那里急截舌紧～。"清孔尚任《桃花扇》六出："席前～趣话，花里听悄声。"　❸ 混杂；沾染。唐刘禹锡《和汴州令狐相公到镇改月》："旌旗遥一簇，舄履近相～。"元佚名《醉花阴·怨恨》："暗暗不能够歌声唉，只落得枕上泪痕～。"清《醒世姻缘传》二六回："银匠打些生活，明白落你两钱还好，他却～些铜在里面，叫你都成了没用东西。"　❹ 接续；连；随。

唐白居易《霓裳羽衣歌》："磬箫筝笛递相～，击擫弹吹声逦迤。"宋苏轼《满庭芳》："莫上孤峰尽处，萦望眼，云海相～。"金景覃《凤栖梧》："归意已～新雁去，晚凉更作潇潇雨。"❺争；夺；占。宋《如净语录》卷上："瑞岩一只破木靴，几个～来尽要拖。唯有老僧能踢脱，出门赤脚笑呵呵。"元张可久《殿前欢·苕溪遇雪》："水晶宫，四围添上玉屏风。姮娥碎剪银河冻，～尽桃红。"明陈铎《雁儿落带过得胜令·戏王友司丧》："终朝伴死尸，每日缠丧事。沿门看挑钱，到处～行市。"❻抢先；僭先。宋王炎《好事近·早梅》："玉颊映红绡，～报东风消息。"程大昌《万年欢·硕人生日》："献个新词，不是越夸～祝，七十古稀今独。"❼系紧；收紧。五代王定保《唐摭言》卷三："深～席帽，密映毡车。"《元曲选·玉壶春》三折："你为我病恹恹～过这裙儿带，我为你沈腰宽减尽了形骸。"又《朱砂担》三折："我将这带鞡来～，我把这唐巾按。"❽牵挽；搀扶。宋沈辽《禅僧岩》："吾身有病苦下湿，复畏神怪来邀～。"元佚名《一枝花·道情》："教野叟扶，命稚子～，倚松立绝顶巉岩。"清《儒林外史》二一回："央请了邻居家两位奶奶把新娘～了过来。"❾讥刺；挑逗。《元曲选外编·西游记》一三出："是和非一任谈，尽傍人将冷句儿～。"刘庭信《寨儿令》："初见咱，话儿～，怎当他蜜钵也似口儿甜甘甘。"

【搀插】chān chā　掺兑。明李开先《宝剑记》二九出："或指扣除，或名工价，～渣头，高收斛面。"

【搀搓】chān cuō　差错。《元曲选·谢金吾》二折："那贼也正掌着威权大，但有～，谁与兜罗？"

【搀错】chān cuò　交错。宋梅尧臣《观杨之美盘车图》："毂轮旁侧辐可数，蹄角～箱箱联。"苏籀《闽岭赋》："其木～兮松桂楠楠，千尺离奇兮龙起熊攀。"

【搀夺】chān duó　抢夺。宋《三朝北盟会编》卷一二："国妃与四军走去，盖缘我军马入关。今闻得你家军马却来～，如此则更无好说话也。"《元典章·圣政二》："其本处山场河泊，今岁课程权且停罢，听贫民从便采取，有立之家不得～。"明《金瓶梅词话》六八回："又见西门庆在他屋里把奶子也要了，恐怕奶子一时养出孩子来，～了他宠爱。"

【搀分儿】chān fèn er　占取别人分内的好处。明《金瓶梅词话》一六回："我不肯招他，当初那个怎么招我来，搀奴甚么分儿也怎的！"又三二回："你就拜认与爹娘做干女儿，对我说了便怎的，莫不搀了你什么分儿？"

【搀扶】chān fú　牵挽扶持。宋黄震《再申提刑司因理索因死人命状》："欲行唤上各人面问，则病已狼狈，不可～人衙门矣。"明杨一清《为老病衰残乞恩辞免新命事》："足膝痿弱，举动须人～。"清《儒林外史》三四回："杜少卿叫两个小厮～着，做个十分有病的模样。"

【搀行夺市】chān háng duó shì　跨行业霸占市场，比喻抢着做有利的事。明《金瓶梅词话》六八回："贼小淫妇儿们，都～的捎上覆，偏我就没个人儿来上覆。"佚名《大战邳彤》一折："这先锋合当我做，你怎么来～的！"

【搀和】chān huo　掺杂混合。明施绍莘《金索挂梧桐·合镜词和闺生作》："到如今欢红悲多，却又是悲处欢多，搅乱了相～。"于慎行《穀山笔麈》卷一六："《短歌行》中间，全插'呦呦鹿鸣'数语，上下文义不相接，岂其才诎使然，乃～掩饰，使人不可解耳。"清蓝鼎元《复顾南史书》："运官船户沿途盗卖，复买秕谷～。"

【搀截】chān jié　拦截；插在其间隔绝。《元曲选·百花亭》一折："我向这闹花深处紧～，配合这醉春情能莺燕，更和那调春色巧蜂蝶。"明李梦阳《刻贾子序》："亦有一事一义而篇二三者，或

二篇而杂之一，如《治安策》，～无复绪理可寻。"

【搀科撒诨】chān kē sā hùn　犹"插科打诨"。明佚名《黄莺儿·题副净》："磕瓜不离天灵盖，打歪歪，～，笑口一齐开。"

【搀空】chān kòng　插空子；趁机。清《醒世姻缘传》五回："你一磕了头罢，好脱了衣裳助忙。"又三八回："若不是狄周死鳔白缠，他还要～子待跑。"

【搀口】chān kǒu　抢话头；插嘴。明《醒世恒言》卷七："大尹都教带到公庭，逐一细审，不许～。"《禅真逸史》二五回："管呵脬～道：'杜应元，你在青天爷跟前尚要推赖！'"

【搀落】chān luò　搀前落后；错落不齐。明虞堪《看帆》："迟回星斗宁～，快杳风云不暂留。"清《水浒后传》三回："兵士都念着家里，心慌意乱，队伍不整，～无次。"

【搀前】chān qián　从后面插到前面，常比喻不循序渐进。宋杨万里《小舟晚兴》："一船在后忽～，前后篙师各棨然。"《朱子语类》卷一九："人读书，不得～去，下梢必无所得。如理会《论语》，只得理会《论语》，不得存心在《孟子》。"

【搀前落后】chān qián luò hòu　❶或超前或落后，形容不整齐，次序凌乱。明郑若曾《江南经略》卷七下："各船一齐开行，在洋行使依次而进，不得～。"徐复祚《红梨记》一一出："众车夫好好把车子一溜揪的摆着，不要～。"清《红楼梦》九九回："抬头看那执事，却是～。"❷不一致；不和谐。明《禅真后史》九回："就烦你说合，成了这事也罢，但日后设有～时，不要怨怼絮聒我便好。"

【搀前越后】chān qián yuè hòu　犹"搀前落后❶"。明戚继光《练兵实纪》卷三："行营～，临阵举动违令，斩。"又卷六："队伍～，稀稠不一。"

【搀说】chān shuō　犹"搀口"。宋《续资治通鉴长编》卷二六五："不销得你～，且退！"《元曲选·后庭花》三折："〔王丢棍子～科云〕老相公教我领见夫人。"

【搀先】chān xiān　抢先。宋徐安国《再用韵呈应祺》："玉立花班献所栽，风流谁复让官梅？～已露含香意，更作金莲小样开。"《元典章·户部八》："诸路官府，多将上司官员并自己贩到盐货，添答钱价，～发卖。"清汪琬《病》："独有东风酸刺骨，～透入病夫衣。"

【搀言】chān yán　犹"搀口"。《明会典》卷四三："或被顾问，一人奏对，馀静，毋～说。"清《歧路灯》四回："这门斗方才晓得，本官面前是不准～的。"

【搀越】chān yuè　（行动）超越应有的次序或界限。《元史·河渠志一》："即目各处官司差人管领，与纲官船户各无统摄，争要水势及～过闸，互相殴打。"明陈铎《一枝花·邻家兄弟分岁》："见数儿都依次序，从头儿不许～。"《平妖传》一三回："因是先前派定，瘸子也不敢～。"

【搀杂】chān zá　混杂；掺入使不纯。宋《朱子语类》卷三四："子与人歌，不掩人善，盖他歌既善，使他复歌，圣人未遽和以～之。"《明史·食货志二》："粮长不敢多收斛面，粮户不敢～水谷糠秕。"清袁枚《子不语》卷六："此必有假银～，至于鬼神怒。"

chán

【禅板】chán bǎn　僧人坐禅时用来靠身或搁手的木板。宋黄庭坚《戏答王子予送凌风菊》："病来孤负鸱鹗杓，～蒲团入眼中。"《五灯会元》卷一一《临济义玄禅师》："檗便打，师约住与一掌。檗大笑，乃唤侍者：'将百丈先师～几案来。'"

【禅床】 chán chuáng 僧人打坐睡卧的床。《祖堂集》卷三《一宿觉和尚》："恰遇大师上堂,持锡而上,绕～三匝而立。"《元曲选·忍字记》三折:"我平生爱经商,他着我坐～。"清《醒世姻缘传》二一回:"片云收拾完了,回到自己静室里边,点了一炷香,上了～,盘了膝,端端正正的坐在上面。"

【禅和】 chán hé 僧人。《太平广记》卷四二〇引《传奇》:"朝来被二贼杀我～,方今追捕之。"宋《朱子语类》卷一二:"也不必要似～子样去坐禅方为静坐。"《元曲选·度柳翠》一折:"由他铁脚～子,到俺门前跌破头。"

【禅杖】 chán zhàng 僧徒督促坐禅的竹杖,一端以软物包裹,坐禅昏睡时以此戳之使警醒。后泛指僧人所用行杖。《法苑珠林》卷四四:"若坐睡不止,应起看餘睡者,以～筑。"宋陆游《山行》:"三尺古琴餘爨迹,一枝～带湘斑。"明谢肇淛《五杂组》卷五:"僧觉,以～痛击之,踣地。"

【谗搅】 chán jiǎo 即"缠搅"。宋《三朝北盟会编》卷二二:"且贵朝所任用者,尽是契丹旧时职官,只要～生事。"

【馋】 chán ❶ 贪欲强烈未能满足貌。《元曲选·萧淑兰》二折:"秀才每自古眼睛～,不似这生忒铜心铁胆。"明《二刻拍案惊奇》卷三:"你这～样的新郎!明日是中秋佳节,我撺掇孺人就完成了罢。" ❷ 指强烈欲望或引起人无法满足的强烈欲望。明沈德符《万历野获编》卷六:"然皆宫掖之中,怨旷无聊,解～止渴,出此下策耳。"清《红楼梦》六三回:"贾蓉撺下他姨娘,便抱着丫头们亲嘴:'我的心肝,你说的是。咱们～他两个!'"

【馋虫】 chán chóng 比喻贪吃的欲望。明《西游记》二四回:"已经调动我这～,再去弄个儿来,老猪细细的吃吃。"清《醒世姻缘传》二九回:"他的主意倒也定了不肯吃,可恨他肚里～狠命劝他破了这戒。"

【馋牢】 chán láo 晋词,贪吃的人。明赵南星《笑赞·甘蔗渣》:"一人拾甘蔗渣而哜之,恨其无味,乃骂曰:'那个～,吃的这等尽情!'"

【馋劳】 chán láo 同"馋痨"。明《西游记》二五回:"我把你这个害～偷嘴的秃贼!你偷吃了我的仙果,已该一个擅食田园瓜果之罪。"《二刻拍案惊奇》卷三:"我看这哥哥也标致,我姐姐又没了姐夫,何不配与他了,也完了一件事,省得他做出许多～喉急出相。"

【馋痨】 chán láo 贪吃的毛病,也喻指贪恋女色。明《金瓶梅词话》七三回:"娘递与拿进来就放在拣妆内,那个害～烂了口吃他不成!"清《红楼梦》八〇回:"一时,安歇之时,金桂便故意撺薛蟠别处去睡:'省的了～似的。'"

【馋脸】 chán liǎn 涎皮赖脸。明《平妖传》五回:"却说贾清风也防也道有些～,直等他下楼去了,方才转身。"《二刻拍案惊奇》卷九:"不要～,你且起来,我对你说。"

【馋痞】 chán pǐ 犹"馋痨","痞"和"痨"都指病。明《西游记》二四回:"就是害了～也不敢干这贼事。"

【馋水】 chán shuǐ 犹"馋涎"。宋岳珂《宝真斋法书赞》卷七:"顺涂鹿梦岂真寐,画饼儿痴出～。"觉范《书鉴上人香严堂》:"就地对谁曾画饼,当年～救饥无?"

【馋唾】 chán tuò 犹"馋涎"。宋董嗣杲《客来得邻人携酒共饮》:"我无肤可汤,强颜榷茶课。若是玉川子,见之生～。"元叶颙《画竹王汝明为赋》:"渭川千亩在心胸,喷饭满案～堕。"清《后西游记》二〇回:"猪八戒看得～直流,忍不住也随着众人叫道:'化我两个。'"

【馋涎】 chán xián 因食欲而分泌出的唾液,比喻对所喜爱

事物怀着极强烈的愿望。唐李贺《公无出门》:"毒虬相视振金环,狻猊貙貐吐馋～。"宋曾敏行《独醒杂志》卷七:"狐见而欲食,喙不得入,～流堕罂内。"清《娱目醒心编》四卷一回:"一席话,说得天花乱坠,大妻～流个不住,心中发起痒来。"

【馋眼】 chán yǎn 渴望满足欲望的眼睛。明王世贞《题海天落照图后》:"老人～今日饱矣,为题其后。"汤式《风入松·题马氏吴山景卷》:"玲珑碧玉簪,缥缈青罗带,抵多少翠袖金钏。～的夫差若见来,将馆娃移居左侧。"清洪昇《长生殿》五出:"望前尘,～迷奚,不免挥策频频。"

【馋嘴】 chán zuǐ 贪吃,也指贪吃的人。《元曲选·范张鸡黍》一折:"哥哥,你～!为那一只鸡、半碗饭、几钟酒,如今要走一千里路哩。"又《误入桃源》三折:"你则是个撞席的～,怎么敢叫刘弘!"清《后西游记》二〇回:"唐长老听了大骂道:'～畜生!'"

【缠】 chán ❶ 勾搭;结交。《元曲选·金线池》二折:"如今又～上一个粉头,道强似我的多哩。"宋元《古今小说》卷三:"今番～得这个有钱的男儿,也不枉了。"元明《水浒传》二四回:"那清河县里有一个大户人家,有个使女,小名唤做潘金莲……因为那大户要～他,这女使只是去告主人婆,意下不肯依从。" ❷ 对付。明《金瓶梅词话》五九回:"瓜儿只拣软处捏,俺每这屋里是好～的。"清《红楼梦》一六回:"咱们家这些管家奶奶们,那一位是好～的?"

【缠哀】 chán āi 缠绵悲哀。《敦煌愿文集·愿文范本等》一八:"趋庭绝训,瞻机案而～;生路无踪,望空床而洒泪。"又《亡尼文》:"至孝等仰神灵而轸泪,长乖示悔(海)之声;对踪迹以～,感伤风树。"

【缠臂】 chán bì 缠于臂上的螺旋状饰物,也指手镯。《新五代史·慕容彦超传》:"弘鲁乳母于泥中得金～献彦超,欲赎出弘鲁。"宋苏轼《寒具》:"夜来春睡浓于酒,压扁佳人～金。"按,"金"字因押韵而倒置。

【缠带】 chán dài ❶ 系在腰间的宽带,夹层有口,可盛钱物。明《老乞大谚解》卷上:"有一个客人,～里装着一卷纸,腰里拴着。"清《醒世姻缘传》七六回:"还有丈三尺布的一根～,一领新穰青布衫,都剥了拿到家去。"按,明李实《蜀语》:"绕腰窄囊曰缠带。" ❷ 装裹死人用的带子。明《金瓶梅词话》六二回:"教赵裁领了许多裁缝,在西厢房先顾人造帏幕、帐子、桌围并入殓衣衾～,各房里女人衫裙。"

【缠袋】 chán dài 同"缠带❶"。《元典章新集·刑部》:"夺讫客人施进孙中统钞七定三十两五钱,折至元钞七十六两一钱,并绢～一条。"明《醒世恒言》卷三五:"又做起一个～,准备些干粮。"

【缠缚】 chán fù ❶ 缠绕捆绑。《太平御览》卷四二九引《集异记》:"岩得索,则～腰肢。挥手,外人则共引之,去地三二尺。" ❷ 纠缠束缚。《祖堂集》卷二《菩提达摩和尚》:"被小智慧而生～,却成愚惑,不得悟道。"宋韩淲《霜天思田间获稻之乐》:"谁念尘埃自～,耳昏眼悖复奚宜?"《元曲选·罗李郎》二折:"怎想他抛家失业被病～。"

【缠绞】 chán jiǎo 纠缠搅扰。清《歧路灯》四四回:"总因开行一家,店中担着客商大宗银两千系,怎敢与不知来历的生人～。"又九〇回:"道台眉间已不耐之色,漫说漫应,他只管～不清。"

【缠搅】 chán jiǎo 同"缠绞"。《元曲选·张天师》一折:"妾身乃月中桂花仙子,今因八月十五日,有这罗睺计都～妾身。"明《金瓶梅词话》三八回:"(二捣鬼)往后吓了,影也再不敢上妇人门～了。"清《歧路灯》五〇回:"就在这胡同口北赵寡妇家～了半日,

方落了点,渴坏了。"

【缠缴】 *chán jiǎo* ❶ 同"缠绞"。金《刘知远诸宫调》一:"在村弟一欺良善,没尊卑不近道理。若还撞着奔如鬼祟,～杀你不肯放东西。"元石君宝《紫云庭》三折:"我想世上这一点情缘,百般～,有几人识破?" ❷ 缠绕;纠缠盘绕。清陈元龙《格致镜原》卷九八引《全雅》:"虾蟆曳肠于水际草上,～如索。"

【缠累】 *chán lěi* 牵缠拖累。明《二刻拍案惊奇》卷三一:"他怕人命～,必然周给后事,供养得你每终身,便是便益了。"清《五色石》五回:"刁妪受了一肚皮气,说不得,话不得,～了两日,也头疼脑痛起来。"

【缠盘】 *chán pán* 即"盘缠❻"。《敦煌变文校注》卷五《父母恩重经讲经文(一)》:"是女～求为聘,是男婚娶致歌欢。"《敦煌愿文集·建窟发愿文(一)》:"或奉上命驱策,或承信仕(士)招携。每广受于～,亦厚沾于赏赐。"

【缠染】 *chán rǎn* 传染。明王士性《广志绎》卷三:"数年后大首瘟疫盛行,但不至喉不死,及喉无一生者,～而死又何止数万。"明《型世言》一六回:"不期这疾最易,却又病倒。"《西湖二集》二九回:"这伤寒症是个时病,善能～。"

【缠扰】 *chán rǎo* 纠缠搅扰。明孙一奎《医旨绪餘》卷下:"陈氏之说亦自有理,但为'不'之一字～,牵强费辞,不若直以'不'字为衍文耳。"《金瓶梅词话》九二回:"我今饶你一死,务要改过自新,不许再去吴氏家～。"清方成培《雷峰塔》二〇出:"又道,我若在苏,再被此妖～,决无生理。"

【缠绕】 *chán rào* ❶ 萦绕;缠束。唐刘禹锡《葡萄歌》:"田野生葡萄,～一枝高。"宋《朱子语类》卷二:"又黑水之类,自北～至南海。"明张吉《上时务疏》:"以意创为鸳鸯铳,一本两茎,贯二火枪,以药信～,次第延爇。" ❷ 纠缠搅扰。唐姚合《病中书事寄友人》:"终日自～,此身无适缘。"宋《朱子语类》卷八:"被那旧习～,如何便摆脱得去?"明《金瓶梅词话》二六回:"西门庆也不出来,使出五六个小厮,一顿棍打出来,不许在门首～。"

【缠惹】 *chán rě* 沾染纠缠。金《董解元西厢记》卷八:"俺咱恁时准备了娶他来也,不幸病～。"清方成培《雷峰塔》二五出:"他被你妖氛～,怎不想开交?叹孽缘数尽难逃。"

【缠束】 *chán shù* ❶ 缠绕捆扎。唐孔颖达疏《诗·采芑》"约𫐄错衡":"谓以朱色～车毂以为饰。"宋王应麟注《急就篇》卷二:"缊约,束缚也。言贫乏之人无好绵帛,但以此物自苞裹～为衣被也。"明胡文焕《南北双调合套·绣鞋》:"想着恁初～曾把纣妃恨,想着恁自绣时先将蜀锦裁。" ❷ 指装束、首饰。明李东阳《水仙》:"风鬟雾鬓无～,不是人间富贵妆。"

【缠头】 *chán tóu* ❶ 艺人表演后看客赠与的绫罗锦缎或财物。唐白居易《琵琶行》:"五陵少年争～,一曲红绡不知数。"宋黄庭坚《蓦山溪·春晴》:"一醉几～,过扬州,珠帘尽卷。"明《醒世恒言》卷三七:"青楼买笑,～那惜千缗。" ❷ 纠缠不休。《元曲选·度柳翠》二折:"我这个度人的好是～。"

【缠扎】 *chán zhā* 捆束。明佚名《一枝花·题小脚》:"不知那可喜娘怎的～,多情人不住嗟呀。"清《野叟曝言》一三一回:"且问你,臂上因何有帛～?"

【缠仗】 *chán zhàng* 同"缠账"。《元曲选外编·拜月亭》二折:"怎生般不应当,脱着衣裳,感得这些天行好～。"

【缠帐】 *chán zhàng* 同"缠账"。明《醒世恒言》卷六:"若再～,把那祸种纵烈火而焚之。"《二刻拍案惊奇》卷一六:"如此～多时,支持不过,毛家家私也逐渐消费下来。"

【缠账】 *chán zhàng* 纠缠搅扰。明《西游记》三九回:"这泼猴却也～,没有,没有!出去,出去!"清《醒世姻缘传》四五回:"素姐见无计可施,喜得他不来～也便罢了。"

【缠障】 *chán zhàng* 同"缠账"。元明《水浒传》四二回:"你们只管在里面～,引的小鬼发作起来。"清《歧路灯》七二回:"若说此行是王象荩跟随,事事有番见识,宗宗有个主意,即昨夜一切～,早已消归无有。"

【僝僽】 *chán chóu* ❶ 忧愁;烦恼。宋杨炎正《蝶恋花》:"昨日解醒今日又,消得情怀,长被春～。"元爱山《小桃红》:"酒解愁肠破～,到心头,三杯涤尽心中垢。"明《西游记》五七回:"我今寻他去,你千万莫～,好生供养师父。" ❷ 嗔怪;怨恨。宋秦观《满园花》:"行待痴心守,甚捻着脉子,倒把人来～。"《元曲选·谢天香》四折:"他若带酒,是必休,将咱～。"明汤式《湘妃引·代人送》:"虚疼热愚情薄似纸,死～语话儿尖如刺。" ❸ 折磨;摆布。宋赵以夫《大酺·牡丹》:"朝来风雨恶,怕一低张青油幕。"《五代史平话·汉上》:"便是那李敬儒的长孩儿李洪信管着家计,和那弟弟李洪义两个一向～刘知远,要赶将他出去。" ❹ 不高明的表演。元高安道《哨遍·嗓淡行院》:"打散的队子排,待将回数收,搽灰抹土胡～。"又佚名《耍孩儿·拘刷行院》:"张解元皱定眉,李秀才低了头,不提防这样唵～。"

【劖】 *chán* ❶ 凿;刻。唐韩愈《酬四门卢四兄云夫院长望秋作》:"若使乘酣逞雄怪,造化何以当镵。"宋辛弃疾《洞仙歌》:"～叠嶂,卷飞泉,洞府凄凉。"明《徐霞客游记·滇游日记六》:"忽一日,白云从龛后龙脊中垂间,～石得泉。" ❷ 削;砍;剁。也指削除。《新唐书·南蛮传下》:"赤口濮,裸身而折齿,～其唇使赤。"明《西游记》八六回:"把唐僧拿出来,碎～碎剁!"清洪昇《长生殿》二八出:"纵将他寝皮食肉也恨难～。" ❸ 讥嘲。元汤式《新水令·秋怀》:"《青楼集》乔科范,难甘,《白头吟》冷句～。"明高濂《玉簪记》二三出:"欲待将言遮掩,怎禁他恶狠狠话儿～。"

【劖言讪语】 *chán yán shàn yǔ* 说嘲讽人的刻薄话。明《西游记》四六回:"我们也错看了这猴子了。平时间～,斗他耍子,怎知他这般真实本事!"

【嘽】 *chán* 用尖嘴啄。《敦煌变文校注》卷四《降魔变文》:"其鸟乃先啅眼睛,后～四竖。"宋梅尧臣《送吴冲卿江邻几二学士》:"蝇痴驱又来,蚊～喙犹尖。"元石君宝《紫云庭》一折:"嘴尖～脖子,爪快抉天灵。"

【嘽口】 *chán kǒu* 贪吃的嘴。嘽,通"馋"。《太平广记》卷二四一引《王氏见闻录》:"从将户口资～,末委三丁税几丁。"宋韩琦《谢并帅王仲义端明惠葡萄酒》:"复婴风眩戒食味,～绝望沾珍螯。"

chǎn

【划】 *chǎn* ❶ 划(船)。《祖堂集》卷七《岩头和尚》:"师在鄂州遇沙汰,只在湖边作渡船人。湖两边各有一片板,忽有人过,打板一下,师便提起桡子云:'是阿谁?'对云:'要过那边去。'师便～船过。" ❷ 只;仅;光着。唐李廓《长安少年行》:"～戴扬州帽,重熏异国香。"五代李煜《菩萨蛮》:"～袜下香阶,手提金缕鞋。"《元曲选外编·三夺槊》三折:"我坐下～骑着追风马,腕上只彪着打将鞭。" ❸ 反而;偏偏。宋卓田《眼儿媚·题苏小楼》:"丈夫只手把吴钩,能断万人头。因何铁石,打肝割胆,～为花柔?" ❹ 平白;无端。《元曲选·陈抟高卧》四折:"贫道呵,本居林下绝名利,

自不合～下山来惹是非。" ❺ 犹"趁❽"。明《西游记》四七回："你只看着我,～着吃我时,你就走了罢。"

【刬地】 chǎn de ❶ 依旧;仍然。宋何应龙《题临安邸楼》："过了烧灯望燕归,春寒～勒芳期。"金《董解元西厢记》卷一："一片狂心,九曲柔肠,～闷如昨夜。"元尚仲贤《三夺槊》三折："我便手段施呈足,～罪过不离身。" ❷ 平白地;无端地。宋赵长卿《满江红》："记得当初低耳畔,是谁先有于飞约? 惟到今、～误盟言,还先恶。"佚名《张协状元》一六出："五鸡山上一个大王,～与人做鸭,到叫做鸭精大王。"《元曲选·荐福碑》三折："为何不进取功名,～流落四方,是何主意?" ❸ 反而;反倒。宋《朱子语类》卷一三六:"李白见永王璘反,便从臾之,文人之没头乃尔! 后来流夜郎,是被人捉着罪过了,～作诗自辩被胁迫。"元杜善夫《耍孩儿·庄家不识构栏》:"我则道这兴词告状,～大笑呵呵。"明陈铎《醉花阴·复欢》:"越间阻～越疼热,志诚心坚似铁。" ❹ 怎么;竟然。元佚名《沽美酒过太平令》:"我怎知、那逆贼,～恁下的!"《元曲选·忍字记》二折:"你看经念佛,～杀人!"明徐㘈《杀狗记》三五出:"根问杀人事,～把狗事回对,欺诳官府。" ❺ 毕竟;到底。宋黄昇《蝶恋花》:"心事欲凭莺语诉,流莺～无凭据。"《元曲选·玉镜台》三折:"我坐着窄窄半边床,受了他怯怯两拜礼,我这里磕头礼拜却回席,～须还了你。" ❻ 一味;只是;总是。宋葛长庚《贺新郎》:"愁来长是朝朝醉,～成宋玉伤感,三闾憔悴。"金《董解元西厢记》卷六:"才郎自别,～愁无那。"《元曲选外编·周公摄政》二折:"从今后～拖带着一身疾病,从今后～使作的心碎了……从今后～为宗庙呵,春秋祭祀周三祖,从今后～忧天下呵,日夜思量计万条。" ❼ 忽的;一下子。明康海《折桂令·四月八日雷雨》:"小庭闲何处风雷,蓦地推来,～翻回。"

【刬的】 chǎn de ❶ 依旧。《元曲选·王粲登楼》三折:"自洛下飘零到这里,～无所归栖。" ❷ 平白地。《元曲选·还牢末》三折:"我这里头瞑眩眼睁狂,七魄俱亡,～醒回来怎承望?" ❸ 反而。《元曲选·碧桃花》楔子:"我抬举的你成人长大,不去习女工针指,～作出这等勾当来。" ❹ 怎么。《元曲选·连环记》二折:"早难道对面相逢,便～忘了红昌?" ❺ 毕竟。元狄君厚《介子推》三折:"假若封加你官位高,至如升迁得你功劳大,～索招罪招殃添惊怕。" ❻ 忽地。元佚名《普天乐·秋夜闺思》:"压的转身,嘻的暗哑,～消魂。"刬,一本作"参"。

【刬发】 chǎn fā 征发;筹集。宋蔡襄《乞封桩钱帛准备南郊支赐札子》:"臣伏见庆历年中,因郊社遣朝臣于江南等路～钱帛,后来或有缺用时,亦遣使。"庄绰《鸡肋编》卷中:"每遇大礼,依附封桩,仍乞遣朝臣诸路～钱帛。"

【刬口儿】 chǎn kǒu er 趁口儿;随口。明汤显祖《牡丹亭》五三出:"我有女无郎,早把他青年送。～轻调哄。便做是我远房门婿呵,你岭南,吾蜀中,牛马风遥,甚处里丝萝共?"

【刬马】 chǎn mǎ 无鞍鞯的马。《元曲选外编·三夺槊》二折:"那将军～骑单鞭搠,论英雄半勇跃。"明《西游记》一五回:"三藏无奈,只得依言,跨了～。"

【刬买】 chǎn mǎi 竟买。宋苏辙《论差役五事状》:"若立定酌中价例,不许添价～,亦不过三分减一。"《宋会要辑稿·食货五》:"承买官产之人,已给买后……限六十日纳足,始与交业,限满不足,十日内许人～。"

【刬刷】 chǎn shuā 征集;搜刮。宋《朱子语类》卷一〇六:"在南康时,才见早,便～钱物,库中得三万来贯,准拟籴米,添支官兵。"《三朝北盟会编》卷三〇:"上自宗庙宫禁乘舆服御之物,尽行～,止得金三十餘两。"元牟巘《创大礼例库申省状》:"所有价

钱,系照指挥截拨及～杂色寨名应副外,尚且不敷。"

【刬新】 chǎn xīn 崭新,最新。《元曲选外编·蓝采和》一折:"甚杂剧请恩官望着心爱的选,俺路歧每怎敢自专,这的是才人书会～编。"

【产地】 chǎn de 同"刬地❸"。元佚名《替杀妻》二折:"自家夫主无恩情,～恋着别人亲!"

【产驴】 chǎn lú 不加鞍鞯的驴。元武汉臣《老生儿》一折:"这人每待去借个～,交俺骑着。"

【产门】 chǎn mén 产妇的阴门或妇女的阴户。明《西游记》五三回:"要生孩子,我们却是男身,那里开得～?"清《醒世姻缘传》二〇回:"这一定疑我们～里边还有藏得甚么物件,好叫老娘婆伸进手去掏取。"

【产难】 chǎn nán ❶ 分娩。古人视此为劫难,故称。《敦煌变文校注》卷二《叶净能诗》:"今有孕,唯候其～,不敢不奏。"《五灯会元》卷一《释迦牟尼佛》:"持钵至一长者门,其家妇人正值～,子母未分。" ❷ 即难产。唐孙思邈《备急千金要方·蛇黄》:"蛇黄主心痛、忤、石淋、～、小儿惊痫。"清《醒世姻缘传》二八回:"你的妻子～,别人是没有药的。"

【摲马】 chǎn mǎ 同"刬马"。元明《水浒传》五回:"原来心慌,不曾解得缰绳,连忙扯断了,骑着～飞走。"

【铲地】 chǎn de ❶ 同"刬地❸"。宋元《警世通言》卷三七:"苗忠底贼,你劫了我钱物,杀了我哥哥,又杀了当直周吉,奸骗了我身己,～把我来卖了。"元明《水浒传》三四回:"你兀自不下马受缚,更待何时? ～花言巧语,煽惑军心!" ❷ 同"刬地❹"。明王九思《南北越调合套·寿对山先生》:"～归休,浒西伴鹭鸥,拨天关本事落在沧州。"沈自徵《霸亭秋》:"煞王留又村,苦牛表又骄,～教我去对顽童憔悴倒。"

【铲度】 chǎn dù 躔度,日月星辰在天空运行的度数。古人认为这关系到人世的吉凶。明《西洋记》一四回:"这莫非是我命里犯了和尚星～? 不是～,怎么去了一个,又来一个?"清《隋唐演义》二七回:"就是父母肯割舍了我们,那些太内监还要替他推八字算～,然后好下手。"

【铲刷】 chǎn shuā 同"刬刷"。宋王安石《乞制置三司条例》:"至遇军国郊祀之大费,则遣使～,殆无餘藏。"《大宋宣和遗事·前集》:"蔡京差官～诸司库务故敝的物,及粗细香药、漆器、牙锦之类,高估价值。"

【铲斜】 chǎn xié 犹"剌斜"。元明《水浒传》八七回:"小将军那里敢出南门,～里杀投东门来。"又一〇八回:"忽地西南上～小路里冲出一队骑兵。"

chàn

【忏儿】 chàn er 拜忏所诵经卷。明《金瓶梅词话》六七回:"请几众尼僧,替他礼拜几卷～。"

【忏钱】 chàn qián 拜忏的酬金。清《醒世姻缘传》六四回:"斋是你管,～、灯斗、供献……这都在外。"

【颤掉】 chàn diào 颤抖。宋《太平惠民和剂局方》卷一:"麝香天麻圆,治风痹手足不随,或少力～。"明朱橚《普济方》卷四一一:"肺腧不可伤,伤即令人心神～。"《金瓶梅词话》二七回:"(潘金莲)口中叫道:'好个作怪的冤家,捉弄奴死了。'莺声～。"

chāng

【昌杨】　chāng yáng　鲜明彰著。"杨"借为"扬"。《敦煌变文·下女夫词》："山头宝径甚～，衫子背后双凤凰。"按，清《重修丹田县志》："倡扬，言彰著也。""倡"通"昌"。

【倡家】　chāng jiā　乐户，后指妓院或妓女。唐王勃《临高台》："银鞍绣毂盛繁华，可怜今夜宿～。～少妇不须颦，东园桃李片时春。"宋沈括《梦溪笔谈》卷二三："士人游毗陵，挈其徒饮～。"明《拍案惊奇》卷二五："这是掌书仙的故事，乃是～第一个好门面话柄。"

【菖华节】　chāng huá jié　端午节。宋吴咏《清平乐·寿吴毅夫》："梅霖未歇，直透～。荔子才丹栀子白，抬贴诞弥嘉月。"

【菖蒲节】　chāng pú jié　端午节。宋周密《齐东野语》卷一九："庚申岁，客辇下。会～，余偕一时好事者邀子固，各携所藏，买舟湖上，相与评赏。"元傅若金《候友人不至戏作》："仪真城下～，晴日江头锦绣文。"

【娼的】　chāng de　指妓女。明《金瓶梅词话》九二回："这经济便归～房里睡去了，由着大姐在下边房里呜呜咽咽只顾哭泣。"

【娼店】　chāng diàn　供妓女接客的旅店。明《金瓶梅词话》九四回："他是帅府周守备府中亲随张胜的小舅子，专一在马头上开～，倚强凌弱。"

【娼妇】　chāng fù　妓女，也用作辱骂妇女的詈词。唐戴孚《广异记·薛迥》："唐河东薛迥与其徒十人于东都狎～，留连数夕。"《宋史·明镐传》："会有忿争杀～者，吏执以白镐，曰：'彼来军中何耶！'纵去不治，～闻皆散走。"清《红楼梦》四四回："（贾琏）今见平儿也打，便上来踢骂道：'好～，你也动手打人！'"

【娼根】　chāng gēn　犹"娼妇"，多作詈词。《元曲选·灰阑记》三折："我道他为甚的声声把我～骂，似这等无明火难按纳。"明《金瓶梅词话》五七回："没廉耻弄虚脾的臭～，偏你会养儿子哩！"

【娼馆】　chāng guǎn　妓院。宋罗大经《鹤林玉露》甲编卷三："杨忠襄公少处郡庠，足不涉茶坊酒肆。同舍欲坏其守，拉之出饮，托言朋友家，实～也。"《大宋宣和遗事·前集》："轻屑万乘之尊严，下游民间之坊市，宿于～。"

【娼妓】　chāng jì　原称乐舞艺人，后指卖淫的妇女。《太平广记》卷二七九引《十异记》："其妻一夜梦捕捎云等辈十数人，杂以～，悉被发肉袒。"《旧五代史·唐书·李仁矩传》："仁矩贪于馆舍与～酣饮，日既中而不至。"《元曲选·酷寒亭》二折："劝君休要求～，便是丧门逢太岁，送的他人离财散家业破，郑孔目便是傍州例。"

【娼家】　chāng jiā　同"倡家"。唐卢照邻《行路难》："～宝袜蛟龙帔，公子银鞍千万骑。"宋陶毂《清异录》卷上："李煜在国，微行～，遇一僧张席。"清孔尚任《桃花扇》二二出："～从良，原是好事。"

【猖獗】　chāng jué　慌张；匆忙。《太平广记》卷三五三引《稽神录》："江南内臣张瑗日暮过建康新桥，忽见一美人，祖衣～而走。"

【猖狂】　chāng kuáng　❶慌张；匆忙。《敦煌变文校注》卷一《张义潮变文》："承珍忽于旷野之中，迥然逢着一人，～奔走，遂处分左右领至马前，登时盘诘。"元明《三国演义》一〇〇回："水陆困乏，人马～，抛盈郊之戈甲，弃满地之刀枪。"也用重叠式。宋元《清平山堂话本·简帖和尚》："只见卖馉饳的小厮儿掀起带子，猖猖狂狂，探一探便走。"❷犹"踉跄❶"。宋叶適《宿觉庵记》："盖世有畏日暮，疾走～而迷惑者，然犹反顾不已。"明梁辰鱼《浣纱记》四二出："我今日视茫茫，行步～，肚又饥，口又渴，如何是好？"

cháng

【长】　cháng　❶借为"常"，表假设。倘若；如果。《元曲选外编·飞刀对箭》二折："你～把摩利支脊骨挫折了便好；你厮杀的眼花了，你把我揉采住，挫折了我的腰脊骨，可怎么了？"《前汉书平话》卷下："今有惠帝正宫有孕，候十月满足，～得是太子，为后主；若是公主，教他文武扶立十一，未为迟也。"❷赚（钱）；获取（利润）。旧读zhàng。清《歧路灯》八二回："闺女在娘家积私财，银钱少时，这兄弟子侄们说是某姐姐几姑姑的，替他出放～利钱。"又八七回："这是我首饰铺子里算帐，把～的一百两银子加成本钱。"

【长案】　cháng àn　科举童生县试后公布的名次榜。清《儒林外史》一六回："复试过两次，出了～，竟取了第一名案首。"参见"团案"。

【长班】　cháng bān　官宦人家或会馆雇佣的仆人。明朱长祚《玉镜新谭》卷一："（魏忠贤）走入都门，竞趋豪家，效犬马之劳。时有爱之者，佐充部役。"《警世通言》卷三："小的是湖州府苏爷的～，苏爷在门房中，请徐老爹相见。"清孔尚任《桃花扇》一四出："不必理他，叫～回他罢了。"

【长板】　cháng bǎn　即"长枷"。明杨继盛《朝审途中口号》："岂愿同声称义士，可怜～见亲王。"《醒世恒言》卷一六："各责三十，上了～。"清《醒世姻缘传》五一回："有人见两个公差打死在地，一片～丢在旁，报知武城知县。"

【长便】　cháng biàn　长久而稳妥的办法。宋《三朝北盟会编》卷一八二："民心变，废齐国，至于普天下尽行抚绥，是为～。"金《刘知远诸宫调》一："早离西房，是为～。翁翁知道，定见小人，必有祸愆。"明《金瓶梅词话》八回："你们不可迟滞，早处～。"

【长长】　cháng cháng　❶长久；长远。唐张祜《自君之出矣》："自君之出矣，万物看成古。千寻荮苈枝，争奈～苦。"《敦煌变文校注》卷五《父母恩重经讲经文（一）》："永永交君播好名，～不见逢灾累。"宋佚名《张协状元》三五出："买炷好香祝苍天，愿你亏心，～荣贵。"❷常常；经常。宋曹组《点绛唇》："春梦虽多，好梦～少。"吕渭老《卜算子》："眉为占愁多，镇日～敛。"《五灯会元》卷四《景岑招贤禅师》："时有僧问：'如何是沙门眼。'师曰：'～出不得。'"

【长朝殿】　cháng cháo diàn　君王上朝听政的处所，略同后世所谓金銮殿。元《七国春秋平话》卷上："次日燕王登～设班，会集文武大臣。"《三国志平话》卷上："玄德少时与家中诸儿戏于树下：'吾为天子，此～也。'"

【长虫】　cháng chóng　蛇。清《歧路灯》五六回："大相公见他，就如见了～，见了蝎，见了老虎一般。"

【长川】　cháng chuān　同"常川❸"。明《西游记》四四回："那仙长奏准君王，把我们画了影身图，四下里～挂悬。"

【长短】　cháng duǎn　❶详情。元明《水浒传》三〇回："施恩自此早晚只去得康节级家里讨信，得知～。"明《金瓶梅词话》三八回："一面接了行李，与他拂了尘土，问他～。"❷意外情况。明《二刻拍案惊奇》卷九："若是那一夜有些～了，而今又许了一

家,却怎么处?"清《红楼梦》程乙本一一回:"好个孩子,要有个～,岂不叫人疼死!" ❸ 反正;终究。唐白居易《即事寄微之》:"饱暖饥寒何足道,此身～是空虚。"司空图《狂题》:"～此身长是客,黄花更助白头催。"宋陆游《后春愁曲》:"世间万事元悠悠,此身～归山丘。"

【长耳】 cháng ěr 驴的别称。五代王定保《唐摭言》卷一五:"咸通中,上以进士车服僭差,不许乘马。时场中不减千人,虽势可热手,亦皆跨～。"元程文海《李氏奉亲图》:"春风秋月花满川,小车～相后先。"

【长番】 cháng fān 长期当值(执役或值班)。唐杜甫《遭田父泥饮美严中丞》:"名在飞骑籍,～岁时久。"《唐六典》卷五:"任三卫者,配元武门上,一日上,两日下;配南衙者～,每年一月上。"明孙蕡《送高文质游杭州》:"有儿戳枪能跨马,请官得应一役。"

【长夫】 cháng fū 官府或军队长期征发或雇用的夫役。清《醒世姻缘传》一六回:"骑了衙里自己的头口,跟了一个衙门～,竟往香岩寺去。"按《六部成语》:"长夫,长久雇用之夫也。"

【长告】 cháng gào 长假。唐刘禹锡《同州举萧谏议自代状》:"时方被病,不果上道,～已满,块然家居。"《宋史·鱼崇谅传》:"崇谅以母老思乡里,求解官归养,诏给～。"清查慎行《百日假满归心未遂排闷成篇》:"乞归无路且迟迟,～俄逾百日期。"

【长工】 cháng gōng 长年雇用的佣工。宋元《清平山堂话本·错认尸》:"古人云:一年～,二年家公,三年太公。"明《西游记》三九回:"这等说,他只挑了四十里路,我老猪还是～!"

【长行】 cháng háng 另见 cháng xíng。指佛典中长短不齐的文句,相对于诗偈而言。《五灯会元》卷一五《德山志先禅师》:"～书不尽,短偈绝人闻。"

【长枷】 cháng jiā 一种长而重的枷,把两片对称的长条木板拼合,上开二圆孔,用以套住犯人的头和手。唐道宣《广弘明集》卷二七上:"譬如牢狱重囚,具婴苦痛,抱～,穿大械。"元《五代史平话·周上》:"继韬见说,且喝令～送狱收问。"明沈德符《万历野获编》卷一八:"其所开释者,瀱时即剖～,以俟上命释放。"

【长解】 cháng jiè 押送发配到边远地区,也指承担这种任务的差役。《明史·刑法志一》:"其发粮边者,～辄贿兵部,持勘合至卫,虚出收管,而军犯顾在家偃息云。"清《醒世姻缘传》五一回:"巡按按临东昌,武城县将监内重犯金了～,押往东昌审录。"孔尚任《桃花扇》三七出:"俺是一名～子,收拾包裹,自然护送到京的。"

【长离饭】 cháng lí fàn 行刑前给死囚吃的饭。《元曲选外编·替杀妻》四折:"这的是～,永别杯,磣可可我尝酒味。"

【长连床】 cháng lián chuáng 僧院中供多人并排睡卧的床,犹今统铺。《大正藏》卷四七五代《云门匡真禅师广录》卷上:"似这般灭胡种,～的纳饭阿师,堪什么共语处!"宋黄庭坚《送黄龙晓禅师住观音颂》:"～上铺针棘,满钵饭钉铁菱角。"明曹学佺《蜀中广记》卷八三:"曰:'如何是玄中玄?'师曰:'～上。'"

【长路】 cháng lù 远行。明《西游记》五六回:"～那能包角黍,龙舟应吊汨罗江。"《拍案惊奇》卷四:"那程元玉只贪路近,又见这厮是个～人,信着不疑,把适间妇人所言惊恐都忘了。"汤显祖《牡丹亭》四八出:"俺女娘无处投,～多孤苦。"

【长名】 cháng míng ❶ 即长名榜。唐代把被铨选的官员列名于榜,量资选官,称长名榜,省称长名。唐李肇《国史补》卷下:"自开元二十二年,吏部置南院,始悬～,以定留放。"张鷟《朝野佥载》卷四:"唐崔湜为吏部侍郎,贪纵……父挹为司业,受选人钱,湜不之知也,～放,其人诉之。"宋钱易《南部新书》乙集:"吏部

故事,放长名榜。旧语曰:～以前,选人属侍郎;～以后,侍郎属选人。" ❷ 宋代一种职役名目。宋赵彦卫《云麓漫钞》卷一二:"国朝州郡役人之制,衙前人役曰乡户、曰押录、曰～,职次曰客司、曰通行,官优者曰衙职。"《宋史·食货志上六》:"今东南一衙前招募既足,所差不及上户。"

【长明灯】 cháng míng dēng 供在佛像或灵位前昼夜不熄的灯。唐张读《宣室志》卷九:"唐开元十四年五月二十一日,道岩于佛殿前轩燃～,忽见一巨手在殿西轩。"《元史·王闰传》:"父尝卧疾,夜燃～室中,火延篱壁间。"明《金瓶梅词话》七八回:"满炉焚着末子香蜡,点着～,桌上拴着销金桌帏,旁边挂着他影。"

【长命灯】 cháng mìng dēng 即"长明灯"。《太平广记》卷九一引《本事诗》:"有老僧点～,坐大禅床。"明王廷相《明月篇》:"新年相赠同心结,元夕争悬～。"汤显祖《牡丹亭》二〇出:"从来雨打中秋月,更值风摇～。"

【长命钉】 cháng mìng dīng 钉合棺盖的长钉。明《金瓶梅词话》五七回:"李瓶儿哭着往房中寻出他几件小道衣、道髻、鞋袜之类,替他安放在棺椁内,钉了～。"

【长年】 cháng nián 另见 zhǎng nián。长工。明张岱《陶庵梦忆》卷三:"乃决沟水败泉,泉大坏。张子知之,至褉井,命～浚之。"清《豆棚闲话》九则:"那知这年遇着大旱,苗420俱如龟背裂开,秋成无望。只要唤些～汉子开垦一番,还有指望。"

【长钱】 cháng qián 足钱。一百文钱叫一陌,以七十、八十文当一陌叫短钱,一百足数的钱叫足钱或长钱。《金史·食货志三》:"时民间以八十为陌,谓之短钱;官用足陌,谓之～。"《元曲选·岳阳楼》一折:"小二哥,打二百～酒来。"明《金瓶梅词话》一二回:"祝日念袖中掏出一方旧汗巾儿,算二百文～。"

【长入】 cháng rù 唐代称常在皇帝左右的伶人。唐崔令钦《教坊记》:"诸家散乐,呼天子为崖公,以欢喜为蚬斗,以每日在至尊左右为～。"宋王谠《唐语林》卷一:"(唐)崇因～人许小客求教坊判官,久之未敢奏。"

【长生】 cháng shēng 指因信佛而长期豢养的家畜。《太平广记》卷一三四引《广古今五行记》:"(王)珍见一人云:'昔日与公同作功德,偷十匹绢私用,公竟不知。今已作羊,公将杀之。'叩头乞命,再三恳苦。言讫出房门,即变作羊……遂放羊作～,珍及妹家即断食肉。"又卷四三九引《法苑珠林》:"猪即语权尉云:'……家乡眷属见我此形,决定不喜,恐损辱汝家门。某寺有～猪羊,汝安置我此寺。'"

【长生库】 cháng shēng kù 宋代寺院开的典当库,后泛称典当库。宋陆游《老学庵笔记》卷六:"今僧寺辄作库,质钱取利,谓之～。"陆九渊《与邓元范书》:"近忽有劫盗九人,劫南境村中软堰寺～。"清厉鹗《典衣》:"可知子敬家中物,新付～里来。"

【长时】 cháng shí ❶ 长时间;长久。唐李咸用《依韵修睦上人山居十首》之三:"柏缘执性～瘦,梅为多知二番生。"王贞白《出自蓟北门行》:"战地骸骨满,～风雨腥。"《太平广记》卷三四八引《宣室志》:"自去自来人不归,～唯对空山月。" ❷ 时时;经常。唐杜审言《南海乱石山作》:"观此得歌咏,～想精异。"拾得《嗟见世间人》:"嗟见世间人,个个爱吃肉。碗碟不曾干,～道不足。"

【长侍】 cháng shì 称太监。清孔尚任《桃花扇》二五出:"～斟酒,庆贺三杯。〔杂进酒,小生饮介〕〔小生起介〕我们君臣同乐,打一回十番何如? ……十分忧愁消去九分了。〔唤介〕～斟酒,再庆三杯。"

【长是】 cháng shì 总是;老是。宋范仲淹《御街行·秋日怀旧》:"年年今夜,月华如练,～人千里。"金《刘知远诸宫调》一:"最

伤感,两晋陈隋,～有狼烟。"明《拍案惊奇》卷六:"那秀才在大人家处馆读书,～半年不回来。"

【长随】 cháng suí ❶ 明代宦官职名。明沈德符《万历野获编》卷六:"于以长躯伟貌偶得选,改为伞扇～,但日侍雉尾间,亦贱役也。"《明史·职官志三》:"宦官,十二监。每监各太监一员,正四品;左右少监各一员,从四品……～,奉御无定员,从六品。" ❷ 泛称随从;跟班。明卢楠《想当然》二七出:"我不免修书一封,叫～的寄到许云仙家。"清雍正五年丁未二月庚申上谕:"向例,千把总俱由督抚提镇拔补,往往以其家人～及私自效力请托夤缘之人补用。"《歧路灯》一〇五回:"以下便是我订息银添官箱,人受荐金送～,拉纤的与门上二爷商量八扣九扣的话。"

【长天老日】 cháng tiān lǎo rì 形容白昼时间长。清蒲松龄《学究自嘲》:"四月夏天来,～好难挨。"《红楼梦》二九回:"～的,在家里也是睡觉。"

【长挑】 cháng tiāo 形容身材瘦长。明《金瓶梅词话》七回:"生的～身材,一表人物。"清《红楼梦》二四回:"只见这人容长脸,～身材。"

【长条】 cháng tiáo 同"长挑"。清《绿野仙踪》九一回:"他有什么难认?一脸麻子,～身材。"《歧路灯》三五回:"看那慧娘,～身材,瓜子面皮。"

【长头】 cháng tóu ❶ 长久。唐王梵志《吾死不须哭》:"只愿～醉,作伴唤刘伶。"刘禹锡《寄湖州韩中丞》:"终日相思不相见,～相忆是何人?"五代何光远《鉴诫录》卷三:"出家～,未除烦恼;为衣挂像,岂敬慈尊。" ❷ 赚头;利润。清《歧路灯》六六回:"把这一笔债放在他身上,每年有几百两～。"《天雨花》六回:"毛成又来吃茶,称出几分银子,要陈济川去买十香糕一匣。济川贪有～赚,买了香糕就转程。"

【长行】 cháng xíng 另见 cháng háng。❶ 远行;走远路。唐张鷟《朝野佥载》卷五:"此驴行急而汗,非～也。"宋《三朝北盟会编》卷五五:"九月初一日～,十五日次太原府榆次县。"明《金瓶梅词话》三六回:"那人拜谢,欢喜出门～去了。" ❷ 军士之一种。《宋会要辑稿·职官六六》:"全信本班～钱物,已奏案,可速进呈裁断,庶军中有所警励。" ❸ 一种棋类游戏。唐李肇《国史补》卷下:"今之博戏,有～最盛,其具有局有子,子有黄黑,有十五,掷采之骰有二。其法生于捏塑,变于双陆。"李廓《长安少年行》之四:"好胜耽～,天明烛满楼。"

【长休饭】 cháng xiū fàn 即"长离饭"。《元曲选·争报恩》四折:"今日个宰肥羊斟糯酒,须不是～永别杯。"元明《水浒传》四〇回:"驱至青面圣者神案前,各与了一碗～永别酒。"

【长须】 cháng xū 称男仆。唐韩愈《寄卢仝》:"先生有意许降临,更遣～致双鲤。"元周砥《花时苦雨》:"～沽酒出门去,陌上泥深几没屐。"明郭武《寄句曲山中隐者》:"不待～更致书,明朝载酒听莺去。"按,宋陈元靓《事林广记》续集卷八《绮谈市语》:"奴:长须。臧。"

【长则】 cháng zé 只是;总是。《元曲选·冻苏秦》三折:"遮莫便十年呵,休想我贵人多忘。将你一个山海也似大恩人,我苏秦一个今日般想。"又《金线池》一折:"十度愿从良,～九度不依允,也是我八个字无人主婚。"明孟称舜《娇红记》四九出:"你说不出心中事,推一病里身,～见你对春花,渐淹淹暗把蛾媚损。"陈铎《耍孩儿·舟中自咏疥疮》:"英雄气都折挫,～在被窝中发放,枕头上么喝。"

【长则待】 cháng zé dài 只待;只想。《元曲选·酷寒亭》二折:"你生的来兔儿头老鼠嘴,～吵是寻非。"明汤式《一枝花·

【长则是】 cháng zé shì 只是;总是。《元曲选·黄粱梦》一折:"也不知甚的秋,甚的春,甚的汉,甚的秦,～习疏狂,耽懒散,伴装钝。"明孟称舜《娇红记》七出:"情怎奈～倚栏空坐。"清陈维崧《曲游春·花朝》:"自后堂分袂,～如醒似病。"

客中奇遇寄情》:"全不想上阳关登云路紫骝蹀躞催丝鞚,～谐姻眷开忭宴翠袖殷勤捧玉钟。"

【长直】 cháng zhí 犹"长番"。《太平广记》卷三三九引《广异记》:"己大人昔任江州刺史,君前生是江州门子,恒在使君家～。"《旧唐书·罗威传》:"全忠遣～军校马嗣勋选兵千人,密于舆中实兵甲入魏。"

【长子】 cháng zǐ 高个子。《元曲选·李逵负荆》三折:"那两个一个是青眼儿～,如今这个是黑矮的。"明郎瑛《七修类稿》卷四六:"身颇长大,时号沈～。"清《说岳全传》六八回:"远远望见一个大汉,身长丈二,摇摇摆摆的走。吉成亮叫声:'罗哥,你看那边有个～来了。'"

【场】 cháng 另见 chǎng。量词,用以计量事物或动作。唐李白《自汉阳病酒归寄王明府》:"愿扫鹦鹉洲,与君醉百～。"《宋史·孝宗纪》:"淳熙五年,增铨试为五～,呈试为四～。"清《红楼梦》五〇回:"这才是十月,是头～雪,往后下雪的日子多着呢。"

【场户】 cháng hù 另见 chǎng hù。伎艺表演或踢气球的场面。宋汪云程《蹴鞠谱·圆社锦语》:"二人～:两人对立,各用左右臁,一来一往,三五十遭,不许杂踢。"元睢玄明《耍孩儿·咏鼓》:"但～阑珊了些儿个,恨不得添五千串拍板,一万面铜锣。"邓玉宾《村里迓古·仕女圆社气球双关》:"～儿宽绰,步骤儿虚磐,声誉儿蓬勃。"

【场园】 cháng yuán 即"场院"。明冯惟敏《仙桂引·寿贾柳溪》:"矮团瓢俯仰弄烟霞,闲世界从容数岁华,老～美满登禾稼。"清《醒世姻缘传》一四回:"那伏事丫头常常的替换,走进走出,通成走自己的～一般。"

【场院】 cháng yuàn 有围墙或篱笆圈起来的平坦空地,多用来打谷物或晒粮食。清《红楼梦》三九回:"我们这里虽不比你们的～大,空屋子还有两间。"△《儿女英雄传》一四回:"村外一个大～,堆着大高的粮食,一簇人像是在那里扬场呢。"

【肠肚】 cháng dù 心思;心肠。宋晁端礼《一斛珠》:"外边闲事无心觑。直至我咱,怕你恶～。"金《董解元西厢记》卷七:"这畜生～恶,全不合神道。"元明《水浒传》九八回:"我这里弟兄通是一般～,但说不妨。"

【肠荒腹热】 cháng huāng fù rè 形容因焦急、思念或愿望不能满足时不知所措的心理状态。《元曲选·冤家债主》二折:"请法师唤太医疾快走,将俺那养家儿搭救,则教我～似浇油。"按,"荒"或作"慌"。清洪昇《长生殿》二四出:"唬得人胆战心摇,～,魂飞魄散,早惊破月明花榭。"

【肠襀儿】 cháng kuì er 肠结儿,指肠子。明冯惟敏《朝天子·鞋杯》:"心坎儿里踢蹬,肚囊儿里款行,～里穿芳径。"

【肠子】 cháng zi ❶ 心思;心肠。明《醒世恒言》卷三六:"那贼徒看了,神荡魂迷,臂垂手软,把杀人～顿时熔化。"清《醒世姻缘传》一九回:"我劝你把这根～割断了罢。" ❷ 指腹部。清《红楼梦》六〇回:"我～里爬出来的,我再怕不成?"

【尝汤戏】 cháng tāng xì 指正本以外先演的短戏。明清时排筵观戏,先上一道汤,故以喻开锣戏。清《儒林外史》四二回:"锣鼓响处,开场唱了四出～。"

【尝新】 cháng xīn 吃应时的新鲜食品,也指初次涉猎。唐杜甫《野人送朱樱》:"金盘玉箸无消息,此日～任转蓬。"明《朴通

事谚解》卷中："买些拳头菜、贯众菜、摇头菜、苍术菜来，我们大家～。"冯惟敏《粉蝶儿·李争冬有犯》："初来不诧生，～不犯重，几乎险把我生送。"

【常】 cháng ❶往；昔。多用于"常年""常日""常时"等表时间的双音节词中。《太平广记》卷一八引《续玄怪录》："或有唱歌者曰：'吾此曲是汉武钩弋夫人～所唱。'"宋洪迈《夷坚志》甲卷一六："～夕叫汝，数声不一应；今何谨如此？" ❷倘若；如果。《元曲选外编·千里独行》二折："我～赢了他便好，若是输了呵，我便往胡同里走。"元佚名《天净沙》："花谢花开小哉，～存根在，明年依旧花来。"《三国志平话》卷中："～得胜，则图名于后；倘若失，信都不能保也。"

【常便】 cháng biàn ❶同"长便"。元明《水浒传》三二回："只恐刘高那厮不肯和你干休，我们也要计较个～。"明《醒世恒言》卷三三："坐吃山空，立吃地陷，喉咙深似海，日月快如梭。你须计较一个～。" ❷确实。金《刘知远诸宫调》三："岳氏娘子好女，花见自然羞，团练～不图富贵，故招知远做斑鸠。"元明《水浒传》四〇回："我这两笼东西，如何没个心腹的人出来问你个～备细，就胡乱收了？"

【常常】 cháng cháng 平常；普通。《太平广记》卷八二引《集异记》："向者吹笛，岂非王孙乎？天格绝高，惜者乐器～耳。"宋范仲淹《上执政书》："除录事参军，则县令中昏迈～之流，可去数百人矣。"张齐贤《洛阳搢绅旧闻记》卷二："或辞以婢妾众多，即复择其～者归己院焉。"

【常程】 cháng chéng 常规；一般的。《唐大诏令集·乾符二年正月七日南郊赦》："驻留供备，迎送优礼，进献不副～，结好却为公事。"宋周辉《清波杂志》卷一一："近时此礼俱废，但书司承受传导公牒，则若～行移。"清弘历《二月二日降旨免江浙积欠》："赋税有～，灾重乃蠲租。"

【常川】 cháng chuān ❶惯常；通常；总是。《元曲选外编·调风月》一折："大刚来妇女每～有些没是哏，止不过人道村。"又《延安府》一折："我打死人不偿命，～则是坐牢。"又《老君堂》楔子："我做将军古怪，厮杀相持无赛，～吊下马来，至今跌破脑袋。" ❷经常；常常。《元朝秘史》卷一："在家～有阿当合、兀良合歹人氏的人往来，莫敢是他的儿子？"明汤显祖《牡丹亭》三三出："三年之内，则见他收取祭租，并不～行走。"王士贞《亲征考》："各军行粮面麨，该管官旗务要～点阅如数。" ❸永久；长期。《元典章·刑部十一》："此等囚徒，所犯罪恶已经刺断，发下盐司～配役。"元李继本《与董涞水书》："其子既为生员，其父又当甲首。子既～在学，父又～应役。"明佚名《夜行船·杨妃鞋》："好姻缘～要整齐，是必休胡行半米。"

【常好】 cháng hǎo 即"畅好"。《元曲选·抱妆盒》三折："你～有上稍无下稍，也不索多议论少成事。"

【常好道】 cháng hǎo dào 即"畅好道"。《元曲选·虎头牌》三折："你这个关节儿～来的疾。"

【常好是】 cháng hǎo shì 即"畅好是"。元季子安《粉蝶儿·题情》："你～不知轻重，动不动皱了眉峰，冰霜般面容。"脉望馆本《猿听经》一折："每日家淡饭黄齑腹内充，～匆匆也波匆，怎受这般穷！"明金銮《水仙子·酬友人寄扇》："叠金泥象轴犀钱，～伴明月瑶天一片。"

【常话】 cháng huà ❶可作为准则的话。元陈天祥《四书辨疑》卷三："此等语意，～中往往有之。"明黄道周《榕坛问业》卷一一："既是中人以下不可语上，则此上语不须上人妙谈，亦是～矣。"蔡清《易经蒙引》卷五下："若'初九'之不先定'有家'，以此为～云'闲有家'，'有家'字自无所惑，不解，可也。" ❷寻常的话；一般的话。清《豆棚闲话》一一则："老伯多时不在，觉得棚下甚是寂寞。虽有众人说些故事，也不过博古通今的人～。" ❸俗话；常言。清李渔《奈何天》三出："虽然不好明说他丈夫丑陋，只把嫁鸡逐鸡的～劝诲他一番便了。"

【常例】 cháng lì 即"常例钱"。明张瀚《松窗梦语》卷四："夫以一货物当一税课，有羡馀，有～，巡拦之需索，吏胥之干没，不胜其扰。"赵南星《笑赞·取经》："迦叶长者苦苦索要～，唐三藏无奈，只得将唐天子赐的紫金钵盂与了他。"清《照世杯·走安南》："平昔闻得行家尽是财主富户，自家到这里做官，除了～之外，再不曾取扰分文。"

【常例钱】 cháng lì qián 按惯例向当事人索取的钱。宋李昂英《送李路钤万入京》："捕猛怕损平人命，制锦尽除～。"明魏学洢《家书》："最可忿者，自抚台以至哨长，无处不有～。"《古今小说》卷二七："那团头见成收些～，一般在众丐户中放债盘利。"按，明郎瑛《七修类稿》卷二一："管一事而索钱曰常例钱。"

【常卖】 cháng mài 当街叫卖的小贩或店铺。宋米芾《画史》："同行相国寺，以七百金～处买得雪图，破碎甚古。"明《醒世恒言》卷一四："原来开封府有一个～董贵，当日挽着一个篮儿，出城门外去。"按，宋赵彦卫《云麓漫钞》卷七："方言以微细物博易于乡市自唱曰常卖。"

【常年】 cháng nián 往年。唐崔液《上元夜》："今年春色胜～，此夜风光最可怜。"宋郭应祥《西江月·寿李知丞》："明日恰当人日，今年远胜～。"明《西游记》四八回："我～先吃童男，今年倒要先吃童女。"

【常钱】 cháng qián 同"长钱"。《元曲选外编·升仙梦》一折："与我打二百～酒来。"

【常切】 cháng qiè 经常而严格地。宋李攸《宋朝事实》卷一三："如犯此禁，重置于法，仰于办内东门司官～觉察，不得有违。"《元典章·圣政一》："仰各处提调官～加意，勉求实效，勿事虚文。"明陆粲《去积弊以振作人材疏》："立为定法，～申明，臣恐奉行者不至，姑取一二以虚应故事。"

【常日】 cháng rì ❶往日；昔日。唐白居易《游坊口悬泉偶题石上》："洛源山水好，老尹知之久。～听人言，今朝入吾手。"宋辛弃疾《满江红·送汤朝美自便归金坛》："～念君归去好，而今却恨中年别。" ❷每日；时常。唐卢照邻《羁卧山中》："紫书～阅，丹药几年成。"《景德传灯录》卷二七《天台拾得》："罢其所主，令厨内涤器。～斋毕，澄滤食滓，以筒盛之。寒山来即负之而去。"《元曲选·竹叶舟》一折："～把那心猿意马牢拴住，一任教陵移谷变，石烂的这松枯。" ❸平日；平时。唐李商隐《漫成五章》之四："不妨～饶轻薄，且喜临戎用草莱。"宋沈括《梦溪笔谈》卷九："又问'～何所为？'曰：'端坐耳，无可为也。'"清《儒林外史》一一回："我自从去年在县里出来，家下一无所有，～只好吃一餐粥。"

【常时】 cháng shí ❶平日；平时；往常。《祖堂集》卷一五《汾州和尚》："此度圣恩不并～。"宋司马光《涑水纪闻》卷一〇："其弟德明奉使过杭州，时李及知杭州，待之一之如～中人奉使者，无所加益。"元明《水浒传》二一回："我～见这婆娘看些曲本，颇识几字，若是教他拿了，倒是利害！" ❷时常；常常。《元曲选·抱妆盒》四折："寡人宋仁宗是也，自幼收养楚王宫中，多亏叔父抬举，～说我是妆盒儿盛着送到楚府收养的。"明陈铎《满庭芳·山人》："映榜儿～写起，诗书儿坐卧相随。" ❸通常；平常。《太平广记》卷二〇五引《北梦琐言》："所异者，徵调中有《湘妃怨》《哭颜回》。～胡琴不弹徵调也。"宋沈括《梦溪笔谈》卷五："其曲多独

奏,如鼓笛曲是也。今时杖鼓～只是打拍,鲜有专门独奏之妙。"陆游《老学庵笔记》卷二:"其佳者质温润苍翠,叩之声如金玉,然匠者颇闷之。～官司所得,色枯槁,声如击朽木,皆下材也。"

【常是】cháng shì 总是。《太平广记》卷一引《神仙传》:"是以伏羲以来,至于三代,显名道术,世世有之,何必一老子也。"元范居中《金殿喜重重·秋思》:"昼思乡,夜思乡,此情一怏怏。"清《野叟曝言》九回:"奴家虚弱,～三好两欠,原怕误了嗣息。"

【常署】cháng shǔ 常住;僧道所拥有寺观的房产、什物、钱粮等。明《金瓶梅词话》九三回:"这任道士将一里多馀钱粮,都令家下徒弟在马头上开设钱米铺,卖将银子来积攒私囊。"

【常谈】cháng tán 犹"常言"。宋庄绰《鸡肋编》卷下:"而东坡亦有'三杯软饱后,一枕黑甜馀',皆世俗语……如《诗》之'串夷载路',《书》云'吊由灵安',安知非当时之～也。"明焦竑《俗书刊误》卷五:"砉落为角,剔栾为团,皆里巷～,不可胜举。"

【常套】cháng tào 沿袭成规的仪礼或手段。明顾清《答喻守》:"此俗吏应酬之～,不意生之亦与此也。"《杜骗新书·奸情骗》:"牙婆纵容妻女与客人成奸,后脱其财本,此一也。"清李渔《凰求凤》一五出:"大家欢饮一杯,不要落了做亲的～。"

【常行】cháng xíng 流行。明《朴通事谚解》卷上:"这的大红绣五爪蟒龙,经纬合线结织,上用段子,不是诸王段子,也不是～的。不着十二两银子,买不得他。"

【常言】cháng yán 民间流传的俚谣俗谚。宋宋祁《宋景文笔记·释俗》:"孙炎作反语,本出于俚语～,尚数百种。"元张国宾《薛仁贵》三折:"古语～是真实,正是酒贱黄泥贵。"明冯惟敏《点绛唇·改官谢恩》:"～道今日不知明日事,俺怎肯这山望见那山高。"

【常远】cháng yuǎn 长远;长久。明《金瓶梅词话》一一回:"主子奴才～似这等硬气,有时道着!"清《续金瓶梅》二〇回:"你有心,奴有意,只怕不得做～夫妻。"《醒世姻缘传》五五回:"他又不肯来咱家吃饭,只买饭吃,岂是～的么?"

【常则】cháng zé 同"长则"。《元曲选外编·射柳捶丸》一折:"～要守法奉公理庶民,屏邪除佞进忠良。"明汤式《一枝花·赠铦医任先生归隐》:"核老聃千言道德,问安期万劫荣枯,～怕白云引入青山去。"清《绿野仙踪》四八回:"恨只恨和你无缘叙好,～愿席上樽前,浅斟低唱相调谑。"

【常则待】cháng zé dài 同"长则待"。《元曲选·抱妆盒》二折:"～鸡鸣宫禁启,簇捧着龙绕圣颜开。"明汤式《一枝花·赠素云》:"又不肯化甘霖相趁游龙,～带斜阳常背征鸿。"

【常则是】cháng zé shì 同"长则是"。元佚名《小张屠》一折:"孟氏贤达有义方,夫姓梁,～荆钗布袄守寒窗。"明陈铎《朝天子·架儿》:"撰钱又不多,歪厮缠怎么,～干咳嗽。"

【常只】cháng zhī 犹"长则"。《元曲选·留鞋记》三折:"我金莲步狭,～在罗裙底下。"明金銮《点绛唇·朱企斋园亭赏大红牡丹》:"也不用元兴赋三千字,也不用太白诗一两章,～要名花岁岁尊前放。"

【常只待】cháng zhī dài 犹"长则待"。《元曲选·冤家债主》四折:"他平日里～寻争觅衅。"

【常只是】cháng zhī shì 犹"长则是"。元王晔《折桂令·问苏妈妈》:"苏婆婆～熬煎,临逼得孩儿,一谜地胡扇。"明金銮《新水令·汤沂东海上凯歌》:"～掌威权,剖三刑明六典。"清洪昇《长生殿》三三出:"则看俺庙宇荒凉鬼判无,～蒙了神案,土塞在台基,草长在香炉。"

【常住】cháng zhù ❶ 即"常署"。《敦煌变文校注》卷六《大

目乾连冥间救母变文》:"狱中罪人,生存在日,侵损～,游泥伽蓝,好用～水果,盗～柴薪。"《大唐三藏取经诗话》一七则:"此鱼归东土置僧院,却造木鱼～,斋时将槌打肚。"明陈铎《朝天子·铺排》:"镇坛的利物,铺灯的米谷,也入在～数。" ❷ 特指寺观的厨房。唐王梵志《寺内数个尼》:"～无贮积,家人受饥寒;众厨安空灶,粗饭当房炊。"《敦煌变文校注》卷六《大目乾连冥间救母变文》:"出家之法,依信施而安存。纵有～饮食,恐难消化。"

【常子】cháng zǐ 犹"长则"。明朱有燉《一枝花·赠别》:"百无那一能,～在花酒乡中唤不醒。"明郑墟泉《斗鹌鹑·嘲假斯文》:"～在秦楼听差,几曾向金门献策。"

【常子是】cháng zǐ shì 犹"长则是"。元乔吉《一枝花·杂情》:"～笑没盈弄盏传杯,好吃阑同床共榻。"明朱有燉《一枝花·咏梅寄情》:"虽生在驿途中,～冷清清铁石心肠。"

【常自】cháng zì 常常;经常。"自"为语缀。唐李季兰《三峡流泉歌》:"妾家本住巫山云,巫山流水～闻。"元汪元亨《朝天子·归隐》:"伴侣猿鹤,生涯琴剑,设柴门～掩。"明《拍案惊奇》卷二六:"两个～激激聒聒的一番,我也不知一个清头。"

【常自是】cháng zì shì 犹"长则是"。明朱有燉《一枝花·赠秀莲》:"～宿鸳鸯搭苫下红香洞,立翠翟敧斜着碧玉筒。"

chǎng

【厂】chǎng ❶ 棚屋;棚子。唐韩偓《南安寓止》:"此地三年偶寄家,枳篱茅～共桑麻。"明张岱《陶庵梦忆》卷六:"主人导至一苍莽空地,有苇～三间。"《二刻拍案惊奇》卷三一:"官府一准简尸,地方上搭～的就要搭～钱。" ❷ 供殡埋、储料、加工烧造等用的宽阔场所。明郎瑛《七修类稿》卷一〇:"十九日,袭破贼之西山坟～。"郑晓《今言》卷四:"内府火灾尤甚,军器库火,番经～火。"《明史·职官志一》:"凡物料储偫,曰神木～,曰大木～,以蓄材木。" ❸ 明代内廷侦讯机构。最初设于储造厂内,因称。明文秉《烈皇小识》卷五:"大家搜访,备悉陈履谦父子奸状,遂擒履谦父子到～。"郎瑛《七修类稿》卷一二:"瑾遂传旨夜捕岳等,自此司礼两～,尽属八党。" ❹ 借为"敞",宽绰。《太平广记》卷四六九引《酉阳杂俎》:"使者导士人入伏谒,殿宇高～,仪卫如王者。"明朱九德《倭变事略》:"是时海既仇诸党,纵得归,必为袭击,欲寓吾土,故掠平湖见沈屋高～,遂注意焉。"

【厂舍】chǎng shè 棚屋。《太平御览》卷四六二引《建安记》:"又至西南,有一～,衣竿之上见皮羽四十九枚。"宋曹勋《北狩闻见录》:"缘金人坚欲上皇出郊,前次虽已得辞,今又请到南薰门～拜表。"

【厂爷】chǎng yé 明代对司厂内臣的尊称。清李玉《清忠谱》四折:"这是关系～后来许多大事,你要仔细。"又:"你可照此图式造去,监督有功,～定有顶纱帽赏你。"

【厂衣】chǎng yī 即"氅衣"。清《醒世姻缘传》一回:"穿着～去打围,装老儿灯哩!"

【氅衣】chǎng yī 长身的外衣。明《金瓶梅词话》八一回:"不料韩道国正陪众客商在席上吃酒,身穿着白绫道袍,线绒～,毡鞋绒袜。"清《红楼梦》五二回:"把昨儿那件乌云豹～给他罢。"

【场】chǎng 另见 cháng。❶ 同"厂❶"。宋《三朝北盟会编》卷七七:"已令广置～,粜米卖柴,以济饥贫。" ❷ 指科举考场或考试。唐李肇《国史补》卷下:"熊执易通于《易》理,会建中四年,试《易知险阻论》。执易端坐剖析,倾动一～,一举而捷。"明

《醒世恒言》卷三六:"～后开榜,朱源果中了六十九名进士。"❸ 表演伎艺的空地。宋孟元老《东京梦华录》卷九:"唱中腔毕,女童进致语,勾杂戏入～。"清《聊斋志异·武技》:"偶适历下,见一少年尼僧,弄艺于～。"❹ 指赌场。《红楼梦》一〇四回:"前年我在～儿里碰见了小张,说他女人被贾家占了。"

【场户】　chǎng hù　另见 cháng hù。场所。宋孟元老《东京梦华录》卷七:"街东皆酒食店舍、博易～、艺人勾肆。"

【场期】　chǎng qī　科举考试的日期。明刘宗周《人谱类记》卷下:"先生怒,欲亲受付还。仆屈指叩曰:'往返必误～,不可。'"《石点头》一回:"明年又是～,还该早回温习书史。"清《红楼梦》一一八回:"～近了,你爷爷惦记的甚么似的。"

【场屋】　chǎng wū　❶ 戏场。唐元稹《连昌宫词》:"夜半月高弦索鸣,贺老琵琶定～。"❷ 科举试场或考试。五代王定保《唐摭言》卷三:"有温定者,久困～,坦率自恣。"明汪廷讷《彩舟记》二八出:"人言～中有鬼神,今日果信。"清《歧路灯》一〇回:"况潜老以过戆之词形于～,既不能邀其进呈,且暂阻进身之路,此何为乎?"

【场务】　chǎng wù　五代及宋时政府指定的盐铁等专卖场所。《旧五代史·食货志》:"顷自兵戈扰攘,民庶流离,既～以隳残,致程课之亏失。"宋《朱子语类》卷九〇:"后中圉为市,不似如今市中,家家各自买卖,乃是官中为设一去处,令凡民之买卖者就其处,若今～然。"《宋史·职官志七》:"监当官,掌茶盐酒税、～征输及治铸之事。"

【场子】　chǎng zi　❶ 管理公共场所的差役。《宋会要辑稿·食货一三》:"若自前元差乡户充役,后来却用剩员抵替,如～、坛子之类。"❷ 指赌场或游艺场。清《红楼梦》四七回:"我还想赢呢! 你瞧瞧,～没上,左右都埋伏下了。"

chàng

【畅】　chàng　❶ 舒畅;痛快。唐寒山《我见世间人》:"买肉自家噇,抹嘴道我～。"宋柳永《鹤冲天》:"且恁偎红倚翠,风流事,平生～。"清《红楼梦》三回:"不觉心中大～,将疼痛早丢在九霄云外。"❷ 真;很。程度副词。金《刘知远诸宫调》二:"自入舍做女婿,觑俺咱似儿戏。使着后说东道西,～憋气!"《元曲选·渔樵记》二折:"你是个坏人伦的死像胎,你这般毁夫主～不该!"明汤式《一枝花·题云巢》:"谁把此中趣,淡淡浓浓写作图,～不尘俗。"

【畅道】　chàng dào　❶ 犹常言道,其后多为俚谣俗谚之类。"畅"通"常"。《元曲选·黑旋风》三折:"～天理难欺,人心怎昧?"又《扬州梦》四折:"～朋友同行,尚则怕衣衫不整。"❷ 真是;正是。"道"与"是"同义。元王和卿《一枝花·为打球子作》:"～引臂员搊,棒过处飞星如箭。"关汉卿《新水令》:"～美满姻缘,风流缱绻。天若肯为人,为人是今生愿。"《元曲选·后庭花》三折:"～杀人贼不在海角天涯,我先知一个七八。"❸ 曲中衬字,多见于《双调·鸳鸯煞》的第五句开头,也用于《大石调》《商调》《仙吕》的煞曲。《元曲选·还牢末》三折:"嘱咐了僧住,叮咛与赛娘,～拖我出牢门,和你娘坟同葬,烧一陌纸,奠一碗凉浆。"又《铁拐李》三折:"～我残病身躯,丑诧面皮,穿着这褴褛衣服,呸! 可怎生闻不的这腥膻气。"

【畅道是】　chàng dào shì　果真是;正是。其后多接谣谚。元王实甫《西厢记》一本四折:"～玉人归去得快,好事收拾得早。"

《元曲选·酷寒亭》四折:"～本性难移,三更不改。"清方成培《雷峰塔》二九出:"～月下名题共券,也经他几多折挫颠连。"

【畅好】　chàng hǎo　真;很。程度副词。金《董解元西厢记》卷三:"都不到怎大小身材,～台孩,举止没俗态。"元白贲《袄神急》:"无情子规声更哀,～明白。"明孟称舜《娇红记》四出:"独倚绣床,情怀寂寞,～可怜人也。"

【畅好道】　chàng hǎo dào　真个是;正是。"道"与"是"同义。《元曲选·虎头牌》一折:"～厮杀无过是咱父子军。"

【畅好是】　chàng hǎo shì　犹"畅好道"。《元曲选·罗李郎》四折:"你～安乐也苏文顺。"明汤显祖《牡丹亭》三二出:"～一夜夫妻,有的是三生话说。"清洪昇《长生殿》二二出:"～喜孜孜驻拍停歌,笑吟吟传杯送盏。"

【畅叫】　chàng jiào　同"唱叫"。《元曲选·黄粱梦》二折:"俺哥哥除死无大灾,何须你～斯花白。"

【畅叫扬疾】　chàng jiào yáng jí　同"唱叫扬疾"。《元曲选·刘行首》四折:"可笑愚痴,不辨个高低,～。"《元曲选外编·陈母教子》三折:"我可也不和你～,谁和你磕牙抖(料)嘴。"

【畅快】　chàng kuài　舒畅快乐。唐道宣《广弘明集》卷二七:"饮哝之后,～莫思,是为欲不起痴而不能得。"宋《朱子语类》卷一四〇:"唐文人皆不可晓。如刘禹锡作诗,说张曲江无后,及武元衡被刺,亦作诗快之。白乐天亦有一诗,～李德裕。"清《醒世姻缘传》四二回:"口里还一回得意,一回～,一回恶骂,尽使出那市嚣恶态。"

【倡率】　chàng shuài　带头并率领带动。宋《三朝北盟会编》卷三六:"自今更敢有招摇～不从令者,并斩。"又:"八日甲辰,再下行遣,内侍京城不得～指挥。"明余继登《告病疏》:"而臣病卧私室,不能～司官,以致诸务稽延。"清毛奇龄《两浙巡抚金公重修西江塘碑记》:"而公特～司道,捐金二千。"

【倡言】　chàng yán　扬言;公然传言。宋《三朝北盟会编》卷六四:"有一军士,无故向空射箭。康宗呵叱之。军士因～辛太尉是童贯亲戚。"金元好问《通奉大夫礼部尚书赵公神道碑》:"有醉人～:归十八谋反。"清孔尚任《桃花扇》三五出:"敢有～惑众者,军法从事。"

【倡扬】　chàng yáng　张扬;宣扬。明苏子文《桂枝香·集常谈》:"道三不着两,四下乱～。"《梼杌闲评》一五回:"事已如此,～出来也不好听。"清《红楼梦》六八回:"李纨见凤姐那边已收拾房屋,况在服中,不好～,自是正理,只得收下权住。"

【倡议】　chàng yì　首先建议;提议。唐独孤及《鹿泉本愿寺铜钟铭》:"以为是声闻则有以敷众美,不则无以遍十方,乃同寅叶恭～改作。"《新唐书·食货志》:"中官田令孜募新军五十四都,廪转不足,乃～两池复归盐铁使。"清孔尚任《桃花扇》一四出:"连夜回来,与马士英～迎立。"

【唱】　chàng　❶ 歌;吟。唐王勃《长柳》:"郊童樵～返,津叟钓歌还。"宋李清照《蝶恋花》:"泪湿罗衣脂粉满。四叠《阳关》,～到千千遍。"元杨维桢《富春八景诗序》:"余～诗八首,二三子者和之。"❷ 喊叫;念诵。《太平广记》卷一二四引《儆诫录》:"后允光病寒热,但见张进执火炬烧火四体,高声～:'索命!'"宋苏轼《东坡志林》卷一:"至说三国事,闻刘玄德败,颦蹙有出涕者;闻曹操败,即喜～快。"《宋史·礼志二四》:"帝得筹,乐稍止,从官呼万岁;群臣得筹则～好。"❸ 同"畅❷"。金《董解元西厢记》卷三:"～呵! 好风风韵韵,捻捻腻腻,济济楚楚。"

【唱彩】　chàng cǎi　喝彩;叫好。明佚名《黄莺儿·弄猴》:"学成本事人前卖,卖将过来,成功～。"

【唱词】 chàng cí ❶演唱词曲。宋洪迈《夷坚志》乙卷六："有歌诸宫调女子洪惠英，正～次，忽停鼓白曰：'惠英有述怀小曲，愿容举似。'"明《朴通事谚解》卷中："构栏里看杂技去来……有诸般～的，也有弄棒的。"张志淳《南园漫录》卷七："幼听瞽者～称寡人，不知其意。" ❷演唱的词曲。《新唐书·南蛮传》："彩云象气也，花鬘象冠也，合'奉圣乐'三字，～三，表天下怀圣也。"

【唱的】 chàng de 卖唱艺人或妓女。元明《水浒传》三回："这个哭的，是绰酒座儿～父子两人。"明《朴通事谚解》卷上："叫将～根前来，着他唱。"佚名《驻云飞·嘲庄家》："来到～家，自言夸，见个虔婆，唬的心里怕。"

【唱道】 chàng dào ❶即"喝道❶"。《敦煌变文校注》卷六《大目乾连冥间救母变文》："耳里唯闻～急，万众千群驱向前。"清袁枚《子不语》卷三："行少顷，闻途中～而至，曰：'素王来。'" ❷同"畅道❶"。《元曲选·竹叶舟》二折："～几处笙歌，几家僝僽。"又《抱妆盒》三折："拷打千般，供招半纸，～女使丫鬟煞强似男儿志。" ❸同"畅道❷"。《元曲选·梧桐雨》三折："～感叹情多，凄惶泪洒。"又《汉宫秋》三折："～伫立多时，徘徊半晌。" ❹同"畅道❸"。《元曲选·蝴蝶梦》四折："～娘加做贤德夫人，儿加做中牟县宰，赦得俺一家儿今后都安泰。"明张錬《新水令·重修对山草堂落成》："招饮朋侪，放浪形骸。～池内鱼虾，门前稼穑，酿酒和羹。" ❺讲道；传道。宋朱熹《延平先生李公行状》："初龟山先生～东南，士之游其门者甚众。"《宋高僧传》卷一三《行因传》："初因传禅法于襄阳鹿门山，寻为元宗坚请，于栖贤寺开堂～。"明徐一夔《送堪上人归四明序》："豫章复禅师～灵隐山中，合儒释以为教。" ❻喊；说；唱。唱、道同义连文。《敦煌变文校注》卷六《大目乾连冥间救母变文》："一向须臾不过死，于时～却回生。"宋吴仁杰《两汉刊误补遗》卷一〇："鸟则雄者鸣呼，雌能顺服；兽则牡为～，牝乃相从。"明王士贞《满路花·初春游目即事》："夜阑金缕曲，明朝扶头，依旧酾酥。"

【唱道是】 chàng dào shì 同"畅道是"。《元曲选·百花亭》四折："～绝胜新婚，休夸燕尔。"又《东坡梦》四折："～即色即空，无遮无障。"元王实甫《西厢记》一本四折："～玉人归去得疾，好事收拾得早。"

【唱好】 chàng hǎo ❶叫好；喝彩。唐王建《观蛮奴》："谁家年少春风里，抛与金钱～多。"《敦煌变文校注》卷二《韩擒虎话本》："箭既离弦，世（势）同僻（劈）竹……双雕齐落马前。蕃王亦见，一齐～。"《宋史·礼志二四》："帝得筹，乐稍止，从官呼万岁；群臣得筹则～。" ❷同"畅好"。宋丘崈《太常引·仲履席上戏作》："不醉有馀欢，～个，风流谢安。"

【唱好是】 chàng hǎo shì 同"畅好是"。元姚燧《蟾宫曲》："～会受用文章巨公，绮罗丛醉眼朦胧。"佚名《水仙子》："恁占着长生殿，撇我在兴庆宫，～下的也玄宗！"明汤显祖《邯郸记》二九出："六十载光阴～忙。"

【唱话】 chàng huà 犹"唱词❶"。话，词话，讲唱文学的一种。元石君宝《紫云庭》二折："不做美的恩官干坏了他把戏。哎！～的小一则好打兀怎那把门的老嘿。"

【唱叫】 chàng jiào 大声喊叫、吵闹。《敦煌变文校注》卷一《伍子胥变文》："平王太剧，～称冤。"《元曲选·忍字记》二折："何须你～，不索你便高声。"明《金瓶梅词话》一回："被这干人在街上撒谜语，往来嘲戏，～。'这一块好羊肉，如何落在狗口里！'"

【唱叫扬疾】 chàng jiào yáng jí 高声喧嚷。元高安道《哨遍·皮匠说谎》："巴的今日，罗街拽巷，～。"《元曲选·玉壶春》四折："老虔婆～，更狠如剔髓挑筋刮皮鬼。"清洪昇《长生殿》三三

【唱卯】 chàng mǎo 卯时（早晨五至七时，古代官署开始办公的时间）司辰者报时。明文徵明《元旦朝贺》："日出鸡人齐～，雪消风伯为驱寒。"王家屏《日方升赋》："太史书云，鸡人～。"

【唱名】 chàng míng 高声呼唤或报告姓名，犹今点名。《旧唐书·玄宗纪下》："十二载春正月壬子，杨国忠于尚书省注官。注讫，于都堂对左相与诸司诸长官～。"宋吴自牧《梦粱录》卷三："伺候上御文德殿，进呈三魁试卷，天子亲睹三魁。"《古今小说》卷三一："再唤第四起乘危逼命事，人犯到齐，～已毕。"

【唱念】 chàng niàn 高声诵读；念诵。宋孟元老《东京梦华录》卷四："人人索唤不同，行菜得之，近局次立，从头～，报与局内。"明《西游记》二三回："那长老、行者、沙僧正然～此颂，只听得林深处高声叫道……"清毛奇龄《古文尚书冤词》卷八："予向谓韵不得转叶者，以转叶无字，不可～。"

【唱喏】 chàng nuò 另见 chàng rě。出声答应。《敦煌变文校注》卷二《庐山远公话》："于是白庄语诸徒党：'莫向人说，恐怕人知。来日斋时，劫此寺去。'诸人～。"元《武王伐纣平话》卷下："乃问先将：'怎谁人敢去捉胡雷？'问一声未了，有先锋将南宫括～：'我去捉胡雷！'"

【唱喏】 chàng rě 另见 chàng nuò。一种男子专用礼节。一面作揖，一面出声致敬。《敦煌变文校注》卷二《韩擒虎话本》："探得军机，即便回来，到将军帐前～便报。"《元曲选·合汗衫》一折："嫂嫂，我～哩！"元明《水浒传》九回："你这贼配军，见我如何不下拜，却来～？"

【唱诺】 chàng nuò 即"唱喏(nuò)"。《敦煌变文校注》卷二《韩擒虎话本》："忽见一人著紫，忽见一人著绯，乘一朵黑云，立在殿前，高声～。"

【唱惹】 chàng rě 同"唱喏(rě)"。明许潮《写风情》："鸨儿～。"

【唱嗻】 chàng rě 同"唱喏(rě)"。宋元《清平山堂话本·简帖和尚》："开茶坊的王二拿着茶盏，进前～奉茶。"

【唱偌】 chàng ruò 即"唱喏(rě)"。《元曲选外编·剪发待宾》一折："请着你不离随着他转，逢着你的～迎着他善。"

【唱言】 chàng yán 大声呼喊。《敦煌变文校注》卷四《降魔变文》："须达抚掌惊嗟，～：'祸事，大怪出也！'"宋陆游《老学庵笔记》卷八："白席者遽～曰：'资政吃荔枝，请众客同吃荔枝！'"《三朝北盟会编》卷四〇："且有人～于道路曰：'纲罢，虏入城矣！'"

【唱扬】 chàng yáng 宣扬。五代孙光宪《北梦琐言》卷一二："（许承杰）凡从行之物，一切奢大，骑碧暖座，垂鱼纷错……流辈以为话端，皆推茂剌顾复为首。许公他是有会，乃谓顾曰：'阁下何太谈谤？'……顾无以对，逡巡乃曰：'三哥不用草草，碧暖座为众所知。至于鱼袋上铸蓬莱山，非我～。'"明《金瓶梅词话》一六回："俺每明日～的李桂姐、吴银儿那里知道了，大家都不好意思的。"

chāo

【抄】 chāo ❶以匙、手、帘等舀取、捞取或撮取。唐张鷟《朝野佥载》卷三："即令以银缸盛酱一斗，鼎师以匙～之，须臾即竭。"《元曲选外编·金凤钗》四折："长休饭～了几匙，永别酒饮了几卮。"明刘若愚《酌中志·内府职掌》："～造草纸，竖不足二尺，阔不足三尺，各用帘～成一张，即以独轮小车运至平地晒干，类总入

库。" ❷量词，表少量。唐张鹭《游仙窟》："莫言长有千金面，终归变作一～尘。"宋《清平山堂话本·快嘴李翠莲记》："两个初煨黄栗子，半～新炒白芝麻。"《元曲选·李逵负荆》一折："与你一～碎金子，与你做酒钱。"按，《孙子算经》卷上："六粟为一圭，十圭为一撮，十撮为一抄。" ❸束；拢。宋龙衮《江南野史》卷三："其手常～，乃学佛握印而行。"宋元《古今小说》卷三六："身上着一领篷杨柳子布衫，腰里玉井栏手巾，～着腰。"元王实甫《集贤宾·退隐》："见香饵莫吞钩，高～起经纶大手。"清《醒世姻缘传》六二回："他叫那卖蛋的人把两只手臂～了一个圈，安在马台石顶上，他自己把那鸡蛋从篮中一五一十的数出在那人手～的圈内。" ❹绕过；迂回。《元曲选·楚昭公》三折："既然这等，您兄弟则往这小路上～出大路相会。"明《西游记》四〇回："望见他离不上三里，却怎么这半响还不到？想是～下路去了。" ❺查点；搜查；没收。唐元稹《江边四十韵》："绿柚勤勤数，红榴个个～。"明郎瑛《七修类稿》卷四六："正德中，指挥杨玉附逆，瑾既败，为～。"清《红楼梦》四八回："拿他到衙门里去，说所欠官银变卖家产赔补，把这扇子～了来。" ❻拌；搅和翻动。明陆容《菽园杂记》卷一："池底又有盐根如石，土人取之规为盘盂，凡煮肉，贮其中～匀，皆有盐味。"

【抄白】 chāo bái ❶文件的抄本或副本。《元典章·吏部五》："委某官某职某人，将本官所受的本文凭与～对读，别无诈冒。"元明《水浒传》二二回："宋太公三年前出了宋江的籍，告了执凭文帖。见有～在此，难以勾捉。" ❷抄录。元陶宗仪《辍耕录》卷二八："江浙揭晓后，乃有四六长篇，题曰非程文语，与～省榜同时版行。"明《型世言》二六回："吴燏道：'小的有老爷执照为据。'三府道：'拿上来。'吴燏道：'小的已～在老爷上边，真本在家里。'"《明会典》卷一六八："候递到各项奏本公文到寺，将奏本～立案。"

【抄报】 chāo bào 即"邸报"。清《红楼梦》七五回："看见～上，甄家犯了罪，现今抄没家私，调取进京治罪。"又一〇一回："因太早了，见桌上有昨日送来的～，便拿起来闲看。"

【抄点】 chāo diǎn 清点。元明《水浒传》七三回："杨太尉也自归家将息，～城中被伤人数。"

【抄估】 chāo gū 查点没收。宋陈傅良《桂阳军劝农文》："其初官司未知来由，须至行遣，甚者～，比至给还，动经年岁。"元刘时中《端正好·上高监司》："库官但该一贯须黯黮，库子折莫三钱便除，满百锭皆～。"郑廷玉《看钱奴》二折："贼打劫天火烧了院宅，人连累～了你旧钱债。"

【抄化】 chāo huà ❶僧道求布施或乞丐乞讨。《五灯会元》卷五《药山惟俨禅师》："师令供养主～。甘行者问：'甚处来？'曰：'药山来。'甘曰：'来作么？'曰：'教化。'甘曰：'将得药来么？'曰：'行者有甚么病？'甘便舍银两铤。"《元曲选外编·蓝采和》一折："将着个瓦瓶木钵白瓷罐，～了些罗头磨底薄麸面。"明王克笃《塞鸿秋·闲笑》："口含着饭饿杀，腰缠着钱学～，别人碗里偏馒头大。"有时指度化。《元曲选·刘行首》三折："我来～你出家去。" ❷指乞丐。清《歧路灯》二五回："或者年纪还轻，被贼人拐带去；或者衣服颇好，被～脱剥了？"

【抄化子】 chāo huà zi 叫花子；乞丐。明《金瓶梅词话》六〇回："我如今～不见了拐棒儿，受狗的气了。"

【抄籍】 chāo jí ❶登录（在簿册上）。宋《建炎以来系年要录》卷一八九："又将日后没官田岁行～，以待兵田之数相当而后施行。"《宋史·孝宗纪七》："可令州县镇寨乡村一～姓名，将义仓米赈济。"《元史·兵志四》："元制，自御位及诸王皆有爱保齐，盖鹰

人也……自太宗乙未年～，分属御位下及诸王公主驸马各投下。" ❷查点收没。宋洪适《缴侯进词头札子》："臣愚欲乞行下都统司～家资，令荆南帅司拘收屋业。"元叶兰《石港行》："金珠玉帛厚丰积，一朝～霍将军。"元《秦并六国平话》卷中："王翦把藏库金银～十车回邦，班师人马。"

【抄检】 chāo jiǎn 清点；清查。宋董煟《救荒活民书》卷中："检准令文州县镇寨，岁于十月初差官～内外老疾贫乏不能自存之人，十一月起支。"清《红楼梦》七四回："便从上夜的婆子处～起，不过～出些多馀攒下蜡烛灯油等物。"

【抄空儿】 chāo kòng er 钻空子；捷空当。明《西游记》二七回："不打杀他，他一时间～把师父捞了去，却不又费心劳力去救他。"

【抄没】 chāo mò ❶抢掠。明《西洋记》七四回："国王心下不肯，他那船上就起出个不良之意，统领人马，要～他这一国人民。"清《醒世姻缘传》一一回："拿了一面洗脸铜盆，把街门倒扣了，敲起锣来，喊道：'快手伍小川，领了男妇，白日～人家！'" ❷查抄没收。《元曲选·盆儿鬼》四折："张千，你与俺将盆罐赵的家私尽数～。"明丘濬《投笔记》一六出："你孩儿臣事外邦，私婚夷女，朝廷有旨，着我～你家，你还说这等清话！"《醒世恒言》卷二："若所举不得其人，日后或贪财坏法，轻则罪黜，重则～，连举主一同受罪。"

【抄拿】 chāo ná 查抄逮捕。明郎瑛《七修类稿》卷一二："刘瑾则又假公成私，查钱粮，完勘合，动辄～。"

【抄抢】 chāo qiǎng 抢掠。明王恕《乞严赏罚以禁盗贼奏状》："结为群党，各执军器，流劫村寨，～家财。"清《醒世姻缘传》二一回："却说那伙～家事的凶徒，为从的六个人与那十四个捶拉泼妇，都当时发落去了。"

【抄事】 chāo shì 抄写或做抄写工作的小吏。元明《水浒传》三七回："就时立了文案，便教发去～。"又："此人既是县吏出身，着他本营抄事房做个～。"

【抄手】 chāo shǒu ❶一种敬礼姿势，两手拱抱于胸前，屈身俯首至手。唐张保嗣《戏示诸妓》："～向前咨大使，这回不敢恼儿郎。"《敦煌变文校注》卷二《舜子变》："舜子～启阿耶：'阿耶若取得计（继）阿娘来，也共亲阿娘无二。'"明《醒世恒言》卷一七："只得抄着手，唱个喏。" ❷袖手。明徐应秋《玉芝堂谈荟》卷二一："夏至端午前，～种田年。"《二刻拍案惊奇》卷一："难道抄了手，坐看饿死不成？" ❸专事抄写的人。清汪由敦《跋陇太仆文集》："余读而爱之。～殊恶，间以意正其阙误。" ❹称馄饨或饺子。元佚名《朝天子·嘲妓家厖食》："白生生面皮，软溶溶肚皮，～儿得人意。"

【抄数】 chāo shǔ 清点计数（shǔ）。宋黄震《知州州奏事札子》："又奏将舶船客货～估值若干，候回舶亦将博买中国货物估值，与来货价同，方令登舟。"元王恽《便民三十五事·括户土断》："国家自壬子岁～后，迄今未尝通检，中间等第高下，大成偏重。"《元史·兵志三》："发寨兵及宋旧役弓手与～漏籍人户，立屯耕守以镇遏之。"

【抄说】 chāo shuō 打断别人从中插嘴。宋《朱子语类》卷一一："比如听人说话一般，且从他说尽，不可勒断他说，便以己意见～。"按，"抄"通"勦"，元胡三省注《资治通鉴·唐德宗建中四年》："此所谓勦说者，以人言未竟，勦绝其说而伸己之说也。"

【抄袭】 chāo xí ❶绕道袭击。《元曲选·气英布》一折："只消遣彭越～楚军粮道，项王必亲击之。"元明《三国演义》六七回："吾以退军为名，使贼懈而无备，然后分轻骑～其后。" ❷袭

用前人或别人的文字。明艾南英《答陈人中论文书》："遵岩少时～秦汉句字,其后悔之,乃更古文。"清《平山冷燕》一一回:"白燕诗,小弟原说他有～之弊,但不料梧桐一叶落诗也是～。"

【抄洗】　chāo xǐ　犹"抄没❷"。清李玉《清忠谱》一九折:"闻言惊异,说吾家前来～。"

【抄寻】　chāo xún　搜寻;找寻。宋黄震《申提刑司区处交米状》:"自仓东栲栳闸至沿河十里外～已到,未得入闸来船。"明《金瓶梅词话》六一回:"西门庆随即使陈经济拿三钱银子,径到北边真武庙门首～。"

【抄扎】　chāo zhā　同"抄札❷"。宋《三朝北盟会编》卷一一二:"朝议大夫前刑部郎中张卿材差赴懿亲宅～金银。"宋元《警世通言》卷三三:"朝廷文书下来,～你家财产入官。"明李梅实《精忠旗》二八折:"秦丞相领兵来～岳府家私。"

【抄札】　chāo zhá　❶犹"抄籍❶"。宋王柏《述民志》:"既～姓名,审核给历,直计口食而供养之而已。"元王恽《乌台笔补·登闻鼓院》:"不识文字者许陈白纸,据所论事件判院官当面～诣实。"　❷犹"抄籍❷"。宋王明清《玉照新志》卷四:"前大理寺卿周懿文～景王府,吃蜜煎m。"《元典章·刑部五》:"所据原～到官各家财产等物,尽行分付原主收系。"明汤显祖《邯郸记》二三出:"为～卢家有功,超升外织作坊一个大使。"

【抄直】　chāo zhí　直捷近便。《元曲选外编·黄鹤楼》二折:"落荒休把这山庄绕,咱可便寻一条家～道。"明《西洋记》五一回:"正南上前去,又有两条路:一条靠溪,溪间屈曲,难以走马;一条靠山,山路～。"

【钞】　chāo　❶宋代一种专营凭证。宋范成大《催租行》:"输租得～官更催,踉跄里正敲门来。"《宋史·职官志七》:"提举制置解盐司,掌盐泽之禁令,使民入粟塞下,予～给盐。"　❷纸币。元佚名《冤家债主》二折:"解时节将烂～揣,赎时节将料一抬。"元古本《老乞大》:"哥哥,与一张儿好的。这～无了字儿,怎么使的?"《明会典·户部一九》:"国初宝钞欲通行于民间,立法最严,且令与铜钱兼使。其后～贱不行。"

【钞白】　chāo bái　同"抄白❶"。元明《水浒传》七九回:"高太尉先讨～备诏观看……心下踌躇数日,主张不定。"清于成龙《申严冒灾檄》:"将前发告示多为～,于被灾村庄遍贴晓谕。"

【钞币】　chāo bì　纸币。元郑元祐《白雪漫士陶君墓碣》:"悉依律断遣,事闻丞相,赏～。"《元史·世祖纪三》:"与宋兵战,杀获甚众,赏～有差。"明王士贞《巡幸考》:"三月乙酉,车驾次济宁,鲁王肇辉来朝,赐～并米一千石。"

【钞袋】　chāo dài　钱袋。《元曲选·铁拐李》一折:"这～里有碎银子,哥哥,你自己取些罢。"明《型世言》九回:"又到战场上看时,看见个人,身边一个～,似有物的。"清《儒林外史》一二回:"我拿出去赌钱输了,还剩有十来个在～里,留着少刻买烧酒吃。"

【钞锭】　chāo dìng　纸币。元吴澄《谢赐礼币表》:"上所赐～段匹,除已向阙谢恩外,未敢钦受。"《元史·顺帝纪八》:"今朝廷拨降～,措置农具。"明陆容《菽园杂记》卷一一:"待以特礼,赐冠服鞍马、文绮～。"

【钞关】　chāo guān　明清时征收内地关税的机构,多设于交通要害处,因初期以纸钞纳税,故名。明李东阳《忧旱词》:"河西～坐不税,太仓粳稻何时至?"《明会典·户部十七》:"宣德四年,乞南京至北京沿河濒县……客商辏集处各立～,差御史及本部官照钞法例,监收船料钞。"清《醒世姻缘传》三三回:"到了淮上,又不怕那～主事拿去拦腰截断了平分。"

【钞角】　chāo jiǎo　纸币的俗称。明刘绩《霏雪录》:"元末,

有人禊被行山径间,遇恶少,意所负必楮锭也,击杀之。视禊特楮衾耳,大悔之,乃书楮衾曰:的、的、的,执尔叱纸被似～。"朱橚《永济方》卷三〇三:"治金疮或杂伤出血不止,用新头等～,擘少许,茸碎傅疮口上。"

【钞锣】　chāo luó　即"沙罗"。宋钱俨《吴越备史》卷三:"近侍陈禹尝梦以金～承日轮。"勾延庆《锦里耆旧传》卷二:"银棱秘色～二面,金花银装厨子一对。"

【钞引】　chāo yǐn　宋代发给商人准许经营盐茶等货物的凭证。宋《三朝北盟会编》卷八三:"许客人人纳见钱买～,前去两路盐场请领盐货。"吴自牧《梦粱录》卷九:"合同场,在过军桥之下,掌茶盐～合同。"

【绰】　chāo　❶持;抓;拿。唐张说《奉和圣制义成校猎喜雪应制》:"～仗飞走繁,抨弦筋角劲。"《元曲选外编·三战吕布》二折:"某～金盆在手,一金盆打杀了丁建阳。"元明《水浒传》一三回:"杨志听得弓弦响,扭回身,就鞍上把那枝箭只一～,～在手里。"　❷同"抄❶"。《元曲选·黑旋风》一折:"将我这夹钢斧～清泉触白石拽拽的新磨净。"元马致远《赏花时·掬水月在手》:"伸玉指池内蘸绿波,刚～起半撮。"　❸夺;使失去。元曾瑞《集贤宾·宫词》:"入孤帏强眠寻梦境,被相思鬼～了魂灵。"明《西游记》四〇回:"若答应一声,他就把人元神～去。"　❹顺着;模仿。明《西游记》三五回:"大圣闻言,就～了他的口气道:'我的葫芦也是那里来的。'"清《醒世姻缘传》五一回:"小珍哥～了张瑞风的口气,跟了回话,再不倒口。"　❺撩;掀。唐《大业拾遗记》:"微风东来,宫娥衣被风～,直泊肩项。"《元曲选·墙头马上》二折:"我推粘翠靥遮宫额,怕～起罗裙露绣鞋。"《三国志平话》卷上:"仲相～黄袍,上轿子端然而坐。"　❻揽;捋。《元曲选·隔江斗智》一折:"你直憋的便怒喈喈,～起了紫髯髭。"元明《三国演义》二七回:"见关公左手～髯,于灯下凭几看书。"　❼拂;触;扫。宋孟元老《东京梦华录》卷七:"或出一鞚,坠身著鞦,以手向下～地,谓之～尘。"《元曲选·燕青博鱼》二折:"我将那竹根的蝇拂子～了这地皮尘。"明《朴通事谚解》卷下:"疾忙将苕帚来,～的干净着。"　❽通"焯",把米菜等放进开水略微一煮就取出。明《西游记》二五回:"二童忙取小菜,却是些酱瓜、酱茄、糟萝卜、醋豆角、腌窝蕖、～芥菜,共排了七八碟儿。"清《醒世姻缘传》二六回:"做水饭分明是把米煮得略烂些儿好吃,又怕替主人省了,把那米刚在滚水里面一～就撩将出来。"　❾通"簇",围扶;拥围。明《醒世恒言》卷七:"另有青绢暖轿,四抬四～。"《二刻拍案惊奇》卷二七:"叫齐轿夫,四抬四～,抬上岸来。"

【绰边儿】　chāo biān er　靠边缘;沿边儿。明《金瓶梅词话》四九回:"先～放了四碟果子,四碟小菜,又是四碟案酒。"

【绰的】　chāo de　骤然。《元曲选外编·拜月亭》一折:"每常我听得～说个女婿,我早豁地离了坐位,悄地低了咽颈,缊地红了面皮。"

【绰经】　chāo jīng　顺着别人的口气说或模仿别人的样子做。明《西游记》三三回:"老魔道:'兄弟,错拿了,这个和尚没用。'八戒就～说道:'大王,没用的和尚,放他出去罢。'"又一七回:"下请书的小校被孙行者打死在大路旁边,他绰着经儿,变化做金池长老,来骗佛衣也。"清《醒世姻缘传》七一回:"我绰着经儿,只望着他那痒处替他搔。"

【绰惊儿】　chāo jīng er　同"绰经"。明佚名《耍孩儿·嘲巫人》:"有等人～共赞扬,闻风儿齐喝采。"

【绰酒座】　chāo jiǔ zuò　犹"撺卓儿"。元明《水浒传》三回:"这个哭的,是～儿唱的父子两人。"

【绰开】chāo kāi　另见 chuò kāi。展开;绽开;摆开。宋元《清平山堂话本·陈巡检》:"只见就方丈里起一阵风,但见:无形无影透人怀,二月桃花被～。"金《刘知远诸宫调》一二:"言绝,旗幡～,一人出马。"《元曲选·货郎旦》四折:"闲家擘划,诸般～,花红布摆,早将一个泼贱的烟花娶过来。"

【绰揽】chāo lǎn　招揽。明《金瓶梅词话》九回:"且说西门庆正和县中一个皂隶李外传,专一在县在府～些公事,往来听气儿,撰钱使。"清《醒世姻缘传》三九回:"一个宗举人是他的门人,他～了公事强逼叫他出书。"

【绰路】chāo lù　巡路;巡逻戒备或侦察。宋《建炎以来繫年要录》卷一三六:"我今遣骑～,置汝队中。汝遇敌必坠马,使所得。"元《武王伐纣平话》卷中:"俺奉天子救,教俺～。"

【绰抹】chāo mǒ　❶ 擦拭。明佚名《一枝花·西湖赏玩》:"青玉案三～,紫金杯一陆儿撒。"❷ 揩油;蹭(好处)。明沈璟《义侠记》七出:"你便常在大官人处～些东西,倒说我哄人钱钞!"

【绰扫】chāo sǎo　打扫。《元曲选·老生儿》楔子:"村头儿有两间草房,～一间,教儿个村童。"又《生金阁》二折:"晌午里,～了花园。"

【超】chāo　同"抄❶",引申指用匙箸往口里扒或喂。明《醒世恒言》卷二八:"你想吴衙内食三升米的肠子,这两碗饭填在那处? 微微笑了一笑,举起箸两三～,就便了账。"清《快心编三集》六回:"邓氏煎好了药,翠翘将些逐渐灌与友生吃,那里肯受,～得一口,到泼去了两口。"《野叟曝言》八八回:"谁知要～入口,不能下咽,盘出口角,挂在颈边。"

【超拔】chāo bá　❶ 佛道二家谓超度死者,使免除地狱之苦或升入天界。五代杜光庭《众修三元醮词》:"未穷～之源,徒慕清虚之旨。"元虞集《临川吴公行状》:"且国初以来,凡写经追荐之事,不知其几。若～未效,是无佛法矣;若～已效,是诬其祖矣。"清方成培《雷峰塔》三四出:"俺每晓得白云仙姑蒙佛恩～,上升天界。"❷ 救人脱离祸难。明《金瓶梅词话》四七回:"苗青穿青衣,望西门庆只顾磕着头说道:'小人蒙老爹～之恩,粉身碎骨,死生难报。'"《醒世恒言》卷二〇:"小人是个良民,从来与这般人不曾识面,何尝与他同盗? 其实是霹空陷害,望爷爷～。"

【超度】chāo dù　犹"超拔❶"。五代杜光庭《温江县招览观众斋词》:"臣等九玄七祖,～泉扃;五族六亲,允蒙祯祐。"《宋高僧传》卷九《慧空传》:"我曹馈粮,粗副私愿。今二十年已足,得遂～。"清玄烨《中元夕放河灯》:"金仙无物不～,何事林间鹿避喧。"

【超垛】chāo duò　停留。《元曲选·对玉梳》二折:"你去顾前程,这搭儿休～,识吊头,打闹里疾赶过。"按,明佚名《墨娥小录》卷一四《行院声嗽》:"坐,超垛。"停留为引申之义。

【超烘】chāo hōng　一种乐艺。宋陈元靓《事林广记》续集卷七:"八蛮朝凤阙,四境绝狼烟。太平无事,～聚哨效梨园。"宋佚名《张协状元》二出:"多忔戏,本事实风骚。使拍～非乐事,筑球打弹漫徒劳,设意合笙箫。"又四八出:"耆卿也吟得诗,做得词,超得烘儿,品得乐器,射得弩,踢得气球。"明风月友《金陵六院市语》:"超者打之谓。"

【超豁】chāo huò　❶ 豁达超然;豁朗疏阔。宋王洙《题岷山石幢》:"吾谓圣达竟～,高览便欲周乾坤。"明王士贞《与张司理书》:"明公虚受若万斛之舟,炼事若百煅之金,而查滓融治,襟度～,尤出意表。"清郑缵祖《登盘山六十韵》:"初登犹埚塞,数转渐～。"❷ 开脱;宽免。明陈应芳《凤阳粮申文》:"拼死陈情,泣恳一视,～照例,具题查蠲,生民再造,万世流芳。"《二刻拍案惊

【超荐】chāo jiàn　❶ 越等提拔。《宋史·边肃传》:"三司使魏羽荐为户部判官,祀南郊,～尚书度支员外郎。"明赵完璧《收春先大夫暨先母恭人高氏行状》:"抚臣邓公璋历试诸勋,既偕众以联扬,复特章而～。"❷ 犹"超拔❶"。宋觉范《追荐四首》之一:"愿乘净供之因,～往生之路。"明《西游记》一三回:"那伯钦的父亲之灵,～得脱沉沦。"清《野叟曝言》二七回:"将来多做几日斋事,～他好处去罢了。"

【超捷】chāo jié　❶ 超越等次。宋《朱子语类》卷一二八:"祖宗置资格,自立侥幸之门。如武臣横行,最为～。才除横行,便可越过诸使,许多等级皆不须历,一向上去。"明李东阳《送都御史陈公之南京诗序》:"资至而后举,望积而后擢,未尝有一侥躐之迹。"❷ 高超敏锐。明康海《吉元静墓志铭》:"英迈之气,～之才,不以将死少馁。"倪岳《亡妻卢氏墓志铭》:"见事～,胸中大有衡尺。"❸ 迅疾。宋赵与时《宾退录》卷三:"拂衣而去,～若神。"

【超躐】chāo liè　超越等次。宋《朱子语类》卷一一三:"却不耐烦去做,须要寻个倖门去钻。道钻得这里透时,便可以～将去。"《元史·张雄飞传》:"雄飞乃先自降一阶,于是侥幸～者皆降之。"清宋荦《雪夜饮酒》之二:"譬彼枵腹子,文史聊涉猎。不辍日勉旃,声名顿～。"

【超迈】chāo mài　高超不凡。唐裴休《大达法师玄秘塔碑铭》:"而和尚符彩～,词理响捷,迎合上旨,皆契真乘。"宋《朱子语类》卷九三:"问:'明道、濂溪俱高,不如伊川精切?'曰:'明道说话～,不如伊川说得的确。'"元郭天锡《题米南宫像》:"海岳庵空骨已仙,风神～画中传。"

【超升】chāo shēng　佛道二家谓得道升天或死后灵魂登西方极乐世界。《太平广记》卷四七引《仙传拾遗》:"以宿功所荫,得守此洞穴之口,后三百年,亦当～矣。"宋欧阳修《林氏追荐道场斋文》:"冀慈仁之广被,均胜利于无穷,乘此妙缘,～福果。"明邵璨《香囊记》三九出:"志诚,一念通三省,生者消殃,愿亡者早～。"

【超生】chāo shēng　❶ 佛家语,指人死后灵魂再投生为人。宋何薳《春渚纪闻》卷五:"俟此像忽自脱落了无损动,即我～之兆也。"明《西游记》一〇回:"尽是枉死的冤业,无收无管,不得～。"姚茂良《双忠记》二八出:"今早丞相秦爷发下香金,来吾寺中做～法事,不免净扫法堂伺候则个。"❷ 比喻开脱或宽容。《元曲选·还牢末》楔子:"那年纪小的素无仇隙,误伤其命,望大人可怜～。"《二刻拍案惊奇》卷一八:"今老爷所言,分明如见,小人不敢隐瞒一句。只望老爷～。"明王錂《寻亲记》一三出:"〔外云〕那妇人,我自有放告日期,怎么拦街叫喊?〔旦云〕冤枉事的,望老爷～。"

【超脱】chāo tuō　❶ 超越摆脱。宋《朱子语类》卷一二六:"问:佛法如何是以利心术? 曰:要求清净寂灭,～世界,是求一身利便。"刘挚《潜山黄先生墓志铭》:"～礼法,诵诞宕之言,以为归如。"明郎瑛《会仙女志》:"玄阳仙史年甫冠冠,请《易》于玄阳洞天,幽远深邃,～俗缘。"❷ 超凡脱俗。唐杜牧《岐阳公主墓志铭》:"执守帝子,～摆弃,妇职是勤,夫言是指。"宋乔行简《奏请谥陈龙川吕大愚札子》:"其渊微英特之论,雄迈～之气,由晋宋隋唐以后自成一家。"元明《水浒传》一〇八回:"泽及生灵哲保身,闲云野鹤真～。"❸ 指受佛法超度而脱离苦难。宋洪迈《夷坚志》丁卷一二:"我乃彼家亡女也,沦滞冥路久。适蒙师课经精专之功,

遂得～。"明《西游记》二九回："指示西方有佛有经,可度幽亡,～孤魂。" ❹ 泛指解脱或脱离苦难。明《古今小说》卷一七："姊今～污泥之中,高翔青云之上。"《拍案惊奇》卷二五："若是令兄未死,院判早到这里一年半载,连姊姊也～去了。"

【剿儿】 chāo ér　健儿,"剿"通"勤",义为轻捷。唐李贺《出城别张又新酬李汉》:"六郡无～,长刀谁拭尘?"

【剿绝儿】 chāo jué ér　即"剿儿"。唐李白《赠宣城宇文太守兼呈崔侍御》:"多逢～,先著祖生鞭。"

【勤断】 chāo duàn　打断。宋《朱子语类》卷一一:"比如听人说话一般,且从他说尽,不可～他说,便以己意抄说。"

cháo

【朝】 cháo ❶ 对着;面向。动词。唐李白《江西送友人之罗浮》:"桂水分五岭,衡山～九疑。"元明《水浒传》二一回:"(阎婆)看宋江时,只低着头;看女儿时,也～着别处。" ❷ 介词,表示动作的方向。明《朴通事谚解》卷上:"～南开着一个小墙门便是。"《金瓶梅词话》一二回:"走入房中,倒在床上,面～里边睡了。"清《红楼梦》一一回:"父亲遵太爷的话,不敢前来,在家里率领全家都～上行了礼了。"

【朝报】 cháo bào　朝廷的公报,刊载诏令、奏章、官员任免事项等。明陈汝元《金莲记》二六出:"母亲不须愁烦,闻公公去买～,想就知道消息也。"清《豆棚闲话》一则:"乡老们有说～的,有说新闻的,有说故事的。"按,宋赵昇《朝野类要》卷四《朝报》条:"日出事宜也,每日门下后省编定,请给事判报,方行下都进奏院,报告天下。"

【朝典】 cháo diǎn　朝廷典制,转指与朝廷典制有关的物品。元《前汉书平话》卷中:"老臣年纪高大,不长治朝纲,故纳三般～辞我王。"《元曲选·赵氏孤儿》楔子:"差一使臣将着三般～,是弓弦、药酒、短刀,着赵朔服那一般～身亡。"

【朝房】 cháo fáng　官员等候上朝的处所。明汤显祖《牡丹亭》四一出:"这是～里面,府州县道告遗才哩。"《明史·五行志》:"四十五年正月壬午,东～火。"

【朝奉】 cháo fèng　宋代阶官有朝奉郎、朝奉大夫,可捐资获得,用来尊称士人,后用为富人、店主或店铺伙计的称呼。宋洪迈《夷坚志》三壬卷四:"涂大经～,初乡荐入京,行次半途,寓宿一宽宅。"明冯惟敏《水仙子带折桂令·嘲友》:"凉衫大帽妆～,搭连包肩后耸。"清《儒林外史》四三回:"那船上管船的舵工,押船的～,面面相觑。"

【朝盖】 cháo gài　对朝廷官员的尊称。盖,车篷,代指车驾。宋《慧南语录》:"是日又蒙～光临法筵,始卒成褫,良增荣荷。"《法演语录》卷中:"～临筵,清风匝座。"

【朝窠】 cháo kē　即"朝窝"。清《醉醒石》九回:"(王四)倚着撰钱容易,每日闷～,走院子,看见那颜色的妇人,务要弄他到手方歇。"

【朝斾】 cháo pèi　犹"朝盖"。斾,前军之旗,代指车驾。《五灯会元》卷二〇《龙图王萧居士》:"堂(南堂和尚)却问:'～几时到任?'公(王萧)曰:'去年八月四日。'"

【朝山】 cháo shān　佛道信徒到名山大刹进香参拜。《元曲选外编·独角牛》一折:"我与你便画尊神轴,背着案,拜岳～,撞府冲州。"明《梼杌闲评》三八回:"著落峄山村傅家庄乡保,访到如玉～回时,星夜来京报知。"按,清翟灏《通俗编》卷一九:"俗于远方进香谓之朝山。"

【朝廷】 cháo tíng　同"朝庭❶"。《敦煌变文校注》卷三《燕子赋》:"百姓(伯桃)忆～,哽咽泪交流。"

【朝庭】 cháo tíng ❶ 朋友。唐王梵志《朝庭数十人》:"～数十人,平章共博戏。"《敦煌变文校注》卷二《唐太宗入冥记》:"(皇帝)便问崔子玉:'卿与李乾风为知己～否?'崔子玉□□(答曰):'臣与李乾风为～。'" ❷ 朝拜。《敦煌变文校注》卷一《伍子胥变文》:"王乃～万国,神威远振,统领诸邦。"按,使动用法。

【朝窝】 cháo wō　同"巢窝"。明《型世言》一一回:"两个扯了陆仲含同到前门～内顽耍,仲含道:'素性怕引花丛。'"

【朝冶】 cháo yě　同"朝野"。元孔文卿《东窗事犯》楔子:"不知～里有甚事。张宪、岳云,在意看守边塞,则今日便索上马去。"《前汉书平话》卷下:"既大使用马,只与小人～中保得一处安身,受吾皇一纸紫泥宣,宰万姓之刑典。"

【朝野】 cháo yě　偏指朝廷。《元曲选外编·遇上皇》四折:"～里谁人似俺,懵懂愚浊痴憨。"按,元刊本"野"作"冶"。

【嘲】 cháo ❶ 挑逗;勾引。元徐琰《蟾宫曲·青楼十咏》:"语话相～,道与多娇,莫待俄延,误了良宵。"明薛论道《朝天子·美妓》:"笑脸儿迎着,甜话儿～,小名儿低低叫。"《金瓶梅词话》一回:"打扮光鲜,只在门前帘儿下站着,常把眉目～人,双睛传情。" ❷ 吟;唱。唐白居易《候仙亭同诸客醉作》:"争及湖亭今日会,～花咏水赠蛾眉。"《元曲选·竹叶舟》四折:"看王留撒会科,听沙三～会歌。"明《型世言》六回:"走到楼上,把这鞋翻覆看了一会,道:'好针线! 好样式!'便随口～出个《驻云飞》道……" ❸ 呆傻。清《聊斋俚曲·墙头记》:"家里财神不供养,把他简慢又蹭开,这是～呀可是怪?"

【嘲巴】 cháo bā　傻子。清蒲松龄《增补幸云曲》:"佛动心笑颜开,我每日也疑猜,谁想你把俺当～待。"

【嘲谤】 cháo bàng　嘲笑诽谤。宋苏轼《送碧香酒与赵明叔教授》:"嗟君老狂不知愧,更吟丑妇恶～。"文莹《湘山野录》卷上:"狱具,撰坐～之典,尽削其籍。"清《红楼梦》五回:"在闺阁中固可为良友,然于世道中未免迂阔怪诡,百口～,万目睚眦。"

【嘲拨】 cháo bō　挑逗;嘲弄。《元曲选·墙头马上》一折:"如此佳丽美人,料他识字,写个简帖儿～他。"又《货郎旦》一折:"你道我～着你个花奶奶,我也不是个善婆婆。"明《拍案惊奇》卷一七:"好儿子! 几口气养得你这等大,你听了外人的说话,～母亲,养你忤逆的做甚?"

【嘲唱】 cháo chàng　歌唱。明冯惟敏《朝元歌·述隐》:"忽听村童～,一曲沧浪,争如尔曹随口腔。"

【嘲歌】 cháo gē　犹"嘲唱"。宋元《清平山堂话本·刎颈鸳鸯》:"将及二更,忽闻稍人～声。"《元人杂剧钩沈·李克用箭射双雕》:"有他那牛表～,沙三争戏,舞的是一张掀乔样势。"明王士贞《嘲周公瑕馆钞库街》:"说与周郎宽误曲,任他商女乱～。"

【嘲诟】 cháo gòu　犹"嘲骂"。宋欧阳修《忆山示圣俞》:"徒为忆山吟,耳热助～。"明袁于令《西楼记》一五出:"嗓声,莫把他～。"清汤石曾《游焦山》:"山僧言其然,吾言非～。"

【嘲撩】 cháo liáo　犹"嘲拨"。宋赵福元《鹧鸪天·赠歌妓》:"腔子里,字儿添,～风月性多般。"

【嘲骂】 cháo mà　嘲笑谩骂。宋黄昇《贺新郎·梅》:"自醉自吟仍自笑,任解冠落魄从～。"明沈周《湾东草堂为弟朴赋》:"我与题诗解～,门外雨来虹满河。"《梼杌闲评》一七回:"那抢得多的便扬扬得意,见进忠没得吃,反～他不长进。"

【嘲弄】 cháo nòng　吟咏玩赏。宋韩元吉《次韵少稷梅花》:

"孤芳未省须刻画,百卉应先厌～。"明卢象昇《湄隐园记》:"搜讨疑义则代尘以松枝,～风月则取茵于花片。"清查慎行《题王璞庵南北游诗卷》:"东将入海手掣鲸,～花月非人情。"

【嘲惹】 cháo rě 挑逗撩惹。元明《水浒传》二〇回:"那张三见这婆惜有意,以目送情,等宋江起身净手,倒把言语来～张三。"明佚名《驻云飞·题西厢记》:"筝板一齐喧,向人前,～的郎君,到晚来成姻眷。"清《续金瓶梅》五回:"虽有鬼使日夜监巡,就如阳间坐仓妇人一般,到底无耻,和人～。"

【嘲戏】 cháo xì ❶ 嘲笑戏弄。《太平广记》卷二五三引《启颜录》:"时王诉与之才～,之才即嘲王诉姓曰:王之为字,有言则証,近犬则狂。"《旧唐书·张易之传》:"每因宴集,则令～公卿,以为笑乐。"清《红楼梦》六一回:"于是又有素日一干与柳家不睦的人,见了这般,十分趁愿,都来奚落～他。" ❷ 调笑亵谑。明《金瓶梅词话》八〇回:"原来陈经济自从西门庆死后,无一日不和潘金莲两个～,或在灵前溜眼,帐子后调笑。"清《红楼梦》六四回:"(贾蓉)便仍回至里面,和他两个姨娘一一回。"

【嘲掀】 cháo xiān 调笑喧闹。元关汉卿《拜月亭》四折:"俺兀那姊妹儿的新郎又忒觑觎,俺这新女婿那～,瞅的我两三番斜僻了新妆面。"

【嘲笑】 cháo xiào ❶ 讥讽戏谑。唐韩愈等《石鼎联句》:"愿君莫～,此物方施行。"宋元《古今小说》卷三五:"有个浑家王氏,见丈夫试不中归来,把复姓为题,做一个词儿～丈夫,名唤做《望江南》。"明何良俊《何氏语林》卷九:"张文定公奉佛甚谨,杜祁公独不信佛法,每对客～。" ❷ 调笑。明《金瓶梅词话》八二回:"两个人尝着甜头儿,日逐白日偷寒,黄昏送暖,或倚肩～,或并坐调情。"《明史·外国传四》:"夫行在前,其妇与人～,夫即刃其妇所～之人。"清《红楼梦》三七回:"独黛玉或抚梧桐,或看秋色,或又和丫环们～。"

【潮】 cháo ❶ 涌;泛起。《元曲选·燕青博鱼》四折:"鼻凹里冷气出,咽喉内热涎～。"清《聊斋志异·汤公》:"凡自童稚以及琐屑久忘之事,都随心血来,一一～过。"清《歧路灯》一一回:"王中向董桔泉说:'吃了药,热的要紧。'桔泉道:'吃了桂附,岂有不～之理?'" ❷ 呆傻。清《聊斋俚曲·翻魇殃》:"说他～,实是～,认定魏名实相交,时常跑去登门叫。"又:"说他～,何曾是～? 极精细的光棍就是好捞。赢了又待赌,输了又去捞。"

【潮巴】 cháo bā 同"嘲巴"。清《聊斋俚曲·快曲》:"又烱着火几堆,反知道兵马在。就是个～也不来,况那贼,奸又乖,必然远躲天涯外。"

【巢窠】 cháo kē ❶ 鸟兽的窝。唐李白《野田黄雀行》:"吴宫火起焚,炎洲逐翠遭网罗。"宋戴复古《题曾元聚飞龙饮秣图》:"振首长鸣载猛士,龙骧蹄碲嗷鹰～。" ❷ 借指盘踞之地或做坏事的秘处。唐李商隐《为怀州李使君祭城隍神文》:"况彼潞人,实逆天理。因承平之地以作～,驱庸乐之民以为蠡贼。"《元曲选·酷寒亭》四折:"今天下事势方多,四下里竞起干戈。其大者攻城略地,小可的各有～。"清《续金瓶梅》四五回:"对门有个王婆店,专会传情惯私通……安下～定下计,十样磨光把事成。" ❸ 犹"窠臼❸",固有格式。明吴与弼《除夜》:"一年课程更如何? 轻薄还因感慨多。明日又逢新岁月,几时能出旧～。"

【巢窝】 cháo wō 私娼住所。明《金瓶梅词话》九三回:"吃酒要钱般般会,酒肆～处处通。"又九四回:"专一在马头上开娼店,倚强凌弱,举放私债,与～中各娼使钱,加三讨利。"

【吵】 chǎo 吵嚷;搅闹;声张。宋谢采伯《密斋笔记》卷四:"不知渊明有何产业,虑五子争分,想是怕他穷斯～。"清《儒林外史》五四回:"日日与丈人～窝子,～得邻家都不得安身。"《红楼梦》三四回:"你要听见,告诉我听听。我也不～出来,教人知道是你说的。"

【吵聒】 chǎo guō 吵闹。《元曲选·两世姻缘》二折:"娘呵,不要～我,省些话儿罢!"

【吵闹】 chǎo nào 喧嚷;争吵。《敦煌变文校注》卷一《董永变文》:"人生在世审思量,暂时～有何方(妨)。"清《儒林外史》二三回:"牛玉圃上前同他～。"《红楼梦》六二回:"我们是那牌儿名上的人,生日也没拜寿的福,又没受礼职分,可～什么,可不悄悄的过去。"

【吵嚷】 chǎo rǎng 议论纷纷。清《红楼梦》一六回:"我听见上上下下～了这些日子,什么省亲不省亲,我也不理论他去。"又六七回:"怪不的前日我们在店里仿佛佛也听见人～,说有一个道士三言两语把一个人度了去了。"

【炒】 chǎo ❶ 把食品放在锅内加热翻搅使熟。唐刘禹锡《西山兰若试茶歌》:"自傍芳丛摘鹰嘴,斯须～成满堂香。"明《老乞大谚解》卷中:"咱们买些烧饼,～些肉吃了过去。" ❷ 同"吵"。宋《朱子语类》卷一二七:"徽宗因见星变,即令卫士仆党碑,云:'莫待明日,引得蔡京又来～。'"《元曲选外编·老君堂》三折:"百万天兵喊声～,自古无今番战讨。"明《二刻拍案惊奇》卷一〇:"昔亏得一个人有主意,处置得风恬浪静,不知～到几年上才是了结。" ❸ 通"扰"。索要;讨取。宋《朱子语类》卷一〇九:"虽曰州郡富厚,被人～多了,也供当不去。"清《醉醒石》一〇回:"到厅前,皂甲～班里钱,也去了五七千钱。"

【炒炒七七】 chǎo chǎo qī qī 吵嚷。《元曲选·黄粱梦》二折:"有甚事? 没来由怨怨哀哀。"

【炒刺】 chǎo cì 吵嚷。《元曲选·酷寒亭》二折:"则问你赛娘僧住为何的? 他可也甚么闲～?"

【炒菇菇】 chǎo gū gū 指鸡奸。明《绣榻野史》上:"东门生见他生得好,新讨在家里～的。"

【炒聒】 chǎo guō 同"吵聒"。明《二刻拍案惊奇》卷二五:"昨夜受妈妈～不过,拚着性命,谁知今日重活。"

【炒闹】 chǎo nào 同"吵闹"。宋洪迈《夷坚志》支丁卷四:"母诣邻家求寄一宿,邻人曰:'婆儿子性气恶,我留你必遭～。'"《元曲选·潇湘雨》四折:"我那夫人只管将这桩事和我～不了。"明王樵《审录重囚书》:"密教诱宗人说嫡妻张氏悍妒,～。徐绳勋心下厌弃,将宗氏发宗信领回。"

【炒戚】 chǎo qī 吵嚷。《元曲选·冻苏秦》二折:"当街里勋勋恁～,亲爷亲娘我也不认的。"

【炒茹茹】 chǎo rú rú 即"炒菇菇"。疑"茹"为误字。明《石点头》卷一四:"独好笑有一等人,偏好'后庭花'的滋味……若各处乡语又是不同:北边人叫～,南方人叫打蓬蓬。"

【炒团】 chǎo tuán 一种米粉制作的食品。宋晁说之《谢乾明滋老送炒团》:"蓼花散畔轻盈意,炒米团边笑语亲。"庄绰《鸡肋编》卷上:"天长县炒米为粉,和以为团,有大数升者,以胭脂染成花草之状,谓之～。"

【炒咬】 chǎo yǎo 叫嚷索讨。宋孟元老《东京梦华录》卷

五:“至迎娶日,儿家以车子或花檐子发迎客,引至女家门。女家管待迎客,与之彩段,作乐催妆上车檐。从人未肯起,～利市,谓之起檐子,与了然后行。”

【麨皮】 chǎo pí　犹言讨厌的、该死的。元刘庭信《折桂令·题情》:“殢亚仙元和～,赶苏卿双渐初颓。本是花魁,他变冯魁,你便王魁。”有时用作昵称,犹冤家、孽障。又佚名《普天乐》:“哎,～! 待揪捋你呵,又怕损了我指甲。哎,～! 我待骂你呵,我又怕咷了元气。”

【熓】 chǎo　熏;呛。明《西游记》七回:“只是风搅得烟来,把一双眼～红了,弄做个老害病眼,故唤做火眼金睛。”又七五回:“假若支起锅,烧动火,烟～到鼻孔里,打喷嚏么?”

chào

【㺧】 chào　❶ 刚愎;固执。《元曲选·陈州粜米》三折:“老包姓(性)儿～,荡他活的少。”　❷ 呆;傻。清《聊斋俚曲·禳妒咒》:“好呆好～,好呆好～,多少好主都辞了,若临了就了他,才笑的牙儿吊。”又:“～孩子! 有的是好主好闺女,何必他呢。”

【㺧巴】 chào bā　傻子。清《聊斋俚曲·禳妒咒》:“那高家公母,也不是～,听说江城,一貌如花。”

chē

【车】 chē　利用机械旋转提水或切削。唐段成式《酉阳杂俎·乐》:“直遂集客,～水竭池,穷池索之。”宋洪皓《松漠纪闻·补遗》:“麇角如驼骨,通身可～却无纹。”明沈璟《博笑记》二五出:“〔丑云〕把池塘～不多时,拿到了。〔外、小生云〕呀,百来斤黑鲤鱼儿!”

【车驮】 chē duò　载有行李货物的车辆和骡马。元杨维桢《铁面郎美赵御史也》:“江南使君欺天隐,黄金～实虚牝。”明《金瓶梅词话》八八回:“假如灵柩家小箱笼一同起身,若说数辆～未免起眼。”清《豆棚闲话》一则:“骑着驴子,随了～,一程走到济南府章邱县临济镇之南数里间,遇着一条大河。”

【车夫】 chē fū　❶ 政府征发的车辆及赶车或推车的役夫,多偏指役夫。金张师颜《南迁录》:“各装备修内合用物色,令河北四路计度～人马,上蹙额许之。”元陶宗仪《腊月廿七日雪》:“九万～多冻馁,定应来到济宁州。”明张瀚《松窗梦语》卷八:“至八柳树等处,令河南～运赴卫河。”　❷ 赶车的人;车把式。《太平广记》卷三八五引《河东记》:“察与～皆识夜来致钱之所,即访女人。”宋许纶《中山九日》:“恋阙怀亲一性成,～解事趣归程。”明《古今小说》卷四〇:“贾石教老婆迎接沈奶奶到内宅安置,交卸了行李,打发～等去了。”

【车户】 chē hù　以赶车推车为生的人或人家。《宋史·食货志下三》:“陆运既差帖头,又役～。贫人惧役,连岁逋逃。”明葛昕《致贾中葵中丞书》:“访之敝衙门见在山场～及顺天昨年为慈宁宫运石～,可知彼该府云云,亦得之州县。”清《歧路灯》一回:“～卸了头口,几只灯笼俱出来,搬运箱笼搭包。”

【车家】 chē jiā　即“车户”。《太平广记》卷三八五引《河东记》:“察颇惊异,遽至车子家。～见察曰:‘君来,正解梦耳。’”宋孔武仲《车家行》:“方悟～进退难,不如田家四时乐。”元明《水浒传》三二回:“(王矮虎)原是～出身,为因半路里见财起意,就势劫了客人。”

【车脚】 chē jiǎo　❶ 车和车夫,也专指车夫。宋沈括《梦溪笔谈》卷二五:“在城西者,令赴城东仓,仍不许佣僦～,皆须自负。”元明《水浒传》六二回:“两个小银,打发了当直的;那十个～,共与他白银十两。”明《金瓶梅词话》三三回:“二人均分了,雇了～,即日推货进城,堆在狮子街空房内。”　❷ 指车辆运输。宋《续资治通鉴长编》卷三六〇:“今～既艰,运续不续,则又不免有时时无盐之叹。”明杨一清《关中奏议》卷一一:“倘有重大军机,路途阻塞,～不通,召中籴买两无所措。”　❸ 指雇车的费用。唐陆贽《论度支令京兆府折税市草事状》:“每束兼～与折钱二十五文。”宋杨万里《乞不杀窦参及免簿录庄宅三状》:“今若更征一千万束,仍令并送入城,即是一年之中并征三年税草,计其所加～,则又四倍常时。”清《雪月梅》四一回:“当晚刘云吩咐家人将～开发清讫,因途路辛苦,早欲安歇。”

【车客】 chē kè　车夫。元明《水浒传》五六回:“只见李荣叫～把葫芦去沽些酒来,买些肉来,就车子上吃三杯……～假作手脱,把这一葫芦酒都倾翻在地下。”

【车人】 chē rén　车夫。《太平广记》卷三八五引《河东记》:“察与黄衫及～其般置其钱于庙西北角。”明何景明《赠胡君宗器序》:“听役之者,有仓吏,有场吏,有吏胥,有兵隶,有～,有揽户,有管库之厮器。”

【车仗】 chē zhàng　车舆和仪仗。宋《三朝北盟会编》卷四:“元日隔夕,令具～召临。”也指成队的运输车辆。佚名《张协状元》八出:“小客独自不敢向前,等待官程,不然～,厮赶过去。”《古今小说》卷三三:“这里安排～,从里面叫出几个人来,都着紫衫,尽戴花红银揲子,推数辆太平车。”

【车子】 chē zǐ　另见 chē zi。车夫。《太平广记》卷三八五引《河东记》:“察愈惊骇,复与～偕往沈氏庙。”明孟称舜《娇红记》二五出:“～催云:天色晚了,快赶路去。”

【车子】 chē zi　另见 chē zǐ。车。《太平广记》卷六四引《逸史》:“晚从外归,见金楼～在麻婆门外。”五代何光远《鉴诫录》卷三:“至汝州,置一卧～,常于～中安酒一瓢,琴一张,书数策。”清《红楼梦》三六回:“只听凤丫头的嘴,到像倒了核桃～的。”

【俥遮】 chē zhē　同“嗻嗻❶”。宋石孝友《亭前柳》:“有件～,算好事,大家都知。”

【嗻】 chē　大;响。金《董解元西厢记》卷七:“隔窗促织儿泣新晴,小即小,叫得畅～。”

【嗻嗻】 chē zhē　❶ 大;甚;厉害。金《董解元西厢记》卷六:“料得我儿今夜里,那一和烦恼～。”《元曲选外编·拜月亭》三折:“那一个爷娘不间叠,不似俺忒～劣缺。”明《警世通言》卷一四:“又写得算得,又一～大官府第出身。”　❷ 能干;本领高强。明《拍案惊奇》卷三九:“随你～伶俐的好汉,但是一分信着鬼神的,没一个不着他道儿。”《型世言》二三回:“你是个～的人,明日与你十来个银子,到苏州盛家母舅处撺贩些尺头来,也可得些利息。”用作名词时则犹本事、本领。《二刻拍案惊奇》卷三九:“懒龙既有这一番～,便自藏埋不住,好与少年无赖的人往来,习成偷儿行径。”按,明徐渭《南词叙录》:“嗻嗻,能而大也。”

chě

【扯】 chě　❶ 拽;拉。宋华岳《田家》之四:“良人犹恐催耕早,自～篷窗看晓星。”《元曲选·鲁斋郎》三折:“休把我衣服～

住，情知咱冰炭不同炉。”明《西游记》四七回：“行者拿起火把，点上灯烛，～过一张交椅，请唐僧坐在上面。” ❷ 撕。唐皮日休《秋晚自洞庭湖别业寄穆秀才》：“风～红蕉仍换叶，雨淋黄菊不成香。”元杨果《翠裙腰》：“把一封寄来的书都～做纸条儿。”元明《水浒传》一〇回：“（林冲）把陆谦身上衣服～开，把尖刀向心窝里只一剜，七窍迸出血来。” ❸ 揪；抽；拔。元纪君祥《赵氏孤儿》三折：“狮蛮带上提起锦征袍，把龙泉刀～离沙鱼鞘。”明郑虚舟《大揭帖·绵衣香》：“碧桃花下，凤凰把翎毛生～。”《石点头》卷一〇：“乔氏愤怒，拈起手中簪子，望着赵诚面上便刺，正中右眼……向外一～，这簪子随手而出，鲜血直冒。” ❹ 挣；挺；扭。《元人杂剧钩沉·王妙妙死哭秦少游》：“怕不我口儿里强，身子儿～，心儿里顺。”明陈铎《醉太平·老病初痊戏作》：“病形骸打挣得身子～，闷情怀抖擞的心肠热。”殷士儋《新水令·写真自嘲》：“～脖子闲争气，出头儿瞎顶缸。” ❺ 延展；张；抻。明陈铎《落梅风·戏人送假火腿》：“这东西发疮不善。想苏州离京偌近远，病中人～不的长限。”《古今小说》卷二二：“似道所坐车子，插个竹竿，～帛为旗，上写着十五个大字。”清孔尚任《桃花扇》九出：“一直抢了南京，就～起黄旗，往北京进取。” ❻ 脱；抛；掷。宋王铚《默记》卷下：“潜益愤，趋出。曼卿曳其腰带后曰：‘刘十，我做得通判过否？～了衣裳，吃酒去来！’遂仍旧狂饮，数日而罢。”明王慎中《洞庭春色·秋后苦热》：“思不禁，非本性。但～将手板，掷下冠簪。” ❼ 裂；裂开。宋李流谦《峡中赋百韵》：“钱叠藓晕重，鳞坼树皮～。”明岳正《代祀海渎纪成乐章·大济诗·送神》：“赭鞭鞭山山为赭，金戈指天天亦～。” ❽ 牵挂；牵涉；涉及。元王实甫《西厢记》四本四折：“他把我心肠～，因此不避路途赊。”明唐元竑《杜诗捃》卷一：“更将千古奇幻语～入腐乡，失岂细耶！”明杨继盛《与继津年兄书》：“细观许多元疏，盖恐一时失事，兵部参劾，故～兵部官在内。” ❾ 漫无边际地闲说。明孟称舜《花前一笑》四折：“啐，你又来～风话！”明汤显祖《牡丹亭》二九出：“赤紧的是那走方娘，弄虚花～闲帐。”《西洋记》六回：“我～这一番寡话，原只是为了耸动国王，终不然图人的财帛？” ❿ 连，用在“扯……带……”格式中，表示兼括前后两项。清《醒世姻缘传》一九回：“唐氏～脖子带脸的通红，瞅了小鸦儿一眼。”《聊斋俚曲·蓬莱宴》：“彩鸾听说，～脖子代脸的通红。”△《儿女英雄传》三〇回：“不由得一把肝火直攻到囟门子上来，～脖子带腮颊涨了个通红。”

【扯长】 chě cháng “扯长绊儿”的省略。清《醒世姻缘传》五五回：“时来暂去的就罢了，怎好～的扰起来？”

【扯长绊儿】 chě cháng bàn er 长时间；长久地。明《金瓶梅词话》六二回：“你看恁唠叨！死也死了，你没的哭的他活？哭两声丢开罢了。只顾～哭起来了。”按，“绊”通“襻”，“长襻儿”指拉车的长带子，可喻指时间长。

【扯撮】 chě cuō 牵扯扭合。《元曲选·赚蒯通》三折：“你待胡～，强领掇，道俺蒯文通故意作风魔。”

【扯大】 chě dà 摆大排场；拉大架子。明《二刻拍案惊奇》卷一一：“焦大郎本是个慷慨心性，愈加～，道是靠着女儿女婿，不忧下半世不富贵了。”

【扯淡】 chě dàn ❶ 胡言乱语；闲聊。明《西游记》六四回：“但不可空过，也要～几句。”清《醒世姻缘传》二回：“你没的～，你认得我是谁，我去看你！”孔尚任《桃花扇》一〇出：“无事消闲～，就中滋味酸甜，古来十万八千年，一霎飞鸿去运。”按，明风月友《金陵六院市语》：“扯淡则胡说之辞。” ❷ 无谓；没意思。明周宗建《论语商》卷下：“极有气焰的恁地～，极劳苦的到底显荣，可见成败利钝一毫不由人安排。”施绍莘《新水令·夜雨》：“～的把香也烧烧，棋也敲敲，书也枭枭，灯也挑挑。”《醒世恒言》卷七：“他们好似见鬼一般，我好像做梦一般，做梦的醒了，也只～。”有时用作名词。清《聊斋俚曲集·墙头记》：“老光棍最可怜，谁知饥谁知寒，一口屋剩下个老～。”

【扯呼】 chě hū 打鼾。明《西洋记》六三回：“南船上人人都在做梦，个个都在～。”

【扯谎】 chě huǎng 说假话。明《西游记》三六回：“哥哥不要～，人间就有这般大门？”《醒世恒言》卷一五：“了缘扯个谎道：‘这是近日新得来的师弟，故此师兄还认不得。’”清尤侗《渔家傲·春闺》：“作怪鸦头～报，才郎到，愁眉错对菱花笑。”

【扯架子】 chě jià zi ❶ 摆架式。《元曲选·气英布》三折：“〔张良云〕俺主公因是足疮未愈……休得见怪者！〔正末做不应科〕〔樊哙做～科云〕想是他还恼哩，待我老樊与他打一个流星十八跌。”清李玉《清忠谱》二折：“〔净、丑各脱衣介，两边～介〕” ❷ 拿架子；摆派头。明《西游记》二一回：“哥哥莫～，他怎么伏你点札？”清《野叟曝言》一二回：“听着小人言语，认是～、装空头的人，故此作笑。”

【扯空】 chě kōng 即“扯空头”。清《豆棚闲话》一〇则：“那一带沿河临水住的，都是靠着虎丘山上，养活不知多多少少～研光的人。”

【扯空头】 chě kōng tóu 说大话或假话。明《禅真逸史》一四回：“林澹然带笑指着狐狸道：‘这不是扯谎的妇人！’太公怒道：‘这畜生到会～。’”清《后西游记》一一回：“师兄不要～。‘这天上又没人往来，却问那个？’”陈皋谟《笑倒·说两听一》：“苏人惯～，与人讲说，他说两句，只好听一句。”

【扯拉】 chě lā ❶ 拉；拽。明《西游记》七六回：“趁早跟我去，免得套上绳子～。”清《后西游记》二〇回：“身子又狼犺，任你～也～他不动。” ❷ 牵扯；牵涉。清《红楼梦》六七回：“这里头怎么又～上什么张家李家咧呢？”

【扯赖】 chě lài 支吾抵赖。明《禅真逸史》一〇回：“你这刁钻泼妇，丈夫一笔供招，你反～！”

【扯捞】 chě lāo 拉扯；牵扯。“捞”“拉”义同。清《歧路灯》三一回：“想是小的昨晚带着锁，被公差们～的，把带的顺袋儿掉了。”又四〇回：“我在正阳关开了大米、糯米坊子，生意～住，也没得来瞧瞧姐夫姐姐。”

【扯落】 chě lào 即“扯捞”。明《金瓶梅词话》三三回：“什么人～的你有孩没识，心不在肝上？”又七五回：“可知你心不得闲，可不了一了，心爱的～着你哩。”

【扯炉】 chě lú 拉风箱。明《西游记》四九回：“你会使铜锤，想是雇在那个银匠家～，被你得了手，偷将出来的。”清《儒林外史》六回：“侄子赵老汉在银匠店扯银炉。”

【扯攞】 chě luǒ 撕拉。《元曲选·忍字记》四折：“我这里便忍不住，气扑扑上前去将他～。”清《醒世姻缘传》三二回：“叫人写了公文，说他拦街辱骂，脱剥了衣裳，～驿丞的员领。”

【扯裸】 chě luǒ 即“扯攞”。《元曲选外编·三夺槊》一折：“是他气扑扑慌攒入里面藏……把一领锦征袍～得没头当。”

【扯扭】 chě niǔ 拉拽揪扭。明海瑞《方淙争谷参语》：“因运谷，相遇言辩～，致谷漏撒在地。”清《隋唐演义》一八回：“几个故意要进城，几个故意要出城，互相～，就打将起来。”

【扯平】 chě píng 拉平；使双方平衡。明郎瑛《七修类稿》卷四四：“吴之弟富亦匹兄，惟粟帛是积，清士常鄙之。其弟一日语画主曰：‘《十八学士》果欲千金耶？’主曰：‘然。’遂如数易之……

其兄惊且叹曰：'今日方可与素之鄙俗～。'"《醒世恒言》卷一五："不如快去告官，拘昨日说的小尼姑来问，方才扯个两平。"清《后西游记》三回："今幸尚是唐家天下，莫若挪前减后，～他的运数便了。"

【扯劝】 chě quàn 拉开劝解。清《儒林外史》一一回："杨执中急了，拿火叉赶着，一直打了出来。邹老爹且～了一回。"《野叟曝言》二六回："慌得众妇女都赶出去，张妈推背，钱二嫂拉手，别的帮着～。"

【扯手】 chě shǒu ❶缰绳。清《说岳全传》二〇回："那康王忙忙把～一勒，这马就趁势立了起来。"《儒林外史》三五回："两个太监笼着缰绳，那～都是赭黄颜色。" ❷放手；插手。明《型世言》二九回："本地有个极狡猾、略有几分家事的土皇帝，叫做田禽，字有获，是本州的礼房吏。常来寺中～，好的男风。"清《醉醒石》一回："一祥又是风流洒落不惜钱财的，一时间便看上了两个妮子，大～作用将起来。"

【扯嗉儿】 chě sù er 犹"杀鸡扯嗉儿"。元佚名《集贤宾》："我将他心窝里相敬，～不手生，跄跪儿不腿疼，常将笑脸儿迎。"

【扯腿】 chě tuǐ 拖一条腿，指下跪。明郎瑛《七修类稿》卷一二："而汪直一时公卿多为屈膝，故有'都宪叩头如捣蒜，侍郎～似烧葱'之诮。"《西游记》三四回："走上厅，对那怪扯个腿子道：'大王，你看那孙行者。'"

【扯挦】 chě xián ❶揪拔撕掳。宋苏颂《首夏即事与丘与权同韵作》："林实坠落谁～，麻麦散乱如删镰。"《元曲选·朱砂担》三折："我正待劈头毛厮～，不争你攀肐膊强拆散。" ❷喻指究查。清恽敬《答陈云渠书》："因多年命案为大府～，几于车覆。"

【扯叶儿】 chě yè er 犹"胡枝扯叶儿"。明佚名《单战吕布》一折："你休～，吃了罢。"又《南极登仙》一折："上门儿请着你，你～不去干。"

【扯曳】 chě yè 拉扯；拖拽。《元曲选·岳阳楼》三折："你在当街上把师父～，这是我劝弟子修行的气力。"

【扯硬弓】 chě yìng gōng 喻指持强硬态度。清《续金瓶梅》二三回："儿子和他说，着他求着咱，还要～哩。"

【扯直】 chě zhí 两下拉平、相抵。明《醒世恒言》卷一八："如若有本钱的，他拼这账生意～，也还不在心上。"清《醒世姻缘传》七〇回："年终算账，赚得不多。渐至于～，折本，一年不如一年。"

【扯拽】 chě zhuài ❶牵拉；拉扯。宋徐经孙《劾赵时焕马梦炎疏》："后吏人与乡人有仇，在京～，声冤于市。"明张瀚《松窗梦语》卷一："置木桥，曳绳索以备～。"有时用重叠式。清《红楼梦》八七回："便有许多王孙公子要来娶他，又有些媒婆扯扯拽拽，扶他上车。" ❷说话东拉西扯。宋元《清平山堂话本·刎颈鸳鸯》："他半生花酒肆颠狂，对人前～都是谎。"明《醋葫芦》二回："今日复蒙赐饮，虽则沉酣，尚还明白，必不把张姑李妈的话儿将来～。"也可用重叠式。《醒世恒言》卷二三："一定是有那个人儿看上了我家大人，你思量做个马百六，何苦扯扯拽拽，排布这个大套子？"

【扯嘴】 chě zuǐ 说嘴；卖弄口才。明李梅实《精忠旗》六出："学生访知那朝铨安置在那里～，谈今说古。"

【扯捽】 chě zuó 犹"扯扭"。宋黄榦《申临江军乞申朝省除豁纲欠》："斥辱微官甚于奴隶，～小吏甚于罪囚。"《元典章·刑部十六》："修武县达鲁花赤伯不花将部民妻阿王～戏谑。"

chè

【彻】 chè ❶完毕；到底。唐杜甫《江畔独步寻花七绝句》："江上被花恼不～，无处告诉只癫狂。"宋《朱子语类》卷一〇："正淳云：'欲将诸数循环看。'曰：'不可如此。须看得一书～了，方再看一书。'"金《董解元西厢记》卷四："是前生宿世负偿伊，也须有还～。" ❷用在形容词之后，表示程度高。宋吴潜《霜天晓角·和叶检阅仁叔韵》："此花此月，一段风流～。"又同调名《和刘架阁自昭韵》："小山幽～，遍地堆香雪。"元关汉卿《侍香金童》："腕松金，肌削玉，罗衣宽～。" ❸唐代大型舞曲中的一节，即入破的末遍。五代李煜《玉楼春》："凤箫吹断水云寒，重按霓裳歌遍～。"

【彻胆】 chè dǎn 透进胆囊，形容程度深范围大。《元曲选外编·云窗梦》一折："村的是～村，动不动村筋现。"《元曲选·玉镜台》四折："虽不曾～欢娱，汤着皮肤，刚听的这一声娇似莺雏，早着我浑身麻木。"元汤式《一枝花·赠教坊殊丽》："说窈窕端然窈窕，待苗条不甚苗条，向樽前～儿包藏着俏。"

【彻底】 chè dǐ ❶（光影等）直透到底。《敦煌愿文集·愿文等范本（三九）》："实可谓月照寒江，晴光～。"宋《朱子语类》卷一二六："清泠～，看来一似无水相似。"《元曲选·东堂老》二折："怕不道是外面儿温和，则你那～儿严凝。" ❷比喻深透或程度深、范围大，犹到底、全部。宋《朱子语类》卷一〇："读书，须是穷究道理～。"元明《水浒传》五一回："头醋不酽～薄。官人坐当其位，可出个标首。"明《醒世恒言》卷二一："大地甜瓜～甜，生擦瓜儿连蒂苦。"

【彻骨】 chè gǔ 透骨，形容强度深。《敦煌愿文集·愿文范本（三一）》："父哀而～，倍增惨怆之悲；母泣断而无追，痛失掌中之宝。"元高明《琵琶记》四二出："不是一番寒～，争得梅花扑鼻香。"明王士贞《与张王二君弥陀寺小饮》之二："争似懒夫穷～，西方处处是迷津。"

【彻梢虚】 chè shāo xū 彻头彻尾虚假。《元曲选外编·调风月》四折："燕燕那书房中伏侍处，许第二个夫人做。他须是人身人面皮，人口人言语。到如今总是～！"《元曲选·谢天香》三折："许来大官员，恁来大职位，发出言词忒口疾……那一个～雾塌桥，浑身我可也认的你！"

【彻身】 chè shēn 抽身，"彻"通"撤"。明《西游记》五七回："这行者更不回手，～躲过。"《醒世恒言》卷三七："子春道：'却不干我事，你自送我吃的。'～又走。"

【彻头】 chè tóu ❶到尽头；到末了。唐罗隐《江北》："废宫荒苑莫闲愁，成败终须要～。"宋吴泳《摸鱼儿·生日自述》："那玉燕石麟，不当真符瑞。～地位，也须是长年，闻些好语，作个标月指。"《新五代史·契丹传》："德光谓敬瑭曰：'吾三千里赴义，义当～。'乃筑坛晋城南，立敬瑭为皇帝。" ❷尽头。金元好问《游天坛杂诗》之三："只愿长城没～，岂知燕土更堪忧。"元王恽《送葬挽歌》："人生到此是～，一倒灰尘无丑好。" ❸透彻。宋《朱子语类》卷一二一："诸公所以读书无长进，缘不会疑。才疑，便须理会得～。" ❹佛道二教谓彻底省悟。《五灯会元》卷二〇《悟本禅师》："后三日，妙喜归自郡城，师趋丈室。足才越阃，未及吐词。妙喜曰：'本胡子（指悟本）这会方是～也。'"金王喆《南乡子》："物物要休休，打破般般是～。认得本来真面目，修修，一个灵芽稳稳求。"

【彻心】 chè xīn 满心。元吕止庵《夜行船·咏金莲》："咭弄着～儿欢，高跷着尽情儿要。"

【彻赚】 chè zhuàn 哄骗。元沈禧《一枝花·咏白牡丹》:"～得寻芳客争探斗买,勾引得惜花人浅稀深埋。"

【撤罢】 chè bà 抛弃。明朱有燉《红绣鞋·席上赠伶者》:"既相陪鸾凤友,～了燕莺俦,怎做的出墙花临路柳。"

【撤棘】 chè jí 撤除贡院大门四周原来布下的荆棘,指科考试放榜。明文秉《烈皇小识》卷二:"谦益时在闱中,弗暇察也。比～,敬等即发觉其事。"清《铁花仙史》二四回:"方才所云,既已订定,且俟～之后,以便作两登科耳。"

【撤身】 chè shēn 抽身;转身。明《西游记》二回:"悟空急～,他砍了一个空。"清《红楼梦》一回:"士隐不耐烦,便抱女儿～要进去。"

【掣】 chè ❶ 抽;拔。宋司马光《涑水纪闻》卷六:"会有屯驻禁军白昼一妇人银钗于市中,吏执以闻。"元周文质《蝶恋花·悟迷》:"壶中符～做签,盘内棋排成课,待卜个他心怎么。"清《儒林外史》五二回:"若把他这货倒过来,倒是宗好生意。可惜而今运不动,～不出本钱来。" ❷ 持;拿。《太平广记》卷一七七引《玉泉子》:"偶获孜与父享昔所尝往来事礼札十数幅,皆孜手迹也,欣然～之以谒孜。"元明《水浒传》六回:"那崔道成斗智深不过,只有架隔遮拦,～杖躲闪。"《三国演义》五回:"刘玄德～双股剑,骤黄鬃马,刺斜里也来助战。" ❸ 快速闪过。唐元稹《谕宝二首》之二:"虹腾旱天雨,骥骋流电～。"宋赵师侠《菩萨蛮·癸巳自豫章橄归》:"电光云际～,白浪天相接。"明《醒世恒言》卷三七:"轰天的霹雳当头打下,电火四～,须发都烧。"

【掣拨】 chè bō 犹饕餮,贪食貌。唐王梵志《身卧空堂内》:"愿作～鬼,入家偷食饱。"五代何光远《鉴诫录》卷一〇:"有渔人赵阿奴,善钓大鱼。常于马湖江垂巨索大钩,号曰'～',中钩者皆百斤不啻。"按,晋葛洪《抱朴子外篇·疾谬》:"及好会,则狐蹲牛饮,争食竞割,掣拨森摺,无复廉耻。"

【掣攉】 chè huò 挥霍。唐王梵志《有钱莫掣攉》:"有钱莫～,不得事奢华。"

【掣身】 chè shēn 抽身。明《醒世恒言》卷三四:"朱常听得筛锣,只道有人来抢尸首,急～出来。"《石点头》卷一〇:"乔氏急忙抢时,那婆娘一飞奔去了。"

【掣手】 chè shǒu ❶ 撒手。唐孟郊《济源寒食》之六:"枋口花间～归,嵩阳为我留斜晖。"陈陶《竹十一首》之三:"山童泥乞青骢马,骑过春泉一飞。"《景德传灯录》卷一〇《普化和尚》:"道吾无语,师～便去。" ❷ 举手。明《西游记》七七回:"三个魔头……举兵器一齐乱刺,行者轮铁棒～相迎。"

【掣肘】 chè zhǒu ❶ 从旁牵制,难以措手。唐刘肃《大唐新语》卷二:"及得志,威福并行,高宗举动,必为～。"宋《朱子语类》卷一二九:"近有为乡邑者,泛接部内士民,如布衣交,甚至狎溺无所不至。后来遇事入手,处之颇有～处。"清孔尚任《桃花扇》三一出:"只有一个史阁部颇有忠心,被马、阮内里～。" ❷ 要挟;刁难。明《金瓶梅词话》八五回:"胡太医道:'……人家十个九个只要安胎的药,你如何倒要坠胎?没有,没有!'经济见他～,又添了二钱药资。"佚名《孤儿记》二一出:"与我撤在大江东流,只为这金章紫绶,到今日被人～。" ❸ 不顺利;受挫折。明沈受先《三元记》一六出:"我二年劳苦穷途走,为何曾观花酒?披星夜渡关,戴月晓登岵。命合～,一无所有。残喘不如休,为人枉生受。"佚名《黄孝子》六出:"数该～,命当灾,不自由。"

【掣拽】 chè zhuài 同"扯拽❶"。《太平广记》卷五二引《续仙传》:"唯佐酒笑七七者二人,作石缀于鼻,～不落。"又卷四七〇引《博物志》:"雨火相杂而下,霆电～,天崩地拆。"

chēn

【嗔】 chēn ❶ 发怒;生气。唐杜甫《丽人行》:"炙手可热势绝伦,慎莫近前丞相～。"《元曲选·老生儿》四折:"那厮每言而无信,凡事惹人～。怕不关亲,怎将俺不瞅问?"明《西游记》四四回:"行者闻言,义～义喜。喜道替老孙传名,～道那老贼愈赖,把我的元身都说与这伙凡人。" ❷ 责怪;抱怨。唐李贺《野歌》:"男儿屈穷心不穷,枯荣不等一～天公。"明屠隆《彩毫记》三三出:"我家老婆～我终日卖弄这件东西,却与化尘土的粉枯髅吃干醋哩。"《金瓶梅词话》二四回:"雪娥见大姐姐不走,恐怕他多来家～他,也不出门。" ❸ 难怪;怪不得。明《金瓶梅词话》三五回:"～他恁乱唧蟆叫喊的,只道打什么人,原来打他。" ❹ 通"瞋",生气时睁大眼睛。明《平妖传》五回:"瘸子跳起道:'便是辛苦。再得口酒儿下肚方好。'婆子一着眼看他,便住了口。"

【嗔道】 chēn dào ❶ 难怪;怪不得。《元曲选外编·存孝打虎》三折:"原来是黄巢手下张归霸,～这般气高胆大。"明《金瓶梅词话》一三回:"～昨日大白日里,我和孟三姐在花园里做生活,只见他家那大丫头在墙那边探头舒脑的,原来是那淫妇使的勾死鬼来勾你来了。"《歧路灯》一八回:"那妆潘金莲的,一定是玉花儿,果然好,～掌班的怎样口硬。" ❷ 责怪。元陶宗仪《辍耕录》卷一三:"小妹方才习孝经,可怜娇怯性偏灵。自寻女诫窗前读,～家人不与听。"《金瓶梅词话》五七回:"小的也通晓得,并不～作难,一壁厢通报西门庆。" ❸ 难道;莫非。清《水浒后传》一四回:"唐牛儿道:'列位不放心,请进来看看。'……一个道:'便进去看看,～瞧了他嫂子不成?'"

【嗔妒】 chēn dù 怨恨嫉妒。《敦煌曲校录·普劝四众依教修行》:"戒身心,少一～,遮莫身为家长主。"明《拍案惊奇》卷三二:"(铁生)有两日归来,狄氏见了千欢万喜,毫无～之意。"

【嗔恶】 chēn è 发怒,同义复词,"恶"也表"怒"义。宋赵长卿《念奴娇》:"对酒当歌浑冷淡,一任他潓～。"金《刘知远诸宫调》一二:"是他家骋穷性气,偏生～。"

【嗔忿】 chēn fèn 发怒;气愤。《元曲选·老生儿》四折:"你道他本贤达能孝顺,只我个老无知偏生～。"元明《水浒传》六回:"看见智深～的出来,指着老和尚道:'原来是你几个坏了常住,犹自在俺面前说谎。'"

【嗔怪】 chēn guài 责怪。唐顾况《田家》:"县帖取社长,～见官迟。"《元曲选·扬州梦》四折:"曾着他来与张好好四目相视,不得说话,他心怀此恨,所以～。"元明《水浒传》三一回:"我说出来,阿叔却不要～。"

【嗔呵】 chēn hē 同"嗔喝"。元马祖常《壮游八十韵》:"中心忘～,纵谈诋汉魏。"明李东阳《得文敬双塔和章诏之》:"门前索文如索债,逊谢不敢加～。"

【嗔喝】 chēn hè 呵斥;责骂。唐杜甫《北征》:"问事竞挽须,谁能即～。"明边贡《与刘南坦戏述》:"虽舐犊情深,～未忍,然清兴则太阻矣。"《金瓶梅词话》八八回:"好容易来见你一面,又被门神把住～,不敢进来。"

【嗔恨】 chēn hèn 恼怒怨恨。唐李华《衢州龙兴寺故律师体公碑》:"吾修无净三昧,不唯自利,宏愿利人,咄因吾身,生彼～。"宋王明清《投辖录》:"我但不生～,冤自消释。"明《二刻拍案惊奇》卷三一:"岂知世上惨刻的官,要见自己风力,或是私心～被告,不肯听尸亲免简,定要劣撅做去。"

【嗔恚】 chēn huì　恼怒。《太平广记》卷四〇〇引《玄怪录》："遽怒而诟之，命苍头扶出。叟不动，亦不～。"宋苏轼《罗汉赞·第十五尊者》："诉者谁畔，皆有佛性。去尔～，随处清净。"明顾璘《寄诸儿》："对面起～，恩情乖本初。"

【嗔恼】 chēn nǎo　恼恨。元袁桷《破衣僧》："随彼所愿心，以解～累。"明黎民表《慰慈上人坠马》："莫更生～，西游本宿因。"清《歧路灯》二八回："为甚的又惹母亲～？"

【嗔怒】 chēn nù　恼恨。唐玄奘《大唐西域记》卷五："倘不遂心，必起～，毁国灭祀，辱没先王。"金《刘知远诸宫调》一："知远～，叫一声不若春雷。"

【嗔嫌】 chēn xián　恼恨厌烦。元圆至《大果寺化接待米疏》："一钵饭借他臂力，从教漂母～；五合陈元在杖头，但要侏儒惊倒。"明汤显祖《牡丹亭》三二出："累了你好回惊怯，不～，一径的把断红重接。"清李光地《榕村语录》卷一八："苏家父子入都，一时盛名。王荆公蔑之曰：'不过战国之文。'所以苏氏～到底。"

【嗔怨】 chēn yuàn　恼恨埋怨。唐李冗《独异志》卷下："太宗朝罢，归而含怒，曰：'终须杀此田舍翁！'文献皇后问曰：'大家～谁也？'"明《西游记》六八回："众官都～行者道：'这和尚怎么这等粗鲁村疏！'"

【嗔责】 chēn zé　责怪。金《刘知远诸宫调》一二："不因～些儿个，便投军在太原营幕，把妹子三娘陡成抛朵。"《元曲选·留鞋记》二折："不知今夜怎生这等耳热眼跳也，敢是母亲行有些～。"明《平妖传》四回："俺就是进去禀话，也干讨老爷～。"

chén

【尘埃】 chén āi　污染。五代孙光宪《北梦琐言》卷九："断臂既是凶人，刺血必非善事。贝多叶上，不许～；俗子身中，岂堪腥腻？宜令出境，无得惑人。"

【尘坌】 chén bèn　❶尘土。唐郑嵎《津阳门》："九门回望～多，六龙夜驭兵卫疲。"《旧唐书·牛僧孺传》："市人叫噪，～四起。"明郑真《南轩记》："四窗洞启，清风徐来，～息而炎郁苏也。" ❷尘土蒙覆。《敦煌变文校注》卷五《维摩诘经讲经文（五）》："我闻当空月暗，为有浮云；宝镜无光，皆因～。"元吴澄《刘又新字说》："起尘之室，一日不洒扫，则～而不可居。" ❸喻世俗或社会底层。唐昌岊《七言》之四："药成功成身羽化，更抛～出凡流。"宋余靖《庐山承天归宗禅寺重修寺记》："塔庙之严，庐阜为胜，近不接于～，远弗托于岩崄。"明徐霖《绣襦记》四出："老身李大妈是也，失身～，流寓长安。"

【尘凡】 chén fán　俗世；人间。也指凡人。五代杜光庭《马尚书南斗醮词》："变通不间于～，救度岂遗于微眇？"宋刘子翚《满庭芳·和明仲木犀花》："恼人是、微裂芳缄，翛然胜，清真冷淡，无艳寄～。"明潘季驯《举学职疏》："试其文，则铿然有金石之声，而意趣悠扬，迥出～之表。"

【尘灰】 chén huī　灰尘；尘土。唐白居易《杂兴三首》之三："古称国之宝，谷米与贤士。今看君王眼，视之如～。"宋王禹偁《真娘墓》："无色无才者，未死如～。"明《金瓶梅词话》五〇回："我看琵琶上～儿倒有，那一只袖子里掏出个汗巾儿来把～摊散。"

【尘疾】 chén jí　疾病。金《董解元西厢记》卷八："幸天子开贤路，因而赴帝里，也已高攀月中桂，不幸染～。"

【尘客】 chén kè　尘世之人，特指旅人。唐白居易《送文畅上人东游》："悠悠～思，春满碧云中。"宋韦骧《又和答并叙别》："～轻装渡寒水，主人佳句压清秋。"明祝允明《杭州夏日以文会诸君》："凡士居以学，展策冯几，或受教圣贤，辨难英杰，闭户终日，恐一～挠也。"

【尘牢】 chén láo　指尘世或尘俗羁束。《太平广记》卷五〇引《纂异记》："倘吾子～可逾，俗桎可脱，自今十五年后，待子于三十六峰。"元郝经《秋兴五首》之一："万事已应随俗弊，一身宁忍堕～。"明张錬《点绛唇·登会景楼作》："觑的那～中攘攘争闲气，似棚头傀儡，釜内蝇蛆。"

【尘劳】 chén láo　指尘事或旅途劳累。唐王勃《四分律宗记序》："由是糠秕礼乐，锱铢名教，以尧舜为～，以周孔为桎梏。"宋柳永《应天长》："～，无暂歇；遇良会，剩偷欢悦。"明唐元竑《杜诗捃》卷一："计疏始疑，当得意时决不自疑；时过方忆，正～中决不能忆也。"有时作名词，则径指事务。《大正藏》卷四七《大慧普觉禅师书·答吕郎中隆礼》："若弃了话头，却去别文字上起疑，经教上起疑，古人公案上起疑，日用～中起疑，皆是邪魔眷属。"

【尘笼】 chén lǒng　❶灰尘蒙覆。明许卿相《和答钟西皋》："多胜事旧题，无处不～。" ❷犹"尘牢"。唐王勃《益州德阳县善寂寺碑》："则紫房丹室，犹居毁宅之间；朱绂瑶筐，未出～之际。"《大唐三藏取经诗话》一七则："满国福田大利益，免教东土堕～。"宋范成大《八十四盘》："冥鸿无伴鹤孤飞，回首一笑嬉。"

【尘埋】 chén mái　❶尘土埋没。唐杨炯《原州百泉县令李君神道碑》："泊～五岳，海没三山，辞殷而奉周，背楚而归汉。"宋张耒《和陈器之诗·过韩城》："百战移陵谷，宫殿成～。" ❷泛指埋没，引申指死亡。宋郑刚中《青词》："万里衰龄，少缓～之日；两家稚耄，同宽狼狈之忧。"元戴表元《送方中全北行序》："往往～甯伏没世而无闻者，多矣。"明杨巍《诞日寓回河寺兼赠慧上人》："回头身世叹～，古寺暝投济水涯。"

【尘昧】 chén mèi　❶世俗愚昧，也指俗世或世俗愚昧的人。唐王勃《忽梦游仙》："流俗非我乡，何当释～？"李观《与睦州独孤使君书论朱利见》："朱生不幸，沈子云亡，顾兹～，可为悲想。"宋宋祁《被召观三圣御书诗》："天作上圣，神付多能，珍毫霏丽，睿文森积……～聪览，伏用震惶。" ❷蒙上灰尘，表示被闲置。《新校元刊杂剧三十种·陈抟高卧》四折："子怕腐烂了芒鞋竹杖，～了蒲团纸帐。"按，《元曲选》作"尘没"。

【尘蒙】 chén méng　❶犹"尘昧❶"。唐卢照邻《相乐夫人檀龛赞》："一窥妙境，高谢～。"元许衡《宿卓水》之四："水有清声竹有风，我来端欲豁～。"明王慎中《题陈棟堂诗卷》："放志遗～，葆光湛淳虑。" ❷犹"尘昧❷"。宋游九言《过杨忠襄墓哀辞》："边衅生兮召祸，顼大地兮～。"元陈克明《粉蝶儿·怨别》："茶饭上无些滋味，针指上减了些工夫，～了七弦琴冷了雁足。"

【尘染】 chén rǎn　灰尘污染，佛家谓世俗烦恼污染真性。唐方干《僧院小泉井》："欲知到底无～，堪与吾师比性源。"《法苑珠林》卷一二〇："自释教之来震旦，开济极焉，发悟疏通，廓清～。"宋《密庵语录》附葛邲《密庵和尚塔铭》："师自幼颖悟不凡，每厌～，欲求出世间法。"

【尘俗】 chén sú　庸俗；凡庸。《元曲选·玉镜台》四折："须闻得温峤不～，明知道诗书饱满腹，那里是白头亲把你青春误？"元汤式《一枝花·赠儒医任先生归隐》："将千亩渭川竹，写作江南烟雨图，畅～。"

【尘头】 chén tóu　飞扬弥漫的尘土。宋《三朝北盟会编》卷五九："城下约有三四百骑，后面～不绝。"元明《三国演义》一九回："忽见～蔽日，一彪大军杀到。"

【尘污】 chén wū　污染。五代孙光宪《北梦琐言》卷一七：

“苏楷、高贻休、萧闻礼，皆人才寝陋，不可～班行，并停见任，放归田里。”明《二刻拍案惊奇》卷六：“(李将军)分付拿出一套新衣服来与舅舅穿了，换下身上～的旧衣。”

【辰初】 chén chū 辰时开始到辰正之间的时段表示，即上午七时到八时。参见“辰正”。明沈德符《万历野获编》卷二〇：“南京冬至日出～初刻，入申正四刻。”清《红楼梦》一一一回：“一到五更，听见外面齐人，到了～发引。”

【辰勾】 chén gōu 水星，古人以为辰星勾月主年丰国泰，因以“盼辰勾”或“辰勾盼月”表示极切盼望。元王实甫《西厢记》二本二折：“罗衣不耐五更寒，愁无限，寂寞泪阑干。似这等～空把佳期盼。”《元曲选·青衫泪》四折：“比及我博得个富贵荣华，恰便是盼～，逢大赦，得重回改嫁。”清《醒世姻缘传》四回：“人家有病人等你，像～盼月的一般，你却又要投酒。”

【辰刻】 chén kè ❶时刻；以刻度表示的时间。唐张说《进浑仪表》：“又立二木人于地平之上，前置钟鼓，以候～。每一刻则自然击鼓，每一辰则自然撞钟。”《旧唐书·礼仪志三》：“时从山上布兵至于山坛，传呼～及诏命，来往斯须而达。”宋赵彦卫《云麓漫抄》卷七：“江海之有潮，～不移。” ❷辰时。宋曾协《右中散大夫提举台州崇道观强公行状》：“凡以～进食，未刻始复视事。”明崔铣《超召录》：“丙午早拜宋文贞祠，～至任县。” ❸诞辰；生时。宋王珪《赐宰臣韩琦生日衣物诏》：“气肇商飙，景临～，爰设在弧之庆，是生上衮之贤。”

【辰牌】 chén pái ❶时辰牌，古代计时器上标志时刻的牌子。《大宋宣和遗事》前集：“一杯未尽笙歌送，阶下～又报时。”《宋史·天文志一》：“又以木为十二神，各值一时，至其时，则自执～，循环而出。” ❷标志辰时的时辰牌。《续资治通鉴长编》卷一八八：“近例，上殿班除三司、开封府、台谏官遇～不隔外，其餘并次日上殿。” ❸辰时，上午七时至九时。古时衙门挂牌报时，故记时刻的十二地支之后可缀以“牌”字。宋王执中《针灸资生经》卷六：“予游学会稽，绝早观书，～方食。”元明《水浒传》一六回：“杨志却要～起身，申时便歇。”

【辰衙】 chén yá 早衙；衙门从辰时开始办公的一段时间。明常伦《山坡羊》：“罢～与晚衙，寻诗家问酒家。”

【辰正】 chén zhèng 正辰时，即上午八时至九时。干支计时，一个时辰分为两个小时辰(即今小时)，分别称“×初”“×正”。宋司马光《论宰臣押班札子》：“从来垂拱殿视事，比至中书、枢密院及其餘臣僚奏事毕，春分以后，少有不过辰初，秋分以后，少有不过～。”《元史·历志二》：“开耀元年辛巳十月丙寅朔食巳初甚，授时历食甚～三刻，大明历食甚～一刻。”

【宸京】 chén jīng 京城。宋徐鹿卿《府判再示楹字韵诗再和之》：“欢谣动海隅，温诏来～。”佚名《张协状元》一〇出：“张协径往～，取功名。”明王直《贺新殿成表》：“巍巍丽紫微之高，翼翼表～之壮。”有时借指皇帝。《大宋宣和遗事》前集：“绛绡楼上，三千仙子捧～；红玉阑中，百万都民瞻圣表。”

【宸州】 chén zhōu 京城。宋元《古今小说》卷一五：“六出飞花夜不收，朝来佳景有～。”

【晨旦】 chén dàn 天刚亮时。《法苑珠林》卷七三：“俱～著衣持钵，与五百比丘僧及阿难，共入罗阅祇城乞食。”元吴澄《谈经次韵夏编修》：“鸡鹖物之微，犹自了～。云胡有目人，莫睹星宿烂。”明佚名《皇明纪》：“一日～，抵濠城，守者不察，缚而欲斩之。”

【晨朝】 chén zhāo 早晨。唐玄奘《大唐西域记》卷八：“遂宿犍稚台上，于～时便大振击，众闻伺察。”宋黄庭坚《漫尉》：“～常漫出，莫夜亦漫归。”明朱橚《普济方》卷二三：“～未食先呕，或闻食即吐。”

【沉】 chén ❶重；(感觉)沉重。宋沈括《梦溪笔谈》卷二六：“欲验之，便取芦菔、地黄辈观。无苗时采，则实而～；有苗时采，则虚而浮。”金《董解元西厢记》卷五：“自家这一场腌臜病，病得来跷蹊。难服汤药，不停水米，不头～，不脑热。”《元曲选·罗李郎》三折：“烟花担～的来无似。”清《红楼梦》四〇回：“这叉耙子比俺那里铁锨还～，那里强的过他！” ❷程度深。五代韦庄《和元秀才别业书事》：“莫饮宜城酒，愁多醉易～。”元辛文房《唐才子传》卷二《李白》：“与孔巢父、韩准、裴政、张叔明、陶沔居徂徕山中，日～饮，号竹溪六逸。”明汤显祖《牡丹亭》二〇出：“看看病势转～，今宵欠好。” ❸时间远；距离开始的时间久。宋王禹偁《谕交趾文》：“～在有周，白雉来献；降及炎汉，铜柱高标。”《元曲选·张天师》一折：“碧汉无云夜欲～，天香桂子色阴阴。”明孟称舜《娇红记》二三出：“夜～了。” ❹坠；降下。唐孙棨《北里志·颜令宾》：“花坠有开日，月～无出期。”宋郑刚中《一剪梅》：“觉来斜月又～西。”明《西游记》九回：“不觉红日西～，太阴星上。” ❺沉沦；沉滞。唐李商隐《戊辰会静中出贻同志二十韵》：“中迷鬼道乐，～为下土民。”宋刘斧《青琐高议》后集卷七：“琬既～为此辈，苟不择人而与之游，徒以轻才薄义，而重富商巨贾之伦，志乎利而已，则与俗奴奚别？”明沈德符《万历野获编》卷五：“逾年，命达世袭其官，万氏伯仲虽又进秩，仍为～官。” ❻消亡；泯灭。五代何光远《鉴诫录》卷六：“良久，鬼物声影俱～，寂然如故。”明郑晓《今言》卷三：“大书笔在凭谁执，高调歌～待我传。”明李梅实《精忠旗》一九出：“怕逢奸佞把忠～，祸福无端一任侵。” ❼沉稳；沉静稳重。元王实甫《西厢记》三本四折：“俊的是庞儿俏的是心，体态温柔性格儿～。”《元曲选·萧淑兰》一折：“想他性格儿～，语话儿谦。”

【沉浮】 chén fú 沉沦。宋《朱子语类》卷一三：“赴试屡试不得，到老只恁地衰飒了，～乡曲间。”

【沉枷】 chén jiā 拘囚要犯的重枷。元萧德祥《小孙屠》一一出：“公吏人排列两边，不由我心惊胆战。怎捱这铁锁～，麻槌撒子。”《元曲选·鸳鸯被》四折：“贼徒唬吓结良缘，号令～在市廛。”按，宋高承《事物纪原》卷一〇“枷重”条：“淳化二年九月，敕所司置枷：徒流罪重二十斤，死(罪)重二十五斤。盖旧制有长短而无斤重，则枷之有等重，自此其始也。”

【沉困】 chén kùn ❶形容疾患严重。唐高彦休《阙史》卷上：“且公骨肉间，朝夕当有遘病～者，宴安鸩毒则已。”元沙正卿《斗鹌鹑·闺情》：“浑身上四肢～，迅指间一命淹留。”明《金瓶梅词话》八五回：“肚腹中梭梭跳，茶饭儿怕待吃，身子好生～。” ❷沉沦困窘。宋苏轼《与程得圣秘校书》之一：“～累年，行业充富。”《厚德录》卷二引宋王闢之《渑水燕谈录》：“(王缮)卒明鲁不知而独受私贷之罪。鲁深愧谢不自容，王处之裕如，无慊恨色。由是～铨管二十餘年。”

【沉脸】 chén liǎn 脸上显出不高兴的神色。清《醒世姻缘传》四五回：“正喜笑的，只看见狄希陈来到，把那脸来一沉。”《儒林外史》二二回：“牛玉圃恼了，沉着脸道：‘你原来是上不的台盘的人。’”

【沉埋】 chén mái ❶掩没；埋藏。唐张九龄《故刑部李尚书挽歌词》之三：“永叹常山宝，～京兆阡。”《元曲选·来生债》三折：“这金银呵反为轻载，心儿里好疑猜，为甚么这番滚滚，海藏里不～？”清《红楼梦》五一回：“赤壁～水不流，徒留名姓载空舟。” ❷埋没。宋魏泰《东轩笔录》卷一二：“更使下官供脚色，下官踪迹转～。”元明《水浒传》八五回：“无贿赂投于门下者，总有大功于国，空被～，不得升赏。”明康海《粉蝶儿·代友人宦邸书怀》：“不

得官日日叹～,恰得官时时防倒塌。"亦指被埋没的人。唐高适《谢上彭州刺史表》:"雨露之恩更沾枯朽,阳和之气忽曜～。"　❸ 埋头;沉湎。元程文海《跋郝仲明御史自序》:"余起诸生,～传注,至研极则,往往口载而舌缩。"明邹元标《四书大全纂序》:"公一生～兹道,盖欲镜今传后。"　❹ 泯灭;消逝。明佚名《粉蝶儿·财》:"为你呵将朝廷法都差错,为你呵将清廉忠正～了。"徐媛《新水令·感怀追逝》:"～了一场心事已成灰,说甚的鹰扬廊庙总休题。"许心纾《桂枝香·遇王次卿》:"早难道顿忘恩爱,偏是多情多恨,心坎儿怎便～?"　❺ 折磨。宋朱熹《寄林择之》:"劝我从容深燕养,莫将占毕苦～。"明佚名《白兔记》一〇出:"一别爹娘苦痛哉,被兄嫂日夜～⋯⋯朝嗔暮打何日了,不知兄嫂甚情怀?"

【沉绵】chén mián　久病不愈。唐杜甫《秋日夔府咏怀奉寄郑监李宾客一百韵》:"雕虫蒙记忆,烹鲤问～。"宋洪迈《夷坚志》丙卷七:"迪以疾故,亦解官还乡,～累月,乃得脱。"清《聊斋志异·莲香》:"因循数日,～不可复起。"

【沉灭】chén miè　消亡;失去踪影。宋姜夔《念奴娇·毁舍后作》:"越只青山,吴惟芳草,万古皆～。"《云笈七籤》卷三〇:"守我下关之境,从小腹至脚底,使三积宿秽无滞,地尸土鬼～。"明李复初《渔父第一·恨别逢生》:"鱼书雁信皆～,物换时移更岁月。"

【沉没】chén mò　❶ 丢失;吞没。明《西洋记》二九回:"我下山采药交付与你的,你怎么就～了我的?"　❷ 指死亡。明《二刻拍案惊奇》卷二四:"卦上已绝生气,行人必应～在外,不得回来。"

【沉弃】chén qì　被遗弃而沉沦;遗弃使沉沦。唐陆贽《三进量移官状》:"念谪居之荒遐,哀负累之～,俾移近处。"宋孔平仲《续世说·谗险》:"朋附者非次奖升,私恶者数日～。"《续资治通鉴长编》卷一七〇:"况复素不与直温相识,若遂～,恐知名士为奸徒所诬,则良善难以自立。"

【沉心】chén xīn　多心;往心里去。清《红楼梦》三四回:"因又拉上薛蟠,惟恐宝钗～。"△《一层楼》六回:"德清若不因我说的话～,如何单单破我的谜奚落我?"

【沉吟】chén yín　❶ 思量;斟酌。唐李白《送王屋山人魏万还王屋》:"笑读曹娥碑,～黄绢语。"宋章良能《小重山》:"往事莫～,身闲时序好,且登临。"元卢挚《蟾宫曲》:"子细～,都不如快活了便宜。"　❷ (遇到疑难的事)迟疑不决。元高明《琵琶记》三八出:"纹犀欲下意～,棋局频看仔细寻。犹恐中间差一着,教人错用满枰心。"元明《三国演义》四三回:"孙权尚在～,肃曰:'主公若迟疑,必为众人误矣。'"明姜清《姜氏秘史》卷一:"若～不断,祸至无日,进退失据,虽欲求为丹徒布衣,不可得矣。"　❸ 呻吟。明汤显祖《牡丹亭》二七出:"呀,那边厢有一叫唤之声,听怎来。"△《济公全传》三一回:"听见马槽底下有～之声,过去一看,原来是冯顺爬在那里。"引申指病重。明汤显祖《牡丹亭》二〇出:"小姐病转～,待我扶他消遣。"

【沉鸷】chén zhì　深沉勇猛。唐杜牧《罪言》:"故其人～,多材力,重许心,能辛苦。"宋吴曾《能改斋漫录》卷一四:"惟天生贤,佑我仁祖。～有谋,重厚且武。"明陆粲《去积弊以振作人材疏》:"又有～勇敢之人,胸中了了而不能笔之于书者。"

【沉重】chén zhòng　❶ 分量重。《太平广记》卷一〇一引《玉堂闲话》:"将及日晏,忽引其独茧,颇讶之,迤逦挽之,获一铜佛像。"元曲选·东堂老》楔子:"我长了三十岁,几曾掇卓儿,偏生的偌大～。"元明《水浒传》二七回:"本是不肯下手,一者见伯伯包裹～,二乃怪伯伯说起风话,因此一时起意。"或感觉沉重。明陆粲《庚巳编》卷三:"得癫疾,尝号其家人曰:'我腰间～,'何止不为

我解却!'"　❷ (病情)严重。宋朱熹《答杨子直》:"熹病日觉～,而医者咸以为可治。"《元曲选·倩女离魂》二折:"得其疾病,一卧不起,请的医人看治,不得痊可,十分～。"明王守仁《案行浙江按察司交割逆犯暂留养病》:"前病愈加～,不能支持。"　❸ 厚重;浓郁。《太平御览》卷二七二引《拾遗记》:"玉声～而性温润,佩服益人性灵。"唐李贺《河南府试十二月乐词·四月》:"老景～无惊飞,堕红残萼暗参差。"元戴表元《赵君理遗文序》:"玩味而为词章,举笔～整综,有元和嘉祐之风。"　❹ 笨重;不轻灵。《太平广记》卷三七二引《传奇》:"有物如大枯树而趋,举足甚～,相去百餘步。"宋范仲淹《奏乞拣沿边年高病患军员》:"如内有年高脚手～人员,并疾患尪弱不堪披带⋯⋯并开坐申奏。"　❺ 肃穆。元明《水浒传》八回:"吏兵～,节级威严。执藤条祇候立阶前,持大杖离班分左右。"明《金瓶梅词话》九四回:"军牢～,僚掾威仪。执大棍授事立阶前,挟文书厅旁听发放。"　❻ 责任重。清《红楼梦》六七回:"人家陪你走了二三千里的路程,受了四五个月的辛苦,而且在路上又替你担了多少的惊怕。"△《龙图耳录》五五回:"皆因二弟你比大哥三哥买便,～就得你担。"　❼ (财物)多。明《金瓶梅词话》四七回:"你家私～,抛下幼子病妻在家,未审此去前程如何。"

【沉坠】chén zhuì　❶ 下沉;坠落。宋《朱子语类》卷六四:"今方有欲,则昏浊～,则不高明矣。"《宋史·河渠志七》:"潮退则沙泥～,渐至淤塞。"明张錬《水仙子·阅古》:"屈原～汨罗江,尚父遭逢渭水阳。"　❷ (信件)遗失;掉落。宋郑刚中《答徐彦思》:"辛亥正月十三日具短书,仍托邦佐寻便附上,不至～。"李之仪《与王性之书》:"呕作书并上尊府书,将专遣人持达,邂逅泾县有归便颇的,便以委之,定能不～否?"

【陈白】chén bái　陈说。《太平广记》卷三八四引《河东记下》:"潜问其故,琛所见即具。潜闻之,甚恶即相见之说。"元袁桷《送陈山长序》:"考右军之传,仿其所言,～于太守。"明夏良胜《复孙抚治先生》:"方持议未决时,冒昧～。"

【陈告】chén gào　❶ 陈述申明。《旧唐书·礼仪志五》:"今山陵日近,升祔非遥,请申～之仪。"《元典章·刑部十九》:"应卖人口,依例于本处官司～来历根因,勘会是实,明白给据,方许成交。"明《拍案惊奇》卷二二:"寺僧权请进一间静室安住老母,商量到零陵州州牧处～情由。"　❷ 向官府揭发;告状。《唐大诏令集》卷七二《乾符二年南郊赦》:"其柜坊人户,明知事情,不来～。"《元典章·刑部十五》:"若有本处官司理断偏向及应合回避者,许令赴部或断事官处～。"明倪岳《青溪漫稿》卷一四:"被害之人,亦许指实～。"

【陈久】chén jiǔ　久远陈旧;年头长。《太平广记》卷三二回引《甄异录》:"为树设食,食物悉是～。"宋林希逸《庄子口义》卷九:"陈人,谓世间～无用之人也。"明朱橚《普济方》卷二〇九:"断下药,以酸石榴皮,须老木所结及～者,微炙为末,以烧粟米饭为丸。"

【陈具】chén jù　❶ 详细陈述。隋陈子秀《荆州道俗请智顗讲法华经疏》:"辄述众情,罔知～,谨请。"明《西游记》一一回:"他说那泾河龙诬告我许救转杀之事,是朕将前言～一遍。"　❷ 陈设;摆列。宋文莹《湘山野录》卷下:"生至期果～于阁,器皿肴核冠于都下。"

【陈露】chén lù　❶ 陈述。《太平广记》卷一六〇引《异闻录》:"九郎能惠然独赐一宿否? 小僧有情曲欲～左右。"宋张纲《设醮青词》:"草芥微生,何施报谢,惟忱词之自竭,庶～而必闻。"明沈炼《与毛侍御书》:"敬勒手状,～狂瞽。"　❷ 暴露;显露。宋李纲《次韵丹霞录示罗畴老唱和诗》:"又如大明镜,色像悉～。"杨

时《劝学》："要当以身体之，以心验之，则天地之心日～于目前。"《宋史·外国传二》："今彼以屡遭败衄，故遣使，诡情～，意在间贰。"

【陈妈妈】　chén mā ma　妇女揩拭阴部的布。明李梅实《精忠旗》八出："〔贴〕我又偷了块袍段在此。〔丑〕好做～。"清《醒世姻缘传》一一回："床背后、席底下、箱中、柜中、梳匣中，连那睡鞋合那～都番将来，只没有什么牌夹。"按，明风月友《金陵六院市语》："行经号为红官人，用绢呼为陈妈妈。"

【陈年】　chén nián　积存多年的；年代久远的。宋黄震《名臣言行录·欧阳文忠公》："地远无书可读，翻阅架间～公案，见枉屈不可胜数。"元明本《水居六首》之六："～佛法从教烂，岂是头陀懒折腰。"明《禅真后史》五回："又用～好酒烫热，将末药调匀，用盏子缓缓灌下。"

【陈首】　chén shǒu　供述（自己的过失罪行）。唐韦绚《刘宾客嘉话录》："有纳其贿者，我皆知之，任公等自～。"宋《三朝北盟会编》卷六："宣赞受刘宗吉之约，其人已～。"明王直《都御史陈公墓表》："其诣公～者，皆使占籍为良民。"

【陈献】　chén xiàn　进献；奉献。唐吕温《代文武百寮进农书表》："谨缮写前件书凡二十卷，共成三卷，谨诣东上阁门，奉表～以闻。"明罗玘《祭曾祖司税公文》："兹当北上，特假道焉。敢就易箦之所，～特牲，暴白前志。"清《红楼梦》七五回："嘉荫堂前月台上，焚着斗香，乘着风烛，～着瓜饼及各色果品。"

chěn

【磣】　chěn　❶丑；羞。明《金瓶梅词话》二一回："说他爹怎的跪着上房的叫妈妈，上房的又怎的声唤摆酒的，～死了！"清《聊斋俚曲集·磨难曲》："你看着我投诚，是受你降的么？你～杀我了！"❷丑事；坏事。其后往往有缀有"儿"字。明《金瓶梅词话》二九回："我替娘后边卷裹脚去来，一些儿没有在跟前，你就弄下～儿了。"又八五回："两个弄的好～儿，只把我合在缸底下一般。"

【磣头怪脑】　chěn tóu guài nǎo　形容面貌奇丑。明刘效祖《沉醉东风》："为什么先生眼闭着？看不上～。"

【碜】　chěn　❶沙状物。宋《苏沈良方》卷一："药成即出丹砂，以王槌乃士钵中研之，当下～如面，即可服之。"❷掺进沙状物或身体某些部位揉进沙子的感觉。唐张鷟《游仙窟》："入穿崇之室宇，步步心惊；见傥阆之门庭，看看眼～。"宋苏轼《监试呈诸试官》："调和椒桂酽，咀嚼沙砾～。"明朱橚《普济方》卷七四："决明汤，治眼燥涩痛病如眯～。"❸刺激；折磨；使痛苦。宋刘弇《欧阳文叟墓志铭》："凝泣焚煎，～胃戟肠，又数得耳梦，决不久客人世。"张耒《春旱》之二："飞沙～桃李，碧草思耿耿。"明赵南星《新水令·东园偶成》："俺如今才知道世事呵，不过是细松纹挣下些良田大厦，是能臣～骗的个封妻荫子，是奇勋～坏了我们。"❹丑；羞；使人感到丑、羞。元刘庭信《寨儿令·戒嫖荡》："掂折了玉簪，摔碎了瑶琴，若提起娶呵我到～。"明佚名《南牢记》三折："腌臜相，若干那西厢下勾当，～死了俏张郎。"清《醒世姻缘传》八七回："这是什么营生，也敢张着口合人说呀？～不杀人么？"❺让人感到恶心、厌恶。明孙峡峰《黄莺儿》："说的话欺心，行动间装人，毒日你没见一阵。休～人，财帛不大，你比孙养心。"又："两眼眵～人，絮聒话影人，没牙答口谁亲近？"❻狠；极；甚。明冯惟敏《朝天子·巫》："扇鼓儿狠敲，背膊儿～摇，不住的梭梭跳。"丁惟恕《河南韵·寄书人言情状》："我看见你也瘦的～了一

样如此，相思。"李开先《宝剑记》五一出："师父，你看那壁厢离梅轩颇远，有几竿竹子，比梅花又瘦的～。"

【碜磕磕】　chěn kē kē　即"碜可可"。元孙季昌《粉蝶儿·怨别》："急穰穰情没乱，～的两分离。"清洪昇《长生殿》三三出："是唐天子的贵妃杨玉环，～黄土坡前怨屈。"

【碜可可】　chěn kě kě　形容凄惨可怕的景况。《元曲选·介子推》一折："把那比干腹交刀刃分开，～活把心肝摘。"元明《水浒传》一六回："山边茅草，乱丝丝攒遍地刀枪；满地石头，～睡两行虎豹。"

chèn

【衬】　chèn　❶贴身；贴附。唐李商隐《燕台》之一："夹罗委箧单绡起，香肌冷～玎玎佩。"宋吴潜《贺新郎·三和》："红楯朱桥相映带，人在百花丛里，更依约，垂杨～水。"明《封神演义》五四回："话说土行孙喜不自胜，轻轻～在底下等候。"❷穿在外衣里面。宋贺铸《望书归·同前》："边堠远，置邮稀，附与征衣～铁衣。"程大昌《演繁露》卷八："苏文忠禅衣～朝服，即在宣、政之前矣。"引申指附加在内。清《红楼梦》八八回："我把这个米收好，等老太太做功德的时候，我将他～在里头供佛施食。"❸承托；衬垫。唐李匡乂《资暇集》："蜀崔宁之女以茶杯无～，病其熨指，取楪承之。"宋洪迈《容斋三笔》卷三："寻常只团坐地上，以败席或芦藉～之。"明《醒世恒言》卷三四："忙忙的把几块乱砖～脚，搭上麻索于檐下，系颈自尽。"❹蒙覆；铺盖。唐白居易《重题小舫赠周从事兼戏微之》："细篷轻箬织鱼鳞，小眼红窗～曲尘。"宋李弥逊《水龙吟·上巳》："倩飞英～地，繁枝障日，游丝驻，羲和辔。"赵长卿《蝶恋花·初夏》："小树飞花芳径草，堆红～碧中好。"❺衬托；映衬。唐韩偓《荔枝》之二："封开玉笼鸡冠湿，叶～金盘鹤顶鲜。"《大宋宣和遗事》前集："十指露春笋纤长，一搦～金莲稳小。"明汤显祖《牡丹亭》五四出："想柳郎刻下可到，料今番榜上高题，预先剪下罗衣，～其光彩。"❻从旁附和；帮衬。明《醒世恒言》卷二〇："赵昂恐丈人回心转来，便～道：'三官，只是你不该这样没正经，如今哭也迟了。'"《拍案惊奇》卷一："众人都笑着道：'此敝友文兄的宝货。'中有一人～道：'又是滞货。'"清孔尚任《桃花扇》四〇出："〔副末〕使得。老夫的心事，正要请教二位哩。〔弹弦唱巫腔。净、丑拍手～介〕"❼比。宋辛弃疾《喜迁莺·晋臣赋芙蓉词见寿用韵为谢》："步～潘娘堪恨，貌比六郎谁洁？"清《醒世姻缘传》八四回："实说，我喜你这孩子丑，～不下我去，我才要他哩。"❽通"撑"。清《飞龙全传》一五回："忙伸虎手，轻轻的把窗～开，提了枣木棍，蹿将出来。"❾通"嚫"，布施。宋文莹《湘山野录》卷下："食讫，仆持～一镊敬施之。"明谢肇淛《五杂组》卷一二："李林甫生日，沙门极赞功德，冀得厚～。"

【衬帮】　chèn bāng　即"帮衬❶"。明《西洋记》九〇回："你后面那一干人都是～你的，助人嗷吓，死有馀辜。"

【衬榜】　chèn bǎng　陪榜，指考试名次在后，好比陪别人上榜。《元曲选外编·陈母教子》一折："三哥不要你做第三名～，休教我倚门儿专望，哎，儿也，则要俺那状元红开彻状元堂。"

【衬搭】　chèn dā　同"衬褡❷"。明康海《中山狼》一折："常言的出外不如家，既没个侣伴们共温存，更少个僮仆儿相～。"明王骥德《男王后》一折："自古朱陈总一家，藕叶抱荷花，比别树枝条赢得些亲～。"

【衬褡】　chèn dā　❶贴身穿的无袖内衣。明汤显祖《紫钗

记》一一出："你把鸳鸯～剪裁,指领上绣针凭在。" ❷ 配搭;陪伴。明汤显祖《紫钗记》八出："却为甚俊洒多才,尚没个～人家?"

【衬垫】　chèn diàn　铺垫。明俞汝楫《礼部志稿》卷四〇："合用～芦席稻草,礼部照例移户部依数支拨。"明《西游记》二四回："打下来,却将盘儿用丝帕～方可,若受些木器就化了。"

【衬簟】　chèn diàn　铺垫;支撑。宋《朱子语类》卷一一八："如庄子说风之积也不厚,其负大翼也无力,须是理会得来,方始～得起。"又卷一二一："今学者看文字,不必自立说,只记得前贤与诸家说便得。而今看自家如何说,终是不如前贤。须尽记得诸家说,方有个～处,这义理根脚方牢,这心也有杀泊处。"

【衬儿】　chèn er　尿片,衬在婴儿臀下的布。明《金瓶梅词话》三二回："奶子如意儿就说:'五娘休抱哥哥,只怕一时撒了尿在五娘身上。'金莲道:'怪臭肉,怕怎的! 拿～托着他,不妨事。'"

【衬裹】　chèn guǒ　衬垫包裹。明朱橚《普济方》卷三〇九："将患所折骨处用软旧衣片,或带亦得,～,外用杉木板一寸许,活者数片,周围裹了。"《续文献通考》卷九五："册盝用木,饰以浑金沥粉蟠龙,红绉丝衬～。"

【衬铺儿】　chèn pū er　衬垫,引申指顶替。《元曲选·桃花女》一折："你要算我的命,被别人拿了你银子去,拿我来～。"

【衬钱】　chèn qián　给僧道做法事的报酬或布施的钱物。五代杜光庭《谢新殿修成金箓道场表》："伏蒙宣赐～银器匹段等,泽深溟海,恩重嵩衡。"明《二刻拍案惊奇》卷一："便出～请了数众,展念《金刚经》一昼夜。"

【衬取】　chèn qǔ　同"衬❺"。取,动词后缀。《说郛》卷四七下引《古杭杂记》："婺州刘鼎臣赴省试,临行妻作词名《鹧鸪天》云:'金屋无人夜剪缯,宝钗翻作齿痕轻。临行执手殷勤送,～萧郎两鬓青。'"

【衬施】　chèn shī　即"衬钱"。唐卢照邻《益州至真观主黎君碑》："法师出家入道三十餘年,弟子所得～,不可称量。"宋何薳《春渚纪闻》卷三："食竟,僧谓生曰:'汝量出数金为～。'"明《金瓶梅词话》六八回："你念了怎的挂口儿不对我题? 你就对我说,我还送给～儿与你。"

【衬手】　chèn shǒu　随手;顺手。宋魏泰《东轩笔录》卷一五："余为儿童时,见端溪砚有三种:曰岩石,曰西坑,曰后历。石色深紫,～而润,几于有水。"宋元《警世通言》卷二〇："周三让他过一步,劈脑后便剁,觉得～,劈然倒地。"

【衬体】　chèn tǐ　贴身。唐张读《宣室志》卷一〇："妇以～红衫及金钗一双赠别,曰:'若未相忘,以此为念。'"宋陈允平《侧犯》："冰肌玉骨,～红绡莹。"

【衬贴】　chèn tiē　❶ 衬托,引申指支撑、发挥、贴补等。宋《朱子语类》卷五二："无浩然之气,固是～他义不起。"又卷一二一："某为见此中人读书大段鲁莽,所以说读书须当涵泳,只要仔细看玩寻绎,令胸中有所得尔。如吾友所说,又一～件意思,硬要差排看书,岂是如此!"元李士瞻《与泉州左丞相书》："其见运之盐便尽数来,一半作官,一半脚价。其脚价之盐又须就此变易,已是～大课,而又于还官之外,中间所得,一半而已。"清李渔《怜香伴》二六出："但这个锦字,也要用些事实～～才好,不然他要笑我腹内空虚。" ❷ 铺垫。清《东周列国志》三五回："狐偃知公子已醉,急引魏犨、颠颉二人入宫,和衾连席抬出宫来,先用重褥～,安顿车上停车。" ❸ 合体熨帖。宋元《清平山堂话本·简帖和尚》："着一领大宽袖斜襟褶子,下面～衣裳,甜鞋净袜。" ❹ 映衬;烘托。明陆深《点绛唇·冬日怀乡》："小楼夜永,铁马丁当动。～愁怀,那更寒筹送。"清董以宁《八节常欢·折花送邻女》："念他短命红颜,新妆罢,聊摘他,～香钿。" ❺ 帮衬;捧场。明《醒世恒言》卷三："但凡做小娘的有一分所长,得人～,就当十分。"

【衬托】　chèn tuō　❶ 衬垫。宋洪迈《夷坚志》乙卷四："履帮帛已裂,剔出纸一片,阔三寸许,有天字满行。盖此女用小儿学书纸为～,雷神以为媒慢,故取示以伸警戒云。" ❷ 映衬;烘托。清何焯《义门读书记》卷五五："不寝由于愁,然触于风,点愁字在中间,以风字～兜裹,细巧无匹。"鄂尔泰《庆云疏》："又于初十日未时,见有黄云一抹～红云,衮延数里。"

【衬资】　chèn zī　即"衬钱"。宋文莹《湘山野录》卷下："归视～,乃金钱一百,皆良金也。"元明《水浒传》七一回："平明,斋众道士,各赠与金帛之物,以充～。"

【疢】　chèn　丑;难为情。清《醒世姻缘传》五五回："烧的像个乌木鬼儿似的,雌着一口白牙,好不怪～的。"又八七回："我又没霸占汉子,我倒～? 西瓦厂墙底下的淫妇才碜哩!"

【疢头怪脑】　chèn tóu guài nǎo　即"磣头怪脑"。清《醒世姻缘传》七八回："又不知怎么没有鼻子～的。"

【称】　chèn　另见chēng。❶ 正;正当。唐牛僧孺《玄怪录》卷四："有顷,闻宠奴至。乃美妓也,貌～三十餘。"宋梅尧臣《希深惠书言与师鲁子聪永叔几道游嵩因诵而韵之》："尹子体雄恢,攀缘逾于狙。欧阳～壮龄,疲软屡颠踬。"元贯庭信《折桂令·忆别》："贫也休题,富也休题,～青春匹马归来,永白头一世夫妻。" ❷ 可;可以。唐王昌龄《箜篌引》："黄金千斤不～求,九族分离作楚囚。"贾岛《寄无得头陀》："貌堪良将抽毫写,行～高僧续传书。"宋黄庭坚《更漏子·余干汤》："凭玉兔,捣芳尘,～为席上珍。" ❸ 通"趁",利用时机。明《醒世恒言》卷一七："～身边还存得三四两银子,可做盘缠,且往远处逃命。"清《白圭志》一二回："恐不应君料奈何,不如～早悔言为妙。"

【称副】　chèn fù　符合;相配。宋曾协《和陈晞颜春尽思归二首》之一："～闲身清昼永,装添静境绿阴浓。"金元好问《答聪上人书》："又愧衰谬,无以～好贤乐善之心耳。"明康海《与朱昇之》："两卷俱封上,愧不足～委命。"

【称手】　chèn shǒu　❶ 随手;顺手。《太平御览》卷六一五引《唐书》："晳怒,援大杖以击其背,～仆地,绝而复苏。"明韩雍《奇谢抚宁伯惠弓兼颂德美》："～开弦秋满月,向空发矢曙星流。" ❷ 合手;用起来顺手。宋欧阳修《与梅圣俞书》："早来得笔绝佳……然久无～者,乍得,甚快意。"明《西游记》二九回："我这里有的是鞭、简、瓜、锤、刀、枪、钺、斧、剑、戟、矛、镰,随你选～的拿一件去。"

【称体】　chèn tǐ　合身。宋司马光《乐》："缊袍宽～,脱粟饱随宜。"明王九思《沉醉东风》："戴一顶平头帽子,穿一领～衫儿。"

【称愿】　chèn yuàn　满足心愿。《敦煌愿文集·仁王般若经元荣题记愿文》："天人将获,覆卫其人;令无衰惚(恼),所求～。"明《金瓶梅词话》五九回："奴为你干生受,枉费了徒劳,～了别人,撇的我无有个下梢。"

【趁】　chèn　❶ 赶;追赶。《敦煌变文校注》卷一《伍子胥变文》："画地而卜,占见外甥来～。"《祖堂集》卷二《弘忍和尚》："当时七百餘人一齐～卢行者,众中有一僧号为慧明,～得大庾岭上,见衣钵不见行者。"元王实甫《西厢记》四本三折："到京师服水土,～行途节饮食。" ❷ 撵;驱赶。唐王建《原上新居》之八："情人开废井,～入新园。"五代何光远《鉴诚录》卷六："口中虽道无诸相,心里元来有外缘。行者～教门里卧,尼师留在脚头眠。"《景德传灯录》卷一二《汝州宝应和尚》："师曰:'作么生?'僧珍重。师打之,～下法堂。" ❸ 赶赴;奔向。五代王定保《唐摭言》卷八："包

谊者,江东人也,有文辞。初与计偕,到京师后时,～试不及。"金王喆《望蓬莱·咏馎饦》:"碗内梨花新贴样,箸头银线稳挑来,餐了～蓬莱。"明《西游记》五〇回:"我才然离了师父,还不上一盏热茶之时,却就走到此处。如今化了斋,还要～去作午斋哩。" ❹ 伴随;跟随。唐白居易《醉后赠人》:"香球一拍回环匼,花盏抛巡取次飞。"宋章质夫《水龙吟·柳花》:"闲～游丝,静临深院,日长门闭。"《朱子语类》卷四:"朝廷差人做官,便有许多物一齐～后来。" ❺ 追逐;寻求。唐姚合《山居寄友人》:"诗情聊自遣,不是～声名。"五代成彦雄《杨柳枝十首》之一:"欲～寒梅一得否?雪中偷眼望阳和。"明《金瓶梅词话》七五回:"我当初是女儿填房嫁他,不是～来的老婆。" ❻ 赚;获取。宋《朱子语类》卷一二一:"如人无个居着,～得百十钱归来,也无顿放处。"元明《水浒传》一七回:"他每日～了大钱大物那里去了?有的是钱和米,有甚么过活不得处?"明徐霖《绣襦记》一九出:"既是这般说呵,老身不得不依命,作成老身～一件袄子穿。" ❼ 对;面对。《元曲选·倩女离魂》二折:"～着这厌厌露华,对着这澄澄月下,惊的那呀呀呀呀寒雁起平沙。"又《汉宫秋》三折:"不见他花朵儿精神,怎～那草地里风光!" ❽ 利用(时间、机会等)。唐韩愈《同李二十八员外从裴相公野宿西界》:"不关破敌须归奏,自～新年贺太平。"《元曲选·救孝子》一折:"恐怕你武不能战伐,文不解书札,～着个一犁春雨做生涯。"明《古今小说》卷二六:"不若～这机会杀了,去山下掘个坑埋了。" ❾ 乘坐;搭乘。趁,通"乘"。宋苏轼《至真州再和二首》之一:"北上难陪骥,东行且～船。"《元曲选·张生煮海》一折:"只待学吹箫同跨丹山凤,那其间登碧落～天风。"清《绿野仙踪》五一回:"今日～回头车儿家去,当不是两便?"引申指搭借。明《平妖传》一八回:"就把胡员外扯向小伞底下,一同遮盖了。胡员外～着伞,复身从旧路转南向四牌坊门楼下投那个人。" ❿ 通"称(chèn)"。a) 相称。元佚名《骂玉郎过感皇恩采茶歌》:"西湖堪与西施并,浓淡妆,昼夜观,俱相～。"明《西游记》四六回:"头便像个和尚,只是衣裳不～。"b) 顺遂;满足。金《董解元西厢记》卷八:"从此,～了文君深愿,酬了相如素志。"《元曲选·东堂老》一折:"但他两个说的,合着我的心,～我的意。"明《金瓶梅词话》八八回:"我在法场上看着刚他,方～我平生之志。" ⓫ 支撑;挺。趁,通"撑"。《元曲选·黄粱梦》二折:"把双眼揉开,～起身,望不见娇客。"元明《水浒传》七回:"把腰只一～,将那棵绿杨树带根拔起。" ⓬ 同"衬"。铺摆;摆列。明赵南星《新水令》:"有知心几个人儿韵,遇芳林就把盏儿～,送香醪不把情儿揞。"

【趁班】 chèn bān 犹"趁朝"。班,朝班。宋王之道《秋兴八首追和杜老》之五:"集英一梦如今觉,犹忆当时晓～。"文莹《湘山野录》卷下:"即别,已将～,同趋出殿门。"明刘嵩《题马图》:"半垂丝缰齕青草,明日银鞍～早。"

【趁伴】 chèn bàn 结伴。唐白居易《无梦》:"拙定于身稳,慵应～难。"元胡天游《春词和韵》之六:"贪逐春风～游,不知明月上梢头。"清查慎行《李篑斋招集圣安寺纳凉得火字》:"偶因～作良游,依旧观心同宴坐。"

【趁便】 chèn biàn ❶ 随便;草草。元欧阳玄《答孙春洲书》:"区区剧暑抱病,～裁答,不敢先施,尚几照察。" ❷ 趁机;顺便。明《警世通言》卷二六:"我也要到茅山进香,正没有人同去,如今只得要～了。"清《红楼梦》七回:"周瑞家的忙去答应了,～回了刘姥姥之事。"

【趁步】 chèn bù 信步,随意走走。宋元《警世通言》卷八:"堤上柳,未藏鸦,寻芳～到山家。"明《二刻拍案惊奇》卷三:"权翰林高声歌咏,～走出静室外来。"

【趁常】 chèn cháng 经常。明《醒世恒言》卷二三:"老爷又～不在府中,夫人就真个有些小做作,谁人敢说个不字?"

【趁朝】 chèn cháo 上朝。唐方干《送王霖赴举》:"北阙上书冲雪早,西陵中酒～迟。"元马祖常《缪郎中雪晓早行图》:"未央殿前冰花满,郎吏催班已～。"明文徵明《次韵答徐子容学士见怀》之二:"犹胜前时赢马上,满头风雪～归。"

【趁程】 chèn chéng 赶路;登程。宋范成大《甲辰除夜吟》:"我言平生老行李,蓐食～中夜起。"吴芾《早行五首》之三:"长涂终日困炎蒸,破晓扶衰强～。"

【趁打】 chèn dǎ 击打。《祖堂集》卷一五《归宗和尚》:"师于时却来,见菜株犹在,便把杖～,呵云:'者一队汉,无一个有智慧。'"又卷一九《临济和尚》:"因德山见僧参爱～,师委得,令侍者到德山。"

【趁迭】 chèn dié 赶上;伴随。《敦煌变文集·孝子传》:"便持刀逐贼,奔三五里趁跌(迭)狂贼。"又《敦煌变文校注》卷四《降魔变文》:"天仙空里散名花,赞呗之声相～。"

【趁饭】 chèn fàn ❶ 同"趁食❶"。宋黄震《六月三十日在城粥饭局结局榜》:"早禾已熟,米价顿平,百姓小民,到处可以～,此时真可结局矣。" ❷ 犹"趁食❷"。宋王洋《路居士山水歌》:"四僧～分先后,人立渡头沙岸口。"明《古今小说》卷二二:"后生家脸皮,羞答答地,怎到人家去～?"

【趁赶】 chèn gǎn ❶ 即"赶趁❶"。《元曲选·望江亭》一折:"不用追求相～,则他这等闲人怎见得我容颜?"明杨应奎《新水令·题小庄闲坐》:"独自醉月婵娟,抵多少红尘中紧～。"潘季驯《申饬鲜船疏》:"期在五月十五日左右,两运尽数过淮,～伏水未发,早进镇口闸河。" ❷ 即"赶趁❸"。明佚名《南牢记》三折:"去他家走一遭,一则～些钱钞,二则要将几句动情的言语调戏他。"《拍案惊奇》卷一四:"今日鳌山卫集,好不热闹,我要去～,同你去耍耍来。"

【趁工】 chèn gōng 做工;找活儿干。明《拍案惊奇》卷一九:"平日专在船上～度日,埠头船上多有认得小人的。"清《豆棚闲话》九则:"刘豹叫他～几日,照例算钱。"

【趁汉】 chèn hàn 偷汉;找野男人。明《醒世恒言》卷三四:"自己瞒着老公～子,我不管你罢了,到来谤别人!"《金瓶梅词话》七五回:"那没廉耻～精便浪,俺每真材实料不浪。"

【趁哄】 chèn hòng 凑热闹。宋李昴英《观入试者》:"垂髫～未知苦,戴白相持叹衰矣。"明康海《雁儿落带过得胜令·饮中闲咏》:"往常时甘～些浪波查,今日个好景佳无限,明日个今朝再有么?"佚名《齐天乐》三折:"贫道无影道人是也,跟着我广成子师父,每日只是～耍子。"

【趁后】 chèn hòu 随后;跟在后面。《太平广记》卷一四引《十二真君传》:"大王以剑挥牛,中其左股,因投入城西井中。许君所化黑牛,～亦入井内。"《五灯会元》卷二〇《荐福休禅师》:"山僧不奈何,～也打哄。"

【趁口】 chèn kǒu ❶ 赶嘴;混饭吃。明《平妖传》一一回:"有那等无籍的化子,串街的婆娘,平昔不曾吃一日素念一声佛的,也学裹顶唐巾,戴个道兜,整备起斋之日来道场中～和哄。"《拍案惊奇》卷一:"朋友家喜欢他有趣,游耍去处少他不得。也只好～,不是做家的。" ❷ 顺嘴;随口。宋《朱子语类》卷六四:"某从前～答将去,诸公便更不思量。"明《拍案惊奇》卷三七:"从来古德长者劝人戒杀放生,其话尽多,小子不能尽述,只～说这几句直捷痛快的与看官们笑一笑。" ❸ 顺着别人的口气。明《二刻拍案惊奇》卷一三:"知县道:'这个明是盗赃了。'盗犯也～喊道:'这

正是我劫来的东西。'"《禅真逸史》六回:"黎赛玉笑道:'蠢牛,你省得甚么子!'道人~道:'还是这位大哥讲得有理。'"

【趁浪】 chèn làng 说笑凑趣。宋范公偁《过庭录》:"是他著这几个,好打哄~,我辈衣食何患?"

【趁粮】 chèn liáng 犹"趁熟❶"。《元代白话碑·一三一八年周至重阳万寿宫圣旨碑》:"~的流民,宫观庵庙里休安下者。"

【趁路】 chèn lù 赶路。宋王质《送清坚老人宰长阳》之二:"逢村宜早住,~莫宵行。"

【趁钱】 chèn qián 挣钱;赚钱。宋黄震《交割到任日镂榜约束》:"积弊已深,有力莫救,故百姓无非公人几上之肉,而官员徒为公人~之奴耳。"明吴鼎芳《竹枝词》:"南濠有客寄书还,夫婿黄柑已~。"徐霖《绣襦记》二四出:"贱人,不要说~,标致孤老接着一个也强如孤眠独宿。"用作名词时则指所赚的钱。清《照世杯·百和坊》:"试看世界上,那个肯破悭送人他吃辛苦的做官担惊担险的~。"

【趁取】 chèn qǔ ❶ 获取;得到。唐柳宗元《叠后》:"事业无成耻艺成,南宫起草旧连名。劝君火急添功用,~当时二妙声。"元乔吉《折桂令·富子明寿》:"贺绿鬓朱颜寿星,是轻衫矮帽书生,~鹏程,快意风云,唾手功名。"明程敏正《鹿鸣燕会图为旌德江溥贡士赋》:"相期更写琼林会,~才人两鬓鸦。" ❷ 伴随。宋董嗣杲《删旧稿感赋》:"客寄多时转萧瑟,~风寒写旷逸。"元王恽《南乡子》:"但愿维罴应汝梦,称觞,~春风慰北堂。"牟巘《送郭南俞教谕》:"到家莫作多时住,~秋风送羽翰。" ❸ 趁着;利用(时机等)。宋周紫芝《朝中措·登西湖北高峰作》:"~老来犹健,登临莫教杯空。"元舒頔《趦趄行》:"君今洗耳听我歌,~青春乐尊俎。"清洪昇《长生殿》四六出:"稳踏着白云轻,巧~罡风便,把碗大沧溟跨展。"

【趁却】 chèn què 赶走。"却"为表动作完成的助词。唐寒山《闻道愁难遣》:"昨朝始~,今日又缠身。"《敦煌变文校注》卷七《齖䶗新妇文》:"乞求~,愿更莫逢相值。"

【趁热】 chèn rè ❶ 赶热火;趋炎附势。明施绍莘《白练序·桃花》:"有人高卧百花溪,但午梦客来惊吠。笑他人世,公门~,到头~。" ❷ 比喻抓取有利的时机。明《平妖传》二二回:"那里有门厮当户厮对的好人家,~就去说便好。"清《醒世姻缘传》四一回:"依了金亮公主意,教他~赶一七出了丧,他又再三不肯。"

【趁时】 chèn shí ❶ 及时;抓紧时机。宋陈著《上刘帅乞振粜嵊县札》:"而山间大家亦无多蓄,有之者因春时价高,~以粜。"金王喆《绿头鸭》:"休空劳攘,不须频苦孜煎。这荣耀,~显现,似风烛终匆牢坚。"明于谦《忠肃集》卷一:"其仓库粮储等项,俱各现存,即目边境稍宁,不可不~修理。" ❷ 随时;时时。金王喆《雪梅春》:"儿女妻孥共团聚,管弦歌舞~从。没休歇,昨夜今朝来晚,重重喁喁。" ❸ 按时序;依照节令。金王寂《散策》:"多是春分迟社到,要教燕子~来。"元薛昂夫《端正好·高隐》:"住儿间无忧愁草苫庄坡,一朝苗稼锄,~将黍豆割。"明王守仁《议处河源餘贼》:"或姑赐以牛酒银布、耕具种子之类,令取收众入巢,~耕作。" ❹ 应时;时髦。宋熊禾《闻读书有感》:"~士女欣秦服,学语儿童解楚吟。"元胡天游《赠缝者魏夫》:"短长窄狭具中度,~剪制丽且都。" ❺ 利用时机。清《红楼梦》四回:"总管伙计人等,见薛蟠年轻不谙世事,便~拐骗起来。"

【趁食】 chèn shí ❶ 灾民到有收成的地方谋食。宋李若水《农夫叹》:"携家~奔四方,拚却饿死官路旁。"明于谦《忠肃集》卷四:"河南地方所在多有逃民~,非独裕州一处为然。"清《东周列国志》二六回:"后遇饥荒,不能存活,携其子~他乡。" ❷ 指伎艺人赴各处谋衣食,也泛指谋衣食。宋李若水《次韵倪巨济春怀》之二:"宦游~负惭色,大似田头拾粒鸦。"元明《水浒传》二九回:"但有过路妓女之人,到那里来时,先要参见小弟,然后许他去~。"清汤斌《饥民望赈甚迫先动帑买米疏》:"请浚白茆、孟渎两河,先动正帑济工,望赈饥民得以赴工~。" ❸(在别人家)吃饭;混饭吃。元叶兰《田家行》:"风雨行行衣尽湿,夜宿田家方~。"清《聊斋志异·阿霞》:"四十无偶,家益替,恒~于亲友家。" ❹ 指动物觅食。宋方夔《秋兴》:"贪嘶马饱衔花草,~鱼肥堕水虫。"元马臻《开元宫鹤雏》:"开笼已觉逢人避,~还能向母鸣。"《元曲选外编·五侯宴》四折:"雌鸡终日引领众鸭~。"

【趁市】 chèn shì 赶集。宋邹浩《八湖南界》之一一:"米塘过了全州近,恰遇村人~归。"元贡师泰《冠州》:"新水聚船人~,顺风吹旆客还家。"明庄昶《寄沈仲律先生》:"掉头自爱逢人言,卖卜何疑~喧。"

【趁手】 chèn shǒu ❶ 同"称手❷"。明《西游记》三回:"轻,轻,轻!又不~,再乞另赐一件。"清《后西游记》一二回:"猪八戒看见满心欢喜,忍不住跑到跟前,两只手提将起来颠一颠道:'正~好使。'" ❷ 同"称手❶"。《说郛》卷五录唐李商隐《杂纂·少思算》:"低棋~下。"宋虞似良《横溪堂春晓》之一:"一把新秧~青,轻烟漠漠雨冥冥。"明《金瓶梅词话》七四回:"我没件好裙袄儿,你趁着手儿再寻出来与了我罢。" ❸ 凑手;方便。清《歧路灯》五四回:"不欲嫖时,又有色盆宝盒~,输了想捞个够本,赢了又得陇望蜀,割舍不断。" ❹ 引申指乘便;顺便。宋韦骧《减字木兰花·劝饮酒》:"金貂贯酒,乐事可为须~。且醉青春,白发何曾饶贵人!"清陆求可《减字木兰花·夏日纳凉》:"火榴齐吐,~亏光能却暑。云树迷离,赤日当头总不知。"

【趁熟】 chèn shú ❶ 犹"趁食❶"。宋《三朝北盟会编》卷二四〇:"去年江南荒,~过江北。"《元典章·刑部四》:"为饥荒缺食,将带老小流移~。"明李开先《一江风·卧病江皋》:"~来,背井离乡,失家抛业,免受官差派。" ❷ 犹"趁食❷"。明《金瓶梅词话》九四回:"你系娼门,不过~,趁些衣饭为生,没甚大事。"又九九回:"你是那里来的无名少姓私窠子,不来老爷手里报过,许你在这酒店内~!"

【趁头】 chèn tóu 配头;搭配使相称的东西。明《西游记》八六回:"那老妖还睡着了,即将他四马攒蹄捆倒,使金箍棒掬起来,握在肩上,径出后门。猪八戒远远的望见道:'哥哥好干这握头事,再寻一个儿~挑着不好?'"

【趁先】 chèn xiān 抢先。宋曾丰《登滕王阁》:"江阔鸟疑飞不过,风轻帆敢~开。"

【趁心】 chèn xīn ❶ 随心;顺着心意。明《拍案惊奇》卷二:"看来世间听不得的最是媒人的口。他要说了穷,石崇也无立锥之地;他要说了富,范丹也有万顷之财。正是富贵随口定,美丑~生。" ❷ 称心;合乎心愿。《元曲选外编·豫让吞炭》二折:"灭了赵氏,分了他土地人民,那时方得~也。"明胡应麟《江陵曲》:"恼欢青丝笮,凌晨只欲开。狂风~起,四面石尤来。"《醒世恒言》卷三〇:"间或觅得些酒肉,也不能勾~醉饱。"

【趁虚】 chèn xū 同"趁墟"。唐柳宗元《柳州峒氓》:"青箬裹盐归峒客,绿荷包饭~人。"宋李弥逊《南楼》:"~渔唱来成市,入垅田歌去作群。"清王士禛《池北偶谈》卷三:"日斜沙市~多,村妇青筐藉绿莎。"

【趁墟】 chèn xū 赶集。宋吴芾《早行五首》之一:"忽惊道上人如堵,知是田家人~。"元陈孚《思明州》之二:"手捧槟榔染蛤灰,峒中妇女~来。"明张瀚《松窗梦语》卷二:"小艇络绎而来,土

人云～,如北人云赶集。"

【趁意】　chèn yì　称心如意。明朱载堉《山坡羊·钱是好汉》:"有了他诸般～,没了他寸步也难。"《醒世恒言》卷二〇:"赵昂诸色～,自不必说,只有一件事在心上大搅。"

【趁早】　chèn zǎo　❶及早;赶快。唐姚合《武功县中作》之一七:"簿籍谁能问,风寒～眠。"宋朱熹《劝农文》:"秧苗既长便须及时～栽插,莫令迟缓过却时节。"明张錬《醉太平·偶书》:"风云会里惹冤仇,～儿罢手。"❷清早;早晨。元明《水浒传》一六回:"～不走,日里热时走不得,却打我们。"清《醒世姻缘传》二回:"你～那里回来? 这等忙劫劫的。"

【趁逐】　chèn zhú　❶追逐;追随;伴随。唐陆龟蒙《夜泊咏栖鸿》:"可怜霜月暂相依,莫向衡阳～飞。"元徐琰《一枝花·间阻》:"杜宇声一声声唤不住,鸳鸯对一对对分飞不～,感起我一弄儿嗟吁。"明康海《点绛唇·贺寿》:"眼见的星移汉斗,尚兀自急管繁弦厮～。"❷寻觅;求取;追求。《敦煌变文校注》卷七《齚齘新妇文》:"已后与儿色妇,大须稳审～,莫取媒人之配。"《景德传灯录》卷一四《丹霞天然禅师》:"善巧是文殊,方便是普贤,尔更～甚么物?"《元曲选·金线池》二折:"寻些虚脾,使些机勾,用些工夫,再去～。"❸追补;追究。宋欧阳修《乞展便籴斛斗限札》:"霸州一十九万,方便到三千有餘。其餘大约似此,全未及数,只指望四五月间～人便。"文天祥《与府理钱升叟》:"所有餘文俟其～到手,又以见授,当又访问遣归也。"《元曲选外编·东窗事犯》三折:"陛下索～,替微臣报冤仇。"❹奔波;奔走从事。宋陈造《房陵十首》之九:"刈罢秋禾未敢慵,更须～过残冬。"元宋褧《建言救荒》:"强壮者犹能～微细生理,日求升合;老弱无依之民扫拣稗谷,以粥饮度日。"清毛奇龄《杭州治火议》:"而贫民昼苦～,往多夜作,凡治机丝煅金锡,皆通夕不寝。"

【趁走】　chèn zǒu　追逐奔走。唐白居易《劝酒》:"天地迢迢自长久,白兔赤乌相～。"宋王令《龙兴双树》:"春城花草穷朱殷,俗儿～脚欲穿。"杨万里《寒食相将诸子游翟园》之三:"波面落花相～,避风争泊岸傍边。"

chēng

【称】　chēng　另见 chèn。提;抬;拉。《元曲选外编·西厢记》二本四折:"我这里手难抬,～不起肩窝。"王伯成《哨遍·项羽自刎》:"解委颔把顿项推,举太阿将咽颈～。"又《天宝遗事诸宫调·赏花时》:"丝缰慢～,雕鞍紧凭,荡征尘西去马蹄轻。"

【称道】　chēng dào　称扬;称诵。《新唐书·李建成传》:"殿下特以嫡长居东宫,非有功德为人所～。"宋沈括《梦溪笔谈》卷一一:"岁课遂增,虽云十倍之多,考之尚未盈旧额,至今～,盖不虞之誉也。"明赵南星《新水令·得魏中丞书》:"似丹山彩凤光辉耀,是个人都把他～。"

【称等】　chēng děng　犹"称停❶"。宋《朱子语类》卷一九:"某于《论》《孟》四十餘年理会中间,逐字～,不教偏些子。"又卷一〇五:"某释经,每下一字,直是～轻重,方敢写出。"明陆深《与沈西津方伯书》:"今世～金银之器,至今俗谚谓之天平。"

【称兑】　chēng duì　用天平称重量。清《醒世姻缘传》五一回:"这个老婆天生天化,与刘恭放在天平,一些也没有重轻。"《绿野仙踪》八十回本一六回:"分量还得同到钱铺中～。"《皇朝通志·食货略三》:"凡布政司及州县,均遵部颁法马～,勿令书吏高下其手。"

【称呼】　chēng hū　❶称谓;名号。唐冯贽《云仙杂记》卷九:"山中寅日称虞吏者,虎也;称当路君者,狼也。"宋洪迈《容斋三笔》卷一五:"昨有宫人宫正者封夫人,乃宫中管事人……今已年老多病,但欲得～耳。"明陈铎《一枝花·嘲香茶桂饼》:"歪扭捻自家杜撰,诈一辽府传来。"❷叫;叫作。宋吴自牧《梦粱录》卷一六:"每店各有厅院,东西廊庑,～坐次。"《元曲选·倩女离魂》一折:"母亲着小姐以兄妹～,不知主何意?"明陆容《菽园杂记》卷四:"公侯驸马路遇内官反回避之,且～以翁父矣。"

【称奖】　chēng jiǎng　称赞夸奖。唐吕温《代李侍郎与山南严仆射书》:"过蒙～,愧惕良深。"宋黄庭坚《题太宗皇帝御书》:"尝～忠懿王笔法入神品。"明《西游记》九六回:"秀才闻言,～不尽道:'真是神僧!'"

【称骂】　chēng mà　指名咒骂。明《金瓶梅词话》六九回:"他说老伯衙门中责罚,押他出来,还要小侄见官,在家百般～喧嚷,索要银两。"

【称盘】　chēng pán　称量核算。宋魏泰《东轩笔录》:"许元初为发运判官,每患官舟多虚破钉鞠之数,盖陷于木中,不可～,故用为奸。"《元史·刑法志二》:"诸使臣行橐过重,压损驿马,托克托和斯与使臣交赠为好,不以法～者,笞二十七记过。"明彭韶《彭惠安集》卷一:"然盐卤容易消拆,每引必加耗四五十斤,以备～。"

【称亭】　chēng tíng　同"称停❶"。宋叶適《除吏部侍郎谢表》:"此盖恭遇皇帝陛下有拔士之至明,以好贤为大德,驭下极～之审,待臣循理分之宜。"

【称停】　chēng tíng　❶称量;权衡;斟酌。宋《朱子语类》卷一四:"虑而得,则～轻重,皆相当矣。"元王恽《和赵明叔言怀》:"翔集柏台几二载,～文赋每终篇。"明归有光《宏元先生自序赞》:"至则出银,堆排卓上,吏两傍立,～裹纸,各书其人姓名,壹不涉手,以次俵散。"❷公正;均衡。宋方岳《与胡宪简》:"邵武司马秋之事,节下之所警饬,亦可谓极其～矣。"元王恽《答宋克温问鲁公书法》:"余观鲁公书,分数布置～深稳。"

【称羡】　chēng xiàn　称赞羡慕。唐李德裕《赐回鹘可汗书》:"又以土无丝纩,岁遗缣缯,恩礼转深,诸蕃～。"元同恕《扶风县尹李君墓志铭》:"年九十有四,集享备福,乡有莫不～焉。"明《古今小说》卷一:"王公先前嫁过的两个女儿,都是出色致的。枣阳县中,人人～。"

【撑】　chēng　推撞。明《警世通言》卷二四:"亡八听见,不分是非,便拿了皮鞭,赶上楼来,将玉姐一跌在楼上,举鞭乱打。"

【撑】　chēng　❶用篙行船。唐白居易《池上二绝》之二:"小娃～小艇,偷采白莲回。"明《朴通事谚解》卷下:"缆船下网,或～开入这荷国花城。"明《挂枝儿·船》:"一篙子～开了我,教我东不着岸,西不着边。"❷触;撞。引申指夺占。五代齐己《禅庭芦竹十二韵呈郑谷郎中》:"幽根狂乱迸,劲叶动相～。"宋王禹偁《茶园十二韵》:"牙新～老叶,土软进深根。"明《金瓶梅词话》一九回:"你把他倒踏进门去,拿本钱与他开铺子,在我眼皮子底下开铺子,要～我的买卖。"❸充塞;填满。元代以后多指过量地吃或吃得过饱。宋苏轼《别黄州》:"长腰尚载～肠米,阔领先裁盖瘿衣。"元纳延《徐伯敬哀诗》:"十五学篆籀,钟鼎饱～腹。"明陈铎《耍孩儿·嘲巫人》:"一觅里肥肉膻腥把嘴～的歪。"❹张开。唐寒山《我在村中住》:"～却鹞子眼,雀儿舞堂堂。"明唐顺之《武编》前集卷四:"他将伞一开,我兵亦将伞一开,即便打坏他。"《拍案惊奇》卷一二:"老者～着眼道:'真是吾小女了,如何在他那里?'"❺俊美;美好。金《董解元西厢记》卷一:"脸儿稔色百媚

生,出得门儿来慢慢地行,便是月殿里姮娥也没恁地～。"《元曲选·两世姻缘》二折:"看了他容貌实是～,衣冠儿别样整。" ❻ 充分;满足。明赵南星《银钮丝》:"到秋来难挨受用也～。风吹红叶小秦筝,月儿明,教人如何睡的成。"又《折桂令》:"喜的俺对青樽酒量原～,喜的俺耍风流身已轻。"冯梦祯《胜如花·春思》:"是奴差迭不惯～,却把虚言作准。总然是别恋新妆,也须索回肠一省。" ❼ 言语顶撞。明《西洋记》五九回:"唐状元倒吃他几句话儿～得住住的。"清《儒林外史》一六回:"匡超人支吾不过,只得同他硬～了几句,那里急了。"

【撑拨】 chēng bō　拨动。唐白居易《题卢秘书夏日新栽竹二十韵》:"～诗人兴,勾牵酒客欢。"

【撑持】 chēng chí　支撑;支持;维持。宋韩琦《祭龙图尹公师鲁文》:"怀敏之后,破坏创痍,君能尽力补缀～,曰兵曰民,以治以绥。"明李梦阳《开先寺》:"～古寺还云阁,寂寞前朝自暮钟。"清孔尚任《桃花扇》三八出:"明朝三百年社稷,只靠俺一身～。"

【撑触】 chēng chù　❶ 触碰;撞击。《法苑珠林》卷四二:"即以手捉合欢树枝而摇之,一动已,举树枝叶互相～而有声出。"宋李昭玘《从张圣途乞石》:"鲸鳞老廉利,相角怒～。" ❷ 触犯。宋方岳《与邵武同官》:"不改前之为耶,则所至～人,得罪又无日矣。"元王恽《渊明漉酒图》:"不思皇上人,方寸许～。"

【撑达】 chēng dá　❶ 发达;走运。《元曲选外编·猿听经》三折:"不图富贵显～,只恐怕违条犯法,因此上隐迹归家。"明沈璟《山坡羊·思情》:"困槽腾轮着不～的星照,睡模糊遇着未分明的月老。"张錬《新水令·五十三自寿》:"不～早赋归与,旋种黄花,单领白衣。" ❷ 殷勤周到,可人心意。《元曲选·扬州梦》三折:"性格稳重,礼数～,衣裳济楚,本事熟捷。"明朱有燉《寨儿令·席上酒酣》:"小心儿百事～,实情儿两意无差。"张凤翼《红拂记》二出:"我想那李公子呵,所事～,与他争甚么风食鸳栖,我自向碧梧中自寻支节。" ❸ 懂事;干练;能干。《元曲选·红梨花》一折:"这秀才忒～,将我问根芽。"明卓尔康《春秋辩义》卷一二:"李琦氏谓齐孝公不能继桓之业,殊非～,而艳称殽功与城濮等,是亦一说也。"清《野叟曝言》七三回:"见了太太的面,听着太太的话,昏邓的就发起亮来……尖巧的就忠厚起来,软浓的就～起来。" ❹ 风流俊美。《元曲选·误入桃源》一折:"人物不～,服色尽奢华,心行更奸滑,举止少谦恰。"佚名《赏花时》:"庞儿不甚～,透轻纱,双乳似白牙。" ❺ 称心如愿。《元曲选外编·西厢记》三本三折:"打叠起嗟呀,毕罢了牵挂,收拾了忧愁,准备着～。"明冯惟敏《僧尼共犯》一折:"铜铸的菩萨,泥塑的那吒,鬼话的僧伽,瞎帐的佛法,并无争差,尽着～,也当的春风一刮,兀的不受用杀!" ❻ 支撑;维持。清孔尚任《桃花扇》九出:"那督师无老将,选士皆娇娃,却教俺自～,却教俺自～。"

【撑打】 chēng dǎ　支撑;抵住。宋元《警世通言》卷二〇:"只听得押番娘道:'关得门户好,前面响。'押番道:'～得好。'"

【撑斗】 chēng dòu　交错支撑。唐符载《土洑镇保宁记》:"茍边将不虔,化为豺狼,一鼓之铁,一丘之木,～键锁,绝流东溢,则江介之胜吞八九于镇中矣。"宋梅尧臣《希深惠书言与师鲁永叔子聪儿道游嵩》:"却过辕辕关,巨石相～。"

【撑架】 chēng jià　支撑;支持。宋《如净和尚语录》卷上:"爆雷一喝交通,掣电千机顿发。便可以东行～门庭,西班怒骂佛祖。"明陆深《三松图》:"栋梁廊庙似无用,～日月如有权。"《醋葫芦》一三回:"自从离床,只觉腰痛肚疼,几回～不牢,只得和衣睡在此间。"

【撑驾】 chēng jià　❶ 点篙驾船,也泛指驾驶(船只)。宋周

必大《与张唐卿书》:"又顺流～,大费人力,势须别作措置。"元明《水浒传》一九回:"又分付阮小五、阮小七～小船,如此迎敌。"清朱彝尊《说舟示戴生锁》:"车船棚上无人～,但用车轮脚蹋而已。" ❷ 游说;浑洒。明魏校《寄李立卿书》:"往往心有未密察,理有未精使,在他人便敢～说去。"

【撑拒】 chēng jù　❶ 支撑;交错峙立。唐柳宗元《问答·晋问》:"其高壮则腾突～,聱牙郁怒。"宋黄庭坚《跋翟移文》:"来往之役,资他使令;牛羊下来,唤鸡栖桀;～门关,闲护草窃。"明张岱《陶庵梦忆》卷二:"篷窗中见石骨棱层,～水际。" ❷ 抵对;对抗;抗拒。宋洪迈《夷坚志》丁卷五:"客无计可御,举床冒其头,按顿再三。虎作势~,头入愈深。"《明史·熊廷弼传》:"敌分兵来应,亦须我自～。"清《聊斋志异·念秧》:"数人强检卧装,方不能与之～。" ❸ 拒绝。宋岳珂《桯史》卷一三:"李敬受教,一偿百万钱,鬻者～不肯。"方岳《奉议郎淮东转运使干办公事吴公墓志铭》:"予辄为具鸡黍,酒行则～曰:'平生毋酒长,毋多酌我。'"

【撑拏】 chēng ná　纷张交错,引申指纠缠。宋郑侠《次韵种道行衙赏莲花》:"红蕖缭绕几数亩,盛妆翠盖相～。"苏轼《辨道歌》:"胡不割众如镆铘,空与名利交～。"明赵宧光《寒山帚谈·拾遗》:"俗刻章法,上下交错,左右～,可憎特甚。"

【撑廝】 chēng sī　同"撑四"。明佚名《一枝花·丽情》:"他他他俊庞儿千般举止,他他他俏心儿百样～。"又:"看了他风流天赐,妖娆身子,千般～,一捻腰肢。"

【撑四】 chēng sì　即"撑❺"。《宋元戏文辑佚·宣和遗事》:"玉骨冰肌,彩凤虬龙共追随。都～,其实不枉成连理。"明佚名《墨娥小录》卷一四《行院声嗽》:"好,～。"

【撑头】 chēng tóu　强出头。明《金瓶梅词话》四一回:"你知我见的将就脓着些儿平白撑着头儿逞什么强!"又七五回:"他便使性子把他娘打发去了,走来后边撑着头儿和我两个嚷。"

【撑突】 chēng tū　❶ 冲撞突进;搏击突破。唐杜甫《又观打鱼》:"能者操舟疾若风,～波涛挺叟人。"宋孔平仲《狂犬》:"～盘盂翻,搜爬堂庑污。"明顾清《安山待闸憩大树下见蚂蜋抟丸》:"中途遇强暴,奋斗几～。"原注:"其类有夺之者,拒斗甚力。" ❷ 纷张耸立。宋李之仪《次韵孔经甫题剡县史氏竞秀堂》:"峥嵘不知尽何如,～云烟随望隙。"明杭淮《张洞纪游》:"中有石笋起～,傍觉巨象驼蒙茸。"清田雯《寒食行怀潘次耕》:"白云空濛旧宫观,苍松～干青霄。"

【撑托】 chēng tuō　支撑托起。宋李复《梨》:"悬枝细恐折,植竹仰～。"元王义山《代通扬州制军李庭山》:"学通六艺,忠贯三精,～东南半壁之天,控制西北二边之地。"

【撑支】 chēng zhī　支撑;维持。宋董嗣杲《赋得河中之水曲》:"沙场杳邈绝信息,应门无子难～。"元黄溍《叶审言张子长同游北山知者寺》:"削立城心双白塔,人疑风日费～。"清《后西游记》二四回:"那支竹管,几根羊毛,到了头上就压得骨软筋酥,莫想～得起。"

【铛头】 chēng tóu　厨师。宋孟元老《东京梦华录》卷四:"人人索唤不同,行菜得之,近局次立,从头念唱,报与局内。当局者谓之～,又曰着案。"吴自牧《梦粱录》卷一九:"酒肆食店博士、～、行菜、过卖。"

chéng

【成】 chéng　❶ 如;似。唐杜甫《奉赠李八丈曛判官》:"真～

穷辙鲋，或似丧家狗。”《敦煌变文校注》卷四《破魔变》：“尊高纵使千人诺，逼促都～一梦期。” ❷ 整，表示数量达到一个相对完整的单位。宋吴自牧《梦粱录》卷一六：“巷内两街，皆是屠宰之家，每日不下宰数百口，皆～边及头蹄等肉。”明《金瓶梅词话》一三回：“～夜不在家，是何道理？”清《醒世姻缘传》二六回：“除大家吃了，还要成群结伙瞒了主人，～斗～石的偷将出去卖铜钱。” ❸ 计量等份的量词。《祖堂集》卷九《云盖和尚》：“师当时无对，直得半年方始云：‘无人接得渠。’霜云：‘道也大杀道，只得八九～。’”明《朴通事谚解》卷下：“你说都是白银，这的八～银，只与我二两，没利钱，亏死我也。”丘濬《春日游小城南花圃》：“花容十样景，柳色七～金。” ❹ 成交；做成买卖。元古本《老乞大》：“这五个好马，每一个评七定，计三十五定；这十个歹马，每一个评五定，计五十定。通做八十五定，～了去。”明《金瓶梅词话》三一回：“抬了七百两银子，往对门乔大户家～房子去了。”清《醒世姻缘传》五五回：“要是二十四两，这丫头～不下来。”

【成办】 chéng bàn 完成；做成。《法苑珠林》卷二四：“吾之所造，本不期一生～，第二身中其愿克果。”《景德传灯录》卷二七《天台智𫖮禅师》：“将行，乃告门人曰：‘吾今往而不返，汝等当成就佛陇南寺，一依我图。’侍者曰：‘若非师力，岂能～？’”宋林之奇《记闻》下：“学者倦于持久，而稽古之习猝难～，非如读习寓言可旬月而了，故弃史不读。”

【成不的】 chéng bù de ❶ 办不成；不行。《元曲选·玉壶春》四折：“爷爷，这～。他也姓李，那也姓李，同姓不可为婚。”明杨继盛《赴义前一夕遗属》：“如今咱一家儿无有我也罢了，无有你一时～。”清《醒世姻缘传》五五回：“你要掂量着，这事～，我就不消去了。” ❷ 不能接受；受不了。《元曲选·岳阳楼》二折：“看了他那嘴脸，我吃他吐的茶？就绝户了也～！”清《醒世姻缘传》三八回：“不消等他开口，也备个酌中的礼谢他谢，或者他也就没的说了。你要不然，他也鬼混得叫你～。” ❸ 不罢休；没完。清《醒世姻缘传》七六回：“你们背后算计甚么？……你招承就罢了，不招承，我合你～！” ❹ 不像话。清《歧路灯》二三回：“越发～！你这几年也不读书，一发连书房成了戏房了！”

【成不得】 chéng bù de 同“成不的❶”。《元曲选·东堂老》一折：“争奈隔壁李家叔叔有些难说话，～，～！”明《金瓶梅词话》三三回：“今他府上大小买卖，出入资本，那些儿不是学生算帐？言听计从，祸福共知，通没我一时也～。”清《醒世姻缘传》四三回：“到了那里，通～了，里头乱多着哩！”

【成持】 chéng chí 成全；扶持。《祖堂集》卷四《道吾和尚》：“从此共师弟递相～。”《敦煌变文校注》卷五《无常经讲经文》：“且乞时时过讲院，莫辞暖热～，各望开些方便。”宋林同《孝诗·祖纳》：“视膳子之职，何须自执炊？闲将心比并，合是手～。”

【成房】 chéng fáng 圆房；成婚。明《二刻拍案惊奇》卷三五：“有姑嫂两人，姑未嫁出，嫂也未～，尚多是女子。”清《红楼梦》七二回：“况且里头的女孩子们，一半都大了，也该配人的配人。成了房，岂不又滋生出些人来？”

【成果】 chéng guǒ 结成果实，佛教指修行前因而得到的结果。《广弘明集》卷七：“今因未就，不可即因而～，故受报于未来也。”《古尊宿语录》卷三〇《佛眼和尚语录》：“有种有心地，因缘花自开，要知～处，却笑祖师来。”明王樵《戊申笔记》：“佛产天竺，修证～，其徒以为佛。”

【成合】 chéng hé ❶ 促成；撮合。多指男女婚配。宋《三朝北盟会编》卷一三：“如是酌中，方可～。”金《董解元西厢记》卷三：“这一门亲事，全在你～。”明《金瓶梅词话》八回：“你这小油嘴，到是再来的红娘，倒会～亲事儿哩。” ❷ 成婚；男女欢合。元徐再思《沉醉东风·春情》：“一自多才间阔，几时盼得～？”明《拍案惊奇》卷三六：“且等家里寻得着时，你两个已自～得久了。”朱有燉《折桂令·题情戏漂荡子弟》：“有人处假意儿丢丢抹抹，无人处偷睛儿暗送秋波，不得～。”

【成见】 chéng jiàn ❶ 已经成型并被普遍认可的看法。元赵汸《周易文诠》卷一：“君子守义而裁制万物，不为～拘执，则时措咸宜，不失其方矣。”明胡植《策问》：“夫曰不可豫图，则执～以驭之者，必格而左；曰因时审势，则习故智以行之者，必胶而漏。” ❷ 定见；坚定的看法。明周宗建《论语商》卷上：“苟一不然，则心无～，应世颠倒。” ❸ 偏见；固执而不全面的看法或积久形成但不全面的看法。明毕自严《会议边饷疏》：“愿诸臣各化～，缓急相关。臣之罪戾或藉此以少逭矣。”清玄烨《谕三法司》：“审理重案，有律例未谙定拟失当草草完结者，有胶执～改窜供招深文罗织者。”

【成交】 chéng jiāo ❶ 结成友好；成为朋友。宋苏辙《乘小舟出筠江》之二：“篷笋笼船聊似屋，渔樵把臂便～。”元吴澄《涂山庵记》：“东西南北往来大夫士以～获识为荣。” ❷ 做成交易。《元典章·刑部十九》：“应卖人口，依例于本处官司陈告来历根因，勘会是实，明白给据，方许～。”明《老乞大谚解》卷下：“～已后，各不许番悔。”

【成结】 chéng jié ❶ 成婚。《太平广记》卷二八一引《河东记》：“其夕～，事事华盛，殆非人间。”宋岳珂《愧郯录》卷一三：“儿女见与皇族为婚者，除已～，更不得为亲。” ❷ 结成；形成某种关系。宋陈淳《与王生震》：“与吾子只～世情知识，而不～道义交契者，何邪？” ❸ 结案。清《聊斋志异·折狱》：“大案已成，然人命重大，非积岁不能～。”

【成精】 chéng jīng ❶ 变成妖精。宋郭印《食虾蟆诗》：“我愿蝈氏灰洒无噍类，免使～飞上天。”《元曲选·酷寒亭》三折：“恰便似～的五色花花鬼，他生的兔儿头，老鼠嘴。”明《禅真后史》三〇回：“这怪物是驿后山上积年老猴，向来～作祟。” ❷ 谓绝顶机灵或老于世故、异常奸猾。明汤显祖《牡丹亭》四出：“天下秀才穷到底，学中门子老～。”《梼杌闲评》一四回：“你这～的小油嘴！你到会偷孤老，还说不知道怎样调(情)！” ❸ 形容极端丑陋。明《金瓶梅词话》七五回：“春花儿那～奴才也打扮出来见人？” ❹ 作怪；做出怪异举动或出现怪异情况。明冯梦龙《山坡羊·闺怨》：“相思害已成，一身疼痛无人省。怪～，冬天燥热，夏日冷如冰。”明孟称舜《娇红记》二〇出：“小小姐儿惯～，今夜房中学偷汉。”清《红楼梦》七七回：“你就～鼓捣起来，调唆着宝玉无所不为。”

【成精作怪】 chéng jīng zuò guài ❶ 变成精怪作祟。《元曲选·城南柳》一折：“元来就是这两件物～。明日把柳树截作系马桩，埋在门前；把桃树锯做桃符，钉在门上。”明汤显祖《牡丹亭》五三出：“陈先生教的好女学生，～哩！”清《歧路灯》五九回：“这是他的灵柩放的久了，～的。” ❷ 行为超出常情常轨。清《醒世姻缘传》七五回：“你在客边，又没人手，脱不了是你两口儿的日子，你～的下甚么茶，过甚么聘？”

【成就】 chéng jiù 犹“成合❶”。《元曲选·张生煮海》一折：“既蒙小娘子俯允，只不如今夜便～了。”明《金瓶梅词话》九一回：“小媳妇并不撒谎，只依本分说媒，～人家好事。”清方培成《雷峰塔》七出：“况且二人年貌相当，到不如～百年姻眷，却不是好。”

【成亲】 chéng qīn ❶ 结婚。唐张鷟《朝野佥载》卷二：“训未婚以前有一妾，～之后遂嫁之。”《元朝秘史》卷六：“我有姐姐名

也遂,颜色又美,可以配皇帝。才与夫婿～,如今不知在何处。"明汤显祖《牡丹亭》三六出:"秀才三回五次,央俺～哩。" ❷ 指男主人收用婢女。清《红楼梦》八〇回:"彼时金桂已暗和宝蟾说明,今夜令薛蟠和宝蟾在香菱房中去～。"

【成全】 chéng quán ❶ 齐全;完整无缺。元明《水浒传》二四回:"难得官人与老身段匹,放了一年,不曾做得。如今又亏杀这位娘子出手,与老身做～了。" ❷ 培养成才;抚育成人。宋陈著《嵊县初考谢刘帅启》:"其培植人材,乃平生心以激扬吏治为第一义,是令迁阔亦藉～。"袁甫《再乞祠状》:"早畀祠廪,使得专意医药,庶几得觌再生,实戴天地父母～之造。"明李贽《覆士龙感二母吟》:"翰峰先生没而后招婿姓张者入赘其家,生两儿,长养～。" ❸ 照顾;关照;帮助。宋陈著《代唐司直除京倅谢贾太傅疏》:"恐其赢粮千里,不使远征;念其食粥多时,遂那近次,便可以陪竹山之胜,非泛然为松雪之游。如此～,岂曰侥幸。"元吴澄《与可立书》:"旧来多荷提撕,母丧之后,给由凡百,望郎中早与～,幸甚。"清《红楼梦》三四回:"你今儿这一番话提醒了我,难为你～我娘儿两个声名体面。" ❹ 撮合;促成;美满完成(婚姻)。《元曲选·灰阑记》楔子:"若是有缘分,得～这一桩好事,岂不美哉!"明《拍案惊奇》卷二五:"又谢得你大妻将我两人合葬,今得同栖一处,感恩非浅。我在冥中,保佑你两人后福,以报～之德。"清方成培《雷峰塔》七出:"早～和鸣肃雍,休要做孤鸾只凤。"

【成人】 chéng rén ❶ 发育成熟,特指女子初来月经。明《金瓶梅词话》五八回:"他是郑爱香儿的妹子郑爱月儿,才～还不到半年光景。" ❷ 成材;成器。宋罗大经《鹤林玉露》卷九:"谚云:～不自在,自在不在～。"《元曲选·东堂老》楔子:"父母与子孙成家立计,是父母尽己之心,以后～不～,是在于他。"清《红楼梦》四八回:"如今我发狠把那些没要紧的都断了,如今要～立事。" ❸ 成全别人。宋佚名《张协状元》一九出:"世间～者少,婆婆有甚物借些子,还解得三五贯钱相添出去。"

【成色】 chéng sè ❶ 货币或器物中所含金、银的纯度。明王守仁《传习录》上:"犹精金之所以为精,但以其～足而无铜铅之杂也。"汤显祖《牡丹亭》四七出:"我冠儿上金子,～要高。"清《醒世姻缘传》七〇回:"惟将这乌银生活,先把来烧得焌黑,再那里还辨得甚么～。" ❷ 泛指质量等级。明毕自严《津库已匮疏》:"津门虽有旧豆五万,～不登,难充关鲜之用。"《禅真后史》一一回:"龚敬南是一双慧眼,看风水佁定～,毫厘不爽。"清《红楼梦》七七回:"因思跟贾政出门,便不肯拿出十分出色的新鲜衣服来,只拣那三等～的来。" ❸ 体统;规矩。明《金瓶梅词话》五五回:"在丫环伙里或是猜枚,或是抹牌,说也有,笑也有,狂的通没些～儿。"清《歧路灯》七六回:"我一向所做的事,也知不合你的心……俱是我的没～。"

【成收】 chéng shōu 收成;农作有收获,或指收获所得。元揭傒斯《题陶渊明归兴图》:"秋田已～,旧计当如何?"《元曲选·桃花女》一折:"虽然是农家耕耨,感谢得天公雨露有～。"《元史·顺帝纪九》:"是岁京师大饥,屯田～粮四十万石。"

【成手】 chéng shǒu 事物变化的程度,多指接近成功的可能。清《红楼梦》七二回:"虽然未应准,却有几分～。"《红楼复梦》一九回:"谁知一天一天的真个发烧咳嗽起来,一天重似一天。他又不肯吃药,竟有七八分的～。"又三二回:"小的到他家去,说有乡亲老爷们给老爷着银子,三几天就有～。"

【成数】 chéng shù ❶ 整数。唐孔颖达《周易正义·序》:"举其～言之,而云'七日来复'。"宋赵与时《宾退录》卷一:"故今世历家百刻,～耳,实九十六刻也。"明谢肇淛《五杂组》卷一一:

"百,～也。" ❷ 定数;规定的数目。《太平广记》卷一七三引《谈薮》:"吉凶不同,礼有～。玄冠不吊,童孺共知。"明于慎行《谷山笔麈》卷八:"国家以科取士,视为重典,其中得失去取,皆有～,非人所能为。" ❸ 犹"成色❶"。明《拍案惊奇》卷一五:"又或有将金银珠宝首饰来解的,他看得金子有十分～,便一模一样暗地里打造来换了。" ❹ 指分配的比例。清《红楼梦》八八回:"(贾芸)也要插手弄点事儿,便在外头说了几个工头,讲了～。"

【成算】 chéng suàn ❶ 早已确定的打算。唐陆贽《论关中事宜状》:"伏惟圣谋已有～,愚臣未达,敢献所忧。"《元曲选外编·风云会》三折:"天下虽未混一,南征北伐,今其时也。愿闻～所向。"清《水浒后传》四回:"灭辽已有～,不必过虑。" ❷ 盘算;算计。清《续金瓶梅》一六回:"单表世上的人奸谋奢侈,斯瞒作恶……百般～,百样巧作,那管那轮回因果天理!"《红楼梦》七四回:"那王善保家的本是个心内没～的人,素日虽闻探春的名,他想众人没眼色、没胆量罢了,那里一个姑娘就这样利害起来?"

【成头】 chéng tóu ❶ 即"承头❷",应承。元佚名《赏花时》:"本是一对儿风流配偶,咫尺相逢说上手,紧推辞不肯～。" ❷ 出头。清《醒世姻缘传》三回:"你还指望有甚么出气的老子,有甚么～的兄弟哩!"

【成望】 chéng wàng 同"承望❷",料想。元张彦文《一枝花》:"谁～弄巧翻成拙,甚全不似那时节。"

【成心】 chéng xīn 存心;有意。明朱长祚《玉镜新谭》卷二:"两邑士民,怀恩泣诉当路,冀以代完赎锾;万恶珰枢,～颐指监司,急令酷加敲扑。"△清《品花宝鉴》三回:"今日第一回开张,老爷～买,算六两银。"

【成样】 chéng yàng 像样。明《金瓶梅词话》七五回:"他再记的甚么～的套数,还不知怎的拿班儿。"清《红楼梦》二五回:"那里头还有那一块是～的? 成了样的东西也不能到我手里来。"

【成衣】 chéng yī 称裁衣工匠。清《野叟曝言》八三回:"连日天气暴热,玉麟命～起出几件生纱衫子给赤英、红瑶穿着。"

【成造】 chéng zào 建造;制作。《法苑珠林》卷五四:"故至所到村邑,见有坊寺禅宇灵塔神仪,无问金木土石,并即率化～,其数非一。"元《通制条格》卷一六:"虽有河渠泉脉,如是地形高阜不能开引者,仰～水车,官为应副人匠。"明陆容《菽园杂记》卷五:"乃者都御史李公宾亦以战车为言,兵部重违其请,尝令～试之。"

【成招】 chéng zhāo 罪犯招认犯罪事实。《元曲选·潇湘雨》四折:"问他一个交结贡官,停妻再娶,纵容泼妇,枉法～,大大的罪名。"明《平妖传》二回:"只因袁公在修文院～,立下誓愿,恐后有得法之人,心术不正,带累甚小。"清蓝鼎元《与台湾道府论杀贼书》:"兹闻尊议,欲按律～,押解省城,听制抚审题正法。"

【成作】 chéng zuò 制作;做成。明陈铎《耍孩儿·嘲巫人》:"挖河泥塑土神,偷城砖垒轿台,假名托姓～的快。"

【诚虔】 chéng qián 即虔诚,诚心而恭敬。宋华镇《雪中寄徐主簿》:"遥羡风流栖枳客,一焚檀篆达～。"明陈谟《祭四先生文》:"大牲之礼,嘉栗之荐,表～也。"清《绿野仙踪》二九回:"于冰见他意甚～,连忙扶起。"

【诚确】 chéng què ❶ 诚实。宋《朱子语类》卷二:"十九伯～人,语必不妄。"又卷二四:"忠,只是浑然～。"明叶盛《水东日记》卷三:"伯和子允恭,～老医,常往来吾家。" ❷ 确实;确定无疑。宋程大昌《演繁露》卷一:"许叔重《说文》曰:屋水流也。以今人家准之,则堂中有天井处也。许说～。"明王守仁《策问》:"彼为守令者,因是亦莫不汲汲于求去,而莫有～久远之图。"

【诚然】 chéng rán 确实;实在。宋《朱子语类》卷六八:"经

解说：洁净精微，《易》之教也。不知是谁做。伊川却不以为然。据某看，此语自说得好。盖《易》之书～是洁净精微。"明《西游记》一四回："刘太保～胆大，走上前来，与他拔去了鬓边草，额下莎。"清彭孙遹《沁园春·酒后作歌与擎庵》之四："饱看文君，风吹鬓影，此乐～不可支。"

【诚实】 chéng shí 可信；可靠。《元曲选·金钱记》一折："这一场没～的姻缘天赐下。"又《倩女离魂》三折："喜蛛儿难凭信，灵鹊儿不～。"

【城橹】 chéng lǔ 城上望楼。宋《三朝北盟会编》卷一六："人物既寡，～又悉毁。"《元史·巴延传》："征发民丁，增置驿马，补～，浚濠池，修战守之具。"明郑岳《赠崔都阃移镇广东》："蜃气浮～，霜花拂剑芒。"

【城上】 chéng shàng 明代京城负责治安的衙门，即东西南北中五城兵马指挥司。明《梼杌闲评》一六回："与一说声，处几两银子与龟子，不申送法司罢。若～不肯，他便行牌提到厂里去结。"清《醒世姻缘传》七一回："黎明时节，本宅还不曾开门，总甲往～打卯，由门前经过，看见了这稀奇之物。"

【城厢】 chéng xiāng 城门附近地区，也泛指城市。宋李纲《乞遣兵收复光州奏状》："至二十三日夜昏黄，到光州西～，听得城上发擂打更。"元王逢《谒陈烈士庙墓》："既不获辞，复曰：'某日某时必瞰～。'校率兵如期以待。"明杨寅秋《平五山善后议》："三十里为北霸墟，则群贼窥视～要路，营卫谢村之大要害也。"

【城子】 chéng zi 城墙，也泛指城市。宋孟珙《蒙鞑备录》："我使人相辞之日，国王戒伴使曰：'凡好～，多住几日……'所说好～，乃好州县也。"元明《水浒传》六四回："宋江见攻打～不破，心中纳闷。"明吕时《渢世君问宁波风土应教五首》之二："石头古～，城下泛沧波。"

【盛顿】 chéng dùn 盛放；存贮。宋王与之《周礼订义》卷七六："物熟，须要盒～。"元《农桑辑要》卷二："采熟椹，盆内微研，以布纽汁，磁器～。"明马欢《瀛涯胜览·柯枝国》："每年椒熟，有收椒大户收买，置仓～。"

【盛殓】 chéng liàn 把尸体装裹后放入棺材。元明《水浒传》三回："太公殁了，史进一面备棺椁～，请僧修设好事。"清李玉《清忠谱》一八折："急忙顾人到法场上收领尸骸，买棺～。"

【盛载】 chéng zài 装载；存贮。宋《朱子语类》卷三六："道无形体，却是这物事～道出来。"元明《水浒传》四〇回："可令牢固陷车～，密切差的当人员，连夜解上京师。"明魏校《复余子积论性书》："天之生人，气禀成形，各有个躯壳～此理。"

【呈】 chéng ❶ 送上；献上。唐刘禹锡《酬国子崔博士立之见寄》："遍看今日乘轩者，多是昔年～卷人。"明《朴通事谚解》卷中："有～诸般把戏的那，好看的什么没？"《醒世恒言》二九："小奚在堂中宫商迭奏，丝竹并～。" ❷ 呈上司或官府的公文。明《醒世恒言》卷二〇："众府快都至杨洪家里，写了一张解～，拿了赃物。"清李光地《奏明开捐议稿未敢画题札子》："似宜于递～之时，别其出身之良贱；给职之际，验其年貌籍贯之真伪。"清《儒林外史》一三回："老爹，而今我就写～去首。" ❸ 控告。清《醒世姻缘传》七四回："如今咱这县里大爷吃亏不肯打光棍，叫相公们往府里～他去。"

【呈报】 chéng bào 向上报告。《元史·选举志一》："翰林掾史具誊录讫，试卷总数～监察御史。"元明《三国演义》四〇回："公子差人往襄阳探听，回说是实，恐使君不知，特差某赍哀书～。"清陆陇其《编审详文》："谨将增除数目造册～，伏候宪裁。"

【呈禀】 chéng bǐng 犹"呈报"。宋庄绰《鸡肋编》卷中："上

元，有司举故事～，乃判状云：依例放火三日。"明潘希曾《剿平流劫叛贼疏》："程鉴等并和平县等陆续～，申称统督官兵，攻破贼巢。"清《红楼梦》一〇五回："番役～有禁用之物并重利欠票，我们也难掩过。"

【呈丑】 chéng chǒu 献丑。呈献技艺的谦词。宋谢枋得《赠道士阮太虚何存斋》："我若不～，道教一齐倒。"明冯梦龙《万事足》三三折："也要小弟～？ 也罢，虽不成诗，趁韵而已。"《风流悟》三回："三人写完，遂同送与莲生看，道～。"

【呈告】 chéng gào ❶ 犹"呈报"。《太平广记》卷三七二引《博异志》："旬月内，亦累有～者，适僧貌未偶。"元刘壎《通李左丞书》："惟是下情未由上通，耆老百姓知壃素出门墙，恳求～。"明《禅真逸史》三八回："万姓惶惶，皆赴帅府～旱荒，恳求赈济。" ❷ 控告；检举。明柯丹邱《荆钗记》二九出：〔外〕我写状经官，经官～你。〔净〕告我得何罪？〔外〕告你是不贤妇薄幸妻。"清《醒世姻缘传》二一回："他又不曾自己～我们，这是天爷使官来到，吃了这亏，怎么怨得他？"

【呈纳】 chéng nà 向上呈进；缴纳。《旧唐书·哀帝纪》："壬午，中书门下奏，相国魏王总百揆，百司合～本司印。"宋程俱《辞免太常少卿申尚书省状》："昨诣都堂，～札子，具述某愚拙不才。"宋元《古今小说》卷二四："思厚至本所，将回文～。"

【呈首】 chéng shǒu 控告；检举。明汪铉《钦遵圣训严禁奢侈事》："自文书到日以后违式新造者，许地方里老邻佑指实～。"清《儒林外史》九回："新市镇公裕旗盐店～：商人杨执中（即杨允），累年在店不守本分，嫖赌穿吃，侵用成本七百餘两。"

【呈似】 chéng sì 送给（对方看）。《祖堂集》卷一五《盘山和尚》："还有人邈得吾真摩？ 若有人邈得吾真，～老僧看。"宋张孝祥《题浊醪赋后》："其犹子洪自长沙来荆州求跋，乃书一诗并归之，幸～南轩先生，或肯同作。"明魏校《与张常甫书》："愚见如此，敢～吾兄，以求是正。"

【呈堂】 chéng táng 呈送堂官或呈送公堂。元明《水浒传》二七回："明白填写尸单格目，回到县里，～立案。"明孙继皋《催发选郎书》："而郎中亦不得专也，必派委其司之员外郎、主事分头检阅，总而会之郎中，而后～加注拟焉。"清《醒世姻缘传》一四回："我且不多打你，打狼狈了，不好～。"

【呈头】 chéng tóu 同"承头❸"。元曾瑞《青杏子·骋怀》："恶缘难收，痼疾长发，业贯将盈，努力～。"

【呈文】 chéng wén ❶ 下对上报告的公文。明王恕《定夺钦天监官奔丧奏状》："本当究问，但～内有呈乞定夺字样，合无免其送问，行令刘玉照例奔丧。"林俊《蓝鄢等捷音疏》："然后蓝廷瑞来见，～仍称平司衙文字样。" ❷ 一种含麻质的纸张，也叫"麻呈文"。明温纯《恪遵明旨查正公用银两疏》："每年用湖广～纸银九两六钱。"清《红楼梦》一四回："只见来旺媳妇拿了对牌，来领取～、京榜纸札。"

【呈拽】 chéng yè 表演（伎艺）。宋孟元老《东京梦华录》卷八："自早～百戏，如上竿、趯弄、跳索……至暮～不尽。"吴自牧《梦粱录》卷四："于潮未来时下水，打碑展旗，百端～。"

【呈应】 chéng yìng 同"承应❷"。明丘濬《奉天侍宴》："是时乐舞迭奏，百戏～。酒凡九进，汤五进。"《明会典·宴礼》："食毕，教坊司跪奏《鱼跃于渊》，～毕，出。"

【呈纸】 chéng zhǐ 即"呈子"。清《儒林外史》四三回："但这失贼的事，该地方官管，你们须是到地方官衙门递～去。"《红楼梦》八五回："今早用蝌出名，补了一张～进去，尚未批出。"

【呈状】 chéng zhuàng 即"呈子"。元陶宗仪《辍耕录》卷

五："仲谦略不答，徐至本案，书写辞退～，压几上而归。"明张瀚《松窗梦语》卷八："不论宗室诸人，凡有～，悉为收记。"清《醒世姻缘传》九〇回："看得成了个奇荒极歉的年岁，百姓们成群合伙递了灾伤～。"

【呈子】chéng zi　向上呈报的公文或向官府呈递的诉状。元王恽《乌台笔补牒呈》："监察体例，所谓帖子止是今～样，但内为腰封，其囊上用黄纸作帖黄。"明郑真《进牌录》："三十日，朝华盖殿，入吏部，进考核～。"清《照世杯·走安南》："你替他递～，敢是得了他钱财？"

【埕】chéng　坛子。《元曲选·誶范叔》二折："院公也，我几（曾）吃那开～十里香？"明《禅真逸史》四〇回："取一～酒与二道者饮。"

【埕户】chéng hù　盐户。埕，海边晒盐的田。宋朱熹《答陈潗论盐法书》："南自漳泉，北至长溪，各从便路径就～买盐兴贩。"

【埕头】chéng tou　即"埕"。明《拍案惊奇》卷四〇："望子高挑，～广架。"

【程】chéng　❶量词。a) 表路程，犹言"段"或"站"。唐杜牧《泊溢浦感旧》："摇摇远堤柳，暗暗十～烟。"元明《水浒传》五六回："看看到梁山泊只有两～多路。"明吴炳《西园记》二六出："你要问寒家，也不隔几～，我和你托高邻，只同汲一井。"b) 表时段或程度。宋李莱老《倦寻芳》："想西园，被一～风雨，群芳都歇。"《元曲选·青衫泪》二折："你家是卖俏门庭。我来做～子弟，你留我，如何倒拒绝我！"明《西游记》五〇回："串楼旁有三件纳锦的背心，被我拿来了，也是我们一～儿造化。此时天气寒冷，正当用处。"❷里程；路程。唐卢纶《晚次鄂州》："云开远见汉阳城，犹是孤帆一日～。"明何景明《镇远》："旅篋衣裳少，秋～风雨多。"清洪昇《长生殿》四一出："重华迎待，促归～，把回銮仗排。"❸旅行的盘缠或行李。明《徐霞客游记·滇游日记三》："一里，有追呼于后者，则管倅以回束～，命役追至。"宋元《醒世恒言》卷三三："家人收拾书～，一径到家。"

【程程】chéng chéng　渐渐。清《聊斋俚曲·慈悲曲》："日月如梭，就是一年有零，张讷～瘦了。"

【程度】chéng dù　❶法度；规定；标准。唐韩愈《顺宗实录》卷四："朋党喧哗，荣辱进退，生于造次。惟其所欲，不拘～。"《宋史·乐志三》："乐工汰其稚钝瘝老，而优募能者，补其阙员，立为～。"明姜清《姜氏秘史》卷一："凡土地贡赋、法令条格、祀神坛祠、公署廨宇，与夫上下典仪、公用，悉裁定之。"❷作为标准；衡量。宋晁补之《七述》："姌姌婍婍，婉娈媚妩，流荣发色，不可～。"明袁华《吴侬谣》："眛爽起负土，夜继灯烛光。千夫百夫长，～施鞭榜。"方孝孺《杂诚》："大匠成室，材木盈前，～去取，沛然不乱者，绳墨素定也。"❸进度；期限。宋楼钥《赠银青光禄大夫宇文公墓志铭》："惟专意于学，自为～，风雨不渝。"元袁桷《次韵陈耆斋七首》之六："群动俱念安，客行有～。"❹水平；层次。唐韩愈《答崔立之书》："乃复自疑，以为所试与得之者，不同其～。"元郭钰《访友人别墅》："读书～输年少，中酒心情厌日长。"《明史·陶宗仪传》："为诗文，咸有～，尤刻志字学。"

【程法】chéng fǎ　❶程式；法则。宋叶适《潼川府修城记》："创甃城县门，敌窗蔽膝，并应～。"元胡祗遹《贫难消乏之弊状》："朝廷苟从县计，临时细立～，以防奸蔽。"清《飞花艳想》一二回："伪立私党，倡作诗词，背弃～，靡乱风俗。"❷以为法则；效法。《旧唐书·礼仪志六》："足知汉初不本于礼经，又安可～也？"明夏良胜《修谱凡例》："先世行能俱有可称，其卓然在人口耳，足为后人～者，分条书之为家规。"

【程敬】chéng jìng　即"程仪"。《警世通言》卷一一："便分付门子，于库房取书仪十两，送与苏雨为～。"又卷一七："此去短盘至北京，费用亦不多，老夫带得有三两荒银，权为～。"

【程粮】chéng liáng　官方发给的旅途所需的粮食。唐[日]圆仁《入唐求法巡礼记》卷四："京牒不说～，在路自持粮食。"《旧唐书·王晙传》："并分配淮南河南宽乡安置，仍给～，送至配所。"

【程墨】chéng mò　作为范例供应试者揣摩的八股文选集，或为试官拟作，或为中试的考卷。明叶春及《应诏书二·置特科》："贾人牟利，非元魁之作不镂于坊，非～之文不鬻于肆。"清《豆棚闲话》九则："守定～，依着本分做去，将来未可料来。"

【程期】chéng qī　❶期限；特定的日期。唐段成式《酉阳杂俎》前集卷一三："日暮，举人指歧径曰：'某弊止从此数里，能左顾乎？'刘辞以～。"宋周行己《征妇怨》："官行有～，不得暂相保。"明汤显祖《牡丹亭》二〇出："趱～是那天外哀鸿。"❷犹时间。《元曲选·争报恩》楔子："前者着大刀关胜下山，去了个月～，不见回来。"

【程头】chéng tóu　❶路程，多指一日所行的路程。宋王之道《西江月·别思》："佳人应已数～，准拟到家时候。"艾性夫《再答诸丈见和二首》之二："薄酒～多隔县，故人踪迹半阳关。"清《绿野仙踪》七六回："提骑至快一日夜走二百里，便是极大～。"❷路头；站头。指路程终点或中途止宿处。宋叶适《利涉桥记》："花柳之丽，雪月之胜，无不在江北。余间至～，必徘徊瞻顾，辄阻江而返，屡矣。"明戚继光《纪效新书》卷四："如今我自己的兵，宿有～。火兵先定歇处，挨次而入。"康海《中山狼》二折："比似你风送长江走的快，把俺第一个～早误了采。"❸前程；奔头。金马钰《养家苦》："养家苦，没～，一朝身死作阴囚。"又《满庭芳·寄零口孙可道》："奉劝疾些识破，恋儿孙，有甚～！"

【程途】chéng tú　❶路程。唐方干《送剡县陈永秩满归越》："俸禄三年后，～一月间。"《大唐三藏取经诗话》一则："今往西天，～百万，各人谨慎。"清洪昇《长生殿》二六出："尔等今日便可各自还家，省得跋涉～，饥寒劳攘。"❷路径；门路。也比喻世路。宋重显《送吉禅者》："隔身之句是～，扣门之问非寋窳。"元汪元亨《一枝花·闲乐》："静掩柴扉春日晡，便休题黑漆似～。"清蔡世远《与雷贯一书》："夫鼓其趋而指其～，师友之事也。"

【程限】chéng xiàn　❶期限。《唐六典》卷一："凡内外百司所受之事，皆印其发日，为之～。"《元曲选外编·渑池会》一折："则恐怕士马相残，庶民涂炭，怎敢道违～。"明姜清《姜氏秘史》卷三："十一月壬戌朔，定京官还家～。"❷格式界限；限度。唐李商隐《李长吉小传》："未尝得题然后为诗，如他人思量牵合以及～为意。"清黄宗炎《周易象辞》卷一二："人之贪侈，无有～，如谷之受水，不能充满。"

【程仪】chéng yí　送给出行者作路费的礼金。明《徐霞客游记·西南游日记九》："下午，何命堂书送志及～至，余作书谢之。"清《隋唐演义》九回："这是马价银三十两，银皆足色，外具～三两。"

【醒】chéng　同"埕"。宋《五代史平话·晋上》："犒军钱二十万缗，酒一百～，羊三百口。"

【枨拨】chéng bō　同"抍拨"。唐陈子昂《冥寞君古坟志铭》："又有古五铢钱、朱漆片数十枚。初开时文彩可见，及～之，应手灰灭。"清弘历《建福宫新春》："～诗肠量多少，新年觉比旧年饶。"

【枨触】chéng chù　❶同"抍触❷"。唐陆龟蒙《笠泽丛书

211

乙·蠹化》:"橘之蠹大如小指……人或~之,辄奋角而怒。"宋佚名《江南餘载》卷下:"运薪将尽,有蛇蟠船中,~不动。"元柳贯《沽头阻浅》:"两舻忽~,石际戛餘响。"　❷ 冲撞;顶撞;冲突。唐杨廷玉《回波词》:"回波尔时廷玉,打撩取钱未足。阿姑婆见作天子,旁人不得~。"宋陈造《次诸公诗韵》:"山灵不留人,定复厌~。"元魏初《送归愚刘丈尹新河序》:"用是豪猾不逞之徒,苟在任者一有~,则舞文欺诋必排摈而后已。"　❸ 同"枨触❸"。五代孙光宪《虞美人》:"教人相忆几时休,不堪~别离愁,泪还流。"宋曹勋《山居杂诗》:"当樽折野蕊,气味亦~。"清王士禛《跋子文入蜀诗卷》:"旧游离乱后,~十年心。"

【枨突】chéng tū　冲突,引申指纵横不羁。元柳贯《题姚文公草书杜诗》:"早势已~,餘吹尤长雄。"

【枨筑】chéng zhù　敲击。《太平广记》卷一九六引《唐摭言》:"俄睹一少年跨驴而至,骄悖之状,旁若无人。于是俯逼筵席,张目引颈及肩,复以巨棰~佐酒。"

【枨】chéng　❶ 碰撞。《法苑珠林》卷七七:"妇女珠环,相~妙响;器物瓲瞿,自然有声。"　❷ 冲撞;顶撞。宋《朱子语类》卷八三:"如蔺相如秦王击缶,亦是秦常欺得赵过,忽然被一个人恁地硬~他,如何不动!"

【枨拨】chéng bō　拨动。唐寒山《我行经古坟》:"冢破压黄肠,棺穿露白骨。欹斜有甕瓶,~无簪笏。"唐杜甫《四松》:"所插小藩篱,本亦有提防。终然~损,得愧千叶黄。"

【枨触】chéng chù　❶ 拨动;弹拨。唐李商隐《戏题枢言草阁三十二韵》:"仲容铜琵琶,项直声凄凄。……君时卧~,劝客白玉杯。"唐薛逢《听宋刚弹琵琶》:"禁曲新翻下帝都,四弦~五音殊。"　❷ 碰撞;撞击。宋袁韶《钱塘先贤传·唐礼部尚书褚文公》:"母丧,庐墓左。鹿犯所植松柏。公号诉曰:'山林不乏,忍犯吾宰木邪!'自是群鹿不复~。"明曹学佺《蜀中广记》卷七三:"黄氏子以归城心速,语令人~之,忽闻炮烈,其声如雷。"　❸ 触发;引动。明黄淳耀《发自段桥至龙潭三首》之二:"旅怀~甚,吟稳向江天。"清厉鹗《角招》序:"尘衣风帽,同话旧游,悽然~予怀也。"　❹ 冲突。清储大文《杨氏金烈妇传》:"今芳溪金孺人,乃克殿公允公达氏遗风,而了无~,其从容就义若此。"

【承】chéng　❶ 招认;承认。唐张鹭《朝野金载》卷二:"周瀛州刺史独孤庄酷虐,有贼问不~,庄引前曰:'若健儿,一一具吐放汝。'"《明史·张问达传》:"保、成供原姓名曰郑进、刘登云,而不~罪。"清《聊斋志异·窦氏》:"窦乃释女,使人问南,南立却不~。窦乃弃儿,益扑女。"　❷ 闻;听说。唐骆宾王《和孙长史秋日卧病》:"还因~雅曲,暂寄跃沉鳞。"《太平广记》卷一七九引《集异记》:"~贵主出内,故携酒乐奉宴。"《祖堂集》卷五《云岩和尚》:"药山问:'~汝解弄狮子,弄得几出?'师曰:'弄得六出。'"　❸ 蒙受,用作谦敬词。唐孙郃《玄英先生传》:"予稚齿~方公之知,恐行únicode湮没,乃作传焉。"宋欧阳修《与吴给事书》:"罪逆餘生,远屏郊外,特~顾访,感咽何胜!"清《儒林外史》二一回:"牛老听罢,大喜道:'极~老哥相爱,明日就央媒到府上来求。'"

【承办】chéng bàn　接受办理。《新唐书·李峤传》:"造像虽俾浮屠输钱,然非州县~,不能济。"《金史·食货志四》:"自昔监官多私官钱,却令百姓~,庶革此弊。"清《隋唐演义》六二回:"唐帝就命李太监,立召窦、花、袁三女见驾。那太监~去了。"

【承差】chéng chāi　❶ 担任差使;任职。宋张方平《辞免判永兴军札子》:"今~知永兴军,须至复有干预。"《元史·刑法志》:"诸职官受除未任,因~而犯赃者,同见任,论边远迁转。"明程通《祭杨思中文》:"且汝之~而来,公义也;抱患而死,天命也。虽

然,又何恨哉!"　❷ 担任差使的人;差役。《元曲选·货郎旦》四折:"驿宰官衔也自荣,单被~打灭我威风。"明张瓒《东征纪行录》:"是日张渊回自夭坝,巡按贵州李御史差~至。"清《醒世姻缘传》五四回:"这尤聪原是盐院~尤一聘的个小厮,从小使大。"

【承搭】chéng dā　同"承答"。元张小山《齐天乐过红衫儿·湖上书所见》:"可怜咱,肯~,羞弄香罗帕。"

【承答】chéng dá　应承;回应。唐韩愈《贺徐州张建封仆射白兔书》:"其事兆矣,是宜具迹表闻以~天意。"《旧唐书·崔邠传》:"上亦器重之,裴垍将引为相,病难于~,事竟寝。"元乔吉《一枝花·私情》:"酒席间闲话儿将他来探,都笑科儿~,冷诨儿包含。"

【承担】chéng dān　担负;担当。明王宗沐《刻传习目序》:"从事于心,精而后知所失,则于言有所不敢默识深思、~负荷。"清隆科多等《奏李煦亏空银两处理情形折》:"查弥纳查出李煦亏空银内,应减去商人担赔少缴秤银三十七万八千八百四十两,又查弥纳复查明盐纲陈哲功等情愿~赔偿等语。"

【承当】chéng dāng　❶ 承担;担当。唐刘禹锡《与刑部韩侍郎书》:"千钧之机,固省度而释,岂羼鼠所宜~。"宋《朱子语类》卷一二一:"子静底是高,只是下面空疏,无物事~。"元明《水浒传》二回:"史太公自去华阴县中~里正。"　❷ 擎受;承受享有。宋苏轼《东坡志林》卷一:"到希领取,如不肯,却以见还。"明邹元标《偶兴》:"饥餐渴饮倦床,春暖夏热秋凉。若是英雄男子,平常尽可~。"《拍案惊奇》卷三三:"刘天祥、张员外俱各无嗣,两姓的家私都是刘安住一人~。"　❸ 承认;应承;答应。金《董解元西厢记》卷六:"甚不肯~,抵死讳定? 只管斯瞒昧,只管斯咕哗!"清《醒世姻缘传》一○○回:"狄希陈得不的这声,连忙撺掇,寄姐也只得~。"《歧路灯》二三回:"怎的一个书房就叫戏子占了? 谁~他的话?"　❹ 禅宗谓承领禅机、契悟道法,也泛指专研和领悟。《祖堂集》卷四《石头和尚》:"不辞向你道,恐已后无人~。"《五灯会元》卷二○《道场明辩禅师》:"且道今日事作么生? 好个迷逢达磨,不知谁解~?"元王义山《乙亥三月上殿轮对》:"须将先圣之言,一一着心~,与圣人作用不同。"清陆陇其《读呻吟语疑》:"所以自孟子以来,学问都是登坛说法,直下~,与圣人作用不同。"　❺ 承应;伺候。元明《水浒传》四五回:"哥哥每日出来,只顾~官府,却不知背后之事。"

【承叨】chéng dāo　接受别人好处时的客套话。明《醒世恒言》卷三七:"若见那老者,不要说起那银子的事,只说昨夜~铜钱,今日特来相谢。"△《万花楼演义》五一回:"然妾少适沈夫君,~诰命一十三载。"

【承抵】chéng dǐ　招认抵罪。《元曲选·魔合罗》四折:"已招伏,怎改易,要~。"清《歧路灯》六四回:"单着管九儿一人~,真赃实犯,叫他一人罪有一人当。"

【承乏】chéng fá　担任官职的谦词。唐高彦休《唐阙史》卷上:"某为本邑以民役久矣,思得~一尉,乃锦游故乡里也。"宋刘辰翁《谈杜拾遗百忧集行有感》:"往年~佐中书,大官羊膳供堂食。"明《二刻拍案惊奇》卷四:"老夫~贵乡,罪过多端。"

【承奉】chéng fèng　❶ 承欢侍奉。《太平广记》卷五二引《仙传拾遗》:"褒人有好事少年~之者五六人,常为设酒食,以求学术。"元高明《琵琶记》二五出:"况儿身淹留在此,不能勾~慈颜。"清《红楼梦》三九回:"平儿等来至贾母房中,彼时大观园中姐妹们都在贾母前~。"　❷ 奉迎;讨好。元蒲道源《西轩王先生传》:"所友皆天下士。自许鲁斋而下咸候问,及达官贵人求谒,未尝趋走~。"明田汝成《炎徼纪闻》卷四:"功自是威望大著,而梁王

曲意～。以故,功恋恋不肯归国。"清《都是幻》一回:"这些也都是池篁的僚属官员,觅名引画了,送来～天官的。" ❸ 代指房事。五代孙光宪《北梦琐言》卷一一:"唐相国夏侯公孜,富贵后得彭、素之术,甚有所益。出镇蒲中,悦一娼妓,不能～,以致尾闾之泄,因而致卒。"明《二刻拍案惊奇》卷三四:"餘外有年纪过时了些的,与年幼未谙～的,又身子娇怯怕历风雪,月信方行轿马不便的,剩下不去。" ❹ 接受;承受。清方成培《雷峰塔》七出:〔贴〕这是我娘娘情愿相攀,你何必跨蹰?〔生〕仔细寻思,铭感在衷,只家徒四壁,实难～。"清《八洞天》卷六:"若论为人后者为之子,他既背了自己爹娘,合应～石家香火了。" ❺ 承奉郎的省称,后泛称供差遣的人。宋邹浩《静阅堂诗序》:"主人言,汪朝散、梁～顷尝集此,因名之曰静阅堂。"明郎瑛《七修类稿》卷一〇:"二十四日,遣～刘吉率贼交兵于东湖。"清《清夜钟》六回:"代王一会言语不得,却已许出,悔不得,只得做一硬好汉,道:'叫～快送到王先生衙内去。'"

【承伏】 chéng fú ❶ 认罪;屈服承认。唐刘肃《大唐新语》卷三:"近者朝臣多被周兴、来俊臣推勘,递相牵引,咸自～。"元陶宗仪《辍耕录》卷七:"募民补路府司县州官,自五品至九品,入粟有差。非旧例之职专茶盐务场者比,虽功名逼人,无有愿之者……辄施拷掠,抑使～,即填空名告身授之。"《元曲选·后庭花》二折:"若是受了他买告咱当罪,若是有证见便～。" ❷ 屈尊服从。《元曲选·玉镜台》四折:"他如今做了三谒茅庐,勉强～。"明丁自申《府君仁庵公传》:"陈江故多巨姓,著代年远,自公后至,择一二门第相埒者与为宾礼,而诸族无不俯首～。"明蔡清《易经蒙引》卷六下:"三以阴柔不中正,居二之上,而欲籍二以为安,则二岂能～于其下乎?"

【承继】 chéng jì 过继。明《醒世恒言》卷二〇:"既张木匠儿子恁般聪明俊秀,何不与他说,～一个,岂不是无子而有子?"清《儒林外史》六回:"如严贡生不愿将儿子～,听赵氏自行拣择,立贤立爱可也。"

【承架】 chéng jià 支撑;承担。明陈铎《朝天子·搭材》:"舍卫城建塔,蓬莱宫上瓦,不是我谁～!"

【承接】 chéng jiē ❶ 接续;衔接。唐李匡乂《资暇集》卷上:"纵一联稍工,亦与诸句不相～。"宋《朱子语类》卷二〇:"人若不孝弟,便是这道理中间断了,下面更生不去,～不来。"清《锦香亭》一六回:"将次子姓了葛,～葛太古的宗祀。" ❷ 承受;承托接纳。五代何光远《鉴诫录》卷四:"良久,看会鬼国,谓墓曰:'知此有客,今将饭三分来内,二分献王,一分献公。'墓中窸窣,似有人～。"宋黄休复《茅亭客话》卷一:"士庶扶老携幼,奔驰于路,以盘盂～。"清《聊斋志异·小翠》:"女令登垣,～而下之。"

【承局】 chéng jú ❶ 宋金时军中低级武职名。宋文莹《湘山野录》卷下:"祥符以前,中贵人尽带将仕郎阶。若太尉秦翰者,左珰之名将,累立战功,始以将仕郎内侍省内府～。"《金史·兵志》:"每五百人为一指挥使司,设使。分为四都,都设左右什将及～押官……不及百人,止设什将及～管押官各一员。"清吴广成《西夏书事》卷一四:"福初名怀亮,见元昊僭侈日盛,自夏州内奔,请改名自效。仁宗诏隶神卫军,后从任福破白豹城有功,补～。" ❷ 称官府差役。宋《三朝北盟会编》卷五七:"坐移时,田军不至。余谓李曰:'遣～促之。'凡遣三两辈,约一饷间,云途中无田军。"元明《水浒传》四四回:"当日戴宗别了众人,次早打扮做～,下山去了。"明李开先《宝剑记》九出:"堂上一呼,阶下百诺。有问即对,～是我。" ❸ 承办人。清《红楼梦》四回:"各省中所有的买卖,～、总管、伙计人等,见薛蟠年轻不谙世事,便趁时拐骗

起来。"

【承揽】 chéng lǎn ❶ 触摸把握。宋李纲《书僧伽事》:"空中宝光飞腾往来,大者如星,小者如舍利,熠燿缤纷,若可～。"宋王之道《与淮西提盐许张书》:"果有片云起泉中,曾不逾晷,叆叇垂布,如可～。" ❷ 承接包揽。《续资治通鉴长编·宋神宗熙宁五年》:"上供荐席黄芦之类六十色,凡百餘,州不胜科扰,乞计钱数,就本务召人～,以便民也。"明《金瓶梅词话》六二回:"到明日我死,把迎春伏侍他大娘;那小丫头,他二娘已～,他房内无人,便教伏侍二娘罢。"清《醒世姻缘传》五七回:"这孩子不肯来,咱可拿甚么名色～他的房产?"

【承料】 chéng liào 料想。明施绍莘《月儿高·赠石城董夜来》:"谁～,鸳鸯牒挂姻缘号,怎生推调。"

【承领】 chéng lǐng ❶ 承接;接受。《新五代史·史圭传》:"直学士职虽清,而～文书,参掌庶务。"宋《朱子语类》卷一三四:"司马子长动以孔子为证,不知是见得,亦且是如此说,所以伯蒙每发明得非细,只恐子长不敢～耳。"王翚《随手杂录》:"至午间,遣中使语执政曰:'已降出矣。'三省皆云不曾～,上下疑之。" ❷ 承续;继承。《元曲选·看钱奴》二折:"争寸男尺女皆无,空有那鸦飞不过的田产,教把那一个～!"明《西游记》二三回:"空遗下田产家业,再无个眷族亲人,只是我娘女们～。"《拍案惊奇》卷三五:"他不生儿女,就过继着你家儿子,～了这家私。" ❸ 承揽;承包。《大宋宣和遗事》前集:"客犹不受,愿请少出药货试卖,方敢～。"明杨寅秋《勘酌岭海商船递饷疏》:"随见铸立铁榜,多方晓谕,有万分之利,无一分之害,乃各忻然～。"清范承谟《请察土地以除积弊疏》:"故各丁一实种田亩,所收籽粒不足纳粮。" ❹ 照料;担承(照料之责)。清《歧路灯》三回:"这谭孝移想起岳丈当日是个能文名士,心中极有～读书的意思。"又五回:"他哥也气的病死了,这黄师勉把他嫂子、两个侄子,都～过来养活。"又六七回:"不如今日就把杏花儿带到南院里,叫侄妇～。" ❺ 答应;应承。《元曲选·气英布》二折:"哎,随何也,你怎么不言语,不～。"按,元刻本作"答应"。又《黑旋风》一折:"你你你道我调着嘴不志诚?我我我打着手多～。"明程敏政《与杨君谦仪部书》:"王君卿去,亦有托之。渠一慨然～。" ❻ 听取人言语的谦词。清《锦香亭》一三回:"子仪道:'～大教。'连忙散赛宾写起报捷奏章。"《豆棚闲话》八则:"众人道:'～高谈,不觉两胁风生。'"

【承落】 chéng luò 即"滴水❶"。宋俞琰《席上腐谈》卷上:"古之承雷,以木为之,用行水,即今之～。"

【承蒙】 chéng méng 接受对方好意的谦词。宋吕南公《为人谢举知启》:"向非富有于德业,何足～于品题。"明《封神演义》三二回:"～雅赐,恩同太山。"《拍案惊奇》卷六:"～厚赐,必有所言。"

【承纳】 chéng nà ❶ 容纳;接纳。宋苏颂《议疏浚黄河》:"孙村口昔故道尚存,盐山海口不至埋涨,可以～下流。"《续资治通鉴长编·宋仁宗庆历三年》:"是吴贼因契丹达意而来,及与良佐语,反不～。"清《醒世姻缘传》三九回:"那李五看了这样齐整盛馔,就要变色而作,但又贪图他的重资,舍不得走脱,只得勉强～。" ❷ 缴纳。《金史·食货志五》:"听民于农隙采银,～官课。"明张宁《汀州府行六县榜》:"间有路远之人,畸零小户,自愿附纳者,所从民便。仍仰各里长～,不许官豪及在官之人计嘱包揽。"

【承前】 chéng qián ❶ 从前。唐白居易《醉吟》:"应被众疑公事慢,～府尹不吟诗。"唐张鷟《朝野佥载》卷二:"臣封物～府家自征,近敕州郡征送,大有损折。"宋程俱《宝文阁直学士王公墓志铭》:"造作局官,虽故皂吏,然官有品,～不接坐非是,自今接见如

宾礼。" ❷ 当前;目前。唐韩愈《论淮西事宜状》:"河北淮西等见~事势,知国家必不与之持久,并力苦战,幸其一胜。"陆贽《论度支令京兆府折税市草事状》:"伏望戒敕度支令,依旧例和市,~既有恒用,以后不得阙供。"

【承情】 chéng qíng 领受情谊。清孔尚任《桃花扇》七出:"昨日~太厚,也觉不安。"方成培《雷峰塔》六出:"只是种种~,如何是好?"《歧路灯》七五回:"我也算了造化低,白白的被他提了十二两去,还不~哩。"

【承认】 chéng rèn ❶ 担当;承担(责任)。宋陈襄《乞均差衙前等第状》:"缘是白脚人户,先已曾有状,~下次乡户衙前色役。"《元曲选外编·渑池会》二折:"倘或主公有些差失,谁人~?"明陈铎《天净沙·门子》:"描眉掠鬓精神,铺床叠被殷勤,献宠希恩事因。虚名~,看门那里看门!" ❷ 认可;应允。宋苏轼《乞赈济浙西七州状》:"乞特赐指挥,须官依年分收籴数足,若遇移替,其所籴到数,交割与后政~,不得出违年限。"《元曲选·潇湘雨》一折:"你见那家女孩儿养老在家里的?你只依着我,就今日两边行一个礼,~了罢。"明《禅真逸史》二四回:"待小管替相公在本府先告准了,然后禀知老爷,那时令尊自然~,谁肯把嫡亲儿子去吃官司!" ❸ 招认。唐段成式《酉阳杂俎》续集卷七:"贼曹怒其不~,以大挟胫,折三段。"《元曲选·救孝子》二折:"磣可可的杀人要~,生刺刺的刑法枉推问。"明《西游记》一七回:"原来是那黑风山妖怪偷了……他已~了,是他拿回。"

【承任】 chéng rèn 承当;担任。宋胡寅《上皇帝万言书》:"文武臣中,有明习营屯之事肯~者,用以任之。"清毛奇龄《上宋大司马论婚姻书》:"且说情合好,俱已有人。只吴中旧族,须烦亲朋将币以为饰恭,故忻然~。"《隋唐演义》三四回:"恰好萧后要煎第二剂药,贵儿去~了,私把肉和药,细细的煎好。"

【承舍】 chéng shè 承办递送差使的吏员。明沈德符《万历野获编》卷二四:"何如亦仿唐制,令各处听设一院,以待二司各府之入觐及~之奉差者。"明《醒世恒言》卷三六:"将他遗笔封固,付~寄往任上。"

【承侍】 chéng shì 侍奉;服侍。《旧唐书·元让传》:"以母疾,遂不求仕,躬亲药膳,~致养。"元刘敏中《故赵千户神道碑铭》:"吾家有老母,汝能~无恙,当以归汝。"清吴伟业《过锦树林玉京道人墓》:"道人画兰,好作风枝婀娜,一落笔尽十馀纸。柔柔~砚间,如弟子然。"

【承受】 chéng shòu ❶ 承袭;继承。《元曲选·合同文字》三折:"我偌大家私,无人~。"明《醒世恒言》卷三:"他~了朱家的店业,手头活动。"清《红楼梦》一○○回:"~了祖父这些家业,就该安安顿顿的守着过日子。" ❷ 禁受;忍受。《元曲选·罗李郎》一折:"这债到底俺汤哥儿~,休,休,休。免得定刑名笞杖徒流。"清《红楼梦》二○回:"如今贾环又生了事,受了这场恶气,不但吞声,而且还要走去替宝玉收拾。" ❸ 宋代职官名。宋陆游《老学庵笔记》卷三:"宣和中,百司庶府悉有内侍官为~,实专其事,长贰皆取决焉……所不置~者,三省、密院、学士院而已。"《宋史·职官志七》:"走马~,诸路各一员,隶经略安抚总管司。无事岁一入奏,有边警则不时驰驿上闻。"

【承塌】 chéng tā 即"承答"。元曾瑞《一枝花·买笑》:"见别人有破绽着冷句儿填扎,见别人生科泛着笑话儿逼匝,见别人干厮研着假意儿~。"又《迎仙客·风情》:"假~,休闲阔,借债我做着傍牌,可敢别烧上风流怪。"

【承头】 chéng tóu ❶ 担当;承担。《元曲选·单鞭夺槊》二折:"雄信兵来,要相持,你合~。"《元曲选外编·黄花峪》二折:

"俺哥哥传将令三四番,可怎生无一个~的?" ❷ 应允。《元曲选·金钱记》三折:"但能够及早~,害则害杀儿为他偎偬。"元曾瑞《红绣鞋·风情》:"闲谈笑踏科儿寻斗,但离别觅缝儿~,好一会弱一会斯奚酬。" ❸ 出头,指逞强;争风头。《元曲选外编·黄花峪》四折:"这厮更胡寻歹斗,故来~。"明王九思《鱼游春水·次河山饮中之作》:"走红尘那几年斯迤逗,不索强,追欢几曾勾,飞花顺水流。"明张錬《梧叶儿·闲评》:"黄金榜,白玉楼,好~,那一个天长地久!" ❹ 领头。清《醒世姻缘传》二二回:"你既说是个族长,凡百的公平,才好叫众人服你。你~的不公道,开口就讲什么'偏'。"又九五回:"狄希陈又叫家人媳妇合丫头们与奶奶磕头。罗氏~说道:'不是年,不是节,为甚么又替奶奶磕起头来?'"

【承望】 chéng wàng ❶ 期望;指望。唐张鷟《游仙窟》:"但若得口子,馀事不~。"《元曲选外编·拜月亭》二折:"这侧近的佳期休~。"明《金瓶梅词话》五九回:"如意儿实~孩子搭过一阵好了,谁想只顾常连,一阵不了一阵搐起来。" ❷ 料想;料到。元王和卿《蓦山溪·闺情》:"不~今番做的漏斗,衣纽儿尚然不曾扣。等的他酒醒时将他来都明透。"明冯惟敏《点绛唇·量移东归述喜》:"许多时耳边厢空妄想,谁~好人言都是谎。"清《红楼梦》一回:"择膏粱,谁~流落在烟花巷。"

【承闻】 chéng wén 听说,同义复词。唐张鷟《游仙窟》:"~此处有神仙之窟宅,故来问候。"宋李复《答李忱承议书》:"~恬养自得,不废著述,益知贤者之乐亦异于众人。"明程敏政《赠吴远贡士赴南雍》:"~二老身全健,几日高堂问起居。"

【承务】 chéng wù 承务郎的省称。本为曹司散职,后泛称地主富商,略同"员外""朝奉"之类。宋洪迈《夷坚志》支戊卷六:"扬州人胡十者,其家颇赡,故有~之称。"明《古今小说》卷一七:"单公时在户部,阅看户籍册子,见有一邢祥名字……乃遣人密访之,果邢知县之弟,号为四~者。"

【承向】 chéng xiàng 应允。《元曲选·魔合罗》三折:"多则是没来由葫芦提打官防,待推辞早~。"

【承携】 chéng xié 携带;带领。谦词。明王克笃《画眉序》:"佳节上元宵,处处笙歌舞鲍老。奈无人~,少客招邀。"清《歧路灯》二回:"多魁引路上文靖祠西边胡同,轿上各谢~而归。"

【承谢】 chéng xiè 感谢。谦词。元赵汸《子贤兄赐诗兼柬谨依韵和谢》:"~朋来渐相亲,每思林密更山深。"宫天挺《范张鸡黍》二折:"他既是肯相探多~,便回程因甚的?"清《儒林外史》二回:"把周先生脸上羞得红一块白一块,只得~众人,将酒接在手里。"

【承行】 chéng xíng 承办;接办。宋慕容彦逢《论诸路弓手奏状》:"而~胥吏又用其所亲,不问老疾疲弱。"《元典章·刑一》:"来路司吏路克敏~黄州路关。"清《儒林外史》五一回:"点灯后,把~的叫了来,我自有道理。"

【承应】 chéng yìng ❶ 系以条理;一一对应。唐韩愈《袁氏先庙碑》:"愈谢非其人,不获命,则谨条袁氏所出,与其世系里居……高曾祖考所以劬躬煮后,委祉于公;公之所以奉将~者,有概有详,而缀以诗。"宋王应麟《困学纪闻》卷一:"爽著《易传》,据爻象~阴阳变化之义。" ❷ 应对(咨询);支应(差使)。唐李德裕《宣懿皇后祔陵庙第三状》:"所以前者附钦义~口奏,假以太皇太后之意,即于礼至顺,人无异词。"《辽史·道宗纪》:"非勋戚后及额尔奇木副使,~职事人不得冠巾。"元明《水浒传》二四回:"武松每日自去县里画卯,~差使。"明《警世通言》卷一三:"到天明,做饭吃了,押司自去官府~。" ❸ 侍奉;服侍;招待。元虞集《灵惠

冲虚通妙真君王侍宸记》："是时有临川道士唐乐真以法术～内庭。"清《野叟曝言》一一六回："袅袅等～帝妃上床,便退出幄外。"《聊斋志异·柳生》："俄客至,盖傅姓营卒也,心内不合,阳浮道与之,而柳生～甚恭。"　❹ 特指乐舞艺人应差表演。宋吴自牧《梦粱录》卷二〇："朝廷御宴,是歌板色～。如府第富户,多于邪街等处择其能讴妓女,顾倩祇应。"《元曲选·谢天香》二折："量妾身本开封府阶下～辈,怎做的柳耆卿心上谢天香?"明朱长祚《玉镜新谭》卷五："歌舞进御,箫鼓中流。～者百技递呈,扈从者千官侍宴。"　❺ 承担;担当。宋刘挚《论役法书》："取酌中之数,立为永额,一用旧法,召人～。"明汤显祖《牡丹亭》二〇出："起座梅花庵观,安置小女神位,就着这石道姑焚修看守。那道姑可～的来?"《梼杌闲评》一回："河台竟将此事放在晚生身上,如何～得起!"　❻ 应允;承诺。明《金瓶梅词话》一八回："那高安～下了,同来保出了府门。"清《江宁织造隋赫德奏细查曹頫房地产及家人情形折》："又家人供出外有所欠曹頫银,连本利共计三万二千餘两。奴才即将欠户询问明白,皆～偿还。"

【承招】 chéng zhāo　招承;招认;认罪。《元曲选·冯玉兰》三折："他见我难推调,怕不来一问一～。"明施绍莘《十二红·闺恨》："甚日归来拿着手,不痛打～不罢休。"《古今小说》卷一〇："再教把妇人拶指,要他～。"

【承直】 chéng zhí　❶ 值班;支应(差使)。《旧唐书·职官志二》："凡诸卫自有～之马,凡诸司有备运之牛,皆审其制以定数焉。"宋吴自牧《梦粱录》卷一九："更有六房院府判提点、五房院～太尉、诣内司殿管判司幕士、六部朝奉顾倩私身、轿番、安童等人。"　❷ 侍奉;伺候。宋佚名《张协状元》一三出："仗托云鬟粉面,使婢随侍;临鸾照时,那饰容都是他辈～。"元高明《琵琶记》二〇出："送婆婆是我身上有,你但小心～公公,莫教又成不救。"明王守仁《又与克彰太叔书》："衰年之人,妻孥子孙日夜侍奉～,尚恐居处或有不宁。"　❸ 特指乐舞艺人应差表演。明《古今小说》卷一二："这餘杭县中也有几家官伎,轮番～。"《二刻拍案惊奇》卷七："是日郡中开宴,凡是应得～的娼优,无一不集。"清孔尚任《咏大海潮小吟蝉两琵琶歌》："玉熙宫中数～,方响前列琵琶随。"　❹ 承直郎(职官名)的省称。宋杨简《慈湖遗书》卷一六："今之京官,宣教郎以下即古之下士;今之选人,～以下即古之不命之士。"元同恕《朝列大夫傅公墓志铭》："～以予游公兄弟间,手府学正玉瓒状,请志其墓。"　❺ 差役;承直的人。明丘濬《投笔记》五出："昨日蒙老爷分付,不免叫～出来,打扫则个。"《禅真后史》三回："茶罢,丘吉令～与众百姓捧过金银彩帛。"

【承值】 chéng zhí　❶ 同"承直❶"。元高明《琵琶记》二一出："自小～书房、书房,快活其实难当、难当。"清《醒世姻缘传》五回："说话中间,进了仪门。～的将晁书、晁风送到西边一个书房安顿。"清于成龙《弭盗安民条约》："某日某人几名看守栅栏,某人几名～查夜,俱登记簿内。"　❷ 同"承直❷"。清《禅真后史》一一回："相公孤帏寂寞,独枕凄凉,纵令使女们～,终非体贴。"

【乘】 chéng　穿(木屐)。唐白居易《春末夏初闲游江郭二首》之一："闲出～轻屐,徐行踏软沙。"宋陈傅良《和朱宰游丁园韵》："移樽忻及暇,～屐共寻幽。"明王行《赋西村耕隐》："几～蜡屐蹋春泥,亦棹兰舟泛秋水。"

【乘除】 chéng chú　指造物注定人世兴衰。宋陈耆卿《艰食行》："只今艰食遽如许,岂是造物有～?"《元曲选外编·刘弘嫁婢》一折："想咱这人贫人富,原来这天公暗里自～。"明叶子奇《草木子》卷三上："迄今天禄之迁尽归于南,于此可以见～胜复之理也。"

【乘凉】 chéng liáng　在凉快处避热。《太平广记》卷三〇五引《西阳杂俎》："夏夜,～于庭际。"宋《朱子语类》卷一三二："也有在那里澡浴底,也有在那里～底。"明田汝成《西湖游览志餘》卷二五："六九五十四,～入佛寺。"

【乘坐】 chéng zuò　利用交通工具。宋文彦博《随表札子》："臣以赢瘠,自京至洛六驿,难以～檐子远行。"六十种曲《琵琶记》一〇出："鞍马若完备时节,可牵在午门外厢,等候状元谢恩出来～。"清《醒世姻缘传》一回："又买了一乘二号官轿,与大舍娘子计氏～。"

【惩创】 chéng chuàng　❶ 警诫。唐韩愈《读东方朔杂事》："方朔不～,挟恩更矜持。"宋《朱子语类》卷一二八："他只知～后来之祸,遂皆归咎神宗。"明张瀚《松窗梦语》卷八："许众即时报官,毋得容隐。庶齐民有所～,不敢为盗。"　❷ 惩罚。唐陈子昂《谏用刑书》："遂使陛下大开诏狱,重设严刑,冀以～,劝于天下。"宋刘敞《入山》："至仁有柔服,远驭耻～。"清《聊斋志异·江城》："悍妇不仁,幸假手而～之。"

chěng

【逞】 chěng　凭仗。明《封神演义》五一回："且说周兵赶杀成汤败卒,怎见得? 赶上将连衣剥甲,～着势顺手夺枪。"清《隋唐演义》三四回："莫谓我等真有无双国色,～着容貌,该如此宠眷。"李玉《清忠谱》六折："他～产禄凶残胜赵高,比璜瑗信肆贪饕。"

【逞俊】 chěng jùn　卖俏;卖弄本领。唐刘禹锡《和仆射牛相公寓言二首》之二："雕鹗腾空犹～,骅骝齿足自无惊。"宋《慧南禅师语录》："石头虽然善能驰达,不辱宗风,其奈～太忙,不知落节。"元张可久《折桂令·席上有赠》："卖俏殷勤,承欢体态,～风流。"

【逞快】 chěng kuài　放纵;恣意。宋《朱子语类》卷一〇四："正如荀子不睹是,～胡骂乱骂,教出个李斯出来。"元揭傒斯《送张掾序》："扱其草芥之私怨,以售其黝陜之威,以～其欲心。"明赵㧑谦《赠眼科医汤道人序》："原其心意,不在于富贵,则在于干誉钓名,～其欲于一时。"

【逞脸】 chěng liǎn　露脸;因得脸面而放肆。元孔齐《至正直记》卷三："姮娥传语,这妖蟆～,则管不了。"明《金瓶梅词话》二三回："待要那时就声张骂起来,又恐怕西门庆性子不好,逞了淫妇的脸。"清《醒世姻缘传》二二回："你休～多嘴多舌的,你见我卖坟上的树来?"

【逞露】 chěng lù　显露;炫耀。明王守仁《登云峰望始尽九华之胜因复作歌》："阒然避世不求知,卑己尊人羞～。"清《后水浒传》四〇回："簇簇佳人,帘下半窥含色笑;青青秀士,街前～作轻狂。"

【逞强】 chěng qiáng　❶ 炫耀强大。元仇远《再寄子野》："霜力风威各～,老夫絮被不离床。"明《金瓶梅词话》七二回："有不的些事儿,诈不实的告这个说一汤,那个说一汤,恰似～卖富的。"清孔尚任《桃花扇》一九出："你不要～,我刘河洲也带着些人马哩!"　❷ 逞性子;耍威风。清《醒世姻缘传》二回："那妇人的阴性就如内官子一般,降怕他一遭,他便只是胆怯,再也不敢～。"《红楼梦》四四回："贾琏明仗着贾母素习疼他们,连母亲、婶母也无碍,故～闹了来。"

【逞凶】 chěng xiōng　做出凶蛮举动。金张师颜《南迁录》："北兵骤至,亦由朝廷不小顺其意,遂至怙忿～不已。"明丘濬《忠

孝记》五出："他也曾读书,如何却这等~打死人,老实供来!"

【骋俊】 chěng jùn 同"逞俊"。宋薛季宣《本生赋》:"宜饮水于华池兮自润,毋力争于虎狼兮~。"金王喆《渔父吟·咏假俏汉》:"眼去眉来常~,前攀后拽夸身分。"元李昱《屏诗神文》:"子跻宦途,予偕往往。驰妍~,撼灵竞爽。"

【骋快】 chěng kuài 同"逞快"。明刘球《水云轩记》:"将起而与天下业同而艺合者,争先~于较胜负之场,如汉广非志于仕者乎?"明高攀龙《高子遗书》卷一:"话不可~说,事不可~作。"

【骋强】 chěng qiáng 同"逞强❶"。明《西游记》四三回:"小鼍不知大圣大名,却才逆了表兄,~背理,被表兄把我拿住。"又六一回:"齐天孙大圣,混世泼牛王,只为芭蕉扇,相逢各~。"

chèng

【秤】 chèng 量词。一秤所称量的最大重量,具体斤数不一。宋文莹《玉壶清话》卷九:"捕而诘之,乃市炭一~,权衡颇轻。"明《咒枣记》六回:"到生女之年却好用过三十斤黄金。三十斤为一~,所以唤作一秤金。"

【秤等】 chèng děng 同"称等"。宋《朱子语类》卷九四:"大率周子之言,~得轻重极是合宜。"又卷一〇五:"某释经,每下一字,直是~轻重,放敢写出。"

【秤停】 chèng tíng 同"称停❶"。宋《朱子语类》卷一〇四:"他圣人说一字是一字,自家只平着心去~他,都不使生一毫杜撰,只顺他去。"元胡祗遹《哀第四子于济宁官舍》:"跖寿与颜夭,一一谁~?"明魏校《与周行之书》:"心如蚬丝,绀绎有序,愈出而愈无穷,井井不乱,虽有善~事者,莫能过矣。"

【秤头】 chèng tóu 指称量的分量。五代何光远《鉴诫录》卷一〇:"~不放分毫过,对面常如割骨贫。"清《歧路灯》四八回:"几番找息银,成色~并没有足的。"

chī

【吃】 chī ❶饮;喝。《敦煌变文校注》卷一《伍子胥变文》:"兵~河水,皆得醉。"《元曲选·东堂老》一折:"你与我看着,等他来时,对俺两个说,俺两个且不~茶哩。"清《醒世恒言》卷三:"一连~上十来杯,这是酒后之酒,醉中之醉,自觉立脚不住。" ❷受;挨。《敦煌变文校注》卷三《燕子赋(一)》:"火急离我门前,少时终须~掴。"宋葛长庚《水调歌头·自述》:"不知行过几重山,~尽风僝雨僽。"明《金瓶梅词话》一四回:"有人情好歹寻一个儿,只休教~凌逼便了。" ❸被;让。介词。《敦煌变文校注》卷一《王昭君变文》:"黄羊野马捻枪拨,麋鹿从头~箭川(穿)。"《元曲选·争报恩》楔子:"倒一觉好睡也,~你打搅醒了我。"明《醒世恒言》卷一三:"且休要打草惊蛇,~他走了。" ❹因;因为。介词。《元曲选·朱砂担》一折:"只~那嗓子粗,不中听。"元明《水浒传》二四回:"自从嫁得你哥哥,~他忒善了,被人欺负。"明《古今小说》卷三八:"摸我胸前,定要行奸。~我不肯,他便将手把我胸前抓粉碎。"按,字形唐代多作"喫",宋金"吃""喫"杂用,元以后多用"吃"。

【吃白饭】 chī bái fàn 只吃饭不做事。明《二刻拍案惊奇》卷二六:"我家养这一群鹅在圈里,等他在家早晚看看也好的,不到得~。"△清《九命奇冤》一二回:"他自己拿去用了,还落得两边不到得~。"

都感激他。他还要到凌家来~。"

【吃白食】 chī bái shí 吃喝不付钱,有时比喻凭空诈骗。明《醒世恒言》卷三:"那人姓卜名乔,正是辛善的近邻,平昔是个游手游食,不守本分,惯~用白钱的主儿。"《石点头》卷九:"被这班~的光棍上船搜出,一窝蜂赶上来,打的打,抢的抢,顷刻搬个罄空。"

【吃棒】 chī bàng 受杖刑。宋徐度《却扫编》卷下:"已而有旨放罪,乃上表谢。神宗读至'无官可削,抚己知危',笑曰:'畏~邪!'"元高明《琵琶记》一六出:"事发尽不防,里正先~。"元明《水浒传》八回:"前日方才~,棒疮举发。"

【吃不得】 chī bu dé 禁不住;受不了。《元曲选·虎头牌》三折:"〔正末云〕拿下去!〔狗儿慌科,云〕可怜见,我狗儿再~了也。"宋元《警世通言》卷三七:"钱物平分,我只有这一件偏倍你们些子,你却怎地~,要来害他!"明《西游记》一五回:"原来那猴子~人急他,见三藏抢白了他这一句,他就发起神威。"

【吃不过】 chī bù guò 犹"吃不得"。宋谢良佐《上蔡语录》卷一:"尧夫精《易》之数……然二程不贵其术,尧夫~。"《朱子语类》卷四四:"如人相讼,初间本是至没要紧底事,~,胡乱去下一纸状。"《元曲选·灰阑记》三折:"被他人混赖了我孩儿,更陷我毒杀夫主,~吊拷绷扒。"

【吃不起】 chī bù qǐ 犹"吃不得"。元《三遂平妖传》八回:"这一场屈官事,交我两个~。"清《儒林外史》五一回:"家门口恐怕有风声,官府知道了,小人~。"

【吃不住】 chī bù zhù 犹"吃不得"。清《红楼梦》一一五回:"岂知惜春一天一天的不吃饭,只想铰头发。彩屏等~,只得到各处告诉。"△《梼杌萃编》二回:"说声翻了脸,不但我们~,就是你老爷面子上也要下不来呢。"

【吃茶】 chī chá 指女子受聘。明《型世言》一〇回:"几年不见,生得这两个好女儿,都吃了茶未?"清《西湖佳话》卷一一:"生得一位小姐,叫名秀英,已是十八岁了,尚未~。"按,明郎瑛《七修类稿》卷四六:"种茶下子,不可移植,移植则不复生也,故女子受聘,谓之吃茶。"

【吃柴】 chī chái 犹"吃棒"。参见"餐柴"。宋罗烨《醉翁谈录》庚集卷二:"冒称进士,且请~。"

【吃醋】 chī cù 比喻产生嫉妒,多指在男女关系方面。明梁辰鱼《浣纱记》七出:"闻得外面新送两个妇人来,或者有些~。"《古今小说》卷二二:"唐氏正在~,巴不得送他远远离身。"按,明谢肇淛《五杂组》卷一一:"而妇人妒者俗亦谓之吃醋,不知何义。"

【吃跌】 chī diē 跌跤;摔倒。宋佚名《张协状元》四一出:"缘何到翻了~? 莫是有人来阴害你? 浑身尽都是鲜血。"元汪元亨《折桂令》:"驾高车乘驷马~怎起? 唉肥羊饮法酒伤了难医。"清《十二楼·拂云楼》一回:"又有一队妇人走到,看见封氏~,个个走来相扶。"

【吃动】 chī dòng 吃。元明《水浒传》三二回:"桌子上那对鸡,一盘子肉,都未曾~。"明《拍案惊奇》卷三六:"张生见~了人,不心慌,只得硬挣起来,狼狈逃命。"清《野叟曝言》一二五回:"秋桂,把没曾~围碟,检一桌送上楼来。"

【吃独食】 chī dú shí 有东西自己一个人吃,比喻独占好处。清《醒世姻缘传》四九回:"俺婆婆这一辈提下的亲,凡有下礼嫁娶的,他都背着俺婆婆~。"《歧路灯》五七回:"您若要~,我就要搅哩。"

【吃饭家伙】 chī fàn jiā huo ❶指脑袋。明《杨家府》卷六:"今日非四将军,这颗~去了。"清《醒世姻缘传》一五回:"这要

犯出来，丢了官是小事，只怕一家子～都保不住哩。"《野叟曝言》八〇回："咱是十足贱相，怎敢望配那贵相，不把～都拆掉了？" ❷ 犹行头，指借以谋生的工具。清《歧路灯》八三回："见了农器耕具，知道是～，织机纺车，知道是雪中不寒夜间不冷的来路。"

【吃寡醋】　chī guǎ cù　比喻没来由的嫉妒。《元曲选·百花亭》二折："我儿曾调他来？皆是他心上自爱上我，你吃这等寡醋做甚么？"明孟称舜《娇红记》四四出："〔丑〕咦！怎么我娶大娘你们都有分！〔二净〕大爷又～哩。"《型世言》二三回："又是一个人道：'罢！不要吃这样寡醋。'姚明道：'甚寡醋？他是干弟兄，旁观不忿，也要说一声。'"

【吃寡酒】　chī guǎ jiǔ　嫖客只要妓女陪酒而不伴宿。明《醒世恒言》卷三："九妈笑道：'难道～？一定要嫖了。你是个老实人，几时动这风流之兴？'"

【吃化】　chī huà　即"乞化❷"。《大宋宣和遗事》前集："或撞着村沙子弟，也坏得弃生就死；忽遇俊俏勤儿，也敢教沿门～。"宋元《清平山堂话本·花灯轿》："看他许大年纪，在街头～，想他也无男无女了。"又："老拙无个男女，在百厮中求院子里住。两目青盲，略见些儿，每日出来看经～。"

【吃荤饭】　chī hūn fàn　指以包揽词讼或敲诈勒索为生者。清《儒林外史》四五回："只见桌旁板凳上坐着一个人，头戴破头巾，身穿破直裰，脚底下一双打板唱曲子的鞋，认得是县里～的朋友唐三痰。"

【吃馄饨】　chī hún tun　❶ 指投水淹死。江湖切口。元明《水浒传》三七回："你若要～时，你三个快脱了衣服，都赤条条地跳下江里自死。" ❷ 犹"吃荤饭"。清《照世杯·掘新坑》："他这舅舅姓金，号方上，是乌程县数一数二有名头～的无赖秀才。"

【吃曤】　chī huò　即吃喝。《敦煌变文校注》卷三《燕子赋（一）》："耕田人打兔，跕履人～：古语分明，果然不错。"

【吃交】　chī jiāo　跌跤；摔倒。《五灯会元》卷一八《泗州用元禅师》："上堂，横按拄杖，顾视大众曰：'今日平地上～。'"《元曲选外编·调风月》三折："是教我软地上～我也不共你争。"元明《水浒传》四回："且说那鲁智深双手把山门尽力一推，扑地颠将来，吃了一跤。"

【吃剑才】　chī jiàn cái　该杀的家伙。詈词。《元曲选·冤家债主》一折："你引着些帮闲汉，更和这～，你只要杀羊造酒将人待。"《元曲选外编·金凤钗》三折："想昨宵～，人一般好看待，杀人贼你做来！"

【吃剑头】　chī jiàn tóu　犹"吃剑才"。《元曲选·黑旋风》四折："则这为～，送得俺哥哥牢内囚。"《元曲选外编·锁魔镜》三折："若撞见那两个妖魔～，半合儿也不勾，杀的那厮无处安身。"

【吃紧】　chī jǐn　❶ 要紧；重要。宋《朱子语类》卷九："学者～是要理会这一个心，那纸上说底，全然靠不得。"明《杨家府》卷二："今此地犹为～去所，吾自恨兵微将寡，常恐不能镇守，有负朝廷顾托之意。"清于成龙《题参以为贪黩剥民者之戒》："两江为东南重地，汛防戍守最为～。" ❷ 用心；仔细。宋《朱子语类》卷一一八："凡日用工夫，须是自做～把捉。"元毛应龙《周官集传》卷二："帅者～致详，盖有取于耳目声色之外，而敷求于躬行履践之间。"明李贽《告佛约束偈》："但得二时粥饭，便当～思量。" ❸ 着急；急切。宋钱时《融堂书解》卷一一："意念不起，常觉常明，斯谓之勤。此最是召公～提武王处。"明《西洋记》一三回："那陈侍郎心里～，咬的牙齿龂龂龂龂响。"清《隋唐演义》四七回："若赵王身子稍有不安，沙夫人即～的相伴着他，不敢行动。" ❹ 表示在紧迫情况或不如意的条件下更加……，犹言要命的是……。元乔

吉《水仙子·为友人作》："税钱比茶船上欠，斤两去等秤上掭，～的历册般拘钤。"佚名《集贤宾》："想当初打哄儿说了个离别，作要儿真果行程，鬼败口话儿只恁般灵！～的唱《阳关》不肯消停。"明王九思《朱履曲·戏作秋千二首》之二："分明平地起神仙。～的松了宝髻，百忙里弯了花钿。" ❺ 着实；十分。明孙继皋《答吴建平书》："适得芸翰，知士心已宁，民情允协。学台既降颜推奖，而道尊开荐复破格缓数行于下，～痛快。"清《后水浒传》四四回："屠俏大嫂听了，也～着急。" ❻ 紧张；危急。明朱长祚《玉镜新谭》卷三："边塞处处告急，而辽镇中于奴祸，尤属～。" ❼ 无奈；可惜。《元曲选·误入桃源》三折："则见他一时半刻，使尽了千方百计，～的理不服人，言不谙典，话不投机。"明李开先《宝剑记》四五出："要寻个风流婿，～的粉墙高，又只怕莺花容易老。"冯惟敏《新水令·送李阁老南归》："几番家上封章早见机，～的奉温旨难回对。"

【吃惊】　chī jīng　惊骇；惊怕。《大宋宣和遗事》前集："熟视之，乃是龙也。其人～，倒卧在地。"《元曲选·陈州粜米》三折："日间不做亏心事，半夜敲门不～。"清《红楼梦》五六回："宝玉听说，心下也便～。"

【吃空】　chī kōng　吃空饭；白吃饭。清《醒世恒言》卷三四："（邱乙大）是个窑户一个做手，浑家杨氏善能描画。乙大做就磁坯，就是浑家描画花鸟人物，两口俱不～。"

【吃空茶】　chī kōng chá　逛妓院打茶围而不嫖宿。明《石点头》一〇回："就是没有钱钞，不去嫖的，也要闯寡门、～。"

【吃空粮】　chī kōng liáng　军中长官对阵亡士兵不申报，照领其薪饷。清《野叟曝言》八八回："缘卫帅权禹恃着靳直之势，平日惯～，兵原不足。"又一二六回："浙江自靳训仁作孽，将各营精壮都挑了去，营将落得冒～。杭州镇标犹甚，几至十缺其五。"

【吃口】　chī kǒu　❶ 口吃。宋宋祁《天台梵师长吉在都数以诗笔见授》："～倦谈真寂寞，移书避事喜人休。"元方回《次韵仇仁近有怀见寄十首》之三："老玩韦编尚可为，复能～对期期。" ❷ 入口；吃的。明《拍案惊奇》卷一："那航海的何不只买～东西，只换他低钱，岂不有利？"《二刻拍案惊奇》卷一四："既缺饮食，我寻些～物事送他，使得么？"

【吃苦】　chī kǔ　受苦；经受痛苦或苦难。《敦煌变文校注》卷一《伍子胥变文》："昭王被考，～不前，忍痛不胜。"元虞集《金丹五颂》之三："重为祖翁添注脚，可怜～为孙儿。"明李实《北使录》："初五日不到，你每边上人民～了。"

【吃苦不甘】　chī kǔ bù gān　甘愿吃苦。不，以否定表强调。《元曲选外编·西厢记》二本楔子："我从来欺硬怕软，～。你休只因亲事胡扑俺。"

【吃苦难甘】　chī kǔ nán gān　犹"吃苦不甘"。元马致远《夜行船》："恁那鬼厮扑恩情忱，得时暂委实受过～，恁几时节冤家信得俺。"又："这一场～，相知每无些店三，般得人面北眉南。"

【吃亏】　chī kuī　❶ （愿望等）落空；受损失。宋《景定建康志》卷四〇："民户，乡人也，岂能一一计嘱。此曹就使效尤，局生情节，不能相符。故自纳者常是～。"元明《水浒传》六九回："总有恩情，也难出虔婆之手，此人今去，必然～。"明薛论道《沉醉东风·妓怨》："不思量旧日情，则有了着疼肉，暗～多少闲愁。" ❷ 指引起不利后果的原因。清孔尚任《桃花扇》一七出："我两个原要不来，～老燕老妥强拉到此，惹了这场没趣。"《红楼梦》六八回："又见周瑞等媳妇在旁边称扬凤姐素日许多善政，只是～心太痴了，惹人怨。"《歧路灯》六四回："他早已想吃咱城中绅衿秀才、宦门公子、富商大贾这一股子大钱，只～他门头儿低，也没好院子

做排场。"

【吃累】 chī lèi ❶负担重。明《西游记》九一回:"府县的各项差徭犹可,惟有此大户甚是~,每家当一年,要使二百多两银子。" ❷受累,烦人做事的客套语。清《歧路灯》七〇回:"姜氏便道:'家中既然有客,我回去好替哥款待。'夏逢若道:'诸事叫贤妹~。'"

【吃力】 chī lì ❶用力;出力。宋《朱子语类》卷六七:"'求言必自近,易于近者,非知言者也。'此伊川~为人处。"明徐士俊《络冰丝》:"小子生来多~,洗砚烹茶兼应客。"清《歧路灯》六九回:"今日这事若是舍二弟撞下的,我再也不肯与他这样~,叫他试试那副榜体面!" ❷费力;吃劲。宋吴泳《与李悦斋书》:"诸葛孔明驰驱受任于汉军屡败之际,凡所施置,倍觉~。"明《醒世恒言》卷四:"秋先便向前攀援了一大回,还只到得半墙,甚觉~。"清《隋唐演义》三回:"见村农在田耕种,却因久旱,田土干硬,甚是~。" ❸受力;着力。《续资治通鉴长编·宋哲宗元祐三年》:"奔流出内黄逐埽,紧着堤岸,其势必定猛恶,最系~。" ❹引申指吃紧或较劲。明《西洋记》二八回:"羊角仙人见打翻了他的无底洞,心上老大~。"又九二回:"柳爷是个新任府官,锋芒正锐,却又是和尚轻藐他,他越发~。虽属众口一辞,饶了和尚拿问,心上其实的不饶他。"

【吃粮】 chī liáng 吃兵粮,指当兵服役。《全唐五代词》卷七《敦煌词(失调名)》:"十四十五上战场,手执长枪。低头落泪悔~,步步刀枪。"清《豆棚闲话》九则:"你在营中~,难道朱哥也不曾认得?"《歧路灯》六六回:"我如今不~了,好另外做个营运。"

【吃恼】 chī nǎo 生气;烦恼。明胡居仁《居业录》卷五:"昔见一俗儒作诗贺人寿,过数日,其人将去糊窗壁,此儒~。"《西洋记》三回:"金员外读了这签诗,心中转恼。道士见金员外~,问道:'这签何处用?'"清孔尚任《桃花扇》四出:"长兄不必~,小弟倒有个法儿。"

【吃骗】 chī piàn 欺骗。宋元《古今小说》卷三九:"吾父与你何等交情,如何藏匿圣旨文书,~吾父入郡,陷之死地?"

【吃贫婆】 chī pín pó 讨贫婆;乞丐妇。元明《水浒传》五一回:"老咬虫,~,贱人!怎敢骂我!"

【吃钱】 chī qián 吞没钱财。清《绿野仙踪》九五回:"他到底要算我杨家的人,怎平白他父亲受贿,媒人~,诸人不嫁,单嫁个道士!"《歧路灯》九五回:"况且衙役督工,断没有不~的。"

【吃敲才】 chī qiāo cái 该打、该死的家伙,詈词。敲,杖杀。元吴弘道《上小楼·闺庭恨别》:"若到家,下的马,如何干罢,和这~慢慢的说话!"明汤显祖《牡丹亭》五三出:"你看这~,眼脑儿天生贼,心机使的凶。"按,"才"亦作"材"。《元曲选·李逵负荆》四折:"我打你这吃敲材,直教你皮残骨断肉都开!"

【吃敲贼】 chī qiāo zéi 犹"吃敲才"。《元曲选·青衫泪》三折:"每日江头如烂泥,把似嗟不的少吃,则被你殃煞我~!"

【吃巧】 chī qiǎo 宋代浙东风俗,农历七月初七晚,合家于门前聚餐。宋庄绰《鸡肋编》卷上:"浙人七夕,虽小家亦市鹅鸭食物,聚饮门首,谓之~。"

【吃十方】 chī shí fāng 指僧徒靠到处化缘度日。佛家称八方与上下为"十方",故云。宋俞德邻《鹤林禅寺塑金刚榜》:"开口~,瞑目捍外道。"明《石点头》卷三:"只说做和尚的~,看这人倒是个吃廿四方的。"

【吃食】 chī shí ❶吃;吃饭。宋王得臣《麈史》卷一:"御史俸薄,故台中有'聚厅向火,分厅~'之语。"明何乔新《椒邱文集》卷三二:"捉拿杨友,要行打死,就将草料逼伊~。"清《野叟曝言》

六九回:"献技之人即入里房,待外面粗乐一止,细乐一起即出房。献技毕退坐,随意~茶点。" ❷食物。宋《三朝北盟会编》卷二二八:"赐北使副酒各四大金瓶,~果子四大金棱犀皮合。"《老乞大》卷上:"京里~贵贱?我那相识人曾说,他来时,八分银子一斗粳米。"清《儒林外史》一六回:"见太公烦闷,便搜出西湖上景致,以及卖的各样的~东西,又听得各处的笑话,曲曲折折,细说与太公听。"

【吃受】 chī shòu 遭受,同义复词。宋黄榦《复陈师复寺丞》:"是固然也,却不思天灾流行,百姓亦须大家~。"宋《五代史平话·汉上》:"你是甚人,在此打睡?疾忙起来,去见长者,莫带累咱~谴责。"清《醒世姻缘传》六五回:"若是被他认出假的,这场晦气怎生~?"

【吃死饭】 chī sǐ fàn 不事经营,专靠旧有家产或依赖他人为生。宋佚名《张协状元》五出:"〔净云〕学你只会~!〔生云〕妈妈息怒。"明《醒世恒言》卷三五:"我们日夜吃辛吃苦挣来,却养他一窝子~的。"

【吃酸】 chī suān 犹"吃醋"。明汤显祖《牡丹亭》一九出:"则是娘娘有些~,但是掳的妇人,都要送他帐下。"

【吃喜】 chī xǐ 可爱;可喜。金《董解元西厢记》卷七:"满腹相思难诉陈,~的冤家,怎生安稳?"元乔吉《折桂令·咏红蕉》:"富贵人家,妆点湖山,~窗纱。"又《斗鹌鹑·歌姬》:"~煞月阑干。"

【吃虚】 chī xū 落空。唐孙棨《题刘泰娘舍》:"汉高新破咸阳后,英俊奔波遂~。"宋晁以道《次韵二十二弟谢胡以纯饷米》:"~兄弟嗟病同,任死图书愧满船。"清《蜃楼志》四回:"乍入天台路转迷,~心事有谁知。"

【吃盐米】 chī yán mǐ 俗语"人吃盐和米,讲的情和理"的缩略,意为通情达理。明《金瓶梅词话》六九回:"谁人不~?等三叔来,叫他知遇你们。"清《野叟曝言》二三回:"官府是不~的,敢说没理的话吗?"

【吃衣饭】 chī yī fàn 穿衣吃饭,指借以谋生的手段。宋元《古今小说》卷三:"原来这家是隐名的娼妓,又叫做私窠子,是不当官~的。"明《金瓶梅词话》五〇回:"原来这条巷唤做蝴蝶巷,里边有十数家,都是开坊子的~的。"

【吃早酒】 chī zǎo jiǔ 早晨空腹饮酒易醉,比喻人犯糊涂、说昏话。宋元《清平山堂本·李翠莲》:"你有不曾~,嚼舌嚼黄胡张口。"《元曲选·东堂老》一折:"好没分晓,敢是~来!"明《金瓶梅词话》一九回:"那竹山听了道:'气杀我!我和他见官去,谁见他甚么钱来?'张胜道:'你又吃了早酒了。'"

【吃斋】 chī zhāi ❶僧徒进食。唐[日]圆仁《入唐求法巡礼行记》卷二:"山院~,便吃新粟米饭。"元明《水浒传》四五回:"众僧都坐了~,先领了几杯素酒,搬出斋来,都下了衬钱。" ❷吃素。《元曲选·窦娥冤》四折:"小的是念佛~的人,不敢做昧心的事。"明陆容《菽园杂记》卷一五:"为此言者,正犹贫人~以文其贫。"清《红楼梦》七五回:"今日我~,没有别的,不过是些面筋豆腐。"

【吃盅】 chī zhōng 吃酒,隐指女子偷情。明《一片情》八回:"凡人家妇女,端正的、不端正的,初开门的、半开门的,吃一盅的、不吃一盅的,没一个人不在眼里。"《型世言》二七回:"'这妇人是~儿的。'陈公子道:'先生怎知道?'钱公布道:'我只见他叫打酒,岂不~儿。'"

【吃粥】 chī zhōu 分娩的婉词。明《朴通事谚解》卷上:"你姐姐曾几时~来?恰三日也。小厮儿那女孩儿?一个俊小厮。"

【吃皱】 chī zhòu　犹"忔皱"。宋毛滂《青玉案》:"眉儿～,为谁无语,阁住阳关泪。"明许潮《写风情》:"只见他～双娥,那一会儿便是狠阎罗。"

【吃桌】 chī zhuō　酒席上摆可食菜肴供人食用的桌面,跟供观赏的"看桌"相对。明佚名《粉蝶儿·悭吝》:"见人家三汤两割,～看桌。"清《十二楼·归正楼》一回:"见他～之外另有看桌,料想终席之后要撤去送他。"

【吃子】 chī zǐ　口吃的人。明《醒世恒言》卷一六:"口内如～一般,半个字也说不清洁。"

【吃嘴】 chī zuǐ　❶嘴馋贪吃。元明《水浒传》一六回:"你这村鸟,理会的甚么? 到来只顾～,全不晓得路途上的勾当艰难!"清《醒世姻缘传》八〇回:"却说寄姐害了这个活病,只喜～。"❷接吻。清《绿野仙踪》二六回:"被东大经搂住,那里肯放? 还要～,被妇人用力在面上打了一掌。"又五二回:"掀起帘子一觑,见玉磬儿坐在如玉怀中,拥抱着～。"

【吃罪】 chī zuì　承担罪责。明佚名《彩楼记》:"惊唬诰命夫人,你我大家～。"△《观风奇缘》五二回:"若有失误,我等～不起。"

【眵糊】 chī hú　眼睑分泌物。元李杲《兰室秘藏》卷上:"眼睫成纽,～多,隐涩难开。"明丁彩《山坡羊·代周联峰嘲妓》:"～着眼了将你迷恋,气瞒了心了全没个果断。"

【眵抹花】 chī mò huā　即"眵糊"。明孙峡峰《黄莺儿》:"两眼～,两双脚擦喇喇。"

【笞榜】 chī péng　用杖拷打。宋叶绍翁《四朝闻见录》卷一:"有司～,僵气绝复苏者屡矣,不服。"明王绂《上邑宰韩相公三十韵》:"便期消狱讼,何必事～。"《警世阴阳梦》一〇回:"阎罗本性大慈,忍把群灵～?"

【笞榜】 chī péng　即"笞榜"。宋欧阳修《答梅圣俞寺丞见寄》:"神灵多请祷,租讼烦～。"明宋濂《杜府君墓铭》:"吏受～,号泣莫为之计。"

【痴】 chī　❶滞重;不灵活。唐罗隐《寄韦赡》:"风吹晓雁看看别,雨胁秋蝇渐渐～。"宋程垓《南歌子·早春感怀》:"弱柳眠人初醒,残梅舞尚～。"明王世贞《国朝诗评》:"林大用如太湖中顽石,非不具微致,无乃～重。"❷幼稚;天真。唐卢仝《示添丁》:"父怜母惜掴不得,却生～笑令人嗟。"宋范成大《樱桃花》:"玉梅一见怜～小,教向傍边自在开。"明孟称舜《娇红记》三出:"我稚女～男皆娇养,是你年居长。"❸呆,引申指长时间地。唐杜荀鹤《寄从叔》:"雁夜愁～坐,渔乡老忆归。"宋洪迈《夷坚志》乙卷八:"时两行客过官道,怪其～立于草间。"元赵文《雪》:"天上何人巧戏剧,笑我～眠欠怯冷。"❹谦词,称自己年龄。宋吴编修《贺新凉·自寿》:"数～年,平头六十,更须三岁。"《元曲选·燕青博鱼》一折:"我～长你两岁,我认义你做个兄弟。"明《金瓶梅词话》六一回:"老拙今年～长八十一岁。"

【痴騃】 chī ái　呆傻。唐寒山《死生元有命》:"聪明好短命,～却长年。"《元曲选·来生债》三折:"有如那月初圆又逢云埋,跳不出这尘寰世界,我觑了委实～,只当是装一船家兀那横祸飞灾。"明《古今小说》卷一:"也有夸兴哥做人忠厚的,也有笑他～的,还有骂他也没志气的。"

【痴笨】 chī bèn　呆傻;愚蠢。明何璟《新水令·自述》:"喜归来茅屋乐闲身,任傍人笑咱～。"张萱《疑耀》卷三:"此～人前说风流也。"

【痴呆】 chī dāi　呆傻;呆滞。宋觉范《赠欧阳生善相》:"重轻宁在子,意子定～。"《元曲选外编·拜月亭》三折:"据着那凄凉

惨切,则那里一霎儿似～。"明朱有燉《天净沙》:"海棠开褪娇姿,牡丹又谢芳枝,架上荼蘼若此。可怜春事,～了燕子莺儿。"

【痴憨】 chī hān　呆笨;质朴不机灵。宋李石《扇子诗》:"上头圆盖下方盘,中夹一白肉丸。九窍八骸浑不识,更来底处觅心安?"《元曲选·萧淑兰》二折:"唬的我手忙脚乱似～,似寻虎窟觅龙潭。"明仲龙子《十二月带过尧民歌·解嘲》:"您笑俺缩着头、缄着口、怕说是非,忒～。"

【痴迷】 chī mí　❶执迷不悟。宋佚名《张协状元》二七出:"我儿又得要～,夫妻事前定矣。"元高明《琵琶记》三〇出:"这妮子好～!"明陆治《渔灯儿·闺情》:"本待要把热心肠一时灰,不觉冷地又～。"❷昏聩;愚钝。宋林希逸《前日苦旱禾恐立槁今雨太多》:"村居饱饭犹难必,更敢～望穄羹。"《元曲选·看钱奴》三折:"这小的他却～愚滥,只图穿吃,看的那钱钞土块般相似。"清范承谟《客俘》:"可怜豚犬～甚,风鸟摧残饲野鸢。"❸入迷。宋葛胜仲《出院有期呈同院二首》之一:"门前舆马已纷纷,犹尔～校艺文。"明张岱《陶庵梦忆》卷六:"旋即归航,柳湾桃坞,～亿想,若遇仙缘。"❹迷糊;不清醒。明《醒世恒言》卷一六:"睡到明日午牌时分,还～不醒。"❺迷惑;使痴迷。明汤式《一枝花·赠王善才》:"风魔了智广,病愁煞维摩,～了六祖,调笑煞弥陀,则为你送行云两点秋波。"

【痴顽】 chī wán　愚钝顽劣。唐寒山《摧残荒草庐》:"饱食腹膨脝,个是～物。"《元曲选·忍字记》二折:"〔俫儿云〕开门来。〔正末开门见科,唱〕呀! 原来是～娇养的这小冤家。"明朱有燉《六国朝·初秋登览晚宴天香阁》:"都笑我～,我问你学得我～的谁似否?"

【痴痖】 chī yǎ　痴呆不语。明《西游记》五四回:"太师道:'大丈夫遇时,不可错过。似此招赘之事,天下虽有;托国之富,世上实稀。请御弟速允,庶好回奏。'长老越加～。"有时用重叠式。《西游记》一一回:"众臣悚惧,骨软筋麻,战战兢兢,痴痴痖痖。"

【痴争】 chī zhēng　同"痴挣❶"。元佚名《小张屠》四折:"听说罢唬了魂,说得我半晌如～。"

【痴挣】 chī zhēng　❶发傻;痴呆。《元曲选·连环记》二折:"霎时间朱颜易改,皓首相缠,憋躁的我浑如～,直似风颠。"《元曲选外编·蓝采和》二折:"唬的我半晌家如～,悠悠的去了魂灵。"❷打寒噤。《元曲选·黑旋风》一折:"他见我这威凛凛的身似碑亭,他可惯听,我这莽壮声,唬他一个～。"又《朱砂担》一折:"天也,好着我又不敢问他姓名,早则是打了个浑身～。"

【痴子】 chī zi　傻子。唐寒山《恶趣甚茫茫》:"此等诸～,论情甚何伤。"明《拍案惊奇》卷四〇:"好～! 这里坐,可是有得钱来的么?"

chí

【池子】 chí zi　❶池塘。元《三遂平妖传》一三回:"众做公的即时抱扯起来,就～边将一桶猪羊血望和尚光头上便浇。"宋元《警世通言》卷三六:"猛见一所～,思量不如就池里放水而死。"❷池状物。宋李诫《营造法式·补遗》:"水平两头各开池,方一寸七分,深一寸三分,身内开槽子,广深各五分,令水通过,于两头～内各用水浮子一枚。"

【驰】 chí　书信用敬语,表示对远方亲友迫切的心情。《敦煌愿文集·愿文范本(三)〈太保相公〉》:"昔居他邑,宪隔岁年,文绝音书,～诚每积。"宋秦观《与李德叟简》:"昨得递中所寄书,甚慰

～仰。"明张居正《寄有道李中溪言求归未遂书》:"万里缄书不胜～慕。"清陈确《再与来成夫书》:"询知道履清胜,极慰～系。"

【驰骋】 chí chěng 施逞。《元典章·刑部六》:"或～凶暴,恐吓告者。"

【驰趋】 chí qū 疾奔,引申指奔走。《新五代史·安重诲传》:"过凤翔,弘昭拒而不纳。重诲惧,～京师。"宋李昭玘《代庭玉弟谢吕大资举县令》:"一诺稍轻于许可,众人争效于～。"元范梈《赠李端朝别》:"沉沉大藩府,勤事以～。"

【驰驶】 chí shǐ 疾行。元周权《八里庄渡淮入黄河水浑不可饮》:"河流汩汩如泾水,浊浪崩腾疾～。"明祝允明《上下滩》:"上滩若缘蚁,下滩若～。"

【迟】 chí ❶ 久。唐杜甫《巳上人茅斋》:"枕簟入林僻,茶瓜留客～。"方干《旅次洋州》:"凉月开窗歇枕倦,澄泉绕石泛觞～。"《元曲选外编·西厢记》一本二折:"我不吃茶了,恐夫人怪来～,去回话也。" ❷ (时间)过去。明《金瓶梅词话》一八回:"～了半日,两个走到府门前,望着守门官深深唱了个喏。"清《红楼梦》八九回:"～了好一会,黛玉才随便梳洗了。" ❸ 耽搁;延误。《元曲选·任风子》一折:"化的俺这一方之人,尽都吃了的斋素,俺屠行买卖都～了,本钱消折。"明汤显祖《牡丹亭》四一出:"今淮扬危急,便着安抚杜宝前去迎敌,不可有～。"《金瓶梅词话》五六回:"我这几日不是要～你,只等你寻下房子,一搅果和你交易。"

【迟挨】 chí ái 耽误;拖延。《大清会典则例·盘察》:"倘有听其～,直致抚司行提催解者,将府州一并察参。"《歧路灯》四回:"门斗见孝移仍面有难色,恐坚执推辞,～有变。"

【迟捱】 chí ái 同"迟挨"。《元曲选·酷寒亭》四折:"你可便莫得～,直吃到梨花月上来。"

【迟夯】 chí bèn 愚笨不灵活。明《二刻拍案惊奇》卷二二:"溜撒的,拾了大块子,又来拈撮,～的,将拾到手,又被眼快的先取了去。"

【迟怠】 chí dài 迟延怠慢。《云笈七籤》卷一一七:"稍或～,冥官考责鞭挞极严。"明戚继光《练兵杂记》卷三:"应该自行者,不敢～;应该请详者,请详遵奉。"《西游补》一五回:"四声钟响,听点,不得～。"

【迟和疾】 chí hé jí ❶ 偏重在"疾",犹言迅速、一下子。《元曲选外编·西厢记》二本二折:"文魔秀士,风欠酸丁。下工夫将额颅十分挣,～擦倒苍蝇,光油油耀花人眼睛。" ❷ 犹言迟早、总有一天。《元曲选·金钱记》三折:"心绪悠悠,不明白这场迤逗,迤逗的～命掩黄丘。"《元曲选外编·西厢记》五本四折:"不能够娇姝,早共晚施心数;说来的无徒,～上木驴。"明冯惟敏《鸿门奏凯歌·复儿度辽省墓》之二:"承继了箕裘,早共晚功名就;撞破了烟楼,～志愿酬。" ❸ 或早或晚。元贯云石《醉高歌过红绣鞋》:"秦甘罗衰发禄,姜吕望晚登坛,～时运里趱。"明杨应奎《点绛唇·和刘函山田家适》:"几曾见飞离尘世上青霄,逍遥,陈抟也只在华山逃。看这园林花草,～也只开一遭。"

【迟和早】 chí hé zǎo 同"迟和疾❷"。明冯惟敏《朝天子·感述》:"丑声,贯盈,～除邪佞。"《醒世恒言》卷九:"就是今番不死,～少不得是一死,到不如放孩儿早去。"

【迟货】 chí huò 滞销的货物,喻人时犹言蠢材、背时的。明《金瓶梅》七三回:"你我本等是～,就不上他的心。"沈璟《博笑记》一五出:"闻门外有个僻静道院,那道士极有钱,又极是个～。"

【迟疾】 chí jí 快慢。❶ 偏重在"迟"。迟慢;迟延。元《七国春秋平话》卷上:"叵耐子之将吾因于狱,吾命在旦夕。汝可速来救我;如～,则父子不能相见矣。"《三国志平话》卷中:"曹相屯

兵夏口,百三十万,若～,夏口必破。" ❷ 偏重在"疾"。快;早。《元曲选·秋胡戏妻》二折:"常言道媳妇是墙上泥皮,则愿的白头娘早晚～可。" ❸ 犹迟早、早晚。元纪君祥《赵氏孤儿》二折:"我～死后一场空,精神比往日难同。"《三国志平话》卷中:"曹操一病,名虎头风,吉平疗之。～发,可使毒药坏之。"清《东周列国志》一四回:"公孙无知得书大喜,即复书曰:天厌淫人,以启将军之衷。敬佩里言,～奉报。"

【迟局】 chí jú ❶ 晚到局(集会),引申指迟慢。明沈周《赵民部梦麟……携酒会饮涵虚楼》:"自愧衰翁落～,未容民部不深杯。"孙继皋《答陈应翁老师》:"廿年资地,幸厕三品,于词林故事,似堕～。" ❷ 跟"打"字连用,表示反应迟缓或有意拖延。清《醒世姻缘传》八四回:"狄希陈倒也喜欢,只说到那八十两束修的去处,打了一个～。"《蒲松龄集·丑俊巴》:"若是马面牛头,他打个～来哟,只消那九齿钉耙,筑他个烂酱稀泥。"

【迟老】 chí lǎo 延缓衰老,指养生。宋邵雍《首尾吟》之八一:"～更逢春不老,尧夫非是爱吟诗。"张镃《朝中措·重葺南湖堂馆小词落成》:"三杯两盏,五言千字,～工夫。"

【迟慢】 chí màn ❶ 缓慢;迟缓。《旧唐书·宪宗纪》:"入衙入阁,执笏不端,行立～,立班不正。"《续资治通鉴长编·宋哲宗元祐七年》:"如有年高或病患及尪悴行步～、怯弱不任征役之人,许本家或亲属内选人承替。"明《西游记》三三回:"那呆子有些懒惰,断然走的～。" ❷ 耽搁;延误。《元典章·刑部十五》:"他每不拣是谁～了勾当呵,监察御史、廉访司官依例体察者。"《元曲选·桃花女》二折:"此事不宜～,就去街市上唤个媒婆来。"明《古今小说》卷二七:"悄悄唤起舟人,分付快开船前去,重重有赏,不可～。" ❸ 怠慢;轻忽。元谢应芳《萧聘张启》:"礼惭～,事幸速成。虽无双璧之将,已拜百金之诺。"《元曲选·金钱记》三折:"这是圣语,非同小可,不得～。"明汤显祖《牡丹亭》四三出:"兵锋四起,劳苦诸公。皆老夫～之罪,只长揖便了。" ❹ 鲁愚;迟钝。宋《朱子语类》卷三五:"资质～者,须大段着力做工夫方得。"明毛恺《禁刑狱之滥疏》:"人犯到官,审理宜速,或方性～而未即审,或事势忙迫而未暇审。"清《红楼梦》七七回:"只是迎春语言～,耳软心活,是不能作主的。"

【迟然】 chí rán 迟延。金《董解元西厢记》卷八:"(乱军)高声喝叫:'得莺莺便把残生怯,若是些小～,都叫化背血。'"

【迟日】 chí rì 指春日,语本《诗经·豳风·七月》"春日迟迟"。《敦煌愿文集·愿文等范本(二三)十二月时景兼阴晴云雪诸节》:"月在暮春,景临～,娇花似笑,言鸟如歌。"宋刘攽《送王广渊郎中知颍中》:"东风不起惊涛势,～何妨短驿程。"明《西游记》九四回:"两处但着教坊司奏乐,伏侍赏春景消～也。"

【迟速】 chí sù 快慢。❶ 偏指快。疾速;迅疾。《太平广记》卷二七引《续仙传》:"志和酒酣,为水戏,铺席于水上,独坐饮酌笑咏。其席来去,～如刺舟声。"宋郭应祥《菩萨蛮·县斋木犀今年殊未开而盆菊特茂盛》:"未观岩桂先赏菊,世间底事真～。节物苦相催,重阳便到来。"明王士性《广志绎》卷五:"将近崖石处,若篙点去稍失尺寸,则～之顷转手为难,舟遂立碎。" ❷ 早晚。指时间。宋梅尧臣《田家语》:"盲跛不能耕,死亡在～。"明《石点头》卷七:"贤乔梓积德累仁,前程自然远大,但在～之间耳,何愁此愿不遂?"清《聊斋志异·连琐》:"君记取百日之期,视妾坟前有青鸟鸣于树头,即速发冢……～皆不可。"

【迟晚】 chí wǎn 同义复词。❶ 偏指"晚",时间靠后。《太平广记》卷二四六引《诸宫旧事》:"后同府人有得郡者,温为坐饮叙别。友亦被命,至尤～。"宋郑獬《谢翰林学士表》:"惟惭补报之

未能，敢以～之为叹。”明唐之竑《杜诗攟》卷二：“是时，严公方奏公为工部员外郎，赐绯。一生流落，～得此。他人以为荣，公顾耻之。” ❷ 偏指“迟”，来不及。唐白居易《请因朱克融授节后速讨王庭凑事》：“但恐如今救已～，若犹可及，无出于此。”宋陈襄《送章舍人知汝州》：“归来奏优课，行道非～。”明贺士諮《寄族兄弟》：“早早归来，已是～，若列延滞，天地罪人矣。” ❸ 耽搁；延误。《敦煌变文校注》卷六《大目乾连冥间救母变文》：“欲救悬沙（丝）之危，事亦不应～。”明顾璘《远招十五叠》之六：“皇都旖旎飘云霞，宝幢玉节开行幌，魂兮亟归莫～。”清《飞花艳想》一四回：“门生因先京兆早亡，幼孤无力，因此～。” ❹ 早晚，指时间。《太平广记》卷四八六引《无双传》：“但生前得见，岂敢以～为限耶！”宋《云笈七籤》卷六四：“（大毒紫粉）人服，不看多少远近，如吃杂物触犯，不问日月～，如发，不在医疗例。” ❺ 迟早；终归。副词。唐杜牧《窦烈女传》：“为贼凶残不道，～必败，姊宜早图遗种之地。”宋张方平《读混元经》：“此途得道亦连袂，～须乘八景舆。”

【迟误】 chí wù 延迟耽误。宋黄震《召籴免和籴榜》：“官司既不比常年多籴，则税户亦不可比常年～。”元明《水浒传》三四回：“此事如何敢～？只今连夜便去点起人马，来日早行。”明李梅实《精忠旗》三〇出：“只官府限着日期，岂敢～。”

【迟延】 chí yán ❶ 迟慢耽搁。唐易静《兵要望江南·占鼠》：“此是伏军藏诡计，搜寻斜谷道傍边，急备莫～。”《元曲选·鲁斋郎》一折：“谁敢～，我只得破步撩衣走到跟前。”明《西游记》五二回：“那罗汉不敢～，即取金丹砂出门。” ❷ 延缓；推迟。宋欧阳修《论契丹侵地界状》：“臣闻敌人侵我冶谷，虽立寨屋三十餘间，然尚～，未敢便贮兵甲。”明朱长祚《玉镜新谭》卷四：“皇极殿工，我皇祖～未举者三十餘年，诚重之也。” ❸ 延续；持久。唐白居易《思旧》：“惟予不服食，老命反～。”宋文珦《白日苦短行》：“白日常苦短，无方使～。” ❹ 逗留；盘桓。宋曾巩《郊祀庆成》：“暗蔼如无间，～若可亲。”元舒頔《太常引》：“山色共承宣，君秩满，我～，几度醉花前。”

【迟早】 chí zǎo ❶ 早晚；或早或晚。元王义山《寿崇节致语》：“多谢天工相懊恼，花间不问春～。”明《禅真后史》四回：“且将瞿先生的收下，刘相公分付的，～惟命。”清范承谟《条陈闽省利害疏》：“其餘本省拨给虚项，原额仍在，～征足，解补内部。” ❷ 终归；毕竟。清《绿野仙踪》八六回：“我今日有了酒，你让我略睡一睡，～饶你不过。”《歧路灯》七一回：“后边事咱再商量，～咱要做个生意才好。”

【迟滞】 chí zhì ❶ 拖延耽搁。唐赵璘《因话录》卷四：“于山口见一猛兽当路，良久不去，以故～。”明沈采《千金记》三九出：“快追前去，莫待～，逼取项王，中吾之计。”《警世通言》卷一七：“我如今便与马相公援例入监，请马相公到此读书应举，不可～。” ❷ 迟钝；缓慢。明刘基《愁鬼言》：“迫而视之，得一人焉。华发半秃，发言～，举趾局促。”《西游记》一三回：“性服青衣稳，蹄步多～。”

【迟伫】 chí zhù 踟蹰；踌躇。唐岑参《送颜评事入京》：“颜子人叹屈宦游，今未～明主用。”明汤显祖《与曾金简》：“回雁有音，～无尽。”

【持】 chí ❶ 持诵；坚持念诵（经咒之类）。《太平广记》卷一〇二引《报应记》：“（文若）入一宫城，见王，曰：‘卿在生有何功德？’答云：‘唯～《金刚经》。’”又引《法苑珠林》：“王问曰：‘汝一生以来，作何福业？’昌答云：‘家贫，无力可营功德，唯专心持诵《金刚般若经》。’王闻语，合掌低首，赞言：‘善哉！汝既～《般若》，功德甚大。’”明《金瓶梅词话》五九回：“昔日有一妇人，常～《佛顶心陀罗经》，日以供养不缺。” ❷ 用；以。介词。唐孟郊《妾薄命》：“将新便故易，～故为新难。”王维《慕容承携素馔见过》：“空劳酒食馔，～底解人颐？”

【持拔】 chí bá ❶ 提拔；援助。《旧唐书·裴漼传》：“开元五年，迁吏部侍郎，典选数年，多所～。”元陶宗仪《辍耕录》卷一二：“自蒙恩府～，数日后乃产。母子二人没齿感再生之赐者，岂敢忘哉！” ❷ 揪扯；拽。元耶律铸《述实录》：“忍令飞驾鼎湖龙，～龙髯堕尘劫。”

【持把】 chí bǎ ❶ 握；拿着。宋晓莹《罗湖野录》卷一：“自谓此颂法身向上事，如傅大士云‘空手～锄头’，洞山云‘五台山上云蒸饭’，只颂得法身边事。”《元典章·户部八》：“其盐徒动辄百十结连群党，～器仗，专一私贩。” ❷ 把玩；掌握。宋李纲《次韵罗修撰古风》：“旧游得窥真，真赏寄～。”又《玉华宫用杜子美韵》：“如何世间士，天运欲～？”

【持备】 chí bèi 戒备；素有防备。元《七国春秋平话》卷上：“有国舅邹坚、邹忌并清漳太子引兵来劫臣寨，臣若不能～，则臣今日不能见大王。”

【持兵】 chí bīng 领兵。唐杨炯《后周青州刺史宇文公神道碑》：“时齐武王居中作相，实有迁鼎之谋。周太祖在外～，深怀事君之道。”宋李纲《上道君太上皇帝札子》：“老将～，望风先溃。”元《秦并六国平话》卷上：“王翦见李牧归城不出，～克日攻城。”

【持撑】 chí chēng 同“撑持”。明薛论道《朝元歌·别情》：“谁怜长叹人，双眉压损，怎～许多忧闷。”

【持迟】 chí chí 犹豫；迟疑。唐沈光《李白酒楼记》：“溃毒者隐忍而不能就其针砭，抟猛者～而不能尽其胆勇。”宋孔仲平《谈苑》卷三：“澶渊之幸，陈尧叟有西蜀之议，王钦若赞金陵之行，～未决。”

【持扶】 chí fú ❶ 搀扶。宋杨杰《故福昌县太君李氏墓志铭》：“司空执丧过哀，殆不能胜。太君供侍～，未尝违去左右。”曾幾《二儿次韵予以复次韵二首》之二：“井深时汲引，架倒复～。”元虞集《翰林学士承旨董公行状》：“公望宫墙哀恸，几坠马下。同列争～之。” ❷ 维持；保持。宋强至《七夕》：“星如有巧更可乞，益恐薄俗难～。”元郝经《立政议》：“以天下自任，孳孳汲汲，～安全，必至于成功而后已。”

【持时】 chí shí 报时；值更。唐《律》卷五《厩库律》：“诸有人从库藏出，防卫主司应搜检而不搜检，笞二十；以故致盗不觉者，减盗者罪二等。若夜～不觉盗，减三等。”《疏议》：“～，谓当时专持更者。”宋孔仲平《孔氏杂说》：“‘行夜’如今‘持更’是已，‘～’如今‘报时’是已。”

【持守】 chí shǒu ❶ 遵守；坚持（原则、操守等）。唐张说《郧国长公主神道碑》：“抚视遗孤，～柏舟之誓；志期剃落，永从柰园之游。”宋《朱子语类》卷一〇一：“和靖不观他书，只是～得好。”明王祎《拟元列传·许衡》：“诸生敬畏，～惟谨。” ❷ 防守。元明《三国演义》八五回：“虽以陛下天威临之，亦未见万全之势也。只可～，以待二国之变。”清《野叟曝言》一〇七回：“但那时尚在悬揣，所分之兵，仅可～。”

【持诵】 chí sòng 同“持❶”。《敦煌愿文集·愿文范本二〇·布萨文》：“自佛日西没，像法东流，大阐《木叉》，奉行～者，今则有释都教授和尚为此方之尊首。”宋苏轼《代夫人与福应真大师》：“儿从夫远谪，百念灰灭，～之餘幸无恙。”明《拍案惊奇》卷二七：“王氏还不忘经典，自家也在里头～。”

【持握】 chí wò ❶ 抓握；执持。宋梅尧臣《汤珙秘校遗沉水管笔一枝》：“久从海上厌～，乞与阮籍书途穷。”蔡絛《铁围山丛谈》卷一：“棒纯铁尔，生平～，既而爪痕至今犹在。” ❷ 掌握；持

守把握。明杨继盛《与继津年兄书》："势机在彼～,岂得自专行事。"明高攀龙《郑母寿歌》："～径寸寿无疆,专静沉默道之乡。"

【持孝】 chí xiào　戴孝;守孝。《太平广记》卷四八四引《异闻集》："后数岁,生父母偕殁,～甚至。"元《前汉书平话》卷中："遂传指撞金钟,王与文武一齐～,第七日葬入山陵。"明杨士奇《正统九年三月治命》："盖吊是常礼,孝是凶物,岂可自进凶物请他人为己,大非礼非礼。"

【持择】 chí zé　选择。宋《朱子语类》卷六九："修辞便是立诚,如今人～言语,丁一确二,一字是一字,一句是一句,便是立诚。"元王恽《用中选儒士》："兼金人旧例,台掾书吏皆于终场举人内试补勾当,但在有司～,使之精当。"清施闰章《寄王丹麓》："是朋友磨切之益,藉此为献,老年翁再加～可也。"

【持斋】 chí zhāi　佛教徒过午不食,后多指吃素。唐张籍《律僧》："～唯一食,讲律岂曾眠。"《元曲选·勘头巾》三折："我～把素,口诵《黄庭道德真经》,怎肯持刀杀人?"明《西游记》一一回:"这个人自幼为僧,出娘胎就～受戒。"

【持支】 chí zhī　支持;维持。《旧五代史·周书·太祖纪四》："赐朗州刘言绢三百匹,以兵革之后匮乏故也。诏在京诸军将士～救接。"宋苏轼《上吕仆射论浙西灾伤书》："譬如衰羸久病之人,平时仅自～,更遭风寒暑湿之变,便自委顿。"明王世贞《与元驭阁老书》："老荆渐自～,三儿不废开卷。"

【持咒】 chí zhòu　念咒语。《太平广记》卷二四引《仙传拾遗》："乃选深山幽谷无人迹处,依法作坛～。"元关汉卿《西蜀梦》三折："咱可灵位上端然坐,也不用僧人～,道士宣科。"清《续金瓶梅》五五回:"一个老人终日念佛～,吃了长斋。"

【跚蹰】 chí chú　考虑;盘算。宋孔平仲《南卒》："奈何天子诏,苦禁蓄兵书。军旅非素习,壮士心～。"清《后水浒传》五回:"急要寻死,却推走得如云雾般,前后防护。只得暗暗～,到临时寻个死路。"按,"踌躇"也有此用法。

chǐ

【尺楮】 chǐ chǔ　指画幅、书信。楮,纸。宋楼钥《送王粹中教授入蜀》："归期未知果何时,时寄～宽吾思。"明叶盛《水东日记》卷二:"今人间往往有其所画梅花,断缣～,人争宝之。"清《好逑传》一三回:"今过老先生乃不得已,只得亲修～,并不腆之仪,以代伐柯。"

【尺紧】 chǐ jǐn　同"赤紧❶"。元赵彦辉《点绛唇·省悟》:"一场恩爱变为仇,～的红裙不解嘲风口,以此上青衫紧退揉花手。"

【尺头】 chǐ tóu ❶布匹;衣料。元施惠《幽闺记》三九出:"老夫告回,即办～羊酒来作贺老司马。"明《警世通言》卷二四:"你到下处取二百两银子,四匹～,再带散碎银二十两,到这里来。"《型世言》五回:"今日工部大堂叫咱买三五百两～,老爷爷便同去一去。" ❷尺寸;长度。宋俞德邻《佩韦斋集》卷一九:"弃淮弃蜀弃荆襄,却把江南寸寸量。量得亩田多一尺,～能有几多长?"元古本《老乞大》下:"这个柳青纻丝有多少,勾做一个袄子么?"元明《水浒传》一〇三回:"张世开嫌那缎子颜色不好,～又短,花样又是旧的,当下把王庆大骂。"

【齿芬】 chǐ fēn　称赞;赞誉。多用作謙敬词。明毕自严《户部题名录》:"则如夏华容、刘湘阴之卓识定力……心仪者如俗宗嵩岳,～者如桂醑兰浆。"清王士禛《居易录》卷三一:"河东分守吴公,入境即～见及。虽未谋面,一时枯木春而冷灰然。"《绿野仙踪》一三回:"曹大人吹嘘于后,实老师～于前之力也。"

【齿及】 chǐ jí ❶说到。宋秦观《与孙莘老学士简》:"前日辱～乱道,海喻犹详。某虽不肖,请终身诵之。"明王士贞《上太师徐公》:"相公时时～,使人屏息而无所容。"《石点头》卷二:"我初到其家,止见两次。自后遵母命,未尝再～于我。" ❷谓年龄达到某一限度。明《醒世恒言》卷二三:"重节少艾,帝得之胜百斛明珠。娘娘～矣,自当甘拜下风,何必发怒?"

【齿记】 chǐ jì　念叨惦记。宋夏竦《省副郎中启》:"某夙叨～,但积瞻依。"金马钰《满庭芳·寄马行街董公书》:"予今则、处环墙养拙,毋劳～。"明张宇初《通苏编修书》:"往来中每蒙～,及孟启还,获诵大文,并承命录登梓,此又所过望也。"

【齿颊】 chǐ jiá　言语;言谈讲说。宋李新《送赵彦成序》:"学无用陈腐～,以盗么么蜗国之名。"明谢肇淛《五杂组》卷一三:"至于广纳苞苴,田连阡陌,生负秽名,死污～者,犹娓娓相矜不置。"《西洋记》七八回:"降书降表,这是礼之当然,不敢劳乏～。"

【齿老】 chǐ lǎo　牙齿。老,切口语词尾。明佚名《醉太平带莲花落》:"再休题嗑着～,剪着稍老,眵着眊老,侧着听老。"风月友《金陵六院市语》:"～者,牙也。"

【齿礼】 chǐ lǐ　叙礼;以礼相待。唐范摅《云溪友议》卷中:"不二三岁,以韦郎性度高廓,不拘小节,张公稍悔,至不～。"清《聊斋志异·镜听》:"遂恶次妇,至不～。"

【齿录】 chǐ lù ❶提到;说到。多指赞扬或肯定。唐马周《上言时政疏》:"陛下不以臣愚瞽,过垂～。窃自顾瞻,无阶答谢。"元陆文圭《朱家传》:"其事鄙俚污贱,无足～者。"明苏伯衡《王子成传后序》:"参政曰:'寇至不去,军实不乏,非功而何?'子成曰:'是琐琐者,安足～。'" ❷叙用;录用。《旧唐书·卢怀慎传》:"其内外官人有犯赃贿推勘得实者,臣望请削迹簪裾,十数年间,不许～。"宋李觏《谢范资政启》:"特形慰荐,备闻朝廷,致此妄庸,亦蒙～。"明程敏政《经筵讲章·尚书》:"是将霍叔来削爵为民,三年之后,改过自新,方才～他。" ❸同年序齿录或同榜序齿录的简称。汇刻科举同榜中试者姓名、年龄、籍贯、三代情况等的簿册。又称同年录。也指同一批任职胥吏的名册。明韩邦奇《北畿乡试同年齿录序》:"戊子,余及矫亭方公被命,主考顺天乡试。明年,中试诸君子以其～而刻之。"沈德符《万历野获编》卷二六:"胥吏辈得一命而出,其同受职者亦刻～称同年,已可骇叹。"清《宛如约》一二回:"原来贤契已有佳偶了,但不知～可曾刻上?"

【齿舌】 chǐ shé ❶议论;口舌。唐柳宗元《唐故衡州刺史东平吕君诔》:"～嗷嗷,雷动风驱,良辰不偶,卒与祸俱。"宋杨万里《答醴陵钱知县》:"第如'俗学多翻变'、'晚辈论时学'等诗,不宜笔之于书,何苦以毒口牙招～乎!"明毕自严《送康庄衢少司农擢南大司寇》:"肝胆照松筠,金石镌～。" ❷口才;腔调。宋罗大经《鹤林玉露》卷七:"余谓孟子以仪秦之～,明周孔之理的切痛快,苏醒万世,此何可非!"元杨维桢《渔樵谱序》:"至于今,乐府之靡杂以街巷～之炎,诗之变盖于是乎极矣!"明王世贞《途次赠莫山人公远歌》:"少年～利于戟,展转千秋复可怜。"

【齿岁】 chǐ suì　年龄;年纪。唐玄奘《大唐西域记》卷八:"有贵高明,无云～。以今观之,破彼必矣。"宋孟珙《蒙鞑备录》:"今成吉思皇帝者,甲戌生。彼俗初无庚甲,今据其言而书之,易于见彼～也。"明何孟春《推行马政书》:"然新马之中有～大于旧马者,旧马之中有～小于新马者。"

【齿筵】 chǐ yán　赴宴;参加筵席。唐李庾《西都赋》:"于是天子设席,千羞百醴,家人～,愉愉济济。"宋任广《书叙指南》卷

九:"预筵日～。"

【齿用】　chǐ yòng　叙用;录用。《旧五代史·晋书·吴峦传》:"有军校邵珂者,性凶率悖慢。令温因事使人代之,不复～。"《新五代史·南唐世家·李昪》:"士有羁旅于吴者,皆～之。"宋庞籍《上仁宗论近年赏典太侈刑章稍纵》:"先帝深疾赃污,如法严戒,一经黜削,不复～。"

【侈口】　chǐ kǒu　❶侈谈;大讲。明徐三重《采芹录》卷一:"如此,纵未便～王仁,一郡一境有不实受其泽者,鲜矣。"清李光坡《礼记述注序》:"若夫～经纬,广张质文,何异以丹青之陈色绘日月之生气。"　❷夸口。明《拍案惊奇》卷三:"这一回揉着痒处,且量他年少可欺,便～道:'小可生平,两只手,一张弓,拿尽绿林中人。'"

【褫剥】　chǐ bō　❶剥除;去掉(衣服等)。清《醒世姻缘传》七四回:"致有狄监生妻薛氏,在玉皇庙遇仙桥上,被群棍劫夺簪珥,～去衣。"《野叟曝言》一○四回:"令瑶丁～奚四衣裤,欲加鞭扑。"　❷免除;革去(官职等)。宋周密《癸辛杂识后集·方珠》:"初为扬州一令,有妻,又赘于一宗姓之家,既而携其资以逃,因遭～。"

【褫夺】　chǐ duó　犹"褫剥❷"。宋刘攽《吴公墓志铭》:"及群臣有因事侥幸,虽已得官,皆～之。"《宋史·理宗纪五》:"罢任镂秩罚轻,乞更～,以纾众怒。"《警世阴阳梦》一回:"学院黜退了他,～了衣巾。"

【褫革】　chǐ gé　犹"褫剥❷"。明孙传庭《请斥书》:"今臣既不能复任督事,自应仍行～。"《明史·选举志二》:"降谕切责,初命贬调,既而～。"清《歧路灯》四七回:"范姑子就该追去度牒,饬合还俗,张绳祖、王紫泥就该～巾带。"

【褫削】　chǐ xuē　犹"褫剥❷"。宋佚名《靖康要录》卷九:"况今边徼用兵责诸将论功之日,必有所惩,乃克用劝。伏望再加～,以正厥罪。"明倪元璐《驳张少宰书》:"臣木强迂疏,自甘弃置,愿陛下重加臣～而薄予捷以休闲。"

chì

【叱呵】　chì hē　同"叱喝"。唐白居易《青石》:"如观奋击朱泚日,似见～希烈时。"宋张尧同《柘湖》:"莫虑蛟龙怒,年来畏～。"清《歧路灯》一○三回:"店小二仍是诱客故套,被盛希侨一场～,缩身而退。"

【叱喝】　chì hè　大声斥责或怒吼。唐卢仝《月蚀诗》:"似天会事发,～诛奸强。"金《刘知远诸宫调》一:"村夫举措,看待老儿浑如无物,高声～,驱使有若奴仆。"明《西游记》八六回:"这壁厢神僧,耙棒齐兴。"

【斥堠】　chì hóu　瞭望敌情的高台。唐陈子昂《答韩使同在边》:"边城方晏闲,～始昭苏。"宋曾巩《隆平集》卷一六:"旧城楼可望十里,以为～。"明金幼孜《北征录》:"十七日,发鸡鸣山。山甚峭,上有～,下有故永宁寺基。"

【赤】　chì　❶光着;裸露。唐韩愈《山石诗》:"当流～足踏涧石。"元明《水浒传》一○二回:"～着上身,在那阴凉树下吆吆喝喝地使棒。"清李玉《清忠谱》九折:"老爷便是大事,难道我～了双脚倒是小事!"　❷甚;很。副词。唐杜甫《风雨看舟前落花戏为新句》:"～憎轻薄遮入怀,珍重分明不来接。"宋曾乾曜《丑奴儿》:"蓦地斯看时,～怕那、迪功郎儿。"

【赤剥】　chì bō　❶脱光;赤裸。明《二刻拍案惊奇》卷八:

"只见几个粗腿大脚的汉子,～了上身,手提着皮鞭,牵着五七匹好马,在池塘里洗浴。"《禅真后史》五八回:"现出一尊凶狠魔神……浑身～,腰下系着一条豹尾裙子,呼呼地奔将出来。"　❷挦拔干净。明汤显祖《南柯记》一五出:"贺君多得腥臊、腥臊,有分例,大赏犒。毛～,肉生烧。"　❸犹"赤膊"。明《型世言》一三回:"你尊脸为什么破的?昨日这样热,怎不～?"

【赤膊】　chì bó　光着上身。宋元《古今小说》卷三六:"只见一个汉,浑身～,一身锦片也似文字,下面熟白绢裈拽扎着。"元明《水浒传》二七回:"那妇人一头说,一面先脱去了绿纱衫儿,解下了红绢裙子,～着,便来把武松轻轻提将起来。"明徐光启《农政全书》卷一一:"十二月谓之大禁月,忽有一日稍暖,即是大寒之候。谚云:一日～,三日龌龊。"

【赤吹】　chì chuī　诬陷;诽谤。《敦煌变文校注》卷三《燕子赋》:"如今会遭夜莽～,总是者黑厮儿作祖。"按,原卷"赤吹"作"赤推",据乙、戊两卷改。

【赤春】　chì chūn　春季。赤,言其青黄不接粮食匮乏。宋韩琦《祀坟马上》:"首种渐生还自喜,尚忧难救～头。"清《醒世姻缘传》二二回:"嫂子是为俺～头里,待每人给俺石粮食吃?"按,《太平御览》卷二○引《风俗通》:"俗说赤春从人假贷,家皆乏乏之时。"

【赤寸】　chì cùn　尺寸,偏指少。赤,通"尺"。唐《建康实录》卷三:"盛夏出军,士卒伤损,无～之功。"宋蔡絛《铁围山丛谈》卷四:"某所以涉鲸波万里,本希～赏,不谓遽持千金之躯而葬于鱼鳖之腹!"清吴玉搢《别雅》卷五:"～,尺寸也。"

【赤道】　chì dào　知道,多用于推测句。明《金瓶梅词话》六八回:"咱等不的。他秀才家,～有要没紧望朋友,多咱来。"又八五回:"花巴痘疹未出,～天么算计,就心高遮了太阳!"又九七回:"那羔子～流落在那里讨吃,不是冻死就是饿死。"

【赤骨】　chì gǔ　❶净骨;骨骼。喻指空无所有。元杨维桢《周铁星》:"刮民膏,咂民髓,六郡～填兮灵。"明顾宪成《上邹龙翁老师书》:"在应麒,茕茕独夫,非敢抗而不偿,实惟遭累之后止存～,即欲偿不能。"清黄宗炎《周易象辞》卷二○:"乾为大赤,坎分其一体而得中为～,脊居中以刚现于外则美。"　❷赤裸。《祖堂集》卷一七《岑和尚》:"夏天～身,冬天须得被。"

【赤骨力】　chì gǔ lì　赤裸,喻指空无所有。《五灯会元》卷四《长沙景岑禅师》:"夏天～,冬寒须得被。"又卷一九《南华知昺禅师》:"变大地作黄金,穷汉依然～。"宋《大慧禅师语录》卷一二:"～地,有裈无裤,敢与海神,争先斗富。"按,"骨力"字书作"骫骳",《集韵·麦韵》:"骫,骫骳,偻也。"又《锡韵》:"骳,骫骳,偻也。银狄切。"

【赤骨立】　chì gǔ lì　❶同"赤骨力"。宋《朱子语类》卷二九:"子路譬如脱得上面两件麤糟的衣服了,颜子又脱得那近里面底衣服了,圣人则和那贴肉底汗衫都脱得～了。"又卷一一九:"圣人便是一片～底天理,光明照耀,更无蔽障,颜子则是有一重皮了。"　❷指瘦骨。明田汝成《西湖游览志馀》卷一六:"白发上黄花乱插,～黑墨偷搽,惯得无高下。"

【赤骨骺】　chì gǔ lì　同"赤骨力"。宋《大慧禅师语录》卷一二:"上无片瓦盖头,下无卓锥之地,～个浑身,与人争甚闲气?"

【赤骨律】　chì gǔ lù　同"赤骨力"。宋《如净和尚语录》卷上:"禅,禅,猛火着油煎,通身～。"明吴之鲸《武林梵志》卷九:"穷挨得入,泼浪泼赖是生涯。"

【赤羖羠】　chì gǔ lì　同"赤骨力"。唐王梵志《思量小家妇》:"自著紫臭翁,餘人～。"按,"臭翁"段观宋疑为"褛襦"之讹,并引

《集韵·东韵》:"裰,褛裰,衣名。"

【赤棍】 chì gùn　光棍;流氓。明《警世通言》卷三五:"支~奸谋似鬼,况青天折狱如神。"

【赤烘】 chì hōng　色红貌。唐赵璘《因话录》卷三:"覆盆子落地变作~,羊羔儿作声尽是没益。"

【赤脚】 chì jiǎo　光脚。❶喻指一无所有。宋苏肃《遣兴》:"高会何须四者并,~亦能写高情。"明姚子翼《上林春》一九出:"谅这两个通是~光棍,决没人来追究了。"《警世通言》卷二四:"我又不是~汉,如何走得?"❷借指奴婢。宋苏轼《送碧香酒与赵明叔教授》:"不羡紫驼分御食,自遣~沽村酿。"元张养浩《书半仙亭壁自和十首》之七:"坐呼~浇新圃,卧看乌衣茸旧巢。"明孟思《报卢次楩书》:"今足下幽圃深邃,关禁严急,长须~,不敢出入。"

【赤紧】 chì jǐn　其后多缀一"的"或"地"字。❶犹言实在是、真个是。a) 表肯定或强调。《元曲选·碧桃花》二折:"常则在大人家伏侍了许多年,端的是喜、喜。~的小姐谦和,相公宽厚,更遇着夫人贤慧。"《元曲选外编·刘弘嫁婢》三折:"病在膏肓,名垂顷刻,怕甚么禄尽衣绝,~撇不下妻娇子幼。"元陶宗仪《辍耕录》卷一二:"一跳射离了百戏棚中圈子,双摆手便作个三清门下闲人。~无是无非,到大来自由自在。"b) 承上文表示语意的转折。《元曲选·王粲登楼》二折:"非是我仲宣胸次高,~的晏平仲他那度量浅。"又《抱妆盒》二折:"虽不见公庭上遭横祸,~的盒子里隐飞灾。"c) 表示猜测或反问。明汤显祖《牡丹亭》二九出:"~的是那走方娘,弄虚花扯闲帐?"清洪昇《长生殿》二四出:"呀! 你道失机的哥舒翰,称兵的安禄山,~的离了渔阳,陷了东京,破了潼关?"❷犹言急迫、紧要;要命的。元关汉卿《乔牌儿》:"算到天明走到黑,~的是衣食。"《元曲选·忍字记》一折:"兄弟,你替不的我也。你看~我手里将咱自证倒。"清《野叟曝言》一一四回:"那时正在~关头,可能再说闲话?"❸赶紧;抓紧。明王玉峰《焚香记》二六出:"大王爷,你~的勾那厮,只索与咱两个明明白白的对。"清洪昇《长生殿》三四出:"趁着这残更频报,~的向心窝刺一刀。"《野叟曝言》二六回:"你看他那样儿,~的干茧儿去也。"❹犹无奈、偏偏,用于事与愿违的场合。《元曲选·范张鸡黍》二折:"卖着领雪练也似狐裘,~的遇着那热。"又《合汗衫》三折:"婆婆,你道那水床上热热的蒸饼你要吃一个儿……~的嗑手里无钱呵,可着甚的去买那?"明丘濬《举鼎记》二○出:"俺探消息回报心急,~寇阻滞,过山林曲径岭崎嶬。"❺犹不料、想不到,表示事出意外。《元曲选·隔江斗智》一折:"〔孙权云〕妹子,你休得推托,你那生时年月,我已写的去了也。〔正旦唱〕~的老萱堂将我年月时早送与新婚家,怎再辞?"《元曲选外编·三战吕布》二折:"兀的不气堵住我咽喉,哥也,~的君子落在您这小儿彀!"明《金瓶梅词话》八三回:"~的因些闲话,把海样恩情一旦差!"

【赤尽】 chì jìn　全完;一点不剩。唐李荣《咏兴善寺佛殿灾》:"道善何曾善,言兴且不兴;如来烧~,惟有一群僧。"

【赤口】 chì kǒu　❶谗毁者之口。唐李翱《准制祭伏波神文》:"小人~,曷本于理! 蕙苡南还,明珠潜起。"宋陆游《养生》:"忠言何啻千金药,~能烧万里城。"元方回《闻谤》:"~烧城市有虎,熨平寸地听新儿。"❷一种小恶神,主斗讼。民间于端午日襄之。宋杨万里《端午独酌》:"子兰~襄何益,正则红船看不妨。"《元曲选·玉镜台》一折:"来日不空亡,没相妨,天生壬申癸酉全家旺,不比那凶星~要提防。"明冯惟敏《粉蝶儿·辞署县印》:"庚午流年,看了会子平书有些儿窑变,打了个六壬时正撞着~留连。"

【赤口白舌】 chì kǒu bái shé　❶犹"赤口❶",也指恶毒的言词。宋吴泳《赠星翁郭若水》:"片文只字不经世,~空招尤。"清《野叟曝言》二八回:"今日要祭祖,休得~的罚那毒誓。"❷犹"赤口❷"。宋元《警世通言》卷七:"五月五日午时书,~尽消除;五月五日天中节,~尽消灭。"元《水浒传》七回:"正在那里喧哄,只听得门外老鸦哇哇的叫。众人有叩齿的,齐道:'赤口上天,白舌入地。'"按,宋周密《武林旧事》卷三:"又以青罗作'赤口白舌'贴子,与艾人并悬门楣,以为禳祓。"

【赤口毒舌】 chì kǒu dú shé　犹"赤口白舌"。唐卢仝《月蚀诗》:"鸟为居停主人不觉察,贪向何人家,行~。"宋《大慧禅师语录》卷一○:"五月五日午时书,~尽消除。"

【赤赖白混】 chì lài bái hùn　胡搅乱混,不务正业。元佚名《云台门》二折:"不好营生,~。"

【赤老】 chì lǎo　宋时对军人的蔑称。明《西游补》一二回:"~无心悲玉石,螭师不管痛湘魂。"按,宋江休复《江邻几杂志》:"都下鄙俗,目军人为'赤老',莫原其意,缘尺籍(按,即军籍)得此名耶?"

【赤狸果】 chì lǐ guǒ　钱的隐语。明《平妖传》二一回:"员外问:'钱在那里?'妈妈道:'在被里头盖着。'员外不胜欢喜,便取~买柴。"

【赤立】 chì lì　空无所有。唐韩愈《郓州溪堂诗序》:"而公承死亡之后,掇拾之馀,剥肤椎髓,公私扫地~,新旧不相保持。"元王礼《重修安福县学记》:"时经始烦剧,公私~,他则未遑也。"明张洪《常熟县济农仓记》:"供费浩繁,库藏~,公私汹汹。"

【赤露】 chì lù　裸露。《法苑珠林》卷二二:"光普照身,人人相见,身体~,惊起具服。"宋李流谦《峡中赋百韵》:"周遭窘汉围,~经秦赭。"清《绿牡丹》一八回:"只见余谦上衣尽皆脱去,~身体。"

【赤舌】 chì shé　犹"赤口❶"。唐陆龟蒙《纪事》:"嗟今多~,见善唯蔽谤。"宋薛季宣《祭外舅文》:"宗盟帝胄,东观清高,佐之丞之,~诐诐。"

【赤身】 chì shēn　光身,喻指身无钱财。宋洪迈《夷坚志》甲《张高义作》:"此是我主,虽本富豪,今~逃难,尚无饭吃。"明法杲《渔父歌》:"~不怨贫如洗,浑家团圞一船底。"

【赤手】 chì shǒu　空手。❶指无所凭借。唐孙樵《与王霖秀才书》:"读之如~捕长蛇,不施控骑土马,急不得暇。"宋《大慧禅师语录》卷一二:"平生没活计,~讨便宜。"明宋濂《题宗忠简公家传遗藏诰救》:"起扶白日照河北,~欲降三秋涛。"❷指没有钱财。明《警世通言》卷二二:"断送了毕,宋金只剩得一双~,被房主赶逐出屋。"《二刻拍案惊奇》卷八:"沈将仕越肉麻了,风将起来,弄得诸姬皆~,无稍可掷。"

【赤条条】 chì tiáo tiáo　❶形容光着身子。元佚名《沉醉东风·僧犯奸得马案背救》:"他又早十面埋伏下,吓的他~东躲西扒。"元明《水浒传》一六回:"只见松林里一字儿摆着七辆江州车儿,七个人脱得~的在那里乘凉。"清《醒世姻缘传》二○回:"进来看见两个男女的死尸,~的还一头躺在床上。"❷形容空无所有。宋《五代史平话·汉上》:"刘知远输了三十贯钱,身畔~地。"清《八洞天》卷五:"妻子尹氏生下一男一女,衣长食阔,又不舍得卖与人家,所以弄得~地。"《红楼梦》二二回:"没缘法,转眼分离乍,~来去无牵挂。"

【赤瓦不刺】 chì wǎ bù là　即"赤瓦不刺海"。《元曲选·丽春堂》二折:"我若不觑大人面皮,直赢的他与我跟随,饶先递

则你～强嘴,兀自说兵机。"

【赤瓦不剌海】　chì wǎ bù là hǎi　女真语音译,义为"你这该打死的家伙"。《元曲选·魔合罗》三折:"问不成呵,将你个赛隋何、欺陆贾、挺曹司、翻旧案～猢狲头,尝我那明晃晃势剑铜铡。"又《虎头牌》三折:"打的来一棍子一刀锥,一下起一层皮……才打到三十,～,你也忒官不威爪牙威!"

【饬备】　chì bèi　❶ 谨严;完备。宋范祖禹《永嘉郡夫人富氏墓志铭》:"凡再襄事,规画一出其意,所以奉终之礼,无不～。"《宋史·外国传·高丽》:"弟宣王运仁贤好文,内行～。每贾客市书至,则洁衣焚香对之。"元李存《戴溪庵记》:"主人仆从,各有居处,内庖外庑,靡不～。"❷ 整饬戒备。宋《建炎以来繋年要录》卷六六:"学校固教化之原,然当治戎～之时为之,则近于不急。"明文秉《烈皇小识》卷四:"度不受抚,必西走周至,密檄沿途官兵～。"《英烈传》二回:"城中掌军官朵儿只班,因杀了知州,便时刻～。"

【翅】　chì　类似翅膀的。唐封演《封氏闻见记》卷五:"吏部尚书刘晏襄头士慢,每裹但擎前后脚抚两一抚之,都不抽挽。"元萨都剌《忆观驾春搜》之一:"双凤晓开金～扇,六龙春驾紫云车。"清《醒世姻缘传》七四回:"你那里做着朝官宰相,我羞了你纱帽展～儿!"

【翅膀】　chì bǎng　❶ 鸟或昆虫的飞行器官。明《醒世恒言》卷三〇:"看见墙上画了一只禽鸟,翎毛儿、～儿、足儿、尾儿,件件皆有。"《梼杌闲评》二三回:"那鹌鹑缩着头搨着～沿盘而走。"❷ 喻指手段或帮手。清《醒世姻缘传》三六回:"只要你把腿一伸,他就把～一晾。他当初骂别人的那些事件,他一件件都要扮演了出来。"《飞龙全传》三六回:"收这儿子,只当与你压个子孙儿,要二嫂压下个娃娃来,却不是他的～么。"

【翅掤儿】　chì bǎng er　即"翅膀❶"。明汤显祖《牡丹亭》二三出:"不枉了你宜题入画高人爱,则教你～展将春色闹场来。"

【翅膊】　chì bó　翅膀。明《西游记》七七回:"那妖一上就了筋,飞不去,只在佛顶上飞,现了本相,乃是一个大鹏金翅雕。"△清《七剑十三侠》二二回:"楼上杀死一猿一狐,又一只野鸡～。"

【翅关】　chì guān　翅膀。唐李贺《贝宫夫人》:"丁丁海女弄金环,花钗翘接双～。"明丁彩《锁南枝半插罗江怨·嘲村妇》:"若见了凤凰决折了～,有滚锅也就煮鹦哥蛋。"明《西洋记》九四回:"碎剐碎剐,切得只有苍蝇～至薄。"

【翅趄】　chì qiáo　抬脚起步。明《金瓶梅词话》一四回:"吴大妗子知局,～推不用酒,因往李娇儿那边房里去了。"又三三回:"这韩道国听了大惊失色,口中只咂嘴,下边顿足就要～走。"

【翅子】　chì zi　❶ 翅膀。清《醒世姻缘传》三回:"一只极大的鸬鹰,从上飞将下来,照那李成名面上,使那右～尽力一拍。"又六三回:"那鸬鹰照着俺姑的脸一～,飞出去了。"❷ 鱼翅。清《三侠五义》三三回:"无非鸡鸭鱼肉～海参等类,调度的总要合心配口。"△《品花宝鉴》四七回:"还有一样生炒～,是人家做不来的。"

【敕】　chì　指敕牒。《新五代史·杂传·安从进传》:"从进闻高祖北,遂杀知麟以反。郑王以名位～授李建崇、郭金海等讨之。"宋李纲《书韩魏公事》:"内侍至都堂,立庭中,面责之,填～编置岭南。"宋元《警世通言》卷一二:"其时将帅专征的,都带有空头～,遇有地方人才,听凭填～委用。"

【敕牒】　chì dié　帝王宣布封赐、授官的文书。唐韦绚《刘宾客嘉话录》:"将至岸,问:'有何除改?崔员外奏副使员外过

否?'曰:'不过,却得虔州刺史～在此。'"元赵孟頫《济南福寿禅院记》:"福聚乃出袖中锦囊,囊中出三纸书……其三则周显德三年存留院额～也。"明《拍案惊奇》卷二六:"及查物件,见了永嘉县尉的～尚在,箱中赃物一一对款。"

【敕额】　chì é　❶ 皇帝颁赐的匾额。五代黄滔《莆山灵岩寺碑铭》:"有僧无际持《妙法莲华经》,感石上淌白泉,僧殁而泉变清焉,遂膺～为灵岩寺。"元明《水浒传》九回:"堂悬～金版,家有誓书铁券。"按,《资治通鉴·后周世宗显德二年》胡三省注:"敕额者,敕赐寺额,如慈恩、安国、兴唐之类。"❷ 皇家规定的额数。《唐会要》卷五八:"其敕文不加减者,即准州数为定额。如于～见钱外辄擅配一钱,及纳物不依送省中者,刺史、县令、录事、参军、节级科贬焉。"

【敕符】　chì fú　朝廷用以传令、调兵的凭证。唐王建《赠胡泟将军》:"朱牌面上分官契,黄纸头边押～。"元明《水浒传》六七回:"天子大喜,随即降写～,着枢密院调遣。"明徐一夔《送周照磨改调序》:"上遣使者奉～四出设科目,以求天下未用之士。"

【敕头】　chì tóu　科举会试或殿试第一名。敕,谓皇帝亲录。《太平广记》卷四九七引《乾䐢子》:"乾度不知僧孺授官之本,问何色出身。僧孺曰:'进士。'又曰:'安得人畿?'僧孺对曰:'某制策连捷,忝为～。'"宋钱易《南部新书》丙集:"崔元翰晚年取应,咸为首捷。京兆解头,礼部状头,宏辞～,制科三等。"洪皓《松漠纪闻》卷二:"金人科举……至秋,尽集诸路举人于燕,名曰会试。凡六人取一榜,首曰～,亦曰状元。"

chōng

【充】　chōng　❶ 抵偿;顶替。金《董解元西厢记》卷一:"月终聊备钱二千,～房宿之资。"元明《水浒传》二四回:"我的面儿,虽比不得潘安,也～得过。"清《八洞天》五回:"教他差人密访小人家女儿,有～得过小姐的,过继他来抵当甄家这头姻事。"❷ 假装;冒充。《元曲选·东堂老》一折:"他老子那里做官来?他也是小哥?诈官的该徒,我根前歪一～!"明《醒世恒言》卷一:"到临嫁之时,将琼真～做侄女,嫁与潘家。"清李渔《十二楼·生我楼》二回:"世间弃物不嫌多,酸酒也堪～醋卖。"

【充当】　chōng dāng　担任;担当。宋王安石《鲁国公赠太尉中书令王公行状》:"公以毡车载壮士伪服妇人,诱之于野,如是鸿霸与其党三十二人皆得。朝廷以为～陕西东路提举捉贼。"明杨士奇《上两宫尊号封诸王诏》:"民匠比先为因在逃编发武功三卫～军匠者,待营造山陵毕日乃充民匠。"清李玉《清忠谱》一一折:"苦差白县有,惟我独～。"

【充发】　chōng fā　充军发配。明杨一清《关中奏议》卷三:"盖各处～军人及摆站哨瞭囚徒,随到随逃,以为常事。"《明史·选举志》:"然其后教官之黜降,生员之～,皆废格不行。"清《说岳全传》六三回:"我如今将机就计,将他们～云南。"

【充贯】　chōng guàn　充盈贯通。明徐问《读书札记》卷四:"正如朱子所谓彻头彻尾,若囊中贮米,上下～,其中稍有不到不满,则此处亏欠而无物矣。"明朱橚《普济方》卷四〇二:"荣卫涩滞则气血不能～皮肤肌肉。"

【充夥】　chōng huǒ　盛多。《新唐书·蒋俨传》:"(俨)进蒲州刺史,户产～,诉犴积年不平。"

【充军】　chōng jūn　❶ 当兵。唐杜元颖《对茂才异等策》:"有思归者因以新卒代之,愿～者,复以军律整之,夫如是则军政

必行。"元陈基《述老妪语》:"岂无子与孙,～皆不还。"宋《五代史平话·周上》:"咱有些武艺,识得兵书,若不去～,要作何用?"　❷ 一种刑罚,把罪犯遣送到边远地区服苦役。宋程颐《回礼部取问状》:"如旧衣服令,五品以上子孙婚,听假以爵弁,即不言其～及遭黥杖者之类许假与否。"元明《水浒传》一二回:"唤个文墨匠人刺了两行金印,迭配北京大名府留守司～。"清方成培《雷峰塔》八出:"知情不首者,全家发边远～。"

【充配】　chōng pèi　犹"充发"。明《金瓶梅词话》八八回:"是他小叔武松～在外,遇赦回还。"清《绿野仙踪》二二回:"圣上大怒,将我父杖八十,～保安州安置。"

【充任】　chōng rèn　担当(职务)。《全唐文》卷九七〇阙名《请检勘南郊行事官文书奏》:"应合差行事官,但是前资并及第黄衣及三司征科勒留官～。"明沈德符《万历野获编》补遗卷一:"宫中原设六尚女官,以纪内事,须识字妇人～。"清《野叟曝言》四九回:"经筵日讲,已荐正斋、长卿～。"

【充轫】　chōng rèn　充实;丰盈。明《警世通言》卷二二:"打开箱看时,其中～,都是金玉珠宝之类。"《拍案惊奇》卷二六:"而且衣钵～,道途从容,所以士人每喜与他交游。"

【充身】　chōng shēn　❶ 替身。宋黄榦《代抚州陈守拟奏》:"况今之为保正副户长者,皆非其亲身,习知乡闾之事,为之～代名。执役之亲身虽屡易,而代役之～者,数十年不易也。"　❷ (衣服)蔽身,泛指得温饱。《太平广记》卷一六五引《原化记》:"彼人小得其利,便以～,可谓达理。"明《二刻拍案惊奇》卷二二:"每月千钱,不勾～。"

【充替】　chōng tì　代替;顶替。唐李德裕《赐王宰诏意》:"其阵没官健如无子弟,便别择少壮者～。"《唐会要》卷八六:"取城内诸街枯死槐树,充修灞浐等桥板木等用,仍栽新树～。"宋《三朝北盟会编》卷一〇一:"(州县官)已奏差者,他司不许～。"

【充填】　chōng tián　❶ 填补;补足空缺。唐陆贽《请减东京水运收脚价于缘边诸镇储蓄军粮事宜状》:"其米便送东渭桥及太原仓收贮,～每年转漕四十万石之数并足。"宋蔡襄《乞不与招设宣毅兵恩泽札子》:"诸州为见有此酬赏,皆不能精选人才,细问疾病,一例刺面～人数。"金佚名《大金吊伐录》卷一:"就便于河北至真定府其间州军应有系官金帛,取索～歇下之数。"　❷ 塞满。元李存《游古象山一首赠别陈又新入京》:"莹公址亦存,池井并～。"明杨循吉《礼曹郎杨君自撰生圹碑》:"不化还孽,日增万千。宇宙虽大,莫能～。"

【充役】　chōng yì　担任(职事)。元陶宗仪《辍耕录》卷一〇:"浙省广济库,岁差杭城诸实户若干名,～库子。"清《红楼梦》二二回:"当日南宗六祖慧能初寻师到韶州,闻五祖弘忍在黄梅,他便～火头僧。"

【充应】　chōng yìng　担任(职役)。宋黄震《差场脚走递文字》:"又有都灶首之役。向来多差上户,今转而归之中户,一番～,家破人亡。"《宋史·职官志一》:"(仪礼局)详议官二员,以两制～。"清顾炎武《日知录》卷八:"县官不究年德如何,辄令～,使得凭藉官府,妄张威福。"

【充赠】　chōng zèng　馈赠;赠送。《太平广记》卷一九三引《虬髯传》:"尽是珍宝货泉之数,吾之所有,悉以～。"清吴绮《送陈昌箕下第归闽》:"醉客留欢金菡苕,美人～玉蟾蜍。"

【充足】　chōng zú　❶ 充满旺盛;饱满。元明《三国演义》一四回:"只见那人眉清目秀,精神～。"明余继登《皇长子婚礼疏》之四:"皇长子龄已过期,体已～。尔该部便具选婚仪注来看。"清《红楼梦》三一回:"花草也是同人一样,气脉～,长的就好。"　❷ 丰足;富裕。《太平广记》卷三二四引《幽明录》:"恒得钱物酒食,日以～。"明张瀚《松窗梦语》卷二:"尤多药物,江南江右商贾咸集聚焉。庐人藉以～,有以也。"清《红楼梦》八六回:"县里早知我们的家当～,须得在京里谋干得大情。"

【充折】　chōng zhé　抵偿。五代刘知远《至东京大赦文》:"宜下三司,据现有家业抵当外,如实无～者,特贷餘生。"宋《三朝北盟会编》卷一三:"课程除岁币外,要增添一百万贯,并以货物～。"金佚名《大金吊伐录》卷二:"除已交过及将府库珠玉等并已送纳,向来使人回,许尽～。"

【充周】　chōng zhōu　❶ 周遍;遍及各处。宋胡宏《不息斋记》:"幽赞于鬼神,明行乎礼乐,经纶天下,～咸遍。"元刘将孙《中和堂记》:"人身一天地也。呼吸运动既与元气者相表里,～流动犹有以补造化之所不及。"明陶安《送医者郑国才序》:"在天则元气统乎五行,在人则元气主乎五脏,太和纲缊,～无间。"　❷ 饱满;充沛。宋姚勉《侄阿钟觅字与诗》:"器量～志气宏,劲笔雄辞皆极致。"元黄溍《樊川记》:"雨露所濡,佳林美木,生意～,未尝少息也。"清《野叟曝言》八回:"神之所聚,形随神运。神既盛足,形亦～。"

【冲】　chōng　❶ 奔向。动词。《敦煌变文校注》卷四《降魔变文》:"隐其天象,化身作一老人,髭鬓鹄白,手策弱杖,直～太子马前。"宋孙升《孙公谈圃》卷中:"隋开汴河,其势正～今南京,至城外,迁其势以避之。"元曲选外编·西厢记》五本四折:"我见他呵,怒气～天,实有缘故。"　❷ 冒着、顶着(风雨寒热等)。唐韩偓《即目》:"须信闲人有忙事,早来～雨觅渔师。"宋苏轼《送赵寺丞寄陈海州》:"莫忘～雪送君时。"明康海《中山狼》四折:"俺为他～寒忍肚饥。"　❸ 冲撞;冒犯。唐赵璘《因话录》卷四:"李纾侍郎好谐戏,又服用华鲜。尝朝回,以同列入坊门,有负贩者呵不避。李骂云:'头钱价奴兵轫～官长!'负者顾而言曰:'八钱价措大漫作威风。'"《敦煌变文校注》卷一《李陵变文》:"臣是小人,虚沾大造,行事不谨,为将不明,辄驱一队之夫,～万乘之主。"《元曲选·秋胡戏妻》一折:"莫不我成亲的时分,下车来～着岁君,拜先灵背了影神,早起新妇儿遭恶运。"　❹ 撞见;碰上。《元曲选·㑇梅香》四折:"是俺那老夫人使的计策,把好事～开。"明《古今小说》卷三八:"莫不是藏甚么人在里面,被我～破? 到打我这一顿。"《拍案惊奇》卷二〇:"那婆子自做了这些话把,被媳妇每每～着,虚心病了。"　❺ 冲克;相克。也指用相克的手段祛除疾病与不祥。《元曲选·桃花女》四折:"这都是我塞命相,恶业偏逢,争些儿吉凶难同。"宋元《警世通言》卷一四:"一夜见这许多不祥,怎地得个人来～一～?"清《红楼梦》一一回:"你也该将一应的后事用的东西,给他料理料理,～一～也好。"　❻ 冒充。明《西游记》九二回:"你这府县,每年家供献金灯,假～诸佛降祥者,即此犀牛之怪。"　❼ 抵御;抵捕。清《情梦柝》一六回:"大家打个中火,饮些酒～。"　❽ 指"冲筵"。明佚名《李云卿》二折:"凭着我这嘴头子,必流不刺的,顶名儿也～他些酒肉吃。"

【冲奔】　chōng bèn　❶ 激烈奔向。唐柳宗元《晋问》:"其河则浚源昆仑,入于天渊,出乎无门,行乎无垠。自匈奴而南,以界西鄙,～太华。"元明《水浒传》五四回:"只见两路人马,战尘蔽日,喊杀连天,～前来。"明《铁树记》九回:"于是长蛇精带了五六十个蛟党,一齐～许氏之宅。"　❷ 冲击;冲激。宋阳枋《送云山文生吏部赴召》:"戎马～二十年,此城处处皆屹立。"明杨循吉《竹沟泉赋》:"时雨昼零,至夜不休。集我屋上,仰瓦承流。乃所集之既多,遂～于竹沟。"

【冲动】　chōng dòng　❶ 引逗使动心;挑动。《元曲选·救

风尘》三折:"小闲,我这等打扮,可～得那厮么?"《元曲选外编·西厢记》五本三折:"休说别的,只这一套衣服也～他。"清《后西游记》一九回:"我若用法力,以天一真水去沃他,亦可消灭,又恐怕～他的无名。" ❷ 冲击使动摇。元明《水浒传》七九回:"一齐掩击到官军队前,乘势～,退回济州。"明冯叔吉《款议开浚吴淞江滩详》:"查长桥已多坍坏失,今不为修砌,将来水势～,用力更难。"《警世通言》卷二:"开棺见喜,不敢将凶服～。权用锦绣,以取吉兆。" ❸ 激荡;动摇。唐舒元舆《斫琴志》:"初闻声入身,觉毛骨耸擢;中见境在眼,觉精爽～。"《续资治通鉴长编·宋哲宗元祐六年》:"近日五年十料之法却已～,人情甚不乐。"清黄宗羲《孟子师说》卷上:"因先时预有个要静定之主意,后面事来多合他不着,以致相违相竞,故临事一～不宁也。"

【冲渎】 chōng dú 冒犯。谦词。《元曲选·金钱记》二折:"老夫适间不认得先生,多有～。"清《万花楼》二回:"下官但据事直言,只恐～,休得见怪。"

【冲犯】 chōng fàn ❶ 冲激;冲刷撞击。宋郑刚中《观溪涨》:"一夜涨梅霖,拍岸辄澎湃。～无堤防,奔腾起湍濑。"明文秉《烈皇小识》卷六:"前年,以黄河～泗陵,与河道总督刘荣嗣同逮。" ❷ 冲杀搏击;冲击侵犯。宋赵鼎《建炎笔录》卷二:"诸将逃死不暇,而进独策马大呼,～敌围。"明杨寅秋《平播覆议机宜》:"三五里间,安置铳手一名,探兵数名。遇贼～,举放信铳。"《古今小说》卷一八:"倭寇生发,沿海抢劫,各州县地方须用心巡警,以防～。" ❸ 冲突触犯。宋《云笈七籤》卷四三:"香药为枕,无用恶木。泠溧秽臭,～泥丸。"元明《水浒传》一一六回:"陛下气色真正,只被罡星～,尚有半年不安。" ❹ 冲撞;冒犯。明佚名《鸣凤记》三三出:"〔丑〕那个林润?〔净〕就是向时～东楼的小鬼头儿。"《禅真逸史》一七回:"意欲渡海回国,共举大业,不知～太师法驾,乞留草命。"清《醒世姻缘传》五九回:"就是他也极不敢～着我。" ❺ 占卜星相术指两造生辰、生肖等相忌相克。明《二刻拍案惊奇》卷九:"那看命的看得是一对上好到头夫妻,夫荣妻贵,并无～。"清《红楼梦》六九回:"偏算命的回来又说,系属兔的阴人～了。" ❻ 冲冒;冒着;顶着。宋赵鼎臣《代乞邮赵提刑状》:"～苦寒,奔走道路。"元苏天爵《元故宣训大夫黄公墓神铭》:"三苗久阻声教,今方会同中国士夫～瘴疠,往为之师。"《明史·吴复传》:"复临阵奋发,～矢石,体无完肤。"

【冲击】 chōng jī ❶ 犹"冲犯❶"。唐段成式《酉阳杂俎》续集卷一:"齐建元二年夏,庐陵长溪水～山麓,崩长六七尺。"宋朱熹《乞支钱米修筑石堤札子》:"逐年风浪～,砌石损动。"明郑真《故叶君行状》:"有桥,潮汐～而圮。" ❷ 犹"冲犯❷"。唐权德舆《故幽州卢龙军节度副大使刘公墓志铭》:"公分命左右军异道并出,然后以中坚～。"宋李纲《招降到安镇等人兵奏状》:"遇贼五百餘人,各着异色衣服,执持器械,分兵前来～。"元明《三国演义》三六回:"玄德麾军,曹兵大败而退。" ❸ 撞击;触发。宋杨简《纪先训》:"学者有志气,无问性愚,～而开矣,无问习习,～而散矣。"明李东阳《梧州府重建庙学记》:"其或有疆场之变,斥堠之警,震撼～,应接不暇。"❹ 犹"冲犯❻"。宋史尧弼《项羽论》:"至于雄勇健特之人,～水火,冒犯风雷,而不少衰。"

【冲激】 chōng jī ❶ 冲突交激;冲动激发。宋真德秀《生日设醮青词》:"独虞星曜之照临,未臻协吉;重虑阴阳之～,或至招灾。"元明《三国演义》五六回:"箭疮未逾,因怒气～,疮口迸裂,昏绝于地。"明张宁《谢朱孟德医效序》:"居二日夜,疾势弥留,～上逆,如刀割火灼。" ❷ 冒犯;冲撞。明《古今小说》卷一九:"庞某不知高低,夜来～老爹,被老爹拿了。"《醋葫芦》一〇回:"莫不是

谁～了你?只须对我说知。"《禅真逸史》二〇回:"打人骂人都是他教我的,～邻舍,也并不干我之事。"

【冲节】 chōng jié 冲犯仪仗。宋王巩《闻见近录》:"太祖皇帝为殿前都点检,有殿直～,执诣枢府。"明刘元卿《贤弈编》卷一:"前有一人骑驴～,请官位不得,口称弼。"《拍案惊奇》卷三〇:"铁链响琅仓,只等悔气人～过,铜铃声杂沓,更无拼死汉逆前来。"

【冲举】 chōng jǔ 谓飞升成仙。《太平广记》卷八引《神仙传》:"初,陵入蜀山,合丹半剂,虽未～,已成地仙。"元许有壬《题彰德监郡奇凌和叔登瀛图》:"赤霄一～世谁见? 仙与人道将无同。"明《封神演义》六〇回:"即人成仙佛,不过先完纲常彝伦,方可言其～。"

【冲口】 chōng kǒu 不假思索地说出。五代王定保《唐摭言》卷一一:"时秋风正厉,黄叶可扫,(贾)岛忽吟曰:'落叶满长安。'志重其～直致,求足一联,杳不可得。"宋洪迈《夷坚志》支景卷四:"天资滑稽,遇可启齿一笑,～辄嘲之。"清《歧路灯》四〇回:"滑氏又怒又急,便～说道:'别的我与了俺兄弟了!'"

【冲龄】 chōng líng 幼年。多指帝王。唐颜真卿《开府仪同三司行尚书右丞相宋公神道碑铭》:"通昔穷《易》,～擅场。胜冠结绶,历政洋洋。"明于慎行《穀山笔麈》卷四:"主上圣明,虽在～,心已默记。"清蔡世远《六一侄孙哀词》:"汝自～,淹贯五经。"

【冲路】 chōng lù ❶ 通行的大路。《金史·完颜襄传》:"襄率骑二千,分二道,一由～,自以千兵间道潜登。"明温纯《修桥募缘疏》:"刿吾三原,凤称～。两城对峙,一水中分。"清《醒世姻缘传》一五回:"自己耽着一身罪名,要出来避难的,却怎坐在这～的桥上?" ❷ 夺路;抢道。元明《三国演义》九四回:"曹郭二人引败兵～走脱。"元明《水浒传》六六回:"李成且战且走,折军大半,护着梁中书,～走脱。"明谢肇淛《五杂组》卷一五:"唐宦官典兵权,废立自由。然郑朗自中书归,李敬实～不避,一经奏闻,立剥紫绶配南衙。"

【冲冒】 chōng mào ❶ 犹"冲犯❶"。宋刘敞《上仁宗论修商胡口》:"乃者霖雨淫溢,山谷发泄,经川横溃,或～城郭。"元虞集《新喻萧淮仲义字说》:"其蔽在于无沟洫以时蓄泄,无堤防以卫～。" ❷ 犹"冲犯❷"。唐柳宗元《黔之驴》:"稍近益狎,荡倚～。驴不胜怒,蹄之。"元陈基《谕童文》:"陈子之居有劣犬,日走鸡群,～驰突,狡焉自肆。"刘岳申《元奉议大夫永丰县子孙君墓志铭》:"以家童民义,先官军～,万死力战,溃围。" ❸ 犹"冲犯❸"。明于廷寅《送林次崖先生迁钦州序》:"其朝则有毒雾祲云,～人腹。" ❹ 犹"冲犯❹"。宋赵抃《奏状乞释傅卞罪》:"近因所乘马惊逸,～禁卫。" ❺ 犹"冲犯❻"。唐柳宗元《愚溪对》:"吾足蹈坎井,头抵木石,～榛棘,僵仆虺蜴。"宋文同《奏为乞免陵州井纳柴状》:"忽值霜雪风雨,～寒滑。"明姚富《青溪暇笔》卷下:"今之奔走行阵,～矢石,至白首而弗治一命。" ❻ 指不顾危险、风雪等恶劣条件。《旧五代史·周书·世宗纪一》:"才当盛夏,车驾不宜～。"宋范祖禹《乞车驾不出札子》:"窃恐圣躬初就康复,正当保护,未宜～。"元张养浩《和元亨之签事登历下亭韵》:"蛟龙时啸吟,樵牧任～。"

【冲融】 chōng róng ❶ 弥漫充盈貌。唐白居易《贺雨》:"诏下才七日,和气生～。"宋刘敞《晴日后园》:"宿雪乍消释,滞阴反～。"明《西游记》八四回:"只见那城中喜气～,祥光荡漾。" ❷ 水波动荡貌。唐王维《裴仆射济州遗爱碑》:"且尔高岸举其云断,平郊豁其地裂,喷薄雷吼,～天回。"宋苏舜钦《滞舟》:"落照满长河,流水暖～。"元揭傒斯《白杨河看月》:"波平风静棹歌来,万顷～镜面开。" ❸ 平和恬适貌。唐杨炯《后周明威将军梁公神道碑》:"志惟谨洁,心亦～。温纯植性,朗润在躬。"《宋史·乐志一七·

"中施九梁,皆象黄钟之数。梁下相连,使其声～。"明黎民表《大科峰望日出》:"却倚何睢盱,竞秀皆～。"

【冲岁】 chōng suì 犹"冲龄"。《明史·徐学谟传》:"方今上在～,敌在门庭,只有同心共济。"清玄烨《七询》:"自～承基,弱龄亲政,敬天明威,察民视听。"

【冲替】 chōng tì 降职;贬官。《旧五代史·职官志》:"西班将军皆在任许满二十五月,如一已经二十月,即别任用。"《宋会要辑稿·食货一》:"均、房州诸县放税不尽,致自冬及春以来,往往聚为盗贼。诏均、房州知通逐县知县并～。"《宋诗纪事续补》某举子《赠先令》:"寒儒登第十三年,～归来卖尽田。"

【冲突】 chōng tū ❶ 水流奔腾冲击。唐元稹《重夸州宅景色》:"为问西州罗刹岸,涛头～近何如?"明王士性《广志绎》卷三:"汴河身低,又河南土甚疏理,任其～奔溃。"清《野叟曝言》三回:"雨不住点,里湖水势奔迅～,直往外湖。" ❷ 径直往前闯。宋何薳《春渚纪闻》卷七:"既府谢而出,跃马还家,道逢道人～而过。"清《红楼梦》一〇四回:"那人酒醉,不知回避,反～过来。" ❸ 冲撞;冒犯。《太平广记》卷六五引《逸史》:"仙官在此,安敢～!"宋曾几《道逢王左丞不及避谢之》之一:"～前驱公会否?要求一诗定推敲。"明《古今小说》卷三一:"因出言不逊,～了试官,打落下去。" ❹ 争执;矛盾。清《豆棚闲话》七则:"虽然前日同家兄～了几句闲话,料那做皇帝的人,决不把我们锱铢计较。"△清《孽海花》三二回:"文魁因此心上不愤,常常和德义发生～。"

【冲席】 chōng xí 犹"冲筵"。唐元稹《宿醉》:"风引春心不自由,等闲～饮多筹。"金《刘知远诸宫调》一:"掇坐善能饮醉酒,～整顿吃糕糜。"明汤显祖《牡丹亭》五〇出:"手里拿着一幅破画儿,说他饿的荒了,要来～。"

【冲喜】 chōng xǐ 用办喜事、做寿衣等禳解手段祛邪除病。明《醒世恒言》卷八:"今日娶你媳妇来家～,你须挣扎精神则个。"清《醒世姻缘传》三〇回:"这天忒热,你豫备豫备,只当替亲家冲～。"《红楼梦》九六回:"况且宝玉病着,也不可叫他成亲,不过是冲冲喜。"

【冲象】 chōng xiàng 充象;装样。明金銮《锁南枝·风情集常言》:"浮皮儿好,外面儿光,头发梢儿里使贯香。多大个俅儿,也来学～。"

【冲心】 chōng xīn 触动心绪。明《拍案惊奇》卷一六:"灿若听了'紧急信'四字,一个～,忽思量着梦中言语,却似十五个吊桶打水,七上八落。"清《儒林外史》一四回:"是这样吓他,他又见了几个～的钱,这事才得了。"

【冲筵】 chōng yán 不请而自往赴宴。唐皮日休《襄州春游》:"等闲遇事成歌咏,取次～姓名。"清查慎行《德尹举第二子同学数人酿钱为汤饼之会》之二:"又见添丁喜可知,～不怕众宾嗤。"

【冲夜】 chōng yè 冒夜;深夜行走。唐王建《赠芦汀谦议》:"间过寺观长～,立送封章直上天。"宋赵汝鐩《翁媪叹》:"百请幸听去须庚,～槌门谁叫呼?"

【冲州撞府】 chōng zhōu zhuàng fǔ ❶ 犹言闯江湖、跑码头,指为生计而四处奔波。元萧德祥《错立身》题目:"～妆旦色,走南投北俏郎君。"《元曲选·来生债》二折:"你待着我万馀资本为商贾,趱利息,或是乘船鼓棹渡江湖,或是从鞍马昼夜驰驱。"元明《水浒传》二七回:"第二等是江湖上行院妓女之人,他们是～,逢场作戏,陪了多少小心得来的钱物。" ❷ 攻打州县,凭武力四处闯荡。元明《水浒传》六一回:"若是上风放火,下风杀人,打家劫舍,～,合用着你。"清《后水浒传》一九回:"王摩领了五十名小校,～,到处劫取。"

【冲撞】 chōng zhuàng ❶ (水、风等)冲激。宋范成大《吴郡志》卷二九:"石在水中岁久,为波涛所～,皆成嵌空。"元戴善夫《松风阁记》:"则是风也,～呼叫,触者容伤,当者肤攒。"明黄佐《三芳行》:"惊涛势欲摇雍梁,～未已激为碧。" ❷ 碰撞;撞击。宋刘安世《论执政不合留右军充宣借事》:"无故于汴河上走马,～人落水致死。"《三朝北盟会编》卷二四八:"军船乘势～,应时沉没。"明郑善夫《天津同王刘二子较射西营》:"锋翎～气益扬,观者颜色欻沮伤。" ❸ 冲击(军阵);冲杀攻击。宋李纲《奏知折彦质控扼守备事札子》:"初四日辰时以来,金人～,透中军。"綦崇礼《赐川陕宣抚使司张浚诏》:"于二十七日一拥前来,官军血战三十馀阵。" ❹ 奔走;闯荡。元王恽《精选首领官员事状》:"管民参佐,～办集为能。若必取其强梁跋扈务尚口吻者,是无良之人假其重势使之行私矣。"明殷士儋《新水令·写真自嘲》:"当年时血气刚,豪气有三千丈,弄精神惹是非,拚性命胡～。" ❺ 顶撞;冒犯。元高明《琵琶记》三〇出:"这妮子无礼,却将言语来～我,我的言语到不听。"明戚继光《练兵实记》卷七:"次早,军士赴所犯本官处扣头谢罪,曰:'军令如此,小的～。'"《古今小说》卷一〇:"到遣使女进去致意,说小学生不晓世事,～兄长,招个不是。" ❻ 犹言搅扰。元明《水浒传》二回:"小人要寻庄上矮丘乙郎吃碗酒,因见大郎在此乘凉,不敢过来～。"又:"(端王)脚穿一双嵌金线飞凤,三五个小黄门相伴着蹴气球。高俅不敢过去～,立在从人背后伺候。"

【春容】 chōng róng 同"冲融❸"。唐韩愈《送权秀才序》:"宫商相宣,金石谐和。寂寥乎短章,～乎大篇。"宋史浩《满庭芳·代乡大夫报劝》:"油幕初开,驿旆前导,暂归梓里。"明汪广洋《赴召留题英德驿》:"江水～涵乡之景,岸花红白带春殷。"

【春撞】 chōng zhuàng 同"冲撞❶"。唐韩愈《泷吏》:"险恶不可状,船石相～。"宋黄震《绍兴府万柳堂记》:"其地窃以曲,长风巨浪日夕～其下。"清田雯《题戴嵩画》:"一犊～求其乳,小不服箱似奔虎。"

chóng

【虫虫】 chóng chóng 对歌伎舞女的一种昵称。宋柳永《集贤宾》:"小楼深巷狂游遍,罗绮成丛。就中堪人属意,最是～。"杜安世《浪淘沙》:"明月满庭花似绣,闷不见～。"清朱彝尊《玉楼春·伎席》:"～本爱穿花径,改席回廊翻道冷。"按,唐宋歌伎舞女多有名琼琼、飞琼、琼奴、小琼者,"虫""琼"音近,某些方言或可通转。

【虫儿】 chóng er ❶ 犹"虫虫"。宋黄庭坚《步蟾宫·妓女》:"～真个忒灵利,恼乱得、道人眼起。"刘克庄《汉宫春·赏红梅》:"舞殿歌台此际,各新涂汝额,别画官眉。那知有人淡泊,不识～。" ❷ 称行业人。元佚名《清江引·讥士人》:"皇罗辫儿紧扎捎,头戴方檐帽,穿领阔袖衫,坐个四人轿,又是张吴王米～来到了。"宋元《清平山堂话本·花灯轿》:"我两个是喜～,特来讨茶吃,贺喜事。"△清《儿女英雄传》二回:"那河台本是河工上的一个～,他有甚么不懂的!"

【虫狼】 chóng láng 泛指禽兽之类。"虫"不仅指昆虫。《敦煌变文校注》卷一《伍子胥变文》:"遥望松萝(萝),山崖斗暗,～离合,百鸟关关。"唐易静《兵要望江南·占气》:"猛将气,楼阁及旌幢。或似长堤形森森,更如兵盖与～,其下莫能当。"

【虫娘】 chóng niáng 犹"虫虫"。宋柳永《玉楼春》:"～举措

皆淹润,每到婆娑偏恃俊。"清陈维崧《夏初临·本意》:"何日吴装,榜柳绵小泊斜阳。倚～,一春愁病,说与端详。"

【虫蛩】 chóng qióng 昆虫。元黑老五《粉蝶儿·集中州韵》:"～蜂丛猛动,禽吟林阴荫疏。"明丁彩《山坡羊·代促织答话》:"告东君你休嗔俺叫,俺～儿各有个时道。"

【虫鹥】 chóng yī 同"虫蚁"。明《西游记》三二回:"这～不大不小的,上秤称,只有二三两重。"

【虫蚁】 chóng yǐ 泛指鸟兽昆虫之类,多指其中小者。金《董解元西厢记》卷一:"～儿里多情,莺儿第一。"《元曲选·柳毅传书》三折:"今日身被衣冠,酒筵之上,却使不得你那～性儿。"元明《水浒传》六一回:"拿着一张川弩,只用三支短箭,郊外落生并不放空,箭到物落,晚间入城,少杀也有百十个～。"

【虫只】 chóng zhī 同"虫蛭"。元刘庭信《寨儿令·戒嫖荡》:"肉鳔胶把～难粘,馋钩子将野味难捱。"

【虫蛭】 chóng zhì 即虫豸,虫子。宋度正《步自玉局会饮于判院》:"溪毛极草莽,水族包～。"明《西游记》二五回:"你一变,变甚么～儿,瞒格子眼里就将出去。"

【重】 chóng 另见 zhòng。次;回。动量词。唐张鷟《游仙窟》:"能令公子百～生,巧使王孙千回死。"

【重重】 chóng chóng 另见 zhòng zhòng。一再;屡屡。《敦煌变文校注》卷一《李陵变文》:"体着三枪四枪者,车上载行;一枪两枪者,～更战。"宋《朱子语类》卷一〇:"看了一遍,又～看过,一齐记得,方是。"元高明《琵琶记》二二出:"难捱怎避,灾祸～至。"

【重叠】 chóng dié 重复。《太平广记》卷一九七引《玉堂闲话》:"其书中征引典故,无一事～者。"宋委心子《新编分门古今类事》卷二:"建隆末将改年号,宣示宰臣择前代所未用者,不得～。"明《古今小说》卷二七:"一女不受二聘,贤婿前番在金家已费过了,今番下官不敢～收受。"

【重番】 chóng fān 再次。明朱涟《钝斋杨老先生八十初度》:"甲子～又廿载,嗣来星纪无穷年。"《二刻拍案惊奇》卷三七:"张文锦密访了几个为头的,要行正法,正差人出来擒拿,军士～鼓噪起来。"

【重复】 chóng fù 再次;重新。宋《朱子语类》卷一四:"虑,是思之～详审者。"《元曲选·薛仁贵》四折:"柳氏、徐氏并封辽国夫人,钦限三月,～还朝。"明《古今小说》卷三二:"除是天地～混沌,方得开除耳。"

【重还】 chóng hái 犹"重复"。元孙叔顺《一枝花》:"一会家暗思量,思量罢～再审。"元孟汉卿《魔合罗》一折:"是必记心怀,休疑虑,嘱咐了～嘱咐。"明朱有燉《山坡里羊·省悟》:"管弦催酒盈杯,花前醉了～醉。"

【重楼】 chóng lóu 道教指气管。宋《云笈七籤》卷一一:"重堂,喉咙名也。一曰～,亦曰重环。"明《西游记》二二回:"明堂肾水入华池,～肝火投心脏。"清方成培《雷峰塔》一八出:"呷一口,青儿,好了!霎时间响处,涓滴透～。"

【重庆】 chóng qìng 称祖父母、父母俱存。唐曹松《送邵安石及第归连州省亲》:"及第兼归觐,宜忘涉驿劳。青云～少,白日一飞高。"重庆,一作"具庆"。宋陈著《外孙黄阿相生日》:"慈溪之后有曾孙,书声自可怡～。"明岳正《永感诗序》:"其父母、祖父母存者,曰具庆,曰～。"

【重三叠四】 chóng sān dié sì "重叠"的强调形式。宋《朱子语类》卷一一二:"本朝建官～,多少劳扰!"

【重三迭四】 chóng sān dié sì 即"重三叠四"。宋《朱子语类》卷一七:"圣人下得言语恁地镇重,恁地～,不若今人只说一下

便了,此圣人所以为圣人。"又卷八〇:"诗,人只见他恁地～说,将谓是无伦理次序,不知他一句不胡乱下。"

【重身】 chóng shēn 怀孕。俗称双身子。《广弘明集》卷三六:"其妻～当产。"宋陈自明《妇人大全良方》卷一四:"夫妊娠谓之～,二命系焉。"清方成培《雷峰塔》一六出:"你试把我浮沉看准,休胡乱说道～。"

【重头】 chóng tóu 从头;重新。宋《朱子语类》卷一一一:"而今要革其弊,须是～理会方得。"林光朝《芹斋诗》:"说尽轩裳还过眼,读残书卷复～。"

【重新】 chóng xīn ❶ 再一次。宋仲并《忆秦娥·木樨》:"佳人敛笑贪先折,～为剪斜红叶。"明殷奎《昆山州重立刘龙州先生祠堂疏》:"祠堂废坏已久,今欲～兴造,以补山中故事。"清《红楼梦》一一四回:"宝玉也拉着贾琏的手大哭起来,贾琏也～哭泣。" ❷ 从头另行开始。宋《朱子语类》卷三四:"当时史官收诗时,已各有编次,但到孔子时已经散失,故孔子～整理一番。"元许衡《小学大义》:"作歹的人将那以前歹的心都改正了,～做个好人。"清李渔《玉搔头》一五出:"万岁爷请息雷霆,待臣等～说过。"

【重行】 chóng xíng 重新另外开始。五代李从珂《委三司重议税法诏》:"其所征租税却从清泰元年四月后,委三司～厘革,别议施行。"《元曲选·窦娥冤》四折:"今日个将文卷～改正,方显的王家法不使宽冤。"明高攀龙《与林平华父母》之二:"二泉先生尝属补庵先生,～改葺矣。"

chǒng

【宠】 chǒng 敬词,用于对方对自己的看顾、赐予等。唐高适《和窦侍御登凉州七级浮图之作》:"铁冠雄赏眺,金界～招携。"宋沈遘《杂谢》之六:"以某赴郡过府,特垂～访,感服之至。"清《两交婚》七回:"惟昨邀天幸,方得令妹～临。"

【宠夫人】 chǒng fū rén 称别人的妾。清《醒世姻缘传》一一回:"这是晁亲家～。"

【宠惜】 chǒng xī 宠爱。《太平广记》卷一九二引《歙州图经》:"德宗甚～,累有赏赐。"宋陶岳《五代史补》卷二:"敬新磨,河东人,为伶官,大为庄宗所～。"清《聊斋志异·江城》:"父仲鸿,年六十,止此子,～之。"

【宠信】 chǒng xìn 宠爱信任。《新唐书·马植传》:"初,左军中尉马元植最为帝～,赐通天犀带。"宋司马光《言高居简第五上殿札子》:"勾当御药院高居简工谗善佞,不宜～。"明《警世通言》卷二六:"辄令代笔,烦简曲当,学士从未曾增减一字,～日深。"

chòng

【眮眮】 chòng dǔn 小睡;打盹。明《西洋记》二九回:"适逢得那个有底洞的徒弟正在～,长老装做一个羊角道德真君,叫一声:'有底洞!'"

【踵】 chòng 歪;颠。明《拍案惊奇》卷一四:"大郊勉强扶他上了驴,用手搀着他走路。杨化骑一步～一～,几番要颠下来。"

【踵路】 chòng lù 行路。明《西游记》九三回:"师父做了驸马,到宫中与皇帝的女儿交欢,又不是爬山～,遇怪逢魔,要你保护他怎的?"

chōu

【抽】 chōu ❶ 退；撤出。《敦煌变文校注》卷一《捉季布传文》："臣骂汉王三五口，不施弓弩遣～军。"金《董解元西厢记》卷二："满寺里僧人听呵，随俺后～兵便回去，不随后你须识我！"《元曲选·朱砂担》二折："我将这灯吹灭，身倒～。"按，"抽"有"引"义，"引"有"退"义，故"抽"亦有"退"义。 ❷ 抽调。唐陈谿《彭州新置唐昌县歇马亭镇等记》："又置一镇，～武士三十人而御之。"宋《五代史平话·唐上》："次早急写文书，将那氏叔琮、朱友宁所将军马尽行～回。" ❸ 抽打；挥击。《元曲选·救风尘》二折："无情的棍棒～。"明《西游记》二六回："绳绑鞭～，拷打了一日。"清方成培《雷峰塔》一九出："堪愁，准备皮肤，毛板儿～。" ❹ 吸。清《红楼梦》程乙本五二回："晴雯听说，忙用指甲挑了些，～入鼻中。"△《儿女英雄传》一回："登时倒～了一口气，凉了半截。" ❺ 缩。《元曲选·黑旋风》三折："俺家里个老驴，也是这么～蹄～脚。"△清《儿女英雄传》一五回："不想到这样一个人竟自能屈能伸，有～有长。"

【抽搐】 chōu chù 肌肉不自主地收缩。宋《太平惠民和剂局方指南总论》卷下："忽然发热，手足～。"清《歧路灯》三一回："这谭绍闻早已混身～，唇齿齐颤，竟是说不出一句话来。"

【抽攒】 chōu cuán 收缩聚拢。明《金瓶梅词话》四四回："若是那个偷了东西不拿出来，把狼筋抽将起来，就缠在那人身上，～的手脚儿都在一处。"

【抽打】 chōu dǎ 挥击。清《醒世姻缘传》九五回："把素姐按翻在地，使屁股坐着头，拿着鞭子从头～。"

【抽丁拔楔】 chōu dīng bá xiē 即"抽钉拔楔"。"丁""钉"古今字。《元曲选·度柳翠》四折："大众恐有不能了达，心生疑惑者，我与他～。"

【抽钉拔楔】 chōu dīng bá xiē 抽出钉子，拔出木楔，比喻解除迷妄情惑。宋克勤《碧岩录》一则："达摩本来兹土，与人解粘去缚，～，划除荆棘。"《五灯会元》卷一八《圆通道旻禅师》："诸佛出世，无法与人，只是～，除疑断惑。"按，亦作"拔楔抽钉"。

【抽斗】 chōu dǒu 抽屉。明高濂《遵生八笺》卷一五："更有一窍透开，内藏～，中有刀锥、镊刀、指铿。"清《醒世姻缘传》六〇回："将那床身的三个大～扯出来，～里没有。床底点灯照着，又没看见。"《歧路灯》五九回："咱先伙分拾两，餘下七十两，锁在～内。"

【抽分】 chōu fēn ❶ 宋元以来朝廷征收的一种实物税，包括商税和舶税，也称"抽解"。多用作动词，犹言征收、征税。《宋史·食货志下八》："或有货物，则～给赏，断罪倍输，倒囊而归矣。"《元典章·刑部十九》："若更设立诸色牙行，～牙钱，刮削市利，侵渔百姓，于民不便。"《朴通事谚解》卷中："来时节，到迁民镇口子里，～了几个马。" ❷ 指掌抽分事务的官职或官员。明张瀚《松窗梦语》卷四："舟车掌于钞关，为司徒属；竹木掌于～，为司空属。"焦竑《玉堂丛语》卷五："念庵罗公以修撰归，道经芜湖，病亟，～项东瓯为调医药。" ❸ 泛指从某些钱物往来中获取好处，犹分成、抽取。明《金瓶梅词话》九〇回："朝来暮往，非止一日，也抵盗了许多细软东西，金银器皿衣服之类。来昭两口子也得～好些肥己。"《石点头》卷四："翟百舌心生一计，去寻族长商议，许其厚礼，财礼中还可～。"

【抽丰】 chōu fēng ❶ 利用关系或名义向人索取财物等。也作"打抽丰"。明马佶人《荷花荡》八出："此间司理是我座师，政欲～一回，以作进京资斧之计。"清于成龙《严禁抽丰谕》："交游馈送金钱，悉是小民破家脂血。～作耗，竟成通病。" ❷ 用作名词时犹言利益、好处。明《梼杌闲评》三七回："扬州是个花锦地方，有多少～的？"清《歧路灯》四回："这谭乡绅是萧墙街一位大财主，咱的年礼、寿礼他都是照应的。就是学里有什么～，惟有谭乡绅早早的用拜帖匣送来了。"

【抽风】 chōu fēng ❶ 同"抽丰❶"。明朱鼎《玉镜台记》三二出："酒席专为～，言谈尽藏骗局。"清李光地《喜仲弟至作又赓之》之二："新诗旧卷～晚，杂竹闲花砌露秋。" ❷ 痉挛。清《医宗金鉴》卷三四："小儿～不语，大人中风不语，皆谓之哑风。"

【抽换】 chōu huàn 更换；抽出改换。宋《三朝北盟会编》卷一三九："若此，则炮石纵大至多，亦无能损坏。间有损者，即逐旋～。"元虞集《题丞相寨屋亲帖》："建康寨屋间有木植小者，若欲覆瓦，须当～。"清《野叟曝言》一六回："鸾吹、素娥都不甚觉，把粗纸铺垫，～收拾。"

【抽拣】 chōu jiǎn ❶ 抽取；选调。唐白居易《论行营状》："请～魏博、泽潞、易定、沧州四道兵马分付光颜事。"宋欧阳修《乞条制都作院》："于南北作坊检会工课料例，及于辖下～工匠，令都作院依样打造。"明谭纶《恳乞天恩议处入卫兵马》："节年挑选游兵入卫蓟镇，各路营堡～空虚。" ❷ 抽出；拣取。宋姜特立《火阁创壁橱》："二边各一柱，四齿横两板。重重叠书册，造次可～。"明汤式《一枝花·赠妓素兰》："金花粉调和成玉蕊，素檀心～出柔荑。"

【抽简】 chōu jiǎn 写简，指记录。唐虞世南《追从銮舆夕顿戏下应令》："瑶山盛风采，～荐徒谣。"元虞集《送空岩印公还径山》："忘言及生灭，～托疏慵。"清吴绮《代王孝扬将军祝吴留村制府寿序》："太史书勋，千载永传于册府，何待小言以～，乃当盛烈之铭钟耶！"

【抽脚】 chōu jiǎo 犹"抽身❷"。宋李曾伯《水调歌头》："休诧穿杨妙手，乘早闹篮～，谁拙又谁才？"明黄仲昭《下皋俱乐亭扁》之五："颇幸名途～早，山灵犹未作移文。"清厉鹗《包家山看桃花》："符融喜接如云潭，辛苦京尘乍～。"

【抽解】 chōu jiě ❶ 扯拽解开。唐孔颖达疏《礼记·丧大记》"结绞不纽"："生时带并为屈纽，使易～。死时无复解义，故绞束毕结之，不为纽也。" ❷ 引申指解大小便。《五灯会元》卷一七《保宁圆玑法师》："僧问：'生死到来，如何回避？'师曰：'堂中瞌睡，寮里～。'"宋《雪堂行和尚拾遗录》："浩曰：'待我～来。'及上厕来，见僧不去，以拄杖赶散。" ❸ 犹"抽分❶"。宋朱彧《萍州可谈》卷二："凡舶至，帅漕与市舶监官莅阅其货而征之，谓之～。以十分为率，真珠、龙脑凡细色抽一分，玳瑁、苏木凡粗色抽三分。"明杨寅秋《平五山善后议》："倘贵县不宜，仰给别郡，则贵县协济别县之银应免～。"

【抽牵】 chōu qiān ❶ 牵拉；扯动。宋觉范《禅林僧宝传》卷三《汝州风穴沼禅师》："但看棚头弄傀儡，～全藉里头人。"元危亦林《世医得效方》卷四："有人为痰所苦，夜间两臂常若有人～。"明胡直《心复答身》："怜君傀儡不能收，专为～岂自由。" ❷ 痉挛；抽搐不伸。明朱橚《普济方》卷九六："防风饮，治偏风，半身不遂，筋脉～，行履不得。"王肯堂《证治准绳》卷五九："世传茯苓丸治手臂～，或战掉不能举物。" ❸ 引发；勾起。宋李若水《夜坐瓶忽成韵作诗记之》："～狂绪挽不断，呼儿漉酒飞银觥。"

【抽身】 chōu shēn ❶ 转身；退身。《敦煌变文校注》卷二《叶净能诗》："净能且承帝命，～便起。"《元曲选·东坡梦》一折：

"只待他应了一声,你急急～便走。"明《封神演义》一一一回:"百官一见费、龙二人至,便有几分不悦,个个～。" ❷ 引退;脱身。唐白居易《和微之春日投简阳明洞天》:"白首青山约,～去得无?"明常伦《山坡羊》:"懒钻头桃李门,且～桑柘村。"清《红楼梦》五回:"故向爹娘梦里寻相告:儿命已入黄泉,天伦呵,须要退步～早!"

【抽首】 chōu shǒu 犹"抽头❶"。元黑老五《粉蝶儿·从东陇风动松呼》:"那家他把荚芭居,～就踌躇。"

【抽屉】 chōu tì 桌、柜等家具上可盛物并推进拉出的匣状部件。清《说岳全传》三回:"你肚中饥饿,～内有点心。"《红楼梦》五一回:"(麝月)于是开了～,才看见一个簸箩内放着几块银子。"

【抽替】 chōu tì ❶ 调换;抽调替换。《宋史·兵志八》:"殿前、侍卫司诸禁军中老疾者众。盖久从征戍,失于拣练,每～至京,虽量加阅视,亦止能去其尤者。"清阿桂等《平定两金川方略》:"官兵各用枪箭杀贼数名,而碉内枪石如雨,将兵～收回。" ❷ 即"抽屉"。宋黄庭坚《与党伯舟帖》之五:"唐林夫作一临书卓子,中有。卓面两行许地,～中置灯,临写摹勒不失秋毫。"明《金瓶梅词话》五八回:"我屋里～内有块腊肉儿哩。"

【抽添】 chōu tiān ❶ 增减;抽去或添加。宋韩淲《尹子潜送蕨》:"生柴带叶旋～,糟莘旷况时染指。"元侯克中《宿酒成疾寄刘签事》:"衾温～易,楼高上下难。"清傅泽洪《行水金鉴》卷二八:"汶河新创坎河石滩,夏秋之发,任其滩上漫流,以杀其势,或损或增,～诸石。" ❷ 道教以外丹抽添火候喻内丹修炼手段,指引丹田气上升至脑。五代彭晓《周易参同契通真义》卷上:"若火候失时,～过度,寒暑不应,进退差殊,则令天地之间凭何节候而生物象哉!"元邓玉宾《一枝花》:"火候～有时暂,修行的好味甘。"明叶山《叶八白易传》卷八:"有三万刻之沐浴～,然后有九转之神丹。" ❸ 房中术指性交技巧。明《警世通言》卷三:"刘玺用～火候工夫,枕席之间,二狐快活。"《二刻拍案惊奇》卷三五:"蔡凤鸣正要学些～之法,借些药力帮衬,并不吃醋拈酸。"

【抽头】 chōu tóu ❶ 掉头,退后;脱身。《敦煌变文校注》卷三《燕子赋(二)》:"黠儿别没消,转急且～。"明庄杲《同前韵寄东峤兄》:"举足千寻欺冻壑,～三丈看朝曦。"清《醒世姻缘传》七回:"你放心去做。你只来打听我,若我慌张的时节,老先生～不迟。" ❷ 指退隐;避是非。宋曹勋《诉衷情》:"得～处好～,等待几时休。"元陈草庵《山坡羊》:"赋归休,便～,黄花恰正开时候。"明冯惟敏《新水令·沉醉东风》:"这答儿且褪拿云手,趁清朝及早～。" ❸ 聚赌抽取头钱,即从赢家抽取一定比例的钱归赌场所有。清于成龙《严禁赌博谕》:"如敢违禁,定将赌博之人,与开场放头并～之人,及该地方,俱照定例治罪。"《飞龙全传》一六回:"只见殿上有五个人席地而坐,轮流掷色,赌取输赢。那上面坐着一个纱帽圆领的～监赌。"《歧路灯》五〇回:"冰梅掌牌,老樊只色样,赵大儿伺候茶水,兴官、儿。"用作名词指抽头得到的钱。《续金瓶梅》三六回:"明知道要打官司,俱躲外县,访赌博讨～去了。" ❹ 拿回扣。清《豆棚闲话》一〇则:"凡是卖字画骨董的,俱要～。"《醒世姻缘传》二六回:"当初那一百两的本又没有净银子与你,带准折,带保钱,带成色,带家人～,极好有七十两上手。" ❺ 比喻分享好处。明《金瓶梅词话》五二回:"怕有人来看见,我就来了,且过来,等我抽个头儿着。"清《红楼梦》九回:"先得让我抽个头儿,咱们一声儿不言语。"

【抽退】 chōu tuì 退却;后撤。同义复词。唐李德裕《赐思忠诏书》:"但得可汗～,不敢稽留,塞上安宁,即是卿之助力。"宋《三朝北盟会编》卷一〇八:"虏人围守于诸郡者,往往～。"明戚继光《纪效新书》卷一二:"或将身～,他打来,我就大门下起接剪他杀结尾。"

【抽脱】 chōu tuō 犹"抽解❷"。宋宗杲《宗门武库》:"湛堂游浙回,充首座,闻其事,中夜放入延寿堂东司～。"

【抽选】 chōu xuǎn 挑选。宋《续资治通鉴长编·宋仁宗庆历元年》:"必于邻道～得力将帅军马,聚攻一处,庶乎败事。"明韩邦奇《实边镇以振兵威以防敌患事》:"将太仆寺马匹给发二三千匹,听臣～前项步马壮餘人等给授之,编成引队。"清《续金瓶梅》一二回:"童贯遮挡不住,只得上了一本,～京营英勇。"

【搊】 chōu ❶ 用手(不用拨子)弹拨(弦乐器)。唐刘肃《大唐新语》卷八:"(刘希夷)善～琵琶,尝为《白头咏》。"《说郛》卷二〇引唐段安节《琵琶录》:"贞观中裴路儿弹琵琶,始废拨用手,今所谓～琵琶是也。"元佚名《耍孩儿·拘刷行院》:"有玉箫不会品,有银筝不会～。" ❷ 揪;抓。《敦煌变文校注》卷三《燕子赋(一)》:"鹞鹞恶发,把腰即～;雀儿烦恼,两眉不皱。"《景德传灯录》卷一二《云山和尚》:"有僧入庵～师,师曰:'杀人,杀人!'"宋王质《鹧鸪天·山行》:"春衫不管蔷～碎,可惜教花着地铺。"按,《广雅·释言》:"搊,初尤切,拘也。" ❸ 束;系紧。唐陆龟蒙《新夏东郊闲泛有怀袭美》:"经略纾时冠暂亚,佩篸筌箸后带频～。"明冯惟敏《端正好·徐我亭归田》:"乌纱紧按忙～带,竦身疾走还嫌慢。" ❹ 搀扶。明李一元《七犯玲珑》:"倦欲眠平石,归思异来兜。软难～,沉腰消瘦。"《金瓶梅词话》二六回:"缠的西门庆急了,教来安儿～他起来,劝他回房去了。"按,明沈榜《宛署杂记·民风二》:"扶曰搊。" ❺ 揭;掀。宋觉范《和陶渊明归去来辞》:"逢断桥而植杖,涉浅濑而～衣。"清《绿野仙踪》九八回:"我那一跳是个影子,究竟还是师尊～我下去,要每人打二十大棍哩。" ❻ 托;抬。明《西游记》四〇回:"行者大惊,走近前,把唐僧～着脚,推下马来。"清《歧路灯》五九回:"～起腿来,脚蹬住后边,休教撒了气。" ❼ 通"怞"。古怪;特别。金《董解元西厢记》卷三:"一门亲事,十分指望着九。不提防老夫人性情,搊下脸儿来不害羞,欺心丛里,做得个魁首。"《元曲选·单鞭夺槊》二折:"凭着他相貌～,武艺熟,上阵处只显的他家驰骤。" ❽ 炫耀;摆阔。《元曲选外编·西厢记》五本一折:"当日向西厢月底潜,今日向琼林宴上～,谁承望跳东墙脚步占了鳌头!"按,毛奇龄"论定音释本"云:"搊,搊搜,乔样也。"明冯惟敏《集贤宾·归田自寿》:"常记的急煎煎尘内走,有时节气昂昂街上～。" ❾ 通"篘"。滤除。宋苏辙《戏作家酿二首》之一:"一拨欣已熟,急～嫌不早。"明朱橚《普济方》卷二五:"右等分同为细末,汤浸蒸饼～去,和丸如桐子大。" ❿ 通"謅"。编造。明薛近兖《绣襦记》一〇出:"我夜来在灯下～得一个曲儿,赞美公子与大姐。"清《醉醒石》八回:"又～一个笑话,用着两句《浣纱》曲子。" ⓫ 通"偢"。俊俏;俏皮。明王世贞《元名人墨迹》:"安得令文敏、伯机、子山辈不必书己作,而尽写马致远、王实甫、郑德辉、关汉卿～语,虽雅正不伦,亦足表毡裘之盛。" ⓬ 通"凑"。a)聚拢。明吴炳《西园记》三出:"平日酒色过度,身子原是虚的,几件齐来一～,弄得呜呼哀哉!"《拍案惊奇》卷一〇:"朝奉～着眉道:'如今事体急了。'"b)迎合;帮凑。明《挂枝儿·消息子》:"消息子,都道你会～人的趣。"《醋葫芦》一〇回:"本当不审,看这银子分上,倒要胡乱一一～。"按,明顾起元《客座赘语·诠俗》:"善迎人之意而助长之,曰搊。"

【搊撮】 chōu cuō ❶ 抽缩;痉挛。明朱橚《普济方》卷三一:"槟榔散,治肾脏冷气卒攻脐腹,疼痛～甚者。"又卷三五:"没药散,治产后恶血不尽,小腹～疼痛。" ❷ 归拢;收拾。宋周邦彦《大有》:"却更被温存后,都忘了前僝僽。便～,九百身心,依前待有。"

【搊扶】 chōu fú 搀扶。明曹于汴《刘孺人曹氏墓志铭》:"既而刘君感恙,痫瘘不能屈伸,承事～,漏初下抵二鼓方得一转身。"《金瓶梅词话》五九回:"吴银儿与孙雪娥向前～起来,劝归后边去了。"清《绿野仙踪》四二回:"黎氏将头摇了摇儿,女厮们～着嗽了口,复行睡下。"

【搊趣】 chōu qù 凑趣。明徐复祚《投梭记》二〇出:"比来老乌何等～,何等帮衬。"《挂枝儿·阻雨》:"不～,风儿骤,雨儿又飘。"

【搊杀】 chōu shā 厉害。《元曲选·黑旋风》一折:"我着那捕盗官军摸不着我影,忒～,好相争,我和他斗迎。"

【搊拾】 chōu shí 蹴鞠(踢气球)的技法。元关汉卿《斗鹌鹑·女校尉》:"有一千来～,上下泛匀匀的论道儿,直使得个插肩来可戏。"《元曲选外编·黄鹤楼》二折:"官人忙便罢;若闲时,家来教你几个～。"按《说郛》卷一〇一引宋汪云程《蹴鞠图谱·成套解数》:"五套:搊拾白住,两棒巧白住,三棒巧白住。"

【搊搜】 chōu sōu ❶ 威武勇猛。金《董解元西厢记》卷二:"细端详,见法聪生得～相:刁厥精神,跷蹊模样,牛膀阔,虎腰长。"《元曲选外编·襄阳会》三折:"豹头环眼逞～,人似猛虎马如虬。"明冯惟敏《塞鸿秋·乞休》之一:"论形容合不着公卿相,看丰标也没有～样。"可用 AABB 式重叠。明《金瓶梅词话》七〇回:"一个个长长大大,搊搊搜搜。" ❷ (相貌、性情等)古怪;特别。金《董解元西厢记》卷四:"奈何慈母性～,应难欢偶。"《元曲选外编·独角牛》一折:"我生性忒～,相搏罢,我着他一笔都勾。"明《金瓶梅词话》四九回:"西门庆不因不由,信步走入里面观看,见一个和尚,形骨古怪,相貌～。" ❸ 猥琐丑陋。《宋元戏文辑佚·陈巡检梅岭失妻》:"今闻非别崇缠:左道术,名申公,属坤兑,猕猴状,～脸。"清《醉醒石》卷七:"奈是人儿矬小,面孔～。" ❹ 顽劣;作怪。元佚名《柳营曲》:"伴哥又～,待打王留,扯碎布留彪。沤麻坑斗摸泥鳅,见棠梨棒打鞭彪。"柯丹邱《荆钗记》一九出:"端详这一伎俩,怎做得潭潭相府东床。"明康海《点绛唇·贺寿》:"尚兀自急管繁弦斯趁逐,更有那舞斑衣稚子～。"佚名《一枝花·丑妓》:"能跳踏,会～,额颅上淹淹黑汗流。"

【搊瘦】 chōu shòu 同"搊搜❷"。《元曲选外编·庄周梦》三折:"一向去～,难容你丑陋。"

【搊抬】 chōu tái 托举,指吹棒。明佚名《苏九淫奔》四折:"这一个左右遮拦,这一个上下～,赤紧的懵懂汉将青作白。"

【搊弹】 chōu tán ❶ 即"搊❶"。宋葛立方《韵语阳秋》卷一五:"乐天有《五弦弹》诗云:……惟忧赵璧白发生,老死人间无此声。想其～之妙,冠古绝今。"《明史·李梦阳传》:"(王)九思尚费重赀购乐工学琵琶,(康)海与～尤善,后人传相仿效。" ❷ 一种说唱艺术形式。明王骥德《新校注古本西厢记·凡例》:"诸本以《络丝娘》一尾……似～说词家所谓'且唱下回分解'等语。"清毛奇龄《孙秀姑表贞录序》:"好事者作～唱本谱其事为韵语,使盲妇以弦而唱于市。"

【搊弹家】 chōu tán jiā 弹奏弦乐器的女乐人。唐崔令钦《教坊记》:"平人女以容色选入内者,教习琵琶、三弦、箜篌、筝等者,谓～。"

【搊拽】 chōu yè 牵拉;扯拽。宋张守《按发将官周勉札子》:"又差使臣孙成等四人,将两州都巡检张师颜～溪内。"

【搊扎】 chōu zhá 即"搊杀"。《元曲选·两世姻缘》三折:"你卖弄你那～,你若是指一指,该万剐。"明沈自徵《鞭歌妓》:"休使恁巧～。这样蛮婢,一剑挥之两段。"

chóu

【仇报】 chóu bào 报仇;报复。《太平广记》卷三六二引《广异记》:"兄何故受此屈辱,不～之?"宋卫湜《礼记集说》卷一三七:"悦小怨微隙,君子不以德消,而一一～,往来不息,必深结仇雠。"明《清平山堂话本·飞将军》:"灞陵尉家人诣阙,告广起挟～,无非斩尉。"

【仇恨】 chóu hèn ❶ 因结仇而产生的怨恨。唐赵璘《因话录》卷六:"今主人与客本无～,但欢喜为供,有亲爱饮食之意,无伤害之心。"元徐再思《红锦袍》:"将夫差～雪,进西施谋计拙。"明于谦《兵部为陈言边务事》:"既侵犯边境而拘留上皇,复入寇京畿而震惊陵庙。其为～,庸可胜言。" ❷ 指仇恨的对象,仇敌。宋唐庚《三国杂事》:"融既魏文之～,而亮亦晋宣之仇敌,二人之言,宜非当时之所欲闻。"

【仇口】 chóu kǒu 仇人口词。明沈德符《万历野获编》八:"盖夏、严受祸,皆出～,而扶乩更巧于占验矣。"清《后水浒传》四回:"小人素任蠢直,屡奉相公钧票催证,不敢徇私,未免招人怨恨,就将这无影难稽的事情排陷小人。望相公不可听信～。"

【仇恶】 chóu wù ❶ 憎恨;憎恶。《新唐书·卢贽传》:"俄而廷龄奸佞得君,天下～,无敢言。"宋陈耆卿《张耳陈余论》:"此隙一开,更相～。余一解印绶,耳遂从而收之。"也指结仇。明胡世宁《乞全恩信以处降贼疏》:"本犯自知平素～,不为地方所容。" ❷ 冤仇;仇恨。宋韩维《论息兵弃地札子》:"边塞之俗,以不报～为耻。"

【仇嫌】 chóu xián 仇怒;嫌隙。唐吴兢《贞观政要》卷五:"但能举用得才,虽是子弟及有～,不得不举。"宋范纯仁《奏乞诛庄果》:"朝廷罪罪人,若畏其子弟之屈,防其～而不诛,则典刑废矣。"明王守仁《宽恤禁约》:"大户毋逼债负,小民毋激～。"

【仇冤】 chóu yuān ❶ 报仇。《敦煌变文校注》卷一《伍子胥变文》:"比年清泰,皆是仵相之功,今不～,何名孝子?" ❷ 冤仇;仇恨。唐易静《兵要望江南·占日》:"天下大兵看即起,又兼烈士执～,奋怒气冲天。"宋胡寅《祭陈运判梦兆》:"其后来者,视予～;首尾四人,先后三年,谤而伤之,欲禁其宣。"清《说岳全传》六四回:"秦太师大约是前世与他有甚～。" ❸ 仇敌;冤家。清《醒世姻缘传》五二回:"名曰妇姑夫妇,实为寇敌～。"

【惆怅】 chóu chàng ❶ 轻易;仓猝。《敦煌变文校注》卷六《金刚丑女姻缘》:"卿为臣下我为君,今日商量只两人。朝暮切须看听(停)审,～莫教外人闻。"《敦煌掇琐·十四十五上战场》:"昨夜马惊辔断,～无人遮拦。" ❷ 恼恨;恼怒。宋吕同老《齐天乐·餘闲书院拟赋蝉》:"坠叶山明,疏枝月小。～齐姬薄幸。"《元曲选·赵氏孤儿》五折:"将那厮钉木驴推上云阳,休便要断首开膛,直剐他做一埚儿肉酱,也消不得俺满怀～。"脉望馆本《鞭打单雄信》四折:"见军师骤马走飞荒,报言追赶主人伤。尉迟听罢心～,急慌忙,便须敌军将。"

【惆懂】 chóu chú ❶ 同"踌躇❶"。《元曲选外编·七里滩》二折:"子细～,观了些成败阅了些今古。" ❷ 同"踌躇❷"。《元曲选·蝴蝶梦》二折:"把三个未发迹小秀士,生拗做吃勘问死囚徒。空教我意下～,把不定心惊惧。"

【绸缪】 chóu móu 缠绵;亲热。隐指性行为。唐元稹《莺莺传》:"～缱绻,暂若寻常;幽会未终,惊魂已断。"明李梅实《精忠旗》一三出:"我夫人与他曾有些～,寄与夫人的表记,是个黄蜡做

气球。"《醒世恒言》卷二五:"尝言道:新娶不如远隔。夜间与浑家～恩爱,自不必说。"

【稠叠】 chóu dié ❶ 密集;稠密重叠。唐王勃《采莲曲》:"莲花复莲花,花叶何～。"五代何光远《鉴诫录》卷七:"陛下莫见居人～,谓京辇繁华。"《元曲选·黑旋风》二折:"大古里人烟热闹,买卖～。" ❷ 丰厚;数量大。唐张说《赠户部尚书河东公杨君神道碑》:"遂摄御史中丞,玺书劳徕,缛赏～。"宋张齐贤《洛阳搢绅旧闻记》卷三《张相夫人始否终泰》:"一旦建功业,会云龙,爵位通显,恩宠～。"金元好问《大丞相刘氏先茔神道碑》:"眷顾殷重,赐赉～。" ❸ 频繁;累积。元胡祇遹《送胡县令之任序》:"禄薄则不免求索,丧公廉之节。节行不立,愆罪～。"明倪岳《青溪漫稿》卷一四:"岁丰而盗作,籴贱而民贫,武备空虚,灾异～。"明王寅《沉醉乐风·四首新正留简小樵》之一:"轻薄交中年渐谢,喜往来偏尔～。" ❹ 反复;累赘。元胡祇遹《寄康国才御史书》:"餘意陈剞备能言之,不敢～。"清查慎行《苏诗补注·例略》:"更有繁芜之病:有诗意本瞭然多添注脚者,有所用非此事强为牵率者,有一事经再用三用～蔓引者。" ❺ (情感)深厚。唐白居易《喜陈兄至》:"从容尽日语,～长年情。"宋吴处厚《青箱杂记》卷八:"答书皆亲笔书,语皆～勤拳,其敦笃如此。"清《巧联珠》三回:"两承惠顾,玉谊～。仆因王命严迫,不敢入城。"

【稠夥】 chóu huǒ 众多。宋田况《浣花亭记》:"盖壤土迫狭,民齿～,农工趋力,犹水火漂爝之急。"元郝经《东师议》:"兵锋新锐,民物～,拥而挤之,郡邑自溃。"清李光地《侄妇翁氏墓志铭》:"余之宗属～冠一邑。"

【稠密】 chóu mì ❶ 密集。《法苑珠林》卷九四:"今日二人送到家内,见一床许棘林,枝叶～。二人令入此林。"宋吴自牧《梦粱录》卷一六:"杭州人烟～,城内外不下数十万户,百十万口。"明《封神演义》二六回:"此雪下到～处,只见江河一道青。" ❷ 密切;亲密。宋卫泾《论新除司农少卿张镃乞赐窜责状》:"况张镃既为师旦姻家,情好～。"元胡祇遹《奉寄林鸿子羽》:"北桥青眼识同心,古寺琴樽话～。"清《好逑传》八回:"如今过公子之事,想来万万不能成了,却喜他又与铁公子往来～。"

【稠穰】 chóu rǎng 众多。《续资治通鉴长编·宋神宗元丰五年》:"窃见通远军当熙河秦凤四达之冲,人物～。"元明《水浒传》五二回:"高唐州城池虽小,人物～,军广粮多。"清雍正十三年《浙江通志》卷九一:"洋面虽广而城垣窄小,居民～,城外亦无闲隙之地可以建造营房。"

【稠人】 chóu rén 平人;常人。《太平御览》卷一四九引《唐书》:"立为皇太子,姿貌魁杰,有异～。"宋蔡襄《送石昌言知宿州》:"边隅多故方急才,往往～拔公相。"明李东阳《明故吏部尚书尹公墓志铭》:"尤精鉴强记,每经铨注,虽～小吏,阅数年犹识其名。"

【稠沓】 chóu tà ❶ 犹"稠叠❶"。元戴良《游东湖》:"云峰互～,烟波纷溟濛。" ❷ 犹"稠叠❷"。《旧唐书·后妃传上·玄宗杨贵妃》:"碌山每事贵妃,每宴赐赉～。"宋王禹偁《让西京留守第三表》:"顾彼疾之婴缠,荷圣恩之～。" ❸ 犹"稠叠❸"。宋王安石《韩持国从富并州辟》:"身虽未尝历,魂梦已～。"明岳正《明故御马监太监刘公墓志铭》:"异数～,国朝以来,一人而已。" ❹ 犹"稠叠❺"。《太平广记》卷四九〇引《东阳夜怪录》:"自虚先称名氏。苗生曰:'介立姓苗。'宾主相谕之辞,颇甚～。"宋刘跂《祭弟法曹文》:"平时言话,一本礼法,～郑重,雅所信可。"

【稠杂】 chóu zá ❶ 密集;稠密嘈杂。宋程珌《姚饶州墓志铭》:"左厢最延袤,五方～,讼牒填塞。"清吴伟业《绥寇纪略》卷六:"两山草木～,伏四起,岱马足挂于藤而止。"《隋唐演义》八回:"古木阴森,上下鸟声～。" ❷ 繁杂;纷繁复杂。宋向敏中《留别知己序》:"总地千里,成赋百万,编民刚劲,庶务～。"明余继登《邑侯马瑞河交奖叙》:"科条烦芜,书策～,而能不沉于辩,不溺于辞,则令行。"清毛奇龄《复蒋杜陵书》:"今则史馆～,除入直外,日就有书人家怀饼就抄。"

【筹】 chóu ❶ 筹码,竹制的计数用具。唐张鷟《游仙窟》:"十娘输～,则共下官卧一宿;下官输～,则共十娘卧一宿。"明《朴通事谚解》卷上:"将米贴儿来对官号,两边对～去。"清孔尚任《桃花扇》六出:"金樽佐酒～,劝不休,沈沈玉倒黄昏后。" ❷ 夜间计时单位。《旧唐书·天文志下》:"四年四月辛酉,夜四更五～后,月掩南斗第二星。"宋苏颂《新仪象法要》卷下:"日入后二刻半为昏,昏为初更,每更有五～。" ❸ 量词。a) 用于人,犹言"个""位"。元明《水浒传》四二回:"背后只见又赶上三～好汉。"明《警世通言》卷二二:"当时聚起十六～后生,准备八副绳索扛棒,随宋金往土地庙来。"清《隋唐演义》一六回:"共是五～英俊,七骑马,两名背包健步,从者二十二人。"b) 用于等次,犹言"名""等"。宋魏了翁《己未唱第后谢恩诗》:"彤池缪对三千字,黄甲俄输一二～。"《元曲选·潇湘雨》一折:"则愿的早夺词场第一～,文优福亦优。"明孟称舜《娇红记》三〇出:"画图中儿般儿画不出他美风流,果然是高占人间第一～。"c) 用于场次,犹言"局""场"。唐王建《宫词》之一五:"对御难争第一～,殿前不打背身球。"宋李之仪《绝句七首》之二:"更借缠头三百万,阿奴要辙第三～。"d) 用于程度的深浅高低,犹言"层""等"。元明《水浒传》二五回:"谁知武二刀头毒,更比砒霜狠一～。"清孔尚任《桃花扇》八出:"香君却夜一事,只怕复社朋友还让一～哩。"

【筹度】 chóu duó 谋划;考虑。唐李德裕《宰相与刘约书》:"望尚书审更～,早施方略,必不可费国家财力。"金《董解元西厢记》卷四:"拥衾无寝,心下徘徊～。"清《歧路灯》六一回:"停柩多年,毕竟以入土为安,所以我心里～,要用这宗银子营办葬事。"

【筹计】 chóu jì 犹"筹度"。《旧唐书·封敖传》:"同列或有不可之言,唯德裕～指画,竟立奇功。"宋张方平《论讨岭南利害九事》:"宣宗玺书往复问难,可谓～精熟矣。"△清《绿牡丹》一六回:"我已～明白……任大爷在此放心。"

【筹虑】 chóu lǜ 犹"筹度"。唐李德裕《赐思忠诏》:"卿与之～,续续奏闻。"宋《三朝北盟会编》卷六:"仆～久之,仍作一书上童贯。"△清《红楼真梦》一〇回:"王夫人却因贾琏急欲回南,家事乏人料理,正在～。"

【筹马】 chóu mǎ 博弈时计数用的竹片等物。宋林希逸《庄子口义》卷一:"马,博塞之筹也……万物之不同,飞者、走者、动者、植者,亦若～之不同。"明《醋葫芦》一一回:"连忙又送过三十千～,张煊也打五六十千。"清李玉《清忠谱》一三折:"只说太爷拿赌,夺了骰盆～。"

【筹谋】 chóu móu 谋划;想办法。唐张说《请置屯田表》:"乞大臣～,速下河北支度与沟渠,使检料施功,不后农节。"宋员兴宗《察敌情轮对札子》:"为今日之计,志虑当坚,～当预。"清《隋唐演义》五四回:"一旦失～,泪洒青山可痛。"

【筹思】 chóu sī 犹"筹度"。宋王安礼《与监司贺冬启》:"久缘简照之隆,暂居～之重。"明章懋《再醮祭酒疏》:"展转于心,累日~,愈不自安。"清《野叟曝言》一三六回:"～无计,因吩咐各处切勿孟浪,所以守成未遭其辱。"

【筹算】 chóu suàn 谋划考虑。《新唐书·李勣传》:"其用兵多～,料敌应变,皆契事机。"宋李廌《杜元凯庙》:"书生昧～,罕

立横草功。"清《红楼梦》四九回："凤姐儿～得园中姊妹多，性情不一，且又不便另设一处，莫若送到迎春一处去。"

【筹子】 chóu zi 厕筹；揩便用的竹片、苇片等。《五灯会元》卷一一《叶县归省禅师》："问：'如何是清净法身？'师曰：'厕坑头～。'"元虞集《铁牛禅师塔铭》："厕边～放光明，直下元来只是我。"

【踌躇】 chóu chú ❶ 思量；考虑。唐韩愈《符读书城南》："岂不旦夕念，为尔惜居诸。恩义有相夺，作诗劝～。"《元曲选·鲁斋郎》三折："他两个眉来眼去不由我暗暗～，似这般哑谜儿怎猜做？"明《醒世恒言》卷二八："贺小姐～了千百万遍，想出一个计来。" ❷ 愁苦；悲戚。唐杜甫《登兖州城楼》："孤嶂秦碑在，荒城鲁殿馀。从来多古意，临眺独～。"《元曲选·连环记》二折："空承密诏兮在衣带，竟乏奇计兮能分忧。日夜～兮心欲碎，临风浩叹兮泪横流。"

【踌蹰】 chóu chú ❶ 同"踌躇❶"。思量；考虑。《元曲选外编·五侯宴》一折："我指望将傍的孩儿十四五，与人家作婢为奴，自～堪恨这个无徒！"明《石点头》卷六："周六听见肯教女婿来相帮，又带得有本钱，喜上心来，暗自～道：'自从女儿嫁后没有帮手，越觉手头急促；如若女婿同来，大有利益。'" ❷ 同"踌躇❷"。唐孟郊《姑蔑城》："兴亡意何在？绵叹空～。"元张养浩《山坡羊·潼关怀古》："望西都，意～，伤心秦汉经行处。"清孔尚任《桃花扇》二〇出："局已变，势难支，～中少眼时。"

【酬偿】 chóu cháng 偿还；报偿。《法苑珠林》卷四五："但家中曾贷寺家木作门，此既功德物，请早～之。"宋叶適《赵路分挽词》："古有失时堪恨惜，今从亏处取～。"明谢肇淛《滇略》卷九："一切借贷赊佣通财期约诸事，不知文字，惟木刻为符，各执其半，如约～，毫发无爽。"

【酬唱】 chóu chàng 以诗词互相赠答。唐李商隐《谢河东公和诗启》："后来～罕继声尘，常以斯风望于哲匠。"宋克勤《碧岩录》一则："着着有出身之路，便能如此与他～。"清《聊斋志异·小谢》："秋容与三郎皆能诗，时相～。"

【酬待】 chóu dài 酬谢款待；报答。宋欧阳守道《送陈驻泊序》："比荐与一故人。其人平安无恙，随宜～之，未甚异之也。"《元曲选·张天师》四折："这都是陈秀才能见怜，因此上俺桂花仙思～。"

【酬复】 chóu fù 应答；对答。《新唐书·王綝传》："尤精三礼，学者有所咨质，～渊诣。"宋袁寀《袁氏世范》卷上："朝夕群居，不能无相失。相失之后，有一人能先下气与之话言，则彼此～遂如平时矣。"明王世贞《西陵董媛少玉诗序》："遂益诵三百篇以至汉魏六季诸名家，亡弗诵者，乃稍稍出其奇以与元孚～。元孚益大异之。"

【酬价】 chóu jià ❶ 沽价；还价。《太平广记》卷六五引《通幽记》："旭奴盗琉璃珠鬻于市，适值胡人，捧而礼之，～百万。"《五灯会元》卷一八《信相宗显禅师》："仰山将一块金来，使金师～，金师亦尽价想酬。"明《古今小说》卷一："三巧儿心上爱了这几件东西，专等婆子到来～。" ❷ 引申指衡量价值；评价。宋《大慧禅师语录》卷一二："客来须看，贼来须打。一条竹篾，天上地下。背触当锋，任人～。"觉范《徐师川罪余作诗多恐招祸》："千年高道谁～，一世清闲我卖钱。" ❸ 偿价；抵值。宋梅尧臣《答了素上人用其韵》："一朝珠出渊，百金未～。"明薛瑄《黔阳野人有馈鱼者诗以酬之》："～且倾官廪米，割烹恐有故乡书。"引申指体现价值。明皇甫涍《送许古泉之任庐陵》："挥毫动宗伯，垂声耀阳春。片玉果～，予亦叨末尘。"

【酬劳】 chóu láo ❶ 酬谢慰劳。唐元稹《授刘清泰左武卫将军制》："以尔践更吏职，星岁颇淹，例当～。"元马致远《陈抟高卧》二折："当今至尊，重～算卦的山人。"清《绿野仙踪》三二回："林世兄、朱秀才出奇用力，非在官者比，我与胡大人该与他贺功～才是。" ❷ 劳务报酬。宋苏轼《上皇帝书》："虽有长役，更无～。长役所得既微，自此必渐衰散。"清《东周列国志》一一回："所许～，出彼本心，今回国篡位，直欲负诺。"

【酬劝】 chóu quàn ❶ 劝酒。《唐会要》卷二三："亦有送葬之时共为欢饮，递相～，酣醉始归。"宋陈鹄《耆旧续闻》卷七："茶汤罢，登望月台，罗列肴馔酒果甚奢，～欢洽。"明陈铎《新水令·富文堂》："歌讴着敲金击玉词，～着注玉倾银瓯。" ❷ 奖劝；激励。宋苏颂《职方员外郎陈传可屯田郎中》："稽阅四期，嘉事劳之，可录进班一等，亦～之所存。"元范梈《郡中即事十二韵》："杀戮乃～，诛之仁者伤。"清余森《荒政丛书》卷七："饥馑时有能大出粟以赈者，或闻于朝廷加以官号，或请于上司给其冠带扁额，以示～。"

【酬谢】 chóu xiè ❶ 赠送礼物以答谢。唐张鷟《游仙窟》："玉馔珍奇，非常厚重，粉身碎骨，不能～。"元古本《老乞大》："明日病痊疴了时，太医上重重的～。"清洪昇《长生殿》一六出："把金觞，含笑微微向，请一点点檀口轻尝。休得留残，休得留残，～你舞怯腰肢劳攘。" ❷ 特指诗文酬答。唐白居易有《宣武令狐相公以诗寄赠，传播吴中，聊奉短章，用伸～》。宋杨万里《答虞军使直阁》："缤其七字之律，四言之赞，璀璨玉瓒，昭兆舒鼎，众多如雨，应接不暇。二篇～，不能佳也。"明黄准《承友人再和诗复同韵谢之》："新诗赓和饶奇句，～犹能践末踪。"

【酬应】 chóu yìng ❶ 应答；应对。唐刘肃《大唐新语》卷六："弘智演畅微言，略陈五孝。诸儒难问相继，～如响。"宋蔡襄《送杨渥赴安西主簿》："猿鸟啼叫交～，晚樵出雾鱼投罾。"明王慎中《儒林郎顺天府推官易愧虚先生行状》："方讲《孟子》'知言养气'之章，公举以诘先生，～有条理，公颔首久之。" ❷ 应付；支应；处置。宋徐积《送山阳太守李公》："北迎大车，南乱巨航。公移私讯，骈檄交章。大夫～，谈笑以将。"元吴师道《目疾谢柳道传张子长惠药》："从来不解饮，杯勺强～。"清《醒世姻缘传》二六回："若是这一个败子只有一个势豪算计，也还好叫他专心～，却又有许多大户。" ❸ 应酬；交际。宋道潜《送慧悟大师还阙下》："高怀倦～，逸赏思江湖。"明顾清《刘母王夫人寿序》："予抱疾索居，不与人间～事久矣。"清《平山冷燕》一九回："二人商量定了，俟～的人事一完，就收拾行李，悄悄进京。"

【酬愿】 chóu yuàn ❶ 向神灵许愿，或许愿后履行诺言。宋林希逸《挽蒲守汪宗博》："宿草故人～毕，生刍有客吊丧还。"《元典章·刑部十九》："或因父母，或为己身，或称祈福以烧香，或托赛神而～。"清《后水浒传》一六回："早有门外一起乡人锣鼓喧天，执香的，扛抬祭物的，俱入庙来赛神～。" ❷ 遂愿；实现心愿。《元曲选·对玉梳》四折："相公不负心，贱妾能～。"明徐霖《游牛头山》："十年乖兹游，慕意恒悬悬。今辰喜～，如渴获饮川。"

【酬志】 chóu zhì 犹"酬愿❷"。唐伍乔《庐山书堂送祝秀才还乡》："莫使蹉跎恋疏野，男儿～在当年。"《元曲选外编·东墙记》四折："十载心坚，～了金屋银屏。"△《绣戈袍全传》四一回："恩怨岂无～日，满门只觉沐恩波。"

【酬酢】 chóu zuò ❶ 犹"酬唱"。唐韩愈、李正封《晚秋郾城夜会联句》："道旧生感激，当歌发～。"宋佚名《张协状元》一出："～词源浑砌，听谈论四座皆惊。"清毛奇龄《何伯兴北游瞻二草序》："今予避人久漶游于时，而伯兴亦寄晦行间，不以诗文～者二

十年。" ❷ 商量;讨价还价。五代孙光宪《北梦琐言》卷四:"通衢有鬻绫罗者从窗下过,召婢就宅。盖公于束缣内选择边幅,舒卷摸之,第其厚薄,～可否?"明《西湖二集》卷一九:"一日临街,见卖绢之人,自己呼到面前,亲自一匹打将开来,手自揣量厚薄,～多少价钱。"

【愁布袋】　chóu bù dài　喻指招致烦恼的事物。《元曲选·抱妆盒》二折:"我抱定这妆盒子,便是揣着个～。"明刘效《沉醉东风》:"～拆开罢手,闷葫芦打破休留。"《二刻拍案惊奇》卷三四:"争奈富贵之人只顾眼前,以为极乐,小子在旁看的,正替你担着～哩。"

【愁惨】　chóu cǎn　忧愁悲伤,同义复词。《法苑珠林》卷四五:"贞观以来,转显神异,屡届人家。欢笑则吉,～必凶。"宋范仲淹《送河东提刑张太傅》:"天地正～,关辅将迸奔。"宋元《警世通言》卷一九:"娘娘容颜～,梳沐俱废。"

【愁促】　chóu cù　忧愁。唐陆龟蒙《奉和江南书情二十韵》:"不堪潘子鬓,～易髟髟。"明汤显祖《牡丹亭》四二出:"真～,怕扬州隔断无归路,再和你相逢何处?"

【愁烦】　chóu fán　❶ 忧愁烦恼。五代杜光庭《川主令公南斗醮词》:"木星处～之宿,暗曜出乖背之方。"宋黄庭坚《江城子》:"情人传语问平安,省～,泪休弹。"宋元《古今小说》卷一一:"不须～,且前进行听的实如何。" ❷ 指忧愁烦恼的事情或情绪。元乔吉《行香子·题情》:"忙里偷闲,满口儿诉～。"清洪昇《长生殿》三八出:"我只待拨繁弦传幽怨,翻别调写～,慢慢的把天宝当年遗事弹。"

【愁疾】　chóu jí　忧愁。"疾"亦为"愁"义。唐骆宾王《畴昔篇》:"丈夫坎壈多～,契阔屯遭尽今日。"宋洪迈《次韵希旦喜雨》:"朝来贺客散,置酒浣～。"清施闰章《两江游草序》:"即其杂文短记,杼轴已怀,寓目流连,～自解,不烦药石。"

【愁寂】　chóu jì　忧愁寂寞。唐刘禹锡《裴祭酒尚书见示春归城南》:"顾予久郎潜,～对芳菲。"宋柳永《法曲献仙音》:"早是乍清减,别后忍教～。"明杨寅秋《答李司理》:"极欲得知己把臂一谈,破我～。"

【愁煎】　chóu jiān　忧愁煎迫。五代欧阳炯《渔父》:"无系绊,没,须信船中有散仙。"元胡祇遹《送信县令乐平任满东还》:"爱民诚惨怛,守职更～。"明朱橚《普济方》卷九〇:"每起烦燥,悲涕～,并皆病心脏气亏。"

【愁焦】　chóu jiāo　忧愁焦急。唐白居易《新秋病起》:"病瘦形如鹤,～鬓似蓬。"明朱让栩《鸿归浦·春游》:"每日空～,把我的九曲柔肠都碎了。"

【愁沮】　chóu jǔ　❶ 忧愁沮丧。《太平广记》卷四四六引《玉堂闲话》:"其雄有中箭者,则拔其矢嗅之,觉有药气,则折而掷之,顿眉～。"宋袁燮《絜斋毛诗经筵讲义》卷二:"心之有忧,如衣之有垢,垢之不去,～无聊,不能奋飞。"明陆粲《给事中李公传》:"今之仕者,一日去其官,即～丧志。" ❷ 阴沉惨淡。宋周必大《亲征录》:"军兴以来,阴雨连绵,天气～。间值晴霁,必传捷音。"

【愁帽】　chóu mào　喻指使人忧愁的事。宋元《警世通言》卷三八:"张二官颙望回家,将息取乐,因见本妇身子不快,倒戴了一个～。"明《西游记》三二回:"如今戴了个～儿,泪汪汪的哭来,必是那山险峻,妖怪凶狠。"

【愁恼】　chóu nǎo　忧愁烦恼。《法苑珠林》卷三一:"得之多怖畏,失时怀～。一切无乐处,诸欲患如是。"元舒頔《水龙吟·端午自寓苎干作》:"看连城颒洞,大家～。这光景,何时歇?"清《续金瓶梅》四七回:"却说那黎寡妇见金桂姐魂不附体,终日里见神见鬼,又弄成一件血症奇疾,正然～。"

chǒu

【丑】　chǒu　❶ 朴拙,不含贬义。唐姚合《拾得古砚》:"质状朴且～,今人作不得。"皎然《诗式·取境》:"诗不假修饰,任其～朴,但风韵正,天真全,即名上等。"宋陈与义《将赴陈留寄心老》:"世路九折多,游子百事～。" ❷ 羞;害羞。《元曲选·窦娥冤》一折:"我这里连忙迎接慌问候,他那里要说缘由,则见他一半儿徘徊一半儿～。"又《谢天香》三折:"那里为些些赌赛绝了交契,小小输赢～了面皮。"

【丑差】　chǒu chà　❶ 面容丑陋。《敦煌变文校注》卷五《父母恩重经讲经文》:"消瘦容颜为～,改张花貌作汪羸。"又卷六《金刚丑女姻缘》:"心知是朕亲生女,～都来不似人。" ❷ 行为不慎;恶劣。宋林希逸《庄子口义》卷一:"言人不能以道自持,则做出许多～。"《景德传灯录》卷二二《泉州凤凰山从琛禅师》:"问:'如何是西来意?'师曰:'作人～。'" ❸ 错谬;低劣。宋《朱子语类》卷一〇一:"顷尝见定夫集,极说得～,尽背其师说。"明王樵《与再从子尧封书》:"疾敬德添入陈新安一段,尤觉～。此一板决须换耳!"

【丑叉】　chǒu chà　同"丑差❶"。《元曲选·赵礼让肥》三折:"当年应武举去来,嫌某形容～,以此上不用某。"又:"某也曾应举来,嫌某～,不用。"

【丑诧】　chǒu chà　同"丑差❶"。《元曲选·铁拐李》三折:"畅道我残病身躯,～面皮,穿着这褴缕衣服。"

【丑生】　chǒu shēng　犹畜生,晋语。《元曲选外编·东墙记》三折:"不遵母训,不修妇德,与这等不才～私约,兀的不辱没杀人也!"明徐畈《杀狗记》一三出:"打伊泼～!怎敢于此处?"

【丑厮】　chǒu sī　丑家伙。❶ 作为贱称。宋苏轼《刘丑厮诗》:"有子曰～,十二行操瓢。墙间得餘粒,雪中拾堕樵。"《资治通鉴后编·元泰定二年》:"息州民赵一郭菩萨妖言弥勒佛当有天下,有司以闻。"明《朴通事谚解》卷中:"孙舍那～,那里将那般好衣服好鞍马来撒样子?" ❷ 仆人的通称。明《朴通事谚解》卷上:"～你来,叫将那斜眼的弓匠王五来。"江瓘《名医类案》卷八:"罗谦甫治～兀阑。病五七日,发狂乱……得汗而解。"清《歧路灯》九五回:"良马二匹,鞍屉俱备,却差了一个劈柴的伙夫,两个扫地的～送来。"

【丑听】　chǒu tīng　(名声)难听。明《金瓶梅词话》二五回:"那里寻不出老婆来,教奴才在外边猖扬,甚么样儿!"后可加词缀"拉拉"。清《醒世姻缘传》四九回:"我也想来,一则是个徒夫老婆,提掇着～拉拉的。"

【丑吒】　chǒu zhà　丑事。明《清平山堂话本·戒指儿记》:"男大须婚,女大须嫁;不婚不嫁,弄出～。"《古今小说》卷四:"男大当婚,女大当嫁;不婚不嫁,弄出～。"

【丑正】　chǒu zhèng　凌晨二时。参见"辰正"。宋李攸《宋朝事实》卷一四:"十一月望月蚀十分,七历并同……惟验起亏时刻内,宣明算在～二刻,仪天～三刻。"清《红楼梦》一七回:"时已～三刻,请驾回銮。"

【偢】　chǒu　理睬。金王喆《集贤宾》:"杀曾叮咛劝,劝着呵,几曾～!"《元曲选外编·西厢记》一本三折:"今夜凄凉有四星,他不～人待怎生!"清《儒林外史》六回:"姑奶奶平日只敬重的王家哥儿两个,把我们不～不保。"

【偢采】 chǒu cǎi 理睬。宋张镃《眼儿媚·初秋》:"起来没个人～,枕上越思量。"六十种曲本《琵琶记》三二出:"只怕他身荣贵把咱不厮认,若是他不～,空教奴受艰辛。"

【偢保】 chǒu cǎi 同"偢采"。金《董解元西厢记》卷一:"抖搜风狂,摆弄九百,作怪,作怪!骋无赖,傍人劝他又谁～。"元古本《老乞大》:"身上穿的也没,口里吃的也没,那帮闲的男女更没一个肯～的。"明徐霖《绣襦记》二〇出:"多管是减容光,谁～? 一似芙蓉生在秋江上也,不向东风怨未开。"

【偢睬】 chǒu cǎi ❶同"偢采"。明《平妖传》三九回:"不合做了小军呵,你便有张良般智,韩信般才,有谁～?"清《醒世姻缘传》九一回:"大奶奶也不言语,也不～。" ❷ 关联。宋董楷《周易传义附录》卷八下:"这两卦各是一个物,不相～。"

【偢问】 chǒu wèn 理睬过问。元赵显宏《刮地风·别思之四》:"切切悲悲,有谁～?"明冯惟敏《桂枝香·赠行》:"长途劳顿,有谁～。"《金瓶梅词话》七六回:"苦恼俺每这阴山背后,就死在这屋里,也没个人儿来～。"

【瞅】 chǒu ❶ 看;注视。《元曲选外编·圯桥进履》三折:"白日里都要打盹,到晚间定睛对～。若要相持厮杀,撇下马丢了枪,一齐便走。"明罗玘《宽斋赋》:"阅冬夏于朝昏,～方舆于指掌。"清《醒世姻缘传》三回:"珍哥把晁大舍拔地～了一眼,骂道:'这是那里的臭声!'" ❷ 眯缝;聚拢。元明《水浒传》二九回:"武松看了,～着醉眼,径奔入酒店里来。"明汤显祖《邯郸记》二九出:"弟子云阳市上都不曾～一个眉,怎怕的师父打?" ❸ 理睬。《元曲选·罗李郎》一折:"将我这逆耳良言不～,愚滥荒淫出尽丑。"明孟称舜《娇红记》五〇出:"老景谁～,苦痛声声哭怎休。"

【瞅采】 chǒu cǎi 同"偢采"。明《醒世恒言》卷一六:"怪道两夜咳嗽,他只做睡着不～我,原来这淫妇又勾搭上别人!"

【瞅保】 chǒu cǎi 同"偢采"。明《拍案惊奇》卷一五:"你平时那一班同欢同赏、知音识趣的朋友,怎没一个来～你一～?"

【瞅睬】 chǒu cǎi 同"偢采"。《元曲选·合汗衫》三折:"眼见的冻死尸骸,料没个人～。"清《麟儿报》五回:"廉清悄悄出园,走到厅上坐了一会,见没人～,便出门一径回庵。"

【瞅问】 chǒu wèn 理睬过问。元关汉卿《大德歌·冬》:"香闺里冷落谁～,好一个憔悴的凭阑人。"《元曲选·刘行首》一折:"我这般穷身泼命谁～;蓬头垢面妆痴钝。"明施绍莘《驻云飞·风情和彦容作》:"大胆捱身进,他并不来～。"

【瞅眼】 chǒu yǎn 眯缝眼睛。明《禅真后史》一四回:"只见华和尚带醉回入寺来,老何迎着道:'庵主嗔师父许久不会,好生嗟怨。今日拔冗可到庵内走走。'华和尚～道:'要你来怎么?'"又三四回:"牛二松原有几分酒意,又被压了一下,～道:'扯淡!'"

chòu

【臭】 chòu ❶ 恶劣,贬词。宋龙衮《江南野史》卷七:"其佐有萧某者执法不同,捐瘼不署,蹈礼不追,而与令争。令欲驱之,大骂曰:'～下辈!'"明汤显祖《牡丹亭》五二出:"一伙～军踢秃秃走来,且自回避。"明张岱《陶庵梦忆》卷四:"不起,则骂曰:'新娘子,～淫妇,浪蹄子!'" ❷ 形容厌恶或程度狠恶的贬词。《元曲选·连环记》四折:"你本是忠臣之后,怎生在那贼臣手下,久后担着万代～骂。"明《二刻拍案惊奇》卷二五:"便做道不该进来,追问这一顿～打也折算过了。"清《红楼梦》二〇回:"你不过是几两～银子买来的毛丫头。" ❸ 说不出名目被判罚的骰子点数。清

《红楼梦》一〇八回:"(宝玉)便掷子一个二,两个三,一个幺,便说道:'这是什么?'鸳鸯笑道:'这是个～!'"《飞龙全传》一六回:"你掷的是吡牙～,怎么反说是赢? 方才五点儿～被你赖去,这四点儿～又称他夺子不成?"

【臭虫】 chòu chóng 喻坏人,詈词。清《醒世姻缘传》二八回:"那张道士是一个贪财好色、吃酒宿娼,极是个无赖的恶少,也就是地方中一个～。"又三二回:"我就打杀你这～! 替户族里除了一害,咱也驰驰名。"

【臭吝】 chòu lìn 悭吝,贬义加重。明《禅真逸史》二五回:"那桑公子是个桑皮精,平日有些～,被我骗他告状,将这银子教我送入吴府丞衙内。"《型世言》三回:"有那～的,缠不过,也便让他两厘,也便与他搭用一二文低钱或是低银。"

【臭皮袋】 chòu pí dài 犹"臭皮囊"。宋刘克庄《寓言》:"赤肉团终当败坏,～死尚贪痴。"元方回《信州道士萧了空坐逝》:"了了了了,空空空空,心肝不在～中。"清王士禛《池北偶谈》卷二三:"～者个,撇下无挂碍。"

【臭皮囊】 chòu pí náng 佛教指人的躯体。《元曲选·度柳翠》三折:"有一日～褪了口元阳真气,柳翠也早闪下你这褪胞儿便死心塌地。"明常伦《山坡羊》:"闷葫芦一撺个粉碎,～一挫个蝉蜕。"《西游记》二三回:"胜似在家贪血食,老来坠落。"

【臭肉】 chòu ròu 称年轻女性,多为詈词,儿化则有亲昵意味。明《金瓶梅词话》七九回:"月娘苏醒过来,看见厢子大开着,便骂玉箫:'贼～,我便昏了,你也昏了?'"又八八回:"怪堕业的小～儿,一个僧家,是佛家弟子,你有要没紧怎谤他怎的?"清《醒世姻缘传》五五回:"那几年好不老实的个孩子,如今一来～的年纪也忒大了,二来也禁不的我们爷和他挤眉弄眼的。"

【臭声】 chòu shēng 犹"屁话"。清《醒世姻缘传》三回:"晁大舍取笑道:'你是看不上他。'珍哥把晁大舍拔地瞅了一眼,骂道:'这是那里的～!'"又一九回:"唐氏扯脖子带脸的通红,瞅小鸦儿一眼,道:'你怎么有这们些～!'"

【臭死】 chòu sǐ ❶ 死亡的厌恶说法。唐李翱《解江灵》:"人生若流,其可长久,须臾～,瞥若电光。" ❷ 强调伤痛或劳累程度甚。明《金瓶梅词话》一二回:"家中那个淫妇使你来? 我这一到家,都打个～!"《醒世恒言》卷二七:"限定每日要讨五十文钱,若少了一文,便打个～。"

【臭幺】 chòu yāo 骰子的最低点数,掷出没有名目,比喻人的身分低。元明《水浒传》七五回:"牵过两匹马来,与张干办李虞候骑。这两个男女不知身已多大,装煞～。"清李玉《清忠谱》三折:"上磨肩头,下磨脚底,一百低钱,夺得～。"

chū

【出】 chū ❶ 挪空;腾出。元明《水浒传》五二回:"我只限你三日,便要～屋;三日外不搬,先把你这厮枷号起!"明《金瓶梅词话》七回:"妇人收了糕,～了盒子,装了满满一盒子点心、腊肉,又与了安童五六十文钱。" ❷ 发泄;发散。《元曲选·金线池》三折:"扣厅责他四十,才与您兄弟～的这一口臭气。"明《金瓶梅词话》五三回:"又恐怕药气～了,连忙把面浆来,依旧封得紧紧的。"清李玉《清忠谱》一九折:"这口怨气几时得～?" ❸ 开脱。唐刘肃《大唐新语》卷七:"皇甫文备与徐有功同案制狱,诬有功党逆人,奏成其罪。后文备为人所告,有功讯之在宽。或谓有功曰:'彼曩将陷公于死,今公反欲～之,何也?'"元明《水浒传》二二回:

"知县本不肯行移,只要朦胧做在唐牛儿身上,日后自慢慢地～他。"明《醒世恒言》卷二九:"谁肯舍了自己的官职,～他的罪名?" ❹ 处决;杀死。宋邓光荐《丞相传》:"闻门外弓马驰骤声者久之,人竞穴窗窥,乃～丞相。"明《平妖传》三一回:"京城内外住的人,听得说～妖僧,经纪人不做买卖,都来看。"清《荡寇志》七三回:"这剑砍铜剁铁,如削竹木。我祖上随真宗皇帝征讨澶渊,带去边庭上,不知～过了多少人!" ❺ 用在动词后,表示出现或实现。唐李白《草书歌行》:"墨池飞～北溟鱼,笔锋杀尽中山兔。"《祖堂集》卷一七《岑和尚》:"僧云:'学人却据地时如何?'师云:'拽～死尸。'"宋《朱子语类》卷一四:"书只是明得道理,却要人做～书中所说圣贤工夫来。"

【出按】 chū àn　出行;出巡。唐佚名《凉州歌·排遍第一》:"三秋陌上早霜飞,羽猎平田浅草齐。锦背苍鹰初～,五花骢马喂来肥。"《元史·布哈传》:"尝～,部民有杀子以诬怨者,狱成。"明于慎行《谷山笔麈》卷四:"刘御史台与予旧曾相处,其～辽左,亦曾分俸相遗。"

【出案】 chū àn　❶ 同"出按"。宋宋祁《续抒感怀》:"～屯营卧治州,黄云三结塞垣秋。"明胡直《祭大理卿宋阳山文》:"宏寻登兰台,奋身许国,～蹉政。" ❷ 科举县、州、府试后发榜。明《型世言》一八回:"后边取官来,看见是代巡所取,也便不敢遗落,～有名。"清《赛花铃》三回:"宗师发下牌来,先着县尊考录童生。等得试后～,玉仙高取第三。"

【出殡】 chū bìn　把灵柩送往埋葬或停放的地点。唐柳宗元《志从父弟宗直殡》:"是月二十四日～城西北若干尺,死七日矣。"明《朴通事谚解》卷下:"却不没了老曹来。我不曾知道来,～也么? 今早起～来。"清《儒林外史》五回:"自此,修斋,理七,开丧,～,用了四五千两银子。"

【出兵】 chū bīng　当兵。清《红楼梦》五五回:"谁又是二十四个月养下来的? 不然也是那～放马背着主子逃出命过的人不成?"

【出钹】 chū bó　出门的隐语。参见"入钹"。元明《水浒传》四五回:"教我只看后门头有香桌儿为号,唤他入钹。五更里却去教我来敲木鱼叫佛,唤他～。"

【出才】 chū cái　成材;中用。明《金瓶梅词话》九一回:"房内只一个从嫁使女答应,又不～儿,要寻个娘子当家。"

【出材】 chū cái　同"出才"。明《金瓶梅词话》三九回:"俺每都是刘湛鬼儿么? 比那个不～的,那个不是十个月养的哩。"

【出彩】 chū cǎi　显示精彩。宋吕南公《上曾龙图书》:"以韩、柳之显传,宜不可掩。然而后生脱略,往往轻之。况于未显传者,其何以露锋而～?"

【出差】 chū chāi　被差遣外出办理公事。宋李新有《又～还茂州》。《元史·食货志四》:"军官～者,许借俸。殁于王事者,借俸免征。"清《醒世姻缘传》三五回:"叫了一会,回话'刘宦～去了'。"

【出产】 chū chǎn　❶ 天然生长或人工生产。唐唐彦谦《索虾》:"姑孰多紫虾,独有湖阳优。～在四时,极美宜于秋。"元明《水浒传》七二回:"山东海僻之地,无甚希罕之物,便有些～之物,将来也不中意。"清蓝鼎元《平台纪略总论》:"然土沃而～多,但勿加之刻剥,二三年可复其故。" ❷ 犹言出息,或指收入,或指前程。宋元《古今小说》卷三九:"我们开茶坊的人家,有甚大～?"明冯惟敏《僧尼共犯》四折:"再过几年不出寺门,俺做了老法师,你做了老姑子,再有甚么～也?"清《醒世姻缘传》二二回:"还只说咱选了老教官,有什么大～,也还不理!" ❸ 犹"出落❸"。清《聊斋

俚曲·襄妒咒》:"你看江城～的这样风流,这样的标致!"又:"你看春香～的越发有福气了。"

【出场】 chū chǎng　❶ 登场;上场。宋孟元老《东京梦华录》卷七:"～凡五七对,或以枪对牌、剑对牌之类。"《大金国志》卷一六:"酒三行,则乐作,鸣铮击鼓,百戏～。"清《野叟曝言》六一回:"原来二妹也是有神力的,今日较武,怎不～?"也指上场表演。《歧路灯》六三回:"本街上有一道朝南顶武当山的锣鼓社,他们如今生旦净丑副末脚,都学会～儿。" ❷ 退场;终场。宋史浩《采莲舞》:"念了后行,吹《双头莲令》,五人舞作一行,时厅杖鼓～。"李心传《建炎以来朝野杂记》甲集卷一八:"夷人益肆,稍不如欲,则诋诃官吏,牵马～。"林季仲《苏粛君赠王道士诗后》:"又如优人作戏,～要须留笑,退思有味。" ❸ 收场;结局。宋何薳《春渚纪闻》卷六:"公顾视久之,令琪磨砚,墨浓取笔大书云:'东坡七岁黄州住,何事无言及李琪?'即掷笔袖手,与客笑谈。坐客相谓:'语似凡易,又不终篇,何也?'至将彻具,琪复拜请。坡大笑曰:'几忘～。'继书云:'恰似西川杜工部,海棠虽好不留诗。'"元明《水浒传》四四回:"只恐足下拳手太重,误伤人命,特地做这个～。"明《醋葫芦》四回:"我今也不赖,拼做妒妇,与你弄个～!" ❹ 出路;办法。宋黄榦《复陈师复寺丞》:"到此别无～,只得为筑城凿池,与民为效死勿去之策。"明《醒世恒言》卷三:"心下怨怅,不愿在此相帮,要讨个～,自去娶老婆,做人家去。"《二刻拍案惊奇》卷一七:"这个最妙,足见小姐是朋友的美情。有了这个～,就与小姐配合,与撰之也无嫌了。"

【出碜】 chū chěn　犹"出丑"。明冯惟敏《僧尼共犯》四折:"昨日这场～的事,只怕送了残生。"

【出丑】 chū chǒu　失脸面;丢人。宋《朱子语类》卷一二三:"若不得温公如此做,更自有一场～。"《元曲选·单鞭夺槊》二折:"则这割鸡焉用牛刀手,小将那消大帅收,管教六十四处烟尘一扫休,十八处改年号的出尽了丑。"清《儒林外史》五三回:"如何摆得这些,真个是要我～了!"

【出丑扬疾】 chū chǒu yáng jí　十分出丑。《元曲选·玉镜台》三折:"若是女孩儿不谐鱼水我自拖拽,这一场～!"又《儿女团圆》一折:"有何事叫唤声疼,没来由～。"

【出丑狼藉】 chū chǒu láng jí　犹"出丑扬疾"。清《后西游记》二五回:"你这些无情没福的和尚,我也没工夫～与你打官司。"

【出臭】 chū chòu　清除秽物。明《西游记》六七回:"你们都要图个干净,怎么独教老猪～?"

【出处】 chū chǔ　另见 chū chù。本谓出仕和退隐,引申指人的遭逢、命运。宋元《古今小说》卷三:"觑破关头邪念息,一生～自安恬。"明《醒世恒言》卷一〇:"却说刘方与刘奇年貌相仿,脾股契合,各把生平患难细说。二人因念～相同,遂结拜为兄弟。"

【出处】 chū chù　另见 chū chǔ。来历;缘由。《太平广记》卷四九〇《东阳夜怪录》:"高公生缘何乡? 何故栖此? 又俗姓云何? 既接恩容,当还审其～。"明《西洋记》五〇回:"那水又有些古怪,旋成三五里的一个大涡,如天崩地塌一般的响,不知是个甚么～。"又九七回:"不知那里来的一个老道人须发尽白,手里敲着木鱼,口里念着佛,满船上走过,不知是个甚么～。"

【出粗】 chū cū　动武或说粗话。明《平妖传》二回:"列位有话好讲,不要～。"《醒世恒言》卷三:"有些不到之处,口里就～,哩哩啰啰的骂人,还要弄损你家伙。"

【出的】 chū de　忽地。出,应是"欻"的借字。《元曲选·单鞭夺槊》三折:"我则见忽的战马交,～枣槊起,飕的钢鞭重。"《元

曲选外编·三战吕布》三折:"那吕布见刀来,～躲过。"

【出地】 chū de 同"出的"。金《董解元西厢记》卷二:"砍又砍不着,法聪～过,谁能比得他骁果?"

【出队】 chū duì 排成队;成群。唐崔令钦《教坊记》:"楼下戏～,宜春院人少,即以云韶添之。"明陈与郊《新水令》:"眼见的猴孙～,蜂子排衙。"清弘历《秋搜杂记》之四:"合围麋鹿愁飞羽,～狐狸骇猎猧。"

【出放】 chū fàng ❶ 释放。《太平广记》卷三三六引《广异记》:"晏至州,上毕,悉召狱囚,宣敕放之。" ❷ 放贷;有偿出借。宋朱熹《劝谕救荒》:"其粜米数多之人,官司必当施行保明,申奏推赏。其餘措借～,亦许自依乡例。将来填还不足,官司将为根究。"《宋史·食货志下三》:"光宗绍熙二年,诏川引展界行使。宁宗嘉泰末,两界～凡五千三百餘万缗,通三界～益多矣。"清《歧路灯》八二回:"闺女在娘家积私财,银钱少时,这兄弟子侄们说是某姐姐几姑姑的,替他～长利钱。" ❸ 发放;拿出。明《醒世恒言》卷一七:"一把匙钥紧紧挂在身边,丝毫东西都要亲手～。"《禅真逸史》六回:"黎赛玉再欲推抵时,行童又将这猪腿也～桌上。"

【出粪】 chū fèn 清运粪便。宋吴自牧《梦粱录》卷一三:"杭城户口繁夥,街巷小民之家,多无坑厕,只用马桶,每日自有～人塞去。"

【出港】 chū gǎng 隐语,指男女间发生性关系后离开,与"入港"相对。明《金瓶梅词话》八三回:"(金莲)打发月娘出来,连忙撺掇经济～,往前边去了。"又八六回:"薛嫂恐怕月娘使人来瞧,连忙撺掇经济～,骑上头口来家。"

【出阁】 chū gé 公主出嫁,后泛指女子出嫁。唐元稹《七女封公主制》:"虽秩华可尚,～未期;而汤沐先施,分封有据。"明《醒世恒言》卷一:"近因小女～,预置媵婢月香。"清《聊斋志异·乱离》:"有妹许配戴生,～有日矣。"

【出格】 chū gé ❶ 超越常规;越轨。唐杜牧《燕将录》:"其徒有超佐任而言曰:'愿借骑五千,以除君忧。'季安大呼曰:'壮矣哉! 兵决～,沮者斩。'"宋《朱子语类》卷三三:"问'子见南子',曰:'此是圣人～事,而今莫要理会它。'" ❷ 超乎寻常;出色。唐张籍《酬秘书王丞见寄》:"今体诗中偏～,常参官里每同班。"宋《建炎以来繫年要录》卷六四:"如有～之马,依溪峒搭价收买,不可循其旧例。"《元史·刑法志二》:"诸蒙古汉人国子监学官任内,验其教养～生员多寡,以为升迁。" ❸ 格外;分外。明金銮《新水令·寄情》:"只为他桩桩儿且是能,件件儿都相称,因此上～的将他敬。"《二刻拍案惊奇》卷七:"明日可到他寓馆一见,必有～赏赐。"

【出公事】 chū gōng shì 犹"出人"。元明《水浒传》六二回:"楼下～,快算了酒钱,别处去回避。"

【出恭】 chū gōng 解大小便的婉词。元明时考场规定,考生登厕须领镌有"出恭""入敬"字样的木牌,故云。脉望馆本《四春园》三折:"俺这里茶迎三岛客,汤送五湖宾,喝上七八盏,管情去～。"明《醒世恒言》卷二〇:"肚腹疼痛,起身~,床边却摸不着净桶。"清孔尚任《桃花扇》三三出:"方才睡下,又要～。"

【出贡】 chū gòng 明清两代科举,州县府学可按规定名额向国子监选送优秀生员,被选送称出贡。贡生在监试优等可以直接参加廷试,可以参加乡试,也可以经吏部考试出任州同等佐杂官进入仕途。明毕自严《洮岷考略》:"边方小县,科举止四五人,廪亦十餘,～甚易。"《警世通言》卷一八:"年年科举,岁岁观场,不能得朱衣点额,黄榜标名,到三十岁上,循资该～了。"清《醒世姻缘传》一回:"晁秀才连科不中,刚刚挨得岁贡出门。那时去

国初不远,秀才～,作兴旗扁之类。"

【出乖露丑】 chū guāi lù chǒu 出丑;丢人。《元曲选·李逵负荆》二折:"老王林～,李山儿将没做有。如今去杏花庄前,看谁输六阳魁首。"明《古今小说》卷一〇:"那少妇熬不得,走了野路,～,为家门之玷。"清袁枚《子不语》:"虽我等劫运该死,然何以～,一至以此!"

【出乖弄丑】 chū guāi nòng chǒu 犹"出乖露丑"。元关汉卿《普天乐·崔张十六事》:"夫人你得休便休,也不索～,自古来女大难留。"明佚名《胭脂记》一九出:"以此注他夫妻间隔,死里相逢,～,以影阳报。"

【出官】 chū guān ❶ (初次)担任官职。宋岳珂《愧郯录》卷九:"本朝杂压之制,杂流技术等官皆入品。下而寺监之吏,凡未～而先给以告者,亦通谓之入品。"金元好问《龙虎卫上将军珠赫公神道碑》:"公辈年二十许隶籍,又二十年乃～。四十而学为政,盖已晚矣。"明郑真《故宋文林郎史公墓表》:"十一年,铨选～,准告授迪功郎黄州麻城县主簿。" ❷ (由中央)出任地方官职或到地方上任职。五代王定保《唐摭言》卷六:"吴翰林融为侍御史,～峡中。"宋田锡《上太宗条陈事宜》:"臣备位谏员,～河朔。"明邱浚《都察院右副都御史鲁公神道碑铭》:"公自部属～藩服,八年之间,凡四转官,阶位方伯,当方面之寄。" ❸ 贬官。唐李肇《国史补》:"水部员外郎刘约直宿,会河北系囚,配流岭南,夜复敕。直宿令史不更事,唯下岭南,不下河北。旬月后,本州闻奏,约乃～。"《太平广记》卷一七九引《集异记》:"及为太乐丞,为伶人舞黄师子,坐～。" ❹ 出官差;服役。明李时勉《田家日晚歌》:"丁男～多奔走,两月山中去不归。" ❺ 见官;向官府告状、自首,或诉讼双方对证公堂。元明《水浒传》三六回:"不如～,免得受这厮腌臢腌气。"明崔铣《亡友张仲修墓志铭》:"(张顺)殴门子死,潜回京避之。云南巡抚移文逮之急,乃～。以二隶押送。"清《醒世姻缘传》四六回:"晁夫人要自己～,赴道告状。"

【出笏】 chū hù 脱手;卖出。明《醒世恒言》卷一三:"追出原骗玉带,尚未～,仍归内府。"《警世通言》卷一五:"这大锭元宝,没有这个力量,就偷了时,那里～?"

【出花儿】 chū huā er 出天花。明《金瓶梅词话》九〇回:"一日后边月娘看孝哥儿～,心中不快,睡得早。"清《红楼梦》二一回:"你们姐儿～,供着娘娘,你也该忌两日。"

【出活】 chū huó ❶ 救活;救拔。《法苑珠林》卷一一六:"及死埋之,柱如其言。七日往视之,杖果拔出,即掘尸。走至井上浴,已平复如故。"元王恽《大元故蒙轩先生田公墓志铭》:"执政才其为命监郑门,前后～饥民甚众。"明《西洋记》八六回:"黄凤仙坐在瓶里,晓得王爷是～他,就念念动真言,捻动妙诀。" ❷ 着落;收场。元郑光祖《梧桐树·题情》:"不札实似风摇竹,无投奔似风絮飘,没～似风花落。"佚名《端正好·相忆》:"想则想争似风流昔年双渐,猜则猜休猜做没～今日江淹。"明《古今小说》卷四:"如今也休题了,但我女儿已有三个月遗腹,如何～?"

【出火】 chū huǒ ❶ 情欲冲动。清《续金瓶梅》二〇回:"何况郑玉卿一个才出胎胞的少年荡子,见了师师,眼里是～,又见了银屏,只是心窝里乱跳。" ❷ 发泄性欲。明《二刻拍案惊奇》卷一四:"只得勉强惜惜上床睡了,虽然少不得干着一点半点儿事,也是想着那个,借这个～的。"清《红楼梦》二一回:"(贾琏)独寝了两夜,十分难熬,只得暂将小厮内清俊的选来～。"

【出豁】 chū huò ❶ 发放;发出付给。宋王之望《回虞宣谕论因粮籴本钱书》:"切望台慈遍会帅,若会到数目行下本所,对行～。如此则使司无一毫之损,而本所与诸帅各得分明矣。"李

曾伯《回奏宣谕》："每遇一番支散,自但以时～,随即具申,不敢分文欺弊也。"　❷ 出息;前途。宋佚名《张协状元》一八出:"大树之下,草不沾霜,奴家求庇于李大公大婆,庄家有甚～?"元明《水浒传》三八回:"李大哥,你闲常最赌的直,今日如何怎么没～?"清《雪月梅》二回:"又见这何成事事专主,素知他是个无行的人,谅来没有～。"　❸ 开脱(罪责)。元明《水浒传》三〇回:"亦则是屈陷武松,却把这文案都改得轻了,尽～了武松。"明温纯《纠劾有司官员以备考察疏》:"监生张绶从人命奸情收狱,用银一百两求吏吴伯淑～。"清《隋唐演义》一二回:"你且将投文时在那家歇宿,病时在谁家将养,一一说来,我好唤齐对证,还可～你。"　❹ 腾挪;处置。明《醒世恒言》卷一三:"我闻得妖人善能隐形遁法,可带些法物去,却是猪血狗血大蒜臭屎,把他一灌,再也～不得。"《古今小说》卷二六:"冤倒不辩得,和我连累了,如何～?"　❺ 着数;办法。宋元《醒世恒言》卷三三:"那人急了,正好没～,却见明晃晃一把劈柴斧头,正在手边。"　❻ 发泄(怨愤)。宋元《清平山堂话本·杨温传》:"当时杨三官人受这一口气,便不奈烦,没～得,便离了这客店,来县里投奔刘家客店安歇。"明《拍案惊奇》卷一五:"我受那卫家狗奴的气,无处～,他又不肯出屋还我,怎得个计较摆布他便好。"《禅真后史》四五回:"且慢讲,待我～了这一口恶气,再听汝说。"　❼ 开销;花费。明《醒世恒言》卷三〇:"老大一个汉子,没处寻饭吃,靠着女人过日。如今连衣服都要在老娘身上～,说出来可不羞么?"《型世言》二八回:"颖如与他起名观光,送了几件出乡的小僧衣、小僧帽,与他斋佛看经,左右都～在张秀才身上。"

【出尖】chū jiān　❶ 蹴鞠的名目。宋汪云程《蹴鞠谱》:"三人定位,一人当头,名～;五人场户名小～,六人场户名大～。"　❷ 出众;出色。宋陈亮《祭杨子固县尉文》:"入场屋则自奋于文章,既～于辈行,爱结交于老苍。"清《野叟曝言》一一八回:"因田氏夸其～,遂以'三光日月星'绝对试之。鳌儿极力搜索,不能成对。"　❸ 出头;出面。元睢景臣《六国朝·收心》:"零替了家私怕搜检,缺少了些人情我应点,情瞒儿,谁负债拿着我还欠。"清《樵史》二九回:"那有势力肯～的,去禀宋知县,求他出示禁戢。"　❹ 抢风头;争胜;占先。元明《水浒传》三七回:"不知那里走出一个囚徒来,那厮好汉,～,把五两银子赏他。"明薛论道《玉抱肚·历世》:"想当时偏好～,到而今学会缩头。"清《续金瓶梅》四二回:"架着个汉子到处里～,一家子大大小小,谁敢把他遮拦!"

【出结】chū jié　出具(证明文书)。元胡祗遹《革昏田弊榜文》:"今后凡经官断定土田房舍事业等事,随即当官～合同公据执照,令各人收执。"清宋荦《江苏藩司查明司库亏空详文》:"盖因交待成例,未经～之先,前官有不清款项,续经查出者,应得汇入审追。"《飞龙全传》五五回:"倘王嫂不许去时,我等便好～,代为告病。"

【出洁】chū jié　清理使洁净。明《英烈传》六回:"挑的挑,抬的抬,～了半日,方才清得条走路。"

【出景】chū jǐng　露脸;见世面。明《拍案惊奇》卷三八:"(张郎)未免志得意满,自由自主,要另立个铺排,把张家来～。渐渐把丈人丈母放在脑后,倒像人家不是刘家的一般。"《型世言》一〇回:"在家中没人照管,不若带了他去,也等他出一出景。"《挂枝儿·妓》:"子弟们初～听我教导,第一件要会成切莫去闹。"

【出举】chū jǔ　放债取息。《唐律疏议》卷四:"假有盗得他人财物,即将兴易及～,别有息利,得同蕃息以否?"宋陈舜俞《奉行青苗新法自劾奏状》:"臣伏见民间～财物,其以信好相结之人,月所得息不过一分半至二分。"明杨慎《俗言》:"称贷取息,一日～。"

兴生。"

【出决】chū jué　犹"出❹"。明《醒世恒言》卷二〇:"按院就委廷秀监斩,～之日,看的人如山如海。"清《醒世姻缘传》三三回:"～重囚,木驴桩橛,这都是棺材铺里备办。"

【出脚】chū jué　演员上场扮演脚色。清《歧路灯》二二回:"戏子吃饭回来,又开了戏,不叫九娃～。"△《跻春台·比目鱼》:"藐姑有个脾性……在外台不与别人当妻,必谭楚玉方～。"

【出军】chū jūn　❶ 犹"出兵"。《宋史·兵志八》:"仓使给军粮例有亏减,～之家侵牟益甚。"元明《水浒传》五七回:"我是～的人,但有歇处便罢。"　❷ 充军。《元典章·户部八》:"汉儿人蛮子人申解辽阳省发付～,色目高丽及申解湖广省发付～。"《元史·刑法志三》:"诸宿卫士与宫女奸者～。"

【出来】chū lái　另见 chū lai。❶ 生来。《敦煌变文校注》卷一《王昭君变文》:"夫突厥法用,贵壮贱老,憎女忧男……～掘强。"又卷六《金刚丑女姻缘》:"～好个面貌,只是有些些舌短。"　❷ 显示出;显见(得)。《敦煌变文校注》卷五《佛说阿弥陀经讲经文》:"尽具三明及六通,个个～能自在。"元高安道《哨遍·嗓淡行院》:"寻故友,～的衣冠济楚,像儿端严,一个个特清秀。"《元曲选·来生债》二折:"有一等寒俭的泛泛之流,他～的不诚心,无实行,一个个强文假醋。"　❸ 露面;出现。唐王建《羽林行》:"九衢一日消息定,乡吏籍中重改姓。～依旧属羽林,立在殿前射飞禽。"宋文天祥《二王诗序》:"北朝若待皇帝好,则二王为人臣;若待皇帝不是,即便别有皇帝～。"清孔尚任《桃花扇》五二出:"哥,人山人海,那里淘气去?俺们把一位带了儒巾吃宴去。正身～,算还他席面钱。"

【出来】chū lai　另见 chū lái。用在动词之后,表示动作的方位、完成、结果等。《敦煌变文校注》卷二《庐山远公话》:"是你寺中有甚钱帛衣物,速须般运～。"宋《朱子语类》卷一三:"若见得时,自须猛省,急摆脱～!"元贯云石《孝经直解》一:"教人的勾当先从孝道里生～。"清《红楼梦》二五回:"如今你和宝玉好,把我不理,我也看～了。"

【出离】chū lí　走出;离开。《太平广记》卷四二五引《野人闲话》:"卫圣神龙～宫殿,是不祥也。"元明《水浒传》六二回:"蔡福起身,～牢门来。"明张錬《水仙子·阅古》:"尚父遭逢渭水阳,武侯～龙岗上,为他们有伎俩。"

【出炉银】chū lú yín　像刚出炉的银溶液所发出的淡红色,也叫银红。明《金瓶梅词话》一八回:"自幼乖滑伶俐,风流博浪牢成,爱穿鸭绿,双陆象棋帮衬。"△清《二十年目睹之怪现状》六四回:"不是我要买,老太太交待,袍料还要～的呢。"

【出路】chū lù　出门;远行。唐施肩吾《赠盐官主人》:"～船为脚,供官本是奴。"《元曲选·朱砂担》楔子:"大哥,你～去,只是以身为本。"明陆深《京中家书》:"只小孙未宜～,娘子或未能料理门户,吾儿又宜熟思之,不若作一并～也。"

【出落】chū luò　❶ 去掉;黜落。唐杜牧《原十六卫》:"由此观之,戎臣卒伍,岂可一日使～钤键哉!"《五代会要》卷二三:"但能词理周通,文字典切,即放及第。如不及此格,虽本业精通,亦须～。"宋文莹《湘山野录》卷中:"此辈鼓篋游上庠,提笔场屋,稍或～,尚腾谤有司。"　❷ 褒贬;品评。元于伯渊《点绛唇》:"胭脂蜡红腻锦犀盒,蔷薇露滴注玻璃瓮。端详了艳质,～着春工。"《元曲选外编·玩江亭》二折:"不争你这里俺门前立地,着人道～着你个先生少可有二十嘴。"明汤式《夜行船·送景贤回武林》:"霜毫锦笺,品藻杜司空,褒弹张殿元,～双知县。"　❸ 显现;显示。《元曲选外编·西厢记》四本二折:"试把你裙带儿拴,纽门儿

扣,比着你旧时肥瘦,～得精神,别样的风流。"周仲彬《折桂令·二色鞋儿》:"裙底鸳鸯,～雌雄。"明朱有燉《落梅风·席上赠怜者》:"包藏着俏,～着娇,风尘中粉香零落。" ❹ 孕育培养,特指青年(多为女性)体态容貌向好的方面变化。元关汉卿《一枝花·赠朱帘秀》:"碧玲珑掩映湘妃面,没颜色能够见。十里扬州风物妍,～着神仙。"明《金瓶梅词话》五八回:"这几年倒没曾见,不知～的怎样了?"清《红楼梦》一六回:"宝玉心中品度黛玉,越发～的超逸了。" ❺ 落得;落到。通常指坏境遇或坏结局。《元曲选·两世姻缘》四折:"那里是寄心事丹青崝,则是个等身图烟月牌儿,～在长街,犹古自还不彻风流债。"明冯惟敏《集贤宾·题长春园》:"往常时迅扫了混沌江湖,至如今～的散诞神仙。"《金瓶梅词话》五六回:"恁地堆金积玉,～空手归阴。" ❻ 下落;底细。清《绿野仙踪》五七回:"我彼时已明白银子～,惟恐怕起是非,还从旁开解。" ❼ 收放,指行文的章法。明归有光《与沈敬甫书》:"为文须有～,从有～至无～方妙。"清张英《聪训斋语》:"所谓理会者,读一篇则先看其一篇之格,再味其一股之格,～之次第,讲题之发挥。"

【出马】 chū mǎ 本谓出阵交锋,引申为较量技艺或承担某事。《宋史·礼志二四》:"军马各就围地,作圆形排立,射生官兵随鼓声～射獐兔。"元明《水浒传》七四回:"一个年老的部署拿着竹批,上得献台,参神已罢,便请今年相扑的对手～争交。"明《二刻拍案惊奇》卷二:"小道人三局后,对张生道:'……不知可有堪与小道对敌的,请出一个来,小道情愿领教。'张生晓得此言是搠他师父～,不敢应答。"

【出门】 chū mén ❶ 离家远行。唐杜甫《前出塞》之二:"～日已远,不受徒旅欺。"《元曲选·合汗衫》三折:"您孩儿经板儿记在心头。母亲,孩儿～去也。"清《红楼梦》三七回:"却说贾政～后,外面诸事不能多记。" ❷ 指出家人。明《醒世恒言》卷三一:"和尚道:'～无可见意,略备水酒三杯,少延清话。'" ❸ 出嫁。《太平广记》卷四九八引《玉泉子》:"吾有女弟未～,子能婚乎?"宋梅尧臣《送吴季野》:"母殁未归土,女长未～。"清《红楼梦》七一回:"就算你是没出息的,终老在这里,难道他姊妹们都不～的?"

【出门子】 chū mén zi 出嫁。清《红楼梦》八一回:"大凡做了女孩儿,终久是要～的。"

【出名】 chū míng ❶ 有名声。宋蔡襄《荔枝谱》第七:"游家紫～十年,种自陈紫,实大过之。"《元曲选·青衫泪》一折:"小字兴奴,好生聪明,尤善琵琶,是这京师～的角妓。"清《红楼梦》六七回:"这个人还算造化高,省了当那～儿的忘八。" ❷ 具名;出面。宋徐度《却扫编》卷中:"《新唐书》初成,时韩忠献公当国,以其出于两人,文体不一,恐惑后世,遂请诏欧阳文忠公别加删润以一之。公固辞,独请各～,从之。"明陈洪谟《继世纪闻》卷三:"又有以应天府上元县生员狄元～,指斥瑾罪恶数事。"清《红楼梦》七五回:"贾珍不肯～,便命贾蓉作局家。"

【出没】 chū mò ❶ 出脱;变卖。《元典章·刑部十六》:"受钱作弊,一致命,虚称因病身死。"明《警世通言》卷三一:"坐吃山空,不上一年,又空言了。更无一物,瞒了老婆,私下把翠叶这丫头卖与人去。" ❷ 行踪;行为。《太平广记》卷二〇三引《拾遗记》:"时人莫知其原裔,～难详也。"元明《三国演义》七八回:"英雄未有俗胸中,～岂随人脚底!"《水浒传》七〇回:"兄长放心,小生见了此将～,已自安排定了。"

【出聘】 chū pìn 出嫁。《续资治通鉴长编·宋太宗淳化元年》:"巍巍功业与三代比崇,及其火帘甘泉,军屯细柳,则饰宗室之女～单于。"△清《济公全传》二三八回:"男大当婚,女大当嫁,

早晚姑娘你也得～。"

【出气】 chū qì ❶ 发泄怨气。宋《朱子语类》卷一一二:"盖刺史之权独专,则又不便。若其人昏浊,则害贻一路,百姓无～处。"明《西游记》二五回:"且与我取出皮鞭来,打他一顿,与我人参果～。"清李玉《清忠谱》二三折:"我恨极这魏贼,要劈他一块,出一出气。" ❷ 争气。宋朱熹《答刘季章》:"此辈进不能为君子,退不能为小人,不与人～,令人愤闷也。"明贝琼《高丽宗主尚希古塔铭》:"七十三年住世,只为佛祖～。今朝打个散场,惊得虚空落地。"清《醒世姻缘传》三三回:"自家的孩子不～,你只抱怨先生。" ❸ 放屁。《法苑珠林》卷一一三:"入塔时不应放下气。安塔树下,大众中,皆不得令～。"

【出巧】 chū qiǎo 弄巧;显示巧妙或高明。《敦煌变文校注》卷四《降魔变文》:"舍利弗小智拙谋,鲁班前头～。"宋张侃《打鱼网叹》:"群居～结新网,名以拦江众所施。"明高启《偃松行》:"右伸右屈多异态,天自～非人为。"

【出去】 chū qù 用在动词后,表示动作由里向外。《祖堂集》卷一九《陈和尚》:"三家村里老婆禅,造主不得,自领～。"《元朝秘史》卷一:"去时节,随日月的光,恰似黄狗般爬～了。"清《红楼梦》四一回:"若绕～还好,若绕不～,可够他绕回子好的。"

【出热】 chū rè 热心出力。唐周昙《咏史诗·周苛纪信》:"后来邦国论心义,谁是君王～人?"元明《水浒传》二六回:"小人到处只是～。娘子和干娘自稳便,斋堂里去相待众邻舍街坊,小人自替你照顾。"明《拍案惊奇》卷一七:"且喜他不妆模样,见说做醮,便肯轻身出观,来到我家,也是个～的人。"

【出人】 chū rén 处决犯人。元明《水浒传》四〇回:"我们冲州撞府,那里不曾去!到处看～。便是京师天子杀人,也放人看。"又:"这里～,如何肯放你?你要赶路程,从别路过去。"

【出色】 chū sè ❶ 生色;色彩鲜明。宋吴龙翰《归途绩溪界喜见十里岩》:"雨磨山～,风约水成文。"明《拍案惊奇》卷三〇:"开山斧闪烁生光,还带杀人之血;流星锤蓓蕾～,犹闻磕脑之腥。"清查慎行《丰台看芍药》:"妒他误马随车处,～花枝不避人。" ❷ 增辉;争气;添光彩。元刘壎《跋王清观所画姚玉像并词》:"王郎妙人,貌丽质,填新腔,为姚华～。"明朱有燉《醉太平·赏乐工家伶女刘聘春贞烈自尽》:"他比那蒋兰英死的又明白,与您众猴儿～。"张岳《与李抑斋铨部书》:"盘峰治武定狱,有声称,真足为吾乡～。" ❸ 出众;不一般。《元曲选·青衫泪》二折:"都道江西人,不是风流客;小子独风流,江西最～。"明《古今小说》卷六:"今番见了这～的人物,料想是他了。"张岱《陶庵梦忆》卷八:"然其所打院本,又皆主人自制,笔笔勾勒,苦心尽出,与他班卤莽者又不同,故所搬演,本本～,脚脚～。" ❹ 出力;卖命。元明《水浒传》三三回:"冤各有头,债各有主。刘高差你来,休要替他～。"明《型世言》三六回:"奶子老公与阿财父母,先前怕连累,不敢出头;如今一齐赶来,替老婆儿子～,登门嚷骂。"《西湖二集》卷五:"若是受了你满堂香烛,一坛素菜,便要来护短,与你～,叫冤魂不要与你讨命,世上又没有这样不平心的佛菩萨。"

【出上】 chū shàng ❶ 拿出;支付。清《绿野仙踪》四四回:"再若是借人家的银子,～利钱,还不知是谁赚是谁賒哩。"又七四回:"今他两人现统着水陆二三十万人马,还要～银子,买我们诈败。"△《糊涂世界》六回:"要是你老爷相信,就请他先～一张银票。" ❷ 豁出;拼上。清《聊斋俚曲·富贵神仙》:"咱～合他就去,到当官再辨是非。"《醒世姻缘传》三五回:"我合你到京中棋盘街上礼部门前,我～这个老秀才,你～你的小举人,我们大家了当!" ❸ 任凭;听任。清《聊斋俚曲·墙头记》:"李氏说:'呸!放

屁!俺庄里多少好汉子,那里找着您遮并骨一!'张大笑说:'～拣那好的并去。'"　❹ 白白地。清《聊斋俚曲·富贵神仙》:"～捱上一顿打,浑身转了个精打精。"

【出哨】chū shào　巡逻放哨。宋文天祥《指南前录》:"北军惟午前～,午后各归。若是日起程至午后,欢日:'今日得命矣!'"元明《三国演义》七一回:"汝去～,与黄忠交战,只宜输,不宜赢。"清江宸英《海防总论》:"陈钱马迹诸山在内海之外,止可～,不能设守。"

【出身】chū shēn　❶ 脱身;离身。佛家兼指解悟。《祖堂集》卷一〇《镜清和尚》:"时有人拈问师:'只如长庆行这个拄杖意作摩生?'师云:'宗师老拦,兼自～。'"《景德传灯录》卷一八《漳州报恩院怀岳禅师》:"问:'如何是学人～处?'师曰:'有什么物缠缚阇梨?'"明《西游记》一〇回:"阴司里是这般,有去路,无来路。如今送陛下自转轮藏～。"　❷ 出家。唐王梵志《道人头兀雷》:"本是俗家人,～胜地立。"韦应物《再游西山》:"中有释门子,种果结茅庐。～厌名利,遇境即蹒跚。"　❸ 犹"出生❶"。唐寒山《出身既扰扰》:"～既扰扰,世事非一状。未能舍流俗,所以相追访。"明李梅实《精忠旗》二出:"从～只办得一副刚肠,恐头颅未易安顿。"《警世通言》卷二三:"话说南宋临安府有一个旧家,姓乐名美善,原是贤福坊安乐巷内～,祖上七辈衣冠。"　❹ 个人的早期经历或家庭职业。《元曲选·灰阑记》二折:"原来是个娼妓～,便也不是好的了。"元明《三国演义》五二回:"原来二人都是桂阳岭山乡猎户～。"明《西游记》四九回:"我上普陀岩拜问菩萨,看这妖怪是那里～,姓甚名谁。"　❺ 指仕宦的途径或资格。唐张鷟《朝野佥载》卷四:"周张衡令史～,位至四品,加一阶,合入三品,已团甲。因退朝,路旁见蒸饼新熟,遂市其一,马上食之,被御史弹奏。则天降敕:'流外～,不许入三品。'遂落甲。"《元曲选·鲁斋郎》一折:"想俺这为吏的多不存公道,熬的～非同容易也呵。"明汤显祖《牡丹亭》四六出:"倘说得李全降顺,便可归奏朝廷,自有个～之处。"　❻ 特指由科举入仕者的身分、资格。唐韩愈《赠张童子序》:"有司者总州府之所升而考试之,加察详焉。第其可进者,以名上于天子而藏之,属之吏部,岁不及二百人,谓之～。"宋《朱子语类》卷一二八:"每等八阶,以别杂流有～无～人。"清方成培《雷峰塔》一〇出:"下官李本诚,字一庵,真定行唐县人也,两榜～。"　❼ 指证明身分资历的文件。《大宋宣和遗事》前集:"杨志事体虽大,情实可悯,将杨志诰札～尽行烧毁,配卫州军城。"　❽ 卖身。明徐渭《翠乡梦》二出:"从俺爹爹丧过,宦囊萧索,日穷一日,直弄到我一个亲女儿～为娼。"　❾ 指使女另寻门户或寡妇改嫁。明《金瓶梅词话》六二回:"这小丫头绣春,我教你大娘寻家儿人家,你～去罢。"《型世言》四回:"姊姊年纪小,你又老了,管他不到底。便是我们家事少,也管顾不来。如今将要～,要你做主。"

【出神】chū shén　❶ 道家谓神魂脱离躯体。宋庄绰《鸡肋编》卷中:"学道家能～。"洪迈《夷坚志》甲卷六:"晓视药炉,丹已失矣。周不意,遂～求之。谓妻曰:'我当略往七日,且复回,未死也,切勿焚我!'"明《西游记》二七回:"原来行者那一棒不曾打杀妖精,妖精～去了。"　❷ 走神;发愣。明苏子文《锁南枝·集常谈》:"休捣鬼,莫～,打着灯笼没处寻。"《金瓶梅词话》五八回:"郑家那贼小淫妇儿,吃了糖五色座子儿,半日不言语,有些～的模样。"清《红楼梦》六七回:"凤姐越想越气,歪在枕上只是～。"按,明风月友《金陵六院市语》:"无言静坐,号为出神。"

【出生】chū shēng　❶ 胎儿从母体中产出;降生。唐寒山《出生三十年》:"～三十年,常游千万里。"《太平广记》卷九九引

《冥报记》:"师为写经,始书题目,彼以脱免,令～在人间也。"清纪昀《阅微草堂笔记》卷三:"自言～时,父梦其祖语曰:'尔所生子,当名乌鲁木齐。'"　❷ 佛教徒吃饭时把饭食撒在地上,施舍众生。唐范摅《云溪友议》卷三:"卢梦觉,召岳庙祝令别置神母位,常馔～一分,公宴则阙。"《大唐三藏取经诗话》一〇则:"此国之中全无五谷,只是东土佛寺人家及国内设斋之时～,尽于地上等处收得,所以沙多。"明《西游记》一二回:"施物应机心路远,～随意藏门开。"

【出手】chū shǒu　❶ 伸手。《太平广记》卷八六引《野人闲话》:"众人遥见道士在水上,坐一大瓢,～掩耳。"明谢肇淛《五杂组》卷二:"一九二九,相逢不～。"清《聊斋志异·天宫》:"～摸之,则锦被囊裹,细绳束焉。"　❷ 拿出(钱财礼品之类)。宋朱熹《与林择之书》:"百事节省,尚无以给。旦暮欲致薄礼,比亦～不得。"明夏良胜《广昌县城记》:"暨诸路复完城之,盗斯息,民用是辑保于业,以尺寸计持贷券者,愧不能～。"《禅真后史》一一回:"老瞿平素鄙啬,不肯～。今日这事成就,也赚他些银两用度。"　❸ 动手;出力。宋苏舜钦《夏热昼寝感咏》:"便将决渤澥,～洗乾坤。"《五灯会元》卷二〇《华藏宗演禅师》:"华藏不惜性命,为诸人～去也。劈面三拳,挡腮一掌,灵利衲僧,自知痛痒。"明《拍案惊奇》卷四〇:"若非先梦七题,自家～去做,还未见得不好。"　❹ 脱手;离手。喻指作品完成、摆脱干系或货物售出。《太平广记》卷二一〇引《八朝画录》:"遂命笔,以墨图一狮子,令户外榜之,谓溉曰:'此～便灵,可虔诚启心至祷。'"宋洪迈《夷坚志》支甲卷一八:"吏复下,捧杯水欲喂昱面。傍人止之曰:'不可。如是将不～得。'吏无计,遂遣追者送昱回。"《元曲选·范张鸡黍》二折:"小生堕落文章,似卖着一件物事,不能～。"　❺ 禅家称示机说法,较量高低。《祖堂集》卷一三《福先招庆和尚》:"又上堂云:'本自圆成,不劳机杼。诸上座～不～?'"《五灯会元》卷一九《杨岐方会禅师》:"问第二人:'欲行千里,一步为初。如何是最初一句?'曰:'到和尚这里,怎敢～?'"　❻ 开手;开始做。宋洪迈《容斋续笔》卷一六:"聚十枚骰子齐掷,自～六人依养饮焉。"明沈德符《万历野获编》卷二五:"渼陂初学填词,先延名师,闭门学唱三年,而后～。"

【出首】chū shǒu　到官检举揭发。宋《三朝北盟会编》卷八三:"方待食,有济南府镇赵不群所部民兵告军人谋放火作乱,系同火～。"《元史·刑法志三》:"诸子犯奸,父～,仍坐之。"明《醒世恒言》卷二七:"你强奸妇妇,也有老大的罪名。今后依旧照顾他,万事干休,倘有些儿差错,我众人连名～。"

【出挑】chū tiāo　犹"出落❹"。清《醒世姻缘传》一一回:"～的比往时越发标致,我就不认的他了。"《红楼梦》六回:"如今～的美人一样的模样儿,少说些有一万个心眼子。"

【出条】chū tiáo　即"出挑"。清《醒世姻缘传》七一回:"虎哥已长成十五岁,～了个好小厮。"《红楼梦》庚辰本七二回:"彩霞那孩子这几年我虽没见,听得越发～的好了。"按,一本作"出跳"。

【出跳】chū tiào　❶ 即"出挑"。清《豆棚闲话》一〇则:"只有晚生当日曾与几位老先生经手几个,后来～伶俐,收在房中,生了公子。"《醒世姻缘传》三六回:"回到家长了一十六岁,越发～得一个好人。"　❷ 兴旺;活灵活现。金《董解元西厢记》卷六:"相国夫人自音约,是则是这冤家没弹剥,陡恁地精神偏～,转添娇,浑不似旧时了?"明汤显祖《牡丹亭》四八出:"〔老旦背与贴语介〕有这等事?〔贴〕便是。难道有这样～的鬼?"《拍案惊奇》卷一六:"直到事后晓得,已此追之不及了。这却不是～的贼精,隐然的强盗!"　❸ 出现;出来活动。清《珍珠舶》二回:"眇尔游魂,辄敢擅

为妖孽,将谓颠倒阴阳,违条～。"《续金瓶梅》四六回:"这样机密,真是鬼神不测的了。那知这里就有鬼神～,偏会弄人。"

【出头】 chū tóu ❶ 出面;露面。唐王梵志《天下浮逃人》:"强处～来,不须曹主唤。闻苦即深藏,寻常似相算。"《敦煌变文校注》卷一《捉季布传文》:"明日厅堂排酒馔,朝下总呼诸大臣。仆即～亲乞命,脱祸除殃必有门。"明《西游记》二〇回:"你可将行李歇在藏风山凹之间,撒放马匹,不要～。" ❷ 到官府见官或自首。宋李纲《差官体究周十隆等受招安奏状》:"周全、钱响、谢云于三月二十三日赴县～,公参了当,即时归各人本住处讫。"宋元《警世通言》卷一四:"只见一个人貌类狱子院家打扮,从隔壁竹篱笆里跳入墓园,走将去墓堆子上叫道:'朱小四你这厮!有人请唤,今日须当你这厮～。'"《元曲选·罗李郎》一折:"我将皇城叩,索共那五奴虔婆～。" ❸ 脱身;解脱。唐拾得《闲入天台洞》:"死去入地狱,未有～时。"《景德传灯录》卷二八《漳州罗汉桂琛和尚》:"三界如峥嵘,尚觅～不得,因什么却特地难为去?"明沈采《还带记》六出:"爹爹,你被那强贼诬陷在此,怎能够得～的日子?" ❹ 出人头地;超过常人。唐顾况《赠僧三首》之一:"～皆是新年少,何处能容老病翁?"宋邓肃《次韵李舍人》:"白首钻故纸,底是～时?"明《二刻拍案惊奇》卷二:"今我在中国既称绝技,料然到那里不到得输与人了。何不在彼一游,寻个的国手较一较高低?" ❺ 争胜;逞能。宋曾丰《拟试以虫鸣秋》:"岂不便钳口,而犹强～。"《元曲选·魔合罗》三折:"正是:是非只为多开口,烦恼皆因强～。"明殷士儋《新水令·写真自嘲》:"肚里本无瓢,寺里有～。扯脖子闲争气,～儿瞪顶缸。" ❻ 表整数之后的零数。清《醒世姻缘传》一九回:"要是大红,就是十两来～银子哩。"

【出退】 chū tuì 犹"出挑"。《元曲选外编·西游记》一一出:"抬举偌来大,～得全别,俺孩儿现世的观音样,羞花也闭月。"

【出脱】 chū tuō ❶ 开脱;免除(罪责之类)。《太平广记》卷二六五引《芝田录》:"白连引三器讫,馀一持之,而请第四器名。崔郎中云:'亦别无事,但何必要到处～。'"宋《朱子语类》卷一三六:"此皆是史家要一苻坚杀兄之罪,故装点许多,此史所以难看也。"《元典章·刑部十六》:"如此捏合,～梁伶奴打死蔡敬祖情罪。"明《醒世恒言》卷九:"不如早早死了,～了娘子,他也得趁少年美貌,别寻头路。" ❷ 摆脱;逃脱。宋胡铨《先兄民师配安人陈氏墓志铭》:"籍一～白丁,然后曾祖以降,三人中科第。"明赵钗《晏林子》卷五:"二鬼行,吾力。其子不能哭。二鬼复入视曰:'果逃矣。'"明冯惟敏《清江引·戊寅试笔》之六:"静寻物外游,远避人间闹,～的一身无价宝。" ❸ 解脱;醒悟。《景德传灯录》卷一八《福州玄沙师备禅师》:"若有智慧,即今便得～。"明罗洪先《与王澜溪书》:"平日立心如此,何患无～时也。"钟惺《题默公庐山结社卷》:"此四字尚未能～,远公安得而不拒之哉!" ❹ 脱手;卖掉。明《古今小说》卷一:"可是作成老身～些珍珠首饰么?"《醋葫芦》三回:"女家只要～,有得饭吃也休。"清《儒林外史》五二回:"他而今事急了,只要一千两就～了。" ❺ 花费;抛弃;丢失。《元曲选·东堂老》一折:"～了些奇珍异宝,花费了些精钢响钞。"明贾凫西《木皮词》:"你看这两个老头儿,把天下～的利速不利速?"清《雪月梅》六回:"你还说你干娘!险些儿大家的性命都～了,你还不知!" ❻ 整治;处理。明《醒世恒言》卷三〇:"但他来时,合衙门人通晓得,明日不见了,岂不疑惑?况那尸首也难～。"《二刻拍案惊奇》卷一〇:"你与小叔把头梳一梳,替他身上～一～。"清《飞龙全传》一三回:"一路上亏了这件妙物,打贼防身。只是粗细不匀,弯曲得不好看相……何不把他去～一～,也得光光儿好看。" ❼ 犹"出挑"。明单本《蕉帕记》二〇出:"捏怪兴妖,～千般新做作;藏头露脚,腾那一段旧苗条。"清《红楼梦》四回:"其

模样虽然～得齐整好些,然大概相貌自是不改。" ❽ 成就;着落。元汪元亨《折桂令》:"梅～林逋,菊支持陶令,鱼成就严陵。"《鼓掌绝尘》一二回:"孩儿,你莫轻觑了他,我和你一生发迹,明日都要～在他身上。"清《绿野仙踪》六五回:"冷于冰说我指顾就可得大富贵,或者～在他这一国亦未可知。" ❾ 显露;显示。明茅坤《唐宋八大家文钞》卷四七《韵总序》:"字学所系甚小,欧阳公立意,恰好～自家门面。"

【出外】 chū wài 离家外出。《太平广记》卷二七一引《玉堂闲话》:"其夫～。每出,数年方至,至则数日复出。"元武汉臣《老生儿》一折:"我量力求财,在家～,诸般快。"明《古今小说》卷一:"我这番～,甚不得已,好歹一年便回。"

【出息】 chū xī ❶ 出气;喘息。《太平广记》卷一〇九引《冥报记》:"令写经人每欲～,辄含竹筒,吐气壁外。"宋周密《癸辛杂识》续集卷上:"以为大寇至,惧甚,喋然不敢～。"明康海《送东原先生序》:"海时且幼且劣,望之屏然不敢～。" ❷ 生利息;收益。宋宗杲《宗门武库》:"端令山前作磨头。演逐年磨下收糠麸钱,解典～。"明《古今小说》卷二:"梁尚宾听说,心中不忿,又见价钱相因,有些～,放他不下。"清《歧路灯》五六回:"咱的利息银两,半年就值几年菜园～哩。" ❸ 生发;涨大。宋方夔《苏武》:"老瓶石女儿,久久无～。遣来小居次,无何乳通国。"元王祯《农书》卷七:"夫大小麦,北方所种极广。大麦可作粥饭,甚为～。" ❹ 犹"出挑"。清《红楼梦》一五回:"(凤姐等)见智能儿越发长高了,模样儿越发～的水灵了。" ❺ 长进;进步。清《红楼梦》二七回:"明儿你伏侍我罢,我认你做干女孩儿。我一调理,你就～了。"又二三回:"如今看来,芹儿倒大大的～了,这件事竟交与他去管办。" ❻ 发展前途。明《醒世恒言》卷三五:"恁样不知好歹的人,跟他有何～?"清李渔《十二楼·拂云楼》四回:"若还是个秀才,终身没有甚么～,只是另嫁的好。"《歧路灯》六五回:"小的看那谭绍闻,面貌与按察司大老爷三公子面貌相似,将来必是个有～的人。"

【出洗】 chū xǐ ❶ 洗涤;清洗。宋周密《武林旧事》卷六:"剪截段尺,～衣服。"明高濂《遵生八笺》卷一五:"糊斗,用铜者为佳,以便～。"清《醒世姻缘传》四二回:"把那游奕将军的神像扯去烧了,神厨拆毁,绢帐～来做了衣服里子。" ❷ 同"出息❹"。清《醒世姻缘传》一八回:"晁夫人房内一个从小使大的丫头,叫做春莺,到了十六岁,～了一个像模样的女子。"

【出细】 chū xì 精细加工。宋《朱子语类》卷一五:"如树初间且先斫倒在这里,逐旋去皮,方始～。"明葛昕《寿宫营建事宜疏》:"查明原估栋柱等项,照数截成粗料,方行运行赴该工～。"

【出相】 chū xiàng ❶ 同"出像"。清《照世杯·百和坊》:"扯偏袖,宛似书生～;打深躬,恰如道士伏章。" ❷ 指做出的样子。明《二刻拍案惊奇》卷三:"我看这哥哥也标致,我姐姐又没了姐夫,何不配与他了,也完了一件事,省得他做出许多馋劳喉急～。"

【出像】 chū xiàng 露像;装样。引申指丢丑、揭底、指戳批评等。明《肉蒲团》五回:"那两个少年女子,虽然一般顾盼,只是那种意思还在有意无意之间,不觉得十分～独不那个半老佳人,对着未央生十分做作。"清《无声戏》一回:"里侯以前虽然受过邹小姐几次言语,却还是绵里藏针泥中带刺的话,何曾骂得这般～。"《歧路灯》二二回:"小的叫他伺候堂戏,一些规矩也是不知道,倒惹的亲朋们～。"

【出兴】 chū xīng 诞生;产生;出现。《敦煌变文校注》卷四《降魔变文》:"毗波尸佛～时,早受蚁身生在此。"宋黄震《黄氏日抄》卷四七:"蒯通口给不在仪秦下,会真主～,故无所售其奸。"李

新《上张丞相书》："自汉到今,人材～,晶明奇特,乃至算数譬喻所不能及。"元赵孟頫《天目山大觉正等禅寺记》："道场塔庙曾不期建立,而二千餘年后先～。"

【出性】 chū xìng 天性;生性。唐拾得《世上一种人》："世上一种人,～常多事;终日傍街衢,不离诸酒肆。"《敦煌变文校注》卷七《百鸟名》："独春鸟,悉鼻界(卑),～为便高树枝。"

【出姓】 chū xìng 改姓,也指僧道出家后不用原来的世俗姓氏。《元曲选·玉壶春》四折："妾身本姓张,自幼年过房与他做义女来。我今要～改正。"元明《水浒传》五三回："这个先生一向云游在外,比时唤做公孙一清,如今～,都只叫他清道人,不叫做公孙胜。"明杨继盛《自著年谱》："此官乃人家奴仆,读书中进士后方～,无耻小人。"

【出幼】 chū yòu 脱离幼年期,意即成年。宋元《清平山堂话本·刎颈鸳鸯》："隔邻有一儿子,名叫阿巧,未曾～,常来女家嬉戏。"《元史·刑法志三》："诸父以子同盗,子年未～,不曾分赃,免罪。"明贺士谞《简陈都宪》："表弟云已～,告乞代职,未蒙赐允。"

【出月】 chū yuè 出了本月,即下月。多指开头几天。宋李之仪《又与王性之简》："月终或～度可以成行,是时行李必已远矣。"明《醒世恒言》卷七："～初三,是愚兄毕姻之期,初二日就要去亲迎。"清《红楼梦》三回："已择了～初二日小女入都。"

【出斩】 chū zhǎn 处决(犯人)。《五代史平话·梁上》："官司防备严紧,只得候～时去劫法场救他。"清《梦中缘》一四回："适才塘报方到敝衙门,说严嵩勒令自裁,子孙～。"

【出帐】 chū zhàng 卖契。明《拍案惊奇》卷三一："王元椿早起来,写个～,央李媒为中,卖与本地财主贾包。"

【出治】 chū zhì ❶(君王)治理国家。君王为天子降出人间,故称。宋邹浩《道乡集》卷三〇："上以天德～,以笃邦家之祐。"元揭傒斯《庐江县学明伦堂记》："起瞻栋宇摧挠腐败,喟然曰:'是固～之本,乃尔而缓乎!'"明《醒世恒言》卷二四："臣本南楚卑薄之地,逢圣明～之时。" ❷整治;打磨。引申指修习。宋米芾《答郭纯老秘校赠杖》："宁论匠石可斫削,还恐风雷送～。"《朱子语类》卷一一三："所谓粗者,如匠人～材料,且本朴在,然后刻画可加也。"明程敏政《义官方君墓志铭》："子男一,曰英祝,～举子之业。"

【出著】 chū zhuó 开销;出手。宋居简《慧日僧堂疏》："还他百世规橅,六种殊胜,载观～,只合求人。"耐得翁《都城纪胜·酒肆》："大抵店肆饮酒,在人～如何。只如食次,谓之下汤水,其钱少,止百钱五十者,谓之小分下酒。若命妓,则此辈多是虚驾娇贵,索唤高价细食,全要～经惯,不被所侮也。"吴自牧《梦粱录》卷一二："又有小脚船……及投壶打弹百艺等船,多不呼自来,须是～发放支犒,不被哂笑。"

【初】 chū ❶全;都。表示范围、程度、语气的副词,多用于否定句。《太平广记》卷六三引《集异记》："自是疾疹痊,不旬日复旧。～忘饮食,惟恣游览。"唐韩愈《寄崔二十六立之》："文如翻水成,～不用意为。"宋周密《武林旧事》卷三："或传此舟每出必有风雨,余尝屡乘,～无此异也。"金元好问《感兴》："勤如韩子～无补,晚似冯公岂见招。" ❷正;恰。《敦煌变文校注》卷一《李陵变文》："此时粮尽兵～饿,早已战他人力破。"唐王建《寻橦歌》："翻身垂颈欲落地,却住把腰～似歇。"

【初出帐】 chū chū zhàng 指初踏妓门。元朱庭玉《梁州第七·妓门庭》："选甚乍使钱无名气,学做人～的乔相识,这莫不发镘有魂灵曾做伴惯经笼的旧子弟,一个个都教成圆备。"宋方壶

《一枝花·妓女》："有一等强风情迷魂子弟,～笋嫩勤儿,起初儿待要成欢会。"

【初间】 chū jiān ❶起初。宋《朱子语类》卷三："～圣人亦只是略为礼以达吾之诚意,后来遂加详密。"元高明《琵琶记》一五出："伏念微臣,～有志,诵诗书,力学躬耕修己,不复贪荣利。"清《绿野仙踪》八七回："～还听得风若雷鸣,身体寒战;次后便昏昏沉沉,神魂两失。" ❷年、月开始的一段时间。宋苏轼《辨题诗札子》："至五月～,因往扬州竹西寺。"元陶宗仪《辍耕录》卷一一:"至治～,广寒卒,时年百有八岁。"明《警世通言》卷二八："才过端午,又是六月～。"

【初开门】 chū kāi mén 指女子初次与人偷情或做私娼。明《一片情》八回："凡人家妇女,端正的,不端正的,～的,半开门的,吃一钟的,不吃一钟的,没一个人不在肚里。"

【初来】 chū lái ❶原本;本来。宋文天祥《象奕各有等级四绝品四人高下》："螳臂～攫晚蝉,那知黄雀沫馋涎。"元牟𪩘《送郓南俞教谕》："吟肩只自～瘦,蠹尾方知细满难。"《元曲选·金安寿》三折："养白雪黄芽,疏金枷玉锁。悟你～路径,休迷了正道。" ❷起初;当初。宋《朱子语类》卷六六："此书～只是如此,到后来圣人添了许多说话。"清查慎行《食薹心菜》："渐见碧玉簪,枝枝叶中央。～但小摘,烂漫抽四方。"《儒林外史》三六回："只是门生～收管时,心中疑惑,不知老师怎样处置,门斗怎样要钱,把门生关到甚么地方受罪。"

【初来花下】 chū lái huā xià 指妇女临产。《敦煌变文校注》卷三《孔子项托相问书》："犬吠其主,为旁有客;妇坐使姑,～也。"按,传佛将诞生时,其母到后园无忧花树下,以手攀枝,释迦遂生袖中。

【初起】 chū qǐ 起初;开始。明《醒世恒言》卷一五："原来这女童年纪也在当时,～见赫大卿与静真百般戏弄,心中也欲得尝尝滋味。"《封神演义》四三回："～时两下抖搜精神,次后来胜败难分敌手。"清《隋唐演义》二〇回："萧后～疑他新丧在身,别宫独处;后来打听他夜夜在宣华宫里淫荡,不觉大怒。"

【初然】 chū rán ❶本原;本来面貌。宋真德秀《显谟阁学士袁公行状》："学问之要,得其本心而已。心之本真未尝不善,有不善者,非其～也。"袁甫《明月亭记》："嘻,本无变也,有时乎变者,妄也,非其～也。" ❷起初。宋元《古今小说》卷三："那几家邻舍～只晓得吴山行踏,次后见往来不绝,方晓得是个大做的。"明阆州妇《题邮亭壁歌》："～有子相依傍,身安且不忧家荡。如今子死姑年高,纵到云南复谁望?"清《续金瓶梅》四九回："～入内冷森森,后面行来宽朗朗。"

【初世】 chū shì ❶指世纪或朝代的开始时期。宋张方平《食货论》："在唐～,薄赋宽徭;天宝季年,国用寝广。"元吴莱《释迦方域志后序》："盖汉之～,乌孙大月支本在敦煌祈连间。"明朱元璋《萌隙篇》上："斯人世～也,鸟兽多而逼人,洪水汗漫而艰民生理。" ❷初来人世。宋晁以道《我生》："我生～本尧年,大厉群哇不谓然。"明《西游记》七回："你算,他该多少年数,方能享受此无极大道!你那个～为人的畜生,如何出此大言!"清纪昀《阅微草堂笔记》卷二一："吾～为屠人,年三十餘岁,魂为数人执缚去。"

【初头】 chū tóu ❶当初;开头;起始。宋《朱子语类》卷一二："尧是～出治第一个圣人,《尚书·尧典》是第一篇典籍。"赵蕃《闻桑叶贱甚感叹有作》："自是～放种薄,岂能断手有丝赢。"明沈周《闻杨君谦致政赋此以致健羡》之四："功名出处异于人,染指～便乞身。" ❷刚开始的一段时间。宋柳永《木兰花·柳枝》："黄金万缕风牵细,寒食～春有味。"明《朴通事谚解》卷中："五月～礼

止了也,解由得了不曾?"清《野叟曝言》一三回:"谁知今年三月
~,这山上出了蛟。"

【初昔】 chū xī 当初。唐刘肃《大唐新语》卷三:"公主~降
婚,梧桐半死;逮乎再醮,琴瑟两亡。"

【初意】 chū yì ❶ 本意;原先的想法。唐孔颖达疏《诗经·
崧高》:"申伯~不欲离王。"《元朝秘史》卷一三:"但我~,本不征
他。若天佑护,回回处回来时,却去征他。"明《二刻拍案惊奇》卷
一五:"~要替他寻个人家,急切里凑不着巧。而今一月多了,久
留在此也觉不便。" ❷ 原以为。宋曾敏行《独醒杂志》卷八:"其
母夜卧忽惊起,问其故,云梦吞一枯棋也。~日所尝见,是以形于
梦寐,已而生卓明。"明《警世通言》卷九:"奴婢~娘娘闻李白此
词,冤入骨髓,何反拳拳如是?"清陈廷敬《太子太保兵部尚书于公
传》:"君孚~公必以兵来,且惧见给,故深自匿。"

chú

【雏儿】 chú er ❶ 幼鸟,也借指幼儿。宋朱继芳《边庭》之
八:"汉家错信和亲议,不见~与父争。"《元朝秘史》卷二:"原撇下
帖木真母子每,如今莫不似飞禽的~般毛羽长了,走兽的羔儿般
大了?"清《续金瓶梅》三二回:"有一个斑鸠和一个燕子,常被那林
里鹞鹰欺负。他二鸟商议:'他一个来欺我不大紧,生下~还要来
夺我的窝巢。'" ❷ 喻指稚嫩、阅历少的人。《元曲选·曲江池》
一折:"妹子也,他还是个子弟,是个~?"明《西游记》七七回:"不
要怕,等我看他是~妖精,是把势妖精?"清《绿野仙踪》四〇回:
"自那日如玉主仆下船时,早被苏旺等看破,个个俱是些憨~,只
有尤奎略老作些。"按,明佚名《墨娥小录》卷一四《行院声嗽·人
物》:"少年,雏。" ❸ 指妓女。明《拍案惊奇》卷二五:"娼家习染
风尘,有圈套的多,没圈套的少。至于那~们,一发随波逐浪,那
晓得叶落归根?"清《儒林外史》五三回:"那来宾楼有个~,叫做聘
娘。" ❹ 指少女。清《红楼梦》一一二回:"我就只舍不得那个姑
子,长的实在好看,不知是那个庵里的~呢。"

【除】 chú ❶ 脱掉;拿掉;取下。元明《水浒传》三一回:"马
院里~下缠袋来,把怀里踏遍的银器都装在里面。"明佚名《粉蝶
儿·悭吝》:"两个磨磨,他一个,我一个,谁曾咬破?五六个瘦团
脐倒~下三个。"清《飞龙全传》四回:"往壁上~了一口宝剑,挂在
衣服里面。" ❷ 除去;不把……计算在内。《敦煌变文校注》卷
六《不知名变文(一)》:"若要不生、不老、不病、不死,~佛世尊,自
餘小圣,宁得免矣!"《元典章·刑部十一》:"~蒙古人并妇人免
刺,其餘人员依例刺字。"清《红楼梦》二六回:"~我之外,惟有你
还配吃。" ❸ 除非;只有。宋赵佶《燕山亭》:"怎不思量,~梦里,
有时曾去。"《元曲选·百花亭》三折:"姐姐,你烦恼,~我知;我烦
恼,~你知。"明《古今小说》卷二六:"~我们不到杭州,若到,定要
与他讨个明白。" ❹ 只;竟。同否定词"不"连用表强调。宋元
《清平山堂话本·刎颈鸳鸯》:"老儿因谓妈妈曰:'莫非淑珍做出
来了?'~不知其女春色飘零,蝶粉蜂黄都退了。"清《续金瓶梅》一
四回:"~不知这一点忍心,现在阴骘不行,还说甚么救雀放龟,仁
民爱物!"《警寤钟》一〇回:"我~不要你钱便罢,怎只管揩住我!"

【除并】 chú bìng 即"并除"。《敦煌变文校注》卷五《维摩诘
经讲经文(三)》:"根株~暂时间,看来只是留踪迹。"《旧五代史·
唐书·明宗纪四》:"丁亥,诏天下~无名额寺。"

【除拆】 chú chāi 即"拆除"。宋黄榦《与西外知宗诉同庆坟
地并事目》:"见得侵占丈尺分明,告示日下~墙围,给还禁地。"吴
自牧《梦粱录》卷一二:"乞行~湖中菱荷,毋得存留秽塞,侵占湖
岸之间。"

【除放】 chú fàng 减免(赋税之类),同义复词,"放"亦为"免
除"义。《旧唐书·德宗纪下》:"应贞元八年至十一年两税及榷酒
钱,在百姓复内者,总五百六十万七千贯,并~。"宋《靖康要录》卷
五:"向缘人户就燕山借兑郭药师钱物,访闻州县尚行理索,深可
伤痛,并与~。"吴自牧《梦粱录》卷一〇:"但州府虽有税务之名则
朝家多有~,以便商贾。"

【除非】 chú fēi ❶ 只有。表示唯一条件。唐王梵志《有钱
惜不吃》:"~梦里见,触体更何时?"宋佚名《张协状元》二九出:
"奴今自觉心如絮,饭又那曾吃得,心事~我自知。"清《红楼梦》
三回:"要好时,~从此以后总不许见哭声。" ❷ 除了。表示其后
的人或事物不计算在内。唐白居易《感春》:"~一杯酒,何物更关
身?"《祖堂集》卷一三《招庆和尚》:"问:'师子未乳已前,为什摩众
类同居?'师云:'不惊。'……进曰:'~师子,请和尚道一句。'"明
《禅真后史》三二回:"患者~气绝则已,稍有一丝之气未断,药到
即痊。" ❸ 莫非;多半;或许。表示倾向肯定的推测。明《醒世恒
言》卷一六:"张荩见说,吃了一惊,想道:'~妓家家什么事故?'"
又卷二八:"这也作怪。总来只有只船,那里去了,~落在水里。"
《二刻拍案惊奇》卷一:"大略也值些东西,我家老爷才肯写名字在
上面。~为我家老爷这名字,多值了百来两银子,也不见得。"

【除革】 chú gé 同"革除❶"。《宋史全文·孝宗乾道五
年》:"诸军应有违军律弊事,统兵官特与放罪,差主帅措置,日下
尽行~。"明刘麟《应诏陈言疏》:"若近日多派麂皮、羊毛、平罗等
物,系增非旧,不问灾事,一例~。"清《野叟曝言》四七回:"此山
系宝音下院,贼首宋基每月进奉,小可一概~。"

【除豁】 chú huò ❶ 扣除。宋李诫《营造法式》卷二:"或有
收旧及已造堪就用而不须更改者,并计数,于元料帐内~。"《续资
治通鉴长编·宋神宗熙宁七年》:"布所陈治平财赋,有内藏库钱
九十六万缗,当于收数内~。"《明史·孙交传》:"旧籍多以奏请投
献,数多妄报也;新籍少,以奉命清核,田多~也。" ❷ 免除;豁
免。宋李纲《准省札催诸州军起发大军米奏状》:"其上供之数逐
年并蒙朝廷~,只以实催米数起发。"《元典章·户部二》:"年终打
算只应文册,止依省部定到分例~名数。"明《金瓶梅词话》四七
回:"这苗青是他店里客人,如此般被两个船家拽扯,只望~了他
名字,免提他。"

【除籍】 chú jí 从簿籍上除名。唐沈既济《任氏传》:"征其
由,乃昭应县之御马疲股者,死三岁矣。斯吏不时~,官征其估,
计钱六万。"宋孙觌《与汪左丞书》:"遂触严谴,~为民,投荒万
里。"《元曲选·谢天香》二折:"小人便关节熬,怎生勾~不做娼,
弃贱得为良?"

【除开】 chú kāi 犹"除了"。元陈师凯《书蔡氏传旁通》卷一
上:"通前伏生二十八篇,安国增多二十五篇,及此析出五篇,并小
序一篇,共五十九篇。~小序冠篇首,正五十八篇也。"

【除了】 chú le 表示其后所举的人或事物不计在内。宋《朱
子语类》卷三六:"此事~孔孟,犹是佛老见得些形象。"《元曲选·
金线池》三折:"只~心不志诚,诸餘的所事儿聪明。"清《红楼梦》
六九回:"~平儿,众丫头媳妇无不言三语四,指桑说槐,暗相
讥刺。"

【除灵】 chú líng 人死已葬,除丧日延请僧道追荐,焚烧灵
牌。《唐会要》卷三七:"开元五年左补阙卢履冰上言,准礼父在为
母一周~,三年心表。则天皇后请同父没之服,三年然后始~。"
《说郛》卷一一八引宋洪迈《鬼国记》:"今夕~,故设水陆,做道场

追荐。"明《金瓶梅词话》一六回:"单等五月十五日,妇人请了报恩寺十二众僧人,在家念经~。"

【除落】 chú luò 除掉;抹除。《太平广记》卷二三八引《玉堂闲话》:"准状,付本军~名氏,仍差虞候监截一足讫,送真元寺收管洒泊。"《五代会要》卷一五:"每入阁,皆须赴社祗候,如三度不到,便~名姓。"宋蔡襄《论军贼王伦》:"若能杀贼将来,优与酬奖外,更特与~已前负犯玷累。"

【除免】 chú miǎn 免除(灾厄、官职、税赋等)。《法苑珠林》卷三七:"若欲~,但令忏悔,如语教之,方蒙解脱。"《旧唐书·职官志二》:"凡犯流罪以下,应~官,当未奏身死者,免其追夺。"清于成龙《申严冒灾檄》:"其被灾花户各按原报地亩,照依应蠲份数,将本年粮粮逐名~。"

【除抹】 chú mǒ 除去;摆脱。《元曲选·金线池》三折:"谢你那大尹相公呵,烟花簿上~了姓名。"又四折:"忽传台旨到咱丽春园,则道是~了舞裙歌扇。"

【除破】 chú pò ❶ 破除;除掉;摆脱(羁束)。《法苑珠林》卷九九:"佛已神力~暗障,令其忆念过去世事。"宋张榘《水龙吟·顽雪欺春》:"多谢东君造化,把群阴一朝~。"明庄杲《与竹泉道士》:"自言仙道亦颇佳,老死人间已~。" ❷ 注销;扣除。《旧唐书·宪宗纪上》:"遭水旱处,通计所损,便与~。"《续资治通鉴长编·宋神宗熙宁五年》:"欲令保户代巡检兵级上番日~饮食外,所馀钱粮省令以武艺等第较取。"宋庞籍《上仁宗论宫中所费宜取先朝为则》:"内中须索既多,有司以凭由~,无缘勾较虚实。"

【除去】 chú qù 犹"除了"。清《红楼梦》六五回:"众人听了都诧异,~他还有那一个?"《野叟曝言》九七回:"~江鳖,谁做他的底老?"

【除却】 chú què ❶ 去掉。《敦煌愿文集·般若心经题记愿文》:"谁能读此《金刚》神经者,一日诵五遍,远行来者诵九遍,道路险苦诵三遍,~千劫已来无量重罪。"宋孔平仲《续世说》卷七:"后唐闵帝殂,潞王立。诸军以赏薄怨望,谣曰:'~生菩萨,扶起一条铁。'"明《西游记》三七回:"陛下,你此来是请我徒弟与你去~那妖怪么?" ❷ 除了,表示其后的人或事物不计算在内。《祖堂集》卷一八《仰山和尚》:"雪下之日,仰山置问:'~这个色,还有色也无?'沩山云:'有。'"宋朱敦儒《念奴娇》:"~清风并皓月,脉脉此情谁识?"明《醒世恒言》卷一:"~老娘外,那个该伏侍的?"

【除日】 chú rì 农历年最后一天。《旧唐书·史思明传》:"思明~生,禄山岁日生,及长相善,俱以骁勇闻。"明《二刻拍案惊奇》卷二四:"到了~,清早就起来坐在家里等候。欲要出去寻些过年物事,又恐怕一时错过。"清田雯《馈岁赠殷彦来》:"独殷子彦来,绮情敏思,矜其富才;于~自卯讫酉,饷予杂体诗十五篇。"

【除是】 chú shì ❶ 除非;只有。《大唐三藏取经诗话》一五则:"~法师会飞,方能到彼。"宋《二程遗书》卷二上:"然没有此理,要有此理,~死也。"明佚名《沉醉东风·相思》:"这片心肠有日休,~死方才罢手。" ❷ 除了。明汤显祖《牡丹亭》三二出:"奴家和柳郎幽期,~人不知,鬼都知道。"

【除头】 chú tóu ❶ 扣除头钱。清吴伟业《马草行》:"京营将士导行钱,解户公摊数十千。长官一吏干没,自将私价倩车船。" ❷ 回扣。清李玉《一捧雪》一〇出:"说事体要得~,买古董要得偏手。"△《荡寇志》七三回:"又取了二十两银子赏与马保儿,道:'你取了,不可这里来讨~。'"

【除夜】 chú yè ❶ 农历年最后一夜。唐孟浩然《除夜乐城张少府宅》:"云海访瓯闽,风涛泊岛滨。如何岁~,得见故乡亲。"明《警世通言》卷一五:"今夜~,来早是新年,多吃几杯,做个灵

梦。"清李光地《与魏君璧》:"自客岁重九张家湾解缆,直至~方入里门。" ❷ 指冬至前一日的夜晚。《太平广记》卷三四〇引《通幽录》:"是夕冬至~,卢家方备粢盛之具……冬至方旦,有女巫来坐。"

【除有】 chú yǒu 只有。宋杨亿《后苑赏花应制》:"禁苑定知人未识,朱栏~蝶偷窥。"元魏初《梅坡张君》:"而今西去船头月,~梅坡五字诗。"《前汉书平话》卷下:"关外三王雄兵,~韩信可敌。"

【除折】 chú zhé ❶ 折扣;折合;扣除。《旧唐书·哀帝纪》:"每贯抽除外,以八百五十文为贯,每陌八十五文。如闻坊市之中,多以八十为陌,更有~。"宋张方平《刍荛论·税赋》:"诚依古制,均定壤赋,随地所产,因民所工,省其杂名,专为谷帛~准之。"《续资治通鉴长编·宋神宗元丰六年》:"义所部三千三百四人,~亡失老小外,计获六十九级。" ❷ 抵消;削减。引申指折挫。宋陆游《雨晴游香山》:"平生所期无一遂,独有旷快相~。"王洋《尝新茶》:"人间富贵有~,静中此味真殊绝。"元魏初《石州慢·次高郎中道凝韵》:"千古汗青勋业,几人能是雄杰。麒麟画像当年,转首许多~。" ❸ 削除;除掉。宋真德秀《申枢密院指置沿海事宜状》:"仍将火道窄狭去处斟酌~,以通闭塞为利便。"元吴澄《故承直郎崇江县尹胡侯墓志铭》:"行客居民争先~薪筱,蔽水下,顷刻而尽。"

【除治】 chú zhì ❶ 整治;修理。宋程颐《伊川易传》卷三:"泽上于地为萃聚之象,君子观萃象以~戎器,用戒备于不虞。"元王恽《桑虫叹》:"树根拥圆壤,持锸待掩覆。云是振桑虫,~绝遗育。"明徐一夔《序灌园生》:"既而购得之,~一亩为庐,用其馀地,析而为畦。" ❷ 惩治。宋薛季宣《上张魏公书》:"故为国之深谋,在于常虞疆场之患,~盗贼使之不至于其内讧而已。"元苏天爵《皇元故昭文馆大学士耶律文正公神道碑铭》:"今方遣使,复行赦宥,即与皇上作新政务~奸弊之意不同,故不可肆赦。"

【除做】 chú zuò 任职;担任(官职)。宋元《清平山堂话本·五戒禅师》:"后哲宗登基,取学士回朝,~临安府太守。"明周是脩《保国直言》下篇:"只今~了王国护卫官,这保守的道理当怎地?"

【锄头】 chú tou 除草和松土用的农具。宋《四明续志》卷六:"~一十二柄,锹十二柄。"元王祯《农书》卷一三:"~自有三寸泽,言锄则苗随滋茂。"按,此谚北魏贾思勰《齐民要术》已见引。

【锄子】 chú zi 锄头。《说郛》卷七四引宋沈括《忘怀录》:"附带杂物:小斧子,斫刀,剐药,~。"明《西游记》五九回:"里边走出一个毛儿女,手中提着花篮,肩上担着~。"

【厨房】 chú fáng 做饭菜的屋子。《辽史拾遗》引辽王正《燕山云居寺碑》:"和尚建库堂一座,五间六架;~一座,五间五架。"《元曲选·玉镜台》三折:"~中水陆烹炮珍羞味。"明《西游记》二三回:"这都是仓房、库房、碾房各房,还不曾到那~边哩。"

【厨户】 chú hù ❶ 厨房。唐韦宗卿《隐山六洞记》:"乃作水阁,立凤廊,辟~,到便房。华而不逾,俭而不陋。" ❷ 厨师。明《拍案惊奇》卷一:"里面主人见说海客到了,连忙先发银子,唤~,整办酒席几十桌。"

【厨局】 chú jú 厨房。宋吴自牧《梦粱录》卷一六:"呼客随意索唤,各卓或三样皆不同名,行菜得之,走迎~前,从头念唱,报与当局者。"

【厨娘】 chú niáng 女厨师。《说郛》卷二九引宋洪巽《旸谷漫录》:"守念昔留某官处晚膳,出京都一调羹,极可口。"明史玄《旧京遗事》:"然宋世有~作羊羹,费金无比。今京师近朴,所费才~什之一二耳。"清吴绮《小饮朱西柯四本堂》:"为觅~新样法,

与君重约赌金卮。"

【厨师】 chú shī 以烹调为业的人。《说郛》卷四七引宋廖莹中《江行杂录》："翊旦,～告物料齐,厨娘发行灶,取锅铫盂勺汤盘之属。"△清《三侠剑》四回："将李～的行李交还,叫他再从新点看。"

【厨司】 chú sī ❶ 厨房或厨师。《太平广记》卷一四九引《逸史》："李笑,乃遣～具馔,明日会诸朝客。"宋陈学揆《南宋馆阁录》卷六："除官员直舍并～、翰林司监门职级房存留火烛……其馀去处并不得存留。"明《古今小说》卷一七："密使人打探消息,见～正在忙乱,安排筵席。" ❷ 宋代备办宴席的"四司六局"之一,专掌烹饪事务。宋耐得翁《都城纪胜·四司六局》："官府贵家置四司六局,各有所掌……～专掌打料、批切、烹炮、下食、调和节次。"

【厨头】 chú tóu ❶ 灶头;厨房。唐李商隐《乱石》："不须并碍东西路,哭杀～阮步兵。"宋徐积《宿山馆》之八："～火灭童偷饭,梁上巢空鸟避灯。"明《欢喜冤家》一五回："宋仁立起身,往～取了一对杯箸,排摆在桌上。" ❷ 寺院中司掌厨房的僧人。《大唐三藏取经诗话》一五则："遂入寺中参见知客……次谒主事,又参～。" ❸ 厨师。清《歧路灯》六五回："吴虎山是兄弟吴二山搀着,尚腾云是～张五海搀着。"

【厨头灶脑】 chú tóu zào nǎo 灶前灶后,指烧饭做菜之类的家务。《元曲选·神奴儿》一折："你又多在外,少在家,一应～,都是我照觑。"

【厨屋】 chú wū 厨房。《太平广记》卷三三七引《通幽录》："王生乘势奔逐,直入西北隅～中。"明尹直《謇斋琐缀录》卷八："其邻邑建昌熊家被雷中,堂屋瓦皆如万马踏碎,全揭大门四楹于～上。"清《醒世姻缘传》四九回："你都往～里吃饭去。"

【厨役】 chú yì 司厨的仆役或支应官府差役的厨师。《元曲选·气英布》三折："随何引一扛筵席,四旦扮妓女上。"明陆容《菽园杂记》卷一："酒肴已具,必令人舁入观之;如不佳,典膳～皆受挞辱。"清《歧路灯》二回："轩后厨房,又安置下～邓祥,米面柴薪,调料菜蔬,无不完备。"

【厨子】 chú zi ❶ 厨师。唐张鷟《朝野佥载》卷二："其夜,有～老王夜半起,忽闻有人唤。"明《朴通事谚解》卷中："～你来,疾快做饭。"清《红楼梦》二一回："不想荣国府有一个极不成器破烂酒头～,名唤多官。" ❷ 橱子;橱柜。宋《朱子语类》卷一〇六："于是措置几只～在厅上,分了头项。送讼下来,即与上簿。合索案底,自入一厨;人案已足底,自入一厨。"

chǔ

【处】 chǔ 另见 chù。凑集;筹措;设法。元《前汉书平话》卷上："先教太原魏王～军十万,再与陈豨决战。"明《古今小说》卷二："私下～些银两,分付管家褒夫人替他牢中使用。"《二刻拍案惊奇》卷一一："满生自思囊无半文,空身家去,难以度岁,不若只在外厢行动,寻些生意,且过了年又～。"

【处裁】 chǔ cái 处置裁断;处置安排。宋强至《回绛州薛司勋书》："忽假藩条之宣布,就烦疆事之～。"《元曲选·陈州粜米》四折："他指望着赦来时有～,怎知道赦未来先杀坏。"清《飞龙全传》三〇回："太师有何良策,急与朕～。"

【处断】 chǔ duàn 审理判定。《唐律疏议》卷一一："受有事人财而曲法～者,一尺杖一百,一匹加一等,十五匹绞。"金《刘知

远诸宫调》一二："其时洪父却回言,深感经略不～,思想从前悔万千。"清《儒林外史》二六回："当下～出来,他另分几间房子,在胭脂巷居住。"

【处分】 chǔ fèn ❶ 叮嘱;吩咐。唐白居易《过敷水》："垂鞭欲渡罗敷水,～鸣驺且缓驱。"宋杨万里《晚兴》："～新霜且留菊,辟寒日早开梅。"或用作名词。《元曲选·后庭花》一折："我奉着廉访夫人～,留不到一更将尽,则登时将你来送了三魂。"明《拍案惊奇》卷二九："此奉帅府～,毋忘!" ❷ 教训;责备。《元曲选·窦娥冤》楔子："婆婆,端云孩儿该打呵,看小生面则骂几句;当骂呵,则～几句。"《元曲选外编·西厢记》三本三折："到夫人那里怕坏了他行止,我与姐姐～他一场。"《元曲选·梧桐叶》一折："〔正旦唱〕这词又不道春情子曰诗云,暗伤神,雨泪纷纷,低首无言听～。〔卜儿云〕虽然如此,你是女子,赓和他人词章,是何体面?" ❸ 处罚;惩治。宋苏舜卿《乞用刘石子弟》："臣近到阙,闻王德和以退军及妄奏刘平、石元孙叛逆,朝廷已从军法～。"明卜世臣《刷子序犯·闺情》："把害过相思正本,罚他久跪床边慢～。"清《歧路灯》一〇回："日日到部里,谨慎小心,把我该办的事情赶紧办完,只怕有破绽,惹出～来。"

【处馆】 chǔ guǎn 在私塾或家塾教书。元陶宗仪《辍耕录》卷三〇《白日圜文》："周易痴～讲授,宾主不合。"《元曲选·萧淑兰》二折："但小生在此～,惟守严父之训,读圣人之书。"清《红楼梦》二回："去岁我在金陵,也曾有人荐我到甄府～。"

【处决】 chǔ jué ❶ 处理判定。《新唐书·郑善果传》："善果母崔贤明晓政治,尝坐阁内听善果～。或当理则悦,有不可则引床下责愧之。"宋《五代史平话·周上》："教民间凡有诉讼,必先经由县州及观察使司。如其～不直,乃听诉台省。"清于成龙《上吴抚台论闽疆事宜》："此林鼎、陈德枫二案似当早为～,以绝观望者也。" ❷ 执行死刑。《元曲选·窦娥冤》三折："下官监斩官是也,今日～犯人,着做公的把住巷口,休放往来人闲走。"明朱长祚《玉镜新谭》卷九："该魏忠贤先存冒爵宁国公今问斩已一俟魏良卿。"清《说岳全传》七四回："将各犯押往栖霞岭下岳王坟前～。"

【处理】 chǔ lǐ ❶ 治理;管理。《敦煌变文校注》卷二《庐山远公话》："譬如世间百姓,万户千门,凭何～? 遂乃立期(其)州县,县各列(裂)土分疆。"宋《朱子语类》卷八："圣人与理为一,是恰好。其他以心处这理,却是未熟,要将此心～。" ❷ 处置;办理。《敦煌变文校注》卷三《燕子赋(一)》："今日自能论竞,任他官府～。"《续资治通鉴长编·宋真宗天禧四年》："陈状如已经州县转运司不行者,并即时尽公～。"明海瑞《示府县状不受理》："府州县官,父母也。凡争斗户婚,虽是小节,当为剖分,衣食等项,当为～。"

【处料】 chǔ liào 处置料理。明《金瓶梅词话》一七回："诚恐县中有甚声色,生令小儿另外具银五百两,相烦亲家费心～。"

【处窝】 chǔ wō 怵窝;遇事怯懦,见不得世面。明《金瓶梅词话》二三回："他是恁不是才料～行货子,都不消理他了。"

【处心】 chǔ xīn 存心;有意;故意。清《醒世姻缘传》四三回："别说我不肯养汉,我～待与咱晁家争口气。"又七九回："我～不与他棉裤棉袄的穿,叫他冻冻,我心里喜欢。"

【处斩】 chǔ zhǎn 判罪杀头。《唐大诏令集》卷一二六《处置受贼伪官陈希烈等诏》："达奚珣等一十八人并宜～,陈希烈等七人并赐自尽。"《元曲选·梧桐雨》楔子："安禄山乃失罪边将,例当～。"清《东周列国志》五七回："知情不言,与窝藏反贼一例,全家～。"

【处治】 chǔ zhì ❶ 安排;处理。宋韩琦《录夫人崔氏事迹与

崔殿丞请为行状》:"又治家严明,事无细大,～条理,皆有法度。"金《董解元西厢记》卷一:"生从见了如花,烦恼～不下。"清《说岳全传》二回:"那岳员外在房中见儿子啼哭不止,设法～。"　❷ 处罚;惩办。《法苑珠林》卷三九:"又犯过比丘应须治者,一日两日苦使,或不与语,不与共坐,或摈出一国乃至四国,有佛法～。"《元曲选·货郎旦》四折:"如今拿他来见爷,依律～。"清《醒世姻缘传》六〇回:"我要不替狄家除了这一害,你那软脓匜血的公公汉子,他也没本事～你!"

【处置】chǔ zhì　❶ 处理;安排。用为名词,相当于办法。《太平广记》卷三五八引《玄怪录》:"吾向拒公,盖未有计耳,然试为足下作一～。"宋《朱子语类》卷一四:"若使圣人在上,便自有个～。"明《醒世恒言》卷三八:"急得那许多人就没个～,都走到李清铺前商议。"　❷ 处罚;惩治。唐元稹《招讨镇州制》:"如王庭凑能执首谋为乱,煽动三军者,送付邻道,或就镇州～。"《元曲选·酷寒亭》四折:"你这两个小业种,少不得先结果了他,方才慢慢的～。"明《金瓶梅词话》九八回:"两人计议,如何～他,出我这口气。"　❸ 筹措;备办。明《醒世恒言》卷三六:"即便～了银两,打点起程。"清《红楼梦》一回:"其盘费餐事,弟代为～。"

【杵】chǔ　捅;戳。《元曲选·还牢末》一折:"有一日到衙门中呵,我敢粗棍子～的你腰节碎!"明《西洋记》七三回:"一肚子泄酸气狠,着实伸起手来一～,～到老虎口里去。"

【杵头】chǔ tou　春捣用的木棍,上细下粗。明《西游记》九五回:"仔细迎着看时,见那短棍儿一头壮一头细,却似春碓臼的～模样。"

【楚】chǔ　了结;结清。《元曲选·救孝子》三折:"天那,这冤枉几时申,忧愁甚日～?"明《拍案惊奇》卷一五:"今因主家租钱连年不～,他家日来催小弟退屋,老母忧愁成病。"清《歧路灯》八六回:"而浙抚以宁波军需行伍银两未～,咨部以赴浙报销。"

【楚结】chǔ jié　了结;结清。同义复词。清《歧路灯》三六回:"王中又讨了卖市房文券二纸,自寻主儿,以图～息债。"又五四回:"我与你四两银子,到沈银匠铺定一对银镯子,工价改日打成一齐～。"

chù

【处】chù　另见 chǔ。❶ 方位词,可表中、前、上、下等多种方位,随上下文而定。唐崔曙《送薛据之宋州》:"客～不堪别,异乡应共愁。"张说《酬崔光禄冬日述怀赠答》:"夜魂灯～厌,朝发镜前衰。"宋黄庭坚《清平乐》:"云梦南州逢笑语,心在歌边酒～。"　❷ 表示时间,相当于"……时""……际"。《敦煌变文校注》卷六《欢喜国王缘》:"六宫送～皆垂泪,三殿辞时哭断肠。"宋岳飞《满江红》:"怒发冲冠,凭栏～,潇潇雨歇。"《元曲选外编·西厢记》三本三折:"今日晚妆～比每日较别。"《醒世恒言》卷一〇:"那小厮见父亲病重,心中慌急,那里要吃。再三劝～,方吃了半碗。"　❸ 语气词,相当于"呢""啊"。敦煌词《凤归云》:"倚槛无言垂血泪,阑作(暗祝)三光,万般无奈～,一炉香尽又更添香。"宋杨无咎《玉抱肚》:"见也浑闲,堪嗟～,山遥水远,音书也无个!"元马致远《落梅风·江天暮雪》:"江上晚来堪画～,钓鱼人一蓑归去。"

【搐】chù　❶ 束;抽紧。清《歧路灯》三一回:"小的是错～了别人的带子。"又四四回:"走了大半日,腹中有渐渐空了起来,委实难受。少不得将系腰带儿～了儿～,曳着身子忍饿而行。"　❷ 缩。明冯惟敏《粉蝶儿·李争冬有犯》:"等的你头儿～了,敲的

你盖儿生疼。"清《聊斋俚曲·磨难曲》:"做堂堂一丈夫,那义气不可无,～着头算不的人之数。"《歧路灯》二九回:"把灯点上,只见谭绍闻蹲在墙角里～成一团儿。"

【搐答】chù da　抽答;抽泣。清《聊斋俚曲·慈悲曲》:"见了亲娘泪如麻,又～。"

【触】chù　❶ 到;抵达。唐刘禹锡《山南西道新修驿路记》:"我之提封居右扶风,～剑阁千一百里。"　❷ 抵触;违背。《五灯会元》卷二〇《育王德光禅师》:"唤作竹篦则～,不唤作竹篦则背。"又《玉泉宗琏禅师》:"上堂,拈拄杖云:'唤作拄杖则～,不唤作拄杖则背。'"　❸ 污浊。为"浊"的借字。《祖堂集》卷七《雪峰和尚》:"敬云:'十二时中将何侍奉?'师云:'～食不收。'"宋《慧南语录》:"有一般杜撰衲僧,不识～净。"　❹ 借为"搐",退缩。明《西洋记》二五回:"道犹未了,那九口飞刀看见天师,齐齐的望后一～。"又七二回:"只苦了个头,搅了一鞭,打得个颈脖子只是一～。"

【触鼻】chù bí　刺鼻。宋张耒《和立之消梅》:"我衰病齿不能酸,微香～舌生绿。"元陶宗仪《辍耕录》卷一七:"若伪作者,热摩手心以擦之,铜腥～可畏。"清《醒世姻缘传》四九回:"青光当的搽着一脸粉,头上擦着那绵种油～子的熏人。"

【触拨】chù bō　❶ 撞击或拱动;拨弄。唐韩偓《闲居》:"厌闻趋竞喜闲居,自种芜菁亦自锄。麋鹿跳梁忧～,鹰鹯搏击恐粗疏。"宋张耒《南征赋》:"破陇亩而溢流兮,石险狠而当道;岂舟人之肃洽兮,艇～而欲倒。"张侃《红梅》:"卯酒醺酣红玉软,春风～瑞龙香。"　❷ 撩拨;引惹。宋洪咨夔《南乡子》:"心事欲言言不尽,沉沉,乳燕雏莺～人。"金元好问《别纬文兄》:"行期几日休相问,～羁愁恐不禁。"清汪琬《河亭五首》之五:"岁岁春风相～,老夫那减少年狂。"

【触处】chù chù　到处;处处。《敦煌变文校注》卷一《伍子胥变文》:"空中闻娘子打纱之声,～寻声访觅。"宋《朱子语类》卷二六:"物格、知至,则自然领会得这个道理,～皆是这个道理,无不理会得。"明《欢喜冤家》二四回:"九月江南,～金风散锦;一时木落,满林玉树淡妆。"

【触莽】chù mǎng　莽撞。明《禅真后史》四回:"奈何一辈的人暗中排挤,上前嫌～,后退憎懦弱。"

【触抹】chù mǒ　擦碰。元仇州判《阳春曲·和酸斋金莲》:"窄弓弓怕立苍苔冷,小颗颗宜踏软地儿行,风帏中～着把人蹬。"《元曲选外编·单刀会》二折:"我则怕刀尖儿～轻薄了你,树叶儿提防打破我头。"

【触恼】chù nǎo　触怒;惹恼。《太平广记》卷一一一引《广异记》:"念诵之时,必有异类谲诡之状来相～。"明《西游记》五六回:"～了性子,一差二误,将你打死了,尽你到那里去告,我老孙实是不怕。"清孔尚任《桃花扇》一七出:"管烟花要津,～他风狂雨迅,准备着桃伤柳损。"

【触逆】chù nì　触犯违逆。明杨一清《题为急大本以图治安以尽修省事》:"依阿洟涊,苟度岁年,纵能免～之罪于一时,岂能逃误国之罪于他日乎!"清《红楼梦》九回:"总恃着上有贾珍溺爱,下有贾蓉匡助,因此族人中谁敢来～于他。"

【触怒】chù nù　触犯使恼怒。宋欧阳修《为君难论下》:"谀言顺意而易悦,直言逆耳而～。"元明《三国演义》五一回:"吾见公瑾病疮,医者言勿～。"清宋荦《荐彭令详文》:"不畏强御,常～乎旗人;保全善良,绝不侮乎矜寡。"

【触器】chù qì　❶ 不洁之器。《祖堂集》卷一《弥遮迦尊者》:"众中有一人,名波须密,欲求出家。尔时提多迦尊者曰:'……汝可出家,舍除～,合证圣果。'时婆须密弃其酒器,合掌作

礼。"按，"酒"疑应作"洒"，洗除不洁之意。《五灯会元》卷一《弥遮迦》："乃入城，于阛阓间有一人手持酒器，逆而问曰：'师何方而来，欲往何所？'师曰：'从自心来，欲往无处。'曰：'识我手中物否？'师曰：'此是～而负净者。'"❷指便桶。宋洪迈《夷坚志》辛卷五："以盐半匕和壳捣碎，置病者脐下一寸三分，用宽帛紧系之，仍办～以须其通。"元虞集《铁牛禅师塔铭》："师取～，于屏处危坐其上。"

【触热】 chù rè ❶冒热；受热。唐贾岛《纪汤泉》："再来池上游，～三伏时。"宋陈师道《次韵晁无斁夏雨》："思君得老瘦，～生积痾。"清《隋唐演义》六六回："二卿有何事，～而至。"❷比喻受势焰煎迫。《元曲选·谢天香》一折："我去这～也似官人行将礼数使，若是轻咳嗽便有官司。"

【触伤】 chù shāng ❶损伤；伤害。宋陈自明《妇人大全良方》卷一八："慎不得恃身体和平，取次为之，乃纵心恣意，无所不为。若有～，便难整理。"明艾儒略《职方外纪》卷四："男女皆垂耳环，若～其耳及环，则为大辱。"清《野叟曝言》二〇回："奴系将死之人，满口臭秽，若～了相公怎么处呢？"❷冒犯；得罪。明《西游记》三六回："不知是那世里～天地，教我今生常遇不良人。"清《后红楼梦》一三回："这三件事，件件～着舅太爷，好等他嫌弃我。"

【触事】 chù shì 事事；样样。唐方干《赠东溪贫道》："非唯剑鹤独难留，～皆闻被债收。"宋范成大《西原蛮》："比来邕州经费匮阙，～废弛，但存羸卒数百人。"

【触损】 chù sǔn 犹"触伤❶"。唐孙思邈《备急千金要方》卷七一："姑与共语，觉难与语，不受人，即不须与疗。终有～，病既不瘥，乃劳而无功也。"明祝允明《与连博士劝勿食牛饮水书》："卤且贱者，习俗苟忽，或易于是。若夫大夫君子，爱亲身过珠玉者可从之耶？……又况玉体素有微疴易于～者耶！"明汤显祖《牡丹亭》一六出："因何瘦坏了玉娉婷，你怎生～了他矫情性？"

【触桶】 chù tǒng 便桶。明《清平山堂话本·戒指儿记》："那尼姑坐在～上，道：'小姐，你明日同奶奶到我小庵觑一觑，如何？'"

【触污】 chù wū 污染；玷污。五代尉迟偓《中朝故事》："婢曰：'娘子将欲产，卧之。夕闻空中有语曰：汝须出观外，毋～吾清境。'"明王慎中《满庭芳·咏小院芙蓉》："纷纷池馆地，遮蹊倚径，笑日披风。醉心与淫眼，～仙丰。"清《说岳全传》一回："只因寒荆产了一子，恐不洁净，～了师父。"

【触眼】 chù yǎn ❶入目；刺眼。《法苑珠林》卷一六："亦见流俗子，～致酸伤。"宋黄庭坚《次韵文潜立春日三绝句》之三："江山也似随春动，花柳真成～新。"明薛蕙《雪霁》："世路收身真稳在，年光～可怜生。"❷满眼；充满视野。《元曲选·冤家债主》一折："每日向花门柳户，舞榭歌台，铅华～，酒肉堆颜。"明蔡清《易经蒙引》卷九上："圣人因见天地间～皆易，然要之无过阴阳消息两端而已。"王世贞《赠无住道人徐孟儒》："有住暗室中，～不见物。"❸显眼；惹人注目。明《警世通言》卷二二："刘公即时写个寻婿的招贴，黏于沿江市镇墙壁～之处。"

【触痒】 chù yǎng 触及身体敏感部位而发痒失笑。清《红楼梦》一九回："黛玉素性～不禁，宝玉两手伸来乱挠，便笑得喘不过气来。"《九云记》三二回："狄娘笑的气喘不过来，道：'好姐姐，快放手罢，～杀我了！'"

【触衣】 chù yī 内裤。《五灯会元》卷一二《光孝慧兰禅师》："尝以～书七佛名，丛林称为兰布裈。"明朱橚《普济方》卷二五四："右用故汗衣或～者，着在上身多时，久遭汗渍者佳；用～，久着上

身内衣也。"李时珍《本草纲目》卷三八："裈裆，释名：裈、犊鼻、～、小衣。"

chuāi

【揣】 chuāi 另见 chuài。❶塞；掖。《元曲选·谇范叔》四折："这东西，去年时你备的，我与你～在怀里。"明《朴通事谚解》卷下："不妨事，我靴靿里～将去。"❷含藏；怀有(身孕、心事等)。《元曲选·救风尘》四折："〔周舍云〕将马来，我赶将他去。〔小二云〕马～驹了。"明《醒世恒言》卷一二："琴娘见问，且惊且喜，～着羞脸，道个万福。"薛godsend道《山坡羊·财》："贪财，朝朝鬼病～；轻财，时时笑脸开。"❸强加(罪名之类)。《元曲选·留鞋记》三折："我只道开封府要勾谁，元来题着王月英单唤咱。你没来由～与我个罪名儿，敢不是耍。"又《灰阑记》一折："他道我会支吾对面舌头强，不争将滥名儿～在我跟前。"❹摸；按压。明《西游记》三四回："都去地下乱摸，草里胡寻，吞袖子，～腰间，那里得有？"❺揣歪；不正派，不讲理。清《聊斋俚曲·姑妇曲》："看这一样～东西，不宜量好说只宜量捶。"

【揣巴】 chuāi ba 塞。引申指胡乱地吃。巴，词缀。《元曲选·燕青博鱼》一折："我～些残汤剩水，打叠起浪酒闲茶。"

【揣抹】 chuāi mō 同"揣摩"。《元典章·刑部三》："将男妇福怜用言调戏，及～手足，贪夜摇撼房门。"

【揣摸】 chuāi mō 另见 chuài mō。同"揣摩"。《元曲选·黑旋风》一折："恰便似那烟熏的子路，墨染的金刚。休道是白日里，夜晚间～你呵，也不是个好人。"《元典章·户部四》："至元六年十月三十日四更前有佃男傅天寿将哇哥～，不曾成奸。"明佚名《朱履曲·偷期》："我～他主腰儿低，恰才云雨罢裈裆儿上湿。"

【揣摩】 chuāi mó 另见 chuài mó。摸；触摸。清《醒世姻缘传》二〇回："春莺跟了老娘婆进去，凭他～了一顿，又替他诊了两手的脉出来。"

【揣歪】 chuāi wāi ❶掉歪；动不正派心思或使不正当手段。明冯惟敏《黄莺儿·仙台春酌之四》："终朝走尘埃，笑他行心性呆，眼睁睁多少成和败。学时人～，替别人守财。"又《朝天子·感述》："～，使乖，枉自把心田坏。"清《聊斋俚曲·磨难曲》："实对你说我从此也么来，生平全不会～。"❷装腔作态。明冯惟敏《朝天子·喜客相访》："雅意相投，诚心款待，酒瓶干还去买。你也休～，俺也休小哉，终有个朋情在。"

【揣歪捏怪】 chuāi wāi niē guài 动用不正派的心术和手段。《元曲选·陈州粜米》楔子："俺两个全仗俺父亲的虎威，拿粗挟细，～，帮闲钻懒，放刁撒泼，那一个不知我的名儿。"《孤本元明杂剧·拔宅飞升》楔子："小道是这紫霄观的一个观主，自小里偷东摸西，～。"

【捼】 chuāi 同"揣(chuāi)❶"。引申指除去、拿掉。宋元《警世通言》卷三七："那焦吉怀里和鞘～着一把尖长靶短背厚刃薄八字尖刀。"《元曲选·青衫泪》一折："俺娘吃不的荤腥教酒肉～，待觅厌饫的新黄菜？"

chuǎi

【揣骨】 chuǎi gǔ 一种卜术，通过摸骨骼为人算命。唐康骈《剧谈录》卷上："开成中，有龙复本者，无目，善听声～。"宋佚名

《张协状元》四出："君子还是合婚选日，～听声，打瓦钻龟，发课算命？"明谢肇淛《五杂组》卷六："今江湖方外尚有传捵骨相者，如正统间虎丘半塘寺僧，两目俱盲，～无不奇中。"

【揣合】　chuǎi hé　揣摩迎合。《新唐书·宋璟传》："此古所以慎赦也，恐议者直以月蚀修刑、日蚀修德或言分野之变，冀有～。"宋郑刚中《蒋持志墓志铭》："学者为进取所累，～俯仰，苟且求售。"清《儒林外史》五五回："就是那贫贱儒生，又不过做的是～逢迎的考校。"

【揣己】　chuǎi jǐ　掂量自己。唐韩愈《上考功周虞部书》："是以劳思长怀，中夜起坐，度时～，废然而返。"宋强至《代谢赐诏及汤药表》："拜嘉虽荷于深恩，～难胜于大任。"明《拍案惊奇》卷二九："他是受憎嫌惯的，也自～，只得凭人主张，默默坐下了。"

【揣量】　chuǎi liáng　忖量；估量。唐陆贽《銮驾幸还宫阙论发日状》："臣虽暗钝，亦窃～。岂不知元恶初平，餘氛未殄。"明《警世通言》卷三："老夫不自～，要考子瞻一考。"李梅实《精忠旗》一五出："况兵家胜负难～，幸两国俱免刀枪。"

【揣料】　chuǎi liào　推测；估量。宋朱熹《伊洛渊源录》卷六："考索至者如～于物，约见仿佛耳，能无差乎？"明王玉峰《焚香记》一六出："思着千山万水，音稀信杳，踪迹茫茫难～。"《二刻拍案惊奇》卷三："（权翰林）～自己年纪不多，面庞娇嫩，身材琐小，傍人看不出他是官，假说是个游学秀才。"

【揣摸】　chuǎi mō　另见 chuāi mō。同"揣（chuài）摩❷"。宋魏了翁《应诏封事》："君臣势隔，中外情疏，脱有凭怙恩宠、～意向、假托声势者，陛下焉得而察之？"明王守仁《传习录》上："又有一种，茫茫荡荡，悬空去思索，全不肯着实躬行，也只是个～影响，所以必说一个行方才知得真。"清《绿野仙踪》七一回："绕道奔山西大路，使阎年家～不着，追赶无地。"

【揣摹】　chuǎi mó　❶同"揣（chuài）摩❶"。清魏裔介《封中书舍人句山张府君墓志铭》："余于举业～，备极苦心矣。"《隋唐演义》五九回："秦王写了出来，大家正在那里～，只见宇文昭仪走到面前。"　❷同"揣（chuài）摩❷"。宋李如篪《东园丛说》卷下："张坰岂能进切直之言，不过～人意耳。"明沈德符《万历野获编》卷二○："况频议庙制，～迎合，既不得售，再出此险计，一旦诛死，天下不以为冤。"

【揣摩】　chuǎi mó　另见 chuāi mó。❶研究；琢磨；推求。唐张渔思《河东记》："洞玄出还丹秘示之，无为相与～。更终二三年，修行备至。"明《古今小说》卷一○："画得丰采如生，怀中抱着婴儿，一只手指着地下。～了半晌，全然不解。"清《聊斋志异·阿宝》："生信之，昼夜～，制成七艺。"　❷揣度；估量；推测。宋夏竦《颍州到任谢上表》："臣潜计密谋，周旋于兵要，耻捷给之口吻以～上心。"《元曲选·曲江池》四折："俺也曾几番家心中～，莫不是梦里南柯。"明《二刻拍案惊奇》卷二○："仵作～了意旨，将无作有，多报的是拳殴脚踢致命伤痕。"

【揣拟】　chuǎi nǐ　揣度；推测。明罗洪先《刘晴川公六十序》："及其既衰，～之见不效，他愿之私横生。"清秦蕙田《五礼通考》卷七二："经传以下，人各执一说，皆～无当。"《荡寇志》一一四回："问众人时，所见皆同，大家都～不出。"

【揣占】　chuǎi zhān　预测；占断。宋王偁《东都事略》卷四六："昺因进《耒耜岁占》三卷，皆田父岁月于畎亩间～得雨泽丰凶之兆。"

chuài

【揣】　chuài　另见 chuāi。❶扯；拽。《元曲选·䜣范叔》二

折："左右，～那匹夫过来！"明《警世通言》卷一五："知县喝道：'我限你十日内赔补，那等得你缉访！'叫左右：'～下去打！'"　❷强塞给人吃。清《醒世姻缘传》七八回："每遭拿着老米饭、豆腐汤，气死百辣的～人。"

【踹】　chuài　❶同"揣（chuài）❶"。《元曲选·李逵负荆》四折："小偻儸，将李山儿～下聚义堂，斩首报来！"　❷踩；踏。《类说》卷四九引《卢氏杂说》："吴道子访僧，僧不加礼，遂于壁上画驴而去，一夜家具并～破。"《元曲选·老生儿》三折："你也再休～我刘门，我今也靠不着你个张郎。"清《红楼梦》二四回："那秋纹碧痕正对抱怨，你湿了我的裙子，那个又说你～了我的鞋。"　❸引申指穿（鞋袜）。元明本《梅花百咏（七律）》之六一："自是蓬壶陆地神，黄云～袜访溪真。"清《豆棚闲话》四则："身穿敝衣，足～草履。"　❹行；走。六十种曲本《琵琶记》三出："你那得知我吃小姐苦哩，并不许我半步胡～。"明《禅真逸史》三二回："你女儿家胡行乱～，惹出怨愆祸来！"　❺查访；踏勘。引申指知晓。明《二刻拍案惊奇》卷四："史应、魏能此番～知了实地，是长是短，来禀明了谢廉使。"《型世言》三六回："只青天白日，府里失盗，外贼从何得来？这还在左右前后～。"清《醒世姻缘传》九六回："那人不是善茬儿。人不中敬，屈不中弄。只怕～惯你的性儿，倒回来欺侮你。"　❻踢；蹬。清《隋唐演义》一二回："他轻身一纵，飞仙～，双脚挂面落将下来。"《红楼梦》一一一回："正要～门进去，因听外面有人进来追赶，所以贼众上房。"

【踹踱】　chuài duó　蹒跚行走。清《豆棚闲话》七则："一个个奋鬣张威，都在山头撼天振地，望着坡下一队队～而来。"

【踹狗尾】　chuài gǒu wěi　跟在别人后面占便宜。清《醒世姻缘传》七二回："这些街邻光棍不怕他还似往常臭硬撒泼，～，拿鹅头，往上平走。"

【踹浑水】　chuài hún shuǐ　勾搭与人有奸情的妇女。明《型世言》二八回："只这贼秃见援引来得多，不免拣精拣肥；欲心炽，不免不存形迹。那同寺的徒弟徒孙，不免思量～，捉头儿。"《西湖二集》卷三三："有个江虎棍，一向看上这刘妇人，又见此妇与罗长官通奸，屡屡要来～，此妇再三不从。"

【踹践】　chuài jiàn　践踏；折磨凌辱。清《醒世姻缘传》九五回："你不十分作孽，我也不～你，可也不尊敬你。"

【踹看】　chuài kàn　踏看；实地察看。清玄烨《亲征朔漠纪略》："臣等遵旨至欧德哈尔哈～踪迹，知贼未过此处。"《红楼梦》一○二回："带了好几个家人，手内持着器械，到园～动静。"

【踹盘】　chuài pán　（盗贼）踏看作案地点。清于成龙《弭盗安民条约》："专有一等积盗，将打劫之物开张赌场，暗行～踏线。"

【踹踏】　chuài tà　践踏；蹧蹋。清《隋唐演义》一三回："恐公子膏粱之气，～百姓田苗，故戒下守门官，不许公子出帅府。"《万花楼》一二回："痛得极了，滚来滚去，叫跳不出来，又复狠狠～几脚。"

【踹探】　chuài tàn　踏看；打探。清阿桂《平定两金川方略》卷三八："计造竣之后，滇兵正可全到，～亦得确实。"《豆棚闲话》七则："商量停当，即便分头仔细～。"

【踹听】　chuài tīng　踏看打听。清《豆棚闲话》九则："凡有举动，必先从发脚处～着实。"

【踹营】　chuài yíng　冲杀敌人营寨。清《说岳全传》一三回："昭丰镇王贵染病，牟驼冈宗泽～。"《说唐》六○回："罗成本欲～，拿捉定方，因腿上疼痛，不便再杀上去，只得回营缴令。"

【嘬】　chuài　另见 zuō。咬；嚼。引申指讲求（文句）。明朱载堉《六娘子·天不均》："生在马桶前，满口～臭文。"

【闣】 chuài ❶ 折磨;折腾。《元曲选外编·东墙记》三折:"闷昏昏眼倦开,困腾腾鸳枕挨,怎～思量的无聊赖,几时得云雨阳台?" ❷ 挣;赚。元明《水浒传》一〇回:"如今我抬举你去替那老军来守天王堂,你在那里～几贯盘缠。"

【闣阩】 chuài zhèng ❶ 勉力支撑。明《西洋记》一二回:"天师又是强～说道:'今番和尚出神,曾在那里游览来?'" ❷ 要强;玩命。明单本《蕉帕记》七出:"你若见了他,须～,拣不得这搭和那搭。"清《金云翘传》六回:"灌了移时,翠翘方醒,道:'爹,你不肯签押,灌我活来何用?'王员外道:'儿,我画我画,一家人都画就是。儿好～!'"

chuān

【川】 chuān 平地;原野。《敦煌变文校注》卷一《伍子胥变文》:"～中忽遇一家,遂叩门乞食。"宋程颢《春日偶成》:"云淡风轻近午天,傍花随柳过前～。"元明《水浒传》二三回:"景阳冈头风正狂,万里阴云霾日光。焰焰满～枫叶赤,纷纷遍地草芽黄。"

【川程】 chuān chéng ❶ 水路。唐刘长卿《送丘为赴上都》:"楚思愁暮多,～带潮急。"宋梅尧臣《送宁国军宰崔寺丞移临安》:"六月畏岭险,乃陟～迁。"明黎民表《过仪真访谭子羽留酌江霞馆》:"留滞周南久,～倚棹迟。" ❷ 泛指旅程。清毛奇龄《送客之天台是时海上方用兵》:"仙山天外路,竹盖岭头云。楚雨迷初歇,～去不兮。"查慎行《点绛唇·乙未寒食铅山道中遇雨》:"行过～,篮舆轧轧穿林去。乱鸦啼处,云湿梨花雨。"

【川堂】 chuān táng 即"穿堂"。明王樵《南都官舍》:"正厅或七间或五间,有夹室以燕息,有～以退居。"《型世言》二〇回:"只见那主事脸色一变,吃了一钟茶就回。坐在～,好生不快。"清《儒林外史》四回:"萧云仙迎入～,作揖请坐。"

【川原】 chuān yuán 平原;原野。唐王梵志《暂出门前观》:"暂出门前观,～多故冢。"宋司马光《涑水纪闻》卷一二:"陕西四路,唯泾原一路所寄尤重,盖～平阔,贼路最多。"明明秀《日暮》:"西阁日将夕,～生暮烟。"

【穿】 chuān 另见 chuàn。把衣帽鞋袜等套在身上。唐康骈《剧谈录》卷上:"有三鬟女子,年可十七八,衣装蓝缕,～木屐。"明《老乞大谚解》卷下:"～靴时,春间～皂麂皮靴。"清李玉《清忠谱》二折:"头戴七曲缨冠,身～大红蟒袍。"

【穿扮】 chuān bàn 穿戴装扮。明马欢《瀛涯胜览·苏门答剌国》:"其国风俗淳厚,言语婚丧并男妇～衣服等事,皆与满剌加国相同。"《警世通言》卷二:"～的紫衣玄冠,绣带朱履。"清《隋唐演义》五六回:"(花木兰)忙在房中,把父亲的盔甲行头～起来。"

【穿鼻】 chuān bí 以环索穿牛鼻以驭牛,比喻操纵控制。《旧五代史·梁书·末帝纪上》:"梁王不达时机,听人～。"宋《五代史平话·唐上》:"天子愚暗痴呆,与人穿着鼻,成个甚么朝廷!"清《歧路灯》二四回:"大凡人走正经路,心里是常有主意的;一人下流,心里便东倒西歪,随人～。"

【穿插】 chuān chā ❶ 穿戴;打扮。插,指插戴首饰。《元曲选·黑旋风》二折:"那一个妇人叠坐着鞍儿把身体趄,那一个乔才横揣着鞭儿～的别。"明汤显祖《牡丹亭》一〇出:"停半晌,整花钿,没揣菱花,偷人半面,迤逗的彩云偏。〔行介〕步香闺怎便把全身现!〔贴〕今日～的好。" ❷ 贯通插入;交叉结合。明张岱《陶庵梦忆》卷四:"球着足,浑身旋滚,一似粘毡有胶,提掇有线,～有孔者,人人叫绝。"清阿桂《平定两金川方略》卷一一〇:"时已昏黑,令暂歇息,而乌什哈达等又将竖栅木植～斗合之处。"《授时通考》卷四〇:"横木～碓头,足踏其末而舂之。" ❸ 穿越;钻进钻出。清《野叟曝言》七二回:"飞娘应诺,领着素臣在原石罅树丛中～而下。" ❹ (情节、言语等)照应安排。《说郛》卷八六引宋欧阳询《书法》:"～,字画交错者,欲其疏密长短大小匀停。"明《禅真后史》四四回:"将下心泉带出外厢,悄地与潘鹿把言语～定了,然后带二人往县中来。"清阎若璩《尚书古文疏证》卷六下:"上文叙出昭王为武王异母弟来,异母弟同母弟前后～,映带本文异父弟同父弟,真如花似火之笔矣。"

【穿带】 chuān dài ❶ 同"穿戴❶"。明杨一清《关中奏议》卷一三:"南北沟内突出伏兵三四百骑,～红黄盔甲,两面夹攻。"《拍案惊奇》卷二〇:"刘元普那里肯从,便亲手将新郎衣巾与他～了。"清《绿野仙踪》八〇回:"蕙娘早准备着相见,就～了周珏送的衣服首饰,打扮的粉妆玉琢。" ❷ 指穿甲戴盔从事征战。宋李石《营田疏》:"诚使有司稍借其费,又搜汰兵之老弱不任～者,募游手之闲民杂耕于其地。"

【穿戴】 chuān dài ❶ 穿和戴(衣服首饰等)。《元曲选·举案齐眉》二折:"依着我呵,去了衣服头面,～布袄荆钗。"明杨继盛《赴义前一夕遗属》:"衣服首饰休～十分好的。你嫂嫂见了,心里便有几分不耐烦。"清《红楼梦》六九回:"于是赶忙将衣服首饰～齐整,上炕躺下了。" ❷ 穿戴的衣服首饰或打扮成的样子。清《飞龙全传》四一回:"他人物～以及鞍马均不同人,决不是个等闲之士。"《说唐》二七回:"众人见他这般～,大家希奇起来。"

【穿度】 chuān dù 穿越;通过。唐罗隐《比红儿诗》之三四:"浸草漂花绕槛香,最怜一乐营墙。"宋黄震《抚州崇仁县黄洲桥记》:"水如天落,衮衮东注餘百里,～崇仁南北两市间。"清《野叟曝言》一〇八回:"沿宫墙俱有堆拨,两人悄悄～,到得墙边。"

【穿贯】 chuān guàn 贯穿;穿通。唐李华《杭州开元寺新塔碑》:"三年毕事。乙栗结亿,～颢气。晃煽景象,烘若熔金。"宋陆游《家世旧闻》卷下:"是玉柈也,小窍盖～金珠处。"元王仲元《普天乐·离情》:"惹肚牵肠相～,上心来痛似锥剜。"

【穿花问柳】 chuān huā wèn liǔ 指嫖妓或勾引妇女。清《娱目醒心编》七卷一回:"家中有妻有妾,犹为未足,专在外边做些～的勾当。"

【穿连】 chuān lián 另见 chuàn lián。贯穿连接。唐易静《兵要望江南·占云》:"云似虎,或若豹行形。及似～长匹绢,暴师入境却偷营。"宋魏了翁《仪礼要义》卷三六:"以綦屦系既结,有餘组～两屦之约,使两足不相悖离。"元明《三国演义》五九回:"曹仁引军夹河立寨,将粮草车辆～,以为屏障。"

【穿堂】 chuān táng 两个院落之间可穿行的房间。明倪岳《新建督储北馆记》:"为仪门,为前堂,各三楹,俱南向,后为～,为寝室,为庖湢之舍。"清《红楼梦》一二回:"晚上起了更你来,悄悄的在西边～儿等我。"

【穿孝】 chuān xiào 穿孝服。《元曲选·罗李郎》二折:"似你这血气方刚怎便夭,倒叫我衰老子为儿～。"元明《水浒传》容与堂本四五回:"只见那妇人从楼上下来,不敢十分～重。"按,别本作"穿重孝"。清《醒世姻缘传》二〇回:"前日爷出殡时既然没来～,这小口越发不敢劳动。"

【穿扎】 chuān zā ❶ 穿插扎缚。清《后水浒传》七回:"这公子家姬妾甚多,珠翠广有,往时俱是东京～了寄来。"《隋唐演义》三〇回:"前日承夫人差宫人来候问,又承见惠花钿,～得甚巧。" ❷ 穿戴扎缚。清《隋唐演义》五二回:"徐惠嫄似飞下马来,向秦王

接了，～停当。"

【穿张】 chuān zhāng　犹"穿着❸"。《孤本元明杂剧·东平府》三折："我如今变了姓名，改了～。"

【穿针】 chuān zhēn　农历七月七日，民间有穿针乞巧的风俗，故以"穿针"指七夕。明施绍莘《好事近·除夕》："早秋来至，听庭梧一叶飘，恰～过了。"《拍案惊奇》卷三四："不觉已是～过期，又值七月半盂兰盆大斋时节。"

【穿着】 chuān zhuó　❶ 穿戴。动词。宋程俱《二月二十日实封奏》："右足不能屈伸步趋拜起，至于执持食器，～衣裳，卷舒纸札，无不须人。"金《刘知远诸宫调》二："李洪义笋剥知远身上衣服，与布衫布裤～了，使交看桃园去。"明《古今小说》卷五："钦赐袍笏官带，马周～了，谢恩而出。"　❷ 装束；打扮。元睢景臣《哨遍·高祖还乡》："更几个多娇女，一般～，一样妆梳。"元明《水浒传》一七回："制使也休这般扮扮，只照依小人这里近村庄家～。"明《醒世恒言》卷一："那萧雅是老实人家，不以～为事。"　❸ 指衣物服饰。名词。《元曲选·誶范叔》一折："但有些好～、好靴脚，出来的苦眼铺眉，一个个纳胯挪腰。"明王九思《寨儿令·雨中偶成四首》之二："有咬嚼，有，旧房儿几间修盖的好。"《警世通言》卷三二："公子在院中嫖得衣衫蓝缕，银子到手，未免在解库中取赎几件～。""着"亦作"著"。《大宋宣和遗事》前集："将龙衣卸却，把一领皂褙～。"

chuán

【传】 chuán　❶ 闻；听。唐杜甫《峡口》："雨声～两夜，寒事飒高秋。"高适《自淇涉黄河》："我行倦风湍，辍棹将问津。空～歌瓠子，感慨独愁人。"　❷ 临摹；描画。唐杜甫《杨监又出画鹰十二扇》："明公出此图，无乃～其状。"宋张师正《括异志》卷八："黄遵者，家兴国军，性疏放，颇知书而能丹青，善～人之形神。"明《西游记》一〇回："朕欲召巧手丹青，～二将军真容贴于门上。"　❸ 传呼；召唤。明孙传庭《报宝郹剿抚捷功疏》："希即～齐官兵，先量发马步各兵若干。"清洪昇《长生殿》一七出："昨奉王爷将令，～集我等，只得齐至帐前伺候。"《儒林外史》六回："大老爹在厅上嚷成一片声，叫四斗子快～吹打的。"　❹ 传递；递送。五代顾夐《浣溪沙》之四："青鸟不来～锦字，瑶姬何处锁兰房？"明《西游记》九回："行令猜拳频递盏，折牌道字漫～钟。"清李清馥《关中理学渊源考》卷七一："家无臧获，妻自炊，子自～茶饭供客。"

【传板】 chuán bǎn　❶ 云形木板，悬门边或堂上，有事通报时敲击。明《醒世恒言》卷二九："不料是日还在眠床上，外面就～进来，报'山西理刑赵爷宇取入京，已至河下'。"清《东周列国志》一五回："高俣正在款客，忽闻上～，报说外厢举火。"　❷ 寺院饭堂所悬鱼形木柝，开饭时敲击以通知僧众。清《儒林外史》五五回："见和尚～上堂吃斋，他便也捧着一个钵，站在那里，随堂吃饭。"

【传梆】 chuán bāng　犹"传板❶"。明《二刻拍案惊奇》卷四："纪老三没处躲闪，只得跟了两个公人到按察司里来。～禀知谢廉使。"清《醒世姻缘传》七回："衙门上～，递进一角兵备道的文书来。"

【传报】 chuán bào　传达通报。唐王建《宫词》之一九："～所司分蜡烛，监开金锁放人归。"《辽史·耶律安图传》："安图诈以鲁呼死，～军中，皆以为信。"清洪昇《长生殿》二二出："内侍每不要，待朕悄悄前去。"

【传布】 chuán bù　传播；广泛散布。唐刘禹锡《彭阳唱和集引》："重酬累赠，体备今古，好事者多～之。"明郑晓《今言》卷四："凡我同心，并宜响应，～边镇。"清《醒世姻缘传》四二回："这侯小槐得了横财的名望～四邻。"

【传槽病】 chuán cáo bìng　同槽牲口相互传染的疾病，用为詈语，指用情不专。元关汉卿《调风月》三折："我是你心头病，你是我眼内钉，都是那等不贤慧的婆娘～。"《元曲选·鸳鸯被》三折："如今这秀才家，一个个害～。"明冯惟敏《朝天子·嘲谐》："叫着又不应，骂着又不听，治不了～。"

【传达】 chuán dá　传递送达。宋洪迈《容斋三笔》卷一〇："臣无由可与内臣相闻知，惟御药是学士院承受文字，寻常只是公家文书～，今则不可。"元马祖常《州判张君去思记》："然后严捕盗以警其未警者焉，修驿邮以～文书焉。"六十种曲本《琵琶记》一六出："黄门已将我奏章～，未知圣意允否。"

【传答】 chuán dá　传达；通报。明《西游记》二一回："累烦你老人家替我～～，我是东土大唐驾下御弟三藏法师的徒弟。"

【传单】 chuán dān　通知单。清孔尚任《桃花扇》一二出："下官与阮圆海虽罢闲流寓，都有～，只得早到。"《儒林外史》一八回："外边一个小厮送将一个～来。"

【传道】 chuán dào　犹"喝道❶"。明《金瓶梅词话》七〇回："须臾三队牌儿马过毕，只闻一片喝声传来，那～者都是金吾卫士，直场牌军。"

【传递】 chuán dì　❶ 传接递送。《宋史·选举志二》："入试日，一切不许～。"元明《三国演义》一一九回："主公软监诸将在内，水食不便，可令一人往来～。"明汤显祖《牡丹亭》一二出："报道官厨饭熟，且去～茶汤。"　❷ 传达；传送表达。明《古今小说》卷二三："远觑近观，只在双眸～；揎肩擦背，全凭健足跟随。"△《孽海花》三〇回："表面上彼此只说了一句话，但四目相视，你来我往，不知～了多少说不出的衷肠。"　❸ 特指官场、考场私下传送贿金、题目等。清《平山冷燕》三回："十岁女子善作诗文，定是代笔～。"《八洞天·正交情》："甄福勉强入场，指望做个～法儿，情人代笔。"《醒世姻缘传》一〇回："那使用的二百两银子，与了那～的管家五十两。"

【传奉】 chuán fèng　❶ 传达奉行（旨意）。宋史浩《回奏宣示御制原道辨》："臣今月十六日蚤尚值殿，甘蒇～圣旨，宣示御制《原道辨》一篇。"元明《水浒传》七八回："童贯、高俅送太师到府，便唤中书省关房掾吏～圣旨，定夺拨军。"清于成龙《陛见恭谢疏》："于二月十二日，翰林院掌院学士库勒纳、一等侍卫对亲～上谕褒奖。"　❷ 特指明代不经吏部铨选而由宦官直接传旨授与官职的做法或由此获得的官职。明陆容《菽园杂记》卷九："成化末年，太监梁芳辈导引京师富贾收买古今玩器进奉……白身人得受鸿胪主簿、序班等职，生员、儒士、匠厂、乐工、勋戚厮养，凡高赀者，皆与并进，名曰～。盖命由中出，不由吏部铨选。"《孤本元明杂剧·渔樵闲话》四折："一个～官人的娘子有身孕，三年不生。"清《野叟曝言》一一七回："怀恩呈上天子看时，是止内操、去西厂、汰僧道，斥～、罢织造、撤镇守、停采办、禁斋醮、清冤狱、赦债逋十事。"　❸ 泛指供奉侍候。《元曲选·陈抟高卧》四折："〔色旦上侍直云〕妾等官里送来，与先生作～，愿供枕席之欢。"

【传呼】 chuán hū　传唤。《唐会要》卷九七："有番卒～州僧延素等七人，称'徐舍人召'。"明沈德符《万历野获编》卷一："又京师百寮出外夜还，必～红铺以灯传送。"清《隋唐演义》三回："限于今夜三更行雨，黎明而止，时刻不得少违。怎奈大小儿送妹远嫁，次儿方就婚洞庭，一时～无及。"

【传话】 chuán huà ❶ 把一方的话传给另一方。宋《三朝北盟会编》卷七七:"何稟自军前回,～入城,粜米以济百姓。"明杨一清《关中奏议》卷一〇:"数内古兴儿初虽凶党,后乃听受仇钺使令,～郑卿捉贼。"清《红楼梦》九〇回:"那雪雁是他～弄出这样缘故来,此时恨不得长出百十个嘴来说'我没说'。" ❷ 话语流传。明李梅实《精忠旗》三出:"自古道,高鸟尽,良弓藏。弓藏鸟尽～古,今日呵,怕高鸟也难弋取。"

【传唤】 chuán huàn ❶ 传声呼喊。《太平广记》卷四六〇引《宣室志》:"是鸟每飞,则群鸟咸噪而导其前,咸翼其后,若～警卫之状。" ❷ 传命召唤。宋《三朝北盟会编》卷七八:"内东门一人出小纸,～梁平、王孝竭、王宗沔、金渊四人姓名,与俱人。"明徐贲《春宫词》:"不意中宫～急,侍朝得与殿头行。"清《红楼梦》二回:"却说封肃因听见公差～,忙出来陪笑启问。"

【传寄】 chuán jì 传递;递送(信件、言语等)。宋李之仪《与吴思道简》:"比来诗句必愈工,尝作小词否? 不妨～。"明张原《弭盗论》:"或写盗字帖于乡村,要来抢劫;或～言语于官府,要来报仇。"清《东周列国志》二回:"有一年长宫人知其心事,跪而奏曰:'娘娘既思想殿下,何不修书一封,密寄申国……'申后曰:'此言固好,但恨无人～。'"

【传家】 chuán jiā 子孙世代相传。唐赵嘏《东归道中二首》之一:"～有天爵,主祭用儒衣。"明贾仲明《凌波仙·挽萧德祥》:"武林书会展雄才,医业～号复斋。"清《歧路灯》六五回:"或者你家是卖豆腐～,人便顺口叫你个小豆腐儿。"

【传箭】 chuán jiàn ❶ 传递令箭为号。本是北方少数民族传布号令的方式。唐白居易《城盐州》:"金乌飞传赞普闻,建牙～集群臣。"《宋史·宋琪传》:"其俗多有世仇,不相往来,遇有战斗则同恶相济,～相率,其从如流。"清《续金瓶梅》二一回:"各府有一大头目,州县村镇俱有小头目,立了烽墩,～为号。" ❷ 报时。古用铜壶滴漏计时,以有刻度的浮箭显示时刻。宋刘才邵《慈宁寿庆曲》:"晓钟～金门开,翠华赫奕从天来。"元《秦并六国平话》卷上:"传下钧旨,使诸军～巡更,持铃喝号,守保城池。"明《西游记》二回:"山中有没支更～,不知时分。"

【传口令】 chuán kǒu lìng 轮流说绕口令的游戏。《太平广记》卷三二九引《玄怪录》:"又一女郎起,～,仍抽一翠簪,急说,传翠簪过令,不通即罚。令曰:'鸾老头脑好,好头脑鸾老。'"《五灯会元》卷一八《荐福道英禅师》:"更道这个是平实语句,这个是差别门庭,这个是关棙巴鼻,这个是道眼根尘,递相教习,如七家村里～相似,有甚交涉?"

【传留】 chuán liú 留传;保留并传续。唐方干《题故人废宅二首》之二:"精灵消散归寥廓,功业～在志铭。"元马致远《陈抟高卧》一折:"古圣～周易经,有几人能穷究的精。"明《古今小说》卷三一:"至今这段奇闻～世间。"

【传胪】 chuán lú ❶ 传达皇帝诏令。宋文彦博《省试诸侯春入贡赋》:"巽风和令,导～之九宾;迟日当阳,丽执玉之万国。"元王恽《春宫元日口号》:"兽樽人立远～,轧轧声来启左枢。"明殷奎《贺冬至表笺·中宫笺》:"昌辰在候,盛礼～。臣某等叨任外垣,阻趋中掖。" ❷ 特指科举时代殿试揭晓唱名。宋孙觌《抚州宜黄县丞序记》:"宣和六年春,太上皇御集英殿,唱进士第……见周君执羔表卿中甲科第二人。～一出,自天子至于公卿、左右侍从之臣,阉寺宫伯、持盾执干宿卫之士,皆指目歆艳以为宠。"元吴当《谩成》之二:"春日琼林看赐宴,天门金榜听～。"清《儒林外史》七回:"～那日,荀玫殿在二甲,王惠殿在三甲,都授了工部主事。" ❸ 明清称殿试二三甲的第一名,清代多专称第二甲的第一名。

明沈德符《万历野获编》卷一六:"房师大觉无色,然犹为二甲～,授礼部主事。"《拍案惊奇》卷一六:"灿若三场满志,正是专听春雷第一声。果然金榜题名,～三甲。"清王士禛《居易录》卷三三:"一甲状元冯会伯,宁夏卫人……二甲～严廷训,宁夏卫人,三甲～章立帜,钱唐县人。"

【传锣】 chuán luó ❶ 夜间鸣锣巡更。明冯惟敏《雁儿落带得胜令·旅夕不眠》:"鼓槌儿发点敲,云板儿连声报,～的紧紧筛,喝号的哀哀叫。"戚继光《练兵实纪》卷五:"完吹打,闭营门,放起火一枝,营中举火～。" ❷ 仪仗鸣锣开道。清《幻中游》一〇回:"忽听得街上～响亮,人役喝道之声,却是本省城隍出来巡街。"《醒世姻缘传》二一回:"正说着,只听得～响。徐大尹上完了梁,穿着大红圆领,坐着轿,回到县来。"

【传染】 chuán rǎn ❶ 病疫传播感染致病。宋洪迈《夷坚志》补卷一七:"全家染疫,二子继亡,婢仆多死,夫妇危笃不能起。邻里来视及供承汤粥者,亦皆～至死。"《元典章·刑部二》:"各处罪囚,虽有因疫病～死损,亦由淹禁不决以致如此。"清《歧路灯》二六回:"话未及完,王化恐怕疫症～,站在门外说道:'你出来罢。'" ❷ 指风气传播。宋黄震《黄氏日抄》卷四:"晦庵以为祝寿,的矣。诸家尚因继序以为乞言,俗见～之难回如此。"明刘宗周《三申皇极之要疏》:"一中于崔、魏之毒而～至今,犹得以机械变诈之巧,斗其富贵功名之捷。"

【传神】 chuán shén 画人像。唐李群玉《规公业在净名得其深义》:"如公吐辩真无敌,顾氏～实有灵。"《元曲选·荐福碑》二折:"请一个～巧待诏,一幅丹青写容貌。"明《金瓶梅词话》六二回:"西门庆因思想李瓶儿动止行藏模样,忽然想起忘了与他～。"

【传示】 chuán shì 本谓传达指示,转指所传达的言语或音信。金刘祁《归潜志》卷五:"若到黄泉见鲁仲连、蔺相如,道余～。"元商衟《一枝花·远寄》:"花笺闷写相思字,托鱼雁寄～。"明朱有燉《新水令·拟八段锦戏作题情》:"无限相思,墨晕儿半干和泪纸;许多～,笔尖儿难写断肠词。"

【传说】 chuán shuō ❶ 轮流说。《太平广记》卷三二九引《玄怪录》:"令曰:'鸾老头脑好,好头脑鸾老。'～数巡。" ❷ 辗转称述。《敦煌愿文集·儿郎伟》:"～阿郎治化,如日照着无边。"明郎瑛《七修类稿》卷二八:"要非亲切之言、真实之事,好奇者之所为也,或一时宫人～之事耳。"清孔尚任《桃花扇》三六出:"街上纷纷～,此信紧急。" ❸ 口头传授。《元曲选·忍字记》楔子:"先引此人回心,后去岳林寺修行,可着定慧长老～与他大乘佛法。" ❹ 传告;报说。《元朝秘史》卷六:"塔塔儿种人也客扯连问:'今日商议何事?'别勒古台说:'欲将你每男子,但似车辖大的,尽诛了。'也客扯连～与塔塔儿种人,塔塔儿遂掳了山寨。"《元曲选外编·哭存孝》二折:"他两个亲来～,教我改姓。"清《醒世姻缘传》二一回:"人进来了:'七爷要见奶奶哩。'晁夫人道:'请进来。'" ❺ 众人口头上流传的说法。《太平广记》卷四〇七引《玉堂闲话》:"王仁裕癸未岁入蜀,至其岩下,注目观之,以质向来～。"宋范镇《东斋纪事》:"日于所居之东斋燕坐多暇,追忆馆阁中及在侍从时交游言语,与夫里俗～,因纂集之。"清《后水浒传》三九回:"古来～必有所据,想是近被淤泥阻塞窍脉。"

【传帖】 chuán tiè 传报事务、信息的文书。明郑晓《今言》卷一:"朱字～者,奉天门朝罢驾兴,司礼巨珰持下丹陛,呼该衙门官与之……墨字～则出自顺门,付该衙门奏行,不复面缴。"《禅真逸史》三八回:"杜伏威预发～,约薛举、张善相和文武将士同到江油大禹庙中郊天祀地。"清李玉《清忠谱》六折:"昨有～到来,说今日塑像入祠。"

【传桶】 chuán tǒng　官衙或宅院门内设置的滚桶装置,有口与门洞相通,可旋转,供内外传递。清《醒世姻缘传》五四回:"每顿三四升的落米,从～里边央那把衙门的人卖钱换酒。"△《绿牡丹》一四回:"来至宅门将～一转,里边问:'那个?'杨干道:'是马快杨干。'"

【传宣】 chuán xuān　❶ 传唤;传令召见。唐颜真卿《与郭仆射书》:"圣皇时,开府高力士承恩～,亦只如此横座,亦不闻别有礼数。"明《西游记》三九回:"那魔王即令～,唐僧却同入朝门里面。"《梼杌闲评》一〇回:"黄巾力士,肩担令字听～;金甲神人,手捧圭璋尝拥护。" ❷ 传达宣布。《旧唐书·张仲方传》:"逡巡,合门使马元贽斜开宣政衙门,～曰:'有敕召左散骑常侍张仲方。'"宋王铚《默记》卷中:"神宗遣焦瑮张茂则～抚问韩魏公,公待以旧例常礼。"明《金瓶梅词话》六四回:"老公公日逝清光,代万岁～金口。" ❸ 传嚷;传扬。《元曲选·薛仁贵》:"一灵真性到家乡,正和父母同欢会。门首忽听大叫呼,～总管张士贵,道我私自离边庭,奉命差他来问罪。"明邵璨《香囊记》四二出:"仙槎使节来九天,亿兆腾欢,四海～。" ❹ 司传达宣示的官员。《大金吊伐录》卷四:"贝勒呼喇呼充,东西上合门使韩企先充礼直官。"清《说岳全传》二九回:"正在论说间,有～来禀:'有两个渔户求见元帅。'"

【传扬】 chuán yáng　传播宣扬。唐智昇《开元释教录》卷一三下:"梵本翻译者于先,此土～者于后。"元胡用和《粉蝶儿·题金陵景》:"载编简累,朝盛士,撼乾坤万代～。"清《红楼梦》六回:"倘或一～开去,反为不美。"

【传夜】 chuán yè　击柝鸣锣等巡夜报更。唐白居易《自到郡斋仅经旬日》:"警寐钟～,催衙鼓报晨。"明袁华《分题得雪夜袭蔡》:"健卒长驱坎埔入,假柝～声声迟。"

【传影】 chuán yǐng　描摹景象;画像。宋裴万顷《大雪用前韵五首》之五:"此景人间不长有,写真～正须诗。"明《金瓶梅词话》七九回:"吴大舅二舅正在卷棚内看着与西门庆～,伯爵走来与众人见礼。"清《聊斋志异·吴门画工》:"贵戚家争遗重币,乞为先人～。"

【传真】 chuán zhēn　画像。唐杜荀鹤《八骏图》:"丹腹～未得真,那知筋骨与精神。"元贡奎《题赵平远卢疏斋小像》:"江海文章千载会,风流画史为～。"明《二刻拍案惊奇》卷三一:"请一个～的,绘画父像,挂在斋中。"

【传坐】 chuán zuò　年后相邀宴饮。《法苑珠林》卷九二:"唐长安市里风俗,每至岁元日已后,递作饮食相邀,号为'～。'"清陈廷敬《人日绝炊戏简樾阡》:"杯渌干停～酒,突烟冷称胶牙饧。"

【传座】 chuán zuò　同"传坐"。唐唐临《冥报记》卷下:"长安市里风俗,每岁元旦以后,递作饮食相邀,号为～。"宋钱易《南部新书》己集:"长安市里风俗,每至元日后,递餘食相邀,号为～。"

【船帮】 chuán bāng　❶ 成群的船。元明《水浒传》一〇六回:"那边诸能撑驾战船上前,只听得宋军～里一棒锣响,放出百十只小渔艇来。"明邵宝《建言漕事状》:"俾把总各率其属,指挥千百户等官各随其卫所～,不得先后暂离。" ❷ 船行(háng)。明《拍案惊奇》卷二三:"崔生走到～里,叫了一只小划子船。"△《官场现形记》一二回:"他们～里本是互相关照的,赶忙跑到文七爷船上,如此这般说了一遍。"

【船丁】 chuán dīng　船夫。宋陆游《雁翅夹口小酌》:"犬吠～归,小市得美蔬。"清《雍正七年六月二十五日天津总兵官管承泽奏折》:"诚恐各船乘此借端逗留,以及～水手相聚生事。"

【船夫】 chuán fū　以撑船为业或受雇于船主从事撑船拉纤的人。唐陈子昂《上军国机要事》:"所司便勒往幽州纳充军粮,其～多是客户游手堕业无赖杂色人。"《元典章·刑部十六》:"令主首杨万四、祇候蒋仲差借～装载。"明《杨家府》卷四:"行至上流,见有船只,遂问～曰:'汝把船来渡我过去。'"

【船户】 chuán hù　以船运为业的人家。《旧唐书·食货志上》:"取州县义仓粟转市轻货,差富户押船,若迟留损坏,皆征～。"宋汪应辰《请免追海船修船神福等役状》:"又～远役,其家别无优恤,更令追取已请用过之钱,尤于人情不顺。"明《拍案惊奇》卷二七:"小尼记起丈夫赁的船,正是～顾姓的。"

【船家】 chuán jiā　以撑驾自备船只为业的人。五代花蕊夫人《宫词》诗之一一二:"近侍婕妤过水,遥闻隔岸唤～。"《元曲选·货郎旦》四折:"只说道是～,猛将咱长喉咙掐,磕搭地揪住头发。"清《儒林外史》二回:"将到岸边,那人连呼～泊船。"

【船脚】 chuán jiǎo　❶ 船夫。《说郛》卷一一〇上引《大业杂记》:"白虎航二十四艘,玄武航二十四艘,并两重。其驾船人名为～。"宋魏泰《东轩笔录》卷七:"水既浅涩,舟不可行,而流冰颇损舟棹。于是以～数千,前设巨碓,以捣流冰。" ❷ 指运输用的舟船人工。《唐大诏令集》卷八六:"其州县所合雇～,多无本色钱物,皆是率配疲人。"宋汪应辰《论存留田契税钱与执政书》:"既出峡,不得半价,又有津运～及管押使臣军兵道路之费。"清《雍正十一年十一月二十四日直隶总督李卫奏折》:"臣于十月二十一日接阅邸钞,先即飞行饬令各州县预备妥当～赴通,等候部文一到即行开运。" ❸ 船钱;运费。宋朱熹《措置赈粜场合行事件》:"其县市去置场相近,即搬运米斛前去置场处粜济,依已立定～支破。"明归有光《遗王都御史书》:"当时民以为不堪,故改定于淮安瓜州水次,增加～耗米,对船贴兑。"明《续金瓶梅》六一回:"月娘支了～与他,和老师姑急要趁船过海。" ❹ 指船的吃水或锚固。唐白居易《和微之诗·和三月三十日四十韵》:"坐并～敧,行多马蹄跙。"清《说岳全传》四四回:"离韩元帅的船约有二百步,两下俱各抛住～。"

【船头】 chuán tóu　❶ 船的前端。唐张籍《贾客乐》:"欲发移船近江口,～祭神各浇酒。"明张岱《陶庵梦忆》卷七:"余设凉簟,卧舟中看月,小溪～唱曲。"清孔尚任《桃花扇》二七出:"奴自坐～,旧人来说新恨。" ❷ 船工头目;船主。《新唐书·刘晏传》:"初,州县取富人督漕锐,谓之～。"明陈铎《耍孩儿·嘲外有事实》:"弄的那管散夫～歪调文,打前站家童闲嗑牙。"《警世通言》卷一:"伯牙大惊,叫童子去问～:'这住船所在是甚么去处?'"

【船只】 chuán zhī　船。《唐会要》卷二九:"百官于曲江亭子宴会,移旗船两只,请以旧船上杖木为舫子,过会拆收,遇节即用者,敕其上巳节置,庆成节及重阳节停。"宋朱熹《与赵帅书》:"今后当番～追集到岸,日下差官点视。"清《儒林外史》八回:"次早,叫了～,先发上行李去。"

【船子】 chuán zǐ　❶ 船。唐罗隐《与某博士状》:"老叟十年来欲棹一～,从云溪馆前往东市,竟无因缘。"宋孟元老《东京梦华录》卷七:"小～上有一白衣人垂钓。"清毛奇龄《稍妇》之二:"夜起风水恶,早梳弄～。" ❷ 船夫。宋范仲淹《与中舍书》:"所言冗仆已去,惟一留三两人。"明李昱《中秋同唐仲暹玩月二绝句》之二:"却忆湖州～唱,几人欢乐几人愁。"清毛奇龄有《行上江将次入湖出马当山下语～》。

chuǎn

【舛差】 chuǎn chā 犹"舛错"。宋黄庭坚《次韵张仲谋过酺池寺斋》："要公共文字,朱墨勘～。"明刘基《老病叹》："因思造物生我日,修短已定无～。"清李光地《复发示图象第一札子》："自省于高深无所发明,惺悚累息,言多～。"

【舛错】 chuǎn cuò 差错。《唐大诏令集》卷七〇:"如闻去冬吏部三铨选人,驳放者众,或文状～,或书判差池。"明杨荣《存心堂记》："况医道于人死生所系,苟心不存,其不至于谬误～以戕人之生者几希。"清《红楼梦》四八回:"咱们和他世交,我同他去,怎么得有～?"

【舛讹】 chuǎn é 错误。宋苏颂《明义大师集菩萨戒羯磨文序》:"读书求义而能正数百年之～,非纯明之效欤?"元《三国志平话》卷上:"先投丞相,常怀篡位之心;后见公孙瓒为事～,再投吕布。"清田雯《题晁错授经图》:"疑有～遗漏处,晁公杜撰两三行。"

【舛误】 chuǎn wù 犹"讹错"。《太平广记》卷二〇五引《羯鼓录》:"又召至宣徽,张乐使观焉,曰:'有～乖滥,悉可言之。'"宋陆游《老学庵笔记》卷七:"然荆公集句,两篇皆作'欲往城南望城北',或以为～,或以为改定,皆非也。"清《说岳全传》七三回:"倘词意～,定押你到刀山地狱中受苦。"

chuàn

【串】 chuàn ❶ 贯穿连接;使成串。敦煌词《天仙子》:"泪珠若得似珍珠,拈不散,～向红丝应百万。"宋孟元老《东京梦华录》卷七:"用面造枣糊飞燕,柳条～之,插于门楣。"清《红楼梦》五三回:"毡上放着选净一般大新出局的铜钱,用大红彩绳～着。"引申指罗织。明沈德符《万历野获编》卷一八:"楚中抚臣乃诡云已得获曾光,并罗、梁二人,～成谳词,上之朝。" ❷ 游逛;走动。《大宋宣和遗事》前集:"(徽宗等)向汴京城里～长街,蓦短槛。"元高安道《哨遍·嗓淡行院》:"梁园中可惯经,桑园里～的熟。"清《歧路灯》三三回:"冯第三的到底是行里～了二年,说话在理。" ❸ 通过;穿行。元赵善庆《小桃红·佳人睡起》:"数声啼鸟～花枝,院落无人至。"元明《水浒传》一九回:"这阮小七和那摇船的,飞也似摇着橹,口里打着唿哨,～着小港汊中只顾走。"明陈所闻《寄生草·大司空募民入镪铸铁》:"这的是攥银苗遇着吸铁石黏去手中锹,～街头穷木匠掉了篮中锉。" ❹ 串通;勾结。《元曲选·蝴蝶梦》二折:"你也招承,我也招承,想是～定的。"明朱长祚《玉镜新谭》卷九:"百计诬害,密～腹弁张体乾、谷应选飘空捏坐咒诅,斩绞立杀五命。"清《儒林外史》一三回:"如今只消～出个人来吓他一吓,吓出几百两银子来。"有时指男女奸情,犹言勾搭。明《醒世恒言》卷三四:"那赵一郎又有些本领,弄得这婆娘体酥骨软,魄散魂销,恨不时刻并做一块。约莫～了半年有餘。" ❺ 扮演;演奏。明吴炳《绿牡丹》一二出:〔净云〕竟上场～～何如?〔丑云〕绝妙。只是～那一曲?"清《豆棚闲话》一〇则:"人物标致,唱得清曲,～得好戏。"《聊斋志异·彭海秋》:"客于袖中出玉笛,随声便～。曲终笛止,彭惊叹不已。" ❻ 副词。共同。明汤显祖《牡丹亭》三〇出:"梅子酸似俺秀才,蕉花红似俺姐姐,～饮一杯。〔共杯饮介〕" ❼ 成串状的物品。唐陈陶《题僧院紫竹》:"光摇水晶～,影送莲花轴。"《宋史·张荛传》:"令城中杀羊牛豕,作肉～。"清《红楼梦》二八回:"薛宝钗羞笼红麝～。" ❽ 黄串香。也泛指香。元孟昉《天净沙·十二月乐词》:"～销金凤兽,炉香霭霭春融。"佚名《满庭芳》:"尘蒙绣榻,香销罗帕,～冷金鸭。" ❾ 券;票据。元魏初《青崖集》卷四:"将当日实收米数及合给支钞人名姓,只作一～,赴支钞库照验关支。"明张宁《汀洲府行六县榜》:"粮米进仓,先于门上报数讫,批～后听本仓官吏照～数验堆,约量是实。" ❿ 量词。a) 用于可串连在一起的物品。唐薛能《谢刘相公寄天柱茶》:"两～春团放夜光,名题天柱印维扬。"元明《水浒传》三回:"手里拿一拍板。"清洪昇《长生殿》一六出:"其间有慢声,有缠声,有衮声,应清圆骊珠一～。"b) 制钱一千文。清孔尚任《桃花扇》二〇出:"亏了一个赵吏目,纠合义民,捐钱三百～。"

【串板】 chuàn bǎn 即拍板,若干板片串连而成。明沈德符《万历野获编》卷二五:"即今～,亦古之拍板,大者九板,小者六板,以韦编之。"清阿桂《八旬万寿盛典》卷五五:"骑驾卤簿先后之序:轻步舆一乘……次仗鼓四,次～四。"

【串车】 chuàn chē 一种驴车。宋孟元老《东京梦华录》卷三:"又有独轮车,前后二人把驾,两旁两人扶拐,前有驴拽,谓之～,以不用耳子转轮也。"

【串道】 chuàn dào 贯穿两街之间的小巷。元明《水浒传》九〇回:"两个离了桑家瓦,转过～,只见一个汉子飞砖掷瓦,去打一户人家。"又:"两个厮挽着,转出～。离了小巷,见一个小小茶楼。"

【串鼓】 chuàn gǔ 货郎用以招揽顾客的摇鼓。元明《水浒传》七四回:"燕青一手拈～,一手打板,唱出货郎太平歌。"又:"扮做山东货郎,腰里插一把～儿,挑一条高肩杂货担子。"

【串拐】 chuàn guǎi 诱拐;拐骗。明《西洋记》八四回:"引蟾仙师骑了一匹青牛,挎了两口双刀,声声叫道:是那个偷了他的铁笛,是那个～了他的地里鬼。"

【串贯】 chuàn guàn 贯串;连贯接续。宋洪迈《夷坚志》支景卷一:"五十里外深坞中如发洪水,浮出巨材千数,皆～成排筏。"《明集礼》卷一九:"上下皆有金缘～,衬以锦褥,覆以销金夹帕。"

【串好】 chuàn hǎo 勾搭交好;男女私下交好。明《醒世恒言》卷一五:"你儿子与非空庵尼姑～,不知怎样死了,埋在他后园。"

【串合】 chuàn hé ❶ 拼合;连缀接合。明臧懋循《元曲选后集序》:"如六经语、子史语、二藏语、稗官野乘语,无所不供其采掇,而要归于断章取义,雅俗兼收,～无痕,乃悦人耳。"明沈德符《万历野获编》补遗卷三:"近日僮薄成俗,亦有～名字,供嘲谑者。"清李渔《闲情偶寄》卷一:"竟有只顾～,不询文义之通塞,事理之有无,生扭数字作曲名者,殊失顾名思义之体。" ❷ 串通。清《醉醒石》一三回:"董文甫自与马小洲～,骗了穆琼琼银。"

【串哄】 chuàn hòng 结伙哄闹。明《二刻拍案惊奇》卷二四:"终日只是三街两市,和着酒肉朋友～,非赌即嫖。"

【串花家】 chuàn huā jiā 逛妓院。明《醒世恒言》卷三:"俏冤家,须不是～的子弟,你是个做经纪本分人儿。"

【串花街】 chuàn huā jiē 逛妓院。《孤本元明杂剧·苏九淫奔》四折:"贫民遭害卖官马,富户陪钱。不肯使钞入酒肆,只是行拳向良家。"

【串客】 chuàn kè ❶ 帮闲;清客。清孔尚任《桃花扇》一七出:"〔末〕你快请清客丁继之,女客卞玉京,到我书房说话。〔杂〕禀老爷,小人是长班,只认的各位官府,那些～、表子,没处寻觅。"

❷ 票友;客串演出的非专业演员。清《红楼梦》六六回:"他家请了一起~,里头有个作小生的,叫柳湘莲,他看上了。"李斗《扬州画舫录·冈西录》:"僧离幻,姓张氏,苏州人。幼好音乐,长为~。"

【串铃】　chuàn líng　走街医生所用响器。用带圆孔的熟铁片翻卷成圆环,环内装有铁珠,套在手上振动发声。明《金瓶梅词话》一九回:"想着你当初不得地时,~卖膏药,也亏了这位鲁大哥扶持你。"文震亨《长物志》卷七:"(香合)小者有定窑饶窑蔗段~二式,餘不入品。"

【串捏】　chuàn niē　串通捏造。清《雍正十二年七月六日江南总督赵弘恩奏折》:"有等地棍劣衿、刁军恶佃,动辄~诡名,架砌重情。"《野叟曝言》一二二回:"若不凭众认,则必疑及~,窃恐嫌隙自此生耳。"

【串皮肤】　chuàn pí fū　比喻浅薄、无关痛痒。明康海《折桂令·感时》:"者么你究天人公车献策,尽都是~左道胡歪。"

【串套】　chuàn tào　❶ 连缀;贯通。宋陈埴《木钟集》卷一:"曾子在孔门,大小事都去理会将过,只是欠个~工夫。夫子到此点当交醒。"❷ 串通。《元典章·刑部十六》:"如此~捏合,出脱梁伶奴杀人情由。"

【串通】　chuàn tōng　❶ 勾结;暗中联络。明朱长祚《玉镜新谭》卷八:"奸恶魏忠贤~逆妇客氏,恣威擅权。"《型世言》二六回:"你~光棍诬骗良人妻子为妾。"清范承谟《请纾东南大困疏》:"更有地方光棍欲诈某家,~逃人先至其门,随率党羽蜂拥擒捉。"❷ 贯穿;连通。清《医宗金鉴》卷六四:"初发一处,其后挨次发出二三处,形虽不同而色仍同也,溃后多相~,故又名老鼠钻。"

【串同】　chuàn tóng　同"串通❶"。明朱长祚《玉镜新谭》卷六:"魏忠贤~客氏,表里为奸。"《二刻拍案惊奇》卷三九:"这是你~了白日撞偷了我银子去了。"

【串瓦】　chuàn wǎ　出入游乐场所。瓦,参见"瓦舍"。元周德清《天净沙·嘲歌者茶茶》:"根窠生长灵芽,旗枪搠立烟花,不许冯魁~。"明朱有燉《点绛唇·仲春席上观呈艺女童演传奇》:"他是个嗟顶老又不曾求食~,休猜做章台街路柳墙花。"

【串戏】　chuàn xì　演戏。明沈璟《博笑记》一五出:"有一个新~的小旦,极标致。"张岱《陶庵梦忆》卷七:"南曲中妓,以~为韵事。"清《红楼梦》四七回:"又打听他最喜~,且串的都是风月戏文,不免错会了意。"

【串游】　chuàn yóu　游走;各处行走。清《雍正七年六月二十九日吏部尚书郎阿奏折》:"系张天师之叔张易珍,令伊等四处舍药,诱惑哄骗,并将同伴姓名以及行走省分,~土司地方,逐一供明。"

【串诈】　chuàn zhà　合谋诈骗。明《型世言》一三回:"倒是富尔谷却自打官司来,尝被张罗与富财,家事倒萧条了。"

【串仗】　chuàn zhàng　指衣着服饰。元萧德祥《错立身》一二出:"你课牙比不得杜善甫,~却似郑元和。"《元曲选·玉壶春》二折:"做子弟的有十个母儿:一家门,二生像,三吐谈,四~。"按,"母儿"即门儿、门道。明佚名《墨娥小录》卷一四《行院声嗽》:"衣,被公,~。"

【串杖】　chuàn zhàng　同"串仗"。宋元《清平山堂话本·刎颈鸳鸯会》:"且朱秉中日常在花柳丛中打交,深谙十要之术。那十要? 一要滥于撒镘……九要~新鲜,十要一团和气。"

【串幛】　chuàn zhàng　同"串仗"。明朱有燉《曲江池》一折:"我见他俊庞儿堪品题,~的更整齐,赛子建文章盛,比潘安容貌美。"

【串子】　chuàn zi　❶ 串状物。宋陆游《老学庵笔记》卷七:"建安陈氏享先,用肝~、猪白割、血羹、肉汁。"明黄鼎《金陵篇四十韵》:"百尺步摇金~,乐游诗生在水中名。"清《红楼梦》二八回:"宝姐姐,我瞧瞧你的红麝~。"❷ 用于穿连他物的钎、索等物。明朱橚《普济方》卷三八一:"用羊子肝一具,切破,入药末二钱,用~炙令熟。"沈德符《万历野获编》补遗卷二:"胡所著《读史管见》等书,初非秘册,想刘亦未尝寓目,宜邱仲深笑其一屋~,却无散钱。"❸ 量词,用于成串的事物。清《红楼梦》三〇回:"姐姐通今博古,色色都知道,怎么连这一出戏的名字也不知道,就说了这么一~?"《歧路灯》三三回:"于是腰中取出一~钥匙,开了柜子。"❹ 官府仓库收据。明杨慎《升庵集》卷六三:"今仓库收帖曰~。"❺ 圈套。明《西洋记》五九回:"要上光棍的~,全靠这些毛片儿。"

【串走】　chuàn zǒu　走动。明《醒世恒言》卷三六:"那人原是贪花恋酒之徒,住的寓所近着妓家,闲时便去~。"

【串作】　chuàn zuò　串通勾结。明《金瓶梅词话》二六回:"到次日,走到后边,~玉箫,房里请出西门庆。"又八三回:"两个对面坐着椅子,春梅便在后边推车,三人~一处。"

【穿】　chuàn　另见 chuān。❶ 交换。明《西游记》七一回:"大王与娘娘今夜才递交杯盏,请各饮干,~个双喜杯儿。"❷ 蔓延。元明《水浒传》七九回:"霎时间,大火竟起,烈焰飞天,四分五落,都~在大船内,前后官船一齐烧着。"❸ 串通。明汤显祖《牡丹亭》四出:"乡邦好说话,一也;通关节,二也;撞太岁,三也;~他们子管家,改窜文卷,四也。"

【穿换】　chuàn huàn　交换;调换。《元曲选·扬州梦》一折:"我与大姐~一杯,大姐换了这杯酒饮过者。"明《西游记》七一回:"那娘娘擎杯,这妖王也以一杯奉上,二人~了酒杯。"

【穿连】　chuàn lián　另见 chuān lián。串通;勾结。《元曲选·陈州粜米》:"他每都~透,我则怕关节儿枉生受。"

chuāng

【疮疤】　chuāng bā　创伤或溃疡留下的疤痕。《元曲选·楚昭公》一折:"不愁巨斧当头劈,也只结的碗口一个大~。"明何乔新《椒丘文集》卷三二:"黄鼎看得本尸左腿委有~,认系伊弟身尸。"清李渔《十二楼·夏宜楼》一回:"面貌肌肤尽生得好,只可惜背脊上面有个碗大的~。"

【疮口】　chuāng kǒu　❶ 创伤或溃疡处。唐段成式《酉阳杂俎》续集卷八:"用桑柴灰汁三度沸,取汁,白矾为膏,涂~即差。"《元曲选·燕青博鱼》一折:"他把我眼角儿才针罢,则我这~儿未结痂。"清《醒世姻缘传》六六回:"素姐每日咽哝带骂絮叨个不了,狄希陈~发的又昼夜叫唤。"❷ 比喻破溃、缺漏处。宋刘克庄《庚辰与方子默金判书》:"今山东~既阔,诸豪复引北兵与我相闻,骎骎有结连夹攻之议。"

【窗稿】　chuāng gǎo　私塾学生的习作。明吴炳《绿牡丹》二〇出:"〔外云〕……我儿,你在此看什么书? 〔小旦云〕是三个门生呈送爹爹的~。"王樵《与仲男肯堂书》:"俟刻~完后,可分付刻者,不可再别揽矣。"清《赛花铃》一〇回:"红生出场,自觉文章得意,遂将试卷并平昔一梓刻,遍送朝中士夫。"

【窗格】　chuāng gé　同"窗槅❷"。宋吕渭老《品令》:"绣衣未整,傍~、临清镜。"明乌斯道《春草赋》:"炉香火寝,壁瓢风落,蜗黏笔架,鸟窥~。"清《儒林外史》四〇回:"木耐随手开了六扇~,正对着广武山侧面。"

【窗隔】 chuāng gé 同"窗槅❷"。宋杨万里《荔枝堂夕眺》："迎寒～重糊遍,只放书边数眼明。"元钱霖《哨遍》:"～每都颭颭的飞,椅桌每都出出的走。"明杨慎《格物说》:"是犹～而蒙之以帛,明既不蔽而尘亦不入也。"

【窗槅】 chuāng gé ❶ 窗上用木条做成的格子,上糊窗纸或窗纱。宋杨万里《重九前四日昼睡独觉》:"添糊～无风气,旋晒衣裘有日香。"《辽史·营卫志中》:"又以黄布绣龙为地障,～皆以毡为之,傅以黄油绢。"清《红楼梦》程乙本一七回:"那门栏～皆是细雕新鲜花样。" ❷ 指有格子的窗。明《醒世恒言》卷二八:"清早就起身,开着～观看贺司户船。"清《儒林外史》四一回:"杜少卿坐在～前,彼此叙了寒温。"

【窗课】 chuāng kè 即"窗稿"。明赵维寰《题瓦注篇》:"是科庚午,余儿韩待试京兆,濒行梓其～数首,将悬国门。"吴炳《绿牡丹》一○出:"再迟几日,另誊～,同选刻送去请教。"清《红楼梦》八四回:"我书桌子抽屉里有一本薄薄儿竹纸本子,上面写着'～'两字的就是。"

【窗口】 chuāng kǒu ❶ 窗洞,墙壁上供安窗或通风透光的孔洞。也指打开的窗户。明法杲《秋日一雨润兄还洞庭赋笠泽歌送之》:"人杰地灵古所称,到日香风满～。"《二刻拍案惊奇》卷一七:"那坐的所在与隔壁人家～相对。" ❷ 指窗户跟前。明《醒世恒言》卷三二:"黄生不敢造次,乃矬身坐于～。"清《野叟曝言》一三一回:"坐在～,更要受寒。"

【窗棂】 chuāng léng 窗格子。元萨都剌《竹枝词》:"湖上美人弹玉筝,小莺飞度绿～。"明《古今小说》卷二三:"刘素香向～一看,唬得目睁口呆。"清《醒世姻缘传》四回:"回到萧家,敲门进去,～上拴了马。"

【窗棂】 chuāng líng 即"窗棂"。唐方干《和郯县陈明府登县楼》:"郭里人家如掌上,檐前树木映～。"元刘庭信《朝天子·赴约》:"半扇儿～,不须轻敲。"清《聊斋志异·妖术》:"有物推～,房壁震摇。"

【窗台】 chuāng tái 窗口下部承受窗框的平面。金《董解元西厢记》卷一:"闷答孩地倚着～儿盹。"元《农桑辑要》卷四:"(蚕室)～高不过二尺五寸。"清《绿野仙踪》八七回:"再看看～上,果然有些土在上面。"

【窗下】 chuāng xià 指读书学习,或静修。宋华镇《失题》:"十年～劳萤雪,今日明诗漫白头。"元王实甫《西厢记》二本二折:"单请你个有恩有义闲中客,且回避了无是无非一～僧。"明《鼓掌绝尘》三回:"两个做些～功夫,习些正经事业。"

【窗眼】 chuāng yǎn 窗格的孔。宋唐庚《即事三首》之三:"案头行扫尘随起,～才封雨又梢。"明汤显祖《牡丹亭》七出:"蚁上案头沿砚水,蜂穿～咂瓶花。"清《醒世姻缘传》一○○回:"从～里面飕的一箭,只听得狄希陈嗳哟了一声,往前一倒。"

【窗谊】 chuāng yí 同学的友谊。明《警世通言》卷二五:"某忝在～,因久在远方,不能分忧共患,乃令先公之罪人也。"

【窗艺】 chuāng yì 即"窗稿"。清魏裔《宫定庵〈序〉》:"乃记其～,问序于余。"《聊斋志异·司文郎》:"一日,以～示宋。宋见诸友圈赞已浓,目一过,推置案头。"

【窗友】 chuāng yǒu 同学。明王锜《寓圃杂记》卷四:"刘钦谟进士养疴于家,余时未冠,以～往谒。"明沈璟《双鱼记》二出:"且往～石若虚家讲论一番,多少是好。"清《红楼梦》九回:"二人唬的忙回头看时,原来是～名金荣者。"

【窗子】 chuāng zi 窗。《法苑珠林》卷五一:"(郯县塔)露盘似西域于阗所造,面开～,四周天全,中悬铜磬。"《元曲选·黄粱梦》二折:"打开这吊窗,若有人来,便往这～里出去。"清《红楼梦》二五回:"一时下了～,隔着纱屉子,向外看的真切。"

chuáng

【床公】 chuáng gōng 男床神。一说即周文王。元高明《琵琶记》三出:"青春年少莫蹉跎,～尚自讨床婆。"明杨循吉《除夜杂咏》:"买饧迎灶帝,酌水祀～。"清顾禄《清嘉录》卷一二:"俗呼床神为～床婆……盖今俗犹以酒祀床母而以茶祀～。"

【床母】 chuáng mǔ 女床神。清《醒世姻缘传》四四回:"宾相赞教坐床合卺,又赞狄希陈拜床公～。"

【床婆】 chuáng pó 即"床母"。《说郛》卷二三引《同话录》:"崔大雅在翰苑,夜直玉堂,忽有内降撰文字,秉烛视之,乃撰《祭～子》文,恍然不知格式……请问,云:'亦有故事,但如常式:皇帝遣某人致祭于～子之神,曰汝典司床簀云。'"清厉鹗《寄调大宗纳姬京邸》:"学拜～先锁院,预修眉史有如椽。"

【床铺】 chuáng pù ❶ 指床和它上面铺设的坐具、卧具。宋元《清平山堂话本·简帖和尚》:"僧儿指着茶坊道:'恰才在拐里面打底～上坐地底官人,教我把来与小娘子。'"《元曲选·杀狗劝夫》二折:"这是街上,不是你的～,怎么就睡倒了?"清《醒世姻缘传》六二回:"你叫闺女养汉挣钱,你也替他盖间房屋,收拾个～。" ❷ 偏指卧具。《元曲选·鸳鸯被》四折:"投至得哥哥回来,我与他铺下这～咱。"

【床子】 chuáng zi 床。踏具、坐具或卧具。唐苏鹗《杜阳杂编》卷中:"火胡立于十重朱漆～上,令诸女叠踏以至半空,手中皆执五彩小帜。～大者始一尺馀。"《五灯会元》卷二○《护圣居静禅师》:"须尽此纲要,方坐得这曲录～,受得天下人礼拜。"明《金瓶梅词话》八六回:"他儿子王潮儿也长成一条大汉,笼起头去了,还未有妻室,外间支着～睡。"

【咮】 chuáng 同"噇❶"。元马致远《任风子》一折:"你显那查手风乔人酒量浅,吃不得往外灢,～不了的牛肉把指头填。"《元曲选·谢金吾》三折:"这早晚,衙内还在那里～酒,如今也该睡了。我前后执料去咱。"明《金瓶梅词话》三八回:"你那里～醉了,来老娘这里撒野火儿。"

【咮捣】 chuáng dǎo 咮。"捣"在此亦为"吃喝"义。明《金瓶梅词话》八回:"你大碗小碗～不下饭去,我做下的,孝顺你来!"

【咮嗓】 chuáng sǎng 犹"咮捣"。清《红楼梦》七九回:"还是这样胡闹,～了黄汤,折磨人家!"

【咮食】 chuáng shí 特指人到临死前拼命吃饭。多作詈词。元佚名《红绣鞋》:"小妮子顽涎不退,老敲才饱病难医,做死的人前讳。"又《玉娇枝带过四块玉》:"敲才死势,更敢瞒神吓鬼,分明做下迷天罪,划地又讳～。"

【哒】 chuáng 同"噇❶"。元刘时中《端正好·上高监司》:"鹅肠苦菜连根煮,获笋芦萎带叶～。"

【噇】 chuáng ❶ 吃喝(含贬义)。《祖堂集》卷五《翠微和尚》:"师因供养罗汉次,僧问:'今日设罗汉,罗汉还来也无?'师云:'是你每日～什摩?'"元明《水浒传》四回:"你是佛家弟子,如何～得烂醉了上山来?"明孟称舜《娇红记》五出:"我和你昨日在张二爷家～得烂醉。" ❷ 胡诌;乱讲。宋罗烨《醉翁谈录·小说开辟》:"～发迹话,使寒门发愤;讲负心底,令奸汉包羞。"明《韩湘子全传》二六回:"这老狗骨头一味的～口开,若跟随的在面前听见了,不羞死人。"

【噇吃】　chuáng chī　吃喝。明《古今小说》卷五："若自己没钱买时,打听邻家有酒,便去～。"

chuǎng

【闯】　chuǎng　❶ 猛冲。《唐开元占经》卷四九："太白守昴,兵从门～入,人主出走。"《元曲选·气英布》一折："喏则见扑腾腾这探马儿～入旗门左。"明《拍案惊奇》卷三："正说之间,只见外面～进一个人来。"　❷ 游荡;奔走。元明《水浒传》一〇二回："王庆脸上没了金印,也渐渐地～将出来,衣服鞋袜,都是范全周济他。"清《醒世恒言》卷一七："过迁此时身边并无财物,寡～了几日,甚觉没趣。"《儒林外史》一回："走到村学堂里,见那～学堂的书客,就买几本旧书。"

【闯寡门】　chuǎng guǎ mén　逛妓院不花钱,既不宴请,也不留宿。明《金瓶梅词话》一一回："孙天化,绰号孙寡嘴,年纪五十餘岁。专在院中～,与小娘书寄柬,勾引子弟。"明《型世言》三七回："李良雨道:'我们本钱少,经甚嫖?'吕达道:'嫖不嫖由我,我不肯倒身,他仔么要我嫖得?'两个笑了,便去～。"清《醉醒石》一回："况行院里的旧话道:'只怕乖而不来,不怕乖而使乖。'故此再没有～的。"

【闯祸】　chuǎng huò　惹出祸端。《元曲选·谢金吾》二折："平白地闯出这场祸,送的我倒枕着床没奈何。"明《禅真逸史》二一回："官人噤声,却莫～。"清《红楼梦》一〇七回："如今他又在外～,不得回来。"

【闯牢洞】　chuǎng láo dòng　谓人不得好死。牢洞,牢狱拖囚尸的墙洞。明《禅真后史》六回："打教你这～不死的贼犯筋断骨折,出我怨气。"

【闯世道】　chuǎng shì dào　奔走宦场谋利。清《歧路灯》一〇〇回："听说他是～哩,到处有他的朋友。"

【闯席】　chuǎng xí　不请而径来入筵席,谓白吃白喝。《元曲选·东堂老》二折："你便闯一千席呵,可也填不满你这穷坑。"明范濂《云间据目抄》卷一："世蕃令两童子持朱墨笔点其面,为～者戒。"清《野叟曝言》六一回："奴禀过母亲来这里～的,你们放心只顾笑,不妨事。"

chuàng

【创】　chuàng　❶ 同"闯❶"。元尚仲贤《气英布》一折："谁交你自～入龙潭虎窝,飞不出地网天罗。"《元曲选外编·庄周梦》一折："我着你半霎～入迷魂洞。"　❷ 同"闯❷"。元刘时中《端正好·上高监司》之一："一丝好气沿途～,阁泪汪汪。"明佚名《小桃红·西厢百咏》:"夜静更深没拦挡,小花娘,勾引小姐同胡～。"

【怆慌】　chuàng huāng　慌乱;惊慌。明《西游记》一三回："正～之间,渐渐的东方发白。"

【怆惶】　chuàng huáng　仓惶;慌张。《太平广记》卷三三九引《博物志》:"日暮何所傍侣,而～于墟间也。"《元曲选·货郎旦》四折："正在～之际,那人言道:'嗏与你他府他县,隐姓埋名,逃难出来。'"明《西游记》一〇回："正～间,又听得太宗有旨宣徐茂公、护国公、尉迟恭来驾。"

chuī

【吹打】　chuī dǎ　吹奏、击打乐器。《元曲选·桃花女》三折："两旁摆着鼓乐,～将去,准要今日取那桃花女过门。"明王樵《勘复诚意伯刘世延事情疏》:"有在官乐工陈应诏向会～。刘诚意伯差潘五并晏诏拘唤,教伊家人～呢。"清《红楼梦》四〇回："这是咱们那十来个女孩子们演习～呢。"可用AABB式重叠。清孔尚任《桃花扇》一出："乱臣堂上掇着碗,俺倒去吹吹打打伏侍着他听。"

【吹风】　chuī fēng　透露或暗示消息。明《梼杌闲评》八回："程公道:'怎得有便人～去。'进忠道:'均州吏目现在外面,等小的去吹个风声与他。'"清《好逑传》一回："昨晚说的话,到京里切不可～,恐惹出祸来。"

【吹风嗐哨】　chuī fēng hū shào　像刮风一样地吹着口哨,指一伙人共同行动时互相招呼联络。元明《水浒传》五二回："只见高廉步走,引领三百神兵,～,杀入阵里来。"

【吹风胡哨】　chuī fēng hú shào　即"吹风嗐哨"。元明《水浒传》三二回："都拖枪拽棒,跟着那个大汉,～,来寻武松。"又四〇回："只见江面上溜头流下三只棹船,～,飞也似摇将来。"

【吹火筒】　chuī huǒ tǒng　用口吹气以助燃的筒状物。《元曲选外编·东窗事犯》二折："我将这～却离了香积,我泄天机故临凡世。"明李时珍《本草纲目》卷三八："～,主治小儿阴被蚯蚓呵肿,令女人吹其肿处即消。"

【吹木屑】　chuī mù xiè　比喻趋奉富人,不花钱而陪同吃喝玩乐的帮闲行径。明《型世言》一一回："只见王举人在背后把陆仲含推着道:'去! 去! 饮酒宿娼,提学也管不着;就是不去的也不曾见赏德行。今日便带挈我吹一个木屑罢!'"又一五回："那些妓者作娇,这两个帮闲～,轿马、船只都出在沈刚身上。"按,明风月友《金陵六院市语》:"吹木屑者,不请自来。"

【吹求】　chuī qiú　"吹毛求疵"之省,谓刻意寻求(毛病)。宋李新《上皇帝万言书》:"执政者取刻薄吏司其职,抉剔案牍,～疵病。"明谢肇淛《五杂组》卷八："生前之～太苛,而死后之忏悔太易。"清《好逑传》一七回："至于人之～,或亦谋媒不遂,而肆为讥谤,自难逃明主之精鉴。"

【吹霎】　chuī shà　风寒触激(身体)。宋《太平惠民和剂局方·指南总论》卷中："凡伤风者,皆因脱衣感冒,被风～着,则洒然骨寒毛起。"元方回《久苦春寒三月三日戏作俳体》:"老去寻劳原自懒,病来～不如归。"△清张泻《奉题小云司马尊见湘烟小录后》:"何时罡风～过,便营香冢葬琵琶。"

【吹手】　chuī shǒu　吹奏乐器的人。元明《水浒传》一〇九回："遣调水陆诸将毕,～掌头号,整队;二号,掣旗;三号,各起行营向敌。"明刘大夏《题应诏陈言以厘弊政事》:"不许恃势凌虐驿递衙门。混搭客货,僭用～军餘护送。"清李玉《清忠谱》四折："一应的结彩亭头、猪羊祭礼,～礼生,都已停当,只是风水先生还不见来。"

【吹弹】　chuī tán　❶ 吹管弹弦,泛指演奏音乐。唐李绅《上家山》:"笑歌怜稚孺,弦竹纵～。"元关汉卿《一枝花·不伏老》:"会歌舞会～会咽作会吟诗会双陆。"明《西游记》三〇回："又选十八个宫娥彩女,～歌舞。"　❷ 口吹指弹(肌肤)。跟"得破"连用,形容肌肤娇嫩。元王实甫《西厢记》二本三折："觑俺姐姐这个脸儿～得破,张生有福也呵!"明《醒世恒言》卷一九："青丝七尺挽盘螺,粉脸～得破。"清《歧路灯》七七回："果然白雪团儿脸,泛出桃

花瓣儿颜色，真乃～得破。" ❸ 指纠弹、察考。明夏良胜《东谢士洁道长》："成劳在阳明，籍劳在吾兄。纪验稽核，其难其慎，大段谁实，乃是～不破。"

【吹筒】 chuī tǒng ❶ 律管。吹管发声以定物候或音律。也指管乐器。宋陈旸《乐书》卷一五〇："籥，～也。言其声秋秋然也。"明刘玉《秘狱》："胡为墙隙如～，嗟嗟风伯省厥躬。" ❷ 一种捕虫鸟器具。可在一端吹气诱虫或发射小箭。《元曲选·黑旋风》二折："且莫说他觇儿小鹞，～粘竿，有诸般来摆设，只他马儿上，更驮着一个女艳冶。"元明《水浒传》五二回："将引闲汉三二十人，手执弹弓、川弩、～、气球、拈竿、乐器，城外游玩了一遭。" ❸ 吹气筒。清《醒世姻缘传》二六回："极瘦的鸡，拿来杀了，用～吹得胀胀的。"明《杜骗新书·假银类》："吹系即九程水系，银一入镨，口含～吹之以成系，曰吹系。"

【吹桶】 chuī tǒng 同"吹筒❷"。明佚名《粉蝶儿·题促织》："他将那～牵杖急忙催，赶的我怎躲避。"

【吹嘘】 chuī xū 夸口吹牛。宋《朱子语类》卷一二六："某旧来爱问参禅底，其说只是如此。其间有会说者，却～得大。"

【吹嘴】 chuī zuī 撮口吹奏乐器的动作。《敦煌变文校注》卷五《维摩诘经讲经文（五）》："擎乐器，又～，菀（宛）转云头渐下来。箫笛音中声远远，琵琶弦上韵哀哀。"按，《玉篇·口部》："嘴，子虽切，撮口也。"

【炊饼】 chuī bǐng 蒸饼，略似今馒头。宋吴自牧《梦粱录》卷一六："沿街及巷陌牌卖点心：馒头、～及糖蜜酥皮烧饼。"明《平妖传》二七回："大～两文钱一个，小的一文钱一个。"清《聊斋志异·巧娘》："妇人，以～纳生室。"按，宋吴处厚《青箱杂记》卷二："仁宗庙讳贞，语讹近蒸，今内廷上下皆呼蒸饼为炊饼。"

【炊巾】 chuī jīn 饭单；僧人就餐时摆放餐具的单子。《祖堂集》卷九《落浦和尚》："才展坐具时，夹山问：'这里有无残饭，不用展～。'"《五灯会元》卷一一《三圣慧然禅师》："又到德山，才展坐具，山曰：'莫展～，这里无残羹馊饭。'"

【炊人】 chuī rén 担任炊事的人。唐段成式《酉阳杂俎》续集卷三："浙米匠人苏润，本是王家～。"明顾清《伐薪》："～屡告罄，饥仆怒争先。"

【炊熟】 chuī shú 指寒食节前一天。寒食日禁火，故食物于前一日炊熟。宋孟元老《东京梦华录》卷七："寻常京师以冬至后一百五日为大寒食，前一日谓之～。"宋陆游《春雨》："稚子孤行八千里，喜闻～可还家。"庄绰《鸡肋编》卷上："以冬至后一百四日谓～日。"

【炊子】 chuī zǐ 炊事兵。宋袁燮《絜斋家塾书钞》卷八："其外又有守衣装者十人，樵子五人，汲子五人，～五人。"明唐顺之《武编》前集卷三："辎重、～、斥堠、锋子、工匠、伎巧所以协从大阵者，必八分之一。"

chuí

【垂】 chuí ❶ 身穿。唐高适《部落曲》："老将～金甲，阏氏着锦绣。"《敦煌变文校注》卷一《捉季布传文》："顺风高绰低牟帜，逆箭长～锁甲裙。" ❷ 随；跟随。唐张鷟《朝野佥载》卷一："幽州都督孙俭之入贼也……军行后，幽州界内鸡乌鸱鸢等并失，皆～军去。"

【垂垂】 chuí chuí 渐渐。唐卢仝《常州孟谏议座上闻韩员外职方贬国子博士有感》："力小～上，天高又不登。"宋强至《戏呈

宋周士》："腊去～冻欲消，春光未动思先饶。"清曹尔堪《满江红·题悔庵小影和元诗》之二："同属指，～半百，昔童今叟。"

【垂分】 chuí fèn 顾念友情。分，情分。《敦煌变文校注》卷一《捉季布传文》："特将残命投仁弟，如何～乞安存。"

【垂顾】 chuí gù 犹光临、下顾，对他人来访的敬词。《太平广记》卷一九四引《酉阳杂俎》："此数里是贫道兰若，郎君能～乎？"《元曲选·后庭花》三折："小生有何德能，敢劳小娘子～。"清《聊斋志异·九山王》："曳忽来谒，且云：'……今遣小女辈作黍，幸一～。'李从之，则入园中。"

【垂弧】 chuí hú 对男子生日的美称，语本《礼记·内则》："子生，男子设弧于门左"。宋刘仙伦《沁园春·庆彭司户》："闻道参军，今日～，胜如去年。"元方回《生日戏歌》："～之月至于今，适逢前五仍后五。"清毛奇龄《金副宪迁少司马举子有赠》："尔时正～，宝树生中庭。"

【垂青】 chuí qīng 用黑眼珠看人，表示看重。《元曲选·城南柳》一折："为甚么桃脸破红颜，柳眼～顾，认的俺东君是主。"明文徵明《送蒋员外浙东采木还朝》："使君独～，勿缓亦勿期。上足俾国用，下邮斯民疲。"清《歧路灯》五一回："今蒙各台宪放闲里田，自揣冗废，不期谭世兄尚肯～，感愧之甚。"

【垂手】 chuí shǒu 佛家称启发引导学人。宋《汾阳禅师语录》卷下《啐啄同时颂》："从前～接初机，正示繁言免妄想。"克勤《碧岩录》七则："似恁么与他承当，他日向十字街头，～为人，也不为难事。"《五灯会元》卷二〇《党阿上人》："明年秋，辞游金陵，抵长芦江岸，闻鼓声，忽大悟，始知佛海～旨趣。"

【垂涎】 chuí xián 本指因想吃而流涎，多喻极度的羡慕与欲望。唐高彦休《阙史》卷上："独书阁东邻，乃李公冗舍也，意欲吞之，～久矣。"元兰楚芳《粉蝶儿》："则为他那歌讴宛转，舞态翩跹。怜香心等闲间难窨变，着我怎不～？"明《古今小说》卷一〇："滕大尹最有机变的人，看见开着许多金银，未免～之意。"

【捶丸】 chuí wán 用棒击球入洞的一种游戏。《元曲选·百花亭》二折："折莫是～气球，围棋双陆，顶真续麻，拆白道字，买快探阄。"按，元佚名《丸经》《元曲选外编·射柳捶丸》剧对这种游戏有详细描述。

chūn

【春】 chūn ❶ 六朝及唐多以"春"名酒，因以"春"代指酒。唐李肇《国史补》下："酒则有郢州之富水、乌程之若下、荥阳之土窟～、富平之石冻～、剑南之烧～。"元宋无《答无住上人》："五陵亦有闲相识，只把黄金笑买～。"明《西游补》四回："也有几个长者费些买～钱，替一人解闷。" ❷ 隐语。明《二刻拍案惊奇》卷八："吾两人再递一个～与他，等他晓得大官人是在京调官的，衣冠一脉，一发注意了。"《型世言》五回："邓氏道：'哥不要啰唣，怕外厢有人瞧见。'这明明递～与耿埂，道内里没人。"按，清刊《江湖通用切口摘要》："切口，即隐语也，名曰春点。""春点"可省去其后"点"字而径作"春"。

【春榜】 chūn bǎng 科举会试中式者的名榜。参见"春闱"。唐郑谷《贺进士骆用锡登第》："～到春晚，一家荣一乡。"明罗洪先《与胡正甫》："闻～报，如酌春酒，融融泄泄可知。"后径指春试。宋吴处厚《青箱杂记》卷八："庆历丙戌岁一省试，以'民功曰庸'为题。"明《醒世恒言》卷三三："只因～动，选场开，魏生别了妻子，收拾行囊，进京取应。"

【春葱】 chūn cōng 比喻女子手指细嫩光洁,也借指女子手。唐方干《采莲》:"指剥～腕似雪,画桡轻拨蒲根月。"《元曲选·冯玉兰》二折:"我这里款款的掐～来细数,何日见泉州景物。"明《西游记》六四回:"斟了茶,那女子微露～,捧磁盂先奉三藏。"

【春凳】 chūn dèng 一种凳面宽大的长凳,原本配合春台使用,因称。明沈受先《三元记》六出:"春台、～,摆得端正,安排春盛十来层,齐整。"《金瓶梅词话》七八回:"只见秋菊正在明间板壁缝儿内,倚着～儿,听他两个在屋里行房。"清《聊斋志异·宅妖》:"尝见厦有～,肉红色,甚修润。"

【春端帖】 chūn duān tiě 即"春帖"。宋周必大《淳熙玉堂杂记》卷上:"翰苑岁进～子,如大内多及时事,太上则游幸公类。"清汤右曾《乙未除夕前一日次韵》:"明朝待进～,凭杖诗催淑景先。"

【春蛾】 chūn é ❶ 喻指女子眉毛。明周南老《吴女墓》:"幽愤为谁娇,愁锁～绿。" ❷ 用纸、绢等剪成的蛾子,是妇女元宵节戴在鬓上的饰物。亦称"闹蛾"。明杨循吉《剪鹅翎》:"折来插在乌纱畔,绝胜～点鬓丝。"佚名《新水令·元宵》:"鳌山上灯光照耀,剪～头上挑。"《金瓶梅词话》一五回:"剪～,鬓边斜插闹东风。"

【春幡】 chūn fān 立春日用彩帛剪成的小旗幡,或戴头上,或缀花枝上,用以迎春。唐温庭筠有《咏春幡》诗。五代欧阳炯《清平乐》:"～细缕缕缯,春闺一点春灯。"宋孟元老《东京梦华录》卷六:"府前左右,百姓卖小春牛,往往花装栏坐,上列百戏人物,～雪柳,各相献遗。"明顾璘《元夜》:"酒香浮夜市,花影袅～。"

【春方】 chūn fāng 春药方子。明《二刻拍案惊奇》卷三五:"有个方外僧人性月,善能养龟,广有～。"清《醒世姻缘传》六一回:"又兼邓蒲风走方上的人,有两个上好奇妙的～。"陆坼《纤言》中篇:"宏光中,朝天宫道士袁本盈进～,用人参饲羊。"

【春风一度】 chūn fēng yī dù 比喻领略一番情趣,后偏指男女情事。《元曲选·老生儿》三折:"并没甚红干腊肉,并没甚清香甘露,拿定着这把锄头,也算得～。"明《警世通言》卷二四:"那时扒在铺上,草草合欢,也当～。"清《聊斋志异·荷花三娘子》:"诘其姓氏,曰:'～,即别东西,何劳审究?'"

【春榼】 chūn gé 有格的食盒。多携以游春,故名。明徐咸《西园杂记》卷上:"果菜之品曰春盛,又曰～,曰春檠。"《金瓶梅词话》四三回:"一面放下桌儿,两方～,四盒茶食。"

【春工】 chūn gōng 春季造化万物之工,也指春季的物候与景象。唐吴融《赋雪》:"腊候何曾爽,～是所资。"元王恽《双鸳鸯·柳圈词》之三:"问～,二分空,流水桃花飏晓风。"清陆求可《蕃女怨·冬郊》:"何时万紫与千红,待～。"

【春官】 chūn guān ❶ 礼部的别称。唐光宅年间改礼部为春官,故名。唐张鷟《朝野金载》卷一:"后周圣历年中,差阎知微和匈奴,授三品～尚书。"宋周辉《清波杂志》卷三:"叔祖緟三院御史贰～,未几罢斥。"六十种曲本《琵琶记》八出:"一日声名遍天下,满城桃李属～。自家不是别人,却是礼部一个祗候的便是。" ❷ 指由礼部主持的会试。《元曲选·生金阁》一折:"怕不的满胸中藏他万卷馀,又不曾上～姓名。"明郎瑛《七修类稿》卷四七:"是岁,东崖果以易经发解。明年,下第,～。"清《歧路灯》七七回:"我读书一场,未博一～第。"

【春间】 chūn jiān 春季。《太平广记》卷五二引《续仙传》:"及九日,烂熳如春,乃以闻。宝与一城士庶惊异,游赏复如

～。"《元曲选·曲江池》一折:"今日是～天道,我去那曲江池上安排小酌。"明《平妖传》五回:"这两间楼房是小姐～自家造的,虽说蜗窄,极是幽静。"

【春罍】 chūn léi ❶ 酒壶。宋韦骧《即事》:"云物半阴晴,～酒气清。"明王慎《南馆对雪》:"熏炉馥朝襆,仙酝盈～。" ❷ "春盛食罍"的节略。明《西游记》九四回:"今且整～,请驸马在御花园中款玩。"

【春牛】 chūn niú 打春所用土牛。参见"打春"。唐邱光庭《兼明书》卷一:"《礼记·月令》注曰:出土牛以示农耕之早晚,不云其牛则加彩色。今州县所造、或赤或青、或黄或黑。"明《朴通事谚解》卷下:"那牛厂里塑一个象一般大的～,妆点颜色。"清《醒世姻缘传》四八回:"拿着根鞭子,象打～的一般,齐头子的鞭打。"

【春盘】 chūn pán ❶ 立春日以生菜、果品等簇装为一盘以迎春。唐杜甫《立春》:"春日～细生菜,忽忆两京全盛时。盘出高门行白玉,菜传纤手送青丝。"宋苏轼《浣溪沙》:"雪沫乳花浮午盏,蓼茸蒿笋试～,人间有味是清欢。"清厉鹗《春饼》:"园丁供生菜,灶妾钉～。" ❷ 犹"春檠",或指春日筵宴。元张之翰《三月二十二日同诸公泛舟水门外》:"何处～正好行,会波楼外雨新晴。"明施绍莘《新水令·清明》:"双肩挑一担食罍,铺个青毡,摊个蒲团。"《梼杌闲评》一一回:"(请帖)上写着:'翌午肃治～,奉扳清叙,祈早移玉。'"

【春檠】 chūn qíng ❶ 犹"春檠"。明叶元玉《次韵游宝通寺》:"诘朝载酒宝通寺,食盒～小装。"《金瓶梅词话》四五回:"李智黄四两边引横坐了,须臾拿上～按酒。" ❷ 灯檠:有座柄的灯。清彭孙遹《菩萨蛮·夜饮》:"～双吐绯罗烛,文犀酒泛葡萄绿。"陈维崧《换巢鸾凤·咏烛》:"～上,看带笑,花开似锦。"

【春秋】 chūn qiū ❶ 揶揄;嘲弄。明《鼓掌绝尘》三〇回:"本欲抽身便走进去,被这班人扯住了,缠绵绵,热一句,冷一句,～了好一会。" ❷ 犹言章法。清《绿野仙踪》一九回:"大相公又赞扬他是肚中有～的女人。"

【春色】 chūn sè ❶ 喻指面色泛红。唐孟郊《卧病》:"～烧肌肤,时殚苦咽喉。"宋邓肃《诉衷情·送李状元》之一:"金樽不辞频倒,～上朱颜。"清《红楼梦》三九回:"姑娘今儿脸上有些～,眼圈儿都红了。" ❷ 喻喜色。宋陈师道《清平乐》:"眉上放开～,眼前怜取新郎。"明《西游记》一二回:"萧瑀闻言,倍添～,知他是个好人。" ❸ 喻指酒色,借指酒。宋贺铸《六州歌头》:"轰饮酒垆,～浮寒瓮,吸海垂虹。"苏庠《诉衷情·渔父家风醉中赠韦道士》:"瓮中,枕上华胥,便是长生。"元卢挚《殿前欢·八葫芦》:"酒杯浓,一葫芦～醉山翁。" ❹ 喻指健康、娇美的容颜。元明《三国演义》二〇回:"承曰:'贱躯暴疾,有失迎候,罪甚。'腾曰:'面带～,未见病容。'"明汤显祖《牡丹亭》一四出:"三分～描来易,一段伤心画出难。"《警世通言》卷二四:"便数尽满院名姝,总输他十分～。" ❺ 喻指情色。元邦哲《寿阳曲·思旧》:"两下爱、衾枕和同,销金帐～溶溶。"王实甫《西厢记》四本一折:"春意透酥胸,～横眉黛。"《元曲选·汉宫秋》三折:"今日汉宫人,明朝胡地妾。忍着主衣裳,为人作～?"

【春山】 chūn shān 春山色黛,喻女子双眉。唐李商隐《代董秀才却扇》:"莫将画扇出帷来,遮掩～滞上才。"元王实甫《西厢记》四本二折:"俺小姐这些时～低翠,秋水凝眸。"清《聊斋志异·宦娘》:"今日个蹙损～,望穿秋水。"

【春胜】 chūn shèng ❶ 写有吉祥语的方胜形彩纸,类似后世春联。唐李商隐《骄儿》:"请爷书～,～宜春日。"明《金瓶梅词话》七八回:"看看到年除之日,窗梅痕月,檐雪滚风,竹爆千门万

户,家家贴～,处处挂桃符。" ❷ 立春日剪彩纸成方胜形,以为妇女的节日头饰。宋马永卿《懒真子》卷三:"乃知今人立春或戴～春幡,亦古制也。"元刘鹗《岁晚书怀》:"奏凯还家归路好,彩幡～簇前旗。"明谢迁《人日记兴用前韵》:"花栽～浓妆彩,梅落风檐乱点书。" ❸ 即"春盛"。元张可久《落梅风·春日湖上》:"担～,问酒家,绿杨阴列仙图画。"

【春盛】 chūn shèng 即"春盛担"。唐卢延让《樊川寒食二首》之一:"谁家金络游～,担入花间轧轧声。"元贯云石《寿阳曲》:"担～,问酒家,绿阳阴似开图画。"明《金瓶梅词话》六八回:"不一时放了六桌,就是～案酒,一色十六碗。"

【春盛担】 chūn shèng dàn 一种分层放置食品碗碟的提盒,春游时用两个提盒装上食品,挑着去郊外祭扫或野餐,故称。《元曲选·玉壶春》一折:"俺来到这花深去处,将那～儿放在一壁,俺慢慢的赏玩咱。"又《萧淑兰》一折:"手下人收拾春盛盒担,往山头走一遭去。"明《拍案惊奇》卷三八:"张郎端正了～子,先同浑家到坟上去。"

【春盛食罍】 chūn shèng shí léi 即"春盛担"。宋元《清平山堂话本·瑞仙亭》:"小姐分付春儿:'打点～灯笼,我今夜与你赏月散闷。'"

【春试】 chūn shì 指会试。参见"春闱"。《旧唐书·高钺传》:"开成元年～毕,进呈及第人名。"明《二刻拍案惊奇》卷九:"凤生虽已得中,～尚远,还在园中读书。"清李光地《吴愧庵行状》:"忆丁未～日之前,地梦仙乐降康,迎君于馆。"

【春事】 chūn shì 情事;性事。明绍绅《画眉序·怀旧》:"从今一场～毕,好歹来生和你再相觅。"佚名《醉花阴·和谐》:"空教我一枕昏迷多半晌,醒时节又要颠狂。我和你歇片雲再将～讲。"

【春笋】 chūn sǔn 犹"春葱"。五代李煜《捣练子》:"托香腮～嫩,为谁和泪依栏干。"宋元《清平山堂话本·花灯轿》:"玉腕轻抬,分花阴,露十枝～。"清方成培《雷峰塔》一六出:"我爱你素手掺掺,笑漫出春葱～。"

【春台】 chūn tái 酒桌;饭桌。元明《水浒传》四回:"～放下三个盏子,三双箸,铺下菜蔬果子下饭等物。"明徐咸《西园杂记》卷上:"用宣春机,以助回阳之意,故桌曰～,凳曰春凳。"清《绿野仙踪》二五回:"清茶吃过,随后妇女即安放桌椅,揩抹～。"

【春帖】 chūn tiě ❶ 唐宋时逢立春日,学士院依例撰作诗词,贴于禁中诸阁,称"春帖"或"春端帖"。宋翁元龙《西江月·立春》:"画阁换粘～,宝筝抛学银钩。"元陆文圭《除夕二首呈北溪》之二:"为问玉堂～子,不知高士有谁供?"清查慎行《凤城新年词》之二:"一样升平好时节,两宫～进词臣。" ❷ 犹"春胜❶"。宋胡仲弓《元日》:"大书～当桃符,吟对窗前梅一株。"明叶盛《水东日记》卷九:"前年过泰和,谒杨尚书淑简、王抑庵尚书,见杨氏～云:'世承良吏德,门倚素王宫。'"清厉鹗《除夕宿德州》:"荒村已是栽～,茅店犹闻索酒钱。"

【春闱】 chūn wéi ❶ 指太子宫。太子宫称东宫,春宫。唐《大唐西域记》序:"今上昔在～,裁述圣记,凡五百七十九言。"宋葛仲圣《辞免太子右谕德札子》:"讫无铢发之效,今又超躐,使赞德～。"元刘因《金太子允恭墨竹》之一:"博山烟暖～静,却笑承乾嗜好偏。" ❷ 指礼部考试,唐宋以降在春季举行,故云。明清每年八月乡试,称"秋闱"。闱,考场。唐权德舆《贡院对雪以绝句代八行》:"寓宿～岁欲除,严风密雪绝双鱼。"明谢迁《四喜记》一九出:"雄才定卜～选,故里还期昼锦荣。"清《聊斋志异·司文郎》:"是年,捷于乡;明年,～又捷。"

【春纤】 chūn xiān 喻指女子手指。宋张孝祥《满江红·思归寄柳州》:"倩～,缕鲙捣香齑,新篘熟。"明常伦《寄生草》:"锁春情独把重门闭,掐～常把归程计。"清《醒世姻缘传》八二回:"～笋鲜,金莲藕尖,轻移步公堂前。"

【春心】 chūn xīn 两性互相爱慕之心,也指情欲。唐李白《越女词》之二:"卖眼掷～,折花调行客。"元明《水浒传》二四回:"起身睃这粉头时,三钟酒落肚,哄动～。"清方成培《雷峰塔》六出:"私怀暗忖量,你两下～荡。"

【春兴】 chūn xìng 指情欲。《元曲选·红梨花》一折:"果然若来时,和他吃几杯儿酒,添些～,扰搭帮放翻他。"明《拍案惊奇》卷二:"吃这一惊,把那一点勃勃的～丢在爪哇国里去了。"清《续金瓶梅》四二回:"梅玉也不甚强挣,由他温存搂抱,不觉～齐来。"

【春选】 chūn xuǎn ❶ 吏部春季铨选官员。《旧唐书·职官志二》:"凡大选,终于季春之月。若选人有身在军旅,则军中试书判,封送吏部。亦有春中下解而后集,谓之～。"宋杨万里《除吏部郎官谢宰相启》:"岂惟～,守光庭之圣书;倘或秋毫,赞山公之启事。"清《八洞天》卷一:"那年才中了乡榜,明年幸喜联捷,在京候选。～却选他不着……到得秋选,除授广西宾州上林县知县。" ❷ 犹"春闱❷"。《宋史·选举志三》:"外舍生赴次年公试,其～升补推恩,依大观法。"明吴宽《故四川金事陈君妻周孺人墓志铭》:"泞以其母老,恐违奉养,屡不应～。"《古今小说》卷三四:"母亲在家,早晚无人侍奉。儿欲归家,就赴～。"

【春药】 chūn yào 促使性兴奋的药物。明《石点头》卷一〇:"既有这些妓家,又有了这些闲游子弟,男女混杂,便有了卖酒卖肉,卖诗画……卖～,卖梳头油,卖胭脂擦面粉的。"清《后西游记》二五回:"温柔国王要脐香合～,养了许多猎户,张罗置网。"

【春意】 chūn yì ❶ 男女间爱恋的情意;性欲。《元曲选·百花亭》一折:"端的个眉尖上芳信传,眼角头～窃。"明《西游记》五五回:"那女怪活泼泼,～无边;这长老死丁丁,禅机有在。"清《赛花铃》六回:"红生一时～勃然,便向前一把搂住凌霄。" ❷ 犹春宫,指淫秽图画。明谢肇淛《五杂组》卷七:"又有～便面一折,其衣冠制度甚为诡殊。"《一片情》九回:"索娘打发强仕去了,坐在房中,桌上放一本～儿。"清《红楼梦》七三回:"这痴丫头原不认得是～,便心下盘算:'敢是两个妖精打架?不然必是两口子相打。'"

【春院】 chūn yuàn 妓院。明《警世通言》卷二四:"却说公子辞了王匠夫妇,径至～,只见几个小乐工,都在门首说话。"

【椿凳】 chūn dèng 即"春凳"。清《照世杯·百和坊》:"吃得酩酊大醉,昏天黑地,睡在～上。"

chún

【唇齿】 chún chǐ 讲闲话;议论。唐张读《宣室志》卷八:"刘氏无行,又娶一卢氏者,濮上人,性极悍戾,每以～相及。"元乔吉《小桃红·赠刘牙儿》:"试寻思,风流漫惹闲～。"明《金瓶梅词话》八五回:"教他休要使性儿,往他母舅张家那里吃饭,惹他张舅～。"

【唇三口四】 chún sān kǒu sì 说三道四;胡言乱语。《元曲选外编·紫云庭》二折:"这里却是那里?则管里～,唱叫扬疾。"明佚名《粉蝶儿·妓女收心》:"有一等查查忽忽、乔乔画画、套出人儿,但若是应付不着早～。"

【唇吻】　chún wěn　议论；言语。唐柳宗元《贺赵江陵宗儒辟符载启》："与时偃仰，不废其道，而为见忌嫉者横致～。"《五灯会元》卷一二《金山昙颖禅师》："才涉～，便落意思，尽是死门，俱非活路。"清《歧路灯》一〇八回："两贤媛温款深衷，不便～，只眉宇间好生缱绻。"

【纯】　chún　用掷钱方式赌博时，掷出的钱全是背面。宋《朱子语类》卷四："且以扑钱譬之，～者常少，不～者常多。"《元曲选·燕青博鱼》二折："你若是博呵，要五～六～，着小人也觅一文半文。"按，元马端临《麻衣易》："以扑钱背、面，喻八卦阴阳～驳，此鄙说也。"

【纯净】　chún jìng　纯粹洁净。《法苑珠林》卷二三："土有五种，一～土，唯在佛果。"元郑元祐《雪巢》："其处其谁世寡俦，～不涅缁尘喜。"明陆树声《清暑笔谈》："捶粉笺杂色者仅华美，然粉疏则涩笔……近稍用紧白～者。"

【纯善】　chún shàn　同"淳善"。《元曲选外编·襄阳会》二折："则愿的驯良～，怕的是踢跳贪奔。"明《杜骗新书·婚娶骗》："这布店好可恶！他欺你～，故敢诳你。"

【纯熟】　chún shú　❶纯粹；深入细密。《法苑珠林》卷一五："何故释迦菩萨心不～而弟子～，弥勒菩萨自心～而弟子不耶？"宋宋祁《又论京东西淮北州军民间养马法》："伏见京东西缘淮北州军地，不～马之种类与北马小异。"明张纶言《林泉随笔》："仲深持养～，践履笃实，有伊洛诸儒气象。"　❷精通；熟知。《法苑珠林》卷一五："久习～，文义洞晓，敬心殷诵，至诚冥感。"元明《水浒传》一七回："这宋江自在郓城县做押司，他刀笔精通，吏道～。"明都穆《都公谈纂》卷下："太凡人之学术到～处，己亦不知，方见其妙。"　❸很熟练。宋王柏《绍兴五公帖》："太史范公意度严重，运锋～。"元陶宗仪《辍耕录》卷八："若画得～，自然笔法出现。"清《飞龙全传》四七回："臣今习学弓马，已是～，愿在陛下之前一试。"

【淳善】　chún shàn　淳厚善良；性格温顺。宋《朱子全书》卷四六："～底人易得含胡苟且，姑息贪恋。"《元曲选·金线池》一折："我老人家如今性子～了，若发起村来，怕不筋都敲断你的！"明《古今小说》卷三八："这个是我姑娘的儿子，且本分～，话也不会说。"

chǔn

【蠢】　chǔn　❶笨；粗俗。多用作詈语。《元曲选·勘头巾》一折："减了些性粗性～，则要你妆痴妆呆。"明汤显祖《牡丹亭》五四出："～丫头，幽欢之时，彼此如梦，问他则甚！"清《红楼梦》八回："好～东西，你也轻些儿！"也可径称人。宋元《清平山堂话本·李翠莲》："小姑不要忒侥幸，母亲面前少言论。些些轻事重报，老～听得便就信。"　❷使……粗俗；减却情致。元王实甫《西厢记》五本三折："枉～了他梳云掠月，枉羞了他惜玉怜香，枉村了他嬲雨尤云。"

【蠢夯】　chǔn bèn　❶粗笨；笨重。明《朴通事谚解》卷中："纽子不要底似大，恰好着。大时看的～了。"　❷同"蠢笨"。明《西游记》九二回："常时疼我爱我，念我～护我。"清《儒林外史》四六回："小儿～，自幼失学。"

【蠢坌】　chǔn bèn　同"蠢夯❶"。《元曲选·儿女团圆》二折："他生的短矮也那～身材。"元明《水浒传》二七回："辘轴般～腰肢，棒槌似桑皮手脚。"明陈铎《脱布衫带过小梁州·嘲铺排》："

【蠢笨】　chǔn bèn　愚蠢笨拙。清《雍正五年七月十二日上谕》："宁可挑～老实者与阿哥使唤方好。"《红楼梦》二四回："如若宝叔不嫌侄儿～，认作儿子，就是我的造化了。"

【蠢才】　chǔn cái　笨人。詈词。明张凤翼《灌园记》一四出："我这条性命，可不送在你这～手里！"李梅实《精忠旗》二四出："这～先却故作晓事的，这样不中用！"清《红楼梦》三一回："～，～！将来怎么样！明日你自己当家立业，难道也是这么顾前不顾后的？"

【蠢材】　chǔn cái　同"蠢才"。明《型世言》一回："不识得人的～，敢这等无礼！"清《醒世姻缘传》六二回："张茂实这个～，你却也该忖量一忖量，妻子平日果否是这样人。"

【蠢侪】　chǔn chái　犹"蠢才"。明《西洋记》五三回："你这～！岂不闻二卵弃干城之将，留名青史，竹简腾辉。"

【蠢虫】　chǔn chóng　犹"蠢才"。人为倮虫，故虫可称人。元明《水浒传》一九回："你这厮是济州一个诈害百姓的～，我本待把你碎尸万段。"清《儒林外史》九回："你这老不死老～！这样人来寻我，你只回我不在家罢了。"

【蠢大】　chǔn dà　粗大。清《红楼梦》八回："胎中之儿，口有多大怎得衔此狼犺～之物？"《雪月梅》九回："两边站着三四个～丫头，手里都拿着棍棒。"

【蠢汉】　chǔn hàn　❶粗壮汉子。元明《水浒传》二七回："只见里面跳出两个～来，先把两个公人扛了进去。"明《梼杌闲评》四回："架上苍鹰跳跃，索牵黄犬凶顽。寻花问柳过前湾，都是帮闲～。"△清《万花楼演义》六回："恃着数十个～，横行无忌，顺者生，逆者死。"　❷愚人；笨人。元明《水浒传》三〇回："休言你这厮鸟～，景阳冈上那只大虫，也只三拳两脚，我兀自打死了。"明《平山冷燕》一三回："此特没情～之言，若深情人，决不作此语。"清《后西游记》二二回："此辈不过是些迂儒～，又非妖精魔怪，何消动粗！"

【蠢货】　chǔn huò　犹言笨蛋。詈词。明《古今小说》卷一："陈旺的老婆是个～，那晓得什么委曲？不顾高低，一直的对主母说了。"清《红楼梦》九六回："这种～，有什么情种！"

【蠢牛】　chǔn niú　詈词，称蠢笨的人。明《禅真逸史》一〇回："我把你这不识高低、不知进退的～，敢在我跟前撒泼放刁？"清《儒林外史》二回："那些孩子就像～一般，一时照顾不到，就溜到外边去打瓦踢球。"

【蠢胖】　chǔn pàng　肥胖笨拙。元明《水浒传》三回："张三～，不识字只把头摇；李四矮矬，看别人也将脚踏。"清《醒世姻缘传》四二回："只是汪为露一个～夜叉身子，不两三个月弄得他似狱中饿鬼一般的模样。"

【蠢物】　chǔn wù　❶蠢生之物，指虫鸟兽类。《唐会要》卷四一："阳和布气，～怀生，在于含养。"宋薛田《成都书事一百韵》："～乘时先养育，菁英量候别陶甄。"《明儒学案》卷五一："有主宰于其间，使灵而为人者，其性异于～，与牛犬之性不同。"　❷称蠢人；粗人。多用为詈语。元明《水浒传》六九回："老～，你省得什么人事！"清纪昀《阅微草堂笔记》卷二三："如此～，岂可与同居！"《红楼梦》四一回："岂不闻一杯为品，二杯即是解渴的～。"

【蠢戆】　chǔn zhuàng　愚蠢戆直。唐陆贽《请抚循李楚琳疏》："以臣～，窃谓非宜。"明《拍案惊奇》卷三一："老叟授以秘诀数万言，多是变化隐秘之术。侯元素性～，到此一听不忘。"

【蠢浊】　chǔn zhuó　愚笨糊涂。《元曲选·百花亭》二折："俺想为人生得～，倒也省的耽烦受恼。"明谢肇淛《五杂组》卷三："而

261

健阳士女莫不白皙轻盈,即舆僬下贱无有~肥黑者。"

【蠢子】 chǔn zǐ 笨人;粗人。宋沈括《赠崇德县君任氏墓志铭》:"况闺妇室子而又不幸零落于总笄之年,而求其有卓然显闻之行,虽一知其不获。"明《封神演义》二四回:"小人乃山中~,执斧愚夫,那知深奥。"清《红楼梦》七九回:"可知天下古今现成的好景妙事甚多,只是愚人~说不出想不出罢了。"

chuō

【戳】 chuō ❶ 刺;插;捅。《九朝编年备要》卷二:"既而上引柱斧~地,大声曰:'好为之!'"《元曲选·冯玉兰》一折:"你这船开到河心里弄翻了,倒把桅竿直~下泥里去。"明《金瓶梅词话》二四回:"慌的老冯连忙开了门,让众妇女进来,旋~开炉子顿茶。"引申指掺入。清《野叟曝言》二八回:"无过是墙门里面数得出几家子人家,我平日可曾~一个脚尖儿去?" ❷ 拱手的不敬说法。清《醒世姻缘传》八回:"一面提了根生绢裙穿着往外走,来到面前~了两拜。"又九六回:"朝着狄希陈~了两拜,千恩万谢。" ❸ 用言语刺伤。清《红楼梦》六〇回:"一句话~了他娘的心。" ❹ 搬弄调唆;揭发告诘。明《金瓶梅词话》八三回:"妇人说:'你大娘等闲无事他不来我这屋里来,无甚事他今日大清早晨来做甚么?'春梅道:'左右是咱家这奴才~的来。'"又九五回:"忘八见他使钱儿猛大匣子矍着金头面,撅着银挺子打酒,与鸨儿买东西,~与土番,就把他截在屋里。"

【戳包儿】 chuō bāo er 即"搠包儿"。《元曲选外编·金凤钗》三折:"我想那~贼汉,栽排下不义之财。"明陆容《菽园杂记》卷七:"京师有妇女嫁外京人为妻妾者,初看时,以美者出拜,及临娶,以丑者换之,名曰~。"

【戳碜】 chuō chěn 丢丑;出丑。明冯惟敏《粉蝶儿·李争冬有犯》:"骑着头木驴儿~,戴着个弲眼儿妆聋。"

【戳灯】 chuō dēng 写有姓氏或标有其他印记的灯笼,有长柄,可插在底座上,也可以扛着走。清《红楼梦》一四回:"大门上灯朗挂,两边一色~,照如白昼。"又二五回:"连忙将地下的~移过来一照,只见宝玉满脸是油。"按,此二例程乙本均作"绰"。

【戳短拳】 chuō duǎn quán 比喻从旁助力或怂恿。清《醒世姻缘传》三二回:"你每日架落着七叔降人,你在旁边~。"

【戳番】 chuō fān 明代厂、卫掌告发的缉事人。明朱长祚《玉镜新谭》卷六:"乃忠贤则大有异焉,广布~,托名访缉。彼贪功罔利者大都捉影捕风。"

【戳告】 chuō gào 指认告发。明林俊《辩王元恺等狱疏》:"若非刘祥之挟恨~,刘宝之图利拿拿,则元恺之传报徒托空言。"

【戳记】 chuō jì 图章;印记。清乾隆元年《山东通志》卷一三:"(盐引)入大清河,又用公直小红~。"《歧路灯》四六回:"请了一个代书蔡鉴写了稿儿,誊了真,用了~,与钱一百文,开发出去。"

【戳莽】 chuō mǎng 莽撞;粗率。明冯惟敏《醉太平·家训》:"怕年年医不得眼前疮,悔当时~。"

【戳舌】 chuō shé 搬弄口舌。明《金瓶梅词话》一一回:"他又在汉子跟前~儿,转过眼就不认了。"又二八回:"等我寻不出来教娘打就是了,你在旁~怎的!"

【戳无路儿】 chuō wú lù er 即"戳舌","戳壶漏"的音变。明《金瓶梅词话》五一回:"想必两个不知怎的有些小节不足,哄不动汉子,走后边~,没的拿我垫舌根。"又六四回:"只是五娘快

~,行动就说'你看我对你爹说'。"

【戳子】 chuō zi 印章。清《儒林外史》四五回:"他自己做稿子,你替他誊真,用个~。"

chuò

【啜】 chuò ❶ 嘴。金《董解元西厢记》卷七:"口~似猫坑,咽喉似泼忏,诈又不当个诈,诨又不当个诨。"按,例中"口""啜"同义连言。明风月友《金陵六院市语》:"~者,嘴也。" ❷ 哄骗;指拨。宋吕渭老《好事近》:"有则有个泼心儿,不放被利名~。"元明《水浒传》二五回:"王婆计~西门庆,淫妇药鸩武大郎。"明《金瓶梅词话》二五回:"使玉箫丫头拿一匹蓝段子,别房里~他把他吊在花园里奸耍。" ❸ 通"绰",夺去。《元曲选·货郎旦》一折:"怎知道误功名是那额点芙蓉朵,陷家缘唇注樱桃颗,~人魂舌吐丁香唾。"

【啜哺】 chuò bǔ 饮食;吃喝。唐李绅《忆东郭居》:"醉醒迷~,衣裳辨颠倒。"宋曾丰《蠢书鱼赋》:"盖闻仁义之胜乎膏粱绮,可以供吾之~。"

【啜持】 chuò chí 哄诱。宋秦观《品令》:"须管~教笑,又也何须胁织。"罗烨《醉翁谈录》戊集卷二:"个中无限西施乳,一味~黄口儿。"宋元《警世通言》卷三七:"当下只留这万秀娘在焦吉庄上,万秀娘离不得是把个甜言美语~过来。"

【啜醋】 chuò cù 即"啜持"。宋元《警世通言》卷三七:"把那刀来入了鞘,却来~万秀娘道:'我争些个错坏了你。'"

【啜狗尾】 chuò gǒu wěi 跟在别人后面占便宜。啜,通"缀"。《元曲选·杀狗劝夫》三折:"是一个~的乔男女,是一个拖狗皮的贼丑生。"或作"踏狗尾""蹋狗尾"。

【啜哄】 chuò hǒng 哄骗。《元曲选·青衫泪》三折:"不想老虔婆逐日嚷闹,百般~,妾身只是不从。"明杨继盛《乞诛奸险巧佞贼臣疏》:"盖恐汝夔招出真情,故将此言~,以安其心。"《梼杌闲评》三〇回:"切不可听老魏~,明日做出坏事来。"

【啜引】 chuò yǐn 引诱。《元典章·刑部三》:"故将郑昭举~山上无人处,用棒打死埋尸。"

【啜饮】 chuò yǐn 饮;喝。宋李新《王朝奉诔》:"奉筋豆如平常而不复见~。"元陈栎《穿井》:"子孙复孙子,~有餘欢。"明王立道《题许由弃瓢》:"深山蕨薇肥可食,~优游皆帝力。"

【啜赚】 chuò zhuàn 哄骗。宋《建炎以来繫年要录》卷一二三:"凡所施设,巧为甘言,以相~。"《元典章·刑部三》:"又二次~萧公家放牛小厮来哥,依前杀死,剖割祭祀。"明李开先《宝剑记》一一出:"此间是白虎节堂,朝廷有旨,擅入者斩。莫不是承局~我?"

【绰板婆】 chuò bǎn pó 称言语尖利的女人。明《醒世恒言》卷三四:"(孙大娘)能言快语,是个揽事的女都头。若相骂起来,一连骂十来日也不口干,有名叫做~。"又:"那家婆娘不秀气,替老公装幌子,惹得~叫骂。"按,"绰板"即"拍板",奏乐时打拍子用。

【绰步】 chuò bù 迈步。明《封神演义》六一回:"马元笑曰:'料你有何力量,敢禁我来不赶!'随绰开大步来追。"清《隋唐演义》一二回:"咬牙切齿,怒目睁眉,揎拳裸袖,~撩衣,发狠上前。"

【绰号】 chuò hào 根据人的特征而取的外号。《元曲选·灰阑记》二折:"可恶这郑州百姓,欺侮我罢软,与我起个~,都叫

我做模棱手。因此我这苏模棱的名传播远近。"元明《水浒传》六回:"那和尚姓崔,法号道成,～生铁佛;道人姓丘,排行小乙,～飞天夜叉。"

【绰见】 chuò jiàn 撞见;望见。宋《朱子语类》卷一一七:"曾点不知是如何,合下便被他～得这个物事。"元曲选·后庭花》三折:"莫说百姓人家,便是官宦贤达,～了包龙图影儿也怕。"清《醒世姻缘传》五九回:"要论我这一时,心里极明白,知道是公婆丈夫的;只～他的影儿,即时就迷糊了。"

【绰开】 chuò kāi 另见 chāo kāi。避开;除开。宋佚名《张协状元》五三出:"〔喝〕～,～!天下状元来!"《元曲选·货郎旦》四折:"闲家擘划,诸般～。花红布摆,早将一个泼贱的烟花婆过来。"

【绰立】 chuò lì 直立。唐元稹《阴山道》:"～花砖鹓凤行,雨露恩波几时报。"白居易《行简初授拾遗同早朝入阁因示十二韵》:"斗班花接萼,～雁分行。"

【绰名】 chuò míng 即"绰号"。金《董解元西厢记》卷二:"雄烈超今古,力敌万夫,～唤孙飞虎。"元明《水浒传》五回:"～久唤花和尚,道号亲名鲁智深。"

【绰趣】 chuò qù 逗趣;取乐。明《古今小说》卷二:"又假意劝解小姐,抱持～,尽他受用。"明《挂枝儿·商议》:"曾嘱你,悄悄地休被人知,你缘何人面前常是调情～?"

【绰屑】 chuò xiè 即"绰楔"。金《刘知远诸宫调》一:"门安～免差徭。"明《金瓶梅词话》一九回:"正面丈五高心红漆～,周围二十板砧炭乳口泥墙。"

【绰楔】 chuò xiē 朝廷用以旌表忠孝节义,或达官显宦用以标示官阶品位的设施。随时代变迁而形制有别:一为木柱(又分单双),立于正门之外;一为木楔,加于大门横框之上。《元曲选·范张鸡黍》三折:"将公之德,荐举君前,门安～,墓顶加官。"《明史·烈女传》:"次亦树坊表,乌头～,照耀井间。"

【绰绽】 chuò zhàn 衣物开裂。《敦煌变文集·秋吟一本》:"炎天作乐攀金辔,□□追欢捧玉杯,～酒沾尘点染,愿开惠施赏迦提。"又:"凋按(雕鞍)骏骑,打球～之衣……将退故之名衣作缁徒之冬服。"

【辍】 chuò ❶让出;分给。唐赵璘《因话录》卷三:"时洛中物价翔贵,难致口腹,庾常于公堂一己馈以饷其姊。"宋吴处厚《青箱杂记》卷六:"(王钦若)又～俸修晋公祠于圃田,作记以述其眆饗云。" ❷从他人手中转买。唐佚名《夜怪录》:"姬者俄以疾终,山中无求闶器之所,托一村翁～其寿棺而瘗。"宋何薳《春渚纪闻》卷六:"梁师成以三百千取吾族人《英州石桥铭》,谭稹以五万钱～沈元弼'月林堂'榜各三字。"

【辍买】 chuò mǎi 同"辍❷"。宋洪迈《夷坚志》乙卷一三:"淮上多蚌蛤,舟人日买以食,集见必～放诸江。"孙觌《与常守王司谏简》:"比又从人～杉椽二百枚。"

【辍那】 chuò nuó 调动;挪移。宋欧阳修《倚阁忻代州和籴米奏状》:"为去年河东秋大熟,乞朝廷～钱银绢,广谋粮草。"汪应辰《乞以见任使臣管押马纲与宰执书》:"窃谓前此州县官有常员,难以～。比年以来添差小大使臣之类布满中外。"王之望《乞修城壁壕堑关隘札》:"而暑雨霖潦,亦非土工之时,且～工夫,修创关隘。"

【辍弃】 chuò qì 放弃。明柯潜《陈情疏》:"执亲之丧,未能尽孝,而又～几筵,贪冒宠禄,何能尽忠?"清吴敏树《与杨性农书》:"敏树近以小祥在庐下,未遂～文史也。"

【辍赠】 chuò zèng 特赠;取物赠送。辍,通"掇"。唐李白

《赠黄山胡公求白鹇》:"胡公能～,笼寄野人还。"宋周煇《清波杂志》卷七:"顷年蒙嘉其好古,～甚多。"清宋荦《松花江绿石砚歌》:"故人～意良厚,入手波纹翠犹湿。"

【龊】 chuò ❶戒备。宋《三朝北盟会编》卷二〇一:"当其围城时,城上备御及防护老小营寨,遇敌则又把路～巷。"《宋史·杨巨源传》:"彼出则～巷,从卫且千人。" ❷通"搠"。戳;刺。宋元《古今小说》卷一五:"遮拦隔架,有如素练眼前飞;打～支撑,不若耳边风雨过。"

【龊茶】 chuò chá 宋代称为店铺送茶并索取小费的行径。宋吴自牧《梦粱录》卷一六《茶肆》:"有一等街司衙兵百司人,以茶水点送门前铺席,乞觅钱物,谓之～。"耐得翁《都城纪胜·茶坊》:"提茶瓶,即是趁赴充茶酒人,寻常月旦望,每日与人传语往还,或讲集人情分子。又有一等,是街司人兵,以此为名,乞觅钱物,谓之～。"

cí

【词】 cí ❶讼词;诉状。《敦煌变文校注》卷三《燕子赋(二)》:"凤凰台上坐,百鸟四边围。徘徊四顾望,见燕口衔～。"明《禅真逸史》二一回:"次早府中进状,但不识二少年名姓,难以行～。"清于成龙《兴利除弊条约》:"及至两造明知悔悟,而～入公门,欲罢不能。" ❷理由;借口;说法。宋孔平仲《续世说》卷三:"左右意不欲行,皆以袍笏不具为～。"明郑晓《今言》卷三:"诸忌者又以晏劳费为～,嗾言官论阻。"清《十二楼·夏宜楼》三回:"拜过二詹之后,即便央人议婚,果然不出所料,只以榜后定议为～。" ❸争竞;异议。元明《水浒传》三六回:"今蒙缉捕到官,取勘前情,所供甘罪无～。"明《朴通事谚解》卷中:"如卖已后,神奴来历不明,远近亲戚、闲杂人等往来争竞,卖主一面承当不～,不干买主之事。"

【词场】 cí chǎng 科举试场。唐欧阳詹《与郑伯义书》:"二年间,见居方求试于～,仆恨恨以失。"《旧五代史·裴皞传》:"后裔孙知贡举,引新进士谒皞。皞喜为诗曰:'～最重是持衡。'"《元曲选·潇湘雨》一折:"二来便辞别应举去也。则愿的早夺～第一筹。"

【词话】 cí huà 元代流传于民间的一种说唱文学,明清之际也泛称平话小说。《元史·刑法志四》:"诸民间子弟不务生业,辄于城市坊镇演唱～,教习杂戏。"《元曲选·救风尘》三折:"那唱～的有两句留文:'咱也曾武陵溪畔曾相识,今日伴推不认人。'"明《古今小说》卷一:"则今日听我说《珍珠衫》这套～,可见果报不爽。"

【词科】 cí kē 科举名目之一。应试大体以文辞为主。唐佚名《玉泉子》:"德裕尝为藩府从事日,同院李评事以～进,适与德裕同官。"元王恽《碑阴先友记》:"司之才,字进道,淇门人。业～,有声场屋间。"清《醉醒石》六回:"颖士因不敢再赴～,遂终于扬州功曹。"

【词手】 cí shǒu 填词的高手。宋陈师道《后山诗话》:"今代～,惟秦七、黄九尔!"明王世贞《艺苑卮言》附录一:"'问君能有几多愁,恰似一江春水向东流',情语也。后主直是～。"清徐釚《词苑丛谈》卷一:"大约词体以婉约为正,故东坡称少游为～。"

【词首】 cí shǒu 原告或主要诉讼人。宋洪迈《夷坚志》三己卷五:"明日,众手力陈状云:'岁例用牛赛神,适有黄牛病瘴,已合钱买得,愿赐判许。'陈命牵至,则壮腯无所苦,立挞～,而舍牛付

道士观。"宋杨万里《知漳州监丞吴公墓志铭》:"一日差注巡检须武举中选,或任于晓民事者;二曰理讼先逮~;三曰商旅不得操兵事。"

【词说】　cí shuō　❶言词;辩词。《敦煌变文校注》卷一《捉季布传文》:"楚家季布能~,官为御史大夫身。"宋龙衮《江南野史》卷三:"若对官家,善为~,必免其祸。"清《隋唐演义》四三回:"今日弟到这里,成了一家,尊卑次序就要坐定,已后不费~。"❷犹"词话"。元陶宗仪《辍耕录》卷二五:"唐有传奇。宋有戏曲、唱诨、~。金有院本、杂剧、诸宫调。"

【词诉】　cí sù　❶诉讼或诉讼文书。唐刘肃《大唐新语》卷一:"比闻听受~,日不暇给,安能为朕求贤哉!"宋李光《论邓雍札子》:"都省所接~,分送六曹,与决实行。"元杨载《点义仓即事》:"赋役已宽~减,素餐无补谩优悠。"❷犹"词说❶"。《元曲选·救孝子》三折:"俺孩儿若犯了王条,违了法度。我便与了文书,着他来偿命去,别无~。"

【词头】　cí tóu　❶唐宋时词臣代朝廷所拟谕旨。唐白居易《草词毕遇芍药初开》:"罢草紫泥诏,起吟红叶诗。~封送后,花口拆开时。"宋《朱子语类》卷一二八:"迁谪人~,当日命下,当日便要,不许隔宿,便与~报行。"清毛奇龄《上高阳相公诗》:"但向~判彩毫,不须救尾添花字。"❷话头;话语。宋胡次焱《与贵池县宰札》:"事长元初,牵课俚语。敬披此为~,而挥笔抒思。"❸指填的词。清曹尔堪《一剪梅·风情》:"萧郎离恨托~,写怨梁州,入破甘州。"

【词因】　cí yīn　缘由,多指诉讼中双方陈述的理由原委。宋《五代史平话·汉上》:"孝义县知县览阿苏~,唤集邻保及刘光远当厅审问,取各人供指~,与阿苏所告相同。"金王喆《卜算子·叹世迷》:"怎地被煎催,尚自содержит贪妒。忽日鄮都勾你来,着甚~诉?"《元曲选·魔合罗》二折:"你是原告,你说那~来。"

【词章】　cí zhāng　言词;话语。《敦煌变文校注》卷三《燕子赋(二)》:"燕子启大王:'雀儿漫落荒,亦是穷奇鸟,构架足~。'"

【词纸】　cí zhǐ　即"词状"。清《聊斋志异·刘姓》:"乃碎其~,入肆,将与调停。"

【词状】　cí zhuàng　诉状;状纸。唐段成式《酉阳杂俎》卷二:"乃命先过戊申录,录如人间~,首冠人生辰,次言姓名年纪。"宋元《古今小说》卷三六:"朝殿回衙,即时升厅,引放民户。"清蓝元鼎《潮州风俗考》:"潮阳~日投一千八百楮。"

【辞怠】　cí dài　推辞怠慢。金《刘知远诸宫调》一二:"这些功劳,余当仗你两个,不得有些~。"

【辞绝】　cí jué　推辞拒绝。唐戴孚《广异记》:"恩命已行,难以~。"《旧五代史·僭伪传第一》:"杨溥既不称藩,无足与之抗礼,来侦国情,不如~。"清《野叟曝言》九回:"亏得田氏把素臣再三~,乃璇姑一家苦情,含着两眶眼泪,代素臣剀切陈说。"

【辞世】　cí shì　死亡的婉称。唐皎然《苏州支硎山报恩寺大和尚碑》:"~之夕,风号雨暴,天地惨黩。"《元曲选·竹坞听琴》一折:"后来他升做工部尚书,不幸~。"清《红楼梦》五〇回:"偏第二年他父亲就~了。"

【辞堂】　cí táng　称母亲或祖母去世。明韩邦奇《赵太淑人墓志铭》:"甫历夏秋,而太淑人已报~矣。"徐熥《孝友堂慈竹歌》:"老母~今几载,此竹青青犹未改。"

【辞头】　cí tóu　❶同"词头❶"。宋王珪《论苏颂等封还李定~札子》:"自宋敏求封还~后,苏颂等相继不肯命词,盖谓近制未有自选人除台官者。"❷同"词头❷"。明蔡清《四书蒙引》卷八:"故以畏天命为首,而~俱平。"

【辞推】　cí tuī　推辞。《大宋宣和遗事》前集:"小匠刻则刻也,官司严切,不敢~。"《元曲选·隔江斗智》二折:"拚的个醉醺醺满饮不~。"明孙承恩《重午会客自慰》:"细缕菖蒲满泛杯,劝君乐饮莫~。"

【氅芒】　cí máng　瓷器碎片的锋芒。《元典章·刑部二》:"有不招承者,跪于~碎瓦之上,不胜楚痛。"

【慈训】　cí xùn　指神佛的教诲。《敦煌愿文集·大般涅槃经郭法姬题记愿文》:"以是弟子郭法姬抑(仰)感~,府(俯)自克励。抑(仰)为亡夫杨群豪敬写《大般涅槃经》一部。"

【慈眼】　cí yǎn　❶佛以慈悲心视众生之眼。唐李子卿《兴唐寺圣容瑞光赋》:"睟容若动,~如睨。"❷马的一种眼病。明高明《琵琶记·杏园春宴》:"元有一万匹马,却有一千三百个漏蹄,二千七百个抹臁,三千八百个熟瘸,二千二百个~。"

【慈幼局】　cí yòu jú　宋代收养儿童的官办慈善机构。宋周密《武林旧事》卷六:"童幼不能自育者,则有~。"《宋史·理宗纪》:"癸亥诏给官田五百亩,命临安府创~,收养道路遗弃初生婴儿。"元程文海《宁求己夫人章氏墓志铭》:"杭有~,收养弃孩。"

【慈旨】　cí zhǐ　母意,也指父母的意旨。唐元稹《诲侄等书》:"忆得初读书时,感~一言之叹,遂志于学。"宋佚名《张协状元》一出:"孩儿领爹娘~。"元明《三国演义》五五回:"我奉母亲~,令我夫妇回荆州。"

【磁老】　cí lǎo　杯子的隐语。老,市语构词成分,相当于词缀。明佚名《醉太平带莲花落·掉侃》:"执着~,就着盏老,饮着海老,吃着气老。"

【磁了眼】　cí le yǎn　眼珠变得像瓷球似的,犹言瞎了眼。清《歧路灯》三〇回:"想着不还钱,~!"

【磁瓦】　cí wǎ　瓷器的碎片。明海瑞《胡胜荣人命参语》:"后用~刮之,头痛硬处红去无迹。"清《醒世姻缘传》七四回:"照着狄希陈的脸带碗带药猛力摔将过去,淋了一脸药水,着~子把脸砍了好几道口子流血。"《红楼梦》七六回:"拿了~去交收是证见,不然又说偷起来。"

【鹚老】　cí lǎo　即"鹚䳓"。《元史·祭祀志三》:"菱芡栗黄鼠,仲秋用之;梨枣黍粱~,季秋用之。"明《西游记》六回:"大圣见了,搜的一翅飞起去,变作一只大~,冲天而去。"

【鹚䳓】　cí lǎo　水鸟名,即鸬鹚,俗称鱼鹰。《元朝秘史》卷三:"命分里只可吃残皮,却想吃雁与~。"

【雌】　cí　❶怯懦;软弱。《元曲选·抱妆盒》三折:"寇承御你休得要~也波~,我打你个忠臣不怕死!"又《单鞭夺槊》三折:"那一个~,这一个雄,珙圩珰鞭槊紧相从,好下手的也尉迟恭!"清《隋唐演义》四六回:"目前举事之人,那个认自己是~的?"❷拖延;推。通"跐"。明《金瓶梅词话》一一回:"我去时还在厨房里~着,等他慢条丝礼儿才和面儿。"❸凑;缠。明佚名《南牢记》三折:"我今日又没请你,自~将来,大胆泼势。"《金瓶梅词话》五八回:"他爹要便进我屋里,推看孩子,~着和我睡。"清《醒世姻缘传》九一回:"走进房去,大奶奶也不言语,也不僦睐,~着说话,大奶奶也不答应。"❹咧嘴露齿。通"龇"。明《金瓶梅词话》二五回:"我也还~着嘴儿说人哩,贼淫妇王八,你来嚼说我!"清《醒世姻缘传》六七回:"老婆子上门来发作,他可~着嘴笑。"❺喷溅。通"泚"。清《醒世姻缘传》二五回:"肚里也有半瓶之醋,晃晃荡荡的,常要~将出来。"又四四回:"~的薛如卞兄弟两个一头灰往外跑。"《野叟曝言》一四五回:"呱的一声,一张水卵朝着空里~出一泡尿来。"

【雌答】　cí da　数落;申斥。雌,通"跐"。答,词尾。清《醒世

姻缘传》四四回:"谁家一个没折至的新媳妇就开口骂人,～女婿。"又四八回:"薛亲家闷闷谒谒的,是他闺女～的。咱怎么的来,他恼咱?"

【雌搭】　cí da　同"雌答"。清《醒世姻缘传》七四回:"～了一顿,不僦不睬的来了。"

【雌儿】　cí er　对年轻女子的轻薄称呼。元明《水浒传》二四回:"老身有一条计,便教大官人和这雌儿会一面。"明沈璟《义侠记》一二出:"你只说这个～是谁的老婆?"清《情梦柝》一五回:"若素心内好笑道:'我是～,你要做甚么?'"

【雌饭】　cí fàn　蹭饭,混饭吃。明《金瓶梅词话》八五回:"他便羊角葱靠南墙——老辣一定,你还在这屋里～吃!"又八六回:"你是我老婆,不顾瞻我,反说我雌你家饭吃。我白吃你家饭来!"

【雌汉】　cí hàn　偷汉,指女子与人私通。明《金瓶梅词话》:"俺每这里还闲的声唤,你来～子!"

【雌没答样】　cí méi dá yàng　受冷落或申斥后没脸面的样子。清《醒世姻缘传》四五回:"薛婆子也甚是不好意思,看着素姐吃了两碗面,～的家去了。"又七三回:"龙氏才合薛三省娘子的～往家去了。"

【雌牙扮齿】　cí yá bàn chǐ　斗嘴;言语相戏。清《醒世姻缘传》一九回:"晁大舍对了晁住、李成名两人的媳妇,绝也不合他似往时～。"又六五回:"谁合你且在这里～!"

【雌嘴】　cí zuǐ　蹭嘴,混东西吃。清《醒世姻缘传》四八回:"那老没廉耻的来～,我叫你留他吃饭来!"又:"他怎么就是没廉耻的来～? 明日巧妹妹过了门咱爹就别去看看,也是～吃哩。"

cǐ

【此】　cǐ　表示时间,相当于"今"。唐李白《去妇词》:"及～见君归,君归妾已老。"杜甫《龙门镇》:"旌竿暮惨淡,风水白刃涩。胡马屯成皋,防虞～何及!"

【此般】　cǐ bān　这种;这样。唐易静《兵要望江南·占怪》:"军营内,地陷使人惊。若更作声如战鼓,～凶象速移营。"六十种曲本《琵琶记》一〇出:"鞍辔既不周全,牵整何曾完备? ～物件,其实不中。"清《醒世姻缘传》三五回:"～异类,这样穷奇,岂愁他!"

【此等】　cǐ děng　这种;这样。唐张九龄《敕日本国王书》:"～灾变,良不可测。"宋《朱子语类》卷三六:"圣人贤于尧舜处,却在于收拾累代圣人之典章、礼乐、制度、义理,以垂于世,不在～小小处。"清《醒世恒言》卷二九:"我有示在先,不许擅放私债,盘剥小民。如有～,定行追还原券,重责逐出。"

【此个】　cǐ gè　这个;这种。《敦煌变文校注》卷一《董永变文》:"路逢女人来委问:'～郎君往何方?'"金《刘知远诸宫调》一:"料不识～凶徒,你如今却待侵傍。"清《聊斋志异·妾击贼》:"～物事,不直接下手插打得,亦学作贼。"

【此间】　cǐ jiān　其中;此际;这里。唐白居易《张常侍池凉夜间宴赠诸公》:"或啸或讴吟,谁知～味。"宋苏轼《往富阳新城李节推先行三日》:"春山磔磔鸣春禽,～不可无我吟。路长漫漫傍江浦,～不可无君语。"清《红楼梦》四四回:"想到～,便又伤感起来。"

【此木】　cǐ mù　"柴"的拆字。清《麴头陀传》八则:"就是出家,我～八木早晚少不得的。"

【此上】　cǐ shàng　❶ 因此。参见"因此上"。《大宋宣和遗

事》前集:"为此,后唐明宗夜夜焚香告天,祝曰:'我乃胡人,不能整治天下。愿天早生圣人,抚安黎庶。'～感得火德星君霹雳火仙下界。"金佚名《大金吊伐录》卷二:"由此路允迪曾经奏审,日后更无来耗,～量摘军马屯围驻守,本军还赴西京。"元《武王伐纣平话》卷下:"文王说纣王无道之事。姜尚曰:'臣尽知之。～知纣不仁,故来投仁君。'"《元典章·刑部十六》:"因为夏贤分付,～将龚仲一非法行打,因伤身死。"❷ 以上。唐封演《封氏闻见记》卷六:"～两说各异,未详孰是。"明朱九德《倭变事略》:"十一月造帅府于柴家埭,寻废。十二月筑平湖县城。～皆癸丑年事。"

【此些】　cǐ xiē　这些;这点儿。强调数量少。宋《朱子语类》卷一〇〇:"发见说话未是如此,则全赖～时节,如何依靠?"元《武王伐纣平话》卷下:"用一个兵,怎破纣王? 纣王有战将千员,雄兵百万有餘,如何破得?"明《濯庵八咏·一掬轩》:"～杨枝水,掬之不盈手。"

【此样】　cǐ yàng　这样;这种。指示代词。宋《朱子语类》卷五七:"两个都是～人,故说得合味道。"六十种曲本《琵琶记》四〇出:"五更三点奏朝廷,今古难求～人。"明《拍案惊奇》卷四〇:"唐时发榜后,与不第的举子吃解闷酒,混名打甏甏。～酒席可是吃得十来番起的?"

【此这】　cǐ zhè　这,指示代词叠用。明《金瓶梅词话》七回:"～一句话道着这婆子真病,须臾怒起,紫强了面皮。"又七九回:"～一不来倒好;若来,正是失脱人家逢五鬼滇冷饿鬼撞锺馗。"

【跐蹬】　cǐ dēng　践踏。清《醒世姻缘传》六八回:"有的忘了梳匣,叫人回家去取,～的尘土乱飞,臊气满地。"

【跐践】　cǐ jiàn　践踏。宋刘子翚《谕俗十二首》之四:"初如卵壳微,～悉糜碎。"

【跐踏】　cǐ tà　犹"踩踏"。明王樵《槜李记》:"彼欲劫一家,谋非一旦。探听～,潜伏脱退,皆有所处。"

cì

【次】　cì　❶ 靠近。唐刘禹锡《贾客词》:"大艑浮通川,高楼～旗亭。"唐陆龟蒙《奉和袭美添渔具·渔庵》:"结茅～烟水,用以资啸傲。"❷ 差;不好。清《歧路灯》七回:"这各县中文风盛的,便有中送;那文风～的,也难以无为有为。"又一一回:"如此读去,在做秀才时便是端方醇儒,到做官时自是经济良臣,最～的也还得个博雅文士。"❸ 用在动词后表示动作正在进行,有"……时""……际"等意思。唐元稹《出门行》之二:"献珠龙王宫,值龙觅珠～。但喜复得珠,不求珠所自。"《祖堂集》卷四《耽源和尚》:"师与邓隐峰划草～,见蛇,师过锹子与隐峰。"宋元《古今小说》卷三三:"正行之～,见一条大溪拦路。"❹ 动量词,回。唐张籍《祭退之》:"三～论净退,其志亦刚强。"元明《水浒传》四回:"前番醉了一～,搅扰了一场。"清孔任《桃花扇》二一出:"俺往说数～,竟不下楼。"❺ 构词成分,置于单音节名词之后构成双音节词,无实义。唐拾得《佛舍尊荣乐》:"后来出家者,多缘无业～。"宋孟元老《东京梦华录》卷四:"行菜得之,近局～立,从头念唱,报与局内。"元明《水浒传》三〇回:"又进了一两套食～,说些闲话。"按,"业次"即职业,"局次"即厨房,"食次"即食品,"次"均不为义。

【次第】　cì dì　❶ 逐一;依次。唐白居易《花下对酒》:"梅樱与桃杏,～城上发。"《敦煌变文校注》卷六《大目乾连冥间救母变文》:"汝欲得见阿娘者,心行平等,～乞食,莫问贫富。"元明《水浒传》五五回:"却说呼延灼大获全胜,回到本寨,开放连环马,都～

前来请功。" ❷ 头绪;眉目。元王实甫《西厢记》三本一折:"他明日回话,必有个～,且放下心,须索好音来也。"元明《水浒传》一七回:"太守问我贼人消息,我回复道:'未见～,不曾获的。'"明《平妖传》三五回:"朕以命范雍征讨元昊,杨畋征讨侬智高,未见～。" ❸ 规模;规矩。宋杨万里《题严州新堂》:"新堂略有～否? 忙里从公一来觑。"《朱子语类》卷五一:"他(指滕国)又界在齐楚之间,二国视之,犹太山之压鸡卵耳。若教他粗成～,此二国亦必不见容也。"金《董解元西厢记》卷三:"居中地行近前来,依～觑着张生大人般拜。" ❹ 光景;情况。《祖堂集》卷三《慧忠国师》:"这个儿子,养来到十六,并不曾见他语话,又不曾见他过门前桥。今日才见和尚,有如是～,恐是此儿子异于常人也。"宋《三朝北盟会编》卷一一三:"西京、河阳,郑、滑等州同为一体,把截探伺～。"元明《水浒传》一一三回:"即目要取苏州,不得～,特差我三个来探路。" ❺ 排场;气派。宋《三朝北盟会编》卷二三:"寻常见童太师做许大模样～,到临事却如此畏懦。"宋元《清平山堂话本·三怪记》:"西京定鼎门外,寿安县路上,有一座名园,叫做会节园,甚～。但见:朱栏围翠玉,宝槛嵌奇珍。"清《醒世恒言》卷一〇:"动用器皿家伙,甚是～。" ❻ 迅疾;急速。唐白居易《观幻》:"～花生眼,须臾烛过风。"宋徐集孙《湖上》:"数日不来湖上看,西风～水苍茫。"元陈德载《栽桂》:"云边移得数株来,人老花应～开。" ❼ 转眼;随即。唐韩愈《落齿》:"馀存二十馀,～知落矣。"宋《三朝北盟会编》卷九:"已曾遣人马追赶,～终须捉得。"元白樸《乔木查·对景》:"水冷风高,长天雁字斜,秋香～开彻。"

【次二】 cì èr 其后。元《西洋记》二回:"前面一个山门,矮矮小小。～一个天王殿……～一个金刚殿。"

【次后】 cì hòu 其后;随后。唐《开元释教录》卷九:"初于兴福寺南院安置,～有敕,令住西明。"《元曲选·货郎旦》四折:"那李彦和共一娼妓,叫做张玉娥,作伴情熟,～娶结成亲。"清《红楼梦》二四回:"贾赦先站起来回了贾母话,～便唤人来。"

【次后来】 cì hòu lái 犹"次后"。元明《水浒传》二六回:"将那时放帘子,因打着西门庆起来……～怎生踢了武大,因何设计下药,王婆怎地教唆拨置,从头至尾说了一遍。"明佚名《点绛唇·子弟收心》:"他发卖倾囊配作双,～归不得家乡,见不得爹娘。"清《飞龙全传》一五回:"初起时扬尘播土,～走石飞沙。"

【次品】 cì pǐn 差一等的物品。宋罗大经《鹤林玉露》甲编卷二:"宋文帝时,司徒义康专总朝权,四方馈遗,皆以上品荐义康,而以～供御。"明高濂《遵生八笺》卷一五:"今人所见,皆其～,式样虽精,而墨彩不佳。"

【次妻】 cì qī 续娶的妻子,泛指妾。宋周必大《平和大夫转两官合转成安大夫》:"～耶律氏并妾路氏,萧颖等耶律氏,各未有封号。"《元曲选·还牢末》一折:"我替他礼案上除了名字,弃贱从良,就嫁我做个～。"明《拍案惊奇》卷二七:"妾是真州人,乃是永嘉崔县尉～。大娘子凶悍异常,万般打骂。"

【次室】 cì shì 犹"次妻"。《旧五代史·唐书·后妃传一》:"淑妃韩氏,庄宗正室。德妃伊氏,庄宗～。"宋穆修《东海徐君墓志铭》:"初室季氏无子,长子孝山实出～李氏。"明《禅真后史》五回:"有～花氏,已生二子,当下见夫人产下一个男儿,心生嫉妒。"

【次位】 cì wèi 位次;次序位置。《法苑珠林》卷二八:"第一名我慢心礼者,谓依～,心无恭敬,恃尊自德,无师仰意。"《新唐书·礼乐志二》:"其坛室之上下,墙门之内外,～之尊卑,与其向立之方,出入降登之节,大抵可推而见其盛且备者。"明佚名《金字经》:"街,失了个～,慌忙揣在怀里。"失次位,指跌倒。

【次下】 cì xià 其次;以下。《祖堂集》卷一《释迦牟尼佛》:

"如上三十三王,子子相承也,亦是粟散而已。～并是转轮圣王,嫡嫡相承,至于菩萨。"宋黄震《广德军重建藏书阁记》:"上崇圣经,～乃列子史。"明朱橚《普济方》卷四一一:"钤中之后为脊癃骨者共二十二,脊癃～为大动骨者一。"

【次序】 cì xù 头绪;眉目。明汤显祖《紫箫记》三三出:"松州俺已差论恐热人马攻围,想有～。"清《醒世姻缘传》一回:"应酬少有～,晁书领了四个家人,携了一千两银子,刚刚到京。"

【次着】 cì zhuó 次一等。明《二刻拍案惊奇》卷三七:"却是徽州风俗,以商贾为第一等生业,科第反在～。"

【伺候】 cì hòu ❶ 等待;等候。《敦煌变文校注》卷五《佛说观弥勒菩萨上生兜率天经讲经文》:"一场人我壮胸襟,一个无常专～。"明《金瓶梅词话》五八回:"小的到乔爹那边见了来了,～老爹示下。"清洪昇《长生殿》二一出:"万岁爷将次到来,我和你且到外厢～去。" ❷ 供使唤;服侍。元明《水浒传》二四回:"这是孝悌的勾当,我如何阻你? 你可每日来县里～。"明陆容《菽园杂记》卷一四:"吾乡会饮,往往至昏暮才散……童仆～之难,父母悬念之切,亦不可不体也。"清方成培《雷峰塔》七出:"官人想未用饭,快备早膳～。"用作名词指供使唤的人。《元曲选·荐福碑》二折:"洒家是吉阳县～,教小人接新官去。"明《金瓶梅词话》三一回:"军牢喝道,僚掾跟随,须臾都到了门首,黑压压的许多～。" ❸ 准备。元明《水浒传》二回:"既然如此,教人去县里买些果品、案酒～。"明李梅实《精忠旗》一七出:"先到大理寺狱中取刑具～,什么红绣鞋、吕公绦,事事都要办着。"明《金瓶梅词话》八回:"妇人在房中害热,分付迎儿热下水,～澡盆,要洗澡。"

【刺】 cì ❶ 插入;钻进。唐杜甫《夔州歌十绝句》之四:"赤甲、白盐俱～天,闾阎缭绕接山巅。"明高攀龙《三时记》:"每下一滩,舟则～入白浪。浪裏而复出,穿于石罅中。"《西洋记》八五回:"黄凤仙来得忙,看见有一个花瓷器瓶儿在地上,一斤斗就～到瓶儿里面去了。" ❷ 刺绣;缝。唐陈羽《古意》:"人言此是嫁时服,含笑不～双鸳鸯。"清《红楼梦》三六回:"(宝钗)因又见那活计实在可爱,不由的拿起针来代替他～。"《聊斋志异·小翠》:"～布作圆,蹋蹴为笑。" ❸ 五代以来的刑罚之一,在脸上刺字,发配远方。《五代会要》卷九:"罪有可疑,法当宥,徒二年半,～面配华州。"《宋史·刑法志三》:"如闻百姓抵轻罪,而长吏擅～隶他州,朕甚悯焉。自今非得于法外从事者,毋得辄～罪人。" ❹ 指征兵。宋制,兵卒须在身上刺字为记。也指被征的兵卒。宋苏辙《龙川别志》卷下:"治平中,韩魏公建议于陕西～义勇,凡三丁～一人。"李攸《宋朝事实》卷一六:"百姓年十二以上,并～为军。"《宋史·兵志五》:"七年,诏义勇正身不许应募充～,已应募者召人对替。" ❺ 扬;挑;举。宋佚名《张协状元》二七出:"豪家漫把丝鞭～,甚娇媚又人人意。"金《刘知远诸宫调》一:"新开酒务,一竿斜～出疏篱。"元明《水浒传》六四回:"后面只见旗幡对～,战鼓乱鸣。"

【刺口】 cì kǒu 多口。唐韩愈《寄卢仝》:"彼皆～论世事,有力未免遭驱使。"宋欧阳修《述怀》:"壮年尤勇为,～论时政。"明刘嵩《别从兄本泉教授之南阳》:"凄凉诸侯旧宾客,～论事从啾歔。"

【刺挠】 cì náo 皮肤发痒。引申指不舒服、不快意。清《醒世姻缘传》四九回:"俺婆婆央他,教他续上我罢,他～的不知怎么样,甚么是肯。"

【刺恼】 cì nǎo 即"刺挠"。清《醒世姻缘传》九回:"拿这件事来压住他,休了他,好离门离户,省得珍哥～,好叫他利亮快活,扶他为正。"

【刺闹】 cì nào 即"刺挠"。明《西游记》五二回:"行者爬上

那圈子，又咬一口，那怪睡不得，又翻过身来道：'～杀我也！'"

【刺配】　cì pèi　即"刺❸"。《五代会要》卷二五："周广顺元年三月二十八日敕诸道州府，牛皮今后犯一张，本犯人徒三年，～重处色役。"宋陆游《老学庵笔记》卷四："东坡守杭，法外～颜巽父子，御史论为不法，累章不已。"明《平妖传》二六回："合应脊杖二十，～山东密州牢城营当军。"

【刺头】　cì tóu　钻头；埋头。唐杜荀鹤《咏小松》："自小～深草里，而今渐觉出蓬蒿。"《景德传灯录》卷一八《福州鼓山兴盛国师》："今为诸仁者，～入他诸圣化门里，斗薮不出。"元耶律楚材《请奥公禅师开堂疏》其四："闹里～，最好逢人便出；稳处下脚，何碍遇缘即宗。"

【刺文】　cì wén　刺绣；刺（字）。唐白居易《策林·息游惰》："织妇之手，皆欲投杼而～。"宋虞俦《甲寅十一月朔旦冬至》："又见～添一线，谁知泣血三年。"元明《水浒传》三九回："不幸～双颊，那堪配在江州。"

【刺邪】　cì xié　同"刺斜"。明《西游记》四二回："那猪八戒～里就来助战。"

【刺斜】　cì xié　旁边；侧边。元明《三国演义》一三回："原来是周瑜与程普引军～杀来，前后夹攻。"《水浒传》六一回："方才斗得三合，～里一个人大叫道：'好汉没遮拦穆弘在此！'"清《绿野仙踪》三三回："那些人马从～里跑走，直奔金花庄前。"

【赐】　cì　敬词，用于对方的给予或关照。唐韩愈《上郑尚书相公启》："伏蒙仁恩，猥～示间，感戴战悚。"明《型世言》三八回："旅馆凄凉，得姐姐暂解幽寂，正要姐姐夜夜～顾。"清《聊斋志异·道士》："饮毕，嘱曰：'翌午幸～光宠。'"

【赐贶】　cì kuàng　赏赐；赠予。五代王建《答梁主书》："又蒙厚加～，别降奇珍。"《新唐书·韦嗣立传》："帝临幸，命从官赋诗，制序冠篇，～优备。"清《歧路灯》二回："诸长兄空来一望，已足铭感，何必～！"

【赐无畏】　cì wú wèi　皇帝允许大臣直言，表示优容的套语。《敦煌变文校注》卷三《茶酒论》："自古至今，茶贱酒贵。单醪投河，三军告醉。君王饮之，叫呼万岁，群臣饮之，赐卿无畏。"唐孟棨《本事诗·高逸》："倘陛下赐臣无畏，始可尽臣薄技。"宋陆游《老学庵笔记》卷六："俗说唐五代间事，每及功臣，多云'赐无谓（畏）'，其言甚鄙浅。"按：清褚人穫《坚瓠秘集》卷六"赐无畏"条有详考，并谓此系借自佛经习语。

cōng

【匆草】　cōng cǎo　犹"匆促"。宋苏辙《戏次前韵寄王巩》之一："不分归心太～，更怜人事苦萦縻。"岳珂《桯史》卷七："将与群公贵人，诵故侯之名绪。叙谢之意，～莫殚。"

【匆卒】　cōng cù　同"匆促"。宋欧阳修《上范司谏书》："即欲为一书以贺，多事～，未能也。"《大唐三藏取经诗话》一七则："～辞于皇帝，七人上舡，望正西乘空上仙去也。"明郑善夫《答石龙书》："前素翁去～，草草数字，相闻而已。"

【匆促】　cōng cù　忙迫；匆忙仓促。唐杜甫《雨不绝》："眼边江舸何～，未得安流逆浪归。"宋许景衡《与楼试可简》："昨者邂逅承教，～不款。"清《说岳全传》八回："这些迎亲之礼，一时～，那里来得及！"

【匆遽】　cōng jù　匆忙急促。唐裴铏《传奇·崔炜》："崔子既来，皆是宿分，何必～，幸且安驻。"元明《三国演义》一〇四回："适

因～，失于咨请，故复来耳。"清孔尚任《桃花扇》一八出："目下军容～，凡事权宜，皆当相谅。"

【匆忙】　cōng máng　急急忙忙。唐杜甫《新婚别》："暮婚晨告别，无乃太～！"明沈鲸《双珠记》四五出："应召觐君王，行色～，登山涉水苦风霜。"清《红楼梦》八二回："正说着，忽见翠缕翠墨二人回来，神色～。"

【葱管】　cōng guǎn　❶ 轿子前面的横闩。元明《水浒传》四六回："叫轿夫歇下轿子，拔去～，搭起轿帘，叫那妇人出轿来。"△ 清《儿女英雄传》二六回："褚大娘子、张姑娘扶着姑娘上了轿，安上扶手板儿，放下轿帘儿，扣上～儿，搭出轿去。"❷ 气球上充气用的管状物。《元曲选·度柳翠》三折："吹一口气，添上些水润这表，倾了那水，再吹一口气，拴了这～儿，便难当作耍。"

【聪俊】　cōng jùn　❶ 聪明卓异。《敦煌愿文集·二月八日文等范本·赞功德文》："伏惟公天生～，文武双全。于家有治理之名，奉国有尽忠之节。"《元曲选外编·云窗梦》二折："那厮使心机卖～，不提防俺这一棍。"明程敏政《圻子圹志》："圻生最～，凡解事皆先其兄。"❷ 聪明秀美。宋黄庭坚《归田乐引》："为伊～，销得人憔悴。"《元曲选·东坡梦》一折："你道是可惜他落风尘，系红裙，端的个十分体态能～。"明《拍案惊奇》卷一二："我有个姑娘的儿子，从小往来，生得～，心里要嫁他。"

【聪秀】　cōng xiù　聪明俊秀。唐独孤及《殇子韦八墓志》："生有奇表，温明～。"明《警世通言》卷二五："先生见他～，与己子支德年齿相仿，遂令同桌而坐。"清袁枚《子不语》卷六："周有女，年相若，见雄少年～，颇爱之。"

cóng

【从】　cóng　另见 zòng。❶ 向；往；到。介词。唐杜甫《投赠哥舒翰》："胡人愁逐北，宛马又～东。"宋陈瓘《临江仙》："此别又～何处去，风萍一任西东。"《五代史平话·周上》："自前年买剑杀了那厮，走～这里来，一向不知他音耗是怎生。"❷ 任；任随。唐李中《勉同志》："尘～侵砚席，苔任满庭墀。"元王晔《水仙子》："从来道水性难拿，～他趄过，由他演撒，终只是个路柳墙花。"清《红楼梦》二二回："无我原非你，～他不解伊，肆行无碍凭来去。"❸ 因；因为。唐韦应物《寄林侍御》："价以吹嘘长，恩～顾盼深。"许浑《寄殷尧藩》："宅～栽竹贵，家为买书贫。"《敦煌变文校注》卷二《庐山远公话》："贱奴虽身居下贱，佛法薄会些些，缁服不同，法应无二。～此知道安说法不能平等。"❹ 从来；向来。后接否定词。唐佚名《大唐传载》："出身三十年，发白衣仍碧。日暮倚朱门，～未染袍赤。"《元曲选·黄粱梦》四折："昨日共那几个，今日共这一火，～不曾离了侧坐。"清《红楼梦》五回："我的小名这里～没人知道的，他如何知道？"❺ 又；重。明陆治《高阳台·春怨》："绛烛花生，蛾来又～扇灭。"

【从便】　cóng biàn　❶ 取便（办理）；视情况便(biàn)宜(处理)。唐陈讽《彭州新置唐昌县记》："民之忧苦，已明其重轻；事之兴废，已熟其利病。～革弊，幽显惬心。"金佚名《大金吊伐录》卷一："内有于民不便无名之敛，仍仰所在官司开立状申，当议～削去。"清《野叟曝言》八三回："你休折杀了我。我纵有小劳，不足报熊姊大德，快请～。"❷ 任凭；随便。宋孟元老《东京梦华录》卷四："坊巷桥市，皆有肉案，列三五人操刀，生熟肉～索唤。"吴自牧《梦粱录》卷一八："官置柴场，城内外共设二十一场，许百司官厅及百姓～收买。"

【从长】 cóng cháng 慎重；仔细。后面常跟"计议"之类的动词。唐易静《兵要望江南·占云》："风角鸟占能总解,心无机巧计～,报国效忠良。"金佚名《大金吊伐录》卷一："凡关夹攻事件,须令与差官员计议,～施行。"清《红楼梦》九七回："也使得,只是大家还要～计较计较才好。"

【从初】 cóng chū 起初；当初；先前。五代李真《赐孟知祥诏》："东川董璋,爱自为邻,～不睦,尝厚诬于表疏。"宋刘辰翁《祝英台近·水后》："～错铸鸱夷,不如归去。到今此,欲归何处?"元纪君祥《赵氏孤儿》四折："我待问～,拔刀相助。"

【从嫁】 cóng jià ❶ 嫁。从,无实义。唐顾况《梁广画花歌》："凝睇掩笑心相许,心相许,为白阿娘～与。"温庭筠《南歌子》："偷眼暗形相,不如～与,作鸳鸯。" ❷ 陪嫁。用为名词则指陪嫁的婢女之类。《太平广记》卷四五三引《腾听异志录》："娘子本某太守女……嫁为苏氏妻,遇疾终。金花是～,后数月亦卒。"明张宁《横豀别墅记》："弟文中公以兄子妻鲁,念鲁方俭晦,以一夫之田。"《金瓶梅词话》九一回："房内止有一个～使女答应,又不出材儿。"

【从教】 cóng jiào 听任;任凭。唐元稹《感石榴二十韵》："唯我荆州见,怜君胡地赊。～当路长,兼恣入檐斜。"《元曲选外编·贬黄州》二折："～头上青天鉴,不愿腰间印金印悬。"清陈世祥《西江月》："醉也～便醉,醒来依旧还醒。"

【从来】 cóng lái ❶ 本来。语气副词。唐施肩吾《江南怨》："愁见桥边荇叶新,兰舟枕水楫生尘。～不是无莲采,十顷莲塘卖与人。"拾得《从来是拾得》："～是拾得,不是偶然称。别无亲眷属,寒山是我兄。"宋张元幹《渔家傲》："客里～无意绪,催归去,故园正要莺花主。" ❷ 从前;原来。唐张籍《书怀寄王秘书》："白发如今欲满头,～百事应尽休。"宋陆游《桃源忆故人》："残年还我～我,万里江湖烟舸。"金《董解元西厢记》卷七:"把个唧溜庞儿,为他瘦损,减尽～,稔腻风韵。"

【从良】 cóng liáng ❶ 指奴婢或官役役满释放或赎身,取得平民(良人)身分。《唐大诏令集》卷七七:"陵户各并放～,终身洒扫陵寝。"宋尹洙《鬻爵法》:"所畜女使放～,银器没官。"《元曲选·罗李郎》二折:"侯兴伏侍多年了,与他一张～的文书。" ❷ 指妓女脱离乐籍嫁人。宋王辟之《渑水燕谈录》卷一○:"子瞻通判钱塘,尝权领州事,新太守将至,营妓陈状,以年老乞出籍～。"明《古今小说》卷二九:"如了事,就将所用之使前来照证,我这里重赏,判你～。"清潘天成《梦遇马贞娘记》:"余自受汤临川辱,决志～。" ❸ 指强盗等归顺学好。明林俊《明长乐知县黄公廷美墓表》:"兄弟有讼,谕之让;卢公林剧盗,谕之～。"清《飞龙全传》二八回:"狭路相逢,再教强梁失势;穷途发愤,才称棍恶～。"

【从前】 cóng qián ❶ 以前;过去。唐张九龄《敕吐蕃赞普书》:"既不先举,自足知心。～所言,岂有虚也。"宋元《清平山堂话本·杨温传》:"杨温便与马都头唱个喏,把～事说了一遍。"清方成培《雷峰塔》三四出:"追忆～,痛时乖命蹇。" ❷ 从头。元《前汉书平话·续集》卷下:"太子具说母之言,～说一遍,高祖大喜。"明《醒世恒言》卷一三:"当下孙神通初时抵赖,后来加起刑法来,料道脱身不得,只得～一一招了。"

【从前已来】 cóng qián yǐ lái 犹"从前已往"。唐陆贽《奉天请数对群臣兼许令论事状》:"朕见～事只如此,所以近来不多取次对人。"白居易《与昭义军将士书》:"卿等～常保忠贞之节,自今以后永为心腹之军。"或作"从前以来"。明海瑞《启殷石订两广军门》:"其惨其害,～无有也。"

【从前已往】 cóng qián yǐ wǎng 以前;过去。金《董解元

西厢记》卷八:"～有浮浪儿,谁似这厮般少年花下死。"明《金瓶梅词话》九九回:"这韩道国夫妇向前施礼,把～话告诉了一遍。"清《儒林外史》六回:"自己隔着屏风请教大爷,数说这些～的话。"

【从容】 cóng róng 宽裕;富足。宋徐元杰《洪庆庵记》:"刱家道～,生理优裕,既无一而非前人辛苦之积。"明《拍案惊奇》卷一:"后来家事挣得～了,他便思想一个久远方法。"清《红楼梦》二五回:"我手里但凡～些,也时常的上个供。"

【从上】 cóng shàng 从前。《祖堂集》卷六《洞山和尚》:"～如许多佛法,什摩处得来?"《景德传灯录》卷二二《朗州德山德海禅师》:"问:'～宗乘以何为验?'师曰:'～且置,即今作么生验?'"《五灯会元》卷五《青原行思禅师》:"～衣法双行,师资递授,衣以表信,法乃印心。吾今得人,何患不信?"

【从食】 cóng shí 各种点心食品的统称。宋佚名《枫窗小牍》卷上:"旧京工伎固多奇妙,即烹煎盘案亦复擅名,如王楼梅花包子……曹家～。"吴自牧《梦粱录》卷一六:"更有专卖素点心～店,如丰糖糕、乳糕、栗糕、镜面糕。"

【从他】 cóng tā 听凭;任随。唐李白《白头吟》:"人心不如草,莫卷龙须席。～生网丝,且留琥珀枕。"明沈德符《万历野获编》补遗卷三:"民间放灯,～饮酒作乐快活,兵马司都不禁。"清孔尚任《桃花扇》一一出:"饥兵鼓噪犯天朝,将军无计,～去自逍遥。"

【从听】 cóng tīng ❶ 听从。唐元结《自释》:"吾不～于时俗,不钩加于当世。"清《后水浒传》四○回:"人患局迷。怎得遇巧,陈其过失,使其悔悟～,我心始快。" ❷ 听任;任随。唐元稹《任醉》:"殷勤满酌～醉,乍可欲醒还一杯。"李建勋《闲出书怀》:"断酒只携僧共去,看山～马行迟。"宋姜特立《大雷雨》:"起舞不辞巾角垫,卷廊～药囊浮。"

【从头】 cóng tóu ❶ 开头;起初。唐白居易《何满子》:"一曲四词歌八叠,～便是断肠声。"宋郑刚中《赠范茂直》:"脱体文章都换骨,～宦业便通神。"明《二刻拍案惊奇》卷四:"纪老三便把～如何来讨银,如何留他吃酒,如何杀死了埋在红花地里,说了个备细。" ❷ 过去;从前。宋元《清平山堂话本·错认尸》:"如此如此,把～之事,一一说了。"明《警世通言》卷二八:"许宣把～事,一一对姐夫说了一遍。"清洪昇《长生殿》四九出:"天宝年间,长生殿里,恨茫茫说起～。" ❸ 重新;从头开始。宋欧阳修《乞置弓弩都作院》:"既皆草草造成,不久寻复损坏,又须～修换一番。"宋元《警世通言》卷一六:"小夫人把适来说的话,～细说一遍。"元王实甫《集贤宾·退隐》:"百年期六分甘到手,数支干周遍又～。"清《醒世姻缘传》四○回:"后来诸事俱完,程先生又～拘禁。这心猿放了一回,卒急怎易收得回来?" ❹ 全部;全都。唐王梵志《身如圈里羊》:"羊既日日死,人还日日亡。～捉将去,还同好肥羊。"《元曲选·东堂老》一折:"你将这连天的宅憎嫌小,负郭的田还不好,一张纸～儿卖了,不知久后栖身何处着?"清洪昇《长生殿》一九出:"这钗盒是陛下定情时所赐,今日将来交还陛下,把把把深情密意～缴。" ❺ 当头;迎面。唐张鷟《朝野金载》卷二:"见钱满面喜,无镪～喝。"王建《寻李山人不遇》:"～石上留名去,独向南峰问老师。" ❻ 仔细;反复。《元曲选外编·刘弘嫁婢》一折:"人家一领簇新的衣,你去那典场上你便～的觑。"《元曲选·连环记》三折:"他把那娇滴滴艳质～相。"明汤显祖《牡丹亭》五○出:"帽儿光整顿～,还则怕未分明的门楣认否。"

【从头里】 cóng tóu li 早已;从一开始。《元曲选·魔合罗》四折:"你和他～传消息,沿路上曾撞着谁?"明《金瓶梅词话》四四回:"你和银姐的轿子没来,～不知谁回了去了。"清《醒世姻

缘传》一〇回："我～就待出去看，只为使着这两只手。"

【从先】 cóng xiān　以前。唐〔日〕圆仁《入唐求法巡礼行记》卷一："～道新罗国使而与本国一处，而今年朝贡使称新罗国使，而相劳疏略。"元明《水浒传》二八回："～打过的不算，从新再打起。"清《红楼梦》三四回："～妈和我说，你这金要拣有玉的才可正配。"

【从小】 cóng xiǎo　自年纪小的时候。唐刘方平《采莲曲》："采莲一惯，十五即乘潮。"明赵南星《点绛唇·慰张巩昌罢官》："～同胞契，一筏儿隐遁栖。"清《红楼梦》五〇回："他～见的世面到多，跟他父母四山五岳都走遍了。"

【从新】 cóng xīn　❶ 重新；从头开始。宋李觏《送郴县吴主簿》："青衫近始沾王泽，白首～入宦途。"明《金瓶梅词话》二九回："因我不见了那只睡鞋，被小奴之儿偷了，弄油了我的，分付教我～又做这双鞋。"清孔尚任《桃花扇》闰二〇出："发买工料，～修造享殿碑亭。"特指悔过自新。宋黄裳《巾散大夫林公墓志铭》："盗可释，当终其母妻，使之自陈以～。"❷ 再次。《元朝秘史》卷一四："成吉思汗既往过冬，欲征唐兀，～整点军马。"清孔尚任《桃花扇》二四出："干儿义子～用，绝不了魏家种。"《红楼梦》八回："宝钗看毕，又～翻过正面来细看。"

【从允】 cóng yǔn　听从允诺。宋韩琦《乙巳冬乞罢相》之四："若每次累上表札至于十数，陛下坚不～。"元《秦并六国平话》卷上："奴婢举此人为先锋，望陛下～。"明汤显祖《紫钗记》四一出："要他惯见俺家威势，自然～。"

【从直】 cóng zhí　❶ 据实。明《挂枝儿》卷一〇："～的说来也。先生，我重重相谢你。"《型世言》三三回："～认了，省这夹打!"清汤斌《答施愚山书》："惟幸兄～赐教，千里如同堂也。"❷ 干脆；别谦让。明《警世通言》卷一五："阿哥～些罢，不嫌轻，就是阿哥的盛情了。"清《隋唐演义》九七回："只是既来出了家，不好又适人，故勉强推却，及见姑相劝，便～应允了。"《雪丹梅》二〇回："若果系官给，成寅翁亦决不肯存留，吾弟竟～收下。"❸ 顺从。明《隋史遗文》二二回："不消叫得了，倒不如～。若肯贴心从我在此，少不得做个小夫人。"

【从自】 cóng zì　自从。金《董解元西厢记》卷三："～斋时，等到日转过，没个人偢问，酪子里忍饿。"

【丛】 cóng　趋附奉承。明《型世言》三〇回："皂甲要买牌讨差，书吏要讨承行，渐渐都来～他。"

【丛簇】 cóng cù　丛聚；攒聚。元王恽《题钓台》："降观钓台书院，山光～，江流有声。"明《徐霞客游记》卷四下："平原中乱石～，分裂不一。"《西游记》二八回："山路崎岖，甚是难走，却又松林～，树木森罗，切须仔细!"

【丛夥】 cóng huǒ　众多。《新唐书·萧仿传》："南方珍贿～，不以入门。"宋薛季宣《鸢赋》："嗟万汇之～，庆禀天而自性。"元周伯琦《扈从集后序》："城郭周完，阛阓～，可三千家。"

【丛林】 cóng lín　指寺院。《祖堂集》卷七《雪峰和尚》："学人乍入～，乞师指示。"元高明《琵琶记》三三出："自来妆风子，如今难悔，向～深处此徘徊，都来看佛会。"清《飞龙全传》一七回："来至山脚之下，见有一座～，那山门上镌着'神丹观'三字。"

【丛冗】 cóng rǒng　纷繁。唐孙樵《孙氏西斋录》："掷其～秃屑不足以警训者，自为十八通书，号《孙氏西斋录》。"宋《朱子语类》卷一四："人之处世，于～急遽之际而不错乱者，非安不能。"明杨爵《谢吴知府书》："既抵家旬日，应酬～，未及伸一言以谢累年德爱。"

【丛社】 cóng shè　犹"丛林"。《五灯会元》卷一九《无为宗泰禅师》："汉州无为宗泰禅师，涪城人。自出关～，遍游～。"明谢肃

《送澄湛源上人住持东山国庆禅寺序》："为诗若文云布霞，舒其～之秀出者欤?"

【丛沓】 cóng tà　繁多；纷繁。唐柳宗元《唐故朝散大夫永州刺史崔公墓志》："政令烦挚，贡奉～。"元马祖常《朝请大夫礼部郎中王君神道碑》："故礼部分曹而北者尤～难治。"清《野叟曝言》一二一回："恐一入我门，应酬～，即不能静坐读书。"

【丛杂】 cóng zá　❶ 纷乱；混杂。唐卢仝《观放鱼歌》："～百千头，性命悬须臾。"宋司马光《乞省览农民封事札子》："其文辞鄙俚，语言～。"明张应俞《杜骗新书·脱剥骗》："有一大铺，布匹极多，交易～。"❷（草木）丛聚，也指丛聚的草木。唐元稹《青云驿》："凤凰占梧桐，～百鸟栖。"元明《水浒传》四三回："正走之间，只见前面有五十来株大树～，时值新秋，叶儿正红。"明《西游记》一回："连呼了三声，忽见～中跳出一个石猴，应声高叫道：'我进去，我进去!'"

còu

【凑】 còu　❶ 接近；靠近。唐岑参《寻少室张山人闻与偃师周明府同人都》："春云～深水，秋雨悬空山。"宋《朱子语类》卷二："尧都中原，风水极佳。左河东，太行诸山相绕，海岛诸山抑皆相向。右河南绕，直至泰山～海。"清《水浒后传》六回："见锋快的白刃～着颈上，恐害了太守性命，只好袖手旁观。"❷ 拼凑；凑集；缀合。宋《朱子语类》卷一："其他四行分四时，亦各得七十二日，五个七十二日，共～成三百六十日也。"元明《三国演义》六八回："汝可将羊头都～在死羊腔子上。"清洪昇《长生殿》四二出："本村～得三百九十九名，单单少了一名。"❸ 迎合；讨好。明李梅实《精忠旗》三六出："〔净〕你是达人君子，我本卑污无似，怎能勾万合千和，因此上差三错四。〔指小净介〕又他来～我。〔指丑介〕又他来～我。"清《隋唐演义》二七回："那虞世基还要～朝廷的意思，飞章上报，说：'显仁宫虽已告成，恐一宫不足以广圣驭游幸。'"❹ 逢；遇；碰见。《祖堂集》卷一三《福先招庆和尚》："初见鼓山长庆要国，未～机缘，以登保福之门。"元明《水浒传》一一八回："此时卢先锋军马也过山了，两下接应，却好～着。"明汤显祖《还魂记》二九出："～着个韶阳小道姑，年方念八，颇有风情，到此云游，几日不去。"❺ 促成；成合。明孟称舜《娇红记》三六出："只要天来～，我便孤寒人，不消文字好，一般也会错去。"《醒世恒言》卷二七："却说焦氏方要下手，恰好遇着丈夫出征，可不天～其便。"清《马头调·稽首顿首》："咱二人，天～地～人不～，只落的，非恋非迷成何厚。"❻ 凑巧；恰好。明《英烈传》一八回："道过西湖，～与原相契结的宇文源、鲁道源、宋濂、赵天祥遇着。"清《水浒后传》一回："在那边住了两三年，前月～有海船到岛，搭附了来。"❼ 趁。明《醒世恒言》卷二三："～贵哥往娘家去了，便轻移莲步，独自一个走到厅前。"清《水浒后传》五回："你到某处客店里把我行李取来，～晚摇到饮虹桥边停泊等我，不可有误。"按，凑或作"辏"，不另举例。下"凑泊""凑合""凑集""凑拢""凑巧"等同，亦不另举例。

【凑办】 còu bàn　设法凑集。明胡世宁《遵明旨陈民隐以救灾荒议》："每犍牛一只，从宽亦折银六两，乳牛一只连犊折银五两，各令养牛户～，解南京兵部。"明《金瓶梅词话》一回："把奴的钗梳～了去，有何难处?"清《歧路灯》三三回："我目下紧得二十两银子，日夕就要，我一时～不来。"

【凑泊】 còu bó　❶ 依靠；依附。宋《朱子语类》卷四："人之所以生，理与气合而已。天理固浩浩不穷，然非是气，则虽有是理

而无所~。"又卷一二:"明道教人静坐,李先生亦教人静坐。盖精神不定,则道理无~处。"又卷六三:"物欲扶植,种在土中,自然生气~他;若已倾倒,则生气无所附著,从何处来相接?" ❷ 聚集;会聚。《五灯会元》卷二〇《参政钱端礼居士》:"盖为地水火风,因缘和合,暂时~,不可错认为己有。"元戴表元《水心云意楼记》:"岩峦涧壑之所萦盘,风烟鱼鸟之所~。"明沈鲤《因灾陈言疏》:"或把持关津渡口,或武断于商贾~所在。" ❸ 贴合;巧合。明冯从吾《关中书院语录》:"诸凡事为自是停当,不然纵事事点检,终有不~处。"《拍案惊奇》卷三四:"也是机缘~,适才闻人生庵前闲看时,恰好静观偶然出来闲步。"清李渔《闲情偶寄》卷四:"从来柱上加联,非板不可。柱圆板方,柱窄板阔,彼此抵牾,势难贴服。何如以圆合圆,纤毫不谬,有天机~之妙乎?" ❹ 接触;参与;做到。《祖堂集》卷五《龙潭和尚》:"多闭禅房,静坐而已。四海禅流,无由~。"宋林光朝《与卢仲苍书》:"此为壁立者,他人无~处。"金赵秉文《题米元章修静语录引后》:"信知杀人不札眼汉,乃能立地成佛,非儿女曹咬猪狗脚者所能~也。" ❺ 领悟;理解。宋《朱子语类》卷一二:"故周先生只说'一者,无欲也'。然这话头高,卒急难~。"克勤《碧岩录》六则:"云门初参睦州,州旋机电转,直是难~。"明刘宗周《寻乐说》:"此中下落直是深微,不可~。" ❻ 拼凑;勉强凑合或应付。宋陆游《跋吕成未和东坡尖叉韵雪诗》:"字字工妙,无牵强~之病。"明邹元标《答钱继修太仆书》:"强而求心与事合,未免~。"毕自严《五恳休致书》:"臣仗皇上威灵,竭蹶~,亦觉少支。"

【凑处】 còu chǔ 犹"凑办"。明吕坤《停止沙锅潞绸书》:"臣于去年绸价,已经弹力~。"清《豆棚闲话》六则:"那兵马呼吸待变,实实要~钱粮,将来支放。"《醒世姻缘传》三〇回:"我看~出的银子来,再来合晁大娘说。"

【凑措】 còu cuò 犹"凑办"。明倪元璐《饥军索饷疏》:"臣谨一面~现饷,不拘多寡,随所有应之。"清《水浒后传》二三回:"朱大哥领用二千两银子,宋员外要一千五百两银子……今院长、杨哥来到,便可~起来。"《飞龙全传》二七回:"各各出了庙门,分头~盘缠。"

【凑搭】 còu dā 拼凑。明孙矿《宋拓褚模禊帖跋》:"截一行作两行,每方四行,其~处皆整齐完好。"清《红楼梦》八二回:"好些的,不过拿些经书~~还罢了,更有一种可笑的,肚子里原没有什么,东拉西扯。"

【凑斗】 còu dòu 凑巧;巧合。宋元《清平山堂话本·错认尸》:"正是事有~,物有故然。只见河岸上有人喧哄,说道有个人死在河里。"

【凑合】 còu hé ❶ 符合;配合。宋《朱子语类》卷二五:"人心若存得这天理,便与礼乐~得著;若无这天理,便与礼乐~不著。"明周瑛《题资善堂屏门》:"天心好善而恶恶,人立心造行务须~天心。"清赵翼《陔馀丛考》卷七:"盖《北齐》原书纪传多有亡失,而目录俱在。补书者摘《北史》以~原书卷数也。" ❷ 会聚;会合;接触。元明《水浒传》六五回:"索超本是天罡星之数,自然~,降了宋江。"明沈德符《万历野获编》卷二六:"两佛各以璎珞严妆,互相抱持,两根~,有机可动。"清《醒世姻缘传》引起:"月下老将赤绳把男女的脚暗中拴住,你总然海角天涯,寇仇吴越,不怕你不~拢来。" ❸ 合并;拼凑;拼接。唐封演《封氏闻见记》卷三:"国初,许敬宗等详议,以其韵窄,~而用之。"宋《朱子语类》卷一三九:"后子细诵之,却见得都是~,与圣贤说底全不相似。"明《古今小说》卷二一:"原来只破作三块,将字迹~,一毫无损。" ❹ 凑巧;巧合。明陈洪谟《治世馀闻》下篇卷四:"又天顺癸未春御史焦显

监试,有火灾,时人语曰:'御史原姓焦,科场被火烧。'……然亦偶~耳。"明《拍案惊奇》卷一二:"一边妄言,一边发怒,一边误认,~成了这事,真是希奇。"

【凑集】 còu jí ❶ 会聚;聚集。唐陆贽《奉天请数对群臣兼许令议事状》:"言不宜于上则怨谤于下,欲不归于善则~于邪。"明《禅真后史》七回:"水口店家讨了一只大船,~客商载满,次早长行。"张岱《陶庵梦忆》卷七:"然进香之人市于三天竺,市于岳王坟,市于湖心亭,市于陆宣公祠,无不市,而独~于昭庆寺。" ❷ 密集。元陶宗仪《辍耕录》卷一一:"凡篙师于城埠市镇人烟~去处,招聚客旅装载夜行者,谓之夜航船。"明《金瓶梅词话》一五回:"见那灯市中人烟~,十分热闹。"清李玉《清忠谱》四折:"你看人烟~,好不热闹。" ❸ 拼凑。明《醒世恒言》卷三:"日积月累,有了一大包银子,零星~,连自己也不识多少。"清赵翼《陔馀丛考》卷一:"是皆谓伪造者历来采各书所引《尚书》之文,零星~,串插成文也。"《情梦柝》一一回:"如此月馀,~得一千七百两。"

【凑就】 còu jiù 主动贴近;靠拢。明《挂枝儿·纽扣》:"纽扣儿,~的姻缘好。你搭上我,我搭上你。"《醒世恒言》卷二九:"大凡事当~不起。那卢柟见知县频请不去,恬不为怪,却又情愿来就教,未免转过念头。"清《野叟曝言》六六回:"夜里几番上床鞠着屁眼来~我,都被我推下床去。"

【凑聚】 còu jù ❶ 会聚;聚结。《太平广记》卷八八引《高僧传》:"镇有群凶~,因以肆暴。"宋洪迈《容斋随笔》卷一:"年二十馀,至鄱阳,地沃土平,饮食丰贱,众士往往~。"清《红楼梦》二三回:"又兼方才所见《西厢记》中'花落水流红,闲愁万种'之句,都一时想起来,~在一处。" ❷ 凑合;拼凑;配合。明蔡清《四书蒙引》卷三:"好则天地好气自与他相~,若不好则那不好底气自与他相~。"《警世通言》卷三二:"各家告辞,就开口假贷路费,~将来,或可满得此数。"清《飞龙全传》四二回:"那陶三春命有王妃之福,该与郑恩为妻,自然暗中挽合,~机缘。" ❸ 密集。明《醒世恒言》卷三六:"倘到人烟~之所,叫喊起来,众人性命可不都送在他的手里。"《拍案惊奇》卷一:"舟中望去,人烟~。"

【凑拢】 còu lǒng 聚合。清《续金瓶梅》三七回:"送佛像的,捧香火的,一一~将来。"《儒林外史》四三回:"桥下伏兵齐出,几处~,赶杀前来。"《歧路灯》六六回:"要论纳音,要合山向,八下~来,都是有吉无凶,这才使得。"

【凑拍】 còu pāi ❶ 即"凑泊❷"。明《徐霞客游记》卷七上:"当两山峡口,乃西支与中支二大距~处。" ❷ 即"凑泊❸"。《明儒言行录》卷三:"心理两~,如马入管辖。" ❸ 即"凑泊❹"。明高棅《唐诗品汇·历代叙论》:"盛唐诸人惟在兴趣,羚羊挂角,无迹可求,故其妙处透彻玲珑,不可~。" ❹ 即"凑泊❺"。《宋诗纪事续补》黄龟年《天童山交禅师塔铭辞》:"直截机锋难~,摘叶寻枝何大错?" ❺ 即"凑泊❻"。明李待问《回奏三江水利疏》:"经几~,仅完此数。"

【凑浅】 còu qiǎn 搁浅。宋徐元杰《三月二十日上进故事》:"前乎制柁者非其人,舟弊病而日~。"周密《癸辛杂识》续集卷下:"至漾中,忽舟若~,不能进。"

【凑巧】 còu qiǎo 碰巧;巧合。元明《水浒传》二四回:"却把袖子在桌上一拂,把那双筯拂落在地上,也是缘法~,那双筯正落在妇人脚边。"明汤显祖《牡丹亭》四四出:"词场~,无奈兵戈起祸苗。"清《平定准噶尔方略》正编卷五〇:"况留翎三枝,即有三人效力,安得如此~!"

【凑趣】 còu qù ❶ 助兴;迎合别人的兴趣。明《醒世恒言》卷二八:"巴不能到他船中,希图再得一觑,偏这吴府尹不会~,道

是父子不好齐扰。"清《红楼梦》三七回:"又有二奶奶在旁边～儿,夸赞宝二爷又是怎么孝顺,又是怎么知好歹,有的没的说了两车话。" ❷ 识趣;知好歹。明《挂枝儿·愁孕》:"肚子不～,可恨!"《拍案惊奇》卷二六:"郑举人也只道是僧家藏叠资财的去处,大家～,不去窥觑他。"

【凑手】 còu shǒu ❶ 手头方便,多指钱物之类。《元曲选外编·金凤钗》四折:"〔邦云〕就与了我罢〔银匠云〕钞不～。"明李化龙《遵旨备陈河工疏》:"或夫料,急大挑以回狂澜于既倒也,则一劳永逸。"清《儒林外史》五二回:"陈四老爷一时银子不～,就托他情愿对扣借一百两银子还他。" ❷ 顺手,指事情进展顺利。明贾凫西《木皮词》三七上:"你看他作张作致装没事,可不知好～的黄袍那里拿?"清《歧路灯》六六回:"心里急,事体却不～。"清魏裔介《答友人书》:"然时事固难～,大位本非易居。" ❸ 措手;采取手段。明《封神演义》六〇回:"毕环负疼,把头一缩,～不及,被杨戬复上一刀,可怜死于非命。"清《野叟曝言》一四回:"素臣～不迭,把身子往上一耸,离地有八九尺高。"

【凑首】 còu shǒu 聚首;碰面。明李梅实《精忠旗》三七出:"把私书烧灭了无对头,只落得父和男齐命休,母共儿相～。"

【凑数】 còu shù ❶ 凑足数额。宋张守《措置江西善后札子》:"各合夏税绸绢装发不足,以官钱收买～。"明周玺《论运法疏》:"或将各船完粮剩下餘米卖银～,呈报该管都司。"清《情梦柝》七回:"财礼百两,父亲只肯许三十两。子刚暗暗兑换贾氏首饰～,娶过门来。" ❷ 充数;顶替数额。《元曲选·度柳翠》楔子:"又不要他看经,则把来～罢了。"清《后西游记》三一回:"那六个妖贼皆是有手段的恶人,若去赶他,只好送与他～。"

【凑遇】 còu yù 碰到。凑、遇,同义。明潘季驯《乡兵擒斩劫贼功次疏》:"与同王春元前来江西地方,～锦叠。"《禅真后史》一三回:"特来寻见商议,恰好于此。"清雍正七年八月六日王绍绪奏折:"因被逐回家,中途～,曾在梅垅墟夺食,误伤民人。"

cū

【粗】 cū 才;仅。唐白居易《题新居寄元八》:"阶庭宽窄才容足,墙壁高低～及肩。"宋《三朝北盟会编》卷一〇七:"守御竭力尽智,～免狼狈。"

【粗安】 cū ān 谓身体安好无疾病,多用作谦语。宋韩琦《扬州谢上表》:"于臣身则～,在臣志则未报。"明《醒世恒言》卷六:"自离膝下,一路托庇。"清施闰章《王安又中秋见怀索和》:"移家成小别,乱世喜～。"

【粗夯】 cū bèn ❶ 粗大笨重或不精细。明《西游记》二九回:"我这钯虽然～,是自幼随身之器。"张岱《陶庵梦忆》卷七:"北铸如施银匠亦佳,然～可厌。"清《后水浒传》三一回:"扛抬不动、不值钱的,还分派村中,要银交纳。" ❷ 笨拙不机灵或粗重费力。明《西游记》九三回:"呆子～,悟空还有些细腻。"清《儒林外史》一回:"又自己不来,遣几个～小厮,动不动大呼小叫。"《鼓掌绝尘》二四回:"只拣那～用气力的,便唤着他做些。"

【粗坌】 cū bèn ❶ 同"粗夯❶"。明佚名《殿前欢·咏酒》:"破磁瓯老瓦盆,煞～,与豪客消孤闷。"王志长《周礼注疏删翼》卷二八:"囊之而约,谓其密致而不～也。" ❷ 同"粗夯❷"。《元曲选·来生债》一折:"孩儿呵,我从今以后再不要你似这般当～。"

【粗笨】 cū bèn ❶ 同"粗夯❶"。清《红楼梦》六八回:"姐姐的箱笼细软只管着小厮搬了进去,这些～货要他无用。"《歧路灯》

灯》七八回:"那杉木长杆、苎麻细绳等～物料一齐运到。" ❷ 同"粗夯❷"。明谢肇淛《五杂组》卷九:"此物质既～,形亦不典,而灵异乃尔!"《隋史遗文》二七回:"小弟～,怎好结拜!"清《红楼梦》八〇回:"便大家叫他作小舍儿,专作些～的生活。"

【粗鄙】 cū bǐ 粗俗鄙陋。《法苑珠林》卷九:"形容长大,恒弊饥虚,体貌～,每怀瞋毒。"元宋褧《复旧下外朝山行白浪道中》之二:"稼圃何～,桃源岂谬悠?"清《红楼梦》六回:"周瑞家的看他说的～,只管使眼色止他。"

【粗糙】 cū cào ❶ 不精细。宋《朱子语类》卷一二六:"只是他磨擦得来精细,有光彩,不如此～耳。"明何乔新《椒邱文集》卷三二:"康冉平日止是打造～首饰。"清《醒世姻缘传》二九回:"我亲见他把地上的土捻在手心内,吐了一滴唾沫合了,搓成三丸～的泥丸。" ❷ 粗疏鲁莽;粗俗鄙陋。唐灵祐《警策文》:"我是山僧,未闻佛教行持,一向情存～。"《元曲选·谢金吾》二折:"你平日性子～,此事干系斫头的罪犯,一些儿泄漏不得。"清《红楼梦》二三回:"又看看贾环人物委琐,举止～。"

【粗蠢】 cū chǔn 粗鲁笨拙。元明《水浒传》一〇四回:"只是这个兄弟～,怎好做娇客?"明《警世通言》卷二四:"平昔间嫌老公～,不会风流。"清纪昀《阅微草堂笔记》卷一:"刘一仆妇甚～,独不畏狐。"

【粗粗】 cū cū 略微;大致。明陆采《怀香记》一九出:"我们面貌,也将就～看得过,只多这口髭须。"《拍案惊奇》卷一〇:"子文将所积束脩五十餘金,～的置几件衣段首饰。"清陆世仪《思辨录辑要》卷三一:"三教合一之说,若～看去,未有不以为然者。"

【粗碟】 cū dié 简陋的菜肴,谦词。清《儒林外史》四回:"故此备个～,就在此处谈谈,休嫌轻慢。"《歧路灯》三三回:"只是盘子残了,不好让二位,咱再另整一桌～儿何如?"

【粗恶】 cū è ❶ 粗糙低劣。《法苑珠林》卷八二:"次至长者大豪贵门,得～饭,适欲出城。"宋曾巩《元丰类稿》卷四九:"其后以铅锡杂铸,虽岁增数倍,而钱始～。"清《醒世姻缘传》六五回:"你把捎来的好货送了你前世的娘,故意寻这～的东西来哄我!" ❷ 粗俗;粗野。《法苑珠林》卷一一二:"世尊初成道,为度～凡夫,未堪说细。"金《董解元西厢记》卷二:"汝为佛弟子,当念经持戒,如何出～!"清《后水浒传》二五回:"王摩、郑天祐、殳动忽见这黑汉出言～犯人,遂一齐恼怒。"

【粗豪】 cū háo ❶ 粗鄙;粗横。唐杜甫《少年行》:"不通姓字～甚,指点银瓶索酒尝。"元薛昂夫《蟾宫曲·雪》:"一个饮羊羔红炉暖阁,一个冻骑驴野店溪桥。你自评跋:那个清高,那个～?"明丘濬《投笔记》四出:"看斯人多事虚浮,气～,言腐儒。" ❷ 豪放;豪爽。唐白居易《四十五》:"清瘦成诗癖,～酒放狂。"宋范成大《次韵李子永雪中长句》:"湖海～今岂在,但忆鸣哮如饿鸥。"清《水浒后传》一五回:"此人力可扛鼎,胆气～,遣他去把六贼刺死,与天下伸冤。"

【粗忽】 cū hū 粗疏;马虎。清魏之琇《续名医类案》卷一四:"病固有如此之类者,毋～也。"《红楼梦》四五回:"且素日形体娇弱,禁不得一些委屈,所以他接待不周,礼数～。"

【粗话】 cū huà 粗俗不雅的话。宋《朱子语类》卷一二三:"如所谓'推倒墙,撞倒壁',如此～,那时便恁地粗,却有好处。"清《红楼梦》四二回:"将市俗的～撮其要,删其繁,再加润色比方出来。"

【粗陋】 cū lòu ❶ 粗糙简陋。《旧唐书·潘好礼传》:"服用～,形骸土木。"宋苏轼《与孙子发书》:"公宇已令葺茸,什物～,然亦粗足。"清陆陇其《宋曹氏墓碑记》:"意必茔坊夹柱之石,而规制

~,似非勋戚家所用。" ❷ 粗野丑陋。《法苑珠林》卷二六:"本所受形,虽复~,以纪功德,即便端正。"金《董解元西厢记》卷三:"莺莺女子容质~。"清《聊斋志异·娇娜》:"有姨女阿松,年十八矣,颇不~。" ❸ 粗俗浅陋。元朱公迁《四书通旨》卷四:"然于交则欲矫其~之习,于更则欲消其长傲之心。"《明史·焦芳传》:"翰林尚文采,独芳~无学识。"清《红楼梦》一七至一八回:"用这等字眼,亦觉~不雅。"

【粗卤】 cū lǔ ❶ 粗野鲁莽。宋李廌《汝州王学士射弓行》:"阛阓台上呼罢休,将军虽贤亦~。"《元曲选外编·博望烧屯》三折:"张飞~,乞望宽恕者!"清《说岳全传》三回:"年纪虽只得六岁,却生得身强力壮,气质~。" ❷ 做出粗野举动,或指做出的粗野行为。元明《水浒传》五二回:"你且息怒,没来由和他~做甚么?"清《红楼梦》八〇回:"你且问个清浑皂白,再动~。"也指粗野少文化的人。宋朱长文《墨池编》卷三:"盖此书之约略,既是仓皇之势,何~而能识之?" ❸ 粗疏;草率。宋《朱子语类》卷一〇:"若用功~,不务精思,只道无可疑处。"明唐志契《绘事微言》卷上:"所谓六长者:~求笔一也。" ❹ 粗糙。明郭宗昌《金石史》卷一:"而野铸鼎彝非不古色苍然,而花文款识~不足观者多矣。"胡我琨《钱通》卷六:"以胶泥固济而锻之,大抵类瓷,样度~。"

【粗鲁】 cū lǔ ❶ 同"粗卤❸"。《法苑珠林》卷一一八:"比丘晨起应净洗手……令净,不得~。" ❷ 同"粗卤❶"。宋庄绰《鸡肋编》卷上:"衢州开化山僻,人极~,而制茶笼、铁锁亦佳。"《元曲选·单鞭夺槊》一折:"量尉迟恭只是一个~之夫,在美良川多有唐突,乞元帅勿罪。"明郑若庸《玉玦记》一七出:"他是饱学君子,不可~!"《飞龙全传》八回:"匡胤闻言,定睛一看,见他虽然~,真是一条好汉。"

【粗莽】 cū mǎng ❶ 粗野;粗鲁莽撞。元明《三国演义》二八回:"仓乃一~之夫,失身为盗。"明沈德符《万历野获编》卷二五:"他如《千里送荆娘》《元夜闹东京》之属,则近~。"清《聊斋志异·二班》:"二班虽诚朴,而~可惧。" ❷ 凶恶丑陋。元明《水浒传》四七回:"因为他面颜生得~,以此人都唤他做鬼脸儿。"

【粗牛】 cū niú 指粗蠢执拗的人。明《型世言》二回:"那王良便先动手,劈脸一掌。这王俊是个~,怎生宁奈,便是一头把王良撞上一交。"

【粗使】 cū shǐ ❶ 担任用兵、出使等粗重工作。唐张说《与褚先生书》:"愧乏武才,供国~。"《旧唐书·韦挺传》:"十九年,将有事于辽东,择人运粮。周又奏挺才堪~,太宗从之。"宋程俱《八音歌赠别赵子雍颙之》之二:"丝麻宜自任,~有管蒯。" ❷ 做粗活供驱使。元王实甫《西厢记》五本三折:"他家~梅香十馀人,把那张生横拖倒拽入去。"明《二刻拍案惊奇》卷一〇:"叫了两个~的家人,同到后边去。"清《红楼梦》六四回:"除尤老娘带领三姐并几个~丫鬟老婆子在正室居住外,其馀婢妾都随在寺中。" ❸ 用于粗糙事物。宋梅尧臣《永叔寄澄心堂纸二幅》:"幅狭不堪作诏命,聊备~供鸾台。" ❹ 粗重费力的。明《二刻拍案惊奇》卷二五:"一应~生活,要他一身支当。"

【粗疏】 cū shū ❶ 粗暴凶狠。元胡天游《有率》:"自称千夫长,意气何~。公然踞高楼,狞色如於菟。"《元曲选·柳毅传书》一折:"他鹰指爪,蟒身躯,忒躁暴,太~,但言语,便喧呼。"元明《水浒传》二九回:"形容丑恶,相貌~,一身紫肉横铺,几道青筋暴起。" ❷ 粗劣。唐王梵志《家僮须饱暖》:"家僮须饱暖,装束唯~。"《元曲选外编·五侯宴》一折:"则我这衣袂,都是柴(些)草络布无绵絮。"

【粗俗】 cū sú 粗野不文雅。五代钱俶《渔者》:"不辞~气,

惟取大鱼虾。"元明《水浒传》一五回:"先生休怪我三个弟兄~,请教授上坐。"清《红楼梦》二三回:"单把那文理细密的拣了几套进去……那~过露的,都藏在外面书房里。"

【粗心】 cū xīn ❶ 粗野的心性。《法苑珠林》卷六〇:"常存和雅,不兴~。"宋皮光业《吴越国武肃王庙碑铭》:"拟奚斯之颂,或恣~;对豫章之碑,岂合措手!" ❷ 马虎不仔细。宋《朱子语类》卷一〇:"为学读书,须是耐烦细意去理会,切不可~。"《元曲选·朱砂担》一折:"王文用,看你那~一波,不曾浇奠哩。"清《红楼梦》五四回:"你越来越~了,那里弄的这冷水?" ❸ 大胆。《元曲选·合汗衫》一折:"张孝友,你好~也!不曾与父亲母亲商量,怎好认义这个兄弟?"元明《水浒传》六一回:"只是少一个~大胆的伴当和我同去。"清《飞龙全传》二三回:"因见宝园中的仙桃结得可爱,心实羡慕,不顾无人,~造次,一时闯进园来。"

【粗行】 cū xíng 品行不端正,多指僧人不守戒律清规。唐王梵志《粗行出家儿》:"~出家儿,心中未平实。贫斋行则迟,富斋行则疾。"[日]圆仁《入唐求法巡礼行记》卷四:"其被拆寺僧尼,~不依戒行者,不论老少,尽勒还俗。"《太平广记》卷七八引《酉阳杂俎》:"~阿师,争敢辄无礼!"

【粗燥】 cū zào 粗糙不润泽。宋王炎《游砚山》:"旁求得他材,饮水不受墨。坚滑已支庶,乃~臧获。"明高濂《遵生八笺》卷五:"立秋日勿宜沐浴,令人皮肤~。"清孙承泽《砚山斋杂记》卷三:"大抵上下及四旁者皆不精。上层为天花板,~;最下层为沙板,过细,又不精。"

【粗躁】 cū zào 粗鲁暴躁。元关汉卿《单刀会》一折:"他诛文丑骋~,刺颜良显英豪。"明陈洪谟《治世餘闻》上篇卷四:"水之有无,视之即见,李哥何必~!"清《隋唐演义》二一回:"但恐小儿性格~,员外只要另眼看顾他。"

【粗纸】 cū zhǐ 手纸,质粗糙,故名。明《古今小说》卷四:"尼姑一头说话,一头去拿~,故意露出手指上那个宝石嵌的金戒指来。"《世无匹》七回:"客人要上崖出恭,便叫戚仲礼泊了船,讨张~上去。"

【粗重】 cū zhòng ❶ 粗大笨重。五代孙光宪《北梦琐言》卷一二:"泸州郡有柳大夫所造公廨,家具皆牢实~。"宋王明清《挥麈餘话》卷二:"你后面~物事转换了,着我去后将来。"清《后西游记》二〇回:"不料猪一戒身子狼狁~,几个人那里扯的他动。" ❷ 用作名词,指不易搬动的家具之类。元明《水浒传》二回:"家中~都弃了。"明《金瓶梅词话》八八回:"这一会发送,装载灵枢,家小上车,少说也得许多日期耽阁。"清《聊斋志异·钱卜巫》:"则宰已死,妻子将归,贷其~。" ❸ 繁重,也指繁重的事务。宋朱熹《申免移军治状》:"然人户输纳,不过苗米一项最为~。"叶适《虞夫人墓志铭》:"凡一家,昼夜辛苦,无所厌。"明《型世言》六回:"寡妇情知理亏,又来收罗他,便不言语,并不把~用使他。" ❹ 重;大。清《飞龙全传》三九回:"谁知郑恩手掌阔大,力气~,不但回不过头,连那担子都挣扎不得。"

【粗直】 cū zhí 豪放直率。《元曲选·陈抟高卧》一折:"此人虽是性子恶劣,倒也有些慷慨~。"明屠乔孙《十六国春秋·后凉录一》:"轨性~,不虑魔之倾危。"《醒世恒言》卷二〇:"种义又是~之人,说话全不照管。"

cù

【卒急】 cù jí 同"猝急❶"。唐拾得《有偈有千万》:"有偈有

千万,～述应难。"宋《朱子语类》卷一二:"然这话头高,～难凑泊。"清《醒世姻缘传》三〇回:"后来,姚少师死了,他那惯成的心性怎么～变得过来。"

【卒乍】 cù zhà 仓猝间;一时间。宋杨时《龟山集》卷一二:"前辈大抵有此气象,～摇撼不动。"《朱子语类》卷一二二:"他日用动静间,全是这个本子,～改换不得。"

【卒中】 cù zhòng 急中风。宋王衮《博济方》卷四:"如～,研四丸,用皂角白矾温水下,立效。"元吴澄《乐安县丞黄君墓碣铭》:"致君颠踣于地,若～然。"姚守中《粉蝶儿·牛诉冤》:"若是老病残疾,～身亡。"

【猝】 cù ❶ 突然;临时。《新唐书·百官志》:"尚食有～须别索,必奏覆。"金《董解元西厢记》卷六:"张生～病,(红娘)与莺往视疾。"清《野叟曝言》五五回:"因跑上一步,拉着袖口道:'申管家,那里去?'申寿～被一拉,吓了一跳。" ❷ 骤;疾。唐皮日休《惑雷刑》:"忽一日,～雷发山,逢氏震死。"宋徐积《论兵》:"其形有常而其变无常,其甚者如～风,如猛雨。" ❸ 仓促;匆忙。《太平广记》卷三二六引《志怪录》:"～值上客,不暇更营佳味。"宋王珪《和永叔思白兔戏答公仪忆鹤杂言》:"有客月底吟影动,～继新章亦奇雅。"清《聊斋志异·画壁》:"乃启壁上小扉,～遁去。" ❹ 即刻;立即。《太平广记》卷三二四引《述异记》:"夕登岸,停止舍中,敬之中恶～死。"《资治通鉴·唐太宗贞观十九年》:"安市人顾惜其家,人自为战,未易～拔。"清《歧路灯》九三回:"此又诸生童之根于夙昔,而非风檐寸晷之所能～办也。"

【猝地】 cù de 忽地;忽然。清《飞龙全传》四三回:"才要合眼,～里心头一跳,却又惊来醒来。"

【猝尔】 cù ěr 突然;骤然。唐韦皋《西川鹦鹉舍利塔记》:"以今年七月～不怿,七日而甚。"明杨荣《忠义堂序》:"～敌至,辄应机决策。"《禅真后史》二七回:"然军马未曾出境,某等～征剿,反速其变。"

【猝急】 cù jí ❶ 仓促;一时间。宋岳飞《申省条画合行事件札子》:"通泰二州即目并无粮斛,况粮斛～难以擘画。"元王恽《议复立国子学》:"假令学校卒试便行须待岁月,～不能得用。"明丘濬《大学衍义补》卷一〇八:"然成案或有文致,具成文理,一时～未易详究。" ❷ 急迫;紧急。宋方大琮《李母孺人霍氏墓志铭》:"精识足以佐人之～,缓语足以平里之忿争。"明叶春及《盐法寺田议见政书》:"曩闽广会征及戌总兵以余子防汛,皆～而行,何曾团练。" ❸ 急躁。元杨维桢《读书斋志》:"其读也不能静且专,即专又性～。"

【猝然】 cù rán 突然。《太平广记》卷四四二引《西京杂记》:"客惧,～发声大叫。"元明《三国演义》六一回:"如～遇敌,步骑相促,人尚不暇及水,何能入船乎?"清洪昇《长生殿》一八出:"万岁爷必已安寝,娘娘～走去,恐有未便。"

【促】 cù ❶ 催促。唐李白《鲁郡尧祠送吴五之琅琊》:"日色～归人,连歌倒芳樽。"宋周邦彦《早梅芳近·别恨》:"去难留,话未了,早～登长道。"清《红楼梦》庚辰本七九回:"(袭人)听得这话,～人来冒了面汤,～宝玉起来盥漱。" ❷ 通"蹙"。聚;皱(眉)。宋黄公度《菩萨蛮》:"愁绪～眉端,不随衣带宽。"金《刘知远诸宫调》二:"忧愁满面,～损双眉。"《元曲选·鸳鸯被》四折:"他～眉生巧计,开口讨便宜。"

【促病】 cù bìng 急病。明《西游记》五七回:"朕因～侵身,魂游地府,幸有阳数臻长,感冥君放送回生。"又六八回:"故我王遂得～,渐觉身危。"

【促急】 cù jí ❶ 急迫;紧急。宋范纯仁《朝奉大夫知华州

苏君墓志铭》:"名数浩繁,期会～,君施为应接,皆得其宜。" ❷ 急促。宋陈著《祭赵景文文》:"颜色虽若变异,气息虽若～,犹未自悲其将死。"元袁桷《甬山集序》:"宋祚将亡,国学尤文,其悲哀～,不能以一朝居。"明李昌祺《赏牡丹听琵琶歌》:"两弦刚劲两弦柔,～舒徐自先后。" ❸ 短促;短暂。明王祎《述骚》:"念千载之悠长兮,哀百年之～。"清《绿野仙踪》九一回:"今日四月初二日,也功赴夫试～。你定到四月初四日。" ❹ 仓促;匆忙。明杨一清《四时花》:"恍惚见赤绳～里凭谁拴定。"胡文焕《山坡里羊一套》:"见如今水阔山高,～里怎觅鳞鸿。"清《醒世姻缘传》七六回:"托了事故,只说来的～,不曾赴吏部给假,还得回去打点。"

【促疾】 cù jí ❶ 迅速;赶快。《法苑珠林》卷九七:"～出去,不听汝也!" ❷ 急促。宋陈自明《妇人大全良方》卷六:"脉息沉细,或寸大尺小,或六脉～。"清《红楼梦》九八回:"喘成一处,只是出气大入气小,已经～的很了。"

【促忙】 cù máng 匆忙。元明《水浒传》三四回:"正要将息人强马壮,用兵正是如此,不在～。"

【促灭】 cù miè 犹"促死"。明《金瓶梅词话》八三回:"若哄你,便促死～了。"清《醒世姻缘传》一回:"恨不得听计氏即时～了,再好另娶名门艳女。"

【促拍】 cù pāi (乐曲)节奏急促。宋郭祥正《东楼置酒赏桃花》:"～更歌金缕衣,不辞醉倒花时节。"元刘将孙《题明皇按乐图》:"换头～知几许,鬓偏钗蝉嗍无语。"清洪昇《长生殿》一六出:"中序六奏,有流拍而无～。"

【促迫】 cù pò ❶ 紧急;急迫。《旧唐书·陆贽传》:"尝以词诏所出,中书舍人之职,军兴之际,～应务,权令学士代之。"宋赵蕃《溧阳道中怀秉文》:"计期犹～,到处勿徘徊。"清《隋唐演义》五六回:"那晓得军情～,即发了行粮,限三日间即要起身。" ❷ 催促。唐高彦休《阙史》卷下:"复若严悸,～咀嚼坚韧,不堪其忧。"明金銮《一枝花·丙申年除夕》:"不争这画角儿撺断的今宵尽,怎禁他晓钟儿～的明岁紧。"《隋史遗文》三六回:"我有一个帖儿,你到济州张郡丞处投下,～他上路罢。"

【促掐】 cù qiā 恶作剧或做缺德事。《元曲选·竹叶舟》四折:"你既肯度脱弟子成仙了道,怎生又要把我掉在大江之中,险丧性命?你好～也!"又《张生煮海》三折:"我今日怎么这等心疼的紧?莫不是石佛寺这个～的小行者算计我哩。"明《二刻拍案惊奇》卷三九:"谁人使～,把我的头发剪去了?"

【促恰】 cù qià 即"促掐"。《元曲选·桃花女》三折:"〔彭大云〕他两个同坐着哩,不知怎么新人不死,是小姑娘死了。〔周公做哭科云〕桃花女,你好～也!"明《金瓶梅词话》一二回:"把门前供养的土地翻倒来,使～,剌了一稀谷都的热尿。"清《野叟曝言》九二回:"你们惯是～的,银子又潮,戥儿又不足。"

【促却】 cù què 犹"促掐"。明《金瓶梅词话》二七回:"我晓的你恼我,为李瓶儿,故意使这～来奈何我。"

【促日】 cù rì 短期;短期之内。宋李纲《乞差曲奇充统制官札子》御批:"兼河北河东人民日望宣抚到,卿可～前去。"《三朝北盟会编》卷二一四:"枢密不捎空,我亦不捎空。今特～归国。"

【促寿】 cù shòu ❶ 缩短寿命。唐刘瞻《请释医官韩宗召康仲殷宗族疏》:"至如镆铘寿考,不因有智而延龄;颜子早亡,不为不贤而～。"明孙绪《无用闲谈》卷二:"夫辅人以篡弑,乃甘心～,且谓为闻道。人之可笑,一至于此!"清《绿野仙踪》八八回:"夫妻房欲不节,尚可～,况与妖妇作对垒耶!" ❷ 短命,多用为詈语。明《西洋记》三五回:"岂不闻火烧藤甲军,诸葛武侯自知～?"清《醒世姻缘传》九四回:"龙氏骂道:'贼砍头强人割的! 不

273

得好死的！～！'"《歧路灯》四一回："口中杀人贼长，杀人贼短，～短命，坑人害人，一句一句儿数着。"

【促死】 cù sǐ 即刻死去；骤死。明《金瓶梅词话》七四回："若是到我家，见爹一面，沾沾身子儿，就～了我。"佚名《水仙子·言盟》："意惓惓再不改，负言盟～合该。"清陈鼎《东林列传·顾大章传》："后卜年竟以夜半内传～狱中。"

【促狭】 cù xiá ❶（空间）狭窄；（气度）狭隘。《旧五代史·唐书·陈乂传》："位竟不至公卿，盖器度～者也。"宋穆修《养正堂记》："到官之五月，以廨舍～，由视事厅则达乎寝地矣。"清魏荔彤《大易通解》卷一二："一切简陋～处，已已难堪待人。" ❷ 犹"促掐"。明《金瓶梅词话》六八回："怪小淫复儿，使～灌洒了我一身酒。"清《醒世姻缘传》一五回："干这等～短命的事，会长命享福的哩！"《红楼梦》五九回："～小蹄子，遭遢了花儿，雷也是要打的。"

【促拥】 cù yōng 掀腾；促使形成。明康海《一枝花·秋兴》："把一叶采莲舟漂泊的地北天南，～的江潮太狂，逼落的檐铎煞惨。"又《春赏》："香醪，翠猱，两般儿～出千般妙。"

【促趱】 cù zǎn 催促赶路。明《西游记》一三回："斋毕，那二从者整顿了鞍马，～行程。"

【促窄】 cù zhǎi 犹"促狭❶"。宋《朱子语类》卷一〇九："下面又恁地～，无入身处。"辽佚名《三河县重修文宣庙记》："因集宣圣庙，见轩墀～，扆座不正。"明江以东《报彭海鹤书》："第增入原碑则～不称观，另立碑则嫌于前人之弃。"

【措多】 cù duō 即"醋大"。《祖堂集》卷八《柬山和尚》："因～人古寺，问僧：'此寺名什麼？'其僧不知名额，～遂作一首诗。"按，唐李匡乂《资暇集》："邑人指其醋驮而号之。""醋驮"即"措多"。

【醋】 cù ❶ 酸。唐白居易《东院》："老去齿衰嫌橘～，病来肺渴觉茶香。"五代尉迟偓《中朝故事》卷上："睦仁柿，亦味～而涩。"元佚名《柳营曲》："偷甜瓜香喷喷，折酸枣～留留。" ❷ 比喻嫉妒，多就男女关系而言。明《挂枝儿·小官人》："也会妖，也会者，也会肉麻，也会～。"清李渔《闲情偶寄》卷二："〔旦〕哦，你和他现在一处么？〔小旦〕是。〔旦作～容介〕这等讲来，我倒不如你了。"《野叟曝言》八回："奴家自身难保，还敢～着他人？" ❸ 畏惧，通"怵"。明《西游记》二六回："他见拿我不住，尽有几分～我。"又五五回："行者却也有些～他，虚丢一棒，败阵而走。" ❹ 喻称文士或文士作风，含轻薄意。《元曲选·渔樵记》一折："有穿着那宽衫大袖的乔文假～，诗云子曰。"又《来生债》二折："他出来的不诚心，无实行，一个个强文假～。"元明《水浒传》三三回："近日除将这个穷酸饿～来做个正知寨。这厮又是文官，又没本事。"

【醋大】 cù dà 对文人的戏称，含轻薄意。唐高彦休《阙史》上："～知之久矣。"注："中官谓南班，无贵贱皆呼～。"元李罗《一枝花·归隐》："更有那东庄里～，他每都掴着手歌丰稔，再不想巡按去弄奸滑。"明王寅《醉太平·自咏》之一二："老来落得这波查，笑穷～。"

【醋妒】 cù dù 嫉妒。清《红楼梦》九回："因此贾瑞、金荣等一干人也正在～他两个。"

【簇】 cù ❶ 攒聚；围拥。唐张九龄《龙池圣德颂》："灵有休气，纷纷郁郁，如山之包，如云之～。"宋《朱子语类》卷一三一："番人兵矢～在胸前了，他犹自不管。"《禅真逸史》一八回："喝军士～下郑梓臣，斩首报来。" ❷ 堆叠。唐韩愈孟郊《城南联句》："赛馔木盘～，靸妖藤索绀。"宋元《古今小说》卷一五："使人从把出盘子来，教～一盘。郭大郎接了盘子，切那狗肉。"元明《水浒传》二四回："买下些酒肉之类，去武松房里～了一盆炭火。" ❸ 停；驻。唐杜甫《九日遥寄严大夫》："遥知～鞍马，回首白云间。"宋韩维《再游卞氏园亭》："林间～车马，欲去尚迟留。"元王恽《林评事花约》："玉盘濯月，已烦竹里行厨；绣勒攒香，暂～花边骏马。" ❹ 供蚕吐丝作茧的用具。唐王建《荆南赠别李肇著作》："麦收蚕上～，衣食应丰足。"宋梅尧臣《蚕槌》："终老归～时，应无惭弃置。"元王祯《农书·蚕缫篇》："内割蚕～：周以木架，平铺蒿梢，布蚕于上。" ❺ 通"趋"，催促。唐白居易《初出城留别》："扬鞭～车马，挥手辞亲故。"五代韦庄《放榜日作》："邹阳暖艳催花发，太皞春光～马归。"宋毛滂《曹使君置酒石桥山》："他年丘壑定参差，小留莫遣归心～。" ❻ 通"蹙"，皱起（眉头）。元杨维桢《集贤宾曲》："～个眉头，恼乱春心卒未休。"明《警世通言》卷二八："眉头一～，计上心来。"《西游记》五四回："女王闪凤目，～蛾眉，仔细观看。" ❼ 贴；靠。宋柳永《抛球乐》："巧笑嬉嬉，手～秋千架。"明汤显祖《南柯记》五出："这芳心，洞房中，谁～紧。" ❽ 量词。a）用于聚集成团的人或物，相当于"群""团"。唐杜甫《江畔独步寻花》之五："桃花一～开无主，可爱深红爱浅红。"元《武王伐纣平话》卷上："王见众多侍从、一～佳人捧定玉女上殿。"清方成培《雷峰塔》一一出："一～红楼压女墙，映东风绿杨轻扬。"b）用于箭矢，通"镞"。明《拍案惊奇》卷三："衣外挎一把刀，两膝下藏矢二十～。"

【簇攒】 cù cuán 同"攒簇"。宋范纯仁《次韵景仁寄君实决乐议之作》："看羞屡陈列，桃梨烦～。"清玄烨《戏题翠云岩》："堆叶叠枝互～，端知飞翠胜流丹。"可重叠作"簇簇攒攒"。明《西游记》八六回："只见那些未伤命的小妖，～，纷纷嚷嚷。"

【簇地】 cù de 泪落貌，一般作"簌地"。明《金瓶梅词话》九四回："那雪娥听见他问，便～两行泪下。"又九九回："春梅晚夕与孙二娘置酒送饯，不觉～两行泪下。"

【簇吊儿】 cù diào er 即"簇子"。金《董解元西厢记》卷三："壁间～是名人画如法，胆瓶儿里惟浸几枝花。"

【簇叠】 cù dié 丛聚。宋张耒《敬用无咎学士年兄长韵上呈子方太仆乡丈肇》："王师西出讨猾狂，六花～来堂堂。"

【簇饤】 cù dīng 将果蔬等食品堆码盘中，也指在盘中堆码好的食品。宋楼钥《北行日录》上："次双下灌浆馒头，次粟米水饭大～。"周密《武林旧事》卷二："禁中大庆贺，则用大镀金氅，以五色韵果～龙凤，谓之'绣茶'。"明《西湖二集》一二回："贵家都以珍馐、金盘、钿合、～相遗，名为'市食合儿'。"

【簇队】 cù duì 结队；成团成伙。唐李贺《黄家洞》："彩巾缠踍幅半斜，溪头～映葛花。"元佚名《迎仙客·十二月》："闹花边，～仙，送起秋千。"清虞兆清《忠州迎春词》："青旗～晓衙开，万众欢迎新守来。"

【簇合】 cù hé 聚合；围拢。宋《朱子语类》卷一一七："～零星，渐成片段。"《元曲选·梧桐雨》三折："六军不进屯戈甲，把个马嵬坡～沙，又待做甚么？"《三国志平话》卷下："武侯使刀剑～吕凯家小。"

【簇聚】 cù jù 聚集。宋陈淳《和林叔已咏福寿林塘》："中有洞壶出尘踪，景物～造化功。"彭大雅《黑鞑事略》："凡遇敌阵，则三三五五四分，断不～，为敌所包。"元舒天民《六艺纲目》卷上："盖其盛德，其出如云，民得～，阜财以处。"

【簇敛】 cù liǎn 聚集；聚拢。宋田锡《圣主靖边歌》："金花～若星罗，宝钿乘舆翼云旆。"

【簇盘】 cù pán 在盘中堆码果蔬，也指这样的果蔬拼盘。宋周必大《淳熙五年立春帖子》："彩胜宝幡簪帽巧，兰芽蔬甲～

新。”明夏良胜《郡志略》：“先时燕会，果肴用大器，多不过五品，谓之聚盘，后用小盘至数十品，谓之～。”明《西游记》四四回：“先吃了大馒头，后吃～、衬饭、点心、拖炉、饼锭、油炸、蒸酥，那里管甚么冷热。”

【簇捧】 cù pěng 簇拥。金《董解元西厢记》卷二：“这每取经后不肯随三藏，肩担着扫帚藤杖，～着个杀人和尚。”元明《水浒传》五二回：“宋江撇了剑，拨回马先走，众头领～着，尽都逃命。”清彭维新《祖陵大礼庆成颂》：“周巡紫塞，虎卫骈阗；～红云，鹓行络绎。”

【簇手】 cù shǒu 联手；合力。《敦煌变文校注》卷五《双恩记》：“于是锁钥齐开，封题并拆……并工搬运于天庭，～腾移于御库。”

【簇新】 cù xīn ❶极新。宋葛立方《次韵洪庆善同饮道家赏梅》：“陌上风光惊老眼，～香韵恼骚人。”明《金瓶梅词话》五四回：“一个是诗画的白竹金扇，却是旧做骨子，一个是～的绣汗巾。”清方成培《雷峰塔》一二出：“〔贴〕呀，这是自己家中，叫我往那里去？〔生〕是我家里，怎么这等～？” ❷新近；刚刚。清《十二楼·归正楼》三回：“原来是些湿土，乃燕子衔泥，～垒上去的。”《五色石》二回：“这就是～到任的樊太爷了。”《蜃楼志》五回：“我今天～学了一个令，你们都要听我分付。”也作“簇簇新”或“簇新新”。明《醋葫芦》一〇回：“一本《疗妒羹》，是下人簇簇新编的戏文。”清孔尚任《桃花扇》二八出：“桃花盛开，映着簇新新一座妆楼。”

【簇拥】 cù yōng ❶众人团团围绕。宋葛郯《满庭芳·宴黄仲康》：“看万红千翠，～云裳。”《元曲选·丽春堂》一折：“满地绿茸茸，更打着军兵～，可兀的似锦胡同。”清《红楼梦》八五回：“只见凤姐领着丫头，都～着黛玉来了。” ❷同“促拥”。明祝允明《七犯玲珑·四时题情》：“当年模样，思忆千般～，不是负心郎。”

【簇仗】 cù zhàng 排列仪仗队伍。唐杜甫《晚出左掖》：“昼刻传呼浅，春旗～齐。”元王义山《宫柳花诗》：“薰风日永彤墀晓，宫妃～呈千巧。”清陈廷敬《赐石榴子恭纪》：“仙禁云深～低，午朝帘下报班齐。”

【簇帐】 cù zhàng 围护军帐。宋李曾伯《出师经理襄樊奏》：“亲劲～军共四千七百餘人。”元明《水浒传》六三回：“中军主将都头领宋江、军师吴用，～头领四员。”按，《宣和画谱》卷八有唐胡虔《簇帐番部图》。

【簇子】 cù zi 即幛子，题有文字或画有图画的整幅绸布。五代齐己《谢兴公上人寄山水～》：“半幅古潺颜，看来心意闲。”宋《都城纪胜·四司六局》：“帐设司，专掌仰尘、缴壁、卓帏、搭席、帘幕、罘罳、屏风、绣额、书画～之类。”按，宋词题目有《题弩社头筹簇》《题赠飞竿簇》《题刀镊竹簇》等。簇，即簇子，似起招贴作用。

【蹙】 cù ❶皱(眉)。唐李贺《送秦光禄北征》：“趁趯西旅狗，～额北方奚。”元明《水浒传》二四回：“金莲容貌更堪题，笑～春山八字眉。”清方成培《雷峰塔》二六出：“～眉山泪雨休零，且暂消停。” ❷狭小；狭窄。唐孙樵《大明宫赋》：“西垣何缩，匹马不牧；北垣何～，孤垒城粒。”《续资治通鉴·宋真宗大中祥符六年》：“富者地广租轻，贫者地～租重。”清赵执信《送仲生南归》：“地～沉三岛，天低碍八纮。” ❸一种刺绣方法，皱缩线纹使紧密。唐皇甫松《抛球乐》：“金～花球小，真珠绣带垂。”元欧阳玄《和李溉之舞姬脱鞋吟》：“宫袍绣～金花绮，红绡紧衬双鸾尾。”清王士禛《送杨鄂州职方奉使安南》：“于阗玉带横腰身，猩红袍～金麒麟。” ❹拂；触。元方行《和马贯五松小龙女歌》：“玉罂转水月独漉，猝缕香裾～兰屋。”明《金瓶梅词话》一九回：“于是轻移莲步，款～湘裙，出来迎接。”清曹尔堪《水调歌头·赠歌者》：“初似奔泉绝溜，又似小窗儿女，银甲～鹍弦。” ❺收藏。明《金瓶梅词话》九五回：“忘八见他使钱儿猛大，匣子～着金头面，撅着银挺子打酒，与鸨儿买东西。”

【蹙促】 cù cù 迫促；局促不开心。唐白居易《送客春游岭南》：“离容君～，赠语我殷勤。”宋文同《野田黄雀行》：“人生不厌苦行乐，勿用～相惊猜。”明周用《鸥鸟赋》：“声咿呢而哀嘶，气默默而～。”

【蹙恨】 cù hèn 凝恨；含恨。宋曾协《踏莎行》：“柳眼传情，花心～，春风处处关衬。”明《石点头》卷一：“春山眉青青非～，秋水眼淡淡别生春。”清邹祗谟《潇湘逢故人慢·为阮亭赋》：“只手把湘阮，双鱼～，敛容偷寄。”

【蹙密】 cù mì ❶丛密；密聚。宋陆游《菖蒲》：“寸根～九节瘦，一拳突兀千金直。” ❷细密。宋《朱子语类》卷一二一：“如一项人恁地不子细，固是不成道理；若一向～，下梢却展拓不去。”

【蹙蹜】 cù sù ❶畏缩。唐韩愈《再与鄂州柳中丞书》：“熊罴貔虎之士，畏懦～，莫肯杖戈为士卒前行者。”《明史·陶成等传赞》：“身死王事，劳烈显著，亦可以愧戎帅之畏懦～者矣。”清徐葆光《圣武远扬青海平定诗》：“面缚军门形～，胆寒衅鼓语啁噍。” ❷局促；拘谨。宋欧阳修《太子太师文惠陈公神道碑铭序》：“每宾客至其家，公及伯季侍立左右，坐客～不安。”明唐之淳《石鼓诗》：“摩挲重图训，～愧庠序。”清吴伟业《敕赠大中大夫卢公神道碑铭》：“公应唯伺，颜色惟谨，少有不怿或形诮让，弥益～起敬。” ❸狭隘；困窘。元柳贯《送赵永嘉序》：“中岁出从宦牒，深涉世故，则自畿赤紧望县而下，见其处势～过甚。”明苏伯衡《送孙太初诗序》：“其视俯首州邑，处势～，如束湿。”也指受困窘的人。明卢柟《书怀投李篁台外博》：“愿尔垂神光，乘时慰～。”

【蹙缩】 cù suō ❶聚拢；蜷缩。唐刘禹锡《踏潮歌》：“惊湍～悍而骄，大陵高岸失岧峣。”陆希声《伏龟堂》：“盘崖～似灵龟，鬼谷先生隐遁时。”明谢肇淛《五杂组》卷一〇：“建州云谷道中有数松，盘拿～，形势殊诡。” ❷皱缩；抽缩。唐浩虚舟《射雉解颜赋》：“陋容～以兴愤，慢脸嬛婿而改色。”宋范成大《除夜感怀》：“～高颧颊，萧骚短鬓髭。”清屈大均《广东新语》卷一五：“(葛布)水浸则～。” ❸犹“蹙蹜❷”。宋罗从彦《遵尧录》卷五：“每进对稍忤，即～不自容。” ❹退缩；收敛。元陈基《送郑九成诗序》：“海寇闻风，率丑逃匿，苍皇～。”明凌义渠《又赋伤心行》之一二：“～英雄气，丛残薄俗情。”清毛奇龄《敕赠文林郎家明府君墓碑铭》：“时公弟及公次子定周，皆以文章知于时。公各戒～，毋请谒。” ❺急迫短促。清田雯《王叔明琵琶行画跋》：“收处老夫二语，音节～，大失惊人本色。”陆洽源《朝闻》：“死声～叫欲绝，偏与歌声同入耳。”

【蹙沓】 cù tà 丛聚交会。唐李白《春日行》：“因出天池泛蓬瀛，楼船～波浪惊。”宋刘敞《入山》：“～更腾陵，变化倏奇状。”清屈大均《广东新语》卷二：“两山～，江流如线，树木蔚荟。”

【蹙踏】 cù tà ❶踩踏。唐佚名《琵琶》：“海神趋趁夜涛回，江娥～春冰裂。”元赵孟頫《燕脂骢图歌》：“霜蹄～寒玉响，雾鬣振动秋风凉。”清田雯《象冢》：“复卷一悍贼，掷天坠地，～如麋。” ❷奔波；奔腾；走动。宋张孝祥《请道颜往抚州报恩疏》：“大雄一只虎，震伏群魔；杨岐三脚驴，～四海。”冯时行《送杨元老召赴阙》：“追风先～，戢翼更徘徊。”明王慎中《碧云寺晚饭》：“近郊～已尘迹，抱郭清切复禅枢。” ❸引申指压倒、侵凌、糟蹋或开创等。宋苏轼《次韵章传道喜雨》：“先生笔力吾所畏，～鲍谢跨庾

徐。"周南《池阳月试策问》:"不知使瑜不死,蜀汉果不落备手乎?而许下亦肯坐视瑜之并吞荆而甘心为之~乎?"元滕安上《答赵景文》:"玉溪翰墨禅,妙出畦径间。~元气开,豁落万化闲。" ❹ 践临;驻留;留滞。宋张耒《于湖曲》:"浮江天马是龙儿,~扬州开帝里。"晁补之《和缙云守关彦远浮山作》:"西来蜀道从万里,伏堆藏阜争崩奔。盘拿~得江住,精铁一亩岿然存。"江休复《台州重建便厅记》:"侯为此州,浚河渠,民不病濡滞,辟贡院创三门,土不病~。" ❺ 踢;踹。宋刘敬《中山诗话》:"鞠,皮为之,实以毛,~而戏。"清褚人穫《坚瓠首集·踢球》:"球名蹴踘,始于轩后军中练武之剧,~而戏。"

【蹴】 cù 通"触"。擦;碰;拂。明《二刻拍案惊奇》卷九:"去拽那门时,谁想是外边搭住了的,狠性子一拽,早把两个长指甲一齐~断了。"清《隋唐演义》四〇回:"香风~地,两岸边兰芷氤氲,彩袖翻空,一路上绮罗荡漾。"

【蹴踏】 cù tà ❶ 同"蹙踏❶"。唐杜甫《冬狩行》:"东西南北百里间,仿佛~寒山空。"宋苏舜钦《游山》:"凌晨过横山,~云霞低。"明《二刻拍案惊奇》卷三六:"拿一个大锤,隔囊捶击,再加~匾了。" ❷ 同"蹙踏❷"。《敦煌变文校注》卷四《降魔变文》:"象乃徐徐动步,直入池中,~东西,回旋南北。"宋道潜《赠子固舍人》之一:"未信长途老天马,行看~上瑶池。"明凌义渠《戏为青灯歌》:"春宵秘戏本无方,鱼龙~争低昂。" ❸ 同"蹙踏❸"。唐舒元舆《唐鄂州永兴县重岩寺碑铭》:"合天下之夷寺,不足当吾释氏一小邑之数也,其所以知西人之教能~中土而内视诸夷也。"宋《朱子语类》卷一二五:"庄子比邵子见较高,气较豪。他是事事识得,又却~了,以为不足为。"明郎瑛《七修类稿》卷一四:"我军颠顿,无一人执戈,相与枕藉,任胡骑~之矣。" ❹ 度过。唐孟郊《读经》:"忽复入长安,~日月宁。老方却归来,收拾可丁丁。"元虞集《送戴真人归越》:"马如游龙花如雨,~春秋作朝暮。" ❺ 同"蹙踏❺"。唐颜师古注《汉书·枚乘传》"蹴鞠刻镂":"鞠以韦为之,中实以物,~为戏乐也。"《敦煌变文校注》卷二《庐山远公话》:"在其阿娘腹内,令母不安,~阿娘,无时暂歇。"清《东周列国志》一七回:"至半路长万方醒,奋身~,革坚缚固,终不能脱。"

【蹴圆】 cù yuán 踢球。明章潢《图书编》卷八五:"下棋打双陆的断了手,~的卸了脚。"孙楼《黄莺儿·嘲妓》:"并戏水中鸳,不猜枚便~。"

cuān

【撺】 cuān ❶ 抛;掷。《五灯会元》卷七《雪峰义存禅师》:"长庆出曰:'今日堂中大有人丧身失命。'云门以拄杖~向师前,作怕势。"《元曲选·任风子》一折:"把那厮轻轻抬举,滴溜扑~下阶除。"清《野叟曝言》五二回:"素臣令奚囊,把众盗尸身都向海里~去。" ❷ 刺;戳;铲。宋《建炎以来繫年要录》卷一九六:"或敌兵直犯拒马,令甲军枪手密依拒马,用枪~。"《宋史·兵志九》:"枪手驻足举手~刺,以四十一为本等。"元王祯《王氏农书》卷一三:"(铲)柄长数尺,首广四寸许。两手持之,但用前进~之,划去垅草。" ❸ 抽;拔;伸出。明朱橚《救荒本草》卷一:"(车轮菜)叶稍大而薄,叶丛中心~葶三四茎。"清《醒世姻缘传》九三回:"那麦苗勃然蒸变,日长夜生,~茎吐穗。" ❹ 安放;搭。《元曲选·楚昭公》三折:"渡过江了,~下脚踏板,请登岸。"明沈璟《一种情》一四出:"慢些,待我~了跳板介。"清《醒名花》七回:"不多时早已摇到,便湾住船,~了跳板。" ❺ 逃跑;奔跑。《大宋宣和遗事》后

集:"是时曹勉自河北~归。"《元曲选·萧淑兰》四折:"来往官媒,一划地锦绣攒,人乱~。"清《隋唐演义》一八回:"风流才子堕冠簪,蓬头乱~。" ❻ 涌;跃;冲。宋周南《余杜门兀坐三年》:"(浪)蹴起争桥齿,~来似海鳍。"元高明《琵琶记》九出:"巨耐畜生侮弄我,大叫三声不肯行,连~两~不是耍。"明唐顺之《杨教师枪歌》:"满身护着不通风,百步~来激流电。" ❼ 钻;扑。《五灯会元》卷四《五台秘魔岩和尚》:"霍山通和尚访师,才见不礼拜,便~入怀里。"明汤显祖《紫钗记》三〇出:"烧了些大尾羊好不~人的鼻。"《二刻拍案惊奇》卷四:"后边张兴~出来道:'我相公是今年贡元,上京廷试的。'" ❽ 加入;添加;掺杂。宋张世南《游宦纪闻》卷一:"甘锅火内煅令通红,取出,~雄黄末、焰硝末,急用桃枝搅转。"《元曲选·气英布》二折:"那龙且在边厢又~上几句。"清顾炎武《天下郡国利病书·江南八》:"其狡者多用赝银,有~铜、吊铁、灌铅。" ❾ 上升;冒出。《元曲选外编·西游记》五本二〇出:"博望坡秋深火焰~,赤壁山冬初火力完。"明《禅真逸史》一五回:"钟守净正慌之间,又见侧首禅堂屋上~起烟焰来。" ❿ 用杖击。特指用棍子打已收紧的夹棍、拶子等刑具,打一下叫一撺。《景德传灯录》卷二一《大章山契如庵主》:"僧拟进语,师以锡~之。"元张可久《金字经·观九副使小打》:"静院春三月,锦衣来众官,试我花张董四~。"按,此指用球杖打球。明《梼杌闲评》二〇回:"叫左右夹起来,夹了又打上三十~,把个殷增光夹得死而复生者再。"清《醒世姻缘传》八二回:"那莹白嫩嫩的细指头,使那大粗的檀木棍子,用绳子杀将拢来,使木板子东一下西一下,~这一二百下子。" ⓫ 怂恿;挑逗。明叶宪祖《碧莲绣符》四折:"相公衣锦回家,被人~得高兴,娶了四五个偏房。"清《隋唐演义》四〇回:"~情掇趣,不是花,定然是酒。"《醒世姻缘传》九八回:"他逐他离他自做,我~我掇我休题。" ⓬ 攒聚;聚拢。金《董解元西厢记》卷六:"三十、五十家~来,比及偿到,是几个斋供。"清《醒世姻缘传》三五回:"汪为露还~拳拢袖,要打那侯以槐。" ⓭ 通"窜",改动(文字)。宋陆子虚《剑南诗稿跋》:"而亲加校订,朱黄涂~,手泽存焉。"明乌斯道《跋郑原志铭》:"松雪赵公为人书文字,见其语陉机者,即就笔下改~。" ⓮ 通"汆",入沸水中略煮。宋吴自牧《梦粱录》卷一六录有"撺香螺、撺望潮青虾、清撺鹌子"等名目。

【撺廒】 cuān áo 堆放杂物的仓库。宋洪迈《夷坚志》丙卷八:"困睡未熟,闻~内似有人转动啾唧之声。"

【撺拨】 cuān bō 张罗指派。明《金瓶梅词话》七六回:"你看昨日生怕气了他,在屋里守着的是谁? 请太医的是谁? 在跟前~侍奉的是谁?"

【撺椽】 cuān chuán 盖房时把房椽送上屋顶。《元曲选·两世姻缘》一折:"有那等花木瓜长安少年,他每不斟量隔屋~。"多形容用力过度而气喘吁吁。金《董解元西厢记》卷二:"不惟眼辨与身轻,那更马疾手妙,盘得两个气一似~。"《元曲选·单鞭夺槊》四折:"两只脚暮岭登山快撺,走的我一口气似~。"

【撺搭】 cuān dā 蹿跳搭接。元萨都刺《一枝花·妓女蹴踘》:"对泛处使穿膁抹膝的~,摌俊处使拂袖沾衣的撺演。"

【撺道】 cuān dào 即"撺掇❶"。明《西游记》三四回:"猪八戒~孙行者,教变化走了罢。"又三九回:"你这呆孽畜,~师父咒我哩。"

【撺断】 cuān duàn ❶ 凭借;扶持。宋史达祖《庆清朝》:"赋得送春诗了,夏帷~绿阴成。"明顾璘《谒金门·雨声》:"独客羁怀正愁寂,谢君~力。" ❷ 怂恿;劝说。元王实甫《西厢记》三本二折:"~得上竿,掇了梯儿看。"曾瑞《蝶恋花·闺怨》:"好茶饭减半多半,添盐添醋人~,刚推了少半碗。"明佚名《魏徵改诏》楔子:

"当初俺两个劝元帅不要去，都是刘文静～的唐元帅去来。"❸伴和；演奏。元高安道《哨遍·嗓淡行院》："～的昏撒多，主张的自吸溜。"《元曲选外编·紫云庭》一折："我唱的是《三国志》，先饶十大曲，俺娘便《五代史》，续添《八阳经》。你觑波！比及～那唱叫，先залечить打拍那精神。"明朱有燉《十棒鼓·夏夜席上欢饮》："蓦蓦的鼓儿～他，堪赏堪夸。"❹催逼。元刘中《湘妃怨》："晓来风雨催春事，把莺花～死。"石子章《秋桂娘秋夜竹窗雨》一折："畅好是花谢的疾，春去的早，～了人生有限身。"明李开先《啄木儿·夏》："闲想这百岁光阴转快梭，春又夏，～的朱颜双鬓皤。"❺休歇。《元曲选外编·西游记》五本二〇出："宵衣旰食无～，受驰驱百万端。"

【撺掇】 cuān duō ❶怂恿；鼓动。宋《朱子语类》卷八三："当时厉公急地弄得狼狈，当被人～，胡乱杀了。"元高明《琵琶记》三三出："我叫道好，你便也叫道好，只管～。你不是骗我？"清《红楼梦》二回："封肃喜的屁滚尿流，巴不得去奉承，便在女儿前一力～成了。"❷催逼；催促。宋魏乃翁《柳梢青·郡圃新开云月湖》："～花枝，趱那天气，一半春休。"明徐畈《杀狗记》六出："这个不指望，只好略讨些盘缠足矣。望二丈～一声。"清《醒世姻缘传》一三回："原差也不敢十分再迟，～要收拾起身，往东昌府去。"❸张罗；安排。宋佚名《张协状元》四七出："好姻缘，来辐凑，把你～嫁一个好儿夫，那更效绸缪。"宋元《警世通言》卷三六："住了五六日，又措置盘费，～知县回东京去。"清孔尚任《桃花扇》七出："妾身不得奉陪，替官人打扮新妇，～喜酒罢。"❹帮助；促成。宋黄震《晓谕假手代笺榜》："得乞丐人一二糖饴，反尽弃平生所有珍宝财产以予之，～乞丐为富人，而自身情愿受饥寒。"元明《水浒传》二五回："这个容易，你只敲壁子，我自过来～你。"明《平妖传》一八回："胡员外大喜，拱手道：'全仗学究扶持～。'"❺表演；演奏。宋佚名《张协状元》一出："后行脚色，力齐鼓儿，饶个～，末泥色饶个踏场。"《元曲选外编·蓝采和》三折："再不去乔装扮打拍～，再不去戏台上信口开合。"清毛奇龄《历代乐章配音乐议》："即明代承应～，亦明载笛儿、板儿、戏竹儿。"❻挑拨；勾引。明《挂枝儿·是非》："帮衬我的少，～你的多，你须自立定主意三分也。"詹时雨《一枝花·秋思》："雁儿也，则被这几般儿～无限相思，偏不寄俺有情人书半纸。"《二刻拍案惊奇》卷二三："虽然献谄效勤、哄诱～的人不计其数，大小事多要串通得这两个，方才弄得成。"

【撺販】 cuān fàn ❶贩运。明《型世言》二三回："明日与你十来个银子，到苏州盛家母舅处，～些尺头来，也可得些利息。"清《珍珠舶》一回："有一朋友，与儿同姓，唤作赵云山，家累千金，向在六陈行内～。"❷引申指传播。明温璜《温氏母训》："有一等人～风闻，为害不小。"

【撺行】 cuān háng　另见 cuān xíng。赶行市。明陈铎《朝天子·灯市》："算日无多，～赶快，风和雨情要歹。价钱又不抬，人心又懒买，须守到来年卖。"冯惟敏《一枝花·嘲友人试琴》："人都道～货眼前新宜时所事堪抬价，俺则道传世宝天生旧见广经多自掩瑕。"

【撺合】 cuān hé　撮合；撺掇说合。清《赛花铃》一一回："我本意只要拆散红尘的夫妇，以消当时恶气，故在婶母面前十分～，又在何半虚面前一力担当。"

【撺哄】 cuān hǒng ❶引诱；哄骗。明嘉靖九年南京太仆寺《申明旧例告示》："干碍内外势要人员，径自指实，奏请其～。"明《醒世恒言》卷三七："莫说旧时那些帮闲不作家的朋友又来～，只那韦氏出自大家，不把银子放在眼里。"清《野叟曝言》九〇

回："毒蟒大王听了逆侄～，操兵练兽，想并合云贵两广川湖六省。"❷迎合他人，使他人高兴。明《拍案惊奇》卷一："众人初然吃酒，写合同，大家～鸟乱，心下还有些不信的意思，如今见他拿出精晃晃的白银来做用钱，方知是实。"又卷二九："是日那里还有心想看春会，只个个～赵娘子，看他眉头眼后罢了。"

【撺卷】 cuān juàn　交试卷。指参加科举考试。《元曲选·金钱记》一折："学成满腹文章，撺过卷子，未审功名若何？"又《潇湘雨》二折："你虽然撺过卷子，未曾覆试你，你识字么？"明汤显祖《牡丹亭》四九出："且喜殿试撺过卷子，又被边报耽误榜期。"

【撺瞒】 cuān mán　欺骗隐瞒。明陈铎《朝天子·鼓铺》："识换头在他，知腔儿是我，不着～过。"刘效祖《锁南枝》："信别人巧话儿唆搬，倒把我假意儿～。"《金瓶梅词话》七二回："天不着风儿晴不的，人不着谎儿成不的。他不整～着，你家肯要他？"

【撺忙】 cuān máng　帮忙。清《歧路灯》七六回："到后日请客吃面，叫你家赵大儿来撺撺忙。"

【撺弄】 cuān nòng ❶摆弄；安排。明汤显祖《邯郸记》三〇出："你和那崔氏女抛残午梦，亏了洞宾～天机。"❷表演。明陈与郊《黄莺儿》："流浪剧场中，尽繁华过眼空，谁悲谁喜谁～。"❸怂恿；鼓动。明《梼杌闲评》三四回："这是何苦！都是你们～我干出这没天理的事来。"

【撺扑】 cuān pū　跳起扑奔。清《后西游记》三回："那七八只虎却也猛恶，一齐张牙舞爪，四面～将上来。"

【撺送】 cuān sòng　促使；唆使。明王世贞《虞美人·寄怀》："薄寒～汝南鸡，偏向碧纱厨畔醒时啼。"

【撺嗾】 cuān sǒu　唆使；怂恿。明张居正《乞鉴别忠邪以定国是疏》："又从而鼓煽其间，相与怂恿～，冒险钓奇，以觊幸于后日。"

【撺唆】 cuān suō　怂恿唆使。明《醒世恒言》卷二七："熊氏～了几次，见不肯听，忍耐不住。"《拍案惊奇》卷三二："我就借此机会，～一两个好妓者绊住了他，不怕他不留恋。"《隋唐演义》六六回："把金银买嘱了有儿子的夫人，在朝廷面前～。"

【撺梭】 cuān suō　织机运梭，多用来形容快速与频繁。《五灯会元》卷一四《长芦清了禅师》："琉璃殿上玉女～，明甚么边事？"元张养浩《新水令》："想人生能几何，叹日月似～。"明《西游记》三二回："胡羊野马乱～，狡兔山牛如布阵。"

【撺调】 cuān tiáo　犹"撺唆"。《元曲选·灰阑记》一折："〔搽旦～科云〕员外打的好！"

【撺跳】 cuān tiào　跳跃；跳动。明《封神演义》四二回："欢彪斗，来往～；怪兽斗，遍地烟云。"清《野叟曝言》六九回："那毽儿上下起落，～不止。"

【撺箱】 cuān xiāng　把状纸投到放告纸的箱内。元杨瑀《山居新话》卷一："是时都省告状～，乃暗令人作一状，投之箱中。"《元曲选·潇湘雨》二折："不须办幞头袍笏，便好去幺喝。"明朱有燉《醉太平·风流令史》："～时勘问了些烟花事，刷卷时改抹了些鸳鸯字。"

【撺行】 cuān xíng　另见 cuān háng。奔跑。元郑廷玉《看钱奴》一折："走咱行咱，～花踏，见的白踏。"《元曲选·倩女离魂》四折："腾腾腾收不住玉勒常是虚惊，火火火坐不稳雕鞍划地眼生，撒撒撒挽不定丝缰则待～。"元明《水浒传》五二回："只见殷天锡骑着一匹～的马，将引闲汉三二十人。"

【撺越】 cuān yuè　超越；跳过。明沈德符《万历野获编》卷一二："六科都给事升转……如库士之挨贡，不敢～。"

【撺转】 cuān zhuǎn　犹"掇转"。清《平山冷燕》五回:"明日何不一面皮,借感谢之意,作入门之阶。"又二○回:"见他一时荣贵,只得～面皮,来趋承庆贺。"

【蹿】 cuān　❶奔跑;逃跑。唐张𬸦《朝野佥载》卷四:"甲仗纵抛却,骑猪正南～。"元刘时中《新水令·代马诉冤》:"一地里快～轻踏,乱走胡奔,紧先行不识尊卑。" ❷跳;钻。清《后水浒传》一七回:"遂将棍头在地上一点,一个身子便直～过人头,就在人的肩膀上借力,跳上擂台。"《红楼梦》二八回:"女儿愁,绣房～出个大马猴。"

【蹿行】 cuān xíng　同"撺行"。元曾瑞《醉花阴·怀离》:"百忙里～马儿不住叫喊,脚儿又疾,口儿又喃。"

【蹿跳】 cuān tiào　跳跃。清《后水浒传》一七回:"他不等轿夫落肩,用棍在轿上只一按,便踊身～上台。"又三六回:"说声未绝,柯柄、童良俱～水面,岑用七亦跃入湖中。"

cuán

【攒】 cuán　另见 zǎn。❶皱缩(眉额)。唐温庭筠《晚归曲》:"湖西山浅似相笑,菱刺惹衣～黛蛾。"元孙周卿《水仙子·山居自乐》之三:"要常教心地宽,笑平生不解眉～。"明《古今小说》卷一:"陈大郎～着两眉,埋怨婆子。" ❷即"撺❶"。元《武王伐纣平话》卷下:"纣王无道,恣纵妲己之言,将尔姐就摘星楼～下来。" ❸量词,用于簇聚的事物。宋周辉《清波杂志》卷六:"玉𬘓篥二管、玉箫一～、象牙拍板二串。"元张可久《红绣鞋·春日湖上》之一:"百五日清明节假,两三～绿暗人家。"清《醒世姻缘传》二六回:"大鼓一面、笙一～、云锣一架。"

【攒匾】 cuán biǎn　一种圆形有格的食具。明《醋葫芦》六回:"有的携了酒,有的掇个～,齐齐拥到房中。"《型世言》四○回:"到客座时,主人自来相陪,先摆下一个～儿,随后果子看馔摆列一桌,甚是齐备。"

【攒茶】 cuán chá　用细碎的白芹菜、荸荠、胡桃仁、松子仁等相配而做成的茶。清《儒林外史》四九回:"当下主客六人,闲步了一回,从新到西厅上坐下。管家叫茶上点上一巡～。"又:"众人随便坐了,茶上捧进十二样的～来。"

【攒凑】 cuán còu　❶汇聚;聚拢。唐张铣注《文选·辨亡论》"异人辐凑":"故奇异之人如车辐～于毂也。"明戚继光《练兵实纪》卷五:"若过于延长,彼此不互相敛凑,车本不能包裹,差误不小。人人用心记省,临时～乃可。"《徐霞客游记》卷一上:"诸峰上皆峭崿,而下复～。" ❷拼凑;凑集。清李渔《闲情偶寄》卷四:"须于画成未裂之先,暗书小号于纸背……其后照号配成,始无不来之患。"《平定两金川方略》卷八六:"在革布什咱番户内再行添,务即～汉土官兵百余名。"《儒林外史》五二回:"这里胭脂巷有一位中书秦老参要上北京补官,～盘程。"

【攒转】 cuán còu　同"攒凑❶"。明徐一夔《敕赐灵谷寺碑》:"凡交椽接雷,盘结～如蜂房蚁穴之状者,悉不用。"王九思《绣停针·寿对山先生》:"娇莺乳燕相趁逐,青蛾皓齿斯～。"

【攒簇】 cuán cù　簇聚;围绕。五代伍乔《观华夷图》:"别手应难及此精,须知～自心灵。"明《西游记》二回:"叫一声'变!'即变做三二百小猴,周围～。"清屈大均《广东新语》卷二五:"(山丹)一大花又作数千百小花,～为一大球。"可用 AABB 式重叠。金长筌子《醉中归》:"群情苦,攒攒簇簇,贪迷嗜欲。"

【攒点】 cuán diǎn　宫禁五更结束时敲钟(点)一百声,谓之攒点。自宋始,明清沿之。宋胡宿《禁直晨兴呈承旨侍郎》:"内殿已～,揽衣朝未央。"自注:"禁中漏尽谓之～。"《宋史·律历志三》:"每夜分为五更,更分为五点,更以击鼓为节,点以击钟为节……以至五更二点,止鼓契出;五点击钟一百声,鸡唱击鼓,是谓～。"清查慎行《山庄杂咏》之二七:"自入秋来常起早,挈壶～最分明。"

【攒典】 cuán diǎn　元明称官仓经管出纳的吏役。元《通制条格》卷一四:"本库官员、库子、～,今后并不得将引弟男、亲戚、驱口人等入库。"《元曲选·陈州粜米》一折:"则这一哥哥休强挺,你可敢教我亲自秤?"明夏良胜《循良私籍》:"讼狱剖决几何,案牍吏所执也;仓库储峙几何,～辈所司也。"

【攒队】 cuán duì　列队。《辽史·礼志六》:"宣徽使、诸司、阁门～前引。"明戚继光《练兵实纪》卷四:"各箭于官军～。"《徐霞客游记》卷二下:"此处诸岫如～合围,中环成洞。"

【攒合】 cuán hé　聚合;凑拢。唐施肩吾《山石榴花》:"深色胭脂碎剪红,巧能～是天公。"元王恽《论益都括出新户事状》:"益都路括出新户不下万计,俱系贫难老疾、分房区丁,～作户。"明《徐霞客游记》卷四下:"又白乳莲花一簇,径大三尺,细瓣～,逆悬洞底。"

【攒盒】 cuán hé　食品盒,分成若干格,可盛多种食品。明王樵《审录重囚疏》:"就置办～,请孟学等吃饮。"《山歌·攒盒》:"结识私情好像～能,逢着酒荡紧随身,就是一碟两碟略尝滋味自有多少趣。"清《红楼梦》四○回:"回来吃酒的～可装上了?"

【攒军】 cuán jūn　集合军队。《敦煌变文校注》卷一《王昭君变文》:"万里～,千兵逐兽。"又《李陵变文》:"陵欲～,方令击鼓。"

【攒敛】 cuán liǎn　聚敛;搜刮。《元典章·兵部三》:"诸处站赤例于马户处冒行～羊酒、米面、首思等物。"

【攒脸】 cuán liǎn　凑面子。清《歧路灯》九四回:"这西蓬壶馆却每日有出传单,约远客,搭彩棚,看昆戏,都是俗下街坊凑趣、朋友～的市井话儿。"

【攒拢】 cuán lǒng　聚拢;会集。明《醒世恒言》卷七:"主仆二人正在讲话,众人都～来道:'此是美事。'"明《禅真后史》四二回:"众缉捕一齐抽出暗器,～乱打。"清胡煦《易学须知》:"须知谈《周易》者必先融会卦辞、象辞、爻辞,大象小象～一处,以求一卦之真性情。"

【攒眉】 cuán méi　皱眉。《敦煌变文校注》卷六《金刚丑女因缘》:"若人些些子～,来世必当丑面。"元明《水浒传》七五回:"登坛攘臂称元帅,败阵～似小儿。"清赵执信《观奕歌》:"～思出九天上,奋袖气吞千人军。"

【攒谋】 cuán móu　合谋。明韩邦奇《恶逆攒害尊长等事》:"又该奇滥奏为贼侄杀死多命,～陷害尊长。"清《醒世姻缘传》六六回:"你～杀了我汉子,还敢在这里吃酒!"《歧路灯》八七回:"公子的公子,秀才的秀才,～定计,把老乡绅留的一份家业,弄的七零八落。"

【攒盘】 cuán pán　❶拼盘,装有多样果蔬的盘子。明《金瓶梅词话》六五回:"马上人俱有～,领下去自有坐处吃。"清毛奇龄《蒙内府席学士高轩见过》:"～苑核兼山蔬,楚苗之食陇阪苏。" ❷围成圈(殴打)。明《西游记》二回:"把个魔王围绕,抱的抱,扯的扯,钻裆的钻裆,扳脚的扳脚……直打做一个～。"《醒世恒言》卷三六:"众光棍大怒,也翻转脸皮……将胡悦～打勾臭死。"

【攒绕】 cuán rào　围绕。元明《三国演义》九八回:"见许多车仗,重重叠叠,～成营。"明郑颙《登旷逸楼》:"映帘花木四～,深

幽雅称金仙宫。"《禅真后史》一一回："瞿天民急唤众人醒来，一齐～床前。"

【攒汤】　cuán tāng　多种原料做成的汤。明刘若愚《酌中志·饮食好尚》："鹅醢汤、米烂汤、八宝～。"《金瓶梅词话》六五回："厨役割献烧鹅、花猪，百宝～，大饭烧卖。"清《儒林外史》一〇回："又是一大深碗素粉八宝～。"

【攒蹄】　cuán tí　动物四蹄凑拢。《敦煌变文校注》卷一《捉季布传文》："出阵抛旗强百步，驻马～不动尘。"《元曲选外编·㘬桥进履》一折："我如今唤他一声善哥（按，虎名），他便抿耳～。"明《西游记》四二回："那妖精搓耳揉腮，～打滚。"

【攒头】　cuán tóu　另见 zuān tóu。❶把头凑近。《敦煌变文校注》卷四《太子成道经》："见人为恶处强～，闻道讲经伴不听。"明《拍案惊奇》卷九："伴娘开帘，等待再三，不见抬身。～轿内看时，叫声：'苦也！'"❷聚头；众头聚集一处。金元好问《甲辰三月旦日以后杂诗》之二："濈濈猩红闹晓晴，～真似与春争。"元蒲道源《次德衡弟九日以黄酒来贶》："黄如蝇子～赤，酒似鹅儿破壳黄。"

【攒玩】　cuán wán　同"巑岏❸"。敦煌词《五更转·南宗定邪正五更转》之四："看则住心便作意，作意还同妄想抟。妄想抟，莫～，忍本性，自观看。"

【攒形】　cuán xíng　收缩身体，指藏身。《敦煌变文校注》卷一《伍子胥变文》："虑恐此处人相掩，捻脚～而映树。"又："落草獐狂似怯人，屈节攒刑（形）而乞食。"

【攒沅】　cuán yuán　同"巑岏❶"。《敦煌变文校注》卷三《燕子赋（一）》："雀儿自隐欺负，面孔终是～。请乞设誓，口舌多端。"

【攒蚖】　cuán yuán　同"巑岏❷"。《敦煌变文校注》卷一《王昭君变文》："侍从寂寞，如同丧孝之家；遣妾～，仗（状）似败军之将。"

【攒拥】　cuán yōng　犹"簇拥"。宋孙觌《崇仁县》："万山～天一笠，北风吹雨两鬓湿。"明高濂《遵生八笺》卷一五："香焚成火，方以箸埋，炭塈四面～，上盖以灰。"《西游记》九七回："众官兵～扛抬，须臾间拿到城里。"

【攒造】　cuán zào　另见 zǎn zào。汇总编制（账目）。宋朱熹《晓示经界差甲头榜》："及至打量田土，～图帐，一都不过二十餘人。"《元典章·户部七》："依式～备细文册，令知首尾。"清《儒林外史》六回："你们各人管的田房利息帐目，都连夜～清完。"

【攒帐】　cuán zhàng　归总账目；结账。《旧五代史·周书·世宗纪二》："勒诸县取索管界寺院僧民数目申州，州司～，至五月终已前，文帐到京。"明《金瓶梅词话》六〇回："那日新开张，伙计～，就卖了五百多两银子。"

【巑岏】　cuán wán　❶丑陋难看。唐李群玉《将游荆州投魏中丞》："贫埋病压老～，拂拭菱花不喜看。"李颀《题卢五旧居》："怅望秋天鸣坠叶，～枯柳宿寒鸥。"按，此系由上古"山高锐貌"义引申而来。❷裹足不前。《太平广记》卷二六二引《玉堂闲话》："新牧～跼躅，敛容低视，不敢正面对礼生。"《景德传灯录》卷二〇《凤翔府紫陵匡一大师》："沉沙不见底，浮浪足～。"按，《集韵·桓韵》："～，聚足。"❸失意沮丧貌。《法苑珠林》卷七〇："乡里既无田宅，洛阳又阙主人，浪宕随时，～度日。"

cuàn

【窜贬】　cuàn biǎn　贬谪；放逐。宋张栻《江谏议奏稿序》：

"会奸人得柄，公旋即补外，～流落以死。"曾敏行《独醒杂志》卷三："而俦储十数人皆处极刑，虽其父母，亦皆～。"清《锦香亭》六回："只是你～遐方，教令尊堂与尊夫人如何放得下？"

【窜斥】　cuàn chì　犹"窜贬"。斥，逐。唐宣宗《贬李德裕潮州司马制》："岂可尚居保傅之荣，犹列清崇之地？宜加～，以戒僻违。"宋韩琦《祭龙图尹公师鲁文》："职此抵罪，～流离，众谓之冤。"明冯从吾《董扬王韩优劣》："而愈上表陈言，虽蒙～，而其志不寋。"

【窜黜】　cuàn chù　犹"窜贬"。宋刘安世《论胡宗愈除右丞不当疏》第六："公犯义分，毁灭廉耻，固当～，以儆官邪。"《三朝北盟会编》卷一二二："其黄潜善、汪伯彦，伏望重赐～。"明韩邦奇《通议大夫都察院右副都御史张公墓志铭》："昔彼凭城，今成～。"

【窜点】　cuàn diǎn　改动；涂改。唐段成式《酉阳杂俎·语资》："一笔书之，初不～，时人谓之腹稿。"

【窜掇】　cuàn duō　即"撺掇❶"。明汤显祖《紫钗记》五三出："那黄衫豪士随着人～言官，将小玉姐这段节义上了。"

【窜改】　cuàn gǎi　犹"窜点"。《新唐书·许敬宗传》："及敬宗身为国史，～不平，专出私意。"宋王安礼《进策题札子》："今具进呈，伏乞宸翰深赐～。"明邵宝《明赠承德郎户部主事刘君墓志铭》："稍长知为文，执笔立就，又能自～成章。"

【窜流】　cuàn liú　流放。唐韩愈《泷吏》："潮州底处所，有罪乃～。"宋黄度《丘令疏词》："吏坐贿，大则～，其次废弃终身。"清田雯《阳明书院》："或投畀于蛮乡，或～于海外。"

【窜抹】　cuàn mǒ　犹"窜点"。明叶盛《浙江按察司副使张先生墓志铭》："廷对之文稿无～，读者奇其才。"徐咸《西园杂记》卷下："发疑难文字，亲为～，诸士化服。"

【窜窃】　cuàn qiè　❶剽窃。唐柳宗元《读韩愈所著毛颖传后题》："韩子之怪于文也，世之模拟～，取青媲白，肥皮厚肉，柔筋脆骨，而以为辞者，人之读之也，其大笑固宜。"明胡直《论文二篇答瞿睿夫》："文王孔子之文湮阁不著，百氏杂出，～工巧，而文柄遂旁落于能言者之家。"清孙承泽《春明梦餘录》卷四〇："自今士子不妨博极群书，而～谬伪者必斥。"❷流窜盗窃。明徐溥《送湖广宪副费君之任序》："惟其交于诸藩，故军民夷獠淆杂，逋逃～者多。"

【窜跳】　cuàn tiào　❶跳；蹿。明《封神演义》七〇回："土行孙身子伶俐，左右～。"清《后水浒传》六回："忽树后～出一人来，大叫：'天雄山好汉在此！'"《蒙古源流》卷三："燕往屋内寻巢，猫向房间～。"❷逃亡。跳，通"逃"。明王士贞《吴邑令宋阳山遗爱祠记》："至一摄长赋则立瘠，贫者破庐产，徙箸鬻子而犹不给，～相属。"

【窜投】　cuàn tóu　❶放逐；流放。《敦煌愿文集·发愿文范本等（七）》："忽因家累，得罚南荒；～魑魅之乡，流落蛮夷之国。"宋苏舜钦《杜公谢官表》："居常悚栗，日俟～，而陛下收臣于贱杇之中，拔臣于毁谤之内。"明程敏政《祭先师宫保尚书殿学刘公文》："身幸免于～，病未离于砭药。"❷投奔；投靠。五代梁《讨刘知俊悬爵赏诏》："刘知俊贵为方伯，尊极郡王，而乃背诞朝恩，～贼垒。"宋张端义《贵耳集》卷中："一夕呼千人～德安，王昊开门纳之。"元李冶《敬斋古今黈》卷七："又有人说云，逃禅者逃于禅，谓～于禅也。"❸窜来。清蓝鼎元《潮州风俗考》："宵匪～，乡闾侧目，畸人入境，里社惊惶。"

【窜亡】　cuàn wáng　逃亡。《唐大诏令集》卷七八："六郡连收，七关尽复，削衽解辫，树领乞降，犬羊～，亿兆鼓舞。"明汪广洋《赠张主事关中讲究运道回》："关中兵旱久，黎庶～多。"清陈廷敬

《巡抚浙江公孚张君墓志铭》:"附郭民苦供亿,多~。"

【窜削】 cuàn xuē ❶ 删改;修改。唐张鷟《朝野金载》卷六:"(陈希闵)又号按孔子,言~至多,纸面穿穴,故名按孔子。"明罗洪先《明故中大夫三符曾公合葬墓志铭》:"文多顷刻立具,不求锻炼~为工。"清《野叟曝言》四九回:"王肃传讹,复经广谋之~。其事不经,其言可笑。" ❷ 犹"窜贬"。宋姚勉《拟上封事》:"又有人臣敢轻于去国,重加~,以为人臣不忠之戒。"《宋史·马伸传》:"高宗即位,伸拜章,以城陷不能救,主迁不能死,请就~。"也指被贬逐的人。明胡应麟《四知篇·汝南张中丞助父》:"群雄一网尽,~盈遐方。"

【窜易】 cuàn yì ❶ 改动;修改。唐柳宗元《送宁国范明府诗序》:"由是吏得为奸以立威,贼知以弄权,诡窃~而莫示其实。"元张养浩《故翰林学士元公神道碑铭》:"君所述者,姚公略为~。他人则所留无几。"清《聊斋志异·贾奉雉》:"欲少~,而颠倒苦思,竟不能复更一字。" ❷ 变化;变动。元方回《驿马叹》:"生囿形骸间,死散虚空里。性同质不同,~乌有是。"吴澄道《宁国路修学救荒记》:"又赢钱藏府中者,中统钞一千六百定,或倡言贷取息赡用,即争假借去,展转~,久将不可知。"

【窜越】 cuàn yuè 逃窜;奔逃。《大金集礼》卷三《天会十三年奉上太宗谥号》:"辽主之~也,收合馀烬,宋人之背诞也,包藏祸心。"明屠乔孙、项琳《十六国春秋》卷六三:"俄而地震,百僚惊恐~失位。"清《女仙外史》七七回:"侯山顶齐放火器,即将草束向林木中放火,令贼不敢~。"

【窜责】 cuàn zé 放逐处罚。《太平广记》卷一九引《逸史》:"缘相公所行不合其道,有所~。"宋苏辙《次韵子瞻广陵会洞舍各以其字为韵·刘莘老》:"~不敢辞,狂言见天真。"明苏伯衡《国学公试策题》之六:"或倡明大义而不污僭伪,或指斥权臣而~不恤。"

【窜谪】 cuàn zhé 犹"窜贬"。唐颜真卿《乞御书题额恩敕批答碑记》:"尔来十有六年,困于疏愚,累蒙~。"宋《建炎以来系年要录》卷二一:"潜善与汪伯彦均以误国,而~之罪居多,今同以散官~湖南。"清蓝鼎元《流寓小序》:"居官无惭于君国,虽~犹升迁也。"

【窜逐】 cuàn zhú 犹"窜贬"。唐张九龄《敕渤海王大武艺书》:"大朗雅等先犯国章,~南鄙。"元李存《天台静玄观记》:"其后似道~以死,财用土田悉没入。"清《野叟曝言》四○回:"今蒙皇上天恩,祖宗福庇,得免西市刑诛,遐荒~。"

【爨】 cuàn 即"爨弄"。宋周密《武林旧事》卷一:"杂剧,吴师贤已下,做《君圣臣贤》,断送《万岁声》。"元杜仁杰《耍孩儿·庄家不识勾阑》:"临绝末,道了低头撮脚,~罢将幺拨。"

【爨妇】 cuàn fù 厨娘。宋苏轼《和柳子玉过陈绝粮次韵》:"多才久被天公怪,阙食惟应~知。"明杨慎《龙关歌》:"~洗酥凝白雪,樵童叫笛响青云。"清《歧路灯》四○回:"惠养民也有争执的意思,只见赵大儿和~樊婆,拿了一个拜匣来了。"

【爨弄】 cuàn nòng 戏剧或歌舞表演。明沈德符《万历野获编》卷二五:"若所谓院本者,本北宋徽宗时五花~之遗,有散说,有道念,有筋斗,有科泛。初与杂剧本一种,至元世始分为两。"《二刻拍案惊奇》卷二:"你道如何叫得社火?凡一应吹箫打鼓、踢球放弹、构栏傀儡、五花~,诸般戏具,尽皆施呈。"清毛奇龄《自为墓志铭》:"八月十五夜,水亭堤树,张灯布幔,杂设妓乐及色艺~。"

【爨演】 cuàn yǎn 表演(戏剧或歌舞)。清毛奇龄《蠹城公宴诗序》:"酒半,侍御出所携伎童三人登场~,皆殊姿妙艺,相递

为旦色。"汪沆《东堂观剧》之四:"久识人生同~,销魂不待管弦终。"

cuī

【催】 cuī 快;急。作形容词或副词。唐段成式《酉阳杂俎》前集卷一:"夫家领百馀人或十数人,随其奢俭,挟车俱呼:'新妇子,~出来!'至新妇登车乃止。"宋佚名《新年》:"杏花~换新颜色,惟有寒梅老一年。"元刘庭信《黄钟尾》:"风声~,雨声促,角声哀,鼓声助。"

【催迸】 cuī bèng 催逼。《元曲选·谢金吾》一折:"他他他~的来,不放片时刻。"明孟称舜《娇红记》一五出:"今日忽接家书,为番兵入犯,~回去。"《金瓶梅词话》五六回:"常二哥被房主~慌了,每日被嫂子埋怨。"

【催比】 cuī bǐ 按期限督促完成,逾期责罚。参见"比较"。清于成龙《上张抚台请免运夫禀》:"目前正饷虽完,南漕尚在~,转盼明岁钱粮又行。"《说岳全传》二一回:"县主亲自下乡,~粮米。"

【催并】 cuī bìng 催逼;催促。元明《水浒传》六二回:"李固不见动静,前来蔡福家~。"明倪元璐《申请封典疏》:"惟须急~,俟外解之至,幸得接济。"清《聊斋志异·青蛙神》:"周某欠金五十,何不~?"

【催趁】 cuī chèn 催促。宋吕南公《和酬道先高秋见寄之句》:"儒术凋零归故纸,岁华~入衰翁。"《三朝北盟会编》卷二○八:"今有数月,计此合到,应~亦就早令到来。"元李士瞻《与赵合院书》:"前后所托盐数,并魏参政所发之盐,悉望作急~而来。"

【催科】 cuī kē 催收租税。宋郑獬《论免丁身钱状》:"兼户人丁多已亡没,只是~户长及地邻人均陪代纳。"金刘祁《归潜志》卷九:"麻征君知儿在南州,见时事扰攘,其~督赋如毛,百姓不安。"清《醒世姻缘传》五回:"~勒耗苛于虎,课赎征缓狠似狼。"用为名词指催收租税的差役。《后水浒传》四回:"原来花茂是当日父亲遗下的一个~,自己也有数顷庄田,夫妻儿女,是个温饱之家。"

【催取】 cuī qǔ ❶ 催调;催促调取。宋洪适《招安海贼札子》之二:"臣亲至江头,差拨水军步将范浮、西津巡检刘宪文及弓兵等人,六次~,方始发遣前来。"元明《三国演义》一六回:"袁公早晚即皇帝位,立东宫,~皇妃早到淮南。"清于成龙《叙从征绅士功迹详》:"有罗田武举张尚圣,在黄土坳与贼对敌,袍袖中一枪子,勇敢争先,现今兵部~候差。" ❷ 催征;催讨。宋毕仲游《青苗议》:"既不敢不散,又虑散而难纳,故少俵下户,多与上等,利其易于~。"明《古今小说》卷一○:"赵裁存日,曾借用过小人七八两银子。小人闻得赵裁死信,走到他家探问,就便~这银子。"清陆陇其《与叔元旗翁书》:"月馀来署中颇无事,惟奉宪檄,~县志甚急。" ❸ 催促。宋周紫芝《次韵庭藻秋怀三绝》之一:"拟趁牛山九日杯,烦公~菊花开。"陆游《枕上闻布谷声》:"无端~流年去,最恨溪头布谷儿。"清吴绮《谒金门·留客》:"毕竟春光难诉,转怨乱红~。"

【催生】 cuī shēng ❶ 用祈祷或药物等法促使胎儿顺利出生。《太平广记》卷三九四引《岭表录异》:"(霹雳楔)孕妇磨服,为~药,必验。"宋汪彦章有《福宁殿祈皇嗣~保庆道场青词》《后苑~保庆道场青词》。周密《武林旧事》卷八:"仍令太医局差大小方脉医官宿直,供画产图方位,饮食禁忌,合用药物~物件。"清《聊

斋志异·巩仙》："遗衲用～，应如响，求者踵接于门。" ❷ 孕妇临产时娘家赠送食品及婴儿衣物的一种礼俗。宋孟元老《东京梦华录》卷五《育子》："凡孕妇入月，于初一日……父母家并作眠羊、卧鹿羊、生果实，取其眠卧之义，并牙儿衣物绷籍等，谓之'～'。"明《古今小说》卷四："十月满足，阮员外一般遣礼～，果然生个孩儿。"

【催生礼】 cuī shēng lǐ　即"催生❷"。宋吴自牧《梦粱录》卷二〇："杭城人家育子，如孕妇入月，期将届，外舅姑家以银盆或彩盆盛粟杆一束，上以锦或纸盖之，上簇花朵、通草、贴套、五男二女意思，及眠羊卧鹿，并以彩画鸭蛋一百二十枚、膳食、羊、生枣、栗果，及孩儿绣绷彩衣，送至婿家，名'～'。"

【催首】 cuī shǒu　犹"催头"。元高明《琵琶记》一六出："点～放富差贫，保上户欺软怕硬。"

【催讨】 cuī tǎo　催促收取。宋《景定建康志》卷四一："仍备榜晓示，不许县吏乡胥尚循旧辙，私行～。"明柯丹丘《荆钗记》三七出："图小利讨充社长，谁知也不安宁，又要报写粉壁，又要～常行课程。"清《红楼梦》六四回："昨日两处买卖人俱来～，小的特来讨爷示下。"

【催头】 cuī tóu　官府指定催征钱粮的人。宋陈耆卿《赤城志》卷一七："以三十户为一甲，选欠多者一人为甲首，催甲内税，乾道间罢，自后变户长为～。"明刘宗周《请定大兴宛平两县经制疏》："本县编审～工食，动支至二百餘金者。"清《醒世姻缘传》九〇回："起先比较里长～，后来点拿花户，拿将出去，打board子。"

【催儧】 cuī zǎn　同"催趱"。宋朱熹《答王子合》："后来自觉如此含糊，恐误朋友，方着力～功夫。"明汤显祖《邯郸记》一一出："一面～人夫搬运，兼以招引四方商贾奇货，聚于此州；一面奏知圣上，东游观览胜景。"清《八旗通志》卷一六六："前屡谕明德，令其设法～官兵，迅赴蛮暮。"

【催攒】 cuī zǎn　同"催趱"。元明《水浒传》八三回："纳下表章不奏，只是行移临近州府，～各处，径调军马。"明韩邦奇《苏民团以保安地方事》："各差参随人等，在于杭、严二府地方～前项进贡。"清勒辅《义友竭忠疏》："如开河筑堤，募夫办料，设法～，厘奸剔弊。"

【催趱】 cuī zàn　催促；督促。宋黄震《申提刑司区处交米状》："照对交米之要有二：一曰～收数，二曰措置仓廒。"《元曲选·货郎旦》三折："我死后你去～窝脱银，就跟寻你那父亲去咱。"清《醒世姻缘传》七六回："各色～齐备，看就十月十八日卯时迎新人过门。"

【催妆】 cuī zhuāng ❶ 迎娶前男方向女方送礼或献诗，以催促女方梳妆启行或发出嫁妆以举行婚礼。唐白居易《和春深》之一九："何处春深好，春深娶妇家……～诗未了，星斗渐倾斜。"宋孟元老《东京梦华录》卷五："凡娶媳妇……先一日，或是日早，下～官帙花粉，女家回公裳花幞头之类。"清《醒世姻缘传》四四回："狄家又送～食盒一盘、粉一盒、面一盘、猪肉一盘、簪髻盖袱，一套过门的礼衣，先送到薛宅，看就十六日卯时过门。" ❷ 指催花开放。宋张耒《和苏适春雪》之五："不在松篁劳借问，未开桃李与～。"元王恽《后一日雨中招林韩李三君子小酌且为梨花洗妆》："风檐数点～雨，办与梨花作好春。"明祝允明《谢杨大送梨花栽成》："洗妆先觅～句，凭阁巡看几日斜。"

【摧沮】 cuī jǔ ❶ 沮丧；情绪低落。《太平广记》卷二八一引《宣室志》："自是神色～，若有疾者。"元杨载《次韵刘时中见寄》："富贵不才名尽灭，未应～恨淹留。"清《歧路灯》七一回："且说谭绍闻近日光景，家中费用，颇欲赋室人交谪之句；门外索讨，

也难作～败兴之诗。" ❷ 挫折；不顺。唐罗隐《答贺兰友书》："自出山二十年，所向～，未尝有一得幸于人。"元贡师泰《送刘中守金事还京师序》："若是，则中守得以专志力学于抑遏～顿挫之餘矣。" ❸ 摧折；打击；折磨。唐符载《犀浦县令杨府君墓志铭》："公以一尉之柄，推挽令长，驱徒走吏，～横猎，用张吾师。"宋穆修《丙寅春雨》："众木有芳华，～不得施。"明方孝孺《讯疟》："弱质受～，有似中喝牛。"

【摧眉】 cuī méi　低眉；低头。唐李白《秦女休行》："素颈未及断，～伏泥沙。"宋道潜《峻极夏夜》："～事权要，幸彼一盼顾。"清彭孙遹《饶州傲一舟甚小》："只合～坐，犹堪拥膝歌。"

【摧挠】 cuī náo ❶ 摧折；毁坏。宋杨亿《婺州开元寺新建大藏经楼记》："而经台旧基圮毁滋久，轩庑～。"元刘诜《螺川重修马驿》："而馆宇岁久～圮漏。"明王守仁《训蒙大意示教读刘伯颂等》："如草木之始萌芽，舒畅之则条达，～之则衰痿。" ❷ 毁谤；打击。宋孙觌《邹志新道路至甬桥有买田之约三衢道中作诗寄之》："我老卧瘴氛，～逭夫众。"

【摧戕】 cuī qiāng ❶ 犹"摧挠❶"。宋王令《藏芝赋》："～折伤，披本断干，祸不自己兮；火灾木焚，投置不缩，知命有止分。"元郝经《雁媒》："奄忽一举尽，羽毛皆～。"明刘基《咏史》之一六："唐宗昧治俗，本支竟～。" ❷ 残害；被残害。宋周端朝《宜兴县鄂王庙记》："其～冤郁，以功为讳，而宜兴之人实曰：'王之恩我等父母也。'"明李梅实《精忠旗》二二出："深刺背痕非诳，纵有功不报，忍又～！"清《隋唐演义》九六回："君子听不聪，佳儿被～。"

【摧缺】 cuī quē　残破；颓坏。宋《三朝北盟会编》卷二三四："自讲好后，樊城不修筑，多～。"金《刘知远诸宫调》二："向西北上一搭墙～，陌然地见他豪杰跳过颓垣。"明赵完璧《寒宵赋》："红丝冰兮玄结，猩颖强兮～。"

【摧折】 cuī zhé ❶ 喻指极度忧伤。唐顾况《酬本部韦左司》："寸心久～，别离重骨惊。"宋孙觌《与汪左丞书》："比反故庐，老妻幼女遇疾已亡，但见两冢，寸心～。"明王凤娴《念奴娇·寄女文姝》："镜影非前，人情异昔，怎禁心～。" ❷ 喻指死亡。《敦煌愿文集·愿文范本（一四）》："我师姑一念怀怅，两目珠生，法乳俗眷之亲，榆（愈）增～之痛。"元高明《琵琶记》二四出："裙布荆钗今已竭，萱花椿树连～。"清宋荦《亡室叶淑人行述》："不谓两年聚首，一旦～，未免有情，何以堪此！" ❸ 委顿；消沉。唐杜甫《七月三日亭午已后较热退》："晚风爽乌匼，筋力苏～。"明张同德《陕西富平县知县定五王公墓志铭》："骈首就狱，前后相望，士气～，无复振矣。"清姜宸英《梁将瑝仁论》："彼全忠者方且从高望之而动容叹息，又岂能料其后之～若此哉！" ❹ 收敛；克制。唐柳宗元《与裴埙书》："性又倨野，不能～，以故名益恶，势益险。"宋秦观《与苏先生简》："得公书，重以亲老之命，颇自～，不复如向来简慢。"清汪琬《诰封薛母王宜人墓志铭》："大武性微卞急，又落落负才气，不肯逆自～，以合时俗。"

cuì

【倅】 cuì　州郡副职或充任州郡副职。五代齐己《寄怀归州马判官》："三年为～兴何长，归计应多事少忙。"宋《三朝北盟会编》卷二〇一："太守龙学陈规、～汪若海暨兵职官吏门首迎迓。"明张岱《陶庵梦忆·雪精》："外祖陶兰风先生～寿州，得白骡。"

【倅贰】 cuì èr　即"倅"。《旧五代史·晋书·高祖纪》："丁酉诏，今后藩侯郡守凡有善政，委～官条件闻奏，百姓官吏等不必

远诣京阙。"宋刘攽《承议郎充秘阁校理梅灏可通判杭州制》："尔雠书东观,始以文进,今复命尔～剧郡,试其为政。"明余继登《抚治郧阳蒲汀姜公墓志铭》："总河大臣与抚臣相掣肘,而有司行河者率委之～。"

【倅副】cuì fù 犹"倅贰"。《元史·史枢传》："庚寅,宋聚兵邢之西山,声言为仙援,遣其徒赵和行间城中,诬～李甲、刘清尝输款为内应。"

【啐】cuì ❶ 呸,表示轻蔑、不满或斥责等感情。《元曲选·桃花女》三折："～!你也睁开驴眼!"明《醒世恒言》卷三〇："～!想是你失心风了!"清《红楼梦》三八回："～,这也是作奶奶说出来的话!" ❷ 吐(唾沫),表示轻蔑、不满或禳解等。《五灯会元》卷一九《文殊心道禅师》："师以两手捧鉴头,作口～而出。"明《古今小说》卷一八："被人做一万个鬼脸,～干了一千担吐沫也不为过,那个信他?"清《隋唐演义》三三回："却是夫妻两个,梦里不见了儿子,梦中发喊,倒把儿子惊得怪哭。知道不曾着手,彼此～了一番,自安息了。" ❸ 由禳解转指戏侮。明郎瑛《七修类稿》卷三五："将礼部会试时,盘礴间,闻酒楼上有妇人唤其名。举头观之,则角妓也,乃知为同辈所～。"

【啐地】cuì de 形容声音突然中止。《五灯会元》卷二〇《提刑吴伟明居士》："不须呈伎俩,直须～折,曝地断,方敌得生死。"又《吴十三道人》："～折时真庆快,死生凡圣尽平沉。"

【啐詈】cuì lì 犹"啐骂"。明孙绪《二李生》："西村李生老从事,饱吃鞭捶忘～。"海瑞《严师教戒》："凛若严师丁宁夏楚之督尔上,纷如直友箴规～之诤尔旁。"

【啐骂】cuì mà 唾骂。明王鏊《夏忠靖公传》："上命左右至午门,众皆～言官。"明宋幼清《九籥别集·负情侬传》："女郎推生于侧,而～新安人曰:'汝荡情弄舌,不顾神天。'"按,《情史》作"啐詈"。

【啐诼】cuì zhuó 诟骂毁谤。明王世贞《后静姬赋》："彼怨女～于深宫兮,诚畏停乎余耳。"

【淬】cuì ❶ 磨。唐裴铏《传奇·聂隐娘》："其夫但能～镜,馀无能也。"元辛文房《唐才子传·吕岩》："为贾尚书～古镜,归忽不见。"清《东周列国志》七六回："至夜半,闻～刀声。" ❷ 磨砺;修炼。五代齐己《晚夏金江寓居答友生》："时难未出,且欲～豪曹。"宋楼钥《送从弟叔韶尉东阳》："壮年～词锋,倾心事铅椠。"清蔡世远《庚子秋帖示族中子弟》："日克臻斯,日加勉焉。尚或不惶,速自～焉。" ❸ 沉入(水中)。明《西游记》六回："变作一个鱼儿,～入水内。"又四三回："眼看着那唐僧与猪八戒连船儿在水里,无影无形。" ❹ 通"焠"。元《三遂平妖传》一三回："那妇人去篮儿内取出一片硫黄发烛儿,在火上～着。"清《野叟曝言》四五回："取出灯烛,点着走线,摸出火鸦火鼠,一齐～着。"

【淬淬地】cuì cuì de 暗暗地。宋《朱子语类》卷四七："当初刘琮屡弱,为曹操夺而取之。若乘此时,明刘琮之屡弱,将为曹操所图,起而取之,岂不正当?到得临了,却～去取刘璋,全不光明了。"

【淬厉】cuì lì 同"淬砺"。宋苏轼《策略》五："昔之有天下者,日夜～其百官,抚摩其人民。"明许相卿《孙见山墓志铭》："纵使游学而时课督～之,岁无几何,御史当嘉靖丁酉名乡荐。"清姜宸英《文学李君墓碣》："体羸然弱耳,然独能攻～。"

【淬砺】cuì lì 磨炼;修习。唐柳宗元《送严公贶下第归兴元觐省诗序》："吾子以冲退之志端其趣向,以～之诚修其文雅。"明瞿景淳《朱恭肃公传》："公亦肄业其中,博求约取,～不休。"清《歧路灯》七七回："片长薄技且漫夸,～还需各到家。"

【淬磨】cuì mó ❶ 打磨;磨拭。唐舒元舆《贻诸弟砥石命》："意惭身将利器而使之不光明之若此,常缄求～之心于胸中。" ❷ 磨炼;修习。唐刘轲《与马植书》："予之厄穷其身,将～其心,亦天也。"宋黄庭坚《朝奉郎通判泾州韩君墓志铭》："有挫其锋,君益～,以小观大,以近知远。"清汪琬《广西提学道佥事申君墓志铭》："延访名师益友,俾与君～为文章。"元方回《赵朴翁字说》："不琢不雕,虽卞和之玉,谁其识之?必也玉人加剖凿～之功。"

【淬筒】cuì tǒng 即"吹筒❷"。淬,通"啐"。明《梼杌闲评》四回："个个手提～,人人肩着粘竿。"

【淬治】cuì zhì ❶ 打磨或冶炼;加工。《唐开元占经》卷六九："砺石砥刃,百工～之。"《宋史·食货志三》："遂令铁姤治即～之,藤取堪用者,无使负重致远,以劳民力。" ❷ 整治;整理。宋董嗣杲《西湖百咏·风篁岭序》："元丰中,辨才法师～修篁,因以名岭。" ❸ 磨炼;研修。清倪涛《六艺之一录·李日华评书》："此是何等境界,断断乎不在笔墨间得者,可不于自己灵明上大加～来!"

【淬琢】cuì zhuó 犹"淬磨❷"。唐刘禹锡《唐故宣歙池等州都团练王公神道碑》："遂力学,厚自～,于《春秋》得其公是,于《礼》得之约。"宋胡宿《李及之可都官员外郎制》："悉号清流之选,益思～,胥服褒华。"

【焠】cuì ❶ 点燃。元明《水浒传》四六回："便去灶前寻了把草,灶里点个火,望里面四下～着。"明马愈《马氏日抄·虾蟆》："～灯照之,皆小虾蟆也。"清《醉醒石》三回："轻轻～起灯,开门出来。" ❷ 即"焠儿"。清周召《双桥随笔》卷二："有盗穴而入其室,发袖中～,室有光。"

【焠儿】cuì ér 一种引火物,类似火柴。元陶宗仪《辍耕录》卷五："杭人削松木为小片,其薄如纸,熔硫黄涂木顶分许,名曰发烛,又曰～,盖以发火及代灯烛用也。"

【脆】cuì 声音清亮。唐白居易《小曲新词》："霁色鲜宫殿,秋声～管弦。"元高明《琵琶记》一八出："繁弦～管,欢声鼎沸画堂中。"清彭孙遹《临江仙·闻笛》："风飘莺语～,故是何人声。"

cūn

【村】cūn ❶ 急;忙。宋杨万里《赠阁皂山懒云道士》："问渠真个如云懒,为许随风处处～?"元吴西逸《寿阳曲·四时》："折梅花不传心上人,～煞我骆头春信。" ❷ 粗俗;粗鄙;蠢笨。宋《大慧语录》卷一二《舟峰长老求赞》："背触当锋,任人酬价。咄哉～僧,少说大话!"《元曲选外编·云窗梦》一折："那等～的,肚皮里无一联半联;那等～的,酒席上不言语强言;那等～的,俺跟前无钱说有钱。"清《照世杯·七松园》："倘配着一个～姬俗妇,可不憎嫌杀眉目,辱没杀枕席么!" ❸ 朴实忠厚。宋佚名《张协状元》二〇出："一回上心阿好闷,感伊有许多～价至诚。"《元曲选·风光好》三折："人都道秀才每～,不会将女色亲。" ❹ 蛮横粗野。金《董解元西厢记》卷八："气莽高声叫呼,对人骂尽百般。"元王实甫《西厢记》五本三折："讪筋,发～,使狠,甚的是软语温存!"清《醒世姻缘传》六三回："这明吾骑了孟指挥的大门,一片声的～骂。" ❺ 冒犯;言语冲撞。元明《水浒传》二回："小官人若是不当～时,较量一棒要子。"清《红楼梦》六三回："你一天不挨他两句硬话～你,你再过不去。" ❻ 詈词,表示轻蔑或厌恶等,含有歹、坏、臭等意思。《元曲选·鲁斋郎》一折："这个～弟子孩儿无礼!"明

《西游记》一二回:"长安城里有那选不中的愚僧,倒有几贯～钞。"清《醒世姻缘传》七七回:"那里来的这～杭子,只怕是个骚子。"

【村拗】 cūn ào 粗鄙固执。宋刘克庄《水龙吟·丁巳生日》:"劝君自拂青铜照。幅巾短褐,有些野逸,有些～。"元王晔《水仙子·答》:"是谁俊俏谁～,俺老人家不性索。"明朱有燉《香囊怨》二折:"若是你女儿的姻缘配匹,也不拣是何处的,只怕留了个～愚浊之人,便是我一世前程也。"

【村伴姐】 cūn bàn jiě 犹"村姑"。元薛昂夫《端正好·高隐》:"秃厮姑紧紧的将棉花纺,～慌将麻线搓。"

【村帮】 cūn bāng 粗笨。清《聊斋俚曲·增补幸云曲》:"我儿模样也不丑,只是手脚太～,咱合小姐配不上。"

【村棒棒】 cūn bàng bàng 形容粗鲁、粗俗。元《元曲选·气英布》三折:"咱只道舌喇喇言十妄九,～呼幺喝六。"

【村泊】 cūn bó 村庄。宋赵蕃《二十日夜宿杨小杨》:"依何何～,人询底处船。凶年无善俗,永夜少安眠。"金《刘知远诸宫调》一一:"被你一生在～,不知国法事如何。"元明《水浒传》一九回:"一发都驾了五七只小舡,离了石碣湖～,径投李家道口来。"

【村不惯】 cūn bù guàn 犹"村纣"。此指村纣的人。明丁彩《锁南枝半插罗江怨》:"长老了没见这个～,手提着磨棒去打麒麟,若见了凤凰决折了翅关。"

【村堡】 cūn bǔ 有围墙的村镇或村庄。唐薛渔思《河东记》:"行未六七里,闻道西～中有箫鼓声,因往谒焉。"明《西游记》八七回:"田畴麻麦盛,～豆粮升。"清姜宸英《河津令李公墓表》:"～尚为贼守者,军士欲屠之。公持不可,乃止。"

【村部】 cūn bù 村落;村庄。唐郑綮《开天传信记》:"故所过～,必令询访孤老丧疾之家,加吊恤之。"

【村材】 cūn cái 蠢材。《元曲选·铁拐李》四折:"哎,没上下～,怎不把岳孔目哥哥拜?"

【村场】 cūn chǎng ❶乡村集市。宋陆游《平水小憩》:"酒旆～近,晋船浦溆通。"清汤右曾《莽式歌》:"嗔拳杂伎闹里社,细腰叠鼓喧～。" ❷场院;村庄用来堆谷、打谷的平地。也泛指村庄。元方回《次容斋喜雪禁体》:"预占麦饵堆,绝喜米价减郅郭。"明黄嘉仁《田家》:"烟含暝色入～,一亩平田隔草堂。"明《禅真逸史》二〇回:"出了庄门,取路径奔潘婆家来。走过～,又过了两重岗子,正落山坡,猛地起一阵旋风。"

【村蠢】 cūn chǔn 粗鄙;粗笨。五代杜光庭《神仙感遇传》卷四:"庖中有执役者僧,～庸朴,常使析薪汲水而已。"宋黄庭坚《与人简》:"但令屏杂学,且以笔墨弓矢为戏,令～老兵为给使,久之自当习静成性矣。"明《拍案惊奇》卷三九:"就是将军有灵,决不附着你这等～之夫,来说祸说福的。"

【村粗】 cūn cū 粗俗。明海瑞《规士文》:"以为彼读书知礼之人,我辈～鄙俗为所笑。"

【村村棒棒】 cūn cūn bàng bàng 即"村棒棒"。《元曲选·冻苏秦》三折:"百般妆模作样,讪笑寒酸魍魉,甚勾当?来往往,张张狂狂,～。"元王实甫《耍孩儿·贩茶船》:"看了他～,怎和他等等潜潜?"

【村鸟】 cūn diǎo 犹言"蠢货",詈词。元明《水浒传》一六回:"你这～理会得甚么!"明《禅真逸史》一一回:"～无知,先割去舌头,然后剖腹剜心,犒赏众孩儿们。"《禅真后史》二一回:"汝是甚～,敢管我等闲事?"

【村坊】 cūn fāng 村庄。《敦煌愿文集·儿郎伟》:"无怠无荒,赐(四)夷来王。是何徒众,夜入～?"明陆粲《庚巳编》卷九:"一～居民数十家,皆陷没入土中,餘以震压死者不可胜计。"清

《飞龙全传》二六回:"既是这大王伏妖除害,安镇～,便是有功于民。"也借指村里的人。元明《水浒传》三七回:"半夜三更,莫去敲门打户,激恼～。"

【村房】 cūn fáng 即"村坊"。金《刘知远诸宫调》一:"行田野,出～,约半里,风吹满目麦浪。"明《二刻拍案惊奇》卷二一:"五个人互相牵扭,信步行去。到了一个～,方才歇了脚。"清《乾隆二十九年十一月十五日两江总督尹继善奏折》:"至江南铜山交界一带,道路窄狭,～纡绕,地势高低不平。"

【村夫】 cūn fū 农夫;乡下人。用作贬称时,指人粗俗没见识。《太平广记》卷三九〇引《集异记》:"南有一伐木,远见土龙相地,则荷斧遽至曰:'官等得非择葬地乎?'"金《刘知远诸宫调》一:"那～溷饮酒筛碗中,尽熏沈醉敛(脸)上红。"清《东周列国志》一八回:"臣闻此人乃牧牛～,齐侯新拔之于位。"

【村父】 cūn fù 犹"村夫"。宋李膺《师友谈记》:"祖父嗜酒,甘与～箕踞高歌大饮。"元冯子振《鹦鹉曲》:"青衫司马江州住,月夜笛厌听～。"清毛奇龄《古文尚书冤词》卷三:"～穿青婴,处处失眠。"

【村妇】 cūn fù 乡村妇女。唐皇甫枚《三水小牍》卷下:"少顷,有～出自西厢之北,著黄故衣,蓬头败屦。"元吴西逸《殿前欢》:"山鬼放揶揄笑,～唱糊涂调。"清《醒世姻缘传》一四回:"河岸下断断续续洗菜的、浣衣的、淘米的,丑俊不一,老少不等,都是那河边住的～。"

【村哥】 cūn gē 犹"村夫"。元薛昂夫《端正好·高隐》:"听张瞥古唱会词,看～打会讹。"明袁宏道《东西汉通俗演义序》:"今天下自衣冠以至～里妇,自七十老翁以至三尺童子,谈及刘季起丰沛。"

【村肐落】 cūn gē luò 犹言穷乡僻壤。宋佚名《张协状元》一二出:"老汉然虽是个～里人,稍通得些个人事。"

【村姑】 cūn gū 乡村姑娘。宋蔡伸《长相思》:"～儿,红袖衣,初发黄梅插稻时。"《元曲选·秋胡戏妻》三折:"我是个采桑养蚕妇女,休猜做锄田送饭的～。"清《红楼梦》一五回:"那些～庄妇见了凤姐、宝玉、秦钟的人品衣服,礼数款段,岂有不爱看的?"

【村汉】 cūn hàn 犹"村夫"。唐李商隐《杂纂》:"～着新衣。"金《刘知远诸宫调》一:"言～听我语:虽然你不读书,也合思虑,尊卑大小。"清《醒世姻缘传》八四回:"这般～,玷辱冠缨,缴还纱帽,依旧深耕。"

【村话】 cūn huà 粗话。清《红楼梦》二六回:"外头听了～来,也说给我听,看了混帐书,也来拿我取笑儿。"《野叟曝言》六八回:"一个道学先生,父子两个种莺粟花。合他说撒种时要说～,不说～就开不盛。"

【村家】 cūn jiā 农家。唐张籍《猛虎行》:"谷中近窟有山林,长向～取黄犊。"明李梅实《精忠旗》八出:"我想木兰是个～女,换子一双脚儿便替却父亲。"清《隋唐演义》九五回:"你道那媳妇怎生模样?虽是～装束,自然光彩动人。"

【村强】 cūn jiàng 粗野倔犟。明《西游记》六八回:"你这相貌稀奇,声音不对,是那里来的,这般～?"又九八回:"但那方之人,愚蠢～,毁谤真言,不识我沙门之奥旨。"

【村聚】 cūn jù 村落。唐崔河《请勿废仙州议》:"又南接白羊川口,～幽僻,妖讹宵聚此为根柢。"明章潢《图书编》卷四七:"风雨飘忽之所及,内地～之民,急欲收保而无由也。"清储大文《太仆张公传》:"楚雄轶寇,石屏～尽焚掠。"

【村客】 cūn kè 客居或做客乡村的人。唐白居易《偶题邓公》:"偶因携酒寻～,聊复回车访薛萝。"崔道融《溪居即事》:"小童疑是有～,急向柴门去却关。"明杨光溥《春日村居》之三:"尚嫌

～人烟闹,拟就烟霞学向平。"

【村偄】 cūn lái 犹"村郎"。元曾瑞《红绣鞋·风情》:"乔断案～杂嗽,望梅花子弟单兜。"

【村郎】 cūn láng 乡村男子。多指粗俗的人。《元曲选·玉壶春》三折:"但行处与～作伴,怎好共弯凤和谐?"明孟称舜《娇红记》四出:"好花输与～输与～折。这段姻缘怎教宁贴?"清李渔《奈何天》二八出:"花面～,蛇皮俗子,眼睁睁立换胞胎。"

【村老】 cūn lǎo 乡村老人,也称粗鄙少见识的人。唐段成式《酉阳杂俎》卷二:"复汲数瓶水,顷之乃旨酒也,～皆醉饱。"明《型世言》二五回:"张力止,护送此女至一～家,叫他访他家送还。"清洪昇《长生殿》三六出:"原来是个～儿,看钱也不晓得。"

【村里汉】 cūn lǐ hàn 乡巴佬。《五灯会元》卷八《漳州罗汉院杜琛禅师》:"是圆常平实,甚么人恁么道,未是黄夷～解怎么说,是他古圣乖他些子。"宋佚名《张协状元》三五出:"除是朝士官员,你便通报。其次～、外方人及妇女,莫容它来。"

【村獠】 cūn liáo 乡巴佬;粗俗汉。詈词。宋刘克庄《水龙吟·癸丑生日》:"吟歇后诗,说无生话,热瞒～。"

【村卤】 cūn lǔ 粗野;粗鲁。元明《水浒传》一〇六回:"段二本是个～汉,那晓得甚么兵机。"明《西游记》七三回:"你这和尚,十分～! 怎么把我钟儿碎了?"

【村鲁】 cūn lǔ 粗野;粗鲁。宋刘挚《论保甲疏》:"群聚而笑喧,奋臂而矜勇,固已移其向者～劳苦之性矣。"《元曲选外编·五侯宴》三折:"我父亲是赵太公,祖传七辈都是庄稼出身,一生～,不尚听文。"清《续金瓶梅》三五回:"这吴银姐平日忠厚,这几年不在构栏里,只怕更～了。"

【村驴】 cūn lú 蠢驴,詈词。元明《水浒传》七五回:"～! 贵人在此,全无忌惮!"

【村牛】 cūn niú 犹"蠢汉❷",对粗俗无文者的蔑称。宋太学诸生《南乡子》:"厥父既无谋,厥子安能解国忧? 万里归来夸舌辩,～!好摆头时便摆头。"明《朴通事谚解》卷下:"有一个没理的～打我来。"《醒世恒言》卷三:"那主儿或是年老的,或是貌丑的,或是一字不识的～,你却不肮脏了一世?"

【村农】 cūn nóng 农夫;乡下人。宋韩琦《寒食》:"呼儿觅友从邻伴,闲看～又下田。"明《古今小说》卷二二:"你今屈身随着个～,岂不担误终身?"清方苞《岩镇曹氏女妇贞烈传序》:"而饿死事小,失节事大之言,则～市儿皆耳熟焉。"

【村胖姐】 cūn pàng jiě 犹"村伴姐"。明王克笃《沉醉东风·偶兴》:"秃厮姑会宰鸡,～能炊饭。"

【村僻】 cūn pì ❶乡村偏僻之地。宋杨至质《代贴职宫观谢宰执》:"某生居～,性禀平常。"元明《三国演义》三五回:"汝乃～小童,何以知吾姓字?"清《赛花铃》一六回:"后红生徙居～,匿隐姓名。"❷偏僻。宋佚名《张协状元》一四出:"此处～荒芜,那人烟最稀。"明王世贞《与陈金事子兼书》:"今夫蚕丛鱼凫、～寡陋之俗固革,而雍容埒汉宋。"清《八洞天》卷七:"等到五更,挨出了城,望～小路而走。"

【村泼】 cūn pō 粗野。明《西游记》七〇回:"这野怪怎么叫声'接嗜'? 是那里来的,这般～?"又九五回:"你这个～呆子,此是甚么去处,敢动淫心!"

【村朴】 cūn pǔ 愚钝朴实。宋黄文雷《舟中》:"莫怪泥途也～,百年供亿帝王都。"元明《水浒传》芥子园本七一回:"或精灵,或粗卤,或～,或风流,何尝相碍,果然识性同居。"明魏校《世说》:"何以叹? 盖叹其～有古风也。"

【村气】 cūn qì 土气;俗气。唐刘餗《隋唐嘉话》卷中:"薛万彻尚丹阳公主,太宗尝谓人曰:'薛驸马～。'公主羞之。"宋觉范《跋山谷诗》:"此道人～,而俎豆山谷、灵源之间也。"清《歧路灯》二二回:"只见一个粗蠢大汉,面目带着～,衣服却又乔样。"

【村虔】 cūn qián 粗鄙。元王晔《水仙子》:"书生俊俏却无钱,茶客～倒有缘。"

【村人】 cūn rén 粗俗的人;乡巴佬。宋《西湖老人繁胜录》:"唱涯词,只引子弟;听淘真,尽是～。"元明《水浒传》四九回:"这厮～不省事,我父亲故是被他们瞒过了。"明《型世言》一一回:"我自负才貌,常恐落～之手。"

【村桑】 cūn sāng ❶粗俗鄙陋。金《刘知远诸宫调》三:"言语纣举动～。"又一一:"叫喊语言乔身分,但举动万般～。"❷粗鲁莽撞。《元曲选外编·博望烧屯》三折:"去时节～,恨不得一跳三千丈。"

【村沙】 cūn shā 即"村桑"。❶粗俗;鄙陋。《大宋宣和遗事》前集:"便有富贵郎君,也使得七零八落;或撞着～子弟,也坏得弃生就死。"元陶宗仪《辍耕录》卷二七:"有唱得雄壮的,失之～;唱得蕴拽的,失之乜斜。"明冯惟敏《粉蝶儿·李争东有犯》:"怕的是～槽懂,喜的是剔透玲珑。"❷倔犟;厉害。《元曲选外编·延安府》一折:"哎,你个无运智的光子忒～! 有甚么不明白冤枉咱行诉。"《元曲选·后庭花》三折:"凭着我撒劣,谁敢道侥幸奸滑!"

【村势】 cūn shì 蠢相;粗俗样。《元曲选·对玉梳》二折:"～煞捻着则管独磨,桦皮脸风痴着有甚彪抹。"明孟称舜《娇红记》四四出:"大爷,你用斯文些,休教露～。"

【村墅】 cūn shù 村舍;村庄。唐高适《东征赋》:"历山阳之～,投襄鄙之邑居。"明《僧尼孽海》一五则:"居城西隅,～寥落,往来稀少。"清彭孙遹《正月四日从惠州发舟》:"水乡风气早,～绿阴繁。"

【村斯】 cūn sī 犹"村郎"。金《董解元西厢记》卷八:"欢叫这二个也,干撞杀郑恒那～!"《元曲选·杀狗劝夫》一折:"这个～又来了。"又《曲江池》一折:"我想你除了我呵,便是个第一第二的行首。你与那～两个作伴,与他说甚么的是?"

【村肆】 cūn sì 村店,多指乡村酒店。宋苏颂《奚山路》:"朱板刻旗～食,青毡通幰贵人车。"清朱彝尊《经义考》卷二二六:"望后三日,过南屏山,～中偶获《孝经管见》一卷。"《红楼梦》二回:"雨村不耐烦,便仍出来,意欲到那～中沽饮三杯。"

【村俗】 cūn sú ❶乡俗;民间风俗。元方回《次韵宾旸观陆右丞王葆真二像》:"～谂父老,古迹按图志。"清赵翼《陔馀丛考》卷三一:"～有以婚姻议财不谐而纠众劫女成婚者,谓之抢亲。"❷粗鄙俗气。宋苏轼《仇池笔记》卷上:"唐末五代人物衰尽,诗有贯休,书有亚栖,～之气大率相似。"《宋元戏文辑佚·月英月下留鞋》:"相欺,把咱调戏,免不得骂你几句～物质。"清《歧路灯》二七回:"这些人到了一处,无非是市井野谈,～科诨。"也指村俗之人。明林俊《吾母安人黄氏事行》:"俊兄弟少学骂人禽兽,则曰:'～何异!'遂不敢骂人。"

【村田】 cūn tián 农田,借指农村,或农家生活。宋觉范《禅林僧宝传》卷二八《法昌遇禅师》:"大家围炉向榾柮火,唱～乐可也。"元佚名《朝天子》:"芭棚下饭饱,麦场上醉倒,快活煞～乐!"清查慎行《藩司颁新历至》:"授时存国典,颁赐及～。"

【村头】 cūn tóu ❶村边;村口。《太平广记》卷九引《神仙传》:"日日入山伐薪以施人,先自一～家起,周而复始。"明唐之淳《买酒不得》:"～小店不多酤,过午寻来即道无。"清《歧路灯》七二回:"～破寺,几杵钟声惊梦鸟;道路新坟,一团剪纸吊孤魂。"也泛

指村庄。《后水浒传》二二回:"依旧一路回南,便走过几个～市镇,穿越了数座州城。" ❷ 村正;村长。唐王梵志《贫穷田舍汉》:"里正追庸调,～共相催。"元虞集《寄杨友直》:"人为～农务急,不辞铃阁渡江津。"《元曲选·薛仁贵》三折:"怕官人待要来敛科税,我去～行报知。"

【村头镇脑】 cūn tóu zhèn nǎo 泛指村镇。清《豆棚闲话》九则:"走出京城四五百里之内外,到了～,或大集大会所在,寻个庵堂寺观居住。"

【村疃】 cūn tuǎn 村庄;乡村。唐唐彦谦《夏日访友》:"孤舟唤野渡,～入幽邃。"《元曲选·货郎旦》二折:"你途路上驰驱,我～里淹留。"清《聊斋志异》卷八:"王有从子得仁,集叔所招无赖,据山为盗,焚掠～。"

【村顽】 cūn wán ❶ 愚蠢顽昧。明《西游记》八六回:"洞里小妖～,不识好歹,这个来吞,那个来啃,抓的抓。" ❷ 贬称村民。清《后水浒传》一〇回:"太尉即要本府申明上司,请兵剿尽～。"

【村味】 cūn wèi 指乡村酒肴。明《朴通事谚解》卷中:"我每日临池楼上,开呈～,对客饮酒吟诗句。"清查慎行《齐天乐·辛酉贵阳立春》:"鱼上冰鲜,酒迎腊白,略似溪肴～。"

【村务】 cūn wù ❶ 乡村酒店。元曹德《庆东原·江头即事》:"探春偶到南城外。池鱼就买,园蔬旋摘,～新开。"明汤显祖《牡丹亭》八出:"不妨。且抬过一边,～里嗑酒去。" ❷ 乡村;村庄。《元曲选·生金阁》一折:"远迢迢遇不着个穷亲故,急煎煎觅不到个荒～。"《元曲选外编·智勇定齐》一折:"我如今甘苦用辛勤,怎敢闲游荡?相伴着～女提篮儿采桑。"明汤显祖《牡丹亭》八出:"黄堂春游韵潇洒,身骑五花马。～里有光华,花酒藏风雅。"

【村乡】 cūn xiāng 乡村;农村。唐李德裕《讨刘稹制》:"其～百姓,如所在团结归顺者,亦加爵赏。"明陈铎《天净沙·皂吏》:"多半～懒民,甘心招认,随衙办纳柴薪。"清《绿野仙踪》九回:"珍品颇多,却不像个～中待客酒席。"

【村性】 cūn xìng 粗野的脾气。明张四维《双烈记》四出:"君家何故生～,那怕你拳头硬!"清《醒世姻缘传》八五回:"狄希陈听了相主事言语,方才心悦诚服,不敢使那三家村的～。"

【村野】 cūn yě ❶ 乡村郊野。唐康骈《剧谈录》卷下:"才经信宿,已及樊川～。"《元曲选·墙头马上》三折:"昔日无盐采桑于～,齐王车过见了,欲纳为后同车。"元明《水浒传》一九回:"你是一个～穷儒,亏了杜迁到得这里。" ❷ 乡村;乡间。唐李翱《何首乌录》:"心异之,遂掘根,持问～人,无能知者。"宋江休复《醴泉笔录》卷上:"夹拜,今陕府～妇人皆如此。"清《飞龙全传》三八回:"不知贵客降临,愚生不能远接。" ❸ 朴拙;粗鄙。五代刘崇远《金华子》卷下:"既至,赞皇初见仪容,未之加敬。"清玄烨《恶繁华》:"～无知太古风,心依先进是吾衷。"《儒林外史》二二回:"小价～之人,不知礼体。" ❹ 粗野蛮横。明《西游记》八八回:"兄弟,放斯文些,莫撒～。"清《后西游记》一九回:"是愚徒孙履真,催贫僧早去。～不知礼法,多有唐突。"

【村愚】 cūn yú ❶ 蠢笨;粗野。宋《朱子语类》卷一二四:"此心怅怅然,如～瞽盲无知之人。"明《西游记》一五回:"我把你这个大胆的马流,～的赤尻!我倒再三尽意,度得个取经人来,叮咛教他救你性命。"清《平山冷燕》一三回:"若果有才,任是丑陋,定有一种风流,断断不是一～面目。" ❷ 粗鄙无知的人,多用来贬称乡下人。明董斯张《吴兴备志》卷一九:"由是四远～北面受戒者,不知几千百人。"清《歧路灯》四八回:"绍闻见吴自知是个～,无可与言。"

【村纣】 cūn zhòu 即"村拗"。元周文质《斗鹌鹑·咏小

卿》:"今日小生做个盟甫,改正那～的冯魁,疏驳那俊雅的通叔。"高安道《哨遍·嗓淡行院》:"诧跋的单脚实～,呼喝的担徕每叫吼。"明佚名《一枝花·丑妓》:"泼烟花心性索,歹妮子情～。"

【村胄】 cūn zhòu 同"村纣"。《元人杂剧钩沉·楚金仙月夜杜鹃啼》一折:"畅好是没来由,女孩儿家～。"明佚名《东平府》二折:"看这扶犁曳,多～,纷纷怒气怎生收。"

【村庄】 cūn zhuāng ❶ 农民聚居的地方。唐王维《画学秘诀》:"～著数树以成林,枝须抱体。"元明《三国演义》二七回:"至天晚,投一～安歇。"清孔尚任《桃花扇》三七出:"寂寞鱼龙,潜立江头,乞食～。" ❷ 指庄农;农户。宋胡仲弓《西溪即事》:"～留客饭,樵父教儿歌。"《元曲选·渔樵记》三折:"这壁厢虽然年纪老,则是个～家老子。奶奶免礼,折杀老汉也。"明林俊《雪壶次郡大夫三峰韵》:"～互惊怪,青壶洒玉屑。"

【村浊】 cūn zhuó ❶ 犹"村愚❶"。《元曲选外编·符金锭》四折:"不承望他准备着奸心暗暗的偷瞧,发会～,将别人喜事夺了。"又《降桑椹》一折:"人家摆酒未邀宾,我仗着～性鲁,走到人家则管噪。"元柯丹邱《荆钗记》八出:"只说王家是诗礼之家,那孙家一味～。" ❷ 犹"村愚❷"。明万民英《三命通会》卷六:"杜多分别,无财官印食,为下贱～或娼妓、婢妾、淫巧之人。"

【村子】 cūn zǐ 另见 cūn zi。蠢人;俗子。明《金瓶梅词话》一六回:"～不知春寂寂,千金此夕故踟蹰。"《梼杌闲评》三八回:"那些～不知世事。"

【村子】 cun zi 另见 cūn zǐ。村庄。元佚名《庙学典礼》卷一:"应州城里～里的达噜噶齐官人每,过往宣使每,已前的圣旨如今也罢了者。"清《儒林外史》九回:"到了一个～,不过四五户人家。"

【皴】 cūn ❶ 毛糙不平滑。唐庄布《石榴歌》:"玳瑁壳～枝婀娜,马牙硝骨绵敷裹。"清《歧路灯》四八回:"南墙边一块太湖石,高丈许,～瘦骨立。" ❷ 皱;聚缩。唐盛均《真龙对》:"客～眉而俯,不复抽言。"宋张炎《采桑子》:"雨透花鬋,雨过花～,近觉江南无好春。"

【皴错】 cūn cuò ❶ 皮肤因寒冷而粗糙皴裂。五代贯休《送罗邺赴许昌辟》:"不堪回首崎岖路,正是寒风～时。"清允禧《瑞雪谣》:"紫宸朝罢昼归来,道傍偶遇担柴叟。冻梨～苦禁寒,挽衣及胫帛勒首。" ❷ 张开貌。宋周紫芝《送王天民归双泉》:"广庭三百步,一木可四角。刀圭分苍虬,鳞鬣自～。"

【皴劈】 cūn pì 犹"皴错❶"。唐张孜《雪》:"岂知饥寒人,手脚生～。"《敦煌变文校注·丑女因缘》:"双脚跟头皴又僻(劈),发如驴尾一枝枝。"

【皴皵】 cūn què ❶ 表皮粗糙开裂而成皱褶。唐李咸用《览友生古风》:"～老松根,晃朗骊龙窟。"宋《汾阳禅师语录》卷上:"多年松树饶～,心间自有一条明。"元顾嗣立《虾蟆山》:"山上老石怪且顽,皮肤～苔花碧。" ❷ 中国画表现山石和树身纹理的技法。元杨维桢《题米芾小景》:"～谁家笔,披图有篆文。"明周瑛《画评》:"～涂抹,字点画也;安排布置,一字结构也。"

【皴皱】 cūn zhòu 皴;打皱。唐薛逢《老去也》:"朝巾暮栉不自省,老皮～文纵横。"明《二刻拍案惊奇》:"玉树亭亭,改做鱼鳞～;花枝袅袅,变为蠹蚀累堆。"清屈大均《广东新语》卷三:"岩下夹路数峰,高四五丈许,尺尺～,络藤垂筱。"

cún

【存】 cún ❶ 剩。明《醒世恒言》卷二八:"一连十数碗,吃个

流星赶月,约莫~得碗餘,方才住手。"又卷二九:"只~得一只锅儿,要把去卖几十文钱,来营运度日。" ❷ "蹲"的借字,正字为"蹲"。唐王梵志《富儿少男女》:"富儿少男女,穷汉生一群。身上无衣着,长头草里~。"《敦煌变文校注》卷一《捉季布传文》:"题姓署名似凤舞,书年著月象乌~。"按辽行均《龙龛手镜·足部》:"蹲,俗~蹲,正。音存,踞坐也。"

【存泊】 cún bó 停留;停驻。《祖堂集》卷四《天皇和尚》:"僧曰:'问则问了也。'师曰:'去,不是你~处。'"宋《建炎以来繫年要录》卷三九:"三江口乃平敞河地,中有民居,恐戍兵无以~。"也指使停留。《金史·西夏传》:"其契丹昏主今不在臣境,至如奔窜到此,不复~,即当执献。"

【存储】 cún chǔ 收藏积存。清《野叟曝言》一三六回:"该地方官察得寺观向无~粮食,专藉怀度日者,另册登记。"《清会典事例·户部·库藏》:"户部奏部库空虚,应行~款项。"

【存躲】 cún duǒ 躲藏存身。元明《水浒传》五回:"到后山打一望时,都是险峻之处,又没深草~。"

【存放】 cún fàng 寄存;寄放。清《绿野仙踪》五六回:"你主人缘何有这许多银子~在你手内?"又五七回:"你说被盗,也还是人情以内的事,怎么又说起他~的银子是假的?"

【存候】 cún hòu 问候;慰问。明陆深《与何柏村总兵书》:"比日承遣人驰书~,无任感慰。"亦指问候的人。《新唐书·裴度传》:"及病创一再旬,分卫兵护第,~踵路。"

【存活】 cún huó ❶ 生存;活命。唐张鹥《朝野佥载》卷一:"家口饥寒,不能~。求待国家兵到,吾等即降。"《元曲选外编·西游记》五本一九出:"铁棒来抽身便躲,戒刀着怎生~?"明《醒世恒言》卷二七:"无一日不打骂这两个女儿,如今一发连母舅都来助兴了,看起来,这两个女子也难~。" ❷ 营生;活计。《元曲选·货郎旦》一折:"你把解库,草堂工课,都耽阁。"又《对玉梳》二折:"衣食勾家私得过,因甚的闹炒炒做不的个~?"又《谢金吾》二折:"往常时这清风楼前后屯合,到如今冷清清只一片空阔……送的我倒枕着床没奈何,拆的来做不的~。" ❸ 安身;度日。《敦煌变文校注》卷三《燕子赋》:"燕子造舍,拟自~。何得粗豪,辄敢强夺?"《元曲选·赚蒯通》三折:"白日里叫吖吖信口自嘲歌,到晚来向羊圈里且~消磨。"清汤斌《送黄俞邵闻讣南归》:"我力尚未衰,犹可自~。" ❹ 支撑;忍受。唐白居易《同梦得和思黯见赠》:"教他伯道争~,无子无孙亦白头。"《元曲选·盆儿鬼》二折:"似这般腥臊臭秽怎~,兀的不薰扑杀我哩。"明《僧尼孽海》一二则:"花心才折,痛欲消魂,以口啮唇,实难~。" ❺ 陪伴;伴随。金《董解元西厢记》卷六:"问莺莺更夜如何背游私地,有谁~?"又:"思量毅万千遍。算无缘得欢喜~,只有分与烦恼为冤。"

【存积】 cún jī 积存;储藏。明林俊《灾患疏》:"臣看得江西司卫府县,库乏~银两,仓少预备稻谷。"《梼杌闲评》三八回:"他说运司库内~下河银餘约有数十万;再者有商人加罚的银子,也有数十万。"清《隋唐演义》五九回:"顷见臣禁约军士,秋毫无犯,尽愿~,以充军饷。"

【存记】 cún jì ❶ 记录;登记。唐辨机《大唐西域记赞》:"是用详释迦之故事,举印度之茂实,颇采风壤,~异说。"《宋史·洪迈传》:"凡经筵、侍臣、出处、封章、进对、宴会、赐予,皆用~。"清《野叟曝言》一三四回:"文恩因о明东京几座寺院,共有喇嘛若干名,登簿~。" ❷ 记忆。明谢迁《次韵复贾挥使》:"滹沱麦饭须~,不为时平独饱餐。"清李光地《魂魄说》一:"人固有~之事,与耳目心思维系凝结而昭昭然长流而终身者也。"《绿野仙踪》四回:"若说图报异日,我非图报之人;若说~心头,这些须银两,益增我惭愧。" ❸ 挂念;关注。宋韩琦《乙卯夏乞致政表》:"老臣无状,何以副陛下眷留~之异!"明彭韶《进呈盐场图册奏》:"所宜加意矜念,遇事宽恤。盖虽未能使之顿如其愿,然亦足以示朝廷~不忘之心。"

【存济】 cún jì ❶ 安排;处置。宋彭耜《十二时》:"问宋玉、当日如何,对此凄凉风月,怎生~?"金《董解元西厢记》卷五:"情怀转转难~,劳心如醉,也不吟诗课赋,只恁昏昏睡。"明沈采《千金记》三七出:"嫁鸡怎不逐鸡飞,教妾身如何~? 心灰肠断,云山翠压愁眉。" ❷ 承受。宋胡铨《鹧鸪天·和陈景卫忆西湖》:"梦回一饷难~,这错都因正打成。"《元曲选·青衫泪》三折:"从早至晚夕,知他在那里,咱是甚夫妻? 撇得我孤另另难~。"又《隔江斗智》二折:"你看那地方宽,民富实,端的是锦绣城池,无福的难~。" ❸ 奈何;处置的方法。《元曲选·荐福碑》四折:"想当初在古庙里题诗句,谁承望老龙王劈破面皮。其实,驱逼的我无~。"又《马陵道》三出:"想当初在云梦山中把天书习,定道是取将相能容易。谁知有这日,生把俺七尺长躯打灭的无~。"明李梅实《精忠旗》三出:"〔末〕大厦今如此,空劳一木持。〔见外介〕呀,是李侍郎。〔外〕是张枢密。〔末哭介〕侍郎啊,到如今并他一木也无~。"

【存奖】 cún jiǎng 褒奖。《唐会要》卷一八:"如有出身,已曾任官,选日优与处分。如自以才行,尝登科第,及是诸房子孙,不承祭祀,并先因~以授正官者,并不在限。"宋刘辰翁《吉水县修学记》:"三年之间,士不见役,所以~吾道甚备。"

【存立】 cún lì 停留;站立。清《歧路灯》一〇六回:"老樊结了一个圪瘩,站的腰酸,~不住去而去。"《东周列国志》二一回:"从来国人死者,弃之于此,白骨相望,白昼常见鬼。又时时发冷风,风过处,人马俱不能~,中人毛发辄死。"《双凤奇缘》三二回:"但见北风更紧,雪花片片,又飘下来,山中乃旷野之地,怎能~得住?"

【存留】 cún liú ❶ 保存;保留。唐法海《六祖大师法宝坛经略序》:"知和尚法力广大,但吾高祖坟墓并在此,他日造墓,幸望~。"宋苏轼《乞增修弓箭社条约状》:"两地供输人户,除元有弓箭社强壮义勇之类,并依旧~外,更不编排保甲。"明朱长祚《玉镜新谭》卷七:"建在国学,尤属无等,即刻拆毁,不准~别改。" ❷ 存活;保全。《敦煌变文校注》卷六《欢喜国缘》:"臣今恐命定不~,暂拟归舍,辞别父母。"《大金吊伐录》卷二:"敢祈大恩,~见在政执官,粗立朝廷,稍安众望。"清《醒世姻缘传》九三回:"贵枭贼夼,存活了无数灾黎;代完漕米,~了许多百姓。" ❸ 积存;积蓄。明陆容《菽园杂记》卷九:"人之精液,度与女子,能生人。若能保守~,岂不能资生自身?"清《东周列国志》二三回:"狄兵方才退去,将卫府库,及民间~金粟之类,劫掠一空。" ❹ 提留,特指地方政府所征粮税中供本地开支的提留。宋龙衮《江南野史》卷一:"虽有专责主职,然能于晦朔,总其支费~,自缗匹之数,无不知其多少。"明于慎行《谷山笔麈》卷一二:"除起运钱粮折色上纳,其餘~钱粮及银差工食,许以谷布等物随有上纳。"清魏裔介《详陈救荒之政疏》:"除起运粮银难以轻动外,其~银两暂以借用。" ❺ 剩餘;结餘。明梁储《议处国计并请回銮疏》五:"前二项所开银三十五万两,以一半发与二镇添充买草之用;~一半发与军官养赡。"《醒世恒言》卷三二:"舟中货物,已自漂失了,便有~,舟人都分散去讫。"《型世言》七回:"他虽不起钱,人自肯厚赠他,先倍还了人上会银,次华楝卿银。日用~,见文人苦寒、豪俊落魄的,就周给他。" ❻ (铨选合格的官员)记录在册。明焦竑《玉堂丛语》卷三:"今年朝觐考察之后,臣等已将~官资望相应者,量才

推用。"又卷八:"其学有本原,文能华国,行义无玷者,～供职,以备经筵史局之选。" ❼ 留驻;停留。明陈洪谟《治世餘闻》上篇卷一:"于是止许照成化年间例,仍行大同镇巡官,差人伴送一千五百名进京,其餘～大同,听候给赏。其谋稍沮。"清《绿野仙踪》三五回:"我们一刻不可～。适才军门曹大人赏了路费银二百两,哥哥可拿去,回柏叶村李必寿处暂住。"

【存留院】 cún liú yuàn 暂寄棺椁的场所。宋文莹《湘山野录》卷下:"以亡母骨椁尚寄州南～,二十年不孝未葬。"

【存年】 cún nián 犹言享年。明吴之鲸《武林梵志》卷一一:"师～五十二时,自作塔铭于武林西湖之修吉山院。"清《红楼梦》九五回:"元妃薨日是十二月十九日,已交卯年寅月,～四十三岁。"

【存情】 cún qíng 留情;关照。唐张九龄《敕突厥可汗书》:"其中老弱病患及躯格全小,不堪驾驭,如何总置?所以略简多少,仍是十退一二。是于儿处大为～,何故来章尚嫌多退?"《敦煌变文校注》卷一《伍子胥变文》:"今欲进发往江东,幸愿～相指示。"《太平广记》卷三六八引《玄怪录》:"见为居延山神收作伶人,伏乞～于神,不相残毁。"

【存全】 cún quán 保全。唐韩愈《祭十二郎文》:"少者强者而夭殁,长者衰者而～乎?"《大金吊伐录》卷三:"前已累申元帅府,乞轸恤赵氏,～社稷。"明杨士奇《祭告先妣墓文》:"忧劳夙夜,险阻备尝,以长育～之于孤苦颠沛之餘。"

【存身】 cún shēn ❶ 蹲下身子。《敦煌变文校注》卷一《汉将王陵变》:"赚下落马,胡跪～,受乎口敕之次,便乃决鞭走过。"又:"二将当闻霸王令,下马～用耳听。"按,"存"借为"踳",即"蹲"之俗体。《集韵·魂韵》:"蹲,《说文》'踞也',或作踳。" ❷ 藏身;隐身。宋孟元老《东京梦华录》卷七:"右手捉鞍,左手把鬃～,直一脚顺马而走,谓之'飞仙膊马'。又～拳曲在鞍一边,谓之'镫里藏身'。"明《禅真逸史》三回:"只听得石板底下,嘤嘤的有人做声响。林澹然道:'却不作怪么,莫不这孽畜在石板底下～?'"清《后西游记》二回:"两扇观门虽然大开着,却不好轻易进去,只得～等待。" ❸ 安身;居住生活。元明《水浒传》三七回:"我已教人四下里分付了酒店、客店,不许着这厮们吃酒安歇,先教那厮三个今夜没～处。"明《山歌·镬子》:"我吃子更介铲刮修削,教我那亨～?"清方成培《雷峰塔》一五出:"到彼庙中,将那泼道擒来吊起,做戒一番。那时略施妙术,管教官人转念,反嗔于彼,道人自不敢在此～矣。"

【存神】 cún shén ❶ 肖像;画像。宋龙衮《江南野史》卷九:"太祖欲平江南,患仁肇勇略,私于仁肇左右,窃取其～。俟江南朝贡至,以示其使曰:'汝以斯图何如?'对曰:'此似神,本国林仁肇。'" ❷ 留神;注意。明《梼杌闲评》三○回:"因一时不～,言语激恼了印月,遂不进去。"清《绿野仙踪》一六回:"于冰～细看,见那妇人翠裙鸳袖,锦衣珠环,容貌极其秀美。"《济公全传》二五回:"刚一拐胡同,正遇见一个磁器担子,他没～给碰了,摔了十七个碗,两个碟子。"

【存宿】 cún sù ❶ 依托;寄宿。宋王与之《周礼订义》卷七六:"此亦植在神坐前,欲地示降而依凭～于中,非所执之玉也。"佚名《张协状元》九出:"今夜更无～处,我拼一命赴黄泉。" ❷ 保存。明聂逊《云庄集后序》:"既而又出公之神像、年谱、文章、诗词,悉以示予。复言昔罹兵燹煨烬之际,惟此幸～于崇泰里公之九世孙刘辉家。"

【存问】 cún wèn 问候;探问。《敦煌变文校注》卷四《八相变》:"父王闻太子还宫,遂遣大臣～:'今晨殿下散闷闲游,驾幸南门,见何景象?'"金《董解元西厢记》卷五:"有些儿闲气,都做了短叹长吁。便吃了灵丹怎痊愈!尽夫人～,半晌不能言语。"明《僧尼孽海》二○则:"寺僧忽相过～,时时馈肴酒,仕宦者极感。"

【存想】 cún xiǎng 思量;考虑。元《三遂平妖传》五回:"知府～道:'安上大门城楼壁斗样高,这两个人如何上得去?'"元明《水浒传》二八回:"武松来到房里看了,～道:'我只道送我入土牢里去,却如何来到这般去处?'"清《聊斋志异·查牙山洞》:"～首颠当有金珠饰,以火近脑,似有口气嘘灯,灯摇摇无定。"

【存心】 cún xīn ❶ 专心;用心。《敦煌愿文集·赞道明题记愿文》:"其写者～勘校,如法装治。"明柯丹邱《荆钗记》六出:"且自～奉母,何须着意求官。"清《绿野仙踪》一○回:"遂传安胎采药、立炉下火之法。于冰一一～苦记,领受仙言。" ❷ 小心;仔细。《敦煌变文校注》卷一《伍子胥变文》:"子胥告令军兵:'大须～捉搦。此是平王之境,未曾谙悉山川。'"又《汉将王陵变》:"何不～觉察,放汉军入营?"明《西游记》七四回:"行者暗自喜道:'……若说差了,才这伙小妖有一两个倒走进去听见,却不走了风讯?'你看他～来古洞,仗胆入深门。" ❸ 留心;注意。明《西游记》二回:"祖师打他三下者,教他三更时分;倒背着手走入里面,将中门关上者,教他从后门进步,秘处传他道也。"清《警寤钟》一回:"田先生～四下走看玩耍,不见动静,好生疑惑。"《飞龙全传》五六回:"不知匡胤追赶文修,已有数里之远,这些军士落在后面,未曾上来,又不～,自然不曾看见。" ❹ 耐心;安心。清《白雪遗音·马头调·耐时》:"大丈夫,～忍耐待时运(不必焦心),你的时来了,胸前自挂元帅印。"又《一块云笺》:"写上儿夫,早早的回来(～等待),来若迟,不知奴家在不在。"又《我劝情人》:"我劝情人～耐,日久天长,自有个安排。" ❺ 故意;有意。清《红楼梦》一三回:"要什么只管拿这个取去,不必问我,只求别～替我省钱。"《济公全传》一二六回:"掌刀的一听,这个气就大了,说:'你这是～搅我们。'"

【存养】 cún yǎng 修炼;修养。宋蔡絛《铁围山丛谈》卷五:"我时舟中与韩生款曲,辄数夕,亦屡邀我索授其炉火及～法,然我不听。"明韩邦奇《见闻考随录》:"念虑未萌,此天理浑全无亏损时,人于此时便能～。"清魏裔介《与申凫盟书》:"宋儒云:不学便老而衰。此言最是。学便有～功夫,虽不能免衰,可以延之久远矣。"

【存有】 cún yǒu ❶ 留存;留有。宋陆游《家世旧闻》卷下:"滁之西曰丰山,其绝顶～汉高帝庙。"明《二刻拍案惊奇》卷三一:"～千年香火样,何曾一陌纸钱飘!"清《野叟曝言》一四八回:"父皇回銮,～玉田御米。孙媳试以甘露浸润,饲凤,皆争啄而食。" ❷ 留下。《元朝秘史》卷六:"皇帝,我是～的白翎雀儿,帖木真是散归的告天雀儿。" ❸ 存活。元王实甫《西厢记》一本四折:"惟愿～的人间寿高,亡化的天上逍遥。"

【存在】 cún zài ❶ 存活。《法苑珠林》卷一一五:"其餘二子,今虽～,而为忧火,之所焚烧。"宋《三朝北盟会编》卷七八:"少顷人各散去,若水亦稍苏,有数十余人甲兵守之。俄传国相令云:'须管好李侍郎。'"《五代史平话·周上》:"有史弘福的,是弘肇弟弟,今尚～。" ❷ 处于时间或空间中。《法苑珠林》卷三九:"又有经藏甲传无数,古老相传,尽初结集,并现～。"元袁桷《封龙山书院重修记》:"今遗书具～书院者,宜究其委源,考三代之所以长,秦汉之所以失。"明《封神演义》七五回:"杨戬已知余元来赶,忙把丹药放在囊中,暗祭哮天犬～空中。" ❸ 所在;地方。《太平广记》卷一二引《神仙传》:"房有神术,能缩地脉,千里～,目前宛然,放之复舒如旧也。"

【存札】 cún zhá ❶ 存活;生存。《元曲选·赵礼让肥》一折:"他可也忒矜夸,忒豪华,争知俺少米无柴,怎地～?" ❷ 驻

扎。《宋史·李全传》："全欲决定去就,亲往盐城～。"清《钦定石峰堡纪略》卷二〇:"又乏水泉,兵马均难～。" ❸ 立足;停留。明吴桂森《周易像象述》卷四:"盖当此时,纯是阴柔变刚世界,阳刚直无～之地。"清《水浒后传》一八回:"刚遇乌琼来会剿,众寡不敌,～不住。"《快心编三集》一一回:"魏义～两日,也往江西去了。"

【存站】 cún zhàn ❶ 存身;停留。明丁惟恕《河南韵·代丁对川写意》:"时不来由人轻贱,时不来没处～。"清《平定两金川方略》卷一二〇:"运送大炮前往,隔河平打,前后夹击,贼必不能～。"《醒世姻缘传》九一回:"你可请问奶奶,把这两个发放在那里～,只管这里搁着也不是事。" ❷ 坚挺不动。清《雍正六年督臣李卫请修海宁老盐仓海塘疏》:"又兼东南巨飓震撼荡刷,护沙卸陷无存,塘身根脚搜空,不能～。"

【存照】 cún zhào ❶ 存顾;关心照顾。宋元厚之《谢李运使帖》:"小子愚呆,足下以鄙夫故曲垂～。"孙觌《与平江守王侍郎书》:"某归宿田里,惟公～如一也。" ❷ 订立契约或文书等以备核对。宋俞文豹《吹剑录外集》:"民户虽有朱钞～,以所输不多,亦不与较。"元明《水浒传》二二回:"老汉也怕他做出事来,连累不便,因此在前官手里告了执凭文帖,在此～。"清《绿野仙踪》八四回:"将来若有反悔,举约出官,恐口无凭,立此～。"

【存住】 cún zhù ❶ 安身;居住生活。《续资治通鉴长编·宋哲宗元祐六年》:"母要分离,全～不得。"明《醒世恒言》卷三五:"他家许多人都～不得,各自四散去了。"清孔尚任《桃花扇》二七出:"不料匹夫无谋,不受谏言;被许定国赚入睢州,饮酒中间,遣人刺死。小生不能～,买舟黄河,顺流东下。" ❷ 容留;保全。明郑若曾《江南经略》卷七下:"仍通行出示城镇乡村及船上,敢有～革兵者,以窝主论。"清《醒世姻缘传》三二回:"那邻庄人见他这庄上人心坚固,所用者少,所保者大,那大姓人家也只得跟了他学,所以也～了许多庄户。" ❸ 保存;留存。明高濂《遵生八笺》卷一七:"将前取红铅,或器或帛,量多少,用烧酒一大碗洗下,旋转百遭,置于静处,待酒澄清,慢慢滗去酒,～红铅。"清《歧路灯》一〇二回:"恰好剩有三间闲房,三人住下,行李暂且。家人另寻国子监皂隶闲房住下。"《白雪遗音·八角鼓·秦琼》:"大战尉迟公,打三鞭,还二锏,英雄咽血～了病。"

【存坐】 cún zuò ❶ 蹲坐。存,通"蹲"。唐王梵志《尊人立莫坐》:"尊人立莫坐,赐坐莫背人。～无方便,席上被人嗔。" ❷ 安坐。元王实甫《西厢记》二本三折:"荆棘刺怎动那,死没腾无回豁,措支剌不对答,软兀剌难～。"明郎瑛《七修类稿》卷四五:"苟不知而少食之,寒热数日,遍身起紫斑。"清《野叟曝言》九〇回:"日色正午,天气大热,各人汗流浃背,～不定。" ❸ 存身;停留;居住生活。《元曲选·曲江池》四折:"俺如今有过活,你兀自难～。"元明《水浒传》二四回:"自家惶愧难～,气杀英雄小二哥。"明《醒世恒言》卷二〇:"正做之间,忽见外面来报,本府太爷来拜常州府理刑邵爷、翰林院褚爷。慌得众宾客并戏子,就～不住,戏也歇了。" ❹ 留存。《五灯会元》卷五《投子大同禅师》:"也无玄妙可及于汝,亦不教汝坌根,终不说向上向下,有佛有法,有凡有圣,亦不～系缚。"明刘基《灵棋经》卷下:"同类须防有是非,从来相好变乖违。当时贯朽空～,江上萋萋草正齐。" ❺ 底子。明卢之颐《本草乘雅半偈》卷八:"修治用白槟,～稳正、心坚锦文者最佳。"

【忖害】 cǔn hài 残害。清《醒世姻缘传》三三回:"出决重

囚,木驴桩橛,这都是棺材铺里备办。为甚拿了本钱,当了行户,做这样～人不利市的买卖?"

【忖谅】 cǔn liàng 即"忖量❶"。明《禅真后史》九回:"刘仁轨～这事难以遮隐,暗地对郁氏如此如彼的说了。"

【忖量】 cǔn liàng ❶ 揣度;猜测。《元曲选外编·哭存孝》二折:"万丈水深须见底,止有人心难～。"明邹元标《和周吏部海门公韵》:"闲眠饱食只寻常,不用人间费～。"清张英《扈从登灵岩山》:"千古好事人,附会多～。" ❷ 思量;考虑。唐杜牧《投知己书》:"自十年来,行不益进,业不益修,中夜～,自愧于心。"明《型世言》一九回:"盖人做了一个先生,每日毕竟要讲书,也须先理会一番,然后可讲与学生;就是学生庸下,他来问,也须～与他开发。"清方成培《雷峰塔》六出:"私怀暗～,你两下春心荡。天赐相逢,难舍多情况。" ❸ 掂掇;衡量。唐陆贽《奉天论前所答奏未施行状》:"昧于～,但务竭诚,恐由辞理塞拙,不能畅达事情。"《元曲选·东堂老》楔子:"父亲的症候,您孩儿待说不知来,可怎么不知;待说知道来,可也～不定。"清《醒世姻缘传》四回:"这个杨古月,你也该自己～一～:这个小产的生死是间不容发的,岂是你撞太岁的时候?"

【忖料】 cǔn liào 揣度;猜测。元高明《琵琶记》三六出:"我心中～,想不是个薄情分晓,管教你夫妇会合在今朝。"明王锡爵《对玉环带清江引·和唐寅叹世词》:"量尽海波涛,人心难～。"

【忖念】 cǔn niàn 犹"忖思"。宋李大性《典故辩疑序》:"伏自～:衡茅之下,多未见之书;朴樕之材,无奇特之见,固不当自置于五不韪之域。"明杨士奇《王处士墓志铭》:"洪武中,郡尝推举孝廉。则自～:国家所为,表德励俗,甚盛举也。顾余之鄙陋,敢忝窃哉!"

【忖思】 cǔn sī 思忖;思量。五代孙光宪《北梦琐言》卷二〇:"患者归视功德堂内本无它物,～久之。"《元曲选·临江驿》二折:"细、细、细,心儿里,暗～;苦、苦、苦,业身躯,怎动止?"清厉鹗《书壁》:"无学庵中老,平生百不能。～多幸处,至老得为僧。"

【寸男尺女】 cùn nán chǐ nǚ 一个儿子或女儿,犹一男半女。《元曲选·看钱奴》二折:"娶的个浑家也有好几年了,争奈～皆无。"明《二刻拍案惊奇》卷三二:"范氏虽做了四年夫妻,倒有两年不同房,～皆无。"

【差迭】 cuō dié 磋跌;差错。唐李鼎祚《周易集解》卷四:"虞翻曰:'过谓失度,忒,～也。'"宋李曾伯《回宣谕奏》:"凡共发八递,并是一样牌角,发入军铺。独有十一日一递,乞改邕守者,却幸无～。"明孟称舜《娇红记》四出:"怕则气势村沙,性情恶劣;便做是纸鸾凤,草麒麟。恁～,好花输与、输与村郎折。"

【搓】 cuō 揉;拧。唐李郢《南池》:"小男供饵妇～丝,溢榼香醪倒接䍦。"明《朴通事谚解》卷中:"一个不会针线的女儿,着他～各色线。"清《红楼梦》一七至一八回:"早已吟成一律,便写在纸条上,～成团子。"

【搓摆】 cuō bǎi 搓洗。摆,漂洗。明陈铎《红绣鞋·浆糨》:"扯拔匀稀解布,～净汗酸衣。"

【搓擦】 cuō cā 揉搓。宋周去非《岭外代答》卷八："搓擦子如锥栗,壳中多白毛,须～而后可食。"明陈榉《答银台宋公书》:"疹愈,阴囊痒甚,～水流,敷以壁土。"《二刻拍案惊奇》卷三二:"将陈喇虎按倒在地,满身把泥来～。"

【搓磨】 cuō mó 摩擦。明朱橚《普济方》卷二一二:"用茱萸一合,黑豆汤吞之。一方,用杵～,吞咽,良。"徐元太《喻林》卷九四:"拔其毒镞,补智慧膏,以萨婆若水洗除垢秽,拂拭～,令心调净。"

【搓挪】 cuō nuó ❶ 搓揉。宋王质《绍陶录·拄杖》:"溪昏雾多,润即～;路微石狠,弱即担柯。"明《孙庞斗智演义》卷一四:"庞涓坐在椅上,着军士把肚皮着实～了一番,不多时,吐出两盆河水。"清《野叟曝言》七六回:"与飞娘二人,分坐两旁,把红瑶两手～伸屈。" ❷ 劝慰;笼络。明《天凑巧》卷一:"因怕他叫喊投水,也就回家,待着家女人～他。"《型世言》一回:"他须是个小姐性儿,你可慢慢～他。"清毛奇龄《搓挪行》:"少年苦贫但～,何为远行心烦苦?" ❸ 犹豫;拿不定主意。明李梅实《精忠旗》二四出:"真堪笑,怎～,便算冤他值什么! 你这等怕人谈论,那个又饶你来?" ❹ 折腾;想办法。明毛滂《粉蝶儿·金台怀古》:"任田单尽力～,可怜勋业成灾祸,恨皇天不佑待如何?"

【搓揉】 cuō róu ❶ 揉搓。元王祯《农书》卷二二:"妙处唯在不～了,麻之骨力好。"明高濂《遵生八笺》卷一五:"其胚用真正蕲艾,～百次,仍煮数遍,务去黑星,一点不存。"清《后水浒传》一八回:"一时手脚麻软,只得蹲伏在地,～了好一会,才得活动。" ❷ 摆弄;把玩。明杜仁杰《遗山集后序》:"字凡经几手,左掐右扯,横安竖置,～亦熟烂尽矣,惟其不相蹈袭自成一家者为得耳。" ❸ 折磨。元《元曲选外编·调风月》二折:"似你这般狂心记,一番家～人的样势,休胡猜人短命黑人贼!"明王玉峰《焚香记》二四出:"怪牙队千般讪嗽,恨柳青百种,喜亭老几番搭救。"

【搓挲】 cuō suō 揉摩;摩挲。《元曲选·竹叶舟》四折:"我如今与你拂尘俗将圣手～,便说杀九重天子明光殿,怎如俺三岛仙家安乐窝,再不要碌碌波波。"按,元刊本作"摩挲"。

【蹉】 cuō ❶ 倾倒,引申为挫折、灾祸。唐韩愈《读东方朔杂事》:"簸顿五山蹐,流漂八维～。"《元曲选·气英布》一折:"恰便是一个飞蛾儿,急飐飐来投火,这的是他自揽下一头～。" ❷ 踏;踢。金《董解元西厢记》卷六:"柴门儿脚到处早一～开,这君瑞有心挣揣,向卧榻上撺然觉来。"元《三国志平话》卷中:"吾将一百万军,千员名将,～碎樊城、辛治。"清《儒林外史》二二回:"不觉一脚～了个空,半截身子掉下塘去。" ❸ 错过。清《隋唐演义》一二回:"这个机会不要～了,小弟上去要要罢。"

【蹉过】 cuō guò 错过;失去。《五灯会元》卷二〇《能仁祖元禅师》:"归堂撞见圣僧,几乎当面～。"明孟称舜《娇红记》二二出:"况小姐芳年及笄,奶奶休～了这门好姻缘呵。"《英烈传》一七回:"此术是帝王之佐,值今乱离,勿可～。"

【蹉路】 cuō lù 失路;走错路。宋觉范《禅林僧宝传》卷二七《金山达观颖禅师》:"只知贪程,不觉～。"

【蹉失】 cuō shī ❶ 差失;失误。唐王建《寻橦歌》:"险中更险无～,山鼠悬头猿挂膝。"明高攀龙《高子遗书》卷三:"盖这个心不是别物,就是大化流行与万物为体。若事物上～就是这个,圣人亦别无劳攘,只顺事无情,物各物物,但无是无失尔。"清纪昀《阅微草堂笔记》卷三:"如步步踏实,即小有～,终不至折肱伤足。" ❷ 错失;错过。宋周南《代监司乞行下浙西广籴札子》:"丰年难得,古人所惜。臣管见浅陋,窃以为不可～此时。"明李如一《米庵诗》:"吾家先翁爱老颠,谓为风气之玄又玄。墨宝不得一近

前,生平～竟游仙。"赵完璧《徐瞽道募缘疏》:"诸天倾耳,一体同心。～善缘,幽沉难悔。"

【蹉踏】 cuō tà ❶ 践踏。金《董解元西厢记》卷二:"墙壁若石垒,铁裹山门破后爻。待～怎地～? 待奔吊如何奔吊?"又:"譬如～俺寺家门户,不守着你娘坟墓。" ❷ 蹬踏。明唐顺之《武编》前集卷五引《北征录》:"今欲使弩斗力自二硕至三硕,不许太硬,令久疲之兵易于～。"

【撮】 cuō ❶ 推出;现出。明《金瓶梅词话》六回:"妇人～下笑来道:'干娘来得正好。'"明《石点头》卷一二:"当下方六一见了姚二妈,满脸～起笑来。" ❷ 扶持;托举。元《三国志平话》卷中:"至江岸,众人～曹公上马。"明《西游记》一一回:"他将我～着脚,推下水中。"清《聊斋俚曲·墙头记》:"我把这墙上～你过去罢。" ❸ 簇拥。清《红楼梦》二四回:"正说着,只见一群人～着凤姐出来了。" ❹ 撮合;拉拢。明《金瓶梅词话》四回:"还亏老娘把你两个生扭做夫妻,强～成配,你所许老身东西休要忘了。"清洪昇《长生殿》五〇出:"桂华正妍,露华正鲜,～成好会,在清虚府洞天。"《红楼梦》五一回:"小红骨贱身轻,私掖偷携强～成。" ❺ 凑合;拼凑。元明《水浒传》九四回:"我这里正项钱粮兀自起解不足,东挪西～。"明《醒世恒言》卷三〇:"十分少,只得在库上～去。" ❻ 卷;裹。元明《水浒传》二三回:"就树～将黄叶去,入山推出白云来。"明《西游记》三八回:"往更地上吸一口气,吹将去,就是一阵狂风,把八戒～出皇宫内院。" ❼ 结;束。宋赵汝适《诸蕃志·蒲甘国》:"蒲甘国官民皆～髻于额,以色帛系之。"赵令畤《侯鲭录》卷四:"谁能一日三梳头,～得根牢髻便休。"金《刘知远诸宫调》一二:"觑着盘内冠梳,子每没乱杀,一个髻髻～不住。" ❽ 撩;挽。元景元启《新水令》:"我把紫霜毫书满碧云笺,他～着泥金袖绣彻红绒线。"《元曲选·荐福碑》一折:"一个～着那布裙踏竹马,一个舒桌那腰刀跳灰驴。" ❾ 用工具或容器铲取。元王祯《农书》卷二:"覆土既深,虽暴雨不至迮迮,暑夏最为耐旱,且便于～锄。"明《金瓶梅词话》八三回:"春梅走到前边～了一筐草。"清《红楼梦》四〇回:"好容易～起一个来,才伸着脖子要吃,偏又滑下来滚在地下。" ❿ 表演;演出。清方成培《雷峰塔》一九出:"我每在这里～个戏法,与众位爷们瞧瞧。～得好赏我几个钱儿。"《聊斋俚曲·慈悲曲》:"～傀偏子解包被——这一回才弄出故事来。"《何典》五回:"把平日教熟的那些当当头种树、弄卵入布袋、戴帽子跳圈许多戏法,都～出来。" ⓫ 捉;揪;扯。俄藏王梵志诗残卷九九首:"口道愿生天,不免地狱～。"《元曲选·争报恩》三折:"～枷稍的公吏搊搜,打道子的巡军每叶和。"清《醒世姻缘传》四三回:"一边把那囚妇,～着胸脯的衣裳,往珍哥床上一推。" ⓬ 量词,用于抽象事物,犹言股。宋郭应祥《踏莎行·寄远》:"一～精神,百般体态,兰心蕙性谁能赛?"陈允平《南歌子·茉莉》:"曲勾栏畔倚秋娘,一～风流都在晚西凉。"

【撮把戏】 cuō bǎ xì ❶ 耍把戏;表演杂技。明《石点头》四回:"你可记得,前日门首猢狲～。"《梼杌闲评》三回:"那～的女人倒生得风骚有致。" ❷ 讳指性行为。清《醒世姻缘传》一九回:"李成名媳妇一手掀开帘子,晁大舍合唐氏正在那里～,上竿卖解,忙劫不了。"

【撮补】 cuō bǔ 同"撮哺❶"。《孤本元明杂剧·开诏救忠》四折:"二更一点了也,你不下手等甚? 我～你。"又《五龙朝圣》三折:"亏了我们～你也,请我们一请,怕做甚么?"

【撮哺】 cuō bǔ ❶ 帮助;协助。《元曲选·伍员吹箫》三折:"这厮好说着不听,后生们～着,我将他抢出去。"又《灰阑记》三折:"兄弟,你～着,我拿那奸夫奸妇去也!" ❷ 哺育;照料。

《元曲选·神奴儿》二折："我将你怀儿中～似心肝儿般敬，眼前觑当似在手掌儿上擎。"

【撮抄】 cuō chāo ❶摘抄。元胡一桂《周易启蒙翼传》外篇："余从王浩古仲氏楚翁才古得洞林书，～其事之重大者一二于左。"清陈廷敬《奉直大夫达州知州林公墓志铭》："自少至老，～群书几等身。" ❷描摹。清黄景仁《涂山禹庙》："或乘飞黄发垂髫，或乘骓吾驾神蛟，千诡万状穷～。"

【撮凑】 cuō còu ❶凑合；凑巧。清《续金瓶梅》二三回："谁知这等顺溜，也是哥的喜事临门，该是因缘～，就留我在书房里吃了便饭。" ❷拼集；紧连。清黄宗炎《图学辩惑·先天六十四卦方图》："先天卦书，奇耦相加，乱左阳右阴之常；经方圆图，次第一小巧，素四时之序，变八方之位。"

【撮辏】 cuō còu 同"撮凑❷"。明丁彩《锁南枝半插罗江怨》："七八般病来～，皮困眼涩肠断心酸，又悔又恨又疼又羞。"

【撮鸟】 cuō diǎo 骂男人的粗话，"鸟"借作"屌"。元明《水浒传》六回："俺猜这个～是个剪径的强人，正在此间等买卖。"明《禅真逸史》二三回："叵耐这两个～狗男女，将老爷也要摆布起来。"清《后水浒传》二三回："被这伙～贼牛欺负，叫兄弟气得呆鸟鼓胀。"

【撮风】 cuō fēng 挟风、乘风，形容迅疾。《祖堂集》卷四《天皇和尚》："进曰：'如何得玄旨?'石头曰：'你解～不？'"元《七国春秋平话》卷上："端的刀枪如芦苇，人马～行。"明《金瓶梅词话》九九回："端的刀枪流水急，果然人马～行。"

【撮合】 cuō hé ❶缀集；拼合。唐延寿《宗镜录序》："遂则编罗广义，～要文，铺舒于百卷之中，卷摄在一心之内。"明周婴《卮林》卷四："此特孔氏～二书为言耳。"清陆陇其《四书讲义困勉录》卷二："予观四节文义本不相属，非夫子一时之言。子思～成章，妙义跃然。" ❷捏拢；聚拢；合拢。明朱橚《普济方》卷二五九："每剂以面裹之，～微拍令扁。"又卷二七九："以生麻油调，涂于故帛上，贴之。如脓未出，当便内消脓；已出，即便～。"清尤侗《一丛花·游朱氏园亭次邹程村韵》："新出笋尖，旧藏桂子，～点清茶。"胡煦《周易函书别集》卷八："太一分明贯里居，打成两截欲何如？若言尚待推移力，天籁凭谁～钦？" ❸结合；结交。明汤显祖《牡丹亭》五五出："此人欺诳陛下，兼且点污臣之女也。谕臣女呵，便死葬向水口廉贞，肯和生人做山头～！" ❹拉拢促成。元明《水浒传》二四回："两意相交似蜜脾，王婆～更稀奇。"明陈铎《朝天子·架儿》："这家里打阔，那家里～，本分少，虚头大。"清《歧路灯》五四回："金镯买卖，必有成交之地，～之人。"

【撮合山】 cuō hé shān 媒人；介绍人。《元曲选·鸳鸯被》三折："当初是那～的姑姑，送了这望夫石的玉英。"明汪砢玉《柯丹邱石屏记跋》："柯博士如有灵，将仙风所触，应为我作～也。"清《歧路灯》九〇回："人家结亲是大事，他偏在学堂里，看成自己是～。"

【撮哄】 cuō hǒng ❶哄诱；劝哄。明《西游记》三〇回："遂与他挽了青丝，扶上宝髻，软款温柔，怡颜悦色，～着他进去了。"《梼杌闲评》三〇回："皇爷的心都被他引偏了，一连在他宫中过了两夜，不知怎的～。自然两个说同了，次早才叫我出来的。"清《野叟曝言》六回："于是，石氏～着璇姑，重复梳洗，略施脂粉。" ❷哄围；起哄；捧场。明《金瓶梅》一回："说这一干十数人，见西门庆手里有钱，又撒漫肯使，所以都乱～着他，要钱饮酒，嫖赌齐行。"《二刻拍案惊奇》卷八："赢时节，道是倘来之物，就有粘头的、讨赏的、帮衬的，大家来～。"又卷三三："这富家子虽与杨抽马相好，只是见他兴头有术，门面～而已。" ❸对付；凑合。明《二

刻拍案惊奇》卷一四："从人、丫环们多慌了，急去灶上～些嘎饭，烫了热酒拿来。"

【撮借】 cuō jiè 挪借；借。宋林希逸《重建敛石寺记》："岁赋则有祠牒贴助，秋苗则有白米～。"明商辂《边务疏》："私役军夫、～官牛等项，其弊仍未尽革。"清《风流悟》四回："再说王兵备正在城里商量，～百姓的助饷银两，一时不能凑手。"

【撮科打哄】 cuō kē dǎ hòng 犹"插科打诨"。明汤显祖《南柯记》六出："但是晦气的人家，便请我～；不管有趣的子弟，都与他钻懒帮闲。"

【撮科打诨】 cuō kē dǎ hùn 即"插科打诨"。清沈自南《艺林汇考》卷九引《丹铅录》："元结集'谐臣頨官'。頨，当作诨，即～也。"《隋唐演义》九五回："那黄幡绰本是个极滑稽善戏谑的人，平日在御前惯会～取笑作耍的。"

【撮空】 cuō kōng ❶摸空。《五灯会元》卷一二《普照晓钦禅师》："上堂，引手～，展转莫及，翻身掷影，徒自劳形。"明薛巳《薛氏医案》："一小儿溃疡烦躁，惊搐～，用六味地黄丸料煎服。"清《医宗金鉴》卷四起："若见头摇喘促，汗出不止，两手～者，则为真气去，邪气独留，必死之候。" ❷凭空；捕风捉影。明田汝成《西湖游览志馀》卷二五："一人倡之，百人和之。身质其疑，皎若目睹。譬之风焉，起无头而过无影，不可踪迹。故谚云：杭州风，会～，好和歹，立一宗。"清吴绮《普天乐》："我本是排场诨家，～博戏，紧遇着个剪绺生涯。" ❸弄虚作假，用大话、空话骗人。明苏汉英《梦境记》七出："天生一副油花骨，捣鬼～都惯熟。"《型世言》二八回："你还写几个字脚儿与我，省得他疑我，～成章。"清《后西游记》三七回："和尚莫要油嘴，你这些～的话儿，只好唬吓乡村愚人。" ❹钻空子；抓机会(沾取好处)。明《拍案惊奇》卷二二："那一班闲汉晓得七郎得了个刺史，没一个不来贺喜～。"《二刻拍案惊奇》卷一五："江溶如笼中放出飞鸟，欢天喜地出了衙门。衙门里许多人～叫喜，拥住了不放。"

【撮摩】 cuō mó ❶触摸；抚摩。引申指揣摩。《祖堂集》卷一四《大珠和尚》："有座主问：'某甲拟问禅师义，得不？'师曰：'清潭月影，任意～。'"《敦煌变文校注》卷五《维摩诘经讲经文(一)》："是身如聚沫，不可～……譬如水中聚沫，如何～？以手触之，自然后坏。"宋饶节《朱大夫解房州印过山有颂次韵》："若询击竹家风事，休把虚空更～。" ❷搏击；掀腾。宋居简《跋虞仲房隶字》："隶法坏自公始，然亦自成一家。传搨骞腾，鲸鹏～，天矫容与，烟云卷舒。"

【撮弄】 cuō nòng ❶表演杂技；变戏法。宋周密《武林旧事》卷七："又有踏混木、水傀儡、水百戏、～等，各呈伎艺。"明马欢《瀛涯胜览·忽鲁谟斯国》："各色技艺皆有，其～者，有人将一大黑猴，高三尺，演弄诸般本事了。"清李玉《清忠谱》六折："承应的乐人梨园，队舞～的，都齐备在这里么？" ❷捉弄；戏弄。明《西游记》九三回："你这猴头，又是～我也。"清孔尚任《桃花扇》二四出："把俺胡～，对寒风雪海冰山，苦陪觞咏。"《红楼梦》四〇回："丫鬟们知道他要～刘姥姥，便躲开让他。" ❸搬弄；调唆。明《西游记》三二回："你做出这样獐智，巧言令色～他去甚么巡山，却又在这里笑他。"清《儒林外史》二四回："自然是石老鼠这老奴才，把卜家的前头娘子贾氏～来闹了。"《歧路灯》三一回："他并不是敢留戏子在家的人，都是你～的。" ❹哄弄；打发。明《梼杌闲评》一〇回："众人出来，做好做歹的把他们～去了，复人来同吃了早饭。"清《醒世姻缘传》六回："算记停当，至日，～着打发上船去了。" ❺整理；布置；摆弄。明《二刻拍案惊奇》卷三八："只拣可口的鱼肉菜肴，榛松细果，买了偌多，～得齐齐整整。"清《隋唐演

义》三五回:"挖心呕血,打叠就一人欢悦。悄心思,忙中～奇峰突出。"《续金瓶梅》三二回:"原是井绳扶不上墙的,又被孔千户娘子弄枯了,越发是稀软的。才一～,反怯战羞敌,缩到皮袋里,不知那去了。" ❻ 撮合。清《儒林外史》四回:"眼见得二姑娘也要许人家了,又不知～与个甚么人?"

【撮捧】 cuō pěng　犹"拥撮❶"。《元曲选·杀狗劝夫》二折:"你两个～着吃的醉如泥,却撇他 在这里。"

【撮俏】 cuō qiào　卖俏。明单本《蕉帕记》二〇出:"再不许傅粉弄蹊跷,拜斗逞妖娆,花月场来～。"

【撮取】 cuō qǔ　❶ 抓取;捏取。《法苑珠林》卷三六:"复发神力,至须弥顶天帝释边,～一掬栴檀末香。"宋周南《杂记》:"适有军议,沉吟未得其说,则时时引手就碟～之,不悟其已空也。"明朱橚《普济方》卷三三四:"用锯截桑根取屑,五指～,醇酒服之。" ❷ 摘取;提取。宋张九成《孟子拾遗》:"熟考上下文,不敢～一语以罔圣贤也。"张纲《进故事》四:"呜呼! 若太宗可谓知治道矣。祖禹作《唐鉴》而～其语,岂无意哉!"清赵翼《陔餘丛考》三二:"其文多～《左氏》《国语》《史记》附会成篇,未可信也。"

【撮软脚】 cuō ruǎn jiǎo　虚张声势。明《禅真后史》一八回:"好嘴脸! 天杀的! 专会～,弄虚头,着神倒鬼的胡讲。"

【撮拾】 cuō shí　❶ 搜集;捡拾。宋王銍《湘山无量寿佛碑》:"所制教历,五季兵燹后存者无几。志松～其餘,以天圣初诣阙进呈。"罗愿《尔雅翼》卷二六:"说者乃谓:人剪爪在地,鸱鸺夜至人家,～视之,知有吉凶。" ❷ 摘取;提取。元甘复《赠严仲敬序》:"而夸淫陂曲,不知六籍;～淬秽,以罔愚俗。"清黄宗炎《周易寻门餘论》卷下:"有《指月录》,～六祖五宗大指,尽归掌握中。"

【撮松香】 cuō sōng xiāng　假意奉承。明《醋葫芦》一〇回:"那都院君偏又不喜佞儿别的,刚只喜的是虚奉承、鬼撮脚,俗话说是～,又名捧粗腿。"

【撮算】 cuō suàn　累计。宋朱熹《缴纳南康任满合奏禀事件状》:"据都昌县、建昌县申到,张世亨、张邦献、刘师舆、黄澄赈济过米,～共计一万九千石。"《元典章·户部八》:"～比附每月额办,若数过倍者,量为减免定额。"

【撮文】 cuō wén　掉文;摘取文句。明《平妖传》四回:"我夫人果是怀胎,或者衙内人露了个消息,他就～一句,奉承个男喜也不见得。"

【撮盐入火】 cuō yán rù huǒ　形容性情急躁,容易冲动。《元曲选外编·西厢记》三本二折:"待去呵,小姐性儿～。"明《西游记》五九回:"那罗刹听说'孙悟空'三字,便似～,火上浇油,骨都都红生脸上,恶狠狠怒发心头。"清《后水浒传》二〇回:"一个～,喝骂大胆强徒,我失你得。"

【撮盐入水】 cuō yán rù shuǐ　一种让鬼魂消失的禳解咒语或方法,取盐入水中即溶化之意。《元曲选·窦娥冤》四折:"有鬼有鬼,～。"又《盆儿鬼》三折:"谁不知老汉是不怕鬼的张撇古,俺的性儿～。"

【撮药】 cuō yào　❶ 抓取药物。唐王焘《外台秘要方》卷三五:"八岁儿以枣五枚,用水八合煮枣,取五合,两指～入汤中煮。"《元曲选·赵氏孤儿》三折:"小人是个草泽医士,～尚然腕弱,怎生行的杖?"清《聊斋志异·口技》:"既而投笔触儿,震笔作响,便闻～包裹苏苏然。" ❷ 配药,也指买药。宋朱熹《按唐仲友第四状》:"每有宴会,以烟火～为名,支给钱酒。"元明《水浒传》二回:"我有个医心疼的方,叫庄客去县里～来,与你老母亲吃。"明方以智《物理小识》卷一二:"彼瘗像放光而后兴修,香灰～而多服验者,谁灼其故耶?"

【撮拥】 cuō yōng　❶ 簇拥。明王磐《一枝花·嘲转五方》:"～着这伙能奔快跑乔和尚,他道是才走回东土,又赶到西方。"《西游记》九三回:"那长老被众宫娥～至楼前。"清《续金瓶梅》四二回:"那一时妇女慌忙,孙媒欢喜,一齐～玉上轿。" ❷ 托举;捧抬。清《醒世姻缘传》四一回:"薛教授登了梯子,爬在树上,恍惚都是有人在下边往上～的一般。"《后水浒传》二五回:"趁她昏迷不省,～入轿,到家调养劝解,自然肯与员外成亲。"

【撮总】 cuō zǒng　总括。宋晁公武《郡斋读书志》卷五:"献帝以其文繁,诏悦举要～,通比其事。"元王充耘《读书管见》卷上:"《洪范》《禹贡》,其文相类。《洪范》则先～,而后开列九畴。《禹贡》则先条列九州,而后～。"清《野叟曝言》五回:"未公问出水援救之事,素臣～的叙述了一遍。"

cuó

【矬】 cuó　❶ 往下缩;坍。明《西游记》二九回:"八戒把身一～,依然现了本相,侍立阶前。"清卢焯《请筑仁钱等县江海塘埭疏》:"麻溪坝一座,～裂坍卸。"《儒林外史》五二回:"那少年便痛得了不得,～了身子墩下去。" ❷ 削弱;减低。清《醒世姻缘传》七七回:"龙氏若是有正经的人,劝解女儿说道:'……你只该自悔,不要恨人。'岂不也～～他的歪性?"《雪月梅》二一回:"这风自辰牌时候发起,直到未末申初才渐渐～下来,已是开船不得。" ❸ 软弱;畏怯。明《型世言》二回:"单邦道:'……贫不与富斗,命又不偿得,你母子还被他拖死了。'这片话,他母亲女流,先是～了。" ❹ 催逼。清《醉醒石》一五回:"公子吃众人～得紧,竟出张退契与了。"

【矬矮】 cuó ǎi　矮小,同义复词。《宋稗类钞》卷二九:"直温熟视罪人,颇殷肥～。"《元曲选·梧桐雨》楔子:"这人又～,又会舞旋,留着解闷倒好。"明《西游记》二回:"你这般～,我这般高长。"

【矬倒】 cuó dǎo　软瘫着倒下。明徐渭《雌木兰》一出:"未逢人先准备弯腰见,使不得站堂堂～裙边。"《醒世恒言》卷二二:"吃得眼定口开,手疼脚软,做了一堆。"《禅真后史》七回:"瞿助惊得发颤,～地上。"

【矬短】 cuó duǎn　犹"矬矮"。《法苑珠林》卷八四:"～拥肿,大腹凸髓。"《敦煌愿文集·咒愿新郎文》:"细腰婢唱歌作舞,～(奴)擎短(桓)子食床。"清《周官义疏》卷一一引黄度曰:"征不言岁,而言七尺六尺者,岁虽登,而身不及,若～侏儒,则舍之。"

【矬人】 cuó rén　矮个子。《太平广记》卷四九八引《玉泉子》:"～饶舌,破车饶楔。"明陆容《菽园杂记》卷七:"夜吹笛以自娱,忽有大面～倚石而听之。"

【矬西】 cuó xī　(太阳)偏西。明《醒世恒言》卷二七:"急回头仰观望,果然日～。"清《东周列国志》一回:"日已～,传令散围。"

【矬小】 cuó xiǎo　犹"矬矮"。《法苑珠林》卷三:"损害世人,寿命短促,唯住十岁,身形～。"宋洪迈《夷坚志》丁卷一九:"新城县中田村民李氏妻生子,躯干～,面目睢盱如猴。"明《型世言》三〇回:"代巡一见,见他～标致,竟收了。"

cuò

【刲】 cuò　偏离;超过。元睢玄明《耍孩儿·咏鼓》:"从早晨

间直点到斋时～，子被这淡厮全家擂杀我。"明《朴通事谚解》卷下："每日个日头里晒，比及晌午～正热时分收拾。"

【剉灭】 cuò miè 挫败使消减。元《三国志平话》卷中："乌林一兮～权刚，汉室兴兮与贤为良，贤哉仁德兮美哉周郎！"

【剉辱】 cuò rǔ 折辱；凌辱。明朱鼎《玉镜台记》三〇出："今日里别雄雌，遭～受灾危。"清汪森《粤西文载》卷六四："时中贵人督贡方物，沿途妄索，多～守令。"

【挫】 cuò ❶ 挫折；挫伤。《元曲选·百花亭》三折："解元，你休要～了志气！"元明《水浒传》一九回："西奔东投竟莫容，那堪造物～英雄。"明《古今小说》卷三九："你父亲在彼～了威风……你去住不得了。" ❷ 错过；延误。明心一山人《玉钗记》二五出："寄语有情人，莫打心肠硬，好姻缘～了添悲梗。"《警世通言》卷二一："只管害羞不说，～此机会，一到家中，此事便索罢休。"《金瓶梅词话》五三回："明日二十三日乃是壬子日，今晚若留他，反～明日大事。" ❸ 通"锉"，指两个物体互相摩擦。《元曲选·度柳翠》二折："恰才那脖项上可着那钢刀～。"明《西游记》四九回："那师父～得牙响，眼了一声。"

【挫败】 cuò bài ❶ 击败；打败。唐白居易《唐故湖州长城县令崔府君神道碑铭》："公感激奋发，仗顺兴兵，～贼徒，保全乡县。"宋洪迈《容斋续笔》卷一一："慕容绍宗～侯景，一时帅皆莫及。"清《平定台湾纪略》："来至大埔林，知林爽文被官兵～，已回大里杙。" ❷ 失败；遭受挫折。宋张方平《宋故推诚保德功臣蔡公墓志铭》："羌自入寇，未尝～。及是，诸戎始知畏慑。"明罗玘《行曹便省诗序》："万一～，前功弃之，则九州之壑，民其鱼矣。"清《歧路灯》七一回："原有一两个爬上去的，而究之取厌于上台，见嗤于同寅，因而～的也就不少。" ❸ 挫折；削弱。元明《三国演义》一〇〇回："司马懿见之大怒，回顾诸将曰：'如此～锐气，有何面目回见中原大臣耶！'"明朱长祚《玉镜新谭》卷三："如近日～奴锋，奏锦、宁之奇捷，清楚库漕，裕军国之急需。"

【挫动】 cuò dòng ❶ 挫折；挫伤动摇。元明《三国演义》一〇九回："虽然兵败，却射死郭淮，杀伤徐质，～魏国之威。"明《封神演义》三五回："今方出战，不料被擒，～锋锐。"《禅真逸史》一六回："据你武艺，不在那贼之下，为何～锐气？" ❷ 失败。明《禅真逸史》二六回："今日故意～一阵，使官军放心围困山寨。"

【挫过】 cuò guò 错过；错失。宋《朱子语类》卷一一八："人之手动足履，须还是都觉得始得。看来不是处，都是心不在后，～了。"赵长卿《满庭芳·荷花》："好时景，莫教，撞着醉如泥。"明《醒世恒言》卷一四："今日当面～，再来那里取讨？"

【挫磨】 cuò mó ❶ 用锉刮磨。明毕自严《转饷画一疏》："即将新旧二库法马比较相同，合为一式，有稍重者，即加～。" ❷ 抚摸；搓揉。清《杏花天》七回："悦生用手捧面相亲，叫道：'我的玉莺娘心肝！'珍娘不语，任从～。" ❸ 挫折。明王樵《与长男启疆书》："昔我在仕途三十餘年，经过多少，盖犹不免此病。"《西洋记》六五回："三太子老大受～。番王道：'我儿，鲁班虽巧，量力而行。你既杀不过他，不如早早投降罢了。'" ❹ 折磨。清稽永仁《颠倒歌序》："不畏刀锯，不艳势利，逆虽百计～，初心不拔。"《野叟曝言》一四七回："这恶奴后来发到府中，就该～他个死，才得出气。"清《红楼梦》程乙本五八回："不能照看，反倒～他们。"

【挫捧】 cuò pěng 屈意奉承。明陈铎《朝天子·嘲人言南京妓女好》："陪钱儿过从，输身儿～，呆汉子贪心动。"

【挫损】 cuò sǔn ❶ 损伤；损失。唐权德舆《山东行营事宜状》："王武俊实有破朱滔之劳，而地广兵劲，若更淹延，～转甚。"

明王世贞《赠太子少保南京兵部尚书潘公墓志铭》："公以少年支持门户，不能无公私～，乃奋曰：'岂可以当吾世而陨先人业耶！'"清《八旗通志》卷一七四："若于用炮之外，令士卒轻冒矢石，倘稍有～，更不成事体。" ❷ 削弱；挫折。宋李光《论刘延庆等札子》："兵锋未交，一夕遁去，刍粮器甲，委为盗资，兵夫枕藉，填满坑谷，～国威，莫此为甚。"明王守仁《案行漳南道守巡官戴罪督兵剿贼》："既与覃桓等面议夹攻，眼见摧败，略不应援，～军威。"薛岗《玉江引·警世》："权将牙爪收，暂把机心褪，眼见争强多～。"

【挫西】 cuò xī 同"蹉西"。明《醒世恒言》卷四："看看饮至月色，俱有半酣之意。"又卷三七："我在辰时到此，渐渐的日影～，还不见来。"

【挫折】 cuò zhé ❶ 折断；砍断。唐韩愈《咏雪赠张籍》："松篁遭～，粪壤获饶培。"元《武王伐纣平话》卷下："不到十合，又被南宫列一刀～费颜项骨。"明康海《香罗带·离思》："便做～金针，也解不得我愁肠千万结。" ❷ 摧折；减损。宋吕陶《朝请大夫知邛州常君墓志铭》："见善必褒爱，作意引汲；见不善，辄暴扬～若仇怨然。"《元曲选·楚昭公》三折："哥哥，但若打听的救兵来时，便当重返楚国，再整江山，休要～了志气者。"清吴伟业《谢天童孝廉墓志铭》："年不逮夫中寿，赍读书行义之志，而溘焉一昔以死。天之生才，果孰成之，而孰～之耶！" ❸ 屈服；使屈服。唐刘悚《隋唐嘉话》卷下："如是再三，终不～。朝廷倚赖，至今犹怀之。"明赵钱《晏林子》卷三："许询、王循论理，共决优劣，苦相～，王遂大屈。"清《聊斋志异·仇大娘》："因拔笄自刺其喉，急救，已透食管，血溢出。赵急以帛束其项，犹冀从容而～焉。" ❹ 凌辱；折磨。宋司马光《温公日记》："今藩镇大臣如此论列而遭～，若当唐末、五代之际，必有兴晋阳之甲以除君侧之恶者矣。"明《梼杌闲评》二〇回："这几个妇女都是贵家娇艳，怎禁得这般～。"清《醒世姻缘传》一二回："只是当不起一个内官王振擅权作恶，～的那些内外百官，那一个不奴颜婢膝的。" ❺ 波折；磨难。宋朱熹《少师保信军节度使张公行状》："因数当今小大之臣，有经～而不挠，论事切直者，凡十数人。"明《拍案惊奇》卷二〇："你乃宦家之女，偶遭～，焉可贱居下流？"清《聊斋志异·青梅》："幸娘子～无偶，天正欲我两人完聚耳。" ❻ 收敛；抑制。唐柳宗元《与杨诲之疏解车义第二书》："积八九年，日思摧其形，锄其气，虽甚自～，然已得号为狂疏人矣。"

【锉】 cuò ❶ 斫；剁。《法苑珠林》卷五九："以斧细～其舌，将入镬汤煮之。"明余翔《龙泉歌赠黄尧衢》："匣中偃蹇一悲鸣，水犀鲸鲵山～兕。"清纪昀《阅微草堂笔记》卷七："正纷扰间，闻一老媪急呼曰：'真大怪事，厕中敝帚柄上插花数朵也！'验取，果适所持入，乃～而焚之。" ❷ 一种有横纹的磨削工具。明缪希雍《神农本草经疏》卷一七："绳缚铁～，锉细末，尽处须重重密裹，恐力散也。"明《西游记》三四回："顺出棒来，吹口仙气，叫'变'，即变做一个纯钢的～儿，扳过那颈项的圈子，三五锉，锉做两段。" ❸ 用锉或磨石磨削。明戚继光《练兵杂纪》卷五："匠役将刃打厚，不肯用工平磨，只用侧～，将刃横出。"清徐文靖《禹贡会笺》卷五："石砮，一名水花石，坚利入铁，可～矢镞。"《野叟曝言》八六回："先把脚镣～断，开去链锁，把九条大索齐齐脱卸。" ❹ 交错摩擦。明《封神演义》五九回："殷洪闻言，将口中玉钉一～，二目圆睁。"清《绿野仙踪》八三回："夫妇论婚姻，同将牙关～。"

【锉闪】 cuò shǎn 扭伤。明《禅真后史》四六回："晚生一时惊迫，从楼上跌下胡梯，～了腰胯。"

【措办】 cuò bàn ❶ 办理；处理。宋袁燮《端明殿学士罗公行状》："仍令江西转运司～丧葬，遂以庆元元年九月己酉葬公。"

元明《三国演义》四六回:"连日~军务,有失听教。"清《红楼梦》四回:"不过赖祖父之旧情分,户部挂虚名,支领钱粮,其餘事体,自有伙计老家人等~。" ❷ 筹措;置办。宋真德秀《申尚书省催拨太平州振粜米》:"某等已各竭公家之力,~钱米,添贴粜济外,欠阙尚多。"明王玉峰《焚香记》二六出:"妈妈,如今他死了,衣棺将何~?"清《聊斋志异·张鸿渐》:"遣人~数十金,为官人作费。"

【措辨】 cuò biàn 分辨;辨白。明《醒世恒言》卷三〇:"房德未及~,头已落地。"

【措处】 cuò chǔ 筹措;筹画。宋《朱子语类》卷一三一:"某方在此~得略好,正抵当得金人住。"明于慎行《谷山笔麈》卷五:"太仓之谷,宁使红腐,不可不足。今见少许赢餘,便欲改折,一旦脱有不给,从何处~?"清《醒世姻缘传》三五回:"到了十月,要收拾上京会试,百方~,那里得有盘缠?"

【措大】 cuò dà ❶ 即"醋大"。《全唐诗》卷八七六《江陵语》:"琵琶多于饭甑,~多于鲫鱼。"明《醒世恒言》卷三五:"像阿哥如今随了这~,早晚辛勤白傅,竭力尽心,并不见一些好处。"清《聊斋志异·双灯》:"君非抱本头者,何作~气?" ❷ 托大;摆架子。明《欢喜冤家》二〇回:"只见那公子飘飘然走进房来道:'娘子,可见我两个小使回了么?'商氏道:'不曾见。'公子道:'这般~!'"

【措画】 cuò huà 筹画;安排。宋吴曾《能改斋漫录》卷一三:"使有利害,亦当条具~以闻,宁容置一司养官吏,无益而有损哉!"明归有光《太仓州守孙侯母太夫人寿诗序》:"侯~有方,劳徕不倦,民甚德之。"清储大文《存研楼文集》卷五:"(文县)元隶巩昌路,~雅不经意。明洪武四年之以文县隶阶州也,犹元人之~也。"

【措施】 cuò shī ❶ 安排;处置。多指处理政事。唐孙简《请改定百官班位奏》:"且尚书左丞自置此官,职业至重。按《六典》得弹射八座,主省内禁令及宗庙祠祭之事,御史纠刻不当,得弹奏。岂可不究是非,轻为~。"明杨士奇《送郭子泸赴广西金宪序》:"皇帝正大统之明年,改元永乐,将挈天下之民,咸内之久安长治之域。深惟~之术,乃诏都御史,移檄诸道按察司,察所部守令,能子民与不能者而升黜之。"清《野叟曝言》一三四回:"文龙差遣三岛、村溪二员,~裕如,宛同左右手。二人皆系太政官属,钱谷刑名,是其熟手。" ❷ 举措;手段。宋《续资治通鉴长编·宋哲宗元祐二年》:"朝廷政事加于天下,~之利害系民之休戚者,莫重于力役。"《明史·神宗纪》:"天不假年,~未展,三案构争,党祸益炽。"清蓝鼎元《月湖先生传》:"立朝日浅,~未畅,使天假岁月,其经国远猷必更大有可传者。"

【措手】 cuò shǒu ❶ 着手;动手处置、办理。唐韩愈《进撰平淮西碑文表》:"闻命震骇,心识颠倒,非其所任,为愧为恐,经涉旬月,不敢~。"元高明《琵琶记》二一出:"千般生受,教奴家如何?终不然把他骸骨没棺材送在荒丘?"清《续金瓶梅》二一回:"何况这汴河远近城堡有百十处,尽被金人拆毁,从前整顿,无兵无饷,民逃地荒,真是无可~。" ❷ 应付;支应。金《刘知远诸宫调》一二:"洪信、洪义更强怎~。"明温纯《寄部科救魏确庵》:"万一更有他虞,将来事势,愈难~。"清《豆棚闲话》一〇则:"刘公大怒,即刻发了名帖,送到府里追要丫头。敬山两只空拳,泥也捏不成团,如何~?" ❸ 办法;手段。明沈德符《万历野获编》卷二:"其时总裁费文宪等,苦无~,至假借承奉长史等所撰实录为张本,后书成,俱被酬赏。" ❹ 凑手。清《醒世姻缘传》九六回:"若老爷衙中银子尺头一时不得~,小人外边去处abs。"△《儿女英雄传》九回:"万一一时不得~,后任催得紧,上司逼得严,依然不得了事。"

【措想】 cuò xiǎng 揣想;思索。清顾镇《虞东学诗》卷一〇:"此与第四章遥对。四章言先祖之忍予,而曰胡宁;此章言明神之悔怒,而曰宜无。皆空中~、猜疑不定之辞。"《聊斋志异·仙人岛》:"适有一言,请席中属对焉:'王子身边,无有一点不似玉。'众未~,绿云应声曰:'黾翁头上,再着半夕即成龟。'"

【措支刺】 cuò zhī lā 惊慌失措、心烦意乱貌。《元曲选外编·西厢记》二本三折:"荆棘剌怎动那,死没腾无回豁,~不对答,软兀剌难存坐。"

【措置】 cuò zhì ❶ 处置;安排。唐陆贽《论关中事宜状》:"其或~不异,安危则殊,此时之变也。"宋《朱子语类》卷一二三:"古人纪纲天下,凡~许多事,都是心法从这里流处,是多少正大!"清《飞龙全传》三四回:"倘有变端,使朕如何~?" ❷ 筹措;凑集。宋佚名《张协状元》一九出:"你去~十贯五贯借他。"宋元《警世通言》卷一六:"闲了经纪,如今在家中,日逐盘费如何~?"清《聊斋志异·嫦娥》:"原价如千数,当速~来。"

【错】 cuò ❶ 过错;错误。《资治通鉴·昭宣帝天祐三年》:"绍威悔之,谓人曰:'合六州四十三县铁,不能为此~也!'"清《红楼梦》七四回:"这王家一心只要拿人的~儿,不想反拿住了他外孙女儿。" ❷ 错过;失去(机会)。宋范成大《再题白傅》:"香山晚岁~芳辰,索酒寻花一笑欣。"清李渔《蜃中楼》一八出:"欲待不认他,又恐~了机会。" ❸ 偏离;超过。明李开先《宝剑记》一二出:"他的威权,终有天时~午。"《金瓶梅词话》四六回:"你许下我子时来,不觉寅时~。"又五八回:"我只说日头常晌午,如何也有个~了的时节儿。" ❹ 指出、挑明(错误)。明《金瓶梅词话》三五回:"正行令之间,可可见贲四不防头说出这个笑话儿来,伯爵因此~他这一~,使他知道。"又:"我昨日在酒席上拿言语~了他错儿,他慌了。"

【错爱】 cuò ài 承蒙爱护重视,谦词。《元曲选·望江亭》三折:"量媳妇有何才能,着相公如此~也。"明《情史·翠薇》:"猥蒙仙姬~,狂生当铭刻心骨,何敢忘!"清《儒林外史》一一回:"既是两公~,我便该先到城里去会他,何以又劳他来来?"

【错迭】 cuò dié 交替;交错。元王恽《大元故大名路宣差李公神道碑铭》:"官府甫建,群豪诸司~,长雄不相下,致政令不行。"明王九思《醉花阴·寿康太史尊人长洲公》:"他他他直吃的漏声移花影斜,休休休管甚么乌兔~。"清李光地《周易观象》卷一一:"物之中,刚柔相间则谓之文,为其~章也。"

【错叠】 cuò dié 同"错迭"。明王世贞《艺苑卮言》三:"子卿第二章弦歌商曲~数语。"卢柟《奉答杨六坡推府》:"云萝翠壁,掩翳~,左右内视,形骸不知。"

【错愕】 cuò è 因事情突然、出乎意料而惊讶发愣。唐高彦休《阙史》卷上:"因引手请所弃饼表,郑孙~失据,器而承之。"元明《水浒传》一〇四回:"二人都面面厮觑,~相顾,都想道:'曾会过来。'"清《八洞天·反芦花》:"长孙陈正~间,只听得新人在兜头的红罗里,大声说起话来。"

【错缝】 cuò fèng 指小过失。清《红楼梦》七一回:"虽然这几年没有在老太太、太太跟前有个~儿,暗里也不知得罪了多少人。"《狐狸缘》五回:"莫若等他再来时,找他个~儿,嗔唬他一顿。"

【错过】 cuò guò ❶ 越过;交错而过。宋范浚《春日行兰溪道中六言》:"信马贪看春意,不知~村南。"元明《水浒传》二回:"子母两个欢喜,在路上不觉~了宿头。"清李玉《清忠谱》五折:"你快些摇到胥门,留心探望,不要~了他的舡儿。" ❷ 耽误;失去(机会)。宋《朱子语类》卷一一八:"看来不是处,都是心不在处了。"明《梼杌闲评》四八回:"被他们冷言热语的抢白得不能

进来,真好机会~了。"清孔尚任《桃花扇》二出:"这段姻缘,不可~的。"

【错见】 cuò jiàn ❶ 误会;见怪。元明《三国演义》八回:"司徒少罪。布一时~,来日自当负荆。"《水浒传》二四回:"叔叔不知怎地~了,好几日并不上门。"明《金瓶梅词话》二一回:"你一片好心,都是为我的。一向~了,丢冷了你的心。" ❷ 看法或主意错误。《敦煌变文校注》卷五《维摩诘经讲经文(一)》:"阿难才唱于'我闻',罗汉尽除于~。"《元曲选·梧桐叶》三折:"老尊亲~了,失节罪难逃。"清《五色石》卷三:"百姓若一时~,借了他的,往往会弄的家破人亡。" ❸ 犹"错爱"。《元曲选·任风子》一折:"朋友相怜,兄弟~,任屠面;今日何缘,因贱降来宅院。"

【错口儿】 cuò kǒu er 开口。金《董解元西厢记》卷四:"人前卖弄能言语,俺~又不曾还一句。"

【错磨】 cuò mó 另见 cuò mò。 ❶ 打磨;摩擦。《敦煌变文校注》卷五《维摩诘经讲经文(二)》:"~寒玉作枝条,雕啄(琢)琉璃为盖顶。"《旧五代史·天文志》:"有黑气似日,交相~。"元胡天游《吴志道即居左凿池池中立石假山》:"寒姿颠倒白云间,绿水~花玉齿。" ❷ 磨砺;交流研究。宋范浚《答胡英彦书》:"亲师而求友,相与~,进乎此道,未可涯也。"契嵩《读书》:"~千古心,翻覆几忘饭。"元马臻《游淇绿园》:"凛若隐君子,~岁寒节。"

【错莫】 cuò mò ❶ 纷错昏暗貌,叠韵联绵词。唐杜甫《远怀舍弟颖观等》:"云天犹~,花萼尚萧疏。"仇兆鳌注:"~,谓纷错冥莫。"按,"莫"一作"磨"。宋苏轼《再和》之一:"眼花~鬓霜匀,病马羸骖只自尘。"明郑真《日食诗》:"路途~若半夜,仰见明星大于斗。" ❷ 纷错貌;杂乱貌。宋王安石《咏菊》之二:"院落秋深数菊丛,绿花~两三蜂。"元柳贯《次韵奉答德己冬日见寄》:"东风不为年芳地,~江梅吐未齐。"明孙蕡《奉酬刘友贤黎仲辉二御史见过》:"故人骢马晓相过,~邻人避玉珂。" ❸ 浮动貌;飘散貌。宋觉范《次韵赠庆代禅师》:"梅坞雪消香~,庵僧老尽气完全。"又《次韵张敏叔画桃早梅》之二:"暗香~谁知写,多谢黄昏一再风。" ❹ 失意貌;孤寂貌。唐李白《赠别从甥高五》:"贫家羞好客,语拙

觉辞繁。三朝空~,对饭却惭冤。"宋狄遵度《杜甫赞》:"鬼求于阴,神索于阳。钩搜~,色沮气伤。"清赵执信《将赴莱阳道中作》:"~王猷兴,穷秋信所图。" ❺ 假若。明孙承恩《春晚游招提》:"寻春野寺又春回,赖有馀芳数朵开。~更教迟一日,纵能携酒亦空来。"

【错磨】 cuò mò 另见 cuò mó。同"错莫❷",纷错貌。唐杜甫《渼陂西南台》:"~终南翠,颠倒白阁影。"宋陈与义《再赋》之三:"~高壁翠,日日在我旁。"清王士禛《与董苍水彭骏孙小饮》:"细林主人老耽隐,枕上九峰青~。"

【错闪】 cuò shǎn 动作过猛而使骨节错位或筋肉扭伤。《元曲选·谢金吾》一折:"不堤防被他来这一摔,~了腰肢,擦伤了膝盖。"清《医宗金鉴》卷八七:"先摸其或为跌扑,或为~,或为打撞,然后依法治之。"

【错误】 cuò wù ❶ 失误;出差错。唐皮日休《襄州春游》:"映柳认人多~,透花窥鸟最分明。"宋欧阳修《举刘敞吕惠卿充馆职札子》:"凡一十七祭并系大祀,一例~,并合改正。"明《古今小说》卷二:"孩儿一时~,失身匪人。" ❷ 误会;误认。唐牛僧孺《玄怪录》卷一:"徐问何官,青袍人云:'新授同州督邮。'崔云:'某新授此官,君岂不~乎?'"明王守仁《咨报湖广巡抚右都御史秦夹攻事宜》:"往来过境,必须各给旗号识别,以防~。"清《聊斋志异·晚霞》:"客因代贯扁舟,送诸其家。蒋媪疑其~,女自言不误,因以其情详告媪。" ❸ 差错;失误处。《敦煌变文校注》卷三《燕子赋》:"雀儿打硬,犹自落谎漫语:'男儿丈夫,事有~。脊被揎破,更何怕惧!'"明杨士奇《四书集注二集》:"其刊刻亦间有~。"清洪昇《长生殿》一二出:"妾凭臆见,草草创成。其中~,还望陛下更定。" ❹ 耽误。宋王禹偁《稠桑坡车覆》:"已被文章相~,谪官犹载一车书。"

【错眼】 cuò yǎn 失眼。谓看错或没留神。宋李石《自赞》:"神巫好看莫~,涨天之波一方舟。"明《二刻拍案惊奇》卷一〇:"莫非我们闲话时,那孩子出来,错了眼,竟到他家里去了?"清《驻春园》一回:"瑶篇若是未衔来,~兀谁担带。"

dā

【搭】 dā ❶ 挥击;拨动。唐刘𫗧《隋唐嘉话》卷下:"良嗣大怒,使左右牵拽,～面数十。"元明《水浒传》六一回:"吴用再把铁算子～了一回。"按,《集韵·合韵》:"搭,击也。" ❷ 扣;钩。唐易静《兵要望江南·占风角》:"披发仰头风上指,张弓～箭射来踪。"元明《水浒传》二一回:"门上却有屈戌,便把房门拽上,将屈戌～了。"明《朴通事谚解》卷下:"将军使金钩子～出个烂骨头的先生。" ❸ 邀约结伙;勾搭。《元曲选·争报恩》楔子:"只见一个男子～着个妇人,一坨儿坐着喝酒。"元明《水浒传》二〇回:"阎婆惜自从和那小张三两个～上,并无半点儿情分在这宋江身上。"清《醒世姻缘传》三三回:"拿上几百两本钱,～上一个在行的好人伙计。" ❹ 附着;附上。宋《朱子语类》卷六:"觉在知上却多,只些小～在仁边。"《元曲选·合汗衫》四折:"我也到那里去～一份斋,追荐我亡夫张孝友来。"清《儒林外史》二回:"但你们说了一场,我也少不得～个分子,任凭你们那一位做主。"按,《字汇·手部》:"搭,附也。" ❺ 加上;贴赔。元王伯成《贬夜郎》三折:"穿了好的,吃了好的,盛比别人非理,分外费衣～食。"明李开先《步步娇·中秋对月忆子惊悟》:"望清光越伤怀抱,更～上金风细。"清《绿野仙踪》二五回:"我花的银子,白送了强盗,还贴上老婆,～了弟妇。" ❻ 触及;接触。元郝经《宿州再与三省枢密院书》:"而乃不报,如石投水,如矢～地。"明《西游记》五一回:"他两个～上手,却才赌斗。" ❼ 分配;搭配。元陆文圭《故武德将军吴侯墓志铭》:"诸弟议分析,止之不能,乃听其均～,而只取其一。"明《西游记》七六回:"猪八戒与沙僧解了包袱,将行李～分儿,在那里等哩。" ❽ 挪;抬。明《金瓶梅词话》一八回:"把双三～过来,却不是天不同和牌。"清《红楼梦》三八回:"凤姐忙着～桌子,要杯箸。" ❾ 乘坐(车、船等)。唐廖融《梦仙谣》:"星稀犹倚虹桥立,拟就张骞～汉槎。"元明《水浒传》五六回:"我三个要～车子,也要到泰安州去走一遭。"明《醒世恒言》三二:"一路～船,行至江州。" ❿ 戴;挂;披。唐皇甫湜《华阳集序》:"君被黄衫,自绢～头。"《景德传灯录》卷一一《袁州仰山慧寂禅师》:"岩拈拂子置背后,寂将坐具～肩上而出。"《元曲选·鸳鸯被》四折:"我与你一起绿罗衣,铺紫藤席。"按,《字汇·手部》:"搭,挂也。" ⓫ 架设;安放。唐顾况《杜秀才画立走水牛歌》:"奚奴跨马不～鞍,立走水牛惊汉官。"宋程俱《论淮南抚谕》:"权暂摽拨空地,令～席屋居住。"明《警世通言》卷一:"左右领命,唤齐众人,正欲～跳上崖。" ⓬ 搀;扶。元《薛仁贵征辽事略》:"言讫,～手仁贵之臂,同步下帐。"清《红楼梦》三五回:"定睛看时,却是贾母～着凤姐的手,后头邢夫人、王夫人跟着周姨娘等一干丫头媳妇等都进院子里去了。" ⓭ 可用在数词之后表示处所单位,也可用在"这""那"之后指示处所。唐卢仝《月蚀诗》:"摧环破璧眼看尽,当天一～如煤炱。"元马致远《清江引·野兴》:"一枕葫芦架,几行垂杨树,是～儿快活闲住处。"《元曲选·竹叶舟》三折:"这里又不是关津隘口,又不是你家前院后,怎么的唤渡行人在那～儿有。" ⓮ 介词。同、与、向。吴语。明《古今小说》卷一二:"采莲阿姐斗梳妆,好似红莲～个白莲争。红莲自道颜色好,白莲自道粉花香。"《山歌·嫁》:"三朝满月我～你重相会,假充娘舅望外甥。"△清《海上花列传》一回:"耐坐一歇,等我干脱点小事体,～耐一淘北头去。"

【搭伴】 dā bàn ❶ 结伴。明《古今小说》卷一:"原来兴哥在广东贩了些珍珠、玳瑁、苏木、沉香之类,～起身。"清《幻中游》一二回:"有广东一位新进士,姓王名灼字其华,闻石生将回襄阳,找来与石生～。" ❷ 搭乘的伙伴。清雍正七年八月十二日琼州总兵官施廷奏折:"伊船撞损时,众人上岸,～何庇官自己到百总处讲话。"

【搭帮】 dā bāng 结伙。明陈铎《耍孩儿·嘲巫人》:"来迟的～儿四下里屯,向前的从头儿一字摆。"清《红楼梦》程乙本四九回:"可巧凤姐之兄王仁也正进京,两亲家一处～来了。"

【搭包】 dā bāo 即"搭膊❶"。明唐顺之《武编》前集卷六引《翠微北征录》:"立站过水,用皮做裩连袜,当中容放食物;用～一条,以布做四小袋,乘猪胞四个,系放腰间过水。"《西游记》六五回:"这妖精不知是个甚么～子,那般装得许多物件?"清《绿野仙踪》五五回:"我连夜做成几个布～,不论三更四更,与张华约定,将银子转去。"

【搭膊】 dā bó ❶ 一种长而宽的腰带,用布、绸或软皮做成,中附小口袋,可盛钱物。宋《景定建康志》卷三九:"内本府招到人,各支绯丝一匹,青绢～一条。"元明《水浒传》八一回:"燕青换领布衫穿了,将～系了腰。"明沈德符《万历野获编》卷一四:"按祖制,乐工俱戴青卐字巾,系红绿～,常服则搭头巾,以别于士庶。" ❷ 即"搭裢"。宋元《醒世恒言》卷三三:"却见一个后生,头戴万字头巾,身穿直缝宽衫,背上驮了一个～,里面却是铜钱。"《元曲选·燕青博鱼》楔子:"则我这白毡帽半抢风,则我这破～落可的权遮雨。"

【搭彩匠】 dā cǎi jiàng 以搭扎彩棚为业的匠人。明《金瓶梅词话》六二回:"一面又教～,在天井内搭五间大棚。"又六七回:"～一面卸下席绳松条,送到门首房子里堆放。"

【搭缠】 dā chán 夹缠而不爽利。元明《水浒传》四六回:"哥哥,你也这般～!倘或入城事发拿住,如何脱身?"

【搭带】 dā dài ❶ 捎带;附加捎带。宋朱熹《奏巡历至台州奉行事件状》:"又乞申严米谷免税旧法,仍乞特降指挥,与免往回物货及～税物。"《宋史·食货志下二》:"盐仓以地远近为叙,先给

远者，继令～正盐，期一月，不买新钞，没官。”明《杜骗新书·诈哄骗》：“恐他知有专使来，谓老爷厚此薄彼，故亦附有问安书在。特～耳，非专为彼来也。” ❷ 外加；附加。宋韩淲《杨秘监江东集》：“句句多般都有格，篇篇出众不趋时。包藏许大冰霜骨，～些儿锦绣皮。”元王恽《论盐法》：“其沿路脚钱，于各处盐局之官用己钱出备，却于发卖盐价上～。”

【搭对】 dā duì ❶ 做对手；成为对手。《五灯会元》卷一二《金山昙颖禅师》：“上堂：‘山僧平生意好相扑，只是无人～。今日且共首座～。’卷起袈裟下座，索首座相扑。”清《说岳全传》七五回：“战了四十餘合，越斗越有精神了。四将看来不～，只得败回。”《说唐三传》八〇回：“道人与薛蛟战不数合，薛蛟看来不～，恐防他又放这圈，搭转马就走。” ❷ 对手。元张昱《辇下曲》之七九：“斗鹌初罢草初黄，锦袋牙牌日自将。闹市闲坊寻～，红尘走杀少年狂。” ❸ 搭配。元方回《瀛奎律髓》卷二四评唐刘禹锡《送河南皇甫少尹赴绛州》“午桥群吏散，亥字老人迎”：“自洛赴绛，故以亥字老人事上～午桥为偶，诗家常例也。”

【搭墩】 dā dūn 跌坐。元明《水浒传》六七回：“李逵便抢将入来。那汉子手起一拳，打个～。”按，清翟灏《通俗编》卷三八：“坐曰打墩。”

【搭伏】 dā fú 趴伏；身体俯靠在物体上。元吕止庵《天净沙·为董针姑作》：“闷恹恹倚定纱窗，呆答孩～定绣床。”明朱橚《普济方》卷三七九：“干疳者，声焦皮燥，大便干结，其病在肺；～痴眠，脑脘干渴，其病在脾。”清《后水浒传》一四回：“又有个妇人背转身坐在旁边椅上，用手～在那里，不知看些什么。”

【搭扶】 dā fú 倚扶；搀扶。元刘庭信《寨儿令·戒嫖荡》：“～定推磨杆，寻思了两三番，把郎君几曾是人也似看。”元明《水浒传》四二回：“到三更时候，又有二百餘人，把庄门开了，将我～上轿抬了。”清《野叟曝言》二五回：“鹣鹣重复拜谢又李，与石氏～着，挨上官道来。”

【搭负】 dā fù 担负；运载背负。元刘时中《端正好·上高监司》：“受了五十四站风波苦，亏杀数百千程递运夫，哏生受，哏～。”

【搭附】 dā fù ❶ 搭载；搭乘。宋苏轼《论高丽买书利害札子》：“今来高丽使，却～闽商徐积舶船入贡。”明王守仁《批遣还夷人归国申》：“若有便船，～随宜。”清雍正十一年十一月癸巳上谕：“就近运至四川之永宁县，由水路运赴汉口，～漕船解京。” ❷ 附着；依附。宋《朱子语类》卷九五：“盖性只是～在气禀上，既是气禀不好，便和那性坏了。”

【搭盖】 dā gài ❶ 架设；建造。宋张方平《量修南京旧内事》：“只使过三十一条，充～土桥用外，有二百餘条见在。”《元曲选·梧桐叶》三折：“父亲～彩楼，教你同金哥妹子共求佳配。”清《醒世姻缘传》九四回：“一面着落地方～棚厂，着监生移尸听检。” ❷ 苫盖；盖覆。清《续金瓶梅》一七回：“只有盐船，俱是蒲包载盐，用绳捆垛在船上，使粗席～。”又三七回：“喜得是三尊大铜佛不曾烧化，至今用芦席～在露地。”

【搭钩】 dā gōu 安有长柄的铁钩，用以钩刺远处的人或物件，又称挠钩。《隋书·炀帝纪上》：“己丑，制民间铁叉、～、穳刃之类，皆禁绝之。”元明《三国演义》六二回：“狭路伏兵忽起，～齐举，把冷苞活捉了。”明《杨家将演义》二三回：“孟良连人带马陷入土坑中，帐前健军一齐抢出，用～擒住。”

【搭挂】 dā guà ❶ 摆列；悬挂。宋《靖康要录》卷九：“金人复构兵侵伐，渐近大河。自当多设守御之具，即～，及差官多方预为图备。”明宋应星《天工开物·佳兵》：“凡试弓力，以足踏弦就地，称钩～弓腰，弦满之时，推移称锤所压，则知多少。”清《野叟曝言》七回：“因向床上找寻衣裤不着，只得赤身下床，才见～竹竿之上。” ❷ 拖拽；搬运。明葛昕《请增大料运价疏》：“当大工创议之始，未暇计其装运大料多用骡头～之苦，漫然责以拽运。虽比照旧时会估量行议价，中间委属亏累。如大石窝运价，仅足供草料饭食之费。如遇改辙车～，即亦称困。” ❸ 喻指尘世劳碌。明王锡爵《和唐六如叹世词》之一〇：“他们图甚王和霸，一任的闲～。待乘博望槎，看过天河界，那时碌碌才干罢。” ❹ 附着。清《野叟曝言》九〇回：“是顶真的，烧一分，仍有半分在水碗中；搀些假的，便只存四厘三厘不等；全假的，烟便直上，不能～了。” ❺ 即“挂搭❶”。明谢肇淛《滇略》卷四：“点苍、鸡足、九鼎之间，缁徒云集～，兰若金碧辉映相望。”又《五杂组》卷二：“四月十五日，天下僧尼就禅刹～，谓之结夏。”

【搭合】 dā hé ❶ 盖严；闭合。元《农桑辑要》卷四：“西南净地掘坑贮蛾，上用柴草～，以土封之。”《元曲选·气英布》一折：“吓的咱面没罗，口～，谁似我这一片横心恶胆天来大，没来由引将狼虎屋中窝。”明朱橚《普济方》卷二八九：“四面湿纸～，令勿出气。” ❷ 搭配；配合。明吕柟《四书因问》卷五：“问：‘配义与道者何？’先生曰：‘言此气是～着道义说，不然则见富贵也动，见贫贱也动而馁矣。’” ❸ 搭识；结识。引申指酬谢。明《隋史遗文》二〇回：“公子要～圆情把持，把父亲的射圃讨了，做一个打球场。”清《隋唐演义》一七回：“此时踢罢行头，叔宝取白银二十两、彩缎两匹，～两位圆情的美女。”

【搭忽】 dā hū 同“搭护”。明《朴通事谚解》卷中：“这肉红妇人～表儿，改染做桃红，碾到着。”

【搭护】 dā hù 蒙古族衣名，类似今蒙古袍。宋郑思肖《绝句十首》之八：“鬉笠毡靴～衣，金牌骏马走如飞。”自注：“搭护，胡衣名。”明《朴通事谚解》卷上：“明绿抹绒胸背的比甲，鸦青绣四花织金罗～。”清《野叟曝言》一一三回：“慌忙又披上一件～，方不觉冷。”按，清翟灏《通俗编》卷二五：“俗谓皮衣之表里具而长者曰搭护。”

【搭䙡】 dā hù 同“搭护”。《元曲选·生金阁》三折：“孩儿吃下这杯酒去，又与你添了一件绵～么。”

【搭话】 dā huà 答话；交谈。元《三遂平妖传》一七回：“文招讨将兵分作三路，出于阵前，与王则～。”明《醒世恒言》卷一七：“每日担水灌浇，刈草锄垦，也不与人～。”

【搭换】 dā huàn 交换。清《醒世姻缘传》七回：“头年里蒋皇亲见了我，还说：‘你拿的我红猫哩？’我说：‘合人家～了个白猫来了。’”

【搭脊】 dā jǐ 背心。参见“背搭”。明方以智《通雅》卷三六：“羞袒，即今贴身小背心，杭人曰～。”清《后水浒传》一七回：“只留着一件花绣双龙戏珠～，拴着一条大红主腰，露出胸前，两臂上紫筋暴涨。”

【搭架子】 dā jià zi 摆架子；装腔调。明《拍案惊奇》卷三八：“岂知女生外向，虽系吾所生，到底是别家的人。至于女婿，当时就有二心，转得背，便另～了。”《型世言》一回：“似我这公子一表人才，他见了料必动情招接。你再三拦阻，要～、起大钱么？”又二八回：“王尼道：‘……这科不停当，再求那科，越好牵长去。只是架子要搭大些。’颖如道：‘不是～，实是要他打扫一所净室，只许童男童女往来。’”

【搭救】 dā jiù 帮助人解脱危难。《元曲选外编·三夺槊》一折：“那时若不是胡敬德，谁～小秦王？”明《挂枝儿·门子》：“蜻蜓身又大，胡蜂刺又多，寻一个蚊子也，～～我。”清于成龙《劝赈

谕帖》："计区内饥民之多寡,合一区烟民布施～。上户节省酒肉,中户减少饮食。"

【搭拉】　dā la　❶下垂,耷拉。明《西游记》三九回："～两个耳,一尾扫帚长。"清《醒世姻缘传》二二回："天下的事,惟公平正直,合秤一般;你要偏了,不是往这头子～,就是往那头子～。"《霓裳续谱·听我胡诌》："这条狗好像我大大爷家的大～耳朵白鼻梁子挠头狮子狗。"❷松散地系束。清《野叟曝言》七一回："丫鬟都吃一惊,拿着大蜡烛,各处照着。随氏光身～一条裤子,同着找寻。"又："姨光着身,～一条裤儿下床,合丫鬟们遍处寻到。"❸延续。清《醒世姻缘传》六三回："每日给他两碗饭吃,～着他的命儿。"

【搭剌】　dā la　同"搭拉❶"。《元曲选·两世姻缘》一折："便似那披荷叶,～着个褐袖儿。"明《金瓶梅词话》一一一回："袖口边～着一方银红撮穗的落花流水汗巾儿。"

【搭剌子】　dā lā zi　角落。明《金瓶梅词话》七回："我替你老人家说成这亲事,指望典两间房儿住,强如住在北边那～哩。"

【搭揽】　dā lǎn　兜揽;包揽。元王恽《议恤民》:"或官吏～,多搭钱数及取纳使用糜费等钱,上下通同作弊。"

【搭连】　dā lián　❶同"搭裢"。明《金瓶梅词话》六七回："把银子往床上只一倒,掠出～来。"《古今小说》卷一九："去自己～内取十来两好赤金子。"清《醒世姻缘传》一四回："晁凤递将书来,又有一～拉不动,这般沉的不知甚么东西。"❷钌铞儿。明方以智《通雅》卷三四："屈戌乃受锁之～卷口也,金铺是门环铺首。"❸关联。清李光地《榕村语录》卷一三："诗经句读要知古韵,又要知上下～,不是两句一断可为定例。"

【搭连包】　dā lián bāo　即"搭连❶"。明冯惟敏《水仙子带折桂令·嘲友》："凉衫大帽妆朝奉,～肩后耸。"

【搭裢】　dā lián　一种长形口袋,中间开口,两边装钱物。大的可搭在马背或人肩上,小的可掖在腰带上。《元曲选·冯玉兰》一折："兀那前头的车上掉了我的～,我拾起来者。"明《梼杌闲评》一九回："文凭在～里俱被抢去了。"

【搭联】　dā lián　同"搭裢"。明《西游记》八四回："你将这衣服、头巾、～都收进去,待天将明,交付与我们起身。"清《绿野仙踪》九回："遂将他的书并银子装在一小～内。"

【搭凉棚】　dā liáng péng　把手掌搭在额上遮住阳光,便于远望。明《西游记》一五回："火眼金睛,用手～,四下里观看。"清《隋唐演义》一四回："夕阳时候,日光射目,用手～遮那日色。"《歧路灯》四七回："上面一尊齐天大圣的猴像儿,一只手拿着金箍棒,一只手在额上～儿。"

【搭猱】　dā náo　举动乖僻而不合世情。宋黄庭坚《云盖智和尚真赞》："哆哆啝啝,～左科。吃十方饭,唱快活歌。"姜特立《对花戏作》："春来纵被花相恼,半是无心半～。"吴曾《能改斋漫录》卷二："俗以不情者为～。唐人已有此语。周颙处士《答宾从绝句》云:'……今朝甘被花枝笑,任道香前爱～。'"

【搭派】　dā pài　搭配分派。明李贤《尚书耿公神道碑铭》："复条奏数事,曰'均～节样盐',二事遂著为令。"陈铎《小桃红·故衣》："不分旧剪与新裁,一例都收在,绿绿红红自～。"《金瓶梅词话》四八回："关领旧盐钞,易东南淮浙新盐钞。每钞折派三分,旧钞～七分。"

【搭配】　dā pèi　❶相配;配合。《元曲选·玉镜台》二折："保亲的堪信凭,～的两下里相应。"清《儒林外史》五五回："当初我有钱的时候,身上穿的也体面,跟的小厮也齐整,和这些亲戚本家在一块还～的上。"《醒世姻缘传》引起："依了这等说起来,人间

夫妻都该～均匀,情谐意美才是。"❷按比例分配。明韩邦奇《仓粮事奏》："要见陈朽若干,堪用若干,另厫铺垫,如法收贮。每遇支放军粮之日,～放支。"清《醒世姻缘传》二〇回："然后再把房屋东西任我们两个为头的凡百拣剩了,方～开来,许你们分去。"《飞龙全传》五七回："即传旨召取工匠,开局铸钱,与银～行用。"

【搭撒】　dā sǎ　❶散乱而不整饬。元朱庭玉《妖神急·雪景》："老木枯枝寒藤挂,槎牙,似玉龙～乱披麻。"又《青杏子·归隐》："拖藜杖芒鞋刺塔,穿布袍麻绦～,撚衰髯短发鬅影。"明冯惟敏《仙子步蟾宫·钻龟》："～头紧紧揸着,麻种眼慢慢偷瞧。"❷勾搭。清《快心编》三集八回："人家子弟,家中妻子丑陋,便去～那闲花野草。"

【搭圾】　dā sà　破旧;不整洁。明《醒世恒言》卷三一："便去带了那顶～头巾,身上披着破衣服。"

【搭跋】　dā sà　下垂。清《醒世姻缘传》七五回："狄希陈低着头,～着眼,侧着耳朵,端端正正的听。"

【搭飒】　dā sà　❶同"搭圾"。宋李昂英《自赞》："泠瘦山癯,～野服,煮茗松根,煨芋岩曲。"宋元《古今小说》卷三六："赵正去房里换了一顶～头巾,底下旧麻鞋,着领旧布衫。"❷同"搭跋"。《元曲选·盆儿鬼》三折："你看这白须～的,是像个贼。"❸落魄;落拓。明陈献章《弄笔》之二："等闲未许丹青手,～平生画此中。"邹智《岭南道中》之一:"长衫大袖拥轻舆,～乾坤一腐儒。"

【搭赸】　dā shàn　没话找话说,借以敷衍尴尬场面。清《红楼梦》三〇回："宝玉听说,自己由不得脸上没意思,只得又～笑道:'怪不得他们拿姐姐比杨妃,原来也体丰怯热。'"又四六回："等太太过去了,我～着走开,把屋子里的人我也带开,太太好和老太太说的。"又九四回："众人故意～走开,原叫平儿哄他。"

【搭识】　dā shí　❶结识;结交。《元曲选·灰阑记》一折："你那里是我～的表子,只当是我的娘!"明朱有燉《一枝花·秦淮渔隐》："结交些鱼虾伴侣,～上鸥鹭亲邻。"清《歧路灯》七二回："他们是本城绅衿,又方便,又有体面。我们虽是亲戚,却～不上。"❷勾引;勾搭。元明《水浒传》二〇回："谁想那婆娘自从和那张三～上了,打得火块一般热。"明《山歌·瞒人》："～子私情雪里来,屋边头个脚迹有人猜。"清《醒世姻缘传》六回："近日又～了一个监门前住的私窠子,与他使钱犯好。"

【搭手】　dā shǒu　扶手。《大金集礼》卷八："椅背梅红罗明金团花兽,～同踏脚与椅同,用素梅红罗蒙帕。"

【搭抬】　dā tái　共同抬、搬等。明《金瓶梅词话》四五回："于是玳安与书童两个一肩～进一张八仙玛瑙笼漆桌儿进来。"

【搭头】　dā tou　附加的部分,喻指无关紧要的人或事物。《元史·食货志五》："除正纳官课一百二十五两外,又取要中统钞二十五两,名为～事例钱。"明《西洋记》三回："你原只问生子,不曾问甚的祸福。那一句是个～。"清李渔《比目鱼》一三出："共二十封,都是粉边细丝,一厘～也没有。"

【搭陁】　dā yǐ　倾斜貌;倚坐貌。宋韩淲《雨中杂兴》："独吟不知秋,独坐不知晚。坐久颇～,吟深或偃塞。"

【搭载】　dā zài　❶搭乘;附载。宋苏轼《论纲稍欠折利害状》："遂致纲稍皆穷困骨立,亦无复富商大贾肯以物货委令～。"明《警世通言》卷一一："苏知县叫苏胜先去看了舱口,就议定了船钱。因家眷在上,不许～一人。"清《续金瓶梅》二四回："我们奉将爷的令,亲上船,把这些～男女们都赶下来的。"❷附加。宋《朱子语类》卷一二一："更将外面事物～放上面,越见动不得。"

【搭滞】　dā zhì　拘泥而不通达。宋《朱子语类》卷八〇:"《诗》几年埋没,被某取得出来,被公们看得恁地～。"又卷一二

一:"如公几年读书不长进时,皆缘公恁地,所以~了。"

【搭转】 dā zhuǎn ❶ 兜转;拨转;绕回。明《山歌·镘子》:"刮镘钯来打子我十数击背心,钑我~来兜嘴介两撞。"清《说唐三传》八〇回:"薛蛟看来不搭对,恐防他又放这圈,~马就走。"《红楼梦》八七回:"妙玉却微微笑着,把边上子一接,却~一吃,把惜春的一个角儿都打起来了。" ❷ 转圜;挽回。清《红楼梦》九一回:"自己只得以假为真,端了碟子回来,却故意留下酒壶,以为再来~之地。"

【搭子】 dā zi ❶ "好"的拆字说法,称美妇。《说郛》卷一二下引《袖中锦》:"京师妇人,美者谓之~,陋者谓之七。盖~者,'女'傍着'子'为'好'字;七者,谓其不成妇女也。"清陈芝光《南宋杂事诗》之二七:"休向酒边寻~,京尘空度杏花风。" ❷ 钉锦;搭扣。清《歧路灯》五七回:"酒馆门喊不开,只要钱串摔。门外钱响,门里~也会响。"

【搭嘴】 dā zuǐ 指吃零食。清《儒林外史》二六回:"头一日要鸭子,第二日要鱼,第三日要荚儿菜鲜笋做汤。闲着没事,还要橘饼、圆眼、莲米~。"

【嗒】 dā ❶ 舔;舔食。泛指品尝。宋洪炎《立秋日上饶郡偶成》:"江汉蒸炊内,盘盂~哈间。"《元曲选·张生煮海》三折:"张开了血盆也似红的口,伸出那锉刀也似舌头来,把水一~,那潭就干了一寸。"清《儒林外史》五三回:"邹太爷,榧子儿你~~。" ❷ 叹词。喝斥声。明《西洋记》一七回:"左右的喝声道:'~!钉碗的行甚么礼?'"

【膊】 dā bó 同"搭膊❶"。元明《水浒传》容与堂本二回:"上穿青锦袄,下着抹绿靴,腰系皮~。"又五回:"两拳打翻了两个小喽啰,便解~,做一块儿捆了。"

【褙傅】 dā bó ❶ 同"搭膊❶"。《元曲选·杀狗劝夫》二折:"将一条破~扯做了旗角,将一领破布衫捋做了铺迟。"《明会典》卷五八:"色长皆服鼓吹冠,红青绿绽丝衫,画百花袍,红绢。" ❷ 同"搭膊❷"。清《情梦柝》一六回:"蔡德取一个~,清书背只挂箱,放在若素床上。"

【褙膊】 dā bó 同"搭膊❶"。《元曲选·李逵负荆》一折:"这衣服怎么破了?把我这红绢~与你补这破处。"又《黑旋风》一折:"你这般茜红巾,腥衲袄,干红~,腿绷护膝。"

【褙连】 dā lián 同"搭裢"。明王樵《勘覆诚意伯刘世延事情疏》:"随带皮箱一只,内藏黄绸绢半匹,~一个。"《金瓶梅词话》二五回:"舀水与他洗脸摊尘,收进~去。"

【褙裢】 dā lián 同"搭裢"。清《歧路灯》一〇回:"叫德喜儿拿~来,装上六十两银子。"

【答救】 dā jiù 同"搭救"。《元曲选外编·西游记》一本二出:"满腹离愁,诉苍天不能~,俺一家儿和你有甚冤仇?"元《三遂平妖传》三回:"我陪些下情央央女儿,想他还记得,再变得些钱和米来~我们。"清《豆棚闲话》六则:"聚集些善男信女,化些钱粮,也可将来~一时。"

【答腊】 dā lā 零散;散放。明冯惟敏《仙子步蟾宫·回炉》:"虽然是~些残汤剩饭,却不道盘缠的少米无盐。"

【答刺】 dā la 另见 dá là。同"搭拉❶"。《元曲选·黄粱梦》三折:"这一个早直挺了躯壳,那一个又~了手脚。"明冯惟敏《锁南枝·盹妓》:"涎瞪了眼,~了头,打着一个呵欠大张着口。"

【答理】 dā lǐ 搭理;理睬。清《红楼梦》二五回:"众丫鬟们素日厌恶他,都不~。"《蕉叶帕》八回:"小姐将扇遮着,并不~。"

【答配】 dā pèi ❶ 同"搭配❶"。《元典章·刑部十三》:"遇夜,若令录事司与管军头目~,一同将领号兵往来巡捕。" ❷ 同

"搭配❷"。明梁材《题盐法议》:"两淮盐价增至六钱,而~长芦又难支给。"

【答撒】 dā sǎ 同"搭撒❶"。明孙峡峰《黄莺儿》:"白毛~,红眼铺塔,这样人儿要他咱!"

【答飒】 dā sà 衰飒;疲软不振。宋文同《寄宇文公南》:"懒对俗人常~,厌闻时事但卢胡。"辛弃疾《水调歌头·元日投宿博山寺》:"坐堆豗,行~,立龙钟。"晁公遡《致虞参政札子》:"犍为尤~不振,甚为门墙羞。"

【答应】 dā yìng ❶ 回答。《敦煌变文校注》卷一《孟姜女变文》:"魂灵~杞梁妻:'我等并是名家子。'"《元曲选·合汗衫》四折:"你叫,我~。"清袁枚《子不语》卷二:"王惊呼,无人~。" ❷ 支应;应付。《元曲选·铁拐李》二折:"如今官府难~,哥哥平日所行,教与兄弟些。"元明《水浒传》二回:"此人颇能~官府,口舌便利,满庄都叫他赛伯当。"明王士性《广志绎》卷三:"即如夜不收辈,往者宿草地,结胡妇,负橐卧雪中,遇兵刃则死焉,故得房情最真。今则遥望而道听,漫~一时则已。" ❸ 伺候;服侍。《元曲选外编·黄鹤楼》二折:"伴哥儿,一个官人来也,你向前~~。"明《金瓶梅词话》七八回:"小的曾在兖州~过徐参议,小的知道。"清毛奇龄《重修双关庙碑记》:"见道傍小女姣而晳,掷以金罂,遂抱之入宫,即静元也。其后隶坤宁~凡若干年。" ❹ 应诺;认可。《元朝秘史》卷三:"咱达达每~了的话,便是誓一般;若不依着呵,同伴里也不容。"《元曲选外编·裴度还带》四折:"恰才七八十处说亲的哩,我都不~。" ❺ 称呼。《元曲选·倩女离魂》四折:"是这等门厮当,户厮撑,怎教咱做妹妹哥哥~?"

dá

【达】 dá 爹,参见"达达❷"。明《金瓶梅词话》二七回:"只听见西门庆向李瓶儿道:'我的心肝,你~不爱别的,爱你好个白屁股儿。'"

【达达】 dá dá ❶ 鞑靼,古时汉人对北方游牧民族的统称,元明时称蒙古人。《元朝秘史》卷一:"将忽图剌立做了皇帝,就于大树下做筵席。众~百姓喜欢,绕这树跳跃。"元古本《老乞大》:"又不是汉儿,又不是~,知他是甚么人,我怎么敢留你宿?"明《西游记》七三回:"准头高大类回回,唇口翻张如~。" ❷ 爹;为妻子对丈夫、情妇对相好的昵称。明《金瓶梅词话》二一回:"西门庆情极,低声求月娘叫~。"清《绿野仙踪》五一回:"再看金钟儿,双目直视,两手搬住如玉的两胁,大声叫道:'我的亲~,我今日活不成了。'"

【达地知根】 dá dì zhī gēn 知根知底。《元曲选外编·哭存孝》二折:"俺出身入仕,荫子封妻,大人家~。"又《调风月》一折:"怕不依随蒙君一夜恩,争奈忒达地,忒知根。"

【达子】 dá zi 同"鞑子"。明哈铭《正统临戎录》:"将我们各使臣脚带木枷,每人着四个~看守,夜晚绑缚。"汤显祖《牡丹亭》二三出:"原有十位殿下,因阳世赵大郎家,和金~争占江山,损折众生,十停去了一停。"

【鞑子】 dá zi 对北方游牧民族的蔑称。宋元《古今小说》卷三九:"又未知金~真个杀来也不,且不覆奏。"明魏校《与闻静中书》:"黄毛~素强,今不知能为狄后患否?"清《说岳全传》二二回:"今为父的蒙新君召去杀~,保江山。"

【怛突】 dá tū 心神不定。明《西游记》七一回:"娘娘见说,心中~欲不取出铃儿,恐他见疑;欲取出铃儿,又恐伤了孙行者

性命。"

【答报】 dá bào　报答。《元曲选·冯玉兰》一折："你若是留得我残生过几春,我可也～你深恩。"明《金瓶梅词话》三五回："遇闲时,在吴先生那里一年打上个醮,～～天地就是了。"清《钦定兰州纪略》卷一四："藩司多给实收,非酬其素日之殷勤,即冀其将来之～。"

【答贺】 dá hè　❶同"答荷"。金《董解元西厢记》卷三："当初救难报恩,望佳丽结丝萝;及至免危,～,教玉容为姊妹。"《元曲选·荐福碑》一折："庄农只得锄刨力,～天公雨露恩。"明《金瓶梅词话》七回："他小叔杨宗保头上扎着髻儿,穿着青纱衣,撒骑在马上,送他嫂子成亲。西门庆～了他一匹锦段。" ❷答谢祝贺。唐长兴四年七月三日太常寺奏《太子诸王见师傅礼》："中书门下班首一人前进贺讫,复位,再拜。皇太子～讫,又再拜。"宋孟元老《东京梦华录》卷五："次拜尊长亲戚,各有彩段巧作鞋枕等为献,谓之赏贺。尊长则复换一匹回之,谓之～。"《元曲选·赵礼让肥》四折："金银一秤,衣服一套,权送将军做～之礼。"

【答荷】 dá hè　答谢;感谢。也指答谢的物品。唐李白《访道安陵遇盖还为予造真箓》:"黄金满高堂,～难克充。"宋《三朝北盟会编》卷一四:"此事亦得皇帝处分,民土尽割还贵朝,只却要些～。"《元曲选外编·飞刀对箭》四折:"咱可索～天公雨露恩。"

【答话】 dá huà　❶禅宗僧徒间回答机锋提问。唐佚名《赵州真际禅师行状》:"雪峰闻师此语,赞云:'古佛!古佛!雪峰因此后不～矣。'"觉慈《书妙塔院张道者屋壁》:"张道者,不说禅,不～,盖为人心难诱化。"宋饶节《送浃上座如馀杭刻慈觉老人语录》之四:"若道阿师能～,五刑何止更三千。" ❷回话;回答。《元曲选·昊天塔》二折:"问甚么恶菩萨,狠那咤,金刚,我直著释迦佛也整理不下。"元明《三国演义》一九回:"操统众将至城下,大叫吕布～。"清孔尚任《桃花扇》九出:"一阵阵拍手喧哗,百忙中教我如何～。" ❸搭话;交谈或插入谈话。明李实《北使录》:"一人仗剑冲入帐边,完者脱欢急与～,询知可汗所差尚书阿鲁述等,先送先使臣平章皮儿马黑麻赴京奏事,在彼等候。"《西游记》五五回:"师父始初不与那妇人～,也不吃馍馍。"清《红楼梦》七二回:"听他和鸳鸯借当,自己不便～,只躺在榻上。" ❹通话;谈判。明于谦《忠肃集》卷一:"额森弟兄领人马来大同～相和,若不和时,五六月连老小都来大同周围住坐。"韩邦奇《逆军引诱北敌大举入侵邻境预防边患事》:"敌汉语叫说,不要放箭,与你～。"王恕《奏解犯人及参镇守官奏状》:"二十六日差通事带三四十人到清水河,往来～。" ❺追究;算账。明《金瓶梅词话》二一回:"你爹但来晚了,等我和你～!"又二三回:"留下个记儿使他知道,到明日我和他～。"

【答刺】 dá là　另见 dā la。即"答刺孙"。明《词林摘艳》卷三:"奥刺朱独盘中堆着米哈,奥刺鸡读壶中放着～。"

【答刺苏】 dá là sū　即"答刺孙"。元一分儿《沉醉东风》:"～频斟入礼腼麻,不醉呵休扶上马。"明《词林摘艳》三《哨遍·鹰犬从来无价》:"～,俺吃刺。"

【答刺孙】 dá là sūn　酒。蒙语音译。《元曲选外编·哭存孝》一折:"撒因～,见了抢着吃。撒因,蒙语谓"好"。明佚名《紫泥宣》一折:"明日个使臣来到,～他犒劳,他们在帐中饮酒,俺厨房里只情要笑。"

【答扰】 dá rǎo　纠缠。明《醒世恒言》卷一三:"当日再贵见观察眉头不展,面带忧容,再也不来～,只管南天北地,七十三八十四说了开去。"

【答嘴】 dá zuǐ　答腔;交谈。明《西游记》八二回:"师父,不

要与他～,老孙已得了手也。"

dǎ

【打】 dǎ　❶碰撞;触动。《敦煌变文校注》卷二《韩擒虎话本》:"见前面津口红旗,下面总是鹿巷,李(里)有挠勾搭索,不得～着,切须既(记)当。"明金銮《满庭芳·游人有以绢衣一袭见贻者》:"正～在心窝上,越爬着越痒。"清《平山冷燕》一二回:"宋信听见问出山小姐三字,～着自家的虚心病。" ❷遭逢。金《董解元西厢记》卷一:"得后是自家采,不得后是自家命,更～着黄昏也,兀的不愁杀人!"《元曲选·后庭花》二折:"早则这没情肠的凶汉衙跐扈,更～着有智量的婆娘更狠毒。" ❸顶;对。唐寒山《寒山有一宅》:"房房虚索索,东壁～西壁。其中一物无,免被人来借。"宋范成大《泊长沙楚秀亭》:"舟行风～头,陆行泥没鞍。"△清《花月痕》二二回:"兼着刮剌剌的风～头吹来,觉得四面火起,一江通红。" ❹吃;喝。唐张鷟《朝野佥载》卷四:"今见陇西牛,卧地～草头。"寒山《个是谁家子》:"见佛不礼佛,逢僧不施僧,唯知～大斋,除此百无能。"《元曲选·举案齐眉》一折:"若是有酒,快拿出来,～三钟。" ❺汲;盛;舀。五代贯休《怀呓叟》:"桔槔～水声嘎嘎,紫玉白韭肥朦朦。"明《二刻拍案惊奇》卷三一:"钱氏带着痛,就在房里～米出来,去厨下做饭。"清陈端生《再生缘》四二回:"三嫂应一声道:'来兜汤。'就走到灶前开锅。却值服侍苏娘子的瑞柳也挨将上来～水,江妈把他着实一推。" ❻猎取;捕捉。五代花蕊夫人《宫词》:"日乍殿头宣索脍,隔花催唤～鱼人。"明《西游记》一回:"只见海边有人捕鱼、～雁、挖蛤、淘盐。"清《二度梅》二五回:"如三网～着了大鱼,你与女婿明春做亲。如若三网～不着,慢慢商议。" ❼砍削;切割。也指通过这样的方式收获。《景德传灯录》卷一七《无殷禅师》:"四壁～禾,中行划草,和尚赴阿那头?"明《金瓶梅词话》三四回:"餘者～成窄窄的块儿,拿他原旧红糟儿培着。"清《红楼梦》三九回:"好容易多～了两石粮食。" ❽制作;建造。《全唐诗》卷八七七《荆棺峡谚》:"九子不葬父,一女～荆棺。"元明《水浒传》三回:"好生～一条六十二斤的水磨禅杖与师父。"清《醒世姻缘传》七五回:"东边一间小房,～着煤炉,是做饭的去处。" ❾拓;刻;印。唐[日]圆仁《入唐求法巡礼行记》卷三:"贞观年中,太宗皇帝送送袈裟使到天竺,阿育王左寺上有佛迹,长一尺八寸,阔六寸。～得佛迹来,今在京城,转画来此安置。"明《西洋记》六七回:"碑上～着一行大字,说道'西洋金限国忠孝之墓'。"清《绿野仙踪》一回:"于冰见卷面上～着个印记,是'书二房同考试官翰林院编修孙馨阅荐'。" ❿发出;放出。《元曲选·薛仁贵》一折:"～将战书去,单搦大唐名将出马。"元《三国志平话》卷下:"蛮王令人～出虎豹来。"清《野叟曝言》一九回:"口里～着啐声,手里扯着一个人进来。" ⓫贬斥;使……(地位)下降。《元曲选外编·霍光鬼谏》二折:"乞陛下将此二贼～为庶民。"明邵璨《香囊记》三八出:"学校大人小考,道我文章不济。被他剥下蓝衫,～做粮房司吏。"清《续金瓶梅》四八回:"被主母妒狠,剪发髡头,～为奴婢。" ⓬揭;撩;掀。元古本《老乞大》:"布帐子疾忙～起者,铺陈整顿者,房子里搬入去者。"《元曲选·陈抟高卧》四折:"推开名利关,摘脱英雄网,高～起南山吊窗。"清《红楼梦》三回:"众婆子上来～起轿帘,扶黛玉下轿。" ⓭交结;用于贬义时表勾搭义。元明《水浒传》二一回:"这阎婆惜贼贱虫,他自和张三两个～得火块也似热,只瞒着宋押司一个。"明《型世言》三四回:"其时还是元末,各寺院还照着元时风俗,妇人都来受戒。他便……扯住那些男子道:'不识羞,领妻子来～和尚!'"清《醒世

姻缘传》一九回:"他却与晁住、李成名的娘子结了义姊妹,～做了一团。" ⑭ 捆扎;携带。《元曲选·窦娥冤》二折:"不若收拾了细软行李,～个包儿,悄悄的躲到别处。"明《金瓶梅词话》七八回:"于是领了书札,～在身边,径往李二家去了。"清《天豹图》八回:"将李荣春衣服～作一包袱,放在轿内。" ⑮ 编;织;结。元佚名《柳营曲·题章宗出猎》:"红锦衣,皂雕旗,银盘也似脸儿～着练捶。"明《西游记》七六回:"把一头拴着妖怪的心肝系上,～做个活扣儿。"清《红楼梦》三五回:"烦你来不为别的,却为替我～几根络子。" ⑯ 表演;做出技巧动作。宋朱敦儒《念奴娇》:"杂剧～了,戏衫脱与呆底。"元萨都剌《一枝花·妓女蹴鞠》:"～着对合扇拐全不斜偏,踢着对鸳鸯扣且是轻便。"清《霓裳续谱·五月里端阳炎热天》:"七岁顽童后面打秋千,～了一个鲤鱼把龙门来跳,～一回珍珠倒卷珠帘。" ⑰ 磨;蹭。《元曲选·荐福碑》二折:"～破了我这脚,我慢慢的行波。"元明《水浒传》八回:"脚上泡被新草鞋～破了,鲜血淋漓。"明《警世通言》卷六:"脚都～破了,鲜血淋漓。" ⑱ 撑着;摆列;提。元周达观《真腊风土记》:"其后则是国主,立于象上,手持金剑,象之牙亦以金套之。～销金白凉伞凡二十餘柄。"明《西洋记》五四回:"你据着东方青陵九炁旗,与我～着头踏。"清《红楼梦》七三回:"～着灯笼,各处搜寻。" ⑲ 搅;转;筛。宋梅尧臣《次韵和永叔尝新茶杂言》:"石瓶煎汤银梗,粟粒铺面人惊嗟。"明《警世通言》卷九:"独自倒骑着驴子,于县厅首连～三回。"清《霓裳续谱·树叶儿娇》:"磨成面,罗儿～了,兑了糖,做成糕。" ⑳ 浸;沾;浇。《元曲选·朱砂担》三折:"既是他推你在井里,可怎么不～湿了衣裳?"元明《水浒传》一〇回:"小人是牢城营差使人,被雪～湿了衣裳。"清《飞龙全传》五回:"风吹雨过,把匡胤的周身上下通～湿了。" ㉑ 涂抹;勾画。《梼杌闲评》一五回:"你就是个不～脸的强盗!"阮大铖《春灯谜》一一出:"你不是贼,～花了脸,蓬着头,在舱里钻出来做甚么勾当?"清《红楼梦》四四回:"只用细簪子挑一点儿抹在手心里,用一点水化开抹在唇上,手心里就够～颊腮了。" ㉒ 掌控;支架;操纵。明《二刻拍案惊奇》卷三八:"郁盛先此已把酒饭与轿夫吃过了,叫他来～着轿,挽扶莫大姐上轿去了。"《石点头》卷二:"水手连忙搭上跳板,～起扶手。"清《镜花缘》三九回:"因此～起罗盘,竟朝不死国进发。" ㉓ 支发;领取。宋欧阳修《归田录》卷二:"役夫餉饭曰～饭,兵士给衣粮曰～衣粮。"清《醒世姻缘传》八七回:"你是甚么杭杭子,奉那里差,～着廪给,拨着人夫的走路?" ㉔ 购买。明《醒世恒言》卷二一:"我老身有一个姨娘,是卖酒的,就住在前村。我老身去～一壶来。"清《儒林外史》一一回:"因问女儿要了一只鸡,数钱去镇上～了三斤一方肉。"《红楼梦》二八回:"女儿愁,无钱去～桂花油。" ㉕ 破除;参悟。敦煌本慧能《坛经》:"将大知慧到彼岸,～破五阴烦恼尘劳。"明梅鼎祚《玉合记》一一出:"管多少无明烦恼,俺早已～破也。"清《红楼梦》六七回:"却被道人数句冷言～破迷关,竟自截发出家。" ㉖ 猜。金《董解元西厢记》卷四:"只唤做先生解经理,解的文义差,争知快～诗谜。"清《红楼梦》二二回:"猴子身轻站树梢——～一果名。"《镜花缘》八〇回:"我天也要谈,谜也要～。你不信,且把这透新鲜的先～了,可是'适蔡'?" ㉗ 估摸;盘算。明陈铎《朝天子·厨子》:"说筵席勾当,估物料分两,先～起虚头帐。"清《红楼梦》九一回:"你不要自己～错了主意。" ㉘ 强行认定;姑且当作。明《西游记》八〇回:"这女子生得年少标致。我和你乃出家人,同他一路行走,倘或遇着歹人,把我们拿送官司,不论甚么取经拜佛,且都～做奸情。"《西洋记》五二回:"若是凤凰窠,无宝不成窝。又不但只是有卵,还该有个宝贝。我～作不是,也再作道理。"清《续金瓶梅》三六回:"翟员外假作秘报军情,托中军～作公事,将状封进。" ㉙ 表示某些身体动作或

生理反应。宋王安石《诉衷情·又和秀老》:"蓦然～个斤斗,直跳过羲皇。"清《醒世姻缘传》三二回:"一日两顿饭,没端碗,先～着心替嫂子念一千声佛。"《野叟曝言》七〇回:"满屋女人都把湿透的汗巾塞口拥鼻,还只顾～起恶心,哕呃不止。" ㉚ 振作。宋《朱子全书》卷二:"如欲睡底人,须自家～起精神。"明汤显祖《南柯记》一〇出:"听了禅师讲经回来,一发无情无绪。我可甚～起头脑来?止有一醉而已。"清《霓裳续谱·暮钟起》:"忽听得南楼响铜壶,强～着精神步苍苔。" ㉛ 采用(某种方言或腔调说话)。元明《水浒传》八一回:"燕青放下笼子,～着乡谈说道:'你做甚么当我?'"清《野叟曝言》三七回:"欢天喜地,～起号子,狠命的走。"《二度梅》二〇回:"一面～着番语,一面站起身来。" ㉜ 通过,表示认可某事。宋元《醒世恒言》卷三三:"只有这两桩人命,是天理人心～不过去的。"清《醒世姻缘传》六四回:"你要自己～得过心去,不消念得一千卷也就罢了。" ㉝ 介词。从;由。唐李德裕《代石雄与刘稹书》:"昨～暮宿寨收得文书,……王尚书请勘虚实。"明陈铎《沉醉东风·咏崔莺莺》:"莫～夫人睡处回,脚步儿防他认得。"清《红楼梦》一〇回:"这病就是～这个秉性上头思虑出来的。" ㉞ 动词前缀。用在"一"和动词之前,构成"打一V"式,起初"打"尚有微弱的自、从义,后完全虚化。宋《朱子语类》卷一二:"或于物欲中～一觉悟,是时私欲全无,天理尽见。"元《三遂平妖传》二回:"永儿去怀中取出紫罗袋儿来,～一抖,抖出一个紫罗册儿。"明《醒世恒言》卷一四:"那女子接得在手,才上口一呷,便把那个铜盂儿望空～一丢,便叫:'好,好!你却来暗算我,你道我是兀谁?'"

【打捱】 dǎ ái ❶ 勉力支撑;挣扎。元关汉卿《碧玉箫》:"醉魂儿难挣挫,精彩儿强～。"清洪昇《长生殿》四一出:"蓦地回思当日,与你偶尔离开,一时半刻也难～,何况是今朝永隔幽明界!" ❷ 拖延。《元曲选外编·霍光鬼谏》一折:"登时教你祸起萧墙,不间五步间血溅金阶上,休那里俄延岁月,～时光。"

【打熬】 dǎ áo ❶ 磨炼;锻炼。宋《西湖老人繁胜录》:"御前军头司内等子,每晚演手相扑,今有剑棒手数对～。"元明《水浒传》六二回:"主人平昔只顾～气力,不亲女色。"明刘良臣《满庭芳·感叹》:"羞惭杀江湖器识,～成牛马奔驰。" ❷ 忍受;捱。元童童学士《新水令·念远》:"肌消玉,脸褪霞,怎～九秋三夏?"元明《水浒传》一八回:"白胜又捱了一歇,～不过,只得招道:'为首的是晁保正。'"明《醒世恒言》卷八:"你想怎样花一般的美人,同床而卧,便是铁石人也～不住。" ❸ 挣扎;勉力支持或抗衡。元孙季昌《粉蝶儿·怨别》:"～出闷忧中日月,憔悴了花朵儿身肌。"元明《水浒传》二回:"聚积些粮食在寨里,防备官军来时,好和他～。"明《古今小说》卷一:"陈大郎心上不安,～起精神,写成家书一封。" ❹ 折磨;折腾;煎熬。元佚名《集贤宾·秋怀》:"战芭蕉数声秋夜雨,正珊枕梦回初。盼望杀多情宋玉,～成渴病相如。"明刘兑《娇红记》卷上:"你是个绣阁内香艳娃,咱虽是玉堂金马儒家,配合就一对儿鸾孤凤寡,～成几场儿担惊心怕。"清潘天成《铁庐集》卷三:"如汝弟媳贞女,只是本心上～不过,那个教他做来?"

【打把拦】 dǎ bǎ lán 阻拦。清《醒世姻缘传》九四回:"素姐回家收拾行李去讫,薛三省媳妇再三的～。"

【打把势】 dǎ bǎ shì 表演武功或杂技。清靳辅《生财裕饷第一疏》:"他如说书、唱曲、～、搬戏法、卖假药、请仙扶鸾、炼丹祷禳、偷鸡剪绺之徒,不可悉数。"

【打罢】 dǎ bà 休官。清《豆棚闲话》六则:"又请了几个废弃的乡宦、假高尚的孝廉、告老～的朋友,从旁护法。"

【打扳】 dǎ bān 振作。《敦煌变文校注》卷六《金刚丑女因

缘》：“便把被衫揩拭面，～精神强人来。”

【打板】 dǎ bǎn ❶ 敲击云板，是寺庙中通知僧众的信号。宋《如净语录》卷上：“今朝九月初一，～普请坐禅。” ❷ 打拍子或敲击拍板伴奏。元明《水浒传》七四回：“燕青一手拈串鼓，一手～，唱出货郎太平歌。”明《禅真逸史》一三回：“媚春～，催阿保说令。”清《儒林外史》三〇回：“鲍廷玺吹笛子，来道士～，王留歌唱了一只［碧云天］‘长亭钱别’。”

【打办】 dǎ bàn ❶ 同“打扮”。宋克勤《碧岩录》七则：“不可只教山僧说，须是自己二六时中～精神。”《圆悟语录》卷二〇《送达侍者之武陵》：“～俊精神，也要识禅病。” ❷ 打点；准备。明孟称舜《娇红记》五出：“他时果得成佳配，～真诚答谢天。”

【打扮】 dǎ bàn ❶ 装点；修饰；使外貌好看。宋黄公绍《端午竞渡棹歌》之八：“朝了霍山朝岳帝，十分～是杭州。”《五代史平话·唐上》：“李克用便～出阵：头魁金水镀，金脑打正貌狻猊。”清孔尚任《桃花扇》六出：“妾身不得奉陪，替官人～新妇，撺掇喜酒罢。” ❷ 装扮；使容貌装束与原来不同。宋《五代史平话·汉上》：“知远自～做个讨草人夫，担着一对草篮。”《元曲选·黑旋风》一折：“你兄弟～做庄家后生，可是如何？”清《红楼梦》四九回：“偏他只爱～成个小子的样儿。” ❸ 装束；打扮出来的样子。宋何应龙《有所见》：“不着画罗金缕衣，寻常～最相宜。”明尹直《謇斋琐缀录》卷四：“英庙谕李文达曰：‘大同巡抚，须得似韩雍人品方称。’文达以山东廉使王越对。及越至，陛见后，复谕文达曰：‘王越是爽利武职～。’”清《续金瓶梅》四回：“又有一人骑着大马，武将～。” ❹ 同“打办❷”。明冯惟敏《仙子步蟾宫·闭户》：“俺子待暗里偷乖，夜去明来，～着点卯官身，扎挣着挑水担柴。”

【打伴】 dǎ bàn 结伴。宋程公许《和程及甫迎春》之二：“薰风十里陌堤上，～明当还益州。”明刘麟《己丑科殿试阅卷》：“安车～南宫宿，中使宵传有御批。”徐𤊹《杀狗记》四出：“每日与柳龙卿、胡子传～，朝欢暮乐，醉酒狂歌。”

【打拌】 dǎ bàn 搅拌。元古本《老乞大》：“炒的半熟时，调上些酱水、生葱、料物，～了，锅子上盖覆了，休着出气。”明朱橚《普济方》卷六六：“用胡椒一钱半，羊脂～，捣四十九下，擦之。”高濂《遵生八笺》卷一一：“青梅须在小满前采，搥碎，核去仁，不得犯手，用干木匙拨去，～亦然。”

【打帮】 dǎ bāng 同“搭帮”。明陈铎《耍孩儿·嘲南戏》：“新腔旧谱攻习，～儿四散求食。”清《豆棚闲话》一〇回：“仍使他二人打个帮儿，在那南北马头送迎官长。”《红楼梦》庚辰本四九回：“可巧凤姐之兄王仁也正进京，两亲家一处～来了。”

【打包】 dǎ bāo ❶ 包装（物品）。宋《三朝北盟会编》卷二一：“令内库三局提举官～珠玉珍玩等物五百馀袋。”明《金瓶梅词话》四八回：“西门庆这里是来保，将礼物～整齐。”清屈大均《广东新语》卷二五：“广人多衣食荔枝、龙眼，其为栲箱者～者各数百家。” ❷ 僧人行脚云游。宋史浩《赠天童英书记》：“～过江湖，胡为来帝乡？”元王璋《宪副廉茅林以宾客泛舟》之三：“寺户泉供酿，禅僧石～。”清朱彝尊《古南禅院重建方丈记》：“南窗北户，丹粉一新。四方之～持钵至者咸叹息，服其干略。” ❸ 泛指收拾行装。宋蔡戡《自咏》：“随учай偶来真漫士，～即去类孤僧。”明汤显祖《牡丹亭》二二出：“香山岙里～来，三水船儿到岸开。”清王士禛《池北偶谈》卷一八：“仿佛梦中寻道路，～一身度栈云西。”

【打悲】 dǎ bēi 戏剧表演中表现悲伤。《元曲选·丽春堂》四折：“〔正末与夫人见～科〕〔夫人云〕相公，今日圣恩取你回朝，为何又烦恼？”又《货郎旦》四折：“〔李彦和做～认科，云〕孩儿，则被你想杀我也！”明汤显祖《牡丹亭》二八出：“〔生睡中念诗介〕他

年若傍蟾宫客，不在梅边在柳边。我的姐姐呵！〔旦听～介〕”

【打悲阿】 dǎ bēi ē 即“打悲呵”。《元曲选·酷寒亭》三折：“前街后巷叫化些波，那孩儿口灵便口喽啰，且是会～。”

【打悲呵】 dǎ bēi hē 发出凄苦的声音。元马致远《任风子》三折：“你叫了又叫到明，哭啼又哭到黑，一任你～休想我还俗意。”

【打碑】 dǎ bēi 拓碑。宋高翥《焦山》：“乞食僧归斋鼓动，～人去渡头开。”元岑安卿《题平林山诗卷》：“我穷出游羞局促，～拟向京师鬻。”明杨士奇《唐中兴颂跋》：“此颂前三十年见有得者，字画多明白，而十数年来有得者，其模糊率类此。岂其石近又剥蚀欤？抑～者之不善，或有善者而余未之见欤？”

【打背】 dǎ bèi 即“打背工”。明《金瓶梅词话》九回：“若有两家告状的，他便卖串儿，或是官吏打点，他便两下里～。”

【打背工】 dǎ bèi gōng 应作“打背躬”，本指演员在舞台上背着其他人物念白，借喻背着当事人暗地捞取好处。明《金瓶梅词话》三三回：“谁知伯爵背地与何官儿砸杀了，只四百二十两银子，打了三十两背工。”

【打背弓】 dǎ bèi gōng 同“打背工”。清《醒世姻缘传》八回：“还有奶奶们托着买人事，请先生，常是十来两银子～。”又八一回：“二位爷，深更半夜又来做甚么？是待～呀？”

【打背公】 dǎ bèi gōng 同“打背工”。清《儒林外史》四七回：“这分田全然是我来说的，我要在中间打五十两银子的背公。”

【打髀石】 dǎ bì shí 同“打髀殖”。《元朝秘史》卷三：“帖木真十一岁，于斡难河冰上～时，札木合将一个麅子髀石与帖木真，帖木真却将一个铜灌的髀石回与札木合，做了安答。”

【打髀殖】 dǎ bì shí 一种游戏。“髀殖”用兽骨制作，中灌铅锡以增加重量。玩法是掷出手中髀殖，若能击中远处堆放的髀殖，则赢得赌注。《元曲选外编·哭存孝》一折：“闲时节～，醉时节歪唱起。”《元曲选·伍员吹箫》一折：“我的大孩儿费得雄，他也是个好汉，常在教场中和小的每～耍子。”

【打并】 dǎ bìng ❶ 归并；收拾；清理。宋《密庵和尚语录》：“应庵一日喝恭上座云：‘尔常在此作什么！’恭烦恼，～起单。”按，“起单”谓离寺。元明《水浒传》二三回：“大户便叫庄客～客房，且叫武松歇息。”明汤显祖《牡丹亭》一二出：“待～香魂一片，阴雨梅天，守的个梅根相见。” ❷ 筹划；筹措。宋元《古今小说》卷三九：“一时手中又属空乏，～得五十两银子，分送与二人。”元《前汉书平话》卷下：“相公休愁，且将计策～。” ❸ 并合；聚拢。明汤显祖《牡丹亭》一七出：“俺因何住在这‘楼观飞惊’，～的‘劳谦谨敕’？”清查慎行《多丽·咏水面木芙蓉花》：“凭渠流向烟波外。便从此，东西飘泊，～团圞在。差胜似，落瓣船头，花花相背。”《野叟曝言》一九回：“晴霞梳完鬒髻，见一枝金簪，七弯八曲，枝叶～做一块。” ❹ 攻打消灭。宋文天祥《授刑节制司与安抚司平寇循环历》：“其去秦孟四巢甚近，今两督捕先合商量～。附和诸贼，此却宜以告谕为先。”明潘希曾《剿平流劫叛贼疏》：“今照前贼势尚猖獗，行仰各职统领，见操机～。”

【打病】 dǎ bìng 治疗疾病。五代何光远《鉴诫录》卷六：“后有加持崔和尚者，忽自雅安来，于成都～，瘟疫者寻差，拏痹者立行。”

【打博】 dǎ bó ❶ 下棋。博，通“簿”，一种棋戏。宋潘自牧《记纂渊海》卷八八引《邴侯家传》：“肃宗与张良娣～，子声闻于外。” ❷ 交易；贸易。宋赵汝适《诸蕃志·凌牙斯国》：“番商兴贩，用酒米、荷池、缬绢、瓷器等为货。各先以此等物准金银，然后～。”赵昇《朝野类要》卷一：“私觌，俗谓之～，盖三节人从各以物

货互易也。"清厉鹗《辽史拾遗》卷一三引《松漠纪闻》:"女真率来献方物,若鼯鼠之属,各以所产量轻重而~。"

【打簸箕】 dǎ bò ji 比喻转圈子。《元曲选·救孝子》二折:"咱子母们紧撕跟,索与他~的寻趁。"

【打捕】 dǎ bǔ ❶扑打;捕捉。《太平广记》卷四七九引《玉堂闲话》:"见有蛹生十数里,才欲~,其虫化为白蛱蝶,飞去。"元明《水浒传》二回:"因此上小人们不敢上山~野味,那讨来卖?"明杨士奇《即位诏》:"各处打鹰及~鸟兽,采取虫鱼花草果木山石之类,诏书到日,悉皆停罢。" ❷指打猎或捕鱼。元胡祗遹《又二军前身死在逃之弊状》:"无技艺者种田种菜,打墙盖屋,~放牧。"明沈德符《万历野获编》卷一七:"辄于宝坻县创为银鱼厂,与南对峙。乃至冬月椎冰,令渔者跣立~。"

【打采】 dǎ cǎi ❶开采;采掘。宋《建炎以来繫年要录》卷一八四:"先是秘书省正字冯方乞更不立额,令窟匠自采打尽,赴官中卖,依条抽三分入官。而户、工部言,恐窟匠不肯尽数~,损失官课。" ❷同"打彩"。清孔尚任《桃花扇》五出:"这几声箫,吹的我消魂,小生忍不住要~了。"〔取扇坠抛上楼介〕海南异品风飘荡,要打着美人心上痒。"《霓裳续谱·郭巨埋儿》:"众位大爷们还要~,要也是要不着,可就饿坏了我了。"

【打彩】 dǎ cǎi 戏曲演到精彩处观众向演员抛掷彩头,也指演出到一个段落时演员向观众讨钱,或指捧旦角。清《歧路灯》九回:"更可笑者,不说娶妾,而曰'讨小';不说混戏且,而曰'~'。"又九五回:"他们这班子却有两三个挑儿,如杏娃儿、天生官、金铃儿,又年轻,又生的好看。要引到京上,每日挣~钱。"

【打参】 dǎ cān 打坐参禅。《元曲选外编·西厢记》二本楔子:"非是我贪,不是我敢,知他怎生唤做~,不踏步直杀出虎窟龙潭。"明孙柚《琴心记》三三出:"要诵些佛谶与经文,~时牢闭门。"

【打惨】 dǎ cǎn ❶羞惭。金《董解元西厢记》卷四:"初唤做莺莺,孜孜觑来,却是红娘。~了多时,痴呆了半晌。"又卷八:"郑恒~,道:'把如吃怎摧残,撕合燥,不出衙门,觅个身亡却是了。'" ❷惊怕。元杨梓《霍光鬼谏》四折:"〔正末〕做入宫科,做灯后立住等驾~科。"《元曲选外编·拜月亭》一折:"〔猛见末,~害羞科〕"明朱有燉《曲江池》四折:"〔卜儿~白〕你休拿刀弄杖的,我肯了,我肯了!"

【打草】 dǎ cǎo ❶割草;搂草。明《西游记》八五回:"你去打马草的,怎么这般狼狈回来? 想是山上人家有人看护,不容你~么?"清《续金瓶梅》一五回:"木扒一杆,日间~喂牛,破犁二根,秋后耕田种麦。" ❷打草谷。宋苏辙《颍滨遗老传》:"既又以防护~为名,杀六七人,生擒九人。"清《续金瓶梅》二八回:"~抢粮,哨马先行百里外,杀人放火,屠城常在一时间。"按《新五代史·四夷附录》:"人马不给粮草,日遣数千骑,分出四野,劫掠人民,号为打草谷。" ❸起草稿。金《董解元西厢记》卷四:"也不~,不勾思,先序几句俺传示,一挥挥就一篇诗。"明《古今小说》卷一二:"拂开一幅笺纸,不~儿,写下《千秋岁》一阙。"

【打叉】 dǎ chā 另见 dǎ chà。交叉。明《古今小说》卷一:"楼上细软箱笼,大小共十六只,写三十二条封皮,~封了。"△清《二十年目睹之怪现状》五二回:"总理把他的一乘蓝呢官轿,换上红绸轿帏,在轿顶上~儿披了两条红绿彩绸。"

【打茶】 dǎ chá ❶搅茶或擂茶。宋陶穀《清异录》卷下:"因口占赠诗曰:'降酒先生风韵高,搅银公子更清豪。碎牙粉骨功成后,小碾当衔马脚槽。'盖则是日以小分须银匙~,故目为搅银公子。"韩淲《白日偶无客青山长对门》:"山东~声,睡思忽抖擞。"元张宪《有怀亡弟》:"干酪晓冲酒,真酥夜~。" ❷(待客时)供茶,

也指供茶的仆役。明《金瓶梅词话》六四回:"薛内相坐下,~的拿上茶来吃了。"清《樵史》六回:"凡官员、戏子、蹴鞠、厨役、~、牢役、听差、牌子、抬扛人等,不止数万。"

【打叉】 dǎ chà 另见 dǎ chā。生出枝节。清《醒世姻缘传》八〇回:"四十两不多,趁早些儿好,要再等会子,再打出甚点叉来,又添的多了。"《荡寇志》一二二回:"一路顺风,无些毫~之事,以是吴用渐渐向愈。"

【打拆】 dǎ chāi ❶拆毁。《元曲选·来生债》一折:"近新来~了郭况铸钱炉,这些时斯掉碎了鲁褒的这《钱神论》。" ❷拆散。明佚名《二犯江儿水·闺怨》:"正如那日被云遮楚岫,水淹蓝桥,~开鸾凤交。"

【打差】 dǎ chāi ❶出差;当差。《元曲选·货郎旦》一折:"听知的你出去~,如今有这李彦和要娶我。"明陆深《同异录》:"其分番宿卫上直并~应役一应军人,于数内支给口粮。"清洪昇《长生殿》二〇出:"赏你一坛酒,一腔羊,五十两花银,免一月~。" ❷公差;出差的人。清《隋唐演义》四四回:"将五更时,忙扒起来,扮作~模样,装束好了。" ❸特指妓女让嫖客支付临时的差使费用。明《拍案惊奇》卷二二:"那鸨儿又有做生日、~买物事、替还债许多科分来出,七郎挥金如土,并无吝惜。"清《醉醒石》卷七:"嫖还犹可,一日不过去两数,就~也还有限。"

【打掺】 dǎ chān 插嘴。《元曲选·救孝子》四折:"〔令史~云〕西军庄人氏,哥哥杨兴祖,兄弟杨谢祖,哥哥当军去了,他调戏他嫂嫂不肯,他杀了他嫂嫂也。"

【打场】 dǎ cháng 另见 dǎ chǎng。在平整的场地上为庄稼脱粒。清《醒世姻缘传》七九回:"那日正在~,将他套上碌轴,他也不似往日踢跳,跟了别的牛沿场行走。"

【打场】 dǎ chǎng 另见 dǎ cháng。清场;维持广场秩序。《太平广记》卷一六四引《开天传信记》:"百戏竞作,人物填咽,金吾卫士白棒雨下,不能止。……力士奏曰:'臣不能也,陛下试召严安之,处分~,以臣所见,必有可观也。'上从之,安之至,则周行广场,以手板画地,示众人,约曰:'逾此者死。'以是终五日酺宴。"

【打吵】 dǎ chǎo 吵闹;争吵。清《后水浒传》一九回:"不期被殷尚赤~了一番,怀恨买嘱处死。"《绿野仙踪》八四回:"且说贡生与庞氏~了一场,负气当书房。"袁枚《子不语》卷一九:"前月某商到此,见水路可通,不肯起拨,因而~。"

【打趁】 dǎ chèn 赶逐;驱赶。唐闾丘胤《寒山子诗集序》:"或长廊徐行,叫唤快活,独言独笑,时僧遂捉骂~。"宋晓莹《罗湖野录》卷二:"岳乃先往,径造丈室。戒曰:'上人名甚么?'对曰:'齐岳。'戒曰:'何似泰山?'岳无语,戒即~。"《五灯会元》卷四《黄檗希运禅师》:"师曰:'昨日公案未了,老僧休去,你作么生?'僧无语。师曰:'将谓是本色衲僧,元来只是义学沙门。'便~出。"

【打撑】 dǎ chēng 支撑;撑持。元张养浩《雁儿落兼得胜令》:"早是不能行,那更鬓星星。镜里常嗟叹,人前强~。"

【打抽丰】 dǎ chōu fēng 假借探访等名义向别人索取财物。明《醒世恒言》卷二九:"适值有个江南客来,送两大坛惠山泉酒。汪知县就把一坛差人转送与卢柟。"《拍案惊奇》卷二二:"那衙门中人见他如此行径,必然是~没廉耻的,连帖也不肯收他的。"清《歧路灯》六回:"异日做了宅门大爷,我要去~去,休要不认哩穷乡亲。"

【打出吊入】 dǎ chū diào rù 指好游荡生事。宋元《警世通言》卷二〇:"周三那厮,~,公然乾颡。"明《金瓶梅词话》九二回:"比有女婿陈经济遭官事投来氏家,潜住数年,平日吃酒行凶,不守本分,~。"

【打出调入】 dǎ chū diào rù 同“打出吊入”。《元典章·户部四》：“若女婿驴哥游手好闲，～，不绍家业，不服丈母教令，此文字便同休离。”

【打初】 dǎ chū 起初；开始。宋《密庵和尚语录》：“所谓～不遇作家，到底翻成骨董。”鲍云龙《天原发微》卷二上：“而其生之序则皆始于天一，水能利泽万物，天一～便生水。”清胡煦《周易函书约存》卷首中：“孔子彖辞，往来内外，上下终始，皆是解说先天一图；用九用六，凡皆说～成卦时先天摩荡之妙也。”

【打春】 dǎ chūn 旧俗，州县于立春前一日在官衙前设泥塑春牛，立春日用红绿鞭抽打以祈丰年。宋孟元老《东京梦华录》卷六：“立春前一日，开封府进春牛入禁中鞭春。开封、祥符两县置春牛于府前，至日绝早，府僚～。”元黄玠《观打春》：“土牛送寒赤于火，乌衣芒儿立牛左。大府尊官五色鞭，置酒高台～破。”明《朴通事谚解》卷下：“宋舍，看～去来！”

【打春牛】 dǎ chūn niú 即“打春”。唐邱光庭《兼明书》卷一：“或问曰：‘今地主率官吏以杖打之，曰～，何也？’答曰：‘按《月令》只言示农耕之早晚，不言以杖打之。此谓人之妄作耳。’”明孙蕡《闺怨》：“去年记得～，夫婿归来上翠楼。”清《醒世姻缘传》四八回：“拿着根鞭子，像～的一般，齐头子的鞭打。”

【打从】 dǎ cóng 同义语素构成的双音介词。 ❶ 从；由。a）表示空间的经由。宋佚名《张协状元》二〇出：“～湖州过，镜儿买面与婆擦粉。”明顾允成《小辨斋偶存》卷三：“但恐吃向脊皮上过，不肯～肚里去耳。”清洪昇《长生殿》一〇出：“方才谢恩出朝，赐归东华门外新第，～这里经过。”b）表示空间的起点。明沈采《千金记》二出：“小道～昆仑转来，在此卖张宝剑。”《拍案惊奇》卷一〇：“原来是徽州程朝奉，就是金朝奉的舅子，领着亲儿阿寿，～徽州来。”c）用于虚拟的空间。明《挂枝儿·戴花》：“这花儿，是谁人与你插戴？这花儿，～何处来？”清胡煦《周易函书别集》卷八：“四序循环逐渐移，～何处露端倪？”《红楼梦》一一一回：“那些东西都是老太太的，并没见数，只用封锁，如今～那里查去。” ❷ 自从。表示时间的起点。清《红楼梦》九八回：“贾母有了年纪的人，～宝玉病起，日夜不宁。”

【打丛】 dǎ cóng 成群。明《西游记》八一回：“虎豹成阵走，獐鹿～行。”

【打粗】 dǎ cū 干粗活。宋《五代史平话·汉上》：“何不且在此间与我家里～使唤，你意下如何？”清《老残游记续集遗稿》三回：“再定神听听，原来是～的火工清晨扫地呢。”

【打醋坛】 dǎ cù tán 民间旧俗，或打碎醋坛，或把烧红的炭放入醋中熏屋子，以祛除邪祟。清《醒世姻缘传》六回：“那华亭两学秀才，四乡百姓，恨晁大尹如蛇蝎一般，恨不得去了打个醋坛的光景。”

【打醋炭】 dǎ cù tàn 同“打醋坛”。元危亦林《世医得效方》卷一一：“切宜禁戒，仍烧带诸香，及～、喷葫荽酒于偏房，以辟秽浊之气。”明《警世通言》卷六：“且是住的远，直到贡院桥孙婆客店里歇。因此不顺溜，主家要～了，方教客人吃酒。”清《醒世姻缘传》八二回：“但这刘振白刁歪低泼，人有偶然撞见他的，若不打个醋炭，便要头疼脑热。”

【打簇】 dǎ cù 收拾装点。元乔吉《水仙子·廉香林南园即事》：“书斋～得繁华，玉龙笔架，铜雀砚瓦，金凤笺花。”

【打撺】 dǎ cuàn 在舞台上表演程式化的动作。元明《水浒传》八二回：“这五人引领着六十四回队舞优人，百二十名散做乐工，搬演杂剧，装孤～。”

【打撺鼓儿】 dǎ cuàn gǔ er 敲边鼓；从旁撺掇。元明《水浒传》二四回：“王婆打着撺鼓儿道：‘说的是。’”明《二刻拍案惊奇》卷二二：“贾清夫又打着撺鼓儿道：‘多拿些酒出来，我们要吃的快活，公子是不亏人的。’”

【打攒攒】 dǎ cuán cuán 丛聚。明《禅真逸史》二八回：“众军～布成簸箕阵，围逼拢来。”《禅真后史》二一回：“众人～劝他，兀自不肯罢手。”

【打攒盘】 dǎ cuán pán 多人围住打一人。清《说岳全传》一二回：“倘若停一会梁王输了，你可与牛兄弟守住他的帐房门首，恐他们有人出来～。”《隋唐演义》一二回：“要打便一个对一个打就是了，不要讲～的话。”

【打打括括】 dǎ dǎ guā guā 打闹喧嚷。“括”当作“聒”。清《醒世姻缘传》八一回：“他娘老子可领着一大伙汉子老婆的来了家里，～的，把小女采打了不算，呼的身上那屎。”又八四回：“你那官衙里窄鳖鳖的，一定不是合堂上就是合那厅里邻着，逐日炒炒闹闹，～的。”

【打呆歌】 dǎ dāi gē 唱“莲花落”乞讨。《元曲选外编·紫云庭》三折：“这厮白日街上～，却怎生到晚人前逞倭儸？”

【打呆桩】 dǎ dāi zhuāng 形容人呆坐不动。清《醉醒石》一〇回：“见众人都在那厢～读苦书。”

【打单儿】 dǎ dān er 犹“打事件”。清《樵史》三回：“又令校尉在京城里探听些微的事，也打报单，唤做～。”

【打担】 dǎ dàn ❶ 挑担。《元曲选·生金阁》三折：“但是那南来北往，做买做卖，推车～，都来我这店里买酒吃。”又《昊天塔》四折：“莫不是～推车撞着贼兵？”明王克笃《朝元歌》：“你看那推车～，咱骑驴他也欣羡。” ❷ 打理驮担。元明《水浒传》八二回：“且说宿太尉～了御酒、金银牌面、段匹表里之物，上马出城。”

【打弹】 dǎ dàn 用弹弓弹射弹丸击物。宋佚名《张协状元》二出：“使拍超烘非乐事，筑球～谩徒劳，设意品笙箫。”《元曲选·鲁斋郎》一折：“树木上面一个黄莺儿。小的，将弹弓来。〔做～科〕”清《十二楼·奉先楼》一回：“甚至有熬取孕妇之油为点灯搜物之具，缚婴儿于旗竿之首为射箭～之标的者。”

【打当】 dǎ dàng ❶ 犹“打点❷”。宋魏了翁《满江红·贺刘左史进职奉祠》：“出处只从心～，去留不管人忻戚。”《元曲选外编·西厢记》一本二折：“借与我半间客舍僧房，与我那可憎才居止处门儿相向。虽不能窃玉偷香，且将这盼云眼睛儿～。”明汤显祖《牡丹亭》四八出：“我捉鬼拿奸，知他影戏儿做的恁活现？这样奇缘，这样奇缘，～了轮回一遍。” ❷ 犹“打点❸”。宋杨万里《初凉与次公子共读书册》：“暑懒归投箪，凉醒～书。罢吟唇欲裂，起坐膝难舒。”宋元《清平山堂话本·李翠莲》：“豆儿米麦满床上，仔细思量像甚样？公婆性儿又莽撞，只道新妇不～。丈夫若是假乖张，又道娘子垃圾相。”元明《水浒传》二四回：“且说武大吃了早饭，～了担儿，自出去做道路。” ❸ 犹“打点❹”。宋王明清《挥麈前录》卷四：“凡二日，次都啰啰族。汉使过者遗以财货，谓之～。”《宋史·宋琪传》：“灵武路自通达军入青冈峡，五百里皆蕃部熟户。向来使人商旅经由，并在部族安泊，所求赂遗无几，谓之～，亦如汉界逆旅之家宿食之直也。” ❹ 指江湖医生。《元典章·刑部十九》：“本州管下高唐等处，捉获贼人高道浪等，俱指卖药～为名，得便为盗。”《元曲选外编·拜月亭》二折：“谁想他百忙里卧枕着床，内伤外伤。怕不待倾心吐胆尽筋竭力把个牙推请，则怕小处尽是～。”明佚名《折桂令》：“刘九儿伤食，寻一个～牙槌，乞儿饱病难医。”

【打荡】 dǎ dàng ❶ 摇动；晃荡。宋朱熹《晓示人户送纳秋苗》：“令人户自行～斛面，不得阻节。” ❷ 搜刮；清理。宋真德秀

《又申枢密院状》:"昨来蒋宗等在城内及城外二十里间,劫掠民户家财,～屋宇。"明朱元璋《谕曹国公李文忠西平侯沐英等敕》:"如今守洮州,就将所得牛羊多拨些与军,折作二年官粮也可。地方人十分要～得干净。" ❸ 摆列。明汤式《一枝花·赠钱塘镊者》:"～着临闹市数椽屋小,滴溜着皱微波八尺帘低。" ❹ 安排;按捺。明康海《点绛唇·久雨作》:"自酌香醪,强对佳肴,且把这难～的情肠按著。"

【打刀】 dǎ dāo 喻指勒索。明佚名《粉蝶儿·割耳寄》:"小妮子会撒津,老虔婆惯～。投至得轻怜重惜才欢乐,起的迟一片心窗下听鸡叫。"

【打倒】 dǎ dǎo ❶ 搞定;弄妥。明《金瓶梅词话》七回:"买上一担礼物亲去见他,和他讲过,一拳～他。"《型世言》三二回:"只是早间那主儿是个败落人家,又不识货的,料得二三十两可以～。" ❷ 交易时因发现上当而退货。清《醒世姻缘传》七〇回:"十日九不发市,才方发市,就来～。"又七二回:"生一女,十五春;今嫁与,魏三封。昨日晚,方过门;嫌破罐,不成亲;来～,怒生嗔。"

【打道】 dǎ dào 官员带仪仗出行,派人在前喝道,使行人回避。《元曲选·争报恩》三折:"撮枷稍的公吏搊搜,～子的巡军每叶和。"明李悌谦《东门行》:"东门小吏～开,马前高喝将军来。"清《红楼梦》一三回:"次后坐了大轿,～鸣锣,亲来上祭。"

【打滴溜】 dǎ dī liū 悬空晃动或旋转。清《醒世姻缘传》九回:"我开了门,像一个媳妇子扳着咱那门桄～哩。"又七七回:"不好!一个人扳着门上桯～哩。"

【打底】 dǎ dǐ ❶ 最后;最后面。宋胡寅《和奇父叔夏雪》之二:"～和成真少味,空惭清酎映甜醪。"杨万里《瓶中淮阳红牡丹落尽有叹》:"眼中姚魏过匆匆,只有淮阳～红。"宋元《清平山堂话本·简帖和尚》:"恰才在拶里面～床铺上坐地底官人,教我把来与小娘子,又不交把与你。" ❷ 排在最后。元汤垕《画鉴》:"世俗论画必曰:画有十三科,山水打头,界画～。故人以界画为易事。" ❸ 指吃菜前先吃饭或饮酒前先吃点东西垫底。明陆容《菽园杂记》卷三:"江西民俗勤俭,每事各有节制之法,然亦各有一名。如吃饭,先一碗不许吃菜,第二碗才以菜助之,名曰'斋～'。"《金瓶梅词话》九五回:"薛嫂说:'你且拿了点心与我打了底儿着。'春梅说:'这老妈子单管说谎,你才说在那里吃了来,这回又说没～儿。'" ❹ 化妆或绘画时在皮肤或纸面上涂底粉或底色。《元曲选·谢天香》四折:"先使了熬麸浆细香澡豆,暖的那温泔清手面轻揉;～干南定粉,把蔷薇露和就。"清《佩文斋书画谱》卷九九:"其雪用银泥～,上更用粉细细点雪。"

【打典】 dǎ diǎn 同"打点❹"。明冯惟敏《端正好·吕纯阳三界一览》:"偷与我金银桥上砖一块,水火炉边油两缸,残柴剩炭中烧抗。若无有这般～,脱与我一件衣裳。"

【打点】 dǎ diǎn ❶ 打算;寻思;考虑。《元曲选·竹叶舟》一折:"小生学成满腹文章,正要～做官哩。老实对你说,小生出不的家。"明《二刻拍案惊奇》卷一九:"跨在背上,～也似骑牛的骑了到山边去。谁知骑上了背,那驴儿只是团团而走,并不前进。"清胡煦《周易函书别集》卷一四:"凡事豫则立,将欲登仕,便须～所做何官,宜何如设施。" ❷ 布置;安排;准备。明戚继光《练兵杂纪》卷四:"一旦有事,父母妻子身家各预～停当,出门便与他们永别了。"《西游记》八五回:"莫嚷!我已～停当了。开柜时,他就拜我们为师哩。"清《红楼梦》四七回:"眼前十月初一,我已经～下上坟的花销。" ❸ 收拾;料理;整理。元明《水浒传》二四回:"大哥,你便～一间房,请叔叔来家里过活。"明尹直《謇斋琐缀录》卷五:"其夜上～衣服,以旧所服白绫中衣一件及也先所献战裙赐臣。"清《续金瓶梅》三五回:"正在后堂里弹琵琶,～下饭,迎接斡离不到家庆贺筵席哩。" ❹ 行贿;通关节。《元曲选·灰阑记》一折:"你可去衙门～,把官司上下布置停当。"明林俊《乞寝内降以正法守疏》:"崔太监分付五城,每日拨夫十名。每夫办钱五十文,～管家及掌案李阳凤、梁方等用。"清《醒世姻缘传》一四回:"又差了晁住拿了许多银子到监中～。" ❺ 清点;查点。《元曲选·勘头巾》三折:"那人道,我多时不曾～罪人。问张千道,这个是甚么贼?"明朱长祚《玉镜新谭》卷八:"籍没犯人魏忠贤及客氏家私,着秉笔太监张邦治等,奄同厂卫及五城御史等～,勿得隐漏。"清于成龙《再陈粤西事宜》:"即如收银大流水簿,俱系奏销时～停当。" ❻ 约束;收敛;修养。明归有光《与沈敬甫简》:"文字又不是无本源,胸中尽有,不待安排。只是放肆不～,只此是不敬。"清汤斌《志学会约》:"圣学首重诚意,自欺自慊,皆在隐微独知处勘证。若徒弥缝形迹,不实在心地～,即外面毫无破绽,总是瞻前顾后。"胡煦《周易函书约注》卷六:"大抵人非圣贤,悉具食色嗜欲之性,逐渐支离远去。皆未能向立命之初,留心～,使于方动欲动时,一触便转。" ❼ 振作。《元曲选·虎头牌》二折:"我如今把守去夹山寨口,～着老精神时常抖擞。"明《二刻拍案惊奇》卷三:"权翰林在书房中梳洗已毕,正要～精神,今日求见表妹。"清于成龙《弭盗安民条约》:"全赖循良有司,～精神,推心行法,著实举行。" ❽ 击点报信。点,宅院二门上供内外传递信息的金属板,有事时按约定点数击打报告。清《红楼梦》九九回:"～已经三下了,大堂上没有人接鼓。"《歧路灯》八〇回:"德喜还欲回话,潜斋已出门拜客,～闪门而去。" ❾ 掷骰子决定点数。清《红楼梦》一〇八回:"鸳鸯便～儿,众人叫鸳鸯喝了一杯。就在他身上数起,恰是薛姨妈先掷。"

【打跌】 dǎ diē ❶ 趔趄。明《西游记》二三回:"东扑抱着柱科,西扑摸着板壁,两头跑晕了,立站不稳,只是～。"清《野叟曝言》三七回:"风狂雪大,路滑天昏,走了多时,不上半里来路,轿夫只顾～。" ❷ 形容高兴至极。明《二刻拍案惊奇》卷九:"凤生看罢,晓得是许下了佳期,又即在今夜,喜欢得～。"清《平山冷燕》五回:"众官看了俱惊喜欲狂,赵公只喜得～。"《绿野仙踪》四三回:"和如玉说到高兴处,便坐不住,笑着在地上～。"

【打迭】 dǎ dié ❶ 犹"打点❷"。清《醒世姻缘传》三三回:"你要结识官府,先要与那衙役猫鼠同眠,你兄我弟,支不得那相公架子,拿不出那秀才体段。要～一派市井的言谈,熬炼一副涎皮顽钝的嘴脸。"△《绣鞋记》一三回:"叶氏闻言,强为收泪,自此抚弄孙儿,且待媳妇弥月再～出城告状。" ❷ 犹"打点❸"。《元曲选·㑳梅香》三折:"教你收拾书箱,～行装,便赴科场。"明《拍案惊奇》卷二二:"行装～已备,齐齐整整起行。"清《说岳全传》六〇回:"～了一个包裹,独自一个背了,辞别两位夫人,出门望临安进发。" ❸ 犹"打点❻"。《元曲选·扬州梦》一折:"～起翰林中猛性子挺,拽扎起太学内体样儿㑳。趁着这锦封未剖香先透,渴时节吸尽洞庭秋。"又《玉梳记》三折:"拜辞了清歌妙舞,～起傅粉施朱。受了些千辛万苦,熬了些短叹长吁。"

【打叠】 dǎ dié ❶ 犹"打点❷"。明陈铎《金梧桐·冬景》:"刚才听凤笙吹彻,早象板银筝又～,行云缭绕歌喉咽。"清《红楼梦》二〇回:"宝玉见了这样,知难挽回,～起千百样的款语温言来劝慰。" ❷ 犹"打点❸"。宋李之仪《与杨晦叔明叔兄弟》:"顷借书数种,已多时,偶～,方检足,谨归书馆。"元明《水浒传》三回:"把庄里有的没的细软等物,即便收拾,尽教～起了。"清田雯《缫车辞》:"帘幕半垂燕双飞,～新缣作嫁衣。" ❸ 犹"打点❻"。宋韩淲《杂兴》之四:"道人～身心处,泥饮行吟不乱群。"《朱子语类》

卷一一八:"公大抵容貌语言皆急迫,须～了,令心下快活。"明丁惟恕《山桂引》:"妆些痴呆,用些～。仿学老衲闲居,消除了山鬼妖邪。"　❹ 搁置。《元曲选外编·西厢记》三本三折:"～起嗟呀,毕罢了牵挂,收拾了忧愁,准备着撑达。"元明《水浒传》二一回:"押司莫要见责,闲话都～起。明日慢慢告诉。"清《歧路灯》五八回:"且说谭绍闻见姚荣去了,把喊官的怕情一起,却把输银子的事上的心来。"　❺ 打发;消解。《元曲选·梧桐雨》四折:"这半年来白发添多少,怎～愁容貌!"又《货郎旦》二折:"～了心头恨,扑散了眼下愁,哥哥也你可是行在潍州。"明孟称舜《娇红记》四出:"新愁难～,弄草拈花,辜负好天良夜。"　❻ 犹"打点❼"。元佚名《红绣鞋》:"强～精神怎过,思量的做不得生活。"明汤显祖《牡丹亭》三二出:"嘱东君在意者,精神～。暂时间奴儿回避趄,些儿待说,你敢扑忪忪害跌。"清《续金瓶梅》四一回:"金二官人进得门来,金桂、梅玉早已～起行云眼睛,要看个十分饱。"

【打揲】 dǎ dié　❶ 犹"打点❷"。宋周必大《跋蔡君谟与唐诏帖》:"～过岁,则嘉祐五年召入翰林知开封时也。"清赵执信《即事》:"山城日日坐凄其,～归期未有期。"　❷ 犹"打点❸"。宋苏轼《答潘彦明书》:"雪堂如要偃息,且与～相伴,使忘迁谪之意。"元《三国志平话》卷下:"一日曹操夜静私行,见军～行李。"沙正卿《斗鹌鹑·闺情》:"挑绣也无心,茶饭不应口,付能～起伤春,谁承望睚不过暮秋。"　❸ 犹"打点❻"。宋《二程遗书》卷二上:"观天理亦须放开意思,开阔得心胸便可见,～了习心两漏三漏子。"　❹ 同"打叠❹"。《五灯会元》卷一二《大愚山守芝禅师》:"上堂,大众集定,乃曰:'现成公案也是～不办。'便下座。"

【打钉】 dǎ dīng　性交的隐语。明《山歌·会》:"铁店里婆娘会～,皂隶家婆会捉人,外郎娘子会行房事,染坊店里会撇青。"按,此为双关语。清孔尚任《桃花扇》一七出:"〔末〕舍亲田仰,不日就升漕抚,适才送到聘金三百,托俺寻一小宠。〔丑〕让我去罢。〔净〕你去不得,你去了,这院中便散了板儿了。〔丑〕怎的便散了板儿?〔净〕没人和我～了。"

【打动】 dǎ dòng　❶ 驱使;驱动。《元曲选·罗李郎》楔子:"我加上几鞭子,把马～些。"明《西游记》三三回:"你把马～些儿,我们定赶上他。"　❷ 敲打;撞击;拨动。《五灯会元》卷四《关南道吾和尚》:"～关南鼓,唱起德山歌。"元王祯《农书》卷一九:"然后却假水轮卧轴所列拐木,自然～前偃木,排即随入。"清《红楼梦》二二回:"娘娘所作爆竹,此乃一响而散之物。迎春所作算盘,是～乱如麻。探春所作风筝,乃飘飘浮荡之物。"　❸ 动用;开启使用。元佚名《东南纪闻》卷一:"便是近来官员不曾到任,先～公使库物色。韩某一生不会受此钱。"清《红楼梦》六一回:"但这获苓霜前日人送了来,还等老太太、太太看了才敢～。"　❹ 触动;使动心。元高明《琵琶记》三五出:"你何似去书馆中写几句言语～他,交他看了。"明吕柟《四书因问》卷四:"大抵定公是个轻易人,圣人欲其知为君之难,故先把此言～他。"清吴绮《粉蝶儿》:"为苍生～嗟呀,何曾有别般牵挂。"

【打都磨子】 dǎ dū mó zi　即"打独磨"。清《醒世姻缘传》九五回:"狄希陈跪着,～的死拉。"

【打独磨】 dǎ dú mó　转圈子。《元曲选·燕青博鱼》四折:"正风清月朗碧天高,可怎生～觅不着官道?"又《马陵道》三折:"～来到画桥西,恰便是出笼鹰剪折了我这双翼。"

【打独坐】 dǎ dú zuò　独自逛妓院。明《型世言》一一回:"陆仲含,好个素性怕到花丛,却日日假拜客名头,去～!"

【打笃磨】 dǎ dǔ mó　同"打独磨"。《大宋宣和遗事》前集:"又没支分,犹然递滞,～槎子跟底。"清《聊斋俚曲·富贵神仙》:

娘子气极了,把小相公打了够四五十条子,打的～子跪着。"

【打赌赛】 dǎ dǔ sài　❶ 打赌;就猜测或判断的对错赌胜负。《元曲选外编·㴖池会》二折:"～输了呵休悔,则要你言语诚实。"明《二刻拍案惊奇》卷三九:"又说了与懒龙～之事,夫妻相戒,大家醒觉些个。"清《后西游记》三回:"小行者道:'怎生样～?'造化小儿道:'……你若有本事跳出我这个圈子,我情愿与你联盟结成契友。'"　❷ 竞争;比拼。明陈铎《朝天子·油坊》:"你不怕手折,我拼着吐血,～熬长夜。"

【打短】 dǎ duǎn　❶ 揭短。明《警世通言》卷一一:"四女此时互相埋怨,这个说:'先生留我,为何要你～?'那个说:'先生爱我,为何要你争先?'"　❷ 克扣。明《拍案惊奇》卷一一:"我们小本经纪,如何要～我的? 相公须放宽宏大量些,不该如此小家子相。"

【打断】 dǎ duàn　❶ 判决;处理。宋元《警世通言》卷七:"次日郡王将封简子去临安府,即将可常、新荷量轻～。"元《三遂平妖传》一一回:"包待制回府,不来～公事,问当日听差应捕人役是谁。"《明史·刑法志二》:"至罪囚～,起发有定期,刑具有定器。"　❷ 打消;除掉。宋朱熹《答胡季随》:"大抵学者多为私欲所分,故用力不一,不见其效。若欲进步,须～诸路头,静坐默识,使其泥滓渐渐消去。"清李光地《和王姚江火秀宫祠诸生原韵》之一:"横将生死作分疏,～虚空无乃此。"《红楼梦》八六回:"宝玉稍觉心里喜欢,便把想宝钗来的念头～,同着姊妹们在老太太那里吃了晚饭。"　❸ 使中断。《元曲选·抱妆盒》三折:"不争我～他口内词,只教他说不的心间事。"元明《水浒传》三八回:"三个且都听唱,～了他话头。"清《十二楼·夏宜楼》二回:"不想机缘凑巧,恰好有个人走来,～她的诗兴。"　❹ 阻断;阻止。明《型世言》二八回:"好一家主顾,怎去～了? 张相公说你不老实,戏弄他小厮丫环。"清《东周列国志》五三回:"公子侧倒也罢了,只是屈巫谏止庄王,～公子侧,本欲留与自家,见庄王赐与襄老,暗暗叫道:'可惜,可惜!'"　❺ 中断。明陈铎《新水令·春情》:"他为我写离恨写到有千来张大纸。到如今都做了无～春蚕口内丝。"　❻ 宋代鼓曲名。宋吴曾《能改斋漫录》卷一:"崇宁、大观以来,内外街市鼓笛拍板,名曰～。"《宋史·乐志四》:"旧来廷哇之声,如～、哨笛、呀鼓、十般舞、小唱腔、小笛之类,与其曲名,悉行禁止。"

【打堆】 dǎ duī　结伴;聚伙。清《快心编》三集七回:"丈夫不知下落,我又背井离乡,回家再与那般凶人～,决无此理。"

【打对】 dǎ duì　❶ 对对联。宋《朱子语类》卷一三二:"问:'诸公能～否?'人皆不敢对。因云:'天对甚?'其中有人云:'对地。'"　❷ 应对;应付。明刘宗周《论语学案》卷二:"仁不仁只争些子,只一私念不化,遇事便～不过。"高攀龙《书友人扇》:"一一依这本色,即便是明。这里～得过,便可建天地、质鬼神、俟圣人于百世。"

【打兑】 dǎ duì　筹措;筹集。清《歧路灯》五八回:"我回去去～银子,好还他。"又六六回:"一时～不出来,你也通前彻后知道的,我只是上紧与你凑办。"

【打盹】 dǎ dǔn　❶ 小睡;断续地入睡。《元曲选·隔江斗智》三折:"父亲醉了,只是～哩。"明《醒世恒言》卷七:"吃得烂醉如泥,在一壁厢空椅子上～去了。"清褚人穫《坚瓠集》:"花妆扮戏棚,纸做盛钱囤,陈抟华山闲～。"　❷ 喻指呆滞或昏愦。明金銮《一枝花·丙申年除夕》:"你便有颜子贤免不的妇不织衣食关心,宋玉才卖不出神不惊鬼不怪文章～。"冯惟敏《醉太平·李中麓醉归堂夜话》:"眼睁睁～,跳梭梭发昏。犹如混沌未全分,黑旋风乱滚。"

【打趸】 dǎ dǔn 归总。清《红楼梦》二五回："你便一日五斤合准了，每月～来关了去。"又五七回："我告诉你一句～儿的话：活着，咱们一处活着；不活着，咱们一处化灰、化烟。"

【打顿】 dǎ dùn 即"打盹❶"。明《朴通事谚解》卷下："我那几日着那小厮捎来，一会儿～着，挠破了。"清《隋唐演义》九回："听员外讲话久了，不觉～起来。"

【打掇】 dǎ duō 拾掇；收拾。清《聊斋俚曲·快曲》："赵子龙用火攻，何不早早往下倾？ 这雨单留着～俺，大骂龙王太不通。"

【打夺】 dǎ duó 抢夺。宋王禹偁《贺胜捷表》："伤杀却蕃贼不知数目，～到牛羊老小不少，收到粮米料草窖窬极多。"《元典章·户部四》："安阳县李伴姊告滋州涂阳县人户朋大安等，将逃妻高唤奴～去了。"清《续金瓶梅》二回："市井小人骗诈得几百钱，～得些须物，忽然疾病取药费了，忽然口舌官司费了，他不知暗地填还。"

【打讹】 dǎ é ❶ 编造；编排。宋《二程遗书》卷一五："天地之间有生便有死，有乐便有哀。释氏所在，便须觅一个纤奸～处，言免死生齐烦恼。"明梅鷟《尚书考异》卷二："老子闪奸～，下将以上也，不足将以无损也，不自大将以成其大也，将欲取之必姑与之，凡其所言，无非立地步占便宜之术。"清李清馥《闽中理学渊源考》卷五："一次举此意质之，渠乃以释氏之语来相淘，终有纤巧～处，全不是吾儒气味。" ❷ 胡扯；胡诌。元高安道《哨遍·嗓淡行院》："喝破子把腔儿莽诞，打讹的将纳老胡䫴。"按，"打讹的"指信口调侃的丑角。薛昂夫《端正好·高隐》："听张瞥古唱会词，看村哥打会讹。挺王留讪牙闲嗑，李大公信口开河。"

【打耳擦】 dǎ ěr cā 犹"打耳暗"。明冯惟敏《仙子步蟾宫·肩儿》："鬓儿边打了个耳擦，舌尖儿递了个香茶。"《醋葫芦》一四回："便与陈敬打个耳擦，陈敬便生情道：'员外，不是这等做事。'"

【打耳暗】 dǎ ěr yīn 嘴巴凑近对方耳朵低声说话。《元曲选·隔江斗智》三折："你与主公穿衣时，悄悄送这锦囊，教主公袖了，再打个耳暗，教主公酒散只妆醉。"《元曲选外编·刘弘嫁婢》二折："〔做见卜儿～科〕正末云：'王秀才，有甚么话，不好明白说？'"

【打发】 dǎ fā ❶ 出发。宋洪迈《夷坚志》戊集卷一："我众力单寡，不宜以白昼显行迎祸。且安知告者非贼候逻之党乎，勿堕其计。不若侵晓～，出其不意，庶或可免。" ❷ 发放；发付。宋刘昌诗《芦浦笔记》卷三："诸库支酒谓之～。"元李士瞻《与赵金院书》："盐货闻人毕，犬子至，悉望～而来赴都。"《元曲选·看钱奴》二折："倒是挑我一条筋也熬了，要～出这一贯钞，更觉艰难。" ❸ 发卖；出售。宋《景定建康志》卷四一："本县系山邑，不通舟楫。坊郭之内，多是贫民下户。应于货卖物色，并是入府城～，下县所得甚微。每遇官司推排，却有一项虚桩管运钱六十五贯一百七文。"明《金瓶梅词话》七一回："敝同僚夏龙溪，他京任不去了。他一所房子倒要～。"清方成培《雷峰塔》九出："我自从进子你介店里，勿知替你～子多少滞货，攒子多少铜钱银子？" ❹ 给予；送给。《元典章·礼部一》："其餘省部台院各监诸衙门差去人员，并不得～人情钱物。"明杨继盛《赴义前一夕遗属》："二贞年幼，又无儿女。我死后就着他嫁，衣服首饰都～他。"清《醒世姻缘传》三五回："又揭了重利忠债，除还了人，剩下的～儿子上京。" ❺ 开发；支付。《元曲选·东堂老》三折："少下我茶钱五钱，酒钱三两，饭钱一两二钱，～唱的耿妙莲五两，打双陆输的银八钱，共该十两五钱。"明《醒世恒言》卷三："在朱十老家四年，赤心忠良，并无一毫私蓄，只有临行时～这三两银子，不勾本钱，做甚生意好？"清

《歧路灯》五八回："你领的兵饷，如何～账？" ❻ 派遣；支使。元明《三国演义》一一回："陶谦先～陈元龙往青州去讫，然后命糜竺赍书赴北海。"明陆深《浙江家书一首》："我廿六日已到任，今～陆鉴先回报知。"孟称舜《娇红记》二○出："日上小姐和申生在庭前密语，今晚把房里陪伴的都～到奶奶房内去了，意是怎么？" ❼ 撵；驱逐；使离开。《元曲选外编·村乐堂》二折："那个弟子孩儿，不似好人，偷东摸西，～他去了罢。"明《金瓶梅词话》二五回："当初在蔡通判家房里，和大婆作弊养汉，坏了事才～出来。"清《绿野仙踪》五九回："我意思要～他们出去，又怕人议论我太刻薄。" ❽ 发落；处置；安排。元胡祗遹《民间疾苦状》："差一切使臣，不问土官有无罪犯，下马便行取招，重行～，轻则土物，敛及于民，宜行禁断。"明沈德符《万历野获编》补遗卷三："至癸卯妖书起，上密旨参问陈矩：'张位怎么～了？'盖旧疑未释也。矩回奏云：'以东事～。'上意始解。"《警世通言》卷三一："使用得少，把个不好的缺～你，一年二载，就升你做正官，有官无职，监生的本钱还弄不出哩。" ❾ 照料；服侍；伺候。元宋方壶《一枝花·妓女》："～了这壁，安排下那壁，七八下里郎君都应付得喜。"明《朴通事谚解》卷上："早起家里有客人来，～他去了才来。"清《红楼梦》四二回："好生～刘姥姥出去。我身上不好，不能送你。" ❿ 应付；对付。明唐俞《易解序》："圣人洗心退藏，玄之又玄，宁仅是一番君道臣道笼统说便～过去！"《金瓶梅词话》二五回："不打紧，我自有话～他。"清《东周列国志》一○七回："虽然荆轲勇甚，君臣没奈何他，却也亏着要～众人，所以秦王东奔西走，不曾被荆轲拿住。"

【打方旋】 dǎ fāng xuàn 转圈走；来回走。明汤显祖《牡丹亭》一二出："明放着白日青天，猛教人抓不到魂梦前。霎时间有如活现，～得俺俄延，呀，是这答儿压黄金钏匜。"

【打凤捞龙】 dǎ fèng lāo lóng 同"打凤牢龙"。元朱庭玉《青杏子·思忆》："要指望合欢共笼，月枕双欹，云衾并拥。铺谋下～。"《元曲选外编·千里独行》一折："他便安排着～计，谁着他便搜寻出劫寨偷营智。"《元曲选·昊天塔》一折："也不须～，别选元戎，只在军中，火德天蓬，自有神通。"

【打凤牢龙】 dǎ fèng láo lóng 套住凤，囚住龙，喻指用计谋制伏强劲对手或罗致杰出人才。《元曲选·扬州梦》四折："你不合～，翻云覆雨，陷人坑阱。"又《风光好》三折："安排～计，引起尤云殢雨心。小官韩熙载，不想陶学士被某识破十二字隐语，用些机关，果中其计。"元明《水浒传》六一回："铺排～计，坑陷惊天动地人。"

【打缚】 dǎ fù 捆绑；捆扎。《法苑珠林》卷九六："或有持戒，或不持戒，系闭牢狱，枷锁～，策役驱使，责诸分调。"宋黄榦《窑户杨三十四等论谢知府宅强买砖瓦》："私家却将人～，官司不得禁抑。豪强之状，即此可见。"元明《水浒传》四三回："又去李鬼身边搜了那锭小银子，都～在包裹里。"

【打干】 dǎ gān 另见 dǎ gàn。明代驿站征收的折合草料的费用。明杨一清《关中奏议》卷五："至于河开将放，每军敛银一二钱，谓之卸甲；驿站所过，料草不支本色，谓之～。"崔铣《直隶驿传事宜序》："中使索～，厮役得乘传，而敛政始剧。"何孟春《复永昌府治书》："今驿馆日日～二两，而供应在外。"

【打干哕】 dǎ gān yuě 要呕吐而吐不出。明《醒世恒言》卷三："坐一在被窝中，垂着头，只管～。"

【打干】 dǎ gàn 另见 dǎ gān。❶ 搅动。宋朱翼中《北山酒经》卷下："但先倾米入笋，约度添水，用把子靠定笋唇取力，直下不住手急～，使水米运转自然匀净。" ❷ 钻营；活动。明《醒世恒

言》卷二七:"那锦衣卫堂上,昔年曾替他～,与我极是相契。"《石点头》卷一二:"况且事体重大,你若从中～,恐怕也不得干净。"清李玉《清忠谱》一六折:"近日东厂严禁,不许犯属在京～。"

【打稿】 dǎ gǎo ❶ 作诗文或绘画起草稿。《元曲选外编·西厢记》三本一折:"我则道拂花笺～儿,元来他染霜毫不构思。"明徐渭《画竹题款》:"积斋丈出卷索书,予书其半而竹其半。缘日来初习乏纸,借人笺素～故也。"《二刻拍案惊奇》卷九:"好个素梅,也不～,提起笔来就写。" ❷ 盘算;思索。明《醒世恒言》卷三:"一路走,一路的肚中～道:'世间有这样美貌的女子,落于娼家,岂不可惜!'"清《绿野仙踪》四六回:"你要活,就恳求我;你要死,我此刻就别过你,何用你肚中～儿?"《隋唐演义》七回:"王小二口里虽说'秦客人住着好',肚里～:见那几件行李,值不多银子。有一匹马,又是张口货,他骑了饮水去,怎好拦住他?" ❸ 铺垫;事先说明。清《野叟曝言》一五二回:"且勿使知。而于长辈男子,皆令媚娘～,则无碍矣。"

【打葛藤】 dǎ gé téng 讲说啰唆纠缠。禅宗习语。宋克勤《碧岩录》一则:"一等是～,不妨与他打破漆桶。"《五灯会元》卷一八《天童普交禅师》:"山僧无恁么闲唇吻与汝～,何不休歇去!"明周宗建《论语商》卷下:"章内克己由己两个己字,切勿要～。"

【打更】 dǎ gēng ❶ 巡夜人敲梆子或打锣报告更次。宋张舜民《郴行录》:"是夜船上不敢～提举。舟人云:庙中自～报牌也。"明《西游记》二回:"山中又没～传箭,不知时分。"清洪昇《长生殿》三四出:"〔内～介〕那边巡军来了,俺且闪在大树边,躲避一回。" ❷ 泛指夜间值更。元萨都刺《江上闻笛》:"银河淡淡月茫茫,雁奴～沙溆傍。"

【打恭】 dǎ gōng 弯下身子作揖。明李贽《焚书》卷四:"平居无事,只解～作揖,终日匡坐,同于泥塑。"《金瓶梅词话》七六回:"这任医官听了,越发骇然尊敬,在前门揖让上马,打了恭又～。"清孔尚任《桃花扇》二一出:"〔茶到让净先取,～介〕〔净〕今日天气微寒,正宜小饮。〔副净、末～介〕正是!"

【打躬】 dǎ gōng 同"打恭"。明沈德符《万历野获编》卷一七:"若抚按之待其下,惟由科目者尚得～,讲揖让之礼。"《封神演义》二回:"文王急忙下马,站立道傍,欠背～。"清李玉《清忠谱》二折:"广阳王走出座外,问道:'这就是韩招讨么?'韩元帅～道:'是!'"

【打拱】 dǎ gǒng 两手抱拳,臂的前部上抬,略微摆动。明《二刻拍案惊奇》卷二四:"自实走到马前,躬身～。"清《飞龙全传》四六回:"众将听言,一齐～,口称:'岳大人所见,生民之福也。'"

【打供】 dǎ gòng ❶ 化缘;化取供养。宋李曾伯《庚子祈雨蒋山赠月老》:"蒋山月老尝谓予言:'寺赡衲子数百,阙半岁粮。'予曰:'何所办之?'曰:'赖宝公～耳。'"《元曲选·东坡梦》一折:"〔东坡云〕这是伽蓝堂,怎生不～?〔正末唱〕俺这里伽蓝堂,静悄悄隔着世尘。"明《西游记》九八回:"三山门内原是的神僧,闻得唐僧到时,急至大雄殿下～。" ❷ 照应;供养。宋陆游《入蜀记》卷三:"下江疾走如烟,上江之鼻孔撩天。徒劳他二佛～,了不见一僧坐禅。"佚名《张协状元》六出:"感得诸天～,又遭遇李大公。柴米有时无,教小二赍送。"

【打勾】 dǎ gōu ❶ 采购;选购。《元曲选·渔樵记》三折:"人见我性子乖劣,都唤我做张撇古,三日五日去那会稽城中～些物件。"明陈铎《一枝花·毡帽》:"百忙里无处讨。市卖行～全无,停僧铺搜寻较少。" ❷ 打点;准备。元曹明善《沉醉东风·村居》:"江糯吹香满穗秋,又～重阳酿酒。"

【打瓜子】 dǎ guā zi 用手指或掌侧骤击胳膊上的肌肉使

隆起,多用作对赌赛中输家的一种惩罚。"瓜子"喻指成块状的肌肉。明《金瓶梅词话》二四回:"宋惠连正和玉箫、小玉在后边院子里挝子儿,赌～,顽成一块。"清《聊斋俚曲·禳妒咒》:"这一回你打交,我先翻,翻错了的～。"

【打卦】 dǎ guà ❶ 根据卦象推断吉凶。《元曲选·朱砂担》楔子:"又道是:～～,只会说话。你怎么信那些油嘴的话头?"明《金瓶梅词话》五九回:"李瓶儿慌了,到处求神问卜～,皆有凶无吉。"清《飞龙全传》四〇回:"且又算命～,都说他有王妃之福。" ❷ 打趣;开玩笑。清《红楼梦》九九回:"我饶说笑话给姑妈解闷儿,姑妈反倒拿我打起卦来了。"

【打乖】 dǎ guāi ❶ 卖傻;藏拙。宋邵雍《安乐窝中好打乖吟》:"安乐窝中好～,～年纪合挨排。"佚名《张协状元》二〇出:"隐僻处直是会～,谁头发剪落便有人买?"明王九思《端正好·贺三原秦子京新居》:"这的是安乐窝中且～,堪洒落,疑猜猜。" ❷ 乖离;颠倒。道家称肾水上升于黄庭、心火下降于丹田为坎离颠倒。元佚名《端正好》:"调和就铅汞冶,蓦见坎女离男～,自有金公一处埋。成造化,笑诒诒,快哉!"

【打掴】 dǎ guāi 用巴掌打。明汤式《一枝花·自省》:"笑自笑讪脸偏禁～,怪自怪痴心不服烧埋。"《古今小说》卷二四:"刘氏自用手～其口与脸上,哭着告诉法官以燕山踪迹。"

【打拐】 dǎ guǎi ❶ 拄拐杖。明《醋葫芦》六回:"班衣轮着老莱子,～儿公公撑一肩。" ❷ 踢气球技法,大约是屈小腿外拐击球。明《西游记》七二回:"那个错认是头儿,这个转身就～。"清《续金瓶梅》三九回:"行动时,左足先仰,好似等～的气球;立下时,单腿独劳,又像扮魁星的踢斗。" ❸ 性交的隐语。明冯梦龙《笑府·当酒饭》:"一人三餐无食,……夫曰:'我今夜连要打三个～,以当三餐。'" ❹ 暗中克扣;打劫。清《歧路灯》五三回:"从来交官府的人,全指望说官司～,我不～,便是憨子。"又六五回:"俺两个原说是得头钱均分,他遭遭～。"《梦中缘》一〇回:"我与小姐好无缘也,怎么好事方才到手,偏偏就遇着贼来～!"

【打怪】 dǎ guài 人为地过分惊讶。明殷士儋《新水令·写真自嘲》:"唬杀人鼠咬着牛,慌煞你蛇吞了象,没来由～射暗獐。"

【打关节】 dǎ guān jié 请托说情。宋《陆九渊集》卷三五:"曾充之来问学,先生曰:'公且说与谁～来?'"元陶宗仪《辍耕录》卷八:"又李肇《国史补》总叙进士科云:'造请权要,谓之关节。'牛轲《牛羊日历》云:'由是轻薄奔走,扬鞭驰骛,以关节紧慢为甲乙。'以此推之,则谚所谓～、有梯媒者,不为无祖矣。"清《隋唐演义》四四回:"这等缓住了,然后一同去京中～,可以两全无害。"

【打关防】 dǎ guān fáng 打官司。《元曲选·魔合罗》三折:"多则是没来由葫芦提～,待推辞早承向。"《元曲选外编·村乐堂》二折:"若拿贼做个证见,我着他望穿堂打会关防。"

【打官防】 dǎ guān fáng 同"打关防"。金《董解元西厢记》卷八:"君瑞悬梁,莺莺觅死,法聪连忙救。'您死后教人～,我寻思着甚来由?'"又:"'不索,教您夫妻尽百年欢偶。'"《元曲选·救孝子》四折:"则您这公厅上将人问枉,去来波!我与你大人行打一会官防。"

【打官房】 dǎ guān fáng 同"打关防"。《元曲选外编·延安府》四折:"也不索长词短状,直和你见銮舆打一会官房。"

【打官司】 dǎ guān si 进行诉讼。宋袁采《袁氏世范》卷下:"然富人多要买此产,自谓将来拼钱与人～。"《元曲选·救孝子》二折:"依着这尸伤图本～,便与我烧了这尸首者。"清《红楼梦》四回:"这倒好了,我正想要～呢!"

【打光】 dǎ guāng 蹭光;打动人以获取好处。明汤显祖《紫

钗记》四四出:"这龟儿俊哉,前去~来。"

【打光光】 dǎ guāng guāng 称婴儿初学拍手的动作。明《朴通事谚解》卷中:"孩儿腕搭儿腕搭儿,把那手来提的高着,~,打凹凹。"

【打光棍】 dǎ guāng gùn (成年男子)过独身生活。明佚名《商辂三元记》一一出:"许愿不如还愿好,却来庙里~。"清《续金瓶梅》五三回:"我那~做穷医生的时节,见了一个李瓶儿就把我弄昏了。"《醒世姻缘传》七七回:"狄希陈叫人收拾房屋,从新供养起来,从崔近塘家搬回行李,在家同狄周主仆四人~居住。"

【打滚】 dǎ gǔn ❶ 躺在地下翻滚。明《朴通事谚解》卷上:"我的赤马害骨眼,不住的卧倒~。"李贽《焚书》增补一:"昔颜山农于讲学会中,忽起就地~,曰:'试看我良知!'"清《儒林外史》五四回:"虔婆大怒,走上前来一个嘴巴,把聘娘打倒在地。聘娘~,撒了头发。" ❷ 比喻长期置身某种范围内。明黄淳耀《寄弟伟恭书》:"我近来意味甚杂,皆因终日尘中~,自然多走失处。"汤显祖《邯郸记》二九出:"枕儿内有路分明留去向,向其间~,影儿历历端详。"清《续金瓶梅》四三回:"那金二官人平生畏之如虎,却又第一好躁,专在风流场里~舍命。" ❸ 拼合;缠裹。明徐问《读书札记》卷五:"大抵圣贤说道理,有本原,有作用。理无二致,而用功则有先后。故其次序如四时之不可易,若欲~一处,或倒做了工夫,恐于道难入也。"

【打过】 dǎ guò 放过去。宋《朱子语类》卷八:"学者须是立志,今人所以悠悠者,只是把学问不曾做一件事看,……遇事则且胡乱恁地~了。"觉范《摩陀歌赠乾上人》:"粥后眠一觉,不着溲涨亦不起;斋后行数步,不是肚膨也。"明夏尚朴《东岩集》卷一:"只是人遇事时胡乱~了,若每事肯入思虑,则心中自有一个当然之则。"

【打哈哈】 dǎ hā hā 开玩笑;逗乐。明《西游记》八八回:"八戒不敢言,掬掬嘴,挑着行囊,打着哈哈,师徒们奔上大路。"《梼杌闲评》三〇回:"忠贤也自觉言语太汕,便打了个淡哈哈,起身走到房中。"清《聊斋俚曲·禳妒咒》:"我也爱~,这骨牌争竞多,不敢再做从前错。"

【打孩歌】 dǎ hái gē 战栗;哆嗦。元佚名《柳营曲·风月担》:"舆车前唱挽歌,冻的来~。"

【打骸垢】 dǎ hái gòu 即"打孩歌"。明《西游记》二五回:"唬得清风脚软跌根头,明月腰酥~。"

【打害】 dǎ hài 折磨。明禄洪《倾杯玉芙蓉·冬思》:"几万种思量,几千遍搓床。~得人不生不死,恼断我愁肠。"

【打鼾】 dǎ hān 熟睡时发出粗重呼噜声。明李梅实《精忠旗》三出:"〔外~介〕〔净认介〕哦,这庑下睡的,想是俺府中押衙何立老哥。"《醒世恒言》卷七:"吃得烂醉如泥,在一壁厢空椅子上~去了。"清《红楼梦》二一回:"袭人听他半日无动静,微微的~,料他睡着。"

【打鼾睡】 dǎ hān shuì 睡觉时发出呼噜声。《元曲选·来生债》一折:"我试睡咱。〔做~科,叫云〕"明《西游记》二一回:"只见那把门的小妖,正~。"《醒世姻缘传》四五回:"狄希陈假装睡着,渐渐的打起鼾睡来。"

【打寒】 dǎ hán 因发烧而冷颤。明《金瓶梅词话》五八回:"妈妈便气了一场病,打了寒,睡在炕上半个月。"又七八回:"贲四具言在京感冒~一节,直到正月初二日才收拾起身回来。"

【打寒噤】 dǎ hán jìn 因受冷受凉而身体抖颤。明薛己《薛氏医案》卷二三:"左肋下有痰核,不时~。"《西游记》二五回:"那行者在路,偶然打个寒噤道:'不好了!'"清《醒名花》四回:"翌王

一头~,勉强回答道:'小子本是双流县人。'"

【打寒森】 dǎ hán sēn 犹"打寒噤"。清《聊斋俚曲·快曲》:"冻的我几乎近了心,~,好难禁。"

【打寒战】 dǎ hán zhàn 犹"打寒噤"。《元曲选·渔樵记》四折:"我则索映着堤边耸定双肩,尚兀自~。"△清《济公全传》八七回:"和尚又用手照姜天瑞一指,说:'唵敕令赫。'姜天瑞一~,自己用手就打自己的嘴巴。"

【打罕】 dǎ hǎn 感到稀罕;惊讶。清《聊斋俚曲·姑妇曲》:"人人听说齐~,贤惠的荣华差之减;世间报应甚分明,休说老天没灵验。"《醒世姻缘传》三五回:"袖了一锭四十两的元宝,说了一声多谢,拱了一拱手,佯长而去。真是千人~,万人称奇。"

【打行】 dǎ háng 另见 dǎ xíng。替人充当打手的行业。明王世贞《巡抚应天周中丞》:"至于迩者抢米一事,非饥民也,盖~恶少耳。"徐光启《农政全书》卷八:"~之风,本县颇盛。凡愚民有报仇复怨之事,争投其党。"清毛奇龄《明少傅兵部尚书祁公传》:"会苏州无厉名~,廉其稔恶可杀者四人,械于衢。"

【打号】 dǎ hào 喊号子。宋刘昌诗《芦浦笔记》卷三:"畚筑之间有~。"明《醒世恒言》卷二八:"众水手齐声打号子起锚,早把吴衙内、贺小姐惊醒。"清李玉《清忠谱》二二折:"〔合〕恨忠贤贼臣,〔~介〕牙牙许牙。"

【打呵呵】 dǎ hē hē 即"打哈哈"。明冯惟敏《集贤宾·归田自寿》:"每日价~大家开笑口。"

【打呵欠】 dǎ hē qiàn 困倦时深吸气后呼出。《元曲选·渔樵记》二折:"投到你做官,直等的那日头不红,月明带黑,星宿眨眼,北斗~!"明《朴通事谚解》卷上:"常言道:矮子~,气儿不长。"清《醒世姻缘传》七三回:"谁知第二日这陈恭度淹头搭脑,前偃后合,疲困眼湿,~,害磕睡。"

【打合】 dǎ hé ❶ 混合;结合。宋李弥逊《十月桃·同富季申赋梅花》:"如今万点难缀,共苍苔~成班。"明沈周《食蛏》:"着姜相~,渍酒与温存。"清洪昇《长生殿》九出:"离别悲,相思意,两下里抹媚谁知! 我从旁参透个中机,要~鸾凰在一处飞。" ❷ 邀约;纠合。宋元《警世通言》卷二〇:"次日,便去~个量酒的人。"《元曲选·张天师》三折:"莫不是你桃花~的他来么?"清《隋唐演义》四六回:"你要替别人家做事,在这里来~人去。" ❸ 拼凑;凑合。宋叶绍翁《四朝闻见录》甲集:"某以非恩王押字拒之,众人~五十千与之去矣。" ❹ 说合;斡旋。元王恽《弹大兴县官吏乞受事状》:"又有一休和人罢役司吏张权县要讫安三钞一十五两,祗候人冯首领、董面前要讫钞九两,~人韩大处见收钞一十七两。"明《型世言》一五回:"成契定要二百五十两,花、甘两个个,二百两。"清《醉醒石》一〇回:"叫出向来主管,使他~:每亩要银一钱,折东五分,方与租种。"

【打和哄】 dǎ hé hòng 犹"打哄❶"。宋元《古今小说》卷三:"这桩事,却有些不谐当。邻舍们都知了,来~。倘或传到我家去,父母知道,怎生是好?"

【打和】 dǎ hè 另见 dǎ huó。❶ 发声应和;帮腔。宋孟元老《东京梦华录》卷九:"参军色执竹竿拂子,念致语口号,诸杂剧色~。"元商衢《一枝花》:"忍耻包羞排场上坐。念诗执板,~开呵。"六十种曲本《琵琶记》一七出:"〔净〕呀,到被你听见了。也罢,我唱与~。〔丑〕使得。〔净〕孝顺还生孝顺子。〔丑〕打打哈莲花落。" ❷ 同"打合❹"。明《金瓶梅词话》一四回:"这家子~,那家子撮合,他的本分少,虚头大,一些儿不巧人腾挪。"

【打横】 dǎ héng 指方桌入坐时在正位的两侧。元明《水浒传》二四回:"武大叫妇人坐了主位,武松对席,武大~。"明《醒

世恒言》卷三〇:"房德复身到书房中,扯把椅儿,～相陪。"清《红楼梦》八九回:"宝玉在上首,袭人麝月两个～陪着。"

【打哄】 dǎ hòng ❶凑趣;开玩笑。《五灯会元》卷二〇《荐福休禅师》:"此土与西天,一队黑漆桶。逛惑世间人,看看灭胡种。山僧不奈何,趁后也~。"明《梼杌闲评》一三回:"二人谈笑谑浪,无所忌惮。秋鸿也在旁,～说笑。"清《儒林外史》一二回:"当下牛布衣吟诗,张铁臂击剑,陈和甫～说笑。" ❷喧争;哄闹。宋《朱子语类》卷八四:"当时满朝更无一人知道合当是如何,大家～一场,后来只说莫若从厚。"元明《水浒传》八〇回:"孙二娘、顾大嫂两个,穿了些腌腌臜臜衣服,各提着个饭罐,随着一般送饭的妇人,～入去。"明《禅真逸史》一〇回:"当日领着这一班人,却好打从李秀门首经过,见一伙人在那里～争闹,都立住了脚。" ❸胡混;胡乱苟且。宋张镃《水龙吟·夜梦行修竹林中》:"许多时～,鲇鱼上竹,被人弄,知多少。"《元曲选·陈抟高卧》一折:"你是五霸诸侯命,一品大臣名,干～胡厮哄过了半生。"清《续金瓶梅》二四回:"若只随行逐队,～过日,阎罗老子打算饭钱,不是耍处。" ❹说假话;哄骗。元佚名《集贤宾》:"想当初～儿说了个别离,作耍儿真个行程。"《元曲选·桃花女》四折:"则问你为甚么腰悬利斧出城东?怎生的我根前还来～?" ❺搅闹。宋洪迈《夷坚志》丁卷一〇:"闻张为人主醮事,语所善曰:'当～这秃一场。'"

【打后手】 dǎ hòu shǒu 犹"打背工"。明《醋葫芦》三回:"我道娶位二娘子,也赚他几圆钱使用;便是卖丫环,也可打些后手。"《型世言》三六回:"就是公事,本房也少,讲时节又有积年老先生做主,～他不过得个堂伏包儿。"

【打呼卢】 dǎ hū lú 因熟睡或呼吸不畅嗓子发出"呼呼噜噜"的声音。清《醒世姻缘传》六回:"那猫吃的饱饱的,闭着眼,朝着那本经睡着～。"又七七回:"相主事夫妇都连忙起来,摸他身上还是滚热的,嗓子里正～。"

【打虎】 dǎ hǔ 猜谜。清《醒世姻缘传》五八回:"咱～罢。我说你打,你说我打。咱一递一个家说。我先说起:'遍游净土访阇黎,常言四字。'"

【打虎跳】 dǎ hǔ tiào 手、脚先着地,向前或侧向翻身跳跃。明《西湖二集》卷一一:"就如小学生离了先生的学堂,便思量去翻筋斗、～、戴鬼脸、支架子的一般,恣意儿玩耍。"《禅真逸史》一九回:"翻筋斗,～,扯拳拽脚,嬉要喊叫。"按,清翟灝《通俗编》卷三一:"今以引腰跳掷曰～。"

【打花】 dǎ huā ❶摘花。宋元《今古小说》卷三三:"六合县里有两个扑花的,一个唤做王三,一个唤做赵四,各把着大蒲篓来,寻张公～。" ❷打水激起浪花。明《西游记》六回:"～的鱼儿,似鲤鱼,尾巴不红。" ❸打花舌;耍嘴皮。明《西游记》八四回:"三藏喝道:'不要～!且干正事!端的何如?'"

【打滑擦】 dǎ huá cā 脚下打滑或用脚在光滑平面上滑动。喻指溜走、逃跑。元王大学士《点绛唇》:"一个岸边~,一个头尖眼大,一个莎岗上扑马扎。"明佚名《乐毅图齐》二折:"到来日人披马甲,马披人甲,遇着敌军,打个滑擦。"

【打化】 dǎ huà 募化;求布施。宋宗杲《宗门武库》:"(渊首座)住慧安,逐日～。"宋元《清平山堂话本·简帖和尚》:"这大相国寺里知寺厮认,留苦行在此间～香油钱。"

【打话】 dǎ huà 同"搭话"。宋《三朝北盟会编》卷二八:"朝廷遣工部郑侍郎往军前奉使,可遣人来～。"金《董解元西厢记》卷二:"才歇罢,重披挂,何曾～。不问个是和非,觑僧人便扎。"明《警世通言》卷一八:"那下首该页的秀才来～,要他让页,情愿将几十金酬谢。"

【打唤】 dǎ huàn 邀请。宋陈元靓《事林广记》续集卷七《圆里圆》:"相逢闲暇时,有闲底～儿。"按,瞒儿,市语称"我、我们"。元佚名《错立身》二出:"你如今和我去勾阑内～王金榜,来书院中与它说话。"按,宋汪云程《蹴鞠谱·圆社锦语》:"打唤,请人。"

【打换】 dǎ huàn 交换;调换。元佚名《四换头·题情》:"因咱闲暇,有个人儿来到家。帘儿直下,偷睛抹。牵情的我儿,先～香罗帕。"明《拍案惊奇》卷一:"回他几百两中国货物,上去～一些土产珍奇,带转去有大利钱。"清《东周列国志》四六回:"欲将先轸尸首,与晋一部胡之尸。"

【打晃】 dǎ huàng 身体摇晃站立不稳。清《绿野仙踪》五七回:"此时郑三家老婆,已被看的人拉住在院外,如醉如痴的～。"

【打浑】 dǎ hún ❶同"打诨❶"。宋袁文《瓮牖闲评》卷八:"内宴优伶～,惟御史大夫不预,盖始于唐李栖筠也,至今遂以为法。" ❷同"打诨❷"。宋罗从彦《诲子侄文》:"真德秀曰:'愿汝出门去,德行重八方。'其后,苏东坡～示子苏迈曰:'愿汝出门去,毋玷辱父娘。'"明金銮《一枝花·嘲吴山人雪中招客游天界寺》:"那里也参禅解下东坡带,只管白～死妆呆。" ❸同"打诨❸"。明《拍案惊奇》卷三三:"这个社长!你不知他是个诈骗人的,故来我家里～!" ❹同"打混❷"。明《禅真逸史》四回:"二位住持一过日,我看你动静,你看我行藏,二人都冷眼偷瞧,无所长短。"

【打诨】 dǎ hùn ❶表演滑稽逗笑的言语动作。宋吴自牧《梦粱录》卷二〇:"副净色发乔,副末色～。"《宋诗话辑佚·王直方诗话》:"山谷曰:'作诗正如作杂剧,初时布置,临了须～,方是出场。'"清赵翼《陔馀丛考》卷二二:"思明临死骂曹将军曰:'这胡误我!'此等语直是戏曲中～,岂可施于文字?" ❷泛指说笑逗乐。《元曲选·生金阁》四折:"〔魂子云〕我害饥也,买个蒸饼吃哩。〔娄青云〕这厮还要～。"明《古今小说》卷一:"这婆子俐齿伶牙,能言快语,又半痴不颠的惯与丫环们～,所以上下都欢喜他。"清《飞龙全传》一回:"方才想是那些小鬼儿在此～作乐,遇着我们进来,他便回避了。" ❸蒙混。《元曲选·合同文字》三折:"这个社长,你不知他是诈骗人的,故来我家里～。" ❹同"打混❷"。明《警世通言》卷一五:"日逐～,那门子也都感激,在县主面前虽不能用力,每事却也十分周全。"

【打混】 dǎ hùn ❶混合;掺杂。明徐问《读书札记》卷五:"人心动静,随处可以用工,若～一处,尤难得力也。" ❷掺和;加入进去;混在一起。明《西游记》二回:"那大众正正睡哩,不知悟空已得了好事。当日起来～,暗暗维持。"清《红楼梦》一〇八回:"宝玉虽然娶过亲的人,因贾母疼爱,仍在里头～,但不与湘云、宝琴等同席。" ❸搅混;打搅;搅扰。明赵南星《锁南枝》:"比似名花红嫩粉,蝴蝶儿采取应该,磕毒虫齐来～。"《肉蒲团》一〇回:"我论理也该睡在这边,再讨些赏赐了去。只是旁边有～的人,你两个就干不爽利,不若我回家去睡罢。"清《锦香亭》七回:"此间有子弟们来～,可请到书房中去坐。" ❹鬼混;胡混。明《梼杌闲评》二回:"有个儿子叫唤买儿,才十九岁,生得清秀,也是个不安本分的浮浪子弟,终日跟着些客人在花柳丛中～。"清《续金瓶梅》四一回:"一个光身常在此宿,帮这些浪相公骗酒食~。"《粉妆楼》四六回:"米中砂笑了一声,吩咐家人照应灯火,自己却同一个少年老妈去～去了。" ❺敷衍;苟且度日。清《续金瓶梅》二四回:"且在宅子里～着。东也问,西也问,再不得个真信。"

【打和】 dǎ huó 另见 dǎ hé。拌和;搅拌混合。明朱橚《普济方》卷四九:"次日再炒,以柳枝成炭为度,于地上摊冷,另放八件～为末。"清《医宗金鉴》卷八九:"加赤芍、草乌、良姜、肉桂各少

许～,用韭叶捣烂同贴。"

【打火】 dǎ huǒ ❶ 生火;点火。宋元《警世通言》卷二〇:"娘子妒色,罚我厨下～挑水做饭。"《元曲选·黄粱梦》一折:"兀那～的婆婆,央做饭与我吃。"清高士奇《松亭行纪》卷下:"当年辟疆土,此地陈军容。裹粮驱戍卒,～起边烽。" ❷ 旅途中做饭或用餐。宋佚名《张协状元》四〇出:"夜月辉辉,～便行。"《元曲选·黑旋风》楔子:"官人每,打了火过去。"明《西游记》八四回:"我四个先来赁店房～,还有六个在城外借歇。"

【打伙】 dǎ huǒ ❶ 同"打火❷"。《元曲选·朱砂担》二折:"我和那兄弟前面～处,打了个赌赛。他说道他走路快,我道我走路快。" ❷ 结伴;合伙。元明《水浒传》三二回:"次日早起,～又行。"明《西游记》七四回:"径来此处与我这两个大王结为兄弟,合意同心,～儿捉那个唐僧也。"清《说岳全传》六八回:"朋友!何不在此坐坐?我们～同行如何?" ❸ 即"打混❷"。明《石点头》卷一二:"每日间夫妻～作乐,丢我在半边,全然不睬。"清蒲松龄《东郭箫鼓词》:"这城里无论那家乡绅把客请,不着俺去就嫌寂寞。～里闷倦极了去郊外耍,他们家挑着担子抬着盒。"

【打伙子】 dǎ huǒ zi (众人等)合起来;一起。明丁彩《干荷叶》:"促织儿因甚不教我睡,才合眼你～闹成堆。"清《醒世姻缘传》六九回:"我抱着你们的孩子撩在井里了么?～咒念我!"《聊斋俚曲·翻魇殃》:"～传杯换盏,只吃的意快情浓。"

【打饥荒】 dǎ jī huāng ❶ 比喻开支不足;生活拮据。清《红楼梦》三六回:"如今我手里给他们,每月连日子都不错;先时候儿在外头关,那个月不～。"又一〇八回:"那二舅太爷也是个小气的,又是官项不清,也是～。" ❷ 比喻纠缠麻烦。清《红楼梦》一六回:"他为香菱儿不能到手,和姨妈打了多少饥荒!"又七二回:"这会子说得好听,到有了钱的时节,你就丢在脖子后头了,谁去和你～去!"《霓裳续谱·一更里盼郎》:"等他来时咱和他～,问你答话,别教上你的床。"

【打鸡窝】 dǎ jī wō 用斗斛量米时使斛面中间凹下,克扣分量。《元曲选·陈州粜米》一折:"我做斗子十多罗,觅些仓米养老婆。也非成担偷将去,只在斛里～。"明林俊《禁约民害》:"铺行船家粜卖米谷,手刟斗斛,名曰～。"

【打脊】 dǎ jǐ 杖笞脊背的肉刑,宋代以后多用作詈词,犹言该死。唐王梵志《贫穷田舍汉》:"驱将见明府,～趁回来。"宋佚名《张协状元》一二出:"〔旦唾〕～!不晓事底呆子,来伤触人!"宋元《警世通言》卷一三:"～贱人!你却来我面前说鬼话!"

【打家贼】 dǎ jiā zéi 入室抢劫的盗贼。《元曲选·铁拐李》一折:"敢把你拖到官司便下牢,我先教你,省会了你和那～并排压定脚。"明佚名《粉蝶儿·子弟收心》:"想这等婆娘,真乃是～,劣心肠狠毒如柳盗跖。"汤显祖《牡丹亭》三七出:"你道他为什么向金盖银墙做～?"

【打夹账】 dǎ jiá zhàng 谎报开支,从中渔利。明《古今谭概·微词部·打甲帐》:"凡交易事,居间者索私赠,名为～。"《金瓶梅词话》六二回:"背地里和印经家打了一两银子夹账,我通没见一个钱儿。"清《醒世姻缘传》六回:"临买他的时,讲价钱,～,都是他的首尾。"

【打架】 dǎ jià 互相殴打。清雍正五年八月七日直隶总督宜兆熊奏折:"有一晚上,小的见一个黑大汉子踢小的一脚,小的就与他～。"《霓裳续谱·惧内的苦》:"那一日我喝了个醺醺醉,我们两口子～,地下箍辘。"《野叟曝言》六六回:"性发便怎样,敢要和我～么?"

【打尖】 dǎ jiān 旅途中休息用餐。清《聊斋俚曲·富贵神

仙》:"晌午打了一回尖,登程行到日衔山。"《红楼梦》一五回:"忽见宝玉的小厮跑来,请他去～。"袁枚《子不语》卷二三:"猛忆潞河至京四十里,其间不过花园～草舍一二家,何以昨夕有街市如此盛耶?"

【打奸情】 dǎ jiān qíng 通奸。明《咒枣记》六回:"原来是一个丫鬟一个小厮,衣服儿脱得光光的,在那里～哩。"清《后西游记》二五回:"和尚～,倒好耍子。"

【打减】 dǎ jiǎn 减少。宋《三朝北盟会编》卷一一〇:"许令南使渡河,仍～人从,方得摆渡。"元欧阳玄《圭斋文集》卷一二:"如冗官之汰,大德之初尝举行之。中书以～置局而董之,以平章某公或议当并,某司则创,某司则创,某司则兼领之。"

【打降】 dǎ jiàng ❶ 打架斗殴。明高攀龙《同善会讲语》:"但看世间嫖赌～告状诈人的,那有善终的?"《梼杌闲评》三四回:"适值西城御史倪文焕经过,也是他该管地方,便叫长班查甚么人～。"清《红楼梦》庚辰本二四回:"在赌博场吃闲钱,专管～吃酒。" ❷ 指打手。明高攀龙《申严宪约责成州县疏》:"凡天罡地煞,～把棍之类,访其首恶重治。"△清《生花梦》四回:"屠八却领了三四十～,都藏着器械,赶到府前。"

【打交】 dǎ jiāo ❶ 即"打交道"。宋元《清平山堂话本·刎颈鸳鸯会》:"且朱秉中日常在花柳丛中～,深谙十要之术。"《警世通言》卷一四:"且只得胡乱在今时州桥下开一个小小学堂度日,等待后三年春榜动,选场开,再去求取功名。逐月却与几个小男女～。" ❷ 相撞击。清《照世杯·掘新坑》:"穆太公唬得上下牙齿捉对儿～,一句也回答不出。" ❸ 角力;摔跤。宋耐得翁《都城纪胜·瓦舍众伎》:"踢弄,每大礼后宣赦时抢金鸡者用此等人。上竿、打筋斗、踏跷、～、辊脱索。"清《野叟曝言》二二回:"你们家传卖解,光是跌扑～、跑马走索这些本事,还有别的武艺没有?"

【打交道】 dǎ jiāo dào 交往;在一起混。宋陈著《答汪文卿书》:"今却与阿堵物～,日谋此去,犹未遂也。"清《红楼梦》一一八回:"怕又犯了前头的旧病,和女孩儿们打起交道来,也是不好。"

【打交衮】 dǎ jiāo gǔn 犹"打交❸",喻指磨砺。宋姚勉《西涧书院讲义四》:"此最害道,虽圣门弟子如卜子夏,亦曾从里面～来。"

【打角】 dǎ jiǎo 包装捆扎。宋苏辙《论蜀茶五害状》:"今多作名目,如牙钱、～钱之类。"元李士瞻《与陈子奇院判书》:"早得完备,起解前来,先期～,不误风信,吾之愿也。"《元典章·户部七》:"今后应起运钱粮物,合用～木柜绳索,须要牢壮。"

【打搅】 dǎ jiǎo ❶ 搅拌;搅动。明朱橚《普济方》卷四〇三:"旋旋倾热水一小盏入油盏内,不住手以杖子～,直候人尽热水,更打令匀,如蜜即止。"孙一奎《赤水元珠》卷七:"先将羊肺洗净,次将杏仁膏、柿霜等白蜜水解薄,～五味稀稠得所,灌入肺中。" ❷ 搅扰;干扰。《元曲选·争报恩》楔子:"倒一觉好睡也,吃你～醒了我。"元明《水浒传》二四回:"你却不可躁暴,便去动手动脚,～了事,那时我不管你。"清潘天成《铁庐集》卷三:"志定之后,无一闲念～,自然读得成书。" ❸ 叨扰。受人款待或帮助时的致谢语。《元曲选·竹叶舟》一折:"小生连月～,感激不尽。"明朱有燉《团圆梦》二折:"奶奶请自在,媳妇不来～你了。"清《续金瓶梅》二七回:"月娘万万无奈,只得依言,道:'只是～了你。'"

【打醮】 dǎ jiào 道士设坛念经做法事。《元曲选外编·圯桥进履》一折:"施主若来请～,清心洁静更诚坚。"明《金瓶梅词话》三九回:"西门庆玉皇庙～,吴月娘听尼僧说经。"清屈大均《广东新语》卷一一:"为醮事曰～。"

【打醮水】 dǎ jiào shuǐ 捞油水;敲竹杠。醮水,供蘸取佐餐

的酱醋、辣椒等调味品。清《儒林外史》四二回:"我们好些时没有大红日子过了,不打他的醮水还打那个?"

【打街】 dǎ jiē 在街坊募化。宋宗杲《宗门武库》:"时湛堂为座元,问渊曰:'公去如何住持?'渊曰:'某无福,当与一切人结缘,自负栲栳,～供众。'"

【打劫】 dǎ jié ❶ 攻打;抢掠。《敦煌变文校注》卷二《韩擒虎话本》:"遂却继自家旗号,显其衾虎之名,引军～,直到石头店。"元许衡《大学要略》:"如古时有个柳盗跖,专一要做贼～。"清《豆棚闲话》九则:"正经那大伙～人的本根老贼,到他家中安享。" ❷ 侵袭。明汤式《一枝花・春思》:"相思鬼皮肤里～,睡魔神眼睫上盘踅。" ❸ 围棋术语。在一处可以互相提掉对方棋子的地方,都不可直接提子,须在别处寻"劫",待对方应着后,方可提子。如此往来,称打劫。唐杜荀鹤《观棋》:"得势侵吞远,乘危～赢。"清《红楼梦》九二回:"通局的输赢也差不多,单为着一只角儿死活未分,在那里～。"

【打结】 dǎ jié ❶ 了结;搞定。宋《朱子语类》卷一一八:"讲学切忌研究一事未得,又且放过,别求一事,如此则有甚了期。须是逐件～,久久通贯。" ❷ 在条状物上绾疙瘩,或把两条状物绾结在一起。明宋应星《天工开物・乃服》:"即接断,丝一扯即长数寸,～之后,依旧原度,此丝本质自具之妙也。"《古今小说》卷二七:"开花帽子,～衫儿。旧席片对着破毡条,短竹根配着缺糙碗。"清《剿捕临清逆匪纪略》卷二:"用蓝白绸布包头者四五百人,餘俱光头,发辫～,手执刀斧农具等物。" ❸ 聚拢;凑在一起。明施绍莘《步步娇・与妓话旧感赠》:"鸳鸯曾～,织锦旧填词,是你姐姐。"《古今小说》卷四〇:"马给事略沾唇,面便发赤,眉头～,愁苦不胜。"

【打结交】 dǎ jié jiāo 犹"打交道"。清《醒世姻缘传》六七回:"这艾满辣是那低人之中更是最低无比的东西!你就合他～?"又八四回:"应城伯家要这孩子做通房,情愿出我二十五两银。我不合那大勋臣们～。"

【打截】 dǎ jié ❶ 同"打劫❶"。元张国宾《汗衫记》四折:"您要的是轻裘肥马不公钱,却～俺这忍饥寒的范丹、原宪。"《孤本元明杂剧・东平府》二折:"本是个山寨上～人,扮做个村庄里买办叟。" ❷ 一种唱曲的形式,即一曲唱到一半时改接它曲。元陶宗仪《辍耕录》卷二七:"有爱唱的,有学唱的,有能唱的,有会唱的,有高不揭、低不咽,有排字儿、～儿,放撺儿,唱意儿。"

【打金印】 dǎ jīn yìn 讳称黥刑(在犯人面上刺字)。元明《水浒传》八回:"原来宋时,但是犯人徒流迁徙的,都脸上刺字,怕人恨怪,只唤做～。"

【打紧】 dǎ jǐn ❶ 要紧。《元典章・工部二》:"海道里官粮交运将大都里来的,最～的勾当。"明杨一清《关中奏议》卷三:"且通番之人,明知事例犯该充军,乃互相嘻谓:'无故亦要投军,有甚～!'"《西游记》二九回:"甚么～之事!我要吃人,那里不捞几个吃吃。" ❷ 极其;很是。表示对程度的强调。元明《水浒传》四八回:"前门～路杂难认,一遭都是盘陀路径,阔狭不等。"明《禅真逸史》四回:"这一带上墙～又高又厚,二哥怎地过去?" ❸ 本来;原本。表示对当前情况或已有条件的强调。《元曲选・桃花女》一折:"说我只在后日午时,土炕上板僵身死。～的我又怕死。这板僵的'板'字,教我怎当的起?"明《金瓶梅词话》一二回:"奴出娘胞儿,活了二十六岁,从没干这营生。～我顶上这头发近来又脱了好些,只当可怜见我罢!"清《红楼梦》七六回:"我也太操心。～说我偏心,我反这样。" ❹ 紧急时刻。《孤本元明杂剧・贫富兴衰》一折:"这雪一发不住了,～路又不通,怎生是好?"明《金瓶梅

词话》六七回:"半夜三更,房下又七痛八病,少不得扒起来收拾草纸被褥,叫老娘去。～应保又被俺家人使了往庄子上驮草去了,百忙挝不着个人。"清《儒林外史》二回:"每日骑着这个驴,上县下乡,跑得昏头晕脑,～又被这瞎眼的亡人在路上打个前失,把我跌了下来。"

【打噤】 dǎ jìn 即"打寒噤"。明陈铎《耍孩儿・舟中自咏疥疮》:"抓一抓浑身～,动一动两腿筛箩。"《西游记》二五回:"我只说他昨日打了我两顿,今日想不打了,却又打我的化身,所以我真身～。"《二刻拍案惊奇》卷九:"做了夫妻之后,时常与素梅说着这事,两个还～的。"

【打竞】 dǎ jìng 即"打噤"。明《金瓶梅词话》二三回:"虽故地下笼着一盆炭火儿,还冷的～。"

【打酒坐】 dǎ jiǔ zuò 下等妓女到酒店筵席前卖唱侍候。宋孟元老《东京梦华录》卷二:"又有下等妓女,不呼自来筵前歌唱,临时以些小钱物赠之而去,谓之'札客',亦谓之'～'。"按,《梦粱录》卷一六作"打酒座"。

【打救】 dǎ jiù 同"搭救"。清《歧路灯》一一回:"只为谭乡绅有病,求老母～～。"《白雪遗音・九个郎》:"周郎定计动刀枪,～十一郎。"

【打聚】 dǎ jù ❶ 聚集;聚拢。宋吴自牧《梦粱录》卷一六:"又有茶肆,专是五奴～处。"耐得翁《都城纪胜・茶坊》:"又有一等专是娼妓弟兄～处。"明宋诩《造麸醋法》:"两日后成黄,即～作一堆。" ❷ 一种骗术。宋周密《癸辛杂识》续集卷下:"视其所溺何妓,于是敛金以偿其直,然后许以嫁之。且俾少俟课钱足日取去。……而不肖子阴堕其计中,反为外护,虽欲少逞故智,不可得矣。其名曰～。"

【打圈】 dǎ juàn 另见 dǎ quān。猪发情。清《醒世姻缘传》三六回:"再有那一样歪拉邪货,心里边即与那～的猪、走草的狗、起骒的驴马一样。"

【打撅】 dǎ juē ❶ 打进木楔。明陈铎《朝天子・油坊》:"槽边厢～,箍儿里使楔,石滚碾牛拖拽。" ❷ 喻男女苟合。明《金瓶梅词话》二五回:"先在山子底下,落后在屋里～,成日明睡到夜,夜睡到明。"

【打决】 dǎ jué 行杖或鞭打。同义复词。《敦煌变文校注》卷五《维摩诘经讲经文(三)》:"其大官甚怒,便令从人拖出,数人一时～,其人叫呼。"宋赵抃《奏疏乞罢免陈执中》:"又海棠一名,因阿张～逼胁,遍身痕伤。"

【打绝板】 dǎ jué bǎn 打最后一下拍板。比喻把话说死,不留餘地。清《醉醒石》一四回:"莫南轩说不入,见他打了绝板,只得念两句落场诗道:'不贤,不贤!'"

【打勘】 dǎ kān ❶ 拷问;刑讯。宋黄榦《危教授论熊祥停盗》:"及追到熊祥,再唤人供对,与前所供全然相反。并称系是弓手黄友、徐亮在龙舟院打缚,又系危官人自行～。"宋元《清平山堂话本・简帖和尚》:"山前行山定看着小娘子生得怎地瘦弱,怎禁得～?" ❷ 清点核对。宋周密《癸辛杂识》续集卷下:"其后官司～没官田土,则贾相所舍寺中万三千亩正在数中。"元胡祗遹《论政事》:"不造作不急用工匠及一切杂户,～见数,与民一体当差。"郑元佑《遂昌杂录》:"吴人郑元,字长卿。内附后,其大父为北钞库大使。库后火,～得少苏。" ❸ 查考;省察。宋赵必璩《吟社递至诗卷足十四韵以答之》:"无赍谒梅花,一诗我破戒。春风如～,具有案卷在。"明刘宗周《论语学案》卷三:"故又须内自讼,试问此过从何来历,从何造端,从何成就,从何结果,一一～,直穷到底。"

【打看】 dǎ kàn ❶ 打量;观看。《元曲选·合汗衫》三折："这官人好和那张孝友孩儿厮似也。仔细~,全是我那孩儿。"明《醒世恒言》卷二五："那遏叔走到殿上,四下~,莫说一个人,连这铺设的酒筵器具,一些没有踪迹。" ❷ 察看;打探。《西游记》八四回："我要下去,到街坊~路径。"《醒世恒言》卷一三："不消两个时辰,二人~得韩夫人房内这般这般。"清《醒名花》一回："小姐没有缘法,自己不来,苦苦的叫我~端的。"

【打拷】 dǎ kǎo 拷打;刑讯。宋《张氏可书》："某乃官人任内~致死,故来求功德追荐。"《元曲选·窦娥冤》二折："捱千般~,万种凌逼。"清《后水浒传》八回："将郜元严刑~。"

【打颏歌】 dǎ kē gē 即"打孩歌"。《元曲选·酷寒亭》三折："僧住将手心儿搓,赛娘把指头儿呵,冻的他战笃速~。"明朱有燉《柳营曲·咏风月担儿》:"披羊皮寻饭吃,盖稿荐。哥,再休将风月担儿夺。"

【打窠地】 dǎ kē dì 犹"打抽丰"。宋洪迈《夷坚志》支庚卷七:"我乃路歧散乐子弟也,知市上李希圣宅亲礼请客,要去~。"

【打磕睡】 dǎ kē shuì 犹"打盹❶"。元《三遂平妖传》一九回:"小人恐怕~误了更次,把这曲儿来唱,便~。"

【打瞌睡】 dǎ kē shuì 同"打磕睡"。明《醒世恒言》卷六:"不要说起!在生口上~,不想跌下来,磕损了这眼。"清《白雪遗音·游庵》:"〔小旦〕来了。师父,佛婆可在?〔正〕在此~。"

【打区】 dǎ kōu 一种藏物让对方猜测的游戏。唐段成式《酉阳杂俎》前集卷六:"山人石旻犹妙~,与张又新兄弟善,暇夜会客,因试其意驱,注之必中。张遂提钩于巾襞中,旻曰:'尽张空拳。'有顷,眼钩在张君幞头左翅中,其妙如此。"明胡应麟《少室山房笔丛》卷二四:"今之戏具,与古同而盛行于世者,围棋、象戏、握槊而已;弹棋、搏蒲、打马、~、采选、叶子等,俱不传。"

【打空】 dǎ kōng 凭空。宋《朱子语类》卷一二三:"~说及某人,乡里皆推其有所见。"

【打块】 dǎ kuài 成群;聚作一团。明梁辰鱼《好事近·元宵灯词》:"闹童儿满街,争~旋还转。"清《飞龙全传》八回:"看看走进了九曲十八湾,只见那边有许多人马、~呐喊厮杀。"

【打快】 dǎ kuài 赶快。宋方逢辰《田父吟》:"~织机趁织网,作急籴米输苗仓。"元关汉卿《侍香金童》:"莲步轻移呼侍妾,把香桌儿安排~些。"《元曲选·罗李郎》二折:"你有和无~疾忙道。"

【打宽转】 dǎ kuān zhuǎn 绕道。明《古今小说》卷二一:"董昌闻了此信,不敢走杭州大路,~打从临安、桐庐一路而行。"《警世通言》卷一:"伯牙收拾行装,仍打大宽转,从水路而行。"

【打刺】 dǎ là 同"答剌(dá là)"。明汤显祖《牡丹亭》四七出:"〔老旦手足做你介〕兀该~。〔贴〕叫马乳酒。"

【打刺苏】 dǎ là sū 同"答剌苏"。《元曲选外编·存孝打虎》二折:"金盏子满斟着赛银~。"

【打刺酥】 dǎ là sū 同"答剌酥"。《元曲选·小尉迟》二折:"去买一瓶~吃着耍。"

【打刺孙】 dǎ là sūn 即"答剌苏"。《元曲选外编·降桑椹》一折:"哥也,俺~多了。"

【打辣酥】 dǎ là sū 同"答剌酥"。清《续金瓶梅》五八回:"向辽阳开辟了荆榛,~吃不尽烧羊嫩。"《说岳全传》七九回:"我这牧羊城内出的是上等~,待小的们去烫几瓶来。"

【打拦】 dǎ lán 拦挡;阻拦。《元曲选·救孝子》三折:"〔祗候~云〕你休过去,别问事哩。"《元曲选外编·五侯宴》四折:"〔李嗣源做~科云〕从珂,休胡说。"

【打拦头雷】 dǎ lán tóu léi 比喻在事情拟议中便说泄气话去反对。清《醒世姻缘传》七回:"晁住又甚是~,背地里排唆珍哥不要进往衙去。"又一八回:"这秦姑娘倒是有一无二的个美人,可可的偏撞着这们个舅爷~。"

【打滥泥桩】 dǎ làn ní zhuāng 往烂泥里打桩,喻指不费力气。明《禅真后史》一二回:"葛、龚、郑的大名,巡闻久仰,但这隔山照~的财物,大家可趁些。"

【打捞】 dǎ lāo ❶ 从水中捞起(人或物件)。《元典章·刑部五》:"如不时觉遇此等人尸漂流至其所管地界,即合~出水。"明李梅实《精忠旗》二八出:"快~夫人小姐尸首。"清袁枚《子不语》卷八:"江边有素谙水性人,俗名水鬼,专以~货物为生。" ❷ 比喻获取或搜刮。明《型世言》三二回:"才选得一个湖广都副断事,未及到任病亡,援纳等项费去银千馀两,无处~。"清《醒世姻缘传》八七回:"你捞了稠的去了,可也让点稀汤儿给别人呵口!没良心的淫妇!~的这们净!"

【打擂台】 dǎ lèi tái ❶ 上擂台(较高的赛台)比武。清《后水浒传》一七回:"朱仙镇~逞英雄,节级家赏中秋致奇祸。"《飞龙全传》二〇回:"只吃一壶,助助兴头,好去看~。" ❷ 比喻故意为难。清《红楼梦》五三回:"如今你们一共只剩了八九个庄子,今年倒有两处报了旱潦。你们又~,真真是叫别过年了!"又一〇回:"好,好,这会子还都不起来,安心~撒手儿!"

【打擂台】 dǎ lèi tái 同"打擂台❶"。《元曲选·黑旋风》一折:"那泰安山神州庙,有一等~赌本事的,要与人厮打。"又:"有那等~,使会能,摆山棚,博个赢,占场儿没一个敢和他争施逞。"

【打棱挣】 dǎ léng zhēng 发愣。明《西游记》三八回:"行者揪着耳朵,抓着鬃,把他一拉,拉起来,叫声'八戒',那呆子还~。"

【打理】 dǎ lǐ 安排料理。明汤显祖《紫箫记》二〇出:"今又分付青儿,叫承奉们开了老殿下爷爷花园,~裀褥床顿,以备游倦一时之憩。"

【打哩】 dǎ li 要是;如果。假设连词。清《醒世姻缘传》三四回:"他~真个申到县里,那官按着葫芦枢子儿,可怎么处?"又五二回:"~天老爷可怜见小陈哥,还完了他那些棒债,他好了也不可知的。"

【打连手】 dǎ lián shǒu 结为一伙。清《照世杯·掘新坑》:"故此逢场用牌,再没有不~做伙计的。"

【打怜】 dǎ lián 可怜。明佚名《一枝花·道情》:"老双渐尽~,小苏卿便张喊。"

【打量】 dǎ liáng 另见 dǎ liàng。测量;丈量。《宋会要辑稿·食货一》:"乞勘会户绝田,勒令佐~地步,什物估计钱数,申州。"明陈铎《雁儿落带过得胜令·木匠》:"朽烂能脱换,阶级惯~。"清傅泽洪《行水金鉴》卷四九:"是那边高,俟水涸可~明白,再行具题回奏。"

【打粮】 dǎ liáng ❶ 征集或抢掠粮食财物以充薪饷。宋《三朝北盟会编》卷一三九:"伺望敌人~,出兵多则退之,少则擒之。"元明《三国演义》一二回:"侯成巡海~未回。"清《八洞天》卷一:"据城之后,纵兵丁~三日。" ❷ 搜集粮食。清《野叟曝言》一〇八回:"愈杀愈多,愈多愈狠,如群蚁~,乱蜂攒蕊,遮拦不及。"

【打量】 dǎ liàng 另见 dǎ liáng。❶ 察看;观察。清《醒世姻缘传》七一回:"一日,又该支给草料的时节,家中上下~,一无所有。"《红楼梦》三回:"宝玉便走近黛玉身边坐下,又细细~一番。"《歧路灯》三一回:"荆公仔细~,原是一个美貌少年书生。" ❷ 估计;预料;以为。明孙峡峰《黄莺儿》:"贫富难~,劝世人莫夸

张。"清《红楼梦》八〇回:"两个人的腔调儿都够使的了,别～谁是傻子!" ❸ 打算;考虑。明《孙庞斗志演义》七回:"你诈病在家,～谋反,操演弓马,把我女儿射死了。"清李光地《鳌峰讲义》:"且如诸生作为文章,只求心得,便是为己;～去行世沽名,便是为人。"《飞龙全传》四二回:"三春听罢,心中一～了一回,即便微微冷笑。"

【打撩】 dǎ liáo 击鼓。唐崔道融《羯鼓》:"华清宫里～声,供奉丝簧束手听。"段安节《乐府杂录·羯鼓》:"咸通中有王文举,尤妙弄三杖～,万不失一。"

【打獠】 dǎ liáo 敲诈;掠取。唐张鹭《朝野佥载》卷二:"又苏州嘉兴令杨廷玉,则天之表侄也,贪猥无厌,著词曰:'回波尔时廷玉,～取钱未足,阿姑婆见作天子,旁人不得桄触。'"

【打料】 dǎ liào ❶ 下料;估算选取材料。宋耐得翁《都城纪胜·四司六局》:"厨司专掌～批切、烹炮下食、调和节次。"明《型世言》一〇回:"又发银子买布,都可做两副的料。人道这娘子忒宽～。" ❷ 察看;观察。明《醒世恒言》卷三七:"众人见他自称为大财主,都忍不住笑,把他上下～。"

【打猎】 dǎ liè 在野外捕杀鸟兽。唐佚名《大唐传载》:"李昌夔为荆南,～大修富饰,其妻独孤氏亦出女队二千人。"《元曲选·汉宫秋》二折:"就一壁厢引控甲士,随地～。"清《续金瓶梅》五八回:"又不要他的束脩,只以野物为礼,或是～得野羊山兔烧熟了送来。"

【打令】 dǎ lìng ❶ 行酒令。宋张耒《塞猎》:"青毡帐高雪不湿,击鼓传觞～急。"《五灯会元》卷一七《澧潭文准禅师》:"宝峰相席,告诸禅德,也好冷处著把火。"明陈铎《一枝花·邻家兄弟分岁》:"不吟诗～,衙调嘴饶舌。" ❷ 一种乐伎边歌舞边用特定手势侑酒的行令方式。唐范摅《云溪友议》卷下:"二人又为新添声《杨柳枝》词,饮筵竞唱其词而一也。词云:'思量大是恶因缘,愿得相看不得怜。愿作琵琶槽那畔,美人长抱在胸前。'"宋《朱子语类》卷九二:"唐人俗舞谓之～,其状有四:曰招,曰摇,曰送,一记不得。盖招则邀之意,摇则摇手呼唤之意,送者送酒之意。旧尝见深村父老为余言,其祖父尝为之收得谱子,曰'兵火失去'。舞时皆裹幞头,列坐饮酒,少刻起舞。有四句号云:'送摇招招,三方一圆,分成四片,得在摇前。'人多不知,皆以为哑谜。"元刘时中《红绣鞋·歌姬米氏小字要要》:"卧在被单学～,生著豆枕演提鮹。" ❸ 借指讥讽;说俏皮话。金《董解元西厢记》卷八:"怎禁当,衙门外,打牙～,浑匹似,闲咶哨。"

【打拢】 dǎ lǒng ❶ 聚拢;贴合。明刘嵩《城下青草歌》:"～渔家船,更锁东门渡。"清《红楼梦》二五回:"马道婆听说这话～了一处,便又故意说道:'阿弥陀佛!你快休问我,我那里知道这些事。'" ❷ 捏合;使结合。明《型世言》二六回:"只可～,什么打开?"

【打躘踵】 dǎ lǒng zhǒng 跌跌撞撞。明《西湖二集》卷二八:"挑了空盐箩下山,头晕眼花,不住的身子要～。"

【打掳】 dǎ lǔ 抢掠;抢劫。宋赵鼎《乞免勘乔信》:"并不将军马追攻贼寨,止就隔江抄截贼中所遣～人,妄申获捷。"岳珂《金佗稡编》卷九:"冻杀不拆屋,饿杀不～。"元佚名《耍孩儿·拘刷行院》:"行咽作不转睛,行交谈不住手,颠倒酒淹他衫袖,狐朋狗党过如～。"

【打路】 dǎ lù ❶ 行路;走远路。元《三遂平妖传》六回:"见一个客人,头带范阳毡笠,身上着领～布衫,手巾缚腰。" ❷ 闯路;开路。明张岳《截获苗贼疏》:"各骑马匹,俱向前～,于初五日早到平头山囤。"杨继盛《与少司寇吉阳何公书》:"今秋朝审,贼辈以裕府差人送饭～之说腾播中外。" ❸ 犹"打道"。明《金瓶梅词话》六五回:"衙门里又是二十名排军,照管冥器。"《封神演义》一六回:"不一时,～的来,乃是亚相比干乘马来到。"

【打掠】 dǎ lüè ❶ 犹"打掳"。《五代会要》卷二五:"近北诸州,自契丹离乱,乡村人户多被边军～。" ❷ 勒索。《宋会要辑稿·刑法六》:"在法,禁囚应给饮食,合于转运司钱内支;其病囚药物,合于赃罚钱内支。访闻州县违戾,却将合给禁囚饮食,止令狱子就街市～,或取给于吏卒。"

【打论】 dǎ lùn 即"过论❷"。《敦煌变文校注》卷五《父母恩重经讲经文(一)》:"贪欢逐乐无时歇,～樗蒲更不休。"宋陈元靓《事林广记》戊集卷二:"才下场,他人～来,复接住气球,为同踢人,曰'厮带挟'。"

【打罗】 dǎ luó 筛粉面。旧时磨坊所用的罗筛安在斗形的筐子或柜子里,下设踏板,用脚踩踏带动罗筛向两边来回碰撞,便可筛下细面。元刘庭信《寨儿令·戒嫖荡》:"着你～的脚翘起,推磨的不宁贴。"《元曲选·来生债》一折:"我那命里则有分簸麦拣麦淘麦,～磨面,我可也消受不的这个银子罢?"明《金瓶梅词话》八六回:"谁～,谁吃饭,谁人常把铁箍子戴?"

【打落】 dǎ luò ❶ 数落;奚落。《元曲选·灰阑记》一折:"妹子,你不曾忘记了一句儿也,～的我勾了。"又《竹坞听琴》四折:"我若不害心疼,等我来～他一个没面皮才好。"明徐渭《渔阳三弄》:"正好俺借槌来～,又合着鸣鼓攻他。" ❷ 打掉;去掉。明《警世通言》卷一七:"这几夜小遗,分明是～德称这二两银子。"清《说唐后传》三二回:"快把好活血酒过来,与我～背上这支箭。" ❸ 斥退;开除。明《古今小说》卷三一:"因出言不逊,冲突了试官,～下去。"清洪昇《长生殿》二一出:"皇帝见了发恼,～子弟名籍。登时发到骊山,派到温泉殿中承值。" ❹ 掉落;沦为。清《春柳莺》序:"尤愿同人,为生为旦,不可～丑净脚色,贻笑于戏场外之识者也。" ❺ 停靠。明陈献章《偶得》:"又恐风吹江日残,扁舟～芦花湾。"

【打抹】 dǎ mā ❶ 抹除;削减(薪酬)。宋司马光《涑水纪闻》卷一五:"往者衙前经历重难,皆得场务酬奖,享利过厚。其人见存者,请依新法,据分数应给钱缗外,馀自追入官,谓之～。" ❷ 擦拭。明《金瓶梅词话》七八回:"登时～春台,收拾酒果上来。"清《儒林外史》二二回:"吃毕,～船板干净。" ❸ 用眼色示意。元明《水浒传》六六回:"见了时迁,～他去背后说话。"明《金瓶梅词话》五三回:"西门庆听见笑得慌,跪在神前又不好发话,只顾把眼睛来～。" ❹ 涂抹;胡乱写。明唐顺之《答蔡可泉》:"或不得已,应酬一二篇,亦信意～,真所谓老头巾矣。"

【打马】 dǎ mǎ 一种棋类游戏,据考由天竺传入。在木制的盘子上设局,左右各有六路。"马"系用木头做成的锥形的子,黑白各十五枚。黑马从左到右,白马相反,以先走到对方位置为胜。宋侯寘《眼儿媚·效易安体》:"弹棋～心都懒,撺掇上春愁。"元佚名《耍孩儿·拘刷行院》:"不会投壶,则惯拨麦看牛。"清《聊斋志异·梅女》:"三人狎坐,～为戏。"

【打卯】 dǎ mǎo ❶ 签到。旧时衙门卯时(早晨五时至七时)点名,故云。有时也指应差。明王守仁《告示七门从逆军民》:"令各亲属一名,每五日一次。"《金瓶梅词话》六七回:"今日李三哥起早～去了,我径来老爹这里交银子。"清《醒世姻缘传》七一回:"总甲往城上～,由门前经过。" ❷ 应景儿;到场应付。明徐霖《绣襦记》四出:"那知趣的不过是～的。我只要有钱养家,管什么帮衬不帮衬。"《金瓶梅词话》二三回:"先到后边月娘房里打了～儿,然后来金莲房里。"

【打鬿鬿】 dǎ mào sào 唐代谓落第举子饮酒吃饭以解闷。后代指落第。唐李肇《国史补》卷下:"不捷而醉饱,谓之～。"明

《拍案惊奇》卷四〇:"心里虽是不服气,却是连年~,也觉得不耐烦了了。"

【打猛】 dǎ měng 猛地;突然。清《绿野仙踪》八回:"少刻,只见那男子双睛紧闭,声息俱无,~哩大声说道:'罢了!'"

【打谜】 dǎ mí 猜谜。宋耐得翁《都城纪胜·瓦舍众伎》:"有道谜,来客念隐语说谜,又名~。"清《镜花缘》八〇回:"你还是谈天,还是~?"

【打米】 dǎ mǐ ❶舀米。明《西游记》五六回:"这老杨的儿子忙入里面,叫起他妻来,~煮饭。"《拍案惊奇》卷三一:"钱氏带着疼,就在房里~出来,去厨下做饭。"清《野叟曝言》七回:"你陪相公在房宽坐,趁空就梳完了头。我去~做饭了。" ❷舂米;捣击使谷物去皮。清《风流悟》一回:"~挑水村汉,拾柴做饭婆娘,一朝忽作有钱郎,也会装模作样。"△《新西游记》一回:"耳内只听得连作响,好似农家~一般。" ❸采购。明《金瓶梅词话》六七回:"你每月只委人~就是了。"按,明顾起元《客座赘语》:"买物曰打米。" ❹讳指抢米。清朱鹤龄《同安叶公传》:"先是吴中旱蝗,谷涌贵。奸民聚众攻剽,胁夺室倾困给之,名曰~。"

【打眠】 dǎ mián 睡觉。宋《如净语录》卷下:"入夜~,早朝又起。"元倪瓒《韦羌草堂图》:"韦羌山中草堂静,白日读书还~。"明张吉《叠嶂云闲》:"道人衣带润,伸脚~时。"

【打灭】 dǎ miè ❶消灭;除掉。宋《三朝北盟会编》卷一一:"去年本国专遣使臣理会恁大军情公事,屯著人马,专专地等候回使相约~契丹。"《元曲选·潇湘雨》二折:"他原来别寻了个女娇姿,只待要~了这穷妻子。"明汤式《哨遍·新建构栏教坊求赞》:"拽塌了旌旗,~了烽尘,销熔了剑戟。" ❷熄灭。宋《三朝北盟会编》卷一八〇:"自申牌前后,~火烛,不许复爇。"宋元《警世通言》卷一三:"分付迎儿厨下~了火烛。"明《禅真后史》一二回:"忽然一阵风来,险些儿将灯~。" ❸消解;打消。《元曲选·冻苏秦》一折:"~了腹中饥,挣挫了身心冷,谢长者将咱厚赠。"清《绿野仙踪》八三回:"以后到要着他将念头~,安分读书为是。"《红楼梦》四回:"这些子弟们竟可以放意畅怀,因此遂将移居之念渐渐~了。"

【打鸣】 dǎ míng (公鸡)鸣叫。明《金瓶梅词话》九三回:"到五更鸡~,大街上人渐行。"清《霓裳续谱·秋雨声》:"偏偏那报晓的金鸡儿又不~。"《醒世姻缘传》六回:"家鸡~好起早,兀坐深闺只绩麻。"

【打摸】 dǎ mō 换取。元曾瑞《哨遍·羊诉冤》:"穷养的无巴避,待准折舞裙歌扇,要~暖帽春衣。"

【打磨】 dǎ mó ❶摩擦;磨拭。宋曾公亮等《武经总要》前集卷六:"凡应乘官马,非警急不得辄奔走,如战汗及~伤破。"《元曲选·小尉迟》一折:"今日他在前厅上~兵器,收拾军装,不知为何?"清《醒世姻缘传》七九回:"花梨木鞘,白银事件,~的果真精致。" ❷揩拭。明《醒世恒言》卷二〇:"陈氏~泪眼,观看道:'我的亲儿,你们一向在那里不回?'" ❸参解;钻研。明《金瓶梅》一回:"参透了空色世界,~穿生灭机关,直超无上乘。"

【打磨陀】 dǎ mó tuó 同"打磨跎"。明汤显祖《牡丹亭》二四出:"待不关情,恰湖山石畔留着你~。"又《南柯记》四〇出:"原来俺爹爹在此~,冷清清独对着俺亲娘的灵座。"

【打磨跎】 dǎ mó tuó 徘徊。元乔吉《殿前欢·里西瑛号懒云窝》:"懒云窝里和云卧,打会磨跎。"

【打磨磨】 dǎ mò mò 转圈。清《醒世姻缘传》四九回:"生了一个白胖旺跳的娃娃,喜的晁夫人绕屋里~。"

【打磨磨转】 dǎ mò mò zhuàn 即"打磨磨"。清《后西游

记》二〇回:"何不打着马跑,却在这里~耍子。"

【打闹】 dǎ nào ❶搅闹;干扰;折磨。宋元《古今小说》卷三六:"作怪,未曾起更,老鼠便出来~人。"《元明事类钞》卷三引《明通纪》:"此时廷臣受外观官书帕开宴~,惟侍郎杨时乔、李廷机、副都詹沂三人清寂可念。"清《红楼梦》一〇〇回:"譬如迎姑娘倒配得近呢,偏是时常听见他被女婿~,甚至不给饭吃。" ❷争闹;吵嚷纷争。《元曲选外编·符金锭》三折:"某欲待就楼下~起来,恐防惊唬了小姐。"明《型世言》七回:"在房中服侍的,便丑是他十分,还说与丈夫偷情,防闲~。"清《绿野仙踪》五六回:"温大哥此后也是个极穷的人了,再知道这番~,他还有什么脸面再来?" ❸玩闹;嬉戏。《元曲选·百花亭》二折:"多承训教,俺两个谢了茶,别处闹去也。〔~下〕"清《红楼梦》一〇五回:"惟宝玉假说有病,在贾母那边~。"

【打能能】 dǎ néng néng 用一只手握住婴儿的脚举起,另一只手保护,试着让婴儿直立。《元曲选外编·伊尹耕莘》一折:"好个小厮儿!……员外,我着他打个能能。"

【打捏】 dǎ niē 抓拿,喻指收入。《元曲选·望江亭》三折:"俺则是一撒网、一蓑衣、一箬笠,先图些~。只问那肯买的哥哥,照顾俺也些些。"

【打弄】 dǎ nòng ❶作乐。《孤本元明杂剧·僧尼共犯》四折:"大~饮巨杯,对人前吃狗脂,早离了素茶饭、淡黄齑。"按,明佚名《墨娥小录》卷一四《行院声嗽》:"取笑,打弄。"这里"笑"与"乐"义同。 ❷摆弄;敲打。明《金瓶梅词话》三七回:"西门庆乘着酒兴,顺袋内取出银托子来使上。妇人用手~。"清《说呼全传》二三回:"到了关前,延庆口里一路儿唱将起来,翠桃把花鼓也~起来。"

【打暖】 dǎ nuǎn 犹"打热"。《大宋宣和遗事》前集:"宋江回家,医治父亲病可了,再往郓城县公参勾当。却见故人阎婆惜又与吴伟~,更不采看。"宋元《清平山堂话本·柳耆卿》:"多少名妓欢喜他,在京师与三个出名上(厅)行首~。"

【打拍】 dǎ pāi ❶打拍子;按音乐节奏击打响器。宋沈括《梦溪笔谈》卷五:"今时杖鼓,常时只是~,鲜有专门独奏之妙。"金《董解元西厢记》卷一:"~不知个高下,谁曾惯对人唱他说他?"元商衟《一枝花·远寄》:"甘不过轻狂子弟,难禁受极纣勤儿。撞声~无淹润,倚强压弱,滴溜着官司。" ❷振作。元石君宝《紫云庭》一折:"你觑波,比及撺断那唱叫,先索~那精神。"《元曲选·蝴蝶梦》四折:"我将这老精神强~,小名儿叫的明白。"元明《水浒传》七三回:"那老儿睁开眍蠃眼,~老精神,定睛看了道:'不是。'"

【打拍浮】 dǎ pāi fú 游泳。宋韩琦《荣归堂观莲戏成》:"何如满舰倾醇酎,醉向花前~。"《五灯会元》卷一二《万寿法全禅师》:"僧问:'如何是佛?'师曰:'抱桩~。'"宋元《警世通言》卷一四:"早地上打不得拍浮。"

【打牌】 dǎ pái ❶举招牌。《元曲选·货郎旦》四折:"虽则是~儿出野村,不比那吊名儿临拘肆。"明刘嵩《胡郎夺贼马歌》:"东家得官金满带,叹息胡郎~卖。" ❷玩骨牌或纸牌。清《隋唐演义》六七回:"二人坐定,打起牌来。你有天天九,我有地地八;此有人七七,彼有和五五。两个一头~,一头说话。" ❸打靶。清雍正九年八月二十一日允禄等议覆上谕:"查从前所有鸟枪马甲惟演习~,并不演连环等法。"《大清会典则例》卷一七五:"饭后列阵,演放进步连环枪炮;餘暇演枪~。"

【打盘桓】 dǎ pán huán 曲折回旋。金《刘知远诸宫调》一:"见一条蛇儿金色甚分朗,更来往~。"

【打閛閛】 dǎ pēng pēng 同"打蓬蓬"。《元曲选·张生煮海》三折:"不如我收拾了这几件东西,一径回到寺里,寻那小行者~去。"

【打蓬蓬】 dǎ péng péng 指男子与男子间发生性行为。明《石点头》卷一四:"那男色一道,从来原有这事,……若各处乡语又是不同:北边人叫炒菇菇,南方人叫~。"清《豆棚闲话》一〇则:"近来世道尚男风,奇丑村男赛老翁,油腻嘴头三寸厚,赌钱场里~。"

【打偏手】 dǎ piān shǒu 一起做事时暗中占便宜。明《西游记》二五回:"既是偷了四个,怎么只拿出三个来分,预先就打起一个偏手?"《二刻拍案惊奇》卷二〇:"在里头~使用,得了偌多东西。"《型世言》一五回:"撺掇他变卖嫖赌,交结朋友。自己明得中人钱,暗里又~。"

【打撇】 dǎ piē 撇开;抛下。《元曲选·玉镜台》一折:"把愁怀都~在玉枕鸳鸯帐。"明《拍案惊奇》卷一七:"况且妇人家阴性专一,看上了一个人,再心里~不下的。"

【打平壶】 dǎ píng hú 即"打平火❶"。明《石点头》卷一三:"我不过取笑,难道真个独教王家哥坏钞?待我出些,打个平壶罢。"

【打平和】 dǎ píng huó 同"打平火❶"。明《杜骗新书·伪交骗》:"乃时时饮月福,~,邀庆纲,招饮殆无虚日。"《金瓶梅词话》七七回:"西门庆家中这些大官儿常在他屋里坐的,~儿吃酒。"

【打平火】 dǎ píng huǒ ❶ 众人凑钱聚餐。明《二刻拍案惊奇》卷三九:"有个纱王三,乃是王织纱第三个儿子,平日与众道士相好,常合伴~。" ❷ 比喻彼此这都不吃亏。明《古今小说》卷二九:"你与柳府尹打了平火,该收拾自己本钱回去了。"

【打平伙】 dǎ píng huǒ 同"打平火❶"。明《二刻拍案惊奇》卷五:"而今幸得无事,弟兄们且~,吃酒压惊去。"△清《跻春台·假先生》:"又贪口腹,常约徒弟~,他不出钱。"

【打瓶伙】 dǎ píng huǒ 同"打平火❶"。明何良俊《四友斋丛说》卷一八:"时时从学前过,则呼沈公勇曰:'沈二哥,我们大家去打个瓶伙。'即同至酒店中,唤酒保取酒。"

【打扑】 dǎ pū ❶ 击打;跌打;拍打。《法苑珠林》卷八五:"穿领决鼻,牵船挽车,大杖一偿其宿罪。"元王恽《玉堂嘉话》卷二:"状如苦参,治马鼠疮、妇人损胎及~内损。"明《型世言》二〇回:"不期蚊子来得多,自晚一到五鼓,身子弱,弄得筋骨都露,死在舟中。" ❷ 扑灭;消除。《敦煌变文集·无常经讲经文》:"即觉知,须~,休更头头起念欲。"又:"总是门徒身上事,速须~锁心猿。"宋陈规《守城录》:"城上人并射火箭在所填草木上,偶值风顺,其贼众向前~不及,被火烧着。" ❸ 征敛(过路税)。《续资治通鉴长编》卷二三七:"掠上番义勇僦钱,及州人由桥梁过者,皆率钱,谓之~,以供公使。"又卷二九九:"牙人与蕃部私交易,由小路入秦州,避免商税~。" ❹ 振作;抖擞。宋《朱子语类》卷一二〇:"须是~精神,莫教恁地慢。"袁说友《临安邸中即事》之一二:"~精神希一遇,书来不必问何如。"

【打铺】 dǎ pū 另见 dǎ pù。铺床。明《金瓶梅词话》二五回:"你既没此事罢,平白和人合甚气?快些~我睡。"又六一回:"月娘分付迎春:'~教你娘睡罢。'"

【打铺】 dǎ pù 另见 dǎ pū。安设床铺。宋刘昌诗《芦浦笔记》卷三:"席地而睡谓之~。"明《西游记》五六回:"且告施主,见赐一束草儿,在那厢~睡觉。"清《红楼梦》一五回:"凤姐在里间,秦钟、宝玉在外间。满地下皆是家下婆子,~坐更。"

【打砌】 dǎ qì 打诨;开玩笑。宋刘昌诗《芦浦笔记》卷三:"街市戏谑有~、打调之类。"金《董解元西厢记》卷三:"又问道:'吾师,那家里做甚底?买了几十瓶法酒?做了几十分茶食?'法师笑道:'休~!我见春下几升陈米,煮下半瓮黄蔺。'"

【打千】 dǎ qiān 男子所行的一种半跪礼,右手下垂,左腿屈膝,右腿略弯。清《红楼梦》九回:"只听外面答应了两声,早进来三四个大汉,~儿请安。"又五二回:"独那为首的小厮~儿,请了一个安。"

【打金】 dǎ qiān 同"打千"。明《金瓶梅词话》三五回:"那小厮打了个金儿,慢慢低垂粉头,呷了一口。"

【打前站】 dǎ qián zhàn ❶ 行军或行路时派人在前面安排食宿。明陈铎《耍孩儿·嘲外有事实》:"弄的那管散夫船头歪调文,~家僮闲嗑牙。"《型世言》三一回:"~,诈得驿丞叫屈。催夫马,打得徒夫呼冤。"清《隋唐演义》二二回:"正走之间,只见尘头乱起,~的发马来报。" ❷ 喻指做前期准备。清《飞龙全传》三九回:"那郭威本是乌龙降世,奉玉帝旨意下凡,与赵匡胤~。"

【打钱】 dǎ qián 掷钱,赌博的一种。唐赵光远《咏手》之二:"慢笼彩笔闲书字,斜指瑶阶笑~。"宋文同《邓隐老木寒牛》:"赢牛日晚已嚼草,稚子天寒犹~。"

【打强】 dǎ qiáng 充硬;不服输。《敦煌变文校注》卷四《降魔变文》:"虽然~且抵敌,众竟悬知自倾倒。"六十种曲本《琵琶记》一七出:"点催首放富差贫,保上户欺软怕硬。猛拼~放泼,毕竟是个毕竟。"元明《水浒传》三八回:"专一路见不平,好~的人,以此江州满城人都怕他。"

【打抢】 dǎ qiǎng 抢劫。明王守仁《类奏擒斩功次疏》:"沿途~民财,放火烧毁民人刘必甫等房屋。"《梼杌闲评》四回:"黑夜~,与强盗何异!"清《醒世姻缘传》二〇回:"我想这些人还不肯干休,毕竟还要城里去~。"

【打勤】 dǎ qín 献殷勤。清《醒世姻缘传》八回:"(晁住媳妇)又是吴国伯蓉托生的,惯会~献浅。"

【打勤劳】 dǎ qín láo 出苦力,多指替别人出力干活。宋俞琰《周易参同契发挥》卷上:"坐顽空则苦自昼夜不眠,~则不顾身体疲倦,或摇头撼脑提拳努力。"《元曲选外编·小张屠》一折:"与人家~做生活有甚妨。"明《梼杌闲评》三一回:"到王安门下纳了个中书。他先就~递消息,也与士大夫熟识。"

【打请】 dǎ qǐng 宋元时军队领军粮军饷。宋刘昌诗《芦浦笔记》卷三:"诸军请粮谓之~。"《三朝北盟会编》卷一三六:"卫军~,唯折得二沙钱。"元《三国志平话》卷上:"(董卓)令张李屯住军兵,~官粮。"

【打秋风】 dǎ qiū fēng 即"打抽丰"。明汤显祖《牡丹亭》四六出:"城围的铁桶似紧,有秀才来~,则索报去。"《杜骗新书·买学骗》:"次日有一棍带三仆来,亦与同寓,内中相拜,自称彼系县堂亲眷,亦来~者。"清《儒林外史》三二回:"像你这样大老官来~,把你关在一间房里,给你一个月豆腐吃。"

【打趣】 dǎ qù 嘲弄;拿人开玩笑。明丘濬《投笔记》一〇出:"你那天杀的,反来~!我家篱牢犬不入,当有僧敲月下门?"《醋葫芦》一〇回:"老奴才,好轻薄我也!你径一路而来的~我!"清《醒世姻缘传》六回:"这是笑话儿,是~张天师符不灵的话。"

【打覷】 dǎ qù 同"打趣"。明汤显祖《牡丹亭》二九出:"俺且待他来,~他一番。"《西游记》三五回:"他倒作笑话儿~我。"清《平山冷燕》一二回:"你若有一毫破绽,他便做诗~你。"

【打圈】 dǎ quān 另见 dǎ juàn。 ❶ 转圈;旋转。宋《朱子

语类》卷九一:"团拜须～拜,若分行相对,则有拜不着处。"明宋应星《天工开物·陶埏》:"然后补整碎缺,就车上旋转～。圈后或画或书字,画后喷水数口,然后过釉。"清《说唐后传》三三回:"见有盖苏文被一穿白将追得满身淋汗,喊叫连天,只在山脚下～子。" ❷ 圈裹;四围合拢。唐欧阳询《三十六书法》:"包裹,谓如园圃～之类,四围包裹也。" ❸ 绘画指勾勒面部。元陶宗仪《辍耕录》卷一一:"次头,次～;～者,面部也。"

【打拳】 dǎ quán ❶ 出拳;用拳击打。宋罗大经《鹤林玉露》卷二:"谚云:吃拳何似～时。此言虽鄙,实为至论。" ❷ 练拳术;以拳术卖艺谋生。《元曲选·燕青博鱼》二折:"有恁般好手脚,倒不如只～去。"明郑墟泉《点绛唇·贺节》:"吊白的诓钱骗银,～的撤枪耍棍。"清《儒林外史》五二回:"凤四老爹在秦二侉子的下处,逐日～跑马,倒也不寂寞。"

【打染】 dǎ rǎn 用染料着色。元古本《老乞大》:"薄绢一匹十七两,～做小红里绢。"按,《谚解》本作"染"。

【打扰】 dǎ rǎo ❶ 骚扰;干扰。明夏言《勘处倭寇事情疏》:"昨见朝鲜国王李怿奏称:倭寇～上国,至杀官兵,不伏天诛。"韩邦奇《见闻考随录》:"如李纲见沮于汪、黄,虽未能便退,以李纲终为他～,终亦不成大事。"清《歧路灯》二一回:"这绍闻起初听时,肚内原有几本子经书,有几句家训～,还觉得于理不合。" ❷ 受人招待或请人帮助时表示感谢的客气话,谓给人添了麻烦。《元曲选·青衫泪》一折:"平白里～了一日,怎生就空去了?"清《说岳全传》六六回:"那老道人道:'这个不妨! 但是荒凉地面,诚恐亵慢。'诸葛锦道:'说那里话! ～已是不当了!'"《飞龙全传》五回:"在宝山～了多日,已领高情。"

【打绕】 dǎ rào 转圈。明谷子敬《醉花阴·豪侠》:"到春来东城南陌,信青骢踏绿苔,柳阴中～逞狂乖。"

【打热】 dǎ rè 指男女间热烈相恋。明《金瓶梅词话》八〇回:"祝日念、孙寡嘴依旧领着王三官儿还来李家行走,与桂姐～。"清《绿野仙踪》五四回:"又见金钟儿一味的与如玉,不和他一心一意的弄钱,这婆子那里放得过去?"

【打撒手儿】 dǎ sā shǒu er 撒手,指放手不管。明《金瓶梅词话》三五回:"连我只三四个人儿到,没个人拿出钱来,都～。"清《红楼梦》一〇一回:"好,好,这会子还都不起来,安心打擂台～!"

【打散】 dǎ sǎn 另见 dǎ sàn。宋元戏曲术语,指每本杂剧演完后的附加表演。元高安道《哨遍·嗓淡行院》:"～的队子排,待将回数收,搭灰抹土胡僝僽。"元明《水浒传》五一回:"每日有那一般～,或有戏舞,或有吹弹,或有歌唱,赚得那人山人海价看。"

【打散】 dǎ sàn 另见 dǎ sǎn。❶ 祭祀后分享祭品散福,泛指正餐后提供随意取用以使饱足的食物。元古本《老乞大》:"第六道灌肺、蒸饼,第七道粉羹、馒头,临了割肉水饭。"明《金瓶梅词话》四九回:"落后又是一大碗鳝鱼面与菜卷儿,一齐拿上来与胡僧～,登时把胡僧吃的楞子眼儿。"清《儒林外史》二〇回:"老和尚自己安排停当,先捧到牛布衣灵柩前奠了酒,拜了几拜,便拿到后边与众人～。" ❷ 取消。宋《二程遗书》卷一九:"尧夫云:'便是纯仁当时不就席,只令通判伴坐。'先生曰:'此尤不是。'尧夫惊愕,即应声曰:'悔当初只合～便是。'"苏轼《与引伴高丽练承议简》:"又二十日正是国忌,若待二十一日大排,又过三日敕限,不知可～不坐否?" ❸ 消解;解开。宋陆游《越王楼》:"约住管弦呼羯鼓,要渠～醉中愁。"明《禅真逸史》四〇回:"谁打破风流穴? 谁～愁眉结? 终有个兴罢酒阑人歇。" ❹ 拆散;使分离。宋胡仲弓《寄意》之三:"井底银瓶事已非,鸳鸯～鸭惊飞。"明梁辰鱼《巫

山十二峰·怀人》:"双双配偶,是谁～?"清《红楼梦》八〇回:"薛蟠好容易圈哄的要上手,却被香菱～,不免一腔兴头变作了一腔恶怒。" ❺ 散开;分散。清《醒世姻缘传》八三回:"正是酒落欢肠,大家沉醉。直吃到三更将尽,方才～。"《歧路灯》三四回:"众人也就想～而去。"

【打扫】 dǎ sǎo ❶ 扫除;清理。《元曲选·竹坞听琴》一折:"～书房,着孩儿那里安歇。"明高攀龙《与安我素书》:"只服食器用,才有牵恋处,便是欲。须～得洁洁净净,方见无事之乐耳。"清《续金瓶梅》三〇回:"～一间外耳房与玉卿安歇了。" ❷ 说话前咳嗽一下以保持声道通畅,称打扫喉咙,特指上朝奏事前清理喉咙。明沈璟《一种情》二出:"待我～～喉咙介。"尹直《謇斋琐缀录》卷二:"早朝班定,鸿胪宣赞谢恩见辞行礼毕,各官将奏事,皆预咳一声。文武班中,不约而同,声震如雷,俗私谓之～。"

【打哨】 dǎ shào ❶ 吹口哨。《元曲选外编·赵礼让肥》二折:"玱玱的一声锣响,〔～科〕飕飕的几声胡哨。"明杨慎《升庵集》卷六三:"元词:'穿云响一声山哨,见风消数点村醪。'今俗云～子是也。" ❷ 巡逻警戒。明郑若曾《江南经略》卷七下:"差八桨船二只前去～,遇警放起火一枝、大铳一个。"《西游记》四一回:"鲭太尉东方～,鲌都司西路催征。"清《豆棚闲话》七则:"只见前山树阴堆里遮遮掩掩而来,那些～的早已窥见。"

【打甚么不紧】 dǎ shén me bù jǐn 犹"打甚么紧"。《元曲选·老生儿》楔子:"量这些文书～? 想咱的家私不有十万贯那。"元明《水浒传》五回:"歇一夜～,怎地便是讨死?"明《二刻拍案惊奇》卷二四:"区区几个柑子,～的事,要官人如此重酬?"

【打甚么鸟不紧】 dǎ shén me diǎo bù jǐn 犹"打甚么鸟紧"。元明《水浒传》九三回:"莫说那几个鸟汉,就是杀了几千,也～!"

【打甚么鸟紧】 dǎ shén me diǎo jǐn "打甚么紧"的粗俗说法。元明《水浒传》三九回:"吟了反诗,～!"

【打甚么紧】 dǎ shén me jǐn 有甚么要紧,意即不要紧。《元曲选外编·金凤钗》四折:"我～! 爹爹,我替你死罢。"明《警世通言》卷六:"我俞某是个饱学秀才,少不得今科不中来科中,你就供养我到来科,～?"清《后西游记》二八回:"三四个和尚～? 待末将去擒来就是了。"

【打甚么要紧】 dǎ shén me yào jǐn 犹"打甚么紧"。清《警寤钟》一五回:"这一见～,就如此着魔?"《儒林外史》三回:"就是添上这一百棍,也～!"

【打生】 dǎ shēng 打猎;用鱼鹰捕鱼。明《醒世恒言》卷五:"忽一日,独往山中～,得了几项野味而回。"《山歌·小囝儿》:"我吃个～舡上人多落弗着个脚,眼看鲜鱼忍肚饥。"清《平定台湾纪略》卷五一:"内山系生番地界,不种五谷,该处生番俱系～觅食。"

【打牲】 dǎ shēng 同"打生"。明胡宗宪《筹海图编》卷一二:"～船上弩矢百发百中,此船吴淞江、阳城湖、陈湖、太湖水乡多有之。"清纪昀《阅微草堂笔记》卷二三:"阿文成公平定伊犁时,于空山捕得一玛哈沁。诘其何以得活,曰:'～为粮耳。'"《野叟曝言》九五回:"那年也因生产,不能～,饿不过,把他插标站在门首。"

【打失】 dǎ shī ❶ 失去;去掉;丢失。《五灯会元》卷二〇《别峰宝印禅师》:"复举僧问岩头:'浩浩尘中如何辨主?'头曰:'铜砂锣里满盛油。'师曰:'大小岩头,～鼻孔。'"明沈周《落花》之四四:"～园林富与荣,群芳力莫与时争。"清冯苏《滇考》卷下:"时有'官府只爱一张纸,～地方二千里'之谣。" ❷ 失当。宋《圆悟语录》卷二〇《和灵源瞌睡歌》:"校疏亲,浑～,瞌睡根灵莫穷诘。"

清《续金瓶梅》二四回:"要时时检点,那是得力处那是～处。"

【打试】 dǎ shì 同"打视"。宋欧阳修《归田录》卷二:"举手试眼之昏明曰～。"

【打视】 dǎ shì 测试目力。宋赵昇《朝野类要》卷五:"库务差遣人及投军人须远视目力,喝其指数,谓之～,防其目疾尔。"

【打事件】 dǎ shì jiàn 缉捕公人探得案情后,向上报告。明《金瓶梅词话》六九回:"节级缉捕领了西门庆钧语,到当日果然查访出各人名姓来,打了事件。"清《樵史》一五回:"想起当权时节,今日～,明日报缉获。"按《明史·刑法志三》:"他官府及各城门访缉曰坐记。某官行某事,某城门得某奸,胥吏疏白,坐记者上之厂,曰'打事件'。"

【打手】 dǎ shǒu ❶拍手;鼓掌。元佚名《柳营曲·晋王出寨》:"众番官齐～,众侍女捧金波,呀刺刺齐和太平歌。" ❷雇佣兵。明海瑞《久安疏》:"许其调广西土兵、广东汉达官军、～约四千人。"郑晓《今言》卷四:"两广汉达马步官军,土兵、～、杀手,共十万二千七百七十七员名。"清孙承泽《春明梦馀录》卷四三:"其广东山海警事渐生,则两广之备不得兼而遥制,又雇募～,自梧州始其初行。" ❸受人雇用或豢养从事保镖打斗的人。清屈大均《广东新语》卷二:"秋稼将登,则统率～,驾大船,列刃张旗以往,多所伤杀,是谓抢割。"《十二楼·夺锦楼》一回:"雇了许多～,随着轿子前来。"

【打手铳】 dǎ shǒu chòng 男子手淫。明佚名《续西厢》一一出:"只为他梦绕魂牵,打尽了许多手铳。"清《绿野仙踪》五四回:"谁家上供用那样不洁之物?不过借他打打手铳,觉得分外又高兴些。"

【打耍】 dǎ shuǎ 玩耍。明冯惟敏《仙子步蟾宫·剪发》:"耳轮儿提防着汤抹,鬓角儿休当做～。"

【打拴】 dǎ shuān 捆扎。元明《水浒传》三回:"庄客各自～了包裹。"又四三回:"便叫人去觅下了一辆车儿,～了三五个包箱,捎在车儿上。"

【打双陆】 dǎ shuāng lù 即"打马"。《元曲选·东堂老》三折:"出来的拨琵琶、～,把家缘不顾。"明沈德符《万历野获编》补遗卷三:"按洪武二十二年圣旨:学唱的割了舌头,下棋～的断手。"清《红楼梦》八八回:"看见贾母与李纨～,鸳鸯旁边瞧着。李纨的骰子好,掷下去把老太太的锤打下了好几个去。"

【打水不浑】 dǎ shuǐ bù hún 喻数量不足或程度轻微。明《金瓶梅词话》二四回:"一瓶两瓶取了来,～的,勾谁吃?"又八三回:"汤他这几下儿,～的,只像斗猴儿一般。"又八六回:"你如今两串钱儿,～的,做甚么?"

【打睡】 dǎ shuì 睡;睡觉。《祖堂集》卷七《岩头和尚》:"今日共师兄到此,又只管～。"明《金瓶梅词话》九七回:"当下你一盘,我一盘,熬的丫鬟都～去了。"清朱彝尊《赠许容》:"瓜牛舍近地百弓,日长莫学～翁。"

【打算】 dǎ suàn ❶计算;结算;折算。宋周必大《与赵德老总领札子》:"钱物事吏辈既不肯分门～,官员又无缘细考。便文自营,积成大害,终成漏底。"元宋方壶《一枝花·妓女》:"一番价有钞一番睡,旋～旋伶利。"清《续金瓶梅》二三回:"小弟这里也没有这许多。若是一千银子,别的金珠尺头～个千五之数,还勉强的来。"引申指清算(罪孽)。宋黄震《黄氏日钞》卷八〇:"时变孔艰,性命未保,正是平日官吏积恶造孽,到此～。" ❷盘算;算计;谋划。元郑廷玉《看钱奴》二折:"钱流转时辰有该载,天～日头轮到来。"明陈献章《与张廷实主事》:"缉熙此出固不得已,终是欠～。"清《豆棚闲话》五则:"无人去处,何用此一物?莫非山魈木

客,假扮前来,哄我入头,～我的性命?" ❸思量;计划。《元曲选·青衫泪》三折:"恰一别离苦况味,见小玉言端的,又惊散鸳鸯两处飞。"清《后西游记》二六回:"唐长老赞美不已。正～上马走跑,忽山旁闪现出土地来拜谢。"《儒林外史》五二回:"这银子本～回湖州再买一回丝,而今且交与老哥,先回去做那件事。" ❹发付;安排;准备。明王寅《夜行船·七十自寿》:"笑当初狂态难～,功名不自揣,觑万里青云易草莱。"清《白雪遗音·一轮明月》之六:"办流差,你就不该走我这条道。托亲赖友,～一件皮袄。"《歧路灯》七回:"你可～行李,休遗漏下东西。" ❺算命人推算八字。明《金瓶梅词话》七九回:"吴神仙掐指导寻纹,～西门庆八字。"清《醒风流》一〇回:"听见街上报君知～,石秀甫道:'待我唤他进来,起个课儿看。'"

【打睃】 dǎ suō 看。《元曲选·对玉梳》二折:"你与我～,有甚不瞧科,恰便似告水灾今岁淹了田禾。"明朱有燉《柳营曲·咏风月担儿》:"眼～脚奔波,有钱呵每朝无间阔。"孟称舜《娇红记》二九出:"花前闲～,偶然拾取,一叶蕉罗。"按,明佚名《墨娥小录》卷一四《行院声嗽》:"看,打睃。"

【打抬】 dǎ tái 同"搭抬"。明《杜骗新书·诗词骗》:"餘货只放船内,但～皮箱,进姐姐家来。"清《说岳全传》五回:"那三个员外是城中俱有亲友的,各各～食物,送到校场中来。"

【打谈】 dǎ tán 一种说唱艺术,讲说佛经或历史故事,穿插演唱。《孤本元明杂剧·东篱赏菊》二折:"我也不曾读书,我则听的那～的说武王言天下,寻访着孟津老姜。"明刘元卿《贤弈编》卷三:"沈屯子偕友人市,听～者说杨文广围困柳州城中。"《金瓶梅词话》一五回:"又有那站高坡～的,词曲杨恭;到看这扇响钹游脚僧,演说三藏。"

【打探】 dǎ tàn 探听。宋《五代史平话·梁上》:"咱每要差一人去齐州～。"明《金瓶梅词话》二一回:"昨日李铭那王八先来～子儿,今日应二和姓谢的大清早专勾使鬼走来勾了他去了。"清《张襄壮奏疏》卷四:"将宁夏情形～的确,不时题报。"

【打桃】 dǎ táo 即"捶丸"。金《董解元西厢记》卷八:"也不爱耽花恋酒,也不爱～射柳。"

【打腾腾】 dǎ téng téng 迟缓不进貌。唐张鷟《朝野金载》卷一:"嵩山凡几层,不登不得登,只畏不得登。三度征兵马,傍道～。"明《醒世恒言》卷三八:"上泰山高高几层?不怕上不得,到怕不得登。三度征兵马,旁道～。"

【打调】 dǎ tiáo 挑逗;挑嗾。宋刘昌诗《芦浦笔记》卷三:"街市戏谑有打砌、～之类。"《元曲选·神奴儿》一折:"〔搽旦做～科,云〕李二,你来我和你说。如今你那哥哥,还则是向着嫂嫂。你依着我,分开这家私者。"

【打贴】 dǎ tiē 即"打点❷"。宋黄仲元《四如讲稿》卷三:"下文三引诗,只用一两句轻轻接过。大意形容不显之德,必若天无声臭,方始～得不显气象。"明汤显祖《牡丹亭》三一出:"敢大金家早晚来无状,～起炮箭旗枪。"清黄宗羲《孟子师说》卷下:"苟非自得,则日用之间不过是安排道理,～世情。"

【打听】 dǎ tīng ❶探问;探听。元倪瓒《与彝斋学士先生》:"可密为～,不必问之孤斋,便可知其实。"明陈铎《一枝花·怀妓》:"您苏卿俺双渐,瞒不过惯～风声阿母严。"清《绿野仙踪》四七回:"你还没有吃饭,我与你～饭去。" ❷听;听说。"打"字无义。元成廷珪《竹枝歌》:"船头把酒对明月,～夜场人唱歌。"《元曲选·渔樵记》楔子:"〔王安道云〕兄弟,你哥哥专听喜信哩!〔正末唱〕你是必～好消息。"明《金瓶梅词话》一二回:"且说孟玉楼～金莲受辱,约的西门庆不在家里,瞒着李娇儿、孙雪娥,走

来看望金莲。"按,宋项安世《项氏家说》卷八:"(俗言)其于打字用之尤多,如打叠、打听、打话。"则宋代已常用。

【打头】 dǎ tóu ❶ 迎头;顶头。唐李涉《却归巴陵途中走笔寄唐知言》:"去年腊月来夏口,黑风白浪～吼。"元萨都剌《高邮阻风》:"忽然今日风～,寸波寸水逆上流。"明《古今小说》卷二一:"婆留手执铁棱棒,～正遇着张龙,早被婆留一棒打落水去。" ❷ 开头;为头。宋李彭《都城元夜》:"五夜好春随步暖,一年明月～圆。"《元曲选外编·飞刀对箭》二折:"兀那厮,十八般武艺,甚么～?"清《聊斋志异·张贡士》:"佛留一百二十行,惟有庄农～强。" ❸ 触头;碰头。宋方岳《次韵刘簿寄示》:"先生宴坐心平夷,矮屋～甘寂寞。"金元好问《游龙山》:"蜻蜓入微行,渐觉藤萝冒衣树～。"清叶方蔼《苍水移寓戏讯》:"欠伸欲～,容膝略无馀。" ❹ 从头。清《红楼梦》八一回:"你且把从前念过的书,～儿理一遍。" ❺ 抽头。明《梼杌闲评》一〇回:"士南又把～的钱抓了些与他。"△清《跻春台·南山井》:"且说近邻有一王五,为人凶暴,江湖上开个新一大爷,结交红黑两党,～吃利,屠牛聚赌。"按,清周亮工《书影》卷五:"今以出钱物以主博者,名曰囊家;什一征胜者,曰打头。"

【打团】 dǎ tuán ❶ 聚成团;凑在一起。宋张镃《次韵酬陈伯冶监仓》:"成阵游儵波上暖,～飞蝶菊初荒。"叶隆礼《辽志》:"九月九日,国主～斗灭虎。"元明《水浒传》七二回:"先行совсем散马步水军一应小头目人等,各令自去～儿吃酒。" ❷ 围成圈;绕圈。唐杨筠松《撼龙经》:"护卫缠绕如～,重重包裹外山归。"《文献通考》卷一五七:"三衙合教为三阵,马军上马,～教场,举白旗;三司马军首尾相接,举红旗,向台合围。"

【打团团】 dǎ tuán tuán ❶ 即"打团❶"。明《型世言》三回:"这些邻舍～道:'一定婆媳争风厮闹了。'"清《樵史》一三回:"只得又与李永占、刘若愚、李朝钦这几个奸滑心腹内官～儿商量。"《后西游记》三六回:"满街贴报子请人吃斋,怎汤饭馒头不见,却～在此说清话?" ❷ 即"打团❷"。明《禅真逸史》三回:"未及到庙,远远见人声喧哄,～围住一个和尚,在庙里跪拜。"《禅真后史》三四回:"那瓦上的小人儿比前长了寸餘,带着两个蓝脸小鬼,在檐口～,走了几个转身,径奔入窗口来。"

【打腿】 dǎ tuǐ 下跪。《元曲选外编·老君堂》楔子:"小人剑甲在身,不能～。"

【打脱】 dǎ tuō ❶ 失掉;放弃。明《禅真后史》一回:"钱财也不甚计较,奈何酷好的是这一着,每每为此事～了主顾。"清《绿野仙踪》四九回:"郑三夫妇因温如玉～,何公子主仆盘用甚大,意思要使百把银两,托萧麻子道达。"《醒世姻缘传》六回:"晁大舍又听了'拘邪捉鬼'四个字,那里肯～?添到三十五、三十八、四十、四十五,那人只是不卖。" ❷ 脱身;逃脱。清《绣戈袍》二〇回:"你明日可往襄阳府游击大老爷处报知,说他多带兵丁来方可;不然,恐他～。"

【打脱冒】 dǎ tuō mào 冒充。明《古今小说》卷二:"这是真情无疑了。只不知前夜～的冤家,又是那里来的?"又:"梁尚宾遮掩不来,只得把自己～事述了一遍。"

【打凹凹】 dǎ wā wā 婴儿动作,用手拍嘴发出"哇哇"的声音。明《朴通事谚解》卷中:"孩儿腕搭儿腕搭儿,把那手来提的高着,打光光,～。"

【打瓦】 dǎ wǎ ❶ 瓦卜,打裂瓦观察纹路以定吉凶。宋李新《与冯德夫》:"枯木倚寒岩,犹是未了汉。但请钻龟～,毕竟团量不着。"佚名《张协状元》四出:"君子还是合婚选日、揣骨听声、～钻龟、发课算命?"清汪琬《村居》之八:"村人不识羲文课,竟指

❷ 一种儿童游戏。立一瓦,以另瓦掷击,中者为胜;或各掷瓦于地,以己瓦击中他人瓦者为胜。明杨慎《抛堶》:"宋世寒食有抛堶之戏,儿童飞瓦石之戏,若今之～也。"清《儒林外史》二回:"那些孩子就像蠢牛一般,一时照顾不到,就溜到外边去～踢球。"

【打碗】 dǎ wǎn 小酒店零售酒,顾客喝完便走。宋耐得翁《都城纪胜·酒肆》:"(散酒店)门首亦不设油漆权子,多是竹棚布幕,谓之～,遂言只一杯也。"

【打碗头】 dǎ wǎn tou 即"打碗"。宋吴自牧《梦粱录》卷一六:"又有挂草葫芦、银马杓、银大碗,亦有挂银裹直卖牌,多是竹棚布幕,谓之～,只三二碗便行。"

【打网】 dǎ wǎng ❶ 张网;撒网。明池本理《禽星易见》:"若他禽与日禽和好宜拗罾,我禽克他禽宜～。"刘嵩《渔家乐题渔乐图》:"教儿～莫种田,长江有水无荒年。" ❷ 找关系。清雍正十年五月十八日湖北巡抚王士俊奏折:"勾通院司书吏,在外～张罗,密行交结,探听风声。" ❸ 设圈套或立名目敲诈。明杨涟《二十四大罪疏》:"陈居恭摇唇鼓舌,傅继教投匦～,片语违忤,则驾帖立下。"《金瓶梅词话》二七回:"一条索子把宋仁拿到县里,反他～诈财,倚尸图赖。"按,明田汝成《西湖游览志餘》卷二五《梨园市语》:"白手骗人,谓之打清水网。"

【打围】 dǎ wéi ❶ 簇围;四面围起来。唐杨筠松《疑龙经》上篇:"垣中横水从中过,远缠如带五里生。垣前外列如～,垣气足时无缺破。"宋刘子翚《必源以古风见投》:"群芳红～,从渠争春艳。"清《野叟曝言》一三五回:"天子芦殿之外,五府九门兵丁,共有一万二千人,均～扎住。" ❷ 打猎时合围,也泛指打猎。《旧五代史·契丹传》:"我在上国以～食肉为乐,自及汉地,每每不快。"明《古今小说》卷六:"后来葛令公在甑山～,申徒泰射倒一鹿。"清朱彝尊《观猎》:"尽道～春更好,夕阳飞骑兔毛河。" ❸ 转圈;盘旋。宋林希逸《庄子口义》卷六:"钩,御马而～也。钩百而反,言百转也。"汪元量《京口野望》:"南徐白昼虎成阵,北固黄昏鸦～。"元尹廷高《江乡夜兴》:"极浦霜清断雁～,渔灯明灭水烟微。" ❹ 一种打彩的游戏。宋王说《唐语林》卷七:"长安小儿竞彩戏,谓之～。"元关汉卿《一枝花·不伏老》:"我也会围棋、会蹴鞠、会～、会插科、会歌舞、会吹弹、会咽作、会吟诗、会双陆。"清《红楼复梦》九七回:"各姐妹们都分三四桌,在景福堂掷状元筹、～欢笑。"

【打问】 dǎ wèn 拷打审问。明沈德符《万历野获编》卷一八:"你们既～明白,不分尊从,便都拿去,依律凌迟处死。"李梅实《精忠旗》一七出:"先去拿张宪来,～成狱,不怕岳飞不认。"《梼杌闲评》三三回:"本朝旧例,～一上,即送法司拟罪。"

【打问讯】 dǎ wèn xùn 两掌在胸前合十行礼,为僧尼礼拜或与人应酬时的礼节。《元曲选外编·西厢记》二本楔子:"〔惠明了云〕贫僧是普救寺来的。"明《金瓶梅词话》八八回:"这秃厮好无礼! 这些人站着,只打两个问讯儿,就不与我打一个儿?"清《醒世姻缘传》六四回:"只见白姑子领着徒弟冰轮往杨家一个觅汉,挟着一大篮馍馍、蒸饼同到庵中,见了薛三省娘子,～行礼。"

【打喜】 dǎ xǐ 贺喜。明刘麟《与甘泉书》:"太初生子,岂专气致柔为之邪? 此人伦之大,真可贺也。～何如?"汤显祖《紫箫记》一四出:"俺约同石子英、尚子毗同到霍府来～。"清《续金瓶梅》二三回:"把个翟员外醉的似泥人一般,众人替他簪花,闹成一块。"

【打戏】 dǎ xì 编戏。清《歧路灯》七八回:"盛希侨把副末叫上来说:'不错! 不错! 你缘何就会自己～?'副末道:'唱的久了,就会照曲牌子填起腔来。'"又一〇一回:"总因～的窠臼,要一个

三髯，一个红脸，一个黑脸，好配脚色。”

【打细】 dǎ xì 侦察。《元曲选外编·老君堂》一折：“倘有别处来～的人，与我拿将来者。”明王世贞《弇山堂别集》卷八七：“为云南梁王使人来俺跟前～，通了流官及火者每，为这般征云南。”谭纶《谭襄敏奏议》卷五：“有楮布额差都齐同和尔齐前来～，分付都齐那里地方好抢，那里有牛羊段子粮米。”

【打细泊】 dǎ xì bó 用迷药拐骗儿童。细，儿童。清《醒世姻缘传》五七回：“大家都说那和尚必定是放花～的，看得孩子伶俐，拐的去了。”

【打闲】 dǎ xián 偷闲；空闲。宋清止《诗一首》：“闹里～谁似我，千岩春色一声歌。”杨万里《晓过丹阳县》：“小儿不耐初长日，自织筠篮胜～。”

【打箱】 dǎ xiāng 戏曲演出中临时出彩讨赏。明《金瓶梅词话》四三回：“今日你等用心唱，伏侍众奶奶，我自有重赏，休要上边～去。”按，明徐渭《南词叙录》：“打箱，以别技求赏也。”

【打挟】 dǎ xié 捆扎。元明《水浒传》二回：“当夜子母二人，收拾了行李、衣服、细软、银两，做一担儿～了。”又八一回：“两个吃了些早饭，～了一笼子金珠细软之物。”

【打斜】 dǎ xié 朝斜的方向；偏向一边。宋黄庭坚《戏答陈元舆》：“但忧迎笑花枝红，夜窗冷雨～风。”明《山歌·笑》：“东南风起～来，好朵鲜花叶上开。”清《东周列国志》六六回：“引至围村，却不进村，径～往树林中去了。”

【打行】 dǎ xíng 另见 dǎ háng。起行；动身。清《平山冷燕》一五回：“日色已西，这里到城中还有七八里，也该～了。”

【打雄】 dǎ xióng 动物交配，也借指性交。明李诩《俗呼小录》：“鸟兽交感，驴马曰罩，鸡鹅曰撩水，餘鸟曰～。”《山歌·求老公》：“昨夜一更后，二更中，爬来小阿奴奴头边来学～。”《醋葫芦》三回：“一竟靠在窗棂上，看那檐边两个猫儿～。”

【打旋】 dǎ xuán ❶求人周济。元萧德祥《小孙屠》四出：“数日来不得买卖，意下要买些人事，投乡外几个相识行～一遭。”《元典章·刑部七》：“随后～的些钱银将你去。” ❷盘旋；转圈。明汤显祖《牡丹亭》二七出：“奇哉怪也，冷瑟瑟一阵风～也。”《平妖传》九回：“那团黑气往来甚频，不住的在圈边～。”清《野叟曝言》二六回：“这公子就如热石头蚂蚁，在房里团团的只顾～。”

【打旋罗】 dǎ xuán luó 卖焦䭔的摊贩制作的一种可旋转的灯架，用来招揽生意。宋孟元老《东京梦华录》卷六：“唯焦䭔以竹架子出青伞上，装缀梅红缕金小灯笼子，架子前后，亦设灯笼。敲鼓应拍，团团转走，谓之‘～’，街巷处处有之。”清弘历《燕九日作》：“底说踏歌～，钱王买节亦云过。”

【打旋磨】 dǎ xuán mò 转圈儿，形容求情或讨好的样子。明《金瓶梅词话》二五回：“落后媳妇子走到屋里，～跪着我，教我休对他娘说。”清《红楼梦》程乙本九回：“你那姑妈只会～儿，给我们琏二奶奶跪着借当头。”

【打渲】 dǎ xuàn 刷洗。宋耐得翁《都城纪胜·四司六局》：“排办局专掌挂画插花、扫洒～、拭抹供过之事。”吴自牧《梦粱录》卷一九：“排办局掌椅桌、交椅、桌凳、书桌及洒扫～、拭抹供过之职。”

【打踅】 dǎ xué ❶走到某处而不长久停留；走动。元明《水浒传》六一回：“时迁当日先去翠云楼上打一个踅。”明金銮《胡十八·风情嘲戏》：“我又不来～，又不来讨赊。”《拍案惊奇》卷三四：“元来那王尼有一身奢遮本事：第一件一张花嘴，数黄道白，指东话西，专一在官宦人家～。” ❷走江湖；艺人流动演出。《元曲选·金线池》一折：“有几个～客旅辈，丢下些刷牙掠头，问奶奶要盘缠家去。”元明《水浒传》五一回：“都头出去许多时，不知此处近日有个东京新来～的行院，色艺双全，叫做白秀英。”明朱有燉《神仙会》二折：“小生昨日街上闲行，见了四个乐工，自山东瀛州来到此处，～觅钱。”

【打踅磨】 dǎ xué mó 犹“打旋磨”。《元曲选·赚蒯通》三折：“你这些小儿每街上闹镬铎，则愿的碾得娘没一个。赶着我后巷前街～，我也不是善婆婆。”

【打牙】 dǎ yá 说闲话；嘲弄。金《董解元西厢记》卷八：“怎禁当，衙门外，～打令诨，匹似闲啮哨。”明汤式《一枝花·客中奇遇寄情》：“寄与那闲～的相知莫讥讽，少不的凄凉卷终。”清《红楼梦》二六回：“他等着你，你还坐着闲～儿？”

【打眼】 dǎ yǎn ❶抛眼色；把目光投向某处。元李茂之《行香子》：“擷竹分茶，摘叶拈花，圈儿中稍自矜夸。彫眉～，料嘴敲牙。”明《平妖传》二四回：“那客人尽平生气力推那车子，也不与永儿说话，也不～来看他。”《二刻拍案惊奇》卷八：“郑十～一看，果然李三与群女在里头混赌。” ❷显眼；惹起注意。明汤显祖《牡丹亭》三七出：“是什么发冢无情短幸材，他有多少金珠葬在～来。”《二刻拍案惊奇》卷五：“只头上一顶帽子，多是黄豆来大不～的洋珠，穿成双凤穿牡丹花样。”

【打眼目】 dǎ yǎn mù 即“打眼❷”。《元曲选·铁拐李》二折：“他与你些～的衣服头面。”明朱有燉《柳营曲·咏风月担儿》：“金销成～新衣，铜铸就敲脑袋沉锤。”

【打仰】 dǎ yǎng ❶身子后仰。明《西游记》二三回：“三藏坐在上面，好便似雷惊的孩子，雨淋的虾蟆，只是呆呆挣挣，翻白眼儿～。”又七三回：“八戒～道：‘这妈妈儿却也利害，怎么就降这般恶物？’” ❷退缩。明《西游记》八一回：“行者道：‘你夜来说都在你身上，如何～？’”

【打腰】 dǎ yāo 束腰，特指把钱物捆在腰上。宋刘昌诗《芦浦笔记》卷三：“负钱于身为～。”清《五美缘》五九回：“腰中束了一条～布，肩上有把夹剪。”

【打爻】 dǎ yáo 打爻槌，指唱莲花落乞讨。元佚名《醉太平·叹子弟》：“莲花落易学，桃李子难教。张打油啰啰连和得着，学不成～。牵着个狗儿当街叫。”

【打要】 dǎ yào 连词。要是；假如。明《金瓶梅词话》三一回：“早是这个罢了，～是个汉子儿，你也爱他罢。”

【打噎咈】 dǎ yē fú 打嗝发出难闻气味。明《朴通事谚解》卷中：“谁吃萝卜～，气息臭的当不的。”

【打野泊】 dǎ yě bó 即“打野呵”。宋章渊《槁简赘笔》：“是如今之艺人，于市肆作场，谓之～，皆谓不着所。”

【打野呵】 dǎ yě hē 江湖艺人在街头卖艺。宋周密《武林旧事》卷六：“或有路歧，不入勾栏，只在要闹宽阔之处做场者，谓之～，此又艺之次者。”清沈嘉辙《南宋杂事诗》：“南瓦邀棚北瓦过，绣巾小妓舞婆娑。游人不尽香尘拥，箫鼓开场～。”

【打野呼儿】 dǎ yě hū er 即“打野呵”。元王恽《纪梦》：“予乃曰：‘闻吾友参政以来，多有施为。’高曰：‘传者妄矣。选参政者，参知杂剧，见做不行，何施为之有？’予答曰：‘渠于此见～，胡为做不行也？’”

【打野胡】 dǎ yě hú 农历岁末跳神驱祟的一种风俗。宋赵彦卫《云麓漫钞》卷九：“世俗岁将除，乡人相率为傩，俚语谓之～。”

【打野火儿】 dǎ yě huǒ er 即“打野呵”。元《三遂平妖传》一三回：“妇人道：‘无甚空地，卖不得，若有个空地才好卖。’那人与他赶起了，吹的扑的道：‘这里好，也曾有人在这里～过。在这

里做好。'那妇人盘膝在地上坐了,看的人一来看见这妇人生得好,二来见妇人～的,便有二三十人围住着。"

【打野盘】 dǎ yě pán 野外露宿。元耶律楚材《黄龙三关颂》:"只～无寺宿,不供糊口趁村斋。"△清《三侠剑》五回:"黄三哥!～,我可胆儿小。"

【打夜胡】 dǎ yè hú 同"打野胡"。宋孟元老《东京梦华录》卷一〇:"自入此月,即有贫者三数人为一伙,装妇人神鬼,敲锣击鼓,巡门乞钱,俗呼为～,亦驱祟之道也。"

【打硬】 dǎ yìng ❶ 充硬;不服输。《敦煌变文校注》卷三《燕子赋(一)》:"雀儿～,犹自落荒漫语。"宋陈造《请昇老住广惠疏》:"祖令方传,讵容厌闹缩手;世缘未了,要须～到头。"明陈献章《约诸友游圭峰文都报子病不果行》:"三约两违真未信,百忧千算卒无成。相看独有南山老,～犹堪逐后生。" ❷ 一种硬功杂技。宋《西湖老人繁胜录》:"淘真尽是村人～底,擘破铁橄榄。"耐得翁《都城纪胜·瓦舍众伎》:"杂手艺皆有巧名:踢瓶、弄碗、……、～、教虫蚁。"

【打油】 dǎ yóu 指打油诗,用口语写成的不拘格律的通俗诗。宋元《警世通言》卷一二:"帘卷水西楼,一曲新腔唱～。"明杨慎《覆篑俳体打油钉铰》:"江南呼浅俗之词曰覆篑,犹今云～也。"清稽永仁《百苦吟》:"三家村老扑枣,尚且流传闾巷。"也指做这样的诗。明《西游记》六四回:"无已,也～几句,幸勿哂焉。"

【打油飞】 dǎ yóu fēi 没有固定职业或落脚点而到处游逛。明《金瓶梅词话》九六回:"白日里到处～,夜晚间还钻入冷铺中存身。"按,清光绪十年《玉田县志》:"打游飞,奔走无正业也。"

【打杂】 dǎ zá ❶ 做杂活或杂事。明《警世通言》卷六:"楼下掌管、师工、酒保、～人等,都上楼来。"清《红楼梦》八八回:"我刚才到后边去叫～儿的添煤。" ❷ 演垫场戏。清《歧路灯》二一回:"我去时,已唱了半截。只见一丑一旦,在那里～。"

【打造】 dǎ zào 制作。《册府元龟》卷五〇一引后晋高祖禁销钱铸器物敕:"宜令盐铁使禁止私下～铸泻铜器。"《元曲选·抱妆盒》楔子:"合该着尚宝司～金弹丸一枚。"清《续金瓶梅》五四回:"这韩将军～战船,整顿盔甲,预备迎敌。"

【打闸】 dǎ zhá 行船逆水过闸。明陈铎《耍孩儿·舟中自咏疥疮》:"莫不是～处忍了饥,莫不是盘浅处受了渴。"清傅泽洪《行水金鉴》卷一三五:"下水放闸之船疾如飞鸟,若坠深渊,浮沉难定;一人回溜,人船两伤。上水之船头稍倒竖,难系登天。"

【打诈】 dǎ zhà 讹诈。明杨一清《关中奏议》卷一三:"挟制官府,～财物。"《禅真逸史》一三回:"假如和尚光着头去嫖,被鸨儿识破,连了光棍手,～得头扁方休。"清《醒世姻缘传》一五回:"这却是何处光棍,指称～,即刻驱逐起身!"

【打斋】 dǎ zhāi 僧道募化求食或向僧道施舍食物。宋刘克庄《风幡堂》之二:"夜夜各跌坐,朝朝同～。不知那个子,曾梦祖师来?"明《金瓶梅词话》七八回:"吴月娘又与庵里薛姑子～,令来安儿送香油米面银钱去。"清《续金瓶梅》六〇回:"了空自去投古寺～过夜不提。"

【打战】 dǎ zhàn ❶ 同"打颤"。《元曲选·连环计》二折:"忧的我神思竭默默无言,愁的我魂胆丧兢兢～。"明《西游记》四八回:"师徒们衾寒枕冷,八戒咳歌～睡不得。"清《绿野仙踪》五六回:"郑三家两口子听了,就和提在冰盆里的一般,气的只是～。" ❷ 打仗;作战。清《说岳全传》二六回:"某家饶你去罢,等你酒醒了,再来。"△清《续儿女英雄传》八回:"而且～出兵,非女子分内之事。"

【打颤】 dǎ zhàn 发抖。明朱载堉《山坡羊·休望人》:"指

望人家衣,冻的我咳嗽～。"《二刻拍案惊奇》卷二〇:"功父看得浑身～,呆呆立着。"清《歧路灯》二三回:"孩子们冷的慌,浑身～。"

【打张】 dǎ zhāng 同"打帐❷"。明《醒世恒言》卷二七:"那时焦氏就～了做皇亲国戚的念头,掉过脸来,将玉英百般奉承。"

【打张鸡儿】 dǎ zhāng jī er 即"打张惊儿"。明《金瓶梅词话》二八回:"你看他还～哩!瞒着我,黄猫黑尾,你干的好茧儿!"

【打张惊儿】 dǎ zhāng jīng er 假作吃惊;装糊涂。明《金瓶梅词话》三五回:"贾四果然害怕,次日封了三两银子,亲到伯爵家磕头。伯爵反～,说道:'我没曾在你面上尽得心,何故行此事?'"

【打掌】 dǎ zhǎng 击掌赌誓。明《平妖传》二二回:"我与你打个掌,偏要员外成我这头亲事!"清《一片情》一四回:"我有这本事,与你打个掌儿。"

【打仗】 dǎ zhàng 进行战争或战斗。明孙传庭《报官兵迎剿获捷疏》:"十二日左总兵在罗山镇～得功,贼已大败。"《西游记》六五回:"猴与魔,齐～,这场真个无虚诳。"清李渔《奈何天·密筹》二五出:"朝廷不使饿兵,目下边报警急,若要～,我们是不去的。"

【打帐】 dǎ zhàng ❶ 核算账目。明《金瓶梅》七六回:"这西门庆方～,兑三十两银子、三十吊钱,交与金莲管理。" ❷ 考虑;打算。明《平妖传》二二回:"一路上欢欢喜喜,也～瞒过快嘴张三嫂,明日独个去做这头媒人。"《醒世恒言》卷三二:"黄生听在肚里,暗暗：'除非如此如此。'"清《警寤钟》五回:"因到街上访得一家姓马,是县里有名的快手,颇有食水,～到晚去下手。" ❸ 同"打仗"。清《醒世姻缘传》三二回:"你就待～,改日别处打取;你在这门口～,打下祸来,这是来补报奶奶的好处哩?"又三三:"先生,先生,你看两个雀子～哩!"

【打招】 dǎ zhāo ❶ 挥手招呼人。宋元《清平山堂话本·简帖和尚》:"官人把手～,叫:'买馉饳儿!'"△清《风月梦》一六回:"那灯船上十番孩子用过晚饭,在船舱里吹唱,绕着他们大船～。" ❷ 拷打使承认。元明《水浒传》三一回:"赚我到里面,却把银酒器皿预先放在我箱笼内,拿我解送孟州府里,强扭做贼～了。"

【打照】 dǎ zhào ❶ 对照检验;印证。明王恕《驾帖不可无印信疏》:"又闻驾帖下各衙门,则用司礼监印信,该科挂号。皇城各门俱～,出关防印子。"周宗建《论语商》卷上:"诸君只把今日坐此一会讲此一章这般意味常自～,如长流水源源不断,便是真正知道实学。"清《歧路灯》六八回:"谭绍闻说个'卖'字,却正～了张正心所受伯母的气,有'为他人作房户'之说。" ❷ 准备;安排。清《绿野仙踪》四二回:"将来的事体,你也该预为～,到是棺木要紧。"又七七回:"已着锦衣卫遣缇骑矣,大要早晚即到,老师可早些～一切。"《凤凰池》四回:"自此,小姐也不复通问矣。云生也一意埋头苦读,出人心意暗暗～。" ❸ 观看;关照;照看。清吴绮《蝶恋花·香在庵》:"十亩荷田,香颤红衣笑。羽扇葛巾闲～,荷田缺处青山倒。"《绿野仙踪》四七回:"又见金钟儿与何公子以目送情,不～自己一眼。"又四八回:"又暗中嘱咐金钟儿,在两处儿都～着,休要冷淡了旧嫖客。" ❹ 犹"打照面❶"。明汤显祖《邯郸记》一出:"乌兔天边才～,仙翁海上驴儿叫,一霎蟠桃花绽了。"

【打照会】 dǎ zhào huì 关照;打招呼。明《醒世恒言》卷一五:"我都晓得了,不消你去～。"《拍案惊奇》卷二六:"我家未知道我回,与娘家又不～,便私下住在此两日,无人知觉。"清《荡寇志》九五回:"原来他见过这个人了,倒也妙极,只可惜不及～。"

【打照面】 dǎ zhào miàn ❶ 对面相见。金《董解元西厢记》卷一:"当时张生却是见甚的来?见甚的来?与那五百年前疾

憎的冤家正打个照面儿。"明《二刻拍案惊奇》卷一四："那官人急闪了出来，已与大汉打了个照面。"清《都是幻·写真幻》四回："二人见了礼，各～。月珠心中疑惑，觉得池公子容颜不比前番墙缝中看见这样标致了。" ❷ 短时间露面。明《金瓶梅词话》一一回："金莲当下只在月娘面前，只打了个照面儿，就走来前边陪伴西门庆。"清《红楼梦》八二回："〔宝玉〕忙忙又去见王夫人，又到贾母那边打了个照面儿。"

【打阵】 dǎ zhèn ❶ 排列阵势。宋吴自牧《梦粱录》卷四："且帅府节制水军，教阅水阵，统制部押于潮未来时，下水～展旗，百端呈拽。" ❷ 攻打阵势。宋黄彦平《欢喜口号》之三："愁见淮阴～来，白毡玄甲倒如摧。"《元曲选·马陵道》一折："公子，着那～的将军来认我这阵势咱!"清《说岳全传》五七回："你去与他说，教他摆好阵势，快来知会。" ❸ 比喻对抗。明《禅真后史》四回："小瞿拚着光身子和你～，耿家不过浪费资财，一鼓一锣的行事，暗中贿嘱了官吏，还要扭捏做诬告人命及坐你的罪哩!" ❹ 成群;成队。元元淮《南楼》："寒蝉底事声凄切，催得飞鸦～归。"明王廷相《杨花篇》："江头一树白离离，～随风趁落晖。"《西游记》七〇回："山鸦山鹊，～攒群密密飞。"

【打挣】 dǎ zhēng 另见 dǎ zhèng。犹"打棱挣"。明《西游记》一三回："唬得个三藏痴呆，伯钦～。"

【打挣】 dǎ zhèng 另见 dǎ zhēng。❶ 勉力支撑;挣扎。《元曲选·神奴儿》三折："你也不索硬～去街坊上幺喝，神奴儿死尸骸只在这水沟里埋伏。"明《西游记》四六回："见那道士在滚油锅里～，爬不出来。"《拍案惊奇》卷三七："仲任自恃力气，欲待～，不知这时力气多在那里去了，只得软软随了他走。" ❷ 支吾;应付。元侯正卿《醉花阴》："寒雁归，愁越添，檐马劣，梦难成。早是可惯孤眠，则这些最难～。"《元曲选·李逵负荆》四折："〔带云〕智深哥哥，〔唱〕我也则要洗净你这强～的执柯人。"《元曲选外编·豫让吞炭》二折："惩惩些莫～，惩惩休休折证，惩惩别了俺阃外将军令。" ❸ 打扫。《元曲选外编·金凤钗》三折："我道你不是受贫的人，我还～头间房与你安下。"

【打之绕】 dǎ zhī rào 像"之"字形样绕来绕去，禅宗多用以指斥参禅者不能直接悟入。宋《大慧语录》卷一一："昧却直截事，外边～。"《五灯会元》卷二〇《东山齐己禅师》："唯有径路修行，依旧～。"

【打吱喳】 dǎ zhī zhā 指言语应对。明《型世言》三回："店中喜得掌珠小时便在南货店中立惯了，又是会～的人，也不脸红。"

【打周遭】 dǎ zhōu zāo 转圈子;围成一圈。《元曲选·东堂老》一折："这老儿可有些兜搭难说话，慢慢的远～和他说。"明冯惟敏《端正好·徐我亭归田》："碜可查荆棘排，活扑剌蛇蝎挨，～挤成一块。"

【打住】 dǎ zhù 停住;止住。宋佚名《浪淘沙》："水饭恶冤家，些小美瓜。尊前正欲饮流霞，却被伊来刚，好闷人那!"明陈献章《次韵张廷实舟中写兴》："白头不起江门浪，～吟风弄月船。"清《红楼梦》七五回："且～，吃了东西再来。"

【打转】 dǎ zhuàn ❶ 搅动使旋转。宋朱翼中《北山酒经》卷下："直候熟却，将前来黄头并折澄酒脚倾在瓮中，～上榨。"明徐光启《农政全书》卷四〇："每缸内用矿灰八两，浓者九两，以木杴～，澄清去水。" ❷ 转圈;绕圈走动。《元曲选·货郎旦》三折："见一个旋风儿在这榆柳园，古道边，足律律往来～。"明《西游记》七二回："你去见他便了，却如何在这里～?"

【打捉】 dǎ zhuō ❶ 捉拿。元明《水浒传》二五回："你却不

要气苦，我自帮你～。"清《野叟曝言》一九回："房门外乱赶进无数家人来～，被又李把手一捔，当先的捔倒了两个。" ❷ 打旋;盘旋。元明《水浒传》八回："根盘地角，弯环有似蟒盘旋;影拂烟霄，高耸直教禽～。"

【打仔】 dǎ zǐ ❶ "但只"的音变。只;只是。范围副词。清《醒世姻缘传》四九回："他～和我说誓:'我要没吃了你的豆腐，这嗓子眼长碗大的疗疮!'" ❷ 犹"打哩"。清《醒世姻缘传》五七回："～你媳妇儿教你养活也可哩，你没的也不听?"

【打总】 dǎ zǒng ❶ 合拢;凑在一起。清《豆棚闲话》三则："到了五旬前后，把家资～盘算，不觉有了二十余万。"《红楼梦》二五回："既这么样，就一日五斤，每月～儿关了去。" ❷ 犹"偏偏❸"。清《聊斋俚曲·增补幸云曲》："这奴才不弹琵琶，光谝他的汗巾子望我谝他，我～的折折他的架子。"

【打嘴】 dǎ zuǐ ❶ 吵架;拌嘴。明《金瓶梅词话》七五回："也没见这六姐，你让大姐一句儿也罢了，只顾打起嘴来了。" ❷ 掌嘴;打嘴巴。《元曲选·窦娥冤》三折："～! 那有这等说话!"清《红楼梦》七四回："这就该～，你难道是死人?" ❸ 喻指出丑。明《金瓶梅词话》二五回："贼小妇奴才，千也嘴头子嚼说人，万也嚼说，今日打了嘴也说不的。"清《红楼梦》六回："他们那些门上的人也未必肯去通信，没的去～现世。"

【打醉眼子】 dǎ zuì yǎn zi 因醉酒打盹。元明《水浒传》六五回："厨下两个使唤的也醉了。虔婆东倒西歪，却在灯前～。"

【打坐】 dǎ zuò ❶ 僧道修行方法之一，盘膝闭目而坐，屏除一切杂念。《五灯会元》卷六《亡名古宿》："昔有一僧，在经堂内不看经，每日～。"《元曲选·张生煮海》三折："老僧石佛寺长老是也，正在禅床～。"清《绿野仙踪》七〇回："于冰等正在东房里～，听得西房里有人哭泣起来。" ❷ 泛指较长时间地坐。宋《朱子语类》卷一〇七："先生饭罢，楼下起西序行数回，即中位～。"元乔吉《殿前欢·里西瑛号懒云窝》："懒神仙，懒窝中～几多年，梦魂不到青云殿。"明孟称舜《娇红记》四一出："则见一阵阴风冷透窗，吹得森森肌骨凉。我只得强自～，看他果是如何。"

dà

【大】 dà 另见 dài。❶ 方言称父。明《金瓶梅词话》三〇回："教你拿酒，你怎的拿冷酒与你爹吃? 原来你家没～了，说着你，还钉嘴铁舌儿的!"清《歧路灯》一三回："惩的一个好闺女，他～就肯卖他?"按，明沈榜《宛署杂记》卷一七："父曰爹，又曰别，又曰大。" ❷ 用在时间词之前，表示强调。明《金瓶梅词话》四六回："在俺这里～节下，姊妹间众位开怀大坐坐儿。"清《醒世姻缘传》六二回："如何～白日里关了门则甚?"《红楼梦》三三回："～暑热天，母亲有何生气，亲自走来?" ❸ 用在数量词之前，表示超出这一数量。明《西游记》三六回："我们老少众～四五百名和尚，往那里搬?"△清《儿女英雄传》四回："一个曲儿，你听了～半拉咧，不听咧。" ❹ 摆架子;使傲气。明《金瓶梅词话》二五回："你的媳妇儿，如今是那时的媳妇儿了? 好不～了。"又九四回："姐姐几时这般～了，就抖搂起人来?"清《歧路灯》二二回："好～的主子! 明明在家，却叫家人说往乡里去了七八天。"

【大安】 dà ān 问候别人病愈的敬词。清《红楼梦》二六回："总是我没福，偏偏又遇着叔叔身上欠安。叔叔如今可～?"又五五回："你们只管撒野，等奶奶～了，咱们再说。"

【大八丈】 dà bā zhàng 高手。清《醒世姻缘传》四回："我

看那人是个～，似一两银子拿不出手的。"又八五回："没的郭威这本就是他做的？他要做出这本来，这是个～。"

【大拔步】dà bá bù 大踏步。明《金瓶梅词话》九九回："这刘二那里依听，～撞入后边韩道国屋里。"清《野叟曝言》一二回："素臣放下刘大，只得也～赶去。"

【大伯】dà bǎi 另见 dà bó。称丈夫的哥哥。宋元《清平山堂话本·李翠莲》："～说话不知礼，我又不曾惹着你。"清《聊斋志异·阿纤》："嘱三郎曰：'寄语～：再过西道，勿言吾母子也。'"《醒世姻缘传》六〇回："我又不是～，他的房里，我又是进得去的。"

【大伯子】dà bǎi zi 另见 dà bó zi。即"大伯(dà bǎi)"。清《红楼梦》四六回："老太太想一想，也有～要收屋里的人，小婶子如何知道？"《红楼复梦》五六回："你的哥哥是咱们的～，你听见古今来有几个弟媳妇同～换帖子的古典没有？"

【大比】dà bǐ 唐宋金元时指科举中的会试，明清两代兼指乡试。唐白行简《李娃传》："其年遇～，诏征四方之俊，生应直言极谏科策，名第一。"宋佚名《张协状元》一出："今年～之年，你儿欲待上朝应拳。"清《聊斋志异·素秋》："次年～，……公子荐于乡，生落第归。"

【大边】dà biān 左边。旧时行礼、叙坐以左边为尊，故称。清《儒林外史》五回："夫妻四个，齐铺铺请妹夫妹妹转在～，磕下头去，以叙姊妹之礼。"

【大伯】dà bó 另见 dà bǎi。❶ 宋时尊称酒店跑堂，或称妓女假父。宋孟元老《东京梦华录》卷二："凡店内卖下酒，厨子谓之茶饭量酒博士，至店中小儿子，皆通谓之～。"黄庭坚《云岩律院请新长老住持疏》："不能为众竭力，典座却是～。但知勤惰功过，局头付在典座。"元明《水浒传》六九回："且说史进转入城中，径到西瓦子李瑞兰家。～见是史进，吃了一惊。" ❷ 泛称老年男子。宋元《清平山堂话本·杨温传》："杨玉人去，唱喏了，～道：'孝顺儿子来也。'"《古今小说》卷二四："媳妇是东京人。～是山东拗蛮，老媳妇没兴嫁得此畜生，全不晓事。"金《董解元西厢记》卷六："瞥见个孤林端入画，离离萧疏带浅沙，一个老～捕鱼虾。" ❸ 尊称年长于自己的有地位的男子。《说郛》卷二三上引宋曾三异《同话录》："除非是阎家～(按，指阎罗)一时间批判昏沉。休痴呵！临时恐怕各自要安身。"宋欧阳修《与大丞寺书》："谢～花园与漕口庄帐曾问当未？花园目见，如果可爱，亦缓为之。"明《古今小说》卷二二："贾涉见他说话凑巧，便诈推解手，却分付家童将言语勾搭他道：'～，你花枝般娘子，怎舍得他往别人家去？'" ❹ 称父亲的长兄。五代钱元璋《送别十七哥》："～东阳轸旧思，士民襦裤喜回时。"《说郛》卷八八下引宋高宗《翰墨志》："其人不名，自称曰张～。是何老物，辄欲为人父之兄！"

【大伯子】dà bó zi 另见 dà bǎi zi。即"大伯(dà bó)❷"。宋元《古今小说》卷三三："只见～到园篱根中，去那雪里面，用手取出一个甜瓜来。"明《醒世恒言》卷一八："你把船送这～回去。"

【大扠步】dà chā bù 大踏步。明《金瓶梅词话》二七回："比及～从石磴上走到顶上亭子上时，那春梅早从右边一条羊肠小道儿下去。"又九四回："这刘二～上楼来，经济正与金宝在阁儿里面，两个饮酒做一处快活。"

【大场】dà chǎng 明清时指乡试考场，也指乡试。清顾炎武《日知录》卷一六："士子试卷省却四书五经字，竟从题目写起，依～之式概下二格。"《聊斋志异·贾奉雉》："足下文，小试取第一则有馀，～取榜尾亦不足。"《儒林外史》四九回："他就做三百年的秀才，考二百个案首，进了～总是没用的。"

【大虫】dà chóng ❶ 指老虎。《敦煌变文校注》卷二《韩擒

虎话本》："蛮奴亦见，失却随驾兵士，见遍野总是～，张牙利口，来吞金璘。"《元曲选·张生煮海》三折："不想撞见一个～张牙舞爪来咬我。"元明《水浒传》二三回："只听得乱树背后扑地一声响，跳出一只吊睛白额～来。" ❷ 喻指凶猛或凶恶的人。元明《水浒传》二回："那个九纹龙史进是个～，不可去撩拨他。"明汤显祖《牡丹亭》三八出："军中母～，绰有威风。"清《醒世姻缘传》五一回："你想这刘恭两个雌雄～，岂不是叫人数落、受人骂老忘八羔子的人？"

【大大】dà dà ❶ 很大；极大。唐杜荀鹤《顾云侍御出二子请诗》："二雏毛骨秀仍奇，小小能吟～诗。"《元曲选·薛仁贵》一折："我久后还要拜相封侯做～的官哩。"清《醒世姻缘传》五七回："你肚子～的，是有病么？" ❷ 副词。表示程度深或范围广。唐张鹭《游仙窟》："向来～不逊，渐渐深入也。"元明《水浒传》二四回："那人又笑着，～地唱个肥喏。"清《红楼梦》二三回："如今看来，芹儿倒～的出息了。" ❸ 方言。称父亲，也昵称情郎。明李实《蜀语》："呼父曰～。"黄峨《柳摇金·嘲》："乔坐花轿，疼杀我哥哥～。"清《霓裳续谱·二月春光》："不知道是孩子的～，奴家的他，将来是谁家？"

【大刀】dà dāo 即"大刀头❶"。明胡文焕《黄莺儿·秋旅和韵》："争奈归心折～，暗将珠泪隔窗抛。"

【大刀头】dà dāo tóu 隐指刀环(刀头有挂刀的环)。❶ 谐音指回还。明李梅实《精忠旗》一五出："和边称上策，心折～。"清毛奇龄《古蓟门行》："但随强弩后，何日～？" ❷ 象形，指圆满。宋梅尧臣《裕享观礼二十韵》："帝来清庙下，月欲～。"

【大的】dà de ❶ 指长子或长兄。《元曲选·蝴蝶梦》二折："留着～养活他。张千，着第二的偿命。"明《西游记》九一回："洞中有三个妖精，～个名辟寒大王，第二个号辟暑大王，第三个号辟尘大王。"清《醒世姻缘传》二三回："又隔得两年，～考了一等第十挨补了廪；第二也是十四岁进了学。" ❷ 指正妻。明《金瓶梅词话》二六回："汉子没正条，～又不管，咱每能走不能飞，到的那些儿。"清《醒世姻缘传》四四回："～屋里没了投奔，自然投奔到小的屋里去了。～见他往小的屋里去了，越发的日远日疏。"

【大抵】dà dǐ ❶ 终归；总之。唐白居易《种桃杏》："无论海角与天涯，心安即是家。"金《董解元西厢记》卷五："虽云祸福无门，～死生有命。"清《凤凰池》一〇回："文小姐既属台兄，岂有让还之理？即敝友亦必无复约之情，～落花有意，而流水无情矣。" ❷ 只；只是。表示强调限于某种情况或范围。金《董解元西厢记》卷一："秀才家那个不风魔？～这个酸丁忒劣角，风魔中占得个招讨。"元王和卿《蓦山溪·闺情》："～为人图甚么，况彼各青春年幼，似恁的斯禁持，寻思来白了人头。"明《西游记》一二回："我已发了弘誓大愿，不取真经，永堕沉沦地狱。～是受王恩宠，不得不尽忠以报国耳。"

【大底】dà dǐ 同"大抵❶"。唐白居易《闲卧有所思》："虫全性命缘无毒，木尽天年为不材；～吉凶多自致，李斯一去二疏回。"宋王禹偁《淳化二年八月晦日梦》："商於邹鲁虽迢递，～携家即是家。"宋元《古今小说》卷三："四肢倦怠，百骨酸疼，～是本身元气微薄，况又色欲过度。"

【大爹】dà diē ❶ 对有权势成年男子的称呼。明《金瓶梅词话》三七回："既是～可怜见，孩儿也是有造化的。"又四三回："～对俺们说，教俺今日来唱，伏侍奶奶。" ❷ 称伯父。清《红楼复梦》二一回："我等着送行，才领他去拜祖先，再给～、大妈、哥哥、嫂子磕头。"

【大都】dà dū ❶ 但凡；凡是。唐徐成《王良百一歌·毛

病》："毛病深知害,妨人在不占。～如此类,无祸也宜嫌。"宋沈括《梦溪笔谈》卷一七："～山水之法,盖以大观小,如人观假山耳。"清《平山冷燕》一九回："错认侬为我,休争他是谁,一缘一会不差池。～才情出没最多歧。" ❷ 大多;多半。唐白居易《慕巢尚书书云室人欲为置一歌者》："富贵～多老大,欢娱大半为亲宾。"明朱长祚《玉镜新谭》卷六："彼贪功冈利者,～捉影捕风。"《禅真逸史》二三回："往往交接江湖上好汉,～是羊质虎皮、见利忘义之辈。" ❸ 大致;大概;大体上。唐高适《送郑侍御谪闽中》："谪去君无恨,闽中我旧过。～秋雁少,只是夜猿多。"明李贽《焚书·自序》："～公之为人,真有不可知者:本绝意仕进人也,而专谈用世之略。"清《后西游记》二五回："虽如此说,～销者多,返者少。" ❹ 大致的情形、模样或原则。唐韩愈《画记》："且命工人存其～焉。"明谢肇淛《五杂组》卷四："每到境界,切须领略;时置笔砚,以备遗忘。此游山之～也。"清李渔《闲情偶寄》卷二："学书学画者,贵在仿佛～,而细微曲折之间,正不妨增减出入。" ❺ 总共;充其量。宋《古今小说》卷二四："合和朱粉千餘两,捻一个,观音样。～却似两三分,少什玲珑五脏。"金长笙子《倾杯》："百年欢宴,～几许?"元萧德祥《小孙屠》三出："算人生百年有几,不欢乐更待何时?～三万六千日,何不遇花遇酒,花前饮,花下醉?"明《金瓶梅词话》六〇回："肌骨～无一把,如何禁架许多愁?" ❻ 仅仅;只不过。宋辛弃疾《清平乐·谢叔良惠木犀》："～一点宫黄,人间直恁芳芬。"元佚名《崔护觅水》残曲:"凉水～一杯,算将来何足挂齿。"明刘天明《胡十八·罢官作》："这功名值甚的,～倘来的。"

【大都来】 dà dū lái ❶ 不过是;无非是。元刘时中《山坡羊·怀长沙次郭振卿韵》："锦鳞无,塞鸿疏,～只为虚名误。"《元曲选·楚昭公》三折:"俺如今一程程逐去途,一心心怀故土,～是一兴一败天之数。"又《窦娥冤》一折:"则问那昏昏白昼,两般儿忘餐废寝几时休,～昨宵梦里,和着这今日心头。" ❷ 总之。表示后面是总括性的话。《元曲选·陈抟高卧》二折:"看猿鹤知导引,观山水爽精神,～性于远、习于近。"明佚名《金貂记》三二出:"～吾生有命皆天注,今暂且解官随寓。"清《补红楼梦》三〇回:"有一个青灯课子人称善,有一个青编粉指儿夫显,有一个青莲女士闺中彦,～富贵喜长存,一个个相夫教子登金殿。" ❸ 即"大都❸"。《元曲选·百花亭》四折:"不信呵观古史,～豪杰皆如是。"明陆采《明珠记》三二出:"只待一伊孔方兄满前堆,只怕他阎罗老订名召。～世人也都知道,单只是回头少。" ❹ 即"大都❺"。宋佚名《张协状元》二四出:"～能欠几文!"《元曲选·岳阳楼》二折:"炉中有火休添炭,～有几年限。" ❺ 即"大都❻"。宋赵长卿《贺新郎》:"～一寸心儿,万般萦系。"《元曲选外编·西厢记》五本一折:"～一寸眉峰,怎当他许多颦蹙?"钟嗣成《录鬼簿》卷下:"～一时事,搬弄千载因,辨是非好歹清浑。"

【大端】 dà duān 大约;大概。明《西游记》三五回:"～是凡胎未脱,到于宝贝里就化了的。"又三七回:"禁你入宫,关了花园,～怕漏了消息。"

【大端来】 dà duān lái 即"大都来❶"。明李开先《一江风》:"金谷寻芳态,锦帐藏春债。～负郭田园,敌国家私,福禄渊泉派。"

【大段】 dà duàn ❶ 大量;大部分;大面积。唐陆龟蒙《江湖散人歌》:"必然～剪凶逆,须召劲勇持军麾。"《敦煌变文校注》卷四《降魔变文》:"不那圣力加被,须臾向周;餘残数步已来,～欲遍。"《元曲选·荐福碑》二折:"大古里是今秋水落。你下、下、下,淹了我～田苗。" ❷ 重要的;主要的。唐张固《幽闲鼓吹》:"后有～

～事,勿与少年郎议之。'"宋《朱子语类》卷一三:"世事无时是了,且拣～,无甚紧要底事不要做。"清《野叟曝言》一〇六回:"～已去,所存者些小之事。" ❸ 十分;非常。宋张抡《诉衷情·闲咏》:"闲中一盏瓮头春,养气又颐神。莫教～沉醉,只好带微醺。"金《刘知远诸宫调》二:"早来生活,～难做。"明李贽《焚书》卷四:"学道到此,已～好了。" ❹ 大致;大概。唐李德裕《驱逐回鹘事宜状》:"窃详此意,只自见～形势,实未切事机。"明《金瓶梅词话》八七回:"看官听说,～潘金莲生有本儿死有处,不争被周忠说这两句话,有分交:这妇人从前作过事,今朝没兴一齐来。"清《野叟曝言》八三回:"由浅入深,逐渐开示。不特飞娘心领神会,天生、石氏～明白,即阿锦等诸婢,亦各有悟头。" ❺ 严重;过分;不一般。唐李昂《重录已驳选人粟错等敕》:"宜委吏部简勘,条流钤辖,如非逾滥、正身不到,欠考欠选,～瑕病之外,即与重收。"五代何光远《鉴诫录》卷二:"残霜敢冒高悬日,秋叶争禁～风。"明《二刻拍案惊奇》卷一七:"至今两川风俗,女人自小从师上学,与男人一般读书。还有考试进库做青衿弟子。若在别处,岂非～奇事?"

【大发】 dà fā ❶ 过度;过分。明《金瓶梅词话》七五回:"大娘,你今日怎的这等恼的～了,连累着俺每,一棒打着好几个人也。"清《红楼梦》六三回:"他在大奶奶屋里,叨登的～了。" ❷ 大方,阔绰。清《聊斋俚曲·翻魇殃》:"却说那范宅里人家也大,你看他行的事这样～。"

【大凡】 dà fán ❶ 总之,表示后面是总括性的话。《太平广记》卷八五引《野人闲话》:"始知成都乃神仙所聚之处,如击竹子者,亦以多矣。～不可以贫贱行乞之士而轻易者焉。"清赵翼《陔餘从考》卷三三:"有连得美名而后不振者,有始甚微而倏然于上位者。～得失不系贤不肖,但卜其偶不偶耳。"《续金瓶梅》四七回:"人不看他,他又要看人,哄的人看他,却口里胡骂。～淫妇多是如此。" ❷ 大致;大体上。表示概括一般的情况。唐李肇《国史补》卷下:"～中人,三十成名,四十乃至清列,迟速为宜。"《元朝秘史》卷一:"～结亲呵,儿孩儿便看他家道,女孩儿便看他颜色。"清《歧路灯》九回:"～人到了七八十岁,人看他心中糊涂,他自觉心中明白的很。" ❸ 凡是。表示无例外。唐韦绚《刘宾客嘉话录》:"～布衣之士,皆须摆阖以动尊贵之心。"明谢肇淛《五杂组》卷一:"习凿齿谓星人曰:君尝闻直星宿有不覆之义乎? ～占星者皆于中天野次窥之,故云'不覆'。"清《红楼梦》二五回:"以后～宝玉出门的日子,拿几串钱给他的小子们带着。"

【大房】 dà fáng ❶ 世家大族兄弟房分中居长的。五代刘崇远《金华子》卷下:"博陵三房,～第二房虽长,今其子孙即皆拜三房子弟为伯叔者,盖第三房婚嫁多达官也。姑臧李氏亦然,其第三房皆倨受～二房之礼。"明《二刻拍案惊奇》卷四:"我一生只存此骨血。那边～做官的虎视眈眈,须要小心抵对他。"清《儒林外史》四四回:"施二先生说,乃兄中了进士,他不曾中,都是太夫人的地葬的不好,只发～,不发二房。" ❷ 指嫡妻。清《醒世姻缘传》九六回:"我倒是二房了,～是怎么模样呀?"

【大分】 dà fèn ❶ 多半;大概。表示肯定性的推断。金《董解元西厢记》卷六:"只争一脚地,～与那畜生效了连理。"明《拍案惊奇》卷三三:"这里哨手每极多,～是见我有有些家私,假装做刘安住来冒认的。" ❷ 多数。清《豆棚闲话》一则:"男人便说人家内眷,某老娘贤,某大娘妒,～说贤的少,说妒的多;那女人便说人家丈夫,某官好,某汉子不好,～爱丈夫的少,妒丈夫的多。"

【大风】 dà fēng 江湖黑话,指大宗财物。清《说唐》四七回:"令大小喽啰,凡有孤单客商,不许抢劫;越是～,越要夺他。"《儒林外史》一三回:"这个事都讲破! 破了还有个～? 如今只是闷着

同他讲,不怕他不拿出钱来。"

【大疯】 dà fēng 麻风病。唐张鷟《朝野佥载》卷一:"泉州有客卢元钦染～,惟鼻根未倒。"宋郑刚中《封州寄良嗣书》:"泾童已深瘴,又遍身生疮如～,人以废物。"清魏之《续名医类案》卷五八:"王氏患～,眉发堕落。"

【大妇】 dà fù 正妻。唐戴孚《广异记·卢赞善》:"问其由来,云是卢赞善妾,为～所妒,送来在此。"明《金瓶梅词话》七六回:"常言说得好,三窝两块,～小妻,一个碗内两张匙,不是汤着就抹着。"清《醒世姻缘传》四〇回:"大凡女人只是偏向人家的～,不向人家的小妻,你却是倒将过来的。"

【大概】 dà gài ❶ 大致情况或内容。唐杜牧《上宣州高大夫书》:"某因览三郎文章,不觉发愤,略言～。"明陆江楼《玉钗记》一二出:"真个是天上神仙府,人间宰相家。这是我们老爷的～。"清《绿野仙踪》八回:"于冰见他是个性情爽直人,将弃家访道一～一说,仲彦甚是叹服。" ❷ 粗粗地;不十分详细地。宋《朱子语类》卷二四:"如这样处,当初只是～看了便休。"文莹《湘山野录》卷上:"遣吏役投书于席,～言:'陶之学先王之道也,未始游心于优笑之艺。'"清《红楼梦》四九回:"今在贾府住了两日,～人物已知。" ❸ 可能;也许。清《红楼梦》六七回:"你二爷外头娶了什么新奶奶旧奶奶的事,你～不知道啊!"《儒林外史》五〇回:"小弟此番,～是奇冤极枉了。" ❹ 表示一般性的估计或推断。唐李渤《上封事表》:"～吴风巧,其失也浮;房俗愚,其失也鄙滞。"元古本《老乞大》:"～人的孩儿从小来好教道的,成人呵,官人面前行也者。"清《绿野仙踪》四一回:"～财物得失,都是命定,姑母也不必过于愁郁。" ❺ 一般;普通。明《拍案惊奇》卷一七:"此须在孝堂内设篆行持,方有专功实际。若只在观中～附醮,未必十分得益。"清《儒林外史》四八回:"要求老师不认做～学里门生,竟要把我做个受业弟子才好。"

【大刚】 dà gāng 犹"大都来❷"。《元曲选·儿女团圆》三折:"非干俺便忒着那疼热,～咱这人生最苦是离别。"明汤式《一枝花·桧轩为沙子正赋》:"能借取四时春造化,似生成一片翠屏帏,～是即景成规。"

【大刚来】 dà gāng lái ❶ 犹"大都来❶"。元邓学可《端正好·乐道》:"今日是张家地,明日是李家楼,～只是翻手合手。"《元曲选·来生债》一折:"我为甚一生潇散不恋那一生钱,～这十年富贵也只是十年运。"又《范张鸡黍》一折:"大丈夫岂为餔啜而已,～则是赴一信字。" ❷ 犹"大都来❷"。《元曲选·来生债》三折:"我愁的是更筹漏箭,我怕的是暮鼓晨钟,我倦的是这紫陌黄埃。～光阴迅速,怎教我不心意裁划,早早的安排。"又《黄粱梦》一折:"当日个曾逢关尹,至今遗下五千文,～玄虚为本,清净为门。"明汤式《一枝花·梦游江山为友人赋》:"江曲折多询郭景纯,海周遭曾问木玄虚。～混一皇舆,万里神游去,何须觅坦途。"

【大纲】 dà gāng ❶ 总体;根本。宋《朱子语类》卷一一:"讲学固要～正,然其间子细处,亦不可不讲。"克勤《碧岩录》一则:"如今不论这事,只要知他～。"清《醒世姻缘传》二六回:"还有那～节目的所在,都不照管,都是叫人不忍说的。" ❷ 副词或形容词。大概;大略。宋《二程语录》卷一一:"又问:'或言人如寿得一百二十数,是否?'曰:'固是,此亦是～数,不必如此。'"《朱子语类》卷一三:"圣人言语,义理该贯,如丝发相通,若恁～看过,何缘见得精微出来?"克勤《碧岩录》一则:"大凡颂古只是绕路说禅,拈古～据款结案而已。" ❸ 好歹;不管怎样。《元曲选外编·玩江亭》四折:"这厮便指望,～要成双。〔牛员外云〕你走的那里去?〔正旦唱〕百般的不肯将咱放。"

【大纲来】 dà gāng lái ❶ 犹"大都来❶"。明王克笃《新水令》:"丑共好,成与亏,～邯郸一寐。" ❷ 犹"大都来❷"。《元曲选·桃花女》三折:"写婚书要立官媒,下花红,送羊酒,都选个良辰吉日。～为正礼当宜,那里取这不明白强人婚配?"张鸣善《水仙子·讥时》:"铺眉苦眼早三公,裸袖揎拳享万钟,胡言乱语成时用:～都是烘。"

【大哥】 dà gē ❶ 称兄弟中排行最大的。唐李德裕《次柳氏旧闻》:"玄宗于诸昆季友爱弥笃,呼宁王为～。"明《西游记》三回:"钟鼓响处,果然惊动那三海龙王。须臾来到,一齐在外面会着。敖钦道:'～,有甚紧事,擂鼓撞钟?'"清《歧路灯》八六回:"当日我爹爹去世,原该往江南讣告报表,只是我彼时太小,不知道什么。丹徒～,如何得知呢?" ❷ 称年纪与自己相仿的男子。元明《水浒传》一〇回:"既是草料场看守～,且请少坐。"明李梅实《精忠旗》三三出:"敢问门上～,府上死了谁人?"清《聊斋志异·杜翁》:"一人戴瓦垄冠自内出,则青州张某,其故人也。见杜惊曰:'杜～何至此?'" ❸ 称排行最大的儿子。宋陈杰《男竹枝歌》:"今年团栾且同看,明年～天一涯。"《元曲选·蝴蝶梦》二折:"一壁厢～行牵挂着娘肠肚,一壁厢二哥行关连着痛肺腑。要偿命,留下孩儿,宁可将婆子去。"明《拍案惊奇》卷三五:"张善友喜之不胜,先对乞僧道:'～,我与你家去来。'" ❹ 妻子面称丈夫。宋元《古今小说》卷三六:"且说王秀归家去,老婆问道:'～,你恰才教人把金丝罐归来?'"《元曲选·朱砂担》楔子:"〔旦儿云〕～,你出路去,只是以身为本。……〔正末云〕大嫂,你好生看觑家中。"元明《水浒传》七回:"林冲娘子赶到布帘下,叫道:'～,少饮早归。'" ❺ 敬称鬼神。敦煌词《还京乐》:"知道锤馗猛勇,……斫妖魅,去邪魔。见鬼了,血洴波。者鬼意如何?争敢接来过!小鬼咨言～,审须听(下缺)。"明叶盛《水东日记》卷四:"不谒神祠,惟骑马过城隍庙前,则举手曰:'～好照顾。'"

【大工】 dà gōng ❶ 大工程。宋郑兴裔《请蠲扬州缗钱疏》:"但～之后,未免十室九空。"明朱长祚《玉镜新谭》卷三:"三殿鼎建,两载告成。～省费,皆赖厂臣心计经营。"清《隋唐演义》二一回:"新君大兴工役,每州县都要出银三千两,协济～。" ❷ 高级工匠,也用来敬称一般工匠。宋《清平山堂话本·错认尸》:"高氏大喜,便到酒作坊里,叫起洪～来。～走入后园,看见了小二尸首。"元贡师泰《海歌》之七:"～驾柁如驾马,数人左右拽长牵。"明高启《送钱塘施辉修太庙乐器序》:"凡百年所行之法,其久而弊若此器者亦多矣。苟得一～以修举之,则其感和顺之气,格顽愚之心也,何难焉。"

【大恭】 dà gōng 指屎。也用作动词,指拉屎。明《西游记》七五回:"这一口吞在肚中,今日还是个和尚,明日就是个～也!"清《绿野仙踪》五回:"退了堂,去出～。往地下一蹲就死了。"

【大姑】 dà gū ❶ 称丈夫的姐姐。也作"大姑子"。明郎瑛《七修续稿》卷六:"州中姑嫂三人,避之方回。一贼遗后,见其姿色美而驱入林莽,污其～与嫂矣。"清《醒世姻缘传》七四回:"你就不为～儿,可也是你嫂子呀!"《红楼梦》四二回:"真真恨的我只保佑明儿你得一个利害婆婆,再得几个千刁万恶的～子小姑子,试试你那会子还这么刁不刁了。" ❷ 称长女或未嫁而排行大的女子。唐曹邺《田家效陶》:"黑黍春来酿酒饮,青禾刈了驱牛犁。～小叔常在眼,却笑长安在天外。"明胡奎《染丝上春机》:"吴蚕八茧缫长丝,玉纤染云上春机。～爱织榴花色,小姑爱织梨花白。"清厉鹗《西湖采莼曲》:"～采采瓜皮舟,小姑荡桨歌中流。"

【大古】 dà gǔ ❶ 敢情;原来。表示发现原来未发现的情况。《元曲选·还牢末》三折:"你～是送千里寒衣女孟姜,可教我

忙也那不忙,穿不的你那好衣裳。"有时用作反语,意为"说什么""哪里是",表示实际情况并非如此或不如人意。《元曲选·梧桐雨》三折:"龙泉三尺手中拿,便不将他刺杀,也将他吓杀,更问其陛下,～是知重俺帝王家。"又《汉宫秋》四折:"这雁儿呵,又不是心中爱听,～似林风瑟瑟,岩溜冷冷。" ❷ 正是;果然。表示情理显然或与所说所料相符。《元曲选外编·金凤钗》二折:"～是家富小儿娇,我则愁腌日月没柴没米怎生熬?"明汤显祖《牡丹亭》一六出:"都是小奴才逗他。～是烟花惹事,莺燕成招,云月知情。" ❸ 异常;出众。《元曲选·玉镜台》四折:"我从小里文章不～,年老也还有甚词赋?"

【大古来】 dà gǔ lai ❶ 即"大古❶"。《元曲选·金钱记》二折:"我不合擅入你这梨花院,～布衣走上金銮殿,可甚么笙歌引至画堂前,也是我时乖命蹇。" ❷ 即"大古❷"。《元曲选·东堂老》一折:"我劝咱人便休生奸狡,则恐怕命中无福也难消。～前生注定,谁许你今世贪饕!"又《马陵道》四折:"俺把心事明诉说,您把诗中句细披阅,～有甚费周折,多嚷是您勾魂帖。"明孟称舜《娇红记》四九出:"免为他感劳梦魂,免为他悲伤泪滚。～相谐眷姻,都则有命儿存。" ❸ 即"大古❸"。《元曲选·合汗衫》三折:"我今日先认了那个孙儿～喽。"

【大古里】 dà gǔ li ❶ 即"大古❶"。《元曲选·气英布》二折:"是谁人这般信口答应?～是你个知心好伴等。"又《勘头巾》三折:"休则管我跟前声支喇叫唤因甚的,～脚踏实地,你从来本性我须知。" ❷ 即"大古❷"。《元曲选·度柳翠》一折:"你这般答禅语呵,你～是淡云长老。"又《黑旋风》二折:"可知道你做营运的家家业,～人烟热闹,买卖稠叠。"清洪昇《长生殿》三八出:"唱不尽兴亡梦幻,弹不尽悲伤感叹,～凄凉满眼对江山。"明刘兑《娇红记》卷上:"愿心儿肯匹配上莺和燕,～今生欢会早,也是俺那世里凤生缘。" ❸ 即"大古❸"。《元曲选·虎头牌》四折:"只留得你潦倒餘生,便是～采。"又《抱妆盒》二折:"偷觑他眼色,斟量个性格,太子也,但得个尸首儿完全是～采。"明朱有燉《一枝花·风情》:"你但得脱离了风尘～采。" ❹ 副词。总共。《元曲选·刘行首》一折:"寻俺那丘、刘、谈、马,～六个真人。" ❺ 即使;哪怕。《元曲选·望江亭》二折:"不听的报喏声齐,～坐衙来恁时节不退。"又《潇湘雨》四折:"你～是那孟姜女千里寒衣,是那赵贞女罗裙包土,便哭杀帝女娥皇也,谁许你洒泪去滴成斑竹?" ❻ 副词。实在是。表示无奈或嘲讽的语气。《元曲选·后庭花》一折:"你～言而有信,你休恼犯列女魔君!可知道钱是人之胆,则你那口是祸之门。"又《秋胡戏妻》二折:"〔罗云〕孩儿也,你嫁了他,等我也落得他些酒肉吃。〔正旦唱〕爹爹也,～不曾吃那些酒食!"

【大故】 dà gù ❶ 同"大古❶"。宋《朱子语类》卷六一:"如此说时,好名～未是好事在。"明陈铎《朝天子·嘲人言南京妓女好》:"三死三活,七擒七纵,～来多是哄。" ❷ 同"大古❷"。宋《朱子语类》卷三三:"盖子路性直,见子去见南子,心中以为不当见,便不说。夫子似乎发咒模样,夫子～激得来躁,然夫子却不当如此。" ❸ 同"大古❸"。宋《朱子语类》卷一九:"《论语》一日只看一段,～明白底,则看两段。"元纪君祥《赵氏孤儿》四折:"这个穿红袍的～心毒。"

【大官】 dà guān ❶ "大官人"的省称。元明《水浒传》四七回:"人见他走得差了,来路蹊跷,报与庄上～来捉他。"明汤显祖《牡丹亭》四〇出:"原来你是柳～。你几时别他,知他做出甚事来。"清《续金瓶梅》四五回:"子虚原是傻～,万贯家财没福看。" ❷ 称男孩儿或年轻的男性晚辈。明《情史》卷五引《泾林杂记》:

"公曰:'若尔,可作吾～伴读。'赐名华安,送至书馆。"《金瓶梅词话》四三回:"李瓶儿看见(官哥儿)说道:'小～儿,没人请你,来做甚么?'"清《醒世姻缘传》一五回:"晁老道:'你女人晓得甚么?～儿说的是。'" ❸ 称别人家的僮仆。明《金瓶梅词话》六〇回:"你这里还教个～和我两个拿这银子去。"《拍案惊奇》卷一一:"如今重到贵府走走,特地办些土宜来探望你家相公,不知你家～们如何说我是鬼。"

【大官府】 dà guān fǔ 称有官职的人或人家。《元曲选·生金阁》一折:"今日买卖十分苦,可可撞见～。一个钱儿赚不的,不如关门学播鼓。"明《醒世恒言》卷二〇:"赵昂多大官儿,却有～来拜?"清《好逑传》一回:"欲要告状,又没个指实见证,况他对头又是个～,如何理论得他过?"

【大官家】 dà guān jiā 即"官家❶"。宋周煇《清波杂志》卷六:"其表有云:'日出东方、赫赫大光,照见西方五百里国、五百国内条贯主黑汗王,表上日出东方、赫赫大光,照见四天下、四天下条贯主阿舅～。'"

【大官人】 dà guān rén ❶ 高级官员。《元朝秘史》卷八:"我是皇帝的～,咱一同将这女子献去。" ❷ 称有地位的成年男子。元明《水浒传》二四回:"好教～得知了笑一声。他的盖老便是街上卖炊饼的武大郎。"明《古今小说》卷一:"若是老身这两只脚跨进得蒋家门时,便是～的造化。"清《续金瓶梅》一一回:"俺就尽个情也是该的,受过～的情还少了哩!" ❸ 妻称夫。明《醒世恒言》卷一五:"这缘是我～的。自从春间出去,一向并无踪迹。" ❹ 称排行最大的男子或男孩。《元曲选·桃花女》二折:"今有周公他的～二十一岁了,他家事又富,女婿又生的俊。我特来与你家姐姐说这门亲事。"清《五色石》五回:"那刁妪只顾抱着小官人,那里来理会～。"

【大管】 dà guǎn 多半;想必。表示倾向肯定的判断或推测。元张养浩《胡十八》:"这其间辞酒杯,～是不通济。"吕天用《一枝花·白莲》:"纵不赖国女承恩楚闼,～是太真妃出浴华清。"佚名《水仙子》:"不思量～是痴呆,俏俊冤家怎舍它?"

【大号】 dà hào 询问人名号(或法号)的敬词。明《醒世恒言》卷一八:"老哥尊姓～?今到那里去?"清《平山冷燕》一五回:"因问老师～,和尚道:'小僧贱号普惠。'"也指人的名字。清《绿野仙踪》四三回:"你的～,就是金钟儿么?"

【大后日】 dà hòu rì 后天之后的那一天。元明《水浒传》四〇回:"～亦是国家景命,直待五日后方可施行。"明《醒世恒言》卷三:"后日是韩尚书的公子,数日前送下东道在这里。你且到～来看。"清方成培《雷峰塔》三四出:"～是清明佳节,他夫妇俱要到塔前祭扫。"

【大户】 dà hù ❶ 指酒量大或酒量大的人。唐皇甫松《醉乡日月》:"夫律录事者,须有饮材。饮材有三:谓善令、知音、～也。"《敦煌变文校注》卷二《叶净能诗》:"知上人是～,何用推辞!"清朱彝尊《毕上舍止酒经年冬夜枉过劝之复饮》:"长筵惯分曹,专与～较。" ❷ 指有钱有势的人家。唐杜牧《上李太尉论江贼书》:"凡江淮草市,尽近水际。富室～,多居其间。"元睢景臣《哨遍·高祖还乡》:"新刷来的头巾,恰糨来的绸衫,畅好是妆幺～。"清《红楼梦》六七回:"真是～人家的姑娘,又展样又大方。" ❸ 特指地方上被指定负责治安和征收赋税的大户人家。《五代会要》卷二五:"诸道州府令团并乡村,大率以百户为一团,选三～为耆长。凡民家之奸盗者,三～察之。"宋司马光《涑水纪闻》卷一一:"乃召每村三～,与之帖,使人募壮丁二百。"元刘时中《端正好·上高监司》:"则这二攒司过似蛇吞象,再差十～犹如插翅虎。"

【大话】 dà huà ❶ 虚假浮夸的话。唐李商隐《杂纂·不达时宜》:"穷汉说~。"《元朝秘史》卷八:"你不可说~,这话你再休说。"清《野叟曝言》四五回:"吾兄在家,成日烧过火来,怎容易说此~!" ❷ 重话;态度粗暴或严厉的话。宋《五代史平话·唐上》:"克用乘酒使气性,说了几句~,朱全忠心不能平。"清《红楼梦》三〇回:"袭人从来不曾受过~的,今儿忽见宝玉生气踢他一下,又当着许多人,又是羞,又是气。"

【大秽】 dà huì 大便;屎。清《红楼梦》一〇二回:"有了~,即可身安。"△《儿女英雄传》三五回:"都好将就,就只水喝不得,没地方见~。"

【大计】 dà jì 三年一次考核官员的制度。明清两代专指考核外官的制度(考核京官称"京察")。宋王谠《唐语林》卷七:"江夏卢相判~,白中书,欲取员外郎李胶权盐使。"明沈德符《万历野获编》卷三〇:"宋以木天华选仕不得志,谪布政司经历,坐~归。"清《醒世姻缘传》三五回:"也着实不直那个闵教官,~赠了一个'贪'字。"

【大家】 dà jiā 人称代词。大伙儿。唐蒋吉《题长安僧院》:"惟有水田衣下客,~忙处作闲人。"元古本《老乞大》:"有恁使着记号,~把稳。"清《儒林外史》一三回:"事还是竟弄破了好,还是开弓不放箭,~弄几个钱有益?"

【大节夜】 dà jié yè 农历除夕之夜。宋周密《武林旧事》卷三:"禁中以腊月二十四日为小节夜,三十日为~。"明《警世通言》卷一五:"金满为是~,不敢强留。"清《八洞天》卷五:"今晚是个~,忽然有这些银子进门,也甚利市。"

【大姐】 dà jiě ❶ 排行最大的姐姐。明《警世通言》卷二四:"~、二姐跪下说:'爹爹严命,不敢阻挡,容你儿代替罢!'" ❷ 对女性(多指年轻者)的尊称。《元曲选·勘头巾》三折:"〔净见旦科,云〕~,你怎生在这里?"明《山歌·募缘》:"郎学和尚去修斋,只募良缘不募财。谁家~肯施舍,明中去了暗中来。" ❸ 面称妻子。元明《水浒传》一〇回:"李小二应了,自来门首叫老婆道:'~,这两个人来的不尴尬。'"明《警世通言》卷二四:"沈洪到了故乡,叫仆人和玉姐暂停门外。自己先进门,与皮氏相见,满脸陪笑说:'~休怪,我如今做了一件事。'" ❹ 妾称正妻;妻妾间互相的敬称,称妾时特指排行最大的妾。明《金瓶梅词话》一八回:"玉楼道:'骂我们也罢,怎么连~(指正妻吴月娘)也骂起淫妇来了?'"清《歧路灯》六七回:"偏偏杜~这几年没有个喜兆儿。"《野叟曝言》一一八回:"媳妇及~、三姐,明日亦须至宫门叩谢。" ❺ 称排行最大的女儿(或孙女),或尊称别人的女儿。宋欧阳修《与大寺丞书》:"才得婆孙稍安,又却~患痢,料得煎迫可知。"明《情史》卷二〇:"妻惊曰:'君姑勿怒,或者果是吾家~乎?'盖判有长女,未笄而殒,攒诸桃园中。其容色衣饰良是也。"清《聊斋志异·申氏》:"闻一媪曰:'~,可向东舍一瞩,汝奁妆悉在椟中,忘扃镉未也?'" ❻ 称妓女。《元曲选·救风尘》一折:"今日也~,明日也~,出了一包儿脓。我嫁了,做一个张郎家妇,李郎家妻,立个妇名。"明汤显祖《牡丹亭》五二出:"俺这一带铺子都没有,则瓦市王~家歇着个番鬼。"清《醒世姻缘传》四〇回:"这个~,那辈子里也是个姐儿。" ❼ 称年轻女仆。明《金瓶梅词话》七五回:"你家使的有好规矩的~,如此这般,把申二姐骂的去了。"清《红楼梦》五一回:"那人是他屋里的丫头,倒是个~,那里是小姐!"

【大姐姐】 dà jiě jiě ❶ 即"大姐❶"。清《儒林外史》四八回:"我一个~死了丈夫,在家累着父亲养活。而今我又死了丈夫,难道又要父亲养活不成?"《飞花艳想》一七回:"你~已矢志空门,二姐姐几置身鱼腹。" ❷ 即"大姐❷"。清《隋唐演义》六一回:"这位~,好像前日在阵前的快嘴女兵。" ❸ 即"大姐❹"。宋叶绍翁《四朝闻见录》卷二:"宪圣再拜对曰:'~远处北方,臣妾缺于定省。'"按,清赵翼《陔餘丛考》谓此指"高宗元妃邢氏"。宋元《醒世恒言》卷三三:"小娘子又问:'~如何不来?'刘官人道:'他因不忍见你分离,待得你明日出了门才来。'"清《梦中缘》一五回:"首座自然是~的,俺姊妹们各按次序坐定就是了。"

【大解】 dà jiě 解大便。明《平妖传》二〇回:"肚里又痛,要去~则个。"缪希雍《先醒斋广笔记》卷二:"前泄时药粥等物,凡温者下咽,腹中遂觉气升,即欲~。"清《锦香亭》五回:"挨至更餘,要~,起来忙出房门。"

【大尽】 dà jìn 农历有三十天的月份,与只有二十九天的"小尽"相对。宋周必大《荐林永叔札子》:"今年九月合是小尽,见行淳熙历却作~。"明《朴通事谚解》卷中:"这月是~那小尽?"清《东周列国志》五八回:"来日是六月甲午~之日,名为晦日。"

【大舅】 dà jiù 称妻兄。也作"大舅子"。《元曲选·鸳鸯被》三折:"若是这等,你是我的~子哩。"明《醒世恒言》卷一七:"以小婿愚见,当差人四面访觅~回来,将家业付之。"清《红楼梦》一〇一回:"凭他怎么样,到底是你的亲~儿。"

【大宽转】 dà kuān zhuǎn ❶ 同"打宽转"。元明《水浒传》三五回:"众人跟着两个渔人,从~直到旱地忽律朱贵酒店里。"明《禅真后史》二七回:"汝二人带领精兵五千,悄悄从东北路~抄出利军之后。"清《说岳全传》二四回:"又恐怕岳飞兵马在前边阻碍,只得从小路~取路前行。" ❷ 比喻说话兜圈子。清《荡寇志》九六回:"有一日又到莺歌巷来,与纪二攀谈,~说到媒事上去。" ❸ 宽阔。清《隋唐演义》六八回:"好一个~的所在,又无山水,又无树木。"△《儿女英雄传》一五回:"过了影壁,一个~院落。"

【大况】 dà kuàng 大概;大致。唐段成式《酉阳杂俎》前集卷二〇:"黄色,一变之后,乃至累变,其色似鹜鷩,而色微深,~鹏烂雄黄变色同也。"按,"鹏烂雄"应作"鹏烂堆",鸟名,或称"阿滥堆"。

【大魁】 dà kuí ❶ 首领。唐范馆《竞渡赋》:"尔其月维仲夏,节次端午,则~分曹,决胜河浒。"韩愈《祭马仆射文》:"歼彼~,厥勋孰似。"孟棨《本事诗·征异》:"当敬业之败,与宾王俱逃,捕之不获。将帅虑失~,得不测罪。" ❷ 科举殿试第一名,即"状元"。宋佚名《张协状元》二七出:"旗帜交加乐器催,快子行如电,簇着~。"明韩雍《送刘节落第还吉水状元文介公之子》:"朝廷正尔崇科目,家世从来作~。"清李光地《费副将诗集序》:"君与蔡方麓学士少同学相好,几掇文武~,亦盛事也。" ❸ 取得科举殿试第一名。宋赵希弁《郡斋读书志附志》卷下:"安国,历阳人。绍兴甲戌~多士。"清李玉《清忠谱》三折:"他是信国子孙,传家忠孝;文章气节,绝代无双。前岁~天下。"

【大剌剌】 dà lā lā 大模大样,满不在乎。元明《水浒传》九回:"你这厮可知在东京做出事来,见我还是~的。"明彭泽《耍孩儿·将归兰山拟辞朝》:"看他~指鹿呼为马,碜可可将白化作缁。"清《后水浒传》三回:"如今多少相公~坐着虎皮,哥哥恁般好人难道倒坐不得么!"

【大喇喇】 dà lā lā 同"大剌剌"。清《后水浒传》三二回:"洒家刮地雷黑疯子马爷爷到来,恁么鸟官,敢~地坐,没送人去!"

【大郎】 dà láng ❶ 称别人排行第一或没有弟兄的中青年男子。唐王勃《与契苾将军书》:"适得韦四郎书,具承~雅意,知欲以此公碑志托之下走。"宋方山房《贺蛟峰先生得孙》:"翁年六十九,~才得孙。"明《醒世恒言》卷九:"原来朱世远也是行一,里

中都称他做朱～。" ❷ 泛称一般中青年男子。宋苏轼《与李琮书》:"又有宋一者,乞弟之死党,凶猾有谋略。" ❸ 称自己的长子。宋米芾《送大郎应举》:"天下英米～,朝来跨马入文场。绪馀惊世须魁选,归带蟾宫桂子香。"元黄玠《儿曾举酒为余寿夊以喜之》:"～善事心弗渝,为爷举酒称翁寿。"

【大老】 dà lǎo ❶ 称年长并有名望有身分的人。宋刘挚《请文彦博平章重事疏》:"臣窃观自古以来,莫不贵德而尚齿。然宗工～,遇之必以礼而处之必以道。"宋杲《宗门武库》:"自庆藏主者,蜀人,丛林知名,遍参真如、晦堂、普觉诸～。"清《定情人》二回:"却说这地方有一～,姓江名章,字鉴湖,是江淹二十代的玄孙。" ❷ 富贵人家排行居长的。清《儒林外史》五回:"他家～那宗笔下,怎得会补起廪来的?" ❸ 方言称父。宋赵令時《侯鲭录》卷八:"江州村民呼父曰～。"

【大老官】 dà lǎo guān ❶ 犹"大老❶"。明《石点头》卷四:"是一个行奸卖俏的小伙子,使钱撒漫的～。"清《儒林外史》二二回:"这只船你怎上的起? 要等个～来包了才走哩。" ❷ 犹"大老❷"。清《儒林外史》六回:"(严贡生)又细问浑家,知道和儿子们都得了他些别敬,这是单留与～的。"

【大老人】 dà lǎo rén 即"大老❶"。宋觉范《题潜庵书》:"潜庵今九十一岁矣,而笔语如此,真丛席之～也。"

【大礼】 dà lǐ 特指婚礼。宋孟元老《东京梦华录》卷五:"次下财礼,次报成结日子,次过～。"明《古今小说》卷二:"鲁家一子,双名学曾;顾家一女,小名阿秀;两下面约为婚,……因鲁奶奶病故,廉宪携着孩儿在于任所,一向迁延,不曾行得～。"

【大例】 dà lì ❶ 常例;常规。《敦煌资料》第一辑(五)《后梁龙德四年张甲雇工契》:"～贼:'打输身却者,无亲表论说之分。'"《文苑英华》卷四二〇《大中十三年十月九日嗣登宝位赦》:"诸道节度观察使除～合贡献外,不得别有进奉。"宋司马光《言两府迁官第二札子》:"然则陛下虚捐盛恩,而众人皆以～迁官,何足为喜也。" ❷ (书籍文章的)基本原则、体例。宋徐大年《与郑子美先生论春秋阙疑书》:"窃谓经书世子弑君者,楚商臣、蔡般、许止三人。君弑,贼不讨,不书葬,春秋～。"明王樵《戊申笔记》:"朱子绪正《三礼》之～,具此数札。"

【大料】 dà liào ❶ 大约。清《绿野仙踪》一回:"三场完后,得意到一百二十分,～直隶解元,除了姓冷的再无二人敢当此任。"△《儿女英雄传》六五回:"安老爷进来问起,知道太太病有转机,竟能吃粥,～无妨。" ❷ 一种调料,指八角茴香。明《西游记》八六回:"把唐僧拿出来,碎劋碎剁,把些～煎了,香喷喷的大家吃一块儿。"

【大落】 dà luò 阔绰大方。明《醒世恒言》卷三〇:"做得几时官,交多少东西与我? 却来得这等～!"又卷三七:"那酒保们见他手段来得～,私下议道:'这人身上便褴褛,到好个撒漫主顾。'"

【大落落】 dà luò luò 犹"大刺刺"。元明《水浒传》三三回:"你这厮在山上时,～的坐在中间交椅上,由我叫大王,那里采人!"清《醒世姻缘传》五回:"胡旦也不等人通报,竟自～走进去了。"

【大姆】 dà mǔ 伯母,也用作对老年妇女的通称。宋元《古今小说》卷一五:"王公只当做耍话,归去和那～子说。"清《蜃楼志》一五回:"盘栏已经长成上学,从书房放了学回来,朝着那～与母亲作揖。"

【大内】 dà nèi 指皇宫。敦煌词《菩萨蛮》:"何处有英雄,迎归～中。"按,此词又见《全唐诗》卷八八九昭宗皇帝名下。元明《三国演义》一一三回:"綝大怒,当夜便唤兄弟四人,点起精兵,围～。"

【大能】 dà néng 甚、极,由同义语素构成的双音副词,"能"亦为甚义。《敦煌变文校注》卷二《舜子变》:"娘子虽是女人,设计～精细。"

【大年三十】 dà nián sān shí 农历除夕,禅家谓临死时。宋《密庵和尚语录》:"若欲着实理会父母未生已前一着子,到～日临行之际得力,不被生死两字搅吵。"

【大娘】 dà niáng ❶ 对年长妇女的敬称。唐郑处海《明皇杂录》卷上:"时教坊有王～者,曾戴百尺竿。"清《醒世姻缘传》五九回:"俺娘多拜上狄～,叫接姐姐家去哩。" ❷ 称正妻。明《金瓶梅词话》一三回:"到明日他～和五娘的脚样儿来,奴亲自做两双鞋儿过去,以表奴情。"《警世通言》卷三一:"春儿道:'此事我非不愿,只怕你还想娶～。'" ❸ 称伯母。清《醒世姻缘传》六三回:"或是与了你娘,或是与了你那个奶奶,或是姑姑、妹妹、姐姐、姨姨、～、婶子,你可也说个下落。" ❹ 指鸨母。元明《水浒传》六九回:"李瑞兰葫芦提应承,收了金银,且安排些酒肉相待,却来和～商量。"

【大娘子】 dà niáng zi ❶ 即"大娘❷"。宋元《醒世恒言》卷三三:"小妇人嫁与刘贵,虽是个小老婆,却也得他看承得好,～又贤慧。"元明《水浒传》三回:"他家～好生利害,将奴赶打出来,不容完聚。" ❷ 称已婚的中青年妇女。宋佚名《张协状元》二四出:"饶我,店主婆,～!"元明《水浒传》四九回:"乐～惊得半晌做声不得。"

【大弄】 dà nòng 放手大干。元明《水浒传》七三回:"小人只是这里剪径,做些小买卖,那里敢～,抢夺人家子女。"明《古今小说》卷一:"你老人家忒迂阔了,怎般～起来。"

【大拍】 dà pāi 虚张声势。五代《云门禅师广录》卷上:"问:'～盲底人来,师还接也无?'"宋《朱子语类》卷一二三:"钦夫言自有弊。诸公只去学他说话,凡说道理,先～下。然钦夫后面却自有说,诸公却只学得那大拍头。"

【大拍头】 dà pāi tóu 大声势;大派头。宋《朱子语类》卷四七:"'色取仁而行违'底是～挥人,乡原是不做声,不做气,做罪过底人。"又卷一〇八:"今人往往过严者,多半是自家不晓,又虑人欺己,又怕人慢己,遂将～去拍他,要他畏服。"

【大排】 dà pái 按礼仪举办盛宴。宋文莹《湘山野录》卷上:"顷有眉守初视事,三日～,乐人献口号,……新守颇喜。"

【大盼盼】 dà pàn pàn 大模大样,意为傲慢。明《平妖传》三七回:"蛋子和尚因话答话,～的看他们扫舍安床,供茶敬饭,受他们叫师父师公,全不在意。"《警世通言》卷二一:"(公子)心生一计,复身到店家,～的叫道:'大王即刻到了,酒家是打前站的,你下马饭完也未?'"

【大婆】 dà pó 正妻;大老婆。明《金瓶梅词话》二五回:"当初他在蔡通判家房里,和～作弊养汉,坏了事才打发出来。"清《醒世姻缘传》四〇回:"人家那～子作践小老婆,那没的小婆子不是十个月生的么?"

【大棋】 dà qí 指围棋。明田汝成《西湖游览志馀》卷二二《委巷丛谈》:"屠公曰:'吾家贺轴无张铨名,是傲物也,且闻其酷好～废事。'"清《女仙外史》六回:"闻得公子～甚高的,请教一局。"《红楼梦》八七回:"宝玉方知下～,但只急切听不出这个人的语音是谁。"

【大气】 dà qì ❶ 大声息。明《西游记》三七回:"到宫中见你母亲,切莫高声～,须是悄语低言。"清《说唐后传》七回:"罗通～说:'伯父! 我父亲丧在那个仇人之手? 快对小侄说明。'"

❷ 大怒;大脾气。明《西游补》一四回:"古人云:～不隔夜。陈相公饶我这一次。"清《红楼梦》三一回:"先时连那么样的玻璃缸、玛瑙碗不知弄坏了多少,也没见个～儿;这会子一把扇子就这么着了。" ❸ 大力。元明《水浒传》一七回:"哥哥,你管下许多眼明手快的公人,也有三二百个,何不与哥哥出些～?量兄弟一个,怎救的哥哥?"

【大前日】 dà qián rì 前天之前的那一天。明《朴通事谚解》卷中:"是～个衙门令史送的来了,得也得了。"清《红楼梦》八四回:"师父说《孟子》好懂些,所以倒先讲《孟子》,～才讲完了。"

【大清早】 dà qīng zǎo 早晨;天刚亮的时候。《元曲选·东堂老》三折:"今日老的～出去,看看日中了,怎么还不回来?"又《青衫泪》一折:"～母亲叫,只得起来。"清《儒林外史》四七回:"成老爹把本卖主、中人都约了来,～坐在虞家厅上。"

【大清早起】 dà qīng zǎo qǐ 即"大清早"。《元曲选·看钱奴》四折:"～,利市也不曾发,这两个老的就来教化酒吃。"清《红楼梦》二八回:"～死呀活的,也不忌讳!"

【大请大受】 dà qǐng dà shòu 优厚的俸禄。元明《水浒传》七回:"他见在帐下听使唤,～,怎敢恶了太尉?"明《拍案惊奇》卷一:"随他文学低浅,也会发科发甲;随他武艺庸常,也会～。"

【大酋】 dà qiú 称少数民族或外族首领。宋《三朝北盟会编》卷二一七:"后有自房来者,始知～、二都统是日被创以毙,众遂不能支。"《元史·地理志四》:"其地瘴热,非～所居。"

【大酋长】 dà qiú zhǎng 即"大酋"。《旧唐书·李勣传》:"勣屯兵于碛口,颉利至,不得渡碛,其～率其部落纳降于勣。"

【大人家】 dà rén jiā 富贵人家。《元曲选·谢天香》四折:"虽不是宅院里夫人,也是那～姬妾。"又《曲江池》二折:"今日有个～出殡,摆设明器,好生齐整。"明《金瓶梅词话》一三回:"原来～有两层窗寮,外面为窗,里面为寮。"

【大嫂】 dà sǎo ❶ 丈夫称妻子。《元曲选·杀狗劝夫》三折:"这早晚～敢关了前门,我也径往后门去咱。"元明《水浒传》四六回:"泰山看家,我和～烧香了便回。"明《醒世恒言》卷一八:"又问道:'～,鸡可曾宰么?'浑家道:'专等你来相帮。'" ❷ 称已婚妇女。《元曲选·黑旋风》一折:"那～又青,貌又整,则被他一班儿恶少相缠定。"又《金线池》三折:"妾身张嬷嬷,这是李妗妗,这是闵～,俺们都是杜蕊娘姨姨的亲眷。" ❸ 称朋友之妻。明《禅真逸史》二六回:"朱兄,你常不在家,想是～和那和尚有情,勾搭上了。"清《醒世姻缘传》四一回:"这陈哥,怕不的～也管不下他来哩。"

【大杀】 dà shā 即"大煞❷"。《祖堂集》卷六《洞山和尚》:"有人问洞山:'时时勤拂拭,～好,因什摩不得衣钵?'"

【大煞】 dà shà ❶ 大凶。"煞"是阴阳家所谓凶神恶鬼之类,逢之必凶。唐李筌《太白阴经》卷一〇:"～:春午、夏未、秋酉、冬子。一名天地转杀。"易静《兵要望江南·周易占候》:"～彼此比和克,应杀世主总漂扬。"清《协纪辨方书》卷六:"《神枢经》曰:～者,月中廉察也。所值之日忌出军征讨,嫁娶纳财,竖柱上梁、移徙置室。" ❷ 甚;十分。同义复词。《祖堂集》卷四《药山和尚》:"师曰:'你～聪明。'"宋方闻一《大易粹言》卷一:"或云:'九三知九五之位可至而至之。'～害事。"

【大煞生】 dà shà sheng 即"大煞❷","生"为词缀。《敦煌变文校注》卷五《维摩诘经讲经文(七)》:"毗耶城里人皆见,尽道神通～。"

【大暸】 dà shà 同"大煞❷"。《敦煌变文校注》卷五《妙法莲华经讲经文(一)》:"起坐共君长一处,拟走东西～难。"

【大舍】 dà shè 大公子、大少爷。宋元以来称富贵人家子弟为"舍人"或"舍"。《元曲选·陈抟高卧》一折:"〔冲末扮赵～引净扮郑恩上〕"明《朴通事谚解》卷上:"好～,那里下着哩?"清《醒世姻缘传》一回:"且说晁～随了父亲到任,这样一个风流活泼的心性,关在那县衙里边,如何消遣?"

【大使】 dà shǐ 元明以来称负责某种事务的低级官吏。明《西游记》六八回:"却说那馆中有两个～,乃是一正一副,都在厅上查点人夫,要往那里接官。"清《醒世姻缘传》九七回:"惟有狄希陈把个脊梁弄得稀烂,被也不敢黏着,那里穿得衣裳?……只得改委了税课～代理。"

【大势】 dà shì ❶ 大批,多用以形容军队。《元曲选·单鞭夺槊》楔子:"我待不降呵,如今统着～雄兵,我又无了主人。"明《禅真逸史》一五回:"伏乞圣旨,兴～人马,拣选良将,征剿此贼。" ❷ 大体上;大规模地。副词。宋司马光《随乞宫观表辞位札子》:"旬日以来,疾～虽退,饮食亦稍进,然气体疲乏,足肿生疮,步履甚难。"《元曲选·汉宫秋》二折:"不然,他～南侵,江山不可保矣。"明《警世通言》卷四〇:"低低凸凸随流荡,～弥漫上下连。"

【大手】 dà shǒu 工于文辞的名家。《全唐文》卷七五佚名《华严四祖清凉国师像赞》:"～名曹,横经请益。"元王实甫《集贤宾·退隐》:"见香饵莫吞钩,高抄起经纶～。"明唐元竑《杜诗攟》卷二:"然卢王辈岂逊汉魏,并是异才～。"

【大叔】 dà shū ❶ 称豪门男仆。明《禅真逸史》二〇回:"阿丑争道:'～,你在城读书不曾回庄时,我也镇日价遍处闲耍,为何不曾有一个人来告舌?'"清《五色石》二回:"到任半月以后,家眷才来,却也不多几个人,只是一个舅爷,一个奶奶,两个～,两个老婆子。" ❷ 尊称年纪较长的男子。明《警世通言》卷二四:"三官向前叫:'～,我打头更。'"《醒世恒言》卷三:"卜～,可曾见我爹妈么?"

【大数】 dà shù ❶ 气数;命运。唐陆贽《均节赋税恤百姓第二条》:"夫地力之生,物有～;人力之成,物有大限。"《元曲选·曲江池》二折:"自从遣我元和孩儿上朝取应,不觉又是两年光景。功名成否,自有个～,这也不望他了。"明郎瑛《七修类稿》卷三:"此固天地之～,亦有关于山川之气耳。" ❷ 上天预定的人的寿限。唐李商隐《代彭阳公遗表》:"钟鼎之勋莫彰,风露之姿先尽。虽无逃～,亦有负清朝。"宋陈亮《祭林圣材文》:"胡不百年,终此～?"清《歧路灯》一二回:"却说谭孝移～已尽,一灵出天。"

【大厮八】 dà sī bā 大模大样地;有气派地。元张鸣善《普天乐·咏世》:"～的燕雀喧,热厮扑的蜂蝶过。"明朱有燉《柳营曲·咏风月担儿》:"～同坐同行,小名儿声叫声应。"陈铎《一枝花·乞儿乍富》:"有一等轻薄,攒几贯村钱钞,～逞富豪。"

【大厮把】 dà sī bǎ 同"大厮八"。元刘庭信《一枝花·春日送别》:"一个～的忙牵金勒马,这一个悄声儿回转画轮车。"

【大四至】 dà sì zhì 夸大。《元曲选外编·调风月》三折:"这一场了身不正,怎当那厮～铺排,小夫人名称。"《元典章·兵部一》:"俺省得底奏虽是～说呵,这里头实底也有也者。"

【大踏步】 dà tà bù 迈开大步。元明《水浒传》二五回:"只见武大撩起衣裳,～抢入茶房里来。"明《西游记》七〇回:"～一直前来,径撞至獬豸洞。"清《东周列国志》八三回:"石乞、熊宜僚那肯听从,～登阶。"

【大堂】 dà táng ❶ 大厅。唐张鷟《朝野佥载》卷六:"张易之初造一～,甚壮丽。"明《醒世恒言》卷二九:"次后来到一个所在,却是三间～。" ❷ 明清时指中央各衙门的长官。明沈德符《万历野获编》卷二:"又锦衣卫官登～者,拜命日即绣春刀鸾带大

红蟒衣飞鱼服。"清《樵史》二五回:"塘报上知兵部～王洽已下狱了,升了左侍郎申用懋为尚书。"《续欢喜冤家》一八回:"恰值着九卿举荐人才,～上荐了他,就授了兵部武库司主事。"

【大头】 dà tóu ❶ 喻指事情的主动权。明《拍案惊奇》卷一一:"不妨事,～在我手里,且待我将息棒疮好了,也教他看我的手段。"《二刻拍案惊奇》卷一六:"～在你手里,你把要紧的藏起了些不得?" ❷ 喻指要紧的事。明《拍案惊奇》卷一五:"众人道他收了银子,～已定,取了一纸收票来回复了陈秀才。" ❸ 指大人物,其后多缀以词尾"儿"或"子"。明《醒世恒言》卷三:"这是有名的粉头,……来往的都是～儿,要十两放光,才宿一夜哩。"清《醒世姻缘传》七二回:"咱别要扳～子,还是一班一辈的人家,咱好展爪。"

【大头段】 dà tóu duàn 即"大头项"。宋《朱子语类》卷一一六:"但此番归去,恐未便得再到侍下。如《语》《孟》中设有大疑,则无可问处。今欲于此数月拣～来请教,不知可否?"清《绿野仙踪》五五回:"郑三家夫妇见银子虽然极少,却～都在自己家里存着。"

【大头巾】 dà tóu jīn ❶ 称读书人。清《石渠宝笈》卷一〇:"曹应符字泰叔,华亭小蒸人,宋甲戌进士。有族人讳光远者,丁未进士,宋亡不仕,与应符同,独其衣冠不改,人称为～相公。" ❷ 指官僚。元明《水浒传》三四回:"权就此间落草,论秤分金银,整套穿衣服,不强似受那～的气?"明杨锵《过臣》:"靖康纷纷,皆一伙～自相牴触,而人主略无裁制。"

【大头脑】 dà tóu nǎo ❶ 大旨;重要内容。宋《朱子语类》卷九:"凡看道理,要见得～处分明;下面节节,只是此理散为万殊。"明王守仁《传习录》卷中:"故致良知是学问～,是圣人教人第一义。"郎瑛《七修类稿》卷一五:"先正有言:人要知～处。" ❷ 指大人物。明《拍案惊奇》卷二二:"元来那个大商,姓张名全,混名张多宝,……专一放官吏债,打～的。"《二刻拍案惊奇》卷三二:"如此两位～去说那些小附舟之事,你道敢不依从么?"

【大头项】 dà tóu xiàng 重要;主要部分。宋《朱子语类》卷八:"若有大处开拓不去,即是于小处不曾尽心。学者贪高慕远,不肯从近处做去,如何理会得～底?"又卷一一七:"先生曰:'尧卿、安卿且坐。相别十年,有甚～工夫、～疑难,可商量处?'"又卷一二〇:"古人礼仪,都是自己理会了,只如今人低唱嗟,自然习惯。今既不可考,而今人去理会,合下便别将做一个～。"

【大象】 dà xiàng 占卜时,一卦六爻所显示的总征象,与各爻分别显示的"小象"相对而言。《周易·乾卦》"象曰:天行健,君子以自强不息"唐孔颖达疏:"此～也。十翼之中第三翼,总象一卦,故谓之～。"明《金瓶梅词话》五三回:"西门庆道:'小儿病症,～怎的? 有纸脉也没有?'施灼龟道:'～目下没甚事,只怕后来反覆牵延。'"

【大小】 dà xiǎo 偏指大或小,偌大或偌小。宋《密庵和尚语录》:"～世尊,被阿难轻轻靠着,未免唤钟作瓮。"《元曲选外编·西厢记》四本三折:"遍人间烦恼填胸臆,量这些～车儿如何载得起。"

【大小大】 dà xiǎo dà ❶ 偌大;如此大。宋《法演禅师语录》卷上:"～祖师,问着底便是不识不会,为什么却儿孙遍地?"《朱子语类》卷一二一:"今吾人学问,是～一事,却全悠悠,若存若亡,更不着紧用力,反不如他人做要紧底事,可谓倒置。" ❷ 何等;多么。宋《河南程氏遗书》卷一五:"人于天地间,并无窒碍处,～快活!"金《刘知远诸宫调》一:"许来大年久恁般毁辱,你须也家内有父母,想这畜生～无礼度!"《董解元西厢记》卷八:"好出丑,夫妻～不会寻思,笑破贫僧口。"

【大刑】 dà xíng 重刑或施行重刑的刑具。元明《三国志通俗演义》卷一五八:"子胥至忠,见诛于君;蒙恬拓境,而被～。"清《儒林外史》五一回:"祁太爷道:'这厮强辩!'叫取过～来。"《绿野仙踪》二一回:"你这没王法的光棍,若不动～,何难将本县也说成个强盗!"

【大须】 dà xū 务必。唐李咸用《与刘云礼陈孝廉言志》:"～审固穿杨箭,莫遣参差鬓雪新。"《敦煌变文校注》卷一《伍子胥变文》:"子胥告令军兵:～存心捉搦!"又《汉将王陵变》:"大夫～审记,莫落他楚家奸。"

【大学】 dà xué 大学士的省称。宋《三朝北盟会编》卷二四:"传言者曰:～拜于阶上,餘皆拜于阶下。太子答拜,两拜而止。"又:"(张)愿恭曰:'～岂不知百里奚愚于虞而智于秦乎?……'又曰:'二太子言～之身已属金国,会得否?'"按,此均指蔡靖,靖政和七年为保和殿大学士、宣抚使兼知燕山府。

【大巡】 dà xún 犹"巡按❷"。明《金瓶梅词话》六一回:"今年考选军政在迩,还望姐夫扶持,～上替我说说。"《杜骗新书·露财骗》:"栋又在史～处告,史爷判是县丞不合错拜公子,轻易便送下程。"

【大样】 dà yàng ❶ 指事物形体大。宋周密《武林旧事》卷七:"牡丹约千餘丛,各有牙牌金字,上张～碧油绢幕。"明《拍案惊奇》卷六:"选～板子,一顿打死罢!"《二刻拍案惊奇》卷三三:"少师随坐了几号～官船,从长江中起行。" ❷ 大的事例。元明《水浒传》七三回:"你原来是酒色之徒:杀了阎婆惜,便是小样;去东京养李师师,便是～。" ❸ 倨傲。清《野叟曝言》二三回:"那家人见又李气概不同,说话～,惟恐实是势要子弟,主人的约束又严,倒弄得没有收科。"《红楼梦》七七回:"周瑞家的等人皆各有事务,做这些事,便是不得已了,况且又深恨他们素日～,如今那里有工夫听他的话?"

【大要】 dà yào 大抵;大概。宋洪迈《容斋续笔》卷一六:"予谓二帝皆唐之明主,所言所行,足以垂训于古。然～出于好名。"清《绿野仙踪》三四回:"讨价者皆重加责处,责处后即立刻发价,～值十文的止与一文。"又五八回:"～今晚不到,明早亦准到。"

【大爷】 dà yé 另见 dà ye。 ❶ 称排行居长的年轻主人。明《醒世恒言》卷一六:"清琴道:'～明日再来罢。若只管往来,被人疑惑。'"清《红楼梦》四五回:"那图样没有在太太跟前,还在那边珍～那里呢。" ❷ 倨傲的自称。清《红楼梦》四七回:"我把你瞎了眼的,你认认柳～是谁!"《万花楼》七回:"谁敢无礼,我胡～来也!"

【大爷】 dà ye 另见 dà yé。伯父。明《金瓶梅词话》九七回:"又说应伯爵第二个女儿,年二十岁,春梅又嫌应伯爵死了,在～手内聘嫁,没甚陪送。"清《醒世姻缘传》七二回:"这大哥哥可是他～生的,没娘没老子,在他叔手里从小养活。"

【大意】 dà yì ❶ 主意;意愿。元明《水浒传》六八回:"如今宋江～,只要赚这匹千里马,实无心讲和。"又七五回:"欲待回奏,玉音已出,且看～如何。" ❷ 倨傲。明《金瓶梅词话》八六回:"休说我是你个学主,替你作成了恁好人家,就是世人进去,也不该那等～。"清《醒世姻缘传》五〇回:"问着他,大模大样,不俫不睬的,问说要换多少。狄希陈见他～,故说要换一千两。" ❸ 不在意。明《古今小说》卷一〇:"善继见他～,到不来看了。"清《红楼梦》五三回:"好生派妥当人夜里看香火,不是～得的。"

【大影】 dà yǐng ❶ 完整的影像。唐玄奘译《佛说佛地经》:"如圆镜中～可得。"元陈高《送章好德还京》:"海青～落波间,使

者楼船六月还。"❷特指死者的全身画像。明《金瓶梅词话》六三回:"先生,你用心想着,传画一轴～,一轴半身,灵前供养。"

【大影亭】 dà yǐng tíng 出殡仪仗中悬挂大影的彩扎亭子。明《金瓶梅词话》六五回:"吊挂～、大绢亭、小绢亭、香烛亭,鼓手细乐十六众小道童两边吹打。"

【大语】 dà yǔ ❶大声说话。五代何光远《鉴诚录》卷九:"梦中一面何殷勤,高吟～喧青云。"元明《三国演义》九五回:"如有妄行出入,及高言～者,斩之!"❷说大话;大话。《敦煌变文校注》卷一《李陵变文》:"奈河十万餘骑,不敌五十(千),可得嗔他～!"元明《三国演义》三回:"汝是何人,敢发～?"明《梼杌闲评》三〇回:"你说的好～!是他说的,天下只有他大。"

【大噪】 dà zào ❶大声喧哗。宋郑獬《赠太尉勤惠张公墓志铭》:"是夕,十餘辈～,趋指挥使将害之。"明王鏊《通议大夫都察院右副都御史白公神道碑》:"有少年为日本馆甥,已乃随使入贡。鄞人执之以闻,从人～。"❷(名声等)广泛传扬。明文徵明《南京太常寺卿嘉禾吕公行状》:"其文尤严整有法,无愧作者;而诗名～,遂用擅其所长。"清蔡世远《黄道周传》:"尝即席酒酣,援笔立就数千言,名～。"

【大譟】 dà zào ❶同"大噪❶"。唐柳宗元《段太尉逸事状》:"晞一营,尽甲。"元马祖常《太师太平王定策元勋之碑》:"使将百骑,风上～,乱以钲鼓。"清毛奇龄《明少傅兵部尚书前巡抚苏松都察院右副都御史祁公传》:"适兴平兵攫丹阳市钱,浙兵勤王者不平,斗而伤,军民～。"❷同"大噪❷"。唐李贺《秦宫诗序》:"秦宫,汉将军梁冀之嬖奴也。秦宫得宠内舍,故以骄名～于人。"明陆粲《祝先生墓志铭》:"援毫疾书,思若泉涌,一时名声～。"

【大丈夫儿】 dà zhàng fū er 大丈夫,"儿"为词缀。《敦煌变文校注》卷一《伍子胥变文》:"～天道通,提戈骤甲远从戎。"敦煌本《历代法宝记》:"若能如此,即是～,云何是女?"五代贯休《山居二十四首》之六:"如斯标致虽清拙,～合自由。"

【大走】 dà zǒu ❶快步走。宋张载《经学理窟·学大原下》:"今人为学如登山麓,方其迤逦之时,莫不阔步～,及到峻峭之处便止。"《元曲选·王粲登楼》一折:"我则待～上韩元帅将坛,我虽贫呵乐有餘,便贱呵非无憾,可难道脱不的二字饥寒。"又《神奴儿》楔子:"我与你～去可兀的买将来。"❷远行。明《西游记》五七回:"我这里另选个有道的真僧在此,老孙独力扶持,有何不可?已选明日～起身去矣。"

【大做】 dà zuò ❶下大力做。宋《朱子语类》卷四一:"克己是～工夫,复礼是事事皆落腔窠。"明王樵《与仲男肯堂书》:"此等境界虽难到,然小做小益,～大益。"❷大肆地做。明《古今小说》卷二九:"这边柳翠落得无人管束,公然～起来。"清《八段锦》一段:"恰好得女儿接代,便索性～了。"

dāi

【呆】 dāi ❶呆板。宋《朱子语类》卷一二六:"禅只是一个～守法,如'麻三斤''干屎橛'。他道理初不在这上,只是教他麻了心,只思量这一路。专一积久,忽有见处,便是悟。"宋元《熊龙峰刊小说·彩鸾灯》:"那女子偶尔回头,不觉失笑一声。舜美～着老脸,陪笑起来。"❷痴傻。《元曲选·渔樵记》二折:"～里奸,直里弯,虚头科范,颠倒说有为作善能公干。"鲜于枢《八声甘州》:"从人笑我愚和戆,潇湘影里且妆～。"❸发愣。金《董解元西厢记》卷一:"道着采也不采,焦也不焦,眼睐候地伫～着。"《元

曲选外编·单刀会》四折:"子是条龙在鞘中蛰,唬得人向座间～。"清《红楼梦》三二回:"宝玉望着,只管发起～来。"

【呆不邓】 dāi bù dèng 即"呆不腾"。明吕天成《齐东绝倒》三折:"～禁得程途泞,你你你,甚来由认得明。"

【呆不腾】 dāi bù téng 痴呆木然貌。《元曲选·燕青博鱼》四折:"为甚么干支剌吐着舌头,～瞪着个眼脑?"

【呆痴】 dāi chī 痴呆;呆傻。元吴澄《题橘隐棋师》:"四老果如神变化,二龙应笑俗～。"明蔡清《易经蒙引》卷八上:"尝见今世所谓十分乖巧者,方做出～的事。明极反暗,不其然哉?"清《御纂医宗金鉴》卷四一:"盖癫疾始发,志意不乐,甚则精神～,言语不伦。"

【呆答孩】 dāi dā hái 同"呆打孩"。元刘庭信《折桂令·忆别》:"急煎煎抹泪揉眵,意迟迟揉腮搣耳,～闭口藏舌。"王实甫《西厢记》四本一折:"意悬悬业眼,急攘攘情怀,身心一片,无处安排,则索～倚定门儿待。"明汤显祖《牡丹亭》三九出:"是话儿听的都～。"

【呆打孩】 dāi dǎ hái 犹"呆傻","打孩"为形容词后缀。明卢柟《想当然》二三出:"你只道事业功勋是～,猛丢开,却怎知推琴绣句,又忒多才。"清《野叟曝言》三〇回:"独苦那～的姐姐,嫁了卖柴蠢汉。"

【呆打颏】 dāi dǎ hái 同"呆打孩"。《元曲选·扬州梦》一折:"端的是莺也消魂,燕也含羞,蜂与蝶花间四友,～都歇在豆蔻梢头。"又《朱砂担》二折:"唬的我～空张着口,惊急力怕抬头。"

【呆呆邓邓】 dāi dāi dèng dèng 痴呆貌。元张国宾《汗衫记》三折:"甚风儿吹你到来,来还乡界?交我～,哭哭啼啼,怨怨哀哀。"明《西游记》九三回:"白日家说胡话,～的;到夜静处,却思量父母啼哭。"

【呆登登】 dāi dēng dēng 发呆貌。明《金瓶梅词话》五三回:"西门庆～想了一会,说道:'莫不就是李三、黄四的事么?'"又五六回:"说的常时节有口无言,～不敢做声。"

【呆邓邓】 dāi dèng dèng 痴呆貌。《元曲选·赚蒯通》三折:"我为甚的～把衣裳袒裸,乱蓬蓬把鬓发婆娑?"又《竹叶舟》三折:"你莫不是鼓瑟湘灵水面上游?却教我～葭蒲边耐心守。"

【呆鸟】 dāi diǎo 詈词。呆汉;傻瓜。元明《水浒传》四四回:"杨林笑道:'哥哥,你看我结果那～!'"清《野叟曝言》九三回:"这～是先生甚亲?住在他家,怎得便宜?"《后水浒传》二八回:"黑疯子煞有主意,怎今学了～做事?"

【呆屌】 dāi diǎo 同"呆鸟"。《元曲选·玉壶春》二折:"～唱的好,踏开这屌门!"

【呆根】 dāi gēn 傻瓜;笨蛋。明《西游记》二七回:"这个～,这等胡说,可不唬了师父!"又七四回:"这个～!我问信偏不惊恐,你去问就这等慌张失智?"

【呆汉】 dāi hàn 傻瓜;笨蛋。宋张齐贤《洛阳搢绅旧闻记》卷三:"～出门时引领,黯儿行路已潜身。"《元曲选·刘行首》三折:"他母亲狠似那双蝎蝎,心毒似两头蛇,～,谁着你去火坑中将身子儿舍!"清李光地《榕村语录·上孟》:"今人说得告子是个～了。告子是要明心见性的人,欲使此心空空灵灵。"

【呆僗】 dāi láo 同"呆老"。《元曲选外编·西厢记》一本四折:"举名的班首真～,觑着法聪头作金磬敲。"

【呆老】 dāi lǎo 犹"呆汉"。金马钰《满庭芳》:"纵有石崇富贵,这朱颜绿鬓,怎生留得?止是行尸走骨,～九伯。"侯善渊《黄婴儿》:"～～,幻梦惑迷,一生颠倒。"

【呆里撒乖】 dāi lǐ sǎ guāi　犹"呆里撒奸"。明《金瓶梅词话》二〇回:"家前院后明嘲戏,～暗做奸。空在人前称半子,从来骨肉不相连。"

【呆里撒奸】 dāi lǐ sǎ jiān　外表蠢笨而内藏奸诈。《元曲选外编·西厢记》三本二折:"你休要～,你待受恩情美满,却教我骨肉摧残。"明《金瓶梅词话》六八回:"你休～,两头白面,说长并道短。"

【呆脑呆头】 dāi nǎo dāi tóu　犹"呆头呆脑"。《元曲选·岳阳楼》三折:"似这等～劝不回,呸!可不干赚了我奔走红尘九千里。"

【呆气】 dāi qì　傻气;傻乎乎地。明沈璟《埋剑记》三三出:"你不要这等～,前日他的彭山县丞肯让么么?"黄道周《榕坛问业》卷一一:"读书人常有～。"清《红楼梦》三五回:"宝玉是外相好,里头糊涂,中看不中吃的,果然有些～。"

【呆人】 dāi rén　傻子。宋《朱子语类》卷一九:"读书别无法,只管看便是法,正如～相似。"明黄淳耀《陶庵全集》卷一九:"近世有学者,闭关三年,出关时却成～。"

【呆傻】 dāi shǎ　头脑迟钝糊涂。清《野叟曝言》三二回:"我看他眉目间那一种灵秀之气,绝不似～的人。"

【呆厮】 dāi sī　傻瓜;笨蛋。多用作詈词。《元曲选·黑旋风》三折:"你看这～,口里只管笃笃喃喃的说着许多说话。"又《玉壶春》四折:"强风情不晓事,～,谁着你将钱去买憔悴?"

【呆头】 dāi tóu　呆子;傻瓜。宋吴潜《诉衷情·和韵》:"今宵分破鹊沦秋,孤客兴何悠。要向云中邀月,真个是～。"《元曲选·竹叶舟》二折:"我笑你这～,便夺得个状元来应了口,受用着后拥前驺,画阁朱楼,舞袖歌喉,也做不得施宇宙。"清《蜃楼志》一五回:"这么想起来,一个～竟被他教训好了。"

【呆头呆脑】 dāi tóu dāi nǎo　头脑迟钝貌。清《红楼梦》四八回:"你本来～的,再添上这个,越发弄成个呆子了。"

【呆种】 dāi zhǒng　傻瓜;笨蛋。清《后西游记》三回:"众虎嚷道:'你这～,既然有人进山,何不白白吃了他,又来报甚么?'"

【呆着脸】 dāi zhe liǎn　❶板着脸,指表情严肃或木然无表情。明《拍案惊奇》卷三二:"女子本等看见了,故意假做不知,～只自当橹。"清《儒林外史》二八回:"老和尚～道:'在小房住的客,若是买办和厨子是一个人做,就住不的了。'"❷犹"涎脸"。明《西湖二集》卷一五:"罗江东只得～向亲友家借贷。"《二刻拍案惊奇》卷五:"一日,也思量他周济,没奈何,～办了些礼物,来望淳于智。"

【呆挣】 dāi zhèng　失神发愣。明《西游记》二三回:"三藏坐在上面,好便似雷惊的孩子,雨淋的虾蟆,只是呆呆挣挣,翻白眼儿打仰。"又六〇回:"忽见一个毛脸雷公嘴的和尚,猛地前来施礼,把我吓了个～。"又七九回:"那昏君唬得呆呆挣挣,口不能言。"

【呆子】 dāi zi　傻瓜;蠢货。明《西游记》二八回:"你看那～,抖擞精神,叫沙僧带马,他使钉钯开路。"《醒世恒言》卷一八:"也有说施复是个～,拾了银子,不会将去受用,却驮站着等人来还。"

【待】 dāi　另见 dài。耽搁;停留。明徐渭《女状元》三出:"你且在丹墀里少～～儿,等那两起来问明了,我一总放你。"清《醒世姻缘传》二回:"晁大舍将息调理,也整～了一个月,至十二月十五日起也还虚飘飘的。"

【歹】 dǎi　❶恶;坏。《大宋宣和遗事》前集:"父亲做～事,误我受此重罪。"《元典章·刑部八》:"故将一玉辨作好玉色泽,冒估官钱三千七百八十二定。"元许衡《鲁斋遗书·直说大学要略》:"将那颜回来比呵,便见得柳盗跖～,颜回好。" ❷带(马);勒(马)。清《醒世姻缘传》一四回:"正要～马前行,晁大舍在街旁深深一躬道:'治生伺候多时了,望老父母略住片时,不敢久留。'"又二八回:"赶上前,一个～住马,一个扯住腿往下拉。"

【歹不中】 dǎi bù zhòng　最不济、最差劲。明《型世言》五回:"董文～也是结发夫妻,又百依百随,便吃两盅酒也不碍,怎这等奚落他?"清《醉醒石》八回:"～是个差官,带有钦给银两,也是地方干系。"又一四回:"说不得个穷不过,～是个秀才人家,伤风败俗的话,也说不出来。"

【歹斗】 dǎi dòu　❶犹"歹毒"。《元曲选·渔樵记》二折:"你个好～的婆娘可便试利害。"又《曲江池》二折:"脸上生那～毛,手内有那握刀纹,狠的来世上绝伦。" ❷恶斗。《元曲选·单鞭夺槊》二折:"虽然他人又强,马又肥,也拼的和他～。"佚名《三番玉楼人》:"等来家,好生的～咱:我将那厮脸儿上不抓,耳轮儿揪罢,我问你昨夜宿谁家?"

【歹毒】 dǎi dú　阴险狠毒。清《红楼梦》六五回:"提起我们奶奶来,心里～,口里尖快。"△《儿女英雄传》四回:"他伸手喀嚓的一下子,把人家的脖子抓了个长血直流的,你瞧他～不～!"

【歹话】 dǎi huà　恶毒的难听的话。清《红楼梦》七七回:"当下晴雯又因着了风,又受了他哥嫂的～,病上加病。"

【歹生活】 dǎi shēng huó　坏事。宋《五代史平话·梁上》:"而今盘缠缺乏,无因得回乡故,撞着朱家三个弟弟,邀小人今夜做些～。"

【歹事】 dǎi shì　坏事。明黄佐《泰泉乡礼》卷三:"如父母要作～,小心劝谏。"清胤禛《朱批谕旨》卷一六五:"随据孙起龙禀称:于去年十二月二十边,有抚标右营兵丁雷彩,文官名张宝,勾合小的到开元寺琵琶桥北首顾忠思家,……要纠合些人做～。"

【歹事头】 dǎi shì tóu　❶倒霉的人。《元曲选·救风尘》二折:"教他把天机休泄漏,传示与休莽戆收心的女,拜上你浑身疼的～。"《元曲选外编·醉写赤壁赋》二折:"他两个文施翰墨,笔扫千军,临危出乱,势尽时休,传与俺这坏风俗～一个在潮阳路上,一个在采石渡口。" ❷刺儿头,不好惹的人。《元曲选外编·单刀会》二折:"恼犯云长～,周仓哥哥快争斗,轮起刀来劈破了头。"

【歹头】 dǎi tóu　霉头。明金銮《北胡十八·风情嘲戏》:"才留下想头,又寻了个～。"

【大】 dài　另见 dà。同"待(dài)❶"。《元曲选外编·调风月》二折:"～争来怎地争,待悔来怎地悔,怎补得我这有气分全身体?"明《金瓶梅词话》六四回:"你那书房子里开了门还～瞧瞧,没脚蟹的营生,只怕还拿甚么去了。"

【大夫】 dài fū　❶对手艺人的敬称。宋元《警世通言》卷八:"启请婆婆,过对门裱褙铺里请璩～来说话。"又:"崔～,我脚疼了

走不得。"元王和卿《拨不断·绿毛龟》:"绿毛稠,绕池游,口中气吐香烟透。卖卦的先生把你脊骨酶,十长生里伴定个仙鹤走,白~的行头。" ❷ 宋代医官的职阶之一,后来为民间医生的尊称。宋洪迈《夷坚志》乙卷七:"张二~者,京师医家。后徙临安,官至翰林医学。"明刘嵩《赠医师任光显》:"亲友来问疾,药物审所须。交辞赞其贤,里有任~。"清《红楼梦》六二回:"你知道我这病,~不许多吃茶。"

【大王】 dài wáng ❶ 对强盗或强盗头的称呼。《元曲选·合汗衫》四折:"不是~,是巡检老爷,奉上司明文,把守窝弓峪,盘诘奸细的。"明《西游记》一四回:"那人道:'我等是剪径的~,行好心的山主。'"清《醒世姻缘传》五四回:"行了程途,走到高唐地方,四顾无人,撞见了两个响马,……吓得那尤聪跳下驴来,跪在地上,口口声声只叫~爷饶命。" ❷ 指某种特征十分突出的人。明谢肇淛《五杂组》卷一六:"秦风持戟使陋而多髯,魏博使少年如美妇人。魏博戏云:'今日不幸与水草~接坐。'"清赵翼《陔余丛考》卷三八:"李重进色黔,人呼为'驼黑~'。"

【大诏】 dài zhāo 同"待诏"。宋元《清平山堂话本·五戒禅师》:"这清一遂浼人说议亲事,将红莲女嫁与一个做扇子的刘~为妻,养了清一在家过了下半世。"

【代保人】 dài bǎo rén 担保人。宋欧阳修《乞免蒿头酒户课利札子》:"臣今欲乞下转运司,差官遍诣诸州,点检应有蒿头供纳者,并与开阁放免。系~开沽前正名买扑见开沽人,并乞特与权免支移边上三二年,所贵利薄酒户稍获宽舒。"元王士点《秘书监志》卷三:"定典书人等一十五,定月息一分五厘,必须明白开写正借钱人、~并附籍贯,见任职役事产,……如有拖欠,利息随于~名下月俸内掯除还官。"

【代笔】 dài bǐ ❶ 代人书写或作文。明于慎行《穀山笔麈》卷四:"(宋)九之声势稍不及(游)七,而能作字,颇为主人~。"清《醒世姻缘传》三三回:"狄员外自己原不大识字,凡是甚么礼柬请帖与人通问的套语,都是央一个秀才赵鹤松~。"也指代人作画。清徐锡龄等《熙朝新语》卷五:"人乞其画者踵相接,然应诏不遑,大抵宾客弟子辈~者什之七八。" ❷ 特指顶替科举考生写应试文章。宋袁燮《论国家应财政刑札子》:"场屋~之罚,先朝之所甚严,罪至鞭背,终身不齿。"元陶宗仪《辍耕录》卷二八:"四子入场,~有此刘之手;一家在榜,瞒人起路之文。"清《十二楼·夺锦楼》一回:"当年乡试,这四名特等之中,恰好中了三位。所遗的一个,原不是真才,~的中了,也只当他中一般。"

【代步】 dài bù 本意为乘车船骑马骡以代步行,唐宋以降多指骑马骡或径指马骡。唐裴度《酬张秘书因寄马赠诗》:"~本惭非逸足,缘情何幸杠高文。"清《聊斋志异·大男》:"钱病其缓,为赁~,资斧耗竭。"按,宋陈元靓《事林广记》续集卷八《绮谈市语》:"马,代步。"

【代茶】 dài chá ❶ 请人宴饮的谦词。明《梼杌闲评》一一回:"进忠道:'远劳大虑,屈到馆中少叙~。'尔耕道:'也好,就当谢媒罢。'遂同到馆中坐下饮酒。" ❷ 送人银钱的谦词,意为钱少,只能权充茶资。清《儒林外史》二回:"把各家的见面礼拆开来看,只有荀家是一钱银子,另有八分银子~。"

【代书】 dài shū 替人写帖子、状纸及书信的人。明《梼杌闲评》一二回:"走到州前,买了两个大红手本,央个~写了。"清《儒林外史》一三回:"便去寻~写下一张出首叛逆的呈子,带在身边。"也指这种职业。清《歧路灯》六四回:"他说他学过~,也识几个字儿,写了一张招子,贴在庙门。"

【代替】 dài tì ❶ 以甲换乙,起乙的作用。宋《五代史平话·晋下》:"开运三年四月,王令温~冯晖守灵州。"《元典章·刑部十》:"己身犯罪,必须己身当官陈首,子侄奴隶不许~。"清《聊斋志异·商妇》:"俗传暴死者必求~,其然欤?" ❷ 交替;轮流。明《拍案惊奇》卷二:"那婆子与汪锡两个殷殷勤勤,~伏侍,要茶就茶,要水就水,惟恐一些不到处。"清《后水浒传》:"扛抬的俱轮流~,才走上古州的大路来。"

【带】 dài ❶ 连及;连带。唐刘禹锡《贞元十四年旱甚见权门》:"四月~花移芍药,不知忧国是何人。"《元曲选·朱砂担》一折:"我有父亲,有浑家,~小人可不是三口?"明《金瓶梅词话》三五回:"垫地脚~山子上土,也添勾一百多车子。" ❷ 映照。唐杜甫《夜宴左氏庄》:"暗水流花径,春星~草堂。"元稹《遭风二十韵》:"暝色已笼秋竹树,夕阳犹~旧楼台。"宋侯寘《凤凰台上忆吹箫·再用韵咏梅》:"空教映溪~月,供游客无情,折满雕鞍。" ❸ 笼覆。唐皇甫冉《和樊润舟秋日登城楼》:"露冕临平楚,寒城~早霜。"司空图《即事》:"陂痕侵牧马,云影~耕人。"宋僧挥《南柯子》:"十里青山远,潮平路~沙。" ❹ 拉;拽。《元曲选·谢天香》四折:"他若不肯来时,你只把马~着休放了过去,好歹请他来。"又《陈抟高卧》四折:"〔郑参关门科云〕我把这门儿~上者。"元明《水浒传》二一回:"众人向前,一个~住婆子,三四个拿住唐牛儿,把他横拖倒拽直推进郓城县里来。" ❺ 挂;缠。唐李贺《南园》之一:"男儿何不~吴钩,收取关山五十州?"元明《水浒传》三四回:"花荣把枪去了事环上~住,把马勒个定,左手拈起弓,右手去拔箭。"明《醒世恒言》卷三二:"那缆~在柳树根上,被风浪所激,已自松了,黄生去拿他时,便脱了结。" ❻ 量词,用于长条形的物体或连在一起的土地房屋。唐元稹《度门寺》:"门临溪一~,桥映竹千垂。"《元曲选·李逵负荆》三折:"过的这翠巍巍一~山崖脚,遥望见滴溜溜的酒旗招。"明《金瓶梅词话》五六回:"家里也还有一二百亩田,三四~房子。" ❼ 通"戴"。宋李清照《永遇乐·元宵》:"铺翠冠儿,撚金雪柳,簇~争济楚。"《元曲选·留鞋记》二折:"早些儿觉来也波耷,我只索向前去推整他头巾。"元明《水浒传》一二回:"把毡笠子掀在脊梁上,坦开胸脯,~着抓角儿软头巾。"

【带便】 dài biàn 顺便。明王樵《与长男启疆书》:"犀角作匙或箸,俱可觅,~中寄一件回。"清李渔《慎鸾交》三二出:"下官~经过,虽无地方之责,也要把民情土俗细问一番。"

【带跌】 dài diē 跌跌撞撞。明《醒世恒言》卷二七:"那丫头跑至堂中,见是李承祖,惊得魂不附体,~而奔。"又卷三〇:"等了一回,两个家人~的赶到,走得汗淋气喘。"清《风流悟》六回:"慌忙起来,走也走不动,只得~跑到这,大儿家不去了。"

【带匠】 dài jiàng 做腰带的工匠。明《朴通事谚解》卷上:"你那金带是谁厢的?是构栏胡同里一夏五厢的。"《大清会典则例》卷一六七:"拣绣匠二名,染匠五名,画匠一名,~四名,均由局召募民人充补。"

【带脚】 dài jiǎo 指旅途拖累。明《平妖传》六回:"再说娘儿两个离了庙中,望剑阁而进。此时没有瘸子~,行得较快。"《拍案惊奇》卷三六:"他有偌多的东西在我担里,我若同了这~的货去,前途被他喊破,可不人财两失?"△清《幻中游》一五回:"于前月间,忽有大盗入宅,……房了俺妯娌两个,来到此处,嫌俺~,抛下俺走了。"

【带酒】 dài jiǔ 醉酒;有了醉意。唐李贺《野歌》:"鸦翎羽箭山桑弓,仰天射落衔芦鸿。麻衣黑肥冲北风,~晚歌田中。"宋苏轼《南歌子》:"~冲山雨,和衣睡晚晴。"元王和卿《暮山溪·闺情》:"不甫能盼的他来到,他却又早醺醺的~。"

【带口】　dài kǒu　顺口。清《醒世姻缘传》六五回:"我不过~之言,顽得一顽。"《红楼梦》四八回:"若有提起因由,你只~说我带了你进来作伴儿就完了。"

【带累】　dài lèi　牵连;连累。唐薛能《赠解诗歌人》:"同有诗情自合亲,不须歌调更含嚬。朝天御史非韩寿,莫窃香来~人。"《敦煌变文校注》卷一《伍子胥变文》:"倘若在后被追收,必道女子相~。"明《朴通事谚解》卷中:"假如明日事发起来时,~一家人都死也,怎的好?"

【带累肚子】　dài lèi dù zi　指怀孕。明《金瓶梅词话》七五回:"若下来了,干净了我这身子,省的死了做~鬼。"

【带路】　dài lù　领路;做向导。清《平定两金川方略》卷五二:"臣等问以如何脱出?据称:金川头人派人往僧木则,偷放夹坝,令我~。"《红楼真梦》六三回:"探春拉着宝钗道:'我们给二哥哥~。'"

【带绿帽儿】　dài lù mào er　指妻子有外遇。带,通"戴"。明《醒世恒言》卷三四:"老娘人便看不像,却替老公争气,……不像你那狗淫妇,人硬货不硬,表里里不壮,作成老公带了绿帽儿。"

【带破】　dài pò　破相。元马致远《陈抟高卧》一折:"注定你不~多残病,命里有愁甚眼睛?"清胡煦《卜法详考》卷八:"促断震动,非齿损~,则面麻也。"

【带挈】　dài qiè　❶带领。元《元曲选·东堂老》二折:"只你那一生的学问呵,是那一声儿'哥往那里去,~我也走一遭儿波'。"元明《水浒传》二三回:"却得宋江每日~一处,饮酒相陪。"清《儒林外史》一二回:"席间八位名士,~杨执中的蠢儿子杨老六,也在船上,共合九人之数。"❷使(别人)连带受益。元《元曲选·潇湘雨》一折:"~我翠鸾孩儿做个夫人县君也。"明《西游记》六九回:"常言道:'一人有福,~一屋。'"清《儒林外史》三回:"如今,不知因我积了甚么德,~你中了相公,我所以带个酒来贺你。"

【带取】　dài qǔ　带。宋戴复古《曾景建得罪漳州听读》:"饱参一勺濂溪水,~光风霁月归。"明《杨家将演义》二四回:"路途遥远,只得将尸首焚化,~骸骨归葬。"

【带同】　dài tóng　带领偕同。元《三遂平妖传》一九回:"却说李遂~李鱼羹看了图本,到城北计算了地里。"元明《水浒传》一九回:"且说晁盖、公孙胜自从把火烧了庄院,~十数个庄客,来到石碣村。"清《红楼梦》一〇五回:"赵堂官即叫他的家人:'传齐司员,~番役,分头按房抄查登帐。'"

【带孝】　dài xiào　人死后亲友以穿孝服戴白纱等形式表示哀悼。元《元曲选·铁拐李》四折:"则俺那守服的妻,~的子,争知我在也不在。"明《金瓶梅词话》一〇〇回:"金哥、玉姐披麻~,吊客往来,择日出殡,安葬于祖茔。"清《醒世姻缘传》一五回:"我不为甚么,趁着有儿子的时候,使我早早死了,好叫他披麻~,送我到正穴里去。"

【带挟】　dài xié　即"带挈❶"。宋《五代史平话·梁上》:"全不记得咱每兄弟~他在悬刀峰下结义做兄弟,相同投奔着尚让时分。"明佚名《胭脂记》三出:"老邦,我同你一路的人,说甚么,~大家同去便了。"

【带携】　dài xié　❶即"带挈❶"。元明《水浒传》三二回:"哥哥怕不是好情分,~兄弟投那里去住几时。"明《西游记》二八回:"做甚么和尚,且家来,~我们耍子几年罢!"❷即"带挈❷"。元明《水浒传》一二回:"杨志答道:'重蒙众头领如此~。'"明《西游记》二三回:"快快的应成,~我们吃些喜酒,也是好处。"

【带眼】　dài yǎn　❶指腰带上的孔。宋周邦彦《宴清都》:"秋霜半入清镜,叹~都移旧处。"陆游《新凉书怀》:"乌帽围宽~移,闭门惯忍日长饥。"按,移带眼意为人身体消瘦。　❷顺眼;溜眼。明《拍案惊奇》卷一七:"吴氏又到各神将面前上香稽首,~看着道场。"又卷二六:"~看去,那小床帐钩上吊着一个紫檀的小木鱼。"

【带眼安眉】　dài yǎn ān méi　有眼有眉,意为是一个堂堂正正的人。《元曲选·渔樵记》二折:"你是一个男子汉家,顶天立地,~。"又《刘行首》三折:"你这般~也随邪,他母亲狠似那双蝎蝎,心毒似两头蛇。"明《拍案惊奇》卷三五:"一般~汉,何事囊中偏没钱。"按,也可倒其次序而作"安眉带眼"。

【贷】　dài　向他人求财物。唐王梵志《贷人五斗米》:"~人五斗米,送还一硕粟。算时应有馀,剩者充白直。"又《家贫从力贷》:"家贫从力~,不得懒乖慵。但知勤作福,衣食自然丰。"按,字本应作"貣",音 tè。《说文解字》:"贷,施也,从贝代声。"又:"貣,从人求物也,从贝弋声。"段玉裁注:"古无贷、貣之分,由貣字或作貸,因分其义,又分其声。"唐时多以"贷"字兼施、求二义。

【贷便】　dài biàn　即"便贷"。唐陆贽《均节赋税恤百姓第五条》:"仍定观察判官一人,与和籴巡院官同勾当,亦以义仓为名,赈给百姓已外,一切不得~支用。"

【袋】　dài　装;放入。明《拍案惊奇》卷二三:"接将钗来,~在袖里了,望着防御家里来。"《二刻拍案惊奇》卷二九:"夏良策就把一个粗麻布袋,~着一包东西,递与蒋生。"《隋史遗文》七回:"扁担头上有个青布口袋儿,~了一升黄豆。"

【待】　dài　另见 dāi。❶要;想要。宋欧阳修《玉楼春》:"人心花意~留春,春色无情容易去。"金《董解元西厢记》卷一:"君瑞虽然腹中馁,奈胸中郁闷如麻,~强吃些儿,咽他不下。"元古本《老乞大》:"我则是赶着这几个马,又没甚么钱本,那厮们~要我甚么?"清《红楼梦》七七回:"我~不说,又掌不住。"❷将;将要。宋《三朝北盟会编》卷四:"西京地本不要,止为去拿阿适,须索一到。若拿了阿适,也~与南朝。"《元典章·刑部七》:"小人~往大都去也。"元明《水浒传》四七回:"看看天色~晚,不见杜兴回来。"明《金瓶梅词话》五九回:"快请你爹去,你说孩子~断气也。"❸若;如果。宋《朱子语类》卷一二一:"如今且要虚心,心若不虚,虽然怹地问,~别人怹地说自不入。"金《董解元西厢记》卷二:"好也好教你回去,弱也弱教你回去,~不回去只消我这六十斤铁棒苦。"《元典章·刑部九》:"~要罪过呵,赦前么道有;~不要罪过呵,眼分外的一般有。"❹让;等。《元曲选·看钱奴》二折:"他三口儿跟的陈先生去了也,~我收拾了铺面,也到员外家看看去。"元明《水浒传》九六回:"两位头领且到大寨食息,~贫道自去赶他。"明《古今小说》卷二一:"你老人家若不肯留这孩子时,~老身领去,过继与没孩儿的人家养育。"❺语助词。用于分句或呼语之后表停顿。宋何梦桂《沁园春·寿付逢原北堂》:"问韶光九十,何如今~? 明朝最处,好是明年。"《元曲选·黑旋风》三折:"叔~,叔~! 你家里有人么?"又《桃花女》楔子:"〔卜儿做叫科云〕石留住~——!"❻语气副词。难道。清《醒世姻缘传》四九回:"晁夫人说:'他已是跌伤了腿,爽利把你卖几两银子,不好么?'回说:'他~不卖我哩么?……'"又五二回:"儿干的这歪营生都揽在身上,到明日闺女屋里拿出孤老来,~不说是自家哩!"又六〇回:"剩下点子,大妗子你要,可尽着拿了去,俺~希罕哩么?"

【待报】　dài bào　州县判决囚犯死刑后上报朝廷等候批准施行。宋刘敞《朝散大夫殿中丞知汝州叶县骑都尉陈君墓志铭》:"守丞……遣他掾与司理杂治囚,笞掠数百千。囚不胜痛,诬服,具狱。"《元典章·刑部一》:"在先重囚~,直至秋分已后施行有来。"《元曲选·勘头巾》二折:"大人,张鼎行至禀墙边,见一个~

的囚人,称冤叫屈。"

【待补】dài bǔ 候补。宋石介《代高长官上转运书》:"前年罢徐州录事参军,上课赴调,～铨衡,端居食贫,凡一周岁。"《宋史·选举志二》:"又罢诸路转运司及诸州军府所取～国子生,自明年并许赴国子监混试。"明林尧俞等《礼部志稿》卷二四:"十二年,奏准:生员常额之外,军民子弟愿入学者,提调教官考选俊秀～,增广名缺,一体送考应试。"

【待不】dài bù ❶ 料不;想不。宋王铚《默记》卷下:"此儿辱我如此,乃为人所压,若二郎及第,～教人压却?"元王和卿《一半儿·题情》:"鸦翎般水鬓似刀裁,小颗颗芙蓉花蘸脸儿穿,～梳妆怕娘左猜。"钱霖《哨遍》:"试把贤愚穷究,看钱奴自古呼铜臭。徇己苦贪求,～教泉货周流。" ❷ 要不。含假设意味。元关汉卿《拜月亭》三折:"嗯,～你个小鬼头春心儿动也?"明汤显祖《牡丹亭》二四出:"～关情么,恰湖山石畔留着你打磨陀。"

【待不见】dài bù jiàn 想不见,反语,实际意为极想要、巴不得。《元曲选外编·东墙记》五折:"〔梅云〕俺姐夫做了官回来,在堂上,老夫人着我请你相见哩。〔旦云〕是真个?〔梅云〕你～哩。〔旦云〕不想有今日也!"清《醒世姻缘传》三二回:"我～打哩,只怕打了担不下来,你悔!"又四八回:"罢呀,我～打你那嘴哩!"

【待茶】dài chá 本指以茶待客,后发展成为一种礼数。宋陆游《东篱杂咏》之二:"深居远悔吝,简事养精神。曳杖一萧散,～时欠伸。"明戚继光《练兵实纪》卷二:"第七定军礼。中军千总见本管主将,两跪一揖,合营主将亦如之,路迎从便。别营主将官衔拜帖角门庭参,一跪两揖,后堂旁坐～。"

【待到】dài dào 同"待道"。宋《三朝北盟会编》卷三三:"～是贼来,怎生有许多贼?"

【待道】dài dào 要说;如果说。《大宋宣和遗事》前集:"翠帘高卷,绣幕低垂,帘儿下见个佳人,……～是郑观音,不抱着玉琵琶;～是杨贵妃,不擎着白鹦鹉。"金《董解元西厢记》卷七:"～是实,从前于俺无妨;～是虚,甚音信杳?"元王氏《粉蝶儿·寄情人》:"见一个僧人念经掐着数珠,～是小阇梨,却原来是老院主。"

【待的】dài dé 等到。《元曲选·忍字记》三折:"若～功成行满,同共见我佛如来。"明《金瓶梅词话》八六回:"～众人散去,悄悄在房中对月娘说:'娘也不消生气。'"清《醒世姻缘传》八二回:"～不多一会,察院打点开门。"

【待得】dài dé 等到。唐刘禹锡《送周使君罢渝州归郢州别墅》:"只恐鸣驹催上道,不容～晚菰尝。"宋苏轼《出局偶书》:"急景归来早,穷阴晚不开。倾杯不能饮,～卯君来。"明胡奎《远如期》:"去时期一载,不道又三秋。～郎回日,松花满陇头。"

【待敢】dài gǎn 想必;想要。《元曲选·货郎旦》一折:"你教我可怜见,你～是无奈之何。"元明《水浒传》二五回:"便是武二回来,～怎地!"清《醒世姻缘传》二○回:"贼扯淡的奴才!你生气,～怎样的!"

【待刚】dài gāng ❶ 总之。元马致远《夜行船》:"谁承望半路里思他心起,～来自家冤业。"佚名《庆宣和·遣怀》:"用时节与他行些个,舍之则藏亦可。～行半步难那。" ❷ 硬想;偏要。金《董解元西厢记》卷七:"收拾起,～睡些儿,奈这一双眼儿劣。"《元曲选外编·七里滩》三折:"他出郭迎俺旧伴等,～我跟前显耀他帝王的权柄。"

【待古】dài gǔ 同"大古❶"。《元曲选外编·豫让吞炭》三折:"谁恋你官二品,车驷马!～有德行的富贵荣华?"

【待古里】dài gǔ li 同"大古里❷"。《元曲选·萧淑兰》三折:"谁想你睡梦里也将人冷侵,～掂折了玉簪,摔碎了瑶琴。"《元

曲选外编·蓝采和》一折:"吃了些吹歌妓女酒和食,～瑶池王母蟠桃宴。"

【待好】dài hǎo 将要;就要。明《金瓶梅词话》七二回:"怪奴才,不管着你,～上天也。"清孔尚任《桃花扇》三一出:"请问元帅左爷爷,～回营么?"《红楼梦》六七回:"那珍大奶奶的妹子原来从小有人家的,姓张,叫甚么张华,如今穷的～讨饭。"

【待见】dài jiàn 喜欢;满意。多用否定式。《元曲选·鲁斋郎》一折:"自从许州拐了李四的浑家,起初时性命也似爱他,如今两个眼里不～他。"明《金瓶梅词话》八六回:"你主子不～我,连你这奴才每也欺侮我起来了。"清《红楼梦》二一回:"难道图你受用一回,叫他知道了,又不～我。"

【待教】dài jiào 要使;要让。五代孙光宪《北梦琐言·再补》:"异日却归华表语,～凡俗普闻名。"金《董解元西厢记》卷二:"我第一～兵卒吃顿饭食,第二知崔夫人家眷在此,来取莺莺。"明《金瓶梅词话》九二回:"这敬济才～陈安拿着走,忽听一声梆子响,黑影里闪出四五条汉,叫声:'有贼了!'"

【待慢】dài màn 怠慢,指招待不周。《敦煌变文校注》卷五《妙法莲华经讲经文(四)》:"意行寻常多～,心中都总不虔诚。"宋元《古今小说》卷三九:"多承二位远来,本当留住几时,争奈家贫～。"清《飞龙全传》八回:"倘有一毫～之处,便要吃他罗唣。"

【待阙】dài què 等待缺额。宋范仲淹《奏上时务书》:"遂令仕路纷纭,禄位填委,文武官吏,～逾年。"金元好问《闲闲公墓铭》:"子男一人,名似,～御史台掾。"

【待要】dài yào 想要;打算。宋《三朝北盟会编》卷一○七:"金人国相立张相公做官家,呼为大楚皇帝,～迁都江陵。"陈梦建《上喻史君重建霞起堂六首》之三:"诗社神交识乃翁,耳孙凛凛有仙风。青云垂上斜飞去,～题诗遍浙东。"元《七国春秋平话》卷下:"才然～去,鬼谷至齐寨。"

【待欲】dài yù 将要;想要。唐孙元晏《六朝咏史·陈·王僧辩》:"彼此英雄各有名,石头高卧拟争衡。当时堪笑王僧辩,～将心托圣明。"宋《五代史平话·周下》:"世宗攻取寿州久不下,……与近臣商议,～班师。"明《金瓶梅词话》一八回:"待要管,又说我多揽事;我～不管,又看不上。"

【待诏】dài zhào 唐代指待命供奉宫廷者,宋元以后可尊称手艺人。唐吕才《东皋子集序》:"侍中江国公,君之故人也。闻之曰:'三升酰未足以绊王先生。'判日给王～一斗。时人号为斗酒学士。"《元曲选·荐福碑》二折:"请一个传神巧～,一幅丹青写容貌。"明《醒世恒言》卷二一:"看那娘子,正与浇蜡烛～说话。"

【待至】dài zhì 等到。唐王方庆《魏郑公谏录》卷一:"又闻有敕,丁巳配役,即令役满折造,餘物亦遣输了,～明年,总为准折。"元明《三国演义》四六回:"～日高雾散,孔明令收船急回。"清《野叟曝言》六四回:"若止株守山庄,～祸发之时,即焦头烂额,亦无济于事!"

【待中】dài zhōng 将要;就要。清《聊斋俚曲·慈悲曲》:"你不必找他,他～来家吃响饭哩。"《醒世姻缘传》四八回:"大嫂把小玉兰丫头～打死呀,俺娘说不下他来,请薛大爷进去说声哩!"《白雪遗音·婆媳顶嘴》:"你女婿～下学了,我到后头做饭去,你在前头看门。"

【迨后】dài hòu 此后;后来。明《烈皇小识》卷五:"～英竟以微罪得释,是上未尝不用其言也。"《西洋记》八二回:"～到了天色黎明,番王领了左右头目,大小番官,一齐坐在西门楼上,看百夫人出阵。"清《野叟曝言》一四五回:"陪臣彼时犹以私恩不敌公怨,愤而浮海,～各番俱遵王命,除灭佛、老。"

【迨至】 dài zhì　等到。《太平广记》卷七五引《宣室志》："～夜分，诸妓方寐，乐器亦归于旧所。"明《英烈传》六〇回："昔笑伪汉，才得一隅，妄自尊大，～灭亡，贻笑于人。"清《聊斋志异·九山王》："然人听匪言也，始闻之而怒，既而疑，又继而信，～身名俱殒，而始悟其误也。"

【怠废】 dài fèi　懈怠荒废。宋李觏《平土书》："若城外之宅，可树桑麻而～不为者，则依国中例，课之出泉布。"明文徵明《南京太常寺卿嘉禾吕公行状》："先是礼仪，春秋丁有事文庙，科道官多不与祭，公移文督之。"清魏裔介《劝民绪言序》："一邑之令长，即古诸侯也。得其人而邑治矣，然治之无其道，则～焉。"

【怠缓】 dài huǎn　懈怠迟缓。宋朱熹《告考妣文》："其所由虽实有待，然而～不虔，罪已无所逃矣。"明《警世通言》卷五："哥哥不可～，急急回家，以安嫂嫂之心。"《二刻拍案惊奇》卷五："开封府大尹奉得密旨，非比寻常访贼的事，怎敢时刻～？"清《荡寇志》一三八回："因系特诏宣召，不敢～，次日便同了钦差起程。"

【怠慢】 dài màn　态度冷淡；招待不周。《元曲选·金线池》楔子："与你两锭银子，拿去你那母亲做茶钱，休得～了秀才者！"明《警世通言》卷三二："日往月来，不觉一年有馀，李公子囊箧渐渐空虚，手不应心，妈妈也就～了。"亦用为待客的谦敬语。《元曲选·扬州梦》二折："昨日席间～，相公勿罪也。"明《梼杌闲评》七回："难得大嫂下顾，一向～。"

【怠替】 dài tì　懈怠荒废。《太平广记》卷六一引《集仙录》："吾常铭之于心，布之于物，弘化济俗，不敢斯须辄有～。"

【怠玩】 dài wán　❶ 沉溺于玩乐。唐孟浩然《游枋口二首》之一："老逸不自限，病狂不可周。恣闲饶淡薄，～多淹留。"❷ 懈怠失职。宋王庭珪《上李丞相书》："宣和初，得官湖南，见上下～，无益于时，归卧山间，十五年矣。"清于成龙《初守黄郡上张抚台禀》："查各项公文，堆积如山，咸系要件，非经承敢于～，亦非成龙敢于悬阁。"

【戴顶】 dài dǐng　乘载；乘坐。元郑廷玉《看钱奴》三折："听的道儿替爷烧香交我情惨伤，又见这校椅儿上～着亲娘，交我千般想念，万种恓惶，百倍思量。"

【戴竿】 dài gān　一种杂技。表演时，一人头顶长竿，一人或数人缘竿而上，在竿上表演各种技巧动作。唐刘晏《咏王大娘～》："楼前百戏竞争新，惟有长竿妙入神。谁谓绮罗翻有力，犹自嫌轻更着人。"郑处诲《明皇杂录》卷上："时教坊有王大娘者，善戴百尺竿，竿上施木山，状瀛洲、方丈，令小儿持绛节出入于其间，歌舞不辍。"明谢肇淛《滇略》卷四："诸邑以是日祈求稔丰，各社装演往事，走马、～，若迎春然，三日乃止。"

【戴巾的】 dài jīn de　戴头巾者，多指读书人或做官的。明《醒世恒言》卷三："只见里面三四个～从内而出，一个女娘后面相送。"清《醒世姻缘传》八一回："赵哑子正在门前闲站，望着单完领着个～来到，晓得是央他写状。"

【戴绿头巾】 dài lǜ tóu jīn　元明时妓院龟奴、杂役均头裹青巾，后以此讥刺妻室与他人淫乱的男子。清《醒世姻缘传》六六回："争奈这样混帐～的汉子，没等那老婆与他一点好气，便就在他面前争妍取怜。"

【戴炭篓子】 dài tàn lǒu zi　戴高帽子。因炭篓子细而高，形似高帽，故云。清《红楼梦》六一回："他又搁不住人两句好话，给他个炭篓子戴上，什么事他不应承！"△《官场现形记》一六回："却喜这鲁老爷是粗鲁一流，并有个脾气，是最喜欢～，只要人家拿他一派臭恭维，就是牛头不对马嘴，他亦快乐。"

【戴头识脸】 dài tóu shí liǎn　指有身分、有面子。元明《水浒传》一六回："你这客人好不君子相！～的，也这般啰唣！"清《醒世姻缘传》三六回："只怕上面没嫡妻，儿子们又都是～的人物，家中留了这等没主管的野蜂，……儿子们也只好白瞪了眼睛干看。"

【戴孝】 dài xiào　带孝。明《西游记》一〇回："那三宫六院，皇后嫔妃，侍长储君及两班文武，俱举哀～。"清《儒林外史》五回："赵氏定要披麻～，两位舅爷断然不肯。"

dān

【丹】 dān　❶ 同"单❷"。《大宋宣和遗事》前集："帝用麻胡为帅，起天下百万民夫，开一千～八里汴河。"❷ 铺开。明《醒世恒言》卷一八："施复打开包裹，取出被来～好。"

【丹墀】 dān chí　❶ 指宫殿、官衙、祠庙的台阶。原为红色，后来不受此限。唐李白《感时留别从兄徐王延年从弟延陵》："鼓钟出朱邸，金翠照～。"明《醒世恒言》卷一六："立起身来，望～阶沿青石上一头撞去，脑浆迸出，顷刻死于非命。"清《醒世姻缘传》一二回："那计巴拉也写了一张格眼，随了牌进去，将状沓在桌上，走到～下听候点名。"❷ 指天井（宅院中房屋之间或房屋与围墙之间围成的露天空地）。明《警世通言》卷二四："刘爷分付已毕，书吏即办一大柜，放在～，藏身于内。"清袁枚《子不语》卷一九："睿功潜至其后，挥拳奋击，误中柱上，挫指血出，白衣人已立～中。"《儒林外史》一〇回："那厨役雇的是个乡下小使，他趿了一双钉鞋，捧着六碗粉汤，站在～里尖着眼睛看戏。"

【丹顶鹤】 dān dǐng hè　白鹤，以头顶呈朱红色而得名。宋王禹偁《献转运副使太常李博士》："养成～，瘦尽雪花骢。"《元史·世祖纪》："癸未，罗斛国王遣使上表，以金书字，仍贡黄金、象齿、～、五色鹦鹉、翠毛、犀角、笃耨、龙脑等物。"清王士禛《送山史归华山》："华山～，清唳向西峰。"

【丹鼎】 dān dǐng　炼丹炉。《云笈七籤》卷七二："如志士烧炼～，知此四象者，十方天人莫不瞻奉。"宋苏轼《红梅三首》之二："～夺胎那是宝，玉人頩颊更多姿。"清朱彝尊《洞仙歌》："别离改月，便恹恹成病，镇日相思梦难醒。唤连船渡口，晚饭芦中，相见了不用药炉～。"

【丹方】 dān fāng　同"单方"。唐卢照邻《与洛阳名流朝士乞药直书》："客有过而哀之者，青囊中出金花子～相遗之，服之病愈。"宋蔡絛《铁围山丛谈》卷六："由是殿中省群医师验其方，则王氏《博济方》中之保灵～尔。"清《野叟曝言》五〇回："小畜颇谙医理，广识～。"

【丹房】 dān fáng　道士炼丹的处所。唐王勃《游庙山赋》："见～之晚晦，知紫洞之宵寒。"明《西游记》五回："这大圣直至～里面，寻访不遇，但见丹灶之旁，炉中有火。"清《红楼梦》一七至一八回："或林中藏女道～，或长廊曲洞，或方厦圆亭。"

【丹枫】 dān fēng　枫叶经霜变红，故称。唐杜甫《涪城县香积寺官阁》："含风翠壁孤云细，背日～万木稠。"宋范成大《过松江》："青鹢惊飞白鹭闲，～未老黄芦折。"清施闰章《陶桓公读书台记》："于时霜露既降，丛菊～，照曜岩谷。"

【丹凤】 dān fèng　指皇城或京都。唐骆宾王《帝京篇》："～朱城白日暮，青牛绀幰红尘度。"宋王珪《呈景仁偶书》："～春裁西掖诏，白麻夜草北门书。"元尹廷高《送赵义甫回汴梁久客江阴》："汴堤绿柳漫阑珊，公子南游久未还。故国凄凉～远，春江浩荡白鸥闲。"

【丹凤阙】 dān fèng què　指皇城或京都。唐骆宾王《畴昔

篇》："我住青门外，家临素浐滨。遥瞻～，斜望黑龙津。"宋黄庭坚《都下喜见八叔父》："心因梦想去，迹为山川留。叔趋～，身向卧龙洲。"明商辂《题春景山水》："终依～，未结赤松缘。家山在图画，触目思飘然。"

【丹符】 dān fú ❶朱红色的符箓。宋范成大《重午》："蜜粽冰团为谁好？～彩索聊自欺。"元王恽《故太一二代度师先考韩君墓碣铭》："真人篆～令吞之，且曰：'汝家积善久，当产异人。'"明张宁《淮南王篇》："淮南王，好长生。秘书充栋，方士盈庭。～断玉籍，左道迷中行。" ❷指帝王的符信。明朱元璋《谕恋阙臣僚敕》："至洪武十三年春，丞相胡惟庸谋逆事觉，朕亲阅诸生，命赍～，出验四方。"谢肃《送陈德原之琼州宁远县知县》："承恩忽领～出，作宰遥临瘴海南。"

【丹哥】 dān gē 鹤的别称。宋吴可《簇翠亭》："露警～传妙响，云眠碧友自清闲。"孙奕《示儿编》卷一五："鹤曰～。《秘阁闲谈》云：'道士赵自然诗：～时引凤。谓鹤也。'"

【丹黄】 dān huáng 丹砂和雌黄。古时校读书籍用朱笔圈点，用雌黄涂改，故以二者合指点校工作。明凌义渠《卖书》："雠校每终夜，～不妄研。购来时倒廪，换去可论钱。"清孔尚任《桃花扇》二九出："金陵旧选楼，联榻同良友；对～笔砚，事业千秋。"

【丹家】 dān jiā 犹"丹客"。宋刘克庄《王隐君六学九书序》："近世～如邹子益、曾景建、黄天谷皆余所善；惟白玉蟾不及识，然知其为闽清葛氏子。"元赵文《学蜕记》："尝见～作蝉蜕图，蟋蜣蜋运丸九转而后脱壳以飞，其密改潜化，不可知其所以然。"明王世贞《致张太学》："伏承笺教累纸，具见足下慕道之笃。且生平留意于内外大～言，所得不浅浅也。"

【丹景】 dān jǐng 太阳或太阳光。唐李德裕《重台芙蓉》："晨霞耀～，片片明秋日。"《云笈七籤》卷四二："晨晖焕东霞，～映高清。二真协神宗，落落七华生。"元马祖常《僧院蜀葵》："紫晕成～，黄雰缀绿幢。"

【丹客】 dān kè 指炼丹的方士。宋翁卷《山中》："山中凡事幸相宜，第一红尘免上衣。寻药每同～去，拾薪多趁牧儿归。"明丘濬《三仙传道图》："勿忆三生是～，曾向璇霄借鹤骑。"

【丹葵】 dān kuí 向日葵。宋王之道《送董令升舍人归朋溪二首》之二："雨餘翠篠初翻箨，风暖～欲放花。"金王寂《瑞葵堂记》："越明年，燕居之侧，～数种，异本而同枝，状如骈拇。"明倪谦《送蔡明远南还二首》之一："三秋故国久别，一臂京华乍交。天上～向日，林间野鹤辞巢。"

【丹荔】 dān lì 荔枝。宋蔡襄《谢宋评事序》："伏蒙评事宋丈，分贶家园～，世传此树已三百年。"元马祖常《壮游八十韵》："远行探禹穴，六月剖～。"

【丹墨】 dān mò 朱砂和墨，古代用以书写、绘画或校勘的两种主要颜料，可指与此有关的不同对象。❶指符箓。唐韩愈《谴疟鬼》："诅师毒口牙，舌作霹雳飞。符师弄刀笔，～交横挥。"❷指案牍文书。宋陈师道《送赵朝清赴苏幕》："好合同黄卷，情亲更白头。胡然落～，不坐致公侯。"宋任渊注："丹墨谓簿领。《北史》'苏绰始制文案程式，朱出墨入，及计帐户籍之法'。"❸指图画或绘画。宋黄庭坚《黄龙南禅师真赞》："工以～得皮得骨，我以无舌赞水中月。"明周用《画山水障》："屋下得万里，黯澹费神力。自君眼光远，岂复在～。" ❹指校勘。宋方夔《寄蒙泉王南叟》："忆昔未识易，来访易祖师。～事点勘，君时坐皋比。"石敏若《谢试中宏词启》："谓薰酣文史者，不可夺其志；而沉迷～者，异乎吾所闻。"引申为指正的意思。宋方岳《答魏监丞》："谨上一本，愿赐～，是否之而还以戒焉。"

【丹盘】 dān pán 朱红色的大盘。明《西游记》四六回："见一个红漆～，内放一套宫衣。"《金瓶梅词话》六九回："一个小丫鬟名唤芙蓉，红漆～拿茶上来。"《醒世恒言》卷四："其花大如～，五色灿烂，光华夺目。"

【丹铅】 dān qiān 朱砂和铅粉，也是书写和绘画的两种主要颜料。❶指绘画或图画。宋王庭珪《题惠崇画秋江凫雁》："老崇学画如学禅，中年悟入理或然。长江未落凫雁下，舒卷忽若无～。"楼钥《叶处士画貂蝉喜神见惠》："重烦妙手费～，貌出衰容信宛然。"明来复《蜀府命题所藏唐十八学士瀛洲图》："画师殊有意，模写精～。却令千载后，名高日月悬。" ❷指书写或校勘。唐卢照邻《乐府杂诗序》："发诏东观，缝掖成阴。献书南宫，～踵武。"宋文天祥《谢江枢密启》："领祠宫之香火，敢望弹冠；掌册苑之～，误蒙推毂。"明沈位《经筵赋》："六经四子，九流百家。～缥缃，光起云霞。"

【丹铅手】 dān qiān shǒu 画师。元马祖常《李后主图》："江南后主～，画尽冰丝世无有。"

【丹青】 dān qīng 本是绘画的两种颜料，因以借指画工或图画。❶指画工。唐白居易《昭君怨》："自是君恩薄如纸，不须一向恨～。"《敦煌变文校注》卷六《金刚丑女因缘》："饶你～心里巧，彩色千般画不成。"清《儒林外史》四六回："庄濯江寻妙手～，画了一幅《登高送别图》。" ❷指图画。唐卢照邻《文翁讲堂》："锦里淹中馆，岷山稷下亭。空梁无燕雀，古壁有～。"宋陆游《游锦屏山谒少陵祠堂》："涉江亲到锦屏上，却望城郭如～。"《元曲选·荐福碑》二折："异日峥嵘厮撞着，请一个传神巧待诏，一幅～写容貌。"

【丹青手】 dān qīng shǒu 画师。唐方干《刘尚书新创敌楼二首》之二："直须分付～，画出旗幢绕谪仙。"宋苏颂《次韵苏子瞻题李公麟画马图》："笔画劲利如刀锥，龙媒迥出～。"元范梈《赠翰林宅山水图》："敏绝～，驱驰翰墨场。力能移地轴，艺直破天荒。"

【丹石】 dān shí 指丹砂炼制的药。唐王梵志《古来服丹石》："古来服～，相次入黄泉。万宝不赎命，千金不买年。"《太平广记》卷三七八引《再生四·杨大夫》："杨颇留心炉鼎，志在～，能制返魂丹。"明郑文康《挽长洲翁叔昂》："鹤发童颜太古形，不资～驻颓龄。"

【丹霜】 dān shuāng 丹药。唐马戴《谒仙观》二首之二："三更礼星斗，寸匕服～。"宋潘自牧《记纂渊海》卷八六《炼丹》引佚名诗："应得～饵，春来黑发新。"明朱橚《普济方》卷二六五："炼丹法，……五日有露液生，十日白霜起，又十日白霜尽，即金花出。若见此候，即知～成。"

【丹台】 dān tái 道教指神仙居住的处所。唐刘禹锡《奉送家兄归王屋山隐居二首》之一："云路将鸡犬，～有姓名。古来成道者，兄弟亦同行。"明《西游记》九八回："身披锦衣，宝阁瑶池常赴宴；手摇玉麈，～紫府每挥尘。"清《后西游记》三九回："走到～之上，望见殿中一位大仙立着，不敢轻易进见。"

【丹头】 dān tóu ❶道家指精炼而成的丹药。《全唐诗补编·全唐诗续拾》卷六〇："白金沉，黄金浮，世人采沉作～，搜取赤髓相和种。"明《杜骗新书·炼丹骗》："若云游方士，托炼丹为名以行骗者，用砒霜雄黄诸物，炒好银为灰砂，假称曰～，然后将此与好银同煎。"《杨家府》卷八："欲盗八仙所炼天仙～，无有其由。" ❷指其他珍贵的有灵性的物品。宋文彦博《和副枢蔡谏议植山芋》："吴莼顿觉名称减，楚芰须惭嗜好偏。况是～推绝品，百金供费亦宜然。"明《西游记》二五回："他两个倒在尘埃，语言颠倒，只叫：'怎的好！怎的好！害我五庄观里的～，断绝我仙家的苗

裔。'"按,此指为孙行者所打倒的人参果树。清储大文《答沈确士》:"前辈论文,曰～,曰金针,曰中声,曰文之内胥。"

【丹雪】dān xuě ❶ 指花瓣。宋吴子孝《蝶恋花》:"雁字楼前明又灭,满院天香,是处飞～。"明周用《念奴娇》:"万斛天香,千寻仙桂,下界霏～。" ❷ 指丹药。宋张抡《一斛珠》:"何时赐我长生诀,飞入蟾宫,折桂饵～。"清林蕙堂《金液丹说》:"此丹本自异人,传于秘授。珍同～,似神女之银衾;美胜玄霜,得仙家之玉杵。"

【丹萸】dān yú 茱萸。唐赵彦伯《奉和九日幸临渭亭登高应制得花字》:"簪挂～蕊,杯浮紫菊花。"宋宋庠《九日南阳与诸公会》:"憭栗霜华六幕空,～成佩菊芬丛。"

【丹诏】dān zhào 皇帝的诏书。因用朱笔书写,故称。唐罗隐《送淮南李司空朝觐》:"圣君宵旰望时雍,～西来雨露浓。"《元曲选·薛仁贵》四折:"老夫奉圣人的命,亲赍～至此,与您一家儿封官赐赏。"明《古今小说》卷一四:"御笔亲书～,遣官招之,使者络绎不绝。"

【丹篆】dān zhuàn 道士用朱砂画符且形似篆书,故称。唐陆龟蒙《寄怀华阳道士》:"架上黑椽长褐稳,案头～小符灵。"宋朱松《务郎致仕卓公墓志铭》:"皇考属疾。有异僧过门,察公忧甚,授～符。诘朝,失僧所在。"元刘永之《题宋能敏青壁轩》:"～晓书朱露湿,碧窗昼掩白云封。"

【单】dān ❶（衣裳）单薄。唐白居易《卖炭翁》:"可怜身上衣正～,心忧炭贱愿天寒。"宋吴淑《江淮异人录·建康贫者》:"时盛寒,官方施贫者衲衣,见其剧～,以一衲衣与之。" ❷ 置于合成数词的个位数之前,作用与"零"略同。宋佚名《张协状元》四八出:"这官人曾做三百～八只词,博得个屯田员外郎。"吴自牧《梦粱录》卷一五:"绍兴年间,太学生员额三百人,后增置一千员,今为额一千七百一十有六员,以上舍额三十人,内舍额二百～六人,外舍额一千四百人。"元许衡《鲁斋遗书·大学要略》:"尧在位一百～一年,舜在位五十年。" ❸ 副词。仅;只。《元曲选外编·降桑椹》一折:"此雪是国家之吉兆,～应来春天下青苗皆发,必然大收也。"又《五侯宴》二折:"怕孩儿有刚气自己着疼热,会武艺～～的执斧钺。"元明《水浒传》八六回:"俺哥哥以忠义为主,誓不扰害善良,～杀滥官酷吏、倚强凌弱之人。"清《红楼梦》三四回:"家里姐姐妹妹都没有,～我有。"

【单榜】dān bǎng 小幅告示或启事。明《拍案惊奇》卷二四:"出一～在通衢道:'有能探访得女儿消息来报者,馨赔家产,将女儿与他为妻。'"倪岳《青溪漫稿》卷一四:"铁锁九千二百把,～纸三万一千六百张。"

【单薄】dān bó ❶（衣物）少而不厚。唐白居易《西行》:"衣裳不～,车马不羸弱。"宋欧阳修《与十三侄奉职》:"十四郎今却令回。此子自县中来,见其衣装～,汝只亲兄弟两人,今食禄宜均给。"清《红楼梦》五七回:"穿这样～,还在风口里坐着,时气又不好,你再病了,越发难了。" ❷ 谓身体瘦弱。明《金瓶梅词话》六四回:"杨宣榆～短小,怎么看得过。"清《红楼梦》三〇回:"看他的模样儿这么～,心里那里还搁的住熬煎!"《歧路灯》三〇回:"他是个～人,你是知道的,如何顶得住?"

【单传】dān chuán ❶ 单车。"传"指使臣乘坐的车。宋韦骧《思待》:"劳身江左驰～,极目淮东望白云。"刘克庄《除将作监直华文阁谢丞相》:"然犹左符西沂,～南驰。" ❷ 一脉相传,不杂别派。宋王迈《人日六言五首》之三:"饮食鲜能知味,巫医各有～。"周必大《跋王民瞻送胡邦衡南迁诗》:"澹庵谢之从弟廉夫锷,廉夫复授其子涣,所谓文献相承,衣钵～者。"元张伯淳《加封汉天

师制》:"羽仪凡世,历年百二十餘;剑印～,距今三十七代。"

❸ 特指佛教禅宗传法的方式。宋觉范《蕲州资福院逢禅师碑铭》:"自达磨入中国,授二祖心要,而以衣为信,故六世为之～。"克勤《碧岩录》一则:"祖师西来,～心印,直指人心,见性成佛。"

【单单】dān dān 副词。仅仅。宋《朱子语类》卷一一七:"如《论语》二十篇,只拣那曾点底意思来涵泳,都要盖了,～说个'风乎舞雩咏而归',只做个四时景致,《论语》何用说许多事?"元解蒙《易精蕴大义》卷一:"及万物已尽敛藏,只有天地之心,～著见,故云利贞者,性情也。"清陆陇其《四书讲义困勉录》卷三七:"此节专重'道'字。大意谓仁者人之所以为人,决不可无仁。若离仁而言之,～是个身子,～是个躯壳。毁形不得理,岂道之谓哉?"

【单丁】dān dīng 原指没有弟兄的成年男子,引申指孤身一人。《五灯会元》卷二〇《国清简堂行机禅师》:"年二十五,弃妻孥,学出世法。晚见此庵,密有契证。出应莞山,刀耕火种,～者一十七年。"宋觉范《送充上人谒南山源禅师》:"老源缚屋矶山侧,庐山对门江水隔。～住山二十年,一等栽田博饭吃。"明《金瓶梅词话》五二回:"你敢笑和尚没丈母,我就～摆布不起你这小淫妇儿!"

【单独】dān dú 单单,不跟别的合在一起。同义复合副词。宋《朱子语类》卷一二:"程子说得如此亲切了,近世程沙随犹非之,以为圣贤无～说'敬'字时,只是敬亲、敬君、敬长,方着个'敬'字。全不成说话! 圣人说'修己以敬',曰'敬而无失',曰'圣敬日跻',何尝不～说来?"清《野叟曝言》一五一回:"次日望日,南京各府耆民,到门叩祝,传进名～空吴江一县,其餘各州县俱到。"

【单乏】dān fá 匮乏。唐陆贽《兴元贺吐蕃尚结赞抽军回归状》:"既牵于利害之情,理不同恶;又迫于～之急,势难久居。势理相驱,安能无战?"宋范浚《饶州浮梁程公生祠堂记》:"绍兴九年,岁适甚旱,粒米翔贵,人不聊处。稚耋携抱,流穴大去。官庾～,莫克赈赡。"元方回《雪中俞仲困寄诗见怀次韵》:"客囊～去途悠,欲诣高人未有由。"

【单方】dān fāng 民间验方。唐段成式《酉阳杂俎》续集卷八:"一日江枫会,众说～,段成式记治壁镜用白矾。"明《醒世恒言》卷九:"平昔晓得一个～,凡服砒霜者,将活羊杀了,取生血灌之可活。"清《醒世姻缘传》六二回:"吃他一席酒,又得了这个～,也不枉费心一场。"

【单管】dān guǎn 副词。专一;专门。明《金瓶梅词话》九五回:"这老妈子～说谎,你才说在那里吃了来,这回又说没打底儿。"《醒世恒言》卷三六:"我想你平日在家,～吃酒,自在惯了。"清《红楼梦》四回:"这一种拐子～偷拐五六岁的儿女,养在一个僻静之处。"

【单轨】dān guǐ 只容一辆车通行的窄路。唐《元和郡县志》卷一:"车箱阪在县西北三十八里,萦纡曲折,～才通。"宋岳珂《太行道》:"关山青草春二月,～一冬曾结辙。"

【单寒】dān hán ❶ 指衣衫单薄而感到寒冷。唐刘仁轨《陈破百济军事表》:"臣今睹见在兵士,手脚沉重者多,勇健奋发者少。兼有老弱,衣服～,唯望西归,无心展效。"《元曲选·冻苏秦》二折:"嫂嫂,我腹中饥馁,身上～,做些儿热茶饭与我吃咱!"明《二刻拍案惊奇》卷一一:"小生身上～,忍不过了,向令爱姐姐处,看老丈有旧衣借一件。" ❷ 指出身寒微。五代黄滔《与杨状头书》:"某草泽～,无门报德。"宋张耒《上孙端明书》:"而某之家世～,无势力自拔于当途。"清《歧路灯》二〇回:"富贵子弟读书,原比不得～之家。"

【单俫】 dān lái 同"担俫"。《元曲选·青衫泪》三折:"这里正是江州,那～吃酒去了,不在船上。"又:"～沉醉睡着,妾随相公去罢!"

【单羸】 dān léi 孤弱。唐曹邺《翠孤至渚宫寄座主相公》:"万里一孤舟,春行夏方到。骨肉尽～,沉忧满怀抱。"元洪希文《呈税使索所植税》:"黄屋忧元元,常发匡济思。锱铢苟过取,或恐伤～。"明孙绪《沙溪集·无用闲谈》:"谢安高谈优游于内,谢玄辈～屠弱于外,百万之众倏然瓦解,晋之不亡者几希矣。"

【单露】 dān lù ❶ 孤弱。宋司马光《乞官刘恕一子札子》:"惟恕身亡,其家独未沾恩。门户～,子孙并无人食禄。" ❷ (衣裳)单薄;(肢体)暴露。《旧唐书·刘仁轨传》:"臣勘责见在兵募,衣裳～,不堪度冬寒,给大军还日所留衣裳,且得一冬充事,来年秋后更无准拟。"宋郑刚中《西征道里记》:"彦仙遇士卒有恩。方城中食尽,煮豆以啖其下,而自饮其汁。雪寒～,将校反加以衣,彦仙复持以予寒者。" ❸ (形势)孤立暴露。《新唐书·吐蕃传下》:"自虏得盐州,塞防无以障遏,而灵武～。"明皇甫汸《陆士衡墓》:"鹿苑成～,狐丘迷旷芜。"清《江西通志》卷一三一余文献《修九江城记》:"城周十二里,旧五门无月城,～不可待敌。"

【单牌】 dān pái 旧时在官道旁相距五里处所立的里程碑,与相距十里处所立的"双牌"相对而言。宋杨万里《午热憩中义渡》:"～双堠头都白,万壑千岩思强青。"佚名《张协状元》五出:"〔末拖雨伞上云〕五里～,十里双堠,只凭这些子。"元明《水浒传》一二回:"三个望北京进发,五里～,十里双牌,逢州过县,买些酒肉。"

【单贫】 dān pín 微贱;贫寒。《敦煌变文校注》卷三《燕子赋(一)》:"燕子～,造得一宅,乃被雀儿强夺,仍自更著恐吓。"五代孙光宪《北梦琐言》卷一:"相国牛僧孺,字思黯,或言牛仙客之后。居宛、叶之间,少～,力学,有偶傥之志。"明陈禹谟《骈志》卷八:"子文曰:'自以～,初不敢举人钱物也。'"

【单侨】 dān qiáo 犹"单贫"。《太平广记》卷一一一引《神仙传》:"(慈)因又诣(刘)表云:'有薄礼,愿以犒军。'表曰:'道人～,吾军人众,安能为济乎?'"又卷三三引《续仙传》:"后南游越州,经洞岩禅院,僧三百余斋,而湘与婺州永康县牧马岩道士王知微及弟子王延叟同行。僧见湘,箕踞而食,略无揖者。"

【单衾】 dān qīn 薄被。唐韦应物《善福精舍示诸生》:"斋舍无余物,陶器与～。"宋韦骧《春晓》:"心知庭外春霜重,裘压～觉晓寒。"明徐渭《将至兰溪夜宿沙浦》:"远火潜冥壁,月与江波动。寂野闻籁微,～觉寒重。"

【单饶】 dān ráo 同"担饶"。《元曲选·争报恩》四折:"姐姐看了俺弟兄的面皮,～了你姐夫一个罢。"又《罗李郎》四折:"哥也,更怕我不因亲者强来亲,～了他两个与些金银。"

【单弱】 dān ruò (身体)不结实。宋洪迈《夷坚志》支壬卷一〇:"后两月,(施华)正在遂宁旅舍,忽见女来,惊起扣之曰:'自房陵抵此千里之遥,汝一妇人,何以能至?'"清《聊斋志异·云萝公主》:"一日曰:'妾质～,不任生产。婢子樊英颇健,可使代之。'"《红楼梦》八回:"你素日身子～,禁不得冷。"

【单身】 dān shēn 指未婚或配偶亡故未娶及配偶不在一起的人,多就男性而言。《唐会要》卷七二:"～百姓,父年七十能上能下,及无父其母年六十以上,并不得差征镇。"宋元《警世通言》卷八:"崔宁是个～,却也痴心;秀秀见恁地个后生,却也指望。"元明《水浒传》一〇〇回:"吴用道:'贤弟,你听我说。我已～,又无家眷,死却何妨。你今见有幼子娇妻,使其何依?'"

【单身汉】 dān shēn hàn 指未婚或妻亡未娶的男子。《元曲选外编·存孝打虎》二折:"没亲眷独自个～,名敬思小人姓安。"

【单食】 dān shí ❶ 每餐只有一样菜肴。形容饮食简陋。唐许嵩《建康实录》卷二:"(是仪)为人谦让,不治产业,又爱惠施。宅在西明门外,甚卑陋,虽处尊官,弊衣～。"张祜《题灵隐寺师一上人十韵》:"八十空门子,深山土木骸。片衣闲自衲,～老长斋。" ❷ 单独食用(不掺和其他)。明朱橚《普济方》卷一九三:"治理浮肿满不下食心闷:用猪肝一具,洗切作脔,著葱白、豉、姜、椒、热炙食之。又以热水煮,～亦得。"李时珍《本草纲目》卷三六:"桑椹主治:～止消渴、利五脏。"

【单疏】 dān shū ❶ 单薄;薄弱。唐智昇《开元释教录》卷七:"一日气严厉,衣服～,忍噤通宵,门人侧席。"宋李曾伯《回宣谕奏》:"版筑方兴,近只得于邕成抽摘一千人以应其役,戍籍～,实难分布。"清《石峰堡纪略》卷一〇:"贼匪多屯聚于大路以南之山坞,并有窜入空峒山内者,距平凉不过三四十里,该处兵备～。" ❷ 荒疏;浅陋。宋胡宿《上李相公》:"思风涩讷,学殖～。悼类鹜之无成,苦食鸡之不饱。"戴栩《谢朱侍郎启》:"伏念某本以～,加之朴讷。皇皇就举选,始得而颜已衰;飘飘抱宦游,再至而心转苦。" ❸ 单独上奏。《明史·职官志三》:"而主德阙违,朝政失得,百官邪佞,各科或～专达,或公疏联署奏闻。"清《湖广通志》卷五一:"时魏珰擅权,杨涟首冒凶锋,正愤激,同科道合参,又一切指其罪状。"

【单条】 dān tiáo 单幅的书、画。元张伯雨《水仙子》:"挂一幅～画,供一枝得意花,自烧香童子煎茶。"明《古今小说》卷二一:"因钟明写得一手好字,县尉邀至书房,求他写一幅～。"清《红楼梦》八九回:"说着,一面看见中间挂着一幅～,上面画着一个嫦娥,带着一个侍者。"

【单贴】 dān tiē 单页而不折叠的名帖,也称"单红帖""单红刺"。明《警世通言》卷三:"这徐伦立身相府,掌内书房,外府州县首领官员到京参谒丞相,知会徐伦,俱有礼物,～通名。"清《儒林外史》一六回:"保正帽子里取出一个～来递与他,上写'侍生李本瑛拜'。"《红楼复梦》八九回:"王夫人回头,见是桂夫人手中拿着～,对宝钗道:'二叔叔请人择了两个出师全胜吉日,叫我来找你瞧瞧用那一日好。'"

【单头独颈】 dān tóu dú jǐng 独身一人,指未婚者。明《型世言》一九回:"支配德道:'他肯把我这穷光棍?'巫婆道:'～,有甚不好?'"清《醉醒石》一三回:"要随个～的人,一夫一妇偕老,是琼琼心愿。"

【单位】 dān wèi 寺院中僧人坐禅的席位。宋张镃《以道次韵因再和二首》之二:"南湖又共诗翁住,东寺须连～排。触景未尝瞒昧处,肯从颜氏学心斋。"宗杲《宗门武库》:"(自庆藏主)与大师偕行到法云,秀得参堂,以庆藏主之名达圆通。通曰:'且令别处挂搭,俟此间～空,即令参堂。'"

【单鲜】 dān xiǎn 稀少。同义复词。唐刘恂《岭表录异》卷上:"澄州金最良。某顷年使上国,亲友附澄金二十两。讶其～。友曰:'金虽少,贵其夜明,有异于常金耳。'留宿验之,信然。"《通典》卷一四:"自太和以前,精选中正德高乡国者充州,小郡人物～者则并附他州。"

【单相思】 dān xiāng sī 男女间仅一方爱慕思念另一方。明汤显祖《牡丹亭》一八出:"全无谓,把～害得忒明昧。"清《情梦柝》四回:"哎,你有操守,我也有主意,只是枉了你一片真心,累你～了。"《醉醒石》八回:"男求女难,女求男易,～也有成时,两相思无所不就。"

【单则】dān zé　犹"单只"。明《醒世恒言》卷二六："～那一味,也觉得有些儿不在。"

【单只】dān zhǐ　单单;仅仅。同义复词。元明《水浒传》七五回："宋江叫点众头领时,一百七人于内,～不见了李逵。"明《拍案惊奇》卷三四："那女儿年方一十二岁,一貌如花,且是聪明。～从小的三好两歉,有些小病。"清《红楼梦》五六回："怡红院别说别的,～说春夏两季的玫瑰花,共下多少花!"

【单主】dān zhǔ　独独预示、注定。《元曲选外编·襄阳会》三折："这一阵风不按和炎金朔,是一阵信风,～着今日年时候必有军情事至也。"《元曲选·连环记》二折："这布足足一丈,～着董卓数足,早晚死也。若死必在吕布之手。"

【单注】dān zhù　同"单主"。《元曲选外编·西蜀梦》二折："～着东吴一员骁将,砍折俺西蜀家两条金梁。"又《降桑椹》一折："这雪～着多收五谷,广剩仓廒。"《元曲选·刘行首》三折："我度你个小鬼头冰清玉洁,～着老妖精禄尽生绝。"

【单子】dān zi　❶记载事物名目和数量的纸条。明《梼杌闲评》四八回："那副将也送了银子来,越次升了总兵。呈秀又一一推上了十几个武职。"清《红楼梦》四二回："今儿替你开个～,照着～和老太太要去。"　❷特指酒楼饭店的菜单。宋耐得翁《都城纪胜·食店》："若欲索供,逐店自有～牌面。"又《酒肆》:"酒家亦有～牌面点选。"

【单族】dān zú　寒微而不兴旺的家族。唐张九龄《谢工部侍郎集贤院学士状》："臣本～,过蒙奖拔,入升省阁,累忝清资。"宋夏竦《洪州请断袄巫奏》："其间有孤子～,首面幼妻,或绝户以图财,或害夫而纳妇。"明范景文《贺王甥申之首入泮宫序》："寒门～,一窥黉序,便称亢宗。"

【担】dān　另见 dǎn。❶承受;承当。元高明《琵琶记》三九出："况我嫡亲更有谁,怎忍分离? 不教爱女～烦恼,也被旁人讲是非。"明《二刻拍案惊奇》卷一："有本钱的人,不肯～这样干系,干这样没要紧的事。"清《聊斋俚曲·东郭箫鼓词》："逐日里列国云游他不得志,想必是他那命里只～的个驿马官。"　❷握;拿。元《武王伐纣平话》卷下："崇侯虎便跨马～刀,来与太公相见。"元明《水浒传》五五回："开路人兵,齐～大斧,合后军将,尽捻长枪。"明《醒世恒言》卷一："那丫头自来不～,难道要老娘送进房去不成?"　❸抬;举。明《警世通言》卷三五："却说邵兄取床头解手刀一把,欲要自刎,～手不起。"清《风月鉴》八回："罚他备四桌席,在北京馆赔罪,弟兄们～～膀子让他们过去罢。"

【担板】dān bǎn　呆板;呆蠢。宋觉范《林间录》卷上："吕延安好坐禅,而子厚喜鍜。师作偈示之曰:'吕公好坐禅,章公好学仙,徐六喻～,各自见一边。'"黄庭坚《送昌上座归成都》："个是江南五味禅,更往参寻莫～。"明黄宗羲《金石要例·论文管见》："叙事须有风韵,不可～。今人见此,遂以为小说家伎俩,……此颊上三毫也。史迁《伯夷》《孟子》《屈贾》等传,俱有风韵胜,其填《尚书》《国策》者,稍觉～矣。"

【担板汉】dān bǎn hàn　呆汉;蠢人。宋庆老《补禅林僧宝传·五祖演禅师》："又云:贱卖～,贴秤麻三斤,百千年滞货,何处著浑身。"《五灯会元》卷二〇《道颜禅师》："但愿官中无事,林下栖禅,水牯牛饱卧斜阳,～清贫长乐。"

【担不是】dān bù shì　承担错误或罪责。清胤禛《朱批谕旨》卷八上："每参一官,则曰:'吾岂好为此刻薄哉? 吾若不参,若被别人启奏,我～矣。'"《红楼梦》四三回："宝玉笑道:'你的意思我猜着了,你想着只你一个跟了我出来,回来你怕,所以拿这大题目来劝我。'"

【担承】dān chéng　承担。明卢象昇《与蒋泽垒先生五首》之一："中老又以郧襄事欲某一力～,渠止认荆承之役。通计全楚所用饷银,已逾三十万。"又可用作名词,犹言保证或保证书。清魏之琇《续名医类案》卷一："乃与医者约曰:'此一病药入口中,火生人死,关系重大,吾与丈各立～。倘用药误,责有所归。'医者云:'吾治伤寒三十馀年,不知甚么～。'"

【担代】dān dài　❶同"担待❶"。明黄训编《名臣经济录》卷三四载马文昇《为建宣民情事》:"或有告理官为～蒙蔽上司,小民被其罗织,加以刁泼之名。"清《水浒后传》二三回："银子停一会儿就有,待人央个人来,且～一～。"　❷同"担待❷"。清李玉《清忠谱》一五折:"〔末〕想着吾孙伊托,你有遗孤,两姓谁～?"《儒林外史》八回:"一切事都要仗托王太爷的～。"△《官场现形记》二八回:"但是舒大人亦是实在没有钱,各位大人跟前,少不得总求老爷替他～一二。"

【担待】dān dài　❶宽容;原谅。《孤本元明杂剧·东平府》三折："我权时～你,须信我性情莽,若不是当着社会受伏降,我这其间着你去见阎王。"明杨继盛《赴义前一夕遗嘱》："看我面皮,若有些冲撞,～他罢。"清《醒世姻缘传》四八回:"没的说只是难为亲,求亲家～罢了。"　❷承受;承当。《元曲选外编·东墙记》三折:"睡眼难开,锁愁眉如何～? 恨相思昼夜难捱。"明梅鼎祚《长命缕》二一出:"难舍又难猜,两下愁烦,一时～。"

【担带】dān dài　❶同"担待❶"。明徐䁟《杀狗记》一六出:"那得工夫前来,出于我无奈,非不用心,非不挂怀,望东人凡百事可怜～。"冯梦龙《万事足》三〇折:"荷蒙慈母相～,便严父当从劝解。"　❷同"担待❷"。宋赵长卿《念奴娇》:"冷艳潇洒,天然香姿,肯易许游蜂狂蝶。夜半黄昏,～了多少清风明月。"金《董解元西厢记》卷五:"张君瑞病恹恹～不去,说不得凄凉,觑不得凄楚。"按,"不去"意为"不住"。明沈璟《埋剑记》六出:"诏令我自择参军,奉台谕尤当～。"

【担戴】dān dài　承担。明陈与郊《义犬记》一出:"好,只是监生穷了,也是难～的。"汪砢玉《王荆石和叹世词》:"常言作法可消灾,怕没福难～。有酒且开怀,见怪何须怪,一任桑田变沧海。"清《儒林外史》七回:"若有些须怠慢,山人就～不起。"

【担当】dān dāng　❶承担(责任、工作等)。宋朱熹《答张敬夫书》:"决然不为小人邪说所乱,不为小利近功所移,然后可以向前～,鞠躬尽力,上成圣主有为之志,下究先正忠义之传。"明《拍案惊奇》卷二二:"至于居间说事,卖官鬻爵,只要他一口～,事无不成。"清《野叟曝言》六回:"他这事犯得大哩,你休大模大样出来,～这天字第一号的官司!"　❷所承担的责任,用为名词。宋郭居安《声声慢》:"捷书连昼,甘酒通宵,新来喜沁尧眉。许大～,人间佛力须弥。"明《醒世恒言》卷二九:"那推官原是没～懦怯之辈,见汪知县揭帖并金氏冤单,果然恐怕是非,不敢开招。"清《红楼梦》六二回:"你既有～给了我,原该不叫一个人知道。"　❸指承担责任的胆识与能力。清《樵史》二三回:"又见现在的几个阁老,只施风来、李国普不是魏党,却也没甚～。"《绿野仙踪》一四回:"看来是个有点胆气、有点～的人。"

【担夫】dān fū　以担运货物为业者。宋陈师道《后山谈丛》卷二:"张长史见～争道而得笔法,观公将军舞剑又得其神。"明《二刻拍案惊奇》卷二四:"自实急出门一看,果然一个～挑着一担米,一个青衣人前头拿了帖儿走来。"清袁枚《子不语》卷二四:"偶一夜,有女子呼水,～如其言与之,乃捽其头入桶中。"

【担扶】dān fú　❶犹"担当❶"。明《型世言》一七回:"只是兵部程尚书～不住,道:'满四原是鞑种,毕竟要去降虏。那时虏

兵一合,关中不保了。'" ❷ 犹"担当❸"。清《醉醒石》四回:"县官顿足道:'是我没～,误了这个女子。'"

【担负】 dān fù ❶ 承担(责任、工作等)。宋《朱子语类》卷三五:"毅,是立脚处坚忍强厉,～得去底意。"金《刘知远诸宫调》一二:"休言道是俺夫妻,佛也应难～。"《元曲选外编·博望烧屯》二折:"若是你失误了军情,休想我肯～。"又可用作使动。宋《朱子语类》卷一〇三:"上初召魏公,先召南轩来,某亦赴召至行在。语南轩云:'汤进之不去,事不可为。莫～了他底,至于败事。'" ❷ 负担。名词。唐符载《土洑镇保宁记》:"春二月,王乞灵宗庙,一战而克,故是镇复归于我。远近皆辍涕为笑,姁愉相贺,枯骸瘠体,脱去～。"明顾宪成《虎林书院记》:"退而熟念:人世共此宇宙,宇宙共此血脉,无今昔,无生死,无去来,无尔我,总之共此～,共了此一事耳。"清《聊斋志异·酒狂》:"此事～颇重,非十万不能了也。"

【担阁】 dān gé ❶ 耗费、拖延(时间)。宋吴龙翰《婺源道中午憩》:"小息吟身古木阴,诗情羞涩锦囊轻。风烟不受人收拾,～行山半日程。"《朱子语类》卷一〇一:"诸公今日论蔡京,明日论王黼,当时奸党各已行遣了,只管理会不休,～了日子。"明《醒世恒言》卷一八:"将到家了,因着一件事,覆身转去,～了这一回。"又可作名词。明《拍案惊奇》卷二四:"若在船中,还要过龙江关盘验,许多～。" ❷ 耽误。宋周必大《思陵录》上:"又呈郑汝谐乞免权绍兴府奏。上问:'闻与赵不流不协,恐～了事,可正差官谐知绍兴。'"元高明《琵琶记》四出:"但孩儿此去,知道做得官否? 若还不中时节,既不能够事亲,又不能够事君,却不两下～了。"明《拍案惊奇》卷三九:"我们要回去的,如何没些事故～我们,甚么道理?" ❸ 居止;停留。元明《水浒传》三六回:"我每日出来,只在岭下等候不见到。正不知在那里～了?"明《金瓶梅词话》五六回:"货船不知在那里～着,书也没稍封寄来,好生放不下。"《古今小说》卷二:"公子不该～乡间,负了我母子一片美意。"

【担架】 dān jià ❶ 承受;消受。清《醒世姻缘传》三四回:"你得了这个就是造化到了,那里就～不起?"又九四回:"天下的财帛也是不容易～的东西。往往的人家没有他,倒也安稳;有了他,便要生出事来,叫你不大受用。" ❷ 凭借;依靠。清《豆棚闲话》一一则:"也令这些后生小子手里练习些技艺,心上经识些智着。万一时年不熟,转到荒乱时,也还有些巴栏,有些～。"

【担倈】 dān lái "呆傻"之音转,蠢汉。元高安道《哨遍·嗓淡行院》:"诧跋的单脚实村纣,呼喝的～每叫吼,瞅粘的绿老更昏花,把棚的莽壮真牛。"

【担免】 dān miǎn 宽恕;原谅。金《刘知远诸宫调》一二:"记得怎打考千千遍,任苦告不肯～,怎时却不看姊妹弟兄面!"

【担饶】 dān ráo 即"担免"。金《董解元西厢记》卷四:"红娘曰:'君瑞好乖劣! 半夜三更,来人家院舍。明日告州衙,教贤分别。官人每更做～你,须监收得你几夜。'"《元曲选·铁拐李》一折:"有人若是但论着,休想道肯～,早停了俸,追了钱,断罢了。"明孟称舜《娇红记》九出:"谢伊家～了这一遭,我可感刻在心苗。"

【担索】 dān suǒ 挑运东西的绳索。宋苏轼《与陈公密》:"差借白直吧乘～,一一仰烦神用,孤旅获济。"《朱子语类》卷一二七:"日雇夫五百人立殿廷下,人日支一千足,各备～。"元盛如梓《庶斋老学丛谈》卷下:"是役也,用军三万人,日羹饭三顿,支～扁屦等钱番。"

【担误】 dān wù 耽误;延误。元明《水浒传》八二回:"奈缘不知就里委曲之事,因此天子左右未敢题奏,以致～了许多时。"

明《警世通言》卷一:"小子若讲话絮烦,恐～顺风行舟。"

【担雪塞井】 dān xuě sāi jǐng 比喻徒劳无功。唐顾况《行路难》之二:"君不见,～徒用力,炊沙作饭岂堪吃。"

【担雪填井】 dān xuě tián jǐng 即"担雪塞井"。《五灯会元》卷一二《净因继成禅师》:"师曰:'汾阳与么示徒,大似～,傍若无人。山僧今日为汝诸人出气。'"元陶宗仪《辍耕录》卷二九:"人欲娶妻而未得,谓之寻河觅井。已娶而料理家事,谓之～。"明《二刻拍案惊奇》卷八:"只是心心念念记挂此事,一似～,再没个满的日子了。"

【担忧】 dān yōu 忧虑;发愁。唐吕岩《沁园春》:"火宅牵缠,夜去明来,早晚～。"清傅泽洪《行水金鉴》卷四九:"上谕:河道关系重大,事本极难,朕代尔～尔。"潘天成《铁庐集·语录一》:"我与汝父常卧汝家灶前草铺中讲痴话,只为天下～,为古人～。"

【耽】 dān ❶ 承受;承担。元庾天锡《黄莺儿·别况》:"愁成阵,更压着宋玉;便是铁石人,也今宵～不去。"按,"耽不去"意为受不了。《元曲选·魔合罗》三折:"子见湿浸浸血污旧衣裳,多管硬可可身～新杖疮。"明《西游记》六二回:"长老～着劳倦道:'是必扫了,方趁本愿。'" ❷ 贪图;迷恋。元睢景臣《哨遍·高祖还乡》:"你本身做亭长～几盏酒,你丈人教村学读几卷书。"《元曲选·黄粱梦》一折:"长则是习疏狂,～懒散,伴装钝,把些个人间富贵,都做了眼底浮云。"明《二刻拍案惊奇》卷二:"无过是他天性近这一家,又且～在里头,所以造转转高,极穷了秘妙。"

【耽爱】 dān ài 酷爱。同义复词。《隋书·音乐志中》:"后主唯赏胡戎乐,～无已。"元辛文房《唐才子传》卷一《陈子昂》:"精究坟典,～黄、老、《易》、《象》。"明朱右《古樵隐者传》:"其～荣名,溺嗜声利,唯恐或失之,视隐者则有愧矣。"

【耽迟】 dān chí 拖延迟误。《元曲选·秋胡戏妻》一折:"〔勾军人云〕秋胡快着,文书上期限,一日也～不得的。"明杨一清《关中奏议》卷二:"后因宁夏借课,～数年。"清《儒林外史》七回:"贤契绩学有素,虽然～几年,这次南宫一定入选。"

【耽带】 dān dài 同"担待❶"。明《金瓶梅词话》七八回:"月娘道:'一时不到,望哥～便了。'"清《儒林外史》一六回:"既是你恁说,再～些日子罢。"

【耽待】 dān dài ❶ 同"担待❶"。《元曲选外编·金凤钗》三折:"我无钱他恶欲欲嗔满怀,还了钱喜孜孜笑盈腮,更道是小二哥不是处权～。"《元曲选·马陵道》楔子:"那孙膑无礼,是咱旧交朋友,我便有些儿差池,你就～不得?"明《金瓶梅词话》二一回:"亲家,孩儿小哩,看我面上,凡事～些儿罢。" ❷ 同"担待❷"。《元曲选·墙头马上》二折:"不是我敢为非敢作歹,他也有风情有手策;你也会圆成会分解,我也肯过从肯～,便锁在空房,嫁在乡外。" ❸ 忍耐;等待。《元曲选·小尉迟》二折:"那泼奴才,泼奴才,就杀人场里闹垓垓,斗鞭来。教咱教咱生嗔怪,教咱教咱怎～?"《元曲选外编·符金锭》二折:"兄弟你今朝且～。我忙回住宅,自有个计划便着你花烛筵开会宾客。"清李玉《清忠谱》一〇折:"疾忙奔走无～。看此去百万军中显将才。管教你漫天烟雾霎时开,遍地风波顷刻里解。" ❹ 关切;照顾。《元曲选·薛仁贵》二折:"我只见绳缚背绑,教他难挣揣,着谁来把孩儿～?"又《救孝子》一折:"则他这数年家,将俺寡妇孤儿～煞。"清《醒世姻缘传》八六回:"姚曲周道:'若韦大爷～,我便知感不尽了!'"

【耽扶】 dān fú 同"担扶❶"。明《隋史遗文》四三回:"把一个逆党为名,题目极大,又是差官守催,下官便～不住。"

【耽搁】 dān gē ❶ 同"担阁❶"。《元曲选·灰阑记》一折:"见子孙娘娘庙,有倾颓去处,舍些钱钞,与他修理,因此又～了一

会。”明《西游记》一七回：“行者道恐～了工夫，意欲就打。”清《儒林外史》二二回：“玉翁为甚么在京～这许多时？” ❷ 同“担阁❷”。《元曲选·留鞋记》一折：“〔梅香云〕姐姐这般呵，可不～了你？”明《西游记》一九回：“只恐一时间有些儿差池，却不是和尚误了做，老婆误了娶，两下里都～了？”清《野叟曝言》二四回：“你就去罢，不要～你，误了你的正事。”

【耽阁】 dān gé ❶ 同“担阁❶”。《全唐诗补编·全唐诗续补遗》卷一五：“何不梳妆嫁去休，常教人唤作丫头。只因不信良媒说，～千秋与万秋。”元古本《老乞大》：“我买这货物要涿州卖去，这几日为请亲眷筵席，又为病疾～，不曾去的，我如今去也。” ❷ 同“担阁❷”。宋袁甫《中书舍人直前奏事札子》：“左揆一向辞避，右弼又一向畏逊，若各事形迹，深恐～国家事。”《元曲选·墙头马上》一折：“流落的男游别郡，～的女怨深闺。”元明《水浒传》六一回：“但有干净客店，先做下饭等候，车仗脚夫到来便吃，省的～了路程。”

【耽架】 dān jià 同“担架❶”。明刘效祖《朝天子》：“渐增添，愁难～，瘦腰肢刚一把。”

【耽恋】 dān liàn 贪恋；深恋。宋李纲《次韵题棣华堂》：“借问市朝～者，何如云水自由身。”明魏校《论语讲义》：“及其既得之后，世味深入于心，～不忍舍去，惟患其或失之，又岂肯为天下国家谋哉？”《大清会典则例》卷一〇八：“今子弟遇行兵出猎，或言妻子有疾，或以家事为辞者多矣。不思勇往奋发，而惟～室家，偷安习玩，国势能无衰乎？”

【耽饶】 dān ráo 同“担饶”。《元曲选·荐福碑》二折：“俺两个一时本是知心友，不想到半路里番为刎颈交，他怎肯将我～。”《元曲选外编·追韩信》一折：“你道拜为兄长相结好，为朋友便～，呵，咱两个做知交？”明汤显祖《牡丹亭》二三出：“且他父亲为官清正，单生一女，可以～。”

【耽珊】 dān sān 同“髧鬖”。元张可久《寨儿令·收心》：“鬓发～，身子薄蓝，无语似痴憨。”

【耽嗜】 dān shì 非常爱好。唐王方庆《魏郑公谏录》卷三：“若～滋味，玩悦声色，所欲既多，所须亦大，既妨政事，又扰生人。”宋《朱子语类》卷八：“见世间万事，颠倒迷妄，～恋着，无一不是戏剧，真不堪着眼也。”

【耽误】 dān wù 延误(时间)；错过(机会)。元王恽《论贫难军合从所属定夺事状》：“遂使贫难军人无所控诉，而军前气力亦不济用，是军力又难。上下既无分解，两相～。”明《醒世恒言》卷三〇：“今因我在此，～了许多政务，倘上司知得，不当稳便。”清《红楼梦》一〇回：“如今且说媳妇这病，你那里寻一个好大夫给他瞧瞧要紧，可别～了。”

【耽延】 dān yán 拖延耽误。明王樵《海岱记》：“且潮水倏忽长落，运舟宁无守候～？”清于成龙《查采楠木详》：“且大箐所在，四围并无村舍。若朝入山而暮就舍，则奔走于茂林蔓草之域，往返～，必迟时日。”

【耽忧】 dān yōu 同“担忧”。宋魏野《赠陕县薛阶主簿》：“～因稼穑，废寝为诗书。”清施闰章《南浦赠徐原一孝廉二十韵》：“托咏宁辞癖，～岂为贫。五湖闲鼓棹，万卷日随身。”

【髧鬖】 dān sān 头发散乱貌。元曾瑞《醉花阴·怀离》：“无暇理金簪，云鬓～。”

dǎn

【担】 dǎn 另见 dān。通“掸”。清《醒世姻缘传》四〇回：“孙兰姬替婆子解了眼罩，身上～尘土，侧身磕了四个头。”

【担括】 dǎn kuò 掸；拂拭。清《醒世姻缘传》三八回：“孙兰姬把他扯到跟前，替他身上～了土，又替他梳了梳头。”

【胆寒】 dǎn hán 惊恐；畏惧。唐来鹄《读鬼谷子》：“吾今不觉毛磔～者，是疑今之复有鬼谷新书而坏之者，则吾不知其备。”宋刘克庄《贺制置李尚书》：“范文正之理西夏，元昊惧而～。”明佚名《草庐记》三〇出：“观曹操水寨，进退有法，出入有门，皆得其妙，……吾心甚是～。”

【胆量】 dǎn liàng 克服困难战胜危险的勇气智量。《元朝秘史》卷四：“因其最长，于百姓内选拣有～有气力，刚勇能射弓的人随从他。”元明《三国演义》六一回：“吾有一人，姓周名善，力能举鼎，有～。”清《红楼梦》六四回：“叔叔若有～，依我的主意管保无妨，不过多花上几个钱。”

【胆瓶】 dǎn píng 一种腹大颈长的花瓶，因形如悬胆，故名。宋佚名《张协状元》一三出：“冬季赏雪，～簪梅数枝。”《元曲选·东坡梦》四折：“你道是牡丹花摘将来～里堪供养，休、休、休，只怕耽阁你浅斟低唱。”清《醒名花》五回：“鲜花几枝，斜插在～之内。”

【胆怯】 dǎn qiè 畏惧；害怕。唐陆龟蒙《采药赋》：“如防～，空屏宜画魁堆。”宋刘克庄《贺新郎》：“应笑书生心～，向车中、闭置如新妇。”明《二刻拍案惊奇》卷三四：“万一后生家～，不敢进来，这样事也是有的。”有时可带宾语。清《歧路灯》七四回：“不是我心硬，只是我～；也不是我～你，只是我～铺家。”

【胆勇】 dǎn yǒng 胆大勇猛。《太平广记》卷三九四引《宣室志·萧氏子》：“唐长庆中，兰陵萧氏子，以～称。”宋《三朝北盟会编》卷一〇六：“公文到日，各怀忠愤，多方措画，广行招集。或素著信义为众推服，或武艺绝伦谋略可用，或～敢死，不以军民世家子弟，务在存恤激劝。”明《古今小说》卷六：“令公见他～，并不计较，到有心抬举他。”

【胆折】 dǎn zhé 吓破了胆，形容十分害怕。唐张良器《乌台赋》：“稠人广众，望景而魂褫；暴党奸雄，睹形而～。”宋《密庵和尚语录》：“佛祖见之攒眉，魔外闻之～。”

【胆壮】 dǎn zhuàng 胆子大勇气壮。唐沈亚之《霍邱县万胜冈新城录》：“然吾又常喻以风云胜败之语，以壮所恃。如目熟而～，及其可用，吾伺其利而击之，期于必胜，此吾所效也。”《元曲选·神奴儿》三折：“〔大旦云〕我肚里～，怕做甚么。我情愿和你见官去。”明周履靖《锦笺记》三九出：“还笑那越重墙的心粗～，赎尸骸的担惊受枉。”

【掸尘】 dǎn chén 犹“洗尘”。清《红楼梦》一六回：“今日大驾归府，略预备了一杯水酒～。”△《七侠五义》三九回：“展爷退回公所，自有众人与他接风～，一连热闹了几天。”

dàn

【旦过】 dàn guò 即“旦过寮”。宋宗杲《宗门武库》：“叶县省和尚严冷枯淡，衲子敬畏之。浮山远、天衣怀在众时，特往参扣。正值雪寒，省诃骂驱逐，以至将水泼～，衣服皆湿。其他僧皆怒而去，惟远、怀并叠敷具，整衣，复坐于～中。”《五灯会元》卷一二《法华全举禅师》：“(琅玡觉和尚)遂下～问：‘上座莫是举师叔么？莫怪适来相触忤。’”

【旦过客】 dàn guò kè 即“旦过僧”。宋刘弇《赠高邮尉郭奉世》：“～分云卧冷，腊高僧煮涧毛香。”

【旦过寮】dàn guò liáo　寺院内供过往行脚僧居住的房舍。宋楼钥《游白石岩》："解衣寄宿～，魂梦亦堕冰壶中。"王明清《挥麈后录》卷五："赞宁续《传》载云：开宝末，江州圆通寺～中有客僧将寂灭，祖袒其背以示其徒，有雕青李重进三字。云：'我即其人，脱身烟焰，至于今日。'"明宋濂《佛性圆辩禅师净慈顺公逆川瘗塔碑铭》："公叱曰：'丈夫不于大丛林与人相颉颃，局此蠡壳中邪？'拂袖而入。师下～，潸然而泣。"

【旦过僧】dàn guò sēng　行脚僧。宋陆游《病中简仲弥性唐克明苏训直》："心如泽国春归雁，身是云堂～。"

【旦脚】dàn jué　旦角，传统戏曲中扮演女子的角色。明《梼杌闲评》二回："一娘掀开帘子，举头一看，见那扮王母的～，惊得神魂飞荡，骨软筋酥，站立不住。"清《儒林外史》三○回："捡一个极大的地方，把这一百几十班做～的都叫了来，一个人做一出戏。"《歧路灯》二一回："绍闻看到眼里，不觉失口向夏逢若道：'真正一个好～儿！'"

【旦晚】dàn wǎn　❶早晚，指时间短。宋《三朝北盟会编》卷一九三："如有人欠孝纯钱物，可督还之，以～孝纯归乡矣。"明《古今小说》卷三："不劳分付，拙夫已寻屋在城，只在～就搬。"清《野叟曝言》一一六回："今巩昌～即破，公相当以民命为重，亲往救援。"❷早晚，有时泛指，表时常、常常义。《唐会要》卷五五："自今已后，谏官所献封事，不限～，任封状进来，所由门司不得有停滞。"宋仲并《送平江守蒋宣卿奉祠归宜兴》："～陪公画桥路，共看天远夕阳多。"清《东周列国志》六九回："却说蔡世子有，自其父发驾之后，～使谍者探听。"

【旦望】dàn wàng　农历每月的初一日和十五日。宋耐得翁《都城纪胜·茶坊》："提茶瓶，即是趁赴充茶酒人，寻常月～，每日与人传语往还，或讲集人情分子。"赵鼎《家训笔录》："除婚嫁资送等已有定数外，如祭祀忌日、～等名色不一，难为预定。"明谢肇淛《五杂组》卷一六："宋郑广以海寇来降，授以职官，～趋府，群僚与立谈者，广郁郁不言。"

【但】dàn　❶只管；尽管。《敦煌变文校注》卷一《捉季布传文》："更深越墙来入宅，夜静无人～说真。"《元曲选·竹坞听琴》楔子："小姐～放心，这一年四季斋粮道服，俺不敢缺少你的。"明《二刻拍案惊奇》卷四："小弟何事得罪，～说出来，自家弟兄，不要避忌。"❷便；就。《敦煌变文校注》卷一《汉将王陵变》："交战～战，要分～分。"《大正藏》卷四七《潭州沩山灵佑禅师语录》："师代云：'小小狐儿，要过～过，用疑作甚么。'"元明《水浒传》四四回："一生执意，路见不平，～要去相助。"❸俱；尽；都。范围副词。唐祖咏《江南旅情》："楚山不可极，归路～萧条。"邵谒《秋夕》："人人～为农，我独常苦旱。"元《武王伐纣平话》卷中："姬昌去时曾言，～不得来吊问，恐惹大祸临身。"❹用在祈使句中，相当于表劝导的"可"。《敦煌变文校注》卷二《庐山远公话》："阿郎～不用来，前头好恶，有贱奴身在。"又《前汉刘家太子传》："或若治国不得，有人夺其社稷者，汝～避投南阳耶？"宋柳永《斗百花》之三："长是夜深，不肯便入鸳被，与解罗裳，盈盈背立银釭，却道你～先睡。"❺只是、但是。表轻微转折。宋欧阳修《摸鱼儿》："佳期过尽，～不说归来，多应忘了，云屏去时祝。"《朱子语类》卷八一："也是有些不稳当，～先儒相传如此说，也只得恁地就他说。"元《秦并六国平话》卷上："王虽居尊位称天子，～王室荡无纲纪。"❻用于句首自称名词或代词之前，为语助词。《敦煌变文校注》卷二《庐山远公话》："远公曰：'～贫道省得一寺舍伽蓝住持，已（以）免风霜，便是贫道所愿也。'"又《韩擒虎话本》："启言圣人：'～臣妻梳装，须饮此酒一盏。'"宋佚名《张协状元》八出："〔丑做强人出

白〕～自家不务农桑，不忺砍伐。"又："〔末做客出白〕～小客肩担五十秤，背负五十斤，通得诸路乡谈，辨得川广行货。"

【但凡】dàn fán　凡是；只要是。宋周必大《跋吕伯恭日记》："自崇宁四年起，～风雨寒暑、亲旧往复以至日用饮食之类，皆系日书之，名曰《乙酉家乘》，止八月晦，九月则易箦矣。"元《通制条格》卷一七："～一切和雇和买杂泛差役，除边远出征军人并上都、大都其间自备首思站赤外，其餘各投下不以是何人等，与民一体均当者。"清《儒林外史》三○回："～朋友相知，都要请了到席。"

【但干】dàn gān　凡是；所有。宋李曾伯《回宣谕勉印帅往邕奏》："又准宣谕版筑工役，～备御令臣一力任责。"《宋会要辑稿·职官》："京东转运司奏：（王）迍凶险贪婪，干挠州县，本路之人比之盗贼，～有利无不为者，望送僻州军安置。"明于谦《忠肃集》卷一○："～边务军情合一，令该府差人驰驿，赍文与甘肃总兵官都督王敬公、同参赞军务副都御史宋杰及镇守太监蒙泰等从长勘议。"

【但凭】dàn píng　任凭。《元曲选·虎头牌》三折："不问甚么勾当，～狗儿说的便罢了。"明《醒世恒言》卷二五："长须人到挣得好副老脸，～众人笑话，他却面不转色。"清洪昇《长生殿》一五出："两位爷在上，本驿只剩有一匹马，～那一位爷骑去就是。"

【但若】dàn ruò　假如、如果，用于假设复句的前一分句。唐张鷟《游仙窟》："腰支一遇勒，心中百处伤。～得口子，餘事不望。"宋《朱子语类》卷四："～恻隐多，便流为姑息柔懦。"明《西游记》二五回："～念动，我就头疼，故有这个法儿难我。"

【但是】dàn shì　却；可是。转折连词。五代杜光庭《墉城集仙录》卷九："道之布惠周普，念物物皆欲成之，人人皆欲度之，～世人福果单微，道气浮浅，不能专于道，既有所修，又不勤久，道气未应，而已中怠。"《元曲选·窦娥冤》一折："〔卜儿云〕孩儿也，你说的岂不是？～我的性命全亏他这爷儿两个救的。"清《儒林外史》四七回："他家虽然官员多，气魄大，～我老头子说话，他也还信我一两句。"

【但则】dàn zé　只；就。《全唐五代词》卷四《敦煌词》一九九首："入阵之时，汗流似血。齐喊一声而呼歇，～收阵卷旗幡。汗散却金鞍。"《元曲选·望江亭》三折："天保今生为眷属，～愿似水如鱼。"清《醒世姻缘传》五回："四五千的缺，止问他要二千银子，他岂有不出的？～明日，我叫了他的家人，当面与他说说明白。"

【但之】dàn zhī　即"但❹"。《敦煌变文集·下女夫词》："锦帐已铺了，绣褥未曾收，刺史～下，双双宿紫楼。"

【但知】dàn zhī　"知"为语助。❶只管；尽管。唐李白《题东溪公幽居》："客到～留一醉，盘中只有水晶盐。"《敦煌变文校注》卷二《舜子变》："有计～说来，一任与娘子鞭耻。"五代徐铉《离歌辞》："莫折红芳树，～尽意看。"❷只要。表条件。唐白居易《代春赠》："山吐晴岚水放光，辛夷花白柳梢黄。～莫作江西意，风景何曾异帝乡。"《敦煌变文校注》卷五《妙法莲华经讲经文（一）》："～说得莲经，此事有何不得？"宋晁端礼《雨中花》："假使钗分金股，休论井引银瓶，～记取：此心常在，好事终成。"❸只是；光是。《敦煌变文校注》卷三《燕子赋（一）》："妇闻雀儿被杖，不觉精神咀（沮）丧，～捶胸拍臆，发头忆想阿荠。"宋王安石《用乐道舍人韵书十日晨呈乐道舍人圣从待制》："归去莫言天上事，～呼客饮流霞。"元明《水浒传》五五回："只见对阵，～呐喊，并不交锋。"

【但只】dàn zhǐ　❶只；仅。明《西游记》五○回："四顾无人，虽鸡犬亦不知之，～我们知道，谁人告我？"《拍案惊奇》卷一

六："～留着他，等公公来再处。" ❷ 犹"但是"，表转折。明《西游记》五四回："你虽是个男身，～形容丑陋，不中我王之意。"清《红楼梦》六一回："且除这几个人，皆不得知道，何等的干净！～以后千万大家小心些就是了。" ❸ 同"但知❸"。唐张九龄《贺圣料突厥必有亡征其兆今见状》："亡听其败，～纳降，亭障息兵，将自此始，不胜欣庆之至。"宋宋祁《减省兵议》："朝廷～令所在城寨，坚守不出兵，及州军只增城立栅相对，不与之战，则见在一半人马，已是足用。"明《金瓶梅词话》一八回："因为那日后边会遇陈经济一遍，见小伙儿生的乖猾伶俐，有心也要勾搭他，～畏惧西门庆，不敢下手。"

【但只是】dàn zhǐ shì　即"但是"。宋林希逸《鬳斋续集》卷二七《学记》："《潜虚》非无佳语，～后世文字。《太元》则犹有古意，况《潜虚》设谕，大抵皆前人书中已有者。"明《西游记》六一回："今日天晚，我想着要去接他，～不认得积雷山路。"清《红楼梦》四回："老爷说的何尝不是大道理？～如今世上是行不去的。"

【但仔】dàn zǐ　犹"但则"。清《聊斋俚曲·慈悲曲》："你看～是个人，怎么就不来说声，你不去叫他来的么？"

【但仔是】dàn zǐ shì　即"但只是"。清《聊斋俚曲·东郭箫鼓词》："论起来他两口子走的一条路，～一人揣着一个心。"

【担脚】dàn jiǎo　担子。宋朱熹《桌支外令施行下项》："一见措置下场赈桌济米谷，所有般运及支破～，仍钤束合干人不得减刻斛面。"元明《水浒传》一六回："当日便叫杨志一面打拴～，一面选拣军人。"

【担头】dàn tóu　担子上。五代贯休《深山逢老僧二首》之二："～何物带山香，一笋白薹一笋栗。"宋苏轼《得其诗乃追次慎韵》："～挑得黄州笋，行过圆通一笑开。"明《西游记》三二回："～春色，幽然四序融融；身外闲情，常是三星淡淡。"

【担仗】dàn zhàng　扁担或担子。宋洪迈《夷坚志》丙卷四："深夜埃翳渐散，稍窥明月，傍侧若虎啸声。急置～与二仆升高木自缚，移时乃止。"明《警世通言》卷三〇："老员外速教收拾～，往西京河南府去避难。"清《醒世姻缘传》五四回："一百六十文钱买了两个篓子，四十文钱买了副铁钩～。"

【担杖】dàn zhàng　同"担仗"。宋佚名《张协状元》八出："遇着强人，你门怎区处？把～钱和本，便与它将去？"宋元《清平山堂话本·杨温传》："便归房中，收拾～，安排路费，摆布那暖轿马匹，即时出京东门。"《元曲选外编·七里滩》一折："拽着个钝木斧，系着条粗麻绳，撺着条旧～。"

【檐子】dàn zi　另见 yán zi。可用人力抬着走的坐具。檐，通"擔"。唐赵璘《因话录》卷三："遽遣走～归，身亦续右崔氏家问疾，且拜谢教训子女不至。"五代王定保《唐摭言》卷二："其人常怀文状，即如所诲，望尘而拜。导从问，对曰：'建州百姓诉冤。'公闻之，倒持麈尾敲～门，令止。"明于慎行《穀山笔麈》卷一："及建炎南迁，以江南街路滑，始许朝士乘～，亦肩舆之制也。"

【啖饭】dàn fàn　吃饭，借指生存。宋沈括《梦溪笔谈》卷九："家人欲试其量，以少埃墨投羹中，公唯～而已。"《五代史平话·晋下》："大辽皇帝道与石重贵孙勿忧烦，须教您有～之所。"明殷奎《南山三绝句》："南山突兀塞吾斋，～看山似食鲑。"

【淡】dàn　❶ 指饮食清淡无味。宋洪适《满江红·黄堂席上答太守》："～酒一杯空酩酊，黄堂千骑真安逸。"《元曲选外编·西厢记》二本楔子："非是我搀，不是我揽，这些时吃菜馒头委实口～。"古本《老乞大》："～饭胡乱吃些个。" ❷ 无聊；没趣。宋刘克庄《沁园春·梦中作梅词》："日暮天寒，山空月堕，茅舍清于白玉堂。宁～杀，不敢凭箫笛，告诉凄凉。"元马致远《夜行船》："畅

道俺气命般看他，他心肝般看俺。想这场聚散离别寻思好～。" ❸ 素净；颜色浅。唐杜牧《题宣州开元寺水阁》："六朝文物草连空，天～云闲今古同。"宋苏轼《饮湖上初晴后雨》："欲把西湖比西子，～妆浓抹总相宜。" ❹ 冷淡；冷落。宋刘克庄《黄檗山》："早知人世～，来往退居寮。"明《拍案惊奇》卷一七："前日吃了达生这场～，打听他在家，便不进来。"

【淡泊】dàn bó　❶ 贫寒；清苦。明张瀚《松窗梦语》卷七："与夫人董氏居，共甘～，旁无姬妾，食不重味，衣不重裘。"《警世通言》卷二五："倘足下不嫌～，就此暂过几时何如？"清《歧路灯》一〇〇回："受了半辈子～，如今发了成万银子的财。" ❷ 冷落；冷淡。明叶盛《水东日记》卷四："或嘲生曰：'吾与尔交，昔们浓，至今～若是耶？'"《欢喜冤家》一九回："丁氏把他日用三餐，比前竟～了。"清《平山冷燕》卷二："我不是这等～他，他还要在此缠扰哩。" ❸ （颜色等）浅淡。《全唐诗补编·全唐诗续拾》卷四一一引《吟窗杂录》："帘前～云头日，座上萧骚两脚风。"清《红楼梦》三八回："蒂有餘香金～冷，枝无全叶翠离披。"

【淡薄】dàn bó　❶ 恬淡；不求名利。唐陆龟蒙《笠泽丛书·后序》："天随子居衰乱之世，仕不苟合，家于松江，躬劳苦，甘～，而以读书考古为事。"元关汉卿《大德歌》："想人生能几何？十分～随缘过，得磨陀处且磨陀。"明《西游记》九回："还不如我们水秀山青，逍遥自在，甘～，随缘而过。" ❷ 同"淡泊❶"。《元曲选·倩女离魂》二折："我情愿举案齐眉傍书榻，任粗粝～生涯，遮莫戴荆钗、穿布麻。"清《后水浒传》三回："我看了这些光景，就晓得这家是死了父母，手中～，请不起僧道。"《红楼梦》一二回："代儒家道虽然～，得此帮助倒也丰丰富富完了此事。" ❸ 清淡；不旺盛。唐白居易《隐几赠客》："宦情本～，年貌又老丑。紫绶与金章，于予亦何有。"明刘元卿《贤弈编》卷三："儒门～，收拾不住，皆归释氏耳。"《二刻拍案惊奇》卷一五："自从为事之后，生意～，穷忙没有工夫，又是素手，不好上门。" ❹ （饮食）简陋。唐[朝]金士信《新罗国故两朝国师教谥朗空大师白月栖云之塔碑铭》："虽至道□□，目击磬成山之志；而常斋～，神疲增煮海之劳。"明王袆《杂诗十首》之九："南园种藜苋，北苑艺瓜姜。食蔬岂不美，～味孔长。" ❺ （颜色）浅淡。宋彭汝砺《昨日饯赵教授》："月寒烛艳花～，意思相疑不相似。"

【淡不刺】dàn bu là　即"淡❹"，"不刺"为语助。《元曲选·两世姻缘》一折："对门隔壁，都有些酸辣气味，只是俺一家儿～的。"

【淡扯】dàn chě　犹"扯淡❶"。明《金瓶梅词话》七回："你怎骗口张舌的好～，到明日死了时，不使个绳子杠子。"

【淡话】dàn huà　轻描淡写或无关紧要的话。宋陆游《闲中书适》："棋废机心息，书捐美睡多。客来时～，酒后亦高歌。"元陶宗仪《辍耕录》卷一二："试问他浊酒狂歌，争如我清茶～。"清《红楼梦》二四回："随口说了两句～，便往贾母那里去了。"

【淡科】dàn kē　犹"淡话"，"科"为戏曲术语"科白"之意。元马致远《四块玉·叹世》："尽场儿吃闷酒，即席间发～，到大来闲快活。"

【淡泞】dàn zhù　❶ 淡雅；雅致。宋柳永《木兰花·杏花》："天然～好精神，洗净严妆方见媚。"司马光《和君贶任少师园赏梅》："不用管弦妨～，肯容桃李竞繁华。" ❷ （景物）暗淡；浅淡。宋苏舜钦《水调歌头·沧浪亭》："潇洒太湖岸，～洞庭山。"杜安世《渔家傲》："疏雨才收～天，微云绽处月婵娟。"清朱彝尊《十拍子》："才到燕台寒食下，恰值兰亭禊饮年，和风～天。"

【澹泞】dàn zhù　❶ 同"淡泞❶"。唐白居易《和顺之琴者》：

"清泠石泉引,～风松曲。"宋范成大《题徐熙杏花》:"老枝当岁寒,芳花春～。雾绡轻欲无,娇红恐飞去。" ❷同"淡泞❷"。宋张元幹《天仙子》:"楼外轻阴春～,数点杏梢寒食雨。"清朱彝尊《桂联句》:"色笼～天,影漏惺松月。"

【弹】 dàn 另见 tán。指鸟卵。宋周密《齐东野语》卷一六:"其法乃以兔～数十,黄、白各聚一器。先以黄入羊胞、蒸熟,次复入大猪胞,以白实之,再蒸而成。"《元曲选·救风尘》二折:"一个个眼张狂似漏了网的游鱼,一个个嘴卢着似跌了～的斑鸠。"明《金瓶梅词话》六〇回:"你斑鸠跌了～也嘴答谷了。"

【弹弓】 dàn gōng 另见 tán gōng。用弹力发射弹丸的弓。唐王建《宫词》之七八:"裹头宫监堂前立,手把牙弰竹一～。"宋《五代史平话·周上》:"郭威做成竹一张,拾取小石块子做弹子。"

【弹子】 dàn zi 另见 tán zǐ。用弹弓发射的弹丸。宋《五代史平话·周上》:"郭威做成竹弹弓一张,拾取小石块子做～。"清《儒林外史》三四回:"百步之内,用～击物,百发百中。"

dāng

【当】 dāng 另见 dàng。❶本;此;该。唐李白《少年行》:"遮莫姻亲连帝城,不如～身自簪缨。"《元曲选·岳阳楼》三折:"你是个～坊社长,不和你说和谁说?"高明《琵琶记》二七出:"吾乃～山土地,今奉玉帝敕旨,为见赵五娘行孝,特令差拨阴兵与他并力筑造坟台。" ❷当下;当时。《敦煌变文校注》卷四《八相变(一)》:"太子作偈已了,更积愁忧,叹息长嘘,泪珠流滴,～便回驾。"元《秦并六国平话》卷上:"楚王召集诸将曰:'有何人对敌秦将?'有赵将陈申唱喏道:'小人愿往。'"《元曲选·窦娥冤》四折:"小的要赖蔡婆婆银子的情是有的,～被两个汉子救了,那婆婆并不曾死。" ❸昔日;当初。《敦煌变文校注》卷一《王昭君变文》:"～嫁单于,谁望喜乐,良由画匠,捉妾陵持。"又卷二《秋胡变文》:"我儿～去,元期三年,何因六载不返?" ❹方;正当。表示现在时。唐张籍《杂怨》:"人～少年嫁,我～少年别。"《太平广记》卷三二一引《甄异录》:"义以太元中病笃,谓碧玉曰:'吾死,汝不得别嫁,当杀汝!'曰:'谨奉命。'葬后,其邻家欲娶之。碧玉～去,见义乘马入门,引弓射之,正中其喉。"又卷四一九引《异闻集》:"复欲驰白于君子,值君子累娶,～娶于张,已而又娶于韩。" ❺介词。对;朝。唐张籍《听夜泉》:"独起出门听,欲寻～涧行。"孙棨《北里志·张住住》:"不怕凤凰～额打,更将鸡脚用筋缠。"偶亦作动词。清《醒世姻缘传》六二回:"高相公～了乌大王,偏会一刀刺死。"～了那乌大王降伏的夫人,抖擞成一块,唬得只溺醋不溺尿。" ❻助词,用在单音节动词之后,有时表持续,相当于"着",有时意义则较虚灵空泛。《敦煌变文校注》卷二《庐山远公话》:"善庆闻之,切须记～。"又卷六《大目乾连冥间救母变文》:"纵由算～更无人,应是三宝慈悲力。"宋柳永《击梧桐》:"近日书来,寒暄而已,苦没忉忉言语。便认得、听人教～,拟把前言轻负。" ❼后缀。a) 用在单音节称谓词之后。《敦煌变文校注》卷一《汉将王陵变》:"愿其陛下,造其战书,臣～敢送。"《元曲选外编·单刀会》四折:"鲁子敬听者,你心内休乔怯,畅好是随邪! 吾～酒醉也。"《武王伐纣平话》卷上:"王问曰:'卿～悲啼何事?'"又:"尔～打骂妲己,为何?"b) 用在少数单音节形容词或副词之后。《敦煌变文校注》卷一《伍子胥变文》:"你父平王,至～无道,与子娶妇,自纳为妃。"又:"小子子胥深～不孝。"又卷二《庐山远公话》:"如今若见远公,实～不识。"

【当案】 dāng àn ❶对案;据案。唐郑谷《浔阳姚宰厅作》:"野泉～落,汀鹭入衙飞。"宋曾慥《类说》卷五五:"都官巩彦辅梦两绯衣召入大府,有紫衣～者,此王也。" ❷承办文牍案件。唐段成式《酉阳杂俎》续集卷七:"其中人多衣朱绿,～者似崔行信郎中。判云:'付司对。'"《续资治通鉴长编》卷三三八:"丙子,诏:开封府界、河北东西、河东路团教保甲,宜自来年为首,依番次遣官～阅。仍每至正月,具～州县都保,先下提举保甲司专责文臣豫约所用银绢,以备行赏。"明《醒世恒言》卷一四:"～薛孔目初拟朱真劫坟当斩,范二郎免死,刺配牢城营。"

【当本】 dāng běn 当初;本来。敦煌词《定风波》:"霸王虞姬皆自刎,～,便知儒士定风波。"又《阿曹婆》之三:"～只言三载归,灼灼期,朝暮啼多淹损眼,信音稀。"

【当笔】 dāng bǐ ❶主持(政事)。宋吕陶《朝散大夫致仕陈公墓志铭》:"又谓自陶谷失对,参知政事遂下宰相一等,不敢～可否。"明丘濬《云庵集序》:"濬对大廷试,公为读卷官,得区区所对策,甚欲置之举首,为～者所抑,不果。按,唐杜佑《通典》卷二三:"至德二载三月,宰相分直主政事笔,每一人知十日。"为此词所本。 ❷执笔主撰。宋吴曾《能改斋漫录》卷一二:"朝之近臣,凡有除命,愿出其手,俟其当值,即乞降命。故润笔之人,最多于众人,盖故事,为～者专得。"元王恽《追挽元遗山先生》:"党赵正传公固在,阳秋～我奚任。"明叶盛《水东日记》卷三:"泰和陈学士～撰祭文,公欲有所易。陈忿然不平,见于言色。"

【当便】 dāng biàn 当即;马上就。《大唐三藏取经诗话》二则:"～改呼为猴行者。"宋元《清平山堂话本·简帖和尚》:"～安排行李,即时归家去。"元《三国志平话》卷中:"是以～二人入朝见王。"

【当不的】 dāng bù de 受不了。《元曲选·争报恩》四折:"～他打瓮墩盆乔样势!"明《朴通事谚解》卷中:"将一把扇儿来与我,热的～。"清《歧路灯》六三回:"王中害眼,疼的～。"

【当不得】 dāng bù de ❶同"当不的"。元明《水浒传》三二回:"冬月天道,溪水正涧,虽是只有一二尺深浅的水,却寒冷的～。"明《西游记》四一回:"那妖又喷一口,行者～,纵云头走了。" ❷无奈;对……没有办法。清《后水浒传》二五回:"许蕙娘还认作是他错认,极力分辩,～吹鼓手吹吹打打,一句也没听见。"《醒世姻缘传》一六回:"若是我们有五两银子在手边,也就做了路费回南去了,～分文没有,怎么动得身?" ❸了不得,意为程度很深。明《二刻拍案惊奇》卷三六:"两年之间,富得～。"清《续金瓶梅》二〇回:"师师看了帖儿,欢喜的～。"

【当不过】 dāng bù guò ❶犹"当不的"。元明《水浒传》三回:"郑屠～,讨饶。"明《古今小说》卷一:"多谢大娘错爱,老身家里～嘈杂,像宅上又忒清闲了。" ❷犹"当不得❷"。明《拍案惊奇》卷一〇:"那韩子文虽是满腹文章,却～家道消乏,在人家处馆,勉强糊口。"清《水浒后传》二二回:"初时那婆婆也不肯,～钱歪嘴欢言巧语,百般孝顺,……雷婆婆到了他家里。"

【当差】 dāng chāi ❶乐户、工匠等到官府听从差遣。明《金瓶梅词话》六八回:"应花子,你与郑春他们多是伙计,～供唱都在一处。"清《飞龙全传》四回:"且说勾栏院～的一干人众,天明起来,要往里边打扫。" ❷应承官差,受官府指派办某些差役。《元曲选·东堂老》三折:"他是有钱的财主,他怕～,假装穷哩。"明朱长祚《玉镜新谭》卷一〇:"范守仁运灰赎罪,完日革职为民～。" ❸在官府做吏目或差役。《宋史·食货志上六》:"近许～弓手户役得雇人为代,此法最便。"宋元《警世通言》卷一四:"也曾有内诸司～的来说他,也曾有门面铺席人来说他,只是高来

不成,低来不就。"清《醒世姻缘传》七回:"那时梁生、胡旦也都做了前程,在各部里～。" ❹ 做仆役。清《红楼梦》二四回:"这小红年方十四,进府～,把他派在怡红院中。"又一〇六回:"贾政叫现在府内～的男人共四十一名进来,问起历年居家用度。"

【当场】 dāng chǎng ❶ 就在当时当地。《元典章·刑部十六》:"自合～穷问,端的何人行凶,取责明白招伏。"明《醒世恒言》卷二〇:"廷秀～扮演,却如真的一般。" ❷ 比武较量。元明《水浒传》七四回:"骁勇燕青不可扳,～跌扑有机关。"明《英烈传》二四回:"两人便丢下了器械,正要～。"

【当初】 dāng chū 起初,指过去某一段时间。敦煌词《抛球乐》:"～姊妹分明道:莫把真心过与他。"宋《朱子语类》卷一六:"问:'梦周公是真梦否?'曰:'～思欲行周公之道时,必亦是曾梦见。'"元关汉卿《单刀会》一折:"你～口快将他保,做的个胆大把身包。"

【当待】 dāng dài 犹"耽待❷"。金《董解元西厢记》卷二:"是则是英雄临阵披重铠,倚仗着他家有手策,欲反唐朝世界。不来后是咱家众僧采,来后怎～?"

【当当】 dāng dāng 正好;恰好。明《金瓶梅词话》五九回:"若果是他害了,～来世叫他一还一报,问他要命。"《西游补》五回:"～这一日,有个西施夫人、丝丝小姐同来贺新台,绿珠大喜,即整酒筵。"

【当道】 dāng dào ❶ 途中、路上。宋欧阳修《与韩忠献王稚圭》:"修前在颍曾一拜状,寻以移守南都,苦于～,颇缺修问,徒切瞻思。"苏辙《五郡次韵》:"～沙尘类河北,依山水竹似江南。" ❷ 执政掌权或执政掌权者。唐韩愈《答窦秀才书》:"当朝廷求贤如不及之时,～者又皆良有司,操数寸之管,书盈尺之纸,高可以钓爵位。"明《醒世恒言》卷二九:"他已居～,卢柟总有通天摄地的神通,也没人敢翻他招案。"黄仲昭《送闽藩左方伯路公致政还安成序》:"成化戊戌之春,闽藩左方伯安成路公朝觐京师,恳以老疾辞。～为上闻,允之。" ❸ 指途中负责侍候照应。明《醒世恒言》卷一三:"拜毕,左右两廊游编,庙官献茶,夫人分付～的赏了些银两,上了轿簥拥回来。"

【当得】 dāng de ❶ 应当;理当。唐寒山《益者益其精》:"能益复能易,～上仙籍。无益复无易,终不免死厄。"宋尹洙《乞半年一次诣阙奏事二首》之一:"一臣今所授经略判官,凡是军事,～参议。其夏竦等如有处置边事,又只飞奏,恐朝廷未尽知得彼处事机。"明《二刻拍案惊奇》卷二:"这是带挈老身吃喜酒的事,～效劳。"有时用于承诺。明《平妖传》一一回:"秦恒道:'……倘相见时,乞道贱讳,说不日又来参谒。'蛋子和尚道:'～,～。'" ❷ 受得了。明《平妖传》四回:"这病怯怯的婆子,如何～?"《二刻拍案惊奇》卷二〇:"(巢大郎)怎～妻妾两个推扯出色,递换来扰,不勾几时,把所得之物干净弄完。" ❸ 多与"怎"连用,犹言无奈。明《拍案惊奇》卷一七:"怎～达生一同跟了进去,不走开一步,太清不好说得一句私语。"又卷二〇:"兰孙初时隐讳,怎～刘元普再三盘问,只得将那因得罪缘由从前到后细细说了一遍。"《二刻拍案惊奇》卷三九:"孟尝君恐怕秦王有悔,后面追来,急要出关。～关上直等鸡鸣叫才开,孟尝君着了急。"

【当敌】 dāng dí 对敌;抵挡。金《刘知远诸宫调》一一:"刘知远,多勇锐,一条偏檐,使得熟会,独个个～四下里。"元《七国春秋平话》卷上:"韩、赵二国不能～,即遣使请救于齐。"关汉卿《古调石榴花·怨别》:"愁山闷海不许～,好着我无个刻划!"

【当抵】 dāng dǐ 抵挡;应付。宋《朱子语类》卷一一五:"盖为主一工夫,学者徒能言而不能行,所以不能～他释氏之说也。"

元明《水浒传》七一回:"如此之为,大小何止千百餘处,为是无人可～。"明《拍案惊奇》卷二七:"贵宅门中礼请,岂不可去? 万一推托了,惹出事端来,怎生～?"

【当地头】 dāng dì tóu 此时此地。宋《朱子语类》卷七:"今都蹉过,不能转去做,只据而今～,立定脚跟做去,补填前日欠阙,栽种后来合做底。"

【当堵】 dāng dǔ 抵挡;对付;支撑。《元曲选·冯玉兰》二折:"都是你没来由揽祸灾,到如今急煎煎怎～?"

【当赌】 dāng dǔ 同"当堵"。金《董解元西厢记》卷二:"不道飞虎惯相持,思量飞虎怎～?"《元曲选·东堂老》二折:"那做买卖的,有一等人,肯向前,敢～,汤风冒雪,忍寒受冷;有一等人,怕风怯雨,门也不出。"

【当睹】 dāng dǔ 同"当堵"。金《刘知远诸宫调》一二:"壮丁首领,欲待拿捉难～。"

【当对】 dāng duì ❶ 对手;相匹配的。唐韩愈《猛虎行》:"自矜无～,气性纵以乖。"宋梅尧臣《永叔请赋车螯》:"海客穿海沙,拾贮寒涧退。王都有美酝,此物实～。"明《拍案惊奇》卷一六:"娶妻王氏,姿色非凡,颇称～。" ❷ 回答。《祖堂集》卷五《德山和尚》:"师有时谓众曰:'汝等诸方,更谁敢铭邈? 有摩? 出来! 吾要识汝。'闻此语者,惕悸钳结,无敢～。"特指回答皇帝询问。宋王安石《鲁国公赠太尉中书令王公行状》:"过都,天子使中贵人劳赐,问公欲见否。公辞谢备边无功,幸蒙上恩赦诛,徙内郡,非有公事～者,不敢见。"

【当方】 dāng fāng 本地方。宋元《古今小说》卷三三:"问那～住的人,道:'是有个张公。'"元明《水浒传》四六回:"知府随即取了供词,行下公文,委～里甲带了仵作行人,押了邻舍、王公一干人等,下来检验尸首。"

【当坊】 dāng fāng 同"当方"。宋董嗣杲《西湖百咏》卷上:"上有七层古塔,开宝中钱氏建寺。咸平中,土僧永保入市募修,～俗人呼为师叔,以此名保叔塔。"元明《水浒传》六〇回:"小僧已知他的备细出没去处,特地前来拜请头领入去劫寨。剔除了他时,～有幸。"

【当房】 dāng fáng ❶ 本家,同一宗族的人。唐杜甫《祭外祖祖母文》:"呜呼! 外氏～,祭祀无主。伯道何罪,阳元谁抚。"《元典章·刑部八》:"除亲属外,～人口财产一半没官。"《元曲选外编·小张屠》一折:"住孤村小庄,无亲戚～,若母亲命亡,无那谁人觑当。" ❷ 指分管某类事务的中央或州县所属机构。宋周必大《与宰相论李申甫改官事札子》:"明日以问给事中及～舍人,则皆曰未能录,黄某于是疑焉。"徐鹿卿《五月视朝转对札子》:"曹掾～之事,毋使互有侵越。"

【当该】 dāng gāi 负责或主管某一方面事务的(人)。《元典章·圣政一》:"诸衙门毋得泛滥给驿,违者罪及～判署官吏。"《元曲选·神奴儿》四折:"张千,唤的当的～司吏来。"明孙继皋《册定吏部效劳议》:"各司～有缺,美者如选司之僧道科、求贤科,……每年利约,访俱千金。"按,元徐元瑞《史学指南》:"承管曰当,事能详细曰该。"

【当官】 dāng guān ❶ 经官裁断。元明《水浒传》四九回:"那兄弟两个～受了甘限文书,回到家中。"明《醒世恒言》卷三四:"他若不见机,弄到～,定然我们占个上风。" ❷ 承应官差。宋元《古今小说》卷三:"原来这人家是隐名的娼妓,又叫做私窠子,是不～吃衣饭的。"清《野叟曝言》二三回:"河路大例,揽了载是不～的,怎主人家也糊涂起来?"

【当行】 dāng háng ❶ 指行铺商家承应官差。宋吴自牧

《梦粱录》卷一三:"市肆谓之'团行'者,盖因官府回买而立此名,……虽医卜工役,亦有差使,则与～同也。"又:"其中亦有不～者,如酒行、食饭行,而借此名。"清《醒世姻缘传》三三回:"那官府有死了人的,他用的都是沙板,不要这等薄皮物件,所以不用～。"❷ 本行、在行(够水平)。《元曲选·盆儿鬼》二折:"谁着你烧窑人不卖～货,倒学那打劫的喽罗。"明陈铎《折桂令·颜料铺》:"好供给绘手施呈,颜料～,彩色驰名。"清《儒林外史》一三回:"他是个举业～,要备个饭留他。"按,"当"另读去声。

【当行家】 dāng háng jiā 内行;行家。《五灯会元》卷二〇《大沩山果禅师》:"问:'有句无句,如藤倚树时如何?'师曰:'验尽～。'"宋朱弁《曲洧旧闻》卷四:"东坡尝谓刘壮舆曰:'《三国志》注中好事甚多,道原欲修之而不果。君不可辞也。'壮舆曰:'端明曷不为之?'东坡曰:'某虽工于语言,也不是～。'"明汪砢玉《珊瑚网》卷四三:"黄子久小楷如此逼古,不减晋唐～。"

【当合】 dāng hé 应当。同义复词。《元曲选·窦娥冤》四折:"那厮乱纲常～败,便万剐了乔才,还道报冤仇不畅怀。"元《前汉书平话》卷中:"梁王罪～死。"按,一本作"合当"。

【当即】 dāng jí 副词。立刻;马上。唐张九龄《敕幽州节度张守珪书》:"卿可宣示朝旨,使知无他也,并便处置讫奏闻,朕～有处分。"《敦煌变文校注》卷一《张议潮变文》:"元戎叱咤扬眉怒,～行兵出远收。"明顾璘《遗七弟英玉书》:"若已误,～改之。"

【当家】 dāng jiā ❶ 自家;本人。唐张鷟《朝野佥载》卷五:"先有乡人姓娄者为屯官,犯赃,都督许钦明欲决杀令众。乡人谒尚书,欲救之。尚书曰:'犯国法,师德～儿子亦不能舍,何况渠!'"宋陆佃《依韵和赵令畤三首》之二:"鸟排行阵树衔衔,且喜西湖属～。"元郭翼《欸乃歌词》之一:"榻头船子小如车,卖卜远游属～。"❷ 犹"本家❶"。唐陆贽《论齐暎否抗官状》:"卿等所进齐暎替李衡,缘江南与湖南接近,齐暎、齐抗既是～,同任方面,事非稳便。"元王义山《书曹忠勇诗集》:"～七步已称雄,君更豪吟句律工。"❸ 主持家务。宋范成大《四时田园杂兴》:"昼出耘田夜绩麻,村庄儿女各～。"元谢应芳《踏车歌》:"～岂无夫与子?打鱼日籴去城市。"有时用于雇工称主人。明《金瓶梅词话》三七回:"你～不恁的说,我来哄你不成?"❹ 内行;行家。元刘鹗《题兴化县严士奇诗卷》:"盘错载逢知利器,冰霜屡阅见生涯。轻车熟路老为县,短引长篇真～。"明王世贞《致宗子相》:"稍读诸篇,格律清峻,意味隽永,诚是～。"又《艺苑卮言》附录卷九:"杨状元慎才情盖世,所著有《洞天玄记》《陶情乐府》《续陶情乐府》流脍人口,而颇不为～所许。盖杨本蜀人,故多川调,不甚谐南北本腔也。"

【当家的】 dāng jiā de ❶ 即"当家❸"。明《金瓶梅词话》三四回:"你还早央应二叔来,对～说了,拿个帖儿对县中李老爹一说,不论多少大事情都了了。"按,明沈榜《宛署杂记》卷一七:"雇工称主曰'当家的'。"❷ 指丈夫。清《粉妆楼》二二回:"若是你～肯将你与我家大爷做个好夫人,我家大爷情愿与你家丈夫三十两银子,还要恩待你。"《醒世姻缘传》五一回:"你不过说～没在家,得空子看人家老婆呀。"❸ 主持寺院的和尚。清《蜃楼志》一二回:"智慧……暗暗与智行打算道:'好个活宝,我们弄他进去,每人一夜受用,但不可泄漏与～知道,又来夺去。'"

【当价】 dāng jià 另见 dàng jià。谓价格相称、合适。《唐律疏议》卷一一:"强市者笞五十,谓以威若力强买物,虽～,犹笞五十。"宋黄庭坚《观王熙叔唐本草书歌》:"逸气峥嵘驰万马,只字千金不～。"金赵秉文《题杨秘监画马》:"杨侯诗人寓于画,后身韩

幹前身霸。骅骝万匹落人间,一纸千金不～。"

【当驾】 dāng jià 随侍皇帝身边;皇帝近侍。明《西游记》四五回:"～有言不敢谈,黄门执本无由递。"又五四回:"就着～太师作媒,迎阳驿丞主婚,先去驿中与御弟求亲。"

【当间】 dāng jiān ❶ 中间。明《朴通事谚解》卷下:"一托来长的两个机角,～里按一个木头做的明珠,簸箕来大一对耳朵,十尺来长尾子,……众人拖牵。"❷ 做中间人。《元典章·刑部三》:"曹定～,螺立曹归哥为义男,嗔责不时,锁打无度。"

【当街】 dāng jiē 街道中间;街上。唐柳宗元《古东门行》:"～一叱百吏走,冯敬胸中函匕首。"元明《水浒传》二六回:"武松伸手去凳子边提了淫妇的头,也钻出窗子外涌身望下只一跳,跳在～上。"清《醒世姻缘传》一〇回:"人家取妾取娼都是常事,那里为正妻的都持着刀往～撒泼?"

【当今】 dāng jīn 指在位的皇帝。《元曲选·气英布》三折:"他和咱非故友,枉插手,他怎肯去～保奏?"六十种曲《琵琶记》一二出:"这个有甚难处,一来奉～圣旨,二来托相公威名,三来小姐才貌双全,是人知道,蔡状元有何不可?"明《西游记》七八回:"其女形容娇俊,貌若观音,进贡与～。陛下爱其色美,宠幸在宫。"

【当紧】 dāng jǐn ❶ 要紧;重要。《元曲选外编·刘弘嫁婢》楔子:"这一桩最～。你当来乏嗣无儿也。"明《封神演义》一三回:"这一箭不～,正是:沿河撒下钩和线,从今钓出是非来。"❷ 急着;紧赶。清《绿野仙踪》四三回:"我～要做鞋穿,描几个花样儿拣着用。"

【当局者】 dāng jú zhě ❶ 本谓棋局中的一方,喻指身当其事者。宋李流谦《朝奉大夫知嘉州孙公墓志铭》:"今日之势正如二人对弈,技等则相持,一胜则一负,要在～知己知彼,算无遗策,乃可保其必胜。"明《醒世恒言》卷九:"常言道:傍观者清,～迷。"❷ 餐厅主理厨师。宋孟元老《东京梦华录》卷四:"～谓之'铛头',又曰'着案'。"吴自牧《梦粱录》卷一六:"呼客随意索唤,各卓或三样皆不同名。行菜得之,走迎厨局前,从头唱念,报与～。"

【当来】 dāng lái ❶ 将来。唐寒山《世有多解人》:"世有多解人,愚痴徒苦辛。不求～善,唯知造恶因。"《敦煌变文校注》卷四《破魔变》:"闻健直须知觉悟,～必定免轮回。"元佚名《新水令》:"且休说久远～,奈何时暂,这些时陡羞惨。"❷ 从前;原来。宋王明清《挥麈后录》卷一一:"今世所传秦(桧)所上书,与～者大不同,更易其语以掠美名。"《三朝北盟会编》卷一一〇:"～本差监军兀室送,辞免,不曾去。"《五代史平话·唐上》:"今河北之干戈甫定,朱温之凶焰犹存,大王遽即大位,殊非～吊伐之本意。"

【当牢】 dāng láo 值班看守监牢。元明《水浒传》四五回:"我今夜却限～,不得前来,凡事央你支持则个。"明《拍案惊奇》卷二〇:"一二百罪人一齐动手,先将那～的禁子杀了。"

【当面】 dāng miàn ❶ 面对面;到面前。唐杜牧《商山富水驿》:"邪佞每思～唾,清贫长欠一杯钱。"宋《朱子语类》卷一〇:"做好将圣人书读,得他意思如～说话相似。"元《七国春秋平话》卷下:"叫袁达～,孙子曰:'此乃是阴阵,撞着必变也。'"❷ 特指上堂见官受审。《元曲选·窦娥冤》四折:"〔丑扮解子解赛卢医上云〕山阳县续解到犯人一名赛卢医。〔张千喝云〕～!"元明《水浒传》五三回:"当下十数个牢子狱卒,把李逵驱至～。"明《古今小说》卷二:"御史且教带过一边,唤梁尚宾～。"❸ 指室内地面。清《醒世姻缘传》二〇回:"想到正房的～有他昨晚狼藉在地下的月信,天明了不好看相。"又四二回:"那～砖上宛然一个人的形迹,天晴这迹是湿的,天雨这迹是干的。"

【当人】 dāng rén ❶ 本人。《祖堂集》卷九《云盖和尚》:"尽乾坤都来是你~个体,向什处安眼耳鼻舌?"又卷一三《招庆和尚》:"问:'如何履践,则得不负~?'师云:'若求履践,则负~。'"宋朱熹《与刘子澄》:"日用功夫,只在~著实向前,自家了取,本不用与人商量,亦非他人言说所能干预。" ❷ 恰当的人。"当"或念去声。唐李华《扬州隆兴寺经律院和尚碑》:"黄门侍郎卢藏用,才高名重,罕有推挹,一见和尚,慕味循环,不能离坐。退而叹曰:'宇宙之内,信有~。'"宋《法演语录》卷上:"绍先圣之遗踪,称提祖令;为后学之模范,建立宗风。若非~,曷能传授?"《汾阳语录》卷下:"非四依三德之高流,宁得弘通于大教? 除非达士,颇测浅深,堪作~,始称导诱者也。"

【当日】 dāng rì ❶ 当班;值日。元萧德祥《小孙屠》六出:"~的令史过来。"元明《水浒传》六三回:"太师随即差~府干,请枢密院官,急来商议军情重事。" ❷ 昔日;从前。唐李商隐《华清宫》:"~不来高处舞,可能天下有胡尘?"宋元《警世通言》卷八:"原来郡王~尝对崔宁许道:'待秀秀满日,把来嫁与你。'" ❸ 同一天。元《三国志平话》卷中:"弟兄三人曾对天发誓:不求同日生,只愿~死。"

【当梢】 dāng shāo 同"当艄"。明《拍案惊奇》卷三二:"唐卿定要强他老儿上去了,止是女儿在那里~。"

【当艄】 dāng shāo 掌舵。明《拍案惊奇》卷二二:"我别无本事,止是少小随着父亲涉历江湖,那些船上风水,~拿舵之事,尽晓得些。"

【当身】 dāng shēn 自身;本人。唐王梵志《寺内数个尼》:"不采生缘瘦,唯愿~肥。"《敦煌变文校注》卷一《董永变文》:"家里贫穷无钱物,所卖~殡耶娘。"明《古今小说》卷三一:"~不得称帝,明你无叛汉之心。"

【当时】 dāng shí ❶ 正当青春之时。唐长孙佐辅《对镜吟》:"妆成持照尚~,只畏愁多遽变衰。"明《古今小说》卷一〇:"五短身材偏有趣,二八年纪正~。" ❷ 即时;立刻。"当"或念去声。唐〔日〕圆仁《入唐求法巡礼行记》卷四:"如有违越者,纲维三老及典直并守门人各决脊杖二十。其出寺僧尼~处死者。"五代齐己《夏雨》:"霹雳蔽穹苍,溟濛自一方。~消酷毒,随处有清凉。" ❸ 按时。唐易静《兵要望江南·占树》:"诸树木,花发~~,营内见之须速避,定知贼众欲来围,移寨免灾危。"

【当事】 dāng shì 另见 dàng shì。❶ 担当公事,指任职。唐陆贽《兴元请抚循李楚琳状》:"然则~之要,虽罪恶不得不容;适时之宜,虽仇雠不得不用。"宋曾巩《尚书都官员外郎王公墓志铭》:"吾尝闻乡里长老言,公为人倜傥有大志,在外~辄可否,矫矫不可挠。"明王守仁《寄希渊》:"近得郑子冲书,闻与~者颇相抵牾。" ❷ 称本地官员。清《儒林外史》三回:"这华居,其实住不得,将来~拜往,俱不甚便。"又一五回:"先生若爱看诗句,前时在此,有同抚台、藩台及诸位~湖上唱和的一卷诗,取来请教。"

【当头】 dāng tóu 另见 dàng tóu。❶ 当前;前头。唐薛能《牡丹》:"四面宜绨锦,~称管弦。"宋周邦彦《庆宫春》:"弦管~,偏怜娇凤,夜深簧暖笙清。"佚名《张协状元》三四出:"甚么妇女直入厅前,门子~何不止约?" ❷ 当时;当即。唐王梵志《天下浮逃人》:"欲似鸟作群,惊向~散。"五代何光远《鉴诫录》卷一〇:"火落身上~拨,莫待临时叫菩萨。" ❸ 打头,领头。元《秦并六国平话》卷上:"先锋伊虎,肩担一根清风利刃枪出马。"元明《水浒传》三回:"史进~,朱武、杨春在中,陈达在后。" ❹ 迎头;迎面。元明《水浒传》一七回:"邓龙急待挣扎时,早被鲁智深一禅杖~打着,把脑盖劈做两半个。"明《警世通言》卷三五:"(邵氏)提起

解手刀,望得贵~就劈。"

【当午】 dāng wǔ ❶ 正当中午。唐韦应物《冰赋》:"夏六月,白日~。"明张宁《草虫杂图》:"蜻蜓从何来? ~停芳丛。" ❷ 午夜。唐韩愈《和崔舍人咏月》:"过隅惊桂侧,~觉轮停。"宋洪迈《夷坚志》乙卷五:"餘人大率浅下,独道亨作苏属国牧羊北海上,……别画林木扶疏,上有子规,月正~,木影在地。"元萨都刺《七夕后一夜乐陵台上倚梧桐树望月》:"月高~桐影直,不觉衣沾露华湿。"

【当下】 dāng xià ❶ 那时。《全唐诗》卷八〇二楚儿《贻郑昌图》:"曲江昨日君相遇,~遭他数十鞭。"明《拍案惊奇》卷二九:"县宰升堂,收了状词,看是奸情事,乃~捉获的,知是有据。" ❷ 立即;马上。《祖堂集》卷一《释迦牟尼佛》:"期运将至,~作佛。"宋司马光《乞不贷故斗杀札子》:"(魏)简用力去郭昇咽喉上搭一搭,其人~倒地身死。"元《秦并六国平话》卷中:"聊施小计,使秦兵~班师。"《元曲选·杀狗劝夫》二折:"我便噇了你这一钟酒~沾些醉,我便吃了你那半碗面早登时挣的肥。" ❸ 眼下;眼前。清《歧路灯》三三回:"只是~燃眉之急难以周转,因说道:'你说的是,但~二十两银子怎的摆布?'"又四四回:"有撺掇他往西再赶的,有劝他忍耐回家的,各人图~眼净,自做生理。"

【当先】 dāng xiān ❶ 领先;打头。《元曲选·伍员吹箫》三折:"他跃马一拼厮杀,不由我忿气横生怒转加。"清李玉《清忠谱》二折:"兀术四太子手执仙花月斧,匹马~。"《儒林外史》四九回:"后面跟着二十多个快手,两个走到上面,把万中书一手揪住。" ❷ 原先;从前。明《平妖传》六回:"老媳妇亡夫,~原是个火丹道士,与法官同道。"《醒世恒言》卷三五:"~老主人遗嘱不要分开,如何见三官人死了,就撺开这孤儿寡妇?" ❸ 迎面;正面。明《金瓶梅词话》一九回:"~一座门楼,四下几多台榭,假山真水,翠竹苍松。"清《醉醒石》五回:"不一里,~又来了一阵倭子,把人乱赶,却不杀人,不掳妇女,只抢包裹。"

【当心】 dāng xīn ❶ 当中。《敦煌变文校注》卷一《王昭君变文》:"北倚穷荒,南临大汉,~而坐,其富如云。"宋朱熹《答张仁叔晦》:"所论律吕,恐看得未子细,须作一图子,分定十二律之位。却于中间空处别用纸作一小轮子,写五声之位,~用纸条穿定,令可轮转。"郑清之《默坐偶成》:"尘世何人是知己,推窗明月正~。" ❷ 小心仔细。宋元《警世通言》卷三三:"这小二在家里小心谨慎,烧香扫地,件件~。"清《荡寇志》一二一回:"卢俊义在床养伤,吩咐各头领~守备。" ❸ 当面、迎面。宋苏辙《次韵子瞻南溪避世堂》:"柱杖行穷径,围堂尚有林。飞禽不惊处,万竹正~。"吴文英《水调歌头·赋魏方泉望湖楼》:"~千顷明镜,入座玉光寒。"明郑善夫《登云居山二首》之一:"云栈纷~,不敢轻落足。"

【当巡】 dāng xún 值班巡逻。宋佚名《张协状元》八出:"一条扁担,敌得塞幕里官兵;一柄朴刀,敢杀~底弓手。"

【当扬】 dāng yáng 明白显露。唐佚名《大慈恩寺志》卷一〇:"义褒奉敕入朝,与玄奘法师论译经胜处权衡,~弘演。"《祖堂集》卷九《落浦和尚》:"若不~晓示,迷子何以知归?"

【当阳】 dāng yáng ❶ 指佛,参见"当阳佛"。宋曹勋《齐天乐》:"赞真主~,辅成天地。"金《董解元西厢记》卷一:"临坛揖了众僧,叩头礼下~。" ❷ 当下;当场。宋克勤《碧岩录》七则:"一句下便见,~便透;若向句下寻思,卒摸索不着。"《五灯会元》卷二〇《天童咸杰禅师》:"大彻投机句,~廓顶门。"

【当阳佛】 dāng yáng fó 指佛,因佛面南而坐,故称。金《刘知远诸宫调》二:"地惨天愁日无辉,~见也攒眉。"

【当夜】 dāng yè ❶ 上夜;值夜班。明《金瓶梅词话》九三

回:"有～的过来,教他顶火夫,打梆子摇铃。" ❷ 夜间。宋元《古今小说》卷二四:"原来秦楼最广大,便以东京白樊楼一般,楼上有六十个阁儿,下面散铺七八十副卓凳。～卖酒,合堂热闹。"

【当元】 dāng yuán 原来;当初。《元典章·刑部十一》:"～不曾打伤事主,委是梁贤十妄告虚招。"王恽《纠弹良乡尉司非理拷勘刘德林事状》:"今问得尉司司吏刘君祥,并苦主刘德林妻阿张,并～被攞人刘得用词因,俱与所察相同。"

【当原】 dāng yuán 同"当元"。《元典章·户部七》:"仍取本道按察司官～体覆不实招状呈自。"明《清平山堂话本·戒指儿记》:"扯母亲于背静处,说道:'～是儿的不是,坑了阮三郎性命。'"

【当直】 dāng zhí ❶ 值班。《太平广记》卷四九八引《芝田录》:"回于马上厉声曰:'今日～令史安在?'群吏跃马听命。"《元曲选·勘头巾》二折:"〔令史云〕今日该谁～?〔张千云〕小人～。" ❷ 仆役。宋佚名《张协状元》五出:"只被～蒿恼,日夜骂着伊。"宋元《古今小说》卷三三:"带着两个～,行到张公住处。" ❸ 伺候;照料。宋佚名《张协状元》四五出:"〔净〕从小我惜伊,伊去婆亦去。〔合〕病尤未可。〔净〕婆一路～你。"

【当值】 dāng zhí ❶ 同"当直❶"。明《西游记》三三回:"今日这个妖魔无状,怎敢把山神土地唤为奴仆,替他轮流～?" ❷ 同"当直❸"。《元曲选·黑旋风》一折:"孙孔目哥哥到那山上要点烛烧香,回钱了愿,都是你与他～来。"

【当中】 dāng zhōng 中间;正中。唐独孤及《代书寄上裴六冀刘二颍》:"猛虎踞大道,九州～裂。"宋《朱子语类》卷一五:"凡八事,而心是在～,担着两下者。"清洪亮吉《金天宫夜宿》:"辟窗四面且勿卧,星若瓮盎悬～。"

【当作官人】 dāng zuò guān rén 负责土木营建的官吏,也就是将作大匠。《太平广记》卷二八三引《朝野佥载》:"韦庶人葬其父韦玄贞,号酆王。葬毕,葬官人略见鬼师雍文智,诈宣酆王教曰:'～,甚大辛苦,宜与赏,著绿者与绯。'韦庶人悲恸,欲依鬼教与之。未处分间,有告文智诈受贿赂,验遂斩之。"《敦煌变文校注》卷一《孟姜女变文》:"当别已后到长城,当作之官相苦克。命尽便被筑城中,游魂散漫随荆棘。"

dǎng

【当拦】 dǎng lán 阻拦。当,通"挡"。《元典章·刑部十六》:"解到～客旅、沿村扰民、诈骗钱物犯人胡凯等一十二名。"李好文《长安志图》卷下:"旧例,岸两壁无得～巡水道径。"

【挡戗】 dǎng qiàng 重要;急需。清《醒世姻缘传》四八回:"满眼看着,这是件～的东西,这可怎么处?"

【挡头】 dǎng tóu 跑堂的。明《西湖二集》卷一一:"过卖～答应如流而来,酒未至,先设看菜菜碟。"

【挡众】 dǎng zhòng 栅栏。清《粉妆楼》七四回:"那头阵的火眼虎程珮,舞动萱花斧踏进头营,砍去鹿角,挑开～,进了中营。"

【党闭】 dǎng bì 封闭。党,通"挡"。元孔文卿《一枝花·禄山谋反》:"把六宫心事分明的慢,将半纸音书～的悭,教千里途程阻隔的难。"

【党庇】 dǎng bì 包庇;袒护。党,通"挡"。《旧唐书·昭宗纪》:"崔胤怒岠代己,诬奏峣～茂贞故也。"宋《三朝北盟会编》卷二〇七:"既而(万俟)峣弹劾朴,以其兄若虚尝为(岳)飞幕中参

议,故欲～之耳。"明《二刻拍案惊奇》卷三九:"你们专惯与贼通同,故意把这等话～他。"偶亦用作名词。《旧唐书·宣宗纪》:"李德裕先朝委以重权,不务绝其～,致使冤苦直到于今。"

【党护】 dǎng hù 偏袒。党,通"挡"。宋《三朝北盟会编》卷一九三:"臣意庙堂之上,有～虔吉赃吏者,故以此诏为张本也。"明《拍案惊奇》卷三九:"既死之后,如飞蓬断梗,还有甚么亲识故旧来～他的?"清《宛如约》九回:"若疑本院存私～,可将此诗呈与尊翁老先生一览。"

【攩】 dǎng ❶ 推挡。宋周必大《吉州新贡院记》:"若夫视举子之多寡,为广居以待其来,使群试者泮奂优游,无～拟挨挤之患,此则二千石之责也。"明《醒世恒言》卷三四:"把长儿双手～开故意的一跳一舞,跑入巷去了。"按,《类篇》卷六:"攩,止两切,推也。" ❷ 抵挡;挡拦。明张国维《吴中水利全书》卷一八:"其遇边湖、边荡,鳌以石块,谓之～浪。"《醒世恒言》卷一〇:"这般大雪,腹内得些酒肉,还可～得风寒。"清陈元龙《格致镜原》卷四八:"网制不一,随所宜而用之。有塘网,有注网,有撒网,有张丝网,有绰网,有～网……" ❸ 打。明《金瓶梅词话》七六回:"我做奴才,一来也没有干坏了什么事,并没教主子骂我一句儿,～我一下儿。"按,《玉篇》卷六:"攩,胡广切,搥打也。"《类篇》:"又胡旷切,打也。"

【攩戗】 dǎng qiàng 同"挡戗"。清《醒世姻缘传》二回:"破着四五帖十全大补汤,再加上人参、天麻两样～的药,包他到年下还起来合咱玩耍。"

dàng

【当】 dàng 另见 dāng。❶ 抵押;抵押品。唐白居易《自咏老身示诸家属》:"走笔还诗债,抽衣～药钱。"元明《水浒传》三四回:"若是没有,且把公事人～在这里,待你取钱来赎。"明《西游记》四二回:"你假若骗了去,却那里有工夫又来寻你?你须是留些甚么东西作～。" ❷ 料;料想。元明《水浒传》三八回:"宋江偶然酒后思量些鲜鱼汤醒酒,怎～他定要来讨鱼,我两个阻他不住。"明《拍案惊奇》卷二:"那应捕只是见他们行迹跷蹊,故把言语吓着,其实不知甚么根由,怎～得虚心病的露出马脚来。" ❸ 当时;当即。《大唐三藏取经诗话》二则:"法师应曰:'果得如此,三世有缘。东土众生,获大利益。'～便改呼为猴行者。"又六则:"行次至火类坳白虎精。前去遇一大坑,四门陡黑,雷声喊喊,进步不得。法师～把金环锡杖遥指天宫,大叫:'天王救难!'"

【当处】 dàng chǔ ❶ 本处;就地。《敦煌变文校注》卷二《韩擒虎话本》:"登途进发,迅速不停,直到郑州。有先锋(锋)马探得萧磨呵领军二十餘万,陈留下营,具事由回报。上将军杨素闻语,～下营,升帐(帐)而坐。" ❷ 当时;当下。《敦煌变文校注》卷四《降魔变文》:"须达应时顺命,更无低昂,～对面平章,立地便使文契。"

【当价】 dàng jià 另见 dāng jià。典当所得;典当的价格。明《平妖传》一六回:"先生见他沉吟,便道:'员外如若不信,且留画在此,今夜试看。明日来领～。'"清《歧路灯》九三回:"张家老二那一宗地,是二百八十两～。"

【当三钱】 dàng sān qián 宋、明时期的一种货币,以一当三钱。宋周密《癸辛杂识》续集卷上:"至初四日,大雷雨,飞雹大者如～。"元明《水浒传》一二回:"牛二便去州桥下香椒铺里了二十文～。"按,《宋史·食货志下二》:"嘉熙元年新钱当二,并小平钱并以'嘉熙通宝'为文,当三钱以'嘉熙重宝'为文。"《明会

典》卷一五七：“穿钱麻：当十钱每串五百个用一两，当五钱每串五百个用八钱，～每串一千个用一两。”

【当事】dàng shì　另见 dāng shì。当成一回事；认真对待。宋《朱子语类》卷一二一：“孟子所谓弈秋，只是争这些子，一个进前要做，一个不把～。”明《古今小说》卷一：“你老人家女儿多，不把来～了。本乡本土少甚么一夫一妇的，怎舍得与异乡人做小？”

【当耍】dàng shuǎ　闹着玩儿。明《二刻拍案惊奇》卷一一：“惟有夫妻是终身相倚的，一有负心，一生怨恨，不是～可以了帐的事。”清《女仙外史》二三回：“京城内惊天动地，这不是～的事。”

【当头】dàng tóu　另见 dāng tóu。典押或典押品。明《西游记》四二回：“你今要～，情愿将此为当？”清《歧路灯》二四回：“戏房里还撇下四个箱子，两个筒。一来脚重了，路上捞不清；二来就是相公的一个～。”

【当意】dàng yì　中意；合意。《元曲选·梧桐雨》楔子：“六宫嫔御虽多，自武惠妃死后，无～者。”明《型世言》三〇回：“这何知县是个极好男风，眼睛里见不得人。在县里吏书皂快有分模样的，便一齐来～，苦没个～的。”

【当真】dàng zhēn　真正；确实。宋《朱子语类》卷一五：“为子岂不知是要孝？为臣岂不知是要忠？人皆知得是如此。然须～见得子决定是合当孝，臣决定是合当忠，决定如此做始得。”《元曲选·鸳鸯被》一折：“我则道小姐不肯，不想～许了这亲事。”

【荡】dàng　❶ 回荡。唐王训《独不见》：“对酒近初节，开楼～夜谣。”　❷ 空无；没有。《敦煌变文校注》卷二《叶净能诗》：“道士饮一石以来，酒瓮子恰～。”明《西洋记》九〇回：“把个崔判官吓得是抖战，阎罗王也～了主意。”　❸ 冲；冒；撞。《敦煌变文校注》卷四《降魔变文》：“纵猛风以前～，勒毒龙而向后。”《全唐诗》卷八七二佚名《嘲伛偻人》：“拄杖欲似乃，播笏还似支。逆风～雨行，面干顶额湿。”元《武王伐纣平话》卷中：“上马横刀，冲入阵中，独～纣兵。”《元曲选外编·三战吕布》三折：“跨下这匹豹月乌，不刺刺便～番赤兔追风骑。”　❹ 漫步；走。明《醒世恒言》卷三四：“又到街前街后闲～，打探一回，并无影响。”又卷三九：“一路胡思乱想，行一步懒一步，慢腾腾的～至寺中。”　❺ 挥霍。明《醒世恒言》卷三七：“不上三年，将这十万两～得干干净净。”　❻ 水塘。宋范成大《四时田园杂兴三十首》之一四：“湖莲旧～藕新翻，小小荷钱没涨痕。”宋元《清平山堂话本·李翠莲》：“鸡鹅鸭鸟，满～鱼鲜。”元明《水浒传》一五回：“数十株槐柳绿如烟，一两～荷花红照水。”

【荡败】dàng bài　破落；破败。明潘季驯《河防一览》卷一四：“乃至责以不赀之费，磨累无休，身家～。无惑乎合口称苦，不敢承役也。”《拍案惊奇》卷三八：“只是自小父母双亡，家私～，靠着伯父度日。”

【荡费】dàng fèi　挥霍浪费。宋江休复《嘉祐杂志》：“后子孙以券收田，有二孙，府西土腴各百餘顷。不十年，～尽，今丐于市。”明《拍案惊奇》卷三五：“张善无理着大孩儿苦挣，恨着小孩儿～，偏吃亏了，立个主意，把家私匀做三分分开。”清《世宗宪皇帝圣训》卷二六：“如父母之祭葬，必以耗财为孝，独不思～家产，以致不能顾恤品行，辱及先人，其不孝也更为何如？”

【荡风】dàng fēng　除去风寒与风尘。宋曾慥《类说》卷四引郑熊《番禺杂记》：“广俗，未见妻之父母，所嫁女先饮一大杯，谓之～。”

【荡寒】dàng hán　祛除寒冷；御寒。《元曲选·冻苏秦》三折：“这一杯酒与兄弟～咱。”明《梼杌闲评》七回：“一路风吹坏了，小二，拿壶暖酒与大嫂～！”

【荡户】dàng hù　以水塘养殖为业的人家。宋周密《癸辛杂

识》别集卷上：“近闻亭皋～云，每岁夏月南风少，则好藕。晒荷叶遇雨，所著处皆成黑点。”宋元《清平山堂话本·三塔记》：“妈妈得知，出来见了二人，～说救宣赞一事，老妈大喜。”清雍正十三年《浙江通志》卷八三：“嘉靖《浙江通志》：成化二十年，……松江府知府樊莹疏请以荡价抵水乡盐课之半，立～收之。”

【荡罗】dàng luó　撞进罗网。《敦煌变文校注》卷一《伍子胥变文》：“由（犹）如钝鸟～。”《祖堂集》卷四《丹霞和尚》：“直似潭中吞钩鱼，何异空中～鸟。”

【荡马】dàng mǎ　纵马。脉望馆钞本《哭存孝》二折：“阿者，亚子哥哥打围去，围场中～也！”按，明唐顺之《武编》前集卷六：“一有善走坡蓦涧者，名曰跳盪马，聚为一等，可冲突敌阵焉。”盪，通“荡”，故“荡马”有驰马之义。

dāo

【刀】dāo　量词，用于计量纸张，通常以一百张为一刀。明《金瓶梅词话》五一回：“公纸四～，小书一部。”沈榜《宛署杂记》卷一五：“包裹纸十～。”清《歧路灯》九六回：“楼底棚湿，比上棚少一半儿，总之纸得几百～，上千～也不定。”

【刀瘢】dāo bān　由刀划伤的瘢痕。《太平广记》卷一二五引《博异记》：“忽有一客僧当面，鼻额间有故～横断其面。”元王逢《僧莲松桧图歌书遂昌山人郑明德序后》：“松兮桧兮岂偶然，陵霜轹雪兵燹年。箭痕～尽皲裂，用命欲拄将崩天。”明刘嵩《药湖书所见》：“败叶草荒餘箭镞，残兵衣秃见～。”

【刀笔】dāo bǐ　古代用竹笔书于竹简，写错了用刀刮去，所以二者合称。后世多指有关诉讼的文字。元明《水浒传》一八回：“这宋江自在郓城县做押司，他～精通，吏道纯熟。”清《歧路灯》七〇回：“今日得写一个保全骨肉的状，也把一向～造的罪孽减减。”

【刀疮】dāo chuāng　刀伤。唐段公路《北户录》卷三：“相思子有蔓生者。……南人云：‘有～者血，不止痛甚者，取其叶熟捣厚傅之即愈。’”元积《织妇词》：“征人战苦束～，主将勋高换罗幕。”明朱橚《普济方》卷三〇二：“新石灰散，……治～及合口神验。”

【刀疮药】dāo chuāng yào　敷刀伤的药。明《西游记》四六回：“八戒道：‘哥哥，可用～么？’”清《醒世姻缘传》三六回：“又寻下了～并扎缚的布绢，拿了一把锋快的裁刀。”

【刀刀】dāo dāo　同“叨叨”。《祖堂集》卷九《云盖和尚》：“僧曰：‘古人为什摩道直得上上者，亦须击发？’云：‘灼然，撩着便去，谁有你～！’”明方以智《通雅》卷一〇：“条条、悯悯，犹～之声也。”

【刀儿】dāo er　男性外生殖器的隐语。清《一片情》二回：“不是我夸口，也只有我这把～好，又把水氏心提了一把，听他只想着那尺把长的东西。”《醉醒石》一四回：“妇人要嫁，想是妇人好这把～，他来不得，所以生离。”

【刀法】dāo fǎ　❶ 武艺中的刀术。《南史·茹法亮传》：“及明帝居东斋，开阴室，出武帝白纱帽防身～。”明马文昇《为修饬武备以防不虞事》：“虽习舞刀而～未谙，虽习放枪而枪法不知。”清胤禛《朱批谕旨》卷二二三下：“虽有腰刀又素未学习～，持二尺之钝铁敌丈餘之长杆，兵丁胆怯，必至受累。”　❷ 指雕刻时运刀的技术。元吴澄《赠篆刻谢仁父序》：“岂真为其笔法～之工哉？盖庶几其存古而将与好古考文之君子征焉。”明赵宧光《寒山帚谈》卷下：“章法～，世或稍窥，至于字法，全然不省。”清林侗《汾阴宝鼎歌玉刻》：“不但篆法～精妙，即玄玉世所稀见也。”

【刀斧手】 dāo fǔ shǒu ❶ 指军中专用刀斧的兵士。宋《三朝北盟会编》卷二三五:"(王)权于仙宗山上以群～自卫,殊无援意。"清于成龙《上蔡制台南征方略》:"总之,兵不在多,关夫子用～三百,岳武穆用步兵五百,以少御多,诚得乎兵心而已。"佚名《宁海将军固山贝子功绩录》:"养性营盘后有～五百分布左右,名曰后墙。" ❷ 刽子手。宋洪迈《夷坚志》三壬卷三:"约行二十里,到城隍庙,众趋入,……有～夹殿下,黄巾力士、紫衣功曹等,人物甚盛。"明《拍案惊奇》卷七:"～得旨,推出市曹斩讫。"

【刀圭】 dāo guī ❶ 指药物。唐吴筠《形神可固论》:"制伏水银,而为金丹。～入口,天地齐年。"宋许棐《挽吴春伯》:"入门诸子哭塞衣,痛说严君属纩时。病重～难作效,家贫襚含不如仪。"清毛奇龄《赠陈太士序》:"予己未召试,右臂疡发,会太士以长桑剩术遨游京师,藉甚遇王贵人间。折～赠予,立效。" ❷ 指医术。元滕安上《覃怀靳子安圣上潜邸时太医也今其仲子士约由兵部侍郎总管卫辉以便养亲适其父年开八峡将修庆事以翰林李野斋之序乞诗故为赋此》:"畴昔～谁国手,只今兰玉遍君恩。"明祝允明《借韵赠韦博士》:"胸有灵丹熟九还,～能驻世人颜。" ❸ 由中药的量器名而引申指少量。元许谦《酬石抚州判六首》之六:"安得百炼刚,发硎光电彻。就君乞～,为我点凡铁。"明王泽《题方道人壶口》:"归时为间守鼎虎,药□分我才～。"

【刀麻】 dāo má 市语,指脚。元邓玉宾《村里迓古·仕女圆社气球双关》:"俊庞儿压尽满园春,～儿踢倒寰中俏。"《孤本元明杂剧·僧尼共犯》四折:"〔净云〕又好又好,且看你那～儿如何扎作?〔旦伸足云〕你看。"按,清佚名《蹴踘谱》所录《圆社锦语》:"刀马,脚。"刀马,同"刀麻"。

【刀蜜】 dāo mì 即"刀头蜜"。宋谢逸《和洪老赠寂大师》:"众生嗜利欲,如儿舐～。"元王旭《和刘公泽韵》:"万卷尘书两鬓霜,功名心冷更何望。蓼虫纵苦犹堪活,～虽甜不愿尝。"明黄淳耀《和杂诗十一首》之六:"～不可尝,谏果有深意。"

【刀头蜜】 dāo tóu mì 比喻贪图小利而招致大祸。宋薛季宣《读邸报》:"世味～,人情屋上乌。"方岳《满江红·壬子生日》:"人间世,胶中漆,功名事,～。"陈鉴之《古诗四首奉寄陈宗之兼简敖臞翁》之三:"人生如此足,富贵～。"

【刀仗】 dāo zhàng 刀一类的器械。《太平广记》卷四四一引《纪闻》:"猎夫～坠者,象皆为取送还之。"《明史纪事本末》卷六〇:"二年十二月,顺义王谙达子琥都求河西互市,邀索～,朝议绝之。"

【刀杖】 dāo zhàng 同"刀仗"。《旧唐书·崔器传》:"驾入城,令陷贼官立于含元殿前,露头跣足抚膺顿首请罪,以～环卫。"元危亦林《世医得效方》卷二〇:"病者……梦见黑衣及兽物捉～相怖。"清王士禛《池北偶谈》卷二六:"妾厉声曰:'鼠子不足辱吾～,且乞汝命,后勿复来送死!'"

【叨】 dāo 另见 tāo。(絮烦地)说。清《醒世姻缘传》五八回:"这天多昝了?还不家去?在人家攘血刀子～瞎话!"又六五回:"这些烦言碎语,不必细～。"

【叨叨】 dāo dāo 唠叨。金《刘知远诸宫调》一二:"李洪信,～地,何曾住口。"清《红楼梦》七五回:"贾珍见他酒后～,恐人听见不雅,连忙用话解劝。"

【叨叨忉忉】 dāo dāo dá dá 唠叨;絮烦。宋《大慧普觉禅师书·答吕郎中隆礼》:"写得如此分晓了,又却更来～地问。"

【叨叨絮絮】 dāo dāo xù xù 话多;絮烦。《元曲选·虎头牌》一折:"则见他左来右去再说不出甚亲人,为甚么～占着是迷丢没邓的混。"

【叨登】 dāo dēng ❶ 应试得中或升任官职的谦词。明王恕《蒙赐诰命谢恩奏状》:"臣性资粗率,学术荒芜,～进士之科,滥与翰林之选。"李东阳《求退录》:"况臣～一品之阶,兼给两官之俸,非但难于报称,亦将累积愆尤。"清李光地《辞大学士不允恭谢疏》:"臣学浅才庸,起家寒陋,早岁～科第,历受三朝厚恩。" ❷ 闹腾;搅扰。清《红楼梦》六一回:"如今厨房在里头,保不住屋里的人不去～,一盐一酱,那不是钱买的?"又六三回:"琴姑娘罢了,他在大奶奶屋里,～的大发了。" ❸ 传扬;散布。清《红楼梦》六一回:"不是这样说,你一应了,未免又～出赵姨奶奶来。"又七二回:"他们发昏,没记上,又来～这些没要紧的事。"

【忉怛】 dāo dá 絮烦;唠叨。宋《朱子语类》卷八三:"要之,圣人只是直笔据见在而书,岂有许多～?"《三朝北盟会编》卷五五:"国相曰:'不须～。'"《五灯会元》卷一六《雪峰思慧禅师》:"如今每日鸣鼓升堂,切切怛怛地,问者口似纺车,答者舌如霹雳。"

【忉忉】 dāo dāo 同"叨叨"。宋欧阳修《与韩忠献王稚圭》:"南北辽远,音信稀频。辄此～,以烦视听。"《法演语录》卷上:"神通妙用不欠丝毫,通人分上何用～?"明刘麟《与张石川》:"因其复命,～祈请,不厌不倦,以俟后教。"

dǎo

【导从】 dǎo cóng 古时帝王、贵族、官僚出行,前驱者称导,后随者称从,合称导从。唐薛用弱《集异记·裴珙》:"有贵人,～甚盛。"元明《水浒传》八二回:"军士～,仪卫不断,异香缭绕,直至忠义堂前下马。"清朱彝尊《执金吾丞武君碑跋》:"缇骑二百人,舆服～,光满道路。"

【导引】 dǎo yǐn 导气引体,一种呼吸和肢体运动配合进行的养生方法。唐慧琳《一切经音义》卷一八:"凡人自摩自捏,申缩手脚,除劳去烦,名为～。"明《金瓶梅词话》六七回:"西门庆取毕耳,又叫小周儿拿木滚子滚身上,行按摩～之术。"清《水浒后传》二八回:"高宗退到偏殿,又与公孙胜叙谈～之法。"

【捣】 dǎo ❶ 春捶。唐杜甫《雨》之一:"柴扉临野碓,半湿～香粳。"元明《水浒传》四回:"那庄家连忙取半只熟狗肉,～些蒜泥,将来放在智深面前。" ❷ 吃喝。多含贬义。《元曲选·老生儿》楔子:"引孙,你那穷弟子孩儿,一世不能勾长俊的,与你嗑脓～血!将去!"明《金瓶梅词话》五二回:"我晓得你也不怕死了,～了几钟酒儿,在这里来鬼混。"清《聊斋俚曲·慈悲曲》:"张炳之也没吃不下饭去,临了剩一大些,李氏才说:'张讷子,你来～些罢。'" ❸ 冲击。元明《水浒传》一〇〇回:"即细细标写众将功劳,及张清、琼英擒贼首～贼巢的大功。"明梁辰鱼《浣纱记》三八出:"衔枚暗渡,直～吴营,左右夹攻,表里受敌,无不胜矣。" ❹ 倒换。明《金瓶梅词话》四五回:"把旧文书收了,另～五百两银子文书就是了。"又六七回:"左右他只要～合同的话,教他过了二十四日来罢。"清《歧路灯》五九回:"看来这宗银子,要向街上赊东西,向当铺典当才好。久后赌博～成官账,就好清还了。"

【捣包】 dǎo bāo 同"倒包"。清《醒世姻缘传》三二回:"千～,万～,骂个不住。"

【捣鬼】 dǎo guǐ ❶ 装神弄鬼;向鬼神祈祷。明《西游记》二四回:"行者道:'只讲老孙会～,原来这道童会捆风。'"汤显祖《牡丹亭》三六出:"〔生〕小姐～。〔旦笑介〕秀才～,不是俺鬼奴台妆妖作乖。"清《红楼梦》九六回:"刘姥姥也急忙走到炕前,嘴里念佛,～了些鬼,果然凤姐好些。" ❷ 耍花招;说谎。《元曲选·青

衫泪》三折："我刘一郎何曾～,小老婆多应失水。"明《西游记》四〇回："你这个泼怪物,今日该死了,怎么在老孙面前～?"《拍案惊奇》卷六："看看天晚,只见扑的把门关上了。卜良疑是尼姑～,却放心未下。"

【捣喇】dǎo lā 弹唱;演唱。明《金瓶梅词话》六四回："内臣斜局的营生,他只喜《蓝关记》～小子胡歌野调,那里晓的大关目悲欢离合。"清《续金瓶梅》四五回："平日学了一套走街的四不应《山坡羊》弦子,遂把一生事儿编成～《张秋调》,好劝世人休学我应花子没有后程。"按,明沈榜《宛署杂记》卷一七:"弹唱人曰倒儸。"倒儸,同"捣喇",又作"倒喇",本蒙古语。明火原洁《华夷译语》:"唱,倒喇。"

【捣熟】dǎo shú ❶ 舂烂。唐刘恂《岭表录异》卷中:"南中酝酒即先用诸药,别淘漉粳米晒干,旋入药和米。"明曹学佺《蜀中广记》卷六:"诸堰皆甃以石,范铁以关其中,以桐油石灰杂麻丝～,密且罅漏。" ❷ 即"倒熟话"。清《红楼梦》庚辰本四五回:"可是我糊涂了,正经说的话儿不说,且说陈谷子烂芝麻的混～。"

【捣虚】dǎo xū 攻击敌方空虚之处。宋《三朝北盟会编》卷一一:"四军者以全师抗我,则燕山可以～而入。"《元曲选外编·渑池会》三折:"魏吴起犒士卒亲吮疽,武安君出奇兵快～。"清陈景云《韩集点勘》卷四:"自是贼势日蹙,专备北境,故西师得成～之功。"

【捣子】dǎo zi 指流氓光棍。元明《水浒传》三二回:"这一二十个尽是为头的庄客,餘者皆是村中,都拖枪拽棒,跟着那个大汉,吹风胡哨,来寻武松。"明《金瓶梅词话》一九回:"单表西门庆从门外夏提刑庄子上吃了酒回来,打南瓦子里头过。平昔在三瓦两巷行走耍子,～每都认的。——那时宋时谓之,今时俗呼为光棍是也。"又用为对人的鄙称。元明《水浒传》二五回:"王婆道:'如今这～病得沉重,趁他狼狈里,便好下手。'"清《荡寇志》七五回:"寻了个大客店,父女二人下马。两个～牵了头口进去。"

【倒】dǎo 另见 dào。 ❶ 卧地;躺倒。唐白居易《九日宴集醉题郡楼兼呈周殷二判官》:"从事醒归应不可,使君醉～亦何妨。"宋杨万里《暮宿半途》:"幸逢春小暗,～睡莫解衣。"清《红楼梦》一九回:"(黛玉)说着,将自己枕的推与宝玉,又起身将自己的再拿了一个来,二人对面～下。" ❷ 垮掉;崩塌。唐韩愈《题韦氏庄》:"架～藤全落,篱崩竹半空。"寒山《可惜百年屋》:"可惜百年屋,左～右复倾。" ❸ 断;停。宋陆游《老学庵笔记》卷六:"吏勋封考,笔尖不～。"意为吏、勋等四曹公文甚多,笔下忙个不停。《元曲选外编·西厢记》五本一折:"姐姐往常针尖不～,其实不曾闲了一个绣床。"清《儒林外史》五回:"严监生喉咙里痰响得一进一出,一声不～一声的,总不得断气。" ❹ 定;妥。多用在动词之后作补语。《元曲选·灰阑记》楔子:"只是你家有个大浑家哩,我女孩儿过门来,倘或受他欺负,又不如在家的好。也要与员外说个明白,一发讲～了,才好许你这亲事。"明《二刻拍案惊奇》卷四:"次日起来,看了红花,讲～了价钱。"《杨家府》卷八:"乃令军士把鬼王绑缚,放于炉中,将铁罩罩～。" ❺ 调换;兑换。《元曲选外编·金凤钗》四折:"兀那银匠,我有些东西,～些钱使。"《元典章·户部六》:"江南镇店买卖辏集,每～昏钞,直须远赴立库去处倒换。"或指兑换率。明《禅真后史》三六回:"我估这十块金子,约莫有五十餘两,火色赤亮,足有七八,五七三百五十两银子。" ❻ 搬移;腾挪。宋王禹偁《量移后自嘲》:"便似人家养鹦鹉,旧笼腾～入新笼。"明《古今小说》卷一:"急的陈大郎性发,倾箱～箧的寻遍。"清《醒世姻缘传》四八回:"你问甚么,你可～那布袋还钱。" ❼ 自上而下地批转(公文等)。宋元《古今小说》卷三九:

"江淮宣抚司刘光祖将事情装点大了,奏闻朝廷。旨意～下枢密院,着本处统帅约会各郡军马,合力剿捕。"明《醒世恒言》卷二七:"这一篇章疏奏上,天子重瞳亲照,怜其冤抑,～下圣旨,着三法司严加鞫审。"

【倒班】dǎo bān 轮换;轮班。《元曲选·范张鸡黍》一折:"您子父每每轮替着当朝贵,～儿居要津,则欺瞒着帝王子孙。"

【倒包】dǎo bāo 犹"掉包",指冒名顶替者。明沈榜《宛署杂记》卷一:"嘉隆末,畿民困敝,不及时至,则雇市井无赖充之,名曰～。"清《醒世姻缘传》五四回:"(尤聪)再要改行,没了资本,往衙门里与人替差使做～。"《聊斋俚曲·禳妒咒》:"譬如两厨子打发主人,省事的着人做,费事的着咱做;不就是挣赏的人去干,～的咱去干?"

【倒扁儿】dǎo biǎn er 挪借钱物。清《红楼梦》二四回:"况且如今这个货也短,你就拿现银子到我们这小铺子里来买,也还没有这些,只好～去。"按,"扁儿"本指钱。明《金陵六院市语》:"铜钱则为扁儿。"这里扩大到货物。

【倒断】dǎo duàn ❶ 判断;决断。宋《朱子语类》卷一二:"(动静)二者须有个思量～始得。"宋元《清平山堂话本·简帖和尚》:"似此三日,山前行正在州衙门前立,～不下。"明冯惟敏《朝天子·四术》:"无～差分寸,处心医富不医贫。" ❷ 休止;了结。宋《大慧普觉禅师书·答吕郎中隆礼》:"老鼠入牛角,便见～也。"《元曲选·金钱记》三折:"钱也,我自道你有姻缘成就,钱也,谁承望你无～阻隔绸缪。"又《任风子》三折:"你不家去呵,与我个～,你休了我者。"明《西游记》八七回:"我向时闻得说,那郡侯撒泼,冒犯天地,上帝见罪,立有米山、面山、黄金大锁,直等此三事～,才该下雨。" ❸ 清楚;明白。明《二刻拍案惊奇》卷六:"亦且妻子随着别人已经多年,不知他心腹怎么样了,也要与他说个～。"△清《儿女英雄传》二六回:"(何玉凤)无法,只得自己表明心迹,说个～。"

【倒换】dǎo huàn ❶ 掉换;兑换。《元典章·户部六》:"民间将昏钞赴平准库～至元宝钞,以一折五。"《元曲选外编·五侯宴》一折:"～过文书,当日个约定觅自家做乳母,今日个强赖做他家里的买身躯。"元明《水浒传》五七回:"呼延灼把鞭里料袋解下来,取出些金带～的碎银两,把与酒保。" ❷ 变换;更换。《元典章·刑部五》:"自大都给驿,至通州～站船。"元明《水浒传》三回:"鲁提辖剃除头发,削去髭须,～过杀人姓名。"

【倒架】dǎo jià 指失去气派、体面、身分等。明《金瓶梅词话》六〇回:"大官人,你看花子,自家倒了架,说他是花子。"《拍案惊奇》卷三:"天教我这番倒了架!倘是个不良人,这样神力,如何敌得?"

【倒口】dǎo kǒu 改口。明《金瓶梅词话》八七回:"王婆只推他大娘子分付,不～要一百两银子。"清《醒世姻缘传》五一回:"小珍哥绰了张瑞风的口气,跟了回话,再不～。"

【倒沫】dǎo mò 纠缠。清《醒世姻缘传》三八回:"他摇头不摔脑的,那里肯听!～到日头待没的火势,方才同着狄周回到下处。"又五八回:"他～寻趁你,你白日里躲着些儿。"

【倒弄】dǎo nòng ❶ 耍弄。明《西游记》五二回:"行者道:'我把你这个不知死的孽畜!你～圈套白昼抢夺我物,那件儿是你的?'"《醒世恒言》卷二七:"或者自生得有子女,要独吞家业,索性个斩草除根的手段。" ❷ 折腾。明《西游记》六七回:"但说要了田,就要养马当差,纳粮办草,黄昏不得睡,五鼓不得眠,好～杀人也!"清《红楼梦》一〇回:"他们大家商量着立个方子,吃了也不见效。～得一日换四五遍衣裳,坐起来见大夫,其实于病人

没益。"

【倒身】 dǎo shēn 使自身倾倒（于某事某处），喻指迷恋、沉溺。宋元《清平山堂话本·错认尸》："且说乔俊在东京卖丝，与一个上厅行首沈瑞莲来往，～在他家使钱。"明《拍案惊奇》卷三六："晓得他心事如此，～在里头做马泊六，弄得他两个情热如火。"有时实指嫖娼。明《二刻拍案惊奇》卷四："那人笑道：'只是眼嫖，怕适不得甚么兴。'张贡生也笑道：'怎便晓得学生不～？'"

【倒熟】 dǎo shú 重复说同样内容的话，意为唠叨、啰唆。清《儒林外史》三二回："这是甚么要紧的事，只管跑了来～了！"

【倒熟话】 dǎo shú huà 即"倒熟"。清《儒林外史》三一回："臧三爷道：'……不然，我就替你陪着客，你就到汪家走走。'杜少卿道：'三哥，不要～。你这位贵老师总不是甚么尊贤爱才，不过想人拜门生，受些礼物。'"

【倒腾】 dǎo téng ❶ 出卖。明《金瓶梅词话》九三回："又过了不上半月，把小房～了，却去赁房居住。" ❷ 向上飞腾。明《徐霞客游记》卷七下："轩中水由亭沼中射空而上，沼不大，中置一石盆，盆中植一锡管，水自管～空中，其高将三丈。"

【倒头】 dǎo tóu ❶ 躺下；睡卧。宋梅尧臣《李审言遗酒》："空肠易醉忽酩酊，～梦到上帝前。"元明《水浒传》二五回："这贴心疼药，太医叫你半夜里吃，吃了～把一两床被发些汗，明日便起得来。"明《拍案惊奇》卷六："那小尼是年纪小的，～便睡，任人搬破了门，也不会醒。"按，"头"有"身"义，"倒头"就是指"倒身"，故有此义。 ❷ 掉头，旋转头颈。宋张杲《医说》卷四："水喘：有人先因咳嗽发喘，胸膈痞闷，难于～，气上凑者，宜早利水道，化痰下气。"明朱橚《普济方》卷一六二："人壳散：治七情所伤，饮食不美，忧闷之气，忽患咳嗽有痰，～不得，气急喘促，睡卧不得。" ❸ 死的婉词。明《金瓶梅词话》七九回："原来西门庆一～，棺材尚未曾预备。"《二刻拍案惊奇》卷四："只要父亲一～，便思量摆布这庶母幼弟，占他家业。"清《绿野仙踪》四三回："咱们泰安绅衿家，还有父母一～就去嫖的，也没见雷劈了七个八个。" ❹ 低头。清《醒世姻缘传》二八回："倒下头去细看，真真的严列星，有甚岔路！"又六四回："那牛头见了他，那牛头跪着，只递降书；那马面见了他，那马面～，就递降表。"

【倒头经】 dǎo tóu jīng 人死后请僧、道诵念的经文。明《西游记》五六回："这长老甚不忍见，即着八戒：'快使钉钯筑个坑子埋了，我与他念卷～。'"《金瓶梅词话》六三回："大门首扎七间榜棚，请报恩寺十二众僧人先念～。"清《醒世姻缘传》七四回："我告状回来，我叫十二个和尚，十二个道士，对着你合小春子、小冬子念～，超度你三个的亡灵。"

【倒下】 dǎo xià 腾出。《元曲选·单鞭夺槊》楔子："某因追赶唐元帅，到此介休城，谁想他一座空城。"《元曲选外编·千里独行》楔子："俺今夜～个空营，着悬羊击鼓，饿马提铃，……那其间方可拿得张飞。"

【倒牙】 dǎo yá 改口；松口。明《型世言》九回："霍氏道：'列位老人家，我丈夫不知仔么，他日后把些差拨来，便这几两银子，也不彀使用……'张三道：'你如今须是女户，谁差的着？'霍氏还不肯～。"又二八回："跑了两日，颖如只是不～。"

【倒运】 dǎo yùn 倒霉。明《金瓶梅词话》九二回："这个郎君也早合当～，就吐实话，泄机与他。"清《儒林外史》三回："我自～，把个女儿嫁与你这现世宝穷鬼，历年以来，不知累了我多少！"

【倒灶】 dǎo zào 倒霉。《元曲选·桃花女》四折："敢是这老儿没时运，倒了灶也。"明《二刻拍案惊奇》卷三七："我说你福薄，前日不意中得了非分之财，今日就～。"有时特指生意破败、

商家破产。清《歧路灯》六六回："只缘弟这番在南省买货，那开行的倒了灶，拿的银子去，再缴不完庄。"按，民国五年序刊本《盐山新志》卷二四："倒灶，运去也。"

【倒枕捶床】 dǎo zhěn chuí chuáng 形容心绪烦乱，不能成眠。元关汉卿《调风月》三折："短叹长吁，千声万声，～，到三更四更。"明《拍案惊奇》卷二六："又且想着他两个此时快乐，一发睡不去了，～了一夜。"

【倒指】 dǎo zhǐ 屈指计数。《五灯会元》卷一二《江州归宗可宣禅师》："云曰：'与和尚相别几年？'宣曰：'四年矣。'"宋葛长庚《水调歌头》："只把随身风月，便做自家受用，此外复何求？～两三载，行过百来州。"金《董解元西厢记》卷六："～试期，几一月矣。三两日定行。"

【蹅浑水】 dǎo hún shuǐ 勾引已同别人有私情的妇女。明《欢喜冤家》一回："花林有个朋友，名唤李二，要去～，二娘不肯，后来被他撞破了。"

dào

【到】 dào ❶ 至于（达到某种程度）。唐杜甫《醉时歌》："得钱即相觅，沽酒不复疑。忘形～尔汝，痛饮真吾师。"宋赵以夫《贺新郎》："追忆兰亭当日事，尽凄凉也胜卢全屋。应不～，羡金谷。"明《醒世恒言》卷二九："众友问道：'为甚事就～杖责？'" ❷ 副词。借作"倒（dào）"，反倒、却。唐韦应物《送元仓曹归广陵》："旧国应无业，他乡～是归。"《元典章·刑部四》："今张驴儿张奸所捉获，其刘三一将张驴儿头发挽抓不放。拒敌上，被张驴儿用刀子扎伤身死。"明《醒世恒言》卷一九："程万里仔细看那女子，年纪～有十五六岁，生得十分美丽。" ❸ 借作"道"，可表言说义。唐罗虬《比红儿》："从～世人都不识，也应知有杜兰香。"《词林摘艳》卷二佚名《好事近》："我只听的粉墙内佳人欢笑，笑～春光好。" ❹ 表知、觉义。唐李商隐《富平少侯》："七国三边未～忧，十三身袭富平侯。"宋黄庭坚《画堂春》："水风山影上修廊，不～晚来凉。" ❺ 同"得❿"，用在动词之后引出结果补语。宋张方平《论国计出纳事》："庆历五年，又将江南所铸一大铜钱一十万当小钱一百一十万贯支使。"岳飞《辞男云特转恩命札子》："虽有薄效，殊未曾立～大功。"明丘濬《进大学衍义补表》："臣所撰《大学衍义补》一百六十卷，补前书一卷，目录三卷，共成四十帙。谨奉表随进以闻。" ❻ 借作"道"，量词。明《西游记》九〇回："其餘攻退之方，紧慢之法，各有七十二～解数。"

【到不的】 dào bù de 轮不到。清《野叟曝言》二五回："便算是大盗、宫女，咱放走了，须～你这厮来放屁辣骚。"《醒世姻缘传》五八回："但这缺该算着是薛大哥补，还～我跟前哩。"

【到不得】 dào bù de 达不到；比不上。宋《朱子语类》卷一三："更不可去路上左过右过，相将一齐～。"明《拍案惊奇》卷六："你自逞标致，好歹～狄夫人！"清《东周列国志》一回："却说宣王虽说勤政，也～武王丹书受戒，户牖置铭。"

【到处】 dào chù 处处。唐高适《送田少府贬苍梧》："江山～堪乘兴，杨柳青青那足悲。"《敦煌变文校注》卷五《佛说阿弥陀经讲经文（一）》："僧家和合为门，～悉皆一种。"《元曲选·汉宫秋》一折："我看你眉扫黛，鬓堆鸦，腰弄柳，脸舒霞，那昭阳～难安插。"

【到大】 dào dà ❶ 何等；多么。强调程度高。唐王梵志《富儿少男女》："～耶（爷）没忽，直似饱糠牲。长大充兵仆，未解

起家门。"明汤式《一枝花·赠钱塘镊者》:"也藏着桑柘连村雨一犁,～便宜。" ❷ 到头来;终究。唐王维《黄雀痴》:"～啁啾解游颺,各自东西南北飞。"《元曲选外编·渑池会》二折:"我夜月离秦邦,飞星投赵国,无瑕玉宝得全归,～是喜、喜。"汪元亨《醉太平·警世》:"度流光电掣,转浮世风车,不归来～是痴呆。"

【到大来】 dào dà lái ❶ 即"到大❶"。元高文秀《一枝花》:"把人间万事都忘,～散诞逍遥。"《元曲选·望江亭》一折:"怎如得您这出家儿清静,～一身散诞。" ❷ 即"到大❷"。元薛昂夫《端正好·高隐》:"我比你少忧愁省烦恼无祸灾,～无是无非快活煞我。"《元曲选·合同文字》三折:"则待要墓儿中埋葬俺这先父母,一会家烦恼上眉头,安住～是苦、苦。"

【到得】 dào de ❶ 抵达。唐李频《过长江伤贾岛》:"～长江闻杜宇,想君魂魄也相随。"元宋禧《七月廿五日题崇安驿壁》:"～崇安驿,初闻打鼓声。"清毛奇龄《鹧鸪天》:"几回欲向沙头路,～沙头路转深。" ❷ 等到。唐吴融《闲书》:"回看带砺山河者,～危时没旧勋。"宋杨万里《辛亥元日送张德茂自建康移帅江陵》:"～我来恰君去,正当腊后与春前。"明张佯《阅古件寄简子启八首》之二:"～西风尘土净,芙蓉秋水净涓涓。" ❸ 达到(某种程度)。宋《朱子语类》卷一四:"能虑,则是前面所知之事～,会行得去。如平时知得为子当孝,为臣当忠,到事亲事君时,则能思起其曲折精微而得所止矣。"元许衡《鲁斋遗书》卷二:"问不迁怒。曰:'是圣人境界之事也,如何便～。'"清毛奇龄《寄奉上蔡张先生》:"就正无日,若～立志,自当造庑下,以究指趣。" ❹ 倒是。明《古今小说》卷二:"田氏道:'我宁可终身守寡,也不愿随你这样不义之徒。若是休了～干净,回去烧个利市。'"

【到得那里】 dào de nǎ lǐ 到得了哪种程度、地步,意为不会有多大能耐或作为。《元曲选·小尉迟》一折:"凭着我坐下马手中枪,有万夫不当之勇,料他～!"明《西游记》五五回:"量你这两个毛人～,都上来,一个个仔细看打!"《拍案惊奇》卷三:"量一个妇女,～!"

【到底】 dào dǐ ❶ 到尽头;到顶。五代贯休《秋居寄王相公三首》之三:"气与非常合,常人争得知。直须穷～,始是出家儿。"元杜仁杰《耍孩儿·喻情》:"铁球儿漾在江心内,实指望团圆～。"明王守仁《传习录》卷下:"吾心良知既不能扩充～,则善虽知好而不能着实好了,恶虽知恶而不能着实恶了,如何得意诚?" ❷ 副词。终究;始终。唐李山甫《秋》:"邹家不用吹律暖,～荣枯也自均。"宋张詠《寄郝太冲》:"新编～将何用,旧好如今更有谁?"元曹伯启《遣闷》:"从前狡狯今谁在?～繁华总属空。" ❸ 副词。毕竟;必定。《元曲选·金钱记》二折:"等他酒醒了呵,我～不饶了他哩!"明魏校《息争讼以免讼罪》:"强梁者不得好死,教唆者～伤身。"清《红楼梦》二四回:"你小人儿家很不知好歹,也～立个主见,赚几个钱,弄穿得穿吃得吃的,我看着也喜欢。"

【到敢】 dào gǎn 同"倒敢"。元陶宗仪《辍耕录》卷五:"仲谦只有一布衫,或须浣濯补纫,必俟休假日,……(雷彦正)时为使,偶戏谓曰:'外郎穿布衲,～裹着珍珠。'"元明《水浒传》六一回:"小乙可惜夜来不在家里,若在家时,三言两语盘倒那先生,～有场好笑。"

【到官】 dào guān 到官府受审。明《古今小说》卷二:"知县当时金禀差人提田氏～。"《拍案惊奇》卷二:"你家不见了妹子,如此打官司,不得了结,必竟得妹子到了官方住。"

【到口】 dào kǒu 吃;尝尝。宋洪迈《容斋随笔》卷八:"渊明在彭泽,悉令公田种秫,……然仲秋至冬,在官八十馀日,即自免去职。所谓秫秔,盖未尝得颗粒～也。"元明《水浒传》四回:"智深见他躲开,便扯一块狗肉,看着上首的道:'你也～。'"

【到了】 dào liǎo ❶ 到头、到最后。唐罗隐《吴门晚泊寄句曲道友》:"未知～关身否,笑杀雷平许远游。"宋张詠《遣兴勉友人》:"人生三万六千日,二万日中愁苦身。惟有无心消得过,有心～是痴人。"清《红楼梦》二八回:"姊妹们从小儿长大,亲也罢,热也罢,和气～,才见得比人好。" ❷ 副词。到底;终究。《续资治通鉴长编》卷二六五:"且容问天地神堂～是北朝地土,是南朝地土?"金王若虚《别家》:"～身安是本图,何须身外觅浮虚。"元张养浩《李斯赵高》:"秦室斯高两巨奸,崎岖心计各求安。阛门～归诛灭,本欲谩君却自谩。" ❸ 等到。明韩邦奇《见闻考随录》三:"自古如汉唐宦官,把那君子都杀尽,～袁绍、朱温来时,尽行诛戮。岂非自剥其庐乎?"

【到且】 dào qiě 语气副词。反而、反倒。明《金瓶梅词话》二四回:"寻常时在俺每根前一提精细撇清,谁想暗地却和这小伙子儿勾搭。"又二五回:"你老人家～急性,也等我慢慢儿的打发将来。"

【到头】 dào tóu ❶ 到顶;达到最高程度。唐吕岩《绝句》:"莫言大道人难得,自是功夫不～。"《敦煌变文校注》卷三《燕子赋(一)》:"将作你吉达～,何期天还报你!"宋《朱子语类》卷一二:"方问:'乃是敬贯动静?'曰:'～底人,言语无不贯动静者。'" ❷ 终究;到底。唐孙元晏《郁林王》:"喜字漫书三十六,～能得几多时?"《元曲选·争报恩》一折:"夜盆儿刷杀～臊。"明刘嵩《见城西有撤民居为濠者》:"昔人城里筑基牢,撤屋新来又作濠。濠底土为城上土,～谁下复谁高?"

【到头来】 dào tóu lái 犹"到了❶"。宋张元幹《送言上人往见径山老十四韵》:"所得能几多,造业不知数。生死～,请问末后句。穷汉未必穷,富汉岂真富。"明丘濬《甲午岁舟中偶书》:"老～不自知,畏途犹自苦奔驰。"清《红楼梦》五回:"说甚么天上蟠桃盛,云中杏蕊多,～谁把秋捱过?"

【到于】 dào yú 到达(某地某时)。《大宋宣和遗事》前集:"不多时,拿得贾弈～金阶之下。"明《金瓶梅词话》一八回:"打马正往家走,～东街口,撞见冯妈妈从南来。"《二刻拍案惊奇》卷二:"～是日,合乡村男妇儿童无不毕赴,同观社火。"

【到转】 dào zhuàn 同"倒转❸"。清《平山冷燕》一七回:"若要十分小心,～被他看轻了。"

【倒】 dào 另见 dǎo。❶ 倾出(酒、茶等液体)。唐杜甫《寄高适》:"定知相见日,烂漫～芳樽。"宋欧阳修《西斋手植菊花过节始开偶书奉呈圣俞》:"我有一樽酒,念君思共～。"清《红楼梦》六二回:"我见你两个半日没吃茶,巴巴的～了两钟来,他又走了。" ❷ 把已经付出的要回来。明《拍案惊奇》卷二:"若不与滴珠些东西,后来吴大郎相处了,怕他说出真情,要～他们的出来。"清《醒世姻缘传》五回:"一家找出,一家又要～人,两边相持争闹。" ❸ 副词。a) 却;反而;可是。表转折语气。唐慧立、彦悰《大慈恩寺三藏法师传》:"法师因何不共忧之,～为欣笑?"《元曲选·汉宫秋》二折:"某再三苦谏,说岂可重女色失两国之好,汉主～要杀我。"清《红楼梦》四三回:"你二奶奶的生日,老太太都这等高兴,上下众人都来凑热闹,他～走了。"b) 表让步语气。清《红楼梦》一五回:"这事～不大,只是太太再不管这样的事。"c) 表反问语气。清《红楼梦》三一回:"姑娘～是和我辩嘴呢,是和二爷辩嘴呢?"

【倒踏门】 dào chǎ mén 即"倒踏门"。明《西游记》八回:"他见我有些武艺,招我做了家长,又唤做～。"

【倒大】 dào dà ❶ 绝大;极大。《元曲选外编·西蜀梦》一

折："～个张车骑,今日被人死羊儿般剁了首级。"马致远《蟾宫曲·叹世》:"～江湖,也避风波。"曾瑞《快活三过朝天子·警世》:"全身远害～福,驾一叶扁舟去。" ❷副词。十分;非常。宋赵必璋《贺新郎·寿陈新渌》:"户外红尘飞不到,受人间～清闲福。"金《刘知远诸宫调》一:"此夜潜龙向心中～惊然。"《元曲选外编·西厢记》二本楔子:"我将不志诚的言词赚,倘或纰缪,～羞惭。"

【倒大来】 dào dà lái ❶即"倒大❶"。《元曲选·误入桃源》二折:"～福分也么哥! ～福分也么哥! 恰做了襄王一枕高唐梦。" ❷即"倒大❷"。金《刘知远诸宫调》二:"洪义心胸～乖劣。"元马致远《四块玉·叹世》:"种春风二顷田,远红尘千丈波,～闲快活。"

【倒敢】 dào gǎn 或许;有可能。元明《水浒传》六回:"何不教智深去那里住持,～管的下。"又二四回:"西门庆道:'～是花胳膊陆小乙的妻子?'"

【倒挂子】 dào guà zi 一种鸟。宋李之仪《阮郎归》"朱唇玉羽下蓬莱"自注:"朱唇玉羽,湖湘间谓之～,岭南谓之梅花使,十二月半方出。"庄绰《鸡肋编》卷下:"广南有绿羽丹嘴禽,……栖集皆倒悬于枝上,土人呼为～。"

【倒见】 dào jiàn 佛经以不信守佛法为颠倒妄见,世俗兼指不孝或泛指偏见。唐王梵志《只见母怜儿》:"耶娘不采括,专心听妇语。生时不恭养,死后祭泥土。如此～贼,打煞无人护。"明邹元标《星子县新迁儒学记》:"夫世每以科名多寡为盛衰,此～也。"

【倒踏门】 dào tà mén 入赘;做上门女婿。明《金瓶梅词话》一八回:"二娘没嫁蒋太医,把他～招进去了。"贾凫西《木皮词》:"石敬瑭夺了他丈人的碗,～的女婿靠着娇娃。"

【倒厅】 dào tīng 指朝北的厅或正厅之后对着后院开门的屋子。清《醒世姻缘传》一四回:"又将他跟从的人都安置在～里吃酒向火。"《红楼梦》六回:"说着便叫小丫头到～上悄悄打听打听,老太太屋里摆了饭没有。"△《儿女英雄传》一四回:"进了屏门便是一所四合房,三间正厅,三间～,东西厢房。"

【倒褪】 dào tuì 倒退;向后退。《元曲选·杀狗劝夫》一折:"我为甚么抽也波身,却～? 其实当不过那百般的心性狠。"明《古今小说》卷四:"阮三～几步,候小姐近前,两手相挽,转过床背后,开了侧门,又到一个去处。"

【倒箱会】 dào xiāng huì 宋代江浙一带民间风俗,待女儿全部出嫁后大宴亲朋。宋庄绰《鸡肋编》卷下:"江浙人家生女多者,俟毕嫁,亦大会亲宾,谓之～。"

【倒须钩】 dào xū gōu 钩上有旁出的尖锋,方向与钩尖相反,扎进后不易挣脱。明《西游记》四二回:"那天罡刀都变做～,狼牙一般,莫能褪得。"冯惟敏《红绣鞋》:"甜食内下一把～,只凭着巴心咒,哄了些帽儿头。"清《说岳全传》一六回:"原来那城上都将竹子撑着丝网,网上尽挂着～。"

【倒栽葱】 dào zāi cōng 谓头朝下跌倒。明《西游记》七回:"老君赶上抓一把,被他一捽,捽了个～。"《西洋记》六回:"那四个非幻,一个一跟斗,都做个～,栽在那瀑布飞泉的里面去了。"

【倒赃】 dào zāng 追回赃款赃物。明杨慎《孝烈妇唐贵梅传》:"姑曰:'妇在吾犹有望,妇死商人必～。吾哭金帛,不哭此恶奴也。'"《梼杌闲评》四八回:"呈秀只道是各衙门差来送行的,谁知都是来～的。那些人扯住家人嚷道:'事既不成,还我银子再去!'"清《醉醒石》一一回:"待要使人叫龟子出状,自己央同人翻招,怕陈篦知道～。"

【倒转】 dào zhuǎn ❶转换方向。隋薛道衡《人柳江》:"跳波鸣石碛,溅沫拥沙洲。岸迫槎～浮,滩长船却浮。"元马臻《西湖春日壮游即事》:"～船头元有意,槛边人报放流星。"清查慎行《中秋夜洞庭对月歌》:"长风霾云莽千里,云气蓬蓬天冒水。风收云散波乍平,～青天作湖底。" ❷掉转顺序。宋《朱子语类》卷六七:"乾坤坎离,～也只是四卦。"明《醒世恒言》卷二五:"乃口占回文词一首,题于亭柱上,……若～来,又是一首好词。" ❸转折连词。反而;反倒。明《西游记》二五回:"你又不曾吃打,～嗟呀怎的?"又三二回:"教你们走路时早晚间防备,你～赖在我身上。"

【倒卓】 dào zhuó 倒上;倒立。唐李山甫《下第献所知二首》之三:"退飞莺谷春零落,～龙门路渺茫。"宋《密庵和尚语录》:"昨也春风偶发恶,掀倒飞来峰～。"明徐光启《农政全书》卷二七:"先用稻草壳或砻糠铺底厚二三寸,将坛～其上。"

【倒坐】 dào zuò 四合院中坐南朝北的房间,因与正房反向,故称。明《西游记》八三回:"只见有三间～儿,近后壁却铺一张龙吞口雕漆供桌。"《金瓶梅词话》七回:"薛嫂推开朱红槅扇,三间～客位,正面上供养着一轴水月观音、善才童子。"清《儒林外史》四二回:"一个旁门进去,却是三间～的河厅,收拾的倒也清爽。"

【倒座】 dào zuò 同"倒坐"。清《醒世姻缘传》八回:"一面收拾了饭,在～小厅里管待那郎中。"《日下旧闻考》卷七〇:"照殿后～殿三楹。"△《儿女英雄传》三〇回:"我两个便退避三舍,搬到那三间南～去同住。"

【道】 dào ❶以为;认为。唐杜甫《诸将五首》之三:"洛阳宫殿化为烽,休～秦关百二重。"元许衡《直说大学要略》:"他自一别人不见他,不知道别人先自见了他,和他的肺上肝上的事都见了。"明《西游记》一一回:"朕只～他是跌昏了胡言,又问他详细。他说的话,与刘全一般。" ❷知晓;觉得。唐杜甫《严中丞枉驾见过》:"寂寞江天云雾里,何人～有少微星。"宋杨万里《秋雨叹》:"居人只～秋霖苦,不～行人泥更深。"吕居仁《虞美人》:"似侬憔悴有谁知,只～心情不似少年时。" ❸料;想。唐曹松《南海旅次》:"为客正当无雁处,故园谁～有书来。"宋赵彦端《满江红》:"君过蓬山轻岁月,我怀庐阜分符竹。～别离待得再归来,人应俗。"明李梅实《精忠旗》三〇出:"只～强颜图雪恨,谁知天不从人。" ❹是。唐白居易《览卢子蒙旧诗多与微之唱和因题卷后》:"今日逢君开旧卷,卷中多～赠微之。"宋陈无己《卜算子》:"镜里朱颜岁岁移,只～花依旧。"《元曲选·窦娥冤》四折:"便万刷了乔才,还～报冤仇不畅怀。" ❺看;见。金《董解元西厢记》卷二:"法师笑道休打砌,我～春了几升陈米,直下半瓮黄齑。"《元曲选·鸳鸯被》三折:"我～小娘子中珠模样,不是受贫的。"高明《琵琶记》二〇出:"我千辛万苦有甚疑猜,可不～我脸儿黄瘦骨如柴。" ❻用于描述人物内心活动的内容之前,或略近"想",或不为义。明《醒世恒言》卷一四:"那女子……自思量～:如何着个道理和他说话,问他曾娶妻也不曾。"《古今小说》卷四:"那阮三心下思量～:他是个官宦人家,守闺耳目不少,进去易,出来难。被人瞧见盘问时,将何回答?" ❼量词。用于扁形条状物如河溪、路径、门墙,以及文书、题目等。唐封演《封氏闻见记》卷三:"进士试时务策五～。"五代孙光宪《北梦琐言》卷一四:"起言国玺外唯有二物,其一即建章所进鲛绡,……以红线三～札之。"元《七国春秋平话》卷下:"有沧河一～,水甚大。"《元曲选·倩女离魂》四折:"中间一～红芳径。" ❽用在动词之后作补语,说明动作结果,或相当于"得""着"之类,或含义空泛。唐白居易《和高仆射》:"鞍马闹装光满路,何人信～是书生。"宋刘克庄《沁园春》:"当年目视云霄,谁信～凄凉今折腰。"元明《水浒传》二六回:"那人原是吏员出身,便瞧～有些尴尬,那里肯来。" ❾名词后缀。多见于市语

语汇。宋陈元靓《事林广记》续集卷八《绮谈市语·饮食门》:"肉，线~。"又《拾遗门》:"文书，禀~。"金《董解元西厢记》卷二:"沈郎腰~，与绛绡儿厮称。"又卷四:"我还归去，若见乡里亲知甚脸~。"元王嘉甫《八声甘州·莺花伴侣》:"窄弓弓撇~，溜刀刀六老，称霞腮一点珠樱小。" ⑩ 借为"到"。或作补语，或独立作动词。宋辛弃疾《昭君怨》:"落叶西风时候，人共青山都瘦。说~梦阳台，几曾来?"元萧德祥《小孙屠》一四出:"谁信~得中途，蓦忽娘倾弃。" ⑪ 借为"倒(dào)"，作副词，表转折语气等。宋克勤《碧岩录》一则:"着草鞋出去，~得便宜。"《元曲选·张生煮海》三折:"你穷则穷，~与他户辉光。"明佚名《粉蝶儿·忆情》:"若是我村他丑两无缘，~省的相留恋。"

【道白】 dào bái 拆白道字。宋元《醒世恒言》卷三三:"谁和你猜谜~，我只认得自己的兜肚，还我便休!"

【道别】 dào bié ❶ 中途分别。唐刘禹锡《历阳书事七十韵》:"诘朝还选胜，来日又寻盟。~殷勤惜，邀筵次争。"元王恽《平湖乐》:"凌波幽梦谁惊破，佳人望断，碧云暮合，~后意如何?" ❷ 送别;辞行。唐独孤及《送蒋员外奏事毕还扬州序》:"然后西人之旧者皆赋韵，而鄙夫和之，~。"宋黄庭坚《答人求学书》:"某顿首:乙酉辱留书及诗，~勤勤恳恳。方欲作报，丙戌重承长笺。"明张吉《送夏方伯时雍进表赴京诗序》:"濒行，寅、寀诸贤咸为诗~。"

【道不的】 dào bù de ❶ 岂不闻，用以引出成言熟语并表反问语气。《元曲选·老生儿》二折:"你从小里也该把这孩儿教，怎生由他恁撒拗，~'家富小儿娇'?"又《柳毅传书》三折:"~个知恩报恩。" ❷ 说不得，意为找不到恰当的话来形容。《元曲选·墙头马上》三折:"小业种把拢门掩上些! ~跳天撅地十分劣!"清《后水浒传》四三回:"体丰肉厚，~袅娜多姿;脚大眉粗，岂称得苗条韵妇?" ❸ 用不着;犯不上。《元曲选·魔合罗》三折:"婆娘家怎生遭这般冤屈网，偏惹带枷吃棒? ~自己枉着忙。" ❹ 不至于。《元曲选·金钱记》三折:"我来折你这晓风春日观音柳，~错吩咐了风流画眉的手。"

【道不得】 dào bù de ❶ 同"道不的❶"。元马致远《耍孩儿·借马》:"~'他人弓莫挽，他人马休骑'。"《元曲选·东堂老》楔子:"居士，你平日这许多慷慨气节都归何处? ~个'见义不为无勇也'?" ❷ 同"道不的❷"。《元曲选·青衫泪》二折:"你好下得白解元，闪下我女少年，~可怜而见，他又不曾故违着天子三宣。" ❸ 同"道不的❸"。元孔文卿《东窗事犯》二折:"你那梦境恶故来动俺山寺里，祝神祇，礼忏会。休只管央及俺菩提，~念彼观音力。"

【道不了】 dào bù liǎo 犹"道犹未了"。明《警世通言》卷一九:"则见女娘安排酒来，~，青衣掇过果桌。"《醒世恒言》卷三一:"和尚便道:'教你做诸侯，有何不可? 却要图王争帝。好打!'~，黄巾力士扑翻长汉在地，打得几杖子。"

【道场】 dào chǎng ❶ 佛道二教供养神佛并诵经修行的场所，也泛称寺庙。唐赵嘏《宿僧院》:"村中夜半一声磬，卧见高僧入~。"《敦煌变文校注》卷四《太子成道变文(一)》:"取吉祥草座为~，先开有教，利益群情，是何人也!"明《西游记》一二回:"(唐王)抬头观看，果然好座~。" ❷ 和尚道士做法事的场所，也指所做的法事。《元曲选外编·西厢记》一本二折:"这斋供~都完备了，十五日请夫人小姐拈香。"明《金瓶梅词话》八回:"道人头五更就挑了经担来，铺陈~，悬挂佛像。"清《红楼梦》一五回:"等做过三日安灵~方去。"

【道的个】 dào dé ge 略同"道不的❶"，但不含反问语气。

《元曲选外编·黄鹤楼》一折:"元帅，~'筵无好筵，会无好会'，不可去也!"明汤显祖《牡丹亭》三出:"是为爹的疏散不儿拘，~为娘是女模。"

【道地】 dào dì 著名产地出产的、质量上乘的。明《朴通事谚解》卷上:"舍人敢不识好物么? ~的好胸背。"《肉蒲团》一回:"人参、附子是~者传，土产者服之无益。"《拍案惊奇》卷二六:"老和尚在里头看见徒弟引得个小伙子进来，道:'是个~货来了。'笑逐颜开。"

【道店】 dào diàn 路旁较简陋的客店。《太平广记》卷五〇〇引《玉堂闲话》:"顷年客游，曾于~逢此人。"宋林逋《安福县途中作》:"云根~多沽酒，山崦人家亦种田。"元郑廷玉《看钱奴》三折:"盼了些州城县镇，经了些~村坊。"

【道断】 dào duàn 佛家语，指意义深奥微妙，无法用言辞表达。宋《朱子语类》卷一二四:"陆子静说'克己复礼'云:不是克去己私利欲之类，别自有个克处，又却不肯说破。某尝代之下语云:不过是要'言语~，心行路绝'耳。"

【道儿】 dào er ❶ 指路。《元曲选·竹叶舟》三折:"争如我与世无求，再不向红尘~上走。"明《二刻拍案惊奇》卷三八:"此时他跑自家的，敢走过七八里路了。"清《红楼梦》八二回:"怕的是~上没有照应，还叫你琏二哥哥送去。" ❷ 手段;圈套。《元曲选·救风尘》三折:"周舍，你好~! 你这里坐着，点的你媳妇来骂我一场。"元明《水浒传》五三回:"好哥哥，休使~耍我!"明《金瓶梅词话》八三回:"只恐金莲少女嫩妇，没了汉子，日久一时心邪，着了~。" ❸ 代指某种不雅的或不便明说的事。元明《水浒传》一〇四回:"俺自从吃官司到今日，有十数个月，不曾弄这个~了。"明《平妖传》三五回:"永儿初时跟着圣姑姑行动，风云作伴，山水为家，半像个出家人样子，这个~是不想着的。"清《野叟曝言》一四回:"方才那女人送酒菜与他，这一种亲密的意思，多分是那~。" ❹ 门道;办法。明《警世通言》卷一一:"老尼年逾五十，也是半路出家的，晓得些~，问道:'奶奶这阵痛，到像要分娩一般。'"清《红楼梦》一一五回:"早有这样的心，只是想不出~来。"

【道姑】 dào gū 女道士。宋洪迈《夷坚志》乙卷三:"甫定立于门，遇一~负月琴，贸贸然前来。"明田汝成《西湖游览志馀》卷一九《术技名家》:"其徒沈生狎近~，同门将白之于师。"

【道骨】 dào gǔ 修道者的身体禀赋。唐李白《大鹏赋》:"余昔于江陵，见天台司马子微，谓余有仙风~。"宋王安石《俞秀老忽然不见》:"禅心暂起何妨寂，~虽清不畏寒。"明陈献章《蓬莱山祭伍光禄墓》:"~成仙蜕，名山是阆丘。"

【道号】 dào hào 隐居和出家修道者的别号。宋欧阳修《集古录跋尾》:"华阳真逸是顾况~。今不敢遂以为况者，碑无年月，不知何时，疑前后有人同斯号者也。"《元曲选外编·博望烧屯》一折:"贫道复姓诸葛，名亮，字孔明，~卧龙先生。"明郎瑛《七修类稿》卷五一:"昔黄慈湖曾有一书，与人辩~之称。"

【道行】 dào héng 僧道修行的功夫，比喻本领。唐张说《宣室志·鉴师》:"年十岁学浮屠氏法，以~闻。"元明《水浒传》四二回:"玉帝因为星主魔心未断，~未完，暂罚下方。"明《封神演义》四五回:"你不过毫末~，怎敢来破吾阵，空丧性命!"

【道话】 dào huà 交谈。《旧唐书·武宗纪》:"帝谓宰臣曰:'谦官论赵归真，此意要卿等知，朕宫中事，屏去声技，但要此人~耳。'"金李俊民《游碧落序》:"己亥仲夏十有九日，平水曹汉卿，……同谒治平院，与上人和霁月煮茗~，抵暮而归。"元《七国春秋平话》卷上:"先生道:'好才! 大夫安在?'小卒曰:'前厅上与公子。'"

【道髻】 dào jí 道士平日戴的束发冠,其制小,仅可束髻。明《金瓶梅词话》三九回:"哥儿的一顶黑青段子销金～,一件玄色纻丝道衣。"又六五回:"清清秀秀小道童一十六众,都是霞衣～。"

【道价】 dào jià 修行悟道者的声望。宋宗杲《宗门武库》:"我此生行脚参禅,～若不过雪窦,定不归去!"《密庵和尚语录》后附葛郯《塔铭》:"自此～益喧,人天推出。"《五灯会元》卷一六《圆通居衲禅师》:"至襄州洞山,留止十年,因读《华严经》有省。后游庐山,～日起。"

【道旧】 dào jiù ❶话旧;畅叙旧情。唐权德舆《与故人夜坐～》:"笑语欢今夕,烟霞怆昔游。"宋宋祁《舅氏自寿阳由京师归安陆》:"～欣来驾,销魂遽远离。"清吴伟业《和王太常西田杂兴韵》之七:"相逢～故交稀,偶过邻翁话掩扉。" ❷佛门中称老友。宋《如净语录》卷上:"诸方～至,上堂。"又卷下:"～至,上堂。"岳珂《宝真斋法书赞》卷二一录南宋《翁端朝轻利帖》:"诸得面可究,不宣,彦固上启普照禅师～。"

【道礼】 dào lǐ 同"道理"。宋佚名《张协状元》一一出:"〔净〕孩儿,看娘面,送与他。〔丑〕我只是不去。〔末〕亚婆,我有～,你只说道:改日娘自讨与你做老婆,它便担去。"

【道理】 dào lǐ 主意;办法。《敦煌变文校注》卷一《李陵变文》:"人虽命在,军见无粮,眼看食尽,～须降。"意为只有投降别无他法。宋王明清《挥麈馀话》卷二:"张太尉冷笑:'我别有～,待我遮里兵才动,先使人将文字去与番人,万一支我不前,交番人发人马助我。'"《元曲选外编·西厢记》三本二折:"必索做一个～,方可救得小生一命。"

【道流】 dào liú 对僧、道的泛称。唐颜真卿《晋紫虚元君领上真司命南岳夫人魏夫人仙坛碑铭》:"姑与～寻访,见龟在坛中央,其下得尊像、油瓮、枪刀、灯盏之类。"宋《密庵和尚语录》:"人人鼻孔辽天,个个壁立万仞,方敢称为行脚～。"清李光地《参同契注旧序》:"盖首尾完具,未经缺乱之书也。～浅近,未能谙其文理,辄复益以枝离,采撷流末之陋,衍绎古人之言。"

【道路】 dào lù ❶犹"活计❸"。宋佚名《张协状元》八出:"没～放七五只猎犬,生擒底是麋鹿猱猯。"元明《水浒传》三七回:"我这几日没～,又赌输了,没一文。"明《拍案惊奇》卷三:"年三十馀,觉得心里不耐烦做此～,告脱了,在本县去别寻生理。" ❷办法;计策。明《二刻拍案惊奇》卷一五:"若我不允女儿之事,他又剃肉补疮,别寻～谢我,反为不美。"清《说岳全传》三○回:"这里贼兵看见水面上只管冒出红来,不见岳家兵船沉将下去,情知又着了～。"《绿野仙踪》六○回:"那知周连一夜不曾合眼,翻来覆去想算～。" ❸事情。明《金瓶梅词话》二六回:"他想起什么干这～!"△清《儿女英雄传》一五回:"那周三见坏了他的～,又欺那十三妹是个女子,冷不妨嗖的就是一鞭。"

【道民】 dào mín ❶指走路的百姓。唐皮日休《三羞诗三首》之二序:"日休旅次于许,传舍闻叫咷之声,动于城郭,问于～。民曰:'蛮围我交阯,奉诏征许兵二千征之。'"元欧阳玄《元故中奉大夫江南诸道行御史台侍御史刘公墓碑铭》:"河决,大梁城门不开。公按视得高陵,撤相国寺朝元宫木为桥百馀丈。～循城颠行,薪米不绝,比屋乃炊。" ❷谓道教信奉者。五代徐铉《杨府新建崇道宫碑铭》:"某也素为～,尝学史氏,以文见属,所不复辞。"元虞集《送张伯雨入茅山二首》之一:"独棹扁舟入白蘋,隐旧宅时栖真。襄悬肘后惟丹诀,书到人间称～。"明李流芳《丽麓汪翁偕金孺人六十双寿序》:"每见伯昭,如对～释子,不觉俗念都尽。"

【道念】 dào niàn ❶挂念;念叨。唐李商隐《上河东公启》:

"伏希～,特降神锋。瞻望旌幢,携持砧斧。曝身晞发,以候还辞。"元《武王伐纣平话》卷中:"～其间,从水上流下一片大石,如席来大小。"明郑善夫《冬日同顾九和殷近夫孙太初顾与成泛太湖》:"闻兹～,携胪事幽讨。" ❷修道的信念。宋曹勋《重修桐柏山崇道观记》:"来居来游者,皆～胜概,殆若灵仙飞化,无不怀凌虚靖之一之志。"明邹元标《答冯慕冈金宪》:"顷承寄念,知～精进,忧世心切。"《古今小说》卷三七:"怎么因这个女子坏了我的～。"

【道袍】 dào páo 一种家常穿的长袍,斜领大袖,腰间不系带子,又名直裰。这也是道士的常服,故名。宋华岳《邻女搔绵吟》:"明朝为问买一端,剪做～披落魄。"明《金瓶梅词话》九三回:"见他身上单寒,拿出一件青布绵～儿,一顶毡帽。"清《醒世姻缘传》四五回:"狄希陈在屋里摘了巾,脱了～子。"

【道婆】 dào pó 上年纪的尼姑或女道徒,也指尼庵中的女佣。宋袁采《袁氏世范》卷下:"尼姑、～、媒婆、牙婆及妇人以买卖针灸为名者,皆不可令入人家。"明汤显祖《牡丹亭》一六出:"一边教石～襄解,一边教陈教授下药,知他效验如何?"清《红楼梦》四一回:"妙玉刚要去取杯,只见～收了上面的茶盏来。"

【道破】 dào pò 说明;说穿。宋饶节诗题有《比复僧相不愚,戏作三颂。恐傍观以谓吾徒实有喜愠,故复次来韵,不免～,兼寄祖禹同参道人》。王柏《大学沿革后论》:"盖知之一字,教者之所主,学者之所宗,若等闲轻～,不特文字无精神,而于教法亦失先后之序。"明魏校《与郑婿若曾》:"此处须有病根。要与汝～,未必能拔去。须自寻求,知得是病。"

【道情】 dào qíng 以唱为主的一种曲艺,用渔鼓和简板伴奏。本为道教音乐,故名。宋周密《武林旧事》卷七:"后苑小厮儿三十人,打息气唱～,太上云:'此是张抡所撰鼓子词。'"金丘处机《梅花引·磻溪旧隐》:"酒杯停,月华清,披襟散发,欣欣唱～。"明《醒世恒言》卷三八:"忽听得隐隐的渔鼓简响,走去看时,却是东岳庙前一个瞎老儿在那里唱～。"

【道人】 dào rén 魏晋以降可指道士或和尚,近代兼指寺庙中打杂的人。元明《水浒传》四回:"长老随即修书一封,使两个直厅～径到赵员外庄上,说知就里。"明《西游记》八○回:"我不是妖邪,我是这寺里侍奉香火的～。"

【道声】 dào shēng 犹"道价"。唐皎然《唐杭州华严寺大律师塔铭序》:"云雨慈味,笙镛～,常持法华,兼创佛庙,泪没身不息也。"《五灯会元》卷一九《育王端裕禅师》:"侍(圆)悟,居天宁。命掌记室,寻分座,～蔼著。"

【道是】 dào shì 虽说。唐李频《自遣》:"永拟东归把钓丝,将行懒起半心疑。青云～不平地,还有平人上得时。"宋杨万里《晚过黄州铺二绝》之一:"数峰残日紫将销,一片新秧绿未交。～今年春水小,涨痕也到岸花梢。"又《克信弟座上赋梅花》:"却于老树半枯处,忽见一梢如许长。～疏花不解语,伴人醒醉替人狂。"

【道数】 dào shù 诀窍;招数。明《平妖传》三回:"你道什么法儿变化?他天生有这个～:假如牝狐要变妇人,便用着死妇人的髑髅顶盖;牡狐要变男子,也用着死男子的髑髅顶盖。"《醒世恒言》卷一○:"原来落水人吃不得热酒,刘公晓得这～。"

【道望】 dào wàng 犹"道价"。宋觉范《三角勘禅师寿塔铭序》:"～著三湘,学者至如归。"《五灯会元》卷二○《护圣居静禅师》:"年十四,礼白马安慧为师。闻南堂～,遂往依焉。"

【道爷】 dào yé ❶明清时尊称道员(各省分管地方或某一方面事务的官员)。清《山西通志》卷一二二:"贼无所得食,出见

壶浆陈路隅,大惊,诘其故。曰:'此张～指也。'因出牌示之,皆感泣去。"《红楼梦》九一回:"必是道里没托到,母亲见字,快快托人求～去。" ❷ 称道士。清《红楼梦》六七回:"什么是柳二爷,如今不知那里作柳～去了。"

【道业】 dào yè ❶ 谓佛家的教化之业。唐玄奘《大唐西域记》卷九:"吾比修～,入定怡神,凌虚往来,略无暇景。"《祖堂集》卷二《惠能和尚》:"恕惠能居山养疾,修持～,上答皇恩及诸王太子。" ❷ 事业。唐杜荀鹤《经严陵钓台》:"苍翠云峰开俗眼,泓澄烟水浸尘心。唯将～为芳饵,钓得高名直至今。"宋韩琦《示直彦》:"人惟万物灵,各肖天地貌。中人无贤愚,在禀父师教。禀则～成,奋跃出泥淖。" ❸ 指职业。宋佚名《张协状元》八出:"贩私盐,卖私茶,是我时常～。"宋元《警世通言》卷二〇:"我下番无事,若不做些营生,恐坐吃山空,须得个～来相助方好。"元柯丹邱《荆钗记》二五出:"撑船～须微贱,水晶宫里活神仙。"

【道艺】 dào yì 敬称别人所从事的职业。明《警世通言》卷一:"(伯牙)又问:'～何为?'子期道:'也就是打柴为生。'"

【道谊】 dào yì 同"道艺"。清《儒林外史》三一回:"你这～,自然着实高明的。"

【道犹未了】 dào yóu wèi liǎo 话还没说完,意为后面的事情紧接着出现。元明《水浒传》三回:"～,只见一个大汉大踏步竟入来,走进茶坊里。"明杨珽《龙膏记》四出:"正是:暗临黑水蛟螭泣,潜依空山鬼魅愁。～,师父早到。"

【道友】 dào yǒu ❶ 同道朋友。唐陈子昂《赠别冀侍御崔司议诗序》:"一世之逸人,寄千里之～,吾欲不谢于崔冀二公矣。"《旧唐书·王维传》:"得宋之问蓝田别墅,在辋口,辋水周于舍下,别涨竹洲花坞,与～裴迪浮舟往来。"宋黄庭坚《与刘温如书》:"即日不审体力何如,渐得～否?" ❷ 指同一宗教中人。唐王维《送衡岳瑗公南归诗序》:"初给事中房公谪居宜春,与上人风土相接,因为～,伏腊往来。"清《红楼梦》二九回:"张道士也笑道:'……到要将哥儿的玉请下来,给那些远来的～并徒子徒孙们见识见识。'" ❸ 称江湖上的朋友。清《说岳全传》一〇回:"那穿白的去身边取出银包打开来,将两锭银子递与说书的,道:'～,我们是路过的,送轻莫怪。'"

【道宇】 dào yǔ 道观。宋王珪《建隆观翊教院开启皇帝本命道场青词》:"肃依～,明按真科,敢荐诚忱,庶迎福顺。"吴自牧《梦粱录》卷二:"士庶烧香纷集殿庭,诸宫～俱设醮事。"明徐有贞《送道士张碧虚赴常州玄妙观住持序》:"常之玄妙观,一州～之甲也。"

【道誉】 dào yù 犹"道价"。五代徐铉《邠州定平县传灯禅院记》:"景福二年,诏赐题署,天光所及,～弥高。"宋庄绰《鸡肋编》卷上:"长老法英,少有～,兼通外学。"明文徵明《送刘君元瑞守西安叙》:"余惟刘君奇才隽望,遭罹盛会,当有名公硕儒,～扬攉,而何以余言为哉?"

【道院】 dào yuàn 道观;道士居所。五代王周《道院》:"白日人稀到,帘垂～深。"宋王禹偁《寄献翰林宋舍人》:"宫墙月上开琴匣,～风清响药罗。"《元典章·刑部十五》:"勾引入入茶肆酒家,宿食奔忌僧房～。"

【道长】 dào zhǎng ❶ 敬称道士。清孔尚任《桃花扇》四〇出:"众位～,我们社友俱已齐集了,就请法师老爷出来巡坛罢。" ❷ 清代称道台。清《红楼梦》九二回:"咱～我是知道的,但是他家教上也不怎么样。"

【道众】 dào zhòng 道士(复数)。五代杜光庭《谢恩奉宣遇朝贺不随二教独引对表》:"臣某言,伏蒙圣慈,每有起居称贺,皆与～僧人齐班。"元明《水浒传》一回:"尽是你这～戏弄下官。"清《红楼梦》一〇二回:"道纪司派定四十就位～的执事,净了一天坛。"

【道子】 dào zi ❶ 道路。《元典章·刑部三》:"把截～不严,交贼每出入劫掠。" ❷ 喝道声。《元曲选·争报恩》三折:"我只听的一下鼓,一下锣,撮枷稍的公吏擂搜,打～的巡军每叶和。"清《醉醒石》八回:"只见远远～来,是往千户拜客。"

【稻池】 dào chí 稻畦;水稻田。清《醒世姻缘传》四八回:"你多耸买了个～,打出稻子来了?"又五二回:"～有鱼,每年圈里也养上三四个猪,冬里做了腌腊。"

【稻床】 dào chuáng 拔秧苗所用坐具。明《二刻拍案惊奇》卷二二:"其馀也有坐椅的,也有坐凳的,也有扯张～来做杌子的。"

【稻子】 dào zi 稻。"子"为词缀。宋《建炎以来繫年要录》卷一一八:"以绍兴六年秋收计之,杂色一共三十一万馀石。"明刘若愚《明宫史·内府执掌·内府供用库》:"专司皇城内二十四衙门、山陵等处内官食米。每员每月四斗。神庙时,张明掌此印,插～或烂米,甚而至有三斗半者。"清胤禛《朱批谕旨》卷一七六之五:"今又雨大水发,恐～又似去年。"

dé

【的】 dé 另见 de、dí。通"得"。 ❶ 获得。元《三国志平话》卷中:"周瑜回,约～数百万只箭。" ❷ 到。明《平妖传》四回:"十来个家童分头打发,不～两个时辰,都已散完。" ❸ 能,在别的动词后作补语。《元曲选·来生债》一折:"官街官道,你走～,我也走～。"

【的来】 dé lái 同"得来"。元王和卿《蓦山溪·闺情》:"枉了教人深闺候,疏狂性纵惯～自由。"明陈铎《嘲乔妓》:"好色只除枕上留恩爱,臊～别,浪～煞。"

【得】 dé ❶ 使、让,多用在兼语式中,已有从动词向介词虚化的趋势。唐韩愈《招杨之罘》:"之罘南山来,文字～我惊。"宋《陆九渊集·语录下》:"大凡文字,宁～人恶,～人怒,不可～人羞,～人耻。"明《型世言》一三回:"又亏得风吹开布帷,那一影真是素娥仙子,把我神都摄去了,老夏怎弄个计议～我到手,你便是个活古押衙!" ❷ 用在时间词之前,表示"已经""过了"等义。《祖堂集》卷二《菩提达摩和尚》:"自魏丙辰之岁迁化,迄今壬子岁,～四百一十三年矣。"《敦煌资料》第一辑(五)《乙未年龙弘子贷生绢契》:"其绢限一个月还。若～一个月不还绢者,逐月于乡原生里。"元明《水浒传》二四回:"官人忒地时,殁了大娘子～几年了?" ❸ 须;必须。《敦煌变文校注》卷三《燕子赋(一)》:"些些小事,何～纷纭!"又卷六《大目乾连冥间救母变文》:"饶君铁石为心,亦～亡魂胆战处!"《元曲选·东堂老》三折:"小哥,还～我去。"按,这一意义今读 děi。 ❹ 相当于"有"。《太平广记》卷一〇三引《报应记》:"急念《金刚经》,～三百遍,……须臾风定,八十馀人俱济。"《敦煌变文校注》卷二《叶净能诗》:"正月十五日夜二更,车马侍从,尽着白衣,～有一百馀人,向蜀王殿上作乐,曲终便去。"按,此例"得"与"有"同义连用。宋《朱子语类》卷四:"千有馀年,～程先生兄弟出来,此理益明。" ❺ 怎;怎么。唐杜甫《后苦寒行》:"巴东之峡生凌澌,彼苍回斡人～知?"《大唐三藏取经诗话》四则:"只见古殿巍峨,芳草连绵,清风飒飒。法师思惟:此中～恁寂寞?"明《古今小说》卷二六:"沈昱见了,想起儿子,千行泪

下,心中痛苦,不觉失声叫起屈来。口中只叫:'～有这等事?'" ❻ 对;恰当;正确。宋《朱子语类》卷七:"解时却须正说,始～。"《五代史平话·汉上》:"咱有服制,谁人敢为做媒? 须是叔叔为我主盟始～。"元《秦并六国平话》卷上:"那两个要做先锋,怎生区处是～?" ❼ 幸亏。元《水浒传》一七回:"～他的丈夫归来的早,见了洒家这般模样,又看了俺的戒刀禅杖吃惊,连忙把解药救俺醒来。"《三国演义》九回:"正在生死之间,～太师来,救了性命。" ❽ 用在动词后,本身作补语,表示可能。唐拾得《猕猴尚教得》:"猕猴尚教～,人何不愤发?"宋《朱子语类》卷八:"如此数法,若理会～,则天下之字皆可通矣。"金《董解元西厢记》卷一:"观此异景奢华,果是人间天上。若非国力,怎生盖～?" ❾ 动态助词。a) 表示行为动作的完成,相当于"了"。《敦煌变文校注》卷一《伍子胥变文》:"到～南岸,应是舟舡,溺在水中。"《大宋宣和遗事》前集:"徐铉听～这诗,大服太祖志量。"b) 表示动作行为的持续,相当于"着"。唐崔颢《代闺人答轻薄少年》:"愁来欲奏相思曲,抱～秦筝不忍弹。"元郝经《山茶》:"内家最爱常留～,生色屏风有数枝。"明《古今小说》卷二:"鲁某只靠一岳母一人做主,怎知三日后也生退悔之心?" ❿ 作结构助词,在动词后引出可能、结果等各类补语。唐姚合《罢武功县将入城》:"亦知官罢贫还甚,且喜闲来睡～多。"《敦煌变文校注》卷五《父母恩重经讲经文(一)》:"生时百骨自开张,谩～浑家手脚忙。"元贯云石《孝经直解》一四:"孝顺父母呵,孝顺～官里;敬重～哥哥呵,敬重～老的人。" ⓫ 相当于"的",用在动词、形容词或谓词性词组之后,组成体词性结构。元明《水浒传》贯华堂本三八回:"小生写～字体,和蔡太师字体一般。"明《拍案惊奇》卷一七:"你是亲生的,又不是前亲晚后,自然是你说～话是,别无疑端。"△清《儿女英雄传》一五回:"我邓九伙的是天地的养活,受～是父母的骨血,吃～是皇王的水土。" ⓬ 用在动词、形容词、副词之后,不为义,类似语缀。唐杜甫《漫兴九首》之二:"恰似春风相欺～,夜来吹折数枝花。"刘商《曲歌辞·胡笳十八拍》:"怪～春光不来久,胡中风土无花柳。"《敦煌变文校注》卷二《舜子变》:"舜子才～上仓舍,西南角便有火起。"按,以上"得"的第九至第十二种用法,或读作轻声。

【得按】 dé àn 指鹰隼经调习后听人驾驭。唐韩偓《苑中》:"外使进鹰初～,中官立马不教嘶。"自注:"五方外按使以鹰隼初调习始能擒获谓之得按。"

【得便】 dé biàn ❶ 获得机会。唐韩愈《酬司门卢四兄云夫院长望秋作》:"归来～即游览,暂似壮马脱重衔。"金《刘知远诸宫调》一二:"不骋十合,一人,闹中桃过器械。"明张錬《饮中回首》:"呀,～吃些儿,～耍些儿,那一日是人生称意时。" ❷ 便捷。金《董解元西厢记》卷二:"斜挑金镫,身才十分～。"

【得病】 dé bìng 患病。唐陈子昂《贤不可疑科》:"臣闻鄙人云:有人以食噎而～者,欲绝食以去病。"宋梅尧臣《樊推官劝予止酒》:"取乐反～,卫生理则那。"明郑岳《明诏授莆田县儒学训导贞孝刘君子贤行状》:"夏五月～,日亟问后事。"

【得不的】 dé bu de 同"得不得"。明《金瓶梅词话》六七回:"那伯爵～一声,拿在手中一吸而尽。"清《赛红丝》一回:"皮象～一声,便不再问,竟叫人撤去。"《歧路灯》六七回:"杏花儿也知张正心内人贤淑,～一声,下的楼来,跟的走了。"

【得不得】 dé bu de 巴不得。清《儒林外史》二二回:"牛浦～这一声,连忙从后面钻进舱来,便向那人作揖下跪。"《红楼梦》六三回:"贾蓉～一声儿,先骑马飞来至家。"

【得不了】 dé bu liǎo 即"得不得"。清《红楼梦》六三回:"小燕、四儿都～一声,二人忙命开了门。"

【得采】 dé cǎi ❶ 赌博或竞赛获胜。"采"指博戏中所获财物。元揭傒斯《赋双陆》:"三五对参差,高呼～时。"元明《水浒传》一五回:"吴用叫一声道:'五郎～么?'"明《二刻拍案惊奇》卷三九:"曾有一个博徒,在赌场中得了采,背负千钱回家。" ❷ 泛指交好运。元明《水浒传》二〇回:"众头领道:'皆托得大哥哥的福荫,以此～。'"明《型世言》二五回:"水退,街上人簇簇的道:'……某人～,捞得两个箱子。'"

【得彩】 dé cǎi ❶ 同"得采❶"。明金幼孜《端午赐宴观击球射柳》:"～欢声合,分筹宠赉浓。"《梼杌闲评》一〇回:"爷们得了彩了,赏我个头儿。"清《飞龙全传》三六回:"自此,一连三日,都是～而回,把个郑恩吃得醺醺快乐。" ❷ 同"得采❷"。明《禅真逸史》一三回:"贤侄许久不面,近闻你大是～,愚叔正要来作贺。"清《后水浒传》二六回:"今早打发弟兄下山去劫刻薄人的财帛,～回来。"

【得得】 dé dé ❶ 特地;特别。唐元稹《去杭州》:"～为题罗刹石,古来非独伍员冤。"宋克勤《碧岩录》一则:"达磨遥观此土有大乘根器,遂泛海～而来。"明凌云翰《春日》:"为怜红影临清泚,不惜芒鞋～来。" ❷ 频频。唐王建《洛中张籍新居》:"云山且喜重重见,亲故应须～来。"宋李纲《善权即事十首》之一〇:"早梅向暖垂垂发,好鸟知时～鸣。"金高庭玉《柳絮》:"～穿朱户,时时扑翠屏。" ❸ 借为"的的",表确实义。宋元《清平山堂话本·简帖和尚》:"良人～负奇才,何事年年被放回?"按,《全唐诗》卷七九九赵氏《夫下第》:"良人的的有奇才,何事年年被放回?"话本用此而改动三字。

【得地】 dé dì ❶ 获得适宜的土壤或环境。唐王绩《古意六首》之四:"松生北岩下,由来人径绝。……自言生～,独负凌寒洁。"宋宋祁《右史院蒲桃赋》:"彼～而逢辰,宜欣欣以茂遂。"明高启《答胡博士留别二十韵》:"择邻欣～,结友愧忘年。" ❷ 得志、发迹。五代何光远《鉴诫录》卷一:"顷者,诈谕三川,减释两税,及其～,倍更加征。"《元曲选·马陵道》楔子:"庞涓久后～呵,此人是个短见薄识,绝恩绝义的人。"明《古今小说》卷四〇:"沈鍊长子沈襄,是绍兴有名秀才,他时～,必然衔仇于我辈。"

【得第】 dé dì 科举考试合格。因中式者须排出名次等第,故称。唐沈亚之《送张从事侍中东序》:"门下之宾登于幕者张生从焉,生举进士～。"宋欧阳修《与荆南乐秀才书》:"仆少从进士举于有司,学为诗赋以备程式,凡三举而～。"明王鏊《瓜泾集序》:"近世士争治文词以干科第,既～,则遂弃去。"

【得法】 dé fǎ ❶ 得到佛法、道法的真传。唐独孤及《山谷寺觉寂塔禅门第三祖镜智禅师塔碑阴文》:"大师告门人信公曰:'有人借问,勿谓于我处～。'"元戴表元《竹溪道院真武祠记》:"子房～于黄石公而祠之,其没也,后世犹祀黄石不绝。" ❷ 方法得当。《太平广记》卷二三七引《剧谈录》:"诸子曰:'燔炙煎和未～。'"元陶宗仪《辍耕录》卷二四:"乔公仲山,官吏部郎中,……公家制馄饨～,常苦宾朋需索。"清《醒世姻缘传》五八回:"这炒螃蟹只是他京里人炒的～。" ❸ 惬意、合适。清《歧路灯》三三回:"看见酒肴,便道:'～呀!'"又六四回:"二门外四间房子,一旁做厨房,一旁叫伺候的人睡,～不～!"△《海上尘天影》五三回:"我这个病,恐怕不能多延日子。我活着好好歹歹,总要使你～。"

【得非】 dé fēi 莫非,表测度问。唐杜甫《奉先刘少府新画山水障歌》:"～玄圃裂,无乃潇湘翻?"宋《五代史平话·唐上》:"今河水自合,正与汉光武滹沱冰坚相似,～上天赞我兴王之机会否?"清洪昇《长生殿》四五出:"〔小生内唱,生作听介〕呀! 何处歌声,凄凄入耳,～梨园旧人乎?"

【得故子】 dé gù zi 故意。明《西游记》四九回："八戒正行，忽然打个躘踵，～把行者往前一掼，扑的跌了一跤。"又六〇回："大圣～发怒骂道：'那泼猴儿时过去了？'"

【得合】 dé hé 符合；投合。宋朱熹《答蔡季通》："石磬闻平江不难得，欲托人作小者数枚，但不能～新律。幸为思之合用几枚，其长短厚薄之度如何。"明《警世通言》卷一五："他原是个乖巧的人，待人接物十分克己，同役中甚是～。"又卷一七："德称口如悬河，宾主颇也～。"

【得急】 dé jí 特急。《敦煌变文校注》卷一《李陵变文》："凶(匈)奴～于先走，汉将如云押背槌(追)。"《法苑珠林》卷七二："其大妇者，止欲道实，恐其绞死；止欲不道，苦痛叵言。逼切～，而作咒诅。"

【得计】 dé jì ❶得以实现计划或愿望。唐陈子昂《上军国机要事》："不可竭塞上之兵，使凶虏～。"宋欧阳修《太子太师致仕赠司空兼侍中陈公神道碑铭》："公为枢密副使，力争之，以为罪(陈)诂则奸人～而沮能吏。诂由是获免。"元同恕《送王虚舟提学》："归去先生真～，枕酣谁与发群聪。" ❷因事情如愿而得意。唐王勃《上刘右相书》："利己疵物者，以自任为身谋；知进忘退者，谓专荣而～。"明于谦《忠肃集》卷二："若不整搠士马，遥振军威，切恐外兵骄矜，愈加～。"清《醒世姻缘传》三七回："狄希陈知他三人未回，甚是～。"

【得济】 dé jì ❶能够成功。宋柳开《送仲甫序》："仲甫请于予曰：'今将仕，焉求之？～乎。'"朱熹《皇考左承议郎守尚书吏部员外郎兼史馆校勘累赠通议大夫朱公行状》："(执事者)遂不复顾祖宗社稷二百年付托之重而轻从之，使彼～其不逊无稽之谋。"清毛奇龄《丁孝子身后芳名册子序》："先生唯唯，私喜曰：'事～矣。'" ❷管用；得益。唐王梵志《有恩须报上》："有恩须报上，～莫辜恩。"明《梼杌闲评》七回："到晚，吃了晚饭，又吃了壶热酒，才回寓所。一日也有二三钱三五钱不等，甚是～。"清《醒世姻缘传》二九回："棉布虽是目下热些，天凉时甚得他济。"

【得解】 dé jiě 科举时代由地方或中央有关机构推荐保送参加全国考试。宋魏野《送外甥李渭进士赴举》："棠树抡材过礼闱，孤寒～更光辉。"司马光《贡院乞逐路取人状》："开封府～进士及免解进士共二百七十八人，及第者四十四人，约六人中取一人。"吴自牧《梦粱录》卷二："就观桥贡院，放诸州府郡～士人，并三学舍生～生员，诸路运司～士人，有官人及武举～者，尽赴院排日引试。"

【得来】 dé lai 结构助词，用在动词、形容词之后引出结果、程度或状态补语。宋《朱子语类》卷一二："静坐无闲杂思虑，则养～便条畅。"金《刘知远诸宫调》一二："一个唤彦威，一个史洪肇，着两条担打～笃磨。"明朱有燉《落梅风》："荼蘼径，芍药亭，强寻花病中打挣。尽腔腔嗽～不住声，嗽不损惜花情兴。"

【得力】 dé lì ❶努力；出力。唐元结《管仲论》："天子有誓，俾我诸侯世世～扶王室，使先王先公德业永长。"李德裕《赐石雄诏意》："又闻将士有苟避兵锋，全不～者，卿宜便令守寨，不要将行。"宋陆游《自规》："默自观我生，困弱良～。转喉畏或触，唾面敢自拭。" ❷有效力。唐白居易《镜换杯》："茶能散闷为功浅，萱纵忘忧～迟。"宋苏颂《二乐陵郡公石公神道碑铭》："火艾久运，～亦当大灾。"元程端礼《寿潘溪隐老子》："肘后有方应～，百年身健炯双眸。"

【得恁地】 dé nèn de 竟然这样。宋《五代史平话·唐上》："相公仗钺专征，～作态么？"又《汉上》："咱爷娘～无见识，将个妹妹嫁与一个事马的驱口！"

【得能】 dé néng 如此；这样。唐皮日休《新秋言怀寄鲁望》："桧身浑个矮，石面～皵。"宋吴潜《醉桃源》："蜂回蝶转～轻，忽然春意生。"元同恕《宋伯明致爱亭》："不为生儿～孝，如何还足爱山心。"

【得年】 dé nián ❶获得长寿。唐韩愈《国子助教河东薛君墓志铭》："官不遂归讥于时，身不～又将尤谁，世再绝而绍祭以不隳。"宋陈师道《仲父荣州资官尉陈君墓铭》："婚宦不卒，则归之天。如何不淑，又不～。"元郝经《寿刘详议》："～万事足，烂醉复何辞。" ❷享年。宋黄庭坚《承议郎致仕张君墓志铭》："以承议郎致仕而卒，～五十。"明王直《杨先生墓志铭》："永乐庚子正月二十二日卒，距其生元至正庚辰，～八十一。"

【得色】 dé sè 得意的神色。唐陆贽《论缘边守备事宜状》："其来也，咸负～；其止也，莫有固心。"宋谢逸《故通仕郎晏宗武墓志铭》："窭人之子，十旬九食；囊餘一钱，面有～。"明王世贞《大司马赵公燕石集序》："公以盛年据显位，然多折节待后进，未尝一露～。"

【得胜头回】 dé shèng tóu huí 宋元说书人所用术语，即在正式内容之前，先说一段小故事作引子。"得胜"意为吉祥。明郎瑛《七修类稿》卷二二："小说起宋仁宗，盖时太平盛久，国家闲暇，日欲进一奇怪之事以娱之，故小说～之后，即云话说赵宋某年。"《醒世恒言》卷六："只为在下今日要说个少年，也因弹了个异类上起，……故把衔环之事，做个～。"

【得时】 dé shí 行时走运。唐李涉《六叹序》："清江、白云、孤山、远屿，皆～之人吟咏性情耳。"明《金瓶梅词话》八一回："他家女儿见在他家～，他敢只护他娘老子，莫不护咱不成!"清《歧路灯》七七回："那快头是～衙役，也招架两班戏，一班山东弦子戏，一班陇西梆子腔。"

【得手】 dé shǒu ❶到手；达到目的。宋邵雍《人生长有两般愁》："或向利中穷力取，或于名上尽心求。多思惟恐晚～，未老已闻先白头。"明《二刻拍案惊奇》卷二："只是～便回，莫贪了别处欢乐，忘了故乡。"清魏裔介《答韩康海内兄书》："学须如孤军遇敌，与他破死相杀一番，方可～，～后尚有许多紧要事应为者。" ❷腾出手；获得解脱。明《金瓶梅词话》一六回："那西门庆～，上马一直走了。"《型世言》二回："王良疼了一闪，早把手中木橡落下。王俊～，一连几木梢，先是胁下两下，后来头上一下，早晕在地。" ❸顺手。宋楼钥《回王原父主簿洙启》："君如斫轮者，须～而应心。"明《二刻拍案惊奇》卷二："勉强就局，没一子下去是～的，觉是触着便碍。"《西洋记》六回："他水里不～，又变化到崖上来。"

【得售】 dé shòu ❶本指货物能顺利卖出，借喻计划等得以实现。唐陆龟蒙《读襄阳耆旧传》："既被邻里轻，亦为妻子陋。持冠适瓯越，敢怨不～。"宋刘才邵《吏部郎官上殿论铨试札子》："以时务之因革，使之各随所见，～其长。"明史鉴《吴江水利议》："官属躬亲临视，务臻实效，毋令吏胥～其奸。" ❷特指科举考试被录取。唐翁承赞《喜弟承检登科》："荆璞献多还～，桂堂恩在敢轻回。"明沈德符《万历野获编》卷一五："庚子则顾开雍主考。素以豪杰自命，虑碍大拜，加意防闲，至预约提调府丞乔壁星：凡其同乡江南四府监生卷，皆另为一束记认之，不派房，不批阅，……以故三吴遂无一人～。"

【得似】 dé sì ❶相似；可比。唐李白《清平调》三首之二："借问汉宫谁～？可怜飞燕倚新妆。"金元好问《黄华峪》："闾山要著黄华老，千尺珠帘～无？"明《警世通言》卷一三："押司娘道：'且住，如何～我先头丈夫？'" ❷岂似；怎如。宋杨万里《诏追供职

学省晓发鸣山驿》:"录录堪朝列,星星已鬓华。帝城万事好,～早还家?"陈亮《水调歌头·送章德茂大卿使北》:"自笑堂堂汉使,～洋洋河水,依旧只流东?"

【得悉】 dé xī 获知;得以了解。元吴澄《毕光祖宗远字说》:"比其壮也,问学于予,因～其父所以名子字子之意。"明余继登《一崑李封君七十寿叙》:"予既久与伯友交,～其家世。"

【得意】 dé yì ❶ 称心;合意。唐李冗《独异志》卷中:"道子平生所画,～无出于是。"五代孙光宪《北梦琐言》卷七:"诗僧齐己驻锡巴陵,欲吟一诗,竟未。"明《拍案惊奇》卷三三:"张员外看见你家小官人,十二分～。" ❷ 特指科举考试得中。唐王维《送丘为落第归江东》:"怜君不～,况复柳条春。"宋郭祥《送姚彦经歌行》:"闻君少年日,射策明光宫。同时～三百辈,上林曾醉桃花红。"清林惠堂《刘司户祠》:"当时～人,乃同腐草并。因知千载事,所重非科名。"

【得罪】 dé zuì 向人致歉的客气话。 ❶ 冲撞;冒犯。《元曲选·柳毅传书》三折:"俺一时醉中失言,甚是～,只望秀才休怪。"元明《水浒传》一四回:"保正休怪,早知是令甥,不致如此,甚是～。"明《醒世恒言》卷二九:"谁想卢柟见教他旁坐,倒不悦起来,……陆公闻言,即走下来,重新叙礼,说道:'是学生～了。'" ❷ 对不住。明《朴通事谚解》卷下:"有高丽来的秀才,寻он讲论些文书,因此不得工夫,阙拜望。～～!"《欢喜冤家》一七回:"良宗一见,忙道:'～,请坐。小弟因清晨身子不快,因此才起,有失迎接。'"清《儒林外史》五三回:"(聘娘)说道:'不知老爷到来,多有～。'"

【德历】 dé lì 出身履历。明《平妖传》三五回:"永儿一见便喜,问他～。答道:'姓王名俊,年方一十三岁,父母双亡,随着外公出来避兵,不意中途失散,被摛到此。'"

【德士】 dé shì 称和尚。《五灯会元》卷一九《文殊心道禅师》:"宣和改元,下诏改僧为'～'。"宋吴曾《能改斋漫录》卷一一:"政和间,林灵素主张道教,建议以僧为'～',使加冠巾,其意以释氏为出其下耳。"清毛奇龄《兀庵节岩蛤庵同集净土放和尚许各赋诗见怀》:"～总教频指月,习生从此愧弥天。"

【德辑如】 dé yóu rú "德辑如毛"的歇后,歇"毛"字,指"毛"。语本《诗经·大雅·烝民》:"德辑如毛,民鲜克举之。"明《拍案惊奇》卷八:"两颊无非'不亦悦',通身都是'～'。"

de

【地】 de 另见 dì。 ❶ 动态助词,用在"坐、立、卧"等动词之后,表动作的完成或持续,相当于"着"。唐吕岩《绝句》:"水飞石上迸如雪,立～看天坐～吟。"《元曲选外编·调风月》一折:"卧～观经史,坐～对圣人。"明《醒世恒言》卷一四:"这范二郎立～多时,细看那女子。" ❷ 结构助词,联系定语和中心语,相当于"的"。元《秦并六国平话》卷中:"袍披深红,底藏着明晃晃～银叶甲。"元明《水浒传》五回:"东观西望,猛然听得远远～铃铎之声。" ❸ 用在状态形容词或同性质的词组之后,类似后缀。唐杜甫《上水遣怀》:"低颜下色～,故人知善诱。"《大正藏》卷四七《镇州临济慧照禅师语录》:"冷噤～,背剪绑了,解上州来。"

【的】 de 另见 dé、dí。 ❶ 用在动词后,本身作补语,表示可能或结果,相当于"得"。《元曲选·金钱记》一折:"父亲,我是未出嫁的女孩儿,怎生去～?"古本《老乞大》:"我这里今年夏里天旱了,秋里水涝了,田禾都不收～。"元明《水浒传》六回:"便是官军也

禁不～他。" ❷ 动态助词。a) 用在动词之后表动作的完成,相当于"了"。《大宋宣和遗事》前集:"天子引～师师门,相别了,投西而去。"《元曲选·生金阁》三折:"张千孩儿,与你十日假限,到我私宅中,取～铺盖来。"b) 表动作的持续,相当于"着"。明《金瓶梅词话》二二回:"那西门庆笑～出去了。"清《歧路灯》一九回:"于是吩咐宋禄套车,只说曲米街要看亲戚,王氏引～赵大儿去了。" ❸ 联系补语于动词或形容词,相当于"得"。元古本《老乞大》:"既是这月初一日离了王京,到今半个月,怎么才到～这里?"元明《水浒传》三回:"去那小二脸上只一掌,打～那店小二口中吐血。"明《二刻拍案惊奇》卷二五:"谁知钱己家中还有一个妻子万氏,小名叫做虫儿,狠毒～甚。" ❹ 句末语气词。a) 表确定语气。《元曲选外编·西厢记》三本四折:"我这颏证候,非是太医所治～。"明《古今小说》卷一:"我女儿是清清白白嫁到你家～。"b) 表疑问语气。明《朴通事谚解》卷中:"构栏里看杂技去来。去时怎么入得去～?"《梼杌闲评》一三回:"舅舅何处去～? 娘等了半日了。" ❺ 结构助词。a) 联系定语与中心语,表领属或修饰关系。宋钱愐《钱氏私志》:"则是一个有血性～汉子。"《大宋宣和遗事》后集:"虏酋大怒,执傅察而杀之。察乃傅尧俞～从孙也。"《元曲选·玉镜台》一折:"老相公～交椅,侄儿如何敢坐?"b) 联系状语与中心语,相当于"地"。《元曲选外编·西厢记》四本三折:"马儿屯屯～行,车儿快快～随。"关汉卿《单刀会》四折:"好生～送我到船上者,咱慢慢～相别。"明《西游记》七八回:"那老军猛然惊觉,麻麻糊糊～睁开眼。"c) 用在名、代、动、形等词或词组之后,组成"的"字结构,充当句子的各种成分。《元曲选外编·西厢记》一本四折:"老～小～,村～俏～。没颠没倒,胜似闹元宵。"元明《水浒传》二六回:"量酒～都惊得呆了,那里肯近前?"明《金瓶梅词话》一四回:"你看这老虎,难道是吃素～?" ❻ 用在"这""那"之后,共同指代人、物或处所。《元曲选·东堂老》二折:"这～是你爹行基业,是你自己钱财,须没个别姓来争。"明汤显祖《还魂记》三五出:"这三和土,一谜锄,小姐呵,半尺孤坟你在这～无?"

dēng

【灯】 dēng 量词。用于灯火。明《西游补》二回:"日头儿还有半天,井里头,松树边,更移出儿～鬼火。"

【灯草】 dēng cǎo 剥去外皮的灯心草,可作油灯的灯捻,也可入药。宋周密《武林旧事》卷六:"小经纪:～、发烛、肥皂团、茶花子。"元虞集《铁牛禅师塔铭》:"久之,闻击木声,通身大汗,而愈见堂中然～,即颂之曰:脱皮脱骨,体白如玉,未点以前,河沙遍烛。"《明会典》卷四一:"南京内府供用库～三百斤。"

【灯草拐】 dēng cǎo guǎi "灯草拐,挂不得"的歇后,歇"挂不得",谐音主,意为主不了事。清《醒世姻缘传》九六回:"虽是这们说,财帛又没在你手里,他不肯,你也就～了。"

【灯船】 dēng chuán 张挂有彩灯的游船。明锺惺《秦淮灯船赋序》:"小舫可四五十只,周以雕栏,覆以翠帷。"清毛奇龄《诰授明威将军王君墓志铭》:"杭俗,中元节放～于湖,火爆笙歌达昼夜。"《清通典》卷五六:"谕曰:向来南巡所至,地方大吏预备～烟火,颇觉繁俗。"

【灯窗】 dēng chuāng 灯前窗下,多指读书治学的处所。唐薛能《寓居有怀呈旧知》:"雨地残枯沫,～积旧煤。"宋《朱子语类》卷七二:"今学者只在～下习读,不曾应接事变。"明钱仲益《寄杨浩秦二生》:"杨秦两生我爱友,忆昔～共相守。"

【灯词】 dēng cí 庆赏元宵灯节的说唱曲词。宋杨无咎《探春令》:"尊前重约年时伴,拣~先按。"明《金瓶梅词话》七八回:"四个唱的上去弹唱——吴大妗门外先起身去了——唱~锦绣花灯半空挑。"清汪懋麟《元夜禁中观放烟火歌·附记》:"明晨上命赓和上元~八章,才力薄弱,视比部大篇远逊矣。"

【灯挂】 dēng guà 吊灯。明沈榜《宛署杂记》卷一四:"竹~三个并盏,价一分五厘。"清《儒林外史》二一回:"我这殿上有张桌子,又有一个~儿,你何不就着那里去念,也觉得爽快些。"又四二回:"点上一个~,六老爷首席,那嫖客对坐。"

【灯光】 dēng guāng 灯的亮光。唐骆宾王《棹歌行》:"秋帐~翠,倡楼粉色红。"宋欧阳修《答梅圣俞莫登楼》:"纤霭洗尽当空留,~月色烂不收。"清朱彝尊《鸡鸣》:"中闺切切再三语,晓寒入室~清。"

【灯花】 dēng huā 灯芯结成的花状餘烬,旧俗多以为吉兆。唐杜甫《独酌成诗》:"~何太喜,酒绿正相亲。"宋黄庭坚《阮郎归》:"夜来算得有归期,~则甚知。"清《红楼梦》四九回:"怪道昨日晚上~爆了又爆,结了又结,原来应到今日。"

【灯会】 dēng huì 元宵等节日民众观灯集会。宋欧阳修《太师中书令程公神道碑铭》:"尝夜张~,五门大集州民。"清姚之骃《元明事类钞》卷三:"明袁凯集偕王叔明、黄元吉……元夕观~于萧塘隐居。"弘历《上元前一日宴外藩》:"共道试~,谁歌湛露篇。"

【灯火】 dēng huǒ ❶ 指读书,因古人往往在灯下夜读,故称。唐韩愈《符读书城南》:"时秋积雨霁,新凉入郊墟。~稍可亲,简编可卷舒。"宋文同《极寒》:"~宜冬杪,图书称夜长。"清《聊斋志异·连城》:"又遣媪矫父命,赠金以助~。" ❷ 指彩灯。唐白居易《正月十五日夜月》:"~家家市,笙歌处处楼。"宋周密《武林旧事》卷二:"一入新正,~日盛。"明何景明《元夕》:"~万家欢,高楼玉漏残。"

【灯火资】 dēng huǒ zī 助人读书应考的费用。明《二刻拍案惊奇》卷九:"金员外一向出了灯火之资,替他在吴山左畔赁下园亭一所,与同两个朋友做伴读书。"清李渔《无声戏》一二回:"待学生到任之后,备些灯火之资,寻块养静之地,兄还去读起书来。"

【灯节】 dēng jié 元宵节。从唐代起,便有在元宵前后张灯游乐的风俗,故称。宋陈著《次韵林芳叔夜雨立春二首》之一:"今春第一雨,漠漠隔窗纱。莫管妨~,惟忧酿雪花。"明《金瓶梅词话》四三回:"西门庆分付二人:'你等过~再来计较。'"清孔尚任《桃花扇》二五出:"今日正月初九,脚色尚未选定,万一误了~,岂不可恼!"

【灯龛】 dēng kān ❶ 犹"灯火❶"。宋欧阳澈《和子贤对景有感次九日韵》:"~宜入诗书府,钱杖慵吟水石乡。"明张以宁《丁卯会试院中次诸友韵》:"欲向青云易白衫,区区别却旧~。" ❷ 指内有长明灯的佛龛。宋林希逸《和后村口占一首》:"休梦笔花寻砚滴,但看贝叶守~。"明李流芳《仲嫂沈夫人寿序》:"夫人比长斋学佛,将从太夫人于~之下,晨钟夜梵,共话无生。"清叶封《过少林诸诗四首》之一:"~耿未灭,犹自照禅心。"

【灯亮】 dēng liàng ❶ 灯。明《杨家府》卷八:"差人提起~照与胡富看。"《咒枣记》九回:"乃提过个~,走在萨真人睡处而来。"△清《儿女英雄传》五四回:"大家把~映灭,只留三两个灯笼,还都背着。" ❷ 灯光。明《金瓶梅词话》六一回:"这胡秀只见板壁缝儿透过~儿来。"《西洋记》一三回:"南船上人人都在做梦,个个都在扯呼,只有一只船上有些~。"清《红楼梦》二五回:"(贾环)一时又叫玉钏剪蜡花,又说金钏挡了~儿。"

【灯煤】 dēng méi 灯芯或灯芯餘烬。宋宋祁《寄天休学士》:"落蒂~暗,双盘露蕊和。"明高濂《遵生八笺》卷一六:"(瓶花)忌香烟~熏触,忌猫鼠伤残。"《型世言》二九回:"又一会,法明长老袖子烟出,看时袖里一块大炭,把簇新几件衣服烧穿,连声道:'适间剪烛落下个~。'"

【灯谜】 dēng mí 贴在彩灯上的谜语,猜灯谜为元宵节流行的娱乐形式之一。宋尤侗《意难忘·元宵》:"帘幌下影徘徊,听笑语诙谐。百忙里阄成~,掷与郎猜。"明夏良胜《东洲初稿》卷七:"桂坡左公号博洽,每于元宵作~,杳幻莫测。"清《红楼梦》四九回:"老太太说了,离年又近了,正月里还该作些~儿大家顽笑。"

【灯棚】 dēng péng 元宵节悬挂花灯的彩棚。宋吴潜《宝鼎现·和韵己未元夕》:"闻说旧日京华,般百戏,~如履。"吴自牧《梦粱录》卷一:"其水用辘轳绞上~高尖处,以水柜盛贮,逐时放下,如瀑布状。"明《古今小说》卷三八:"倏忽又经元宵,临安府居民门首扎缚~,悬挂花灯,庆贺元宵。"

【灯期】 dēng qī 指元宵节或其前后的几天时间。宋苏辙《次韵景仁招宋温之职方小饮》:"~飞雪乱,春候苦寒乖。"清厉鹗《春来》:"忽忽~过,春来只惘然。"

【灯青】 dēng qīng 指灯焰变暗成为青色。唐李白《送殷淑三首》之三:"痛饮龙筇下,~月复寒。"宋苏轼《和柳子玉喜雪》:"~火冷不成眠,一夜捻须吟喜雪。"明李东阳《再得兆先书用前韵》:"遥应月色~夜,细说风行与露餐。"

【灯球】 dēng qiú 圆形灯笼。宋刘辰翁《鹧鸪天》:"旧日桃符管送迎,~爆竹斗先赢。"吴自牧《梦粱录》卷一:"诸营班院于法不得与夜游,各以竹竿出~于半空,远睹若飞星。"清《说唐》三六回:"叔宝才出营门,但见四下~火把,如同白昼。"

【灯人儿】 dēng rén er 画在彩灯上的仕女。明《金瓶梅词话》七回:"生的长挑身材,一表人物,打扮起来就是个~。"又七八回:"原来何千户娘子还小哩,今年才十八岁,生的~也似一表人物。"

【灯色】 dēng sè 灯光。唐姚合《武功县中作三十首》之二〇:"晴月销~,寒天挫笔锋。"宋贾似道《宿天竺通元庵》:"~难禁雨,秋声不离山。"明何景明《汝济夜过同以行对菊》:"酒醺留媚眼,~笑生风。"

【灯山】 dēng shān 扎成山形的巨型彩灯。宋周密《武林旧事》卷二:"禁中尝令作琉璃~,其高五丈,人物皆用机关活动,结大彩楼贮之。"陆游《汉宫春·初自南郑来成都作》:"何事又作南来,看重阳药市,元夕~。"宋元《古今小说》卷二四:"至晚还内,驾入~。"

【灯市】 dēng shì 元宵节前后张设并出售花灯的地方。宋周密《武林旧事》卷二:"都城自旧岁冬孟驾回,则已有乘肩小女、鼓吹舞绾者数十队,以供贵邸豪家幕次之玩。而天街茶肆,渐已罗列灯球等求售,谓之~。"明《金瓶梅词话》四二回:"我那里管他这闲帐,刚才陪他~里走了走。"

【灯夕】 dēng xī 指元宵节,因当夜例须张灯庆贺游乐,故称。宋韩琦《上元罢灯》:"~何萧索,朝家恤殣灾。"明凌云翰《苏武慢序》:"著雍阉茂之岁,~后三日,偶阅道园遗稿,欲尽和之。"清朱彝尊《百字令·元夕和陈山农韵》:"落梅歌断,笑六街春静,者番~。"

【灯灺】 dēng xiè 灯烛的餘烬。唐元稹《通州丁溪馆夜别李景信三首》之二:"离床别脸睡还开,~暗飘珠蔌蔌。"宋蔡襄《杨叔武北堂夜话》:"炉灰寒更划,~落仍挑。"清吴伟业《萧史青门曲》:"花落回头往事非,更残~泪沾衣。"

【灯心】 dēng xīn ❶ 油灯中用以燃烧的灯草或棉纱条。唐张鷟《游仙窟》:"兰草～,并烧鱼脑。" ❷ 即"灯心草"。唐拾得《我见顽钝人》:"我见顽钝人,～挂须弥。"宋阮阅《诗话总龟》卷二一:"尝杖而至,有包～纸,公以手拭开,书满纸。"

【灯心草】 dēng xīn cǎo 多年生草本植物,茎细,叶狭长,花黄绿色。茎可织席,其中心部分可作油灯灯芯,且可入药。宋王质《苦菜》:"花黄似野菊,叶青如苦苣,而小茎淡褐,似～而大。"清毛奇龄《古决绝词序》:"敛小帛囊,贮钱一枚,～一枝。"

【灯心皂角铺】 dēng xīn zào jiǎo pù 日用杂货铺。《五灯会元》卷二〇《长芦守仁禅师》:"开个～,日求升合度朝昏。只因风雨连绵久,本利一空愁倚门。"

【灯影】 dēng yǐng 指灯光或其投影。唐卢照邻《悲夫》:"庭有霜今月华白,室有人兮～青。"宋范成大《坐啸斋书怀》:"月侵～更方去,春遍梅梢官未知。"明徐贲《神弦曲》:"灵风飐旗日光黑,～半明斜照壁。"

【灯影戏】 dēng yǐng xì 用灯光照射牛皮等做成的人或动物剪影以表演故事的戏剧形式。宋范成大《灯市行》:"吴台今古繁华地,偏爱元宵～。"清弘历《上元后一日小宴》:"慈寿康和庆莫涯,祝岁试陈～。"

【灯油】 dēng yóu 油灯。明《金瓶梅词话》五五回:"室挂明珠十二,黑夜里何用～;门迎珠履三千,白日间尽皆名士。"《醒世恒言》卷二〇:"吃了夜饭,又要个～,做起夜作。"

【灯油钱】 dēng yóu qián ❶ 牢头禁子勒索囚犯钱财的名目之一。《元曲选·蝴蝶梦》三折:"～也无,冤苦钱也无,俺吃着死囚的衣饭,将些来使用!"明《警世通言》卷二四:"那禁子正在那里图玉姐要～。志仁喝退众人,将温言宽慰玉姐,问其冤情。" ❷ 信徒对寺院布施的名目之一。宋孟元老《东京梦华录》卷一〇:"腊日,寺院送面油与门徒,却入疏教化上元～。闾巷家家互相遗送。"清《歧路灯》一六回:"明日我送十两～、一石米来,二位贤弟也休空了。"

【灯晕】 dēng yùn 灯焰外围的光圈。宋欧阳修《秋阴》:"雨冷侵～,风愁送叶声。"元吴炳《咏古镜》:"漆添～黑,文灭绣衾红。"明潘曾纮《大柳驿守岁》:"碧篆消～,黄沙拂剑花。"

【灯盏】 dēng zhǎn ❶ 指灯碗,油灯盛油的部分。唐孙思邈《备急千金要方》卷七六:"治猘犬毒方:……又取～残油灌疮口。此皆禁酒、猪肉、鱼、生菜。"宋陈自明《妇人大全良方》卷一:"荆芥散:用荆芥穗于～,多着灯心,好麻油点灯,就上烧荆芥为细末。" ❷ 灯。《历代诗话》卷一五引唐吕延济注班固《西都赋》"金釭衔壁":"金釭,～也。"宋陆游《老学庵笔记》卷一〇:"宋文安公集中有省油～诗。"清查慎行《圆通长老与呆庵长夜话》:"斋钟秋夜准,～夜深挑。"

【灯杖】 dēng zhàng 拨灯芯用的小棍儿。明高濂《遵生八笺》卷三:"清明日日未出时,采荠菜花候干作～,可辟蚊蛾。"《平妖传》一回:"养娘向前,将两指拈起一打一剔,剔下红焰,俄的灯光明了。"清毛奇龄《古今通韵》卷一〇:"撍,音他念切,火杖也。今俗称火撍,即～,亦曰灯撍。"按,灯杖亦名挑灯杖或剔灯杖,唐宋诗文多见。

【登】 dēng ❶ 到;来到。唐[日]圆仁《入唐求法巡礼行记》卷二:"暮际,请益法师及惟正、惟晓等～寺,偶谒寺家。"《敦煌变文校注》卷一《李陵变文》:"单于怕急,不敢～前。" ❷（年龄）达到。《敦煌变文校注》卷一《李陵变文》:"李陵处分左右搜括得两个女子,年～二八。"元《武王伐纣平话》卷上:"年～一十八岁,名妲己。"明《醒世恒言》卷一四:"我便唤作范二郎,年～一十九岁。"

❸ 穿(鞋、裤之类)。明《西游记》四〇回:"褪了僧鞋,～上无忧履。"清《醒世姻缘传》六五回:"冰轮一谷碌爬起,穿了衣裳,～上裤子。" ❹ 踏上;越过。唐杜甫《石壕吏》:"天明～前途,独与老翁别。"《元曲选外编·黄花峪》一折:"我这里～峻岭,蓦浅岗,见一道放牛羊小径茫。"明《徐霞客游记》卷二下:"余早卧,不及询,明发～途,知己无及。" ❺ 科举考试取中。唐白居易《何处难忘酒七首》之一:"何处难忘酒?长安喜气新。初～高第后,乍作官人。"宋苏舜钦《上仁宗应诏论地震春雷之异》:"方今以张观为御史中丞,高若讷为司谏,此二人者皆～高第。"明归有光《送余先生南还序》:"予至京师,见先生与吾郡王太史先生皆以年少～高第。"

【登拔】 dēng bá ❶ 选拔;提拔。宋佚名《增注唐策》卷九《陈子昂对三事》:"自京师及州县,～良,求人瘼,宣布上意。"胡仔《苕溪渔隐丛话》卷三六引《四六谈麈》:"久居言路,评弹多权贵之臣;屡掌文衡,～皆纯正之士。" ❷ 攻下;夺取。元姚燧《平章政事史公神道碑》:"攻樊城,先～之,襄阳随下。"清储大用《荆州论》:"乃令总管李庭攻破其外堡,诸军蚁附而～之。"

【登场】 dēng cháng 另见 dēng chǎng。收割庄稼运到场圃。唐白居易《孟夏思渭村旧居寄舍弟》:"日暮麦～,天晴蚕拆簇。"《元曲选·桃花女》一折:"俺则见四野田畴,禾苗丰茂,～后,鼓腹歌讴。"清《歧路灯》九四回:"禾稼～尚早,吾民其何以存?"

【登场】 dēng chǎng 另见 dēng cháng。❶（人物）上场;登台表演。明《醒世恒言》卷二〇:"他资性本来聪慧,教来曲子,那消几遍,却就会了。不勾数日,便能～。"清李渔《闲情偶寄·词曲部》:"殊不知声音驳杂,俗语呼为'两头蛮'。说话且然,况～演剧乎?"《红楼梦》一回:"乱烘烘你方唱罢我～。"偶亦指动物上场。明谢肇淛《五杂组》卷九:"三吴有斗促织之戏,然极无谓。斗之有场,盛之有器,必大小相配,两家审视数四,然后～决赌。" ❷ 当场,就在当时当地。元明《水浒传》一二回:"差两员相官带了仵作行人,监押杨志并众邻舍一干人犯,都来天汉州桥边～检验了。"又四六回:"众人～看验已了,回州禀覆知府。"

【登程】 dēng chéng 起程;上路。唐易静《兵要望江南·占鸟》:"皂旗黄杆引师行,襄厌毕～。"金《董解元西厢记》卷六:"马儿～,坐车儿归舍。"清《红楼梦》一〇二回:"于是探春放心辞别众人,竟上轿～。"

【登崇】 dēng chóng 推重任用。唐孙樵《孙氏西斋录》:"尚功力,正刑名,～善良,荡戮凶回。"宋仲并《祭李尚书若水文》:"～元凯,放黜穷奇。有志之士,交口相贺。"

【登答】 dēng dá 回答(多用于下对上)。五代杜光庭《墉城集仙录》卷四:"下官先日往九河见司阴君,与西汉夫人共游,见问以阳九百六之期,圣主受命之劫。下官～以年稚不识运厄之纪,别当咨太真王夫人。"清《快心编三集》一一回:"喜儿生来伶俐,察貌辨色,回话～,甚中款曲。"《儒林外史》四三回:"但是上头问下来,这一句话却难以～,明明像个饰词了。"

【登大宝】 dēng dà bǎo 即位当皇帝。《全唐文》卷九二唐昭宗《封钱镠吴王敕》:"朕嗣～,统理万方,有推诚待人之心,少拨乱反正之略。"《元曲选外编·老君堂》三折:"四海称臣万民乐,建立下盖世功劳,万万载愿吾皇～。"明杨廷和《请崇圣学以隆圣治疏》:"伏惟陛下嗣～,一月以来,用人无不当,行政无不宜。"

【登第】 dēng dì 科举会试被录取。唐颜真卿《汲郡开国公康使君神道碑铭》:"年十四,明经～,补右内率府胄曹。"五代刘昫《王勃传》:"勃弱冠进士～。"明刘基《王师鲁尚书文集序》:"仁宗皇帝首开科举,公即以其年～。"

【登东】 dēng dōng　上厕所。东为东圊（厕所）之省。明《古今小说》卷二："原来那汉子是他方客人，因～，解脱了裹肚，失了银子，找寻不见。"陆采《双珠记》三六出："如今安置他们坐地，我假托～，独自出来寻取。"清《九云记》三〇回："不多时，有人～出恭。"

【登东厕】 dēng dōng cè　即"登东"，"东圊"亦称"东厕"。清《歧路灯》七二回："话未完，衙役自去～。"

【登东司】 dēng dōng sī　即"登东"，"东圊"亦称"东司"。明《拍案惊奇》卷二一："此必人家干甚紧事，带了来用，因为～，挂在壁间，失下了的，未必不关着几条性命。"

【登东厮】 dēng dōng sī　即"登东"，"东圊"亦称"东厮"。明《醒世恒言》卷三〇："路信即走入厢房中观看，却也不在。原来支成～去了。"

【登东所】 dēng dōng suǒ　即"登东"，"东圊"亦称"东所"。宋俞琰《席上腐谈》卷下："小厮中道～，将铁瓶挂于树间，瓶重木弱，为风所摇，木叶揩磨，着处皆金色。自是识化金之术。"

【登东作】 dēng dōng zuò　即"登东"，"东圊"亦称"东作"。元留一清《钱塘遗事》卷一〇："食毕，不见赐。谢恩或要～，旋则抱牌，卷卷子而往。"

【登对】 dēng duì　❶当面回答皇帝垂讯。宋魏泰《东轩笔录》卷一四："祖宗朝，宰相怙权，尤不爱士大夫之论事。赵中令普当国，每臣僚上殿，先于中书供状，不敢诋斥时政，方许～。"明范景文《奉旨同奏疏》："凡督抚官条议兵饷，只就所属地方事宜切实～。"也指一般对答。明佚名《孤儿记》二六出："欲待不言，若问我时，教我难～。"❷当下核对。明《西洋记》一六回："等待回朝之日，两家～，便知道某人是某星。"清《歧路灯》八四回："京都西河沿洪家老铺，高头便览，按季～无讹。"

【登丰】 dēng fēng　丰收。宋夏竦《进和御制丰年歌表》："禁苑～于首种，薰弦浚于宸章。"赵佶《题引子龙》："四时膏泽及时降，大有五谷年～。"清弘历《宗畅寺》："致予心喜者，满谷稼～。"

【登耗】 dēng hào　增减。《旧五代史·晋书·郑受益传》："京兆户籍～，民力虚实，某备知之矣。"宋易祓《周易总义》卷一三："有井则有邑，邑者，众之所聚，故有可大之邑，而井则居其所而不迁。"明李梦阳《明故奉政大夫山西按察司佥事贾公合葬志铭》："公知易州，则条园林～之状以闻。"

【登溷】 dēng hùn　上厕所。"溷"指厕所。《太平广记》卷四二引《逸史》："少顷，裴老受佣事毕，王君将～，遇于户内。"宋宗杲《宗门武库》："钱弋郎中访真净，说话久，欲～，净令行者引从西边去。"明蒋一葵《尧山堂外纪》卷四五："或戏着卿曰：'杨柳岸晓风残月。'此乃稍工～处耳。"

【登溷轩】 dēng hùn xuān　即"登溷"。"溷轩"亦指厕所。五代孙光宪《北梦琐言》卷一〇："复有一丞郎，马上内逼，急诣一空宅，径～，斯乃大优褚刁绫空屋也。"

【登基】 dēng jī　即"登大宝"。金佚名《大金吊伐录》卷一："今上年少，因乱～，详度军国社稷子孙祸福，未能裁决。"《元曲选·陈抟高卧》三折："卦铺里，那时节相识，曾算着它南面～。"清《醒世姻缘传》九〇回："自从成化爷～以后，真是太平有象，五谷丰登，家给人足。"

【登科】 dēng kē　科举会试被录取。唐白居易《赠元稹》："不为同～，不为同署官。所合在方寸，心源无异端。"宋佚名《张协状元》一〇出："此人有一举～。"或为"登科记"的省称。宋元《古今小说》卷一一："足踏云梯，手攀仙桂，姓名已在～内。"

【登科记】 dēng kē jì　登科者的名录。唐赵璘《因话录》卷四："有江淮举人，姓严，是～误本，倒书庞、严姓名，遂赁舟丐食就谒。"宋周申《壶中天》："闻道潇洒才郎，天庭试罢，名挂～。"明《醒世恒言》卷二八："未几揭晓，潘朗阅～，状元果是梦中所迎匾上姓名。"

【登科录】 dēng kē lù　犹"登科记"，宋以后或改"记"为"录"。宋苏轼《送章子平诗叙》："观进士～，自天圣初讫于嘉祐之末，凡四千五百一十有七人。"明廖道南《殿阁词林记》卷一四："国朝乡试诸录，会试进士～，具有程式。"

【登龙】 dēng lóng　❶乘龙。唐李白《箜篌谣》："攀天莫～，走山莫骑虎。"也喻帝王即位。《文苑英华》卷四五佚名《华山为城赋》："假巨灵拔山之力，卫王者～之所。"宋李廷忠《鹧鸪天》："～戏马英雄事，都在南楼一啸中。"明《西游记》二八回："即位～是那个？称孤道寡果何人？"❷即"登龙门❶"。唐骆宾王《初秋登司马楼宴》："展骥端居暇，～嘉宴同。"五代王定保《唐摭言》卷三："～旧美无斜径，折桂新荣尽直枝。"❸即"登龙门❷"。唐李端《送友人擢第归觐》："～兼折桂，归去赏高居。"宋宋祁《登科记序》："乃次登科以来，圣制表谢及奏御辞赋诸公诗笔，凡若干章，总题曰～记。"明皇甫汸《寄题似楼赠房考李时言》："旧日李膺门下士，闽云南望忆～。"

【登龙门】 dēng lóng mén　❶用鲤鱼上龙门的传说比喻受到有名望有权势者的接纳援引，典出《后汉书·李膺传》。唐李白《与韩荆州书》："一～，则声誉十倍。"明李贤《天顺日录》："由是以廉者为拙，以贪者为能，被其容接者若～。"❷特指科举会试被录取。唐封演《封氏闻见记》卷三："故当代以进士登科为～。"

【登罗】 dēng luó　即"打罗"。元刘时中《端正好·上高监司》之二："开张卖饭的呼君宝，磨面～底叫德夫。"

【登门】 dēng mén　❶到达门庭。唐储光羲《题应圣观》："皎皎河汉女，在兹养真骨。～骇天书，启钥问仙诀。"宋文同《凭几》："列传日逢佳士，群书时得微言。自对古人凭几，不烦俗客～。"引申为结交或受业。宋陈师道《送晁尧民守徐》："中年为别不堪忧，束发～到白头。"元方回《读魏鹤山先生渠阳集五首》之一："～四十九年多，细读公书百遍过。"❷犹"登龙门❶"。唐韩愈《叉鱼招张功曹》："濡沫情虽密，～事已辽。"杜荀鹤《投江上崔尚书》："若许～换髻鬟，必应辛苦事风雷。"

【登攀】 dēng pān　攀登。唐李白《秋日登扬州西灵塔》："宝塔凌苍苍，～览四荒。"元吾丘衍《畲蒋弘父会稽莫春见寄》："君游剡水春未还，东山石磴穷～。"清弘历《磴道》："磴道层层砌假山，林岑曲折费～。"

【登时】 dēng shí　❶立刻；即时。《敦煌变文校注》卷一《孟姜女变文》："点血即肖（消），～渗尽。"《元曲选·潇湘雨》二折："只愿得你嫡亲伯父～至，两下里质对个如何是。"元明《水浒传》一一回："有财帛的，来到这里，轻则蒙汗药麻翻，重则～结果。"❷当时；其时。指过去的某一时刻。唐[日]圆仁《入唐求法巡礼行记》卷一："十四日辰时，……从水路向县家去。～开元寺僧元昱来，笔言通情。"《祖堂集》卷一〇《安国和尚》："师与长庆从江外再入岭。在路歇次，因举太子初下生时，目视四方，各行七步，一手指天，一手指地，云：'天上天下，唯我独尊。'庆却云：'不委太子～实有此语，为复是结集家语？直饶～不与摩道，便是目视四方，犹较些子。'"明《醒世恒言》卷三四："你的妻子可是昨日～打死了？"

【登时间】 dēng shí jiān　即"登时❶"。《元曲选·看钱奴》四折："我这一服药与你婆婆吃了，～就好。"清《红楼梦》九回："众

顽童也有趁势帮着打太平拳助乐的,也有胆小藏在一边的,也有直立在桌上拍着手儿乱笑,喝着声儿叫打的,～鼎沸起来。"

【登眺】 dēng tiào 登高望远。唐张说《岳州九日宴道观西阁》:"～思清景,谁将眷浊阴。"宋郑刚中《即事》:"晚来～处,寒暖正争春。"明康海《拜将坛记》:"代异境遐,士大夫非郡守监临,莫能辄至其地,故～之际,吟咏之事寡焉。"

【登闻鼓】 dēng wén gǔ 设于朝堂外的鼓,臣民如有谏议或冤屈,可以击鼓上闻。此制起源于晋,唐宋因之。《全唐文》卷四七代宗《求言诏》:"其击～者,金吾将军收状为进,不得辄有损伤。"《元曲选·神奴儿》三折:"若无钱,怎挝得你这～?便做道受宫(官)厅党太尉能察雁,那里也昌平县狄梁公敢断虎。"清《樵史》三九回:"湘客虽不才,当击～面奏今上,以请授兵。"

【登乡荐】 dēng xiāng jiàn 名登乡试榜,指考中举人。宋元《古今小说》卷三九:"严州遂安县有个富家,姓汪名孚,字师中,曾～。"明韩雍《赐老堂诗序》:"已～甲科,显扬指日可期。"清《北东园笔录初编》卷五:"杨雪椒光禄,嘉庆甲子～,至庚辰始成进士。"

【登载】 dēng zǎi 记载。宋真德秀《跋欧阳四门集》:"四门之文之行,昌黎韩文公盖亟称之。至黄璞为闽中名士传,乃记太原妓一节,观者疑焉。近岁黄君介、喻君良能皆尝为文以辩,谓宜～编末,以澡千载之诬。"明文徵明《重刊旧唐书序》:"柳宗元叙事尤号奇警,且郑重致计,上于史馆。若是不得～,则其所遗亦多矣。"清《四库总目提要·回文类聚》:"是书之末,有世昌自跋,称至道御制,～卷首,此本无之。"

【登真】 dēng zhēn ❶ 登仙;得道成仙。唐宋之问《为兖州司马祭王子乔文》:"缅惟此地,～之基,愿考狭室,树兹丰碑。"明袁华《送唐本初之茅山》:"隐君书著～诀,长史碑题旧观坛。"清查慎行《苏诗补注》卷一:"邓绾《吏隐阁记》亦谓安乐山世传隋开皇中刘珍先生～之地。" ❷ 死亡的婉词。宋米芾《苏东坡挽诗五首》之一:"可怜众热偏能舍,自是～限莫违。"金李俊民《重修王屋山阳台宫碑》:"大朝己亥岁三月二十二日壬辰,～于岳云观,春秋八十有八。"

【蹬】 dēng ❶ 腿和脚横向或向脚底方向用力。元仇州判《阳春曲·和前作》:"凤帏中触抹着把人～,狠气性,～杀我也不嫌疼。"元明《水浒传》三八回:"(张顺)便把竹篙望岸边一点,双脚一～,那只渔船一似狂风飘败叶,箭也似投江心里去了。" ❷ 踩踏;抛弃。《元曲选·李逵负荆》三折:"我不合～翻了莺燕友,拆散了这凤鸾交。"明佚名《南牢记》三折:"一则趁赶些钱钞,二则将几句动情的言语调戏他,教他好歹～了刘坠儿,养上我。"

【蹬挩】 dēng wāi 四肢抽搐、躯干扭动的样子。清《醒世姻缘传》一三回:"(伍小川)张了张口,不禁儿～,就'尚飨'去了。"又二〇回:"季春江出其不意,望着晁思才心坎上一头拾将去,把个晁思才拾了个仰百叉,地下～。"

【蹬心拳】 dēng xīn quán 朝心窝打过来的拳头,比喻精神上的沉重打击。明《平妖传》一六回:"胡员外听了,吃了一个～。"清《醉醒石》一四回:"莫氏吃了一个～,却还不绝望。"

děng

【等】 děng ❶ 疑问代词。何。唐王维《叹殷遥》:"念君～为死?万事伤人情。慈母未及葬,一女才十龄。"按,唐颜师古《匡谬

正俗》卷六:"问曰:'俗谓何物为底,底义何训?'答曰:'此本言何等物,其后遂省,但言直云等物尔。'……以是知去何而直言等,其言已旧。今人不详其本,乃作底字,非也。" ❷ 等待。唐路德延《孩儿》:"～鹊潜篱畔,听蛩伏砌边。"宋姜夔《疏影》:"～恁时重觅幽香,已入小窗横幅。"《元曲选·鸳鸯被》一折:"员外,再～几时,待老相公回来,还你这银子。" ❸ 戥子,一种称量小物品的衡器。宋孟元老《东京梦华录》卷五:"罗列盘盏于地,盛果木、饮食、官诰、笔、研、算、秤、～、经卷、针线应用之物。"明《警世通言》卷二二:"便取出银子,刚刚一块,讨～来一称,叫声惭愧,原来是块元宝。" ❹ 称量。唐段成式《柔卿解籍戏呈飞卿》:"最宜全幅碧鲛绡,自襞春罗～舞腰。"宋《朱子语类》卷一一:"某下一字时,直是称轻～重,方敢写出。"明《拍案惊奇》卷一:"文若虚接了银钱,手中～～看,约有两把重。" ❺ 种;类。元古本《老乞大》:"这几～药里头,堪服治饮食停滞。"元明《水浒传》四九回:"天生一～异相,脑后一个肉瘤。"明《金瓶梅词话》二七回:"世人有三～人怕热,三～人不怕热。" ❻ 让。介词。《元曲选·杀狗劝夫》四折:"则着他背狗皮号令在长街市,也～那一辈儿狗党狐朋做样子。"又《倩女离魂》三折:"梅香,休要炒闹,～他歇息,我且回去咱。"

【等秤】 děng chèng 戥子。《元典章·刑部十九》:"各路行铺之家,行用度尺、升斗、～,俱不如法。"明《拍案惊奇》卷二二:"却是这些富人惟有一项,不平心是他本等:大～进,小～出。"清《皇朝文献通考》卷一六〇:"朕见各省民间所用～,虽轻重稍殊,尚不甚相悬绝,惟斗斛大小炯然。"

【等待】 děng dài ❶ 不采取行动,希望预先设想的情况出现。唐李德裕《条疏太原以北边备事宜》:"一请速降中使,赉敕至云朔、天德以来,宣谕生熟退浑及党项诸部落,～天德交锋后任便出军讨逐。"宋《朱子语类》卷八:"今人做工夫,不肯便下手,皆是要～。"《元曲选·范张鸡黍》楔子:"哥哥,您兄弟在家杀鸡炊黍,～哥哥相会。" ❷ 等到。宋岳珂《桯史》卷八:"又书壁述怀曰:'蛟龙潜匿隐沧波,且与虾蟆作混合。～一朝头角就,撼摇霹雳震山河。'"元明《水浒传》二回:"史进回到庄上,将陈达绑在庭心内柱上,～一发拿了那两个贼首,一并解官请赏。"清《东周列国志》五九回:"～司马酒醒,不知何时?"

【等等潜潜】 děng děng qián qián 躲躲闪闪,怕人发现而不敢靠近。元赵显宏《昼夜乐·秋》:"柳青,柳青偏恁地严;偏嫌,拘钳,拘钳人～。"明汤式《一枝花·赠玉马杓》:"美声誉高如金斗,秀名儿近似珠窍。富石崇犹兀自～,穷双渐也则索让让谦谦。"

【等例】 děng lì ❶ 这样的例子。唐萧瑀《临终遗子书》:"气绝后可著单服一通,以充小敛,棺内施单席而已,冀其速朽,不得别加一物,惟在速办。自古圣贤,非无～,尔宜勉之。" ❷ 按等级享受的份额。明何孟春《馀冬序录》卷四:"于是立为定例,看何等官员过此,便用何～送与之。"清《红楼梦》五三回:"自己留了家中所用的,餘者派出～来,一分一分的堆在月台下。"

【等量】 děng liáng 比较;衡量。唐皮光业《吴越国武肃王庙碑铭》:"至此水镜裁鉴,金秤～,并列庭臣,皆居省署。"宋刘挚《跋览前此唱和诗卷有诗次其韵》:"古人能轻万户侯,为有千篇相～。"清宋荦《乐春园看芍药用孙韦金韵》所附韦金原诗:"寒梅高调真赏稀,浓桃俗韵悦者众。按谱～谁为侪,牡丹丰姿宛合仲。"

【等色】 děng sè 种类,"等"与"色"同义复合。唐王梵志《饮酒妨生计》:"饮酒妨生计,樗蒲必破家。但看此～,不久作穷楂。"五代王定保《唐摭言》卷一二:"开元中,薛据自恃才名,于吏部参选,请授万年录事。流外官共见宰执诉曰:'赤录事是某等清要官,今被进士欲夺,则～人无措手足矣。'遂罢。"宋朱熹《答李孝

述继善问目》：“鸟兽草木各以类分，而每类中又有～不同。”

【等身】 děng shēn　与身高相等。唐张说《龙门西龛苏合宫等身观世音菩萨像颂》：“龙门西龛～像者，此都人士思贤令苏君之所造也。”《敦煌变文校注》卷二《庐山远公话》：“有坚牢树神，……手中执一～铁棒，言云：‘是某乙当直。’”清曹庭枢《张鸿勋惠读看云吟稿作长歌奉柬即送其南还》：“但令作述高～，何必黄金印悬肘。”

【等时】 děng shí　顿时；立刻。明《西游记》六回：“欺诳今遭刑宪苦，英雄气概～休。”《梼杌闲评》二〇回：“英雄气概～休，便是铁人也落泪。”孟称舜《娇红记》三〇出：“我灵魂已飞向妆台右，则愿得今日呵，～成就。”

【等头】 děng tóu　❶ 一般；同样。唐白居易《劝行乐》：“欢笑胜愁歌胜哭，请君莫道～空。”宋王禹偁《读史记列传》：“佞幸圣贤俱饿死，若无史笔～空。”　❷ 轻易；白白。唐元稹《送东川马逢侍御史》：“流年～过，人世各劳劳。”清查慎行《唐多令》：“曾被上番吟赏后，蝴蝶梦忒匆匆，颜色～空。”按，清李调元《方言藻》卷下：“等闲与等头，皆唐人方言，轻易之辞也。”　❸ 同“戤头”。明《杜骗新书·伪交骗》：“每一半九成，一半七八成银，又～轻少。”清《醉醒石》一一回：“又且买办珠翠绸绫，给发工价，不惟短他价值，还要刻他银水～。”《醒世姻缘传》一回：“～比别家不敢重，钱数比别家每两多二十文。”

【等闲】 děng xián　❶ 寻常；平常。唐刘禹锡《答乐天见忆》：“与老无期约，到来如～。”《元曲选·望江亭》一折：“则他这～人怎得见我容颜。”清《儒林外史》四一回：“庄绍光道：‘我这舍侄，亦非～之人。’”　❷ 轻易；随便。唐白居易《琵琶行》：“今年欢笑复明年，秋月春风～度。”宋元《清平山堂话本·杨温传》：“着意栽花花不活，～插柳柳成阴。”清《醒世姻缘传》：“讼师本等不敢与他写这大状，只图他那许的一两银子，不是～赚的。”　❸ 经常；通常。《敦煌变文校注》卷五《父母恩重经讲经文（一）》：“日夜专忧分娩苦，～惆怅泪双垂。”宋彭乘《墨客挥犀》卷二：“太原人喜食枣，无贵贱老少，常置枣于怀袖间，～探取食之。”　❹ 无端；平白无故。唐杜荀鹤《投长沙裴侍郎》：“男子受恩须有地，平生不受～恩。”金《董解元西厢记》卷六：“鱼水似夫妻正美满，被功名～离拆。”明汤显祖《牡丹亭》二〇出：“为着谁侬，俏样子～抛送。”

【等子】 děng zǐ　❶ 戤子。参见“等❸”。明《西游记》七三回：“内一女子，急拿了一把～道：‘称出一分二厘，分作四分。’”清《醒世姻缘传》二二回：“从袄筒里抽出～来，高高的称了二钱银子，递到傅惠手里。”　❷ 宋代御前仪卫武职中的一级。宋孟元老《东京梦华录》卷四：“军头司每旬休224内～、相扑手、剑棒手格斗。”周密《武林旧事》卷一：“～人员十将（两行各四人居外）。”《大宋宣和遗事》前集：“至十五夜，去内门直下赐酒，两壁有八厢，有二十四个内～守着。”　❸ 供比较鉴别用的标准样品。宋张世南《游宦纪闻》卷五：“宣和殿有玉～，以诸色玉次序排定，今玉至则以～比之，高下自见。今内帑有金～，亦此法。”

【戤头】 děng tóu　用戤子称银子，收方所称重量往往比实际重量轻，付方所称重量往往比实际重量重，两者的差额叫戤头。清《儒林外史》六回：“老爹给了他二钱四分银子，又还扣他二分～。”《雨花香》二八回：“他是个挣家之人，时时照看着，但见～上讨得他人厘毫便宜。”

dèng

【邓邓呆呆】 dèng dèng dāi dāi　即“呆呆邓邓”。明《西游

记》九一回：“那里嗡喇一声，大开了门，跑出一阵牛头精，～的问道：‘你是谁？敢在这里呼唤？’”

【邓沙】 dèng shā　澄沙，豆类粮食煮烂滤出粗滓后的泥状物，用做点心的馅儿。明《西游记》五五回：“一盘是～馅的素馍馍。”

【凳头】 dèng tou　板凳；凳子。明《古今小说》卷二七：“你女婿做秀才，难道就做尚书、宰相，我就不是亲叔公，坐不起～？”

【櫈】 dèng　凳子。《永乐大典》卷一八二二四引宋洪迈《夷坚志·祠山像》：“旁有一～，欲就坐少憩，神摇手止之曰：‘不可。’”明沈榜《宛署杂记》卷一五：“大铁锅二十八口，案板二十四块板，～五十条。”

【瞪眼】 dèng yǎn　睁大眼睛直视。宋洪迈《夷坚志》支庚卷六：“夜来钻壁，乃睹一人，长七八尺，面似神道，～看我，我不觉惊倒，又不敢叫人相救。”元明《水浒传》三六回：“三人各吃了一碗下去，只见两个公人瞪了双眼，口角边流下涎水来。”清《红楼梦》一一九回：“巧姐屋内人人～，一无方法。”

【镫里藏身】 dèng lǐ cáng shēn　一种马术，弯下身子藏于马腹一侧镫上。宋孟元老《东京梦华录》卷七：“又存自拳曲在鞍一边，谓之～。”元明《水浒传》一三回：“杨志听得背后弓弦响，霍地一闪，去，那枝箭早射个空。”明《金瓶梅词话》六五回：“仙人打过桥，～，人人喝采，个个争夸。”

dī

【低】 dī　❶ 声音小。唐王勃《陇西行》：“田间遭骂詈，～语示乘骖。”宋秦观《品令》：“语～～，笑咭咭。每每秦楼相见，见了无限怜惜。”明《西游记》一八回：“愁蹙蹙，蛾眉淡；瘦怯怯，语声～。”　❷ 次；坏。元睢玄明《耍孩儿·咏鼓》：“这厮则嫌乐器～，却不道本事拙。”《元曲选·青衫泪》三折：“本待招一个风流婿，怎知今命运～。”清《醒世姻缘传》六六回：“那疮是个治不好的～物件，我看你家又是个舍不得钱的人家。这疮难治，我不去了。”

【低昂】 dī áng　❶ （本领）高下。《元曲选·马陵道》一折：“恰才二将争雄在战场，都一般的神机妙策没～。”　❷ 随波上下。唐杜甫《陪王侍御同登东山最高顶宴姚通泉晚携酒泛江》：“灯前往往大鱼出，听曲～如有求。”引申为随波逐流、与世沉浮之意。《全唐文》卷九八六佚名《灌畦暇语自序》：“力尽志殚，仅能如愿，终以枯肠不贮机阱，不能随世～。”

【低丑】 dī chǒu　拙劣。同义复词。元明《水浒传》一〇二回：“那厮本事～，适才讲过，这钱应是赢棒的得。”

【低搭】 dī dā　鄙贱；下贱。清《醒世姻缘传》八回：“我不合淫妇对命，我嫌他～。”又一一回：“想起来，做小老婆的～，还是干那旧营生俐亮。”

【低答】 dī dā　❶ 同“低搭”。《孤本元明杂剧·僧尼共犯》二折：“则为你半辈不素～物，勾引的惹草沾花泼赖徒。”　❷ 犹“颠答”。《孤本元明杂剧·拔宅飞升》一折：“把石头点成金宝，不理民专弄术法。人都骂他夹脑，我也说他～。”

【低钱】 dī qián　面值低或分量不足的钱。《元曲选·隔江斗智》三折：“我们荆州一个～买个大馍馍。”明《拍案惊奇》卷一：“如今是买吃口东西，他只认做把～交易，我却只管分两，所以得利了。”清《醒世姻缘传》一回：“使下～，任凭拣换。”

【低人】 dī rén　坏人。清《醒世姻缘传》六七回：“这外科十个倒

有十一个是～,这艾满辣是那～之中更是最低无比的东西。"又八四回:"咱这左近一定有～,看来买丫头买灶上的,他必定还破你。"

【低手】 dī shǒu 本领低下的人。宋《朱子语类》卷七八:"某看得《书小序》不是孔子自作,只是周秦间～人作。"明王樵《与再从子尧封书》:"又加以夹杂,凡擦动及不告而谬填,皆此辈所为也。"清查慎行《与韬荒兄竟陵分手作诗以寄》:"～两笨伯,毫末势必争。"

【低首下心】 dī shǒu xià xīn 屈服顺从貌。唐韩愈《祭鳄鱼文》:"刺史虽驽弱,亦安肯为鳄鱼,低心倪倪,为民吏羞,以偷活于此邪?"宋《五代史平话·唐上》:"咱是天子大臣,兵败拿至此,分甘一死,岂能～,伏侍一个镇使?"也形容极端佩服。清《野叟曝言》四七回:"众人～,赞叹不已。"

【低心】 dī xīn ❶违心屈意。唐元稹《同州刺史谢上表》:"愚臣既不能～曲就,辈流亦以望风怒臣。"宋陆游《上巳临川道中》:"如今自怜还自笑,敛版～事年少。" ❷坏心。清《醒世姻缘传》五五回:"你说他那～,天爷为甚么不劈他?"又八〇回:"趁着我害病,大家献浅,请他出来,叫他使～,用毒计,唬杀孩子,愁我不死么?"

【低心下气】 dī xīn xià qì 犹"低心❶"。清戴璐《藤阴杂记》卷二:"笑当年指望京官好,到如今、～空烦恼。"《野叟曝言》二七回:"领到那女子房中,门口叫几个家人堵住,使他不便出来。然后～,与他见礼相叫,说几句知心着意的话儿。"

【低银】 dī yín 成色差的银子。元古本《老乞大》:"咳!～我也没,我的都是细丝官银。"明《型世言》三回:"天热恐怕酒坏,只得又叫她将些。她便乱卖,～低钱也便不拣,便两三遭也添。"清《儒林外史》六回:"老爹给了他二钱四分～子,又还扣了他二分戥头。"

【隄备】 dī bèi 提防;防备。唐李纲《与秦相公书》:"窃意朝廷有江北之警,预为～,不得已而如此。"宋尹洙《分折公使钱状》:"缘洙于庆历三年八月内到任,九月后,便值西界事宜紧切。洙与主兵官员逐日～,略无暂暇。"金《董解元西厢记》卷八:"诸多僧行难,关闭得,山门着。"清《隋唐演义》三三回:"叔宝……照脊梁一拳,打个不～,跌了一个倒栽葱。"

【隄防】 dī fáng 提防。唐白居易《自咏》:"勾检簿书多卤莽,～官吏少机关。"金《董解元西厢记》卷五:"您切听着,～墙上杏花摇。"明《金瓶梅词话》一九回:"不～鲁华又是一拳,仰八叉跌了一交。"

【堤备】 dī bèi 同"隄备"。宋王明清《挥麈三录》卷二:"又于守城,过有～。虏人巧设机械,屡出奇计见攻。"元杨梓《霍光鬼谏》四折:"陛下,～着铁甲将军夜过关。"元明《水浒传》五九回:"城中监着两只大虫在牢里,如何不做～?"

【堤防】 dī fáng 提防。唐李豫《赐元载自尽敕》:"纳受赃私,留鬻官秩,凶妻忍害,暴子侵牟,曾不～,恣其凌虐。"元《三遂平妖传》一九回:"早间与贼兵对阵,不～王则阵里起一阵恶风。"明卢柟《想当然》一八出:"有人在你老爷根前讲他闲话,教他今夜谨谨～,莫要落人圈套。"

【提备】 dī bèi 同"隄备"。宋李刚《与张相公第十二书》:"更冀于不必防处曲加～,以江西一路空虚为念,深所望于左右也。"元《秦并六国平话》卷中:"可予先修整城池,加上五尺,～秦兵。"明《杨家将演义》二六回:"下令军中:乘番人不知～,今夜杀入皇城。"

【提留】 dī liu 同"提溜"。明《金瓶梅词话》六七回:"好不好我把他小厮～在监里坐着,不怕他不与我银子。"清《醒世姻缘传》五七回:"晁思才狠狠的在脊梁上几个巴掌,～着顶搭飞跑。"

【提溜】 dī liu 提;拎。明《金瓶梅词话》五九回:"不由分说,寻着猫,～着脚,走向穿廊,望石台基轮起来只一摔。"清《醒世姻缘传》八九回:"张氏卷了卷袖,紧了紧裙,手～着个棒槌往外就跑。"

【滴】 dī ❶液体点点下落。唐杜甫《发阆谷县》:"临歧别数子,握手泪再～。"宋柴元彪《苏幕遮》:"～落梧桐,一片相思泪。"明《醒世恒言》卷二七:"任你～水成冰的天气,少不得向水孔中洗涤污秽衣服。" ❷量词。用于计量水滴。唐韩偓《秋霖夜忆家》:"不知短夜能多少,一～秋霖白一茎。"宋辛弃疾《归朝欢》:"霍然千掌翠岩屏,锵然一～甘泉乳。"《元曲选·杀狗劝夫》楔子:"恭喜哥哥华诞。俺两个无甚么礼物将敬,只一瓶儿淡酒,与哥哥一～添寿一岁。" ❸特指眼珠坠落,用于咒人或赌咒。明《金瓶梅词话》七八回:"他若肯与我一个钱,我～了眼睛在地!"清《醒世姻缘传》六五回:"你的双眼珠子已是～在地下,看不出好歹!"

【滴答】 dī dā 象声词。可形容言语啰唆。宋元《清平山堂话本·杨温传》:"这汉子坐下骑着一匹高头大马,……～走到茶坊前。"按,状马蹄声。明《西游记》二〇回:"老儿～甚么,谁和你发课? 说甚么五爻六爻,有饭只管添将来就是。"

【滴滴】 dī dī ❶盈盈欲滴貌,形容娇美。唐唐彦谦《留别四首》之二:"野花红～,江燕语喃喃。"宋欧阳修《少年游》:"试问当筵眼波恨,～为谁娇。" ❷象声词。像水滴声。唐刘得仁《和郑校书夏日游郑泉》:"来闻鸣～,照辣碧沉沉。"宋杨亿《秋夜有怀李寺丞》:"润气先从柱础知,寒宵～助秋悲。"明夏原吉《舟行值雨》:"雨声～敲篷鸣,我居篷底谁为情。"

【滴溜溜】 dī liū liū 形容旋转、晃动。《大宋宣和遗事》前集:"见虚空中～遗下一幅纸来,僧人乘云而去。"《元曲选外编·云窗梦》一折:"推的个沉点点磨杆儿～转。"清《野叟曝言》五一回:"咱们奏了王爷,你这颗头就要～的滚下来了!"

【滴流】 dī liú 同"滴溜(dī liu)❹"。宋沈端节《探春令》:"旧家元夜,追随风月,连宵欢宴。被那瀺、引得～地,一似蛾儿转。"

【滴流流】 dī liú liú 同"滴溜溜"。明《西游记》七回:"六只手使开三条棒,好便似纺车儿一般,～在那垓心里飞舞。"

【滴溜】 dī liù 另见 dī liu。檐沟流下的水。宋元《警世通言》卷一三:"那条河直通着黄河水,～也似紧,那里打捞尸首?"

【滴留】 dī liu 同"滴溜(dī liu)❻"。元张鸣善《水仙子》:"孟郊寒贾岛瘦相如病,刚～得老性命。"

【滴溜】 dī liu 另见 dī liù。❶即"提溜"。《元曲选外编·三夺槊》二折:"他～着虎眼鞭彪,我吉丁地着劈楞铜架却。"清《醒世姻缘传》六回:"第二日清早,我～着这猫往街上来。"按,明沈榜《宛署杂记》卷一七:"提曰滴溜着。" ❷下垂;悬。元曾瑞《哨遍·羊诉冤》:"我如今刺搭着两个蔫耳朵,～一条粗硬腿。"明《朴通事谚解》卷上:"攀胸下～珠子结的盖儿,野狗尾子罕答哈。"清《醒世姻缘传》六〇回:"素姐伸出胳膊,露出腿来,打的像紫茄子一般肿的～着。" ❸形容圆。元刘庭信《端正好·金钱问卜》:"明～月转西厢,锦模糊花暗东墙。"明《西洋记》八〇回:"五十里路上,但要～圆的石头,漫起街来。" ❹旋转滚动貌。宋吴自牧《梦粱录》卷二〇:"玉指纤纤,秋波～。"清《红楼梦》九二回:"将盘放于桌上,看见那些小珠子儿～～的都滚到大珠子身边。"又用以比喻圆滑多变。《元曲选·两世姻缘》一折:"有那等～的猱儿不觅钱,他每都错怨天。" ❺准备承受(坏结果)。《元曲选外编·金凤钗》一折:"〔云〕我到家中,浑家问道:'你得官也?'〔唱〕我～着一个休妻。"《元曲选·后庭花》一折:"我立钦钦谁敢离衙门,常怀着心惊胆战,～着脚踢拳墩。" ❻剩;留。元萧德祥《错立身》一二出:"尖担儿两头脱,闪得我孤身三不归,空～下老大小荷包,

猛杀了镣丁鍉底。”刘庭信《寨儿令·戒嫖荡》：“咫尺的月缺花残，～着枕冷衾寒。”

【滴溜扑】 dī liu pū 象声词。像摔倒、跌落声。《元曲选外编·豫让吞炭》三折：“一只手将嗓子掐，一只手将脚腕来拿，～摔个仰刺叉。”按，又作“滴流扑”“的溜扑”“滴留扑”。

【滴水】 dī shuǐ ❶ 滴水瓦的简称。瓦有下垂的边，略呈三角形，放在檐口承水并起装饰作用。宋周密《癸辛杂识》别集上：“资圣阁雄丽，五檐～，庐山五百罗汉在焉。”元明《水浒传》六六回：“原来这座酒楼名贯河北，号为第一。上有三檐～，雕梁绣柱，极是造得好。”清李玉《清忠谱》四折：“门楼高耸须弘敞，正殿巍峨左右廊，都要重檐～规模壮。” ❷ 指帐幔上方的窄横幅，因与滴水瓦作用有相似处，故名。明《型世言》二六回：“(吴尔辉)买了些动用家伙碗盏，簇新做顶红～月白胡罗帐，绵绸被单，收拾得齐齐整整，只等新人来。”

【滴水不漏】 dī shuǐ bù lòu ❶ 形容十分严密。明李贽《四书评·孟子·告子下》：“圣贤言语，可谓～。”清《歧路灯》二七回：“这也是王春宇几年江湖上精细，把这宗事竟安插的～。” ❷ 形容为人小气，视财如命。清《儒林外史》一九回：“潘三道：‘你又甚么事捣鬼话？同你共事，你是：马蹄刀瓢里切菜——滴水也不漏，总不肯放出钱来。’”

【滴水滴冻】 dī shuǐ dī dòng 比喻坚韧不拔，持之以恒。宋黄庭坚《乞冬炭疏》：“道人家风，～。坐则芦穿膝，立则雪齐腰。”《朱子语类》卷一六：“若安于义理之虑，但见义理之当为，便恁～做去，都无后来许多事。”又卷二六：“盖恶不仁底真是壁立千仞，～，做得事成。”

【滴水檐】 dī shuǐ yán 屋檐。《元曲选·杀狗劝夫》三折：“前者得过承，是我那～前受了的冷。”明《金瓶梅词话》七〇回：“须臾叫名，二人应诺升阶，到～前躬身参谒。”清《歧路灯》九五回：“进了内宅门，这观察已在三堂～下穿公服站着。”

【滴達】 dī tà 即“滴答”。明《西游记》二回：“悟空笑道：‘师父果有些～，一行说我不会打市语，怎么谓之窑头土坯？’”

【滴羞蹀躞】 dī xiū dié xiè 颤动貌。《元曲选·秋胡戏妻》三折：“桑园里只待强逼做欢娱，唬的我手儿脚儿～战笃速。”按，又作“滴羞跌屑”“的羞剔幸”。

【滴羞笃速】 dī xiū dǔ sù 颤抖貌。《元曲选·蝴蝶梦》三折：“他三个足丢没乱眼脑剔抽秃刷转，依柔乞煞手脚～战。”《元曲选外编·霍光鬼谏》二折：“气的我手儿脚儿～战。”按，又作“滴羞都苏”“滴修都速”。

【滴血】 dī xuè ❶ 指杜鹃鸟啼叫，相传杜鹃要啼叫到滴血才停歇。唐范摅《云溪友议》卷中：“黄陵庙前春已空，子规～啼松风。”王肱《无题》：“子规啼空山，一啼一～。” ❷ 古代鉴别直系亲属真伪的方法。据说至亲之血，共滴水中则凝合；至亲生者之血滴入死者尸骨上则渗入。明《王文成全书》卷三三：“譬之人有冒别姓坟墓为祖墓者，何以为辩？只得开圹将子孙～，真伪无可逃矣。”《二刻拍案惊奇》卷一〇：“你家儿子乃是莫老儿骨血，……与他滴起血来，怕道不是真的?”清《八洞天》卷八：“卞公对衍祚道：‘你前番以～辨出父子，如今可再与他～便了。’”

dí

【的】 dí 另见 dé、de。❶ 准定；必定。唐白居易《出斋日喜皇甫十早访》：“除却朗之携一榼，～应不是别人来。”《敦煌变文校注》卷一《王昭君变文》：“五神俱总散，四代(大)～危危。”元《武王伐纣平话》卷中：“尔若不来，吾能下课，知汝去处。捉尔到来，～无轻恕。” ❷ 确实；的确。宋刘克庄《罗湖》：“不知～在山中否？万一归来说内篇。”《元典章·刑部十六》：“司吏赵贤辅将文解退回，作‘被打伤痕平复，～系病患身死’。”关汉卿《拜月亭》二折：“这大夫好调理，～是诊候的强。”明《醒世恒言》卷一一：“眼见方为～，传闻未必真。” ❸ 借为“嫡”。元《前汉书平话》卷中：“吾与惠帝是太后～子。”《三国志平话》卷下：“刘封乃罗侯之子，刘禅乃～子。” ❹ 借为“敌”。元《三国志平话》卷上：“有意图徐州，玄德于我甚厚，又关张二将乃虎狼之将，倘若不～，如之奈何?”

【的本】 dí běn 非转录或翻刻的真本书籍。元方回《皇甫师曾元鲁字说》：“予家亦有此本，但非《汉志》之～。”明王世贞《王逢年书黄庭外景经》：“其后陶隐居购而置诸松风阁，上之御府，即《真诰》所载今道藏～也。”清雍正十三年《浙江通志》卷二四七：“《伤寒治例点金》一册，《伤寒家秘》～一册。”

【的当】 dí dàng ❶ 恰当；妥当。唐韦绚《刘宾客嘉话录》：“杨茂卿云：‘河势昆仑远，山形菡萏秋’，此诗题云‘过华山下作’，而用莲蓬之菡萏，极～而暗静矣。”宋《朱子语类》卷一九：“以某观之，却是和靖说得～。”《元曲选外编·射柳捶丸》一折：“稳情取封官重赏，不枉了我举贤才～。” ❷ 确实；的确。唐吕喦《七言》：“～南游归甚处，莫交鹤去上天寻。”宋辛弃疾《念奴娇》：“燕燕莺莺相比并，～两团儿雪。”明《二刻拍案惊奇》卷二一：“不若你扮做道人，随我沿门化饭，访的他～，就便动手。”

【的的】 dí dí ❶ 鲜明貌。唐李频《府试老人星见》：“临空遥～，竟晓独荧荧。”宋欧阳修《凉州令·东堂石榴》：“翠树芳条飐，～裙腰初染。”元张雨《喜春来》：“江梅～依茅舍，石濑溅溅漱玉沙。” ❷ 确实；实在。唐赵氏《夫下第》：“良人～有奇才，何事年年被放回?”宋晏殊《蝶恋花》：“人面荷花，～遥相似。”明汤显祖《紫钗记》四六出：“恩深发得誓盟大，～去时话。” ❸ 密密；连连。唐赵嘏《题昭应王明府溪亭》：“晓渭度檐帆～，晚原含雨树重重。”金《董解元西厢记》卷五：“那张生，闻得道，把旋阑儿拔定，起来陪告。东倾西侧的做些腌躯老。闻生没死，～陪笑。”清吴绮《休园记》：“甘菊成田，有金英之～；芙蓉被沼，列锦障以重重。” ❹ 真挚深切貌。唐苏颋《陈仓别陇州司马李维深》：“京国自携手，同途欣解颐。情言正～，春物宛迟迟。”宋朱嗣发《摸鱼儿》：“紫丝罗带鸳鸯结，～镜盟钗誓。”清范承谟《病中怀郭快庵》：“故人～寄离思，怕使双瞳到楚词。”

【的决】 dí jué 按判处结果施杖刑。《金史·刑志》：“凡法寺断重轻罪各有期限，法官但犯皆～。”《元典章·户部八》：“如巡禁不严，败获到官，验事发起数，少者罚俸，多者～。”清《野叟曝言》五三回：“姑邢氏照抑勒子孙之妇与人通奸律，杖一百～，不准收赎。”

【的溜溜】 dí liū liū 同“滴溜溜”。元明《水浒传》七八回：“只见水底下钻过船火见张横来，一手揪住头发，一手提定腰胯，～丢上芦苇根头。”明《醒世恒言》卷一：“那球击地而起，连跳几跳～滚去，滚入一个地穴里。”清《儒林外史》一〇回：“忽然，席口一个乌黑的东西，～的滚了来，乒乓一声，把两盘点心打的稀烂。”

【的确】 dí què 确实；可靠。五代李存勖《定内外官寮职事敕》：“此或情非～，理涉僭逾，推诘有闻，必行朝典。”宋《三朝北盟会编》卷四四：“仍具～人数，申枢密院。”清《儒林外史》二六回：“我还要托我家姑爷出去访访，访～了，来寻你老人家做媒。”

【的然】 dí rán 的确；确实。唐陆贽《论朝官阙员及刺史等改转伦序状》：“君子之道暗然而日章，小人之道～而日亡。”宋欧阳修《乞诘问蒋之奇言事札子》：“若其虚妄，使～明白，亦必明著

其事，彰示四方，以释天下之疑。”明《警世通言》卷五：“逆弟卖妻，也是自作自受。皇天报应，～不爽！”

【的审】 dí shěn 确实。《敦煌变文校注》卷一《伍子胥变文》：“见一外国君子，泥涂而獐狂，披发悲啼，东西驰走。臣以旁观～，监(鉴)貌可知，望陛下追问逗留，必是怀冤侠客。”

【的实】 dí shí 确实。唐[日]圆仁《入唐求法巡礼行记》卷三：“每向诸僧寻问持念知法人，未得～。”宋《五代史平话·周上》：“大王不信，可验背疮，便见～。”明《西游记》八三回：“你也不访～，似这般乱弄，伤其性命，怎生是好？”

【的信】 dí xìn 确实消息。唐罗隐《遇边使》：“累年无～，每夜望边城。”宋朱熹《答黄直卿》：“但其家至今未得～，只魏才仲自桂林写来前日李彦中归道长沙见子蒙及赵漕，说得分明矣。”清《隋唐演义》一〇回：“我若是有盘费，也枉道到潞州寻他，讨个～。”

【的一确二】 dí yī què èr 即“丁一确二”。《元曲选·蝴蝶梦》一折：“怕不待～，早招承死罪无辞。”

【的意】 dí yì ❶ 确实意旨。五代宝志《十二时颂》：“他家文字没亲疏，莫起功夫求～。”宋觉范《题宗镜录》：“其文光明玲珑，纵横放肆，所以开晓众生自心成佛之宗，而明告西来无传之～也。”清姜宸英《湛园集》卷四：“皇上颁朱子小学于天下，为取士之～，甚盛也。” ❷ 决意。明《梼杌闲评》四三回：“(魏良卿)～要出战。听得入犯的消息，见锦州是他攻关的要路，慌得上本到兵部请救、户部请饷。”

【的真】 dí zhēn 确实。同义复词。《元曲选·罗李郎》四折：“你畅好是不知个高低远近，向前来审问～。”明《型世言》二一回：“甚狠心贼，把我一个标标致致的的真黄花老婆杀死了！”清《醒世姻缘传》二二回：“晁夫人诧异的了不得：～小和尚是梁片云托生的了！”

【髢髻】 dí jì 同“䯼髻”。明《西游记》二三回：“时样～皂纱漫，相衬着二色盘龙发。”

【敌斗】 dí dòu 对抗争斗。《元曲选·货郎旦》二折：“只管里絮叨叨没了收，气扑扑寻～，有多少家乔断案，只是骂贼禽兽！”明《金瓶梅词话》一回：“却见你大喇喇从岗子上走来，三拳两脚和大虫～，把大虫登时打死了。”清《隋唐演义》二三回：“他两个人，也不是呆汉子，决不肯束身受缚，或者出来也～一会。”

【敌国】 dí guó ❶ 可与一国相匹敌。唐李隆基《授王晙朔方节度使制》：“王晙学综九流，才苞七德，武称～，文乃时宗。”宋《密庵和尚语录》：“遮一队汉，～家财，尽被乌巨藉没了也，直得上无片瓦，下绝卓锥。”清《绿野仙踪》七〇回：“因此我略施小术，着你身为驸马，位至公卿，子孙荣贵，富可～。” ❷ 对头。清李渔《闲情偶寄·种植部》：“有香无香，当以蝶之去留为证。且香之与臭，～也。”《花烛闲谈》：“昏嫁所以为亲戚也，而当其事者，几成～，财之于人甚矣哉！”

【敌楼】 dí lóu 城墙等屏障上御敌的楼。唐刁尚能《唐南康太守汝南公新创抚州南城县罗城记》：“周回一十三里，阔一丈六尺，高二雉。露屋一千一百三十间，～三十二所。”宋《三朝北盟会编》卷二〇五：“东南～为飞炮击损。”元明《三国演义》五一回：“陈矫在～上，望见周瑜亲自入城，暗暗喝采道：‘丞相妙策如神！’”

【敌脑】 dí nǎo 夹脑袋的器具。明《西游记》九七回：“可怜把四众捉将进去，一个个都推入辖床，扣拽了滚肚、～、攀胸。”

【敌手】 dí shǒu 对手，谓才艺或地位相当的人。唐白居易《喜梦得自冯翊归洛兼呈令公》：“甲子等头怜共老，文章～莫相猜。”明孟称舜《英雄成败》三折：“这一阵狠厮持，生扭定核心里，恰便似棋逢～难回避。”清《歧路灯》一〇三回：“这王中是奴仆中一个大理学，若以他之女为我作媳，他看他与先君便成了～亲家。不是事儿不行，是他心里不安。”

【敌体】 dí tǐ ❶ 能匹配的；相对等的。宋刘攽《汝州推官厅记》：“天下之命官，鲜有以宾称者。凡宾者，主所与～而亢礼者也。”明《古今小说》卷二一：“况董刺史出身观察门下，尚然不敢与观察～；将军如此倨傲，定小觑我越州无军马乎？”清《宛如约》一四回：“南来的这位小姐，与我是～的姊妹。” ❷ 特指夫妻间的对等关系。明谢肇淛《五杂组》卷一四：“夫妇～，无相压之义。”清《歧路灯》八五回：“妻者齐也，与夫～也。”有时径表“相匹配”或“结为夫妇”之义。清《聊斋志异·吕无病》：“女次且曰：‘自揣陋劣，何敢遂望～？’”《野叟曝言》四回：“重蒙大德，使妹子与恩兄无～之缘，而有切肤之感。”

【敌头】 dí tóu ❶ 能匹配的；相当的。金《刘知远诸宫调》三：“求亲不肯拣高楼，怕倒了高楼一世休。司公故交他女嫁～。选吉日良时，知远准备入门。”《董解元西厢记》卷六：“一对佳人才子，年纪又～。” ❷ 对头；仇家。《元曲选外编·西厢记》四本二折：“大恩人怎做～？”《元曲选·陈州粜米》二折：“老夫有件事向君王陈奏，只说那权豪每是俺～。”清《后西游记》二六回：“三对～，六般兵器。”按，此义又作“头敌”或“头抵”。

【䯼髻】 dí jì 妇女戴的假发髻，用金银丝或头发、马尾等编制而成。明《西游记》八二回：“他怎么认得是两个女怪？见他头上戴一顶一尺二三寸高的篾丝～，甚不时兴。”《金瓶梅词话》二五回：“爹你许我编～，怎的还不替我编？”清《儒林外史》三回：“见范进的娘子胡氏，家常戴着银丝～。”

【觌面】 dí miàn 当面；见面。唐良价《五位君臣颂》：“偏中正，失晓老婆逢古镜。分明～别无真，休更迷头犹认影。”《五灯会元》卷一八《慧日兴道禅师》：“要会韶阳亲切句，今朝～为提撕。”清孔尚任《桃花扇》一七出：“〔末〕你是知道的，侯郎梳栊香君，原是下官作伐。今日～，如何讲说？还烦二位走走，自有重谢。”

【觌体】 dí tǐ ❶ 通体；全体。唐隐峦《颂》：“骊珠光灿烂，蟾桂影婆娑。～无差互，还应滞网罗。”宋觉范《吊性上人真》：“展开～露全机，逼塞虚空何处避。”清陆陇其《四书讲义困勉录》卷六：“夫子于颜渊特提出心字，此正是～相呈处。” ❷ 身体接近；亲近。明《封神演义》五六回：“不才乃夹龙山门徒，相隔不啻天渊，今日何得与小姐～相亲，情同夙觏？”邹元标《柬许敬庵司马》：“贵里有周海门者，不肖心友也。相劘留都，～寒舍。”

【鬄髻】 dí jì 同“䯼髻”。《元曲选·儿女团圆》一折：“火不登红了面皮，没揣的便揪住～。”明《西洋记》二〇回：“只见四个小猴儿蜂拥而来，拿衫儿的递了衫儿，拿罗裙的递了罗裙，拿～的递了～，拿钗环的递了钗环。”

dǐ

【邸报】 dǐ bào 唐代地方大吏派员在京设邸，抄录诏令、奏章等，称“邸报”。后称刊载朝廷政令要闻的官报。宋计有功《唐诗纪事·韩翃》：“一日夜将半，客叩门急贺曰：‘员外除驾部郎中知制诰！’翃愕然曰：‘误矣。’客曰：‘～：制诰阙人，中书两进名，不从，又请之，曰：“与韩翃。”’”《三朝北盟会编》卷一二六：“余既去朝后数日，见～。”明《石点头》卷八：“数日之后，～已到，御史行牌，将附库资财尽给还杨氏。”

【邸抄】 dǐ chāo 即“邸报”。明倪元璐《辨东林疏》：“臣以典试，复命入都，从～见诸章奏，凡攻崔魏者，必引东林为并案。”《梼

机闲评》三四回："此时～已传入杭州来,李实见了,只是跌足埋怨那些人。"清《儒林外史》一回："危老爷已自问了罪,发在和州去了,我带了一本～来与你看。"

【邸店】dǐ diàn 古代兼有商店、货栈、旅舍作用的场所。《隋书·食货志》："而给事黄门侍郎颜之推奏,请立关市～之税。"宋苏轼《申三省起请开湖六条状》："及工役既毕,则房廊～作践狼藉,园囿隙地例成丘阜。"后也专指客店。宋元《警世通言》卷四:"江居亦告以游客贪路,错过～,特来借宿。"金《董解元西厢记》卷一:"清河君瑞,～权时住,又没个亲知为伴侣,欲待散心没处去。"

【邸舍】dǐ shè 旅舍;宾馆。唐元结《世化》："昔世之化也,天地化为斧锧,日月化为豺虎,山泽化为州里,草木化为宗族,风雨化为～。"宋戴复古《太湖县雪中简段子克知县》："腊雪随风下,蹇驴行路难。匆匆投～,草草共杯盘。"清汪琬《广西布政使司左参政分守桂平道徐先生墓志铭》："琬初第时,谒先生于～,请问为学之要。"

【邸肆】dǐ sì 即"邸店"。《梁书·贺琛传》:"今应内省职掌,各检其所部,凡京师治署～应为,或十条宜省其五,或三条宜除其一。"《旧五代史·晋书·桑维翰传》:"光远由是快快,上疏论维翰去公徇私,除改不当,复营～于两都之下,与民争利。"明王世贞《王将军传》:"黄君俾将军率千人前驱至邺,而以敌退罢归,往返所经～不知有兵过。"

【邸宅】dǐ zhái 高官宅第。宋郑樵《通志》卷一七四:"陛下自即位以来,克己节用,慕质去华,此则尚矣。然而朱紫犹侈于衢路,绮縠仍耀于～。"明程敏政《庆戚里张君荣授鸿胪卿序》:"而裘马之娱,声伎之耽,田园～之竞,诚有不足言者。"清弘历《和江文通杂拟诗三十首·陈思王曹植》:"昔我在魏都,德辉仰圭璧。今我居鄄城,离群守～。"

【底】dǐ ❶ 表示处所方位,根据语境可有不同的语义。a) 相当于"里"。唐杜甫《哀王孙》:"长安城头白乌,夜飞延秋门上呼;又向人家啄大屋,屋～达官走避胡。"《元曲选·杀狗劝夫》二折:"有等人道,宜扫雪烹茶在读书舍里;又道是,宜羊羔烂醉销金帐～。"明《醒世恒言》卷二〇:"教他有口难分,死在狱～。" b) 相当于"前"。唐杜甫《秦州杂诗》:"秋花危石～,晚景卧钟边。"按,"边"一作"前",与"底"互文。白居易《代州民问》:"龙昌寺～开山路,巴子台前种柳林。"宋吴文英《江神子》:"拟唤阿娇来小隐,金屋～,乱香飞。" c) 相当于"下"。唐岑参《送卢郎中杭州之任》:"城～涛声震,楼头蜃气孤。"宋韩驹《呈馆中旧同舍》:"而今卧病衡门～,自晒茆檐几卷书。"明《醒世恒言》卷二九:"鸥鹭争飞叶～,鸳鸯对浴岸傍。" d) 相当于"旁"。唐王建《宫词》:"院院烧灯如白日,沉香火～坐吹笙。"宋姜夔《解连环》:"水驿灯昏,又见在曲屏近～。" ❷ 疑问代词。a) 什么。唐王维《愚公谷》:"缘～名愚谷,都由愚所成。"宋范成大《双燕》:"～处双飞燕,衔泥上药栏。"清《红楼梦》三八回:"孤标傲世偕谁隐,一样花开为～迟?" b) 何其,多么,表感叹。唐李商隐《柳》:"柳映江潭～有情,望中频遣客心惊。"宋杨万里《寒食游翟园得十诗》之一〇:"荆溪老守～风流,哦就千诗一笑休。"明《古今小说》卷二一:"你辈依侬～欢喜,别是一般滋味子。" ❸ 此,这。宋陆游《遣兴》:"子孙勉守东皋业,小甑吴粳～样香。"林希逸《题达磨渡芦图》:"此图谁笔面如活,客来却咏凌波袜。若将～事比渠侬,老胡暗中定差杀。"《梅苑》卷二佚名《蓦山溪》:"竹篱茅舍,～是藏春处。" ❹ 结构助词。a) 联系定语与中心语,或与其他成分组成名词性结构,相当于"的"。《祖堂集》卷四《丹霞和尚》:"师曰:'将饭与阇梨吃～人还有眼也无?'"《敦煌变文校注》卷二《庐山远公话》:"斗不著～,死

亦难当。"元《武王伐纣平话》卷上:"教宫人相扑,赢～推在酒池内饮酒,输～推在蛊盆,交蛇咬蝎蜇。" b) 联系状语与中心语,相当于"地"。《祖堂集》卷五《云岩和尚》:"临水睹影,大省前事,颜色变异,呵呵～笑。"又卷一六《黄檗和尚》:"裴相公有一日微微～不安。" c) 联系补语与动词,相当于"得"或"到"。唐杜甫《赴青城县出成都寄陶、王二少尹》:"文章差～病,回首兴滔滔。"宋赵长卿《浣溪沙》:"先自愁怀容易感,不堪闻～子规声。"《元典章·刑部三》:"杀～这达达剩下七个,走～山洞里去了。"

【底本】dǐ běn ❶ 底稿;稿本。宋宋敏求《春明退朝录》卷下:"其底乃～也,系日月姓名者,以为底。"朱熹《考欧阳文忠公事迹》:"然综其实,则事迹云者,正行状之～,而碑志四传所由出也。"清赵嘉礎《毛诗稽古篇序》:"犹记先生脱稿时亦皆从俗书,即甲子所钞之～,亦不纯用古字。" ❷ 刊刻所据的原本。宋黄榦《复叶味道书》:"今既刊削如此,亦无可奈何,但乞存留～见示,并求新改本更一观耳。"清李光地《易义前选序》:"署中欲选易义,而苦无～。" ❸ 喻指底细、详情。明《拍案惊奇》卷二一:"只怕义父怪道翻出旧～,人知不雅,未必相许。" ❹ 可凭借的本钱;基础。《元曲选·渔樵记》楔子:"积攒下十两白银,都有新做下一套绵衣,都是我身后的～儿。"清王心敬《丰川易说·通论》:"孔子曰:'加我数年,五十以学《易》,可以无大过矣。'此是《易》学～。"

【底个】dǐ gè ❶ 这个。唐刘知几《史通》卷一七:"渠们～,江左彼此之辞;乃若君卿,中朝汝我之义。"宋张孝祥《题胡敦约山行图》:"松行石磴两崎岖,此去长路路更迁。～官侬强健,葛巾芒屩自骑驴。" ❷ 双音助词。相当于"的(de)❺c)"。《五灯会元》卷一四《长芦清了禅师》:"山僧～,山僧自知;诸人～,诸人自说。"

【底根】dǐ gēn 本来;原来。《元曲选·岳阳楼》一折:"〔柳云〕师父,你怎生认的小圣来?〔正末唱〕我～儿把你看生见长。"

【底脚】dǐ jiǎo ❶ 基础。宋李诫《营造法式》卷一五:"龟壳窑眼暗突～长一丈五尺。"清翟均廉《海塘录》卷四:"请于陈文港小坟前薛家坝及念里亭等处,分作挑水盘头大草坝五座,周围签钉排桩,中填块石,竹篓深入软泥之下作为～,上加埽料压盖。" ❷ 底细。明《金瓶梅词话》六九回:"我猜已定还有～里人儿对哥说,怎得知道这等端切的?"清《平山冷燕》一二回:"却说张寅只指望借宋信之才压倒燕、平二人,不期被燕白颔搜出～,又出了一场丑,十分没趣。" ❸ 特指住址。元明《水浒传》八回:"那人问道:'薛端公在何处住?'董超道:'只在前边巷内。'那人唤酒保问了～:'与我去请将来!'"清《宛如约》三回:"家人得了～,一路上问一声列眉村,无人知道;改口问赵家坞,无人不知。"

【底老】dǐ lǎo 市语指妻子。宋陈元靓《事林广记》续集卷八《绮谈市语》:"妻,内政、～。"明屠隆《义侠记》一二出:"〔净〕莫不是银担子李二的亲～?〔丑摇手介〕若是他的,也是一对好夫妻了。"清《野叟曝言》九七回:"除去江鳖,谁做他的～? 岂不是天生一对?"

【底里】dǐ lǐ ❶ 内外。宋宋祁《杨太尉墓志铭》:"公自以得君逢时,～无所隐。"金元好问《卢太医墓志铭》:"探病之源,起死而生。为医作镜,～洞明。"明李东阳《送宪副李君提学浙江序》:"清廉静,重名节,忘势利,～洞彻,久而不变。" ❷ 内情;底细。宋《朱子语类》卷一〇六:"某而今方见得盐钱～,与郡中岁计无预。前后官都被某见过,无不巧作名色支破者。"《三朝北盟会编》卷一〇七:"不避诛责,以～上布。"明《拍案惊奇》卷一八:"小妾虽是女流,随侍在下已久,炉火之候,已尽知些～。" ❸ 同义复合方位词。内;里。宋晁冲之《送王敦素》:"去年接同居,～见所存。

磊落忠义人,爱国忧黎元。"杨万里《同尤延之京仲远玉壶饯客》:"十里水风已无价,水风～更荷香。"

【底事】dǐ shì　为什么。唐唐彦谦《寄友三首》之三:"无情最恨东来雁,～音书不肯传?"宋晏幾道《鹧鸪天》:"年年～不归去,怨月愁烟长为谁?"明《拍案惊奇》卷二九:"罗带同心结到成,～教拼舍?"

【底死】dǐ sǐ　❶总是;老是。宋《二程遗书》卷一八:"又问'朝闻道夕死可矣',不知圣人有甚事来迫切了,～地如此?"《朱子语类》卷八一:"从来说蚕所以生蚕,可以供蚕事。何必～说道只为奉祭事,不为蚕事?"　❷竭力地;拼命地。宋黄庭坚《送苏太祝归石城》:"仆夫结束～催,马翻玉勒嘶归鞅。"《三朝北盟会编》卷二九:"来日皇子郎君相见时,枢密、侍郎莫要如此～争,恐坏他两朝和好事也。"李纲《叶梦授送家园梅花且以绝句十五章见示次其韵》:"广平援笔赋梅花,富艳清便～夸。"清吴伟业《圆圆曲》:"恨杀军书～催,苦留后约将人误。"　❸十分;非常。宋觉范《送子美友》:"梅颊欺寒～香,柳眼窥烟皱未展。"柳永《满江红》:"不会得都来些子事,甚恁～难拼弃?"秦观《河传》:"莫怪为伊,～萦肠惹肚。"

【底死谩生】dǐ sǐ màn shēng　竭尽心力。五代冯延巳《应天长》:"兰房一宿还归去,～留不住。枕前语,记得否?说尽从来两心素。"

【底细】dǐ xì　❶详情;内情。明《西游记》七四回:"因恐汝等不知～,吩咐我来着实盘问你哩。"清胤禛《朱批谕旨》卷一七五之四:"臣将形势机宜,工程～,剖晰讲究。"《红楼梦》八〇回:"哥儿若问我的膏药,说来话长,其中～一言难尽。"　❷"体己"的音变。明《金瓶梅词话》九〇回:"我这边接你下来,咱二人会合一面,还有～话与你说。"

【底下】dǐ xià　❶底部;下面。复合方位词。唐张祜《读曲歌五首》之四:"窗外山魈立,知渠脚不多。三更机～,摸著是谁梭。"宋《朱子语类》卷一:"地之四向～却靠着那天。"明魏校《答周以发》:"譬如鸟在笼中,纵令～直飞至顶上,许大世界无出日。"　❷指才能或地位等低。宋欧阳修《代王状元拱辰谢及第启》:"骤从～之才,擢居第一之选。"清《红楼梦》四三回:"还少老太太、太太、姑娘们的和～姑娘们的。"又四五回:"老太太、太太、凤姐姐这三个人便没话说,那些～的婆子、丫头们未免不嫌我太多事了。"　❸指示时间,或指某一时段;或指此时以后。清《红楼梦》八五回:"你先回去道谢太太惦记着,～我们还有多少仰仗那边爷们的地方呢。"又九六回:"众人因为灯节～,恐怕贾政生气,已过去的事了,便也都不肯回。"

【底许】dǐ xǔ　❶几许;多少。宋贺铸《梦后闻蛩丙寅九月京师赋》:"笼灯耿欲灭,枕下虫声切。～事相关,煎人肠断绝。"张孝祥《分送四月菊与提刑都运二丈》:"午阴篱落小徘徊,～清香鼻观来。"明王守仁《月下吟三首》之二:"江天月色自清秋,不管人间～愁。"　❷意为"何处"。按,"底"有"何"义,"许"有"处"义。宋贺铸《宿芥塘佛祠》:"开门未扫杏花雨,待晓先烧柏子香。～暂忘行役倦,故人题字满长廊。"元耶律铸《真游挟飞仙》:"碧落无纤翳,天衢净如扫。～吟真声,仙韶动云表。"王恽《赵邈龊虎图行》:"眈眈老虎～来,抱石踞坐何雄哉!"　❸如此;这样。宋林希逸《和柯山玉上人三首》之一:"身如孤鹤万缘空,吟得交情～浓。"陈造《泛湖十绝句》之七:"～行庖旋不空,小舟如织浪花中。盘珍组实随供给,亦有红衣载短蓬。"元滕安上《赠相者》:"随富随贫任此生,乐天真是晋渊明。不知～屏风样,几个曜儒办得成。"

【底样】dǐ yàng　❶如此;这样。宋周南《寄友人》:"生前何

事苦收身?身后浮名～荣。"明张凤翼《宫词》:"玉搔头绾绿鸦横,雾縠冰绡～轻。"清查慎行《杨淮城自鄢陵升任剑川牧作诗赠之》:"君家旧住吴淞岸,三泖烟波～宽。"　❷鞋底的大小、样式。元高安道《哨遍·皮匠说谎》:"量～九遍家掀皮尺,寻裁刀数遭家取磨石。"兰楚芳《粉蝶儿》:"你看他那云鬟金钗,英花翠钿,罗袜凌波～儿浅,正少年。"

【底衣】dǐ yī　内衣或内裤。明《西游记》四四回:"急忙中不穿～,止扯一领直裰,径到正殿中寻铃。"《金瓶梅词话》二五回:"于是把李瓶儿裙子掀起,露着他那大红～,抠了一把。"清《绿野仙踪》一二回:"于冰……将～拽起,正拟详看,猛听得背后雷鸣也似的说道:'贤弟此刻好了么?'"

【底隐】dǐ yǐn　隐情。宋刘斧《青琐高议》后集卷三《小莲记》:"(小莲)至晓方至,(李郎中)怒甚,欲加棰,且询所往。小莲曰:'愿少选,当露～于公。'"

【底蕴】dǐ yùn　❶指人所怀有的才能知识。宋《朱子语类》卷七五:"若与人说话,晓得他言语,方见得他胸中～。"元王恽《唐中书令赠尚书右仆射马公祠堂记》:"及遭遇太宗,由布衣论天下事,飞章抗疏,展尽～。"《明史·詹尔选传》:"宜召九卿科道,觌面敷陈,罄其～。果有他长,然后授官。"　❷底细;内情。宋《三朝北盟会编》卷一二三:"自是之后,虏益悉我～。"明《醒世恒言》卷三八:"因此那些方士纷纷然都来拜从门下,参玄访道,希图窥他～。"

【底坐】dǐ zuò　底座,器物下部用于固定或顿放的部分。《元曲选·魔合罗》四折:"我则道在那壁,元来在这里!谁想这～儿下包藏着杀人贼。"

【诋讦】dǐ jié　诋毁;揭发隐私。唐封演《封氏闻见记》卷九:"衡作色曰:'李十五好为～。'惇曰:'忠言大夫谓之～,久住何益!请从此辞。'"宋程颐《上仁宗皇帝书》:"或者更为强词,言其不可。此乃自负阴私,惧防～者也。"明黄淳耀《陶庵自监录》四:"今日见一薄夫,本以谤书～人也,而日生平最不喜谈人隐慝。"

【抵】dǐ　❶等同;相当。唐杜甫《春望》:"烽火连三月,家书～万金。"宋王安石《寄致政吴虞部》:"年～冯唐初未半,才方疏广岂能多。"　❷掷;扔。唐白居易《赠友五首》之二:"谁能反古风,待君秉国钧。捐金复～璧,勿使劳民生。"　❸何;什么。唐温庭筠《西州词》:"去帆不安幅,作～使西风?""作"为凭靠义。宋杨万里《雪后十日日暖雪犹未融》:"生愁便销去,将～伴银髭?"

【抵辨】dǐ biàn　对答分辨。明《拍案惊奇》卷一七:"况且捉奸抱双,我和你又无实凭据,随他说长说短,官府不过道是拦词～,决不反为了儿子究问娘奸情的。"清《情梦柝》一六回:"我两个人欲插一句话也不得,担尽干系,幸亏小姐有才,～得来。"

【抵补】dǐ bǔ　补足所缺的部分。明张岳《处置灾伤第二疏》:"全折南京仓米三十三万石,每石除五钱解部,扣留二钱～存留减免之数。"《拍案惊奇》卷三四:"我这里三个徒弟,前日不见了一个小的,今恰好把来～。"清《隋唐演义》二五回:"前日麻总管移文来道督催,河工将士物故数多,要我这边发五百人～。"

【抵触】dǐ chù　冒犯;顶撞。《太平广记》卷三二九引《朝野佥载》:"回波尔时廷玉,打獠取钱未足。阿姑婆见作天子,旁人不得～。"按,今本《朝野佥载》卷二作"枨触"。《元典章·刑部四》:"因为不见铁枚,有妻将孙儿～,用剔火棒将妻殴打。"明《隋炀帝艳史》七回:"宣华娘娘因昨日～了万岁爷,今日待罪后宫。"

【抵当】dǐ dāng　另见 dǐ dǎng、dǐ dàng。❶抵充;抵偿。《旧五代史·汉书·高祖纪》:"徒流人并放还,应系欠省钱,家业～外并放。"宋苏颂《资政殿学士通议大夫孙公神道碑铭》:"时方

行市易～法,贷民钱以期限输息,下户有取贷及期不能偿而自裁者,上颇知之。"元胡祇遹《论逃户》:"假如某村某年元抄十户,累岁逃讫六户七户八户,见在三户二户,～十户差发,以至应当不前,竟亦逼成逃去,遂成空村。" ❷ 支撑;应付。《元曲选·神奴儿》三折:"那李二呵,也无男,也无女,单则是一夫一妇,你可便着谁来～门户?"明《醒世恒言》卷一六:"你不知被那个奸骗了,却扯我～!"清《飞龙全传》一回:"这里荦彀之下,岂可容他胡言乱语?倘被别人听着,叫愚兄怎的～?"

【抵当】 dǐ dǎng 另见 dǐ dāng、dǐ dàng。抵御拦挡。宋黄震《黄氏日钞》卷四二:"一人力～流俗不去,必也豪杰之士。"《朱子语类》卷一三〇:"张孝纯靖康间守太原,房人围其城,凡～半年,守得极好。"元明《水浒传》三二回:"倘或走出一个毒虫虎豹来时,如何～?却不害了性命!"

【抵当】 dǐ dàng 另见 dǐ dāng、dǐ dǎng。抵押。《文苑英华》卷四四一《疏理囚徒量移左降官等德音》:"自今已前应百姓举欠人债,如无物产～及身无职任请受,所在州县及诸军司须宽与期限。"宋文彦博《言青苗钱》:"又欲散与坊郭人户,其钱不得过～家业所直价钱之半。"明杨士奇《示稷子书》:"先母用此约于仲基兄,～钞五百文,买铁索纳官。"

【抵盗】 dǐ dào 同"递盗"。《元曲选·神奴儿》三折:"你道他～那财物,这公事凭谁主做主!"明《金瓶梅词话》五九回:"泼贼淫妇,你如何～我财物与西门庆?"清《醒世姻缘传》一〇回:"你分明是叫你女儿降的人家怕了,好～东西与你。"

【抵敌】 dǐ dí 对抗;抵挡。宋郑侠《上王荆公书》:"今其搬运帑藏无休,以聚人无穷数,调湖曲数州之民,使之不聊生。不知果有大于此者,又如何～?"明《朴通事谚解》卷下:"某并不曾～,当有某县某村住人王大户为证。"清《平定金川方略》卷一:"据泰宁副将张兴禀报,金酋攻夺鲁密章谷,番民望风畏避,坐汛把总李进廷不能～,退保吕里。"

【抵对】 dǐ duì ❶ 对答;对质。《太平广记》卷四五一引《广异记》:"唐宋州刺史王璿少时仪貌甚美,为牝狐所媚。家人或有见者,丰姿端丽,虽僮仆过之者,亦必敛容致敬,自称新妇,～皆有理由。"元胡祇遹《折狱杂条》:"引问被论人,明告以被论之事,令一一缕细～,时曲直真伪自见。"明《禅真后史》一〇回:"只是凌妈妈可恶,如何搬我家是非,使我姑媳不和?若到阴司,必要寻这老猪狗～!" ❷ 犹"抵赖"。元明《水浒传》六二回:"虚事难入公门,实事难以～。"明徐㬎《杀狗记》三四出:"杀人罪犯难轻恕,实事难～,害人一命还人一命,有钱难买罪。" ❸ 对抗争斗。元明《三国演义》五二回:"他虽有张飞、赵云之勇,我本州上将邢道荣,力敌万人,可以～。"清《东周列国志》一〇八回:"今日数十万之众,如泰山般压将下来,如何不怕,何人敢与他～?"

【抵多少】 dǐ duō shǎo ❶ 恰如;好比。《元曲选·儿女团圆》二折:"不由我春满眼,喜盈腮,～东风飘荡垂杨陌。"《元曲选外编·追韩信》一折:"我则见败鳞残甲满天飞,～西风落叶长安道。"清洪昇《长生殿》二六出:"凄凉,带麸连麦,这饭儿如何入嗓?～滹沱河畔、失路萧王。" ❷ 比不得。意为两件事在性质或程度上相隔悬远,不能相比。《元曲选·杀狗劝夫》二折:"我如今冒他大雪窖中去,～袖得春风马上归。"又《东坡梦》一折:"则为这乐府遭逢谐,～文章可立身!"《元曲选外编·圯桥进履》二折:"见如今沿门乞化,～日转也那千阶。" ❸ 胜过;比……强。《元曲选·陈抟高卧》二折:"则与这高山流水同风韵,～野草闲花作近邻。"《元曲选外编·拜月亭》三折:"搠起柄夫荣妇贵三檐伞,～爷饭娘羹驷马车,两件儿浑别。"清洪昇《长生殿》二二出:"论恩情,

若得一个久长时,死也应;若得一个到头时,死也瞑。～平阳歌舞,恩移爱更;长门孤寂,魂销泪零。"

【抵黑】 dǐ hēi 薄暮;傍晚。《敦煌变文校注》卷五《维摩诘经讲经文(四)》尾题:"广政十年八月九日,在西川静真禅院写此第廿卷文书,恰遇～书了,不知何得到乡地去。"

【抵换】 dǐ huàn 掉换。宋苏轼《上神宗皇帝书》:"或已代还东军,或欲～弓手。"《元典章·刑部十九》:"常切关防较勘,毋令似前作弊～。"明《西游记》九〇回:"且将二精牢拴紧缚,待明早～八戒也。"

【抵讳】 dǐ huì 隐讳;隐瞒。五代孙光宪《北梦琐言·逸文》卷三:"(彦先)暴卒,被人追摄,诣一官曹。未领见王,先见判官,诘其所犯,彦先～之。"《元典章·刑部十四》:"诈写到阿只吉大王令旨,致被张山盘问倒,不能～罪犯。"《明史·焦芳传附刘宇》:"帝密遣锦衣百户邵琪往察,(刘)宇厚赂琪为之～。"

【抵借】 dǐ jiè 以物作抵押向人借债。明《警世通言》卷三一:"他就瞒了父亲,背地将田产各处～银子。"《醒世恒言》卷二九:"不想他却弄空头,装好汉,写身子与卢柟家人卢才,～二两银子,整个大大筵席款待众人。"《大清会典则例》卷五五:"此等～之银,事同一例,自乾隆七年为始,分作六年带征。"

【抵赖】 dǐ lài 矢口否认。宋苏轼《论役法差雇利害起请画一状》:"若遇顽猾人户,～不还,或将诸物高价准折,讼之于官,经涉岁月乃肯备偿,则衙前所获无几何。"《元曲选·争报恩》二折:"你待教我从实取责,我又不敢当厅～。"元明《水浒传》一八回:"问他主情造意,白胜～,死不肯招晁保正等七人。"

【抵面】 dǐ miàn 当面;面对面。宋柳开《穆夫人墓志铭》:"月旦望,诸叔母拜堂下毕,即上手～听奉。"明《金瓶梅词话》二五回:"(阴鸷)再三不肯做文书送问,与提刑官～相讲。"又七五回:"幸得他后日还有一席酒在我这里,等我～和他说又好些。"

【抵塞】 dǐ sè 搪塞;应付。宋邵博《闻见后录》卷二三:"则可以～众口,可以荧惑圣聪。"明王守仁《与王纯甫书》:"某平日亦每有傲视行辈轻忽世故之心,后虽稍知惩创,亦惟支持～于外而已。"清《醒名花》三回:"若做不来,明系花言～,先打三十大板。"

【抵饰】 dǐ shì 抵赖掩饰。明《警世通言》卷二:"婆娘心下虽然暗暗惊疑,却也放下了胆,巧言～。"清《女仙外史》五七回:"这厮花言簧舌,都是～之词。"

【抵手】 dǐ shǒu ❶ 交手;较量。明《西洋记》二六回:"你今日和他～,胜负如何?" ❷ 抵偿。清《豆棚闲话》九则:"过了几日,变转脸来,要他本利算还,却无～。"

【抵死】 dǐ sǐ ❶ 拼死;至死。《敦煌变文集·搜神记》:"(丁兰)早失二亲,遂乃刻木为母,供养过于所生之母。其妻……见夫不在,以火烧之。兰即泣泪悲啼,究问不知事由。妻当巨(拒)讳,～不招。"宋《三朝北盟会编》卷二〇一:"虽被伤中,犹欲～报答太尉。" ❷ 狠命地;竭力地。宋《朱子语类》卷三六:"不知怎生地,盘庚～要怎地迁那都。"《元曲选外编·刘弘嫁婢》一折:"想咱这世间人,无钱的可又难过,～积攒的多了,却又于身无益。"明杨基《刺绣倦绣二图》:"玉奴不解伤心意,～相催绣几针。" ❸ 极其;十分。宋陆游《腊月十九日午睡觉复酣卧至晚戏作》:"枕痕着面眼芒羊,欲起元无～忙。"元贯云石《孝经直解》一八:"疼痛休教～过当著。" ❹ 归根到底。《元曲选·青衫泪》一折:"稍似间有些钱,～里无多债,权做这场折本买卖。"清《歧路灯》二〇回:"所以古人～两句话,不得不重出了:子弟宁可不读书,不可一日近匪人。"

【抵死漫生】 dǐ sǐ màn shēng 犹"抵死❷"。宋向高《西江月》:"～要见,偷方觅便求欢。"

【抵死谩生】 dǐ sǐ màn shēng 同"抵死漫生"。金《董解元西厢记》卷五:"待阎王道俺无凭准,～断不定,也不共他争,我专指着伊家做照证。"

【抵搪】 dǐ táng ❶ 敷衍搪塞。元王恽《弹甲局官裕噜等抵搪造甲皮货》:"今来卑职参详,既知事王君实依料节次关支讫上项古貍皮货,裕噜等不合却用马项～,事属违错,合行纠呈。"明王恕《参奏南京经纪私与番使织造违禁绉丝奏状》:"止有周璋父子寸丝无还,心生谋意,捏攀人众,～图骗国王财本。"柯丹邱《荆钗记》四六出:"贱奴胎把花言～,全不顾外人扬。" ❷ 抵挡。明程道生《遁甲演义》卷三:"六合护卫之神,可以埋伏,～堤防不测。"清洪昇《长生殿》三二出:"我当时若肯将身去～,未必他直犯君王。"

【抵头】 dǐ tóu ❶ 抵押品。宋李纲《乞将户帖钱分作二分随秋税起催给卖奏状》:"如人户情愿以米斛依本处市价～折纳者听。"明《警世通言》卷三一:"写借票时,只拣上好美产,要他写做～。" ❷ 储备。清《豆棚闲话》一〇则:"只想这一班的做人家的,开门七件事,一毫没些～。"

【抵捂】 dǐ wǔ ❶ 彼此矛盾。唐刘知幾《史通》卷二〇:"唯记一途,直论一理,而矛盾自显,表里相乖。非复～,直成狂惑者尔。"《五灯会元》卷一九《灵隐慧远佛海禅师》:"自此机锋峻发,无所～。" ❷ 应付;应对。《五灯会元》卷一七《黄龙悟新禅师》:"尚谈辩,无所～。(晦)堂患之,偶与语至其锐,堂遽曰:'住,住!说食岂能饱人。'"宋李方氾《录张祐诗》:"祐所谓柱天功业者,既已诬矣;字画～,如刀笔吏所为;诗句浅恶,甚于里巷小人嘲调不根之语。"

【抵滞】 dǐ zhì 滞塞不通。比喻固执、糊涂。唐柳宗元《寄许京兆孟容书》:"往时读书,自以不至～,今皆顽然无复省录。"宋华镇《列子天瑞论》:"若夫达观之士,乘而流行,无所～。"

【抵足】 dǐ zú 脚挨着脚,谓同榻共寝。宋刘宰《怀林维国二首序》:"一夕四人相会于潜仲廨舍,～达旦。始各自诵所短,而诵人所长。"宋元《古今小说》卷二四:"取出匣子,教周义看了,周义展拜啼哭。思厚是夜与周义～而卧。"清查慎行《与德尹同坐骡车戏作二绝句索翁康贻严定隅和》之二:"～朝朝作卧游,欠伸一笑两抬头。"

dì

【地】 dì 另见 de。 ❶ 指血缘关系、出身门第。唐崔沔《为安国相王让东宫第三表》:"臣～非冢嫡,才实昏庸,一旦干冒大伦,乱越皇统,近为身患,远成国耻。"骆宾王《为徐敬业讨武曌檄》:"伪临朝武氏者,性非和顺,～实寒微。" ❷ 距离;路程。唐刘禹锡《秋晚新晴夜月如练有怀乐天》:"相望一步～,脉脉万重情。"宋李纲《奉寄李泰发端明》:"越溪闽岭无多～,步月看云只黯然。"明《朴通事谚解》卷上:"平则门离这广丰仓二十里～。" ❸ 衬托花纹图案或文字的底子。《新唐书·仪卫志》:"第二行:仪锽,五色幡,赤～花云袄、冒;第三行:大稍,小孔雀氅,黑～云花袄、冒。"宋陆游《老学庵笔记》卷二:"楚国郑大夫有先左丞遗衣一箧,裤有绣者,白～白绣,鹅黄～鹅黄绣,裹肚则紫～皂绣。"清《隋唐演义》八四回:"原来这屏名号为虹霓屏,……水晶为～,其间服玩衣饰之类,都用众宝嵌成。"

【地绷】 dì bēng 绷在地面上用来绊人的绳索。明《隋史遗文》一一回:"二十名捕盗人腰间解下十来条绳索来,在他房门外边,离地一尺高,柜栏柱磉,门房槅子,做起软绊～来,绊他的脚步。"清《隋唐演义》一二回:"叔宝伏在～上,用膀臂护了自己头脑,任凭他攒打。"

【地步】 dì bù ❶ 地段;距离。《宋会要辑稿·食货一》:"乞勘会户绝田,勒令佐打量～,什物估计钱数,申州。"宋《朱子语类》卷一一七:"看道理须要就那大处看,就前面开阔。不然就壁角里,～窄,一步便触,无处去了。"清《红楼梦》一七至一八回:"上面小小两三间房舍,一明两暗,里面都是合着～打就的床几椅案。" ❷ 地位。宋舒璘《答孙子方》:"晦翁当世人杰,～非吾侪所及,其有不合者姑置之。"元黄庚《项羽台》:"失计鸿门恨未消,一生霸业亦徒劳。当时漫筑台千尺,争似歌风～高。"清《儒林外史》二回:"若想到黄老爹的～,只怕还要做几年的梦了。" ❸ 言语行为可以回旋的餘地、条件。明《石点头》一〇回:"到此地位,只得忍耻偷生,将机就机,嫁这客人,先脱离了此处,方好作报仇的～。"清《歧路灯》五八回:"依我说,咱去央姚门子,叫他给咱留点～儿。"《红楼梦》五〇回:"这正是会作诗的起法,不但好,而且留了写不尽的多少～与后人。" ❹ 光景、境地。清李渔《无声戏》二回:"谁想人住马不住,被众人说到这个～,难道还好存厚道不成?只得拼着媳妇做事了。"△《儿女英雄传》缘起首回:"但是要作到这个～,却也颇不容易。"

【地道】 dì dào 犹"道地"。明沈德符《万历野获编》卷二四:"椿树饺儿对桃花烧卖,天理肥皂对～药材。"《金瓶梅词话》一九回:"生药行只有冰片是南海波斯国～出的,那讨冰炭来?"又六四回:"请老公公试估估,那里～,甚么名色?"

【地方】 dì fāng ❶ 当地或当地人。明《二刻拍案惊奇》卷一一:"只见许多人牵羊担酒,持花捧币,尽是些～邻里亲戚,来与大郎作贺称庆。"清《豆棚闲话》一则:"因为这事,平空把之推塑像忽然改向朝着左侧坐了。～不安,改塑正了,不久就坍。" ❷ 指地保里甲之类。《元曲选·蝴蝶梦》一折:"我是～,不知甚么人打死你父亲在长街上哩。"明《醒世恒言》卷一五:"这些尼姑,不是去叫～,一定先去告状了。"又卷三三:"(朱老三)叫起～:'有杀人贼在此,烦为一捉!'"

【地坊】 dì fāng 街坊。元明《水浒传》二二回:"便唤当～仵作行人,并地厢、里正、邻佑一干人等,来到阎婆家。"明《梼杌闲评》一四回:"还是～出首,还是另有原告?"

【地分】 dì fèn ❶ 区域;地段。五代杜光庭《川主相公北帝醮词》:"至于～吉凶,天文灾福,五行六气,三命九宫,万汇惨舒,咸归考校。"宋田锡《上真宗乞赈给河北饥民》:"今臣所奏,且可先降德音,以禹汤责躬之意以谢天,以尧舜至仁之心以待下,使饥饿～,知陛下忧恤之心也。"元马致远《陈抟高卧》一折:"这几日太华山顶上观见中原～旺气非小,当有真命治世。" ❷ 犹"地方❷"。宋《五代史平话·周上》:"被那～捉将郭威去,解赴黎阳县里打着官司。"《元典章·刑部十三》:"诸盗贼生发,当该～人等速报应捕官司,随即追捕。" ❸ 犹"地步❹"。《元曲选·冻苏秦》四折:"呀,我直捱到这～,在野店荒村,被疾病缠身。"

【地府】 dì fǔ ❶ 地下洞府,与天曹相对。唐陈鸿《长恨歌传》:"方士乃竭其术以索之,不至。又能游神驭气,出天界,没～以求之,又不见。"元关汉卿《双赴梦》四折:"天曹不受,～难收,无一个去就。"清弘历《咏汉玉谷璧》:"自是周家器,偏称汉代遗。何时出～,早不赞朝仪。" ❷ 指阴间,与阳世相对。唐贾岛《哭卢仝》:"天子未辟召,～谁来追?"

【地阁】 dì gé 相面术和中医指人的下颔。五代宋齐邱《玉管照神局》卷上:"原夫郎郎当当者,～瘦尖;气气智智者,天庭饱

满。"明徐谦《仁端录》卷三:"有根痘:头面四肢密者,十分危险;若～略有数点,圆亮如珠者,治之可十余,肾旺故耳。"清《歧路灯》八回:"王中,你的～极方圆,日后大有出息。"

【地基】 dì jī 承受房屋等建筑的地面或地下基础。宋李弥逊《缴翰林司修盖营寨指挥状》:"兼临安府昨自移跸之后,其系官舍屋一往往别行移用,即目未必空闲。"明王守仁《批苍梧道创建敷文书院呈》:"该学师生既称号房缺少,不足以为讲论游息之地,合准于旧书院之旁开拓～,增建学舍。"清弘历《斫山》:"构屋藉～,斫山土变石。"

【地角】 dì jiǎo 即"地阁"。五代宋齐邱《玉管照神局》卷上:"足下生毛兼黑痣,～丰隆定富强。"明王肯堂《证治准绳》卷一〇七:"或问:'～上生痈,何如?'曰:'是名髭毒,属足阳明经,风热所致。'"《拍案惊奇》卷二八:"看那小厮时,生得天庭高耸,～方固。"

【地脚】 dì jiǎo ❶ 本地。宋文天祥《大使司回》:"秦寇竟无踪迹分晓,……此贼之出没可谓神矣,大概平贼全要～土兵之谓也。"吴自牧《梦粱录》卷一九:"凡顾倩人力及干当人,……俱各有行老引领。如逃闪,将带东西,有元～保识人前去跟寻。" ❷ 地基。明《金瓶梅词话》一六回:"先拆毁花家那边旧房,打开墙垣,筑起～,盖起卷棚山子,各亭台耍子去处。"有时喻指事物的根部。清《医宗金鉴》卷五六:"痘色……若顶色灰滞,根血散漫,或～深红,此毒胜血为逆也。"

【地炕】 dì kàng 北方用土坯砌成可以生火加暖以供睡卧的处所,大略相当于南方的床。金赵秉文《夜卧炕暖》:"～规玲珑,火穴通深幽。"明吕毖《明宫史》卷四:"是时夜已渐长,内臣始烧～。"清王士禛《居易录》卷一五:"京师冬月,养花者多鬻牡丹、芍药、红白梅、碧桃、探春诸花于庙市。其法置花树于暖室～,以火逼之。"

【地老鼠】 dì lǎo shǔ 烟花的一种,燃放后在地面窜动如鼠,故名。宋周密《齐东野语》卷一一:"穆陵初年,尝于上元日清燕殿排当,恭请恭圣太后。既而烧烟火于庭,有所谓～者,径至大母圣座下。大母为之惊惶,拂衣径起。"明《金瓶梅词话》二四回:"霸王鞭到处响亮,～窜绕人衣。"按,明沈榜《宛署杂记》卷一七:"起火中带炮连声者,曰三级浪;不响不起,旋烧地上者,曰地老鼠。"

【地里】 dì lǐ ❶ 里程;面积。唐杜甫《哭王彭州抡》:"蜀路江干窄,彭门～遥。"宋《三朝北盟会编》卷一三:"所有营、平、滦三州,～不多,只是要抵敌四军。"明李东阳《送荆藩经之云南按察副使序》:"盖庭春在浙,改定粮税,计郡县～,定图与籍,以袪吏弊。" ❷ 地势;地理环境。唐罗隐《东安镇新筑罗城记》:"濠堑之广袤,～之横亘,皆队则由于大丞相。"宋《三朝北盟会编》卷二二:"此当时议割燕云,不明～之祸也。" ❸ 地方;地址。唐权德舆《送商州杜中丞赴任》:"安康～接商於,帝命专城总赋舆。"元明《水浒传》三一回:"飞云浦～保正人等告称:杀死四人在浦内,见有杀人血痕在飞云浦桥下。"明《金瓶梅词话》九一回:"房中有人也无?姓甚名谁?乡贯何处?～何方?"

【地里鬼】 dì lǐ guǐ 特别熟悉某地情况的人。明《西游记》五二回:"这贼猴真个是个～!却怎么就访得我的主公来也?"清《天雨花》一〇回:"原来你是个～,从何处打听得这些详细。"

【地理】 dì lǐ ❶ 指风水。宋《二程遗书》卷二二上:"世间术数多,惟～之书最无义理。祖父葬时亦用一人,尊长皆信,惟先兄与某不然。"王辟之《渑水燕谈录》卷四:"文幼薄能为诗,精阴阳～。"元明《水浒传》三二回:"这先生不知是那里人,来我家里投宿,言说善习阴阳,能识风水。我家多娘不合留他在庄上,因请他

来这里坟上观看～。" ❷ 指居留地。宋元《警世通言》卷八:"便教人来行在取他丈人丈母,写了他～脚色与来人。"

【地邻】 dì lín 邻居。明《金瓶梅词话》六五回:"坟内穴边又起三间罩棚,先请附近～来。"《醒世恒言》卷三四:"赵完将余氏落水身死,众目共见,却买嘱了～,仵作,妄报是缢死的。"

【地炉】 dì lú 就地挖砌的火炉。唐白居易《初冬即事呈梦得》:"青毡帐暖喜微雪,红～深宜早寒。"元明《水浒传》一〇回:"周围坐着四五个小庄家向火,～里面,焰焰地烧着柴火。"清吴绮《燕归梁·新制暖室名曰念寒》:"雪中剩有胡床挂,～兽炭频加。"

【地脉】 dì mài 指泉水。唐孟云卿《放歌行》:"～日夜流,天衣有时扫。"元朱德润《题周仲杰古泉》:"凿池随～疏,叠石种云根。"陆友《研北杂志》:"吴兴人说久雨遇雷,～必开,山为之发洪。"按,宋陈元靓《事林广记》续集卷八《绮谈市语》:"泉,地脉、瀑布。"

【地面】 dì miàn ❶ 土地;地区。宋苏轼《奏论八丈沟不可开状》:"罗适、崔公度当初相度八丈沟时,只是经马行过,不曾差壕寨用水平打量～高下。"《元典章·刑部十九》:"他每所管的～里似这般生发呵,官人每根底要罪过呵。"明《朴通事谚解》卷中:"你说我～里的田禾如何?" ❷ 地形环境。元《前汉书平话》卷上:"陈豨足智多谋,若便用兵,不知～,恐落反贼奸计。"明叶春及《分野论》:"日行北陆躔星纪之次,是谓南至,而殷乎～之南方。星纪必于～之南方,故以分东南之扬也。"

【地亩】 dì mǔ 田地。元王恽《乞征问取牧马地草粟事状》:"今叩算得上项～每年计取粟八百三十一石六斗六升,秆草二万七千七百二十二束。"清《醒世姻缘传》五三回:"老天又肯暗中保护,～都有收成。"《红楼梦》一三回:"趁今日富贵,将祖茔附近多置田庄、房舍、～,以备祭祀供给之费,皆出自此处。"

【地盘】 dì pán ❶ 土地面积;地面。宋刘随《上仁宗论体量畿内减放》:"朝廷务在均平,将欲绝其侥幸,遂令逐户自供～,严切指挥,不令隐漏。"刘克庄《庚辰与方子默金判》:"本欲用此曹取邳海,不可取,遂纳五万人于两淮,把自家～先作践一遍。"明林俊《题钓台》:"～一股出,山擘两厓开。鼓枻随渔父,乾坤此钓台。" ❷ 地基;基础。宋《朱子语类》卷八:"识得道理原头,便是～。"又卷一四:"如人起屋相似,须先打个～。"清《兰州纪略》卷一九:"臣照依原定～处所,造空心大墩四座。"

【地平】 dì píng ❶ 水平地面。唐张说《进浑仪表》:"仍置水柜以为～令仪,半在地上,半在地下。晦朔弦望,不差毫发。又立二木人于～之上,前置钟鼓,以候辰刻。" ❷ 用砖或木板等铺成的地面。明《金瓶梅词话》五八回:"局面都教漆匠装新油漆,地下镘砖镶～。"△清《儿女英雄传》七回:"外省的～又是用木板铺的,上面严丝合缝盖上,轻易看不出来。"

【地铺】 dì pù ❶ 地摊摊位。《续资治通鉴长编》卷五一:"乙酉诏:戍边军士疾病并战没者,春冬衣听给其家。除果州官邸店本课外～钱。"《元曲选·谢金吾》二折:"不听的做夜市的吵闹,争～的搀夺。"清胤禛《朱批谕旨》卷一二六:"并闻从前豫民坐歇廊下,亦要～钱二三十文。" ❷ 指拆房后留下的空地。清《醒世姻缘传》三三回:"咱新要的杨春那～子,咱家有见成的木头干草,盖上两三座房是都不打紧的事。"又三四回:"使了不上八两银子买了这～,刚刚的才五六个月,得这望外的浮财,一定不好。"

【地煞】 dì shà 星相家称主凶杀之星。《唐开元占经》卷八七:"若之星六七尺,所指之国亡。～星变色而青,期二年或三年。"辽耶律纯《星命总括》卷中:"盖天凶制～,此局机关最为灵验。"也喻指恶人。明高攀龙《申严宪约责成州县疏》:"凡天罡、～、打降,把棍之类,访其首恶重治,仍籍之于官,使禁其党类。"

【地毯】 dì tǎn　铺地的毡毯。五代王定保《唐摭言》卷七："杨相公造白檀香亭子初成，会亲宾落之。先是(李)璋潜遣人度其广狭，织一～，其日献之。"《元史·世祖昭睿顺圣皇后传》："宣徽院羊臑皮置不用，后取之合缝为～。"

【地头】 dì tóu　❶ 土地；地点。《文苑英华》卷四三四《减京畿秋税制》："其应征青苗～钱亦宜三分放一，其先次永泰元年～钱一十四万九千一百四十一贯并宜放免。"按，"地头钱"指土地税。宋宋庠《论蠲除杂税札子》："于是有身丁～之赋、农具牛皮之征，酺酒则户出麹钱，煮海则家增盐价。"明《二刻拍案惊奇》卷二四："要差人到浙江去问他家里，又不晓得他～住处。"❷ 特指目的地。宋《朱子语类》卷五："向要至云谷，自下上山，半途大雨，通身皆湿，得到～。"明《平妖传》二六回："可同来林子外村店里吃三杯酒，更资助你们些盘缠，好看他到～则个。"《西游记》九三回："还未到～，又不曾见佛取得经回，何来之喜？"❸ 目标；终点。宋《朱子语类》卷一五："格，谓至也，所谓实行到那～。"又卷一二一："觉得公今未有个～在，光阴可惜，……若寻得个僻静寺院，做一两年工夫，须寻得个～，可以自上做将去。"《密庵和尚语录》："从上若佛若祖，互相出来，横说竖说。未曾说着处，便乃遍扣宗师，以期深彻证悟为～。"❹ 要点；侧重点。宋《朱子语类》卷五："这般所在，当活看。如'心'字，各有一～。如孟子云：'仁，人心也。'仁便是人心，这说是心合理说。"又卷六七："盖言文王虽是有定象，有定辞，皆是虚说此个～，合是如此处置，初不粘着物上。"又卷一〇五："也不是他安排要如此，是他见得道理，做出都是这个，说出也只是这个，只各就一～说，不是把定这个～将来做。"❺ 本地；当地。宋廖行之《论验尸科扰札子》："某窃见州县差官下乡验尸，其被差官例差公人一名作先牌名目，预去～追集邻证，排备法物。"元古本《老乞大》："这布都是～织的，我又不曾剪了稍子，两头放着印记里。"明张永明《议处铺行疏》："如松江江阴之布，嘉兴、湖州、苏州之绢，……出本地入南京，价值自是不同。今所领价，或不及～之数。"

【地土】 dì tǔ　❶ 领土；疆域。唐罗隐《登夏州城楼》："万里山河唐～，千年魂魄晋英雄。"宋许翰《论用兵札子》："当此之时，金帛不可复得，～不可复割。"元《七国春秋平话》卷中："乐毅以齐略宋～，分与魏国毕昌，还魏去了。"❷ 地方；地区。金丘处机《登寿乐山》："～临边塞，城池压古今。"明吴讷《尊经阁记》："吴庠近建藏书楼，本学承太祖高皇帝颁大明律等书，暨太宗文皇帝五经四书大全等，集置庑下，～卑湿，倘得楼阁以藏，庶尽其宜。"清《红楼梦》四八回："虽说做买卖，究竟戥子算盘从没拿过，～风俗，远近道路，又不知道。"❸ 土地；田地。宋蔡襄《乞复五塘札子》："天圣年中，陈潭知军日，其陈清却与官户形势计会，同共请上件塘内～。"明《金瓶梅词话》七回："他又是斯文诗礼人家，又有庄田～，颇过得日子。"清《醒世姻缘传》七六回："狄希陈把～租了与人，叫人纳租与素姐搅用。"

【地位】 dì wèi　地步；程度。宋《朱子语类》卷一五："而今学者所以学，便须是到圣贤～。"明《西游记》八三回："也罢，到此～，势不容己，我还进去。"陆江楼《玉钗记》一六出："道童，我看你不像个下流，怎么到此～？"

【地厢】 dì xiāng　本地厢官。参见"厢官"。元明《水浒传》二二回："便唤当地坊仵作行人，并～、里正、邻佑一干人等，来到阎婆家。"

【地衣】 dì yī　即"地毯"。唐王建《宫词》："连夜宫中修别院，～帘额一时新。"明王世贞《越台高》："织成氍毹锦～，流苏八角珊瑚钩。"清毛奇龄《射猎歌为金公子敬敷作》："归来但索驼酥

饮，醉卧花前金～。"

【地窨】 dì yìn　地窖。宋陈敬《陈氏香谱》卷二："宫中香，……右为细末，生蜜和匀，贮瓷器～一月，旋丸爇之。"明唐顺之《武编》前集卷五："天火球：此火不用凡火，以药修合，三五个月仍可用。见风见日即着。合必须在～内，不见风方可。"清《剿捕临清逆匪纪略》卷九："每日督率官兵自朝至暮，分头搜捕，逐户严查。下及～水沟，无不遍加寻觅。"

【地主】 dì zhǔ　当地的主人，对来客而言。唐韩翃《送王少府归杭州》："吴郡陆机称～，钱塘苏小是乡亲。"元古本《老乞大》："正贼捉不住，干把一并侧近平人涉疑打拷。"清《歧路灯》四回："耘轩道：'我尚未申～之情，况且新任事忙。'"

【地子】 dì zi　花纹图案的衬托面。清《醒世姻缘传》六五回："这东西那得来？昨日张大哥定做了两套，是天蓝绉纱～。"《红楼梦》五二回："亦如界线之法，先界出～后，依本衣之纹来回织补。"

【弟郎】 dì láng　弟弟。明《金瓶梅词话》五七回："咱做～的，早晚间走去，抓着哥儿，讨个信来回覆你老人家。"《四游记·南游记》八回："我是你外公，那一个是我～，你该叫他叔翁。"

【弟子】 dì zi　称歌舞艺人或妓女。宋孟元老《东京梦华录》卷五："～薛子大、薛子小、俏枝儿、杨总惜、周寿、奴称心等。"《元曲选·酷寒亭》一折："每日价卧柳眠花，恋着那送旧迎新泼～，全不想生男育女旧娇娃。"明《古今小说》卷四："庵内尼姑，姓王名守长，他原是个收心的～。"按，宋朱彧《萍州可谈》卷三："近世择姿容，习歌舞，迎送使客侍宴女子，谓之'弟子'。"

【弟子孩儿】 dì zi hái er　詈词。婊子养的。《元曲选·秋胡戏妻》四折："这～无礼也，他桑园里逗引我，见我不肯，他公然赶到我家里来也。"明《朴通事谚解》卷中："卖段子的道：'你官人们和那～说甚么闲话，要时请下马来看。'"《二刻拍案惊奇》卷二："叵耐这没廉耻的小～！"

【递】 dì　❶ 押送。《宋史·洪皓传》："粘罕怒，将杀之。旁一酋哈曰：'此真忠臣也。'目止剑士，为之跪请，得流递冷山。"清《东周列国志》八九回："卫鞅吩咐将公子上了囚车，先一～回秦国报捷。"❷ 量词。计量一个动作从开始到结束的整个过程。明《金瓶梅词话》二〇回："你和天福儿两个轮一～一～日，狮子街房子里上宿。"

【递补】 dì bǔ　依次补充。唐刘知幾《史通》卷三："历观众史诸志，列名或前略而后详，或古无而今有。虽～所缺，各自以为工，摧而论之，皆未能得其最。"宋贾习朝《论边事疏》："又择其家丁夫之壮者以代老弱，每乡为军，其材能绝类者籍其姓名而～之。"清《平定准噶尔方略》卷五："命优恤提督董嘉所遗员缺以次～。"

【递盗】 dì dào　盗窃转移。《元曲选·赵氏孤儿》一折："只因公主生下一子，唤作赵氏孤儿，恐怕有人一～将去。"又《罗李郎》三折："前日教张千买了个小厮，执着银唾盂，还不勾一两日，他将唾盂儿不见了。必然～与他大的拿去。"

【递斗传局】 dì dòu chuán jú　轮流设变。"斗"为竞胜义。"局"指宴席。《敦煌变文校注》卷六《金刚丑女因缘》："已前诸官，密计相宜，要看宫(公)主。～，流行屈到家中，事须妻出劝酒。"

【递发】 dì fā　❶ 押解；押送。《旧唐书·崔仁师传》："仁师以水路险远，恐远州所输不时至海，遂便宜从事，～近海租赋，以充转输。"明余子俊《请严捕近京盗贼疏》："系民者送户部，系军者送兵部，系匠者送工部，～原管官司收候。"《大清会典则例》卷一〇九："十三年，定随征前锋护军领催骁骑厮养卒等私自逃回，初次鞭一百，～军前，二次正法。"❷ 转发；下发。宋《建炎以来系

年要录》卷一二六:"三省言:河南新复州军赦书,当付王伦行,不应一面~。"清胤禛《朱批谕旨》卷一二六:"每契百张,钉作一本,布政司……即于署内用印连根封固,从铺~给州县,不必经司胥之手。"

【递话】 dì huà 传话。明《金瓶梅词话》一三回:"只见丫环迎春黑影里扒着墙,推叫猫,看见西门庆坐在亭子上,递了话。"清《醒世姻缘传》八二回:"昨日我见狄家的小厮使手势,把差人支到外头,递了话进来。狄家送了一两银子,争也没争就罢了。"

【递换】 dì huàn 轮换。明顾璘《蝶恋花·巴陵山行》:"秋色那知行近远,翠竹丹榆,~撩人眼。"清施闰章《天逸阁雪后醉歌》:"花前岁岁同春酌,醒醒~无端倪。"

【递减】 dì jiǎn 依次减少。唐陆贽《唐德宗神武皇帝奉天改年大赦》:"身有过犯,~罪三等;子孙有过犯,~罪二等。"元王恽《中堂事记》下:"除犯死刑者依条处置外,徒年杖数今拟~一等。"清张玉书《吕明德先生传》:"两厂需费七万二千,~至二万馀,仅三之一耳。"

【递降】 dì jiàng 依次降低。唐张九龄《敕虑囚》:"死罪已下,~一等。"宋田锡《贺德音表》:"重罪~于徒流,轻罪悉从于释放。"明郑纪《奏设武举以培养将材疏》:"三科不中者,照依原袭等级~。"

【递角】 dì jiǎo 邮递文书。宋《三朝北盟会编》卷二三九:"途中接招讨~,令王宣部领亲随二百馀骑,前来唐州。"吕陶《乞别给致仕状》:"今正月二十七日,达字号~委是未见转送前来,窃虑在路沉失。"明王世贞《(与)毛侍御》:"计使者以八月发,人日始到,跋履山川,其难阻可想状,而~无恙,橐币若新。"

【递解】 dì jiè 把犯人押送外地。明汤显祖《还魂记》五三出:"〔末裹弄介〕平章府提取~犯人一名,及随身行李赴审。"《金瓶梅词话》二六回:"延挨了几日,人情两尽,只把当厅责了他四十,论个~原籍徐州为民。"清宋荦《请给解犯口粮疏》:"惟各省~人犯,向未给有口粮,长途饥饿,在所难免。"

【递马】 dì mǎ 驿马。《唐会要》卷六一:"(长庆)二年四月敕:如闻馆驿~死损转多,欲令提举吏人,悉又推法中使,……自今以后,中使乘递,宜将券示驿吏,据券供马。"宋佚名《京口耆旧传·汤东野》:"朝廷兴学舍,法以造士,固应学校之士有忠义奋发仰副作成者,有诏乘~赴阙。"清胤禛《上谕内阁》卷一五六:"况朕闻铺司改设~,多有不可行之处。"

【递年】 dì nián 连年;一年接一年。宋苏轼《乞降度牒修北岳庙状》:"民间屡值灾歉,施利微薄,只了得~逐旋小修补。"明于谦《忠肃集》卷三:"照得广西所属府州县,猺獞夷人~作耗。"清魏裔介等《遵例据实条奏疏》:"皇上衣服不好华丽,光禄钱粮不多费,大禹之勤俭不能过之。惟是~营造之工,似犹未息。"

【递铺】 dì pù 驿站。《太平广记》卷二二〇引《稽神录》:"初,南中驿路二十里置一~。"金丘处机《晚泊古渠》:"鸡犬不闻声,马牛更~。千山及万水,不知是何处。"有时可指驿卒。明魏观《大同江口舍舟而途抵繁昌四十里纪实》:"妇出拜且言,穷苦日难度。夫远充民兵,儿小当~。"

【递申】 dì shēn 呈上;呈递。唐司空图《成均讽》:"笺霏彩笔,~嬿婉之情;月晓莲塘,更乱鸡人之唱。"宋彭龟年《论淮东浙西递角违期奏》:"问之盱眙,则初三日得泗州牒报,即时入粉牌~朝廷。"明娄坚《乞祀朱熊王三公于名宦呈词》:"若不及今而申请,或恐稍久而莫详;顾欲由下以~,或恐文移之寝阁。"

【递手】 dì shǒu "递手帕"的省称。明《鼓掌绝尘》八回:"韩玉姿遂不回答,只得上前勉强万福,小二对舒石芝笑道:'你把些

什么东西~喂?'"

【递手帕】 dì shǒu pà 送见面礼或寿礼。明《朴通事谚解》卷上:"八里庄梁家花园做来。我也那一日递了手帕之后,吃几盏酒,过两道汤,便上马出来了。"《孤本元明杂剧·黄眉翁》一折:"我说杨郡马大人的母亲寿诞,看来与俺说,莫非着俺大人与他~?"

【递相】 dì xiāng 互相。元《武王伐纣平话》卷中:"出敕令不交百姓种田养蚕,~保守,天下大乱。"元明《水浒传》四七回:"这三村结下生死誓愿,同心共意,但有吉凶,~救应。"

【递响】 dì xiǎng 发出声响。唐刘禹锡《楚望赋》:"楚云改容,飞雨凝滴。洒林~,渐沥梢槭。"宋杨无咎《人月圆》:"绮罗如画,笙歌~,无限风雅。"明顾大典《听秋蛩赋》:"始趯趯兮振翻于中野,既嘤嘤兮~于西堂。按,"递"有"送"义。"

【递卒】 dì zú 驿站管递送文书的役夫。宋朱熹《直显谟阁潘公墓志铭》:"池守赵粹中恣横不法,~廪给不时。"清《江西通志》卷五九:"~役劳而食薄,购田赡之。"

【第】 dì ❶科举考试录取的等级,也指被录取。唐韩愈《王君墓志铭》:"(王适)趋直言试,既至,对语惊人,不中~,益困。"李频《长安感怀》:"一~知何日,全家待此身。" ❷但;可是。宋叶梦得《避暑录话》卷上:"老子、庄、列之言皆与释氏暗合,~学者读之不精,不能以意通为一。"明《警世通言》卷五:"自家有十二岁一个女儿,要与吕君扳一脉亲往来,~不知他有儿子否?"

【第八秩】 dì bā zhì 指年龄在七十以上八十以下。唐白居易《喜老自嘲》:"行开~,可谓尽天年。"注:"时俗谓七十以上为第八秩。"宋李洪《沈时仲画赞》:"腹有万卷书,而羞折腰于五斗;年开~,而独寻乐于天真。"

【第二的】 dì èr de 兄弟中排行在二的。明《金瓶梅词话》九八回:"我等三口儿各自逃生,投到清河县我兄弟~那里,~把房儿卖了,流落不知去向。"清《歧路灯》六八回:"只教贤弟知道我的心,我也就丢开手,不与~一般见识。"

【第二义】 dì èr yì 稍次一等的,与第一义相对。宋李流谦《游安乐道院》:"在家固出家,象貌何必异。君看童其颠,已落~。"元张之翰《方虚谷以诗钱余至松江因和韵奉答》:"文章须占第一手,落~世尽有。"明黄淳耀《陶庵自监录》四:"习静是第一义,读书是~。"

【第一】 dì yī ❶副词。千万、务必,表祈使语气。唐元稹《离思五首》之三:"~莫嫌材地弱,些些纰缦最宜人。"白居易《放旅雁》:"雁雁汝飞向何处? ~莫飞西北去;淮西有贼讨未平,百万甲兵久屯聚。"薛能《嘲赵璘》:"~莫教娇太过,缘人衣带上人头。" ❷程度副词。最、极。唐皇甫枚《三水小牍·步飞烟》:"叩头为报烟卿道:~风流最损人。"明《醒世恒言》卷三四:"内中一个家人,叫做卞才,是朱常手下~出尖的帮手。"

【第一义】 dì yī yì 佛家指至上最深的妙理,世俗引申为最重要的。宋《朱子语类》卷一二:"'敬'字工夫,乃圣门~,彻头彻尾,不可顷刻间断。"明黄淳耀《陶庵自监录》四:"习静是~,读书是第二义。"

diān

【拈斤播两】 diān jīn bō liǎng 同"掂斤播两"。明佚名《大劫牢》一折:"也不索昼夜思量心内想,也不索~显耀我这英雄猛将。"

【掂】 diān ❶折断。元张彦文《一枝花》:"不堤防暗使锹

掘,玉簪～做两三截,琴弦已断应难接。"《元曲选·对玉梳》楔子:"又有这玉梳儿一枚,是妾平日所爱之珍,～做两半,君收一半,妾留一半。" ❷摔;甩。元詹时雨《一枝花·丽情》:"痛煞煞玉连环～的瑕疵,磕可可锦回文揲的参差。"程景初《新水令》:"分开翡翠巢,～损螳螂宝。"汪元亨《醉太平·警世》:"掷金钱趓的身躯趄,骗粉墙～的腿脡折。" ❸敲;捶。金《董解元西厢记》卷八:"便会圣怎宁贴?床儿上自推自～。"元张可久《一枝花·冬景》:"鸾箫谩品,鼍鼓轻～。"赵显宏《一枝花·行乐》:"门半掩安排粗棍～,有苦无甜。" ❹称量。元乔吉《水仙子·为友人作》:"税钱比茶船上欠,斤两去等秤上～。"清《歧路灯》二四回:"没星秤单～你这兔儿丝分量。"有时指用手托着东西上下晃动以估量轻重。清《绿野仙踪》二三回:"乔武举打开都看过,手里～了儿～,估计分量不错,着他家人们收了。" ❺亏损;亏折。《元曲选·对玉梳》二折:"休置俺这等～梢折本赔钱货,则守恁那远害全身安乐窝。"王晔《水仙子》:"双通叔你自才学,我揣与娘通行钞,～了咱传世宝,看谁能够凤友鸾交!" ❻抬起脚后跟用脚尖站着。通"踮"。元《三遂平妖传》一一回:"～起脚来,人丛里见一二伯人中间围着一个人。"元明《水浒传》一〇二回:"(王庆)挨入人丛中,～起脚看那汉使棒。"

【掂掇】 diān duo　盘算;斟酌。宋《朱子语类》卷二二:"这心若在,这义理便在。存得这心,便有个五六分道理了。若更时时～起来,便有个七八分的道理。"清《红楼梦》四九回:"凤姐儿冷眼～岫烟心性为人,竟不像邢夫人及他的父母一样,却是温厚可疼的人。"

【掂斤播两】 diān jīn bō liǎng　掂量轻重,喻指十分挑剔或过分计较小事小利。《元曲选外编·西厢记》一本二折:"尽着你说短论长,一任待～。"明《拍案惊奇》卷一八:"如今这些贪人,拥着娇妻美妾,求田问舍,损人肥己,～,何等肚肠!"清《醒世姻缘传》二六回:"虽是那主人家黑汗白流挣了来,自己～的不舍得用,你却这样撒泼,也叫是罪过。"

【掂量】 diān liang　估摸;估量。《孤本元明杂剧·雷泽遇仙》一折:"我试～你～,子之玉体如一叶之轻。"△清《老残游记》一五回:"贾老儿～这个亲事倒还做得。"

【掂提】 diān tí　念叨;谈及。《元曲选外编·双赴梦》一折:"一会家眼前活现,一会家口内～。"又《东窗事犯》二折:"我这里明明取出,他那里暗暗～。"

【掂详】 diān xiáng　端详;审视。金《董解元西厢记》卷七:"～了这厮趋跄身分,便活脱下锺馗一二三。"《元曲选·墙头马上》三折:"相公把拄杖～,院公把扫帚支吾,孩儿把衣袂掀着。"

【掂扎】 diān zhá　拴束。元明《水浒传》九五回:"张清等～马匹,辞别宋江去了。"

【掂折】 diān zhé　折断。同义复词。金《董解元西厢记》卷八:"斑管虽圆被风裂,玉管更坚也～。"《元曲选外编·陈母教子》二折:"我将这槐木简来～,绿罗襕着手揪。"

【㘉】 diān　❶谈起;念叨。元赵显宏《一枝花·行乐》:"人将名姓～,道丽春园重长个羲之,豫章城新添个子瞻。"又佚名《夜行船》:"心上思量,口内～着。"《元曲选·萧淑兰》一折:"一条担两下里脱尖,有多少胡讲歪谈信口～。"《音释》:"㘉,店,平声。" ❷夸耀。《元曲选外编·独角牛》三折:"他将那名姓呼志气来～,他在那露台上光闪,果然是名不虚传。"明汤式《一枝花·赠玉马杓》:"纵然道夏鼎商彝休劳做宝贝,也不似他情快。" ❸打趣。金《董解元西厢记》卷六:"红娘莫恁把人干斯～。"《元曲选·萧淑兰》一折:"不索你话儿～。你须恶厌,不由我腮斗儿上添

笑靥。"

【㘉弄】 diān nòng　玩弄。元吕止庵《夜行船·咏金莲》:"～着彻心儿欢,高跷着尽情儿耍。"

【㘉哨】 diān shào　讥讽嘲笑。金《董解元西厢记》卷八:"怎禁当,衙门外,打牙打令,浑匹似闲～。"元佚名《夜行船》:"女伴～,闲家哨,柳青行冷句儿般调。"按,此例因韵律要求而拆开使用。

【㘉提】 diān tí　念叨;谈说。元张国宾《汗衫记》四折:"一日家～到千万言,片时间作念够三十遍。"

【㘉题】 diān tí　同"㘉提"。《元曲选·杀狗劝夫》二折:"这一个家缘儿都被你收拾,我挂口儿并不曾～。"孙季昌《粉蝶儿·怨别》:"我将你俊庞儿时时想念,小名儿悄悄～。"

【㘉详】 diān xiáng　琢磨;估量。《元曲选·后庭花》三折:"我这里～罢,这孩儿敢死在黄泉下?"

【踮】 diān　另见 diǎn。颠;颠簸。明《金瓶梅词话》二一回:"我在轿子里,将被儿裹得紧紧的,又没～着他。"

【颠】 diān　❶疯;癫狂。《敦煌变文校注》卷六《金刚丑女因缘》:"小娘子莫～莫强,不要出头生恼(脑)。"元高明《琵琶记》三出:"这贱人,你是～是狂,说这般话!"清孔尚任《桃花扇》一出:"暗思想,那些莺～燕狂,关其兴亡。" ❷狂闹;混闹。明《古今小说》卷一〇:"到了树倒鸟飞时节,他便～作嫁人,一包儿收拾去受用。"《二刻拍案惊奇》卷二〇:"巢氏倚了病势,要死要活的,～了一场。" ❸点头,表示同意。通"点"。明《英烈传》五七回:"炳文～着头说:'是,是。'" ❹估量。通"掂"。明《醒世恒言》卷一六:"那银匠接银在手,翻覆看了一回,手内～上儿～。" ❺跑。通"踮"。清《聊斋俚曲·禳妒咒》:"又偷了人家牛,着人家告着他,就～到北京。"

【颠不刺】 diān bu lā　"不刺"为形容词后缀。 ❶风流;出色。金《董解元西厢记》卷一:"怕曲儿捻到风流处,教普天下～的浪儿每许。"《元曲选外编·西厢记》一本一折:"～的见了万千,似这般可喜娘的脸儿罕曾见。"明《西洋记》九回:"～的还有许多,怎么又有一个帝王家里用的至紧之宝?" ❷昏沉;迷惘。明汤式《一枝花·夏闺怨》:"这些时鬼病揶揄,更那堪睡魔追逐。软兀刺弱身躯,～乔证候,干支刺瘦肌肤。"清洪昇《长生殿》三八出:"直弄得个伶俐的官家～,懵不刺,撇不下心儿上。弛了朝纲,占了情场。"

【颠唇簸嘴】 diān chún bò zǔ　说长道短;评论是非。明《金瓶梅词话》五三回:"那潘金莲又是～,与孟玉楼谈:'姐姐前日教我看几时是壬子日,莫不是拣昨日与汉子睡的?'"《石点头》一〇回:"有晓得的,在背后～说道:'赵瞎子做尽人,那得无此现世报。'"

【颠答】 diān dá　糊涂。《孤本元明杂剧·南极登仙》一折:"我这师父只丢谎,夜观乾象,今日有贵客来,老的他～了。"

【颠倒】 diān dǎo　❶颠来倒去;反反复复。唐杨敬之《华山赋》:"三四日得无～反侧于胸中乎?"明《西游记》二四回:"(清风)忙入人参园里,倚在树下,望上查数,～来往,只得二十二个。"《二刻拍案惊奇》卷三:"又细看那钿盒,金色璨烂,果然是个好东西。～相来,到底只是一个盖。" ❷迷惘昏乱。唐韩愈《进撰平淮西碑文表》:"闻命震骇,心识～,非其所任,为愧为恐。"元商衟《新水令》:"这些时针线慵拈懒绣作,愁闷的人～。"明《醒世恒言》卷三六:"好笑官人作事～,既娶你来家,如何又撇在此,成何体面?" ❸使……折服。《太平广记》卷三二六引《异闻录》:"语曰:'玄机在席,～宾客。'其推重如此。"元滕斌《普天乐·气》:"少年时,风

云志,记篇诗杯酒,～群儿。"《元曲选·气英布》二折:"只因为英布自恃英勇无敌,怕他有藐视汉家之心,故以此折挫其锐气,……乃汉王～豪杰之处。" ❹ 受挫折;命运不好。唐杜甫《锦树行》:"五陵豪贵反～,乡里小儿狐白裘。"宋王安石《子美画像》:"惜哉命之穷,～不见收。青衫老更斥,饿走半九州。"元王廷秀《粉蝶儿·怨别》:"从来好事多～,好着我短叹长吁到不的晓。" ❺ 反而;反倒。唐皎然《酬秦系山人戏赠》:"正论禅寂忽狂歌,莫是尘心～多?"《元曲选·秋胡戏妻》一折:"指望他玉堂金马做朝臣,原来这秀才们当正军,我想着儒人～不如人。"高明《琵琶记》一四出:"多少贵戚豪家求为吾婿而不可得,叵耐一书生～不肯,反要辞官家去。" ❻ "颠鸾倒凤"的节略。明《醒世恒言》卷二三:"～约有两个更次,还像鳔胶一样,不肯放开。"

【颠风】 diān fēng ❶ 狂风。唐元稹《人道短》:"～暴雨电雷狂,晴被阴暗,月夺日光。"宋韩琦《病中望雪》:"日日～喧病枕,曾无片云飞虚空。"明王世贞《玉蝴蝶·拟艳》:"嗟呀～妒雨,落英千片,断送年华。" ❷ 疯癫,比喻放纵。明《西游记》九回:"自唱自斟随放荡,长歌长叹任～。"又九〇回:"八戒～骋势雄,钉把幌亮光华惨。"

【颠寒作热】 diān hán zuò rè 把冷的变成热的,比喻无故生事。明《金瓶梅词话》一一回:"话说潘金莲在家恃宠生骄,～,镇日夜不得个宁静。"清《水浒后传》三回:"(赵玉娥)年纪不上二十四五,正在妙龄,那李管营怎能遂其所欲?因此一味～,撒娇撒痴。"

【颠连】 diān lián 困苦。宋李复《刘君俞墓志铭》:"始予见其～穷困,以为天之于善人,阴必相之,将欲张之者,必先翁之也。"元姚燧《中书左丞姚文献公神道碑》:"阙匮乏,恤鳏寡,使～无告者有养。"清《女仙外史》四七回:"又言及东土既罹兵燹,又遭灾荒,～甚,尚须震帝垂怜。"

【颠鸾倒凤】 diān luán dǎo fèng 喻男女欢爱。《元曲选·金安寿》一折:"两下里春心应自懂,怜香惜玉,～,人在锦胡同。"清《两交婚》一三回:"便同入鸳帏,受用那～之乐。"

【颠末】 diān mò 始末;原委。宋宋敏求《文庄集序》:"尤善章奏,铺赋～,言详意尽。"明《西洋记》九八回:"尊神不消讲得,……贫道附近在龙虎山,颇知～,只不知令嗣君几时得道?"清沈彤《震泽县志序》:"书既成,因略序其～。"

【巅末】 diān mò 同"颠末"。明佚名《古玉环记》二八出:"昨谒姜公,送览所寄春容,他一见之,亦甚惊讶。小弟细陈～,彼疑尽释。"清《歧路灯》一〇回:"二公之事,老朽已知～。"

【擷】 diān ❶ 坠落;跌下。《大唐三藏取经诗话》一一则:"说由未了,～下三个蟠桃入池中去。"《元典章·刑部四》:"为恐事发,将本妇赚到石崖下～死。"清朱彝尊《虹桥板歌》:"一夕急雨飞寒空,雨狂更起～鹢风。" ❷ 踩(脚)。金《董解元西厢记》卷七:"～损金莲,搓损葱枝手。"元王和卿《文如锦》:"空～金莲搓玉纤,贩茶客船,做了搬愁旅店。"元明《水浒传》一六回:"晁盖听了大喜,～着脚道:'好妙计!……'" ❸ 敲击。宋陈鹄《耆旧续闻》卷四:"(章子厚)独鞭马向前去,曰:'我自有道理。'既近,取铜沙锣于石上～响,虎即惊窜。"《元曲选外编·独角牛》三折:"哥哥你水莫喷,您您您鼓轻～。" ❹ 古代音乐术语,大曲的构成部分之一。宋王珪《宫词》:"两班齐贺玉关清,新奏熙州曲破成。画鼓连声催一遍,内人多半未知名。"王灼《碧鸡漫志》卷三:"凡大曲有散序、靸、排遍、～、正擷、入破、虚摧、实摧、衮、遍、歇指、杀滚,始成一曲,此谓大遍。"引申指词的一段,相当于"阕"。宋陈鹄《耆旧续闻》卷二:"东坡此词,人皆知其为佳。但后～用榴花事,人少知

其意。" ❺ 颠簸。通"颠"。宋觉范《次韵兀翁道,出没烟波各有由。死见镬汤如～浪,爱鱼心在未甘休。"明《醒世恒言》卷三六:"忽然稍上扑嗵的响亮一声,撞得这船幌上几幌,睡的床铺险些～翻。" ❻ 掂量。通"掂"。明《醒世恒言》卷一八:"把手～一～,约有六两多重。"《拍案惊奇》卷一:"文若虚接了银钱,手中～～看,约有两把重。"

【擷唇簸嘴】 diān chún bǒ zuǐ 同"颠唇簸嘴"。明《醒世恒言》卷三五:"耳根边又听得徐言弟兄在背后～,愈加烦恼。"

【擷钱】 diān qián 一种用铜钱做赌具的赌博。把铜钱掷下,按落下的面或背定输赢。元明《水浒传》一〇四回:"那些掷色的,在那里呼幺喝六;～的,在那里唤字叫背。"明《醒世恒言》卷三四:"怎样的～? 也有八个六个,擷出或字或背一色的,谓之浑成;也有七个五个,擷去一背一字间花儿去的,谓之背间。"

【擷窨】 diān yìn 愁闷。元高明《琵琶记》二九出:"怪得你终朝～,我只道你缘何愁闷深!"明徐暅《杀狗记》六出:"空叹息,空～,争奈是亲非亲,遭人愁闷。"清《曲谱》卷五引《黄孝子传奇·仙吕宫近词·赚》:"大恩未报,厚颜堪磣。更休～,更休～。"

diǎn

【典】 diǎn ❶ 以物品抵押于人,换取现钱,以后加利赎回。唐郑谷《春日即事》:"～衣沽酒得,伴客看闲花。"宋刘辰翁《临江仙》:"～衣沽美酒,数待冠昏时。"《元曲选·刘行首》三折:"为钱呵搬的人爷娘恩爱忘,夫妻情分绝,～房卖地将家私舍。" ❷ 以人(多为妇女)作抵押,换钱或偿债。《元曲选外编·五侯宴》楔子:"你既不肯嫁人,便～与人家,或是三年,或是五年,得些钱物,埋殡你夫主可不好?"《元典章·刑部十九》:"南方愚民,公然受价,将妻～与他人,数年如同夫妇。"宋元《醒世恒言》卷三三:"只是我一时无奈,没计可施,只得把你～与一个客人;"又因舍不得你,只～得十五贯钱。" ❸ 用作名词,指当铺。明《警世通言》卷一五:"有个矫大户人家,积年开～获利。"《梼杌闲评》三三回:"适值弟子到～中牙祭,他便泣诉于弟。" ❹ 用作名词,指借款。宋佚名《张协状元》一八出:"奴只得,往庙前,借取大公些个～。"又:"还借得些子～,多则济事,少则不济事。"

【典当】 diǎn dàng ❶ 犹"典❶"。同义复词。唐佚名《请禁业主牙人陵弱商贾奏》:"又庄宅牙人,亦多与有物业人通情,重叠将店宅立契～。"元刘时中《端正好·上高监司》:"有金银那里每～? 尽枵腹卧斜阳。"明佚名《金印记》八出:"没奈何,望娘子把衣服首饰～,凑成一百两。" ❷ 犹"典❸"。明《拍案惊奇》卷一〇:"只见背后一个人,将子文忙忙的扯一把。回头看时,却是开～的徽州金朝奉。"

【典戤】 diǎn gài 抵押。同义复词,"戤"也是"典押"的意思。明《二刻拍案惊奇》卷八:"又临身下房屋～了五六十两,有些当头田地,登时卖尽,也有七八十两。"

【典故】 diǎn gù 诗文中引用的古事古语。唐司马贞《史记索隐序》:"今止探求异闻,采摭～,解其所解,申其所未申者。"《太平广记》卷一九七引《玉堂闲话》:"其书中征引～无一事重叠者。"

【典雇】 diǎn gù 犹"典❷"。《金史·太祖纪》:"六月甲寅,诏有司禁民凌虐～良人,及倍取赎直者。"《元典章·刑部十九》:"道路艰辛,养赡不力,自愿将妻～。"

【典买】 diǎn mǎi 犹"典❶",但就受方而言。《旧五代史·晋书·少帝纪》:"甲寅,左谏议大夫李元龟奏,请禁止天下僧尼～院舍,从之。"《元典章·刑部十九》:"所有权豪势要人家,～站户儿女为驱,即系违法。"

【典卖】 diǎn mài 犹"典❶"。《宋史·职官志三》:"左曹分案三:曰户口。掌凡诸路州县户口升降,民间立户分财,科差人丁,～屋业。"《元典章·刑部十九》:"近年以来,田禾旱涝,人民饥荒,站户消乏,致将亲属～他人驱使。"明《醒世恒言》卷三七:"我当初要银钱用,都澜贱的～与人了。我若有了银子,尽数取赎回来。"

【典没】 diǎn mò 典当物品至期不赎,便被典铺没收出卖,称典没。宋孟元老《东京梦华录》卷七:"质库不以几日解下,只至闭池,便～出卖。"

【典铺】 diǎn pù 当铺。明《警世通言》卷二六:"走至华府～内,以典钱为由,与主管相见。"《梼杌闲评》四一回:"遍开～,刻剥小民。"清袁枚《子不语》卷一八:"后捕快见人持金锁入～者,获而讯之,赃证悉合。"

【典身】 diǎn shēn 犹"典❷"。宋元《清平山堂话本·董永遇仙》:"～因葬父,不愧业为佣。"《元曲选外编·五侯宴》楔子:"妾身本是～三年的文书,不想赵太公暗暗的商量,改做了卖身文契,与他家永远使用。"清《绿野仙踪》七回:"金童者,予家之～童子也。"

【典守】 diǎn shǒu 主管。唐赵憬《鄂州新厅记》:"国家姑务省官息人,而终虑咽喉襟带之地,思～者。"明《警世通言》卷二一:"你今日救了小娘子,～者难辞其责,再来问我要人,教我如何对付?"有时用作名词,意为职责。明《二刻拍案惊奇》卷一九:"此乃你的～,人多说你只是贪睡,眼见得坑了我头口了。"

【典刑】 diǎn xíng 处死刑。《元曲选·窦娥冤》四折:"我怕婆婆年老,受刑不起,只得屈招了。因此押赴法场,将我～。"明《醒世恒言》卷二九:"后来直到秋后～,齐绑在法场上。"清李玉《清忠谱》一八折:"〔刽〕奉旨,这些狗嗣男女不知死活,还不快走!"

【典砚】 diǎn yàn 同"殿研"。《敦煌变文校注》卷七《齖嗣书》:"齖嗣新妇甚～,直得亲情不许(喜)见,千约万束不取语,恼得老人肠肚烂。"

【点】 diǎn ❶ 斑点;斑痕。唐薛存诚《祯石赋》:"莹煌无～,璀璨有章。"岑参《武威送刘判官赴安西行营》:"寒驿远如～,边烽互相望。"段成式《酉阳杂俎》前集卷八:"和宠夫人尝醉舞如意,误伤邓颊,血流。……及差,痕不灭,左颊有赤～如痣。"按,《说文解字·黑部》:"点,小黑也。"但后世多不限于黑点。 ❷ 汉字笔画之一种。唐李阳冰《上李大夫论古篆书》:"阳冰志在古篆,殆三十年,见前人遗迹,美即美矣,惜其未有～画,但偏傍模刻而已。"《太平广记》卷二〇六引《书断》:"师于杜度,媚趣过之;～画精微,神变无碍。"清魏裔介《干禄字序》:"自考文之制不行,字学之源流迷而失其传矣。勿论书法潦草不善,即～画之间差错种种。"按,《广韵·忝韵》:"点,点画。" ❸ 加点标志。唐岑参《送张直公归南郑拜省》:"夫子思何速,世人皆叹奇。万言不加～,七步犹嫌迟。"崔令钦《教坊记》:"凡欲出戏,所司先进曲名,上以墨～者即舞,不～者即否。"《宋史·何基传》:"凡所读无不加标～,义显意明,有不待论说而自见者。" ❹ 查对清点。唐李商隐《任弘农尉献州刺史乞假还京》:"黄昏封印～刑徒,愧负荆山入座隅。"元明《水浒传》二回:"如今高殿帅新来上任,～你不着,军正司禀说染患在家。" ❺ 征发;选调。唐李德裕《请于太原添兵备状》:"太原兵额虽存,皆被军将放却散诸处,缓急～集至难。"元刘时中

《端正好·上高监司之二》:"廉能州吏从新～,贪滥军官合减除。"清吴伟业《马草行》:"府帖传呼～行速,买草先差人打束。" ❻ 指示;指使。唐王昌龄《箜篌引》:"黄旗一～兵马收,乱杀胡人积如丘。"《元曲选·救风尘》三折:"周舍,你好道人也! 你这里坐着,～的你媳妇来骂我一场。" ❼ 滴落;水滴。唐刘禹锡《乐天寄忆旧游因作报》:"其奈钱塘苏小小,忆君泪～石榴裙。"宋陆游《雨中作》:"风声如翻涛,雨～如撒菽。"明王世贞《立春前一日雪》:"晓色千林起倦鸦,卧惊飞雪～窗纱。" ❽ 古代计时单位,一夜分五更,一更分五点。唐韩愈《东方半明》:"鸡三号,更五～。"《元史·刑法志三》:"诸夜禁:一更三～钟声绝,禁人行;五更三～钟声动,听人行。"清陈廷敬《城南忆旧》:"待漏朝来趋左阙,南宫秋～夜深长。" ❾ 蘸。唐方干《李主簿改令》:"措大吃酒～盐,将军吃酒～酱。"明王世贞《艺苑卮言》卷四:"何仲默如朝霞～水,芙蕖试风。" ❿ 引燃。唐孟浩然《崔明府宅夜观妓》:"画堂初～烛,金幌半垂罗。"《元曲选外编·博望烧屯》二折:"你与我先～着粮车,后烧着窝铺,你四下里火箭一齐去。"明方以智《物理小识》卷八:"眉公曰:蜀葵～作火把,雨中不灭。" ⓫ 古代一种打击乐器,引申为节奏、节拍。唐南卓《羯鼓录》:"上洞晓音律,……若制作诸曲,随意即成,……应指散声,皆中～拍。"清《聊斋俚曲·增补幸云曲》:"我打的不是板,你弹的也没有～。" ⓬ 一种报事、集众的金属板,亦称"云板"。唐王建《宫词》之二:"殿前传～各依班,召对西来八诏蛮。"清《女仙外史》六七回:"壁门开处,有个妇人出来,问是谁敲～?" ⓭ 一触即离或向下微动。唐杜甫《曲江二首》之二:"穿花蛱蝶深深见,～水蜻蜓款款飞。"岑参《卫节度赤骠马歌》:"草头一～疾如飞,却使苍鹰翻向后。"《元曲选·陈州粜米》二折:"从今后不干己事休开口,我则索会尽人间只～头,倒大来优游。" ⓮ 点化。唐刘得仁《赠王尊师》:"囊中曾有药,～土亦成金。"《景德传灯录》卷一八《真觉大师》:"问:'还丹一粒,～铁成金;至理一言,～凡成圣。请师一～。'"清赵翼《六十自述》:"安得～石成金施小惠,自嫌画饼剩虚名。" ⓯ 跛;瘸。宋吴处厚《青箱杂记》卷一:"龙图刘烨亦滑稽便捷,尝与内相刘筠……联骑趋朝。筠马病足行迟,烨谓曰:'马何故迟?'筠曰:'只为五更三。'言～蹄也。烨应声曰:'何不与他七上八?'意欲其下马徒行也。" ⓰ 量词。计量点状物或表微量。唐李白《酬殷明佐见赠五云裘歌》:"瑶台雪花数千～,片片吹落春风香。"韩愈《南溪始泛三首》之三:"～～春雨飘,梢梢新月偃。"宋辛弃疾《西江月·夜行黄沙道中》:"七八个星天外,两三～雨山前。"

【点笔】 diǎn bǐ 以笔蘸墨。唐刘肃《大唐新语》卷八:"命每案后连纸十张,令五六人供研墨~。"宋苏轼《次前韵送程六表弟》:"忆昔江湖一钓舟,无数云山供～。"清陈廷敬《经筵纪事八首》之五:"第二螭头～时,起居亲切近臣知。"

【点拨】 diǎn bō ❶ 指点;提醒。元明《水浒传》二回:"史进每日求王教头～,十八般武艺,一一从头指教。"明《醒世恒言》卷一六:"两下争嚷起来,又有人～客人道:'这位强大哥不是好惹的,你多少得些采去罢。'" ❷ 指派;调遣。元明《水浒传》六六回:"随即与铁面孔目裴宣～八路军马,……各自取路,即今便要起行,毋得时刻有误。"清《说唐》二三回:"七人皆要去拜寿,都来求公子～同行,罗成依允。"

【点茶】 diǎn chá ❶ 唐宋时的著茶术语之一。唐《临济禅师语录》:"师云:'侍者～来与和尚吃。'"金《董解元西厢记》卷四:"只怕我今宵瞌睡呵,先点建溪茶。"按,宋陈元靓《事林广记》别集卷七《茶果类·煎茶法》:"煎茶须用有焰炭火,滚起便以冷水点住,伺再滚起再点,如此三次,色味俱佳。"清翟灏《通俗编》卷二七《撮泡茶》:"古人饮茶,皆捣末为团饼,投汤煎之。撮泡但起于一

方,今则各处行矣。" ❷ 指备办茶食或以食品佐茶。宋元《清平山堂话本·李翠莲》:"待我留些整齐的,三朝～请姨娘。"明《金瓶梅词话》七四回:"月娘又教玉箫拿出四盒儿细茶食饼糖之类,与三位师父～。"

【点差】 diǎn chāi 指派;差遣。宋范纯仁《奏举彭汝砺》:"臣近曾具可充台谏官人姓名奏入,亦曾与邓温伯等面奏彭汝砺等可为御史中丞,乞陛下早赐～。"明叶盛《水东日记》卷一:"未申间,忽礼科约具奏,乞～。"清《醒世姻缘传》六四回:"如遇那强盗响马,便就～应捕番役,私下拷打的服了,方才见官,问那凌迟砍剁的大罪。"

【点筹】 diǎn chóu 数筹码,计算胜负。"筹"为计数用具,凡取胜一次,即下一筹。《旧唐书·中宗韦庶人传》:"及得志,受上官昭容邪说,引武三思入宫中,升御床,与后双陆。帝为～,以为欢笑。"元刘鹗《双陆》:"搏蒲小戏只消忧,但恨无人为～。"清《元明事类钞》卷一〇:"《启祯野乘》:叶茂才榷芜关国课,既登,自～放船,不取一缗。"

【点到】 diǎn dào 签到上班。清《樵史》一八回:"先把家眷发回,自己反在本卫,每日～。"《醒世姻缘传》八三回:"他守制的时候,正是守选点卯之时。～起复,倒成了个资深年久,头一个便该送他。"

【点点撺撺】 diǎn diǎn chù chù 即"点点搠搠❷"。明《二刻拍案惊奇》卷一〇:"街坊上人～,多晓得是莫翁之种。"

【点点搠搠】 diǎn diǎn shuò shuò ❶ 指示点明。宋元《古今小说》卷三六:"又是王保～,在屋檐瓦棂内搜出珍珠一包,嵌宝金钏等物。" ❷ 议论指摘。明《古今小说》卷四:"当初陈家生子时,街坊上晓得些风声来历的,免不得～,背后讥消。"

【点对】 diǎn duì 对照检查。唐李商隐《异俗二首》之二:"～连鳌饵,搜求缚虎符。"宋《如净语录》卷末后附白山《跋》:"再展两本,沉思～,写手不同,互有得失,不可不正。"

【点掇】 diǎn duō 指点提示。宋严羽《诗绪》卷五:"说诗全在～。此由误加尚字耳,尚字当作只字。"元刘瑾《诗传通释》卷首:"明道先生谈诗,并不曾下一字训诂,只转却一两字～念过,便教人省悟。"明《型世言》三〇回:"其馀小事儿,他拿得定,便不与何知县,临事时三言两语一～,都也依他。"

【点额】 diǎn é 指仕途失意或应试落第。敦煌词《谒金门》之二:"欲上龙门希借力,莫教重～。"五代刘崇远《金华子杂编》上:"景让累举不捷,太夫人闻其～,即笞其兄。"明《醒世恒言》卷二六:"因为鲤鱼要跳龙门,逆水上去,把周身的精血都积聚在额头心里,就如被朱笔在额上点了一点的,以此世人称下第的皆为～。"

【点供】 diǎn gōng 点拣供应。宋吴自牧《梦粱录》卷一六:"酒家亦自有食牌,从便～。"

【点鼓】 diǎn gǔ 击鼓。明罗钦顺《过扬州》:"黄昏～移舟去,扬子湾头月似银。"清《醉醒石》一〇回:"带了两个陪堂,～鸣锣,望这村庄来拢。"

【点花茶】 diǎn huā chá 妓院仆役为刚进门的狎客献茶,狎客依例给赏。宋周密《武林旧事》卷六:"凡初登门,则有提瓶献茗者,虽杯茶亦犒数千,谓之'～'。"

【点花牌】 diǎn huā pái 狎客在酒楼点选妓女陪酒。宋耐得翁《都城纪胜·酒肆》:"若欲赏妓女,往官库中～,其酒家人亦多隐庇推托,须是亲识其妓,及以利委之可也。"吴自牧《梦粱录》卷一〇:"其诸库皆有官名角妓,就库设法卖酒。此郡风流才子,欲买一笑,则径往库内～,惟意所择。"按,宋周密《武林旧事》卷六:

"每库设官妓数十人,……饮客登楼,则以名牌点唤侑樽,谓之'点花牌'。"

【点化】 diǎn huà ❶ 道教谓点物成金或以法术使物变化。唐刘得仁《送祖山人归山》:"不说金丹能～,空教弟子学长生。"宋张元幹《十月桃》:"年华催晚,听樽前倡唱,冲暖欺寒。乐府谁知分付,～金丹。"明《西游记》五〇回:"西方路上多有妖怪邪魔,善能～庄宅。" ❷ 指僧道用言语方术使人悟道皈依。《元曲选·来生债》四折:"南无阿弥陀佛,若不是我师～,贫僧怎了也。"清《红楼梦》一一七回:"宝玉本来颖悟,又经～,早把红尘看破。" ❸ 点染美化。宋朱熹《答陈同甫》:"若谓汉唐以下便是真金,则固无待于～,而其实又有大不然者。"明秦文《雁山图赋》:"是诚化工费手以～,而非巧匠雕镂之所能成。" ❹ 将前人诗句或古语加以改造变化。宋张邦基《墨庄漫录》卷二:"山谷用事深远,此～格也,不知者岂知其工云。"元吾丘衍《闲居录》:"世儒有言谓李商隐作诗为獭祭鱼,以其多检书册也。然商隐用事善于～,皆无牵强矫轶处。当是博览所致,非浅学所可议也。"明胡震亨《唐音癸籤》卷八:"齐己诗清润平淡,亦复高远冷峭。一经都官～,白莲一集,驾出云台之上,可谓智过其师。"

【点饥】 diǎn jī 吃少量食物解饿。《元曲选·黑旋风》三折:"我恰才送些茶饭与俺哥哥且～,明白地把一张匙插在这里。"清《水浒后传》一八回:"杨林取剩下的炊饼、肉耙与他们～,直谈到五更。"

【点计】 diǎn jì 点检计算。宋何薳《春渚纪闻》卷二:"刘既悟,～其家事,且语家人神告之详。"明《拍案惊奇》卷三五:"当下把银子看验明白,～件数,拿进去交付与浑家了。"

【点检】 diǎn jiǎn ❶ 查看;清点。唐白居易《六年春赠分司东都诸公》:"花教莺～,柳付风排比。"宋强至《庚子岁除辇下作》:"呼儿来秉烛,～鬓边丝。"元《秦并六国平话》卷上:"楚王收兵～,约计折了二万餘人。" ❷ 反省;检查。唐韩愈《赠刘师复》:"丈夫命存百无害,谁能～形骸外。"宋《朱子语类》卷一三:"若能一日十二辰～自己,念虑动作都是合宜,仰不愧,俯不怍,如此而不幸填沟壑,丧躯陨命,只得成就一个是处。"清陈廷敬《己酉除夕前一夜小集怀午亭旧游二首》之二:"～京华事,丛残守岁诗。"

【点勘】 diǎn kān ❶ 校勘文字。唐王建《宫词》之一二:"集贤殿里图书满,～头边御印同。"宋吕祖谦《方斋行》:"旧书重叠堆在床,～同异分边旁。"清柯从朴《清故文林郎四川道监察御史陆先生行状》:"少长,励志圣贤之学,专意洛闽诸书,尝～《四书大全》。" ❷ 清点查看。元《前汉书平话》卷上:"高皇宣周勃排甲马,～军兵。周勃领圣旨,即排一阵名蛟龙混海。"清《广西通志》卷一九:"道府临关启钥,委员赴驿～行人贡物,乃许入关。"

【点看】 diǎn kàn 查看。宋胡太初《昼帘绪论·催科》:"令又自将前年年产税簿～,如吏人当具而不具,与夫当催而不催者,皆有罚。"明《西游记》五回:"这大圣～不尽,忽闻得一阵酒香扑鼻。"清胤禛《朱批谕旨》卷一二六:"于雍正七年冬底,分委豫东两省营员逐加～,令其据实册报。"

【点卯】 diǎn mǎo 官衙清点上班人数,因于卯时(上午五至七时)进行,故称。有时泛指,意为点名。明《拍案惊奇》卷三一:"一行人离了石麒街,径往县前来。正值相公晚衙～。"清《醒世姻缘传》八五回:"他在京师住的久,跟着你吏部里～听选,谁不认的他?"

【点染】 diǎn rǎn ❶ 玷污;污染。唐杜甫《园官送菜》:"又如马齿盛,气拥葵荏昏。～不易虞,丝麻杂罗纨。"《元曲选·㑇梅

香》楔子："人虽终身为善,不可少有～。"清吴伟业《画兰曲》:"归来开箧简啼痕,肠断生绡～真。" ❷ 指绘画。元黄石翁《题米元晖湖山烟雨图》:"展开素幅作湖山,～兴入苍烟间。"明刘嵩《余自北平赴京道出济宁会伯高齐君于公馆草草为予点真临别赋绝句三首》之二:"我本山林麋鹿姿,多君～出清奇。"清《青楼梦》七回:"～极工致,烘衬极精神,片刻画成一枝红梅。" ❸ 喻写作。宋陆游《掩门》:"～聊成字,呻吟仅似诗。"清吴绮《家云襄西湖四时游草序》:"斯则以有穷之～,写无尽之高深。以此言诗,盖亦难矣。"

【点尚字】 diǎn shàng zì 一种计算胜负的方法。"尚"字共十画(两个折笔各作二画),代表"十",获胜一次写一画,与今以"正"字计数相类。《敦煌变文校注》卷四《降魔变文》:"和尚得胜,击金鼓而下金筹;佛家若强,扣金钟而一。"唐王建《宫词》之二五:"竞渡船头掉彩旗,两边泥水湿罗衣。池东争向池西岸,先到先书上字归。"按,"上"借作"尚"。

【点视】 diǎn shì ❶ 查看。《元典章·刑部九》:"在仓粮数时常～排倒,无致发变损坏。"《元史·祭祀志六》:"礼部官～诸色队仗,刑部官巡绰喧阗。"清毛奇龄《列朝备传·王廷裕》:"八年,升太仆寺少卿,奉命～京营马匹。" ❷ 上司召见下属作训示,或主管吏传见囚徒。元明《水浒传》二回:"前官没眼,参你做个教头,如何敢小觑我,不伏俺～!"又九回:"管营在厅上叫唤新到的犯人林冲来～。"

【点手】 diǎn shǒu 招手。《元曲选·赵礼让肥》二折:"那小的可害慌也,～叫那鹊儿,你入笼里来!"明《金瓶梅词话》二七回:"西门庆抬头看见他在上面,～儿叫他。"

【点书】 diǎn shū ❶ 断句。宋《朱子语类》卷四二:"因论～。曰:'人说荆公穿凿,只是好处亦用还他。且如"矧为若畴圻父薄违农父若保宏父定辟",古注从父字绝句,荆公则就违、保、辟绝句,复出诸儒之表。'"元程端礼《读书分年日程》卷二:"～用丹,丹用当日新煎胶调用。正误用铅粉,凡有误处,先以墨笔改正处,文义分明为底,却以粉笔盖之,乃填写粉上。" ❷ 唐以来的一种标音方法。遇一字数音、随义分义时,即在此字的某角上用红笔加点,以表示该字在文中应读的声调。一般只点借音,不点正音。又称"点发"。唐李匡乂《资暇集》卷上:"稷下有谚曰:'学识如何观～。'书之难,不唯句度义理,兼在知字之正音借音。若某字,以朱发平声,即为其字,发上声变为某字,去入又改为某字。转平上去入易耳,知合发不发为难。"

【点汤】 diǎn tāng 煎汤,"汤"为一种加有药材和果品的饮料。宋元风俗,客至上茶,客去饮汤,引申为送客之义。宋朱彧《萍洲可谈》卷一:"今世俗客至则啜茶,去则啜汤。汤取药材甘香者屑之,未有不用甘草者。此俗遍天下。"《元曲选·冻苏秦》三折:"〔张千云〕～!〔正末唱〕哎!你敢也走将来喝～喝～!"

【点头知尾】 diǎn tóu zhī wěi 提起事情的开头就知道结尾,形容领悟快。明《鼓掌绝尘》四回:"他是个伶俐书生,～,自能触悟。"《醋葫芦》六回:"婆是个走千家踏万户、极是～的,早已识破机关。"

【点污】 diǎn wū ❶ 玷污;污点。唐杜甫《绝句漫兴九首》之三:"衔泥～琴书内,更接飞虫打着人。"元赵孟道《夜行船·寄香罗帕》:"旧痕积,泪淋漓,越～越香气。" ❷ 女子被奸污的委婉说法。元明《水浒传》七回:"(林冲)问娘子道:'不曾被这厮～了?'"明《西游记》九三回:"那女子也聪明,即解吾意,恐为众僧～,就装风作怪,尿里眠,屎里卧。"

【点心】 diǎn xīn ❶ 略微进食。《太平广记》卷二八六引《河

东记》:"三娘子先起点灯,置新作烧饼于食床上,与客～。"宋庄绰《鸡肋编》卷下:"上觉微馁,孙见之,即出怀中蒸饼云:'可以～。'" ❷ 糕饼之类的小食品,非正餐。五代刘崇远《金华子杂编》卷下:"家人备夫人晨馔于侧,姊顾其曰:'我未及餐,尔可且点心。'止于水饭数匙。复క夫人～。"元古本《老乞大》:"清早晨起来,梳头洗面了,先吃些个醒酒汤,或是些～,然后打饼熬羊肉。"清秦蕙田《五礼通考》卷一六〇:"皇太后圣旦节、皇后令旦节,正统间上桌按酒四盘,菜四色,～一碟。"

【点胸】 diǎn xiōng 手指胸口,是自我炫耀的动作。《五灯会元》卷一六《岳林真禅师》:"鼓唇摇舌,宛如钟磬笙竽;奋臂～,何啻稻麻竹苇。"宋《大慧语录》卷一:"～点肋独你尊,大口开张自矜伐。"

【点眼】 diǎn yǎn ❶ 注目,喻重视;也指做引人注目的事。《敦煌变文校注》卷五《长兴四年中兴殿应圣节讲经文》附诗:"可憎猢子色茸茸,抬举何劳喂饲浓。～怜伊图守护,谁知反吠主人公。"元赵孟頫《赠相者》:"连朝春雨今始晴,花枝～生春情。"清《红楼梦》六九回:"外头多少哭不得,又跑到这里来～。" ❷ 一种武功,把力量运在手指上,点人身上穴道,使之受伤。清《隋唐演义》三四回:"～是陛下的长技,只怕陛下就用气力,也未必弄得他死。"

【点一点二】 diǎn yī diǎn èr 数一数二。《元曲选·东堂老》楔子:"老兄差矣!你负郭田有千顷,城中有油磨坊、解典库,有儿有妇,是扬州～的财主,有甚么不足?"《元曲选外编·升仙梦》二折:"有一人姓柳名春,字景阳,其妻陶氏,是这长安城中～的财主。"

【点扎】 diǎn zhá 同"点札"。明《西游记》三〇回:"既是别处来的,若要投我部下,先来递个脚色手本,报了名字,我好留你在这随班～。"

【点札】 diǎn zhá 调遣;查点。明《西游记》九回:"至次日,～风伯、雷公、云童、电母,直至长安城九霄空上。"又四四回:"他那里长要差官查勘,或时御驾也亲来～,怎么敢放?"

【点闸】 diǎn zhá 检查清点。元《通制条格》卷一四:"差官～得中间却有短少伪伪,定将监烧官取问。"明俞汝楫《礼部志稿》卷八一:"其各该衙门陪祀官员,亦须各具姓名开报,给事中御史～查究。"清《醒世姻缘传》八八回:"遇着查盘官,驿丞雇了人替他代点。"

【点纸】 diǎn zhǐ 在供状或其他保证文书上画押,表示认可。《元曲选·灰阑记》四折:"妾身本不待～招承,也则是吃不过这棍棒临逼。"

【点纸画字】 diǎn zhǐ huà zì 犹"点纸"。《元曲选·虎头牌》三折:"老完颜,看你～哩!"

【点指画字】 diǎn zhǐ huà zì 犹"点纸"。宋元《清平山堂话本·错认尸》:"安抚见洪三招状明白,～。"元明《水浒传》二六回:"把这婆子口词也叫胡正卿写了,从头至尾,都说在上面,叫他两个都点了指画了字。"

【点纸节】 diǎn zhǐ jié 犹"点纸"。《元曲选外编·哭存孝》三折:"又不曾取罪名,又不曾～,可是他前推后拥强牵拽。"

【点主】 diǎn zhǔ 神主牌上"某某神主"的"主"字上面一点空着,须请有名望的人来点上。明《金瓶梅词话》六五回:"西门庆易服,备一对尺头礼,请帅府周守备～。"清胤禛《朱批谕旨》卷七〇:"适臣于五月二十八日服阕,延粮道蔡仕舢为臣生母陈氏～。"

【点子】 diǎn zi 表少量。清《醒世姻缘传》四回:"一个走百家门串乡宦宅的个山人,你多送他～,也好叫他扬名。"《红楼梦》

三一回："弄～药吃吃就好了。"

【踮】　diǎn　另见 diān。❶ 踩；踏。宋毛滂《踏莎行·题草窗词卷》："红烛呼卢，黄金买笑，弹丝～踩长安道。"元明《水浒传》三九回："端的是耳边风雨之声，脚不～地。"明梅鼎祚《玉合记》六出："若近主人翁，常～鹭鹚之步。" ❷ 垫；抬高（脚或后跟）。《元曲选·燕青博鱼》一折："我我我待～着个鞋底儿去拣那浅中行，先绰的这棒头来向深处插。"元明《水浒传》一〇二回："（王庆）挨入人丛中，～起脚看那汉使棒。"明《警世通言》卷二一："公子请京娘进了店房坐下，小二哥走来～着呆看。"清《红楼梦》一回："若说你性灵，却又如此质蠢，并更无奇贵之处。如此也只好～脚。"

diàn

【电抹】　diàn mǒ　一闪而过，比喻迅速消逝。宋苏轼《玉楼春》："佳人犹唱醉翁词，四十三年如～。"金元好问《太原赠张彦远》："平生我亦识翁人，惆怅流年如～。"元方夔《感兴》："往来给官行，飞去如～。"

【电母】　diàn mǔ　传说中掌管闪电的神。元明《水浒传》五二回："雷公忿怒，倒骑火兽逞神威；～生嗔，乱掣金蛇施圣力。"明《西游记》九回："至次日，点札风伯、雷公、云童、～，直至长安城九霄空上。"

【甸儿】　diàn er　同"钿儿"。明《金瓶梅词话》二〇回："这髻重九两，他要打一件九凤～。"

【佃客】　diàn kè　租地种的农民。宋《朱子语类》卷四五："王季海当国，好出人死罪，以积阴德。至于奴与～杀主，亦不至死。"《元典章·刑部四》："若以前杖断，追烧埋银，似启权豪兼并之家妄杀无辜～之门。"清顾炎武《日知录》卷一二："太祖起自侧微，升为天子。其视四海之广犹吾庄田，兆民之众犹吾～也，故其留心民事如此。"

【佃户】　diàn hù　租地种的农户。《新五代史·周行逢传》："家田～，以公贵，颇不力农，多恃势以侵民，请往视之。"明《徐霞客游记》卷五上："有数家在南麓，为永丰庄，皆白云寺中～也。"清《儒林外史》四回："那里是甚么光棍，就是他的～！商议定了做神做鬼，来弄送我。"

【钿儿】　diàn er　花钿。用金银打成各种花样插在头上的装饰品。元胡祗遹《赵玉卿宛瓜斋》："君不见，玉杯琼斝黄金瓶，玳瑁象箸乌银罂，翠屏～夺眼明，如意醉击珊瑚茎。"明《金瓶梅词话》一五回："家常挽着一窝丝杭州攒，金累丝钗，翠梅花～，珠子箍儿。"

【店底】　diàn dǐ　店铺的全部家当。明《醒世恒言》卷一六："那时不要说把我做本钱，只怕连我的～，都倒在他手里，还不像意哩。"

【店底货】　diàn dǐ huò　滞销货，比喻丑女。明梁辰鱼《浣纱记》二三出："西施妹子，你不像我两个～，你去，这桩买卖必定就着手。"

【店都知】　diàn dū zhī　客店掌柜。宋元《古今小说》卷一五："～见贵人许多日不曾见得符令公，多口道：'官人，你枉了日逐去俟候。'"《元曲选外编·金凤钗》一折："～，我得官也，相庆相贺；剥落也，不追随。"

【店二哥】　diàn èr gē　即"店小二"。宋元《古今小说》卷三三："回到昨所寄行李店中，寻两个当道不见。只见～出来，说道……"又卷三六："离客店十来家，有个茶坊里，一个官人叫道：

'～，那里去？'"

【店房】　diàn fáng　客栈。明《古今小说》卷九："雇人挑了行李，就装相国府中左近处，下了～。"清《平定金川方略》卷一四："至沿途驻宿，恐～不敷住，或庙宇空房，或搭备席棚或安设帐房，务期完密。"

【店官】　diàn guān　称店铺掌柜或店员。明《古今小说》卷四〇："老～见妇人口嘴利害，再不敢言语。"清《儒林外史》四五回："又大家搬楦头，说偷着店里的～。"

【店家】　diàn jiā　❶ 客栈；商店。唐王建《荆门行》："看炊红米煮白鱼，夜向鸡鸣～宿。"宋陆游《城东逆旅》："～乞火燎征衣，湿竹生薪不受吹。"明《金瓶梅词话》六七回："寒夜无茶，走向前村觅～。" ❷ 店主或管事人。明佚名《黄孝子》九出："～，如今衣服、包裹、银子都被骗去了，如何是好？"清《醒世姻缘传》二七回："～听了老婆的好话，只得让他病在店里。"

【店面】　diàn miàn　店铺门面。宋吴自牧《梦粱录》卷一六："插四时花，挂名人画，装点～。"元明《水浒传》三〇回："自此重整～，开张酒肆。"清《醒世姻缘传》二五回："薛教授因与狄员外商量，算计要开一个梭布店，房子要寻前面有～的。"

【店小二】　diàn xiǎo èr　店铺伙计，多指酒店里的伙计。《元曲选·岳阳楼》一折："自家～是也。在这岳阳楼下，开着一个酒店。"元明《水浒传》三回："～，那里是金老歇处？"

【坫】　diàn　惦记。通"惦"。元乔吉《雁儿落过得胜令·戏题》："咶咶，念念心常～；厌厌，渐渐病越添。"

【坫言坫语】　diàn yán diàn yǔ　闲言碎语。明《金瓶梅词话》二一回："他说他是风老婆不下气，倒教俺每做分上，怕俺每久后～说他。"

【垫】　diàn　❶ 害人或犯事后再花钱去补偿。清《红楼梦》八〇回："再不然，留下他，就卖了我！谁还不知道薛家有钱，行动拿钱～人；又有好亲戚，挟制着别人。" ❷ 惦记。通"惦"。《元曲选·萧淑兰》一折："将他那模样儿心坎上频频～，名字儿口角头时时念。"

【垫发】　diàn fā　❶ 陷害别人使之被发配。明《金瓶梅词话》二五回："多亏了谁替他上东京打点，把武松～充军去了。"又九〇回："把个好媳妇儿生逼临的吊死了，将有作没，把你～了去。" ❷ 垫付。清《醒世姻缘传》五回："银子倒不必去取，任凭多少，我这里可以～。"《贵州通志》卷三六："此时乡民不能即敛现银，乡头不能代为～，势不得不向富家揭借。"

【垫根儿】　diàn gēn er　花钿。明《金瓶梅词话》二〇回："你替我拿到银匠家毁了，打一件金九凤～，每个凤嘴衔一溜珠儿。"

【垫害】　diàn hài　危害；陷害。宋柳开《重修孔子庙垣疏》："斯风寖淫，天人从化，若洪水～。大禹未生，将何以救之也？"明《金瓶梅词话》二六回："来旺儿悉把西门庆初时令某人将蓝缎子，怎的调戏他媳妇儿宋氏成奸，如今故入此罪，要～图霸妻子一节，诉说一遍。"

【垫舌根】　diàn shé gēn　做谈论的对象。明《金瓶梅词话》四四回："我是不消说的，只与人家～。"又五一回："哄不动汉子，走来后边戳无路儿，没的拿我～。"

【殿帅】　diàn shuài　宋代称禁军殿前司长官都指挥使或殿前指挥使。《大宋宣和遗事》后集："九月，有狐自艮岳山直入中禁，据御榻而坐，～遣殿司张山逐之。"元明《水浒传》二回："俺道一甚么高，却原来正是东京帮闲的圆社高二。"

【殿岩】　diàn yán　即"殿帅"。宋周密《齐东野语》卷一五："夏震微时，尝为～馈酒于耿。"元刘一清《钱塘遗事》卷七："韩震

身为～，阴怀异志，当此危急，不肯出战，声言提兵阑入禁阙，奸谋叵测，罪不容赦。"

【殿研】 diàn yàn 倔强；刚硬。唐颜师古《匡谬正俗》卷七"殿研"条："问曰：'今俗谓人强忍坚抗为～（上丁见反，下五见反），其义何也？'答曰：'犹《春秋》"殿帅"之意，言其无所畏惧，不退缩耳。研者，研摩抗拒，与前人为敌。或总言殿研。'"

【殿直】 diàn zhí 担任殿前侍卫的下级武官。宋《五代史平话·晋下》："晋主视朝，忽有小～奏道：'御榻上有一老狐拱坐于上。'"宋元《清平山堂话本·简帖和尚》："东京汴州开封府枣槊巷里有个官人，复姓皇甫，单名松，本身是左班～。"

diāo

【刁】 diāo ❶ 无赖；狡猾。元明《水浒传》四三回："那人原是闲吏，专一在乡放～把滥。"明《二刻拍案惊奇》卷四："官府晓得他～，公人怕他的势，没个敢正眼觑他。"清《红楼梦》四二回："你们听他这～话，……真真恨的我只保佑明儿你得一个利害婆婆，再得几个千～万恶的大姑子小姑子，试试你那会子还这么～不～了。" ❷ 拐骗；拐带。元《元曲选·黑旋风》三折："谁想那哥正告在～了俺大嫂的白衙内根前，如今把哥下在死囚牢里。"又《墙头马上》三折："七年前舍人哥哥买花栽子时，都是这厮搬大引小，着舍人～将来的。" ❸ 爪抓口衔。通"叼"。明《西游记》四六回："正剖腹时，被一只饿鹰将脏腑肝肠都～了去了。"△清《儿女英雄传》一四回："公子才走过桥，又见桥边一个老头子守着一个筐子，～着根短烟袋蹲在河边，在那里洗菜。"

【刁刺】 diāo cì 无赖。《元曲选·铁拐李》二折："把那奸滑～的州县里剖，将那清干忠直的向省部内迁。"

【刁镫】 diāo dēng 同"刁蹬❶"。金《董解元西厢记》卷五："～得人来成病体，争如合下休相识！"按，一本"镫"的左偏旁作"革"。

【刁蹬】 diāo dēng ❶ 刁难。元杨瑀《山居新话》卷一："（其竹）每年定数，立限送纳杭州军器提举司。及其到司，跋涉劳苦，何可胜言！而官司头目、箭匠方且～，否则发回再换。"明《金瓶梅词话》五八回："偏你会那等轻狂百势，大清早辰～着汉子请太医。"清《歧路灯》八三回："若你出头卖产，人家便以破落公子相待，那些产行地牙子就有百法儿～你。" ❷ 不驯顺；不服管教。《元典章·户部四》："若驴手已后似前～，不绍家业，将此文字便同休离。"《元曲选·神奴儿》二折："他那里越憋拗放懷挣，则管里啼天哭地相～。"

【刁恶】 diāo è 狡猾凶恶。明归有光《王哲审单》："王哲父子～，素闻人所侧目。"清汤斌《严禁刁风以安良善告谕》："吴中～游民，最为百姓患。"

【刁风】 diāo fēng 诬告的风气。明蔡清《贺典幕蔡君承上官奖励序》："佐一县之纪纲，于～屡作之后。"清于成龙《请禁健讼条议》："查看得楚黄健讼，从来久矣；而安邑～，于今为烈。"

【刁横】 diāo hèng 奸猾蛮横。明朱瑄《奏立州治疏》："又城郭内外，军民杂处。大率军多～，欺凌民户。"清胤禛《朱批谕旨》卷一四〇："臣除请立苗猺之约束一事另折议奏外，今议得一件为严禁楚习之～以肃纪纲事。"

【刁精】 diāo jīng 狡猾精明。清《歧路灯》五三回："邓三变这个老头儿也是～不过的人，如何拿他这宗银子，如此放心，寻了一遍，再不见动静呢？"

【刁决】 diāo jué ❶ 古怪；特别。元刘庭信《寨儿令·戒嫖荡》："屁则声乐器～，频斯殢财礼全别。"《元曲选·望江亭》三折："不是我夸贞烈，世不曾和个人儿热，我丑则丑～撇。" ❷ 狡猾；凶狠。清《英云梦传》八回："臧新为人～，兼有两个帮闲，防他还有不良之念。"

【刁厥】 diāo jué ❶ 同"刁决❶"。元李冶《敬斋古今黈》卷八："大抵末厥者，犹今俚语俗言木厥云耳。木厥者，木强～之谓。"明《金瓶梅词话》九七回："他性儿也有些～些儿。" ❷ 凶猛；剽悍。金《董解元西厢记》卷二："乱军都来半万餘，便做天蓬黑煞般尽～，但存得自家在，怎到得被虏劫？"又："细端详，见法聪生得搊搜相，～精神，跷蹊模样，牛脚阔，虎腰长。"

【刁蹶】 diāo jué 同"刁厥❷"。明《朴通事谚解》卷下："撞多少猛虎毒虫定害，逢多少恶物～，正是好人魔障多。"

【刁揩】 diāo kěn 刁难勒索。明俞汝楫《礼部志稿》卷九九："武官诰敕，朝廷所以报功砺世，近年所司～，以致各官不敢续黄。"清靳辅《减差节省驿站钱粮疏》："卑职等亲自驰迎，竭力供应，尚且无端辱骂，动以违悞军务、报部正法为辞，百般～。"

【刁啃】 diāo kěn 同"刁揩"。清《隋唐演义》一一回："魏玄成被差人说强盗专在庵观寺院歇宿，百方～，诈了一大块银子。"《歧路灯》四〇回："受了衙役许多～，把铺子里一石麦子本钱～清了。"

【刁难】 diāo nàn 故意为难。明徐光启《农政全书》卷一四："奸猾人户乃于浦口下流设堰横截，百般～，然后放水入内。"清汤斌《严禁滥委家丁以肃吏治谕》："如有仍前擅委家丁出外招摇，～良懦、需索私费者，许被害人等不时赴辕控告。"

【刁虐】 diāo nüè 刁难；折磨。金《董解元西厢记》卷四："几时到今晚见伊呵？业相的日头儿不转角，敢把愁人～杀！"

【刁泼】 diāo pō 狡诈蛮横。《元曲选·陈州粜米》一折："这百姓～，拿那金锤来打他娘！"明《金瓶梅词话》三四回："王氏平倚逞～，毁骂街坊。"清《云南通志》卷二九载《世宗谕新设永昌府知府严时泰敕》："所属土流官吏军民人等，敢有倚势～，违法傲慢者，尔须严加禁革。"

【刁搔】 diāo sāo 同"刁骚"。《元曲选外编·陈母教子》楔子："白发～两鬓侵，老来灰尽少年心。"郭昂《简杜季明》："白发～五十餘，也随时宦觅新除。"明张铨《景明诗》："春事尚～，捉臂何缱绻。"

【刁骚】 diāo sāo （头发）稀疏而不润泽。宋欧阳修《斋宫尚有残雪》："休把青铜照双鬓，君谟今已白～。"《元曲选外编·云窗梦》二折："我如今鬓～强整乌云，年纪大倦点朱唇。"清田雯《题高鍊璋师小照》："记从访尔是冬残，春暮重来对牡丹。病客～新白发，侏儒短小老黄冠。"

【刁讼】 diāo sòng 恶意诬陷他人的诉讼。明唐顺之《唐郎中嘿菴墓志铭》："永丰为江西～邑，而武定为山东悍州。"海瑞《被论自陈不职疏》："禁诬告而～未息，禁浮靡而侈僭如初。"清于成龙《弭盗安民约》："内开某某家士农工商，各系何生业，平日俱无窝逃蓄盗、交结匪类、勾旗讹诈、闯将打降、凶酒撒泼、嫖赌为非、～抗粮等项，如一家有此等事犯，九家甘受连坐。"

【刁唆】 diāo suō 挑拨唆使。明徐畈《杀狗记》一八出："公公不要听他，我在此窑中，他两个走来～我告哥哥。"清佚名《醒风流传奇》八回："连忙跑回家去，见了畏天假装着哭脸儿～：'木荣欺侮我。'"

【刁天决地】 diāo tiān jué dì 顽皮不驯。《元曲选·误入桃源》三折："看不的乔所为，歹见识，～，早难道气昂昂后生

可畏!"

【刁天厥地】 diāo tiān jué dì 同"刁天决地"。《元曲选外编·豫让吞炭》四折:"把我抢了脸向前推,搧破头往后拥。这伙～小敲才,只管把我来哄、哄、哄。"按,乾隆甲寅修订本《华阴县志》卷二:"谓孩童之不驯者曰刁厥。"

【刁天撅地】 diāo tiān jué dì 同"刁天决地"。元刘时中《红绣鞋·歌姬米氏小字要要》:"出胎胞蓐草上早会藏阄,卧在被单学打令,坐着豆枕演提齁,～所事儿有。"

【刁头】 diāo tóu 凶悍难缠。清《醒世姻缘传》七九回:"这北京城里无故的折堕杀了丫头是当顽的哩! 你没见他妈是个～老婆么?"《歧路灯》六〇回:"你这个～东西,明系赌博,有甚别事争吵!"

【刁徒】 diāo tú 狡猾凶狠的人。元明《水浒传》三六回:"赵家那厮是个～,如今暴得做个都头,知道甚么义理!"明王守仁《防制省城奸恶牌》:"不许妄拿平人,攀诬无干良善,及纵令积年～吓诈财物,扰害无辜。"《大清律例》卷三〇:"在外～身背黄袱,头插黄旗,口称奏诉,直入衙门挟制官吏者,所在官司就拿送问。"

【刁顽】 diāo wán 狡猾蛮横。《元曲选·陈州粜米》一折:"两个孩儿陈州粜米去,那里百姓～,假若不伏我这两个孩儿,却怎生整治他?"明陆深《奉训大夫宁海州知州沈君墓志铭》:"宁海,山东迤东州也,僻处海滨,民风～。"清于成龙《对金抚台问地方事宜》:"何以清刑狱,使民无幽系? 何以惩～,使民不健讼?"

【刁萧】 diāo xiāo ❶ 萧条凄寂。宋周密《浩然斋雅谈》卷下:"王藻有别词云:玉东西,歌宛转,未做苦离调。著上征衫,字字是愁抱,月寒鬓影～。"明倪谦《双松图为陈叔谦赋》:"洗我平生尘土梦,～听作松风声。" ❷ 即"刁骚"。元侯克中《即事》:"短发～满镜丝,河梁携手暮何之。"

【刁引】 diāo yǐn 诱骗;拐骗。《元典章·刑部七》:"与弟邓四～刘阿孙、赵海棠逃来大都。"《通制条格》卷四:"南阳府蒲察伯渊逃躯马僧安,～良妇薛回奴在逃。"明何乔新《奏议集略》:"将赵氏断与伊母宋氏领回改嫁,有弟张洪仍将赵氏～回家,奸收为妾。"

【刁诈】 diāo zhà 奸诈。明林俊《联桂族范》:"毋出入公府,营私召怨;毋奸盗～,饮博斗讼。"清胤禛《朱批谕旨》卷三〇中:"皇上特谕赈济被灾乏食之民,乃江浙民情～,每多棍徒把持,捏名冒领,反使实在灾民不得入册。"

【刁钻】 diāo zuān ❶ 狡猾。明《拍案惊奇》卷一七:"你家儿子～异常,他日渐长大,好有利害!"清《红楼梦》二七回:"他素昔眼空心大,是个头等～古怪东西。" ❷ 古怪。明《西游记》六八回:"那国王听得声音凶狠,又见相貌～,唬得战战兢兢,跌在龙床之上。"清《红楼梦》二三回:"贾政道:'丫头不拘叫个什么罢了,是谁起这样～名字?'"

【刁嘴】 diāo zuǐ 说话尖酸刻薄。明《金瓶梅词话》四三回:"你看这小歪剌骨儿,这等～!"《西游记》五七回:"好～猴儿,还像当时我拿住唐僧被你欺哩!"

【凋弊】 diāo bì 衰败;破落。明《拍案惊奇》卷九:"今日见别人的女儿多与了富贵之家,反是他女婿家～了,好生不伏气,一心要悔这头亲事。"

【凋耗】 diāo hào 犹"凋弊"。唐独孤及《唐故开府仪同三司试太常卿怀州刺史赠太子少傅杨公遗爱碑颂》:"军兴已来,列郡～,二千石少能以教化称者。"宋苏轼《缴进应诏所论四事状》:"朝廷力行仁政不为不久,而公私～,终不少苏。"明《拍案惊奇》卷一三:"岂知家私有数,经不得十博九空,似此三年,渐渐～。"

【凋沮】 diāo jǔ 萎靡沮丧。《资治通鉴》卷二八二:"且中国新败,士气～,以当契丹乘胜之威,其势相去甚远。"宋《三朝北盟会编》卷二一七:"我若大加卑屈,深虑人心离散,士卒～。"

【凋枯】 diāo kū ❶ 凋零枯萎。唐李白《赠张相镐二首》之二:"六合洒霖雨,万物无～。"宋李洪《和郑康道探梅十绝句》之八:"万木～一笑春,未应兰芷伴骚人。"清毛奇龄《行次左蠡放船出南康》:"风舷时转侧,霜柳暗～。" ❷ 比喻人的境遇或身体不好。唐李邕《谢书上考表》:"岂臣～,复沾雨露。"宋朱熹《乞宫观状》:"衰病之躯,愈觉羸悴。虽无痛楚危急形证,而精神气力,日见～。"

【凋零】 diāo líng ❶ 凋残;零落。唐朱湾《赠饶州韦之晋别驾》:"天道不可问,问天天杳冥。如何正月霜,百卉皆～。"宋《朱子语类》卷六:"今以树为喻,……在夏秋冬,生意何尝息。本虽～,生意则长存。"明彭韶《右山场图》:"繁霜一以降,百物俱～。" ❷ 残破;衰败。《新五代史·南平世家》:"兵火之后,井邑～。"宋金君卿《赠南华拱禅师》:"祖业～四百年,法灯今见拱师传。"清震钧《天咫偶闻》卷七:"先生后人不振,家业～,今已无绳武者矣。" ❸ 死亡;因死亡而减少。唐骆宾王《与亲情书》:"询问子侄,彼亦～,永言伤情,增以悲恸。"《宋史·沈焕传》:"闲居虽病,犹不废读书,拳拳然以母老为念、善类～为忧。"清钮琇《觚賸续编》卷一:"交游十载～尽,犹有遗民似葛天。"

【雕鞍】 diāo ān 雕饰华美的马鞍。唐王勃《春思赋》:"恨～之届晚,痛银箭之更赊。"宋欧阳修《蝶恋花》:"玉勒～游冶处,楼高不见章台路。"明徐祯卿《青门歌送吴郎》:"柳下～留别袂,花间酒盏覆苍苔。"

【雕刺】 diāo cì ❶ 耍滑头。唐杜牧《昔事文皇帝三十二韵》:"漉空沧海水,搜尽卓王孙。斗巧猴～,夸趫索挂跟。"《元曲选·杀狗劝夫》四折:"现如今告状的全不似古贤师,这般家闲～。" ❷ 犹"雕青"。清陈元龙《格致镜源》卷一二引宋张舜民《画墁录》:"郭祖少时,有道士善～。郭令刺之。即于项右作雀,左作谷粟,曰:'尔俟雀衔谷,即享显之时也。'"

【雕佛眼】 diāo fó yǎn 给佛像雕刻眼睛,比喻困难而重要的事。明《金瓶梅词话》二四回:"甚么打紧,教你～? 便当你不扫,丢着,另教个小厮扫。"又七五回:"却是他昨日说的,甚么打紧处,～便难,等我管。"

【雕栏】 diāo lán 雕饰华美的栏杆。五代李煜《虞美人》:"～玉砌应犹在,只是朱颜改。"宋柳永《佳人醉》:"尽凝睇,厌厌无寐,渐晓～独倚。"清吴伟业《沁园春》:"～外,有名花婀娜,娇鸟绵蛮。"

【雕零】 diāo líng ❶ 同"凋零❶"。五代齐己《灵松歌》:"八月天威行肃杀,万木～向霜雪。"宋孔平仲《九日独登曹亭》:"重阳不见菊,节物愈～。"清王宗炎《周易象辞》卷五:"大阴气寒凝而闭锢,万物感之,皆～惨澹,而不能发舒阳气。" ❷ 同"凋零❷"。宋王质《和张安国捷》:"铁凤～周庙古,玉鱼流落汉陵空。"元张宪《书愤》:"离宫金翠化为烟,土宇～旧幅员。"明袁中道《重修寂光寺碑》:"自宝地～,金汤长护;象马罢驰,豺虎横据。" ❸ 同"凋零❸"。唐李商隐《上尚书范阳公启》:"恩旧～,路歧凄怆。"金元好问《徐威卿相过赠别二首》之二:"东南人物未～,和气春风四座倾。"元杨维桢《闻定相死寇丙申六月京口》:"三朝勋旧半～,京口雄藩孰老成?"清方濬师《蕉轩随录》卷二:"君家伯仲半～,羡珠树挺生,定向庭前延世泽。"

【雕漆】 diāo qī 一种手工工艺,在铜胎或木胎上涂多层漆,阴干后雕刻花纹。宋郑樵《通志》卷一七〇:"车服尤弊素,器物无

~。"明《金瓶梅词话》五九回:"床儿上取了一个沉香~匣,内盛象牙牌三十二扇。"清弘历《题塞上枯桐》:"架以紫檀木,置之~案。"

【雕青】 diāo qīng 在皮肤上刺花纹图案,涂上蓝色颜料而留下的印痕。五代宋元以来表示武勇的一种风俗。《新五代史·东汉世家》:"太祖……因自指其颈以示使者曰:'自古岂有~天子? 幸公无以我为疑。'"明《醒世恒言》卷三一:"郑信脱膊下来,众人看了喝采。先自人才出众,那堪遍体~。"清郁永河《土番竹枝词》:"文身旧俗是~,背上盘旋鸟翼形。"

【雕骚】 diāo sāo 同"刁骚"。元白樸《庆东原》:"青春过了,朱颜渐老,白发~。"

【雕凿】 diāo záo ❶ 镂刻;开凿。唐卢纶《慈恩寺石磬歌》:"徒使洪钟秘高阁,万金费尽工~。"明王守仁《始得东洞遂改为阳明小洞天三首》之二:"童仆自相语,洞居颇不恶。人力免结构,天巧谢~。" ❷ 比喻刻意修饰(文辞)。明刘凤《与季朗书》:"故肆意而作,缘手而奋者,善文也,……所以力去陈袭,铲削~。"清蓝鼎元《鹿皋诗序》:"夫诗之道良难矣。心粗气浮,不可以为诗。格弱调卑,意杂味短,词野字俗,庸腐浅陋,~小巧,皆不可以言诗也。"

【雕钻】 diāo zuān ❶ 刻意经营。宋苏轼《甘露寺》:"缅怀卧龙公,挟策事~。"明黄道周《榕坛问业》卷一七:"知圣人无~之功,神明非刻画之器。诸琐琐者,不足劳心也。" ❷ 犹"雕凿❶"。明解缙《湘山寺》:"湘山五百石罗汉,鬼斧~极怪奇。" ❸ 犹"雕凿❷"。明祝允明《题衲子诗稿》:"我欲强赓三五首,却怜无暇尽~。" ❹ 同"刁钻❶"。明方昇《灵渠赋》:"商贾叹羊肠之曲屈,众人忧旱魃之~。"

diǎo

【鸟】 diǎo 同"屌"。男性的外生殖器,用为詈词。《元曲选·争报恩》三折:"若教不得呵,则我这大杆刀劈碎~男女天灵盖。"元明《水浒传》七回:"你那众泼皮快扶那~上来,我便饶你众人。"

【鸟乱】 diǎo luàn 捣乱;混闹。元明《水浒传》一六回:"没事又来~,我们自凑钱买酒吃,干你甚事!"明《拍案惊奇》卷一:"众人起初吃酒写合同时,大家撺哄~,心下还有信不信的意思。"

【鸟气】 diǎo qì 窝囊气。元明《水浒传》一一回:"我是个不第的秀才,因~,合着杜迁来这里落草。"明《拍案惊奇》卷一五:"陈秀才一肚皮的~,没处出豁,走将进来,捶台拍凳,短叹长吁。"

【吊脚儿】 diǎo jiǎo ér 犹言甚么,粗鄙话。吊,通"屌"。明《金瓶梅词话》二六回:"那奴才淫妇想他汉子上吊,羞急拿小厮来煞气,关小厮~事!"又三五回:"那怕蛮奴才到明日把一家子都收拾了,管人~事!"

【屌】 diǎo 男性的外生殖器。常用做詈词。清《歧路灯》三四回:"读那书做~哩!"

diào

【吊】 diào ❶ 惹引;勾引。唐钱起《效古秋夜长》:"檐前碧云静如水,月~栖乌啼鸟起。"明《金瓶梅词话》二五回:"使玉箫丫头拿一匹蓝缎子,到房里哄他,把他~在花园里奸耍。"清《醒世姻缘传》九五回:"使了个眼势,把寄姐~到背静处去。" ❷ 悬挂;

拴。唐孟郊《哭李观》:"为尔~琴瑟,断弦难再张。"金《董解元西厢记》卷二:"你要截了手打破脑,双割了耳朵牢缚了脚,倒~着山门上煞到老。"明《金瓶梅词话》一五回:"这西门庆听了,暗暗叫玳安把马~在后边门首等着。" ❸ 给有夹层的衣物配上里子或面子。明《金瓶梅词话》七八回:"扯开白绫~的裤子。"《醒世恒言》卷一三:"(这只靴)止无过皮儿染皂的,线儿扣缝的,蓝布~里的。" ❹ 掉;落。《元曲选·冯玉兰》四折:"因向船头点闸水军,一时不小心,~在江中了也。"元明《水浒传》五三回:"你这斯是那里妖人? 如何从半天~将下来?"明《古今小说》卷四:"女儿扑簌簌~下泪来,低头不语。" ❺ 颠倒;掉换。明《金瓶梅词话》二六回:"我若去教贼奴才淫妇与西门庆做了第七个老婆,我不是喇嘴说,就把潘字~过来哩!"又三二回:"翻过来,~过去,左右只是这两套。" ❻ 向上牵扯。明《金瓶梅词话》五九回:"见孩子搐的两只眼直往上~,通不见黑眼睛珠儿,口中白沫流出。"《醒世恒言》卷二六:"从没个猫儿在他身上跳过,怎么就把死尸~了起来?" ❼ 表演;演出。元明《水浒传》八二回:"~百戏众口喧哗,纵谐语齐声喝采。"明陈大声《醉花阴·赏灯》:"妆一个姜子牙大雪里钓磻溪,~一个杜子美骑驴醉灞西。" ❽ 量词。用于成串的物品或钱币。明《古今小说》卷一:"陈大郎拣几~极粗极白的珠子和那些簪珥之类,做一堆儿放着。"清《醒世姻缘传》一三回:"送你冰光细丝三十两,十匹大梭布,两匹绫机丝绸,六~黄边钱。" ❾ 调出;提取。明王錂《寻亲记》一三出:"叫皂隶去封丘县提周羽一起,就~原卷来听审。"《醒世恒言》卷四:"即于狱中~出秋公,立时释放。" ❿ 同"掉(diào)❹"。《元曲选·黑旋风》三折:"俺娘与了我一贯钞,着我路上做盘缠,我就揣在怀里,怎么的~了?"明佚名《胭脂记》三八出:"多少人看灯,不曾~了东西,偏是你会~了鞋!" ⓫ 屌。金《古本董解元西厢记》卷三:"主〔生〕笑曰:'两句传示尚自疏脱,怎背诵《华严经》呵,秃~!'"

【吊场】 diào chǎng 戏曲术语。指一出戏将结束时,大多数人物已经下场,只留少数人物在场上扮演一段相对独立的情节,以便过渡到另一出。元萧德祥《错立身》一二出:"正是:万事不由人计较,算来都是命安排。生、旦下。净、末、卜~,下。"明《金瓶梅词话》六三回:"不一时~,生扮韦皋喝了一回下去,贴旦扮玉箫又喝了一回下去。"清佚名《四元记》二五出:"〔老〕苍头,你好生伏侍小主。〔小〕晓得。〔作开船下介〕〔小~〕"

【吊窗】 diào chuāng 一种可从外面吊起来的木格窗。宋孟元老《东京梦录》卷三:"诸酒店必有厅院,廊庑掩映,排列小濭子,~花竹,各垂帘幕。"《元曲选·燕青博鱼》三折:"但有人来,你就打~里跳出去。"清《醒世姻缘传》四八回:"狄宾梁看见窗户通红,来开房门,门是锁的,百推晃不开,只得开了后墙~,走到前边。"

【吊古】 diào gǔ 凭吊古人古迹。唐韩琮《巢父井三绝》:"~每来荒庙下,落花流水总依然。"元曾瑞《醉太平》:"涌金门外过西湖,写新诗~。"

【吊古今】 diào gǔ jīn 征引古代故实以卖弄才学。明《醒世恒言》卷三七:"这老官儿既有心送我银子,早晚总是一般的,又吊什么古今,论什么故事?"

【吊挂】 diào guà 用金银珠宝串成的吊灯状的装饰品。《元曲选·虎头牌》二折:"俺哥哥你往常时香球~,幔幕纱厨,那等受用,今日都在那里呢?"元明《水浒传》五九回:"这一对金铃~,乃是东京内府作分高手匠人做成的,浑是七宝珍珠嵌造,中间点着碗红纱灯笼。"按,宋周密《武林旧事》卷六"小经纪"内列有"吊挂"一目。

【吊喉】 diào hóu　同"调喉"。明《西洋记》六九回："你那里真是个大仙！所行之事，都是些妖邪法术，敢到我老娘的跟前吊甚么喉！"

【吊谎】 diào huǎng　同"掉谎"。明《金瓶梅词话》五六回："你只说这两桩都是～，我却不信你的～。"清《醒世姻缘传》一四回："你没的说曾见那个小鬼也敢在阎王手里～来！"

【吊拷】 diào kǎo　严刑拷问。明《禅真逸史》三〇回："轻则私行～，重则略官斯送。"清《醒世姻缘传》四三回："他却道指了提牢名色宿在监中，在珍哥面前作威作福，要把来上枷～。"

【吊拷绷扒】 diào kǎo bēng bā　捆绑吊打，泛指各种酷刑。《元曲选·勘头巾》三折："有他娘子将小人告到官中，三推六问，～，打的小人受不过，只得屈招了。"又《神奴儿》四折："他倒说我有奸夫，所算了孩儿，不由分诉，拖到官中，三推六问，～，屈打成招。"

【吊赚】 diào lián　同"掉赚"。元王实甫《苏小卿月夜贩茶船》残折："请学士先生～，快疾忙归去陶潜！"

【吊桥】 diào qiáo　桥身可以升起和放下的桥，用于城市或庄院的防御。宋汪元量《重庆府》："目断～空峭峭，头昏伏枕自悠悠。"《宋史·李全传》："范、葵挥步骑夹浮桥，～并出，为三叠阵以待之。"清沈涛《江上遗闻》："良佐因踞坐～，约城上彀弓释矢而语。"

【吊稍】 diào shāo　指银钱花光。明《警世通言》卷三一："又有一个李亚仙，他是长安名妓，有郑元和公子嫖他，吊了稍，在悲田院做乞儿。"按，明沈德符《万历野获编》卷二六《谐谑》："吴俗呼现钱为梢。""梢"与"稍"义同。

【吊审】 diào shěn　提审。明《醒世恒言》卷四："次日大尹病愈升堂，正欲～秋公之事。"清《风流悟》四回："终日吃酒，与禁子牢头吃得高兴，忽然知县有票。"

【吊探】 diào tàn　往丧家哀悼死者，安慰家属。明《醒世恒言》卷三八："李清是久名向知的，顷刻便传遍了半个青州城，主顾人家都来～。"

【吊头】 diào tóu　❶时势。《元曲选·对玉梳》二折："你去顾前程，这搭儿休超埏；识～，打闹里疾趑过。"　❷男女到十五岁束发成髻，表示成年。明《金瓶梅词话》三七回："（韩爱姐）才吊起头儿没多几日，戴着云髻儿。"又九〇回："那铁棍吊起头去，十五岁了。"

【吊孝】 diào xiào　吊唁。《敦煌变文校注》卷五《父母恩重经讲经文（一）》："斋场上谢坐早从，～有时失笑。"元明《水浒传》九四回回目："宁海军宋江～，涌金门张顺归神。"《三国演义》五七回："汝气死周郎，却又来～，明欺东吴无人耶！"

【吊远】 diào yuǎn　同"鸾远"。清《醒世姻缘传》六八回："他把那觅汉兜脖子一鞭打开～，叫狄希陈与他牵了头口行走。"

【吊远子】 diào yuǎn zi　同"鸾远子"。清《醒世姻缘传》七回："快把恁答拿到～去，可恶多着哩！"

【吊纸】 diào zhǐ　在死者灵前烧纸凭吊。清《红楼梦》一七至一八回："贾母帮了几十两银子，外又另备奠仪，宝玉去～。"《歧路灯》六二回："如敢弄的不合款式，我来～看见了，我叱喝他。"

【吊子】 diào zi　一种煎药或烧水的壶状器皿。清《醒世姻缘传》六七回："寻下药～，赵杏川开了药箱，攒了一贴煎药，用黄酒煎服。"《红楼梦》五一回："宝玉命把煎药的银～找了出来，就命在火盆上煎。"

【吊嘴】 diào zuǐ　卖弄唇舌。明《金瓶梅词话》二二回："这些小斯每，那个敢望着他雌牙笑一笑儿，吊个嘴儿？"清《红楼梦》六五回："尤三姐站在炕上，指贾琏笑道：'你不用和我花马～的！清水下杂面，你吃我看见……'"

【钓桥】 diào qiáo　同"吊桥"。宋司马光《涑水纪闻》卷七："于是大开北门，下～以待之。"《三朝北盟会编》卷二〇四："先使搭材，以长竹系刀断其～绳。"

【鸾远】 diào yuǎn　遥远。宋元《清平山堂话本·陈巡检》："今此间～，如何得他来救？"明徐光启《农政全书》卷四四："每见里长领赈，辄自侵隐，甲首住居～，难以周知。"清《歧路灯》八六回："这书上还提到旧年寄的朱卷，并不知江河～，并不曾到。"

【鸾远子】 diào yuǎn zi　远远地。清《醒世姻缘传》一一回："你不待叫，夹着你狗嘴～去！"又一五回："你夹着屁股～去墩着！"

【调】 diào　另见 tiáo。❶谋划；打算。唐王梵志《富者办棺木》："有钱但着用，莫作千年～。"《资治通鉴》卷一四四："救太官办樵，米为百日～而已。"明杨慎《十段锦词话·点绛唇》："千年～，一场笑，几个人知道。"　❷摆列；布置。明《西游记》五三回："整顿斋饭，～开桌凳，唐僧们吃了饭。"清《红楼梦》四〇回："趁着近路到了秋爽斋，就在晓翠堂上～开桌案。"　❸掉转；换过方向。元明《水浒传》一六回："杨志～过朴刀柄便打。"清李渔《无声戏》一〇回："何况得了这个似温不严的旨意，那里还肯认做假话，～过头去竟走。"　❹耍弄；炫耀。《元曲选·窦娥冤》二折："说一会不明白打风的机关，使了些～虚嚣捣鬼的见识。"元明《水浒传》二一回："你这精贼，也瞒老娘，正是鲁班手里～大斧！"　❺扮演；表演。元乔吉《玉交枝》："穿袖衫～傀儡，搭套项推沉磨。"《元曲选·隔江斗智》二折："我做将军惯守垒，又～百戏又调鬼。"明《金瓶梅词话》八八回："直教老爷门前叫了扮百戏货郎儿～与他观看，还不喜欢。"

【调把】 diào bǎ　犹"调白（diào bái）"。明陈铎《醉太平·咏调把》："好的儿看了，不好的藏着，惺惺伶俐不成交，等愚民乡老。粗毡帽抵了绒毡帽，假材料顶了真材料，烂丝绦换了好丝绦，人里一跑。"

【调白】 diào bái　另见 tiáo bái。犹"掉包"。元刘庭信《折桂令·忆别》："出的门珊歪捏怪，入的门谎说～。"《元典章·刑部十九》："其局之名，七十有二，略举如太学包、美人局、～之类是也。"

【调包】 diào bāo　同"掉包"。明单本《蕉帕记》二〇出："再不许傅粉弄蹊跷，拜斗逞妖娆，花月场来撮俏，燕莺群去～。"清李渔《无声戏》一回："那晓得又被人调了包，出轿之时，新人反不十分惊慌，倒把新郎吓得魂不附体。"

【调唇弄舌】 diào chún nòng shé　❶耍嘴皮子；斗嘴。明《金瓶梅词话》五四回："两个妓女又不是耐静的，只管～，一句来一句去歪厮缠。"清《十二楼·鹤归楼》四回："绕翠听了这些话，全然不解，还说他以罪为功，～，不过要掩饰前非。"　❷挑拨。明《醒世恒言》卷三〇："况在私衙中，料无外人往来，恣意～。"清佚名《痴人福》六回："吴氏那个妖精，往常没有是非，他还要生出话来，在老爷面前～。"

【调度】 diào dù　谋划；措置。明《英烈传》二九回："方今苍生无主，贼子猖狂，金陵危在旦夕，正赖先生出奇～。"或用作名词。清《绿野仙踪》二三回："你连这门个～都没有，怪不得憨头憨脑，六七百家输银子。"

【调儿】 diào er　样子。清《醒世姻缘传》八一回："要是狄爷这个～，俺也不敢取扰，既是童奶奶分付，扰三钟。"《红楼梦》二三

回："一般唬的这个～，还只管胡说。"

【调鬼】 diào guǐ 胡闹；捣鬼。《元曲选外编·降桑椹》一折："两个油嘴胡说，到底吃的醉了，一齐～。"又《隔江斗智》二折："我做将军惯对垒，又调百戏又～。"清《红楼梦》一六回："我说你姨妈只道你二爷来了，忽喇八的反打发个房里人来了，原来你这蹄子～。"

【调喉】 diào hóu 耍贫嘴；夸口。《元曲选·气英布》四折："〔随何云〕那项王虽则英勇，怎当的腹背受敌，这一遭战，臣敢立的包状，只有胜，无有败。〔樊哙云〕你又来～了。"明《二刻拍案惊奇》卷二："有的说是，这小伙子～。无过是他天性近这一家，又且耽在里头，所以转造转高，极穷了秘妙，却又撰出见神见鬼的天话，哄着愚人。"清《隋唐演义》三三回："却值陶京儿得释放后，在外边～道：'我是老爷最亲信的人。'"按，明程万里《六院汇选江湖方语》："调吼，叫人唱曲。""调吼"就是"调喉"，以上盖引申之义。

【调喉舌】 diào hóu shé 犹"调喉"。《元曲选·赵礼让肥》二折："嗏声，我跟前～！"

【调喉嗓】 diào hóu sǎng 犹"调喉"。明《二刻拍案惊奇》卷六："其妻大怒，赶着骂道：'我与你决绝过了，便同路人，要你管我怎的，来调甚么喉嗓！'"

【调谎】 diào huǎng 说谎。元刘庭信《端正好·金钱问卜》："便做道是李淳风不顺情，那一个袁天罡肯～？"《元曲选·誶范叔》一折："调大谎往上趖，抱粗腿向前跳，倒能勾禄重官高。"明《金瓶梅词话》二一回："没羞的货，丫头根前也调个谎儿！"

【调弄】 diào nòng 另见 tiáo nòng。曲调。唐崔令钦《教坊记·曲调本事》："以其且步且歌，故谓之'踏谣'。……今则妇人为之，遂不呼郎，但云'阿叔子'～又加典库，全失旧旨。"宋佚名《张协状元》二出："适来听得一派乐声，不知谁家～？"

【调书带】 diào shū dài 即"调书担"。《元曲选·玉镜台》二折："〔旦云〕男女七岁不可同席。〔夫人笑科云〕哥哥根前～儿。"

【调书袋】 diào shū dài 即"调书担"。《元曲选·单鞭夺槊》一折："说话处～，施礼数傲吾侪，据着你斩虎英雄，不弱如那子路、澹台。"

【调书担】 diào shū dàn 讥讽人爱引古书词句，迂阔不切实际。明《西游记》七二回："天气炎热，没奈何，将就容我洗洗儿罢。那里调甚么书担儿，同席不同席！"

【调眼色】 diào yǎn sè 用眼神传情示意。《元曲选外编·西厢记》四本一折："空～，经今半载，这其间委实难推。"明《拍案惊奇》卷一八："可惜有这个烧火的家僮在旁，只好～，连风话也不便说得一句。"朱有燉《踏雪寻梅》一折："你做个秀才不知'属意'二字？我解说与你听，……常言俗语唤做～。"

【调罨子】 diào yǎn zi 耍手段玩花招。"罨子"，捕鱼或捕鸟的网。《元曲选·扬州梦》四折："谁着你～画阁兰堂，捆包儿锦阵花营。"

【调嘴】 diào zuǐ ❶ 耍贫嘴；吹牛。《元曲选·杀狗劝夫》楔子："不做营生则～，拐骗东西若流水。"明《石点头》四回："那凤奴年一十五岁，已解人事，见孙三郎花嘴花舌，说着浑话，把娘一扯，说道：'进去，进去！可恨这后生在那里～。'" ❷ 强嘴；狡辩。宋元《清平山堂话本·李翠莲》："妈妈道：'他见你一定不敢～。'"明王錂《寻亲记》三出："这厮还要～！人命大事，十恶不赦，好好快供上来！"

【调嘴弄舌】 diào zuǐ nòng shé 犹"调嘴❶"。宋元《清平山堂话本·李翠莲》："这早晚，东方将亮了，还不梳妆完，尚兀子

～！"明《金瓶梅词话》五七回："那薛姑子就有些不尴不尬，专一与那些寺里的和尚行童～，眉来眼去。"

【掉】 diào 另见 nuò。❶ 脱落；坠落。唐李白《东海有勇妇》："斩首～国门，蹴踏五藏行。"宋周邦彦《南乡子》："不道有人潜看著，从教，～下鬟心与凤翘。"清《红楼梦》一〇〇回："这里探春又气又笑又伤心，也不过自己～泪而已。" ❷ 抛开；放下。唐昌邑《绝句》："趔倒葫芦～却琴，行倒直上卧牛岑。"金马钰《金鸡叫》："孳孳为善回光照，勘破浮生，便把家缘～。"明《醒世恒言》卷二六："想他还～不下水中滋味，多分又去变鲤鱼玩耍去了。" ❸ 掷；扔。唐皮日休《偶书》："女娲～绳索，绠泥成下人。"宋元《清平山堂话本·简帖和尚》："皇甫松去衣架上取下一条条来，把妮子缚了两只手，～过屋梁去，直下打一抽，吊将妮子起去。"明《警世通言》卷三七："就身上解下一个刺绣香囊，从那窗窟子～出。" ❹ 丢；遗失。唐韩愈《元和圣德诗》："～弃兵甲，私习篝篓。"《元曲选·后庭花》二折："〔搽旦云〕你卖的那金钗呢？……〔正末回云〕我～了也。"明《二刻拍案惊奇》卷一七："此时偶然家中接小弟，就把竹箭～在撰之处，不曾取得。" ❺ 留下；留给。唐李贺《昌谷诗五月二十七日作》："柳缀长缥带，篁～短笛吹。"明《警世通言》卷三七："苗忠向那人同吃了几碗酒，吃些个早饭。苗忠～了自去。"《二刻拍案惊奇》卷二六："只是高愚溪心里时常不快，道是不曾～得甚么与侄儿，今反在他家打扰，甚为不安。" ❻ 转换（方向）；变换。唐杜甫《奉送王信州崟北归》："林热鸟开口，江浑鱼～头。"宋陆游《送王季嘉赴湖南漕司主管官》："王子～头去，长沙万里馀。"明《金瓶梅词话》二六回："潘金莲又～了雪娥口气儿，走到前边，向惠莲又是一样话说。" ❼ 玩弄；卖弄。唐柳宗元《答韦中立论师道书》："故吾每为文，未尝敢以轻心～之，惧其剽而不留也。"元明《三国演义》八六回："汝不自料，欲～三寸之舌，效郦生说齐乎？"清《野叟曝言》二八回："不许你～铁嘴，弄空头，背地里干那偷天换日的事。" ❽ 受（风寒等）侵袭。元明《水浒传》一〇回："走不过一里路，被朔风一～，随着那山涧边倒了，那里挣得起来。"明《金瓶梅词话》三三回："小产比大产还难调理，只怕～了风寒，难为你的身子。" ❾ 划；撑。通"棹"。唐郎士元《赠强山人》："或～轻舟或杖藜，寻常适意钓前溪。"明《二刻拍案惊奇》卷三六："一日，正在河中～舟，忽然看见水底一物荡漾不定。" ❿ 俏丽；美好。通"嬥"。宋秦观《品令》："～又惧(嬥)，天然个品格，于中压一。"金《古本董解元西厢记》卷一："虽为个侍婢，举止皆俏妙，那些儿鹘鸰那些儿～。"

【掉包】 diào bāo 暗中用假的换真的、用坏的换好的。清《一片情》三回："若有美少年如桂三官的人物，假充校尉，装个相儿，到临时暗地～。"李玉《意中人》一出："为不敢求亲相府，且～嫁我娇娥。"

【掉臂】 diào bì 甩手。明《警世通言》卷三七："一向不歇脚直入城来，把一担山亭儿和担一时尽都把来倾在河里，～挥拳归来。"清《醒世姻缘传》八四回："许多年来与人共了富贵安乐，到了颠沛流离的时节，中路～而去，这也就不成个须眉男子。"

【掉荡】 diào dàng 摇荡。唐元稹《代曲江老人百韵》："～云门发，蹁跹鹭羽振。"宋沈括《梦溪笔谈》卷五："若以侧垂之，其钟可以～旋转。"

【掉刀】 diào dāo 一种刀，刃的上半略宽，有长柄，柄端装有镈（金属制，呈圆锥形），可插入地中。宋孟元老《东京梦华录》卷七："各携枣䭅、炊饼、黄胖、～、名花、异果、山亭、戏具、鸭卵、鸡雏，谓之门外土仪。"元《秦并六国平话》卷上："肩担一百二十斤三尖刀，四十八环～，跨一匹赤色马出阵。"

【掉鬼】 diào guǐ 犹“捣鬼❷”。清《红楼梦》九六回：“这里是什么地方儿，你敢来～！”

【掉谎】 diào huǎng 撒谎。明《二刻拍案惊奇》卷一七：“舍人小小年纪，倒会～！”清李玉《一捧雪》一二出：“汤勤亲耳听得他的话，亲眼见过他的杯，安敢在恩爷面前～？一字若虚，死于刀剑之下。”

【掉开】 diào kāi 转动；转开。宋《朱子语类》卷一：“天地之形，如人以两碗相合，贮水于内。以手常常～，则水在内不出；稍住手，则水漏矣。”又卷二四：“夫子却～答他，不教他如何地干，也不教他莫干，但言‘禄在其中’。”

【掉揽】 diào lǎn 兜揽。明《金瓶梅词话》六五回：“你又不曾～他，他上门儿来央烦你？”

【掉臁】 diào lián 离去；走开。元邓玉宾《村里迓古·仕女圆社气球双关》：“露金莲些娘大小，～强抢炮。”按，明佚名《墨娥小录》卷一四《行院声嗽》：“行，掉臁。”

【掉俏】 diào qiào 卖乖弄俏。明《二刻拍案惊奇》卷一四：“宣教虽然见了一见，并不曾说得一句～的说话，心里猬猬突突，没些意思。”

【掉闪】 diào shǎn 称皮影戏。元曾瑞《红绣鞋·风情》：“实镘的剐皮割肉，虚恩情撇闪提鮈。”按，“撇”字应为“掉”字之误。明佚名《墨娥小录》卷一四《行院声嗽》：“调影戏，掉闪。”“提鮈”指提线木偶。二者均取以为喻。

【掉舌】 diào shé 耍嘴皮；逞口才。唐罗隐《酬邱光庭》：“道般合眼拜九列，张浚～升三台。”金《董解元西厢记》卷二：“得莺莺呵便退干戈，不得呵目前生祸，不共你摇嘴～，不共你斗争斗合。”清孔尚任《桃花扇》一四出：“山河今日崩竭，白面谈兵～。”按，汉扬雄《解嘲》：“掉三寸之舌，建不拔之策。”《文选》李善注引《论语摘辅象》：“子贡曰：‘掉三寸之舌，动于四海之内。’”

【掉舍】 diào shě 抛弃。同义复词。宋《朱子语类》卷一二六：“如他几个高禅，纵说高杀，也依旧～这个不下，将去愚人。”

【掉书袋】 diào shū dài 同“调书袋”。宋马令《南唐书·彭利用传》：“利用对家人稚子，下逮奴隶，言必据书史，断章破句，以代常谈。俗谓之～。”明丘濬《忠孝记》一三出：“我是状元家的老阿妈，这些书袋岂不会掉？”

【掉文】 diào wén 爱引古书词句或说文绉绉的话。明佚名《四贤记》一一出：“〔小生、丑云〕请爷息怒。以小事大者，畏天者也。〔净笑云〕这官儿到会～。且起来作揖。”清《歧路灯》四回：“我们见了就说话，那有功夫满口～，惹人肉麻！”

【掉文袋】 diào wén dài 犹“掉书袋”。明《金瓶梅词话》五七回：“谈风月，尽道是杜工部、贺黄门乘春赏玩；～，也晓得苏玉局、黄鲁直赤壁清游。”

【掉眼】 diào yǎn 犹“调眼色”。《元曲选·梧桐叶》三折：“〔任做见正旦～科〕”

【掉罨子】 diào yǎn zi 同“调罨子”。《元曲选·金钱记》三折：“都只为～莺交凤友，到做了个脱稍儿燕侣莺俦。”

【掉嘴】 diào zuǐ ❶ 插进去跟别人一起（吃）。明《金瓶梅词话》一二回：“前边跟马的那小厮不得上来～吃，把门前供养的土地翻倒来，使促恰喇了一泡稀谷都的热屎。” ❷ 同“调嘴❶”。清《醉醒石》九回：“就是陈一，咱虽比不得待哥哥，也是名色兄弟，不拦这一拦，任他～。”

【掉嘴口】 diào zuǐ kǒu 即“调嘴❶”。明《西游记》九回：“大小水神问曰：‘大王访那卖卦的如何？’龙王道：‘有，有，有！但是一个～讨春的先生。’”

diē

【爹】 diē 奴仆称呼男主人。明高濂《玉簪记》一三出：“〔丑末〕～听我说，小的姓草头万，名事；小的姓口天吴，名成；岂敢讥诮着～。”清《醒世姻缘传》五回：“狄希陈走到秦敬宇家内客位里坐起，走出一个十一二岁的丫头来，说道：‘俺～往当铺去了。’”

【爹爹】 diē diē 即“爹”。明王錂《寻亲记》七出：“〔丑〕我也没有拿云手，我受了～厚恩，无恩可报，故此说偷天我也行，不过是奉承～。”《警世通言》卷一四：“锦儿，我和你推开门儿，叫你～。”

【跌】 diē ❶ 跺；蹬。元明《水浒传》四〇回：“宋江只把脚来～，戴宗低了头，只叹气。”明《古今小说》卷二：“梁尚宾一肚气正没出处，又被老婆诉说，一脚～开房门，揪了老婆头发便打。” ❷ 蹿。明《古今小说》卷二二：“元礼魂飞魄丧，好像失心风一般，望前乱～，也不敢回头再看。”清《醒世姻缘传》五八回：“那狗死过去了半日，蹬搓蹬搓的，渐渐的还性过来，趴起一恍一～的走了。” ❸ 消减。明《金瓶梅词话》三八回：“初时着了路上走，把膘息～了许多。”清《隋唐演义》九回：“却因马膘～重了，讨五十两银子，实得三十两，就卖了。” ❹ 掷钱以赌输赢或卜吉凶。明张岱《陶庵梦忆》卷五：“随有货郎路傍摆设骨董古玩并小儿器具，博徒持小杌坐空地，……以钱掷地，谓之‘～成’。”康海《香罗带·离思》：“谁想灯花不准鹊声空，再来不把金钱～。”△清《风月梦》二回：“魏壁将六个钱在手指上摆好，望地下一～。” ❺ 甩；摔。明郎瑛《七修类稿》卷四：“予尝亲见鹤初见蛇，口急衔尾～于地者数十次，待其将死，啄而吞之。”刘元卿《贤弈编》卷三：“昔颜延年嬖其妾且畏之，妾一日扑～延年几毙。妾死，延年反哭之恸。”

【跌打】 diē dǎ 摔跤打斗。《元曲选外编·独角牛》三折：“我在这露台上～相搏，争交赌筹，二年无对手了。”明张岱《陶庵梦忆》卷六：“余蕴叔演武场搭一大台，选徽州旌阳戏子剽轻精悍、能相扑～者三四十人，搬演目莲，凡三日三夜。”清《镜花缘》二九回：“向来祖上传有济世良方，凡～损伤，立时起死回生。”

【跌宕】 diē dàng ❶ 音调抑扬顿挫。宋苏辙《和子瞻题风水洞》：“乐奏洞庭真～，歌传帝所亦清便。”清施闰章《毛子传》：“小词杂曲，亦复纵横～。按节而歌，使人凄悦。” ❷ 文笔豪放而富于变化。唐皎然《讲古文联句》：“景纯～，游仙独步。”明王鏊《书皮日休集后》：“予观袭美与鲁望倡和，～怪伟，真所谓两雄力相当者。”

【跌荡】 diē dàng ❶ 同“跌宕❶”。宋苏籀《二松赋》：“若洞庭之乐，钧天之奏，均节～，他乐莫同。”刘爚《赠萧长夫序》：“雍雍乎其薰风之和，愔愔乎其采兰之幽。～而不流，凄恻而不怨。” ❷ 同“跌宕❷”。明王世贞《艺苑卮言》卷三：“枚生《七发》，其原玉之变乎？措意垂竭，忽发端潮，遂成滑稽。且辞气～，怪丽不恒。” ❸ 卓越不群。明沈鍊《贺陈夫人四十寿篇》：“君才～，横视一世。”

【跌倒】 diē dǎo 摔倒；躺下。《元典章·刑部十六》：“伊夫与王买驴相扯～，被竹根磕着阴囊身死。”明《西洋记》五二回：“祷告已毕，把块大石板撑了庙门，～个身子，就睡在庙里。”清袁枚《子不语》卷二三：“忽然大震一声，人人～，船遂不动。”

【跌卦】 diē guà 以掷钱的方式占卜。明《拍案惊奇》卷二九：“幼谦将金钱系在着肉的汗衫带子上，想着惜惜时节，便解下来～问卜。”

【跌脚】 diē jiǎo ❶ 跺脚。《元曲选·黄粱梦》二折:"听说罢搵耳揉腮,我这里伤心空～,低首自惭朒。"明杨爵《鬻子行》:"母解怀抱将儿出,儿将两手抱母衣。～投地气欲绝,竟将母子强分离。" ❷ 屈膝。明《金瓶梅词话》一三回:"这西门庆不听便罢,听了此言,慌的妆矮子,只～跪在地下。"

【跌磕】 diē kē ❶ 碰撞。明王肯堂《证治准绳》卷一〇八:"凡鼻两孔伤凹者可治,血出无妨。鼻梁打扑～凹陷者,用补肉膏敷贴。"《大清会典则例》卷二六:"凡检尸官员听信仵作,有伤报称无伤,或将打砍伤痕报称～伤者,降二级调用。" ❷ 比喻挫折。明《西湖二集》卷一五:"世上眼界小之人,……只道这富贵是长生不老香火,不知一朝～,那富贵还是个虚体面。"清张次仲《周易玩辞困学记》卷一二:"凡人临事有如御车,岂能步步康庄,自有许多～蹭蹬。"

【跌落】 diē luò ❶ 由高处摔下。宋真德秀《西山读书记》卷三一:"思量这道理,如过危木桥子,相去只在毫发之间,才失脚便～下去。"明戚继光《练兵实纪》卷八:"此时贼被～,身方未转,就用大棍劈头打下,无有不死者。" ❷ 古代舆地家谓地脉走向由高到低。唐宋间佚名《葬书》:"平支之龙,大山～平洋,四畔旷阔,其为城郭,不或高,逾数尺而已。"清《儒林外史》四五回:"龙身～过峡,又是一个墩,一个炮。" ❸ 喻(家业)衰败。明《金瓶梅词话》三三回:"(韩道国)乃是破落户韩光头的儿子,如今～下来。"清《醒世姻缘传》二六回:"你要清早一了,那平日极至的至亲,极相厚的朋友,就是平日极受过你恩惠的,到了饭后,就不与你往来;到了日中,就不与你说话。"

【跌扑】 diē pū ❶ 摔倒。宋杨士瀛《仁斋直指》卷三:"左经圆治诸风瘫痪拘挛强直疼痛,或～伤损亦主之。"明李时珍《本草纲目》卷七:"香炉灰:主治～金刃伤损,罨之止血生肌。" ❷ 摔跤相扑,古代武艺之一。元明《水浒传》七四回:"骁勇燕青不可扳,当场～有机关。"清《野叟曝言》二二回:"又李问道:'你们家传卖解,光是～打交、跑马走索这些本事,还有别的武艺没有?'" ❸ 比喻挫折。明《拍案惊奇》卷二九:"～不多时,转眼就高官大禄,仍旧贵显。"《挂枝儿·戏球》:"一生有～之灾,自有好人扶持。"

【跌钱】 diē qián 即"跌❹"。明《石点头》八回:"摸着了爱陶藏下的钱财,背着他眼,不论家人小厮,乞丐花子,随地～,掷骰扯牌,件件皆来。"清《平定台湾纪略》卷六一:"每人各带钱数百文,即于街市环坐聚赌。骰牌～之外,更有仅用席片上画十字,即可群聚压宝。"

【跌躞躞】 diē xiè xiè 颤动貌。《元曲选·燕青博鱼》二折:"那厮热拖拖的才出气,那厮～的恰还魂。"

【跌窨】 diē yìn 顿脚忍气,引申为埋怨、愁闷等义。元王实甫《西厢记》三本四折:"怒时节把一个书生来～,欢时节将一个侍妾来逼临。"《元曲选外编·西游记》四本一四出:"你可也和谁宴饮,著我独怀～。"

【跌足】 diē zú ❶ 顿脚;跺脚。《元曲选·杀狗劝夫》二折:"我衷肠,除告天,奈天高,又不知,只落得捶胸～空流泪。"明《醒世恒言》卷七:"尤辰一道:'前日女婿上门,他举家都看不勾。'"清袁枚《子不语》卷七:"妇人～叹曰:'此亦无济,徒多痛苦耳。'" ❷ 失足跌倒。宋陈言《三因极一病症方论》卷一〇:"然安车良马,时有～奔轮;步砌临流,未免虚舟飘瓦。"《宋史·宋德之传》:"会曦变,托～以避伪事,平始赴阙。" ❸ 喻受挫折。明刘宗周《刘子遗书·学言》:"只做向上人,只向向上路。只此一路,更无旁蹊曲径可托,才一～,堕落千仞。"《明儒学案》卷六二:"如财色

两关,是学人最峻绝处,于此～,更无进步可言。"

dié

【迭】 dié ❶ 聚;集中。唐陆贽《兴元论续从贼中赴行在官等状》:"今贼泚未平,怀光继叛。都邑城阙,猃狁～居,关辅郊畿,豺狼杂处。"宋周密《癸辛杂识续集》卷下:"然狸性至灵,每于穴中～土作台以处。" ❷ 及;达到。宋《朱子语类》卷六五:"自太极生两仪,只管画去,到得后来,更画不～。"元《三国志平话》卷上:"度徒弟约～五百余人。"明王守仁《传习录》卷中:"若加戒惧克治之功焉,又为思善之事,而于'本来面目',人未～一问也。如之何则可?" ❸ 通"叠❶"。明《醒世恒言》卷二七:"棺木小了,也不另换,哄了我们转身,不知怎地胡乱～入里面。" ❹ 助词,表语气和结构关系。《元曲选·争报恩》二折:"只索便一刀两断,倒大来～快。"《元曲选外编·拜月亭》三折:"我又不风欠,不痴呆,要则甚～。"

【迭办】 dié bàn 筹措;置办。《元典章·圣政二》:"其三限宽期展日,务要民户纾缓,容易～,不可促逼令人难。"沙克什《河防通议》卷上:"至有干济或难～须合时暂差夫役者,州府提控官与都水监及巡河官同为计度,移下司县以近远量数差遣。"《元曲选·金线池》一折:"则俺这不义之门,那有买卖营运?无贷本,全凭着五个字～金银,不过是恶劣乖毒狠。"

【迭暴】 dié bào 同"叠暴"。清《醒世姻缘传》四一回:"倒不脓包哩!～着两个眼,黑煞神似的,好不凶恶哩!"

【迭变】 dié biàn 交替变化。唐刘禹锡《吏隐亭述》:"澄明峭绝,藿靡葱蒨。炎景有宜,昏旦～。"五代徐铉《策秀才问四首》之一:"自三五以还,文质～,百王之法,六籍焕然。"明史鉴《沈希明墓志铭》:"且世运无穷,造化～。"

【迭不的】 dié bù de 来不及。《元曲选外编·三夺槊》二折:"我起这病身躯出户争相邀,你知我～相迎,不沙贼丑生你也合早些儿通报。"

【迭不得】 dié bù de 同"迭不的"。元古本《老乞大》:"主人家～时,咱们伙伴里头教一个自炒肉。"《元曲选外编·三夺槊》二折:"教我忍不住微微的笑,我～把你慢慢的教。"

【迭迭薄薄】 dié dié báo báo 即"叠暴"。元《秦并六国平话》卷下:"窝窝突突眉,～眼。"

【迭更】 dié gēng 交替。宋韩琦《边镇节度使加同平章事制》:"中外～,恪勤罔懈。"明童轩《感寓》:"四序～谢,日夕无停机。"清宋荦《酌议催科处分疏》:"不特各员黾勉思奋,催科益力,且免正署～,钱粮愈致混淆,实有裨于催征之法。"

【迭互】 dié hù 交替;相互。《法苑珠林》卷四二:"尔时商人咸共恻怆,举声啼哭,各吐热气,共相慰喻,～安心,诣罗刹城。"《宋高僧传》卷五《唐中岳嵩阳寺一行传》:"媪戟手曼骂曰:'我居邻周给,～绷褓间,抱乳汝长成,何忘此惠耶!'"明倪元璐《诰封恭人宋母左氏墓志铭》:"而宗玉兄弟先后成进士,俱试为令,～舆奉恭人。"

【迭配】 dié pèi ❶ 相配。唐元稹《旱灾自咎贻七县宰》:"官分市井户,～水陆珍。"《宋史·礼志二》:"自国初以来,南郊四祭及感生帝皇地祇神州凡七祭,并以四祖～。" ❷ 把罪犯押到指定地点充军服役。《元曲选·杀狗劝夫》二折:"似这雪呵,郑孔目怎生～?晋孙康难点检书集。元明《水浒传》二六回:"脸上免不得刺了两行金印,～孟州牢城。"

【迭日】 dié rì　同"叠日"。《太平广记》卷三三一引《广异记》："薛矜者,开元中为长安尉,主知宫市,～于东西二市。"

【迭声】 dié shēng　连声。元明《水浒传》九六回："一往一来,摔风般在空中相斗,两军～喝采。"又一〇九回:"两阵～呐喊,战鼓齐鸣。"

【迭头】 dié tóu　接连不断。元明《水浒传》五七回:"只见官军～呐喊。"又七四回:"则见庙里的看官,如搅海翻江相似,～价喝采。"

【迭屑屑】 dié xiè xiè　同"跌蹀蹀"。《元曲选·魔合罗》二折:"～魂飞胆落,扑速速肉颤身摇。"

【迭窨】 dié yìn　同"跌窨"。明刘效祖《玉芙蓉》:"相思病渐深,坐卧如～。"

【迭奏】 dié zòu　齐奏。唐李白《天长节使鄂州刺史韦公德政碑》:"笙竽和箫之音,象星辰而～;吴楚巴渝之曲,各土风而备陈。"宋王珪《集英殿秋燕教坊乐语·勾小儿队》:"箫韶～,自通天地之和;日月同华,方协君臣之乐。"明《醒世恒言》卷二九:"小臾在堂中宫商～,丝竹并呈。"

【叠】 dié　❶折叠;堆叠。唐王建《宫词》之八:"内人对御～花笺,绣坐移来玉案边。"温庭筠《京兆公池上作》:"稻香山色～,平野接荒陂。"明《醒世恒言》卷三一:"轻～为云之发,风消雪白之肌。"　❷整理;收拾。元明《水浒传》二二回:"随即取了各人口词,就替阎婆写了状子,～了一宗案。"明《醒世恒言》卷三六:"将平日所积囊资并留下的些小东西,～成一个大包。"　❸碟,盛食物的小盘。唐张𬸣《游仙窟》:"鹅子鸭卵,照耀于银盘;麟脯豹胎,纷纶于玉～。"　❹量词。计算乐曲重奏或文辞反复遍数的单位。唐段安节《乐府杂录·笛》:"数～之后,笛遂中裂。"宋李清照《蝶恋花》:"泪湿罗衣脂粉满,四～《阳关》,唱到千千遍。"

【叠暴】 dié bào　鼓,凸。元明《水浒传》六七回:"狰狞鬼脸如锅底,双睛～露狼唇。"清《红楼梦》三二回:"筋都～起来,急的一脸汗。"

【叠连】 dié lián　接连。明《隋史遗文》一六回:"一次下来,因循个把月日,～骗他几次,只管迁延过去。"清《红楼梦》八八回:"那巧姐儿回头把贾芸一瞧,又哭起来,～几次。"

【叠联】 dié lián　接连。明《二刻拍案惊奇》卷五:"将近东华门,看见轿子四五乘～而来。"

【叠骑】 dié qí　两人身贴身地共骑一匹牲口。明《金瓶梅词话》六一回:"西门庆于是就使玳安同王经两个～着头口,往门外请赵太医去了。"张昱《塞上谣》之二:"玉貌当垆坐酒坊,黄金饮器索人尝。蛮奴～唱歌去,不管柳花飞过墙。"清《水浒后传》二一回:"呼延钰道:'五花骢看来驯良。'让与吕小姐、王婆～了。"

【叠日】 dié rì　累日;每天。唐方干《寄台州孙从事百篇》:"相思莫讶音书晚,鸟去犹须～还。"按,叠,一作"累"。张蠙《过黄牛峡》:"黄牛来势泻巴川,～孤舟逐峡前。"

【叠见】 dié xiàn　累累出现。宋韩维《阳翟祭晏元献公文》:"公之道德与言与事,～歌颂,没而不废。"明范景文《黄太仆传》:"先是逆奄妖牝,表里煽虐,灾异～。"

【叠映】 dié yìng　相摩而遮挡。唐李匡乂《资暇集》卷中:"钱戏有每以四文为一列者,即史传所云叠钱是也。俗谓之摊钱,亦曰摊铺其钱,不使～欺惑也。"明《徐霞客游记》卷七上:"旁门有屏,斜障屏间,裂窍四五,若窗楞户牖,交透～。土人因号之曰七窍通天。"

【叠子】 dié zi　碟子。唐段成式《酉阳杂俎》前集卷一:"安禄山恩宠无比,锡赍无数。其所赐品有……金平脱犀头匙箸、金银平脱隔馄饨盘、平脱着足～。"《祖堂集》卷三《慧忠国师》:"师拈起金花～向帝曰:'唤作什摩?'帝曰:'金花～。'"

【瑳瑲】 dié xiè　同"蹀躞❶"。《元曲选·对玉梳》三折:"对鸾台画娥眉月一弯,铺蝉鬓插犀梳云半吐,玉玎珰金～珠瑑簌。"

【蹀躞】 dié xiè　❶佩戴上的饰物。宋祝穆《古今事文类聚·京师旧俗》:"诸国使人、大辽大使顶金冠,后檐尖长如大莲叶,服窄紫袍金～。"明杨慎《晏寝漫兴》:"少年爱睡苦不足,鸡鸣催入承明宫。～金珂响斜月,丁当玉佩摇回风。"　❷妇女的一种头饰。元徐琰《蟾宫曲·青楼十咏》之三:"旋摘花枝,轻除～,慢解香囊。"　❸马鞍上的饰物。《元曲选外编·三战吕布》一折:"跨下雕鞍金～,匣中宝剑玉连环。"　❹颤动貌。元曾瑞《骂玉郎过感皇恩采茶歌·惜花春起早》:"花枝～,花影重叠。"明朱权《卓文君》二折:"我则见绣屏开花枝～,绮窗闲花影重叠。"　❺马小驰貌。唐柳宗元《同刘二十八院长述旧言怀感怀书事赠二君子》:"～骖先驾,笼铜鼓报衙。"《元曲选·梧桐叶》三折:"忙传报,～马蹄遥。"

【蹀躞不下】 dié xiè bù xià　心里不安;放心不下。宋元《清平山堂话本·刎颈鸳鸯会》:"这女儿……自思量道:'皆由我之过,送了他青春一命。'日逐～。"明《古今小说》卷二六:"当时恰有两个同与李吉到海宁郡来做买卖的客人,～。"

dīng

【丁】 dīng　❶"钉"的古字,钉子。唐徐凝《莫愁曲》:"若为教作辽西梦,月冷如～风似刀。"清《醒世姻缘传》九五回:"咱两个也算得起～对～、铁对铁的。"　❷(昆虫等)停在某处;蜇刺。明《西游记》五九回:"行者还作个蟭蟟虫,先飞出来,～在芭蕉扇上。"《警世通言》卷四〇:"在上的变成无数的黄蜂,扑头扑脑乱～。"　❸伤害。清《绿野仙踪》五二回:"如玉是个久走情行的人,不好意思～了他的脸,只得也吮唾几下。"又:"他若开口,可量为给付,不～他的脸面。"　❹一直缠住。清《醒世姻缘传》八五回:"你嗔他许的银子多了,他没说那人也没～住你要八十两?"

【丁八】 dīng bā　意见不合;感情破裂。明《金瓶梅词话》三二回:"因把猫儿的虎口内烧了两醭,和他～着一向了,这日只散走哩。"又六八回:"可不砢硶杀我罢了,只好樊家百家奴儿接他,一向董金儿也与他～了。"

【丁点】 dīng diǎn　形容极小极少。清蒲松龄《快曲》:"瓮中捉了老痴鳖,临行不用刀和枪,～力气全没费,马上提来头一双。"

【丁对】 dīng duì　相敌;相当。明陈铎《塞鸿秋·架户》:"一砖与一石,本利皆～,比量盖造差十倍。"

【丁祭】 dīng jì　祭名,指每年农历二、八月第一个丁日祭祀孔子。宋危和《儒学二贤祠堂记》:"于～明日,则帅其僚属与诸生陈三献之礼。"清《醒世姻缘传》二五回:"正在苦楚,恰是八月～。"《儒林外史》二回:"～肉若是不吃,圣人就要计较:大则降灾,小则害病。"

【丁甲】 dīng jiǎ　六丁六甲,道教神将名。明黄道周《榕坛问业》卷六:"汴京之乱,郭京、刘孝竭等皆取～炼为神兵,以是覆亡者不可胜数。"清《醒世姻缘传》二九回:"～神将,用心查看,但有真君的堤堰及真君亲过的人家,都要仔细防护。"

【丁口】 dīng kǒu　人口。古时成年男子称丁,未成年男子及妇女称口。唐白居易《赠友五首》之三:"吾闻国之初,有制垂不

刊。庸必算～,租必计桑田。"宋《三朝北盟会编》卷二二:"平州都统指挥属县刷拣～充军。"清朱彝尊《尚书杜公疆理记》:"给还民地二万八千一百九十二顷,复业～三万一千三百。"

【丁宁】　dīng níng　❶嘱咐。唐张九龄《救岁初处分》:"且五常循行,岂须深识;六亲和睦,何待～? 自宜勉之,以副所望。"元吴澄《滕国李武愍公家传后序》:"故南行将相,必～戒敕。其能钦承上意者固有,而亦岂人人如曹彬乎?"❷指言辞情意恳切周到。《敦煌变文校注》卷五《长兴四年中兴殿应圣节讲经文》:"调御垂慈虽恳切,君王求法更～。"唐杜甫《绝句漫兴九首》之一:"即遣花飞深造次,便觉莺语太～。"宋苏轼《次韵子由送家退翁知怀安军》:"永怀旧山叟,凭君寄～。"❸分明;仔细。敦煌词《太子入山修道赞》:"宫中唤太子声,甚～:我是四天王,故来远自迎。"宋柳永《夜半乐》:"到此因念:绣阁轻抛,浪萍难驻。叹后约,～竟何据。"《元曲选外编·西厢记》五本一折:"涕泪交流,怨慕难收,对学士～说缘由,是必休忘旧。"

【丁香】　dīng xiāng　❶常绿乔木,一名鸡舌香。唐柳宗元《礼部贺甘露表》:"况树有～之珍,殿即延和之号。"❷喻指女子的舌头。五代李煜《一斛珠》:"向人微露～颗,一曲清歌,暂引樱桃破。"宋秦观《河传》:"～笑吐娇无限,语软声低、道我何曾惯。"明《古今小说》卷四:"用双手搂定郎腰,吐出～,送郎口中。"❸状如丁香花的耳饰。明《金瓶梅词话》七四回:"耳边带着两个金～儿,手上带着李瓶儿与他四个乌金戒指儿。"清《醒世姻缘传》一五回:"又与四两重一付手镯,四个金戒指,一付金～。"

【丁一卯二】　dīng yī mǎo èr　犹"丁一确二"。《元曲选·儿女团圆》四折:"他又不曾道节外生枝,也不索～。"明《二刻拍案惊奇》卷三六:"相公说得～的,道有姓王的施主舍在寺中,以后来取。"

【丁一确二】　dīng yī què èr　确确实实;不含糊马虎。宋《朱子语类》卷六九:"修辞便是立诚,如今人持择言语,～,一字是一字,一句是一句,便是立诚。若还脱空乱语,诚如何立?"元刘时中《一枝花·罗帕传情》:"封裹的～,和包袱锁入箱子。"明《二刻拍案惊奇》卷二五:"知县见他～说着,有些信将起来。"

【丁字】　dīng zì　三角形一般地。"丁"字上面一横的两端和下面一竖的落点形成三角,故云。唐陆畅《坐障》:"白玉为竿～成,黄金绣带短长轻。"《元曲选·岳阳楼》二折:"你则依着我～不圆,八字不正,深深的打个稽首。"元明《水浒传》一〇二回:"那市东人家稀少处,～列着三株大柏树。"

【丁子】　dīng zi　钉子。唐顾况《露青竹杖歌》:"浮沤～珠联联,灰煮蜡揩光烂然。"宋佚名《传信适用方》卷下:"两足心凸如肿,上面生黑色豆疮,硬似～钉了,履地不得。"

【叮当】　dīng dāng　❶小铜锣之类,和尚做佛事的用具或小孩玩具。清《儒林外史》四回:"吃了开经面,打动铙、钹、～,念了一卷经。"又一六回:"担子里面的东西又零碎,芝麻糖、豆腐干、腐皮、泥人、小孩吹的箫、打的～,……挝着这一件,掉了那一件。"❷撞碎。明《金瓶梅词话》五八回:"如何恁拿出来,一时～了我这镜子怎了?"

【叮咛】　dīng níng　❶同"丁宁❶"。唐寒山《报汝修道者》:"～善保护,勿令有点痕。"宋王莘《九月一日面对札子一》:"诏令～,非不切至,然终不能革者,其弊在监司守令不得人耳。"清《说唐》二一回:"二人开怀畅饮,直吃到月上,咬金辞别要行,俊达～不可失信。"❷同"丁宁❷"。唐鲍溶《范传真侍御累有寄因奉酬十首》之四:"闻道中山酒,一杯千日醒。黄莺似传语,劝酒太～。"宋陈师道《戏寇君二首》之二:"莫望唤人看娉婷,只凭幽梦寄

～。"《元曲选外编·周公摄政》一折:"臣虽无能,辅朝廷,寄命～,密旨亲听。"❸同"丁宁❸"。《元曲选·㑇梅香》四折:"我这里～的问你:你家住那里? 姓甚名谁? 你可也做财主做经商? 为黎庶为官吏?"明《金瓶梅词话》九一回:"你休怪我～盘问,你这媒人们说谎的极多。"

【玎珰七事】　dīng dāng qī shì　佩系在腰间的饰物。明《金瓶梅词话》九一回:"玉楼戴着金梁冠儿,插着满头珠翠胡珠子,身穿大红通袖袍儿,系金镶玛瑙带～。"按,明顾起元《客座赘语》:"以金珠玉杂治为百物形,上有山云题若花题,下长索贯诸物者,系而垂之。或在胸曰'坠领',或系于裙之要曰'七事'。"

【钉】　dīng　❶同"丁❷"。宋王炎《请宗一住龙牙疏》:"虚空一片云,不可～着华表;千年鹤自合归来,莫使龙牙久虚。"《元曲选·酷寒亭》二折:"他待要来也随,去也随,恰便似蚂蝗～了鹭鸶飞,寸步不教离。"明《西游记》三四回:"行者就～在那门枢上,侧耳听着。"❷紧随不舍;看住。元明《水浒传》二一回:"我吃这婆子～住了,脱身不得。"按,明沈榜《宛署杂记》卷一七:"追随曰钉着他。"❸盯,注视。明《封神演义》九三回:"眼中射出两道白光,将白猿～住身形。"清《红楼梦》二四回:"下死眼把贾芸～了两眼。"

【钉对】　dīng duì　同"丁对"。明《醋葫芦》九回:"依你这等说来,真要和我～到底,难道你还恨气不消?"

【钉铰】　dīng jiǎo　修补锅碗、磨洗镜瓶之类的活计。唐范摅《云溪友议》卷下:"里有胡生者,性落拓,家贫,少为洗镜、铰钉之业,……远近号为胡～。"宋张君房《天师剑愈疾验斋》:"一旦,有人挈布囊入云锦山仙居观,周行廊庑之下,瞻礼功德,云解磨镜、～。"明王世贞《幼于欲渡钱塘取山阴道抵四明观日出》:"有足却依兀者坐,得句总让～工。"

【钉校】　dīng jiào　❶同"钉铰"。宋赵与时《宾退录》卷一:"刘汴功……六岁误触瓷碎,家人更谯之,神色自若,曰:'俟～者来,当全之。'"《金史·梁肃传》:"尚辇局本把石抹阿里哥与～匠陈外儿共盗宫中造车银钉叶,肃以阿里哥监临,当首坐。"❷镶嵌。宋王珪《宫词》之八:"撮角茶床金～,暗花香印锦纹头。"周密《癸辛杂识别集》卷下:"德寿宫有桥,乃中秋赏月之所。桥用吴璘所进阶石砌之,莹彻如玉,以金～。"

【钉筋】　dīng jīn　俗称言事必中者。五代孙光宪《北梦琐言》逸文卷一:"唐彭、濮间,有相者彭克明,号'彭～',言事多验。人以其必中,是有～之名。"

【钉鞋】　dīng xié　一种鞋帮用桐油涂过、木底上装钉的防滑雨鞋。宋佚名《青玉案·咏举子赴省》:"～踏破祥符路,似白鹭,纷纷去。"清《儒林外史》一〇回:"那厨役雇的是乡下小使,他跌了一双～,捧着六碗粉汤,站在丹墀里尖着眼睛看戏。"

【钉靴】　dīng xuē　犹"钉鞋"。《元曲选·救风尘》三折:"～雨伞为活计,偷寒送暖作营生。"明《警世通言》卷二八:"只见姐夫家当直王安,拿着一雨伞来接不着,却好归来。"

【钉嘴铁舌】　dīng zuǐ tiě shé　形容嘴硬强辩。《五灯会元》卷一六《长芦应夫禅师》:"这个为甚么拥不聚、拨不散,……是个甚么? 众中莫有～底衲僧,试为山僧定当看。"明《金瓶梅词话》三〇回:"原来你家没大了,说着你,还～儿的!"

【耵聍】　dīng níng　耳内分泌物的积垢,俗称"耳屎"。唐韩愈《山南郑相公樊员外酬答》:"如新去～,雷霆逼飓风。"

dǐng

【顶】　dǐng　❶以头承托。唐封演《封氏闻见记》卷六:"或以

画竿接胫,高五六尺;或蹋高蹻,～至三四重。"宋王辟之《渑水燕谈录》卷九:"寺有五百罗汉,择一貌类己,衣其衣,～其笠,策其杖,入县削发。"《元曲选·燕青博鱼》一折:"哥哥,俺是甚等样人家,着他辱门败户,～着屎头巾走!" ❷ 支撑;抵拒。元明《水浒传》二五回:"那婆子见了是武大来,急待要拦,当时却被这小猴子死命～住,那里肯放。"明《金瓶梅词话》一二回:"被西门庆兜脸一个耳刮子,把妇人打了一交。分付春梅把前后角门～了,不放一个人进来。" ❸ 冲;撞。宋刘辰翁《露顶洒松风》:"野处阒过逢,投巾仰露空。萧萧松下老,洒洒～门风。"明《金瓶梅词话》二二回:"金莲只猜玉箫和西门庆在此私狎,便～进去。"《醒世恒言》卷三四:"众人只～向前,那知下面有物。" ❹ 接着;紧跟。清《醒世姻缘传》二八回:"也借了人家一匹瘦马骑了,～了媳妇的轿子起身。"《豆棚闲话》六则:"只好一个～一个,犹如屋角头的臭老鼠,扯长一串。" ❺ 顶替;置换。元《文献通考》卷一六○:"又统制官占马至四十五匹,名料马。岂特占请马料,每二匹必一卒以～其名而盗取其钱以入己者。"明《醒世恒言》卷一:"前任马公,是～那石大尹的缺。马公升任去后,锺离义又是～马公的缺。"《金瓶梅词话》七七回:"原来潘金莲自从当家管理银钱,另～了一把新等子。" ❻ 转让或取得店铺房屋的经营权或租赁权。明《醒世恒言》卷二○:"不想左间壁一个大布店,情愿连店连房出脱与人,……张权贪他现成,忍贵～了这店,开张起来。"《型世言》三七回:"(吕达)就将店～与人,收拾了些盘缠,就起身到镇安县来。" ❼ 量词。计量帐、轿之类有顶的或帽巾等戴在头顶上的东西。唐[日]圆仁《入唐求法巡礼行记》卷四:"李侍御送路物(不)少:吴绫十匹、檀香木一、檀龛像两种、和香一瓷瓶、银五股、拨折罗一、毡帽两～……"元明《水浒传》二一回:"两边都是栏干,上挂着一～红罗幔帐。"明《警世通言》卷二四:"正见四个人,抬着一～空轿。" ❽ 副词。最。宋《朱子语类》卷二:"星图甚多,只是难得似。圆图说得～好,天弯,纸却平。"△清《轰天雷》六回:"那个姓熊的～不是个东西! 他目无公子,总要把他除了,那就好了。"

【顶脖揪】 dǐng bó jiū 犹"顶搭"。清《醒世姻缘传》五七回:"多大的孩子,看提吊了他的～!"又:"那老头儿提留着那孩子的～了的。"

【顶触】 dǐng chù 顶撞。清《皇朝文献通考》卷二○八:"而该地保既已承催不力,又复出言～,已有应得之罪。"《歧路灯》六二回:"我后悔没有～他。这一遭若再胡谈驳人,我就万万不依他。"

【顶搭】 dǐng dā 小孩头顶上留的成撮头发,可束成髻或扎成小辫。明《西游记》三一回:"正戏处,被行者赶上前,也不管他是张家李家的,一把抓着～了,提将过来。"清《醒世姻缘传》五七回:"晁思才狠狠的在脊梁上几个巴掌,提留着～飞跑。"

【顶戴】 dǐng dài ❶ 顶礼感恩。唐封演《封氏闻见记》卷三:"(张缙)时初落第,两手捧《登科记》之曰:'此千佛名经也!'"宋程俱《宋故焦山长老普证大师塔铭》:"薪尽火灭,得五色舍利不胜数,骨色珂雪。僧俗争称～供养。"清《醒世姻缘传》七九回:"不惟小珍珠感激,狄希陈也甚是～。" ❷ 承受;继承。明《拍案惊奇》卷二○:"假如那王孙公子依傍着祖宗势耀,～着先人积攒下的钱财,不知稼穑。"

【顶杠】 dǐng gāng 同"顶缸"。明沈采《千金记》一一出:"他拿了布去,怎么到扯住了我? 我是～的?"清《绿野仙踪》四六回:"这是那蝎子预知二十五日午时露他,将你教来替他。"

【顶缸】 dǐng gāng 顶替。《元明事类钞》卷三九引《云涛小

说》:"金陵人乃作语曰:'猪婆龙作殃,癫头鼋～。'"明杨继盛《与继津年兄书》:"无事之日,受彼提制;有事之日,替彼～。"

【顶格】 dǐng gé 室内用细木条做成的顶棚,分为若干方格,可糊上纸遮挡下落的灰沙。明《型世言》五回:"却也好个房,上边～,侧边泥壁,都用绵纸糊得雪白的。"清《醒世姻缘传》一四回:"又在那屋后边盖了小小的一间厨房,糊了～,前后安了精致明窗。"

【顶瓜皮】 dǐng guā pí 头皮。明《西游记》三九回:"慌得那老祖上前扯住,一把抓住～。"《封神演义》五五回:"惧留孙赶上,一把抓住～,用捆仙索四马攒蹄捆了。"

【顶花皮】 dǐng huā pí 指动物头顶有花纹的皮毛。元明《水浒传》二三回:"武松把左手紧紧揪住～,偷出右手,提起铁锤般大小拳头,尽平生之力只顾打。"

【顶尖】 dǐng jiān 等级最高的。明《醒世恒言》卷三七:"你还去求那～大财主,我们有甚力量扶持得他起?"清《醒世姻缘传》五五回:"你说的就是那～全灶的价了。"

【顶老】 dǐng lǎo ❶ 市语指少女。明《词林争艳·鹊踏枝》:"他是个嗏～,又不曾求食串瓦,休猜做章台街路柳墙花。"按,明风月友《金陵六院市语》:"小娃子为顶老。" ❷ 指妓女。元商衟《一枝花·叹秀英》:"生把俺狭及做～,为妓路划地波波。"明《醒世恒言》卷三一:"他是两京诗酒客,烟花杖子头,唤做王倩,却是张员外说得着的～。" ❸ 指头顶,"老"为词缀。《孤本元明杂剧·僧尼共犯》一折:"混做了一家,半星儿不差,～儿一般光,刀麻儿一般大,胡厮混一迷里虚花。"

【顶老丫头】 dǐng lǎo yā tou 年轻丫头。明《金瓶梅词话》九四回:"炕上坐着个五六十岁的婆子,还有个十七八～。"

【顶礼】 dǐng lǐ 本为佛教徒的最高敬礼(行礼时跪下,两手伏在地上,用头顶着受礼人的脚),也泛指一般的敬礼和跪拜礼。《大唐三藏取经诗话》八则:"合掌～而行。"元明《水浒传》四二回:"宋江在马上以手加额,望空～,称谢神明庇佑之力。"

【顶门】 dǐng mén ❶ 头顶;脑门。《敦煌变文校注》卷二《韩擒虎话本》:"已(以)龙仙高往～上便涂。说此膏未到～一事也无,才到脑盖骨上,一似佛手捻却。"宋《五代史平话·梁上》:"唬得尚让～上丧了三魂,脚板下走了七魄。" ❷ 抵住门。明《西游记》四四回:"我家里烧火的也是他,扫地的也是他,～的也是他。"

【顶门主顾】 dǐng mén zhǔ gù 有固定关系经常来往的顾客。明《醒世恒言》卷一五:"这匠人叫做蒯三,泥水木作,件件精熟,有名的三料匠。赫家是～,故此家中大小无不认得。"

【顶上】 dǐng shàng ❶ 顶礼拜上,表敬词。明《金瓶梅词话》九五回:"到家多～你奶奶,多谢了重礼。"清《儒林外史》六回:"二奶奶～大老爹,知道大老爹来家了,热孝在身,不好过来拜见。" ❷ 特指泰山顶上碧霞元君庙。明《金瓶梅词话》八四回:"我等～烧香,被强人所赶。"

【顶上奶奶】 dǐng shàng nǎi nai 泰山碧霞元君的俗称。"顶上"指泰山顶上。传说元君为东岳大帝之女,宋真宗时封天仙玉女碧霞元君。清《醒世姻缘传》二二回:"嫂子,人也不是那世上的凡人,你不知道观音奶奶就是～托生的。"又六八回:"我待往泰安州替～烧烧香,你合我去呀?"

【顶首】 dǐng shǒu 谋取承顶官差所花的钱。元明《水浒传》九一回:"各州县虽有官兵防御,都是老弱虚冒,或一名吃两三名的兵饷,或势要人家闲着的伴当出了数十两,也买一名充当,落得关支些粮饷使用。"明俞汝楫《礼部志稿》卷一○○:"书手有犯革役,尤须革～,不但本犯惩戒,且使同伙明见其重罚,而阴被其

牵累,庶乎有警。"清《斩鬼传》四回:"是说待要做生意,又无本钱;待要做衙役,又无～。所以忍气吞声进了书房。"

【顶替】 dǐng tì 冒名替代。元赵天麟《太平金镜策》:"又伏见乙丑年间,圣旨宣谕:出征人须要正身当役,无令～雇觅。"明戚继光《练兵实纪》卷一:"某旗总某人,今当处保结得本宗下队总,并非怯懦老弱及冒名～。如虚及有逃走,甘罪,结状是实。"《大清律例》卷六:"考职贡监生,……其假冒～者,本犯照诈假官律治罪。"

【顶头】 dǐng tóu ❶ 最高处。唐白居易《山枇杷花二首》之一:"万重青嶂蜀门口,一树红花山～。"元黄庚《醉时歌》:"大呼洪崖拉浮丘,飞上昆仑山～。" ❷ 迎头;面对面、头顶头地。明《金瓶梅词话》三五回:"刚转过软壁,～就撞见自来抢在厅上坐着。"清蒲松龄《蓬莱宴》:"彩鸾按落云头,正看那山中景致,转过山头,～子撞着一个书生。" ❸ 指"顶老丫头"。明《金瓶梅词话》三一回:"桂姐道:'既留下俺每,我叫～家去回妈声,放心些。'"

【顶窝儿】 dǐng wō er 顶缺。明《金瓶梅词话》七回:"我来有一件亲事,来对大官人说,管情中得你老人家意,就顶死了的三娘窝儿。"又七五回:"死了一个,还有一个～的。"

【顶相】 dǐng xiàng 半身肖像。唐道宣《广弘明集》卷二七下:"若礼拜父母师长贤圣,得佛～。"宋宗杲《宗门武库》:"徐师川同佛果到书记寮,见人～。"克勤《碧岩录》七则:"韶国师久依疏山,自谓得旨,乃集疏山平生文字～,领众行脚。"

【顶阳骨】 dǐng yáng gǔ 顶梁骨。宋元《清平山堂话本·三怪记》:"当时潘松唬得一似分开八片～,倾下半桶冰雪水。"元《三遂平妖传》一三回:"正说之间,只听得庄外有人高声叫道:'你们在这里好做作!……。'唬得王则大惊,如分开八片～,倾下半桶冰雪来。"

【顶针】 dǐng zhēn ❶ 后面的紧接前面的。明《醒世恒言》卷二〇:"这个县丞,乃是数一数二的美缺,～挨住,赵昂用了若干银子方才谋得。"清《东周列国志》六二回:"栾氏自栾宾、栾成、栾枝、栾盾、栾书、栾黡,直至栾盈,～称代卿相,贵盛无比。" ❷ "顶针续麻"之省。明唐元竑《杜诗攟》卷一:"'倚风遗鹢路,随水到龙门。竟与蛟螭杂,宁无燕雀喧。'参差～法也。"于慎行《谷山笔麈》卷一八:"唐时,云南王以名相接为世,如阁罗凤之子凤迦异,孙为异牟寻,曾孙为寻梦凑是也。法如～。"

【顶针续麻】 dǐng zhēn xù má 一种文字游戏,上一句末字是下一句开头的字。《元曲选·百花亭》二折:"折莫是捶丸气球,围棋双陆,～。"又《青衫泪》四折:"爱他那走笔题诗,出口成章,～。"

【顶真续麻】 dǐng zhēn xù má 同"顶针续麻"。《元曲选·救风尘》一折:"俺孩儿拆白道字、～,无般不晓,无般不会。"明《金瓶梅词话》六〇回:"不拘诗词歌赋,～,急口令,说不过来,吃酒。"

dìng

【定】 dìng ❶ 停住;止住。《敦煌变文校注》卷一《李陵变文》:"烧却前头草,后底火来他自～。"《元曲选·朱砂担》一折:"过了些芳草长亭,再不曾半霎儿脚头～。"明《醒世恒言》卷三四:"却说杨氏……觉得肚疼～了,走出门来张看。" ❷ 目光定于一点;呆滞。宋《二程遗书》卷二下:"今人所定天体,只是且以眼～视所极处不见,遂以为尽。"明王肯堂《证治准绳》卷七三:"谢氏夺命丹:治急惊不省人事,眼～不动,牙关不开,唇白而黑者。"《醒

世恒言》卷三四:"王婆急上前扶时,只见口开眼～,气绝身亡。" ❸ 佛教名词,梵语 samadhi 的意译,指心专注于一境而不散乱。唐元稹《定僧》:"野僧偶向花前～,满树狂风满树花。"明《二刻拍案惊奇》卷六:"且到禅寺中一宿,待老僧～中与他讨个消息回你。" ❹ 聘订婚事。唐鲍溶《怨诗》:"三五～君婚,结发早移天。"《元典章·刑部四》:"龙兴路奉新县见禁罪囚罗阿馀状招:大德六年五月二十九日,有夫罗仲一因病身亡。至七月初二日,有邓成二将引雷九俚用木担一条,担得饼面等物,称是邓定五将此茶饼～你为妻。"明《古今小说》卷一五:"夫人取出定物来,教王婆看,乃是一条二十五两金带,教王婆把去,～这郭大郎。" ❺ 订婚财礼。《元曲选外编·东墙记》二折:"俺姐姐念旧盟,想旧情,何须媒证,不用你半星儿绛罗为～。"明《古今小说》卷一五:"凡事只是利动人心,得了夫人金钗子,又有金带为～,便忍脚不住。" ❻ 称量。《五灯会元》卷二〇《开山道谦禅师》:"洞山麻三斤,将去无星秤子上～过,每一斤恰有十六两。"《嘉泰普灯录》卷二五《黄龙死心新禅师》:"称斤～两,恰如人开杂货铺相似。" ❼ 辨识。《五家正宗赞》卷四《雪窦明觉禅师》:"无～古今眼,被韩太伯苍鹰当路生擒;立分儒释尊,使李殿院老虎通身汗出。"《景德传灯录》卷二五《法灯泰钦禅师》:"今汝诸人试说个道理看,是如来禅? 祖师禅? 还～得么?" ❽ 整治(菜肴)。《元曲选·盆儿鬼》一折:"收拾铺面,～下些新鲜的案酒菜儿。"明《金瓶梅词话》八六回:"这薛嫂儿一面请经济里间房里去与春梅厮见,一面叫他媳妇金大姐～菜儿。"清《醒世姻缘传》四八回:"狄宾梁教人～菜暖酒,要留薛教授吃饭。" ❾ 副词。确实;必定。唐耿湋《酬畅当》:"几度曾相梦,何时～得书?"元明《水浒传》四四回:"你若回去时,～吃官司。" ❿ 副词。究竟,表疑问语气。唐王维《问寇校书双溪》:"新买双溪～何似? 餘生欲寄白云中。"宋刘辰翁《摸鱼儿》:"愿金印重来,洪都府府,～复几时到?" ⓫ 用于动词之后表示结果,相当于"往""得"。唐王建《赠李朔》:"和雪翻营一夜行,神旗冻马无声。"宋朱敦儒《清平乐·咏木樨》:"冷淡仙人偏得道,买～西风一笑。"金《董解元西厢记》卷四:"早是离人心绪恶,阁不～泪啼清血。" ⓬ 动态助词。相当于"着""了"。唐王建《长门》:"长门闭～不求生,烧却头花卸却筝。"宋李之仪《鹧鸪天》:"随～我,小兰堂。"《元曲选·竹坞听琴》楔子:"我亲笔立～纸文书,分付与你那庄田和那地土。" ⓭ 选择连词。相当于"还是"。唐杜甫《不离西阁》:"不知西阁意,肯别～留人?"宋杨万里《中秋前两日别彦纯彭仲庄》:"要得长随二三友,不知由我～由天?"

【定必】 dìng bì 必定。宋佚名《张协状元》二五出:"豪家贵戚浑无数,～欲嫁状元。"又二六出:"它恁地我英俊,～占魁名。"觉范《题玄沙语录》:"义澄自目未见而指人五色,使见宣律师,为人～羞死。"

【定不得】 dìng bù de 说不定。清《醒世姻缘传》六二回:"你几乎做弄我打死媳妇,这人命也还～是有是无哩!"《红楼梦》一〇回:"如今听起大奶奶这个来,～还是喜呢。"

【定不住】 dìng bù zhù 说不定。清《醒世姻缘传》三四回:"大爷信你的话,说是你爹埋的,不同你要,也是有的;按着葫芦抠子儿,这也是～的事。"《绿野仙踪》一回:"二则老奴是风前之烛,死之一字,～早晚。"

【定场】 dìng chǎng ❶ 出场(表演)。唐白居易《东南行一百韵》:"～排越伎,促坐进吴歈。"宋梅尧臣《依韵和春日见示》:"龙咽嘹哓留行月,凤翼趋跄巧～。粉色酒容欢四座,花光烛影照西墙。" ❷ 压场;整肃场中秩序。宋钱易《南部新书》甲集:"开元中,花萼楼大酺,人众莫遏,遂命严安之～。"

【定当】 dìng dāng 另见 dìng dàng。一定；必定。元明《水浒传》四七回："我这封亲笔信去，少刻～放还。"明《醒世恒言》卷二七："多感婆婆慈悲，救我性命，正是再生父母！若能挣扎回去，～厚报大德。"

【定当】 dìng dàng 另见 dìng dāng。❶ 停当，处理安排妥帖。宋文彦博《答奏》："朝廷于此固当熟计而深念之，事欲美成，计须先～。"明《金瓶梅词话》一六回："我教众位得知，亲事也都～。"清《儒林外史》五四回："您般时候尚不曾～，可不是越发娇懒了。" ❷ 辨识。宋《大慧语录》卷七："他人住处我亦住，他人行处我亦行。瞥喜瞥憎无理会，新罗夜半日头明。且道与古人相去多少，试～看。"《五灯会元》卷一六《长芦应夫禅师》："这个为甚么拥不聚、拨不散、风吹不入、水洒不着、火烧不得、刀斫不断？众中莫有钉嘴铁舌的衲僧，试为山僧～看。"又卷一七《黄龙祖心禅师》："殊不知桃花浪里正好张帆，七里滩头正堪垂钓。如今必有辨浮沉、识浅深底汉，试出来～水脉看。" ❸ 犹"定害"。元关汉卿《碧玉箫》："你取闲论诗才。台、～的人来赛！"朱庭玉《哨遍·伤春》："文君纵有当垆志，也被相如～死。"《孤本元明杂剧·遇上皇》一折："〔搽旦云〕赵元，你这个不理正事，每日吃喝，不干营生，恋酒贪杯几时是了？兀的不定害杀我也！〔正末云〕你道我恋酒贪杯厮～，你畅好村莽戆！"

【定叠】 dìng dié ❶ 停当；妥帖。宋欧阳修《与焦殿丞书》："某来日遂移过高桥宅中，俟稍～，便去般出学。"《续资治通鉴长编》卷二六五："旧日边土时有小争竞，只为河东地界理会来三十餘年也，至今未～，须至时有争竞。"《朱子语类》卷一三一："自平江再都建康，张德远极费调护，已自～了。" ❷ 安静；安定。宋魏泰《东轩笔录》卷一："一日方骑驴游华阴，市人相语曰：'赵检点作官家。'抟惊喜大笑，人问其故，又笑曰：'天下这回～也！'"《朱子语类》卷一三〇："邢恕本不～，知随州时，温公犹未绝之，与通书。"洪迈《夷坚志》支丁卷五："我不幸，丈夫很恶，常遭鞭捶，而阿婆性尤严暴，不曾得一日～。"

【定度】 dìng dù 犹"定准❶"。唐李咸用《哭所知》："朝作青云士，暮为玄夜人。风灯无～，露薤亦逡巡。"宋佚名《望江南·谕新及第友人》："荷上露，莫把作珠穿。水性本来无～，这边圆了那边圆，终是不心坚。"明石珤《送马汝砺次韵》："宁知众物情，长短无～。"

【定夺】 dìng duó 对事情的可否或取舍的决定。宋范仲淹《论复并县札子》："若转运使等～不当，亦乞朝廷驳下不当事件，特行勘问，明示责降。"《元典章·圣政一》："贫难单弱不能起遣者，从枢密院～优恤。"元明《水浒传》四一回："梁山泊一行旧头领去左边主位上坐，新到头领去右边客位上坐，待日后出力多寡，那时另行～。"

【定粉】 dìng fěn 铅粉，用于建筑或化妆等。宋李诫《营造法式》卷一四："炼桐油之制，用文武火煎桐油令清，先燸胶令焦，取出不用，次下松脂，搅候化，又下研细～。"《明会典》卷三二："绵花、香油、紫草、红曲、紫粉、黄丹、～、云香、柿饼、栗子、……税钞一百文。"明《金瓶梅词话》二九回："原来妇人因前日西门庆在翡翠轩夸奖李瓶儿身上白净，就暗暗将茉莉花蕊儿搅酥油，把身上都擦遍了。"

【定更】 dìng gēng 晚八点左右，打鼓报告初更开始。清《醒世姻缘传》三五回："每到了～以后，悄悄的走到那住邻街屋的小姓人家，听人家梆声。"《歧路灯》二六回："绍闻回家，到晚上点灯楼上看书，还没～天气，只听得后门上拍门大叫。"

【定规】 dìng guī ❶ 成规。宋田锡《泰州谢上》："况外郡以

常行之事，自素有～。若旧敕有未便之条，必奏取进止。"清《绿野仙踪》四六回："这有什么～？从今若省吃俭用，再想法儿营运起来，也可以过得日子。" ❷ 安排；决定。五代杜光庭《军容安宅醮词》："由是取则五行，～六纪。"清《绿野仙踪》二回："不如我独自去倒省便，场后中不中再～。"

【定害】 dìng hài 打搅；烦扰。元古本《老乞大》："主人家哥休怪，小人们这里～。"明《警世通言》卷一一："况且吃了这几年安逸茶饭，～庵中，心中过意不去。"

【定昏】 dìng hūn ❶ 晚辈晚间向长辈问安。明郑纪《进圣功图笺》："祖宗仁泽流传，于冡嗣无一日不历三宫，省晨～，问安视膳。"清《红楼梦》二二回："～之餘，大家娘儿姊妹们说笑时，贾母因问宝钗爱听何戏。" ❷ 定婚。宋李觏《田舍女》："有者四十犹无家，东村～来送茶。"明陈献章《朱夫人胡氏墓志铭》："夫人之大父芳见而异之，……以夫人许之，卒～焉。"

【定交】 dìng jiāo ❶ 停歇。《元曲选·倩女离魂》一折："想急煎煎人多情人去了，和青湛湛天有情天亦老，俺气氲氲喟然声不～，助疏剌剌动羁怀风乱扫。"《元曲选外编·三战吕布》三折："见画戟来钢刀去，怒气相交有百十合不～，要辨个清浊。" ❷ 安定；安静。《元曲选外编·单刀会》一折："你道是铜雀春深锁二乔，这三国怎～，不争咱一日错便一世错。"又《风云会》二折："〔郑恩扯黄旗盖末身，众呼噪科〕〔正末惊醒科，唱〕把好梦惊觉，听军中～，那里也兵严刑法重，则末阵人语怨声高。"

【定教】 dìng jiāo 同"定交❶"。明《金瓶梅词话》二八回："于是厨房里骂了到前边又骂，整骂了一二日还不～。"

【定睛】 dìng jīng 集中视力。唐吴融《春词》："鸾镜长侵夜，鸳衾不识寒。羞多转面语，妒极～看。"元明《水浒传》三一回："两个～看了武松，那妇人便道：'这个不是叔叔武都头！'"明《古今小说》卷一五："阁行首见了，吃一惊，～再看时，却是史大汉弯跧蹲在东司边。"

【定礼】 dìng lǐ 订婚时男方送给女方的财礼。宋吴自牧《梦粱录》卷二〇："既已插钗，则伐柯人通好议，往女家报～。"元明《水浒传》五回："见了老汉女儿，撇下二十两金子，一匹红锦为～，选着今夜好日，晚间来赘老汉庄上。"

【定门主顾】 dìng mén zhǔ gù 同"顶门主顾"。明《金瓶梅词话》六九回："西门庆道：'你认的王招宣府里不认的？'文嫂道：'小媳妇～，太太和三娘常照顾小的花翠。'"清《十二楼·归正楼》二回："原来是某公子。令尊大人是我～，他一向所用之笔都是我的。"

【定盘星】 dìng pán xīng 戥子和杆秤上标志起算点（重量为零）的那颗星，多以喻事物的基准或正确的出发点。《五灯会元》卷一四《瑞岩石窗法恭禅师》："五天一只蓬莪箭，搅动支那百万兵。不得云门行正令，几乎错认～。"宋范成大《虎丘六绝句·点头石》："当年挥麈讲何经，赚得坚顽侧耳听。我自吟诗无法说，石头莫作～。"清《飞龙全传》四五回："老贼啊，你此番错认了～，打算差了主意，只怕你整兵而来，片甲无回。"

【定器】 dìng qì 宋代定州（今河北曲阳县境）瓷窑烧制的瓷器，是瓷中珍品。宋周密《武林旧事》卷二："上赏则成号真珠、玉杯金器、北珠篦环、珠翠领抹，次亦铤银酒器、铤锭翠色、段帛龙涎、御扇笔墨、官窑～之类。"元明《水浒传》七二回："奶子侍婢捧出珍异果子，济楚菜蔬，希奇按酒，甘美肴馔，尽用～，摆一春台。"

【定钱】 dìng qián 购物或租赁时预付的定金。唐因亮《颜鲁公集行状》："华遂与公数日参议，以～收募城郡盐，沿河置场，令诸郡略定一价，节级相输，而军用遂赡。"宋吕陶《奏具置场买茶

旋行出卖远方不便事状》:"茶园人户多者岁出三五万斤,少者只及一二百斤。自来隔年留下客放～,或指当茶苗举取债负。"明《朴通事谚解》卷中:"我如今与你一两银,将去馈李大做～,做云南毡大帽儿一个,陕西赶来的白驼毡大帽儿一个。"

【定然】 dìng rán 必定。元明《水浒传》三九回:"既然是梁山泊头领时,～认得吴学究先生。"清《飞龙全传》二一回:"若在你寺中,快把将来与我,～重重相谢。"

【定胜】 dìng shèng 一种糕点,呈金银锭形状。元明《水浒传》八二回:"糖浇就甘甜狮仙,面制成香酥～。"明《金瓶梅词话》六五回:"黄太尉便是肘件、大饭、簇盘、～、方糖、五老锦丰,堆高顶吃着大插桌。"

【定数】 dìng shù 上天注定的命运、遭逢。唐白居易《贺云生不见日蚀表》:"臣某等谨言:'臣闻尧汤之逢水旱,阴阳～也。'"宋田锡《遗表》:"臣锡言:'臣闻修短之期,固有～;臣子之志,空恋明时。'"明《醒世恒言》卷一八:"凡事是有个～,断不由人,故此绝不忌讳,依原年年十分利息。"

【定死】 dìng sǐ 语气副词。抵死;一定。元明《水浒传》六二回:"卢俊义心中疑虑,～要问燕青来历。"又六八回:"从人往复去了几遭,宋江～要这匹马。"

【定帖】 dìng tiē 另见 dìng tiě。确切、稳定的状况。宋陆九渊《与包敏道》:"昆仲为学,不患无志,患在好进,欲速反以自病。闻说日来愈更收敛,甚为之喜。若能～,自能量力随分,循循以进。"《朱子语类》卷一一六:"便是难! 便是难! 不能得到恰好处。颜子'仰之弥高,钻之弥坚,瞻之在前,忽焉在后'便是如此,便是不能得见这个物事～。"

【定帖】 dìng tiě 另见 dìng tiē。男女双方互相交换的订婚文书。宋吴自牧《梦粱录》卷二○:"婚娶之礼,先凭媒氏以草帖子通于男家。男家以草帖问卜,或祷忏,得吉无克,方回草帖,亦卜吉。媒氏通音,然后过细帖,又谓。"明程敏政《垙子定帖》:"第一男垙,丙申年十月初六日寅时生,任锦衣卫百户。右今议与汪宅第二令爱联姻者,成化二十三年六月日～。"

【定问】 dìng wèn 下财礼订亲。《元典章·户部四》:"田盈及王秀才各一讫赵阿王女赵速儿,相争,未曾经断。"

【定物】 dìng wù 确定婚约的信物;聘礼。金《刘知远诸宫调》二:"知远沉吟,不得已,把～收了。"《元典章·刑部四》:"各人恃其凶恶,主媒昏赖,又行强送～,所以相争。"

【定向】 dìng xiàng ❶ 确定的目标或处所。宋蔡襄《葛处士夫人墓志铭》:"生子八人,男五人。宏,求皆举进士不中第,卒～勤养不懈。"《朱子语类》卷一四:"知止至能得,盖才知所止,则志有～。"明王守仁《巡抚地方疏》:"见今本院在于都司贡院诸处衙门寄驻,迁徙不常,居无定止,人无～。妨政失体,深为未便。"❷ 犹"定准❶"。宋道潜《寄张明甫朝奉》:"浮云共平生,飘忽无～。"向雪湖《雨鸠》:"曈昽晓日上帘旌,又听林鸠逐妇声。可笑天公无～,只随汝辈作阴晴。"明夏良胜《再答德辉》:"扰扰吏俗,殊无～,更乏主静工夫。"

【定心汤】 dìng xīn tāng 中医汤头,治虚寒惊悸等症。唐孙思邈《备急千金要方》卷四○:"阳气外击,阴气内伤。伤则寒,寒则虚,虚则惊掣心悸。～主之。"宋陈言《三因极一病证方论》卷八:"～:治心劳虚寒惊悸,恍忽多忘,梦寐惊压(魇),神志不安。"清《醒世姻缘传》二一回:"看着断了脐带,埋了衣胞,打发春莺吃了～,安排到炕上靠着枕头坐的。"

【定省】 dìng xǐng 安定心神。元《武王伐纣平话》卷上:"忽然惊觉,却是梦中所睹。～多时,只见泥神,不睹真形。"清《歧路

灯》一二回:"只叫了一声,腮边珠泪横流,这第二句话就说不上来了。～一会。问道:'你娘哩?'"

【定醒】 dìng xǐng 同"定省"。明《醒世恒言》卷一四:"范二郎口里兀自叫:'灭,灭!'……良久～。"清《绿野仙踪》六八回:"～了好半晌,方睁眼一看,身在一石堂中,有许多妇女围绕。"

【定性】 dìng xìng 同"定省"。明《二刻拍案惊奇》卷一一:"在里面正急得要上吊,忽见青箱走到面前,已知父亲出去了,才定了性。"

【定应】 dìng yīng 肯定;必定。唐王维《胡居士卧病遗米因赠》:"床上无毡卧,镉中有粥否? 斋时不乞食,～空漱口。"宋佚名《张协状元》二五出:"红楼数里帘儿卷,～是看状元。"金《董解元西厢记》卷六:"若非足下,～难见花容。"

【定用】 dìng yòng 必定。宋晁公遡《札子·李知县》:"某～十四日至堰上,能同按行为佳。"明《绣榻野史》卷上:"学院经过,我学中有名的,～去接。"《型世言》二七回:"送了两个差人出去,钱公布连声叹气道:'罢了,这前程～送了!'"

【定正】 dìng zhèng 改正;订正。宋苏颂《皇族出官敕词》:"故廷臣数言,宰司继请,谓宜～,限以等彝。"元贡师泰《洪范定正序》:"会稽胡君一中,深有得于王、吴二先生之说,撷其所长而订正之,分经别传,以传附经,自成一书,名之曰《～洪范》。"明梁潜《林氏族谱序》:"至唐,林氏在晋安者尤盛。高士廉等承诏～天下氏族,凡九十八家,林氏首称于晋。"

【定知】 dìng zhī ❶ 怎知;哪知。《敦煌变文校注》卷六《大目乾连冥间救母变文》:"儿与娘娘今日别,～相见在何年?"又《欢喜国王缘》:"余貌一般那里,且喜恩沾说修持。"❷ 肯定;必将。唐张鷟《游仙窟》:"～心肯在,方便故邀人。"唐拾得《嗟见多知汉》:"忽尔无常到,～乱纷纷。"宋陆游《偶忆万州戏作短歌》:"渐老～欢渐少,明年还复忆今年。"

【定准】 dìng zhǔn ❶ 准头;准信。宋周紫芝《石妇行二首》之二:"倡家从人无～,游子一去忘故乡。"《元曲选外编·飞刀对箭》四折:"酩子里添笑忻,十载受劳困,老来也又得官一品,你儿道是改家门～。"明佚名《鹦鹉记》二○出:"天那! 吉凶祸福全无～,只得行向前去。"❷ 确定。唐张九龄《敕突厥可汗书》:"此后将马来纳,必不可多,还当先可汗时,约有～。"元明《水浒传》六九回:"更兼水性,无～之意,纵有恩情,也难出虔婆之手。"清《歧路灯》六回:"我这番上京,朝廷的事,不敢预先～,几个月回来也不敢定。"

【定着】 dìng zhuó ❶ 犹"定准❶"。宋李之仪《送孙叔静》:"浮云无～,乍合还分离。"明顾璘《苏幕遮·晚行》:"算归期,无～,腊尽春回,客意偏寥落。"清徐彬《金匮要略论注》卷一一:"既无～,则痛无常处,故曰展转痛移,其根不深。"❷ 既定的主意。宋李曾伯《回丞相边事公札》:"昔人以弈喻治国,其言曰:'知其用而置得其处者胜,不知其用而置非其处者败。'置者何? 弈之举着是也。有如局面之相持,胜负固在于全势,然有举手一二,布置得宜,而满枰卒赖之者,此必有～、有虑着、有活着而后能是。"

【锭】 dìng 劈。明《西游记》五一回:"等天王战斗之时,教雷公在云端里下个雷屑,照顶门上～那妖魔,深为良计也。"

【锭难儿】 dìng nán er 表面粗糙的劣质银锭。明《金瓶梅词话》三三回:"可惜我黄邓邓的金背,配你这～一脸褙子。"

【锭器】 dìng qì 同"定器"。元明《水浒传》四五回:"白雪～盏内,朱红托子,绝细好茶。"

【飣】 dìng 把食品堆叠于盘中。唐寒山《养儿与娶妻》:"聚集会亲情,总来看盘～。"元明《水浒传》八二回:"紫玉盘中,满

驼蹄熊掌。"明杨慎《升庵集》卷六九："岭南獠人好食'蜜唧'。取鼠胎未瞬、通身赤蠕者,淹之以蜜,～之筵上。盘内蹢蹢而行,挟取啮之,唧唧有声。"

【飣餖】 dìng dòu　犹"飣"。唐韩愈《南山诗》："或如临食案,肴核纷～。"宋梅尧臣《醉中留别永叔子履》："烹鸡庖兔下箸美,盘实～栗与梨。"也用以比喻堆砌文字。明杨慎《升庵集》卷六〇："近世知学六朝初唐,而以～生涩为工。"

【飣盘】 dìng pán　堆放有蔬果的食盘。唐刘恂《岭表录异》卷中："枸橼子形如瓜,……京辇豪贵家～筵,怜其远方异果。"宋孔武仲《铜陵县端午日寄兄弟》："丹杏～深簇火,碧醪倾盏酽堆饧。"清汪由敦《恭和御制松子元韵》："泛茗秘瓷清,～玉颗重。"

diū

【丢】 diū　❶ 抛;扔;失落。《元曲选·窦娥冤》二折:"吓得我～了绳索,放开脚步飞奔。"又《杀狗劝夫》二折:"这两个好无礼也,你那一身穿的吃的都是俺孙员外的。今日哥哥吃的醉了,你～了他!"又《倩女离魂》四折:"猛可里唬一惊,～了魂灵。" ❷ 抛;甩;挥动。《元曲选·楚昭公》二折:"那一个锦征袍窄窄的把狮蛮款兜,这一个凤翅盔律律的把红缨乱～。"又《陈州粜米》三折:"三不知我骑上那驴子,忽然的叫了一声,～了个撅子,把我直跌下来。"明《西游记》九五回:"短棍行凶着顶～,铁棒施威迎面击。" ❸ 击;打。《元曲选·黑旋风》一折:"你休与人厮～厮打,做那打家截道、杀人放火的勾当。"《元曲选外编·黄花峪》四折:"我着这莽拳头,向这厮嘴缝上～。" ❹ 遗留;留下。明佚名《续西厢》二出:"如今一味儿行监坐守,绝不～一些冷空。"清《儒林外史》一七回:"我一生是个无用的人,一块土也不曾～给你们,两间房子都没有了。" ❺ 施呈;使出。明《西游记》三〇回:"小龙接了刀,就留心在那酒席前,上三下四,左五右六,～开了花刀法。" ❻ 量词。a) 用于计量军队,相当于"支"。《元曲选外编·智勇定齐》一折:"徐弘吉、徐弘义,俺统领一～人马,收拾行装等物,跟公子打围去。"又《圯桥进履》三折:"兀那尘头起处,一～人马,不知是那里来的也。"b) 用于计算事物,相当于"桩""件"。明李梅实《精忠旗》二〇出:"唉,我那恩相却也有一～儿不济,把来付与何铸那穷酸。"

【丢包】 diū bāo　江湖骗术之一。设骗者故意将包裹遗失在路上,等人捡拾,诈称包裹内有钱帛珍宝若干,强迫拾者赔偿。明《杜骗新书·丢包骗》:"路途～行脱换。"又《假银骗》:"然末世滋伪,奸宄百出,近有～贼骗人甚多。"

【丢丑】 diū chǒu　出丑;丢脸。清《醒世姻缘传》二回:"我就是到门前与街坊说几句话,也还强似跟了许多孤老打围～!"《红楼梦》七八回:"王夫人忙问:'今日可有丢了丑?'宝玉笑道:'不但不～,到拐了许多东西来。'"

【丢搭】 diū dā　抛弃。"搭"为词缀。明《金瓶梅词话》九六回:"自从你爹下世,没人收拾他,如今～的破零二落。"

【丢打】 diū dǎ　抛。"打"为词缀。清《聊斋俚曲·磨难曲》:"～几个钱给他罢,天已小晌了,只顾咯嗓甚么?"

【丢倒头】 diū dǎo tóu　躺下。明《西游记》七一回:"即忙寻着原睡处,～只情呼呼的睡起。"《金瓶梅词话》七九回:"那西门庆～在枕头上,鼾睡如雷,再摇也摇不醒。"

【丢丢】 diū diū　❶ 形容小。清《水浒后传》二一回:"这～小房子藏隐不得,谅他也没有这个胆。"《金云翘传》一〇回:"只见那

双～脚儿上,十指鲜血直喷。" ❷ 形容词后缀。明《西游记》四回:"上面有个紫巍巍、明幌幌、圆～、亮灼灼大金葫芦顶。"《禅真后史》五〇回:"生的剑眉大眼,方口长耳,那一支鼻梁,圆～宛如悬胆。"

【丢丢秀秀】 diū diū xiù xiù　纤弱;苗条。清《醒世姻缘传》四八回:"～个美人,谁知那手就合木头一般,打的那狄希陈半边脸就似那猴腚一般通红。"又六六回:"见了素姐这们个～的美妇,李旺、李旺,把那平日的旺气不知往那里去了。"

【丢番】 diū fān　同"丢翻"。《元曲选外编·西厢记》三本三折:"向前搂住～,告到官司,怕羞了你!"

【丢翻】 diū fān　放倒;摔落。元明《水浒传》一〇回:"林冲喝声道:'奸贼,你待那里去!'批胸只一提,～在雪地上。"明《梼杌闲评》三〇回:"应星……隔席把张休乾轻轻一把提过来,～在地,拳打脚踢。"清《风流悟》八回:"走得急,不料那地下雪滑,一交跌倒,把酒罐儿～在地。"

【丢开】 diū kāi　放开;抛下。《元曲选·金线池》二折:"我只怕年深了也难收救,倒不如早早～。"明孟称舜《娇红记》一五出:"今后这衷肠,则索～了。"

【丢开手】 diū kāi shǒu　就此停止。明《古今小说》卷二七:"只道主母真个坠水,悲泣了一回,就丢开了手。"清《红楼梦》一五回:"你只叫住他倒碗茶来我吃,就～。"

【丢抹】 diū mǒ　❶ 涂抹(脂粉之类),意为打扮。元刘庭信《折桂令·忆别》:"娇模样甚实曾～,好时光谁曾受用,穷家活逐日绷拽。"又《得官时先报期程,丢丢抹抹,远远的迎接》。明柯丹邱《荆钗记》三出:"年华老大双鬓皤,胭脂腻粉幸～。" ❷ 羞臊。《元曲选·秋胡戏妻》三折:"他酩子里～娘一句,怎人模人样,做出这等不君子,待何如?"明徐霖《绣襦记》三一出:"脚下穿一双歪乌辣,上长街又～。咱便是郑元和,家业使尽待如何,劝郎君休似我!" ❸ 抛弃。明汤显祖《牡丹亭》一四出:"论人间绝色偏不少,等把风光～早。"

【丢手】 diū shǒu　放开手,谓停止做某事。明《警世通言》卷一八:"至今浙江人肯读书,不到六七十岁还不～,往往有晚达者。"清《醉醒石》七回:"他也巴不得～,且喜书上垄,盘算上清,且自去放债经营去了。"

【丢袖】 diū xiù　背心。明《朴通事谚解》卷下:"一夏里不曾好生收拾,把我的银鼠皮背子、貂鼠皮～,虫蛀也的无一根儿风毛,怎的好?"

【丢眼】 diū yǎn　以眼色示意。明《禅真逸史》三三回:"瞿琰见一窝子人捱捱擦擦,～撇角,明知是众人笑他,他也不理。"

【丢眼色】 diū yǎn sè　犹"丢眼"。明《拍案惊奇》卷二九:"直到分路处,两人各～而别。"《禅真逸史》一三回:"阿巧连忙～,(阿保)方才住口。"

【彫】 diū　另见 biāo。❶ 抛;扔。元汪元亨《折桂令·归隐》:"扁担挑折,葫芦摔碎,布袋～开。"明《朴通事谚解》卷中:"但是值钱物件来当时,便夺了那物,却打死那人。正房背后掘开一个老大深浅地坑,～在那里头。" ❷ 甩;击打。元马致远《耍孩儿·借马》:"休教鞭～着马眼,休教鞭擦损毛衣。"《元曲选外编·西厢记》二本楔子:"远的破步将铁棒～,近的顺着手将戒刀钐。" ❸ 施呈;使出。《元曲选·对玉梳》一折:"俺娘～着一个冷鼻凹百般儿没事狠。"《元曲选外编·紫云庭》三折:"从来撒欠～风爱恁末,敲才古自不改动些儿个。" ❹ 使分开。元王和卿《拨不断·绿毛龟》:"绿毛稠,绕池游,口中气吐香烟透。卖卦的先生把你脊骨～。"曾瑞《哨遍·羊诉冤》:"先许下神鬼～了前膊,再请

下相知揣了后腿。"

【彪抹】 diū mǒ 同"丢抹❶"。《元曲选·对玉梳》二折："桦皮脸风痴着有甚～？横死眼如何有个分豁？"

dōng

【东】 dōng ❶ 主人。明《禅真后史》五〇回："此事敝～慨允,但云家贫无以为聘,乞原情甚感。"清《儒林外史》五二回："这铺子原是毛二爷起头开的,而今已经倒与汪敝～了。" ❷ 即"东道❷"。清《红楼梦》三七回："既开社,便要作～。" ❸ 指厕所。明《古今小说》卷二："原来那汉子是他方客人,因登～,解脱了裹肚,失了银子,找寻不见。"清《九云记》三〇回："不多时,有人登～出恭。"

【东厕】 dōng cè 厕所。元古本《老乞大》："这般黑地里,～里难去,咱们则这后园里去净手不好那?"明徐畛《杀狗记》一四出："便是带过来,我要骑了马去上～也。"

【东床】 dōng chuáng 女婿。语本《世说新语·雅量》。唐李商隐《为韩同年瞻上河阳李大夫启》："～坦腹,早已愧于郗公;朱邸曳裾,复欲阶于谢掾。"宋佚名《张协状元》二一出："意下欲招一个状元为～。"明《古今小说》卷二七："众僚属都闻得莫司户青年丧偶,齐声荐他才品非凡,堪作～之选。"

【东道】 dōng dào ❶ 即"东道主"。唐杨炯《李怀州墓志铭》："供其行李,郑国有～之名;为我主人,常山当北州之寄。"宋洪迈《容斋随笔》卷七："秦、晋围郑,郑人谓秦盍舍郑以为东道主。盖郑在秦之东,故云。今世称主人为～者,此也。"明《金瓶梅词话》五回："你只做个～,我吃三杯,我说与你。" ❷ 代指请客的宴席酒肴。明《金瓶梅词话》二三回："咱们每人三盘,赌五钱银子～。"清《红楼梦》七回："算帐时,却又是秦氏尤氏输了戏酒的～。" ❸ 送人钱财,代折请客的花费。宋元《古今小说》卷一〇："公差得了善继的～,放他回家去讫。"明《醒世恒言》卷三四："起初朱太还不上紧,到了五月间,料得尸首已是腐烂,大大送个～与婺源县该房,起文关解。"

【东道主】 dōng dào zhǔ 宴客的主人。语本《左传·僖公三十年》郑人谓秦国"若舍郑以为东道主"。唐白居易《与刘苏州书》："仆方守三川,得为～。"明《禅真逸史》一三回："小弟是～,贤姐是客,岂敢占先?"

【东道主人】 dōng dào zhǔ rén 即"东道主"。唐李商隐《上河阳李大夫状》："西园公子,恨轩荩之难攀;～,仰馆谷而犹在。"清《红楼梦》三七回："我作个～,我自然也清雅起来了。"

【东都】 dōng dū 指北宋首都汴梁(今河南开封市)。宋孟元老《东京梦华录》卷一："～外城方圆四十餘里。"《三朝北盟会编》卷二〇一："绍兴十年春,天子以骑将太尉刘公副守～。"

【东家】 dōng jiā ❶ 宴客的主人。明《金瓶梅词话》三二回："应伯爵就在席上开言说道:'～,也不消教他每唱了。'"清《红楼梦》四九回："快商议作诗,我听听是谁的～?" ❷ 受雇或受聘者称主人。《元曲选·荐福碑》一折："多谢哥哥赐我这三封书,我辞别～,便索东行也。"明《梼杌闲评》一三回："明日～有事,要放几日学,可以奉陪几日。"清《红楼梦》二回："目今你贵～林公之夫人,即荣府赦、政二公之胞妹,在家时名唤贾敏。"

【东净】 dōng jìng 厕所。元虞集《铁牛禅师塔铭》："岩请师主～,师为众僧涤厕筹。"明《金瓶梅词话》八五回："须臾坐净桶,把孩子打下来了。只说身上来,令秋菊搅草纸倒将～里。"清

《续金瓶梅》五五回："自己烧火,管理二匠的斋饭。闲了,去打扫～。"

【东君】 dōng jūn ❶ 司春之神,也代指春天。唐张碧《惜花三首》之三："朝开暮落煎人老,无人为报～道:留取秾红伴醉吟,莫教少女吹扫。"元马致远《青歌儿·十二月》："爱惜梅花积下雪,分付与～略添些,丰年也。"明《警世通言》卷六："杏花红雨,梨花白雪,羞对长亭短路,～也解数归程,遍地落花飞絮。" ❷ 东家,尊称主人。《元曲选·谢天香》四折："我待要题个话头,又不知他可也甚机彀,倒不如只做朦胧,为着～奉劝金瓯。"明《金瓶梅词话》六〇回："温秀才道:'二公与我这～老先生原来这等厚。'"

【东里】 dōng lǐ 东面。金《董解元西厢记》卷一："到经藏北,法堂西,厨房南面,钟楼～。"《元曲选·薛仁贵》二折："我在庄～吃做亲的喜酒去来。"

【东圊】 dōng qīng 厕所。明《西游记》六七回："但刮西风,有一股秽气,就是淘～也不似这般恶臭。"

【东人】 dōng rén 犹"东家❷"。《元曲选·萧淑兰》二折："老身是萧公家管家的嬷嬷。两月前,～命温州张云杰作馆宾。"元明《水浒传》二回："小的是王都尉亲随,受～使令,赍送两般玉玩器进献大王。"明《古今小说》卷三四："忽见一青衣小童,进前作揖,手执名榜一纸,曰:'～有名榜在此,欲见解元,未敢擅便。'"

【东首】 dōng shǒu 东侧;东边。元明《水浒传》三九回："(戴宗)寻问圣手书生萧让住处,有人指道:'只在州衙～文庙前居住。'"明《醒世恒言》卷一五："知县教跪在月台～。"

【东司】 dōng sī 厕所。宋宗杲《宗门武库》："钱弋郎中访净,说话久,欲登涧,净令行者引入西边去。钱遽云:'既是～,为什么却向西去?'"佚名《张协状元》一〇出："做殿门由闲,只怕人掇去做～门。"明《拍案惊奇》卷二一："此必有人家干甚紧事,带了来用,因为登～,挂在壁间,失下了的。"

【东翁】 dōng wēng 塾师等对东家的敬称。清《聊斋志异·细侯》："～痛子而讼师,因被逮图圄。"《歧路灯》二回："请一个门馆先生,半通不通的,专一奉承～,信惯学生。"《八洞天》卷四："那郏先生败～是不在行的,一味哄骗。"

【东西】 dōng xī ❶ 奔走;逃亡。唐王梵志《耶娘年七十》:"耶娘年七十,不得远～。"《唐会要》卷八五"逃户"条载大中二年制:"所在逃户,见在桑田屋宇等,多是暂时～,便被邻人与所由计会,虽云代纳税钱,悉将砍伐毁折。及愿归复,多已荡尽。"宋杨万里《归去来兮引》:"正坐瓶无储粟,漫求为吏～。" ❷ 死的讳词。《敦煌资料》第一辑(五)《酉年曹孟成便豆种契》:"如身～不在,一仰保人代还。"又《辛丑年罗贤信贷生绢契》:"若身～不善者,一仰口承人弟兵马使罗恒垣祗当。"明《金瓶梅词话》四二回:"如借债人～不在,代保人门面南北躲闪。恐后无凭,立此文契不用。"按此例为祝日念的调侃语。又《说文解字》:"亡,逃也。"段玉裁注:"亦谓死为亡。孝子不忍死其亲,但疑亲之出亡耳。""死亡"就是"逃亡"义之引申。 ❸ 泛指各种物品或抽象事物。《元曲选外编·西游记》一本三出:"原来是一个匣儿,里面知甚么～,且待我打开来看。"清《红楼梦》三五回:"这一宗～,家常不大做;今儿宝兄弟提起来了,单做给他吃。" ❹ 特指人或动物,多含贬义。《元曲选·薛仁贵》三折:"那厮也少不的亡身短命,投坑落堑,是个不长进的～!"清《红楼梦》一〇三回:"王夫人哼道:'糊涂～! 有紧要的事,你到底说呀!'"

【冬烘】 dōng hōng 糊涂;迂腐。宋计有功《唐诗纪事》卷五〇:"(郑薰)大中八年掌文,误以颜标为鲁公之后,以第一人处之。士子嘲曰:'主司头脑太～,错认颜标作鲁公。'"明汤显祖《牡丹

亭》四一出:"文章五色讹,怕~头脑多。"

【冬凌】 dōng líng 冰。唐白居易《醉后戏题》:"自知清冷似~,每被人呼作律僧。"宋魏泰《东轩笔录》卷五:"唐天宝中,冰稼而宁王死,故当时谚曰:'~树稼达官怕。'"元尚仲贤《气英布》二折:"觑楚江山似火上弄~,汉乾坤如碗内拿蒸饼。"按,明佚名《墨娥小录》卷一四《行院声嗽》:"冰,冬凌。"

【冬日】 dōng rì 冬至日。五代花蕊夫人《宫词》:"密室红泥地火炉,内人~晚传呼:今宵驾幸池头宿,排比椒房得暖无?"宋《法演语录》卷中:"~,上堂云:'大众!一百单五近清明,上元定是正月半。'"按,冬至后一百零五天接近清明(恒气),故云。清继昌《行素斋杂记》卷下:"定制:元旦暨~,郊坛大祀朝贺,侍卫服猞猁狲褂,銮仪卫官员服豹皮褂。"

【鼕鼕鼓】 dōng dōng gǔ 唐时设在街头的禁鼓,早晚敲击,报时戒行。唐白居易《醉后赠刘五主簿》:"鼕鼕街鼓红尘暗,晚到长安无主人。"刘肃《大唐新语》卷一〇:"旧制,京城内金吾晓暝传呼,以戒行者。马周献封章,始置街鼓,俗号'鼕鼕',公私便焉。"

dòng

【动】 dòng ❶ 演奏。唐杜甫《自京赴奉先县咏怀五百字》:"君臣留欢娱,乐~殷胶葛。"宋孟元老《东京梦华录》卷七:"又一声爆仗,乐部~《拜新月慢》曲。"元明《水浒传》六二回:"早有二三十对红纱灯笼,照着一簇人马,~着鼓乐,前来迎接。" ❷ 常常;往往。唐杜甫《赠卫八处士》:"人生不相见,~如参与商。"白居易《履道池上作》:"家池~作经旬别,松竹琴鱼好在无?"宋辛弃疾《卜算子·饮酒不写书》:"一饮~连宵,一醉长三日。" ❸ 便;就。唐高适《送浑将军》:"意气能甘万里去,辛勤~作一年行。"元稹《感梦》:"行吟坐叹知何极,影绝魂销~隔年。"宋赵长卿《瑞鹤仙·张宰生辰》:"西风苹末起,~院落清秋,新凉如水。" ❹ 相当于"多"。唐杜甫《赤霄行》:"丈夫垂名~万年,记忆细故非高贤。"宋苏轼《和子由记园中草木十一首》之二:"荒园无数亩,草木~成林。春阳一已敷,妍丑各自矜。"金《董解元西厢记》卷六:"不恨咱夫妻今夜别,~是经年,少是半载,恰第一夜。" ❺ 全;都。唐李匡乂《资暇集》下:"而汾阳虽大度廓落,然而有晋陶侃之性,~无废物。每收其书皮之右所剺下者,以为逐日须取文帖,餘悉卷贮。"五代孙光宪《北梦琐言》卷一一:"殷公历官台省,始举进士时,文卷皆内子为之,~合规式,中外皆知。"元关汉卿《新水令》:"心友每相邀列着管弦,却子待欢解~凄然。"

【动不动】 dòng bu dòng 表示很容易发生某种情况或行为。宋《朱子语类》卷一〇九:"某常说今日学校科举不成法。上之人分明以贼盗遇士,士亦分明以盗贼自处,~便鼓噪作闹,以相迫胁,非盗贼而何?"《元曲选外编·遇上皇》一折:"~要手模,是不是取招状。"明《西游记》七六回:"只恨他~分行李散伙。"

【动侧】 dòng cè 走动。《元曲选·神奴儿》楔子:"我将这傀偏儿杆头疾去买,哥哥你莫得胡行休~。"明王肯堂《证治准绳》卷一〇九:"胸前腋下皆肿溃,不可~,其势可畏。"

【动粗】 dòng cū 做出粗野动作;动武。清《醒世姻缘传》三五回:"有理的事慢讲,不必~。"《后水浒传》一六回:"殷尚赤却也要吃,只是初做新郎,一时不好~,恐怕新人看见不雅。"

【动耽】 dòng dān 同"动弹❶"。明《西游记》三四回:"那老魔扳着葫芦口,张了个半截身子~。"

【动撢】 dòng dǎn ❶ 同"动弹❶"。元明《水浒传》二三回:"当下景阳冈上那只猛虎,被武松没顿饭之间,一顿拳脚打得那大虫~不得。"明《醒世恒言》卷三六:"(瑞虹)渐渐苏醒,只是遍体酥软,~不得。" ❷ 同"动弹❷"。明《警世通言》卷一五:"众道士醮事已完,兀自未醒,又不敢去~他。"清《十二楼·萃雅楼》二回:"等他流去些红水,就把止血的末药带捂上,然后替他抹去猩红,依旧穿上裤子,竟像不曾~得一般。"

【动旦】 dòng dàn 同"动弹❶"。元明《水浒传》六一回:"若是我把头来摇时,你便不可~。"

【动但】 dòng dàn 同"动弹❶"。《元典章·刑部四》:"到碾上,见作要小厮一个在西北碾槽内,手脚~挣揣。"

【动惮】 dòng dàn 同"动弹❶"。明《朴通事谚解》卷下:"三尺宽肩膊,灯盏也似两只眼,直挺挺的立地,山也似不~。"

【动弹】 dòng dàn ❶ 活动;行动。明《金瓶梅词话》五七回:"只不知这一卷经,要多少纸札,多少装钉工夫,多少印刷,有个细数才好~。"清《红楼梦》三三回:"按宝玉的两个小厮忙松了手,宝玉早已~不得了。" ❷ 触动。明《平妖传》一九回:"这泥污处莫~他,等待干时,擦去了就是。"

【动诞】 dòng dàn 同"动弹❶"。宋《朱子语类》卷八六:"那司市一官,更~不得,法可谓甚严。"

【动荡】 dòng dàng 动。元明《水浒传》一回:"~则拆峡倒冈,呼吸则吹云吐雾。"明《西游记》六七回:"下了山,有二十餘里,却才倒在尘埃,~不得,鸣乎丧矣。"

【动地】 dòng dì 忽地。唐独孤及《同岑郎中屯田韦员外花树歌》:"东风~只花发,渭城桃李千树雪。"李商隐《马嵬二首》之一:"冀马燕犀~来,自埋红粉自成灰。"宋郭祥正《送姚彦齐经歌行》:"春风~吹春去,行人不肯江边住。"

【动火】 dòng huǒ 引动情欲或贪欲。明《醒世恒言》卷五:"今日晓得韦德倾银多年,囊中必然充实;又见单氏生得美丽,自己却没老婆。两件都动了火。"清《红楼梦》二一回:"平儿在窗外笑道:'我浪我的,谁叫你~了?'"

【动静】 dòng jìng ❶ 举止;模样。《旧唐书·魏徵传》:"臣愿当今之~,思隋氏以为鉴,则存亡治乱,可得而知。"《元曲选·鸳鸯被》三折:"我这等标致~,你便随顺了我,也不辱抹了你了。"明《西游记》三〇回:"我师父曾看见公主的模样~。" ❷ 指日常生活景况。唐陈子昂《为建安王与辽东书》:"初春向暖,愿~胜常,所有都督官属及大首领与左右立功人等并申此问。"宋洪迈《容斋随笔》卷一五引《蔡君谟帖》:"今因樊都官西行,奉书问~,不一一。"明《古今小说》卷一五:"史弘肇认得是他结拜的哥哥,扑翻身便拜。拜毕,相问~了。"

【动具】 dòng jù 即"动使"。宋吴自牧《梦粱录》卷一九:"起造塌房数十所,为屋数千间,专以假赁与市郭间铺席宅舍及客旅寄藏物货,并~等物。"

【动劳】 dòng láo ❶ 劳动;劳绩。宋楼钥《缴重华宫官吏诸色人等及五年推恩转官》:"仁恩隆宽,左右近习戚里之众,干请恩幸,渎紊圣听,~特旨。"元李存《与张玉文》:"~昭著,爵赏颁赉,公私之论,其谁曰不宜。"明韩雍《增修江西察院记》:"然居之者避~之嫌,安苟简之习,莫肯继予治也。" ❷ 受别人帮助关心时说的客气话。《元曲选外编·遇上皇》二折:"小生三人,有何德能,~那壁哥哥。"《七国春秋平话》卷下:"廉颇曰:'今知孙子围在燕阵,故来相救。'见了鬼谷,礼毕,鬼谷曰:'~。'"明《金瓶梅词话》五八回:"岂敢~车驾,又兼谢盛仪,外日多谢妙药。"

【动履】 dòng lǚ ❶ 起居作息。唐宋之问《在桂州与修史学士吴兢书》:"远仁来札,以当招魂。秋冬凝寒,惟~休胜。"宋尹洙

《答河北都转运欧阳永叔龙图书二首》之二："今辱书，知～甚休。" ❷ 移动脚步，多用为有劳对方的敬词。明《醒世恒言》卷七："既然尊意决意要会面，小子还同舍亲奉拜，不敢烦尊驾～。"《封神演义》八〇回："姜尚屡遭大难，每劳列位道兄～，尚何以消受？" ❸ 活动；行动。宋党范《冯氏墓铭序》："年十六，归同邑隐君子高广仲容。入门和敬，～规矩，懿淑而敏，出于天姿。"明谢肇淛《五杂组》卷五："魏安行妻风痿十年不起，王克明一针而～如初。"清《绿野仙踪》七一回："只待得金不换走出前门，把诀咒开放，众男妇方能～。"

【动喃】 dòng nán 嘟囔。明《型世言》七回："在家里走动，便大似他十岁，还说是丈夫勾搭，絮聒～。"又二七回："钱公布又路上～，道累他受气，累他陪口分拆，后生家干这样没要紧事。陈公子默默无言。"

【动念】 dòng niàn 动心；触动某种愿望或情绪。唐吴筠《玄纲论》："故我心不倾，则物无不正；～有属，则物无不邪。邪正之来，在我而已。"宋赵鼎《建炎笔录》卷一："上览奏，恻然～。"清《隋唐演义》四回："唐公坐在滴水檐前，看着这些手下人，怜惜他效劳日久，十分～。"

【动气】 dòng qì ❶ (肠胃)胀气。唐刘恂《岭表录异》卷中："椰子树……壳中有液数合，如乳，亦可饮之，冷而～。"豆卢钦望《请谅闇进膳表》："但仓米陈臭，天下共知，食即～。"明朱橚《救荒本草》卷八："莙薘菜……救饥，采苗叶煠熟，以水浸洗净，油盐调食。不可多食，～破腹。" ❷ 中医称体内游动的气脉。隋巢元方《巢氏诸病源候总论》卷四四："产后小便不能。因产～，气冲于胞，胞转屈辟，不得小便故也。"金成无已《伤寒明理论》卷七："～在右，不可发汗，发汗则衄而渴，心苦烦饮，即吐水多。"注："～者，筑筑然气动也。在右者，在脐之右也。"明敖英《东谷赘言》卷上："医书有曰：'怒则气上，惊则气乱……'不然七者之害，岂直趋者蹶者之能～哉？" ❸ 生气。明《二刻拍案惊奇》卷四〇："此间不容借走，我们移船下去些，别寻好上岸处罢了，何必～？"清《野叟曝言》一六回："白相公身边钱是有几个，说过不赏奸胥。不要只管唠叨，惹我相公～。"

【动器】 dòng qì 即"动使"。宋俞琰《周易集说》卷三九："鼎，～也，宗庙祭祀用之。"吴自牧《梦粱录》卷一六："杭城内外，肉铺不知其几，皆装饰肉案，～新丽。"

【动情】 dòng qíng 引动某种感情或情欲。唐杜荀鹤《送人宰吴县》："海涨兵荒后，为官合～。"元明《水浒传》二四回："我今日着实撩逗他一撩逗，不信他不～。"清李渔《闲情偶寄·词曲部》："看不～，唱不发调者，无务头之曲，死曲也。"

【动人】 dòng rén ❶ 惹动他人。明《禅真逸史》一一回："但住持爷这条铜禅杖，似非凡物，出家人提此行路，～疑忌。"《封神演义》二回："况选一人之女，又不惊扰天下百姓，自不～耳目。" ❷ 抓捕人犯。明《金瓶梅词话》六九回："桂姐一家唬的捏两把汗，更不知是那里～。"又："今早打听，方知是提刑院～。"

【动使】 dòng shǐ 日用器具。宋孟元老《东京梦华录》卷七："桥上两边，用瓦盆内掷头钱，关扑钱物、衣服、～。"《朱子语类》卷八："今人于饮食～之物，日极其精巧。"《大宋宣和遗事》前集："尹知县令司吏辨认酒桶是谁人～，便可寻觅贼踪。"

【动事】 dòng shì 同"动使"。宋吴自牧《梦粱录》卷一八："或有新搬移来居止之人，则邻人争借～，遗献汤茶，指引买卖之类，则见睦邻之义。"元明《水浒传》四五回："又打了一回鼓钹～，把些茶食果品煎点。"

【动是】 dòng shì 全是；都是。宋蔡襄《乞选翰林学士不用资序札子》："况兹一职，～两府之资。苟不择人，岂陛下选任忠良之意？"《元典章·刑部九》："但有侵盗，～千定万定。"明《醒世恒言》卷三七："元来波斯馆都是四夷进贡的人，在此贩卖宝货，无非名珠美玉，文犀瑶石，～上千上百的价钱。"

【动头】 dòng tóu 开头。明《西游记》三九回："我这一哭～，有两日哭哩。"清《十二楼·生我楼》二回："那里知道一天诧异才做～，半路之中又有悲欢离合，不是一口气说得来的。"

【动问】 dòng wèn ❶ 讯问。元蒲道源《与邓明仲郎中书》："杜克钦行，草此～。渐寒，伏冀顺时保重。"元明《水浒传》四七回："两个一面吃酒，一面～酒保上梁山泊路程。" ❷ 问候。《元曲选·玉壶春》楔子："数载不见，有失～，相弟请坐。"明《警世通言》卷六："～已毕，卓王孙置酒相待。" ❸ 向人问话的敬词。《元曲选·鸳鸯被》三折："酒也要吃。～小娘子，敢不是卖酒的人？"明《金瓶梅词话》一七回："小人不敢～，娘子青春几何？"

【动息】 dòng xī ❶ 起居。唐王绩《答冯子华处士书》："首夏渐热，足下何如也？愿～多宜。"宋胡宗愈《成都草堂诗碑序》："先生以诗鸣于唐，凡出处去就、～劳佚、悲欢忧乐、忠愤感激、好贤恶恶，一见于诗。" ❷ 情况；消息。《太平广记》卷二九〇引《妖乱志》："用之乃树置私党，伺～。"宋《三朝北盟会编》卷二一三："以至间谍用命，虏～必闻。"《大宋宣和遗事》前集："主上深居九重，小官何以知其微行～？"

【动兴】 dòng xìng ❶ 引起兴致。唐骆宾王《萤火赋》："事有沿情而～，因物而多怀。"宋刘辰翁《官梅动诗兴》："官路行人老，梅开客过时。徘徊深～，放浪自吟诗。"清《隋唐演义》三九回："此地朕原不忍遽离，因皇后～去游江都，只道事再做不成的，谁知今日竟成其愿。" ❷ 引发情欲。明《警世通言》卷三五："放着家里这般标致的，早暮在眼前，好不～？"《拍案惊奇》卷二六："元来门子是行中之人，风月心性，见说小和尚标致，心里就有些～。"

【动意】 dòng yì ❶ 起意；动心。唐杜殷《花严寺杜顺和尚行记》："师之门人～寻五台灵境，欲觉疑菩萨给五铢道粮，乃失师事。"宋元《古今小说》卷三三："男儿下惠也生心，女子麻姑须～。"清《歧路灯》一〇回："谭、娄纯正儒者，那得～于下里巴人。" ❷ 动怒。明《金瓶梅词话》七九回："李三却不该行此事，老舅快休～，等我和他说罢。" ❸ 犹"费心❶"。明佚名《娶小乔》三折："某等四将，乃元帅治下，何劳如此～？"

【动用】 dòng yòng ❶ 即"动使"。宋吴自牧《梦粱录》卷二〇："女家回定帖，……具列房奁、首饰、金银、珠翠、宝器、～、帐幔等物。"元明《水浒传》三九回："两个都约定了来早起身，各自归家收拾～。" ❷ 使用。清《红楼梦》七四回："只得自己先出来打开了箱子并匣子，任其搜检一番，不过是平常～之物。"

【动支】 dòng zhī 使用(款项)。宋郑兴裔《请蠲扬州缗钱疏》："臣深为悯恻，不避擅专之罪，径于本郡贮库桩积银钱内～一万七千五百缗，贷民陶瓦，创建间架。"明《西游记》九二回："又一壁厢～柱罚无碍钱粮，买民间空地，起建四星降妖之庙。"清《隋唐演义》七回："叫库吏～本州名下公费银三两，也不必包封，赏刘爷差人秦琼为路费。"

【动止】 dòng zhǐ ❶ 起居。唐戴孚《广异记·边洞玄》："满七日，弟子等晨往询问～，已见紫云昏凝，遍满庭户。"徐峤《洺州帖》："春首餘寒，惟阁梨～安隐。" ❷ 行动；活动。唐刘肃《大唐新语》卷六："凡所～，咨而后行。"《元曲选·货郎旦》四折："减了神思，瘦了容姿，病恹恹睡损了裙儿裆。难扶策，怎～？"元明《水浒传》二二回："宋太公卧病在床，不能～，早晚临危。"

【动转】 dòng zhuǎn ❶ 活动。唐李治《禁酷刑及匿名书

诏》："乃有悬枷著树,经日不解;脱衣迥立,连宵忍冻;～有碍,饮食乖节。"《元曲选外编·五侯宴》三折："我这里立不定虚气喘,无筋力手腕软,瘦身躯急难～。"清《红楼梦》九八回："岂知连日饮食不进,身子那能～?" ❷ 张罗。清《歧路灯》七四回："邓祥、蔡湘、双庆、德喜,个个要走,无日不强嘴,福儿听的也只装得没听得;再添上王中,一家子一发难～。"

【动作】 dòng zuò 活动。宋《朱子语类》卷六："此身是体,～便是用。"清《镜花缘》六四回："一切庄田～,牛羊喂养,全是亲自动手。"

【冻剥剥】 dòng bō bō 冻得发抖的样子。《元曲选·黄粱梦》三折："我则见～一行老小,战钦钦四体频摇。"《元曲选外编·拜月亭》二折："望得些春风艳阳,东风和畅,好也啰,划地～的雪上加霜。"

【冻凌】 dòng líng 同"冬凌"。《古尊宿语录》卷四《慧昭禅师语录》："冷嗦嗦地,如～上驴驹相似。"元朱庭玉《夜行船·悔悟》："千金废,火上弄～。"

【冻雀】 dòng què 冬天的鸟雀。宋洪适《西江月》："琼瑶破碎为行车,～盈枝堪画。"元佚名《一枝花·春雪》："恰便是银砌就枯木寒鸦,玉琢就冰枝。"清李岳瑞《春冰室野乘》卷下："简锜瓶羊触,呆罴～穿。"

【冻石】 dòng shí ❶ 冰冻的石头。唐郑损《艺堂》："堂开～千年翠,艺讲秋胶百步威。"宋张耒《岁暮书事十二首》之六："寒耕敲～,猎火上风枝。"元方回《至后承元煇见和复次韵书病中近况十首》之二："病起晴冰破,禅悠～温。" ❷ 一种可作印章等工艺品的石料,质地细密,滑润如冻。明方以智《物理小识》卷七："青田～:青田石之心为～,如蜡者曰蜡冻。"清王士禛《居易录》卷六："今士大夫尤贵闽中寿山石,五色烂然,用刻印章极妙。其价几与～相埒。"《红楼梦》四〇回："还有个墨烟～鼎,这三样摆在这案上就够了。"

【冻天行】 dòng tiān xíng 冬天流行的疾病。《元曲选·合汗衫》一折："出来做买卖,染了一场～的症候。"又《争报恩》一折："宋江哥哥又差某徐宁接应关胜去,到这权家店支家口,得了一场～的证候,一卧不起。"

【洞案】 dòng àn 一种安设香炉的几案。唐郑谷《寄左省韦起居序》："端简香炉里,濡毫～边。"按,明方以智《通雅》卷三三："～,毡案之遗也。宋祁《笔记》,正仗设～于两螭间,'修注官夹案立'。盖通朱漆之案曰～,唐郑谷用之,当音平声。"明《金瓶梅词话》三九回："西门庆于是～前炷了香,画了文书,左右捧一匹尺头与吴道官画字。"

【洞察】 dòng chá 深入观察并清楚了解。唐裴廷裕《大唐故内枢密使吴公墓志铭》："明如夏日,～秋毫。"宋魏泰《东轩笔录》卷九："一日执政奏事罢,因谈时政,而共美上以聪明睿智～小人之情者。"《元典章·刑部二》："况杂进之人,十常八九不能～事情,专尚捶楚,期于狱成而已。"

【洞彻】 dòng chè ❶ 清澈透明。唐张怀瓘《书议》："有千年明镜,可以照之不陂;琉璃屏风,可以～无碍。"宋《朱子语类》卷一五："须是彻上彻下,表里～。"清《聊斋志异·巩仙》："伏身入,则光明～,若厅堂。" ❷ 明白了悟。明《醋葫芦》一二回："看看过了三四个月,胸中朗然开悟,豁达～,遇事即明,无机不解。"《拍案惊奇》卷二八："我来指你个境头,等你心下～罢了。"

【洞穿】 dòng chuān 穿透。唐浩虚舟《射雉解颜赋》："彩光游落,初莞尔以难持;飞镞～,遂嫣然而不息。"清许重熙《江阴城守后记》："又一人胸背～,而直立如故。"

【洞丁】 dòng dīng 指南方少数民族部落的壮丁。唐许浑《岁暮自广江至新兴往复中题峡山寺四首》之三："～多斫石,蛮女半淘金。"宋《三朝北盟会编》卷一四五："官兵力寡,分布不足,遂下属郡调发～刀手、弓弩手,及东南第八将兵弓手,以助蔡兵守御。"清《广西通志》卷一二八："～出入,须什什五五,持矛鸣锣,以自防卫。"

【洞房】 dòng fáng 特指新房。唐朱庆馀《近试上张籍水部》："～昨夜停红烛,待晓堂前拜舅姑。"五代和凝《江城子》："初夜含娇入～,理残妆,柳眉长。"元高明《琵琶记》一九出："这姻缘不俗,金榜题名,～花烛。"

【洞府】 dòng fǔ 道教指神仙居住的地方。宋苏轼《过木枥观》："～烟霞远,人间爪发枯。"元明《水浒传》五三回："我想公孙胜是个清高的人,必然在个名山～、大川真境居住。"

【洞悉】 dòng xī 透彻了解。宋杨时《曾文昭公行述》："虽敌中山川道里远近夷险,无不～。与辽使语,道其委曲,皆大惊服。"明《英烈传》五三回："足下若能～时务,真心纳款,谅不失为藩王之贵。"

【洞章】 dòng zhāng 道教经典。《云笈七籤》卷四〇："咏诵～,奚求不得?"宋吴自牧《梦粱录》卷二："午时朝贺,排列威仪,奏天乐于墀下,羽流整肃,谨朝谒于陛前,吟咏～,成礼。"

【洞子】 dòng zi 一种攻城器械。宋《三朝北盟会编》卷五三："粘罕填壕之法,先用～,下置车轮,上安巨木,状似屋形,以生牛皮漫上,又以铁叶裹之,人在其内,推而行之。"又卷一九六："贼不退,又添生兵,拥～云梯直前攻城。"

dōu

【哜哆】 dōu duǒ 说话絮烦。《敦煌变文校注》卷一《张议潮变文》附录一："莫怪小男女～语,童谣歌出在小厮儿。"按,《说文解字》："哜,嗷哜,多言也。"《广韵》上声"哿韵"："哆,丁可切,语声。"

【都】 dōu 另见 dū。❶ 全。总括副词,语义指向动词后的宾语。唐韩愈《春雪》："新年～未有芳华,二月初惊见草芽。"元《七国春秋平话》卷上："帝知大怒,令袁达～杀邹家老小。"元明《水浒传》七四回："那里圣帝生日,～是四山五岳的人聚会。" ❷ 却、倒。语气副词,表转折。唐杜甫《可惜》："花飞有底急? 老去愿春迟。可惜欢娱地,～非少壮时。"宋佚名《张协状元》四出："夜来梦见一条蛇儿,～是龙的头角。"清《醒世姻缘传》四九回："他的汉子吴学颜虽然成了瘸子,～也行动得了。"

【都齐】 dōu qí 全都。宋朱敦儒《蓦山溪》："～醉也,说甚是和非? 我笑他,他不觉,花落春风晚。"张嵲《寄谦上人》："屋里迷家张处士,上门指路上人谦。如今线索～露,拍手呵呵未是忱。"金王质《满江红·幕府诸公郊外同集》："方丈维摩,蒙衲被,～不省。"

【都通】 dōu tōng ❶ 通通,表示全部。宋《法演语录》卷中："搅扰身心,一团麻线,白云今日,～截断。" ❷ 总共。明《朴通事谚解》卷中："这鸦青绵绸六钱,被表带里儿八钱,～染钱是五两四钱半银子。"

【都无】 dōu wú 共无;全无。唐郭京《周易举正》卷上："言字转写相仍,遂成谬误。言字～义可安。"宋元《警世通言》卷一六："如今～亲戚投奔,特来见婆婆,望乞容留。"元《三国志平话》卷中："交战～十合,文丑败,拨马走。"

【都则】dōu zé 全都。"则"为副词词缀。明《醒世恒言》卷三:"自己曾开过六陈铺子,卖油之事,～在行。"又卷七:"众人见知县相公拿人,～散了。"清《镜花缘》九九回:"这六个仆妇～甚么名字? 管甚么职事?"

【哦】dōu 喝斥声。《元曲选·生金阁》二折:"～! 我养着你个家生狗,倒向着里吠!"明《醒世恒言》卷二九:"卢柟睁起眼喝道:'～! 还说甚大爷! 我这酒可是与俗物吃的么?'"

【兜】dōu ❶蒙;盖;裹。《元曲选·窦娥冤》一折:"梳着个霜雪般鬓髻,怎将这云霞般锦帕～?"曾瑞《哨遍·麈腰》:"深～玉腹,浅露酥胸,拘束得宫腰细。"明《醒世恒言》卷八:"玉郎～上方巾,向母亲作别。" ❷提;拉;扯。宋向子谭《鹧鸪天》:"垂玉箸,下香阶,并肩小语更～鞋。"《元曲选外编·老君堂》一折:"见一人急高呼骤征骒,慌的我～战马疾回还。"又《衣袄车》三折:"那狄青左手～弦,右手推靶,弓开似那曲律山头蟒,望着鼻凹一点星。" ❸舀;盛;装。《元曲选外编·贬夜郎》二折:"怕我先尝后买,散打零～,高价零沽。"元明《水浒传》一一八回:"(卢先锋)急令差遣前部军兵,各人～土块入城。"清《红楼梦》二八回:"(宝玉)不觉恸倒山坡上,怀里的落花撒了一地。" ❹击;托;顶。宋《密庵和尚语录》:"厕坑筹蹄跳入诸人八万四千毛窍里,触着五脏神,恶发连～两掌,直得血溅梵天。"《元曲选·玉壶春》三折:"则有分别腾的泥球儿换了你眼睛,便休想欢喜的手帕儿～着下颏。"元明《水浒传》三七回:"一只手揪住那大汉头巾,一只手提住腰胯,望那大汉肋骨上只一～,跟跄一交,颠翻在地。" ❺绊;留;捉。元明《水浒传》二一回:"若是今夜～得他住,那人恼恨都忘了。"明《金瓶梅词话》二五回:"金莲又说:'李大姐,把我裙子又～住了。'"《二刻拍案惊奇》卷五:"不～住身子,便算天大侥幸,还望财物哩!" ❻朝着;对着。明《金瓶梅词话》一二回:"被西门庆一脸打了个耳刮子,把妇人打了一交。"清《醒世姻缘传》六四回:"狄希陈不及防备,被素姐飔的一个漏风巴掌,～定一脚,踢了一个嘴抢地。" ❼转;绕。元程端礼《送冯彦思序》:"甚者至于～题作义,全经且不尽读,况传注乎?"元明《水浒传》二三回:"那大虫又剪不着,再吼了一声,一～～将回来。"又三四回:"带了人马,大宽转～出大路来,预先截住去路。" ❽引动;招惹。元卢挚《朱履曲·雪中黎正卿招饮》:"数盏后～回吟兴,六花飞惹起歌声。"明《醒世恒言》卷二八:"陈氏道:'是倒也是。羞人答答的,怎好～他?'" ❾只有座位没有轿厢的轿子。《宋史·占城传》:"近则乘软布～,远则乘象。"《元曲选·汉宫秋》二折:"往常行翠轿香～,兀自倦朱帘揭绣。" ❿口袋之类。元张弘范《雏燕》:"羽为香润态含痴,睡足云～力尚微。"元明《水浒传》三八回:"(李逵)就地搂了银子,又抢了别人赌的十来两银子,都搂在布衫～里。" ⓫通"陡❸"。宋觉范《再送忠道者乞炭》:"东胜身洲一喝,惊得山河磨蚁旋。"

【兜搭】dōu dā ❶道路曲折崎岖。《元曲选·青衫泪》四折:"今日个君王召也,长安避甚道路～。"也喻指世路险恶。元佚名《归来乐》:"你看那秦代长城替别人打,汉朝陵寝被偷儿挖,魏时铜雀台,到今无片瓦。哈哈! 名利场最～。" ❷难缠;不利落。《元曲选·红梨花》一折:"贪和你书生打话,畅好是兜兜搭搭,因此上不知明月落谁家。"元明《水浒传》四七回:"却又作怪! 往常这厮不是这等～,今日缘何恁地?"明《醒世恒言》卷二三:"况且他夫人有些古怪,妇人如何去做得?" ❸麻烦;周折。《水浒传》八回:"亦本人年纪又不高大,如何作的这缘故,倘使有些～,恐不方便。"明《西洋记》五九回:"国虽小,却有许多的～。" ❹攀谈;搭腔。明《拍案惊奇》卷三二:"及至唐卿看了别

处,不来～了,却又说句把冷话,背地里忍笑,偷眼斜盼着唐卿。"清《红楼梦》一一五回:"宝玉原要和那姑子说话,见宝钗似乎厌恶这些,也不好～。" ❺纠缠;勾搭。明《二刻拍案惊奇》卷九:"既与他兜兜搭搭,他难道肯认做不爱不成?"清《水浒后传》二九回:"东京的李师师在二桥堤上唱得正好,小乙哥惜他～,扯了回来。" ❻耽误。清《隋唐演义》四四回:"士信恐怕～了工夫,忙把刀向他颈下一撩,一颗头颅滚在尘埃。"

【兜答】dōu dā ❶同"兜搭❷"。宋元《清平山堂话本·李翠莲》:"打紧他公公难理会,不比等闲的,婆婆又～,人家又大。"元明《水浒传》八回:"倘有些～,恐不方便。" ❷同"兜搭❸"。清林蕙堂《粉蝶儿》:"有时节正平三弄鼓儿挝,有时节乐天江口听琵琶。有甚么～? 聊收笑与啼,权用聋和哑。"

【兜达】dōu dá 同"兜搭❷"。明《金瓶梅词话》九回:"任武二那厮怎地～,我自有话回他。"

【兜地】dōu de 同"兜的"。金《董解元西厢记》卷六:"懒说设的把金莲撒,行不到书窗直下,～回来又说些儿话。"《元曲选外编·调风月》一折:"忽地却掀帘,～回头问。"

【兜底】dōu de 另见dōu dǐ。同"兜的"。明《封神演义》五二回:"但见山景凄凉,太师坐下,不觉～上心,自己吟诗嗟叹。"清《醉醒石》三回:"淑娘闻说汤小春,～上心来。"

【兜的】dōu de 陡然;立刻。《元曲选外编·西厢记》二本一折:"从见了那人,～便亲。"明《西洋记》五七回:"胡爷就～上心来,说道:'原来是张三峰高士。'"清陈世祥《卖花声·本意》:"一担把春收,～相勾。倚帘不语凝双眸,插向鬓边还住,恰为花愁。"

【兜底】dōu dǐ 另见dōu de。❶彻底。明《醋葫芦》一六回:"怪不得都氏正渴之际,只这一碗饮下,也不用夹棍拶子,竟把一生事迹～道出。"清周召《双桥随笔》卷四:"果能明此说,便～一清。鲁不曾有天下,自然不应用褅。" ❷顶住物件的底部。清《东周列国志》五八回:"这枝箭不上不下,不左不右,恰恰的将潘党那一枝箭～送出布鸹那边去了。"《野叟曝言》一一二回:"谁料忽然狂风大作,海水起立,把船一～浪,直掀转来。"

【兜肚】dōu dù ❶贴身护在胸腹前的菱形布,用带子套在脖子上,左右两角也有带子系在背后。《元朝秘史》卷四:"太祖军在塔塔儿营盘里时,拾得个小儿。鼻上戴一个金圈子,又金综丝貂鼠里儿做。"明《金瓶梅词话》八回:"一条纱绿潞绸永祥云嵌八宝水光绢里儿,紫线带儿,里面装着排草梅桂花～。"清《红楼梦》三六回:"(宝钗)瞧他手里的针线,原来是个白绫红里的～。" ❷肚包。明《警世通言》卷一五:"胡美向～里摸出雪花光亮水磨般的一锭大银,对酒缸盖上一丢。"《醒世恒言》卷一六:"看见前边一个单身客人,在地下捡了一个～儿,提起颇重,想来其中有物。"

【兜裹】dōu guǒ ❶宋代婚俗之一,男家帮助贫穷女家备办嫁妆。宋吴自牧《梦粱录》卷二○:"又有一等贫穷父母兄嫂所倚者,虽色可取,而奁具茫然,在议亲者以首饰衣帛,加以楮物送往,谓之～。" ❷包裹,作动词。明朱橚《普济方》卷三四五:"方令稳重妇人轻轻盛起肉线,使之屈曲作一团,纳在水道口,却用绢袋～。"清姜炳章《诗序补义》卷一八:"此章以'曾孙来止'一句领起,中七句皆曾孙所见,其一时妇子官民禾亩景象,而以不怨两字～。"

【兜轿】dōu jiào 即"兜❾"。《元曲选外编·陈母教子》四折:"不觉的抬着～,虽不曾跨着骏骒,尚兀自报答不的我乳哺三年。"明《二刻拍案惊奇》卷五:"若肯来,当差～来迎。"

【兜揽】dōu lǎn ❶招引;招惹。宋《朱子语类》卷一二一:

"且如读此一般书，只就此一般书上穷究，册子外一个字且莫～来炒。"元明《水浒传》二四回："本待要去县里寻兄弟说话，却被这婆娘千叮万嘱，分付教不要去～他。"明《拍案惊奇》卷三四："静观恬然不来～，让他们欢畅，众尼无不感激静观。" ❷ 包揽，自己独自承担某事。宋周密《齐东野语》卷五："～民讼，交通关节，为郡将所持，遂生怨隙。"明《醒世恒言》卷三四："这几句是朱常引人来～处和的话。"清《红楼梦》六一回："宝玉为人，不管青红皂白，爱～事情。"

【兜笼】 dōu lóng ❶ 即"兜❾"。《新唐书·车服志》："巴蜀妇人出入有～。乾元初，蕃将又以～易负，遂以代车。"宋李上交《近事会元·兜笼》："肃宗乾元已来，以～易于担负，京城奚车、～代于车辇矣。奚车似今之坐车耳。"清沈自南《艺林汇考·服饰篇》卷二："先是妇人犹乘车舆，唐乾元以来乃用～，若今之檐子矣。" ❷ 即"兜罗❷"。宋赵长卿《踏莎行·春暮》："新来著意与～，身心若役伊知否?"元王晔《折桂令·问双渐》："实丕丕～富商，虚飘飘蹬脱了才郎。" ❸ 包裹，作动词。元吕天用《一枝花·秋蝶》："喜孜孜翠袖～，娇滴滴玉纤捻搭，笑吟吟罗扇招摇。"

【兜罗】 dōu luó ❶ 收拾。《元曲选·酷寒亭》四折："眼见得这场做作，官司里怎好～?"清浦起龙《史通通释》卷一一："而论文于～收裹处更复矩叠规重。" ❷ 笼络；讨好。《元曲选·对玉梳》二折："哑谜儿有甚难猜破? 甜句儿将我紧～，口如蜜钵。"

【兜收】 dōu shōu ❶ 收罗；收揽。宋吴潜《水调歌头》："屋外弘澄是水，水外阴森是竹，风月尽～。"清《江南通志》卷一一八："周元宰，金州卫人，康熙十六年知含山县。征输令民自纳，革里甲～之弊。" ❷ 斡旋；排解。明《醒世恒言》卷三四："那朱常初念，只要把那尸首做个媒儿，赵完怕打人命官司，必定央人～私处。"《型世言》二回："王俊听得慌了，忙去请了族中族长王道，一个叫做王度，村中一个惯处事的单邦、屠利、魏拱一干人来，要他～。"

【兜手】 dōu shǒu 同"兜收❷"。清《五色石》三回："施惠卿便出来～道：'长官不须啰唣，银子我已替他借下，交还你去便了。'"

【兜驮】 dōu tuó 用背驮。元明《水浒传》三八回："但凡初到配军，须打一百杀威棒。那～的，与我背起来，且打这厮一百讯棍!"

【兜坨】 dōu tuó 同"兜驮"。元明《水浒传》二八回："要打便打，也不要～，我若是躲闪一棒的，不是好汉。"

【兜膝】 dōu xī 护膝，跪拜时用。明《金瓶梅词话》五三回："西门庆净了手，漱了口，着了冠带，带了～。"

【兜子】 dōu zi 即"兜❾"。《太平广记》卷一二二引《逸史》："三日欲夜人散，李妻乘～从婢一人而至。"清陈元龙《格致镜原》卷二九："稗编：古称肩舆、腰舆、版舆、～，即今轿也。"

dǒu

【斗】 dǒu 另见 dòu。同"陡❸"。唐杜甫《义鹘行》："～上戾孤影，嗷哮来九天。"《元曲选外编·豫让吞炭》三折："他道乞丕丕心惊，我恶狠狠跳出，～将我嗔忿忿捉拿。"

【斗顿】 dǒu dùn 同"陡顿"。宋黄庭坚《少年心》："是阿谁先有意，阿谁薄幸。～恁，少喜多嗔。"赵长卿《醉落魄·初夜感怀》："不应～音书绝，烟水连天，何处认红叶?"

【斗方】 dǒu fāng 书画所用的方形纸，也指一二尺见方的字画。明文震亨《长物志》卷八："堂中宜挂大幅横披，斋中宜小景花鸟，若单条扇面、～挂屏之类，俱不雅观。"清《儒林外史》一七回："现今胡三公子替湖州鲁老先生征挽诗，送了十几个～在我那里。"《红楼梦》八回："前儿在一处看见二爷写的～儿，字法越发好了。"

【斗府】 dǒu fǔ 指天界、天空。《太平御览》卷六六二引《戒文经》："天上有东西南北及中央也，皆有石城，应其方位，百官曹局皆纪列～中。"元明《水浒传》五二回："疑是天蓬离～，正如月孛下云衢。"明《西游记》七一回："两个喷云嗳雾照天宫，真是走石扬沙遮～。"

【斗山】 dǒu shān 泰山北斗，比喻德高望重为人所景仰者。宋张嵲《高司业》："巨源淳德真金玉，吏部高名信～。"明韩雍《挽金都御史左周器》："～光价流中外，墓道铭章耀古今。"清陆陇其《与闽臬赵公》："恭惟先生道原洙泗，文溯韩欧，霖雨之作已遍乎中外，～之仰益重乎朔南。"

【斗筲】 dǒu shāo 本为两种容器，分别容十升和二升，比喻器量狭小。有时也指酒量小。明《警世通言》卷三二："坐中若有杜十娘，～之量饮千觞。"

【斗擞】 dǒu sǒu ❶ 同"斗薮❶"。《太平广记》卷三七引《续仙传》："后于长安卖药，方买药者多，～葫芦已空。"宋沈辽《赠送卢总赴调》："却持手板谒公府，～青衫尘土迹。" ❷ 同"斗薮❷"。唐李华《登头陁寺东楼诗序》："将以～烦襟，观身齐物。"白居易《答州民》："宦情～随尘去，乡思销磨逐日无。"宋苏舜钦《阻风野步有感呈子履》："～尘襟莫回首，谤书终不到溪山。"

【斗薮】 dǒu sǒu ❶ 抖动。唐白居易《骠国乐》："珠缨炫转星宿摇，花鬘～龙蛇动。"宋梅尧臣《依韵和昭亭山广教院文鉴大士喜予往还》："禅衣频～，蜡屐莫趋跄。" ❷ 摆脱。唐白居易《赠邻里往还》："但能～人间事，便是逍遥地上仙。"宋谢逸《送惠洪上人》："洪师～蔬笋气，白昼穴我夫子墙。"

【斗子】 dǒu zǐ 在官仓当差的差役。宋梁克家《淳熙三山志》卷一三："～三十一人。国初斗掏等并选下户有行止人充。皇祐三年，一路遍敕州县库秤拣掏仓～等，元无名额人数。"《元曲选·陈州粜米》一折："左右，与我唤将～来者!"清俞森《荒政丛书》卷一〇上："仍乞选差本县清强官一员，人吏一名，～一名，前来与乡官同共支贷。"

【抖】 dǒu ❶ 握住物件振动，使展开或落下。宋元《清平山堂话本·杨温传》："茶博士～那钱出来数了，使索子穿了，有三贯钱，把零钱再打入竹筒去。"明庄昶《寄灵璧县博陆先生》："好看相忆否，～尽小囊诗。" ❷ 显示。明程敏政《涿州道中录野人语》："一儿水中没，一妇嫁邻某。两孙鬻他人，偿官尚难勾。老身自执役，有气孰敢～? 反羡死者安，苦恨生多寿。"清《歧路灯》九回："这都是～能员的本领，夸红人儿手段。" ❸ 同"陡❸"。明《古今小说》卷二："可惜名花一朵，绣幕深闺藏护。不遇探花郎，～被狂蜂残破。"

【抖搂】 dǒu lóu ❶ 耍威风摆布人。明《金瓶梅词话》九四回："姐姐几时这般大了? 就～起人来!" ❷ 指受凉感冒。清《红楼梦》九七回："姑娘的身上不大好，起来又要～着了。" ❸ 犹"抖擞❸"。明《平妖传》九回："便穿双把滑的多耳麻鞋，提根檀木棍儿，～精神，飞也似的奔去。"

【抖气】 dǒu qì 舒畅地呼吸。元明《水浒传》二六回："看何九叔面色青黄，不敢～。"明《拍案惊奇》卷三："把一片要与他分个皂白的雄心，好像一桶雪水淋头一淋，气也不敢抖了。"按，"抖"当是"敨"的借字，《集韵·厚韵》："敨，展也。"

【抖然】dǒu rán　同"陡然"。明《警世通言》卷三二:"年许不归,父亲都为他气坏在家。他今日～要回,未知真假。"《醒世恒言》卷五:"走不上几步,～起一阵狂风。"

【抖搜】dǒu sōu　❶同"抖擞❸"。《元曲选·渔樵记》三折:"你看我～着老精神,我与你便花白麽娘那小贱人。"元明《水浒传》七七回:"引着三千餘人,～精神,拦住去路。"　❷同"抖擞❹"。金《董解元西厢记》卷一:"佛名也不执,旧时敦厚性都改,～风狂,摆弄九伯。"清《醒世姻缘传》七四回:"俺如今藏着,还怕人提名～姓的,还敢出去照着人哩!"　❸同"抖擞❺"。《元曲选外编·绯衣梦》二折:"足趔趄家前后,身倒偃门左右,觉一阵地惨天愁,遍体上寒毛～。"清《醒世姻缘传》六二回:"当了那乌大王降伏的夫人,～成一块,唬得只溺醋不溺尿。"

【抖擞】dǒu sǒu　❶抖动;翻检。唐王炎《夜半闻雨》:"～胸中三斗尘,强欲哦吟无好语。"宋曾巩《看花》:"但知～红尘去,莫问髭鬓白发催。"刘克庄《沁园春·四和林卿韵》:"～空囊,存留谏笏,犹带虚皇案畔香。"　❷摆脱。宋邵雍《秋怀三十六首》之四:"此景岁岁同,世人自白首。俗虑易萦仍,尘襟难～。"黄庭坚《书草老杜诗后与黄斌老》:"予学草书三十餘年,初以周越为师,故二十年～俗气不脱。"　❸振作;振奋。宋杨万里《答晋州李知府》:"长者尚以故我来征义概之记。～病心,倒悬枯肠,仅得数语以塞命。"明丘濬《举鼎记》一二出:"方才见东南角上尘飞灰起,想是吴楚的人马,众兄弟各要～精神,一齐动手。"《西游记》四二回:"六怪～精神,向前喝路。"　❹施呈;显示。《元曲选·气英布》一折:"常则是威风～,断不把锐气消磨。"明《西游记》八五回:"炳炳文斑多采艳,昂昂雄势甚～。"　❺颤抖;哆嗦。脉望馆本《四春园》二折:"觉一阵地惨天愁,遍体上寒毛～。"清《歧路灯》六四回:"只听得喝道传呼之声,管贻安身上～起来。"

【陡】dǒu　❶(山势等)峻峭。唐林滋《望九华山》:"虚中始讶巨灵擘,～处乍惊愚叟移。"宋王安石《南涧楼》:"扑扑烟岚绕四阿,物华终恨未能多。故应～起三千丈,始始重山复岭河。"明张岱《陶庵梦忆》卷五:"池中奇峰绝壑,～上～下。"也指言语严厉峻刻。清《歧路灯》五六回:"大相公买这东西,不过是个孩气,你先头话儿太～,大相公把脸都红了。"　❷甚,表程度深。唐杜荀鹤《秋日山中寄池州李常侍》:"近来参谒～生疏,因向云山僻处居。"宋周邦彦《虞美人》:"海山～觉风光好,莫惜金尊倒。"《元曲选外编·西厢记》五本一折:"曾经消瘦,每遍犹闲,这番最～。"　❸突然。《太平广记》卷二〇四引《逸史》:"微风拂浪,波澜～起。"宋刘敞《听钟》:"寒声满空谷,暝色下高楼。～逐悲风起,微兼远角收。"《元曲选·勘头巾》四折:"适知观在外探听,～遇庄家,得其消息。"　❹哆嗦。通"抖"。明徐复祚《红梨记》一二出:"今夜情魂不住,错把雍丘做帝丘。"

【陡地】dǒu de　同"陡的"。明汤显祖《牡丹亭》二八出:"～荣华,敢则是梦中巫峡?"清方成培《雷峰塔》二一出:"见妖容,～心惊恐。"洪昇《长生殿》四七出:"况盟言曾共设,怎生他～心如铁?"

【陡的】dǒu de　突然;猛地。明汤显祖《紫钗记》二五出:"后拥前呼,白忙里～个雕鞍住。"清《歧路灯》五六回:"至于帐目一事,我心中时常挂念,歇了书本,这欠帐便～上心。"△《官场现形记》一七回:"周老爷听了,～吃了一惊。"

【陡顿】dǒu dùn　突然;一下子。宋柳永《浪淘沙慢》:"负佳人几许盟言,更忍把从前欢会,～翻成忧戚。"金《董解元西厢记》卷五:"自与兄别来,仿佛十餘日,甚～肌肤消瘦添憔悴?"清陈世祥《念奴娇·读孙介夫文钞赠》:"文坛飞将,向人间、横视谁堪

牙纛。江左孙郎,～使一霎曹、刘手缩。"

【陡恁】dǒu nèn　❶突然间。金《董解元西厢记》卷六:"是则是这冤家没弹剥,～地精神偏出跳,浑不似旧时了。"《元曲选·墙头马上》一折:"为甚西园～景狼藉?正是东君不管人憔悴。"　❷简直是。元关汉卿《碧玉箫》:"知他是甚病疾,好教人没理会。拣口儿食,～的无滋味。"《元曲选·汉宫秋》二折:"我呵,空掌着文武三千队,中原四百州,只待要割鸿沟。～千军易得,一将难求!"

【陡然】dǒu rán　突然。唐易静《兵要望江南·占怪象》:"军营内,田地～高。"宋黄庭坚诗题:"四月末,天气～如秋,遂御夹衣游北沙亭。"明李贤《天顺日录》:"因四方无虞,只修营寺宇而已,何曾操习?被尔房兵～冲突,如何不走?"

【陡症】dǒu zhèng　急症。清《歧路灯》二二回:"只见茅拔茹把膝上拍了一下,说道:'……家叔竟是死了!'逢若道:'什么～?如何得知?'"

dòu

【斗】dòu　另见dǒu。❶赛,比赛。《敦煌变文校注》卷四《降魔变文》:"行至家中,觅舍利佛不得。须达抚掌惊叹,唱言[祸事]:'大怪出也!明朝许期～圣,今日使脚私逃。'"宋胡仲弓《端午》:"画舸纵横湖水滨,彩丝角黍～时新。"清查慎行《端阳后一日同人集朱竹垞表兄斋分韵》:"闲人不妨～酒,乐事无如去官。"　❷逗引;惹得。《元曲选·梧桐雨》三折:"～的个禄山贼乱了中华。"《元曲选外编·剪发待宾》二折:"俺那孩儿遥受着玉堂金马三学士,你便～的俺栋梁材节外生枝。"　❸拼合;凑在一起。唐李贺《梁台古意》:"台前～玉作蛟龙,绿粉扫天愁露湿。"宋辛弃疾《鹊桥仙》:"三分兰菊十分梅,～合就一枝风月。"《元曲选·张生煮海》三折:"他这两对牙略～一～,我这身子就做芝麻糖了。"　❹相对;对着。宋陈与义《美哉亭》:"天挂一匹练,双崖～嵯峨。"元关汉卿《新水令》:"双歌采莲,～抚冰弦,遂却少年心,称了于飞愿。"　❺纷纷;争着。唐韩愈《初南食贻元十八》:"章举马甲柱,～以怪自呈。"宋王之道《桃源忆故人》:"庭巷落花如雨,～乱穿窗户。"元佚名《夜行船》:"四壁秋虫,一帘疏雨,两般儿～来相恼。"　❻趁着。唐王建《忆山中故人》:"遇晴须看月,～健且登楼。"宋史浩《水龙吟·梅》:"排斥风霜,扫除氛雾,直教～早。"清查慎行《仲冬二日招诸兄弟》:"老去喜为无事饮,兴酣聊～此身强。"　❼即"陡❸"。唐鲍溶《云溪竹园翁》:"风暖～出地,仰齐故亩茎。"

【斗百草】dòu bǎi cǎo　一种游戏。玩法不一:或按采到花草的色数多少分胜负;或以花草名出对,以对得上对得巧分输赢。多于端午节举行。南朝梁宗懔《荆楚岁时记》已有记载,唐以后相沿成俗。唐张籍《同严给事闻唐昌观玉蕊近有仙过因成绝句二首》之一:"应共诸仙～,独来偷得一枝归。"明《金瓶梅词话》二五回:"妇女每到三月,只～要子。"

【斗草】dòu cǎo　即"斗百草"。唐杜牧《为人题赠二首》之二:"有恨簪花懒,无聊～稀。"明《西游记》八二回:"若到三春闲～,园中只少玉琼花。"

【斗唇合舌】dòu chún hé shé　吵架拌嘴。五代刘崇远《金华子杂编》上:"俄而判官孔振裘攘袂,厉声曰:'韩三十五老大汉,向同年觅得一副使,而更学～!'"《敦煌变文校注》卷七《齖䶩书》:"夫齖䶩新妇者,本自天生,～,务在喧争。"

【斗凑】dòu còu　拼凑;凑合。宋《大慧禅师语录》卷一〇:

"后园驴吃草,一老一不老。蓦地撞出来,～得恰好。"清《两交婚》一七回:"心下虽晓得他聘了甘颐的妹子,要就便去娶,却正～着甘颐归娶之时,忙忙选出,却也有些疑心。"

【斗敌】 dòu dí　相斗;对抗。《旧五代史·汉书·隐帝纪上》:"刘景岩果出兵～,时即杀败。"宋元《古今小说》卷三六:"今被下江小龙欺我年老,与我～,累输与他。"元《武王伐纣平话》卷下:"有彭矫见劈下彭举死了,心中大怒,纵马与殷郊～。"

【斗谍】 dòu dié　❶ 挑拨。宋宗杲《宗门武库》:"(法演)每被人于端处～是非云:'演逐日磨下饮酒食肉,及养庄客妇女。'一院纷然。"元刘壎《二友争山界为劝和作盟书》:"一山覆两墓,互为掩映,本亦在所不必争,得无有傍人～于其间?"　❷ 间谍。《续资治通鉴长编》卷八七:"秦州大人部领军马直入咱尔隆虑蕃部,有～者还日,幸为我言,愿罢兵耳。"又卷二六二:"恐是奸人走作,妄兴～。"

【斗喋】 dòu dié　同"斗谍❶"。宋陈傅良《直前札子》:"究观前代,多是奸臣自怀反侧之心,遂行～之计。"元佚名《珍珠马·情》:"怎禁他巧言搬～,平白地送暖偷寒,……猛可地搬唇递舌。"

【斗叠】 dòu dié　同"斗谍❶"。宋元《警世通言》卷三九:"日多时夫妻,有甚亏负你?却信人～我两人不和。"

【斗钉】 dòu dīng　装饰;点缀。宋李流谦《西江月·为木犀作》:"色似蜡梅浑浅,香如檐蔔微清。更张绿幄蔽轻盈,巧着工夫～。"《五灯会元》卷一六《灵曜詧良禅师》:"山僧每遇月朔,特地～家风,抑扬问答,一场笑具。"

【斗分子】 dòu fèn zi　各人出一份钱,凑起来请客或送礼。元明《水浒传》二四回:"众邻居～与武松人情。"明《醒世恒言》卷二九:"那些一般做工的,同卢家几个人～与他贺喜。"《醋葫芦》六回:"那成家一般地也动了诸亲百眷、四邻八舍,送人情,～,虽然娶妾,到也四司六局,一毫不苟。"

【斗合】 dòu hé　凑合;聚集。宋史介翁《菩萨蛮》:"柳絮轻扬黄金缕,织成一片纱窗雨。～做春愁,困慵熏玉篝。"元萧德祥《小孙屠》八出:"算来因契,～非容易。"《元曲选·冯玉兰》三折:"我则听得古都都泼天也似怒涛,～着忽剌剌风声儿厮闹。"

【斗颊舌】 dòu jiá shé　争辩。《续资治通鉴长编》卷二六五:"此来括等奉命回谢,本是传达两朝欢好,以礼会聚,不成却与学士～也?"

【斗口】 dòu kǒu　❶ 争吵。明沈璟《一种情》四出:"我也不耐烦与你～,就是我允了,想女孩儿幼闻闺训,断然不允。"《二刻拍案惊奇》卷二八:"他夫妻两口做人多好,平日与人～的事多没有的。"　❷ 挑拨。明屠长卿《为瞿睿夫讼冤书》:"某不敢泛陈今古,即以楚往事言之。当楚怀王时,王听不明,谗夫～,民之沉于覆盆者或不少矣。"　❸ 耍嘴皮,逗笑。明《西游记》八八回:"这个呆子,怎么只思量捞嘴?快走路,再莫～!"《金瓶梅词话》五三回:"两个鬼混的～一场去了。"

【斗牌】 dòu pái　玩纸牌或骨牌以赌输赢。宋刘子翚《怀旧歌》:"～击鼓多伎俩,我独旁观为大噱。"明《拍案惊奇》卷一一:"僮仆们自在厅前～耍子。"《大清会典则例》卷二七:"官员无论赌银赌饮食等物,有打马吊斗混江者,及与属员～掷骰为乐者,皆革职治罪,永不叙用。"

【斗气】 dòu qì　闹意气;赌气。明《醒世恒言》卷三四:"只为一文钱,丧了性命。"清《八洞天》卷五:"那知财主们偏不是这样算计,宁可～使闲钱,不肯省费干好事。"

【斗巧】 dòu qiǎo　❶ 以巧争胜。宋曹勋《忆吹箫·七夕》:

"何妨翠烟深处,佳丽拥缯筵,～嬉游。"明沈德符《万历野获编》卷一〇:"如严分宜、徐华亭、李餘姚,召募海内名士几遍,争新～,几三十年。"　❷ 凑巧。宋元《警世通言》卷八:"可煞事有～,方才开得铺两三日,一个汉子从外面来来,就是那郭排军。"明《醒世恒言》卷三一:"事有～,物有固然,却来得迟些,都散了。"

【斗唆】 dòu suō　挑动引逗。金马钰《满庭芳·赠曹八先生》:"牢捉牢擒,争奈马猿跳健。十二时中返倒,～人、生情起念。"

【斗头】 dòu tóu　头对着头;碰头。宋赵长卿《霜天晓角·霜夜小酌》:"阃儿幽静处,围炉面小窗。好是～儿坐,梅烟炷、返魂香。"清《荡寇志》七三回:"太尉处便趁早去禀知,恐那老儿早晚来谢,弄得两不～。"

【斗叶】 dòu yè　玩纸牌。宋周密《武林旧事》卷六"小经纪"内有"斗叶"之目。明清时流行的马吊牌和后出的纸牌都叫"叶子",简称"叶"。明陆容《菽园杂记》卷一四:"斗叶子之戏吾昆城上至士大夫,下至僮竖皆能之。"清《红楼梦》七五回:"公然～掷骰,放头开局,夜赌起来。"

【斗引】 dòu yǐn　引逗。《元曲选·红梨花》三折:"这花儿曾莺燕邀留,更有那蜂蝶～。"《元曲选外编·西厢记》二本四折:"不争惹恨牵情～,少不得废寝忘餐病证。"

【斗作】 dòu zuò　挑逗;惹引。《说郛》卷三载唐李义山《杂纂·愚昧》:"～他人。"五代冯延巳《鹊踏枝》:"莫作等闲相～,与君保取长安乐。"宋《三朝北盟会编》卷二二:"今国相一旦听奸人～,却寻厮炒处。"又卷一六二:"今次恁大军马,都是刘齐～来。"

【豆姑娘】 dòu gū niang　用布做成的小女孩形状的玩具。清《醒世姻缘传》二回:"就是你那七大八,像个～儿是的,你降他像锺馗降小鬼一般。"又三六回:"又问晁夫人要了几点子纱罗,叫他沈姐与他做～。"

【豆酒】 dòu jiǔ　酒名。以绿豆作原料酿成,酒色清绿。绍兴、淮安、宣城都有出产。金李俊民《彩楼》:"豚蹄～道旁祝,所获神赐亦已丰。"明《金瓶梅词话》七五回:"荆都监老爹差了家人送了一口鲜猪,一坛～,又是四封银子。"

【豆觞】 dòu shāng　豆肉和觞酒的略称,泛指酒肴。唐白居易《祭李司徒文》:"至于～之会,轩盖之游,多奉光尘,最承欢惠。"明《金瓶梅词话》七二回:"二十八日,小儿弥月之辰,寒舍薄具～,奉酬厚腆。"清《歧路灯》九八回:"先期竭诚去几位老先生家拜见,拜匣内即带'～候教,眷晚生阎楷'帖子,顺便付上。"

【逗】 dòu　❶ 到;临近。唐孟浩然《初春汉中漾舟》:"漾舟～何处? 神女汉皋曲。"宋杨万里《新寒》:"～晚添衣并数重。"明林鸿《题海上天竺寺》:"经室行山鸟,香厨～硐泉。"　❷ 驻;停留。唐杜甫《将别巫峡赠南卿兄瀼西果园四十亩》:"残生～江汉,何处狎渔樵。"元稹《开元观闲居酬吴士矩》:"箫声吟茂竹,虹影～虚檐。"宋周密《梅花引·赋落梅》:"瑶钿鸾影～仙云,玉成痕,麝成尘。"　❸ 透。唐薛能《黄河》:"勇～三峰坼,雄标四渎尊。"宋贺铸《浣溪沙》:"嫩凉如水～窗纱。"元魏初《三秋霁赋》:"林阴疏而～日,见行客之营营。"　❹ 引;引惹。唐杜甫《怀锦水居止》:"朝朝巫峡水,远～锦江波。"宋秦观《商调蝶恋花》:"不道看看,～得人肠断。"《元曲选·玉镜台》三折:"休题着违宣抗敕,越～的他烦天恼地。"　❺ 拼合。《祖堂集》卷一三《报慈和尚》:"师云:'宾主二家阿那个眼目最长?'对云:'请师鉴。'师云:'方木～于圆孔。'"清纪昀《阅微草堂笔记》卷一九:"余与邹念乔侍郎穷数日之力,审谛～合,讫无端绪。"按,此指拼合神臂弓图,"逗"与"合"同义叠

用。　❻捺；拨。清《东周列国志》九三回："客伺吏睡熟,取身边所藏钥匙,～开藏柜。"

【逗漏】 dòu lòu ❶逗留。《续资治通鉴长编》卷二八三："捕盗官有～不进,情涉怯惧者,以军法从事。" ❷透漏;泄漏。明范景文《夜坐偶成》："晓来雪飞残,～梅花信。"清王澍《淳化秘阁法帖考正》卷九："王元美谓大令散朗多姿,已～李北海、米元章、赵文敏消息,可谓善鉴。"

【逗露】 dòu lù ❶同"逗漏❶"。明方以智《通雅》卷四："逗留,止也,……俗乃作～用。" ❷同"逗漏❷"。明凌义渠《芬纳馆诗稿序》："而其人之通塞,运之延促,神之恬竞,籁之幽爽,亦莫不隐隐～于此中。"清孙承泽《春明梦餘录》卷四："内则妖姆客氏窥觇禁密,结为腹心;外则逆臣崔呈秀～机情,助其羽翼。"

【逗笑】 dòu xiào 惹人发笑。清《红楼梦》八四回："老太太又说起～的话儿来了。"△《儿女英雄传》三四回："一只手挎着个篮子,脑袋上可扛着顶纬帽,怪～儿的。"

【脰颈】 dòu jǐng 脖子。明《拍案惊奇》卷三九："一伙公人暴雷也似答应一声,提了铁链,如鹰拿燕雀,把两人扣～锁了。"清缪沅《过万泉寺和前韵》："高人岂肯受羁累,野鹤尤能伸～。"按,二字同义,共同构成联合式合成词。《公羊传·庄公十二年》注:"脰,颈也,齐人语。"

【痘客】 dòu kè 指患天花或水痘的病人。明《拍案惊奇》卷一一："一日,有个亲眷,办着盒礼来望～。"

【痘子】 dòu zi 天花;水痘。宋王明清《挥麈后录》卷六："子固兄弟被荐时,有乡士黄其姓者亦预同升。黄面有瘢,俚人呼为黄～。"明《拍案惊奇》卷一一："那三岁的女儿出起沉重的～来,求神问卜,请医调治,百无一灵。"《欢喜冤家》二回："几岁了? 曾出过～么?"

【投】 dòu 另见 tóu。同"酘"。清《醒世姻缘传》四回："你快些热两壶酒来,我～他一～,起去与他进城看病。"

【投酒】 dòu jiǔ 重酿而成的酒。参见"酘"。清《醒世姻缘传》四回："人家有病人等你,像辰勾盼月的一般,你却又要～。"

【酘】 dòu 谓饮酒过多后隔一段时间再饮以解酒提神。《元曲选·朱砂担》一折："我则是多吃了那几碗黄汤,以此赶不上他。罢罢罢,前面有一个小酒务儿,再买几碗～他一～。"按,"酘"本谓重酿酒,动词义乃由此引申。明杨慎《升庵集·乐府误字》:"乌栖曲云:'宜城酘酒今行熟。'酘酒,重酿酒也。不知何人妄改作投泊。酘酒熟则有理,投泊当能熟也? 虽郭本亦误。"按《北堂书钞》云:'宜城九酝酒曰酘酒',并引此句。"

dū

【都】 dū 另见 dōu。❶唐代称吏役。五代王定保《唐摭言》卷八："乡人汪遵者,幼为小吏,泊棠应二十餘举,遵犹在胥徒,……会棠送客至灞浐间,忽遇遵于途中。棠讯之曰:'汪～何事至京?'""汪都"下作者自注:"都者,吏之呼也。" ❷宋元以来县以下的行政区划,所辖大小不一。元明《水浒传》三一回："知府押了文书,委官下该管地面,各乡各保各～各村,尽要排家搜捉,缉捕凶首。" ❸犹"多❷",或表推测,或表疑问。元明《水浒传》一回："我想这个魔王,～只在石碑底下。"明《金瓶梅词话》九四回："你今年～大年纪?"

【都大】 dū dà ❶大凡;大概。唐元稹《有所教》："人人总解争时势,～须看各自宜。"杜荀鹤《别四明钟尚书》："～人生有离

别,且将诗句代离歌。" ❷本来;原来。唐来鹄《鄂渚清明日登头陀山》："～此时深怅望,岂堪高处更逡巡。"宋邵雍《有客吟》："枉尺直寻何必较,此心～不求全。"

【都都磨磨】 dū dū mó mó 磨磨蹭蹭。清《醒世姻缘传》四八回："狄希陈～,蹭前退后,那里敢进去。"按,"磨磨"或作"抹抹""摸摸"。

【都凡】 dū fán ❶大凡;大略。宋韩维《孔先生以仙长老山水略录见约同游作诗答之》："书之远寄龙山下,云此仅止存～。"明《西洋记》八七回："～人的手脚都管于一心,心上有些害怕,手就有些酸,脚就有些软。"有时作名词。明宋濂《章氏家乘序》:"先世遗行,可仰可师。撮其～,区别以陈。"按,《广雅》卷六上:"扬摧,……无虑,都凡也。"王念孙《疏证》引《汉书·赵充国传》"亡虑万二千人"颜师古注:"亡虑,大计也。" ❷总共。唐佚名《法句经序》："第其品目,会为一部三十九篇,大凡偈七百五十二章,～一万四千五百八十字。"按,文见《全唐文》卷九八六。或以为此序乃三国时支谦作。宋沈辽《宋太子中舍张传师墓志铭》:"治江～五年,乃得代,迁太子中舍还朝。"《清史稿·礼志七》:"其因事未与宴者,咸与赏,～二千人。"

【都根】 dū gēn 大根,比喻有大来头。明《金瓶梅词话》七三回："老舅,你老人家放心,你是个～主子,不替你老人家说,再替谁说?"又七九回:"一个亲娘舅比不的别人,你老人家就是个～主儿,再有谁大如你老人家的?"

【都根子】 dū gēn zi 即"都根"。清《飞龙全传》三六回："这个欺我的,就是本处韩元帅的公子。……这～,却有谁人敢去恼他?"又:"欺负我的又是个～主子,好不了得!"

【都管】 dū guǎn ❶总管。宋苏辙《二论北朝政事大略》:"又称道北朝皇帝所以管待南使之意极厚,有接伴臣等～一人。"元明《水浒传》七五回："先令宋清、曹正准备筵席,委柴进～提调,务要十分齐整。" ❷仆役中的总管。宋楼钥《北行日录》:"途中曾遇蒲篓数杠,导之以旗,殿以二骑,或云:其中皆交子也。～愠其主人贪墨,以秽语诋之。"宋元《警世通言》卷七:"当下郡王钧旨,分付:明日要去灵隐寺斋僧,可打点供食齐备。"《元曲选·谢金吾》一折:"则今朝将你个～亲差,……嘱付俺孩儿宁奈,休得要误军机私下禁关来。" ❸多管;多半是。元明《水浒传》四二回："只听得外面有人道:'～只走在这庙里。'"

【都计】 dū jì 总共。唐元结《奏免科率状》:"当州准敕及租庸等使征率钱物,～一十三万六千三百八十八贯八百文。"《敦煌变文校注》卷五《妙法莲华经讲经文》:"一砂将喻一人,～不知有几?"宋庄绰《鸡肋编》卷中:"神武五军及刘、韩、张三大帅,～无二十万众。"

【都坑】 dū kēng 公厕。宋周密《齐东野语》卷一○:"半山诗云:'身与仙人守都厕,可能鸡犬得长生。'然则都厕者,得非今世俗所谓～乎?"佚名《张协状元》四一出:"〔净〕亚公,张小娘子跌在深坑里。〔末〕甚么坑里?〔净〕在～里。"

【都来】 dū lái ❶统统;总共。唐《临济禅师语录》:"一切时中莫乱斟酌,会与不会～是错。"《敦煌变文校注》卷五《佛说阿弥陀经讲经文(二)》:"如来乞食巡三匝,～檀越不开门。"唐寒山《五言五百篇》:"五言五百篇,七字七十九,三字二十一,～六百首。" ❷算来;看来。五代齐己《七十作》:"七十去百岁,～三十春。纵饶生得到,终免死无因。"宋范成大《念奴娇》:"人世会少离多,～名利,似蝇头蝉翼。"明孟称舜《娇红记》一四出:"云雨隔双星,～世间,好事难成。"

【都料】 dū liào 即"都料匠"。《续资治通鉴长编》卷二三

七："又虑南方不闲版筑工,仍令以八～自随。"金马钰《捣练子·赠李舍人》:"张～,最奔波,盖因手作忕偻儸。"清《日下旧闻考》卷八八:"质之贞者日以刓,理之致者日以渤,不亟治将隳前功是惧,爰咨将作～以闻。"

【都料匠】 dū liào jiàng 建筑工匠中的掌墨师。唐柳宗元《梓人传》:"梓人,盖古之审曲面势者,今谓之～云。"宋袁采《袁氏世范》卷下:"且如工匠执役,必使一不执役者为之区处,谓之～。"明杨慎《檀弓丛训序》:"杨慎曰:医有四术,神圣工巧。予欲借之以喻文矣。《易》之文神,《诗》《书》《春秋》圣也,《檀弓》《三传》《考工记》工矣,《庄》《列》九流而下,其巧有差。复以《檀弓》斠诸明高赤德,又群工中～也。"

【都噜】 dū lū ❶ 蒙古族姓氏。《元史·郝天挺传》:"郝天挺,字继先,出于～别族。"清《皇朝通志》卷四:"～氏:世居长白山及黑龙江地方。" ❷ 多言貌。宋元《清平山堂话本·李翠莲》:"今朝是个好日头,只管～～～说甚么!"

【都卢】 dū lú 统统;一概。唐王绩《游北山赋》:"岂如我家身事,～弃置。"宋范成大《甲辰人日病中吟六言》:"壮岁喜新节物,老来惜旧年华。病后～不问,家人时换瓶花。"元方回《甲申元日》:"春光几度九十日,人寿～一百年。"

【都门】 dū mén ❶ 京城城门。唐韦应物《送张侍御秘书江左觐省》:"莫叹～路,归无驷马车。"宋张先《河传》:"花暮,春去。～东路,嘶马将行。"元明《三国演义》四回:"操虽不才,愿即断董卓头,悬之～,以谢天下。" ❷ 借指京城。唐白居易《长恨歌》:"君臣相顾尽沾衣,东望～信马归。"元揭傒斯《送宋少府之官长洲》:"白发长洲尉,～万里船。"清《红楼梦》三七回:"神仙昨日降～,种得蓝田玉一盆。"

【都民】 dū mín 京都居民。宋《西湖老人繁胜录》:"促织盛出,～好养,或用银丝为笼,或作楼台为笼。"彭汝砺《上刘推官一首》:"郡政颇纲整,～瘼苏。"明邵宝《东川莫君像赞》:"惟其在车驾也,有疏以解～之困;在都水也,有法以制漕卒之强。"

【都抹】 dū mò 同"笃磨"。清《醒世姻缘传》四八回:"狄希陈～了会子,蹭到房里。"又七四回:"相于廷去后,狄希陈都都抹抹的怕见走。"

【都排】 dū pái 犹"排军"。元明《水浒传》一〇二回:"～,朋友家如何计较?"明《平妖传》三一回:"一生志气在人前,王则～出现。"

【都市】 dū shì 本指都城中的集市,后泛指交易市场。唐王梵志《大有愚痴君》:"有钱不解用,空手入～。"宋蔡襄《乞罢魏兼馆职》:"杭州刻史抚夜饮图,卖于～。丑声恶语,传于道路。"明杨士奇《题竹赠孙公器医士》:"世在阛阓市城下住,县壶～岁年深。"

【都寺】 dū sì ❶ 太常寺的别称。《太平广记》卷一八七引《国史异纂》:"崔日知历职中外,恨不居八座。及为太常卿,于厅事后起一楼,正与尚书省相望。时人谓之崔公望省楼。"宋韩琦《答胡恢推官》:"当年～接席初,屈指光阴一纪餘。" ❷ 佛寺中地位较高的职事人员,掌管寺院财物。宋释居简有文,题曰《侃～重开大慧语录疏》。也泛指佛寺。明葛昕《翰林院检讨亡弟仲明行述》:"宪副麻庆川公,病淹～中数月,且夕延医调治,视药饵水浆,历久不倦。"

【都头】 dū tóu ❶ 唐代本军职名,宋元以降指衙役、捕快头目。唐李德裕《赐王宰诏意》:"又诸军～各守一寨,迁延避寇,苟务过时。"元明《水浒传》二三回:"我今日就参你在本县做个～,如何?"明沈璟《义侠记》三三出:"呀,这汉子好似武～,抬起头来!" ❷ 指在某一方面最突出的人,可褒可贬。明《醒世恒言》卷二〇:

"遇着个浑家却又是一个不贤的～。"清《飞龙全传》二回:"打飞拳的太岁,治硬汉的～,就是在下。"

【都知】 dū zhī ❶ 妓女中的出色者,分管诸妓。唐孙棨《北里志·郑举举》注:"曲内妓之头角者为～,分管众妓,俾追召匀齐。举举、绛真,皆～也。" ❷ 对店铺伙计的尊称。金《董解元西厢记》卷一:"～听说:不问贤家别事故,闻说贵州天下没,有甚奇景物,你须知处。"《元曲选外编·金凤钗》一折:"教我笑店～,我得官也相庆相贺,剥落也不追随。"

【都子】 dū zǐ 乞丐。唐白居易《听歌六绝句·听都子歌》:"～新歌有性灵,一声格转已堪听。更听唱嗏嫦字,犹有樊家旧典型。"《元曲选·赵礼让肥》一折:"〔丑扮～开门科,云〕是谁唤门哩?〔正末云〕我来讨一把儿火来。〔～云〕兀的是火。等你做罢饭时,剩下的刷锅水儿留些与我。"明《拍案惊奇》卷三八:"那刘员外分付:大乞儿一贯,小乞儿五百文。乞儿中有个刘九儿,有一个小孩子,他与大～商量着道……"

【督并】 dū bìng ❶ 督促。元李继本《东安县劝农文》:"～工程,爱惜时日。既效劳于春夏,必收功于秋冬。"明于谦《忠肃集》卷四:"若不～剿除,即日兴师,转饷已及三年之上,地方不定,人心摇惑。" ❷ 催逼。元高明《琵琶记》一七出:"叵耐厅前首领,嫌恨司房乔令,把我千样凌辱,将我万般～。"

【督催】 dū cuī 督促。宋李纲《与赵相公第七书》:"少恳仰千钧听:漕司～本州积欠钱米,皆是某未到任已前拖欠之数。本州缺乏之甚,近者千告朝廷令漕司备副,方能粗了目前支费,岂复更有钱米以还旧欠?"明林俊《江津捷音疏》:"不意巡抚～李荫兵三支,先进至佛子崖,与贼相遇。"

【督管】 dū guǎn 监督管理。明张羽《地震疏》:"滇人有言:京官管场重取之军夫而不足;设令他官～,专取之银矿而有餘。"《金瓶梅词话》一六回:"当日贲地传与来昭～各作匠人兴工,先拆毁花家那边旧房。"

【督理】 dū lǐ 督促管理。宋洪迈《容斋三笔》卷四:"郡县胥史,揩易簿案,乡司尤甚。民已输税租,朱批于户下矣,有所求不遂,复洗去之。邑官不能察而又～,比其持赤钞为证,则追逮横费,为害已深。"《宋史·元载传》:"民负息钱者数百家,郡为～。"明《西游记》五回:"玉帝点差齐天大圣在此～,须是报大圣得知,方敢开园。"

【督迫】 dū pò 督促逼迫。宋欧阳修《太子太师致仕杜祁公墓志铭》:"夏人初叛命,天下苦于兵,而自陕以西尤甚。吏缘侵渔,调发～,至民破产不能足,往往自经投水以死。"吕祖谦《增修东莱书说》卷四:"深见汤不得已之心,如有所～,不可得而已者。"明宋濂《缙云伯胡公神道碑铭》:"有定初无杀公意,会元使至,～之。遂遇害于福州。"

【督学】 dū xué ❶ 学政的别称。明清派驻各省监督管理教育和考试的官员。《明史·礼志五》:"庙讳:天启元年正月,从礼部奏,凡从点火加各字者俱改为'雏',从木加交字者俱改为'较',惟'称'较'字未宜,应改为学政。"清《野叟曝言》三八回:"原来水夫人自七月间被～将古心拿去,正在惊扰。" ❷ 视察教育。动词。明王世贞《弇山堂别集》卷三〇:"文正心惮之,因外补公按察金事,～浙江。"清《歧路灯》九三回:"顾国子先生,教士之官也;～使者,校士之官也。"

【督阵】 dū zhèn 监督作战。明王守仁《横水桶冈捷音疏》:"悉皆仰仗朝廷轸念地方之荼毒,大兴征讨之王师,并提督军门指授成算,号令严明,亲临～,身先士卒。"清《平定金川方略》卷四:"宋宗璋亲行～,兵丁奋勇杀贼一百五六十人。"

dú

【独】 dú 整个的。清《歧路灯》一二回:"用银五十两,买了王知府坟坟里一棵柏树,做成一帮一盖一具寿木,漆的现成的。"

【独霸】 dú bà ❶ 雄踞一方。唐易静《兵要望江南·占日》:"日生晕,上下两重交。必有彼疆亡将过,中谋~不成韬,终是举枪刀。"元明《三国演义》三四回:"西川~真英主,坐下龙驹两相遇。" ❷ 独自霸占、垄断。宋元《古今小说》卷三九:"汪革承佃为己业,湖内渔户数百,皆服他使唤,每岁收他渔租。其家益富,~麻地一乡。"清《飞龙全传》七回:"乃是一位董大爷,~此方,专抽往来商税。"

【独吃自呵】 dú chī zì ē 同"独吃自屙"。元明《水浒传》二四回:"干娘不要~,也把些汁水与我呷一呷。"

【独吃自屙】 dú chī zì ē 独占好处,不让别人沾边。明唐寅《僧尼孽海·江安县僧》:"先有吴山后有庙。你们也不要~,待我先尝一尝滋味才是。"《型世言》一七回:"葱也不见他买一个钱,是~了。"

【独独】 dú dú ❶ 单独。明《金瓶梅词话》九回:"一个~小院,角门进去,设放花草盆景,白日间人迹罕到。"《醒世恒言》卷三二:"约行一里之外,果然荒野中~有个茅庵,其门半掩。" ❷ 单单;偏偏。《元曲选·赚蒯通》一折:"想项羽乌江自刎,皆是五侯之力,不干他事,你怎么~的说是他的功劳?"明《醒世恒言》卷三八:"怎么~除下他一个名字,何以服众?"

【独脚】 dú jiǎo 独到。清《隋唐演义》四回:"(秦琼)还有一样~武艺:他祖传有两条流金熟铜锏,称来可有一百三十斤,他舞得来初时两条怪蟒翻波,后来一片雪花坠地,是数一数二的。"

【独木桥】 dú mù qiáo 用一根原木搭成的桥。《五灯会元》卷四《长庆大安禅师》:"如人负重担,从~上过,亦不教失脚。"元曹德《喜春来》:"春云巧似山翁帽,古柳横为~。"

【独木桥子】 dú mù qiáo zi 即"独木桥"。《古尊宿语录》卷二〇《次住会海语录》:"上堂,僧问:'如何是佛?'师云:'~。'"

【独权】 dú quán 独自做主。明《金瓶梅词话》八六回:"心里要打伙儿把我疾发了去,要~儿做买卖,好禁钱养家。"

【独是】 dú shì 只是;不过。连词。清《女仙外史》一〇回:"奇倒奇,~几时才长得大?"《红楼梦》八六回:"哥哥在监也不大吃苦,请太太放心,~这里的人很刁,尸亲见证都不依。"

【独眼龙】 dú yǎn lóng ❶ 戏称一目失明的人。宋《五代史平话·唐上》:"时李克用才二十八岁,……有一目微眇,军中皆号做~。"佚名《五国故事》卷下:"延禀者,审知之养子,眇一目,人亦谓之~。" ❷ 喻指男性生殖器。清《绣戈袍全传》三五回:"却被公子耐不得,一转身,将韩氏放在下面,不言不语,将那~大推大撞,抽了三百有多。"

【独自】 dú zì 单独;自己一个。唐王维《黄雀痴》:"薄暮空巢上,羁雌~归。"宋《朱子语类》卷一二六:"却不知道家之说只是为己,~一身便了,更不管别人,便是杨氏为我之学。"元明《水浒传》三四回:"黄信那里顾得众人,~飞马奔回清风镇去了。"

【独自个】 dú zì gě 只自己一个。五代欧阳炯《更漏子》:"~,立多时,露华浓湿衣。"《元曲选·燕青博鱼》四折:"怎生在旷野荒郊,月黑时光,风高天道,~背着衣包?"明《金瓶梅词话》六七回:"我的儿,~自言自语在这里做什么?"

【毒】 dú ❶ 猛烈;酷烈。唐白居易《夏日与闲禅师避暑》:"每因~暑悲亲故,多在炎方瘴海中。"五代贯休《送王贞白重试东归》:"雨~逢花少,山多爱马迟。" ❷ 狠毒;厉害。《元曲选·老生儿》三折:"孩儿,想我也曾打你,也曾骂你,从今日为始,则在我家里住,……休记我的~哩。"元明《水浒传》三四回:"你们兄弟虽是好意要留秦明,只是害得我忒~些个,断送了我妻小一家人口。"明《拍案惊奇》卷一三:"小的吃打不过,不合伸起头来,父亲便将小的~咬一口,咬落耳朵。" ❸ 怒;恼。明《醒世恒言》卷一三:"惹~了他,对孤老说了,就把妖术禁制。"《拍案惊奇》卷一四:"小二跌~了,骂道:'这老忘八,亏了我,反打么!'" ❹ (目光)锐利。《元曲选·燕青博鱼》二折:"兄弟,你好眼~也!你怎生便认的出来?"清《平山冷燕》一三回:"你还不知山小姐之为人,他才又高,眼又~。"

【毒发】 dú fā 激发。《元曲选·渔樵记》四折:"则为你四十九岁只思俍妻靠妇,不肯进取功名,你丈人搬调你浑家,故意的索休索离,大雪里赶你出去,男子汉不毒不发。"

【毒害】 dú hài 狠毒;厉害。唐杜荀鹤《将过湖南经马当山庙因书三绝》之二:"贪残官吏虏诚谒,~商人沥胆过。只怕马当山下水,不知平地有风波。"《元曲选外编·拜月亭》三折:"他把世间~收拾彻,我将天下忧愁结揽绝。"明《醒世恒言》卷一四:"你直恁地~!想必你不舍得三五千贯房奁,故意把我女儿坏了性命!"

【毒口】 dú kǒu 恶毒的言语。明《金瓶梅词话》三一回:"六姐,你今日怎的下恁~咒他?"《拍案惊奇》卷二:"有这样好标致娘子做了媳妇,折杀你了?不羞,还舍得出~骂他!"

【毒气】 dú qì 怨气。明《醒世恒言》卷二九:"众狱卒恨着前日的~,只做不听见,倒务命收紧,夹得蔡贤叫爹叫娘。"清《红楼梦》二五回:"如今又见他和彩霞闹,心中越发按不下这口~。"

【毒手】 dú shǒu 狠毒的手段。《太平广记》卷一三〇引《三水小牍》:"厚诬贞正,翘今必毙于~矣!"元明《水浒传》七五回:"等这厮引将大军来到,教他着些~,杀得他人亡马倒梦里也怕。"清《绿野仙踪》三四回:"如贼众假借投降为名,引诱我兵入城,林、管二镇岂不误遭~?"

dǔ

【笃笃末末】 dǔ dǔ mò mò 盘旋;徘徊。《元曲选·神奴儿》二折:"教我便来来去去脚似撺梭,我可便~身如翻饼。"

【笃笃寞寞】 dǔ dǔ mò mò 同"笃笃末末"。元刘庭信《折桂令·忆别》:"~终岁巴结,孤孤另另彻夜伤嗟。"

【笃笃喃喃】 dǔ dǔ nán nán 不断地自言自语。《元曲选·黑旋风》三折:"你看这呆厮,口里只管~的说着许多说话,既然有饭,拿将来喂他些罢。"

【笃疾】 dǔ jí 重病;不治之症。《元典章·刑部四》:"既杜思礼无目~之人,依准本路所拟,决杖一百七十下。"明《英烈传》一一回:"不意得此~,我死不足惜,所恨群雄未除,天下未定耳。"

【笃磨】 dǔ mò 盘旋;徘徊。金《刘知远诸宫调》一二:"着两条楄檐,打得来~。"元马致远《赏花时·掬水月在手》:"紧相催,闲~。快道与茶茶嬷嬷,宝鉴妆奁准备着,就这月华明乘兴梳裹。"清《聊斋俚曲·姑妇曲》:"二成笃笃又磨磨,低着头儿无奈何。"

【笃实】 dǔ shí 踏实;实在。唐李华《赠礼部尚书孝公崔沔集序》:"慈不贷奸,贞不肆直。道胜而齐物,德全而及人。博厚崇高,~有耀。"宋《朱子语类》卷八:"为学须是切实为己,则安静~有耀。"明王祎《赵君行状》:"呜呼,若君者,诚可谓纯明~之君子矣!"

【笃挚】　dǔ zhì　深厚真挚。明沈德符《万历野获编》卷三:"盖圣德仁厚,加以中宫钱后同忧患者积年,伉俪情更加～,因推及于臣妾。"清《歧路灯》九八回:"王象荩本是～肝肠又是谨密性情,一点矜张气儿也是没有的。"

【堵】　dǔ　❶憋;噎。《元曲选·合汗衫》四折:"偏生的～了一口气儿。"清《红楼梦》四八回:"老爷听了就生气,说二爷拿话～老爷呢。"❷量词。用于整段的墙。唐张祐《游天台山》:"回首望四明,盎起城一～。"宋觉范《画浪轩记》:"余惊定,叹曰:'异哉! 一～之间,须臾之顷,而足江湖万顷之势。'"明胡翰《尚贤》:"人虽聪明睿智,一～之外,目有所不见;十室之间,耳有所不闻。"

【堵当】　dǔ dàng　应付;抵挡。金《董解元西厢记》卷二:"催军的耵地轰声,纳喊的揭天唱叫,一时间怎～?"《元曲选外编·射柳捶丸》一折:"则说那房寇军兵似虎狼,端的是难～。"

【堵截】　dǔ jié　阻挡拦截。明沈德符《万历野获编》卷三〇:"奸徒接济,何从～?"清孔尚任《桃花扇》三七出:"闻得两位刘将军,也到上江～左兵,风淮一带,千里空营。"

【堵墙】　dǔ qiáng　密集。语本杜甫《莫相疑行》"集贤学士如堵墙,观我落笔中书堂"。宋《三朝北盟会编》卷二一八:"背鬼者人持一长柄巨斧,～而进。"明宋濂《文原》:"习大射于鲟相之圃,而后见观者如～。"

【堵头】　dǔ tóu　棺材头尾两端的板。明《金瓶梅词话》六二回:"两副桃花洞,他使了一副,只剩下这一副,墙、磕、底、盖、～俱全,共大小五块。"清《醒世姻缘传》三〇回:"拣了一副独帮独底两块整～,雇了十来个人抬得去了。"

【赌】　dǔ　❶以财物等下注比输赢。唐张说《滠湖山寺二首》之二:"险哉透撞儿,百金～一掷。成败身自受,旁人那叹惜。"元明《水浒传》三八回:"这厮虽是耿直,只是贪酒好～。"明王庭陈《煌煌京洛行》:"朝探侠窟,暮宿名娼。酣呼六博,纵～千场。"❷泛指比输赢争胜负。宋《五代史平话·汉上》:"我不赌钱,且一个厮打,打得我赢,便将钱去。"明杨慎《咏史》:"月仗云门舞彩球,御前争～最先筹。"皇甫汸《梦泽集序》:"王君每有所造,辄大叫以际人曰:'有能增损一字者,愿以千金为～。'"❸依仗;凭靠。宋杨万里《樱桃花》:"樱桃花发满晴柯,不～娇饶只～多。"《元曲选·金钱记》四折:"我也～不得心高,早两遭儿折了腰。"

【赌憋】　dǔ biē　闹别扭;赌气。元佚名《斗鹌鹑·离恨》:"病沉也相思～,愁深也沈约搬舌。"

【赌鳖】　dǔ biē　同"赌憋"。《元曲选·青衫泪》二折:"好贱人! 上门好客,你怎生不顺从,和钱～?"

【赌鳖气】　dǔ biē qì　即"赌憋"。明《金瓶梅词话》七二回:"傻孩儿,你还不走跳着些儿好,你与谁～哩?"又八五回:"五娘说,教他休使性儿～,教他常来走走。"

【赌博】　dǔ bó　即"赌❶"。唐韩淲《断法师云晏等五人聚集赌钱因有喧争判》:"白日既～,通宵必醉樽罍。"《元典章·刑部十九》:"禁约诸人不得～钱物并关扑诸物。"清蓝鼎元《论诸弁书》:"胡广矜功使气,林君卿纵兵～。"

【赌当】　dǔ dàng　❶斟酌;措置。宋刘宰《试院次韵奉酬赵达夫记室惜春之什》:"愁城恨垒挨排到,酒约花期～迟。"真德秀《西山读书记》卷六:"有计较有～底是恕,无计较无～底是仁。"❷同"堵当"。金《董解元西厢记》卷二:"法聪和尚,手中铁棒眉齐快。……三合以上,贼徒气力难迭,怎～?"《元曲选·玉镜台》一折:"都恃着力强,便肯争呵,怎敢～?"

【赌斗】　dǔ dòu　较量争斗。《元曲选·小尉迟》一折:"你便要一冲一撞,登时间早将你七擒七纵,倒不且从容,莫～,无惊恐。"

明《平妖传》二回:"正要探取雌雄二丸与他～,只见雷部谢仙等众击起连鼓,如山崩地塌之声。"《大清律例》卷三四:"凡开鹌鹑圈、斗鸡坑、蟋蟀盆并～者,照开场赌博枷责例治罪。"

【赌对】　dǔ duì　犹"赌博"。明《古今小说》卷二一:"大郎有采时,进去～一局。"又:"只怕采头短少,须吃他财主笑话。少停～时,我只说有在你处,你与我招架一声。"

【赌坊】　dǔ fāng　赌场。元明《水浒传》二回:"高俅无计奈何,只得来淮西临淮州,投奔一个开～的闲汉柳大郎,名唤柳世权。"《明会典》卷一四二:"凡赌博财物者,皆杖八十,摊场钱物入官。其开张～之人同罪。"

【赌房】　dǔ fáng　同"赌坊"。元明《水浒传》三八回:"当时李逵慌忙跑出城外小张乙～里来,便去场上将这十两银子撒在地下,叫道:'把头钱过来我博!'"明章潢《图书编》卷一二三:"凡赌博财物者,不分首从,皆杖八十,摊场钱物入官。其开张～之人同罪。"

【赌酒】　dǔ jiǔ　比胜负罚酒。唐李白《梁园吟》:"连呼五白行六博,分曹～醻驰晖。"宋郭祥正《夏日游湖亭》:"采菱斫鲤皆新美,～围棋自献酬。"清陈维崧《念奴娇·纬云弟三十作此词因和其韵同半雪弟赋》:"追想红烛呼卢,青楼～,往事堪华阀。"

【赌客】　dǔ kè　到赌场赌博的人。元明《水浒传》一八回:"这人叫做白日鼠白胜,他是个～。"明宋鉴《金钱花赋》:"动贪夫之心,错爱重棱;惊～之眸,胜持短陌。"

【赌令】　dǔ lìng　行酒令比输赢,输者罚酒。宋刘过《醉中偶成》:"诗成彩笔分题后,人在金钗～中。"明《金瓶梅词话》七二回:"正二八仙鬟,十六歌童,花底藏阄,尊前～,席上投琼。"

【赌命】　dǔ mìng　❶拼命。唐李白《送外甥郑灌从军》:"丈夫～报天子,当斩胡头衣锦回。"宋元《古今小说》卷三九:"提了朴刀,便要寻钱四二～。"❷凭命运;以命运为赌注。宋陈师道《胡士彦挽词二首》之二:"荐贤仍～,有道可辞贫。"宋任渊注:"上句言其材虽为当世所知,而达不达则系于命。"元郭钰《罗友谅静乐园》:"官曹～拥轻肥,不似先生静中乐。"

【赌赛】　dǔ sài　比输赢争胜负。宋周密《武林旧事》卷七:"命小内侍宣张婉容至清心堂抚琴,并令棋童下棋,及令内侍投壶～利物则剧。"《元曲选·谢天香》三折:"那里为些些～绝了交契,小小输赢丑了面皮。"元明《水浒传》七三回:"便叫铁面孔目裴宣写了～军令状二纸,两个各书了字。"也指比赛的赌注。《元曲选·丽春堂》二折:"我将这人赐与我的八宝珠衣为～。"

【赌色】　dǔ shǎi　以掷色子等手段定输赢。《太平广记》卷二二二引《定命录》:"至某年,卢果因蒲博～,庄宅等并尽。"明《醒世恒言》卷二一:"猜拳～,一杯复一杯,吃一个不住。"清王夫之《诗经稗疏》卷一:"促织今所在有之,或斗以～。"

【赌胜】　dǔ shèng　争胜负比高低。唐张说《进斗羊表》:"趹若奔云之交触,碎如转石之相叩。裂骨～,溅血争雄。"明《西游记》四五回:"你今远来,冒犯国师,本当即时问罪,姑且恕你。敢与我国师～求雨么?"清邹祗谟《恋芳春慢·咏草》:"蝶梦蜂魂,又见犀奁～,佳名谁不爱王孙。"

【赌誓】　dǔ shì　赌气发誓。《元曲选·窦娥冤》一折:"就当面赌个誓与你,我今生今世不要他做老婆,我也不算好男子!"明佚名《霞笺记》六出:"今日是节日,不要～。"

【赌咒】　dǔ zhòu　发誓。《元曲选·救风尘》三折:"周舍,你真个要我? 你若休了媳妇,我不嫁你呵,我着堂子里马踏杀。"明《西游记》四九回:"既是真情,你朝天～。"清《平定两金川方略》卷二二:"又称从前大人替小金川剖断禾,经令其～以致番悔等情,实属顽诈可恶。"

【睹当】 dǔ dàng ❶ 同"赌当❶"。宋《朱子语类》卷七四："'简'则有个～底意思,看这事可行不可行;可行则行,不可行则止,所谓之顺。'易'则都无～,无如何、若何,只是容易行将去。"又卷一一三:"文蔚又言:'近来觉有一进处:畏不义,见不义事不敢做。'曰:'甚好。但亦要识得义与不义,若不曾一得是,颠前错后,依旧是胡做。'"❷ 同"赌当❷"。宋赵长卿《探春令》:"缕金幡胜教先办,著工夫裁剪。到那时～,须教滴惜,称得梅妆面。"

【毲】 dǔ 轻敲。清胡文英《吴下方言考》卷一〇:"吴中泥匠用砖瓦嫌大则～而小之。又凡轻击其物而破皆谓之～(音笃)。"

dù

【杜】 dù ❶ 自己;自家。唐杜甫《题张氏隐居》之二:"～酒偏劳劝,张梨不外求。"按,"杜酒"意为"家酿"。宋王楙《野客丛书》卷二〇:"如言自酿薄酒则曰杜酒,……子美之意,盖指杜康,意与事适相符合有如此者。"宋元《警世通言》卷一四:"两个人人去坐地,又是自做的～酝,吃得大醉。"按,"自做的"与"杜"为同位性定语。"杜酝"意为"家酿"。❷ 阻止;制止。清《醒世姻缘传》三四回:"后来那小人妒忌的口嘴,怎能～得没人说话。"《歧路灯》七六回:"他这个人,能～百样邪病。"

【杜挡】 dù dǎng 阻挡。清《歧路灯》六九回:"一来我与谭贤弟相处的好,二来谭贤弟若撑不住他,这一千银子就要破群哩,我所以极力～。"

【杜茅柴】 dù máo chái 家酿的薄酒。茅柴,劣酒的代称。宋范成大《四时田园杂兴六十首》之四:"老盆初熟～,携向田头祭社来。"明《二刻拍案惊奇》卷二二:"这家子将酝下的～不住的烫来,吃的东倒西歪,撑肠拄腹。"

【杜默】 dù mò 沉默。《景德传灯录》卷二五《慧济禅师》:"如今更别说个什么即得? 然承恩旨,不可～去也。"《宋高僧传》卷八《道俊传》:"勤迹苦行,足不出寺,经四十馀载。室迩人远,莫敢请谒者,唯事～。"

【杜撰】 dù zhuàn 同"肚撰"。杜,"肚"的同音借字。唐人作"肚撰",宋人作"杜撰"。宋《朱子语类》卷一一:"只是～凿空说,元与他不相似。"明杨慎《李姓非一》:"史官修唐世系表,谓皋陶为尧大理,世为理氏。纣时有逃难食李得全,故改理为李。此附会～以媚时之说,殊不足信。"清《红楼梦》三回:"探春笑道:'只怕又是～。'宝玉笑道:'除了《四书》,～的也太多呢。'"

【肚肠】 dù cháng ❶ 肚或肠。宋《朱子语类》卷九:"人生天地间,都有许多道理不是自家硬把与它,又不是自家凿开它～白放在里面。"元危亦林《世医得效方》卷一八:"伤破肚皮用药法:如伤孔大,～与脂膏俱出,放入内则用缝。"❷ 心思;念头。《元曲选·连环计》三折:"谁想这老贼看到貂蝉颜色,起了那一点禽兽的～。"明戚继光《练兵杂纪》卷四:"大都今日只是要转移念头,改个～,最为要紧。"

【肚带】 dù dài ❶ 脐带。宋陈自明《妇人大全良方》卷一七:"儿子已露正顶而不能生下,盖因儿身回转,～攀其肩。"明孙一奎《赤水元珠》卷二二:"又有～缠在顶上一匝,而儿与胞衣自然同下者,皆无妨。"❷ 围绕骡马等牲口的肚子,把鞍鞯紧系在它背上的皮带。元马致远《耍孩儿·借马》:"歇时节一松松放,怕坐的困尻包儿款款移。"明《西游记》七七回:"束紧了～,扣备停当,请师父上马。"

【肚里蛔虫】 dù lǐ huí chóng 比喻善于揣摩别人心事。明《金瓶梅词话》一一回:"预备下熬的粥儿又不吃,忽刺八新兴出来要烙饼做汤,那个是～!"又六二回:"你是你爹～,俺每这几个老婆倒不如你了。"

【肚里蚘虫】 dù lǐ yóu chóng 即"肚里蛔虫"。《元曲选外编·扬州奴》一折:"不曾吃饭哩,你可不早说,谁是你～!"

【肚皮】 dù pí ❶ 肚子。宋《二程遗书》卷一〇:"正叔言:某见居位者百事不理会,只恁个大～。"元许衡《直说大学要略》:"那～里肝和肺上事都被高人见了。"❷ 指贿赂。宋佚名《锦绣万花谷》卷一四:"王元规十奇,……一奇民吏不识知县貌,二奇塌却曹司旧～。"《元典章·刑部八》:"一个姓阎的千户所弹压,军人每根底无体例要了钞～。"

【肚撰】 dù zhuàn 凭臆想编造;虚构。唐慧琳《慧琳音义》卷三九:"译经者于经卷末自音为颔剂,率尔～造字,兼陈村叟之谈,未审姡倚是何词句。"明《鼓掌绝尘》一回:"许叔清也不再辞,把酒饮一口,想一想,连饮了三四口,想了三四想,遂说道:'有了,有了。只是～,不堪听的,恐班门弄斧,益增惭愧耳。'"又四回:"杜开先道:'已～多时,只候老伯到来,还求笔削。'"

【妒发】 dù fā 同"毒发"。《元曲选外编·金凤钗》楔子:"如何? 不是～他,他不肯应举去。"

【妒害】 dù hài 忌恨。《敦煌变文校注》卷五《维摩诘经讲经文(一)》:"可于意地发精度,只是心田生～。"唐徐夤《邑宰相访翼日有寄》:"残阳～催归客,薄酒甘尝罚主人。"元《武王伐纣平话》卷上:"妲己闻言,心生～。"

【妒色】 dù sè 妒忌美色,多指嫡妻忌恨婢妾。唐孟郊《静女吟》:"艳女皆～,静女独检踪。"宋元《警世通言》卷一四:"从嫁锦儿,因通判夫人～,吃打了一顿,因恁地自割杀,他自是割杀的鬼。"清徐釚《词苑丛谈》卷七录营妓马琼琼词:"雪梅～,雪把梅花相抑勒。"

【度】 dù ❶ 递;送。多跟"与"连用。《敦煌变文校注》卷一《汉将王陵变》:"霸王闻语,拔太阿剑,～与陵母。"宋克勤《碧岩录》一则:"潭遂点纸烛～与山。"《元曲选·梧桐叶》二折:"卷三层屋上茅,～几声砧上杵。"❷ 过;度过。唐白居易《琵琶行》:"今年欢笑复明年,秋月春风等闲～。"宋《朱子语类》卷一二一:"诸友只有个学之意,都散漫;不恁地勇猛,恐～了日子。"《元曲选·误入桃源》一折:"向因晋室衰颓,奸谗窃柄,甘分山林之下,修真炼药,以～春秋。"❸ 翻越;穿过。唐杜甫《舍弟观赴蓝田取妻子到江陵喜寄三首》之二:"马一秦山雪正深,北来肌骨苦寒侵。"元明《水浒传》一一六回:"兄长未可急性,且再寻思计策,～岭未迟。"明佚名《胭脂记》二九出:"这山中津名有名,更何人敢越～此境?"❹ 量词。表动作次数,相当于"次""回"。唐杜甫《江南逢李龟年》:"岐王宅里寻常见,崔九堂前几～闻。"《敦煌变文校注》卷四《八相变(一)》:"舍身数～,济其饿虎。"明《西游记》一三回:"三藏钳口不言,但以手指自心,点头几～。"

【度牒】 dù dié 僧道等的出家凭证,由官府售给。宋赵彦卫《云麓漫钞》卷四:"绍兴中,军旅之兴,急于用度,～之出无节。"元明《水浒传》四回:"我曾许下剃度一僧在寺里,已买下一道五花～在此。"明王恕《处置地方奏状》:"私自结庵修道,就将庵舍拆毁。有～者递送原出家寺院识认住坐,无～者解发本管官司问罪还俗。"

【度化】 dù huà 佛教谓超度点化。《法苑珠林》卷六五:"佛知此长者宿福,应～作沙门。"明徐元太《喻林》卷四六:"昔佛在世时,有一道人在河边树下学道,十二年中,贪想不除,不能得道。佛知可～,作沙门往至其所。"清译《蒙古源流》卷一:"值月初四等

日,转运三乘法轮,～三世众生。"

【度活】　dù huó　过活。明徐震《珍珠舶》一回:"似此坐吃山空,将来如何～?"清《平定台湾纪略》卷三〇:"又臣族中约有二百餘人,迁居彰化县,属耕种～。"

【度口】　dù kǒu　糊口;维持生命或生计。元《三遂平妖传》一三回:"媳妇因无了丈夫,无可～。"明《西游记》六三回:"唤出本国土地、城隍与本寺伽蓝,每日送饮食一餐,与这龙婆～。"

【度梅】　dù méi　度过梅雨季节。唐元稹《酬翰林白学士代书》:"～衣色渍,食稗马蹄赢。"自注:"南方衣服经夏,谓之度梅,颜色尽涴。"《格致镜原》卷三七引《焦氏类林》:"李廷珪藏墨诀曰:'赠尔乌玉玦,泉清砚须洁。避暑悬葛囊,临风～月。'"清弘历《喜晴》:"拍浮增潴涨,郁热～黄。"

【度世】　dù shì　❶佛、道二教谓超度世人。唐吴筠《神仙可学论》:"《洪范》向用五福,其一曰寿,延命至于期颐。皇天犹以为景福之最,况神仙～,永无穷乎?"宋秦观《赠箓法师翛之》:"丹成得～,造化为莫逆。"明王世贞《祭王光禄文》:"岂～之微旨,不能制伉俪之颓龄? 将真体无关乎四大,而至人不贵乎长生?"❷活在人世间。唐独孤及《酬皇甫侍御望天灊山见示之作》:"黄金竟何成,洪业遽沦昧。～若一瞬,昨朝已千载。"明《二刻拍案惊奇》卷一八:"小可炼成秘药,服之久久,便可骨节坚强,长生～。"

【度种】　dù zhǒng　传种;生子。明《醒世恒言》卷九:"万一度得个种时,就是孩儿无命,也不绝了我陈门后代。"清《五色石》二回:"不许他娶美貌的,但粗蠢的便罢,只要～。"

【度嘴】　dù zǔ　犹"度口"。清《醉醒石》一〇回:"小官,死的死了,活的要活,也留几两银子～。"

duān

【端】　duān　❶深;多。唐张说《破阵乐》:"正属四方朝贺,～知万舞皇威。"白居易《渭村退居寄礼部崔侍郎翰林钱舍人一百韵》:"少睡知年长,～忧觉夜长。"宋毛滂《临江仙·都城元夕》:"谁见江南憔悴客,～忧懒步芳尘。"❷搬动;捧着。《元曲选·神奴儿》三折:"外郎和张千都去了,着一个抬抬这桌子也好。罢罢罢,我自家～着这桌子吧!"元明《水浒传》八三回:"宋江叩头称谢,～简启奏。"清《醒世姻缘传》五九回:"姐姐,你怎么来? 姐夫越发该替你～起尿盆子来了?"❸方位词。可表间、前、上、边等多种方位,不限于顶端一义。唐杜甫《垂老别》:"人生有离别,岂择盛衰～。"王维《东溪玩月》:"月从断山口,遥吐柴门～。"宋范成大《秦淮》:"天～有佳气,郁郁彫东南浮。"❹副词。特;故。宋苏轼《寒食游南塔寺》:"城南钟鼓斗清新,～为投荒洗瘴尘。"黄庭坚《招戴道士弹琴》:"欲听淳音消妄想,抱琴～为一来无?"史浩《满庭芳·雪》:"鹤泛风亭,鸿迷烟渚,晓来雪意填空。酿成佳瑞,～为报年丰。"❺副词。的确;实在。宋佚名《张协状元》三出:"一朝名字挂金榜,此身～若无价珠。"金《董解元西厢记》卷六:"瞥见孤林～入画,篱落萧萧带浅沙,一个老大伯捕鱼虾。"元明《水浒传》二四回:"酒色～能误国邦,由来美色陷忠良。"❻副词。究竟;到底。宋王安石《龙泉寺石井二首》之二:"四海旱多霖雨少,此中～卧龙无?"陆游《幽事》:"餘年～有几? 风月且婆娑。"清《醉醒石》三回:"不该是夫妻,便说合了,～只要分张。"

【端的】　duān dí　❶确定;确切。唐李中《送绍明上人之毗陵》:"回期～否? 千里路悠悠。"宋《朱子语类》卷一〇〇:"如横渠'心统性情'一句,乃不易之论。孟说心许多,皆有似此语

～。"❷准信;确实消息。宋晏几道《六幺令》:"还是南云少,锦字无～。"《三朝北盟会编》卷二九:"若可依从,请皇弟郓王并太少宰一员,不俟逾日来赴军前,权且为质。更或不欲施行,无烦理会。伏候～。"❸底细;详情。唐李德裕《代弘敬与泽潞军将书》:"圣上惊异此事,要知～,遂令追问,冀得实情。"《元曲选·魔合罗》三折:"呼左右亲问～,这大夫谁相识?"元明《水浒传》一八回:"如今只捕了白胜,一问便知～。"❹果真;确实。《敦煌变文校注》卷五《维摩诘经讲经文(四)》:"～忽然知去处,将身愿入法王家。"《元典章·刑部十九》:"于内若～不能回还的,每有呵,县交似前聚集着;交他每各从自便,四散住坐者。"元明《水浒传》二三回:"武松读了印信榜文,方知～有虎。"❺究竟;到底。宋宋无《墙头杏花》:"红杏西邻树,过墙无数花。相烦问春色,～属谁家?"明《金瓶梅词话》一二回:"你～怎么样做,告我说则个。"清《儒林外史》五一回:"请问太公祖,隔省差拿,其中～是何缘故?"❻必然;一定。宋袁燮《郊外即事七首》之七:"天下渊泉有如此,流清～自源清。"明《古今小说》卷一九:"这是我家的地方了。把船泊在马头去处,我先上去寻人,～就下来,只在此等。"清《歧路灯》一〇四回:"此火攻奇策,～可赖。"

【端方】　duān fāng　❶公道正派。宋杨万里《宋故尚书左仆射赠少保叶公行状》:"礼部侍郎贺允中以～有守,静退无求,荐公于朝。"元明《水浒传》八四回:"这赵安抚祖是赵家宗派,为人宽厚仁德,作事～。"明《二刻拍案惊奇》卷一五:"看见顾典史举动～,容仪俊伟,不像个衙门中以下人,私心敬爱他。"❷端正庄重。唐独孤及《唐故商州录事参军郑府君墓志铭序》:"天性孝悌,检身～。"明罗钦顺《潜江大尹二休萧先生像赞》:"德性～,天姿颖异。文学凤成,科名晚遂。"清《醒世姻缘传》三七回:"声音圆满,相貌～,齿白唇红,发才及额。"

【端公】　duān gōng　❶唐代侍御史的俗称,宋元以下袭用。唐赵璘《因话录》卷五:"御史台三院,一曰台院,其僚曰侍御史,众呼为～。知杂事,谓之杂端。"明王世贞《答李侍御惟贞书方按柳州》:"瘴色惊霜一马骢,故人谁似李～。"❷宋代亲事官称皇帝。宋赵彦卫《云麓漫钞》卷三:"李肇《国史补》:唐宰相呼曰堂老,……御史相呼曰～。今人呼中官之次者曰阁长,京都缉事人曰院长,亲事官呼上名曰～。"❸宋代也称衙役或掌牢城营的小吏。宋元《警世通言》卷三六:"迤里来到奉符县牢城营,～交割了。"元明《水浒传》八回:"只说董超正在家里拴束包裹,只见巷口酒店里酒保来说道:'董～,一位官人在小人店中请说话。'"❹宋代称和尚,以后也称男巫。宋赵彦卫《云麓漫钞》卷一二:"有带甲僧千数,事定皆命以官,……自后多说神怪。以桀黠者四出,号～,诳取施利,每及万缗。"元大䜣《奉敕重修百丈山大智觉照弘宗妙行禅师禅林清规九章序》:"白云～谓宜祀达磨于中,百丈陪于右,而各寺之开山祖配焉。"清《红楼梦》二五回:"当下众人七言八语,有的说请～送祟的,有的说请巫婆跳神的。"

【端箭】　duān jiàn　射箭之前,用一只眼凝视目标。唐张鷟《朝野佥载》卷四:"修文学士马吉甫眇一目,目为～师。"宋朱长文《晋王羲之书论四篇》之四:"夫用笔似安营,似用槊;调墨似调弓～。"楼钥《北行日录》:"又卫士一人为押宴,执弓矢二人为馆伴,过弩一人,～二人立垛侧。"

【端居】　duān jū　深居、安居,与外界不相往来。唐白居易《旱热》:"薄食不饥渴,～省衣裳。"宋苏轼《水龙吟》:"永昼～,寸阴虚度,了成何事?"明李东阳《送邵国贤还治许州》:"翰林儒官不涉事,饱食～岂吾意。"

【端然】　duān rán　❶安稳貌。唐陆贽《论关中事宜状》:"戎

狄贪诈乃其常情,苟有便利可窥,岂肯～自守。"《敦煌变文校注》卷四《八相变(一)》:"'太子,修行时若,何得～?'太子忽从睡觉。"明《西游记》八回:"少顷间,聚庆云彩雾,登上品莲台,～坐下。" ❷ 居然;竟然。唐陆龟蒙《太湖石》:"他山岂无石,厥状皆可荐。～遇良工,坐使天质变。"《元曲选·忍字记》二折:"他两个～在那里坐榻,我把这房门来紧靠,把奸情事亲拿。"明《鼓掌绝尘》一五回:"我只道他改过前非,怎么隔了这几年,那骗马的手段～不改。"

【端实】 duān shí ❶ 正直诚实。唐刘禹锡《彭阳侯令狐氏先庙碑》:"生三子皆才,彭阳公为嗣;次子从,～肃给,今为检校膳部郎中参河东军事。"宋周必大《邵阳郡丞周府君墓志铭》:"君～而通明,喜论天下事。著述规古作,耻于蹈袭。" ❷ 确实。宋杨万里《宋故朝请郎贺州斛使君墓铭》:"令中书取君奏议以闻。一曰君德,二曰役法。其言～可行,朝论嘉之。"《元典章·刑部八》:"今后但是务里委付著的务官,～偷了课程,依职官取受例,交监察御史廉访司官问。"明汤式《一枝花·桧轩为越中沙子正赋》:"虽无华丽芳菲,～萧爽清奇。"

【端详】 duān xiáng ❶ 端庄安详。五代徐铉《洪州判官袁特可浙西判官》:"而特尹县神州,理甚简便,运筹盛府,言必～,协于简求,宜授斯任。"胡寅《詹至郭执中进阶》:"尔识虑～,预闻机事,第功来上,式畀宠名。"元明《水浒传》六二回:"规行矩步～士,目秀眉清年少郎。" ❷ 审察;仔细看。宋李之仪《鹧鸪天》:"须子细,更～,烂霞流晕带朝阳。"元于伯渊《点绛唇》:"～了这玉容,似嫦娥出现广寒宫。"清于成龙《弭盗安民条约》:"有等不肖之官,功名念热,止图缉获过半,冀免处分,不暇～获贼之是非真伪。" ❸ 斟酌;商量。《元曲选·玉镜台》一折:"大纲来阴阳偏有准,择日要～。"明汤显祖《紫钗记》四一出:"秀才暂须免礼,近前有事～。"清汪琬《甜羹二首》之二:"澹泊中间意味长,也知火候要～。"

【端相】 duān xiàng ❶ 端庄的相貌,多指佛像。宋李纲《泗上瞻礼僧伽塔》:"忆昔岁乙未,奉亲由此途。开关瞻晬容,～不可诬。"李弥逊《太平道院新造三乘小像记》:"复于别龛示现旃檀～如来,巍巍堂堂,如星中月,宝华庄严,幢盖间错。"元陶宗仪《莲月轩在华亭东林寺为矩庵方上人赋》:"凿沼栽莲半亩强,开轩敷席坐～。从来水月真灵境,化出庐居古道场。" ❷ 仔细察看。唐司空图《障车文》:"且子细思量,内外～,事事相称,头头相当。"元郭钰《客馆书怀》:"晓镜形容暮不同,控抟人事更匆匆。～旧垒去年燕,断送残花昨夜风。"清《醒世姻缘传》二一回:"灯下～了一会,说:'这小厮怎么就像片云的模样?'"

【端心】 duān xīn 一心;专心。唐顾况《阴阳不测之谓神论》:"～静一,神明将至。"《敦煌变文校注》卷一《伍子胥变文》:"子胥心口思量:'我有冤仇,～相灭,因他得活,岂得孤恩。'乃舍梁王之罪。"清姜宸英《困学纪题辞》:"自言余日间行事,每至临寝,必～危坐,仰天而质之,如是者十年。"

【端严】 duān yán 指相貌端庄美好。《敦煌变文校注》卷六《金刚丑女因缘》:"比来丑陋前生种,今日～遇释迦。"元明《水浒传》五一回:"只见屏风背后转出一个小衙内来,方年四岁,生得～美貌。"

【端妍】 duān yán 指相貌端庄美好。宋沈辽《如来八相二十四依图赞·释迦阿难》:"阿难拳拳,相貌～。三愿敬陈,侍佛之前。"明《拍案惊奇》卷二三:"王夫人有个幼妹,～聪慧,夫人极爱他。"清《水浒后传》三〇回:"国主见闻小姐姿貌～,骨相丰厚,不胜之喜。"

【端正】 duān zhèng ❶ 指相貌端庄美好。唐韩愈《寒食日出游》:"纷纷塸尽泥与尘,不共新妆比～。"寒山《侬家暂下山》:"侬家暂下山,入到城隍里。逢见一群女,～容貌美。" ❷ 特指

月圆。唐韩愈《和崔舍人咏月二十韵》:"三秋～月,今夜处东溟。"宋王沂孙《眉妩·新月》:"故山夜永,试待他、窥户～。" ❸ 妥当;完备。元明《水浒传》二四回:"武大自去央间壁王婆,安排～了,都搬上楼来。"明《醒世恒言》卷二三:"海陵件件色色,都打点～。" ❹ 安排;准备。明《拍案惊奇》卷三八:"张郎～了春盛担子,先同浑家到坟上去。"清《说岳全传》七一回:"将岳公子送到里面与娘娘说知,～今夜与公主成亲。"

【端庄】 duān zhuāng 端正庄重。唐柳宗元《故殿中侍御史柳公墓表》:"惟公敦柔峻清,恪慎～,进止威仪,动有恒常。"宋朱熹《答吕伯恭》:"黄丈～浑厚,老而不衰。"明《禅真后史》五九回:"三叔神气充足,举止～,岂是夭亡横死之相?"

【端自】 duān zì 果真;确实。明《金瓶梅词话》七一回:"治平～亲贤恪,稔乱无非近佞臣。"又一〇〇回:"胜败兵家不可期,安危～命为之。"

【端坐】 duān zuò 安坐;闲居。唐白居易《旱热二首》之一:"彤云散不雨,赫日吽可畏。～犹挥汗,出门岂容易。"明《古今小说》卷三八:"母亲早丧,止有老父,双目不明,～在家。"

duǎn

【烣】 duǎn 阻止;截住。清胡文英《吴下方言考》卷七:"吴中谓阻止不令人为此事曰～(音短)住。"

【短】 duǎn ❶ 矮。唐白居易《编集拙诗成一十五卷因题卷末戏赠元九李十二》:"每被老元偷格律,苦教～李伏歌行。"《新唐书·李绅传》:"(绅)为人～小精悍,于诗最有名,时号～李。"元明《水浒传》二四回:"清河县人见他生得～矮,起他一个诨名,叫做三寸丁谷树皮。" ❷ 犹"断❹"。清《儒林外史》五回:"严乡绅执意不肯,把小的的驴和米同稍袋都叫人～了家去。"

【短拨】 duǎn bō 即"短盘"。明《二刻拍案惊奇》卷二一:"车上载着棺木,满贮着行李。自己与王惠～着牲口骑了,相傍而行。"

【短长亭】 duǎn cháng tíng 短亭和长亭,泛指旅途。宋宋祁《答户部勾院王学士泊沧陵见寄》:"大小山前怀古地,～下未归人。"明胡应麟《送江汝成驾部之秦中二首》之一:"雨雪苍茫南北路,星河明灭～。"

【短趁】 duǎn chèn 短工或打短工,做临时工作挣钱。《宋会要辑稿·食货十四》:"绍兴府诸县自旧以来,将小民百工技艺、师巫、渔猎、～、杂作琐细估纽家业,以凭科敷官物,差募充役。"明《二刻拍案惊奇》卷一九:"前村莫老官家寻人牧牛,你何不投与他家,省得～,闲了一日便待嚼本。"

【短处】 duǎn chù 缺点。宋黄伦《尚书精义》卷二一:"人固各有～,此高宗之短也。"明李开先《吕江峰集叙》:"吕亦自谓有方板之失,其～自不可掩。"

【短促】 duǎn cù ❶ 时间短暂。唐李白《来日大难》:"蟪蛄蒙恩,深愧～。思填东海,强衔一木。"宋连文凤《登高赋》:"欷暮景分～,将驾言兮遄归。"元耶律铸《读隋书》:"二百世犹嫌～,三千年已是寻常。" ❷ 急促;频率快。宋周必大《文忠集·思陵上》:"是日申时再呼刘确等看太上脉。确等奏云:'六脉～,手足不温,神气昏脱,大便不固。'"元陈孚《安南时事》:"其曲曰降黄龙,曰入皇都,曰宴瑶池,曰一江风。音调亦近古,但～耳。"明王行《题孙敏诗》:"乐府近性情之正者亦多,音节～,少宽厚和平之韵。"

【短卒律】duǎn cù lǜ　短暂。《元曲选·青衫泪》二折："不能勾侍君王在九间朝殿,怎想他～命似颜渊!"

【短古取】duǎn gǔ qǔ　短暂。《元曲选外编·调风月》三折："好轻乞列薄命,热忽剌姻缘,～恩情。"

【短后】duǎn hòu　一种后摆较短的武士服装。宋道潜《次韵黄子理宣德田居四时》:"壮男臂雕弓,～事田猎。"按,"短后"当为"短后之衣"的省略,语出《庄子·说剑》。

【短见】duǎn jiàn　❶坏(心思)。《元曲选·马陵道》楔子:"鬼谷云:'好则好,有些～。'庞涓云:'不使这等～,怎生赚的师父出来。'"明《拍案惊奇》卷二〇:"独有最狠毒最狡猾最～的是那晚婆。"❷自杀。《元曲选·金线池》三折:"石府尹忙扯住云:'你怎么使这般～!'"明《醒世恒言》卷九:"我儿,蝼蚁尚且贪生,怎的做此～之事!"清《醒世姻缘传》九回:"听你这话,你莫非寻思～?"

【短路】duǎn lù　拦路抢劫。《孤本元明杂剧·贫富兴衰》二折:"看他穿的袄子、布衫、靴子、帽,只怕有～的。"明《警世通言》卷二四:"那伙人不是好人,却是～的。"按,明程万里《六院汇选江湖方语》:"短路的,乃剪径打劫者。"

【短命】duǎn mìng　寿命短促。唐寒山《死生原有命》:"聪明好～,痴呆却长年。"多用为詈词。元萧德祥《小孙屠》九出:"误我良宵,寂寞守孤灯。数尽更筹,夜长人初尽,教人恨杀活～!"元明《水浒传》二一回:"那婆娘只道是张三郎,……口里喃喃的骂道:'这～,等的我苦也,老娘先打两个耳刮子着!'"

【短盘】duǎn pán　分段以牲口为旅客作短途运输或供乘骑者,也指雇用这种牲口赶路。明《警世通言》卷一一:"苏雨领命,收拾包裹,陆路～,水路搭船,不则一月,来到兰溪。"清《醒世姻缘传》七七回:"主意已定,收拾行李,托人看家,算计雇～头口就道。"

【短筇】duǎn qióng　挂杖。宋吴则礼《过开宝谒田端彦》:"鸟起～外,钟鸣幽梦馀。"明陆深《晴原草堂记》:"风日暄和则策～,选高丘,遐观远眺。"

【短少】duǎn shǎo　缺少;不够数。宋苏轼《奏为法外刺配罪人待罪状》:"有人户颜男、颜章、颜益纳和买绢五匹,并是轻疏糊药,丈尺～,以此拣退。"《元典章·刑部九》:"失陷～粮斛,拟合追征本色。"清《红楼梦》四八回:"今年纸札香料～,明年必是贵的。"

【短亭】duǎn tíng　古时于城外大道五里处所设供行人休息的亭子,十里处为"长亭"。旧题唐李白《菩萨蛮》:"何处是归程,长亭更～。"宋元《清平山堂话本·陈巡检》:"辞了亲戚邻里,封锁门户,离了东京,十里长亭,五里～,迤逦在路道。"

【短头】duǎn tóu　❶至少;往少处说。明《西游记》二四回:"(人参果)三千年一开花,三千年一结果,再三千年才得熟,～一万年方得吃。"❷缺德。明《拍案惊奇》卷三五:"我本不是没行止的,只因家贫无钱葬母,做出这个～的事来。"《禅真后史》一〇回:"青春年少的女娘们要望上长,莫讲这～话。"

【短午】duǎn wǔ　佛家规矩,过午则不食。《敦煌变文校注》卷六《大目乾连冥间救母变文》:"贫道生年有父母,日夜持斋常～。"按,原卷为"矩午",此据乙卷。

【短行】duǎn xíng　❶短篇诗文。唐韩仪《记知闻近过关试》:"～轴了付三铨,休把新衔恼必先。"宋欧阳修《赠杜默》:"作诗数百篇,长歌仍～。"苏轼《和致仕张郎中春昼》:"投绂归来万事轻,消磨不尽只风情。旧因纯菜求长假,新为杨枝作～。"❷短处。元《武王伐纣平话》卷中:"夜来捉住飞虎,被姜尚放了。臣谏不从,言君之～。"语意加重时犹言卑劣行径。明《警世通言》卷三

四:"似你～薄情之人,禽兽不如!可怜辜负了鸾小姐一片真心。"清《情梦柝》一三回:"还指望天涯海角来寻你,谁料你这般～!"

【短棹】duǎn zhào　短桨。唐李群玉《黄陵庙》:"轻舟～唱歌去,水远山长愁杀人。"宋晏殊《渔家傲》:"越女采莲江北岸,轻桡～随风便。"有时径指船。明孙绪《题扇寄杨师文三首》之二:"～横江酒满罂,细鲈偏称紫莼羹。"

【短拙】duǎn zhuó　短浅鄙陋。唐蔡词立《虔州孔目院食堂记》:"小子承乏,每惭尸素,志求～,忧心忘愆。"宋杨亿《代参政王侍郎让恩命表》:"伏望尊号皇帝陛下,俯矜～,曲赐保全,特诏有司,俾停新命。"

duàn

【段】duàn　❶一种丝织品。唐王梵志《家僮须饱暖》:"夹袍实夸锦,衫～高机缬。"《旧唐书·李德裕传》:"又奉诏旨,令织定罗纱袍～及可幅盘绦缭绫一千匹。"❷身段。金《董解元西厢记》卷七:"不稳色,村沙～,鹘鸰乾濒,向日头獾儿般眼。"❸量词。表布帛等的一截,也可用于体态等抽象事物。唐张说《兵部尚书代国公赠少保郭公行状》:"可封实封代国公,赐实封四百户,物一千～。"敦煌词《南歌子·奖美人》:"薄罗衫子掩苏胸,一～风流难比。"

【段匹】duàn pǐ　成匹的缎子。元明《水浒传》一七回:"日后捕得贼人时,金银～赏赐,我一力包办。"明杨士奇《即位诏》:"各处纳欠铜钱颜料席麻竹木等项,并追赔珍珠等物,未纳各项赃罚赔追未完～等件,尽行蠲免。"

【段头】duàn tou　缎子。明《醒世恒言》卷一六:"我便再加十两银子,两匹～,与你老人家做寿衣何如?"清《野叟曝言》一一六回:"尹雄把头盔掷地,道:'只恨当初瞎眼,认得这半～豪杰!'"按,此例意为只有锦缎半截,不足一匹,意为"半瓶醋""半罐水"。

【段子】duàn zi　❶指文章的一段。宋《朱子语类》卷一一七:"淳有问目～。先生读毕,曰:'大概说得也好,只是一样意思。'"陈淳《答林司户二》:"须且将易晓～理会,未晓～且放缓亦无妨。"❷缎子。元许衡《语录下》:"人将好物绫锦～收敛入库藏,若遇支出来的却是元收敛入去底好物,怎生支出陈谷烂麦来?"明《朴通事谚解》卷上:"这的大红绣五爪蟒龙,经纬合线结织,上用～,不是诸王～,也不是常行的。"

【断】duàn　❶案件审理结束做出裁决。《新唐书·太宗纪》:"是岁,天下～死罪者二十九人。"《元典章·刑部一》:"今后～底公事,合打底早打者,合重刑底早施行者。"元明《水浒传》三六回:"县里叠成文案,待六十日限满,结解上济州听～。"❷度过;打发。唐杜甫《曲江》:"自～此生休问天,杜曲幸有桑麻田。"李贺《出城别张又新酬李汉》:"讥笑～冬夜,家庭疏篠穿。"宋向子諲《八声甘州》:"自～此生休问,愿瓮中、有酒长如泉。"❸禁绝;戒除。唐张鷟《朝野佥载》卷二:"(金刚曰):'能食筋乎?'曰:'不能。'神曰:'何故?'稠曰:'出家人～肉故。'"明《金瓶梅词话》二六回:"这一出来,我教他把酒～了。"❹拦截;阻挡。《元曲选外编·西游记》五本二〇:"龙马又奔,徒弟每欢,到前途更无妖怪～。"清《醒世姻缘传》六八回:"偏生的又撞见员外,又没叫俺进去,给了俺四五十个钱,立～出来了。"按,明陈士元《俚言解》卷一"拦前断后"条:"言语决截周悉,谓之拦前断后,断音短。宋制:御驾出幸,有拦前断后等使,盖警跸别名也。见《武林旧事》。"❺用在动词后,表程度深,有极、尽、煞等义。唐司空图《重阳阻

雨》："犹胜登高闲望～,孤烟残照马嘶回。"元汪元亨《沉醉东风·归田》："厌～红尘拂袖归,饱玩些青山绿水。" ❻ 副词。多与否定词连用以加强否定语气。宋《朱子语类》卷一一八："见得是自家合当做底,便做将去;不当做底,～不可做。只是如此。"明《拍案惊奇》卷三："矮钉明窗,侧开朱户,～莫乱叫人到。"

【断罢】 duàn bà 革职罢官。元岳伯川《铁拐李》一折："他把我停了俸追了钱将我来～了。"《元典章新集·刑部》："曾经～了的人每不问远年近年,都来称冤,好生紊乱纪纲法度。"

【断肠】 duàn cháng ❶ 比喻极度悲伤。唐张说《南中别蒋五向青州》："老亲依北海,贱子弃南荒。有泪皆成血,无声不～。"李商隐《赠歌妓》二首之一："红绽樱桃含白雪,～声里唱《阳关》。" ❷ 比喻令人欢快、爱怜。唐刘希夷《公子行》："可怜杨柳伤心树,可怜桃李～花。"《太平广记》卷二八二引《异闻录》："其词曰:'长安少女玩春阳,何处春阳不～。舞袖弓弯浑忘却,罗帷空度九秋霜。'"

【断除】 duàn chú ❶ 罢职除名。元刘时中《端正好·上高监司之二》："库官但该一贯须黥配,库子折莫三钱便～。" ❷ 根除;消灭。宋周煇《清波别志》卷上："以十五年之病,欲愈于此浅近之剂,固可笑。然日进一杯,固无反误。虽未保～根本,似有近效。"宋元《清平山堂话本·三怪记》："今朝午时,刘平事花园里去～那两个妖怪。"清《石峰堡纪略》卷一二："以后所有～新教、查拿餘孽,系李侍尧专责。"

【断当】 duàn dàng 商量。唐陆希声《弄云亭》："已共此山私～,不须转辙重移文。"宋黄庭坚《李宗古出示谢李道人苕帚杖》："提携禅客扶藜杖,～姻家葬骨山。"明《拍案惊奇》卷六："本意原只如此。说罢了正话,留他何干? 自不须～得。"

【断定】 duàn dìng ❶ 决定。唐裴夷直《漫作》："梁园桃李虽无数,～今年不看花。"杜荀鹤《春日闲居即事》："饥寒是吾事,～不归耕。"宋文珦《深居》："千岩万壑幽深地,一钵三衣自在身。～不行朝市路,无因犹识利名人。" ❷ 判断认定。宋吕祖谦《与朱侍讲元晦》："条理则非不可以为圣人事,但胡子下'者也'两字,却似～耳。"陈淳《与姚安道》："为学工夫,所最先者,一当立志以～邪正之路,一当虚心以玩味理义之实。"

【断断】 duàn duàn 绝对;一定。明沈鲤《典礼疏》："臣以为～当从(王)肃说,是在皇上渊筹而毅断之。"清《隋唐演义》四九回："但若尊翁处倩人来求婚,父皇～不从。"《儒林外史》四回："老世叔,这话～使不得的了。"

【断割】 duàn gē 分剖;裁决。《敦煌变文校注》卷四《降魔变文》："老身依平,必望取无曲情。"《北史·辛雄传》："雄用心平直,加以闲明政事,经其～,莫不悦服。"

【断根】 duàn gēn ❶ 从根部折断。唐李白《妾薄命》："昔日芙蓉花,今成～草。"五代齐己《送韩蜕秀才赴举》："春和洛水清无浪,雪洗高峰碧～。" ❷ 根除;灭绝。宋张杲《医说·灸瘰疬》："每灼小艾炷七壮,劳虫或吐出或泻下,即时平安,～不发,更不传染。"明王肯堂《证治准绳》卷一四："蛀牙有孔疼痛不～者,用雄黄乳香各一钱,樟脑少许末之,黄蜡为丸,随孔大小纳一丸。"《西游记》四六回："该死的泼猴子油烹的弼马温! 猴儿了帐,马温～。"

【断过】 duàn guò 讲定。明《金瓶梅词话》四七回："常言君子不羞当面,先～,后商量。"《肉蒲团》一二回："只是我也要与你～了,你得了他们之后,不可改变心肠。"

【断乎】 duàn hū ❶ 明察貌。宋张商至《上知郡都官》："严乎如秋霜,巨猾弗敢纵;～如蓍龟,吏法不敢弄。" ❷ 绝对;一定。明《西游记》三〇回："把他哄将来,此处见这样个情节,他必然～不忿,～要与那妖精比并。"清《醒世姻缘传》三六回："你就拦住了他的身子,也～拦不住他的心肠。"

【断结】 duàn jié 判决了结。宋孙觌《与苏季文书》："某守藩时,狱官示札～罪人,试摘一二问之,往往左右视不能对。"元明《水浒传》五一回："因在牢里六十日限满,～解上郑州。"明《古今小说》卷三一："只有汉初四宗文卷,至今三百五十馀年,未曾～,乞我王拘审。"

【断决】 duàn jué ❶ 判决。宋欧阳修《乞条制催纲司》："如有违慢,并乞严行～。"《大宋宣和遗事》前集："是时开封府尹设幕次在西观下弹压,天府狱囚尽押在幕次。"明李东阳《寿工部尚书曾公七十诗序》："今枚数而举指屈而计,凡狱讼之～,资品之厘正,……百凡之用,择才而任之,容亦有繁简异宜,左右之不相有者。" ❷ 决断。唐韩愈《胡良公墓神道碑》："及为富平尉,一府称其～。"元明《水浒传》六二回："哥哥平生最会～,量这些小事,有何难哉!"明徐溥《奏为视朝事》："今朝参之外,不得一望天颜,所以通达下情者,惟在章奏。又不以时～,其于政体实为有碍。"

【断绝】 duàn jué ❶ 前所未有。唐张鹜《游仙窟》："真成物外希奇物,实是人间～人。" ❷ 灭除。宋《朱子语类》卷一二："静坐非是要如坐禅入定,～思虑。"

【断路】 duàn lù ❶ 阻断道路。宋李弥逊《似表弟之钱塘约岁前归怨期不至以诗寄之》："雪泥～屋生云,暗坐陵阳一月春。"午咏《四京守御策问》："若画河而自守耶? 则天寒地净,安能保敌骑之不来;若争关以据要害耶? 则塞险～,彼岂能无谋?" ❷ 走不通的路。宋李弥逊《穷还僧舍饭》："散策春岗晓,樵苏一径长。钩衣藤挂石,～水浮塘。"元明《水浒传》四四回："我家后门头是一条～小巷,又有一间空房在后面,那里水井又便,可做作坊。" ❸ 同"短路"。明《西游记》九〇回："苦奈得半夜雨天,又早遇强徒～,诚所谓祸不单行也!"

【断没】 duàn mò 判决没收财物。《元典章·刑部三》："～到典刑贼每的田产也与这两个。"明杨士奇等《历代名臣奏议》卷六七录元成宗大德七年郑介夫上奏："或至遭断者无非穷民,～家财一半,多不过五七贯已耳。"清《续文献通考》卷一九:"(至元)十六年五月,以客商兴贩干鱼,难同私盐,免其～,从便法卖。"

【断年】 duàn nián 一年到头;整年。唐白居易《听田顺儿歌》："争得黄金满衫袖,一时抛与～听。"宋贺铸《题海陵寓舍四首》之四："酒非从事～别,风是故人弥日来。"

【断配】 duàn pèi 判决发配。宋李纲《申措置酌情处断招降盗贼状》："及有随队劫掠不曾杀伤之人,合从～。"宋元《警世通言》卷三六："推司接了假的知县珍珠,开封府～真的出境直到兖州奉符县。"元明《水浒传》三二回："后得陈府尹一力救济,～孟州。"

【断七】 duàn qī 人死后做佛事满七七四十九天。《元曲选·神奴儿》楔子："自从员外亡化过了,可早～也。"元明《水浒传》二六回："武松道:'哥哥死得几日了?'妇人道:'再两日便是～。'"

【断遣】 duàn qiǎn 判决;判处。宋张咏《广都县冯某殴母待罪状》："具官某,具冯某犯事～。"《元典章·刑部二》："冤者辨明,迟者催问,轻者～,不致冤滞。"清汪琬《布政使司参政邱公墓志铭》："凡属邑以狱上者,立～之。"

【断然】 duàn rán ❶ 决然;坚决地。宋苏轼《代张方平谏用兵书》："自今近岁日蚀星变,地震山崩,水旱疫疬,连年不解。民死将半,天心之向背,可以见矣,而陛下方且～不顾,兴事不已。"元苏天爵《灾异告白十事》："令户部官讲究历代鼓铸之方,用钱之

制,远近便宜,～行之。"明罗钦顺《吏部题名记》:"乃洪武十三年,～革罢中书,天下大政悉以分属六部,而升崇其品秩。" ❷ 明察貌。宋强至《代人上李兵部书》:"伏蒙执事录下吏之纤效,～鉴其情伪,剡奏列上。" ❸ 绝对;一定。宋金君卿《传易之家》:"两汉大儒扬雄、司马迁、孔安国、班固据《繫辞》牺牲始作八卦之文,～无疑矣。"《朱子语类》卷一三:"若以不法事相委,却以钱相惠,此则～不可!"明《西游记》五〇回:"倘或有人知觉,赶上我们,到了当官,～是一个窃盗之罪。"

【断手】 duàn shǒu 完毕;结束。《淳化阁帖》卷一《唐高宗书使至帖》:"使至,知玄堂已成。既得早了,深以为慰。不知诸作早晚总得～?"宋李流谦《题待鹤亭记》:"属役于四月,而～于七月。"清朱彝尊《西崦寺》:"经始齐隋代,～金元间。"

【断送】 duàn sòng ❶ 度过;消磨。唐韩愈《遣兴》:"～一生惟有酒,寻思百事不如闲。"宋韩维《答欧阳通直以予年八十见寄》:"消磨旧业凭黄卷,～馀年近玉巵。"明潘希曾《次韵曹贰卿病愈见寄》:"～三秋一雨中,林端策策夜鸣风。" ❷ 葬送;毁掉。宋李觏《元纪》:"高皇马上辛勤得,总被儒生～休。"《元曲选·隔江斗智》一折:"你只怕耽误了周元帅在三江口,哎,不想～我孙夫人一世儿!"明郑善夫《寄顾未斋谕德陆江东可业》:"古今多少豪杰,鲜不从此路上～。" ❸ 发送;打发。《敦煌变文校注》卷六《不知名变文》:"倾剋(顷刻)中间,烧钱～。若是浮灾横疾,渐次减除;倘或大限到来,如何免脱?"宋邵雍《诏三下答乡人不起之意》:"～落花安用雨,装添旧物岂须春。"元高克礼《黄蔷薇过庆元贞》:"～得他萧萧鞍马出咸阳。" ❹ 特指为死者发丧送葬。《元曲选外编·西游记》二本五出:"小僧自父母报仇之后,父母显荣还乡,师父回金山圆寂,小僧～了。"明《型世言》二回:"如今列位分付,我没有不依的,只凭列位处。父亲我自～,不要他～。" ❺ 陪嫁;嫁妆。《元曲选·鲁斋郎》二折:"自取些房奁～陪随。"又《萧淑兰》四折:"羔雁茶礼～房奁,尽行出办,足满姐姐平生所望。" ❻ 引逗;搬弄。宋刘过《天仙子》:"马儿不住去如飞,牵一憩,坐一憩,～煞人山与水。"《元曲选外编·西厢记》一本二折:"今日多情人一见了有情娘,着小生心儿里早痒、痒。迤逗得肠荒,～得眼乱,引惹得情忙。" ❼ 发配;发遣。元明《水浒传》一一回:"谁想今日被高俅这贼坑陷了我这一场,文了面,直～到这里来。"明《拍案惊奇》卷二六:"难道小的藏了女儿,舍的私下～在他乡外府,再不往来不成?"

【断头话】 duàn tóu huà ❶ 费解的话。宋褚伯秀《南华真经义海纂微》卷一:"如此推寻,转见迂诞,不知此正庄子滑稽处,如今人所谓～。" ❷ 不吉利的话;诀别的话。明《二刻拍案惊奇》卷三七:"某暂时归省,必当速来,以图后会,岂敢有负恩私?夫人乃说此～!"《石点头》卷三:"张氏见丈夫说这许多～,不觉放声大恸,哭倒在地。"

【断弦】 duàn xián 失去或死了妻子。古以琴瑟喻夫妻,故云。唐白居易《得甲去妻后妻犯罪请用子荫赎罪甲怒不许判》:"王吉去妻,～未续;孔氏出母,疏网将加。"宋刘克庄《除潮倅谢丞相》:"顾内无莱妻,中岁抱～之痛;剡上有陶母,暮年须扇枕之人。"明《二刻拍案惊奇》卷三:"且说权翰林自从断了弦,告病回家,一年有馀,尚未续娶。"

【断由】 duàn yóu 诉讼结案后,由官府写定并分发给双方当事人的判决书,其中须写明诉讼情况和判决依据。《宋会要辑稿·刑法三》:"今后民户所讼,如有婚田差役之类曾经结绝,官司须具情与法叙述定夺因依,谓之～,人给一本。如有翻异,仰缴所给～于状首。"又:"自今后人户应有争讼结绝,仰当厅出给

～,付两争人收执,以为将来凭据。"黄榦《窑户杨三十四等论谢知府宅强买砖瓦》:"王明一名且寄收候,还钱足日呈放,两词各给～。"

【断治】 duàn zhì 判决处治。唐韩愈《唐故河南少尹李公墓志铭》:"公一～,不收声事,常出名上。"宋王安石《翁源县令杨府君墓表》:"豪猾吏民以君少,共为十馀狱尝之,君立～,大服。"元《秦并六国平话》卷上:"如不伏者,勾唤到官,依法～施行。"

【断中】 duàn zhōng 即"短午"。唐[日]圆仁《入唐求法巡礼行记》卷三:"二日,雨下,朝到何衙宅茶话;押衙设～。"

【煅炼】 duàn liàn ❶ 锤炼;烧炼。唐独孤及《仙掌铭并序》:"天地有炉,阴阳有藏,～六气,作为万形。形有不遂其性,气有不达于物。"宋《朱子语类》卷一〇七:"但恐如草药～得无性了,救不得病耳。"明《西游记》七回:"不若与老道领去,放在八卦炉中,以文武火～。" ❷ 比喻修养品德或琢磨诗文。宋邵雍《首尾吟》:"尧夫非是爱吟诗,诗是尧夫诧剑时。当～时分劲节,到磨砻处发光辉。"陆游《岁暮遣兴》:"新诗～功何似,问者衰翁自不知。"明冯惟讷《古诗纪》卷一四八引《诗谱》:"全篇～,首尾有法。" ❸ 罗织人罪或以威胁利诱的手段逼供。宋《朱子语类》卷八〇:"伯恭又欲主张《小序》,～得郑忽罪不胜诛。"《元典章·刑部十六》:"当官该吏并不详情勘问,止凭诬词,约会军官张千户,将匡十一等非理～,屈勘虚招。"清朱彝尊《刘永之传》:"以为刑书则宜其言之益刻而～之益深也。"

【锻炼】 duàn liàn ❶ 冶炼锻造。唐白居易《咏慵》:"尝闻嵇叔夜,一生在慵中。弹琴复～,比我未为慵。"宋《朱子语类》卷一二一:"这个做功夫,须是放大火中～,锻教他通红,溶成汁,泻成铤,方得。" ❷ 比喻在艰苦中磨炼。唐杜甫《奉赠太常张卿二十韵》:"顾深惭～,才小辱提携。"明《西湖二集》卷一:"叵耐造化小儿,苍天眼瞎,偏～得他一贫如洗。" ❸ 比喻推敲锤炼诗文。唐柳宗元《送辛殆庶下第游南郑序》:"辛生尝南依蛮楚,专志于学,为文无谬悠迂诬之谈,～剪截,动可观采。"《新唐书·舒元舆传》:"其文～精粹,出入今古数千年。"清《青楼梦》三八回:"日夕揣摩,终朝～,闺中人究竟比须眉心细,容易进境,不及半月,二人的诗已罗罗清疏了。" ❹ 罗织人罪;逼供。宋穆修《秋浦会遇》:"众奋漂山舌,孤縻坐狱身。诋诬惟腷臆,～止逡巡。"明《醒世恒言》卷三〇:"每事不问情真情枉,一味严刑～,罗织成招。"

duī

【堆簇】 duī cù 堆聚;堆叠。唐杨筠松《撼龙经》:"忽然堆起如螺卵,又如梨栗～繁。"宋陈淳《北溪大全集·答问》:"譬之一贯散钱,须已数成十个百讫,与之一条索子,便都贯得。若散乱～,未曾数著,纵与之索子,亦无从而贯之矣。"清弘历《下簇》:"红蚕既作茧,～如雪山。"

【堆垛】 duī duǒ ❶ 堆放。宋耐得翁《都城纪胜·市井》:"孝宗皇帝孟享回,就观灯买市,帘前排列内侍官秩行,～见钱,宣押市食,歌叫支赐钱物。"元明《水浒传》四一回:"宋江叫小喽啰各各驮了沙土布袋并芦柴,就城边～了。" ❷ 指体积或堆成的堆。清《红楼梦》四一回:"且都做的小巧,不显～儿。"△《儿女英雄传》三三回:"那算方田、核～,却得个专门行家。"

【堆豗】 duī huī 困顿疲软的样子。宋欧阳修《清明前一日书所见奉呈圣俞》:"三日不出门,～类寒鸦。"辛弃疾《水调歌

头·元日投宿博山寺见者惊叹其老》："头白齿牙缺,君勿笑衰翁,……坐~,行答飒,立龙钟。"清查慎行《本本金银花十四韵》："本是沿篱蔓,今成傍砌栽。瘦根形促缩,短梗状~。"

【堆积】 duī jī 堆在一起。唐李群玉《送郑子宽弃官东游便归女儿》："一饭玉露蔬,中肠展~。停食不尽意,倾景怅可惜。"五代齐己《短歌寄鼓山长老》："雪峰雪峰高且雄,我我~青冥中。"清朱彝尊《十二时·云母灯》："是何人碧山深处,潜入仙厨私窃,把石粉云英~。"

【堆垒】 duī lěi 聚集,摞起。宋洪迈《夷坚志》乙卷九："临受代,徙寓驿舍,将葺故治以待新令尹。什器运致未尽,明旦往取,皆为鬼~,无细无大,至与屋脊平,甚费人力收拾。"

【堆笑】 duī xiào 现出笑容。元明《水浒传》二四回："那妇人脸上堆下笑来。"清《红楼梦》二四回："红玉连忙弃了众人,跑至凤姐前,堆着笑问:'奶奶使唤作什么事?'"

【堆鸦】 duī yā 形容女子的头发又黑又密。宋吴激《人月圆·宴张侍御家有感》："恍然在遇,天姿胜雪,宫鬓~。"《元曲选·倩女离魂》二折："汗溶溶琼珠莹脸,乱松松云鬓~。"明《西游记》八二回："发盘云髻似~,身着绿绒花比甲。"

【餷】 duī 即"餷子"。唐王梵志《粗行出家儿》："贪他油煮~,爱若波罗蜜。"明《古今小说》卷五："言之未已,只见常中郎家苍头又来买~。"

【餷饴】 duī pāi 即"餷子"。宋范成大《上元纪吴中节物俳谐体三十二韵》："宝糖珍粔籹,乌腻美饴鲍。"自注:"~,吴中谓之宝糖餷,特为脆美。"周密《武林旧事》卷二:"接食所尚,则乳糖圆子、~。"

【餷子】 duī zi 油炸面食,类似元宵。《敦煌变文校注》卷四《降魔变文》："面皱如皮裹襁褓,项长一似筋头~。"五代《云门禅师广录》卷下:"师云:'有什么馒头~速下来!'"《太平广记》卷二三四引《卢氏杂说》："候油煎熟,于盒中取~赚,以手引烂面中团之,五指间各有面透出,以篦子刮却,便置~锅中。候熟,以笊篱漉出,以新汲水中良久,却投油锅中,三五沸取出,……其味脆美,不可名状。"

duì

【队】 duì ❶量词。a) 群;伙。用于人或动物。唐韩愈《符读书城南》："少长同嬉戏,不殊同~鱼。"五代孙光宪《北梦琐言》逸文卷一:"子他时婚娶无男,但生一~女也。"明徐一夔《送王生甫序》："他称良子弟,犹不免随群而出,逐~而趋,以事佚游。"b) 犹言阵,用于风、烟等。唐王梵志《来如尘暂起》："来如尘暂起,去如一~风。"《敦煌变文校注》卷一《李陵变文》："白雪纷纷平紫塞,黑烟~~入愁冥。"又卷五《双恩记》："~~香风生桂畔,群群鸳鸟宿松间。" ❷借为"对",对着。元明《水浒传》八二回:"~额角涂一道明戗,劈面门搭两色蛤粉。"

【队仗】 duì zhàng ❶队列。唐元稹《青云驿》："龙虎俨~,雷霆轰蟊蟊。"元贡师泰《上都咱玛大燕》："紫云扶日上璇题,万骑来朝~齐。"元明《水浒传》三五回:"宋江便与花荣引着四五十人,三五十骑马,簇拥着五七辆车子,老小~先行。" ❷特指仪仗。宋田锡《圣主靖边歌》："金吾~如鳞萃,环卫旌旗径千里。"元朱晞颜《和梅村方州判元日早朝韵》："风历初颁又建正,千门~蔼欢声。" ❸同"对仗❸"。名词、动词两用。宋刘克庄《诗话》下:"近岁诗人杂博者堆~,空疏者窘材料,出奇者费搜索,缚律者少变

化。"元唐元《寄金陵滕义夫用第六韵》："赋诗尚骨不尚肉,盘折老苍销~。"

【对】 duì ❶(君王)召见。唐元稹《献事表》:"且臣思之,今之备召承顾问者,独一二执政而已。每一~扬,不及俄顷。"《旧代史·唐书·明宗纪》:"时有太白山道士解元龟,自西川至,~于便殿。"明刘绘《与升庵杨太史书》:"方其挟策西蜀,赐~明光,垂虹掣电,振耀宇内。" ❷对敌;对抗。《敦煌变文校注》卷一《伍子胥变文》:"我天兵兮不可~,塞平川兮千万队。"宋包恢《咏春堂记》:"自点之为春也,则宇宙在手,万化生身,制命在内,天下无~。"元明《水浒传》二九回:"三年上泰岳争交,不曾有~。" ❸如;同。唐许裳《冬杪归陵阳别业》:"旅貌同柴毁,行衣~骨穿。"《敦煌变文校注》卷五《佛说阿弥陀经讲经文》:"伏愿福齐海岳,寿~松椿。" ❹冤债;冤家。《太平广记》卷二九五引《幽录》:"至广州值乱,有一人逢高,唾手拔刀曰:'真得汝矣!'高大笑曰:'我宿命负~,故远来相偿。'"《云笈七籤》卷一二二:"观中牛十餘头,饮龁于坐侧。一人偶曰:'某监斋常能排斥罪善,不信报~,量其积过,莫在群牛中否?'众方言笑,一牛直诣众前,驱之不去,试以某监斋呼之,跪而雨泪。" ❺抵偿。《元曲选·冯玉兰》四折:"眼见的恶贯盈,今朝~了俺亲爷命。"清《醒世姻缘传》二回:"若又似前采打,我便趁势照他胸前戳他两刀,然后自己抹了头,~了他的命!" ❻揭发;对质。《元曲选外编·衣袄车》楔子:"若论着狄青的武艺,我则待~倒了他这个赖功的贼!"元明《水浒传》四六回:"当头对面,把这是非都~得明白了。"清《醒世姻缘传》四一回:"前日那枝金耳挖子,我问你,你对着我说是二两银子换的,这今日不~出谎来了?" ❼同"对仗❸"。名词、动词两用。唐杨炯《王子安集序》:"影带以徇其功,假~以称其美。骨气都尽,刚健不闻。"《说郛》卷七九下引阙名《诗谈》:"寇莱公在中书,与同列戏云:'水底月为天上月',未有以~。会杨大年适来,因语其~。大年应声曰:'眼中人是面前人。'一坐皆称为的~。"明王世贞《湖上草堂为德甫赋》:"过客偶裁渔父~,当歌不避海鸥猜。" ❽相配;适合。宋强至《惠山泉》:"正味云谁别,繁声只自怜。要须茶品~,合煮建溪先。"清《红楼梦》四三回:"那汤虽好,只不~稀饭。" ❾量词。a) 套,用于衣裳之类。《敦煌资料》第一辑(五)《甲戌年窦跛蹄雇工契》:"断作雇价,春衣一~汗衫一领……"《敦煌变文校注》卷五《妙法莲华经讲经文(一)》:"饮馔朝朝皆265肉,衣裳~~是绫罗。"宋宋庠《赐五台山僧正法震等敕书》:"今赐广洎等僧衣一~,绢二十匹。"b) 双,用于成双配对的事物。明王世贞《崇明陆叟移居吴城以上元夕生儿友人索赠》:"此珠煜煜光欲然,掌上谁能不见怜。来从老蚌无双美,把向明蟾一~圆。"清《红楼梦》一四回:"凤姐出至厅前,上了车,前面打了一~明角灯,大书'荣国府'三个大字,款款来至宁府。" ❿掺和。明汪瓘《名医类案》卷一〇:"取兔耳草不拘多少,捣取汁一碗,~头生酒一碗,露一宿热服。"清《儒林外史》三一回:"这酒是二斗糯米做出来的,二十斤粮,又~了二十斤烧酒,一点水也不掺。"

【对案】 duì àn ❶面对几案,特指处理文牍。宋沈遘《和陈和叔秘阁会话》:"~不堪文墨弊,离群长恨笑言疏。"苏轼《王郑州挽词》:"京兆同僚几人在,犹思~笔生风。" ❷指提取诉讼关系人审问或对质。《元曲选·朱砂担》三折:"今日森罗殿上~。"明《西游记》一〇回:"此一来已是~明白,请返本还阳。"

【对词】 duì cí 对证;对质。宋范纯仁《上神宗论责君子太重奖小人太深》:"朝廷忘其元初,被旨使与罪人~,一有不详,先被黜辱。"元陶宗仪《辍耕录》卷九:"妾为亡婢诉冤,摄至阴府,即今岳祠也,命妾与婢~。"清《红楼梦》六八回:"况是贾府之人,巴不得了事,便也不提此事,且传贾蓉~。"

【对待】 duì dài　相对;对立。宋曹勋《山居杂诗》:"善恶必~,祸福常相邻。"元张伯淳《题陈苍山太极对观图》:"天地间~之理,盖有不期然而然者。"清吴伟业《古文汇抄序》:"彼其所谓古文,与时文~而言者也。"

【对当】 duì dāng　❶ 匹敌;相当。《敦煌变文校注》卷一《伍子胥变文》:"横行天下无~。"宋王安石《寄慎伯筠》:"人传书染莫~,破卵惊出鸾凤翔。"元杨维桢《小姑谣》:"如何世阀不~,失身去作蛮郎妇。" ❷ 应对;酬答。《元曲选·东坡梦》四折:"一句句~,一句句~,总不离一曲《满庭芳》。"佚名《水仙子》:"笑吟吟先倒在牙床上,羞答答怎~。" ❸ 安排;使凑在一起。《元曲选·玉壶春》二折:"多管是人遭遇,料应来天~。"《元曲选外编·三夺槊》一折:"也是青天会~,故交这尉迟恭磨障,磨障这弑君杀父的劣心肠。"

【对定】 duì dìng　❶ 当面对质。唐张说《幽州论戎事表》:"如有论告臣身、奏劾军事者,乞追臣面问,~真虚,则日月无可蔽之期,幽远有自通之望。"慧立、彦悰《大慈恩寺三藏法师传》:"敕遣群公学士等往慈恩寺请三藏与吕公~。吕公词屈,谢而退焉。"宋朱熹《漳州晓谕词讼榜》:"更请深自思惟,所诉事理或涉虚伪,或无大段利害,可以平和。即仰早生悔悟,降心相从,两下商量,出官~。庶几有以复此邦忠厚醇朴之俗,革比年顽嚚偷薄之风。" ❷ 审查核对。《文苑英华》卷四六五《诫励吏部兵部礼部掌选知举官等敕》:"其流外铨及武学,专委郎官,恐不详悉,共为取舍,适表公凭。每至留放之时,皆就尚书侍郎~。既上下检察,庶在得人;而覆车尚在,殷鉴非远。"宋李纲《画一措置赈济历并缴奏状》:"一县官亲诣诸乡,询究有米之家,责令邻保~合存留食用并合出粜之数。务要不扰,取见的确。"清秦蕙田《五礼通考》卷九:"帝令宰相取两家状~。"

【对读】 duì dú　❶ 校读刊正(文字)。宋欧阳修《乞差检讨官校国史札子》:"寻准朝旨,于龙图阁写本关送本院,令修撰官躬亲~修改。"清《江西通志》卷一六一引明《朱一斋集》:"此子所编之书也,予受命与子~。字有差讹,随即改正。" ❷ 指当皇帝面宣读的奏章。《宋史全文》卷二五上:"癸酉,新知泉州胡铨进~札子。至臣尝恭闻圣训,有及于唯礼不可以已之说。……上曰:'朕记得曾与卿说礼之用甚大。'"又卷三二:"戊午,秘书省著作佐郎兼权尚左郎官王会龙进~。至赃吏曾不少贰。上曰:'朕痛治赃吏,日来宜少知畏。'" ❸ 特指核对校读科举考试试卷。宋元以降,为防止舞弊,阅卷人按规定不能看应试者的原卷,先由抄手将原卷誊录一遍,再由校对人将抄卷与原卷对读校正。宋毕仲游《理会科场奏状》:"右臣今年三月准宣命入内充进士覆考官,及臣自守官以来累蒙差入试院~考校,熟见举人科场文字。"吴自牧《梦粱录》卷二:"却于每卷上打号头,三场共一号,方发往誊录所誊录卷子。~无差,方纳入考试官各房考校。"明王世贞《科试考一》:"四年京畿乡试,……受卷:吏部主事林光弼。弥封:兵部主事许方。誊录:苏州教授贡颖之。~:翰林应奉文字唐肃、礼部主事张孟兼。"

【对付】 duì fù　❶ 应付;处置。宋阳枋《示侄昂书》:"只如人一生,有多少胶胶扰扰的事,元只是一心~将去,~得成时只是一个乾。"《朱子语类》卷七三:"人才要一件物事,便须以身己去~他。"明凌义渠《柳文馨逸序》:"余尝谓世间随耳目所及,一以灵心~,当自有可爱可传不可收拾之妙想。" ❷ 安排;准备。《元曲选·争报恩》一折:"甚风儿今夜吹来到,也是天~,可教我和兄弟厮寻着。"明《拍案惊奇》卷六:"元来赵尼姑晓得巫娘子不吃酒,特地~下这个糕。" ❸ 着落;使承担。《元曲选·东堂老》三折:"他

是有钱的财主,他怕当差,假装穷哩,我两个少你的钱钞,都~在他身上。"《通制条格》卷二九:"若他的力气不敷呵,别~着。" ❹ 筹措;弄;取。《元曲选外编·贬黄州》一折:"既没了米,我出去~些钱米来。"元明《水浒传》五六回:"若是先~得他这副甲来时,不由他不到这里。" ❺ 匹配;相配。《元曲选·抱妆盒》四折:"多则是天生福分,又遇着姻缘~,成就了麟趾关雎。"明范景文《题米家童序》:"因其赓咏,以当鉴赏,拈得腔字,恨不能以仄韵作律体,堪与相~耳。"《警世通言》卷一六:"我家有十万贯家财,须着个有十万房奁的亲来~我。"

【对副】 duì fù　❶ 应对;回答。宋苏轼《大悲阁记》:"看拈起甚么一种话头,便被他~了。"《宋史全文》卷一:"范质下殿,执王溥手曰:'仓卒遣将,吾辈之罪也。'爪入溥手几出血,溥噤不能~。" ❷ 同"对付❶"。宋陈亮《复陆伯寿》:"时日日以新,天意未易测度,但看人事~何如耳。"明王樵《与仲男肯堂书》:"凡事要精神,~饮食劳倦、风寒暑湿中皆有工夫,则病不能人。" ❸ 同"对付❷"。宋《朱子语类》卷七五:"卦爻许多不是安排~与人看,是甚人来自然撞着。"元明《水浒传》四一回:"有烦穆太公~八九十个叉袋,又要百十束芦柴。"

【对过】 duì guò　❶ (水流)穿过。《艺文类聚》卷九五引《异苑》:"西域苟夷国,山上有石骆驼,腹下出水。以金铁及手承取,即便~;唯葫芦盛者,则得饮之。"宋文彦博《浚川第三》:"只如所开运河,云有五利。其一曰纲运出汴,~沙河,免涉大河风涛之险。"明章潢《图书编》卷五三:"愚以为薛河上流须别浚支河,以分其势。至于三河口、鲇鱼泉等口~之处,凿开大口,令其顺流西去。" ❷ 指核对文字。宋周必大《程泰之侍郎文昌》:"日历本乃是李仁甫未改时,今纳一册去。比后来所修,精粗不同,望为指挥~。"明杨士奇《元延祐初科会试程文》:"内左榜阙四名,阙文更多,错误尤甚,盖匆匆不及~也。" ❸ 对面;那一边。宋元《古今小说》卷一一:"他是西川成都府人氏,见在~状元坊店内安歇。"元明《水浒传》一一回:"没多时,只见~芦苇泊里三个小喽啰摇着一只快船过来。"清《平定两金川方略》卷一七:"其山梁~又有高山,系通鄂克什旧寨之路。"

【对合】 duì hé　❶ 指利润跟本钱相等。宋黄震《七月初一日劝上户放债减息榜》:"今年春夏饥饿,必是债上添债。今秋若因稍熟,上户便欲一顿~取偿,则小民今岁之苦,更甚于去岁之荒矣。"明《醒世恒言》卷三五:"除去盘缠使用,足足赚~有馀。" ❷ 分量相当。元危亦林《世医得效方》卷二:"伤湿:香苏散加苍术、川芎、白芷、木瓜,各用四钱,生姜三片煎服。"明王肯堂《证治准绳》卷七二:"生地黄汁、蜂蜜~熬成膏,和药,每服两皂子大。" ❸ 吻合;符合。明戚继光《纪效新书》卷一五:"其妙处要母铳管长,则出直而利远。子铳在腹中要两口~,则火气不泄。"徐光启《农政全书》卷三七:"先移叶相似之小树于其畔,可以枝相交合处,以刀各削其半~,著竹箬包裹,麻皮缠固。"清《红楼梦》七八回:"果然是未正二刻他咽了气,正三刻上就有人来叫我们,说你来了。这时候到都~。"

【对会】 duì huì　对证。《云笈七籤》卷一二一:"其时邻家冯老父子二人差赴军前,去时留寄物直三十千在某处。冯父子殁阵不回,物已被破用,却于冥中论理,追某魂魄~。"《宋会要辑稿·刑法二》:"今后应勾追被盗人到官~讫,便行疏放。"清《后西游记》一二回:"我且与你同去~~,看是假冒不是假冒。"

【对衿】 duì jīn　上衣的一种式样,在胸前正中开襟。明《金瓶梅词话》六一回:"白杭绢~儿,玉色水纬罗比甲儿,鹅黄挑线裙子。"清《醒世姻缘传》五七回:"那日我们曾见一个孩子,约有七八

岁的模样,穿着～白布褂子。"

【对景】 duì jǐng ❶ 面对眼前景物。唐刘禹锡《酬乐天衫酒见寄》:"终朝相忆终年别,～临风无限情。"宋苏颂《和王察院竹篠巷阻风七言》:"风信未回聊～,岁华将暮自凌寒。"明李东阳《再用韵示兆先》:"侯门有意迎彭泽,～无家忆汉阳。" ❷ 与情景相符。清《红楼梦》五四回:"笑话儿不论好歹,只要～就发笑。"《梼杌萃编》二一回:"现在说少爷得的是夹色伤寒,那可色色～。" ❸ 查对。清《红楼梦》三四回:"不必惊动老太太、太太众人,倘或吹到老爷耳朵里,虽然彼时不怎么样,将来～,终是要吃亏的。"

【对勘】 duì kān ❶ 核对;核实。唐智昇《开元释教录》卷一二下:"今～二经,文并无异,但以立名多种,致使群录差殊。"宋司马光《论夜开宫门状》:"监门官司先严门仗,所开之门内外并立队燃炬火,～符合,然后开之。"明王鏊《韩文公勘书图》:"墟落新凉～书,士龙临此意何如?" ❷ 对质;对证。唐段成式《酉阳杂俎》续集卷七:"又说～时,见一戎王,卫者数百。"《云笈七籤》卷一一七:"一旦自衙归宅,于其门外见二黄衣人曰:'为观中取土事,要有～。'应答之间,下马而卒。"清《聊斋志异·席方平》:"当堂～,席所言皆不妄。"

【对科】 duì kē 与事实相符。明《拍案惊奇》卷一八:"大姓问其来历详细,说得～,果是松江富家。"

【对口】 duì kǒu ❶ 争吵;顶嘴。明《禅真逸史》一〇回:"如今且不和你～,你只要寻出林和尚来,就是三百两银子。"清《红楼梦》六〇回:"有几个伶透的,见他们对了口,怕又生事,都拿起脚来,各自走开了。" ❷ 中医指长在脑后跟嘴相对的疮。明王肯堂《证治准绳》卷一〇八:"或问:颈后脑下发疽何如?曰:此即～疮也。"《本草纲目》卷二七:"～恶疮:野苦荬捣汁一钟,入姜汁一匙,和酒服,以渣傅一二次即愈。"清《醒世姻缘传》六六回:"西门里头马义斋长了～,也是请我去治。"

【对垒】 duì lěi ❶ 交锋;交战。唐元稹《酬段丞与诸棋流会宿弊居见赠二十四韵》:"斫营看逦点,～重相持。"宋宋庠《斗鸡》:"～韬韬地,双惊灭玉尘。"明佚名《锁魔镜》四折:"齐臻臻天兵摆列,恶狠狠等等,冬冬鼓响似春雷。" ❷ 相匹敌。宋徐鹿卿《溪泉命客》:"鼻祖校文游览旧,～者谁人姓柳。"明毛晋《唐英歌诗跋》:"陇右李巨川,才大敏,侪辈惟子华～。"

【对理】 duì lǐ 对证评理。宋欧阳修《乞出第三札子》:"昔汉世大臣有被诬以罪者,例不～陈冤。"宋元《醒世恒言》卷三三:"只是你家里有杀人公事,你须回去。"元明《水浒传》五〇回:"难信你说,且提去府里,你与他～明白。"

【对立】 duì lì 相对而立。唐王建《宫词》之六八:"未明东上阁门开,排仗声从后殿来。阿监两边相～,遥闻索扇一时回。"引申为同时存在之义。宋《朱子语类》卷一二:"要之,邪正本不～,但恐自家心中无个主。若有主,邪自不能入。"

【对量】 duì liàng 衡量。《敦煌变文校注》卷五《维摩诘经讲经文(五)》:"胡乱(部)莫能相比并,龟兹不易～他。"宋郑兴裔《请禁取羡疏》:"省限有定期,而以先期为办斛斗升合,所以准租;而～加耗尺寸铢两,所以均税。"

【对绺】 duì liǔ 犹"对路"。明《醋葫芦》六回:"院君一发凑巧,正有一门极是～。"清《一片情》三回:"第五好淫,这一发与和尚～。"

【对楼】 duì lóu 古代攻城器械。宋《三朝北盟会编》卷六八:"金人填壕既毕,乃连五～过壕而攻城。"《宋史·李光传》:"光命编竹若帘揭之,炮至即反坠,不能伤。取樫木为撞竿,倚女墙以御。"明唐顺之《武编》前集卷二:"纵敌在城外伐木为、云梯、

火车等攻械,可以破尽。"

【对路】 duì lù 适合(需要或要求)。清《歧路灯》五〇回:"巴庚、钱可仰、焦丹由不的少盐没醋的话各说上几句,究之与谭绍闻全不～。"《镜花缘》八三回:"婉如姐姐是个有名的恨人,这个小曲很多恨字,倒与他～。"

【对脉】 duì mài 切脉;诊脉。中医术语。宋杨士瀛《仁斋直旨》卷一:"据脉以验证,问证而～。证如此,脉亦如此。"明王肯堂《证治准绳》卷六四:"故欲得子者,必须～立方,因病用药。"按,宋朱胜非《绀珠集》卷一〇引赞宁《物类相感志》:"唐宫中以诊脉为对脉。"

【对门】 duì mén ❶ 结亲或结亲的两方。唐张彦远《历代名画记》卷八:"杨以篁蔽画处,郑窃观之,谓梅曰:'卿画终不可学,何劳郑蔽?'杨特托以婚姻有～之好。"元张国宾《薛仁贵》四折:"怎敢和大唐天子做～家!若是儿家女家有争差,有碗来大紫金瓜。" ❷ 指合适的配偶。《元曲选外编·云窗梦》二折:"夫人自有夫人分,百年谁是百年人?难寻这白头的～。"《孤本元明杂剧·娶小乔》一折:"只有小乔未曾婚配,老夫务要寻个～,方许成亲。"

【对门主顾】 duì mén zhǔ gù 有固定关系的主顾,喻指相好。明《金瓶梅词话》八三回:"这几日就门边儿也不傍,往俺那屋里走走去,说你有了～了,不希罕俺娘儿们了。"

【对面】 duì miàn ❶ 当面。唐陆贽《又答论姜公辅状》:"后因公辅辞退,朕已～许讫。寻属怀光背叛,遂且因循。"宋徐积《赠玉师失鹦鹉词》:"莫信口中一片舌,～千里万里心。"明顾璘《寄诸儿》:"居常理家教,怪尔远诗书。～起嗔恚,恩情乖本初。" ❷ 会面。唐张鷟《游仙窟》:"向见称扬,谓言虚假,谁知～,恰似神仙。"元程文海《段郁文诗序》:"余识郁文年数不为不多,～不为不数。"明李梦阳《将归篇》:"～有乖绝,千里长相思。"

【对面千里】 duì miàn qiān lǐ ❶ 谓距离虽近却不能相见。唐刘驾《冯叟居》:"溪南有微径,时遇采芝客。往往白云生,～隔。"《法苑珠林》卷五二:"(沙门竺道猷)乃慷慨曰:'彼何人斯,独无贞操,故使圣寺密尔,～。'遂揭锡独往。"明陆深《石桥谣》:"有时浪急石齿齿,～空断肠。" ❷ 谓意境深邃或谋虑深远。宋韩拙《山水纯全集》:"李公家法墨润而笔精,烟岚轻动,如～,秀气可掬。"王十朋《观国朝故事》:"二公人中龙,材略超等夷。胸中百万兵,～机。"吴曾《能改斋漫录》卷一一:"太宗万几之暇,留心弈棋,自制三势:一曰～势……" ❸ 比喻当面而不相识、相知。敦煌本《历代法宝记》:"吾虽此间每常与金和上相见,若欲不相识,～。"元吴师道《谢傅知事书》:"畸人穷士之于世,或～,或白头如新。"明王守仁《与滁阳诸生并问答语》:"有志者虽吾无一字,固朝夕如面也。其无志者,盖～,况千里之外盈尺之牍乎?"

【对命】 duì mìng 抵命;拼命。明《西游记》九〇回:"他若无知,坏了我二狮,即将八戒杀了与～。"清《醒世姻缘传》六二回:"你生生的断送了我的官,我务要与你～!"

【对匹】 duì pǐ 对照比较。《敦煌变文校注》卷六《大目乾连冥间救母变文》:"不可言,地狱天堂相～,天堂晓夜乐轰轰,地狱无人相求(救)出。"

【对亲】 duì qīn 结亲;选定配偶。明《警世通言》卷二二:"有人撺掇两家～,刘有才倒也心中情愿。朱却嫌他船户出身,不是名门旧族,口虽不语,心中有不允之意。"清《荡寇志》八八回:"万年对永清道:'我近来也对了头亲。'"

【对审】 duì shěn 同时审问;受审。明温纯《恭陈慎刑始末伏乞圣明鉴察以重刑辟疏》:"臣等以为天宠与赵一平等一事也,

416

若到即～,同招尤便。"清《醒世姻缘传》一七回:"如今农忙耕麦之际,乞免解京～。"《歧路灯》三〇回:"饮酒中间,夸一阵怎的衙门得权,说一阵明日～怎的问话。"

【对手】 duì shǒu ❶ 争胜;交手。五代孙光宪《北梦琐言》卷一:"唐宣宗朝,日本国王子入贡,善棋,帝令待诏顾师言与之～。"宋李纲《怀泽与吴元中别幅》:"正如低棋～高棋,未必有杀之之意,低棋惶惧,多自著破。"明《英烈传》六七回:"只是不曾逢着敌手,天下那有常胜的! 可恨我不曾与他们～。" ❷ 指谋略、手段等不相上下者。宋郑刚中《夏夜小雨独坐》:"棋低无～,饮少信中肠。"《元曲选·衣袄车》三折:"却便是黑杀神撞着个霹雳鬼,枪强刀会,棋逢～好相持。"明钱仲益《弈棋诗》:"我老无所好,所好惟弈棋。每遇～敌,竟夕不告疲。"

【对头】 duì tóu 另见 duì tou。头顶头。清《醒世姻缘传》六五回:"没处逃躲。就如有根绳子将你的腿脚拴住了一般,任你绕圈走十万八千里路,也只好走个～。"又六六回:"忽然长起蝼蛄疮来,消不的两个月,长对了头,只是往里蚀。"

【对头】 duì tou 另见 duì tóu。❶ 仇敌;敌对的一方。宋陈淳《语司马牛又下于雍》:"譬如人身之有病,未论其证之大小善恶,但或有一指之肿、一足之废……一身气脉俱随之牵引不宁,而为此身～之患。"《元曲选·谢金吾》楔子:"那杨家须是我的～。"明顾宪成《答友人》:"这个'欲'自人生落地时便一齐带下,千病万病皆从此起。我要为善,这个却出来做～,不愁你不屈伏。" ❷ 指诉讼的一方或证人。宋元《醒世恒言》卷三三:"他家有了杀人公事,不争放你去,却打没～官司。"元明《水浒传》二七回:"为因一时间争些小事生起,把这光明寺僧行杀了,放把火烧做白地,后来也没～,官司也不来问。"明高攀龙《讲义·已矣乎吾未能见其过节》:"讼者必有个～,若无对不成讼。" ❸ 指能彼此匹配的配偶。明《醒世恒言》卷二〇:"常言道:会嫁的嫁～,不会嫁的嫁门楼。我这亲事,不知拣过多少子弟,并没有一个入的眼。"《二刻拍案惊奇》卷二:"我家门户低微,目下取得妻来,不过是农家之女,村妆陋质,不是的～。" ❹ 即"对手❷"。宋元《清平山堂话本·杨温传》:"不是李贵怕了不上山,及至上山,又没～,白拿这利物,惶恐惶恐。"明《西洋记》六三回:"这两日饶是陈堂、张柏尚不能取胜,你怎么是他的～?" ❺ 对象。宋朱熹《答刘韬仲》:"但其所论经圣之事,却错认了～,甚可笑耳。"

【对推】 duì tuī 当面对质推究。《敦煌变文校注》卷三《燕子赋(一)》:"燕子文牒,并是虚词,眜目上下,请王～。"《旧唐书·刘悟传》:"伏欠追萧弘赴阙与萧本～,细诘根源,必辨真伪。"唐胡璩《谭宾录》卷九:"杨行颖表言义府罪状,制令刘祥道～其事,李勣监焉。"

【对问】 duì wèn 受审。宋《朱子语类》卷一二三:"周勃终身有功,后来也下狱～。"元明《水浒传》二四回:"见有刀子是宋江的压衣刀,可以去拿宋江～,便有下落。"

【对下】 duì xià 下棋不让子。清《儒林外史》五三回:"我和四老爷自然是～。"《红楼梦》九二回:"从前～他输了,如今让他两个子儿。"

【对御】 duì yù ❶ 面对皇帝;与皇帝在一起。唐张籍《寒食内宴二首》之二:"宫筵戏乐年年别,已得三回～看。"王建《宫词》之五:"内人～叠花笺,绣坐移来玉案边。" ❷ 特指皇帝与臣下共同进餐。宋范纯仁《效宫词体上文太师十绝》之三:"吾皇重喜见仪形,～排场结彩棚。才见罢时先赐宴,御前亲劝一金觥。"孟元老《东京梦华录》卷六:"正月十四日,车驾幸五岳观迎祥池,有～。"原注:"谓赐群臣宴也。"

【对月】 duì yuè 满一月,也就是从这个月的某日到下个月的同一日。《元曲选·隔江斗智》二折:"这～之时,取刘备和小姐回门拜见老夫人来。"明《朴通事谚解》卷上:"第三日做圆饭筵席了时,便着拜门,～又做个大筵席。"

【对仗】 duì zhàng ❶ 谓当廷奏事。古时皇帝坐朝听政,必设仪仗,百官当廷言事,无所隐秘,故称。《旧唐书·萧至忠传》:"旧制,大臣有被御史～劾弹者,即俯偻趋出,立于朝堂待罪。"《唐会要》卷二五:"百官及奏事,皆合～公言,比日以来,多仗下独奏。宜申明旧制,告语令知,如缘曹司细务及有秘密不可对仗奏者,听仗下奏。" ❷ 左右分设、相对而立的仪卫。清袁枚《随园诗话》卷一:"晓来浓翠东西映,也算蛾眉～班。" ❸ 指旧体诗文的词句相对偶。清沈德潜《说诗晬语》卷下:"～固须工整,而亦有一联中本句自为对偶者。" ❹ 交战。清《荡寇志》七一回:"马军分两翼抄出阵前,～厮杀。"

【对针】 duì zhēn ❶ 吻合;符合。明黄道周《榕坛问业》卷一一:"锡侯云:如此则中人亦承上语,当不～也。"清连斗山《周易辨画》卷一:"窃谓卦中之辞,必要与爻义,方无走失。" ❷ 针对。清孙奇逢《四书近旨》卷一三:"全是大节之意,非为宽小节也。不矜细行,终累大德。各有～,不必过泥。"毛奇龄《复沈耿岩编修论大学证文书》:"凡论有锋颖,必须相当,今人所谓～也。"

【对阵】 duì zhèn ❶ 两军列阵相对,意为战斗、交锋。唐因亮《颜鲁公集行状》:"于是两军与思明三万人～于嘉山。"元《三国志平话》卷上:"言未尽,有长沙太守孙坚出马,与吕布～。"明陆粲《边军谣》:"老弱伶俜已不保,何况～临刀枪。" ❷ 敌阵;敌方。元明《水浒传》七七回:"话说当日宋江阵中前部先锋,三队军马赶过～,大刀阔斧,杀得童贯三军人马大败亏输。"

【对证】 duì zhèng ❶ 当面证实;证人。《元典章·刑部七》:"兼袁用昌身死,别无～,难拟定罪。"《元曲选·李逵负荆》三折:"要来～这一桩事哩。" ❷ 对症。宋《朱子语类》卷四一:"'克己复礼',便是捉得病根,～下药。"《元典章·刑部十九》:"遇有患人,依经方～用药或针灸看治。"

【对值】 duì zhí ❶ 对等相当的人,指配偶。唐李贺《唐歌儿》:"东家娇娘求～,浓笑书空作'唐'字。" ❷ 相符;相当。宋卫湜《礼记集说》卷一二四:"程子备矣。但其答苏季明之后章,记录多失本真,答问不相～。如耳无闻、目无见之答。"郭祥正《寄邹塞叔》:"醉来意气颇脱略,睥睨天地如毫芒。狂歌大笑谁～,山猿谷鸟啼斜阳。"

【对众】 duì zhòng 当众。唐陆贽《请许台省长官举荐属吏状》:"缘是密旨特宣,不敢～陈谢,祇禀成命,所宜必行。"明王世贞《恳乞天恩俯念先臣功极冤特赐昭雪以明德意以伸公论疏》:"原任宣大总督杨顺为嵩报仇,曲杀经历沈炼。臣父不忿,复～指斥其奸。"

【对属】 duì zhǔ 犹"对仗❸"。名词、动词两用。唐杜甫《寄彭州高三十五使君》:"更得清新否,遥知～忙。"宋欧阳修《与十二侄通理》:"但古诗中时复一联,尤见工夫。"金元好问《中州集》卷三三:"平生诗甚多,大概尖新,长于～。"

【对子】 duì zi ❶ 犹"对属"。明《西游记》一七回:"又见那二门上有一联～,写着:'静隐深山无俗虑,幽居仙洞乐天真。'"清《红楼梦》四八回:"(律诗)不过是起、承、转、合,当中承、转是两副～。" ❷ 犹"对手❷"。明《西洋记》三二回:"怎奈南朝来的将勇兵强,我们不是他的～。"清《红楼梦》一九回:"你一般也遇见～了,可知一报还一报,不爽不错的。" ❸ 仪从,指仪仗中的执事人员。明《隋史遗文》二三回:"刚刚的到他们面前就站住了,～报

道：'夏国公府窦爷府中家将有社火来参。'"

【兑】 duì ❶ 支付；支出。宋吴拭《铜壶阁记》："尹去，弗克成。问钱与材今安在？曰：材为他所缮修辑用之；钱则帑官专辄～费矣。"明归有光《遗王都御史书》："迩者檄下，欲以嘉定县粮赴郡治交～，民情颇有不便。" ❷ 兑换；掉换。唐丁仙芝《馀杭醉歌赠吴山人》："十千～得馀杭酒，二月春城长命杯。"宋包恢《禁铜钱申省状》："举世但虑官楮之折～，而钱皆置之不问，故钱已漏泄欲无矣。使一旦用钱，殆将无钱之可用。"明《醒世恒言》卷二二："在山东兖州府马头上，各家的管家打开了银包，～了多少铜钱。" ❸ 用天平称金银。明《金瓶梅词话》八一回："把银子～了二千馀两，一件件交付与经济经手，交进月娘收了。"《醒世恒言》卷三："积了这一大包银子，心中自喜欢，……走到对门倾银铺里，借天平～银。"按，明顾起元《客座赘语》卷一："今以天平称金银曰兑。" ❹ 掺和。清《儒林外史》三一回："韦四太爷就叫把这坛酒拿出来，～上十斤新酒。"△《儿女英雄传》四回："直等他从屋里～了开水出来，公子又叫他。" ❺ 偿（命）；拼（命）。宋元《醒世恒言》卷三三："你这剪径的毛团，我须是认得你，做这老性命着，与你～了罢！"明《西洋记》一二回："保了僧人，终不然就要～命？"

【兑拨】 duì bō 调拨。宋苏轼《再乞发运司应副浙西米状》："伏望圣慈，察臣微诚，垂愍一方，特赐指挥发运司依元降指挥，除已截拨二十万石外，更～三十万石与浙西诸州，出籴籴借贷。"《宋史全文》卷二三上："知通化军莫濛言：江淮荆楚之间，年谷屡丰，粒米狼戾。望令屯营去处～合解官钱，令州县从便和籴，从之。"

【兑坊】 duì fāng 赌场；当铺。《元典章新集·刑部》："蒋文贵、徐三先犯开置～等罪，累经钦遇诏赦。今次不悛，又行纠结人伴赌博。"元明《水浒传》二九回："有百十处大酒店，三二十处赌坊、～。"

【兑房】 duì fáng 同"兑坊"。《元典章·刑部十九》："今后若是开张～，聚众赌钱，事发到官，不分首从痛断。"

【兑换】 duì huàn 交换（包括两种货币的交换，钱与物、物与物的交换）。宋王安石《相度牧马所举薛向札子》："缘今来马价多出于解池盐利、三司所支银、绸、绢等，又许令于陕西转运司～见钱。"《元史·食货志四》："是年十二月，以扬州、杭州盐引五十万道～民粮。"清《平定准噶尔方略》续编卷八："臣等查库贮铜七千馀斤，可得钱一万馀串。以此～回钱，更铸新钱，始可流通。"

【兑转】 duì zhuǎn 掉换；对换。明《警世通言》卷一二："彼此各认旧日夫妻，相抱而哭。当下徐信遂与刘俊卿八拜为交，置酒相待。至晚，将妻子～，各还其旧。"《醒世恒言》卷一："萧家甚穷，女婿又丑；潘家又富，女婿又标致。何不把琼英、琼真暗地～，谁人知道？"

dūn

【敦】 dūn ❶ 捶打。《元曲选·铁拐李》四折："怎将我劈面拳～，涌身推抢，那里降价接待。"《元曲选外编·哭存孝》二折："词未尽将他来骂，口未落便拳～。" ❷ 顿放；重重地往下摔。《元曲选·李逵负荆》三折："打这老子没肚皮揽泻药，偏的我～葫芦摔马勺。" ❸ 喝；吞。《元曲选外编·五侯宴》三折："萝卜醷生酱，村酒大碗～。" ❹ 蹲；蜷曲着身子坐。明冯惟敏《折桂令·下第嘲友人乘独轮车》："蜷的腿儿腮腮软摊做一朵，～的个手捶胸世不得通活。"清《醒世姻缘传》四八回："刚才要不是你～着腚，雌着嘴吃，怎么得少了鸡，起这们祸？"

【敦促】 dūn cù 催促；追促。唐白居易《白孔六帖》卷二二：

"即山～不拜。"注："李渤，诏以右拾遗召。于是河南少尹杜兼遣吏持币即山～，不拜。"宋宋祁《荐刘绛状》："向缘就试六论，文限～，偶因小误，被黜有司。"清王峻《清故文道先生墓志铭》："时年甫四十，以母老，遂绝意宦游。后藩邸再遣使，漕帅赫公命淮安守造庐延请，皆坚谢不赴。"

【敦好】 dūn hǎo 和睦友好。《册府元龟》卷九八五引唐太宗贞观十八年诏："朕情深愍念，爱命使者，诏彼两蕃，戢兵～。"《旧五代史·晋书·卢文进传》："及高祖即位，与契丹～。文进以尝背契丹，居不自安。"清孙承泽《春明梦馀录》卷六五："惟予之于公也，素性～，气质攸同。"

【敦茂】 dūn mào 朴实。元王士熙《张进中墓表》："圣朝建都燕山，民物日富，八九十岁翁，～庞硕。"明杨士奇《故通议大夫湖广按察使罗君墓志铭》："文衡自幼～，不好狎嗜，书册不去手。"

【敦聘】 dūn pìn 礼聘。明王世贞《科试考一》："先期～主文考试官二人，文币各二表里。"清孙承泽《春明梦馀录》卷三四："任官人之责者，宜于山林隐逸有实负经济究心名理者，奏请～。"

【敦迫】 dūn pò 急迫；催促。唐杜甫《赠司空王公思礼》："肃宗登宝位，塞望势～。"明李东阳《寿方石先生七十诗序》："方先生之再召也，抗章引避，至于再三。而朝廷遣使～，加官示重。"

【敦请】 dūn qǐng 恳请。五代徐铉《唐故道门威仪博太师贞素先生王君之碑》："因从～，来止建康。"元吴澄《答吴适可问》："近有学官～乡寓公充学宾。"清《歧路灯》五六回："这些投启～的情节，恩人可以意揣，也就不必琐屑缕述。"

【敦然】 dūn rán 淳朴貌。宋韩维《答象之谢惠黄精之作》："惟君冲旷士，～守高闲。"吕祖谦《永康王君墓志铭》："其生也足不出乎里，其死也葬不出乎乡。～太朴，帅彼民常。"明何景明《送萧文或分教临川序》："君夙有闻于乡，博学明仪。其量渊然，其行～。其堪是任，无疑也。"

【敦嘱】 dūn zhǔ 谆谆嘱咐。明范景明《明诰封中宪大夫仆寺少卿望瀛李公墓志铭》："先是同卿为御史，执法殿中，丰裁凝峻。比持斧按江北，翁一曰：'而以柱后惠文，震山撼岳，无虞不风厉，第虞不宽恤。'"△清《老残游记》一八回："白公又把虽然差了许亮去，是个面子，务请老残辛苦一趟的话，再三～。"

【敦坐】 dūn zuò 臀部先着地的跌跤姿势。《元曲选·赚蒯通》三折："这厮推我一个～。"

【墩】 dūn ❶ 土堆。唐李白《游溧阳北湖亭望瓦屋山怀古赠同旅》："高坟五六～，峥嵘栖猛虎。"宋王安石《谢安墩二首》之一："我名公字偶相同，我屋公～在眼中。公去我来～属我，不应～姓尚随公。"清《儒林外史》四五回："你看，这是三尖峰。那边来路远哩！从浦口山上发脉，一个～，一个炮，……一路接着滚了来。" ❷ 桩状物。唐高适《同李员外贺哥舒大夫破九曲之作》："唯有关河渺，苍茫空树～。"元姚燧《重建南泉山大慈化禅寺碑》："石～十四，秀江中贯而梁，其上有佛阁钟鼓楼。" ❸ 一种类似凳子的坐具。宋吴则礼《鹧鸪天·曾丞相诞日》："花～屡飏清闲燕，文石难忘咫尺颜。"元程文海《题武仲经知事狮猫画卷》："金丝色软坐常温，饱食深宫锦作。"清《红楼梦》八五回："宝玉又磕头谢了恩，在挨门边绣～上侧坐。" ❹ 蹲。元明《水浒传》五四回："一摸摸着一个人，做一堆儿～在水坑里。"明《二刻拍案惊奇》卷一四："那经纪～在柑子篮边，一头拾钱，一头数着。" ❺ 同"敦❶"。《元曲选·罗李郎》四折："一划地沙村，倒把人寻趁，软肋上粗棍子搠，面皮上大拳～。"明《西游记》五一回："拽开大四平，踢起双飞脚，韬胁劈胸～，剜心摘胆着。" ❻ 同"敦❷"。《元曲选·争报恩》四折："好说话将孩儿放了，不当的他打瓮～盆乔样式。"明《金瓶

梅词话》九一回:"心中正没好气,拿浴盆进房往地下只一~,用大锅烧上一锅滚水。"清《醒世姻缘传》三回:"后边计氏一伙主仆,……哭丧着个脸,~葫芦摔马勺,长吁短叹。" ❼ 关押。明《金瓶梅词话》五八回:"倘若推辞,连那捣子都与我锁了,~在门房儿里。"清《醉醒石》八回:"将这些人~在衙门里,又拿他亲身。" ❽ 抢白;顶撞。明《金瓶梅词话》五八回:"他又来我跟前说话长短,教我~他两句。" ❾ 颠簸。清《醒世姻缘传》一三回:"晁大舍、珍哥怕一得疮疼,都坐不得骡车。" ❿ 借为"当"。宋韦骧《谢惠瓦墩》:"百尺危亭旧路榛,自公呼吸变兰荪。更怜数奉亲舆到,分惠芳斋碧瓦~。"黄庭坚《题练光亭》:"若于亭北穿土石作一幽房,置茶炉,设明窗瓦~笔研,殊胜不尔。"按,"瓦墩"就是"瓦当",秦汉之际所用筒瓦的顶端,后世多用为砚台。

【墩堡】dūn bǎo 烽火台;堡垒。《明史·五行志二》:"十四年六月,义锦宁霪雨坏城垣、~、仓库、桥梁,民多压死者。"清《日下旧闻考》卷九二:"如长店、大井、柳巷、五里店、太学埚等处,每五里筑~,宿兵十名。遇有窃发,协力出救。"

【墩打】dūn dǎ 冷落;不理不睬。清《醒世姻缘传》四八回:"素姐在家住了数日,薛教授话也不合他说句,冷脸~着他。"

【墩堠】dūn hòu 即"墩堡"。宋陆游《离家示妻子》:"~默可数,一念已酸然。"明杨一清《一为乞恩认罪罢黜以谢地方事》:"又防守无兵,~不接,虽有如无,不堪保障。"《明史·魏源传》:"自独石抵宣府,增置~,免屯军租一年。"

【墩摔】dūn shuāi 抢白;顶撞。清《红楼梦》六〇回:"平白我说你一句儿,……你倒会扭头暴筋瞪着眼~娘。"

【墩锁】dūn suǒ 捆绑关押。明《金瓶梅词话》二〇回:"西门庆口口声声只要采出蛮囚来,和粉头一条绳子~在门房内。"又九二回:"李通判把衙内用铁索~在后堂不放出去,只要囚禁死他。"

【墩台】dūn tái 即"墩堡"。元明《水浒传》五八回:"山边四面筑起~。"明倪岳《论西北备边事宜状一》:"屯兵虽有其地,保众则非所赖。又况二边~相离三二十里,加之道路迂曲,传报不捷。"

【墩子】dūn zi ❶ 即"墩❶"。《说郛》卷二六引《洛阳花木记》:"然于土坑中心拍成小土墩子,其~欲上锐而下阔,将花于土墩上坐定,然后整理花根。"清厉鹗《南宋院画录》卷五:"李嵩骷髅图,……画一~,上题三字曰五里墩。墩下坐一骷髅,手提一小骷髅。" ❷ 即"墩❷"。明王世贞《诏令杂考三》:"凡在逃军人,但下路的,不曾有一个出得来,都被蛮人深山里杀了。不杀的将木墩子墩了,教与他种田。"

【墩嘴】dūn zuǐ 顶嘴。清《醒世姻缘传》八三回:"哥儿,你谩~呀。凤冠霞帔,通袖袍带,你还没试试哩。"

【蹲】dūn ❶ 禽兽踞坐。唐刘禹锡《飞鸢操》:"朴樕危巢向莫时,瑶瑶饱腹~枯枝。"孟郊《赠竟陵卢使君虔别》:"山木岂无凉,猛兽~清阴。"宋文同《东谷沿小涧树木丛蔚中有圆潭爱之久坐书所见》:"枯篁~碧禽,垂颈窥沉鲜。" ❷ 指人双腿弯曲而臀部不着地的一种姿势。元明《水浒传》四回:"双手拿住扁担,只一脚,交裆踢去。那汉子双手掩着,做一堆~在地下,半日起不得。"清《红楼梦》二七回:"我才在河那边看着林姑娘在这里~着弄水儿的。" ❸ 呆;耽着。明《西游记》三六回:"我们方丈中光容他打搅,教他往前廊下~罢了。" ❹ 犹"蹲❶"。清《东周列国志》六二回:"自是君纲先缺陷,上梁不正下梁~。"

【蹲踞】dūn jù ❶ 即"蹲❷"。唐[日]圆仁《入唐求法巡礼行记》卷一:"相公看僧事毕,即于寺里~大椅上,披担而出。"宋吕

南公《烟雨》:"喧阗交野语,~就晨饷。"元明《水浒传》一〇四回:"又有那攧钱的,~在地上,共有二十馀簇人。" ❷ 即"蹲❶"。宋韦骧《师子峰》:"欲将师子号奇峰,~如真倚碧空。"

【蹲身】dūn shēn 曲身下蹲。唐周繇《梦舞锺馗赋》:"或哑口而扬音,或~而节拍。"宋文同《谢友人寄画》:"小驼方就乳,~脚微局。"元明《水浒传》二四回:"那双箸正落在妇人脚边,西门庆连忙~下去拾。"

【蹲足】dūn zú 屈膝跪坐。宋戴侗《六书故》卷一六:"踞,居御切,~坐也。"明沈董《股对》:"稽康箕踞而含辉,无趾~而暗美。"

dǔn

【盹】dǔn 小睡;打瞌睡。金《董解元西厢记》卷一:"睡不稳,只倚着个鲛绡枕头儿~。"元马致远《元鹤鸣》:"每日间行眠立~,枉笑杀凌烟阁上人。"明林粹夫《清江引》:"陈抟华山闲打~,春花正红春酒美。"

【盹困】dǔn kùn 困倦思睡。明《金瓶梅词话》三八回:"待要睡了,又恐西门庆一时来;待要不睡,又是那~又是寒冷。"

【盹睡】dǔn shuì 打盹入睡。《元曲选外编·降桑椹》二折:"这一会儿,觉有些昏沉,我搭伏着这香案,暂且~者。"元明《水浒传》五九回:"陈处士清高,结就茅庵来~。"《明史纪事本末》卷七一:"婴孩赴市,有~未醒者。"

dùn

【囤】dùn ❶ 用竹篾、荆条等编成或用席箔围成的简易粮库。唐陆贽《均节赋税恤百姓第一条》:"有藏于襟怀囊箧,物虽贵而人莫能窥;有积于场圃~仓,直虽轻而众以为富。"元王恽《为蝗旱救治事状》:"其通州李二寺等处,应有露~。"清储大文《野亭万君传》:"高砌滩场,~基二尺,筑垣建厩屋,以便堆积。" ❷ 喻指圈套。明《拍案惊奇》卷六:"他借着佛天为由,庵院为~,可以引得内眷来烧香。"《石点头》卷一〇:"铁怕落炉,人怕落~。"

【囤子】dùn zi 指秘密处所。明《拍案惊奇》卷二:"元来这个所在,是这汪锡的一个~,专一设法良家妇女到此,认作亲戚,拐那一等浮浪子弟,好扑花行径的,……赚他银子无数。"清胤禛《朱批谕旨》卷一二五:"贼人又于寨外路上安小~二处,遍插竹签,并掘陷坑。"

【钝】dùn ❶ 愚蠢;笨拙。唐寒山《死生原有命》:"聪明好短命,痴呆却长年。~物丰财宝,惺惺汉无钱。"宋《朱子语类》卷一二六:"彼渐消则此渐进,此是~工夫,然却是法门也。"《元曲选·刘行首》三折:"休笑我装呆装~。" ❷ 倒霉;不顺利。明《警世通言》卷一七:"至今延平府人,说读书人不得第者,把~秀才为比。"△清《绿牡丹》二八回:"脾胃燥时偏要~,因缘缺处几时完?"

【钝汉】dùn hàn 蠢人;笨蛋。唐卢仝《扬州送伯龄过江》:"不唧溜~,何由通姓名。"《旧五代史·唐书·司马颋传》:"彦怒诟曰:'~!乃辱我耳。'推之下榻。"明何良臣《阵纪》卷一:"但徒试其力,而不观其精神,是粗厉~耳。"

【钝货】dùn huò 滞销货,喻指时运不佳的人。清《醉醒石》一四回:"考事都不兴,向来趋承他的,都笑他是~了。"

【钝直】dùn zhí 朴拙直率。唐李华《杂诗六首》之六:"勿嫌书生直,~深可忆。"明黄淳耀《岁暮闲居十首》之七:"莫怪书生偏

～,君房未易许相知。"清方苞《游丰台记》:"念平生～寡谐,相知深者,二十年来凋零过半。"

【钝致】 dùn zhì 同"钝置"。宋《明觉禅师语录》卷一:"荐得荐不得,并是新雪窦之过,且莫～承天和尚。"又卷二:"看他作者吐露个消息,宛尔不同;若是瞌睡汉,递相～。"

【钝滞】 dùn zhì 拙笨;呆板。唐罗隐《投蕲州裴员外启》:"某启:某月六日,辄以某所著《谗书》一通贡于客次,遂归逆旅。载轸危途,必恐身外以某姓氏单寒,精神～。"宋《朱子语类》卷二七:"今看那一段,不须字字去解,亦不须言外求意,自然里面有许多道理。今如此说,倒～了。"清汪由敦《跋手临赵吴兴书过秦论》:"成名以后,陨然自放,亦小有习气,于是赝书乱之,～吴兴不少矣。"

【钝置】 dùn zhì 折腾;捉弄。宋《如净和尚语录》卷上:"年年腊八一瓯茶,礼拜烧香～他。"《五灯会元》卷一七《渌潭文准禅师》:"药山、云岩～杀人,两父子弄一个狮子也弄不出。"明吴之鲸《武林梵志》卷九:"鼓山曰:'不可～仁者。'"

【钝拙】 dùn zhuō 笨拙。唐白居易《醉后狂言酬赠萧殷二协律》:"此裘非缯亦非纩,裁以法度絮以仁。刀尺～制未毕,出亦不独裹一身。"宋黄庭坚《答黔州陈监押书》:"惟深念金玉之质,可惜虚过岁月,且四十～如初,但不废书耳。"清《红楼梦》一四回:"合族中虽有许多妯娌,也有言语～的,也有举止轻浮的。"

【顿】 dùn ❶ 放置;安顿。宋《朱子语类》卷一一八:"如起屋须有基址,许多梁柱方有～处。"吴自牧《梦粱录》卷二○:"女家送冠花、彩段、鹅蛋,以金银缸儿盛油蜜,～于盘中。"明《醒世恒言》卷三:"四妈出一间幽静的好房,～下美娘行李。" ❷ 把装有水和食物的容器放在火上加热。明《金瓶梅词话》七回:"一面分付了丫环打扫客位,收拾干净,～下好茶。"清《儒林外史》一五回:"你将这东西拿到下处,烧起一炉火来,取个罐子把它～在上面,看成些甚么东西。" ❸ 逗留;停留。五代顾夐《袁氏传》:"愿郎君少～内厅,当暂装饰而出。"按,《太平广记》卷四四五《孙恪》条引《传奇》作"愿郎君少亻宁内厅",可知"顿""亻宁"同义。宋元《警世通言》卷一四:"恨别王孙愁多少,犹～春寒,未放花枝老。"清《醒世姻缘传》三八回:"又～了一会儿,却好程乐宇合连赵完一起出来,三个小新秀才接着。" ❹ 食宿之处。也指食宿所需之物。《隋书·炀帝纪下》:"每之一所,辄数道置～。"唐元稹《弹奏剑南东川节度使状》:"臣伏念绵、剑两州供～自合准敕优矜,梓、遂百姓何辜,擅令倍出租赋。"清汪霈《圣驾南巡诗》:"皇帝至俭福所祗,膳馐服御行者赍,勿以供～劳群黎。" ❺ 挣(zhèng);用力解除束缚。唐杜甫《述古》之一:"赤骥～长缨,非无万里姿。"元范康《竹叶舟》三折:"快～脱了金枷连玉锁,早毕罢了燕侣共莺俦。"明《金瓶梅词话》六七回:"李瓶儿～脱撒手,却是南柯一梦。" ❻ 量词。a) 犹言次、餐,多用于饭食。唐杜甫《戏作俳谐体遣闷二首》之一:"家家养乌鬼,～～吃黄鱼。"宋《朱子语类》卷一一八:"如吃饭,不成一日都要吃得尽,须分做三～吃。只悭地～～吃去,知一生吃了多少饭。"元《三遂平妖传》三回:"缸里吃的空了,床头钱使得没了,依然有一～没一～。"b) 犹言回、次,用于打骂等动作行为。《敦煌变文校注》卷三《燕子赋(一)》:"明日早起过案,必是更着一～。"《旧唐书·章怀太子贤传》:"臣幽闭宫中十余年,每岁被敕杖数～,见瘢痕甚厚。"《元曲选·罗李郎》一折:"侯兴,你若不说实情,我关上这门,一一～打杀你!" ❼ 全;绝。副词。唐陆贽《请许台省长官举荐属吏状》:"今之台省长官,乃将来之宰臣也,但是职名暂异,固非行业～殊。"宋真德秀《上元设醮青词》:"睠清源之吉壤,本南土之富州。爰自迩年,～非旧观。"明李流芳《燕中

归为闲孟画烟林小景有感而作》:"山枯石欲死,泉涧涧亦痼。平生山水欢,所遇～非故。" ❽ 犹言迸,整批买进卖出。元古本《老乞大》:"你这马,他们都一发买将山东卖去,便到市上,也只一般。千零不如一～,倒不如都卖与他。"清《醒世姻缘传》六回:"那卖猫人说道:'那西番人进完了贡,等不得卖这猫,我与他二百五十两银子～下,打发那番人回去了。'"

【顿次】 dùn cì ❶ 馆驿,官办的食宿站。宋周必大《左中奉大夫敷文阁待制特进林公神道碑》:"初,显仁皇太后南归,沿途应奉权增。自后南北修聘往来,辄循其例。"明文徵明《先叔父中宪大夫都察院右金都御史文公行状》:"每行视野中,屏骑却盖,亲履塍亩。持食一橐、茗一器,或当食不及,便憩树下。"清《皇朝通典》卷一四:"朕明春巡幸江浙,所有供宿～,皆出自帑项,丝毫不以累民。" ❷ 驻扎停留。元袁桷《竹凤石屏记》:"今天子巡北边,望祭陵寝,昭文馆学士史公以属车从。旄旌交章,鼓柝传警。～之暇,则询其遗俗。"

【顿递】 dùn dì ❶ 指供官员或军队需用的邮驿、酒食等。《唐大诏令集》卷八六:"应三道兵士经过,累路州县供应～,征配闾里水程船夫、陆路车役,劳弊斯甚,疲瘵可哀。"《旧五代史·晋书·少帝纪》:"今月十一日,车驾还东京。沿路州府不用修饰行宫,食宿～并以官物供给。"元马祖常《敕赐太师秦王佐命元勋之碑》:"扈上渡河,度道计日息。至则～供张,靡一不具。" ❷ 准备邮驿、酒食以供需用。唐元稹《弹奏剑南东川节度使状》:"绵、剑两州供元和元年北军～,费用倍多。量于梓、遂两州秋税外,加配上件钱米,添填绵、剑两州～费用者。"宋《三朝北盟会编》卷一一三:"缮部员外郎陈充干办～行宫。"

【顿段】 dùn duàn 整段。宋梅应发等《七用喜雨韵》:"鼻观初闻九里香,小山幽桂老尤苍。纵然有少残零热,自是无缘～凉。"《朱子语类》卷一一三:"也不问在这里不在这里,也不说要如何～做工夫,只自脚下便做将去。"明高攀龙《答薛用章二》:"所患日复一日,年复一年,不零星积聚,允无～受用耳。"

【顿断】 dùn duàn 停歇;断绝。宋《朱子语类》卷一四:"物格、知止也无～。都知到尽处了,方能知止有定。"清《醒世姻缘传》八○回:"你只骂骂刮刮,显的是你琐碎;～他的衣食,又显的是你不是。"

【顿放】 dùn fàng 安顿放置。宋王之望《措置淮西漕运储积奏议》:"……桐城县者由枞阳江口运。以上皆近芜湖,见有仓廒可以～。"明张岳《小山类稿》卷一八:"心才收敛,便觉定静清明,然后读书讲明义理,方有～处。"

【顿开】 dùn kāi ❶ 挣脱。元明《水浒传》一一九回:"平生不修善果,只爱杀人放火。忽地～金绳,这里扯断玉锁。"清《御定曲谱》卷三佚名《秋江送》:"将名缰自解,利锁～。" ❷ 放开;张开。元明《水浒传》三八回:"只见一个女娘,年方二八,穿一身纱衣,来到跟前,深深的道了四个万福,～喉音便唱。"明《金瓶梅词话》六一回:"于是取过筝来,排开雁柱,调定冰弦,～喉音,唱《折腰一枝花》。"

【顿然】 dùn rán ❶ 立刻;突然。宋尹洙《上环庆招讨使范希文书》:"近闻统蕃之众,亲至泾州,关辅人心,～帖息。"元吴澄《次韵杨司业》:"忽见小春梅蕊发,～喜气排寒冬。"明《西游记》六○回:"牛王闻说,～省悟。" ❷ 定然;必定。元《秦并六国平话》卷上:"若要吾邦～不允,须用苦死交战一场。"清潘天成《口占》:"吾心皆有孔颜乐,只为无端私欲迷。若将私欲尽了,～鱼跃与鸢飞。" ❸ 全然;全都。宋韩琦《永兴军乞移乡郡第六》:"自今久疾以来,精识～昏悴。"明丘濬《送丁诩知信丰县》:"家在岭南官岭

北,未应风气～殊。"

【顿摔】dùn shuāi　形容发脾气。元刘庭信《新水令·春恨》:"来时节吃我一会闲～,我可便不比其他性格。"

【顿塌】dùn tā　囤积;储存。《元典章·户部十二》:"如本管府州县别无～可买,将物估体实值,于上中户计开张门面之家收买。"乔吉《水仙子·为友人作》:"闷勾肆儿逐日添,愁行货～在眉尖。"

【顿置】dùn zhì　❶ 安顿;放置。宋庄绰《鸡肋编》卷上:"多停枢其家,亦不设涂礜,至一百物于棺上,如几案焉。"元蒲道源《西轩王先生传》:"至于书籍笔砚巾屦几杖,取用～,无少紊乱。"明崔铣《杜长垣名亭室记》:"有人曰:扼寒暑反矣,～乖矣,则谢而亟更之。" ❷ 搁置;废弃。宋石介《村居》:"已把壮心闲～,少年莫要苦相憎。"清弘历《顺河集行馆咏盆梅叠旧作韵》:"非因游蜂解神韵,几以野梅遭～。" ❸ 即"顿递❶"。元黄玠《拟送曹世长之官柳州赌博赛》:"辞亲再拜捧黄檄,去作柳州游徼臣。囊橐已乘官驿马,～仍给公厨珍。" ❹ 即"顿递❷"。明王洪《送沈副使秩满序》:"洪闻仲声自授官以来,期岁之间,凡金帛泉布百货费用之出入,簿书之会计,～之方略,寸较而铢察之。"

【顿著】dùn zhù　❶ 即"顿置❶"。宋王庭珪《殢人娇》:"而今夜雨,念玉颜飘泊。知那里人家,怎生～?"《朱子语类》卷一二三:"至如君举胸中有一部《周礼》,都撑肠挂肚,～不得。" ❷ 即"顿置❷"。金元好问《浣溪沙》:"别后鱼封烟涨阔,梦回鸾翼海云深,情知～有如今。"

【遁化】dùn huà　隐遁变化。《太平御览》卷六六四引《集仙录》:"后遇石先生,教其～及隐景之道,解形之法。"宋程俱《吴县游灵岩》:"当时馆娃地,今作选佛场。乃知诸梦境,～当有常。"

【遁甲】dùn jiǎ　方士用以趋利避害的法术。唐杨炯《和辅先人昊天观星瞻》:"～爱皇里,星占太乙宫。"五代贯休《古塞下曲》:"下营依～,分帅把河湟。"元明《三国演义》一〇二回:"原来二更时阴云暗黑,乃孔明用～之法。"

【遁溃】dùn kuì　逃散;溃逃。宋叶适《故枢密参政汪公墓志铭》:"在饶州也,张琪兵突黟县,家～不相知,母舒氏陷贼几不脱。"《元史·察罕特穆尔传》:"相持数月,贼势穷,皆～。"

【遁散】dùn sàn　逃散。《旧唐书·崔宁传》:"严武荐旰为利州刺史,既至,山贼～。"《资治通鉴》卷一七二:"今齐师～,众心皆动。因其惧而攻之,其势必举。"明何孟春《防御疏》:"闻调兵扑捕,率皆～。"

duō

【多】duō　❶ 放在数词后表示超过某一基数,犹言馀。宋乐史《太平寰宇记》卷一〇八:"其山两面悬崖,一百～丈,圆如鼓形。"《元曲选·东坡梦》一折:"有一百八十～斤的猪。"明《西游记》六九回:"这底下有二丈～深。" ❷ 表示推测,犹"多半❷"。唐陈子昂《上军国机要事》:"其船夫～是客户游手、堕业无赖杂色人。"宋《朱子语类》卷一〇:"又有一等敏锐底人,～不肯仔细。"宋元《警世通言》卷一三:"～是今日被县官罚来?" ❸ 不必要的;多馀的。宋《朱子语类》卷一〇二:"一日侍坐,学者问难纷然。王德修曰:'不必～问,但去行取。'"明沈德符《万历野获编》卷一〇:"若徐公即非迷灶,亦～此一事矣。"清《歧路灯》四回:"寅兄盛情,～此一举。" ❹ 副词。a) 表示总括,相当于范围副词"都"。唐陆贽《又论进瓜果人拟官状》:"且植瓜树果,～是野人贫者所资。"

元袁桷《赠陈太初序》:"西适钱塘,复来四明,以其艺游公卿,～深奖之。"明《醒世恒言》卷二八:"回到自己船中,夫人小姐～还卧,秉烛以待。"b) 用以强调语气,略同语气副词"都"。明《二刻拍案惊奇》卷一一:"终日吟风弄月,放浪江湖,把些家事都弄掉了,连妻子～不曾娶得。"清《儒林外史》三二回:"叫十几个管家到小的家里来搬树,连不倒的房子～拉倒了。"《青楼梦》一七回:"你为什么雨盖～不带?身上粘得这般湿!"c) 表示程度,相当于"甚""很"。宋赵忭《次韵即事见怀》:"西陵隔岸无～远,数上临江百尺楼。"《续资治通鉴长编》卷五一四:"诸营相去～远,往来作过不便。"清《红楼梦》一五回:"出来走不～远,只见迎头二丫头怀里抱着他小兄弟,同着几个小女孩说笑而来。"

【多般】duō bān　❶ 多种。唐吴筠《服气》:"余生好道术,志在元和,每见道流皆问,无事千说万别,互有～。"宋郭祥正《种花口号》:"幽居装景要～,带雨移花便得看。"有时特指多种事端。明《拍案惊奇》卷九:"只该当初依我说,收养了女婿,怎见得有此～?" ❷ 多半;大概。宋韩淲《杨秘监江东集》:"江东集里好清诗,未看争知看便知。句句～都有格,篇篇出众不趋时。"明《西洋记》六三回:"今夜子时三刻,荧惑流光,直射武曲,～有些火灾。"△清《一层楼》二一回:"这病～是去年秋天自这里回去的途中着凉上得的。" ❸ 谓多种方法,多用作状语。五代何光远《鉴诫录》卷一〇:"～辨验,字益分明。"清《九云记》一〇回:"～伺探,闻知大爷别的事情。"《万花楼》六〇回:"打开宫门,纷纷将红绫结索,救解～。"

【多半】duō bàn　❶ 大半;超过一半。唐张籍《送邵州林使君》:"郭外相连排殿阁,市中～用金银。"元张继本《东林图》:"～蟠根是仙李,向阳枝叶更婆娑。"明《拍案惊奇》卷三六:"马家小娘子被人杀死,有张失单,～是头上首饰。" ❷ 大概,表拟测。明谢晋《自述》:"疏狂浑不称儒名,三十年来一未成。留客未尝教便去,寻僧～为闲行。"清《醒世姻缘传》一八回:"苦哉!苦哉!撞见这个冤家,好事～不成了。"《红楼梦》三三回:"～他下去住着,或是在井跟前憨顽,失了脚掉下去的。"

【多才】duō cái　女子昵称所爱男子。宋杜安世《踏莎行》:"窈窕身轻,怎禁烦恼?罗衣渐减怯身峭。韶华好景想～,厌厌只为音书少。"金《董解元西厢记》卷七:"忆～,自别来约过一载,何日里却得同偕?"明《金瓶梅词话》六一回:"朝思暮想泪珠倾,恨杀～不见影。"

【多曾】duō céng　曾经多次;曾经多有。《元典章·刑部十六》:"这刘提领是宣慰司刘经历～分付将来,教觑当,将文解扣换作因病身死了。"元明《水浒传》一四回:"曾见山东、河北做私商的,～来投奔哥哥。"明《醒世恒言》卷三四:"再旺和长儿,闲常有钱时,～在巷口一个空阶头上耍过来。"

【多大】duō dà　❶ 多么,表程度高。元李致远《粉蝶儿·拟渊明》:"岂不见张良、范蠡,这两个～得便宜!"《元曲选外编·霍光鬼谏》二折:"奉官里圣旨,差老夫五南采访,巡行一遭,又早是半年光景。今日到家,～来喜悦。"明《西游记》六〇回:"你既欺我妻,又灭我妾,～无礼!" ❷ 多么大,表示疑问。《元曲选·赵氏孤儿》二折:"程婴,你如今～年纪了?"明《西游记》四回:"这妖猴能有～神通,就敢称此名号?"清孔尚任《桃花扇》六出:"你有～家私? 梳栊许多。"

【多大小】duō dà xiǎo　❶ 多么。金《董解元西厢记》卷四:"张兄淫滥如猪狗。若夫人知道,～出丑!" ❷ 多大多小。表疑问。明《朴通事谚解》卷上:"那珠儿～? 圆眼大的,好明净。"清《幻中游》五回:"那里的姑娘～了?"佚名《碧玉楼》七回:"不知～

要多少钱?"

【多得】 duō dé 多亏。《元曲选·楚昭公》四折:"前者~秦王借兵救援,使寡人复还楚国,感恩非浅。"元明《水浒传》一一回:"原来王伦当初不得第之时,与杜迁投奔柴进,~柴进留在庄子上,住了几时。"清《红楼梦》六回:"只因他丈夫昔年争买田地一事,~狗儿他父亲之力。"

【多定】 duō dìng 多半;想必。元明《水浒传》二四回:"每日只在紫石街上王婆茶坊里坐地,这早晚~在那里。"明《金瓶梅词话》一回:"西门庆刮剌上卖炊饼的武大老婆,每日只在紫石街王婆茶坊里坐的,这咱晚~只在那里。"清《九云记》一七回:"若是填塞了那条人去的谷,再也出不来,~只是陷在那里了。"

【多分】 duō fèn 多半;大概。《元曲选·看钱奴》三折:"我儿,我这病觑天远入地近,~是死的人了。"明《醒世恒言》卷三五:"据我看起来,~这本钱弄折了,把这鬼话哄你。"

【多敢】 duō gǎn 多半;大概。《元曲选·盆儿鬼》三折:"小孩儿每将俺欺,待捉弄俺这老无知,~是放牛的牧童没道理。"《前汉书平话》卷下:"我儿~肚中馁也。"元明《水浒传》一八回:"朱仝和晁盖最好,~是放了他去。"

【多感】 duō gǎn 多谢。《元曲选·酷范叔》三折:"〔须贾云〕我想先生在魏国时,小官也不曾轻视先生。〔正末云〕~,~!"元明《水浒传》四一回:"自从刺配江州,经过之时,~晁头领和众豪杰苦苦相留。"明朱有燉《团圆梦》三折:"家寒力薄,朝夕萦挂,以致染病深重。~太公看觑,几次要将女儿招我为婿。"

【多管】 duō guǎn 多半;大概。元陈克明《粉蝶儿·怨别》:"也是我今生分薄,~是前生合注。"《元曲选外编·西厢记》五本一折:"我这里开时和泪开,他那里修时和泪修,~是阁着笔尖儿未写早泪先流。"明《金瓶梅词话》六一回:"赵先生又道:'莫不是黄病?'西门庆道:'不是。'赵先生道:'不是,如何面色这等黄?'又道:'~是脾虚泄泻。'"

【多话】 duō huà 多说。明《醒世恒言》卷二〇:"不须~,包你妥当。"清孔尚任《桃花扇》六出:"不要~,侯公子堂上更衣,大家前去作揖。"《红楼梦》二五回:"长官不须~,因闻得府上人口不利,故特来医治。"

【多娇】 duō jiāo 男子昵称所爱女子。金《董解元西厢记》卷五:"〔张生〕殷勤把红娘告:'休推托,专专付与~。'"《元曲选·伍员吹箫》四折:"害的这小使长好心焦,撞见那年少的~。"明《醒世恒言》卷二四:"猛然想起~,当初指望白头相守,谁知你嫁了沈洪。"

【多恐】 duō kǒng 大概;恐怕。唐韩偓《腾腾》:"乌帽素餐兼施药,前生~是医僧。"明《英烈传》二三回:"郭先锋不见,~没于乱军之中了。"

【多累】 duō lèi 犹"有劳"。《元曲选·合汗衫》三折:"老和尚,~了。下官则今日收拾行程,还家中去来。"明《西游记》九二回:"行者闻言,方才喜谢道:'如此,却是有功,~,~!'"清《绿野仙踪》一三回:"为家兄事,~老弟跋涉!"

【多罗】 duō luó ❶ 梵文pattra的音译,或作"贝多罗"。指贝多树,棕榈属。元吴益《静安八咏·绿云洞》:"~树下礼金仙,绿锦云开见碧莲。" ❷ 梵语"眼睛"的意译。元曲中以"睛"谐"精",用为"精明"之义。《元曲选·陈州粜米》一折:"我做斗子十~,觅些仓米养老婆。也非成担偷将去,只在斛里打鸡窝。"按,"十"字谐音双关,犹言十分,表程度高。又《争报恩》三折:"我可也千不合万不合,一时间做事~,没来由结识这个,认义那个。"按,此例"多罗"为反语。 ❸ 纠缠。唐顾甄远《惆怅诗九首》之

七:"浓醑艳唱愁难破,骨瘦魂消病已成。若为~年少死,始甘人道有风情。"元尚仲贤《气英布》一折:"你那里话儿多,着言语~。你正是剔蝎撩蜂,暴虎冯河。"

【多情】 duō qíng ❶ 富于感情;情意真挚。唐何兆《玉蕊花》:"惟有~天上雪,好风吹上绿云鬟。"宋苏轼《念奴娇·赤壁怀古》:"故国神游,~应笑我,早生华发。"元王恽《虞美人·谢成耀卿签事携酒芋相过》:"山瓶乳酒甘如蜜,鸥芋堆盘赤。见君相赠固~,润我枯肠一吸破愁城。" ❷ 指称情人。宋赵长卿《探春令》:"为~,投得神魂撩乱,又被梅萦绊。"元袁桷《洛妃》:"可怪梦中说梦,底须愁里添愁。落日春风王子,~不解绸缪。"

【多少】 duō shǎo ❶ 疑问词。问数量或程度。唐孟浩然《春晓》:"夜来风雨声,花落知~?"五代李煜《虞美人》:"春花秋月何时了,往事知~?"明《醒世恒言》卷七:"这太湖在吴郡西南三十馀里之外,你道有~大?" ❷ 感叹词。何等;多么。宋《朱子语类》卷一三:"惟君子为能'通天下之感',放令规模宽阔,使人人各自尽其情,~快活!"清孔尚任《小忽雷》一〇出:"正好借此因由,托身仇府,既可免株连之祸,又可图进取之机,~是好!" ❸ 许多。唐李白《赠汉阳辅录事二首》之二:"其中字数无~,只是相思秋复春。"宋《朱子语类》卷一四:"然尧有九年之水,想有~不育之物。"明《醒世恒言》卷二二:"在山东兖州府马头上,各家的管家打开银包,兑了~铜钱。" ❹ 少许。明《金瓶梅词话》一二回:"才相伴了~时,那人儿就要抛离了去。"《拍案惊奇》卷一二:"此去绍兴府隔得~路,不去游一游?"

【多时】 duō shí 很长一段时间,也指很久以前某个时点。唐杜甫《宣政殿退朝晚出左掖》:"云近蓬莱常五色,雪残鳷鹊亦~。"宋元《古今小说》卷一五:"我~曾死去两日,东岳开龙笛,见这个人换了铜胆铁心。"《元曲选·薛仁贵》四折:"儿也,你若不是~归地府,怎十载滞天涯?"

【多时间】 duō shí jiān 许久。宋元《清平山堂话本·杨温传》:"~,只听的有人来报道:'覆公公,大王使人在这里。'"

【多是】 duō shì 大概是;多半是。唐白居易《竹枝》之四:"怪得调苦缘词苦,~江州司马诗。"《敦煌变文校注》卷三《燕子赋(一)》:"比来徭役,征已应频。~燕子,下牒申论。"宋元《古今小说》卷三:"此病非干泄泻之事,乃是色欲过度,耗散元气,为脱阳之症,~不好。"

【多数】 duō shù 多;许多。同义复词。唐[日]圆仁《入唐求法巡礼行记》卷一:"此讲以一月为期,每日赴听法人~。"《太平广记》卷三七五引《通幽记》:"某方得处分,如某之流,亦甚~。盖以下贱之人,冥官不急故也。"

【多谢】 duō xiè 多承;感谢。唐刘禹锡《送慧则法师上都因呈广宣上人》:"秋尽,咏江淹杂拟以送之。前见宣上人,为我~。"五代齐己《杨柳枝》:"~将军绕营种,翠中闲草战旗红。"明《朴通事谚解》卷下:"~! 正是难得之物。"

【多心】 duō xīn ❶ 心眼多;过于小心。唐李德裕《臣子论》:"然世亦有不拘小疵而能全大节者,如陈平背楚归汉,汉王疑其~,令护诸将,又疑其受金。可谓不能以名节自固矣。"元明《三国志通俗演义》一八九则:"丞相何故~也? 量此山僻之处,魏兵如何敢来。"清《红楼梦》八回:"薛姨妈道:'你这个~的,有这样想,我就没有这样心。'" ❷ 过分猜疑。《元曲选·望江亭》二折:"夫人不要~,下官也不敢欺心也。"清洪昇《长生殿》一九出:"妃子休得~。" ❸ 多费心。元高明《琵琶记》一三出:"〔末、丑〕我两人奉天子之洪恩,领太师之严命,特与状元诸一佳耦。〔生〕元来如此,不索~。"明《西游记》一三回:"三藏道:'太保不必~,请自

受用。我贫僧就是三五日不吃饭，也可忍饿。'"

【多幸】 duō xìng ❶ 多有庆幸；命运好。多用为敬词。唐杨炯《中书令汾阴公薛振行状》："公呜咽稽首谢曰：'老臣早参麾盖，文皇委之以心膂，臣又～，天皇任之以股肱。'"陈子昂《洛城观酺应制》："微臣固～，敢上万年杯。"宋尤袤《己亥元日》："餘龄有几仍～，占得山林一味闲。" ❷ 多承；多谢。宋袁说友《和同年春日韵五首》之五："雄篇～到柴扉，只恨空留最后枝。"元蒲道源《寿程雪楼学士》："～不才蒙荐引，斐章为寿得夤缘。"李士瞻《与赵允升金院书》："今专邹元凯照磨催禀兼致劳谢之敬，望笑而留之，不胜～。"

【多许】 duō xǔ ❶ 多少，表疑问。宋重显《答忠禅者》："夜深月白下沧溟，搜得骊珠有～？"清《平山冷燕》一回："平如衡闻说迁柳庄莺声好听，因问道：'不知去此有～路？'" ❷ 许多。宋陈造《游山阳十首》之八："～金钗换好辞，长巾短帊缕金泥。"明顾允成《赠明上人八章次叔兄韵》："～明是多，少许明是少。"王世贞《书牍·屠长卿》："若此序中徐长孺不满六尺，能作才语多多许，亦可念也。"

【多因】 duō yīn ❶ 多半；大概。宋吕陶《次韵张怀安题云顶浴室院》："山门渐近少凡尘，佛子长栖物外身。款户～游寺客，倚栏时有羡鱼人。"元刘庭信《一枝花·咏别》："口则说应举求官，～是买笑追欢。"明《西洋记》一一回："寺院里僧家最众，面奏朝廷的却少。今日这个和尚面君，～有个来历。" ❷ 都因为。唐元结《请节度使表》："自兵兴已来，今八年矣。使战争未息，百姓劳弊，～任使不当，致使败亡。"宋强至《赠苏宣甫》："谪宦～众口谗，犹君战地衄困羁衔。"

【多应】 duō yīng 多半；大概。唐秦系《题洪江道士院》："闲行池畔随孤鹤，若问～道姓丁。"宋《五代史平话·梁上》："拈起笔来书个字，～'门'里又安'心'。"清《醒世姻缘传》七回："源儿京中不知干的什么勾当，到了今日二十七，这时节～又不来了。"

【多咱】 duō zan ❶ 几时；甚么时候。"多早晚"的合音。元许衡《直说大学要略》："这般穷究了，～心里都会得。"明《金瓶梅词话》二六回："惠莲因思念他汉子，哭了一日，赶后边人乱，不知～寻了自尽。"清《醒世姻缘传》八回："一个道士，一个和尚，从～进到后头？" ❷ 多半；大概。《元曲选·伍员吹箫》楔子："主公呼唤，～为这事来。令人报复去，道有费无忌来了也。"

【多咱晚】 duō zan wǎn 什么时候。明《金瓶梅词话》四四回："爹去吃酒，到～来家？"

【多偺】 duō zan 同"多咱❶"。清《醒世姻缘传》四七回："咱家～给他算算，有些好处，也是咱的光彩。"又七三回："好俺姐，这天～了，你往那里去呀？"

【多喒】 duō zan ❶ 同"多咱❶"。清《醒世姻缘传》三八回："一百里路，明日赶～到家？" ❷ 多半；大概。《元曲选·合同文字》四折："婆婆说不是，～不是。"又《隔江斗智》四折："那周瑜一口气气的撒然倒地，扶的回营去了，这早晚～死也。"

【多早】 duō zǎo 即"多咱❶"。明《金瓶梅词话》三四回："爹不知～来家，你叫他明日早来罢。"清《飞龙全传》三九回："柴娘娘问道：'天有～了？'"

【多早晚】 duō zao wǎn 即"多咱晚"。《元曲选·陈州粜米》二折："～升厅，～退衙，老相公试说一遍，与您孩儿听咱。"明《朴通事谚解》卷下："～人敛来？丑时人敛。"清《红楼梦》一四回："我且问你，你们～才念夜书呢？"

【多蚤晚】 duō zao wǎn 即"多咱晚"。《元曲选·桃花女》一折："假若星官不来呵，你着我等到～也？"

【多则】 duō ze ❶ 多半；大概。元萧德祥《小孙屠》一四出："～是俺嫂嫂占迫我小名，必若在家亡也有些名分。"《元曲选·李逵负荆》三折："花和尚，你也小脚儿？这般走不动？～是做媒的心虚，不敢走哩。"清洪昇《长生殿》一九出："～是相思萦绕，为着个意中人把心病挑。" ❷ 都。《元曲选·金线池》一折："那些个慈悲为本，～是板障为门。"

【多怎】 duō zen 即"多咱❶"。明《二刻拍案惊奇》卷一："何况白香山一家遗墨，不知～地消灭了。"

【多着哩】 duō zhe li 用在形容词或动词之后，表示程度高。明《玉支矶小传》一四回："你不知道么？大～！是襄阳蒯阁老钦召入京，今日府县拨船整酒，请夫人小姐游湖。"清《红楼梦》一〇回："你给我老老实实玩一会子，睡你的觉去，好～。"又五六回："平儿笑道：'还没有咱们这一半大，树木花草也少～！'"

【多子】 duō zi 犹"多少❹"。"子"为"些子"之省，"些子"在词曲中常表"少"义。宋辛弃疾《鹧鸪天·和子似山行韵》："闲愁投老无～，酒病而今较减些。"魏了翁《鹧鸪天》："一春好处无～，不分西园摘取归。"元周权《蝶恋花》："数亩宽闲吾老圃，着个茅亭，斗大无～。"

【多嘴】 duō zuǐ 不该说而说。《元曲选·桃花女》一折："老官人，不要怪我老人家～，你自从开这卦铺以来，也赚的勾了。"明张凤翼《灌园记》一五出："前日因为～，被夫人埋怨了一场，连累朝英也骂得不耐烦。"清佚名《双瑞记》三二出："若再～，先着人送回亲家那边。"

【掇】 duō ❶ 采摘；获取。唐王勃《采莲赋》："～翠茎以霄景，笼朱蕚以为裙。"李白《江上寄元六林宗》："浦沙净如洗，海月明可～。" ❷ 考取。宋王禹偁《谢除礼部员外郎知制诰启》："幸逢天下之文明，遂～御前之科第。"元吴澄《泚川书塾序》："资政殿学士文肃公～儒科，登政府，文学政事，为一世师表。"明《古今小说》卷八："大丈夫不能～魏科，登上第，致身青云，亦当如班超、傅介子立功异域，以博富贵。" ❸ 招致；惹引。唐范传正《唐左拾遗翰林学士李公新墓碑》："既而上疏请还旧山。玄宗甚爱其才，或虑乘醉出入省中，不能不言温室树，恐～后患，惜而遂之。"宋王禹偁《扬州谢上表》："微臣素乏家财，本州田土无公用，恐因供亿，别～悔尤。"《元曲选·抱妆盒》四折："十年前曾入朝，刘太后见相貌殊，平空～心头怒。" ❹ 拨；挖；撬。宋苏轼诗题："余自城中还，道中云气自山中来，如群马奔突。以手～开，笼收其中。"《元曲选·张生煮海》一折："表诉那弦中语，出落着指下功，胜檀槽慢～轻送。"《元典章·刑部十一》："贼人王留住所犯，于万亿绮源库～开敞门，于架子盗讫段子二匹。" ❺ 端；拿。宋杨万里《火阁午睡起负暄》："觉来一阵寒无奈，自～胡床负太阳。"元佚名《七贤过关》："～起酒钟儿，少个人陪侍。"清《歧路灯》三二回："冰梅将兴官儿送与慧娘，～上三盏茶来。" ❻ 跳；踏。唐王梵志《从头捉将去》："向前黑如漆，直～入深坑。"《敦煌变文校注》卷三《燕子赋（二）》："问燕何山鸟，～地作音声。"按，《广韵·薛韵》："蹳，陟劣切，跳也。"掇，通"蹳"。 ❼ 借为"剟"，刺。清《醒世姻缘传》一三回："有在他棒疮上使脚踢的，拿了半头砖打的，又有在那夹的碎骨头上使大棍敲的，在那被掇的手上使针～的。"

【掇哄】 duō hǒng 撺掇哄骗。明《型世言》二回："那无用的，被傍人～，也便把父母换钱，得了他些银子便了帐。"又一九回："临考，毕竟～主人，为央分上；引领学生，为寻代考。"

【掇肩】 duō jiān 耸肩。金《刘知远诸宫调》一二："手凭雕鞍，～地喘。"元明《水浒传》一回："又行不到三五十步，掇着肩气喘。"明《金瓶梅词话》一二回："遮天映日，犹如蝗蝻一齐来；挤

眼～,好似饿牢才打出。"

【掇弄】 duō nòng　摆布;玩弄。明刘效祖《沉醉东风》:"～的意似痴,禁害的心如醉,……几曾见澄清彻底?"《金瓶梅词话》六五回:"有他在,就是他经手整治;从他没了,随着丫环～。你看都成甚模样?"清《红楼梦》一一一回:"老爷是不管事的人,以后便乱世为王起来了。我们这些人不是要叫他们～了么?"

【掇那】 duō nuó　挪动;挪借。宋苏颂《论东南不可弛备》:"臣欲乞朝廷因此灾伤盗贼稍多之际,特赐～近郡厢禁军三数全指挥往就驻泊。"金佚名《大金吊伐录》卷一:"所云粮食,燕云两处无可计办,今特于内地～米五万石。"清《醉醒石》一四回:"本日缺用,某家可以～。"

【掇气】 duō qì　呼吸;喘气。清《醒世姻缘传》六二回:"里边睡着一个极大的雄猪,正在那里鼾鼾的～。"《八段锦》八段:"耸得那丁娘口里～的一般,哼个不了。"

【掇拾】 duō shí　搜集。唐罗隐《谢江都郑长官启》:"芳草远山,才供～;晴旸媚景,别受指挥。"宋《朱子语类》卷八:"或～言语,缀辑时文。"明程敏政《诗考》:"按孔子删《书》凡百篇,删《诗》凡三百五篇,皆遭秦火而绝。汉兴,罢挟书之律,经生学士乃敢～于煨烬之馀。"

【掇送】 duō sòng　发送。《祖堂集》卷九《洛浦和尚》:"师云:'今日事被阇梨道破,称得老僧意。我这里数年,出世并无一,今日阇梨～老僧。'"宋张镃《昭君怨》:"云被歌声摇动,酒被诗情～。"《金小史》卷三:"诸公怕死,又一～邦昌耶?"

【掇席】 duō xí　未受邀请而赴宴。唐范摅《云溪友议》卷一二:"莆田县有染家,巨富,因醉殴兄,至高标十木。既归,乡亲之会,有柳逢秀才,旅游～,主人不乐。柳生怒而题壁,染人遂与束帛,赎其诗。"

【掇斋】 duō zhāi　不请而赴斋,参见"掇席"。五代何光远《鉴诫录》卷一〇:"面折～措大,笑迎擦粉阿尼师。"宋曹勋《山居杂诗》:"或访僧～,或隐者对弈。"《古今事文类聚》前集卷三三:"林逋傲许洞,洞作诗嘲之曰:'寺里～饥老鼠,林间咳嗽老猕猴。'"

【掇转】 duō zhuǎn　掉转;改换。明《英烈传》五一回:"急令三军把马头～,团团的驻扎在一处。"《二刻拍案惊奇》卷一一:"关中还有一两个相识在那里做官,仍旧～路头,往西而来。"李日华《六研斋三笔》卷一:"入轮回中不能脱离,故作戾转之法种种救之。无非欲人～念头,别作区向,乃有出离分耳。"

【掇赚】 duō zhuàn　哄骗。明《醒世恒言》卷六:"自想野狐忍痛来～这册书,必定有些妙处,愈加珍秘。"郑若庸《玉玦记》三出:"我平生专帮闲～,每日出去寻着个贵游公子,吃的用的穿的都趁了他的。"清于成龙《弭盗安民条约》:"而无籍赌棍,～良家子弟,堕其彀中。"

duó

【夺哀】 duó āi　克制哀情。指服丧期未满,官员应诏除服任职。唐白居易《除某节度留后起复制》:"加戎秩以～,迁冬卿以示宠。"金元好问《聂元吉墓志铭》:"丁太夫人忧,未百日而～复职。"明倪谦《明故奉天翊卫宣力武臣特进荣禄大夫柱国武强伯杨公墓志铭》:"辛未春,居母夫人丧,～擢后军都督府都督金事,命充左参将,镇守宣府。"

【夺桂】 duó guì　科举夺魁。《全辽文》卷七张轮翼《罗汉院

八大灵塔记》:"剑舞松窗,定有冲星之气;锋挥文阵,用□～之名。"

【夺桂枝】 duó guì zhī　即"夺桂"。宋佚名《张协状元》一八出:"因此间,不若上国～。身荣那时,也争得气。"

【夺路】 duó lù　争夺道路,意为突围或合围。《续资治通鉴长编》卷二一:"契丹寇雄州,据龙湾凝,龙猛副指挥使荆嗣帅兵千人力战～。"明于谦《忠肃集》卷三:"大军于本年二月二十二日至二十三日进至兴隆,果有贼首苗王、韦同烈等聚徒三万馀众,逞凶拒敌及砍桥～。"郭子章《贵州左监军按察使临皋杨公墓志铭》:"寅秋独提一旅,驾驭安酋,搜山～,多所斩获。"

【夺门】 duó mén　攻破或冲出城门。《旧唐书·韩游瑰传》:"贼急～,游瑰与贼隔门血战,会暝方解。"宋《三朝北盟会编》卷二〇四:"有帐前亲随成闵者,随统制许安～而入,大战于门之内。"清张玉书《张文贞集》卷五:"衔枚疾驱,直薄成都之郭,～而入。"

【夺脑】 duó nǎo　脑袋裂开似的。明《朴通事谚解》卷中:"小人虚汗只是流水一般,～疼的一宿不得半点睡。"

【夺情】 duó qíng　犹"夺哀"。唐张说《赠户部尚书河东公君神道碑》:"有命,除汾州刺史,知团结兵马,哀诉不允。"宋张咏《西川回乞持服状》:"五年之内,双亲继亡。盖当责重之时,难拒～之命。"

【夺席】 duó xí　❶言谈见解胜过在座的其他人。语本《后汉书·戴凭传》。宋宗杲《宗门武库》:"延平陈了翁……留神内典,议论～。"明朱希晦《和戴文准》:"谈经～年少,独步当今更有谁。"清施闰章《送毛会侯还祥符》:"文园献赋旧凌云,丹陛谈经应～。"❷夺去首席。宋欧阳修《送方希则序》:"未几,君召试中台,以枉于有司,～见罢。搢绅议者咸伤冤之。"

【夺休】 duó xiū　女方强制男方中止婚姻。宋元《警世通言》卷二〇:"便安排圈套,捉那周三些个事,闹将起来,和他打官司。邻舍劝不住,夺了休。"又:"爹爹见女不成模样,又与女～。告托官员,封过状子去。所属看人情面,给状判离。"

【度量】 duó liàng　估量;琢磨。唐杜甫《奉谢口敕放三司推问状》:"臣不自～,叹其功名未垂而志气挫衄。"明《西游记》五〇回:"我也不敢阻你,也不敢留你,只凭你心中～。"清《红楼梦》七回:"二叔果然～侄儿或可磨墨洗砚,何不速速作速?"

【踱】 duó　缓步行走。明《拍案惊奇》卷三五:"陈德甫～到店里,问小二道:'在那里?'"清《雪月梅》四一回:"刘云弟兄早起盥洗,整顿衣冠,～到厅上。"按,清毛奇龄《古今通韵》卷一二:"吴越间称缓步曰踱。"

【踱步】 duó bù　犹"踱"。清弘历《石径》:"～向深忽失笑,不由还觉愧澹台。"又《右吐月峰》:"姑苏几度南巡处,～其间我亦曾。"

duǒ

【朵】 duǒ　量词。用于计量花朵及其相似物。五代欧阳炯《女冠子》:"秋宵风月,一～荷花初发。"元张鸣善《普天乐·遇美》:"款步香尘双鸳印,立东风一～巫云。"清李调元《南越笔记·龙眼》:"一～五六十伙作穗,如葡萄然。"

【朵廊】 duǒ láng　殿堂两侧的走廊。宋孟元老《东京梦华录》卷三:"大殿～,皆壁隐楼殿人物,莫非精妙。"

【朵楼】 duǒ lóu　正楼两侧的附楼。宋罗璧《罗氏识遗》卷四:"观有四,一曰～,鲁两观是也。"《东京梦华录》卷一:"大内正

门宣德楼列五门，……曲尺～，朱栏彩槛。"元白斑《湛渊静语》卷二："门两旁置两观，东西各有～。"

【垛口】　duǒ kǒu　城墙上两垛之间的缺口。明《西游记》九〇回："各～上都要灯笼旗帜，梆铃罗鼓，支更传箭，放炮呐喊。"清《日下旧闻考》卷三八："嘉靖十一年，尚书雷礼请永定等七门添筑瓮城东西便门～，壕池当凿甃深浚。"《飞龙全传》三二回："这日郭威亲自上城巡视，手扶～，见城下军士将校个个争强，人人卖勇。"

【垛子】　duǒ zi　箭靶。宋孟元老《东京梦华录》卷六："先列招箭班十馀于～前。"明《老乞大谚解》卷下："似这般冷时，咱们远～放着射，赌一个羊。"清《说岳全传》五回："既此，叫从人将～取上来些。"

【躲避】　duǒ bì　躲藏避开。清蓝鼎元《东征集》卷六："虽内有许升、陈云、李先春、韩胜等四奔割辫逃生，皆由势穷力竭，混迹～，实非从贼。"

【躲滑】　duǒ huá　耍滑偷懒，逃避劳动或义务。明《金瓶梅词话》二七回："小油嘴儿，你～儿，我偏不放你。"又三二回："强如郑家那贼小淫妇歪剌骨儿，只～，再不肯喝。"

【躲懒】　duǒ lǎn　偷懒。宋元《警世通言》卷二〇："那周三直是勤力，却不～。"明陈罴斋《跃鲤记》四折："今日先生不在，我众人～片时，同去江边游赏一番。"清《红楼梦》五六回："你们只要日夜辛苦些，别～放人吃酒赌钱就是了。"

【躲匿】　duǒ nì　躲藏。明《警世通言》卷二一："只见对桥一间小屋，里面灯烛辉煌，公子疑是汉子～在内。"

【躲闪】　duǒ shǎn　❶避开；躲藏。金《刘知远诸宫调》二："却才撞到牛栏圈，待～应难～，被一人抱住刘知远。"《元典章·刑部十五》："及至受理，行下归问，却有原告人不行前来归对，必须勾追，～迁延，不能杜绝。"明《西游记》三二回："你看猪八戒这一去，决不巡山，不知往那里去～半会，捏一个谎来哄我们也。"❷腾挪推卸。《元曲选外编·单刀会》四折："便有那张仪口，削通舌，休那里～藏遮。"清《歧路灯》九五回："那举止娴熟，应对机敏，看着貌似有才，则多是些油滑～之辈，全靠不着。"

【躲殃】　duǒ yāng　旧时认为人死后其魂魄离家飞升，叫"出殃"。出殃时，全宅人畜都应回避，叫"躲殃"。清《歧路灯》一二回："自古只有招魂之文，并无～之说。"

【趓】　duǒ　躲避；躲藏。宋朱敦儒《沁园春》："如今且、～花迷酒困，心凌双清。"元高安道《哨遍·嗓淡行院》："赏一会妙舞清歌，瞅一会皓齿明眸，～一会闲茶浪酒。"明《朴通事谚解》卷上："那驴养下来的，只～着我走，讨了半年不肯卖我，把我的两对新靴子都走破了。"

【趓楼】　duǒ lóu　同"朵楼"。清《云南通志》卷二九之八："门台加城高各三尺，台上俱～五楹，咸高二丈四丈。"

【趓闪】　duǒ shǎn　同"躲闪❶"。元佚名《庙学典礼》卷一："不是秀才阿，差发粮底～，将别人自己休隐藏者。"

【埵轮】　duǒ lún　耷轮，指耳垂和耳廓。"埵"为"聃"的同音借字，"聃"为"(耳)朵"的本字。《法苑珠林》卷一五："故胜天王经佛自说云八十种好者：一无能见顶；二顶骨坚实；三额广平正；四眉高而长，形如初月，绀瑠璃色；五目广长；六鼻高圆直而孔不现；七耳厚广长，～成就。"《敦煌变文校注》卷五《双恩记》："双眉郁郁入敷须(鬓)，两耳梭梭垂～。"

【弹】　duǒ　❶下垂。唐杜甫《醉为马所坠诸公携酒相看》："江村野堂争入眼，垂鞭～整凌紫陌。"明尹台《凤台怀古用李太白韵二首》之一："市柳～丝迷旧碛，川霞飞绮映前洲。"陈赟《西湖百

咏·长耳相和韵》："耳～及肩虽说异，口长无语一何闲。"　❷躲避。宋觉范《子中见和复答之》："世味尝已遍，～著匿云山。"杨万里《九月三日喜雨盖不雨四十日矣》："玉帝愁闻旱，雷公怒见须。搜龙无～处，倒海不宜馀。"元方回《生日病中》："偶复逢生旦，何知迫死期。老真难～病，贫实怕迎医。"清毛奇龄《瑞鹧鸪》："梨花～鹊惊春雪，柳曲迎车怯晓风。"

【嚲懒】　duǒ lǎn　同"躲懒"。宋方岳《即事十首》之三："畦丁～欲谁欺，趁我山行始一犁。"

【嚲】　duǒ　❶下垂。唐岑参《虢州东亭送李司马》："柳～莺娇花复殷，红亭绿酒送君还。"宋欧阳澈《夜过谢池小酌戏继前韵示诸友》："眉弯海峤初生月，鬓～巫峰欲坠云。"明程敏政《游齐云岩记》："前一石色正绿，昂喙而～尾，曰鹦鹉石。"　❷介词。向，朝。宋觉范《送亲上人乞食三首》之三："以有梦幻身，安能～饥渴。"陈著《贺新郎·次韵戴时芳》："回首西风空溅泪，醉沉沉轻掷金瓯破。平地浪，如何～?"《元曲选·青衫泪》二折："我又不曾～你脸上直拳。"

【嚲避】　duǒ bì　同"躲避"。宋觉范《与韩子苍六首》之二："从来未悟不曾迷，一见庵僧更不疑。脱体现前无～，鼻头向下少人知。"

【嚲闪】　duǒ shǎn　同"躲闪❶"。宋朱熹《按唐仲友第四状》："自后令蒋辉在宅～宿食。八月十二日婺州义乌县弓手前来追捉，～在府衙中藏隐。"

duò

【驮】　duò　❶牲口所驮的物品。宋苏轼《迁居临皋亭》："幸兹废弃馀，疲马解鞍～。"　❷指驮着物品的牲口。元王恽《送台掾赵明叔赴济南迎侍母氏来燕》："千里秋风吹去～，一天融乐羲归程。"清弘历《出古北口即事四首》之二："负捆牵～争问渡，满川旅况驻骢看。"

【驮担】　duò dàn　即"驮垛"。明《金瓶梅词话》八回："自从领了知县书札，离了清河县，送礼物～到东京朱太尉处。"

【驮垛】　duò duò　捆扎成垛供驮运的货物或行李。明《西游记》九九回："遂此起了身，轻轻的抬上～，挑着担，从庑廊驮出。"《金瓶梅词话》八一回："老婆一面迎入门，拜了佛祖，拂去尘土，～搭连放在堂中。"

【驮装】　duò zhuāng　❶即"驮垛"。明《金瓶梅词话》一四回："连夜打点～停当，求了他亲家陈宅一封书，差人上东京去。"　❷驮运。清《平定准噶尔方略》正编卷二："至粮饷茶觔，亦须宽裕筹备，酌量～车运，陆续解送巴里坤，听候拨用。"弘历《题融春斋》："柳眼盼春当仲月，梅心融雨近江南。祗须修葺旧之二，图省～益乃三。"

【驮子】　duò zi　即"驮❷"。宋曹彦约《上庙堂书》："每见捷报，令人愧恧。设伏者不过百人，斩首者不过三级，生擒一名，便称万户；～一头，便称番马。"

【剁】　duò　砍；刺。唐杜甫《阌乡姜七少府设鲙戏赠长歌》："无声细下飞碎雪，有骨已～嘴春葱。"元武汉臣《老生儿》四折："不听我处分，踏着正房门，我狠～你娘三行棍。"清吴应枚《滇南杂咏三十首》之二九："～生盘冷佐椒馨，佳节星回味荐腥。"自注："六月二十四日为星回节，切生猪肉杂椒姜食之。"

【剁搭】　duò dā　砍。清《醒世姻缘传》八六回："我可有甚么拘魂召将的方法，拿了这伙子人来，叫我～一顿，出出我这口气。"

425

【垛】 duò ❶ 堆。动词。宋岳珂《桯史》卷一〇："自来兵家行动,若逗挠无功,多是以粮道不继,嫁祸于有司以自解,亦未闻以无堆~赏给为词者也。"按,"堆"与"垛"同义叠用。明《杨家府》卷八:"又令军士将石头~起,盖倒其炉。" ❷ 整齐地码成的堆。《元典章·刑部十二》:"挟仇烧讫张锁住等谷~、稍柴等物。"清《儒林外史》五二回:"那八块方砖齐齐整整叠作一一~在船沿上,有四尺来高。" ❸ 量词。用于墙壁等。明汤显祖《南柯记》二七出:"一~两~城台座,一个两个团铺窝,密札札穿针缝没过。"清《儒林外史》五二回:"只见他两手扳着看墙门,把身子往后一挣,那~看墙就拉拉杂杂卸下半堵。"

【垛业】 duò yè 犹"造孽"。清《醒世姻缘传》二二回:"我种这没天理的地,是替这点小孩子~哩。"又:"我怕亏着人垛下了业,没的他们就不怕~的?"

【跺】 duò 踹;顿。明《金瓶梅词话》九二回:"这小郎才慌了,和娟的齐起来,~开房门,向前解卸下来。"清《红楼梦》二四回:"贾芸在他身后,把脚一~道:'茗烟小猴儿又淘气了?'"

【跺蹬】 duò dēng 跺脚蹬腿。元《三国志平话》卷中:"桌子上放一丹盘,上有锦被,令周瑜觑看了~,涌血如泉。"

【跢】 duò ❶ 顿脚。清孔尚任《桃花扇》三八出:"今夜扬州城陷,逃到此间,闻的皇帝已死,~了一脚,跳下江去了。"《醒世姻缘传》三三回:"极的那先生~了~脚,自己咒骂道:'教这样书的人,比那王八还是不如。'" ❷ 踹;踢。清《醒世姻缘传》四八回:"薛教授又从屋里出来,待去~门。" ❸ 刺;扎。《法苑珠林》卷六三:"使者闻神言如此,便令人伐之。穷人住在树边,树枝~地,摽杀穷人。"清《醒世姻缘传》五二回:"我可不还零碎使针~他哩,我可一下子是一下子的。"

【堕】 duò 同"垛❶"。《敦煌变文校注》卷一《捉季布传文》:"直饶~却千金赏,遮莫高追万挺银。"又《伍子胥变文》:"乱影~似丘山。"

【堕负】 duò fù 输;失败。唐玄奘《大唐西域记》卷一六:"提婆曰:'夫犍稚者,击以集众,有而不用,悬之何为?'王人报曰:'先时僧众,论议~,制之不击,已十二年。'"《宋高僧传》卷二九《元魏洛阳慧凝传》:"最与道士姜斌争论,护法之功,可补前过,无谓传法之人,皆~处。"

【堕睫】 duò jié 流泪。唐蒋防《湘妃泣竹赋》:"泪浪浪而千重~,竹冉冉而万点凝苔。"五代黄滔《与裴侍郎启》:"沾巾~,沥胆披肝。"宋赵湘《后感知赋序》:"聆其说,酸腑~,不知身之所以处也。"

【堕落】 duò luò ❶ 陷溺;陷入。宋彭汝砺《再用前韵呈察院学士》:"~世网缚尘缘,爱河流转业火燃。"《朱子语类》卷一二六:"至二苏兄弟晚年诸诗,自言不~,则又躬陷其中而不自绝矣。"明魏校《与夏惇夫》:"尊兄不我遐弃,时惠警策之言,俨如严师畏友之在其左右,庶不~小人之归,幸甚幸甚。" ❷ 荒废;耽误。宋文同《茂州汶川县胜因院记》:"昔有头陀德钦,戒操甚严,岁腊居久,其徒委散,是身独在。常惧其所将底~,愿择高行,属以香火。"《元曲选外编·裴度还带》二折:"我为何不留裴度在我家里住?我则怕此人~了功名。"明罗洪先《答陈豹谷》:"来论条析问难,将恐其~而提撕之乎?"

【堕业】 duò yè ❶ 荒废学业或事业。《隋书·郑善果母传》:"又丝枲纺织,妇人之务。上自王后,下至大夫士妻,各有所制。若~者,是为骄逸。"五代徐锴《说文解字系传·系述》:"《说文》之学远矣,时历九代,年移七百。保氏弛教,学人~。" ❷ 同"垛业"。《唐大诏令集·关内诸州断屠杀诏》:"刍豢之畜,靡供肴核之资;胎卵之群,莫遂蕃滋之性。伤财~,职此之由;攘炰穿窬,因兹未息。"明《金瓶梅词话》一九回:"你这个~的众生,到明日不知作多少罪业。"

似丘山。"

E

ē

【阿】 ē　另见 ā。同"屙"。宋《朱子语类》卷一二一："古山和尚自言：'吃古山饭，～古山矢，只是看得一头白水牯。'"《元曲选外编·西游记》四本一四出："好高山，好明月，我且～一堆尿。"

【阿兜眼】 ē dōu yǎn　眼窝凹陷的眼睛。明《金瓶梅词话》九六回："生的～，扫帚眉，料绰口，三须胡子。"

【阿奉】 ē fèng　阿谀奉承。《宋史纪事本末》卷八："于是昌龄亦言王克臣～当权，欺蔽聪明。"宋元《古今小说》卷三九："那刘光祖为人又畏懦，又刻薄，专一～宰相。"清邵廷采《东南纪事》卷一："有司不得背旨～，违者以不敬论。"

【阿金溺银】 ē jīn niào yín　比喻有特殊本领，能生钱财。阿，屙。明《西游记》八一回："养儿不用～，只是见景生情便好。"《金瓶梅词话》一三回："我的乖乖的儿，正是如此，不枉的养儿不在～，只要见景生情。"

【阿郎杂碎】 ē láng zá suì　肮脏不整洁貌，谓人猥琐邋遢。清《醒世姻缘传》七一回："平白的替我磕甚么头！～的，我见他做甚么？"又："老公前日没见他么，不～的，倒好个爽利妇人。"

【阿绵花屎】 ē mián huā shǐ　拖宕；牵扯。阿，屙。明《西游记》三三回："小妖道：'要装就装，只管～怎么？'"

【阿随】 ē suí　附和随顺。宋《三朝北盟会编》卷一〇："汝宜速奏论之，若不从，即乞罢，无～误大计。"元程文海《书何安子四书后》："能于朱子之说有所发明，不～，又不诡异。"《明史·职官志二》："当执奏者勿忌避，当驳正者勿～。"

【阿唯】 ē wéi　"阿""唯"均为应诺之词，两者连用表示不置可否地漫而应之。《太平广记》卷九八引《北梦琐言》："与之语，即～而已。"《辽史》卷九七论赞："虽与同官而能以正自处，不少～。"清胡文学《甬上耆旧诗》卷二一《沈明臣小传》："先生岳岳，不少～。少保亦雅惮先生。"

【屙】 ē　排泄（大小便）。《祖堂集》卷五《三平和尚》："师曰：'口大小？'曰：'通身是口。'师曰：'向什么处～？'"宋元《古今小说》卷三六："我去拾那一钱，不知甚虫蚁～在我头巾上。"清蒲松龄《日用俗字》："女妳奶儿峻即犹可说，止言～尿不为村。"

【屙撒】 ē sā　排泄（大小便）。清《后水浒传》四〇回："却只满肚攻疼，便忍不住道：'怎怪疼，敢是坏肚～?'"

【瘈】 ē　同"屙"。《祖堂集》卷一七《福州西院和尚》："吃沩山飰，～沩山屎。"《元曲选·东坡梦》二折："吃乌饭，～黑屎。"清《聊斋俚曲·磨难曲》："有口吃饭，没腚～屎。"

é

【讹】 é　讹诈。清《红楼梦》四八回："～他拖欠官银，拿他到了衙门里去。"《歧路灯》六四回："况且祥符县衙役如狼似虎，平白还～人，若是赌场，难免没事。"

【讹弊】 é bì　弊端；弊病。唐郑綮《开天传信记》："上励精理道，铲革～，不六七年，天下大治。"《旧五代史·刑法志》："无理者转务迁延，有理者却思退缩。积成～，渐失纪纲。"宋郑侠《代连州谢宣谕表》："孝慈亿世先皇帝剔抉～，庸正邦经。"

【讹差】 é chā　犹"讹舛"。宋郑樵《通志·艺文一》："左氏世为楚史，亲见官书，其～少。……公、穀汉之经生，惟是口传，其～多。"元圆至《送冯君玉归修厚斋所刻经板》："古镁刊残蠹篆斜，以刀为笔窜～。"清弘历《宋人十八应真赞·第十三巴那塔嘎尊者》："天女擎盘，其中满花。散耶著耶？自取～。"

【讹舛】 é chuǎn　（文字等）错误；讹误。《敦煌愿文集·下部赞道明题记愿文》："其诵者必就明师，须知～。"《明史·历志七》："今为博访专门之裔，考究其原书，以补其脱落，正其～。"清《十二楼·十卺楼》一回："凡人到酒醉之后，作事定有～。"

【讹错】 é cuò　讹误；错误。宋《建炎以来繫年要录》卷一八一："其劳甚微而赏太重，况多～，不可传世。"明沈德符《万历野获编》卷二五："而校对卤莽，～转多。"清《野叟曝言》一一八回："注解精核节约，字画音韵，无一～。"

【讹棍】 é gùn　专门拿别人的短处或差错进行敲诈的人。清《醉醒石》九回："在上则有请托贿赂，在下则有弄法侮文，都是拿讹头光棍的衣食。所以京师～盛行。"

【讹漏】 é lòu　讹误脱漏。元王恽《二十四大儒赞·孔安国》："书出汉初，壁传口授，古隶未分，讵免～。"明郭良翰《明谥纪汇序》："传刻无虑数家，故多～。"清陈坡《重刊黄文献公文集跋》："遂为厘正篇次，补对～。"

【讹乱】 é luàn　错误无伦次。宋觉范《题云居弘觉禅师语录》："今其道愈陵迟，至于列位之名件亦～不次。"《金史·焦旭传》："道逢监察御史，诉其事，语涉～，即收付狱。"明徐祯卿《东鲁韩氏世谱序》："滋蔓永久则纠错纷纭而不可绪焉，此～之道也。"

【讹骗】 é piàn　讹诈骗取。清雍正八年四月二十日鄂尔泰奏文："始以挖掘金银为招致之术，继以禳解瘟疫为～之方。"《歧路灯》五四回："餘下金镯一对，被本县谭福儿在夏鼎家哄赌～去了。"

【讹伪】 é wěi　讹误；错误。《旧唐书·吕才传》："太宗以阴阳书近代以来渐致～，穿凿既甚，拘忌亦多，遂命才与学者十餘人

共加刊正。"《宋史·徐铉传》:"又隶书之法有删繁补阙之论,则其～断可知矣。"明瞿式耜《牧斋先生初学集目录后序》:"扬扢今古,别裁～。"

【讹未】 é wèi 戏剧演员上场时的发语词,以引起后场乐队的注意。宋佚名《张协状元》二出:"〔生上白〕～。〔众诺〕"

【讹诈】 é zhà 假借某种理由来勒索钱财。清于成龙《严禁轻生谕》:"若石经官,纠众私行打抢,借端～,一概拘拿。"《红楼梦》四四回:"只管让他告去,告不成到问他个以尸～。"《绿野仙踪》六〇回:"我怎么不～别人,单一你姓温的?"

【囮】 é ❶捕鸟时用来诱鸟的鸟,引申指诱惑人的事物。宋居简《送上天竺月光远归四明序》:"甚矣,才为妒媒,能为忌～。"明《禅真逸史》二五回:"着围棋便是赌局之～,赛东道即是骗钱之法。"清《歧路灯》三四回:"设媒悬一诱痴儿,左右提携一任之。" ❷同"讹"。清《儒林外史》四二回:"被几个喇子～着,把衣服都剥掉了。"《歧路灯》三一回:"他与夏鼎通同一气,反说小的借他一百多银子,要～小的。"

【囮媒】 é méi 捕鸟时用来诱鸟的鸟,引申指诱骗人的人或事物。明郑若庸《玉玦记》三四出:"～自有,叹无知纵横往投。"

【囮头】 é tóu 引诱人前来的人,多指妓女。明《醋葫芦》一四回:"三位莫争,还是我的～好哩!"

【俄】 é 突然间。宋《五代史平话·唐下》:"唐主～为流矢所中。"清《红楼梦》一回:"一日,正当嗟悼之际,～见一僧一道,远远而来。"

【俄捱】 é ái 延挨;拖延耽搁。明《西游记》六四回:"养性看经无懈怠,诚心拜佛敢～?"

【俄的】 é de 突然间。的,助词,无实义。明《平妖传》一回:"养娘向前,将两指拈起灯杖打一剔,剔下红焰,～灯光明了,落在桌上。"

【俄忽】 é hū 一会儿;片刻。唐范摅《云溪友议》卷下:"唯以残骸相托,馀不能言。拟求救疗,是人～而逝。"宋张榘《飞雪满群山·喜雪》:"却元来是,铃阁云蒸,～老青山。"清《九云记》二二回:"及至仲春晦日,～之顷,坐化西归。"

【俄刻】 é kè 犹"俄忽"。宋王十朋《会稽风俗赋》:"二贺二虞蜚声籍籍,吴融七诏成于～。"《大宋宣和遗事》前集:"只见就那汴河岸上,起一阵狂风,～中间,云生四野。"明王慎中《张禾山公墓志铭》:"生蕃殖阜出～,孰媲厥绩监在昔。"

【俄瞬】 é shùn 转眼之间。明倪岳《送窗友赵景芳出宰商河》:"乘风揽辔随所之,万里亨途在～。"清彭孙遹《天驷赋》:"绝琼海于须臾,登玉山于～。"

【俄延】 é yán ❶拖延;耽搁。元徐琰《蟾宫曲·青楼十咏》之四:"道与多娇,莫待～,误了良宵。"元明《三国演义》一〇回:"原来马超明知李蒙追赶,却故意～。"清魏裔介《冬日送人之秦州》:"执手一相送,斗酒且～。" ❷缓慢。《元曲选·汉宫秋》三折:"朕本意待尊前捱些时光,且休问劣了宫商,您则与我半句～着唱。"元明《水浒传》二二回:"大宽转穿出前面廊下来,～走着,却转到东廊前面。"

【哦】 é 另见ó、ò。吟哦;吟诵。唐韩愈《记梦》:"壮非少者～七言,六字常语一字难。"明孟称舜《娇红记》七出:"我和你且归去,深闺将他诗细～。"清厉鹗《宿佛日净慧寺》:"～诗祛眼食,列坐至啼鸟。"

【峨巍】 é wēi 巍峨。《太平广记》卷二七五引《国史补》:"给丧蹶张辈,庙郎冠～。"宋陆游《系舟下牢溪游三游洞》:"～冠冕古,婀娜髻鬟倾。"《明史·陈公传》:"萝图肇开,鸿祚～。"

【娥流】 é liú 女流;女辈。明《西游记》五九回:"行者虽然生狠怒,因师路阻让～。"

【鹅】 é 指雁。《敦煌变文校注》卷一《伍子胥变文》:"横尸遍野,血染山川。由(犹)如鹘打鸦～,状若豹征狐兔。"

【鹅老翅】 é lǎo chì 即"鹅老鸦"。明《朴通事谚解》卷上:"八月里却放鹞儿。有几等鹞儿,～鹞儿,鲇鱼鹞儿。"按,此指鹰形风筝。

【鹅梨角儿】 é lí jiǎo er 头发绾成下边像梨身、顶端像梨柄的髻。鹅梨,河北产的一种梨。元明《水浒传》三二回:"见那出来的大王,头上绾着～,一条红绢帕裹着。"又四〇回:"又将胶水刷了头发,绾个～。"

【鹅头】 é tóu 傻瓜。明《山歌·鱼船妇打生人相骂》:"张家第三个,你个个痴～忒煞认真。"清佚名《三凤缘·先醋》:"我张媚儿,昨日在石府,与那～儿浑了一日。"按,明《古今谭概·痴绝部·痴畜生》:"鹅性疑,见人辄伸头相吓,故俗称痴人为～。"

【蛾儿】 é er ❶用纸、绢剪制成的妇女饰物,多在元宵节插戴。也称"闹蛾儿"。宋张炎《风入松·闰元宵》:"风吹不老～闹,绕玉梅、犹恋香心。"金王寂《望月婆罗门·元夕》:"一番春意换年芳,一雪柳风光。"清纳兰性德《凤凰台上忆吹箫·守岁》:"次第朱幡剪彩,冠儿侧斗转～。" ❷指眉毛。清彭孙遹《菩萨蛮·围棋》:"却敛细一,含羞欲悔时。"

【蛾帽】 é mào 貂蝉冠的俗称。蛾,指冠锦上的附蝉。宋元《警世通言》卷一九:"头上裹住镪金～儿,身上锦袍灼灼,金甲辉辉。"又卷三六:"戴顶簇金～子,着百花战袍,系蓝田碧玉带,抹绿绣花靴。"按,《宋史·舆服志四》:"貂蝉冠,一名笼巾,……前有银花,上缀玳瑁蝉,左右为三小蝉,衔玉鼻,左插貂尾。"

【额】 é ❶指物体上端。《敦煌愿文集·发愿功德赞文》:"又于门外～上造檐一间。"金《董解元西厢记》卷三:"帘垂绣～,芸阁小窗纱。"清纪昀《阅微草堂笔记》卷二:"沈椒园先生为鳌峰书院山长时,见示高邑赵忠毅公旧砚,～上有'东方未明之砚'六字。" ❷匾额。唐王建《题应圣观(观即李林甫旧宅)》:"赐～御书金字贵,行香天乐羽衣新。"明李梅实《精忠旗》三七出:"鄂州军民请为飞建祠,委官督造,赐～'忠烈'。"清袁枚《子不语》卷九:"顷至一署,～曰'业镜司'。" ❸规定的数目。《旧唐书·食货志上》:"但取匹段精好,不必计旧～钱数。"明《古今小说》卷一〇:"右壁埋银五千,金一千,作六坛,可以准田园之～。"清顾炎武《日知录》卷一七:"正统五年十二月,始令会试中式～百五十人。" ❹呵斥。唐封演《封氏闻见记》卷一〇:"须臾却还,云'被～'。房公滀雅之士,顾问左右:'何名为～?'有参军亦名家子,敛笏而对曰:'查名诋讦为～。'"《敦煌变文校注》卷三《燕子赋(一)》:"雀儿被～,更害气喷(贲)。"

【额定】 é dìng 规定数量的,或指规定的数量。《唐会要》卷六九:"准敕条流诸添置外,兼于州官内,据税钱～等第。及观察使节度州,量各添置,共三百八十三员。"明张瀚《松窗梦语》卷八:"夫以～有限之粮,供积渐无穷之禄,虽多方措处,终不能足其应得之数。"清《醒世姻缘传》四二回:"绣江是个大县,～要十六个监生。"

【额儿】 é er 额头。元王和卿《一半儿·题情》:"鸦翎般水鬓似刀裁,小颗颗芙蓉花～窄。"元明《水浒传》七〇回:"郝思文赶去,被他～上打中一石子,跌下马来。"明《金瓶梅词话》五九回:"却说潘金莲房中养活的一只白狮子猫儿,浑身纯白,只～上带龟背一道黑。"

【额花】 é huā 位于额前的冠饰或妇女额头上的花形装饰。宋胡仲弓《谒金门》:"润逼镜鸾红雾满,～留半面。"《宋史·舆服

志四》："正一品九旒冕，金涂银棱，有～，……从一品九旒冕，无～。"元关汉卿《调风月》四折："包髻是缨络大真珠，～是秋色玲珑玉。"

【额角】　é jiǎo　额的两侧。唐孙思邈《备急千金要方》卷八七："头维在～发际本神旁一寸半，不灸。"《元曲选·汉宫秋》一折："将两叶赛宫样眉儿画，把一个宜梳裹脸儿搽，～香钿贴翠花，一笑有倾城价。"清《醒世姻缘传》一一回："左边～上有钱大一块黑痣。"

【额楼】　é lóu　即"额颅"。元高安道《哨遍·嗓淡行院》："皂纱片深深的裹着～。"

【额髅盖】　é lóu gài　即"额颅盖"。清《聊斋俚曲·翻魇殃》："我如今悔不来，受这罪也应该，想想打这～。"又《寒森曲》："怎么见我不下来，丁字眼没长在～！"

【额髅骨】　é lóu gǔ　头骨，詈称骰子。骰子多骨制。清《聊斋俚曲·俊夜叉》："只管掷你那～，不管家里吃什么，这样汉子要你嚷？"

【额颅】　é lú　额头；脑门。唐孙思邈《备急千金要方》卷五二："足阳明之脉，……出大迎循颊车上耳前过客主人，循发际至～。"《元曲选·百花亭》二折："皂头巾裹着～，斑竹篮提在手。"清《红楼梦》三〇回："见宝玉憨的脸上紫胀，便咬着牙用指头狠命的在他～上戳了一下。"

【额颅盖】　é lú gài　即"额颅"。清《聊斋俚曲·磨难曲》："大家去告上台，他虽然把官差，那眼睛没长在～。"《醒世姻缘传》一九回："你怎么有这们些臭声！人家的那个都长在～上来？"

【额山】　é shān　额头。唐温庭筠《照影曲》："黄印～轻半尘，翠鳞红稚俱含嚬。"清《好逑传》一六回："珠面官披宫样妆，朱唇海阔～长。"

【额手】　é shǒu　鼓掌（表示庆贺等）。宋杨无咎《青玉案·徐侍郎生辰》："平时阴德，几人今日，～称安乐。"明苏伯衡《岐阳武靖王勋德碑》："汲者饮者皆～谢。"清《东周列国志》三七回："文公至绛，国人无不～称庆。"

【额数】　é shù　定额；规定的数目。唐李亨《乾元元年南郊赦文》："其州府县门夫勋官，并于旧～减一半。"明郎瑛《七修类稿》卷一四："仁宗时，杨文贞公奏分南、北卷，及塞义等议定各处～。"清《红楼梦》六二回："粳尖短了两担，常用米又支了一个月的，炭也欠着～。"

【额头】　é tou　人眉上发下部位。《五灯会元》卷一二《大沩慕喆禅师》："问：'牛头未见四祖时如何？'师曰：'寒毛卓竖。'曰：'见后如何？'师曰：'～汗出。'"明《朴通事谚解》卷中："那一日吃了一跌，～上跌破了。"清《飞龙全传》一五回："那个执定金如意，迎来只向～前。"

【额外】　é wài　❶定额或定例以外。《旧唐书·王铁传》："此是常年～物，非征税物。"宋《朱子语类》卷一一一："然未减放那五万贯，尚是无名～钱。"清《红楼梦》六三回："天子听了，忙下～恩旨曰：'贾敬虽白衣无功于国，念彼祖父之功，追赐五品之职。'"❷世外；尘世之外。元明《水浒传》一回："他是～之人，四方显化，极是灵验。"清《荡寇志》一一六回："他已是～之人，各有正事，只顾缠他做甚？"

【额珠】　é zhū　❶佛头额上的珠子。《祖堂集》卷一〇《安国和尚》："西天有贼，盗佛～，欲取其珠，佛额渐高，取不得。"❷即"念珠"。宋张舜民《郴行录》："张系网得金莲座于江上，董城获大～于合浦。"元杨维桢《贞居子集太白语跋》："予观贞居子集句诗，政如冶城铜像捧～莲座于长干也。"

【额子】　é zi　❶额头。宋佚名《捣练子·八梅》之六："～画成终未是，更须插向鬓云旁。"明《金瓶梅词话》五三回："而今才住得哭，磕伏在奶子身上睡了，～上有些热剩剩的。"❷绕扎在额头上的巾带，多用来束发。宋叶梦得《石林燕语》卷一〇："帽下戴小冠簪，以帛作横幅约发，号～。"《明史·舆服志二》："珠翠面花五事，珠排环一对，皂罗～一。"清《红楼梦》三一回："把宝兄弟的袍子穿上，靴子也穿上，～也勒上，猛一瞧倒象是宝兄弟。"❸定额；额数。明《醒世恒言》卷三〇："若报得厚了，他做下～，不常来取索。"△清《官场现形记》六回："不过传齐了标下大小将官，……叫他们把手下的～都招招齐，免得临时忙乱。"

ě

【恶泛泛】　ě fàn fàn　形容恶心的感觉。明《金瓶梅词话》五二回："头里吃了些蒜，这回子倒反帐儿，～起来了。"

【恶拉拉】　ě lā lā　犹"恶泛泛"。明《金瓶梅词话》三四回："我才睡起来，心里～，懒得吃。"

【恶囊】　ě náng　恶心；使人厌恶。清《醒世姻缘传》四六回："不知他待怎么只自乍，听了～的人荒。"

【恶心】　ě xīn　❶想呕吐的感觉。《太平广记》卷二五二引《玉堂闲话》："只从昨回宅，便患头旋～，起止未得。"明朱载堉《六娘子·天不均》："生在马桶前，满口嚼臭文，吃了蝇子惹～。"清《醒世姻缘传》六九回："抬不到红门，头晕的眼花撩乱，～呕吐。"❷使人感到厌恶。清《聊斋俚曲·增补幸云曲》："好歹货不流水快走，近前～的我慌！"《儒林外史》二二回："卜信道：'不要～！我家也不希罕这样老爷！'"

【恶影影】　ě yǐng yǐng　犹"恶泛泛"。清《醒世姻缘传》九六回："我心里还～里的，但怕见吃饭。"

è

【恶】　è　❶（情绪）不好。唐韩偓《春闺二首》之一："醒来情绪～，帘外正黄昏。"金《董解元西厢记》卷六："袅袅炉烟萦绿琐，浓睡觉来心绪～。"明李贽《三日风》："莫以行人心事～，故将风色苦磋磨。"❷怒；发怒。唐张鷟《朝野佥载》卷六："又乘驴于街中，有骑马人靴鼻拨其膝，遂怒，大骂，将殴之。马走，遂无所及，忍～不得，遂嚼路傍棘子流血。"金《刘知远诸宫调》一一："当时间，知远～，忿气填胸，怎纳无明火。"清《醒世姻缘传》三回："珍哥不听见便罢，听见了，怒从心上起，～向胆边生。"❸凶恶；恶狠狠地。金《刘知远诸宫调》一："～如当界土地，满村里不叫做李洪义，一方人只呼做活太岁。"清《聊斋俚曲·磨难曲》："两个解子～睁着眼，并不吃他酒一盅，还不知怎么把他弄。"❹大；猛烈；激烈。唐皇甫松《浪淘沙》："滩头细草接疏林，浪～罾船半欲沉。"金《董解元西厢记》卷二："阴风～，戈甲遍荒郊，杀气暗青霄。"明薛论道《水仙子·愤世》："翻云覆雨太炎凉，博利逐名～战场。"❺惹恼；得罪。金《刘知远诸宫调》二："妻与我如水似鱼，不曾～一个亲故。"元尚仲贤《气英布》一折："我若不是反了重瞳楚项籍，赤紧的做媳妇儿先～了翁婆。"元明《水浒传》九回："小人是东京禁军教头，姓林名冲。因～了高太尉，寻事发下开封府问罪。"❻邪气。唐郭震《子夜四时歌·秋歌》："辟～茱萸囊，延年菊花酒。"元明《水浒传》二六回："王婆便道：'这是中了～，快将水来！'

喷了两口,何九叔渐渐地动转,有些苏醒。"清《儒林外史》三回:"想是这贡院里久没人到,阴气重,故此周客人中了～。"

【恶薄】è bó ❶浇薄;不淳厚。元舒頔《二弟和韵复韵之》:"世情～共谁语,春事阑残不我留。"明《警世通言》卷二:"近世人情～,父子兄弟到也平常。"清陆陇其《与各乡绅劝戒赌》:"不知愚民因而视效,开盗贼之源,成～之俗。"也指这样的风气。明刘宗周《请饬觐典疏》:"其截棒留考诸员,又特有一番钻营之费。～相仍,愈趋愈下。" ❷刻薄;尖刻。明沈鲸《双珠记》一一出:"你与我既为通家,不要发言太～了。"《型世言》三六回:"又有那～的,在投牌后标一笔道:'窝贼为盗,本府太爷确审。无冤可伸,不必多说。'"清《巧联珠》三回:"我又叫爹坏他的前程,岂不说我的～?" ❸鄙薄;鄙视。《续资治通鉴长编》卷三八一:"又使之偃然居侍从、九卿之列,搢绅、耻与为伍。" ❹恶劣;次;坏。明《禅真逸史》五回:"只因命运淹蹇,又值～时年,卖妻鬻子,家业凋零。"《明史·食货志五》:"自启祯新铸出,旧钱悉弃置。然日以～,大半杂铅砂。"清《平定金川方略》卷一一:"当此水土～、风霜寒冽之际,调护一有失宜,关系国体不小。"也指次劣的材料。元许有壬《彰德路创建鲸背桥记》:"水涸作桥,因肆掊敛彘,良用～覆弱揭,行者杌陧,莫不股慄。"

【恶茶白赖】è chá bái lài 同"恶叉白赖"。《元曲选·金线池》三折:"我比那俏郎君掏摸测喋声,那里也～寻争竞。"明汤显祖《南柯记》二九出:"这风魔也似九伯,使村沙～。"

【恶叉】è chà 凶悍。元佚名《满庭芳》:"心～偏毒最狠,性搊搜少喜多嗔。"

【恶叉白赖】è chà bái lài 凶悍而不讲道理。《元曲选·渔樵记》二折:"刘家女侠,你怎生学的这般～!"又《任风子》一折:"你这般～的!"

【恶诧】è chà 同"恶叉"。元李唐宾《风入松》:"俺挨过～风声,搜索遍风流伎俩。"

【恶姹】è chà 同"恶叉"。《元曲选外编·西游记》二本七出:"显～的仪容,冲天入地势雄,撼岭拔山威重。"

【恶丑】è chǒu 丑陋;丑恶。《续宋编年资治通鉴》卷一一:"饰以怪巾,施之异服,备极～,以致戏笑。"明沈周《三月九日舟泊虞山下》:"林华竞妍新,无复有～。"《西游记》三六回:"只见两边红漆栏杆里面,高坐着一对金刚,装塑的威仪～。"

【恶单】è dān 罪状。明《警世通言》卷二五:"写家书一封差人往京师,捏造施家三世,教父亲讨李平章关节,托嘱地方上司官,访拿施还出气。"

【恶党】è dǎng 凶徒;恶势力。《旧唐书·酷吏传序》:"朝经四叶,狱讼再起,比周～,剿绝善人。"《元曲选·鲁斋郎》二折:"倚仗着～凶徒势,活支剌娘儿双拆散。"清纪昀《阅微草堂笔记》卷一七:"后～伏诛,废为墟莽。"

【恶发】è fā ❶发怒;发火。敦煌词失调名:"莫听邻里外人言,便即～别开门。"《祖堂集》卷一二《禾山和尚》:"僧便问:'和尚无端～作什摩?'"清《醒世姻缘传》九一回:"把个大奶奶一惹,惹得～起来,行出连坐之法。" ❷发病;生急病。清《野叟曝言》九一回:"今日天气炎热,各人都冒着暑气,我合大姆不是在外闻着这香,也都要～哩。" ❸(病情)严重;恶化。清《醒世姻缘传》六七回:"你骗了人家的钱来,勒掯着不替人家治疮,把人的疮使低心弄的～了,误了人家性命。"又:"又叫人用了手脚,所以把疮弄的～了。"

【恶棍】è gùn 凶恶无赖;欺压百姓的人。明《梼杌闲评》八回:"程中书带了这班～,一路上狐假虎威。"清宋荦《审明旗棍分

别定罪疏》:"似此～横行,法难轻纵。"

【恶剧】è jù 即"恶作剧"。宋苏轼《白水山佛迹岩》:"山灵莫～,微命安足赌。"元张雨《三衢道中》之二:"东风～雨飞花,被底春寒水涨沙。"清袁枚《子不语》卷三:"儿蜇吾喉吻,何物小子,～至此!"

【恶口】è kǒu ❶言语恶毒,出言不逊。《太平广记》卷九一引《广古今五行记》:"后正月十五日夜,触他长幼坐席,～聚骂。主人欲打死之。"明《西游记》三五回:"难解心头气,～骂猢狲。"清《聊斋俚曲·寒森曲》:"一文便宜他不占,并不合人犯争差,也不曾～骂。" ❷叫骂;口出恶言。清《歧路灯》五六回:"俺家媳妇子才想～,认的是智师爷,不好意思。"

【恶口凉舌】è kǒu liáng shé 冷言恶语。清《醒世姻缘传》三回:"却是为我一个,大新正月里叫～的咒你。"又七九回:"素姐把吴推官背地里～,无所不咒。"

【恶辣】è là 凶狠。宋《如净和尚语录》卷上:"诸方怎么点头,瑞岩划地～。喷!拳头无私绝后看,瞿昙顶上活泼泼。"明李昌祺《题性灵空卷》:"千口楚楚皆象龙,钳锤～加磨礲。"

【恶赖】è lài ❶恶劣败坏;无赖。明郎瑛《七修类稿》卷二五:"贾似道之母,诸家小说言之不一,……然其形容～,甚为惭惶。"清《聊斋俚曲·富贵神仙》:"共酒同茶,共酒同茶,拿着～当闲吧。"《红楼梦》八○回:"薛姨妈听见金桂句句挟制着儿子,百般～的样子,十分可恨。" ❷庸俗低劣。清《红楼梦》一七至一八回:"你只知朱楼画栋、～富丽为佳,那里知道这清幽气象呢?"

【恶劣】è liè 极不好。宋冯伟寿《春云怨》:"春风～,把数枝香锦,和莺吹折。"明《二刻拍案惊奇》卷二五:"万虫儿一向做人～,是邻里妇人没一个不相骂断的。"清姜宸英《复钮白水书》:"胸次～,并不能以短章志谢,特祈原谅。"

【恶路】è lù 同"恶露"。宋庞安时《伤寒总病论》卷二:"桃仁承气汤,又治产后～不下。"明《金瓶梅词话》五五回:"夫人这的病,原是产后不慎调理,因此得来。目下～不净,面带黄色。"清《醒世姻缘传》四回:"将～补住不行,头疼壮热,腹胀如鼓。"

【恶露】è lù 妇女产后排出的餘血及分泌物。唐孙思邈《备急千金要方》卷五:"干地黄汤,治产后～不尽。"明《禅真后史》五回:"夫人因怒气所触,致使～阻涩。"清《野叟曝言》一一回:"拙荆小产,因～未净,饮食不进。"

【恶孽】è niè 坏事;罪孽。明《西游记》四三回:"我着他在黑水河养性修真,不期他作此～。"清《聊斋志异·续黄粱》:"乃自念前身～已被鬼责,今那得复尔!"也指作恶造孽的人。元王逢《忧伤四首上樊时中》之四:"寻常～不肯除,本固枝蕃祸非一。"清《平定台湾纪略》卷二:"一面荡平～,一面严切根求,务期水落石出。"

【恶狞】è níng 凶恶狰狞。明《西游记》二回:"石嶙嶙,波净净,古怪跷蹊真～。"又六九回:"九尺长身多～,一双环眼闪金灯。"

【恶怒】è nù 愤怒;恼怒。宋邵雍《戏呈王郎中》:"近年好花人轻之,东君～人不知。"明程明善《南曲谱》卷一二引《卧冰记》:"只虑的母亲,独倚定门儿,眼巴巴的凝望我回。他敢焦聒聒的～起。"清《红楼梦》八○回:"薛蟠好容易圈哄的上了手,却被香菱打散,不免一腔兴头变作了一腔～,都在香菱身上。"

【恶气】è qì ❶怒气;怨气。宋佚名《张协状元》二○出:"水一似清,月一似明,怒若发时～便生。"明《金瓶梅词话》七六回:"你去到后边把～儿揣在怀里,将出好气儿来看怎的?"清《聊斋俚曲·姑妇曲》:"进门先看婆婆面,～冲冲怒满腮。" ❷冤枉

气。《元曲选·举案齐眉》三折："那些儿输与这两个泼皮,白白的可干受了一场～。"明《醒世恒言》卷八："都是孙家老乞婆,害我家坏了门户,受这～!"清《聊斋俚曲·禳妒咒》:"自从江城去后,不觉一年有餘,省担多少惊恐,省受多少～。" ❸ 臭气;难闻的气味。唐段成式《酉阳杂俎》续集卷一〇:"无患木,烧之极香,辟～。"明林俊《扶植国本疏》:"饿殍填路,～薰天。"清《聊斋俚曲·快曲》:"快拿来加上些花椒、茴香,去去那贼的～。"

【恶情】 è qíng　仇恨。明《西游记》八六回:"这两个因师性命成仇隙,那两个为要唐僧试～。"

【恶趣】 è qù　佛教语,恶道。指地狱、恶鬼、畜牲三道。《敦煌变文校注》卷五《维摩诘经讲经文(一)》:"～之门窗永闭,菩提之道路非遥。"元刘将孙《钟铭》:"八塞九地声闻同,～出离觉性充。"清《醒世姻缘传》六三回:"世路原宽,～偏逢狭道,无那伤心图必报。"

【恶人】 è rén　❶ 凶恶的人。宋佚名《张协状元》八出:"百草怕霜霜怕日,～自有～磨。"金《董解元西厢记》卷三:"恶与会食,聊赠财贿,以悦众心,庶～不生恶意。"清《聊斋俚曲·禳妒咒》:"奇哉!江城这么个～,被那和尚喷了一脸水,竟没恼回家去了。" ❷ 得罪人、为难人的人。元明《水浒传》二回:"朱仝说:'既然兄弟这般说了,我没来由做甚么～。'"

【恶弱】 è ruò　❶ 粗劣;不佳。唐段成式《酉阳杂俎》续集卷七:"王殷因呈锦缬,郭嫌其～。"敦煌词《定风波》:"三策张良非～,谋略,汉兴楚灭本由他。"宋张镃《锦池芙蓉盛开》:"簪花谢殷勤,敢避句～。" ❷(地理环境)险恶;危险可怕。宋周去非《岭外代答》卷四:"然而腑脏日与～水土接,毒气浸淫,终当一疾。"《宋史全文》卷三四:"辛未诏,襄蜀两淮极边之,并新复州郡县,及二广～去处,许令斟酌辟之。"元吴莱《张定传》:"外军悬入,不谙水土,不熟溪洞险阻。" ❸ 不善;不吉利。五代杜光庭《莫庭159九曜醮词》:"又恐五星进退,四曜运行,或居身命之宫,又临～之地。"宋周必大《外舅设醮青词》:"运适逢于～,家寝失于平康。"

【恶杀】 è shā　同"恶煞"。《元曲选·桃花女》四折:"他拣的日辰,都是凶神～。"元明《水浒传》四〇回:"刽子叫起'～都来',将宋江和戴宗,前推后拥,押到市曹十字路口。"明《醒世恒言》卷一三:"监斩官读了犯由,侩子叫起'～都来',一齐动手,剐了孙神通。按,"恶杀都来"是刽子手行刑前惯喊的口号。

【恶煞】 è shà　凶神。唐易静《兵要望江南·占六壬》:"勾陈将,玄武共相亲。带煞并加为～,若逢相克不宜军。"《元曲选·赵氏孤儿》一折:"但违拗的早一个个诛夷尽,多咱是人间～,可什么闻外将军。"明谢肇淛《五杂组》卷二:"盖一岁之中,吉日良时,无凶神～者,不过数日耳。"也指凶恶的人。清《水浒后传》二四回:"就是那草寇扰乱江山,权奸图谋篡弑,也必定有几个凶魔～做了羽翼,方才哄得起来。"

【恶讪】 è shàn　得罪;惹恼。明《金瓶梅词话》七五回:"像郁大姐在俺家这几年,大大小小他～了那个人儿来?"

【恶失】 è shī　犹"恶讪"。明《隋史遗文》五回:"你又常时埋怨我不会说话,把客人都～到别人家去了。"

【恶识】 è shí　犹"恶讪"。《元曲选·李逵负荆》二折:"不争几句闲言语,我则怕～多年旧面皮。"明《金瓶梅词话》七八回:"论起来贲四娘子,为人和气,在咱门首住着,家中大小莫曾～了一个人。"清李渔《蜃中楼》九出:"难道为一个女儿,～了兄弟不成?"

【恶势煞】 è shì shà　气势汹汹。《元曲选·盆儿鬼》一折:"我这里观瞻罢,见了他～,他骨碌了将怪眼睁叉,迸定鼻凹,咬定

凿牙。"《元曲选外编·延安府》三折:"他气吥吥～,雄赳赳扣厅前。"

【恶水】 è shuǐ　❶ 污水;脓液。唐韩愈《病鸱》:"屋东～沟,有鸱堕鸣悲。"《元曲选·神奴儿》三折:"又不曾下甚雨水,因甚这般湿泥淤。〔搽旦云〕是泼下的～。"清魏之琇《续名医类案》卷六〇:"一僧为蛇伤,一脚溃烂,……以白芷末入胆矾、麝香少许糁之,～涌出。" ❷ 泔水;淘米水。清《歧路灯》四六回:"赵大儿慌了,寻酸～灌着利痰。" ❸ 佛教比喻开启愚蒙的话。《五灯会元》卷五《翠微无学禅师》:"一日师在法堂内行,投子进前接礼,问曰:'西来密旨,和尚如何示人?'师驻步。少时,子曰:'乞师垂示。'师曰:'更要第二杓～那?'宋克勤《碧岩录》一则:"达磨初见武帝,帝问:'朕起寺度僧,有何功德?'磨云:'无功德。'早是～蓦头浇。"陆游《敲净人求僧赞》:"敷道者,一短褐,欠个什么? 更要～泼将!" ❹ 比喻污蔑人的言语。清《隋唐演义》七回:"他还有几句秽污言语,把～泼在我身上来。"《醒名花》六回:"倘有后言,竟把～浇他便了。"

【恶水缸】 è shuǐ gāng　泔水缸,喻指什么窝囊气都得受的人。明《金瓶梅词话》七六回:"你是当家人,～儿,不惜大量些罢了,却怎样儿的?"清《红楼梦》六八回:"自古说的,当家人,～。"

【恶水浆】 è shuǐ jiāng　即"恶水❸"。《祖堂集》卷六《投子和尚》:"翠微答曰:'不可! 事须要第二杓～泼作摩?'"

【恶说】 è shuō　粗话;言语冒犯。《法苑珠林》卷九三:"虽为沙门,不摄身口,粗言～,多所中伤。"《元曲选外编·村乐堂》四折:"是我～了他来。"

【恶头儿】 è tóu er　坏名声或能够引出乱子的事情。元孟汉卿《魔合罗》四折:"好意的劝他家,～揣自己。元来口是祸之门。"《元曲选·抱妆盒》二折:"你办着个喜溶溶笑脸儿回还去,却教我将着个碜磕磕～揪过来。"

【恶限】 è xiàn　注定的厄运时限。宋洪迈《夷坚志》甲卷一七:"与君相见无日矣,明年吾入～。"《元曲选·还牢末》二折:"这都是我五行中～怎生逃。"元明《水浒传》六一回:"员外贵造,一向都行好运,独今年时犯岁君,正交～。"

【恶歆歆】 è xīn xīn　形容发怒。元纪君祥《赵氏孤儿》四折:"懒支支恶心烦,～生忿怒。"《元曲选外编·金凤钗》二折:"你个谒鲁肃周瑜好躁暴,～揪住系腰。"

【恶性】 è xìng　凶恶的性情。《元曲选·燕青博鱼》二折:"我妆一个喜脸儿将他来搵,他将那～儿把咱哏。"清《醒世姻缘传》八八回:"薛素姐住在尼姑庵内,把那骂公婆打汉子的～都收藏没有用处。"

【恶谑】 è xuè　让人难堪的嘲弄。明沈德符《万历野获编》卷八:"每与严世蕃宴饮,辄出～侮之。"清孔尚任《桃花扇》四出:"不把俺心情剖辩,偏加些～毒讪,这欺侮受应难。"

【恶眼】 è yǎn　目光不善。唐李茂复《自叹》:"近来不作颠狂事,免被冤家～看。"孙思邈《备急千金要方》卷六五:"蛇眼丁,其状疮头黑,皮上浮生,形如小豆,状似蛇眼大,体硬,忌～看并嫉妒人见之。"

【恶业】 è yè　❶ 罪孽。业,梵文 karman 的意译,指身、口、意三种活动。业又分善、恶、非善非恶三种。《敦煌愿文集·患文》:"其患者乃自从无始旷大劫来,至于今日,造十～。"明朱湘《申禁屠牛小帖》:"毋更复为此事,以启～之端。"清《聊斋俚曲·俊夜叉》:"只因这个夜叉不曾吃人,吃的都是那些乡马强盗贼、虎豹狼虫,便把一切的～,都变成了好处。" ❷ 指冤家对头。金《刘知远诸宫调》一:"冤家聚会非今世,～相逢怎由你,恰正是仇

人李洪义。"又一二:"冤家聚会应难舍,～相逢看怎休。"

【恶暗暗】è yīn yīn 犹"恶欲欲"。元关汉卿《单刀会》二折:"他～揎起征袍袖,不邓邓恼犯难收救。"明佚名《一枝花·风情》:"未服输～冲霄豪气三千丈,稳派派娇媚唾手风情二百桩。"

【恶嗷嗷】è yīn yīn 同"恶暗暗"。元郑廷玉《楚昭王》二折:"～,雄纠纠,早是状貌威严,可更精神抖擞。"《元曲选·秋胡戏妻》一折:"则见他～轮着粗桑棍。"清洪昇《长生殿》三二出:"～单施逞着他领军元帅威能大,眼睁睁只逼拶的俺失势官家气不长。"

【恶缘】è yuán 犹"恶业❶"。《敦煌变文校注》卷五《维摩诘经讲经文(一)》:"～须向意中除,善事莫临苦上忆。"元关汉卿《青杏子·骋怀》:"～难救,痼疾长发,业贯将盈。"明孟称舜《娇红记》四五出:"不信我～恶业,做的来恁周折,干受尽此磨灭。"

【恶杂】è zá 杂念;成见。宋《朱子语类》卷九:"而今看道理不见,不是不知,只是为物塞了。而今粗法,须是打叠了胸中许多～,方可。"

【恶脏皮】è zāng pí 恶棍。《元曲选·陈州粜米》楔子:"议定五两粜一石,改做十两落他些;父亲保举无差谬,则我两人原是～。"

【恶躁】è zào ❶凶猛;厉害。《元曲选·黄粱梦》三折:"这雪住一住可也好,越下的～了!" ❷凶恶;凶狠。明《西游记》三六回:"这个和尚比那个和尚不同,生得～,没脊骨。"佚名《拔宅飞升》二折:"损害生灵施～,争潭竞窟逞英豪。"又《斩健蛟》二折:"你看我显神威,施逞～。"

【恶支杀】è zhī shā 同"恶支煞"。《元曲选·盆儿鬼》三折:"俺将你画的这～样势,莫不是盹睡了门神也那户尉?"

【恶支沙】è zhī shā 同"恶支煞"。《元曲选·黄粱梦》二折:"谁教你贪心爱他不义财,今日个脱空败你,～将这等罪名揣。"清洪昇《长生殿》一七出:"这一员莽兀喇拳毛高鼻,那一员～雕目胡颜。"

【恶支煞】è zhī shā 凶狠貌。《元曲选·玉镜台》四折:"软兀剌走向前来,～倒退回去。"

【恶状】è zhuàng ❶恶行;罪状。唐刘肃《大唐新语》卷一一:"且其～未著,恐外人窥之,伤陛下慈父之道。"《宋史·宗泽传》:"自古奸臣皆外为恭顺而中藏祸心,未有窃据宝位、改元肆赦、～昭著若邦昌者。"清陈廷敬《杜律诗话》上:"盖以元婴生平多～,在隆州亦不循法。" ❷凶恶的样子。明张岳《报过抚剿残苗疏》:"访得各残苗屡遭挫衄,～消沮,奔窜岩峒。"《封神演义》四九回:"武王见张天君狰狞,凶暴猖獗,唬得战惊惊。"清纪昀《阅微草堂笔记》卷七:"且引之窥见～,知其非人,其运意亦殊周密。" ❸丑行;丑态。清李渔《闲情偶寄》卷一:"南本则聋聩、喑哑、驮背、折腰诸～,无一不备于身矣。"《歧路灯》七八回:"不言盛公子说那看戏的丑态～。"《情梦柝》一一回:"先有一班富豪子弟挨挤来看,饿眼如苍蝇见血,看得～。若素懊悔,只得低头随卜氏到殿烧香。"

【恶浊】è zhuó ❶恶劣混乱。宋《朱子语类》卷二七:"缘是他气禀中自有许多渣糟～的物,所以才见那物事便出来应他。"又卷七二:"某尝说,须是吐泻出那肚里许多渣糟～底见识,方略有进处。" ❷污秽。宋杜范《和贵方韵》:"莫嫌～浮埃界,自做分明实地人。"明赵钶《晏林子》卷一:"夫蝉饮露,至清者也。而蜣螂能化而为之,岂非～而求为清者乎?"清《聊斋志异·雷公》:"少时,雨暴澍,身上～尽洗,乃作霹雳而去。" ❸指浊世。清《聊斋志异·仙人岛》:"仆不自他于君,实欲拔出～;不料迷晦已深,梦梦不可提悟。"

【恶作】è zuò ❶作梗;恶作剧。宋吕南公《朝曦阁诗为李道正赋》:"雨露纵然能～,未妨微白到书床。"清《情梦柝》五回:"日间宋妈妈古怪,不许我进来;衾姐～,把中门关着。" ❷行为粗莽。明《山歌·竹夫人》:"弗匡撞个子～篾片,拖出山林,捉我出皮剥骨。"

【恶作剧】è zuò jù 耍笑、捉弄人。唐段成式《酉阳杂俎》前集卷九:"韦知其盗也,乃弹之,正中其脑。僧初不觉,凡五发中之,僧始扪中处,徐曰:'郎君莫～。'"宋杨万里《宿潭石步》:"天公吓客～,不相关白出不测。"清《聊斋志异·狐谐》:"客恐其～,乃共散去。"

【嗯】è 另见wò。缺点;短处。《祖堂集》卷八《九峰和尚》:"你道一人不言一人～,阿那个无舌?"

【嗯却】è què 塞住;堵塞。却,助词。《祖堂集》卷一一《保福和尚》:"我有一个问,～天下人口。"又卷一九《观和尚》:"若道我不道,则～我口。"

【饿答】è dā 饥饿。答,词尾。明《金瓶梅词话》七二回:"想着一来时～的个脸黄皮儿寡瘦的,乞乞缩缩那等腔儿。"

【饿酒】è jiǔ 空腹饮的酒。明《警世通言》卷六:"每日吃两碗～,烂醉了归店中安歇。"《禅真逸史》一〇回:"昨日吃了～,今日反来我跟前捣鬼。"清《豆棚闲话》一则:"伯玉偶然饮了几杯～,不知不觉在段氏面前诵了曹子建的《洛神赋》几句赋。"

【饿老鸱】è lǎo chī 老鹰。元刘庭信《寨儿令·戒嫖荡》:"屎蚬蜋推车,～拿蛇。"清《聊斋俚曲·增补幸云曲》:"～时来运转,一把儿抓住天鹅。"

【饿理】è lǐ 即"饿纹"。理,纹理。宋唐庚《张求》:"坐此益寒酸,～将入口。"

【饿文】è wén 同"饿纹"。元明《水浒传》九回:"我看这贼配军满脸都是～,一世也不发迹。"明陶安《首尾吟》之三:"贵骨身遭斫凿,～入口系安危。"《拍案惊奇》卷一〇:"那人是个穷儒,我看他满脸～,一世也不能够发迹。"

【饿纹】è wén 鼻翼两旁的凹纹。相面术称,此纹如贯入口角,主饿死,因称。《元曲选·渔樵记》二折:"看了你这嘴脸口角头～,驴也跳不过去,你一世儿不能勾发迹。"清《警寤钟》七回:"但～黄气虽一些不见,却变作青红之色,必主官府虚惊。"

【饿眼】è yǎn ❶饥饿者的目光。清范承谟《连阴》:"鼻齁胸气如蒸,泥汗淋漓～瞢。" ❷比喻贪婪或少见识的目光。明《禅真后史》四回:"眼眈眈看他们赚钱醉饱,只落得～空囊,路中懊悔。"清钱谦益《重跋赵文敏家藏前后汉书》:"见者专诩比于西阳羽陵,书生～,但见钱在纸裹中,可为捧腹。"《续金瓶梅》二八回:"那苗青在城真如望穿～,恨不得一刻即到,他便做起大官来。" ❸比喻贪恋女色的目光。《元曲选外编·西厢记》一本一折:"～望将穿,馋口涎空咽,空着我透骨髓相思病染,怎当他临去秋波那一转!"清《平山冷燕》一四回:"若兄纯以色言,则锦绣脂粉中尚或有人,以供吾兄之～。"《情梦柝》一一回:"先有一班富豪子弟挨挤来看,～如苍蝇见血,看得恶状。若素懊悔,只得低头随卜氏到殿烧香。"

【遏伏】è fú 镇伏。宋欧阳修《重修尉廨南康祠记》:"苟疆隅妥清,凶梗～,尉安于明,则神安于幽矣。"《朱子语类》卷五五:"盖一个说白,一个说黑,若不是聪明底,如何～得他众人。"

【遏截】è jié 阻挡;拦截。五代孙光宪《北梦琐言》卷六:"于是蛮军为近界乡豪所导,侵轶蜀川,元戎窦滂不能～。"宋魏了翁《监成都府钱引务邓君墓志铭》:"祸且蔓延,亦犹救焚,不务～,

炎炎㷫御。"清张玉书《拟勒石拖诺山恭记圣武神功之碑》:"且预调肃州大军驻卜隆吉尔,～要害,以断贼奔赴乞援之路。"

【遏揿】è nà　抑制;按捺。《五灯会元》卷七《师备宗一禅师》:"细想才生,即便～。"宋《朱子语类》卷一三九:"观一时气象如此,如何～得住!"明黄淳耀《陶庵自监录》一:"余春来在有为上用功,至欲～之,使一念不起,遂成心疾。"

【遏挑】è tiǎo　别住向上挑。清《后水浒传》一一回:"早将这棍夹在左肋下,趁势一～。那人被夹住棍头,十分着急,忙用力摆脱,不期这一～,那人早已心胸着地,脊背向天。"

【遏舞】è wǔ　狂舞;快速旋转。《敦煌变文校注》卷七《百鸟鸣》:"印尾鸟为无才技,专心～乡村。"按,遏,通"趐"。《说文解字》:"趐,趐趐,怒走也。"

【遏抑】è yì　阻止;抑制。宋《三朝北盟会编》卷五四:"以至元祐旧臣则～而不加牵复,蔡氏大恶则蔽覆而不正典刑。"明《梼杌闲评》二二回:"此时春天发生之时,不可～阳气。"清蓝鼎元《怪尹记》:"尹精神勃勃,不可～。行当复用。"

【遏御】è yù　犹"遏抑"。宋龙衮《江南野史》卷六:"时燕乐方酣,百戏烦剧,而群音喧嚣,无由～。"戴栩《跋初机集》:"其文如急波壮澜,弥漫浩荡,不可～。"明郑真《录乡先生郑公景尹擎天柱歌后题》:"盖公之文如长江大河,澎湃浩荡,莫可～。"

【遏制】è zhì　阻止;制止。宋《三朝北盟会编》卷一九六:"控临要冲,～侵轶。"元吴澄《思无邪斋说》:"一有邪思,即～之。"明尹台《送大中丞殷公赴闽镇序》:"推周召深远之虑,揆患害～所先,用轻重布之政法。"

【遏阻】è zǔ　阻止;阻拦。宋《景定建康志》卷四三:"遇有贫乏之家,欲于义阡埋葬,僧行等即时放入,不得稍有～。"明孙传庭《又行布政司查追喊噪军人檄》:"如何不驰报城内～,听其入城?"清《绣戈袍》三三回:"中军见别人犹饮,不去～军士,连他也要解渴一番。"

【揿揸】è zá　垃圾。宋宗杲《宗门武库》:"侍者当时若见盐官道:'扇子既破,还我犀牛儿来。'便向道:'已扬在～堆上了也。'"《五灯会元》卷一七《宝峰克文禅师》:"打叠面前～。"

【噩耗】è hào　亲朋故旧或尊敬之人死亡的消息。清赵翼《扬州哭澄野编修》:"才是春筵累治庖,忽传～到江郊。"《野叟曝言》一四○回:"母仪天下垂三代,～中宵震万方。"

ēn

【恩便】ēn biàn　称对方给予的方便。明《西游记》六一回:"小神居此宵安,拯救这方生民,求些血食,诚为～。"《二刻拍案惊奇》卷二一:"必有隐弊,乞望发下州中,推勘前银下落,实为～。"清《说岳全传》三二回:"求元帅玉成,得谐秦晋,实为～。"

【恩波】ēn bō　指大地回春。《敦煌愿文集·儿郎伟》:"寒暑交驰奔骤,百卉感贺～。"又:"盲(萌)芽溥天日(俱)发,瑞色遍绕西秦。不到江南塞北,～总极人门。"按,黄征校"人门",疑当作"八门"。

【恩慈】ēn cí　指父母。《敦煌愿文集·亡文范本等》:"临棺取别,哽咽断肠;舍离～,永作黄泉之客。"清《聊斋志异·罗刹海市》:"亡出三年,～间阻,每一念及,涕膺汗背。"

【恩地】ēn dì　对师门的称呼。唐曹邺《翠孤至渚宫寄座主相公》:"奉答一恩,何惭以诚告。"明沈德符《万历野获编》卷一九:"乡会座师皆为～,而本房尤重。"清姜宸英《祭房师黄公文》:"我

闻有命,抚躬自嗟。回瞻～,涕泗滂沱。"

【恩典】ēn diǎn　❶帝王给予臣民的恩惠。唐独孤良弼《并州太原县令路公神道碑》:"然则道先于物者灵征速,功成于物者～异。"《元曲选·汉宫秋》一折:"妾父母在成都,见隶民籍,望陛下～宽免,量与些恩荣咱。"清《醒世姻缘传》三二回:"我两次受了朝廷的～,还要那钦奖做甚?"❷泛指施惠。明《警世通言》卷二六:"只是夫人随身侍婢还来不齐,既蒙～,愿得尽观。"清《绿野仙踪》八十回本六六回:"承妈妈～,待我比他实强数倍。"

【恩东】ēn dōng　奴仆对主人的敬称。明柯丹邱《荆钗记》一三出:"〔外〕不忍他家受惨悽。〔末〕～惜树更连枝。"

【恩分】ēn fèn　恩情;情分。唐李白《行路难》之二:"剧辛、乐毅感～,输肝剖胆效英才。"杜牧《唐故太子少师牛公墓志铭》:"清德可服人,但过吝官财,与人无一毫～耳。"宋范祖禹《论枢密院阙官札子》:"臣与京素无～,止是京初作执政,臣守官京师,随例旅见。"

【恩府】ēn fǔ　❶犹"恩地"。五代刘崇远《金华子杂编》卷下:"以恩地为～,始于唐马戴。戴大中初为掌书记于太原李司空幕,以正言被斥,贬朗州龙阳尉。戴著书,自痛'不得尽忠于～,而动天下之浮议'。"宋蔡絛《铁围山丛谈》卷六:"蕭则呼师成为'～先生',每父事之。"《重订大金国志》卷六:"麟犯辈后于庆裔有～门生之称,良以此也。"❷对地方官的尊称。明韩邦奇《大同纪事》:"参议老爹天心,地方～,速报左参老爹安心,还来回话。"《二刻拍案惊奇》卷二七:"但请～明言,愚兄弟无不听令。"《禅真逸史》二八回:"～督军护城,小将出马,力擒贼首。"❸对恩人的尊称。元陶宗仪《辍耕录》卷一二:"自蒙～持拔,数日后乃产。妾母子二人没齿感再生之赐者,岂敢忘哉!"

【恩公】ēn gōng　对有恩于己者的敬称。宋晁公遡《与费宝文札子》:"屡闻～欲脱屣而去,休于丘园,又如梓中何!"清《说岳全传》四回:"妾受先夫临危重托,幸蒙～王员外夫妇收留。"《红楼梦》一○三回:"但我既遇～,又不可当面错过。"

【恩官】ēn guān　❶尊称有恩于己的官员,有时也泛称官员。宋佚名《张协状元》四○出:"～台旨,今日要离京,你各人肩着担杖。"明《古今小说》卷一七:"杨玉叩头道:'～若能拔妾于苦海之中,真乃万代阴德也。'"清顾炎武《赠路舍人泽溥》:"天子呼～,干戈对王使。"自注:"诏书曰:朕有守困～路振飞。"❷卖艺者对看客的尊称。元石君宝《紫云庭》二折:"哎,不做美的～干坏了他把戏。哎,唱话的小一则好打悲兀那门上的老嚗,切不可放过这没钱雁看的。"《元曲选外编·蓝采和》一折:"甚杂剧请～望着心爱的选。"元明《水浒传》三六回:"那教头放下手中枪棒,又使了一回拳,……却拿起一个盘子来,口里开呵道:'小人远方来的人,投贵地特来就事,虽无惊人的本事,全靠～作成。'"也尊称对自己有恩德的人。清《玉楼春》三回:"不知～怎生救得残躯到此,请问高姓大名。"

【恩家】ēn jiā　❶东家;主人。宋佚名《张协状元》四二出:"听得丁宁吩付,小心伏侍～。"又:"二妾目今先去,少歇时等取～。"❷恩人。宋周密《齐东野语》卷一一:"公,桧～也。"元萧德祥《小孙屠》八出:"今日里惜分和谐,谢～不惜千金买断花为主。"按,钱南扬校注:"花为主",当作"为花主",言为她作主张。

【恩怜】ēn lián　❶爱护;疼爱。《敦煌变文校注》卷五《父母恩重经讲经文(一)》:"热时太热为～,寒即尽寒为台举。"金元好问《吊岳家千里驹》:"掌中玉雪～在,笔底云烟取次休。"清《补红楼梦》一九回:"弟子蒙祖母爱视～,反不如鸳鸯使女之心。"❷加恩垂怜。唐杜牧《上宰相求杭州启》:"辄敢具疏血诚,上干

尊重,冀垂～,或赐援拯。"宋王安石《上欧阳永叔书》:"伏垂～,再赐手书,推奖存抚。"清于成龙《上张抚台请免运夫禀》:"伏乞宪台～成龙苦心,俯允捐输,恩免运夫。"

【恩恋】 ēn liàn 眷恋。《敦煌愿文集·金光明经张瑱题记愿文》:"父母恩育,无以仰报;又感乡援,靡托～。"明王世贞《李处士像赞》:"尤以断一切～为法根,盖属疾而其妇死,了不悲。"

【恩临】 ēn lín 称长上的关怀爱护。宋强至《上北京通判西郎中书》:"讫由～,得以理去。逮从事于幕府,益驰恋于门墙。"《元曲选·合汗衫》一折:"多谢的那老父～厚,不将我似世人看待,直做个亲女收留。"《元曲选外编·拜月亭》二折:"阿马想波,这～怎地忘?"

【恩念】 ēn niàn ❶ 恩德;恩情。《大唐三藏取经诗话》九则:"僧行七人,深谢国王～,多感再三。"《元曲选外编·追韩信》一折:"婆婆,这一久后须要报了。"明《朴通事谚解》卷中:"生受相公,不违寒生薄面,劳易前来,几时忘这～。" ❷ 称长上的关怀挂念或对长上的怀念、纪念。唐杜牧《上宰相求湖州第三启》:"去岁伏蒙～,出于私由,语今青州郑常侍云:'更与一官,必任东去。'"明《西游记》二九回:"伏望父王垂悯,遣上将早至碗子山波月洞捉获黄袍怪,救女回朝,深为～。"《醒世恒言》卷二三:"我把这银子赏赐你,拿去打一双镯儿,戴在臂膊上,也是伏侍我一场～。"

【恩女】 ēn nǚ 义女;干女儿。明《西游记》八三回:"若论你令郎讲起来,虽是～,不是亲女,却也晚亲义重。"又:"此是结拜之～,非我同胞之亲妹也。"

【恩让】 ēn ràng 谦让;推让。《祖堂集》卷三《怀让和尚》:"年近五岁,炳然殊异。心怀～不与竞,父母号之名为'让'。"

【恩人】 ēn rén 敬称有恩于己的人。宋周密《齐东野语》卷五:"今日乃知出君之笔。君,吾～也。"《元曲选·合汗衫》四折:"感～救咱难苦,有仇的是他陈虎。"清《聊斋俚曲·墙头记》:"大儿叫我爬墙穄,撒上我佯常去了,幸遇着救命～。"

【恩赦】 ēn shè 新君即位,颁诏赦免罪犯。《祖堂集》卷九《九峰和尚》:"问:'九重无信,～何来?'"《元曲选·罗李郎》三折:"但愿圣主宽慈,须有～到来时。"清《红楼梦》一二〇回:"在道儿上又闻得有～的旨意,又接家书,果然赦罪复职。"也指一般的宽恕。明《欢喜冤家》二四回:"端英跪着道:'还求～前情,全奴犬马之心。'"

【恩实】 ēn shí 忠厚老实;稳妥可靠。明《金瓶梅词话》一四回:"且是好个～妈妈儿,高言儿也没几句儿。"

【恩数】 ēn shù ❶ 朝廷赐予臣下的封号等级。也泛指赏赐。唐李豫《升侍中中书令入正二品诏》:"岂可具瞻之命,～不加,固当进以等威,副其金属。"宋《三朝北盟会编》卷三三:"少许多金银,却著这些价钱准折,待要做。"清《九云记》三五回:"魏王感激,诣阙谢恩。" ❷ 受赐的爵位或物品。宋《三朝北盟会编》卷二三〇:"沿边死事之人,所得～,亦令追夺。"《宋史·高宗纪二》:"元祐石刻党人官职,～追复未尽者,令其家自陈。"

【恩私】 ēn sī ❶ 本指帝王的恩宠,后泛指恩惠、恩情。《敦煌变文校注》卷二《叶净能诗》:"唯置得此绢,未免贫自孤遗。令身与妻子,即合永为奴仆,以谢～。"元王旭《谢田呈汉卿廉访》:"他年盘中餐,粒粒知～。"清《好逑传》一五回:"今虽叨一第,不足动心。然夫人培植～,时时跃入方寸中,不能去也。" ❷ 恩爱。明汪道昆《洛水悲》:"无端惹得、惹得风流况,半晌～,千回思想。"周履靖《锦笺记》三五出:"花下结幽期,强摧残未断～。"《二刻拍案惊奇》卷三七:"某暂时归省,必速来,以图后会,岂敢有负～。

夫人乃说此断头话!"

【恩台】 ēn tái 对长官或有地位人的敬称。明汤显祖《牡丹亭》四六出:"仗一一字长城,借寒儒八面威风。"《欢喜冤家》一六回:"多感～用情,若有出头日子,犬马报德,决不相负。"清《醒世姻缘传》九九回:"望老～另选贤能,免致误事。"

【恩相】 ēn xiàng 对长官的尊称。相,相公之省。《宋史·柴中行传》:"身为大帅而称人为恩主～,心窃耻之。"明邵璨《香囊记》三八出:"俺～霜威铁面,巡四国搴帷露冕。"清《荡寇志》七九回:"小人蒙～抬举,愿终身执鞭随镫。"

【恩星】 ēn xīng 救星。《元曲选·桃花女》楔子:"怎么昨日没这～,今日便有～救命。"明《拍案惊奇》卷二一:"这事全非小人之能,一来主人福荫,二来遇个～。"清《儒林外史》二五回:"若得如此,就是我的小儿子～照命,我有甚么不肯?"

【恩恤】 ēn xù 优待体恤或抚恤。唐萧颖士《与从弟评事书》:"今海内未静之秋,加之疾患伤损,不蒙～,过秋羁迫,亦知命矣。"元明《三国演义》七六回:"使者具言各家安好,吕蒙极其～,并将书信传送各将。"清彭孙遹《吴母胡孺人节寿序》:"事舅姑以孝,育遗孤以慈;持门户以俭勤,睦里俗以～。"

【恩养钱】 ēn yǎng qián 抚养费;卖儿女的身价。《元曲选·看钱奴》二折:"员外,你则与他些～去。"明《拍案惊奇》卷三五:"他辛辛苦苦养活这小的,与了员外为儿,专等员外与他些～,回家做盘缠。"

【恩谊】 ēn yì 恩德情谊。《旧唐书·孔纬传》:"吾等身被～,不辞难。"明梁辰鱼《浣纱记》四五出:"既蒙～,敢不祇承。"清《隋唐演义》四五出:"原指望我与他同患难,共休戚。密疏为我辨白,何等～。"

【恩荫】 ēn yìn ❶ 护佑。《敦煌愿文集·亡僧尼舍施文》:"今者姻眷思之～,蹑影灭形。"明孟称舜《娇红记》三七出:"荣宗耀祖蒙～,故使文章遇赏音。"清《聊斋志异·促织》:"天将以酬长厚者,遂使抚臣、令尹并受促织～。" ❷ 由于父祖有功而蒙恩入学或做官。明《二刻拍案惊奇》卷三二:"遂把'有孙朱天锡'填在册子上,报到仪部去,准了～,只等蜀中人来顶补。"清徐锡龄、钱泳《熙朝新语》卷二〇:"长白那兰长海,父为镇安将军,以～宜得官,引疾不赴补。"

【恩育】 ēn yù 养育。《敦煌愿文集·金光明经张瑱题记愿文》:"自慨多难,父母～,无以仰报。"元施惠《幽闺记》三五出:"后来爹缉探回朝,驿中相遇,允留潭府,～同于嫡女。"清《万花楼》一二回:"我昔日跟随先老爷,多蒙～,故今不改别名。"

【恩怨】 ēn yuàn ❶ 情侣、夫妻间的恩爱与埋怨。唐韩愈《听颖师弹琴》:"昵昵儿女语,～相尔汝。"宋刘过《贺新郎·赠乡人朱唐卿》:"昵昵琵琶一语,春笋轻笼翠袖。"明陆深《闺词》之三:"欲向姮娥诉～,人间天上共孤眠。" ❷ 偏义复词,偏指怨恨。宋杨万里《过胥口江水大涨舟楫不进》:"河伯喜欢侬苦恼,并将～恼天公。"元刘仁本《次韵琴鹤叹》:"汉宫女子～深,悲来乃售词客金。"清魏裔介《张湛虚先生云隐堂文集序》:"日以报复～为事,藩镇交攻,人心瓦解。" ❸ 偏义复词,偏指恩情、恩宠。宋毕仲游《代范德孺挽李稷运使》之二:"万里魂应返,沙场血未干。幽明新雨露,～旧衣冠。"明李梅实《精忠旗》三五出:"老身自相公亡后,门户萧条,人情薄恶,……我想将来,富贵总是浮云,～一场扯淡。"清蔡世远《合祀陈黄二先生碑记》:"古之大忠大孝者,～不得而毁誉,时世不得而磨灭。"

【恩造】 ēn zào ❶ 本指帝王的栽培之恩。也泛指拯救、栽培之恩。唐韦嗣立《省刑罚疏》:"伏法之辈,追还官爵;缘累之徒,

普沾～。"宋王子俊《谢使长黄侍郎职状》："矧惟解褐之由,以至从军之日,稽其～,不出他门。"清《飞花艳想》一八回："得如此,足感内使大人～。" ❷ 指父母的生养之恩。《敦煌愿文集·大般涅槃经薛崇徽题记愿文》："夫以顾复难追,昊天罔极;驰景远感,痛结终身。故知不藉福基,无酬～。"

【恩沾】ēn zhān 恩惠。明《金瓶梅词话》一回："何不就把这赏给散与众人去,也显相公～,小人义气。"

【恩知】ēn zhī ❶ 恩遇;知遇。唐赵嘏《抒怀上歙州卢中丞宣州杜侍郎》："独有贱夫怀感激,十年两地负～。"宋牟巘《代谢得阙启》："遂使妄庸,亦叨器使。某敢不服勤职守,期称～。"清《姑妄言》八回："一生忠义之心事,两朝特达之～。予愿已毕,死且不恨。" ❷ 恩人;知己。清《续金瓶梅》六三回："有缘歧路遇～,无限离情悲故旧。"

【恩旨】ēn zhǐ 恩典。《祖堂集》卷二《惠能和尚》："陛下德包物外,道贯万邦;育养苍生,仁慈黎庶;～弥天,钦仰释门。"《太平广记》卷八二引《异闻集》："数岁,帝知其冤,复起为中书令,封赵国公,～殊异。"

【恩主】ēn zhǔ 对有恩于己者的敬称。《宋史·倪思传》："士大夫寡廉鲜耻,列拜于势要之门,甚者俔囷门窦,称门生不足,称恩坐、～,甚至于恩父者。"明邵璨《香囊记》三〇出："听说那情由,莫是吾家旧～?"清《飞龙全传》五回："那人停了一回,过来跪到地上,叫声:'～大王,小民蒙恩释放,杀身难报。'"

ér

【儿】ér ❶ 儿女对父母、媳妇对婆婆的自称。唐韩愈《琴操》："父兮～寒,母兮～饥。～罪当笞,逐～何为?"宋王明清《摭青杂说》："～今且奉道在家,作老女奉侍二亲,亦多快活,何必嫁人。"清《聊斋俚曲·禳妒咒》："江城云:'～有件事禀婆知道。'夫人云:'甚么事,你只看该做就做。'"按,"夫人"指江城的婆婆。 ❷ 父母对儿女、儿媳的称呼。金《刘知远诸宫调》一一:"娇声重问,我～别后在和亡。"《元曲选·窦娥冤》一折:"莫说自己许了他,连你也许了他。～也,这也是出于无奈。〔正旦云〕婆婆,你听我说波。"明汤显祖《牡丹亭》四八出:"〔老旦抱旦泣介〕～呵,便是鬼,娘也舍不的去了。" ❸ 对侄儿、孙子、孙女的称呼。明《型世言》四回:"那林氏见他服事殷勤,道:'我～,我死也该了。只是不曾为你寻得亲事,叫你无人依靠,如何是好?'妙珍道:'婆婆,病中且莫闲想。'"清《聊斋俚曲·慈悲曲》:"他姑一把拉过来,说:'我～,怎么你走瘦的这么了?'"又《禳妒咒》:"老王上云:'太爷、太太大喜!春香添了小哥哥了。'太公云:'此～必然大贵,真乃可喜!'" ❹ 对别人家女儿、儿媳或女孩的称呼。宋佚名《张协状元》四一出:"〔净〕我～休要烦恼。〔合〕款款回归诸古庙,只得靠着神道。"元《三遂平妖传》二回:"永儿道:'家中母亲交奴家买炊饼来。'那婆婆道:'我～!好交你知道,我昨日没晚饭,今日没早饭。你肯请我吃个炊饼么?'"清《聊斋俚曲·姑妇曲》:"何大娘说:'我～,你待家去着,我也不肯留你。'" ❺ 指女孩。唐白居易《予与微之老而无子》:"常忧到老都无子,何况新生又是～。" ❻ 年轻女性的自称。《太平广记》卷四四七引《朝野金载》:"简遂持棒,见真妹从厕上出来,遂击之,妹号曰:'是～。'简不信,因击杀之。"宋张先《更漏子》:"柳阴曲,是～家,门前红杏花。"明《拍案惊奇》卷四:"那女子忽然走到程元玉面前来稽手道:'～乃韦十一娘弟子青霞是也。'" ❼ 对情人的昵称。金《董解元西厢记》卷三:"道忘了,是口强,难割舍我～模样。"明《金瓶梅词话》一九回:"自这一句话,把西门庆欢喜无尽,即丢了鞭子,用手把妇人拉将起来,穿上衣裳,搂在怀里,说道:'我的～,你说的是。'"清《醒世姻缘传》三八回:"孙兰姬把他扯到跟前,……说道:'好～,学里去罢。还知道怕先生。'" ❽ 对人或物的暱称或谑称。宋元《古今小说》卷三六:"他还地上拾得一文钱,把来磨做镜儿,捍做磬儿,掐做锯儿,叫声'我～',做个嘴儿,放入箧儿。"《元曲选·渔樵记》二折:"我～也,休争嘴,晚些下锅的米也没有哩。"明《西游记》三一回:"急收棍子看处,不见了妖精。行者大惊道:'我～呵,不禁打。'" ❾ 人。唐修睦《题田道者院》:"入门空寂寂,真个出家～。" ❿ 称动物幼崽。唐张鷟《朝野金载》卷三:"乃是猫犬同时产子,取猫～置狗窠中,狗子置猫窠内,惯食其乳,遂以为常。"《祖堂集》卷四《药山和尚》:"我有一句子,待特牛生～,即为你说。"元陶宗仪《辍耕录》卷一一:"江阴永宁乡陆氏家,一猪一产十四～。" ⓫ 指雄性。唐郑綮《开天传信记》:"又有妇人投状争猫儿,状云:若是～猫,即是儿猫;若不是～猫,即不是儿猫。"明《朴通事谚解》卷中:"我要这女花猫儿。女的价钱大。要多少卖?～的五十个钱,女的一百个钱卖与你。"清蒲松龄《日用俗字》:"骟马胜如～马好,枣骝更比海骝强。" ⓬ 表示极少的量。宋刘学箕《行香子·鄱阳食鱼》:"羹须濡煮,滋味重添。滴～醋,呷～酒,撮～盐。" ⓭ 名词、动词、形容词、量词词尾。唐张鷟《朝野金载》卷一:"牵来河里饮,踏杀鲤鱼～。"宋邵雍《首尾吟》之二四:"天听虽高只些子,人情想去没多～。"明《金瓶梅词话》一四回:"且是好个恩实妈妈～,高言～也没句。"清《红楼梦》八回:"忙上来打千～请安。"

【儿齿】ér chǐ ❶ 指老年或老年人。语本《诗经·鲁颂·閟宫》:"既多受祉,黄发儿齿。"唐刘禹锡《唐故衡岳大师俨公碑》:"幼无童心至～,识灭形无异凡死。"宋姚勉《运属姚公伯武墓铭》:"赖全活者不可胜计,童颠～,欢呼携扶。"明温纯《峨山高寿史生母七十》:"觅藕觅桃亦荒唐,不然且于山水之间延～。" ❷ 指幼年。明顾璘《远招十五叠》:"十三叠兮悼君子,总角茕茕尚～。"朱淛《林达斋先生淑配吴氏墓志铭》:"继忠～令人家塾读书,不为姑息之爱。"

【儿儿】ér ér 儿童;孩儿。宋辛弃疾《鹊桥仙·为人庆八十席间戏作》:"人间八十最风流,长帖在、～额上。"刘辰翁《一剪梅·和敖秋崖为小孙三载寿谢》:"人生总受业风吹。三岁～,八十～。"晓莹《罗湖野录》卷二:"时有僧过其门,婆遽呼曰:'～。'僧曰:'妈妈爹爹在甚么处?'"

【儿夫】ér fū ❶ 妻子称自己的丈夫;也泛指丈夫。《敦煌变文校注》卷一《孟姜女变文》:"一一捻取自看之,咬指取血从头试。若是～血入骨,不是杞梁血相离。"金《刘知远诸宫调》一一:"～来何太晚,兼兄嫂持棒,专待尔来。"清《红楼梦》二八回:"女儿悲,～染病在垂危。" ❷ 男子汉。明梁辰鱼《浣纱记》四五出:"〔生〕谢娘行能诸子女姻,羞杀我未有～气。"清吴绮《新水令·江夏君五十》:"略做就～首尾,又何惜玉山颓。"

【儿妇】ér fù 儿媳妇。唐薛逢《元日田家》:"蛮榼出门～去,鸟飞迎路女郎来。"《元曲选外编·西游记》四本一三出:"妾身是黑风山西裴太公的女孩儿,小字海棠,许配与山南村朱太公家为～。"清《聊斋俚曲·禳妒咒》:"咱那儿被～囚禁,虽是酷虐,也是自己作的。"

【儿孩】ér hái ❶ 孩童。唐李贻孙《欧阳行周文集序》:"欧阳君生于闽之里,幼为～时,即不与众童亲狎。"宋周必大《答李达可》:"八十老翁行未得,不如能说小～。"也称自己的孩子。明郑真《遣怀示儿复升》:"身言书判唐朝事,岩谷搜罗广用儒。若使～

膺此荐,不知等辈欲何诛?"❷比喻亲信。唐元稹《叙事诗寄乐天书》:"由是诸侯敢自为旨意,有罗列～以自固者,有开导蛮夷以自重者。"❸特指男孩。元贯云石《孝经直解》一八:"～儿、女孩儿,行者哭者送出去着。"

【儿花女花】ér huā nǚ huā 儿女。明《金瓶梅词话》九一回:"俺衙内老爹身边～没有,好不单径。"清《儒林外史》一七回:"却是三十岁上就断了弦,夫人没了,而今～也无。"

【儿家】ér jiā ❶女子自称。家,词尾。《敦煌变文校注》卷一《伍子胥变文》:"自从一别音书绝,忆君愁肠气欲结。远道冥冥断寂寥,～不惯长年别。"《元曲选·虎头牌》一折:"若问～夫婿,腰悬大将金牌。"清《女仙外史》三回:"赛儿凝眸看了一会,不觉心上凄怆,忽然长吁道:'～安能学月殿之妹乎!'"❷称年轻的女子。相当于"你"或"你们"。明汤显祖《牡丹亭》七出:"《诗》三百,一言以蔽之,没多些,只'无邪'两字,付与～。"清曹寅《续琵琶》五出:"吾儿诵读须苦勤,论书囊无穷底蕴,望～继述斯文。"❸父母对儿子的称呼。清《聊斋俚曲·墙头记》:"不过指望下半世,依着～过几年。"又《禳妒咒》:"我说你满金心儿就不平,挑唆～夫妇去相争。"❹指婚姻中男方家。《旧唐书·崔无诐传》:"诐婚至忠女,后为女家,中宗为～,供拟甚厚。时人为之语曰:'皇后嫁女,天子娶妇。'"宋孟元老《东京梦华录》卷五:"至迎娶日,～以车子或花檐子发,迎客引至女家门。"

【儿今】ér jīn 如今;现在。明赵南星《劈破玉》:"往常时心似铁,到～着了迷。"

【儿剧】ér jù 儿戏。宋卢祖皋《贺新郎·姑苏台观雪》:"笑乾坤、奇事成～。还照我,夜窗白。"元王恽《观光》之三:"明昌受歠真～,洛邑营周是小成。"清厉鹗《东坡先生墨妙亭诗残刻》:"谁知此碑为此砚,世间物化等～。"

【儿郎】ér láng ❶儿子。唐杜甫《奉先刘少府新画山川障歌》:"自有两～,挥洒亦莫比。"元郑廷玉《看钱奴》三折:"那忤逆～,成人也不认爹娘。"清《聊斋俚曲·墙头记》:"人见你弄的不精致,就说不是好～。"❷青年男子。唐刘肃《大唐新语》卷八:"裴琰之弱冠为同州司户,但以行乐为事,略视案牍。刺史李崇仪怪之,问户佐。户佐对:'司户小～,不闲书判。'"《元曲选外编·西游记》五本一七出:"你非比俗辈～,没来由独锁空房。"清《说岳全传》五回:"多少富家～,穿著得十分齐整。"❸指士兵、喽啰。《敦煌变文校注》卷一《汉将王陵变》:"无赖汉将楚将趁来,双弓背射。楚家～便见箭中,落马身死。"金《刘知远诸宫调》一二:"～重把绣旗摇,士卒再将鼙鼓擂。"清《飞龙全传》二三回:"红脸贼!焉敢打手下～?"❹指丈夫。宋董嗣杲《赋得河中之水曲》:"不恨～只恨妾,有生无分安齐眉?"明张凤翼《红拂记》二〇出:"论～,罗敷空有,漫效野鸳鸯。"清《醒世姻缘传》四九回:"家住前冈,母在邻庄,烂柯人是妾～。"

【儿男】ér nán ❶儿子,或泛指子孙。宋韦骧《代虞学士遗表》:"本家未有～食禄,欲乞一恩例,沾及寒族。"《元曲选·玉镜台》一折:"夫主姓刘,早年辞世,别无～,止生得一个女儿。"清《白雪遗音·雷峰塔》:"夫妻二人重相见,双双回家园,哎哟,产下了小～。"❷男儿;男子汉。唐杨巨源《方城驿逢孟侍御》:"军中得力～事,入驿从容见落晖。"宋赵蕃《漫兴》之一:"～在田妇行饁,犬卧鸡啼茅舍空。"清《聊斋俚曲·寒森曲》:"我妹妹实是贤,不言语报仇冤,全胜人间男子汉。爹娘生成人两个,名色叫做是～,那里跟上你一半。"

【儿侬】ér nóng 儿辈;孩儿们。唐卢肇《谪连州书春牛榜子》:"不得职田饥欲死,～何事打春牛。"

【儿女】ér nǚ ❶年轻女子自称。唐元稹《莺莺传》:"捧览来问,抚爱过深,～之情,悲喜交集。"金《董解元西厢记》卷七:"～之心,不能自固。"元萧德祥《小孙屠》八出:"叔叔好不傍道理,奴元是好人～。"❷指男女情爱之事。明《古今小说》卷六:"弄珠儿此时也无可奈何,想令公英雄性子,在～头上不十分留恋,叹了口气,只得罢了。"《醒世恒言》卷三二:"俺出家人心如死灰,哪管人间～之事。"清孔尚任《桃花扇》七出:"～浓情如花酿,美满无他想,黑甜共一乡。"❸称喽啰或奴婢。明《西游记》四二回:"好乖～,也罢,也罢,向前开路,我和你去来。"《金瓶梅词话》九〇回:"原来教我只顾认了半日,白想不起。既是旧～,怕怎的?"

【儿女夫妇】ér nǚ fū fù 犹"儿女夫妻"。《元曲选·铁拐李》二折:"想着咱二十年～,你没的不送我到郊外?"清《白雪遗音·桃杏花香》:"人生好比梦一场,郎君呀,就是那～也替不的无常。"

【儿女夫妻】ér nǚ fū qī 结发夫妻。元关汉卿《调风月》四折:"说得他～,似水如鱼,撇得我鳏寡孤独,那的是撮合山养身处!"明《警世通言》卷二四:"我与你是从小的～,你岂可一旦别了我?"

【儿女妻夫】ér nǚ qī fū 即"儿女夫妻"。《元曲选·鲁斋郎》三折:"呸,不识羞闲言长语,他须是你～。"又《岳阳楼》四折:"是我绾角儿宿缘伴侣,垂髫时～。"

【儿女债】ér nǚ zhài 谓抚养子女直至他们婚嫁完毕,是父母必尽的义务,如同负债必还。宋吴芾《二儿纳妇有感》:"还尽此生～,盍归林下作闲人。"明佚名《商辂三元记》一〇出:"～,谁不完备,来朝日吉时良,利可注名鸾俦凤侣。"

【儿人】ér rén 人。儿亦人。元念常《佛祖历代通载》卷二二:"公幼而颖悟,诸国语言皆不学而能自为,～皆以为必成大器。"《元曲选外编·博望烧屯》一折:"不知俺出家～,倒大来幽静快活也呵!"明洪武四年渤泥国人贡表文:"托着皇帝诏书来的福荫,喜得一家～没事。"

【儿时】ér shí 小时候。宋黄庭坚《王圣涂二亭歌》:"～所藝兮桃李纤纤,随世风波兮吹而北南。"明方孝孺《王进德传》:"进德,从长尼窃观县庭。"清《驻春园》八回:"孩儿犹记～,常随先君日在此中玩赏。"

【儿竖】ér shù 儿童;童仆。清毛奇龄《折客辨学文》:"逐物意移,此～能诵之,况学人乎?"曹寅《小轩辟除已移居其中》:"尘沙实积庵摩内,～全矜画堕劳。"

【儿童】ér tóng 儿子。明《金瓶梅词话》八九回:"大姐姐有～他房里还好,闪的奴树倒无阴,跟着谁过?"

【儿媳】ér xí 即"儿媳妇"。明陆深《与徐子容吏侍》:"小儿来年已十七,～又长两岁,二三月间要成婚事。"《禅真后史》八回:"况兼～病危,睡于篷下呻吟。"韦亲家又被朝廷提问。"清《聊斋俚曲·禳妒咒》:"自从～休去,亲事总不妥当。"

【儿媳妇】ér xí fu 儿子的妻子。宋陆游《清平山堂话本·李翠莲》:"你～也不村,你～也不诈。"《元曲选外编·西游记》四本一五出:"那老儿必定将我～嫁与别人了。"清《聊斋俚曲·磨难曲》:"昨夜晚被一伙人进去,将谷抢去,把老头子打死。他那～,现如今找主,代给人家支使。"

【儿聟】ér xù 同"儿婿❶"。聟,"婿"的俗字。《敦煌变文校注》卷五《佛说阿弥陀经讲经文(二)》:"妻若邪淫抛～,来生还感没丈夫。"

【儿婿】ér xù ❶妻子称丈夫;丈夫。《敦煌变文校注》卷六《金刚丑女因缘》:"妻见～怨烦,不免再三盘问。"敦煌词失调名:

"离却沙场别却妻。交我～远征行。" ❷ 女婿;女儿的丈夫。明柯丹邱《荆钗记》二三出:"～往京畿,前日附书回,道重婚丞相女,使母弃前妻。"徐元《八义记》二五出:"懊恨爹娘直恁信谗语,全不念自家～。"

【儿稚】 ér zhì 儿童。唐元稹《同州刺史谢上表》:"因感邻里～有父兄为开学校,涕咽发愤,愿知诗书。"宋觉范《十月桃》:"雪中桃花夜来折,～犯寒争欲摘。"明王世贞《陈京兆玉叔以喜雪诗见投》:"怪看～争收扫,曾习农书氾胜篇。"

【儿子】 ér zi ❶ 谓幼小。《祖堂集》卷三《国忠国师》:"国忠国师嗣六祖,姓冉,越州诸暨县人也。其～在家时,并不曾语,又不曾过门前桥。" ❷ 女婿对岳父母的自称。明《金瓶梅词话》二五回:"(陈经济)先把潘金莲裙子带住,说道:'五娘站牢,～送也。'"又七九回:"(西门庆)说毕,哽哽咽咽的哭了。陈经济道:'多嘱付,～都知道了。'" ❸ 女儿对父母的自称。明《石点头》卷二:"或将铁马嘶风,作～梦中环佩。" ❹ 用作詈词或谑词。明孟称舜《娇红记》二八出:"〔生〕你原叫飞红,叫你红娘罢。〔贴〕什么红娘! 乖～,你是惯家的张君瑞,也不消的我红娘了。"《西游记》三二回:"长老在马上听见,道:'这个夯货! 正走路,怎么又胡说了?'八戒道:'你～便胡说!'"《型世言》一九回:"他就把锄头留在地上,回了去时却被人藏过。问人,彼此推调。他叫道:'是那个～藏过我的?'"

【而不冷腾】 ér bù lěng téng 即"二不棱登"。清《聊斋俚曲·姑妇曲》:"他汉子～,他老婆呲溜扑笼,天生一对呆瓜命。"又《慈悲曲》:"他心里一般的愁肠,又不能做个主意,～的,是个什么像!"

ěr

【尔侬】 ěr nóng 你们。唐司空图《力疾山下吴村看杏花》之七:"王老小儿吹笛看,我侬试舞～看。"宋刘克庄《木兰花慢·赵叟生日》:"～迎新送旧,似君侯、清约更谁欤!"明罗玘《祭谢约庵先生文》:"公始临我,利斧在前。孰为鬼蜮,以迕我公。而不糜烂,不贯也。"

【尔所】 ěr suǒ 指示代词。如此;这样。《敦煌变文校注》卷五《金刚般若波罗蜜经讲经文》:"～国土中,所有众生若干种心。"又:"即是～世界中,各有众生,各各若干心也。"

【尔许】 ěr xǔ 指示代词。这些;那样。多言数量多、时间长、程度重。《太平广记》卷一六引《续玄怪录》:"五六年间金尽,欲取王老钱,复疑其妄,或曰:取～钱,不持一字,此帽安足信?"明孟称舜《娇红记》一七出:"恨匆匆隔断他方,相离～时,好信无由寄。"清汪由敦《题王飞石大令对镜图》:"人间除是江心镜,照得须眉～真。"

【迩来】 ěr lái 近来。唐周贺《怀西峰隐者》:"～相忆处,枕上苦吟休。"明梁辰鱼《浣纱记》九出:"～不觉情思迷离,神魂飘荡。"清《绿野仙踪》八十回本三二回:"～与二弟究研玄理,似有几分领会。"

【迩年】 ěr nián 近年。唐萧颖士《为南阳尉六舅上邓州赵王笺》:"～以来,凶险荐至。两兄一弟,殂谢连及。"明王世贞《皇明异典述》卷七:"～自春徂秋,天灾叠见,维丧之暮,天气尚暄。"清《荡寇志》九四回:"～来梁山正强,兵精马壮。"

【迩日】 ěr rì ❶ 当日;当天。《太平广记》卷三五三引《稽神录》:"～德遇晨起如厕,自云有疾,还卧良久,遂卒。" ❷ 近日;近

来。宋苏轼《与司马温公书》:"谪居穷僻,如在井底,杳不知京洛之耗,不审～寝食如何?"明孟称舜《娇红记》三一出:"～形迹间,不能不为所弃,何今昔异志乎?"清《荡寇志》一一二回:"～希真又奉旨荣任,跨有兖、沂,众将遵旨就职,日日简练军马。"

【迩时】 ěr shí 近来;现在。元李昌瓒《题安庆余阙廷心左丞死节说》:"本朝自～盗贼蜂起,兵连祸结,十有馀年。"明孙继皋《答傅方伯楚筑》:"～后生暴贵急名而攘位者,不足直丈一唾也。"清《平定两金川方略》卷一五:"假令～遽撤陕甘之兵,则日后攻剿资哩僧格宗,正赖此项官兵接应。"

【耳巴】 ěr bā 耳光。明《梼杌闲评》三回:"管家大怒,走上去一个～子,把他打了一跌。"清《聊斋俚曲·禳妒咒》:"恼了脸也顾不的甚么是嘎,若是迭不的攘拳,劈脸就是～。"

【耳把子】 ěr bǎ zi 即"耳巴"。清《聊斋俚曲·禳妒咒》:"江城把牌一推,打了公子一～。"

【耳报】 ěr bào ❶ 一种巫术。明王士性《广志绎》卷四:"奉新有樟柳神者,假托九天玄女之术,俗名～。乃其地有此树,人取树刻儿形而传事之。其初乃章、柳二家子死,共埋于树下,久之其树显灵。儿形以一手掩耳,贯以针,炼以符咒,数以四十九日,耳边传言则去其针。"马文升《逐术士以防扇惑奏》:"近年以来,或扶鸾祷圣,或书符呪水,或烧炼丹药,或假称～,一切邪术人等,往往来京潜住。"清《隋唐演义》三〇回:"妾等俱有一法,晓得陛下在这里评品歌词,妾等亦赶来随喜随喜。" ❷ 指耳报神。明《西游记》八二回:"孙大圣他却变得轻巧,在耳根后,若象一个～,但他说话,惟三藏听见,别人不闻。"清《醒世姻缘传》三二回:"您不合奶奶说,奶奶有～么?" ❸ 指附耳低声报告消息。明《金瓶梅词话》五四回:"今日不曾奉酒,怎的好去? 是这些～法,极不好。"

【耳报神】 ěr bào shén 一种巫术神。刻木为小儿形,施以巫术,可报信。喻指通风报信的人。清蒲松龄《东郭箫鼓儿词》:"殊不知齐妇莫有～,那齐人就有极好的障眼法。"《红楼梦》四七回:"这又不知是来做～的,也不知是来做探子的。"

【耳背】 ěr bèi 听力差。《五灯会元》卷三《福溪和尚》:"僧曰:'师意如何?'师曰:'山僧～。'"《元曲选·儿女团圆》二折:"他说那十三年前的话,我有些～,你听者。"清《红楼真梦》五一回:"那婆子向来～,我问他也说不明白。"

【耳闭】 ěr bì 即"耳背"。元王国瑞《扁鹊神应针灸玉龙经》:"～听会眼合谷,承浆偏疗项难举。"明《西游记》三四回:"我有些～,不曾听见。"

【耳边风】 ěr biān fēng ❶ 如风过耳,比喻不重视,不经意。唐杜荀鹤《题赠兜率寺闲上人院》:"百岁有涯头上雪,万般无染～。"元季子安《粉蝶儿·题情》:"则我这口中言都当作～。"清《醒世姻缘传》五六回:"又亏不尽调羹有个大人的度量,只当是～一般。" ❷ 市语,二。明田汝成《西湖游览志馀》卷二五《梨园市语》:"有曰四平市语者:以一为忆多娇,二为～,三为散秋香,四为思乡马,……"

【耳垂】 ěr chuí 外耳下端。《类说》卷一八引《湘山野录》:"寇莱公初生,两～有肉环,数岁方合。"元贯云石《小上楼·赠伶妇》:"～儿冰雪捏,小孔儿里都是玉酥湮。"

【耳捶】 ěr chuí 同"耳垂"。清《聊斋俚曲·寒森曲》:"是他合该不死,仅只擦吊了一个～。"

【耳珰】 ěr dāng 耳垂上戴的装饰品。《敦煌变文校注》卷一《王昭君变文》:"衙官坐泣刀离面,九姓行哀截～。"明《拍案惊奇》卷二九:"也有除下簪的,也有除下钗的,也有除下花钿的。"清赵执信《弃妇词》:"留妾明月珠,新人为～。"

【耳道】 ěr dào 耳孔,指听力。唐段安节《乐府杂录·拍板》:"拍板本无谱,明皇遣黄幡绰造谱,乃于纸上画两耳以进。上问其故,对:'但有～则无失节奏也。'"

【耳朵】 ěr duo ❶ 人和动物的听觉器官。唐郑綮《开天传信记》:"指头十挺墨,～两张匙。"金《董解元西厢记》卷七:"检秦晋传检不着,翻寻着吴越,把～撧。"清《聊斋俚曲·增补幸云曲》:"隔着这么些路,他那里有驴～怎么样长,他伸过来听听,就知是俺骂他。" ❷ 形状像耳朵的,如木耳、罐耳、草鞋上穿绳的半环状套儿等。五代徐仲雅《闲居》:"屋面尽生人～,篱头多是老翁须。"《元曲选·铁拐李》一折:"盆儿无～,罐儿有～。"元明《水浒传》八回:"董超去腰里解下一双新草鞋,～并索儿都是麻编的。"

【耳朵背】 ěr duo bèi 即"耳背"。《元曲选·争报恩》一折:"则这徐宁徐胜两个字相差较,妹子你莫～听错了。"

【耳朵垂】 ěr duo chuí 即"耳垂"。清《醒世姻缘传》二二回:"晁思才把两个～子捏了两捏,说道:'这话,我听的是梦是真哩?'"《霓裳续谱·眼睛皮儿》:"眼睛皮儿扑簌簌跳,～儿常发烧。"

【耳朵尖】 ěr duo jiān 听觉灵敏。稍含贬义,指不该注意听的却听见了。明《金瓶梅》六一回:"偏你这狗才～,听的见。"清《红楼梦》六三回:"偏你这～,听得真。"

【耳朵软】 ěr duo ruǎn 容易听信别人的话。清《后水浒传》二〇回:"阿爷极是～、见小的人。俺们亲弟兄齐心合意,在阿爷处搬斗他是非,先冷了心肠,然后再寻事赶他下山。"《白雪遗音·冤家说的》:"你的～,切记莫听傍人话。"

【耳朵眼】 ěr duo yǎn ❶ 外耳道的俗称。明《西游记》七六回:"行者暗笑道:'……你银子在那里?'八戒道:'在我左～里揾着哩。'" ❷ 为戴饰物在耳垂上扎的小孔。清《八洞天》卷七:"把来做些女衣与生哥穿着,只不替他缠小脚,穿～。"

【耳埵】 ěr duo 同"耳朵❶"。《祖堂集》卷一二《荷玉和尚》:"僧曰:'和尚如何?'师云:'风吹～。'"

【耳聭】 ěr duo 同"耳朵❶"。清蒲松龄《日用俗字》:"鼻梁在脸为中岳,～与腮作近邻。"

【耳躲】 ěr duo 同"耳朵❶"。元《三遂平妖传》一一回:"双手捉住两只～,掇那头安在腔子上。"明《西游记》三回:"即时就小做一个绣花针儿相似,可以揞在～里面藏下。"

【耳房】 ěr fáng 正房两边的小房。《元曲选外编·西厢记》一本二折:"靠着西厢,近主廊,过～,都皆停当。"明陆容《菽园杂记》卷一三:"公廨正厅三间,～各两间,通计七间。"清袁枚《子不语》卷四:"客从右～潜至左门隙窥之,见门内有竹床。"

【耳根】 ěr gēn ❶ 耳郭与头部相连处。也指耳朵、耳边。唐白居易《琴酒》:"～得所琴初畅,心地忘机酒半酣。"元高文秀《遇上皇》一折:"使脚撞,～上一迷的直拳枪。"清《聊斋俚曲·磨难曲》:"每日叫～舒梭,到不想脖项成灾!" ❷ 佛教所言能生感觉的六根之一。耳为听根。《祖堂集》卷九《九峰和尚》:"不假～,试听声看。"元谢应芳《寄聪上人尝托补楞伽经脱简》:"眼孔不教迷土苴,～常得洗风泉。"

【耳根子】 ěr gēn zi 犹"耳把子"。清《聊斋俚曲·姑妇曲》:"珊瑚夺出手来,他自己瓜冷瓜冷的打了顿～。"又《富贵神仙》:"旁里有张家两个侄子,一边一个,打了顿～。"

【耳瓜】 ěr guā 即"耳光"。明费兖西《木皮词》:"吴起杀妻挂了帅印,顶灯的裴瑾倒揎此一!"《醋葫芦》一一回:"晚上归来,把我打下四五个～子。"清《醒世姻缘传》九六回:"零碎搯你两～

子是有的,身上挝两把也是常事。"

【耳刮】 ěr guā 即"耳光"。元明《水浒传》二一回:"这短命,等得我苦也! 老娘先打两个～子着。"明《金瓶梅词话》九一五回:"戳与土番,就把他截在屋里,打了两个～子,就拿了。"清《白雪遗音·玉蜻蜓》:"倘然明朝起头,隔子一日,申大爷到奔子居来,那末打碎招牌喧～也罢。"

【耳括】 ěr guā 即"耳光"。明《西游记》五二回:"(行者)急纵身跳个满怀,劈脸打了一个～子。"

【耳掴】 ěr guāi 即"耳光"。明李实《蜀语》:"掌打曰～。"清蒲松龄《日用俗字》:"手腕屈轴大拇指,～巴掌拳头伸。"

【耳拐子】 ěr guǎi zi 即"耳光"。清《醒世姻缘传》四八回:"素姐跑上前,把狄希陈脸上兜脸两～。"

【耳光】 ěr guāng 用手击人面颊的动作。元明《水浒传》五一回:"白秀英再赶入去,老大～子只顾打。"明《挂枝儿·惧内》:"就是半句的话不投机也,老大的～儿就乱乱的打。"清《好逑传》一回:"后被铁公子兜嘴两个～,打慌了。"

【耳聒子】 ěr guō zi 即"耳光"。明《醒世恒言》卷一七:"打他几个～,戒他下次不许说谎。"又卷二三:"这虔婆,一味油嘴。明日叫他来,打他几个～才饶他。"

【耳级】 ěr jí 割下的耳朵。清《聊斋俚曲·快曲》:"有献～的,有献器械的。"杨积中《续御寇略》:"割取首级十八颗,～九副。"

【耳冷】 ěr lěng ❶ 犹"耳背"。《类说》卷四〇引《朝野金载》:"孟弘微对宣宗曰:'陛下何以不知有臣,不以文字召用?'帝怒曰:'朕～不知有卿。'"宋李复《戏答山人赵颖忆山居》:"～泉声淡,松残药灶贫。" ❷ 指长时间没有听到或不热衷去听。唐白居易《霓裳羽衣舞歌》:"一落人间八九年,～不曾闻此曲。"宋蔡伸《减字木兰花》:"九奏初传,～人间七十年。"清陈廷敬《再迭前韵》之二:"心灰兼～,犹在客尘中。"

【耳轮】 ěr lún 耳郭边缘。也指耳朵。唐王建《晚秋病中》:"万事风吹过～,贫儿活计亦曾闻。"《元曲选·燕青博鱼》二折:"我恰才舌贴着你那～,敢可也一言难尽。"清《绿野仙踪》一五回:"鼻孔掀而露,～大而厚。"

【耳轮热】 ěr lún rè 犹"耳热"。元马致远《寿阳曲》:"逢一个见一个因话说,不信你耳轮儿不热。"明陈铎《集贤宾·秋怀》:"我为他耳轮儿常热,他为我面皮红羞把扇儿遮。"

【耳门】 ěr mén ❶ 耳朵的外听道口。也指耳朵。《祖堂集》卷一七《福州西院和尚》:"汝诸人各自身中有无价大宝。从眼门放光,照山河大地;～放光,领览一切善恶音响。"明《朴通事谚解》卷中:"大仙徒弟着鹿皮,拔下一根头发,变做狗蚤,唐僧～后咬。"清《飞龙全传》二五回:"急令军士把城楼上筒瓦掀下来乱打,一块正从匡胤～上蹭过。" ❷ 正院或正房的侧门。明夏良胜《纪行》:"至者必下马,从垣左～以入,更不敢就道。"《梼杌闲评》一二回:"进去又过了仪门,才到大厅,那人进东边～里去了。"清《东周列国志》九七回:"须贾愈加惶悚,俯首膝行,从～而进,直至阶前。"

【耳爬子】 ěr pá zi 即"耳挖"。明《梼杌闲评》三〇回:"丫头收去梳盒,忠贤对那丫头道:'借～用用。'"

【耳旁风】 ěr páng fēng 即"耳边风❶"。清《红楼梦》二一回:"拿着我的话当～,夜里说了,早起就忘了。"《歧路灯》二〇回回目:"孔耘轩暗沉腹中泪,盛希侨明听～。"

【耳傍风】 ěr páng fēng 同"耳旁风"。清佚名《斩黄龙》:"好话说了千千万,他那里只当～。"《聊斋俚曲·富贵神仙》:"将书本丢在半空,说着只当～。"

【耳热】　ěr rè　耳朵发热,指遭人议论、惦念而有所感应。《敦煌变文校注》卷一《捉季布传文》:"周氏夫妻餐馔次,须臾敢(感)得动精神。罢饭停餐惊讶,捻箸横匙怪眼瞩。"元朱庭玉《一枝花·女怨》:"谢馆秦楼,俏香倚雪,不信伊家~。"清《品花宝鉴》五六回:"今日好~,不知有谁骂我。"

【耳软】　ěr ruǎn　即"耳朵软"。元明《水浒传》四五回:"淫妇从来多巧言,丈夫~易为昏。"明《西游记》二七回:"唐僧果然~,又信了他,随复念起。"清《聊斋俚曲·增补幸云曲》:"~光听下人的话,真是一个糊突虫。"

【耳挖】　ěr wā　挖耳勺。清魏之琇《续名医类案》卷三七:"其鼻上有痂封闭,以蜜润之,用银~挑开。"《红楼梦》二八回:"只见凤姐蹬着门槛子拿~子剔牙。"《醒世姻缘传》三七回:"孙兰姬从头上拔一枝金~与了他。"

【耳剜儿】　ěr wān er　即"耳挖"。明冯惟敏《仙子步蟾宫·耳簪》:"马蹄金造就~。"

【耳斡】　ěr wò　即"耳挖"。明《金瓶梅词话》一二回:"于是从头上拔下一根闹银~儿来,重一钱。"又九〇回:"雪娥又留一个银折盂,一根金~。"

【耳消耳息】　ěr xiāo ěr xī　指听到某种消息。《元曲选·争报恩》三折:"如今~,打听的千娇小姐有难。"《元曲选外编·独角牛》二折:"我~,打听的深州饶阳县有个小厮,唤做什么'吃刘千',说那小厮一对拳,似剪鞭相似。"

【耳信】　ěr xìn　即"耳性"。清《飞龙全传》一七回:"难道没有一个~的? 请你不要多嘴,你偏要多嘴。"

【耳性】　ěr xìng　记性。常用在否定词"没""没有"后。宋刘攽《次韵韩康公》:"剽得新声夸~,传将佳句愈头风。"清《醒世姻缘传》六六回:"只是狄希陈没有~,好了疮口,忘了疼的。"《红楼梦》二八回:"薛蟠连忙自己打了一个嘴巴子,说道:'没~,再不许说了!'"

【耳檐儿】　ěr yán er　即"耳衣"。《元曲选·渔樵记》二折:"朱买臣,巧言不如直道,买马也索籴料,~当的胡帽。"

【耳衣】　ěr yī　耳套。套在耳朵上御寒的用品。唐李廓《送振武将军》:"金装腰带重,铁缝~寒。"按,"铁"一作"锦"。清毛奇龄《送赵侍卫弟出镇永宁》之三:"衷甲露看银鲤跃,~傍锦貂生。"

【耳暗】　ěr yīn　耳语。《元曲选·红梨花》一折:"〔做打~科云〕赵秀才来时,则说谢金莲嫁了人也。"明孟称舜《娇红记》三出:"〔贴下,上,~介〕小姐未曾妆束哩。"

【耳挣】　ěr zhèng　听觉上感到不舒服。明陈铎《耍孩儿·嘲川戏》:"一声唱聒的~重敷演,一句话缠的头红不捅移。"

【耳重】　ěr zhòng　重听。《祖堂集》卷一〇《长庆和尚》:"师患~,王太傅有书来问疾。"元刘敏中《南乡子·老病自戏》:"~眼花多,行则攲危语则讹。"明《禅真逸史》一九回:"眼昏不见光明,~那闻谈笑。"

【耳嘱】　ěr zhǔ　犹"耳暗"。《元曲选·东坡梦》二折:"行者,将耳过来。〔做~科〕"

èr

【二不棱登】　èr bù léng dēng　行事莽撞冲动,不明事理。清《醒世姻缘传》六二回:"惟独一个~的妇人,制伏得狗鬼听提,先意承志,百顺百从。"

【二搭六】　èr dā liù　"王八"的隐语。二加六等于八,故言。清《续金瓶梅》五回:"那狱卒是个~变的,也就笑着去了。"

【二打六】　èr dǎ liù　即"二搭六"。清《续金瓶梅》一八回:"日日在营前摇摆气势,那知道是积年的钻龟~。"

【二刀韭菜】　èr dāo jiǔ cài　喻指已经和男人发生性关系的女人。刀,隐指男性外生殖器。明《梼杌闲评》二一回:"但是这位小姐你大约也听见些,可不是什么整货,你明儿不要吃了~来怨我媒人。"

【二捣鬼】　èr dǎo guǐ　隐指和其他男人发生性关系的女人。清《聊斋俚曲·禳妒咒》:"他令兄出去随人情,半夜去听他嫂嫂的门。~还撑什么棍! 弄张致递上呈子,差夜捕给他拿人。"

【二房】　èr fáng　❶ 妾;小老婆。明汤显祖《紫箫记》一一出:"你说俺怎的家中没有娘子,要到京城求亲,想是疑你~了。"《金瓶梅词话》三七回:"此是东京蔡太师老爷府里大管家翟爹爹做~,图生长,托我替他寻。"清《醒世姻缘传》九六回:"侯婆子悄声问道:'这就是你的~呀?'"❷ 家族中排行第二的那一支。五代刘崇远《金华子杂编》卷下:"姑臧李氏亦然,其第三房皆倨受大房~之礼。"明《二刻拍案惊奇》卷四:"金宪无隙可入,心里思量:'~好一分家当,不过留得这一黄毛小厮,若断送了他,这家当怕不是我的?'"清袁枚《子不语》卷六:"群弟惑其言,置炉设灶,各出银母数千,以求子金。~弟妇某氏素黠,暗置铜于银母中。"

【二府】　èr fǔ　同知(知府的副职)的俗称。明《警世通言》卷一七:"想起有个表叔在浙江杭州做~。"清《儒林外史》二五回:"同一位~,抬了轿子,一直走上堂来。"

【二缸汤】　èr gāng tāng　喻指再婚或已同人发生过性关系的女人。明《石点头》卷一二:"申屠娘子道:'便是~,难道你不赤膊,好斗筋斗么?'"

【二哥】　èr gē　❶ 兄弟间称次男为二哥。《旧唐书·元名传》:"此我~家婢也,何用拜为?"按,此是李元名称太宗,年轻者称年长者。宋马永卿《元城语录》卷中:"奏事毕,晋王从容言钱王事。太祖曰:'~,你也出这言语!'"按,晋王是太祖弟赵光义。元明《水浒传》二四回:"武大叫道:'~那里去?'"按,此二例皆年长者称年轻者,犹今称"二弟"。❷ 泛称兄弟中排行第二者。宋佚名《五国故事》卷上:"他日,(徐)温谓诸子曰:'事在~矣,汝辈当善事之。'"宋元《警世通言》卷一三:"且说夫妻两个归房,押司娘低低叫道:'~,这丫头见这般事,不中用,教他离了我家罢。'"元《三遂平妖传》一二回:"浑家道:'~! 你今日出去借贷如何?'李二道:'好交你得知,今日出去借不得钱。'"按,此二例是妻子称丈夫。明《拍案惊奇》卷三五:"张善友见大的如此说了,只得对福僧说:'既如此,~随我家去了也罢。'"按,此例是父亲称儿子,犹今"二儿"。《情史·情仇·王娇》:"舅因阅之,见生兄弟皆及第,因大喜,归谓姈曰:'~三哥兄弟皆及第。'"按,此例是舅称甥。沈璟《义侠记》二出:"喜得武~远来相顾。"《型世言》二三回:"朱恺见他穿带了这一套,道:'姚~,怎这样打扮?'"按,此二例是朋友间称呼。❸ 江湖人之间的敬称。宋元《古今小说》卷三六:"(宋四公)又问赵正:'~,你如今那里去?'赵正道:'师父,我要上东京闲走一遭。'"△清《邻女语》六回:"店主一见,便惊异了,开口问道:'尊驾是那一路的~?'"❹ 对店中伙计的尊称。金《董解元西厢记》卷一:"清河君瑞,邸店权时住,……正疑惑之际,~推户。"又:"~不合尽说与,开口道不够十句,把张君瑞送得来腌受苦。"❺ 喻指争斗中处下风的一方。宋元《古今小说》卷一五:"你这砍头贼,闭塞贤路,我不算你,我和你就这里比个大哥~!"又:"你道我暗算你? 这里比个大哥~!"

【二公】　èr gōng　称府或县的副职官员。清《儒林外史》二

三回:"适才我站在门口,遇见敝县的～在门口过。"

【二鼓】 èr gǔ 即二更。官衙击鼓报更。《太平广记》卷一二三引《三水小牍》:"～将半,乃令其徒擐甲。"清《红楼梦》二一回:"是夜～人定,多浑虫醉昏在炕,贾琏便溜了来相会。"

【二汉】 èr hàn 未成年的男佣工。明徐渭《四声猿·女状元》一出:"若没有米,便去问长大娘家借些吃,不要和小～那个短命终日去斯打。"清《儒林外史》一三回:"忙取出一块来,叫店主人家的～买了一碗熟肉来。"又四二回:"随后一个人,后面带着一个～,手里拿着一个拜匣。"

【二会子】 èr huì zi 同"二襘子"。《大宋宣和遗事》前集:"这和尚必是南方～左道术,使此妖法唬朕。"《元曲选·刘行首》三折:"这先生是妖人,～法教俺姐姐风了。"明《平妖传》三六回:"王则这家法术,和尚家唤做金刚禅,道士家叫做左道术。若是两家法术都会,唤做～。"

【二襘子】 èr huì zi 宋元时流行于南方的民间宗教名。该教号称兼金佛、道两家法术。宋陆游《条对状》:"惟是妖幻邪人,平时诳惑良民,结连素定,待时而发,则其为害,未易可测。伏缘此色人处处皆有,淮南谓之～,两浙谓之牟尼教,江东谓之四果。"

【二婚】 èr hūn 再婚,多指再嫁。明柯丹邱《荆钗记》八出:"当初汉梁鸿仗他讨了个娘子,如今又将来讨我女儿,是～人了。"《古今小说》卷一:"他既是富家,怕不要～的。"清袁枚《子不语》卷二一:"我聘妻,非处子不可。若再醮～,非老人郑重结发之意。"

【二婚头】 èr hūn tóu 再嫁的妇女。明《拍案惊奇》卷三三:"天祥没有儿女,杨氏是个～,初嫁时带个女儿来。"《型世言》一九回:"一个～,也得八九两。"

【二火】 èr huǒ "炎"的拆字隐语。暗指汉代刘氏(传说刘邦为炎帝子)。元明《三国演义》一一七回:"忽见道傍石碣,上刻'丞相诸葛武侯题',其文云:'～初兴,有人越此。二士争衡,不久自死。'"

【二甲】 èr jiǎ 科举殿试第二等。正式称作"第二甲"。明薛瑄《庆留耕张处士寿诞诗序》:"遂以明经习举子业,同登乙未进士,和又名冠～,一时翕然。"高濂《玉簪记》二七出:"叨蒙圣恩,幸中～进士。"清《儒林外史》三六回:"这科就中了进士,殿试在～。"

【二腊】 èr là 婴儿出生后第十四日称为二腊。宋吴自牧《梦粱录》卷二○:"足月,既坐蓐分娩,……七日名一腊,十四日谓之～,二十一日名曰三腊。"

【二满三平】 èr mǎn sān píng 平平常常;平平淡淡。宋陈亮《三部乐·七月送丘宗卿使虏》:"小屈穷庐,但～,共劳均佚。"洪咨夔《柳梢青·老人生日》:"～,粗衣淡饭,钟鼎山林。"林希逸《己巳回生日启·方帝臣》:"～,不妨老吾之老;十章四句,所谓诗人之诗。"

【二奶奶】 èr nǎi nai ❶ 称排行第二的人的妻子。多为奴仆称主人。清《儒林外史》六回:"早见二房里一个奶妈领着一个小厮,手里捧着端盒和一个毡包走进来,道:'～顶上大老爹。'"《红楼梦》三四回:"一句话未了,只见院外人说:'～来了。'林黛玉便知凤姐来了。" ❷ 尊称二房妾。《元曲选·争报恩》二折:"～,你听大奶奶房里有人说话哩。"明《型世言》一六回:"某家乡宦,目下上任,不带大奶奶,只要娶个～同去。"清《红楼梦》六八回:"快回～去,大奶奶来了。"

【二娘】 èr niáng ❶ 称排行第二的姐妹。唐《怀州获嘉县朱四娘为女造浮图铭》:"见存母朱,姊大娘、～,妹娘子,弟知微,并诸眷属。"清《聊斋志异·狐梦》:"～曰:'记儿时与妹相扑为戏,妹畏人数胁骨。'" ❷ 即"二奶奶❶"。清《儒林外史》六回:"将正

宅打扫出来,明日二相公同～来住。"《聊斋志异·胡四娘》:"二姊闻而嗤之曰:'程郎如作贵官,当抉我眸子去!'桂儿怒而言曰:'到尔时,恐不舍得眸子也!'二姊婢春香曰:'～食言,我以两睛代之。'" ❸ 即"二奶奶❷"。《元曲选·还牢末》三折:"你没了亲娘,偏留着～,把你来打的个不成模样。"明《金瓶梅词话》一五回:"大娘不用,～也不吃一钟,也没这个道理。"清《五色石》二回:"丫鬟不敢隐瞒,都说相公昨夜去～房里歇的。"

【二娘子】 èr niáng zǐ ❶ 即"二娘❶"。宋晏殊《答中丞兄家书》:"～已商量与应茂才异等秀才富弼为亲。"清《聊斋志异·狐梦》:"'将践席,婢入曰:'～至。'见一女子入,年可十八九,笑向女曰:'妹子已破瓜矣。'" ❷ 即"二娘❷"。宋元《古今小说》卷三六:"打开宋四公书来看时,那书上写道:师父信上贤师弟二郎、～:别后安乐否?" ❸ 即"二娘❸"。宋元《清平山堂话本·错认尸》:"邻船上有一贩枣子客人,要取一个～,特交小人过船来与夫人说知。"明汪廷讷《种玉记》二八出:"我是～,谁是大娘子?"《醋葫芦》三回:"我道取位～,也赚他几圆钱使用;便是卖丫鬟,也可打些后手。"

【二十四】 èr shí sì "二十四节气"的歇后,歇"气"字,指生气。明《金瓶梅词话》五三回:"莫不是我昨夜去了,大娘有些～么?"

【二氏】 èr shì 指释(佛)、道二教。唐韩愈《重答张籍书》:"今夫～之所宗而事之者,下乃公卿辅相,吾岂敢昌言排之哉?"明于慎行《穀山笔麈》卷一七:"～之教与圣教殊,然其大归一也。"清《野叟曝言》一回:"要扫除～,独尊圣经。"

【二四】 èr sì 不讲理;无赖。金《董解元西厢记》卷五:"一言赖语都是～! 没性气闲男女,不道是哑你,你唤做是实志。"元王晔《殿前欢·再问》:"小苏卿,言词道得不实诚。江茶诗句相兼并,那件事情? 休葫芦提～嚛,相偎幸,端的谁行红定?"《元曲选外编·遇上皇》一折:"～的司公能主张,则他三个人狠心肠,做夫妻四年向上,五十次告官房。"

【二太爷】 èr tài yé ❶ 称府、县的副职官员。清《儒林外史》一七回:"你可知道县里老爷坏了? 今日委了温州府～来摘了印去了。" ❷ 对仆隶的敬称。清《红楼梦》九五回:"那人便怀内掏出赏格来,指给门上的人瞧,说:'这不是你们府上的帖子? 写明送玉的给银一万两。～,你们这会子瞧我穷,回来我得了银子,就是财主了。'"《红楼复梦》一二回:"包勇正在大叫,皮仁忙走上前去,说道:'这位就是包～吗?'"

【二天】 èr tiān 指女子改嫁。古代妇以夫为天。明《警世通言》卷一七:"朝夕逼勒妹子六瑛改聘。六瑛以死自誓,决不～。"清《聊斋志异·白于玉》:"远近无不知儿身许吴郎矣。今改之,是～也。"《十二楼·合影楼》三回:"有个两便之方,既不令小女～,又不使管门失节。"

【二仙传道】 èr xiān chuán dào ❶ 指两个人在一匹马上穿插跳跃的马术表演。明田汝成《西湖游览志馀》卷二○《熙朝乐事》:"有飚骑数十,飞辔往来,逞弄解数,如双燕绰水、……六臂哪吒、～。"《西湖二集》卷一二:"跑马的,四女呈妖,～,超腾倏忽装神怪。" ❷ 指两个人做隐秘的事情。清《歧路灯》五六回:"珍珠串看见一起穷帮闲,明知没油水,说道:'我困了,我去小奶奶床上躺躺。'貂鼠皮道:'～去罢!'" ❸ 指两手在背后互递东西。清《缀白裘》一一集卷四《磨房》:"〔丑〕那手中拿的是什么东西?〔贴〕没有什么东西。〔丑〕申手吾看。〔贴〕没有。〔丑〕拿那支手吾看。〔贴〕多没有。〔丑〕好呀! 好一个～!"

【二行子】 èr xíng zi 同"二形子"。明《醒世恒言》卷三:"有

名无实成何干,便不是石女,也是～的娘。"

【二形人】 èr xíng rén ❶ 身兼男女两性或性征不显的畸形人。元周达观《真腊风土记》:"国中多有～,每日以十数成群行于虚场间,常有招徕唐人之意,反有厚馈,可丑可恶。"清《姑妄言》四回:"又有～,上半月为男,下半月为女。" ❷ 喻指两面派。宋庄绰《鸡肋编》卷中:"于时又号为～,谓阳与吕合而阴与徐交也。"

【二形子】 èr xíng zi 即"二形人❶"。清《姑妄言》四回:"却又有阳物而非阳物,总阳阴不能生育的人,传说～就是这样的了。"

【二爷】 èr yé ❶ 对排行第二的男子或男主人的尊称。明佚名《白兔记》二七出:"既如此,火速传与～史弘肇知道。"《型世言》二六回:"妇人问道:'你们那家? 几时与我～起身? 如今～在那边?'"清《红楼梦》九五回:"里头袭人便啐道:'～不用理他。'" ❷ 对县尉、县丞等佐官的尊称。明《禅真后史》三六回:"史西鱼道:'小人乃一穷民,靠这戏法糊口,怎敢结党以为叛逆? ～过虑,小的死亦冤枉。'县尉道:'刁徒利口贼骨,不施重刑,怎肯招认?'" ❸ 对衙役、奴仆或随从的尊称。清《绿野仙踪》四九回:"九个骡马,养在本村店中,每天吃三斗六升生料,八九十斤草,少喂一升儿,～们都不依。"《白雪遗音·窝娼》:"与那些得时的～们把帖换,威风凛严。"

【二尾子】 èr yǐ zi 即"二形子",或指以色供同性取乐的男子。明贾凫西《木皮词》:"天启朝又兴了个不男不女～货,和他那奶母子客氏滚成窝。"《金瓶梅词话》九六回:"又一人说:'你相他相,倒相个兄弟。'一人说:'倒相个～。'"清《醒世姻缘传》九三回:"既要吃佛家的饭食,便该守佛家的戒律,何可干这～营生。"

【二尹】 èr yǐn 县丞或同知、通判等府县佐官的别称。宋陈著《与阮若山书》:"幸而邑丞许君,蒸然诗书之气,欲以此为第一义。尚赖大宗主曲成,以了旧～所遗好事。"元杨维桢《送华亭县丞盛侯秩满序》:"广陵盛侯彦忠～,于华亭下车之初,首询邑士之先受坐者,以师礼事之。"明《二刻拍案惊奇》卷三:"一日,太学得选了闽中～,打点回家赴任。"

【二座】 èr zuò 妾位;小老婆的身分。明《石点头》卷一:"家有荆妻,若蒙垂爱,只合屈于～。"

【贰部】 èr bù 侍郎的别称。侍郎系六部副职长官,故称。宋沈辽《四明山延胜院碑》:"转运使～张公夏가假守钱唐,雅知其道为高妙,即强邀止之。"清弘历《赐吉林将军福康安》:"从征能奋武,～亦通文。"按,福康安曾任户部侍郎,从征金川。

【贰猜】 èr cāi 猜疑。明沈受先《三元记》四出:"我重义更轻财,一点仁心无～。"郑若庸《玉玦记》三三出:"喜令公文武全才,屈群力无～。"

【贰车】 èr chē 副车,帝王的从车,比喻副职。五代王定保《唐摭言》卷一〇:"籍中有红儿者,善肉声,常为～属意。"宋王禹偁《上元夜作》:"去年正月十五夜,乾元门上奉乘舆。今年正月十五夜,商洛郡中为～。"明罗洪先《寄贺高鳌石擢徐州郡丞》:"官号～分职简,阶仍五品列衔尊。"

【贰府】 èr fǔ 同"二府"。元李祁《故将仕郎江浙财赋府照磨贺君墓志铭》:"有司受赇弗诘,复为请,府檄君佐～诣庙田司议其事。"明冯惟敏《粉蝶儿·辞署邑印》:"把似你佐三邦,任～,还子待户封八县。"清屈大均《广东新语》卷九:"北崖辛通府与惠斋张～皆七十一。"

【贰官】 èr guān 副职。唐常衮《授吴承倩内侍省常侍制》:"省之～,秩比千石。懋兹宠授,念尔忠劳。"宋宋祁《代转户侍充职知庐州谢表》:"更进文昌之～,尚领河图之秘禁。"清《野叟曝言》一一四回:"一切～闲职,不足参涵先生。"

【贰郡】 èr jùn 犹"二尹"。也指担任州郡的佐官。唐孙逖《授梁炫郢州司马制》:"宜迁～之荣,式允连率之荐。"宋华镇《回梅子肃奉议启》:"某叨～,获居仙里,未遑修谒,首辱飞文。"明崔铣《赠张长史序》:"郡人咸屈之,欲走陵借留,终～之休,势又不可。"

【贰令】 èr lìng 县丞的俗称。宋郭应祥《西江月》:"湄湘元是小东京,著个风流～。"《宋史·程元凤传》:"元凤之在政府也,一契家子求～。"

【贰卿】 èr qīng 犹"贰部"。尚书称卿,侍郎副之,故称。唐刘禹锡《山南西道新修驿路记》:"今天官～融能嗣其耿光,尝自内庭历南台尹,毂下政事以试,可为元侯。"明彭韶《礼部左侍郎文靖薛公赞》:"～掌制,以弼以承。岂宝远物,而志可行。"清弘历《侍郎明兴奏报疏浚水利工程完竣》:"明兴内用为～,本其地方未了事。"

【贰室】 èr shì 即"二房❶"。元郑禧《春梦录》:"独令乳母来观,且述大喜之意,欲虽居～,亦不辞也。"明祝允明《野记》:"刘固不可。知者谕劝数四,久之乃处～。"

【贰守】 èr shǒu 州府长官副职的别称。宋元以后的州府相当于秦汉的郡,郡长官称守或太守,故称州府长官的副职为贰守。宋强至《通判国博中斋诗》:"公今一州～政,千里犹变中庸旺。"元揭傒斯《题临江同知问流民事迹》:"临江～廉且武,手缚其渠散其伍。"明徐咸《西园杂记》卷下:"镇江府廨舍,有蜂一筒,逸出,失其王。群蜂抢攘终日,至夕皆死,不下万余。～严应阶义而埋之,号曰'蜂冢'。"

【贰枢】 èr shū 宋代枢密副使的别称。明代用来代称侍郎。宋苏颂《龙图阁直学士致仕李公墓志铭》:"时我先人自禁林～副任公出使,修建北京。"明范景文《辞免新命疏》:"夫中枢一席,以控九塞,以总六师,而参帷筹,神庙算,则～所有事也。"按,所辞乃兵部左侍郎职。

【贰属】 èr shǔ 佐属,或指副职官员。元王恽《重修录事司厅壁记》:"室既成,薛君暨其～吏汤瑀踵门来谒。"《明史·职官志三》:"奉帛、执爵、司樽、司罍洗,卿～各领其事,罔有不共。"清唐甄《潜书·卿牧》:"昔未有巡检,三司分治赋、兵、刑而无所统,固非良法,请亦革之,而复立州牧,赋、兵、刑以其～分理而统于牧。"

【贰宪】 èr xiàn 副都御史等监察官员副职的别称。监察官又称风宪官,故称。元张养浩《析津陈氏先茔碑铭》:"厥今词臣林立,奚彼之舍顾,于谬焉末学是征? 岂公～山东时,走知为深与?"明倪谦《祭副都御史丁公文》:"氛祲扫荡,凯还于京。锡赉有加,～继升。"

【贰尹】 èr yǐn 同"二尹"。唐宋时也指州府副职少尹。唐白居易《薛鲲可河中少尹制》:"河中,吾之股肱郡也,～职而佐府事者,亦在得人。"宋强至《上北京通判两郎中书》:"～治于别京,已登显状;扩贤谟于要路,行懋休功。"明程敏政《沂水高县丞像赞》:"此故沂水～高君之像也。君令器忠,以乡进士来尹休宁,奉以见示,敬为之赞。"

【贰佐】 èr zuǒ 州县官副职的统称。《旧唐书·代宗纪》:"古者县置大夫一员,足以为治,奚必～分掌而后治邪?"元许有壬《故西华县尹杨君墓志铭》:"又悲其两在～之设施,能使邑民悦服。"明宋讷《送李阳城朝觐序》:"若知郡知县,则朝觐述职,黜陟详于考非;若郡县之～,述职同而朝觐不预焉。"

F

fā

【发】fā ❶分派；指派。《敦煌变文校注》卷四《破魔变》："召六宫彩女，～在左边，命一国夫人，分居右面。"明《醒世恒言》卷一："不必更换，就～他伏侍小姐。"清《红楼梦》二三回："一班的十二个小沙弥并十二个小道士，如今挪出大观园来，贾政正想～到各庙去分住。" ❷打发；驱逐。明《金瓶梅词话》五八回："论起这咱晚这狗也该打发去了，只顾还放在这里做甚么？是你这奴才的野汉子，你不～他出去！"清《红楼梦》一一九回："等我们太太问起来，我们有话说。要打大家打，要～大家～。" ❸解送；发付；发配。元古本《老乞大》："后头别处官司，却捉住那贼，～将来，今年就牢里死了。"《元曲选·汉宫秋》一折："只把美人图点上些破绽，到京师必定～入冷宫。"清《红楼梦》一〇七回："今从宽将贾赦～往台站效力赎罪。" ❹散发（气味）。唐李白《咏邻女东窗海石榴》："清香随风～，落日好鸟归。"明张岱《陶庵梦忆》卷三《禊泉》："试茶，茶香～。"清《聊斋俚曲·蓬莱宴》："金炉～异香，起彩云结绣房，看来百里一般样。" ❺科举考取举人。明叶宪祖《碧莲绣符》八折："孔先生既称年兄，必曾高～。"清《儒林外史》二回："比如他进过学，就有日头落在他头上；像我这～过的，不该连天都掉下来，是俺顶着的了？"李渔《闲情偶寄》卷一六："犹慰下第者以来科必～。" ❻兴酣；兴奋。元明《水浒传》五四回："那汉使的～了，一瓜锤正打在压街石上，把那石头打做粉碎。"明《封神演义》七三回："黄天祥使～这条枪，如风驰雨骤，势不可当。"清《女仙外史》八八回："马跑～了，河岸不甚宽阔，恐被他逼下河去，就飞步在桥堍上面。"

【发哀】fā āi 哭泣。宋朱熹《答董叔重》："舅姑俱存而子妇丁其父母忧，虽合奔丧，然卒哭后必当复归。恐三年之服自不可改，遇节序变迁，不审可以～出声否？"元明《三国演义》六六回："参拜毕，瑾放声大哭。亮曰：'兄长有事但说，何故～？'"

【发案】fā àn 科举童生试发榜。明毕自严《顺天府尹霞城吴公墓志铭》："府试品题，多出先生手，已取余第三，尚未～，外无从知。"清《八洞天》卷五："又过了半月，学台～，盛俊取了第一名入泮。"《儒林外史》一九回："～时候，这金跃高高进了。"或指乡试发榜。清《疗妒缘》六回："他同众举子进试，未几～，取作第一。至会场进试，又高高中了会元。"

【发梆】fā bāng 衙署开衙办公前敲击木梆作为信号。一梆传人，二梆齐集，三梆开始办公。明《型世言》三一回："正说间，堂上～，徐外郎待起身。"清《粉妆楼》三二回："当下二人收了银子，听得～传衙役，伺候知府升堂。"《聊斋俚曲·磨难曲》："正然

说着，听的～。差人说：'三梆完了，带上去罢。'"

【发背】fā bèi 生于背上的毒疮。唐李肇《国史补》卷上："白岑尝遇异人传～方，其验十全。"清袁枚《子不语》卷二一："其邻有患～者，张思食物尚消，毒亦可消，乃将此草一两煮汤饮之。"《说岳全传》七〇回："觉道脊背上隐隐疼痛，过不得几日，生出一个～来，十分沉重。"也泛指恶疮。明《醋葫芦》一〇回："以后若再去嫖赌，等孩儿就额角上生个火盆大的～。"

【发变】fā biàn ❶变化；发生变化。《太平御览》卷一〇引《周易集林杂占》："占天雨否，外卦得阴为雨，得阳不雨。其爻～，得坎为雨，得离不雨。"明汤显祖《紫钗记》一四出："喜也，郡主！苦也，郡主！呀，素设设帕儿早～也。" ❷特指身体或生物发育、变化。清《醒世姻缘传》一一回："孔举人娘子道：'可道面善。这是晁亲家宠夫人。'萧夫人道：'呵，～的我就不认得了！'"又五七回："不上五日，肚腹渐次消软，脸上的颜色也都变得没了青黄；又过了几时，～得红白绽绽的个学生。"《绿野仙踪》二〇回："这日因下起大雨，再到田中去，看见禾苗立刻～，心上大喜。" ❸指发酵或发霉变质。《元典章·刑部五》："复检官司不能即到尸前，以致尸已～，不能复检。"清《平定两金川方略》卷一三五："火药五年后类多～，但搀和以新鲜硝磺，仍可搭配应用。"《醒世姻缘传》四一回："那几日天又倒过来热，等不见他来，又不敢入殓，～的满街满巷的气息。" ❹哗变。明文秉《烈皇小识》卷一："上曰：'据崇焕揭云初三日即～，今已初二，即此时发去已迟，何救于鼓噪？'" ❺发售；发卖。清俞森《荒政丛书》卷一〇下："或置一簿，听各栈户认填餘积米若干石，除五月间换丝～外，务照原认米数，于青黄时候，督令湖墅发粜，接济省下饥荒。"

【发拨】fā bō ❶分拨调派（部队）。明孙传庭《移镇商洛派防汛地疏》："臣一面咨覆兵部，一面厉兵秣马，～远探豫楚各贼西向情形。"又《致枢辅札》："则仆之军前马兵，依然止原携之一千，与新增刘镇之二百耳。即以之撒塘～，尚难支吾，顾可以当一面犄角乎？"清吴伟业《绥寇纪略》卷五："一抵镇平，高坐关厢，纵兵肆掠，既不入山，又不～。" ❷调派；指派。清雍正七年二月二日上谕："前年歉收之时，蒙皇上轸念民依，～漕米，交督臣高其倬设法运到澳海。"《飞龙全传》二回："本府起了批文，～两名长解，已在外厅，伺候公子起行。"

【发步】fā bù 抬脚；举步。元明《水浒传》二三回："武松读了印信榜文，方知端的有虎，欲待～再回酒店里来。"

【发财】fā cái 获得大量钱财。唐任逍遥《月波洞中记》卷下："四十以上生毫者，主寿长；有重眉者呼为后印堂心定，四十六七已上～也。"明《醒世恒言》卷一四："我今年算了几次命，都说我该～。"清《聊斋俚曲·俊夜叉》："买卖～从来有，庄农也有大收年，赌博起家何曾见？"

【发村】fā cūn　撒野；做出粗俗举动。《元曲选外编·西厢记》五本三折:"㑽筋,～,使狠,甚的是软款温存。"明胡震亨《唐音癸籤》卷八:"贯休诗奇思奇句,一似从天坠得。无奈～,忽作恶骂,令人不堪受。"清《歧路灯》五三回:"一个使用的人,这样放肆,见了客,公然～捣怪的与客人还口厮骂。"

【发达】fā dá　❶强盛;兴旺。唐萧颖士《莲池楔饮序》:"楔,逸礼也,《郑风》有之。盖取诸勾萌、～,阳景敷煦。"明吾邱瑞《运甓记》三三出:"软迷离没～的君王,力孤单没辅助的朝纲纪。"清《红楼梦》七〇回:"一起诗社时是秋天,就不应～;如今都好万物逢春,皆主生盛。"❷萌动;发生;生长。宋苏轼《御试重巽申命论》:"至于风……万物,而天下不以为德。"叶绍翁《四朝闻见录》卷三:"春阳～,夫人坟有物若钟乳结成璧,渊泉环绕,源出百里。"明孙承恩《杂志》:"木性固殊,～有难易,或已寻丈,或仅尺餘。"❸发散。宋周去非《岭外代答》卷八:"桂枝者,～之气也,质薄而味稍轻,故伤寒汤饮必用桂枝发散。"金成无已《伤寒明理论》卷一:"若热先自皮肤而发者,知邪气之在外也;若热先自里生而～于表者,知邪气之在里也。"明方以智《物理小识》卷三:"人身肝火内炽,郁闷烦躁,须以辛凉～之。"❹表现;显现;使明显。宋家铉翁《恕斋说》:"人得天地生物之心以为心,故心之恕～乎事物之间。"元王恽《长乐阡表》:"复欲～幽光,慨焉莫究。访耆旧则商年俱尽,考世德则旌纪寂寥。"明刘球《奉侍御胡先生书》:"惜其家无有人能缵述之,为之徒者又未知所好,以不能流传而～之。"❺指科考取得功名。《元曲选·柳毅传书》一折:"孩儿,几时是你那峥嵘～的时节也。"清《儒林外史》三回:"本道看你的文字,火候到了,即在此科一定～。"《聊斋俚曲·富贵神仙》:"你若能插了宫花,你若能带上乌纱,那时才压的仇人家下。你爹爹听的你～,他自然打算还家。"❻犹"发迹❶"。由穷变富;由贱变贵。元明《水浒传》四四回:"小人只会使些枪棒,别无其本事,如何能够～快乐!"明吴宽《叹雨中桂树》:"此犹坎坷人,～值年衰。"清《雪月梅》四〇回:"方才却看见那个船家,说他倒是个有胆量的人,日后必当～。"

【发呆】fā dāi　发愣;表情呆滞。清《霓裳续谱·姐在园中自徘徊》:"眼望着蝴蝶儿飞去了,只是个～。哎哟,我可为什么～?"《绿野仙踪》三六回:"一语未完,不换已不见了。如玉等看的～。"《红楼梦》八回:"你不去倒茶,也在这里～作什么?"

【发奠】fā diàn　发送祭奠。元关汉卿《西蜀梦》三折:"也不须香共灯,酒共果,但得那腔子里的热血往空泼,超度了哥哥～我。"

【发牒】fā dié　❶发出知照性的公文。《五代会要》卷四:"监祭使点检行记印礼料,并谕司祇应人等,～差驱使官管押赴所交割。"明《西游记》一二回:"唐王甚喜,即命回銮,待选良利日辰,～出行。"清《聊斋志异·邢子仪》:"先是绅归,请于上官捕杨。杨预逃不知所之,遂籍其家,～追朱。"❷指僧道做法事时将照会神灵的牒文焚化。元明《水浒传》四五回:"只见海阇黎同一个一般年纪小的和尚做阇黎,摇动铃杆,～请佛。"明《金瓶梅词话》八回:"早晨～,请降三宝,证盟功德。"❸对神焚词赌誓。清《聊斋俚曲·襄妒咒》:"我冰清,他玉洁,若有甚么事儿,敢当面证折。哎哟!若有甚么话说,听合他～。"《醒世姻缘传》九回:"晁大官儿拿着文书问他要银子,叫郑伯龙要合开老爷庙里～哩,说誓哩,才丢开手了。"

【发动】fā dòng　❶引发;触动。唐李匡乂《资暇集》卷下:"牛膝之忌,当由痔疾不宜食雉肉。痔,风也,偶然此肉～肠风。"明许三阶《节侠记》一三出:"掩抑凄锵多好声,袖拂龙门空自生,

生也么生,怀风殊复清,想那～明君怨未平。"清《歧路灯》五九回:"见母亲拉住手儿,泪流满面,良心～。"❷伸张;激扬。唐张怀瓘《六体书论》:"八分者,王次仲造也。点画～,体骨雄异,作威投戟,腾气扬波。"苏鹗《苏氏演义》卷下:"檄者,激也,以词旨慷慨～之意。"❸(光明)闪现;显出。宋《朱子语类》卷五:"心属火,缘是个光明～底物,所以具得许多道理。"明《拍案惊奇》卷一一:"整整弄了一夜,渐渐东方已～了。"清田雯《兼隐堂诗序》:"雨峰沉酣以入,通倪以解,故其诗波澜老成,光辉～。"❹(卦爻)显出征兆。宋晁莹《珞琭子赋注》卷上:"假令泽风大过卦,初爻～,变巽入乾,呼为五鬼。"明陆采《怀香记》二九出:"下坎上坤,地水师卦。第二爻～,请问占何事?"《醋葫芦》一〇回:"钱通要见,定主财爻～。"❺启行;使开始行动。宋葛立方《己卯岁四月二十七日自湖州赴宜春》:"～出江津,晴黛绿野匀。"明李梅实《精忠旗》六出:"禀元帅,小将军前部已～了。"清《隋唐演义》八八回:"乃一面～人马,一面预遣部将何千年、高邈引二十餘骑,托言献射生手,乘驿至太原。"❻开启;使机械装置运转。元方回《郝氏三子枢机权名字说》:"千钧之弩,不为鼷鼠发机。凡可以～而利于用者,皆谓之机。"元明《三国演义》九〇回:"一炮中藏九炮,三十步埋之,中用竹竿通节,以引药线,才一～,山损石裂。"清《荡寇志》一一三回:"那车～了,分明是陆地狴犴,果有轰雷掣电之威,倒海排山之势。"❼挥动;摆动。明《封神演义》八五回:"这一个展开银杆戟;那一个～火尖枪。"《醋葫芦》一七回:"原来那时正是七七之期,该当发引,却遇众亲友拜别祭奠之际,忽闻棺中～,众人惊得个个走散。"清《飞龙全传》三二回:"两边排开阵势,～战鼓。"❽(事先积存或准备下的事情、言语)发挥作用;付诸实施。明单本《蕉帕记》二九出:"[问末介]今日太师爷没有什么怪我么?[末]说道要问万俟爷讨状元哩。[丑惊介]罢了,我道是这桩买卖～了。"清《绿野仙踪》六六回:"见写的都是眷寅教弟帖,心里说道:'他两个素常都与我是侍生帖,怎么今日又这般谦恭起来?'又想了想,笑道:'必是那话儿～了。'"《儒林外史》三二回:"你的话也该～了。我在这里算着,那话已有个完的意思;若再遇个人来求些去,你就没账了。你今晚开口。"❾指孕妇临产前的阵痛。清蒋士铨《一片石·梦楼》:"那个叫老娘,酒官官,敢是你个家主婆～哉?"《隋唐演义》九九回:"上皇看了饮了,只道其胎即堕,不意腹中全无～,竟沉沉稳稳的直睡至天明。"《红楼复梦》七二回:"石夫人惊醒,业已腹中～,幸而紫箫在旁,见此光景,赶忙知会各堂料理生产。"❿出售;售出。清《姑妄言》二回:"我的货物还没有～,银子是没的。"

【发抖】fā dǒu　因寒冷、害怕而身体颤动。明《禅真逸史》二一回:"将裤子扯过遮了下身,一堆儿蹲着～。"清《说岳全传》一八回:"番营中俱穿皮袄,尚挡不住;那宋兵越发冻得个个～。"《白雪遗音·露像》:"志贞此刻魂飞散,遍身～好心焦。"

【发兑】fā duì　成批量地发售或兑换。明《金瓶梅》一六回:"行市迟,货物没处～,才上门脱与人;若快时,他就张致了。"清《歧路灯》九八回:"悬出新彩黑髹金字两面招牌,一面是'星辉堂'三个大字,一面是'经史子集,法帖古砚,收买～'十二个小字。"《皇朝文献通考》卷四一:"直隶河工催支给值需用钱文,请照京城～官钱之例,许办工各员一体交银领买。"

【发恶】fā è　❶发狂;发燥热。唐王焘《外台秘要方》卷一五:"千金方疗狂邪～,或披头大叫欲杀人。"明王肯堂《证治准绳》卷八七:"痘值五六朝,身～,热躁谵语,两眼翻厥。"❷发怒;发火。宋《密庵和尚语录》:"昨夜春风偶～,掀倒飞来峰卓。"《元典章·刑部二》:"王文才因弟王柳仔作贼,……为恐乡人耻笑,～用斫柴刀将弟王柳仔砍伤。"清《醒世姻缘传》五八回:"要不大紧,

他没大～,流水的脱了衣裳,进到被窝子里头去。"

【发房】 fā fáng 官员将公文或案件交给承办文书的承发房办理。也指承发房。明《醒世恒言》卷二九:"假意问了几句,不等～,即时出签,差人捉卢柟立刻赴县。"清雍正五年九月二十五日田文镜奏文:"俟民间交价立契之后,过户纳税之时,并契纸送入州县,即～照契填入。"《儒林外史》五回:"知县准了状子,出了差,来到严家。"

【发放】 fā fàng ❶ 发给;分发。《宋史·舆服志六》:"其开门朝牌六面,亦随铜契依旧～。"元刘时中《端正好·上高监司》之一:"感谢这监司主张,似汲黯开仓,披星带月热中肠,济与粜亲临～。"清《红楼梦》四九回:"凤姐打发了平儿来回复不能来,为～年例正忙。" ❷ 指发给的赏赐、酬金。宋耐得翁《都城纪胜·闲人》:"大抵此辈,若顾之则贪婪;不顾之,则强颜取奉,多呈本事,必得而后已,但在出著～如何也。"吴自牧《梦粱录》卷一二:"唱耍令、缠曲,及投壶、打弹、百艺等船,多不呼而自来,须是出著～稿,不被哂笑。" ❸ 发出;发送;递送。宋韩维《再论吕海等救不由封驳司札子》:"淳化中,命枢密直学士向敏中、张咏检点看读～救命。"元刘一清《钱塘遗事》卷三:"今已为经营于诸监司,举纸七状皆足,并～在省部讫。"明《金瓶梅词话》六八回:"过了同仁桥牌坊,转过往东,打王家巷进去,半中腰里有个～巡捕的厅儿。" ❹ 放行;放出。宋王之望《措置淮西漕运储积奏议》:"以上皆近芜湖,见有仓廒可以顿放,或只系舟岸下,节次～,实为稳便。"明汪廷讷《狮吼记》一〇出:"才说道有个琴操姐,魂也不在身上。又听见一声不许去,心都跳在口里。没奈何尽兴招承,方才得权时～。"清于成龙《饬励学政事宜》:"今学道按试某处之日,预期点定巡捕二员,量点送考教官几员,关防供职。试毕发案后一并～,无许朝进暮出,以杜私端。" ❺ 出发;进发。宋李曾伯《奏边事》:"敌以蒙古～,欲起下流,会合其骑兵,自蛮界入邕、宾,取桂而出。由夏涉冬,已越数千里。"清弘历《对瀑》:"蓄盈激怒乃～,故其势雄弗可止。"《荡寇志》八三回:"众人都骑了马。苟桓传令～,号炮飞起,众军大呼虎威,一齐起去。" ❻ 发落;处断(公事)。宋《朱子语类》卷一〇六:"公等他日仕宦,不问官大小,每日词状,须置一簿,穿字号录判语;到事亦作一簿,～文字亦作一簿。每日必勾了号,要一日内许多事都了,方得。"明《金瓶梅词话》六九回:"西门庆到了衙门中一已毕,在后厅叫过该地方级缉捕,分付如此如此,这般这般。"清孔尚任《桃花扇》二六出:"欺君廉饷,本当军法从事,责骂几声,也算从轻～了。" ❼ 处理;安置;打发。《元曲选·东堂老》二折:"这席好酒,弄的来败兴。随你们～了罢,我自回家去也。"清《儒林外史》一三回:"这日天气甚暖,两公子心里焦躁:此人若竟不来,这人头却往何处～?"《醒世姻缘传》九一回:"你可请问奶奶,把这两个～在那里存站。只管这里搁着也不是事。" ❽ 吩咐;命令。《元曲选·金线池》二折:"你不～我起来,便跪到明日,我也只是跪着。"明陆采《怀香记》二二出:"小姐有命～:起来站着。"清《醒世姻缘传》六六回:"把个素姐气的扯耳挠腮,椎胸跺脚,～小玉兰,叫他疾忙回去,叫狄希陈即刻流水回来。" ❾ 释放;遣散。明叶宪祖《团花凤》四折:"贾氏夫冤得雪,～宁家。"清《平山冷燕》五回:"山显仁～了许多不用的女子,因入内与山黛说知宋信拜谢之事。"《醉醒石》二回:"妇人和奸拟杖,木匠～宁家。" ❿ 责备;数落。清《醒世姻缘传》七八回:"你～他几句罢了,休要打他,也别革他。"又:"今日早晨,太太合恭顺吴太太待往皇姑寺挂幡去哩,没有轿坐,～了小弟一顿好的。" ⓫ 发射。清《荡寇志》一〇九回:"自元以来始有火炮,虽仍袭炮名,其～却用不着炮架。"

【发奋】 fā fèn ❶ 犹"发迹❶"。宋王庭珪《故资政殿学士

聂公墓志铭》:"谓乡校不足以～,乃与筠阳龚端并游太学。"金《刘知远诸宫调》一:"昔有相厮算奴家,合～,得为正宫,做国母,嫁明君。"清《绣戈袍》三六回:"终日在府中跟着母亲,有何～? 我为你计,倒不如前去食粮。" ❷ 振奋;(意气、文思)风发。明郑真《豫斋记》:"及其事之为际,则～果毅,期于必行。"清毛奇龄《合肥相公千首诗序》:"以故心闲而思敏,～泉涌,虽欲过简之而无可简也。" ❸ 下决心勤奋努力,求取上进。明李时勉《张处士尚修墓志铭》:"由是～,从师读书,修身慎行。"《拍案惊奇》卷二九:"小侄为此～读书,指望完成好事。"清《红楼梦》八回:"宝玉先便回明贾母秦钟要上家塾之事,自己也有了个伴读的朋友,正好～。"

【发忿】 fā fèn ❶ 斥责;训斥。《元曲选外编·千里独行》四折:"你不远千里而来,被张飞与某百般～,兄弟你口不出怨恨之语,此为义也。" ❷ 同"发奋❸"。宋元《清平山堂话本·简帖和尚》:"字文解元从此～,道:'试不中,定是不归!'"《元曲选·灰阑记》楔子:"匆匆～出家门,别寻生理度寒温。男儿有躯长七尺,不信天教一世贫。"清《儒林外史》一六回:"这是我分俸些须,你拿去奉养父母,到家并～加意用功。"

【发风】 fā fēng 同"发疯❶"。清《聊斋俚曲·增补幸云曲》:"万岁说:'二姐你放心,到那里见了王家那小撕斯,他情管给我磕头。'二姐说:'你又～哩!'"

【发疯】 fā fēng ❶ 精神失常,也指言行失去常态。《明史·王允成传》:"青宫岂～之地? 庞保、刘成岂～之人?"清《红楼梦》五七回:"宝钗忙一把拉住,笑道:'你又～了,还不给我坐下呢!'"《野叟曝言》六三回:"村里跑出一个大脚婆娘,嘴里一片声叫喊,～也似的赶来。" ❷ 形容欢喜或生气的程度极深。明《禅真逸史》七回:"守净听了抓耳挠头,喜得～。"

【发福】 fā fú ❶ 得到福气。唐杨筠松《葬法倒杖》:"前关住堂气不泄,～永久。"明《金瓶梅词话》二九回:"唇若红莲,衣食丰足,必得贵而生子;声响神清,必益夫而～。"清《歧路灯》六一回:"有诗单笑谭绍闻不事诗书,单好赌博,却将不发贵,不～,埋怨起祖宗来。" ❷ 称人发胖的客气话。清《红楼梦》九五回:"且说元春自选了凤藻宫后,圣眷隆重,身体～,未免举动费力。"《荡寇志》九六回:"多听人说阿叔发了财,果然面庞儿比二十多岁时～得多哩。"

【发付】 fā fù ❶ 送交;交还;交付。唐柳宗元《太白山祠堂碑阴文》:"时尹韩府君韦皋,祗奉制诏,～邑吏。"《元曲选·冤家债主》一折:"罢! 罢! 罢! 我还我还,兀的不心疼杀我也!〔做～科〕"清《飞龙全传》一七回:"既然输了,该把彩银～,才是正理。" ❷ 处理;处置。唐李纯《罚卢坦元义方立戟违式俸料敕》:"左司郎中陆则,勾简之任,～不精,……罚一季俸料。"元姚守中《粉蝶儿·牛诉冤》:"告本官,送本都,从公～。"清《玉蜻蜓·认母》:"倘然日后临盆,是女呢,任凭～,若还产下孩儿未,望你送到我家门,以作承桃后代人。" ❸ 打发;送走。宋《朱子语类》卷一〇六:"凡下书者,须令当厅发下,却将书于背处观之。观毕方～其人,令等回书。"元明《水浒传》三回:"俺明日清早来～你两个起身。看那个店主人敢留你!"清陈世祥《如梦令·客中》:"才看桂花黄絮,待趁晚潮归去。真正没来由,便把冬春～。" ❹ 派遣;遣送;指派。宋王之望《措置钱监军兵充诸军使唤朝札》:"监拣选强壮之士,得一百五十七人,分作三队,给行钱粮请衮同,～军前。"《元史·刑法志三》:"诸色目人犯盗,免刺科断,发本管官司,设法拘检,限内改过者,除其籍;无本管官司～者,从有司收充警迹人。"明《西游记》三七回:"想必是一代亲王侍长,～何处镇守去了?" ❺ 命令;吩咐。明《封神演义》六三回:"今日老师大舍慈悲,～弟

子,敢不前往,以图报效。"《禅真逸史》三回:"丘吉~众人:'且去。明日里长、保正等,率众人早来伺候。'众人答应散讫。" ❻对付;应付;应对。《元曲选·风光好》一折:"脖项上搭上套头,皮面上带上掩眼,怎~这一千斤铁磨杆?"明梁辰鱼《浣纱记》文林阁本四五出:"以相公如此威名,恐怕越王再行追用,或他邦来征聘,那时节,相公如何~?"清《说岳全传》九回:"留守衙门差人抬了五席酒肴,说是:'不便相请到衙,特送到此,与岳大爷们接风的。'怎~他?" ❼发泄;表露。《元曲选·玉镜台》三折:"则见他无~氲氲恶气,急煎里不能勾步步相随。"明《石点头》卷四:"那方氏心里也有了这个后生,只是不晓得他姓张姓李,这一点没着落的闲思想无处~。"清《野叟曝言》一一回:"~牢愁酒一卮,拼教烂醉真如泥。"

【发富】 fā fù　致富;得到财富。《敦煌变文校注》卷三《茶酒论》:"酒店~,茶坊不穷。长为兄弟,须得始终。"清《协纪辨方书》卷三四:"若要贵,修太岁。……要~,修官符。"《儒林外史》四四回:"只要地下干暖,无风无蚁,得安先人,足矣;那些~发贵的话,都听不得。"

【发喊】 fā hǎn　呼喊;大声叫。宋《三朝北盟会编》卷二三八:"摆布仅毕,忽闻敌众齐声~。"金《董解元西厢记》卷二:"六军~,旗前二马相交。"清《飞龙全传》七回:"那董达跟随的众人一齐~,各给了砖头石块,望了匡胤如星飞电闪的打来。"

【发很】 fā hěn　同"发狠❸"。明陆采《怀香记》一九出:"我们面貌也将就粗粗看得过,只多这口髭须,因此~要扯落他。"

【发狠】 fā hěn　❶恼怒;显出凶狠。《元曲选·举案齐眉》二折:"父亲呵,你既然恁般,怎叫我不要半语支分。"明王恕《请敕贵州会兵抚捕罗雄州贼人奏状》:"彼时民兵~,亦将贼人阿末等杀死射伤一十余人。"清《隋唐演义》一二回:"做出许多张志来,咬牙切齿,怒目睁眉,擅拳裸袖,绰步撩衣,~上前。下边看的人赞道:'好汉~上去了。'" ❷狠命;极力。明王世贞《札付车里元江》:"如今京师~教象来云南,近日真蜡国王真个经由占城安南赶到象进贡。"清《说唐前传》四四回:"遂将铁羊放在炉内,扇红了,~的打。"《红楼梦》七一回:"我想老太太的好日子,~的还舍钱舍米,周贫济老,咱们家先倒折磨起人家来。" ❸下狠心;横下一条心。明李梅实《精忠旗》七出:"如伍员一落寞单身,发个狠报了父怨,今十万众定自有热血男儿。"清《红楼梦》四八回:"如今我~把那些没要紧的都断了,如今要成人立事。"《绿野仙踪》八十回本二三回:"见严嵩父子欺君罔上,杀害忠良,他儿子严世蕃较他父更恶,我父~参了他十一款大罪案。"

【发恨】 fā hèn　❶恼怒;生气。元刘诜《闻角赋》:"此其人闻之,然后增断填膺,~销骨,流涕而不自持也。"明《拍案惊奇》二六:"老和尚~道:'我今夜不怕他不来!'一直的走到厨下,拿了一把厨刀走进杜氏房来。"清《聊斋俚曲·姑妇曲》:"于氏一行走着~:'我定是着他试试,你慌嘎哩!'" ❷下狠心;打定主意。明《金瓶梅词话》六七回:"昨日蒙你堂上说了人情,减我三等之罪。那厮再三不肯,~还要告了来拿你。"清《红楼梦》六〇回:"怎奈钱槐不得五儿,心中又气又愧,~定要弄取成配,方了此愿。"《聊斋俚曲·姑妇曲》:"谢娘子泪双双,一声声怨爷娘,~不把娘门上。"

【发话】 fā huà　❶说话。常指说不高兴的话。元杨文奎《儿女团圆》三折:"则他这孩儿家~别,便大人也不会怎样说。"明徐畈《杀狗记》六出:"他在外边大声~,道这家私是祖上遗下来的,要与你分一半。"清《红楼梦》程乙本七七回:"迎春听了,方~道:'你瞧入画也是几年的,怎么说去就去了?'" ❷怒言;嗔怪。

元明《三国演义》五五回:"二将问曰:'你等曾见刘备否?'四人曰:'早晨过去,已半日矣。'蒋钦曰:'何不拿下?'四人各言孙夫人~之事。"明《警世通言》卷二一:"照小二面门一拳打去。小二口吐鲜血,手掩着脸,向外急走去了,店家娘就在厨下~。"清《聊斋俚曲·磨难曲》:"张相公休要发,你为人太大差,除不给钱还~。" ❸递话;放口风。元明《水浒传》二八回:"你倒来~,指望老爷送人情与你,半文也没。"明袁于令《西楼记》一三出:"是你令尊不知那里晓得了,差人~,……我又不曾在令尊前搬是非,又不曾托我去~。"清《醒世姻缘传》五一回:"张书办媳妇子~,说小的们因他汉子不在家,乘空子看他老婆哩。"

【发还】 fā huán　❶打发回去。宋曾敏行《独醒杂志》卷四:"王荆公见而恶之,密启于上,以御批黜之。遂下诏,~本任。"元明《水浒传》三五回:"花荣自家中,将应有的财物等项,装载上车,搬刘妻小妹子。内有清风镇上人数,都~了。"明洪武四年八月十三日朱元璋付刘基手书:"使者往而回,勿赍以物,菜饭~。" ❷送还;把上呈或收下的东西送回。宋周必大《思陵录》下:"不受之物万寿玉尊等,并刀剑及玻瓈二十事,依数~。"明《醒世恒言》卷二九:"又着人寻访前来下帖的差人,将向日所送书仪,并那坛泉酒,~与他。"清《红楼梦》九四回:"将文书查出,花上几十两银子,雇只船,派个妥当人,送到本地,一概连文书~了。"

【发挥】 fā huī　❶提携;推重;代为宣扬。五代黄滔《与卢员外启》:"至今取第之由,莫不路邀鳌头,程悬骥尾。苟非先鸣汲引,哲匠~,纵或自强,行将安遇?"宋魏野《送薛端公赴右蜀均输》:"公馀若荐相如赋,郫县梅仙好~。"明吴宽《次韵韩彦哲州倅促予作生墓志》:"旧施美政争传播,预恐芜词少~。" ❷衬托;烘托。唐刘禹锡《杨柳枝》:"桃红李白皆夸好,须得垂杨相~。"宋范成大《两虫》:"鹧鸪忧兄行不得,杜宇劝客不如归。天涯羁思难绘画,惟有两虫相~。"明袁宏道《上方》:"卑者远翠稠叠,为屏为障,千山万壑,与平原旷野相~,所以入目尤易。" ❸抒发。宋陈德武《水龙吟·西湖怀古》:"登临形胜,感伤今古,~英气。"元萨都剌《相逢行赠别旧友治将军序》:"予始见君而惧,次得君而喜,终会君而乐,又得名山水以~久别抑郁之怀。"清厉鹗《曲阿道中偶成寄秋玉佩兮》:"吟罢江山助~,沙鸥相与共忘机。" ❹发布。唐李筌《太白阴经》卷三:"故须振雄略,出劲词,锐铁石之心,凛风霜之气,~号令,申明军法。"明陆采《怀香记》一一出:"~新号令,整顿旧山河。"又三七出:"中军帐老元帅~着号令如风。" ❺命令;吩咐。明《西洋记》二五回:"唐状元说道:'不可,不可。我们若不是天师神通,焉能脱此大难? 岂可与天师厮杀? 我们私自回营!'众将言:'悉凭唐状元~。'"《肉蒲团》一七回:"行事的次第,不必照依酒,只凭状元~,凭他要先便先,要后便后。"清孔尚任《桃花扇》五出:"〔小旦〕何不行个令儿,大家欢饮?〔丑〕敬候主人~。" ❻衍发;假借某一事物做引申表达。明《封神演义》八五回:"邓昆见幽魂白骨幡竖在当道,就在这幡上,忙令卞吉:'将此幡去了。'"《禅真后史》四〇回:"大率妇人之疾,多根于气。若究得病之源,竟从恼怒~,必中其窍。" ❼施展;表现;发作。明《西游记》六一回:"牛魔不怕施威猛,铁棍高擎有见机。翻云覆雨随来往,吐雾喷风任~。"《醒世恒言》卷三四:"也晓得杨氏平日有些不三不四的毛病,只为从无口面,不好~出来。"《二刻拍案惊奇》卷三二:"王俊有了酒意,做出财主的样式,支手舞脚的~。" ❽处理;处置。明《鼓掌绝尘》一九回:"夏方今日如此模样,感蒙收留,再有不是处,任凭~就是。"清《豆棚闲话》三则:"你们众人就提了三千两去,餘下本钱听我~罢了。" ❾申斥;数落。明袁于令《西楼记》九出:"前日受气,近日狐假虎威~他一场。"《禅真后史》一二回:"百佛寺中一秃厮来讲,这一桩事要分我等一角居

间银与他,被我一顿~,掇转身去了。"清《照世杯·百和坊》:"那来役任凭他~,拾了银子,忙去回复知县。"

【发昏】 fā hūn ❶ 昏迷;发晕。金张从正《儒门事亲》卷六:"河门刘光济之子,才二岁,病疮后呕吐~。"《元曲选·铁拐李》二折:"〔正末~科〕〔旦悲科,云〕孔目,你苏醒着。"清《聊斋俚曲·慈悲曲》:"任他娘怎么骂,张讷~,可也不觉。" ❷ 谓人昏聩糊涂。清《红楼梦》三五回:"你只会听见你妹妹的歪话,难道昨儿晚上你说的那话就应该的不成? 当真是你~了!"《歧路灯》五六回:"貂鼠皮道:'我说他看了我的老婆。'白鸽嘴道:'~! ~! 你是光棍汉子,你的老婆在那里呢?'" ❸ 形容竭尽精力。明《西游记》三二回:"那妖怪随身有五件宝贝,神通极大极广。就是擎天的玉柱,架海的金梁,若保得唐朝和尚去,也须要发发昏昏。" ❹ 表示烦难或痛苦的程度深。明《醒世恒言》卷六:"原来官人住在这里,教我寻得个~。"清《绿野仙踪》七一回:"钱元是个生意人,早吓的~。"《醒世姻缘传》五六回:"狄周媳妇回来说了,把狄婆子已是气的~。"

【发惛】 fā hūn 同"发昏❶"。清《聊斋俚曲·磨难曲》:"家中器物折蹬尽,还要去按限比较,三十板打的~!"

【发浑】 fā hún 同"发昏❶"。清《聊斋俚曲·磨难曲》:"俺一堆挨打的,一霎死了两个,~的还有。"

【发诨子】 fā hùn zi 做欢乐表演。宋吴自牧《梦粱录》卷三:"教乐所伶人以龙笛腰鼓~,参军色执竹竿拂子奏俳语口号祝君寿。"

【发火】 fā huǒ ❶ 发怒;发脾气。清《野叟曝言》四回:"素臣再三央他通报,更夫~起来道:'你这个不识路的!'"《歧路灯》四六回:"这个粗皮狗攘的,不知怎的发了威,惹得萧墙街街坊一齐~。" ❷ 形容焦急或焦渴。清《歧路灯》一四回:"王中直是急得心里~,欲待另请先生。"《野叟曝言》七○回:"哎哟,喉咙里~,要冒出烟来了。"

【发积】 fā jī 同"发迹❶"。《元曲选外编·焚儿救母》楔子:"我卖的是草香水酒,似我这等瞒心昧己~,除死无大灾。"明陈献章《罗水渔歌》:"豪哉宾阳子,~异姜吕。"清李渔《奈何天》二八出:"又有那小则千金,大则万贯的财主,未曾有~的时节,原与穷人一般。"

【发极】 fā jí ❶ 同"发急"。明《拍案惊奇》卷二四:"儿晓得此番定是难免,心下~,大叫'灵感观世音'起来。"《型世言》三二回:"赢了二三十两便快活,一输就~就慌。"清《野叟曝言》二六回:"这张妈正在欢天喜地,忽闻此言,~起来,骂:'你这老失时、老短命!'" ❷ 情急;忍受不住。明王骥德《男王后》三折:"姑娘怎么这等~起来,待我过两日寻思个好歹,回话姑娘罢。"《醋葫芦》一九回:"都飙剔打得~,也连声叫起屈来。" ❸ 忍耐;忍受。清《十二楼·拂云楼》五回:"哪里知道这位新郎是被丑妇惹厌惯的,从不曾亲近佳人,忽然遇见这般绝色,就像饿鹰看了肥鸡,馋猫对着美食,哪里~得了!" ❹ 没命地;急切地。明《西湖二集》卷三○:"两个和尚见二人笑,一发慌张,~的磕头礼拜。"

【发急】 fā jí 发火;着急。明《西游记》三八回:"兄弟啊! 你却不知我~为何。"清《平山冷燕》三回:"各家来取诗文,人人都有,独没有晏公子的绫扇。晏公子便~道:'为何独少我的?'"《飞龙全传》一二回:"柴荣心下~,气喘吁吁,只得骂道:'黑贼! 你不该这般作耍。'"

【发迹】 fā jì ❶ 由贫贱而富贵。唐王昌龄《公孙弘开东阁赋》:"睹公孙之~,知汉帝之尊崇。"金《刘知远诸宫调》一一:"三娘见,喜不自胜,真个~也。"清《十二楼·三与楼》二回:"慷慨仗

义者,子孙个个式微;刻薄成家者,后代偏能~!" ❷ 起行;起程。唐庾抱《聪马》:"~来东道,长鸣起北风。"玄奘《大唐西域记》卷八:"及将~,重裁书曰:'年期已极,学业何如? 吾今至矣,汝宜知之。'"明沈周《过长荡》:"~过长荡,识此平生始。" ❸ 显露行迹。清《红楼梦》九回:"因此四人心中虽有情意,只未~。"

【发甲】 fā jiǎ 科举会试考中,取得进士资格。唐宋进士分甲乙科,后以甲科称进士。明《型世言》二八回:"恩选孝廉,岂无异才? 却荐刻十一,弹章七处八,削尽英雄之气。独是~可以直行其志,尽展其才。"清《二度梅》一回:"我看现在登科~的官员,哪个能与皇家出力?"《姑妄言》五回:"又有一家,是前科~的贾老先生讳文物的。"

【发嫁】 fā jià 嫁出。清《红楼梦》四九回:"因当年父亲在京时,已将胞妹薛宝琴许配都中梅翰林之子为婚,正欲进京~。"《儒林外史》七回:"不要恼犯了我的性子,揪着头发臭打一顿,登时叫媒人来领出~。"《醒世姻缘传》三六回:"其次倒先写了遗嘱与那儿子,托他好好从厚~,不得留在家中作孽。"

【发交】 fā jiāo 交付;(上级)发出交给。清《平定准噶尔方略》正编卷六四:"本月十七日夜,将军~伊等五人文书各一分,令突围而出。"《绿野仙踪》一三回:"山东巡抚又~泰安州研讯,前后夹了七八夹棍,并未攀出一人。"《红楼梦》一一九回:"钦命大人问了他父亲好,说:'明日到内府领赏。宁国府第,~居住。'"

【发脚】 fā jiǎo ❶ 出发;启程。清《豆棚闲话》九则:"凡有举动,必先从~处蹑听着实,窥其护从,尾其后者。"《醒世姻缘传》三七回:"从鹊华桥~,由黑虎庙到了贡院里边。" ❷ 起始;开头。宋吴泳《答严子韶书》:"若只从正心诚意处做起,而不向致知格物上~,譬犹人之行路,不识路头而便欲从半路里截去。"明《禅真后史》五四回:"毓秀惊慌,将起因~,四位夫人偷情暗会,并沈氏致死根源,一一诉明。"清《歧路灯》一○回:"前代以选举取士,这是学者进身正途。异日展布经纶,未必不由此~。"

【发解】 fā jiě 另见 fā jiè。 ❶ 解脱;解开。宋晓莹《罗湖野录》卷四:"不假修炼,炮制一服,脱其苦恼,如缚~。" ❷ 晓悟;领悟。《五灯会元》卷一三《澧州钦山文邃禅师》:"见德山来后,于洞山言下~,乃为之嗣。" ❸ 阐发;解释。清吴学颢《几何论约序》:"于是为之删其冗复,存其节要,解取诘题,论取~,有所未明,间以己意附之。"

【发解】 fā jiè 另见 fā jiě。 ❶ 唐宋时取士,颁格于州县,合格者谓之选人,由所在州郡发遣解送至京参加礼部会试,称发解。唐开成二年四月中书门下省请吏部选人颁行长榜奏:"一千里内三月十日解到省,二千三千里递加十日,并勒本州赍送,选人~讫,任各归家。"《旧五代史·唐书·明宗纪》:"戊申诏,选人文解不合式样,罪在~官吏。"宋王辟之《渑水燕谈录》卷六:"咸平初,开封~以高辅尧为首,钱易次之。" ❷ 明清时考中举人第一名为发解。明徐咸《西园杂记》卷下:"魏守语人曰:'府学生员必有~魁天下者。'是秋乡试,兀崖果经一。"冯惟敏《不伏老》一折:"老夫是后晋高祖天福二年丁酉科山东~,如今是大宋太平兴国五年庚辰科了。"也泛指乡试中举。清《儒林外史》四九回:"自高老先生~之后,小弟奔走四方,却不曾到京师一晤。" ❸ 解送;押运(货物)。宋袁甫《论履亩札子》:"人户所纳官会,各州军截凿一角,~朝廷。"明毕自严《库贮将竭疏》:"当羽书初至之时,臣夜召筦库司官,~冲边及蓟、密、昌、易等处月饷,计可二十馀万。"清宋荦《请停铜觔采办详文》:"即如办完,则包索有费;募夫挑送上船,则脚价有费。" ❹ 起解;押送(犯人)。明林俊《夺获流贼印刀疏》:"生擒鄢本恕男鄢统,~,贼八十馀骑跟夺,只得砍死。"清

《歧路灯》五四回："夏鼎既脱逃，限即日拿获，以便与同犯～。"《说岳全传》三四回："二人领命，立刻～起身。"

【发尽儿】 fā jìn er 副词。至多，表示最严重的程度。《元曲选外编·哭存孝》一折："别近谤俺夫妻每甚的？止不过～掏窝不姓李！"

【发噤】 fā jìn 发抖；打寒战。明张介宾《景岳全书》卷四八："(木鳖子)人若食之，则中寒～，不可解救。"清《红楼梦》一〇一回："凤姐吃了酒，被风一吹，只觉身上～。"《天豹图》二四回："只有一息微气，牙齿咬紧，满身～。"

【发酒风】 fā jiǔ fēng 饮酒过量，借着酒力任性胡闹。风，通"疯"。《元曲选·王粲登楼》一折："王粲，你～哩！"明朱有燉《继母大贤》一折："且又好饮酒，～。"

【发开】 fā kāi ❶打发走。明《古今小说》卷二二："唐孺人听见丈夫说子母都～，十分像意了。" ❷打开；掘开。唐舒元舆《贻诸弟砥石命》："今年秋在秦，无何～，见惨翳积蚀，仅成死铁。"明《警世通言》卷一五："阴捕走入卧房，～床脚，看地下土实不松，已知虚言。"清《东周列国志》三二回："及入寝室，～窗棂，见虫攒尸骨，无不凄惨。"

【发科】 fā kē ❶戏曲用语。演员做表演动作。科，戏曲规定动作。《元曲选·铁拐李》二折："〔张千～，云〕呀呀！就唬杀了。"元明《水浒传》八二回："依院本填腔调曲，按格范打诨～。"明康海《王兰卿》三折："〔女净扮媒婆～了〕……" ❷装出某种身分，做出某种动作或表情，以应付场面。元马致远《四块玉·叹世》："共诗朋闲访相酬和，尽场儿吃闷酒，即席间发淡科，倒大来闲快活。"元明《水浒传》二一回："老娘一双眼，却是琉璃葫芦儿一般，却才见押司努嘴过来，叫你～。"清佚名《鱼篮记》一〇出："和鸣玉珂，那曾经过。方才教演，就要登时～，此去好生摧挫。" ❸科举乡试考中，取得举人资格。宋王质《东平王君钖墓志铭》："王氏去山东来江南，自甲叔君玉～，始更为儒家。"明周履靖《锦笺记》四出："〔老旦〕曾入泮么？〔生〕秋风已曾闻鹿鸣。〔净〕原来～了，可喜可喜。"清《歧路灯》六一回："先生看的不错，但他家如今因不～，有起迁之意。" ❹公文用语。把奏章发交承发科抄录。明夏言《正体统以尊朝廷疏》："所据该国原咨，正系送投本部文字，不当进呈～。"清康熙二十五年七月二十三日上谕："每月朔初二日及凡斋戒日，刑部所上常事照常～，刑戮重罪事关人命者勿发。"孙承泽《春明梦餘录》卷二三："凡内阁题本，用小揭帖楷书斜折。其本佥官衔，则～抄行；止称臣某，则不送科发抄。"

【发课】 fā kè 起卦。课，占卜的一种。唐易静《兵要望江南·占六壬》："刑杀相并天马逢，用之～不宜人，虚杀总相亲。"宋《朱子语类》卷六六："《易》爻只似而今～底卦影相似。"明《古今小说》卷一一："仁宗教苗太监更占一课。苗太监领旨，～罢，详道：'此扇也只在今日重见。'"

【发魁】 fā kuí 科举乡试中魁。清乾隆五十三年之前，乡试前五名乃于五经试中各取一名为首，称五经魁。明《警世通言》卷一七："此位是本县大名士，你只看他今科发解还是～？"清蒲松龄《逃学传》："将所作的文字多多加上些圈圈点点，逢人夸奖，说我是大成之器，日后有发解～之望。"

【发愧】 fā kuì 感到羞惭。唐韩愈《送湖南李正字序》："惟愈也，业不益进，行不加修，顾惟未死耳。往拜侍御，谒周君，抵李生，退未尝不～也。"元王恽《遗山先生口诲》："坐客四悚，有惘然自失，不觉叹而～者。"明顾宪成《简吴徹如光禄》："弟每念及，便觉赧然～。"

【发懒】 fā lǎn ❶感到疲倦，不愿动。清《红楼梦》六七回："我那两日不是觉着～，浑身发热，只是要歪着，也因为时气不好。" ❷躲懒；懒惰。清《歧路灯》二五回："只管去问问，走不大你的脚，休要～。"又七〇回："你休要～，你亲去领他进来。"

【发擂】 fā léi ❶擂鼓；击鼓。《元曲选外编·千里独行》四折："哥也怎生不交战～那？"明《醒世恒言》卷二〇："那门却还闭着，两个拳头如～般乱打。"清《豆棚闲话》三则："刘琮扶了兴哥过船，便令～鸣金，挂帆理帜，出洋而去。" ❷起更打鼓。宋李纲《乞遣兵收复光州奏状》："至二十三日夜昏黄到光州西城厢，听得城上～打更。"《元曲选外编·西厢记》二本四折："天色晚也，月儿，你早些出来么？〔焚香了〕呀，却早～也；呀，却早撞钟也。"特指五更过后擂的一遍报晓鼓。明《警世通言》卷一五："张阴捕惊醒，坐在床铺上，听更鼓恰好～。"顾起元《说略》卷一一引《蟫精隽》："宋内五鼓绝，梆鼓遍作，谓之虾蟆更。其时禁门开而百官人，所谓六更也。如方外之攒点，即今之～耳。" ❸擂；敲。元明《水浒传》七六回："看了半晌，只听得宋江军中催战的锣鼓不住声～。"明汤显祖《紫箫记》一七出："蚤～了冬冬鼕鼕端门禁鼓。"《禅真后史》一二回："快走，快走！略迟些，不要等我脑袋上～。"

【发利市】 fā lì shì ❶买卖初次成交顺利；开市。明王玉峰《焚香记》一六出："人人道我好买卖，刚刚今朝～。"《封神演义》一五回："只见一个人叫：'卖面的站着！'子牙说：'～的来了。'歇下担子。"《醒世恒言》卷三五："那阿寄～就得了便宜，好不喜欢。" ❷指做事有利益。明《醒世恒言》卷二六："今夜再～，安知明日不钓了两个？" ❸指初次做事；开头。明《醒世恒言》卷三五："你那措大，虽然中个进士，～就与李丞相作对。"又卷三六："朱源见小奶奶气闷，正没奈何，今番且借这个机会，敲那贼头几个板子，权～。"清《说岳全传》七五回："我在江边海口见了些粗蠢蛮汉，却是从未见过鞑子的，不要初～倒输与他了。" ❹谓讨个好兆头。明《警世通言》卷一五："不该要金阿叔的，今日是初五，也得做兄弟的发个利市。"清《儒林外史》二七回："南京有风俗：但凡新媳妇进门，三天就要到厨下，去收拾一样菜，发个利市。"《玉蜻蜓·问卜》："〔付〕今朝初一，～哉！〔丑〕啥个～，直头倒运哉！" ❺指显身手。清《后西游记》一四回："猪一戒听见叫动手，便举起钉耙，笑嘻嘻祷祝道：'阿弥陀佛，今日钉耙～。'遂不管好歹，只望妖精多处一路筑来。"《说岳全传》七五回："你问我老爷要钱，岂不是虎头上来抓痒？不要走，且赏你一叉，发个利市。" ❻特指抢劫、敲诈钱财等。明《醒世恒言》卷三〇："一人道：'今日大哥初聚，何不就发个利市？'……即将酒席收过，取出硫磺焰硝火把械器之类。"《梼杌闲评》一四回："这班人放不得，他们白手弄人的钱用，也该拿出几两来我们发个利市。"清《说岳全传》七五回："两天不～，今日又张着个穷鬼。滥不济，把身上的包裹留下！"

【发禄】 fā lù 发达做官。宋王辟之《渑水燕谈录》卷七："进士李某者久未第，一日讯命，日者曰：'君遇三韩即～。'"元关汉卿《拜月亭》四折："但行处两行朱衣列马前。算个文章士～是何年？"《武王伐纣》卷中："姜尚心内思惟，便待投西伯侯去，或命未合～，更待数年，方得君臣道合也。"

【发路】 fā lù ❶启程。《旧唐书·夏侯端传》："因～西归，解节旄怀之。"明李梦阳《离愤》："临～踟躇，谁敢前为言？" ❷饯行。宋朱熹《按唐仲友第六状》："去年闰三月二十八日支钱一十贯文，支送新镇江府诸军粮料院姜大夫辞赴任～折酒钱。"明《型世言》二三回："姚明道：'这等，我明日与大哥～。'朱恺道：'不消，明日是我做东作别。'"

【发落】 fā luò ❶处断；处置(公事)。《元曲选·谢天香》一折："今日升堂坐起早衙，张千！有该佥押的文书将来我～。"明

《朴通事谚解》卷下："才只教吏们将文卷来，紫罗书案上展开，启禀公事。头到～公事直到日平西才上马。"清《聊斋俚曲·快曲》："一时自己没分晓，且听军师去～。" ❷ 安排；处理；照料。宋元《清平山堂话本·错认尸》："好却好了，这死尸须是今夜～便好。"明《禅真后史》四四回："这也是了。但这六十两银子如何～？"清《歧路灯》二六回："你～我起去，扶我到东楼下，请大相公说话。" ❸ 解送；押送。《元典章·刑部十一》："和尚作贼，合与俗人一体刺字，依例断配～。" ❹ 送交；交付。《元典章·刑部十》："今后凡有追到钱物，……合还主者，就便â散；合送官者，明白～；合没官者，依问解台。" ❺ 打发；嫁出；使离去。明《金瓶梅词话》六七回："房下见我报怨，没计奈何，把他一根银插儿与了老娘，～去了。"《警世通言》卷三八："将高就低，添长补短，～了罢。"清《红楼梦》九四回："贾琏点头说：'是了。'即刻将贾芹～。" ❻ 科举生员考试后，宗师(学官)评点考生文卷，发布名次。明《拍案惊奇》卷一○："～已毕，只得萧萧条条，仍旧去处馆。"《石点头》卷一："不期考过了，秦宗师当面～第一名。"清《聊斋志异·三生》："偶过邻郡，值学使～诸生，其第一卷李姓。" ❼ 上面批复的处理意见；文告。清《醒世姻缘传》五○回："行下～来，咱也他加二三，堂上又喜咱会干事，百姓又喜清廉。" ❽ 吩咐；嘱咐。元明《水浒传》三九回："蔡九知府道：'通判说得是。'便～戴宗：'你们不拣怎地，只与我拿得来。'"明杨士奇《示旅弼鹤艮书》："令勤谨生业，不得放懒，更～他和睦邻里，不得无状生事。" ❾ 对付。元明《水浒传》六一回："不是小乙说嘴，帮着主人去走一遭，路上便有些个草寇出来，小人也敢～的三五十个开去。" ❿ 出售；发卖。元古本《老乞大》："行货都～了也，咱每买些甚么行货回去呵好？"李士瞻《与魏彦名参政书》："暨运盐五百引，烦为～，易换物货米粮。"明《杜骗新书·引赌骗》："为商者，当货物发脱之初，细审经纪，对手～，方可保无虞矣。" ⓫ 花销；使用。明《朴通事谚解》卷上："你布施人家斋饭钱，无处～，到处里养老婆。这一等和尚不打他要做么么？"又卷中："那谎松一个财主人家里招做女婿来，他如今吃的穿的无处～里。" ⓬ 发泄。元明《水浒传》六回："洒家又一肚子鸟气，正没处～。" ⓭ 数落；责问。明李日华《南西厢记》二三出："待我叫他过来跪了，～他一场。那时开了门，放他出去便了。"《禅真后史》二五回："刘廉访暗忖：'本该一顿竹片，开除了这厮，为民除害。可惜印门绝后，有伤阴骘。'当下夹骂带说的～了一场。"清《醒世姻缘传》五一回："且别与他说话，等审了录回来，路上合他算账。鼻涕往上流，倒～咱来了！" ⓮ 放开；放松。明《金瓶梅词话》九二回："老先生不该～他，常言'人心似铁，官法如炉'，从容他一夜不打紧，就翻斟口词。"

【发麻】 fā má ❶ 肢体感觉麻木。明朱橚《普济方》卷二四○："冬月寒天气冷，或～疼痛。"《金瓶梅词话》七六回："娘如今只是有些头疼心胀，胳膊～，肚腹往下坠着疼。"清《红楼复梦》九三回："举起铜锤往上一隔，塞鸿两手～，将一杆大刀丢在九霄云外。" ❷ 肉麻；麻痒。清《镜花缘》二三回："唐、多二人听见这几个虚字，不觉浑身～，暗暗笑个不了。" ❸ 形容害怕。清《聊斋俚曲·禳妒咒》："争奈见了他，浑身怪～。"《霓裳续谱·秋风儿刮》："秋风儿刮的我心心惊怕，可怜见我软怯怯的身子是阵阵～。"

【发卖】 fā mài ❶ 出售。宋吴徽《论乞委漕臣同帅臣措置沿边》："漕司量诸州每岁合用之数，给之以盐，使之～。"元施惠《幽闺记》二二出："你可与我开张铺面，迎接客商。你在外面～，我在里面会钞记帐。"清《豆棚闲话》一则："我同几个伙计贩了药材前往山东～。" ❷ 显示；卖弄。《元曲选·马陵道》一折："兄弟，他的兵法怎么到我根前～，你放心去，不妨事。"明王錂《春

芜记》四出："我一生只有这桩本事，不～人也不晓得。"清《一片情》六回："向上～手段，把那硬物点点的着在心儿里。"

【发镘】 fā màn 花钱。镘，铜钱无字的一面，代指钱。元朱庭玉《梁州第七·妓门庭》："选甚乍使钱无名气学做人初出帐的乔相识。折莫不～有魂灵曾做伴惯经笼的旧子弟，一个个都教成圆备。"

【发闷】 fā mēn 另见 fā mèn。感到憋闷；发堵。明朱橚《普济方》卷五四："毒气蕴结于耳中，以致脓汁俱出，～疼痛，谓之聤耳。"

【发闷】 fā mèn 另见 fā mēn。❶ 心情不舒畅。清《镜花缘》五三回："他们千山万水，不辞劳顿，原为的考试，那知忽然遇此扫兴之事。甥女一经想起，就觉～之事。"《姑妄言》二二回："这一日，史奇正在营中，心中～，饮了一饱早酒。"《白雪遗音·人说相思》："相思病，不疼不痒光害困，诸日里，茶饭懒餐心～。" ❷ 发愣；发呆。清《红楼梦》九回："袭人早已把书笔文物包好，收拾的停停妥妥，坐在床沿～。"又七四回："正值晴雯身上不自在，睡中觉才起来，正～。" ❸ 纳闷；疑惑不解。清《红楼梦》三四回："黛玉听了，心中～：做什么来送手帕子来给我？"《幻中游》一一回："往里一看，有个少年女子，拴在梁头上，在那里哭哩。心下～，便跑到宅中，一五一十，俱对夫人说了。"《九云记》三三回："如此寒天，兄长只穿单衣，我正代为～，兄反挥汗成雨，这是何故？"

【发萌】 fā méng ❶ 萌发；(草木)发芽。敦煌词《南歌子》："雪消冰解冻，烟凝地～。绿杨红叶两分明。"宋欧阳修《感二子》："百虫坏户不启蛰，万木逢春不～。"清《平定准噶尔方略》前编卷一七："目今预备，俟青草～时前去。" ❷ 发动；开始。明程敏政《海阳周司训教政遗思卷》："治教炳前烈，周道无敧倾。吾党重遗思，远大兹～。"朱橚《普济方》卷二六○："故阳生十一月甲子后服乳，阴生五月甲子后服石。阴阳～，互相为用。"清纪昀《阅微草堂笔记》卷二四："然有其事尚未～，其人尚未举念，又非吉凶祸福之所关，因果报应之所系，游戏琐屑至不足道者，断非冥籍所能预注者。" ❸ 佛教喻指开始给人们传授佛教教旨及讲解佛家因缘。《敦煌愿文集·愿文范本》："齐上人～唱导，公德冥资，助供檀那等陈力修斋，休祥潜降。"《祖堂集》卷二《伽耶舍多尊者》："有种有心地，因缘能～。于缘不相得，当生生不生。"

【发猛】 fā měng 发狠；下狠心。《元曲选·柳毅传书》楔子："倚恃他父叔神通，～的要降着我。"明戚继光《练兵实纪》卷八："身属戎行，命在人手，何处可避？各各一心～，肃肃静静，惟主将号令是听。"

【发迷】 fā mí ❶ 痴迷；着迷。唐曹孝翼《城桥记》："离娄以之拭目，不觉逃睛；公输即此～，翻然褫魄。"金《董解元西厢记》卷一："满腹离愁，到此～因行者。一场旖旎风流事，今日相逢在此中。"△清《二十年目睹之怪现状》六一回："随便那一项，都有人～的，像这种真是发秀才迷了。" ❷ 发昏；昏迷。清魏之琇《续名医类案》卷一四："午后因藤强硬，自令人以热面熨之，忽至～。"《红楼复梦》四八回："干爹瞧见几个人来请上任，打半夜后就有些～，到这会总还是半醒半睡的。"《姑妄言》一三回："我醉了，头眼～，身子独软了。" ❸ 迷惘；现出迷惘的神情。清《镜花缘》一六回："无奈到了争名夺利关头，心里不由就觉～，倒像自己永世不死，一味朝前奔命。"《白雪遗音·一见尊容》："一见尊容无主意，一阵阵糊涂一阵阵的～，十分魂勾引倒有九分去。"又《二月春光》："见卿独自守罗帏，手托香腮，杏眼～。"

【发恼】 fā nǎo 恼怒；生气。《元曲选·连环计》四折："奉先且不要～，再慢慢地商议波。"明《拍案惊奇》卷三八："讨得这番～不打紧，连家私也夺去与引孙掌把了。"清洪昇《长生殿》一九出：

"〔作暗出钿、乌与老旦看科〕只为见了这两件东西,故此~。"

【发闹】 fā nào ❶ 吵闹;搅闹。明于谦《忠肃集》卷七:"总兵官不知何情,就便用言恶骂唱叫。众都指挥在那里,有都指挥齐声叫应。张瑀、李英、盛广、姚贵、林盛等一齐向前,用言佐使~。" ❷ 感到烦躁。清《红楼梦》三〇回:"袭人只觉肋下疼的心里~,晚饭也不曾好生吃。"

【发念】 fā niàn 发愿;萌生念头。唐李邕《泗州临淮县普光王寺碑》:"尝纵观临淮,~置寺,以慈悲眼目,信义方寸,兴广济心仪。"明《英烈传》四〇回:"如今正在起黄金宝殿,尚少一位未得完成,望陛下~。"清纪昀《阅微草堂笔记》卷一六:"汝贫非虚语,能~诵佛号万声,亦可度我。"

【发弄】 fā nòng 拨弄。唐杨希道《咏琴》:"齐娥初~,赵女正调声。"稗海本《搜神记》:"时太守死女闻琴声哀怨,起尸听之,来于景伯船外,~钗钏。"

【发牌】 fā pái ❶ 官员出行(巡察、巡考或赴任等),持凭证(牌)通知驿站或目的地。宋时称为开先牌,明清叫做起马牌。明《古今小说》卷二:"茌任三日,便~按临赣州,吓得那一府官吏尿流屁滚。"《二刻拍案惊奇》卷三九:"就于是日~起马,离却吴江。"清《醒世姻缘传》三九回:"宗师考完了省下,~要到青州,正从他绣江经过。" ❷ 发出命令或拘传凭证,执行者持以证明。明朱载堉《十不足》:"上天梯子未做下,阎王~鬼来催。"林俊《大垇捷音疏》:"本月二十九日,贼隔河告愿招抚。李钺~入营,令将方四等各首恶绑缚来献。"清《好逑传》一〇回:"既有知县为媒,又行过聘礼,这就无说了。本院明日就~批准去娶。"

【发配】 fā pèi ❶ 判处流配,也指把被判流刑的犯人押往配所。宋《靖康要录》卷一〇:"如敢隐匿窝埋,诸色人许陈告,三分支一充赏,犯人重行~。"《元曲选·合汗衫》一折:"父亲,孩儿问来了,这一个是打杀了人~去的。"清《水浒后传》一五回:"家属具~充军,田产资财籍没入官,充为军饷。" ❷ 遣嫁;把侍妾、丫鬟或女仆人发出与人婚配。清《红楼梦》七〇回:"虽有几个应该~的,奈各人皆有原故。第一个鸳鸯,发誓不去。"《女仙外史》二一回:"遂先收公之妻翁氏夫人与二女,~象奴。"

【发脾寒】 fā pí hán 发疟疾。明《古今小说》卷三六:"侯兴一个儿子,十来岁,叫做伴官,害在床上。"

【发泼】 fā pō 撒泼;肆意大闹。清《红楼梦》八〇回:"金桂意谓一不作二不休,越发~喊起来。"

【发遣】 fā qiǎn ❶ 排遣;驱除;打发。唐白居易《自问》:"老慵难~,春病易滋生。"元明《水浒传》五二回:"来宅子后看了,便要~我们出去,他要来住。"明徐复祚《一文钱》四折:"员外向来被悭鬼缠住在身,是以不肯快活。昨日出去,遇一圣僧,与他~那鬼,如今肯快活了?" ❷ 发出;公布;支发。《唐律疏议》卷一五:"若州县~依法,而纲典在路,或有欺妄者,州县无罪。"《五代会要》卷一三:"如所试策或上或中,元进策内不曾施行,所试策下,元进策内曾有施行,便仰晓示~,不得再有投进。"明徐光启《农政全书》卷四三:"一每遇支散交纳日,本县差到人吏一名、斗子一名、社仓算司一名、仓子两名,每名日支饭米一斗,约半月~裹足米二石,共计米一十七石五斗。" ❸ 发嫁;嫁出。《太平广记》卷四五六引《续神记》:"晋太元中,士人有嫁女于近村者。至时,夫家遣人来迎,女家好,~令女弟送之。"《唐会要》卷六:"开元七年,永穆公主出降,敕有司优厚。"《敦煌变文校注》卷六《金刚丑女因缘》:"于是大王取其夫人之计,即诏一臣,交(教)作良媒,便即私地~。" ❹ 发落;处置。《五代会要》卷一四:"今请李琪任便赴省,~公事。"《元曲选·勘头巾》四折:"小人

呵,非浪言,这公事何难辨。把从头罪犯供明遍,请大人自~。"清《说岳全传》八〇回:"岳飞乃西天护法降凡,即着金星送归莲座,听候玉旨~。" ❺ 发配;流放。《唐会要》卷四一:"自今以后准格及敕应合决杖人,若有便流移左贬诸色,决讫,许一月内将息,然后~。其缘恶逆指斥乘舆者,临时~。"《元典章·刑部一》:"中间果有累犯不悛,必合移徙之徒,宜令事发官司开具情犯缘由,断讫杖罪,明白申禀。俟获省部明降至日,方许~。"清《绿野仙踪》九二回:"明帝也有些心疑,将世蕃并其子严鸿~雷州,餘俱着发烟瘴地方充军。" ❻ 研讨;商议;嘱托。唐李商隐《杂纂·失本体》:"不学~书题,失子弟礼。"《敦煌变文校注》卷四《悉达太子修道因缘》:"耶输既是使人不肯取其香炉去,寻时却~道:'将火于手心中,若是乱宫之子,其无情之火烧手交烂。'"

【发乔】 fā qiáo 杂剧中角色假装憨愚之态。宋耐得翁《都城纪胜·瓦舍众伎》:"末泥色主张,引戏色分付,副净色~,副末色打诨。"

【发轫】 fā rèn ❶ 本义为拿掉支住车轮的木头,使车前进。借指出发、启程。泛指开端;开始。唐张怀瓘《书断》卷下:"兹又论夫文字~,笺翰殊出。" ❷ 喻指事业、功名开端。宋卢挚《福寿千春·寿黄排岸》:"要成~勋业,便先教济川,整顿舟楫。"明沈受先《三元记》二八出:"登云~从今进,伫看科甲连登。"清《聊斋志异·瑞云》:"瑞云,杭之名妓,色艺无双。年十四,其母蔡媪,将使出应答。瑞云曰:'此奴终身~之始,不可草草。'" ❸ 特指科举入学考试考中。清《幻中游》七回:"胡员外问道:'世兄曾进过学否?'生答道:'已徼幸过了。'员外又道:'世兄既经~,还该努力读书,以图上进。'"

【发散】 fā sàn ❶ 分散;播散;使聚结的散开。唐庞严《对贤良方正能直言极谏策》:"陛下尊敬师傅,拔用忠良,谪弃奸贪,~滞积,皆舜禹之心也。"宋《朱子语类》卷六:"盖天地之化,不翕聚则不能~也。"明罗洪先《冬游记》:"近于静坐中稍见精神,当敛束不宜~。" ❷ 流通;分发。宋刘挚《乞复钱禁疏》:"先王之制钱币也,所以御万物,通有无,而调虚盈,……其~、交易、流布、运用,虽积于公,或藏于民。"林之奇《上丞相论丰储仓事》:"愿令诸州各准此,置丰储仓一所。当乐岁丰年,广行收籴,专以待饥馑~之用。"明陆容《菽园杂记》卷一二:"浙西多平野广泽,宜于舟楫,盐易~,故其利厚。" ❸ 中医指用发汗的办法疏散邪热。也指排除毒素。宋叶梦得《避暑录话》卷上:"古方治暑无他法,但用辛甘~疏导,心气与水流行,则无能害之矣。"明谢肇淛《五杂组》卷五:"至于药匕之方,则始终以解毒和中为主,始则~之,既则表托之,后则键中排脓,如此而已。"清《红楼梦》一〇九回:"说是有年纪的人停了些饮食,感冒些风寒,略消导~些就好了。" ❹ 表现。宋《朱子语类》卷二〇:"说是自家心里喜悦,人却不知,乐则~于外也。"明《金瓶梅词话》六〇回:"悦在心,乐主~在外,自不觉手之舞之,足之蹈之如此。"

【发傻】 fā shǎ 犯傻;做傻事。明陈铎《耍孩儿·嘲外有事实》:"上付你田草包,再今番休~。便做道你胡行乱走诸般罢,汤牌死呵人命关天不是耍。"

【发讪】 fā shàn ❶ 态度不严肃地开玩笑或说玩笑话;嬉皮笑脸纠缠。明薛论道《沉醉东风·章台自警》:"俺也曾暗使钱,俺也曾~,撞东墙不肯回还。"《金瓶梅词话》五三回:"金莲道:'砢短命,不怕婢子瞧科!'便戏~,打了怎一下。"清《豆棚闲话叙》:"止因苏学士满腹不平,惹得东方生长嘴~。" ❷ 怕羞。清《红楼梦》七七回:"虽然闻名,不如见面。空长了一个好模样儿,竟是没药性炮仗,只好装幌子罢了,到这里我还~怕羞。"《野叟曝言》一

一一回:"洪氏与四妾登时头红颈赤,讪讪的进内去了。素臣道:'弟儿时教导生子之法,累尊嫂们俱～而去。'"

【发烧】fā shāo ❶ 开始烧起。《太平广记》卷三七三引《博异志》:"当镇厌日,火从厨上～,半宅且尽。" ❷ 因生病而体温增高。唐孙思邈《备急千金要方》卷一一:"治小儿时气方:桃叶三两,捣,以水五升煮十沸取汁,日五六遍淋之。若复～,雄鼠屎二枚,烧,水调服之。"清《红楼梦》八二回:"把手去他头上一摸,觉得微微有些～。"《飞龙全传》一七回:"只觉得浑身冷汗,遍体～,头重眼昏,心神恍惚。" ❸ 身体器官因某种刺激或情感冲激而产生的灼热感。清范承谟《告病请代题咨文》:"胃口～,频频吐哕。"《霓裳续谱·佳人盼才郎》:"眼睛皮儿扑簌簌跳,耳朵垂儿常～,未开门喜鹊不住喳喳叫。"《红楼梦》一〇〇回:"吃了半钟,到这时候脸还～呢。"

【发韶】fā sháo 犯傻。清《醒世姻缘传》七二回:"媒婆道:'你看～么? 我来说媒,可说这话,可是没子思,失了言。'"

【发渗】fā shèn 感到恐惧。清《红楼梦》八八回:"凤姐似睡不睡,觉得身上寒毛一乍,自己惊醒了,越躺着越发起渗来。"

【发生】fā shēng ❶ 出现;产生。唐杜甫《春夜喜雨》:"好雨知时节,当春乃～。"明《封神演义》二四回:"我前日仰观天象,见西岐不久刀兵四起,离乱～。"清《野叟曝言》一二回:"挨排里长,查勘堡房,每月出具,并无盗贼～,奸匪容留。" ❷ 生发;增加扩大。元许衡《大学直解》:"财货虽是末事。然国家用度也少不得,若要～这财货,自有个大道理。"

【发声】fā shēng 放声。《敦煌变文校注》卷一《伍子胥变文》:"子胥祭了,～大哭,感得日月无光,江河混沸。"宋洪迈《夷坚志》戊卷二:"女奋身起坐,颜貌如生,注目视魏,～大笑。"清《驻春园》四回:"思及二八佳人,一已遭此惨毒,竟为～大哭一场。"

【发市】fā shì ❶ 做成第一笔生意;卖出手。宋何薳《春渚纪闻》卷六:"(东坡)熟视久之,曰:'姑取汝所制扇来,吾当为汝～也。'"明《警世通言》卷二四:"二三日不曾～,怎么过?"清《聊斋俚曲·蓬莱宴》:"娘子说:'看再贵了不～,一千就卖了罢。'" ❷ 比喻博得赏识。宋刘子翚《谢刘致中瓜》:"万言不值一杯水,才似谪仙良可嗟。顾我小诗偏～,年年博得萧屯瓜。" ❸ 比喻某事首次得手或某物开始使用。元明《水浒传》三一回:"刀却是好,到我手里不曾～,且把这个鸟先生试刀。"明《警世通言》卷二〇:"迤逦取路来到金明池上钓鱼,钓了一日,不曾～。"《醋葫芦》四回:"将印儿一比,不知怎地小了一半。都氏放下脸道:'老杀才,恁般欺我,开封～,便雕了假印来!'" ❹ 讨吉利。付诊费或药钱的委婉说法。清《醒世姻缘传》八回:"刘夫人封出二百钱来做开药箱的利市。郎中道:'这位姐姐既要认我为父,怎好收得这礼?'刘夫人道:'不多的帐,～好开箱。'"

【发誓】fā shì 庄严地表示决心或作出保证。《太平广记》卷四五二引《传奇》:"郑子～,词旨益切。"明《型世言》一六回:"李氏听了,便～道:'天日在上,我断不再醮!'"清《聊斋俚曲·寒森曲》:"大～怒冲冠,若还使昧心钱,着他娘合他妮子去养汉。"

【发手】fā shǒu ❶ 起手;开始做。宋陆九渊《与庙堂乞筑城札子》:"已于十二月初四日～,亦幸天气晴霁,人心齐一,腊前两旬,土工毕事。"明《封神演义》三六回:"下山首战会风林,～成功岂易寻。" ❷ 出手;动手。明《封神演义》六〇回:"邓婵玉忙取五光石～打来。"清《飞龙全传》二八回:"那众人见郑恩,就便各举梢椿,乱打将来。"

【发死】fā sǐ 下死劲儿。明冯惟敏《雁儿落带得胜令·旅夜不眠》:"鼓搥儿～敲,云板儿连声报,传锣的紧紧筛,喝号的哀哀叫。"

【发送】fā sòng ❶ 安排前往。唐[日]圆仁《入唐求法巡礼行记》卷四:"慎言与排比一只船,着人～讫。"[朝]崔致远《上太师侍中状》:"伏见元和十二年,本国王子金张廉风飘至明州下岸,浙东某官～入京。" ❷ 送交;呈送;送出。宋苏颂《议贡举法》:"其举人试卷更不弥封誊录,仍别差官点检收纳,应有涂注乙处,并印记讫,逐旋一试院,不得稽留。"慕容彦逢《理会架阁札子》:"应令逐案承受文字,已结绝及无行遣,限三日～上簿,接续结押。"《元曲选·蝴蝶梦》二折:"我着那最小的幼男去当刑,他便欢喜紧将儿～。" ❸ 运送;解送;押送。宋王之望《乞免差三司等处取马人朝札》:"自宕昌买马场至兴元,计二十程。本场顾夫～五程,至施香岭,交与吴璘下兵。"元明《水浒传》七〇回:"次后便开仓库,就将钱粮一分～梁山泊,一分给散居民。"明宋登春《辽小纪》:"隆庆三年,坐罪废为庶人,～高墙,国除。" ❹ 派遣。金佚名《大金吊伐录》卷三:"此之无信甚于去春,遂议出质割城,～官员听命,迁都表信,方许通和。" ❺ 饯行;送别。《元曲选·汉宫秋》二折:"陛下割恩断爱,以社稷为念,早早～娘娘去罢。"佚名《一枝花》:"自心黯忖,悔当时错～上阳关道。"元明《水浒传》六二回:"吴用这次起身,已有计了。只推～李固,先到金沙滩等候。" ❻ 打发;使离去。元关汉卿《双赴梦》一折:"若到荆州内,半米儿不宜迟,～的关云长向北归。"元明《水浒传》八三回:"也有各家老小家眷,未曾～还乡。"清《醒世姻缘传》五四回:"既是如此用心,还留何用? 枉做恶人,不如好好～他出去。" ❼ 送葬;料理丧事。《元曲选·看钱奴》三折:"我儿,我这病觑天远,入地近,多分是死的人了。我儿,你可怎么～我?"明张原《停司礼监请乞疏》:"往日太监赵山、杨聪等死,其～,诸内臣为其弟侄乞官,臣等执奏,论其不可。"清《醒世姻缘传》五一回:"与他做衣裳,合棺木,念经～,埋在程捉鳖老婆身边。" ❽ 办理丧事的费用。清《红楼梦》四四回:"贾琏一径出来,和林之孝来商议,着人去作好作歹,许了二百两～才罢。"《红楼复梦》二七回:"将自家的有二百几十两银子交给我,替他办口好些的棺木,餘外留下些做～。" ❾ 丧仪;丧葬规格。明《金瓶梅词话》六四回:"俺每内官家,到明日死了,还没有这等～哩。"清《野叟曝言》二九回:"他不过是房里姐儿,这样～,也不算亏待他了。"《红楼梦》九八回:"如今已经死了,无可尽心,只是丧礼上要上等的～。" ❿ 发泄;排遣。《元曲选外编·豫让吞炭》四折:"说着呵心头怒拥,无处～,恨塞长空。"清《野叟曝言》五六回:"二人忽闻此信,喜满心窝,欢生口角,把几日积怨凝愁,短吁长叹,不知都～到那里去了。"

【发天阴】fā tiān yīn 天阴旧病复发。明《西游记》五五回:"昨日也曾遭过,只是过了夜才不疼,如今还有些麻痒,只恐～,也烦治治。"

【发头】fā tóu 开始;开头。宋吴泳《答严子韶书》:"其论司马温公有见于正心诚意,无见于致知格物,自没了《大学》～两章。"陈著《代上乘寺主僧一乘修大殿疏》:"今将～修造,亦曾到底思量。"明《古今小说》卷一九:"知县相公坐堂是个好日子,止望～顺利。"

【发途】fā tú 启程;上路。《大唐三藏取经诗话》一五则:"相别之次,各各泪流。七人辞别～。"宋孙沔《上仁宗乞纳后之礼稍缓其期》:"辂车～,陛下揽绋徒行,掩袂号恸。"

【发脱】fā tuō ❶ 说明;阐述。宋朱熹《延平答问》:"已有鄙见之说继其后矣,但素来拙讷,～道理,不甚明亮。"又《答程正思》:"今可更约其辞,为下数语来。若～得意思分明,又当改却,此说乃佳也。" ❷ 发透;发酵发到火候。宋朱翼中《北山酒经》

卷下："冬间须用沸汤。若冬月却用温汤，则浆水力慢，不能～。" ❸打发；处置。明何孟春《议马政疏》："给军之马匹，人人勒要壮膘。新收不得存留，旧管不能～。脂膏已尽，溪壑难填。"《古今小说》卷三九："却说汪革～家小，单单剩得一身，改换衣装，径望临安而走。"清《聊斋俚曲·翻魇殃》："魏名因着没有人敢当仇福的妻，才指这个刚查子，好着他去～。" ❹发散；发泄。明徐谦《仁端录》卷一二："痘既出一二日而复发惊搐，此热毒太盛，而心主不能～也。"《醒世恒言》卷八："刘妈妈因玉郎走了，又不舍得女儿，难为一肚子气，正没～。"又卷三七："杜子春这一肚子气恼，正莫～处，遇着这老者来问，就从头备诉一遍。" ❺脱手；售出。宋汪应辰《请免卖寺观趣剩田书》："寺观穷寂，观者愁叹，谁肯向道？自是度剩必难～，免丁钱亦复随失。"明陈铎《折桂令·剪裁铺》："一顿赊来，迁延偿价，零碎～。"清《醒世姻缘传》八八回："因没盘费，在淮安金龙大王店里卖掉了一头骒骡，今止剩得两个，要寻主顾～。" ❻清晰。清《红楼梦》五四回："我们的戏自然不能入姨太太和亲家太太姑娘们的眼，不过听我们一个～口齿，再听一个喉咙罢了。"

【发旺】 fā wàng ❶兴旺；兴盛。宋陈旉《农书》卷下："又四围略高作塘塍，贵得浇灌时不流走了粪，直从穴中下至根底，即易～。"明徐宏祖《徐霞客游记》卷九上："把事言此树植与老把事年相似，屈指六十餘。余初疑为数百年物，而岂知气机～，其妙如此。"清《歧路灯》六二回："总是积了阴德，子孙必然～；损了阴骘，子孙必然不好。" ❷使兴旺。元关汉卿《调风月》四折："是个破败家私铁扫帚，没些儿～夫家处。"锺嗣成《录鬼簿》卷下："名下无虚士，高门出贵子，根基牢～宗枝。"

【发瘑】 fā wēi 发出惊讶的声音。瘑，惊呼声。明《拍案惊奇》卷三九："范春元见吃完了，发一瘑道：'好神明，吃了干狗屎了！'"

【发心】 fā xīn ❶决意；下决心。宋刘克庄《解连环·甲子生日》："已～忏悔，免去猴冠，卸下麟楦。"元明《水浒传》三二回："只是武松做下的罪犯至重，遇赦不宥，因此～只是投二龙山落草避难。"清《醒世姻缘传》六八回："他即～待去，咱等收完了秋，头口闲了，收拾盘缠，你两口儿可去不迟。" ❷顺心；开心。元高安道《哨遍·皮匠说谎》："走来的不～，燋的方见次第。"明《金瓶梅词话》六八回："原来不知你在这咭留搭剌刺儿里住，教我抓寻了个不～。"

【发行】 fā xíng ❶发放；发出。宋刘挚《论助役十害疏》："至于弓手、耆状、承符、散从、手力、胥力之类，职在捕察盗贼、～文书、追督公事者。"明朱元璋《命中书赏赐北平等处军士敕》："上中下赏赐，火速～毋稽。"清雍正六年四月二十八日许容奏文："许给送文铺兵李斌银十两，将臣～钉封文书，从下头挑开装入。" ❷推行；普遍实行。宋《建炎以来繫年要录》卷五六："旧制，铸本以二广五分盐息钱。自钞～，所得甚薄。" ❸处置；办理。明郑善夫《与欧阳崇道书》："今贵上批结一纸求览，若如此～，执事以为行得否也？"沈德符《万历野获编》补遗卷三："贵堂翁放告受状，不见～如何？" ❹放行；发走；释放。清《水浒后传》二五回："金朝的法度，不用文书，凡钱粮、兵马、要紧人犯，全凭这木夹照验，即刻～，再无隐弊。"《醒世姻缘传》九三回："看着人把行李搬在岸上，尽数～，然后晁梁同行回寺。"《风流悟》四回："他热气不敢呵我，～出监，还要送盘缠与我。"

【发省】 fā xǐng 受启发而省悟。宋《朱子语类》卷一一六："某远来求教，获听先生雅言至论，退而涵泳，～甚多。"杨简《连理瑞记》："叔弟机仲，用改过之力于内而未之知，又其闻钟～，自

此吐论超越。"

【发兴】 fā xìng ❶激发意兴。唐李峤《楚望赋》："非历览无以寄杼轴之怀，非高远无以开沉郁之绪。是以骚人～于临水，柱史诠妙于登台。"宋张抡《菩萨蛮》："何以乐天真，云山～新。"清《隋唐演义》二八回："你们设想虽好，总不如春和景明，柳密花放，亭台宫院，无一处不使人～，无一刻觉得寂寞。" ❷刺激性欲。五代王仁裕《开元天宝遗事·助情花香》："每当寝处之际，则含香一粒，助情～，筋力不倦。"明单本《蕉帕记》三出："〔净〕妙妙！你有什么药？〔贴旦〕新做兴阳带。〔净〕好。"清《续金瓶梅》二回："那轻薄少年，风流才子听此讲道学的话，不觉大笑而去，何如看《金瓶梅》～有趣？" ❸高兴；酣畅；兴奋。可作补语。明《二刻拍案惊奇》卷八："每人只以万钱为率。尽数赢了，止得三万；尽数输了，不过一万。图个～而已。"清《醒世姻缘传》三九回："三个同了魏运走到一个酒馆，正在那里扭着屁股打着锣，唱得～。"《天豹图》三回："那李荣春因打得～，一时心粗，也不问他是谁，举起两支桌脚乱打。"

【发性】 fā xìng ❶发脾气；使性子。元明《水浒传》一五回："叵耐村夫无礼，毁骂贫道，因此～。"明戚继光《练兵实纪》卷九："至于不通之人，不可就～与之争较，且看下落。"清《鸳鸯针》一卷三回："老爷～哩，你去讨仔细！" ❷同"发兴❸"。明《杜骗新书·引赌骗》："公子一掷即胜，得百金。曰：'更照前一堆。'又胜。曰：'吾生平好大不好细，须二百为堆。'方～间，门外火把轿来，慌入报曰：'老爷跟寻至急，可速回去。'"清《红楼复梦》四一回："荣府的车马进了城来，牲口正走的～，收勒不住。"

【发虚】 fā xū ❶身体虚弱发软。明陆深《顾室华氏墓志铭》："昔吾母以气疾～，巫医罔效。"清《霓裳续谱·佳人睡眠迟》："我那情人带酒回来必～，愁的奴家心里着急。" ❷胆怯。清《红楼梦》九五回："正在那里心里～，只见贾琏气忿忿走出来了。"又九六回："那个人看见贾琏的气色不好，心里先发了虚了。" ❸发虚火；焦躁。清孔尚任《桃花扇》一八出："我们也走罢，干～，没钞分，遗騷撒粪。"

【发噱】 fā xué 发笑。宋章惇《醉道士图跋》："仆观《醉道士图》，展卷末诸君题名，至子瞻所题，～绝倒。"明朱明镐《史纠》卷五："一人之身，倏而就木，倏而迁除，倏而捐馆，倏而降谪。咄咄怪事，可发大噱。"清刘榛《再次欧公韵》："孙武徒将粉黛驱，不堪白战将军发一噱。"

【发眼】 fā yǎn 离谱；超越常情而显得荒唐。明《金瓶梅词话》六七回："过了满月把春花儿那奴才叫了来，且答应我些时儿，只当利钱，不算发了～。"又九一回："若是不对，咱瞒他几岁儿了，不算发了眼。"

【发焰】 fā yàn 表演焰段。焰段，院本、杂剧正剧外附加的一小段独立表演。明朱有燉《醉太平·风流乐官》："开呵时韵宽，～处堪观。荐子梁把戏数十般，都曾教管。"

【发扬】 fā yáng 高昂；昂扬；激扬。唐张守节《史记·乐书》"其喜心感者"正义："其心喜悦，悦喜在心，故乐声～也。"明《警世通言》卷一："后因周文王被囚于羑里，吊子伯邑考，添弦一根，清幽哀怨，谓之文弦。后武王伐纣，前歌后舞，添弦一根，激烈～，谓之武弦。"清李渔《闲情偶寄》卷二："填词者每用此声，最宜斟酌。此声利于幽静之词，不利于～之曲。"

【发业】 fā yè ❶发怒；生气。佛家认为，嗔（发怒）令人起诸恶业。《敦煌变文校注》卷五《妙法莲华经讲经文（一）》："若是心生退屈，故请便却归回；王免每日驱驰，交我终朝～。"《景德传灯录》卷二七《诸方杂举征拈代别语》："和尚叱曰：'三度四度唤，

有什么事？'小师曰：'和尚几年唤他即得，某甲才唤便～。'"《五灯会元》卷五《投子大同禅师》："这个师僧好～杀人。" ❷作孽；捣乱。金《董解元西厢记》卷七："收拾起，待刚睡些，争奈这一双眼儿劣。好～，泪漫漫地会圣也难交睫。"

【发意】fā yì ❶表示心意。唐张鷟《游仙窟》："其时绿竹弹筝，五嫂咏筝曰：'天生素面能留客，～关情并在渠。'"明《醋葫芦》四回："与你做了四十多年夫妇，曾不见一些体心，今日为何这等～？"清《醒世姻缘传》九二回："自从姜氏居住，伺候的人虽然不敢欺心侮慢，只是欠了体贴，老人自己不～梳梳头，旁人便也不强他；自己不～洗洗脸，旁人便也不搌掇。" ❷发怒。《元典章·刑部四》："松～用棒将本人行打，又用拳脚踢打，以致本人身死。"

【发迎】fā yíng 婚仪之一。新郎前往女家迎娶。也叫"亲迎"。宋孟元老《东京梦华录》卷五："至迎娶日，儿家以车子或花檐子。"明《拍案惊奇》卷一三："只得又寻了王三，写一纸票，又往褚员外家借了六十金，方得～会亲。"

【发语】fā yǔ ❶说话；开口。唐贾岛《颂德上贾常侍》："边臣说使朝天子，～轰然激夏雷。"宋契嵩《非韩子三十篇》之一八："城知其意，即坐客，强之以酒醉客，欲其不暇～。"清《红楼梦》七六回："半日，方知贾母伤感，才忙转身陪笑，～解释。" ❷发话；嗔怪。明《警世通言》卷三三："住了两年，财本使得一空，被虔婆常常～道：'我女儿恋住了你，又不能接客，怎的是了！'"

【发愿】fā yuàn ❶许愿。《敦煌变文校注》卷三《燕子赋（一）》："惟须口中念佛，心中～：若得官事解散，验写《多心经》一卷。"《元曲选外编·独角牛》二折："只为儿夫身染病，～街头舍义浆。"清《醒世姻缘传》四七回："那梁和尚～要托生晁家做儿，补报晁奶奶的恩。" ❷发誓。元明《水浒传》九一回："当初梁山泊～，五台山设誓，但愿同生同死。"明汤显祖《牡丹亭》三二出："你要小生～，定为正妻，便与姐姐拈香去。"清《姑妄言》二〇回："昨日赌～说不吃了，今日越发醉得怎个样儿！"

【发晕】fā yūn ❶昏迷。明《禅真后史》五回："忽衙里报说夫人一时腹痛难禁，～不止。老裴惊骇，别了同僚，急入衙来。只见夫人面青气喘，手足发颤，昏迷不醒。"清魏之琇《续名医类案》卷四四："是夜～逾一二时，吴惊甚。"《飞龙全传》三七回："说到此处，不觉纷纷下泪，气满填胸，登时～。匡胤大惊，慌忙叫唤，半晌方醒。" ❷眩晕。宋《圣济总录纂要》卷九："久而郁结胸膈，随火上升，以致头痛，～甚而至于风厥。"明周履靖《锦笺记》三二出："梅老爷～了，快扶送到寓。"清《红楼梦》一二〇回："大前儿晚上，哭伤了心了，一时～栽倒了。"

【发灶】fā zào 同"发燥❸"。清《聊斋俚曲·寒森曲》："商相公莫心焦，俺看着路途遥，不由心中先～。"

【发燥】fā zào ❶中医指烦渴燥热之症。宋《二程遗书》卷二下："心，火也，着些天地间风气乘之，便须～；肝，木也，着些天地间风气乘之，便须发怒。"杨士瀛《仁斋直指》卷三："姜附汤，治中寒厥冷，强直失音，口噤吐沫，或阴盛～。"明王肯堂《证治准绳》卷五六："此脾经气血虚而～也，当急用八珍汤加炮姜以温补之。" ❷发烧；发干。明王錂《寻亲记》七出："周娘子音容绝妙，见他皮肤～。"《警世通言》卷三〇："那女儿出来开门，崔生见了，口一～，咽一发干，唇一发焦，鼻一发热。"清《绮楼重梦》九回："口里～，浑身发软，心头乱跳。" ❸发急；发火；焦躁。明《梼杌闲评》八回："爷莫～，我说与你听罢。"清《春柳莺》二回："田又玄手掀着诗稿～道：'兄全然不知我的深意。'"《白雪遗音·不见猫时》："不见猫时～，寻上个灵先生，算算我的猫。"

【发躁】fā zào ❶同"发燥❶"。宋韩祗和《伤寒微旨论》卷

下："其脉沉细迟无力，皮肤凉，～，欲于泥水中卧。"清魏之琇《续名医类案》卷六〇："一人烦燥面赤，口干作渴，脉洪大，按之如无。此血虚～。" ❷同"发燥❸"。清《后水浒传》四四回："马霳尺自～，怪云龙哥哥不肯打发他出来。"《聊斋俚曲·富贵神仙》："小姐到了十月间，见没有动静，也就参透了他哥哥的意思了。别人还有替他～的，他却极为欢喜。"《飞龙全传》一六回："匡胤输得心焦，正在～。"

【发查】fā zhā 发怒。清《聊斋俚曲·富贵神仙》："老马～，老马～，方兴辖着我甚么？"

【发渣】fā zhā ❶暴发；发迹。明贾凫西《木皮词》："从今后铁木真的后代又交着好运，他在那斡滩河上发了渣。" ❷发火；发脾气。清《聊斋俚曲·禳妒咒》："旁里没人，俺俩闲吧。吧了半日，不敢勾他。勾搭不上，怕他～。"

【发乍】fā zhà 发作。清《聊斋俚曲·慈悲曲》："那心里一把业火难按下。有心待～，看了看赵家姑姑，也不是个善查。"

【发兆】fā zhào 预示吉兆；讨吉利。唐嗣安《谢赐天宝额状》："顷者灵符～，圣号辉焕，百神庆答，万国维新。"清赵翼《昨岁除夕香远内弟得一子书以奉贺》："八十四翁来～，上堂亲抚石麒麟。"《儒林外史》二回："戏文内唱道梁灏的学生十七八岁就中了状元，顾老相公知道是替他儿子～，方才喜了。"

【发怔】fā zhēng 发呆；愣怔。清《霓裳续谱·红娘哭的心酸恸》："老夫人问的我就干～。"《红楼梦》二九回："话说宝玉正自～，不想黛玉将手帕子甩了来，正碰在眼睛上。"

【发咒】fā zhòu 赌咒；发誓。宋《朱子语类》卷三三："盖子路性直，见子去见南子，心中以为不当见，便不说。夫子似乎一模样。"明汤显祖《牡丹亭》一二出："夫人还是不放，少不得～禁当。"清《聊斋俚曲·翻魇殃》："咱相好敢对天～，分不的你合我，只多着一个头。"

【发烛】fā zhú ❶点燃蜡烛或灯火。宋赵鼎臣《彭子发墓志铭》："夜鼓三下，外闻叩门声甚急。亟遣人应之，则故人彭戬子发手所贻书也。余独念此何时而仓卒若是，～读之。"明王世贞《昙阳大师传》："比～，视几上各有玉箸篆书真言三纸。" ❷浸有硫磺的小木片，取火用，类似今之火柴。宋李光《论火灾状》："今乃使之各察放火之家，则是硫黄～千里而随身矣。"元陶宗仪《辍耕录》卷五："杭人削松木为小片，其薄如纸，镕硫黄涂木片顶分许，名曰～，又曰焠儿，盖以发火及代灯烛用也。史载：周建德六年，齐后妃贫者以～为业，岂即杭人之所制与？"《三遂平妖传》一三回："那妇人去篮儿内取出一片硫磺～儿，在火上焠着，去泥蜡上从头点着。"

【发踪】fā zōng ❶起步；起行。唐许敬宗《唐并州都督鄂国公尉迟恭碑》："而翠虬骧雾，必先阶于尺木；紫燕追风，初～于步武。"元陈泰《天马赋》："朝～乎河济兮，晡没影乎昆仑。" ❷开始；起头；着手进行。唐李显《三藏圣教序》："～结契，数乃十人，鼓枻升航，惟存一己。"宋苏颂《太子少傅孙公墓志铭》："爰始～，暨于考终。视其所履，无逾厥中。"明杨寅秋《平五山猺上三院揭帖》："事已～，似难缩步，恨不及灭此而后朝食。" ❸始发；发源；从……起始。宋《银海精微》卷上："胞睑内仔细番看，有物粘处，必定有血积成块或肉疙瘩，此是病之～处。强至《回上制置发运待制启》："蚤以顽蒙，谬尘奖拔，～门下，致诸公之交章。"明高叔嗣《定非亭记》："郑门，吾祖宗，今吾宗族处之。" ❹指使。宋刘宰《故吏部梁侍郎行状》："明年，除江南东路提点刑狱公事。俗喜终讼，公独惩其～者，讼以是简。"明陈子龙《妒妇赋》："～老姬，伺主出入，察主言语。"转指谋划。明薛论道《朝天子·

走死哭嫁》："尽他抟由他弄，虔婆扯碎粉头缝，广有些乔～。"

【发作】fā zuò ❶发生；兴起。唐韩愈《南海庙神碑》："盲风怪雨，～无节，人蒙其害。"宋晁迥《法藏碎金录》卷八："夫人不能忍者，则有恶事～，譬如暴风起涛，坐致覆没。"清《醒世姻缘传》二九回："须臾，雷雨～起来。" ❷萌生；萌发。宋陈旉《农书》卷上："当始春，又遍布朽薙腐草败叶以烧治之，则土暖而苗易～，寒泉虽冽，不能害也。"清毛奇龄《瞿山画松歌和施学士》："大荒柜格有老干，一干～千年春。" ❸爆发；激发。唐陆龟蒙《甫里先生传》："先生性褊急，遇事～，辄不含忍。"明沈鲸《双珠记》一五出："一时忿气～，把剑砍将去。"清《豆棚闲话》三则："也有生来不聪不俊不伶不俐，起初看来是个泥团肉块，后来交了时运，一朝～起来，做了掀天揭地事业拜将封侯的。" ❹发挥作用；奏效。宋熊禾《答诚酒文》："爱自壮岁，抽毫作文，辞悭气索，势若车奔。恃我～，思涌如云。"元明《水浒传》二七回："这个贼配军正是该死，倒要热吃，这药却是～得快。"清《绿野仙踪》五七回："没有半个时辰，此物就～起来，疼的肝崩肠断。" ❺起事；动手。元明《水浒传》六八回："却说法华寺中李逵、樊瑞、项充、李衮一齐～，杀将出来。"明邵宝《明故福建布政司左参议茹公墓表》："汀漳地介江广，群寇负险，往往～。"清《东周列国志》三回："数百名甲士各挺器械，一齐～，将众官员乱砍。" ❻败露；暴露。明王錂《春芜记》一一出："倘若拿着我玉，事儿～，季老夫人得知。"《古今小说》卷二一："一面我自着人替你在县尉处上下使钱，若三个月内不～时，方可出头。"清《红楼梦》六七回："（兴儿）听见说二奶奶叫，先吓了一跳，却是想不到这件事～了。" ❼发火；发脾气。元明《水浒传》九回："林冲等他～过了，去取五两银子，陪着笑脸告道。"明《金瓶梅词话》九回："那傅伙计是个胆小之人，见武二～，慌了手脚。"清《聊斋俚曲·俊夜叉》："酒肉陪着心欢喜，一时没了就～。" ❽训斥；责备；埋怨。明李梅实《精忠旗》一三出："我如今接他在手，不免把夫人羞他一羞。他若把我～，我便说出根由。"清《后水浒传》二三回："众人忙回过来，正要～他没道理。"《五色石》五回："你就叫姑娘来～我，我也有辩。" ❾发泄；宣泄。清《后水浒传》一八回："遂气得胸中十分鼓涨，却没处～，只气了半响。"

fá

【乏倦】fá juàn 疲乏困倦。清蒲松龄《闱窘》："相公可～么?"《续金瓶梅》六〇回："小玉是走路～了的人，丢下头绚绚的睡着。"《红楼梦》四八回："惜春正～，在床上歪着睡午觉。"

【乏困】fá kùn 困倦。《宋史·曹彬传》："时方炎暑，军士～，粮且尽。彬退军，无复行伍。"明《金瓶梅词话》四〇回："昨日在那里使牛耕地来，今日～的你这样的。"清《聊斋俚曲·磨难曲》："连夜不睡，～的我难禁。"

【乏手】fá shǒu 谓手头不宽裕。清《醒世姻缘传》三九回："此时正当～，等到好年成的时候补去罢。"

【伐柯】fá kē 做媒。语出《诗经·豳风·伐柯》："伐柯如何? 匪斧不克。娶妻如何? 匪媒不得。"宋周密《癸辛杂识》别集卷上："既而元杰家为一村豪家，为接脚婿。"明沈受先《三元记》八出："于今将效凤求凰，敢请～，期取弄璋。"清《二度梅》三五回："意欲与亚元公通秦晋之好，结此良缘，恐面推诿，故委命学生执斧，做个月老。"

【伐媒】fá méi 媒人。明施绍莘《端正好·春游述怀》："我

【罚科】fá kē ❶处罚的条文；罚规。宋张方平《恩贷之罚》："礼曰：刑不上大夫。盖谓不亏伤其体，皆非谓不入～也。"明李东阳有《鼎仪同约止诗，举张安弼、吴元启旧例，以只鸡斗酒为～，数日后必有缚鸡载酒而至者》。 ❷对科举考试中违反规定者停止考试的处罚。明沈德符《万历野获编》卷一五："乃榜首浙人赵维寰，已首被文体指摘，盖北人见赵卷峻洁，骇而未见，仪郎某公尤忿忿，至欲斥而胥靡之。会同乡在事，议一而止。"清王士禛《池北偶谈》卷二二："君可去矣，郎君罪止～耳。"

【罚誓】fá shì 同"发誓"。元施惠《幽闺记》二三出："蒋世隆若有此心，与你星前月下罚下誓来。"明沈采《千金记》二八出："既如此，就烦元帅率麾下将校取鸡狗血来～。"清《隋唐演义》七一回："小宝跪下一道：'苍天在上，若是我冯怀义，日后忘了武夫人与怀清师父、小喜姑娘的恩情，天诛地灭。'"

【罚愿】fá yuàn 同"发愿❷"。《元曲选·渔樵记》二折："对着天曾～，做的鬼到黄泉，我和你麻线道儿上不相见。"明《警世通言》卷三一："一个愿讨，一个愿嫁，神前、灯下设盟。"清李玉《人兽关》一九出："不记得拿了我家三百金，拜在地下～做猪做狗么?"

【罚折】fá zhé 处罚折寿；处罚。明汤显祖《牡丹亭》三二出："尽仙姬留意书生，怕逃不过天曹～。"清洪昇《长生殿》四七出："又何惜人间再受～!"

【罚咒】fá zhòu ❶同"发咒"。元萧德祥《小孙屠》九出："你道没，敢～?"明袁于令《西楼记》一五出："〔旦哭介〕我有一人曾～。〔丑〕可不就是于叔夜么? 这样牙疼咒那里作准!"《拍案惊奇》卷三七："而今要依我姑夫分付，正待刺血写经～，再不吃这些东西了。" ❷祈祷鬼神，降祸于所恨的人。明佚名《四贤记》一七出："〔旦〕小丫鬟无中生有，谤新姨对天～。〔生〕咒谁? 〔旦〕说他咒我花胎早堕，六甲俱无。"

fǎ

【法】fǎ 法术。《元曲选·桃花女》三折："他今日那里是娶媳妇，无过怪我破了他的～，要择此凶神恶煞的时日，来害我性命。"明《西游记》五二回："（行者）走进门前，使个解锁～，念动咒语，甩手一抹，挖挒一声，那锁双镮俱就脱落。"清《聊斋志异·种梨》："道士作～时，乡人亦杂立众中，引领注目。"

【法宝】fǎ bǎo 神话中有神奇功能的法器。《元曲选外编·西游记》五本一八出："这胡孙神通广大，我赢他不得，将～来。"明《封神演义》九三回："子牙又一躬：'请～转身!'那宝物在空中，将身转有两三转，只见白猿头已落地。"清李渔《蜃中楼》二五出："蒙玉皇授我三件～，一来成就好事，二来降服火龙。"

【法钵】fǎ bō 僧人盛食、水所用的盂。佛教比喻法句（偈语）。禅宗祖师最初以衣（袈裟）钵作为信物相传。明李知微《南山石佛》："～不传身后事，慈灯常照鹫峰前。"王士禛《赠白云上人》："爱汝白云色，萧萧佛日间。有时归～，无意卧禅关。"清方成培《雷峰塔》三出："这～因付托，觑着他似月千江照，用不尽的妙理中包。"

【法部】fǎ bù ❶唐玄宗酷爱法曲，选乐伎、宫女数百人于梨园教习，称之为法部。后借指乐司或泛指音乐。唐王建《霓裳词》："传呼——按霓裳，新得承恩别作行。"宋苏颂《坤成节集英殿宴教坊词》："臣滥居～，参听舆言，上祝天休，敢进口号。"清吴绮《盛

霁斯五十寿序》:"度云母之屏前,冠新声于～。" ❷ 称刑部。元杨维桢《送省理问所提控范致道序》:"制谓理所为行中书～,得廉而才如范君者为宾佐,非理所官之幸,庙堂～之幸也。"清丁澎《风霾行》:"今上御历十三载,三月旬日风昼晦。诏问有司灾异状,～郎臣昧死对。"

【法财】 fǎ cái 禅院中的财物。唐张说《卢舍那像赞》:"孝哉彼沙门,爱母而锡类。～装妙色,空色不相异。"《祖堂集》卷一九《香严和尚》:"足～,具惭愧。不虚施,用处谛。"

【法场】 fǎ chǎng ❶ 传授佛法或做法事的场所。唐裴休《唐故左街僧录大达法师玄秘塔碑铭》:"诏和尚率缁属迎真骨于灵山,开～于秘殿。"《敦煌愿文集·二月八日文等范本·亡文》:"故使～霸(罢)训,恨兔月而西沉;禅室寂然,怨逝水之东浪(流)。"清《九云记》一回:"性真起来,盥洗毕,进了方丈。大师业已大会六百餘个徒弟,设了～。" ❷ 执行死刑的场所。《敦煌变文校注》卷一《庐山远公话》:"文章既成,招伏怨罪,领上～,看看处死。"《元曲选·争报恩》二折:"张千,将那妇人下在牢中,到来日建起～,拿出来杀坏了他者。"清《豆棚闲话》九则:"那些小伙子亦拚送这条性命,绝无怨心,所以绑在～之上还要唱个歌儿。"

【法氅】 fǎ chǎng 僧道做法事时所穿的外衣;法衣。明《金瓶梅词话》六六回:"登坛之时换了九阳雷巾,大红金云白鹤～,与袖飞飘。"

【法船】 fǎ chuán ❶ 送僧人渡水取法的船。明《西游记》二二回:"那悟净不敢怠慢,即将颈项下挂的骷髅取下,用索子结作九宫,把菩萨葫芦安在当中,请师父下岸。那长老遂登～,坐于上面,果然稳似轻舟。"清《后西游记》一六回:"一阵风仍变做九个骷髅头,周围结作一只大～。" ❷ 农历七月十五日(中元节)晚上为超度亡灵而焚烧的纸船。清《儒林外史》四一回:"到晚,做的极精致的莲花灯,点起来浮在水面上。又有极大的～,照依佛家中元地狱赦罪之说,超度这些孤魂升天。"《红楼复梦》四一回:"还有些奶奶们要住在庵里,晚上看烧～。"

【法刀】 fǎ dāo 刽子手行刑用的刀。《宋季三朝政要》卷五:"酒半酣,命唤二刽子来。既至,则令:'将此金银去与你家口,取～来。'"元明《水浒传》四〇回:"行刑之人执定～在手。"

【法道】 fǎ dào 佛法之道。《祖堂集》卷五《三平和尚》:"自是～声扬寰海,玄徒不避瘴疠之奔而远凑。"元耶律楚材《题万寿寺碑阴》:"临济临终谓三圣云:'谁知我正法眼藏,向这瞎驴边灭!'却至今～大行。"明宗泐《岳原灵住台州鸿福杭诸山疏》:"起家声于已坠,振～于方危。"

【法度】 fǎ dù 手段;办法。《元典章·吏部六》:"伪造钞,须问始初何人造意,如何会得雕造～。"明《朴通事谚解》卷上:"不须贴膏药,有个～便好了。太医哥,你教与我这好法儿。"清《醒世姻缘传》一一回:"晁大舍略有触犯着他,便撒泼闹不了,比那计氏初年降老公的～更利害十倍。"特指惩罚的手段。明许潮《写风情》:"今早着人去唤如云赛月,这早晚还未来见。待他来时,与他一个～。"

【法儿】 fǎ er 法子;办法。《元曲选·汉宫秋》楔子:"我又学的一个～,只是教皇帝少见儒臣,多昵女色。"明《朴通事谚解》卷上:"太医哥,你教我这好～。"清《聊斋俚曲·禳妒咒》:"若得了这个～,还着他吃俺亏,还说俺好,爱俺只到老。"

【法公】 fǎ gōng 对和尚的尊称。《祖堂集》卷四《药山和尚》:"近药山下,路上忽见一个老人。沙弥问:'老人万福!'老人曰:'～万福!'"又卷六《洞山和尚》:"院主便领上五泄和尚处,具陈前事:'此～不是某甲上人,乞和尚摄收。'"

【法官】 fǎ guān 称有法术或行法事的道士;法师。元钱霖

《哨遍》:"忍饥寒攒得家私厚,待垒做钱山儿倩军士喝号提铃守,怕化作钱龙儿请～行罡布气留。"明邵璨《香囊记》三九出:"〔生云〕你是甚么执事?〔丑云〕小道是表白。〔生云〕请～出来。〔丑云〕师父有请。"清《红楼梦》一〇二回:"三位～行者取水毕,然后擂起法鼓。"

【法号】 fǎ hào 佛教徒受戒时由本师授予的名字。又称法名或戒名。亦指道人的道号。《祖堂集》卷一〇《镜清和尚》:"钱王钦仰德高,赐紫衣,～顺德大师。"明陈汝元《金莲记》二四出:"自家俗名琴操,～天然。"清《红楼梦》六六回:"旁边坐着一个跏腿道士捕风,湘莲便起身稽首相问:'此系何方? 仙师仙名～?'"

【法环】 fǎ huán 称法师所用的串铃。宋洪迈《夷坚志》甲卷四:"僧下坐,执随求～,摇撼作响。"元《三遂平妖传》九回:"看那厮郎郎响的,此物唤作随速殿家,又唤作～,是那解厌法师摇着作招牌的。"明《警世通言》卷二七:"走不多步,恰好一个法师,手中拿着～摇将过来。"

【法讳】 fǎ huì 法号的敬词。《祖堂集》卷一七《溟洲崛山故通晓大师》:"溟洲崛山故通晓大师嗣盐官,～梵日。"元明《水浒传》七一回:"众道士内有一人,姓何～玄通。"明《禅真逸史》四回:"此位禅师姓林,～太空,别号澹然。"

【法家】 fǎ jiā ❶ 佛家;僧家。《法苑珠林》卷七八:"妻得病,应请祷备,至财产略尽。妻～弟子也,谓曰:'今病日困,求鬼无益,乞作佛事。'"唐王梵志《寺内数个尼》:"佛殿元不识,损坏～衣。" ❷ 道家;道法。明《禅真后史》一五回:"臣系道家,但知书符咒水,习行～之事。穿窬垂象,天机深秘,臣岂能预知?" ❸ 精于司法或诉讼的人。唐张鷟《朝野佥载》卷四:"细寻状迹,足识～;细寻判场,足识文华。"明王錂《西曹记》:"如近日余姚翁公,最号老～,其《恤刑录》为人所传诵。"《拍案惊奇》卷一〇:"次日天明,程朝奉早早梳洗,讨些早饭吃了。请个～商量,做定了状词。" ❹ 方家;明大义或精通某种学问、技艺的人。元辛文房《唐才子传》卷七《李远》:"(李远等)各有赋诗,后来颇为～所短。"明《禅真逸史》一七回:"这番僧既有如此手段,必是个～,等闲不肯害人性命。"清吴炽昌《客窗闲话》卷八:"大郎心悦诚服,录示～,金曰:'数日不见,学业骤张如此,其入生花之梦耶?'" ❺ 行家;某方面有丰富经验的人。明《醋葫芦》一九回:"张煊道:'……大官人若要事妥,必须经官;但经官必先起衅。何不先央亲友试说一番,倘然允诺,十分之喜;或者闭门不纳,再动干戈,未为迟也。众兄弟先露圭角,岂不为人所制?'都飙道:'终是～口气,讲得有理。'"清《绮楼重梦》三四回:"只见屁股上两腿上都用细绳子捆了许多粗茅纸。小钰笑道:'倒是个老～,预备着打的。'"

【法驾】 fǎ jià 尊称僧人的车驾。也用作称僧人的敬词。《元曲选外编·西游记》六本二三出:"想是国师～将近,稍待尉迟总管到来,一同上前参见。"明《禅真逸史》一七回:"昨见薛主公,不胜欢喜,故请至院中,意欲渡海回国,共举大事。不知冲犯太师～。"

【法酒】 fǎ jiǔ ❶ 按官府规定的方法、规格配制的酒。《太平广记》卷七八引《逸史》:"时夏,初日方照,宗人令送～一榼。"《元曲选·范张鸡黍》一折:"都是些肥羊～人皮囤,一个个智无四两,肉重千斤。"明朱有燉《一枝花·风情》:"吃的是肥羊～,戴的是宝钏金钗。" ❷ 法师作法用的酒。清《红楼复梦》七五回:"法官忙命小道士指定方向,赶着喷了一口～,喝令神将围住妖精。"

【法句】 fǎ jù ❶ 偈语;佛经中的颂词。《祖堂集》卷七《夹山和尚》:"须依佛祖～意,与汝为师言方是。"宋觉范《题昭默与清老偈》:"予观其赠洞和禅师～曰:'志有常守,诚无外求。'"又《禅林

僧宝传》卷一一《雪窦显禅师》:"显盛年,工翰墨,作为～,追慕禅月休公。" ❷ 指合乎行文规范的文辞。宋黄庭坚《与洪驹父书》:"甥风骨清润,似吾家尊行中有文者,忽见～如此,殆欲不孤老舅此意。"

【法眷】 fǎ juàn 法侣;道友。宋觉范《题光上人书法华经》:"光之为人纯素洁,忠于事,孝于奉亲,为里闬所敬信,～所追崇。"明屠隆《昙花记》二四出:"也知～非凡眷,不说离情说道情。"《拍案惊奇》卷一七:"稽首大罗天,～姻缘。如花玉貌正当年。"

【法腊】 fǎ là 僧人受戒后的年数。古印度婆罗门雨季禁足。佛教沿承,于夏季三个月安居修习,称"腊"。岁一举行,因用以计岁。唐飞锡《楚金禅师碑》:"粤以乾元二年七月七日子时,右胁薪尽火灭,雪颜如在,昭乎上生于安养之国矣!享龄六十二,～三十七。"《宋高僧传》卷九《法钦传》:"八年壬申十二月示疾,说法而长逝。报龄七十九,～五十。"清毛奇龄《寄还一和尚大能仁寺》:"从他～年年换,何日相逢话息机。"

【法蓝】 fǎ lán 珐琅。矿物烧制成的彩釉,嵌涂在铜器或银器的表面,经烧形成的彩膜。明文震亨《长物志》卷五:"(標轴)今既不能如旧制,只以杉木为身,用犀、象、角三种雕如旧式,不可用紫檀、花梨、～诸俗制。"《西游记》一六回:"有一个小幸童,拿出一个羊脂玉的盘儿,有三个～镶金的茶钟。"

【法郎】 fǎ láng 珐琅。明《金瓶梅词话》二一回:"教小玉拿团靶勾头鸡膝壶,满斟窝儿酒,倾在银～桃钟内。"

【法浪】 fǎ làng 珐琅。明《拍案惊奇》卷一:"主人家手执着一副～菊花盘盏,拱一拱手道:'请列位货单一看。'"

【法龄】 fǎ líng 称僧人的实际年龄(跟僧龄相对)。五代雷岳《匡真大师塔铭》:"依师训塔于当山方丈内,～七纪二,僧腊六旬六。"

【法令】 fǎ lìng 法令线,星相家指鼻翼到嘴角的两条沟纹。《新唐书·袁天纲传》:"～成,天地相临,不十年官五品。"明《金瓶梅词话》二九回:"山根青黑,三九前后定见哭声;～绷缠,鸡犬之年焉可过?"

【法箓】 fǎ lù 道家驱鬼压邪的秘文。唐谷神子《博异志·张竭忠》:"天宝中,河南缑氏县东太子陵仙鹤观,常有道士七十餘人,皆精专修习,～斋戒皆全。"宋洪迈《夷坚三志》壬卷三:"曾遇至人授神霄～,济人颇多。"清《绿野仙踪》三八回:"二则还有几个道友,寄居泰安山内,将来即着你传授伊等～。"

【法律】 fǎ lǜ ❶ 礼法。《敦煌变文校注》卷一《伍子胥变文》:"此乃混沌～,颠倒礼仪。臣欲谏,交恐社稷难存。"明《古今小说》卷三七:"切惟《诗》重《摽梅》,礼端合卺。奈世情不一,～难齐。" ❷ 佛法戒律。唐道宣《终南山净业寺戒坛佛舍利铭》:"京师西明寺沙门释道宣,与诸岳渎沙门,会于前乡之道场,平章～。"《祖堂集》卷一五《邓隐峰和尚》:"先有亲妹,出家为尼在彼,及谙其兄行迹,遂近前呵曰:'兄平生为人,不依～,死后亦不能徇于世情。'"《元曲选外编·西游记》二本五出:"久后我之～,仗你阐扬。" ❸ 道行;法术。《元曲选·张天师》四折:"岂不知张真人～精严,早仗剑都驱在五雷坛内,一个个供下状,吐出实情。"《元曲选外编·西游记》六本二三出:"则说那费长房,～强,化龙杖每翱翔。"明《梼杌闲评》二四回:"唱梵字仙音嘹亮,持秘咒～森严。" ❹ 章法;规矩;诀窍。唐苏廙《十六汤品》:"在茶家亦有～,水忌停,薪忌熏。犯律逾法,汤乖则茶殆矣。"明《西游记》七〇回:"悟通～归四肢,本来筋斗如神助。"清《醒世姻缘传》四六回:"这先生不教你做文的～?你这文字也还未成。" ❺ 指讲解佛法戒律的高僧。《敦煌愿文集·回向发愿文》:"次持圣善,次用庄严释门～等:惟愿色力增固,寿命霞(遐)长。"又《礼佛发愿文》:"次用庄严我释门都僧政(正)和尚爰及～阇梨才:唯愿法身坚固,惠(慧)命崇高。"

【法螺】 fǎ luó 佛家用作法器的海螺壳。《法苑珠林》卷一六:"如来临涅槃时,……住告大迦叶:'汝将须菩提,在须弥山顶吹大～,召集十方十地诸菩萨。'"六十种曲本《琵琶记》三四出:"击大法鼓,吹大～,仙乐一齐奏动。"清蓝鼎元《和吴侍郎龙门宝应寺设斋》:"香钵净羞熏宝席,～仙曲逗晴虚。"

【法马】 fǎ mǎ ❶ 天平上作为重量标准的物体。今写作"砝码"。明高攀龙《申严宪约责成州县疏》:"收银要不时取收头～等子查对,令解户亲自敲针。"屠隆《修文记》一六出:"记的是算盘、～,忙的是帐簿、钱粮。"清《醒世姻缘传》九六回:"要了天平进去,逐封兑过,银比～都偏一针。" ❷ 指称量出的斤两。清《隋唐演义》一二回:"若是卖货的客人,主人家自有发帐～交兑明白,从没有不知数目的。"

【法码】 fǎ mǎ 同"法马❶"。清《绿野仙踪》八十回本六三回:"尽是些秤银子的旧～,只吓得神魂俱失。"

【法脉】 fǎ mài ❶ 法系;僧道传承的派系。清《水浒后传》二九回:"闻有孟太后懿旨,临安城中照依东京,建造大相国寺,已请武行者做国师,鲁智深一派～着实兴旺了。" ❷ 泛指传承的派系或行文的脉络。明唐元竑《杜诗攟》卷三:"故吾谓《秋兴》取材似赋,抽绪似骚,至于～变化,直追风雅。"清蓝鼎元《吴豳川时文序》:"豳川之文,剥落浮翳,直捣中坚,见理明,立论正,～真,矩矱严。"《女仙外史》八九回:"神奇莫测,总为结穴文章,变化无端,的是收龙～。"

【法名】 fǎ míng 即"法号"。《法苑珠林》卷八:"举手摩头,发因堕落,与其～:大曰法缘,小曰法彩。"《元曲选外编·西游记》一本二折:"老僧与他～玄奘。玄者妙也,奘者大也。大得玄妙之机,是名曰玄奘。"清《红楼梦》一七至一八回:"所以带发修行,今年才十八岁,～妙玉。"

【法铙】 fǎ náo 僧道举行宗教仪式所用的一种打击乐器。两铜圆片,中间突起成半球形,拍击发声。六十种曲本《琵琶记》三四出:"听大法鼓冬冬冬冬,听大～乍乍乍乍。"清《聊斋俚曲·禳妒咒》:"不击金钟与～,念佛千声祸自消。"

【法器】 fǎ qì ❶ 礼器;祭祀、仪典所用的器皿。唐独孤及《洪州大云寺铜钟铭》:"盖圣人弘道以劝善,因善以建法,作～以为天下利。"明《古今小说》卷三七:"景遂入宫,恣意肆取宫中宝玩珍鼎、前代～之类。"清毛奇龄《瘗水盏子志石铭》:"乃购食器之能声者,得内府监制成化～如干,则水浅深分上下清浊,叩以犀匙,凡器八而音周,强名曰水盏子。" ❷ 引申指制度;准则。唐陈子昂《申州司马王府君墓志》:"君好谦达礼,研几成务,摹其～无不驯,从其事政无不理。"元袁桷《题曾文昭诗》:"《尚书省记》实公所作,后评文者谓,当为万世～。"明朱载堉《乐律全书》卷五:"王廷相曰:'律吕何为者?正乐之～也。'" ❸ 喻指有才干可以成为栋梁或楷模的人。宋陈著《贺前人升枢密启》:"某愧非～,叨入化钧,虽莫御于朝车,乃耸闻于除笔。"明郑善夫《答马子莘》:"国贤却是～,与论弥日,一一合意,胜友也。"赵宧光《寒山帚谈》卷下:"若但能此,而不能彼,总八法具,终非～。" ❹ 僧道举行宗教仪式所用的钟、鼓、铙、钹、木鱼等。《金史·食货志三》:"凡寺观不及十人,不许畜～。"《元曲选外编·西厢记》一本四折:"今日二月十五日开启,众僧动～者。请夫人、小姐拈香。"清《红楼梦》二九回:"这是他们各人传道的～,都愿意为敬贺之礼。" ❺ 指能理解佛法精义的高僧。《祖堂集》卷二《慧可禅师》:"师知是～,而与

剃发。云：'汝是僧宝,宜名僧璨。'"宋慕容彦逢《赠明智大师》："上人真~,根性宿明悟。"清《锦香亭》一二回："看了你三人洵是~,言下即能了然。" ❻ 按法式操作或执行法律的器具,如兵器、刑具、法刀等。元明《水浒传》四〇回："狰狞剀子杖钢刀,丑恶押牢持~。"明于谦《忠肃集》卷一〇："况此等操练~,俱系行兵常事,难以执一而用。"

【法曲】 fǎ qǔ 本为佛教法会所奏的曲子。唐代掺杂道曲,并得唐玄宗推广,成为宫廷乐曲之一种。《敦煌变文校注》卷五《维摩诘经讲经文(一)》："箫笛弦管、螺钹铂铜,齐声而竞演宫商,合韵而皆吟~。"明屠隆《昙花记》五五出："艳曲如今翻~,歌台回首是香台。"清汪由敦《邻家按乐歌》："已闻~动香尘,翻惜红灯迷玉貌。"

【法师】 fǎ shī ❶ 唐代道士称号之一。也用来泛称道士。《唐六典》卷四："而道士修行有三号:其一曰~,其二曰威仪师,其三曰律师。其德高思精谓之炼师。"唐牛僧孺《玄怪录》卷一八："贞元中,华州云台观有刘~者,炼气绝粒,迨二十年。"五代钱镠《天柱观记》："叶天师法善、朱~君绪、……夏侯天师子云,皆继踵云根,栖神物表,骨腾金锁,名冠瑶编。" ❷ 称降妖驱邪的道士或方士。宋洪迈《夷坚志》乙卷一："其父惊惧,俟其还家,率之投闭门黄~。黄曰:'此为妖孽所凭,必猫精也。明日当为诛绝。'先书二符授之。"《元曲选·冤家债主》二折："俺一家儿烧纸烈纸到神州,请~唤太医疾快走,将那俺养家儿搭救。"清《红楼梦》一〇二回："那日两府上下爷们仗着~擒妖,都到园中观看。"

【法事】 fǎ shì ❶ 指供佛、礼忏、打醮、修斋等宗教法会仪式。唐戴孚《广异记·刘清真》："有大魔起,汝辈必罹其患,宜先为之防,不尔,则当败人~。"明沈采《还带记》八出："徒弟,施主人家请做~,我和你把真言温一温。"清袁枚《子不语》卷三："如蒙哀怜,当为延晨僧修~,令你生天人境界何如?" ❷ 指僧人。唐赵璘《因话录》卷六："及再立寺,僧振古宝而放置西廊。余与京大德知玄、西川从事杨仁赡同谒。" ❸ 做法事时使用的鼓、钹等器物。明《金瓶梅词话》八回："落后众和尚都齐了,吹打起~来。"

【法术】 fǎ shù ❶ 巫道所行的驭神、驱邪、变化等术。《敦煌变文校注》卷七《温室经讲唱押座文》："祇城还从奈女生,妙通~救众生。能疗众病一切差,国称之宝大医王。"明佚名《黄孝子》一八出："客官可用甚~,救我过去。"清《醒世姻缘传》六一回："怎么叫是'回背'?既有这法,何不做他一做?但不知哪里会这~的?" ❷ 手段;办法。清《红楼梦》七八回："宝玉自立了半天,别无~,只得复身进入园中。"《醒世姻缘传》四八回："薛教授又从屋里出来。待去跕门,薛夫人双手拉住,说道:'你好合他一般见识?'……龙氏方才见经识经,渐渐的收了~。"《姑妄言》二回："他生性已自愈赖,又看了嫂子降服哥哥的这番~,以为天下人的丈夫都该妻子如此管教的。"

【法水】 fǎ shuǐ 巫道用以除病驱邪的水。《太平广记》卷二三八引《广国史》："今俟良宵,剪方为坛,用~噀之,不能遁矣。"《元曲选·桃花女》四折："也只为结婚姻本待谐鸾凤,因此上噀~不惜救童蒙。"清《西游补》六回："被道士一口~,只见他立脚不定,径往西南去了。"

【法嗣】 fǎ sì ❶ 按宗法统系规定的继承人。《唐大诏令集》卷一〇《乾符四年册尊号德音》："既受鸿名,咸施庆泽。禀列圣之~,致兆人之劝康。"宋胡宏《知言》卷五："则必兼用仲尼立嫡与贤之~,天子继离之明,行乾之健,不受制于母后。"也指学术派系的继承人。明韩雍《皇明西江诗选序》："昔吕居仁作图,推黄山谷为祖,列陈后山以下二十五人为~。" ❷ 禅宗派系继承。《祖堂

集》卷二《弘忍和尚》："众人问曰:'师~何人?'师云:'吾法已往岭南。'"宋陈师道《谈丛》："洞下太阳和尚久而无嗣,晚得远公,欲得为嗣。远曰:'弟子自有师承,恐误和尚。'太阳出泪。远曰:'请受授鞋,他日为和尚接~。'" ❸ 指禅宗派系的传承人。唐裴休《黄檗山断际禅师传心法要序》："有大禅师,法讳希运,住洪州高安县黄檗山鹫峰下,乃曹溪六祖之嫡孙,西堂百丈之~。"宋苏轼《答钱济明三首》之二："有~否?当载之语录中。"清《红楼梦》二二回："五祖欲求~,令徒弟诸僧各出一偈。" ❹ 谑指僧人的后代。清《姑妄言》一二回："牛氏忽然吞酸呕吐,害起病来,茶饭懒吃,伏枕不起。谁知腹中有了和尚的~,害的是人病。"

【法算】 fǎ suàn 僧人年龄的敬词。《元曲选外编·西游记》一本三折："〔夫人云〕师父,你~多少了?〔唐僧云〕小僧一十八岁也。"

【法岁】 fǎ suì 即"法腊"。唐郑素卿《西林寺水阁院律大德齐朗和尚碑》："享年七十有三,~四十有九,示寂灭于长庆二年十一月十六日。"《宋高僧传》卷七《宋东京天清寺傅章传》："俄示疾而终于本院,春秋五十五,~三十六。"

【法孙】 fǎ sūn 宗教门派再传的弟子。《祖堂集序》原注："已上九十六人,石头下~。"宋苏轼《东坡志林》卷一："照僧师守素乃参寥弟子也,照僧……参寥之~。"清《隋唐演义》六回："唐公问道:'长老诵晚功课么?'住持道:'因夫人分娩,恐贵体虚弱,传香与徒子~,暂停晚间功课。'"

【法坛】 fǎ tán 僧道说法或举行法事的坛场。五代杜光庭《胡贤常侍安宅醮词》："是敢肃严庭宇,恭启~,请灵宝符文,按太元科典。"宋杨亿《故河中府开元寺坛长重宝塔记》："前后登甘露~,宣《尸罗净戒》,得度者仅千馀人。"清《野叟曝言》五一回："正中一间,高高摆设禅座,架起~,有一丈多高,四面朱漆栏杆。"

【法堂】 fǎ táng ❶ 佛教徒讲经做法事的厅堂。《祖堂集》卷四《药山和尚》："沙弥才得个消息,便到药山,换衣服直上~,礼拜和尚。"明佚名《黄孝子》二六出："不是哄你,如今都在~上。"清《后西游记》一〇回："遂一齐涌入~来见唐半偈,要求他开经。" ❷ 审理诉讼案件的公堂。《元曲选·金线池》四折："但这~上,是断合的去处,不是你配合的去处。"明《梼杌闲评》三六回："~上如何容周顺昌等无状,体面何存?"清《春柳莺》六回："二兄既遭此大变,真假难逃公论,就同到~折辩何妨。"

【法体】 fǎ tǐ 尊称僧人的身体。宋苏轼《与佛印禅老书》："数日大热,缅想山门,方适清和,~安稳。"《元曲选外编·西游记》五本一七出："泼贱人,怎敢毁吾师~?"明《古今小说》卷二九:"分明是丈夫柳宣教不行好事,破坏了玉通禅师~,以致玉通投胎柳家,败其门风。"

【法帖】 fǎ tiě 另见 fǎ tiè。称僧道祖师、主持等所发出的书信、文书等。元明《水浒传》六回:"'这僧人从五台山来,有真禅师书在此,上达本师。'清长老道:'好,好。师兄多时不曾有~来。'"清《绿野仙踪》九〇回:"可于我~到日,即行拜于冰为师,并传谕温如玉知之。"

【法帖】 fǎ tiè 另见 fǎ tiě。书法范本。宋刘敞《先祖磨勘府君家传》:"初太宗好书,集秘府古书,模其笔迹,自仓颉史籀,下至隋唐君臣以书名世者,为古今~。"《元曲选·荐福碑》三折:"我这碑亭中有一通碑文,乃是颜真卿书法,我将一千张纸,几锭墨,教小和尚打做~。"清《十二楼·十卺楼》一回:"到了请仙判事的时节,那悬笔写来的字,比~更强几分。"

【法兄】 fǎ xiōng 僧道同时修习者对其中年长于自己的人的称呼,也用作同道人的敬称。唐皎然《唐苏州东武邱寺律师塔铭》:"昼则律师之乡僧也,戒有一日之长,许为~。"《五灯会元》卷

二○《参政钱端礼居士》："置笔顾简堂曰：'某坐去好，卧去好？'堂曰：'相公去便了，理会甚坐与卧耶！'公笑曰：'～当为祖道自爱。'遂敛目而逝。"明吴之鲸《琳琅泉铭》："今年冬仲偶来避喧，则卧云～雪崖年六十，方坐关修禅定。"也用作宗教以外同道中人的敬称。明《古今小说》卷三六："侯兴向赵正道：'山妻眼拙，不识～，切望恕罪。'"

【法筵】 fǎ yán ❶ 僧道讲经做法事的席位，也指跟讲说佛法有关的集会等。唐张九龄《冬中至玉泉山寺》："石壁开精舍，金光照～。"《古尊宿语录》卷一一《慈照禅师语录》："师住南源，开堂日白槌云：'～龙象众，当观第一义。'"清《后西游记》一二回："果然有许多和尚在那里诵经拜忏做功德，香灯供养，十分齐整，只是～上诸佛菩萨却无一个。" ❷ 宋吕希哲被任命为右司谏，苏轼用双关语跟他开玩笑说："～龙象，当观第一义(指上的第一本弹劾奏章)。"(见宋彭百川《太平治迹统类》卷一八)后因借指司法、监察机构或官职。宋刘克庄《贺谢司谏》："司谏七品官，未足为范君之贺；～第一义，皆耸听荥阳之言。"周密《齐东野语》卷七："朱应元既为御史，月课乃首劾李俊明，公论大不平。同舍生作书责之，略曰：'温陵洪公出台以执事，继之者正谓其平时负肮脏之誉。～之初疏，莫不延颈以听。'"元王义山《代王宪贺常蒲溪人察》："仰观～第一义之陈，大振御史总百官之职。" ❸ 泛指讲席、教职。元唐元《送汪谦父教谕长洲》："毡寒百里专师席，语妙千人听～。"特指宫廷讲席、辅弼职位。明于慎行《丙子七月初侍日讲纪述》："内殿云深启～，隔屏初听玉音宣。"陆采《明珠记》一一出："挥戈一指唐家乱，迎英彦，坐～，登金殿。"

【法眼】 fǎ yǎn ❶ 佛教五眼(肉眼、天眼、慧眼、法眼、佛眼)之一，谓菩萨为度脱众生而照见一切法门之眼。《祖堂集》卷一《释迦牟尼佛》："吾有清净～，涅槃妙心。"元佚名《梧叶儿》："非扭捏，合自然，体幽玄，～超过大千。"清《续金瓶梅》三八回："有世尊在西方睁开～，见善人宅门外瑞气千重。" ❷ 借指精于衡鉴的锐利眼光。宋张孝祥《考试呈周茂振舍人》："先生择～，一阅不再复。探囊得至宝，每出辄惊俗。"明屠隆《彩毫记》一一出："李先生人天～，说此人奇伟，必是不凡。"清《隋唐演义》一六回："郎君～不精，若我张兄，早已认出，不烦贱妾饶舌了。"

【法衣】 fǎ yī 僧道做法事或在庄重场合所穿的衣服。《法苑珠林》卷三五："出家着～，威仪具足。"《元曲选·张天师》三折："道童，将～来。"清《红楼梦》一二回："法师们俱戴上七星冠，披上九宫八卦的～。"

【法友】 fǎ yǒu 称以佛法道法结友的人。《法苑珠林》卷一一二："夫酒为放逸之门，大圣知其苦本，所以远酤肆，离酒缘，弃醉朋，近～。"明徐一夔《洞霄宫新规记》："其得栖息于烟霞之窟而无他虞者，郡～起废之力也。"屠隆《昙花记》九出："〔外〕原自西方～。〔末〕偶然失足阎浮。"

【法鱼】 fǎ yú 用酒渍、风干等方法制成的耐久藏之鱼。宋秦观《寄莼姜·糟蟹》："鲜鲫经年渍醽醁，团脐紫蟹脂填腹。"明李时珍《本草纲目》卷四四："鲍，即今之干鱼也，……以物穿风干者曰～。"清汪琬《饮寒香斋》："～糟蟹最鲜新，合打头盘不记巡。"

【法语】 fǎ yǔ ❶ 佛的言语，也称僧道所说(写)的话。《法苑珠林》卷一一八："男子懈怠，不用～，眼见沙门，如视粪土。"《元曲选外编·西游记》二本五出："求了～的便先回去，我辈为臣子者，问师父求～做戒。"清《女仙外史》三回："我儿原来未悟，怎不记得瑶池会上大士的～？" ❷ 咒语。明《醒世恒言》卷二二："蒙我师传法语与弟子，年代劫数、地理路途、宝剑～，弟子都省悟了。"清《绿野仙踪》七○回："不换到地下，挝了一把土，向坎位上一洒，口中秘诵～，喝道：'那物不至，更待何时？'"《飞龙全传》三五回："匡胤故意诌说了几句～，将钱吹上了一口气，说道：'你将此钱拿去，有人与你博鱼，喝声要字就字，要河就河。'"

【法愿】 fǎ yuàn 向僧道或神佛许的愿。唐王勃《梓州郪县兜率寺浮图碑》："岷峨旧族，江汉英姿，争开～，重崇峻基。"《太平广记》卷一○九引《祥异记》："诵经既广，情愿又满。回此诵业，愿生安养。闻空中告曰：'～已足，必得往生。'"明《平妖传》一回："只此一去，有分教袁公犯一次不赦的天条，设一重不轻的～。"

【法则】 fǎ zé 办法；手段。元明《水浒传》七三回："我教你一个～，唤做'负荆请罪'。"明《西游记》一四回："盖因那猴原是弼马温，在天上看养龙马的，有些～，故此凡马见他害怕。"清《姑妄言》三回："这铁氏在家时，见他令嫂管教他令兄的那些～，学了个满心满耳。"

【法杖】 fǎ zhàng ❶ 晋到唐代的一种杖刑。所用杖在大杖、小杖之间。《唐律疏议》卷二九："杖外以他法拷掠，谓拷囚于～之外，或以绳悬缚，或用棒拷打。"《唐会要》卷四一："法司断罪，每脊杖一下，折～十下。" ❷ 称僧人所持杖。明郑文康《报谢如如禅师疏》："挥～，谕法言。"

【法旨】 fǎ zhǐ ❶ 称神佛的命令、旨意。宋吴芾《和陶读山海经十三首韵》之一一："古无住持事，但只传。有能悟色空，便可超生死。"《元曲选外编·西游记》五本一七出："奉观音～，去救唐僧走一遭。"清《醒世姻缘传》二九回："但有真君的堤堰及真君亲到过的人家都要仔细防护，毋得缺坏，有违～！" ❷ 尊称僧道的命令或请求。唐法海《六祖大师法宝坛经略序》："师至是祝发受戒，及与四众开示单传之～，一如昔谶。"《元代白话碑集录·一二五二年平遥崇圣宫给文碑》："仍仰本宫道众照依前项清和大宗师～，在意兴修住持匀当。"明《醒世恒言》卷三一："此是我先人在日许下愿心，不敢动着。若是吾师要别物，但请～。"

【法制】 fǎ zhì 依传统方法制作。宋郭祥正《常父寄半夏》："新妇初解包，诸子喜若狂。皆云已～，无滑可以尝。"明戚继光《纪效新书》卷一八："(飞天喷筒)硝磺、樟脑、松脂、雄黄、砒霜，以分两～打成饼。"清《红楼梦》二五回："麝月又捧过一小碟～紫姜末，宝玉嚼了一块。"

【法子】 fǎ zǐ 另见 fǎ zi。 ❶ 佛的传人，泛指僧人。《法苑珠林》卷六○："此亦当出家，重为我～。"唐皎然《听素法师讲法华经》："～出西秦，名齐漆道人。"储光羲《送恂上人迎吴》："君王既行幸，～复来仪。" ❷ 僧道的第二代传承人。也泛指法嗣。《宋高僧传》卷六《唐台州国清寺湛然传》："以教言之，则然乃龙树之裔孙也，智者之五世孙，左溪朗公之～也。"明《金瓶梅词话》五七回："当时间唤起～徒孙，打起钟，敲起鼓，举集大众。"清查慎行《过高旻寺挽湘雨长老》："高僧今下世，～继开堂。"

【法子】 fǎ zi 另见 fǎ zǐ。 ❶ 方法；手段。明高攀龙《龙江沈先生泰交始末记》："你去与沈先生说，有甚培补～，替我补一补。"清孔尚任《桃花扇》四出："此后若不设个～，如何出门？"《红楼梦》四八回："老爷没～，天天骂二爷没能为。" ❷ 规矩；原则。清《儒林外史》四五回："这事朝廷该立一个～，但凡人家要迁葬，叫他到有司衙门递纸，风水具了甘结。" ❸ 砝码。明佚名《高文举珍珠记》一出："他那～又重，九十两银子，只兑得他八十两。"

fà

【发髻】 fà jì 一种把头发挽成髻盘在头上的发式。也指这

种样式的头发。《旧唐书·朱泚传》:"朱滔将反叛,阴使人与泚计议。以帛书内蜡丸中,置～间。"明《二刻拍案惊奇》卷三九:"摸着顶上青丝髻,真如盘龙一般。懒龙将剪子轻轻剪下,再去寻着印箱,将来撬开,把一盘～塞在箱内。"清《绿野仙踪》五二回:"梳了个苏州时样~,髻下转遭儿插的都是五色小灯草花儿。"

【发妻】 fà qī 结发妻;原配妻。古代儿童披发,始成年行结发礼(女子曰笄,男子曰冠),因称。明《杜骗新书·奸情骗》:"鲁已有~,乃诳曰:'~已死。'"清《情梦柝》二〇回:"我当初嫌~貌丑,辜负他郁死。"

【发丫】 fà yā 一种少女发式,像丫杈。宋梅尧臣《送张子野知虢州先归湖州》:"谿山小女儿,姹姹两～。"

fān

【帆船】 fān chuán 张挂布篷,利用风力行使的船。唐韩愈《祭河南张署员外文》:"～箭激,南上湘水。"宋王安石《将次镇南》:"豫章江面朔风惊,浩荡～破浪行。"元仇远《三更泛舟谢达渟》:"风使～疾,云和竹苇连。"

【帆幔】 fān màn 船帆。唐易静《兵要望江南·占梦》:"将军梦,梦见大舟船。顺水顺风~顺,战之获捷果为先。"宋薛季宣《夜忆吴江》:"清风~输归客,落日兼葭称晚渔。"元明《三国演义》三八回:"又尝以西锦作～,时人皆称为锦帆贼。"

【帆叶】 fān yè 船帆。唐皎然《送简栖上人之建州觐使君舅》:"甀花新雨净,～好风轻。"宋吴文英《暗香·送魏匀滨宰吴县解组》:"风急送,～。正雁水夜清,卧虹平帖。"清朱彝尊《谒泰伯庙四十韵》:"到门～卸,倚郭殿檐层。"

【番】 fān ❶ 称少数民族或外国人。唐李志远《唐维州刺史安侯神道碑》:"无何,突厥乘时,籍雄沙漠。侯祖乌唤为颉利吐发,～中官品,称为第二。"《元曲选·汉宫秋》三折:"这是黑江,～汉交界去处。南边属汉家,北边属我～国。"清屈大均《广东新语》卷二:"香山故有澳,名曰浪白,广百餘里,诸～互市其间。" ❷ 翻。a) 位置颠倒。宋佚名《张协状元》一出:"～过刀背,去张叶左肋上劈。"《元曲选·赵礼让肥》一折:"我则见他～穿着绵纳甲。"明《警世通言》卷二三:"为因风涛险滩恶,巨浪滔天,常～了船。"b) 翻供。《元典章·刑部八》:"这李公弼先招了底却～了,说道:'我的祗候要了来。'"c) 开;开启。金《董解元西厢记》卷二:"把夹钢斧擗在战鞍,伸靴入镫,扳～龙筋弩,安上一点油,摇～铜牙利,会百步穿杨。"d) 倒下。《元曲选外编·西游记》四本一六出:"则一口咬～在坡案前。"明《古今小说》卷三六:"看见那五个男女,闻那香,一霎间都摆～了。" ❸ 副词。反而。金《刘知远诸宫调》一:"扶犁黑手～承笏,食肉朱唇强吃荠。"元萧德祥《小孙屠》一一出:"到今日怎知道,～成罪愆?"明《警世通言》卷五:"饼内砒霜那得知,害人~害自家儿。" ❹ 量词。a) 表示行为数量。次;回。宋《三朝北盟会编》卷一一〇:"已是三～差人过河来,尽有黄榜。"明陈铎《红绣鞋·淘沙》:"金银儿难拣认,铜铁儿费搜求,经了百十～一度有。"清《聊斋俚曲·富贵神仙》:"自家的官诰四五次,儿孙的封赠十数~。"b) 表物量。可用于人。宋《朱子语类》卷一〇六:"后分许多军作三～,每日轮番入校场挽弓,及等者有赏。"也可用于物及自然现象。唐范摅《云溪友议》卷一:"萧颖士少梦有人授纸百～,开之皆是乡花。"寒山《庄子说送终》:"庄子说送终,天地为棺椁。吾归此有时,唯须一～箔。"明金銮《北沉醉东风·忧旱》:"望一～云雨来,空几个雷霆过。"

【番案】 fān àn ❶ 同"翻案❶"。《旧唐书·武宗纪》:"其两京天下州府见系囚,已结正及两度～伏款者,并令先事结断讫申。"《元曲选·还牢末》楔子:"如今相公问你呵,你只说误伤人命,不该死罪,我就好~了。"明刘基《前江淮都转运盐使宋公政绩记》:"即为~,悉出其囚。" ❷ 同"翻案❷"。明《挂枝儿·送别》:"或问余:后篇~佳矣,子尚能转一语否?余随赋一篇云:'……那脚蹱的吃甚么亏,头顶是虚空也,脚蹱是着实的。'"《二刻拍案惊奇》卷一六:"又有人道这诗未尽,～一首云:阳间不辨到阴间,阴间仍旧判阳还。"

【番把】 fān bǎ 一二次。把,表约数。明《拍案惊奇》卷二九:"以后见弄得有些好处,就日日做~,不肯住手了。"又卷三二:"有～归来时,撞着胡生狄氏正在欢饮。"

【番邦】 fān bāng 异族国家。元贡师泰《送翟终吉还南台序》:"近杂大理、乌蒙、白霫、溪洞诸蛮,外与交趾、九真、日南～相属。"明孟称舜《娇红记》八出:"那时节,敲金镫将凯歌齐唱,猛可的赫刺刺威镇～。"清《说岳全传》一一回:"我这样大官,怎么得到外国? 就到~,如何变猪?"

【番捕】 fān bǔ 缉捕罪犯的差役。清孙承泽《春明梦餘录》卷五〇:"京师多凭～之手,获盗未必皆真,真盗未必皆获。"《续金瓶梅》九回:"疾忙传了～、弓兵、壮丁各役,带着器械,飞奔出城。"《醒世姻缘传》六五回:"只得苦央了连春元的分上,与了典史,方才把~撤了回去。"

【番部】 fān bù ❶ 称少数民族或少数民族地区。亦指外国。唐元稹《代曲江老人百韵》:"～同谋夏,宗周暂去豳。"明余继登《明资德大夫戴公暨配田夫人穆夫人合葬墓志铭》:"公既去镇,喜事者卒开甘肃之市,令～交恶,为国家生一边隙。"清张玉书《张又南诗文序》:"昔襄壮公之镇西陲也久,～岁时款塞,不敢驰介马入牧于境上。" ❷ 番兵;少数民族部队。宋司马光《涑水纪闻》卷一二:"先令番官奉职巡检李明领～围寨,继隆崇俊领大军进。"清《女仙外史》四九回:"径投李景隆大寨。将郑亨不听良言,以致丧没,并自己～全师而返的话,备诉一遍。"《续金瓶梅》一九回:"锦甀毹拥定老单于,列两行貂帽阏氏妇。密层层戈甲排～,乱纷纷旗幡聚把都。"

【番次】 fān cì ❶ 当值或递换的次序、时间。唐颜师古《匡谬正俗》:"陈思王《表》云:'宿卫之人,番休递上。'此言以～而归休,以～而递上。"宋陈襄《乞均排等第出役钱状》:"臣今依据逐县廨宇宽窄,合容著得人数,约度作～,出榜晓示人户。"清查慎行《绮罗香·橙》:"翠浅疑流,黄娇欲滴,屡报新霜~。" ❷ 分批轮流。唐[日]圆仁《入唐求法巡礼行记》卷四:"抽两街诸寺解持念僧三七人～差人,每日持念,日夜不绝。"宋苏辙《再乞禁止高丽下节出入札子》:"节日听二十人～出馆游看买卖。"明丘濬《明故赠翰林院编修费公孺人朱氏墓志铭》:"时家食口众,娣姒～直庖。"

【番当】 fān dāng 当值的捕役。清《醒世姻缘传》八八回:"我们两个正是淮安军捕衙门的～,缉了你这两多个月,你却逃在这里!"

【番倒】 fān dǎo 另见 fān dào。倒下。宋许洞《虎钤经》卷六:"令壮士牵索,则辒车～,弓弩齐射。"《元曲选·陈州粜米》楔子:"一交别～,剁上几脚。"

【番倒】 fān dào 另见 fān dǎo。颠倒;反方向。宋佚名《银海精微》卷上:"致令上下胞脸皮渐长,眼渐紧,故睫毛～里面,刺眼碍涩。"

【番递】 fān dì 犹"番次❷"。唐陆贽《论裴延龄奸蠹书》:"度支旧管牛驴三千餘头、车八百餘乘,循环载负,供馈边军。既

有～之伦，永无科配之扰。"宋周南《池阳月试策问》："材官骑士，～宿卫，汉之兵益众矣。"明丘濬《大学衍义补》卷一二二："就其中择一人或二人心定而手捷目疾者，专司持放，其三四人者互为实药，～以进。"

【番第】　fān dì　犹"番次❶"。《唐六典》卷五："凡怀化归德将军，量配于诸卫上下，其餘并兵部定其～。"《旧唐书·职官志一》："又有斋郎品子勋官及五等封爵屯官之属，亦有～，许同拣选。"

【番更】　fān gēng　❶轮流巡夜。宋范成大《晚步宣华旧苑》："吏兵塞窣～后，楼阁崔嵬欲暝时。"　❷轮流；更替。宋程俱《和王给事易简殿试举人》："闻说壶天春日永，恍疑鳌戴欲～。"元张枢《元故礼部郎中吴君墓表》："与饥民为约束，号令严整，～而受分者，日数千百人，无敢哗者。"明邵宝《乐安大岭次见素公》："吏属苦切束，工徒欣～。"

【番弓】　fān gōng　鸟夹子。清《醒世姻缘传》五八回："叫我弄了个～下上，快多着哩，当时就拿住了。"

【番鬼】　fān guǐ　南方人对外国人的恶称。明归有光《松江新建行省颂》："曈然四除，万里光彩。孰是～，敢作奇衺。"汤显祖《牡丹亭》二一出："这寺原是～们建造，以便迎接收宝官员。"清屈大均《广东新语》卷一一："谓外省人曰蛮果，兴宁、长乐人曰哎子，海外诸夷曰～。"

【番胡】　fān hú　称西北地区少数民族。唐易静《兵要望江南·占云》："云起处，形色重而乌。暗伏贼兵军不见，露其形体在高隅，一半是～。"宋沈作喆《寓简》卷一〇："明皇时～入见，伶人讥其貌不能堪，相与泣诉于上前。"明朱元璋《西安卫都指挥使叶升林济峰诰》："尔升济峰当夙夜勤劳，雄镇～。"

【番户】　fān hù　❶唐代称赦免过一次的官婢官奴。《唐六典》卷六："凡反逆相坐没其家为官奴婢，一免为～，再免为杂户，三免为良人。"《新唐书·裴行俭传》："泾岐有隋世～子孙数千家，司农卿赵履温奏，籍为奴婢充赐口。"　❷称少数民族人户。宋王巩《张方平行状》："立寨近筸篆城。城，秦郿也。旁边～多投匿山林。"清雍正五年七月八日高其倬奏文："况臣细查所派改折之粟，六万石内止有凤山县八社～应纳粟五千六百二石零。"

【番回】　fān huí　犹"番胡"。明余继登《明资德大夫戴公暨配田夫人穆夫人合葬墓志铭》："内地甘肃～开市已久，又不宜令强敌混入，以滋祸阶。"汤显祖《牡丹亭》二一出："叫通事，分付～献宝。"

【番悔】　fān huǐ　同"翻悔❶"。宋朱熹《答王子合》："其谤必有大于此者，而如子合者亦将有～青苗之议矣。"元古本《老乞大》："成交已后，各不许～。"明《二刻拍案惊奇》卷九："只须刘尚书与夫人做主，两个一下配合了，有何可说？却又尚书～起来，千推万阻。"

【番家】　fān jiā　异族国家。宋韩琦《后园寒步》："有如汉将肃行阵，远涉大漠平～。"《元曲选·汉宫秋》三折："今日汉朝不弃旧盟，将王昭君与俺～和亲。"明《警世通言》卷九："今被～要兴兵抢占高丽，有何策可以应敌？"

【番客】　fān kè　称来中国经商或客居的外族人。《唐六典》卷五："其外夷每有～到京，委鸿胪讯其人本国山川风土，为图以奏焉。"宋文彦博《奏西夏誓诏事》："官中止量收汉人税钱，西界自收～税钱。"明《禅真后史》三〇回："忽见城下二壮士厉声将呼谒，喻铎细看，乃是～关赤丁也。"

【番快】　fān kuài　巡缉盗贼的差役。清钱谦益《兵部尚书极殿大学士孙公行状》："～捶楚，何求不得？"《醒世姻缘传》六六回："看见小玉兰来到，就似那贼徒见了～，也不必这着忙。"

【番款】　fān kuǎn　反问。宋克勤《碧岩录》卷一："尔待～那，犹作这去就。"

【番蛮】　fān mán　称南北方的异族。唐于公异《吴岳祠堂记》："至天宝八年，哥舒翰拔石堡，破～，封神为成德公。"明《北宋志传》五〇回："南阵中一员女将，当先出马，乃单阳公主也，大叫：'～尚不献城，犹来抗敌那？'"清田雯《清溪行》："军门击鼓三通歇，～一队西南来。"

【番奴】　fān nú　❶对异族人的恶称。宋范祖禹《检校司空郭公墓志铭》："北人有降者，众谓宜纳之。公曰：'……顷契丹骈马刘三贾来归，仍上平燕策，朝廷恐以小害大，尚且拒之。此一～，欲致我曲耳！'亟遣之。"明《禅真后史》三〇回："为首一将引着百餘个番汉已自杀入栅里，胡侠大喝道：'～慢来，吾已候汝多时！'"清弘历《平定两金川告成太学碑文》："兹两金川小寇，地不逾五百里，人不满三万众，而费帑至七千万，成功亦迟至五年，则以跬步皆险，～效命死守。"　❷称异族人的或异族人充任的奴仆。《大宋宣和遗事》后集："至暮，～持食肉一盘，酒一瓶，于帝前曰：'食之。'"明黄淮《乙未夏五月初三日夜梦侍朝三十八首》之二一："前呵传报人争避，黑面～驱象来。"

【番旗】　fān qí　犹"番快"。旗，旗牌。清《醉醒石》九回："把牌即差各地方邻佑，协同～抓拿。"

【番犬伏窝】　fān quǎn fú wō　派人打入敌方内部作埋伏。元明《水浒传》六八回："此名～之计，百发百中。"清《荡寇志》九三回："相公若依小吏时，但用一～之计：待小吏先去和那厮们打成一路，与他一同私逃，却于东门外埋伏人马，连小吏一齐捉下，却不要去捉吕方。"

【番人】　fān rén　❶称少数民族或外国人。唐张鷟《朝野佥载》卷五："太宗时，西国进一胡，善弹琵琶。作一曲，琵琶弦拨倍粗。上每不欲～胜中国，乃置酒高会，使罗黑黑隔帘听之，一遍而得。"明单本《蕉帕记》二九出："把他这件东西呵，就送与～祭旗。"清屈大均《广东新语》卷二："凡～有罪至寺，法王不许忏悔，即立诛斩。"　❷即"番子❷"。《明史·刑法志三》："骂未讫，～摄四人至忠贤所，即磔骂者。"

【番身】　fān shēn　❶同"翻身❶"。宋黄庭坚《寄清新二禅师颂》："此是如来正法藏，觉来床上笑～。"《元曲选·合汗衫》三折："到晚来可便不敢～，拳成一块。"明《警世通言》卷三五："得贵忽然抱住，～转来，与之云雨。"　❷同"翻身❷"。宋元《清平山堂话本·柳耆卿》："～落水寻不见，则听得采莲船上鼓打扑冬冬。"《元曲选·赵礼让肥》二折："我猛然拜罢那双脚，……不隄防背后～吃一交。"　❸同"翻身❹"。宋元《清平山堂话本·花灯轿》："如何两脚～去，虚作阎浮一世人。"《元曲选·争报恩》楔子："正是虎着痈煎难舒爪，鱼遭丝网怎～？"明王錂《春芜记》二三出："若不是唐景二大夫这样没眼睛的人，料他一世也不得～。"　❹指奴婢改换主子。明《金瓶梅词话》八五回："你老人家拿出他箱子来，拣上色的包与他两套，教薛嫂儿替他拿了去做纪念儿，也是他一～场。"

【番手】　fān shǒu　❶即"番子手"。明李德丰《长安感事》："厂卫人传六月凉，太阳那得照飞霜。皂衣短帽随～，出入天街亦有光。"黄训《名臣经济录》卷三三："且其假种妖书，阴为陷穽，买同～，诬执平民。"清《醒世姻缘传》八八回："本处的～走来店内，见准安差人将吕祥捆绑。"　❷赢回赌本。明《二刻拍案惊奇》卷八："丁生亟回寓所，着人去请将二人到寓。两人只道是又来纠赌，正要～，三脚两步，忙忙过来。"

【番腾】　fān téng　❶显现；张扬。宋赵长卿《鹧鸪天·初夏》

试生衣）："牙领～一线红,花儿新样喜相逢。"马庄父《阮郎归·西湖春暮》："清明寒食不多时,香红渐渐稀。～妆束闹苏堤,留春怎知。" ❷ 翻转;颠倒。明王九思《曲江春》一折："后来用了那小人,蒙蔽了主君,害了那细民,养活他己身,惹了那叛臣,～做祸本。"《挂枝儿·卖相思》："相思铺,这几日～重盖,大门外,挂一面卖相思的牌。" ❸ 变化;改变。明《金瓶梅词话》四六回："一载间浑如胶漆坚,谁承望半路～,倒做了离恨天。"《古今小说》卷二："世事～似转轮,眼前吉凶未为真。"

【番替】fān tì 按番次轮流替换。唐陆贽《论缘边守备事宜状》："臣愚谓:宜罢诸道将士～防秋之制。"宋包拯《直勾衙前请限二年一替》："所有直差衙前,又不曾经历优轻,却令长人,不与～,直候家产荡尽,方得逐便。"明何孟春《应诏万言疏》："今视祖宗时额数,乃五不存三,七多亡诉。边方腹里,一遇～,仅仅无馀。"

【番异】fān yì 司法用语。❶ 指断狱时与法律抵触,换部门再审。宋李心传《建炎以来朝野杂记》甲集卷五："事涉情理巨蠹,及经州县推勘～者,方许取旨送寺。"《明史·职官志二》："有桎律失入者,调他司再讯,曰～。" ❷ 同"翻异❶"。《元典章·刑部八》："那审底官人每,那要肚皮来底人每根底偏尚觑面皮,教～了呵言语底人每,有呵那般勾当出来呵,他们根底重要罪过呵。"《明史·刑法志二》："若亭疑谳决,而因有～,则改调别衙门拟。"

【番役】fān yì ❶ 按法律的规定轮番服劳役或军役。《唐律疏议》卷五："被枉徒之年,或遇恩复,或遭水旱,而无课役者,听折来年。其有军役者,折上番之日。若枉一年,亦通折二年～。"《新唐书·兵志》："自高宗武后时,天下久不用兵。府兵之法浸坏,～更代,多不以时。" ❷ 明代锦衣卫侦事的役员,也泛指缉捕罪犯的差役。明《梼杌闲评》三九回："次日,显纯分付心腹～到监来探丘德口气。"《明史·安磐传》："其缉妖言也,或用～四出搜愚民诡异之书。"清《豆棚闲话》九则："我有空马在后,你快骑上,少迟便有～至矣。"

【番长】fān zhǎng ❶ 同"蕃长❶"。宋程俱《宝文阁直学士王公墓志铭》："有番豪杀其奴,舶司援旧例送～杖笞。" ❷ 同"蕃长❷"。明于谦《忠肃集》卷二："近该各边送到走回人口,屡报～托克托卜哈与额森仇杀。"清毛奇龄《圣德神功颂》："斯旦箕张翼舒,虎攫龙战。小丑伏听早鸟兽散,因之～远近来谒。"

【番帐】fān zhàng 同"翻帐"。明《二刻拍案惊奇》卷二〇："撞见乡里正在丹阳写轿,一把扭住,讨取前物。乡里道:'已是说倒见效过的,为何又来～?'"

【番直】fān zhí 轮班当直。《新唐书·马周传》："宿卫大小～。"元陶宗仪《辍耕录》卷二六："春正月既旦,臣～宿卫。"清邵廷采《东南纪事》卷一："南阳班军～,祖制已久,朕不敢变。"

【番转】fān zhuǎn ❶ 周转孳生。《广弘明集》卷一二："傍此兴生,积聚盈库。因斯～,赙贮连仓。溪壑之心,宁知满极。" ❷ 翻动;改变原来的位置。宋朱翼中《北山酒经》卷中："但白衣上,即去草～。更半日,将日影中晒干,入纸袋盛。"明宋诩《竹屿山房杂部》卷四："馀者一重鱼一重料物,密封之。十二月造,正月十五后取出,～以腊酒渍满。" ❸ 翻转;颠倒。宋佚名《银海精微》卷上："～眼皮,以鸭翎刷洗有疮处。"《朱子语类》卷六七;"乾坤坎离是四正卦,兑便是～底異,震便是～底艮。"明《挂枝儿·缘尽》："缘法儿尽了,诸般改变。缘法儿若尽了,把好言当恶言。怎能勾缘法儿的重来也,将改变的都～。" ❹ 转动;翻身。金《刘知远诸宫调》一："向鼻窍内胡钻,客人又不曾～。"清《醒世姻缘传》三回："又过了两日,晁大舍跌肿的面皮略有些消

动,身上也略略也可以～。" ❺ 改变。明《醒世恒言》卷一三:"将任一郎赚到使臣房里,～了面皮,一索捆番。"

【番捉】fān zhuō 即"番役❷"。明《金瓶梅词话》九八回:"差委缉捕～,往河下拿杨光彦去,……迟了不上两日光景,提刑缉捕观察～,往河下把杨光彦并兄弟杨二风都拿了。"

【番子】fān zǐ ❶ 称异族人。宋曾公亮等《武经总要》前集卷一六下:"放马泊,～中呼为招讨放马泊。"《元曲选·谢金吾》四折:"〔孟良做见科,云〕报的大人得知,孟良拿得一番军……〔殿头官云〕拿过那厮来。〔～见跪科〕"清雍正二年四月二十九日高其倬奏文:"地面颇大,～人少,不能遍种。" ❷ 即"番役❷"。明《梼杌闲评》二三回:"那些校尉并～沿街巡缉,酒肆茶坊留心查访。"《明史·刑法志三》:"役长曰档头,……专主伺察。其下～数十人为干事。"清《豆棚闲话》九则:"偶然相会一个,无心间请问着他。那～到出口直,说道:'这强盗多没有真的。'"也指伺候消息、探听风声的人。清《醒世姻缘传》一九回:"晁大舍也不消掩藏,唐氏也不用避讳。只是瞒不过那两个女～的眼睛,从新又步步提防起来。"

【番子手】fān zǐ shǒu 即"番子❷"。明《警世通言》卷一五:"江南人说阴捕,就是北方叫～一般。"清李玉《清忠谱》一六折:"近日东厂严禁,不许犯属在京打干,～密布在外。"

【蕃邦】fān bāng 同"番邦"。唐开元二十一年册交河公主文:"尔其叶化～,竭诚妇道。"明王燧《送祝少卿使朝鲜》:"～修贡礼,报使选时雄。"

【蕃部】fān bù 同"番部❶"。唐王勃《广州宝庄严寺舍利塔碑》:"并为～之恩,亲睹招提之瑞。"金《董解元西厢记》卷二:"聪本陕右～之后,少好弓剑,喜游猎。"清查慎行《初十日发摆波喀口》:"～三千帐,围场百万层。"

【蕃坊】fān fāng 唐宋时供外国商人聚居的地方。宋郭祥正《广州越王台呈蒋帅待制》:"～翠塔卓椽笔,欲蘸河汉濡烟煤。"朱彧《萍州可谈》卷二:"广州～,海外诸国人聚居,置蕃长一人勾管～公事,专切招邀蕃商入贡,用蕃官为之。"

【蕃胡】fān hú 同"番胡"。《唐六典》卷三:"凡诸国～内附者,亦定为九等。"金王若虚《诸史辨惑》:"炀帝时,诸～入贡,令武威、张掖士女盛饰纵观。"

【蕃家】fān jiā 同"番家"。《敦煌变文校注》卷二《韩擒虎话本》:"臣启陛下,～弓箭为上,赌射只在殿前。"宋沈括《鄜延凯歌五首》之五:"灵武西凉不用围,～总待纳王师。"清吴广成《西夏书事》卷三〇:"城里是汉家,城外是～。"

【蕃蛮】fān mán 同"番蛮"。唐高适《谢上剑南节度使表》:"谨当宣扬皇化,镇抚～,训率吏兵,剪除夷獠。"宋度正《条奏便民五事》:"嘉定、峨眉犍为各籍千人,以为捍御～之用。"

【蕃奴】fān nú 同"番奴❷"。宋周去非《岭外代答》卷三:"海岛多野人,身如黑漆,拳发,诱以食而擒之,动以千万,卖为～。"明杨子器《早朝》:"金笼内使教鹦鹉,玉勒～制骆驼。"

【蕃人】fān rén 同"番人❶"。《敦煌变文校注》卷二《韩擒虎话本》:"～已见,喜不自升(胜),拜谢皇帝,当时便射。"明胡应麟《再寄朱大司空》:"圣主自尊前尚父,～来问大司空。"清顾炎武《日知录》卷一三:"～知恐贪而无谋,先厚遣之,然后并役成桥,仍筑月城守之。"

【蕃长】fān zhǎng ❶ 负责管理蕃坊事务的官员。唐李肇《国史补》卷下:"南海舶外国船也,每岁至安南、广州,……至则本道奏报都邑,为之喧阗,有～为主领市舶使,籍其名物,纳舶脚,禁珍异。"《宋史·大食传》:"昨在本国,曾得广州～寄书招谕,令

京贡奉。" ❷ 少数民族部落头领。唐韦绚《刘宾客嘉话录》:"揆既至蕃,～问:'唐家有第一人李揆,公是否?'"宋宋祁《御戎论》:"华人之辅政者,皆附主与子。～之当国者,附其弟。"明尹直《少保商文毅公墓志铭》:"～满四叛,官军往讨未下。" ❸ 增长孳生;发达兴旺。宋曾巩《太平州与本路转运状》:"建使者之节旄,宣扬惠泽;佐大农之计策,～货财。"刘客庄《方宁乡墓志铭》:"按君家谱,始居陈岩山,至乌山府君尧迁白杜,传三世。至二金紫公,白杜之族益～。"

【幡儿】 fān er ❶ 即"幡胜"。宋张孝祥《菩萨蛮·立春》:"丝金缕翠～小,裁导捻线花枝袅。"赵长卿《探春令·早春》:"～胜儿都姑姊,戴得今忔戏。"清陈维崧《五福降中天·甲寅元旦》:"画粉～,银泥胜子,笑上人头髻。" ❷ 幡;长幅下垂的旗。《元曲选·货郎旦》三折:"副旦背骨殖拿～上。"清王士禄《满庭芳·慈仁寺海棠》:"谁制护花～,驻幽艳,莫使花衰。"《歧路灯》九五回:"四个仙童,一对一对,各执小黄～出来。"

【幡胜】 fān shèng 用纸绢或金银制成的旗形魇胜饰物,多于立春时插戴。宋孟元老《东京梦华录》卷六:"春日,宰执亲王百官皆赐金银～,入贺讫,戴归私第。"《辽史·礼志六》:"皇帝戴～,等第赐～。"清陈廷敬《讱庵立春日再叠前韵答》:"红蓼绿荫生尚细,宫花～剪能如。"

【幡子】 fān zi 旗帜。《太平广记》卷二四三引《乾䐑子》:"既获之,于中立标,悬～。"宋孟元老《东京梦华录》卷一〇:"竿尖有一大木盘,上有金鸡,口衔红～,书'皇帝万岁'字。"明杨珽《龙膏记》四出:"红～,白～,深宫飞入,轻若游蜂。"

【藩库】 fān kù 明清各省布政使所辖仓库。《明史·叶向高传》:"郡邑藏已竭,～稍馀。倘尽括之,猝有如山东白莲教之乱,何以应之?"清《红楼梦》九九回:"～俸银尚早,该打发京里取去。"

【藩臬】 fān niè 明清布政使(藩司)和按察使(臬司)的并列简称。明敖英《东谷赘言》卷上:"嘉靖癸卯冬,四川～长吏将述职北上。"清《歧路灯》一〇七回:"～跪下请了皇上圣安,大人站答圣躬安和。～望上叩贺福庆。"屈大均《广东新语》卷六:"～大夫每春秋仲月壬日致祭。"

【藩司】 fān sī 明清省级行政长官布政使的别称。也指布政使司衙门。《明史·选举志三》:"建文、永乐间,荐举起家犹有内授翰林、外授～者。"清《聊斋志异·偷桃》:"童时赴郡试,值春节。旧例,先一日,各行商贾,彩楼鼓吹赴～,名曰演春。"《儒林外史》一九回:"访得潘自业本市井奸棍,借～衙门隐占身体。"

【藩台】 fān tái 明清时布政使的俗称。明邵宝《明故通奉大夫河南左布政使杨君墓志铭》:"君历内外,邑省～,生无遗力,死有馀才。"清《儒林外史》一五回:"先生若爱看诗句,前时在此,有同抚台、～及诸位当事,在湖上唱和的一卷诗,取来请教。"袁枚《子不语》卷一五:"新人大骇,白之～。"

【翻】 fān ❶ 翻越;攀登。唐杜甫《观李固请司马弟山水图》之三:"高浪垂～屋,崩崖欲压床。"《元曲选·柳毅传书》二折:"这其间各赌神通,早～过那海岛十洲,只待要拔倒了华岳三峰。"清赵慎畛《榆巢杂识》卷上:"餘党张文庆、马四娃等复乘机啸聚,与刚塔拒于马家堡,～山宵遁。" ❷ 翻阅;披览。唐姚合《闲居遗怀十首》之三:"展书寻古事,～卷改新诗。"《元曲选·黄粱梦》一折:"尽白云满溪锁洞门,将一函经手自～,一炉香手自焚。"清徐锡龄、钱泳《熙朝新语》卷一二:"抵寓甫一日,即梦见李端坐堂上,然烛～书。" ❸ 谱写;依照旧曲制作新词。唐白居易《杨柳枝》:"古歌旧曲君休听,听取新～《杨柳枝》。"《太平广记》卷四八九《冥音录》:"此皆宫帏中新～曲,帝尤所爱重。"清洪昇《长生殿》

一二出:"醒来音节记无差,拟～新谱消长夏。"也泛指演唱、演奏。宋辛弃疾《破阵子·为陈同甫赋壮词以寄之》:"八百里分麾下炙,五十弦～塞外声。" ❹ 摹写。唐钱起《送外甥怀素上人归乡侍奉》:"能～梵王字,妙尽伯英书。"清赵慎畛《榆巢杂识》卷上:"此《黄庭经》是南宋时～摹秘阁本。……南宋以后,又有从此再～之本。" ❺ 变更;转变。《敦煌变文校注》卷五《金刚般若波罗蜜经讲经文》:"一心能起几千心,九转十一～那胖寻。"明陆采《明珠记》二五出:"愁剧～成病,宽心免作灾。"清《聊斋俚曲·禳妒咒》:"美如仙,美如仙,忽然就把脸皮～。"特指翻脸;交恶。清《红楼梦》九二回:"你们参禅参～了,又叫我们跟着打闷葫芦了。" ❻ 用在动词后。倒;倒下。元佚名《耍孩儿·拘刷行院》:"篓儿间羊宰～,不移时雁煮熟。"元明《水浒传》五回:"洒家打～,你们只顾缚了。"清《聊斋俚曲·富贵神仙》:"两个解子都解～了。" ❼ 翻检;搜。明孟称舜《娇红记》二七出:"〔～床见鞋介〕呀,这是小姐鞋儿,怎生在此?"清《聊斋俚曲·富贵神仙》:"保正,你既说他是拿人,俺当不的他,如今又～不出人来,是该怎么着呢?"《醒世姻缘传》五一回:"这是奉上司的明文,怕你做甚?到他里面～去!" ❽ 量词。用于薄片状物或著文的纸张,相当于张、页。《敦煌变文校注》卷一《伍子胥变文》:"其鱼(渔)人取得美酒一榼,鱼肉五斤,薄饼十～。"《旧唐书·敬宗纪》:"诏度支进铜三千斤,金薄十万～,修清思院新殿及升阳殿图障。"明李贽《复焦弱侯书》:"杨复所《心如谷神论》及《惠迪从逆》作,是大作家,论首三五～,透彻明甚,可惜未后作道理不称耳。"

【翻案】 fān àn ❶ 推翻原来的判决。《旧唐书·武宗纪》:"其两京天下州府见系囚,已结正及两度～伏款者,并令先事结断讫申。"明李梅实《精忠旗》一出:"慢天公到头狠报应,好皇帝～大褒封。"清袁枚《子不语》卷八:"此事尔无恐,谅城隍、土地亦当调护,必不肯～也。"也泛指推翻原来的评价、结论等。清赵翼《客有谈故相事者漫记》:"盖棺论定无～,当轴权移有转轮。" ❷ 指文学创作对前人的作品反其意而用之。宋杨万里《诚斋诗话》:"杜诗云:'忽忆往时秋井塌,古人白骨生苍苔,如何不饮令心哀。'东坡云:'何须更待秋井塌,见人白骨方衔杯。'此皆～法也。"明沈德符《万历野获编》卷二六:"近复有覆试被斥者,改四喜为四悲,曰:'雨中冰雹压稼,故知是索债人。花烛娶得石女,金榜以覆试除名。'盖俱重在末句,而他则借以～,闻者亦为之捧腹。"《欢喜冤家》二四回:"这回小说,特意～做的。"

【翻本】 fān běn ❶ 译本。唐佚名《尊胜经序》:"法师于是口宣梵旨,一无差失。仍更取旧～勘校,所有脱错,悉皆改定。"《法苑珠林》卷七五:"此咒十偈致诸佛所说,……前～云:临命终时,得诸佛来迎。未来贤劫千佛,一一皆得亲承供养。但有人能常诵此咒者,最是不可思议。" ❷ 按原本重新制作的拓本、印本。宋曾宏父《石刻铺叙》卷下:"长沙帖,十卷,实秘阁前帖～,内羲、献帖略有增入。"明王世贞《智永真草千文》:"崔氏所藏,真迹薛嗣昌刻之长安漕司者。～尚完好。"清钱泳《履园丛话》卷九:"司寇出以示人,观其刻画显著,神气不伟,且字多别体,与《隶释》不合,当是宋人～。" ❸ 赌博时把输掉的本钱赢回来。元明《水浒传》一〇四回:"那输了的,脱衣典裳,褪巾剥袜,也要去～。"明吾邱瑞《运甓记》二五出:"只为赌衣输极了,特来投你,要寻些买卖～。"清《野叟曝言》一六回:"我输了钱,要去～哩。" ❹ 出气;报复。宋《虚堂和尚语录》:"无端被者僧放乖,却向侍者处～。"周密《齐东野语》卷七:"贪缪之相,误国珍民,逐之已晚,亦曰为内侍～也。"

【翻变】 fān biàn 变化;改变。五代杜光庭《生死歌诀》:"忽然加至脉～,结托寻衣好买棺。"明陆采《怀香记》三〇出:"萧墙祸

起如雷电,闪得恩情～。"清《飞龙全传》四三回:"皇上已有允许之意,谅无～。"

【翻布】 fān bù 抹布。明沈德符《万历野获编》卷一八:"嘉靖壬寅年,官婢相结行弒,用绳系上喉,～塞上口,以数踞上腹绞之,已垂绝矣。"

【翻拆】 fān chāi 拆毁旧房在原址上重建。宋叶適《戴夫人墓志铭》:"木遂走he郡从硕师,而夫人～旧庐,敛工斫材。比归,则高屋长梁,瓦染皆奂然矣。"

【翻缠】 fān chán 角口;争执。清《醒世姻缘传》七五回:"正～着,童奶奶来到家里,问说:'你兄妹两个斗什么嘴哩?'"

【翻城】 fān chéng 守城人哗变。唐贞观六年六月少林寺准敕改正赐田牒文:"少林寺去武德四年四月内,众僧等翻辕州归国是实。当～之时,重见在城所悉者。"明《隋史遗文》四九回:"各巷道伏了兵马,窝铺中放把号火,城中发喊,似～模样,要赚李密来。"清吴伟业《扬州》之二:"白面谈边多入幕,赤眉求印却～。"

【翻戴网子】 fān dài wǎng zi 自己不承认错误,反诬别人。清《醒世姻缘传》五八回:"亏了爹和娘看着,我还没得你说话哩,他倒给个～。"

【翻倒】 fān dǎo 另见 fān dào。❶ 掀翻;弄倒。《太平广记》卷三〇〇引《广异记》:"其西院小厅铺设及他食物又被～,嘉祐往观之。"宋苏轼《书黄泥坂词后》:"三客～几案,搜索箧笥,偶得之。"清《万花楼》四二回:"只说几个畜生易于～,岂知这昏君心中不决,反差孙武往边关查盘仓库。" ❷ 倒下;倾覆。明《西游记》七五回:"三怪把行者扳～,四马攒蹄捆住。"清袁枚《子不语》卷六:"顷之,天地如墨,人人滚地,马亦～。"《野叟曝言》一四二回:"不防马足一起,水盆顺势～,连衣服翻出在外。" ❸ 起伏;翻滚;翻腾。宋韩维《和晏相公西湖》:"不知何山雨,飒然送微凉。荷芰忽～,四散飘暗香。"明李梅实《精忠旗》一二出:"一指中原啸,黄河浪～。"陈铎《粉蝶儿·冬闺怨别》:"九回肠～的越窄狭,几乎间害杀。" ❹ (心情)翻转;转变。唐杜甫《自京窜至凤翔喜达行在所》:"喜心～极,呜咽泪沾巾。"宋陈与义《得席大光书以诗迓之》:"万事莫论兵动后,一杯当为菊残时。喜心～相迎地,不怕寒林十里陂。"明梅鼎祚《玉合记》三七出:"喜共泣,喜共泣。～极,～极。任高烧银烛,问今何夕?" ❺ 搜尽。宋李彭《农家三首》之三:"十年遭追胥,～徒四壁。" ❻ 推翻。《元典章·圣政一》:"管军官放钱违例,多要利息及～文契者,诏书到日,尽行倚阁。"

【翻到】 fān dào 副词。反倒;反而。清《白雪遗音·春风刮的》:"为游春,～得了思春病。"又《走遍天下》:"有几个不中用的人儿,如今～中了用。"

【翻倒】 fān dào 另见 fān dǎo。❶ 倒过来;逆向。宋刘敞《黄寺丞井上桐树为雷所击》:"迅雷烈风来击时,地轴～海水飞。"明谢榛《送吴山人子充游云中》:"燕然之山忽改色,金河之水～流。"清叶方蔼《题翰林院壁》:"天街独归跨款段,有时马策～挝。" ❷ 反复;颠倒。明湛然《鱼儿佛》四出:"大士鱼篮点化的时候,若是一把扯住他,也省得后来许多～。"

【翻调】 fān diào 副词。反正;无论怎样。"翻过来,调过去"的简缩语。清《醒世姻缘传》七一回:"这童七爷～只是一个,童奶奶虽是个能人,这时节也就张天师着鬼迷,无法可使。"又九五回:"你想你又没带了多少人来,我听说还有跟的小厮,～也只你两个。"

【翻复】 fān fù ❶ 循环;多次来回变化。唐司空图《释怨》:"盈爽交分,盛衰～。"《旧唐书·高开道传》:"时天下大定,开道欲降,自以公式终恐致罪。"明杨爵《踏莎行》:"百年世事总成空,一

笑～任眼底。" ❷ 反而;却。唐欧阳询《嘲萧瑀射》:"急风吹缓箭,弱手驭强弓。欲高～下,应西还更东。"苏頲《饯唐州高使君赴任》:"永日奏文时,东风摇荡夕。浩然思乐事,～饯征客。" ❸ 反复;多次重复。《太平广记》卷四二九引《续玄怪录》:"日暮方到其所,衣服犹挂,杖亦在,细草依然。～转身于其上,意足而起,即复人形矣。"元董君瑞《哨遍·硬谒》:"～从头看,则要完全贯伯,分晓边阑。"明朱橚《普济方》卷二七:"以杏仁去皮研,一升以水一升半,～绞取稠汁。"

【翻覆】 fān fù ❶ 同"翻复❸"。唐邱光庭《兼明书》卷四:"且时方寒凛,非用胶漆之日,～寻绎,理无所通。"元明《三国演义》四七回:"曹操于几案上～将书看了十馀次,忽然拍案张目大怒。" ❷ 翻过来掉过去。元施惠《幽闺记》二六出:"我这里恓惶,他那里难存济。～怎生,怎生独自个睡!"明《醒世恒言》卷一六:"那银匠接银在手,～看了一回。"《二刻拍案惊奇》卷一三:"一时间睡不去,还在～之际,忽听得扣门响。"

【翻更】 fān gēng 变更;变化。明《二刻拍案惊奇》卷三八:"佳期误泄桑中约,好事讹牵月下绳。只解推原平日状,岂知局外有～?"

【翻供】 fān gòng 推翻供词。明《梼杌闲评》三三回:"只有顾郎中,赃已追完,才送到法司拟罪,毕竟不敢～,也问成死罪。"清雍正五年八月初四日田文镜奏文:"而该犯畏惧驳审加刑,不敢～,只得依样照承。"《红楼梦》八五回:"待此纸批准后再录一堂,能够～得好,便可得生了。"

【翻回】 fān huí ❶ 返回。《元朝秘史》卷五:"若军马退动,至原排阵处,再要～力战。若至原排阵处,不～者斩。"明王慎中《南京正月十五夜歌》:"连骈方轸动如雷,已拚暮出曙～。"顾清《米船叹》:"闻道城中有新令,米船临到却～。" ❷ 往返;来回。明冯惟敏《雁阵来·走俗状》:"来往有三千遍,～够八百里。"

【翻悔】 fān huǐ ❶ 后悔;事后懊悔。五代齐己《忆别匡山寄彭泽干昼上人》:"忆别匡山日,无端是远游。却回看五老,～上孤舟。"明《醋葫芦》一九回:"不合奉承过火,寻了个青萍与他,将自己饭碗打破,心下好生～。"清吴绮《感事》:"丛桂淮南落绛英,飘蓬～计无成。" ❷ 对已答应的事、说过的话后悔而不算数。宋苏轼《奏户部拘制度牒状》:"百姓闻之,皆谓朝廷不惜饥民,而惜此数百纸牒,中路～,为惠不终。"明《古今小说》卷一〇:"你两人一言为定,各无～。众人既是亲族,都来做个证见。"清《聊斋俚曲·寒森曲》:"你若是再有～,拿回来定不轻饶!"

【翻交】 fān jiāo 儿童游戏。用一细绳圈,一儿童对称地套在两手掌上,用两手的中指交互挑绳,形成对称交叉的一种形式。另一儿童用拇指和食指(有时还要用小指勾)插入线圈相交的地方,一下子翻过来,形成线绳对称交叉的另一种形式。如此反复翻转,形成多种形式。清《聊斋俚曲·禳妒咒》:"江城说:'来来,我正等着你～哩。'"又:"〔高〕小儿小女去～,〔周〕还要相争把气淘。"

【翻缴】 fān jiāo 同"翻交"。清蒲松龄《日用俗字·裁缝章》:"剩下两根还要使,儿女偷去又～。"

【翻局】 fān jú 棋局转胜为败或转败为胜。喻指局面翻转。宋刘子翚《南歌子》:"宠辱棋～,光阴鸟度枝。"《明史·周延儒传》:"延儒与冯铨密契,延儒柄政,必为逆党～。"清《野叟曝言》七五回:"且王皇后世为猫鼠之言,戚夫人有人彘之惨,借此作一波趣,亦觉生新。若件件如此～,便自成窠臼矣。"

【翻口】 fān kǒu 改口;改变自己原先的说法。清《红楼梦》六九回:"我母亲实于某年月给了他十两银子退准的。他因穷急

了告,又翻了口。"△《三侠剑》二回:"谁要是～,我也不骂他是鸡犬啦。我要骂,我就连狗猪都不如了。"

【翻款】 fān kuǎn 翻案。宋《朱子语类》卷七八:"伯恭说子朱启明之事不是,此乃为放齐～。"《五灯会元》卷一四《真州长芦真歇清了禅师》:"问僧:'你死后烧作灰撒却了,向甚么处去?'僧便喝。师曰:'好一喝,只是不得～。'"

【翻脸】 fān liǎn 变脸;态度变恶。元明《水浒传》二六回:"武松一引引到侧道僻净巷内,武松翻过脸来道:'你要死却是要活?'"明薛论道《水仙子·愤世》:"转回头兴谗谤,翻了脸起祸殃,尽都是腹剑舌糖。"清《红楼梦》五九回:"他有情呢,说你两句,他一～,嫂子你吃不了兜着走!"

【翻乱】 fān luàn ❶ 搅乱;弄乱。宋文同《太子中舍王君墓志铭》:"群吏骄恣,～文法,以欺枉吾民。"明祝允明《贡举私议》:"或执宋人一词两字,以为主意,～经文,以徇传家。"《型世言》三六回:"只见打开两只箱子,里边衣服都～到底,不见了金冠、钗花、酒杯、银两。" ❷ 同"反乱"。明《金瓶梅词话》四三回:"他房里好不～,说不见了金镯子。"清《荡寇志》一○○回:"忽然梁山西北角人马～,一员大将带领二万兵马,如生龙活虎般杀入重围。"

【翻面】 fān miàn 犹"翻脸"。清《说唐后传》一四回:"曾立千斤重誓,……到今日你就～无情了!"△《九尾龟》七回:"况且兰芬与你又没～,场面上还是好好的。"

【翻弄】 fān nòng ❶ 翻动拨弄;把玩。宋洪适《祭从兄难老文》:"自我还乡,同兄之居。朝言夕语,～琴书。"明叶权《贤博编》:"凡铜、铁、铅、锌以至油、米、鱼、肉之类,以为将售之杭城,勒写报单,再三～,甚至差人押送新安界始罢。"清《红楼梦》二九回:"(宝玉)因叫一个小丫头子捧着方才一盘子货物,将自己的玉带上,用手～寻拨,一件一件地挑与贾母看。" ❷ 显弄;卖弄。宋《朱子语类》卷一○八:"被几个秀才在这里～那吏文,翻得来难看。吏文只合直说,某事是如何,条贯是如何,使人一看便见方是。今只管弄闲言语,说到紧要处,又只恁地带过去了。"明《杜骗新书·换银骗》:"孙心中道此人轻薄,有银何必如此,因潜对汪曰:'出来人谨慎些。'"清阎若璩《潜邱札记》卷一:"此作小题时文者～字眼伎俩耳,何关经学!" ❸ 体会把握;下功夫。明周宗建《论语商》卷上:"人心本体即不思亦自不远也,只要'不远'意,使玲珑明白,而其所以不远则勿道破,令人深思而自得之方妙也。"《明儒学案》卷五八:"只此就'无善无恶'四字～到底,非有别义也。"清《歧路灯》六○回:"我近来只是在生意上～,自幼儿咱那事体,都是懑董的,提不起来了,不说他了。" ❹ 在旧有作品基础上翻新改作。清洪昇《长生殿》五○出:"旧霓裳,新～。唱与知音心自懂,要使情留万古无穷。" ❺ 播弄;搅缠。明朱国祯《高先生墓志铭》:"然皆依中官为窟,～无所不至。"袁宏道《柬友人》:"兄诗文有得意处,但当自娱,切勿动名心,强插人间,没紧要惹出许多～来。" ❻ 起伏翻动。明沈鲸《双珠记》二五出:"芰荷～香幽细,添吟趣,进酒卮。"

【翻牌】 fān pái 玩牌;赌牌。明田汝成《西湖游览志馀》卷二○《熙朝乐事》:"或投琼买快,斗九～,博成赌胜间,舞棍踢球。"郑墟泉《斗鹌鹑·嘲假斯文》:"恋赌场掷色,怕当家办米供柴。"

【翻却】 fān què ❶ 翻倒;使翻倒。唐杜甫《绝句三首》之三:"吹花随水去,～钓鱼船。"《五灯会元》卷八《太傅王延彬居士》:"既是捧炉神,为甚么～茶?"清施闰章《荻港谣》:"几人～横黄金,有客移船闻鬼语。" ❷ 重新提起或翻新改作。宋杨万里《诗话》:"'枯肠未易经三碗,卧听山城长短更',又～卢仝公案。全吃到七碗,坡不禁三碗。"明徐有贞《戏赠陈士谦》:"我今为君～

《丹青引》,一尊浊酒聊为乐。" ❸ 副词。反而。宋欧阳修《玉楼春》:"多情～似无情,赢得百花无限妒。"明何璜《赠星士》:"今日见君谈甲子,守株～是高人。"按,却,助词,无实义。

【翻梢】 fān shāo 翻本。梢,赌本。也泛指挽回失去的。清《姑妄言》二回:"还有一种好赌的人输了,借钱作本的,借得来。赢了送还,输了又借。"△《儿女英雄传》三○回:"你只看公公正在精神强健的时候,忽的急流勇退,安知不是一心指望你来～。"

【翻舌根】 fān shé gēn 犹"嚼舌根❷"。清《绿野仙踪》五九回:"遂将苗秃子如何～,玉磐儿如何挑唆,……方才说到金钟儿自己吃了官粉。"

【翻舌头】 fān shé tou 犹"嚼舌头"。清《绿野仙踪》六○回:"这金钟儿竟是个有良心的婊子,可惜被苗三这狗攮～激迫死了。"

【翻身】 fān shēn ❶ 转身;回身。《敦煌变文校注》卷二《韩擒虎话本》:"四十步搭阔(括)当弦,拽弓叫圆;五十步～倍(背)射。"明《醒世恒言》卷三三:"索性～入房取了十五贯钱,扯条单被包裹得停当。"清洪昇《长生殿》一八出:"听罢了令,疾～跃登锦鞍。" ❷ 腾身;屈身。唐封演《封氏闻见记》卷六:"或以画竿接胫,高五六尺;或踏肩蹈顶,至三四重。既而～掷倒,至绳还注,曾无蹉跌。"明《西游记》五一回:"急～纵起祥云,直至南天门外。"清《聊斋俚曲·禳妒咒》:"堂上～才拜罢,坐上轿一片喧哗。" ❸ 比喻摆脱困境或申冤。《元曲选·还牢末》楔子:"正是虎着重箭难展抓,鱼经铁网怎～?"明文秉《烈皇小识》卷一:"及睹逆贤将败,令表侄杨维垣疏参崔呈秀,以为～转局地。"清《聊斋俚曲·磨难曲》:"想是天爷正大肚,不知何时始～?" ❹ 副词。翻然。宋张齐贤《洛阳缙绅旧闻记》第二:"王,濮州人,尝在巢军中,知其必败,遂～归国。"明朱长祚《玉镜新谭》卷六:"是时,群奸合谋杀杨涟,尚苦无题目也。复因高攀龙有参赃私听勘之疏,而奸臣～入幕,一手障天,逆珰杀机,遂至胶附而不可解。"

【翻胎】 fān tāi 即"翻身❹"。清《醒世姻缘传》九四回:"那做官的人,几个是肯替人申冤理枉的? 放着活人不向,替死人～?"

【翻誊】 fān téng ❶ 翻腾;变化;翻新。宋《朱子语类》卷一三五:"钦夫所说,只是～好看,做文字则剧,其实不曾说着当时事体。"元俞琰《书斋夜话》卷四:"何代无美锦绣,但恐从来花样不同,～别有新置。"明龚诩《上周文襄公书》:"而新立科取之额,甚至将原量一定之数再三改易,～。斯门一开,奸弊百出。" ❷ 抄写。清洪昇《长生殿》一四出:"向绮窗深处,秘本～。"

【翻腾】 fān téng ❶ 掀腾;翻滚。唐姚合《恶神行雨》:"龙喷黑气～滚,鬼掣红光劈划损。"宋王安石《寓言》:"鲸鲵厌海浊,出戏清江湄。风涛助～,网罟不敢窥。"清朱鹤龄《湖翻行》:"巨浪～高屋过,大鱼拨剌平畴游。" ❷ 翻新;变化。五代齐己《谢人惠十才子图》:"～造化山曾竭,采撷珠玑海几贫。"宋佚名《张协状元》二出:"九山书会,近目～,别是风味。"元刘时中《一枝花·罗帕传情》:"还房可恰,尺素宽虞,并无些俗叶繁枝,～的花样时宜。" ❸ 变成;改变;变更。宋张镃《朝中措·重葺南湖堂馆小词落成》:"先生心地等空虚,行处幻仙都。点缀玲珑槛柳,～窈窕规模。"元马致远《醉花阴·思忆》:"两心中便结死生缘,一载间浑如胶漆坚,谁承望半路里～做离别天。"清雍正六年二月初一日杨文乾奏文:"谢禹臣更恣意招揽,不论事之顺逆,银之多寡,概行接收,将案件逐一颠倒～。" ❹ 折腾;鼓捣;摆布。宋朱熹《与林井伯书》:"今年为黄子由、徐子宜触动机关,又复～一上,未知何时得平静也。"元洪希文《无题》:"二八当筵舞柘枝,东涂西抹赛新

奇。而今粉暗胭脂冷,懒去~十样眉。"清《姑妄言》二回:"婊子被孤老接了来,可拦阻得他不弄?只得任他~,直到四鼓方住。" ❺ 翻转;上翻。宋佚名《小儿卫生总微论方》卷四:"令儿宿滞不消,热毒乘心,发为惊搐,眼目~,壮热不休。"明朱橚《普济方》卷三七二:"天瘹之候,心神不安,手足抽掣,惊悸壮热,眼目~。" ❻ 翻动;挪移。元《农桑辑要》卷四:"翻簇上蚕时被雨沾湿,雨才止才晴,即选一簇地盘,不以成茧不成茧,~迁移别簇,封苫如前。"清雍正七年十二月八日田文镜奏文:"但此仓厫止贮现存谷石,一遇盘查交代,未免~露积。"《广群芳谱》卷一四:"每菜二斤,糟一斤。一层菜,一层糟。隔日一~,待熟挽定入坛。" ❼ 翻检;翻动找寻。元李子中《赏花时》:"最难熬,更漏迢迢,线帖儿~耳边搔。"明谢迁《绅之开馆临城借前韵奉贺》:"砚田俶载饶新稼,腹笥~出旧书。"清《歧路灯》二〇回:"将祖上存的几样器皿都~出来;又向客商家借了些东西,把一个清雅书房,妆成一派华丽气象。" ❽ 招引;引来。元张养浩《得胜令·四月一日喜雨》:"~祸患千钟禄,搬载忧愁四马车,浮名浮利待何如?" ❾ 追究;查究。明王恕《议何鼎陈言重官爵奏状》:"若今日一人言一往事而~之,明日一人言一旧事而追究之,但见其事体丛脞而众心疑惧,非所以顾大体而隆治道也。"清雍正六年五月四日石礼哈谨奏文:"屡沐圣训裁成,颇知敬慎,不敢孟浪。故任抚臣极力~,臣仰赖圣明,并不与之计量。" ❿ 腾挪;支应。明倪元璐《与同郡司赈诸生》:"募助银米何能一时奔赴?在本坊逐期给散,尚可零延凑补;或将粜入银两,应手~。若欲一日取齐,万不可得之数。" ⓫ 胡乱说;宣扬。明汤式《湘妃引·赠美色》:"醉眼儿偷付些春信,甜口儿~些嗑呀,热心儿出落着欢恰。"清《红楼梦》五五回:"谁不知道我是姨娘养的,必须过两三个月寻出由头来彻底~一阵,生怕人不知道。"

【翻瓦】 fān wǎ 将屋瓦重新排列,防止漏雨。唐石文素《白鹿乡井谷村佛堂碑铭》:"又十一年景申岁,~佛殿,安鸱尾螭头,修换覆阶。"《元曲选·东堂老》一折:"前厅和后阁,都是新~的。"明《醒世恒言》卷一五:"也是大雨中淋漏了屋,教我去~,故此拾得。"

【翻席】 fān xí 将宴席移往另一处,或接着在另一处再摆一席。明《西游记》六二回:"三藏谢了盛宴。国王又留住道:'这一席聊表圣僧获怪之功。'教光禄寺:'快~到建章宫里,再请圣僧定捕贼首取宝归塔之计。'"清《野叟曝言》一五一回:"正席毕游园,游园毕复坐。~毕,古心、素臣复率文柔等四拜谢寿。"《隋唐演义》三七回:"叔宝心中甚喜,重新~,在一个小轩里头,临流细酌。"

【翻寻】 fān xún 翻检;搜寻。宋郑刚中《初春》:"古人书卷慢~,齿发萧疏岁月侵。"清雍正四年十月二十五日李卫奏文:"次日即将押住船内,起出包箱,公同一一开看。其男女衣服行李等类,逐件~讫。"《红楼梦》七七回:"王夫人取时,~了半日,只在小匣内寻了几枝簪挺粗细的。"

【翻异】 fān yì ❶ 翻供。《唐律疏议》卷二九:"诸主守受囚财物,导令~,及与通传言语,有所增减者:以枉法论。"《元典章·刑部一》:"若犯人~,家属称冤,听牒本路移推。"明《金瓶梅词话》九二回:"老先生不该发落他,常言'人心似铁,官法如炉',从容他一夜不打紧,就~口词。" ❷ 异议;意见不同。《宋史·职官志五》:"左右推事有~者,互送;再有异者,朝廷委官审问。"明张次仲《待轩诗记》卷首:"彼此互讯,后先~,不如姑阙其疑,无烦一一自为之说也。"《明史·颜继祖传》:"且九卿、台谏止选郎传语,有唯诺,无~,何名会推?"

【翻样】 fān yàng 翻新花样。宋秦观《纪子瞻罢使高丽》:"贡外别题求妙扎,锦中~织新篇。"黄公绍《花犯·木芙蓉》:"象床试锦新~,金屏连绣展。"清汪由敦《恭和御制山庄灯词八首元韵》之二:"寻橦宛转新~,马伎骁腾旧绝群。"

【翻冤】 fān yuān 雪冤;洗刷冤屈。清《醒世姻缘传》六五回:"雪恨不烦刀剑,~何用戈矛?"《万花楼》四五回:"丈夫沈国清与国丈众奸臣欺君,审歪了杨元帅、狄青,要为沈氏~,要诛杀杨元帅三人。"

【翻阅】 fān yuè 翻看;检视。宋徐度《却扫编》卷中:"夜与诸生会宿,忽思一事必明烛~,得之乃已。"明《醒世恒言》卷一八:"裴度检在手中,想道:'这寺乃冷落所在,如何却有这条宝带?'~了一回。"清袁枚《子不语》卷三:"杨大惊,加意~,表颇华赡,五策尤详,真饱学者。"

【翻张】 fān zhāng (疮口等)外翻张开。明朱橚《普济方》卷九九:"麝香丸,治风癫瘾疹,口眼~,口吐白沫。"薛巳《薛氏医案》卷一四:"耳下结一核,从溃,而疮口~如菌。"《西游记》七三回:"准头高大类回回,唇口~如达达。"

【翻张跟头】 fān zhāng gēn tou 整个身躯扑地的筋斗。清《醒世姻缘传》四一回:"着了忙的人,没看见脚底下一块石头,绊了个~,把只草镶鞋掷在阳沟里。"

【翻掌】 fān zhǎng ❶ 翻转手掌;举手。明《西游记》七回:"好大圣,急纵身又要跳出,被佛祖一~,把这猴王推出西天门外。"清《隋唐演义》九回:"我要把他家私打做齑粉,房子拖坍他的,不过一~间,却是一庄没要紧的事。" ❷ 比喻轻而易举。元刘因《偶书》:"裈中虱一唼,其死随~。"《元曲选·单鞭夺槊》楔子:"军师,某若得敬德投降呵,觑那草寇有如~耳。"明《醒世恒言》卷二〇:"倘得侥幸连科及第,那时救父报仇,岂不易如~!" ❸ 比喻翻来覆去。金《董解元西厢记》卷三:"枕又闲,衾又凉,睡不着,如~。"《元曲选外编·西厢记》一本二折:"睡不着如~,少可有一万声长吁短叹,五千遍倒枕捶床。" ❹ 比喻反复无常。宋邵雍《偶书》:"世态逾~,年光剧逝波。"《元曲选·丽春堂》四折:"老夫自谪济南歇马,倒也清闲自在。今奉圣人的命,宣我还朝,收捕草寇,暗想俺这为官的好似~呵!"明李梅实《精忠旗》三三出:"炎凉态,死生情,从来讲,沧桑反复如~。" ❺ 比喻事在顷刻,或顷刻之间发生变化。明沈鲸《双珠记》二三出:"苦儿郎受伤,刑期~,图生特地求仙丈。"张凤翼《红拂记》二〇出:"料别来消减容光,愁心劳攘,怕眼下风波~。"沈璟《义侠记》三二出:"谁来与你多闲讲,到那里存亡~。"

【翻帐】 fān zhàng 反悔;不认账。《明儒学案》卷三四:"君前云与捧茶童子一般,说得尽是;今云心中光明,又自己~也。"

【翻招】 fān zhāo ❶ 推翻供词和招拟;翻案。明《醒世恒言》卷二〇:"况侯同知见任在此,就准下来,他们官官相护,必不肯~。"《拍案惊奇》卷一一:"随你那里告辩,出不得县间初案,他也不肯认错~。"清《醉醒石》一一回:"待要使人叫龟子出状,自己央同人~,怕陈濂知道倒赃。" ❷ 泛指辩白。清李渔《凰求凤》三出:"文人口似刀,一经批削,没处~。"

【翻转】 fān zhuǎn ❶ 翻滚;滚动。《太平广记》卷四二九引《续玄怪录》:"其旁有一小林,遂脱衣挂林,以杖倚之,投身草上,左右~。"明《西游记》七回:"却在第一根柱子根下撒了一泡猴尿,~筋斗云,径回本处。"清《聊斋俚曲·翻魇殃》:"方才放倒身子睡,却又~睡不着。" ❷ 翻动;掀转。元《农桑辑要》卷五:"(种瓜)良田小豆底佳,黍底次之。刘讫即耕,频~之。"明朱橚《普济方》卷八二:"欲治之时,但~眼皮,用绵裹针拨出眯物。"清《醒世

姻缘传》七六回："因墙尚未泥尽,将狄希陈进学纳监的贺轴都翻将转来,遮了那土墙。狄员外的喜神,也是～遮壁之数。" ❸ 颠倒;倾覆。宋洪咨夔《翠蛾亭》:"晴雷碾破白云窝,无数林花滚下坡。好把辘轳～看,昆仑顶上卷黄河。"明胡应麟《白铜鞮》:"郭郎巾折角,孟嘉帽频落。底似山翁醉,接䍠～着。"清《野叟曝言》一二六回:"把牲口一惊,拉跑开去,几乎把车～。" ❹ 转变;变换。宋《朱子语类》卷一二一:"今学者待他人说此边道理,便一那一边难;及他说那一边,却又～这一边难之。"明陆采《怀香记》三八出:"小姐～面皮,径自害了。"清《野叟曝言》二六回:"因大奶奶颇有醋意,拘管防闲,不能任听公子作为。他就～样儿,不做酽醋,却做饧糖,专一迎奉公子。" ❺ 扭转;行文或解释使原文意思朝相反方向发展。宋《朱子语类》卷四七:"这与'二十年之后,吾其为沼乎'辞语一般,亦何必要如此～?"清《红楼梦》七六回:"依我必须如此,方～过来,虽前头有凄楚之句,亦无甚碍了。" ❻ 运行;运转。宋《朱子语类》卷二四:"如他说,便须天地～数十万年。" ❼ 反转;挽回。明《型世言》九回:"你要思量他,只怕他～来要做倒骑驴哩。"清《豆棚闲话》三则:"前番一万胡乱散去,如今却要多些,刻苦～那一万本来才好。" ❽ 副词。a) 彻底,表示程度深。宋《朱子语类》卷七三:"因说'革'卦,曰:'革'是更革之谓。到这里,须尽～更变一番。'"b) 无非;只不过。清《聊斋俚曲·禳妒咒》:"老子年纪已高,儿女生把气呕。几乎送了老性命,～只为娇娇。"

【翻自】 fān zì ❶ 反而。唐刘长卿《瓜洲驿奉饯张侍御》:"伫将调玉铉,～落金丸。"明张昱《此君轩为周昉赋》:"种竹不在多,竹多～俗。"清方成培《雷峰塔》二出:"不意这妖孽不肯皈依清净,～堕落轮回,与临安许宣缔成婚媾。" ❷ 因而;从而。明皇甫汸《春日感怀因束子安》:"转盼不堪成往事,误身～笑儒冠。"何景明《杨花》:"忽趁狂风～远,更遮落日强相高。"

fán

【凡】 fán 凡尘;人世。唐皇甫湜《鹤处鸡群赋》:"群鸡兮喧卑,独鹤兮超特。何躁静之殊致,顾仙～之异德。"《元曲选外编·西游记》三本一〇出:"小圣非是妖怪,乃玉皇殿前卷帘大将军,带酒思～,罚在此河,推沙受罪。"清《说岳全传》五一回:"那杨幺乃是天上水兽下～,非此宝不能服他。"

【凡百】 fán bǎi ❶ 凡庸;凡俗。宋《朱子语类》卷一二五:"庄周曾作秀才,书都读来,所以他说话都得是。但不合没拘检,便～了。" ❷ 务必;尽量。明沈鲸《双珠记》七出:"你众将官,乘此无事之时,当为有时之备,～用心检点。"《拍案惊奇》卷三八:"奈我独自一身,怎提防得许多? 只望姑娘～照顾则个。"清《醒世姻缘传》九回:"千万看他老人家分上,只是叫晁大哥～的成礼,替令爱出齐整殡,往后把这叫骂的事别要行了。"

【凡尘】 fán chén 人世间。也指人世间的事务。唐李群玉《书院二小松》:"一双幽色出～,数粒秋烟二尺鳞。"元明《水浒传》一回:"这代祖师,虽在山顶,其实道行非常,清高自在,倦惹～。"清《聊斋俚曲·禳妒咒》:"就是嫦娥不嫁,也说的他爱落～。"

【凡地】 fán dì 人间土地或寻常地理。敦煌词《苏莫遮·五台山曲子》之一:"大圣堂,非～。左右龙盘,为有台相倚。"五代徐铉《筠州清江县重修三清观记》:"昔吴、许二君尝游兹地,夜睹青气上属于天,相与叹曰:'此非～,当为神仙之宅。'"明《西游记》三三回:"常言道:仙体不踏～。你怎知之?"

【凡恶】 fán è 平庸;拙劣。也指凡庸之人。《宋高僧传》卷二一《本净传》:"采樵者多闻天乐异香、鸟兽之瑞,然山中不容～,故多被斥逐。"宋苏轼《仇池笔记》卷上:"语既～,而字法真亚栖之流。"陆游《老学庵笔记》卷五:"邛州僧寺中版壁有赵谂题字。字既～,语亦浅拙,不知当时何以中第如此之高。"

【凡浮】 fán fú 凡间;俗世。金《董解元西厢记》卷八:"(法聪)劝诱曰:'学士何婺不可? 无以一妇人为念。'珙曰:'师言然善,奈处～,遭此屈辱,不能无恨!'"

【凡几】 fán jǐ 凡多;多少。❶ 后接可计量的名词,偏指数量多。唐李白《草书歌行》:"湖南七郡～家,家家屏障书题遍。"元虞集《题简生画涧松》:"简生与我皆蜀人,留滞东南～春。"清厉鹗《月夜泛舟至西溪山庄》:"溪流～曲,曲曲月随船。" ❷ 单用,询问或指示数目。唐卢怀慎《谏置景云翊圣寺奏》:"率计一观,将数万功,并而言之,为役～?"宋刘克庄《水龙吟·寿赵瘫斋》:"闻自垂车日,都门外,送车～?"清《粉妆楼》一回:"回首繁华,已如春梦。此时即大良发现,已悔不可追。从古到今,不知～。"

【凡家】 fán jiā 尘世人家。明沈周《送岁歌谢宗道士鼓板》:"仙家自有山中乐,～自有世间忧。"孟称舜《死里逃生》一出:"俺不是许飞琼私下～。"△清《小八义》三九回:"妆台上面落了座,活像嫦娥降～。"

【凡间】 fán jiān 人间;世间。唐罗隐《寄程尊师》:"未知朽败～骨,中授先生指教无?"《元曲选·柳毅传书》二折:"俺这里有一～秀才,说着紧要的事。"清《红楼梦》一一八回:"至于神仙那一层,更是谎话,谁见过有走到～来的神仙呢?"

【凡笼】 fán lóng 指人世的束缚。宋赵鼎《过平望趋吴兴阻风游殊胜寺》:"～了无着,古佛当自成。"元王伯成《哨遍·赠长春宫雪庵学士》:"长春有景闲时游,大道无极静中参。出～再不争搀。"明《西游记》一二回:"仗此良因,邀赏清都绛阙;乘吾胜会,脱离地狱～。"

【凡筌】 fán quán 犹"凡笼"。筌,捕鱼的竹器。明《封神演义》二五回:"浊骨不能超浊世,凡心怎得出～?"

【凡人】 fán rén 尘世的人,和神仙相对。唐王梵志《本是尿屎袋》:"本是尿屎袋,强将脂粉涂。～无所识,唤作一团花。"《元曲选外编·西游记》三本七出:"我非～,乃观音佛上足徒弟木叉的便是。"清《红楼梦》一〇九回:"况且林姑娘既说仙去,他看～是个不堪的浊物,那里还肯混在世上。"

【凡身】 fán shēn 凡俗肉身。《敦煌愿文集·智严巡礼圣迹题记愿文》:"智严回日,誓愿将此～于五台山供养大圣文殊师利菩萨,焚烧此身,用酬往来道途护卫之恩。"明汤显祖《紫箫记》一〇出:"只有仙女住在无欲天中,一堕～,便相求取。"清袁枚《子不语》卷二:"弟子～,何能到阴府?"

【凡世】 fán shì 人世间。《敦煌变文校注》卷五《维摩诘经讲经文(七)》:"菩萨身为七佛师,久证功圆三世佛。亲辞净土来～,助我宣扬转法轮。"《元曲选·桃花女》二折:"今夜吾神当降临～,纠察人间善恶。"清《说岳全传》七三回:"三年之后变为牛羊猪犬,生于～,使人烹剥食肉。"

【凡胎】 fán tāi 凡人的胎孕或血肉之躯。宋何梦桂《赠梅谷高士》:"无方是兄仲梅谷,误堕～投母腹。"《元曲选·岳阳楼》二折:"争奈浊骨～,无人点化。"清《好逑传》五回:"小姐原来是蓬莱仙子谪降尘凡。我学生肉眼,一时不识,多有得罪。"

【凡物】 fán wù ❶ 普通人;平庸之辈。唐袁郊《甘泽谣》:"时郏侯李泌寺中读书,察懒残所为,曰:'非～也。'"宋朱彧《萍洲可谈》卷三:"张买得婢,年三十馀,虽不艳丽,风骨语论,非～也。"

清李光地《鬼神说》:"言圣贤上与天合者,谓其昭明与神化长流,非若～之泯默幽沉卒为滞魄而已矣。" ❷普通物品。《太平广记》卷四〇二引《纪闻》:"状如片石,赤色,夜则微光,光高数寸。寺僧议曰:'此～耳,何得直亿万也!'"宋苏轼《书青州石末砚》:"此砚青州甚易得,～耳,无足珍者。"清《醒世姻缘传》五八回:"土人们见他能说话,知他不是个～,果然攒了钱,替他盖了极齐整的大庙。"

【凡下】 fán xià ❶平庸低下。唐令狐楚《为太原李少尹谢上表》:"臣器质～,行能无取。"宋《朱子语类》卷一三〇:"然其人品～,又不敢望新进用之人。"明文徵明《送提学黄公叙》:"某在诸生中最为～,然不能摘裂牵缀,在曩时为甚,而其见废也视诸生亦甚。" ❷指平庸低下的人。唐薛幽栖《太上洞元灵宝无量度人上品妙经叙》:"今不揆蠖蠓之力,强举千钧之重,直以～,裁断圣意。"宋王之道《东风第一枝·梅》:"群芳退舍,顾～,非伊朋侣。"元黄溍《御史中丞董公神道碑》:"然心目之间,盖其所养,与草茅～,固自不侔也。"

【凡小】 fán xiǎo ❶平凡低贱。《法苑珠林》卷二三:"如弥陀世尊,引此忍界～众生而安净国。"《敦煌变文校注》卷五《双恩记》:"菩萨行,且怨悲,～人民莫可知。" ❷平凡、平庸的人。或指百姓。《祖堂集》卷三《惠忠禅师》:"此盖是普贤文殊,大人之境界,非诸～而能信受。"宋李曾伯《代京西漕转中奉大夫谢制帅》:"～已之超躐如此,皆大钧之提挈致斯。"周必大《南归录》:"自离南陵,～留辙。" ❸小;微小。宋张方平《论地震请备寇盗事》:"又京东西之民多信妖术,～村落辄立神祠。"欧阳修《祈雨祭汉高皇帝文》:"吏于～事,犹皆动有法令约束,违则有罚,孰若神之变化不测而能与民转灾为福也。"

【凡心】 fán xīn ❶平常心;恬淡无求的平凡心理。《祖堂集》卷四《龙潭和尚》:"灵光迥耀,行不惊时,但尽～,别无圣解。汝能尔者,当何患乎?"唐王维《能禅师碑》:"神会遇师于晚景,闻道于中年。广量出于～,利智逾于宿学。" ❷世俗之心。特指僧道对尘世的思念、留恋之心。《广弘明集》卷八:"斯皆语出～,实知非教,不关圣口,岂是典经!"《元曲选外编·西游记》五本一七出:"小行被一个婆娘按倒,～却待起,不想头上金箍咒儿紧将起来。"清《红楼梦》一回:"此石听了,不觉动～,也想要到人间去享一享这荣华富贵。"

【凡有】 fán yǒu 副词。表示总括。所有;一切。《祖堂集》卷一一《保福和尚》:"～机缘,悉皆冥契。"明汤显祖《紫钗记》四八出:"～吃寡酒的,吃案酒的,赊酒去的,包酒来的,咱都不误主顾。"清《红楼梦》四回:"贾宅族中～的子侄,俱已认熟了一半。"

【矾书】 fán shū 用明矾水写的秘密书信。其字迹水干无痕,湿时方显。宋丁特起《靖康纪闻》:"及得曹枢密,称不得轻动误国,遂屯人马京畿,以示逼逐。"元王鹗《汝南遗事》卷三:"遣人赍～征衮王用安、恒山公仙,……及诸山寨义兵,期以来年正月旦日会战。"

【矾务】 fán wù 宋代主管矾石专卖的机构。宋《三朝北盟会编》卷五九:"汝可管押行李,且于～寻一安下处,我自登城。"元马端临《文献通考》卷一五:"建隆时命晋州制置～,许商人输金帛、丝绵、茶及缗钱,官以矾偿。"

【烦】 fán ❶厌烦;腻烦。唐张九龄《郡中每晨兴辄见群鹤东飞》:"岂～仙子驭,何畏野人机。"元谢应芳《洞庭胡敬之以予父执之交岁馈新橘》:"山中旧识诸耆英,莫～老夫多寄声。"清《红楼梦》二三回:"茗烟见他这样,因想与他开心,左思右想,皆是宝玉玩～了的,不能开心。" ❷怨恨;烦恼。《太平广记》卷三三〇引

《纪闻》:"瓮中忽哀诉曰:'吾非韬光师,乃守墓人也。知师与韬光师善,故假为之。如不相～,可恕造次,放吾还也。'" ❸焦急;着急。明薛论道《水仙子·寄征衣》:"知他定把寒衣盼,提起来心上～。"

【烦愁】 fán chóu 烦恼忧愁。《旧唐书·褚遂良传》:"今一旦弃汤沐之全,渡辽海之外。臣忽三思,～并集。"明李贤《行路难》:"剑阁崔巍连鸟道,萦纡诘屈心～。"清《玉楼春》二一回:"那知道邵才肚子里好不～,他见成名病势已减,万一痊愈时节要践约起来,叫我怎么处?"

【烦渎】 fán dú 冒昧干扰。多用作烦劳的敬词。唐元结《与吕相公书》:"某前所言,相公似未见信,故藉纸笔～门下。"元赵汸《黄楚望先生行状》:"大神大示,不可～,故岁事祈之于郊,而水土之变则责之于社。"清《好逑传》一六回:"若是我学生之事,也不敢来～先生。这是皇爷吩咐。"

【烦聒】 fán guō 烦扰;聒噪。宋苏轼《与程天侔书》:"龙眼晚实愈佳。特蒙分惠,感怍之至。钱数封呈,～增悚!"明姚富《清溪暇笔》卷下:"富谓人家近水声,此声～最为可恼。"清刁包《易酌》卷二:"若不问其诚否而告之,非惟不能信受,益滋～。"

【烦倦】 fán juàn ❶(身体)倦怠;困倦。唐白居易《苦热喜凉》:"经时苦炎暑,心体但～。"明《醒世恒言》卷三九:"张媚姐身子已是～,朦胧合眼。"清《红楼梦》八二回:"探春见黛玉精神短少,似有～之意,连忙起身。" ❷(精神)厌烦;厌倦。唐韦应物《酬张协律》:"公府适～,开缄莹新篇。"《日本书纪》卷二八《纠弹暴恶诏》:"是以自今以后,无～而上责下过,下谏上暴,乃国家治焉。"宋游九言《答滁州范楷秀才书》:"盖骤然制御,速欲成功,久无所得,则～自息,遂至弃之。"

【烦渴】 fán kě 烦躁干渴,或偏指口渴。唐孙思邈《备急千金要方》卷八〇:"小麦味甘,微寒无毒,养肝气,去客热,止～咽燥。"金《董解元西厢记》卷一:"银瓶点嫩茶,啜罢～涤除。"清《飞龙全传》二六回:"又因日中厮杀了多时,口中～,把摘来的两个雪桃食了一个。"

【烦酷】 fán kù ❶烦荷酷虐。《旧唐书·李绛传》:"至秦始皇荒逸之君,～之政,然后有罘峰之碑,扬诛伐之功。"金佚名《大金吊伐录》卷四:"省刑罚而去～,发仓廪而息蠹螟。"明张宁《读史录》:"故律令～,文书委积,而民无所措手足。" ❷烦热;燥热。宋张耒《病暑赋》:"惟冥心以息虑兮,庶可忘于～。"王禹偁《送郑褒序》:"是岁日官置历,闰在孟秋,暑之～,于前一月为甚。"明沈周《闲居四时吟》之二:"赫暑薰永日,众皆苦～。"

【烦劳】 fán láo 麻烦;劳动。《太平广记》卷七一引《神仙传》:"既至,尚有酒色,谢帝曰:'昨因侍从而伍子胥见,强牵过,卒不得舍去。～至尊暴露水次。'"明《拍案惊奇》卷一:"～了列位,做两件道袍穿穿,也见小肆中薄意。"清《聊斋俚曲·富贵神仙》:"蒙妹妹嘱咐叮咛,已约下群仙俱到。八洞～我,先来登堂相告。"

【烦笼】 fán lóng 烦恼的樊笼,比喻尘世。《敦煌愿文集·愿斋》:"沃法雨而火宅烟消,拔～而波停苦海。"《敦煌变文校注》卷五《维摩诘经讲经文(一)》:"誓出～生死河,已达智惠真如海。"《景德传灯录》卷二九《香严与临濡县行者颂》:"老僧手风,书处龙钟。语下有意,的出～。"

【烦虑】 fán lǜ 烦闷焦虑。唐杨浚《题武陵草堂》:"适知幽遁趣,已觉～屏。"明《徐霞客游记》卷三下:"烟笼日透,光影鲜净,清风来披,洒涤～。"清《红楼梦》四回:"天气冷将起来,家中冬事未办,狗儿未免心中～。"

【烦难】 fán nán ❶麻烦难办。也指麻烦难办的事。《唐大

诏令集》卷五〇《刘琢平章事制》:"既闻报政,果叶予怀。是用付以~,慎司邦计。"明邵璨《香囊记》四二出:"闻说玉京天诏下,奉迎奔走甚~。"《欢喜冤家》九回:"二官道:'此恩难报,这是一件,后门头来取货时,可肯与我一会?'二娘道:'倒是这件~。'" ❷艰深。清《野叟曝言》七回:"那签上写着九章算法,颇是~,不想你都会了。"又六一回:"考老秀才的题目容易些,考解元、会元的~些,才见得大宗师至公无私哩。" ❸为难。清《红楼梦》二五回:"贾政等心中也有些~,顾了这里,丢下了那里。"《绿牡丹》四〇回:"徐松朋闻得此言,甚为~,……口中只是含糊答应,不能决定。"

【烦恼】 fán nǎo ❶忧虑苦恼;烦闷苦恼。也指忧愁苦恼的事。《敦煌变文校注》卷六《金刚丑女因缘》:"小娘子如今娉了,免得父娘~。"宋程颐《答杨时慰书》:"兄长丧亡,哀苦怨痛,……所幸老而经此~,饮食起居如常。"清《红楼梦》二〇回:"宝玉见他这般病势,又添了这些~,连忙忍气吞声,安慰他仍旧睡下出汗。" ❷气恼;恼怒。宋《三朝北盟会编》卷二四:"国王先请靖相见,云:'恐见太子不拜,成~。'"元明《水浒传》六二回:"你们都不要~,我与你央及员外,再住几时。"清《聊斋俚曲·磨难曲》:"相公不必~。谁叫我不小心来?请管还给相公买一个好驴。" ❸苦闷;困惑。宋《朱子语类》卷九四:"某自五六岁,便一道:'天地四边之外,是什么物事?'" ❹厌烦;反感。宋《朱子语类》卷一一六:"某尝喜那钝底人,他若是做得功夫透彻时,极好;却~那敏底,只是略绰看过,不曾深去思量。" ❺对遭遇不幸者的问候之词。元明《水浒传》二六回:"那妇人也下楼来,看看武松道:'叔叔夜来~!'"明《金瓶梅词话》六二回:"两个又哭了,说道:'哥~。'"《警世通言》卷一三:"媒婆道:'押司娘~!'" ❻担忧;挂虑。宋《三朝北盟会编》卷一八一:"独不见赵氏少主出京日,万姓燃顶炼臂,香烟如云雾,号泣之声闻十馀里。今废了尔后,京城内无一人为尔~。"元《三遂平妖传》三回:"且籴五伯钱米,三伯钱柴,二伯钱把来买些盐、酱、菜蔬下饭,且不~雪下。"明《警世通言》卷一三:"只因这个人身上,我只替押司娘和小孙押司~。"

【烦腻】 fán nì ❶肥腻。宋苏轼《仇池笔记》卷上:"每食毕,以浓茶漱口,~既出而脾胃不知。"冯时行《杜如篪屡督烹茶》:"何如待我食万钱,东阁大开玉醅泼。翠娥捧香沃~,醉起一笑天地阔。" ❷腻烦;因饱足而厌烦。清《红楼梦》二六回:"你出去了就好了。只管这么葳蕤,越发么心里~。"又三六回:"一日,宝玉因各处游的~,便想起《牡丹亭》曲来。"

【烦乞】 fán qǐ 乞求。宋觉范《冬日显宁偶书》:"乔松亦已尘,仙术无~。"清查慎行《题田纶霞少参山姜诗后》:"便欲借抄予,手弹红烛写乌丝。"口语多用作请求的敬词。明《古今小说》卷一九:"欲待不去,奈日暮途穷。去时必陷死地,~赐教。"清洪昇《长生殿》二六出:"公公,~转奏一声,说野人郭从谨特来进饭。"

【烦热】 fán rè ❶暑热;燥热。唐白居易《月夜登阁避暑》:"清凉近高生,~委静销。"宋赵师侠《酹江月·信丰赋茉莉》:"缟袂绡裳无俗韵,不畏炎荒~。"清《野叟曝言》九〇回:"今日天气,与昨日迥别,清晨便是~。" ❷身体发烧或感到燥热。唐常衮《贺圣躬痊复表》:"臣亲奉圣旨,伏承御膳过时,微似~。臣等退用兢悸,不安寝兴。"《元曲选·燕青博鱼》三折:"前厅上多饮了几杯酒,觉的身上~。"清《儒林外史》五三回:"陈木南又觉的身上~。"

【烦冗】 fán rǒng ❶繁复;繁多;多馀。唐李昂《彗星再见修省诏》:"皇太子葬事,卜日稍近,但令粗与礼制,不必过务虚仪,以涉~。"《旧唐书·武宗纪》:"中外官员,为过~,量宜减省,以便

百姓。"清宋荦《更正全书疏》:"因款项~,难以殚述。" ❷繁忙。《太平广记》卷三〇七引《逸史》:"及为相,机务~,乃致遗忘。"明孙仁孺《东郭记》四四出:"瑞气云浓,欢情日永,又早诞辰~。"清《红楼梦》七回:"家父又年纪老迈,残疾在身,公务~。" ❸(文词)重复冗长。唐裴庭筠《请修续春秋奏》:"昔《晋书》文词,穿凿多门,太宗特纡宸衷,亲为刊削。"明孙贲《琪林夜宿联句序》:"于是相与披写情愫,联为韵语,肺腑滂沛,莽不知其~。"清《绮楼重梦》二八回:"史贵简当,这笔法太~了。" ❹喧嚣;烦杂。《元曲选外编·西厢记》二本二折:"夫人只一家,老兄无伴等,为嫌~寻幽静。"六十种曲本《西厢记》二出:"小生因恶旅邸~,难以温习经史,欲问我师求假一室。" ❺(草木)茂盛或繁密。元陶宗仪《辍耕录》卷八:"春则万物发生,夏则树木~,秋则万象肃杀。"清《十二楼·萃雅楼》二回:"旧时买些盆景,原是你铺中的,一向没人剪剔,渐渐地~了,央你这位小店官过去修葺修葺。"也指多馀的枝叶。唐詹敦仁《柳堤诗序》:"觉老其容,既当收敛。暇馀乃且呼童削其~,伐其朽蠹。"

【烦琐】 fán suǒ ❶繁杂琐碎。宋文同《谢张提刑启》:"至于簿书纷丛,狱犴~,丁宁区拨,觑曲辨明,摧屈奸顽,抚字惸弱,未尝一日敢懈。"《金史·移剌履传》:"初举进士,恶搜检~,去之。"清《红楼梦》七七回:"况虽无大事办理,然一应针线并宝玉及诸小丫头们凡出入银钱衣履什物等事,也甚~。" ❷絮叨;啰唆。《太平广记》卷三二六引《异闻录》:"小婢丽质,前致词曰:'人神路隔,别促会赊。况姮娥妒人,不肯留照;织女无赖,已复斜河。寸阴几时,何劳~。'遂掩户就寝,备极欢昵。"明《二刻拍案惊奇》卷二五:"枕边叨叨私语,你问我答,~不休。"清《醒世姻缘传》五九回:"这些婚娶礼节脱不过是依风俗常规,不必~。" ❸烦扰;搅扰。清于成龙《罗城书条陈引盐利弊议》:"任意于各属州县交易,不必画疆界,分彼此,以免~流商之害,而盘诘私盐诸务亦可中止。"李渔《风筝误》九出:"你低吟似歌,狂吟似诃,不过是诗云子曰声~。"《姑妄言》一四回:"钟生见人~得多了,序齿录上竟刻上了钱氏,才止住了众人。" ❹嫌麻烦。明朱溕《莆中钱法志》:"但习俗所趋,非力所及。朱太守当时~,有低钱估折之,令民益不知所从。"

【烦疼】 fán téng 疼痛扰人。唐刘恂《岭表录异》卷中:"俗呼为天脔炙,吃多即壅气,背膊~。"宋《太平惠民和剂局方》卷一:"筋脉挛急,骨节~。"明章懋《辞太常卿疏》:"心膈~,腰脊酸痛,夜卧频苦于痰嗽,晨兴每患于脾泄。"

【烦痛】 fán tòng 犹"烦疼"。《法苑珠林》卷七八:"支节~,睡眠惊觉。"宋叶适《陈彦群墓志铭》:"君得足肿疾,自出请医。"清魏之琇《续名医类案》卷三一:"手足骨肉~,日渐羸瘦潮热。"

【烦望】 fán wàng 希望;请求。元明《水浒传》九回:"~哥哥一发周全,开个项上枷也好。"又八二回:"~义士早早收拾朝京,休负天子宣召抚安之意。"明《古今小说》卷一九:"长官行香后,先去看望他,他才答礼,彼此酒礼往来。~长官在意。"

【烦嚣】 fán xiāo 喧嚣;嘈杂。唐杜牧《题吴兴消暑楼》:"时陪庾公赏,还悟脱~。"明谢肇淛《五杂组》卷四:"仕宦者无朋党~之风。"清蒲松龄《钟妹庆寿》:"生平清介,不爱~。"

【烦心】 fán xīn ❶焦心;心烦。宋刘攽《汲颍水》:"城中凿井非不深,美泉欲饮先~。"清雍正五年十一月十七日高其倬奏文朱批:"空言自属可听,实行殊未能信,览奏徒令朕触目~耳。"《红楼梦》一〇回:"所以我这两日好,焦的我了不得。" ❷操心;操劳。清《红楼梦》九〇回:"琴妹妹还没有出门子,这倒是太太~的一件事。至于这个,可算什么呢?"《荡寇志》一〇九回:"哥哥贵

体如此，岂可军务～。”

【烦絮】 fán xù ❶ 啰唆；絮叨。宋《朱子语类》卷一四〇：“《夔州》诗却说得郑重～，不如他中前有一节诗好。”《元曲选·灰阑记》三折：“哥哥，不嫌～，听我说咱。”清《野叟曝言》四六回：“要剐便剐，休得～！” ❷ 烦扰。明汤显祖《牡丹亭》一八出：“病中身怕的是惊疑。且将息，休～。”清《粉妆楼》一六回：“无端蜂蝶多～，恼得夭桃春恨长。”《英云梦》九回：“他既得佳人，为何又来～？”

【烦宣】 fán xuān 同“烦喧❷”。《敦煌愿文集·愿文范本·佛堂》：“厥今有信士厶公晓知坯幻，深悟光隙难留；割舍～，希求未来之佑。”

【烦喧】 fán xuān ❶ 喧杂；喧闹。《敦煌变文校注》卷四《八相变(一)》：“如是六天之内，近上则玄极太寂，近下则闹动～。中者兜率陀天，不寂不闹。”宋李复《出门》之二：“静僻懒慢久，～厌入耳。”清汤右曾《元日登梁山绝顶》：“归对妻孥日已旰，人事请谒犹～。” ❷ 佛教谓喧嚣的尘世。《敦煌愿文集·亡考妣文范本等》：“内缘净虑，绝我想于四生；外弃～，顿证如来之教。”《敦煌变文校注》卷四《八相变(一)》：“舍割世间恩爱，唯求佛果菩提。不恋～，精勤大教。”五代张盈润《敦煌莫高窟供养题记》：“更乃游玩祥花，谁不割舍～；观看珍果，岂恋世间恩爱。”

【烦諠】 fán xuān 同“烦喧❷”。《敦煌愿文集·愿文范本·佛堂》：“厥今有信士某公晓知坯患，深悟光[隙]难留；割舍～，希求未来之佑。”又《愿文范本等》：“内缘净虑，绝口(我)相(想)于四生；外弃～，顿证如来之教。”

【烦郁】 fán yù ❶ 抑郁。唐孙思邈《备急千金要方》卷四三：“薯蓣圆，治头目眩冒，心中～，惊悸狂癫。”明妙声《宦游序》：“士大夫捐亲戚，去坟墓，随牒远方簿书期会之暇，亦将游目骋怀以舒其～，升高望远以达其视听。”清弘历《题金廷标人物事迹·琴歌南风》：“解愠纾～，阜财鲜窘贫。” ❷ 同“烦燠”。宋曾巩《诸庙谢雨文》：“蒙报如响，得雨应时。泽润焦枯，荡除～。”明朱诚泳《夏夜》：“炎熇尚～，苦乐未能忘。”

【烦燠】 fán yù 闷热；暑热。唐张祜《濠州水馆》：“高阁去～，客心遂安舒。”明梁潜《偃雪轩记》：“其坐也可倚，其立也可凭可望，以宣其～。”清张英《喜雨赋》：“夏无时雨，阳愆阴伏，积此亢旱，蒸为～。”

【烦怨】 fán yuàn ❶ 烦恼疼痛。《敦煌愿文集·父患文》：“从心香汗，遍五体而通流；百节～，若云飞而自殄。”元《明堂灸经》卷二：“主胸痹逆气寒厥，善哕呕，饮水咳嗽，～不得卧。” ❷ 烦恼怨恨。《法苑珠林》卷九五：“令其衔悲长夜，抱痛幽泉，宛转何辞，～谁诉？”敦煌词《五更转》之三：“忽忆征夫镇沙漠，遣妾～双泪盈。”清汪琬《广西布政使司左参政徐先生墓志铭》：“先是河工岁费至白金累数十万，民间供役，率骚然～。”

【烦燥】 fán zào ❶ 同“烦躁❶”。五代杜光庭《生死歌诀》：“浮弦多是风头痛，积聚体疼胸膈噎。紧实号为寒热证，涩泻～小便涩。”《元典章·吏部三》：“手足指末微厥，不～，其脉浮而紧涩者，名为何证？”清范承谟《再请留浙援纳银两赈饥疏》：“胃口郁热，频频吐哕，夜则辗转不寐，～如熏。” ❷ 同“烦躁❷”。唐庞蕴《常闻阿閦佛》：“语汝守门奴，何须苦～。我奏父王知，与汝改名号。”元胡祗遹《静胜堂记》：“人之制心，最难者静，静则清凉；最喜者动，动则～，～则雪楼冰殿不能解。”清《红楼梦》程甲本一一八回：“只打听不出起程的日期，心里又～。” ❸ 同“烦躁❸”。元明《水浒传》一〇五回：“待贫道略施小术，先除了众人～，军马凉爽，自然强健。”明傅珪《客至无般得扫字》：“谷风习习来，民皆去～。”清《女仙外史》四八回：“一交四月，日赤如火，～之气，不异三伏。”

【烦躁】 fán zào ❶ 中医指内热口干、手足扰动之症。唐常衮《代裴相公让将相封爵表》：“素有气癖，兼之风眩，又多～，事剧则昏。”宋韩祗和《伤寒微旨论》卷下：“茵陈橘皮汤，治病人脉沉细数，身热手足寒，喘呕～不渴者。”清《野叟曝言》八七回：“于王子或宗室中择五六七八岁壮旺童男一名，拥背而卧。俟阳气稍复，～稍除，始进稀粥。” ❷ 焦躁；烦闷急躁。唐司马承祯《真观》：“事有不可废，物有不可弃者，当须虚襟而受之，明目而当之，勿以为妨，心生～。若见事为事而～者，心病已动，何名安心？”明《二刻拍案惊奇》卷九：“要叫声龙香，又想他决在家里，那里在外边听得？又还怕被别人听见了。左右不是，心里～撩乱，没计奈何。”清《聊斋俚曲·增补幸云曲》：“王龙正～，又听的二姐诮他，心头火起。” ❸ (天气)燥热。明刘麟《与张南书》：“相君坐政事堂，偶大政填委，～毒烈，几不可解。适农人自赤日中来，相公劳之曰：‘今日暑炽，尔等何戡？’”清《儒林外史》一回：“那日正是黄梅时候，天气～。”也指由此引起的燥热感觉。明《西游记》六一回：“求得扇子来，解我～，早早过山赶路去也。”清《飞龙全传》三四回：“只因天气炎热，～难当，欲得一瓜解渴。”

【烦总】 fán zǒng 繁杂。唐张九龄《敕幽州节度使张守珪书》：“边事～，无乃为劳！”吕令问《金茎赋》：“长风激而自清，震雷惊而不动。亦可以纳虚澹之闲旷，遗代俗之～。”《太平御览》卷一一六引《唐书》：“万务～，须有主张。爰考旧章，谋于卿士。思阐鸿业，式建皇储。”

【袢热】 fán rè 闷热；暑热。宋吴潜《秋夜雨·和韵刘制机立秋夜观月喜雨》：“雷公驱电母，尽收卷十分～。”程公许《仲秋池塘荷盖方密》：“想应三伏怯～，待到仲秋吐艳香。”元陈高《瓜园》：“蔓长实自大，甘美仍内藏。可以解～，入口心清凉。”

【袢溽】 fán rù 犹“袢热”。宋沈辽《澧州水》：“火行厌～，阴雨重为沴。”卢炳《念奴娇》：“短发萧萧襟袖冷，便觉都无～。”陈亮《谒金门·送徐子宜如新安》：“新雨足，洗尽山城～。”

【袢暑】 fán shǔ 犹“袢热”。宋姜夔《念奴娇·谢人惠竹榻》：“楚山修竹，自娟娟、不受人间～。”元李孝光《夏日荷亭即事》：“翛翛玉雪姿，何能畏～。”明宋濂《题栖云轩记后》：“时正当～，不觉凉飔生肘腋间。”

【袢燠】 fán yù 犹“袢热”。宋苏籀《避暑山寺二首》之二：“山林等～，江浙剧枯焦。”叶適《会昌观小集呈坐上诸文友》：“清霜云几何，累日困～。”元陈高《近山轩燕集》：“兹晨天气佳，凉雨破～。”

【蕃盛】 fán shèng 兴旺；茂盛。唐李德裕《次柳氏旧闻》：“是时琳、从愿皆有宰相望，玄宗倚为相者数矣，竟以宗族～，附寄者众，不能用之。”《元史·陈思谦传》：“数年之后，马实～，或给军以收兵威，或给站以优民力。”清《红楼梦》五六回：“园子里花木，也可以每年滋长～。”

【繁费】 fán fèi ❶ 耗费；过度消耗。《法苑珠林》卷二六：“欲于岩前造木佛堂，并食堂寝室，而念木瓦难办，恐～经物，故未能起作。”明黄淳耀《史记评论》：“帝外事四裔，内兴土木，使海内萧然～，盗贼四起。”清姜宸英《重建陕西驿传道衙门记》：“余首膺此任，其可重～，以厪圣天子西顾忧。” ❷ 繁重的开支或费用。唐崔融《谏税关市疏》：“征役日已省矣，～日已稀矣，然犹下明制，遵太朴，爱人力，惜人财。”宋蔡襄《论不利攻战》：“既不可出攻，又不可通和，但增兵守边，～转多，虏何时可破乎？”清《绿野仙踪》五九回：“爰授良法，节减～，以月计之数，省二十餘金。” ❸ 繁复；

繁重。宋李纲《易传内篇序》:"引义比类,反复参错,文辞～,所不得已。览者取其意而勿诮焉可也。"清蔡世远《叙家礼辑要》:"是用备考成书,辑其简要,以合于乡俗之易行,而省其无益之～。"《东周列国志》九三回:"及嗣为薛公,宾客益盛,衣食与己无二,供给～,为之破产。"

【繁夥】 fán huǒ 繁多;众多。唐李俨《法苑珠林序》:"盈缣积籀,被乎中域,而卷轴～,条流深旷,实相真源,卒难详览。"宋吴自牧《梦粱录》卷一〇:"临安城郭广阔,户口～。"清吴伟业《江南巡抚韩公奏议序》:"其间诏条赦令、计簿狱词,所当钩稽而出入者,节目～,不可亿算。"

【繁忙】 fán máng 事情繁多而忙碌。《册府元龟》卷六四二:"如此则人知激劝,事有区分,主司免致于～,举子不兴于僭滥。"

【繁难】 fán nán ❶ 事务繁杂难以处理。唐孙樵《唐故仓部郎中康公墓志铭》:"朝廷或有～之任,议莫不以公为言。"明沈德符《万历野获编》卷二六:"母老路遥,愿改降～京职。"清《荡寇志》一〇二回:"所有曹州知府一缺,地当冲要,公务～,非精明强干之员,不足以资治理。" ❷ 繁杂难以处理的事务、工作或地方等。五代黄滔《祭南海南平王》:"俾其于家受诏,衣锦袆牙,控二十四州之～,当二十八齿之美茂。"宋田锡《相州永定令李昭硙河濮州鄄城令诰》:"临莅邑政,颇著廉能,部送军储,尝闻了办。泊～之试可,亦勤干以足称。"明陆深《送宋西岩副宪赴蜀臬序》:"迟之以岁月,是之谓养;投之于～,是之谓练。" ❸ 重大。《宋史·食货志上三》:"至于部送纲运,并差任见官,阙则选募得替待阙及寄居官有材干者,其责～,人以为惮。" ❹ 复杂;烦琐。元吴澄《存古正字序》:"人之情喜简捷而厌～。"明魏校《复沈一之》:"近体大学颇窥圣学之枢机,至易而简,说者自生～。"清《绮楼重梦》二二回:"阅毕,又加黄签批评,才班坐号誊写草单发出。再行照单拨名引见,方在雍和宫前挂发蕊珠山楼。算来比我们这些寻常状元鼎甲～多着哩。" ❺ 艰难;困难。清《平山冷燕》六回:"宋先生既是做诗这等～,也就不该来了。"《绿野仙踪》四五回:"因连城璧在虎牙山有难,恐你查访～,着我传谕于你,星速救应。"《后水浒传》三六回:"今日看这船只,遇风便速,无风就缓,亦且转折逶迤,行走甚是～。"

【繁溽】 fán rù 闷热溽暑。《岁时广记》卷二引《开元记》:"辇木阴下,乃命小驷,顿忘～。"宋华岳《水调歌头》:"人间收尽～,凉意入虞弦。"

【繁暑】 fán shǔ 炎暑。唐李频《宋少府东溪泛舟》:"晚叶低众色,湿云带～。"宋孙甫《唐史论断》卷上:"公卿请营二阁以避～,亦念汉文罢露台之意,不从其请。"清弘历《晴》:"气清～涤,云散远天明。"

【繁絮】 fán xù 烦琐冗长。宋《朱子语类》卷八九:"数日见公说丧礼太～。礼不得如此看,说得人都心闷。"明蔡清《管见上堂尊》:"生之言粗疏～,非敢拟为尊者所采以献上也。"清《珍珠舶》三回:"话休～,不消十日,已把冯氏缉获生到。"

【繁燠】 fán yù 犹"繁溽"。宋方千里《六幺令》:"照人明艳,肌雪消～。"

fǎn

【反初】 fǎn chū ❶ 回归本原;返回原始状态。唐柳宗元《瓶赋》:"功成事遂,复于土泥。归根～,无虑无思。"元袁桷《素轩赋》:"～复真,德乃全兮;履素莫渝,吾将以无愆兮。"明潘潢《郊祀疏》:"臣闻生人之道,礼为大礼,祭为大祭、大郊为大大郊也者,原本～,奉天地以子道,示民严上也。" ❷ 复原;恢复到以前的状态。唐白居易《初除尚书郎脱刺史绯》:"亲宾相贺问何如,服色恩光尽～。"宋唐士耻《延寿楼冠带河陇高年颂》:"昔我沙州,祀其祖先。每怀土音,泪涌若泉。今其～,荷泽九干。"明罗洪先《秀川罗氏大时冈重建祠堂上梁文》:"不日告成,疑降灵之默相;一阳来复,感茂对以～。" ❸ "反初服"之省。a) 指贬官去职或罢官归田。初服,未入仕之前穿的衣服。宋李之仪《庄居值雨偶得十诗》之五:"死生固可嗟,一谪辄不返。君恩非不深,奈尔道路远。～不忍歌,折臂信能遣。"b) 指僧人还俗。初服,僧人未出家之前穿的俗装。五代王定保《唐摭言》卷一〇:"周贺少从浮图,法名清塞,遇姚合而～,诗格清雅。"宋朱弁《风月堂诗话》卷下:"东坡南迁,参寥居西湖智果院,交游无复曩时之盛者,尝作《湖上十绝句》。……此诗既出,遂有～之祸。"

【反倒】 fǎn dǎo 另见 fǎn dào。❶(身体)扭转不顺。唐孙思邈《备急千金要方》卷一一:"少小中客之为病,吐下青黄赤白汁,腹中痛,及～偃侧,喘似痫状。"李商隐《骄儿》:"抱持多～,威怒不可律。" ❷ 倾倒;倒下。《法苑珠林》卷六九:"遂礼一拜,道像并座一时动摇;又礼一拜,连座～,坠落在地。"宋吕南公《道旁见乞士捕虱》:"饥人瘦于伞,俯默坐沙草。扶危犹强兴,力惫辄～。" ❸ 颠倒;反过来。《法苑珠林》卷七七:"当设方便,以善攘恶,永与苦别。如何～,行害求安,长夜受苦,无有出期。"宋柳开《玄风峒铭》:"夏雨多凉,秋旱多热。春裘冬扇,朝顺夕变。～无恒,夭厉相仍。"《朱子语类》卷八〇:"今就诗上理会意义,其不可晓者,不必～。"

【反倒】 fǎn dào 另见 fǎn dǎo。副词。反而。元郭钰《感事》:"未休练卒诛求尽,暂脱归囚～多。"《元曲选·鸳鸯被》楔子:"替朝廷干事的,～受人弹论,公道安在?"清《红楼梦》七七回:"王夫人见他们立意决断,知不可强了,～伤心可怜。"

【反跌】 fǎn diē ❶ 比武处于下风时用反攻招数使对方跌倒。泛指处于下风时采用反击或先发制人的手段。明《拍案惊奇》卷二三:"崔生见他～一着,放刁起来,心里好生惧怕。"清《天雨花》一一回:"心知我爱仪贞女,所以他来～人。" ❷ 比喻兴奋时受到抑制。明唐顺之《武编》前集卷五:"射中勿喜,喜则心易而～;射中勿忧,忧则心惑而无主。" ❸ 一种修辞手段。先说出一种按正常思路会引出某种结果的条件,接下来却给出相反的结果,或者以后面的情景(论述)回应前面的情景(论述)。清仇兆鳌《杜诗补注》卷下:"～之句,如'秋砧为寄衣'也。先曰'亦知戍不返',比怀人之感更深。"陆陇其《四书讲义困勉录》卷三六:"'民焉有不仁'句是～语,意不重在仁民上见得,民足自无不仁。"

【反而】 fǎn ér 副词。表示上下文意思相反或出乎意料之外。清康熙五十四年内务府奏请将曹頫给曹寅之妻为嗣并补江宁织造折:"他们弟兄原也不和,倘若使不和者去做其子,～不好。"纪昀《阅微草堂笔记》卷一三:"一日居其室,则一日为所天。殁不制服,～从吉,是悖理乱常也。"《飞龙全传》四二回:"柴荣如此百般苦奏,周主只是不听,～面颜微怒,心下甚嗔。"

【反反】 fǎn fǎn 反乱;闹腾。清《醒世姻缘传》二二回:"咱户里还有几个人哩,窝子里～?我的不是也罢,你的不是也罢,休叫外人笑话。"

【反复吟】 fǎn fù yín 即"返吟伏吟"。元佚名《孤儿记》:"他生时年月充(冲),～六害凶凶。"清东山痴野《才貌缘》二五出:"绸缪料不折基本,两相均;何妨揖盗降阶迎,～。"

【反关】 fǎn guān 从反面关会,指话语暗含讥讽。清《绿野仙踪》四九回:"三婆子那一顿~骂法,他听了毫不动声色。"又五〇回:"谁想他没见世面到二百分,被郑婆子用~话骂了个狗血喷头。"

【反剪】 fǎn jiǎn (把双手)反绑在背后。元明《水浒传》贯华堂本三四回:"自有那几个小喽罗,已自~了刘高。"清《儒林外史》八回:"把王道台~了手,捉上了大船。"《荡寇志》八二回:"把许多妇女都~了,连连串串的牵着走。"

【反诘】 fǎn jié 反问。宋真德秀《西山读书记》卷三二:"子张务外,夫子盖已知其发问之意,故~之,将以发其病而药之也。"明张吉《陆学订疑》:"梭山所陈,要旨截截,未契子心,终被~。"清《情梦柝》一六回:"若素见瞒过了,~道:'舍妹并未闻与足下联婚,他是考诗选中新科举人胡楚卿的。'"

【反口】 fǎn kǒu 改口。清《绿野仙踪》八四回:"我看太太断不~,设或~,大爷再不吃饭就是第一妙法。"△《跻春台·僧包头》:"如今的事,钱可通神。我又无钱,媒人~,官司定论。"

【反脸】 fǎn liǎn 同"翻脸"。清《红楼梦》四八回:"这不是什么大事,不过他们一处吃酒,酒后~常情。谁醉了,多挨几下子打,也是有的。"△《糊涂世界》七回:"马太爷先还好说,后来便有要~的样子,江明越发仇结的深了。"

【反乱】 fǎn luàn 搅乱;闹腾。明陈汝元《金莲记》一三出:"虽传玉管,未渡银河。漫题神女之词,~襄王之梦。"《金瓶梅词话》二九回:"如今为一只鞋子,又这等惊天动地~。"清《醒世姻缘传》六七回:"这艾前川既是惹发了他的性子,你爽利与他~一场,出出你那闷恼,却也不好?"

【反面】 fǎn miàn ❶ 转脸;掉转脸的方向。宋苏颂《职方员外郎郭君墓志铭》:"疾且革,取其书阅之,欷歔~,不复有言。"明罗洪先《周宜人传》:"宜人心怜之,抚其首遣曰:'我儿何慧也!'即又~,涕泫然承睫下,不忍令儿见之。"清纪昀《阅微草堂笔记》卷一一:"侍疾者闻之皆太息。少年乃~向内,寂无一言。"引申指背地、暗中。元高明《琵琶记》二一出:"婆婆,他和你甚相爱,不应~直恁的乖。" ❷ 掉转面孔。a)指背叛或变心。宋胡寅《缴吴开逐便》:"况当艰难之时,逆臣僭窃~事之者,皆我臣庶。"明汤显祖《紫钗记》四二出:"看来世间痴心女子,~男儿也。"清孔尚任《桃花扇》三七出:"倒戈劫君,争功邀赏。顿丧心,全~,真贼党。"b)指谄媚。明孙柚《琴心记》四四出:"既做虚心事,甘为~人。自家追送女儿来京,此间是他寓所,不免含羞而见。" ❸ 翻脸。指态度变恶。宋佚名《张协状元》二〇出:"〔生〕此行必是好佳谶。〔旦〕遂功名,莫来连来~没前程。"明张弼《赠尚宝司丞沈廷美序》:"昔东皋子申、齐金父皆橐千金,周行西北以购良马。逾年,遇一骏于甘凉间,竞欲得之,~不相能。"清《歧路灯》三一回:"如敢再有什么不守规矩之处,休怪本县~无情。" ❹ 指物体与正面相反的一面。清纪昀《阅微草堂笔记》卷一一:"颜介子尝见英德砚山,上有白脉,作'山高月小'四字,炳然分明,其脉直透石背,尚依稀似字之~。"《红楼梦》一二回:"拿起风月鉴来,向~一照,只见一个骷髅立在里面。"《儒林外史》四五回:"翻过来把正面看了一会,翻过来又把~看了一会。" ❺ 指事情、问题等的另一面(多指相反的)。清潘天成《语录》一:"读圣贤书,我与之合者是正面,与之反者是~。圣贤正面的缘故看不透,只要将~看,~透则正面透矣。"《豆棚闲话叙》:"其间警戒世人处,或在~、或在夹缝,或极快极艳,而惨伤寥落寓乎其中,世人一时不解也。"《儒林外史》一三回:"若把先生写在第一名,小弟这数十年虚名,岂不是都是假的了?还有个~文章是如此算计,先生自想,也是这样算计。" ❻ 相反。清《野叟曝言》一四九回:"《采风集内》'半世空

门礼大慈,岂知大忍有如斯'之句,正与素兄劈真~,与刘兄之说足相印证。"《镜花缘》八回:"那些水手,因他无一不知,都同他取笑,替他起个~绰号,叫作'多不识'。"

【反且】 fǎn qiě 表示递进的连词。而且。元耶律楚材《辨邪论序》:"天下之恶一也,何为患于我而独能辨之,为患于彼而不辨,~羽翼之,使得遂其奸恶?"明方孝孺《答郑仲辩》:"夫不习佛氏之说,于道固无所不足;习其说而不诚自欺,非惟得罪于吾之道,而~得罪于佛,亦何所取而为之也。"清《醒世姻缘传》七三回:"及至周龙皋死后,放松了周九万,不惟不与为仇,~修起好来。"

【反说】 fǎn shuō ❶ 回头说;倒叙。宋朱熹《楚辞辩证》卷下:"然上句言启事,而未有所问,则此句不应~禹初生时事矣。" ❷ 从反面述说或论说;反论。宋蔡正孙《诗林广记》卷九:"愚谓郑谷《感兴》一绝亦是此意,但翻一转语~耳。"《朱子语类》卷一六:"至下一段又是~小人之事,以致戒君子。"清《本朝四书文》卷一:"篇中~多,正说少,非不能发挥正面,为留下而后地步,不欲发露传意太尽也。" ❸ 反面的说法。宋韩元吉《答子云示吴生三物铭别纸》:"今人以其权者为正,以其~为常,岂不哀哉!" ❹ 颠倒说;说反话。元明《水浒传》六二回:"量李固有几颗头,敢做恁般勾当?莫不是你做出歹事来,今日来~。"清魏之琇《续名医类案》卷二九:"外监门力杨受财放入,内监门力郭观保验出,外监者慌忙~内监者易其药。"《女仙外史》八三回:"月君笑道:'这是裁其过而补其不及,曼师因何~?'曼师道:'~,~,反转来却是正说。'" ❺ 说法颠倒。明《西游记》五一回:"行者道:'这儿子~了哩!不知是我送命,是你送命?走过来吃老外公一拳。'"清李光地《榕村语录》卷二〇:"明儒说三教源头本同,但工夫各别,却~了,工夫却同,只是源头不同。"《情梦柝》三回:"只因昨日奶奶偶然说出,原未必作准,你们以为当真,教我羞答答,怎好开口?若疑我看不上吴家哥哥,是~了。"

【反天】 fǎn tiān 形容胆大妄为,无法无天。清《红楼梦》一一一回:"这都是反了天的事了!连老太太在日还不能拦我们走动呢,你是哪里的这么个横强盗,这样没法没天的!"

【反为】 fǎn wéi 副词。反而;反倒。明《古今小说》卷一八:"不可高声啼哭,恐惊醒了将军,~不美。"清李玉《清忠谱》九折:"吾兄有此一言,倘他人闻知,~未便。"《红楼梦》六四回:"倘或传扬开去,~不美。"

【反颜】 fǎn yán ❶ 犹"反面❷a)"。明吾邱瑞《运甓记》三五出:"逆贼苏峻,狼子野心,~仇国。"清《聊斋志异·续黄粱》:"又继而科道九卿,交章劾奏,即昔之拜门墙称假父者,亦~相向。"《隋唐演义》九三回:"及至临大节,便把这两个字撇过一边了,只要全躯保家,避祸求福,于是甘心从逆,~事仇。" ❷ 犹"反面❸"。元明《三国演义》八回:"今欲用连环计,先将此女许嫁吕布,后献与董卓,汝与中取便,谍间他父子~,令布杀卓,以绝大恶。"清《野叟曝言》一三七回:"自中国出兵,弃释归儒者已有万人,蒙人~相向,不肯出兵。"

【反阴复阴】 fǎn yīn fù yīn 同"返吟伏吟"。《元曲选外编·调风月》四折:"今年见吊客临,丧门聚,~,半载其餘。"

【反应】 fǎn yìng 反驳;顶撞。《敦煌愿文集·尼患文》:"或~上言,抵突师长。"

【反狱】 fǎn yù 越狱或在狱内暴动。《金史·仆散忠义传》:"忽一日阴晦,囚徒某为~。"明林俊《辩王元恺等狱疏》:"即今王进等果又率众~逃叛,则元恺、杨仪、马黑眼之情罪通可矜疑。"清《醒世姻缘传》一四回:"有酒时,宁可零碎与他们吃。若吃醉了,或是火烛,或是反了狱,事就不好了。"

【反掌】 fǎn zhǎng ❶反转手掌。比喻改变态度。唐张怀瓘《为王季卿与王仁寿书》："时者难值而易失，机者在速而不迟，成败须臾，实由～。"陆龟蒙《登高文》："权之所憎，始厚终斥。权之所怜，昨骂今惜。～北面，天辽海隔。"明《梼杌闲评》四三回："世人无谓妇寺微，～即时成崄巇。" ❷比喻随机措置或顷刻变化。唐李儇《平杨师立诏》："付高仁厚攻心之谋，授郑君雄～之策，果枭逆首，尽戮凶徒。"邢宇《握槊赋》："闭六关而不通，因一子而为质。乃欲速而贾害，翻后时而获利。无以凭陵而憔悴，无以往蹇而自弃。实～而变生，亦随手而时异。"金《董解元西厢记》卷二："众止一二作乱，餘必胁从，贪目前之利，忘～之灾。" ❸同"翻掌❹"。宋邵雍《天地吟》："祸福转来如～，可能中夜不沉吟。"明佚名《鸣凤记》一四出："天步有乘除，仕路如～。"清查慎行《三上南宫今复报罢》："八年三见黜，得失同～。" ❹同"翻掌❺"。唐吕温《凌烟阁勋臣颂·秦胡公叔宝》："成败～，存亡奄忽，虎来风壮，鳌转山没。"宋韦骧《题黯淡滩》："慎操舟楫度危滩，脱险从安～间。"清《女仙外史》一三回："惟蝗灾则不然，轰然而来，霎然而下，其应受灾者，～之间，田无遗茎，茎无遗穗。" ❺控制；掌握。明吾邱瑞《运甓记》三出："看琅琊渺茫，想洛阳悒怏。慨慨慷，慨慷慨慨慷，振皇灵把中原～。"清《女仙外史》六九回："汝可领五十骑，先往哨探，贼若不据成皋，河南在我～中耳。"

【反帐儿】 fǎn zhàng er 指反胃。明《金瓶梅词话》五二回："头里吃了些蒜，这回子倒～，恶泛泛起来了。"

【返】 fǎn ❶逆；不顺从。《敦煌变文校注》卷五《父母恩重经讲经文(一)》："为人争不审思量，岂合将心～父娘。" ❷撩惹；侮弄。金《刘知远诸宫调》一一："群妖～帝，遭逢护法天神；众怪魔佛，偶遇那吒太子。"按，汉扬雄《方言》卷一〇："侃，轻也。楚凡相轻薄谓之相侃。"返，通"侃"。

【返倒】 fǎn dǎo 忤逆；不顺从。"反倒(fǎn dǎo)❶"的引申义。《敦煌变文校注》卷五《父母恩重经讲经文(一)》："及其长大，无孝顺心，不报恩德，由(游)闲逐日，更～父母。"又："为人不解思恩德，～父娘生五逆。"

【返吟伏吟】 fǎn yín fú yín 星命用语。指岁运跟日辰相冲的两种情形，出现则不吉利。宋昙莹《珞琭子赋注》卷下："岁运得此，更在～之上，则其为凶为祸可知也。"明万民英《三命通会》卷二："若岁运与日相对谓之返吟，岁运压日谓之伏吟。二者不利六亲，非横破财，不为吉兆。"

【返吟复吟】 fǎn yín fù yín 同"返吟伏吟"。《元曲选外编·西厢记》三本四折："功名上早则不遂心，婚姻上更～。"

【返仄】 fǎn zè ❶倒转；颠倒。《祖堂集》卷一〇《长庆和尚》："师有时云：'与摩举扬，背地看来，却成～。'僧便问：'当众举扬，为什摩却成～？'" ❷反思。《古尊宿语录》卷三七《鼓山先兴圣国师和尚法堂玄要广集》："问：'如何是学人自己亲躬事？'师云：'还～么？'学云：'即今事如何？'师云：'不可瞎去也。'"又："如今更有一般底，大作群队聚头，念经念论，说圆说顿。披这衣服，作个与么语话。还羞么？还～么？还有些些子衲僧气息么？"

【返张】 fǎn zhāng ❶犹"返倒"。《敦煌变文校注》卷五《父母恩重经讲经文(一)》："侍奉终朝无一点，～逐日有千般。" ❷犹"反倒(fǎn dǎo)❶"。明朱橚《普济方》卷三七一："头目仰视，如鱼上钓内吊，伛偻～，唇黑阴肿，眼有红筋。"

fàn

【犯】 fàn ❶罪犯；犯人。唐韦皋《上皇太子笺》："先朝屏黜脏～之类，咸擢在省闼府署之间。"《元曲选·窦娥冤》四折："〔丑扮解子押张驴儿、蔡婆婆，同张千上，禀云〕山阳县解到审～听点。"清《儒林外史》四五回："烦贵县查照来文事理，星即差押该～赴州。" ❷关涉；相干。宋《朱子语类》卷六："皆是要从心中流出，不～纸上语。"《元曲选·鲁斋郎》二折："我要杀坏了他，不想他倒有个好媳妇！我着他今日不～，明日送来。"清《荡寇志》九三回："众位既是公明的心腹人，可不投诚了，将山寨中不～紧要之事呈明几件？" ❸机关的枢纽；泛子。元董君瑞《哨遍·硬谒》："鏊子饼热时赶热翻，消息汤着～。" ❹费；消耗。《元曲选·儿女团圆》三折："他是个不睹事的乔男女，你便横枝儿待～些口舌，那厮敢平地下锹撅。"明《古今小说》卷二一："他不～本钱，大锭银大贯钞的使用，侥幸其事不发，落得快活受用。"清《聊斋俚曲·禳妒咒》："那一日俺家里杀了一只鸡待亲家，才煮出来，我没～寻思，就把那胸脯揎下来，包了包掖在腰里。" ❺落入；落到。宋元《清平山堂话本·刎颈鸳鸯会》："他两个若～在我手里，教他死无葬身之地！"《元曲选·神奴儿》一折："你若～在我那衙门中，该谁当直，马粪里污的杖子，一下起你一层皮。"清《聊斋俚曲·寒森曲》："凭你那里告，～到我手里，休想还活！" ❻暴露。《元曲选·抱妆盒》二折："有一日事～出来呵，承御，你可休指攀我。"明《禅真后史》一四回："杀私牛，卖私酒，不～出，乃高手。"清《红楼梦》六二回："若不闹出来，大家乐得丢开手；若～出来，他心里已有稿子。" ❼星命家称遭遇或触犯所忌；冲犯。《元曲选·桃花女》三折："这出门的时辰，正～着日神，又～着金神七杀。有这两重恶煞，争些的着他道儿也。"明《金瓶梅词话》六二回："宜择十月初八日丁酉午时破土，十二日辛丑巳时安葬，合家六位本命都不～。"清《红楼梦》六九回："如今二奶奶这样，都因咱们无福，或～了什么，冲的他这样。" ❽(毛病、疾病)发生；发作。六十种曲本《琵琶记》二〇出："如今我试猜，多应他～着独噇病来，背地里自买些鲑菜？"清《野叟曝言》一五〇回："产中～出毛病，便是一生受累哩！"《红楼梦》四八回："到了外头，旧病复～。" ❾冒；出现。清《聊斋俚曲·慈悲曲》："笼里～出个羔团子，——好势的也挠打，就少耗了也罢了。"△《二十年目睹之怪现状》九六回："平常写十来个字的一张请客条子，也要费他七八分钟的时候，内中还要～了四五个别字。" ❿谋划；准备。清《聊斋俚曲·磨难曲》："看老哥有甚么高见？也该～个安排。"又："咱如今可也该～个招架，趁他才来到，人困马也乏，略使一点小计，生擒了金二傻。" ⓫服。清《醒世姻缘传》四五回："没的你这们个小伙子就治不～他？" ⓬值得。多用于否定句和反问句。清《聊斋俚曲·增补幸云曲》："有金墩把头摇，叫姐姐你好嘲，那里～着就上吊？"《春柳莺》七回："我老爷姓齐，若不相认，不～着差小的来请了。"《红楼梦》六四回："那个青东西，除族中或亲友家夏天有白事才带的着，一年遇着带一两遭，平常又不～做。" ⓭副词。互相。清《聊斋俚曲·翻魇殃》："他后日通了人性，您忒两个再～往来。"又《增补幸云曲》："万岁自从写了回书，两楼上不～往来。" ⓮副词。用在动词后，表示程度重。《元曲选外编·西厢记》三本二折："若不是觑面颜，厮顾盼，担饶轻慢，争些儿把你娘拖～！"清《聊斋俚曲·翻魇殃》："到底病人也没力气，虽然狠打，也没打～，疼了一宿，就好了。"

【犯案】 fàn àn 作案后被发觉。元杨刚中《元中宪大夫程公相墓铭》："宁海人以挟私盐～，杀幼女，诬逻卒。"清《警寤钟》八回："犯人只在典铺中做得一次，就～拿下。不想前任老爷将云里手的罪过，总放在犯人的身上。"

【犯边】 fàn biān 着边；沾边。指接触、触犯。明冯惟敏《朝天子·解官至舍》："济济官僚，潭潭帅府，～的才是苦。"《金瓶梅

词话》七六回:"大凡还是女妇人心邪,若是那正气的,谁敢～?"

【犯不上】 fàn bù shàng　没必要;不值得。清《红楼梦》一〇回:"就是宝玉,也～向着他到这个样。"《红楼复梦》二二回:"丫头们不好,说他两句。怪热的,也～动这样大气。"

【犯不着】 fàn bù zháo　犹"犯不上"。清《霓裳续谱·试也不识顽》:"～一言半语记在心头,动不动的伤心雨泪流。"《春柳莺》八回:"我～去寻铁不锋,只要寻你。"《儒林外史》二七回:"像娘这样费心,还不讨他说个是,只要拣精拣肥。我也～要效他这个劳。"

【犯查】 fàn chá　吵闹。清《聊斋俚曲·翻魇殃》:"咱商量从容家去,休等着二次～。"

【犯床】 fàn chuáng　安放乐器的木榻。宋陈造《寄乡中亲友二首》之一:"棋酒游从叹离群,～吟笔漫飞尘。"又《吴节推携具用韵谢之》:"～漫飞埃,瑶笙罢重请。"原注:"犯床,置乐器床,谓宫调相犯。"

【犯攒】 fàn cuán　犯疑。清蒲松龄《东郭箫鼓儿词》:"忽转一念,又犯了攒了,说道:'不像,常言道:鲇鱼找鲇鱼,鲖鲂找鲖鲂。'"

【犯对】 fàn duì　作对;抵对。《元曲选·马陵道》四折:"强中手偏生～,诈风魔一命终留。"明《西游记》一五回:"不是他吃了,他还肯出来招声,与老孙～。"

【犯官】 fàn guān　犯罪之官,也用于犯罪官员自称。明杨寅秋《上内阁沈蛟门书》:"剿之既难,抚亦不易。某请发～缪思忠、刘之屏等,授之机宜,俾得出死力自赎。"清李玉《清忠谱》一一折:"咱们奉旨来拿～,什么好看!"《红楼梦》一七至一八回:"～仰蒙圣恩不加大罪,又蒙将家产给还,实在扪心惶愧。"

【犯好】 fàn hǎo　相好。明赵南星《喜连声·为柏乡赵妓作》:"平身里扑腾地跌了一跤,空合他犯了好,拈了香、剪了发,说了牙疼誓。"清《醒世姻缘传》六回:"近日又搭识了一个监门前的私窠子,与他使钱～,推说监中宿班,整几夜不回下处。"

【犯滥铺模】 fàn làn pū mó　作奸犯科。宋元《清平山堂话本·简帖和尚》:"怎见一僧人,～受典刑。案款已成招状了,遭刑,棒杀髡囚示万民。"

【犯露】 fàn lù　暴露。清《后水浒传》一五回:"你今犯的斗殴轻罪,却被仇家用贿暗害,是件有屈无伸。我今就放你出去,即日后～,只不过顶你罪名,须不致死。"

【犯盟】 fàn méng　背弃盟约。宋《三朝北盟会编》卷二四:"(金人)既欲～,自秋徂春,探报甚密。"《金史·宗好传》:"乃者彼国～,侵我疆场,帅府奉命征讨。"

【犯苗架】 fàn miáo jià　揭根底。苗架,也就是苗稼,庄稼幼苗,比喻根底、底细。清《聊斋俚曲·磨难曲》:"我谈他情义儿虽然好,到底是个狐狸仙,这一句话犯着他那苗架,他就现了原身翻了脸。"

【犯苗稼】 fàn miáo jià　同"犯苗架"。明陈铎《北胡十八·风情》:"百般的定计谋,一些儿～。"

【犯难】 fàn nán　为难。清蒲松龄《闹馆》:"平仄里必得是分外清楚,久以后作诗句免得～。"

【犯人】 fàn rén　犯罪的人,多指在押的。宋陈襄《乞均排等第出役钱状》:"如晓示后,～自能首说者,即与免罪改正。"《元曲选·窦娥冤》三折:"今日处决～,着做公的把住巷口,休放往来人闲走。"清《醒世姻缘传》一〇回:"那些衙门里的人把他倒也不像～,恰像是个乡老先生去拜县官的一般,让到寅宾馆里,一把高背椅子坐了。"

【犯色】 fàn sè　颜色搭配不协调。清《红楼梦》三五回:"若

用杂色断然使不得,大红又犯了色。"

【犯伤】 fàn shāng　触犯伤害。唐玄奘《大唐西域记》卷二:"～礼义,悖逆忠孝,则劓鼻截耳,断手刖足。"宋蔡绦《铁围山丛谈》卷五:"人见神牲,则莫敢～。"元明《水浒传》三七回:"却才甚是冒渎,～了哥哥,望乞怜恕罪。"

【犯舌】 fàn shé　多嘴;学舌。清《红楼梦》三四回:"他母亲又说他～,宝玉之打,是他治的。"又七七回:"谁这样～? 况这里事也无人知道,如何就都说了?"

【犯手】 fàn shǒu　❶着手;经手;动手。宋《朱子语类》卷一二五:"老子不～,张子房其学也。"明顾允成《札记》:"只是乡愿一班人,名利兼收,便宜受用。虽不～弑君弑父,而自为弑重,实埋下弑君弑父种子。"朱橚《普济方》卷二七六:"用左脚上旧草鞋,名千里马,不得～,以棒挑取。"❷费手;费力。元刘秉忠《蜗舍闲适》之一:"夺得凤池终～,构成蜗舍且抽头。"明丘濬《丁未秋偶书》:"事到难为休～,人当知止急收头。"庄杲《书东山草堂扁》:"是天荣瘁元无意,～输赢不会棋。"

【犯死】 fàn sǐ　该死。明《金瓶梅词话》二五回:"这～的奴才! 我与他往日无冤,近日无仇,他主子耍了他老婆,他怎的缠我?"

【犯头】 fàn tóu　惹事的由头。明《西游记》三回:"我等在此,恐作耍成真,或惊动人王,或有禽王、兽王认此～,说我们操兵造反,兴师相杀,汝等都是竹竿木刀,如何对敌?"清《照世杯·七松园》:"又接着畹娘这封性急的情书,虽是真正的亲笔,阮江兰不敢认这个～。"《姑妄言》二回:"他舅子也当是他真正看见,倒不好认着～。"

【犯土】 fàn tǔ　触犯土神。宋宗杲《宗门武库》:"庐山李商老,因修造～,举家病肿,求医不效。"陆游《病后作》:"道士言～,拜章安舍宅。"洪迈《容斋四笔》卷一:"今世俗营建宅舍,或小遭疾厄,皆云～。故道家有谢土司章醮之文。"

【犯牙儿】 fàn yá er　犹"犯嘴"。明《金瓶梅词话》四六回:"贼奴才,还要说嘴哩! 我可不这里闲着和你～哩。"

【犯言】 fàn yán　❶抗言;言语冒犯(君王)。唐刘黄《制策对》:"有匡国致君之术,无位而不得行;有～敢谏之心,无路而不得达。"明雒于仁《进四勿箴疏》:"臣～而谏,且不计死,所干名何为?"清《九云记》一三回:"每蒙圣上曲加眷注,包容采纳,不以～而为罪,臣敢扬眉吐气,说朝廷事多矣。"❷言语抵牾;戏谑;争吵。明葛昕《先祖考太子少保葛公行述》:"吏复索贿,乘醉～,被东厂缉知。"《金瓶梅词话》六七回:"伯爵道:'老先儿你不知,他是你小佳人家。'西门庆道:'我是他家二十年旧孤老。'陈敬济见二人～,就起身走了。"《姑妄言》二四回:"二人几次～,众人劝开。"

【犯颜】 fàn yán　翻脸。明《封神演义》一四回:"从今父子再不许～。"又一五回:"夫妻二人语去言来,～嘴嚷。"

【犯疑】 fàn yí　生疑;怀疑。清《红楼梦》三一回:"这会子急急的当一件正经事去回,岂不叫太太～?"《绿牡丹》七回:"你进来了半日,也该出去了,若迟,被人～,那事却难成了。"

【犯由】 fàn yóu　❶罪状。宋洪迈《夷坚志》支癸卷七:"民身配海外,子配广南。押过赣州,子病死于道店。赣丞张思顺检尸,防卒出示,具载本末。"《元典章·刑部四》:"将犯人张应卯等再三审问无冤,同本路正官明示～,钦依处断。"清《后水浒传》一九回:"遂一面叫书吏当堂宣读～,一面吩咐绑缚,又一面委官去监斩。"❷"犯由牌❶"的省称。元明《水浒传》二七回:"～前引,混棍后催,两把尖刀举,一朵纸花摇,带去东平府市心里,吃了

472

一剐。"明张景《疑狱集》卷七:"明日赴市就刑,见~上写,系文节级杀妻事。"《警世通言》卷二〇:"但见~前引,棍棒后随,前街后巷,这番过后几时回?"

【犯由榜】　fàn yóu bǎng　即"犯由牌❶"。宋周密《癸辛杂识》别集卷下:"甲寅十月二十五日,本寺出~云:勘到王惟忠顶冒补官,任知阆州判西安抚府日,丧师庇叛,遣报迟缓等罪,准省札奉圣旨,王惟忠处斩。"《元曲选外编·村乐堂》二折:"则这金钗儿是二人口内的招伏状,更压着那十字街头~。"

【犯由牌】　fàn yóu pái　❶处决犯人时,写有犯人姓名、罪状的牌子。《元曲选·蝴蝶梦》一折:"不能勾金榜上分明题姓氏,则落得~书写名儿。"明李梅实《精忠旗》二七出:"可将~晓谕众人,即便行刑。"清《飞龙全传》三〇回:"遂把史弘肇签了~,即命带その引魂幡跟前。"❷指罪名、罪证。《元曲选·窦娥冤》四折:"这毒药呵,原来是你赛卢医出卖张驴儿买,没来由填做我~。"又《酷寒亭》四折:"谁承望月明千里故人来,则被这泼烟花送了你~,狠公人又待活烧埋。"清汪光被《广寒香》二九出:"只他来陷我无辜也,倒把自己的~直吐。"

【犯早】　fàn zǎo　侵早;过早。宋张元幹《醉花阴·咏木犀》:"紫菊红萸开~,独占秋光老。"王之道《秋日苦雨和子厚弟韵》:"诗成欲写辄复已,邻鸡~催天明。"

【犯拙】　fàn zhuō　❶恶化;变坏。明《醒世恒言》卷二六:"也不知少府这病当真不消吃药,自然无事;还是病已~,下不得药,的故此辞别而去。"《拍案惊奇》卷三九:"及至病已~,烧献无效,再不怨怅他,疑心他。"《二刻拍案惊奇》卷二〇:"丁氏也自尽心优待,争奈病痛~,毕竟不起,呜呼哀哉了。"❷做错;搞坏。清《野叟曝言》六回:"不干小的们事,他自~了,也不是小的们敢多事,实干系地方,不敢不查报的。"又八九回:"不料被素臣神力一手攞住,百不得动,致各官俱见行凶情状,已知事体~,好生着急!"

【犯捉】　fàn zhuō　把持;控制。《敦煌愿文集·尼患文》:"或是~之间,将轻换重。"明贺士諮《医闾集》卷二:"今人见人有勉强~者,便笑曰:'某人造作不诚实。'我尝曰:'且得肯如此亦好了。如本好色,把持不好色;如本好酒,把持不饮酒。此正矫揉之功,如何不好?'"

【犯嘴】　fàn zuǐ　斗嘴。明《金瓶梅词话》六四回:"要便和他两个在前边打牙~,互相嘲斗。"又七三回:"两个又犯了回嘴,不一时拿将寿面来。"

【范儿】　fàn er　即"泛❺"。用作名词,指漂亮的身段脚法。元邓玉宾《村里迓古·仕女圆社气球双关》:"子弟敲,腾的将~挑。"

【泛】　fàn　❶浮现;露出。唐王睿《公无渡河》:"蛟螭尽醉兮君血干,推出黄沙兮~君骨。"清《续金瓶梅》六一回:"只见海中~起火光来,照见两条神龙。"《玉蜻蜓·游庵》:"惊得志贞香汗发,梨花顷刻~桃腮。"❷涌;冒;出现。明《拍案惊奇》卷二〇:"小娥口中~出无数清水。"《禅真逸史》二六回:"只见骨都都血水~出河面。"《醋葫芦》二回:"众主管不知其故,却~出这段峦头,吓得成珪赃滚尿流。"❸饮酒。唐崔善为《答王无功九日》:"露叶疑涵玉,风花似散金。摘来还~酒,独坐即徐斟。"宋柳永《玉楼春》:"归心怡悦酒肠宽,不~千钟应不醉。"《五代史平话·周史上》:"(郭威)连~了二三斗酒,该酒钱一贯有餘。"❹泛子。《元曲选外编·西厢记》三本二折:"待去呵,小姐性儿撮盐入火,消息儿踏着~。"❺圆社用语。用花样脚法踢。元关汉卿《斗鹌鹑·女校尉》:"非是我胡诌,上下~前后左右瞅,过从的圆就。"

萨都剌《一枝花·妓女蹴鞠》:"对~处使穿敧抹膝的撺搭,揍俊处使拂袖沾衣的撒演,妆翘处使回身出鬓的披肩。"❻巧;灵巧。明孙仁孺《东郭记》二八出:"淳于髡口嘴生成~,巧把君王心事探。"

【泛常】　fàn cháng　❶普通;一般。宋刘弇《赠贾仲武》:"自知投分出~,豁如馁腹得糇粮。"明《梼杌闲评》四六回:"不知那些人费了多少钱力,他只视为~。"清李玉《清忠谱》四折:"这工程,岂~。"❷泛泛。元《通制条格》卷一七:"义夫节妇孝子顺孙旌表门间,本欲敦民俗而厚风化,……迩者各处官司不详此意,往往不核名实,~保举,以致谬滥。"明程信《陈言中兴固本十事》:"迩日以来,渐渝初政。岂进言者亦多涉于~,过于矫激,而弗当圣心者乎?"❸时常;经常;惯常。元明《水浒传》六回:"且说菜园左近有二三十个赌博不成才破落户泼皮,~在园内偷盗菜蔬,靠着养身。"清《聊斋志异·邵女》:"默思欠此十九针,不知作何变症,不如一朝受尽,庶免后苦。炷尽,求女再针。女笑曰:'针岂可以~施用耶?'"《后西游记》三三回:"哄骗人只好侥幸遭把儿,怎么看做~只管去,倘被他看破了,不是儿戏的。"❹反常。明佚名《草庐记》二八出:"不通经词违典章,不据理立言~,你作说客略不谦让。"清《醒世姻缘传》三一回:"偏偏得这年冬里冷得异样~。"

【泛儿】　fàn er　即"泛❺"。比喻手段、花样。《元曲选·曲江池》二折:"那怕你堆积黄金到北斗边,他自有锦套儿腾掀,甜唾儿粘连,俏~勾牵。"

【泛泛】　fàn fàn　❶普遍貌;众多貌。唐杜牧《投知己书》:"行无坚明之异,才无尺寸之用,~然求知于人,知则不能有所报,不知则怒,此乃众人之心也。"宋苏轼《策略》:"今自宰相以下,百官~焉莫任其职。"苏辙《上皇帝书》:"方今天下之官,~乎皆有欲去不久之心。"❷浮浅;不深入。宋《朱子语类》卷一二一:"而今都只~在那皮毛上理会,都不曾抓着痒处,济得甚事!"《元史·虞集传》:"其次则取乡贡至京师罢归者,其议论文艺,犹足以耸动其人,非~莫知根柢者也。"明《肉蒲团》二〇回:"住了半年,还是~修行,不曾摩顶受戒。"❸随意;随随便便;马马虎虎。宋苏轼《和游斜川正月五日与儿子过出游作》:"我本无所适,~随鸣鸥。"《朱子语类》卷一三:"凡日用之间,动止语默,皆是行处。且须于行处警省,须是战战兢兢,方可。若悠悠~地过,则不可。"清《姑妄言》六回:"王酒鬼一个挑水的老儿,~然看去,是个极无系没要紧的人。后来泄露机关,反是个极要紧的节目。"❹一般;平常。宋苏轼《与孙正孺》:"勿将作~常语过耳也。千万!千万!"《元曲选·任风子》二折:"谢师父救了我这蠢蠢之物,~之才,落落之徒。"清《歧路灯》一〇回:"咱的前程低微,那朝贵视之如~,何苦的樽前一身多泥?"❺恶心状。明《隋炀帝艳史》三〇回:"次日忽然病起来,一个头就像有几十斤重的一般,再也抬不起来。心下只是~要呕吐。"

【泛浮】　fàn fú　❶沉浮;起落。唐韩愈《袁氏先庙碑》:"懿哉咸宁,不名一休。趋难避成,与时~。"❷浮泛;浮浅。元揭傒斯《答胡汲仲书》:"傒斯比猥以陋薄之见,~之辞,渎冒于执事,意甚悔之。"❸松动脱落。明《二刻拍案惊奇》卷一:"揭开里头看时,却是册页一般装的,多年不经裱褙,糨气已无,周围镶纸多~了。"

【泛供】　fàn gòng　上主食、菜肴用的托盘。可顶在头上。宋吴自牧《梦粱录》卷一九:"菜蔬局,掌筵上簇钉看盘菜蔬、供筵~异品菜蔬、时新品味、糟藏像生件段等。"清《五色石》卷七:"见头不见身,好一似百老怀下的人首;看项又看耳,莫不是玉英顶穿

了～?"《何典》一回:"走堂去顶了一～饼来,摆在面前。"

【泛货】fàn huò 去海外做生意。明《拍案惊奇》卷一:"有几个走海～的邻近,做头的无非是张大、李二、赵甲、钱乙一班人。"

【泛客】fàn kè 乘船的旅客。《敦煌变文校注》卷一《伍子胥变文》:"君子今欲何去,迥在江旁浦侧? 不见乘船～,又无伴侣肃(萧)然。"宋舒岳祥《自归耕篆畦村十妇词》之三:"江上提鱼妇,朝朝入市阛,……浑家同～,笑杀别离津。"

【泛使】fàn shǐ 临时派往他国的外交使臣。宋王辟之《渑水燕谈录》卷二:"治平中,夏国～至,将以十事闻于天子。"元吴莱《论倭》:"后虽仅得其使介来廷,终至渝平而不服。意者一～之遣,未足以服之乎?"明王世贞《浙三大功臣传》:"于是左都御史杨善以～往,而上皇返驾。"

【泛索】fàn suǒ ❶ 额外的索求。宋周必大《思陵录》下:"内人每顿破羊肉四百斤,～尤难应付,如田鸡动要数十斤。"孙梦观《孔子对季康子问盗》:"羡馀之进,皆入时多量,出时减克者也。今或指～为定额,而每岁拘催也。"元虞集《岭北等处行中书省左右司郎中苏公墓碑》:"沿边诸王多～,公持法,一不予。" ❷ 过分追求。宋陈淳《论语发题》:"圣人之心,公平正大;圣人之言,坦夷明白。可以过求也,非以～也。" ❸ 特指皇宫内正膳以外的点心食品。宋吴自牧《梦粱录》卷八:"每遇进膳,……若非时取唤,名曰～。"元马臻《旧宫姥》:"闲边偶说开炉宴,数得供来～名。"明《西湖二集》卷七:"～坤宁日一羊,自从正位控词章。"

【泛调】fàn tiáo 挑逗。元纪君祥《赵氏孤儿》三折:"搬公孙你～,顺贼子把咱陈告。"

【泛头】fàn tóu 花招;花样。明《西游记》三一回:"这怕是猪八戒不得我出去与他交战,故将此计来羁我。我若认了这个～,就与他打啊。"《山歌·偷》:"当初只道郎偷姐,如今新～世界姐偷郎。"

【泛子】fàn zi 机械装置的开关。比喻触动人情绪的症结。《元曲选·紫云庭》二折:"他见一日三万场顾焦到不得哩,咱正踏着他～消息。"

【饭包】fàn bāo ❶ 内装饭食的包裹;饭袋。明杨基《荷叶》:"溪友裁巾帻,墟人作～。"《徐霞客游记》卷一二上:"初六日晨起,夫文将行,以一～加其上,辄弃之去。" ❷ 比喻只会吃饭而无用的人。清李渔《意中缘》二三出:"草包～,忽然荣耀。"

【饭厂】fàn chǎng 施粥救济贫民或灾民的场所。清蔡世远《刑部右侍郎泾阳王公神道碑》:"黄州府属被灾,公捐资设～赈之。"

【饭袋】fàn dài 装饭的口袋,比喻只会吃饭而无用的人。五代《云门禅师广录》卷下:"师云:'～子,江西、湖南便恁么去?'"元吴澄《和王讲师食官长吉州俸米饭》:"假饶便便经笥作～,舍卫大城千百十众一食无猜疑。"清《野叟曝言》一五二回:"平日把这些酸子纵容惯了,将公卿大臣都看做酒囊～。"

【饭店】fàn diàn ❶ 饭馆。宋耐得翁《都城纪胜·食店》:"衢州～,又谓之阿饭店,盖盒饭也。"明《山歌·骚》:"姐儿好像杭州一双木拖随人套,我情郎好像旧相知～弗消招。"清《说岳全传》六五回:"众人腹中饥饿,走进一个～来吃饭。" ❷ 旅店。明《古今小说》卷四〇:"到～安歇行李,我守住小娘子在店上,你紧跟同去,万无一失。"清方成培《雷峰塔》二一出:"他在～中住下,我已着小厮去请。"《儒林外史》一七回:"那日没有便船,只得到～权宿。" ❸ 喻指肚皮、胸怀。宋楼钥《赠宝藏老道源》:"几年大隐清晖阁,今日来瞻独秀峰。打破画瓶无挂碍,大开～喜迎逢。"

【饭费】fàn fèi 吃饭的费用。指生活费或旅费。清雍正三

年九月二十日张楷奏文:"此等承充捕快,率皆市井无赖,原与盗贼为伍之人。况无工食,则巡缉之～无出,妻孥之养赡无资。"弘历《圣德神功碑》:"其在京师卿贰则赐双倖,司旅并给～。"

【饭干】fàn gān 晒干以备储藏、携带的米饭。明《警世通言》卷一七:"长老将缸内所积,浸软蒸而馈之。"宋诩《竹屿山房杂部》卷三:"和糁蒸猪,用肉小铫腺和杭米糁、缩砂仁、地椒、莳萝、花椒坋盐蒸。取～再炒为坋和之,尤佳。"清沈复《浮生六记》卷四:"此为崇宁寺下院,长厨中月送～一石、盐菜一坛而已。"

【饭根】fàn gēn 吃饭根本,指生活依托。清《绿野仙踪》一七回:"二处我都系暗托,说明将来做你的～。"又五五回:"异日纵不能中进士,挨次做个知县,或迁就别途,也是后日的～。"

【饭馆】fàn guǎn 卖饭菜的店铺。明《徐霞客游记》卷一上:"出～中,循坞东南行。"清《绿野仙踪》六回:"与于冰主仆包了上下两桌酒席,着～中送来。"《红楼复梦》三三回:"他父亲,说起来只怕你也该知道,就是大街上开二美馆～子的马胖子。"

【饭会】fàn huì 筵会;餐饮聚会。《太平广记》卷四三二引《原化记》:"又问:'王评事何在?'答曰:'在郭外,县官相送,～方散。'"宋袁文《瓮牖闲评》卷五:"吾二人赋诗以雨速来者为胜,不然罚一～。"

【饭金】fàn jīn 犹"饭钱❸"。明刘宗周《人谱类记》卷下:"宋王随未第时贫甚,游于翼城,逋人～,执之入县。"清《聊斋志异·阿纤》:"束装已,酬以～。固辞曰:'留客一饭,万无受金之理。'"

【饭局】fàn jú ❶ 厨师。宋张端义《贵耳集》卷中:"遂将庖者鞠之,乃云:'童德兴授其药。'庖则荆湖制司人,复改为。童谕之:'药不验,当以薄荷,可发。'" ❷ 即"饭会"。清《红楼真梦》三三回:"有一天写信辞人家的～,写的是:'向不吃饭,尤不吃晚饭。'倒成了一个大笑话。"

【饭铺】fàn pù ❶ 犹"饭店❶"。明《拍案惊奇》卷三一:"又请吕山两个到熟的～里赊些酒饭吃了,都到赛儿门首埋伏。"清《平定两金川方略》卷三七:"又于曾头沟一路,召募铺户二十名,前往开设～,以省背夫沿途炊爨耽延程途。" ❷ 犹"饭店❷"。清方成培《雷峰塔》九出:"在这吉利桥,开个小小～,安歇四方客商。"

【饭钱】fàn qián ❶ 指日常生活中用于饮食方面的开支。唐李纯《令御史台勘覆诸司食料钱诏》:"其本利钱先出放者,宜各委本司勘会闻奏。其合征收者,便充当司公廨什物添修等用。其诸司食利,亦准此勘会。其合征钱,便充～。"元刘时中《端正好·上高监司》:"这贼每也有难堪处,怎禁他强盗每追逐。要～排日支持,索赍发无时横取。"明《醒世恒言》卷一:"十来岁时,就是五十两讨的,如今～又算一主在身上了。" ❷ 指工钱。《元曲选·冤家债主》二折:"我在你家两个月,该与我两贯～,我如今问员外支过。" ❸ 吃菜吃饭后应付的酬金。《五灯会元》卷一五《云门文偃禅师》:"(僧)曰:'未审过在甚么处?'师曰:'还我九十日～来。'"《元曲选·东堂老》三折:"少下我茶钱五钱,酒钱三两,～一两二钱。"清《儒林外史》一六回:"过了两日,上岸起早,谢了郑老爹。郑老爹～一个也不问他要。"

【饭时】fàn shí ❶ 吃饭的时候。宋刘一止《次韵林少瞻游禹庙》:"京国昔从秋序别,斋厨犹忆～同。"元张雨《吴兴道中二首》之一:"南风相送玉河口,舟子～吾读书。"明祝允明《与都穆论却饭书》:"幼以～趣卧,得中满疾,迄今不能多饭。" ❷ 古代两餐制吃早饭的时候,大约相当于早七时至九时。宋楼钥《北行日录》:"十二日甲子,晴。～过永城,行二十七里至秀州。"明《金瓶

梅词话》七九回:"约莫等到～前后,还不见进来。"清《醒世姻缘传》一八回:"待你姑爷清晨做了女婿,我赶～就与他上个知府。"❸一顿饭的时间。明王肯堂《证治准绳》卷四二:"用大猪胆一个,泻汁和醋少许,和匀灌入谷道中,如一顷,大便自去。"

【饭食】 fàn shí 指饭量。明梁辰鱼《浣纱记》七出:"千娇两日也想着相公,～都减了一半。"《二刻拍案惊奇》卷二三:"看看～减少,生出病来,沉眠枕席,半载而亡。"

【饭饲】 fàn sì 喂养;饲养。元赵孟頫《题耕织图二十四首》之一三:"经冬牛力乏,相戒勤～。"

【饭堂】 fàn táng ❶饭厅;(僧人)用餐的厅堂。明胡直《武功九龙山胜佛禅林记》:"后筑净室,中创佛殿。东西列～禅堂,两楹列钟楼鼓楼。"邓林《游南屏不偶》:"～钟罢来何晚,雪夜舟回兴已阑。"清黄景仁《僧舍夜月》:"寂寂禅天夜气中,阇黎粥后一～空。"❷犹"饭厂"。明梁顺甫《永宁州养济院记》:"府州县各立养济院,在京畿又设～。鳏寡孤独之民,饥寒举有赖焉。"高攀龙《圣明亟垂轸恤疏》:"操臣丁宾署南光禄时,清理南京,籍阖城饥民姓名,逐坊约给以钱米。"

【饭头】 fàn tóu ❶即"饭头僧"。《祖堂集》卷四《药山和尚》:"有僧在药山三年作～,师问:'汝在此间多少时?'对曰:'三年。'"《景德传灯录》卷六注文:"主饭者目为～,主菜者目为菜头。"明《石点头》卷三:"又到厨下,问管家是何人,要请来相见。又问都管是何人,库房是何人,～是何人,净头是何人。"❷泛指主炊事的人。宋吴则礼《次垌韵》:"北湖先生作许痴,闭门觅句嗔人知。日炊官米著处饱,独恼～行饭迟。"《元典章·工部二》:"凡雇乘船之人,须要经由管船、～人等三面说合明白。"清方成培《雷峰塔》九出:"勿为冷～,倒做热酒保。好似滚盘珠,亦像跋弗倒。"

【饭头僧】 fàn tóu sēng 佛寺中主管炊事的僧人。明《石点头》三回:"一～一眼望见便道:'米才下锅,讨饭的化子早先到了。'"

【饭碗】 fàn wǎn 比喻生计。宋蔡絛《铁围山丛谈》卷一:"今大臣于穷百姓口中敛～以取用钱,甚弗取也。"明《警世通言》卷三一:"你如今又没伴,我又没事做,何不将纺绩教会了,也是一只～。"清《玉蜻蜓·问卜》:"嗳呀,弗好! 吴松年,嗯个牢～有点吃弗成哉!"

【饭携】 fàn xié 装饭的容器。《敦煌变文校注》卷一《伍子胥变文》:"其鱼(渔)人乃取得美酒一榼,鱼肉五斤,薄饼十翻,～一罐,行至船所。"

【饭园子】 fàn yuán zi 饭馆。清《歧路灯》一八回:"请那苏杭山陕客人,就在～里罢了。你我兄弟们,如何好上饭铺子里赴席?"

【饭资】 fàn zī 犹"饭钱❸"。清《春柳莺》六回:"你自寻路去,行李留着且作～。"《二度梅》一〇回:"我晓得你只有船钱,没有～。不妨,我二人出了半升米,就请了小哥。"

【贩儿】 fàn er 即"贩子"。也泛指市井人。宋汪莘《满江红·不敢赋梅赋感梅》:"此花不受春风醉。被一俚妇折来看,添憔悴。"明林俊《祭孙德成宗伯》:"万古一公而贼灰逗扬,使～弱子唾辔车而甘贼肉者,所至如市。"清毛奇龄《估客乐》:"朝望襄阳商,暮望真州估。不如随～,朝暮拾钱数。"

【贩海】 fàn hǎi 到海外做生意;也指到海外做生意的人。唐王建《送于丹移家洺州》:"如彼～翁,岂种溪中田。"明《醒世恒言》卷一四:"问:'做甚打死他?'二郎道:'哥哥! 他是鬼! 曹门里～周大郎的女儿。'"清杜臻《粤闽巡视纪略》卷五:"(梅花所)人烟绣错,民习～,往往阑出外境。"

【贩买】 fàn mǎi 购买。宋吕陶《奏乞降诏举郡守状》:"又尝差簿尉,分往村镇,～诸物,图市易之息。"《元曲选·燕青博鱼》二折:"问人借了些小本钱,～了些鲜鱼。"清《雪月梅》一〇回:"只因这年同他次子的丈人陆公合伙前往山东～茧绸,不想到了沂水地方,染患时疫而卒。"

【贩弄】 fàn nòng ❶贩卖倒腾。《旧五代史·晋书·杨光远传》:"自古有折臂天子乎? 且天子盖公辈～之物?"明任广《书叙指南》卷一七:"善～曰良贾。" ❷播弄;玩弄。清赵执信《有感二绝句》之二:"东君剧戏唤春回,～群花处处开。"

【贩人】 fàn rén 商贩。宋《建炎以来繫年录》卷九一:"又缘诸处私茶盐,并系亭灶园户卖与～。今若概不行根究来历,深恐无以杜绝私贩之弊,却致侵害官课。"元何中《新淦贩步作》:"隔县～争野路,迎年姹女试新衣。"

【贩商】 fàn shāng ❶商贩;商人。宋李纲《论襄阳形胜札子》:"野无耕农,市无～。城郭隳废,邑屋荡尽。"明郑汝美《过江州琵琶亭》:"香山居士～妻,人物何劳细品题。"清《皇朝文献通考》卷二九:"今既官为办销,若听威宁盐贩经由过往,查察难周,必致～充斥,官盐堕销。" ❷商业经营;买卖。宋陈藻《赠高待聘》:"～射利偶赢馀,便诧巧谋能润屋。"金蔡珪《燕山道中三首》之二:"独轮车重汗如浆,蒲秸芒鞋亦～。"元方回《赠高相士二首》之二:"～公事名乂吏,钞掠平人号战多。"

【贩售】 fàn shòu 贩卖。宋洪迈《夷坚三志》壬卷六:"市居百姓蒋二,盖其尤者,寻常装造印香～以赡生。"道衍《题江贯道百牛图》:"群犹奚～,伙或顿滋殖。"清《平定台湾纪略》卷二九:"或被海洋盗贼买制火药,以供劫掠;或奸民辗转～,透入贼中。"

【贩水客人】 fàn shuǐ kè rén 指贩卖妇女的人贩子。明《拍案惊奇》卷二:"若是这妇女无根蒂的,他等有～到,肯出一注大钱,就卖了去为娼。"

【贩徒】 fàn tú 即"贩子"。宋宋祁《鲁两生赞》:"曰公曰侯,狗盗～。无种而起,有利则趋。"明杨时乔《马政纪》卷三:"且起俵马匹,类买于～,凡以得之民。"清雍正五年十一月八日李卫奏文:"今～已陆续拿获数百馀名,俱皆分别轻重,拟徒惩创安插。"

【贩鲜】 fàn xiān 贩卖时鲜。多指贩卖鲜活鱼虾等水产品。元贡师泰《出大横道中》:"候吏报来先击鼓,～船至尽吹螺。"明朱同《钱塘歌》:"～海上不归来,夜夜吹箫望明月。"清查慎行《武林寓舍少司马杨公以鲜荔分饷》:"不向红尘驰驿到,却从碧海～来。"

【贩腌】 fàn yān 专事腌制食品买卖。明《西游记》七六回:"三怪道:'……待浸退了毛,破开肚子,使盐腌了晒干,等天阴下酒。'八戒大惊道:'罢了! 罢了! 撞见那～的妖怪也。'"

【贩易】 fàn yì 交易;买卖。《新唐书·食货志五》:"每司九人,补于吏部,所主五万钱以下,市肆～,月纳息钱四千,岁满受官。"宋《五代史平话·晋下》:"契丹使乔荣做回图使,往来～,晋就大梁置邸居之。"清赵慎畛《榆巢杂识》卷上:"领票当商者共七十二家,而一大黄。"

【贩运】 fàn yùn 从甲地买了货运到乙地出售。宋苏轼《论浙西闭籴状》:"里谚云:上乡熟,不抵下乡一锅粥。盖全仰苏、秀等州商旅～,以足官私之用。"明孙传庭《移镇商洛派防汛地疏》:"见今云栈犹梗,～难通。"清《荡寇志》一〇六回:"小人是～磁器的,是义兴字号。"

【贩子】 fàn zi 商人;商贩。宋周密《癸辛杂识别集》卷上:"江州等处水滨产鱼苗,地主至于夏,皆取之出售,以此为利,～辏集。"元方回《正月初四后十馀日病嗽》:"东邻乃～,遇夜召朋徒。"清《红楼梦》二四回:"倘有要紧事儿,叫我女儿明儿一早到马～王

短腿家来找我。”

fāng

【方】 fāng 另见 fáng。❶“万”的隐语。清《歧路灯》九回：“如今官场，称那银子，不说万，而曰～；不说千，而曰几撇头。”又八四回：“像这里大老爷，那时做布政使，每年讲一两～哩。” ❷ 准确；符合。清《聊斋俚曲·禳妒咒》：“没问是谁家，怎么就不要他？我就猜不～，心里是待嗺？”又《增补幸云曲》：“这个我可猜～了，这是他那肚子里那私孩子。” ❸ 副词。a）已经。唐岑参《秋夕听罗山人弹三峡流泉》：“知音难再逢，惜君～老年。”宋赵蕃《三月十八日》：“巴邑有客～倦游，杭湖欲归思具舟。”明佚名《鸣凤记》二八出：“桑榆～暮景，那堪半世孤灯。”b）才。表示事情发生得晚。《敦煌变文校注》卷一《李陵变文》：“从来不信三军勇，是日～知九姓哀。”宋沈括《梦溪笔谈》卷二六：“如竹笋，有二月生者，有四月生者，有五月～生者。”清《红楼梦》七七回：“宝玉又翻转了一个更次，至五更～睡去。” ❹ 量词。a）一斗为一方。宋佚名《张协状元》一一出：“叫小二来送：一瓶酒，一～米，一块豆腐。”b）湖北一带方言以三升为一方。宋王阮《代胡仓进圣德惠民》：“件件丝盈轴，～～麦荐边。”原注：“楚语……以匹为件，以三升为一方。”

【方本】 fāng běn 记载药方的书。金《董解元西厢记》卷一：“这些病何时可？待医来却又无个～。”

【方便】 fāng biàn ❶ 关照；给予便利或帮助。宋《朱子语类》卷六：“做一～事，也是仁。”元萧德祥《小孙屠》一一出：“略略望哀怜，常言道公门可行～。”清《飞龙全传》三回：“怎么今日袖手旁观，不则一声，忒觉忍心害义，望你～一声，解劝解劝。” ❷ 给人自由；自便。明李梅实《精忠旗》三四出：“〔丑〕房头是有，都是师父每锁着。客官若要歇宿，只好在本殿庑下将就一夜，香钱见赐些。〔外与介〕你自～。”《金瓶梅词话》二回：“那人一面把手整头巾，一面把腰曲着地还喏道：‘不妨，娘子请～。’”清《醒世姻缘传》二三回：“请自～，我从不用酒的。” ❸ 规矩；礼仪。唐王梵志《尊人立莫坐》：“蹲坐无～，席上被人嗔。”白居易《论行营状》：“臣等受恩日久，忧国情深，志在恳切，言无～。伏望圣鉴，俯察愚衷。”五代何光远《鉴诫录》卷一〇：“近缘出语无～，不得笼中再唤人。” ❹ 适宜；合适。元明《水浒传》八回：“开封府公文只叫解活的去，却不曾教结果了他，亦且本人年纪又高大，倘若有些兜答，恐不～。”明《西游记》二八回：“那里若有～处，待徒弟们来，一同借歇。”清《霓裳续谱·兄妹逃难》：“佳人落泪说：总要你周全。秀才带笑言：男女同行不～。” ❺ 便宜（biàn yí）；便利；自如。元乔吉《小桃红·僧房以太湖石支足》：“海棠花影月明前，约那人相见，掩雨遮云忒～。”明汤显祖《牡丹亭》一四出：“〔旦〕春香，咱不瞒你，花园游玩之时，咱也有个人儿。〔贴惊介〕小姐，怎的有这等～呵？〔旦〕梦哩！”清《醒世姻缘传》八四回：“你一个做官的人，不时少不了人上京，有甚么使用，捎甚么东西，有个铺儿，攒着活变钱，也甚～。” ❻ 钱财宽裕；富有。清《醒世姻缘传》三四回：“人只说是天爷偏心，那年发水留下的，都是几家～主子。”《歧路灯》五回：“他两个家里～，也保举得起。这也是很花钱的营生。” ❼ 婉词，指大小便。明《西游记》五三回：“那婆婆即取两个净桶来，教他两个～。”清《红楼梦》七一回：“鸳鸯只当他和别的女孩子也在此～，见自己来了，故意藏躲恐吓着耍。” ❽ 副词。a）才。《太平广记》卷三二八引《两京记》：“以福薄，受罪未了。受此一餐，更四十年，～得食。’”唐徐有功《再驳论邱神鼎罪议》：“使人的知是反，鞫案何不具言？当时抚状朦胧，奏后～勉略。”b）就。《唐会要》卷四一：“犯罪之色，授以文武远官，年考未满～解退者，宜令依旧重任，绩前考满。”《敦煌变文校注》卷一《伍子胥变文》：“子胥被认相辞谢，～软言而帖写：‘娘子莫漫横相干，人间大有相似者。’”金《董解元西厢记》卷八：“法聪邀珙于客舍，～着言劝诱曰：‘学士何娶不可？无以一妇人为念。’”

【方便门】 fāng biàn mén 肛门。明《山歌·歪缠》：“你个样烂贱个东西～里去，后来弄得粉碎臭朋朋。”

【方才】 fāng cái 副词。❶ 指说话前不久的时间；刚才。宋王沂孙《摸鱼儿》：“～送得春归了，那又送君南浦。”《元曲选·东坡梦》一折：“我师父～说：香积厨下看素斋饭管待学士。”清《红楼梦》七回：“只听帘栊响处，～和金钏儿顽的那个小丫头进来了。” ❷ 多用在时间词后，表示情况、状态、动作发生得晚。宋《朱子语类》卷四：“孔子已说‘继之者善，成之者性’，如何人尚未知性？到孟子～说出，到周先生方说得尽？”明《挂枝儿·归迟》：“薄情的，这时候～来到。”清《醒世姻缘传》九回：“直到五更将尽～合眼。” ❸ 表示时间短，相当于“仅”。宋严蕊《鹊桥仙》：“人间刚道隔年期，指天上、～隔夜。”《元曲选·秋胡戏妻》一折：“今日～三日，正吃喜酒儿，勾军的来了。”明《警世通言》卷一四：“教授～二十有二，却像三十以上人。” ❹ 用于复句的后一分句中，表示有了前边的条件，才会出现后边的情况。元许衡《大学直解》：“及至文王能新其德以及于民，～受天命以有天下。”明梁辰鱼《浣纱记》一七出：“前日因你寄信与王妈妈，～晓得，特去请北威姐与你看脉。”清《聊斋俚曲·翻魇殃》：“又给他儿娶了媳妇，却～有了替身。” ❺ 用在表示其次的句子中，相当于“才是”。明梁辰鱼《浣纱记》一七出：“你如今第一到要排遣，第二～吃药。” ❻ 表示动作行为马上发生或已在进行中，相当于“刚”“正”。明《古今小说》卷六：“～要说的，正是梁朝中一员虎将，姓葛名周。”清《聊斋俚曲·姑妇曲》：“老王～待问他要往那里去。还没问出来，只见他抽出那剪子来，嗤的声照脖子一攮，就倒在地下。”《红楼梦》七七回：“周瑞家的～要去时，宝钗因在坐，乃笑道：‘姨娘且住。’” ❼ 表示动作行为不久前发生；刚刚。《元曲选·生金阁》一折：“来到这半途中，染了一场冻天行的病证，～较可。天那，怎又纷纷扬扬，下着这大雪。”明朱有燉《楚江情带过金字经·咏闺情五更转》：“终宵锦被闲了半床，～得睡又惊慌也。”清《续金瓶梅》九回：“月娘买纸和孝哥上坟回来，～到家，玳安听的人说，贼偷了西门老爹家好少东西。” ❽ 表示机缘或时间巧合。正好；刚巧。宋陈三聘《菩萨蛮·元夕立春》：“新月入新年，～今夜圆。”明《醒世恒言》卷三：“阿呀！～要去买油，正好有油担子在这里，何不与他买些？”清孔尚任《桃花扇》闰二〇出：“～都是路遇，不曾请教尊姓大号，要到南京有何贵干？”

【方村】 fāng cūn 乡村；村庄。《宋诗纪事》卷二五佚名《题桃源》：“舍舟入洞夕阳斜，得见～八九家。”辛弃疾《贺新郎序》：“至鹭鹚林，则雪深泥滑，不得前矣。独饮～，怅然久之。”元李祁《孙氏遗金集序》：“明年戊戌，里中稍宁，彦能乃得还，依～别墅以居。”

【方刀】 fāng dāo 指钱。五代齐己《寄黄晖处士》：“濡染只应亲赋咏，风流不称近～。”

【方儿】 fāng er ❶ 方法。宋洪迈《夷坚志》丁卷一八：“别无巧妙，与你～一个：子后午前定息坐，夹脊双门昆仑过，恁时得气力思量我。”明沈受先《三元记》三出：“〔丑〕……空心架子搭得高，转眼机谋十分妙。〔净〕这般风雪又饥寒，这个～也不妙。”清《镜花缘》一五回：“每日伤害无数生灵，想着～，变着样儿，只在饮

食用功。" ❷ 药方。《元曲选·张天师》楔子："趁我甥醒着,传与你这个～。"明《西游记》六九回："我这兄弟是这般口敝,但有个经验的好～,他就要说与人。"清《聊斋俚曲·富贵神仙》："那神天若有灵,就着我这～效。"

【方尔】　fāng ěr　副词。❶ 方才;然后才。唐李翱《与翰林李舍人书》："况向前仕宦,亦以多矣,幸免刑戮,～退修,与致令名。"清《载花船》一一回："直至千合之外,粲生～丢手。"　❷ 倏忽;倏然。宋宋祁《上河间龙图书》："暌逖～,无由促臂获言,但付之长太息云。"黄庭坚《与元陟赞府书》："某蒙恩东归,～暌远,临书怀仰,千万珍重。"许景衡《送沈郎中启》："某凤游门下,～里居。属以负薪之忧,莫缀攀辕之列。"　❸ 刚刚。宋王安石《上扬州韩资政启》："整仆夫之驾,～就途,拜使者于庭,遽然承教。"明毕自严《答吕豫石》："关税～经始,上年所获亦自无几。"归有光《与王昭明书》："甲寅之岁,播越山中,得日领教诲。～还定,而公遽有远役,隔阔遂逾一纪。"　❹ 正在;正当。宋强至《代刘希道待制谢上表》："露章既上,悸魄弗宁。不能叱驭以为忠,～阖门而待罪。"元谢应芳《与刘旭齐书》："所需挽诗,未能措手。题小像数语,～腹稿,续当纳上。"明张元凯《斋居杂咏二十首》之四："区中多畏途,蹙蹙靡终年。～相呴濡,悠然问江海。"　❺ 如此;这般。元程文海《曹杨读碑》："以彼祸贼深,遇此智识浅。道旁十六字,～较近远。"许有壬《神龙卧沙图》："自计彼～,责望人其痴。会有变化日,良工不吾欺。"明许相卿《与大溪邓士鲁》："超陟～,狎至千万,益厉远猷,以酬大造。"　❻ 因此;故尔。元谢应芳《题邓九渊县丞白云亲舍图》："若人自是青云器,～浮云如展骥。"明王守仁《乞恩表扬先德疏》："臣以功微赏重,深忧覆败,～冒死,辞免封爵。"

【方法】　fāng fǎ　❶ 方术;法术。唐张籍《书怀寄顾八处士》："别从仙客求～,时到僧家问苦空。"明贾凫西《木皮词》："自古圣人手段能,他会呼风唤雨,撒豆成兵,见一伙乱臣无礼教歌舞,使之些小～,弄的他精打精。"清《醒世姻缘传》八六回："我可有甚么拘魂召将的～,拿了这伙子人来,叫我剁搭一顿,出出我这口气。"　❷ 办法;手段。《敦煌变文校注》卷一《伍子胥变文》："臣能止得吴军,不须守兵尺剑,唯须小船一只,棹桨一枚,鲍鱼一双,麦饭一讴(瓯),美酒一榼,放在城东水中,臣自有其～。"宋《朱子语类》卷一二一:"无他,只要熟看熟读而已,别无～也。"清《儒林外史》一九回:"他也想在这里面发几个钱的财,只是没有～。"

【方广】　fāng guǎng　面积的边长。也指面积。唐曹邺《题广福岩》："未有天地先融结,～高深无丈尺。"《大宋宣和遗事》后集:"其地人烟稀少,监者云是昔日契丹道宗囚高丽王侃之所。其中～不甚大,有屋数十间。"清张玉书《游辽东千顶山记》:"寺前为水阁,～半亩。"

【方际】　fāng jì　边际。宋《朱子语类》卷八一:"《关雎》如《易》之《乾》、《坤》意思,如何得恁地无～!"

【方巾】　fāng jīn　❶ 一种方形头巾,明清时规定为文士所戴,又称四方平定巾。唐沈汾《续仙传》卷下:"颜甚悦泽,若三十许人,裹～破幞头。"明沈德符《万历野获编》卷一四:"见朝及陛见,戴～,穿圆领,系丝绦,盖用杨廉夫见太祖故事。"清《聊斋俚曲·磨难曲》:"不通者也矣焉哉,都是五等六等斋,狗秀才,怎么叫你把～带?"　❷ 婚礼时新娘头上所覆的巾帕。六十种曲本《琵琶记》一九出:"告庙已毕,请与新人揭起～。"清《儒林外史》二○回:"揭去～,见那新娘子辛小姐,真有沉鱼落雁之容。"

【方近】　fāng jìn　❶ 将近;接近。唐张九龄《贺雪状》:"自冬少雪,粟麦未滋。岁律向终,农候～。陛下黎庶在念,忧济常深。"

宋王炎《丁卯祈雨疏》:"孟秋之始,～农收。浃辰以来,遽忧旱暵。"元陈栎《古杭杜彦和字说》:"子之年～三十,以许纯粹之资质,又超然欲拔出于旧习外。"　❷ 附近。清《红楼梦》三九回:"平儿见问,忙转身至袭人跟前,见～无人,才悄悄说道。"△《儿女英雄传》一五回:"这人说来并不甚远,只在～地方,只是隔了这几年,不知他现在的住处。"

【方径】　fāng jìng　直路。元胡祗遹《题医者王庭训素轩诗》:"古今方论充栋宇,曲蹊～非所知。"《元曲选·墙头马上》二折:"你道～直如线,我道侯门深似海。"

【方局】　fāng jú　❶ (围棋)棋盘;棋局。五代杜光庭《蜀王本命醮葛仙化词》:"伏以圆穹列耀,上表于龙星;～裁形,下分于仙化。"宋杨万里《寄题俞叔奇国博郎中园亭·方池》:"水精～石桥仙,知是柯山几代孙。"明黄道周《榕坛问业》卷一七:"凡读书,须洞见本原,知羲文所以因理明象,因象明数,有毫发不可那易之处,非为～随人下手也。"　❷ 指扞格;抵牾。明高拱《问辨录》卷七:"人之学未圆通,则言多～。"

【方孔兄】　fāng kǒng xiōng　犹"孔方兄"。唐王梵志《分毫擘眼净》:"不是人强了,良由～。"

【方来】　fāng lái　❶ 近来;眼下。唐韦应物《赠冯著》:"契阔仕两京,念子亦飘蓬。～属追往,十载事不同。"明康海《骂玉郎感皇恩采茶歌·丁卯即事》:"尽争先,要调元,搬腾的赤眉铜马遍中原。以往斯高须未远,～狐鼠要忧鹯。"　❷ 久来;远来。宋米芾《题子敬范新妇唐摸帖》:"嗟尔～眼须洗,玉鐶金题半归米。"明刘绘《与吴太守欢除酒禁书》:"且使歌童啸侣潜踪于曲巷,燕姬蜀女不见于当垆,于是门无～之朋,坐乏不速之客。"

【方量】　fāng liáng　按方形切割计算(田亩)。宋王炎《上林鄂州》:"盖湖右之地,既未尝～,凡佃田者,只以十分纽计为亩。"《宋史·徽宗纪四》:"八月戊寅诏,诸路未方田处,并令～,均定租课。"明蔡清《四书蒙引》卷一:"方田以御田畴界画,即今～田地亩角之法。"

【方略】　fāng lüè　对付;处置。清《醒世姻缘传》五五回:"狄员外道:'买了来家,可怎么～他?'"又八八回:"你且消停,我～了这个,再与你说话。"

【方能】　fāng néng　犹"甫能"。元明《水浒传》一一回:"等了三日,～等得一个人来。"明《警世通言》卷二六:"一挤就挤散了,又不认得路径,问了半日,～到此。"

【方袍】　fāng páo　❶ 指和尚所披袈裟,因其平摊呈方形。也泛指僧衣。唐白居易《题天竺南院赠闲元旻清四上人》:"白衣一居士,～四道人。"明佚名《四贤记》二三出:"我理素斋,～新样裁,愿飘飘仙境持清戒。"《警世通言》卷二八:"且说方丈当中座上,坐着一个有德行的和尚,眉清目秀,圆顶～。"　❷ 代指僧人。五代刘崇远《金华子杂编》下:"赞皇李公之镇浙右,以南朝众寺,～且多,其中必有妙通易道者。"明夏良胜《过梓山寺联句》:"石路硗硗马足劳,偶来山寺访～。"清厉鹗《周少穆招同人游玛瑙寺》:"同诣北山寺,况有～俱。"

【方且】　fāng qiě　❶ 副词。方才;然后才。宋《三朝北盟会编》卷二○一:"金人既退之后,王德～以文移来问贼势动息。"《五代史平话·周上》:"每夜酤饮至天明,～眠睡,至日中才起。"元辛文房《唐才子传》卷九《高骈》:"骈失兵柄,攘袂大诟,一旦离势,威望顿尽,～弃人间事,绝女色,属意神仙。"　❷ 连词。况且。清《聊斋俚曲·磨难曲》:"休说小弟没有长才,～不是牧民之官,可有甚么恩惠给那百姓们!"

【方情】　fāng qíng　❶ 佛教称跟十方人的交情,也泛指交

情。明《西游记》二四回："悟空！且休争竞。我们即进来就出去，显得没了～。"《隋史遗文》二九回："他二人在潞州当差，没有什么大～。"清《隋唐演义》二一回："当初秦大哥在本州捕盗多年，～远达，就不认得陈达，也或认得牛金。" ❷ 指有交情的人。明袁宏道《和王以明山居韵》之二："～四五众，花事两三桩。"

【方裙】 fāng qún ❶ 僧衣的一种，也称大衣。唐王建《新授戒尼师》："新短～叠作棱，听钟洗钵绕青蝇。"《敦煌变文校注》卷五《佛说阿弥陀经讲经文（二）》："斋子到来寺门前，钵盂扑碎街头卧。裟裟到（倒）拽～破，锡杖梯抛帽子偏。" ❷ 一种家常穿的衣服。宋彭止《满庭芳·寿平交五十》："无些事，～短褐，时复自高歌。"

【方然】 fāng rán 副词。❶ 正；正在。宋蔡絛《铁围山丛谈》卷四："熙宁初，王丞相甫既当轴处中，而神庙～一切委听。" ❷ 才；方才。明《西游记》一四回："老者抬头，见了三藏的面貌清奇，～立定。"又八〇回："那唐僧～正性道：'住持，险些儿唬杀我也。你带我进去。'"

【方上】 fāng shàng ❶ （僧人方士游行）四方。明郑若庸《玉玦记》二〇出："咱们～云游，专靠烧丹炼药，江湖上觅利度日。"《西游记》三二回："你这个风波和尚，想是在～云游，学了些书符咒水的法术。"清《醒世姻缘传》六一回："又兼邓蒲风走～的人，有两个上好奇妙的春方。" ❷ 方上人。明《拍案惊奇》卷三四："身系本处游僧，自幼生相似女，从师在～学得采战伸缩之术。"清《醉醒石》八回："王勤每自想：'自己也是个百能百会的人，怎做个～终身？'" ❸ 游方；行脚。明《西游记》三六回："看他嘴脸，不是个诚实的，多是云游～僧，今日天晚，想是来借宿的。"清《续金瓶梅》五九回："玳安上前问：'了空穿的甚么衣服？'如惠说：'是一件大破衲褡，倒不像是他的，多是～化来的。'"《醒世姻缘传》二九回："既是～的师傅，必定会甚么仙术了。"

【方上人】 fāng shàng rén ❶ 游方僧人。明《西游记》三六回："庵观寺院，都是我～的馆驿，见山门就有三升米分。" ❷ 指方术之士。明《绣榻野史》卷上："那里晓得大里曾遇着过一个～，会采战的，赠他丸药二包。"《二刻拍案惊奇》卷一八："而今说一个人，信着～，好那丹方鼎器，丢掉了自己性命，倒几乎连累出几条人命来。"

【方胜】 fāng shèng 部分重叠相连的双菱形装饰图案，或用绢、纸挽叠成这种形状。也指这样形状的物品。宋孟元老《东京梦华录》卷六："御龙直一脚指天，一脚圈曲蹼头，着红～锦袄子。"明《金瓶梅词话》八回："写就，叠成一个～儿，封停当，付与玳安儿收了。"清毛奇龄《上海县新年乐词》之三："裁成～花花鲜，各佩潘郎月进钱。"

【方时】 fāng shí 正当……时；当时。《新唐书·房玄龄传》："～草昧，群雄竞逐，攻破乃降，战胜乃克。"宋苏颂《驸马都尉赠右仆射王贻永谥康靖议》："～治平，尤重外守。"明倪元璐《奉敕拟撰巨马桥龙神祠碑文》："～冻涸，褰裳可从。及其春霪作波，秋飚腾涝，危湍箭激，阔岸霄分。"

【方始】 fāng shǐ 刚刚；正在。《大唐三藏取经诗话》一七则："～下楼，忽见门外有青衣走报，长者回归。"元明《水浒传》八三回："宋江这伙好汉～归降，百单八人，意同手足，意若同胞，他们决不肯便拆散分开。"明柯丹邱《荆钗记》二三出："奴奴～念弥陀，忽听堂前谁叫我。"

【方所】 fāng suǒ 处所；地方；方位。《敦煌愿文集·发愿文范本等》："道众并阗，若赴岭峒～。"《元曲选·货郎旦》四折："早是那窄窄狭狭沟沟堑堑路崎岖，知奔向何～？"清《珍珠舶》一八

回："试去卜问一卦，那个贼秃还在杭州，或又另移到别处？几时得见？在那一个～？"

【方头】 fāng tóu 倔强；不随和。宋吕南公《寄邓师厚》之二："俯睇游从真丑谬，～言论易乖违。"陈著《谢京尹户判吴府卿益举升陟启》："然～薄命之自安，岂白骨成人之敢觊。"赵德麟《侯鲭录》卷八："今人谓拙直者名～。"

【方头不劣】 fāng tóu bù liè 倔强强横。《元曲选外编·绯衣梦》三折："俺这里有个裴炎，好生～。"

【方头不律】 fāng tóu bù lǜ 即"方头不劣"。《元曲选·冤家债主》三折："俺孩儿也不曾讹言谎语，又不曾～。"《元曲选外编·金凤钗》二折："见一个～的人，欺负一个年老的，要扯他跳河。"

【方屋】 fāng wū "方屋帽"的简称。宋韩驹《赠赵伯鱼》："昔君叩门如啄木，深衣青纯帽～。"

【方屋帽】 fāng wū mào 一种方形平顶的帽子。宋陆游《上书乞再任冲佑》："虬枝六尺藤，方屋九寸帽。"朱熹《武夷精舍杂咏序》："盖其山自北而南者，至此而尽耸全石为一峰，拔地千尺，上小平处微戴土，生林木极苍翠可玩，而四陨稍下则反削而入，如～者。旧经所谓大隐屏也。"

【方响】 fāng xiǎng 打击乐器，类似编磬，由十六片铜片或铁片分两排悬于架上，用小槌击打。唐钱起《夜泊鹦鹉洲》："小楼深巷敲～，水国人家在处同。"宋耐得翁《都城纪胜·瓦舍众伎》："细乐比之教坊大乐，则不用大鼓、板鼓、羯鼓、头管、琵琶、筝也，每以箫管、笙、篪、稽琴、～之类合动。"清《隋唐演义》八三回："着李暮吹羌笛，花奴击羯鼓，贺怀智击～。"

【方向】 fāng xiàng ❶ 指东、南、西、北等。宋欧阳修《重赠刘原父》："行迷～但看日，度尽山险方逾沙。"明刘鹰《翊运录》："如或未可即来，可将年月、吉日、时辰、～、门户择定，密封发来。"清《女仙外史》五一回："道人遂选坎位～，结起法坛。" ❷ 方位；位置。宋苏颂《华戎鲁卫信录总序》："山川有险易，道途有回远，若非形于缋事，则～莫得而辨也。"元《三遂平妖传》一九回："即令浮豪官相度画了个图本，把与李遂。李遂看了，计算远近虚实，阔狭～。"清《红楼复梦》三八回："我这块在左边，又在胸口儿上，你的～差着呢。" ❸ 去向；走向。明沈鲸《双珠记》四五出："至中途逢僧夜话知～，今转足，剑南往。"清《红楼梦》四回："不但这凶犯的～我知道，一并这拐卖之人我也知道。"李玉《清忠谱》四折："堪舆本行，全凭瞎闯。那知道来龙～，看不出风水阴阳。" ❹ 目的；前往的目标。明《肉蒲团》四回："未央生别了丈夫妻子，出门游学。信足所至，没有一定的～。"清《红楼复梦》一四回："若是定了～走到那里，这叫做死逛。虽有好山水，也无趣味。" ❺ 情势；好歹。《元曲选·看钱奴》三折："俺也是钱里生来钱里长，怎便打你一个不知～，你须不是泰安州官府到此压坛场。"明汤显祖《南柯记》二一出："恩官兴头武莽撞，百事该房识～。〔作送鸡介〕下乡袖得小鸡公，送与恩官五更唱。"清《九云记》三回："孩儿不识～说话，世兄不可诮可呢。"

【方兄】 fāng xiōng "孔方兄"的省语，指钱。宋陈元靓《事林广记》续集卷八《绮谈市语·玉帛门》："钱，～。"杨万里《食鹧鸪》："～百辈买一只，可惜羽衣锦狼籍。"元佚名《渔樵闲话》二折："～到手案重翻，相看难将众眼瞒。"

【方语】 fāng yǔ ❶ 殊方语。指异族语或方言。唐智昇《开元释教录》卷三："沙门竺法力，西域人，业行清高，智道崇峙，善通～，妙称经微。"明周祈《名义考》卷一二《傅玄〈琵琶赋序〉》："故云：汉遣公主嫁乌孙，念其行道思慕，使知音者裁筝筑箜篌之声

以～目之曰琵琶。'～,乌孙语也。推手前曰琵,引手后曰琶。"王世贞《泛太湖游洞庭两山记》:"《南史》台城有西弄。～谓弄,巷也。" ❷ 切口;隐语。清《隋唐演义》二二回:"伯当笑一笑,让过二人,接住后边,马上举枪,高叫:'朋友慢来,我和你都是道中。'咬金不通～,举斧照伯当顶梁门就砍。"

【方员】 fāng yuán 指钱。古代制钱圆廓方孔。明《醒世恒言》卷一八:"那邻家起初没售主时,情愿减价与人,及至施复肯与成交,却又道～无真假,比原价反要增厚。"

【方圆】 fāng yuán ❶ 规矩;礼仪制度。《旧唐书·封常清传》:"公若～取人,则士大夫所望;若以貌取人,恐失之子羽矣。"《敦煌变文校注》卷一《王昭君变文》:"单于唤丁宁(灵)塞上卫律,令知葬事。一依蕃法,不取汉仪。棺椁穹庐,更别～。"元同恕《送乔元朗运副》:"许国峥嵘自昔年,长才随世合～。" ❷ 谋划;设法。唐李德裕《赐王宰诏意》:"今为卿～,无所爱惜,其阵没官健,如无子弟,便别择少壮者充替。"《敦煌变文校注》卷一《李陵变文》:"制不由己降胡房,晓夜～拟归国。"又卷六《目连缘起》:"唯愿圣主慈悲,更赐～救济。" ❸ 变通。《旧唐书·食货志上》:"所以先有告示,许有～,意在他时行法不贷。"《唐大诏令集》卷六九《乾元元年建卯月南郊赦》:"贫不支济户,仍～处置,量事借贷,务令成立。"明杨柔胜《玉环记》一六出:"多谢母亲善言相劝。只是爹爹言语上欠些～。" ❹ 人才;才能。唐天册万岁元年十月二十二日敕:"朕厉精思化,仄席求贤,必使草泽无遗,～曲尽。"陈子良《为奚御史弹尚书某人入朝不敬文》:"昔晋荣八座,蔡谟始渐斯官;汉贵五曹,郑均才沾此秩。况某～无取,叨据非宜。"五代后汉天福二年五月诏谕镇州赵赞:"作镇方隅,既多善政。应时制置,素有嘉谋。实兼文武之才,比擅～之誉。"

【方丈】 fāng zhàng ❶ 称佛寺长老、住持的居室。唐李深《游烂柯山》之四:"安禅即～,演法皆寂灭。"明《醒世恒言》卷三九:"那些和尚都从睡梦中惊醒,闻得知县在～中点名,个个慌忙奔走。"清方成培《雷峰塔》二五出:"临行又再三嘱咐,教我参拜之后,随即就回,不可往～中与和尚每说话。" ❷ 代称寺院长老、住持。五代延寿《宗镜录》卷二五:"居土元无病,～现有疾。"明《型世言》九回:"争奈天色将晚,不敢惊动～,就在山门内金刚脚下将欲安身。"清《儒林外史》二一回:"而今他升做大官,特地打发人来,请我到京里报国寺去做～。" ❸ 指担任住持。清《儒林外史》三八回:"郭孝子问老和尚:'可是一向在这里～的么?'"

【方拙】 fāng zhuō 品行方正刚直,不知变通。唐姚合《武功县中作》之二:"～天然性,为官是事疏。"五代何光远《鉴诫录》卷三:"仁遇行伍出身,语多～。"《宋史·倪思传》:"侂胄先以书致殷勤,曰:'国事如此,一世人望,岂宜以洁己为贤哉?'思报曰:'但恐～,不能徇时好耳。'"

【方子】 fāng zi ❶ 加工成方形、长方形的木料;木方子。特指棺材。宋李诫《营造法式》卷六:"造地棚之制,长随间之广,其广随间之深,高一尺二寸至一尺五寸。下安敦桥,中施～,上铺地面版。"清《歧路灯》六二回:"现在木厂中,山西客人贩来一宗柏木～,油水尽好。" ❷ 形成格式的修炼身体或制作器物的方法。《五灯会元》卷五《药山惟俨禅师》:"汝若归乡,我示汝个休粮～。"明《梼杌闲评》一五回:"还剩了许多火药,进忠都买了来放,但见……内中有几种异样的,七官道:'这几样是那里来的～?'"清《歧路灯》三四回:"自嫌身家寒微,脸面低小,专以讨些煮茗酿酒～,烹鱼炒鸡的法儿,请客备席,网罗朋友。" ❸ 特指药方。明徐渭《雌木兰》一出:"俺家有个漱金莲～,只用一味硝,煮汤一洗,比俺咱还小些哩。"《醒世恒言》卷三八:"原来是本医书,

专治小儿的病症,也不多几个～在上面。"清《儒林外史》一二回:"陈和甫又看过了脉,改用一个丸剂的～,加入几味祛风的药,渐渐见效。" ❹ 办法;方法。明《禅真逸史》二回:"若人空门为僧,必成正果,又且可以延寿。这便是救他的～。"清《续金瓶梅》五二回:"想到人人遭难怕死时,便该长吃斋素,以佛老藏身,减些罪孽。因此古人隐身多用这个～。"《绣戈袍》一二回:"少不得着倌家请唐尚杰到来,同商量个昭雪～乃好。"

【坊场】 fāng chǎng 官设的专卖市场。宋廖行之《论保伍札子》:"又所在～去处,工作之家聚而牟利,皆四方来集,旧未属保伍。"《朱子语类》卷一一一:"祖宗时却有～、河渡以补之,谓之'优重'也。"《元史·食货志二》:"太宗辛卯年立酒醋务、～官,榷酤办课,仍以各州府司县长官充提点官,隶征收课税所。"

【坊店】 fāng diàn ❶ 店铺。宋陆游《梅雨初晴迓客东郊》:"幼妇髻鬟簪早稻,近村～卖新醅。"元郭翼《雪履斋笔记》:"今私宰载道,或有倚庶宗为～者,城旦之律岂竟成虚设耶?"清宋荦《革循环簿详文》:"州县行于捕官,捕官转行于各地方镇集、村庄、寺观、～,无不责令领簿,按月倒换。" ❷ 旅店。清《聊斋俚曲·磨难曲》:"'不知那里有～?'脚夫说:'顺此上东,还有二十里。'"

【坊夫】 fāng fū 里巷的杂役。唐张鷟《朝野金载》卷一:"上寝堂两间,有三殡坑,皆埋旧县令,潜命～填之。"

【坊官】 fāng guān 负责地方治安或管理某一街区的小吏。宋吴自牧《梦粱录》卷一八:"(施药)局侧有局名慈幼,官给钱典雇乳妇养在局中。如陋巷贫穷之家,或男女幼而失母,或无力抚养抛弃于街,～收归局养之。"明刘宗周《参奏阉竖疏》:"并查城院参疏,究孙国用应否为梨园欺陵吴～,至吞声不敢诉以去。"清孔尚任《桃花扇》三〇出:"据～报单,说尔等结社朋谋。"

【坊局】 fāng jú ❶ 太子内坊局。唐内侍省属衙,主仪式导引之事。唐赵造《中大夫行内侍省内给事王公墓志铭》:"寻迁左神策军宴设使,庖厨有节,饔饩无遗。修馔必善于精华,宴饮实靳其醉饱。镇幕歌晚,～拖留。" ❷ 设在街区的民间救济机构。元郑玉《鲍仲安墓表》:"又尝欲置～,储善药以救疾病,为不乐善者所沮。"清毛奇龄《金文学鲁孺人合葬墓表》:"君立救饥法,预开～,遍画诸坊之在城者,与四乡表里,择乡士官师主之,以籍记受赈口数。"

【坊陌】 fāng mò ❶ 犹"坊曲❶"。宋丁特起《靖康纪闻》:"自九品以上折为九等,均定金银钱段数目,各差人逐～家至户到,列为三等摊认。"元刘祁《归潜志》卷一一:"又括刷在京金银,命百官分～穷治之。"《元史·褚不华传》:"撤屋为薪,人各露处,～生荆棘。" ❷ 犹"坊曲❷"。宋周邦彦《瑞龙吟》:"章台路,还见褪粉梅梢,试华桃树。愔愔～人家,定巢燕子,归来旧处。"姜夔《灯词》:"游人归后天街静,～人家未闭门。帘里垂灯照樽俎,坐中嬉笑觉春温。"

【坊牌】 fāng pái ❶ 街道里巷。明《西洋记》三回:"阿公姓陆,是个耆老,年高有德,～人无一个不钦仰也。" ❷ 旌表或提示用的牌坊。明何乔新《新建巡抚院记》:"大门之外立'抚安''镇静'二～。"清《儒林外史》四七回:"明日要到王父母那里领先姊母举节孝的～银子,顺便交钱粮。"

【坊曲】 fāng qū ❶ 街巷。唐张鷟《朝野金载》卷六:"于后巡检～,遂至京城南罗城。"《元曲选·魔合罗》四折:"他可是甚～甚庄村,何姓字何名讳?"明《二刻拍案惊奇》卷八:"转过两个～,见一所高门,李三道:'到了。'" ❷ 妓女所居之处;妓院。宋佚名《李师师外传》:"(李师师)色艺绝伦,遂走冠诸～。"明沈德符《万历野获编》补遗卷四:"～娼女,初荐枕于人,必与其艾豭同拜

此神,然后定情。"清毛奇龄《文犀柜院本序》:"先生好远游,朝舟暮车,然所习至者,则尤在秣陵、广陵、吴阊之间。所至～争相迎,藉先生为欢,其于娱乐屡矣。"

【坊人】 fāng rén ❶ 市人;在城坊居住的人。唐张鷟《朝野佥载》卷六:"西京造一堂新成,～见野狐无数直入宅。"金元好问《朝散大夫胡公神道碑》:"俄改解州刺史,～攀送,垂泣而去。"清毛奇龄《金文学鲁孺人合葬墓表》:"二十六日胡君又卒,～奔走哭于路,号于里门。" ❷ 开书坊印书售书的人。清李渔《闲情偶寄》:"每成一剧,才落毫端,即为～攫去。"毛奇龄《张编修文稿序》:"编修文行世已久,～复遴其要者而佐以新篇。"

【坊市】 fāng shì 街市。唐张鷟《朝野佥载》卷四:"唐先天中,姜师度于长安城中穿渠,绕朝堂～,无所不至。"《敦煌变文校注》卷二《叶净能诗》:"～百姓,一任点灯,勿令禁夜。"《明史·吴海传》:"民间非此不得辄藏,～不得辄粥。"

【坊肆】 fāng sì ❶ 书肆。明张佳胤《江西奉新县县丞李恭懿先生传》:"易学久晦,～中所售者,尤可憎厌。"清李光地《进周易启蒙并请定书名札子》:"但外间～难得此书,臣虽略知其意,尚恐或有舛误。" ❷ 市肆。清田雯《象冢》:"生于旷野,育在～。动若云徒,静如山峙。"

【坊厢】 fāng xiāng 街道里巷;街坊。宋黄震《四月十四日委官核实诸坊厢人户税户历》:"当职入境近城以来,多有～人户陈乞给历。"元明《水浒传》三一回:"点起军兵等官并缉捕人员,城中～里正,逐一排门搜捉凶人武松。"《明史·礼志十三》:"人材监生、吏典、僧道、～耆老各素服。"

【坊巷】 fāng xiàng 街巷。《法苑珠林》卷一二:"入其城,见有土瓦屋数千区,各有～。"元《三遂平妖传》一九回:"城中有多少百姓?～、河道、衙门怎地模样?"明叶春及《惠安政书·保甲篇》:"城郭～乡村,各于要地置鼓一面。"

【坊隅】 fāng yú 街道里巷。元唐元《提调海运府什物记》:"然宿留再时,凡供张之具,率需诸～。"刘时中《端正好·上高监司》:"从今倒钞,各分行铺,明写～。"清厉鹗《十二月十七日夜坐》:"行夜～微有月,泼寒时节竟无冰。"

【坊院】 fāng yuàn ❶ 货栈;供寄存、堆放货物的房间及场地。宋耐得翁《都城纪胜·坊院》:"而城中北关水门内,有水数十里,曰白洋湖。其富家于水次起叠塌坊十数所,每所为屋千餘间,小者亦数百间,以寄藏都城店铺及客旅物货,……虽荆南、沙市、太平州、黄池,皆客商所聚,亦无此等～。" ❷ 别院;正宅之外的院落。宋陈允平《瑞鹤仙》:"葱蒨。银屏彩凤,雾帐金蝉,旧家～。"又《谒金门》:"草色池塘碧软,丝竹谁家～?" ❸ 春坊、翰林院的合称。明尹台《送闾赞善赴南大司成二首》之二:"～东西俯玉河,古槐深荫绿云柯。"陆深《北潭稿序》:"公举成化丁未进士,弘治间列职～。"清储大文《夏忠靖公集序》:"以视繇～入者,能调护斟酌,而不能行一事,其轻重何如哉!"

【坊长】 fāng zhǎng 即"坊官"。明章懋《与许知县补之书》:"见其手册开报之人,俱无籍贯。询问其实,则皆～大户招集四方无赖之徒,来彼间治铁冶。吾邱瑞《运甓记》四出:"我乃本县～,县主老爷特地差来宅上报喜。"清《野叟曝言》六三回:"请相公进村去,见一见～,便脱我们的干系。"

【坊正】 fāng zhèng 即"坊官"。《唐律疏议》卷八:"其～市令,非时开闭坊市门者,亦同城主之法。"元施惠《幽闺记》六出:"狂秀才,命儿乖,身充～是官差。"清和邦额《夜谭随录·冯媼》:"岂意其行如鬼蜮,毒其蜂虿,买嘱～,执送官司。"

【坊子】 fāng zi ❶ 私娼人家。明《金瓶梅词话》五○回:"原来这条巷唤做蝴蝶巷,里边有十数家,都是开～吃衣饭的。"又九五回:"平安儿奴才偷去印子铺人家当的一副金头面,一个镀金钩子,走在城外～里养老婆。" ❷ 旅店;客店。清《聊斋俚曲·磨难曲》:"解子问道:'这边有开～的么?'答应:'有。'三人进了店。"《补红楼梦》二二回:"到了平安州,离家只有三百多里,时已昏黑,便投在～里住了。"《粉妆楼》五二回:"罗灿遂一直送周美容到了扬州界上,下了～。" ❸ 作坊;商铺。清《歧路灯》三四回:"原来刘守斋祖上是个开封府衙书办,父亲在曹门上开了个粮食～。"又四○回:"我在正阳关开了大米、糯米～。"

【坊佐】 fāng zuǒ 街坊左右;街邻。明《古今小说》卷一五:"只是～人家没这狗子,寻常被我们偷去煮吃尽了,近来都不养狗了。"

fáng

【方】 fáng 另见 fāng。❶ 妨碍。《敦煌变文校注》卷一《伍子胥变文》:"纵使从来不相识,错相识认有何～?" ❷ 迷信认为命相相克。明冯惟敏《朝天子·自遣》:"～的俺无钱物,半床图画半床书,这便是安身处。"

【方碍】 fáng ài 妨碍。宋司马光《申明役法札子》:"依今来指挥,若有～致施行未得,仰具利害擘画申州。"《元曲选·荐福碑》三折:"逶黄州早则无～,半路里先引的一个玄风来。"明邵璨《香囊记》三五出:"既又符节在手,料无～。"

【防把】 fáng bǎ 防守。宋苏轼《乞增修弓箭社条约状》之一:"见今州县委实藉此等寅夜～,显见弓箭社为边防要用,其势决不可废。"李曾伯《奏为边报及安南馈送事》:"雄飞虽布置诸将～要隘,然敌在篱落未去,正不容玩忽。"《宋史·兵志十》:"臣今拟留戍兵二万五千五百七十八人,分置江南东路、两浙东西路州军～,一年满替出军一次。"

【防避】 fáng bì 预防和躲开。唐张九龄《荆州谢上表》:"伏思报效,窃恃圣恩,每于事端,无所～。"明《西游记》七○回:"小的们,仔细搜求～,切莫开门放出走了。"清《红楼梦》三四回:"俗语又说,君子防不然,不如这会子～的为是。"

【防测】 fáng cè 防备预测;预先提防。明《金瓶梅词话》一四回:"随你咬折钉般刚毅之夫,也难～其暗地之事。"清弘历《评鉴阐要》卷一二:"不知郑妃果意存夺嫡,则宫掖阴谋岂能～,何必令狂徒持梃公肆逆图。"《东周列国志》三二回:"宁可信其有,不可信其无,世子宜暂出境外以～。"

【防堤】 fáng dī ❶ 堤防;河堤。宋张孝祥《荆州修堤设醮》:"属故岁有～之失,当隆冬兴土木之工。"元萨都《三月廿九日阻风冯家口》:"飘泊春风怒,维舟古渡滨。～堆马鬣,蹙浪卷龙鳞。"明史明古《吴江水利议》:"其于～,略不加省,坏者十七八,欲求水之无害者,难矣。" ❷ 指防堵的措施。五代于兢《琅琊忠懿王德政碑》:"爰自天宝艰难之后,经费日繁。聚敛之臣,名额兹广。即山鸠利,任土庀材。峻设～,颇闻阙赡。"

【防提】 fáng dī 提防;防备。宋叶盛《谢宰执登科》:"～最密,谓非不肖之可容;条对甚多,庶几实才之出此。"明胡拱辰《忠烈祠碑》:"武义在西,盗蹑贼蹼。我复移师,我～也。"清李渔《风筝误》三○出:"倒不如三杯酒,化做一团和气,还落得,冤家少狭路省～。"

【防范】 fáng fàn ❶ 堤坝。防,堤坝;范,模子。联合偏指。宋陈襄《诏河北水灾付韩侍中琦》:"卿以忠义之诚,勤劳于外,修

备～，靡不悉心。" ❷ 维护；措置安排。元陈基《沃呀呼氏续祭田记》："夫人念诸子从宦江南，而大慈新阡，不有以增葺～之，惧久弛废。"刘仁本《西溪湖题咏序》："沟塍坝闸与夫矩度之～者既周以密，余尝为纪泳泽亭，以著民情之忻怪不忘矣。" ❸ 约束；规范。宋王令《师说》："故其俗无所～，听民所为，卒放坏不至治。"元陈基《赠医学提举张性之序》："昔子产治郑，孔明治蜀，宽猛严恕，酌时之中，以～庶民。"明魏校《与钱治征书》："昔人有言：万分廉介，不过小善；半点贪污，便成大恶。士大夫不但当以此检律自己，亦当以此～家人也。" ❹ 规定；条例。宋陈襄《赴召修注上殿札子》："夫法度者，人情之～也。"明宋濂《洪武圣政记序》："冠服有别，～有数，而民志自定无僭侈矣。" ❺ 楷模；模范。明宋濂《元赠开府仪同三司上柱国新济公神道碑铭》："虽势孤力微，大功不竟，然忠义之气犹足以立万世之～，使乱臣贼子惧。" ❻ 防备；戒备。宋吴泳《边防札子》："至于沿海，亦当严为～。"明陆采《明珠记》三三出："和衣卧，莫遣傍人见，用心～。"清《红楼梦》三四回："难道爷就不知我的哥哥素日恣心纵欲，毫无～的那种心性？"

【防夫】 fáng fū ❶ 担任守卫的士卒或役夫。唐韩愈《祭河南张员外文》："夜息南山，同卧一席，守隶～，舫顶交跖。"《宋史·高谈传》："～守隶利人囊箧，指民为谍，数剽杀之。"明刘嵩《承家兄自石城南归消息述赋》："～夜筑缘山寨，逻窣时遮下水船。" ❷ 指押送公人。明沈鲸《双珠记》五出："〔小生〕叫左右的，点一名～进来。〔左右介〕〔外上〕递文书出入百般公府，解囚犯往来万里程途。"《杜骗新书·露财骗》："其行李并原银，差～二名同徐丁直解至天生家去。"

【防护】 fáng hù 防卫保护。也指防卫保护的人。唐李纯《安置淮西归顺百姓敕》："仍令本界节度观察使择干了官知县事，并量置兵马～，使免忧危。"《元曲选·楚昭公》三折："兄和弟谁～？可不是兔鱼鳖才离江上，逢豺虎又断送山谷。"清《红楼梦》五五回："秋纹回头见了平儿，笑道：'你又在这里充什么外围的～？'"

【防逻】 fáng luó 巡逻防卫。《法苑珠林》卷九："四大天众及三十三天中，唯有大威德鬼与诸天众守门～，导从给使。"宋苏辙《论开孙村河札子》："又臣访闻今岁四五月间，河上役兵劳苦无告，尝有数百人持版筑之械，访求都水使者，意极不善。赖～之卒拥拒而散。"洪适《招安海贼札子》三："臣候船到，即亲至江头拘收军器，以钱物酒肉等第犒劳，令镇江水军差人～。"

【防牌】 fáng pái ❶ 盾牌。元明《水浒传》一三回："周谨撇了弓箭，拿了～在手，拍马望南而走。"明郑若曾《江南经略》卷二上："其城楼下预贮合用火器、锋利器械、弓矢及坚固～，使贼寇临城时随取随见。"清《荡寇志》一○五回："关上贼兵站脚不住，忙飞报马元，一面用～挡抵鸟枪，将千斤石推下。" ❷ 借指手执盾牌的士卒。明《英烈传》一四回："遇春乘快舡后至，便领～、神枪手，奋力冲至矶下。" ❸ 比喻推托的借口。明《醋葫芦》一三回："亏得你比长捉短，说这一番，其时虽不听，亦减他无数不肯娶妾的～。"

【防秋】 fáng qiū 秋季在北方加强警卫，防止少数民族入犯。唐高适《九曲词》："青海只今将饮马，黄河不用更～。"明《石点头》卷九："有卢龙节度使朱泚，带领幽州兵，出镇凤翔。"清毛奇龄《列朝备传·洪锺》："又奏减～官兵六千人，岁省挽输犒赏之费以数万计。"

【防身】 fáng shēn ❶ 修身；约束身心。唐杜甫《牵牛织女》："嗟汝未嫁女，秉心郁冲冲。～动如律，竭力机杼中。"宋契嵩

《广原教》："其～有戒，摄心有定，辨明有慧。"明郑善夫《经世要谈》："～当若御敌，一跌则全军败没。" ❷ 护身；防护自身安全。《敦煌变文校注》卷一《伍子胥变文》："龙泉宝剑，与子～；璧玉荆珍，将充所费。"明佚名《赠书记》二七出："他宝林～牢自绾，须强把罗带宽。"清《红楼梦》六六回："此剑～，不能解下，囊中尚有一把鸳鸯剑。"

【防托】 fáng tuō ❶ 防御；守备。《唐大诏令集》卷一二七《诛杜让能宣示天下诏》："请发禁军，假言～山南，心乃攻伐近镇。"宋高斯得《跋赵通所受徽宗皇帝御笔》："徽庙乃诏沿边价那军兵上边，指挥更不施行。"《辽史·地理志一》："皮被河城尉部地控北边，置兵五百，于此～。" ❷ 抵御；抵抗。明汪机《外科理例》卷二："地榆主下焦血，病轻小症候，或可以为～。"张介宾《景岳全书》卷四六："急投五香连翘汤，或神仙截法蜡矾丸制甘草汤，～毒气，免致变证。"

【防拓】 fáng tuò 同"防托❶"。宋王安石《与王子醇书》："闻郢成珂等诸酋皆聚所部～，恩威所加，于此可见矣。"《建炎以来繫年要录》卷五三："及中为广西帅，始调羁縻廉州洞丁赴静江～。"《元史·世祖纪》："丙寅以江南～关隘一十三所设官太冗，选军民官廉能者各一人分领。"

【防嫌】 fáng xián 避嫌疑。唐陆贽《论叙迁幸之由状》："多猜则群下～，苟且之风渐扇。"元宋本等《南城校文联句》："摄事四列署，～两隔面。"清《红楼梦》五七回："他既～，不许你理我，你又来寻我，倘被人看见，岂不又生口舌？"

【防虞】 fáng yú 防备不测，特指防火、消防。唐张九龄《敕四镇节度王斛斯书》："若复分兵守境，诸处～，乌合之丑，岂堪劳役？"宋吴自牧《梦粱录》卷一○："欲再于殿步二司差军分任城外四壁～之责，……且如～器具，桶索、旗号、斧锯、灯笼、火背心等器具，俱是官司给支官钱措置。"清储大文《书寇准论后》："然亦虑其凶狡，须至过有～。"

【防援】 fáng yuán 守卫看护。唐[日]圆仁《入唐求法巡礼行记》卷一："其国之风，有～人，为护官物，至夜打鼓。"《宋史·食货志上二》："民输夏税，所在遣县尉部弓手于要路巡护，后闻扰民，罢之，止令乡耆、壮丁～。"明毕自严《新饷出入大数疏》："未几而城守～刍料、輦运、犒享、行月之费，悉索新库，殆不能支。"

【妨碍】 fáng ài ❶ 妨克；妨害。唐王焘《外台秘要方》卷三三："此中产妇女居月，无所～，无所畏忌，诸神拥护，百鬼速去。"《元曲选·桃花女》三折："若是～，你也该与小姑娘说一声儿，怎么眼睁睁的看他死了也？"清《儒林外史》一○回："只不知他这位小姐，贵庚多少？命何可相～？" ❷ 抵触；障碍；阻碍。《景德传灯录》卷三○道吾和尚《乐道歌》："大丈夫，须气概，莫顺人情莫～。汝言顺即是菩提，我谓从来自相背。"金《董解元西厢记》卷六："好事多～，恰拈了冠儿，松开裙带，汪汪地狗儿吠，顺风听得喊声一派。"清程林《圣济总录纂要》卷一九："其气和平，则呼吸咽纳无所～。" ❸ 不能；做不到。《敦煌变文校注》卷五《维摩诘经讲经文（四）》："今有病生，缠绵于丈室枕床，～于大城游履。"《元典章·刑部一》："犯罪官吏并诸人有罪，年老或笃废疾病，～科决，不任杖责之人，赎罪钱多寡不一。" ❹ 不便；不方便。《法苑珠林》卷二二："更修别院，大石横巇，甚为～，乃以火烧水沃之令散。"明陆采《明珠记》一二出："自王仙客到此半年，并不曾与孩儿厮见，今日既无～，不免唤他两个出来，少叙兄妹之情。" ❺ 要紧；关系。明《拍案惊奇》卷二○："何不拼个老脸，双双去见他一面？有何～？"清《红楼梦》四六回："把屋子里的人我也都带开，太太好和老太太说的。给了更好，不给也没～，众人也不知道。"《玉蜻蜓·显

魂》："早知今日害了你，你就打我骂我何～，何苦与你争甚么长和短！" ❻影响；干碍；牵涉。宋陈襄《论韩维充御史中丞与韩绛领制置司妨碍状》："然枢密副使韩绛，见领制置三司条例司事，是维之兄，弹奏之间，不无～。"明佚名《四贤记》二出："宗祧何赖？弓裘谁代？从来无子重婚，莫为有妻～。"清《红楼梦》七三回："我也不要那凤了。便是太太们问时，我只说丢了，也～不着你什么的。" ❼委婉语。指危险；灾祸。《元曲选·抱妆盒》二折："我若是无～你可也无，我若是有患害你可也有患害。"元明《水浒传》一〇回："不知什么人，小人心下疑，只怕恩人身上有些～。"明《古今小说》卷五："袁天罡先生曾相王媪有一品夫人之贵，只怕是令亲，或有～。" ❽不合（情理）；说不过去。五代徐铉《百官奏请行圣尊后册礼表》："在且麻之次，诚极感伤，然吉凶之仪，本无～。"宋蔡襄《乞复五塘札子》："大中祥符年中，有百姓陈清等陈状，于秋芦陂开渠引水，灌注屯塘下民田，却决去五所陂塘，以地为田。官司～，不与检给。"清《聊斋俚曲·翻魇殃》："花烛房舍我安排。女婿在我家，于理何～？" ❾隔阔；远别。宋佚名《张协状元》三三出："寻思泪满腮，这些缘分乖。才与同谐，暮成～。"

【妨害】 fáng hài 不良的影响或后果。《元曲选·赚蒯通》四折："如今天下太平，更要韩信做什么？斩便斩了，不为～。"明《禅真后史》一九回："寄养刘官人处，谅无～，但托付老成的当人送去方妙。"清《飞龙全传》二九回："今日他们叫住几月，决不误了正事，便与他做个护身，有何～？"

【妨克】 fáng kè 因命相、时辰、方位等相冲犯而对人造成灾厄。五代杜光庭《众修本命醮词》："星耀息照临之数，行年除～之凶。"明万民英《三命会通》卷七："遇者必狡猾，平生～尊亲，漂流他国，作事多虚声。"清《醒世姻缘传》八回："谁知自从海会到庵，～得大师傅起初是病，后来是死。"

【妨杀】 fáng shā 迷信谓克死。《元曲选·荐福碑》二折："又与我三封书，两封书～两个人。"又《货郎旦》一折："一入门先～了他大老婆，何等自在！何等快活！"

【妨事】 fáng shì ❶碍事；败坏事体。唐罗隐《篚中得故王郎中书》："劝疏杯酒知～，乞与书题作裹粮。"宋欧阳修《乞外任第一札子》："自深冬以来，气晕昏涩，视物艰难。接此春旱，阳气上攻，遂至大段～。"明杨寅秋《与浔州守书》："第其人不肯甘为牛后，颇能任事，亦易～。" ❷要紧；妨害。宋王安石《拟寒山拾得诗》之九："有一即有二，有三即有四。一二三四五，有亦何～？"明《西湖二集》卷一六："若是女人丑陋，便为不好，如今是男人丑陋，有甚～？"清《雪月梅》一六回："令兄归途虽有一大惊恐，幸遇救星，亦无～。"

【妨帐】 fáng zhàng 妨害。用于否定式或反问句。清《聊斋俚曲·翻魇殃》："姜娘子知道无～，说你又咱不疼了？"又《磨难曲》："我是那李鸭子合你同庄，你合我犯相交有何～？"

【妨账】 fáng zhàng 同"妨帐"。清《聊斋俚曲·翻魇殃》："还有四十亩薄喇地，也还打他几石粮，料想也还没～。"又："离地抉了没半尺，掏出石头把镢伤，拿起看看无～。"

【房】 fáng 量词。 ❶用于妻妾或家人。明陆深《四川家书》："兼政务冗碎，须一一理会，费心力不可言，要取一～有家小得力家人来用。"汤显祖《牡丹亭》二六出："既然老相公有娶小之意，不如顺他，收下一～，生子为便。"清《儒林外史》二八回："我们风流人物，只要才子佳人会合，一～两～何足为奇？" ❷用于植物花或果实。唐岑参《优钵罗花歌》："叶六瓣，花六～。"宋陆游《老学庵笔记》卷三："蜀孟氏时，苑中忽生百合花一本，数百～，皆并蒂。"清《绿野仙踪》六五回："(荷花)常孤茎而千叶，每百子而一

～。" ❸用于结构、外形似房屋的东西。唐李洞《山居友人见访》："看待诗人无别物，半潭秋水一～山。"清《聊斋志异·莲花公主》："圃中蜂一～。"

【房产】 fáng chǎn 房屋产业；家产。《敦煌愿文集·尼患文》："虑其藤命不久，怯其息脆轻霜。故能馨舍～，亡其法药。"明《古今小说》卷三九："当日汪孚将遂安～帐目，尽数交付汪世雄明白。"清钱谦益《江母金孺人墓志铭》："汝父所存～，不敢纤毫有私。"

【房次】 fáng cì 房分的次序。元王旭《节妇志》："有曰五郎者，于枢为高祖。其妣周氏生男一人，～亦第五。"清《红楼梦》四回："其口碑写得明白，其下面所注的，皆是自始祖官爵并～。"

【房弟】 fáng dì 堂弟。宋黄榦《陈如椿论房弟妇不应立异姓子为嗣判》："使府送下陈如椿论～妇刘氏不应立异姓子为嗣。"金《刘知远诸宫调》三："李四叔是李三传～。"

【房东】 fáng dōng 房屋的主人(对房屋租赁者而言)。清《醒世姻缘传》七八回："专常惹的人打骂，咱～也不成体面。"《白圭志》七回："乃出白银百两交付～，托其代送监饭。"

【房儿】 fáng er ❶指胞衣。明《金瓶梅词话》四〇回："你不如把前头这孩子的～，借情跑出来使了罢。" ❷指人的灵魂所寄寓的躯体。明陈与郊《袁氏义犬》一出："则你那短时серьёзная做千年计，惩～权管千家寄，肉骷髅担却千头累！"《金瓶梅词话》三九回："你如今年纪高大，～坏了，传不得真妙法。"

【房分】 fáng fēn 家族的分支。宋吴处厚《青箱杂记》卷一："(李昉)家法尤严，凡子孙在京守官者，俸钱皆不得私用，与饶阳庄课并输宅库，月均给之，故孤遗～皆获沾济。"明汤显祖《紫钗记》二七出："李郎去了，他可有甚～在这长安？央他一个来看守家门到好。"清《红楼梦》四回："宁国、荣国二公之后，共二十～。"

【房官】 fáng guān 科举时代乡、会试的同考官。因分房批阅考卷，称房考官，简称房官。明《型世言》三二回："这～是淮安府推官，要荐他做解元。"清毛奇龄《高仲友进士新房稿序》："康熙乙丑，予以领～分试南省。"《聊斋志异·三生》："主司曰：'某不过总其大成。虽有佳章，而～不荐，吾何由见之？'"

【房计】 fáng jì 家当；私房财产。宋王柏《夜宿赤松梅师房》："皮冠簪白雪，布褐贮阳春。～任简淡，了无一虑尘。"明《警世通言》卷一六："随身～少也有几万贯，只怕年纪忒小些。"又卷二四："谁知他有了私情，又且～空虚了，正怕老公进房，借此机会打发他另居。"

【房金】 fáng jīn 房租；住宿费。宋赵彦卫《云麓漫钞》卷四："庚午辛未年间，知江阴军赵隽之稍镌～，民间乐之，相传云有旨蠲减。"《元曲选外编·西厢记》一本一折："有僧房借半间，早晚温习经史，……～依例拜纳。"清《儒林外史》三五回："要借老爹这里住一夜，明早拜纳～。"

【房科】 fáng kē 衙署中的办事房，也指办事房的吏员。明陈应芳《答陈如冈掌科问湖工募夫议》："檄下之日，义官争用贿于～，以其名上。"孙柚《琴心记》四出："要当该非干小可，守～其实难过。容易三年没事务，到后来落一个，大使仓库杂职做。"清《醒世姻缘传》九〇回："那部里～，就是那承行的司官，也都指望晁梁去打点，方肯与他覆。"

【房客】 fáng kè 向房东租房居住或在旅店住宿的人。宋苏轼《蒜山松林中可卜居》："蒜山幸有闲田地，招此无家一～。"明《型世言》二九回："这些邻舍是他～，又道这是狠过阎罗王的和尚，凶似夜叉的妇人，都不敢来惹他。"清袁枚《子不语》卷二："尝投维扬旅店，嫌～嘈杂，欲择洁地。"

【房课】 fáng kè　犹"房金"。《敦煌变文校注》卷三《燕子赋(二)》:"缘君修理屋,不索价(假)房钱。一年十二月,月别五伯(佰)文。可中论~,定是卖君身!"宋苏轼《应诏论四事状》:"人户欠市易官钱,将楼店屋产折纳在官,并将所收~充折。"清《歧路灯》五三回:"咱夫妻不如守着城南菜园卖菜度日,鞋铺子打~,勤勤俭俭,两下积个餘头。"

【房老】 fáng lǎo　年老的妓、妾、婢。元陈樵《代玉山子答》:"夏姬出境春争妍,~不出金谷园。"明《情史·情豪·王太常》:"婢视厄到处,还报本院。院婢庀温酒以待,~掌灯来迎。"清吴伟业《临淮老妓行》:"纵为~腰肢内,若论军容粉黛工。"

【房里】 fáng lǐ　❶指做妾。明《金瓶梅词话》二五回:"当初在蔡通判家~和大婆作弊养汉,坏了事才打发出来。"又六五回:"原来这孩子与了夏大人~抬举,昨日才相定下。"❷指妾。明《金瓶梅词话》四一回:"我嫌他没娘母子也,是~生的,所以没曾应承他。"❸指有关性方面的。明孟称舜《娇红记》四四出:"~的事,不是我们教道的,须怜娘和大爷说。"

【房里的】 fáng lǐ de　指妾。清《醒世姻缘传》八四回:"这里偏着不做~,你说十八两也忒多了点子。你就擦头皮儿来。"

【房里姐儿】 fáng lǐ jiě er　指年轻的妾。明《金瓶梅词话》六九回:"月娘道:'他周爷身边还有两位~?'春梅道:'是两个学弹唱的丫头子。'"清《野叟曝言》二九回:"慌得合城绅衿懊悔没去吊奠,问明是~,方才罢了。"

【房里人】 fáng lǐ rén　指妾。明《禅真后史》一六回:"我是员外~,怕少了吃的、穿的?"清《红楼梦》一六回:"谁知就上京来买的那小丫头,名叫香菱,竟与薛大傻子作了~。"

【房奁】 fáng lián　妆奁;嫁妆。宋李光《海外谣》:"有女攀势要,不料非偶匹。但务~多,苞苴又络绎。"《元曲选外编·西厢记》三本一折:"但有退兵之策的,倒赔~,断送莺莺与他为妻。"明《醒世恒言》卷一四:"周大郎看妈妈道:'你道我割舍不得三五千贯~,你那女儿房里,但有的细软,都搬在棺材里。'"

【房缗】 fáng mín　犹"房金"。宋文莹《湘山野录》卷下:"别第在繁台寺西,~日数十千。"王十朋《除知湖州上殿札子》:"陛下遇灾而惧,遣官分祷,疏决滞狱,减放~。"金《董解元西厢记》卷一:"空门何计此利?寮舍稍多,但随堂一斋一粥,欲得三个月道话,何必留~,俗之甚也。"

【房契】 fáng qì　租赁或买卖房屋的契约。明沈榜《宛署杂记》卷五:"买卖~有画字钱。"《拍案惊奇》卷一六:"卫朝奉有时撞着,情知中计,却是~已还。当日一时急促中事,又没个把柄,无可申辩处。"清《天豹图》三三回:"总管遂将金银首饰打做二个大包袱,又将田契~各塞在包袱内。"

【房钱】 fáng qián　犹"房金"。《敦煌变文校注》卷三《燕子赋(二)》:"缘君修理屋,不索价(假)~。"明《老乞大谚解》卷上:"主人家,我明日五更早行,咱们算了~、火钱着。"清《儒林外史》一五回:"候着他装殓,算还庙里~,叫脚子抬到清波门外厝着。"

【房亲】 fáng qīn　家族近支亲属。五代李从厚《委三司重议税法诏》:"八月后至五年八月,并得归业,所有~邻近,佃射桑田,不得辄有占据。"《元朝秘史》卷一:"俺这母亲,无~兄弟,又无丈夫,生了这三个儿子。"明《老乞大谚解》卷上:"这两个姨弟兄,是亲两姨那? 是~两姨?"

【房山】 fáng shān　山墙;人字形屋顶的房屋的两侧墙壁。明《金瓶梅词话》九回:"从楼后窗只一跳,顺着~跳下人家后院内去了。"又一〇回:"且表西门庆跳下楼窗,顺着~,扒伏在人家院里藏了。"

【房师】 fáng shī　科举乡、会试考中者尊称荐举自己试卷的同考官为房师。明文秉《烈皇小识》卷三:"会稽,鄞陵~也。"《警世通言》卷一八:"我取个少年门生,他后路悠远,官也多做几年,~也靠得着他。"清袁枚《子不语》卷一:"会试~,乃状元于振也。"

【房事】 fáng shì　指性行为。唐孙思邈《备急千金要方》卷五:"忌~一月,将养如初产法。"明吾邱瑞《运甓记》一〇出:"谨~,怕梦遗,那夫人请回避。"清《醒世姻缘传》六六回:"看的狄希陈是~冲坏了疮,外头不收口,只往里套。"

【房室】 fáng shì　家室;妻子。明茅维《双合欢》:"俺一向只为父母双亡,兄弟又无~,没题目好上门。"《僧尼孽海·相国寺僧》:"浪子有~,如来快活风流。"

【房宿】 fáng sù　另见 fáng xiù。租房住宿(的费用)。金《董解元西厢记》卷一:"月终聊备钱二千,充~之资。"元明《水浒传》五三回:"算还了~钱,离了客店。"明《警世通言》卷七:"早起算还了~钱,雇人挑了行李,径奔灵隐寺投奔印铁牛长老出家。"

【房头】 fáng tóu　❶称衙署办事房的主管官吏。《旧五代史·晋书·少帝纪一》:"改西京明堂殿为宣德殿,中书政事堂为政事厅。堂后官~为录事,餘为主事。"❷寺庙里相对独立的建筑组群,及按组群划分的有一定管理权限的小团体。也指这个小团体的头目。明《型世言》二九回:"起根都只为一个圆静奸了田有获的妾,做了火种,又加妙智、法明拐妇人做了衅端,平白里把一个好~至于如此。"《灯草和尚》一二回:"上得山来,就有~和尚接进房里吃斋。"清《说岳全传》三七回:"岳爷道:'那玉虚宫可大么?'道童道:'地方甚大,有三十六个~。'……众将一齐送高宗来至官前,早有住持率领三十六官道士跪着迎接。"❸家族的分支或家族独立成房的小家庭。《元曲选·神奴儿》一折:"我两~,则觑着神奴一个。"元明《水浒传》四一回:"宋江道:'黄文炳家多少人口? 有几~?'侯健道:'男子妇人通有四五十口。'"清《红楼梦》七一回:"首席便是薛姨妈,下面两溜皆顺着~辈数下去。"❹独立成房的妻妾。明《金瓶梅词话》六九回:"只成~穿袍儿的也有五六个,以下歌儿舞女、得宠侍妾,不下数十。"又八八回:"那守备身边少说也有几~,莫就兴起他来?"❺指奴仆派归的房分。清《红楼梦》六〇回:"明儿托你携带他,有了~,怕没有人带着他逛呢!"❻称已成婚有自己住房的仆妇。清陈端生《再生缘》四一回:"刘郡主,又叫~与养娘:呵,大娘姐姐们辛苦了,买花之费明日一并送来。"又四五回:"全副嫁妆多备下,寻得个~他是孟家人。"❼房屋;房子。或指房子跟前。明《醒世恒言》卷三:"王九妈引着秦重,弯弯曲曲,走过许多~,到一个所在。"《欢喜冤家》一四回:"了然在山门外望见一乘小轿,知是秀英,连忙抬到~,打发轿夫,领进密室坐下。"❽房间。《元曲选·张生煮海》三折:"前日有一秀才,在我这~借住,因夜间弹琴,被一个精怪迷惑将去了。"明汤显祖《牡丹亭》三六出:"着他收拾俺~,俺伴小姐去来。"清《飞龙全传》二三回:"把马与包袱交与了店小二,自己提刀拣了一间洁净~。"

【房帏】 fáng wéi　❶指家庭;家庭内部。宋陈亮《喻夫人王氏改葬墓志铭》:"下至~碎事,夫人不使陈氏有所憾。"元萧德祥《小孙屠》一〇出:"梅香媳妇在~,须是照管家计。"❷指寝室;内室。明杨柔胜《玉环记》二二出:"病卧~,屈指又经数月。"《石点头》卷八:"这六个姊妹,人口又美又雅,~铺设又精,因此伍家六院之名,远近著名。"清《聊斋志异·神仙岛》:"幸芳云语言虽虐,而~之内,犹相好矣。"❸指夫妻。明郑若庸《玉玦记》四出:"官人因慕轩冕之荣,故割~之爱。"清陈维崧《阖牛叟贯花词

序》:"若使一乖伉俪之欢,长隔~之爱。"

【房卧】fáng wò ❶ 卧房,或兼指卧具。唐张鷟《游仙窟》:"娘子安稳,新妇向~去也。"宋孟元老《东京梦华录》卷五:"前一日女家先来挂帐,铺设~,谓之铺房。"明《拍案惊奇》卷二:"滴珠一了喜欢这个干净~,又看上了吴大郎人物。" ❷ 私房(钱)。敦煌词《十二时》:"嘱亲情,托姑舅,~资财暗中袖。若是夫妻气不和,乞求得病谁相救。" ❸ 住宿(钱)。宋周密《癸辛杂识别集》卷下:"得官会一千八十贯,除逐八年逐年身钱之外,餘二百八十贯还~钱。" ❹ 妆奁;嫁妆。泛指妇女的资装。《敦煌变文校注》卷六《金刚丑女因缘》:"万计事须相就取,倍些~莫争论。"明《警世通言》卷一三:"迎儿嫁将去,那得三个月,把~都费尽了。"又卷三七:"万员外底女儿万秀娘死了夫婿,带着一个~,也有数万贯钱物。"

【房屋】fáng wū 指妻室。清《儒林外史》二一回:"假如你焦他没有~,何不替他娶上一个孙媳妇,一家一计过日子?"又:"你已是有了~了。我从今日起,就把店里的事即交付与你。"

【房下】fáng xià ❶ 房分之下;家族某一分支名下。宋苏轼《答程天侔书》:"仆离惠州后,大儿~亦失一男孙,悲怆久之。"《元曲选·老生儿》楔子:"俺两口儿偌大年纪,~别无所出。孩儿,你怎忍撇俺去了?"明吴之弼《回饶氏议亲启》:"伏承某人第几位令嗣~第几孙男某茂才,资格英佳,箕裘闲熟。" ❷ 指同一房的亲人(房,家族中的一支)。宋吕陶《与十弟书》:"岁稔物贱,不觉食贫,著作甚安,~无恙。"《元曲选·合汗衫》二折:"我如今别无什么弟兄并~,倘或间命掩黄沙,则将这衫儿半壁匣盖上搭,哎,儿也,便当的你哭啼啼拽布拖麻。" ❸ 称自己的妻子。明《挂枝儿·惧内》:"我~其实有些难说话。他是吃醋的真太岁,淘气的活罗刹。"《二刻拍案惊奇》卷二〇:"如此做事,连~面前我不必说破,只等岳丈接他归家便了。"清方成培《雷峰塔》一九出:"此巾是我~亲手制的,怎么说是赃物?"

【房兄】fáng xiōng 堂兄。宋曾巩《闻见近录》:"张大夫士澄~士宁,居咸平县,豪有力。"元许有壬《辩章赵世延》:"胥益儿哈呼评告~赵平章,逐项事理,俱在革前。"明朱元璋《驸马都尉黄琛诰》:"尔黄琛本朕~蒙城王之婿,于理以职事称之。"

【房宿】fáng xiù 另见fáng sù。本星宿名,古时认为主车马,又称作天驷、房驷。因用作马的代称。元黄溍《跋阁立本画》:"宣和内府所藏阁相画三十有二。予尝于故秘书少监吕公家观其~,盖大德中先朝所赐宣和旧物也。"明陶安《题江阴侯杜安道宅画马》之二:"~何年寓世间,四蹄蹀铁度天山。"

【房牙】fáng yá 房屋买卖中介人。清《儒林外史》二七回:"鲍廷玺次日同王羽秋商议,叫了~子来,要当房子。"《二度梅》二四回:"今将此~估价,除解费银七十两。"

【房长】fáng zhǎng ❶ 犹"房头❶"。金元好问《毛氏宗支石记》:"承安元年,由州掾属保随朝吏员试,秋场中甲首。二年,补吏部覃科令史,转贴黄科~。"元王恽《中堂事记》上:"时又于烟霞观摘委~,纂类一切合奏机务,如钱谷数目,事事比附旧例。" ❷ 家族中各房之长。明吕调阳《奉国中尉约备墓志铭》:"族有遗腹子孤贫,不能奏启附牒,遂落魄。公率诸~恳启,乃得登牒。"清汪由敦《恩益会引》:"得千金,输之祠中,立会曰恩益,岁收什一之息以备用。族人遇婚丧事,门长~具帖向本家支取。"《红楼梦》程乙本四回:"二则现在~乃是贾珍。"

【房丈】fáng zhàng 同"方丈❷"。《祖堂集》卷四《药山和尚》:"师便托出,却入~。"又卷八《青林和尚》:"主事便去~,和尚闭却门面壁卧,不开~门。"

【房帐】fáng zhàng 营帐。《元史·百官志六》:"以材木、铁炭、皮货诸色,备鄂尔多各枝~之需。"清《聊斋俚曲·磨难曲》:"烧了他的~,荡平两山。"

【房主】fáng zhǔ ❶ 犹"房头❷"。《法苑珠林》卷七九:"于寺东房北头第三间内,忽闻音乐声。尔后,~药王尼所住房床前,时时有光照屋。" ❷ 房屋的主权人。明郑若曾《江南经略》卷七下:"其流来暂住人户,不必编甲,止将姓名籍贯生理附入~户下。"陈汝元《金莲记》二七出:"外面是什么人啼哭?不免开户视之。〔开门介〕呀,原来是~鲍妪。"《金瓶梅词话》六〇回:"你且休回那~儿,等我见哥替你提就是了。"

【房状】fáng zhuàng 即"房契"。明《古今小说》卷三:"吴山来到铺中,卖了一回货。里面走动的八老来吃茶,要纳~。"清《续金瓶梅》一二回:"央你就去看看,和玳安去立个~,且交二两银子定下。"

【房子】fáng zǐ 另见fáng zi。本房所生之子。房,家族中的分支。五代孙光宪《北梦琐言》卷一二:"唐相国杨收,江州人,祖为本州都押衙,父维直,兰溪县主簿。生四子:发、假、收、严。……发以春为义,其~以祝、以乘为名;假以夏为义,其~以贺、以夐为名;收以秋为义,其~以钜、镳、镰、鉴为名;严以冬为义,其~以注、涉、洞为名。"

【房子】fáng zi 另见fáng zǐ。屋子,人居住的建筑物。宋陈亮《复吕子约书》:"亮已交易得京口~,更买得一两处芦地,便为江上之人矣。"《元曲选外编·西游记》五本一折:"你若不肯呵,锁你在冷~里,枉熬煎得你镜中白发三千丈。"清方成培《雷峰塔》一〇出:"这所~,一向无人住哉。"

【房族】fáng zú 家族。唐王勃《送劼赴太学序》:"恨不得如古君子四十强仕也,而~多孤,饘粥不继。"元明《三国志通俗演义》卷一〇:"有二人乃蔡瑁之~蔡中、蔡和,现为副将军。"清袁枚《子不语》卷一一:"先生发愤,集~百餘人祭家庙。"

fǎng

【访查】fǎng chá 查访;侦察。明张永明《乞黜不职抚臣疏》:"乞敕该部~。如果臣言不谬,乞将赵锦罢黜。"《二刻拍案惊奇》卷二〇:"神仙也不诳是自家老子,所以偌多时缉捕人那里~得出?"清徐锡龄、钱泳《熙朝新语》卷六:"民隐莫申,民冤无诉,于是屡遭在内诸臣~察究。"

【访单】fǎng dān ❶ 明代吏部为铨选官员向九卿台省诸臣发出的荐举调查问卷。明焦竑《玉堂丛语》卷三:"乃创立~,发来朝官,令各举所属府佐以下治行卓异者,送部议处。"沈德符《万历野获编》卷一一:"今之考选,发~于大僚及四衙门,以揄扬多少为殿最,即太宰亦不能专其柄矣。"《明史·沈思孝传》:"~者,吏部当察时咨公论以定贤否。" ❷ 访事、缉捕的公文。明《古今小说》卷二一:"幸我看见,偷得~在此,兄弟快些躲藏。"清雍正六年四月二十八日许容奏文:"臣三月十七日发行该府公文内,另有~一纸。"《粉妆楼》二七回:"目下官府追问那个人头,正无着落,你何不进去送个~?"

【访缉】fǎng jī ❶ 同"访辑"。宋唐慎微《证类本草》卷一:"是以搜求~者十有餘年,采拾众善。"元王恽《卢龙赵氏家传》:"非赖穆之~谱牒,则后人无由知其祖考之所自出,宗系之所自分。" ❷ 侦察捕拿;侦察搜集。明汤显祖《邯郸记》一九出:"潜遣腹心之人,~他阴事。"《明史·刑法志三》:"而外廷有扞格者,

卫则东西两司房～之,北司拷问之,锻炼周内,始送法司。"清《十二楼·萃雅楼》一回:"做官的人只好逢场作戏,在同僚面前逞逞高兴罢了,难道好认真做事,来追拿～我不成?"

【访辑】　fǎng jí　访求征集。《宋史·周执羔传》:"大乐久废不修,诏奉常寻肄之,～旧闻,庀阅工器,制作始备。"元苏天爵《元故荣禄大夫董忠肃公墓志铭》:"公薨,铠～公事甚勤,考公立朝大节以及片言细行,惟恐遗轶。"清徐锡龄、钱泳《熙朝新语》卷七:"因思通都大邑应有藏编,野乘名山岂无善本,今宜广为～。"

【访觅】　fǎng mì　访寻;访求。唐[日]圆仁《入唐求法巡礼记》卷四:"将本国书信等物,专来～请益僧。"《明史·占城传》:"后贼人畏惧天威,遣人～臣兄,还以故地。"清《锦香亭》一四回:"单单少着第十院美人,遍处～,并没好的。"

【访拿】　fǎng ná　犹"访缉❶"。明朱长祚《玉镜新谭》卷一〇:"都察院移文彼处抚按并缉事衙门,严行～,务在必获。"《古今小说》卷二一:"行文各县,～真赃真盗。"清纪昀《阅微草堂笔记》卷一〇:"有奸夫杀本夫,奸妇首于官。吾恐主人有失察咎,以～报,妇遂坐磔。"

【访牌】　fǎng pái　犹"访单❷"。清《儒林外史》一九回:"竟是抚台一下来,县尊刻不敢缓,三更天出差去拿。"《海游记》一三回:"藏居华去告知艾奇,也出～提公子。"

【访事】　fǎng shì　❶ 咨询事项;征求意见。宋晁补之《饮酒二十首追和陶渊明》之一二:"东汉有两士,才智炫一时。三公往～,卧疴亦见辞。"❷ 探问情况。宋余靖《吉州谢上表》:"上则接谈于宾主,下则～于舆隶。"明赵广生《王正义先生传》:"余山中日～于鬻薪者,薪者乐为我言。"《醒世恒言》卷一一:"东坡因小妹双眼微抠,复答云:'几回拭脸深难到,留却汪汪两道泉。'～的得了此言,回复荆公。"❸ 侦缉。明贺士諲《辞职陈言疏》:"若谓在厂～内官可以发官吏之奸赃,各边镇守内官可以防边将之奸宄,此又不思之甚者也。"冯惟敏《耍孩儿·骷髅诉冤》:"抱状的是招财童子,～的是利市仙官。"清《儒林外史》四七回:"现有一个姓吉的吉相公下来～,……不知是太爷是作恶那一个,叫这吉相公下来访的?"

【访闻】　fǎng wén　❶ 查访闻知;调查得知。《旧唐书·穆宗纪》:"～近日浮薄之徒,扇为朋党,谓之关节。"宋丁特起《靖康纪闻》:"～民间多以松桧竹枪作兵器,以防托为名,仰开封府禁止。"清《儒林外史》八回:"合城的人无一个不知道太爷的利害,睡梦里也是怕的。因此,各上司～,都道是江西第一个能员。"❷ 指访听到的信息。清《绿野仙踪》二一回:"近城地方自不消说,即远乡僻隅,那一天没巡查匪类之人? 岂肯容留大盗住二三年,还漫无～么?"《野叟曝言》六四回:"现在尊府已有～,传说欲将弟名题奖;倘真如此,弟不愧死,亦当愁死。"

【访问】　fǎng wèn　❶ 寻访;打听。《太平广记》卷三五引《集异记》:"自后留心～,冀一会遇,终不复见。"宋吴泳《临江仙·寿宓潼川》:"梦绕家山,曾～鹤林访迹。"清《平山冷燕》八回:"欲待进京～消息,料如大海浮萍,绝无踪迹。"❷ 考查;了解。《旧唐书·马周传》:"臣每～,四五年来,百姓颇有怨嗟之言,以为陛下不存养之。"明张凤翼《红拂记》一六出:"我一向留意在此,故其山川土俗,～颇悉。"清《梦中缘》一二回:"卑职回衙即行文各州县,～,不致违误。"❸ 有目的地去看。宋姜夔《探春慢》:"长恨离多会少。重～竹西,珠泪盈把。"李曾伯《贺新郎》:"聊～、旧游处。"❹ 看望;拜访。唐皮日休《江南书情二十韵》:"他年如～,烟莺暗影影。"《元曲选·范张鸡黍》二折:"老夫今日闲暇,将印信牒与佐贰官,不避驱驰,就范式宅中,亲自～。"清《二度梅》

二四回:"晚生与他有些年谊,特来～故友。"

【访寻】　fǎng xún　访求探寻;访查寻找。唐[日]圆仁《入唐求法巡礼行记》卷二:"到春巡礼名山,～圣迹。"《宋史·汪藻传》:"乞即臣所领州,许臣～故家文书,纂集元符庚辰以来诏旨,为日历之备。"清《红楼梦》一回:"封氏闻得此信,哭个死去活来,只得与父亲商议,遣人各处～。"

【访知】　fǎng zhī　探访得知。唐赵璘《因话录》卷三:"～诸子凋谢,惟二女在。"宋司马光《涑水纪闻》卷一一:"～延州金明败卒二人自房中还,云刘平、石元孙、李士彬皆为贼系缚而去。"清《儒林外史》三八回:"走到成都府,找着父亲在四十里外一个庵里做和尚,～的了,走到庵里去敲门。"

【仿】　fǎng　依照范本学写的字。明刘若愚《酌中志》卷一六:"凡背书不过,写～不堪,或损污书～犯规有过者,词林老师批付提督责处之。"清邵延龄《东海有迁儒用持国韵》:"如彼写～童,未能端点画。"《儒林外史》二回:"正说得热闹,一个小学生送～来批。"

【仿佛】　fǎng fú　同"彷彿❶"。唐白居易《达哉乐天行诗》:"先卖南坊十亩园,次卖东郭五顷田,然后兼卖所居宅,～获缗二三千。"元岑安卿《百雁图》:"形真具生意,～二百翼。"明胡奎《松云歌》:"别来～三十载,杏花落尽青春闲。"

【仿赖】　fǎng lài　胡乱仿效。《元典章·刑部十九》:"至于转房之俗,或同宗派,或同姓氏,不幸无子,使之继续;安有诸色目人,生不同乡,殊俗异姓,亦得～?"

【仿模】　fǎng mó　❶ 模仿。明项穆《书法雅言》:"数君之中,惟元章更易着眼,且易下笔,每一经目,便思～。"❷ 体现。明高濂《遵生八笺》卷一五:"又如古人之画,愈玩愈佳,笔法圆熟,用意精到,以人趣～物趣,落笔不凡而天趣发越。"

【仿摹】　fǎng mó　❶ 摹写;摹画。宋刘叔赣《杨寺丞画》:"古书流传动千岁,书可～古容伪。"杜旟《读杜诗斐然有作》:"～惑铜盘,笺释讹金根。"桑世昌《兰亭考》卷六:"本朝太宗皇帝时,～所得,集以为十卷,俾模传之。"❷ 模仿。清李光地《榕村语录》卷三〇:"工部五七言古诗,初亦～汉魏,晚乃自开派头,一空依傍。"

【仿圈】　fǎng quān　学写毛笔字时用来镇纸(下有影格儿)的长方形铜圈。清蒲松龄《闹馆》:"哦,有了! 不免用～敲动手板,吆唱几声'教书',可有主呢,也未可知。"

【仿若】　fǎng ruò　仿佛;好像。《祖堂集》卷五《云岩和尚》:"其生自然胎袭,右祖～缁服。"明袁华《倪云林天平山图》:"～楚米颠,乃是吴倪迂。"

【仿书】　fǎng shū　❶ 照着帖本临写毛笔字。宋赵希鹄《洞天清录》:"今世所有二王真迹,或有硬黄纸,皆唐人～,非真迹也。"明韩邦奇《傅太宜人墓志铭》:"夜则口授以句读,又亲札影本,以课～。"清姜宸英《书自作书后》:"古人～,有临有摹。"❷ 指这样写出的字或字帖。《元史·库库传》:"今秘书所藏裕宗～,当时御笔于学生之下亲署御名'习书谨呈',其敬慎若此。"古本《老乞大》:"吃饭罢,却到学里写～,写～罢对句。"明陆容《菽园杂记》卷一二:"洪武年间,国子监生课簿、～,按月送礼部。"

【仿习】　fǎng xí　沾染;模仿学习。《敦煌变文校注》卷五《维摩诘经讲经文(一)》:"没尊卑,少遵敬,我慢贡高今古映。～胸臆(凶粗)恶绍名,不归礼乐谦恭令。"宋吴泳《论晓事之臣与办事之臣札子》:"上之雅意趣尚,下之游声～,悠悠风尘,混为一律。"明王守仁《谪居粮绝请学于农》:"夷俗多火耕,～亦颇便。"

【仿学】　fǎng xué　犹"仿习"。《太平广记》卷四六三引《北梦

瑣言》:"里人学其法者,伺其养雏,缘树以篾絙缚其巢,鹳必作法而解之,乃铺沙树底,俾足迹所印而～之。"《元曲选外编·圯桥进履》二折:"我～那豫让般忠孝无嗔。"清汪由敦《跋手书千字文》:"《千字文》无复出取,便～永师书法,尤有法度。"

【仿影】 fǎng yǐng 习字时铺在仿纸下用来摹写的字样子。明刘若愚《酌中志》卷一六:"又每生给刷印～一大张。"清《姑妄言》一四回:"仿也不知写的是甚么,～在半边,他画的在半边,连字形都认不出来。"

【仿影格儿】 fǎng yǐng gé er 即"仿影"。清《歧路灯》四三回:"我倒央山主与民起个～,我学几个字儿罢。"

【仿照】 fǎng zhào 按着已有的样式或方法去做。明徐光启《农政全书》卷八:"少或五十亩,多不过一二顷,悉令～南方取水种稻。"清《野叟曝言》一三七回:"这里蒙古地面,～中国章程,次第举办,另是一番世界。"《镜花缘》三六回:"早有几个老者出来攒凑银钱,～唐敖相貌,立了一个生祠。"

【仿纸】 fǎng zhǐ 摹写习字用的纸张,也指习字课业。《明会典》卷一二五:"幼官子弟日写～一张,率以百字为率。"清《儒林外史》二回:"一眼看见那小学生的～上的名字是荀玫,不觉就吃了一惊。"《后红楼梦》二五回:"他跟着大嫂子回去,灯底下也爱写张～儿,我时常也过去瞧见的。"

【彷佛】 fǎng fú ❶大约;总计。金《刘知远诸宫调》一二:"～约迭十合,内一将骋雄豪。"《董解元西厢记》卷五:"自与兄别来,～十餘日。"元明《三国志通俗演义》卷二:"又见严纲军到,皆伏而不动。～有数十步远,一声炮响,八百弓弩手一齐俱发。" ❷沿袭;模仿;效法。宋徐兢《宣和奉使高丽图经》卷三〇:"至于他饮食器,亦往往有尊彝簠簋之状,而燕饮陈设,又多类于莞簟几席。盖染箕子美化,而～三代遗风也。"元杨奂《题东游集后》:"每惭举场未放,欲～二先生之实学而未能。"清《醒世姻缘传》三九回:"后来薛、相两家也都大同小异,～了狄家谢那程乐宇,也都不甚淡薄。" ❸渐渐;几乎。金《董解元西厢记》卷二:"法聪觑了,勃腾腾地无明发。～赶相近,叫声如雷炸。"明《清平山堂话本·羊角哀》:"次日,雪越下得紧,山中～盈尺。"《警世通言》卷三九:"就地上踏一片云,起去赶那黄衣女子,～赶上,大叫:'还我丈夫来!'"

【纺砖儿】 fǎng zhuān er ❶纺锤儿。宋《朱子语类》卷八一:"'载弄之瓦'。瓦,纺砖也,纺时所用之物。旧见人画《列女传》漆室乃手执一物如今银子样,意其为～也。"明石珤《怨歌行》:"～尚有未完线,绣帖犹藏旧缕纱。" ❷指纺织。元胡助《宋氏世谱记》:"且勤甚,御～每夜至鸡号。"明宋濂《徐贞妇郑氏传》:"贞妇靡日靡夜事～惟谨,由是羞服备给。" ❸指女孩。宋张方平《故郓国公主石记文》:"初宫闱从庆,荐启～之吉,而公主于诸女行第五。"明汤显祖《牡丹亭》三出:"不枉了银娘玉姐只做个～,谢女班姬女校书。" ❹纺纱时纺锤迅速旋转,比拟时光流转。明《西湖二集》卷一四:"做个手势像车水、～的光景,速速地把这日月催趱将过去。"

【髣髴】 fǎng fú ❶同"彷佛❶"。《敦煌变文校注》卷三《燕子赋(一)》:"脊上缝个服子,～亦(欲)高尺五。" ❷同"彷佛❷"。宋杨时《龟山语录》:"说《易》须～圣人之意,然后可以下笔。"元王恽《题赵仲器治古斋》:"典刑～三代英,赐器政宣皆敝帚。"

fàng

【放】 fàng ❶赦免;宽容;饶放。《敦煌变文校注》卷二《韩擒虎话本》:"王子此度且～。但某乙愿请弓箭,射雕供养单于。"宋陆游《老学庵笔记》卷四:"子骏乃自劾,诏～罪。"清《儒林外史》二七回:"你替我说这事,须要十分的实。若有半些差池,我手里不能轻轻的～过了你。" ❷释放。唐牛僧孺《玄怪录》卷一:"肯言姓名,即～。不肯言,即当心叉取置之镬中。"明《西游记》三一回:"沙和尚是我绑在家里,他怎么得出来?我的浑家,怎么肯～他?"清《聊斋俚曲·富贵神仙》:"若是他拿帖来,我就把他妹子～。" ❸准许;允许。《祖堂集》卷一二《龙光和尚》:"罗山于师身上脱下纳衣,披向绳床坐云:'若要去,取得纳衣,～汝去。'"宋佚名《张协状元》三五出:"教你莫去胡乱～人入来,又～妇女入厅堂。"清《聊斋俚曲·翻魇殃》:"魏名合他那看园的极熟,～他进去一看,果然整齐的紧!" ❹允让;承认比不上。《元曲选外编·追韩信》一折:"论勇呵,那里说下庄强;论武呵,也不～廉颇会;论文呵,怎肯让子产高。" ❺采取某种态度或行动。元萧德祥《小孙屠》一折:"你～喜欢着,母亲也喜欢。"元明《三国志通俗演义》卷二三:"(傅)金故意～慢,等李鹏将近。"明朱有燉《水仙子·题情》:"～乜斜掴惜温存。"清《红楼梦》一二回:"～尊重着,别叫丫头们看了笑话。" ❻松放;舒展。宋张继先《沁园春》:"此个风流,更无心恋,且～宽怀免是非。"明薛论道《玉胞肚·官悟》:"两眉不～,望白云几回断肠。"清《聊斋俚曲·墙头记》:"我刚才到了家,略把那家务查,心里到底～不下。" ❼使绽开;绽放。唐杜甫《小至》:"岸容待腊将舒柳,山意冲寒欲～梅。"宋潘阆《酒泉子十首》之一:"异花四季当窗～。"清《粉妆楼》二回:"只见绿竹垂梢,红梅～蕊。" ❽发放;发给。明永乐十二年五月五日诏:"如是交割不明,或有军夫缺食,尔等与原管粮及～粮官员俱以军法处治。"清《聊斋俚曲·禳妒咒》:"家亲不～赦书,小弟就跪到明年。"《红楼梦》三九回:"这个月的月钱,连老太太和太太还没～呢,是为什么?" ❾把钱借出去收取利息。《宋史·食货志上四》:"今令多借之钱一千,令纳一千三百,则是官自～钱取息。"元郑廷玉《看钱奴》三折:"要儿孙望上长,休把那陷百姓羊羔儿利钱～。"清《红楼梦》二四回:"原来这倪二是个泼皮,专～重利债。" ❿显现;透出。《敦煌变文校注》卷一《伍子胥变文》:"遂执剑于江中,～神光而焕烂。"宋张炎《探春·雪霁》:"才～些晴意,早瘦了梅花一半。"清《野叟曝言》七四回:"以神听他姊忽然调笑,那紫黑面孔不觉～出一阵红光。" ⓫使;施展。明李梅实《精忠旗》六出:"如今把那些道理一齐撇下,～出毒手来,这班人性命是铁铸的不成?"《醋葫芦》八回:"成茂～出老力,一口气驮上肩,竟来周家敲门。"清《红楼梦》七八回:"二则诔文挽词也须另出己见,自～手眼,亦不可蹈袭前人的套头。" ⓬施放;发射。唐王绩《古意六首》之六:"但使雏卵全,无令矰缴～。"明《西洋记》五九回:"到关先～一个号炮,关里面炮响,许并力攻关。"清孔尚任《桃花扇》二六出:"那楼脊兽头边,闪闪绰绰,似有人影。快快～箭!" ⓭放后;存放;搁置。《祖堂集》卷八《龙牙和尚》:"洞山问:'阇梨名什摩?'对云:'玄机。''作摩生是玄机?'又无对。洞山～三日,无对。"明《老乞大谚解》卷上:"你既要卖时,也不须你将往市上去,则这店里～着,我与你寻主儿都卖了。"清《红楼梦》六四回:"你还当是先呢,有银子～着不使。" ⓮收容;容纳。金《刘知远诸宫调》一:"不锄田不使牛不耕地,伊自道怎生庄稼里～得你。" ⓯有;具有。宋朱敦儒《桃花园忆故人》:"人人～着逍遥路,只怕君心不悟。"《元曲选·灰阑记》一折:"那知你家妹子,这般个狠人,～着许多衣服头面,一些儿不肯与你。"明《朴通事谚解》卷中:"我～着合理的事,与他甚么东西!" ⓰买;购买。明《朴通事谚解》卷中:"两个汉子把那驴骡们喂的好着,将十两银子东安州去～黑豆,收拾车辆先载将一车来。又两个人将五两银子下马庄里

去，～秆草，五钱一束家～。"　**⑰** 介词。叫；让；使。唐张籍《寒食内宴二首》之一："千官尽醉犹教坐，百戏皆呈未～休。"宋晏幾道《留春令》："鹦鹉杯深艳歌迟，更莫～、人肠断。"明冯惟敏《二犯傍妆台·世恩堂醉雨共酌》："渐看花露重，莫～酒尊空。"

【放騃】fàng ái　装傻。《敦煌变文校注》卷二《秋胡变文》："却(投)魏国，意欲觅官。披发猖狂，佯痴～。"

【放罢】fàng bà　**❶** 罢官或免除功名。宋《三朝北盟会编》卷一一二："刑部郎中胡思、王及之、余大均、周懿文、陈冲并先次～。"明王世贞《承德郎广西太平府通判王君墓志铭》："自是每试辄高等，而其应应天试则北。中间尝与名矣，会应天尹有所进，太学之数屈，而君～。"清汪琬《怀故山》："何当蒙～，戴高而履厚。骑驴出软土，放船逐晴浏。"　**❷** 废止；免除。宋杨杰《奏请罢文德殿常朝官状》："其文德殿常朝官在京未有职事，于礼可免常参，伏乞朝廷特与～。"元许有壬《正始十事》："却将特们德尔续添盐课创科包银～，不惟民力少苏，又且各处盐课昜课。"明文徵明《明故资善大夫盛公墓志铭》："法外科敛，一切～。"

【放摆】fàng bǎi　摆设；摆放。明《金瓶梅词话》六六回："晚夕观看水火炼度，就在大厅棚内搭高座，扎彩桥，安设水池火沼，～斛食。"

【放榜】fàng bǎng　考试后公布被录取者名单。唐赵璘《因话录》卷二："李太师逢吉知贡举，榜成未放而入相，礼部尚书王播代～。"宋吴自牧《梦粱录》卷二："伺候申省奏号揭榜取旨，差官下院拆号～。"清《聊斋俚曲·磨难曲》："大场里将近～，不知他二舅何如？"

【放本】fàng běn　借给人本钱以取利；放债。明陈铎《醉太平·开赌》："讨头儿～，作东主窝人。官司拿去问根因。"《古今小说》卷一〇："既然～盘利，难道再没有第二个人托得，恰好都借与赵裁？"

【放不净】fàng bù jìng　屙屎拉尿，比喻胡说八道。《祖堂集》卷七《雷峰和尚》："尽乾坤是一个眼，是你诸人向什摩处～？"又卷一九《临济和尚》："老僧独居舍，念子远来，且延一宿，何故夜间于吾前无羞惭～？"《五灯会元》卷四《乌石灵观禅师》："师问西院：'此一片地，堪着个甚物？'院曰：'好着个无相佛。'师曰：'好片地，被兄～污了也。'"

【放参】fàng cān　**❶** 官员允许属下到衙参谒；接见。宋高晦叟《珍席放谈》卷上："王沂公罢政柄，以相守西都。属县两簿尉同诣府参，公见之。将命者喝～讫，请升阶啜茶。"《元曲选·博望烧屯》一折："有新野太守刘备来谒两次，贫道不曾～。"清《荡寇志》八三回："到任后～点卯才毕，那知县便细察范成龙的祖贯脚色履历。"　**❷** 禅院放免晚上坐禅。泛指中止参禅或参禅过程结束。《五灯会元》卷一五《上方齐岳禅师》："粥后～三下鼓，孰能更话祖师禅。"宋林希逸《和后村口占一首》："缘溪竹杖时行散，面壁蒲团渐～。"明《古今小说》卷三七："复仁惊醒来，这小姐也却好～。复仁连忙起来礼拜菩萨，又来礼拜小姐。"　**❸** 主讲僧人讲说禅理后放人参问。也泛指参禅。明《梼杌闲评》二四回："那玉支讲经初毕，才～，妇女齐跪下叩头。"金銮《一封书·闲适》："何须野老通经典，只与邻僧共笑谈。也装憨，也戒贪，是个闲人好～。"清《续金瓶梅》三八回："又问：'堂头和尚，今日从何处问起，老僧～！'只见首座有一尼僧上前问讯，说道：'佛法参禅，先进过行住坐卧。请问和尚如何是行？'"

【放朝】fàng cháo　**❶** 唐制，遇酷寒暑及大雨雪等，免群臣入朝参见，称为放朝。后代因之。也泛指停止朝会。唐郑谷《放朝偶作》："寒极～天，欣闻半夜室。"《宋史·真宗纪三》："秋七月丁未，霖雨，～。"清汪由敦《甲寅元日叠和学斋韵》之一："正岁～虔典祀，清宵连舍协同寅。"　**❷** 朝会后放群臣出朝。唐王建《宫词》之六："千牛仗下～初，玉案旁边立起居。每日进来金凤纸，殿头无事不多书。"宋宋敏求《春明退朝录》卷中："于礼，群臣无一日不朝者，故正衙虽不坐，常参官犹立班，俟～乃退。"明王立道《长至日寄弟口号》之二："满路清霜逗客衣，五更初点～归。"　**❸** 让群臣入朝参奏。宋王珪《奏为乞百寮早赴起居札子》："况城中车马已通，今尚未闻～。臣愚窃恐恐听四方，欲望陛下一御大昕之朝。"明高启《早至阙下候朝》："月明立傍御沟桥，半启宫门未～。"

【放春】fàng chūn　**❶** 春天花木萌发生长。唐杜甫《留别公安太易沙门》："沙村白雪仍含冻，江县红梅已～。"宋宋祁《滟池道中》："翠含山气犹疑夜，紫动林梢已～。"清汪由敦《恭和御制晓行元韵》："灶薪残火犹含湿，岸柳柔条未～。"　**❷** 寒食节前的一种游春活动。唐罗邺《长安惜春》："千门共惜～回，半锁楼台半复开。"

【放歹】fàng dǎi　做坏事，特指纵情女色。《元曲选·冤家债主》一折："贼也，这的是安乐窝中且避乖，这厮从来会～。"又《争报恩》二折："我可也不殢酒，不贪财，我不争气，不～。"

【放胆】fàng dǎn　放开胆量。宋陈著《似臧伯通》："～担当难处事，立身扶植不平人。"明佚名《金雀记》一〇出："这个皮芯莉，欺贫僧妓馆饮酒，故此～白吃。"清《水浒后传》一三回："呼延钰、徐晟看了半日，并无一个才技绝伦的，就～走到将台来。"

【放党】fàng dǎng　放肆不受约束。元贯云石《孝经直解》一一："不依本分～在上的人呵，便似没上下的一般有。"《元曲选·杀狗劝夫》楔子："你是我的兄弟，你敢妆幺～，不伏我打哩！"明朱有燉《豹子和尚》一折："你子待把着风行凶～。"

【放倒】fàng dǎo　**❶** 倒下；躺倒。《五灯会元》卷一七《云居元祐禅师》："黄龙先师和身～，还有人扶得起么？"明陈献章《次韵张廷实东所寄兴见寄》之五："～琼林半醉间，半留醒处著江山。"清《飞龙全传》一二回："安放好了，又便将身～，躺好睡了。"　**❷** 躺倒不干；松懈偷惰。《五灯会元》卷一二《冶父道川禅师》："汝旧呼狄三，今名道川，川即三耳。汝能竖起脊梁，了办个事，其道如川之增；若～，则依旧狄三也。"宋《朱子语类》卷四四："平日须提掇精神，莫令颓塌～，方可看得义理分明。"清于成龙《上徐藩台书》："若愁闷日集，毁言日至，一味～，将来何以处之？"　**❸** 抛舍；放下；途中停止。宋《朱子语类》卷三七："有仁、知而后有勇，然而仁、知又少勇不得。……若无这勇，则虽有仁、知，少间亦恐会～了。"黄榦《与李敬子司直书》："向来朋友在浙中者一切～，其它所至寂寞，独南康德契与诸贤维持，讲学最盛。"明茅坤《唐宋八大家文钞》卷四《与李翱书》评语："翻覆辨论，总不～自家地位。"　**❹** 打倒；弄倒；使倒下。宋钱易《南部新书》己集："君不见布袋盛米，～即慢。"明《西游记》九二回："众小妖遮架不住，被他～三两个。"清《聊斋俚曲·襄妒咒》："妙哉！我且～一个。"　**❺** 扳翻；制伏；使倒台。明《梼杌闲评》三一回："不若只是把本按住，不与皇上见面，竟自批发，先把杨涟～。"清《绿野仙踪》七五回："当今元恶，无有出严嵩父子右者。我们做事，总要把他～为第一。"　**❻** 拿下；取下。《元曲选·桃花女》二折："你这大言牌在我手里挂起～，三十多年，须不好赖得。"又《灰阑记》四折："我今～望竿关上门，不如去吊水鸡也有现钱卖。"

【放倒身】fàng dǎo shēn　**❶** 躺倒。清《聊斋俚曲·慈悲曲》："张炳之～长吁短叹，最不该寻老婆懊悔从前。"《好逑传》六回："此时铁公子心已安了，又十分畅快，～子便沉沉睡去。"　**❷** 跪下。清《聊斋俚曲·慈悲曲》："大官人～磕头几个，拜爹娘

要登程两泪如梭。" ❸ 谓不加遮掩;明白。明《金瓶梅词话》八五回:"左右爹也是没了,爽利～大做一做,怕怎的?"又八六回:"咱～说话,你既要见这雌儿一面,与我五两银子。" ❹ 终归;到底。明冯惟敏《仙子步蟾宫·下桥》:"猱着头姐儿的火者,眵着眼鸨儿的候缺,～撅儿的帮贴。"又《醉太平·家训》:"抹了脸遮不尽旁人笑,肿了手拿不尽他人钞,～吃不尽小人敲。"

【放倒头】 fàng dǎo tóu ❶ 犹"放倒身❶"。元明《水浒传》六五回:"张顺吃了一碗饭,～便睡。"清钱谦贞《复次漫兴前韵》之八:"狂歌一曲张开口,软饱三杯～。"《聊斋俚曲·慈悲曲》:"饭也没吃,早～儿睡了。" ❷ 犹"放倒身❷"。清《聊斋俚曲·慈悲曲》:"保佑我那兄弟无灾无难,无灾无灾。哎,～多把观音拜几拜。"

【放灯】 fàng dēng ❶ 燃灯;点灯。宋王安石《山陂》:"山陂院落今援种,城郭楼台已～。"姜特立《岁暮月下有怀》:"暖云笼月夜,斜照～时。" ❷ 指农历正月十五元宵节张挂花灯供人游赏。《旧唐书·张孝忠传》:"三镇兵马,官军也,安得言外道?～一如常岁。"《大宋宣和遗事》前集:"为甚从腊月～? 盖恐正月十五日阴雨,有妨行乐,故谓之预赏元宵。"清陈廷敬《正月十四夜宿城北僧舍》:"～时节吹灯坐,赢得僧窗夜火红。" ❸ 指农历七月十五中元节或七月三十日地藏王圣诞,寺院悬挂或在河里施放莲灯超度鬼魂。明田汝成《西湖游览志馀》卷二〇《熙朝乐事》:"七月十五日为中元节,俗传地官赦罪之辰。……僧家建盂兰盆会,～西湖及塔上。"《梼杌闲评》一回:"七月三十日,乃地藏王圣诞,寺中起建大斋,施食,～遍满山头。"清《醒世姻缘传》六八回:"素姐叙说前年七月建斋～,甚感他两个的挈带。" ❹ 拜忏法事之一,谓燃灯照亡。明《西洋记》五九回:"一连念了一日经,设孤施食,咒水～。"清《儒林外史》四回:"众和尚吃了斋,洗了脸和手,吹打拜忏,行香～,施食散花,跑五方。"

【放敌头】 fàng dí tóu 做对头。《元曲选·延安府》一折:"他那爷不良儿又跋扈,则向那小民行挟细拿粗。我～委的和他做,岂不闻人心似铁,官法如炉。"

【放颠】 fàng diān ❶ 癫狂;狂放。宋陆游《初到行在》:"都城处处园林好,不许山翁醉～。"金元好问《读书山雪中》:"山灵为渠也,世界幻入兜罗绵。"清查慎行《廉让寓斋送春分韵得有字》:"失路随余学～,得钱赖尔能沽酒。" ❷ 比喻情态猛烈。唐杜甫《绝句三首》之三:"谩道春来好,狂风大～。"宋方岳《夜大风》:"一夜东风太～,草塘打破钓鱼船。"清厉鹗《人日雪》:"梅花何处已堪折,柳絮无端早～。"

【放刁】 fàng diāo 耍赖;用泼赖的手段使人为难。《元曲选·金线池》四折:"那个爱女娘的似你这般～来。"明郑若曾《江南经略》卷一上:"衙门积年～玩法之人不可用。"清《幻中游》一〇回:"你怎小小的年纪,却敢这样～。"

【放雕】 fàng diāo ❶ 驯雕。围猎时放出猎雕捕猎。清弘历《八月十八日恭奉皇太后木兰行围》:"新携回部鹘翎赤,骋处高安兴～。"吴伟业《海户曲》:"旧迹凌歊好～,荒台百尺登临胜。" ❷ 同"放刁"。宋《朱子语类》卷八〇:"如此,也似里巷无知之人,胡乱称颂谀说,把持～,何以见先王之泽?"《元人杂剧钩沉·陈文图悟道松阴梦》:"秀才每应举呵,选场中～;令史每取状呵,司房中探爪。"《元曲选·薛范叔》一折:"放鹰的,则不如去～。调大谎往上趱,抱粗腿向前跳,倒能够禄重官高。"按,末一例语义双关。

【放定】 fàng dìng 即"下定❶"。清《红楼梦》九七回:"史姑娘～的事,他家没有请咱们,咱们也不用通知。"《红楼复梦》八〇回:"那天甄家说,择日要来给惜春～。"

【放丢】 fàng diū 放弃;丢弃。清《醒世姻缘传》一八回:"只是'有钱'两个字梗在那秦参政的心头,～不下。"

【放赌】 fàng dǔ 设赌局。元明《水浒传》一三回:"原来是本县打铁匠人出身,后来开张碾坊,杀牛～。"《大清律例》卷三四:"将为首开场及～抽头之犯,均发边远充军。"清《姑妄言》二回:"这些～的都有耳目,知他家有数千之产。"

【放短】 fàng duǎn 只顾眼前,不计长远。清《歧路灯》六〇回:"还有十两谢仪,事完一一清缴,不敢～。"

【放对】 fàng duì ❶ 两人对打。宋元《清平山堂话本·杨温传》:"我要和你～,使一合棒,你敢也不敢?"元明《水浒传》三八回:"却待要和那厮～,打的他家粉碎,却被大哥叫了我上来。"清李玉《清忠谱》二折:"你敢和我～么?" ❷ 对弈。明《二刻拍案惊奇》卷二:"他们岂肯轻～? 是必众人出些利物与他们赌胜,才弄得成。"又:"众人要看我每两下本事,约定后日～。" ❸ 作对。《元曲选外编·符金定》四折:"自为赵匡义要娶符金定,有韩松与他～。"明王世贞《书佛祖统载后》:"张无尽来台谏,要得呵佛骂祖,与司马二日诸贤～。"《醒世恒言》卷三四:"那知朱常又是个专在虎头上做窠,要吃不怕死的魍魉,竟来～。"

【放顿】 fàng dùn 放置;安放。宋《朱子语类》卷二七:"忠者,诚实不欺之名。圣人将此～在万物上,故名之曰恕。"明谢肇淛《五杂组》卷八:"然方寸之中惟此一念,既不思善思恶,此心～在何处?"汤显祖《邯郸记》二出:"白屋三间,红尘一榻,～愁肠不下。"

【放钝】 fàng dùn 装傻;撒赖。《敦煌变文校注》卷三《燕子赋(一)》:"你欲～,为当退顿,夺他宅舍,不解卑逊。却事凶粗,打他见困!"

【放屙】 fàng ē 排泄(大小便),二字同义连用。宋克勤《碧岩录》卷一:"雪峰向诸人面~,咄! 为什么屎臭也不知!"

【放二四】 fàng èr sì 放纵;耍无赖。金《董解元西厢记》卷一:"每日家疏散不曾着家,～不拘束,尽人团剥。"《元曲选·气英布》四折:"只怕他～,又做出那濯足踞胡床。"明佚名《一枝花·绵花诉苦》:"卖俏迎奸～者也乎之。"

【放番】 fàng fān ❶ 同"放翻❶"。《元曲选·秋胡戏妻》二折:"待他到我家中,挖搭帮～他就做营生。"明汤显祖《邯郸记》一五出:"三寸舌把架瀚海金梁倒～,俺其实有口难安。"《古今小说》卷二:"那客人力大,把金孝一把头发提起,像只小鸡一般～在地,捻着拳头便要打。" ❷ 同"放翻❹"。元睢景臣《六国朝·收心》:"尽亚仙嫁了元和,由苏氏～渐。"

【放翻】 fàng fān ❶ 弄倒;掀翻。《元曲选·红梨花》一折:"果然若来时,和他吃几杯儿酒,添些春兴,挖搭帮～他。"明《封神演义》二三回:"伐木只知营运乐,～天地自家看。"清《绿野仙踪》三八回:"推他船过焦山,将船～。" ❷ 宰杀;杀死;使人麻醉昏倒。元明《水浒传》三一回:"有个头陀打从这里过,吃我～了,把来做了几日馒头馅。"又三五回:"迎接众人都相见了,便叫～两头黄牛,散了分例酒食。"清《雪月梅》五回:"方才进舱取茶壶时,就将此药拿去暗放入茶壶内。将他两个～。" ❸ 倒下;躺倒。元明《水浒传》四回:"到晚便～身体,横罗十字,倒在禅床上睡。"明《拍案惊奇》卷一四:"一交～身子,不知一个天高地下。"清《飞龙全传》一二回:"说罢,即便～身躯,躺在炕上就睡。" ❹ 降伏;笼络利用。《元曲选·风光好》一折:"也曾把有魂灵的郎君常～,但来的和土铲。"

【放粪】 fàng fèn 拉屎。《太平广记》卷九八引《朝野佥载》:"鼋于是出外～,皆是青泥。"《祖堂集》卷一五《东寺和尚》:"更与

师到佛殿,见雀儿在佛头上～。"明王肯堂《证治准绳》卷九五:"其人当泻白粪,为食不消住了,却～赤黑而死,即知脾烂不可治。"

【放风】 fàng fēng ❶ 监狱里放犯人出监做短时活动。明杨一清《关中奏议》卷一六:"又亲下监点视停当,分付每一～遭止许二名。" ❷ 散布信息。清《隋唐演义》二五回:"所事我已着人～去。"又:"樊建威因刘刺史差个心腹吏～与他,要他们赔赃。"

【放风筝】 fàng fēng zheng 比喻不受管束,自由自在。清《聊斋俚曲·禳妒咒》:"自从离了俺,花边又柳边,想那里～好自然。"又《富贵神仙》:"东西尽去～,哄着我由他的性。"

【放告】 fàng gào 官府坐衙受理诉讼。《元曲选外编·延安府》一折:"张千,喝撺箱～。"明王守仁《告谕庐陵父老子弟》:"自今吾不复～,尔民果有大冤抑人所共愤者,终必彰闻,吾自能访而知之。"清《醒世姻缘传》六三回:"十六日～的日子,他在巡道手里尖尖的告上一状,说他奸霸良人妇女。"

【放告牌】 fàng gào pái 官府坐衙受理案件时挂出的通告牌。《元曲选·金线池》四折:"张千,抬～出去。"明《拍案惊奇》卷一〇:"不逾时,抬出～来。"清《续金瓶梅》四四回:"那日抬出～来,刘瘸子随着众人进去,递上状。"

【放乖】 fàng guāi ❶ 耍无赖;弄手段。《太平广记》卷二五四引《启颜录》:"映树便侧睡,过逤即～。"《元曲选·窦娥冤》四折:"你只为赖财,～,要当灾。"明朱有燉《柳营曲·咏风月担儿》:"烟月牌雨云台,劣柳青自来能～。" ❷ 顶撞;违忤。宋《虚堂和尚语录》:"无端被者僧～,却向侍者处翻本。" ❸ 丢丑。元耶律楚材《为石壁寺信公庵主开堂疏》:"窃以达摩昔年莽卤,截鹤续凫;天宁今日颠顶,证龟作鳖。可怜弄巧成拙,不免出丑～。" ❹ 使乖巧;放机灵。明《山歌·瞒人》:"结识私情要～,弗要眉来眼去被人猜。"

【放光】 fàng guāng ❶ 指对照鉴察。明徐渭《翠乡梦》二出:"依旧嚼果筐雁王,遥望见宝幢法航。撇下了一囊贼赃,交还他～洗肠。"清《儒林外史》四二回:"大人又行过了礼,布政司书办跪请七曲文昌开化梓潼帝君进场来主试,请魁星老爷进场来～。" ❷ 指逞强露脸。明汤显祖《牡丹亭》一二出:"请过猫儿师父,不许老鼠～。"徐阳辉《脱囊颖》四折:"我这道你这班人么! 笑笑笑,鼠辈儿敢～!" ❸ 指银子。明《醒世恒言》卷三:"来往的都是大头儿,要十两～才宿一夜哩。"《山歌·烧香娘娘》:"算来要费介二钱个～。"

【放归】 fàng guī 指被罢免官职。《旧唐书·德宗纪上》:"左散骑常侍、翰林学士张涉～田里。"《元曲选·金线池》楔子:"年来屡上陈情疏,怎奈君恩不～。"清《隋唐演义》五〇回:"贼臣化及已擒,臣志已完。惟望大王所允前言,仁慈～田里。"

【放过】 fàng guò ❶ 放行;让过去。《唐会要》卷八六:"今日以后,除朝官御史诸州部进奉事官,任将器仗随身。自余私客等,皆须过所上其所将器使色目,然后～。"《元曲选外编·紫云庭》二折:"唱话的小一则好怔怃那把门的老嘿,切不可～这没钱雁看的。"清《聊斋俚曲·快曲》:"方才老鳖在瓮,一刀就把残生送,一时昏惑～华容,事到而今,懊悔中何用?" ❷ 通过;同意。唐陆贽《谢密旨因论所宣事状》:"卿又频与苗粲进官,朕未～,恐卿未知朕意。" ❸ 宽容;饶免。《祖堂集》卷一〇《镜清和尚》:"峰曰:'好吃一顿棒,且～。'"明戚继光《练兵实纪》卷二:"就是军法漏网,天也假手于人,定不～骗食官粮之人也。"清《儒林外史》二七回:"若有半些差池,我手里不能轻轻的～了你。" ❹ 放弃。宋《朱子语类》卷一二二:"目下～了合做底亲切工夫,虚度了难得少壮底时日。"元高明《琵琶记》一四出:"谁想爹爹苦～,一

定要招做女婿。"《三遂平妖传》四回:"恁地一头好亲事,如何却交～了?" ❺ 搁置;放下。明柯丹邱《荆钗记》九出:"这书且～一边,我要说正经。"《醒世恒言》卷一八:"喻氏不知详细,遂拣几件付与他去,将馒头～。"清《醒世姻缘传》八五回:"素姐又未免将信将疑,也且～一边。"

【放憨】 fàng hān 装傻。宋《密庵和尚语录》:"手托庵门便～,千钧重担要人担。"《五灯会元》卷二〇《鼓山安永禅师》:"临济小厮儿,未曾当头道着。今日全身～,也要诸人知有。"明董其昌《赠陈仲醇征君东佘山居诗三十首》之一五:"颂酒深衷岂～,二豪何以视耽耽。"

【放河灯】 fàng hé dēng 农历七月十五日中元节,寺院或人家在河道或水边燃灯,以追荐或超度鬼魂。元明《水浒传》五一回:"当时朱仝肩背着小衙内,绕寺看了一遭,却来水陆堂放生池边看～。"明刘侗、于奕正《帝京景物略》卷二:"(七月)十五日,诸寺建盂兰盆会,夜于水次放灯,曰～。"清《醒世姻缘传》五六回:"他却反要来寻那二位老道,狠命的缠薛夫人要往三官庙里看会,白云湖里看～。"

【放红老鼠】 fàng hóng lǎo shǔ 谓暗中通关节诬陷人。清《一片情》一一回:"他惯在人家～,你还不曾着他的道儿。"《醉醒石》一〇回:"三府又怕浦腴夫放他红老鼠,叫戴吏打合,有事来说,助四府赠娶。"

【放花】 fàng huā ❶ 开花。唐柳宗元《酬贾鹏山人郡内新栽松》:"夭夭日～,荣耀将安穷?"明贺士谘《寄邵大尹跋》:"自后每当发蕊,辄掐去之,不令～。"清查慎行《自枞阳至杨树湾道中即目》:"谁知骇绿纷红侯,还有春风未～。" ❷ 燃放焰火。明《金瓶梅词话》四六回:"玳安与平安两个一递一桶～儿。"清《醒世姻缘传》三回:"你叫媳妇子看下攒盒,咱看灯～耍子。" ❸ 诱拐儿童。花,指儿童。清《醒世姻缘传》五七回:"大家都说那和尚必定是～打细泊的,看得孩子伶俐,拐的去了。" ❹ 放债。花,指利息。明《二刻拍案惊奇》卷一六:"其田足值万金,自不消说,毛烈～作利,已此便宜得多了。"

【放怀】 fàng huái ❶ 纵情;纵意。唐皮日休《秋江晓望》:"万顷湖天碧,一星飞鹭白。此时～望,不厌为浮客。"明余永麟《北窗琐语》:"张白斋未第时,遨游吴下几二十年,平康乐地,时每～。"清《野叟曝言》一三三回:"旨酒佳肴,罗列满前,乘着微醺,即便～畅饮。" ❷ 放宽心怀。唐白居易《闲夕》:"～常自适,遇境多成趣。"明《西游记》一四回:"三藏闻得此言,愈加～无虑,策马前行。"清李玉《精忠谱》一七折:"不如硬着肚肠,～睡去。"

【放欢】 fàng huān 纵情;撒欢。明王九思《梧叶儿·春夜宴集》:"休辞醉,且～,怕春深。"石珤《秋日西郊书事》之一:"草泡萤收照,林空马～。"佚名《锦庭乐》:"有酒三杯五盏,在渔村里且～。"

【放假】 fàng jià 在规定的日期停止工作或学习。唐皎然、张荐《七言乐语联句》:"戍客归来见妻子,学生～偷向市。"明《石点头》卷九:"其余的又乘夫人不在家,荆宝官、都到城外踏青。"清蒲松龄《除日祭穷神文》:"我就是你贴身的家丁,护驾的将军,也该～宽限施施恩。"

【放娇】 fàng jiāo ❶ 撒娇。唐李商隐《碧城三首》之二:"紫凤～衔楚佩,赤鳞狂舞拨湘弦。"五代和凝《杨柳枝》:"醉来咬损新花子,拽住仙郎尽～。"宋赵汝鐩《响卜辞》:"小儿～来牵衣,抱我门前接爷归。" ❷ "放娇声"之省,指发出动人的声音。元张翥《风流子·赏筝妓崔爱》:"～银甲,春绕飞烟。可人处,凤声啼。"清陈维崧《稍遍·咏弹筝》:"何处～,砑罗裙上、一寸销魂地。"

【放教】 fàng jiào ❶ 放任;任由。唐白居易《春来频与李二宾客郭外同游》:"可惜济时心力在,～临水复登山。"宋吕陶《遣兴》:"收得寸心清似水,～双鬓白于银。"清《聊斋志异·瞳人语》:"此芙蓉城七郎子新妇归宁,非同田舍娘子,～秀才胡觑!" ❷ 使;让;教。宋《大慧普觉禅师书·答刘宾学彦修》:"要须生处～熟,熟处～生,始与此事少分相应耳。"明《二刻拍案惊奇》卷一六:"冥司道他持论甚正,～还魂,仍追乌老置之地狱。"清《聊斋志异·翩翩》:"此儿福相,～入尘寰,无忧主台阁。"

【放解】 fàng jiě 另见 fàng jiè。❶ 解开;松开。《元曲选·玉壶春》三折:"你为我病恹恹搂过这裙儿带,我为你沉腰宽减尽了形骸。你怕咱问时休,告姨姨只借过那镜儿来。"明《春梦琐言》:"李姐闻之,～净污,起谓棠娘曰:'斯儿无赖。'"王铚《寻亲记》一二出:"望乞监牢相担待,把绳索～。" ❷ 张开。明《山歌·蟋蟀》:"你只怕摔着子大头长脚真三色,斗得你牙钳～直姜姜倘在尺中心。" ❸ 解脱。《元曲选外编·升遐梦》一折:"今日个得遇大罗仙,道德如天大,桃也再不去向阳弄色,我可便送尽行人才～。"

【放解】 fàng jiè 另见 fàng jiě。❶ 以典解(典当)的方式放债。元武汉臣《老生儿》一折:"再休寻便宜～,再不惹官司征债,自然一天好事过门来。"郑廷玉《看钱奴》二折:"或有典缎匹,或是当钏钗,恨不的加一价～。" ❷ 支放。清雍正五年十一月初十日张坦麟奏文:"春季经收之数,每不敷春季解费,即于秋季饭食银内通融～。"

【放京债】 fàng jīng zhài 专门放债给在京选官的人以求日后回报。明《梼杌闲评》三三回:"那～的,怎肯借与这失时的犯官?"清赵翼《陔馀丛考》卷三三:"《史记·货殖传》:吴楚七国反时,长安列侯出从军者欲贷子钱,子钱家莫肯贷,……曰子钱家,则专有此出钱取息之人,如今～者也。"《醒世姻缘传》一回:"晁秀才选了这等美缺,那些～的人每日不离门缠扰,指望他使银子。"

【放空】 fàng kōng ❶ 放过;放开。宋陈造《寄师文二首》之二:"更闻名酒新传法,诗外棋边莫～。"明《夹竹桃·满阶荷叶》:"多花小姐眼朦胧,一见子情郎弗。二杯才罢,钮扣便松。"清《野叟曝言》一一一回:"次及虎臣,虽也上得竿末,却是吃力,不能～一手。" ❷ 落空;没有命中目标。《元曲选·单鞭夺槊》三折:"我见他格截架解不～,起一阵杀气黑濛濛。"元明《水浒传》六一回:"那一张川弩,只用三枝短箭,郊外落生,并不～箭放物落。" ❸ 使空;让容器空着。金元好问《赠别孙德谦》:"湖亭轰醉卧春风,到手金杯不～。"明李梦阳《春日漫成》:"潦倒元吾分,金尊莫～。" ❹ 放松;露出空子。明《挂枝儿·蒸笼》:"结识私情像蒸笼,要我肉面相逢弗～。"《拍案惊奇》卷一三:"却说那殷家嫁资丰富,约有三千金财物。殷氏收藏没一些儿～。"清《八洞天》卷八:"强氏恐丈夫看上了她,不许她梳好头,裹小脚。又提防严密,一毫也不肯～。" ❺ 空过;没有收获;漏掉。明刘宗周《刘子遗书》卷三:"若是燕居独处无可讲时,即当自心自讲:如何而为食息,如何而为起居,如何而为圣、为狂、为人、为禽,有一时可～耶?"沈采《千金记》二三出:"我想起来,夜夜不～,一直偷到初十。"清李光地《榕村语录》卷一:"不知朱子不是说全无褒贬,谓未必如今人说一字不～,都有褒贬耳。" ❻ 空载。清《野叟曝言》二五回:"那车夫歇车,答道:'咱德州～回保府去的。'"

【放口】 fàng kǒu ❶ 松开嘴。唐张鷟《朝野佥载》卷二:"艾灸鳖背,灸痛而～。" ❷ 尽情地张开嘴吃或说。宋欧阳修《与薛少卿书》:"令医工脱去病齿,遂免痛苦,然至今尚未敢～吃酒。"元许有壬《恭题胡震宦所藏今上御书》:"盖天纵之圣,不求成文,～

而自成文。"明罗伦《刘氏孟祯迎晖楼》:"年老流光易,春醅～歌。" ❸ 吐口;表示同意。明《西洋记》六五回:"王爷说了这一席好话,三宝老爷还不～。"清《续金瓶梅》一六回:"少也得三五百银子,还怕俺太太不肯～哩。"

【放快】 fàng kuài 加紧;赶快。明沈受先《三元记》四出:"〔小生〕前日将妻卖与冯员外,得银完赃。如今送妻子进去,即时就行了。〔外〕～些。"《西游记》八六回:"～些儿就是,我们肚中饥了。"清《雪月梅》七回:"你～些,不要耽搁了!"

【放宽】 fàng kuān ❶ 展放;放开;解开。宋王洋《赠龟峰书记》:"～千里目,散遣一身愁。"《朱子语类》卷一九:"某初看时要逐句去看它,便觉得意思浅迫;至后来～看,却有条理。"明《北宋志传》二三回:"即便叫手下～吊索,亲解其缚。" ❷ 放任;放松约束。宋《朱子语类》卷一六:"此一个心须每日提撕,令常惺觉,顷刻～,便随物流转。"明王樵《与长男启疆书》:"一入仕途,比做秀才时当加倍刻苦,才一步,悔吝立至。"清《聊斋俚曲·富贵神仙》:"做了秀才略～,自己听着他把书念。" ❸ 宽缓;不严格。元明《水浒传》三〇回:"此时武松已自得康节级看觑,将这刑禁都～了。"清陈端生《再生缘》五回:"公然带到衙门去,一定是,细问来由不～。" ❹ 放下;解除(担忧)。宋薛嵎《新春感怀五首》之五:"贫家有子才堪教,身后穷愁且～。"元高明《琵琶记》五出:"怎教人心～? 不由人不泪弹。"清《镜花缘》三九回:"忧虑稍为减些,把心～。" ❺ 放松;留出空隙。明朱橚《普济方》卷三〇九:"凡手足骨断者,中间一坐缚可带紧,两头～些,庶气血流荫。"《拍案惊奇》卷三〇:"却是刘员外自掌把定家私在手,没有得～与他。" ❻ 加大;增多。元黄复圭《赠舍农叟春耕者》:"急雨～科斗水,乱云遮断鹭鸶天。"明宋诩《竹屿山房杂部》卷一六:"造酒,每米一斗,官称下曲十两,下水八升。若要燥,水头～。" ❼ 宽展;延迟。清雍正五年四月十三日上谕:"此等借放印子银两之人,既借给兵丁,将每月钱粮尽行坐扣,一任兵丁之家有何急务,并不一月～。"《野叟曝言》六八回:"再～些日子,等待精神长旺,方行吸取。"

【放狂】 fàng kuáng 放纵情性,不受拘束。唐白居易《独树浦雨夜寄李六郎中》:"花下～冲黑饮,灯前起坐彻明棋。"明《西游记》五二回:"观音劝我皈依善,秉教迦持不～。"清吴绮《张山来笔歌序》:"巧难胜拙,徒贻诮于陈梭;众欲呼颠,且～而具笏。"

【放赖】 fàng lài ❶ 耍赖。明《西游记》三〇回:"原来人到了死处,谁肯认死,只得与他～。"清《说岳全传》四〇回:"好汉子说话不要～。" ❷ 死活;无论如何。清《春柳莺》八回:"他将我改妆女子,要脱骗人家。小的～不肯。"

【放懒】 fàng lǎn 放任懒散。唐白居易《郎中杂言》:"怕寒～不肯动,日高睡足方频伸。"元张翥《沁园春》:"从渠梦蝶疑蛇,得～情还自在些。"明杨士奇《示旅弼鸮艮书》:"令勤谨生业,不得～,更发落他和睦邻里,不得无状生事。"

【放利】 fàng lì ❶ 谋利。《新唐书·隐逸传》:"然～之徒假隐自名,以诡禄仕。肩相摩于道,至号终南嵩少为仕途捷径。"明张宁《友兰说》:"吾闻忠者不计施而报,义者不～而行,尽其忠而已。"王应遴《逍遥游》:"我所不取的利,乃是嗜利的、争利的、逐利的、的、钓利的、专利的、殉利的,若是应得之利,受之何妨?" ❷ 放债。唐白居易《得景负丁财物丁不告官强取财物过本数判》:"丁～欲赢,景通债未偿。"明吕柟《泾野子》内篇卷二四:"有十数监生～被人骗。"清蒲松龄《穷神答文》:"～怎免怨,为富定不仁。"

【放良】 fàng liáng 解除奴婢身分,成为平民。《金史·章

宗纪三》:"七月辛酉禁～人不得应诸科举。"《元典章·刑部四》:"主殴～奴婢,因伤致死,减凡人四等,合徒二年半。"《元曲选外编·五侯宴》一折:"你寻些个口衔钱,赎买您娘那一纸～书。"

【放亮】　fàng liàng　❶ 发光;闪亮。明《西游记》二八回:"这是那西落的日色,映着那金顶上～。"　❷ 指天亮。清《聊斋俚曲·禳妒咒》:"看看东方已～,太阳好似鳔胶粘。"

【放量】　fàng liàng　放开肚量。明《西游记》八七回:"少顷斋至,那八戒～舌餐,如同饿虎。"《二刻拍案惊奇》卷三〇:"有时～一吃,酒数斗,饭数升,不够一饱。"清《红楼梦》三八回:"又招呼山坡下的众人只管～吃。"

【放令】　fàng lìng　使;令。二字同义连用。唐张鷟《朝野金载》卷四:"取得鱼,必须上岸,人便夺之。取得多,然后～自吃。"宋《朱子语类》卷一二一:"欲为学问,须要打透这些子,～开阔。"明林俊《奏乞致仕第一疏》:"如蒙伏望皇上怜臣老朽,～致仕。"

【放落】　fàng luò　❶ 黜落;科举考试未通过。《太平广记》卷一七八引《摭言》:"小宗伯倚而选之,或悉中第,不然十得其七八。苟异于是,则往往牒贡院请～之由。"明王世贞《故令尹关中王翁修西方业》:"两儿计偕从～,一媪牵衣任夜长。"《古今小说》卷一二:"今奉旨～,行且道遥自在,变为仙人。"　❷ 抛除;舍去。《法苑珠林》卷一〇:"夫幽显报应,有若影响。宜～俗务,崇心大教。"　❸ 放下。宋唐慎微《证类本草》卷一二引徐表《南州记》:"(落雁木)雁衔至代州雁门皆～而生,以此为名。"元明《三国志通俗演义》卷三:"城门大开,吊桥～。"清《野叟曝言》九回:"素臣～茶盏,起身接住。"　❹ 放松;解除(担忧)。明《警世通言》卷二四:"以后吃得热闹,连王定也忘怀了,索性～了心,且偷快乐。"《西湖二集》卷三:"那妻子拆开书来看了,得知丈夫有了安身之处,～了这条肠子,自家间绩麻过日不题。"清《飞龙全传》一五回:"心下甚是欢喜,顿把愁肠～了一半。"　❺ 荒废;不振作。明周瑛《莲溪书屋记》:"方念是州学校废弛,人才～,文事不兴。"

【放卖】　fàng mài　❶ 发放出售。宋吕陶《奏乞相度逐界坊场放免欠钱状》:"惟坊场一事,根株深固,条约交紊,犹有餘弊,未尽蠲除。盖累界～,至今凡十五年。"　❷ 犹"卖放"。明王琼《传奉疏》:"与原拨官军分作两班,派定地方轮流巡逻,不许私役～。"清《隋唐演义》三三回:"况且那些无赖的,在这工上,希图～些役夫,克扣些工食。"

【放慢】　fàng màn　❶ 把动作或程度、剂量等减慢、放缓。宋史达祖《东风第一枝·咏春雪》:"寒炉重暖,便～春衫针线。"明朱橚《普济方》卷三七一:"每次一二服了,须审察证候缓急,有无传变,稍觉宽定,其药～或势渐紧,宜以次第紧急药与服。"清《歧路灯》二回:"将马儿～着些,我们还商量些话儿。"　❷ 缓慢地;慢慢地。元李衎《画竹谱》:"粘帧,先须将帧干～靠墙壁,顿立平稳。"　❸ 怠慢;不尊重;不周到。敦煌词《云谣集·捣练子》:"君去前程但努力,不敢～向公婆。"宋郑伯谦《宿卫》:"虽名为兵,而不闻有一武夫悍卒一诡谲之人,得以厕迹于其间者,～。"《朱子语类》卷四四:"此心常卓然公正,无有私意,便是敬;有些子计较,有些子～意思,便是不敬。"　❹ 松懈;不在意。宋《朱子语类》卷一一六:"也只是事事致谨,常常持养,莫教～了便是。"明《古今小说》卷一:"兴哥虽然想家,到得日久,索性把念头～了。"清《野叟曝言》四六回:"因一路平安,心～了,身子劳乏,竟沉沉睡去。"

【放慢线儿】　fàng màn xiàn er　比喻做事松缓不着急。明《古今小说》卷四〇:"如今知他在里头不在里头,还亏你～讲话。"

【放懞挣】　fàng méng zhēng　装疯卖傻。《元曲选·昊天塔》四折:"这厮待～,早拨起咱无名火不邓邓。"又《神奴儿》二折:

【放命】　fàng mìng　❶ 释放;使活命。《敦煌愿文集·儿郎伟》:"回鹘……走入楼上乞命,逆者入火坑(焚)。大段披发控告,～安于城除(池)。"又:"降者安存～,逆者寸斯(斩)亡魂。"　❷ 失去性命;死去。元明《水浒传》五三回:"言罢便放了命,柴进大哭一场。"明《拍案惊奇》卷三一:"又复一刀,便放了命。"

【放囊】　fàng náng　聚赌抽头。囊,聚赌者在赌桌上所放的抽头钱的口袋。元明《水浒传》一〇四回:"原来赢的不多,赢的都被把梢的,～的拈了头儿去。"明《石点头》卷一〇:"赌场中捉头～,衙门里买差造访。"

【放尿】　fàng niào　❶ 小便。《祖堂集》卷一二《禾山和尚》:"古人见座主,乃唤座主云:'是汝身中有佛,你还识不?'座主对云:'何处得与摩屎一佛?'"《五灯会元》卷二〇《开善道谦禅师》:"师曰:'五件者何事? 愿闻其要。'元曰:'着衣,吃饭,屙屎,～,驮个死尸路上行。'"　❷ 詈词。胡说。清《警寤钟》一回:"快好好与我叫那个～先生回去就罢。"

【放弄】　fàng nòng　放飞调弄(猛禽)。五代孙光宪《北梦琐言》卷一一:"一日梁祖话及鹰鹞。薛公衹对,盛言鸷鸟之俊。梁祖欣然,谓其亦曾～,归馆后传语送鹞子一头。"

【放牌】　fàng pái　衙署对外办公时出示告示牌。明祁麟佳《错转轮》三出:"〔判坐介〕鬼使～审事者!"沈鲸《双珠记》四出:"如今正是早衙时分,叫左右的～投文。"清《歧路灯》九一回:"前日道台观风点名,看来都有关照之意。"

【放屁】　fàng pì　❶ 从肛门中排出臭气。唐庞蕴《家长自饮酒》:"空中鸠鸽舞,骤来助～。"明孙一奎《赤水元珠》卷五:"秘方治鼓胀如神,气鼓则～,水鼓则下水而愈。"清《聊斋俚曲·墙头记》:"一个口唱两个曲,～又要着把拿,是别人我就失口骂。"　❷ 詈词。胡说。宋周密《癸辛杂识》别集卷上:"众皆在此说话,吾弟却在此～。"《元曲选·陈州粜米》一折:"这厮～。秤上现秤八两,我吃了你一块儿那?"清《儒林外史》五回:"趁舍妹眼见,你两口子同拜天地祖宗,立为正室,谁人再敢～!"

【放屁辣臊】　fàng pì là são　詈词。胡言乱语。元明《水浒传》二一回:"外人见押司在这里,多少干热的不怯气,胡言乱语,～,押司都不要听。"明《金瓶梅词话》八一回:"不料韩道国正陪众客商在席上吃酒,听见胡秀口内～,心中大怒。"《禅真遗史》一九回:"我是走千家万户的,老实为本,谁与你小猢狲～!"按,此词又作"放屁拉骚""放屁辣骚""放屁拉撒""放屁拉杂"等,义并同。

【放屁添风】　fàng pì tiān fēng　谓作用虽然不大,也能助些声势。明《西游记》七五回:"你虽无甚本事,好道也是个人。俗云～,你也可壮我些胆气。"又八三回:"都是大家有益之事。虽说不济,却也～。"

【放泼】　fàng pō　❶ 不加约束地;放诞,放任。宋苏轼《杂纂二续·不图好》:"去任官～要钱,死囚骂法官。"刘克庄《后村诗话》卷一:"唐人多不矜细行。李群玉有《龙安寺佳人阿最歌》云:'何须同泰寺,然后始为奴。'其～如此。"明《拍案惊奇》卷二〇:"果然惜惺惺～了些。罗妈妈见他日间做事,有气无力,长打呵欠,又有时早晨起来,眼睛红肿,心里疑惑起来。"　❷ 撒泼;耍无赖。元高明《琵琶记》一六出:"猛挤把持～,毕竟是个毕竟。"明《梼杌闲评》一二回:"少你什么钱,这等～?"清《醒世姻缘传》五三回:"那晁为仁是他的嫡堂之弟,平素也不是甚么好人,撒刁～,也算得个无所不为。"　❸ 放大;放开。清《无声戏》四回:"你放心兑去,只要把胆～些,不要说不是自己的本钱,畏首畏尾,那生意就做不开了。"又:"他教我把胆～些。我前日只因泼,坏了事,如

今怎么还好泼得?"

【放妻】 fàng qī 休妻,也指被休之妻。敦煌本《放妻书》:"三载夫妻,结缘则和;三年有怨,则成仇隙。今已不和,想是前世怨家,……时厶年厶月厶日厶乡百姓厶甲～书一道。"《续资治通鉴长编》卷一九〇:"臣之与妻其义虽均,然逐臣可以复归,～不可复合。"

【放气】 fàng qì ❶ 放屁,也指散发臭气。唐张鷟《朝野佥载》卷四:"客谓是微贱,甚轻之,乃傍卧～与之言。"《太平广记》卷二四六引《谈薮》:"融与谢宝积俱谒太祖,融于御前～。"《祖堂集》卷一五《龟洋和尚》:"师～,阖府皆闻。闽王乃焚香启告:'如若却复故山,乞收气。'师乃放香气。" ❷ 指胡说。宋陆游《老学庵笔记》卷一:"素恶其狂,乃与坐附耳语曰:'君素号敢言,不知秦太师如何?'德昭大骇,亟起掩耳曰:'～,～!'遂疾走而去。"

【放枪】 fàng qiāng 开枪射击。明杨铭《正统临戎录》:"行至宣府,着袁彬等叫城。有城上总兵、太监等官不认,～要打。"清图理琛《异域录》卷上:"排兵列队,鸣炮～,鼓吹而送。"《女仙外史》九回:"并令数百鸟枪手截其归路,近城则,或逃去则放炮。"

【放抢】 fàng qiǎng 纵放抢掠。清陈端生《再生缘》一七回:"状元接住楼中彩,惊喜相交纳袖间。士庶众人难～,大家走散不来观。"《续金瓶梅》一五回:"怕金兵出营,伯爵领着老婆一路往西而去。"《豆棚闲话》一一则:"日间～,夜间又怕官兵赶来,昼夜不睡,却都是疲倦的。"

【放青】 fàng qīng 放牲畜到青草地吃青草。明《型世言》一七回:"便就在管的马中,相上了两匹壮健的在眼里,乘着夜间～,……他便偷了鞍辔,赶来拴上。"清《后西游记》四回:"正算计变化,忽远远望见一群天马～回来。"纪昀《阅微草堂笔记》卷一五:"海滨空旷之地,茂草丛生,土人驱牛马往牧,谓之～。"

【放却】 fàng què ❶ 放下;垂下。《五灯会元》卷一五《洞山永孚禅师》:"～牛绳便出家,剃除须发着袈裟。"元刘壎《扫心图赞》:"云散天空,～帚柄。"清吴绮《五福降中天·丁未除夕示内》:"况当良会,～眉梢,陶然须共醉。" ❷ 放逐。唐李白《悲歌行》:"汉帝不忆李将军,楚王～屈大夫。" ❸ 下放;遣散。唐李德裕《请于太原添兵备状》:"太原兵额虽存,皆被军将～诸处,缓急点集至难。"《旧唐书·高骈传》:"卿初委张璘,请～诸道兵士。辛勤召置,容易放还。" ❹ 放过;允许通过。宋苏辙《翠樾亭》:"檐前翠樾雕疏尽,～(一作却放)墙头好月来。"王柏《述民志》:"仍给榜外邑,召募客贩,许陈乞实数,借本州米,历于关津通～。" ❺ 饶放;赦免;免除。唐张鷟《朝野佥载》卷三:"大使曰:'御史不奉正敕,不合决杖。'君卿曰:'若不合,有敕且～。'御史裹头,仍舞蹈拜谢而去。"宋杨万里《探梅偶李判官馈熊掌》:"灯前雪里新醅熟,～先生不醉无?"《续资治通鉴长编》卷二三七:"惟第五等户钱不多,～如何?" ❻ 抛弃;弃置不顾。五代许岷《木兰花》:"宝筝金鸭任生尘,绣画工夫全～。"明汤显祖《紫钗记》五出:"咱趁着笙歌引,笑声喧,怎～百花中,漏声闲箭?"清潘天成《默斋汤子训言》:"一切智谋才略俱要～,惟存一片虚明心体。" ❼ 不论;且不说。宋李流谦《予客三池王正卿以四绝见寄》之四:"我来在处说君名,小轴人争睹凤星。～他时能致此,定知阮眼在君青。"

【放饶】 fàng ráo 饶恕;放过。明沈璟《白练序·咏美人红裈》:"玉笋挑,又惊觉才郎不～。"佚名《画眉序·春游》:"莫把春光辜负了,白发从来不～。"清《玉蜻蜓·问卜》:"弗死也罢哉,若是死子没,略王定个老奴才,真弗～。"

【放任】 fàng rèn ❶ 听其自然,不加干涉或治疗。唐[日]

圆仁《入唐求法巡礼行记》卷二:"幸蒙～东西,得到使君仁境。"宋苏轼《与邓安道书》:"痔疾至今未除,亦且～,不复服药。"清陈廷敬《十一月十七日半日村草堂独宿》:"懒慢从教书帙乱,忙闲～酒杯宽。" ❷ 随意。《景德传灯录》卷一五《大同禅师》:"由是～周游,归旋故土。" ❸ 放还。《太平广记》卷三八一引《冥报记》:"汝以证兄故久留,汝兄既遭杀,汝便无罪,～受生。"

【放散】 fàng sàn ❶ 遣散;解散。唐张鷟《朝野佥载》卷四:"恒总追集男女三百餘人,就中唤与老婆语者一人出,餘并～。"宋周文璞《春雪》:"傲吏吟哦空峭下,野童～夜堂初。"清《隋唐演义》一九回:"再传旨说宿卫兵士勤劳,暂时～。" ❷ 发放;分发;使分散。《旧唐书·陆长源传》:"旧例,使长蘥,～布帛于三军制服。"宋司马光《论财利疏》:"其间果能利民者,不过～县官之物以予民耳。"毕仲游《耀州理会赈济奏状》:"亦要豪右积贮之家,不乱～所有斛斗出境内。" ❸ 停止;结束;中止。唐白居易《宿灵岩寺上院》:"荤血屏除唯对酒,歌钟～只留琴。"宋曾丰《冬夜官舍围炉酒》:"～衙曹小退安,闭门开架检书看。"元欧阳玄《元翰林学士赵文敏公神道碑》:"今理算钱粮,其不可征者皆死亡之数。不及今～免之,他日有言中书省累失陷钱粮数千万者,丞相何以自解?" ❹ 消散。唐白居易《池上送考功崔郎中兼别房窦二妓》:"文昌列宿征还日,洛浦行云～时。"宋杨万里《明发三衢》之二:"何处吹来好消息,诸峰～夜来云。" ❺ 涣散;散漫。宋《朱子语类》卷一一五:"如何做得敬,只是提起此心莫教～。"明魏校《复胡郡守孝思》:"论其要,不越乎此心收敛～之间耳。"清《野叟曝言》七二回:"因其原是一气,故～而在天之气与接续在人之气,如针投芥,如磁引铁,一念感通,即成合漠。" ❻ 放开;散放;松放。宋郑刚中《夜闻雨声赋古风》:"小儿～蜥蜴去,神鼓罢击巫舞停。"明朱橚《普济方》卷三九五:"次入虢丹一两,同黄连炒。令丹焦为度顿出,放在纸上,仍～着地,令冷为末。"《僧尼孽海·封师》:"妇乃～生发,代生梳作匾髻。" ❼ 公布(任命);委任;分派。宋流谦《上樊运使书》:"以一职令状先次陶镕,使早获～,然重以京削成就。"周辉《清波杂志》卷一一:"有孙愿赴部乞磨勘,已～矣。昌曰:'以目下气色观之,非但改官参差,且恐折本。'"明林俊《夺获流贼印刀疏》:"将房去男妇二百餘人,～砍木搭桥,越过本盘。"

【放善】 fàng shàn 显出善意;留情。明《西游记》三五回:"那个皆因手足情,些儿不～;这个只为取经僧,毫厘不容缓。"

【放赏】 fàng shǎng 发放赏钱。清《红楼梦》四五回:"我是没有贺礼的,也不知道～。"《南巡盛典》卷七七:"并将应赏之大臣官员兵丁数目,及～之缎匹、钱粮、银牌数目,另缮清单恭呈御览。"

【放舍】 fàng shě ❶ 原宥;放过。《敦煌愿文集·愿文范本等·患文》:"此世他生,或有怨家债主、负财负命者,愿领功德分,发欢喜心,[解怨舍结,转生人道天中,莫为酬(雠)对,]～患儿,还复如故。"《元曲选·勘头巾》二折:"我跟前休讳,那其间必受私,既不沙怎无个～悲慈。"明《古今小说》卷三:"我师,我与你有甚冤仇,不肯～我?" ❷ 放弃;舍弃。《祖堂集》卷六《洞山和尚》:"问一切皆～,犹若未生时如何?"宋《朱子语类》卷一二一:"如自家有一大光明宝藏,被人偷将去,此心还肯～否?定是去追捕寻捉得了,方休。"明《醒世恒言》卷一〇:"倒在地下,气息将绝,尚紧紧抱住一只竹箱,不肯～。"

【放赦】 fàng shè 释放;赦免。《敦煌变文校注》卷五《佛说阿弥陀经讲经文》:"狱内囚人,连蒙～。"元《前汉书平话》卷上:"第三日,汉王升殿,聚大臣,～遍行天下。"清《聊斋俚曲·襄妒

咒》:"若还得金口～,那公子定无他言。"

【放身】 fàng shēn ❶ 放开手脚;纵身。《太平广记》卷四二一引《原化记》:"恐负入江,遂～自坠,落于深草之上。"唐曹松《驸马宅宴罢》:"学语莺儿飞未稳,～斜坠绿杨枝。" ❷ 放纵身体;恣意。《太平广记》卷四七一引《续玄怪录》:"听而自顾,即已鱼服矣。于是～而游,意往斯到。"《新五代史·一行传》:"然与其食人之禄,俯首而包羞;孰若无愧于心,～而自得。"宋韩淲《雨晴过杰上人》:"今日溪边山雾卷,僧坊赢得～行。" ❸ 探身;身体由遮掩而露出。《祖堂集》卷七《岩头和尚》:"忽与两个纳僧,来礼拜和尚。和尚才见上来,以手托木庵门,～出外云:'是什摩处住。'" ❹ 身体倾斜。《祖堂集》卷七《雪峰和尚》:"峰云:'我今日不多安。'～便倒。"金《董解元西厢记》卷三:"夫人请'是必终席',张生不免～坐地。"清《聊斋俚曲·丑俊巴》:"～倒在床儿上。" ❺ 置身。宋冯山《送文与可知洋州》:"何事年年拥使麾,～闲处避危机。"明胡应麟《与易使君惟效书》:"别来～江海,日从赤松子牧羊穷谷中。"梁潜《璜溪钓者说》:"～于闲逸,以自托于耕钓之间。" ❻ 解放身体束缚;放生。明王錂《寻亲记》二九出:"如今谢你们得～,便死也相感戴。"

【放生】 fàng shēng ❶ 放养。唐戴孚《广异记·刘老》:"信州刘老者,以白衣住持于山溪之间。人有鹅二百馀只,诣刘～,恒自看养。" ❷ 复活;给予活命。唐戴孚《广异记·王勋》:"望舒惶惧,呼神巫,持酒馔,神前鼓舞,久之～。"明杨柔胜《玉环记》一九出:"不意偶触虎威,望将军～。"清《东周列国志》七二回:"喝令左右一齐下手,将讹拥入关上。讹诈为不知其故,但乞～。"

【放声】 fàng shēng ❶ 放大声音(哭)。唐孟郊《吊卢殷》之七:"登封徒～,天地竟难寻。"金《刘知远诸宫调》二:"哭着告,告着哭,也不敢～高哭。"清《红楼梦》一四回:"凤姐坐了,～大哭。" ❷ 纵放声音;高声。宋黄庭坚《戏赠陈季张》:"～寄大块,肆情无去留。"《元曲选·梧桐雨》四折:"把太真妃～高叫。叫不应,雨泪嚎咷。"清《醒世姻缘传》八三回:"且不是紧挨着军厅,就是紧靠着刑厅,你敢高声说句话呀,你敢～咳嗽声?" ❸ 出声。明《西游记》四六回:"乖乖,忍着疼,莫～,等我与你剃头。"清《蜃楼志》一七回:"吓得吉士与也云紧紧搂住,不敢～。"

【放矢】 fàng shǐ 排大便。《元曲选外编·独角牛》二折:"腰儿小,肚儿细,吃的饱,快～。"

【放试】 fàng shì 举行科举考试。宋吴自牧《梦粱录》卷二:"朝廷差监试、主文、考试等官,就礼部贡院～。"又卷四:"八月十五日放贡举,应诸州郡府及各路运司并于此日～。"

【放手】 fàng shǒu ❶ 松手;离手。《五灯会元》卷四《台州胜光和尚》:"龙华照和尚来,师把住曰:'作么生?'照曰:'莫错。'师乃～。"宋黄裳《岁寒堂》:"酒杯～情已疏,可鄙当时背文客。"清李玉《清忠谱》二折:"看我众人面上,～,～。" ❷ 罢手;放弃。宋邵雍《首尾吟》之五八:"尧夫非是爱吟诗,诗是尧夫相度时。合～时须～,得开眉处且开眉。"金李天民《南征录汇》:"宋兵尚多,人心未去,如今～,后患无穷。"清《红楼梦》四六回:"这个大老爷,真真太下作了,略平头正脸的,他就不能～。" ❸ 比喻饶恕。《元曲选·窦娥冤》二折:"得～时且～,得饶人处且饶人。"清洪昇《长生殿》一五出:"〔丑叩头介〕向地上连连叩头,望台下轻轻～。〔末、副净〕若要饶你,快换马来。"《红楼梦》六一回:"得～时须～,什么大不了的事,乐得不施恩呢。" ❹ 动手。宋黄庭《从陈季张求竹竿引水入厨》:"挥斧直须轻～,却愁食实凤凰惊。"元明《水浒传》六二回:"薛霸对董超道:'大哥,你去林子外立着,若有人来撞着,咳嗽为号。'董超道:'兄弟,～快些个。'" ❺ (施放枪炮

的)操作手。明何良臣《阵纪》卷二:"子母炮者,……须药线不误,～惯熟。" ❻ 离婚的婉词。清黄叔璥《台海使槎录》卷五:"夫妇相离曰～。"

【放赎】 fàng shú 取赎(抵押品)。《元曲选外编·刘弘嫁婢》一折:"刘弘员外～不要利,拿本钱来,则管赎了原物去。"《明律·户律》:"其所典田宅、园林、碾磨等物,年限已满,业主备价取赎,若典主托故不肯～者,笞四十。"清《野叟曝言》一四回:"有谋再四推扳,方准五年～,敬亭只肯三年。"

【放水】 fàng shuǐ ❶ 胡说。《元曲选·桃花女》二折:"女亲家会～,男亲家点着火,你将那好言语往来收拾,则办得两下里挑唆。"明《金瓶梅词话》三八回:"第二的不知高低,气不愤走来这里～,被他撞见了,拿到衙门里,打了个臭死。" ❷ 即"放水火"。清《荡寇志》九三回:"收封～都毕,笼门上了大锁。"又:"当牢节级等来开封～都毕,忽听一片吆喝道:'知府相公叫提梁山一干人犯听审。'"

【放水灯】 fàng shuǐ dēng 即"放河灯"。明《金瓶梅词话》四八回:"去冬十月中,本寺因～儿,见一死尸从上流而来。"清黄叔璥《台海使槎录》卷二:"七月十五日亦为盂兰会,……更有～者,头家为纸灯千百,晚于海边亲然之。"

【放水火】 fàng shuǐ huǒ 放犯人出牢房大小便。《元曲选·蝴蝶梦》三折:"起来～。"明《醒世恒言》卷三〇:"且说众牢子到次早放众囚水火,看房德时,枷梢撇在半边,不知几时逃去了。"

【放水鸭】 fàng shuǐ yā 比喻放任,不加约束。明《金瓶梅词话》九〇回:"不争你走了,我看守大门管～? 若大娘知道,问我要人怎了?"

【放松】 fàng sōng ❶ 对事物的注意和控制由严变松。金元好问《与枢判白兄书》:"更看向去时事,稍得～否也?"《元曲选·勘头巾》二折:"你休要了囚人的钱,～了他。"清《醒世姻缘传》六一回:"素姐自此也晓得这几日相大妗子日日要来,碍他帮手,也便～了,不来搜索。" ❷ 松开;放开手。明《古今小说》卷二:"且说假公子得了便宜,～那小姐去了。"《二刻拍案惊奇》卷三四:"那些小鬼见说出杨太尉三个字,便～了手,推跌下来。"清《白雪遗音·舟遇佳期》:"打趣奴家也罢了,因何拉住奴的裙儿不～。" ❸ 放宽束缚或距离。明李日华《六研斋三笔》卷四:"必先用膝牢抵其肛门,若～,一泄气,命即断矣。"徐霖《绣襦记》一九出:"老年来因无娇媚,不～脚儿还细。"清《绿牡丹》三三回:"鲍自安分付松刑。那人把五个指头～。" ❹ 使松快。明《二刻拍案惊奇》卷五:"想必是府中弟兄们见我费力,替我抱了,～我些。" ❺ 放过;饶放。明《西洋记》三〇回:"我倒～了你,你就来恩将仇报也!"又五四回:"此人是个妖道拆拽来的。怎敢这等无礼? 我祖代天师的人,肯～了他?"清《飞龙全传》一〇回:"二哥,你用心帮着,休要～这厮。" ❻ 松散;宽舒。明徐畹《杀狗记》一二出:"哥哥,你把身子略～些便安。"《二刻拍案惊奇》卷九:"素梅见他极态,又哄他又爱他,心下自软了,不由的脚下～,任他推去。"清《红楼真梦》二〇回:"凤姐见贾母仍然疼他,心里也～了一半。"

【放㤵】 fàng sōng 同"放松❶"。元朱庭玉《青杏子·思忆》:"娘知道,致令不曾～,风声不透,水息难通。"

【放送】 fàng sòng ❶ 释放。《法苑珠林》卷九二:"母对之悲泣,止家人勿杀,待庆植至～之。"明《西游记》二九回:"因有阳寿未绝,感冥君～回生。" ❷ 发射。清《九云记》二九回:"复左手执弓,右手挽弦,恰如满月挽来,仰面向空,出一声'中',～一箭去了。"

【放速】 fàng sù 犹"放快"。《唐会要》卷七四:"高班卑品,

准式分铨,分铨则留,～了限。"清《歧路灯》一五回:"约会的人,贤弟～些就是。"又五〇回:"把席～些,吃了饭,好街上走动。"

【放堂】 fàng táng 到寺庙各堂普遍施舍。清《红楼梦》六二回:"各庙中遣人去～舍钱。"

【放停】 fàng tíng ❶ 解除职务;免除服役或服刑。唐李隆基《南郊大赦文》:"其诸色～解考免与替人等非犯赃者,宜令所司勘责,量加收叙。"宋苏轼《答宝月禅师》:"他日天恩～,幅巾杖履,尚可放浪于岷峨间也。"张嵲《八月一日视朝转对奏状》:"吏之～者,失志以怨诽,伺事以持胁。" ❷ 休假;停止工作。宋孟元老《东京梦华录》卷三:"或军营～,乐人动鼓乐于空闲,就坊巷引小儿妇女观看,散糖果子之类,谓之卖梅子。"王炎《申宰执乞权住造甲》:"然军器所、造甲所雇佣民匠,暑热～,秋凉会集。"

【放偷】 fàng tōu 金元风俗。正月十六日不禁偷盗。宋洪皓《松漠纪闻》卷二:"正月十六,挟奴仆十辈,入寡姊家恣焉,……问其故,曰:'～敢尔。'"明郎瑛《七修类稿》卷四四:"金与元国俗,正月十六日谓之～。是日各家皆严备,遇偷至则笑遣之。虽妻女、车马、宝货为人所窃,皆不加罪。"

【放头】 fàng tóu ❶ 聚赌作头家。放头作的人可以抽头得头钱。《元典章·刑部十九》:"将～人吕冬儿,为从赌博人郑猪狗、安主蒋四儿,印扳人叶林依例断决了当。"明《梼杌闲评》一一回:"半日进击输了五十馀两,回家瞒着妻子取了还他。那班帮闲～的,遂以为他奇货可居。"清《红楼梦》七三回:"只他去～儿,还恐怕他巧言花语的和你借贷些簪环衣履作本钱。" ❷ 倒头;躺下。清《聊斋俚曲·磨难曲》:"醉醺醺上床,美人进帐,麻煞一场,～一觉东方亮。"

【放退】 fàng tuì ❶ 退后。宋《朱子语类》卷八:"及到滩脊急流之中,舟人来这上一篙,不可放缓。直须着力撑上,不得一步不紧。～一步,则此船不得上矣。"又卷三四:"但是解'一日用力'而引此言,则是说进数步。今公言'欲仁仁至',而引前言,则是～数步地也。" ❷ 脱略不固执;放弃不纠缠。宋《朱子语类》卷一一八:"先生问伯羽如何用工,曰:'且学静坐,痛抑思虑。'曰:'痛抑也不得,只是～可也。若全闭眼而坐,却有思虑矣。'"又卷一二五:"看来杨朱较～,老子反要以此治国,以此取天下。"明高攀龙《示学者》:"如何得心与念离?～杂念,只是一念,所谓主一也。"

【放脱】 fàng tuō ❶ 饶放;放走;使脱离。《法苑珠林》卷六四:"善哉唯愿大圣王,慈悲怜愍～我。"明《拍案惊奇》卷二〇:"虽然打发几次人来,只因姊姊名重,官府不肯～。"清于成龙《弭盗条约》:"如分拨堵守要路,～贼走者,即未曾犯赃,甲长亦应治罪。" ❷ 放手;错过。元王仲元《粉蝶儿·集曲名题情》:"归塞北恩情恨未消,呆古朵怎～了?"清《万花楼》四二回:"这众奸臣见了财帛,岂肯～。" ❸ 摆脱;松开。明郑若曾《江南经略》卷二上:"贼来攀援,则其木自然下击。人不能攀驾,又不能～。"清《两肉缘》二回:"有能～手儿,送出大门。"

【放顽】 fàng wán 放顽皮;撒泼。唐王梵志《世间何物贵》:"～邻里行,元来不怕死。"宋《密庵和尚语录》:"镜清～,佛也不奈伊何。"元王大学士《点绛唇》:"一个～撒泼,一个唱歌厮骂。"

【放围】 fàng wéi 设下对野兽的包围,是北方游猎民族集体打猎的一种方法。宋《三朝北盟会编》卷四:"率诸酋至,各取所佩箭一只,掷占远近。各随所占,左右上马。军马单行,每骑相去五七步,接续不绝,两头相望,常及一二十里。"《金史·完颜匡传》:"上闻其事,不以为罪,惟将安州边吴泊旧一场地,奉圣州在官闲田易之。"清弘历《雪猎》:"榑桑日出鹿罢鸣,兴安～趁晓晴。"

【放习】 fàng xí 仿习。放,通"仿"。唐王梵志《孝是前身缘》:"孝是前身缘,不由相～。"颜师古《匡谬正俗》卷五:"不知何所凭据,转相～,此弊渐行于关中。"明王守仁《谪居粮绝请学于农》:"夷俗多火耕,～亦颇便。"

【放下脸】 fàng xià liǎn ❶ 拉下脸;脸上现出怒色。明《梼杌闲评》四二回:"若被他把副本送与林老儿看,这事不但不成,反要惹他～来说我们不守学规。"清《醒世姻缘传》五六回:"狄希陈倒也似有如无的不理,只是素姐～来,发作说道:'没廉耻老儿无德!'"《荡寇志》七四回:"希真～来道:'那个是你泰山!'" ❷ 脸色变得缓和。明《古今小说》卷三:"吴山正欲发怒,见那小娘子敛袂向前深深的道个万福:'告官人息怒……'吴山便～来道:'既如此,便多住些时也不妨。'"《韩湘子全传》二五回:"张二妈又夹七夹八说了一回,笑了一回,才～儿,对韩夫人说道:'婆子在府中走动多年,原不敢说一句闲话。'"清《十二楼·奉先楼》二回:"那位将军把他脖项之中仔细一验,只见铁索所盘之处磨得肉绽皮穿,就不觉回嗔作喜,～来。"

【放闲】 fàng xián ❶ 使安闲;让安闲。唐白居易《奉和李大夫题新诗·因岩亭》:"清景徒堪赏,皇恩肯～?"五代齐己《寄勉二三子》:"暇日还宜爱,馀生莫～。"清《隋唐演义》三一回:"六宫清画斗云鬟,谁把君王肯～?" ❷ 安闲;悠闲。唐庞蕴《大唐三百六十州》:"大唐三百六十州,我暂～乘兴游。"金《董解元西厢记》卷一:"没有一个日头心,没有一个时辰儿不挂念,没有一个夜儿不梦я。"明史谨《耕乐图》:"瘠田数亩九峰间,暮耔朝耘不～。" ❸ 指去职;罢官;逐除。唐王建《朝天子词十首寄魏博田侍中》之七:"四海无波乞～,三封手疏犯龙颜。"元张可久《普天乐·次韵归去来》:"草堂空,柴门闭,柳枝,伴老山妻。"清《歧路灯》五一回:"弟一向待罪吴江,桑梓久疏,今蒙各台宪～里田。" ❹ 放下;搁置。宋李昴英《中秋无月》:"药杵～灵兔懒,镜奁掩却素娥愁。"元庾天锡《雁儿落过得胜令》:"金杯休～。"清厉鹗《秋暑集让公南屏山房分韵》:"八月生衣未～,城中无处散疏顽。" ❺ 放缓;放松;不抓紧。元陈致虚《周易参同契分章注》卷中:"自'颜色浸以润'而下,句句紧用着,无一句～。"乔吉《斗鹌鹑·歌姬》:"向尊席之上,谈笑其间,意思相攀,且是娘剔透玲珑不～。"明梅鼎祚《玉合记》六出:"小姐年也在时了,李郎怎生只～他?〔贴〕相公子来劳神,他好事也只在这早晚了。" ❻ 放空;出现空隙。元明《三国志通俗演义》一一二回:"那小将军枪法无半点～。"《水浒传》三四回:"翻翻覆覆,点钢枪没半米～。"明《西游记》三四回:"这一个翻翻复复,有千般解数;那一个来来往往,无半点～。"

【放线】 fàng xiàn 江湖黑话。做眼线;当坐探。明《古今小说》卷三六:"我想你庶民之家,那得许多东西?却原来～做贼!"

【放响】 fàng xiǎng 即"放响马"。清《绿牡丹》三回:"这奶奶因幼年曾在道上,遇见花振芳保镖。二人杀了一日一夜,未分胜负。"

【放响马】 fàng xiǎng mǎ 做强盗。明《拍案惊奇》卷三一:"有四个人,原是～的,风闻赛儿有妖法,都来归顺赛儿。"清《绿野仙踪》七五回:"你开口没胆气,闭口没胆气。你要有胆气的人做帮手,想是要在大明门前～么?"《女仙外史》二四回:"小将有两个弟兄,……近在河北～来,愿求考校录用。"

【放小鸭儿】 fàng xiǎo yā er 即"放水鸭"。疑"小"为"水"之误。明《金瓶梅词话》七五回:"都是这等起来,俺每在这屋里～?就是孤老院里,也有个甲头。"

【放懈】 fàng xiè 松懈;懈怠。明《二刻拍案惊奇》卷六:"在路上也过了好两个年头,不能勾见妻子一见,却是此心再不～。"清陆陇其《四书讲义困勉录》卷七:"只是常存此心而不放,言自然

难出口,而行自然不～矣。"

【放心】fàng xīn　❶ 没有忧虑和牵挂。宋李纲《奏乞起发弓弩手札子》附高宗批语:"朕行遣边事,不使少有迟滞,不曾少～,日逐忧念。"金《董解元西厢记》卷二:"相国夫人且坐。但～,何须怕怯子么!"清《聊斋俚曲·富贵神仙》:"你的干爷就是我的朋友,你～罢。"　❷ 准定;定教。《元曲选·博望烧屯》一折:"俺驱马离新野,诚心谒孔明。今年又不遇,～烧的草庵平。"又《飞刀对箭》楔子:"拿住总管张士贵,～血溅东南半壁天。"

【放行】fàng xíng　❶ 发表委任使就职。唐韩愈《国子监论新注学官牒》:"其新受官上日,必加研试,然后～。"宋汪应辰《御札问蜀中旱歉画一回奏》:"本路转运司先拟差右朝散大夫王会替邓权,吏部尚未～。"《宋史·度宗纪》:"辛未,以文武官在选困于部吏,隆寒旅琐可悯,诏吏部长贰郎官日趣铨注,小有未备,特与～。"　❷ 发放;发给;配售。宋真德秀《申尚书省乞将本司措置俸给颁行诸路》:"每月合得钱米多是拖积,不肯～,致使小官或任满不能到部,或死亡不得归乡。"周煇《清波杂志》卷七:"道士一万人,僧二十万人,乃绍兴二十七年礼部见注籍之数。时未～度牒,迄今三十餘年。"清黄叔璥《台海使槎录》卷八:"官令采买麻石又四千餘金,～社盐又二千餘金。"　❸ 流行。宋李觏《安民策第五》:"水火木金土交相为沴,水旱所以狎至,疫疠所以～也。"　❹ 解除;放宽限制。宋苏轼《论河北京东盗贼状》:"天圣中,蔡齐知密州。是时东方饥馑,齐乞～监禁,先帝从之,一方之人不觉饥寒。"孙觌《与朱宰书》:"某病餘食禁已～,而领蜻蜓糖蟹鲊醯之贶。"《宋史·食货志下五》:"天禧二年,太常博士李垂请～茶货。"　❺ 准许通过。宋佚名《张协状元》九出:"一半金珠便～,此山唤作万人坑。"明《西游记》五四回:"一行连马五口,随身有通关文牒,乞为照验～。"清于成龙《弭盗安民条约》:"敲梆巡警,至天明方许～。"　❻ 让离去。明赵完璧《六月二十九日过小庄》:"年来何事城中久,书阁留人不～。"清《绿野仙踪》五回:"献述家人等见他去意已决,只得～。"《醒世姻缘传》七回:"速急递了告致仕文书,若不肯～,也只有拚了有罪,弃官逃回罢了!"　❼ 了断;处置。清《醒世姻缘传》一三回:"也将就不曾究治,只替他从新改了真实口词,注了参语,～出来,限次日解道。"

【放性】fàng xìng　放纵情性。唐张九龄《初发道中赠王司马兼寄诸公》:"承颜方弄鸟,～或观鱼。"王士源《孟浩然集序》:"游不为利,期以～,故常贫。"明《西游记》九回:"八节山中随～,四时湖里任陶情。"

【放学】fàng xué　学校课程结束,学生回家。宋陆游《蔬圃绝句》之四:"贪看忘却还家饭,恰似儿童～时。"明王錂《寻亲记》二五出:"天色晚了,收书～。"清《红楼梦》八九回:"晚间～时,宝玉便往代儒托病告假一天。"

【放衙】fàng yá　❶ 免去僚属早晚的参见或衙署停止办公。唐李商隐《安平公》:"华州留语晓至暮,高声唱吏放两衙。"五代刘崇远《金华子杂编》卷上:"其旦某入府,遇～归早,忽见不衣裙独在中门外,疑忌其素非廉人。"明汤显祖《紫钗记》三一出:"边尘静,日永～休务。"　❷ 衙门参见、办事完毕,吏员差役等退出。宋苏轼《入峡》:"～鸣晚鼓,留客荐霜柑。"明张羽《吴兴四贤守》之三:"刺史～早,轻舟泛碧池。"清纪昀《阅微草堂笔记》卷一六:"不如且坐我廊屋,俟～,送君返。"

【放羊】fàng yáng　❶ 指靠妻子有外遇来捞取好处。明《金瓶梅词话》六一回:"谁不知他汉子是个明王八,又～又拾柴,一径把老婆丢与你,图你家买卖作。"又七二回:"不争你要了他,到明日又教汉子好在门首～儿好刺。"　❷ 赌博要赖。清《后西游记》

三〇回:"只是没个证见,你小儿家输了,要～撒赖,却怎处?"△《增补红楼梦》一九回:"你输了几个钱,就这么乱钉钉,难道想要～么。"

【放佯】fàng yáng　装模作样。明汪廷讷《狮吼记》一三出:"全不管妇人水性须当让,逞着你男子雄心越～。"

【放洋】fàng yáng　出海远航。宋何薳《春渚纪闻》卷二:"～之二日,风势甚恶。"明《西湖二集》卷一七:"各许即日～,我船与倭船间行而来。"清赵慎畛《榆巢杂识》卷下:"周海山先生以编修充册封琉球副使,于六月～。"

【放野】fàng yě　❶ 撒野;说粗话。宋范公偁《过庭录》:"太守曰:'此诗不知酬以几何?'鲁直笑曰:'不必他物,但公库送与四两干艾,于尻骨上做一大炷灸之,且问曰:尔后敢复凑～!'"清《飞龙全传》四〇回:"索性再打他几下,叫他知道,下次不敢再来～。"　❷ 放空;射箭未中目标。清《野叟曝言》六〇回:"容儿三箭俱不到垛,秋香更是～。"

【放野鹁鸽】fàng yě bó gē　一种骗术。以女嫁人,过门后卷骗财物而逃。清《醒世姻缘传》八二回:"这等～的东西,他原是图你的好,跟了你来?"

【放野火】fàng yě huǒ　❶ 烧野火;野外失火或放火烧田。明王冕《虾蟆山》:"牧童时时～,耕夫怒击樵夫刹。"《西洋记》四一回:"即时间,无数的火蛇塞满了地上,就是～的景象一般。"　❷ 比喻四处造谣言。清《后西游记》三八回:"近日的人心愈恶了。若是明明烧炸不得,就暗暗的～了。"《荡寇志》七二回:"只恐他那军师吴用亲来。那厮会～,倒要防备。"

【放夜】fàng yè　开放夜禁,多首都于元宵节及其前后数日,夜间开放城门、街道,允许百姓出入通行。宋张炎《风入松·闻元宵》:"报道依然～,何妨款曲寻春。"明吾邱瑞《运甓记》一六出:"金吾～,一更交至二更。"毛奇龄《帝京踏灯词》之三:"～金吾首戴翎,红缨白马驾朱轮。"

【放意】fàng yì　放心;不牵挂。宋元《清平山堂话本·李翠莲》:"爹开怀,娘～,哥宽心,嫂莫虑。"明《古今小说》卷一:"你若到了家乡,倘有便人,托他捎个书信到薛婆处,也教奴家～。"

【放闸】fàng zhá　❶ 指撒尿。明《禅真逸史》一九回:"只怕你尿急,那厢去～是好?"　❷ 指泄精。清《蜃楼志》六回:"岱云乐极情浓,早见淮河～。"

【放债】fàng zhài　借钱给人收取利息。唐范摅《云溪友议》卷下:"口称贫道,有钱～。"明《朴通事谚解》卷中:"一个～财主,小名唤李大舍,开着一座解当库。"清《儒林外史》五二回:"为甚么信毛二老爹的话放起债来? ～到底是个不稳妥的事。"

【放账】fàng zhàng　犹"放债"。清《续金瓶梅》六回:"或是良家私窝,看上眼就假妆,不消半年滚算了来。"《红楼梦》一〇六回:"虽说事是外头闹起,我不～也没事。"

【放着】fàng zhe　着,一音zhuó。❶ 放置;摆列。唐卢仝《与马异结交》:"刀剑为锋锷,平地～高如昆仑山。"清吴绮《琐南枝·四时闺怨》之四:"空～兰陵酒,琥珀浓,叹这暖金凫有谁共?"　❷ 搁置;放下;放过。宋《三朝北盟会编》卷一四:"如今且把这事～一边,厮杀则个。"明《西游记》八〇回:"师父啊,你～活人的性命还不救,昧心拜佛取何经?"清《儒林外史》六回:"既然你众人说,我又喜事匆匆,且～这奴才,再和他慢慢算。"　❸ 现成的;现有的。元卢挚《洛阳怀古》:"老子婆娑,～行窝,不醉如何?"元明《水浒传》四二回:"～我们有许多军马,便造反怕怎地!"清《红楼梦》七回:"～这些小子们,那一个派不得? 偏要惹他去。"　❹ 有;存在。《元曲选外编·西厢记》五本三折:"〔净云〕倘或张

生有言语,怎生?〔夫人云〕～我哩。"明汤显祖《邯郸记》三出:"旁～一座大酒店。店主有么?"清《醒世姻缘传》四回:"家里～病人,急等萧老爹去治,这可怎么处?" ❺ 明白显现着。宋吴泳《果山春郊即事》之一:"春事平铺都～,不应只认小桃枝。"元不忽木《点绛唇·辞朝》:"明～伏事君王不到头,休,休,难措手,游鱼儿见食不见钩。"清《醒世姻缘传》一五回:"没的家说! 他作反来? 那里～违背圣旨十灭九族? 有事我耽着!"

【放赈】fàng zhèn 发放钱粮赈济灾民。明吕坤《呻吟语摘》卷下:"予观～、均田、减粜、检灾、乡约、保甲、社仓、官牛八政而伤心焉。"清《绿野仙踪》三九回:"这冷秀才观放着几十万银两,坐在庙中,毫不怜念。等他～,等到几时?"《歧路灯》九四回:"此又～官之所不知。即知之,而以奉行为无过者。"

【放支】fàng zhī 支付;发放。《元典章·刑部二》:"据合用材料价钱,申覆宣慰司委官覆实相同,就便于官钱内～。"明汤显祖《南柯记》二五出:"官居录事尊崇,～帐历粗通。"清张玉书《文华殿大学士徐公神道碑》:"各衙门文到日,钱粮应核算者即与核算,应～者即与～。"

【放置】fàng zhì ❶ 安放。《太平广记》卷四六七引《稽神录》:"其人乃～水上,此物浮水而去。"明高濂《遵生八笺》卷一七:"每日加人乳一碗,调拌均匀,～高阁去处。"清袁枚《子不语》卷四:"长髯者引手撼其头,头即坠下,～床上。" ❷ 搁置;抛开;放松。宋《朱子语类》卷一〇:"今且～闲事,不要闲思量。只专心去玩味义理便会心精,心精便会心熟。"元吾丘衍《闲居录》:"云心闲手懒则观法帖,以其可逐字～也。"明徐问《读书札记》卷五:"贤人严恭寅畏,有固守之力,操存涵养,不敢～。" ❸ 发配;流放。宋《三朝北盟会编》卷八六:"应命官除名追降官员,及勒停终身不齿～人等,及永不收叙人,并与叙。"明崔铣《策问》:"既不能改于其德,又从而辅其诸侯以伐之,～南巢,辱偕人囚。"湛若水《格物通》卷六三:"知驩兜之同恶相济,故～之于崇山南裔之地。" ❹ 散放;松放。元陆文圭《送张菊存序》:"如弩马下垂,～于陇牧之间,无复驱驰千里之志。"清纪昀《阅微草堂笔记》卷一:"释一猛虎之命,～深山,不知泽麋林鹿,剚其牙者几许命矣。"

【放纵】fàng zòng ❶ 宽待;宽容。唐韩愈《寒食日出游》:"自嗟孤贱足瑕疵,特见～荷宽政。"明梁辰鱼《浣纱记》一一出:"发勾践三人于石室之内,去其轩冕没作官奴,略给水薪,牧养马匹,牢固监侯,不许～。"《梼杌闲评》二一回:"又有劲方相公一罪人,其中不无情弊。" ❷ 放松;懈怠。唐王焘《外台秘要方》卷一九:"～身体,平头动膊,前后欹侧柔转。"宋王禹偁《寄题陕府南溪兼简何问兄弟》:"量移遇恩宥,方寸稍～。"明朱元璋《勤惰说》:"且昔勤者衰,惰者盛,以其勤者劳于筋骨,操其心志。惰者盛,以其逸而无操,致筋骨之～耳。" ❸ 纵容。唐韩愈《寄卢仝》:"～是谁之过欤? 效尤戮仆愧前史。"清《飞龙全传》二八回:"以此,又是～儿子,常在外边淫人妻女。" ❹ 释放;放开使离去。《宋高僧传》卷一四《唐百济国金山寺真表传》:"就水见去载所贯三十许虾蟆犹活,表于时叹惋自责,曰:'苦哉! 何为口腹,令彼经年受苦。'乃绝柳条,徐轻～。"

【放走】fàng zǒu ❶ 让走掉;允许离开。宋《朱子语类》卷八三:"～庆父罪小,它自身上罪大。"明李梅实《精忠旗》二九出:"秦丞相差官领兵来抄扎岳府家私,先着地方看守,不许～了人口!"清《歧路灯》一五回:"隆吉那里肯放,又奉了个大杯儿,方才～。" ❷ 竞走;纵放脚步走。元杨瑀《山居新话》卷二:"皇朝贵由赤(即急足快行也),每岁试其脚力,名之曰～。"高安道《哨遍·嗓淡行院》:"淡翻东瓦来西瓦,却甚～南州共北州。" ❸ 放飞;

放掉。清《红楼梦》七〇回:"宝玉又兴头起来,也打发个小丫头子家去,说:'把昨儿赖大娘送我的那个大鱼取来。'小丫头子去了半天,空手回来,笑道:'晴姑娘昨儿～了。'"

fēi

【飞】fēi ❶ 即"飞觞"。唐元稹《黄明府诗序》:"有一人后至,频犯语令,连～十二觞,不胜其困,逃席而去。"清《镜花缘》八二回:"也照昨日再说一句经史子集之类,即用本字飞觞。或～上一字,或～下一字,悉听其便,以字之落处,饮酒接令。"《红楼真梦》五二回:"数那'喜'字～到尤三姐,尤三姐故意不肯喝,大家一阵起哄才岔过去了。" ❷ 抛掷。明《西游记》三〇回:"小龙抵敌不住,～起刀去,砍那妖精。妖怪有接刀之法,一只手接了宝刀。"清《红楼梦》九回:"他在座上冷眼看金荣的朋友暗助金荣,～砚来打茗烟。" ❸ 将粉末状物质浸泡在水中,沉淀后吹去表面的浮屑。金元好问《续夷坚志》卷二:"黄丹轻红者一两,～过养乳香七钱半,水银三钱。"清《红楼梦》四二回:"这些颜色,咱们淘澄～跌着,又顽了,又使了。" ❹ 副词。极;非常。明《二刻拍案惊奇》卷四:"一声锣响,几个～狠的庄客走将拢来,多是有手段的强盗头,一刀一个。"清《绿野仙踪》一九回:"我只用预备～快短刀一把。"

【飞边】fēi biān 铸银锭时切下的边角,泛指散碎银子。清李渔《比目鱼》一七出:"每人一块～,有一钱多重,拿去买烟吃。"

【飞布】fēi bù 瀑布。宋苏辙《画学董生画山水屏风》:"巨石连地轴,～泻天漏。"钱惟济《护国寺》:"金绳界道连～,碧树周阿绕翠屏。"元赵汸《浃源瀑布》:"寒峡隐堂隍,寻源观～。"

【飞产】fēi chǎn 隐瞒田产,逃避赋税和徭役。宋《朱子语类》卷一〇九:"盖人家田产只五六年间便自不同,富者贫,贫者富,少间病败便多,～匿名,无所不有。"清乾隆元年《江西通志》卷六一:"有劝民五事:一盗贼,二侈靡,三诡户～,四不畦不蚕,五善恶之报。"

【飞反】fēi fǎn 同"沸反"。清《金云翘传》一二回:"秀妈出了卫家门,'皇天肉儿'哭得～。"

【飞放】fēi fàng 纵放鹰犬捕猎,借指捕猎,或泛指调驯飞禽。《五代会要》卷五:"至于奇巧珍玩、～搏噬之物,并不得转将进奉。"元杨公远《次韵塞下曲》:"～归来天欲暮,数声羌笛起高楼。"明《西湖二集》卷二:"高宗在宫,好养鹁鸽,躬自～。"

【飞风】fēi fēng 形容极快;飞快。明《警世通言》卷二四:"只见几个小乐工都在门首说话,忽然看见三官气象一新,唬了一跳,～报与老鸨。"清《醒世姻缘传》二〇回:"留下晁凤在县领头,叫他领了～出去,好入殓。"《说岳全传》三四回:"这里探子～报进岳元帅营中。"

【飞诡】fēi guǐ 诡名飞寄。明清粮户把田地寄在享有优免的官吏、绅衿名下,以逃避赋役的一种手段。明王守仁《札付同知林宽经理田宁》:"务要清查所割图里钱粮明白,毋令奸民～影射。"谢肇淛《五杂组》卷一五:"即如户部一曹,不许苏、松及浙江、江右人为吏,以其地赋税多,恐～为奸也。"清熊飞渭《查议编审议》:"查核欺隐,搜剔～,伤禁科派,以杜其奸弊。"

【飞过海】fēi guò hǎi 明清科举或地方官三年任满后选官,行贿移籍或迁越名次的作弊手段。明《醒世恒言》卷三六:"凡有钱能干的,便到京中买三考吏名色,钻谋好地方去佐贰官出来,俗名唤作～。"清《醒世姻缘传》一五回:"两个原不曾帮了他两家作恶,也不甚指了他两家的名色作人,不过是每人作兴了千把

银子,扶持了个～的前程。"储大文《中丞潘公传》:"楚学政滋弊,名不揭案而潜附册者曰附案,名沿宿案而人或至八九易者曰鬼接头,拨它郡邑以就厚赀者曰～。"

【飞寄】 fēi jì 胥吏贪污赋税的一种手段。宋叶适《朝议大夫知处州蒋公墓志铭》:"更造板籍,隐寄、～、影占、伪跋悉厘改。"元胡助《达噜噶齐额琳公去思碑铭》:"公奉宪府令,尽括其实,定著于籍,由是民田苗米莫徭～诡匿。"明王鏊《吴中赋税书与巡抚李司空》:"惟奸民积年出没其中,轻重高下在其手。或以其税寄之官宦,谓之诡寄;或分散于各户,谓之～。"

【飞箭】 fēi jiàn 比喻谣言、诬陷之言。明佚名《四贤记》二一出:"今朝赧赧然,错效骊姬,空投～。"又《鸣凤记》一六出:"痛思鸳侣遭～,我那相公,你一点丹心明素愿。"清孔尚任《桃花扇》三出:"东林里丢～,西厂里牵长线,怎掩旁人眼。"

【飞脚】 fēi jiǎo ❶ 快速转递运输的人。清雍正十一年《陕西通志》卷四一引《鸡肋集》:"陕西令户运粮至延州,保安军又不许～赍货就籴其地。" ❷ 单足或双足高高踢起。元明《水浒传》二九回:"被武松一～踢起,踢中蒋门神小腹上。"明赵南星《雁儿落带过得胜令》:"只说你踢～蓦过了华山巅,只说你跟头跳过了黄河堰。"清《万花楼》一四回:"庞喜抢来,又被继英～打去,跌地数尺。"

【飞金】 fēi jīn 小片金箔。明沈榜《宛署杂记》卷一五:"～八贴。"《金瓶梅词话》二四回:"又用一方红销金汗巾子搭着头,额角上贴着～。"清邹一桂《小山画谱》卷上:"泥金:金有青赤二种,俱要真金。将～抖入碟内,以两指醮浓胶磨之。"

【飞快】 fēi kuài (速度)极快。宋辛弃疾《破阵子·为陈同甫赋壮词以寄之》:"马作的卢～,弓如霹雳弦惊。"清《平山冷燕》三回:"小女此扇乃草书,故此～。"《绿野仙踪》五六回:"跑到市上,立刻雇了个～的驴儿。"

【飞来头】 fēi lái tóu 意外获得的赌利。清《照世杯·掘新坑》:"那些相识吊客,见他形状索寞,挤不出大汤水来,也就不去算计他,反叫他在旁边拈些～。"《豆棚闲话》一〇则:"有好赌的,就同去入赌场,或铺牌,或掷色,或斗搦,件件皆能。极不济,也跟大老官背后攃些～将来过活。"

【飞邻】 fēi lín 不是紧挨着的邻居。宋吕陶《奏乞放坊场欠钱状》:"或四邻贫乏,承买不尽,则摊与～、望邻之家。"洪迈《容斋三笔》卷一四:"～、望邻之说诚所未闻。元祐元年殿中侍御史吕陶奏疏论之,虽尝暂革,至绍圣又复然。"

【飞忙】 fēi máng 急速;赶忙。明《石点头》卷一二:"得了这个消息,～报知妻子。"清《醒世姻缘传》一四回:"禁子使了一个心腹的人,把典史下监的事～报知晁大舍。"蒋士铨《四弦秋》二出:"却有左赞善白居易老爷～上本,请急急捕贼,以雪国耻。"

【飞奴】 fēi nú 传书鸽的代称。五代王仁裕《开元天宝遗事·传书鸽》:"张九龄少年时,家养群鸽。每与亲知书信往来,只以书系鸽足上,依所教之处,飞往投之。九龄目为～。"宋李弥远《山居寄友人》:"不遣～频过我,欲将怀抱向谁开?"清吴绮《七娘子·有忆》:"倚楼望断～信。"

【飞票】 fēi piào 紧急捕捉人犯的传票。明冯惟敏《端正好·徐我亭归田》:"一个道稽迟粮饷赍,一个道紧急军情奉火牌。"清李赞元《请苏运草之累改为折色疏》:"军需所关在上,不得不～催提。"《醒世姻缘传》一二回:"那一日闻得那大尹死了,恐怕那些虎狼衙役都逃散了,不发牌,也不发～。"

【飞签】 fēi qiān ❶ 踏动机关可以飞起的竹签。元明《水浒传》四七回:"若是走差了,踏着～,准定吃捉了。" ❷ 犹"飞票"。明《醒世恒言》卷三六:"太守看了,忙出～,差人拘那妇人,一并听审。"清于成龙《移江西抚院转饬各属妄借分捐咨》:"或草单半幅,或～一枝,立催照数缴完。"《醒名花》三回:"便起一枝～,朱笔标道:'立拿奸盗犯人湛翌王等。'"

【飞钱】 fēi qián ❶ 唐宋的一种汇兑方式。也指这种汇兑的票券。《旧唐书·食货志下》:"又奏,商人于户部、度支、盐铁三司～,谓之便换。"《宋史·食货志下二》:"先是,太祖时取唐朝～故事,许民入钱京师,于诸州便换。"清顾炎武《日知录》卷一一:"唐宪宗之～,即如今之会票也。" ❷ 掷钱。a) 一种博戏。即"攤钱"。元戴元表《辛卯除夜》:"碧玉千壶喧坐次,红牙六博斗～。"b) 一种杂技。明《西湖二集》卷一四:"还有那跑马走索、～抛钹,踢木撒沙,吞刀吐火,货郎贩卖希奇古怪时新玩弄之物,无所不有。"

【飞抢】 fēi qiǎng 形容动作极快。元明《水浒传》八八回:"次早拔寨起军,分作十队,～前去。"明《金瓶梅词话》五三回:"那迎春～的拿脸水进来,李瓶儿急攘攘的梳了头。"清《野叟曝言》六六回:"只见一个将官,手拿令箭,带着四五个兵丁,～入来。"

【飞洒】 fēi sǎ 明清地主将田税化整为零,分摊在农户的田地上,以逃避赋税的一种手段。《明史·食货志二》:"乃从应天巡抚侯位奏,免苏州坍海田粮九万餘石,然那移、～之弊,相沿不改。"清雍正四年十一月二十四日杨文乾奏文:"而就粮管业,界址分明,不致有诡寄～诸弊。"《隋唐演义》二一回:"羡餘火耗媚令长,加派～腠闾里。"

【飞觞】 fēi shāng 酒令名。指定一字为令标,行令者按约定说一句话(多为诗词等成句),句中须含令标用字,座中序次跟令标用字在文句中所处的序次相同者饮酒接令。或以鼓乐声传令,逢声停者饮。唐刘禹锡《乐天以愚相访沽酒致欢》:"蹴踏青云寻入仕,萧条白发且～。令征古事欢生雅,客唤闲人兴任狂。"元陆仁《渔庄欸乃歌序》:"玉山俾侍姬小琼英调鸣筝,～传令,欢饮尽酣。"清《镜花缘》八二回:"也照昨日再说一句经史子集之类,即用本字～。或飞上一字,或飞下一字,悉听其便,以字之落处,饮酒接令。"

【飞腾】 fēi téng 飞黄腾达,官位升迁。唐杜甫《别崔潩因寄薛据孟云卿》:"凤夜听忧主,～急济时。"宋韩淲《醉蓬莱·寿潘漕》:"自此～,凤阁鸾台。"清《聊斋俚曲·禳妒咒》:"你看一家遭际,怎么望平地～!"

【飞天光棍】 fēi tiān guāng gùn 以飞天过海手段诈骗的地痞无赖。明《西湖二集》卷二〇:"还有那～,装成圈套,坑陷人命,无恶不作。"《西洋记》九〇回:"百里雁,你原是个飞天的光棍,勒骗良善财物。"

【飞天过海】 fēi tiān guò hǎi 犹"飞过海"。明汤显祖《邯郸记》一三出:"役满赴考铨衡。选中了吏部火房干事,又犯了些不了事情。三年～,偷选了陕州新河驿驿丞。"又《南柯记》二一出:"山妻叫俺外郎郎,猾浪。吏巾儿糊得翅帮帮,官样。～几桩桩,蛮放。"清《醒世姻缘传》一〇〇回:"他又钻到京里,改名换姓,又干那～的营生。"

【飞星】 fēi xīng ❶ 星命术的一种,以飞星(流星如瓮者)方位占卜。宋王炎《送曹汶之序》:"青囊、～、壶中、放水之类,皆变换名目,务为庾隐,欲使人不可晓者。"明丁惟恕《朝天子·嘲星相》:"这一个子平,那一个～,八个字闲拨弄。"清《醒世姻缘传》六一回:"这～如此,不知俺两个八字合与不合?" ❷ 指运气。明《西游补》一回:"今日只是我的～好,不该受念咒之苦。" ❸ 飞速;飞快。明佚名《满庭芳·西厢十咏》:"则为那一封书～到了,

497

霎时间五千人风卷云涛。"《警世通言》卷一五:"四个人～赶去。"清《隋唐演义》八五回:"匆匆一见,即刻～出京。"

【飞灾】 fēi zāi 意外的灾祸。宋薛季宣《哀白鹇赋》:"过城市而非宜,昧有进而弗视,～是以罹之。"《元曲选·抱妆盒》二折:"虽不见公庭上遭横祸,赤紧的盒子里隐～。"清《红楼梦》二五回:"口内嘟嘟囔囔的又持诵了一回,说道:'管保就好了,这不过是一时～。'"

【飞扎】 fēi zhā 凭空陷害。清《醉醒石》九回:"甚至安分富民,又会借事～,所以在京师出了个名,起了个家。"

【飞子】 fēi zi ❶ 飞檐;檐端外挑的部分。宋李诫《营造法式》卷五:"檐外别加飞檐,每檐一尺,出～六寸。"又卷二八:"大小连檐钉长随～之厚,如不用～者,长减椽径之半。" ❷ 异地缴纳捐税的凭证。参见"飞钱❶"。宋程大昌《演繁露》卷一〇:"～,武帝时募民田,南夷入粟县官而内受钱于都内注,入谷外县而受钱于京师主藏者。按,此则国初入中之法,汉有之矣,亦唐人飞子钱之类。～见《唐会要》。"薛季宣《知湖州朝辞札子》:"丁绢入纳,须令每匹为钞,开具人户单名,各纳若干丈尺钞。外添置一一纸,据户数界作几行,明某年月日某县乡村某人投纳某年丁绢若干丈尺,系钞头某人名下。"

【非不】 fēi bù 非常。用双重否定表示肯定的副词。《敦煌变文校注》卷二《唐太宗入冥记》:"臣缘□□,昔言已主(注)得五年归生路。臣与李乾风为知己□□(朝廷),将书来苦嘱,～殷勤。臣与(以)李乾风更与陛□(下)□(注)五年,计十年再归长安城。"敦煌文书河西巡抚使《判诸国首领停粮》:"沙州率粮,～辛苦。首领进奉,凭此兴生。虽自远来,诚合优当,淹留且久,难遂资粮。理贵适时,事宜停给。"清《绿野仙踪》一〇回:"到了扬州,看了平山堂、法海寺,日逐家士女纷坛,笙歌来往,～繁华。"

【非常】 fēi cháng ❶ 程度副词,表示程度高,相当于"十分""很"。a) 用在副词之前。《敦煌变文校注》卷一《汉将王陵变》:"卢绾帐中不问,霸王～大怒。"b) 用在动词或形容词之前。《敦煌变文校注》卷四《太子成道变文》:"太子闻之,～喜悦。"明袁于令《西楼记》九出:"令郎与素徽～契合,只管说他,万一知之,可不是切齿之仇了?"清《红楼梦》七九回:"他家本姓夏,～的富贵。" c) 用在动词或形容词之后。《敦煌变文校注》卷二《庐山远公话》:"山神于庙中忽见有此祥瑞,惊怪～。"明孟称舜《娇红记》二七出:"则这牙床绣帐,锦衾角枕,潇洒～。"清《红楼梦》二九回:"偏生那玉坚硬～,摔了一下,文风没动。"按,用在动词或形容词之后是近代汉语时期的主要用法。 ❷ 使劲儿,大声。《大唐三藏取经诗话》五则:"驴儿见猴行者来,～叫喊。"

【非泛】 fēi fàn 不一般;特殊情况;或指假借特殊情况的名义。宋王安石《画一申明常平新法奏》:"至有～用度,或不免就上等户强借钱物,百姓典卖田产物业以供暴令,此亦可谓国用乏矣。"《三朝北盟会编》卷一〇一:"今后朝廷非军事,更不下转运司～须索。"《宋史·孝宗纪三》:"甲申,诏～补官及七色补官人,非曾任在朝待从者,品秩虽高,毋得免役。"

【非分】 fēi fèn 副词。非常;格外。《敦煌变文校注》卷四《降魔变文》:"须达忸怩反侧,～彷徨,烦怨回车,又出城南按行。"又卷六《频婆娑罗王后宫彩女功德意供养塔生天因缘变》:"于是大王后队渐渐老大,体重力微,难可故往于山林,日日三时礼谒。然以端宝殿,正念思惟,～忧惶,忸怩反侧。"

【非横】 fēi hèng 非法强横,也指非法强横的行为及后果。五代孙光宪《北梦琐言》卷六:"公有出伦之才,为时辈妒忌,罹于～。"宋苏轼《杭州召还乞郡状》:"而先帝遣使就狱,有所约救,故

狱吏不敢别加～。"明丘濬《故都御史姑苏韩公挽诗序》:"然而家有储蓄,虽有水旱之灾,～之侵,皆恃有此以无恐。"

【非久】 fēi jiǔ 不久。《祖堂集》卷一六《黄檗和尚》:"裴相公有一日微微底不安,～之间便死。"宋洪迈《夷坚三志》壬卷三:"汝倘自爱性命,宜速徙出,此塔～将倒。"明沈德符《万历野获编》卷二:"近年矿税忤旨者,或致逮系,～即释。"

【非论】 fēi lùn ❶ 不仅;不只。《太平广记》卷三七一引《玄怪录》:"此度～舞伎,亦当彼夫人,无以奉酬,请以微言留别。"《敦煌变文校注》卷二《叶净能诗》:"剑南人吏百姓,皆言皇帝通神宇宙,天下周游,～蜀川境,诸州府不敢辄行法令。"敦煌词《十二时·禅门十二时曲》:"～我辈是凡夫,自古君王亦如此。" ❷ 不论;不计。唐李恒《登极德音》:"自今已后,宜准例三年一定两税,～土著客户,但据资产差率。"庞蕴《爷娘闻子来》:"～穷子富,举国免三灾。"灵祐《警策文》:"如是受身,～劫数,感伤叹讶,哀哉切心。"

【非甚】 fēi shèn 副词。非常。《敦煌变文校注》卷四《降魔变文》:"太子闻语,～惊惶。"又:"须达即奉敕旨,心中～忧惶。"卷五《妙法莲华经讲经文(二)》:"喻如官宰,身得上道,～喜悦,推寻荣贵,皆因地(他)提挈,亦生愧感云云。"

【非时】 fēi shí 时常;常常。唐王建《外按》:"夹城门向野田开,白鹿～出洞来。"明沈德符《万历野获编》卷二一:"而南唐理宗为道学宗旨,暮年乃眷杭妓唐安安,～幸幸。"清《隋唐演义》八〇回:"玄宗信为真诚,宠遇日隆,得以～谒见。"

【非岁】 fēi suì 谓幼小。《敦煌愿文集·患文》:"～探玄,清劫尘而入道,龆年落彩,攀惠(慧)镜而明心。"

【非为】 fēi wéi ❶ 违反法纪或礼法的事。《太平广记》卷四四五引《传奇》:"不顾恩义,遂兴～,如此用心,则犬彘不食其餘。"明吾邱瑞《运甓记》一三出:"月出东方日落西,劝君没要作～。"清《醒世姻缘传》四二回:"和睦乡里,教训子孙,尊敬长上,不作～。" ❷ 干违反法纪或礼法的坏事。《元曲选·罗李郎》一折:"则被这汤哥儿终日饮酒～,不依公道,兀的不害杀我也。"明周顺昌《与吴公如内弟书》:"家奴惕于威严,或不敢～。" ❸ 不顾法纪或礼法。唐李商隐《杂纂·须贫》:"多作淫巧。遮盖人家～事。"《元曲选·朱砂担》四折:"我痴心想望贞洁,你做事忒杀～。"清《豆棚闲话》九则:"可见天地间～之事,万无没有报应之理。"

【非细】 fēi xì 不小。a) 用在谓词之后。唐陆贽《收河中后请罢兵状》:"臣愚,窃以为祸～,未审陛下何方以待之。"《元曲选·伍云吹箫》四折:"浣婆婆给养尽终身,村厮儿救郑功～。"清孔尚任《桃花扇》二一出:"钻火燃寒灰,这变理阴阳～。"b) 用在谓词或宾语之前。元《三遂平妖传》一二回:"李二是个穷经纪人,平白得了一千贯钱,～的好了。"元明《水浒传》六回:"我这里～去处。"明《六壬大全》卷一:"朱勾相会,格如丙辰,乃朱雀入勾陈,必有～之讼。"

【非刑】 fēi xíng 超出刑律规定施行的残酷刑罚。明王樵《戊申笔记》:"怒临淮侯,则拿其伏从,～夹打。"《古今小说》卷三一:"妾母子何罪,枉受～?"清李玉《清忠谱》一五折:"左浮丘竟被～置死了。好痛心也!"

【非言】 fēi yán 坏话;流言。金刘处玄《述怀》:"掩恶扬善,～莫听。去除憎爱,常行平等。"清《醒世姻缘传》一五回:"小小年纪,要往忠厚处积泊,不要一句～,折尽平生之福。"《红楼梦》七四回:"知道这事还是小事,怕的是小人趁便又造～,生出别的事来。"

【非语】 fēi yǔ ❶ 流言飞语。唐白居易《与杨虞卿书》:"其

不与者,或诬以伪言,或构以～。"宋苏轼《谏买浙灯状》:"近日小人妄造～。"明韩邦奇《嘉议大夫于公墓志铭》:"考察当路有衔公弗狗者,为～中,遂调贵州。" ❷ 违反礼教的言语。唐元稹《莺莺传》:"崔之贞顺自保,虽所尊不可以～犯之。"

【非灾】 fēi zāi 不该有的灾祸。宋葛胜仲《贺日蚀阴云不见表》:"盖盈虚之定数在分,至以～縶兰德之召和,致天心之助顺。"元明《水浒传》一五回:"能生横祸,善降～。"清洪昇《长生殿》三七出:"乐极惹～,万民遭害。"

féi

【肥】 féi 副词。充分;尽情。明《二刻拍案惊奇》卷一八:"拳头脚尖齐上,先是一顿～打。"《型世言》六回:"那汪寒宇睃见,便一步跨进来,向寡妇～叫一声道:'亲娘!'"清《醉醒石》七回:"这社中凤弊,只是互相标榜,有那深心的,明怪他狂,却～拱景他。"

【肥己】 féi jǐ 用不正当的手段获取一己之利。宋崔敦礼《留穷文》:"且夫刻剥侵削,～瘠人,渔民之财,以资厥身。"《元史·盖苗传》:"年荒民困,吾无以救,尚忍征敛以～耶!"清《续金瓶梅》——回:"本官匿赃不报,隐赃～。"

【肥家】 féi jiā 以不正当手段发家致富。《宋史·赵与欢传》:"或口仁义而身市井,率以欺君为常,～为乐。"明王錂《寻亲记》一五出:"你受了张敏财物,途中打死了周羽,回去又找十两银子,你却得利～。"清《蜃楼志》一回:"讵有商人苏万魁等,蠹国～,瞒官舞弊。"

【肥腻】 féi nì ❶ 比喻尘俗喧嚣或庸俗。唐卢仝《赠金鹅山人沈师鲁》:"示我插血不死方,赏我风格不～。"宋葛胜仲《寄次颜叔时为苏州庾官》:"娃宫香径终～,谁道苏州胜汝州?"清朱彝尊《过龚御史田居留饮即席赋》:"性不爱～,筑室田中居。" ❷ 油水;利益。也指有油水。明《禅真后史》四回:"得些～,每是牵肠挂胆,睡梦里耽着干系。"又一三回:"若有些～时,决不教汝等白瞧。"《西湖二集》卷一九:"只见一个大箱在门首,知是狗公所偷之物,觉得～,急忙用力,就像母夜叉孙二娘抱武松的一般,拖扯而进。" ❸ 隐指金银。明方以智《物理小识》卷七:"衢中万人行处,有～焉,日月蒸人,盎之澄之,重者在下,铅硝煎之,白金出矣。"

【肥胖】 féi pàng 脂肪多。《元曲选·梧桐雨》楔子:"你这等～,此胡腹中何所有?"明唐顺之《武编》前集卷五:"故第一等甲所以给～之士也。"清《儒林外史》三〇回:"只见楼上走下一个～的道士来。"

【肥缺】 féi quē 有油水可捞的职务,也借指有利益的事情。清《聊斋俚曲·禳妒咒》:"小长命说话差,把个～让给咱,姐夫方才答应下。"△《花月痕》二六回:"敝东秋间就可代理,且是一个～。"

【肥饶】 féi ráo 富裕多财。宋洪迈《夷坚志》甲卷九:"符离人从四居滩上,家素～。"明汤显祖《邯郸记》二九出:"列鼎而食,选声而听,使宗族茂盛而家用～,然后言得意。"《英烈传》三五回:"今苏湖一带地方,民众～。"

【肥喏】 féi rě 大喏。唱喏时打躬的幅度大,扬声高,表示格外恭敬。《元曲选·老生儿》三折:"我往纸马铺门首唱了个～,讨了这些纸钱。"元明《水浒传》二四回:"那妇人答道:'官人不要见责。'那人又笑着,大大地唱个～道:'小人不敢。'"清《五色石》一回:"黄生听说,向拾翠深深唱个～。"

【肥手】 féi shǒu 有钱财可榨取的人。清《绿野仙踪》八十回本三九回:"他原来是个～儿,该替金姐姐处处帮衬才是。"又四五回:"从不敢寻找嫖客,有原来的,碰着是个～,便咬嚼到底。"

【肥水】 féi shuǐ 油水;利益。明《醒世恒言》卷一五:"那香公平昔间,挨着这几碗黄齑淡饭,没甚～到口,眼也是瞎的,耳也是聋的。"清《珍珠舶》一回:"因有这些～,所以董近泉每常探听某家上寿,某家生子,他便撤了门前生意,往来奔走不迭。"《警寤钟》七回:"一日,也垂羡孟乡宦厚,也要去分些～。"

【肥羊】 féi yáng 黑话。特指俘虏来准备杀掉的人。清《飞龙全传》五回:"二位将军,这是明明的人,怎么称他～?"△《五美缘》四五回:"那两个～不是男子,却是两个女人。请大王爷定夺。"

【肥悦】 féi yuè 丰满安适。《敦煌变文集·孝子传》:"少失其父,独养老母恭甚敬,每得甘果美味,驰走献母,每(母)常～。"又:"夫人家贫年高,有何供养,恒常～如是。"

【肥枣】 féi zǎo 同"肥皂❶"。明《朴通事谚解》卷下:"大王,有～么?与我洗头。"

【肥皂】 féi zào ❶ 用皂荚或肥珠子等捣碎制成丸状的洗涤用品。宋庄绰《鸡肋编》卷上:"浙中少皂荚,澡面浣衣,皆用肥珠子。木亦高大,叶如槐而细,生角,长者不过三数寸。子圆黑肥大。肉亦厚,膏润于皂荚,故一名～。"明《醒世恒言》卷三:"只得又到浴堂,～香汤,洗了一遍。"清《聊斋俚曲·增补幸云曲》:"净面汤一铜盆,献过来花手巾,细软～多清润。" ❷ 皂荚。宋周去非《岭外代答》卷八:"芭蕉极大者凌冬不凋,中抽一干,节节有花,如菡萏,花谢有实,一穗数枝,如～长数寸。"

fěi

【诽言】 fěi yán 谣言;诽谤的话。元危素《别友赋》:"独凉凉而奚适兮,虞～之交至。"明刘基《郁离子》卷二:"韩垣之齐,以策干齐王。王不用。韩垣怒,出～。"清《红楼梦》七七回:"不过太太偶然信了人的～,一时气头上如此罢了。"

【诽语】 fěi yǔ 犹"诽言"。明杨士奇《圣谕录》:"荣之不足于义者,为官品在臣等之次。其他～,臣实未闻。"《明史纪事本末》卷七二:"如～腾谤,必大奸巨憝恶言官而思中之。"

【匪棍】 fěi gùn 行为不端的恶人或无赖。清雍正十年闰五月十三日王士俊奏文:"所设塘汛左近,每有渔船～及积窝伙党。"《歧路灯》五一回:"将诱赌～巴庚、钱可仰,并问那个同场白面皮穿色衣的,底系何人,一同锁拿进署。"《九云记》二七回:"你是那里来的～花子歪货,敢生撒赖!"

【匪妓】 fěi jì 妓女贱蔑称。《大宋宣和遗事》前集:"宋邦杰见姑父曹辅,说徽宗夜夜宿平康～之家。"《元曲选·货郎旦》一折:"俺夫主守着个～张玉娥,每日不来家。"又《谢天香》三折:"相公,整过了三年,可便调理,无个消息;不想道今朝错爱我这～,也则是可怜见哭啼啼。"

【匪人】 fěi rén 品行不端正的人,指妓女。《大宋宣和遗事》前集:"他有三千粉黛,八百烟娇,岂肯慕一～。"

【匪徒】 fěi tú 强盗。清雍正八年正月二十八日密旨:"纵令～布散妖言,亦当能摇惑万一。"《野叟曝言》一三四回:"而木秀派留已败兵将,渐渐散归,单有一种,趁着国中无主,蠢然思动。"《红楼复梦》七七回:"男的是世上～,无恶不作;妇人是淫妒残忍,凶恶不堪。"

【榧子】　fěi zi　拇指和中指相捻,发出清脆的响声,叫打榧子,是一种戏狎的动作。明《金瓶梅》一回:"妇人将手向西门庆脸边弹个响~,道:'哥哥儿,你醉的眼恁花了?'"清《野叟曝言》二八回:"春红把手指轻轻的弹一个~道:'爷是几时学的就的?'"《红楼梦》二六回:"宝玉道:'给你个~吃呢!我都听见了。'"

fèi

【吠】　fèi　泛指动物叫。唐李峤《为水潦灾异陈情表》:"谬职之谤,或讥于画虎续貂;败官之尤,有议于喧卢~鹊。"宋林景熙《梦中作》:"昭陵玉匣走天涯,金粟堆前几~鸦。"赵蕃《白水道间》:"水碓暗鸣蛙~草,绿云乱点鹭侵苗。"

【吠蛤】　fèi há　❶ 蛙鸣。宋苏轼《宿馀杭法喜寺怀孙莘老学士》:"稻凉初~,柳老半书虫。"清王士禛《牛头寺》:"微风喧~,野烧起山烟。"　❷ 鸣蛙。宋马廷鸾《三月初四夜宿僧庐》:"无肠可断啼鹃苦,有喙皆鸣~忙。"清朱彝尊《长水晓行》:"不知荬葵岸,~尔何求?"朱骏声《说文通训定声》"鼃,虾蟆也":"扬州谓之水鸡,亦曰~,言其声阁阁也。"

【沸反】　fèi fǎn　喧闹;乱成一片。明《型世言》二六回:"不三日五日大闹,碗儿、盏儿ей得一~。"清《野叟曝言》二三回:"忽听船头上~起来,出舱去看,见几个差人与船家嚷闹。"《绮楼重梦》九回:"后面长兴、焙茗都拿着绳子~,一路叫一路跑。"

【沸乱】　fèi luàn　激动不安。唐张鷟《游仙窟》:"十娘失声成笑,婉转入怀中。当时腹里颠狂,心中~。"

【沸扬】　fèi yáng　❶ (水波)翻腾或沸腾。宋胡宿《题湖州西余山宁化寺弄云亭记》:"他日再往,则天风自戛,水波~。向之荆榛,剪而为径途。"陈言《三因极一病证方论》卷八:"每长流水一斗、糯米一升煮,蟹眼~二三千遍。"明《警世通言》卷一二:"月黑风高浪~,黄天荡里贼猖狂。"　❷ 大肆传扬。明沈采《千金记》五〇出:"奴家听得街坊人~,都说韩元帅还乡了。"《醒世恒言》卷一八:"施复欲待运动,恐怕被匠人们撞见,~开去。"清雍正十二年三月二十四日金镃奏文朱批:"负疚则众论~,曷可当耶!"

【费】　fèi　劳;烦劳。唐李白《黄葛篇》:"闺人~素手,采缉作缔绤。"宋李曾伯《哨遍》:"客亦知。何材不生斯世。丁宁屡~君王旨。"清《聊斋志异·蕙芳》:"婢来,亦不~母度支,皆能自食。"

【费本】　fèi běn　花费本钱。宋黄斡《与漕使赵监丞论钱监利害》:"向也~四分,今增为七分,则自可以偿铁炭之直。"元乔吉《折桂令·赵谦斋左辖席上索赋》:"想献玉遭刑,算挥金买笑何村。"清李渔《奈何天》二出:"主意倒好,只是太~些。"

【费猜】　fèi cāi　反复测想。明凌义渠《杂忆诗·喜》:"侍儿引镜裹红腮,忽忽妆成个~。"清李光地《榕村语录》卷三〇:"唐人用故事倒是直说,不如宋人掏出那事三两个字来用,教人~。"孔尚任《戏和无题诗》:"情有情无夜~,珊珊小步最迟来。"

【费钞】　fèi chāo　❶ 犹"费钱❷"。元胡祗遹《宝钞法》:"近年京师官吏筵会饮食,淡薄者~十馀锭,甚者倍之。"　❷ 犹"费钱❸"。明《石点头》卷一一:"我们在此搅扰,已是不当,怎又劳妈妈~?"清《醒世姻缘传》八七回:"怎好叫你~?"

【费筹】　fèi chóu　费心思计算、猜度。明高启《施君眠云堂》:"变化实多状,欲算苦~。"清李渔《风筝误》二九出:"呼声何骤?好教人惊疑~。"

【费出】　fèi chū　花费;支出。宋王安石《召试三道·翰林学士除三司使制》:"则夫调度之不时,~之无常,邦用无给,元元

困于征求,而愁怨于下者,直汝之耻也。"元同恕《服善堂记》:"赋入数倍于前,不可复加。~之夥,岁无纪极。"明郎瑛《七修类稿》卷一八:"若夫今日,~无度,闻之寒心。"

【费词】　fèi cí　❶ 多费言词。唐元稹《三遣悲怀》之三:"邓攸无子寻知命,潘岳悼亡犹~。"宋洪迈《容斋随笔》卷二:"此二人者,可谓善处人之骨肉之间,谏不~,婉而能入者矣。"清弘历《池上居对雨叠去岁诗韵》:"甘霖竟喜符去岁,近九老人笑~。"　❷ 赘言;多馀的话。唐刘知几《史通》卷六:"若才乏隽颖,思多昏滞,~既甚,叙事才周。"宋宋祁《代进新稻双竹诗表》:"百臣等私惭椿昧,适遭亨嘉,敢抒~,少陈大德。"清孙承泽《春明梦馀录》卷二八:"成化以前诰敕之体犹为近古,其于本身不过百馀字,祖父母、父母并妻不过六十字。言之者无~,受之者无愧色。"

【费辞】　fèi cí　❶ 同"费词❶"。宋司马光《答刘贤良书》:"足下之命既不克承,又~以释之,其为罪尤深。"元耶律铸《寄题一枝庵主人》:"消息盈虚莫~,德人何虑复何思?"清张英《聪训斋语》:"《论语》文字如化工肖物,简古浑沦而尽事情,平易含蕴而不~。"　❷ 同"费词❷"。唐李昂《绝王庭凑进奉诏》:"德不能洽,诚有未孚。致此~,良多愧叹。"宋尹洙《故龙图阁直学士刘公墓表》:"无溢言~以累其实,后之人欲见公德业,当视于斯文为不诬矣。"清施闰章《唐舍人耕坞集序》:"盖古人之序人者,称许无~,要视其人为可爱。"

【费烦】　fèi fán　麻烦破费。明《金瓶梅词话》六一回:"我家里整理菜儿抬了去,休~常二哥一些东西儿。"又七四回:"自恁来闲讲便了,何必~,又来买礼?"

【费讲】　fèi jiǎng　费口舌;多说话。明王樵《与仲男肯堂书》:"差回一见,有无限商量,是我所愿。但恐不遇巧而~,则我又不愿汝为之耳。"《醒世恒言》卷三:"明日姨娘千万到我家来,玉成其事,不要冷了场,改日又~。"又卷六:"那黄雀衔环的故事,人人晓得,何必~?"

【费脚】　fèi jiǎo　用脚力。元孟淳《过浮云宿七尺》:"上岭下岭颇~,草径牵确仍斜横。"

【费解】　fèi jiě　难懂;不好理解。宋《朱子语类》卷八〇:"理会得那兴、比、赋时,里面全不大段~。"明湛然《鱼儿佛》二出:"那里有云门派? 呸! 你自有快机锋如何~?"清《十二楼·三与楼》三回:"这些说话,还有些~。"

【费劲儿】　fèi jìn er　花费力气。清《后红楼梦》九回:"只是他们一群儿没笼兜马儿似的通跑到那里去了,累你林妹妹张罗的~。"

【费口】　fèi kǒu　❶ 口角;吵嘴。明《醒世恒言》卷二九:"我丈夫前日与卢监生家人卢才~,夜间就病起来,如今十分沉重。"《醋葫芦》九回:"院君不记得初设之时,也曾~几次。"清《情梦柝》一六回:"此时,若素见喜新认真于他,衾儿俱不要,又有执证,恐后来~,就要出丑。"　❷ 耗费言词;难于用言语解释。清李渔《风筝误》二九出:"临到手时还~,最伤情处忽迷神。"《续金瓶梅》四〇回:"张都监娘子明知这亲事~,见刘瘸子说话通不在行,没心理他。"《野叟曝言》三三回:"娘因劝你不转,只得打发人往吴江请文素臣相公。问你有甚信物带去,方不~。"

【费劳】　fèi láo　❶ 费用与辛劳。《唐大诏令集》卷七二《乾符二年正月七日南郊赦》:"朝廷征发兵士固非获已,道途顿递,~至多。"宋文彦博《论监牧事》:"东平监,天僖年曾废,未几复置,枉有~。"明王世贞《与元驭阁老书》:"然选期不远,往来一番,徒增~。"　❷ 劳累;辛劳。明陈汝元《金莲记》三四出:"铁鞋不~,觉路逍遥。"清陈端生《再生缘》一五回:"如今逃向何方去,好叫我,海底

捞针枉~。" ❸ 使人劳累;有劳。明《金瓶梅词话》六七回:"丧事~了人家,亲朋罢了,士夫官员你不上门谢谢孝,礼也过不去。"

【费累】 fèi lèi 有累;有劳。唐段成式《酉阳杂俎》卷一二:"每有珍藏,多相~,顾更以多惭。"宋戴栩《冬至贺丞相启》:"荔逢时而遂挺,固知~于生成,鹈在旦而犹鸣,所惧聒烦于覆帱。"明袁宏道《乞改稿三》:"职前此病甚,一告辄停者,有有明命在;又谬谓调理数时,或得痊可,免致~台心耳。"

【费力】 fèi lì ❶ 吃力;艰难。宋欧阳修《乞洪州札子》:"右臂疼痛,举动~。"清《红楼梦》九五回:"身体发福,未免举动~。"《聊斋俚曲·富贵神仙》:"方娘子虽然未守寡,然供给儿子读书,也极~。" ❷ 麻烦;难办。宋洪迈《夷坚志》乙卷二〇:"阳间焚钱不谨,多碎乱,此中无人能串治,当用时殊~。宜以帕包而焚之。"明王世贞《与元驭阁老书》:"若病根未除,将来不免~耳。"清《儒林外史》二三回:"这个人料想是不好了。如今还是趁他有口气送上去,若死了就~了。"

【费难】 fèi nán 费事作难。明《金瓶梅词话》一二回:"他昨日为剪这头发好不~,吃我变了脸恼了,他才容我剪下这柳子来。"清《续金瓶梅》四八回:"弟子管有一计,全不~,叫他母子团圆。"《红楼梦》一七至一八回:"即另使名公大笔为之,固不~,然想来到这本家风味有趣。"

【费气】 fèi qì ❶ 惹气;怄气;使人生气。清《飞龙全传》一七回:"若是再输,连前两盘共是三百两银子,只怕你拿不出来。那时不但~,只恐还要讨羞。"《歧路灯》三回:"他~哩,姑娘只管打,我不护短。"《雪月梅》八回:"说这件事都是我挑唆你做的,吵到我这里来,倒是一桩大~的事。" ❷ 生气;发怒。清《飞龙全传》八回:"这是税棚里的东西,董大爷因此在那里~,谁敢收他的对象?"又一二回:"不知郑恩怎的~,且看下回便见分晓。"

【费钱】 fèi qián ❶ 花费的钱财。唐李冗《独异志》卷下:"武宗朝宰相李德裕奢侈极,每食一杯羹,~约三万。"宋李觏《寄上孙安抚书》:"事毕之日,计其实所~,使民偿之。"清《聊斋俚曲·姑妇曲》:"每日憨憨买盒看,问你的病好了没,~都是凭着针指做。" ❷ 花费或耗费钱财。唐陆贽《请减京东水运收脚价宜状》:"运米一斛达于边军,远或~五六千。"明王玉峰《焚香记》二二出:"不惜千金重,宁辞万里赊。~兼费力,只为那冤家。"清沈复《浮生六记》卷二:"偶可遮拦饰观,又不~。" ❸ 犹"坏钱"。明沈璟《义侠记》一〇出:"怎么要你~! 且到楼上去坐。"清《儒林外史》一九回:"只是现有这银子在此,为甚又要你~?"《歧路灯》一八回:"这是我们借馆敬盛大哥的,如何叫夏兄~。" ❹ 犹"费本"。明《西湖二集》卷二〇:"你相面并不~,尽可度日,怎么要回去?" ❺ 租赁费。宋耐得翁《都城纪胜·舟》:"常有游玩人赁假。舟中所须器物,一一毕备,但朝出登舟而饮,暮则径归,不劳餘力,惟支~耳。"清《续金瓶梅》三三回:"就着这个酒店,咱两家同居,一个锅吃饭,同金桂、梅玉一处居住,省了~,又好作伴。"

【费舌】 fèi shé 费口舌;多说纠缠的话。明《金瓶梅词话》九五回:"宁可送他几十两银子罢,领出头面来还了人家,省得合口~。"《醒世恒言》卷一七:"那过善本来病势已有八九分了,却又勉强料理这事,喉长气短,~劳唇。"清《飞龙全传》二八回:"你们也不必与他~,只消拿这狗头去见公子就是了。"

【费失】 fèi shī 耗费;浪费。宋汪应辰《论存留田契税钱与执政书》:"然则四川所~者甚多,而朝廷所得者无几。"元虞集《岭北等处行中书省左右司郎中苏公墓碑》:"幕府谨治文书,数实钱谷。知前遇事变,无甚~。上下因为奸利,取且尽,徒有粟五万耳。"明邹元标《寿大宗伯金翁朱老师六十序》:"天王圣明,子终不

为夜郎鬼,其无以愤懑抑郁~时日。"

【费事】 fèi shì ❶ 费手续;费周折;耗费时间和钱财。宋方岳《杂兴》:"佳花~治,十无二三本。"明《西游记》四九回:"这等干,只是忒~,担搁了时辰了。"清《聊斋俚曲·翻魇殃》:"爹爹吩咐休住下,看这里~。" ❷ 繁费;糜费;花费大。宋范仲淹《奏策试方略等人各与缘边差遣事》:"况沿边次边小处判司簿尉并镇寨中务场常是阙官,或于近里差官往彼勾当到,本处却阙官员。甚有~。"明佚名《白兔记》九出:"道士做了一日功果,晚间又要三牲谢将,~。请和尚何如?"黄东崖《屏居十二课·觅火》:"冬夜惟埋坚炭炉中,蕴炭为佳,其餘香篆、香球,均属~。"

【费手】 fèi shǒu ❶ 动手;花费力气。宋陈师道《少年游》:"团沙弄雪,劳心~,不肯暂时圆。"明秦文《雁山图赋》:"是诚化工~以点化,而非巧匠雕琢之所能成。"《封神演义》五四回:"吾特来擒你,可早早下马受缚,无得使我~。" ❷ 费事,麻烦;费周折。宋《朱子语类》卷九〇:"古时圣贤易做,后世圣贤难做。古时只是顺那自然做将去,而今大故~。"清《醒世姻缘传》七五回:"只是做了这门~的媒,狄大爷,你待赏多少钱哩?"《说岳全传》一〇回:"若有好的,可拿出来;若没有,就告辞了,不必~。" ❸ 费工力。金元好问《戏题新居二十韵》:"就中此宅尤~,官给工材半佣雇。"明胡宗宪《筹海图编》卷一三:"大端造法有二:或造成用钻钻线眼,或用铁杆打成自然线眼,但钻者不如打成者妙。钻易而打成~,匠人多不肯用打成之法。"清《绿野仙踪》四六回:"这大球自必还要做的又光又圆,已经~;这三十个小球,定必也是做空的,再对口打磨,止这手工就难说。" ❹ 难对付;难处理。《元曲选·度柳翠》二折:"你个迷人的好是~,……我这个度人的好是缠头,……谁肯教你惹一缕清风则在这背巷里走?"明沈鲸《双珠记》二〇出:"〔旦〕家中缺乏,昨日蒙近邻周妈妈来说,城西冯老安人欲请奴家教习女工,先送礼银三两为定,明日就到他家去了。〔生〕如此甚好,只是孩儿~。"清《隋唐演义》四二回:"总管,亏你硬挣,我脱了此祸。若是别人,早已~了。" ❺ 使诡计;弄手脚。明《西洋记》二三回:"两家又战了三四十合,不分胜负。番官却又来~,把个戟虚刺了一晃,竟败阵而走。" ❻ 不好;不利。明陆深《书京中家书》:"顾世安病体甚~,其家有的当人,可谕令遣一二人来。"清《补红楼梦》五回:"况且我也是五品的宜人,有夫之妇,相看了他又敢怎么样呢? 倒是你们两个人,怕有些~。"

【费想】 fèi xiǎng 费心思;猜想。明吴炳《绿牡丹》一〇出:"好似插天影现巫山嶂,教我望断雨云空~。"《西洋记》七回:"非幻心里就有些儿狐疑,云谷心里又有些儿~。"清《一片情》一回:"却说新玉归家,好生~道:'那人许了他,岂可辜负他等,着落他在何处好?'"

【费心】 fèi xīn ❶ 劳心;操心。唐杜甫《严氏溪放歌行》:"~姑息是一役,肥肉大酒徒相要。"元明《三国志通俗演义》卷六:"汝当萧何之重任,亦非小可,休教吾~。"清《聊斋俚曲·富贵神仙》:"官人听说娶了媳妇,落下泪来,说道:'儿已成了人家,不知你怎么~来!'" ❷ 耗费心神。宋张耒《贺方回乐府序》:"此两人者,岂其~而得之哉? 直寄其意耳。"明叶宪祖《鸾鎞记》一〇出:"只是场中文字,我公子懒得~,要你代笔。"清《儒林外史》一回:"今日有缘,遇着王相公,是必~大笔画一画。" ❸ 致谢或请托时的客套话。《元曲选·张天师》三折:"有劳真人如此~。"明汤显祖《邯郸记》一一出:"小生星夜亲手捧着五花封诰,送上贤妻,瞒过了圣上来也。〔旦〕~了。"清《红楼梦》一六回:"多谢大爷~体谅,我就不过去了。" ❹ 费事;费钱财。明《西游记》八六回:"我见你府上也寒薄,只可将就一饭,切莫~大摆布。"《型世

言》二一回："爱姐便欢天喜地，忙将家中酒肴待他。那奶子道：'亲娘，我近在这里，常要来的，不要这等～。'"清《聊斋俚曲·磨难曲》："大家杀了几个猪，宰了几个羊，来给大王犒赏三军，也给大王爷磕个头。……大王说：'都起来，怎么又叫您～？'"

【费嘴】　fèi zuǐ　❶口角；吵嘴。明《型世言》三回："那时已嫁出的人，不是你婆婆了，就是你丈夫要与你～，已过的事，不在眼面前娘，比你会温存？"《禅真后史》一〇回："耳边厢只听的沸瀼瀼喧嚷，却原来是他姑媳们～。"清《水浒后传》一〇回："兄弟！你几时到这里和这干人～？"　❷多口；费口舌。明《平妖传》四〇回："我们不须～，竟去请里面的老和尚出来，待他两个自辨真假。"《醒世恒言》三六："稍公把舵务命推挥，全然不应，径向贼船上当稍一撞。见是座船，恐怕拿住～，好生着急。"清吴绮《普天乐》："碧波前，苍山下，做几件惊天动地，衡一味～磨牙。"　❸麻烦。明周履靖《锦笺记》一四出："又麻又瞎又驼背，夜又见我都缩退。一生惟得妒妇欢，留我房中免～。"《西洋记》二四回："他正在勒马巡河，闻说道番将～，故此怒发雷霆，前来助阵。"清《醒世姻缘传》八六回："这却～。我因你韦大爷你自己来，我不好瞒你，一五一十实对你说了。若这妇人告起状来，牵连着我，衙门受累费钱，且又误了生意，这怎生了得？"

【废】　fèi　❶荒芜；使荒芜。唐孟浩然《题长安主人壁》："久～南山田，叨陪东阁贤。"宋张榘《贺新凉》："西风乱叶长安树。叹离离、荒宫～苑，几番禾黍。"清《后红楼梦》二五回："原是人家的～园，万有容替他点缀，倒也清幽。"　❷杀害；杀死。《元朝秘史》卷四："他正是～我祖父的仇家，父亲可以助我夹攻。"明刘仲璟《遇恩录》："这起反臣都吃我～了，坟墓发掘了。"　❸丧失。清《聊斋俚曲·富贵神仙》："都说是好他娘，几乎来～了命！"陈端生《再生缘》二五回："寇万亡身遭宝剑，敖雄～命着神鞭。"

【废败】　fèi bài　耗费败坏。元陶宗仪《辍耕录》卷二八："宗族虽盛衍而子孙多不肖，祖父财产～罄尽。"《元曲选·东堂老》楔子："老夫一生辛勤，挣这铜斗儿家计，等他这般～，便死在九泉，也不瞑目。"明《醒世恒言》卷三七："他两次得了横财，尽皆～。"

【废残】　fèi cán　❶破坏；使残破。宋《三朝北盟会编》卷一二三："况今河北河东为彼奄有，京西陕华为彼～，京畿汉上为彼扰攘，山东淮甸为彼破荡。"　❷残破，也指残破的事务。宋程俱《题张大丞明园亭》："张侯翰林客，金龟著朝班。生平用一指，谈笑起～。"元宋褧《寒食拜扫盘桓南城亲友家书所闻见俚歌十首》之七："故都空有～城，天历人家学避兵。"清《儒林外史》二一回："见桌上摆着一座香炉、一个灯盏、一串念珠，桌上放着些～的经典。"　❸残疾；残废。宋韩琦《到魏四年乞移乡郡》："旬日前，右髀一支骤缠风恙，虽火攻亟用救治稍痊，而疾势不轻，去来未知。若尚婴于冗剧，必随及于～。"清《平定三逆方略》卷五九："～官兵及亡故官兵骸骨若留于荆州，徒费钱粮。"

【废辍】　fèi chuò　中辍；搁置。宋王谠《唐语林》卷一："嗜学强记，自筮仕至夕拜，秉笔记录，不暂～。"元郑玉《向杲寺重建弥陀殿记》："至元德祐之交鼎迁运改，而斯会未尝～。"清姜宸英《菊隐说》："有隐君子陆君翼王，少事举子业，中遭感愤～，穷研于六经。"

【废堕】　fèi duò　❶因怠惰而中止。唐沈亚之《贤良方正能直言极谏策》："如其临理有常制，豪猾何致逾检乎？讲习师受有常学，儒者何致～乎？"宋葛胜仲《朝奉大夫吴公墓志铭》："圣人微言具六籍，岂宜猥徇时俗而辄自为～。"明龚敩《游志逊哀辞》："沿宋涉元，以诗礼承家者，数百年不～。"　❷败坏；废弃。唐贞元元年正月改元赦文："洎再复京师，遽将告谢，有司以人力耗斁，礼物～，日居月诸，岁聿云暮。"《明史·神宗纪二》："台省空虚，诸务～。"清《平山冷燕》一回："朕凉薄之躬，上承大统，日忧～。"

【废革】　fèi gé　废除。《唐会要》卷一九："伏以今年夏禘祭俯临，辄敢举明，特请～。"宋洪迈《容斋随笔》卷四："典章故事，有一时～遂不可复者。"《明史·土司传·四川土司一》："月鲁帖木儿之乱，诸州皆～。"

【废然】　fèi rán　灰心、失望貌。宋方凤《上陈丞相书》："身历行都，希得一当。惜当世依违，无足告语，～思返。"明文秉《烈皇小识》卷二："时廷臣请缨者众，……上传各官，俱于本衙实修职业，诸臣俱～而退。"清《十二楼·奉先楼》二回："在川湖两处寻访了半年，资斧用去一大半，只得～而返。"

【废人】　fèi rén　没用的人。唐薛据《怀哉行》："明时无～，广厦无弃材。"宋苏轼《谢制科启》："一陷清议，辄为～。"清《红楼梦》三一回："纵然命长，终是～了。"

【废事】　fèi shì　误事；把事情搞糟。明静挺《渡扬子江》："最苦清谈能～，茫茫回首厌虚名。"《金瓶梅词话》二一回："咱两个人每人出五钱银子，教李瓶儿拿出一两来，原为他～起来。"

【废物】　fèi wù　❶无用之物。唐李匡乂《资暇集》卷下："而汾阳虽大度廓落，然而有晋陶侃之性，动无～。"《明史·刘之勃传》："三吴织造，泽潞杼机，以及香蜡、药材、陶器，无岁不贡，积之内为～，输之下皆金钱。"清《红楼梦》九四回："况且这件东西在家里是宝，到了外头，不知道的是～，偷他做什么？"　❷指无用之人；废人。可用于一般叙述，也可用作谦词、詈语。唐刘禹锡《上中书李相公启》："运思于陶冶之间，宣猷于鱼水之际，然能轸念～，远哀穷途。"明《西游记》三四回："老魔道：'差那个去？'二魔道：'不差这样～去！'"清《聊斋志异·药僧》："从此为～，日卧街上，多见之者。"

fēn

【分跋】　fēn bá　分辩。明冯惟敏《玉江引·纪笑》："百口～，难参尖嘴佛。百计腾挪，难逃毒害哥。"

【分摆】　fēn bǎi　❶分析；推敲。宋朱熹《性理吟·克己》："莫道公私未判然，自忧一日用功难。便随明处猛～，志在希颜即是颜。"　❷分配；指派。宋《三朝北盟会编》卷七一："除量留本处募到土豪～地方守御外，尽数划刷官兵精锐。"明《西游记》八三回："不须罗噪，但依我～：孙大圣和太子同领着兵将下去，我们三人在口上把守，做个里应外合。"清孙承泽《春明梦餘录》卷二七："又不～与宴官人等依品序坐，致使搀越挤匝，难以供应。"

【分半座】　fēn bàn zuò　犹"分座"。《僧宝正续传》卷三宋《文殊道禅师》："一夕料理前语，豁如梦觉，亟趋丈室，懃（慧懃禅师）望而可之，即～，命以法施来者。"《古尊宿语录》卷二六《舒州法华山举和尚语要》："昔日灵山～，师今登陟意如何？"

【分辨】　fēn biàn　❶辨别；区分。《广弘明集》卷七："观此发问，则瞿昙存日，门徒不能～真伪。"元佚名《朝天子·志感》："老天只恁忒心偏，贤和愚无～。"清毛奇龄《请定勋贤祠产典守公议》："况此五收掌间，有大须～者。"　❷同"分辩❶"。宋沈括《梦溪笔谈》卷二二："问毕，果付吏责状。囚如吏言，～不已。"元关汉卿《新水令》："他越将个庞儿变，咱百般的难～。"清《聊斋俚曲·寒森曲》："二相公只想告状，也不合他～，又上了道。"　❸区别；差异。明林希元《易经存疑》卷一一："故曰：'复小而辨于物。'言与众物自有～也。"王守仁《传习录》卷中："盖《大学》格

物之说,自与《繫辞》穷理大旨虽同,而微有～。"清李渔《无声戏》四回:"这四个人的相貌虽然毕竟有些～,只是这些凡夫俗眼那里识别得来?" ❹ 原则。宋朱熹《四书或问》卷二二:"大抵肆、廉、直三字皆具美恶二意,如廉者则有～而失于峭刻耳。"明黄仲昭《广东按察司佥事陈燁列传》:"燁外若浑厚,而中实介然有～。"杨廷和《太子少傅张公神道碑》:"取予有～,自俸入外家无赢餘。"

【分辩】 fēn biàn ❶ 辩白;解释。唐孔颖达疏《周易·讼卦》"九四,不克讼":"初能～道理,故九四讼不胜也。"元关汉卿《拜月亭》四折:"我便浑身上都是口,待交我怎～?"清《红楼梦》三〇回:"大哥哥不知道我病,倒像我推故不去似的。倘或明儿姐姐闲了,替我～～。" ❷ 同"分辨❶"。《旧唐书·魏徵传》:"徵亡后,朕遣人至宅,就其书函得表一纸,始立表草,字皆难识,唯前有数行,稍可～。"

【分表】 fēn biǎo 说明,解释。宋王喆《千秋岁》:"日生还恁地,夜梦魂惊者。听～:都缘劫劫波波绍。"△清《海上尘天影》三六回:"现今他疑我,我不好同他分辩,你须替我～～。"

【分俵】 fēn biào 分发;分给。《旧唐书·哀帝纪》:"令于内库方圆银二千一百七十二两,充见任文武常参官救接,御史台依品秩～。"元明《水浒传》三〇回:"又～了些零碎银子与众人做酒钱。"清《飞龙全传》一七回:"如或好汉银钱不足,止把一半儿～他们。"

【分别】 fēn bié ❶ 分辩;辩解。金《董解元西厢记》卷四:"君瑞好乖劣!半夜三更,来人家院舍。明日告州衙,教贤～。"元明《水浒传》四五回:"他虽一时听信了这妇人说,心中怪我,我也～不得,少要与他明白了此一事。" ❷ 打算;意见。明《金瓶梅词话》七〇回:"依着西门庆～,他主意要往相国寺下,夏提刑不肯。" ❸ 分明。清孔尚任《桃花扇》七出:"龟尿鳖血,看不～;鳖血龟尿,说不清白。看不～,混了亲爹;说不清白,混了亲伯。"

【分拨】 fēn bō ❶ 分派;分配拨给。宋曾巩《请给中书舍人印札子》:"四月二十九日准详定官制所发到状二件,为～人吏并院子事。"明汤显祖《邯郸记》二七出:"闻得老相公家中少用女乐,即便～仙音院女乐二十四名。"清《说岳全传》二三回:"岳爷收了,遂～二百名人马在山前,将枯草铺在地上,洒上火药。" ❷ 安排;处理。《元曲选·隔江斗智》二折:"如今日期将近,须先着鲁子敬到荆州,预报他送亲日子,我这里好～诸将。"元明《水浒传》一八回:"休这等说话,小吏略到寒舍～了些家务便到。"明《禅真后史》四四回:"如今这些金银怎么～,可救潘屺出狱吗?" ❸ 分批。元明《水浒传》四一回:"众头领～下船。晁盖、宋江、花荣在童威船上。" ❹ 拨动使分开。清《后水浒传》一九回:"忙抢棍在黑暗中～,赶开一条大路,放走了三四个人去。"又四三回:"太阴老母听了大怒,抢起双铁练,劈头套来。殷尚赤急用朴刀～。"

【分驳】 fēn bó 分辩反驳。明冯惟敏《集贤宾·题怨》:"不住的将人折挫。眉黛锁,有话儿不敢～。"

【分擘】 fēn bò ❶ 割裂;掰开;剥离。唐李磎《蔡袭传》:"我若误汝入唐境而携贰心,天必殛诛,烹醢～。"宋苏轼《南乡子·咏双荔支》:"只恐被人～破,东西,怎得团圆似旧时?"元《农桑辑要》卷二:"若于冬月,用温水润湿,易为～。不然干硬,难分其绩。" ❷ 拆散;瓜分。《太平广记》卷一二四引《儆戒录》:"明年,县司～百姓张琼家物业,郝溥取钱二万,张琼具状兴诉。"《敦煌变文校注》卷六《大目乾连冥间救母变文》:"平生辛苦觅钱财,死后总被他～。"宋许纶《同转庵诸人筠斋赏荷花》:"功成五湖有成例,全赐西湖底～?" ❸ 分离;分散。唐王梵志《闻道须鬼兵》:"长命得八十,恰同寄客住。暂在主人家,不久还～。"又《父母生儿身》:

父子相～,不及元不识。"明唐顺之《叶包庵先生寿序》:"又各自以其师说转相授受,虽专派～,莫不绳然,以世迭谱。" ❹ 分析;分辩。唐李商隐《与陶进士书》:"至于切磋善恶,～进趋,仆此固不待学奴婢下人指誓神佛而后已耳。"宋喻汝砺《杜工部草堂记》:"是皆切错美恶,～善败,典图崇替而鉴烛后世也。"真德秀《奏乞将知宁国府张忠恕亟赐罢黜状》:"忠恕虽巧为～回申,而气馁词穷,不可掩覆。" ❺ 分配;分派;分出一部分。《旧五代史·晋书·少帝纪二》:"仍遣供奉官殿直二十六人,自河阴至海口,～地分巡检。"宋陈元晋《赣州清平堂记》:"～一定,贼至桐木岗。戴应奎首挫其锋。"金施宜生《无题》:"天宁寺里尊前月,～清寒入小窗。"

【分残】 fēn cán ❶ 割裂;分破;打破。宋史浩《上平江守徐侍郎生日》之二:"玉锋修满姮娥月,天巧～织女机。"明王世贞《女儿子》:"猿啼一声发一变,不待出峡鬓如霜。上牢虽迟下牢险,玉箸～女儿脸。"清陈端生《再生缘》五二回:"连称小姐原容美,难怪朝廷圣意怜。如此推来如此拒,只觉得,千金情面太～。" ❷ 分离;分别;分开。宋吕渭老《水调歌头·送季修同希文去秀》:"老子婆娑贫态,闭户长须赤脚,他日要～。"清《白雪遗音·孟姜女》:"刚然才把夫妻见,展眼之间,罢哟哈咳咳,不觉两～。"陈端生《再生缘》二〇回:"哭叫御妻何不应,朕与你,数年恩爱竟～。"

【分茶】 fēn chá ❶ 饮食店。宋孟元老《东京梦华录》卷四:"但凡食店,大者谓之～。"吴自牧《梦粱录》卷一六:"向者汴京开南食面店,川饭,以备江南往来士夫,谓其不便北食故耳。" ❷ 指简单、价廉的下酒菜肴。宋觉范《冷斋夜话》卷九:"既罢,与余过兴国寺河上,食素～甚美。"吴自牧《梦粱录》卷一六:"且如下酒品件,其钱数不多,谓之～、小分下酒。" ❸ 一种冲水注茶使茶面呈现各种图案的技艺。也泛指烹茶。宋杨万里《澹庵坐上观显上人分茶》:"～何似煎茶好,煎茶不似～巧。蒸水老禅弄泉手,隆兴元春新玉爪。二者相遭兔瓯面,怪怪奇奇真善幻。纷如擘絮行太空,影落寒江能万变。银瓶首下仍尻高,注汤作字势嫖姚。"《元曲选·百花亭》一折:"谈谐歌舞,挡筝拨阮,品竹,无般不晓。"清弘历《填仓日题》:"十字云腴谩说饼,一杯露馥且～。"

【分拆】 fēn chāi ❶ 分离;分开。《唐大诏令集》卷一一四《隋代公卿不预义军者田宅并勿追收诏》:"隋政不纲,行止无度。东西驰骋,靡岁获宁。遂使父子乖离,室家～。"明李福谦《念奴娇·中秋》:"桂子飘香,银河泻冷,秋意平～。"清毛奇龄《任氏家藏刘诚意札记卷子书后》:"名家卷轴,守有三难:兵革燥湿,攦撼不预,一;友朋爱好,传观漫漶,二;彼我～,渐至零落,三。" ❷ 拆解。元明《水浒传》三五回:"上面绒条结住了,那里～得开?"

【分扯】 fēn chě ❶ 你拉我拽;瓜分。明《金瓶梅词话》一四回:"其餘床帐家火物件,俱被族人～一空。" ❷ 分解。清《水浒后传》五回:"一个道:'管甚林真人鸟真人,便是皇帝自来,也不该偷人家的鸡吃。'一把扭住汪五狗,～不开。"

【分寸】 fēn cùn 说话或做事应掌握的尺度、界线。《元曲选·曲江池》二折:"狠的来世上绝伦,下死手,无～。"明王樵《与长男启疆书》:"待人须有～,大抵和勿便至忘形,介勿便至傲物。"清《聊斋俚曲·襄妒咒》:"像那高大官忒也嫩,不禁揎,若还手里没～,忽然一下染黄泉。"

【分单】 fēn dān 分析财产的契约。明葛昕《仲弟检讨奠文》:"昨年才将地产通析,尔但差人来受～,正疆界,计斗斛,数畜口以去耳。"《金瓶梅词话》一六回:"休说各衣另饭,当官写立～,已倒断开了的勾当。"清《红楼圆梦》三〇回:"因拿出～来,原来贾

府田产也不过三百八十四顷，宝玉、环、兰各分百顷。"

【分调】 fēn diào ❶ 分别调遣。《宋史·食货志上三》："～舟船，溯流入汴，以达京师。"元明《水浒传》六八回："既然他设五个寨栅，我这里～五支军将，可作五路去打五个寨栅。"清《说岳全传》四四回："将军可同孩儿等专领游兵，～各营，四面截杀。" ❷ 布置；安排。元明《水浒传》七九回："吴用～已定，众头领都下山，只留水军头领看守寨栅。"明《杨家府》卷八："～已完，周五遣人下狱，缚胡富到法场。"清《飞龙全传》五九回："当时匡胤～出师，命造大船数百只。"

【分段】 fēn duàn 佛教谓人轮回六道，各段的寿命、形体皆由其业因而定，故曰分段身，简称"分段"。唐宗密《答温尚书书》："若爱恶之念已泯，不受～之身，自然易短为长，易粗为妙。"《祖堂集》卷二《惠能和尚》："况吾未能变易，～之报，必然之至。"

【分断】 fēn duàn 分析决断。《唐会要》卷八一："仁轨大惊，问：'～几何狱？'文瓘曰：'岁竟，凡断一万七千八百人。'"明薛论道《朝元歌·忍事》："是非休管，好共歹从天～。"清《白圭志》七回："既有如此奇冤，敢不为之～。"

【分发】 fēn fā ❶ 发放；分别发给。元王恽《弹赵州平棘县尹郑亨事状》："于今年春，令在县祇候人屈首领引宅司郑都管，于县西村～讫马尾罗儿，约三百餘个。"明毕自严《钱粮不继疏》："题为钱粮不继，募兵束手，恳祈敕部～帑金以济急需事。"清《歧路灯》四回："这阎相公与王中料理席面，～赏封，轰闹了一天。" ❷ 派遣；分别派往。明林俊《大埡捷音疏》："臣～调征流土兵快前来协助。"清毛奇龄《明提督雁门等关右副都御史忠襄蔡公传》："自今以往，请～禁旅并调真保大营诸兵，合之晋众，背关一战。"《野叟曝言》一回："如胡文定公经义治事之法，力行十年，必有真士出乎其中。然后～郡县，使为司铎，以教天下之士。" ❸ 分头进发。明潘希曾《擒斩反招黠贼功次疏》："协同附近地方兵夫，～并势，寻踪擒捕。" ❹ 分析处理；发付。明《梼杌闲评》三八回："小事总是李永贞、刘若愚～，大事俱等忠贤裁决。"清陈端生《再生缘》六一回："龙意恼恼圣心烦，～匆匆不暂闲。问过又批批又问，那本是，案头犹似积如山。"《飞龙全传》五八回："驾至汴京，早有在朝文武迎接进朝。世宗～众臣，驾返宫中。" ❺ 发售。清《飞龙全传》一一回："不若贤弟先往首阳探亲，暂为安住；待愚兄进关～了这些货物，随后便来找寻。" ❻ 发配；发送。清《剿捕临清逆匪纪略》卷一〇："仍量其轻重，～伊犁及吉林、黑龙江等处，给兵丁为奴。"《野叟曝言》一二九回："当将舡工妻子讨保，各犯～司府两监。" ❼ 清代官制，道府以下非实缺人员分省发往补用。清汪由敦《巽溪弟行略》："弟既拜～广东之命，即出都门赴粤。"《蜃楼志》五回："荣授未入流之职，～广东。"《后红楼梦》一三回："侄儿也没脸，往后只好快快的弄个～儿，往外省混饭去。"

【分方】 fēn fāng 纷乱貌。《敦煌变文校注》卷三《孔子项托相问书》："夫子乘马入山去，登山葛领(岭)甚～。树树每量无百尺，葛蔓交脚甚能长。"

【分房】 fēn fáng ❶ 花房、蜂房分开。唐柳宗元《植灵寿木》："丛萼中竞秀，～外舒英。"宋汪藻《蜂儿行》："～戢戢莲绽子，拥户娟娟兰茁芽。"明丘濬《客有谈及家林者偶成》："椰壳脂凝将减水，椰胎子出正～。" ❷ 犹"分房减口"。《旧唐书·陈君宾传》："禾稼不登，粮储既少，遂令～就食。"宋司马光《乞罢刺陕西义勇第四札子》："或遇水旱凶荒，欲～逐熟。" ❸ 指科举乡、会试同考官分房阅卷。宋陈造《次前韵送胡省元》："南宫严严各～，过眼千牍春昼长。"明袁于令《西楼记》二八出："满院朱衣，灯炬辉映。派卷～，喊呐声相闻。"清玄烨《谕大学士九卿詹事科道》："部院衙门司官，凡进士举人出身者，皆系例应～之人。"

【分房减口】 fēn fáng jiǎn kǒu 旧时荒年为减轻家庭负担，维持生计，人口多者使部分外出逃荒，谓分房减口。宋司马光《谏西征疏》："以此须至～，就食西京、襄、邓、虢等州。"《元曲选·合同文字》楔子："则为这六料不收，奉上司文书，～，各处趁熟。"明《拍案惊奇》卷三三："上司发下明文，着居民～，往他乡外府趁熟。"

【分非】 fēn fēi 纷乱貌。《敦煌变文校注》卷五《维摩诘经讲经文(一)》："阗塞虚空烈(列)鼓旗，奔雷掣电走～。"

【分肥】 fēn féi 犹"分润❷"。宋许应龙《送杨郎中守嘉兴诗》："苛敛戒～，严刑去衣赭。"明毕自严《国计不容重误疏》："果有朦发～等弊，臣愿甘伏斧钺之诛。"清《歧路灯》二四回："今夜掷色子，算上咱两个的。托贤弟洪福，明早起来～罢。"

【分付】 fēn fù ❶ 交付；托付。唐独孤及《代书寄上裴六冀刘二颍》："唯留潺湲水，～练溪月。"宋黄庭坚《望江东》："灯前写了书无数，算没个人传与。直饶寻得雁～，又还是秋将暮。"明《拍案惊奇》卷三〇："把这纸合同文书，～与他，将我夫妻俩把骨殖埋入祖坟。" ❷ 寄寓；寄意。唐王昌龄《听流人水调子》："孤舟微月对枫林，～鸣筝与客心。"杜牧《边上闻胡笳三首》之三："胡雏吹笛上高台，寒雁惊飞去不回。尽日春风吹不散，只应～客愁来。"元高明《琵琶记》三出："想象暮云，～东风，情到不堪回首。" ❸ 嘱咐；命令。唐方干《尚书新创敌楼》之二："直须～丹青手，画出旌幢绕谪仙。"《元曲选·谢天香》楔子："钱大尹是我的同堂故友，明日我同大姐到相公行～，着看觑你。"清《聊斋俚曲·寒森曲》："～了一声，两三个人跑来。" ❹ 交代；告诉；说。宋《朱子语类》卷四："那得个人在上面～这个！"《元曲选·合汗衫》三折："官人呵，这言语休着你爷知，……则去那娘亲上～明白。"元明《水浒传》二五回："武大叫老婆来～道：'你做的勾当，我亲手来捉你奸，你倒挑拨奸夫踢了我心。'" ❺ 透露；流露；表露。宋晏殊《胡捣练》："小桃花与早梅花，尽是芳妍品格。未上东风先拆，～春消息。"贺铸《南歌子·醉厌厌》："谁怜绣户闭香奁。～一春心事、两眉尖。"佚名《九张机》之二："深心未忍轻～，回头一笑，花间归去，只恐被花知。" ❻ 安排；布置。《祖堂集》卷二《惠能和尚》："惠能领得其银，～安排老母讫，便辞母亲。"元明《水浒传》二九回："施老管营又暗暗地选拣了一二十条大汉健壮的人，慢慢的随后来接应，都～下了。"明沈采《千金记》一一出："生成狠毒，从天～不忧贫。" ❼ 处置；发落。宋秦观《调笑令·乐昌公主》："旧欢新爱谁是主。啼笑两难～。"《元曲选·争报恩》四折："今日忠义堂上，～这一桩公事去来。"清《醒世姻缘传》一〇回："将一干人犯～出去了，也有说问得好的，也有怨生恨死的。" ❽ 听任；任凭。明梁辰鱼《浣纱记》三九出："闭门不管窗前月，～梅花自主张。"

【分关】 fēn guān ❶ 分家的文书。明《古今小说》卷一〇："邀几个族人在家，取出父亲亲笔～，请梅氏母子到来，公同看了。"清张大复《梅花草堂集·分关》："顷为高阳氏作～。"《野叟曝言》一五回："先父病中，请了族亲，立堂弟洪儒为嗣；写上两纸～、两张遗嘱，将二百亩田，留与小妹用度。" ❷ 分离。清《绣戈袍全传》一七回："郎在郊游，尚且不忍。况～结发，情何以堪？" ❸ 区别。清《双凤奇缘》八〇回："异类无知宿远山，也将巨眼识忠良。最令人兽～处，脱换皮毛自改妆。"

【分豁】 fēn huò ❶ 分散；割裂。宋孙觌《黄林先墓记》："田园之人，专留赡茔，不可～。"明杨爵《夜梦一人戴无翅纱帽谓诸葛孔明也》之三："天厌东京久自虹，舆图～竟难同。" ❷ 扣除；减

免;免除。宋朱熹《与陈帅画一札子》:"本军建昌县,去年放旱米三千餘石,总所漕司累次行下,令于上供军用数内~。"明何乔新《陈言慎刑以弭灾变奏》:"系官钱粮果被漂流者,量为~。"张本《条例事奏》:"将有勾者捏故回申,无勾者展转扳指。数内应~者不与~,重复勾扰,连年不绝。" ❸ 分析;区分。元周德清《中原音韵》卷下:"圣经尚然,况于韵乎?合于四海同音,~而归并之。"《元曲选·对玉梳》二折:"横死眼如何有个~,喷蛆口知他怎生发落。"清张玉书《纪顺治间户口数目》:"国家户口册,仍前明黄册之制,分旧管、新收、开除、实在四则,以田土从户口,~上中下三等。" ❹ 开脱;分解。明《金瓶梅词话》七六回:"本等与他无干,望乞老爹案下与他~~。"《醒世恒言》卷三二:"众人都和闹着。正在那里~不开,只见王老员外和女儿一步一颠走回家来。"清孔尚任《桃花扇》一二出:"舍舅语言甚不相为,全亏史公一力~,且说与尊府原有世谊的。" ❺ 分辩;辩解。明于谦《忠肃集》卷七:"不知奏臣几事,不敢伸诉,待候明文,另行~。"王锜《寓圃杂记》卷九:"不许打,且听我~。"《古今小说》卷三八:"口中不说,心下思量,我且忍住,看这妇人~。" ❻ 处理;摆布。清《野叟曝言》三〇回:"我是只好照管老爷了,你两人替我去~罢。"又:"我靠何人?叫我不要哭着叫唤,你叫我做妹子的怎样~得过来呢?"也指处置的手段、办法。清《野叟曝言》三〇回:"你是有胆量,会策画的,怎遇着这点子事体,就没~起来?" ❼ 豁朗;开阔。明谢承举《登崇道观明阁看山》:"开窗遥见江上山,紫翠高低眼~。"

【分家】 fēn jiā 一家亲属分财产,各自为家过活。《元曲选·儿女团圆》楔子:"我这嫂嫂和俺两个侄儿,要~哩。"明《古今小说》卷一〇:"这段话,我都写绝在家私簿上,就当~,把与你做个执照。"清《聊斋俚曲·翻魇殃》:"令弟清闲不管事,读书还要使束脩,~你不能偏从厚。"

【分拣】 fēn jiǎn ❶ 拣选;挑拣。宋《建炎以来繫年要录》卷七:"乃命御营司委官~,凡溃兵之愿归营与良农愿归业者,皆听之。"元明《三国志通俗演义》卷二:"允教皇甫嵩、李肃一同吕布前去。布领兵五万人,飞奔郿坞来。"清朱彝尊《文林郎知舒城县事朱君墓志铭》:"计部以所输米色不纯,行令赤白分贮。山农苦于~。" ❷ 区分;甄别。元许衡《直说大学要略》:"这几般一件件~得是呵,便是格物。"《元典章·刑部十一》:"为首为从的不~,一体要罪过呵,诚恐差池。"

【分间】 fēn jiàn 同"分拣❷"。元刘敏中《奉使宣抚回奏疏》:"即有诸投下即诸衙门以事禀说者,令客省使~,亦不过一二人得之。"王恽《论贫难军合从所属定夺事状》:"不然请依~新军体例,将贫难极生受者亦从长定夺。"《元典章·刑部十一》:"施行间,钦遇~,俱不刺字疏放。"

【分解】 fēn jiě ❶ 分离;解开。《敦煌变文校注》卷二《庐山远公话》:"须臾母子~,血似屠羊。阿孃迷闷之间,乃问是男是女。"宋王令《对竹》:"春萌喜含养,夏箨竟~。"金成无己《伤寒明理论》卷四:"然所谓结者,若系之结不能~者也。"特指分娩。宋陈自明《妇人大全良方》卷二〇:"夫产后恶露不绝者,由产后伤于经血,虚损不足,或~之时,恶血不尽。" ❷ 辩解;开脱。《太平广记》卷二七九引《野人闲话》:"见有数人,引入刘公,则五木备体,孑然音旨,说理~,似有三五人执对。"《元曲选·黄粱梦》二折:"又不是别人相唬吓,厮展赖,是你男儿亲自撞将来,你浑身是口难~。"清《水浒后传》九回:"你的事重,不好~。他二人不过着他根寻,太尉自然肯用情的。" ❸ 化解;排解。宋《太平惠民和剂局方·指南总论》卷中:"但可与七气汤,~其气,散其壅结。"《元曲选·昊天塔》一折:"俺不能勾青史标名,留芳万古,空怀着一腔怨气,何时~也?"明《拍案惊奇》卷二九:"~不开之际,忽听得牢门外一片锣声筛响,一伙人从门上直打进来,满牢中多吃一惊。" ❹ 辨明;判定。《元曲选·勘头巾》四折:"现放着雪花银两是赃钱,把你个好心田翻做了恶心田。今日个勘头巾~这场冤。"又《杀狗劝夫》四折:"相公阿,你恩也波慈,从来不受私,早~了这跷蹊事。" ❺ 交代;说明。章回小说回末用语,戏曲说白有时借用。《元曲选外编·西厢记》二本二折:"不知性命何如,且看下回~。"元明《水浒传》二五回:"毕竟何九叔性命如何,且听下回~。"清《聊斋俚曲·增补幸云曲》:"未知万岁何日回京,且听下回~。"

【分介】 fēn jiè 界外。《敦煌愿文集·结坛发愿文》:"人无楚切,不染~之灾;牛马六畜驼羊,疫毒时消时散。"

【分衿】 fēn jīn 同"分襟"。唐王维《赠裴迪》:"携手本同心,复叹忽~。"元吴师道《和陈端叔二首》之二:"白云燕蓟北,怅望两~。"清《驻春园》二一回:"掩窗留烛焰,吟夜惜~。"

【分襟】 fēn jīn 离别;分别。《祖堂集》卷七《岩头和尚》:"二人~后,师在鄂州遇沙汰,只在湖边作渡船人。"明杨柔胜《玉环记》一六出:"人生聚散如蓬转,莫为~苦挂牵。"清孔尚任《桃花扇》续四〇出:"你看他两~,不把临去秋波掉。"

【分朗】 fēn lǎng 分明;清楚。金《刘知远诸宫调》一:"见一条蛇儿,金色甚~,更来往打盘桓。"《元史·兵志四》:"及将承发到文字,验视有无开拆、磨擦损坏、批写字样,~附簿。"《元曲选·生金阁》二折:"听的他言~,唬的我魂飘荡。"

【分理】 fēn lǐ ❶ 分别掌管;分别治理;分别处理。《旧唐书·代宗纪》:"虽西汉以二府~,东京以三公总务。"明陆采《怀香记》六出:"三位先生~其事,老爷坐享其成。"清蓝鼎元《上宋观察请修漳州府志书》:"请择缙绅先生、山林遗逸,及多士之博洽者,~其事,各抒闻见。" ❷ 分辩;分说。五代孙光宪《北梦琐言》卷一二:"有巫立仁者,罪合族诛。庙神为其~(一作"疏"),奏于岳神。"元萧德祥《小孙屠》二〇出:"两人怎插翅?口遍身如何~?"清《醒世姻缘传》三六回:"家人到传桶边分付,他还有许多的~,家人说道:'你还要强辩?'" ❸ 分辨审理;分别审理;分辨处理。《元曲选·百花亭》四折:"元帅在上,可怜见王焕有纸状告着一个人,乞赐~。"《元史·顺帝纪一》:"壬申,遣省、台官~天下囚。"《明史·土司传·湖广土司》:"高罗安抚常依势凌轹,侵夺土地人民,已蒙朝廷~,然彼宿怨未平,恐复加害。" ❹ 交代;处置。清邵廷采《东南纪事》卷四:"先一日,~家事,正衣冠缢堂皇。百姓奔哭,鸠金殓之。" ❺ 梳理使分开。清《隋唐演义》八回:"叔宝只得将左手衣袖卷起,按着马鞍,右手五指,将马领鬃往下~。"

【分另】 fēn lìng 分家各立门户。《元典章·户部三》:"随处诸色人家,往往父母在堂,子孙~。"《元曲选·儿女团圆》楔子:"我请你来,别无甚事,我要~了这家私。"明《拍案惊奇》卷三〇:"嫡亲数口儿,同家过活,不曾~。"

【分龙】 fēn lóng 农历五月二十日之后,降雨具有明显的地域差异,民间因称五月二十日为分龙日,以为是龙的分管区域不同而造成晴雨差异。宋庄绰《鸡肋编》卷中:"二浙四时皆无巨风,……以为五月二十日为~,自此雨不周遍,犹北人呼骤辙也。"张表臣《婺州道中》:"山塘莫车水,梅雨正~。"清毛奇龄《甘霖应祷恭颂二十韵》:"四月~少,三农望岁长。"

【分免】 fēn miǎn 同"分娩"。《敦煌变文校注》卷二《庐山远公话》:"若是吾(悟)逆之子,如何~!"《五灯会元》卷一《释迦牟尼佛》:"姨崛奉佛语疾往告。其妇得闻,当时~。"明朱橚《普济

方》卷三一四："难产二三日不～者,温酒下一分。"

【分娩】 fēn miǎn 生孩子。《敦煌变文校注》卷五《父母恩重经讲经文》："日夜专忧～苦,等闲惆怅泪双垂。"明陈铎《满庭芳·稳婆》："刚才则～,先指望洗三钱。"清《隋唐演义》四回："况～将及,不若且俄延半月起程。"

【分明】 fēn míng 副词。❶ 清楚;明白。唐杜甫《历历》:"历历开元事,～在眼前。"金《刘知远诸宫调》一:"地上见金光一道,～认是,一个小蛇儿迭七寸,直入西房。"清洪昇《长生殿》三三出:"代将情事～诉,幸娘娘与他做主。" ❷ 俨然;简直。强调相同或相似。唐权德舆《送孔江州》:"九派浔阳郡,～似画图。"《元曲选·窦娥冤》楔子:"这个那里是做媳妇,～是卖与他一般。"明《醒世恒言》卷三:"慌迫之际,见秦小官送女儿回来,～送一颗夜明珠还他,如何不喜?" ❸ 明明。强调显然,下文意思往往转折。金《董解元西厢记》卷五:"传言送简,～许我效鸾凤,谁知一句儿不中用。"清《聊斋俚曲·磨难曲》:"这～是舜花家,可怎么门户全无,楼阁俱渺?"《红楼梦》二〇回:"～今儿冷的这样,你怎么倒反把个青肷披风脱了呢?" ❹ 顿然;一下子。唐储光羲《洛桥送别》:"一听南津曲,～散别愁。" ❺ 的确;果然。元高明《琵琶记》二六出:"呀,怎地这坟台都成了! 谢天地,～是神通变化。"《五代史平话·梁上》:"～是如贤所教,但是小生自小兀坐书斋,不谙其他生活,只得把这教学度日,为之奈何!"

【分派】 fēn pài ❶ 家族、宗教等分出支派。唐杜荀鹤《题护国大师塔》:"笠象胤明双不见,线源～寸难寻。"明《西游记》二回:"我门中有十二个字,～起名,到你乃第十辈之小徒矣。"清蔡世远《族子载园墓志铭》:"吾族自先世忠惠公住居莆阳,～于泉之晋江。" ❷ 派遣;委派,指派。元卢琦《建言常平》:"丰年收籴本,～乡都为里首者,阴符吏弊。"《元史·食货志五》:"每名管押一纲,于大都兴国等场见收盐内验数,～司官监视。"清袁枚《子不语》卷五:"阎王以此事～诸牛头管领,故我代夫洗之。" ❸ 划分;分配;摊派。元明《水浒传》七九回:"将夺到的船只,尽数都收入水寨,～与各头领去了。"明徐复祚《投梭记》二五出:"众人在此,请老爹到庙里～酒肉。"清李光地《请裁河兵疏》:"各工将河兵按数～,每工只得八九十名,不敷所用。"也指分给。清《说岳全传》六四回:"禁子将那些东西,搬到从善面前摆着。从善叫～众囚人。" ❹ 瓜分;分取。《元史·食货志五》:"每据又多取中统钞二十五两,上下～,各为己私。"明《醒世恒言》卷三六:"又使到一个沙洲边,将箱笼取出,要把东西～。"《英烈传》五五回:"当下就有都尉赵珏,……金院郑禄八人,公然上殿～了宝物。" ❺ 搭配;拼合。明汤显祖《牡丹亭》三八出:"待车干池水,捞起他骨殖来。怕浪淘沙碎玉难～,到不如当初水葬无猜。" ❻ 安排;布置。明《西洋记》一〇回:"一日间怎么有这许多? 原来寅、卯时日初出,太阳尚斜;辰、巳、午、未,太阳居顶;申牌时分,太阳西坠。故此一日之中,有用工时,有不敢用工时。"清《红楼梦》六二回:"我是令官,也不用宣,只听我～。"《镜花缘》七一回:"阄儿虽按次序,坐位仍无上下;不然,要论席面,又要许多～。" ❼ 犹"分剖❹"。金《刘知远诸宫调》一二:"强人当此,一一都～:'今有并州大元帅,与亲尊相见,休辞。'"

【分拔】 fēn pī 报告;诉说。拔,披,披露。《敦煌变文校注》卷四《降魔变文》:"园人叉手具～:'国主富贵不随宜,现是东宫皇太子,每日来往自看之。'"

【分劈】 fēn pī ❶ 犹"分擘❺"。五代李亶《京城许盖屋宇敕》:"宜令河南府先～出旧日街巷,其城壕所占被平填,便任盖屋宇。"宋范祖禹《论支钱和雇修河人夫状》:"特支赐元丰库钱二十

万贯和雇人夫,令都水监相度～与南北丞地分。"明程敏政《衍圣公自曲阜载奇石一由至京相馈》:"尼山～小昆仑,千里航来秀可飡。" ❷ 犹"分擘❹"。宋吴泳《与魏鹤山书》:"于濂溪诸老先生祠堂等记,见根极理气,～义利,辨明德性物欲。" ❸ 犹"分擘❸"。明施绍莘《画眉序·怀旧重和彦容作》:"谁承望恩情两下～,倒浪想来生和你相觅。"清陈世祥《鹊桥仙·送别》:"烟云明日又相逢,怎便把人儿～。" ❹ 犹"分擘❶"。明卢之颐《本草乘雅半偈》卷一:"枝茎寸截,或～镂刻,横埋土中,旬日便发。"清《授时通考》卷七八:"若于冬月剥麻,用温水润湿,易为～。"

【分撇】 fēn piē 撇开,引申指拒绝。明《醋葫芦》一八回:"都氏却似风魔的相似,倒身只拜,也不由～,竟把身旁锁匙、帐目,尽行交与翠苔。"

【分破】 fēn pò ❶ 分开;掰开。《祖堂集》卷一六《沩山和尚》:"老鸦衔红柿子来,放师面前。师以手拈来,～一片与仰山。"宋谢逸《武陵春·茶》:"～云团月影亏,雪浪皱清漪。"清《续金瓶梅》六四回:"未有阴阳之前,不曾～的胚胎。" ❷ 分担。《元曲选·汉宫秋》二折:"你们干请了皇家俸,着甚的～帝王忧。"明佚名《鸣凤记》六出:"俺只是一心～了帝王忧,两条眉锁江山恨。"

【分剖】 fēn pōu ❶ 分开;剖开;分配。《广弘明集》卷四:"仆闻开辟混元,～清浊。薄淳异禀,愚圣乘流。"元王旭《诗瓢》:"莫笑庄生瓠不容,一朝～属诗翁。"明《醋葫芦》一六回:"院君,搬出何用? 你的儿子又不来,女儿又不至,将欲～与谁?" ❷ 分离。《元曲选·救风尘》四折:"对恩官一一说缘故,～开贪夫怨女。"明佚名《四贤记》三一出:"千愁万愁,愁只愁双亲～。"《石点头》卷四:"原将谓借老可期,半子半婿,你知我知。何意蓦起风波,遂至～。" ❸ 剖析;判明。宋王迈《赠谈星达士》:"烦子布星躔,为余细～。孰可坐庙堂,孰竟死田亩。"明张凤翼《红拂记》一〇出:"他王气黯然收,纵横未～,倘真人起,正可忧。"清《后水浒传》二九回:"乡村钱谷收放出入消算不来,俱来寻他。他只掌中轮算,立时～。" ❹ 表白;辩白。元佚名《错立身》一三出:"伊家奈守,有衷肠,时伊难～。"《元曲选外编·西厢记》三本二折:"小娘子此一遭去,再着谁与小生～。"清《隋唐演义》二三回:"贾润甫替程咬金～道:'就是尤员外的厚友,程知节兄,呼大哥乳名。'" ❺ 安排;处断。明《封神演义》五六回:"今日子牙送土行孙入赘,原是赚子牙出城,擒彼成功。吾与诸将～已定。你可将掩心甲紧束,以备抢将接应。"《石点头》卷九:"可是三日不曾开门,投下文书,堆积如山。方在～之间,忽听门外喧嚷。" ❻ 指分娩。元杨奂《谕内》:"冬冬复尔尔,喜在得～。女亦吾所出,胡为立可否!"

【分润】 fēn rùn ❶ 分给照顾或利益。宋葛胜仲《代皇子再辞官表》:"银潢～,日承鞠育之恩。"元欧阳玄《与所性侄书》:"别致薄赆赠诸族属,烦吾侄一～。"明沈周《饮中冷泉》:"～及乡人,七碗同通仙。" ❷ 分取好处。多指私利。清雍正二年三月三日许国桂奏文:"戴锦自恃监督,假公济私,或就中～。"《兰州纪略》卷一六:"蒋全迪希图～,亦向各属勒索馈送。"

【分身】 fēn shēn ❶ 谓一身兼顾多事。元明《三国演义》九九回:"平纵然智勇,只可当一头,岂可～两处?"明王世贞《袭妇景孺人墓志铭》:"孺人代为家政,力纺绩,～末耜,间以勤先百指。"清《歧路灯》一六回:"王中办理家务,委的万难～。" ❷ 脱身;摆脱羁绊。清《儒林外史》一二回:"府上公事是有的,过了此一事,又有事来,何日才得～?"《双凤奇缘》三八回:"抵敌不住,要败将下去,怎禁哈虎、孙云两般兵器逼住,不能～。" ❸ 犹"分尸"。《通鉴纪事本末》卷二七上:"岂以公今日失利遂轻去就乎! 纵～原野,亦所甘心。"《元曲选·赵氏孤儿》一折:"拿住贼臣,碎首～,

报答亡魂。"清《野叟曝言》二四回:"倘日后背了今日之言,就如这箭一般,～而死!" ❹ 分娩。明徐元《八义记》二五出:"一心靠着天和地,早得～一个儿,子母团圆作道理。"又二七出:"倘～生下男和女,忙趋报不爽毫厘。"

【分神】 fēn shén 分散注意力。宋许景衡《送徐长世序》:"今长世虽困顿憔悴之餘,然无意外事～,庶几尽力于学乎?"

【分尸】 fēn shī 将尸体分裂,谓惨死。《辽史·刑法志下》:"由是投崖、炮掷、钉割、杀之刑复兴焉,或有～五京,甚者至取其心以献祖庙。"《元曲选·陈州粜米》四折:"投至的～在市街,我着你一灵儿先飞在青霄外。"清《红楼梦》六八回:"天雷劈脑子五鬼～的没良心的种子!"

【分手】 fēn shǒu ❶ 分头;分工。唐颜真卿《朝议大夫颜君神道碑铭》:"操割凡百餘道,不终夕而毕。县令陇西李绾,才学士也,睹骇,命小吏～写之,而通不给。"宋范成大《检校石湖新田》:"今朝南野试开荒,～耘锄草棘场。"清《绮楼重梦》一〇回:"就交给包勇拿到铁匠铺里,传二十四个匠人,叫包勇守着,瞧他们～打造。" ❷ 分工担任某项工作的人。唐李儇《戒约新及第进士宴游敕》:"每年有名宴会,一春罚钱及铺地等,相许每人不得一百千;其勾当～,不得过五十人。" ❸ 从手内分出。宋王庭珪《寄赠王保躬求小山石》之一:"袖里云岑皆寸碧,一拳～亦何悭!"清吴绮《木末》:"赠客红～,思君白满头。"

【分首】 fēn shǒu 别离;分开。唐骆宾王《初春邪岭送益府参军序》:"～三春,送君千里。"宋洪迈《夷坚志》支甲卷一:"将～,妇人长吁一声,遂仆地。"清彭孙遹《湖上送侯石肤之白门省觐》:"故人～向天涯,落日寒原去路赊。"

【分书】 fēn shū 分家的凭据。宋洪迈《夷坚志》支庚卷四:"视器底皆镌字,曰'某年日月太原记',并王之祖花押存。秀才持昔年～文簿,校验并同。"明《醒世恒言》卷三五:"～三纸语从容,人畜均分禀至公。"清《聊斋俚曲·姑妇曲》:"当下同着沈大姨立了～。"

【分疏】 fēn shū ❶ 分辩;辩解。唐颜师古注《汉书·爰盎传》"不以亲为解":"解者,若今言～矣。"敦煌词《十二时》:"阎王未肯受～,煞鬼岂能容谄诈。"明《禅真逸史》一回:"得到今日,不思报本,反与村牛～,抵触俺,可恶!" ❷ 就某一学术问题梳理解说或考辨。宋克勤《碧岩录》卷一:"若是别人,往往～不下。"《朱子语类》卷一:"孟子说善性,但说得本原处,下面却不曾说得气质之性,所以亦费～。"清方苞《书五代史安重海传后》:"《五代史·安重海传》总揭数义于前,而次～于后。" ❸ 一一交代、说明。明《醒世恒言》卷一:"到库上兑了五十两银子,来到贾家,把这两项银子交付与贾婆,～得明明白白。" ❹ 猜疑。宋方岳《题郭氏继一堂》之二:"一曲鉴湖须敕赐,却令鸥鸟费～。"杨冠卿《王幹竹枕甚简古》之一:"一节黑甜参已透,漆园胡蝶浪～。"赵必璙《挽邓南山》之二:"老子平生不好谀,莫教猿鹤费～。" ❺ 疏远;扶疏。宋黄庭坚《昼夜乐》:"争奈会～,没嫌伊门路。"郭印《次韵杜安行嘉陵春日书事》之三:"人情花动荡,春意鸟～。"明李日华《六研斋三笔》卷一:"树石～,屋舍屈折,与人物意态,种种俱绝。" ❻ 区分;分开;疏通。明李梅实《精忠旗》三六出:"一道通明旨,便～小人君子。"黄淳耀《雪晴早发杜生村》:"混合路歧埋棘刺,～鸡犬认茅檐。"徐光启《农政全书》卷一三:"然禹治震泽,则～东南之流,以归于海。"

【分数】 fēn shù 另见 fèn shù。❶ 数量;程度;比例。唐元积《中书省议赋税及铸钱等状》:"臣等约计天下百姓有铜器用度者,～无多,散纳诸使,斤两盖寡。"宋《朱子语类》卷一二:"问:

'这四句如何?'曰:'也自刚了。'问:'刚底终是占的～多?'曰:'也不得,只是比柔又较争。'"清《醒世姻缘传》一八回:"揭白画的,怎得十分相肖?幸得我还会过晁老先生,所以还有几分光景;若是第二个人,连这个～也是没有的。" ❷ 分寸;应把握的限度。清《绣戈袍》二四回:"李锡道:'……但色即是空,空即是色。仔细些乃可!'荣道:'愚兄自有～。'" ❸ 约一分(钱或距离等)的量。明《西洋记》三五回:"那飞抓可可的就落在他马前,大约只争～之远。"清《飞龙全传》三六回:"往常不过～银子。今日有了父亲的喝钱神法,……都被我赢了,共有五钱银子。"

【分说】 fēn shuō ❶ 声明;禀报;叙说。五代郭威《改鼎盐曲条法敕》:"其郭下户或城外有庄田合并户税者,亦本处官预前～,勿令逐处都请。"金《刘知远诸宫调》一二:"向马前睹吏者,颤颤兢兢,荒急忙～。"清《飞龙全传》二七回:"从来只口莫说双言,一笔难书两字,听在下慢慢～,便见井井有条。" ❷ 解析;分别说明。宋觉范《潜庵源禅师真赞》:"一庵深藏霹雳舌,从教万象自～。"明李东阳《五月十二日傅学士讲》:"中间何者为大?惟有守身的道理最大。这两句是～。"明《醒世恒言》卷九:"未曾分局时,绝不多口。到胜负已分,却～那一着是先手,所以赢;那一着是后手,所以输。" ❸ 辩白;解释。《元曲选·争报恩》楔子:"那厮不由～,将我乱打。"明罗伦《与陈直夫书》:"古人之受污者多以此,人或以是污之,亦无路～也。"清《聊斋俚曲·快曲》:"不用～,一矛刺去,曹操落马。" ❹ 劝解。明《隋炀帝艳史》二六回:"也有攀鞍苦劝的,也有拖住轮辕不放的,也有扒上辇来～的。"清《绣戈袍》一一回:"谢勇接了誓章,前去交与妻韩氏藏过,并～安慰他一番。" ❺ 表明;表白。明《警世通言》卷三七:"腰间解下衣带,取下布袄,两只手握住布袄角,向空一抖,拍着肚皮和腰,意思间～,教万员外看道,我不曾偷你钱。"

【分诉】 fēn sù ❶ 辩解;申诉。唐范摅《云溪友议》卷中:"立令涯妻剃发为尼,涯方悲泣悔过。雍亦不听～。"宋王喆《惜黄花》:"莫要埋怨苦,对判官,你尽～。"清《聊斋俚曲·增补幸云曲》:"进府去不由～,把江彬即时绑了。" ❷ 陈述;阐明;诉说。《太平广记》卷二五五引《卢氏杂说》:"宋不得已乃谒焉。许但～首过因命。"明《金瓶梅词话》九一回:"停嗔息怒,你细细儿听奴～。"清厉鹗《大圣乐·雪狮儿》:"绕膝声声低问,似无鱼、～怜伊娇困。"

【分岁】 fēn suì 过除夕。宋《虚堂和尚语录》:"今夜尽情拈出,与诸人～。"明《型世言》一九回:"又把与小厮不收的银子,买了半斤虾,把糟汁煮了,两个～。"清彭孙遹《癸卯岁除感事》:"柏叶暂娱～客,梅花犹隔渡江春。"

【分痛】 fēn tòng 民间生育风俗,孕妇将临分娩,其娘家及时赠送特色礼品,祝愿分娩顺吉祥,称为分痛。宋孟元老《东京梦华录》卷五:"凡孕妇入月,于初一日,父母家以银盆或錂或彩画盆,盛粟秆一束,上以锦绣或生色帕袱盖之,上插花朵及通草帖罗五男二女花样,用盘合装送馒头,谓之'～'。"

【分头】 fēn tóu ❶ 分别;各自。《太平广记》卷三〇九引《博异记》:"忽失捷飞所在,遵言惊叹,命志诚等～搜寻。"明张岱《陶庵梦忆》卷四:"于是～出讨,寻黑矮汉,寻梢长大汉,寻头陀。"清《红楼梦》六三回:"二人忙命开了门,～去请。" ❷ 分手;分离。唐元稹《别李十一》之三:"万里尚能来远道,一程那忍便～。"元张氏《青衲袄南》:"指望待饱玩娇羞,谁承望各自～。"清《绿野仙踪》二二回:"不是鸳鸯伴,强作凤鸾俦。官教离异两～。"

【分投】 fēn tóu 同"分头❶"。宋陶岳《五代史补》卷三:"京师夜间狼皆群游,往往入宫中。愍帝患之,命诸班能射者～捕

逐。"元《三遂平妖传》一一回:"你们～去干办,各要用心。"清《醒世姻缘传》四三回:"各自～去了。"

【分文】 fēn wén 一分一文,指很少的钱。宋佚名《张协状元》一〇出:"五鸡山下,有一强人,把张协尽劫,更没～。"明孙传庭《派就壮丁晓示阖城告白》:"止令量帮银钱,～犹如割如刺。"清《聊斋俚曲·墙头记》:"讨愧处三年尽孝,临别将并无～。"

【分卫】 fēn wèi 佛教谓僧人乞食。《祖堂集》卷一六《黄檗和尚》:"后游上都,因行～,而造一门。"宋居简《代佛照祭理监寺》:"子则奋然,慨慷陈谊,～四方,钵歌其缀。"清钱谦益《病榻消寒杂咏》之二八:"惭愧西堂～毕,旋倾斋钵送参来。"

【分析】 fēn xī ❶ 分辩;解释;申辩。《敦煌变文校注》卷三《燕子赋(一)》:"遂往凤凰边下牒～。燕子单贫,造得一宅,乃被雀儿强夺。"宋《朱子语类》卷一一一:"又论汀寇近四十人,至调泉、福、建三州兵;临境无寇,须令汀守～。"明《古今小说》卷四〇:"张千、李万被这妇人一哭一诉,就要～几句,没处插嘴。" ❷ 分家。《旧唐书·刘君良传》:"大业末,天下饥馑,君良妻劝其～。"明谢肇淛《五杂组》卷一四:"与其隐忍包涵,中离外合,不如～各得其愿。"清《女仙外史》六回:"遂问舅姑如何一时见背,伯伯姆姆如何相待公子,以致～。" ❸ 叙说;陈说。金《刘知远诸宫调》一二:"三娘当此日,筵上还～。"又:"三娘离席,今告诸亲,听奴～。"

【分细】 fēn xì 同"分析❶"。元高文秀《遇上皇》三折:"有你哥哥信息,小人阶前～。"佚名《勘金环》四折:"丢下那一堆家问事,那里肯容咱～。"《元曲选·后庭花》四折:"你从头至尾说真实,可怎生惚的难～?"

【分晓】 fēn xiǎo ❶ 现出曙光。唐樊晦《燕巢赋》:"霁光～,出虚窦以双飞;微阴合暝,舞低檐而并入。" ❷ 通晓;知觉;掌握。唐李磎《伸理罚俸状》:"又按职制律,诸犯庙讳嫌名不坐。注云:'谓者禹与雨。'疏云:'谓声同而字异。'注疏重复,至易～。"明《西游记》三七回:"满朝官不能知,你年幼亦无～。禁你入宫,关了花园,大端怕漏了消息。"清蒲松龄《逃学传》:"最可恨,一字两音难～。" ❸ 明白;清楚。宋《朱子语类》卷五:"孟子说'恻隐之心,仁之端也'一段,极～。"《五代史平话·梁上》:"'非青非白非红非赤',莫是个黄色? 这是'黄'字～;'川田十八',这是个'巢'字～。"元明《水浒传》四〇回:"小人一时心慌,要赶途程,因此不曾得看～。" ❹ 分明;明显。宋觉范《云庵生辰》之九:"云庵化去二十载,今日重闻说法音。觌露全身太～,森罗万象自平沉。"元董君瑞《哨遍·硬谒》:"翻复从头看,则要完全贯伯,～边阑。"陶宗仪《辍耕录》卷一七:"故古器款必细做如发,匀整~,无纤毫模糊。" ❺ 表示肯定性的推测。多半;大概。元高明《琵琶记》四出:"解元既不肯去,更待老员外和大娘子出来,看如何说,也只是劝解元去～。"又一九出:"你看他前日自吃饭时节,百般躲我,背地里自买些下饭受用~。"明王錂《寻亲记》一一出:"周家罪犯招说了,想必是身亡～。" ❻ 蹊跷;可疑。明徐元《八义记》四〇出:"鹊打兔儿,不知音耗。前面两人,拿得～。赶捉怕他奔走逃,拿来定不饶。"汤显祖《牡丹亭》一四出:"小姐,你热性儿怎不冰着? 冷泪儿几曾干燥? 这两度春游试～,是禁的燕抄莺闹。" ❼ 见识;主意;办法。《元曲选·神奴儿》三折:"不妨事。若来时,我自有个～。"明陆粲《庚巳编》卷九:"内侍服其言,入奏云:'此医人大有～。'"清《聊斋俚曲·快曲》:"关爷长吁了一口气,说:'也罢! 一时自己没～,且听军师去发落。'" ❽ 说清楚。《元曲选外编·衣袄车》二折:"我便有那浑身是口也难～。" ❾ 道理;说法。元兰楚芳《粉蝶儿》:"那厮每饿肚皮干生粪没～胡来缠。"元明《三国志通俗演义》卷五:"我哥哥忒小～,捉住贼臣

如何又放了?"清《聊斋俚曲·禳妒咒》:"只得回上书房,受罪一宿,明日再讨～。" ❿ 结果;结局。宋戴复古《贺新郎》:"讼庭不许频频到,这官坊、翻来覆去,有何～。"《元曲选·抱妆盒》二折:"如今自往金水桥河边看去,有甚么动静,便见～。"明《古今小说》卷二:"公子但留下,不久自有～。"

【分携】 fēn xié 分手;分离。唐皇甫冉《送李万州赴饶州觐省》:"前程观拜庆,旧馆惜～。"明梅鼎祚《玉合记》三三出:"向来几载,何肯片言相晤。"清《驻春园》二三回:"方喜同舟期共济,不虞落水乃～。"

【分心】 fēn xīn ❶ 留心;操心;费心。唐于邵《为崔仆射与郭令公书》:"某远镇方隅,蕃蛮未靖,力微寄重,忧虑交煎,虽无暇自谋,终～远难。"明沈德符《万历野获编》卷五:"其时严分宜当国,颇以博雅自负,何冬烘至此? 岂黩货方殷,无暇～耶!"清《红楼真梦》二三回:"凤姐姐肯替我,我就决计去一趟。考不考,到那里再说罢。" ❷ 分散注意力;不专心。明袁于令《西楼记》九出:"自给假回家,惟以课子为事,奈他杂念～,雄才自恃,委难驾驭。"《拍案惊奇》卷二〇:"切须专心读书,不可懈怠,又不可～他务。"清《红楼梦》七〇回:"原来林黛玉闻得贾政回家,必问宝玉的功课,宝玉肯～,恐临期吃了亏。" ❸ 头饰名。明《金瓶梅词话》二〇回:"剩下的再替我打一件,照依他大娘,正面戴,金厢玉观音,满池娇~。"又六七回:"西门庆见他头上戴金赤虎～,香云围着翠梅花钿儿。"

【分雪】 fēn xuě ❶ 分辩;辩白。唐刘肃《大唐新语》卷一二:"目下涓涓之泪,既是因风,口中唧唧之声,如何～?"《敦煌变文校注》卷一《汉将王陵变》:"火急西行自～,霸王固(故)取莫推(推)延。"宋《朱子语类》卷一二七:"又作道理,～天祚之事,遂启其轻侮之心。" ❷ 辨明;区分清楚。宋林希逸《介石语录序》:"有句无句,如藤倚树;横说竖说,如水漉月。师既如此供通,如此漏逗。我又如何～?"明何孟春《地方紧急敕情疏》:"如此,庶几地方不致激变,善恶早得～。军功易成,民害易息。"曹学佺《蜀中广记》卷七〇:"州有攘敓遗失、净讼不决之事,沉滞抑屈之情,焚香扣钟,立便～。" ❸ 赦免。明梁辰鱼《浣纱记》一八出:"念罪恶深重,顿蒙～。"

【分颜】 fēn yán ❶ 分别;别离。宋严粲《湘川》:"久别同干济,～隔几年。"明王世贞《拟古·梁简文纲闺怀》:"引念磁石难,～剪刀易。" ❷ 翻脸;感情破裂。元郑廷玉《楚昭王》一折:"只为君臣争气,将相～,九间大殿,百尺高竿。"《元曲选·望江亭》一折:"俺和你几年价来往,倾心儿契合,则今日索～。"明《古今小说》卷一三:"又如今人为着几贯钱钞上兄弟～,朋友破口。"

【分野】 fēn yě 分界。唐韦应物《登南冈冈卜居遇雨》:"纤纤水,绵延稼盈畴。"宋张世南《游宦纪闻》卷七:"自帝尧以来至绍兴六年丙辰,凡三千四百九十二年,皆随六十甲子表以～。"

【分张】 fēn zhāng ❶ 并立;双双耸起。唐装素《重修汉未央宫记》:"翼楼杳以～,雄虹直而中峙。"明顾起元《榴花泣·赠文娟美人》:"红罗斗帐玉～,自羞看麝带珠囊。"《醒世恒言》卷二一:"螭头高拱,上逼层霄;鸱吻～,下临无地。" ❷ 分散;分撒。唐郑谷《次韵酬张补阙》:"时态懒随人上下,花心甘被蝶～。"孙元晏《分宫女》:"涤荡齐宫法令新,～宫女二千人。"元刘时中《端正好·上高监司》之二:"都结义过如手足,但聚会～耳目,探听司吏何人可共处?" ❸ 分配;均分。《敦煌资料》第一辑《分家书样文三件》:"家资产业,对面～;地舍园林,人奴半分。"《元典章新集·户部》:"随路按察司并管民官员合得公田常例,自行召募佃客,所收子粒照依体例～。"又《刑部》:"于王二姐床上揣摸到藤箱一只,

于内抢讫钞六锭，作六分～。" ❹ 分给；分赠。唐寒山《是我有钱日》："是我有钱日，恒为汝将。汝今既饱暖，见我不～。"明郑善夫《麦斜行》："云端倪遇林樵谷，为尔～石室书。"清汤右曾《以一尊送狮峰先生》："酿出中泠水，～扬子城。" ❺ 分掌；分管。唐元结《漫论》："九流百氏，有定限耶？吾自～，独为漫家。"崔致远《谢就加侍中兼实封状》："臣也动不能划烟尘之患，静不能赡山海之资，遂蒙改易兵权，～榷课。"清陈康祺《郎潜纪闻》卷八："凡二十有二人，咸有赋咏，燕郊春事，朱邸谦光，诗虎酒龙，～旗鼓。" ❻ 割裂；支解。《敦煌愿文集·尼患文》："□（或）从后弯弓，口言唱煞，鹰苟（狗）俱至，活即～。"元姚守中《粉蝶儿·牛诉冤》："登时间满地血模糊，碎～骨肉皮肤。"清《姑妄言》二二回："棍中头颅，脑顶天庭俱粉碎；钩伤手足，毫毛筋肉尽～。" ❼ 分开；分裂。清汪由敦《双溪绝句》之四五："菜把～早上村，露苗霜甲满瓜园。"《荡寇志》一四〇回："一旦大地～，他不能顾你，你不能顾他。"特指分家。清《醒世姻缘传》五六回："此是峨眉争爱宠，不觉心情懂。最奇吃醋到公房，抵死怕添丁～产狠～。" ❽ 分辩；解释。《敦煌变文校注》卷五《维摩诘经讲经文（三）》："四大身何执，持身自酌量，亦非多巧说，不是谩～。"又《维摩诘经讲经文（四）》："交（教）吾若是广～，如是微尘不可量。略与光严说少许，君须一一记持将。"明童养中《胭脂记》二五出："我如今和你到高堂，说与我娘娘，从教你去～。"

【分折】　fēn zhé　❶ 分辩；辩白。《太平广记》卷四九六引《乾馔子》："君牙阅历簿书，有五十馀千散落，为所由隐漏。君牙大怒，方令～去处。汾乃拂衣而起。"《宋史·邵伯温传》："会吴处厚奏确诗谤朝政，彖与刘安世共请诛确，且论恕罪，亦命康～，康始悔之。"元郑廷玉《看钱奴》二折："打了人牙[门]钱主划，杀了人官司钞。" ❷ 折断；分开。宋刘过《梅花五首》之三："～南枝与君看，老夫自要北枝来。"谢逸《花心动》："出水双莲，摘取一枝，可惜并头～。"明王世贞《坐有石季伦金谷图事》："连枝～秋霜手，不入侯门映绛纱。" ❸ 分手；分离。明薛蕙《寄浚川先生》："束书谒京邸，交臂俄～。" ❹ 分散；减弱。《元史纪事本末》卷二："又以龙尾大埽密挂于护堤大桩，～水势。" ❺ 区分；区别。明郑善夫《子通论道》："叔子云：克己可以治怒，明理可以治惧。似太～。"

【分证】　fēn zhèng　分辩。清《红楼梦》二七回："这里红玉听说，不便，只得忍着气来找凤姐儿。"又五六回："你只会胡搅，我也不和你～。"△《小五义》一六二回："淫贼复又回来，还要～ ～这个理儿。"

【分坐】　fēn zuò　同"分座"。唐李邕《秦望山法华寺碑》："深入禅慧，尤邃佛乘。虽纵数抠衣，而名称～。"宋《密庵和尚语录》卷末附葛郏《塔铭》："自此道价益喧，人天推出。其～而说法，则见于吴门之万寿，四明之天童；其正坐而说法，则见于三衢之乌巨。"明宋濂《妙果禅师塔铭》："海印如公方长荐福，请师～说法。"

【分座】　fēn zuò　佛寺中的首座或其他得道僧人，由住持和尚推举，代替住持为大众说法称为分座。宋黄庭坚《黄龙心禅师塔铭》："翠岩没后，乃归黄檗。南公～，令接后来。"《五灯会元》卷一八《光孝初首座》："广德军光孝初首座，～日示众，举风幡话。"清毛奇龄《湖南净慈寺舜瞿禅师塔志铭》："自侍司客可以至～接纳，长随者十八年。"

【芬芳】　fēn fāng　❶ 喻指文章、词采。《敦煌愿文集·儿郎伟》："我是大唐儒事（士），极好～。明闲经史，出口成章。" ❷ 同"分方"。《敦煌变文校注》卷六《金刚丑女因缘》："彩女嫔妃左右拥，前头掌扇闹～。"敦煌词《酒泉子》："长枪短剑如麻乱，争

奈失计无投窜。金箱玉印自携将，任他乱～。"

【芬菲】　fēn fēi　同"分非"。《敦煌变文校注》卷五《维摩诘经讲经文（一）》："节序凋零，砌畔之～黄叶。"

【芬霏】　fēn fēi　同"分非"。《敦煌变文校注》卷五《维摩诘经讲经文（五）》："从天降下，若天花乱雨于乾坤；初出魔宫，似仙娥～于宇宙。"

【吩咐】　fēn fù　❶ 口头指派或命令；嘱咐。宋佚名《张协状元》一六出："我知了，只管～你做卓。"明解缙《雁》："殷勤～雁，来往莫相违。"清《红楼梦》八回："李嬷嬷因～小丫头子们：'你们在这里小心着。'" ❷ 同"分付❶"。《元典章·户部五》："若委实是他田地，无争差呵，～主人，教依旧种者。"

【纷】　fēn　副词。甚；久。表示程度深或情况出现得早。唐杜甫《寄刘峡州》："年华～已矣，世故莽相仍。"刘禹锡《登司马错故城》："楚塞郁重叠，蛮溪～诘曲。"

【纷驰】　fēn chí　纷乱。《敦煌愿文集·然灯号》："悟俗谛之～，觉人事之超忽。"宋许景衡《与冯守简》："俗事～，不获即叙。"

【纷纭】　fēn yún　纷乱。比喻言语相争。《敦煌变文校注》卷一《捉季布传文》："昨日两军排阵战，忽闻二将语～。阵前立马摇鞭者，骂詈高声是甚人？"又卷三《燕子赋（一）》："你甚顽嚚。些些小事，何得～！"

fén

【坟庵】　fén ān　私人墓地所设供守墓、祭祀用的庵庙，请僧道人居住管理。也泛指坟屋。唐吴融《冤债志·庵僧化鼍》："徽州城外三里，汪朝议家祖父～在焉。绍兴间招僧慧洪住持。"元明《水浒传》三一回："只见松树林中，傍山一座～，约有十数间草屋。"明汤显祖《牡丹亭》二七出："俺老道姑看守杜小姐～三年之上。"

【坟产】　fén chǎn　家族坟地的产业。指祭田、坟地和坟地上的树木、房屋等。清《红楼梦》一一二回："原打谅完了事算了账还人家，再有的在这里和南边置～的。"

【坟地】　fén dì　埋葬死人的地方。宋周必大《泛舟游山录》："其旁乃李太白书堂基，今为张氏～。"《元曲选·窦娥冤》二折："割舍的一具棺材停置，几件布帛收拾，出了咱家门里，送入他家～。"清《红楼梦》一一〇回："老太太是在南边的～虽有，阴宅却没有。"

【坟丁】　fén dīng　守坟人。明《石点头》卷一四："随又造坟墓，打下两个生圹，就教佃户兼做。"清乾隆二年《江南通志》卷一五七："两棺朽坏久，为～弃骨河干矣。"《八洞天》卷六："子开不忍见棺木露出，即呼～挑土来掩好。"

【坟顶】　fén dǐng　坟墓的顶部。明冯梦龙《智囊补·明智部·贺盛瑞》："～石重万馀斤。石工言非五百人不能秤起。"《西游记》八六回："这柳枝权为松柏，与师父遮遮。"《型世言》四回："又有白鹊在～松树上结巢，远近都说他孝异。"

【坟堆】　fén duī　掩盖墓穴的堆状封土。明胡广《礼记大全》卷一："垄，～也。登之为不敬。"《拍案惊奇》卷九："有六七个～，多是雨淋泥落，尸棺半露。"清《绿野仙踪》五九回："又指着北边一个新冢道：'那就是金姐的～。'"

【坟墩】　fén dūn　即"坟堆"。清《八洞天》卷四："有人说我是～里抱来的，莫非我是顺姐所生。"《风流悟》一回："那有华即

同妻子往～里去,只见那孩子也不哭,还坐在棺材上。"

【坟科】 fén kē 同"坟窠"。唐李贺《王濬墓下作》:"耕势鱼鳞起,～马鬣封。"金雷管《信陵馆酒间》:"～久已平,墓木几为薪。"

【坟窠】 fén kē 墓穴。也泛指坟墓。清洪昇《长生殿》二七出:"将肉质护泉窝,教魂魄守～。"

【坟丘】 fén qiū 犹"坟堆"。《元曲选·范张鸡黍》二折:"哥哥若不到时,我灵车不动,不入～。"元明《三国志通俗演义》卷二四:"古往今来多少泪,行人哀怨哭～。"清《后水浒传》一〇回:"不几日便堆筑盖造了一所绝大～,前昂后耀,直冲向村中。"

【坟圈】 fén quān 用围墙等圈起来的坟地。也指坟地围墙。元王恽《大元中奉大夫稷山姚氏先德碑铭》:"封树～,凡仪制之得为者,略皆备具。"清《红楼梦》四二回:"比不得我们的孩子,会走了,那个～子里不跑去。"《姑妄言》七回:"邬合因有事到城外,忽然听得一个～内有小孩子啼哭。"

【坟山】 fén shān 用作坟地的山。也泛指坟地。宋李之仪《答李几重司户书》:"适以疾悴,偶在～程督工役。"明《禅真后史》一一回:"我见多少宦门富豪,为父母选择～,因循耽搁,反获不孝之罪。"清《儒林外史》九回:"小的老子看着～,着实兴旺。"

【坟所】 fén suǒ 墓地。《元曲选·老生儿》三折:"看了这～,好是伤感人呵。"明《古今小说》卷二四:"思厚不胜悲感,三日一诣～飧祭。"

【坟塔】 fén tǎ 僧人死后,造塔为墓,称为坟塔。唐贯休《经栖白旧院》之一:"谁礼新～,萧条渭水旁。"《祖堂集》卷八《青林和尚》:"师迁化时遗嘱焚而扬于风,师不许安立～。"《五灯会元》卷一五《双峰竟钦禅师》:"吾不久去世,汝何就山顶预修～。"

【坟台】 fén tái 坟前放祭品的台。元仇远《拜霞屿待制伯祖墓下》:"难寻华表与丰碑,三尺～山四围。"明姚茂良《双忠记》三六折:"冥茫长夜欲何之,尘世事总成非。纵有～,谁与我祭祀!"也泛指坟堆、坟墓。元袁桷《书定兴王成之墓台记后》:"定兴王成之躬负土之劳,高为～,积至寻丈。"清《玉蜻蜓·认母》:"状元及第转回来,奉旨祭祖完婚事,庵堂拆毁改～。"

【坟田】 fén tián 用作埋葬死者的田地。清雍正七年三月初十日上谕:"得银八十两,竟将杨姓～断给刘汉义。"

【坟头】 fén tóu ❶ 坟墓;坟堆。唐张籍《哭胡十八遇》:"送君帐下衣裳白,数尺～柏树新。"明徐元《八义记》二八出:"灵柩去打柴薪,且往～拜母亲。"清《醒世姻缘传》九二回:"媳妇姜氏合二奶奶春莺也出在坟上庄屋里居住,以为与晁夫人坟墓相近之意,好朝夕在～烧香供饭。" ❷ 指看坟人。宋欧阳修《与十四弟书》:"更附钱五伯文,与回胺～张旺。"明《金瓶梅词话》八一回:"刚才来到城外,又撞见～张安推酒来往坟上去,说明日断七。"

【坟围】 fén wéi 犹"坟圈"。宋《上蔡语录》卷二:"侍行问儒佛之辨。正叔指一曰:'吾儒从里面做,岂中有见;佛氏只从墙外见了,却不肯入来做。'"

【坟屋】 fén wū 坟地上供祭祀及供看坟人居住的建筑。明温纯《恪遵恩诏改正虚粮疏》:"或以山塘丈作田地,与夫山坡、～、积荒、公占等项,一概丈实起征。"《警世通言》卷一七:"马德称在～中守孝,弄得衣衫褴缕,口食不周。"清《红楼梦》九二回:"像咱们这种人家,必要得些不动摇的根基才好,或是祭地,或是义庄,再置些～。"

【坟院】 fén yuàn 宋代王公大臣请寺院作为祭地,称坟院。后泛指坟园。宋邵伯温《邵氏闻见录》卷三:"京城南慜贤寺,温成张妃～也。"《元曲选·鲁斋郎》一折:"这个村弟子孩儿无礼,我家

～里打过弹子来。"清《歧路灯》八一回:"把一个森森阴阴的大～,弄得光秃秃剌的。"

【焚祷】 fén dǎo 焚香祈求。宋洪迈《夷坚志》三己卷四:"湖口人詹林,以妻宁氏无子,夫妇常焚夜香祷北斗求嗣,……～十年,并无感应。"《元史·田滋传》:"曩有王成等五人同持誓状,到祠～。"清《聊斋志异·小梅》:"治洁室,悬观音像,以无子嗣,日日～其中。"

【焚化】 fén huà 烧掉(祭品、尸首等)。唐沈汾《续仙传》下:"居三十餘年,每～即以二蔡彭谢真形像貌瞻礼。"《元曲选·铁拐李》三折:"岳寿的妻将他尸骸～,还魂不的了也。"清《说岳全传》六五回:"宗良正在～纸钱。"

【焚黄】 fén huáng 新授品官或科举考中,在家庙或祖墓焚表祭告祖先。告文用黄纸书写,因称。宋陆游《老学庵笔记》五:"王黼作相,请朝假归咸平～,画舫数十。"明《警世通言》卷一七:"来春又中了第十名会魁,殿试二甲,考选庶吉士。上表给假还乡,～谒墓。"清李玉《清忠谱》二五折:"仍着有司营葬建祠,～致祭。"

【焚劫】 fén jié 焚烧抢掠。《旧唐书·宪宗纪下》:"淮西节度使吴少阳卒,其子元济匿丧,自总兵柄乃～舞阳等四县。"《明史·食货志五》:"倭寇百艘久泊宁、台,数千人登岸～。"清《八洞天》卷二:"贼兵且战且走,随路～。"

【焚修】 fén xiū 焚香修道。也泛指修行。唐郑綮《开天传信记》:"宜律禁诫坚苦,～精洁。"明佚名《赠书记》一九出:"我另造一间净室,与你～就是。"清《飞龙全传》一七回:"你不在观内～,今来见我,有何本事?"

fěn

【粉】 fěn ❶ 粉白色的;白色的。唐赵彦昭《桃花行》:"红尊竞妍春苑曙,～茸新向御筵开。"明《醒世恒言》卷三一:"头顶缠棕大帽,脚踏～底乌靴。"清孔尚任《桃花扇》二五出:"看他～面发红,像是腼腆。" ❷ 乱丝。通"纷"。《祖堂集》卷八《曹山和尚》:"一切事如麻如苇,如～如葛。"

【粉白】 fěn bái 指代面容白皙的女子。唐卢照邻《长安古意》:"鸦黄～车中出,含娇含态情非一。"元沈梦麟《遣婢五首》之五:"如今老去黄金尽,～从渠嫁阿谁?"清俞蛟《潮嘉风月》:"每乘此船,与～黛绿者凭栏偶坐。"

【粉板】 fěn bǎn 写字用的白漆木板。宋王辟之《渑水燕谈录》卷七:"国朝以来奉使大辽者,道出寺下,例往观之,题名～。"陈渊《过永春剧头铺见壁间石刻》:"～会当洗,援毫聊自娱。"清《十二楼·归正楼》四回:"只有一块～倒放在面前,写着几行字道:募起大殿三间,不烦二位施主。"

【粉本】 fěn běn ❶ 指画稿。唐王建《朝天子词十首》之九:"有诏别图书阁上,先教～定风神。"明汤显祖《紫钗记》三四出:"《王会图》中开～,《阳关曲》里寄丹青。"清方薰《山静居画论上》:"画稿谓之～者,古人于墨稿上加描粉笔,用时扑入缣素,依粉痕落墨,故名之也。" ❷ 指图画。唐韩偓《商山道中》:"云横峭壁水中铺,渡口人家日欲晡。却忆往年看～,始知名画有工夫。"明董其昌《题武夷山图》:"渔父桃源岂再来,天公～深徘徊。"清纪昀《阅微草堂笔记》卷一六:"曹慕堂宗丞有乩仙所画《醉锺馗图》,余题以二绝句曰:一梦荒唐事有无,吴生～几临摹。" ❸ 比喻底本、样板。《明儒学案》卷六一:"其时朝士空疏,以通记为～,不复

留心于经学。"清李渔《闲情偶寄》卷二:"曲谱者,填词之～,犹妇人刺绣之花样也。"《荡寇志》八一回:"昔年泰山居士孙复曾著《春秋尊王发微》十二卷,便是我的～。"

【粉笔】 fěn bǐ 蘸白粉用以涂写、绘画或化妆的笔。唐姚合《和李补阙曲江看莲花》:"画工投～,宫女弃花钿。"宋王辟之《渑水燕谈录》卷一〇:"伶人戏以一幅大纸浓墨涂之,当中以～点四点。"清孔尚任《桃花扇》二四出:"那戏场～,最是利害,一抹上脸,再洗不掉。"

【粉壁】 fěn bì ❶ 指书写法令、告示的白色墙壁。《旧唐书·宣宗纪》:"准勘节目一十一件,下诸州府～书于录事参军食堂,每申奏罪人,须依前件节目。"宋《三朝北盟会编》卷一八二:"僧道耆老人等,仍于坊巷村寨多行～告示,咸使体悉圣恩普浃之意。"明柯丹邱《荆钗记》三七出:"图小利讨充社长,谁知也不安宁。又要报写～,又要催讨常行课程。" ❷ 在粉壁上书写告示。元古本《老乞大》:"官司排门～,不得安下面生歹人。"《老乞大集览》:"排门～:有所拘刷人犯,令城内编户于外门壁上涂粉写云:本户元无隐藏人犯。"《元曲选·还牢末》一折:"如今上司画影图形排门～,捉拿他哩。"明归有光《昆山县倭寇始末书》:"其男子十五岁以下,凡成丁者,尽令编报,排门～。"

【粉儿】 fěn ér 白粉捏就的小儿,喻指幼儿或少女。唐来鹄《读鬼谷子》:"其中有数篇者,乃今之～乳子亦可与秦仪齿也。"明王九思《水仙子·席上对雪次韵》:"泠泠象板～敲,小小金杯绿蚁飘。"清毛奇龄《查继佐客淮复买小鸦头自随》:"庄生本蝴蝶,日日宿花里。酿得黄～,欲写白毫子。"

【粉房】 fěn fáng ❶ 制作粉条等食品的作坊。《元曲选·来生债》一折:"自今日为始,将这～、油房、磨房,都与我关闭了者。"明《拍案惊奇》卷三五:"不上几年,盖起房廊屋舍,开了解典库、～、磨房、酒房。" ❷ 指妓院。《元曲选·救风尘》三折:"〔小二云〕我知道,只是你脚头乱,一时间那里寻你去?〔周舍云〕你来～里寻我。〔小二云〕～里没有呵?〔周舍云〕赌房里来寻。"

【粉阁】 fěn gé 白粉涂墙的房间。《敦煌变文校注》卷五《维摩诘经讲经文(二)》:"莫不金鞍公子,观世上而喜极成悲;～佳人,看大圣而心曹似醉。"明郑文康《薛烈妇传》:"是日盛备酒馔饲小吏,暮归,遂经于～中。"清黄之隽《赋得闲情》之二〇:"帘垂～春将尽,日照房门帐未开。" ❷ 犹"粉署"。唐王建《寄杜侍御》:"何须服药觅升天,～为郎即是仙。"

【粉孩儿】 fěn hái er 称白皙可爱的儿童。明《醒世恒言》卷九:"～变作虾蟆相,少年郎活像老鼋头。"《拍案惊奇》卷二〇:"'～'对对挑灯,'七娘子'双双执扇。"清《姑妄言》二回:"此女生得眉目如画,身体如脂,但有见之者无不怜爱,悉呼之为～。"

【粉骷髅】 fěn kū lóu 蔑称女子。元佚名《满庭芳》:"～安了个嘴鼻,木胎儿画上人皮。"明《西游记》五五回:"女怪道:'御弟,你记得:宁教花下死,做鬼也风流?'唐僧道:'我的真阳为至宝,怎肯轻与你这～。'"清方成培《雷峰塔》二出:"这～幻是神妖,那孽菩提容有情苗。"

【粉郎】 fěn láng 白面郎。三国魏何晏面白如傅粉,人称粉郎。因作美男子代称,也称心爱男子。宋柳永《甘草子》:"却傍金笼共鹦鹉,念～言语。"明《金瓶梅词话》六八回:"花心犹未足,脉脉情无那,低低唤～,春宵乐未央。"清彭孙遹《撰金粟闺词》之七七:"自矜夫婿风流甚,频注娇波溜～。"

【粉牌】 fěn pái 写字用的白漆木牌。唐张祜《开圣寺》:"西去山门五里程,～书字甚分明。"宋张士逊《题西庵寺》:"欲刷～姓字,调卑官冗不堪留。"清《镜花缘》九六回:"忙到柜上检了一

【粉扑】 fěn pū ❶ 香袋。妇女佩戴的饰物,内盛香粉。有的袋内有线,可以拉出,在布料或画稿上弹出界线,因借指画稿。宋佚名《阮郎归·端五》:"门儿高挂艾人儿,鹅儿～儿,结儿缀着小符儿,蛇儿百索儿。"明汤显祖《牡丹亭》三二出:"〔旦〕秀才,这春容得从何处?〔生〕太湖石缝里。〔旦〕比奴家容貌争多?〔生看惊介〕可怎生一个～儿?〔旦〕可知道,奴家便是画中人也。" ❷ 沾有香粉的絮状物,用于匀脸化妆。宋周密《浩然斋雅谈》卷中:"姚翻诗云:临妆欲含涕,羞畏傍人知。还将粉中絮,拥泪不教垂。即今～也。"《元曲选·救风尘》三折:"那好人家将～儿浅淡匀,那里像咱干茨腊手抢着粉。"清《续金瓶梅》三五回:"一面说着,丫头盛了水来洗面,就是桂花香皂、镜、抿、刷牙、油盒、～、胭脂,一弄儿打扮的妆台镜架。"

【粉省】 fěn shěng 犹"粉署"。宋程大昌《演繁露》续集卷六:"唐有不历员外而径为省郎者,或嘲之曰:谁言～里,却有土山头。"洪适《贺陈殿院启》:"暂骞～,尝次黄枢。"元何中《送郭竹堂赴南台》:"圣代人英第一流,霜台～总优游。"

【粉食】 fěn shí 用面粉、糯米粉等制的食品。宋吴自牧《梦粱录》卷一六:"又有～店,专卖山药元子、真珠元子、金橘水团、澄粉水团。"明《古今小说》卷五:"原来这赵家积世卖这～为生。"清《说唐前传》三二回:"奔到做～店内,称了三四钱银子,要他做几百个馒首。"

【粉饰】 fěn shì 伪装表象,掩盖真实。唐萧至忠《陈时政疏》:"皆因依贵要,互为～。"明徐阳辉《脱囊颖》三折:"也都是～其词,捃摭其迹,掩覆其疵!"清《绿野仙踪》六七回:"又自己想了一套对众将～的言语,方命家丁于中军帐外,打聚将鼓。"

【粉署】 fěn shǔ 尚书省的别称。汉代尚书省以胡粉涂壁,画古贤人列女,故有此称。唐武平一《饮唐永昌》:"寄谢闺街攀柳日,无忘～握兰时。"明佚名《四贤记》三出:"～喜清闲,绮席延时彦。"清黄永《满江红·送王阮亭迁仪部北上》:"～含香风调美,玉堂彩笔需君久。"

【粉汤】 fěn tāng 用茨粉掺和其他物料,如木耳、青菜、肉丝等做成的汤。《元曲选·冻苏秦》三折:"着苏秦吃的馒头,是那二年前祭丁的冷馒头,放在他跟前,～里放些冰凌与他食用。"明《朴通事谚解》卷下:"又吃几盏酒之后,吃稍麦、～。"清《儒林外史》一〇回:"却叮当一声响,把两个碗和～都打碎在地下。"

【粉头】 fěn tóu ❶ 对妓女或女艺人的蔑称。《元曲选·金线池》二折:"闻得母亲说,他是个烂黄薤,如今又缠上一个～。"明《醒世恒言》卷三:"我们是门户人家,靠着～过活。"清沈复《浮生六记》卷四:"其～衣皆长领,颈套项锁,前发齐眉,后发垂肩。" ❷ 称作风不好的女子或用来骂人。元明《水浒传》二四回:"起身睃这～时,三钟酒落肚,烘动春心。"清《红楼梦》八〇回:"有别的王八～乐的,我为什么不乐?"

【粉团】 fěn tuán ❶ 用糯米粉做成的丸状食品。五代王仁裕《开元天宝遗事·射团》:"宫中每到端午节,造～、角黍,贮于金盘中。以小角造弓子,纤妙可爱。架箭射盘中～,中者得食。"元刘时中《醉扶归·赋～儿》:"色映油茎露,香腻玉盘酥。一段清冰出玉壶,不管胭脂炉。"清纪昀《阅微草堂笔记》卷一六:"柏酒～,时犹未彻,遂telephone杂坐妻妹间,联袂共饮。" ❷ 形容人白而细嫩的皮肤。明汤式《小桃红·春情》:"娇娥一捻～香,搭伏定牙床上。"《拍案惊奇》卷三〇:"那一个～也似的和尚,怎生熬得过? 登时身死。"清《聊斋俚曲·慈悲曲》:"看了看面似～,慈悲不觉心怜念。" ❸ 称女子。多指妓女。元张可久《小桃红·湖上和刘时中》:"三

弦玉指,双钩草字,题赠～。"又《红绣鞋·湖上》:"控青丝玉面马,歌《金缕》～,信人生行乐耳。"　❹ 花名,指绣球。元钱惟善《～花下夜饮》:"万花碎煎玉团团,晴雪飞香夜不寒。"明高濂《遵生八笺》卷一六:"麻叶花开小而色边紫者为最,其白～即绣球花也。"清毛奇龄《题王武为吴山人画》:"一幅生绡尽不尽,～芍药与黄鹂。"　❺ 指白桃花。元周文质《小桃红·咏桃》:"任君各自簪红紫,诸公肯许,老夫头上,插朵～。"又:"海棠过了,荼蘼开遍,都不似～。"

【粉线】　fěn xiàn　沾有黄、白等颜色粉末的线,裁衣时用以往布上弹线条。清《红楼梦》二八回:"只见地上一个丫头吹熨斗,床上两个丫头打～。"陈端生《再生缘》二〇回:"将尺量完弹～,剪刀裁过接银针。"

【粉真】　fěn zhēn　肖像画稿。粉,粉本。真,肖像。宋王安中《卜算子·柳州作》:"谁与文君作～,此似莲花是。"

【粉嘴】　fěn zuǐ　"粉嘴(白嘴唇)叫驴(公驴)"的歇后,骂大喊大叫,胡言乱语的男子。元佚名《认金梳》三折:"罢,罢,罢! 你正是个老～,没的说。"明《金瓶梅词话》七回:"你这个老花根,老奴才,老～,你怎骗口张舌的好淡扯,到明日死了时,不使了绳子杠子。"

fèn

【分】　fèn　❶ 可能。《祖堂集》卷一九《径山和尚》:"与摩去底人,还有却来～也无?"宋佚名《张协状元》三五出:"我当初闭门不留伊,你及第应是无～。"清《聊斋俚曲·富贵神仙》:"既读书登科有～,你二舅方才是人。"　❷ 时;时分。元萧德祥《小孙屠》七出:"打旋回来～,参拜了母亲,答谢了众神,便受了奔波正的本。"

【分定】　fèn dìng　❶ 命定;注定。《敦煌变文校注》卷五《维摩诘经讲经文(一)》:"自贫穷,不叹命,岂料荣枯皆～。"明柯丹邱《荆钗记》三四出:"休嗟怨,免攧屑,～恩情中道绝。"清《醒世姻缘传》一六回:"况且钱财都有个～,怎强求得来?"　❷ 肯定;脱不了。明康海《月云高·题情》:"欢喜冤家,～恹缠害。去不去心头恨,了不了生前债。"《禅真逸史》一〇回:"俺已～一死,奈何贻累足下一家耽惊受怕!"

【分儿】　fèn er　❶ 缘分;机会;定分。明汤显祖《牡丹亭》二八:"拈诗话,对会家。柳和梅有～些。"清《绿野仙踪》九一回:"若再迟几年参他,他将万岁爷又奉承喜欢了,可惜就失了机会。如今不迟不早,正是～。"《后红楼梦》三回:"他便有做神仙的～,他嘴头子尖利,便到了神仙队里也要咬群儿,叫众神仙撵他下界呢。"　❷ 分额;按比例分摊或分得的一部分。明《金瓶梅词话》七回:"他是你男子汉一母同胞所生,莫不家当没他的～?"清《野叟曝言》六一:"我们留他一日,酿个～,明日再与四姐贺满盆罢。"《红楼梦》四五回:"年终分年例,你又是上上～。"　❸ 部位。清《野叟曝言》四三回:"文爷只看他这头是多大,浑身缠着铜皮铁片,可也有一处松软的～!"　❹ 身分;地位;排场。清《歧路灯》一〇三回:"见了阁部台省老爷往来,觉自己主人～小,强几句是有的。"又一〇八回:"抚台太太～大了,王氏平日颇有话头,今日全没的答应。"《后红楼梦》三回:"这琥珀终是老太太屋里人,与鸳鸯差了有限,在主子前原有个～,说这句话。"　❺ 程度;地步。清《红楼梦》三三回:"儿子不好,原是要管的,不该打得这个～!"《绿野仙踪》一四回:"你这混账猴儿,离忽到那个～上去了!"《补红楼梦》九回:"只要你明儿立点儿志气,诸凡事要强,不要日

后落到搭拉嘴子的～,那我就沾了恩了。"　❻ 表示在严重的情况下仅有的某种能力和反应。清《红楼梦》七八回:"今日早起就闭了眼,住了口,世事不知,也出不得一声儿,只有倒气的～了。"又九七回:"紫鹃欲说话时,惟有喉中哽咽的～,却一字说不出。"

【分福】　fèn fú　福分。宋佚名《张协状元》二五出:"奴家～前生定。"明邵宝《复许巡按》:"顾以虚名,谬致礼敬于人,即有～,亦自消折。"清洪昇《长生殿》四六出:"这全托赖着大唐朝君王～,敢夸俺小鸿都道力精虔。"

【分际】　fèn jì　❶ 激烈时;紧要关头。元明《水浒传》一二回:"两个又斗了十数合,正斗的～,只见山高处叫道:'两个好汉不要斗了。'"明黄淳耀《寄弟伟恭书》:"诵诗至精微入妙处,读史至得失～处,窗虚月白,风急天高。"清《荡寇志》八五回:"领着神兵来捉丽卿,追到～,见法被破了,大吃一惊。"　❷ 程度;地步。明汤显祖《牡丹亭》一八出:"咳,小姐脉息到这个～了。"《古今小说》卷一七:"说到相知～,司户相瞒也不得,只得吐露心腹。"《拍案惊奇》卷二〇:"那朝云也是偶然失言,不想到此～,却也不敢违拗,只得伏侍元普解衣同寝。"　❸ 当口;时机。清《荡寇志》七六回:"丽卿得了势子,趁～一个鹞子翻身,卷进中三路。"又一三〇回:"这～,希真、林冲都放马到垓心界,各照顾自己的人。"

【分金】　fèn jīn　共同送礼时各人分摊的钱。明沈德符《万历野获编》卷一〇:"词林交际最简,其始入者,合衙门自政府以下至史官,各送贺仪～七分。"清《醒世姻缘传》七二回:"一日,坟已造完,众亲朋又都出了～,要与狄员外庆贺寿圹。"

【分例】　fèn lì　❶ 体例所规定的固定分额。《旧唐书·玄宗纪》:"乙丑,停天下公廨钱。其官人料,以税户钱充。每月准旧～数给。"元明《水浒传》三五回:"朱贵见说了,迎接众人都相见了,便叫放翻两头黄牛,散了～酒食。"清《红楼梦》五一回:"新鲜菜蔬是有～的,在总管房里支去,或要钱,或要东西。"　❷ 按定例提供或发放的钱物。宋周必大《思陵录》上:"不若以公牒说此意,俺便有执据。所得～,与不与在你。"明《朴通事谚解》卷中:"又不曾冒支～,没一点非理害民,何故不甘结?"清《红楼梦》三六回:"这个～只管关了来,不用补人,就把这一两银子给他妹妹玉钏儿罢。"　❸ 指陋规;贿赂;私下索取的好处。《金史·食货志五》:"二月,禁寿州榷场受～。～者,商人赘见场官之钱币也。"明朱鼎《玉镜台记》三二出:"新到犯人温氏等二口,闻知家道发迹,要他～五十两。"清《豆棚闲话》六则:"又请了几个废弃的乡宦、假高尚的孝廉,告老打罢的朋友,从旁护法,出身子做个招头,暗地分些～。"　❹ 犹"分定❶"。明汤显祖《紫钗记》一四出:"是前生～,尽百媚天应乞与,消得多才艺。"

【分量】　fèn liàng　❶ 按身分或比例应有的量。唐欧阳詹《上郑相公书》:"劝人以德行,用锡之爵禄,必契其～。"宋韩琦《北京辞免加节再任第二状》:"况臣名品已重,～已溢。辞隆戒满,尚恐招悔。"清《野叟曝言》一一回:"因将那一个顺气解郁的方,加重了～,说道:'不必更立新方。'"　❷ 身分;能力。宋《朱子语类》卷一三:"若是大底功业,便用大圣贤做,小底功业,便用小圣贤做。各随他～做出来,如何强得。"明顾璘《复黄仲实》:"其馀《定志》《乡正》诸篇,皆有此蔽。此～所及,不敢强辩。"清《歧路灯》二三回:"我如今不是当年有钱,到铺子里人家就要掂我的～。"　❸ 重量。明徐光启《农政全书》卷三一引《务本新书》:"蚁下之后却扫聚,以纸包裹,秤见～,布在箔上。"《拍案惊奇》卷一八:"不知原是银子的原～,不曾多了一些。"　❹ 轻重;分寸。明《挂枝儿·戏球》:"戏球儿,我爱你一团和气。我爱你～知高识低,知轻知重如人意。"《封神演义》三二回:"吾弟陈桐,不知～,抗阻行

车,不识天时,礼当诛戮。"清《隋唐演义》三〇回:"萧后大喜道:'他年纪虽小,到有些才情～。'"

【分上】 fèn shàng ❶ 本分;身上;面前。《祖堂集》卷八《云居和尚》:"夫出家人但据自己～决择,切不可分外。"宋《朱子语类》卷一三:"讲学固不可无,须是更去自己～做工夫。"《法演禅师语录》卷上:"神通妙用不欠丝毫,通人一～用切切?" ❷ 分内;规定范围之内。《祖堂集》卷六《洞山和尚》:"院主便领上五泄和尚处,具陈前事。'此法公不是某甲～人,乞和尚摄收。'" ❸ 人情;面子。《元曲选·留鞋记》楔子:"看小娘子～,便不好,也收了去。"明《情史·情芽·湖州郡僚》:"此等～,必非俗人肯信者,姑听之可也。"清《醒世姻缘传》三四回:"杨春屡次央我在二位跟前说～,我说,这干一说不的。" ❹ 为求人情而行贿的金钱财物。明《金瓶梅话》一四回:"西门庆听的杨府尹见了～放出花子虚来家,满心欢喜。"清《樵史》四回:"他又用了三十两～银子,央济宁一个翰林封君,与了郓城知县一封书。"《醒世姻缘传》三五回:"这汪为露常常的绰揽了～,自己收了银钱,不管事体顺理不顺理,麻蚍厅腿一般,逼住了教宗昭写书。" ❺ 情分;旧情。宋《朱子语类》卷一三:"如唐明皇为人,他于父子夫妇君臣～,极忍无状,然终始于兄弟之情不衰。"明汤显祖《紫钗记》七出:"既此女子于兄～非浅,不可负也!"清《隋唐演义》二四回:"当时秦叔宝只为朋友～,也不想到烧了批,如何回复刘刺史。"

【分数】 fèn shù 另见 fēn shù。天命;注定的数目。元郑廷玉《看钱奴》一折:"一个胡脸儿阎王不是耍,一个捏胎鬼依正法,一个注生的～不争差。"清张英《聪训斋语》:"人生福享皆有,惜福之人福尝有馀,暴殄之人易至罄竭。"《醒世姻缘传》二八回:"谁知这人生在世,原来不止于一饮一啄都前定,就是烧一根柴,使一碗水,也都有一定的～。"

【分外】 fèn wài ❶ 过分;超出规矩法度。《祖堂集》卷一一《保福和尚》:"若便悟去,亦不～;若便不悟去,亦不～。"《元典章·刑部二》:"其餘杂犯,问事的官人每着事情轻重,不教～了。"明朱有燉《楚江情带过金字经·咏闺情五更转》:"敲才忒～,做下了风流债。" ❷ 做过分或违法的事。明汤显祖《牡丹亭》三〇出:"〔贴〕动不动道录司官有私和。〔生〕则欺负俺不～的书生欺别个!"清《聊斋俚曲·翻魇殃》:"我是凤翔一秀才,不敢丝毫去～。" ❸ 见外。元佚名《喜春来》:"刘晨再要访天台。休～,樽有酒且开怀。"又:"楚云湘雨夕阳台。休～,花柳暗尘埃。" ❹ 副词。a) 格外;特别。唐韩偓《晚岸》:"春江一夜无波浪,校得行人～愁。"元明《水浒传》三回:"仇人相见,～眼明。"清蒲松龄《闹馆》:"平仄里必得是～清楚,久以后作诗句免得犯难。"b) 另外。《元曲选·窦娥冤》楔子:"准了他那先借的四十两银子,～但得些少东西,勾小生应举之费,便也过望了。"明《警世通言》卷二四:"那只勾他人情的,～再与他一二百两拿去。"清《聊斋俚曲·墙头记》:"每哩俺该不吃饭么? ～还弄点好的你吃。"

【分位】 fèn wèi 职分;地位。宋《朱子语类》卷一八:"凡看道理,须是一一通晓他名义～之不同。"元刘因《赐杖诗序》:"凡上之所以赐下者,宜随其～而无不足焉。"清《红楼梦》四三回:"我知道你们这几个都是财主,～虽低,钱却比他们多。"

【分限】 fèn xiàn 命中注定的。宋苏轼《与林子中》:"此乃吾曹～,殆不可逃也。"明《二刻拍案惊奇》卷八:"全不想钱财自命里带来,人人各有～,当由你空手博来做得人家的?"《西湖二集》卷三〇:"钱财都自有～,若不是你的钱财,便一文也不可强求。"

【分养】 fèn yǎng 合伙养活。明《金瓶梅词话》六七回:"这孩子也不是你的孩子,自是咱两个～的。"清《续金瓶梅》一〇回:

"我虽袭了个武职官,一点事也不知道该怎么样,敢不听你说? 何况这孩子已是两下～着的。"

【分缘】 fèn yuán 缘分。宋张淏《会稽续志》卷六:"有檀越以一度僧牒施,呆命结侍者十辈,各探筹以卜其～。"元郑光祖《梧桐树南·题情》:"心肠枉费,伎俩徒劳。也是我恩情尽、时运乖、薄。"明王錂《寻亲记》一七出:"只这银钱纸尚犹悭,可知道与钱没～。"

【分中】 fèn zhōng ❶ 犹"分上❷"。唐王维《大唐大安国寺故大德净觉师塔铭》:"二空法外,何处进求? 七觉～,谁当决释?"宋陈傅良《分韵送王德修诗序》:"沈季丰俭夫后至,别自为诗。予出韵,亦不在～。"清《姑妄言》一六回:"他便谆谆恳嘱,严约禁子,恩待犯人。不但是做提牢的～当为,且暗暗积了多少阴骘。" ❷ 犹"分上❶"。金王喆《恣逍遥·承杜先生传语》:"锤金锁,窠紧闭,关要洗,须认～闲贵。"明宋濂《元故湛渊先生白公墓铭》:"知～自定兮,不假外物求。"清《醒名花》一回:"然天缘最是奇幻,在庸夫俗女身～,看其会合极是容易,极是平常。独在佳人才子～,看其会合,偏多磨折,偏多苦恼。" ❸ 犹"分上❸"。清《红楼梦》五六回:"姑娘们～,自然不敢,天天与小姑娘们就吵不清。"又七四回:"听说有人议论,已是心中羞恼激射,只是在惜春～,不好发作。" ❹ 分定;命定。宋何薳《春渚纪闻》卷一〇:"汝～合得,后自当有授汝者。"明高濂《玉簪记》八出:"暗想一～恩爱,月下姻缘,不知曾了相思簿。"清《春柳莺》一〇回:"还是～与毕小姐有缘。" ❺ 方面。清《一片情》一回:"终日营营,只在利上着神。儿女～,不曾讨得一个。"《红楼梦》五七回:"独他父母偏是酒糟透之人,于女儿～平常。邢夫人也不过是脸面之情,亦非真心疼爱。"

【分资】 fèn zī 合伙送礼或做事,每人分摊的钱。明《金瓶梅》一回:"俺爹纠了众爹们～,叫小的送来,爹请收了。"《禅真逸史》五回:"若遇每月朔望、四季节序之辰,各出～做功德。"清《红楼梦》一三回:"另有各房同窗家～,也凑了二三十两。"

【分子】 fèn zi ❶ 同"分资"。宋耐得翁《都城纪胜·茶房》:"每日与人传语往还,或讲集人情。"明杨柔胜《玉环记》六出:"我一生诗书懒读,专一打哄出些～,吃些无钱酒。"清《儒林外史》一七回:"潘保正替他约齐了～,择个日子贺学。" ❷ 份。清《红楼梦》三六回:"他姐姐伏侍了我一场,没个好结果,剩下他妹妹跟着我,吃个双～,也不为过逾了。"《歧路灯》五七回:"天鹅肉要大家吃块儿,算上我一～账。"

【份资】 fèn zī 同"分资"。清李渔《比目鱼》一九出:"抛犁把,贺婚姻。～无别样,酒三斤。"《十二楼·闻过楼》二回:"将要迁移,方才知会亲友,叫他各出～与自己钱别。"《飞龙全传》六回:"柴荣等三人公同凑出了～,置办祭礼。"

【份子】 fèn zi ❶ 同"分子❶"。清《红楼真梦》三回:"那年宝二爷生日,我们凑～闹酒。" ❷ 同"分子❷"。清《歧路灯》八六回:"我是个匪人,把家业董破了些,你全全一～,合什么哩。"

【忿发】 fèn fā 奋发;振作。金《刘知远诸宫调》一二:"若非舅妗庄中嫉妒,也不能～。"清《霓裳续谱·你看那淡云笼月华》:"则见他加倍儿时当～,毕罢那相思牵挂。"按,此例本《元曲选外编·西厢记》三本三折"只你那夹被儿时当奋发"语而误解之。

【忿激】 fèn jī ❶ 愤怒激动。宋方大琮《举知潮州刘克逊知循州奏状》:"克逊申严保障,开谕祸福。不畏怯而弛备,不～而贪功。"明徐复祚《投梭记》一〇出:"感君多意气许同仇,不觉～包胥血泪流。"清《雪月梅》四一回:"小侄也是一时～,过后想来实是冒险。" ❷ 愤怒偏激。宋晁补之《唐旧书杂论》:"夷行介直,嫉同列阿党擅权。其言'陛下自看可否'者,～而言。"明杨柔胜《玉环

记》三四出:"只为言词～,寇平许作偏房。"清《豆棚闲话》五则:"此亦是吴贤一时～之谈。"

【忿力】 fèn lì 同"奋力"。元明《水浒传》五五回:"呼延灼看见大怒,～向前来救。"明《清平山堂话本·贬霸王》:"尚自提剑而来,何不忿神力于垓下乎?"

【忿媢】 fèn mào 妒恨。媢,嫉妒。唐赵璘《因话录》卷一:"尚父二爱姬,尝竞宠争长,互论其公私佐助之功,～不相面,尚父不能禁。"

【忿气】 fèn qì ❶ 怨气;怒气。唐杜牧《守论》:"亦犹豢扰虎狼而不拂其心,则～不萌。"《元曲选·单鞭夺槊》三折:"我见他割袍断袖绝了朋情重,越恼的他～冲冲。"清《女仙外史》七一回:"连黛娘见了,～填膺。" ❷ 生气;赌气。元明《水浒传》二一回:"婆惜也不曾睡着,听得宋江骂时,扭过身来道:'你不羞这脸!'宋江忿那口气,便下楼来。"明柯丹邱《荆钗记》二九出:"受不过凌辱,～投江身死。"清《后水浒传》二〇回:"只说这王摩被四个弟兄献谗赶逐,一时～,奔下山来。"

【忿性】 fèn xìng 发怒;生气。明柯丹邱《荆钗记》二三出:"只因小娘子不从孙宅,老安人～,把她嫁了王秀才。"

【奋】 fèn 声张;闹。清《红楼梦》九回:"先得让我抽个头儿,咱们一声儿不言语,不然大家就～起来。"

【奋发】 fèn fā 发迹;由贫穷变富贵。金《刘知远诸宫调》一:"刘郎异日～荣贵,和你改换门风。"《元曲选外编·陈母救子》一折:"你孩儿是白衣之人,谁想今日～也。"明《拍案惊奇》卷二二:"亏得儿子峥嵘有日,～有时,真是谢天谢地!"

【奋力】 fèn lì 鼓起最大力量。五代皮光业《吴越故忠义军屠将军墓志铭》:"二人自朝战至于日晡,身创百处,～一呼,手缚贼魁数人。"明屠隆《彩毫记》三二出:"大小三军,～向前,论功行赏。"清《红楼梦》七八回:"遂回戈倒兵,～一阵,把林四娘等一个不曾留下。"

【奋气】 fèn qì ❶ 鼓足气力。明《古今小说》卷二五:"顾冶子～大呼曰:'吾三人义同骨肉,誓同生死;二人既亡,吾安能自活?'"清《东周列国志》三二回:"乃～大呼曰:'天乎,天乎!小白乃如此终乎?'" ❷ 忿怒;负气。明《袁氏义犬》五出:"师亡遂肆凶残,以致乳母悲啼,求存一脉,卢葵～,扑杀一门。"清《杏花天》一回:"且言珍娘见丈夫～奔出,料不远行,必在本宅。"

【奋然】 fèn rán ❶ 慨然;慷慨奋发貌。唐韩愈《与鄂州柳中丞书》:"握兵之将,熊罴貔虎之士,畏懦蹙蹜,莫肯杖戈为士卒前行者。独合下～率先,扬兵界上。"元明《三国志通俗演义》卷八:"操曰:'汝早报捷音,以慰吾心。'惇遂～而辞曹操,自引军登程。" ❷ 舒张貌;张扬貌。唐苏鹗《杜阳杂编》卷上:"或风雨晦暝,临流沾湿,则光彩动摇,～如怒。"《太平广记》卷二九〇引《妖乱志》:"刻木为鹤,大如小驷,鞿鞚中设机捩。人或逼之,～飞动。" ❸ 愤激貌;气愤貌。宋洪迈《夷坚志》丙卷一四:"妻始～曰:'果如是,非告于官司不可。'"明《二刻拍案惊奇》卷六:"妻子也～攘臂道:'我晓得到底容不得我。'"清《飞龙全传》四八回:"当有郑恩～怒道:'我等岂可自爱其力,束手待毙?'"

【奋刷】 fèn shuā 振奋。清《荡寇志》一二七回:"史进大怒,便传令全队军马～精神,一齐呐喊。"

【奋兴】 fèn xìng ❶ 猛然起立。宋李流谦《龙居山人墨戏赋》:"于是莞尔～,矍然振袂,起策老髡,如身使臂。"《明儒言行录》卷三:"恒念学之无成,道之不立,至于中夜,展转达旦。" ❷ 兴起;奋起。宋宋祁《宋景文笔记》卷上:"孔子没后,百家～。"金元好问《大丞相刘氏先茔神道碑》:"豪杰之士,乘时～以取功名

富贵者,抑多矣。"清毛奇龄《翠柏集序》:"其在前朝,有从高皇～者,以军功授辽阳左卫世袭者指挥使。" ❸ 振兴。明罗钦顺《万安县重修儒学记》:"其俗尊礼教,尚儒雅,诗书之诵习,科第之～,岁以益盛。"清蓝鼎元《人物小序》:"昌黎过化,天水～,而后文章行谊,星炳云灿。" ❹ 振作;振奋。《宋史全文》卷三六:"陛下圣德～,罢黜诐邪,表章正学,然后人心一正,圣道大明。"明程敏政《葆贞堂序》:"虽间有所藉以副仁人孝子之心,然实有闻其风而激烈～为之执笔不能自已者矣。"清《飞龙全传》五一回:"世宗自知锐气已挫,难以～,只得允从其论。"

【愤气】 fèn qì ❶ 愤恨。明《二刻拍案惊奇》卷一二:"看来陈同父只为唐仲友破了他赵娟之事,一时心中～,故把仲友平日说话对晦庵讲了出来。"《禅真逸史》一四回:"今～招集人马,已得精锐数千,粮草俱足,意欲整顿军马,攻破城池,杀尽奸僧淫妇。"《平妖传》一七回:"众百姓～不平,登时聚集起三百人,丢砖头,掷瓦片,喊声如雷。" ❷ 赌气。明《石点头》卷二:"这卢梦仙止为出门时说了这几句～话,无颜归去。"清《女仙外史》八七回:"输得情极了,～走在江湖上,跟随个游方僧落了发。"

【粪便】 fèn biàn 屎。也统指屎和尿。喻指不中听的话。明王肯堂《证治准绳》卷七四:"小儿时时扎眼,～青白沫,有时干硬。"清《野叟曝言》六一回:"他是这样惯了的。毛坑没后壁,臭～真冲出来!"

【粪门】 fèn mén ❶ 肛门。宋张杲《医说》卷六:"肠胃流热则～暴肿。"元明《水浒传》四三回:"把刀朝母大虫尾底下尽平生气力舍命一戳,正中那母大虫～。"清李渔《怜香伴》二八出:"我如今将文字卷做个爆竹的模样,等待临场时节塞在～之中。" ❷ 詈指嘴巴。明《禅真后史》一三回:"天杀的不来救我,反掩着～冷笑。"

【粪扫】 fèn sǎo ❶ 粪土;垃圾。唐刘恂《岭表录异》卷中:"既熟,贮以瓦瓮,用～火烧之。"《明集礼》卷四:"周礼,太史卜日,司隶除～,庖人告牷。"清《风流悟》六回:"一个在柴仓窝里趁风流,一个在～堆边矜出色。" ❷ 比喻破烂、脏污。《法苑珠林》卷五五:"舍卫国中摩诃罗比丘,受一切～衣食。"《祖堂集》卷一《迦叶尊者》:"今我此身,着佛所与～之衣。" ❸ 借指佛教或僧人。唐贾岛《送玄岩上人归西蜀》:"会当依～,五岳遍头陀。" ❹ 剪除;弃置。宋王洋《和沈子美梅诗》:"微者或易伤,大者或不实。剪除困陵暴,～如扑扶。"元元明善《丞相淮安忠武王碑》:"驾驭群才,鞭笞九垓。～凶灾,祥庆有来。"明方以智《通雅》卷首三:"居其创者,至狂子僇民群起,～六经,师心杜撰。"

fēng

【丰标】 fēng biāo ❶ 仪容风采。宋戴复古《满庭芳·元夕上邵武王守子文》:"风流,贤太守,青云志气,玉树～。"明《二刻拍案惊奇》卷一七:"有个闻舍人,下在本店,～不凡。"清《聊斋志异·姚安》:"姚安,临洮人,美～。" ❷ 指容貌体态。元佚名《小措大·情》:"闷无语时将珠泪洒,愁转加,瘦损～只为他。"明朱湸《题彭典史竹坡手卷》:"竹坡主人何昂藏,～白皙发毛苍。"清洪昇《长生殿》三〇出:"猛想起我旧～,教我一想一泪零。" ❸ 英俊;漂亮。《元曲选外编·智勇定齐》楔子:"便休题孙操轩昂志勇骁,怕甚么姬辇英才天下少,卫吴起更～。"明《挂枝儿·眼里火》:"谁人不羡你,伶俐更～。"清《聊斋俚曲·禳妒咒》:"大男俊秀,小妇～,拜倒双双叫我心欢乐。"

【丰采】　fēng cǎi　❶风度神采。《太平广记》卷二三三引《五行记》："年少时,甚有～。"明佚名《鸣凤记》三七出："董先生别来～倍常,即日谅有荣擢。"清徐锡龄、钱泳《熙朝新语》卷九："立朝刚直,多面折廷诤,不避权贵,天下想望～。"　❷有风度;有神采;姿容秀美。明《醒世恒言》卷二○："廷秀穿了一身华丽衣服,比前愈加～。"　❸丰韵;韵致。明崔时佩、李日华《西厢记》二七出："小姐小姐多～,君瑞君瑞济川才。"汤显祖《紫箫记》一四出："贺新人、贺新人许多～。那郎君、那郎君底样情怀。"　❹风纪。清《梦中缘》一二回："不党不阿,立朝～,可于此窥见一斑。"《隋唐演义》七五回："且说那时朝中大臣,自狄仁杰死后,只有宋璟极其正直,～可畏。"

【丰彩】　fēng cǎi　❶同"丰采❶"。元牟巘《贺陈殿院启》："曾未阅旬时之近,已共瞻～之新。"明《醒世恒言》卷三○："内中惟有房德,人材雄伟,～非凡。"　❷同"丰采❷"。《元曲选外编·圯桥进履》二折："他髭须一似银丝般白,他生来实～。"明《封神演义》九五回："话说纣王见子牙皓首苍颜,全装甲胄,手执宝剑,十分～。"《醋葫芦》一二回："只道成员外的小老婆出家,不知怎生～,往往走来摩揣。"　❸同"丰采❸"。清《红楼梦》一一七回："又撺起来了,是个陪酒的输了,唱了一个什么'小姐小姐多～'。"

【丰粹】　fēng cuì　丰满而粹美。宋元《清平山堂话本·刎颈鸳鸯会》："对门店中一后生,约三十已上年纪,资质～,举止闲雅。"

【丰度】　fēng dù　即"风度"。唐张读《宣室志》卷二："忽遇一翁,质甚妙,而～明秀。"明梁辰鱼《浣纱记》二四出："遣一使臣,须要悠悠～,便便言语。"清《野叟曝言》五七回："登时打扮得锦簇花攒,比平时～,另有不同。"

【丰范】　fēng fàn　❶仪容;体态。宋许应龙《回学职启》："一乡之善,虽久服于英名;千里而遥,恨未瞻于～。"明王錂《寻亲记》二九出："途中邂逅相逢,知爹是恁般～。"清《聊斋俚曲·禳妒咒》："约有一月不相见,～肥泽更异常,腰带粗大容颜胖。"　❷风采。清赵慎畛《榆巢杂识》卷上："侍御皂梅坪言,犹及见刘文正公～严正,如对神人。"

【丰格】　fēng gé　❶端正丰满的骨骼相貌。元张翥《题李早女真三马扇头》："雾鬒风鬟剪剔新,郎君～玉为人。"明林俊《五鹤行》："丹砂养成～壮,锡以大镇超群仙。"汪廷讷《种玉记》六出："前日在花园中,遇着霍仲孺,～不凡。"　❷格调;品格。明黄淳耀《答张子灏书》："盖中岁所为,或～未成,波澜欠老,皆它日遗恨。"刘大夏《红梅》："仙子自知～在,北人宁作杏花猜。"清《隋唐演义》七八回："宋璟在武后时已正直不阿,及居相位,更～端庄,人人敬畏。"

【丰鉴】　fēng jiàn　❶赏识。《元曲选外编·独角牛》二折："打这厮自奖自夸自～。"　❷风采。元曾瑞《醉花阴·怀离》："想才郎～,貌堂堂阔论高谈。"

【丰洁】　fēng jié　壮实俊雅。元吴皋《次韵赋叠叶梅》："群玉姿～,盈盈一粲饶。"明何良俊《语林》卷二二："宋明帝姿貌～,与圭璧等质。"《石点头》卷一："有一秀才,姓郭名乔,生的体貌～,宛然一美丈夫。"

【丰神】　fēng shén　风貌神采。唐蒋防《霍小玉传》："忽有一豪士,衣轻黄纻衫,挟朱弹,～隽美,衣服轻华。"宋张榘《金缕曲》："恍瞻君、～气貌,飘然仙伯。"清《红楼梦》一回："俄见一僧一道远远而来,生得骨格不凡,～迥异。"

【丰仪】　fēng yí　风采仪容。唐元稹《莺莺传》："余所善张君,性温茂,美～。"明孟称舜《娇红记》四九出："我想申生～如许,才学又如许,怪不得女儿家爱他。"清《姑妄言》九回："晚见相公～出众,又闻知学富五车,妾私心欣庆。"

【丰韵】　fēng yùn　❶风度;气韵;风格。宋王谠《唐语林》卷七："相国子弟每有宴会,顾独预之,～谈谐,不辨寒素之子也。"明谢谠《四喜记》三○出："前日李淑有本,劾他词荒意悖,无人臣礼。朕看来,自是词人～,何足罪哉!"清《都是幻·梅魂幻》二回："南兄之诗,有仙家～,无烟火气。"　❷女子美丽优雅的容貌与仪态。宋柳永《木兰花令·佳人》："个人～真堪羡,问着伴羞回却面。"元刘庭信《粉蝶儿·美色》："说甚么芳卿性纯,秋娘～。"明《警世通言》卷二："我家王孙曾有言,若得像娘子一般～的,他就心满意足。"　❸风情;韵味;韵致。宋朱敦儒《青玉案·坐上和赵智夫瑞香》："莫道衰翁都无意。为他～,为他情味,锁得真个醉。"明佚名《霞笺记》九出："揭开书本儿从头论,上写着'释新民,汤之盘铭,苟日新',真个多～!"清《后水浒传》一八回："这织锦今年十六岁,人物虽是中平,却有些～可取。"　❹妩媚;绰约;有风情。元萨都刺《一枝花·妓女蹴鞠》："红尘两袖纤腰倦,越～越娇软。"明佚名《番马舞秋风》："广寒仙子谪红尘,下香阶款步金莲稳。更有丹青画图真,都不如他～。"清《绿野仙踪》九三回："只见一中年妇人,年约三十许,生得修眉凤目,～多姿。"　❺风光;景致。《元曲选·红梨花》三折："见如今节遇三春,都不如洛阳～。"明徐复祚《红梨记》二三出："你看那洛阳～,三春红紫斗精神。"

【丰致】　fēng zhì　❶犹"丰韵❶"。明郑真《咏四明山送丘太守》："赤水丹山古洞天,使君～似神仙。"《古今小说》卷二二："见有二书生,鲜衣羽扇,～翩翩,乘小舟游湖登岸。"《梼杌闲评》三回："那小旦扮云英,飘飘～,真有神游八极之态。"　❷仪容;体态。明吾邱瑞《运甓记》四○出："数载睽违,遇家乡兵荒迭至。"《浪史》二九回："闰哥～如妇人,这名儿真不枉也。"清《醒世姻缘传》七二回："寒骨脸上落腮胡,长疱疱冒东坡;鹰嘴鼻尖腾蛇口,尖缩缩赛卢杞心田。"　❸犹"丰韵❸"。明徐霖《绣襦记》一九出："只多了丫鬟,接旧人尚有～。"文震亨《长物志》卷二："芙蓉宜植池岸,临水为佳,若他处植之,绝无～。"清《梦中缘》二回："娇娆之中,仍具庄雅,端凝之内,更饶～。"　❹犹"丰韵❹"。明叶宪祖《鸾鎞记》一五出："你看侍儿生得这等～,那鱼玄机不知更当何如。"许自昌《水浒记》一二出："前日无心走到街上,见一个女子,十分～。"《梼杌闲评》四回："牛三见那小官生得也还～,道:'也好。'遂取酒来吃。"　❺有风格;有品位。清《醒名花》二回："上面几行细字,写得端端楷楷,字画十分～。"《巧联珠》一回："又将诗稿看上两遍,低低说道:'字也写得～。'"

【丰壮】　fēng zhuàng　❶高大宏伟。唐崔湜《御史台精舍碑铭》："故立像不务于珍华,度堂罔图其～。"　❷丰满壮实。也指丰满壮实的人。宋《朱子语类》卷一一三："须培壅根本,令～。"王洋《祭弋阳祝宰文》："我病且庸,公壮而丰。病庸尚在,～俄空。"清《红楼梦》七一回："一个穿红裙子梳鬅头高大～身材的,是迎春房里的司棋。"

【封】　fēng　❶授予(官职)。《旧唐书·欧阳通传》："天授元年,～夏官尚书。"元明《水浒传》九六回："敕赐锦墩命坐,管待御宴,加～为中书侍郎。"清《聊斋俚曲·增补幸云曲》："问他问是甚么姓名,久后回京,～他一官半职,也是他问我辛苦一场。"　❷约束;制约。元明《水浒传》四四回："我一时被那厮～住了手,施展不得。"清《好逑传》一二回："水运假劝道:'不要动粗!'上前来～铁公子的手。"《醒世姻缘传》二○回："众人妆着来劝,其实是来～住季春江的手。"　❸锁;鐍。明薛论道《步步娇·美人》:

"但把两眉～,不卖千金笑。" ❹ 交纳。清《聊斋俚曲·富贵神仙》:"那钱粮是加三火耗,十分数要七月里全完。有个范秀才,只～了七分数,便去告宽。"又《磨难曲》:"那一年大赦了钱粮,没～的就便宜了那滑户,～了的就便宜了那县官。" ❺ 封缄物,如信件、奏章、封条、赏封等。唐李商隐《酬令狐郎中见寄》:"～来江渺渺,信去雨冥冥。"宋韩琦《故尚书工部侍郎崔公行状》:"前后上～言时政利害得失,凡四十事。"明《拍案惊奇》卷一八:"谁说炉动了～? 你却动了～了!"清孔尚任《桃花扇》一四出:"事成之后,随～都要双分的。"

【封包】fēng bāo 包扎;裹扎。唐元结《五规·心规》:"其甚也,则须～裹塞,不尔,有灭身亡家之祸。"宋许叔微《类证普济本事方》卷六:"凡有金疮伤折出血,用药～,不可动着。"清《歧路灯》三五回:"就叫德喜儿拿了一个大拜匣,将一百银子～。"

【封袋】fēng dài 即"封套"。明孙传庭《纠参婪赃刑官疏》:"有原收数少者,却于流水簿并～捏写数多者。"《梼杌闲评》四六回:"向袖中取出个～来,放在桥石柱上。"清《醒世姻缘传》四七回:"徐宗师把他的洋文扯将下来,用了官文～封了。"

【封刀】fēng dāo ❶ 皇帝赐给使者象征斩杀之权的刀,因用黄绫封裹,故名。《敦煌变文校注》卷一《捉季布传文》:"捉得赏金官万户,藏缩～斩一门。"唐[日]圆仁《入唐求法巡礼行记》卷四:"敕赐～,于街衢而斩三段。"清《隋唐演义》九七回:"及禄山反,遣使者与行刑武士二人,～往召之,甄济引颈就刀,不发一语。" ❷ 将刀封裹,表示停止杀戮。《明史·徐从治传》:"吴桥激变有因也,一路～不杀也,闻天子诏遂止攻掠也。"清《醒名花》一三回:"中军传令～,不得妄杀。"陈端生《再生缘》三八回:"当下犯人俱免斩,其间刽子又～。"

【封堆】fēng duī ❶ 堆埋;成堆状封闭。元《农桑辑要》卷三:"上半坑拥熟土,轻筑令平满,用虚土～,如大鳖子样。"清《聊斋志异·爱奴》:"乃卖所赐金,～植树而去。" ❷ 作为地界或坟墓标志的土堆。明马文昇《修饬武备以防不虞事奏》:"丈量之后,四至埋立～。"《大清律例》卷二五:"若以他骨暗埋,豫立～,伪说荫基,审系特强占葬者,照强占官民山场律治罪。"清《聊斋俚曲·寒森曲》:"管家去仁字陪,地两顷立～,进庄又有看宅一位。"

【封儿】fēng er ❶ 封袋;封套。明《醒世恒言》卷一一:"卓上排列纸墨笔砚,三个～,三个盏儿。"《禅真逸史》一四回:"澹然接过看时,一个小小～,封筒上写着'褚真人传示'。"清《驻春园》一回:"～拆开,立知颠末,遂捏来细看。" ❷ 指封赏;赏钱。清《隋唐演义》六七回:"餘皆赏他一个～,叫他们回去。"《红楼梦》五六回:"用上等～赏他。"《歧路灯》二回:"赏了抬盒人～,打发去讫。"

【封盖】fēng gài ❶ 封裹覆盖。唐王焘《外台秘要方》卷三一:"其汁在盆中,唯有五斗,且别盛,密～之。"元《农桑辑要》卷六:"畦内乱撒麦糠覆树,令梢上厚二三寸止,……次冬～亦如此。"明高启《太湖石》:"黄罗～素毡裹,万里贡献劳车船。" ❷ 覆盖物。清《水浒后传》二四回:"上皇身边这又一个老内监,接来启了～。"

【封诰】fēng gào 帝王封赠五品以上官员及其先代和妻室以爵号的诰命。宋翁溪园《洞仙歌·代寿李尉孺人》:"金花～,管取重重受。"明《拍案惊奇》卷二三:"后来崔生出仕,讨了前妻～,遗命三人合葬。"清《聊斋俚曲·富贵神仙》:"后来张太老爷夫妇寿到一百单五岁,受了十二遍～。"

【封估】fēng gū 查封估价。明《警世通言》卷一六:"原来张员外因烧煅假银事犯,把张员外缚去左军巡院里,至今不知下落,家计并许多房产都～了。"

【封锢】fēng gù ❶ 密封关锁;封闭。宋洪迈《夷坚志》丙卷一八:"四海百川水源皆已～,非有上帝命,不许取。"元张养浩《三事忠告》卷二:"今州郡多无委积,虽有之,而在上者～甚严。"清《豆棚闲话》二则:"盛在水桶之内,～在宝藏库中。" ❷ 指封闭状态。清《玉蟾记》一九回:"看见佛龛内有个描金朱漆盒,～完好。" ❸ 禁锢;束缚。明周宗建《论语商》卷上:"师者,先知先觉之重任也,只为俗学～,误了多少后生。"清程廷祚《大易择言·例餘》:"诚能执此数端而推广之,则可以破旧说之～,而洁静精微之指归,渐可窥见。"

【封关】fēng guān ❶ 封锁关口;封闭关门。唐独孤及《贾员外处见中书贾舍人巴陵诗集》:"系越有长缨,～只一丸。"清《红楼圆梦》二二回:"开到临平,又说～,给了他三百文钱才开。" ❷ 封闭门户。宋王质《和李平仲出郊》:"店小青旗低拂马,寺荒苍藓暗。"清《红楼圆梦》一一回:"顷刻,照例上锁,一面～,一面将册子及经手人等带至衙门,一并审讯。" ❸ 僧人入闭室修禅曰坐关,入室封门曰封关。明《型世言》二四回:"师父也凭他,去请位乡绅,替他～出示。他在关中,究心内典,大有了悟。"

【封裹】fēng guǒ ❶ 包裹;包裹后加封。唐孟浩然《闺情》:"畏瘦宜伤窄,防寒更厚装。半缄～了,知欲寄谁将?"《元曲选·风光好》四折:"后赐一包袱,～御押,嘱言曰:'待尔归后,然后发此观之。'"清《红楼梦》一〇五回:"房地契纸,家人文书,亦俱～。" ❷ 覆盖。宋曾巩《雪咏》:"树木遍～,冈山助峥嵘。"元张昱《临安访古·石镜》:"天遣紫苔～后,等闲不许别人开。"

【封号】fēng hào 封缄并加上记号。明《西洋记》六〇回:"取过文房四宝来,各人写了,各人～了,收在元帅印箱里面。"又八六回:"只见礼物里面有一个磁花瓶儿,又不曾～,瓶口上有一股生气,王爷心上就犯疑。"也指所做的记号。明《西洋记》八五回:"只见金银财宝积堆甚多,却要动手,原来都是元帅～。小将心上才明白,宁可索手空回,不敢轻动。"

【封记】fēng jì ❶ 封缄并加上标记。《太平广记》卷一一二引《法苑珠林》:"御史张守一宿直,命吏烛之而甚怪,重锁～而去。"明沈采《千金记》一二出:"俺沛公先入关中,将金银珍宝子府库米谷仓廪皆已～。"清《绿野仙踪》七八回:"又每一库,委大小武官十员,公同点验,各～号数。" ❷ 指所加的标记。宋龚明之《中吴纪闻》卷四:"后二十餘年得其子还之,～如故。"元明《水浒传》一〇回:"仓廒内自有官司。这几堆草,一堆堆都有数目。"清《说岳全传》七〇回:"只见桌上有一个小匣,～上写道:'匣中之物,付秦桧收拆。'" ❸ 印记;印鉴。唐玄奘《大唐西域记》卷三:"岁月虽淹,继室弥怒,诈发制书,紫泥～,候王眠睡,窃齿为印。"

【封缄】fēng jiān ❶ 封闭(开口)。《法苑珠林》卷五〇:"时王书纸上而～之。"元佚名《愿成双》:"留恋你个三婆曾时暂,则几行书和泪～。"清《歧路灯》五九回:"写完～了,递与小孩子。" ❷ 封缄的状态或部位。唐李适之《大唐蕲州龙兴寺故法现大禅师碑铭》:"出入三载,主乃东来,各以还之,～如故。"宋李石《续博物志》卷一〇:"皇朝建隆中,金银入京师,斤两～如故。"清刘大櫆《许游击墓志铭》:"见其语支梧,又文移～有谬字,乃转帖县令毋遽发。"

【封角】fēng jiǎo 封缄。角,缄束。唐高彦休《阙史》卷上:"沉丝一钓,随钩而出,第印微湿,～不败。"宋王安石《茶商十二税》:"茶体轻怯,难掌易损,架阁利燥,～利密。"明朱橚《普济方》卷三七四:"用天南星一个煨熟,纸裹～,不要透气。"

【封君】fēng jūn 皇帝按照官员的等级分别给其妻室、父祖以荣誉封赠,凡受此封典者称封君。宋王珪《封百官妻制敕》:"今

予命之以～,其益思慎淑以保尔有家之庆。"明沈受先《三元记》二八出:"如今令郎又高中了,先生必是～。"清《镜花缘》四三回:"那知甥女务必要教俺同到海外,看来俺这～也做不成,纱帽也戴不成。"

【封镝】 fēng jué 封闭上锁;密封。《新唐书·哥舒翰传》:"制袍十万以赐其军,翰藏库中,及败,～如故。"明陆容《菽园杂记》卷五:"一同僚济宁人与通友善,尝得归省,以箧寄通所,～甚固。"清毛奇龄《明南京吏部尚书魏公传》:"行留贮历年所积俸,付同乡同年子为刑曹郎者。其人请～,公曰:'是何待前辈薄薄乎?'"

【封口】 fēng kǒu ❶ 把开口封闭。唐王焘《外台秘要方》卷一二:"右一味,酒一斗,浸之密器中,～举著热灰中温之。"清《荡寇志》一一七回:"进出之处,用沥青,水不能入。"《镜花缘》二六回:"每日将鲜花用箸夹入,俟花装满,～收贮。" ❷ 封闭的开口;封口处。宋周紫芝《钱塘初见黄爵》:"赤罂～上有印,白绵卧酒中含脂。"明《禅真后史》四四回:"就于灯下把那银子封固停当,～押了花字。"清《绿野仙踪》七○回:"再看两个柬帖,俱是～未拆。" ❸ 创口或疮口愈合。明朱橚《普济方》卷二七三:"治疗疮,取蟾酥油调,～立效。"又卷二九○:"麝香散,住痛收敛疮口,生肌～。"

【封垒】 fēng lěi 壁垒。《敦煌愿文集·行城文》:"今者四序将尽,三春肇来;送故纳新,除灾建福;冀清～,保艾蒸黎。"唐佚名《晚次白水古会见枯骨之作》:"汉家～千所,失守时更历几春。"明毕竟容《兴安新城记》:"迤北则全因故山,不假～。"

【封门】 fēng mén ❶ 在房门外侧另装一道有棂子的外门,如护封,故称。明《金瓶梅词话》六八回:"往西走第三家豆腐铺隔壁上坡儿有双扇～儿,就是他家。"又七七回:"这妇人连忙把～一开,西门庆钻入里面,妇人还扯上～。" ❷ 查封。清《续金瓶梅》一六回:"从那日～搜家,把家内金银尽行入官。"《红楼梦》一○五回:"这位王爷办事认真,想是早已～。"

【封面】 fēng miàn ❶ 包装。明张岱《陶庵梦忆》卷三:"乃近日徽歙之间,松萝亦改名兰雪,向以松萝名者,～系换,则又奇矣!" ❷ 公文或信函的外封。宋江少虞《宋朝事实类苑》卷三三:"外国书,白诏纸写,……锦裹用黄绢幞,～签云'敕赐国王或某王'。"清《平定台湾纪略》卷六三:"每三十里一铺,递送文报,于～上填写时刻,以备稽考。"《隋唐演义》五五回:"先将老母的信札来看,～上写'琼儿开拆'。" ❸ 书刊表面的一页。宋朱熹《答蔡季通书》:"小学误字再纳去数纸,～作'武夷精舍小学之书'可也。"明《醋葫芦》一七回:"帝命文曲星展开,读其略曰……"清孔尚任《桃花扇》二九出:"俺小店乃坊间首领,只得聘请几家名手,另选新篇。今日正在里边删改批评,待俺早些贴起～来。"

【封纳】 fēng nà 交纳。清《聊斋俚曲·磨难曲》:"明日大赦已将到,竟把钱粮～完,闭着门且吃安稳饭。"

【封皮】 fēng pí ❶ 公文或包装外层附加的有印信、名衔、封装日期等以供勘验的封装物。宋苏轼《论叶温叟擘髀牒不公状》:"省部令依敕命指挥,出给到空名度牒三百道,并～。"明康海《野田先生碑》:"先是先生在湖广,资缘者赂瑾,则以先生～北行。后一年,瑾伏诛,竟以湖广～坐累,谪成固原。"清雍正八年五月十三日石麟奏文:"系伊在堡门洞里拾着此银,见～上有字,知是兵丁饷银。" ❷ 封条。《元曲选·竹坞听琴》四折:"怎么门上是郑州～封锁了?"明陈铎《天净沙·库子》:"赃罚赏有收积,官员自判,清《隋唐演义》四三回:"张通守发一张～,叫衙役把门钉封了。" ❸ 封面。五代何光远《鉴诫录》卷六:"又判导江县申状——～上著'状上门府衙':'敕加开府,不是门府。'"宋欧阳修

《试笔·学书费钱》:"曩时尝见王文康公戒其子弟云:'吾平生不以全幅纸作～。'"清顾炎武《日知录》卷一八:"其表章略举事目与日月道里,见于前及～者,又谓之引黄。" ❹ 信封。金《董解元西厢记》卷五:"香烟上度过把～拆,明窗底下,款地舒开。"《元曲选外编·刘弘嫁婢》一折:"我这里先把～来去,展放开他这个寄来的书。"清《歧路灯》一○一回:"我还有京邸亲戚书札,明日送去。到京看～签子投递。" ❺ 喻指人的身体,犹言躯壳。《五灯会元》卷二○:"后依佛灯,久之不契,因诉曰:'某只欲死去时如何?'灯曰:'好个～,且留着使用。'"

【封婆】 fēng pó 对受封赠妇女的称呼(含不敬意味)。明《金瓶梅词话》五七回:"他自有五花官诰的太奶奶老～,八珍五鼎奉养他的在那里。"

【封岁】 fēng suì 辞岁。清《说岳全传》六一回:"今日是除夜,小官特备一杯水酒,替帅爷～。"又:"恩公请便罢。我想恩公一家,自然也有～的酒席,省得尊嫂等候。"

【封锁】 fēng suǒ ❶ 封门加锁。唐张鷟《朝野佥载》卷五:"至一宅,～正密,打锁破开看之,婢及高丽并在其中。"宋赵与时《宾退录》卷一:"通真有一室,灵素人静之所,常～,虽驾来亦不入。"清蒲松龄《闹馆》:"庄内有一座观音堂,没招和尚,庙门～,可以借居。" ❷ 封闭;禁闭。宋黄裳《偕王道观雪中联句》:"～烟尝卫,飞扬露可陪。"元明《水浒传》一回:"此是祖老大唐洞玄国师～魔王在此。但是经传一代天师,亲手便添一道封皮。"清喻昌《寓意草》卷一:"有云金锁正元丹者,～真阳,不使外越。" ❸ 封条和锁钥等封闭物。《太平广记》卷二二引《神仙感遇传》:"取袈裟贮之银合,又安数重木函,皆有～,置于坛上。"明杨珽《龙膏记》二八出:"胡说,谁敢开我～?"清《五色石》二回:"仇氏引老妪到羽娘房前,开了～与他相看了。"

【封套】 fēng tào 封装文件、书信或钱物的袋装物。明沈榜《宛署杂记》卷一五:"半红帖一百七个,红～一百七个。"《二刻拍案惊奇》卷二:"妙观果然到房中箱里面秤了五两金子,把个～封了。"清《醒世姻缘传》六七回:"你取个～合个折柬儿来,我就在这里写个字罢。"

【封条】 fēng tiáo ❶ 张贴在乘坐舟车或所居房屋外面的字条,上面写明有关人的职务、名衔等。明胡宗宪《筹海图编》卷四:"也甚至有藉其关文,明贴～,役官夫以送出境至京者。"清《平山冷燕》九回:"我看前日舟中～遍贴,衙役跟随,若不是个显宦的家小,那有这般光景。"《儒林外史》四九回:"只见大门里粉屏上贴着红纸朱标的'内阁中书'的～。" ❷ 贴在门上或器物上的纸条,表示封闭、封存或没收。明王樵《勘覆诚意伯刘世延事情疏》:"即将都督府～封了皮箱、褡连。"汤显祖《牡丹亭》四○出:"早则南安府大～封了观门。"清《聊斋俚曲·襄妒咒》:"咱爹看着拨出来了二十石谷,锁了仓门,我去贴的～。"

【封筒】 fēng tǒng 即"封套"。明吕柟《泾野子内篇》卷二五:"某亲见唐渔石做提学时,咸宁邑人就编成戏本,着～打到提学道去。"《拍案惊奇》卷一○:"当下开了拜匣,秤出束脩银五钱,做个～封了。"清《霓裳续谱·这封书儿》:"这封书儿写停当,手拿～往里装。"

【封头】 fēng tóu ❶ 信函、器物开口的封闭物。元曾瑞《红绣鞋·风情》:"会云雨风也教休透,闲是非屁也似休休,去那无缝锁上十字儿纽一个～。"元明《水浒传》七五回:"将那六瓶御酒,都分与水手众人吃了,却装上十瓶村醪白酒,还把原～缚了,再放在龙凤担内。"清《歧路灯》一回:"那人将书呈上,孝移开了～,取出内函。" ❷ 指酒。明王九思《曲江春》四折:"他将那黄～满

酗,我这里羞答答手难抬。"

【封翁】 fēng wēng 称因子孙而受封赠的人。明范景文《李公暨配于恭人行状》:"苍头随行,鱼服款段,所过属邑,未有知为太守～者。"清《八洞天》卷五:"报名兵部一体题请,奉旨准袭父爵。冯乐善便也做了～。"陈端生《再生缘》五五回:"御史尹爷随即往,就把这,吉期道达老～。"也谑指被加了某种称号的人。清《十二楼·三与楼》一回:"所以为人祖父者,到了桑榆暮景之时,也要回转头来,把后面之人看一看,若还规模举动不像个守成之子,倒不如预先出脱,省得做败子～,受人讥诮。"

【封押】 fēng yā 缄封签押。宋邵伯温《邵氏闻见录》卷九:"先公有自～章疏一通,殆遗表也。"元方回《续古今考》卷二五:"今人用匣盛印,以银为龟,长官花押,藏之紫袱包匣,又～之。"明《拍案惊奇》卷一七:"任道元听见,即走将起来,点起灯烛写好了,～停当。"

【封仪】 fēng yí 封装的礼金。清《杏花天》二回:"超凡取出～,百两代赞。"《姑妄言》九回:"今之求人荐馆者,非有～不行。"

【封印】 fēng yìn ❶官衙停止办公,将官印封存。明代以后多指年终岁初停止办公。唐林宽《寄省中知己》:"花开～早,雪下典衣频。"明《金瓶梅词话》七八回:"到二十四日稍闲,封了印来家。"清康熙二十八年十二月十八日上谕:"今当～之时,慎勿各图逸乐。" ❷指一般的停止。清《聊斋俚曲·俊夜叉》:"进的门来就是吵,口口声声不长俊,紧一阵,慢一阵,只等我颠了才～。"

【封赠】 fēng zèng 帝王将官爵授予高级官员的先代。存者称封,死者称赠。也泛指一般的封号,或戏指别人送的外号。《旧唐书·代宗睿真皇后沈氏传》:"时沈氏～拜爵者百馀人。"《元曲选·救孝子》四折:"领郎主的命,着我～那一家儿去也。"清《醒世姻缘传》三六回:"不管甚么丈夫的门风,与他挣一顶绿头巾的～。"

【封识】 fēng zhì ❶犹"封记❶"。宋王谠《唐语林》卷五:"一行和尚灭度,留一物,～,命弟子进于上。"明《型世言》二回:"所付银两并历年租银,俱各～不动。"清蔡世远《清苔书院碑记》:"所亲仆从及吏胥足迹不得到场中,巡察～甚严也。" ❷犹"封记❷"。唐柳宗元《段太尉逸事状》:"泚取视,其故～俱存。"明《石点头》卷二:"向来我托他管理这些财物帐目,临去条分缕析,～宛然,丝毫不苟。"清纪昀《阅微草堂笔记》卷四:"后西商检箧中少百金,镭锁～皆如故,无可致诘。"

【封贮】 fēng zhù 密封贮存;封裹收藏。宋董汲《脚气治法总要》卷下:"煎成,入以不津器～之。"明《警世通言》一五:"将银子凑足二百两之数,倾成四个元宝,当堂兑准,～库上。"清《女仙外史》五八回:"于是～好了,练公子放在怀内,作别就行。"

【封篆】 fēng zhuàn 犹"封印❶"。篆,印文,代指印。元舒顿《重建翠眉亭记》:"若乃琴堂事毕,～退署,使客不来,边亭罢武。"清弘历《阅本》:"～例应过节开,阁章今日驿传来。"《雪月梅》三六回:"只好破站而走,须赶～前到得都门才好。"

【封桩】 fēng zhuāng 宋代一种财政制度,岁终用度之馀封贮不动,以备急需。元、明沿袭之。《宋会要辑稿·食货五》:"将今来所拨绝产租课钱物,令项专委官,具数申取朝廷指挥。"明毕自严《恭谢天恩疏》:"矢志诘戎,岂容嫌于米盐凌杂;投醪飨士,还干泽于大内～。"清吴伟业《太傅兵部尚书吕忠节公神道碑铭》:"自中原用兵,思陵～匮诎。"

【封子】 fēng zi 犹"封儿❷"。清《粉妆楼》四五回:"太太命家人赏了众人的～,治酒款待知府。"《雪月梅》一七回:"刘公子赏

了家人、佃户两个～。"

【峰朵】 fēng duǒ 峰头。唐贯休《将入匡山宿韩判官宅》:"黛青～孤吟后,雪白猿儿必寄来。"明李奎《游天竺寺憩客儿亭有怀谢康乐》:"白云嵌紫芝,～开芙蓉。"

【烽飚】 fēng biāo 烽火。指战争、战乱。《敦煌愿文集·行军转经文》:"使人色不安,峰(烽)数举。"又《为宰相病患开道场文》:"故得谋臣图仕,入转元筹;塞表尘清,峰飚(烽飚)不举。"

【烽子】 fēng zǐ 烽火台上的戍卒。唐李靖《卫公兵法辑本》卷中:"如每晨及夜平安火不来,则～为贼所囮。"戎昱《塞上曲》之二:"山头～声声叫,知是将军夜猎还。"宋曾公亮等《武经总要》前集卷五:"凡掌烽火,置帅一人,副一人,每烽置～六人。"

【蜂毛儿】 fēng máo er 即"风毛"。明《金瓶梅词话》七四回:"他那件皮袄值六十两银子哩,油般大黑～,你穿在身上是会摇摆。"

【蜂媒】 fēng méi ❶蜜蜂。蜂为花媒。宋杨无咎《玉烛新》:"勾牵幽思谁伴我,香宿～,光浮月姊。"元明本《和梅花百咏·寒梅》:"北枝偏爱雪霜多,无奈～冻损何。"马致远《一枝花·惜春》:"感春情来往往～,动春意哀哀怨怨杜宇。" ❷比喻为男女撮合的人。宋陈允平《水龙吟》:"倩～、聘取琼花,细与向、尊前比。"明王錂《春芜记》一一出:"没奈何潜来花底,躬身拜启:望你做～,向花间递消息。"《金瓶梅》六八回:"应伯爵戏衔玉臂,玳安儿密访～。" ❸指男女间传递消息。宋郑熏初《一尊红》:"抚管调丝,涂妆绾髻,密意曾～。"

【风】 fēng ❶旨意。唐韩愈《答冯宿书》:"委曲从顺,向～承意,汲汲恐不得合。"《新唐书·王缙传》:"群臣承～,皆言生死报应,故人事置不修,大历政刑,日以堙陵。" ❷指男女情爱。元兰楚芳《四块玉·风情》:"双渐贫,冯魁富,这两个争～做姨夫。"清《醒世姻缘传》六〇回:"他屋里放着小老婆,他每日争～生气,你不寻他,拿我顶缸。" ❸风癫;癫狂。后作"疯"。宋魏泰《东轩笔录》卷七:"王介性轻率,语言无伦,时人以为心～。"《元曲选·赚蒯通》二折:"蒯文通,你敢～了?"清《聊斋俚曲·增补幸云曲》:"你又～上来了。从来道一妻二妾三奴婢,谁家就有七八十个呢?" ❹着魔;使癫狂。宋黄庭坚《丑奴儿》:"得过口儿嘛,直勾得,～了自家。"石孝友《惜奴娇》:"共你,～了人。只为个你!"金《董解元西厢记》卷一:"瞥然一见如～的,有甚心情更待随喜。" ❺耍疯;嬉戏。元明《水浒传》七四回:"众人忧得你苦!你却在这里～!" ❻隐语。指打劫的对象。清《说唐前传》二二回:"原来兄弟此道行中的哑谜多不晓得。大凡强盗见礼谓之剪拂,见了客商谓之～,来得少谓之小～,来得多谓之大～。若杀之不过,谓之～紧。" ❼风干。清《红楼梦》五三回:"活鸡、鸭、鹅各二百只,～鸡、鸭、鹅二百只。"

【风岸】 fēng àn 风骨,指人的品格与气概。《新唐书·仇士良传》:"李石辅政,棱棱有～。"宋范仲淹《尚书度支郎中王公墓志铭》:"时翰林刘公筠～高峻,搢绅仰望不得其门而进。"明王鏊《通议大夫工部右侍郎谈公墓志铭》:"时盐山王忠肃为冢宰,～孤峭,意轻南士。"

【风便】 fēng biàn ❶风顺。唐韩愈《除官赴阙至江州寄鄂岳李大夫》:"盆城去鄂渚,～一日耳。"宋晏殊《渔家傲》:"越女采莲江北岸。轻桡短棹随～。"清朱彝尊《具区徐氏族谱序》:"予家距洞庭只百有馀里,～一日可达。" ❷便利;方便。明邹智《与潘孔修书》:"智粗安如昨,惟学小书生记数读书而已。～母惜教诲。不宣。"清汪由敦《寄宣城孙文学二吉倜～》:"太元五千文,惠言倜～。"李渔《蜃中楼》二〇出:"原来是藐山头姑射仙,降幽

居甚～。"

【风布】　fēng bù　广泛推行。五代崔棁《金沙王庙记》："今皇帝嗣位之三载也，日新睿德，～皇猷。"宋范仲淹《南京书院题名记》："皇宋辟天下，建太平，功揭日月，泽注河汉，金革尘积，弦诵～。"又《代人奏乞王洙充南京讲书状》："教育之道，～于京畿。"

【风步】　fēng bù　快步。清陈端生《再生缘》一〇回："惨淡玉容刚至近，匆忙～已趋前。"又五三回："移，当阶九叩行臣礼；举鸾绹，顿首三呼拜圣颜。"

【风裁】　fēng cái　风度神采。唐张说《孔补阙集序》："顷见许州之子，～可观。"宋觉范《禅林僧宝传》卷二五《大沩真如喆禅师》："京师士大夫，想见～。"清陈廷敬《晤刘训夫提学旋别》："冰雪～水鉴方，三年交徼寸心长。"

【风尘】　fēng chén　❶ 比喻低贱或危难的地位、处境。唐段安节《乐府杂录·歌》："姜本～丐者，一旦老父死有所归，致身入内，皆自韦青，姜不忍忘其恩。"《元曲选·救风尘》三折："我假意儿瞒，虚科几喷，着这厮有家难奔。妹子也，你试看咱风月救～。"清《红楼梦》五回："到头来，依旧是～肮脏违心愿。好一似，无瑕白玉遭泥陷。"❷ 指风月场所；妓院。五代王衍《甘州曲》："柳眉桃脸不胜春，薄媚足精神，可惜沦落在～。"明《醒世恒言》卷三："奴是好人家儿女，误落～。倘得姨娘主张从良，胜造九级浮图。"清《聊斋俚曲·禳妒咒》："俺而今流落在～，怎么望合他成秦晋？"❸ 指妓女。唐李商隐《杂纂·难容》："僧道对～笑语。"明《拍案惊奇》卷二〇："院判是贵人，又是恩人，只怕妾身～贱质，不敢仰攀。"清《聊斋俚曲·禳妒咒》："奴家兰芳便是。我想～下贱，好苦命人也！"

【风痴】　fēng chī　❶ 风癫痴呆；风癫痴迷。宋杨彦龄《杨公笔录》："俗谓～者为怃。"元孔文卿《东窗事犯》二折："休笑我垢面～，您参不透我本心主意。"《元曲选·对玉梳》二折："村势煞捻着则管我磨磨，桦树皮脸～着甚颩抹。"❷ 温州地区夏秋间连续刮的夹雨风。宋吴潜《喜雪用禁物体》："傍海～剪水难，偷他瑞叶散云端。"舒亶《和马粹老四明杂诗聊记里俗耳十首》之八："禽孝传居俗，～动淡旬。"清乾隆元年《浙江通志》卷一〇〇："温州自夏徂秋，常观云以候风。一日之间，风稍息则雨大倾，雨稍霁则风复作，谓之～。"

【风传】　fēng chuán　❶ 传闻。唐司空图《解县新城碑》："迁延未测，侦谍相摇。日有～，士无人色。"宋苏轼《乞赐度牒籴斛斗准备赈济淮浙流民状》："臣所奏濠、寿等州灾伤盗贼数第，问得皆有本末，非是～道路之言。"明汤显祖《南柯记》二八出："～流贼起，火速报君知。"❷ 传说的事情。《元曲选·合汗衫》四折："奉敕旨采访～，为平民雪枉伸冤。"❸ 风行流传。宋苏颂《翰林学士王陶知蔡州敕》："典领台阁，嘉言日闻于前；宣布中和，惠问～于下。"明崔铣《关雎解》："今六经之文缺讹有间矣，然～俗习，斋制蚀器，则近古者犹得其音尘。"清《红楼真梦》二九回："这篇文章真是沉博艳丽，怪不得～一时。"

【风醋】　fēng cù　风韵；风情。敦煌词《鱼歌子》之一："五陵儿恋娇态女，莫阻来情从过与。畅平生，两～，若得丘山不负。"又《洞仙歌》之一："酒醒后，多～，少年夫婿。"

【风脆】　fēng cuì　枯干易折。明刘炳《与子升弟观捕鱼》："柳条～已梳黄，潮落溪毛石露梁。"

【风措】　fēng cuò　即"风醋"。《敦煌变文校注》卷七《解座文汇抄》："大丈夫，实～，欲行弄影勤回顾。"宋李弥逊《十样花》之五："陌上风光浓处，最是海棠～。"《历代诗话》卷五五引《词林海错》："魏齐间指人有～者谓之庸峭，一曰波峭。"

【风灯】　fēng dēng　❶ 有罩能防风的灯。唐杜甫《漫成一绝》："江月去人只数尺，～照夜欲三更。"宋周邦彦《琐窗寒·寒食》："夜阑未休，故人剪烛西窗语。似楚江暝宿，～零乱，少年羁旅。"清《红楼梦》一七至一八回："两边石栏上，皆系水晶玻璃各色～。"❷ 风中的灯火，比喻脆弱易逝的生命或事物。《敦煌愿文集·愿文范本等·愿文》："屡投药石，未沐（沐）瘳除。所恐露命难留，～易灭。"《元曲选·黄粱梦》四折："你早则省得浮世～石火，再休恋儿女神珠玉颗。"清《续金瓶梅》一回："富贵繁华，真是～石火。"❸ 比喻死亡。《敦煌愿文集·亡考文》："将谓长居人代，永掩宗枝。何图否泰有期，～运从。"

【风颠】　fēng diān　同"风癫"。唐寒山《时人见寒山》："时人见寒山，各谓是～。"元耶律楚材《请奥公禅师开堂疏五首》之五："今日把棒唤狗子，居士～。"清《聊斋俚曲·增补幸云曲》："平白的呼皇道寡，这巡检好像～。"

【风癫】　fēng diān　病名。本指受风邪侵犯而肢体痉挛的症状，后泛指精神失常。唐孙思邈《备急千金要方》卷四四："三曰～，发时眼目相引牵，纵反急强，羊鸣，食顷乃解。"明徐复祚《红梨记》一一出："你这人莫不～的！这是军情事，好当耍的？"清《八洞天》卷六："此时石佳贞家道已渐消乏，又得了～之症。"

【风调】　fēng diào　❶ 风致；情态。唐白居易《和殷协律琴思》："秋水莲冠春草裙，依稀～似文君。"宋贺铸《攀鞍态》："逢迎一笑金难买，小樱唇、浅蛾黛。玉环～依然在。"明梅鼎祚《玉合记》二七出："这练囊上是寄夫人的一首诗。匹练裁囊动彩毫，也不是白头～。"❷ 格调；风格。唐元稹《唐故工部员外郎杜君墓志铭序》："词气豪迈而～清深，属对律切而脱弃凡近。"《明史·顾璘传》："璘诗，矩矱唐人，以～胜。"清李光地《寿陈子对初》："小陈之诗独造妙，能与唐人角～。"❸ 景象；情状。元卢挚《寿阳曲》："低唱浅斟金帐晓，胜烹茶党家～。"《元曲选·梧桐叶》三折："准备了，等待着长安年少，但不知那新状元有甚么～。"清纳兰性德《念奴娇·宿汉儿郎》："何况文园憔悴后，非复酒垆～。"❹ 情趣；趣味。《元曲选·㑇梅香》一折："对如此良辰美景，可知道动骚人～才情。"明《禅真逸史》二四回："更纷纷草茅，纷纷草茅，这些关窍有何～？"

【风度】　fēng dù　气派；排场。元刘时中《端正好·上高监司》之二："一家家倾银注玉多豪富，一个个烹羊挟妓夸～。"

【风发】　fēng fā　❶ 癫狂。形容为情所动。明《西湖二集》卷一四："便～了一个邢君瑞，兴致勃勃，那里按捺得住？"❷ 发疯。明沈自徵《鞭歌妓》："〔孤〕今将一船金帛，约有数万，赠与贤士。贤士你收了者。〔旦浑介〕老尚书～了也！"《西游记》二七回："好行者，～了！只行了半日路，倒打死三个人。"《二刻拍案惊奇》卷一三："看着行动举止，声音笑貌，宛然与郑氏一般无二。众人多道是这养娘～了。"

【风犯】　fēng fàn　风头；情势。清《醒世姻缘传》五二回："尤氏抬头看了一看，见不是～，低着头，缩着脖子，往厨房里只一钻。"又五八回："中睡觉的时节才进屋里去，看那～儿的紧慢。"

【风范】　fēng fàn　❶ 规矩。金《董解元西厢记》卷一："相国夫人从来性气刚，深有治家～。"❷ 情景；景象。《大宋宣和遗事》前集："抵暮至一坊，名做金环巷，那～更别。"宋楼钥《北行日录》："此间只是旧时～，但改变衣裳耳。"元狄君厚《一枝花·禄山谋反》："每日家做伴的胡友胡儿，胡舞胡歌，胡吹胡弹，知他是甚～？"❸ 模样；做派。元贯云石《一枝花》："全不似当时旧～。绣床又倦攀，梳妆又意懒，瘦怯怯裙腰儿旋旋的趣。"《元曲选·风光好》一折："学士你德行如颜子，也索要风流仿谢安。我劝你且

开颜,须不比寻常～。"明孙仁孺《东郭记》七出:"卿须少跕,详说着萧郎～。"

【风缝】 fēng fèng ❶ 很小的缝隙。明唐顺之《为紧急军情事牌》:"国家平时养兵设官,将何用之? 而稍闻警报,只有塞城门,塞水关,～不通,委城于虎口。"清《八洞天》卷一:"若只藏他在暖房,～不透,反弄坏了。"《东周列国志》三二回:"又于寝室周围,筑起高墙三丈,内外隔绝,～不通。" ❷ 口风;信息。明袁于令《西楼记》一二出:"不道女儿又要去虎头上做窠,天那! 我那里晓得～?"《金瓶梅词话》八○回:"但有嫁人的～儿,凭我甜言美语打动春心,你却用几百两银子娶到家中。"

【风干】 fēng gān 特指放在阴凉处让风吹干。宋叶适《无相寺道中》:"竹鸡露啄堪幽伴,芦蒲～待岁馀。"明李东阳《斋夜董尚矩编修出金橘菖蒲煎见饷和韵二首》之二:"苍山何处劚云根,露采～色尚存。"清《红楼梦》一九回:"我只想～栗子吃,你替我剥栗子。"

【风光】 fēng guāng ❶ 风景;景色。多指春景。唐骆宾王《畴昔篇》:"舟移疑入镜,棹举若乘波。～无限极,归楫碍池荷。"明朱鼎《玉镜台记》一一出:"丽日江山,春风花草,繁华几经过眼。九十～,回首又逾强半。"清《红楼梦》二回:"这日,偶至郭外,意欲赏鉴那村野～。" ❷ 特指繁华景象。唐李咸用《同友人秋日登庾楼》:"六代～无问处,九条烟水但凝愁。"元明《水浒传》一一四回:"江、浙昔时都会,钱塘自古繁华。休言城内～,且说西湖景物。"清卓尔堪《扬州踏灯辞》:"城门十二无关锁,如此～是太平。" ❸ 繁华;兴旺。唐李白《少年行》:"兰蕙相随喧妓女,～去处满笙歌。"明《醒世恒言》卷四:"凡花一年只开一度,四时中只占得一时,一时中又只占数日。他熬过了三时的冷淡,才讨得这数日的～。" ❹ 景况;情景。元高明《琵琶记》五出:"桑榆暮景应难保,客馆～怎久留?"明耿定向《先进遗风》卷上:"别时泪潸然横下沾襟。湛先生顾慰之曰:'谦之何悲甚? 岂念予老不复再会耶? 余过十数年重来晤公也。'余缅想当时此段～,良知天理,炯然在目。"清《红楼梦》四九回:"成日家自说现在的这几个人是有一无二的,谁知不必远寻,就是本地～,一个赛似一个。" ❺ 时光;年华。唐史青《应诏赋得除夜》:"气色空中改,容颜暗里回;～人不觉,已著后园梅。"宋文莹《湘山野录》卷上:"人生七十鬼为邻,已觉～属别人。"明袁于令《西楼记》三出:"你年当二八,正好～。" ❻ 风格;品格。唐元稹《寄旧诗与薛涛因成长句》:"诗篇调态人皆有,细腻～我独知。"罗虬《比红儿》:"三吴时俗重～,不见红儿一面妆。" ❼ 荣耀;光彩。《元曲选·救孝子》四折:"呀,那知道今日呵也有这～,则俺一家儿都脱离了地狱到天堂,稳请受五花官诰喜非常。"明佚名《孤儿记》三九出:"几年时多少,珠翠列两行。"清《隋唐演义》五○回:"萧后上了鸾辇,念当初炀帝时,许多扈从百官随驾,何等～!" ❽ 摆阔;显示光彩。明佚名《真傀儡》:"他有几床笏,恁般官样。这有几船茶,便会～。"汤显祖《紫钗记》四八出:"〔豪〕借人马何用?〔从〕李十郎来亲霍府,借去～也。"《醒世恒言》卷七:"只是我的亲事,到作成别人去～。" ❾ 好处;享乐。元《三遂平妖传》二回:"他今年只得十五岁,曾见甚么～来? 交我儿忍饥受饿!"明《二刻拍案惊奇》卷九:"只恐书生薄幸,且顾眼下～。日后不在心上,撇人在脑后了。"清《梦中缘》一○回:"二位姐姐何不把局外之人亦引于局内,拖带妹妹也受些～。" ❿ 容光。明汤显祖《牡丹亭》一四出:"论人间绝色偏不少,等把～丢抹早。"《西洋记》八二回:"倒也好一位仙师,洋洋的满面～。"

【风规】 fēng guī 锋芒。宋克勤《碧岩录》卷一:"雪窦第三

句却通一线道,略露些～,早是落草。"又:"雪窦颂古偏能如此,当头以金刚宝剑挥一下子,然后略露些～。"

【风候】 fēng hòu ❶ 风物气候。也只指气候。唐杜审言《旅寓安南》:"交趾殊～,寒迟暖复催。仲冬山果熟,正月野花开。"明汤显祖《南柯记》一○出:"车箱路,古穴遄,豁然见山川～殊。"清屈大均《广东新语》卷一:"广州～,大抵三冬多暖,至初春乃有数日极寒。" ❷ 节令;时令。唐白居易《桐花》:"草木坚强物,所禀固难夺。～一参差,荣枯遂乖剌。"《太平广记》卷二一三引《画断》:"又于兴善寺见画四时屏风,若季造化,～云物,八节四时,与一座之内,妙之至也。"明苏祐《九日》:"落木惊～,淹留感岁华。" ❸ 风向。多指随季节变化的规律性风向。五代王仁裕《开元天宝遗事·相风旌》:"五王宫中,各于庭中竖长竿,挂五色旌于竿头。旌之四垂,缀以小金铃,有声,即使侍从者视旌之所向,可以知四方之～。"明王世贞《倭志》:"大抵倭舶之来,恒在清明之后。前乎此,～不常,难准定。"清玄烨《谕兵部》:"船出海洋,必俟～。"

【风花】 fēng huā 喻指女子。唐佚名《诮失婢榜》之二:"偷锁出深闺,～何所依? 想应乘月去,难道绰天飞?"元刘庭信《折桂令·忆别》:"殢风月似缘木求鱼,恋～守株待兔。"明梁辰鱼《浣纱记》二七出:"群臣奋未敢前,待先行便上弦,你～队里去收飞箭。"

【风化】 fēng huà ❶ 将尸体或骨灰扔在野外,任凭风蚀销化。《敦煌变文校注》卷二《秋胡变文》:"为当身化黄泉,命从～? 为当逐乐不归?"元明《水浒传》九六回:"天明,岭上着人下来,将解珍、解宝尸首就～在岭上。"明《平妖传》四○回:"左黜狐尸烧灰～。" ❷ 落空;无结果。《元曲选外编·猿听经》三折:"见了些尘世荣华,羡功名一场～。"

【风话】 fēng huà ❶ 男女调情的话。宋石孝友《惜奴娇》:"你试思量,亮从前、说～。冤家,休直待,教人咒骂。"元明《水浒传》四五回:"我几番见那婆娘常常的只顾对我说些～,我只以亲嫂嫂一般相待。"明《二刻拍案惊奇》卷三八:"淫兴勃然,倒来丢眼色,说～。" ❷ 疯话;胡言乱语。元明《水浒传》五三回:"李逵见他们害怕,越说起～来。"明王世贞《艺苑卮言》卷五:"傅汝舟如言《法华》作～,凡多圣少。"清《聊斋俚曲·增补幸云曲》:"二姐道:'我不听你乜～。'"

【风缓】 fēng huǎn 犹"风瘫"。唐李商隐《让扬州长史起复第二表》:"又臣先患～,顷加心疾,触事迷错,鲜能行步。"宋陈造《与许运使论荒政书》:"某以妇氏～垂死,苍黄陨濩。"杨士瀛《仁斋直指》卷四:"～者,风邪深入而手足为之缓弛也。"

【风会】 fēng huì ❶ 际会;时机;情势。宋韩琦《抚州临川知县寺丞启》:"右某伏念,属自禁座抡材,误辣前刍之诮,侥藩沿牒,遽参剖竹之荣。窃若宦游,邀焉～。"明毕自严《东皋续录序》:"盖豪杰生当斯世,凡～之相荡,事势之相激,既已盱衡于目,收贮于胸。"清赵翼《廿二史札记》卷二一:"藩镇既由兵士拥立,其势遂及于帝王,亦～所必至也。" ❷ 风气;时尚。明陆时雍《诗镜总论》:"五言在汉,遂为鼻祖。西京首首俱佳,苏李固宜。文君一女耳,胸无绣虎,腕乏灵均,而《白头吟》寄兴高奇,选言简隽,乃知～之翕人远矣。"毕自严《与许绳斋书》:"独计人心不古,～日下。"清永瑢《进旧五代史表》:"虽值一时～之衰,体格尚沿于冗弱;而垂千古兴废之迹,具有本末,可为鉴观。" ❸ 指文格;文风。清宋荦《资政大夫刑部尚书阮亭王公墓志铭》:"一代～,必有总持。兼三不朽,自昔难之。"毛奇龄《王明府季试文序》:"虽～不齐,而度量所及,归于醇一。"

【风火】 fēng huǒ ❶ 烽火。唐杨炯《和刘长史答十九兄》:

"鼓鼙鸣九域,～集重闉。"司空图《乱后》:"羽书传栈道,～隔乡关。" ❷ 偏指火。《敦煌变文校注》卷一《汉将王陵变》:"不但今夜斫营去,前头～亦须汤。"元明《水浒传》八四回:"宋江引大队人马入蓟州城来,便传下将令,先教救灭了四边～。" ❸ 形容紧急或急忙。唐高适《酬裴员外以诗代书》:"归军剧～速,散卒争椔榬。"元成廷珪《从军曲》:"徘徊相顾耐尔何,丞相令严～速。"清《后西游记》三九回:"你一路来,舟楫艰难,鞍马劳顿,又～,也辛苦了,快进庵去歇息歇息。" ❹ 形容性情急躁。《元曲选·㑇梅香》二折:"至如那～的夫人性紧,把我这坏家门罪犯难招。" ❺ 指后果严重之事。清《飞龙全传》一回:"他恃着父亲的官势,凭你～都不怕。"又三回:"我公子凭他有甚～,总然不怕。"

【风鉴】 fēng jiàn ❶ 指有识鉴的人。宋苏轼《虞美人》:"谁教～在尘埃,酝造一场烦恼、送人来。" ❷ 相面;相面术。宋岳珂《桯史》卷一:"余善～,子有奇相。"《元曲选外编·度柳翠》二折:"此人乃赵野鹤,善能～,断人生死贵贱如神。"清《隋唐演义》一六回:"凡诸子百家,九流异术,无不留心探讨,最喜却是～。" ❸ 指相士。明《醒世恒言》卷一八:"那裴度未遇时,一贫如洗,功名蹭蹬,就一～,以决行藏。"《西湖二集》卷一五:"这个～是豫章人,识得风云气色。"清《蝴蝶缘》七回:"他本是一个～,姓李,道号半仙。"

【风脚】 fēng jiǎo ❶ 波纹。唐王维《画学秘诀》:"石看三面,路看两头,树看顶顶,水看～。"五代孙光宪《渔父》:"～动,浪头生,定是虚篷夜雨声。"宋李觏《五龙塘》:"～斗回波面黑,向人浑似逞严威。" ❷ 风尾;馀风。宋李弥逊《暇日游石门山前韵》:"晓御欲随～来,报晴乌鹊入檐催。"清《野叟曝言》八○回:"忽地西方起一阵疾风,从开着的两扇窗内,直卷进来,把房内大烛直吹下去。回过～,却甚悠扬,那烛仍复明亮。"

【风景】 fēng jǐng ❶ 景况;景象;情景。宋蒋捷《女冠子》:"吴笺银粉砑,待把旧家～,写成闲话。"明汤显祖《牡丹亭》二三出:"恁～,谁听的无棺椁颜修文'子哭之哀'。"清《红楼复梦》五○回:"俱见过了礼,在老太太屋里坐下,彼此叙说十年～。" ❷ 势头;事态。清《飞龙全传》二七回:"欲待上前解劝,又见他各执凶器,性命相拼,怎好赤手空拳,排难解纷?只好远远的立着,张望～。" ❸ 风。宋沈括《梦溪笔谈》卷二五:"江湖间唯畏大风,……大凡夏月～须作于午后,欲行船者,五鼓初起,视星月明洁,四际至地,皆无云气,便可行。"

【风警】 fēng jǐng 警报;告警的风声。宋李曾伯《荆阃辛亥保安春哨》:"伏念臣驱驰已老,牧御非才。洪流为沴,正切民忧;青草将生,又传～。"明《石点头》卷三:"北去京师一路,地土苦寒,更兼近来时有～,决然不住。"

【风口】 fēng kǒu 因地势或建筑形成的比附近风大的地方。唐张说《同赵侍御乾湖作》:"敧帆侧拖弄～,赴险临深绕湾浦。"宋苏舜钦等《地动联句》:"日腹昏自伏,～鸣呜咿。"清《红楼梦》二八回:"你又禁不得风吹,怎么又站在那～里?"

【风快】 fēng kuài ❶ 形容极锋利。明《型世言》二九回:"将一口剑在石上磨,磨得～。"清《续金瓶梅》四九回:"不提防这班头磨得～的一把镰刀。"《儒林外史》三九回:"左手拿着酒,右手执着～的刀。" ❷ 飞速。宋黄公绍《莺啼序》:"看碧天连水,翻成箭样～。"《明史·职官志一》:"凡舟车之制,……曰马船,曰～船,以供送官物。"清《豆棚闲话》三则:"那老朝奉～的到来,进门前后一看,叫屈连声,揪着兴哥就打。"

【风狂】 fēng kuáng ❶ 疯狂;精神失常。唐段成式《酉阳杂俎》卷一:"有妇人长大,携双鲤,咤于营门曰:'皇帝何在?'众

谓～。"宋元《清平山堂话本·蓝桥记》:"或于喧哄处高声访问玉杵白,皆无影响。众号为～。"金《董解元西厢记》卷一:"添香侍者似～,执磬的头陀呆了半晌。" ❷ 风疾;风瘫偏瘫症。唐王焘《外台秘要方》卷一四:"四肢不收,状如～。"《祖堂集》卷二《菩提达摩和尚》:"～又有声。"原注:"～者,三祖有风病。有声者,远近皆知有病。" ❸ 隐指性行为。清《醒世姻缘传》一九回:"也不进城去看看母亲,也便不想珍哥还在监里,恋住了三个～。"《续金瓶梅》三九回:"又见那灯上画的春容,挂的神像和这龛里金佛,俱是男女交媾。这些喇嘛们不分男女,颠倒～。"

【风棱】 fēng léng ❶ 强度较大的一股一股的风。宋苏辙《除夜泊彭蠡湖遇大风雨》:"～恬已收,江练平不绉。"杨泽民《红林檎近》:"梅信初回暖,～犹壮寒。"明杨慎《寒夕》:"檐花穿雾淞,窗纸战～。" ❷ 使人敬畏的威风、气势。唐韩愈《送侯参谋赴中幕》:"提师十馀万,四海钦～。"元张之翰《大元故荣禄大夫赵公神道碑铭》:"公天资英爽,～孤峻。"清彭孙遹《赠杨以斋副宪》之三:"已将廉让兴千古,更借～障百川。"

【风力】 fēng lì ❶ 权威;权势。宋华镇《上湖南运使柯少卿书》:"其摧奸扶弱,因革兴废,必在大体;小节末度,往往置而勿问,故～如霜,千里敛肃。"明《二刻拍案惊奇》卷三一:"访得洪家巨富,就想在这桩事上显出自己的～来。"清《野叟曝言》三八回:"如今是不消了,有本衙门～,谁敢再行牵告?" ❷ 有风力;有权威。清《醒世姻缘传》七回:"只是那个关院,云南人,姓纪,举人出身,那得如甲科们～?"又三七回:"遇着那忠厚的县官还好,若是遇着～的官府把卷子贴将出来,提那先生究责,不当耍处。" ❸ 有规矩。清《野叟曝言》五一回:"大老爷～,一切医卜星相,俱不许传禀。"

【风帘】 fēng lián 酒店的望子。宋刘敞《贳酒》:"小径入村坞,～拂暮霞。桃源还可宿,樽酒亦容赊。"明石珤《酒旗赋序》:"餔糟居士将移酒泉,道出中山之野,长怀远思,感～之飘忽,乃援毫而赋之。"清田雯《杂诗后十首》之一:"人间到处筑槽丘,十字～第几楼。"

【风脸】 fēng liǎn ❶ 老着脸;不顾羞。明《禅真逸史》二二回:"裴南峰风着脸,一面剔灯,一面低声道:'小可生来性喜飘逸。'" ❷ 不庄重或不识羞的脸皮。元明《水浒传》二四回:"你看这风婆子,只要扯着～取笑。"明《禅真逸史》七回:"小僧径入阁中,那些温存～不必讲得,直至乌江自刎,方得玉人回心。"《醋葫芦》一回:"成珪没奈何,只得舍着张～,上前一把拽住道:'院君,这回肯不肯,吩咐一个明白。'"

【风凉】 fēng liáng 风寒。清《红楼梦》四三回:"太夫人并无别症,偶感一点～。"

【风凉话】 fēng liáng huà 不负责任的冷言冷语。明贾凫西《木皮词》:"'一杯羹'说的好～,要把他亲娘的汉子使滚油熬。"清《野叟曝言》二六回:"你倒说得好～儿,你大爷的鬼见识儿,还是数得出来的么?"

【风领】 fēng lǐng 御风的毛皮围脖,不连在衣服上,用时另戴。明高濂《遵生八笺》卷八:"后用披肩半幅,内絮以绵,或托以毡,可避风寒,不必～暖帽作富贵态也。"《金瓶梅词话》三八回:"西门庆穿着青绒狮子补子,坐马白绫袄子,忠靖段巾,皂靴棕套,貂鼠～。"清《醒世姻缘传》六回:"我把那狐狸剥了皮,硝的熟,做了一条～。"

【风流】 fēng liú ❶ 荣耀。唐张说《奉和初入秦川路寒食应制》:"路上天心重豫游,御前恩赐特～。"赵嘏《和令狐补阙春日独游西街》:"此时失意哀吟客,更觉～不可攀。"明汤显祖《紫钗记》

二三出："御道尘销春昼永,彩云萧史门庭。飞盖妨花,停骢衬草,此日～独胜。" ❷ 容貌英俊、俏丽,体态轻盈。唐韩翃《送端州冯使君》:"白皙～似有须,一门豪贯领苍梧。"《元曲选·汉宫秋》二折:"脸儿有一千般说不尽的～。"清《醒世姻缘传》七回:"晁夫人道:'那人～伶俐,怕怎么的?'晁老道:'还要他扮戏哩,用着～伶俐!'" ❸ 指男女间放荡的行为或情爱之事。五代王仁裕《开元天宝遗事·风流薮泽》:"长安有平康坊,妓女所居之地。京都侠少,萃集于此,……时人谓此坊为～薮泽。"《元曲选外编·西游记》四本一折:"填满起闷怀坑,担干却相思担,我按不住～俏胆。"清《红楼梦》七四回:"那王善保家的素日并不知道他姑表姊弟有这一节～故事。" ❹ 放浪不拘礼法,或做放浪不拘礼法的事。明汤显祖《南柯记》一二出:"金枝公主字瑶芳,得尚淳于一老郎。他帽儿光光,～这场。"清洪昇《长生殿》五出:"唐天子! 你有了一位贵妃,又添上这几个阿姨,好不～也!"《绿野仙踪》四五回:"我将冷于冰让你,留下连城璧与我,我也学你们少年,～ ～。" ❺ 花哨;轻浮;虚浮。敦煌词《南歌子》:"悔嫁～婿,～无准凭。"明高濂《玉簪记》一〇出:"轻造,望恕却～,少年才调。"清孔尚任《桃花扇》二一出:"南朝雅客,半闲堂且说～嘴,拚长宵读画评诗,叹吾党知心有几。" ❻ 华美;富丽繁华。《元曲选·玉镜台》二折:"兀的不可喜煞罗帏绣幕,～煞金屋银屏。"清《红楼梦》一回:"这东南一隅有处曰姑苏,有城曰阊门者,最是红尘中一二等富贵～之地。"

【风流疮】fēng liú chuāng 性病的讳语。明《警世通言》卷五:"吕玉少年久旷,也不免行户中走了两遍,走出一身～。"《警世阴阳梦·阳梦》八回:"不是会风耍的,那里会生～儿?"清《八洞天》卷四:"任凭他往妓馆中玩耍,嫖出一身～。"

【风流过】fēng liú guò 犹"风流罪❶"。宋邵雍《双头莲》:"当时尽有,谪向人间作瑞莲。"明钱继章《满江红·七夕》:"天上自无情债满,人间不免～。"清《情梦柝》一八回:"今宵轻想～,恐伊家看惯行藏。且教先授波查权,硬着心肠。"

【风流过犯】fēng liú guò fàn 犹"风流罪犯❷"。元明《三国志通俗演义》卷一〇:"公瑾教我十日办完,人匠物料皆不应手,便着官府,亦误了事。特寻这一件～,明白斩我。"

【风流过失】fēng liú guò shī 犹"风流罪过❶"。明朱权《卓文君》四折:"谁想这一场～,倒能毂成伉俪,做夫妻。"

【风流钱】fēng liú qián 色情方面的花销或收入。明《金瓶梅词话》二回:"那厮全讨县里人便宜,且交他来老娘手里纳些缺,撰他几贯～使。"《石点头》卷三:"到底从人不成,把昔年积攒下几两～,慢慢的消磨将尽。"清《红楼复梦》四一回:"且说韩捣鬼原是个破落户子弟,靠着使两个～儿。"

【风流债】fēng liú zhài ❶ 情债;男女情感方面的亏欠。宋黄庭坚《满庭芳》:"其奈～负,烟花部不免差排。"明《欢喜冤家》一六回:"这也是玉贞欠了这些人的～,宋仁引丝还了,重合夫妻之情。"清《聊斋俚曲·增补幸云曲》:"佛动心痛伤怀,想是我命里该,前生欠下～。" ❷ 雅债;风雅行为方面的亏欠。宋刘应时《梅林即事四首》之二:"自怜尚有～,酷爱断桥流水香。"明李东阳《四禽图》:"西京京兆令不归,林郎为了～。"

【风流罪】fēng liú zuì ❶ 因男女私情而犯下的过失。《元曲选·陈州粜米》三折:"可不先犯了个～,落的价葫芦提罢俸钱。"明王世贞《书苏长公司马长卿三跋后》:"余谓相如～诚有之,然晚年能以微官自立于骄主左右而不罹祸,此其识诚有过人者。"清方成培《雷峰塔》一四出:"早金屋装成,春宵鱼水,几惹上～。" ❷ 因风雅行为而犯下的过失。宋刘克庄《贺新郎·宋庵访梅》:"老子平生无他过,为梅花受取～。" ❸ 指轻微的或强加的过失。明姚茂良《精忠记》一一出:"速发金牌前去取回归,寻个～,三人命必危。"又佚名《东窗记》一二出:"取岳飞,寻他些～,父子三人命必危。"

【风流罪犯】fēng liú zuì fàn ❶ 犹"风流罪❶"。明《挂枝儿·是非》:"进门来寻我～,怎知我心儿没一些破绽。"《肉蒲团》三回:"我今遇着好妇人,偏不肯当面错过,略做几桩～。" ❷ 犹"风流罪❸"。《元曲选·酷寒亭》三折:"把孩儿～寻些个,吊着脚腕又不敢将脚尖那。"

【风流罪过】fēng liú zuì guò ❶ 犹"风流罪❶"。宋黄庭坚《满庭芳》:"些子～,都说与、明月空床。"明汤显祖《牡丹亭》五五出:"则道是没真场～些,有甚么饶不过这娇滴滴的女孩家。"清袁枚《子不语》卷四:"孚有～,安能排阊阖列仙班乎?" ❷ 犹"风流罪❷"。宋邵雍《花月长吟》:"些儿林下闲疏散,做得～无?"明沈德符《万历野获编》卷二六:"臧(懋循)多才艺,为先人乡试同年,与屠礼部俱浙名流,同时因～,一弃不收。"清《镜花缘》二八回:"但韵学究属文艺之道,倘国人希图钱财,私授于人,又不好重治其罪,只好定了一个小小～。" ❸ 犹"风流罪❸"。元明《三国志通俗演义》卷五:"日间却在帐中饮酒,诈推醉,寻军士～,痛打一顿。"《元曲选外编·遇上皇》一折:"早晚寻他些～,害了性命,我娶了那女人为妻。"清《姑妄言》一三回:"次日寻了那小厮一件～,几乎打死。"

【风路】fēng lù ❶ 呈疏散直线状的云。宋韩元吉《虞美人·七夕》:"踏歌声转玉钩斜,好是满天～一池花。"元同恕《寿母卷》:"侍宴归来北斗城,瑶池～渺秋清。"清屈大均《广东新语》卷一一:"谓云脚疏直曰～。" ❷ 消息;线索。宋文天祥《提刑节制司与安抚司平寇循环历》:"今得王总统报,直谓二十餘日秦孟四全无～。"元明《水浒传》一七回:"阿叔,你倒敢知得些～?"明潘希曾《剿平流劫叛贼疏》:"整捆官兵,寻袭～,随贼向往。务要运谋设法,日下剿捕尽绝。" ❸ 来历。清屈大均《广东新语》卷一一:"不知人之来历,曰不知～。"

【风马】fēng mǎ ❶ 风。唐李绅《灵泛桥》:"能促岁阴唯白发,巧乘～是春光。"宋薛季先《吴江放船至枫桥湾》:"～座中生,天幕波中出。"明何瑭《圣节习仪朝天宫次华泉韵》:"～潇潇夜气森,江湖廊庙几关心。" ❷ 铁马,挂在屋檐下的铁片,风吹相击发出响声。宋黄庭坚《南乡子·夏夜》:"多病带围宽。未到衰年已鲜欢。梦破小楼～响,珊珊。"明王錂《春芜记》一六出:"重檐～催愁起,影彻孤帏思转迷。"清《后红楼梦》一〇回:"这雨又不大,只是一点一点的滴在阶墀上,房檐下挂的～儿也叮叮当当的响。"

【风毛】fēng máo 皮毛衣服边缘和袖口露出的起装饰作用的毛边。明《朴通事谚解》卷下:"我差使出去了,一夏里不曾好生收拾,把我的银鼠皮背子、貂鼠皮丢袖,虫蛀的无一根儿～。"清《红楼梦》五一回:"我嫌～儿出不好了,正要改去。"

【风门】fēng mén ❶ 风的出入处;通风口。唐杜甫《热》之二:"想见阴宫雪,～飒踏开。"元王逢《江边竹枝词》之七:"侬是小山渔泊户,水口～过一生。"明《西洋记》一八回:"每座炉上按乾、坎、艮、震、巽、离、坤、兑方位上留下一个小小的～儿,却于兑位上筑起一个小小的台基儿。" ❷ 指八卦巽(代表风)所在的东南方位。唐李筌《太白阴经》卷六:"天阵居乾为天门,地阵居坤为地户,风阵居巽为～,云阵居坎为云门。" ❸ 相面术指耳道或鼻孔。唐佚名《月波洞中记》卷下:"(耳)不要反轮,必破祖也。～不欲小,无学之人也。"五代佚名《玉管照神局》卷上:"欲知奸诈孤贫,看他鼻头尖薄;官高位显准头圆,似截筒衰困中年定见;～昂

露,山根位断,仆马多忧。" ❹ 房门外加装的挡风门。宋张嵲《戏呈觉老》:"投晓过书斋,～自闭开。"清《红楼梦》八九回:"把～推开一看,只见西北上一层层的黑云渐渐往东南扑上来。" ❺ 指风月人家;娼门。《元曲选·对玉梳》一折:"这些时白马红缨衫色新,怕不月户～,翠袖红裙,绣被鸳褥,玉软香温。"

【风魔】 fēng mó ❶ 疯癫;疯狂。《云笈七籤》卷一一九:"亲戚家女使近患～疾,尚未甚困。"《元曲选·马陵道》三折:"打也不知,骂也不知,端的是个～了也。"清《醒世姻缘传》九三回:"又是一顿早辰的烧酒,在那七层桌上左右旋右转,～了的一般,眼花头晕。" ❷ 使疯癫;使着魔。金《董解元西厢记》卷一:"见人不住偷睛抹,被你～了人也嗏! ～了人也嗏!"《元曲选外编·西厢记》一本一折:"刚刚的打个照面,～了张解元。"明《醒世恒言》卷二二:"只因这四句诗,～了这女娘一十二年,后来坐化而亡。" ❸ 风流;风雅。金《董解元西厢记》卷一:"秀才家那个不～;大抵这个酸丁忒劣角,～中占得个招讨。"元顾德润《骂玉郎过感皇恩采茶歌·述怀》:"山花袅娜,老子婆娑。心犹倦,时未来,志将何!爱～,怕风波,识人多处是非多。"清《别有香》一〇回:"月惜回头,见生犹含笑影,做尽～。因把那秋波一转,假意儿叫一声道:'妈妈,等我一等。'" ❹ 疯子;魔鬼;色鬼。《元曲选·误入桃源》三折:"这两个汉子是～,是九伯?"清《飞龙全传》一〇回:"郑恩全无惧怕,抢开了枣树,犹如～恶鬼,四面混打转来。"《杏花天》一一回:"悦生这一夕换了衣服冠履,打扮得齐齐整整,要去消完前生风债,自称我是～色怪。" ❺ 粗野;不守礼法。金《董解元西厢记》卷四:"觑着红娘道:'怎敢如此! 打约～虔妮子!'"《元曲选·合同文字》四折:"俺～知道正直萧丞相,元来是～的党太尉。" ❻ 放浪;恣意游乐。明李开先《傍妆台》:"粗知丁字,幸登甲科,得～处且～。"薛论道《水仙子·远尘》:"叹富贵冰消日,看光阴下坡车,老头儿自在～。"清《醒世姻缘传》一〇〇回:"依随着他,上庙就去上庙,游山就去游山,耍金鱼池,看韦公寺,～了个足心足意。" ❼ 折磨。清《二度梅》二〇回:"好花究竟开偏少,明月都应暗处多。奸恶反能常贵显,忠良越自受～。"

【风木】 fēng mù 比喻父母亡故,不及奉养。语出汉韩婴《韩诗外传》卷九:"树欲静而风不止,子欲养而亲不待也。"唐王涯《辞免起复太宰表》:"犬马之养未伸,～之悲遽至。"明朱鼎《玉镜台记》二出:"温峤今日正可承欢养志,报效劬劳,岂敢浮慕勋名,遗忧～。"清《雪月梅》四四回:"文进此番回去,顿教～生悲,却使奸徒丧胆。"

【风跑】 fēng pǎo 极快地跑。明《金瓶梅词话》三〇回:"西门庆即令来安儿～快请蔡老娘去。"

【风篷】 fēng péng ❶ 船帆。元乔吉《朝天子·渔父词》:"莼鲈高兴西风动,挂起～。"明《型世言》三九回:"他把着一片壳浮在水面,一片壳做了～,趁着风势,倏忽自西至东。"清屈大均《广东新语》卷一八:"其曰大龙艇者,……两旁有桨四十四,橹十二。入洋则纯用桨,出洋则纯用橹及～。" ❷ 天边出现的船帆形的风晕。清屈大均《广东新语》卷一:"雷之州,每见天边有晕若半虹,长数十丈,初圆而黑,渐乃广阔如破帆,其名～,曰飓母。"

【风飘】 fēng piāo 轻浮放浪。清《醒世姻缘传》六六回:"张茂实平素又是个～子弟,必定席上有妓。"

【风泼】 fēng pō 疯癫无赖。明《西游记》三二回:"你这个～和尚,忒没道理!"又:"你这个～和尚,想是在方上云游,学了些书符咒水的法术。"

【风旗】 fēng qí 犹"风帆"。宋梅尧臣《和资政侍郎雪后》:"～冷落偏欺酒,众树芳菲欲并梅。"元袁桷《童时侍先人泊京口旅

楼》之一:"碧瓦参差第一楼,～猎猎唤行舟。"清查慎行《渡三义河》:"树头小扇～影,旧识中羊卖酒家。"

【风虔】 fēng qián 同"风欠❶"。元关汉卿《碧玉箫》:"黄召～,盖下丽春园。"

【风欠】 fēng qiàn ❶ 疯癫;痴呆;傻。《元曲选外编·西厢记》二本二折:"来回顾影,文魔秀士,～酸丁。"明贾仲明《萧淑兰》一折:"改不了强文懒醋饥寒脸,断不了诗云子曰酸～,离不了之乎者也腌穷俭。"佚名《水仙子》:"敝才但与些话儿甜,早列侧着身子扎挣着脸,涎涎瞪瞪妆～。" ❷ 放浪;失约束。元王大学士《点绛唇》:"少年～,老来赢得病恹恹。"明凌濛初《宋公明闹元宵杂剧》四折:"念他们白面书生,得见天颜喜倍增。任一时～,写就新声。" ❸ 傻事。元赵显宏《一枝花·行乐》:"向莺花场上走,将风月担儿拚。本性谦谦,到处干～,人将名姓咭。"明汤显祖《紫钗记》四五出:"怕煞干～,要青蚨白拈。"

【风情】 fēng qíng ❶ 风雅的情趣、韵味。唐元稹《上令狐相公诗启》:"常欲得思深语近,韵律调新,属对无差而～自远。"明陆深《俨山诗话》:"老杜格高,但歌舞于清江旷野之中,固不若竹下荷边之韵,池月山云之句,～兴致蔼蔼,政自可人。"清《续金瓶梅》一二回:"素车义重鸡黍,绛帐～著典坟。" ❷ 风景。唐杨巨源《襄阳乐》:"碑沉楚山石,珠彻汉江秋。处处～好,卢家更上楼。"宋范仲淹《依韵和延安庞龙图》:"江景来秦塞,～属庾楼。"清《红楼复梦》九〇回:"军中景色迥异家庭,塞上～实非人境矣。" ❸ 指男女情爱。唐范摅《云溪友议》卷下:"杜叟学仙轻蕙质,韦公事佛畏青蛾。乐营却是闲人管,两地～渐多。"元高明《琵琶记》六出:"老姥姥,不教我孩儿伊之罪。惜春,这～今休再。"清《红楼梦》七二回:"虽未成双,却也海誓山盟,私传表记,已有无限～了。" ❹ 风月情致;性感。《元曲选·红梨花》二折:"他他他端的有千种,俺俺俺办着十分志诚。"明《醒世恒言》卷一五:"大卿看静真姿容秀美,丰采动人,年纪有二十五六上下,虽然长于空照,～比他更胜。"清《聊斋俚曲·丑俊巴》:"我的肉肉潘金莲,腰儿一拍～软。" ❺ 作态;显示风情。《元曲选·金线池》三折:"明知道书生教门儿负心短命,尽教他海角漂零。没来由强～,刚才喜男婚女聘。"又《李逵负荆》四折:"我也则要洗清你这强打挣的执柯人,〔带云〕公明哥哥,出脱你这干～的画眉客。"《元曲选外编·西厢记》三本:"你将何郎粉面搽,他自把张敞眉儿画。强～措大。" ❻ 风气;风尚。五代何光远《鉴诫录》卷三:"所嗟鄙俚,竞信妖称,列状诣衙,欲希迎请。须行严令,以绝～。"

【风趣】 fēng qù ❶ 犹"风月❹"。明《警世通言》卷二四:"容貌倒也齐整,怎及得玉堂春。"《挂枝儿·捷踢》:"捷子儿,打扮得多～。"《山歌·陈妈妈》:"又有个极妖娆最～个样尼姑,尽捉我来牵牵。" ❷ 有趣。明《醋葫芦》一〇回:"近日寿筵吉席,可厌的俱演全富百顺、三无四喜,今朝既是闲酌,何不择本～些的看看。"

【风骚】 fēng sāo ❶ 吹拂的风。五代齐己《闲居》:"微寒放杨柳,纤草入～。"宋寇准《春郊闲望》:"～高处谢知音,公退何妨纵野吟。"元胡助《瞻绿堂》:"济阳美人心不竞,作堂种竹～盛。" ❷ 风尘;尘世奔波辛劳。宋刘挚《梁泽雨中》:"帆桨无聊国,襄轮自在乡。～已多感,更欲上潇湘。"明谢榛《夜酌吴明卿宅迟王元美不至》:"君成楚赋已多传,嗟我～鬓飒然。" ❸ 指文采;才华。唐范摅《云溪友议》卷上:"杨志坚素为儒学,遍览九经,篇咏之间,～可撼。"金刘祁《归潜志》卷八:"小诗～,今人往往止作硬语,非也。"明孟称舜《娇红记》二八出:"有几个才士们提壶絜榼,逞～流觞水湄。" ❹ 风光;光彩。宋曹彦约《生日答王总卿启》:

"绛人疑甲子之年,空劳记忆;楚客赋庚寅之度,但觉～。"明《梼杌闲评》四八回:"只因向日在那里落魄,如今要去燥燥皮,～～。"清《平山冷燕》二〇回:"燕白颔娶了天下第一个才女,山小姐嫁了天下第一个才子,今日何等～。" ❺ 风雅;俊俏;有风味。宋张耒《赴官寿安泛汴》之一:"老补一官西入洛,幸闻山水颇～。"葛绍体《题松竹梅画扇》:"扇招三友亦～,淡墨萧疏雨露梢。"清陆求可《凤楼春·佳人摇扇》:"蝴蝶几对～,最爱扑他愁不着,向花下空招。"《镜花缘》九九回:"今日老爷何不替我起个～名字呢? 倘能又娇又嫩,不像这么老腔老班,那就好了。" ❻ 行为豪纵;豪放。宋刘克庄《菩萨蛮·戏林推》:"小鬟解事高烧烛,群花围绕撑捕局。道是五陵儿,～满肚皮。"明谢榛《赠卢次楩》之二:"老来悲道路,醉后益～。" ❼ (男女情感、行为)轻佻放荡。明孟称舜《娇红记》五出:"俺自少性格～,最爱的标致女子。"《醒世恒言》卷三四:"那老儿虽然～,到底老人家,只好虚应故事,怎能勾满其所欲?"清《聊斋俚曲·翻魇殃》:"秋桂原不如春娇,二十多甚～。" ❽ 指色情。《元曲选·张生煮海》一折:"行童终日打勤劳,扫地才完又要把水挑。就里贪顽只爱耍,寻个风流人共说～。" ❾ 隐指性行为。元明《水浒传》四六回:"大和尚此时精血丧,小和尚昨夜～,空门里刎颈见相交。"按,小和尚喻指阴茎。清《都是幻·写真幻》三回:"为何我那乌龟偏不喜我,偏要与你这淫妇～?"《姑妄言》八回:"马儿骤同宝儿夜夜～,过了些时,神力俱倦,恹恹欲毙。"

【风色】 fēng sè ❶ 风势;风向。唐李白《长干行》:"忆妾深闺里,烟尘不曾识。嫁于长干人,沙头候～。"宋晁补之《临江仙》:"昨夜一江～好,平明秋浦帆飞。"清《水浒后传》二四回:"但这海上唯恐风讯不常,倘business那两日恰遇～不顺,怎么去得?" ❷ 风光;景色。唐卢照邻《至陈仓晓晴望京邑》:"今朝～好,延眺极天庄。"宋王之道《望海潮重九和彦时》:"枫叶露痕,荻花～,人言今日重阳。"明陈汝元《金莲记》一三出:"红楼～好,正相联,共向天边驾彩鸾。" ❸ 指张扬的神态。清《杏花天》一二回:"玉色湘裙,猩红半露。个个～飘扬,玉姿翩跹,齐齐呼笑。" ❹ 态势;势头。元明《三国志通俗演义》卷八:"权见～不利,遂收军还东吴。"明佚名《鸣凤记》六出:"人前放个屁,也要看～。"《拍案惊奇》卷三〇:"刘员外知缘故,叫张郎劝他。怎当得刘九儿不识～,指着大都子'千绝户,万绝户'的骂。" ❺ 消息;线索。明《古今小说》卷一九:"杨知县听得这～慌了,躲在舱里说道:'奶奶,如何是好?'"清《隋唐演义》二四回:"众位且静坐饮酒,不可露了～。"

【风傻】 fēng shǎ 痴狂。明佚名《紫微宫》二折:"自家是这西池金母殿前歪剌仙女,因为我从小儿有些～,奉金母法旨,罚我在此打扫殿庭。"

【风声】 fēng shēng 消息;传说。唐张鷟《朝野金载》卷三:"张昌仪为洛阳令,借易之权势,属官无不允者。～动,有一人姓薛,赍金五十两遮而奉之。"《元曲选·墙头马上》二折:"若以后泄漏出些,枉坏了一世前程。"清《红楼梦》四六回:"你先过去,别露一点～。"

【风声妇人】 fēng shēng fù rén 指妓女。五代刘崇远《金华子杂编》卷上:"高燕公在淮南日,任江扬宰,有弟,收拾一～为歌姬在舍。"又:"因朔望起居,公留署从事从容,谓牧曰:'～若有顾盼者,可取置之所居,不可夜中独游。'"清俞正燮《癸巳类稿》卷一二:"营伎,亦曰～,取《古文尚书》表厥宅里,树之风声之义。"

【风声贱人】 fēng shēng jiàn rén 即"风声妇人"。宋王谠《唐语林》卷七:"(杜晦)与官妓朱氏别,因掩袂大哭。赠曰:'此～,员外何必如此。'"按,《金华子》作"风声妇人"。

【风势】 fēng shì ❶ 情况;情势。明《禅真逸史》五回:"苗龙看见～不好,心里已知是林澹然了。"清《醒世姻缘传》九五回:"这素姐若是通人性的东西,乍到的时节,也略看个～,也要试试浅深,再逞你那威风不迟。"《歧路灯》三〇回:"王中见～不好,一把扯住谭绍闻由后院走开。" ❷ 放浪;癫狂。明汤显祖《牡丹亭》四七出:"胡旋儿打一车,花门折一花。把一个酸嗏老那颜～煞。"沈自徵《鞭歌妓》:"呀! 一个麻渣。一弄儿妆乔,麻打渣,打麻渣,～煞。"《二刻拍案惊奇》卷三八:"有妻莫大姐,生得大有容色,且是兴高好酒,醉后就要趁着～,撩拨男子汉。"

【风耍】 fēng shuǎ 风流戏耍。明《警世阴阳梦·阳梦》八回:"'新入班的魏官儿,他是～的人,定然会唱的。'鲍宁道:'他才入班来,你们那里晓得他～的?'中间有一个轻嘴弄舌的人说道:'不是会～的,那里会生风流疮儿?'"

【风水】 fēng shuǐ ❶ 指某一地区的山脉、河流等地理形势。宋《朱子语类》卷二:"冀都是正天地中间,好个～。"赵与时《宾退录》卷二:"朱文公与客谈世俗～之说,因曰:'冀州好～。云中诸山,来龙也;岱岳,青龙也;华山,白虎也;嵩山,案也;淮南诸山,外也。'"明韩邦奇《见闻考随录》五:"关中好个～,山自西而东,河自西而北,自北而东,自东而南,山河相会之处,水口才丈馀耳。" ❷ 风景;风光。唐卢僎《临川送别》:"秋郊日半隐,野树烟初映。～正萧条,那堪动离咏。"宋徐玑《漳州圆山》:"尽说漳南好,众山围绕一山圆。"元明《水浒传》一二〇回:"其山秀丽,松柏森然,甚有～,和梁山泊无异。" ❸ 山水;山山水水(谓相隔遥远)。唐孟浩然《越中逢天台太乙子》:"仙穴逢羽人,停舻向前拜。问余涉～,何处远行迈。"权德舆《祭唐舍人文》:"盛山云安,～迢递,届此二郡,俄然半世。"元辛文房《唐才子传》卷二《李季兰》:"或以从军万里,断绝音耗;或祇役连年,迢遥～。" ❹ 风向水势。唐李白《答裴侍御先行至石头驿》:"～无定准,湍波或滞留。"《元史·日本传》:"又以～不便,再议定会于一歧岛。"清《水浒后传》二九回:"到明州下船,扬帆开去,～欠顺,行了半个月,方到金鳌岛。" ❺ 指宅基地或坟地的地势、水脉、方向等。旧时迷信,据以附会人事吉凶祸福。唐李商隐《奠相国令狐公文》:"始议权厝,遂得嘉占。白马呈祥,眠牛荐吉。里名三赵,地迄九城。～无虞,峦冈信美。"明沈受先《三元记》五出:"小生江右徐晓山,闻得员外宅上要看～,相识引小生来。"清沈复《浮生六记》卷四:"土人知余等觅地而来,误以为堪舆,以某处有好～相告。" ❻ 指风水先生。明《型世言》一五回:"及至临下葬打金井时,～叫工人把一个大龟预先埋在下边。"清《儒林外史》四四回:"他越发慌了,托这～到处寻地。" ❼ 比喻在野。《旧唐书·郑畋传》:"畋以久罹摈弃,幸承拔擢,因授官自陈曰:'……自一沉～,久换星霜,厌外府之樽罍,渴明庭之礼乐。'" ❽ 比喻信息、情况、情势。宋汤璹《德安守御录》上:"三十日早,又有党忠人马五六千人齐到城下,着杂色衣,与王在两伙同来争先攻击,四面环绕,～不通。"《元曲选·楚昭公》三折:"大家要看个～。实是船小,载不起这几个人。"明《石点头》卷三:"开浚盘剥,做夫当夜,事件多端,不胜计,俱要烦累见年。然而一时～紧急,事过即休,这也只算做零星苦,还不打紧。"

【风水先生】 fēng shuǐ xiān sheng 以看风水为职业的人。元明《水浒传》一〇一回:"他听信了一个～,看中了一块阴地,当出大贵之子。"明曹学佺《洪山寺起十方堂疏》:"如此不能聚众,不能持久,则予先受三世诸佛之诳,而还以诳世间,当得犁舌之报,才为～一吐气耳!"清李玉《清忠谱》四折:"一应的结彩亭头、猪羊祭礼、吹手礼生,都已停当,只是那～还不见来。"

【风瘫】 fēng tān 中风瘫痪。也形容倾心迷恋。明缪希雍《神农本草经疏》卷五:"碧林丹,治痰涎潮盛,卒中不语,及一身~。"杨慎《朝天子》:"看一看眼花,捏一捏手麻,犍一犍~了罢。"清《醒世姻缘传》五六回:"狄婆子薛教授两下里气的一齐中痰,两家各自乱哄,灌救转来,都~了左边的手脚。"

【风糖】 fēng táng 以黏稠状麦芽糖吹制成的糖点,中空,见风变硬成形,可成各种花样。清《照世杯·七松园》:"颤巍巍的~,酷肖楼台殿阁;齐臻臻的胶果,恍如花鸟人禽。"

【风铁】 fēng tiě 即"风马❷"。宋王安石《和崔公度家风琴》之四:"~相敲固可鸣,朔兵行夜响行营。"秦观《睡足轩二首》之一:"最是人间佳绝处,梦残~响丁东。"元袁桷《送曾编修》:"砖花窥日轮,井藻旋~。"

【风头】 fēng tóu ❶ 风的势头。也泛指风或风向。唐白居易《房家夜宴喜雪戏赠人》:"~向夜利如刀,赖此温炉软绵袍。"明《西游记》三八回:"息了~,二人落地,徐徐却走将来。"清《绿野仙踪》一二回:"(蛇)冒烟突火而出,驾~欲从空逃走。" ❷ 比喻趋势、情势。宋朱熹《答刘季章书》:"但见朋友当此~,多是立脚不住,况欲望其负荷此道,传之方来,应是难准拟也。"明徐阳辉《有情痴》:"你也不要苦苦埋怨着世界。倘等的个~转来,枯木也会开花。"清《红楼梦》六回:"何不你老人家明日就走一趟,先试试~再说。"

【风团】 fēng tuán ❶ 风将物卷成的团状。元兰楚芳《骂玉郎过感皇恩采茶歌·闺情》:"落花催雨点,香絮滚~。"按,又见于刘庭信《一枝花·咏别》。 ❷ 比喻刀剑锋利。《元曲选·李逵负荆》四折:"则听得宝剑声鸣,使我心惊骇,端的个~快,似这般好器械,一柞来铜钱恰便似砍麻秸。" ❸ 比喻速度快。《元曲选·范张鸡黍》三折:"打的这马不剌剌~儿驰骤,百般的抹不过山腰,盼不到地头。"元明《水浒传》一三回:"八个马蹄翻盏撒钹相似,勃啦啦地~儿也似般走。"明《醒世恒言》卷六:"那妖狐索性把身一抖,卸下衣服,见出本相,向门外乱跑,~也似去了。"

【风味】 fēng wèi ❶ 趣味;情趣;情调。《敦煌愿文集·愿文范本》:"时有像法弟子等承遗教,早厌浮生;处喧剧而性自闲闲,悟幽筌而常滋~。"宋苏轼《蝶恋花·密州上元》:"帐底吹笙香吐麝。此般~应无价。"清《红楼梦》一七至一八回:"即另使名公大笔为之,固不费难,然想来倒不如这本家~有趣。" ❷ 景况。明陆采《明珠记》三出:"你道是侯门~不俗,又谁知闾阎几多不足。"许潮《午日吟》:"端阳~,彩绒缠,艾虎奇。"清《镜花缘》四五回:"此时林兄见这模样,回想当日女儿国~,只怕又要吃惊了。" ❸ 风情;风月情致。宋晏幾道《木兰花》:"阿茸十五腰肢好。天与怀春~早。"明《西游记》九三回:"你这黑子不知趣!丑自丑,还有些~。"清《豆棚闲话》二则:"赞得西子不知到甚么天仙地位,还要寻个媒人选聘女子,依稀沾些西子~回去。" ❹ 有风情;有情趣。明梁辰鱼《浣纱记》二二出:"求美女做君妻,村村都拣尽。貌儿伾,谁似东施好,十分~。"陆采《怀香记》一五出:"凭栏杆晓望迟迟,满苑逞娇呈美。端详看,没个比他~。"清《补红楼梦》二六回:"最妙是昨儿《看雪》的'已无缺陷崎岖路,更有何人着不平',是何等胸襟!那《踏雪》的'却因一路人行迹,知有梅花隔野桥',是何等的~!" ❺ 本色。明汤显祖《牡丹亭》一三出:"俺橐驼~,种园家世。〔揖介〕不能够展脚伸腰,也和你鞠躬尽力。"

【风物】 fēng wù 风俗物产。唐白居易《许昌县令新厅壁记》:"若其官邑之省置,~之有亡,田赋之上下,盖存乎图谍。"明王玉峰《焚香记》二五出:"人烟扰扰,见江城~繁饶,今朝已得解金貂。"清厉鹗《蚕豆和朱稼翁》:"豆子酥含绿玉凝,江乡~最先称。"

【风息】 fēng xī ❶ 风声;信息。明《西游记》三四回:"老孙变化,也只为你们,你怎么倒走了~?"《醋葫芦》八回:"于前晚因院君宅上烦酌,未免有染。不料被院君知了~,将翠苔必欲置之死地。"清《隋唐演义》二五回:"尤俊达又恐前日晚间言语之际,走漏~,被人缉捕,故此要先回。" ❷ 风,中医所指外感因素之一。元明《三国志通俗演义》卷一六:"操即差人星夜请华佗入内。操令诊脉,陀曰:'此是王上~所患之病也。'"

【风习】 fēng xí 风俗;习气。唐柳宗元《柳宗直西汉文类序》:"则二百三十年间,列辟之达道,名臣之大范,贤能之志业,黔黎之~列焉。"明《型世言》八回:"此时天子遭元鞑子骚扰,也都染了夷人~。"清吴伟业《丁石莱七十寿序》:"江南土安俗阜,~最为近古。"

【风席】 fēng xí 犹"风篷❶"。宋曾巩《寄舍弟》:"空江挂~,扁舟与谁安?"元何中《山墅幽居好》:"一竿元放手,~碧滩长。"

【风匣】 fēng xiá 即"风箱"。明陈铎《雁儿落带过得胜令·银匠》:"炭火满炉烧。~谩搧着。"清雍正二年四月二十二日袁立相奏文:"查验存营盔甲、锅帐、锹斧、水袋、~、火药、铅弹,一切行营器具,俱各齐备。"

【风涎】 fēng xián 引发中风、头风等症的病原。中医认为涎(痰)迷是引起风病的原因之一。宋赵普《论彗星》:"自从发动,多有~,如或一息不来,便忧一词难措。"元明《三国志通俗演义》卷一六:"此病根在脑袋中,~不能出,枉服汤药,不可治疗。"

【风宪】 fēng xiàn ❶ 法纪,借指执掌法纪的监察御史等职官。唐元结《辞监察御史表》:"臣自布衣,未逾数月,官参~,任兼戎旅。"明袁于令《西楼记》一一出:"岂不知严明父亲,势炎炎绣衣~,到今朝发觉了怒冲天。"清蓝鼎元《与吴观察论治台湾事宜书》:"吏胥权势甚于乡绅,皂快烜赫甚于~,由来久矣。" ❷ 庄严整饬;威风。明汤显祖《牡丹亭》五三出:"到长安日边。果然~,九街三市排场遍。"清李玉《清忠谱》二一折:"凛凛忠臣授玉宣,掌城社,倍添~。"李渔《玉搔头》一八出:"奉旨寻簪忒~,地皮翻尽何曾见?"

【风箱】 fēng xiāng 鼓风器具。箱形,内有活塞,拉动鼓风。明王嘉言《风厢匣记》:"峡在瞿塘峡中赤甲山下岩穴间,相传为鲁班之~。"清《歧路灯》七五回:"煨些炭火,煽动~。少顷炉内起出五色瑞气。"

【风响】 fēng xiǎng ❶ 形容名声响亮。清《醒世姻缘传》八一回:"怎么干不的?就请童奶奶做个幕宾,情管做的~。" ❷ 形容速度快。清《醒世姻缘传》八六回:"你看咱拴上甲马似的走的~。"又九四回:"不好时,我连小浓袋还不叫他去哩!我自己走的~。"

【风向】 fēng xiàng 风尚;风气。明沈德符《万历野获编》卷二六:"榜下脔婿,古已有之,至元时贵戚家遂以成俗,故有《琵琶记》牛丞相招婿之事,亦讥当时~也。"

【风屑】 fēng xiè 头屑。《说郛》卷二二下引宋苏轼《物类相感志》:"飞丝入人眼而肿者,头上~少许揩之。"元危亦林《世医得效方》卷一九:"头上~极痒,用藜芦根,不拘多少,为末,先洗头。"明《朴通事谚解》卷上:"用那密的篦子好生摠着,将~去的爽利着。"

【风信】 fēng xìn ❶ 按节令变化而应时吹来的风。唐元稹《遭风二十韵》:"湘南贾伴乘~,夏口篙工厄溯洄。"宋周煇《清波杂志》卷九:"江南自初春至首夏,有二十四番~。梅花风最先,楝

花风居后。"清《女仙外史》八六回:"半月以来,总是东南～,若春气转而为冷,则风亦当返而为西北。" ❷泛指风。《五灯会元》卷四《明州雪窦常通禅师》:"僧问:'如何是密室?'师曰:'不通～。'"元明《三国志通俗演义》卷一〇:"前左立一人,手执长竿,竿尖上用鸡羽为葆,以招～。"明《山歌·灯笼》:"怕只怕你火性儿时常不定,照了前又照子后不顾自身,一身破损通～。" ❸信息;风声。《元曲选·渔樵记》三折:"若遇着朱太守的夫人,索与他寄一个烧的着、燎的着。"明《西游记》一七回:"正坐间,忽被一个甚么巡风的走了～。"清《野叟曝言》三二回:"如今只消吩咐丹童,透个～,说我因屡伤人口,疾病缠绵,将来不修炼了。" ❹风的信息。明《西洋记》九四回:"飞廉收他在部下,做个风神主管,天上的～:三月送鸟信,五月送麦信,七八月送檐信,海洋上送飓飚信,江湖上送舶棹信。" ❺风气;习气。明凌义渠《萧园合社序》:"爱憎有口,利钝有缘。虽落落自异者,亦俯而视其～。"

【风绪】 fēng xù ❶吹拂的风。唐卢照邻《至望喜瞩目言怀贻剑外知己》:"洞松咽～,岩花濯露文。"明凌义渠《题舅氏闵康侯一草堂》:"偶然一怩,浥浥片心降。"清李光地《和京江张相国西郊偕行原韵》:"池荷明夏残,河杨结～。" ❷(世代传承的)道德风范。唐权德舆《送陆校书赴秘省序》:"陆氏为江南冠族,子容一门,将以文藻行实,振起～。"又《唐故正议大夫裴君志铭》:"舍人生赠司空,历给事中,杭、邓二州刺史,君之王父也。门业～,天下称之。"符载《锺陵夏中送裴判官归浙西序》:"从事名滉,字澜之,～高华,中和而深。"

【风雪】 fēng xuě 即"风屑"。明陈铎《满庭芳·篦头》:"～儿汤着就起,虮虱儿刮尽无遗。"《金瓶梅词话》五二回:"小周儿在后面桌上铺下梳篦家活,与他篦头栉发。观其泥垢,辨其～,跪下讨赏钱,说:'老爹今岁必有大迁转,发上气色甚旺。'"

【风讯】 fēng xùn ❶风吹来的时间和方向。宋苏轼《论高丽买书利害札子》之一:"而轩乃答云:'～不顺飘过。'乃是与关中狡商巧说词理,许令过界。"明《二刻拍案惊奇》卷二四:"上了海船,看了～开去。"清《水浒后传》二四回:"但这海上唯恐～不常,倘到那两日恰遇风色不顺,怎么去得。" ❷风声;消息。明《西游记》三〇回:"这厮不济! 走了马脚,识破～。"又四七回:"不可教他哭叫,恐大王一时知觉,走了～。"

【风汛】 fēng xùn ❶同"风讯❶"。宋熊克《中兴小纪》卷一五:"仲荀至明,正当～贼舟南来之时。"元李士瞻《与燕平章书》:"但海洋中～所误,以十一月十四日方达福州。"清姜宸英《论日本贡市入寇始末》:"唯有倭还者,必候九、十月间～。" ❷同"风讯❷"。明《西游记》三二回:"若是惊动了他,必然走了～,败了我计策。"又七四回:"若说差了,才这伙小妖有一两个倒走进去听见,却不走了～?"

【风烟】 fēng yān ❶风光;景象。唐卢照邻《奉使益州至长安发钟阳驿》:"蝶戏绿苔前,莺歌白云上。耳目多异赏,～有奇状。"宋向子諲《鹊桥仙·七夕》:"澄江如练,远山横翠,一段～如画。"清孔尚任《桃花扇》一三出:"三春云物归胸次,万里～到眼中。" ❷俗尘;尘世。宋苏舜钦《扬州城南延乐亭》:"～远近思高遁,豺虎纵横难息机。"明王世贞《自燕中来者云斥逐轻薄朝士》:"争道误一叱,中谗堕～。"清施闰章《题金长真宪副小像》:"～荏苒二十载,今日逢君仍黑头。" ❸战火;战乱。唐李绅《到宣武三十韵》:"在浚～接,维嵩巩洛清。"明《醒世恒言》卷二五:"荡平西寇,降服南蛮。～宁息,民物殷繁。"清朱彝尊《喜罗浮友人过访》:"况今天地多战争,赤城华顶～惊。"

【风药】 fēng yào ❶治风邪、风湿的药。唐王焘《外台秘要方》卷一七:"冷加热药,温以冷浆,风加～。"宋陆游《书逆旅壁》:"病妪求～,樵儿馈爨薪。"佚名《张协状元》一六出:"〔丑〕肚饥腰又疼。〔末〕赠儿帖～与你吃。" ❷使人疯癫的药。《元曲选·金安寿》三折:"〔铁拐云〕金安寿,早早跟我出家去来!〔正末云〕大古里你吃了～来也?"

【风鸢】 fēng yuān 风筝。《新唐书·田悦传》:"伾急,以纸为～,高百馀丈,过悦营上。"宋苏轼《郭忠恕画赞序》:"恕先为画小童持线车放～,引线数丈满之。"清屈大均《广东新语》卷一:"而～之戏,岭北以八、九月,岭南以二、三月。"

【风月】 fēng yuè ❶指诗文。宋欧阳修《赠王介甫》:"翰林～三千首,吏部文章二百年。"元佚名《错立身》二出:"翰苑文章,万斛珠玑停腕下;词林～,一丛花锦聚胸中。"清汤右曾《寄汪舟次检讨》:"凤阁文词新有样,翰林～谁当传?" ❷指男欢女爱。唐张泌《妆楼记》:"开元初,宫人被进御者,曰印选。以绸缪记印于臂上,文曰:'～常新。'"宋孙叔顺《粉蝶儿》:"则道洞房～少人知,不想被红娘先蹴破。"清《红楼梦》一五回:"他如今大了,渐知～。" ❸轻浮;风流放荡。明孙柚《琴心记》八出:"我家小姐向人前一味冰霜,及至没人去处,便生下许多～。"《警世通言》卷二四:"间壁有个监生,姓赵名昂,自幼惯走花柳场中,为人～。"《二刻拍案惊奇》卷三五:"这哥子在书房中,我时常挑担去卖糖,极是熟的,他心性好不～!" ❹姿色;风情。元张明善《金蕉叶·怨别》:"风力微,酒力微,乘风带酒立金梯,～满樽席。"明陆采《明珠记》二五出:"志气好,千般折挫,～未全消。"清《后水浒传》一九回:"及寻妁了去看,不是说他态度不好,便是嫌他少些～,又恐掌不得家事。" ❺色情;色情职业或场所。元明《水浒传》六一回:"果然是艺苑专精,～丛中第一名。"明汤显祖《牡丹亭》四九出:"多搀白水江湖酒,少赚黄边～钱。"清《绿野仙踪》四四回:"长兄乃天下奇人,金姐恨不得攀龙附凤。但～场中,说不得戏言。" ❻指嫖妓。《元曲选·玉壶春》楔子:"小官赴京,路从此过,闻知兄弟在于此处～。" ❼指风月人物,如浪荡子弟、妓女等。元张鸣善《粉蝶儿·思情》:"虽然与一同班,比其馀自然中看。" ❽色情手段;性交技巧。明汤显祖《紫钗记》四出:"个门中～多能,更是雨云熟滑。"《浪史》一〇回:"话说那妇人窥见两个许多～,也自按捺不住。"清《续金瓶梅》二五回:"又夸师师的床上好～,怎么样顽耍。"

【风韵】 fēng yùn ❶风声。唐柳宗元《酬韶州裴曹长使君》:"月光摇浅濑,～碎枯菅。"宋蒋堂《和梅挚北池十咏》之四:"池上有修竹,遥闻手自栽。几因～响,时感隼旗来。" ❷(食品的)风味;味道。宋熊蕃《宣和北苑贡茶录》:"又有琼林毓粹,……延平石乳,清白可鉴,～甚高。"明宋诩《竹屿山房杂部》卷一三:"杏姜汤,一姜、二杏、三盐、四草……捣匀,逐旋汤调服,甚美～。"清查慎行《瑶华慢·赋鸡堫》:"便吴盐雪点羹汤,那有者边～。" ❸情趣;风情。元宋褧《踏莎行·早春景陵道中兼旬阴雨》:"病馀怀抱无～,彩笺何暇写闲情,绿尊无分排孤闷。"清《隋唐演义》三〇回:"贵儿唱完,大家说道:'还是贵姐姐唱得有些～。'"《姑妄言》八回:"我家的虽然标致,死死板板,一点～也没有。你想,同一个死人干事有何乐处呢?" ❹有风情。元朱名世《讨水》:"海波咸苦带流沙,岛上清泉味最佳。莫笑行人不～,一瓶春水自煎茶。"清孔尚任《桃花扇》二一出:"老不羞,偏～,偷将拄杖拨红裙。" ❺风流;潇洒。宋吴曾《能改斋漫录》卷一六:"张才翁～不羁,初仕临邛秋官,郡守张公庠待之不厚。"觉范《次韵寄吴家兄弟》:"我初见之不敢瞬,吴家诸郎特～。"《元曲选·东坡梦》一折:

“〔东坡云〕自别吾兄官拜端明殿学士。〔正末唱〕好，好！不枉了玉堂金马多～。” ❻ 标致；俊美。金《董解元西厢记》卷六：“把宝鉴儿拈来强梳裹，腮儿被泪痕儿浥破，甚全不似旧时节～我？”明王骥德《男王后》一折：“看略施朱粉上桃花，管教人～煞。”清《野叟曝言》二四回：“却又看着翠莲年纪更小，比碧莲更～，心里又是喜欢，连连答应。”

【风筝】 fēng zheng ❶ 即“风马❷”。唐李白《登瓦官阁》：“两廊振法鼓，四角吟～。”明孟称舜《娇红记》七出：“不是人，是那鸟啊，弄～啄响庭柯。”清董俞《虞美人·旅怀》：“小楼隙月～细，落叶吟香砌。” ❷ 一种鸟形玩具，用竹篾等做骨架，糊以纸或绢，牵着系在后面的长线，凭借风势可以飞上天空。宋李纲《清明日》：“游女踏青寻苑草，戏童引线送～。”明陈铎《南风入松·怨别》：“想才郎心性似～，盼不到万里鹏程。”清《红楼梦》七〇回：“丫头们拿过一把剪子来，铰断了线，那～都飘飘飖飖随风而去。”

【风致】 fēng zhì ❶ 风度品格；神气，神态。《新唐书·崔远传》：“子远，有文而～整峻，世慕其为。”明《醒世恒言》卷二九：“一日游采石李学士祠，遇一赤脚道人，～飘然，”清纪昀《阅微草堂笔记》卷二二：“忽一女子立灯下，色不甚丽，而～颇娴雅。” ❷ 指容貌、仪态美好。明徐翙《春波影》二出：“禁不住妒花风雨春颓气，冷眼儿觑着个俏人～。”清《隋唐演义》一九回：“况他是金枝玉叶，锦绣丛中生长，说不尽他的～。太子见了，早已魂消魄散。”《聊斋志异·白于玉》：“细视四女，～翩翩，无一非绝世者。” ❸ 情趣；风味；韵致。宋曹勋《谒金门·咏木樨》：“叶下茸金繁蕊。别是清妍～。”元王举之《折桂令·赠胡存善》：“问蛤蜊～何如？秀出乾坤，功在诗书。”清李渔《无声戏》二回：“只说天下的妇人，毕竟要搽了粉才白，点了胭脂才红，扭捏起来才有～。” ❹ 指诗歌、书法的风格韵味；有风格韵味。宋陈师道《后山诗话》：“顷洪甥送令嗣二诗，～洒落，才思高秀。”明袁于令《西楼记》六出：“如何写得这般～？好似当年郗、卫，笔势恁飘萧。”清姜宸英《遂初堂诗集序》：“至老犹临摹不辍，故其作字遒逸，得晋贤～。” ❺ 情景；景致。宋李太古《永遇乐》：“玉砌标鲜，雪园～，似曾相识。”明汪道昆《洛水悲》：“你看云光未暮，～颇佳。只着中涓二人，随我到阳林之下，纵步一会，散闷则个。”清《绣戈袍》一一回：“果然见柳暗花明，一处有一处的～，接赏不给。” ❻ 轻薄；轻浮。清李渔《怜香伴》二六出：“他出这等～题目，一定是个老风骚。”《聊斋志异·窦氏》：“南视女亦～，遂与谐笑。”

【风烛】 fēng zhú ❶ 有防风装置的蜡烛。唐白居易《早朝》：“月堤槐露气，～桦烟香。”元《前汉书平话》卷上：“至天晚，～齐明。”清《红楼梦》七五回：“嘉阴堂前月台上焚着斗香，秉着～，陈献着瓜饼及各色果品。” ❷ 泛指灯火或风火。宋李曾伯《丁亥纪蜀百韵》：“土著避乡井，游手伺～。”耐得翁《都城纪胜·坊院》：“四维皆水亦可防避～。”明吴之鲸《武林梵志》卷九：“今日上元令节，诸处放灯。知事直岁，各各点管～。”

【风缀】 fēng zhuì 悬挂在檐下的风铃、铁马之类。唐元稹《善歌如贯珠赋》：“偏佳朗畅，屡比圆明。度雕梁而暗绕，误～之频惊。”

【风子】 fēng zi ❶ 指行为怪诞或超出常态的人。《旧五代史·周书·杨凝式传》：“时人以其纵诞，有～之号焉。”《元曲选·任风子》一折：“为我每日好吃那酒，人顺口都叫我任～。”清《醒世姻缘传》五六回：“这～的话也入得人耳朵么？” ❷ 指精神病患者。元高明《琵琶记》三三出：“我自来妆～，如今难悔。”《元曲选·马陵道》三折：“～，你见我这馒头么？”

【疯】 fēng ❶ 指麻风。唐张鷟《朝野佥载》卷一：“泉州有客卢元钦，染大疯，惟鼻根未倒。属五月五日，官取蚺蛇胆欲进。或言肉可治～，遂取一截蛇肉食之。” ❷ 神经错乱，精神失常。《敦煌变文校注》卷三《茶酒论》：“即见道有酒黄酒病，不见道有茶～茶颠。”明陆深《金台纪闻》下：“凯瞠目熟视使者，唱《月儿高》一曲。使者复命，以为凯诚～矣。”清《聊斋志异·画皮》：“市上有～者，时卧粪土中。” ❸ 疯痹；痿痹。宋洪迈《夷坚志》补卷一：“患～疾，累年不能步履。”明夏尚朴《与夏桂洲书》：“不意旧有～疾，去冬冲斥道途，偶犯北风，此疾复作。只今手足拘挛，痛不可言。” ❹ 任性放纵地行动；胡闹；戏谑。明《梼杌闲评》一〇回：“士南又把打头的钱抓了些与他，道：‘你不要～，且干正经事去。’”清《红楼梦》二七回：“你只是～罢！院子里花儿也不浇，雀儿也不喂。”《荡寇志》一一六回：“丽卿见慧娘已愈，又与云龙成了亲，十分欢喜，笑对云龙道：‘我不骗你么？前日城上还是远看，今日近看，我这妹子端的如何？’云龙大笑道：‘卿姐又来～了！’” ❺ 任性放纵。清《绿野仙踪》三九回：“论气质，还像二十左右小子，依然～嫖恶赌之时。” ❻ 形容情绪或行为发展到极致。清《绿野仙踪》三回：“你是想中举想～了的人，要借这些积点阴德，便可望中。”《绿牡丹》五二回：“余谦那里还认得人，也是一斧。花振芳也躲过，说道：‘他已杀～了，怎么近前？’”《白雪遗音·婆媳顶嘴》：“到多咱也掇弄个小小子，顽耍顽耍，可就乐～了我了。”

【疯痹】 fēng bì （肢体）麻木瘫痪。宋陈亮《上孝宗皇帝第一书》：“始悟今世之儒士，自以为得正心诚意之学者，皆～不知痛痒之人也。”《明史·岷王楩传》：“病～，屡年不起。”清毛奇龄《自为墓志铭》：“是两足～不能起立之症。”

【疯痴】 fēng chī 同“风痴❶”。清《绿野仙踪》一二回：“年纪不过十八九岁，骨格儿甚是俊雅，虽固笑声不绝，却神气有些～。”《万花楼》七回：“况且胡伦验明被跌身死，如何这等胡供，岂不知打死人要偿命的！你莫不是～的么？”

【疯呆】 fēng dāi 犹“疯痴”。元《三遂平妖传》五回：“这等一个好女儿，嫁恁地一个～子，岂不误了我女儿一生？”清《九云记》一六回：“营外有一个皂衣皂冠的道士，高谈大笑的道：‘欲破明兵，当邀见俺。’吆喝不已，有似～的。”

【疯颠】 fēng diān 同“风颠”。《明史·曹学佺传》：“初梃击狱兴，刘廷元辈主～。学佺著《野史纪略》，直书事本末。”清《镜花缘》六七回：“你望着我，我望着你，倒像～一般，只管大笑。”

【疯癫】 fēng diān 同“风癫”。元《三遂平妖传》五回：“这事多是你家谋死了他的女儿，通同张千、李万设出这般计策，把这～的儿子做个出门入户。”明王之宷《上复仇疏》：“时乃刘廷元曲盖奸谋，以～具狱矣。”清《玉蜻蜓·游庵》：“痴和尚，倘或～病发起来，岂不可厌。”

【疯狂】 fēng kuáng 同“风狂❶”。明《情史·情鬼·窦玉》：“～儿郎，因何共止？”清雍正八年五月九日上谕：“果亲王神色乖张，有类～。”

【疯魔】 fēng mó ❶ 主疯病的鬼神；魔障。宋赖文俊《催官篇》卷一：“申隶于坤，故寡母；寅为～，故怪疾。”清《荡寇志》一三五回：“此人神气，是着了～，不可与战。” ❷ 同“风魔❶”。清雍正八年八月十八日金铁奏文：“臣复亲提严讯，实系～，毫无可疑之处。”《东周列国志》八八回：“膑或食或不食，狂言诞语，不绝于口，无有知其为假～者。”《红楼梦》二一回：“凤姐自掀帘子进来，说道：‘平儿～了。这蹄子认真降伏我，仔细你的皮要紧！’” ❸ 同“风魔❷”。清陈端生《再生缘》六四回：“看到心中飘荡处，～了蓝巾彩袖二裙钗。” ❹ 同“风魔❻”。清《白雪遗音·草桥惊梦》：“好梦惊回，这时节，怎生消遣那～性。”《聊斋俚曲·禳

炉咒》:"八月场三完,侥幸第十三,想是又~了张解元。"

【疯气】 fēng qì 致人瘫痪的感染因素。清《续通志》卷一七四:"取花压油涂身,去~。"《说岳全传》三回:"小弟因患了些~,步履艰难。"

【疯傻】 fēng shǎ ❶ 同"风傻"。清《红楼梦》九六回:"贾政见他脸面很瘦,目光无神,大有~之状。" ❷ 怪诞。清《红楼梦》五八回:"那里是友谊?他竟是~的想头,说他自己是小生,药官是小旦,常做夫妻。"《后红楼梦》一五回:"要在宝玉面前发挥几句。一则疼他,二则打谅他孩子性儿~得紧,就便发作他也不过招出一番呆话来。"

【疯瘫】 fēng tān 同"风瘫"。明《拍案惊奇》卷三八:"~的毡裹臀行,喑哑的铃当口说。"《禅真逸史》七回:"你两手又不是~的,他的又不是铁皮包着的,为何不曾动手?"清雍正七年三月三日孔毓珣奏文:"因其人已染~,不能从陆路而行。"

【疯痰】 fēng tán 犹"风涎"。明《杨家府》卷七:"言罢,~顿生,须臾而卒。"清雍正十一年《湖广通志》卷六九:"姑病得~,氏抱持卧起。"《绿野仙踪》六九回:"拉过把椅子来,坐在一边,垂头丧气,和中了~的一样。"

【疯子】 fēng zi ❶ 同"风子❶"。宋叶绍翁《表忠观韩小官人》:"观里韩~,无心似有灵。绕廊时自语,扪虱故忘形。"清秋堂和尚《偷甲记》二七出:〔杂〕我穿什么?〔外〕我的靴子把你。〔杂笑介〕你这个人竟是~。〔外〕什么我是~?〔杂〕你见乡里人穿靴子不曾?"《儒林外史》一二回:"权勿用说杨执中是个呆子,杨执中说权勿用是个~。" ❷ 同"风子❷"。元《三遂平妖传》五回:"这样一个~,却讨媳妇与他做甚么,苦害人家的女儿。"明孙仁孺《东郭记》二二出:"这分明是个~,倒被他搅这一场。"清雍正五年六月二十四日宪德奏文:"满口胡说,像是~。"

féng

【逢】 féng 介词,表被动,相当于"被"。《全唐诗》卷八七六杜重威引俚语:"~贼得命,更望复子。"《旧唐书·侯君集传》:"我平一国来,~屋许多大嗔,何能仰排!"

【逢场作戏】 féng chǎng zuò xì ❶ 江湖艺人于所止择空场,当众表演。《古尊宿语录》卷四〇《云峰文悦禅师》:"竿木随身,~。"元明《水浒传》二七回:"第二等是江湖上行院妓女之人,他们是冲州撞府,~,陪了多少小心得来的钱物。"清《春柳莺》一回:"也有各携杖头,借景陶情;也有独抱琵琶,~。" ❷ 谓随事应景,或遇到一起随便玩玩。宋苏轼《南柯子》:"借君拍板与门槌,我也~、莫相疑。"明贾凫西《木皮词》:"像俺这挑今翻古的一席话,不过是~,发些狂歌。"清《隋唐演义》一二回:"贤弟~,你要上去,我替你兑五两银子。"

【逢头】 féng tóu 逢人;碰上人。唐王梵志《闻道须鬼兵》:"闻道须鬼兵,~即须搦。"宋司马光《涑水纪闻》卷二:"杨谭见手先教锁,林特~便索柳。"

【缝补】 féng bǔ ❶ 缝连补缀。唐张鷟《朝野佥载》补辑:"周沧州南皮县丞郭务静每巡乡,唤百姓妇托以~而奸之。"宋许洞《虎钤经》卷一〇:"又~方,又若皮肉断裂,剥取新桑白皮作线缝之。"清孔尚任《桃花扇》三九出:"奴家闲坐无聊,不寻些旧衣残裳,付俺~?" ❷ 弥补。宋马涓《二江先生文集序》:"若夫稽往古之是非,究当时之利病,上以~于庭议,下以斟酌于风谣。"明崔铣《许乐庵墓志铭》:"性真率坦易,面质少俊者过,皆服。已,又~

缺失。" ❸ 补丁。宋苏辙《蔡州壶公观刘道士序》:"谒之,神气甚清,能言语,服细布单衣,~殆遍。"

【缝连】 féng lián 同"缝联"。唐孔颖达疏《仪礼》"冒缁质长与手齐":"冒,两囊,皆缝合一头,又~一边,餘一边不缝。"明陈铎《红绣鞋·裁缝》:"能比对回肩倒袖,惯~细縠轻裘。"清《霓裳续谱·美满的姻缘》:"衣衫破了来,谁与你~补绽?"

【缝联】 féng lián 缝合联缀,也指做针线活。宋钱愐《钱氏私志》:"宫人旋取针线~袖口。"明《山歌·专心》:"姐儿弗会~弗补针,单单只会结私情。"清《醒世姻缘传》九二回:"衣服有抓破的,当时与他补缉;在绽裂的,当时与他~。"

【缝穷】 féng qióng 以替人缝补营生。清《红楼复梦》三〇回:"相与了一个~儿的叫黑张三儿,虽皮肉儿黑些,颇有丰韵。"《品花宝鉴》五一回:"还有那些~婆,面前放个筐子,坐在小凳上与人缝补。"

【缝绽】 féng zhàn 缝补。《敦煌变文校注》卷五《父母恩重经讲经文(一)》:"刺绣裁缝无意学,胭脂弄面不曾为。自家~由(犹)嫌拙,阿那个门兰肯承伊。"明《型世言》二七回:"把脚下鞋子拆断了两针线脚,便借名~,到他家来。"清屈大均《广东新语》卷二:"锦褶裹身,无襟袖~之制。"

fěng

【讽勉】 fěng miǎn 教诲勉励。《新五代史·杨思权传》:"明宗阴遣人从容语从厚之善,以~之。"宋欧阳修《苏氏文集序》:"其后天子患时文之弊,下诏书~学者以近古,由是其风渐息。"清吴伟业《孙孝若稿序》:"先生之二子,恭甫居显官,而光甫与余同举进士。先生不以为荣好,举往贤之流风轶事以相~。"

【讽念】 fěng niàn 念诵;背诵。《敦煌愿文集·愿文等范本》:"将何欲报师徒之恩?无如~金言、饭僧之福。"明《西游记》八〇回:"却说三藏坐在林中,明心见性,~那《摩诃般若波罗密多心经》。"清吴景旭《历代诗话》卷五二:"即裴绝,亦因看花三月,奔走慈恩,特发此咏。故文宗一加~,而此诗夕满六宫矣。"

【讽咒】 fěng zhòu 诵念经文与咒文。宋蔡絛《铁围山丛谈》卷六:"群髡大惧,为焚香~于楼之上。"《元曲选外编·西厢记》一本四折:"梵王宫殿月轮高,碧琉璃瑞烟笼罩。香烟云盖结,~海波潮。"明《西洋记》一二回:"这两家赌胜,都是些书符~,役鬼驱神。"

fèng

【凤凰儿】 fèng huáng er 排箫,又称"凤凰箫"。唐施肩吾《抛缠头词》:"一抱红罗分不足,参差裂破~。"又《赠郑伦吹风管》:"喃喃解语~,曾听梨园竹里吹。"

【凤凰晒翅】 fèng huáng shài chì 酷刑名。唐张鷟《朝野佥载》卷二:"每讯囚,必……遣仙人献果、玉女登梯、筊子悬驹、驴儿拔橛、猕猴钻火。"金王若虚《新唐书辨》:"或以掾关手足而转之谓之~。"明《醒世恒言》卷三〇:"~命难挨,童子参禅魂掉。"

【凤子】 fèng zi 花轿名,女子所乘。五代尹鹗《女冠子》:"懒乘丹~,学跨小龙儿。"宋元《清平山堂话本·李翠莲》:"十分不然休了罢,也不愁,也不怕,搭搭~回去罢。"

【奉】 fèng ❶ 奉……之命。《敦煌变文校注》卷一《汉将王

陵变》："项羽遂乃高喝：'帐前莫有当直使者无？'季布握刀：'～霸王当直。'"又："当时便喝：'来者甚人？'季布答曰：'我是季布。''缘甚得到此间？'～霸王巡营。'" ❷ 介词，表被动，相当于"被"。《祖堂集》卷一《释迦牟尼佛》："我等四子，～王摈出，我愿随去。"

【奉白】 fèng bái　奉告。唐张读《宣室志》卷一〇："金华夫人～崔女郎：'今夕风月好，可以肆目。'"明王守仁《寄正宪男手墨》："书至即可～老奶奶及汝叔辈知之。"清纪昀《阅微草堂笔记》卷一四："有事～，虑君恐怖，奈何？"

【奉拜】 fèng bài　敬词。参拜；拜见。宋吕南公《与杨次公书》："自过锺陵，始获～风表。"明《西游记》六〇回："昨到旧府，～嫂嫂。"清《聊斋俚曲·襄妒咒》："临起身登门，谢谢他大德洪恩。"

【奉报】 fèng bào　奉告。唐白居易《与微之书》："今故录三泰以先～，其餘事况，条写如后。"明谢谠《四喜记》三出："贫僧颇知风鉴，适见诸公俱有贵相，故此～一言。"清《后西游记》七回："这些光景，那内臣都打听的确，一一～宪宗。"

【奉璧】 fèng bì　归还。用"完璧归赵"典。明高攀龙《答曹真予论辛复元书》："弟得其《乐天集》，如饮沆瀣，不忍释手，故不能～。"《警世通言》卷三四："小娘子且将此诗送与小姐看了，待小姐回音，小生方可～。"清《春柳莺》一〇回："晚生是夏末秋初，路遇怀兄，着怀兄～了关书，即起早长往。"

【奉承】 fèng chéng　❶ 奉送；馈赠。元明《水浒传》八二回："宋江坚执～，才肯收纳。"明张永明《议处铺行疏》："总甲地方系兵马司所管辖，各街铺户视五城为亲临，故取物甚易而～亦多，此亦铺户之敢怨而不敢言者也。"《西游记》六一回："望菩萨饶我夫妻之命，愿将此扇～孙叔叔成功去也！" ❷ 奉迎；阿谀。宋吕陶《李大亮》："游甹未见说虞箴，佞语贪谋竞。"明《醒世恒言》卷七："众人都是～高老的，那一个不极口赞成。"清《聊斋俚曲·富贵神仙》："只因待借人声势，不得不加意～。" ❸ 反语。贬责；打。明《古今小说》卷二二："唐氏听说，一时乱将起来，咭噪个不住，连县宰的奶奶也被他～了几句。"清李玉《清忠谱》二四折："若银子送不爽利，拳头巴掌，～他一顿。"《聊斋俚曲·磨难曲》："'休想要偏了，可照样把李虎也～他一下。'果然一棍。"

【奉从】 fèng cóng　❶ 陪侍；奉陪。《云笈七籤》卷一〇四："（茅盈）乘飞步虚，越波凌津。灵官～，著于民口。"宋周密《武林旧事》卷八："皇后常服，乘金龙肩舆至穆清殿后西阁，内命妇等应陪列者～至阁内。"宋元《清平山堂话本·柳耆卿》："这柳县宰在任三年，周月仙殷勤，两情笃爱。" ❷ 听从；赞同。宋徐积《代人回报启》："所承嘉命，敢不～！倦倦之私，指窈奚罄！"明王世贞《与陈户部晦伯书》："杨用修自谓近代子云，见足下聊萧之。仆初未敢～，然睹其书，如方城万城，张浚张俊，三尺竖子所不道者。"

【奉渎】 fèng dú　相烦；烦渎。用作请人帮助的敬语，或书信客套语。明陈献章《与胡金宪提学书》："使回，谨此～，不罪。"《西游记》六〇回："既蒙宽恕，感谢不尽；但尚有一事～，万望周济周济。"清《醒世姻缘传》一四回："因连日要备些孝敬之物，备办未全，所以还不曾敢去～。"

【奉烦】 fèng fán　犹"奉渎"。唐白居易《和微之诗二十三首序》："～只此一度，乞不后辞。"明《古今小说》卷一："兄长此去，小弟有封书信，～一寄。"清《女仙外史》三二回："外有一事，～隐师。"

【奉访】 fèng fǎng　敬词。拜访。明薛蕙《答崔子锺书》："俟他日～，相与极论数日。"汪廷讷《狮吼记》二一出："小弟久未～，

斋中更修饰得精洁了。"清《聊斋志异·嘉平公子》："妾晚间～，勿使人知。"

【奉复】 fèng fù　敬词。答复。宋岳珂《宝真斋法书赞》卷二三："姑此～，不宣。"明《醒世恒言》卷九："既然贤乔梓谆谆分付，权时收下，再容～。"清袁枚《子不语》卷二一："至唐《地理志》，为欧尤所修，当俟晓时问明，再～耳。"

【奉干】 fèng gàn　敬词。请人帮忙；恳求。宋范镇《东斋记事》补遗："某非独敢～，亦有以奉助。"元唐元《～郭长卿为先君子写墓志》："慈父昔弃背，于今四十秋。"明《西游记》二六回："老孙此来，有一事～，未知允否？"

【奉供】 fèng gòng　供奉。《太平广记》卷九一引《歙州图经》："明旦，一人送钱一万，并香烛等，疏云：'弟子靳尚～。'"宋程俱《双林大士碑》："持上斋三日者十五人，卖身～者又二十餘人。"清蒲松龄《闹馆》："若要是招了和尚，还得先生打扫屋宇，～香烟，点灯关门。"

【奉价】 fèng jià　敬词。给钱；付款。《渊鉴类函》卷四四八引《徹戒录》："伪蜀广都县百姓陈弘泰者，家富于财，尝有人假贷钱一万，弘泰征之甚急。其人曰：'请不虑。吾先养虾蟆万餘头，货之足～。'"明梅鼎祚《玉合记》七出："〔贴〕我姐姐妆奁中玉导金篦都已有了，正少个玉合儿。〔生〕便奉小姐，聊充膏沐。〔贴〕自当～。"清《歧路灯》三三回："谭相公是要～的，若是白送，他就不要。"

【奉饯】 fèng jiàn　饯行的敬词。唐李白《鸣皋歌～从翁清归五崖山居》："昨忆鸣皋梦里还，手弄素月清潭间。"明《拍案惊奇》卷二〇："只是相与这几时，容老夫少尽薄设，～然后起程。"清《聊斋俚曲·襄妒咒》："小弟还有一杯薄酒～。"

【奉教】 fèng jiāo　献教。元明《水浒传》二回："既然令郎肯学时，小人一力～。"

【奉敬】 fèng jìng　敬献。明佚名《霞笺记》五出："小弟～一杯，与李兄润笔。"《西洋记》六一回："他即时递上十个金钱，说道：'弟子这些须薄意，～老爷。'"清孔尚任《桃花扇》五出："〔小旦〕香君该自斟自饮了。〔生〕待小生～。"

【奉看】 fèng kàn　敬词。探视；看望。明《金瓶梅词话》一四回："李瓶儿只说家里无人，改日再～列位娘。"《梼杌闲评》九回："明日再陪哥哥～诸公，今日先有小东在湖船上。"清《儒林外史》五〇回："也不对万中说，竟别了出监，说：'明日再来。'"

【奉恳】 fèng kěn　恳求。宋赵鼎《辩诬笔录》："适所～，举家休戚所系，幸公留念。"明《禅真后史》五〇回："先请见教，还有事～。"清《红楼梦》三三回："请将琪官放回，一则可慰王爷谆谆～，二则下官辈也可免操劳求觅之苦。"

【奉款】 fèng kuǎn　❶ 奉献款诚；臣服。《敦煌愿文集·河西节度使太傅启愿文》："遂使秉安遐塞，羌戎慕化而降价，托（拓）定边疆，邻蕃～而来献。"《新唐书·王行瑜传》："（行瑜）为李铤所破，即～行在，还取玫首以献。"明郎瑛《七修类稿》卷七："百粤～，中原顺服。" ❷ 款待。宋曹济《代东济鼎同年约其早饭》："晨炊～余学先生年丈贤翁婿，便乞迁步。"明沈受先《三元记》二四出："当设小宴～，列位来得正好。"清《隋唐演义》二三回："今日未及～，且借花献佛，也敬一杯。"

【奉领】 fèng lǐng　敬词。领受；接受。《祖堂集》卷二〇《五冠山瑞云寺和尚》："隐士智通，～真说，寂然无言也。"明李东阳《与姜贞庵书》："独缣布之惠，～为愧耳。"清《歧路灯》一五回："取出一个封套帖，上面写着：'翌吉，一品候教。眷弟盛希侨拜。'旁边写着一行小字儿：'恕不再速。辞帖不敢～。'"

【奉浼】 fèng měi　敬词。❶谓使对方受辱。浼,污染。唐怀素《律公帖》:"律公能枉步访贫道颠草,斯乃好事也。～,不尽垂悉。"五代王定保《唐摭言》卷二:"某昨限以人数挤排,虽获申展,深惭名第～,焉得翻有'首冠蓬山'之谓?" ❷谓有所请求。浼,请求。五代刘崇远《金华子杂编》卷上:"闻秀才与王处士有宗盟分,今欲～持一金往请卜一卦,可乎?"宋朱熹《答巩仲至书》:"渠来见嘱,此间无处可致力,只得并～也。"汪应辰《与吕逢吉书》:"某亦欲作潮阳书,他日再当～也。"

【奉纳】 fèng nà　❶敬献;交纳。宋文莹《玉壶清话》卷二:"吾有书一卷以授君,宜少俟于此,诘旦～。"六十种曲本《西厢记》二出:"欲问我师,求假一室,且得晨昏听讲。房金按月～。"清《珍珠舶》一六回:"证空知事不谐,暂为脱身之计,坚求宽限三日,定当如数～。" ❷奉还;退回。宋契嵩《与章潘二秘书书》:"弊名恐污盛集,幸为削之。其嘉章一一～,不宣。"明《古今小说》卷一:"老身权且留下,若是不能效劳,依旧～。"清《赛花铃》六回:"既承美情,权且收下。若是不能效劳,依先～。" ❸纳入;装进。《明史·礼志十二》:"至大内,奉安于仁智殿,加敛,～梓宫。"

【奉陪】 fèng péi　敬词。陪伴。《太平广记》卷一五七引《逸史》:"明旦先径往城中,不得～也。"明《醒世恒言》卷二一:"若年兄必要赶到市镇,年兄自请先行,我们不敢～。"清《聊斋俚曲·禳妒咒》:"子雅说:'住一晚,就借重丽华～。'"

【奉启】 fèng qǐ　敬词。禀告。明梁辰鱼《浣纱记》一九出:"臣有一言～:归国之后,愿主公、夫人勿图欢乐,要报大仇。"《封神演义》二〇回:"公子休乱,臣有事～。"清《杏花天》一二回:"毛望繁昨夜病故,又无族人,未有棺木,特来～。"

【奉迁】 fèng qiān　升迁。《祖堂集》卷一四《章敬和尚》:"师当时六十夏,敕～为座首。"

【奉求】 fèng qiú　❶恳求;求亲。唐段成式《酉阳杂俎》续集卷三:"诸人即～,余不奉畏也!"明佚名《赠书记》二八出:"下官还有一事～着小娘子。"清《儒林外史》一〇回:"鲁老先生错爱,又蒙陈先生你来作伐,我们即刻写书与家姑丈,择吉央媒,到府～。" ❷寻找。《太平广记》卷一五七引《逸史》:"某久故旧,适觉郎君酷似长官,然～已多日矣,今乃遇。"

【奉屈】 fèng qū　请人前往或任职的敬词。《太平广记》卷四二一引《续玄怪录》:"顷而复出曰:'太夫人～。'遂入厅中。"宋欧阳修《与马著作书》:"淮西支郡萧条,何敢～,然吾侪以道为乐,亦应不以闲要为计。"清《说岳全传》四八回:"今日～,不过为昔日之情,聚谈聚谈。"

【奉劝】 fèng quàn　❶劝告的敬词。《祖堂集》卷七《雪峰和尚》:"世中有一事,～学者取。"元明《三国志通俗演义》卷二〇:"袆再三～,孔明方受之。"清沈复《浮生六记》卷三:"～世间夫妇,固不可彼此相仇,亦不可过于情笃。" ❷劝酒的敬词。宋吕胜己《瑞鹤仙》:"待于中、会得些时,举觞～。"明《警世通言》卷二六:"学士又吃了数杯,解元巨觥～。"清《聊斋俚曲·快曲》:"把酒筛,～合席一大杯。"

【奉让】 fèng ràng　敬词。❶让给;让出。明《二刻拍案惊奇》卷三〇:"姐姐果有此意,小妹理当～。今夜唤他进来,送到姐姐房中便了。"清纪昀《阅微草堂笔记》卷四:"吾居此室久,初以公读书人,数千里辛苦求名,是以～。" ❷让价。明《醒世恒言》卷二〇:"若是作成小子,情愿～加一。" ❸劝让;请。清《聊斋俚曲·禳妒咒》:"满满斟上,亲手,为官人洗洗风尘。"《歧路灯》九回:"爨妇将热碟放完,柏公举箸～。"《姑妄言》一九回:"寒家不堪得很,故此不敢～进去。"

【奉扰】 fèng rǎo　❶骚扰;打搅。《太平广记》卷三四八引《传异志》:"蜜陀僧大须防备,犹二三年～耳。"宋王之道《遣疟鬼文》:"吾侪～久矣,今当去。" ❷请人资助或接受人邀请的敬词。五代孙光宪《北梦琐言》卷一二:"他日不过作南中一刺史尔,此际必有～。"明佚名《金雀记》一〇出:"小子叫做皮笊篱,向者已曾～过的,就忘怀了?"清《歧路灯》五〇回:"巴庚道:'毕竟不曾吃我的。我就请钱贤弟相陪。若嫌我穷,也就不敢强邀了。'绍闻道:'好说。～就是。'"

【奉施】 fèng shī　布施;赠予。《敦煌愿文集·大般若波罗密多经曹延晟题记愿文》:"惟愿承斯书写功德,～因缘,罪灭福生,无诸忧脑。"宋张杲《医说》卷六:"此易事也,待～一药。"元虞集《大辨禅师宝华塔铭》:"贵人达官举家～拜礼,师不为动。"

【奉事】 fèng shì　供奉。唐戴孚《广异记·唐参军》:"唐氏长幼虔礼甚至,喜见真佛,拜礼降止。久之下方,坐其坛上,～甚勤。"宋周密《癸辛杂识》别集上:"化缘募铸观音铜像,积久乃成,相好端严,晨夕～。"清《十二楼·归正楼》三回:"索性起他两层大殿,一边～三清,一边供养三宝。"

【奉托】 fèng tuō　托付;拜托。唐牛僧孺《玄怪录》卷四:"中朝之堪付重权者,今揣量无逾于阁下者,将欲～耳。"明《拍案惊奇》卷二三:"但得纳小妹为婚,续此姻亲,妾心愿毕矣。所要相见,只此～。"清《聊斋俚曲·快曲》:"到有个极吃紧的去处,极员大将;只是踌躇了几回,不敢～。"

【奉望】 fèng wàng　敬词。拜望;看望。清《醒世姻缘传》四回:"过日遇便,还来～。"《荡寇志》九六回:"戴春道:'～贤妹,便道再来。'"

【奉问】 fèng wèn　询问的敬词。《法苑珠林》卷一〇七:"汝在此住,吾为汝上升兜率,弥勒世尊～。"明《西游记》三二回:"故此我来～一声:'那魔是几年之魔?'"清袁枚《子不语》卷九:"果狐仙在此,我有一言～。"

【奉孝】 fèng xiào　侍奉;孝顺。《敦煌愿文集·故男尚书诸郎君百日追念文》:"其从良乃比□有德,乳哺代亲,～尊堂。"明《西游记》二九回:"拙女幸托坤宫,感激劬劳万种,不能竭力怡颜,尽心～。"

【奉询】 fèng xún　敬词。❶询问。宋尹洙《答谢景平监簿书》:"向者过邓,承见访,以足下齿少,语不及他,止～宗门而已。"明梁辰鱼《浣纱记》二三出:"主公遂有访求之心,小娘子尚无见之意,故敢特造高居,～可否?"《警世通言》卷一二:"尊兄休怒,某有一言～。" ❷问候。明魏校《答方时鸣》:"襄闻执事以复命往京师,久稽～。"胡应麟《与长公书》:"秋初传执事暂赴留都,辄缀小诗～。"清蔡世远《与黄唐堂学使书》:"兹因其阿咸南归,肃以～道履。"

【奉迓】 fèng yà　敬词。迎接。《太平广记》卷一九三引《原化记》:"今日方欲～,邂逅相遇,实慰我心。"明屠隆《彩毫记》二四出:"有劳光顾,有失～。"清《歧路灯》九五回:"差官向学院街投了'～速光'的大柬。"

【奉央】 fèng yāng　恳求;央求。清《聊斋俚曲·翻魇殃》:"若是他不回头,我也不敢来～。"《醒世姻缘传》三四回:"还有一事～:再有甚么人说闲话,可要仗赖二位的力量压伏哩。"

【奉仰】 fèng yǎng　敬仰;仰慕。《敦煌愿文集·愿文等范本》:"张设皇纲,万姓高钦,抚育清规,三军～。"宋范仲淹《与李泰伯书》:"苏州掌学胡瑗秘校,见《明堂图》,亦甚～。"

【奉揖】 fèng yī　作揖打躬。明《西游记》五九回:"行者上前,躬身施礼道:'嫂嫂,老孙在此～。'"清李玉《清忠谱》六折:"老

公祖～了!"《醒世姻缘传》四回:"大爷请转,容晚生～。"

【奉祝】 fèng zhù　祝贺。明王樵《兄巽谷公寿言》:"堂开绿野,逢六旬初度之辰。～以言曰:'春来分震宫,人居分巽谷。'"《西游记》二六回:"西池王母常来此,～三仙几次桃。"清《儒林外史》一八回:"弟因前日进城,会见雪兄,说道三哥今日寿日,所以来～。"

【奉坐】 fèng zuò　请入座。清《儒林外史》四回:"范进上来叙师生之礼。汤知县再三谦让,～吃茶。"又一〇回:" 两公子出来相见,礼毕～。"

【俸钞】 fèng chāo　❶ 元代一种征税名目。元至元九年七月十五日魏初奏文:"元每一十户额当科钞五十两,内包钞四十两,～一十两。"《元史·食货志一》:"然丝料包银之外,又有～之科。其法亦以户之高下为等:全科户输一两,减半户输五钱。" ❷ 俸金。元张光祖《言行龟鉴》卷五:"家贫食众,禄俸不给,每贷于王犹不足,则又恳王豫贷。"《元曲选·铁拐李》二折:"你今将着老夫～十锭,送与岳寿做药资。"明韩邦奇《提督操江南京后军陈公墓表》:"卫有缺官～及岁人馀利,向莅事者盖多人私家。"

【俸给】 fèng jǐ　犹"俸金"。《法苑珠林》卷七六:"琰即具以表闻,敕蠲百户以充～。"元锺嗣成《一枝花·自序丑斋》:"子教你,请～,子孙多,夫妇宜。"清吴伟业《吴门遇刘雪舫》:"爱其子弟谨,忧彼～贫。"

【俸金】 fèng jīn　官员的工资。《太平广记》卷一四〇引《王氏见闻》:"甲申岁为蜀岁主生日,僚属将率～营斋。"明许三阶《节侠记》九出:"特差小官赍驴车一辆,～百两,奉送老爷。"清《二度梅》二回:"这是～银四两,送与你二人做喜之礼。"

【俸粮】 fèng liáng　发给官员、士兵等作为俸禄的粮食。《金史·宣宗纪下》:"比闻朝官及承应人月给～,多杂糠土,有司所收岂尝有是物哉!"明《西游记》七三回:"你我都是出家人,见山门就有三升～,何言素手?"清《聊斋俚曲·禳妒咒》:"若不俭省,只怕那～也不能救急。"

【俸料】 fèng liào　唐宋官员在俸禄外另发给食料、厨料,合称"俸料"。后也泛指薪金俸米。唐李隆基《赐乳母窦氏俸料准三品诏》:"～禄课等,一准职事三品给。"元王恽《司官不胜任者即行奏代事状》:"是知其无能,令徒占位次,月费～、养资历而已。"清查慎行《洗象词五首和顾侠君》之二:"～新加例有无,寻常已饱大官刍。"

【俸入】 fèng rù　官员的俸禄收入。《旧唐书·赵憬传》:"所得～,先置私庙,而义不立第舍田产。"明《二刻拍案惊奇》卷二四:"虽是一宦萧条,～微薄,恰是故人远至,岂敢靳恩?"清朱彝尊《王淑人墓志铭》:"～苦不支,淑人拆花钿易米。"

【俸稍】 fèng shāo　作为薪俸的钱物。《新唐书·高冯传》:"公侯勋戚之家邑,入～足以奉养,而贷息出举,争求什一,下民化之,竟为锥刀,宜加惩革。"元王恽《添书吏奏差人员禄食资历事状》:"今百物涌贵,～不足以育廉。"《明史·范济传》:"又其法日造三锭,共计官吏～、内府供用若干,天下正税杂课若干,敛发有方,周流不滞,以故久而通行。"

【俸薪】 fèng xīn　犹"俸金"。明韩邦奇《南京刑科给事中史公墓志铭》:"公素不营产业,凡～又不入私室。"《梼杌闲评》三九回:"可怜汪运使历任四十馀年,所积～并房产田地变尽也不到一半。"清洪昇《长生殿》四二出:"日支正项～,还要月扣衙门工食。"

【俸糈】 fèng xǔ　犹"俸粮"。糈,米。宋周紫芝《拟廷试策》:"臣欲考课以核殿最,省官以抑～。"明胡我琨《钱通》卷一:"宝泉有局,宣课有司,其入司于受藏受用之府,则颁～于僚寀军旅。"清

雷铣《读书偶记》卷一:"～稍赢,分以赡贫乏之亲属。"

【俸银】 fèng yín　薪俸银两。宋林希逸《宋故朝奉大夫直龙图阁金公墓志铭》:"百司胥吏～二衣倍于执事,当省。"《元曲选·金线池》四折:"你取我～二十两,付与教坊司色长,着他整备鼓乐。"清《万花楼》五二回:"每岁额加～二万两,俱归沈国清夫人尹氏收管。"

【俸资】 fèng zī　犹"俸金"。宋杨简《二陆先生祠记》:"王令君名有大,因邑人崇敬二君子,以～设祠于学。"明朱鼎《玉镜台记》三二出:"职任卑微,～薄又稀。"清汪森《粤西文载》卷六五:"日与弟子讲学,其～束脩毫不私受。"

【捭子】 fèng zǐ　背篓行贩;樵夫。《太平广记》卷二八引《宣室志》:"师可备食于商山逆旅之中,遇～音奉,即荷竹囊而贩也。即犒于商山而馈焉。或有问师所诣者,但言愿游稚川,当有～导师而去矣。"清厉鹗《游洞霄宫》:"偶逢～为指迷,深入樵林疏壁有异境。"

【缝儿】 fèng er　❶ 缝隙;接合处。《元曲选·合汗衫》二折:"这个汗衫儿,婆婆,你从那脊～停停的拆开者。"明《西洋记》五二回:"去到个大石头的～里面,左掏右掏,掏了半日,掏出一个来。"清《醒世姻缘传》六八回:"只济南府城里的乡宦奶奶、举人秀才娘子,那轿马挨挤的有点～么!" ❷ 比喻机会;门路;破绽。元李茂之《行香子·寄情》:"女仗唇枪,娘凭嘴抹,寻～觅撒花。"清《绿野仙踪》九一回:"你这事,系袁敞友再三相托。有点～,我就替你用力。"《荡寇志》九八回:"便把枪向前一架,偷～跳出垓心,回马便走。"

【缝裂】 fèng liè　❶ 裂缝;缝隙。宋韩元吉《建安城南郑氏居号南涧五首》之二:"当年宝藏兴,中夜出光气。至今石～,篝火尚能记。" ❷ 迸裂;裂开。元明《水浒传》三四回:"打得眼眶～,乌珠迸出,也似开了个彩帛铺的。"清查慎行《贺新凉·壬辰重阳》:"敝裘～新寒透,记年时,随鹰逐兔,射飞烹走。"

【缝罅】 fèng xià　缝隙。宋郑獬《湖上遇雨》:"顷之苍云裂,天光出～。"元陶宗仪《辍耕录》卷二三:"环口中间,辘轳旋转,无分毫～。"清汪由敦《十六夜独登听涛亭待月》:"团圞仔细认霜容,七宝修成无～。"

【缝子】 fèng zi　缝隙。唐王焘《外台秘要方》卷三六:"刘氏疗小儿疝气阴囊核肿痛灸法,如一岁儿患,向阴下～下有穴,灸三壮。"宋王衮《博济方》卷三:"用竹刀子随肝竖切作～,将上件药末平称一两,逐～糁入药末。"清《红楼梦》七二回:"把我王家的地～扫一扫,就够你们过一辈子呢。"

fó

【佛场】 fó chǎng　佛地。寺院或做佛事的场所。唐郁群老《大唐常州江阴县兴建寺碑铭》:"今斯～,大拯生死,百姓日用,于此何益。"明《古今小说》卷三〇:"二人到了～,子瞻随班效劳。"清《情梦柝》七回:"清净～,怎与你做风流院?"

【佛诞日】 fó dàn rì　佛教创始人释迦牟尼的诞辰,相传是农历四月初八日。宋周密《武林旧事》卷三:"四月八日为～,诸寺院各有浴佛会。"明元贤《元贤广录》卷三〇:"岁在壬辰夏,～题于圣箭堂。"

【佛豆】 fó dòu　❶ 蚕豆。宋宋祁《佛豆赞序》:"～粒甚大而坚重。农夫不常种,惟圃人薷以为利,以盐渍然后食之,小儿所嗜。"明方以智《通雅》卷四四:"稗豆,豌豆也。～,蚕豆也。"

❷ 旧俗,农历四月初八佛生日,或长者寿日,众人一边念佛,一边拣豆子,每念一声佛,拣一颗豆,称佛豆儿,用以散人,以结善缘。又称缘豆儿。清《红楼梦》七一回:"你两个在这里帮着两个师傅替我拣～儿,你们也积积寿。"

【佛号】 fó hào 佛祖的名号,通常指"阿弥陀佛"。《法苑珠林》卷二一:"东方有国,名曰妙喜,～阿閦,即第一比丘是。"明湛然《鱼儿佛》三出:"你道那金婴听一下铃声,便能念佛。持一句～,便能生天。"清《野叟曝言》五二回:"各执信香,遍地跪满,口念～,磕头如捣。"

【佛记】 fó jì ❶ 佛的悬记,也就是佛的预言或指示。唐玄奘《大唐西域记》卷六:"世尊观释女已还给孤独园,告诸苾刍:'今毗卢择迦王却后七日为火所烧。'王闻～,甚怀惶惧。"宋晁公遡《第五尊者祈雨文》:"惟我应真,既授～,随其住处,而作福田。"明宋濂《蒋山广荐佛会记》:"惟我圣皇,凤受～,手执金轮,继天出治。" ❷ 指佛珠。佛教徒念经或念佛以佛珠记数,故称。清《后水浒传》二一回:"颈项中挂着八百颗圆顶～儿,只双手合掌,口里喃喃呐呐的念着:'东土愚人,西方接引。'"

【佛郎机】 fó láng jī ❶ 东西方初接触时,对葡萄牙、西班牙、法兰西等国的译称。明张燮《东西洋考》卷六:"红毛番自称和兰国,与～邻壤,自古不通中华。"《明史·佛郎机传》:"～近满剌加,正德中据满剌加地,逐其王。十三年遣使臣加必丹末等奉方物请封,始知其名。"清《皇清职贡图》卷一:"法兰西一曰弗郎西,即明之～也。" ❷ 火器名,有佛郎机铳、佛郎机炮等。初由佛郎机国传入,因称。明沈德符《万历野获编》卷一七:"弘治以后,始有～炮,其国即古三佛齐,为诸番博易都会,粤中因获通番海艘,没入其货,并始收之。"清《野叟曝言》一〇五回:"收拾丢弃军器,有四座～,六架冲木,两箱火器,数十张神臂弓。"

【佛老】 fó lǎo 对佛的敬称。明《西游记》六一回:"我领西天大雷音寺～亲言,在此把截,谁放你出!"《梼杌闲评》五〇回:"西方～,指云路以遐升;南极真人,放祥光而接引。"《禅真逸史》五回:"秋波频盼处,～也心狂。"

【佛老爷】 fó lǎo ye 犹"佛老"。清《醒世姻缘传》六四回:"你这个得请十位女僧,七昼夜捧诵药师～的宝经一万卷。"

【佛马】 fó mǎ 对神像的敬称。信徒不敢径言神名,而以神像的坐马称。明《警世通言》卷二二:"原来宋敦夫妻二口,因难于得子,各处烧香祈嗣,做成黄布袄、黄布袋,装裹～楮钱之类。"清《绮楼重梦》一五回:"碧箫就笑着走上殿去,问:'封什么?'明心说:'封那斋天的～。'"

【佛铺】 fó pù 佛像的敬称。以佛座指称佛。《敦煌愿文集·建窟发愿文两篇》:"创建兰若一所。剎心四廊,图塑诸妙～。"宋郭若虚《图画见闻志》卷三:"议者以元济学遵师法,不妄落笔,遂推之为第一。其间～多是元济之迹也。"

【佛曲】 fó qǔ 佛寺讲经前后所吟唱的乐曲。咒、偈、吟、赞杂用,用以宣传佛经的教义。《敦煌变文校注》卷四《八相变》:"更有凤笙龙笛,齐奏八音;王(玉)律管弦,共传～。"明王锜《寓圃杂记》卷一〇:"吴僧升日南,善画水仙,兼善音律。永乐中,至南京供～。"清《续金瓶梅》三七回:"不料这法华庵尼姑福清,因在金将军粘竿府内,时常进宅和太太们宣卷唱～儿。"

【佛堂】 fó táng 供奉佛像的屋子。《敦煌愿文集·愿文范本·佛堂》:"～乃竭宝倾珍,舍资抛产,制似碧霄之荧晃,建而(如)兜率之莲宫。"《元曲选·冤家债主》二折:"小的,咱和你到～中烧香去来。"清《红楼梦》五三回:"那晚各处～灶前焚香上供,王夫人正房院内设着天地纸马香供。"

【佛天】 fó tiān 对佛的尊称。佛教徒认为佛法广大,能普度众生,故喻为天。《法苑珠林》卷一一三:"水洗我手,便可复净。～人师,敬意无已。"明佚名《赠书记》一七出:"列位夫人,只看～面上,老身怎敢强求?"清《十二楼·归正楼》四回:"万一～保佑,生个儿子出来,就以此名相唤。"

【佛爷】 fó ye ❶ 对释迦牟尼佛的敬称,也泛称佛教的神。明邹元标《客有绘无念禅师像者》:"持珠合口街头坐,拍手儿童呼～。"《西游记》七七回:"妖精轮利爪刁他一下,被～把手往上一指,那妖翅膀上就了筋,飞不去。"清洪昇《长生殿》二五回:"且住,待我礼拜～。" ❷ 敬称僧人或礼佛的人。明李贽《焚书》卷四:"迎送务尽礼:谈佛者呼之为～;讲道学者呼之为老先生;不讲学不谈佛,但其人有气概欲见我塔者,则呼之为老大人。"《禅真逸史》三回:"今晚～同村妇到家里用些晚饭,就在草舍权宿一宵,明早着地方报县官知道。"清《蜃楼志》九回:"能与活佛同衾,奴家善缘非浅,况～是我们一般的人,有何疑惧?" ❸ 清代称帝、后、太上皇、皇太后,或家人称家主。清《后红楼梦》二五回:"也只仗了咱们姑娘的脸儿,请几位～家去供一天,尽点子孝心罢了。"△《红楼真梦》四二回:"这里是法海和白蛇斗法的地方,那里曾经苏学士挂过玉带,那一处是先朝老～做过行宫。" ❹ 指明哲保身的老好人。清《红楼梦》五五回:"大奶奶是个～,也不中用。"

【佛衣】 fó yī 僧衣;袈裟。唐王梵志《寺内数个尼》:"本是俗人女,出家挂～。"明《西游记》一七回:"断是孙行者呼他来讨袈裟的。管事的,可把～藏了,莫教他看见。"清毛奇龄《城山大拙禅师语录序》:"即将如来所传僧迦金缕,挢手而付之乘门之长所称大拙禅师者,使之奉～而授僧法。"

【佛粥】 fó zhōu 腊八粥。农历十二月八日传是释迦牟尼成道日,佛寺煮粥供佛馈客,因称佛粥。宋苏辙《种罂粟》:"苗堪春菜,实比秋谷。研作牛乳,烹为～。"陆游《十二月八日步至西村》:"今朝～更相馈,更觉江村节物新。"清厉鹗《东皋闲居》:"菜把官羝敌,茶香～齐。"

【佛主】 fó zhǔ 犹"佛祖"。宋陈著《代天宁寺起大殿榜》:"释迦～看家家户户捼合将来,灵山会上当子子孙孙受用不尽。"明金銮《一枝花·嘲吴山人雪中招客》:"一个个将空肚子挨,着个～儿当灾。"清《说唐三传》六七回:"他在西天小雷音寺骗捉唐僧,有徒弟孙行者求得～收去。"

【佛妆】 fó zhuāng 北方女子的一种化妆方法。宋庄绰《鸡肋编》卷上:"(燕地)其良家士族女子皆髡首,许嫁方留发。冬月以括蒌涂面,谓之'～',但加傅而不洗,先春暖方洗去,久不为风日所侵,故洁白如玉也。"《契丹国志》卷二五:"北妇以黄物涂面如金,谓之～。"清厉鹗《意林更出新语和予菽乳诗》:"娆之蜡花枝,～缀燕娱。"

【佛子】 fó zǐ ❶ 佛门弟子。《法苑珠林》卷一九:"佛圣师子王,阿难是～。"宋李曾伯《水调歌头·庚子寿制阃别尚书》:"好是茅峰仙客,更与锺山～,同日庆垂弧。"清李玉《清忠谱》一六折:"在京和尚出京官,天大威风到处钻。不想西方为～,偏投东厂作旗番。" ❷ 泛指有佛性的众生。唐郑綮《开天传信记》:"忽中夜宣律扪虱,将投于地,三藏半醉,连声呼曰:'律师扑死～!'"明谢肇淛《五杂组》卷一五:"故其暮年议论,慈悲可怜,如竹虱鸡卵,亦称～。"屠隆《昙花记》三三出:"此辈众生,都是～,只因迷却本性,广起无明,故堕此趣。" ❸ 喻指慈悲善良者。唐张鷟《朝野佥载》卷二:"前得尹～,后得王癫獭。"《宋史·洪皓传》:"皓曰:'愿以一身易十万人命。'人感之切骨,号'洪～'。"清《飞龙全传》三四回:"任你有人欺负于他,总不计较争论,因此众人送他一个雅号,

叫他做～。"

【佛祖】fó zǔ　指佛教创始人释迦牟尼。《祖堂集》卷一《释迦牟尼佛》:"此王有太子,名曰'师颏王',是～。"明《金瓶梅词话》八一回:"老婆一面迎接入门,拜了～,拂去尘土。"清《聊斋志异·罗祖》:"今世諸檀越,不求为圣贤,但望成～。请遍告之:若要立地成佛,须放下刀子去。"

【佛座】fó zuò　安放佛像的台子。《太平广记》卷一一三引《法苑珠林》:"懿遽往视,见五沙门在～前,神仪伟异。"明马欢《瀛涯胜览·柯枝国》:"以铜铸佛像,用青石砌～。"清《豆棚闲话》九则:"遂引入一荒僻古寺～之下,取出元宝四锭、碎银十两与之潜归。"

【趄】fó　逃跑;出走。元刘庭信《醉太平·走苏卿》:"一船茶单换了个女妖娆,豫章城～了。"明佚名《锁白猿》二折:"我驱邪撞见魍魉鬼,誂的便往灶窝里～。"张南溟《沉醉东风·咏张良》:"只怕嫚骂君王难解交,因此上老先生～了。"

fǒu

【否】fǒu　助词。用在句末,表示询问。《敦煌变文校注》卷二《唐太宗入冥记》:"□(皇)帝问曰:'朕前拜舞者,不是辅阳县尉崔子玉～?'"宋《朱子语类》卷三一:"今之学者为学,曾有似他下工夫到豁然贯通处～?"清《红楼梦》一回:"老先生倚门伫望,敢街市上有甚新闻～?"

fū

【夫纲】fū gāng　丈夫支配妻子的权力。封建宗法以夫为妻纲,故云。明陶安《昭君图》:"君命和亲劳敢惮,～定分死难移。"汪廷讷《狮吼记》一一出:"齐眉之敬,岂独妇顺能彰? 反目之嫌,只缘～不正。"清《醒世姻缘传》六一回:"夫妻宫天空失陷,天毛天姚合会,主妻妾当权,～失坠。"

【夫匠】fū jiàng　役夫;工匠。唐陆贽《论裴延龄奸蠹书》:"遂乃搜求市廛,豪夺人献,追捕～,追胁就功。"明冯梦龙《智囊补·明智部·李若谷赵昌言》:"于是每日五鼓点卯,～各带三十斤一石,不数日而成山矣。"清《醒世姻缘传》七二回:"那亲戚朋友都拿了盒酒,去陪伴他管工,又携了酒肉,犒劳那些～。"

【夫脚】fū jiǎo　脚夫;搬运人夫。《宋会要辑稿·食货十四》:"知县迎送,儌～则谓之地里钱。"明冯梦龙《智囊补·明智部·李若谷、赵昌言》:"访其谣,则居人岁收～盘剥之值,利于阻塞。"清《后水浒传》二一回:"一应过往的官长客商,俱要在此顿歇,更换驴马～。"

【夫郎】fū láng　妻子对丈夫的称呼。元圆至《胡卢》:"嫁得～爱官职,去随太子取交州。"明《古今小说》卷一:"昔年含泪别～,今日悲啼送所欢。堪恨妇人多水性,招来野鸟胜文鸳。"清《霓裳续谱·陈愔变羊》:"谁家的妻子管着～,不容他娶妾。"

【夫马】fū mǎ　夫役与车马等。宋欧阳澈《上皇帝第二书》:"故或金银,或绸绢,或钱米,或～,或起发应副,或存留准备,不一端而足。"《元曲选·争报恩》二折:"自从俺相公上任之后,差～到那权家店上迎取俺到官。"清《醒世姻缘传》九回:"那一年得罪着辛翰林,不应付他～,把他的龙节都失落了。"

【夫男】fū nán　丈夫。《元曲选·潇湘雨》四折:"你岂不晓

得'妇人有事,罪坐～'?"明《拍案惊奇》卷三四:"就是豪家妻女在内,～也别嫌疑,恐怕罪过,不敢轻来打搅。"清袁枚《子不语》卷九:"夫为妻纲,人间一切妇人罪过,阴司判者,总先坐～,然后再罪妇人。"

【夫娘】fū niáng　❶夫人娘子。唐法琳《辩正论·十代奉佛上》:"阁内～,并令修葺。"《敦煌愿文集·发愿文范本等》:"长者居士,咸契良因;清信～,同缘善会。"又《发愿文范本》:"～则誉重朝云,清贞泉石。"❷苗族或广东人称妻。元陶宗仪《辍耕录》卷八:"妇人艳而皙者,畜为妇,曰～。"张宪《和睦州杂诗·大将令》:"五将开新府,三军解沸汤。将军驱土鬼,部曲散～。"明《型世言》二〇回:"女人叫～,穿红着绿,耳带金环,也有颜色。"清屈大均《广东新语》卷一一:"谓平人之妻曰～。"

【夫头】fū tóu　夫役的头目。宋《三朝北盟会编》卷二三〇:"每中人之家止敢置地六十亩,已该作～。"明佚名《鸣凤记》三七出:"驿丞拿不着,拿一个～在此。"清《红楼复梦》八回:"灵枢上的大小杠、天平架子,一切应用东西都是～包,咱们全不用管。"

【夫须】fū xū　草名,可织笠帽,因以代称笠帽。宋魏了翁《题谢耕道一犁春雨图》:"一双不借挂木杪,半破～冲晓行。"元袁桷《旧岁端阳与王吏部同客溧阳》:"我戴～重出塞,君飘蹀躞独留家。"清彭孙通《题枫江渔父图》:"手结～上钓舟,霜黄初落潦初收。"

【夫丈】fū zhàng　父老。《敦煌愿文集·回向发愿文》:"次用庄严乡官夫仗(丈)等:惟愿寿同松柏,福比江湖。"

【夫子】fū zǐ　夫役;民工。元明《水浒传》一六回:"你们不替洒家打这～,却在背后也慢慢地挨,这路上不是要处。"明《金瓶梅词话》一〇〇回:"我没营生过日,把房儿卖了,在这里挑河做～,每日觅碗饭吃。"清《绿牡丹》三七回:"借了和尚两扇门,雇了八个～,将他主仆二人抬起。"

【趺】fū　❶脚印。《宋史·张九成传》:"每执书就明,倚立庭砖,岁久双～隐然。"❷趺坐;乘;踏。《太平广记》卷三〇二引《通幽记》:"旁有一僧～宝座,二童子侍侧。"明屠隆《彩毫记》三八出:"手把入空窊,～霞蹴浮景。"佚名《四贤记》二三出:"难摆划,临风～绣鞋。"❸交叠双足;盘腿。明刘侗、于奕正《帝京景物略》卷五:"寺殿所供,折法中三大士……下二,～而坐。"

【趺跏】fū jiā　❶犹"趺❷"。宋江少虞《宋朝事实类苑》卷四六:"言讫,～而逝。众叹异之。"明《金瓶梅》七四回:"不如竹窗里,对卷自～。"清张英《华严寺后双桂下》:"桂下～人,但见须眉绿。"❷犹"趺❸"。五代[朝]崔彦挠《有晋高丽法镜大师慈镫之塔碑铭》:"大师生有圣姿,幼无儿戏,行惟合掌,坐乃～。"明《西洋记》三回:"只见这娃子兀然端坐,双手合掌,两脚～。"清《后西游记》八回:"只见内里走出一个半老不老的和尚来,双～着脚儿,打坐于佛座之前。"

【趺架】fū jià　放物件的座架。明陆深《经筵词》之一四:"殿中金鹤一双,东西相向立盘中。下有～,饰以金朱。"

【趺居】fū jū　犹"趺坐❶"。唐韩愈《毛颖传》:"缺口而长须,八窍而～。"宋方岳《次韵十二神体》之二:"虎头肉食飞者谁,兔窟～狡何补?"清叶方蔼《戏题西樵考功长斋绣佛图三首》之三:"～可便了尘牵,长日清斋结净缘。"

【趺灭】fū miè　犹"趺逝"。唐李华《衢州龙兴寺故律师体公碑》:"～之夕,则异香满室。"

【趺逝】fū shì　(僧人)趺坐而逝。明田汝成《西湖游览志馀》卷四《南山胜迹》:"居相法院,乾祐四年～。"清乾隆元年《江南通志》卷一七五:"娄僧,失其名,绍兴中居当涂永宁庵。一日,留

偈～。"

【趺睡】 fū shuì 坐着睡。清《野叟曝言》一一七回："飞娘连衣～,帐外偶有声息,蹶然而起。"

【趺膝】 fū xī 交叠双膝。元杨公远《次友梅编校独卧床》："～横琴情自适,曲肱当枕乐偏长。"明严嵩《赋得燕子矶送华兵部南行》："恍若临普陀,大士坐～。"清《续金瓶梅》五一回："上得绳床,～闭目面壁去了。"

【趺足】 fū zú ❶ 盘腿;交足。宋觉范《焦山赠僧二首》之二："倚蒲一坐,拥衲盖头眠。"元《七国春秋》卷中："先生上帐坐定,～撚髭,目视乐毅。"清弘历《十六罗汉赞·第二阿资答尊者》："扼腕～,宴坐偃息。问此大士,为语为默?" ❷ 借指修习佛法。唐义净《少林寺戒坛铭》："数逾一百,行道三旬,共系颈珠,俱修～。"

【趺坐】 fū zuò ❶ 盘腿而坐。唐王维《青龙寺县壁上人兄院集序》："经行之后,～而闲。"明叶宪祖《鸾鎞记》一九出："怎不～向蒲团,倒闲游在街畔?"清《蜃楼志》九回："那活佛已走进房中,据床～。" ❷ 碑座;底座。元明《水浒传》一回："只见中央一个石碑,约高五六尺,下面石龟～。"清《律吕正义后编》卷九一："其皋陶以朱綦之下承以彩绘～。"

【趺座】 fū zuò ❶ 同"趺坐❶"。唐吕温《南岳弥陀寺承远和尚碑》："顾命弟子,申明教戒,扫室～,恬然化灭。" ❷ 同"趺坐❷"。唐唐伸《澧州药山故惟俨大师碑铭》："既披榛结庵,才庇～。乡人知者,因赍携饮馔,奔走而往。"明宋濂《国清林氏重建先祠堂记》："于是列为神板者五,高四尺,博一尺有八寸,下设～。"清《醒名花》五回："梦锁禅关,不管帘前花落;心澄～,漫留槛外莺啼。"

【麸金】 fū jīn 沙金;碎金。唐张鷟《朝野佥载》卷二："乃砚所食处,于刹后山足,因凿有～,销得数十斤。"《明史·地理志四》："西有石乳山,产～。"清范希哲《万全记》二二出："内庭锦绮百端,禁帑一斛～。"

【麸料】 fū liào 麦麸等牲畜饲料。《宋史·兵志十二》："每岁京坊草六十六万六千围,～六万二千二百四石。"明《风流和尚》九回："半夜里把眼子一卸,卸下来,别说没有～,连青草不管你吃个饱。"清《后红楼梦》四回："就是家人工食、牲口～,一个月要开销几个钱。"

【麸面】 fū miàn 麦麸磨成的面。《册府元龟》卷九四三："吕兖率城中饥羸丁口,以～饲之。"明《金瓶梅词话》八六回："只有这些～在屋里,引的这扎心的半夜三更耗爆人。"

【麸炭】 fū tàn 用松、杉、桑、柳等质轻木材烧制的炭。跟"刚炭"相对应。唐白居易《和自劝二首》之一："日暮半炉～火,夜深一盏纱笼烛。"元佚名《乐毅图齐》二折："我敢将他尽为～,又别无山崦江干。"清厉鹗《金寿门有犬名曰小鹊》："～火炉雪一杴,读倦抱汝寒无嫌。"

【麸子】 fū zi 麦子磨面过筛后剩下的碎屑。清乾隆四十四年十一月七日永瑢等奏文："至存留喂养马匹所需～草料等项,交与山东巡抚酌量采买。"《醒世姻缘传》五四回："一日磨麦二斗,尤聪挑了上街,除赚吃了黑面,每斗还赚银三分,还赚～。"

【敷】 fū ❶ 足;够。《敦煌变文校注》卷六《金刚丑女因缘》："女缘前生貌不～,每看恰似兽头牟。"元明《三国演义》三〇回："若迁延日月,粮草不～,事可忧矣。"清《红楼梦》一一〇回："又将庄上的人弄出几个也不～差遣。" ❷ 涂;抹。唐王焘《外台秘要方》卷二九："先以盐汤洗疮,拭干,用散～疮上。"明《型世言》一二回："王指挥着医生如法整治,将来～上。"清《聊斋志异·西湖

主》："携有金创药,戏～患处。"

【敷壁】 fū bì 遮墙的帷帐。《敦煌变文校注》卷二《韩擒虎话本》："杨妃亦见,拽得灵衬(榇),在龙床底下。权时把～遮阑。"

【敷陈】 fū chén ❶ 摆设;陈列。《敦煌愿文集·亡文范本等》："于日～组绣,像设幡化。"金段克己《史伯友好礼斋》："～几席待佳士,却归门庭谢凡冗。" ❷ 展示;表演。清《十二楼·萃雅楼》二回："就吩咐孩子把琵琶、弦管、笙箫、鼓板之属,件件取到面前,摆下席来,叫他一面饮酒,一面～技艺。"

【敷露】 fū lù 披露;展现。唐穆员《骠骑大将军刘公墓铭》："始以奏请,造于帝庭,～奸慝,陈献忠款。"宋岳珂《金佗粹编》卷一〇："其中心之蕴,谋略之所施,往往见于表奏、题跋、吟咏之间,随笔～。"明朱元璋《谕山东承宣布政使吴印诏》："中外寂然,无有言者。独卿～肝胆,备陈国事。"

【敷配】 fū pèi 摊派。宋《三朝北盟会编》卷八五："金人见京城户口之众,意欲七百万尽行～,所得不可胜计。"真德秀《申御史台照会罢黄池镇行铺状》："以区区铺店,能有几许财本,而官司～,曾无虚日。"明张岳《惠安县志论》："吾常论州县冗费,如投石于水,石没而水无迹,故～不足,以至折赎。"

【敷贴】 fū tiē 搽(药);贴(膏药)。唐王焘《外台秘要方》卷二九："狼牙草茎叶熟捣～之,兼止血。"元明《水浒传》三三回："当日～膏药,吃了些酒肉。"清《警寤钟》二回："众僧～停当,且喜是不出门在念经的,草草完功课,早早安寝。"

【敷衍】 fū yǎn ❶ 铺陈发挥。五代刘崇远《金华子杂编》卷下："及与论《易》道,亮乃分条析理,出没幽玄。凡欲质疑,亮乃～,出人意表。"明谢谠《四喜记》一五出："我的题目是'子思'。子思作《中庸》,待我就把《中庸》来～。"清《儒林外史》一八回："把三百多篇文章都批完了,就把在胡家听的这一席话,～起来,做了个序文在上。" ❷ 虚与应付。明魏学洢《家书》："惟郡国先时募兵,而边塞临时调兵,庶几得之。无奈外臣虚～,漠不经心。"清《平定台湾纪略》卷六："乃折内并未叙明,只将起程及行抵台湾日期～陈奏。"《荡寇志》七七回："他这般举止,明是唱筹量沙之计,～着高侪,得空便高飞远走。" ❸ 勉强维持;对付。清《红楼梦》一一〇回："凤姐这日竟支持不住,也无法子,只得用尽心力,甚至咽喉嚷破～过了半日。"《镜花缘》一三回："亏得连年米粮甚贱,母女每日作些针黹生卖,衣食尚可～。"

【敷演】 fū yǎn ❶ 表演;操练。宋佚名《张协状元》一出："似恁唱说诸宫调,何如把此话文～。"《元曲选外编·飞刀对箭》一折："你说你会武艺,你就在这草堂上～一遍,我试看者。"清《绿野仙踪》三八回："先是于冰掌法,不邪随后～,次后便是不邪独自行持。" ❷ 同"敷衍❷"。清《红楼梦》庚辰本一七至一八回："原来众客心中早知贾政要试宝玉的功业进益如何,只将些俗套来～。"《荡寇志》一〇九回："希真早已退了一百多里,李应如何追赶得上?况且一路上,每逢山路崎岖,林木掩映,辅梁还有许多探路搜伏的事务～他。当时李应追希真不及。"

【敷餘】 fū yú 富馀;有剩馀。清《石峰堡纪略》卷一九："今兵数既有～,拟于该处专设千总一员。"《红楼梦》五六回："虽然还有～的,但他们既辛苦闹一年,也要叫他剩些,粘补粘补自家。"

【敷腴】 fū yú 丰满;丰肥。宋周辉《清波杂志》卷三："及春开,～盛大,纤丽富艳,遂与洛阳牡丹并驱角胜。"明张以宁《题进士卜友曾瘦马图》："嗟哉此马世罕有,驽骀多肉空～。"清《平定准噶尔方略》前编卷三五："而塔勒纳沁又水草～之地,乃敢漫不经心,亏损累累。"

fú

【伏】 fú ❶ 适应;习惯。通"服"。唐韩愈《黄家贼事宜状》:"比者所发诸道南讨兵马,例皆不谙山川,不～水土。"明唐顺之《武编》前集卷一:"十二曰马瘟,谓风土不～。"柯丹邱《荆钗记》三四出:"小人又到私衙去问,都说到任三月,不～水土,全家而亡。" ❷ 搀扶。通"扶"。清《聊斋俚曲·姑妇曲》:"大成白黑的守着,溺尿出恭,都要他～着,把眼都宿了。"

【伏辨】 fú biàn ❶ 同"伏辩❶"。唐[日]天武天皇《纠弹犯法诏》:"亦犯状灼然,欺言无罪,则不～以争诉者,累加其本罪。" ❷ 同"伏辩❷"。宋孙觌《上皇帝书》:"不经审录,不取～,直行宪典。"明《拍案惊奇》卷一五:"卫朝奉冤屈无伸,却只要没事,只得写了～,递与陈秀才。"清《飞龙全传》二九回:"韩通虽然写下～而去,犹恐事有反复,虑他日后再来。"

【伏辩】 fú biàn ❶ 服罪;具写表示认罪的书面供词。宋范仲淹《再奏辩滕宗谅张亢》:"若令燕度勘问二人,既事非确实,必难～。"《续资治通鉴长编》卷八五:"有殴小民者,吏纳略移于仆夫。仆夫～,将断。" ❷ 表示认罪的书面供词。宋吕陶《奏为乞复置纠察在京刑狱司状》:"诸处申到大辟文案,亦委郎官一员,与吏部所差之官同虑,不过引囚读示,再取～而已。"周辉《清波杂志》卷七:"近见先丈常平～,既不曾金书,何亦被鞫?"清《说唐前传》五九回:"也罢,要我饶他,须要他写一张～与我。"

【伏词】 fú cí 招供之词。《元史·崔彧传》:"臣与省臣阅其～,为罪甚微,宜复其妻子。"

【伏伺】 fú cì 服侍;伺候。清《儒林外史》四〇回:"看见父亲病重,他衣不解带,～十餘日。"《野叟曝言》四一回:"忙在银铫中倒出参汤,递与湘灵吃了,～睡好。"

【伏低】 fú dī 承认低下;服输。元陈草庵《山坡羊》:"～伏弱,装聋装落,是非犹自来着莫。"明张四维《双烈记》三三出:"俺便做个～,纳款投降,他放我渡江也不见得。"清《东周列国志》三二回:"分明四虎争残肉,那个降心肯～?"

【伏候】 fú hòu 敬词。俯伏等候。唐柳宗元《为南承嗣请从军状》:"昧死上陈,无任恳迫忠愤之至。谨录奏闻,～敕旨。"明《禅真逸史》四〇回:"敝主有命,欲迎大元帅诸将军入成都一会,～台旨。"清孔尚任《桃花扇》一六出:"中原不可久失,将相不宜缓设,谨具题本,～裁决。"

【伏款】 fú kuǎn ❶ 犹"伏状"。唐李昂《禁逾限勘覆诏》:"中有赃数同异,及罪人～未尽者,即许移牒盘问。"李炎《断狱敕》:"其两京天下州府见系狱囚,已结正及两度翻案～者,并令先事结断。"《续通志》卷六一八:"太子具陈其诬。实沙闻之,谓雅克曰:'如此奏,则大事去矣。当易其辞为～。'" ❷ 归顺;臣伏。《敦煌愿文集·行军转经文》:"愿威光盛,福力增,使两阵齐威,北狄～。"又《燃灯文》:"故得南番顺伏,垂肱跪膝而来降;北狄归心,披带拜舞而～。"

【伏礼】 fú lǐ 赔礼。元明《水浒传》三七回:"我们且请仁兄到敝庄～请罪。"明《醋葫芦》九回:"大丈夫岂肯～于妇人乎?宁死不可!"清《醒世姻缘传》六二回:"当不得张茂实的母亲贤惠,满口说他儿子的不是,再三向了亲家母面前～。"

【伏路】 fú lù ❶ 在道路上埋伏。宋欧阳修《论西北事宜札子》:"逐寨不过三五十骑巡绰～,其餘坐无所为。"元明《水浒传》三二回:"树林里铜铃响,走出十四五个～小喽啰来,发声喊,把宋

江捉翻。"清范希哲《偷甲记》三〇出:"我是～的探子。" ❷ 暗道;隐秘的通路。清《西游补》七回:"原来鱼雾村中,有两扇玉门,里边有条～,通着未来世界。"

【伏落】 fú luò 犹"服低"。元关汉卿《双赴梦》三折:"壮志消磨,暮年折挫,今日向匹夫行～。"

【伏埋】 fú mái 埋伏。明万民英《三命通会》卷九:"时逢乙丑本身衰,库有财星内～。"△清《七剑十三侠》一六二回:"南康的大队当宸濠未出南康之前,由伍定谋定计暗暗撤往他处～好了。"

【伏命】 fú mìng 拜伏;臣服。《敦煌愿文集·新岁年旬上首于四城角结坛文》:"遂乃青蛇才生于匣,戎烟～于阶墀。"

【伏气】 fú qì ❶ 屏气;抑制呼吸。唐韩愈《唐朝散大夫孔君墓志铭》:"从史羞,面颈发赤,抑首～,不敢出一言以对。"明崔铣《安阳县修学记》:"一旦仅于宾赞,揖以绍介,俯首～,惴惴恐不胜。"《禅真逸史》一六回:"苗龙悄悄在门缝里张望,埋头～,不敢转动。" ❷ 道家的吐纳修炼法。《敦煌变文校注》卷六《金刚丑女因缘》:"割肉际于父王,山内长时～。"明《古今小说》卷一四:"则他这睡,也是仙家～之法,非他人所能学也。"清方成培《雷峰塔》三一出:"我黑风仙,在峨眉山炼神～,早晚可成正果。" ❸ 同"服气"。元高明《琵琶记》一一出:"婆婆日夜埋怨着公公,当初不合教孩儿出去,公公又不～,只管和婆婆闲争。"明《拍案惊奇》卷五:"料那厮不能成就,我也不～与他了。"清《野叟曝言》五五回:"当初与相公同眠同起过来,怎又爱着孙相公才貌,又嫁给他?老奴心里也是不～!"

【伏肉】 fú ròu 指动物的死尸。唐王梵志《逢难倘能忍》:"～虎不食,病鸟人不弹。"明《禅真后史》四回:"自古道:'双拳不打笑脸,饿虎不吃～。'令妹死在耿宅,产后血崩,系是天命,与这濮太公何干?"清《姑妄言》三回:"古语道:大虫不吃～。他见于这个局面,也竟无所施其威。"

【伏弱】 fú ruò 承认自己不行;服输。唐王梵志《我有一方便》:"相打长～,至死不入县。"元乔吉《赏花时·风情》:"若不纳降旗受缚,肯舒心～,敢教点钢锹劈碎纸糊锹。"清《隋唐演义》一二回:"争强不～,那人肯落后。"

【伏善】 fú shàn 犹"伏弱"。善亦有"弱"义。金马钰《西江月·赠明月散人》:"七真攒聚性圆圆,八臂金刚～。"六十种曲本《琵琶记》一〇出:"公公又不～,只管在家煎炒。"清《后西游记》三〇回:"就是前日设陷阱捉他二人,亦不过要他回心～。"

【伏实】 fú shí 同"服实"。喻指躲懒。明《金瓶梅词话》二〇回:"俺大丫头兰香,我正使他做活儿,他想～,只不他爹使他行。"

【伏事】 fú shì ❶ 侍奉;照顾。《敦煌变文校注》卷二《庐山远公话》:"缘为善庆初～相公,不得入寺听经,只在寺门外边为他看马。"明《醒世恒言》卷二九:"董县丞安慰一番,教人～他睡下。"清《聊斋俚曲·禳妒咒》:"俺～奶奶,原说下棋打方陆,不曾讲着唱。" ❷ 处治;强力对付。明汤显祖《邯郸记》二〇出:"〔扮刽子尖刀向前叩头介,生〕甚么人?〔刽〕是～老爷的刽子手。"清《飞龙全传》四〇回:"叫那几个使女拢来,一齐～,登时把郑恩四马攒蹄,捆得十分坚固。"《水浒后传》二〇回:"这里两个～一个,扯着耳朵把鸩酒灌下。"

【伏侍】 fú shì ❶ 同"伏事❶"。《太平广记》卷五三引《续仙传》:"遂赐宫女四人,香药金彩,又遣中使二人专～者。"明《西游记》一五回:"既如此,～我上马去也。"清《聊斋俚曲·姑妇曲》:"千样的去～,只是一个不欢喜。" ❷ 同"伏事❷"。《元曲选·李逵负荆》三折:"我～你,一双手揪住衣领,一双手揢住腰带,滴留扑摔个一字。"元明《水浒传》二回:"我儿,和你私走,只恐门前

两个牌军，是殿帅府拨下来～你的。”明《金瓶梅词话》三五回：“当下两个～一个，套上拶指，只顾擎起来，拶的平安疼痛难忍。”

【伏手】 fú shǒu ❶ 称手；适合手中使用。元明《水浒传》八八回：“各有一员大将，……各拿～军器。”清《红楼梦》四〇回：“去了金的，又是银的，到底不及俺们那个～。” ❷ 束手。明徐翙《春波影》二出：“冯家郎素心顽劣，从俺过门之后，渐渐～伏脚。”《西游记》八回：“妖猴大胆反天宫，却被如来～降。” ❸ 同“扶手❸”。明高濂《遵生八笺》卷八：“坐久思倦。前向则以手伏～之上，颏托托颏之中；向后则以脑枕靠脑。” ❹ 同“扶手❹”。清《春柳莺》一〇回：“随叫柏儿取出～，封起二百两银子，着一家丁同凤公往徐州修理苏小墓并土地祠。”

【伏首】 fú shǒu ❶ 低头。喻指臣服、服罪。《敦煌愿文集·愿文》：“四路～，八表倾心。”明佚名《精忠记》二出：“杀金酋～，驾长车踏破贺兰山缺。”清雍正六年九月三日鄂尔泰奏文：“现据质审，亦～无词，是其造意谋叛又不自今日矣。” ❷ 埋首。喻指专心、隐居。明高珩《石隐园藏稿原序》：“余方～博士弟子业，天下大计茫然如堕云雾中。”邹元标《答钱肇阳孝廉》：“春来百卉敷荣，～田间，不胜求友之想。”

【伏暑】 fú shǔ ❶ 入暑后的夏天。宋王铚《默记》卷中：“晏临淄公为陈守，属～中，同诸客集于州之后圃。”明黎民表《送欧公孙游南雍》：“～梦回茅屋底，何人酤酒话江东。”《金瓶梅词话》一〇〇回：“一日，过了他生辰，到六月～天气，早辰晏起。” ❷ 中暑。宋蔡絛《铁围山丛谈》卷四：“偶感热病，呼医诊之，曰～。”《宋史·徐元杰传》：“大理寺正黄涛谓～证，二子乞斩涛谢先臣。”清徐大椿《医学源流论》卷下：“并有～之病，得西瓜而即愈者。”

【伏水】 fú shuǐ 洑水；游泳。伏，通“洑”。元姚桐寿《乐郊私语》：“张士信以～遁还。”明朱九德《倭变事略》：“用健卒善水者，～从间道驰赴军门，请援兵。”《西湖二集》卷一七：“又用善～之人凿其船底。”

【伏贴】 fú tiē 适宜；舒贴。明《二刻拍案惊奇》卷九：“欲要睡睡，又是别人家床铺，不曾睡惯，不得～。”△清《老残游记》二回：“五脏六腑里，像熨斗熨过，无一处不～。”

【伏帖】 fú tiē ❶ 服帖；驯顺服从。清雍正七年九月十九日鄂尔泰奏文：“即丹江古州一带已经归化之苗众，虽现在～，臣亦不敢时刻放心。” ❷ 平伏；贴合。清陆廷灿《续茶经》卷上之三引明许次杼《茶疏》：“世人多用竹器贮茶，虽加箬叶拥护，然箬性峭劲，不甚～，风湿易侵。”

【伏犀】 fú xī 相面者称人的天庭骨骼隆起，认为是显贵之相。《太平广记》卷二二一引《定命录》：“公额上～贯玉枕，辅角又成就。从今十年后必富贵。”《元曲选外编·裴度还带》二折：“则他那山根、印堂、人中贵，五露、三停、六极，龙角、鱼尾、～。”明《西湖二集》卷一五：“鼻直口方，～贯顶，目若明星，声如洪钟。”

【伏降】 fú xiáng ❶ 制伏；使驯服。金马钰《立身法》：“意马牢擒，心猿紧锁。戒断悭贪，～人我。”明许三阶《节侠记》一四出：“社鼠城狐，不过毒龙狂象，岂必～？”《金瓶梅词话》八回：“囊篋颇厚，气概轩昂。逢药而举，遇阴～。” ❷ 投降；归顺。宋苏轼《祭英烈王祝文》：“庚子之祷，海若～。完我岸闸，千夫奏功。”明凌濛初《虬髯翁》三出：“若甘心肯～，那侯封也自膻。”《禅真后史》四七回：“潘、羊二人既已～，不该纵之转去。倘有变更，又是一番征战。” ❸ 佩服；甘认下风。《敦煌变文校注》卷四《十吉祥》：“五德之鸡产凤凰，灵禽表瑞法中王。毛分五彩云遐(霞)翠，目斗双珠日月光。纳瑞既能超则后，～独见出明王。”元欧阳玄《元故翰林待制杨公墓碑铭》：“治绩至难，尤难乡邦。公治会昌，能吏～。”佚名《点绛唇》：“行院都皆赏，女伴每尽～。”明陈铎《雁儿落带过得胜令·木匠》：“艺业果高强，行次尽～。”

【伏小】 fú xiǎo ❶ 承认低微，畏服对方。明《醒世恒言》卷一：“在他矮檐下，怎敢不低头。月香无可奈何，只得伏低～。”清《痴人福》八回：“又见唐夫人顺情顺意，十分～，随回嗔作喜。” ❷ 指做妾。《曲谱》卷一二引《凿井记》佚曲《桂花遍南枝》：“他时结发重逢，要你伏低～。”清《姑妄言》一九回：“我早有这个心肠，只说不出口来，恐儿女抱怨。好说外人倒救了你，我做父母的又把你送去作低～。”

【伏阴】 fú yīn ❶ 道士、巫师等灵魂离开肉体到阴间与神鬼沟通。明《醒世恒言》卷二六：“其时道士手举法器，朗诵灵章，虔心禳解，～而去。”清《飞龙全传》一〇回：“举起枣树，尽力一下，把婆子打得扁扁服服，如道士～的一般，魂游地府去了。” ❷ 道士、巫师伏阴时的姿势，借作道士性交的讳词。明《禅真逸史》一三回：“凡道家和妇人交媾为～，与童子淫狎为朝阳。”清《别有香》四回：“只见嫂嫂又翻一个身，如道士～一般，把个后臀耸起老高的。”

【伏吟反吟】 fú yín fǎn yín 即“返吟伏吟”。唐张九龄《返伏吟》：“年头为伏吟，对宫为返吟。忌行运到此，主刑陷六亲。书云：～，泣涕零零。”

【伏藏】 fú zàng 埋藏在地下的金银财宝，也指库藏。唐裴朏《大唐故朝议郎裴君墓志铭》：“岁餘，调补太常寺主簿，……按验～，动盈累万。”《敦煌变文校注》卷四《祇园因由记》：“非但此金，世间一切～未出之者，我能尽见。”明沈德符《万历野获编》卷八：“霍文炳被籍，有一空房，为江右一词臣赁居，其下有～数万金。”

【伏状】 fú zhuàng 承认罪行的书面供状。《宋史·王衣传》：“先是，百司愆戾，付寺劾之，至三问取～，被劾者惧对，莫敢辨。”《元曲选·窦娥冤》二折：“既然招了，着他画了～。”清《飞龙全传》三〇回：“韩通既被赵匡胤责写了～，连夜奔回家中。”

【袱】 fú ❶ 头巾；遮头布。《旧唐书·董晋传》：“在武朝官皆是绫袍～，五品已上金玉带。”元方回《夜发长山镳》：“首取帛为～，体用衾自裹。”明叶宪祖《素梅玉蟾》八折：“旦用锦～盖头，小旦随上。” ❷ 遮盖、包裹衣物用的帛、布片，也指包成的包裹。《旧唐书·玄宗纪下》：“己亥，韦绦奏，御案褥～帷等，望去紫用赤黄，从之。”明《醒世恒言》卷一八：“逐匹把来方方折好，将个布～儿包裹，一径来到市中。”清洪昇《长生殿》一六出：“〔净扮内监捧荔枝黄～盖上〕……启万岁爷，涪州、海南贡进鲜荔枝在此。〔生〕取上来。〔丑接荔枝去～送上介〕” ❸ 捆；扎裹。宋《朱子语类》卷一三三：“有一吏人来至其花园中，背上黄袱～得一束文字。” ❹ 房梁。通“栿”。宋《张子全书》卷一一：“栋，屋脊檩也；宇，椽也。若指第二檩为栋，则其间已有宇，不得上栋也；若指～为栋，又益远矣。”明方以智《通雅》卷四九：“～，房六切。《类篇》曰：‘梁也。’今人以木枋附大木之上为～，浙人亦以梁为～，江北曰压～。”

【袱包】 fú bāo 包袱；包裹。明《平妖传》一〇回：“将纸预先编个一二三四的号数，把石头陀这匹细白布缝个～儿包着。”《生绡剪》一六回：“惊得林公人丢了～，拿了水火棍，飞也似赶过冈子来。”

【袱驼】 fú tuó 驮装的包裹。元明《水浒传》二回：“王进自去备了马，牵在后槽，将料袋～搭上，把索子拴缚牢了。”

【袱子】 fú zi ❶ 包裹；包袱。元明《水浒传》四二回：“青衣去屏风背后玉盘中，托出黄罗～，包着三卷天书，度与宋江。”明

《梼杌闲评》二三回："那两个是外乡人,一个摊着银～称酒钱,内有四五锭大银子。"清吴伟业《织妇词》:"黄龙～紫橐驼,千箱万叠奈尔何。" ❷ 包裹用的布、毡片等。明王恕《论拨船事宜奏状》:"上用戗金描金朱红膳盒等件,俱用黄罗销金～、黄绒绳索,及柜桶装盛。"《警世通言》卷二八:"把笔子钱马,使条～包了,径到官巷口李将仕家来。" ❸ 用作盖、铺垫的巾帕。明《梼杌闲评》二五回："神光从镜中出来,必有奇异。可取个锦～来盖了。"清《红楼梦》五三回:"正面炕上铺新猩红毡,设着大红彩绣云龙卷寿的靠背、引枕外,另有黑狐皮的～搭在上面。"

【扶帮】fú bāng 帮扶;扶助。清陈端生《再生缘》三三回:"只要入监时探望,也见得,崔家患难亦～。"△《小八义》一○一回:"一举成名扬天下,义气朋阴暗～。"

【扶傍】fú bàng 搀扶。宋陈著《老兴行慈云醉中》:"划然长啸出门去,弟导吾前子～。"清《聊斋俚曲·寒森曲》:"您～着我,咱去物色材去罢。"

【扶侧】fú cè ❶ 从旁搀扶。《太平广记》卷四四八引《广异记》:"萧出,著紫罗衫,策鸠杖,两袍裤～。" ❷ 扶正;把侧室(妾)扶作正妻。清《红楼梦》二回:"又半年,雨村嫡妻染疾下世,雨村便将他～作正室夫人了。"

【扶策】fú cè ❶ 拄杖;扶拐。策,拐杖。唐齐映《为萧复让宰相表》:"又风痹之状,趋步蹇涩,往来～,自不能持。"宋陆游《夜兴》:"夜阑～绕中庭,云罅三三两两星。"明徐一夔《临安县新建庙学记》:"章缝之老有～至门而叹者,曰:'吾少之时尝藏于斯、修于斯矣。'" ❷ 挽扶;搀扶。唐罗隐《市赋》:"杂糅胡越,奔走孩稚。～而来,挈提而之。"五代孙光宪《北梦琐言》卷一六:"舟忽倾侧,上坠于池中,宫嫔并内侍跃入池,～登岸。"清《隋唐演义》八七回:"每当上马时,众宫娥侍女～而上。" ❸ 支撑;支持。唐符载《谢李巽常侍书》:"诚宜掩山扉,别岩松,～病愈,祗赴所职。"宋《朱子语类》卷一二:"敬是～人底物事。人当放肆怠惰时,才敬,便～得此心起。"《元曲选·张天师》楔子:"强～恹恹病裹身,空凝望盈盈月下人。" ❹ 拄;凭靠。宋吴芾《伯洪以铁拄杖见寄二绝谢之》之二:"寄来岂为资～,应见予心老益坚。"清吴伟业《通玄老人龙腹竹歌》:"纵使长房投葛陂,此龙僵卧难～。" ❺ 扶佐;挟持;拯拔。《旧五代史·周书·太祖纪一》:"步军将校因醉扬言:'昨澶州马军～,今步军亦欲～。'"宋王偁《东都事略》卷二六:"尔辈甲兵几何,便欲～天子?"《元曲选·陈抟高卧》二折:"似莘野商伊尹,佐成汤救万民;扫荡了海内烽尘,早～沟中愁困。" ❻ 围随;簇拥。宋孟元老《东京梦华录》卷六:"天武官十余人,簇拥～,喝曰:'看驾头。'"《元曲选·冤家债主》一折:"引着些个泼男女相～,你你你则待每日上花台。"明《警世通言》卷一九:"众人～着衙内,归到府中。"

【扶持】fú chí ❶ 支撑;撑持。唐李亨《册太上皇尊号赦文》:"如有亲年八十已上,及疾患在床枕者,不堪～,更无兄弟,许其停官终养。"元高明《琵琶记》二○出:"骨崖崖难～的病体,战钦钦难挨过的时和岁。" ❷ 将养;调护。《元曲选外编·西厢记》四本三折:"荒村雨露宜眠早,野店风霜要起迟。鞍马秋风里,最难调护,最要～。"明梁辰鱼《浣纱记》二六出:"蒙兄相托,敢不竭力～。"《醒世恒言》卷三二:"那女子得了暖气,渐渐苏醒。然后将姜汤粥食慢慢～。"

【扶搊】fú chōu 搊扶;搀扶。清《醒世姻缘传》二二回:"快手把三个上了锁,～了靳时韶、任直两个,来见大尹。"《绿野仙踪》三三回:"殷氏连忙跳下坑来,将文魁～着他动手再加几刀。"

【扶绰】fú chuò 搀扶围随;搀扶。清《野叟曝言》一四六回:"

"八个太监,八个宫女,～而来。"《荡寇志》八二回:"秀姑娘脚小走不来。我们一个在先,一个在后,～你上去。"

【扶从】fú cóng ❶ 搀扶跟随。明《二刻拍案惊奇》卷一三:"里正就齐了一班地方人,张家孝子～扛尸的,直秀才自带了写的帐,一拥下山。"清陈端生《再生缘》七五回:"喜娘对对来～,丫环仆妇乱纷纷。" ❷ 追随;投奔。明《拍案惊奇》卷三一:"神通既已广大,传将出去,便自有人来～。"《二刻拍案惊奇》卷二二:"公子要人称扬大量,不论好歹,一概收纳。一出一入,何止百来个人～他?" ❸ 扶助;映衬;搭配。明汤显祖《紫钗记》五一出:"近红药天阶,衣香花染～。正恐,谱花士女闲赠取,还应羡洛阳旧种。"清《隋唐演义》一七回:"活泼泼神鳌出海,舞飘飘彩凤腾空。更兼天时地利相～。笑翻娇艳,走困儿童。"《后红楼梦》一八回:"一会子就扎起一盏梅花灯儿,也细枝细梗的～了些枝叶,又将金粉笔勾出花茎。"

【扶乩】fú jī 卜术之一。两人扶架子,使悬在架上的棍在沙盘上画出字来,作为神的启示。也叫"扶鸾"。明沈德符《万历野获编》卷八:"盖夏、严系祸,皆出仇口,而～更巧于占验矣。"清纪昀《阅微草堂笔记》卷二:"某公在明为谏官,尝～问寿数。"《儒林外史》七回:"晚生在工部大堂刘大老爷家,刘大老爷因李梦阳老爷参张国舅的事下狱,请仙问其吉凶。"

【扶箕】fú jī 同"扶乩"。宋陆游《新岁》:"载糗送穷鬼,～迎紫姑。"元吾丘衍《闲居录》:"及甲午,人皆为之忧,而蒋无恙,遂以昔日～者之妄。"《明史纪事本末》卷五二:"既云箕书,～者何在?"

【扶架】fú jià ❶ 支架;起架构、扶助作用的架子。宋苏辙《初筑南斋》:"凉风八月高,～起南边。"清弘历《牵牛》:"引蔓宁同金络观,舍旁～当牛栏。" ❷ 支撑。元《农桑辑要》卷六:"树大者须以木～。若根不动摇,虽丈许之木可活。"清弘历《清淑斋》:"小坡寻尺筑三楹,～新松绿荫成。" ❸ 搀扶。清《绿野仙踪》八九回:"大家～他到西边房内床上坐下。"《绿牡丹》三六回:"骆宏勋同濮天鹏、徐府探信之人,连忙向前～。那里扶得住?"

【扶救】fú jiù 搀扶救护。宋洪迈《夷坚志》丙卷六:"顾昏然不知人,扶齿灌药,～竟夕,乃苏。"明邵璨《香囊记》二○出:"且含泪忍情,～婆婆起来,将好言慰解他。"清《飞龙全传》四九回:"单珪诈作坠马之势,守信假意,一齐往东北败了下去。"

【扶匡】fú kuāng 匡扶;扶助。唐柳宗元《愈膏肓疾赋》:"丧亡之国,在贤哲之所～。"明董越《朝鲜赋》:"常有顶盂水而手不～者,有戴斛米而步亦趋跄者。"李昌祺《曾氏三贞堂》:"此身宁足顾,老稚谁～?"

【扶鸾】fú luán 即"扶乩"。迷信传说神仙来时乘鸾驾凤,故名。元陶宗仪《辍耕录》卷二○:"悬箕～召仙,往往皆古名人高士来格。"明《古今小说》卷四○:"时有方士蓝道行,善～之术。"清蒲松龄《闱窘》:"少不得问相～卜六爻。"

【扶丧】fú sāng 护送灵柩。《太平广记》卷三二二引《幽明录》:"其一人于军中亡,有同乡人～归。"明崔时佩、李日华《西厢记》三出:"迢递～出帝州,思亲怀土泪盈眸。"清朱彝尊《文林郎知桃源县事张君墓志铭》:"自河南～归,殡君于山阳。"

【扶手】fú shǒu ❶ 负手;背手。宋刘辰翁《水龙吟·巽吾赋溪南海棠》:"藉草成眠,簪花倚醉,狂歌～。" ❷ 手握;手扶。《元曲选·赵氏孤儿》二折:"苦庄三顷地,一～一张锄。"明袁华《送殷孝伯之咸阳教谕》:"选胜筇～,退观笏拄颏。"徐熥《病僧》之一:"锡杖频～,金刚生伏魔。" ❸ 手扶之具。明唐顺之《武编》前集卷六:"车阔二尺,长三尺,有栏干。"《西游记》一○回:"高有百尺,深却千重。上无～栏杆,下有抢人恶怪。"清李玉《清忠谱》五

折:"船家,打～!" ❹ 即"扶手匣"。明《警世通言》卷四:"荆公因痰火病发,随身～带着有清肺干糕及丸药茶饼等物。"清《醒世姻缘传》六回:"一面开了～,取出十两一封,五两一封,递与他人。" ❺ 助手;供使役的人。明《醋葫芦》三回:"若是嫁他,何不留在家下慢慢配个对儿,却不用做～?"

【扶手匣】 fú shǒu xiá 随身携带的盛装银钱、随身用品的小匣。明《拍案惊奇》卷一一:"徐公许诺,轻轻收过银子,亲放在～里面。"

【扶疏】 fú shū 扶护。《敦煌愿文集·大智度经论苏七宝题记愿文》:"当今七世考妣,栖神净土,面奉慈尊;见在眷属,灾殃(殃)殄灭,万善～。"

【扶竖】 fú shù 扶立;扶持;竖立。《太平广记》卷四七二引《朝野佥载》:"则天之废庐陵也,飞骑十馀人于客户坊同饮。有一人曰:'早知今日无功赏,不如～庐陵。'"宋克勤《碧岩录》卷一:"大凡～宗教,须是英灵底汉。"元刘诜《庐陵十景·西峰卧松》:"太平明堂方论建,～大用须良工。"

【扶堂屋】 fú táng wū 犹"扶侧❷"。正妻居堂屋,因称。清《醒世姻缘传》一一回:"我就不认的他了,想是扶了堂屋了。"又一○○回:"寄姐扶了堂屋,做了正经奶奶。"

【扶提】 fú tí 搀扶提携。《祖堂集》卷一三《报慈和尚》:"师云:'～不～?'对云:'未却～。'"宋觉范《香城怀吴氏伯仲》:"～登高阁,慷慨问陈迹。"程颢《陪陆子履游白石万固》:"～十里杂老幼,迤逦千骑明戈枪。"

【扶同】 fú tóng ❶ 串通。《元曲选·灰阑记》四折:"你把这因奸药杀马均卿,强夺孩儿,混赖家私,并买嘱街坊、老娘,～硬证,一桩桩与我从实招来。"《明史·刑法志三》:"法司容隐～,则听科臣并参。"清于成龙《移江西抚院转饬各属妄借分捐咨》:"但恐不肖官员与夫衿棍蠹胥,上下～,打成一片。" ❷ 随同;共同。元明《水浒传》六二回:"卢俊义虽有原告,却无实迹。虽是在梁山泊住了许多时,这个是～讳误,难问实犯。"明汤显祖《牡丹亭》四三出:"〔外拜ء,众—拜介〕……"又五○出:"这句单指你相公:若有假充行骗,地方禀拿。下面说小的了:～歇宿,罪连主家。"

【扶痛】 fú tòng 忍痛。宋佚名《张协状元》一二出:"张解元,大公在此,～出来相叫则个。"明《石点头》卷八:"汪商～而出,始初恨,后来付之一笑。"

【扶头】 fú tóu ❶ 抬头;提神。借指理妆。宋赵长卿《鹧鸪天》:"睡觉～听晓钟,隔帘花雾湿香红。"明《金瓶梅词话》八三回:"每日只是想睡,～不起。"清曹尔堪《甘草子·春情》:"春暮晓雾空蒙,认做丝丝雨。侍女醒～,钗坠惊鹦鹉。" ❷ 酒醒后再喝点酒或吃点醒酒的东西,使头脑清醒。多指前夜醉酒后次日清晨饮酒解醒。宋张表臣《珊瑚钩诗话》:"晋刘伶一饮一石,五斗解醒。则是饮三斗,而一斗五升一～耳。"元徐再思《一半儿·病酒》:"昨宵中酒懒～,今日看花惟袖手。"明《金瓶梅词话》六八回:"你也下般的,把俺每丢在这里,你才出来,拿酒儿且扶扶头。" ❸ 以酒贺妓女接新客。多指嫖客和妓女初次同宿的第二天早晨,众客携酒相贺。明徐霖《绣襦记》一○出:"我今不免到李家去,只说与他～,撞些酒吃,乐他娘一乐。"《梼杌闲评》三回:"你两人竟在此宿罢,我叫人送铺盖来,明早来～罢。"清《醒世姻缘传》四三回:"众禁子们,有提壶酒的,煮两个鸡子的,都拿去与张瑞凤～。" ❹ 泛指饮酒;酌饮。唐姚合《答友人招游》:"赌棋招敌手,沽酒自～。"元乔吉《满庭芳》:"携鱼换酒,鱼鲜可口,酒热～。"明汤显祖《牡丹亭》一三出:"你道俺像甚的来?镇日里似醉汉～。" ❺ 借指酒。宋李之仪《故人李世南画秋山林木平远》:"射雁归来鱼满

箔,瓮中先与问～。"葛胜仲《伏蒙孝立朝请同年赴九日燕集》:"～往饷宜频酾,更喜输租罢与催。"

【扶头酒】 fú tóu jiǔ ❶ 醉酒后饮的解醒酒。唐白居易《早饮湖州酒寄崔使君》:"一榼～,泓澄泻玉壶。"宋李清照《念奴娇·春情》:"险韵诗成,～醒,别是闲滋味。"清《聊斋俚曲·蓬莱宴》:"扶头美酒,解渴香汤;三杯以后,说笑满堂。" ❷ 嫖客、妓女同宿的次日早晨所饮的庆贺之酒。清孔尚任《桃花扇》七出:"请老爷同到洞房,唤他出来,好饮扶头卯酒。"《聊斋俚曲·翻魇殃》:"到清晨起来,魏名伺候的～,每人吃了两杯。"

【扶托】 fú tuō 托扶;擎托。明《西游记》三三回:"天是一团清气而～瑶天宫阙,以理论之,其实难装。"

【扶挽】 fú wǎn 挽扶;搀扶。宋马遵《致李觏书》:"未几以罪逆复丁家难,～南归。"明章潢《图书编》卷六七:"凛乎不可留,从者～而出。"清《红楼梦》戚蓼生序本六二回:"众人看了,又是爱,又是笑,忙上来推唤～。"

【扶危】 fú wēi 指身体状况极差。语本《论语·季氏》:"危而不持,颠而不扶。"《敦煌愿文集·愿文范本等·亡文》:"经曰:'瞻部州中,迁亦是本;迷卢极大,泯灭须臾。'况～之身,可谓坚久?"

【扶卫】 fú wèi ❶ 扶持护卫。《敦煌愿文集·愿文范本等·咒愿小儿子意》:"[小儿子]则五神～,持六艺于龙门。"《太平广记》卷四二四引《剧谈录》:"俄而下车,左右～升阶,与子华相见。"明张煌言《上监国启》:"由间道徒步二千馀里,赖义士～,始得生还海上。" ❷ 维持保护。明方孝孺《传经斋记》:"自秦火之馀,老儒硕生,补缉～,专门殊轨,授诸其徒。" ❸ 护卫之人。《续资治通鉴》卷七○:"卤簿使陈尧叟从登,言有黄云覆辇上,道经险峻,必降辇步进,有司议益～,皆却之。"

【扶恙】 fú yàng 扶病;抱病。清《豆棚闲话》四则:"今既～而来,且在荒斋憩息数日。"

【扶正】 fú zhèng 犹"扶侧❷"。明《金瓶梅词话》七五回:"我就死了,把他扶了正就是了。"清《儒林外史》五回:"明日我若死了,就把你～做个填房。"

【苻】 fú 书信。敦煌写卷斯一四三八《书仪》残卷:"执别未久,已隔炎凉,忽柱芳～,有同会面。"又:"未奉文～,岂敢专擅。"

【符官】 fú guān 即"符使❷"。明《醒世恒言》卷二二:"来朝是吾生日。～有劳心力远来。"清毛奇龄《九怀词·江使君》:"片香兮三焚,～入奏兮上天门。"洪昇《长生殿》四六出:"〔净作法苾符念科〕此道符章,鹤翥鸾翔,功曹符使,速莅坛场。〔杂扮～骑马舞上,见科〕……"

【符牌】 fú pái ❶ 作为身分凭证的牌子。宋朱熹《约束榜》:"～申状到事有例程。"元苏天爵《元文类》卷四二:"～之分金银,固也,而有二珠双笔之异。如此而后,品秩之崇卑,较然有不可紊者矣。"清孔尚任《桃花扇》四○出:"咭叮当奏着钧天乐,又摆些羽葆干旄。将军刀,丞相袍,挂～都是九天名号。" ❷ 端午节佩戴的用以避邪的牌子。明佚名《红绣鞋·恩爱》:"裁剪下才郎名字,五色绒绕的标致,做一个应节令端午～。"《金瓶梅词话》五一回:"李瓶儿正在屋里,与孩子做那端午戴的那绒线～儿,及各色纱小粽子儿并解毒艾虎儿。"

【符使】 fú shǐ ❶ 指府郡一级的行政长官。汉代以竹符付郡国长官以为凭证,因称。唐刘禹锡《故朝散大夫检校尚书崔公神道碑》:"乃主平籴,乃分～。治粟为邦,其道一致。" ❷ 道家谓遣送符命的使者。宋王巩《甲申杂记》:"见一人乘空来,如世间所画～也。"明《醒世恒言》卷二一:"洞宾于荆筐篮内取一个仙果

与～吃了。"清洪昇《长生殿》四六出："方才～到来,说娘娘无从召取。"

【拂】 fú 女子敬礼。清《绿野仙踪》八十回本六一回："周琏向蕙娘深深一揖,蕙娘还了一～。"△《老残游记》一九回："各人请了安,环翠回了两～。"

【拂掉】 fú chāo ❶ 同"拂绰❶"。元杨果《赏花时》："～了香冷妆奁宝鉴尘。"明佚名《一枝花·才子失约》："湿抹了楚荆山白玉枕,～了皱湘水紫藤床。" ❷ 丢掉;撇开。元邓学可《端正好·乐道》："撇罢了是和非,～了争和斗,把心猿意马牢收。"

【拂绰】 fú chāo ❶ 拂拭;除去。元古本《老乞大》："主人家点个灯来,俺～睡处。"《元曲选·梧桐叶》一折："～了壁间尘,待酬前韵。"明佚名《打董达》头折："为甚我一片丹心安宇宙,和我这两只妙手定乾坤,～了四海三江闷。" ❷ 擦过。明汤显祖《牡丹亭》四一出："你钓竿儿～了珊瑚,敢今番着了鳌头。" ❸ 涂抹;涂拭。清吴绡《黄莺儿·洛阳花》："茸茸细芽,燕支～徐熙画。"

【拂尘】 fú chén ❶ 用以掸尘或驱赶蚊蝇的用具。以棕毛、马尾等制成,有柄,可挥动。明高濂《遵生八笺》卷七："坐列吴兴笋凳六,禅椅一、～、搔背、棕帚各一。"《警世通言》卷三："亲手于鹊尾瓶中取～将尘拂去。"清《绿野仙踪》一○○回："南极将手中～一丢,化为金桥一座。" ❷ 洗尘;设宴慰劳远道而来的人。《元曲选·红梨花》一折："张千,安排酒来,与兄弟把一杯～者。"明《金瓶梅词话》八八回："杨二郎招了经济上酒楼饮酒,与哥哥～。"清《飞龙全传》一二回："想你排下酒饭,要与乐子～,也该好好儿说着。"

【拂晨】 fú chén 拂晓;侵晨。唐白居易《和裴令公一日一年年杂言见赠》："前日魏王潭上宴连夜,今日午桥池头游～。"宋王巩《闻见近录》："张文定守蜀,重九药市,～骤雨。"清张英《暑中自适》："溽暑不成寐,盥漱～起。"

【拂旦】 fú dàn 拂晓。唐吴融《赠方干处士歌》："～舍我亦不辞,携筇径去随所适。"金《董解元西厢记》卷六："～,令红娘召生小饮。"明祝允明《谢处士元和》："薰茗清谈午夜陪,诗筒～又飞来。"

【拂拂娇】 fú fú jiāo 唐宋时流行的彩裙名。宋陶毂《清异录》卷下："同光年,上因暇日晚霁,登兴平阁,见霞彩可人,命染院作霞样纱,作千折裙,分赐宫嫔。是后民间尚之,竞为彩裙,号～。"

【拂掠】 fú lüè ❶ 挥洒;涂拭。唐虞世南《笔髓论》："～轻重,若浮云散蔽晴天。"宋米芾《明月歌二首》之二："瞥开银碧排翠钿,信手～新妆妍。"赵长卿《醉蓬莱·端午》："见浴兰才罢,～新妆,巧梳云髻,初试生衣。" ❷ 轻飘、迅疾擦过。唐韩愈《戏题牡丹》："双燕无机还～,游蜂多思正经营。"宋刘学箕《社日喜晴》："傍帘新燕低～,入槛戏蝶相联翩。"明金幼孜《狮子歌》："雄风长云相～,远逾流沙度河朔。" ❸ 摇曳;摇晃。宋苏轼《游太平寺净土院观牡丹中有淡黄一朵》："一朵淡黄微～,鞓红魏紫不须看。"觉范《同庆长游草堂》："柳垂～黄,溪作揩磨净。"明张宁《题刘士元骢马行春诗卷》："方瞳流光彻幽玄,鬓尾～开风烟。" ❹ 敲击;叩击。宋《三朝北盟会编》卷一九九："杖直孝浚执杖不敢决,既而轻～之,皮亦不伤。"杨万里《丁未元日大庆殿拜表贺正》："夜来有微霜,雪上辧不得。时于翠幕顶,～见琼屑。"元柳贯《出北城独上城上秋屏阁望西山》："缟袍年少不嗔来,～胡床趣敷席。" ❺ 评鉴;鉴赏。宋邵雍《首尾吟一百三十五首》之四一："揄扬物性多存体,～人情薄用辞。"李彭《吕信道以诗见遗作五字句报之》："幽花不遗赏,未免遭讥评。何当小～,拚饮罄玉瓶。"

❻ 轻微。宋朱熹《与方若水书》："轻处只消～说过,不必如此装得太重也。"

【拂明】 fú míng 拂晓;黎明。宋程垓《鹧鸪天》："昨夜思量直到明,～心绪更愁人。"《三朝北盟会编》卷二○七："整促军马,连夜起发,于次日早～至小商桥。"元王恽《龙虎堂》："玉华行殿～开,北狩南巡此往回。"

【拂抹】 fú mǒ 擦拭。明《金瓶梅词话》二九回："抬过桌席,～干净。"又四五回："西门庆把屏风～干净,安在大厅正面。"

【拂逆】 fú nì ❶ 违背;不顺从。宋苏轼《思治论》："今吾以自有之天下,而行吾所得为之事。其事又非有所～于天下之意也。"明郑若庸《玉玦记》三二出："老丈～人情,众恶能察。"清《野叟曝言》一一回："必欢然服药,方能奏效;若再有～,药便不效。" ❷ 不顺利。明袁于令《双莺传》一折："英雄本相,原多～。只怕一朝镜点霜华,纵得权势,也干不多事业了。"

【拂身】 fú shēn 掸衣。元明《水浒传》一一回："林冲看见,奔入那酒店里来,提起芦帘,～入去。"明袁中道《李温陵传》："衿裾浣洗,极其鲜洁。拭面～,有同水浊。"

【拂拭】 fú shì 赏识;提拔。唐李白《驾去温泉宫后赠杨山人》："一朝君王垂～,剖心输丹雪胸臆。"明谢谠《四喜记》三七出："奴家不才,自堕烟花,得蒙大人～,所谓生死骨肉。"清《隋唐演义》四回："这首诗名为《宝剑篇》,单说贤才埋没,～无人。"

【拂杓】 fú sháo 犹"拂绰❶"。元朱庭玉《哨遍·风情》："～牙床珊枕,锦衾轻襜,玉山低偃。"

【拂晓】 fú xiǎo 天将明的时候。唐韦元旦《奉和人日大明宫恩赐彩缕人胜应制》："鸾凤旌旗～陈,鱼龙角抵大明辰。"宋龚明之《中吴纪闻》卷六："～,舟师大惊,四顾皆巨浸。"清陈维崧《蝶恋花·围炉》："～相逢花弄口,如此天寒,何事清晨走。"

【拂袖】 fú xiù 甩衣袖,表示不悦或不屑等。《祖堂集》卷一五《五曳和尚》："石头云:'受业在什摩处?'师不祗对,便～而出。"《元曲选·陈抟高卧》二折："便即时～归山隐,全不管人间甲子。"清沈复《浮生六记》卷四："忆香忽起曰:'秃!'～径出。"

【拂子】 fú zi 拂尘。《祖堂集》卷一四《百丈和尚》："师竖起～云:'汝见～不?'"《元曲选·燕青博鱼》二折："我将那竹根的蝇～绰了这地皮尘。"清《隋唐演义》三回："左右女婢数人,也有执巾栉的,也有擎香炉的,也有捧如意的,也有持～的。"

【趰跳】 fú tiào 跳。二字同义连文。《祖堂集》卷六《洞山和尚》："南泉～下来,抚背云:'虽是后生,敢有雕啄之分!'"

【服】 fú 包;包裹。通"複"。《敦煌变文校注》卷二《秋胡变文》："辞妻子首,～得十袟文书,……便即登逞(程)。"

【服辨】 fú biàn 同"伏辨❷"。《唐律疏议》卷三○:"徒、流及死罪,各呼囚及其家属,具告所断之罪名,仍取囚～。"《元典章·刑部二》："诸所在重刑,皆当该官司公厅圆坐,取讫～移牒肃政廉访司。"清《一片情》三回："你须写一～,将引诱罗氏等情俱写在内。"

【服辩】 fú biàn ❶ 同"伏辩❶"。《明会典》卷一三七:"如有招情未明,拟罪不当,称冤不肯～者,俱驳回再问。"《大清律例》卷四一:"狱囚死罪,各唤囚及其家属,取～文状。" ❷ 同"伏辩❷"。《明会典》卷一六六:"将原告当官引问,取讫招供,判押入卷。"

【服低】 fú dī 承认自己地位低而屈从于人。元施惠《幽闺记》三四出："做小～,看看地过冬还过春。挨十生九死,举目无亲。"明《西湖二集》卷一一:"琼琼为人极其小心,情愿～下贱,断不敢唐突触忤。"清《红楼梦》八○回:"宝蟾却不比香菱的情性,最

是个烈火干柴，既和薛蟠情投意合，便把金桂忘在脑后，近见金桂又作践他。他便不肯～容让半点。”

【服地】 fú dì 本地；内地。元古本《老乞大》：“这金胸背是草金，江南来的，你索三定呵，这～真金的却卖多少？”又：“这段子外路的，不是～段子有。你仔细看，没些个粉饰，好清水段子。”

【服饵】 fú ěr 服食；食用。唐施肩吾《养生辩疑诀》：“抑又～草木金石，以固其形，而不知草木金石之性，不究四时逆顺之宜，久而服之，反伤和气。”明《西游记》一回：“如今～水食，金光将潜息矣。”清李光地《辛卯乞休札子》：“～凉剂，元气因以消耗。”

【服裹】 fú guǒ 包裹。敦煌词《谒金门》之一：“闻道君王诏旨，～琴书欢喜，得谒金门朝帝美，不辞千万里。”

【服款】 fú kuǎn 同“伏款❷”。《敦煌愿文集·愿文》：“故得杂虏～以归心，蛮戎稽首而投化。”

【服气】 fú qì 从心底信服。明《金瓶梅》七三回：“这个牢成的又不～，只顾拿言语抢白他。”《拍案惊奇》卷七：“玄宗有些不～，又对三藏道：‘法师既有神力，叶尊师不能及。今有个澡瓶在此，法师能咒得叶尊师入此瓶否？’”清《儒林外史》一七回：“匡大又不～，红着眼，向那人乱叫。”

【服软】 fú ruǎn 甘心承认软弱。明《金瓶梅词话》七四回：“我是你房里丫头，在你跟前～？”《梼杌闲评》四〇回：“国秉不～，就打起来。”

【服实】 fú shí 老实；诚实。清《聊斋俚曲·禳妒咒》：“李知府是李二蹭，少年不干好事，曾在赵亲家家里当管家，因他不～，撵了他。”

【服事】 fú shì ❶ 同“伏事❶”。唐穆员《秘书监穆公夫人裴氏元堂志》：“吾嫂吾母也，苟能～如姑，则为某妻，不者则否。”明《朴通事谚解》卷中：“我不会汉儿言语，又不会做饭，我这吴舍生受～我来。”清《聊斋俚曲·翻魇殃》：“且是媳妇又极贤良，一进门，朝夕～，件件都极遂心。” ❷ 同“伏事❷”。清《醒世姻缘传》三二回：“两个拿板子的起先拿他不倒，添上那个打伞的，一个牵马的，一个背匣的，五个人～他一位，按倒在地。”

【服侍】 fú shì ❶ 供职。宋胡寅《缴内侍冯益转官》：“如冯益～禁内，智效一官，苟能称职，以免于罪戾，不啻足矣。” ❷ 同“伏事❶”。《元曲选·黑旋风》三折：“有福之人人～，无福之人～人。”明张原《寝赵云升命疏》：“皇上悯念御马监太监赵山藩邸～殷勤，于其死也，赐之赙祭。”清《聊斋俚曲·墙头记》：“～了二三年，指望他有俩钱，临了半个钱没见。”

【服输】 fú shū 认输；由衷承认失败。宋陈渊《与十弟书》：“及今便可下手作省课，期必于取。年渐高，不可因循，若只睹采，是先～矣。”明《西洋记》三一回：“这都是俺本国道地兵，天造地设的，怎么就～于你？”清《说岳全传》四八回：“小将已知元帅本领，甘心～。”

【服贴】 fú tiē ❶ 贴合；平顺。清李渔《慎鸾交》一八出：“这新叠的绵袄，不十分～，须要捶他几下才得和软。”又《闲情偶寄》卷三：“盖簪头所以压发，～为佳，悬空则缪矣。” ❷ 驯服；驯顺。清《十二楼·拂云楼》六回：“恐怕娶来的人未必十分～，只是挨着的好。”《好逑传》五回：“恐怕抢到来，不能～，依旧求讨了府尊与县尊，在家坐等，要他们执庚帖判断，方没话说。”

【服小】 fú xiǎo 甘居人下。清《水浒后传》二七回：“我们无拘无束惯的，低头～，如何气得过？”《天雨花》七回：“千恩万谢来～，方可容留此一身。”

【服孝】 fú xiào 戴孝；穿孝服。也指孝服。《元曲选·窦娥冤》一折：“媳妇儿守寡，又早三个年头，～将除了也。”明王世贞《宛委餘编》五：“至今尚冠白巾，云为诸葛武侯～。”清《八洞天》卷六：“石佳贞患病死了，晏敖不唯不替他治丧，并不替他～。”

【服性】 fú xìng 顺从；驯服。明《禅真逸史》一九回：“小厮儿俺这里尽可用得，若是这等顽劣，不肯～，惟恐难以教训。”

【服驯】 fú xùn 驯服；归顺；使归顺。唐杨凭《唐庐州刺史本州团练使罗珦德政碑》：“出入阡陌，心劳体勤。有兽不搏，由公～。”宋强至《代王乐道龙图贺延州陆待制书》：“溪酋～，岭表宁戢。”明皇甫涍《赠莪斋陈子令寿宁序》：“自古论盗，非克殄绝之难，惟～之难。”

【服药】 fú yào 阉割的讳词。宋周密《癸辛杂识》别集卷下：“凡宦官初阉，名曰～，则以名字申兵部。看命只看～日时，全不用始生日时，故常择善良日时乃腐。”

【服用】 fú yòng 吃（药、补品）。明佚名《鸣凤记》三四出：“吴越倭青休～，江淮血竭量情施。”清《野叟曝言》八五回：“平日诱人至家，～其精，也是有的，但并不伤他性命。”

【服治】 fú zhì 服用治疗。明《老乞大谚解》卷上：“这几等药里头，堪～饮食停滞，则吃一服槟榔丸。”清《红楼真梦》六〇回：“凡是领药回去的，依法～，其效如神。”

【服子】 fú zi 同“複子”。《敦煌变文校注》卷三《燕子赋（一）》：“正见雀儿卧地，面色恰似坌土，脊上缝个～，仿佛欲高五尺。”按，此比喻杖脊的肿块状如包袱。

【浮】 fú ❶ 浸泡。唐温庭筠《乾𦠆子》：“每散令人采拾，得三五升而～之微热水中，以抽其气，益以酥及五味熬之，卷饼而啖。”宋吴自牧《梦粱录》卷五：“今世人以菊花、茱萸，～于酒饮之。” ❷ 暂时；临时。清纪昀《阅微草堂笔记》卷一一：“盖某公卒于戍所，尚～厝僧院也。”《红楼梦》一〇六回：“贾政看时，所入不敷所出，又加连年宫里花用，帐上有在外～借的也不少。”《醒世姻缘传》九六回：“吕德远外面库里要了天平，高高兑了二十两两封银子，用纸～包停当。”

【浮白】 fú bái 罚一满杯酒，借指畅饮或满饮。宋李弥逊《念奴娇·坐上次王伯开韵》：“彩笔阳春传雁足，催我飞觞～。”明无心子《金雀记》二九出：“问柳寻花真胜赏，～呼卢，歌喉有腔。”清《野叟曝言》一一三回：“素臣不敢作假，一面问答，一面～，饮至八分，方敢告辞。”

【浮杯】 fú bēi 指僧人出行。传说晋宋时有僧人乘木杯渡水，名曰杯渡。《祖堂集》卷一六《黄檗和尚》：“挂锡十年栖蜀水，～今日渡漳滨。”明梅鼎祚《玉合记》二八出：“他怎做～渡？我枉说乘风便。”清汤右曾《香山寺予所重建也》：“恍从禅老～去，可忆檀那献座来。”

【浮薄】 fú bó 浇薄；浅薄。唐王昌龄《淇上酬薛据兼寄郭微》：“皇情念淳古，时俗何～。”金《董解元西厢记》卷二：“悟世路～，出家于此寺。”清汪由敦《丙辰科山东乡试策问》：“必如何精择，而后～者无从冒进，涉猎者不致滥收。”

【浮财】 fú cái 指金钱、粮食、衣物等动产。也指没有根基浮来暂去的财产。宋苏轼《上韩丞相论灾伤手实书》：“所谓～者，决不能知其数。”明《拍案惊奇》卷二〇：“自道有了一分势要，两贯～，便不把人看在眼里。”清《聊斋俚曲·墙头记》：“这～也还多，当日文书一大箩，有中人到底还不错。”

【浮泛】 fú fàn ❶ 乘船在水上行进或停泊。唐李商隐《祭徐姊夫文》：“徘徊十旬，淹不得进。～水陆，厥途四千。”明彭辂《烟雨楼志后序》：“此二湖者，范蠡功成远引，扁舟往来～者也。”清沈季友《槜李诗系》卷一〇：“（姚绶）又作沧江虹月之舟，～吴越间。” ❷ 漂流；漂浮。唐欧阳詹《鲁山令李胃三月三日宴僚吏序》：“啐

浊尝漉，～漪澜，风恬日和，川晴野媚。"宋陈旉《农书》卷上："其木架田坺，随水高下～，自不潈溺。"清《东周列国志》七八回："萍者，～不根之物。" ❸ 漂泊。比喻人生沉浮或各处奔走。唐李商隐《上李舍人状》："一官一名，只添戮笑；片辞只韵，无救寒饥。实于～之中，早有潜藏之愿。"宋董嗣杲《又寓富池双泉寺三首》之二："陈踪～栖僧舍，往事消磨落客床。"明丘濬《浮生梦》："人生～似萍蓬，得失欢悲总是空。" ❹ 虚浮；不踏实。唐卢隽《临池诀》："把笔浅深，在去纸远近，远则～虚薄，近则搵锋体重。"宋朱熹《答陈肤仲》："是当便立定脚跟，断不移易，如此方立得事。若只如此轻易～，终何所成？"明朱橚《普济方》卷三："浮应东方木，木生风，故脉高虚而～。" ❺ 不切实；无根据。《旧唐书·令狐楚传》："楚以工涯、贾𫗧冤死，叙其罪状，～仇士良等不悦。"清李光地《奏明周易折中承修大指札子》："其有援引古今，牵合象数，～无根，冗杂无伦者，概不敢多取。" ❻ 泛泛；一般；表面化。宋吕南公《请见曾签判书》："其声迹地里初未尝谙，而各以敬慕为言。其也，则亦～接之而已。"清《绿野仙踪》四回："恩师注念非～，况又传华翰。"《镜花缘》八〇回："那难猜的，不是失之～，就是过于晦暗。" ❼ 松散暄软。宋陈旉《农书》卷下："至十月，又并其下腐草败叶，锄转蕴积根下，谓之罨㸒，最～肥美也。"又："每春米，即聚砻簸壳，及腐藁败叶，沤渍其中，以收涤器肥水，与渗漉泔淀。沤久，自然腐烂～。" ❽ 徒具形式无价值；多餘。宋《朱子语类》卷八六："凡民无职事者，此是士大夫家所养～之人也。"杜范《军器监丞轮对第二札》："夫内库之设，本以备缓急之需，不以资～之费。"元王恽《劝农文》："如有～杂役可除者，即与蠲免，以劝餘人。"

【浮浇】 fú jiāo 虚浮浇薄。唐长兴元年六月中书门下省《请禁师生称谓奏》："冀从敦实，以息～。"明赵南星《新水令·得魏中丞书》："～，常赶着诸葛亮拳头糙；轻薄，几回将司马光踢顿脚。"清雍正八年三月二十二日尹继善奏文："即江南民俗，素尚～，鲜敦实行。"

【浮居】 fú jū 居住不固定。也指不固定的居住；暂居。唐张铸《请省新户科徭奏》："窃见所在乡村，～人户，方思恩辟，正切耕耘。"明《警世通言》卷三二："既然仓卒难犯，不若与郎君于苏杭胜地，权作～。"清李光地《请开河间府水田疏》："即今淀中～村庄，岁收蒲种菱藕之利。"

【浮浪】 fú làng ❶ 无固定户籍或正当职业而四处游荡，也指这样的人。《唐律疏议》卷二八："诸非亡而～他所者，十日笞十，二十日加一等罪。"《宋会要辑稿·食货十三》："所雇衙前，或是～，不如乡差税户可以委信。"清李光地《兵制》："今也寓农于兵，可以省治兵养兵之费，而又使为兵者不至～而无根。" ❷ 轻浮放荡。宋周密《武林旧事》卷三："库妓之玲玲者，……各有皂衣黄号私身数对，呵导于前，罗扇衣笈，～闲客，随逐于后。"明《二刻拍案惊奇》卷二四："登时开了门，放了丘俊出来，听他仍旧外边～。"清《醒世姻缘传》七二回："既是妇人都去，那些虚花～子弟，更是不必说起。" ❸ 虚妄；浮华。明倪谦《乡试策》："伊欲水陆无虞，费无～，而人力以苏，轻重得宜。"吴宽《乾乾斋稿引》："以精勤之学发而为文，不为驾空～之语，而有据事切实之意。"朱诚泳《临池》："地底休夸锦作铺，古来～皆陈迹。"

【浮麦】 fú mài 秕麦。可入药。宋陈言《三因极一病证方论》卷一〇："每服二钱，姜一片，枣一枚，盐少许，煎七分，食前温服。自汗，加～。"明冯梦龙《山歌·久别》："郎呀，你好像～牵来难见面，厚纸糊窗弗透风。"李时珍《本草纲目》卷二二："～，即水淘浮起者，……益气除热，止自汗盗汗，骨蒸虚热。"

【浮冒】 fú mào 虚报假冒。明倪元璐《与姜如农书》："欲省兵则必先扼害害而清～。"清《绿野仙踪》三九回："若年兄任凭百姓自行开写户口，～还是小事，到分散时以强欺弱，男女错杂。"《歧路灯》八一回："上司大老爷再检核一番，却了些须～，归根儿是丝毫不亏百姓。"

【浮面】 fú miàn 表面。明方以智《物理小识》卷五："取洁产男乳，大涤盘盛之，滚水冲之，乳粉自澄，去～水，收下乳粉。"清《皇清开国方略》卷四："毋作此～取水议也，当为探源之论耳。"《野叟曝言》九六回："～一层，土俱杂色，掘至三尺，土色渐紫。"

【浮沤】 fú ōu ❶ 雨点在水面上激起的水泡。也指形状像水泡的。唐张籍《和李仆射雨中寄卢、严二给事》："郊原飞雨至，城阙湿云埋。进点时穿牖，～欲上阶。"顾况《露青竹鞭歌》："～丁子珠联联，灰煮蜡揩光烂然。"清查慎行《庐墟舟中口占同德尹作二首》之一："水面～的圆，采菱歌出采莲船。" ❷ 比喻变化无常的世事和短暂的人生。唐李远《题僧院》："百年如鸟过，万事尽～。"明《清平山堂话本·范张鸡黍》："生如～。死生之事，且夕难保。"清洪昇《长生殿》四六出："数不尽情河爱海波终竭，似那等幻泡～浪易掀。" ❸ 即"浮沤钉"。宋李诫《营造法式》卷一二："门上木～，每径一寸即高七分五厘。"明汤显祖《紫箫记》二〇出："你看楼上好不精致，……～绣涩画纶连，瑶星碧雾看宛转。"

【浮沤钉】 fú ōu dīng 大门上装饰的圆头木钉，形似水泡。唐段成式《酉阳杂俎》卷一五："树溜津满其中也，及巨白菌，如殿门～。"明陆粲《庚巳编》卷二："历三重门，门尽朱漆兽环，金～。"

【浮泡】 fú pào ❶ 犹"浮沤❶"。宋唐慎微《证类本草》卷一："耳轮上有～小疮，黄汁出。"明徐光启《农政全书》卷一一："雨着水面上有～，主卒未晴。" ❷ 犹"浮沤❷"。《敦煌愿文集·愿文》："～之患体，杯（坏）质而非常。"明《型世言》七回："龙潭佟成鸳鸯巢，海滨寄迹同～。"清查慎行《匡山读书图歌为南麓都谏赋》："兹山图记流传代不乏，但恐再往之计成～。"

【浮棚】 fú péng ❶ 临时搭建的简易棚舍。宋《宝庆四明志》卷一二："侵占古河起造～之家，日下自行除坼。"《西湖老人繁胜录》："岸上游人，店舍盈满。路上搭盖～卖酒食。" ❷ 外伸而没有支架的棚片。明胡宗宪《筹海图编》卷一二："须于垛外盖出～，每扇约阔三四尺，或长七八尺，环城架设。"

【浮皮】 fú pí 表皮。唐王焘《外台秘要方》卷三二："用此草，每朝将以洗手面，如用澡豆法。面上皯䵟及老人皮肤兼皱等，并展落～。"明金銮《南琐南枝·风情集常言》："～儿好，外皮儿光，头发稍儿里使贯香。"清《野叟曝言》一三一回："偶然挫臂，揉碎了些～，故用帛扎之。"

【浮皮头】 fú pí tóu 表面上。明冯惟敏《仙子步蟾宫·申盟》："不遇知音，少要痴心。虚撺脚雨意云情，～柳影花阴。"

【浮铺】 fú pù 临时的、不固定的摊位、店铺。宋吴自牧《梦粱录》卷一六："夜市于大街有车担设～，点茶汤以便游观之人。"明葛昕《寿宫营建事宜疏》："听居民人等随便搭设～，出卖饭食。"清《快心编三集》三回："我家住在南直扬州，这里开个～子。"

【浮气】 fú qì 游气；微弱的气息。金《董解元西厢记》卷七："那君瑞闻道，扑然倒地，只鼻内似有～。"

【浮人】 fú rén ❶ 在外逃亡或流浪的人。唐李白《赠徐安宜》："～若云归，耕种满郊歧。"王维《赠房卢氏琯》："～日记归，但坐事农耕。"《旧唐书·杨炎传》："是以天下残瘁，荡为～，乡居地著者百不四五。" ❷ 借指居官位而无所作为或寄食于人的人。宋赵鼎臣《谢宏词启》："学惭为己，食愧～。千金屠龙艺既成而安用？三年刻楮技虽劳而可捐。"王安礼《谢生日锡赐第二表》："伏

念臣力不足以任事,食已甚于~。"明王恭《王氏牧隐卷》:"懒随时贵竞簪缨,耻逐~尚渔猎。"

【浮炭】fú tàn 同"麸炭"。宋陆游《老学庵笔记》卷六:"~者,谓投之水中而浮,今人谓之桴炭,恐亦以投之水中则浮故也。"元《三遂平妖传》九回:"一架子馒头、炊饼,都变做~也似黑的。"清《红楼梦》四二回:"~二十斤,柳木炭一斤。"

【浮逃】fú táo 脱离户籍逃亡(者)。唐王梵志《天下浮逃人》:"天下~人,不啻多一半。"《敦煌变文校注》卷三《燕子赋(二)》:"宅家今括客,特敕捉~。"《唐会要》卷八五:"检获者无赏,停止者获免,~不悛,亦由于此。"

【浮套】fú tào 俗套;陈套。明温纯《府官不简物议昭彰乞赐议处疏》:"始疑之,而犹谓其或袭近时郡守概称寮属之~也。"《大清会典则例》卷六七:"其序文虽不用骈体,而既系进呈,自应遵照入告之体,不得仍用~陋习。"清沈复《浮生六记》卷一:"芸虽时有书来,必两问一答,半多勉励词,馀多~语,心殊怏怏。"

【浮图】fú tú ❶同"浮屠"。《金史·仪卫志下》:"伞用金表紫里,金镀银~。"元《三国志平话》卷上:"见一辆四马银铎车,金~茶褐伞。"清《野叟曝言》一二一回:"张着银~顶茶褐罗表红绢里三檐伞儿。" ❷铁浮图的简称,指铁甲裹的战马。明李梅实《精忠旗》五出:"~铁裹似昆仑。"又一五出:"~连骑骑,最为强。"

【浮屠】fú tú 伞盖顶子。形似佛塔,故云。《元史·舆服志二》:"诸伞盖,宋以前皆平顶,今加金~。"《明史·舆服志一》:"一品、二品伞用银~顶,三品、四品用红~顶。"

【浮土】fú tǔ 表层的松土。《新唐书·王世充传》:"世充粮且尽,人相食,至以水洎泥去砾,取~糯米屑为饼。"明《警世通言》卷二七:"往后园碧桃树下,掘起~,见一龟板。"清《醒世姻缘传》一三回:"又拨两个小甲掘了个浅浅的坑,~掩埋了。"

【浮嚣】fú xiāo ❶浮躁虚薄,不踏实,不安宁。唐韩愈《上考功崔虞部书》:"且执事始考文之明日,~之徒已相与称曰:'某得矣,某得矣。'"明朱让栩《鸿归浦·春游》:"人生在世总~,韶华四季虚看迈,九十日春光空自老。"清蓝鼎元《阴醒庵墓表》:"岿然以古道自处,不为末世~之习。" ❷指浮躁哄闹的尘俗世界。宋王喆《浪淘沙·叹虚飘飘》:"公等在~,悟取虚韶。福油好把慧灯挑。" ❸浮薄;浇薄。《太平广记》卷四九五引《云溪友议》:"污辱乡闾,伤败风教,若无惩诫,孰遏~?"

【浮渲】fú xuàn 发髻虚笼高耸,也指这样的发髻。明杨慎《升庵诗话》卷七:"《本事诗》载刘禹锡《李司空席上赠妓》诗云:'~梳头宫样妆,春风一曲《杜韦娘》。'……字妙,画家以墨饰美人髻发,谓之渲染。"梅鼎祚《玉合记》——出:"〔贴〕鬓儿梳得绝精,只是安黄不些。〔旦〕问安黄不正纤纤,鬓墨光~。"清董以宁《一丛花·闺情》:"~才梳,方空新换,不似旧时慵。"

【浮议】fú yì 没有根据的议论。唐陆贽《初收城后请不诛凤翔军将赵贵等状》:"陛下前意固善矣,伏惟不为~所移。"明杨珽《龙膏记》六出:"报国誓无欺,何必多~?"清《醒世姻缘传》四七回:"这个县官也可谓缜密之极,后来谁知还有此等~。"

【浮圆】fú yuán 汤圆。汤圆煮熟时上浮。宋周必大《元宵煮浮圆子诗序》:"元宵煮食~子,前辈似未曾赋此,坐间成四韵。"清弘历《春正与诸王及内廷大学士翰林等小宴重华宫联句是日复得诗三首》之三:"乐调太簇鸣虞磬,节煮~胜楚馄。"汪由敦《恭和御制正月十六日灯词》:"灯市~夜煮茶,九衢欢笑万人家。"

【浮灾】fú zāi 突来的或暂时的灾祸。《敦煌变文校注》卷六《不知名变文(一)》:"若是~横疾,渐次减除;倘或大限到来,如何免脱?"金《董解元西厢记》卷七:"都是俺今年~,烦恼煞人也

猜。"清《醒世姻缘传》三六回:"汝母不过十二日~,今晚三更出汗。"

【浮子】fú zi 系在钓鱼线上的浮标。宋庄绰《鸡肋编》卷中:"钓丝之半系以荻梗,谓之~。视其没,则知鱼之中钩。"《古尊宿语录》卷三四《佛眼和尚语录》:"潦倒江湖上,竿头事可哈。一回~动,又是上钩来。"明《警世通言》卷二〇:"觉道~沉下去,钓起一件物事来。"

【桴炭】fú tàn 同"麸炭"。宋江休复《醴泉笔录》卷下:"归长安卖~,足以一生,岂无容身地耶?"明高濂《遵生八笺》卷一六:"花盆先以粗碗或粗碟覆之盆底,次用~铺一层了,然后却用肥泥薄铺炭上。"清朱彝尊《夜明木赋》:"是为庾木,有桴无枝,黝同~,涩若榴皮。"

【烰炭】fú tàn 同"麸炭"。宋陈敬《陈氏香谱》卷二:"如要黑者,入杉木~少许。"清《醒世姻缘传》五四回:"把腌肉煮成~;把鸭子煮成了馏粘。"

【匐伏】fú fú 跪伏;趴伏。元刘因《书东坡传神记后》:"至于昔焉而席地,今焉而~,理有可疑。"明陈仁锡《郯溪记》:"如老人不耐行走,持杖缓行,常~,常趺坐,宜闲云数片,往来其间。"清《后西游记》三五回:"闻知大辨才菩萨慈悲接引,故特~莲座之前,敢求垂恩照验。"

【匐面】fú miàn 脸贴着地,指人趴在地上或行叩拜礼。《敦煌变文校注》卷一《伍子胥变文》:"乃至吴王殿所,~在地,哽咽声嘶,良久而起。"又卷二《庐山远公话》:"举身自扑,~在地。"又《唐太宗入冥记》:"叫呼万岁,~在地。"

【福】fú 即"万福❷"。明田艺蘅《留青日札》卷四:"是古时妇人皆肃拜也,今则但微曲其膝而躬不曲,其名曰起曰~。"《古今小说》卷二:"假公子朝上连作两个揖,阿秀也~了两个福。"清方成培《雷峰塔》七出:"〔贴~介〕恭喜贺喜!"

【福庇】fú bì 赐福保佑。宋宋祁《北岳祈雪文》:"闻古诸侯祭境内山川,以山川能出云为风雨见怪物,~其下而血食之。"明《西游记》附录:"孩儿叩赖母亲~,忝中状元。"清方成培《雷峰塔》一四出:"感得神灵~,抑且泡制精良,赎药的挤挨不开。"

【福分】fú fèn ❶指祭品。《敦煌愿文集·结坛散食回向发愿文》:"右弟子厶甲自结坛散食,……楼台魍魉等并诸眷属,并愿舍于所乐,离于所居,来就道场,领斯~。"又:"各于今日今时,欢喜受此~。" ❷注定应享的幸福。宋佚名《张协状元》四七出:"只怕奴家~微。"明邵宝《复巡抚陈公》:"精神加惯,气体益滞,动必人扶,如七八十者,~浅薄之人固其所也。"清《红楼梦》一二〇回:"不想宝玉这样一个人,红尘中~竟没有一点儿!"

【福户】fú hù 祭献求福的人家。明《咒枣记》六回:"有一年临到祭赛之期,忽然言语,说道:'你众~,我有功于汝一方。蒙玉帝敕旨,着令我血食兹土。'"

【福护】fú hù 犹"福庇"。唐裴漼《少林寺碑》:"天龙保持,山祇~,神力所及,昔未曾有。"宋《密庵和尚语录》:"报龙王,须~,大千捏聚为檀度。"

【福礼】fú lǐ 祭献求福用的猪羊等礼品。元佚名《黄孝子》一六折:"酌水献时花,三牲~,银杯酒泛霞。但愿皇天佑,好风吹送上京华。"明《禅真后史》一七回:"堕胎爷爷的盔甲、袍靴、帐幔并那~、香烛、灯油等费,共享纹银三两。"清《说岳全传》三九回:"岳飞叫人下山,拿我营中兵去当作~祭旗。"

【福量】fú liàng 注定应享幸福的额度。宋陈著《送同少野赴华藏寺》之一:"无边~如何说,龙象都归禽纵中。"《元曲选·丽春堂》四折:"怎比的你左丞相,左丞相洪~。"清《歧路灯》五九回:

"提耳谆言,不惮穷形极状,一片苦心,要有～的后生阅之。"

【福品】fú pǐn 供品;祭品。《敦煌愿文集・结坛散食回向发愿文》:"自弟子厶甲乃罄割私己,抽舍珍财,献佛施僧,广崇～。"

【福气】fú qì ❶ 有福的征兆或气派。金《刘知远诸宫调》一:"红光紫雾罩其身,那些～说不尽。"明《西游记》六六回:"敝袖飘然～多,芒鞋洒落精神壮。" ❷ 享福的命运。宋孔平仲《续世说》卷四:"保惜此儿,～吾兄弟不能及。"明《拍案惊奇》卷一:"这是天大的～撞将来的,如何强得?"清《聊斋俚曲・襄妒咒》:"你看春香越发出产的有～了!"

【福润】fú rùn 福泽。《敦煌愿文集・二月八日文等范本・开经》:"伏惟公[乃]天生聪俊,文武双全;于家有治理之名,奉国有尽忠之节。故能体正真之实相,思～之良途。"宋刘敞《与判府相公启》:"右某托于一官,邈若千里。虽复蒙～之沾洽,偎德风之清泠,冈能奋飞,只益固陋。"《宋高僧传》卷九《慧忠传》:"思与道安,宣扬妙用,广滋～,以及大千。"

【福算】fú suàn 指寿命。五代杜光庭《严常侍丈人山九曜醮词》:"六曹司命,增～于丹天;七纪尊神,介休祥于玄极。"宋何薳《春渚纪闻》卷一:"今元公由此当延十年～也。"明《拍案惊奇》卷三九:"宁使折尽下官～,换得一场雨泽,救取万民。"

【福事】fú shì 拜佛斋戒等求福的事。《敦煌愿文集・愿文范本等・患文》:"是以经开《般若》,炉焚天香;～既圆,咸(盛)众斯集。"明《二刻拍案惊奇》卷一六:"你家～做得多了,虽然与我无益,时常有神佛在家,我也有些不便。"清《东周列国志》八〇回:"适王感寒疾不能起,某入宫问疾,因言禳灾宜作～。"

【福态】fú tài 同"富态"。清《聊斋俚曲・蓬莱宴》:"耳大头圆好声嗓,雪白的个玉人儿,就有个～像。"《姑妄言》一二回:"我每常看见我家奶奶的相貌～,心里不由得害怕。"

【福堂】fú táng 监狱或关押犯人的地方。春秋时,越王勾践被系入吴国囚禁,行前大夫文种祝曰:"祸为德根,忧为福堂。"(见《吴越春秋》卷四)后因称监狱为福堂。明沈德符《万历野获编》卷二八:"后以罪谪宣府,督军府张宏轩国彦甚礼之,终以作奸毙狱,鬼不能脱之一也。"孙柚《琴心记》三三出:"谁承望,圜扉内,犴狴间,英雄翻做一仙。"清《巧联珠》一四回:"不意李代桃僵,竟被逮入都。幸得沈林老力救得脱。～相慰,稍释愁怀。"

【福物】fú wù 祭祀所用供品。《法苑珠林》卷九一:"今见愚迷众生,不简贵贱,不信三宝,苟贪～,将用资身。"宋佚名《张协状元》一四出:"明日公公办些～。"清《飞龙全传》六回:"一面叫人备办了三牲～,香烛神仪,就在当厅供着。"

【福谢】fú xiè 福气消失。指倒霉;晦气。《元曲选・陈州粜米》四折:"今遭杻械,也是你五行～做了半生灾。"又《赵礼让肥》三折:"不索你三个争,那个乖,也是前生注定血光灾。今日早～一时来。"

【福星】fú xīng ❶ 指木星,又称岁星,星命学谓能给人赐福。唐李商隐《无愁果有愁曲北齐歌》:"东有青龙西白虎,中含～包世度。"《元曲选・桃花女》二折:"十二时中行好事,灾星变作～临。"清《聊斋俚曲・富贵神仙》:"～老爷去袖里取出一个小瓶儿,勾核桃大小,吩咐童儿给公子,公孙各福酒一杯。" ❷ 比喻能带来幸福和希望的人。宋洪迈《夷坚志》三壬卷四:"吾官乃我家～,……故从早泛扫厅以待,果蒙赐临,幸为我小驻。"明沈采《还带记》七出:"奴家方才说'贵人抬眼看,便是～',今果～照,我父老残生可保。"清《十二楼・萃雅楼》一回:"少不得就来。没有我辈到此尚且出来陪话,天上掉下一位～倒避了开去之理。"

【福荫】fú yìn 犹"福庇"。唐员半千《大唐宗圣观主天水尹尊师碑》:"垂拱四年,将宾玉帝也。上足时道成,咸愿奏章,以延～。"明《朴通事谚解》卷下:"孩儿在都,托着爷娘～里,身已安乐,不须忧念。"清《红楼复梦》六三回:"太太持家教子,克继簪缨,奴才们俱沾～,乃人间大喜。"

【幞头】fú tou 一种有垂脚或展脚的头巾,多为官员所戴。唐刘肃《大唐新语》卷一〇:"初用全幅皂向后幞发,谓之～。周武帝裁为四脚,武德以来,始加巾子。"元明《水浒传》五五回:"病尉迟孙立是交角铁～,大红罗额,百花点翠皂罗袍。"清《聊斋俚曲・慈悲曲》:"他就挣下那封赠～,还有他姑的哩么?"

fǔ

【甫】fǔ 副词。才;好不容易。表示事情发生得迟或条件不易具备。宋洪迈《夷坚志》甲卷六:"周始悔恨,果连蹇二十余年～得京秩。"明冯梦龙《步步娇・别思》:"费尽温存,～得个香腮偎贴。"清洪昇《长生殿》二二出:"秋空夜永碧汉清,～灵驾逢迎,奈天赐佳期刚半顷,耳边厢容易鸡鸣。"

【甫及】fǔ jí 才至;刚到。唐李峤《攀龙台碑》:"～胜衣,究缇缃之赜;逮乎束发,殚馨悦之巧。"明丘濬《投笔记》二五出:"自奴家嫁与班仲升,～岁余,婆婆命他求取功名。"清《豆棚闲话》一则:"介子推乃是上大夫介立之子,年纪～二十。"

【甫能】fǔ néng 副词。好不容易才;刚刚。下文常有转折。宋蔡伸《点绛唇》:"数尽更筹,滴尽罗巾泪,如何睡,～得睡,梦到相思地!"明冯惟敏《傍妆台・忧复雨》:"～六月愁干旱,恰人三秋告水灾。"清《女仙外史》三二回:"正在心慌,忽西北角上喊杀连天,稍稍分开,～乘势拼命杀出。"

【甫能勾】fǔ néng gòu ❶ 犹"甫能"。宋元《熊龙峰刊小说・彩鸾灯》:"舜美～挨到天明,起来梳裹了。"《元曲选・合同文字》四折:"我只为认祖归宗,迟眠早起,登山涉水,～到庭帏。"明陆深《沛水行》:"自言丰年娶得妇,结发～十春。" ❷ 只要能。明刘效祖《沉醉东风》:"都只要趁水和泥,～和成一大堆,撞倒东墙又不垒。"

【甫能够】fǔ néng gòu ❶ 同"甫能勾❶"。元佚名《醉花阴》:"～一番遭遇,便拼下百年欢聚。"明陆采《怀香记》二二出:"废寝忘餐,～觅得蝶信蜂期。" ❷ 同"甫能勾❷"。明《禅真后史》四五回:"～一场大醉,拚与那曲蘖做一对头!"

【甫餘儿】fǔ yú er 富餘;剩餘。明《金瓶梅词话》七八回:"若是有些～也罢,难道说全征?"

【甫至】fǔ zhì 介词。等到;及至。唐张说《让起复黄门侍郎第一表》:"～冬中,礼及祥禫,今已春暮,瞻言几何?"明《英烈传》一回:"五代之间,朝君暮仇,～唐高祖混一天下,历世二百八十余年。"清《开国方略》卷一五:"～太宗出幄,祖大寿欲跪,亲止之。"

【斧柯】fǔ kē 犹"伐柯"。宋何梦桂《请婚于方宅札子》:"比借重于～,愿依荣于玉树。"明朱鼎《玉镜台记》四出:"润莲年已及笄,要觅一婿;～之任,相属何如?"清《飞龙全传》五二回:"臣见陶三春勇力过人,兵机通晓,特任～,与彼联姻。"

【斧脑】fǔ nǎo 斧背;斧子不开刃的一端。宋文天祥《平反杨小三死事刑》:"然其不用斧之锋,而止以～行打,是殆非其有杀心者。"清《说唐后传》五回:"这番程咬金拚了命,原利害的,不管斧口～,乱砍乱打。"

【斧手】　fǔ shǒu　❶以斧头为武器的士兵。宋华岳《翠微先生北征录》卷一："苟以为长而及仗者为弓手枪手，短而插指板者为弩手～。"《三朝北盟会编》卷二〇五："内骑兵有稍却者，锜命麾下～堵墙而前，奋锐击之。"　❷执斧伐木或做大木活的工匠。明杨寅秋《平播复议机宜》："就于附近山场砍伐六七尺围大木造凿，每只用一木匠五名。"清乾隆元年《四川通志》卷一六上："查采木旧例，～架长俱出湖广辰州府。其～砍伐穿鼻，架长寻路找厢。"

【斧头】　fǔ tou　斧子。唐王焘《外台秘要方》卷三四："取古铁秤锤，或大～，或铁杵，以炭火烧令赤。"《元曲选·桃花女》四折："昨日周公着我磨了～，到城外砍那小桃树去。"清《醒世姻缘传》二八回："等到二更天气，两口子拿了锨锄～，乘着月亮，从家到那坟上。"

【斧资】　fǔ zī　资斧；路费。也泛指寄居的生活费。明胡翰《悦亲堂记》："殊乡无～，濡沫以全角，不为人俘系则幸矣。"罗洪先《书刘静之卷》："自饮食男女必防其肆，而不止于临财利，譬行旅之保～。"清徐乾学《读礼通考》卷一一〇："丁忧解任，自是正礼。从宦远方者，即无～，宁得不奔丧！"

【斧子】　fǔ zi　砍削用的工具或兵器。多长方形，一端有刃，另一端较厚。《新唐书·五行志二》："镰柯不凿孔，～不施柯。"《元曲选·看钱奴》三折："俺家里有～，可怎么问人家借？"清《绿野仙踪》六七回："那马如龙的～总快，也未必便飞到自己身上。"

【抚臣】　fǔ chén　称巡抚。明李梦阳《送都御史王公移镇陕以西序》："是故封疆有吏，军刑各职。或其舛也，则王臣必出而临焉，无常员也；事定则返，无限年也；有他委则移之，无专方也。今之～，固出而临者也。"《型世言》二四回："独有安位，杀～王三善，杀总兵鲁钦，尚未归命。"清《野叟曝言》一〇〇回："若令冒神功监制其军，并令～镇臣缓发兵粮，以掣其肘，非死即败。"

【抚定】　fǔ dìng　安抚使稳定。唐张说《兵部尚书国公赠少保郭公行状》："公至其帐下，大哭流涕，因～其嗣，蕃人大喜。"明文秉《烈皇小识》卷二："周顺昌为福建州推官，剪除税棍，～人心。纯如忌之，屡肆下石。"清《东周列国志》七七回："阖闾～居民，回至吴都。"

【抚公】　fǔ gōng　尊称巡抚。明胡直《奉赠刘抚公唐岩先生晋陟南少司空序》："直之始之楚也，三寮大夫交语直曰：'若非今刘～间右者与？'"清李玉《清忠谱》一一折："台驾且回尊府。晚生辈静候一批允便了。"《好逑传》七回："倘或果然恼了，叫～参上一本，那时再寻过学士去挽回就迟了。"

【抚护】　fǔ hù　❶抚慰；保护。《新唐书·吐谷浑传》："岁遣镇遏使者与宣超兄弟～之，无令相侵夺，生业固矣。"《元史·高丽传》："十年之间，其所以～安全者，靡所不至。"清《隋唐演义》三七回："内则有妃子与众美人为之～，外则烦贤卿为之傅保。"　❷护佑。《敦煌愿文集·行军转经文》："诸将仕（士）等三宝～，万善庄严。"

【抚军】　fǔ jūn　巡抚的别称。《明史·万元吉传》："江西巡抚刘远生令张琮者，将兵趋湖东。及赣围急，远生自出城，召琮于零都。赣人曰：'～遁矣。'"清《儒林外史》五一回："将犯人寄监，亲自坐轿上公馆辕门面禀了～。"

【抚理】　fǔ lǐ　安抚治理；治理。《旧唐书·李德裕传》："西川承蛮寇剽虏之后，郭钊～无术，人不聊生。"《旧五代史·汉书·刘审交传》："时用军之后，审交矜恤，凋弊复苏。"明《英烈传》三二回："如此重地，非公不可～。"

【抚摩】　fǔ mō　摩挲；用手轻按并来回移动。明《醒世恒言》

卷三九："后来的和尚到了被中，轻轻款款，把李婉儿满身～。"清《镜花缘》三四回："又将金莲细观玩，头上身上，各处闻了一遍，～半响。"

【抚摩】　fǔ mó　❶抚育；照料。宋苏洵《祭亡妻程氏文》："有子六人，今谁在堂？唯轼与辙，仅存不亡。咻呴～，既冠既昏。"明《拍案惊奇》卷一三："～鞠育，无所不至。"清蔡世远《哭第六男长注文》："汝母既亡，留汝使吾朝夕～诲导，犹可自慰。"　❷安抚；抚慰。宋苏轼《富郑公神道碑》："北至燕然，南至于河。亿万维生，公手～。"《金史·许古传》："而惧其生变，则～慰藉，一切为姑息之事。"清蓝鼎元《漳州府图说》："惠潮台湾之米，资海运以无忧，～噢咻，盖其难也。"

【抚弄】　fǔ nòng　❶抚摸摆弄。唐李白《草创大还赠柳官迪》："白日可～，清都在咫尺。"明张景《飞丸记》六出："照依我这般～呵，也只是匹夫之剑。你看严介溪掌握朝纲，太阿在手。"清《野叟曝言》六二回："鸾吹心爱龙儿，就田氏手中接过来，温存～。"　❷从事；赏玩。明魏学洢《春夜与仲弟论文数条》："能～柔翰者，尽才也；妙极哀乐之致者，几人哉？"清陈维崧《万柳堂修禊倡和诗序》："间复流连节物，～景光。"毛奇龄《张禹臣诗集序》："且阙后目前，无可为～者。夫如是，则不得不藉诗以忘之。"

【抚台】　fǔ tái　❶巡抚衙门。明康海《奉寿王母太淑人韦氏序》："南皋公来抚陕西，奉其母太淑人于～，凡饮食起居，必躬必亲。"罗洪先《与马锺阳都宪》："是时可泉已自～如漕府，且谓：'此物携归，无着落处。'"　❷借称巡抚，含尊敬意。明敖英《东谷赘言》卷下："嘉靖癸卯冬，四川藩枲长吏将述职北上，～东皋刘公饯之。"清李玉《清忠谱》二〇折："～毛一鹭竟欲请旨屠城，亏那察院徐吉，止将我等五人上本处斩。"《儒林外史》一五回："前时在此，有同～、藩台及诸位当事在湖上唱和的一卷，取来请教。"

【抚宪】　fǔ xiàn　尊称巡抚。明贺士諲《医闾集》卷一："先生询得其利害，移书～河东张公九云，乃修复清河堡。"清于成龙《乐经内篇序》："余承乏八闽，实司皋事，白云在天，每刑人于五听之庭，惩暴乱，理冤抑，呈制宪姚、～吴两先生以上谳于天子。"《驻春园》一三回："这郑老爷系是我家大人门生，现任浙江～。"

【抚育】　fǔ yù　❶供养；赡养。唐玄奘《大唐西域记》卷一一："乃谓母曰：'饥寒已甚，宜可应募，或有所得，以相～。'"　❷制定；建立。《敦煌愿文集·愿文等范本》："张设皇纲，万姓高钦；～清规，三军奉仰。"

【抚辕】　fǔ yuán　称巡抚衙门。清陶自新《东安尉陶弘才传》："会大尹卧病，公慨然身任，状民疾苦，伏～三日获请。"《野叟曝言》二回："老夫此来，实为小女之事，故到此即遣价吴江，探询尊府。因不便安顿细弱，故借游览为名，赁舟暂住。"

【抚院】　fǔ yuàn　❶巡抚衙门。明邵宝《跋碧山吟社诗卷》："于是三原王端毅公方在～，亦闻风而愿见焉。"清毛奇龄《杭州治火议》："考明季火头之罚，以银铛系颈，游于十门，然后从县解使、解道、解司，至～而止。"李玉《清忠谱》九折："快通报！～中军，有紧急文书投递。"　❷借称巡抚，含尊敬意。明胡直《水部尚书郎张玉屏先生寿藏铭》："是年旱无收，会兑运期迫，公白～，请常平稻及原估赈银暂那完兑。"《二刻拍案惊奇》卷一七："按院参上一本，奉圣旨，着本处～提问。"清宋荦《议复鹅湖书院檄》："迨我朝顺治甲午，经前～蔡重修以来，几四十年。"

【府报】　fǔ bào　敬称他人的书信。清《儒林外史》一二回："当面叩见大老爷，带有～在此。"《蜃楼志》四回："老爷着小的请师爷同少爷到衙，今日家乡有～到来。"《雪月梅》三六回："有江南少老爷那边～，要禀见相公当面投递的。"

【府差】fǔ chāi　知府衙门的差役。明汤显祖《牡丹亭》一七出："〔丑扮～上〕清袁枚《续子不语》卷一："天明呼客起,赴县呈报,讵知客出未几,～早至,将孝廉兄弟锁去。"《儒林外史》五○回："官府坐在三堂上,叫值日的皂头把万中书提了进来。台州～也跟到宅门口伺候。"

【府分】fǔ fèn　称行政区划府。分,指区划范围。元明《水浒传》六三回："放开城门吊桥,望东京飞报声息,及关报邻近～。"明于谦《忠肃集》卷四："因系附近～久在武毅治下,人情况熟。"清《绿野仙踪》二八回："推车赶脚,肩担乞丐之类,内中俱有他的党羽。别处～还少些,惟归德一府最多。"

【府干】fǔ gàn　显贵宅府中的办事人员。宋洪迈《夷坚志》乙卷八："水阳民李氏陈氏有争讼,李氏为秦～者挟势力归罪于陈。"元高明《琵琶记》三五出："～哥,贫道非因抄化来,却是寻取丈夫的。"明《金瓶梅词话》五五回："西门庆叫玳安专管行李,一一交盘进了翟家里来。翟谦交～收了。"

【府公】fǔ gōng　唐五代幕僚对节度使、观察使的尊称。后借称知州、知府。《太平广记》卷三四九引《宣室志》："其后～于此浚城池,构城屋。"宋沈括《梦溪笔谈》卷一○："～性多忤,诗中得黎蔌蕵?"明《拍案惊奇》卷一三："随后～升厅,严公儿子带到。知府问道:'你如何这般不孝?'"

【府解】fǔ jiè　唐代府州解送贡举士子到京师会试。后借指科举府试或乡试。五代王定保《唐摭言》卷二："某顷岁～,蒙明公不送,何幸今日同集于此?"宋司马光《涑水纪闻》卷九："冯京字当世,鄂州人,～、贡院、殿庭皆第一。"金元好问《御史孙公墓表》:"兴定六年,中开封～试魁。"

【府快】fǔ kuài　府县衙门中缉捕盗贼的差役。快,捕快。明《醒世恒言》卷二○："～们解了强盗来到总捕厅前伺候。"又:"次早,众～都到杨洪家里。"

【府牌】fǔ pái　即"府差"。牌,牌军。明汤显祖《牡丹亭》一八出："便道那～来'杜藥钟隶',把俺做女妖看'诛斩贼盗'。俺可也'散诞逍遥',不用你这般'虚辉朗耀'。"又:"〔丑扮府差上〕'承差府堂上,提名仙观中。'〔见介〕〔净〕～哥为何而来?"

【府上】fǔ shàng　❶府衙。也借称府长官。唐赵璘《因话录》卷二："柳元公初拜京兆尹,将赴～,有神策军小将乘马不避,公于街中杖杀之。"元明《水浒传》八回："他明知道这件事,转转宛宛,在一说知就里。"明《西洋记》三回:"那爷爷还不曾开口,只见那把门官高声禀道:'～太爷参见。'"❷尊称别人的家或老家。《元曲选·金钱记》三折:"小生多蒙厚意,在此～深扰也。"明《西游记》一八回:"因是借宿,顺便拿几个妖怪儿耍耍的。动问～有多少妖怪?"清袁枚《子不语》卷一九:"谨来贺喜,～老爷即日升官。"

【府帅】fǔ shuài　唐代中叶以后称地方上可以开府统军的方面大员,如都督府都督、节度使、经略使等。后沿称州、府等地方长官。唐韩愈《送郑尚书序》:"岭之南,其州七十。其二十二隶岭南节度府;其四十餘分四府。府各置帅,然独岭南节度为大府,……大～或过其府,～必戎服,左握刀,右属弓矢,帕首裤靴迎郊。"明刘元卿《贤弈编》卷一:"王沂公状元及第,还青州故郡,～命父老妓乐迎之近郊。"清毛奇龄《请定勋贤祠产典守公议》:"然且春秋二仲,敕杭州～府佐及两县诣祠行事。"

【府役】fǔ yì　衙役;官府或宅府的差役。明毕自严《三曳同游记》:"兼地近藩封,～飞而食人,不可向迩。"清雍正七年八月十二日黄廷桂奏文:"因床席桌椅过于不堪,饬令更换。曹源邸系是日傍晚,吩咐成都～照数更换。"《红楼梦》一○五回:"王爷已

到,随来的老爷们就该带领～把守前后门。"

【府元】fǔ yuán　科举府试第一名。五代王定保《唐摭言》卷五:"其年,子华为象取～。"宋洪皓《松漠记闻》卷下:"次年春,分三路类试,……谓之府试,试诗、赋、论、时务策、经义,则五道、三策、一论、一律义,凡二人取一,榜首曰～。"

【府治】fǔ zhì　❶府衙所在地。宋文同《梓州永泰县重建北桥记》:"维县为梓之所领,西上～盖百有三十里。"明崔时佩、李日华《西厢记》三六出:"夫荣妻贵,办行程临～。黄堂善政,传千里抚安黎庶。"清《姑妄言》一一回:"这～在万山之中一块平阳,沃野千里,真古所谓天府之国也。"❷府的衙署。宋《三朝北盟会编》卷二○一:"而太尉迁维摩陀院,乃欧阳文忠公之故居也。皆在子城外,与～及民家两不相干。"明《西湖二集》卷二:"话说宋朝当日泥马渡康王,来于杭州,以～为行宫。"清屈大均《广东新语》卷四:"茂名上宫湾之水,与～后龙井相通,名曰龙眼。"❸指府的职责或辖境。宋苏颂《濠州到任谢二府启》:"伏念某识无远大,智乏周防,误被宸俞,使承～。"明张景《飞丸记》二八出:"叩弟南阳府仇严所统之胜武军,就属～。苟可用力,须要留情。"

【府尊】fǔ zūn　对知府的尊称。元胡炳文《缴铭文还查丈书》:"炳文于～既有睢中之契,于梅趣翁既称之曰先生,则于～只合称字。"明《二刻拍案惊奇》卷七:"～大人取我,又遣一匹马来,焉知不是文赋上边有甚么相商处?"清李玉《清忠谱》二五折:"昨日吴县陈县尊着人报知,说今日寇～同本县赍诏来到。"

【俯】fǔ　接近。《敦煌愿文集·亡尼》:"～寒泉以穷哀,践霜雪而增感。"

【俯近】fǔ jìn　接近;靠近。唐元稹《同州刺史谢上表》:"若遣他人商量,乍可与臣远处藩镇,岂肯遣臣～阙廷?"《旧五代史·汉书·隐帝纪上》:"散差人使,潜结奸凶,～山陵,拟为叛乱。"宋程公许《溪亭春日二首》之一:"借屋三间～郊,溪流如练绕兰皋。"

【俯就】fǔ jiù　❶屈己就人,趋奉对方。五代王定保《唐摭言》卷一○:"既而～督邮,因兹举事阑珊,无成而卒。"明《封神演义》三八回:"姜尚那日见势不好,将言～。"清《聊斋俚曲·富贵神仙》:"为妹子把奸臣来～,那如今梦里还羞。"❷答应;应允。明丘濬《投笔记》一二出:"兜愿元帅,你劝班司马～了我的亲事。"《金瓶梅词话》三四回:"万乞老爹看应二叔分上,～一二,举家没齿难忘。"

【俯迫】fǔ pò　逼迫;逼近。《敦煌变文校注》卷二《韩擒虎话本》:"如今贼军～,甚人去得?"《旧五代史·梁书·末帝纪上》:"朕顷遭家冤,近乎内难,倏临祥制,～忌辰。"宋陆游《上丞相参政乞宫观启》:"虽誓图微报,不胜狗马之心;而～颓龄,已罹霜露之疾。"

【俯仰】fǔ yǎng　仰赖;巴结讨好。宋朱熹《答许顺之》:"此固不得不尔也,粗有衣食之资,便免～于人。"明沈德符《万历野获编》卷二三:"而其人高亢狷洁,于人无所～。"《隋史遗文》九回:"魏玄成虽做黄冠,高岸气骨还在,如何肯～大户,结识无籍。"

【腐败】fǔ bài　指思想品质恶劣。《敦煌愿文集·僧患》:"内怀～,外现端严。"

【腐板】fǔ bǎn　迂腐古板。清刘献廷《广阳杂记》卷一:"郝天挺《唐诗鼓吹》,出手～可厌。"《绿野仙踪》五四回:"王伙计道:'晚生手下还管着许多小伙计,如何敢在婊儿家停留?'如玉笑道:'怎么你这样～?'"

【腐恶】fǔ è　❶腐烂变坏。《宋史·董必传》:"孔平仲在衡州,以仓粟～,乘饥岁稍损价发之。"《续资治通鉴》卷三二七:"转饷粮米～不可食。"❷恶劣,也指恶劣的行为。宋吕本中《墨

梅》:"坐看粉黛化～,岂但桃李成舆台。"明叶春及《平山李翁七十一寿序》:"大夫所为属某官寺城堑,为某廉也,不敢以～负大夫。"

【腐饭】 fǔ fàn 豆腐饭。清《儒林外史》一一回:"～已停当,请到后面坐。"又二八回:"贫僧今日备个～,屈尊三位坐坐。"

【腐坏】 fǔ huài 腐烂;朽坏。《法苑珠林》卷八三:"一人一劫中,积聚其身骨。常积不～,如毗富罗山。"明《醒世恒言》卷二七:"爹爹身死已久,血肉定自～。"清刘大櫆《重修孙公桥记》:"于是相万度势,谓木易～,全更以石,庶克永久。"也指腐坏的东西。宋毛滂《司法参军毛文若墓志铭》:"乃日为其弟某取水手自洗濯,去～加药。"

【腐酒】 fǔ jiǔ ❶ 豆腐酒。指只卖些豆腐干之类下酒菜的小酒铺。明《二刻拍案惊奇》卷二一:"我店里只是～,没有荤菜。" ❷ 滥酒。嗜酒且无用。明《石点头》卷二:"妻子被山贼劫去,流落到四川地方,嫁个～之人。"

【腐气】 fǔ qì 迂腐;迂腐之气。明《型世言》一一回:"怎小小年纪,这样～?"清沈起凤《谐铎》:"个儿郎煞是～,何乃问道于盲!"《绮楼重梦》五回:"文也要习,武也要习,才叫做全才。若是寡捧着几个书本儿,到底有些～。"

【腐蚀】 fǔ shí 腐烂败坏。宋刘弇《上陈按察次升书》:"断木～,僵若马牛。"金刘完素《宣明方论》卷一五:"麝香散,治大小人口齿～出血断根宣烂者。"清邵长蘅《注苏例言》:"商邱公购得宋椠旧本,阙十二卷,仅存三十卷,而虫蠹～脱简又几什二。"

【腐炭】 fǔ tàn 同"麸炭"。宋《太平惠民和剂局方》卷七:"用～末一半相和,常用,止牙宣,辟口气。"《元曲选·李逵负荆》一折:"一把火将你那草团瓢烧成为～,盛酒瓮摔成碎瓷瓯。"明《西游记》一六回:"你看那众僧们,赤赤精精,啼啼哭哭,都去那灰内寻铜铁,拨～,扑金银。"

fù

【父母】 fù mǔ 即"父母官"。宋王禹偁《谪居感事》:"万家呼～,百里抚惸嫠。"自注:"民家多呼县令为父母官。"明孙柚《琴心记》五出:"〔外、末对小生〕～大人,久隔鸣琴之教。〔小生〕卓、程二公,常怀挟弹之期。"清《儒林外史》四三回:"汤～为人廉静慈祥,真乃一县之福。"

【父母官】 fù mǔ guān 称州县地方长官。宋魏野《送刘煜大著移任龙门知县》:"尚虚鳌岭神仙任,暂作龙门～。"明陆采《明珠记》二八出:"你原来是俺～,为何不守职,到此荒村?"清袁枚《子不语》卷一六:"为～,以他人皮肉,博自己声名,可乎?"

【父娘】 fù niáng 父母。唐张鷟《朝野佥载》卷五:"汝辞～,求觅官职,不能谨洁,知复奈何。"《元曲选·救孝子》三折:"可不道一样皮和骨,便做那石镌成骨节也槌敲的碎。"清《姑妄言》七回:"他虽然性恶,也是～生的皮肉。"

【父亲】 fù qīn 子女的生身男子。宋方夔《感兴二十七首》之二:"儿家昔鼎贵,煌煌什朱毂。～守常山,忽值边马蹙。"《大宋宣和遗事》前集:"～做歹事,误我受此重罪。"清《聊斋俚曲·寒森曲》:"两公子无气可出,抱着～嗥咷。"

【父师】 fù shī 生员或生员家眷称地方官。明《型世言》一九回:"尝道这些秀才,一入了学,便去说公话事,得了人些钱财,不管事之曲直,去贴官府的脸皮,称的是老～、太宗师。"清《聊斋俚曲·寒森曲》二回:"老～忒也不公道,头直上怕有青天!"《荡寇志》一二○回:"寒家托在治下,只好求～官长,俯恕失礼之罪。"

【父台】 fù tái ❶ 犹"父母"。清袁枚《子不语》卷六:"前得一梦,梦足下将为浦城县老～,故来相访。"《女仙外史》九回:"不须县～着恼,只三日内,自有回复本府的道理。"《歧路灯》四回:"我有堂上荆～送的酒。你我兄弟,小酌一叙。" ❷ 称父亲。清陈端生《再生缘》五三回:"冒名的女子,尔果是认得出父亲兄长,我就把忠孝王送与你何妨!但是你是冒名来,怎识亲兄与～?"又:"项南金,微举花容对～:'呵,爹爹容禀。'"

【汉水】 fù shuǐ 游泳。元明《水浒传》三八回:"李逵正在江里探头探脑价挣扎～。"又芥子园本一一四回:"小弟今欲从潮里～过去。"

【缚绑】 fù bǎng 绑缚;捆绑。元明《水浒传》三四回:"小喽罗～秦明,解在厅前。"明《禅真逸史》一一回:"令众公人鹰拿雁抓,将林澹然～定了。"

【缚妇】 fù fù 抢婚。《太平广记》卷四八三引《南海异事》:"～民喜他室女者,率少年持白梃,往趋墟路值之,俟过,即共擒缚归。一二月,与其妻首罪。俗谓之～也。"元汪大渊《岛夷志略》:"至于南方～成姻,多非礼聘。"

【缚裹】 fù guǒ 缠裹;包扎。明王肯堂《证治准绳》卷一○三:"仍用猪腰子切作宽片,掺药～疮上。"清《东周列国志》九七回:"妻小将血肉收拾干净,～伤处。"

【缚结】 fù jié 束缚,也指束缚物。《法苑珠林》卷六一:"去离忧患,脱于一切。～已解,逍散自安。"清《聊斋志异·孙生》:"启衾潜入,层层断其～。妻固觉之,不能动。"

【缚系】 fù xì 系缚;捆绑。《法苑珠林》卷二五:"沙门道集于寿阳西山游行,为二贼所得,～在树。"宋蔡絛《铁围山丛谈》卷六:"因～诸蛮,惨其刑,一方始大骚走。"

【缚扎】 fù zā 扎缚;捆扎。元倪瓒《云林遗事》:"就池沼中早饭前日初出时,择取莲花蕊略破者,以手指拨开,入茶满其中,用麻丝～定。"明唐顺之《武编》前集卷六:"大抵其车不用雕饰,其不可施斧斫处,只用麻绳～。"孙一奎《赤水元珠》卷一五:"大枣一枚劈开,入轻粉五分,依旧合起,以麻线～。"

【缚执】 fù zhí 执缚;抓住并捆绑。元舒逊《祭贞素兄终七文》:"我昔与兄,累遭兵革,扶母逃避,被寇～。"清《皇清开国略》卷五:"凡有罪之人,虽～当急而刑戮不宜遽加。"

【缚絷】 fù zhí 拘禁;捆绑。明曹于汴《王龙田先生墓志铭》:"乃其旅寄之日能翩翩自适,而不令此形骸心志～荡漾于名利之场。"清陈弘绪《江城名迹》卷四:"既得生,锢之于火神庙,～手足,系于巨板。"《聊斋志异·甄后》:"初至门,门者以我为妖,欲加～。"

【赙金】 fù jīn 送给丧家的礼金。宋朱熹《朝奉大夫傅公行状》:"既而太夫人竟不起,郡县～千餘缗。"明沈德符《万历野获编》补遗卷二:"大学士李东阳以肓子兆先夭殁在告,上命太监宁诚,赐～五十两,曲加慰谕。"《古今小说》卷四○:"京中官员无不追念沈青霞忠义,怜小霞母子扶柩远归,也有送勘合的,也有赠～的。"

【赙礼】 fù lǐ 犹"赙金"。唐杜正伦《京师至德观法王孟法师碑铭》:"固以恩侔撤乐,悲逾辍相。有敕赐以～,资给葬事。"明《警世通言》卷一:"命童子携琴相随,又取黄金十镒带去:'倘吾弟居丧,可为。'"清《歧路灯》六三回:"到了次日,阎楷要起身,办理自己生意,将祭品～清簿交明。"

【赙仪】 fù yí 犹"赙金"。《元史·乃蛮台传》:"薨于家,帝闻之震悼,命有司厚致～。"明《禅真后史》二五回:"素绢四十端,土布二百匹,～一百两,献于灵前。"清袁枚《子不语》卷一四:"乃具

～千金,亲送棺至长安。"

【讣哀】 fù āi 报告哀音;报丧。借指人死亡。唐李商隐《为绛郡公祭宣武王尚书文》:"～如昨,归辙攸遵。林薄莽苍,川原隐辚。"宋范纯仁《论息兵失于欲速》:"自二圣临御之始,夏人来朝,继而秉常～,乾顺嗣立。"明郑真《挽李廷铉》:"山人本自号琼台,未到琼台忽～。"

【讣报】 fù bào ❶ 报告丧事消息。元明《三国志通俗演义》卷二一:"长星昨夜坠前营,～先生此日倾。"《明史·礼志十四》:"凡王公薨,～太常司,示百官。" ❷ 报丧的通知。宋岳珂《愧郯录》卷一四:"徽宗～于绍兴七年历三年至,绍兴十年五月十一日而敷文阁始建。"明邵璨《香囊记》四○出:"惊闻～来边地,奉亲命远去求屍。"袁于令《西楼记》三八出:"自那日误闻～,建设水陆道场,拜你一拜。"

【讣告】 fù gào 犹"讣报❷"。唐马希孟《上南唐元宗乞师表》:"～至日,臣不胜痛切肤骨,血泣颐睫。"宋曾巩《尹师鲁》:"百身可赎世岂惜,～四至人犹疑。"明陆深《祭封君诚斋崔公文》:"遽闻～,怅望十洲,天风海涛,若助隐忧。"

【讣书】 fù shū 报丧的书信。也指致以报丧的书信。唐刘禹锡《祭柳员外文》:"忽承～,惊号大叫,如得狂病。"明《醋葫芦》一九回:"那日忽闻成家死了院君,～上挂出'哀子成梦熊泣血稽颡拜'。"清《歧路灯》八六回:"当日我爹爹去世,原该往江南～报丧。"

【讣帖】 fù tiě 报丧的帖子。清孔尚任《车碾女》:"敲门下～,疑是传红叶。"△《二十年目睹之怪现状》五六回:"及至内人死后,散出～去,应酬的就寥寥了。"

【讣文】 fù wén 报丧的文告。明田汝成《西湖游览志餘》卷七《贤达高风》:"方坐厅理事,～忽至,即大哭解印。"清《歧路灯》一二回:"我二人还要在此料理～,今夜不回去。"

【讣闻】 fù wén ❶ 报丧。宋苏轼《赵清献公神道碑》:"～,天子辍视朝一日,赠太子少师。"清屈大均《广东新语》卷一九:"钟氏子死,～,女默然,径更衣自经。"《野叟曝言》一一二回:"怕吓坏了东宫,苦坏了水太夫人,尚没敢～。" ❷ 犹"讣文"。宋苏舜钦《祭舅氏文》:"曾不两月,遭兹凶灾,～始至,肝心裂摧。"清《红楼梦》一三回:"择准停灵七七四十九日,三日后开丧送～。"《绿野仙踪》八十回本五回:"京中王大人亡故,送～来了。"

【讣问】 fù wèn 报丧的音信。唐杜牧《祭周相公文》:"牧守吴兴,继奉手示,但思休退,不言疾恙,～忽至,恸哭问天。"元耶律楚才《燕京大觉禅寺劫建经藏记》:"～既至,不俟驾而行。"明俞允《天目僧公诔》:"忽承～,惊悒且疑,连得后信,公果长乖。"

【讣信】 fù xìn 犹"讣书"。清查慎行有《五月二十六日到家惊闻儿建京师～伤惨而作》。《荡寇志》一二四回:"风会在清真营接到～,大惊。"

【讣音】 fù yīn 犹"讣问"。五代徐夤有《闻司空侍郎～》。宋《五代史平话·唐史下》:"晋王听得～,数日为之不食。"清纪昀《阅微草堂笔记》卷八:"未几,～果至。"

【讣状】 fù zhuàng 犹"讣文"。明卓尔康《春秋辨义》卷首八:"譬如今时人死,争继者～书名,便披麻执杖而为孝子矣。"清《女仙外史》五回:"儿父是个有名的孝廉,我要开丧三日。～丧帖上,女儿的名字也少不得。"《歧路灯》六回:"忽一日,孔宅～到了,孝移不胜怆然。"

【讣奏】 fù zòu 向帝王报丧,也指这样的奏报。五代殷鹏《晋故竭诚匡定保义功臣罗公墓志铭》:"上闻～,乃谓近臣曰:'罗氏大勋之后,宜赏延。'"宋张方平《故推诚保德宣忠亮节吕公神道碑铭》:"～来闻,上哭之恸。"《明史·礼志十四》:"凡蕃国王薨,使者～至,于西华门内壬地设御幄。"

【赴】 fù 在水中游。通"洑"。元明《水浒传》三八回:"张顺跳下水里,～将开去。"又一一○回:"在水中如走旱路,看看～到金山脚下。"

【赴面】 fù miàn 劈面;迎面。明《封神演义》七五回:"催开五云驼,恶狠狠飞来直取,姜子牙手中剑～交还。"清《说唐后传》四九回:"嗖的一戟,分心就刺。盖苏文赤铜刀～交还。"

【赴水】 fù shuǐ ❶ 游泳。唐范慥《竞渡赋》:"去孤标于部党,争距跃而～,有麾竿以赞获,或振彩以扬美。"明单本《蕉帕记》一二出:"忙忙写下一书,封闭蜡丸,教我～潜出重围,送与秦太师。"清《醒世姻缘传》六六回:"小娇春也只得跳在湖里逃命,可只不会～,汨没得像个鳧雏一般。" ❷ 行贿的隐语。明《型世言》二九回:"徐州同即便拘来一夹,讨保,教田有获去～,要他一千。圆静只得卖田卖地,苦凑五百,央田有获送去。"

【付】 fù ❶ 传授。唐裴休《赠黄檗山僧希运》:"拟欲事师为弟子,不知将法～何人?"《五灯会元》卷一《九祖伏驮密尊者》:"如来大法眼藏,今～于汝。"明汤显祖《牡丹亭》七出:"《诗》三百,一言以蔽之,没多些,只'无邪'两字,～与儿家。" ❷ 缴纳;支付。唐韩愈《论变盐法事宜状》:"则是天下百姓,无贫富贵贱,皆已输钱于官矣,不必与国家交手～钱,然后为输钱于官也。"明《西游记》附录:"你可这里赁间房屋,与我暂住,～些盘缠在此。"清《儒林外史》三三回:"杜少卿～了船钱。" ❸ 安排;注定。唐孙樵《寓居对》:"樵天～穷骨,宜安分守拙。"明杨柔胜《玉环记》三四出:"万事都从天～,不须竞短论长。"清《十二楼·夺锦楼》一回:"这两位佳人实是当今的国色,今日得配才子,可谓天～良缘了。" ❹ 量词。a)用于成副或成套的东西。唐李肇《翰林志》:"端午,衣一～,金花银器一事。"元明《水浒传》三回:"史进便入茶坊里来,拣一～座位坐了。"清《聊斋俚曲·磨难曲》:"若知县要杀就杀,何必这～衣巾?"《红楼梦》八九回:"宝玉走到里间门口,看见新写的一～紫墨色泥金云龙笺的小对。"b)用于性情或脸面、面貌。《元曲选·来生债》一折:"富与贵人之所欲,贫与贱人之所恶。难道居士另是一～肚肠,与世人各别的?"明《欢喜冤家》一五回:"那一～面孔不须说起,那狮子向火,酥了半边。"清《红楼梦》六回:"倒还是舍着我这～老脸去碰一碰。"

【付彻】 fù chè 尽舍;舍尽。《敦煌愿文集·愿文范本等》:"所以经其嘉撰,～资财。故于此时,大陈斋席。"又《愿文》:"所以任其嘉撰(馔),～资财。故于此时,大陈斋席。"

【付搭】 fù dā 车夫。明陈铎《醉太平·推车》:"有～名色,非驾驭之才。隆冬盛暑最难捱,努着力挣撑。"

【付合】 fù hé 体谅;依从。《元曲选·对玉梳》二折:"做娘的肯哀怜肯～,做女的有疼热有瓜葛。"

【付能】 fù néng 同"甫能"。元沙正卿《斗鹌鹑·闺情》:"～打撇起伤春,谁承望睡不过暮春。"《七国春秋》卷上:"大臣下马开圣旨。公子拜毕,言曰:'相公休罪,有他邹家父子国后妃子,去不得。'代曰:'～到此,公子便不去保驾?'"明刘兑《娇红记》卷下:"好教我心慌意急,那里不东西寻觅,～将来,肯分放下。"

【付身】 fù shēn 一种身分证件,由官府发给。宋王明清《挥麈前录》卷三:"本朝及五代以来,吏部给初出身官～,不惟著岁数,兼说形貌。如云:长身品,紫棠色,有髭髯,大眼,面有若干痕记。"《元史·选举志六》:"诸道郡县残破之餘,官吏解散,诸司诱人填阙,皆先领职而后奏给～。"

【付与】 fù yǔ ❶ 交给;支付。唐韩愈《顺宗实录》卷二:"阅

人所卖物,但称‘宫市’,即敛手～,真伪不复可辨,无敢问所从来。"金《刘知远诸宫调》二:"却元来是用斧截青丝一缕,并紫皂花绫团袄一领,开门～刘郎。"清袁枚《子不语》卷二四:"海客询其市价,如数～,以此猪舍于海会寺之龙神庙。" ❷ 抛给;丢给。唐高适《封丘县》:"生事应须南亩田,世情～东流水。"元高明《琵琶记》二七出:"把清光都～酒杯倾,从教酩酊。"明汤显祖《牡丹亭》一出:"原来姹紫嫣红开遍,似这般都～断井颓垣。" ❸ 托付;委托;寄托。唐白居易《去岁罢杭州今春领吴郡》:"为问三丞相,如何秉国钧?那将最剧郡,～苦慵人。"明《西游记》三回:"将那安营下寨,赏罚诸事,都～四健将维持。"梁辰鱼《浣纱记》四五出:"因此上,把雄心都～大刀头。" ❹ 配给;注定。宋辛弃疾《吉席》:"刘郎正是当年少,更那堪,天教～,最多才貌。"元高明《琵琶记》一四出:"况兼他才貌真堪羡,又是五百名中第一仙,故把姮娥,～少年。"明《肉蒲团》二回:"只是生人造物的天公有些不是。若把一副丑陋形骸～居士,居士具一点不昧之灵,或者能于正果。"

【附】 fù ❶ 捎;寄;携带。唐王维《伊州歌》:"征人去日殷勤嘱,归雁来时数～书。"明柯丹邱《荆钗记》二〇出:"此书烦～与温州在城双门巷里钱贡元家下。"清《歧路灯》八九回:"～去婶母甘旨银五百两。" ❷ 搭;乘。唐刘长卿《归弋阳山居留别卢邵二侍御》:"渺渺归何处,沿流～客船。"明《徐霞客游记》卷三下:"二十四日,仍～原舟,向和睦墟。"清《巧联珠》五回:"让小弟托敝相知觅一只客船,只～了去方好。" ❸ 附会。宋欧阳修《胡寅字序》:"至于左丘明者载鲁大夫之语,始谓命名必有义,而学者又以文王、武王、伯鱼之类～其说者,尤非也。"清恽敬《顾命辨上》:"乱圣人之经,以后世之说,莫此为甚。"《野叟曝言》四九回:"此固术士所为,强～于老庄之徒,而实老庄之所不齿也!" ❹ 附和。唐韩愈《平淮西碑》:"大官臆决唱声,万口和～。"《大宋宣和遗事》后集:"舍人刘珏亦抗疏言:'当今之要,在审事机爱日力为急务……'士大夫多～其议。"《明史·方献夫传》:"主《濮议》者,光为首,吕海、范纯仁、吕大防～之。" ❺ 比附;仿效。明屠隆《昙花记》二一出:"妙选才调,非止如卓女之奔相如;渴慕英贤,敢自～红拂之归李靖。"张景《飞丸记》五出:"惭非吐沐揽英豪,堪效须～他剧孟宾风,千里车绕。"清《野叟曝言》八七回:"不然,则老之窈冥昏默,佛之如如不动,后人皆得以～于尧之执中,舜之精一矣。" ❻ 孵。通"孚"。《敦煌变文校注》卷五《维摩诘经讲经文(一)》:"如鸡～卵,唪啄同时。" ❼ 背弃。通"负"。敦煌词《望江南》:"夜久更阑风渐紧,为奴吹散月边云,照见～心人。" ❽ 抚摸。通"抚"。《敦煌愿文集·愿文范本等》:"授(受)记于严尊之门,手～于如来密印,悟而能悟如瓶。"

【附搭】 fù dā ❶ 随船装载;搭乘。宋苏颂《奏乞那移诸路有剩常平广惠仓钱斛赴界界》:"其餘剩数钱斛,并令擘画～发运司纲运,般载上京。"曾丰《余得石山二座附海船归三山》之五:"君今得我玉嶙岣,～东艘过七闽。"清《平定台湾纪略》卷九:"诡称避难回籍,～诏安县商船。" ❷ 附带;依附于他人或别项事务上。元王祯《农书》卷一三:"愿编图谱～也于《农书》,使贫窭者得之用普及于稼穑。"明《西洋记》七二回:"敝国国小民贫,不知道有甚么宝贝。若要降书降表,情愿～在木骨都束国而来。"清《姑妄言》八回:"小的幼时曾～在金知县家馆中念书。" ❸ 偕同;跟从。明杨士奇《示稷子书》:"升任若能来,则～一的当人来;若不能来,则不可强也。"清《隋唐演义》一二回:"说是做武官的,毕竟有手下仪从;说是做客商的,有～的伙计。"

【附答】 fù dā 同"附搭❷"。元明《水浒传》四五回:"明日寺中做好事,就～还了。"

【附带】 fù dài ❶ 搭载;运输。宋欧阳修《乞条制催纲司》:

"如遇行运之次,损坏不堪,即仰申报本地分官司检覆,亦据元数拆收,立报催纲司指挥,因便舟船～。"吕颐浩《论运粮供军事》:"臣乞于明州支上件米,充一月之粮,令海船～前去。"明叶春及《理屯盐》:"盐课正额外所产餘盐,丝毫铢两,悉属朝廷。既无工本以给灶丁,复令～以重商贾。" ❷ 携带;随身带着。宋刘安世《论陕西盐钞铁钱之弊》:"陕右素无出产,道路～钱物之人惟用盐钞。"宗泽《宗忠简集》卷七附《遗事》:"尽数划刷催官兵精锐,招集强壮堪充出战人,逐色团结,并坚利器械,随队～。"明唐顺之《武编》前集卷六引《北征录》:"然近日马军类多脱去马靴,或怠于～而弃之郊野。" ❸ 捎带;托人或替人携带。元高明《琵琶记》二五出:"倘或～盘缠回家,也不见得。"明邵璨《香囊记》二八出:"〔外〕下官亦烦～一书。〔末〕当得当得。"清《飞花艳想》一六回:"家书当得,酬仪断不敢领。" ❹ 结伴;搭伙。元古本《老乞大》:"咱每人斯将就斯～行呵好有。"明《徐霞客游记》卷五上:"彼同数人自后尾至,告曰:'予侪欲往庆远,苦此路不通,迂路又太远。闻参府以兵送行,故特来～。'" ❺ 附加;顺便从事。宋苏颂《新仪象法要》卷上:"右三辰仪,其制为双环,在阳经环内。两环面各布周天度数,环内～黄道赤道。"元许有壬《冗食妨政》:"不过挟司官之势,陵侮吏曹,俯视官府,擅立威权,恐喝有司,嘱托公事,～买卖,影蔽富民。"清《万花楼》六六回:"天子见他虽然少年,实乃将门之子,是以准旨允请,并颁旨,～范、狄联姻之事。"

【附服】 fù fú 钦佩依附。唐元稹《故中书令赠太尉沂国公墓志铭》:"公既故为刺史子,又多才,好读书,识理乱形势,孝友信义,士众多～。"宋范浚《张府君墓志铭》:"府君鸠族属聚落,合力保壁,众悉～。"明祝允明《镇洋山碑》:"州人欢耸,征商归瞩,夷倭～,餘舶安流。"

【附郭】 fù guō ❶ 城外;郊外。唐牟融《陈使君山庄》:"数椽潇洒临溪屋,十亩膏腴～田。"《宋史·五行志一上》:"己酉,福州水,浸～民庐。"清《姑妄言》二一回:"福王躯腹肥重,不能远行。黎明犹藏～民居,被贼兵搜执。" ❷ 属县。《太平广记》卷三八五引《河东记》:"康之一县曰端谿。"元《三国志平话》卷上:"刘备赴定州～安喜县县尉。"清《歧路灯》五回:"开封为中州首府,祥符又是开封的～首邑。"

【附合】 fù hé ❶ 附会。唐柳宗元《非国语上·晋孙周》:"又征卦梦以～之,皆不足取也。"明王鏊《震泽长语》卷上:"毛、郑泥于小序,宛转～,多取言外之意。"清陈廷敬《困学绪言》:"今人虽钩深索远,牵引～,于圣人之经,毫发无补。" ❷ 符合;合乎;使符合。宋苏洵《与梅圣俞书》:"惟其平生不能区区～有司之尺度,是以至此穷困。"李觏《上苏祠部书》:"逮于今兹,年二十七矣。其间染采薰香,～时律外,尤存心于古学。"清汪琬《跋来虞先生手迹》:"先生不安其位,故书此以托讽寓志,所谓'闻道长安似奕棋'及'文武衣冠异昔时'者,颇～时事,其意盖亦微而章矣。" ❸ 同"附和❶"。宋鲜于绰《南阳郡公行状》:"至元祐初,俱以耆旧进。公未尝一语,临事数有规正。"《明史·孙承宗传》:"倘言不当,立斥臣以定大计,无纤回不决,使全躯保妻子之臣～众喙,杀臣一身而误天下也。"清弘历《广宁咏熊廷弼王化贞事》:"是时叶向高当国,为其座主其言听,餘者多顺～,右廷弼乃如晨星。" ❹ 同"附和❷"。清雍正三年五月十四日上谕:"金启勋～年羹尧,生事扰民,甚属可恶。"《平定台湾纪略》卷五一:"又饬令凤山县知县张升吉前往该处,将投出之～胁从人等,广为招抚。" ❺ 汇合;合伙;合拢。明李贤《天顺日录》:"且众水之流俱来～,初无障蔽而不附者,此见得有理存焉。"韩雍《先考行实》:"有比邻李姓者,先考尝以白金二百两,～行商。"△清《绿牡丹》一六回:"走近床边取火一照,看见男女上下～一处。用顺刀一切,二头

齐下。"

【附和】fù hè ❶ 对别人的言论随声应和(多含贬义)。唐孙樵《骂僮志》:"口口～,不敢指破。"明《古今小说》卷四〇:"或时唾骂严贼,地方人等齐声～。"清徐锡龄、钱泳《熙朝新语》卷九:"一豪强倡论于先,众货党～于后。" ❷ 依附勾结。宋叶适《国子监主簿周公墓志铭》:"声连势合,～倾朝廷。"元明《水浒传》一〇五回:"又有本处无赖,～了叛军,遂将良民焚劫。"清《万花楼》二五回:"可惜你乃堂堂六尺之躯,不与国家效力,反～奸臣,欺天害理。" ❸ 响应;追随。宋葛胜仲《歙州祁门县青萝山辟支佛舍利铭》:"而邑民张洪首开檀施,远近～,委货利若材木者相属。"明沈采《千金记》三〇出:"那时呵,羽书封咫尺射燕都,敢不从风～我?" ❹ 附会;完全依从。宋游酢《家谱后序》:"宗族之坏,每在数传而后,其间保无一二式微世雷同～者。"元戴启宗《脉诀刊误集解》卷上:"今不悟《脉歌》非王叔和之本经,又立命脉以～之。"清朱彝尊《叶指挥诗序》:"此其人皆以雷同剽说为耻,视其力之所变,莫肯～。"

【附寄】fù jì ❶ 依附寄托。唐李德裕《次柳氏旧闻》:"玄宗倚为相者数矣,竟以宗族蕃盛,～者众,卒不用之也。"明叶春及《图籍问》:"又考近年折有几,绝有几,……归并有几,～庄者有几,应蠲免者有几,据册之实征者详之。" ❷ 捎寄;托人带送。宋祖无择《与旰江李泰伯启》:"泰伯又俾～永叔,即须急便致之也。"明汤显祖《南柯记》九出:"才说那凤钗犀盒,就是那妹子～的么?"清《飞花艳想》一六回:"有劳先生,家书一封,～到京。"

【附学】fù xué ❶ 入国子监或府县学校读书。亦谓取得生员资格。《旧唐书·代宗纪》:"其宰相朝官六军诸将子弟欲习学,可并补国子学生。其中身虽有官,欲～读书者,亦听。"明《欢喜冤家》二三回:"文书还在,只要到杭州见提学,动一张被盗失银呈子,备准～,连忙赶回补考。"清毛奇龄《故明中宪大夫来君墓碑铭》:"然而府试拔第一,时年二十七,始～。" ❷ 指附学生员,即正额生员以外附于廪膳、增广生员之末的入学者。明倪元璐《议复积分疏》:"宜令各处有司,不拘廪、增、～,有通三经至十三经者,考验得实,实时通详抚按,起送到部。"清顾炎武《日知录》卷一七:"其后又有军民子弟俊秀待补增广之名,久之乃号曰～,无常额。"《歧路灯》四一回:"有几个人走的脚步声儿响,仿佛是程嵩淑声音道:'填他个～头儿名子,怕他有什么说。'" ❸ 指依附在别人家的私塾中读书。明《醒世恒言》卷一七:"立心要他读书,却又悭吝,不肯延师在家,送到一个亲戚人家～。"清《红楼梦》一〇回:"秦钟不过是贾蓉的小舅子,又不是贾家的子孙,～读书,也不过和我一样。"

【附依】fù yī 依附;依凭。宋蔡襄《辨邪佞》:"其言忠,其事实,此鲠直之臣也;无所～,进退自守,此公正之臣也。"明汪廷讷《狮吼记》二六出:"远还朝身难～,听《骊歌》寸肠割碎。"清李渔《巧团圆》三出:"虽非宗裔,姓相同何难～,况伊行少室无家,赘将来恰好同栖。"

【附嘱】fù zhǔ 嘱咐;嘱托。唐刘禹锡《袁州萍乡县杨岐山故广禅师碑》:"现灭者身,常圆者性,本无言说,～其谁。"明曹学佺《蜀中广记》卷八五:"汝等当体吾之所以无死生者,慎勿戚戚如众人,乃不累吾今日之所～尔。"朱谊汒《祀灶诗》:"依稀闻～,叱咤戒夸呀。"

【伏抱】fù bào 孵。元王祯《农书》卷五:"或于墙内作龛,又以草缚窠,令鸡～。"《元曲选外编·五侯宴》四折:"王员外将此鸭蛋与雌鸡～,数日个个抱成鸭子。"

【负】fù 错过;辜负。唐张碧《采桑秦氏女》:"独怜倾国貌,

不～早莺春。"宋柳永《看花回》:"雅俗熙熙物态妍,忍～芳年。"清《隋唐演义》六二回:"快去宣他们出来,莫～良辰,好去共谐花烛。"

【负抱】fù bào ❶ 背负怀抱;触摸。唐元结《说楚何惕王赋》:"母姨～,姑娣引提,诣于王宫,字籍王闺。"《新唐书·王玙传》:"～粢稗,道路相望,无时而息。"宋曾协《上张同知书》:"平时～手泽,慨然永叹而已。" ❷ 包容;控制;环抱。宋李昭圮《上郓州安抚刘莘老相公书》:"登高望远,山川气象,～回合,感事赋诗。"王庭珪《送刘君鼎序》:"鄂州今为上流剧镇,屯军数万,～吴楚。"明田汝成《顺昌县改作学宫记》:"而堪舆家又执形胜以附益之曰:'从西则～虚旷,从东则负扆角而对狮峰。'" ❸ 结构;构造。宋曾巩《山水屏》:"山乱若无穷,～颇重复。"明赵宧光《寒山帚谈》卷上:"世降而为篆,曰大、曰小、曰缪,从一法生,～俯仰,构结不离。"王世贞《养馀园记》:"规池堳沼,～宛转,皆许子之所意缔而手启者也。" ❹ 怀有;持有。宋李觏《上王刑部书》:"自古正身立行,～才业,而遭值昏乱,不为人知。"周行己《送刘絜矩序》:"既未得之,且能不为浅人者戚戚怨有司非同列,～其业而归,以益进其所未至者。"明林俊《倦还堂记》:"～义气,以冬官主事论救大臣,左官。" ❺ 胸怀;抱负。宋张纲《祭张彦智文》:"独昂昂以在群,思云飞而孤唳,观～之如此,宜少见于行事。"元胡翰《渊颖集序》:"然则先生之所～者为何如哉,惜其学不见于用而世之知者鲜也。"清蓝鼎元《林元白先生哀辞》:"先生于酒独得豪致,～奇磊,藉斯写意。" ❻ 比喻培育;养育。《新唐书·褚遂良传》:"～之恩,与天无极。"宋李昭圮《晁次膺墓志铭》:"方岁大饥,弃小弱道上,遣人购敛,饮食薪絮浣沐,～一如家儿。"

【负逋】fù bū 拖欠。唐韩愈《南海神庙碑》:"于是免属州～之缗钱廿有四万,米三万二千斛。"《宋史·黎洞传》:"其在乾道元年以前租赋之～者,尽赦免之。"清《醒世姻缘传》引起:"或是义侠来报我之恩,或是～来偿我之债。"

【负惭】fù cán 抱愧;惭愧;表示惭愧。唐李观《交难说》:"今也,则无石父解缚于齐相,智罃～于贾夫。"宋欧阳修《乞出第二札子》:"与其～俯首以见缙绅,孰若乞身远去,少避指目。"清《豆棚闲话》四则:"那汉再三～,连称不敢。"

【负偿】fù cháng ❶ 偿还。《敦煌变文校注》卷五《佛说阿弥陀经讲经文》:"若人故意偷他物,必感当来贫贱因。作驴作马～他,衔铁带鞍多饥渴。"宋洪迈《夷坚志》戊集卷九:"只是前生业债,今世～,夫复何说!" ❷ 借贷;欠债。《宋史·苏云卿传》:"假者～,一不经意。"金《董解元西厢记》卷四:"是前生宿世～伊,也须有还彻。"明罗玘《止庵詹先生墓表》:"散赀藏以家室族之人与其乡人,往往折～之券,嬉笑临之。"

【负带】fù dài 拖带;携带。唐虞世南《破邪论序》:"重风光之拂照林牖,爱山水之～烟霞。"《宋史·兵志四》:"凡募弓箭手、蕃捉生、强人、山河户,不以等样,第募有保任,年十七已上、弓射七斗、任～者。"《元典章·户部十二》:"上任、回任官员～私己财物,经水路前来大都。"

【负犯】fù fàn 违犯法律。《唐律疏议》卷三〇:"若人全罪,谓前人本无～,虚构成罪。"《金史·世宗纪中》:"今后仕及三十二年,别无～赃染追夺,便与县令。"明张岳《留任两广谢恩疏》:"九夷八蛮,重驿献贡,无敢干纪～,以速天诛。"

【负极】fù jí ❶ 情急;窘迫发急。明戚继光《纪效新书》卷一八:"海洋中遇贼战胜,遂以著名。殊不知彼时各渔人为命～之势,亦如贼之入我地者是也。"《二刻拍案惊奇》卷一九:"取过匾担来要打。寄儿～,辨道:'虎来时,牛尚不敢敌,况我敢与他争夺救得

转来的?'"又卷三九:"亦且仗义疏财,偷来东西随手撒与贫穷～之人。" ❷ 极力;死命。明《二刻拍案惊奇》卷九:"方才他～不要去,还是这些狂朋友没得放他回来。"又卷二五:"富家主翁急了,～去求免新妇出官。"清《风流悟》八回:"只见听见呼呼的有鬼从后赶来,愈觉心慌,～的往前奔走。"

【负急】 fù jí 同"负极❶"。《元曲选·货郎旦》三折:"諕的我身心恍然,～处难生机变。"明周瑛《锦江赠别诗序》:"民方苦官府征白粮与茶债～,公求弊端,授以方法。"

【负亏】 fù kuī ❶ 亏欠;对不起。元佚名《寄生草·冬》:"前生想是～他,今生还了你相思债。"明佚名《白兔记》三〇出:"哥嫂他那里昧己瞒心,料想苍天不～。"柯丹邱《荆钗记》二二出:"休疑说闲是非,决不肯将奴～。" ❷ 欺负;损害。明沈璟《义侠记》八出:"蠹杀才不争气,累奴家吃～。"

【负累】 fù lèi ❶ 连累;牵累。《云笈七籤》卷一一二:"或垂见许,勿以～为忧,勿以食饌为虑,只请酒二升,可支六十日矣。"明徐霖《绣襦记》二六出:"郎君一命危,是咱～伊。"清《雪月梅》四四回:"只恐皇上亲试不比寻常,惟恐～贤弟有保举不实之议。" ❷ 亏欠;拖欠。明王世贞《重修长兴令黄公生祠记》:"齐氓往往苦其长横索,而其长亦间苦豪右～,偿破宿产。"清宋荦《条议畿东十事》:"～日久日深,甚至无债可借。" ❸ 劳累;繁劳。明吕坤《呻吟语摘》卷下:"居官只一个快性,自家讨了多少便宜,左右省了多少～,百姓省了多少劳费。"邵宝《会议状》:"今照所呈,见军不上五七名,人少差多,委的～不堪。" ❹ 有劳;烦劳。客套话。明《金瓶梅词话》六五回:"回至厅上,拜谢西门庆说:'今日不当～取扰华府,深感深感!'"《杏花天》一二回:"小乙道:'……毛望繁昨夜病故,又无族人,未有棺木,特来奉启。'悦生道:'～你来。'"

【负命】 fù mìng ❶ 不要命;舍命。《法苑珠林》卷九一:"凡是众生,有相侵害,为怨为隙,～～。"宋马纯《陶朱新录》:"有数人～者在彼,至时某亦当从相助。"元《武王伐纣平话》卷中:"直钩钓渭水之鱼,不用香饵之食,离水面三尺。尚自言曰:'～者上钩来!'" ❷ 狠命;没命。明《醒世恒言》卷三〇:"趁着月色,不顾途路崎岖,～而逃。"清《荡寇志》九九回:"只见徐宁、史进等都纷纷逃来,一同～飞奔。" ❸ 有负使命。清《绣戈袍》二九回:"幸不～,南楼的冤可立伸了。"

【负能】 fù néng 同"甫能"。元明《水浒传》容与堂本三一回:"止有一个哥哥,又被嫂嫂不仁害了。～来到这里,又被人如此陷害。"

【负农】 fù nóng 务农。元明《水浒传》三六回:"日后回来～时,也得早晚伏侍父亲终身。"

【负诺】 fù nuò 背弃诺言。《旧唐书·王友贞传》:"出言未曾～,时论以为真君子。"明胡应麟《报刘君东》:"怡园佳胜种种,暇当如命作一记奉赠,不敢～也。"清《东周列国志》一一回:"但以嗣服未久,国库空虚,一时未得如约。然迟速之间,决不～。"

【负骗】 fù piàn 欺骗。明王恕《参奏南京经纪私与番使织造违禁纻丝奏状》:"织造违禁纻丝,～夷人财本。"清俞森《社仓考》:"如此则奸民不得以～,官司不得以那移。"《儒林外史》五二回:"无奈近日又被一个人～,竟无法可施。"

【负期】 fù qī ❶ 没有按约定的日期到来或出现;错过期限。宋范仲淹《八月十四夜》:"来夕如澄霁,清风不～。"明《情史·情报·珍珠衫》:"既去,数日不至。一日雨中,媪来曰:'老身爱女有事,数日奔走,～。'"清弘历《咏桂菊》之一:"秋迟回眸早如昨,桂菊却怜两～。" ❷ 辜负期望或约定。元胡助《和治书春日台中独坐》:"白日宁虚掷,青云不～。"元明《水浒传》二四回:"安排十

件挨光事,管取交欢不～。"

【负气】 fù qì 赌气。清《警寤钟》六回:"我初只恨命苦,不过～,口说吊死罢,原不曾实心走这条拙路。"《儒林外史》四一回:"却怕是～斗狠,逃了出来的。"沈复《浮生六记》卷一:"余亦～,挈老仆先归。"

【负谴】 fù qiǎn 负罪;获谴。唐杨炯《唐昭武校尉曹君神道碑》:"炯效官昌运,～明时。始以东宫学士,出为梓州司法。"《宋史·许洞传》:"应洞识韬略、运筹决胜科,以～报罢,就除均州参军。"明汤显祖《南柯记》四〇出:"千岁红颜何足论? 一朝～辞丹阙。"

【负欠】 fù qiàn 亏欠;拖欠。也指亏欠的钱物等。唐张九龄《后土赦书》:"所有贷粮种子,～官物在百姓腹内者,亦宜准此。"明张四维《双烈记》一三出:"家中诸事缺少,～又多,如之奈何!"清《歧路灯》六六回:"我近来～颇多,不过是典庄卖地,一时却无受主。"

【负挈】 fù qiè 背负手提,指搬运或运输。唐刘禹锡《观市》:"韫藏而待价者,～而求沽者。"宋曾公亮等《武经总要》前集卷一二:"城下百步给杂役三五十人,掌～所须索物。"清钮琇《觚賸》卷八:"唯此硌硌,与吾为徒。连箱累篋,～以趋。"

【负曲】 fù qū 理亏或使之理亏。宋《三朝北盟会编》卷一九二:"固知既来而则安,或且宁许以～。"廖行之《论湖北田赋之弊》:"豪民占田一亩,辄十数倍犹供也,而官吏或以事之～,颇宽之以窒其辞。"清查慎行《仆旧有青田冻石一枚》:"连城既入赵,～敢虚拥。"

【负屈】 fù qū 抱屈;受冤屈。唐赵匡《举选议》:"其授试官及员外等官,悉不许选,恐抱才者～。"《元曲选·灰阑记》二折:"则我这～的有口难言,赤紧的原告人见世生苗。"清《绿牡丹》一一回:"或细想前日之事,并想孩儿素日之为人,道孩儿～,亦未见得。"

【负水】 fù shuǐ 游泳。明李梦阳《风雅什·型范》:"渊鱼～,谷鸟嘤嘤。贤岂在贵,愚匪无荣。"《西游记》七二回:"那女子都跳下水去,一个个跃浪翻波,～顽耍。"

【负胎】 fù tāi 怀胎。《敦煌愿文集·二月八日文等范本·患难月文》:"遂因往劫,福凑今生;感君女质之躯,难离～之患。"

【负特】 fù tè 辜负。唐王梵志《沉沦三恶道》之一:"沉沦三恶道,～愚痴鬼。"《敦煌变文校注》卷一《李陵变文》:"岂谓将军失利,将士徒然～壮心,乖为(违)本愿。"

【负疼】 fù téng 遭受疼痛。元明《水浒传》四七回:"那马～,壁直立起来,险些儿把祝彪掀在马下。"明《封神演义》六〇回:"毕环～,把头一缩。"清《说岳全传》六八回:"那马一～,把宗良掀下马来。"

【负痛】 fù tòng ❶ 承受痛苦。唐武三思《大周无上孝明高皇后碑铭》:"衔冤～,抚缇帐而增号;吊影伤魂,践媋闱而凝慕。"宋郑刚中《拟宰执祭吕安父文》:"我念初终,公无负国。国事累公,～何极!"清张玉书《蠲免仪真县坍江田粮碑记》:"曾不数月,而二十年之痗心疾首隐忍～者,一旦涣然以释。" ❷ 即"负疼"。《五灯会元》卷一三《金锋从志禅师》:"师下禅床,扭僧耳朵。僧～作声。"明《西游记》四回:"急躲闪时,不能措手,被他着了一下,～逃走。"清李玉《清忠谱》二五折:"这奸贼,也只得～而走了。"

【负违】 fù wéi 违反。唐张柬之《对贤良方正策第一道》:"莫计清浊,无选艺能,～圣诫。"五代杜光庭《三会为弟子醮词》:"或噉食荤血,秽乱正真;或嗜繁华,～禁戒。"宋苏籀《论将》:"惟帝以术笼罩,信故遂为汉用,不肯～也。"

【负挟】 fù xié ❶挟抱；扶持；背负臂挟。宋卫湜《礼记集说》卷四："其负剑辟咡诏之，疑非～幼童，乃是长者之身或负剑者，将诏告幼童，不便于屈身俯临而语之辟咡者。"卫宗武《再遇雪》："巨灵与夸娥，～从我归。"廖刚《乞戒约招军札子》："其甚者，于市井中见生疏人有所～，辄声言捉贼，径自拽去，莫敢谁何。" ❷凭仗；仗恃；倚仗。宋家铉翁《隐求室记》："乃若刳木为舴，剡桐为楫，可以泛沧浪，涉溱洧，而不能乘长风破万里浪，其所～者浅也。"元赵汸《黟令周侯政绩记》："郡邑甫定，吏每持豪民陷贼事，民得以财自解，则所～，无异平时。"明佚名《嘉靖东南平倭通录》："而侍郎赵文华出督察，文华疏上疏行有所～，顾指凌经。而经以大臣自重出其上，文华恚，则疏连劾经。" ❸抱有；怀有；具有。宋赵必愿《方是闲居士小稿序》："居士～所长，施用未究，是岂终隐约者耶？"刘克庄《祭古田弟文》："岂～其逸才，致时运之多骞？"明罗钦舜《送通判刘君复任杭郡序》："虽有豪杰之资，～器能，一沉下僚，卒无以自振。" ❹气魄；才气；抱负。元欧阳玄《元赠应奉翰林刘聘君墓碑铭》："居乡曲有誉，处豪右有道，虽不好以气岸加人，而见者自失其～。"明杨士奇《故国子博士王君墓表》："子复是时已日有～，出圭角，谢先生亦奇视之。"李东阳《翰林伦侣封君墓表》："士有所～而不用，不过施于家，及乎其乡而止。" ❺从事；经营。明王达《赠医士潘徐二君序》："二人者忘其所～，而一以拯人为念，故雷氏子弥数日而愈矣。"

【负旭】 fù xù 晒太阳。清陈维崧《宴清都·曝日》："路旁多少行客，笑马首、冰花胶鬓，总不如～南荣，风光较稳。"又《储太翁九十征诗启》："矍铄晴原，尚临风而却杖；摩婆画阁，或～以钞书。"

【负暄】 fù xuān 犹"负旭"。唐杜甫《西阁曝日》："凛烈倦玄冬，～嗜飞阁。"明于慎行《穀山笔麈》卷五："一日，着一布袍，～读书。"清《红楼梦》五三回："命人在厅柱下石矶上太阳中铺了一个大狼皮褥子，～闲看各子弟们来领取年物。"

【负义】 fù yì 指背叛爱情。明孟称舜《娇红记》四七出："今乃一旦改许他氏，是～之愆，不在我了。"清方成培《雷峰塔》二九出："许宣，你好狠心也！～忘情心不善。"《红楼梦》一一四回："后来宝玉明白了，旧病复发，常时哭想，并非忘情～之徒。"

【负意】 fù yì ❶违意；不中意。宋晁说之《送斯立入京》："讵惜草草别，但嗟言～。"刘弇《代上钟离朝仪书》："迎眄者知荣，～者茹惭。" ❷同"负义"。元童童学士《新水令·念远》："我不学普救寺幽期调发，你怎犯海神祠～折别？"明张鍊《一枝花·劝友人收心》："半路收心不当灾，做一个～的王魁休怕那桂英怪。"

【负冤】 fù yuān 蒙冤；遭受冤屈。唐张读《宣室志》卷一〇："几为所祸，乃～而死者也。"明屠隆《彩毫记》三六出："今者此公坐永王璘之事，～下狱。"清《镜花缘》一二回："申生遭谤，伯奇～，千古之下，一经谈起，莫不心伤。"

【负罪】 fù zuì 得罪；抱歉。《太平广记》卷三五引《逸史》："独召公入，责之曰：'尔何乃轻泄也？比者升仙之事亦得，今不果矣。'公哀谢～，出门去。"明张景《飞丸记》二五出："向年轻犯家园，今日干威江上，连次～了。"清《珍珠舶》一三回："今蒙老年伯破格垂情，所以闻呼即至。但无寸芹为敬，～良多。"

【妇道】 fù dào 妇女。后多加词缀"家"或"人家"等字样。明《警世通言》卷二："你何得轻出此语，将天下～家看作一例。"清陈端生《再生缘》四七回："从来～最多心，必怨孤家太薄情。"《白雪遗音·闷坐牙床》："我是一个～之家，女流之辈，三把梳头，两截穿衣。"

【妇儿】 fù er 妇人；妻子。儿，词缀。《敦煌变文校注》卷三《燕子赋(一)》："见他宅舍鲜净，便即穴白占着，～男女，共为欢乐。"金《董解元西厢记》卷八："谁知今日见伊，尚兀子鳏居独自，又没个～妻子。"元刘将孙《彭宏济诗序》："冰霜非不高洁，然刻历不足玩；花柳岂不明媚，而终近～。"

【妇姑】 fù gū 指妇女。妇，媳妇；姑，婆婆。唐王建《寒食行》："远人无坟水头祭，还引～望乡拜。"白居易《观刈麦》："～荷箪食，童稚携壶浆。"明祝允明《喜雨篇送推官》："农人铺在野，阃室欢～。"

【洑水】 fù shuǐ ❶游泳。明《梼杌闲评》一回："黄达顾不得，又下水～到他船边，爬上船去。"清《后水浒传》三三回："等夜深时，只消我入水～过去，将这只船推入河中，你们只砍杀上来。"

【洑上水】 fù shàng shuǐ 比喻巴结有权势的人。清《红楼梦》五七回："不说你无依无靠，为人作人配人疼，只说我们看老太太疼你了，我们也～去了。"又九四回："我们把环儿带了来，索性交给你们这一起～的，该杀该剐，随你们罢。"

【复】 fù ❶顺。《敦煌愿文集·回向发愿等范本》："～八节而恒安，顺四时而休豫。" ❷连词。且；或。表示递进或选择。唐岑参《赴犍为》："江路险～永，梦魂愁更多。"王维《红牡丹》："绿艳闲且静，红衣浅～深。"宋杨万里《秋雨叹》之一："雨入秋宵滴到明，不知有意～无情。"

【复辟】 fù bì 君主复位。唐元稹《迁庙议状》："中宗～中兴，当为百代不迁之庙。"明陆采《明珠记》一七出："今日圣上～，被当朝卢丞相奏过官里，只说他受了朱泚的官职。"清《女仙外史》五八回："一面竟取河南诸郡，以绝彼互援之势。则中原定而帝可～矣。"

【复初】 fù chū 痊愈；康复。五代徐铉《稽神录》卷二："瑗马倒伤面，月馀乃～。"宋张杲《医说》卷七："汝伤未～，何不求医？"明文徵明《赵硕人墓志铭》："晚岁目失明，日犹默诵内典不辍，俄得异人治之～。"

【复旦】 fù dàn ❶指冬至日。冬至日阴尽阳返，一阳复生，因称。宋宋庠《冬至观两宫盛礼奏御》："三正来～，万寿此称觞。"史浩《冬至贺皇帝表》："茂临～之长，坐拥泰亨之祉。" ❷指生日，谓诞辰复至。宋强至《贺乾元节表》："重熙～，载诞膺辰。"刘挚《谢生日赐羊酒米面表》："设弧～，自伤弗逮于亲存；颁馈示恩，敢谓不缘于人废。" ❸两天。清雍正七年闰七月二十日徐本奏文："伏查庆云纪瑞，自古为昭，历稽史册所载，暂者一朝，久者～。" ❹第二天早晨。金《刘知远诸宫调》一二："～临衙，忽听阶前声叫屈。"

【复地】 fù dì 又；再次。元明《水浒传》二一回："当下宋江坐在杌子上，睃那婆娘时，～叹口气。"

【复东】 fù dōng 回请做东的人。明《梼杌闲评》一二回："进忠置酒请众人赏花。次日，众人又携分来～。"△清《九尾龟》五回："耐今朝扰仔刘大少末，也应该复复俚个东。"

【复分钱】 fù fèn qián 加倍付给妓女的钱。唐孙棨《北里志·郑举举》："他人或不尽预，故同年卢嗣业诉醵罚钱，致诗于状元曰：'未识都知面，频输～。'"又："曲内妓之头角者，为都知，分管诸妓，俾追招匀齐。举举、绛真，皆知也。曲中常价，一席四镮，见烛即倍，新郎更倍其数，故云～。"

【复裹】 fù guǒ 同"服裹"。《敦煌变文校注》卷二《韩擒虎话本》："遂～经题，直至随州山内隐藏。"

【复还】 fù huán 恢复。唐刘禹锡《砥石赋》："拭寒焰以破眦，击清音而振耳。故态～，宝心再起。"明沈德符《万历野获编》补遗卷二："又龙虎山张真人，自隆庆初年，革其一品衔，降为提

点,天下快之。万历初～其故秩。"清《红楼梦》一〇七回:"王夫人正恐贾母伤心,过来安慰。听得世职～,也是欢喜。"

【复旧】 fù jiù 犹"复初"。《太平广记》卷六三引《集异记》:"玉女即茹之,自是疾渐痊,不旬日～。"宋《太平惠民和剂局方》卷五:"凡病后未～,及忧虑伤动血气,此药皆补有效。"清《红楼梦》二五回:"三十三日之后,包管身安病退,～如初。"

【复炉】 fù lú 回炉。比喻事情重新来过。特指妓女第二次接客或女子第二次与人发生性关系。明冯文焕《懒画眉·释爽约》:"劝君且把火儿消,何苦花街又跳槽。新交怎比旧时交,温存未必如他好,待～时转欠高。"《别有香》四回:"了空道:'你不晓得。一遭生,两遭熟。再弄这一次,管教你爱来。'芙蓉也觉情动,听了空～。"

【复面拜门】 fù miàn bài mén 谓新婚第二天,夫妇即往女方家参拜。宋孟元老《东京梦华录》卷五:"婿往参妇家,谓之拜门。有力能趣办,次日即往,谓之～。不然三日七日皆可。"

【复墓】 fù mù 同"覆墓"。唐段成式《酉阳杂俎》续集卷七:"埋已三日,其家～,闻冢中呻吟。"按,《太平广记》卷一〇六引作"覆墓"。《敦煌变文校注》卷一《董永变文》:"一切掩埋总以(已)毕,董永哭泣阿耶嬢。直至三日～了,拜辞父母几田常(已填偿)。"宋洪迈《夷坚志》甲集三:"葬之三日,家人具酒醴～。"

【复却】 fù què 副词。再;又。唐杜甫《羌村三首》之二:"晚虽迫偷生,还家少欢趣。娇儿不离膝,畏我～去。"刘长卿《送张栩扶侍之睦州此公旧任建德令》:"遥忆新安旧,扁舟～还。"

【复三】 fù sān ❶ 古丧礼。《仪礼·士丧礼》:"升自前东荣,中屋北面招以衣,曰:'皋某复。'三,降衣于前。"指人刚死,家属持死者之衣上屋顶北面三呼以招魂。《元曲选·桃花女》楔子:"你那孩儿定无活的人也,你快回家打点～去。" ❷ 犹"复墓"。明《西游记》八六回:"今日哭一日,明日再哭一日,后日复了三,好道回去。"清《醒世姻缘传》六一回:"出丧第三日,狄希陈也同了薛如卞他们早往坟上～,烧了纸回家。"

【复身】 fù shēn 转身;回身。宋曾慥《类说》卷二四引《狙异志》:"妇人得水偃仰,～望查拜手,感恋而没。"明《警世通言》卷二四:"玉姐见话不投机,～向楼下便走。"清《红楼梦》六回:"贾蓉忙～转来,垂手侍立。"

【复元】 fù yuán 犹"复初"。明朱橚《普济方》卷二二四:"凡病愈后气体不得～者服之,虽瘦弱人亦得气血调顺,身体肥健。"清《儒林外史》二三回:"睡下安息,养了两天,渐渐～。"《荡寇志》九二回:"安道全按症用药,调理医治,次年正月,才得～。"

【复杖】 fù zhàng 同"复帐❷"。明陈铎《一枝花·嘲王孟启赌奕不胜》:"要～,转不济。上手连输四五回,快快而归。"

【复帐】 fù zhàng ❶ 犹"复炉"。明《金瓶梅词话》二一回:"我猜老虔婆和淫妇铺谋定计叫了去,不知怎的撮弄陪着不是,还要回炉～,不知涎缠到多咱时候。" ❷ 指赌输后再赌以求翻本。明《禅真逸史》二四回:"有甚事故?这老头儿今日必摆布得些财物,又思～了。"清《照世杯·掘新坑》:"早是苗舜格撞来,说主徐公子要～,一直拉着穆文光到马吊馆来。"

【腹里】 fù lǐ 喻内地。元代指中书省直辖的今河北、山西、山东和内蒙古部分地区。宋司马光《乞罢修腹内城壁楼橹及器械状》:"兼永兴军一路州军尽在～,去沿边绝远。"《元典章·圣政二》:"～路分,各免包银俸钞。"清于成龙《请更定宣属文武仪注疏》:"盖此地自来为屯牧之所,原与～不同。"

【腹内】 fù nèi ❶ 名下。唐张九龄《后土赦书》:"逋租悬调,贷粮种子,欠负官物在百姓～者,并宜放免。"元稹《弹奏剑南东川

节度使状》:"元和元年所供顿,递侵用百姓～两年夏税钱四千二十三贯三文。"《旧唐书·奚陟传》:"及在诸色人户～合收其斛斗共三十二万石,惟三百餘石诸色输纳所由欠折。" ❷ 犹"腹里"。《旧唐书·李晟传》:"渭桥在贼～,兵势悬隔,李晟可办事乎?"宋司马光《乞留诸州屯兵札子》:"戎狄犯边,虽当竭力捍御,然～州军,岂可全无备。"清《女仙外史》九三回:"这两处原是个小地方,城郭凋敝,总在大都～,无人保守。"

【腹热】 fù rè 心急。宋赵师侠《洞仙歌·丁丑元夕大雨》:"心忙～,没顿浑身处。"金《董解元西厢记》卷八:"亏人不怕神天折,恼得人头百裂。便假饶天下雪,解不得我这～。"明沈璟《埋剑记》三五出:"恰便是吕安亡,止剩嵇康,沥胆披肝,做了～肠荒。"

【複子】 fù zi 同"袱子❶"。《全唐诗》卷八七六杜重威引俚语:"逢贼得命,更望～。"《五灯会元》卷七《鼎州德山宣鉴禅师》:"于是礼辞,直抵沩山,挟～上法堂。"

【覆庇】 fù bì 荫庇;遮蔽。宋范祖禹《代杨中散遗表》:"御中和于六气,同长久于二仪。聚会百祥,～四海。"明万民英《三命会通》卷一:"若壁土可以安身,屋土可以～。"清《聊斋俚曲·翻魇殃》:"不想全把他仗赖,满门受他～恩。"

【覆翻】 fù fān ❶ 翻覆;颠倒;倾覆。宋洪迈《夷坚志》支癸卷六:"转盼间盐舟平沉,旋即～。"叶适《祭薛子舒文》:"瓶罍～,天地常在。"清洪昇《长生殿》二四出:"黑漫漫乾坤,碌磕磕社稷摧残。" ❷ 喻指变化、交替。宋陈著《俞荪堂示以杂兴四首》之七:"世运空更嬗,人生任～。"元宋无《建业怀古》:"乐极终复悲,替兴相～。"

【覆海】 fù hǎi 即"覆橑"。《法苑珠林》卷五一:"京师慈恩寺僧惠满在塔行道,忽见绮井～一双眼精,光明殊大。"

【覆窠】 fù kē 轻薄;不检点。《太平广记》卷五五引《玉堂闲话》:"江南人呼轻薄之词为～。其妻告曰:'常言小处不要～,而君须要～之。譬如骑恶马,落马足穿镫,非理伤坠一等,君不用苦之。'"宋曾慥《类说》卷六〇:"江南谓轻薄言语为～谈。"明方以智《通雅》卷三:"险浑～,犹曼倩之诙笑也,少孺之诙笑也。"

【覆橑】 fù liáo 天花板;传统建筑内顶棚的装饰性凹面。宋沈括《梦溪笔谈》卷一九:"屋上～,古人谓之绮井,亦曰藻井,又谓之～。"明唐寅《金粉福地赋》:"屈曲围屏,高低～。"

【覆墓】 fù mù 葬后三日到坟上察看祭奠。唐白居易《答骑马人空台》:"寂莫咸阳道,家人～回。"明《金瓶梅词话》九二回:"这经济坟上～回来,把他娘正房三间中间供养灵位。"

【覆盆】 fù pén ❶ 指天穹。古人认为天圆地方,故以覆盆喻天。《敦煌变文校注》卷一《王昭君变文》:"度岭喜玄(悬)瓮,临行望～。" ❷ 覆盆之下阳光照不到,故用以比喻冤案或黑暗。唐高彦休《阙史》卷下:"天启良便,再领三川。狱吏屏息,～举矣。"明杨珽《龙膏记》二七出:"一自委泥沙,抱痛圜墙,～谁察?"清《二度梅》二三回:"你须存忠敬之心,毋使有～之叹。"

【覆射】 fù shè 射覆;把东西覆盖住让人猜。也泛指猜测或体会。唐元稹《才识兼茂明于体用策》:"其所谓通经者,又不过于～数字,明义者才至于辨析章条,是以中第者岁盈百数,而通经之士蔑然。"宋郑文宝《南唐近事》卷二:"钟傅镇江西日,客有以～之法求谒。傅以历日包一橘,置袖中,使射。"元明《三国志通俗演义》卷一四:"客言辂能～。诸葛原不信,暗取燕卵、蜂窠、蜘蛛置于三盒之中,令辂卜之。"

【覆头】 fù tóu 古丧俗,人死后即以衣覆头,以衾覆尸。唐王梵志《父母怜男女》:"父母怜男女,保爱掌中珠。一死手遮面,将衣即～。"

【覆椀】　fù wǎn　犹"覆盏"。唐段成式《酉阳杂俎》前集卷一二:"俄而酒至鸚鵡杯,君房饮不尽,……谓信曰:'相持何乃急。'肇师曰:'此谓直道而行,乃非豆萁之喻。'君房乃~。"

【覆盏】　fù zhǎn　干杯,覆其盏以示一饮无餘。唐王梵志《本巡连索索》:"本巡连索索,樽主告平平。当不怪来晚,~可怜精。"宋欧阳修《奉送原甫侍读出守永兴》:"鱼枕蕉一举,十分当~。"

【覆帐】　fù zhàng　同"复帐❶"。明《醒世恒言》卷三:"你如今快快寻个~的主儿,他必然肯就。"又:"~之后,宾客如市。"

【副】　fù　从事。通"服"。《太平广记》卷二四三引《朝野佥载》:"罗会以剔粪自业,里中谓之鸡肆,言若归之积粪而有所得也。会世~其业,家财巨万。"

【副榜】　fù bǎng　❶科举乡、会试正额以外另取的名额,公布时称副榜。会试副榜可任教职或入国子监肄业,乡试副榜充贡生入国子监。元戴良《申屠先生墓志铭》:"然屡举不利,仅中辛巳甲申~,以新例授徽州路歙县儒学教谕。"《明史·选举志一》:"是时会试有~,大抵署教官,故令入监者亦食其禄也。"清《醒世姻缘传》五〇回:"甲科场里本房已是荐了,只因一场表里多做了两股,大主考就把卷子贴出来了,挂出榜来只中了一个~。"　❷称中副榜的人。清《歧路灯》三七回:"我昨日在文昌巷董舍亲家赴席,娄进士去拜孔~。"

【副车】　fù chē　帝王仪仗的从车。❶借称副职或助手。唐白居易《李程行军司马制》:"西南重镇,初委元戎。慎选~,尔当此举。三军之重,俾往贰之。"宋林之奇《答黄晦叔仙尉》:"某尝有志于是而未得其门而入也,方且愿为~别乘,以共推于九达之逵如砥之周道焉。"也指担任副手。明杨慎《升庵集》卷七二:"韩信伐赵,张耳为贰;马援讨越,刘隆~。"　❷称帝婿。宋洪适《祖祔马都尉景臻大宁郡王制》:"宋有天下,凡将相之子勋贵之家以选而为~者,无虑数十百人。"明王世贞《宋司马温公梅都官王荆公王都尉墨迹》:"王~,翩翩浊世佳公子也。"　❸犹"副榜❶"。清吴伟业《监察御史王君慕吉墓志铭》:"楼山讳之屏,博学精曲台礼,中乡闱~,贡入太学。"《歧路灯》九六回:"院试以游洋为喜,乡试以登贤书为重。各街轰动哩是举人,那~也就淡些。"

【副东】　fù dōng　协助主人接待宾客的帮手。明《金瓶梅词话》三二回:"到后日,俺两个还该早来,与哥做~。"又四六回:"便是我的切邻,就如东~一样,三姑四姑根前酒,你也替我劝劝儿。"

【副端】　fù duān　唐代侍御史职官中作为台端(侍御史总管)副手掌管推案赃赎等具体事务的侍御史的别称。后作为殿中侍御史的代称。《新唐书·百官志》:"侍御史六人,……久次者一人知杂事谓之杂端,殿中监察,职掌进名迁改及令史考第,台内事颛决,亦号台端。次一人知公廨,次一人知弹,分京城诸司及诸州东西。次一人知西推赃赎三司受事,号~。"宋许应龙《左司谏林略除殿中侍御史制》:"朕励精思治,为官择人,矧惟宪府之雄,尤重~之任。"元许谦《贺赵淞涧除行台治书启》:"所操公溥,自契神明。进陟~,实符众望。"

【副贡】　fù gòng　以乡试副榜入国子监的贡生。也指中乡试副榜者。宋许瑶《宋故辟雍造士程公先生行状》:"考易轩府君讳梦予,从慈湖先生受业,学究渊微,根极体要,气和行方,名列~。"清张玉书《文华殿大学士徐公神道碑》:"祖讳永美,万历乙卯~。"《歧路灯》一〇五回:"文~叫兵部引见,向本无例。"

【副急】　fù jí　应急。宋曾几《咏旱三首》之一:"骄阳方施行,秋节乃树立。田苗在膏肓,何道可~。"明李东阳《怀麓堂诗话》:"巧迟不如拙速,此但为~者道。"

【副能】　fù néng　同"甫能"。宋毛滂《最高楼·散后》:"~小

睡还惊觉,略成轻醉早醒松。"辛弃疾《杏花天》:"~得见茶瓯面,却早安排肠断。"《五代史平话·汉上》:"我一穷到骨,~讨得个吃饭处,你说这般话,莫带累咱着了饭碗。"

【副牌】　fù pái　副牌军。宋代低级武官名。元明《水浒传》一二回:"梁中书见他勤谨,有心要抬举他,欲要迁他去做个军中~。"

【副室】　fù shì　妾的讳称。明冯时可《雨航杂录》卷下:"今某奉巾帻久,未有一线之息,以为君忧,胡不纳~以广嗣续。"清《歧路灯》六七回:"这老夫妇年过四旬,尚无子息,因此纳了一个~杜氏。"

【副手】　fù shǒu　❶称手;合用。宋朱熹《答吕伯恭》:"吾辈与百万生灵性命尽在此漏船上,若唤得~稍工,不至沉醉,缓急可恃也。"　❷助手。元明《水浒传》三回:"便叫~掇条凳子来。"明《醒世恒言》卷一六:"恰好陆五汉要杀一口猪,因~出去了,在那里焦躁。"清《醒世姻缘传》一二回:"刑厅姓褚,四川人,新科进士,甚是少年,又是一个强项好官,尽可与那巡道做得~。"　❸担任助手。明《醒世恒言》卷二一:"却说那些~的和尚,接了这些行李。"

【副宪】　fù xiàn　❶提刑按察使司、都察院等监察机构副长官的别称。监察官俗称风宪官。元姚燧《冯松庵挽诗序》:"二十有三年夏,燧以湖北~奉檄趋京师。"明倪岳《翰林同年会图记》:"惟明仲由福建~进南京国子祭酒。"清《醒世姻缘传》四六回:"晁梁初次应试,县里也取了名字。府考是他丈人姜~的人情,也取在三四十名之内。"　❷担任副宪。明张宁《送钱廷珍宪使赴江西序》:"其毅然为公之心,自御史时已然,及~福建,正使贵州,风范益著。"李时勉《正议大夫户部左侍郎姜公墓碑》:"今兵部尚书靖远伯王公~山西时,行部至忻州。"

【副小姐】　fù xiǎo jiě　挖苦近侍丫鬟的称呼。清《红楼梦》七七回:"你如今不是~了,若不听话,我就打得你!"

【副爷】　fù yé　尊称将领的佐官。多指级别较低的。清《野叟曝言》四三回:"俺营里的赵~,不是那高条子,阔背膀,一嘴铁线也似的剪边胡子么?"《红楼复梦》八三回:"有两个去报汛官,那外委毛~听见,领着五名汛兵各拿鸟枪、腰刀慢慢跑来。"

【副餘】　fù yú　同"富餘❷"。明丘濬《请访求遗书奏》:"请于内阁见存书籍内,查有~之本,各分一本送两京典籍厅国子监收掌。"清《醒世姻缘传》六五回:"他不知他还有多餘不曾?若没有~,止他老婆的一件,好问他回买?"

【副著】　fù zhuó　附着;合着。唐张鷟《游仙窟》:"眼心俱忆念,心眼共追寻,谁家解事眼,~可怜心。"

【富侈】　fù chǐ　❶富有而奢侈。唐李冗《独异志》卷上:"隋杨素家~之极,家童数千人,后庭曳罗绮之女亦数千。"明柯丹邱《荆钗记》一一出:"怕一时贪~,恐船到江心补漏迟。"清《绿野仙踪》九一回:"臧获~若此,是主人当何如!"　❷豪华。清《九云记》二五回:"次日,丞相入朝,俱奏新第之壮丽,大为~。"

【富贵】　fù guì　❶奢华;富丽堂皇;丰盛。唐傅奕《请废佛表》:"五曰断僧尼赈贷,则百姓丰满,将士皆富。礼佛不得尊豪,设斋不得~。"金《董解元西厢记》卷一:"此寺盖造真是~,捣椒泥红壁,雕花间玉梁。"清陈端生《再生缘》五五回:"项员外,回盘礼物早排成。多~,甚丰盈,也不惭于官宦门。"　❷富庶;繁华。元高明《琵琶记》八出:"长安~真罕有,食味皆山兽,熊掌紫驼峰,四座馨香透。"元明《水浒传》一一四回:"那时西湖不比南渡以后,安排得十分~。"明徐复祚《红梨记》七出:"我闻汴京~,欲来看赏元宵。"　❸繁盛;兴旺。元张可久《水仙子·西湖废圃》:"花

已飘零去,山曾~来,俯仰伤怀。"关汉卿《白鹤子》:"四时春~,万物酒风流。澄澄水如蓝,灼灼花如绣。" ❹ 富裕;有钱。宋元《清平山堂话本·李翠莲》:"说我婆家多~,有财有宝有金银,杀牛宰马做茶饭,苏木檀香做大门。"明《西游记》五六回:"晦气呀!把一个~和尚放了,却拿住这个穷秃驴!"清《红楼梦》九回:"只是宦囊羞涩,那贾家上上下下都是一双~眼睛,容易拿不出来。" ❺ 财物;钱财;财富。《元曲选·看钱奴》一折:"上圣,但与我些小~,我做本分营生买卖去也。"明《醒世恒言》卷一四:"把那盖天板丢在一壁,叫:'小娘子莫怪,暂借你些个~,却与你做功德。'道罢,去女孩儿头上便除头面。"清《风流悟》四回:"只是大叔可肯于今晚放我出去一晚,到后日进来,大叔,包你有个小小~。" ❻ 宝贵。《元曲选·百花亭》一折:"四时中惟有春三月,光阴~,景物重叠。"

【富乐院】 fù lè yuàn 妓院。明陈铎《斗鹌鹑·劝子弟收心》:"~哭不的贫酸,鸣珂巷告不的消乏。"许潮《写风情》:"令我去~,唤名妓如云赛月,席间奉酒。"

【富力】 fù lì 财力。宋吕陶《游文水寿宁院》:"并人事佛素已谨,挟以~辉光。"欧阳修《通进司上书》:"汉因文景之~,三举而才得河南。"又《寿楼》:"主人起楼何太高,欲夸~压群豪。"

【富丽】 fù lì ❶ 华丽。唐柳宗元《李赤传》:"堂之饰,宏大~,椒兰之气,油然而起。"明陈霆《渚山堂词话》卷二:"文文山词,在南宋诸人中,特为~。"清孔尚任《桃花扇》八出:"你看这般~,都是公侯勋卫之家。" ❷ 富饶美丽。宋苏轼《策断二十五》:"契丹自五代南侵,乘石晋之乱,奄至京邑,睹中原之~,庙社宫阙之壮而悦之。"元周致中《异域志》卷下:"撒母耳干,在西番回鹘之西,其国极~,城郭房屋皆与中国同。"清戴名世《杨刘二王合传》:"崇祯中,陕西群盗起,天下大乱;而滇以僻远得脱,承平且三百年,其~拟于中原矣。" ❸ 繁华;热闹。《元曲选·萧淑兰》四折:"如此夜宴,月光照耀,灯烛辉煌,锦绣罗列,图画张挂,百味珍羞,水陆具备,端的好~也。"明吴俨《奏请回銮疏》:"沙漠之凄凉,决不若京师之~。"《禅真后史》二三回:"龙氏细叩庙中胜概,瞿琰把烧香士女繁众并向壁哭泣,及诸物聚会~景象,逐一说了。" ❹ 富裕;富贵;富盛。宋叶绍翁《四朝闻见录》卷一:"钱塘自五季以来无干戈之祸,其民~,多淫靡之尚。"明佚名《霞笺记》二出:"~人家气象,簪缨甲第光辉。"《禅真后史》一〇回:"金珠满篋,罗绮盈箱,说不尽妆资~。" ❺ 鲜艳美丽。明张瀚《松窗梦话》卷五:"昔人谓牡丹为木芍药,盖~芬芳,可当伯仲。"清《后红楼梦》二五回:"又这几天月亮也很好,秋色也~。"《姑妄言》五回:"我一色杏花红十里,比你好桃花~了多少。" ❻ 形容体态丰满美好。清李斗《扬州画舫录》卷九:"汤二官,不知其籍,其体~,其色华艳,善诙谐。"△《呼家将》二一回:"今年十六岁,面貌却也~。"

【富胎】 fù tāi 同"富态"。明《西游记》四一回:"战裙巧绣盘龙凤,形比哪吒更~。"清《红楼梦》程乙本三〇回:"怪不得他们拿姐姐比杨妃,原也~些。"

【富态】 fù tài 身体胖,有富贵气象。多用作胖的婉词。明《金瓶梅词话》三一回:"众人睁眼观看,官哥儿穿着大红段毛衫儿,生的白面红唇,甚是~。"清《醒世姻缘传》八六回:"白净~,比奶奶不大风流。"《续金瓶梅》一六回:"五短身材,丰额大肚,倒是~像。"

【富馀】 fù yú ❶ 富裕;富足。元舒頔《予生之辰留水村风雪中》:"贵重何须六国印,~只用二顷田。" ❷ 足够而有剩馀;多馀。明《金瓶梅词话》二一回:"虽是日逐钱打我手里使,都是扣数的,使多少,交多少,那里有~钱?"清《红楼梦》七五回:"如今都是可着头做帽子,要一点儿~也不能的。"《姑妄言》一九回:"我替你打量,有三十两银子就~了。"

【富裕】 fù yù ❶ 同"富馀❶"。五代徐铉《稽神录》卷五:"复掘地,获银数千两,遂致~云。"明焦竑《玉堂丛语》卷一:"鼎清贫,而彼~,父母闻之,于心必安。"邹元标《柬王塘南太常》:"大兄创业之子,千辛万苦,虽极~,与庸众同操作。" ❷ 同"富馀❷"。宋史达祖《留春令·金林檎咏》:"宫锦机中春~。劝玉环休妒炉。"明《醒世恒言》卷三九:"有一僧人,法名至慧,从幼出家,积资~。"清《平定准噶尔方略》正编卷五二:"巴里坤尚有馀驼五千馀只,陆续解送,应付军需,似属~。" ❸ 充分;留有馀地。清雍正九年十一月一日上谕:"将班臣额尔德尼颇罗鼐所送之物,~核算,给发银两。"

【赋禀】 fù bǐng ❶ 资质来自(某处);赋予资质。唐钱珝《代宰相谢宣示白野鹊表》:"臣闻白为正色,鹊实灵禽,在五行而~金精,于众鸟而有殊羽族。"明吴伯宗《送长山徐县丞序》:"自非清慎通敏识时务之宜者孰克臻此;抑其~于有生之初者独厚欤?"清吴伟业《登封三节妇传》:"而两烈妇捐生殉义,立志较然,岂山川之气~有素耶?" ❷ 禀赋;天生的资质或命数。宋梅尧臣《依韵公泽蔡推》:"窃常恃~,平直如劲箭。"王洋《次莘字韵即事》:"飘零何处是通津,陆有飞蓬水有苹。~但随升斗禄,姓名常后百千人。"明张介宾《景岳全书》卷二:"且精血之阴阳,言~之元气也。"

【赋分】 fù fèn ❶ 天分;禀性。唐郑谷《多情》:"~多情却自嗟,萧衰未必为年华。"元胡祗遹《语录》:"唐庄宗身居九五,甘杂群优,至于批颊,喜不为辱,此~之卑凡也。"明陈献章《与宝安诸友书》:"是儿~已定,责之以越常之事,必不能堪。" ❷ 分限;定分;命运。唐罗隐《淮口军葬》:"一阵孤军不复回,更无分别只荒堆。莫言~须如此,曾作文皇赤子来。"《旧五代史·晋书·张希崇传》:"我应老于边城,~无所逃也。"清厉鹗《夏五闲居八首》之三:"书生~薄,一饱走他郡。"

【赋性】 fù xìng ❶ 天性;禀性。唐张鷟《朝野佥载》卷六:"其(指萧颖士)~躁忿浮戾,举无其比。"明徐复祚《投梭记》二出:"下官~落拓,不修威仪。"清袁枚《子不语》卷二三:"湖南凤凰厅张二,~凶恶。" ❷ 命运。明《石点头》卷五:"莫谁何听得此语,流下泪来道:'~不辰,两亲早背。'"

gā

【夹肢窝】 gā zhi wō　腋窝。清《聊斋俚曲·姑妇曲》:"大成窘了,从他媳妇那～里钻出去颠了。"《儒林外史》四二回:"姑娘们拿出汗巾子来揩,他又夺过去擦～。"

gá

【轧勒】 gá lè　克制。宋《朱子语类》卷三一:"知至矣,虽驱使为不善,亦不为。知未至,虽～使不为,此意终迸出来。"

gǎ

【嘎】 gǎ　卡。《元曲选·赵氏孤儿》二折:"似鳔胶粘住口角,似鱼刺～住了喉咙。"清纪昀《阅微草堂笔记》卷二四:"既而～喉有声,吐烟如一线,亭亭直上,散作水波云状。"

gāi

【该】 gāi　❶ 知详。唐杜甫《秋日荆南述怀三十韵》:"得丧初难识,荣枯划易～。"张祜《大唐圣功诗》:"直词虽可进,王法讵～情。"❷ 受;承受。唐韦处厚《论左降官准旧例量移疏》:"伏见赦文节目中,新左降官有不～恩泽者。在宥之体,有所未宏。"《金史·宣宗纪中》:"调兵以来,吏卒因劳进爵多至五品,例获封赠,及民年七十并～覃恩。"元陶宗仪《辍耕录》卷一一:"有志石,乃宋时钱参政良仁妹,讳惠净,以～恩奏封孺人。"❸ 遍及;包括。《敦煌变文校注》卷五《维摩诘经讲经文(七)》:"慈悲之行广布,～三途六道之中;救苦之心遍施,散三千界之刹内。"宋赵与时《宾退录》卷一〇:"张辅喜司马子长五十万言纪三千年事,张右丞喜杜子美一句～五物,识趣正同。"清赵翼《陔餘丛考》卷三四:"盖干支之义,所～者广。"❹ 指上文说过的人或事,多用于公文。宋《三朝北盟会编》卷一一二:"～犯在赦前合原。五月十八日,奉圣旨难一例宽贷,根治闻奏。"明陈铎《满庭芳·打春》:"呼号动地,锣鼓喧天,指称～府和～县,拐迷诓钱。"清《红楼梦》九九回:"应令～节度审明实情,妥拟具题。"❺ 亏;欠。宋欧阳修《乞一面除放欠负》:"臣伏睹今年赦书节文,内所～欠负官物特与除放者若干项,内若干项并特与除放,内一项即令本属及转运司保明闻奏。"明《拍案惊奇》卷四:"就把手腰间去摸出一串钱来道:'～多少,都是我还了就是。'"清《聊斋俚曲·寒森曲》:"～人钱也是业债。"❻ 理当;应该。宋欧阳修《言青苗钱第一札子》:"至于中小熟之年,不～得灾伤分数,合于本料送纳者,或人户无力,或顽猾拖延,本料尚未送纳了当。"明《西游记》二一回:"如来照见了他,不～死罪。"清《聊斋俚曲·姑妇曲》:"也～论论从前的过,自家的尽情丢却,世上那有这样哥哥。"❼ 命运注定。《元曲选·老生儿》一折:"问甚么兴也波衰,总是那天数～。"明《金瓶梅词话》四八回:"得失荣枯命里～,皆因年月日时栽。"清《聊斋俚曲·蓬莱宴》:"若要不是命～,怎么得见娘子面。"❽ 表示对将要发生情况的推测。《元曲选·赵氏孤儿》一折:"我已将公主囚在府中,这些时～分娩了。"明《西游记》三回:"我们这海藏中那一块天河定底的神珍铁,这几日霞光艳艳,瑞气腾腾,敢莫是～出现遇此圣也?"清《红楼梦》三七回:"赵姨奶奶一伙的人,见是这屋里的东西,又～使黑心弄坏了才罢。"❾ 主管;管理。元陶宗仪《辍耕录》卷一五:"大官危坐厅事上,问曰:'河南饥,省咨至,乃缓七日不报,彼处死者甚众,汝知之乎?'吾答曰:'某提控耳,～掾稽迟之罪,已尝呈举。'"明商辂《请革西厂疏》:"一官职有犯,缉访得出,请旨拿送。经～衙门问招明白,有罪者奏请发落。"《大清律例》卷三〇:"各府州县审理徒流笞杖人犯,除应行关提质讯者,务申详～上司批准照例展限外,如无关提应质人犯,～州县俱遵照定限完结。"❿ 轮值;值班。《元曲选·救孝子》四折:"今日升厅坐衙,当～令史那里?"陶宗仪《辍耕录》卷二三:"某甲之母劝解,被某乙用木棒就脑后一击,仆地而死。适某承～检验。"清三餘氏《南明野史》卷下:"会有湖州人胡执恭为吏部当～。"⓫ 轮到。《元曲选·燕青博鱼》楔子:"众小校听咱分付,今夜个～谁巡捕?"明《金瓶梅词话》三五回:"伯爵道:'～我唱,我不唱罢。'"清《聊斋俚曲·墙头记》:"今日～小二仔养活我,不如跟了他去,还照常半月一轮罢。"⓬ 折合;折算。《元曲选·后庭花》二折:"那金钗儿重六钱半,三折来～九贯五。"明田汝成《炎徼纪闻》卷二:"旧规民款十年一编,每名计～四十丁石。"清于成龙《请全蠲灾邑钱粮疏》:"在案共计被灾地一千五百四顷零,本年额征钱粮共～银六千三百八十二两零。"⓭ 有。明《西游记》一回:"盖闻天地之数,有十二万九千六百岁为一元。将一元分为十二会,乃子、丑、寅、卯、辰、巳、午、未、申、酉、戌、亥之十二支也。每会～一万八百岁。"又三一回:"那师父步步有难,处处～灾。"⓮ 关涉。清《聊斋俚曲·禳妒咒》:"公子云:'打我罢呀,～他甚么事?'"《醒世姻缘传》五三回:"可是齐整不齐整,～我腿事么?"⓯ 能;会。清《聊斋俚曲·翻魇殃》:"平日咱娘待我极好,姐姐的情意又高,那里我～忘了么?"⓰ 副词。a)表范围。普遍;周遍。宋王辟之《渑水燕谈录》卷九:"元老之强记如此,虽怪僻小说,无不一～览。"

b) 表总括。总共。宋罗璧《罗氏识遗》卷七：“《汉书》著张陵字辅汉，光武建武十年生，……桓帝永寿元年于灵峰白日上升，～百二十岁。”《元史·兵志四》：“河南江北等处行中书省所辖，总计一百七十九处，～一百九十六站。”明《西游记》八回：“我有《法》一藏，谈天；《论》一藏，说地；经一藏，度鬼。三藏共计三十五部，一万五千一百四十四卷。”

【该班】 gāi bān 值班；当班。明于谦《忠肃集》卷五：“今后在京操备官军，但有不候～，疏放擅自逃者，不分旗军舍餘义勇民壮人等，挨拿得获发极边卫守御。”《西游记》五二回：“又有些～坐夜的，涤涤托，梆铃齐响。”清《红楼梦》六〇回：“这是你哥哥昨儿在门上～儿。”

【该遍】 gāi biàn 周遍；宏大；包容一切。《册府元龟》卷五九七：“之推早传家业，博览群书，无不～。”宋《朱子语类》卷五：“心之全体湛然虚明，万理具足，无一毫私欲之间；其流行～，贯乎动静，而妙用又无不在焉。”黄伦《尚书精义》卷二一：“若物物事事欲其有备，当以无心理会，然后可以～。”

【该拨】 gāi bō 注定。《元曲选·汉宫秋》二折：“体态是二十年挑剔就的温柔，姻缘是五百载～下的配偶。”明朱有燉《曲江池》一折：“子要你撮合山成就了鸳孤凤只，便是俺五百年～定的佳期。”

【该达】 gāi dá ❶博通；通晓。唐权德舆《中书舍人举人自代状》：“～古今，议论坚正，掖垣之任，望实所归。”宋王珪《翰林侍读学士吕公墓志铭》：“尤明于礼学，自三代沿革国朝典章之盛，靡不～。” ❷广博；渊博。唐韩愈《举韦颢自代状》：“前件官学识～，器量宏深。”宋刘敞《御史中丞孙觉可龙图阁直学士制》：“具官某，资性朴茂，学问～。”明张大复《梅花草堂笔谈》卷六：“与同里归熙甫，季子升为莫逆交，～强识，号三杰云。”

【该当】 gāi dāng ❶（轮流）应该承担。明马文升《为建言民情事》：“又有轮该廪给，每次多则费银七八两，少亦不下三四两，俱是～夫户出办。”《明会典》卷一六三：“又各府遇～年分，一年分为两季征银。” ❷命运注定如此。明《醋葫芦》一〇回：“前番旧事，朝天官张算命原说是我运限不利，～破败。”清《白雪遗音·酒鬼》：“依着我说，不如凭着命去闯。酒鬼点头，他说道命里头～。” ❸应该；应当。明夏言《钦奉宣谕夷情疏》：“乃敢一面伴送入贡，一面乘机抢掠。原情可恶，论法～执留贡使，追究首倡为恶者。”清《红楼梦》二六回：“辛苦也是～的。叔叔大安了，也是我们一家子的造化。”《白雪遗音·露像》：“外甥看看母姨房，有甚不～。”

【该房】 gāi fáng ❶当班。《元曲选·窦娥冤》四折：“〔张千云〕～吏典见。〔丑扮吏入参见科〕”明《禅真逸史》三回：“次早，丘吉升堂，令～书吏写了文书，差押司皂快，分役各上司去了。”清《说岳全传》五回：“少刻，～书吏送上册籍。” ❷指当班的办事房吏员。《元曲选·窦娥冤》四折：“张千，分付～金牌下山阳县，着拘张驴儿、赛卢医、蔡婆婆一起人犯，火速审审。”明《西洋记》三回：“分伏已毕，即时叫过～，写了两个飞票，差下两个快手。”清胤禛《朱批谕旨》卷二一四之三：“四月二十九日，岁考童生，有现任左翼镇佥孙李国璧与该县礼房买卷，换钱争论，将盛水盅拍碎，手有微伤，诬指～口咬。” ❸指地方政府具体部门的办事房。明陈应芳《凤阳粮申文》：“随揭查各年坐派凤阳仓粮米缘由，除～卷宗年久湮烂无存外，止查得嘉靖二十五年卷一宗。”张国维《吴中水利全书》卷二〇：“夫河港当开，上官必待小民呈请，既准行矣，而～之常规，不到百计延捱，河即不开。”清胤禛《朱批谕旨》卷一二六之一一：“州县将契根裁存，止将契纸发各纸店，听民间照刊。”

【该管】 gāi guǎn 主管；掌管。《元朝秘史》卷四：“成吉思做了皇帝，教……汪古儿（舌）、雪亦客秃、合（中）答安答勒都儿（舌）罕（中）三人管了饮膳；迭～牧放羊只。”明《朴通事谚解》卷中：“～的外郎也受了些钱财，把我的文卷来匦在柜子阁落里，不肯家启禀。”清赵慎畛《榆巢杂识》上卷：“应酌定限期，务于本年十一月内买足，出具仓收申送，～知府年底亲往监督。”

【该贯】 gāi guàn ❶博通；通晓。唐张籍《祭退之》：“学无不～，吏治得其方。”宋文莹《湘山野录》卷上：“熙宁而来，大臣学术，人主明博，议政罢，每留之询讲道义。”明陈宏绪《寒夜录》卷下：“吉水解观我先生名观，一名伯中，早邃于易，诸子百家无不～。” ❷贯通。《通典》卷一六三：“今捃摭经史，～年代，若前贤有误，虽后学敢言，亦庶几成一家之书尔。”宋《朱子语类》卷一三：“圣人言语，义理～，如丝发相通，若只凭大纲看过，何缘见得精微出来！”清玄烨《庭训》：“以故自少读书，深见夫为学之要，在乎穷理致知，天德王道，本末～。” ❸概括。明王守仁《传习录》卷下：“问：‘思无邪’一言，如何便盖得三百篇之义？先生曰：岂特三百篇，《六经》只此一言便可～，以至穷古今天下圣贤的话，‘思无邪’一言也可～。”

【该吏】 gāi lì 当班的吏员。元郭界《云山日记》卷上：“是日分付～金君玉承行。”明《今古小说》卷三八：“临安府大尹与～商量：‘任珪是个烈性好汉，只可惜下手忒狠了。’”清《后水浒传》六回：“遂一面着～备了一角调犯文书，差人到县。”

【该日】 gāi rì 值日。明林俊《题访获事》：“王玘等已各打五十，降小火者发南京打更了，张德玉并～守门守卫内外官军已有了旨了。”《金瓶梅词话》七八回：“那平安儿与～节级在门首接拜帖，上门簿，答应往来官长士夫。”清《醒名花》四回：“那禁子禀道：‘不干小人之事，昨晚还是张旺～。’”

【该死】 gāi sǐ ❶该判死罪。也指劫难中难逃死亡的命运。宋《三朝北盟会编》卷二三一：“又七月九日，差走马四百餘匹根刷诸路应私骡马，除左丞相得留六匹及五品以上许留一匹外，餘大小职官并百姓不许收养，如隐漏马，～。”《元曲选·百花亭》三折：“盗使官钱，强夺人妻女，失误边关军务，都是～的。”清袁枚《子不语》卷九：“虽我等劫运～，然何以出乖露丑，一至于此？” ❷用作詈语，表示厌恶、憎恨。《元曲选·鲁斋郎》一折：“你这厮～，怎敢骂我？”明焦竑《玉堂丛语》卷八：“兴安亦大怒，喝詈：‘这厮～，敢如此妄言。’”清《红楼梦》二三回：“你这～的胡说！”

【该徒】 gāi tú ❶刑法名，“应该徒流”的凝缩语。《续资治通鉴长编》卷三八八：“所犯～已上罪，令申解赴府断遣。”明《型世言》二六回：“况且朦胧诬骗，都是个～的罪名。”《大清律例》卷四五：“描摸印信，行使诓骗财物，犯～罪以上者。” ❷家伙。《元曲选·东堂老》一折：“他老子在那里做官来，他也是小哥！诈官的～，我根前歪充，叫总甲来，绑了这弟子孩儿。”

【该应】 gāi yīng 应该。明周宗建《论倳商》卷上：“假如见过内讼，自然～如此。”《续欢喜冤家》一七回：“看了这般光景，子息不能数了，还须查看同房～继立嗣子一个。”清《玉蜻蜓·诘真》：“吓，岂有此理，男合女裸不～。”

【该宥】 gāi yòu 宽宥；赦免。宋周密《齐东野语》卷八：“有司以大辟既已～，不复问其餘。”

【该载】 gāi zǎi ❶条列。唐李昂《南郊赦文》：“其～未尽处，委中书门下别条疏闻奏。”《续资治通鉴长编》卷三九三：“元降官制六曹通用格，本曹四司所行职事，应敕式条例～未尽，或有疑虑及诸处创陈，乞朝取指挥，并应议可否，改更措置。”明严从简

《殊域周咨录》卷一五："赦内～未尽者，听尔从宜区处。" ❷ 备载；记载。宋李纲《建炎时政记》卷中："先是，上登宝座赦书不曾～河北、河东两路及四方州县勤王之师，至是得旨～，故于河北、河东路及勤王之师指挥为详。"《元曲选·渔樵记》二折："我去那休书上朗然～。"清宋荦《四请给漕粮脚耗疏》："臣查耗费银米者，全书～之。" ❸ 笼统记载。明姚士粦《见只编》卷下："按《稷传》见《南齐书》，又见《南史》，《南史》列传往往～，不以代分，传固有'明帝'字面，然指齐明帝也。" ❹（法律）规定。明顾起元《客座赘语》卷一〇："但有亵渎帝王圣贤之词曲、驾头、杂剧，非律所～者，敢有收藏传诵、印卖，一时拿送法司究治。"《明史·刑法志一》："除谋逆及《律诰》～外，其杂犯大小之罪，悉依赎罪例论断。"《大清律例》卷五："凡律令～不尽事理，若断罪无正条者，援引他律比附。" ❺（命运）注定。《元曲选·窦娥冤》一折："莫不是八字儿～着一世忧，谁似我无尽头。"明《古今小说》卷三一："你算韩信七十二岁之寿，只有三十二岁；虽然阴骘折堕，也是命中～的。"《禅真后史》三三回："单单一个姑儿，兀自留他不住。这是你哥哥命运～，与我何干？"

【该正】 gāi zhèng　当班。明刘若愚《酌中志》卷一六："设有象牙小牌一面，长寸餘，每日申时交接，轮流～。"又卷二二："明素不识字，只挂虚衔，不～，不批文书。"

【该着】 gāi zháo　注定。清《红楼梦》六三回："命中～招贵婿的，你是杏花，快喝了，我们好喝。"△《红楼真梦》一二回："这也是命中～的，还说什么呢？"

【垓】 gāi　❶"垓"是古代最大的数名（见《太平御览》卷七五〇引应劭《风俗通》），引申泛指极多的数量。金《董解元西厢记》卷三："庶莫贼军三万～，便是天蓬黑煞，见他应也伏输。"《元曲选·黑旋风》一折："某聚三十六大伙，七十二小伙，半～来小偻罗，寨名水浒，泊号梁山。"清《荡寇志》一一八回："公孙胜见丁甲法不能取胜，忙祭起三大将来，摄神兵百万～，前来助战。" ❷ 楚汉相争时，项羽被刘邦围困于垓下（地名，在今安徽灵璧县东南），兵败自杀。后以"垓"指代战阵、战场或争斗的场所。金《董解元西厢记》卷二："威风大，～前马上一个将军坐。"元《前汉书平话》卷中："两手拨开名利路，一身跳出是非～。"清《飞龙全传》三二回："雀鹞原是难相敌，尸满郊原血满～。"

【垓首】 gāi shǒu　谓百官之首，指相国。《敦煌变文校注》卷一《伍子胥变文》："吴国大相，国之～。"

【垓心】 gāi xīn　❶ 两阵中间地带。元尚仲贤《气英布》四折："吵吵吵各臻臻坡前四排士卒，呀呀呀扑剌剌的～里骤战驹。"明朱长祚《玉镜新谭》卷五："梅花阵势，而分为五队，点点如花簇起～，人人似虎踊跃行间。"清《荡寇志》八九回："栾廷芳挂了双刀上马，摇旗呐喊杀出～。" ❷ 重围的中心。元曾瑞《哨遍·羊诉冤》："围我在～内，便休想一刀两段，必然是万剐凌迟。"明《西洋记》六五回："四面八方都是南朝将官，把个哈里虎围住在～里面。"清胤禛《朱批谕旨》卷一二五之八："忽见四山蛮子约数千，披甲挂弩悬刀，环绕数十餘层，竟来抵敌，将卑职同卜万年围困～。"

gǎi

【改别】 gǎi bié　改变。明《朴通事谚解》卷上："咱休别了兄长之言，定体已后，不得～。"

【改窜】 gǎi cuàn　涂抹修改（文字）。宋苏轼《答刘沔都曹书》："然世之蓄轼诗文者多矣，率真伪相半，又多为俗子所～，读之使人不平。"明《古今小说》卷四〇："杨顺看了，愈加怨恨，遂将第一首诗～数字。"清顾炎武《日知录》卷一八："万历间，人多好～古书。"

【改旦】 gǎi dàn　❶ 改朝。唐沈佺期《答魑魅代书寄家人》："喜逢今～，正朔复归唐。"宋之问《为定王武攸暨请降王位表》："今陛下龙德嗣兴，鸿基绍复。群万物而～，宅千龄而配永。"李峤《为第二舅让江州刺史表》："幸属乾坤～，尧舜为君。" ❷ 第二天清晨。唐张鷟《监尹勤奏学生多无经业判》："蹶足之马，尚想造途；失晨之鸡，犹思～。"骆宾王《又破设蒙俭露布》："城接祠鸡，竟无希于～；山多神鹿，终未息于择音。" ❸ 禅宗语指农历每月初一。《古尊宿语录》卷四二《宝峰云庵真净禅师语录》："方期首夏，已是初秋。今朝～，七月一日。"《黄龙慧南禅师语录》："今日五月一，仲夏～，诸知事、首座、大众，道体安乐！"元大䜣《住湖州路乌回禅寺语录》："青苗会上堂：'～令辰，共惟首座大众，起居多福。'"

【改动】 gǎi dòng　❶ 修订；改正。《唐律疏义》卷一〇："官文书，谓常行文书，有误于事，～者，皆须请当司长官，然后改正。"宋邵博《邵氏闻见后录》卷二一："《范公碑》，为其子弟擅于石本～文字，令人恨之。"明《醒世恒言》卷二九："大凡刑狱，经过理刑问结，别官就不敢～。" ❷ 变更；改变；更动。《唐会要》卷八一："六品已上官，缘州县改入上中下，阶品与元授不同者，宜休旧任考满日，依本资选叙，不须～者。"《元曲选外编·豫让吞炭》四折："者么教鼎镬烹，铁钺诛，凌迟苦痛，休想俺这铁心肠半星儿～。"明王守仁《寄正宪男手墨》："保一谨实可托，不得听人哄诱，有所～。" ❸ 指迁职。唐张鷟《朝野佥载》卷六："源乾曜为宰相，移政事床。……宰相讳移床，移则～。曜停后元崇亦罢，此其验也。" ❹ 指改葬。宋洪迈《夷坚志》支庚卷三："异时一孙适临安，过江山，访祝老之居。评事下世已久，有出延客，从容及先世事。曰：'君家后来不曾辄～乎？'曰：'自待制之没，用一术者言，徙之矣。'"陈亮《何茂宏墓志铭》："诸孤欲遵先志，稍近野堂之东，而日者又以净明之东山为吉，寺僧欣然从之。用功力至费百餘万，将以乙巳之正月某日葬焉，而有为口语，使寺僧牵连～，以迁延其葬者。"

【改换门闾】 gǎi huàn mén lǘ　改变门第出身，提高社会地位。宋佚名《张协状元》四六出："一意要读诗书，一身望～。"清李渔《凰求凤·伙谋》："风运太蹊跷后庭炎热，前院萧条无端避湿争趋燥，做个狗尾儿郎去续貂，我和你～在这遭。"

【改口】 gǎi kǒu　❶ 改变原来说话的内容或语气，或改变原来想说的话。宋《朱子语类》卷七："盖儿时读书，终身～不得。"明文秉《先拨志始》卷下："永光言其请善待选侍，不失厚道。后虽～，稍觉反覆，其持论亦多可取。"清《红楼梦》三〇回："才要搭言，也趁势儿取个笑，不想靛儿因找扇子，宝钗又发了两句话，他便～笑道：'宝姐姐，你听了两出什么戏？'" ❷ 改变对他人的称呼。明《古今小说》卷一："姓陈，名商，小名叫做大喜哥，后来～呼为大郎。"清李渔《意中缘》一出："他们当初假妆圈套，你不得不叫我夫人。后来身在异乡，又不便～。"《聊斋俚曲·富贵神仙》："俺在太原，叫了老爷够一年，仓猝间改了口，太爷还叫不惯。"

【改抹】 gǎi mǒ　❶ 涂改；修改。宋欧阳修《与梅龙图一通》："拙序续呈，乞～。"《元史·刑法志三》："或～字号，或增添夹带斤重。"清《红楼梦》三七回："一时探春便先有了，自提笔写出，又～了一回，递与迎春。" ❷ 改变；更改。金《董解元西厢记》卷二："贤不是九伯与风魔，世言了怎～？"明陆采《明珠记》三七出："引动咱铁石心肠，～却英雄气概，都做了偷香俏胆。"徐渭《四声

猿・雌木兰》一出："几年价才收拾得凤头尖，急忙的～做航儿泛，怎生就凑得满帮儿楦。"

【改腔】gǎi qiāng 改变口气；改变主意。明《金瓶梅词话》二九回："每日爹娘还吃冰拜的酒儿，谁知今日又改了腔儿。"《型世言》一九回："他便改了这腔，看见这家虽富，却是臭吝不肯舍钱，风水将就去得，他便极其赞扬。"清《野叟曝言》六七回："谁怪你来？我是怪着那个～儿七颠八倒的主儿。"

【改日】gǎi rì ❶ 另择日期。《旧唐书・宪宗纪上》："先是，将及大礼，阴晦浃辰，宰臣请～，上曰：'郊庙事重，斋戒有日，不可遽更。'"宋周必大《淳熙玉堂杂记》卷上："请别卜日，诘朝，上忽遣中使谕旨都堂：'夜来傅药，足疮良愈，不必～。'"清袁枚《子不语》卷八："前数日紫文真人原说今日是破日，必被凡人冲破，须～作会。" ❷ 改天，指相距不很远的某一天。宋佚名《张协状元》一一出："孩儿，你且送与它，～娘做衣服打扮你，自讨与你做老婆。"明《金瓶梅词话》四一回："只怕席间不好坐的，～望亲家去吧。"清《荡寇志》九六回："今日待慢了二位，务望～再来。"

【改撰】gǎi xì 改换。《集韵》去声霁韵："撰，胡计切，杭越之间谓换曰撰。或从系。"《敦煌变文校注》卷二《韩擒虎话本》："香汤沐浴，～衣装。"

【改心】gǎi xīn 变心；改变原来的爱或忠诚。唐李白《赠韦侍御黄裳》之一："受屈不～，然后知君子。"明《二刻拍案惊奇》卷三二："福娘既生得有儿子，就甘贫守节，誓不嫁人。随你父母乡里，百般说谕，并不～。"清《红楼梦》九二回："若是他不～，我在妈跟前磕了头，只当是我死了，他到那里，我跟到那里。"

【改削】gǎi xuē 删改；修改。唐吴兢《贞观政要》卷七："史官执笔，何烦有隐？宜即～浮词，直书其事。"《元曲选・萧淑兰》二折："小姐有词一章，望先生～。"清《八洞天》卷三："莫豪见他文字不济，忍不住替他～了几次。"

【改样】gǎi yàng ❶ 改变式样或花样。五代马缟《中华古今注》卷中："三代及周着角袜，以带系于踝。至魏文帝吴妃乃～，以罗为之，后加以彩绣画。"明《醋葫芦》九回："今院君嗔其～，岂不又涉前事？"清李渔《奈何天》总评："变化至今，炉钟～，遂令美恶太殊，以致爱憎纷起。" ❷ 新奇样式。宋陈师道《罗敷媚・和何大夫酴醾菊》："～新妆，特地相逢只认香。"元乔吉《一枝花・杂情》："～儿新鞋袜，挑粉垢修指甲。"明《金瓶梅词话》五一回："门外手帕巷有名王家，专一发卖各色～销金点翠手帕汗巾儿。" ❸ 别致；不一般。明杨柔胜《玉环记》六出："〔净〕他有一个好女儿在里面。〔生〕罢了！看这嘴脸，也不见好处。〔净〕他那女儿是杂种别生的，比他～。"《续欢喜冤家》一七回："拆开不见副启，又没有名帖，却是大大纸包。夫人笑道：'这封书倒也～，怎生这般一个装束。'"

【改业】gǎi yè ❶ 改变学业。唐裴通《定决罚当司官吏学生等奏》："诸博士助教皆分经教授学者，每授一经，必令终讲。所讲未终，不得～。" ❷ 改行。唐白居易《分司洛中多暇数与诸客宴游》："～为迂客，移家住醉乡。"宋元《醒世恒言》卷三："先前读书，后来看看不济，却去～做生意。"清纪昀《阅微草堂笔记》卷四："病中痛自悔责，嘱其子志学急。方死之后，志学乃改而屠豕。" ❸ 改变业行。业，罪业。清《儒林外史》四回："头一起，带进来是一个偷鸡的积贼。知县怒道：'你这奴才，在我手里犯过几次，总不～。'"△《济公全传》三一则："店主回头看酒缸俱满，那些餘剩的鸟兽，都飞的飞，走的走了。店主亦回心～，念佛修行终身。"

【改作】gǎi zuò ❶ 改成。唐张鷟《朝野佥载》卷四："襄至日，于房中静坐，有青狗突入。龙襄大怒，曰：'冲破我忌。'更陈

牒，～明朝好作忌日。"宋沈括《梦溪续笔谈》："陶渊明《杂诗》：'采菊东篱下，悠然见南山。'往时校定《文选》，～'悠然望南山'，似未允当。"清李斗《扬州画舫录》卷一○："上建过桥亭，'红'～'虹'。" ❷ 变得；变成。明《古今小说》卷三八："任珪小胆番为大胆，善心～恶心。"《型世言》三七回："我在那日晕去时，到阴司里，被阎王～女身。"清《红楼梦》七八回："因看着那院中的香藤异蔓，仍是翠翠青青，忽比昨日好似～凄凉了一般。"

gài

【丐贷】gài dài 借贷；借钱。唐王勃《为人与蜀城父老书》："百里奚之负贩，陈汤之～，而况于庸者哉？"《宋史・钱颛传》："家贫母老，至～亲旧，以给朝晡。"清赵翼《陔馀丛考》卷二七："凡谒选得缺后，预借养廉，以免～。"

【丐户】gài hù 靠乞讨为生的人家。明郎瑛《七修类稿》卷一五："旧闻温州乐清近海～，多有弟兄合取一妻，以其易于养赡也。"《警世通言》卷二二："不肯随那叫街～一流，奴颜卑膝，没廉没耻。"《大清律例》卷八："各省乐籍并浙省堕民～，皆令确查削籍。"

【丐客】gài kè 乞丐。宋刘克庄《岁晚书事》之一○："～鹑衣立户前，岂知侬自窨残年。"

【丐者】gài zhě 以乞讨为生的人。唐张鷟《朝野佥载》补辑："成都有～，诈称落泊衣冠。"元鲜于枢《水荒歌》："城中米贵～众，崎岖一饱经千门。"清纪昀《阅微草堂笔记》卷四："自是每年供具献毕，皆以施～。"

【盖】gài ❶ 焖。明《金瓶梅词话》九○回："一丈青～了一锡锅热饭。" ❷ 敲击；从上往下打。明《金瓶梅词话》五八回："打勾约二三十马鞭子，然后又～了十阑杆，打得皮开肉绽。"

【盖蔽】gài bì 掩盖；遮蔽。宋富弼《上仁宗荐张焘之等九人》："亲戚故旧者，不得～，可去者必去之。"明万明英《三命通会》卷一："水火既济，～雪霜之积，震凌风雨之功，此土瓦也。"清朱彝尊《书忠贞录劳录后》："一日市苇席千条，铲帚各数百。夜半雨霰交集，八门守者皆哗，独西直扫除～宴如也。"

【盖地】gài dì 形容声势大、范围广。元明《三国志通俗演义》卷一："见汉军大败，后面漫山塞野，黄巾～而来。"明《封神演义》三九回："盆滚滚撞天银磬，甲层层～兵山。"清《后水浒传》二四回："不胜欢喜道：'这杨么与我并不相识，怎晓得我犯罪？他是什么样人？'马疆道：'兀的便是江湖～传遍小阳春道长哥哥。'"

【盖儿】gài er 即"盖老"。清《一片情》七回："我打听得他～已出外两年，料想这事也是久旷的。"

【盖伏】gài fú 即"盖覆❶"。元明《水浒传》八三回："将舡只～的好着，只扮作运粮船相似。"明《金瓶梅词话》六二回："徐先生当下写殃榜，～死者身上。"

【盖袱】gài fú ❶ 覆盖用的布块。《明会典》卷六一："再加冠礼，乐作，内侍揭～，以盘捧皮弁。"《大清会典则例》卷七六："天坛内供奉神龛宝座，一切器用涂饰丹漆并～等物，布帛色杂用青黄。"清玄烨《庭训》："我朝一应喜庆筵宴桌张，亦必用素白布匹以为～。" ❷ 盖头；女子出嫁时盖在头上的红布。明《金瓶梅词话》九一回："媒人替他带上红罗销金～，抱着金宝瓶。"清《醒世姻缘传》四四回："狄家又送催妆食盒一盘，粉一盘、面一盘、猪肉一盘、簪髻……"《警寤钟》八回："将新人～揭开一看，只见袅袅婷婷，娇娇滴滴的一个美艳女子。"

【盖覆】gài fù ❶ 覆盖;遮盖。唐元稹《乐府杂曲·芳树》:"可怜团团叶,～深深花。"《元曲选·儿女团圆》三折:"你身子儿薄怯,发着潮热,他将那锦绷儿绣蓐,～的个重叠。"清《野叟曝言》一二一回:"素臣忙提鹤补,～其身。" ❷ 遮掩;掩盖。唐白居易《薛中丞》:"直道渐光明,邪谋难～。"宋《朱子语类》卷一六:"却将那虚假之善,来～这真实之恶。"清王夫之《永历实录》卷一九:"元楫尤贪狠不知耻,堂司互相～,四方奏使,排阁叫号,凌轹无纪。" ❸ 荫庇;保护。唐韩愈《河中府法曹张君墓碣铭》:"是其死不为辱,而名永长存。所以～其遗胤子若孙。"金王处一《归朝欢》:"宴罢高真重赐禄,从此灵明无～。"明方孝孺《大明东瓯王神道碑铭》:"今陛下追惟创业之艰,显扬刻铭,使播不朽。岂独～汤氏之子孙,盖以昭扬先帝之功德,而垂万世也。"

【盖棺】gài guān 指死亡。唐杜甫《自京赴奉先县咏怀五百字》:"～则已,此志常觊豁。"明卢楠《想当然》七出:"遂将我这些家计,都舍于天竺老僧。老夫～之后,任渠改作佛寺便了。"清《歧路灯》七回:"但活一天,还要管一天闲事,未知何日才～事完。"

【盖护】gài hù ❶ 保护;袒护;庇护。《元朝秘史》卷四:"盖马毡般～,遮风毡般遮当,试那般做者。"明《西湖二集》卷七:"有一等昏迷之人,不论好歹,专好去～那佛门弟子。"清《醉醒石》七回:"他到八九月,也差人送礼与守巡按,本府刑庭,要他～。" ❷ 遮盖防护。元明《水浒传》五七回:"三十六步,浑身～,夺硬斗强。"

【盖老】gài lǎo 丈夫的切口语。盖,天灵盖的藏头说法,夫为妻之天,因指丈夫。老,宋元时人体名词后常用的词缀。《绮谈市语·亲属门》:"夫,厥良,～。"元明《水浒传》二四回:"他的～,便是街上卖炊饼的武大郎。"明《山歌·骗》:"姐儿骗我进房门,忽地～归来教我怎脱身。"清《醒世姻缘传》五七回:"自己也就扮了个～的模样,领了老婆在闹市街头撞来撞去胡唱讨钱。"

【盖脸】gài liǎn 遮羞。明《金瓶梅词话》三三回:"你再吃一杯,盖着脸儿好唱。"清《红楼梦》四六回:"他臊了,没的～,又拿话挑唆你们两个,幸亏你们两个明白。"

【盖抹】gài mǒ 掩盖;遮盖;遮掩。宋朱槔《春间小诗书赵园壁追录之》之一:"绿窗京洛语,～早莺声。"《元曲选外编·西厢记》四本楔子:"着一片志诚心,～了漫天谎。"清《醒世姻缘传》九六回:"他刚才那一顿～,说的我也就没有气了。"

【盖却】gài què ❶ 覆盖;掩埋。却,助词。《古尊宿语录》卷三九《纲宗歌》:"随脱一只鞋,～乌龟便去。"明《醒世恒言》一四:"可怜三尺无情土,～多情年少人。"清《八洞天》卷七:"红罗～粉郎头,皂靴套上娇娘足。" ❷ 压倒;超过。却,助词。《祖堂集》卷六《石霜和尚》:"'我有一句子,～天下人舌头。'僧拈问师:'如何是～天下人舌头底名?'"

【盖群】gài qún 超过、压倒众人。明《金瓶梅词话》一五回:"这边院中似桂姐妹这行头就数一数二的,盖了群绝伦了。"

【盖天板】gài tiān bǎn 棺材盖。明《醒世恒言》卷一四:"把刀挑开命钉,把那～丢在一壁。"

【盖头】gài tóu ❶ 女子出嫁时盖在头上的红布。宋吴自牧《梦粱录》卷二〇:"请男家双全女亲,以秤或用机杼挑～,方露花容。"明《警世通言》卷一六:"这小夫人着干红销金大袖团花霞帔,销金～。"清《聊斋俚曲·襄妒咒》:"江城搭了～,江城同公子都下了轿,两个夫人出来倒毡。" ❷ 古代妇女外出时,用来防尘的头巾、披肩。宋柳永《荔枝香》:"拟回首,又伫立、帘帷畔。素脸红眉,时揭～微见。"金《董解元西厢记》卷一:"右壁个佳人举止轻

盈,脸儿说不得的抢,把～儿揭起,不甚梳桩,自然异常。"明马欢《瀛涯胜览》:"妇人俱戴～,卒莫能见。" ❸ 指服丧的孝巾。《文献通考》卷一二二:"(宋)皇太后服:太上皇帝丧,成服,粗粗～衫帔、首绖、绢衬服。"宋元《清平山堂话本·李翠莲》:"小姑姆姆戴～,伯伯替我做孝子。"《明史·礼志十三》:"武官五品以上、文官三品以上命妇……用麻布～,麻布衫裙鞋。" ❹ 覆盖头顶,指居屋。唐德诚《船子和尚拨棹歌·灵隐善庆序》:"此人上无片瓦～,下无锥地容足。"宋许棐《壶中天歌赠侯明文》:"～即可居,容膝即可安。"清厉鹗《八月十八日同丁敬身游龙华寺》:"释子茅～,供客馥丛桂。" ❺ 冒头;(文字)开头。清钮琇《觚賸续编》卷一:"往居雁门,卢制府出限韵春闺题,属诸贤赋,傅徵君青主以～'雨丝风片烟波画船'八字,为《牡丹亭》曲中语,一笑而罢。"

【盖喧】gài xuān 谓找借口下台。清《儒林外史》一二回:"那官便是街道厅老魏,听见这话,将就盖个喧,抬起轿子去了。"

【盖造】gài zào 建造。五代李存勖《葺修宫殿敕》:"京城应有空闲地,任诸色人请射～。"金《董解元西厢记》卷一:"此寺～真是富贵。"清徐锡龄、钱泳《熙朝新语》卷八:"雍正六年七月,上谕内务府总管常明与卢沟桥～官舍。"

【溉灌】gài guàn ❶ 比喻滋润、滋养。唐孙思邈《备急千金要方》卷四〇:"长洪相得,即引水浆,～经络,津液皮肤。"《云笈七籤》卷六〇:"既有津液,非漱咽之,不堪～五藏,发其光彩。"明朱橚《普济方》卷二:"土能容纳水谷,变化津液,～肝心肺肾。" ❷ 比喻给以惠泽。宋真德秀《大学衍义》卷二九:"正人贤士进见之时,常少理义～之益,其能几何?"元吴澄《谈经次韵夏编修》:"六经在天下,浩瀚若河汉。东流竟日夜,万世贪～。"唐元《山林读书所记》:"今而知吾子之气,有不屈者,足以亢其宗志,益厉者,足以进于学。无昔人之惧,有乡人欲之之荣,其可毋得于圣贤膏馥之所～耶?" ❸ 洗涤。唐杜甫《舟中苦热遣怀奉呈杨中丞通简台省诸公》:"入舟虽苦热,垢腻可～。"

【概】gài 副词。全;一律。《唐会要》卷三八:"皇太子今月十六薨,自十六日举哀,二十八日公除。……望令百寮二十九日～行参假,便赴延英奉慰。"宋孔平仲《续世说》卷八:"德宗能诗,若华姊妹应制属和,每进御无不称善。德宗嘉其节,～不以宫妾遇之,呼为'学士先生'。"清《聊斋俚曲·磨难曲》:"任大王说:'不饮了,……各人歇息,明日好收拾行装,好上京都。'鸿老说:'～从尊便。'"

【概可】gài kě 大致可以。宋杨杰《国朝宗室世系表序》:"汉有王子侯表,唐有宗室世系表,其子孙之盛,～见矣。"明沈德符《万历野获编》卷九:"去年一已一察,阁部意见～知矣。"清徐芳烈《浙东纪略》:"一年之中,浙东情事大约如是,其一代人心风俗,～知已!"

【概量】gài liàng ❶ 指斗斛等量器。《新唐书·梁崇义传》:"以～业于市,力能舒钩。"宋洪适《祭王侍郎文》:"豆区釜钟,一其～。"清纪昀《阅微草堂笔记》卷二三:"忽一日,征集仆隶,陈设～,手书一红笺,榜于门曰:'……今拟以历年积粟,尽贷乡邻,每人以一石为律。'" ❷ 用量器来量谷物的多少。也泛指称量、计算。《新唐书·食货志一》:"庸、调输以八月,发以九月。同时输者先远民。皆自～。"宋《三朝北盟会编》卷一〇一:"自崇宁以来州县仓库受纳税赋,务加～,以图出剩。"清毛奇龄《萧山史氏世谱序》:"况乎四亲在匣,其当前可见,有非一三五九所得而～者乎?" ❸ 犹"对待"。元戴良《祭陈夫人文》:"有男鹄峙,有女鸾翔。靡间嫡孽,一以～。"

【概世】gài shì 超过、压倒世人。概,通"盖"。唐佚名《唐

故国子律学直讲仇君墓志铭》:"祖绚,隋任车骑将军鹰杨郎将,材力过人,雄杰~。"宋王辟之《渑水燕谈录》卷四:"深于《老》《易》,善击剑,有~之志。"明《古今小说》卷二五:"此~之功也,进酒赐桃,又何疑哉?"

【概众】 gài zhòng 众多;众人。明《西游记》八六回:"~小妖,俱尽烧死。"又五八回:"~稽首皈依,流通诵读之际,如来降天花普散缤纷。"

【戤】 gài ❶靠。明佚名《古城记》一三出:"有人~在他身上去,就双双酥了去。"《二刻拍案惊奇》卷一:"相传此经值价不少,徒然守着他,救不得饥饿,真是~米囤饿杀了。"清《水浒后传》二一回:"盛一碗小米粥,堆一箸盐菜在上面,~着门槛上吃。" ❷抵押。明《型世言》一五回:"两个叫去借,人不肯借,叫他把房屋作~。"许自昌《水浒记》六出:"欲把亲生的女儿,在那财主人家~数十两银子,归家用度。"清张大复《金刚凤》四出:"众人将你姐姐~银五两,殡葬了你父娘。"也指抵押品。

【戤典】 gài diǎn 典押;抵押借贷。明《拍案惊奇》卷三一:"后面园子既卖与贾家,不若将前面房子再去~他几两银子来。"

【戤借】 gài jiè 抵押借贷。明《于少保萃忠全传》六传:"五年前乏本营生,乃央中将田产文契~隔村豪民王江处本银三百五十两。"

【戤头】 gài tou 抵押品。明《禅真后史》四回:"濮员外出名,将自己住屋做~,倒提年月写一纸百十两欠契与皮二十九。"

gān

【干】 gān 另见 gàn。❶(声音)脆而不润。唐岑参《赣州西亭陪端公宴集》:"开瓶酒色嫩,踏地叶声~。"宋张孝祥《减字木兰花》:"垅上驿程人远,楼头戍角声~。"清范承谟《冬猎篇》:"弦进风高天色酸,马蹄踯地响声~。" ❷尽饮无馀剩。唐皎然《效古》:"饮~咸池水,折尽扶桑枝。"明《西游记》七一回:"真个又各斟上,又饮~了。"清《野叟曝言》一二九回:"龙儿、蛟吟俱先~罚酒,龙儿再陪弯吹吃过三杯。" ❸强力;勉强。《敦煌变文校注》卷三《茶酒论》:"阿你头恼(脑),不须~努。"《敦煌愿文集·儿郎伟》:"养甚十男九女,时常~走~忙。"《敦煌变文校注》卷三《燕子赋(一)》:"雀儿已愁,贵在淹流。迁延不去,望得脱头。~言强语,千祈万求。" ❹干涉;有关;牵涉。唐裴庭裕《东观奏记》卷下:"轩辕道人,口不~世事,卿勿以为忧。"宋赵长卿《雨中花慢》:"情知这场寂寞,不~你事,伤我穷忙。"清《歧路灯》八回:"况且他们的文字俱是白描淡写,直与经史无~。" ❺妨碍;影响到。宋《朱子语类》卷一二一:"有言贫困不得专意学问者。曰:'不~事。世间岂有无事的人?'"陈文蔚《答徐子融书》:"来教引人《西铭》,其次引入《孟子》'可欲之谓善',其次又引入《中庸》'致曲',只是枝蔓,了不~事。"阳枋《海少箕炎卯佺昂》:"未见道时,只知浮世浊俗,日夕所见,似当然如此。既见得至道了,外面纷华,便不~事。" ❻(疮痈)结痂平复。宋佚名《张协状元》四七出:"孩儿疮疾幸然~。自今后,常打扮,沉香亭畔倚阑杆。" ❼罄尽;完。明《醒世恒言》卷三七:"敢是他硬做汉,送了我三万银子,如今也弄得手头~了。"清《情梦柝》七回:"那火已烧到后楼,进退无路,只得钻在粪窖里,喜得两日前挑~了。" ❽认义的;结拜的。元明《水浒传》七回:"本是叔伯弟兄,却与他做~儿子。"明《金瓶梅词话》七二回:"昨日他如此这般置了一席大酒,请了我,拜认我做~老子。"清尤侗《赵高传》:"祠堂昭德崇功,~儿义子多如虫。"

❾只有名义,没有实际。明《西游记》六一回:"那女子与老孙结了一场~夫妻,是老孙设法骗将来的。"《朴通事谚解》卷中:"不使钱,~勾当,不济事。"清《白雪遗音·妓女悲伤》:"~臊皮,还要耍穷棒。" ❿不理睬,使难堪。清《红楼梦》九〇回:"我看他们那里是不放心,不过将来探探消息儿罢咧。这两天,都被我~出去了。"△《儿女英雄传》三〇回:"从今日起,且~着他,不理他。" ⓫量词。帮;伙。宋苏轼《与潘彦明书》:"敢烦长者丁嘱一~人,令剩买纸钱数束。"《元典章·刑部三》:"照得先谓帖里、八扎哈牙等作歹,一~人等明证典刑讫。"清《聊斋俚曲·快曲》:"一~人顾不得困乏,一齐乱战。" ⓬副词。a)白白地;无益或无代价地。唐韩愈《谁氏子》:"圣君贤相安可欺,~死穷山竟何俟?"明《朴通事谚解》卷上:"小人每日不在家,大舍夜来~走了一遭。"清《醒世姻缘传》一八回:"你若输了,~替我画,不许要钱。"b)表程度高。大;尽;甚。唐刘朝霞《贺宇温泉赋》:"天门~开,露神仙之辐凑;銮舆划出,驱甲仗以骈阗。"《敦煌变文集·下女夫词》:"有事速语,请莫~羞。"《敦煌变文校注》卷七《解座文汇抄》:"日晚且须归去,阿婆屋里~嗔。"c)一味地;只是。宋晁端礼《踏莎行》:"新来司户多心躁。家中幸自好熙熙,眉儿皱著~烦恼。"《拍案惊奇》卷三九:"强项官人不受挫,妄作妖巫~托大。"清《东周列国志》五六回:"是日,顷公~笑,不言其故。萧太夫人问曰:'外面有何乐事,而欢笑如此?'"d)徒然;无奈。元曲选·玉壶春》二折:"休着那等~咽唾,冷眼见的闲人把做话讲。"明《拍案惊奇》卷一七:"师父就在,你我也只好~咽唾。"清《聊斋俚曲·磨难曲》:"大家没法~瞪眼,饿的口干牙又黄。"e)胡乱;肆意。金《董解元西厢记》卷六:"红娘莫恁把人~厮踏。我到那里见夫人吵,有甚脸。"《元曲选·陈抟高卧》一折:"~打哄,胡厮哄,过了半生。"明汤式《夜行船·赠风台春王姬》:"不容狂蝶乱追随,不许游蜂~絮聒。"

【干碍】 gān ài ❶牵涉;牵连。宋欧阳修《论陈留桥事乞黜御史王砺札子》:"初,朝廷本为省、府互争,别选치~官定夺。"《元典章·刑部十》:"诸人出首钱物,其间一过钱人数,取到招状,或拟治罪,或拟恕免,为无通例,所行不一。"明《西游记》三八回:"老孙的计已成了,只是~着你老人家。" ❷影响;妨害。明《醒世恒言》卷三六:"想他是个举人,怕~前程,自然反来求伏。"清《野叟曝言》四二回:"敢是有甚前程~? 这也是极平常事,何至如此!"

【干岸】 gān àn 河岸。干,相对于水面而言。清《红楼梦》一六回:"坐山观虎斗,借剑杀人,引风吹火,站~儿,推倒油瓶不扶,都是全挂子的武艺。"《何典》一回:"艄公便把船停住。船上伙计注好纤绳,跳上~。"

【干熬】 gān áo 白白忍受煎熬。清《载花船》六回:"趁今日人忙之际,待我着实撺掇他,必然成就,免得~。"

【干巴】 gān bā 干肉。明《西游记》一三回:"那伯钦另设一处,铺排些没盐没酱的老虎肉、香獐肉、蟒蛇肉、狐狸肉、兔肉,点剁鹿肉~,满盘满碗的。"又八六回:"那想是师父的肉,吃不了,晒~子防天阴的。"

【干罢】 gān bà 同"甘罢"。《元曲选·窦娥冤》一折:"平空的推了我一交,我肯~!"明唐寅《叹世词》:"待乘博望楂,看过天河界,那时碌碌才~。"清《续金瓶梅》三〇回:"白白的吃了酒食,不肯还账,难道就~了?"

【干逼】 gān bī 拮据窘迫。明《醒世恒言》卷三五:"延至岁底,献世保手中越觉~,情愿连一所庄房,只要半价。"

【干鳖】 gān biē 干瘪;枯瘦;枯萎。元明《水浒传》四回:

"如今教洒家做了和尚,饿得～了。"明汤显祖《牡丹亭》九出:"喈,好花枝～了怎么朗!"

【干茶铺】 gān chá pù　茶叶店。宋元《警世通言》卷三七:"在襄阳府市心里住,一壁开着～,一壁开着茶坊。"

【干茶钱】 gān chá qián　名义上的茶钱,实为以茶为由的狎妓费用。宋耐得翁《都城纪胜·茶坊》:"水茶坊,乃娼家聊设桌凳,以茶为由,后生辈甘于费钱,谓之～。"

【干吃】 gān chī　❶ 白吃;无报偿地食用。《元曲选·岳阳楼》四折:"可～了半碗腌腊吐。"清《聊斋俚曲·增补幸云曲》:"我自来不好～人的东西。你既不要,我有道理。"《醒世姻缘传》五七回:"脱不过一个五六岁的孩子。城里放着房,乡里放着地,待～你的哩?"❷ 白白地遭受。《元曲选·𧮙范叔》四折:"你道是旧话再休题,我可不～你一场亏?"元明《水浒传》二五回:"若捉他不着,～他一顿拳头。"明《西洋记》三五回:"一发十矢齐中,故此咬海～了一亏。"❸ 不用水冲服。清《野叟曝言》一七回:"他吃下许多,就泻出许多,倒不如～罢。"

【干呆】 gān dāi　真傻;纯痴。元明《水浒传》四回:"～!俺早知有这个去处,不夺他那桶酒吃,也自下来买些吃。"清《隋唐演义》一九回:"这～妮子,皇上已自宾天了。适才还是这等围绕着,不报太子知道。"

【干鸟】 gān diǎo　詈词。鸟,通"屌"。❶ 谓无意义;不值得。元明《水浒传》四回:"～!俺往常好酒好肉,每日不离口,如今教洒家做了和尚,饿得干鳖了。"清《后水浒传》三二回:"可不～气,兀地求告。只洒家两板刀砍入讨还他!"《荡寇志》一〇〇回:"孙静沉思一回道:'～!我替他剜心的筹划,今日兀是头晕咳血,他自己去寻死,干我甚事!'"❷ 指人。明《型世言》七回:"我徐明山不属大明,不属日本,是个海外天子,生杀自由。我来就招,受你这～官气么?"清《水浒后传》二七回:"你这～,若再开口,先砍你这颗狗头。"

【干动】 gān dòng　❶ 惊动;打扰。宋韩琦《祭告五代祖庶子文》:"惟灵鉴此诚恳,勿一时～神宅,而赐大庥。"明杨瑄《复辟录》:"及见亨等所行,人皆失望,～天象,彗出星变,日晕数重。"清《歧路灯》四二回:"东门内王贤弟,只顾他的生意,我也不好～他。"❷ 耸动,引起他人的注意。宋程珌《雷祭酒》:"顾某所操者狭,所欲者侈,偲偲焉,欲自持尺牍,以～人听。"明杨慎《闲书杜律》:"'彩笔昔曾干气象',本说登山,而云以文彩弄笔,～时贵,以拟飞腾。此又视老杜为钻刺乞哀之徒矣。"❸ 侵袭;触发。明朱橚《普济方》卷二〇六:"此盖脾胃气弱,风冷～,使留停积,饮食不化。"薛已《薛氏医案》卷一七:"疠疡愈而复发,有不戒厚味,内热伤脾者,……有馀毒未尽,兼症～者。"

【干渎】 gān dú　冒犯。多用作烦请人做事的谦词。唐刘蜕《上礼部裴侍郎书》:"～尊严,敢忘僭辱,情或须露,岂日图私?"宋苏轼《与朱康叔书》:"屡有～,蒙不怪,幸甚!"清《红楼梦》三回:"只怕晚生草率,不敢骤然入都～。"

【干罚】 gān fá　罚款。清《儒林外史》二八回:"施御史又来催他兑房价。他没银子兑,只得把房子退还施家。这二十两押议的银子,做了～。"

【干烦】 gān fán　搅扰;麻烦。唐令狐楚《元日进马并鞍辔状》:"愿将行地之功,以奉如山之寿。～宸严,伏增战汗。"宋苏轼《与程正辅书》:"频有～,实为老病切要用者,敢望留念。幸甚!幸甚!"元康里巎巎《奉记帖》:"海味有便寄到,辄恃得故尔。叨喋仍恕～。"

【干犯人】 gān fàn rén　与案件有牵连的人。元郑介夫《太平策》:"有司徒以人命为重,牵连岁月,～等大半禁死。"《元典章·刑部四》:"～郭喜免罪。"明徐懋学《仁狱类编》:"正犯某、～某、证人某、邻人某(具押)。"

【干饭】 gān fàn　米饭。《敦煌变文校注》卷五《佛说阿弥陀经讲经文(二)》:"一团～不将难,如何便得生天果?"明《朴通事谚解》卷中:"～也做着哩,稀粥也熬着哩。"清《聊斋俚曲·穷汉词》:"大米～鸡黄面。"

【干丐】 gān gài　请托;求乞。《新唐书·李宗闵传》:"长庆初,钱徽典贡举,宗闵托所亲于徽,而李德裕、李绅、元稹在翰林,有宠于帝,共白徽纳～,取士不以实。"宋慕容彦逢《香山天宁观音禅院新塑大阿罗汉记》:"费凡三百万,出常住瞻众之馀。间有助缘者,初未尝～也。"刘挚《唐质肃公神道碑》:"宫禁～恩泽,出命不由中书。此古所谓斜封,非盛朝所宜有。"

【干干】 gān gān　❶ 形容罄尽无馀。元马致远《任风子》一折:"酒到跟前,何曾侧厌,并不推让。接入手一盏盏～咽。"明佚名《八仙过海》四折:"他那里满满的斟,我这里～的咽。"清《碧玉楼》一〇回:"你一盏,我一盏,一霎时,把壶盏吃得～的。"❷ 形容没有兴致。明《西洋记》五四回:"帖木儿赢然如丧家之狗,～的如漏网之鱼,大败去了。"《醋葫芦》五回:"惟那除晕一事,不好平空开得,又难对他人说知,只得～的熬过日子。"清《红楼复梦》一七回:"老爷给松大老爷接风,在恩锡堂唱戏,连本府本县这些老爷,太爷们都在那里,好不热闹。怎么好叫咱们大爷～儿的?"❸ 彻底,形容程度深。明孟称舜《娇红记》七出:"蓦地间则见老夫人走将至,骂一声小贱人你在此做甚?哎,哎,哎!兀的不荡了人魂灵也,～儿吓个死。"❹ 白白地;无代价地。明孟称舜《娇红记》七出:"只可惜白白的担这虚名也,～的害个死?"《型世言》二二回:"哥,性命怎不值钱?撞着一个了得的,～被他送了。"清《隋唐演义》一七回:"直到功名成遂,那时须鬓皤然,要顽要却没了兴致。还有那不得成遂一命先亡的,这便～的忙了一生。"

【干槁】 gān gǎo　❶ 干枯。宋陈旉《农书》卷下:"然后置叶其上,勿使通风。通风即叶易～。"朱熹《奏南康军旱伤状》:"所布田禾,缘雨水失时,早禾多有～,不通收刈。"清《醒世姻缘传》九〇回:"许多树都极茂盛,没有一株枯焦～了的。"❷ 中医指津液不足形成的枯干之症。明徐用诚《玉机微义》卷四:"积而久也,血液俱耗,胃脘～,遂成噎膈。"清尤在泾《伤寒贯珠集》卷七:"不然,热盛伤阴,土实亦伤阴,其～可立而待矣。"姜天叙《风劳臌膈四大证治·噎膈反胃》:"盖血结则无以行火,火盛则津液脂膏闭火成痰,水谷道路因火～,故致火窒塞胸膈而成噎膈也。"❸ 委顿不振作。明宋濂《新刻楞严经序后题》:"譬诸草木,厄于愆阳,由得水故,条柯敷达。众生～,欲畅莫遂,闻法灌溉,亦复如是。"

【干阁】 gān gé　比喻受冷淡。明《型世言》二二回:"可恨张知县,他一来叫这些民壮上这闹市上巡绰。这些剪绺的,靠是人丛中生意,便做不来,连我们也～。"

【干隔涝】 gān gé lào　形容穷困没出路或没正业。干,穷。隔涝,犹圪剌、合剌,形容词词缀。元明《水浒传》二回:"他平生专好惜客养闲人,招纳四方～汉子。"明《警世阴阳梦》一回:"常在涿州泰山神祠游玩歇息,结成一党,荒淫无度。这些都是～汉子,无籍之徒。"

【干骨匣儿】 gān gǔ xiá er　(迁葬时)盛殓遗骨的匣子。清《歧路灯》六二回:"若是旧棺已沤损了,须用新棺启迁——就是时常人家说的～。"

【干聒】 gān guō　❶ 干扰;打扰。宋赵必瑑《荐僧子谒外邑》:"若夫～政事,觊觎县帑,则非此僧之心,亦非某人拜书之意。"

元郝经《与贾丞相书》:"终不见报,且屡为有司扞格,必其陈说不合事体,而徒致～,是以岁月益远,变故益深。"明张岳《与闻石塘太宰》:"累以兵革杀伐,～朝听,心切不安。然事有非获已者。" ❷ 干求;请托。多用于书信做谦词。宋方逢辰《回吴退庵书》:"所谓裘其氏者,某不知其为何人,欲望钧旨索而鞠之,重置于宪,亦可以清奸墨而杜～也。"元李士瞻《与建宁阮伯刚参政书》:"前烦借助气力,为取伊母。恐事冗不暇为念,故复叨叨～,幸望留情也。"明徐渭《致李令公书》:"欲得茧料者十餘张,一张作四叶,而极薄者足矣,不必佳者。～为罪。" ❸ 聒噪;吵闹。明沈周《林居病怀》:"秋虫不解静,一夜凉初。"又《秋宵》:"凭凌残月空梁鼠,～西风破壁螿。"

【干旱】 gān hàn　降水不足而干燥。唐杜甫《柴门》:"东城～天,其气如焚柴。"明佚名《白兔记》三○出:"井深～,水又难提。一井水都被我吊干了。"清《后水浒传》三九回:"忽一年～,井中也渐渐水少。"

【干号】 gān háo　同"干嚎"。元明《水浒传》二五回:"原来但凡世上妇人哭有三样哭:有泪有声谓之哭,有泪无声谓之泣,无泪有声谓之号。当下那妇人～了半夜。"明朱橚《普济方》卷三六○:"治小儿一岁至两岁无故～。"清《儒林外史》六回:"到柩前叫声'老二',～了几声,下了两拜。"

【干嚎】 gān háo　大声哭而无泪。明《金瓶梅词话》五回:"当下那妇人～了半夜。"

【干和】 gān hé　不兑水的酒。唐张籍《和左司元郎中秋居》之二:"学书求墨迹,酿酒爱～。"《敦煌变文校注》卷三《茶酒论》:"酒为(谓)茶曰:'阿你不闻道:剂酒、～,博锦博罗。蒲桃、九酝,于身有润。'"按,此句中,"剂"应作"齐","齐酒"即"齐中酒",一种好酒。元宋伯仁《酒小史》:"汾州老～,山西羊羔酒。"

【干红】 gān hóng　绀红;深红。唐佚名《大唐传载》:"其妻独孤氏,亦出女队二千人,皆著～紫绣袄子。"宋周邦彦《月中行·怨恨》:"蜀丝趁日染,微微面脂融。"清《荡寇志》八二回:"那个大王头戴撮尖～凹面巾,鬓边插一枝秋海棠。"

【干荒】 gān huāng　旱灾。明《西游记》四五回:"今年一春无雨,但恐夏月～,特来启奏。"又八七回:"连年亢旱,累岁～。"

【干黄】 gān huáng　绀黄;深黄色。元明《水浒传》三回:"腰系一条文武双股鸦青绦,足穿一双鹰爪皮四缝～靴。"明《金瓶梅词话》七○回:"身穿皂直裰,脚上～皮底靴。"

【干己】 gān jǐ　❶ 关己。宋苏轼《上韩丞相论灾伤手实书》:"昔之为天下者,恶告讦之乱俗也,故有不～之法,非盗及强奸不得捕告。"《元曲选·陈州粜米》二折:"从今后不～事休开口。"清《歧路灯》一三○回:"争乃行路之人,事不～,只得由他。" ❷ 同"干纪❶"。元明《水浒传》四一回:"当初若不是贤弟担那血海般～,救得我等七人性命上山,如何有今日之众!"又六九回:"他把许多金银与我家,不与我担些～,买我们做甚么?"明《西游记》八四回:"那总兵、兵马,事当～,即点人马弓兵,出城赶贼。"

【干纪】 gān jì　❶ 干系;责任。明徐复祚《投梭记》二○出:"我想世间老鸨儿那一个不爱钞,肯卖亦未可知。一来推掉了这～,二来出我心头一口忿气。"《醒世恒言》卷七:"尤辰本不肯担这～,只为不敢得罪于颜俊,勉强应承。" ❷ 负担;麻烦。明《石点头》卷五:"日里藏放床后影壁中,夜深人静方才出来,因此家中并无知觉。只是丫头们送茶饭进房,却是一番～。小姐日夜忧心,惟恐败露。"

【干焦】 gān jiāo　❶ 干燥焦渴。明王肯堂《证治准绳》卷五:"肾气既衰,石气独在,精水无所养,故常发虚阳,不交精出,小

便无度,唇口～。" ❷ 干燥,缺少水分或没有水分。明李时珍《本草纲目》卷四四:"黑色鲫鱼一个去肠,入白盐令满扎定,以水一盏,石器内煮至～为末。"汤显祖《邯郸记》一一出:"陕州城下水波波,运道上～石落硌。"清蓝鼎元《潮属城池总论》:"惠、来要地,濠隍浅狭,势亦～。顾安得深池百步,如揭阳之雄壮哉!" ❸ 焦躁。清范承谟《又与诸从者》:"近者风闻,四路猖鬼,攒恼虔心,蒙谷福堂,谅难再造,因而心胸～,神魂震飞。"

【干结】 gān jié　❶ 失去水分而凝结。明朱国桢《涌幢小品》卷一二:"大铳药～成块,经年不碎。"朱朝瑛《读春秋略记》卷三:"星陨如雨者,实非星也。地中燥火上,～而成象,飞流无常,气尽而陨。"清《湖广通志》卷六四:"守成归,致漆县庭,封识如故。启视漆～,惟中一滴濡耳。" ❷ 中医谓干燥秘结,多指大便不通。元李杲《兰室秘藏》卷上:"柴胡聪耳汤,治耳中～,耳鸣耳聋。"明周履靖《锦笺记》一五出:"〔净〕你一向好么?〔丑〕说不得,近日有些～不通。"清《医宗金鉴》卷四:"燥者,肠中燥,屎～,故用芒消润燥软坚。" ❸ 指疮的表面干后结痂。明徐谦《仁端录》卷三:"初出疮,顶有孔如蛀,痘后则脓水漏出,堆聚～,其色如天泡疮。"王肯堂《证治准绳》卷八七:"毒收还冀时～,溃烂来时极可憎。" ❹ 同"甘结❶"。明《二刻拍案惊奇》卷一八:"地方邻里见有～在官,委是不孝小人的父母。" ❺ 同"甘结❷"。清《梦中缘》一二回:"若无此人,便写一张～付我,我们好面县上太爷。"

【干尽】 gān jìn　❶ 干竭。元佚名《新水令·栾巴噀酒》:"见今排门杨柳枯,遍地河～,千里外无云。"明沈铉《赵松雪故宅》:"第宅空存森卫戟,墨池～尚兰苔。" ❷ 罄尽;没有剩餘。清李渔《蜃中楼》二一出:"虾鱼蟹鳖都～,只有群羊留得剩。"陈端生《再生缘》七九回:"最可怜,衣裳首饰偷～,盘缠缺少费商量。"《后水浒传》四一回:"一连三日,将高宗一团邪火暑毒,清扫得干干尽尽,便能起居。"

【干净】 gān jìng　❶ 平安;安宁。五代杜光庭《六十甲子歌》:"平路遭淹浸,禾稻涝皆无。欲求～处,须早竖楼居。"清徐芳烈《浙东纪略》:"致使神州尽陆沉,那讨一块～土。"陆世廉《西台记》一出:"但山河破碎,江南无一寸～地。" ❷ 清洁;纯粹无杂质,未被污染或玷污。《元曲选·救风尘》三折:"小二哥,你打扫一间～房儿,放下行李。"明《朴通事谚解》卷下:"淘的米～着。造起饭来咬了一块沙子,牙疼的当不的。"清《红楼梦》六六回:"你们东府里,除了那两头石狮子～,只怕连猫儿狗儿都不～。" ❸ 指相貌清秀白皙。《元曲选·争报恩》楔子:"我见你这小的,生的～济楚,委的着人。"明《拍案惊奇》卷一六:"却见是一个中年婆娘,人物也倒生得～。"清《红楼梦》二七回:"凤姐打量了一打量,见他生的～俏丽,说话知趣。" ❹ 净尽;精光,一点不剩。《元曲选·冤家债主》:"我想我睡着了,漏着这只手,却走将一个狗来,把这只手上油都舔～了。"明《朴通事谚解》卷中:"把那房上草来,一根一根拔的～着。"清《聊斋俚曲·俊夜叉》:"俺达挣下几亩地,我要丢个干干净,看你嘎法把我治!" ❺ 清白;纯粹。《元典章·刑部八》:"若自己身上不严约束的～呵,难正多人的一般有。"明李梅实《精忠旗》二○出:"小人似我真～,没揽入些儿公正。"清陆陇其《四书讲义困勉录》卷一:"自修者,本来原～的,只要还他个本来面目。" ❻ 清净;没有牵涉,没有责任。《元曲选·窦娥冤》二折:"喜得我是孤身,又无家小连累,不若收拾了细软行李,打个包儿,悄悄的躲到别处,另做营生,岂不～?"明《拍案惊奇》卷一四:"今好汉若是在这船中索命,杀了丁戍,须害我同船之人不得～,要吃没其官司了。"清洪昇《长生殿》三四出:"〔老旦、副净〕好胡说,你们在外厢护卫,放了贼进来。明日大将军查问,少不得一个个都是死。〔军〕难道你们就推得～?" ❼ 罢休;了结。元

佚名《红绣鞋》:"这场事无~,这场事怎干休? 唬得我摸盆儿推净手。"《元曲选·陈抟高卧》一折:"投至我石枕上梦魂清,布袍底白云生,但睡呵一年半载没~。"明《古今小说》卷四:"师父,怎地把我兄弟坏了性命? 这事不得~。"❽ 纯(收入);扣除其他成分所得。明《醒世恒言》卷一六:"客人一得了四两银子,也自归家去了。"又卷三五:"老奴托赖二位官人洪福,除了本钱盘费,~趁得四五十两。"❾ 清楚。明蔡清《四书蒙引》卷一四:"人之可使为不善,如何说其性? 盖言其性为人所逆,亦犹水之为抟击所使也。如此方说得~。"《古今小说》卷一:"兴哥见县主不用刑罚,断得~,喜出望外。"❿ 简练。清李光地《榕村语录》卷四:"《论语》自是门人之门人所作,不知谁氏之笔,而裁书~,妙至于此。"《红楼复梦》三三回:"咱们这个卖契,比不得穷家小户的哩儿拉儿的混写,只要几句,~简绝就够了。"⓫ 轻巧;简单。清洪昇《长生殿》一三出:〔净〕赦罪复官,与你何涉?〔副净〕好,倒说得~! 只把良心太昧了。"《二度梅》九回:"假公子道:'既是岳父不肯收留,小婿只得再往别处去。'侯鸾又道:'你也说得~。你是钦犯之子,我的女儿怎肯做叛党的媳妇?'"⓬ 干脆;利落。或用作副词。宋沈端节《菩萨蛮》:"酒醒初梦破,梦破愁无那。~不如休,休时只恁愁。"明张岱《陶庵梦忆》卷五:"余听其说'景阳岗武松打虎'白文,与本传大异,其描写刻画,微入毫发。然又找截,~不唠叨。"清《红楼梦》六九回:"何必受这些零碎气,不如一死倒还~。"⓭ 副词。a)表示程度高。完全;彻底。明《西游记》一八回:"你空长了许多大年纪,还不省事! 若专以相貌取人,~错了。"清黄宗羲《明儒学案》卷一一:"种种嗜好,种种贪着,种种奇特技能,种种凡心习态,全体斩断,令干干净净从混沌中立根基,始为本来。"b)表示发现了原来没有发现的情况。敢情;原来。明《西游记》五六回:"呆子行到身边,看看道:'倒与我是一起的,~张着口睡,淌出些粘涎来了。'"《金瓶梅词话》二八回:"是谁说他掇起石头来了? 这奴才没顶着。"《醒世恒言》卷二三:"定哥道:'他派演天潢,官居右相,那里少金钗十二……'女待诏道:'夫人~识得人。'"

【干枯】 gān kū ❶ 干燥;缺少水分。《法苑珠林》卷一二:"唇口~,喉舌燥涩。"清《隋唐演义》三回:"我亲见此处田土~,这一滴水济得甚事?"❷ 干燥枯萎。唐杜甫《大麦行》:"大麦~小麦黄,妇女行泣夫走藏。"明《警世通言》卷四〇:"及至水退了,又经年不雨。莫说是禾苗槁死,就是草木也~了。"清《豆棚闲话》一则:"此时乃是初春天气,山上草木尚是~的。"❸ 身体津液耗尽而枯干。《法苑珠林》卷九九:"宁使身~,终不饮此酒。"元佚名《一枝花》:"大限到百事都无,费精神使得~。"清《姑妄言》八回:"又过了几月,日间饮食俱废,每夜还不肯放松,不几时,竟~而死。"❹ 枯竭;消失殆尽。唐陆龟蒙《登高文》:"简弃信行,附比凶德,仁泽~,义路填塞。"宋晁迥《楞严五十七重修行等级》:"夫欲爱~,方生智慧而有信服。"清李渔《巧团圆》二九出:"只许你美貌佳人留气骨,终不然我容衰貌褪,性中廉耻也~?"❺ 干涸。宋韩琦《西园初暑》:"楼台轩豁年殊旧,池沼~雨未滂。"明《二刻拍案惊奇》卷二五:"止有些石块在内,是一个~的井。"清《东周列国志》八五回:"奈本邑土高路远,河水难达,每逢岁旱,又有~之患。"❻ (书法、语言等)干瘪枯燥。唐窦臮《述书赋》:"虽则筋骨~,终是精神险峭。"宋孔平仲《谈苑》卷四:"盖诗贵圆也,然圆熟多失之平易,老硬多失之~。"❼ 使干枯。元佚名《一枝花·自述》:"惨淡了云窗月,~了书案萤。"明汤式《湘妃引·旅舍秋怀》:"丰城剑消磨了龙气,中山笔~了兔毫。"汤显祖《邯郸记》一四出:"怕~了走陆地蛟龙,谁拨转个透海金鳌?"

【干哭】 gān kū 哭而无泪。清《红楼梦》九四回:"袭人急的

只是~。"《野叟曝言》二〇回:"说罢,睁着眼睛,更哭不出一滴眼泪。"《女仙外史》六回:"丫鬟辈皆勉强~,惟春蕊有些眼泪。"

【干累】 gān lèi ❶ 牵连;连累。《续资治通鉴长编》卷七三:"如流内铨三班院体量得选人,使臣果无~,显有劳绩,书判材识实堪任使者,亦许先送中书枢密参详,别与引见。"《元曲选·赵氏孤儿》二折:"只可惜赵氏孤儿终归一死,可不把老宰辅~了也?"清《万花楼》六回:"如若胡伦到来,你只言我们强抢上楼的,决然不~于你。"❷ 受牵连。清《水浒后传》九回:"我两个不过是~之人,罪名还轻。兄长若去,性命必然不保。"

【干礼】 gān lǐ 折合成金银的礼物。清《双凤奇缘》八回:"用过早汤,告辞起行。员外便命家人将~、水礼及赏赐银两抬出到厅。"《雪月梅》五回:"他叔子金琏因不在家,差老家人送了一分大~来。"《品花宝鉴》五五回:"三月十五,盐台大人的寿旦,盐务里~之外,还要做架屏。"

【干戾人】 gān lì rén 犯法而获罪的人。宋《三朝北盟会编》卷六八:"杨贞又索~,傅筹曰:'皆已贬窜岭海。'"金李天民《南征录汇》:"福金帝姬是~蔡京媳,理宜发遣。"佚名《大金吊伐录》卷四:"越一日,人见崇政殿,跪致书具申谕书意,并欲~蔡京、童贯、……家属等九人执赴军前。"

【干连】 gān lián 牵连;关系。宋包拯《弹王逵》:"只潭州系七百馀户,虽子孙沦殁,及卖过产业者,并令见佃人陪纳。凡~数千户。"《元曲选·合汗衫》三折:"这半壁汗衫儿不打紧,上面~着两个人的性命哩。"清《醒世姻缘传》三二回:"每因一件小事,不知要~多少人家。"

【干连人】 gān lián rén 无罪被牵连进诉讼中的人。宋范仲淹《再奏辩滕宗谅张亢》:"其毁却泾州前任公用磨勘到~,只称有送官员等钱物,亦不显入己。"元徐元瑞《吏学指南》:"~,谓无罪被累者。"清玄烨《谕兵刑二部》:"所有~等,情罪稍可矜原者,敕所司概行省释。"

【干浼】 gān mèi ❶ 冒犯。唐〔朝〕崔致远《再投献太尉启》:"~尊严,下情无任感戴兢惶涕泗之至。"宋王安石《进二经札子》:"~天威,臣无任惶愧之至。"元胡祗遹《潞城县尹吴公去思碑》:"故甘冒~之罪,敢以状闻,愿以志石之言为请。"❷ 干求;请托。元许衡《与赵辅之书》:"小事报复~某人,某之甥也,闻与同侪所苦,执事肯为区处,得就安便,甚望。"胡祗遹《邢洺路都总管府从事解君墓碣铭》:"总府知其志莫能夺,曲全孝养,不敢复以烦细相~,必深重难疑而咨请焉。"明陈于陛《意见》:"小人窃当事者之柄,非必事事~,欲行其说也。"

【干没】 gān mò 侵吞公家或他人的财物。唐张说《赠户部尚书河东公杨君神道碑》:"宿吏之所~,匿赃散廪,一征百万。"《元曲选·陈州粜米》三折:"盗粜了仓米,~了官钱。"清《隋唐演义》一四回:"当日皂角林捕人进房已失了些,又加参军厅乘机~,不符前数。"

【干挠】 gān náo 干涉阻挠。唐陆贽《兴元贺吐蕃尚结赞抽军回归状》:"怀光昏迷,缓师养寇,吐蕃~,生事惑人。"元刘壎《通问雪涧陈提举书》:"与之周旋两年馀,未尝有分毫事相~,此最为难得。"明杨仪《高坡异纂》卷中:"乃知国家之事,莫重于进用贤才,当自有鬼神司之,岂一奸邪小人所能~哉!"

【干娘】 gān niáng 对年长妇人的尊称。元明《水浒传》二四回:"西门庆也笑道:'~,你且来。我问你,间壁这个雌儿是谁的老小?'"明《古今小说》卷一:"这一百两白银,~收过了,方才敢说。"《警世通言》卷一四:"王婆道:'~,宅里小娘子说亲成也未?'"

【干乞】gān qǐ 犹"干丐"。宋黄庭坚《与徐师川书》:"见邸报,承已除邓州签判。想是所~,但不知尚待阙否?"明魏学洢《寄陈发交》:"敢向先生言之,便中~,慰以数行。"清王夫之《永历实录》卷四:"昔之以全发起义~禄位者,率持故衔投款,降级叙用。"

【干虔】gān qián ❶ 干瘪。金《刘知远诸宫调》一一:"洪信和洪义好鳌悻,引两个妻儿尽总来到。~村叟乔头脑,画工丹青怎描?" ❷ 穷乏。《元曲选外编·云窗梦》一折:"你早卖了城南金谷园,干也波虔,怎过遣?"按,"也波"是元曲唱词中衬字,无实义。

【干乔】gān qiáo 胡闹。《元曲选外编·风云会》二折:"你可也畅好是~,休施凶暴,休胡为乱作!"又《举案齐眉》三折:"只管里故意~,去波,你歪缠些怎的?"

【干亲】gān qīn 结义的亲戚。清严如熤《三省山内边防论》:"呼朋招类,动称盟兄,姻娅之外,别有~。"《歧路灯》三回:"拜认~,外父当日是最恼的。难说一个孩子,今年姓宋,明年姓王,是何道理?"

【干亲家】gān qìng jia ❶ 名义上的亲家。指约定婚姻的或认义儿女结成的亲家。清《续金瓶梅》三一回:"当初在京,武职官们做了~,不上五六岁俱已定了婚姻。"《野叟曝言》一四六回:"男女百人,出于~。"《红楼复梦》三三回:"嫂子同贾太太是~,那是早知道的。" ❷ 白做一场亲家。隐指儿女婚一方死亡。明《金瓶梅词话》四一回:"如今做湿亲家还好,到明日休要做了~才难。"

【干惹】gān rě ❶ 招惹。元汪元亨《朝天子·归隐》:"算人生几何,惊头颅半皤,怕~萧墙祸。"《元曲选·隔江斗智》二折:"不曾吃半瓶喜酒,~下一场是非。"明汤式《谒金门·客中戏示友人》:"剡溪无戴老,山阴无贺老,~得梅花笑。" ❷ 牵涉;相关。宋元《警世通言》卷一二:"广州差官自姓贺,又是朝廷命官,并无分毫。"清曹寅《奏报江南科场案折》:"昨日钦差才传说,不~科场事的官员,俱回去理地方事。"

【干热】gān rè ❶ 燥热。元王好古《汤液本草》卷中:"阳明经药,去表上之寒邪~,去节解、少阴寒,散表寒,发浮热也。"明徐光启《新法算书》卷一四:"若性情之~者相聚地必暑,寒湿者相聚地必冷。"清南怀仁《坤舆图说》卷上:"夫风之本质,乃地所发~之气。" ❷ 白着急;干眼红。《元曲选·刘行首》三折:"他不风,你自呆,休来牵惹。端的是他心凉,你心~。"元明《水浒传》二一回:"外人见押司在这里,多少~的不怕气,胡言乱语,放屁辣臊。"明《拍案惊奇》卷三二:"却是船家虽在岸上,回转头来,就看得船上见的,只好话说往来,做不得一些手脚,~罢了。"

【干颡】gān sǎng 搅扰捣乱。宋元《古今小说》卷一五:"兄弟两人在孝义店上,日逐趁赌,偷鸡盗狗,一味~不美,葛恼得一村疃人过活不得。"《警世通言》卷一四:"我新娶一个老婆,~我一夜不归去。"又卷二〇:"张彬又见他两个公然在家~,先自十分病做十五分,得口气,死了。"

【干涉】gān shè ❶ 过问;干预。《通典》卷一八五:"其俗重山川,山川各有部分,不得辄相~。"《金史·杲传》:"太师梁王以陕西事属公,以河南事属卜嘉。今未尝奉诏命,陕西之事,萨里罕固不敢~。"清《红楼梦》一〇七回:"据供平安州原系姻亲来往,并未~官事。" ❷ 牵涉;牵扯;涉及。《宋会要辑稿·刑法三》:"乞今后公事不以大小,但~执政臣僚者,并乞送史台勘鞫。"宋元《古今小说》卷三九:"老娘千辛万苦,织成这绢,不把来白送与人的。你自家有绢,自家做人情,莫要~老娘。"清黄宗羲《丹山图咏序》:"在金陵从朝天宫翻道藏,自《易》学以外,~山川者皆手

钞之。" ❸ 干连;关联;瓜葛。宋赵抃《奏状乞追还内降指挥》:"陛下采收下情,悯伤重役,将穷究仲昌等罪状,正国家之典刑,宣谕中书辅臣行之可也。若事有~,付枢密院治之可也。"元明《水浒传》二二回:"他与老汉水米无交,并无~。"清李渔《玉搔头》一七出:"我想戴簪的人,虽与我毫无~,只是这支簪子,既在奴家头上顶戴多时,也就有些瓜葛了。" ❹ 牵制。《宋会要辑稿·食货一三》:"不知差役一事而官司上下关连,事目极多,条贯动相~,岂可单用差役一门?"明沈榜《宛署杂记》卷一三:"各衙门有互相~,甲可乙否者,早赐联络,急为归并。" ❺ 招致;招来。宋张方平《请别差官议财计事》:"且臣本请推择才识之士,已而自当其选,招揽事任,以为己功,~物议,理甚不可。" ❻ 遭际;遭遇。宋文天祥《梅》:"梅花耐寒白如玉,~春风红更黄。" ❼ 物议;毁谤。宋文天祥《赠曾一轩》:"我有斗度限所经,适然天尾来临丑。虽非终身事~,一年贝锦纷杂糅。" ❽ 惊动;搅扰。明《醒世恒言》卷二〇:"朱四府道:'二位老先生生至此,缘何馆驿中通不来报?'廷秀道:'学生乃小舟来的,不曾~驿道,故尔不知。'"《欢喜冤家》八回:"众人且出去,待后再审。那妇人尸首崔福来自收殓,不得~地方。" ❾ 涉猎;了解。明梁辰鱼《红线女》二折:"我能寻枝叶,近闱房也有些~。英杰,莫道我丫鬟调舌,解难分忧能会些,这衷情须尽说。"

【干生子】gān shēng zǐ 干儿子。明《金瓶梅词话》五五回:"但拜太师门下做个~,也不枉了一生一世。"

【干爽】gān shuǎng 干燥清爽。宋乐史《太平寰宇记》卷一三〇:"凡取卤煮盐,以雨晴为度,亭地~。"明宋诩《竹屿山房杂部》卷一三:"后须摊在洁净筛子中,令水脉略~。"清《姑妄言》一九回:"大大一个花心,里面倒~,抽着紧紧的。"

【干索】gān suǒ ❶ 干求索取。五代王仁裕《开元天宝遗事·惭颜厚如甲》:"游谒王公之门,~权豪之族,未尝自足。"宋虞允文《奏论四川差科科约之弊》:"或以奉台府无名之取,或以应亲朋~之求。"明杨柔胜《玉环记》一〇出:"如今他的儿子韦皋来见,我想是~甚么东西。" ❷ 干而空。索,空。明徐谦《仁端录》卷三:"蛇壳痘,内外皆空,一连~,浆水不灌,形如蛇壳。"

【干托】gān tuō 干请托付。五代王定保《唐摭言》卷一二:"其人再曰:'便~煎一碗茶,得否?'光业欣然与之烹煎。"元谢应芳《答昆山袁子英书》:"区区又有一事,不避讥笑,专此~。"《大清会典则例》卷六八:"若乡宦势豪~不遂,暗行中伤者,许径自奏参处治。"

【干枉】gān wǎng ❶ 白费;徒使。六十种曲本《琵琶记》三〇出:"你休说,不济事,~了。"明李昌祺《鹊桥仙·自述》:"自怜身世总无成,~了青春虚度。" ❷ 凭空冤枉。清李光坡《礼记述注》卷五:"考礼者,稽考而是正之使无违僭也;正刑者,行以公平使无~也。"

【干系】gān xì ❶ 有牵连因而该负责任。也指有牵连而该负的责任。宋赵抃《奏状乞止绝川路州军送遗节酒》:"欲乞今后川路州军自来不许造酒去处,并不得隔路或邻州更互送遗节酒。如违,其~官员并科违制之罪。"《元曲选·魔合罗》四折:"忒跷蹊,教俺教俺难根绩,教俺教俺耽~。"清李渔《闲情偶寄》卷四:"万一有些差池,都是咱家的~哩!" ❷ 牵连;牵涉。宋周必大《武泰军节度使赠太尉郑公神道碑》:"瓯宁有杀人亡命者,~日众,公乞摘断。"明萧大亨《夷俗记》:"至若叔伯兄弟之奸~伦理者,反置之不问。"清《歧路灯》五九回:"左右是~着贤弟哩,不然谁肯受他的气呢?" ❸ 干系人。宋张嵲《蠲逋欠札》:"某愿朝廷遍下诸路,如见今欠负,除正犯人家业及见抵当财产并行出卖外,

其餘~,一切除之。"《续资治通鉴长编》卷四二:"或本非主守,而均于~。"《建炎以来繫年要录》卷一〇三:"除有罪当系者治之,其餘~,一切疏放。" ❹ 连带关系。元王充耘《读书管见》卷下:"至于五福六极与五行有何~,而又欲牵引附会,此汉儒之失而后人不悟,又复祖述之。"清《聊斋俚曲·富贵神仙》:"既无有哥哥,又无有弟弟,那别人与咱何~?"《野叟曝言》二八回:"不管你家祖宗三代子子孙孙的~,连夜送你到阎老子家去了。" ❺ 担责任;尽职守。明王錂《寻亲记》一四出:"这话我为你~,对你说。你在朋友妻子面前,不可泄漏。"《欢喜冤家》一七回:"严冬之际,干干系系与你带了一封银子,盘缠也不送我几钱,送也不送几步。"清李玉《一捧雪》一三出:"囹圄内,牢锁械非儿戏。通宵里,严铃析都~。" ❻ 麻烦;累赘;波折。明《醒世恒言》卷三五:"那阿寄夫妻年纪已老,渐渐做不动了,活时到有三个吃死饭的,死了又要赔两口棺木,把他也当作一股,派与三房里,卸了这~,可不是好。"《二刻拍案惊奇》卷二四:"这里头颇有些东西。今单身远去,路上~,欲要寄顿停当,方可起程。"《禅真逸史》一二回:"传首京师,实为恩便,省了许多~。" ❼ 相关;有妨害。清《一片情》三回:"侄儿此来不为别事,有一件生死~的心事,要与姑娘商议。"《欢喜冤家》一〇回:"许玄欲说真情,又不忍蓉娘出丑,若说出是生员,又恐前程~,算来便不得一时放他。"清《姑妄言》一五回:"贾文物到了这个性命~的时候,假斯文不得了,只得认真的一跑。" ❽ 凶险;危险。明汤显祖《邯郸记》二九出:"领圣旨御医前往,直到平章宅上。他病患有~,无虚诳。"《禅真逸史》一七回:"沈全、胡小九谢了,拽开脚步,径出关外。二人暗暗说道:'好~,险些儿露出事来。'"《禅真后史》一三回:"两眼似遮暗的一般,这一下跌落桥来,好生~。" ❾ 牵挂。明张荜如《桂枝香·秋夜怨》:"惊魂早逐星花坠,气丝儿、谁与抽替。百年欢爱,半衾幽恨,万分~。" ❿ 被牵连。清《豆棚闲话》三则:"聪明尖酸处固自占了先头,那身家性命却~在九分九厘之上。"

【干系人】gān xì rén 有牵连而该负责任的人。宋欧阳修《乞一面除放欠负》:"是致天下常有积年欠负,累经赦宥,除放不得。使破败逃亡之人传子至孙,摊在亲戚~等,追扰赔填,不胜其苦。"苏轼《论纲欠折利害状》:"又臣到任未几,而所断粮纲欠折~,徒流不可胜数。"《建炎以来繫年要录》卷一六三:"所少钱物,押人依法断罪,仍估卖家资填纳。如有未足数目,于~名下追理。"

【干笑】gān xiào 勉强应付的笑。宋吴曾《能改斋漫录》卷二:"世以笑之不情者为~。"明沈德符《万历野获编》卷二六:"遂携二桶归,赵不能争,~而已。"《古今小说》卷五:"每日到他店中闲话,说发王媪嫁人,欲娶为妾。王媪只是~,全不统口。"

【干休】gān xiū 同"甘休"。宋沈端节《洞仙歌》:"据人马牢笼怎~,但拚取真诚,试人看。"明梁辰鱼《浣纱记》三四出:"料他们应不便~,痴心认好逑,只道断然的到底成佳偶。"清《荡寇志》一一八回:"这厮已晓得俺军师有病,断不肯与我~。"

【干休罢】gān xiū bà ❶ 同"甘休罢"。宋元《警世通言》卷三八:"则说不和我~,几时节离了两冤家。"明孟称舜《娇红记》二〇出:"没甚他情,怎不~?"清《白雪遗音·缘法未尽》:"缘法未尽,怎肯与你~。" ❷ 了结;完了。清《聊斋俚曲·磨难曲》:"你把人藏在家,难道说说就~。"又《禳妒咒》:"玉笋山上的花鞋来到手,可待怎么谢我老人家?难道说吗啼啼的~?"

【干血痨】gān xuě láo 中医指妇女闭经、身体干瘦的病。明朱橚《普济方》卷三四六:"或变成~,五心烦热,月水不通,并治之。"《金瓶梅词话》六一回:"西门庆问:'如何经事不调匀?'赵先生道:'不是~,就是血山崩。'"清《野叟曝言》二〇回:"骨蒸如此利害,已成~症,那得还有月事?"

【干噎】gān yē 即"干哕"。元危亦林《世医得效方》卷一:"半夏泻心汤治……胃中不和,心下痞硬,~食臭,胁下水鸣。"清《红楼梦》二九回:"那宝玉又听见他说'好姻缘'三个字,越发逆了己意,心里~,口里说不出话来。"

【干爷】gān yé 干爹。元明《水浒传》四五回:"却说海阇黎这贼秃,单为这妇人结拜潘公做~。"明《金瓶梅词话》五五回:"这四拜是认~了。因受了四拜,后来都以父子相称。"清《聊斋俚曲·增补幸云曲》:"~,你给我做别的罢,我不要红布衫。"

【干隐】gān yǐn 犹"干没"。《新唐书·李尚隐传》:"司农卿陈思问引属吏多小人,~钱谷。"又《韩滉传》:"自至德军兴,所在赋税无艺,帑司纵输~。滉检制吏,下及四方输,将犯者痛挺以法。"又《邓景山传》:"至则振核纪纲,检覆~,众大惧。"

【干营】gān yíng 另见 gàn yíng。谋干钻营。《明实录·世宗肃皇帝》:"古称君德之养,必左右仆从罔非正人。若此~,即为谗佞,宜亟去之。"清康熙二十四年五月初一日上谕:"迨一登仕路,志在功名,未免奋求进,~奔竞。"《大清会典事例·贡举》:"考官等仰邀简用,尤应公慎自矢,杜绝~,为国家遴拔真才。"

【干预】gān yù ❶ 关涉;干连;涉及。唐元稹《唐故工部员外郎杜君墓系铭》:"是后,诗人继作,历夏、殷、周千餘年,仲尼选拣,取其~教化之尤者三百,餘无闻焉。"明《禅真后史》三九回:"予等奉上帝之旨,降灾祥于人间。公系隐逸道者,有甚~,何必逐一细加询察?"清曾衍东《小豆棚》卷一二:"母曰:'儿终夜何所事?'女曰:'儿事不~老人。'" ❷ 干求。唐张怀瓘《评书药石论》:"臣伏岩薮,久无荣望~求进,亦非公卿荐闻。"清《醒世姻缘传》一六回:"陆给谏见他绝没有~陈乞的光景,又见他动了归意,说道:'请了兄来,原是因年伯宦囊萧索。'" ❸ 关系;关联。宋吕祖谦《左氏传说》卷九:"《易·象》《鲁春秋》,与周礼初无~。"明蔡清《四书蒙引》卷一五:"所性显定分,自合下禀受便定了,富贵贫贱都无~。"又《易经蒙引》卷七上:"《爻》曰'为我心恻',而《象》则曰'行恻也',言无~的人亦为之侧。"清《平定三逆方略》卷二:"止令缉获假称朱三之杨起隆,与良民毫无~。" ❹ 相干。宋富弼《手剳子》:"退伏草野,未尝与人相接,荣辱祸福都不~。"明王恕《定夺修城营葬工料奏状》:"其该用工料,南京工部与应天府各另出备,两不~。"

【干哕】gān yue 恶心要吐而吐不出来。宋《圣济总录纂要》卷三:"射干汤治春冬月伤寒,夏秋月中冷,咳嗽喉鸣,声嘎,咽喉不利。"明《醒世恒言》卷三:"胸中似有满溢之状,爬起来,坐在被窝中,垂着头,只管打~。"清《医宗金鉴》卷五八:"~者,有声无物,其声重大而长。"

【干燥】gān zào ❶ 干渴;燥热。宋欧阳修《与刘侍读书》:"~非常,何时可饮?"金《董解元西厢记》卷三:"果是咱饥变做渴,咽喉~,肚儿里如火。"明《西湖二集》卷二三:"把水晶宫就煎得像香水混堂一般热,满宫十口鼻生烟,慌得那是兵蟹将鲛怪鱼精只叫~难过。" ❷ 洁净干爽。《宋高僧传》卷四《唐新罗国义湘传》:"又常行义净洗秽法,不用巾帨,立期~。"明沈鲸《双珠记》二七出:"东宫的尿瓶倾洗得洁净,公主的夜桶收拾得~。" ❸ 涩滞不畅。宋《朱子语类》卷八〇:"怪见公每日说得来~,元来不曾熟读。"又卷一二一:"做工夫一似穿井相似:穿到水处,自然流出来不住;而今都~,只是心不在,不曾著心。" ❹ 干枯;变干。明佚名《粉蝶儿·离思》:"则这诗书礼乐不待攻,端溪砚尘埋土蒙,紫霜毫~了尖峰。"《牡丹亭》一四出:"小姐,你热性儿怎不冰着,

冷泪儿几曾～?"清《醒世姻缘传》三三回:"先生睡起一大觉来,那花已荫得～,吊在一边。" ❺ 枯竭,指文思不畅。明沈周《雨中看山寄杨君谦》:"诗肠倘～,亦许借润涓。" ❻ 空乏,指钱财罄尽。明《醒世恒言》卷三七:"看看家中金银搬完,屯盐卖完,手中～,央人四处借债。"《禅真逸史》二五回:"连几日赌输了,手中甚是～。幸遇着一场公事,赚得这一锭银子。"《禅真后史》一一回:"小郑近来手中～,巴不得这产业脱手。"

【干照】 gān zhào　凭证;证据。《宋会要辑稿·食货六》:"遇有将典卖……如不将两家簿对行抵凿,虽有契帖～,并不理为交易。"宋《朱子语类》卷一〇六:"甲家于某年某月某日有甚～,计几项。乙家于某年某月某日有甚～,计几项。逐项次第写分明。"元佚名《抄户局攒报儒籍始末》:"令当该官吏赍本管儒户花名、见住州县村坊,一应～文凭,赴省攒报。"

【干照人】 gān zhào rén　即"干证人"。《续资治通鉴长编》卷四九一:"三问不承,理当追摄,而彦博拒抗不赴,致～枉在刑禁,淹延半年。"宋赵鼎《乞免摄文广状》:"如～等指证分明,实有前件事迹,广亦不敢隐讳,庶几安慰众心,不致反侧。"胡寅《缴湖南勘刘式翻异》:"今～各已伏辩,而式独不肯承罪。"

【干折】 gān zhé　❶ 白白失去了;白白丢失了。《元曲选·罗李郎》四折:"你两个养儿女的都到了家,可惜我赶候兴的～了本。"明《醒世恒言》卷三:"我昨夜酒醉,不曾招待得你,你～了多少银子,莫不懊悔?"清《东周列国志》二一回:"戎兵又大败而回,～了许多马匹。" ❷ 把所用物品或馈赠折成银钱。明朱权《荆钗记》八出:"〔净〕今日教我怎么安排得酒与来人吃?〔末〕都是～,袖里来,袖里去。"《醒世恒言》卷一:"唤过当直的,分付将贾公派下另一分肉菜钱,～进来,不要买了。"清《豆棚闲话》一〇则:"立刻写了文契,收了价钱,连中人酒水也～了。"

【干阵】 gān zhèn　干雷。明《拍案惊奇》卷三九:"天不凑趣,假如肯轻轻松松洒下了几点,也要算他功劳,满场卖弄本事,受酬谢去了。怎当得～也不打一个?"

【干证】 gān zhèng　即"干证人"。《宋会要辑稿·刑法三》:"子忞罪状既明,别不须～,第黜责其身足矣。"明张瀚《松窗梦语》卷一:"时贾大亨独不任刑,细检卷宗,详审～,一一令尽言无隐。"清《聊斋俚曲·寒森曲》:"写了状,告着李蝎子、商臣、王成谋杀人命,～孙晏。"

【干证人】 gān zhèng rén　与案件有关系的证人。《宋会要辑稿·刑法三》:"诏军巡院,所堪罪人如有通指,合要～,并具姓名人数及所支证事状,申府勾追。"《元典章·刑部四》:"～般定僧等三人状称:崔中山于碾内弄米来。"清胤禛《朱批谕旨》卷一二五之二:"至于或经控告凶犯,百无一获,而原告、原报～等反拖累至死,旧案俱在,臣深耻之。"

【干着】 gān zhuó　空负;徒使;白白。《元曲选·酷寒亭》四折:"万一个在中途被人谋害,可不～了当初救命来?"又《张天师》二折:"直等得佛出世,可的～你这相思无尽极。"又《隔江斗智》一折:"万一个被他识破有参差,可不把美人图～使?"

【干自】 gān zì　空自;枉自。元明《水浒传》三七回:"你枉走,～费力不济事。"明孟称舜《娇红记》一〇出:"甚情由,落花飞絮,～问东流。"清《红楼复梦》六〇回:"我那天回家,瞧见儿女冻饿的不像个样儿,就像针扎了我的心肝,可怜～着急。"

【杆子】 gān zi　另见 gǎn zi。长木柱。明《西游记》二八回:"那大圣把旗拆洗,总斗做一面杂彩花旗,上写着'重修花果山复整水帘洞齐天大圣'十四字,竖起～,将旗挂于洞外。"按,此指旗杆。清《姑妄言》九回:"此位兄可是有～的那大门楼内三个金字

有钱的贾进士兄么?"按,此处"杆子"指棹楔,竖在门前用于表彰的木柱。

【肝花】 gān huā　❶ 肝脏。明沈榜《宛署杂记》卷一五:"猪～三十七副,猪腰子九十三个。"贾凫西《木皮词》:"在台城饿断了～想口蜜水,一辈子干念些弥陀瞎烧了香。"清《醒世姻缘传》二八回:"走到半路,只见两半截人死在道上,肠子～流了一地。" ❷ 指心里话。明冯梦龙《锁南枝·柬帖儿》:"曾留下柬帖儿千恩万爱,彼一时恨不得把全副～,呕向这几个鸳鸯字。"

【肝火】 gān huǒ　❶ 中医指肝脏火气亢盛的病变。宋佚名《银海精微》卷上:"五泻汤,治瞳人干缺,～旺,及五脏虚火旺动。"元戴良《丹溪翁传》:"又《原病式》曰:诸风掉眩,属于～之动也。"清《歧路灯》六四回:"在银海药书上,查了一个清～治攀睛药方儿,命双庆在姚杏庵药铺取药去吃。" ❷ 指容易急躁发怒的情绪。明邵宝《与侯明府世卿》:"童仆有过,不宜作嗔,为其动～也。"《金瓶梅词话》七六回:"又动了～,如今头目不清。"清《绿野仙踪》一九回:"今日着你这一哭,不由的大动了～。"

【竿】 gān　❶ 篙竿。唐元结《贼退示官吏》:"思欲委符节,引～自刺船。"宋吕渭老《水调歌头》:"闻道山阴回棹,相去都无百里,李郭可同船。行止皆天意,端欲自操～。"清洪昇《四婵娟·管仲姬》:"休只等风起处缆方收,紧浪里把～抽,日落后转船头。" ❷ 桅杆。宋吕渭老《水调歌头·送季修同希文去秀》:"酌酒情无尽,海燕绕船～。"明《挂枝儿·送别》:"黄河风又大,孤舟浪里颠,远望艑～也,渐渐去得远。"清屈大均《广东新语》卷一八:"又二木于船首,以张帆席,故曰扒竿。～即樯也。" ❸ 悬挂在竿子上。唐杜牧《燕将录》:"齐人经地数千里,倚渤海,墙泰山,壃大河,精甲数亿铃剑其阸,可为安矣,然兵折于潭赵,首～于都市。"宋胡铨《戊午上高宗封事》:"愿断三人头,～之藁街。"清李渔《玉搔头》二八出:"待老臣督师前去,与江西巡抚王守仁合兵会剿,则逆贼之首计日可～。"

【竿木】 gān mù　❶ 古代杂技艺人借以在其上表演的木杆。唐崔令钦《教坊记》补录:"上偏私左厢,故楼下戏,右厢～多失落,是其隐语也。"宋李攸《宋朝事实》卷四:"～伎人四面缘绳争上,取鸡口所衔绛幡,获者呼万岁。"清《野叟曝言》一一三回:"飞霞等便仍立起～,督率女兵,升木走索。" ❷ 即"竿木戏"。《旧唐书·音乐志一》:"若绳戏～,诡异巧妙,固无其比。"《文献通考》卷一四七:"唐曰～,今日上竿,盖古今异名而同实也。" ❸ 即"竿木家"。唐崔令钦《教坊记》:"裴承恩妹大娘,善歌,兄以配～侯氏。" ❹ 用作兵器、傀儡表演、防身的木棍。宋叶寘《爱日斋丛钞》卷一:"由嬴秦包括四海,尽敛锋利于无用,且千万岁,方将震耀黔首,而～已为兵矣。"清赵函《傀儡行》:"郭郎登场鲍老笑,～一身任颠倒。"《续金瓶梅》四九回:"从来说讨饭三年懒做官,想有些乐处。有诗曰:……～防身成铁杖,给孤布施有金砖。"

【竿木家】 gān mù jiā　指在木杆上表演杂技的艺人。家,词缀,指具有某种专长的人。唐崔令钦《教坊记》:"范汉女大娘子,亦是～,开元二十一年出内,有姿媚而微愠羝。"

【竿木戏】 gān mù xì　古代杂技艺人用竿木表演的杂技。清赵执信《桃花然变民俗也》:"岂知夏后恶衣心,不取吴儿～。"周长庚《台北稻江楼与友人韵》:"欲作逢场～,嫩闽蛮语笑参军。"

【竿头】 gān tóu　竹竿的顶端。比喻很高的地位或最高境界。唐刘禹锡《和仆射牛相公寓言》之一:"两度～立定夸,回眸举袖拂青霞。"《祖堂集》卷一七《岑和尚》:"万丈～未得休,堂堂有路少人游。"清《幻中游》七回:"你三个对的俱甚工稳,足见～进步。"

【甘罢】 gān bà　甘心罢休;作罢。《元曲选外编·单刀会》

二折："关云长他弟兄五个，他若是知道呵，怎肯和你～?"明《别有香》一五回："老张倒得了手，我小刁～不成?"清洪昇《长生殿》二五出："算将来无计解军哗，残生愿～，残生愿～!"

【甘不的】 gān bù de 犹"甘不过"。《元曲选外编·陈母教子》二折："我～这厮看文书一夜到三更后，且休说你使了我学课钱，哎，贼也，你熬了多少家点灯油!"

【甘不过】 gān bù guò 忍不得；受不了。元商衟《一枝花·远寄》："～轻狂子弟，难禁受极(村)纣勤儿。"张可久《满庭芳·春日闺思》："诗中意，今春未归，～燕双飞。"佚名《锦橙梅》："恁娘又不是女娘，绣房中不是茶坊，～这不良。"

【甘当】 gān dāng ❶心甘情愿。唐韩翃《代人至渭南县降服请罪表》："鈇钺就诛，～碎首，谨于路侧，降服而囚。"宋元《清平山堂话本·董永》："欲嫁一个好心之人，～伏事。"清《东周列国志》八七回："若委任不效，～伏罪。" ❷情愿承受。唐白居易《答梦得秋日书怀见寄》："幸免非常病，～本分衰。"《元曲选·还牢末》三折："愿哥哥做主张，暂宽我片时光。便今生死～，来世里把恩偿。"清《东周列国志》四〇回："如若不胜，～军令。"

【甘分】 gān fèn ❶甘心；甘愿。唐刘悚《隋唐嘉话》卷下："其子涕泣不自辩明，但言：'得罪于母，死～。'"《元曲选·玉壶春》三折："他饥寒守自然，我清贫～捱。"明《英烈传》二三回："向者窃伏淮东，～草野。" ❷安分；甘守本分。唐白居易《对镜吟》："如今所得须～，腰佩银龟朱两轮。"宋佚名《张协状元》三出："每～粗衣布裙，寻思另般格调。"清张英《十二月二十八日蒙赐食品酒醴恭纪》之二："荣逮宗祊远，～稚子同。"

【甘伏】 gān fú ❶甘心服罪；甘心罢休；甘心承受。唐李治《申理冤屈制》："所有诉说冤滞文案，见未断绝者，并令当处速为尽理勘断，务使～，勿使淹滞。"宋《法演禅师语录》卷中："有时印却诸人面门，自是诸人～，不肯承当，带累白云受屈。"清《隋唐演义》九六回："倘不如臣所言，臣与百口～国法。" ❷服气认输。《大唐三藏取经诗话》六则："半时，遂问虎精～未伏。虎精曰：'未伏。'"宋黄庭坚《江城子》："新来曾被眼奚搐，不～。"清《野叟曝言》一三二回："立娘气不～，闹了几场。"

【甘结】 gān jié ❶具结；提交甘愿具结的文书。《宋提刑洗冤集录·检验法式》："仍取苦主并听检一干人等，连名～，依式备细开写当日保结。"明《朴通事谚解》卷中："相公们别没拏赍钱粮，更没多骑铺马，又不曾冒支分例，没一点非理害民，何故不与～?"清《水浒后传》三回："凡系梁山泊招安的，不论居官罢职，尽要收管～。" ❷甘愿具结的文书。《元典章·刑部一》："为徐安国告王龙登，取要对证，多与元告不实，理合将徐安国照依本人元与～，依例断罪。"明戚继光《练兵实纪》卷八："今定有节制，取有～矣。"清《聊斋俚曲·翻魇殃》："知县又叫保证具了～，保下了八十亩。"

【甘鲜】 gān xiān ❶甘甜鲜美。唐韦述《两京记》："东都嘉庆坊有李树，其实～。"宋吴潜《望江南》："梨栗～输地客，鲂鳊肥美献溪翁。"清袁枚《随园食单·须知单》："变土之笋，其节少而～。" ❷指鲜美的祭品或食品。《敦煌愿文集·愿文范本等》："陈众味，具～，热(爇)解脱香，展无生盖。"宋陈傅良《丁端叔送海错以诗来用韵酬之》："我在穷山人迹罕，亦蒙惟错馈～。"清《山西通志》卷一四三："焦鑑，大同府诸生，侍父不离左右，家贫，勉致～。"

【甘限文书】 gān xiàn wén shū 甘愿在官府规定的期限内完成公差的文书。元明《水浒传》四九回："如今小侄因为官司委了～，要捕获大虫。"又："你家也现当里正，官府中也委了～，却没本事去捉，倒来就我见成。"

【甘休】 gān xiū 情愿罢休；罢手。唐郑谷《巴賨旅寓寄朝中从叔》："未便～去，吾宗尽见怜。"明李开先《宝剑记》二八出："设计策何曾成就，自思量怎肯～。"清《情梦柝》一八回："你如今已独占乾坤，却要在我名下谤我是非。我与你不得～。"

【甘休罢】 gān xiū bà 即"甘休"。明刘效祖《朝天子》："休夸，你滑，除死～!"

【尴尬】 gān gà ❶可疑；不正常。宋元《警世通言》卷一四："这个开酒店的汉子又～，也是鬼了。我们走休。"明《拍案惊奇》卷二："看此光景，晓得有些～，只管盘问。"清李渔《风筝误》一九出："〔小生〕只怕是假的。〔净〕休疑怪，逼真喜信无～，纸条现在。" ❷处境难堪或事情棘手。元马致远《夜行船》："再休将风月檐儿担，就里～。付能捱得离坑陷，又钻入虎窟蛟潭。"明贺贻孙《如梦令·拜灯》："俯俯朱门～，牵引浑身狼狈。何事曲长身，气焰相熏无奈。"清李玉《清忠谱》一三折："太爷当面发下朱单，要拿五个钦犯，……我想此事，好不～。那五个人不知住居何处?着落在什么地方?" ❸艰难；窘迫。元王伯成《哨遍·赠长春宫雪庵学士》："谩赢得此身良苦，家私分外，活计～。"明王錂《春芜记》一一出："我家声赫赫多荣贵，定强如～那穷儒。" ❹吝啬；小气。明顾起元《客座赘语》卷一："用财之吝曰'拈掏'，曰'寡辣'，曰'～'。"又："其人文，客丰而主啬，达官健吏，日夜驰骛于其间，广袤其气，故其小人多～而傲僻。"清李渔《意中缘》七出："炎凉世界，人情～。估家私簸两掂斤，筹出息秤山量海。" ❺难以应付。元高明《琵琶记》三四出："能吃酒，会攧斋。吃得醺醺醉，便去搂新戒。讲经和回向，全然～。"明《西游记》二三回："既然干得家事，你再去与你师父商量商量看。不～，便招你罢。"清曾衍东《小豆棚》卷一四："土炕上坐一二十许妇人，发漆漆，着淡红裤，穿小靴，理缫车轧轧不绝。韩知其非～者，遂排闼入。" ❻刁钻；古怪；无赖。明汤显祖《紫钗记》三二出："他朝中文章后辈，曾喜他相见，只寻常到来，知他性儿那些～?〔韦〕都是些少年情态。"又《南柯记》七出："小僧扬州府禅智寺一个五戒是也。五戒五戒，好些～。"许自昌《水浒记》二四出："〔老旦〕你如今没了这～凶人，开不成茶肆!〔丑〕你如今死了那烟花泼贱，做不得鸨儿!"

【尴尬】 gān gà 同"尴尬❷"。元吕止庵《风入松》："半生花柳稍曾耽，风月畅～。付能巴到蓝桥驿，不提防烟水重渰。"王仲诚《斗鹌鹑·避纷》："刀名剑利大～，唬碎闲人胆。"佚名《醉花阴·怨恨》："岁月匆匆易伤感，触目处红愁绿惨。杨柳嫩海棠酣，景物～。"

【尴尬】 gān gà 同"尴尬❷"。元佚名《新水令》："今番做得～。且休说久远当来，奈何时暂，这些时陡羞惨。"

【尲尬】 gān gà 同"尴尬❷"。清洪昇《长生殿》六出："西宫因个甚，恼君怀? 敢为春筵畔，风流～，怎一场乐事陡成乖?"许廷录《五鹿块》一六出："你看今年个年岁有点～，只怕一熟巴熟还弗能够来。"和邦额《夜谭随录》卷三："有何～? 其恃汝母为护符耶!"

【尷尬】 gān gà 同"尴尬❷"。明顾大典《青衫记》一三出："到前街见纷纷逃避多～，说是河朔兵侵起祸阶。"汤显祖《牡丹亭》一八出："〔净〕不知害的甚病?〔贴〕～病。〔净〕为谁来?〔贴〕后花园耍来。"

【尷尬】 gān gà 同"尴尬❷"。元乔吉《一枝花·私情》："不能够空便，因此上云雨～。"明沈伯英《泣颜回·秋怀》："风流谜着紧包含，因缘簿特煞～。"

gǎn

【杆】　gǎn　❶量词。用于钓竿或有杆的兵器。《元曲选·楚昭公》三折："一～轻钩浮游动,闹中无事唱鱼歌。"明《西游记》一七回："手执黑缨枪一～,足踏乌皮靴一双。"清《聊斋俚曲·磨难曲》："一口宝刀耀眼角,一～铁枪十斤纂。"❷躯干。清《聊斋俚曲·蓬莱宴》："好个儿郎,模子又好～又强,脱个坏来就不和人一样。"

【杆棒】　gǎn bàng　作武器用的棍子。宋张方平《论天下州县新添置弓手事宜》："其弓箭刀锯及木枪～之类,即许自置。"明罗贯中《风云会》一折："提一条～行天下,十八般武艺非敢道自矜夸。"清《雪月梅》一三回："缟素衣巾,手执～。"

【杆草】　gǎn cǎo　有长杆的草或秸秆。宋曾公亮等《武经总要前集》卷一二："在内加小卵石,使其势重。束～三五斤为尾。"《元曲选外编·玩江亭》二折："我伴的是鲇鱼和这鲤鱼,铺的是～茅柴。"清《续金瓶梅》二回："先把场园一垛～点起,跳过墙去烧起后边屋檐来。"

【杆刀】　gǎn dāo　装有长杆的刀。《元曲选·争报恩》三折："若救不得呵,则我这大～劈碎乌男女天灵盖。"明唐顺之《武编》前集卷四："翼火蛇,蛇头人,身长七尺,……手执大～。"清《飞龙全传》五〇回："使一柄大～,上阵如风,因此名为金刀杨令公。"

【杆宫】　gǎn gōng　梓宫;帝王的棺材。杆,棺杠。明《大宋中兴通俗演义》四六回："今～未返,天下涂炭,愿陛下挥泪而起,敛发而趋,一怒以安天下之民。"又六七回："今既讲和,须令还国,使～得安于永陵,母子完聚乎内廷。"

【杆面杖】　gǎn miàn zhàng　同"擀面杖"。明《西洋记》七一回："这再是变得不如意,不知怎么,就是个～儿吹火,节节不通风。"

【杆人】　gǎn rén　草人。清《绣戈袍》三四回："胡叟已效孔明,定无数车鞾。又多扎～,背了旗令,满放山巅,为疑兵之计。"

【杆杖】　gǎn zhàng　❶即"擀面杖"。宋吴自牧《梦粱录》卷一三："茶盏、菜盆、油～、滑辘、鞋楦、棒槌。"❷一种表演用的木棍。金《大金集礼》卷二四："燕京六州二十四县散乐,筋斗、～、古笼勾当。"

【杆子】　gǎn zi　另见 gān zi。❶器物上像棍子一样的构件。《金史·舆服志上》："王公以下车制,一品辕用银螭头,凉棚～、月板并许以银装饰。"明唐顺之《武编》前集卷五："一窝蜂,喷筒之意。用檀木～,径二寸半,赶纸筒一尺三寸,厚四分。"清《女仙外史》六三回："用枪则是件火器,药线一根,贯通两窍,点着火,先后齐发,莫可遮拦。其～是镔铁打成,在马上亦可用以击刺。"❷兵器,棍或枪。《元曲选外编·射柳捶丸》四折："〔部署云〕有兀那几个打拳的教手每,上露台来耍一会拳,服侍众位大人每。〔众做耍～打拳科〕打住。〔打棍的打住〕〔范仲淹云〕看了这部署每打拳要棍,真个高强。"明郑若曾《江南经略》卷八上："如使枪之家,凡十有七,曰杨家三十六路花枪,……曰沙家十八下倒手～。"△清《狐狸缘》六回："～多,铁尺饶;流星锤,短链绕。"❸称用棍或枪做兵器的士卒。明方以智《通雅》卷二五："今时之民兵,仍宋保甲若各地所产。当时如直隶、保定、徐邳箭手、……江南太仓、崇明、嘉定沙兵,四川白～。"

【秆草】　gǎn cǎo　❶同"杆草"。《旧五代史·汉书·隐帝纪中》："诸道州府,所征乾祐元年夏秋苗亩上纳征米～已纳外,

并放。"宋吕颐浩《上时政书》："又马无～,必不能久留。"清《授时通考》卷七四："如无茅草,～次之。"❷杂草。宋朱熹《劝农文》："禾苗既长,～亦生。须是放干田水,仔细辨认,逐一拔出。"

【秆杖】　gǎn zhàng　即"擀面杖"。宋王喆《换骨骸·赠道友王十四郎》："横梁架,细如～。"

【赶】　gǎn　❶追赶;追逐。唐张鹭《朝野佥载》卷二："时同宿三卫卒被持弓箭,乘马～四十馀里,以弓箭拟之,即下骒乞死。"宋王明清《挥麈后录馀话》卷二："张太尉道:'必不敢来～我。投他人马来到这里时,我已在襄阳府了也。'"清《聊斋俚曲·快曲》:"叫三军快～。"❷驱逐;撵走。唐寒山《人生》:"家狗～不去,野鹿常好走。"《大宋宣和遗事》前集:"须臾捧出大金盘,～散残星与明月。"清《聊斋俚曲·姑妇曲》:"他婆婆眼里没珠,合媳妇恩义全无,生生～出门儿去。"❸依随;傍靠。宋佚名《张协状元》八出:"小客独自不敢向前,等待官程,不然车仗厮～过去。"元《三国志平话》卷上:"约行数里,迎见曹操,实说其事。曹操笑曰:'～我复回。倘破贼臣,建立大功,何官不做!'"清《红楼梦》七五回:"吃了两碗,便有些醉意,嗔着陪酒的小幺儿只～赢家,不理输家了。"❹赴;往;去。宋王辟之《渑水燕谈录》卷四:"韩丕言于天子,召君～阙,诏书及门而卒。"明刘元卿《贤弈编》附录:"张忠定知益州,单骑～任。"清《聊斋俚曲·墙头记》:"～了个西关集,称的肉买的鸡,泼下茶倒上了一盅蜜。"❺加快步伐;迅速前往。宋佚名《张协状元》八出:"担儿担不起,怎～得路程?"元马臻《西湖春日壮游即事》:"处处旗亭招客醉,大书不是～春场。"清《红楼梦》六回:"一早就往这里～咧,那里还有吃饭的工夫咧。"❻抓紧时间做出来。宋佚名《张协状元》一一出:"每常问绩麻做布,那贫女～得些功夫。"元白朴《阳春曲·题情》:"向前搂定可憎娘,止不过～嫁妆,误了又何妨。"清《红楼梦》三二回:"因为这么样,我现叫裁缝～两套给他。"❼赶上;比得上。宋《朱子语类》卷一二四:"汪丈为人淳厚,～张子韶不得。"《元曲选·百花亭》一折:"那公子须不比寻常人,说起来,～一千个双通叔,赛五百个柳耆卿哩!"明薛论道《桂枝香·嘲老儒》:"休言十二甘罗相,快～八旬梁状元。"❽驱策。《元朝秘史》卷二:"伴当!你这里立着,我去把这马～出来。"明《老乞大谚解》卷下:"到街上立地的其间,一个客人～着一群羊过来。"清《醒世姻缘传》七九回:"撞见两个回子,～了百十只肥牛,往北京汤锅里送。"❾凑;凑集。明《石点头》卷一二:"当日董梁在日,诸事凭他,手中活动,所以行人情,～分子,及时及景的寻快活。"❿按;照。清《歧路灯》一〇七回:"况薛家姑太太,～旧亲是姊妹,论新亲则贤弟与甥女有翁婿之分。"⓫通"擀",用棒状物碾压。金马钰《清心镜·示当厨造面者》:"硬搓薄,～挨刀细剉。"明徐光启《农政全书》卷三五:"逐旋取绵子,置于板上,用铁杖回旋,～出子粒,即为净绵。"清《聊斋俚曲·慈悲曲》:"我偷了点面,着咱那邻舍家给～的。"⓬介词。a)趁;利用(机会)。明《金瓶梅词话》二二回:"今日～娘不在家,要和你会会儿。"清《红楼梦》四八回:"～端阳前,我顺路贩些纸札香扇来卖。"b)用在时间词前面,表示到某个时候。《大宋宣和遗事》前集:"有北京留守梁师宝将十万贯金珠、珍宝、奇巧匹段,差县尉马安国一行人,担奔至京师,～六月初一日为蔡太师上寿。"明《金瓶梅词话》六九回:"文嫂便把家中倚报会茶,～腊月要往顶上进香一节,告诉林氏。"清《聊斋俚曲·富贵神仙》:"我～几时到家,才看看你那罗衫袖?"

【赶逼】　gǎn bī　追赶逼迫。元明《三国志通俗演义》卷三:"操亲掣宝剑押阵,连夜剿杀,勿停戈战,星火～催、汜。"明王恕《纠劾奸人拨置中使扰乱地方奏状》:"因拿大户陈护,却将邻人李源妻陆氏～下河身死。"清《野叟曝言》一一一回:"被三千生力岛

兵发狠～，整万乱头百姓呐喊助威，势如山倒。"

【赶饼杖】 gǎn bǐng zhàng　即"擀面杖"。明徐光启《农政全书》卷三五："用铁杖一条，长二尺，粗如指，两端渐细，如～样。"

【赶不及】 gǎn bù jí　❶ 犹"赶不上❶"。元《七国春秋平话》卷中："孙子见石丙来赶，放青牛便走如飞。石丙～，回兵归寨。"清《好逑传》四回："过公子急叫人快赶时，轿已去远，～了。"❷ 犹"赶不上❷"。明《拍案惊奇》卷五："从来罕闻奇事。想是为吉日～了，神明所使。"清《野叟曝言》九五回："可惜起身迟了，～神猕峒，只可奔乌石峒。"《雪月梅》三八回："我从荻浦一带沿河等你，到处码头贴下招知，省你查问。倘或～，总在台庄码头左右寓所等你。" ❸ 犹"赶不上❺"。清《玉支玑》一五回："宗师考过正案，少不得还要大收一场。既正案～，只好大收，去图侥幸了。"❹ 犹"赶不上❿"。清李渔《比目鱼》二四出："这十月初三，又是晏公的诞日。此时已是九月，路途遥远，只怕～了。"《绿野仙踪》七四回："二十二日会战～，可定在本月二十五日，钱塘江会战。"《荡寇志》九三回："况说明日就要处斩，即使公明哥哥肯来救，也～。"

【赶不上】 gǎn bù shàng　❶ 追不上；跟不上。《元朝秘史》卷一："也速该把阿秃儿兄弟三人随后赶也客赤列都过了七个山冈，～，回来了。"《元曲选·荐福碑》二折："那马走的紧，小人～。"清《红楼梦》一一六回："但见鸳鸯在前影影绰绰的走，只是～。"❷ 在一定的时间内到达不了。宋《朱子语类》卷二："天一日周地一遭，更过一度。日即至其所，～一度。"《元曲选·争报恩》三折："但是南来北往，经商客旅，做买做卖，推车打担，～城的，都在我这里买粥吃。"清《红楼复梦》一二回："也常有官府们来往～正站，借他家住一宿。" ❸ 达不到目标或一定的数量。宋姚勉《讲义四》："然则一日纵放其心，便用三个月日工夫亦～也。"元许衡《大学要略》："义是决断事物，不教过去，不教～，都是合宜的道理。"清《续金瓶梅》二九回："有了四六便算赶上了，凑成多少点数。如没有红六，也是一杯。有了，～点数也是输。" ❹ 比不上。宋《朱子语类》卷一〇一："看程门诸公力量见识，比之康节横渠，皆～。"明沈德符《万历野获编》补遗卷二："张公的才术，是以前各位所～的。"清《野叟曝言》六二回："晴霞虽有些小聪明，却不比紫函沉静，怕还～冰弦哩。" ❺ 指望不上；做不到。元汪元亨《一枝花·闲乐》："学不的睡不安苍荒拔剑鸡窗下舞，～时未遇抖搜弹冠仕途上趋，秉一段铁石心肠愈坚固。"《元曲选·忍字记》四折："则被他偌肥胖那风魔倒瞒了我、我。～庞居士海内沉舟，晋孙登苏门长啸，我可甚么谢安石东山高卧。"明汤式《天香引·友人客寄南闽》："学不得秦萧史跨彩凤重登风台，～晋刘晨采云芝再入天台。画眉手慵抬，评花口羞开。" ❻ 错过；遇不上。《元曲选外编·破窑记》二折："今后先吃了斋饭，后声钟，他～斋呵，他自然发志也呵。"元明《水浒传》二四回："奴家也正待要去看一看，不想去得迟了，～，不曾看见。"清《绿野仙踪》八回："我因～宿头，在此住一宿。" ❼ 断不了；隔不开。明汤式《一枝花·夏闺怨》："悔当初，多情却被无情误。唤不应离恨天，填不满忧怨海，～相思路。" ❽ 走不到一定的路程。明《封神演义》五八回："二人步行，～一射之地，李奇取出一幡，拿在手中，对木吒连摇数摇。"《二刻拍案惊奇》卷三七："时已天黑，程宰道总是前途～多少路罢了，不如就在城外且安宿了一晚。"清《续金瓶梅》六〇回："到了绍兴府地方，～程途，天晚下雨，把衣服行李湿了。" ❾ 供不上；满足不了。明《金瓶梅词话》三七回："老身大风刮了颊耳去了，嘴也～在这里。撰什么钱？"清《醒世姻缘传》一〇回："出家人问人抄化着吃还～嘴哩，那讨二十石谷来？"《红楼梦》六九回："咱们的月例，一月～一月，鸡儿吃了过年粮。" ❿ 来不及；等不到。清《红楼梦》二一回："你睡醒了，你自过那边房里去梳洗，再迟了就～。"又一〇〇回："只是三丫头这一去了，不知三年两年那边可能回家？若再迟了，恐怕我～再见他一面了。"《镜花缘》四三回："况明年六月即要报名入考，就让往返顺风，也～了。"

【赶步】 gǎn bù　疾步。明《平妖传》六回："急急的将双手抬着房门轻轻扯开，做个鹤步空庭一脚一脚的～儿走去。"清陈端生《再生缘》九回："正在忧愁无处去，前村隐隐有红灯。慌忙～来行到，轻叩双环唤主人。"

【赶场】 gǎn chǎng　赶集。清田雯《相见坡蛮谣》之三："奈此翻浆白汗何，～大弄不停梭。"雍正七年十一月二十六日张广泗奏文："本日系～之期，有民人王明在场失落银包一个。"

【赶唱】 gǎn chàng　赶座儿卖唱。明康海《王兰卿》一折："幸得母亲贤惠，依随于鹏分付，不曾教我～留人。"清雍正十二年十月十二日赵弘恩奏文："每于交冬之际，多有携带妇女离乡背井，出外～谋食。"《醉醒石》八回："会得唱，跟人去～；会得写，也去与人抄书。"

【赶车】 gǎn chē　❶ 碾压籽棉将棉籽挤出的工具。明宋应星《天工开物·乃服》："凡棉春种秋花，花先绽者逐日摘取，取不一时。其花粘子于腹，登～而分之。"又《甘嗜》："轴上凿齿，分配雌雄。其合缝处须直而圆，圆而缝合。夹蔗于中，一轧而过，与棉花～同义。" ❷ 驾驭畜力车。清康熙三十五年正月二十六日上谕："或官员，或～兵役，偷盗米粮马匹及妄作非为者，即以军法从事。"《歧路灯》八回："席毕，大家分别，曹氏又与王氏订了十九日～来接的话。"《品花宝鉴》五回："那些～的，都是短袄绸裤，绫袜缎鞋。"

【赶趁】 gǎn chèn　❶ 追赶；赶奔；（脚步）快速移动。宋苏轼《乞增修弓箭社条约状》："有北平军大悲村本社头目冉万、冉升长行冉捷等，部领社人，与北贼斗敌，～捉杀。"元邓玉宾《村里迓古·仕女圆社气球双关》："把闲家扎垫的饱，六老儿睃趁的早，脚步儿～的巧。"清魏裔介《详陈荒政疏》："今之有司，惟知煮粥之法。然城居附近者得食一二碗之粥，随即枵腹；其乡村居远者～不及，以致僵仆道途而死。" ❷ 应凑；曲意迎合。宋《朱子语类》卷二："今之造历者无定法，只是～天之行度以求合，或过则损，不及则益，所以多差。"又卷九五："道理本自广大，只是潜心积虑，缓缓养将去，自然透熟。若急迫求之，则是起意去～他，只是私意而已，安足以入道？"清《歧路灯》一〇一回："又照烛看墙角一首，令人捧腹，乃是和女郎诗，强押韵脚，百方～，犹不自知其丑。" ❸ 营运；奔逐牟利。多指赶场卖艺、做生意等。宋《西湖老人繁胜录》："清明节，公子王孙、富室骄民踏青游赏城西，店舍经营，辐凑湖上，开张～。"元明《水浒传》二一回："却好唐牛儿托一盘子洗净的糟姜，来县前～。"清李玉《占花魁》一二出："秦小官你去罢，明日再挑到我家来。你经营～莫徘徊，我且垂却湘帘半掩扉。" ❹ 指赶场子卖艺的艺人。宋周密《武林旧事》卷六："又有吹箫、弹阮、息气、锣板、歌唱、散耍等人，谓之～。" ❺ 依附投靠；帮闲奔走。《元曲选·金线池》一折："好运，好运，卑田院里～。"明李开先《宝剑记》三〇出："酒馆花门，闻风～，全凭两脚走殷勤。"清《歧路灯》二一回："夏逢若自从结拜了盛宅公子、谭宅相公，较之一向在那不三不四的人中往来～，便觉今日大有些身份。" ❻ 抢在限定的时间、路程内完成或到达。宋《朱子语类》卷一一："不然，则随文逐义，～期限，不见悦处，恐终无益。"元许衡《大学直解》："百姓每耕种要宜～时候，不妨误了他，这便是'为之者疾'。"元明《水浒传》四四回："寻常结束，青衫皂带系其身；～程途，信笼文书常爱护。" ❼ 抓紧时间做。元明《水浒传》四回：

"师父稳便,小人～些生活,不及相陪。"　❽赚取;获取。明佚名《南牢记》三折:"今日无事,去他家走一遭。一则～些钱钞,二则将几句动情的言语调戏他。"《二刻拍案惊奇》卷三六:"小人一生辛苦经纪,～些微末利钱。"《梼杌闲评》六回:"前村人家有斋,你何不去～些?"　❾凑;凑集。明《山歌·破鬃帽歌》:"乡邻～子分子,朋友怕阙子人情。"清《歧路灯》八〇回:"那德喜一班家人,当未事之先,～热闹,还肯向前张忙;及既事之后,他们竟是兴阑情减,个个推委瞌睡,支吾躲闪起来。"

【赶程】gǎn chéng　兼程赶路。宋《九朝编年备要》卷三〇:"彦国怒,持军～,渡淮而进。"宋元《清平山堂话本·范张鸡黍》:"每日早起～,恨不得身生两翼。"清《万花楼》四回:"当时差官不分昼夜,～来京。"

【赶搭】gǎn dā　赶步。搭,词缀,无实义。明《山歌·困弗着》:"姐儿正在疑惑,只听得窗外门响。小阿奴奴连忙～出去,来窗眼里张着子个臭贼了便胆丧了魂消。"

【赶蛋】gǎn dàn　❶禽类雌雄相逐交配。明《金瓶梅词话》八五回:"单表潘金莲,自从月娘不在家,和陈敬济两个,前院后庭如鸡儿～儿相似,缠做一处。"　❷专门以黑吃黑的盗贼。清纪昀《阅微草堂笔记》卷七:"又劫盗之中,别有一类,曰～。不为盗,而为盗之盗。每伺盗外出,或袭其巢,或要诸路,夺所劫之财。"

【赶道】gǎn dào　赶路。清《野叟曝言》九二回:"也罢,趁着早凉好～儿。"

【赶点】gǎn diǎn　一种口说数目手掷色子、色子掷出的数目跟口报数目相合再以点数大小竞胜负的酒令游戏。清《红楼复梦》一八回:"数个重一重二不重三的,一去二三里罢。有酒有底。逢三六九用骰子～。不拘爱同谁掷就同谁掷,点小的输酒。"

【赶点子】gǎn diǎn zi　一滴接着一滴。清《聊斋俚曲·姑妇曲》:"珊瑚慌忙出来,一眼看见他丈夫,低下头,一声不言语,那泪～滴。"又《慈悲曲》:"若着亲娘见一遭,必然叫一声心肝,还带一声娇娇,哎,泪珠儿还要～往下掉。"

【赶店】gǎn diàn　赶到投宿的客店。清袁枚《子不语》卷一二:"天大雨,～不及,日已夕矣。"

【赶夺】gǎn duó　追逐抢夺。唐柳祥《潇湘录》:"其犬忽突入薛赟家,口衔薛氏髻而背负走出,家人～之不得,不知所之。"宋李纲《靖康传信录》卷三:"有～妇人钗子者,立斩之徇。"

【赶饭】gǎn fàn　混饭;蹭饭。清《续金瓶梅》三九回:"这些时只在营里亲戚家～,那里有个家业哩!"又四〇回:"东奔西走的,靠着几家穷亲戚～。也免得我"

【赶赴】gǎn fù　奔赴;赶到(某处)。宋吴自牧《梦粱录》卷一九:"更有一等不本色业艺,专为探听妓家宾客,～唱喏,买物供过。"明《西游记》六六回:"也曾～龙华会,也曾腾云到佛堂。"清《雪月梅》一一回:"一路无话,兼程～沂水县来。"

【赶工】gǎn gōng　抓紧施工;抢工程或工期。雍正九年五月初六日李卫奏文:"目前抢修御塘,正在上紧～。"《说岳全传》一八回:"正值众船匠五更起来,煮饭吃了,等天明～。"

【赶会】gǎn huì　到庙会去经营或购物。清洪昇《长生殿》三八出:"这里新到一个老者,弹得一手好琵琶。今日在鹫峰寺～,因此大家同去一听。"《醒世姻缘传》六八回:"天下的货物都来～,卖的衣服、首饰、玛瑙、珍珠,甚么是没有的?奶奶们都到庙上,自己拣着相应的买。"《歧路灯》三回:"若逢晴朗天气,这些城里乡间,公子王孙,农父野老,贫的、富的、俊的、丑的,都来～。"

【赶急】gǎn jí　❶追赶紧急。《元曲选·伍员吹箫》四折:"适值伍子胥逃难到于江边,被追兵～。"明《西游记》九五回:"只

见两块大石头,将窨门挡住。土地道:'此间必是妖邪～钻进去也。'"《封神演义》四五回:"秦天君见邓华～,上了板台。"　❷赶进度过急或急着赶进度。清《野叟曝言》八回:"只怕太～了,神便要昏,目便要花,且吃了饭再看罢。"　❸赶紧;赶快。清《好逑传》二回:"屈氏～奔到内楼阁上。"《野叟曝言》一三三回:"寒奴～进房,摸着云氏头面,点点头道:'这便足盖前愆了。'"

【赶集】gǎn jí　前往集市做买卖。明朱谋㙔《诗故》卷五:"故市肆具集,而百货陈焉,今河北所谓～,广中所谓趁虚是也。"清《歧路灯》二九回:"天明就要到镇上,还误不了～哩。"《霓裳续谱·乡老庆寿》:"待去看有无盘缠,又得～去把粮食桨。"

【赶脚】gǎn jiǎo　赶着牲口运货或载人,多属受雇性质。明沈受先《三元记》二〇出:"我是襄阳城中～的马夫,靠这匹马养家活口。"《挂枝儿·杂情》:"今朝你向我,明日又向他,好似驿递里的铺陈也,～儿的马。"清《绿野仙踪》二八回:"凡河南一省,士农工商,推车～,肩担乞丐之类,内中俱有他的党羽。"

【赶节】gǎn jié　赶节场做买卖。宋元《警世通言》卷三八:"正值仲冬天气,收买了杂货～,赁船装载到彼。"元明《水浒传》一〇四回:"近日在房州,闻此处热闹,特到此处～做生理。"清《风流悟》一回:"一口气走到弄生家来,只见门也锁着。问问乡邻,乡邻道:'近日同一班人说南京去～了。'"

【赶紧】gǎn jǐn　❶犹"赶急❶"。明徐元《八义记》二六出:"驸马共程婴逃出府门,被军卒～,不知去踪。"　❷急忙。明《禅真后史》一七回:"俗言说,急行无好步,凡事只因忙里错。姆姆休得～做事。"清《荡寇志》一〇五回:"只见一个小后生～出来,叫道:'老奶奶,老奶奶!你说的陈小姐,是不是祝玉山郎的夫人?'"　❸抓紧时机,毫不拖延。或用作副词。清《平定两金川方略》卷八六:"臣惟有～办理,至期督率将士,奋迅直前,以期早为集事。"《飞龙全传》一二回:"早上吃了饭,此时肚里又饿了,咱们～儿到城内吃饭不好?"《万花楼》一〇回:"久闻孙爷的军棍,比别官的倍加厉害,……你今着此棍棒,必须～调治才好。"　❹犹"赶急❷"。清《野叟曝言》七五回:"戴、刘、方三人俱道:'从今日起,日夜讲究,不可蹉跎片刻才是。'飞娘道:'太～了,怕文爷着劳。'"又九一回:"因是停会还要款侍新郎,上食的都是～,到日中已经撤席。"《荡寇志》九七回:"原来曹州有个大家子弟,下了定钱,画三十幅春宫画,等紧就要的,不得不替他～。"

【赶考】gǎn kǎo　前往科举考场应试。清李渔《闲情偶寄》卷五:"记予幼时观场,凡遇秀才～及谒见当涂贵人,所衣之服,皆青素圆领。"《聊斋俚曲·禳妒咒》:"昨日三弟来说学道里调牌已到,该放出高蕃来～。"《红楼梦》五四回:"这年王老爷打发了王公子上京～。"

【赶快】gǎn kuài　从速;抓紧时间。或用作副词。明陈铎《雁儿落带过得胜令·灯市》:"算日无多,撺行～,雨和风情意歹。"清李玉《清忠谱》一八折:"我们如今～到西察院前去。"《说岳全传》四九回:"我们赶一步到那庙里,问道士讨些酒饭吃饱了,～些走就是了。"

【赶老羊】gǎn lǎo yáng　即"赶羊"。清《红楼梦》七五回:"此时打了天九～的未清,先摆下一大桌,贾珍陪着吃着。"袁枚《子不语》卷四:"汝等九个赌贼,得受叶家纸钱,彼此～快活,便来劝我么?"

【赶拢】gǎn lǒng　聚拢;凑到一起。元明《水浒传》一四回:"这边雷横便指手划脚,也～来。两个又要厮拼。"清《醒世姻缘传》九七回:"烧得个狄希陈就似落在滚汤地狱里的一样,声震四邻,～了许多人。"《野叟曝言》八六回:"出城不及里许,一见差弁,

即四面～,其为近地之人无疑。"

【赶路】　gǎn lù　为早到达目的地而快速走路或行驶。宋洪迈《夷坚志》补卷二二:"今将还乡乞食,～不上,望许寄留一宿。"元《三遂平妖传》六回:"路上贪～,不曾打得火,我出去买些酒食来吃。"清李玉《清忠谱》五折:"分付水手们,快些开舡～去。"

【赶忙】　gǎn máng　❶ 奔赶忙碌。清李惺《戏题》:"吃苦多由自苦,～却为谁忙。" ❷ 赶紧;连忙。清《红楼梦》一〇三回:"薛姨妈本来气的干哭,听见贾琏的话,便～说:'倒要二爷费心。'"《野叟曝言》三回:"他主人落水,老仆～跳下。"《后水浒传》四一回:"话说杨幺、郭凡～上前将马辔拖住,一径到家。"

【赶门】　gǎn mén　赶在城门关闭之前进城。宋韩淲《十四日》:"空多冶游者,扶醉～归。"宋元《警世通言》卷三七:"共三个人,两匹马,到黄昏前后,到这五里头,要～人去。"明张岱《陶庵梦忆》卷七:"岸上人亦逐队～,渐稀渐薄,顷刻散尽矣。"

【赶面杖】　gǎn miàn zhàng　同"擀面杖"。《元典章·刑部十六》:"将弟天二用～殴打。"明《西游记》四九回:"你不是磨博士,怎么会使～?"清《授时通考》卷七七:"用铁杖,长二尺,粗如指,两端渐细,若～样。"

【赶起】　gǎn qǐ　❶ 驱赶使腾飞或离去。唐沈汾《续仙传》卷上:"湘画一白鹭,以水噀之,飞入菜畦中啄菜。其主～,又飞下再三。"元《三遂平妖传》一三回:"妇人道:'……若有个空地才好卖。'那人与他～了吹的扑的,道:'这里好,也曾有人在这里打野火儿过。'"清《说唐后传》五三回:"手中拿条竹箭,在芦苇中～一群雁鹏,在空中飞舞。" ❷ 走快。明《唐三藏西游释厄传》卷七:"三藏勒马遥观,楼台影影,殿阁沉沉。行者道:'～那里借宿。'"《西游记》一五回:"行者抬头看了道:'不是殿宇,定是寺院。我们～些,那里借宿去。'" ❸ 赶做。明《梼杌闲评》一三回:"娘是后日生辰,你速去买绒,～衣服,送他生日。"清《野叟曝言》九一回:"这里有苏州人绣铺,叫他连夜～一副补子就是。"《绿牡丹》三五回:"今日～两件孝衣,明日我同你前去。" ❹ 驾驭使启动。清《雪月梅》四四回:"三辆大车～牲口,十六名抬夫抬起灵柩,如飞而发。"《补红楼梦》一九回:"三人一齐上车,车夫～,出了辕门。" ❺ 起步追赶。清《绿野仙踪》三三回:"既已逃去,如何肯回?军将等该从何地～?"

【赶前】　gǎn qián　往前赶行。元明《水浒传》二九回:"武松连吃了三碗,便起身走。仆人急急收了家火什物,～去了。"明沈鲸《双珠记》一七回:"此处叫他不见,再～去寻觅,多少是好。"《续西游记》六回:"八戒心下也生疑,乃挑起担子,～走去。"

【赶趋】　gǎn qū　❶ 驱赶。明《金瓶梅词话》七一回:"尘土遮天,好似百万貔貅卷土至,～得村渔翁罢钓,卷钩纶疾走回家。" ❷ 趋进;赶路。明章潢《图书编》卷五八:"甚当晏起早住,务～地头,不可贪程夜行,及听稍子哄诱,致其通贼自害。"清《红楼梦补》二一回:"凤姐在路上紧～回家,先到王夫人屋里。"

【赶热】　gǎn rè　❶ 趁热。元董君瑞《哨遍·硬谒》:"头巾顶攒就宜新裹,鼚子饼热时～翻。"清《儒林外史》三九回:"恶和尚比定中心,知道是脑子的所在,一劈出了,恰好脑浆迸出,～好吃。" ❷ 赶热闹。谓有事端时侧身其间。明《警世通言》卷三五:"平昔不守本分,不做生理,专一在街坊上～管闲事过活。" ❸ 巴结权势。明康海《中山狼》四折:"稍觉冷落,却便别处去趋炎～,把那穷交故友,撇在脑后。"

【赶热被窝】　gǎn rè bèi wō　妓女的相好在嫖客起身后前去就宿。明《金瓶梅词话》六七回:"你去了,好了,和尚却打发来好～儿。"清《醒世姻缘传》三八回:"狄希陈惟有起五更推出去解手,

往孙兰姬家～。"

【赶丧】　gǎn sāng　奔丧,形容急速。清《后水浒传》四四回:"那日兀怎～般扯跳,只学的呆鸟过后瞎嘈没力。"

【赶丧大人】　gǎn sāng dà ren　出殡仪仗中的开路神。清《何典》七回:"有一鬼叫做臭鬼,是个清白良民,靠着祖上传留的田房屋产过日子,家婆是～的女儿,叫做赶茶娘。"

【赶上】　gǎn shàng　❶ 追及;撵上。宋苏轼《乞增修弓箭社条约状》:"直至北界地名北当山峪内,被冉冉射中贼头徐德,冉捷～,斩获首级。"《元朝秘史》卷七:"合里兀答儿马快,～,不敢拿,前面横当着。"清洪昇《长生殿》二七出:"这不是羽盖飘扬,鸾旌荡漾,翠辇嵯峨,不免疾忙～者。" ❷ 驱赶到;追赶到(高处)。宋袁说友《临安邸中即事》之五:"趁晴下得楼来看,又被西风～楼。"明《西游记》三二回:"行者应诺了,径直～山坡,摇身一变,变作个蟭蟟虫儿的。"清《野叟曝言》九回:"素臣心里焦躁,把船家一齐～岸去扯牵。" ❸ 追赶。宋元《古今小说》卷三三:"韦义方和当直三人,一路～,则见路上人都道:'见大伯骑着蹇驴。'" ❹ 比得上。宋洪迈《夷坚志》甲卷一〇:"二十年前录辟雍,而今官职俨然同。何当三万六千岁,～齐阳鲁国公。"元高明《琵琶记》一〇出:"一跃时尾捎云汉,横蓦过玄圃崆峒;一霎时走遍神州,直～流星奔电。"清《醒世姻缘传》四五回:"自己闺女老姐,那～他的模样?" ❺ 赶赴;赶到;抵达。元明《水浒传》六三回:"差心腹之人,星夜～京师,报与蔡太师知道。"明汤式《新水令·送王姬往钱塘》:"趱过若耶溪,～钱塘市。"《型世言》二〇回:"便去敲起铜鼓,驼枪弄棒,～许多人来。" ❻ 驱赶;驾驭。元明《水浒传》四四回:"打并了作坊猪圈,～十数个肥猪,选个吉日,开张肉铺。"清《后水浒传》四回:"这强人见得了手,便虚展一刀,托地跳出圈外,～车子而去。" ❼ 快行;快速向前移动(脚步)。明《警世通言》卷三:"既是徐掌家,与我～一步,快请他转来。"清《野叟曝言》四九回:"～几步,跪在地下,抱住水夫人两膝。" ❽ 碰上;接触过。明沈德符《万历野获编》补遗卷二:"从弘治十六年二月,孝宗久病大愈,正～大祀天地,视朝一～者。"清《红楼梦》二九回:"当日国公爷的模样儿,爷们一辈的不用说,自然没～。" ❾ 提升;提上去。明王肯堂《证治准绳》卷八四:"倘元气所禀者本是薄劣,痘兼多蔓,遂用毒物尽以发之,再投升劫之剂,尽把元气～。" ❿ 在有效的时期赶到。清《歧路灯》二二回:"我明日就要起身,～大后日封枢罢。"又二七回:"大爷你是几时回来的?刚刚～送米面。"

【赶市】　gǎn shì　犹"赶集"。明《梼杌闲评》二回:"更兼诸买卖都来～,真是人山人海,挨挤不开。"清范寅《越谚·月亮弯弯》:"爹爹见我归,拔起竹竿～去。"《红楼复梦》九〇回:"男人们都是一早到镇上～,至晚方回。"

【赶熟】　gǎn shú　遇到荒年,到有收成的地方去谋生。《元曲选·合同文字》楔子:"如今为这六料不收,上司言语,着俺分房减口。兄弟你守着祖业,俺两口儿到他邦外府～去来。"

【赶速】　gǎn sù　急速。清《万花楼》四九回:"臣得此一信,～回朝,分辨清白。"

【赶网儿】　gǎn wǎng er　替人出力办事,犹如人向网中赶鱼,故称。明《金瓶梅词话》六二回:"与你老人家印了一场经,只替他赶了网儿,背地里和印经家打了一两银子夹账,我通没见一个钱儿。"

【赶行】　gǎn xíng　急速行进。清袁枚《续子不语》卷一:"乃辞仙而归,昼夜～。"陈端生《再生缘》一八回:"郡主忍痛移凤履,小金莲,～几步出园门。"《好逑传》一回:"铁公子一路～,才过午就到了京城。"

【赶兴】gǎn xìng 助兴；趁兴。明佚名《精忠记》三五出："这都是秦桧主意，学生不过～而已。"《拍案惊奇》卷二四："他一个上前，～的就不少了，连家人共有一二十人，一直吊了上去。"清《后水浒传》三九回："可知宋皇帝逃跳的没力，躲缩临安。恁不～跳去，扶持哥哥做个皇帝，兀也快活。"

【赶墟】gǎn xū 犹"赶集"。墟，集市。清雍正十一年《广西通志》卷三二："男女皆力田～，佃耕而食。"李调元《南越笔记》卷一："《南越志》云：越之市名为墟，多在村场，……故村镇赶集者，谓之'～'。"《野叟曝言》九〇回："广西土俗，男女婚配俱先～。本地之人，必男女唱歌投合，方向僻处交欢，然遣媒议聘。"

【赶羊】gǎn yáng 掷骰子的一种名目，以六颗骰子掷色，除去相同点数的三枚，以剩下的点数大小竞输赢。清《红楼梦》七五回："又有几个在当地下大桌上～。"△吴趼人《九命奇冤》二〇回："我不和你～，你好歹先借几两银子我用。"

【赶洋】gǎn yáng 同"赶羊"。清钱泳《履园丛话》卷二一："又有骰子之戏，曰～、跳猴、掷状元。"

【赶野郎】gǎn yě láng 苗族旧俗，女子婚后仍在母家，待与人交合怀孕后才归夫家，曰赶野郎。清《野叟曝言》九三回："就广西而论，凡是苗俗，成婚以后要～，如不～，不成身孕，就一世老在家中，不能与丈夫完聚。"

【赶趱】gǎn zǎn ❶ 催逼。明《弁而钗·情烈纪》一回："餘生恨乏防身诰，只得向玄冥卜签，无奈春去秋来，～俊髦。" ❷ 趱行；加速赶路。清《万花楼》三三回："三千兵丁，人饥马渴，一同～三关。"又三四回："极应体恤众兵寒苦，及早～到关交卸才是，为何违限？"

【赶早】gǎn zǎo ❶ 及早；赶快。《元曲选外编·西厢记》四本三折："仆童，～行一程儿，早寻个宿处。"明《西游记》一三回："～剥了皮，安排将来待客。"清《红楼梦》三三回："你也厌烦我们娘儿们，不如我们～儿离了你，大家干净。" ❷ 一早；清早。《元曲选外编·西厢记》四本四折："兀的前面是草桥，店里宿一宵，明日～行。"明《警世通言》卷一五："你～买酒粜米，往那里去？"清《醒世姻缘传》四〇回："咱～骑着头口上了岳庙回来，咱可到学道门口上了船，坐到北极庙上。" ❸ 提前。清杨锡绂《论漕弊与各省粮道书》："至圣驾南巡，向来俱伤令～一月开兑。其实苏、松之船即不能赶过镇江口，何况浙省？"《剿捕临清逆匪纪略》卷四："臣等所领头起官兵，亦于本日晚间可到，其第二起十九日可到，第三起十九日晚间可到，二十日必能齐集，均可～一日至。"《南巡盛典》卷八九："兑竣即令开行，均不许少有延挨。如此办理，可较往年～十餘日。"

【赶斋】gǎn zhāi 人家或寺观布散斋供（也指僧寺开饭）时赶去就食。金马钰《发叹歌》："惟恐后进相效響，～赶醮不修道。"《元曲选外编·破窑记》二折："那厮每日长街市上搠笔为生，又在白马寺中每日～，着老夫心上好生不自在。"清《后西游记》三六回："今日是十五，从东寺冥报禅师普请十方贤圣～。"

【赶杖】gǎn zhàng 即"擀面杖"。金王喆《解佩令》："～按刀，磁碗五，瓦盆个，匙著勺甑没堆垛。"

【赶着】gǎn zhe 着，字或作"著"。 ❶ 追随；随着。宋《朱子语类》卷三六："盖方见圣人之道在前，自家要去～他，不知不觉地蹉过了。"明《拍案惊奇》卷四〇："只这些福分又～兴头走的。那奋发不过的人终究容易得些，也是常理。"《石点头》卷二："伴婆得了这话，～丫头们，去寻个宿处。" ❷ 追寻；循迹前去。金《刘知远诸宫调》一："佳人～到房中，壁灯昏，着金钗再挑，光焰忒分明。"《元曲选·黑旋风》二折："我待要赶将来，因为～哥哥，不曾

去得。"清《后水浒传》二八回："一觉直到天明，忙爬起来，道：'怎便错过，快去～。'" ❸ 追撵；奔驱；相逐。《元曲选·赵氏孤儿》楔子："某放了神獒，～赵盾绕殿而走。"明《西洋记》三〇回："两员官一齐出阵，偏牛就～这一个，这是个甚么缘故？"清《后水浒传》一六回："远远见山下有两人两骑，如走马灯儿般棍起刀落，～厮杀。" ❹ 追及；赶上。元明《水浒传》五六回："明日起个四更，定是～，拿住那厮，便有下落。"明袁于令《西楼记》四〇出："〔外〕怎～廷试？〔末〕有一个胥长公，赠以千里马。"清焦袁熹《此木轩四书说》卷五："焉知彼后生，不兼程而进，～我乎？" ❺ 驱赶；驱策。《元曲选·盆儿鬼》三折："敢是那放牛的牧童，清早晨间出来，～三五只牛儿，到晚来不见了一只。"明温纯《边报日急再陈防御事宜以保万全疏》："瞭见大举敌兵，约长七八十里，～牛羊祭了天。"清《儒林外史》三四回："那些骡夫、脚子，一个个爬伏在地，尽着响马贼～百十个牲口，驮了银鞘往小路上去了。" ❻ 驾驭。《元曲选外编·衣袄车》二折："如今～扛车，往黑松林里去也。"元明《水浒传》六一回："三个丫儿扣牢了，～车子奔梁山泊路上来。"清《绿野仙踪》七一回："少刻，见一后生～骡车一辆，后面跟着个少年秀才。" ❼ 催逼；督赶。《元曲选外编·降桑椹》五折："我若走的困了，着兄弟背着我走。兄弟走的困了，我大棍子～他跑。"元明《水浒传》一六回："杨志～，催促要行。如若停住，轻则痛骂，重则藤条便打。"清《续金瓶梅》一九回："这些番兵把民间妇女不留一人，车上的，马上的，那些没有姿色的，～空行，如羊群蚁阵一般。" ❽ 抓紧做；赶紧；赶忙。《元曲选·陈州粜米》一折："〔小衙内云〕休要量满了，把斛放趄着，打些鸡窝儿与他。〔大斗子云〕小人知道，手里～哩。"明《西洋记》八四回："马公公这一干人不知道个详细，～来问。"清《儒林外史》二一回："又拿了许多的布，叫裁缝～做起衣裳来。" ❾ 与"叫""称"等配合使用，表示主动地称呼对方。《元曲选·争报恩》楔子："我是伴当，他是娘子，你怎么～我叫官人？"明《金瓶梅词话》九一回："分付丫头媳妇，～他叫五娘。"清曾衍东《小豆棚》卷五："只都是好吃懒做馋狗嘴，积作作～人家叫爹妈。" ❿ 上赶着；主动向对方示好。明孙绪《无用闲谈》："正德中，亦有十可怪，如大臣～内官拜，厂里校尉系銮带之类。"清《醒世姻缘传》五七回："我不好叫他，这事该是他～我的。"《霓裳续谱·听说离别》："想当初咱们爷俩相交，可是俺～你来，可是你～俺来，可是谁赶谁来？" ⓫ 赶到；赶在。明《西洋记》九五回："大凡鬼怪精灵，都～这里好做买卖。"清陈端生《再生缘》六一回："本月十九日是观音得道良时呀，我要～那一天悬挂。"《东周列国志》一回："他夫妻两口，住在远乡，～日中做市，上城买卖。" ⓬ 碰上；遇上；轮到。明汤显祖《牡丹亭》五五出："你夫妻～了轮回磨，便君王使的个随风柁，那平章怕不做赔钱货。"清《红楼梦》二〇回："后来接连输了几盘，便有些着急，～这盘正该自己掷骰子，若掷个七点便赢。" ⓭ 趁着；借着。明《醒世恒言》卷二三："当时定哥虽对贵哥说了这一番，心中却不舍得断绝乞儿，依先暗暗地～空儿干事。"清《水浒后传》三二回："内监～人乱走出，到宫报知国主身亡。"《红楼梦》八回："我～这个好天气，上紧工。" ⓮ 沿着；顺着。清《飞龙全传》七回："将绊绳搁着肩头，了前行。柴荣后面推着，便觉轻松，～大路而来。" ⓯ 等到；及至。清《红楼梦》六一回："～我送回钱去，到底不收，说赏我打酒吃。"《红楼复梦》四一回："姐妹上下出去坐上车，匆匆就走。～庵里知道，业已去远。"

【赶逐】gǎn zhú ❶ 追赶；追击。宋范公偁《过庭录》："（丁）石被相公南港口头掷下，至今～不上。"明《二刻拍案惊奇》卷一三："小生觉得有异，离了房门走出，那尸就来～小生。"清《九云记》一六回："李尚好呵呵大笑道：'天杀的草寇，但知败走了。'一

直～。” ❷ 驱逐;驱赶。宋赵万年《襄阳守城录》:“祷城隍诸庙,以虏犯襄汉,残害生灵,愿求天助～退却。”元纪君祥《赵氏孤儿》四折:“因每顿吃一斗米的饭,大主人家养活不过,将我～出来。”清《醒世姻缘传》三六回:“适间不是夫人再三与你讨饶,四十个大板,～你出境哩!”

【赶嘴】 gǎn zuǐ ❶ 趁别人请客时去混吃喝。《元曲选·杀狗劝夫》楔子:“你那里是与我做生日,明明是～来。” ❷ 谓谋生。清《歧路灯》七二回:“我们虽是亲戚,却搭识不上。况且每日在外边～,也就到不了亲戚分上。”

【赶座】 gǎn zuò 歌女到酒楼座位上卖唱。也称赶酒座。元明《水浒传》三回:“父亲自小教得奴家些小曲儿,来这里酒楼上～子。”明《梼杌闲评》七回:“如今御河桥下新开了个酒馆,十分齐整。你不如到那里～儿,还多得些钱。”

【捍】 gǎn ❶ 通“赶”。驱赶。元佚名《错立身》一出:“因迷散乐王金榜,致使爹爹～离门。”又五出:“因甚底,来这里?便与我,～出去!” ❷ 通“擀”。用木棒碾碎或碾薄。宋元《古今小说》卷三六:“他还地上拾得一文钱,把来磨做镜儿,～做磬儿,掐做锯儿。”明《西游记》八一回:“教那些和尚忙忙的安排,淘米,煮饭,～面,烙饼。”清《醒世姻缘传》三三回:“同到家中,叫人～炮仗,买鬼脸,寻琉璃喇叭。” ❸ 量词。用于有杆的兵器。明《西游记》三回:“龙王又着鲌太尉,领鳝力士,抬出一～九股叉来。”

【捍棒】 gǎn bàng 同“杆棒”。宋苏轼《乞增修弓箭社条约状》:“内单丁及贫不及办者,许置枪及～一条。”宋元《古今小说》卷一五:“朝登紫陌,一条～作朋俦;暮宿邮亭,壁上孤灯为伴侣。”

【捍刀】 gǎn dāo 同“杆刀”。明《西游记》三回:“(龙王)不好推辞,即着鳜都司取出一把大～奉上。”朱国祯《涌幢小品》卷一二:“刀有五等,曰腰刀,曰斩马刀,曰～,曰眉刀,曰钩刀。”清《续西游记》三九回:“彩云拥出天神将,手执降魔大～。”

【捍面杖】 gǎn miàn zhàng 同“擀面杖”。宋元《清平山堂话本·李翠莲》:“你可急急走出门,饶你几下～。”清《续西游记》八四回:“你那金箍棒,……前已缴在灵山,如今是那里借了来的～?”

【捍杖】 gǎn zhàng 即“擀面杖”。明《二刻拍案惊奇》卷一四:“其夫果然不敢动手,放下刀子,拿起一个大～来,喝道:‘权寄颗驴头在颈上,我且痛打一回。’”

【擀面杖】 gǎn miàn zhàng 擀压面片用的短木棒。清《歧路灯》一〇八回:“插～一条,切菜刀一口,示以烹饪事姑嫜之意也。”

【敢】 gǎn ❶ 能;可以。唐皮日休《泰伯庙》:“当时尽解称高义,谁～教他莽卓闻!”金《董解元西厢记》卷一:“数幅花笺,相思字写满,无人～暂传。”《元曲选·㑳梅香》三折:“〔白敏中云〕小生～去也不～去?〔正旦云〕先生,你去不妨。” ❷ 副词。a) 竟;竟然。表示出乎意料。宋《太平广记》卷四三〇引《传奇》:“前至丙弓所,众怒曰:‘朝来被二贼杀我禅和,方今追捕之,又～有人张我将军。’遂发其机而去。”金《董解元西厢记》卷四:“女孩儿谎得来一团儿颤,低声道:‘解元听分辩,你更做搂慌,～不开眼?’”b) 却;可。含有转折意味。《祖堂集》卷六《洞山和尚》:“虽是后生,～有雕琢之分。”《景德传灯录》卷二《婆修盘头》:“(王尊者)曰:‘二师者谁?’尊者曰:‘佛记第二五百年有一神力大士,出家继圣,即王之次子摩蝗罗是其一也。吾虽德薄,～当其一。’”又卷三〇《苏溪牧护歌》:“活计虽无一钱,～与君王匽富。”c) 岂;怎;难道。用于反诘。唐杜甫《除草》:“转致水中央,岂无双钓舟?顽根易滋蔓,～使依旧丘?”《元曲选·灰阑记》一折:“自丧了亲爷撇下个娘,偏你～不姓张,怎教咱辱门败户的妹子去支当?”d) 正;恰。宋李觏《阶基》:“谁曾罗袜双来上,多谢苍苔久不离。从此便成贫景致,竹帘垂处～相宜。”明佚名《度黄龙》一折:“此僧十分戒行精严,善通经典,今日～讲说大乘妙法哩。”e) 莫非。表示不确定的推测。宋苏轼《虔守霍大夫监郡许朝奉见》:“～因逃酒去,端为和诗留。”《元曲选·红梨花》二折:“〔赵汝州云〕小娘子,这瓶花是甚么花?〔正旦云〕你试猜咱。〔赵汝州云〕～是海棠花么?”清《水浒后传》二九回:“郓哥道:‘～就是前日县间做都头的么?’杨林道:‘正是他。’”f) 定;准。表示坚决或确实。金《刘知远诸宫调》二:“那两个花驴养,著牛绳绑我在桑树上,少后～打五十棒。”元孟汉卿《魔合罗》四折:“出脱妇衔冤,我～交大人享祭。”《元曲选外编·西游记》五本一九出:“我一扇子～着你翻筋斗三千个。”g) 想必;大概。表示偏向肯定的推测。《元曲选外编·西游记》五本一九出:“则你那秃髑髅～禁不得刚刀剁。”明《朴通事谚解》卷上:“那里有卖的好马?东角头牙家去处广,～知道。”《拍案惊奇》卷三四:“我约定他在此。他许我背了师父随我去的,～就来也。”h) 能否。用于询问。《元曲选·墙头马上》二折:“深拜你个嫦娥不妒色,你～且半霎儿雾锁云埋?”i) 原来;敢情。表示发现先前没有发现的情况或符合所愿。《元曲选·墙头马上》三折:“是了,～这厮也知情。”又《荐福碑》二折:“兀的不是那块子马!相公～在这里!”清《镜花缘》八回:“将来全仗姑父指教,如识得几字,那～好了。”j) 表示某种条件下情理所然。也就;该;自然是。明《金瓶梅词话》七五回:“你不吃,我～不吃了,咱两个收拾睡去罢。”清《红楼梦》七四回:“连我的包袱都打开了,还说没翻。明日～说我护着丫头们,不许你们翻了。”《镜花缘》二九回:“林之洋道:‘俺如骗你,情愿发誓:教俺来生变个老秀才,从十岁进学,不离书本,一直活到九十岁,这才寿终。’先生道:‘如此长寿,你～愿意。’”

【敢保】 gǎn bǎo 副词。肯定;一定。《祖堂集》卷一〇《长庆和尚》:“你若择得,许你有这个眼;你若择不出,～你未具眼在。”宋苏轼《与鲜于子骏书》:“欲告子骏与一差遣,收置门下。公若可以踏逐辟召,幸先之,～称职也。”晓莹《罗湖野录》卷三:“若送老之时,～成个无事人,更无他累。”

【敢报】 gǎn bào 同“敢保”。《祖堂集》卷一〇《玄沙和尚》:“灵云谛当甚谛当,～未彻在。”按,卷一九《灵云和尚》复录此句作“敢保”。

【敢此】 gǎn cǐ ❶ 胆敢如此。唐张九龄《敕突骑施毗伽可汗》:“天地有正位,鬼神有正主。～违犯,必有祸殃。”段成式《酉阳杂俎》续集卷一:“我以此差静,复贪月色,初无延伫之意,～粗率!”明王守仁《奏闻宸濠伪造檄榜疏》:“宁王不守藩服,～称乱,睥睨神器。” ❷ 斗胆。多用作谦词。宋梅尧臣《寄许主客》:“扬州有使急回去,～寄声非塞鸿。”明王樵《与姜凤阿宗伯》:“弟与翁丈均切桑梓之忧,～请教。”清弘历《暮春静怡轩》:“主静戒从欲,求怡在省躬,……穆然常自欲,～傲居崇。” ❸ 敢情。明《二刻拍案惊奇》卷四:“我每～不中你每的意,不多几日,只要跳槽!”

【敢大】 gǎn dà 即“敢待❶”。《元曲选外编·拜月亭》三折:“阿也,是～较些去也。”

【敢待】 gǎn dài 副词。❶ 大概要;怕是要。表示揣度。《元曲选·度柳翠》楔子:“牛员外这早晚～来也。”明《金瓶梅词话》三〇回:“你且休闲说,请看这位娘子～生养也。”清洪昇《长生殿》一七出:“昨日传集他每俱赴帐前,这咱～齐也。” ❷ 难道要;莫非是。用于反问、询问,表推测。《元曲选·梧桐雨》二折:“止不过奏说边庭上造反,也合看空便觑迟疾紧慢,……那些个齐

管仲、郑子产？～做假忠孝龙逢比干？"明《二刻拍案惊奇》卷三一："王良气不平，又自恃尊辈，喝道：'你如此气质，～打我么？'"清查继佐《续西厢》二折："闻得街市有了题名的录也，张先生～中了来？" ❸ 想要；意欲。《元曲选·薛仁贵》一折："～卖弄你这英雄大丈夫，谁也波如。自窨付，可甚的养由基善穿杨百步餘。"明汤显祖《紫钗记》三〇出："小河西你献咱瓜呵省可了咱心烦暑，不献呵瓜分你国土，～何如？"孟称舜《娇红记》一二出："我如今唱喏，你也不动；跪你，你也不动；拜你，你也不动。～骂哩，骂你个炉色毛团面，鳔胶儿粘在天。" ❹ 胆敢；敢于。明汤式《一枝花·赠玉马杓》："莫言，咱媚诩。丽春园谁～争奢俭，漾不下抱不厌。"沈采《千金记》三八出："你敢说不字儿，我与你一日不罢，两日不休。你～相持么？"梅鼎祚《玉合记》三七出："俊虽不才，颇以义烈自许，倘可效用，决不辞劳。迟共疾，俺～寻生替死，自古道见哭兴悲。"

【敢道】 gǎn dào ❶ 岂能；怎肯。唐卢仝《冬行》之三："颜子甚年少，孔圣同行藏。我年过颜子，～不自强？"宋方壶《醉花阴·走苏卿》："唤梢公忙答应，休要意挣！谁～是半霎消停，直赶到豫章城。"元刘时中《一枝花·罗帕传情》："我见俺一针捻一丝，一针针不造次，一针针那真至。想俺那不容易的恩情怎～待的轻视。" ❷ 以为；打量。六十种曲本《琵琶记》三八出："他背地里把糟糠自捱，公婆的反疑猜。〔丑〕公婆～他背后自吃了些好东西么？〔末〕便是。"明《拍案惊奇》卷三七："如何而今人歪肠肚，只要广伤性命，暂饱口腹，是甚缘故？～是阴间无对证么？"《二刻拍案惊奇》卷一三："你如今却来这里作怪，你～我怕鬼，故戏我么？" ❸ 副词。a) 莫非；难道。《元曲选·赵礼让肥》四折："贤士，～我这东西是打劫人的，故此不用？"明《西游记》四四回："我待要回报师父，奈何事不明白，返惹他怪：～这等一个伶俐之人，就不能探个实信？"清《荡寇志》一四〇回："昨日灵柩清清送他入棺，西村人都在那里送殓，～是做梦不成？"b) 想必；多半。明孟称舜《娇红记》六出："看他似真似假，如迎如拒，去之则迩，即之复远。～是俺姐姐啊。"清《后西游记》三八回："若不肯，还有个瓦钵盂，前日因取水，口上碰缺了些，也没甚用，再与了他，～也肯了。"《荡寇志》九六回："那年尊翁做五十大庆时，大官人又是十岁，小弟送的《百寿图》，还是表兄写的，～府上还不曾弃掉。"

【敢就】 gǎn jiù ❶ 胆敢；敢。清《蕉叶帕》一四回："那龙什么子那里讨来的人情，～不放我在心上？"陈端生《再生缘》五四回："相像无非一二分，如何～冒名来？" ❷ 副词。a) 恐怕就；便就。明《西游记》五二回："我若嚷迟了些，你～不出来了。"贾凫西《木皮词》："一霎时蛟龙顿断了黄金锁，他～摇头摆尾入烟霞。"清《情梦柝》一六回："若素忍不住问道：'舍妹《春闺》诗曾与弟看过，兄既不肯与弟看，试诵与弟，～知真假。'"或"敢"弱化，只"就"表义。明《金瓶梅》五四回："一个小娘，因那话宽了，有人教道他：'你把生矾一块塞在里边，～紧了。'"清《野叟曝言》一〇五回："你犯了法不敢见我，怎如今又来见我？你只说得这句明白，我～信你。"b) 莫非。《元曲选·盆儿鬼》一折："好齐整的酒食，～是这卖酒的人摆下的？"明《金瓶梅》一回："应伯爵拍着手道：'～是在院中包着吴银儿的花子虚么？'西门庆道：'正是他。'"清《天豹图》三四回："施碧霞答道：'姑娘姓施名碧霞，尔这狗头～是花锦文么？'"

【敢可】 gǎn kě 副词。❶ 正；正要。《元曲选·抱妆盒》四折："～便抱定妆盒，背却宫娥，疾行前去，不防他刘太后劈头相遇。" ❷ 恐怕；大约。《元曲选·忍字记》一折："〔布袋云〕要putdriver驼、白象、青狮豹做甚么？〔正末唱〕～也被你压折腰。"又《燕青博鱼》二折："我恰才舌贴着你那耳轮，～也一言难尽。"又《风光好》

三折："则这续继鸾胶语句儿真，便是我锦片前程～也盼的准。" ❸ 定；必定。《元曲选外编·智勇定齐》楔子："公子放心，我直着十一国～兀的尽来朝。"《千里独行》楔子："我则怕他用心机，～兀的铺谋定计。"

【敢来】 gǎn lái 副词。竟然。《元曲选·黑旋风》三折："则他这肉眼愚眉，把一个黑旋风爹爹～也不认得。"

【敢量】 gǎn liàng 打量；以为。明《金瓶梅词话》五八回："你说往王皇亲家唱就罢了，～我就拿不得来？"又七八回："比是我与人家打伙儿做，不如我自家做了罢，～我拿不出这一二万银子来？"

【敢莫】 gǎn mò 副词。❶ 莫非；难道。明《西游记》一七回："你师父～也是妖精么？"又九八回："悟空，这路来得差了，～大仙错指了？" ❷ 或许；恐怕。明心一山人《玉钗记》三六出："今日必有人来，道犹未了，远观见那来的。～是了。"《禅真后史》九回："的是瞿相公为大官人到宅上求亲。你若慨允，即择日送聘礼过来，～是早晚就要拜花烛哩！"

【敢怕】 gǎn pà ❶ 想是怕；只怕。《元曲选·赵氏孤儿》三折："程婴，你不行杖，～指攀出你么？"又《李逵负荆》三折："你看那山儿，俺在头里走，他可在后面；俺在后面走，他可在前面，～我两个逃走了那。"清《野叟曝言》七二回："文爷神力即未复原，亦应胜奴十倍。据奴看来，～刀不如剑。" ❷ 副词。a) 莫非；难道。《元曲选·合汗衫》二折："兄弟，～下次小的每有甚么的说你来？"明《二刻拍案惊奇》卷一五："一手指着真正江溶扮皂隶的道：'我这个皂隶，也叫得江溶，～是他么？'"清《荡寇志》八〇回："都是太师府里领出的，都是内库的银两，有甚两样出来？譬如相公的仓库钱粮，～也有甚两样？"b) 恐怕；或许。《元曲选·留鞋记》二折："梅香，～误了期约也。"明沈采《明珠记》二一出："母亲省烦恼，～孩儿未去哩。"清《后水浒传》一六回："若不是哥哥到来，今夜还要着人点灯杀到天明，还不住手哩！"c) 多半；大约。《元曲选·谇范叔》二折："我猜着了也，～吃那细索面，醒酒汤，便是油汁水溼污也何妨？"元明《水浒传》三一回："我夫妻两个在这里，也不是长久之计。～随后收拾家私，也来山上入伙。"清《水浒后传》一八回："闻先生着我们有些事故，到东昌府去了，～晚上回来。"

【敢情】 gǎn qíng 副词。❶ 表示情理明显；当然。清《红楼梦》二九回："老祖宗也去，～好了。" ❷ 恐怕。清《野叟曝言》六六回："爷带有这晦气色脸的尊价，又有力气，这小厮才不敢来惹。不然，～昨日就爬文爷床上来了。"又六七回："今日一夜，～把十五位姨娘都要出来赏鉴这鸡巴哩。"

【敢是】 gǎn shì ❶ 副词。a) 表示偏向肯定的揣测。想必；大概是。《元曲选外编·西游记》四本一五出："远远望见一个黑汉子，～那猪来也。"明戴冠《念奴娇》："历冬无雪，料云英已蓊，冯夷非拙。～天公怜好朵，闭却玉楼银阙。"清《醒世姻缘传》四〇回："这～你那一辈子与人家做妾，整夜的伺候那大老婆，站伤了。"b) 表示估量、不确定。好像是；似乎。《元曲选·汉宫秋》二折："走了数日，来到这里，远远的望见人马浩大，～穹庐也。"元明《水浒传》四〇回："天色昏暗，不十分看得仔细，只觉不怎么长，中等身材，～有些髭须。"清洪昇《长生殿》五出："那边簇拥着一队车儿，～三国夫人来了。"c) 表示不很肯定。或许；有可能。元明《水浒传》三七回："小可自有措置。～送些与他，也不见得；他有个不敢要我的，也不见得。'"明《二刻拍案惊奇》卷三："他一家人先从小的死起，死得心慌了，连夜逃去，而今～死绝了也不见得。"清《飞龙全传》二八回："只见那边一簇人，团团围裹在那里看要傀儡

的,心中想道:'～二哥在内观看,也不可知,待乐子瞧这一瞧。'"d) 表示揣测性的询问或反问。莫非是;难道是。《大宋宣和遗事》前集:"'那人～个近上的官员?'师师道:'你今番早自猜不着。'"《元曲选·窦娥冤》二折:"〔张驴儿云〕也不干我事。〔孤云〕都不是,～我下的毒药来?"清《红楼梦》五七回:"春天凡有残疾的人都犯病,～他犯了呆病了?"e) 对客观情况表示肯定。定然;委实是。《元曲选外编·西厢记》一本二折:"往常时见傅粉的委实羞,画眉的～谎,今日多情人一见了有情娘,著小生心儿里早痒痒。"明刘芳《雨中花·眉楼独病》:"愁压楼低,梦挑床淡,～今宵暂。"清《绿野仙踪》二四回:"于冰道:'这～个大奇事。'欧阳氏道:'一个名姓地方,有何奇处?'于冰道:'天下同名同姓者固多,也没个连村庄都是相同的。'"f) 表示情理显然。自然是;当然。明《金瓶梅词话》四四回:"狼筋～狼身上的筋。"清《醒世姻缘传》六五回:"两套共是四十三两银子,～二十一两五钱一套。"《红楼梦》六四回:"贾琏又笑道:'～好呢,只是怕你婶子不依。'"g) 表示发现原来未发现的情况;原来是。明《金瓶梅词话》二八回:"我这屋里再有谁来?～你贼头鼠脑偷了我只鞋去了。"清《白雪遗音·才郎夜读书》:"半晌问君何时也,呀,朦胧～月放出。"h) 表示某种情况下自然怎样;那就。《野叟曝言》二三回:"你也该知道大官府的利害,等得夹棍板子一齐上身,再讲大例,～迟了!"❷ 连词,表示假设让步。即便;就算。《元曲选外编·西游记》五本一七出:"天魔女邪施伎俩,～你个释迦佛也按不住心肠。"

【敢勇】 gǎn yǒng 指勇敢不怕死的人。唐萧昕《唐银青光禄大夫张公神道碑》:"公召募～,缮治楼船,绥怀远人,安辑犷俗。"宋《三朝北盟会编》卷四〇:"本司近生榜召诱诸色军人～效用等。"明陆深《特进荣禄大夫卫公墓志铭》:"寻推坐显武营,操阅～已,乃得奇疾。"

【敢则】 gǎn zé ❶ 副词。a) 莫非;难道。《元曲选·争报恩》一折:"做甚买卖度的昏朝?～是靠些财官博?"明孟称舜《娇红记》四一出:"申郎,你～心变也。"清《后红楼梦》一回:"贾政本要推在贾琏身上,顺势儿便道:'～贾琏办差了什么事情?'"b) 管保;必定。《元曲选·金钱记》一折:"这娇娃是谁家?寻包弹觅破绽～无纤挑。"《元曲选外编·独角牛》一折:"你休笑我黄乾黑瘦,我可～今番我直着顶替了那一座泰安州。"明佚名《乐毅图齐》二折:"东杀过东海岸,西杀过玉门关,～一阵教炼尽江山。"c) 就(是);正(是)。表示对所作判断或描述的肯定。元关汉卿《大德歌》之一:"好教人暗想张君瑞,～是爱月夜眠迟。"明佚名《鸣凤记》三〇出:"端的是烈轰轰铁胆铜心,恨不得将奸回儿吞进。～是一言难尽,望断了万里君门。"清董元恺《满江红·望谢公青墩》:"北郭青墩,想魂魄,犹应恋此。～谓、青山谢傅,将无同也。"d) 只;仅。《元曲选·误入桃源》一折:"荣华,谁恋他?～是瓦盆边几场沉醉杀。"明孟称舜《娇红记》七出:"听枝头花弄莺声过,～怕堂上夫人睡醒么。我和你且归去,深闺将他诗细哦。"《老乞大谚解》卷下:"实没许多好银子,～到的九十两,那零的二十八两,与你青丝如何?"e) 想必;大概。明孟称舜《娇红记》四出:"我猜姐姐啊,～惜春光去渐赊,听春规啼不歇,一般般害的个伤情切。"阮大铖《春灯谜》八出:"我晓得尹相公心事了,是打着孟光两个字,动了心了,故此切切要回船去,～难抛德耀在孤航。"清《后红楼梦》一回:"曹老爷们已将动身,～数日内也就到了。"f) 敢情;原来。明徐石麒《水龙吟·咏杨花》:"看一年一度春残,～是、天挥泪。"《醒世恒言》卷三七:"似这寸金田地,偏有卖主,没有受主。～经纪们不济,须自家出去寻个头脑。"清李渔《巧团圆》一四出:"一任你楚兵多工战挞,当不的唱歌人会打发。～是遇敌先逃,还把器甲相资也。"❷ 连词,表示假设让步。即便;就算也。清《红楼真

梦》五回:"我～想去,可怎么去法呢?"

【敢只】 gǎn zhǐ 副词。❶ 即"敢则❶a)"。元高明《琵琶记》二二出:"怎的只见杀声在弦中见,～是螳螂来捕蝉。"明梅鼎祚《昆仑奴》一折:"你坐瑶台露凝,～为乌啼的酒醒?你卧苍苔月明,～为花飞的梦紫?"❷ 即"敢则❶b)"。元高明《琵琶记》三〇出:"我今番猜着了,～是楚馆秦楼有一个得意人也,闷恹恹常放怀。"明佚名《鸣凤记》一八出:"有此大变,果然应了相公的梦了,～是死也。"清洪昇《长生殿》三三出:"哦,是了波,～为云中驾过,道俺这里接待全疏,〔哭科〕待将咱这卑职来勾除。"❸ 即"敢则❶c)"。元邓学可《端正好·乐道》:"说甚么四大神游,三岛十洲。这神仙隐迹埋名,～在目前走。"明佚名《梧桐树·雪景》:"我只见云霭瞳,雪模糊,～是拦截了游子归来路。"❹ 即"敢则❶d)"。《元曲选·柳毅传书》一折:"俺那龙呵,可曾有半点儿雨云期,～是一划的雷霆怒。"元明《水浒传》三九回:"这人来时不见有风病。～是近日举发此症。"明佚名《新水令》:"投至得简帖儿央及成配偶,～将卦钱儿僝落做冤仇。"❺ 即"敢则❶e)"。明朱有燉《香囊怨》三折:"一心要梳拢他那女儿,争奈他女子不肯听从。我想来～嫌我钱物少。"徐翽《春波影》一出:"知他个玩仙灯在那家?～是向章台还走马。"《西洋记》六八回:"原日那三个道士说是住在什么红罗山上。那山有些异云怪气,～怕就是红罗山哩!"❻ 即"敢则❶f)"。《元曲选·百花亭》二折:"兀的不是卖查梨条王小二的声音?惭愧!这信息～在他身上。"明《醒世恒言》卷三七:"那里是三万两银子?～把三万个钱送我,总是三万之数,也不见得。"清《红楼梦》九二回:"怪不得那一天翻出那些东西,他心里没事人似的,～是这么个烈性孩子。"❼ 自然;当然。明《金瓶梅词话》八一回:"他家女儿,见在他家得时,他～护他娘老子,莫不护咱不成?"清《醒世姻缘传》九五回:"撞在你这伙子强人的网里,我待跳的呀,飞的呀?就待死,也只是干死了。我～望你上等待我才好。"《红楼梦》八四回:"依你这样说,我～不用操心了。"

【敢自】 gǎn zì ❶ 岂敢;怎敢。明谢铎《邸报》:"痴心～浑忘世,浪迹犹怜未绝尘。"王屋《虞美人·田舍》:"为农～忘颠覆,负来先童仆。"清胡介《吴宫詹梅村被征入都》之三:"榛苓沚眼成虚谷,禾黍关心拜故宫。我亦吹箫向燕市,从今～惜途穷。"❷ 胆敢;敢于。清《飞龙全传》二三回:"你道这是民间园圃,～这等大胆;这是进上的雪桃,土产方物,谁敢妄动?"❸ 副词。a) 即"敢则❶e)"。《元曲选外编·西游记》四本一五出:"我去拿那个猪,谁想他不在洞里。今日且在裴公庄上等他,定个计策,他～来也。"b) 即"敢则❶a)"。明汤显祖《紫钗记》一六出:"镇日纱窗里眉尖半簇,～伤春也?"c) 即"敢则❶f)"。清《红楼梦》六一回:"吃腻了膈,天天又闹起故事来了。鸡蛋、豆腐,又是什么面筋、酱萝卜炸儿,～倒换口味。"d) 即"敢只❼"。清《野叟曝言》九回:"拼着躺在地下,打烂了屁股,伯母的气～消了。"《红楼梦》六〇回:"指使了我去闹,倘或往学里告去捅了打,你～不疼呢!"《姑妄言》一五回:"把大酒大肉放在跟前,尽性吃饱了,一日不过吃两顿,～够了。"

【敢子】 gǎn zi 副词。❶ 即"敢则❶a)"。明佚名《端正好》:"伴你的～是鬼精妖魅,论常经日月交蚀。"王九思《曲江春》四折:"～是燕昭王买骏求才,公孙弘东阁重开。"❷ 即"敢则❶f)"。清《聊斋俚曲·慈悲曲》:"李氏道:'且休说,怎么有后窝?'赵大姑笑道:'～你只知有前窝。'"❸ 即"敢只❼"。清《聊斋俚曲·禳妒咒》:"即如就是一碗豆腐,若是切成叶着油煎了,蘸上个蒜碟儿,或是切成细馅儿包包儿,～他就吃了。"《醒世姻缘传》四五回:"狄周媳妇说:'……醒是醒了,那身上醉的还动弹不

的。'薛三省媳妇笑道:'～也就顾不得疼了。'"《品花宝鉴》二回:"便对嗣元道:'老二,但凡我们读书人,天分记性是并行不悖,缺一不可的。'嗣元道:'敢、敢、～,若不是记性好,也不、不、不把狗来对人了。'"

【敢仔】gǎn zi ❶副词。a)即"敢则❶e)"。清《醒世姻缘传》七八回:"相主事道:'你那几日也约着搅计了多少银子?'陆好善道:'～也费了够五六两银子了。'"b)即"敢则❶f)"。清《醒世姻缘传》八四回:"那咎他不跟着个尤聪么? ～是尤聪着雷劈了,别寻了这吕祥儿。"《红楼梦补》二八回:"凤姐听了好笑道:'……放债原是图利,有银子还了他们,自然不来叨噔你了。'贾琏道:'～你也是个爱剥人皮的人,自然说这句话呢。'"c)即"敢只❼"。清《醒世姻缘传》五八回:"你割舍不的,～我也割舍不的。"《红楼梦》程乙本二九回:"老祖宗也去,～好。"《红楼梦补》三八回:"如今二爷回来了,做了官,他又想进来做现成的姨奶奶,～体面呢。"d)或许;有可能。清《聊斋俚曲·寒森曲》:"虽说司厅合抚院,都该横骨坨了心,～遭著清官问?"《红楼梦补》一一回:"这样丧心昧良的事,叫我怎么样不替林姑娘伤心! ～你又要笑话我呢!" ❷连词。假若;若是。清《红楼梦补》二二回:"宝玉听了笑道:'……凡有两家连了姻,因贫不能婚娶,也叫他们到局子里来领费,别叫有怨女旷夫可不好吗?'小道士笑道:'～那么着,二爷的功德越发大了。'"

【橄子】gǎn zi 橄榄。《敦煌变文校注》卷二《秋胡变文》:"桃李～,含美相思。"

【感承】gǎn chéng ❶感谢;感恩。宋元《清平山堂话本·错认尸》:"～娘子有心,小人亦有意多时了,只是不敢说。"《元曲选外编·五侯宴》二折:"这孩儿躲命逃生,媳妇儿～多谢。"清《说岳全传》二四回:"与我多多拜上你家爷,～活命之恩,必当重报。" ❷承蒙。元谢应芳《新亲贺冬至札子》:"昔己～嘉命,既书云物,便约星期。"明范景文《与张讳春公郎书》:"～惠问,附一芹。申意临楮,不胜驰越。"清《赛花铃》八回:"当日～你拔剑相助,今闻有难,特来相救。"

【感触】gǎn chù ❶与外界事物接触而引起的思想情绪。唐韩愈《秋怀诗》之八:"其言有～,使我复酸寒。"宋《朱子语类》卷五三:"惟是先有这物事在里面,但随所～,便自是发出来。"清屈大均《广东新语》卷一二:"于是祖述风骚,流连八代,有所～,一一见诸诗歌。" ❷感动;触发。《敦煌愿文集·亡僧尼舍施文》:"时即有坐前施主奉为某阇梨因舍化已来,不知神识往生何径,谨将生前受用寡勠,～三尊;伏乞慈悲,希垂济拔。"明《金瓶梅词话》二〇回:"话说西门庆在房中,被李瓶儿几句柔情软话～的回嗔作喜。"清《飞龙全传》三五回:"一时鼓动了功名之心,～了寻兄之念。" ❸感觉;感知。宋李石《三虫说序》:"独坐无人,静念～,可喜可怪。同一化物,在天地间,虽微可录也。"元吴澄《何自明仲德字说》:"倘能～前圣之所已言,归求吾心之所同得,而一旦有觉焉。"明吕柟《鹭峰东所语》:"盖义理之在人心,特无人～之耳。一～便勃然兴之矣。" ❹悲伤;感伤。宋楼钥《鲍明叔墓志铭》:"忧苦之馀,亲朋凋丧。俯仰～,尚忍言哉!"明《金瓶梅词话》六三回:"西门庆看唱到'今生难会,因此上寄丹青'一句,忽想起李瓶儿病时模样,不觉心中～起来,止不住眼中泪落。"清《红楼真梦》一二回:"晴雯、金钏儿猜不出他因何～,正在多方慰解。" ❺感慨。宋牟巘《和王寅甫御史游南山韵》:"山中老宿亦向尽,访旧无人空～。"任士林《彰德路天宁寺凤林演禅师碑》:"读书日诵千言,了然古今人物成败,痛自～,至绝粒不食。"元吴澄《题庐陵公杨邿徐沛郓保楼桑涿鹿八诗》:"三闾大夫既放逐,知宗国之必为秦所

有,～愤闷而有声,尽其辞而后死。" ❻接触;传染。宋刘辰翁《乞致仕牒》:"到任未几,～风寒,宿疾发动。"元同恕《耶律濮国威愍公墓志铭》:"二公久居瘴地,～成疾。"清《野叟曝言》二〇回:"又李上床后,即替素娥解带宽衣。素娥不肯,说道:'恐病人气,～相公。'" ❼感应。明薛瑄《魏纯传》:"先是,瑄有诗怀希文,考希文亡日,与瑄作诗时皆在宣德元年冬,岂非交情之密,默有～于中而不能自已于言乎?"徐咸《徐襄阳西园杂记》卷下:"祷雨用虎骨,此理殆不可晓。或谓龙阳物,虎阴物,亦阴阳～而然。"清《野叟曝言》八〇回:"先母做闺女时,遇疾风暴雨,被龙气～,怀胎三年。" ❽触景生情。清《聊斋俚曲·磨难曲》:"我实不相瞒:嫩子娇妻,四五年没有音信,今日忽然～起来。"潘高《忆幼子》:"夜分偶～,顾影心悄悄。"徐锡龄、钱泳《熙朝新语》卷四:"此味绝类亡荆所治,且断葱亦以寸为度,见之不觉～耳。"

【感得】gǎn dé ❶招得;使得;感动得。唐玄奘译《大般若波罗蜜多经》卷五四:"若菩萨摩诃萨殊胜善根广大愿力,～如是妙菩提树。"宋《朱子语类》卷七三:"'泽上有风',～水动。"清《歧路灯》三六回:"回想昨夜慧娘所说的话,大是有理。兼且一片柔情款曲,～心贴意肯。" ❷感应得。《敦煌变文校注》卷二《舜子变》:"瞽叟打舜子,～百鸟自鸣,慈乌洒血不止。"宋《朱子语类》卷七二:"或问《易传》说感应之理,曰:'如日往则～那月来,月往则～那日来;寒往则～那暑来,暑往则～那寒来。一感一应,一往一来,其理无穷。感应之理是如此。'"清《隋唐演义》三回:"楚襄风流梦,～神女降。" ❸染上(疾病)。元王好古《此事难知》卷二:"十二经皆有之:或～父气,或～母气而病焉。"《元曲选外编·紫云庭》一折:"他道是喜的女孩儿～风寒症,惭愧呵谢天地不是相思病。"清《醒世姻缘传》九七回:"问是～甚病,回说是被炭火所伤。"

【感发】gǎn fā ❶感愤奋发;有感奋发;激情奋发。唐韩愈《清边郡王杨燕奇碑文》:"公结发从军四十馀年,敌攻无坚,城守必完,临危蹈难,歔欷～。"宋曾巩《太子宾客致仕陈公神道碑铭》:"公少长闾巷,能自～,强志力学。"《宋史·王素传》:"素方壮年,遇事～。尝言:'今中外无名之费,倍蓰于前,请省其非急者。'" ❷使感动;激发。《太平广记》卷三一三引《稽神录》:"岂天意将～死义之事,故以肸蚃告人乎?"宋元《清平山堂话本·董永遇仙》:"诏书到日,着董永即使觐阙,量才擢用,岂不有～将来者?"清陈贞慧《过江七事》:"由廉耻道丧,无以～其良心故也。" ❸感悟启发;使感悟启发。唐佚名《孙文才造像铭》:"～真俗,汲引人天。"明何良俊《四友斋丛说》卷四:"其吃紧为人处甚多,读之令人有～猛省处。"清《雪月梅》一回:"惟有因果之说,言者津津,听者有味,无论贤愚贵贱,妇人女子,俱能通晓,可以～善心,戒除恶念。" ❹感怀抒发。《旧唐书·唐衢传》:"应进士,久而不第。能为歌诗,意多～。"《新唐书·鲍防传》:"防于诗尤工,有所～,以讥切世敝,当时称之。"清《霓裳续谱·跋》:"学士濡毫,文人染翰,野夫游女,信口讴吟,情文虽所不类,而自然之～则一也。" ❺感触;引发感触。唐元结《七泉铭序》:"欲来者饮漱其流,而有所～者矣。"明何良俊《四友斋丛说》卷一六:"举此巨典,而敬老尊贤之礼,郑重如此。则凡与斯饮者,能不～思旧耶?"清俞蛟《春明丛说》:"日治簿书,夜篝灯读。好为诗,遇有～,即闭门索句,以抒写抑郁。" ❻感动。《新唐书·石雄传》:"雄临财廉,每朝廷赐与,辄置军门,自取一匹缣,馀悉分士伍,由是众～,无不奋。"又《宋务光传》:"夫塞变应天,系系人事。今霖雨即闭坊门,岂一坊一市能～天道哉?"清陈廷敬《监察御史陆君墓志铭》:"虽不究其用,而一时端人正士,～奋兴,争思有所树立。" ❼感慨。宋刘安世《论胡宗愈除右丞不当》:"臣若更顾身计,不为陛下亟辨邪

正,则台谏之风日益衰替,奸慝之势日益盛强,实于圣朝所损不细,此臣所以愤懑～而不能自己也。"明蒋一葵《尧山堂外纪》卷八八:"邵宝为大司徒,疏乞终养不允,其诗云:……读之令人～,最为海内传诵。" ❽ 发作;散发。明王守仁《传习录》卷中:"尝试于心,喜、怒、忧、惧之～也,虽动气之极,而吾心良知一觉,即廓然消阻。"清《红楼梦》二回:"彼残忍乖僻之邪气,不能荡溢于光天化日之中,遂凝结充塞于深沟大壑之内,偶因风荡,或被云催,略有摇动～之意,一丝半缕误而泄出者。" ❾ 因受刺激而引发疾病。明《金瓶梅词话》六一回:"一向因小儿没了,他着了忧戚,身上原有些不调,又～起来了。"

【感感】 gǎn gǎn 感激。宋苏轼《与蔡景繁书》:"惠及人参,～。"宋元《古今小说》卷三:"又蒙遣人垂顾,兼惠可口佳殽,不胜～。"清宋荦《寄阮亭侍郎》:"高情垂注,～。"

【感贺】 gǎn hè 同"感荷"。唐王梵志《元得他恩重》:"元得他恩重,酬偿勿使轻。一餐何所直,～百千顷。"《敦煌变文校注》卷五《维摩诘经讲经文(四)》:"发大愿,唱奇哉,～慈悲化利开。"《册府元龟》卷七六六:"太宗阴有异心,以文静可与语,遂入禁所看之。文静大喜而～,亦觉太宗有非常之意。"

【感荷】 gǎn hè 感激。唐许敬宗《为司徒赵国公谢皇太子寄诗笺》:"无任～庆跃之至。"《敦煌变文校注》卷五《双恩记》:"惭愧天子恩波及,～王府库藏开。"清《歧路灯》五五回:"若先生念年谊世好,许以北面,我辈莫不～。"

【感刻】 gǎn kè ❶ 感激铭心;铭心感激。宋欧阳修《问刘原甫侍读入阁仪帖》:"辱示,其烦尊用。然得以开释未悟,其幸尤多,～、～。"明《封神演义》二〇回:"外皇上受鞍马之劳,犯臣安逸而受鹿饼之赐,圣恩浩荡,～无地。"清姜宸英《与钮白水》:"知己之情,独厚于潦倒穷途之客。～之私,无时暂释。" ❷ 感激之情铭刻(肌髓腹心)。元王义山《谢刑侍检正常蒲溪举改官》:"拜春风之披拂,大夏屋之岍蠓。～肺肝,恩沦肌骨。"明沈采《千金记》四四出:"重荷军师,相国吹嘘,恩深～于肌。"清雍正二年九月二十一日陈王章奏文:"臣跪聆天语,～五中。"

【感冒】 gǎn mào ❶ 感染;遭受。多指疾病。宋《太平惠民和剂局方》卷一〇:"～风冷,鼻塞身热,喷嚏多嚏。"明《朴通事谚解》卷中:"相公脉息尺脉较沉,伤害冷物的样子,～风寒。"清《醒世姻缘传》三六回:"光穿着两个绵绸衫子,～了风寒,着实病将起来。" ❷ 因受风寒而患的病,又称伤风。宋陈自明《妇人大全良方》卷二二:"凡产后发热、头痛、身疼,不可便作～治之。"《元曲选·萧淑兰》三折:"虽是～,怎生这等沉重,茶饭也不思进些?"清《红楼梦》一〇九回:"一时～,吃几贴药想来也就好了。"

【感蒙】 gǎn méng ❶ 感受蒙恩;感戴恩德。唐杨砺《谢恩制表》:"遂使灵山祠宇,载葺颓纲;茅许仙居,～创迹。"宋叶梦得《第二次乞宫观第二状》:"狂愚冒犯,宜即严诛。天度优容,尚颁温旨。～肌骨,无地寄言。" ❷ 感戴。《元曲选外编·刘弘嫁婢》四折:"小圣在玉帝面前,叩头出血,增汝寿算二纪,……〔正末云〕～上圣也。"明《西游记》二九回:"感冥君放送回生,广陈善会,修建度亡道场。～救苦观世音菩萨,金身出现,指示西方有佛有经,可度幽亡,超脱孤魂。" ❸ 承蒙;蒙受(恩惠)。《元曲选·薛仁贵》一折:"量小将有甚功劳,～监军大人这般抬举。"明刘球《郭氏静轩记》:"其子宜英以出粟助赈,～玺书旌异之恩。"清《玉蜻蜓·游庵》:"小生们瞻仰宝山,～小师太佛光垂爱。"

【感念】 gǎn niàn ❶ 着意;考虑到。唐吕温《代百寮进农书表》:"宸心～,畎亩昭苏。一叹而时雨先飞,三复而春雷自起。"宋王珪《免兼端明殿学士第三奏状》:"窃意陛下～先帝述作之文,因

以误宠加臣。"清《八旬万寿盛典》卷一五:"而我皇上～天时,重惜物力,仍命所司,量从减省。" ❷ 感触;有感。宋吕颐浩《雄州道中寄沈和仲侍郎》:"扁舟隐隐马骎骎,重到燕山～深。"明于慎行《新春独坐有念》:"咄嗟顾庭除,～端非一。"清倪涛《六艺之一录》卷一〇四:"韩居为亭,魏公记之。其后魏公因黄人孙贲来见,～作诗,有当念春亭记焉。" ❸ 伤感。宋楼钥《分韵送卢国华福建提刑》:"一见又成别,～成咨嗟。"明柯丹邱《荆钗记》四四出:"痛忆我亡夫,～嗟吁。"清《聊斋俚曲·禳妒咒》:"此去也不过几月间,又像一去几千年。我的天,～人,到叫人～。" ❹ 感激怀念。元明《水浒传》一〇〇回:"楚州百姓～宋江仁德,忠义两全,建立祠堂,四时享祭。"明徐溥《先姚何夫人行状》:"有被斥逐去之几十年,犹～主母而欲归者。"清《红楼梦》四五回:"黛玉自在枕上～宝钗,一时又羡他有母兄。"

【感起】 gǎn qǐ ❶ 想起。《大宋宣和遗事》前集:"十一月,冬至后,徽宗又～乐事,且为一年四季,好景良时,不容虚度。"《元曲选外编·五侯宴》四折:"不因此事～一桩故事。昔日河南府武陵县有一王员外。"明《二刻拍案惊奇》卷三二:"张福娘领了儿子寄儿,见了翁姑与范氏大娘,～了旧事,全家哭做了一团。" ❷ 引起;勾动。宋蟾英《花心动·忆诸葛章》:"纷纷珠泪和粉滴,襟袖旧痕干又湿。但～愁怀,离恨堆堆积积。"元班惟志《一枝花·秋夜闻筝》:"他那里轻笼纤指冰弦应,俺这里谩写花笺锦字迎,越～文园少年病。"清杨名时《四书札记》卷三:"如非礼之声色,因睹闻而入,便～私欲。" ❸ 感动。明邵璨《香囊记》一出:"今即古,假为真,从教～座间人。"清《孝经衍义》卷七三:"虽千百世以下,歌弦其诗,犹足以～人心,而动末俗。"卞永誉《书画汇考》卷二三:"今观公所训者,谆谆之言,一本于义,人人诵之,皆足～,矧于其所亲出者哉!"

【感情】 gǎn qíng 感激恩情;感激德义。明《金瓶梅》三四回:"事毕,刘太监～不过,宰了一口猪,送我一坛自造荷花酒。"清雍正七年九月初六日管承泽奏文:"后因西柳河村王姓寻觅,张氏梁氏同众人将银付还。王姓～,买白布二匹相谢。"《绿野仙踪》一回:"国宾说完,将献述书字取出。于冰看了,无非是深谢～的话。"

【感染】 gǎn rǎn 受恶劣环境影响或接触病原体而得病。宋《圣济总录纂要》卷一五:"尸注者,尸病注易于人也。多因哭泣,～尸气,流注身体。"明王肯堂《证治准绳》卷七:"此一章专为天时流行,热邪相～,而人或素有目疾,及痰火热病,水少元虚者,则尔我传染不一。"清雍正七年二月初九日迈柱、王国栋奏文:"新改边土地方,树木丛多,岚气深重,官兵易致～。"

【感思】 gǎn sī 感激。唐邵说《为田神玉谢端午物表》:"受赐若惊,衔恩载跃,誓当戮力,祗奉威灵。纵有百身,何阶报效?无任～。"宋薛季宣《上宣谕论淮西事宜》:"其孤贱晚生,伏蒙特达异常之遇,～无报,无以自安。"明王祎《义乌括田诗序》:"侯之惠在吾义乌曷有穷已,吾党之士苟暗无诗以诵其事,将何以表吾～之意?"

【感叹】 gǎn tàn ❶ 悲伤;伤感。唐佚名《赵州真际禅师行状》:"赵王于时尽送终之礼,～之泣,无异金棺匿彩于俱尸矣!"《元曲选·青衫泪》四折:"放逐臣偏多～,两悲啼泪湿衣裳。"清《聊斋俚曲·富贵神仙》:"夜间忽听的邻房唱曲子,居然是故乡的腔调,心里着实～。" ❷ 感动。《太平广记》卷三九引《逸史》:"一旦有疾,王十八复来曰:'要见相公。'刘公～颇极,延入阁中。"宋苏轼《与章子厚书》:"忽蒙赐书,存问甚厚,忧爱深切,～不可言也。"清《隋唐演义》九六回:"众人见广平王为百姓下拜,无不涕

泣～。"

【感涕】 gǎn tì ❶ 因感激、感慨、感伤等落泪。唐李翱《泗州刺史李君神道碑》："翼等以额珠外见,意宝内明,释氏前言,今为见世。遂～奉戴,归于故园,起塔瞻奉,莫之测也。"宋邵博《杨子云宅》："千年寻故里,～独沾巾。"清《红楼复梦》五二回："那些家人男女们都因四姑娘平日做人厚德,人人～。" ❷ 因感伤、感慨、感激等而落的泪。唐陈子昂《同宋参军之问梦赵六赠卢陈二子之作》："远闻山阳赋,～下沾裳。"元刘壎《隐居通议》卷二一:"甫仓皇而得请,殆粉碎以难酬。欲剖懦衷,先横～。"清《平定两金川方略》卷九三:"皇上轸念将佐军士,奋不顾身,鼓勇敌忾,均荷锡予。渥恩从优,录叙温纶所被,有不～交零,益思踊跃图报者乎!" ❸ 感动;感激;感慨。"涕"义弱化。唐元稹《谢准朱书撰田宏正碑文状》:"微臣忝非木石,粗有肺肠,空怀～之心,未获杀身之所。"宋欧阳修《与蔡交一通》:"但得淮西寄到志铭,当任～。"苏轼《天竺寺引》:"今四十七年矣,予来访之,则诗已亡,有刻石存耳。～不已,而作是诗。"

【感羡】 gǎn xiàn 感慨羡慕;感激仰慕。唐宋之问《为长安马明府亡母请邑号状》:"又见同列有太君拜邑,命妇入朝。臣早孤偏,不胜～。"元李士瞻《与赵金院书》:"盐事告劳,有烦神用,～良深。"明李攀龙《与徐少府》:"唯公盛德,迥异凡人之情,而所乐有贤父兄者也,不佞不任～奉命。"

【感谢】 gǎn xiè 用言语向对方表示谢意。唐宋之问《早发大庾岭》:"～鵷鹭朝,勤修魑魅职。"元不忽木《点绛唇·辞朝》:"既把世情疏,～君恩厚。"清《歧路灯》一一回:"～先生指引。"

【感仰】 gǎn yǎng 感戴敬仰。唐钱珝《为集贤崔相公论京兆除授表》:"伏以睿断精明,臣等常切～。"明《禅真逸史》二七回:"郑县主为官清廉,傅二尹为人刚介。这二位老爷,百姓皆～其德。"清《儒林外史》九回:"如今若救出杨先生来,这一镇的人谁不～?"

【感召】 gǎn zhāo ❶ 引发感想。唐王勃《入蜀纪行诗序》:"嗟乎! 山川之～多矣,余能无情哉!" ❷ 感动召唤;感动号召。宋耿南仲《周易新讲义》卷一:"圣人所至,必以类至者,固非利诱而势驱之,亦非出于招来扳举之力也。其～出于自然。"元刘岳申《祭龙麟州文》:"是故讲学南北之交,独擅江黄之誉,其精神足以～,其意气足以呼号!"明戚继光《练兵实纪》卷二:"齐一行伍之耳目,～乌合之人心,使之赴汤蹈火,从吾所愿,岂贪诈奸愚足以当之哉?" ❸ 感动;感染;感化。《元曲选·窦娥冤》四折:"昔于公曾表白东海孝妇,果然是～得灵雨如泉。"明王直《赠高协律序》:"由是观之,礼乐之～岂不大哉!"清《日讲易经解义》卷七:"大抵身世之扞格,皆由私心之未除,无妄则一实理相～,所谓至诚而动者,未之有也。" ❹ 招致。宋《朱子语类》卷一三四:"如后来立后一乖,也是心不正后,～得这般事来。"元《前汉书平话》卷中:"皆因吕后谗言,杀讫骁将二人,～天降血雨不祥。"清《医宗金鉴》卷二八:"中风有内生、外中二因。内生则因胃浊生痰,志极动火;外中则因形气不固,～风邪。"

【感招】 gǎn zhāo 感应;因人的行为而招致(果报)。唐不空译《大集大虚空藏菩萨》卷二:"善男子菩萨应当发如是心,虚空无量,故～福聚亦无量。"元孔克仁《县尹侯公创构讲堂记》:"盖以公之善政,悝于神明,合乎天理,有所～,以致变凶年为乐岁,使斯民无愁恨叹息者。"清弘历《山东巡抚国泰奏报得雨诗以志慰》:"知深渥足兴末耜,疑相讥云致～。"

【感昭】 gǎn zhāo 同"感招"。唐李儇《遣使宣慰蕲黄等州敕》:"叹凶徒之未服,念赤子之无辜,盖朕诚信未能～,慰晓莫能

通达。"《敦煌变文校注》卷六《金刚丑女因缘》:"毁谤圣贤多造罪,～容貌似烟熏。"宋周辉《清波杂志》卷一一:"盖陛下恪祗祀事,追述三代,……天意～,神明降格,示现如此。"

gàn

【干】 gàn 另见 gān。❶ 精;精通。《太平广记》卷一二一引《原化记》:"母卢氏,～于治生,家颇富。" ❷ 事务;事情。宋《朱子语类》卷一○六:"使人之欲见者等候不能得见,或有急～欲去,有甚心情等待?"《元曲选·魔合罗》四折:"我问你为何事离宅院,有甚～来城内?"清《歧路灯》一五回:"情愿奉送。若讲钱时,误了贵～,我也就不卖。" ❸ 做;办理。宋《朱子语类》卷一二:"也须看一念是要做甚么事。若是好事,合当做底事,须去～了。"《元曲选·东堂老》一折:"赵小哥,上紧着～,迟便不济也。"清《无声戏》四回:"把兄的银子拐进京去,替我～了部文下来,我才能够复还原职。" ❹ 撑持;经营;从事。元佚名《错立身》四出:"孩儿一个～家门,算来总是前生定。"《元曲选·窦娥冤》三折:"念窦娥葫芦提当罪愆,念窦娥身首不完全,念窦娥从前已往～家缘。"清《蜃楼志》一回:"事平之后,这行业再不～了。" ❺ 求取;建立;完成。《元曲选·陈抟高卧》一折:"则看您朝台暮省～功名。"元明《水浒传》一一二回:"后知张顺～了功劳,打听得焦山下船,取茆港,好去攻伐江阴、太仓。"清《荡寇志》一一六回:"你～了这场功德,虽迟了些路程,日后正果了,却缴销一起大公案。" ❻ 奸污;(男对女)性交。明梁辰鱼《浣纱记》四三出:"谁知道半路里,被这些乱军把我金银抢去分了,夫人背去～了,干单单剩得孤条条一个身子。"《山歌·姹童》:"献姹个学生新做子亲,舞子新人就要～窟臀。"清《醒世姻缘传》四五回:"狄希陈打了个盹起来,又走到床上,又从梦中把素姐～了一下。"

【干办】 gàn bàn ❶ 精干;干练。唐李翱《与淮南节度使书》:"～者为良吏,适时者为通贤。"《元曲选·铁拐李》一折:"韩魏公说我这等～公勤,决不和我做敌对。"清《绿牡丹》九回:"大爷明早差一～之人,赴任府门首观其动静。" ❷ 办理;掌管。唐苏鹗《苏氏演义》卷上:"娄罗者,～杂事之称。"宋李纲《论郭仲苟札子》:"见今王禀只是权在城中,将来被围,须要得力兵官～军马。"清《绿野仙踪》三○回:"各州县是乡村堡镇俱有窝家,潜藏叛贼头目,～事体,打劫财物,引诱愚人。" ❸ 筹措;措办;备办。宋苏轼《与章质夫书》:"但方营新居,费用百端,独力～,尤为疲勘。"明王錂《寻亲记》二九出:"盘缠事,说又难,说将来恐娘心痛酸,程途路上,自能～。"《二刻拍案惊奇》卷七:"别后已～得一个佳婿在此,只等明公来,便可嫁了。" ❹ 宋代职官任命中规定所经办的事务范围。宋洪迈《容斋四笔》卷一六:"内侍之职,至于～后苑,则为出常调流辈,称之曰苑使;又进而～龙图诸阁,曰阁长。"《三朝北盟会编》卷一一二:"虞部员外郎李侔～相视桥道、渡船并椿办粮草。" ❺ 职官、职事名,指官府专管买办和祗应等的吏员。本称"勾当公事",避宋高宗赵构讳改。宋佚名《张协状元》五出:"你是～,不当抬伞。你把着花蝶头,我与你抬伞。"明李梅实《精忠旗》三○出:"临发之时,秦府差心腹～,分付中途了他性命。"清《醒世姻缘传》一三回:"太师即差～,火速去取杨知县来。" ❻ 经办事务。宋佚名《小儿卫生总微论方》卷七:"小儿无此病,谓小儿不治家事,未有～,早卧晚起,不致冲冒故也。"明《醒世恒言》卷二七:"那焦榕平日与人～,打惯了偏手,就是妹子也说不得要下只手儿。"清慕天颜《浮粮坍荒二弊议》:"若夫四应之才,则综核既见其井然,～自见其优裕,大小事宜皆随人而振起矣。"

❼ 处治;惩处。宋元《古今小说》卷三六:"便教周五郎周宣,将带一行做公的去郑州～宋四。" ❽ 一种用于绘画树干的国画技法。元乔吉《沉醉东风·泛湖写景》:"～出苍松翠竹,界画成宝殿珠楼。" ❾ 谋干;钻营。明张四维《双烈记》一四出:"官人既欲要去～前程,我怎肯作儿女子态,留恋官人。"《金瓶梅词话》二〇回:"听见干猫儿头差事,钻头觅缝～了要去,去的那快!"清《雪月梅》三五回:"他也自知与众不合,未及限满即～内转,如今又出作山东巡道。" ❿ 经营。明《西洋记》五〇回:"元帅道:'你们～甚么事业?'番人道:'煮海为盐,捕鱼度日而已。'"

【干捕】gàn bǔ 捕役。清雍正十三年四月十八日赵弘恩奏文:"并切行狼山总兵,严饬各营将弁督兵,协同～,一力遍行躧缉,务尽根株。"《歧路灯》五四回:"彼时众盗拿获,供称伙盗中有祥符赵天洪,差来～,将批文投入署内。"

【干才】gàn cái ❶ 精干的办事才能。宋夏竦《右谏议大夫分司西京宋惟干等加食邑制》:"或早游清贯,秩亚于地官;或屡展～,任隆于谏省。"明《二刻拍案惊奇》卷二〇:"那商功父生性刚直,颇有～。"清《雪月梅》三五回:"因太仓系沿海要地,借重老师～经理。" ❷ 称有办事才干的人。宋欧阳修《辞免青州第一札子》:"今青州所管一路寄任至重,实借～,以臣居之,必至旷败。"清王命岳《论吏治不清皆由举劾不当疏》:"廉谨者包苴不入门,则目为罢软;贪饕者金帛相承奉,则盛称～。"

【干材】gàn cái ❶ 有实用价值的木材。唐陆希声《君阳遁叟山居记》:"养拥肿之朴不为～,养钩棘之蘗不中樵爨。" ❷ 同"干才❶"。唐寇坦《奉义郎濮阳吴府君墓志铭》:"长曰仲端,次曰仲玙,并幼而敏慧,有文武～。"宋王安石《贺知县启》:"自历烦任,馨施～,美声闻于帝聪,佳器称乎国宝。"清《女仙外史》二三回:"我生平不会与女人做事,道兄实有～。" ❸ 同"干才❷"。宋宋庠《故耀州观察使曹仪可赠节度使制》:"负荷宏构,属于～,自阶仕于班联,实积效于劳勤。"

【干当】gàn dàng 即言勾当,避宋高宗讳改。 ❶ 干;做;办理。宋洪迈《夷坚志》支癸卷一:"吾蒙知县委任,凡～一事了,则投一钱。"宋元《警世通言》卷二〇:"不只一日,～完备,安排行装,买了人事,雇了船只,即日起程。"清王芑孙《转般私议》:"其体制略如巡漕泛舟之役,文武分头～,科道必躬自检察。" ❷ 经办事务;司职。宋苏轼《答范蜀公书》:"然京师尚有少房缗,若果许为指挥从者～,卖此业,可得八百餘千,不识可纳左右否?"赵昇《朝野类要》卷五:"仕宦在外任者,自有专一承受～之人,或是百司系籍人,或是门吏。凡有大小事务,为之了办。"明李贤《赓咏杜律序》:"予以公事～蜀川,暇日无以自遣,因得杜律一册,咏之不已。" ❸ 掌管;执掌;管理。宋沈括《梦溪笔谈》卷一五:"王向少时为三班奉职,～滁州一镇。"《宋史纪事本末》卷八九:"凡言事忤意,及负材力或与己颉颃者,对金主阳称其才,使～于河北,阴置之死地。"《续资治通鉴长编》卷二二五:"左帑有火禁,而年高宿直非便。闻欲除其人～进奏院,忘其人名,实愿易之。" ❹ 处置;处断。《云笈七籤》卷一二一:"妻王氏死已逾年,忽一日还家,约勒大小,～家事,言语历历,一如平生。"宋俞文豹《吹剑录外集》:"范文正守饶,喜妓籍一小鬟,既去,以诗寄魏介曰:'庆朔堂前花自栽,便移官去未曾开。年年长有别离恨,已托春风～来。'介买送去。" ❺ 经营;撑持;照管。宋黄震《黄氏日抄》卷六七:"军中贸迁,不无搔扰。将兵～,亦废教习。"《名公书判清明集》卷七:"黄臻已十有八年,子母相安,终始无间,～门户,祗奉差役,增置田额,并无一毫显过。"明孙承恩《常山喜得家信》之三:"春雨招梅友,秋风聘橘奴。小园多～,幸不至荒芜。" ❻ 事务;公干。

宋吴曾《能改斋漫录》卷一二:"如何须得中夜入城,使民惊扰,不知有何急切～?"明李贤《奉天翊卫宣力武臣毛公神道碑铭》:"己巳秋,大同有警。公适与～,遇敌于道。" ❼ 求取;建立。《明儒学案》卷三五:"以机权而～功业,所谓以道殉人,遍地皆粪土矣。" ❽ 纠结;麻烦。明罗洪先《答欧阳文朝》:"此却在自家～处斟酌,务求一的当稳实处。"又《寄尹道舆》:"居官与打坐,虽动静二境不同,却好操练习。若操存熟便,与打坐者相似,精神自散漫,不得时时有～处矣。"高攀龙《叶公问孔子章》:"说个发愤忘食,必有一件大～的事在;说个乐以忘忧,必有一件大受用的事在。"

【干当人】gàn dàng rén ❶ 衙府中的办事吏员,也指经办事务的人员。宋李弥逊《勘当徐公裕状》:"勘台州临海县百姓杨杲状,论前任知县胡某与寄居台州官徐殿撰结亲,令贴书朱彦假作徐殿撰～名目,冒请安居益等七十户桑地事。"《三朝北盟会编》卷四九:"据随行～魏巍状,蔡京鄂州扶疾前来潭州。"孟元老《东京梦华录》卷三:"凡雇觅人力、～、酒食作匠之类,各有行老供雇。" ❷ 当事人;犯案者。《宋会要辑稿·刑法三》:"如被上户侵夺田土之人,仰赴官陈诉。若～系白身或军人,即仰依条重行断遣;如有官人,即同形势官户人家,并具情犯姓名申朝廷依法重作施行。"

【干功】gàn gōng 立功。《新唐书·张九龄传》:"会范阳节度使张守珪以斩可突～,帝欲以为侍中。"《元曲选外编·襄阳会》三折:"我善晓兵书,深通战策,每回临阵,无不～。"清《隋唐演义》四三回:"叔宝兄与张通守正在那里与隋家～,怎肯进寨来做强盗?"

【干勾】gàn gòu ❶ 公干;事务;职事。金马钰《满庭芳》:"专违宁海,专游陕右,专来有何～?"元王恽《输粟除监当官》:"又如州府务官经营～,比得差遣,所费不赀,一任之内,必百方作计取偿于民。" ❷ 干;办理。《元典章新集·刑部》:"其或本司官委有子弟别因买卖～已事,到彼不许烦扰官府。"

【干管】gàn guǎn 办理;承办;管理。宋黄榦《汉阳军管下赈荒条件》:"每隔请见任官一人主之,使各遍走村落,～救荒之事。"叶绍翁《四朝闻见录》卷三:"曹武惠以平江南功归,诣阁门,自称曰'勾当江南公事回'。今世借授白帖,辄自称某～云。"宋元《警世通言》卷二〇:"那恭人出来,与官人相见。官人只应得喏,便道:'恭人在宅～不易。'"

【干济】gàn jì ❶ 成就;绩效。唐[朝]崔致远《徐莓充榷酒务专知》:"前件官发迹戎行,研心吏道,忠勤所至,～可观。"清张玉书《褒忠录序》:"而君以盘错既试之效,便宜施设,其～必度越寻常百倍。" ❷ 完成;使成立。唐史徵《周易口诀义》卷一:"刚而处中,纳此匹配,是能～家事,施之子孙而能克荷家事,故曰子克家也。"宋胡瑗《周易口义》卷四:"今六四既居事坏之后,而无刚明之才,不能～其事,故往见吝而无所得也。" ❸ 办事干练而有成效。唐李亨《申戒刺史考察县令诏》:"如员外官中,材识～,曾经任使州县所资者,亦任量留。"《宋史·杨覃传》:"覃勤于吏事,所至以～称。"清《儒林外史》八回:"此乃沿江重地,须才能～之员。" ❹ 指办事干练而有成效的人才或才能。五代王建《郊天改元赦文》:"自今以后,委有司博求～,慎择端良。"清《绣戈袍》二八回:"毛天海是个新进,既属状元,料必大有～。……乞圣上命他督理修葺宫殿,试其才调。" ❺ 成功;卓有成效。五代谢鹗《佐正匡国功臣朱府君墓志铭》:"或亲弓马,或阅诗书,分掌家事,无不～。"宋文彦博《举赵士宏》:"识虑详明,敏于从政,试以繁剧,必能～。"清田雯《谢公墓志铭》:"嗟乎丈夫遭世多故,～綦难。" ❻ 措办;办理。宋张方平《举李大临》:"远方都会,事务烦剧,实

借通材,协力～。"明于谦《为公务事奏》:"凡事比前愈加尽心～,毋或始勤终急,有辜任使。清陶正靖《进呈经史二篇》:"其贤者苦心～,功不及半;其中才则谨自守,而文深猾贼之徒,倚法为非如故也。"

【干家】gàn jiā ❶ 治家;持家。唐邵《内侍省内常侍孙常楷神道碑》:"有子良斌,……克奉前修,雅有令问,进可事国,退可～。"明谢肇淛《五杂组》卷八:"京师妇人……求其勤俭～,千百中不能得一二也。"清《醒世姻缘传》五四回:"空放着这们个勤力俭用能～的婆娘,只是强不过命,傲不过天。" ❷ 置家产;挣家业。元佚名《满庭芳》:"趱下百十笼轻罗异锦,藏下五七箱美玉良金,不～呵图个甚?"《元曲选·忍字记》一折:"我这兄弟十分的～做活,早起晚眠,放钱举债,如此般殷勤,我心中甚是欢喜。"明《西游记》二三回:"他丈母笑道:'也罢,也罢,果然是个省事～的女婿。'"

【干力】gàn lì ❶ 供官员驱使的奴仆。唐沈既济《论增待制官疏》:"今官三十员,皆给俸钱～,及厨料什器,建造厅宇。"宋洪迈《夷坚志》补卷七:"自先父迨我,充君～五十年,无一阙事。"元张伯淳《题范雷卿二卷》:"叙乃翁通判公世系、及生平出处、及所交游、下至妾媵,甚悉。" ❷ 可出力的人。明顾清《祭叔父且闲翁文》:"惟叔寿考,灵光独存。下有孤孙,傍无～。经营抚鞠,备极恩勤。"

【干仆】gàn pú 奴仆。宋陆游《老学庵笔记》卷六:"胡子远之父,唐安人,家饶财,常委仆权钱,得钱引五千缗,皆伪也。家人欲讼之,胡曰:'～已死,岂忍使其孤对狱耶?'"明《醒世恒言》卷三二:"那时便定了个主意,即忙作礼道:'领教,领教。'分付～备斋相款。"清《聊斋志异·续黄粱》:"乃使～数辈,强纳资于其家。"

【干缺】gàn quē 营谋职位。明《醒世恒言》卷二〇:"又与丈人要了千金,为～之用。"

【干人】gàn rén 权豪人家供差遣的办事人。宋熊克《中兴小纪》卷二四:"临安府勘到永思～郭寿之用过钱三千缗。"元明《水浒传》二回:"次日,写了一封书呈,使个～,送高俅去那小王都太尉处。"明陆粲《庚巳编》卷二:"有里人于英者,妾与奴通,事泄,英杀奴,密令其家～常熟顾某载尸他方所焚之。"

【干役】gàn yì ❶ 劳役;出力气的工作。宋曹勋《山居杂诗》之七:"子舍念我老,文餘躬～。"元陶宗仪《辍耕录》卷一五:"薛氏室屋财产悉空,贫无为计,遂执～于时贵之家。" ❷ 差役;衙役。明《梼杌闲评》三九回:"许知府听见,随即差～二十名,去沿途追赶汪运使的家眷。"清汪辉祖《论去弊》:"群丐人,则令～当其户,逐一唱名放出。"《雪月梅》四二回:"我明日拨两个老诚～同你星夜出去,与岑夫人、小姐说知此事。"

【干营】gàn yíng 另见gān yíng。办理;经营。元荀宗道《翰林侍读学士国信使郝公行状》:"鸡鸣而起,执薪水之役。昼则～家事,少隙执书读之而不辍也。"清《聊斋志异·布客》:"某问所～,答言:'将适长清,有所勾致。'"

【干员】gàn yuán 能干的官员或吏员。明《梼杌闲评》一回:"凤阳陵寝重地,淮杨漕运通衢,尔等会推一～,速往经理。"清雍正三年五月十六日上谕:"星速遴委,动支司库钱粮,立限坚筑,克期报竣。"《荡寇志》七一回:"贼犯我自拨～解到东京去,二位将军回营候旨。"

【干运】gàn yùn ❶ 操纵;运转。唐程浩《雷赋》:"陶铸造化之炉,而鸿毛万像;～乾坤之柄,而婴孩群有。"宋杨士瀛《仁斋直指》卷二:"二药并用生姜、乌梅、蜜水同煎,空心进剂。其间～,更用巴豆圆子药疏利大便,以泄毒气。"明茅元仪《玉衡车记》:"玉

衡车者,井泉挈水之器也,……不须俯仰,无烦提挈,略加～,其捷若抽。" ❷ 运用;使用。宋阮阅《诗话总龟》卷三八:"药名用于诗无不可,而～曲折,使各中理,在人之智耳。"明《西游记》九〇回:"沙僧那柄降妖杖,灵霄殿外有名声。今番～神通广,西域施功扫荡精。" ❸ 筹划运作。宋欧阳修《论西师议和利害状》:"自用兵以来,居庙堂者劳于～,在边鄙者劳于戎事。"《元曲选·东堂老》二折:"我则理会有钱的是咱能,那无钱的非关命。咱人也须要个～的这经营。"明刘龙《贺晋溪王公玺书奖劳序》:"惟卿～枢机,算无遗策,申严戒令,一扫近时玩愒之弊。" ❹ 营销;经营。宋吴曾《能改斋漫录》卷二:"江西人以能～者为作经纪。"洪迈《夷坚志》支戊卷一〇:"暮还旅店,就主人语叹～之难。曰:'今日趋走营营,只是细一官人宅买得一冠耳。交易费力,销折本钱。'"《元曲选·薛仁贵》四折:"这其间～供给,执箸挽菜,缝衣补衲,多亏你这柳氏浑家。"

【干置】gàn zhì ❶ 置办;采买。宋苏轼《与陈季常书》:"药物有彼中难得须此～者,千万不外。"《三朝北盟会编》卷二八:"其父罢工,为卖卖～,仍呈资给以津送其行,时人谓之结秀才缘。"《宋会要辑稿·刑法二》:"自来收买计置花竹果石,造作供奉物色,委州县监司～,皆是御前预行支降钱物,令依私价和买。" ❷ 备办;经办。宋王栐《燕翼诒谋录》卷一:"故升朝官以上造朝,则先匿于亲戚故旧之家,俟所～悉备,方敢报阁门放见。"洪迈《夷坚志》三己卷四:"燕留之为仆。小心祗恪,颐指如意。虽令～它事,悉皆尽力。"周必大《回奏诸军衙兵御笔》:"愚本谓看马荷轿及虞侯六局人之类,皆是公家合用之人,惟差出～私事,或主管庄舍之类,乃为私役。"

【幹面杖】gàn miàn zhàng 同"擀面杖"。金《董解元西厢记》卷二:"或拿着切菜刀,～。"

gāng

【冈子】gāng zi 较低的山。《太平广记》卷四五九引《闻奇录》:"乡人曰:'此～蛇吞象也。'"元赵孟頫《开府仪同三司全公神道碑铭》:"以是月某日,葬城西南～原通敏公兆次。"清《儒林外史》五五回:"交了茶钱走出来,从～上踱到雨花台左首。"

【刚】gāng 副词。❶ 才;方才。宋苏轼《花影》:"～被太阳收拾去,却教明月送将来。"明《西游记》二四回:"怎么～打下来,你就捞了去?"清《聊斋俚曲·墙头记》:"咱爹～吃一盅酒,烤着火才不战战,怎么又叫他把身欠?" ❷ 偏偏。唐温庭筠《题平西王旧赐屏风》:"世间～有东流水,一送恩波更不回。"金元好问《戚夫人》:"无端恨煞商山老,～出山来管是非。"清洪昇《长生殿》三二出:"想当时联镳游赏,怎到头来～做了恁般随倡!" ❸ 硬;勉强。《太平广记》卷三五一引《唐阙史》:"惆怅金泥簇蝶裙,春来犹见伴行云,不教布施～留得,浑似初逢李少君。"金《董解元西厢记》卷四:"幸自没嗔～做嗔,浑不似那临危忙许亲。"元杜仁杰《耍孩儿·庄家不识构栏》:"则被一胞尿爆的我没奈何,～捱～忍更待看些儿个。" ❹ 止;仅;只。宋《清平山堂话本·花灯轿》:"一日三,三日九,不～一日,教得夫妻二人每日看念,如瓶注水。"金《刘知远诸宫调》一二:"两个媳妇～走脱,险些儿掩泉水波。"清《平山冷燕》七回:"怎么～转得一转,就有人和(诗)在上面。" ❺ 正好;恰好。《元曲选·鲁斋郎》一折:"他弓开时似月圆,弹发处又不偏,～落在我面前。"明《古今小说》卷一:"父亲一病身亡,且喜～在家中,还不做客途之鬼。"清《聊斋俚曲·姑妇曲》:"看了

看,幸得～搭着那气嗓头边儿。"　❻ 正;正在。《元曲选·谢天香》二折:"背地里锁着眉骂张敝,岂知他瘠雨尤云俏智量,～理会得燮理阴阳。"明李梅实《精忠旗》二三出:"～痛那陷敌鸯舆,又遇着欺君曹马,使英雄泪堕,每长歌盈把。"《醒世恒言》卷一八:"施复～愁无处安机床,恰好间壁邻家住着两间小房,……急切要把来出脱。"　❼ 却,表转折。五代佚名《菩萨蛮》:"含笑问檀郎,花强妾貌强。檀郎故相恼,～道花枝好。"明徐复祚《红梨记》二三出:"可怜妖艳正当时,～被狂风一夜吹。今日流莺来旧处,百般言语怨空枝。"

【刚才】 gāng cái　❶ 表示时间在不久之前。宋赵良埈《仲夏即景》:"翠麦～刈,青苗又复芸。"明《西游记》三七回:"我～伏在案上打盹,做了一个怪梦。"清《聊斋俚曲·翻魇殃》:"他～来了。他为人蹊跷,见你浑身耀眼,他就溜了。"　❷ 偏偏。宋杜安世《菩萨蛮》:"离愁终未解,忘了依前在。拟待不寻思,～梦见伊。"明徐渭《四声猿·翠乡梦》一出:"〔生〕我眉毛底下,嵌着双闪电一般的慧眼,怕不知道。〔红〕慧眼慧眼,～漏了几点。"　❸ 只;仅仅。《元曲选·误入桃源》楔子:"我二人自谓终身已得所托,～一载,乃遂别乎?"明袁中道《同顾司马冲庵虎丘看月》:"酒寒再热为君醉,今夜～半夜时。"清《绿野仙踪》四三回:"他母亲～亡过年餘,他妻子洪氏又得了吐血的病。"　❹ 好容易才;勉强。《元曲选·燕青博鱼》一折:"～个渐渐里呵的我这手温和,可又早切切里冻的我这脚麻辣。"元明《水浒传》六〇回:"村中林冲等引军接应,～抵得住。"明《西洋记》三八回:"大战累日,～一刀斩了他的头,一会儿他又活了,又来讨战。"　❺ 表示动作、事情刚开始。明叶文《减字木兰花·远眺》:"～卷幔,偏惹杨花争扑面。那得人归,只见黄莺作对飞。"清《幻中游》八回:"转身走到太平巷东头,～往北一拐,路旁过来了四个棍徒,上前拦住。"《蜃楼志》九回:"你花儿一般的人儿,～开得一两瓣,岂不误了青春?"　❻ 刚好;恰(巧)。明《封神演义》九二回:"此时南宫适巡营,～四更,巡至辕门。"清《飞花艳想》七回:"此时张良卿已等得不耐烦,看见李君文来了,便迎着问道:'曾见那人么?'李君文道:'～凑巧,一到就撞见。'"　❼ 正要;将待。清《红楼梦》七六回:"说毕,～去吹时,只见邢夫人的媳妇走来。"《姑妄言》一二回:"那水氏正闭着眼哼,睁开一看,吃了一惊,～要挣起来,那张三也从后面连奶胖一把抱住。"　❽ 表示在某种情况下然后怎样。清《幻中游》一六回:"一早起身而走,县主又送了二十多里,～回衙。"　❾ 指刚才做的事情。清《聊斋俚曲·慈悲曲》:"那时节懊悔～,腚上疼可也不自在。"

【刚待】 gāng dài　❶ 期待。明朱朴《送汪白堃还杭立春日》:"穷郊岁晚冰霜合,～春风上别筵。"胡应麟《敬美使君再起督闽中学》:"双乌恍疑云际现,片帆～雪中移。"　❷ 想要;打算。金《董解元西厢记》卷七:"～不烦恼呵,吁的一声仆地气运倒。"元杨果《太常引》:"～不思量。兀谁管、今宵夜长。"明杭济《中秋对月次韵》:"～明朝看又缺,争教衰鬓不添华。"　❸ 副词。刚刚;才。《元曲选·冯玉兰》三折:"～睡一睡,着你每打搅死我!"又《碧桃花》三折:"～雨收云散,凶徒恶党又依然。"明《醒世恒言》卷二一:"～进城,遇着一个老叟,连叫:'老侄,闻得你新中了举人。'"

【刚得】 gāng dé　副词。❶ 犹"刚才❶"。明《二刻拍案惊奇》卷一七:"俊卿～坐下,隔壁听见这里有人声,那个女子又在窗边看了。"　❷ 犹"刚才❺"。明李昌祺《金字经·喜舍弟昌明至》:"～相逢怎便回。陪旋莫新酿醅。"袁于令《西楼记》二〇出:"几度要朦胧睡去,又几度惊跳觉了。奈～朦胧还觉转。"清《野叟曝言》三三回:"～睁开眼来,船已到岸,众客人忙脚乱纷纷上岸。"

❸ 犹"刚才❻"。明鲁铎《九日园亭用杜牧之韵》:"官贫犹胜陶彭泽,～东篱有白衣。"沈采《千金记》一〇出:"追踪阵尾行来到,回头不顾乡杳。仗剑相随,～凑巧。"清《豆棚闲话》七则:"左右看见君王颜色不善,就要将刀砍去。～太公与武王并马而驰,……太公急把左右止住。"　❹ 犹"刚才❸"。清《醒世姻缘传》二三回:"教了两年,那大学生～十四岁就进了学。"又四二回:"街坊上救得火灭,却不甚利害,～烧了个屋角。"又五三回:"偏他的媳妇孙氏左手心里长起一个疔疮,百方救治,～三日,呜呼尚飨了。"

【刚地】 gāng dì　副词。偏偏。唐贯休《山居》之一八:"～无人知此意,不堪惆怅落花前。"又《书倪氏屋壁》之三:"春光霭霭忽已暮,主人～不放去。"《古尊宿语录》卷三四《舒州龙门佛眼和尚语录》:"池阳何处得扪摸,后代商量苦也无。古人～成多事,敢问如今会也无。"

【刚方】 gāng fāng　副词。刚才;刚刚。明《醒世恒言》卷四:"二老闻言,惊讶道:'……这女子去几时了?'秋公道:'～出来。'"又卷二〇:"可是杨黑心么? 他住在乌鹊桥巷内,～走进总捕厅里去了。"清《豆棚闲话》一〇则:"马才也着急,到舩上问那船家,船家道:'无事,～随风飘过对河去哉!'"

【刚刚】 gāng gāng　❶ 犹"干干❶"。元商挺《潘妃曲》:"闷酒将来～咽,欲饮先浇奠。"关汉卿《拜月亭》四折:"把这盏许亲酒又不敢慢俄延,则索扭回头半口儿家～的咽。"《元曲选·蝴蝶梦》三折:"石和尚,好共歹,一口口,～咽。"　❷ 慢慢;缓缓。《元曲选·朱砂担》二折:"一领布衫我与你～的扣,八答麻鞋款款的兜。"　❸ 副词。a) 犹"刚才❶"。《元曲选·单鞭夺槊》二折:"～你去了,他领着本部人马,夜晚间要私奔。"明《醒世恒言》卷四:"况且不前不后,～我们打坏,神仙就来,难道这神仙是养家的不成?"清《聊斋俚曲·禳妒咒》:"鞋底点～上罢,闷昏昏眼涩眼酸。"b) 犹"刚才❷"。明李流芳《久客湖上家兄以诗见寄次韵答之》:"归装欲理又徘徊,三月思家只梦回。滚滚湖头人尽去,～秋半月将来。"清李渔《意中缘》一四出:"早又不来,迟又不来,～在这个时候,起他发难之端。"《珍珠舶》一六回:"～来迟得一步,若在房内遇见,我就结果了他的性命。"c) 犹"刚才❸"。《元曲选·金线池》一折:"常怕一个留他不住,怎么～三日,便要赶他出门。"明《挂枝儿·喷嚏》:"对妆台,忽然间打个喷嚏,想是有情哥思量我,寄个信儿。难道他思量我～一次?"清《无声戏》八回:"所以赌博场上,输的讨愁烦,赢的空欢喜,看的陪功夫,～只有头家得利。"d) 犹"刚才❹"。《元曲选·风光好》一折:"丁单,将科派摊,～的对付难上难。"明《西游记》八七回:"唬得那些捧盘的心惊胆战,一往一来,添汤添饭,就如走马灯儿一般,～供上。"清李玉《清忠谱》九折:"摸着了一条裤子,认作衣裳,再也穿不上;～披好,又寻蒲鞋弗着。"e) 犹"刚才❺"。元佚名《香遍满·四时思慕》:"不承望今夜画堂里～的重完,双双共入罗帏里。欢娱无奈被这晓鸡啼,急急聒聒好梦惊回。"明《醒世恒言》卷一六:"况且新病了数日,～起来,正是雪上加霜一般。"清李渔《风筝误》一三出:"～有些意思,还不曾上床,被你走来。"f) 犹"刚才❻"。《元曲选外编·西厢记》一本一折:"～的打个照面,风魔了张解元。"明《醒世恒言》卷三二:"自古道'无巧不成话',赶到涪州,～是十月初三日。"清袁枚《遣兴杂诗》之一:"荷花落处～好,荷叶如盘托着花。"g) 犹"刚才❼"。明《古今小说》卷一九:"水手一齐把船撑动,～才要撑入浦子口,只见那风从西北角上吹将来。"《醒世恒言》卷二九:"次日汪知县～要去游春,谁想夫人有五个月身孕,忽然小产起来。"清《红楼梦》八一回:"刚才一个鱼上来,～儿的要钓着,叫你唬跑了。"h) 犹"刚才❽"。明《醒世恒言》卷一五:"知县连问四五次,～挣出一句道:'小尼并不曾谋死那个和尚。'"清李玉《一捧

雪》一九出："年纪才出三十岁,倒嫁过十八个丈夫,那第十九个～嫁着南边汤经历。"《醒世姻缘传》一五回:"从堂上请了晁老下来,从书房叫了晁源来到,灌救了半响,～救得转来。"i) 正,正当。清《平山冷燕》四回:"中天红日～午,御当阳圣主。"j) 表示事情或状态发生、出现得晚。明《古今小说》卷一:"那日直吃到傍晚,～雨止,婆子作谢要回。"清《红楼梦》五二回:"一时只听自鸣钟已敲了四下～补完。"《歧路灯》六三回:"焚冥器,下志石,封土圆墓,直到城门夕封之时,～草率办完。"k) 将;将将;稍稍。明《石点头》卷四:"张监生见他应对伶俐,举目一观,那头发～覆眉。"清《红楼梦》三一回:"阿弥陀佛?～的明白了。"

【刚好】 gāng hǎo ❶ 正适宜;只可。宋元《清平山堂话本·柳耆卿》:"白莲～摸藕吃,红莲则好结莲蓬。"明周永年《南乡子·有赠》:"雁字成行月满怀,飞傍雪滩～宿,还该。江上通潮有信来。"清《醒世姻缘传》九七回:"～墙头来往看,不耐端详。空有红颜,面部居中止鼻梁。" ❷ 正合适。明《梼杌闲评》一三回:"忙取出绒衣来,道:'这是舅舅送娘的,穿穿看可合身。'代印月穿上,果然～。" ❸ 副词。a) 正;正在。明陈献章《杂咏》之二:"勃窣未堪还自笑,眼前～被春撩。"庄泉《友兰为林处士作》:"天伴真香空谷里,老人～结深期。"清《醒世姻缘传》三七回:"他那里肯等,霎时间,上完了真。～已牌时候,头一个递上卷去。"b) 恰好;正巧。明《醒世恒言》卷三:"小娘半老之际,风波历尽,～遇个老成的孤老,两下志同道合,收绳卷索,白头到老。这个谓之了从良。"清《品花宝鉴》一九回:"着小使进去问了,～在家,请了进去。"c) 只;仅仅。明《警世通言》卷一一:"在京二年,为急缺风宪事,选授监察御史,差往南京刷卷,就便回家省亲归娶,～一十九岁。"清《醒世姻缘传》九八回:"母亲织卖头发网巾,浙江网巾又贱,织得十顶,～卖得二钱银子。"

【刚劲】 gāng jìng ❶ 坚硬。唐吴兢《贞观政要》卷一:"弓虽～而遣箭不直,非良弓也。"孟郊《赵记室俶在职无事》:"方圆水任器,～木成灰。"明《金瓶梅词话》七三回:"那话拽出来,犹～如故。" ❷ 刚强雄健。唐张说《故括州刺史冯公神道碑》:"卿志气～,操履贞洁,历佐藩条,咸有声称。"明《禅真后史》四七回:"本州诸县山险水逆,风俗～,好勇尚气。"清纪昀《阅微草堂笔记》卷一七:"(杜奎)～有胆,不畏鬼神。" ❸ 指坚硬强劲之物。唐罗隐《善恶须人》:"譬～之于朽蠹也,～者以不以地而屈折,朽蠹者幸蟠瘿而入焉。"明宋应星《天工开物·锤锻》:"凡治地生物,用锄、镈之属,熟铁锻成,熔化生铁淋口,入水淬健,即成～。"

【刚连纸】 gāng lián zhǐ 一种竹纸名,价较廉。明王樵《与仲男肯堂书》:"登科录寄家者,只须～者可也。"清《聊斋俚曲·增补幸云曲》:"休说做衣服,就买几张～来也不勾糊一身衣服的。"

【刚气】 gāng qì ❶ 纯阳之气。唐范传正《赠左拾遗翰林学士李公新墓碑》:"受五行之～,叔夜心高,挺三蜀之雄才,相如文逸。"清《绿野仙踪》六一回:"于冰见珠来切近,躲避不及,忙从丹田内提一口～,用力向珠一吹。" ❷ 正气。宋石介《庆历圣德颂》:"尝诋大臣,亟遭贬黜。万里归来,～不折。"元大诉《题颜圣徒手卷》:"今观吾祖三世所题圣徒手卷,皆～正论,若有愤于时。" ❸ 刚强的气质。《新唐书·长孙无忌传》:"顺德无～,以儿女牵爱至大病,胡足恤?"《元曲选外编·五侯宴》二折:"怕孩儿有～自己着疼热,会武艺单单的执斧钺。"清纪昀《阅微草堂笔记》卷一〇:"君有异念耶?何忽觉～砭人,刺促不宁也?"

【刚强】 gāng qiáng ❶ 坚硬结实。宋苏辙《河冰》:"连艘恣凌轹,千椎竞纷委。～初悍顽,溃散终披靡。"明《西游记》七五回:"你不知这刀:金火炉中造,神功百炼熬。锋刃依三略,～按

六韬。" ❷ 凶暴;强横。《敦煌变文校注》卷五《维摩诘经讲经文(一)》:"没尊卑,少尊敬,我慢贡高今古映,……菩萨慈悲与药医,为君耽染～病。"元明《三国志通俗演义》卷三:"你一者酒后～,鞭鞑士卒;二者作事轻易,不从人谏,吾故不放心也。"清《聊斋俚曲·磨难曲》:"要知道为人在世,休逞那势力～。" ❸ 高强;强大。明《西游记》一七回:"如意棒,黑缨枪,二人洞口逞～。分心劈脸刺,着臂照头伤。"清陈端生《再生缘》二回:"抛球场上吾为首,走马坡前我擅场。不合今朝来孟府,要凭武艺逞～。"《白雪遗音·跨海征东》:"白袍征东,一路风光,甚是～。" ❹ 讳称鬼神。明王穉登《凤楼行》:"祝融胡为太亡赖,炎火顷刻令飞扬。雷霆云雨尚不息,人力何以施～。"清顾公燮《消夏闲记》:"吴俗尚鬼,凡书役及民人亡故者,塑像庙中,名曰～。" ❺ 副词。硬是;偏要。宋高登《好事近》:"囊锥～出头来,不道甚时节。"金丘处机《神光灿》:"不晓根源,～说是谈非。"《董解元西厢记》卷三:"夫人可来夹衩,～与张生说话,道:'礼数不周休怪呵,教我女儿见哥哥咱。'"

【刚然】 gāng rán 副词。❶ 刚刚;刚才。《敦煌变文校注》卷五《长兴四年中兴殿应圣节讲经文》:"发于鬓上～白,麦向田中方肯黄。"明《金瓶梅词话》九三回:"～未到三更后,下夜的兵牌叫点灯。"清《白雪遗音·孟姜女》:"梦入南柯～睡,不成美的秋风罢哟哈咳咳,又往脸上吹。" ❷ 硬要;偏要。宋《古尊宿语录》卷二〇《舒州白云山海会演和尚次住海会语录》:"乃拈起法衣云:'者个真红色,～道是绯。'"又卷二九《舒州龙门佛眼和尚语录》:"抵死要行云水脚,～求悟本来心。为蛇画足劳筋骨,辜负青山绿水深。"

【刚始】 gāng shǐ 刚刚;刚才。明《醒世恒言》卷六:"近日大哥至京,整理旧业,因得母亲凶问,～离京。兄弟闻了这信,遂星夜赶来。"清弘历《雪》:"腊雪岂辞多,半旬～过。"自注:"至今刚过半月,又获祥霙。"

【刚是】 gāng shì 副词。❶ 全是。《元曲选·黑旋风》楔子:"五脏六腑～俏,四肢八节却无才。" ❷ 恰是;正是。明唐寅《题画》之四:"地垆温却松花酒,～溪头拾蟹归。"清《醒世姻缘传》二五回:"小夫人昨日二月十六日添了一位小姐。我来的那日,～第二日了。"《女仙外史》二六回:"于是四人飞步入城,～午刻,各取出高监军所付封函拆开。" ❸ 刚刚;刚才。表示发生在不久之前。明刘苑华《舟发夏水问侍女》:"门前瞬息是天涯,～辞家便忆家。"《醒世恒言》卷二六:"其时三位同僚闻得……情愿减损自己阳寿,代救少府。～同僚散后,又是合县父老,率着百姓们,一齐拜祷。"又卷二七:"天色傍晚,～月英到家,焦氏接脚也至。" ❹ 刚刚;才。表示刚开头。明《二刻拍案惊奇》卷一:"一个老成的道:'师父再看看,敢是吹了没字的素纸还好。'辨悟道:'那里是素纸!～揭开头一张,看得明明白白的。'"清李调元《挽大司寇钱文端公》:"记得嘉禾侍起居,趋庭～学诗初。"《野叟曝言》一四六回:"这班只有一百子弟,如今先去了八九十,～起头,那些契哥契弟,却叫何人装束呢?" ❺ 刚好;恰巧。明《警世通言》卷一一:"适才偶见郎君面貌与苏云无二,又～十五岁,所以走身感伤不已。"又卷三二:"李甲拿了三百两银子,喜从天降,笑逐颜开,欣欣然来见十娘。～第九日,还不足十日。" ❻ 只是;无非。明王世贞《哭敬美弟》之一二:"子猷当日痛人琴,～乾坤死别心。若使弹成山水调,更应肠断为知音。"曹于汴《会堂和杨晋庵先生勉学诗》之七:"千古良知孩提子,孩提～任天行。" ❼ 却是。表示转折。清查慎行《除夕示德尹润木信庵》之三:"从前笔墨粗偿债,削藁存来得几何。～今年无可汰,应酬诗少唱酬多。"

【刚性】 gāng xìng ❶ 刚硬的质性。唐薛能《新柳》:"柔性

定胜～立，一枝还引万枝生。”元柳贯《三月十日观南安赵使君所藏书画古器物》：“精铜岁久～在，间阅燥湿其无渝。” ❷ 刚强的气质。宋梅尧臣《戊子三月二十一日殇小女称称》之三：“高广五寸棺，埋此千岁恨。至爱割难断，～剉以钝。”清《醒世姻缘传》九六回：“我只待喝掇夺下他的，我恼那伍浓昏君没点～儿，赌气的教他拿了去。”《红楼梦》六〇回：“你这下流没～的，也只好受这些毛崽子的气。”

【刚硬】 gāng yìng ❶ 坚硬。《云笈七籤》卷七七：“又内白蜡十二两，捣八千杵，更下炼蜜，令可丸。若～，更下蜜令柔。”《古尊宿语录》卷三〇《舒州龙门佛眼和尚语录》：“～齿牙，生铁心肠。”明陈铎《红绣鞋·钉缸》：“陶冶器凭伊补辏，瑕玼物赖汝相周，有些儿～强钻头。” ❷ 刚强；倔强；强硬。宋马令《南唐书》卷一四：“陈起，蕲州人，性～，尤恶妖异。”金《刘知远诸宫调》一二：“为人～，性气乖讹。”清《红楼梦》七九回：“见薛蟠气质～，举止骄奢。” ❸ 坚强；强大。宋《朱子语类》卷三五：“如‘士不可以不弘毅’，如‘可以托六尺之孤’云云，见得曾子直是恁地～！”《元朝秘史》卷一四：“闻说那敌人好生～，我兄察阿歹谨慎的上头，所以教长子出征。”明郑若庸《玉玦记》二五出：“便镯镂沾濡血痕，剑呵，要学你心肠～。”

【刚则】 gāng zé 副词。❶ 刚才。表示发生在不久前。《元曲选·金钱记》四折：“当日个不得第呵，怎生般模样，～做了官，便别了姐姐不肯时也由得你。”明孟称舜《娇红记》三七出：“～辞京辇，归故林，又待别高堂，将途路临。”清彭孙贻《倦寻芳·本意》：“～雕笼啼一啭，远山蹙过颦痕旧。” ❷ 刚刚。表示刚开始。《元曲选·抱妆盒》三折：“万岁问道那个美人所出，那楚王道李美。～说的两个字，我便扯着万岁的手，说道，且到椒风馆饮宴去。” ❸ 只(是)；仅仅。《元曲选·朱砂担》三折：“～见衰草斑斑，兀的不是地府间、黑水湾？”又《桃花女》一折：“我见他开铺三十多年，～是那石婆婆的孩儿石留住一个可也算错了。”明孟称舜《娇红记》一八出：“俺姐姐常时则是口硬。他向人前～有三分冷语，无人处早露出十分情绪。” ❹ 无非；不外乎。《元曲选·陈州粜米》二折：“自从那云滚滚卯时初，直至日淹淹的申牌后，～是无倒断薄领埋头，更被那紫襕袍拘束的我难抬手。”又《隔江斗智》四折：“显得俺卧龙的诸葛十分能，笑杀那短命的周瑜～一时歹。”明汤显祖《邯郸记》三出：“践朝霞，乘暮霭，一步捱一步。～背上葫芦，这淡黄生可人衣服。” ❺ 恰；正；刚好。明汤显祖《南柯记》八出：“这一座会经堂高过似彩楼多，是个人儿都不着科。瑶芳，瑶芳，我和你选这个人儿～可。”《警世通言》卷三〇：“内中一位娘子，～十五六岁模样。”清谢良琦《清平乐·山丹》：“虽非异卉奇葩。簇成千缕明霞。若就樽前比似，～是石榴花。” ❻ 不过；只是。表转折。明汤显祖《牡丹亭》四四出：“你不知大金家兵起，杀过淮扬来了。忙喇煞细柳营，权将杏苑抛，～迟误了你夫人花诰。”

【刚正】 gāng zhèng 副词。恰；正；刚好。清王倩《剔银灯·灯花》：“几回羞看，～与、粉郎照面。”

【刚只】 gāng zhi 副词。❶ 只；仅仅。唐尔朱先生《还丹歌》：“人世分明知有死，～留心恋朱紫。”《元曲选·秋胡戏妻》三折：“说甚么万种恩情，～是一宵缱绻，早分开了百年夫妇。”清《醒世姻缘传》八四回：“脚喜的还不甚大，～有半截稍瓜长短。” ❷ 刚刚。表示刚开始。《元曲选·渔樵记》三折：“～是半星儿道着呵……他把你十分恨。”清《醒世姻缘传》六六回：“我～来后，家里支使着一群大髻头丫头，搽胭抹粉，就是一伙子妖精。”又九七回：“次日～黎明，寄姐早起，使首帕筵了筵头，出到外面。” ❸ 恰；正；刚好。明易震吉《定风波·即事》：“无约，故人携酒自过庐。共醉清明好天气，一味，寒厨～办溪鱼。”《醋葫芦》一〇回：“那都院君偏又不喜侄儿别的，～喜的是虚奉承，鬼撮脚。”清彭孙贻《哨遍》：“从头算，日日数花期，～个今朝正是。” ❹ 刚才。表示发生在不久前。清《醒世姻缘传》七一回：“我～出来，孩子说家里叫我吃晌饭哩；我～吃饭回来，你就去了。” ❺ 正；正在。清《红楼梦》三一回：“～说着，只见宝玉来了。”

【刚筑】 gāng zhù 坚硬。汉刘熙《释名·释言语》：“筑，坚实称也。”《敦煌变文校注》卷五《金刚般若波罗蜜经讲经文》：“也～，也柔和，虚空逼塞满娑婆。”

【刚自】 gāng zì 正；正在。清万树《淡黄柳·夜中》：“几许愁踪病绪，～低徊不堪说。纵堪说，凄凄向谁说。”洪昇《长生殿》一八出：“心中～疑猜，那堪踪迹全乖。”《九云记》二六回：“妾等～说的此事，以丞相必得偕，不即去的。”

【刚子】 gāng zi 副词。❶ 刚刚。表示刚开始。清《醒世姻缘传》三三回：“～昨日上了学，今日就妆病。” ❷ 恰；正；刚好。清《醒世姻缘传》五五回：“我家有来，～赶狄爷到半月前边，叫我打发了。”

【搁】 gāng ❶ 抵；顶。明《西游记》五六回：“呆子慌了，往山坡下筑了有三尺深，下面都是石脚石根，～住钯齿。” ❷ 推；推土石使成堆。明《西游记》八六回：“那呆子听长老此言，遂将一包稀烂骨肉埋下，也～起个坟墓。”又：“想是把那个人头认作唐僧的头葬下，～作坟墓哭哩。” ❸ 碰。明贾凫西《木皮词》：“赤壁鏖兵把鼻儿～。”

【纲】 gāng ❶ 政府组织的运输大宗物资的编组。唐[朝]崔致远《答襄阳郄将军书》：“今则皆因此寇，却滞诸～，近则浙东、浙西，远则容府、广府，并未聆馈运，何济急难？”宋周密《齐东野语》卷四：“一日，总所纲运经从星江，押～军卒骄悍，绎骚市民。”明《西湖二集》卷二二：“再说唐朝广州押衙官崔庆成，辖香药～解于库内。” ❷ 称这样编组的批次。宋姚宽《西溪丛语》卷上：“茶有十～，第一第二～太嫩，第三～最妙。”明顾清《送汪县丞还吴兴》：“吴绵百篋练千箱，岁占东南第一～。”清田雯《题公肌学士小照》之二：“第三厅外门方闭，传赐头～八饼茶。” ❸ 指这样运输的物资。宋黄榦《代抚州陈守奏事第一札》：“若易以官盘之法，使水军之运～者交米于建邺、京口，以其归舟运盐于通、泰。”明许自昌《水浒记》七出：“凡运～的人夫早晚行止，都听凭小人的主意，不可执拗才好。”

【纲船】 gāng chuán 政府组织运输大宗物资的船队。唐李偎《南郊赦文》：“其诸道州使巡场监院，所合般送南中供军钱米，各委所在长吏并发～，以济军用。”《元史·河渠志一》：“二十三年调之贞充漕运副使，委管闸接放～。”清储大文《积贮议》：“夫米艘至白沙，既可载盐，则盐艘至荆湖、江西亦可载米，而沿江诸～准此矣。”

【纲规】 gāng guī 纲运商人向主管官员缴纳的例行礼金。清雍正六年正月二十九日陈时夏奏文：“据众商禀称，雍正二年～节礼五万四千两未曾攒送，何顺未曾收受是实。”

【纲矩】 gāng jǔ 纲纪规矩。清《女仙外史》二三回：“虽小小山寨，～严束，胜似管子治国。”

【纲理】 gāng lǐ 主管；总理。动词。唐张九龄《敕置十道使》：“若牧宰无政，不能～，吏人有犯，所在侵渔。”元陈祐《三本书》：“臣伏见陛下励精为治，频年以来，建官分职，～众务，可谓备矣。”明倪岳《赠福建按察佥事任君赴官序》：“我国家～天下，张官置吏，而按察司之设，其职为重。”

【纲领】 gāng lǐng ❶ 僧职，寺院的主持。唐万齐融《阿育王寺常住田碑》："有惠炬阁黎，德业淳修，曾统～。"元蒲道源《送喻提点西归诗序》："老佛之徒，实天下之幸民也，……其间往往有超卓通世务者，其徒相与推为～。"也指担任主持。唐李华《扬州龙兴寺经律院和尚碑》："声振京师，如晞日月。诸寺固请～，乃默而东归。" ❷ 总领；主管。动词。唐张九龄《故许州长史赵公墓志铭序》："乃授朝散大夫雍州录事参军，～诸曹，罔有不率。"明叶春及《惠安政书·祭文》："又设官分职于府、州、县，以各长之；各府、州、县又于每一百户内设一里长以～之。"清魏象枢《直纠溺职藩司等事疏》："窃惟各省布政为府县之～、钱谷之总汇，一粒一丝，或征或解，未有不从本官衙门经理者。" ❸ 指主管官。元王恽《举都事马甫并选用儒者事状》："窃念台之为司，不同省部职掌，上所以肃朝廷之纪纲，下所以正百官之邪僻，……故一台～，必须择得其人。"明宗泐《送吕尚书除两浙盐运使》："自古均输资国用，即今～任才贤。"清宋荦《题补游击疏》："但今邻封多事，中军为阃镇～，刻难乏员。" ❹ 榜样；领袖。明沈鲸《双珠记》一二出："我甥女，你幽闲贞静，况娉婷堪为女英。善仪形妃嫔规模，美才藻婕好～。" ❺ 大概情况。清《醒世姻缘传》六五回："老白也只大概说了个失盗的～，不曾说到其中旨趣之妙。"

【纲纽】 gāng niǔ ❶ 纲纪；法度。唐罗隐《梅先生碑》："汉成帝时，～颓坏，先生以书谏天子者再三。"元陈孚《谢安石》："典午叔世失～，紫髯老奴垂涎久。"清王心敬《井利说》："村村得人，而大～则在太守贤明，实心实力，严饬州县，信赏必罚，丝毫不以假借也。" ❷ 衣服的束带和纽扣。元姬翼《望梅花·布袍》："粗布宽袍制就，开掩快、不须～。"

【纲商】 gāng shāng 成批运销大宗货物的商人。唐李晔《平杨守亮等敕》："隔西川之贡奉，绝数镇之～，欲使朝廷使费不充。"《旧五代史·食货志》："市肆间点检钱帛，内有锡镴小钱，拣得不少，皆是江南～挟带而来。"清《蜃楼志》二〇回："那日请了盐政厅吕珏、河泊所乌必元、南海主簿苗庆居七八位～埠商，及下如玉、苏吉士、施延年等，共是八席。"

【纲梢】 gāng shāo 纲船的船工。宋欧阳修《乞置御河催纲》："后来纲运无人提辖，致得～偷减，拌和湿烂损恶却馈边之粟。"黄榦《临川代郡守申纲运利病札》："买造舡只，雇募～，支遣之外，所餘无几。"元洪焱祖《方吏部岳传》："湖广总领所～据闸口，邀民钱万，始得入闸。"

【纲稍】 gāng shāo 同"纲梢"。宋黄震《权华亭盐申乞散还贴袋盐钱状》："本司率待盐到，方以此钱令项分付～支还亭户，～以牛船盘费为说，兜收入己，不曾付还。"周必大《直敷文阁致仕鲁公峕墓志铭》："岁费钱十餘万缗，造运舟于赣吉，其来已久。使臣～，积习侵盗，甚则凿舟沉之。"

【纲手】 gāng shǒu 纲船水手。清翟均廉《海塘录》卷三："又议以船价六千两造船三百只，行仁、钱二县五区，～每十人领银二十两，造船一只。"

【纲首】 gāng shǒu ❶ 僧院、道观的主持。唐权德舆《唐故宝应寺上座多宝塔铭序》："代宗朝，征入内道场，累诏受兴善安国宝庆等寺～，又充僧录。"金元好问《续夷坚志》卷一："寺有一僧吕姓者，年未四十，仪表殊伟，曾上州作～。"元冯志亨《清和真人翠筠亭诗跋》："本宫～道众等以一鬻大因缘，仅得就绪，皆出清和师经营之力。" ❷ 纲运商人或商船的首领。宋朱彧《萍洲可谈》卷二："每舶大者数百人，小者百餘人，以巨商为～、副～、杂事。市舶司给朱记，许用笞治其徒。"元《通制条格》卷一八："朝廷若有宣索诸物，责令顺便番船～，博易纳官。"清姜宸英《日本贡市人寇始末拟稿》："至乾道九年，始附明州～，以方物贡。"

【纲维】 gāng wéi 指寺院中掌管事物的僧人。寺院中管理众僧的有寺主、上座、维那三个职务，称三纲。纲维是这三个僧职的总称或泛称。唐王梵志《寺内数个尼》："徒众数十个，诠释补～。"辽王正《重修范阳白带山云居寺碑》："和尚则历～典寺事，见风雨之坏者，及兵火之残者，请以经金，遂有次序。"宋洪迈《夷坚志》支戊卷四："时会者五百餘辈，序立堂上。张问～：'犹有未到者否?'以善鉴对。"

【纲宪】 gāng xiàn 掌管法纪的职官，也指法纪。唐李珏《故丞相太子少师赠太尉牛公神道碑铭》："时孟尚书简有重望，以地官贰卿，兼领～，荐公知杂，转都官员外兼侍御史。"宋崔敦礼《贺萧察院启》："或谓朝家有硕大无朋之福，乃付～于庄重不挠之臣。"清戴宽《盐池》："造物忌满盈，朝廷树～。"

【纲运】 gāng yùn 政府组织运输大宗物资，也指这样的运输。唐褚藏言《请令场监钱绢直纳延资库奏》："臣今酌量请诸道、州、府、场监院合送户部钱绢内分配，今勒留不合送纳延资库数目，令本处别为～，与户部纲同送上都，直纳延资库。"元郝经《哀三都赋》："东南朝廷，种两蔓菁。华石～，太湖浪惊。"清朱钰成《寄怀眉君弟》："军兴虑饷绌，～催百司。"

【纲宗】 gāng zōng ❶ 僧道宗门纲领。明董斯张《渔家傲·普化》："趯倒饭床浑不管。～展，铎声摇碎魔王胆。"清毛奇龄《辨圣学非道学文》："逮至北宋，而陈抟以华山道士自号希夷，……倡太极、河洛诸教，作道学～。"也泛指宗派纲要。清王懋竑《题阳明先生立志说》："是说之作在其未有深得时，故所言大较依傍程朱，而端倪呈露亦已别建～。" ❷ 纲要；宗旨。宋冯椅《厚斋易学》附录二："《周易略例》一卷，本朝黄黎献撰。黎献学易于刘牧，采摭其～以为《略例》。"明董其昌《画禅室随笔》卷二："凡画山水，须明分合分笔，乃大～也。"卢之颐《本草乘雅半偈·凡例》："是编所重在参原，夫本经立名居要，其主治亦独挈～。"

【钢火】 gāng huǒ 指刀剑等刃口淬火的质量。清雍正元年七月十六日孔毓珣奏文："更验各兵腰刀，全无～。"《生绡剪》一三回："那杀牛宰羊的屠户，道他生活出得有～，情愿肯多出几分银子，要他打造。"《说岳全传》一〇回："看着那些刀店内挂着的都是些平常的货色，并无好～的。"

【讧】 gāng 顶撞；用语言刺激。明《金瓶梅词话》五八回："你一个亲娘母，见你这等～他。"又六七回："乞我～了两句，往前去了。"

【扛】 gāng 另见 gàng。❶ 捧；奉承。宋《朱子语类》卷三五："亚夫问：'黄叔度是何样底人?'曰：'当时亦是众人～得如此，看来也只是笃厚深远底人。'"明《型世言》一五回："没主意的小伙子，被这两个人一～，～做挥金如土。" ❷ 掀；撬。元张宪《秋来》："六丁长又搅明河，～起虹桥翻玉波。"元明《水浒传》一回："众人只得把石板一齐～起看时，石板底下却是一个万丈深浅地穴。" ❸ 阻拦；用言语顶撞。《元曲选·气英布》一折："你将那舌尖儿～，嗒则将剑刃儿磨。"明《西游记》四〇回："八戒听说，～住行者道：'哥哥，这等一个小孩子家，你只管盘诘他怎的！'"《金瓶梅词话》七八回："几遍为他心龌龊，我也劝他，他就～的我失了色。" ❹ 凸；肿；隆起。明王肯堂《证治准绳》卷八："食积痛，凡痛有一条～起者是也。"清《野叟曝言》三〇回："只有他那脸儿变得那样难看，颈皮上根根～起红筋来。" ❺ 围随；簇拥。明顾起元《客座赘语》卷一："一人而众人者丛而奉焉若蚁，曰宗，或曰～。"清《清夜钟》三回："只见这厢众少年～着王秀才，拿出他卖身文书与他妻的文书，赶进公馆。" ❻ 同"矼"。清《绿野仙踪》一二回：

"用右手将假于冰胳膊拉起,用口尽力一咬,便大声呵呀道:'好硬秀才,将我的门牙都～吊了。'"　❼ 触;抵。清《万花楼》五三回:"虽则八旬之人,健旺胜于少年,身体肥胖,生得两耳～肩。"　❽ 同"纲❶"。《元曲选外编·衣袄车》二折:"箭射咎雄死,刀劈牙恰亡。复夺衣袄～,此功第一场。"清《隋唐演义》二三回:"贾柳店中到些异样的人,怕有劫夺皇～的二寇在内。"　❾ 抬运物品的用具或用此用具抬运物品。明《金瓶梅词话》一九回:"次日,雇了五六付～,整抬运四五日。"清《说岳全传》四七回:"岳爷别了夫人,即同众弟兄又发～起程,望临安来。"　❿ 量词。a) 用一副扛所抬的物品的量。宋周彦质《宫词》之二:"文思主吏誊通闰,逐节供须各品题。知是禁园挑菜日,雕床十～进金笾。"明《型世言》一二回:"行李萧条,不及二三～。"清《续金瓶梅》四回:"又是步下兵卒,抬黑漆扛箱二十餘～。"b) 用扛秤一次所称的量,一百、一百五十、二百斤不等。六十种曲本《琵琶记》一七出:"东家借得十～,西家借得五箕。但见仓中有谷,其间里怎知。"明王鏊《震泽长语》卷下:"嘉靖初籍没朱宁货财,金七十～,共十万五千两;银二千四百九十～,共四百九十八万两。"郑纪《备荒五事》:"就于河下泊船去处,公同差去人员看验物件,秤定斤两。每一百斤,折准一～。"

【扛帮】gāng bāng　❶ 搭帮;结伙。明张居正《请申旧章饬学政以振兴人才疏》:"若纠众～,聚至十人以上,骂詈官长,肆行无礼,为首者照例门遣。"《二刻拍案惊奇》卷一〇:"专一捕风捉影,寻人家闲头脑,挑弄是非,～生事。"清《醉醒石》一三回:"平日～吃用他的光棍,都是光身,家中费用重大,无甚蓄积。"　❷ 从旁怂恿;帮闲。明汪廷讷《狮吼记》一三出:"俺岂不知夫妻恩爱须和顺,自是他朋友～惹祸殃。"《醋葫芦》一三出:"你若要嫖,有那热帮闲张煊,能知科郎之奸媸,善识娼家之事迹,～撮漫,第一在行。"清《隋唐演义》四六回:"翟让是个汉子,但恐久后被他手下人～坏了,也是肘腋之患。"　❸ 抬运。清鄂尔泰《改漕船修水利疏》:"餘三百石地,仍许其带货,则船小载轻,不难撑运,即遇浅搁亦易。"《续西游记》八回:"三藏大喜,便叫徒弟把经担分派与众～,他师徒轻身随着路走。"又九回:"小僧也只为一个老叟,要请去诵一会经卷功德。承他顺路,叫家众～一程,到他孙儿家去。"

【扛榜】gāng bǎng　在名榜上排名末位,谓其似举榜。清《红楼真梦》二五回:"贾蓝是副榜第二,那副榜末名周文秀,便是巧姐的姑爷。湘云笑道:'小周姑爷怎么中得这么巧,刚刚好～。'"

【扛搀】gāng chān　从旁怂恿掺和。元赵彦晖《一枝花》:"虽然是俏苏氏真心儿陪伴,赤紧的村冯魁大注儿～,总寻思必索停时暂。"

【扛车】gāng chē　政府组织运送大批货物的车队。扛,通"纲"。《元曲选外编·衣袄车》一折:"奉圣人的命,教我押五百辆衣袄～,前往西延边上赏军去。"

【扛秤】gāng chèng　称大宗货物的秤。清《醒世姻缘传》六二回:"把那口死乌大王八个人抬回庄上,用～足足秤了三百六十斤。"

【扛打】gāng dǎ　结伙殴打。明陆深《贪酷官员枉法人命重伤宪体等事》:"如何秀才们纠合四五十人～知县,是何体面!"范濂《云间据目抄》卷二:"如东乡富民费仲,～生员陆龙基;西乡富民马可观,～生员刘致和。"《大清会典则例》卷一一八:"准运官领兑漕粮抗不赴次,及赴次恣意勒索淋尖,倚势～。"

【扛赌】gāng dǔ　聚赌。清李玉《占花魁》一〇出:"药牌～更帮嫖,全套;娼家闯饱度昏朝,串到。"

【扛夺】gāng duó　结伙抢夺。清《续西游记》九七回:"如今上计是捉弄这几个和尚,无奈那老和尚道行纯全,小和尚们神通广大;中计是～他经文柜担,又无奈真经显灵,暗有菩萨保护。"

【扛风】gāng fēng　兜风;挡风。明《西游记》七五回:"我又粗夯,无甚本事,走路～,跟你何益?"

【扛夫】gāng fū　扛抬物品的人夫。明佚名《鸣凤记》三七出:"没有～轿马,这一冲陆路,不能过去。"《石点头》卷一〇:"乔氏收拾起箱笼,王从事道:'我先同～抬去,即便唤轿子来接你。'"清英和《驳议盘运章程疏》:"据称自清江高坂头起卸,至黄河水口受载,雇用小船、小车、～等项费用,每石需银二分八厘。"

【扛扶】gāng fú　❶ 结帮扶持。元刘时中《端正好·上高监司》:"探听司县有何人可共处,那问他无根脚,只要肯出头颅,～着便补。"　❷ 连抬带扶。元明《水浒传》五四回:"宋江就令众人把柴进～上车睡了。"明于谦《兵部为边情事奏》:"当同指挥冀广等督军与番对敌,射伤番人三名,砍伤番人二名,～过河。"《拍案惊奇》卷五:"众人～其人上了船,叫快快解了缆开去。"

【扛负】gāng fù　用背背和用肩抬。宋郑侠《图绘城外民及开封人户拆屋卖瓦木等事》:"其拆屋卖梁柱、砖瓦之类,皆小车载之,或二三人～,相继于道。"魏了翁《简州见思堂记》:"称娌则避免,走趋则喘汗,～则庸代。"清李调元《南越笔记》卷七:"每～诸物,惟以一肩,登高陟险,不更移。"

【扛缚】gāng fù　捆绑扛抬。宋《名公书判清明集》附录:"今邓不伪乃私下捉去～困笃,然后解官,未及县门而毙。"

【扛扛儿】gāng gāng er　即"打平火❶"。清《锦香亭》二回:"不是他今日请我,就是我明日请他,或者两人凑来～。"

【扛棍】gāng gùn　专门纠合人打官司的人。明耿橘《开荒申》:"俗之敝也,讼师～,互相为市。"

【扛荷】gāng hè　犹"扛负"。明田艺蘅《留青日札》卷二九:"官日供一羊,或牛马之肉数十斤,须百夫～。"

【扛哄】gāng hǒng　另见 gāng hòng。合伙哄骗。明《清平山堂话本·戒指儿记》:"仍听夫人有阻,巴不得与那尼姑私恋计较,～丞相夫人。"

【扛哄】gāng hòng　另见 gāng hǒng。抬扛起哄。明唐寅《对玉环带清江引·叹世词》:"算来不如闲～,枉自把机关送。"

【扛架】gāng jià　用于支撑或抬扛物品的架子。明谭纶《添设将领团练车营以图制胜疏》:"每拒马枪架上,用长枪十二杆,下用雷飞炮,快枪亦各六杆,用挽车～打放火器。"沈榜《宛署杂记》卷一五:"本县分办卷箱一只,～、绳锁、棕盖、芦席全。"清《歧路灯》九二回:"传四名轿夫,把乔师爷坐的二人轿子,准备伺候;把衣箱～准备装书,不用罩子。"

【扛解】gāng jiè　押运解送(成批的大宗货物)。明潘季驯《勘过原任张布政复职疏》:"至于粮长管解钱粮,～火耗,自有原定则例,岂容分外加增。"清宋荦《更正全书疏》:"茶芽～银两,已准复给。"任源祥《赋役议》:"崇祯中通行力差,计其代当工食之费;银差,计其～交纳之费。"

【扛连纸】gāng lián zhǐ　同"刚连纸"。明周嘉胄《装潢志》:"托画须用绵纸,自备之。庸工必以～托,或连七纸。"清《皇朝文献通考》卷三八:"福建省额解红铜四千六百二十二斤,……～一百万张。"

【扛纽】gāng niǔ　揪扭;抓住并扭转。《元曲选外编·独角牛》二折:"他的那扑手熟,他的倒是横里丢,竖里砍,往上兜,往下抛,虎口里截臂骨,～羊头带蹄儿。"

【扛抢】gāng qiǎng　犹"扛夺"。明范濂《云间据目抄》卷

二:"稍不如意,辄驾～奸杀虚情,诬告纷纷。"清雍正十一年十月十九日上谕:"四川绞犯朱成林,率众～杨小妹至家,强逼成奸。"

【扛丧】　gāng sāng　举哀;号丧。明《西游记》三五回:"令弟已是死了,不必这等～。"

【扛讼】　gāng sòng　结伙或唆使诉讼。清任启运《与胡邑侯书》:"两愚受制于～,则又并亡,株连数十人,捱延二三载。"《醒醒石》一四回:"最下与主人做鹰犬,为学生做帮闲,为主人～处事。"

【扛抬】　gāng tái　另见 káng tái。❶抬;搭抬。宋朱熹《禁旅店不许递传单独》:"遇有过往单独饥饿困病之人,即仰所到店户,不得递传～,送出外界。"明汤显祖《牡丹亭》八出:"那祗候们～花酒来的也。"清《醒世姻缘传》六二回:"雇了许多的人,方才把那匹马捆缚了四脚,～得下来。"也指扛抬的人夫。陶元淳《议设土舍之患状》:"出入乘轿,则索～;营运材木,则索人夫。"❷举起;抬起。《元曲选·黄粱梦》三折:"将两只手～,把双眼揉开,趁起身来,望不见娇客。"

【扛天】　gāng tiān　蔽天,形容分布广。清《醒世姻缘传》六八回:"有的掉了丁香,叫人沿地找寻;有的忘了梳匣,叫人回家去取。诣蹬的尘土～,燥气满地。"又八五回:"梦见我在空野去处自家一个行走,忽然烟尘～。"

【扛挑】　gāng tiāo　抬或挑(担)。清《续西游记》七五回:"只见众人你抬我扛,把经担挑的挑,丢了船上岸就走。八戒道:'大师兄,你怎么由他～?'"又九八回:"且动问这宝经担子,何必要禅杖～? 既用他做～之器,便只～,却每每掣将下来打妖击怪,这岂是取经之事?"

【扛头】　gāng tóu　扛夫头目。清《海烈妇》五回:"本是凤阳县旗甲出身,在粮船上做个～。"

【扛挽】　gāng wǎn　推拉。宋曾三异《同话录》:"风浪作即～船置岸上,而身居水中。"明张岱《西湖梦寻》卷一:"辛巳夏,余在西湖,但见城中饿殍异出,～相属。"清乔光烈《论黄河运米赈灾书》:"圆底船至此,舟人即登岸起来陆运,并将船亦上岸～而行。"

【扛诬】　gāng wū　帮同诬陷。明祁彪佳《莆阳谳牍》卷上:"于锦、于泌起衅,幸华帮讼,杖之。于柱等～,姑不究。"

【扛箱】　gāng xiāng　可放在扛架上供抬运的箱子。明张永明《劾黄廷聘疏》:"知县陈安将行李～通行盘诘。"清《续金瓶梅》四回:"又是步下兵卒,抬黑漆～二十餘扛。"

【扛行】　gāng xíng　扛抬行走。明张纮《云南机务抄黄》:"临行一根木头四人可～者,到根前围了,立起来便行。"

【扛牙】　gāng yá　硌牙;牙齿嚼到硬物而感到难受。清《后西游记》二六回:"你想要吃我们哩,吃倒好吃,只怕有些～。"

【扛移】　gāng yí　抬移;搬运。元王祯《农书》卷一五:"下用溜竹二茎,两端俱出一握许,以便～。"

【扛银】　gāng yín　大宗解运的银两。明王恕《奏解犯人及参镇守官奏状》:"本月十六日到蛮莫,又索要头目刁孟～一百五十两。"林应训《灾伤蠲赈疏》:"宗人府改解河工～六十两。"清《绿牡丹》四三回:"许多～并挑钱,想必是:贩巧货,赚大利,满载万倍钱。"

【扛舁】　gāng yú　犹"扛抬❶"。舁,抬。宋刘敳《避寇》:"携持半箱笥,～及瓮罂。"赵汝适《诸蕃志》卷上:"国人相与～大石,重五百斤或一千斤,抛掷穴中。"《大宋宣和遗事》前集:"汝可～我棺出城南山,遇地拆处,即是穴也。"

【扛捀】　gāng yú　同"扛舁"。宋谢深甫《庆元条法事类》卷三六:"客舟各有脚船来往使用,税场欲多方艰阻,即将脚船～上岸,以绝其经由所属陈诉。"

【扛运】　gāng yùn　搬运。明商辂《修德弭灾疏》:"其餘悉令在彼货卖,不许一概带来,沿途～应付艰难。"何孟春《开禁疏》:"献于天府者不过一二人,于私室者却至八九,况万里～贻患他处也哉!"清《平定台湾纪略》卷三一:"其餘运送军装并火药、铅弹、饷鞘等项,需用人夫为数甚多,额设～人夫断不敷用。"

【扛扎】　gāng zhā　纠合设局诬陷。明袁于令《西楼记》五出:"惯～,少偏僻,开谭父祖是科甲。草其腹而花其面,人人唤我蔡跂蹋。"

【扛证】　gāng zhèng　帮同作证。明祁彪佳《莆阳谳牍》卷下:"前件看得刘孔震以～吓诈人,恨陈坦之中阻,遂伙男妇狂逞。"

【扛助】　gāng zhù　从旁帮助。清李渔《祥刑末议》:"坐时原以他物支撑,行时亦有亲人～,厚重之与轻薄,初无异耳。"

【矼】　gāng　硌;身体器官碰到硬东西而感到难受。清《红楼梦》一六回:"妈妈很嚼不动那个,倒没的～了他的牙。"

【缸连纸】　gāng lián zhǐ　同"刚连纸"。明沈德符《万历野获编》补遗卷三:"《国本攸关》本书用～刷印,皮面上签,是此四字,无边栏。"

【缸面】　gāng miàn　酒名,初酿熟的酒。唐何延之《兰亭始末记》:"便留夜宿,设～、药酒、茶果等。江东云～,犹河北称瓮头,谓初熟酒也。"元曹德《沉醉东风·村居》:"新分下庭前竹栽,旋笃得～茅柴。"清汪由敦《吴江》:"市沽～酒,盆采折腰菱。"

【缸头】　gāng tou　❶盐场中一种小型圆状的卤池井。元陈椿《熬波图》卷上:"灰场上及团内筑迭成卤池井……圆井之名有二:大者为井,小者为～。大可广六尺,小广三尺。"❷缸。头,词尾。元明《三国志通俗演义》卷五:"又值～煮酒正熟,同邀贤弟小亭一会,以赏其情。"明《山歌·阿姨》:"小阿奴奴好像寄做在人家一～白酒,主人未吃你先尝。"

gàng

【扛】　gàng　另见 gāng。杠子。宋梁栋《大茅峰》:"安得长～撑日月,华阳世界收层阴。"明《西游记》七六回:"三个妖扶着轿～,师父喜喜欢欢的端坐轿上。"清《风流悟》八回:"众人取了～索而回,独李夫心怀歹意。"

【扛木】　gàng mù　木杠子。明《欢喜冤家》一〇回:"就把抬材长～往上一耸,那许玄一闪,跌将下来。"

【扛子】　gàng zi　同"杠子❶"。明高濂《遵生八笺》卷八:"(轿)～得有闽产紫荆木为之,轻细而坚,愈重愈力。"《金瓶梅词话》七回:"你怎骗口张舌的,好淡扯! 到明日死了时,不使了绳子～。"清李玉《清忠谱》一五折:"都御史杨爷,打了一百铁～,死快了。"

【杠】　gàng　❶杠子。明沈榜《宛署杂记》卷一四:"黑油～四根,价一钱二分;小木～十根,价一钱。"佚名《诏狱惨言》:"是日诸君子各打四十棍,掷毙一百,夹～五十。"清《歧路灯》六三回:"～上头夫,抬金箱,抬银柜。"❷同"纲❶"。明王同轨《耳谈类增》卷五四:"梁光禄解银往宁夏,过涿鹿,局户甚严,～皆以铁绳联系,而数苍头寝其上。"三餘氏《南明野史》卷下:"扈卫靳统武、旗鼓孙崇雅劫掠皇～,降于清师。"清《后水浒传》二一回:"三人各带随身器械,关好门户,赶上了王摩同走,遂一路尾着银～而来。"❸同"矼"。明《拍案惊奇》卷二一:"且说林善甫脱了衣裳,也去睡,但觉有物～背,不能睡着。"清《桃花庵》六回:"今日坐在那光

椅子上，～得难受"　❹ 同"扛(gāng)❿ a)"。明《杜骗新书·盗劫骗》："货物极多，共九大～。"

【杠棒】　gàng bàng　抬重物用的粗棍。明《警世通言》卷二二："当时聚起十六筹后生，准备八副绳索～，随宋金往土地庙来。"清李玉《占花魁》一九出：〔末〕小三，绳索在那里？〔净〕绳索～都在这里。〔末同净扛箱介〕《后西游记》一二回："因吩咐徒弟带了七八十个杂工进去，绳索～，吆天喝地的将钉耙抬了出来。"

【杠房】　gàng fáng　殡葬铺子。清《品花宝鉴》三二回："他老子叫花三胡子，在～抬杠出身。"

【杠夫】　gàng fū　殡葬时抬棺杠的人夫。明《杜骗新书·盗劫骗》："夜间吩付守城者留门，催十八人往江边杠货，果抬九杠入店。赏发～去讫。"清《歧路灯》四一回："又将猪羊花供交与保正，以为埋葬之用。土工～，仍向衙门领钱。"

【杠人】　gàng rén　即"杠夫"。清《红楼梦》六四回："前者所用棚杠孝布并请～青衣，共使银一千一百十两。"

【杠司】　gàng sī　管理杠夫的部门。清《海烈妇》六回："那房子是粮船上～陈二家的，他弟兄两个最是刀枪动棒，在地方上好勇，闹眼寻撒泼。"

【杠枱】　gàng tái　同"扛抬❶"。《元典章·户部八》："江西行省据申在城商税务拿获屠户王六、刘三～活猪不从端阳门吊引投税事。"

【杠子】　gàng zi　❶ 较粗较长的圆木或方木，可用作刑具、抬棺具等。《宋史·舆服志二》："金涂铜叉头拖行马二，金涂银叶～二。"明《醒世恒言》卷二〇："今日上了夹棍，又加一百～，死而复苏，熬炼不过，只得枉招。"清《聊斋俚曲·寒森曲》："穿上三四根～，一齐着力，那灵床子头也没点。"《荡寇志》一一六回："教军士放上雷子，不必点火，只拽足了，踏转～发炮。"　❷ 纸上画的作为标记的直线。清《说唐后传》二五回："要晓得尉迟迟乃是写不了字的，提起笔来竖了一条红～，算为一功。"又三四回："忙将功劳簿打了一条粗～，乃凤凰山救驾，是一大功劳。"

【爛】　gàng　刀或农具用钝之后，在其锋刃部位加点儿钢，重新打造，使之锋利。清蒲松龄《日用俗字》："茅根蔓芭都拾净，大鑺～来剐地边。"《歧路灯》二九回："俺家男人今日上朱仙镇～裁刀去了，说明日才回来。"

【钢】　gàng　同"爛"。《元曲选外编·西厢记》二本楔子："戒刀头近新来～蘸，铁棒上无半星儿土渍尘缄。"《元曲选·看钱奴》三折："若使我家斧子剁卷了刃，又得几文钱～。"

gāo

【高】　gāo　❶ 价贵；价值大。唐韩愈《寄卢仝》："少室山人索价～，两以谏官征不起。"明《梼杌闲评》四四回："交易定后，即来吃酒，宝货～的便坐上席。"清屈大均《广东新语》卷二："春夏青黄不接，米价～，则开仓发粜。"　❷ 用作对别人的敬称。唐白居易《闻崔十八宿予新昌敝宅》："陋巷掩蔽庐，～居敞华屋。"元明《水浒传》二六回："众～邻休怪小人粗卤，胡乱请些个。"清蒲松龄《闹馆》："请问先生那里人氏？上姓～？"　❸ 厚；浓；重。唐许浑《岁首怀甘露寺自省上人》："客棹春潮急，禅斋暮雪～。"宋梅尧臣《送王正仲长官》："霜～万物枯，源水缩溪谷。"明赵南星《明太学生魏元伯墓志铭》："闻母～病驰归，月馀母竟不起。"　❹ （数量）多。唐刘禹锡《贾客词》："～资比封君，奇货通幸卿。"元王恽《宜远楼记》："始来居燕都城，善心计而拥～资者甚夥，门庐服玩，例

尚修洁。"　❺ 品质好；质量高。宋吴自牧《梦粱录》卷二："某库选到有名高手酒匠，酝造一色上等酴醾无比～酒。"明《朴通事谚解》卷中："这个段子中的，你再馈我绝～的。"清《聊斋俚曲·寒森曲》："到明日戏价以外，另赏你五百～钱。"　❻ 有馀；超出（一定数量或时限）。金《董解元西厢记》卷二："掂详了，纵六千来不到，半万来其～。"《元曲选·生金阁》三折："离城中则半载其～，可怎么白日神嚎，到黄昏鬼闹。"《元曲选外编·拜月亭》二折："阿的是五夜其～，六日向上。解利呵过了时晌，下过时呵，正是时光。"　❼ 远。《元曲选·燕青博鱼》四折："咱则去那小道儿上隔斜抄，行不到半里其～，则听的脑背后喊声闹。"　❽ 副词。遍。《元曲选·冯玉兰》三折："他犯了杀人条，现放着大质照，刀头儿血染～。"　❾ 用于比较，表示程度更甚。明《欢喜冤家》八回："香姐说：'比着我好得多哩。'念三笑道：'像得嫂嫂已有二十四分，还好如嫂嫂～些，便是西施了。'"

【高标】　gāo biāo　❶ 高耸；高悬。唐胡曾《咏史诗·铜柱》："一柱～险塞垣，南蛮不敢犯中原。"明杨珽《龙膏记》四出："金丹本是龙膏制，赠君聊作长安费。～着表白待人求，个中便是神仙意。"清《玉楼春》二三回："本营兵将见黄旗～，遂奋勇厮杀。"　❷ 高悬的招牌。唐李白《崇明寺佛顶尊胜陁罗尼幢颂》："有万商投珍，士女云会，众布蓄沓如陵，琢文石于他山，耸～于列肆。"清李渔《巧团圆》四出："插～卖得去的山河，系长绳锁不住的虚神器。"　❸ 名榜（多指科举名榜）排序在先。五代韦庄《寄薛先辈》："悬知回日彩衣荣，仙籍～第一名。"明谢谠《四喜记》二七出："取灵尸卜筮还多遍，定应是虎榜～，怎不见雁锦遥传。"清《镜花缘》五六回："到了发案，闺臣取了第一；若花、红红、亭亭也都～；惟缁氏取在末名。"　❹ 榜样；样板。唐张说《中书令逍遥公墓志铭》："门为孝悌之府，世处台衡之地。士林之～，宗臣之首出者也。"刘知幾《史通》卷九："丘明能以三十卷之约，括囊二百四十年之事，靡有孑遗。斯盖立言之～，著作之良模也。"元刘埙《南丰县庚午科鹿鸣宴》："端明枢相，三魁瑞气，四海～。"　❺ 突出；卓越。《敦煌愿文集·发愿文范本等》："别驾公业德～，长使公文雄儒首。"元张伯淳《木兰花慢·送李治书》："羡～雅量，窗八面，更玲珑。"清《红楼梦》七八回："～见嫉，闺帏恨比长沙；贞烈遭危，巾帼惨于雁塞。"　❻ 卓越的人，用作对人的美称。宋晁公溯《答何彰明启》："承初辞于剧邑，恨晚见于～。"道潜《南康与曾子宣内翰相别》："旗亭方喜会～，杞国天崩促去桡。"傅察《贺王元将左司启》："某蚤接～，谬蒙深眷。"　❼ 自我标榜或彰显（价值或见解）。宋朱熹《答周益公》："若谓虽尝学之，而不当自命以取～揭己之嫌耶，则为士而自言其学道，犹为农而自言其服田，为贾而自言其通货，亦非所以为夸。"明曹宗璠《尘馀》："敢问子将～月旦，阮籍不置臧否，……曷为招尤哉？"清《后西游记》三七回："道法既无可试，怎敢擅自～，与吾作对？"　❽ 锦标；也指竞赛或科举考试的高名次。宋陈著《江城子·重午书怀》："何人帘幕倚兰皋，看飞桡，夺～。"《元曲选·度柳翠》四折："再不说阶梯一句，作怎么道千圣会中无影迹，万人丛里夺～。"清陈端生《再生缘》二四回："当朝挂榜招贤士，喜英雄，独占～教场。"

【高埠】　gāo bù　❶ 土丘。《宋史·傅求传》："求相汴堤旁有～，夷之得土，载以回舟，省工费殆半。"明《西游记传》卷二："慌得行者丢下行李，把师父抱下马来，送在～上坐。"清潘天成《治河策》："潮退，泥沙积于堤外，以成～，海滨之人谓之海龙。"　❷ 高处。明杨于陛《游水月岩记》："其下皆石田，塍畔分明。土人曰：'此仙田也。'稍～，有石床，土人曰：'此休床也。'"清韩梦周《与怀庭论改葬》："地势卑下，为西南之水所汇聚，七八月间，率成流潦。"　❸ （地势）高。明杨寅秋《平五山善后议》："又于沿途各处

大路～去所,或七八里或十里,置立茅亭墩台。"清雍正十二年四月二十日李卫奏文:"但济伯格街西地方～平坦,街东窄狭,又值山水下流。"《幻中游》一八回:"择了一个～去处,安下了营盘。"

【高长】 gāo cháng ❶ 高度高,长度长。元王祯《农书》卷一〇:"(木棉)其树不贵乎～,其枝干贵乎繁衍。"明《西游记》二回:"你这般矬矮,我这般～。你要使拳,我要使刀,使刀就杀了你,也吃人笑。"清成文昭《冒雪访灵皋留饮话旧》:"山水自～,梦魂还尺咫。" ❷ 长远;长久。宋王十朋《赵仲永和胡正字竹诗见赠》:"新诗似修竹,风味更～。"又《贾公庵》:"手种松楸及因果,青山流水共～。"

【高处】 gāo chù 上面;上头。《元曲选·看钱奴》一折:"上圣,怎么可怜见,则借得小人二十年。左右是个小字儿,～再添上一画,借的我三十年,可也好也。"《元曲选外编·升仙梦》二折:"馒头上面都是粪,羊肉～沾上泥。"

【高大】 gāo dà (年龄)大;(年)老。《元曲选·合同文字》楔子:"俺两个年纪～,去不的了。"明陈焕章《满庭芳》:"小丫鬟欺侮咱年～,两三个扳倒扛咱,白发上黄花乱插。"清《水浒后传》二一回:"你年纪～,相烦侍奉香火。"

【高灯】 gāo dēng 即"戳灯"。明《石点头》卷二:"谢启即日纳聘,择吉过门。依然～花轿,笙箫鼓乐,迎到寓所。"清《儒林外史》一八回:"忽然前面一对～,又是一对提灯,上面写的字是'盐捕分府'。"

【高低】 gāo dī ❶ 长短。唐元稹《进西北边图经状》:"犹虑幅尺～,阅览有烦于睿鉴;屋壁施设,俯仰颇劳于圣躬。"宋周必大《淳熙玉堂杂记》卷中:"表纸尽则接以诏纸数幅,文尽乃止。然表纸高,诏纸矮,参差不等,……偶得仁宗皇祐间《答孙威敏公辞免枢副表》,则所接之纸～相若。"元曾瑞《哨遍·麈腰》:"～中不剩,宽窄里元肥。" ❷ 高度;高矮尺寸。唐白居易《红藤杖》:"粗细才盈手,～仅过身。"清李渔《蜃中楼》六出:"你看雕栏婉转,画槛玲珑,上下三层,～百丈。"《荡寇志》九〇回:"只就那张家道口,居中起一座高台,要十二丈～。" ❸ 指官阶、地位的高下。唐张祜《戊午年感事书怀》:"志业宁常堕,穷耕岂素便。～徇鸡口,得失付鱼筌。"明《西游记》五回:"今有齐天大圣,无事闲游,结交天上众星宿,不论～,俱称朋友。"清《野叟曝言》七二回:"到得奴家长成,为奴择配,～不凑。"也指地位高下不同的人员。五代李克用《减东京赋税诏》:"自朕南北举兵,～叶力,总六州之疆土,供万乘之征租。" ❹ 指乐音的高低度。唐刘禹锡《武昌老人说笛歌》:"如今老去语尤迟,音韵～耳不知。"元鲜于枢《八声甘州》:"恣情拍手棹渔歌,～不论腔。"清《飞龙全传》三八回:"这瑶琴乃是昔年宫商角徵羽,按清浊定～。" ❺ 指价位、质量、成色的高低。五代李昪《许百姓自铸钱器诏》:"诸道监冶,……比前价每,各随逐处见定～,每斤一例减十文货卖。"元古本《老乞大》:"我看这参是新罗参也,著中。你说甚么话,这绝高有,怎么做的著中?牙家说,索甚恁两家折辨～。"清《歧路灯》八三回:"第一个少不的王隆吉,他认的银色,算盘也明白。" ❻ 指人世间的不平。唐元安《神剑歌》:"他家不用我家剑,世上～早晚平。" ❼ 尺寸的大小;数量的多少。宋辛弃疾《清平乐·木犀》:"折来休似年时,小窗能有～。无顿许多香处,只消三两枝儿。"明《西游记》五回:"话表齐天大圣到底是个妖猴,更不知官衔品从,也不较俸禄～,但只注名便了。" ❽ 高下;优劣。唐白居易《宿西林寺早赴东林满上人之会》:"鹈鹕～分皆定,莫劳心力远相思。"《元曲选·范张鸡黍》一折:"有钱的将着金帛干谒那官人每,暗暗的衙门中分付了,到举场中各自去省试殿试,岂论那文才～?"清《红楼

梦》七八回:"宝玉道:'明年流寇走山东,强吞虎豹势如蜂。'众人道:'好个"走"字,便见得～了。'" ❾ 尊卑;贵贱。唐杜荀鹤《自遣》:"百年身后一丘土,贫富～争几多。"元锺嗣成《一枝花·自叙丑斋》:"近来论世态,世态有～。有钱的高贵,无钱的低微。"清《红楼梦》五五回:"那都是办大事的管家娘子们,你们指使他要饭要菜的,连个～都不知道。" ❿ 先后;胜负。宋刘敞《樱桃花开留徐二饮》:"繁花先得造物巧,不与众卉争～。"明李梅实《精忠旗》一六出:"有何人,更与我比～。"清《万花楼》一一回:"他二人仍要下棋,一僧一俗,同比～。" ⓫ 好歹;深浅。元明《水浒传》二一回:"便是小贱人有些言语～,伤触了押司,也看得老身薄面,自教训他与押司陪话。"明《古今小说》卷一:"陈旺的老婆是个蠢货,那晓得什么委曲,不顾一～,一直的对主母说了。"清李玉《一捧雪》五出:"谢得先生救俺,则俺有一句不识～的话儿敢说么?" ⓬ 准则;分寸。元刘时中《端正好·上高监司》:"没～妾与妻,无分限儿共女,及时打扮环珠玉。"明汤式《一枝花·赠玉芝春》:"谢安石多曾称誉,夏黄公聊得充饥。向花神试问个真实,检春工自有个～。"《金瓶梅词话》九二回:"陈经济没～使钱,打发公人吃了酒饭。" ⓭ 虚实;底细;情况。元刘庭信《寨儿令·戒嫖荡》:"爱钱娘不问～,有情人岂辨虚实。"《秦并六国平话》卷上:"回马间,只见一下锣声,喊杀连天,不知～。"明《古今小说》卷一:"大郎见四下无人,便向衣袖里摸出银子。……婆子不知～,那里肯受?" ⓮ 意外,指不如意的结果。《元曲选外编·独角牛》三折:"那独角牛可利害,拳头上无眼,倘若还有些～,可如之奈何?"明刘兑《娇红记》卷下:"你倘或有些～呵,我和小慧也没了指望。" ⓯ 待人处事的分寸;喜怒的程度。明何良臣《阵纪》卷一:"巧辩饶辞利口者,可使为激劝;精谙世故熟识～者,可使为门吏。"清《聊斋俚曲·慈悲曲》:"在人前,有处站来没处立,一个饭碗,也不敢去拾,看瞪眼看人的～。"《红楼梦》二七回:"只是跟着奶奶,我们也学些眉眼～。" ⓰ 差别。清陈端生《再生缘》四九回:"孟女真容前已见,委实的,与卿容貌没～。" ⓱ 副词。不管怎样;反正。明汤显祖《紫箫记》一二出:"不如明日十郎到我府中,～把青儿舍与我罢。"清《醒世姻缘传》四一回:"再要不够,我问徒弟们家告助,～赶五七出了这殡。"《歧路灯》三七回:"他家非赌即娼,我一个年轻人走来走去,～没有好处。"

【高度】 gāo dù 从底到顶的长度。明熊三拔《简平仪说》:"若日躔赤道南,则以距度加～,得赤道至地平之高。"清康熙五十三年四月十日上谕:"北极～,黄赤距度,于历法最为紧要。"《荡寇志》一二五回:"且待算这山之～,并离城的远近看。"

【高遁】 gāo dùn ❶ 隐遁的美称。唐李德裕《重写前益州五长史真记》:"昔岩野旁求,徒闻审像;稽山～,惟止镕金。"明夏原吉《题孔明像》:"当年～草庐中,谁识先生是卧龙。"清《续西游记》三〇回:"周围绿竹翠森森,多是仙人～藏修炼。" ❷ 远逃。宋曾丰《穷冬征途触目省身》:"巢居冻鹊常～,血食饥鹰辄下争。"元刘仁本《题义狸卷》:"好向林间～去,更休贪着踏虞机。"

【高撊】 gāo duō ❶ 高高夺取(名次)。宋韩驹《送东林珪老游闽》之二:"少年～老庞科,未必龙门众角多。"明《醒世恒言》卷三五:"年方一十九岁,～巍科,名倾朝野。"清纪昀《阅微草堂笔记》卷一八:"其子葆中,亦～科名,以第二人入翰苑。" ❷ 指科举高中。宋陈造《暗用古人名诗寄程帅》:"省闱～未足道,文章老手第一流。"明陈汝元《金莲记》六出:"公公望压人群,丈夫与叔叔文空海宇,决然～,不必过忧。"清《凤凰池》八回:"白兄大才,自然应该～。" ❸ 从高处夺取。元王义山《月堂吕吕士墓志铭》:"种桂一枝,于月中央。后有兴者,～其芳。"

【高发】 gāo fā 恭维人科举乡试、会试得中。明《醒世恒

言》卷二〇:"若说起小弟心事,比仁兄加倍不堪。还仗仁兄~,替小弟做个报仇泄恨之人。"清陆陇其《寄曹星佑壻》:"秋闱在转昐间,磨砺以须,斯其时矣。~北上过此,庶可盘桓。"《雪月梅》二九回:"如今回来正好进乡场,今科必然~。"

【高功】 gāo gōng 道教打醮时主持祭坛的有功行的道士。金元好问《续夷坚志》卷四:"壬寅岁寒食,濮州灵宝会祭孤魂设醮,州中程威仪者,当作~会首。"元陶宗仪《辍耕录》卷二九:"道家者流,为人典行醮事,曰~。"明《拍案惊奇》卷一七:"在于张道者庵内,启建黄箓大醮一坛,礼请任道元为~,主持坛事。"

【高厚】 gāo hòu ❶ 高尚厚道。唐穆员《福建观察使郑公墓志铭》:"公之为德也,温纯深润,~博达。"元李继本《易州山北乡学记》:"易州古称要郡,风气~,民俗朴淳。"清李光地《榕村集》卷七:"精气之中,其禀得~之气者,为尊崇富贵。" ❷ "高天厚地"之省,指天地或君王。宋宋庠《乾元节赋》:"都此~之降康,宗祐之流光,俾尔炽而昌,俾尔寿而臧。"明李梅实《精忠旗》二五出:"~,念孤忠,成画饼。一死更何有?"清张英《恭进易经全解表》:"如涉沧海而寻畔岸,只堪自砭其愚顽。窃仰泰岱而竭尘埃,讵谓有裨于~?" ❸ 高远厚重。宋刘敞《和永叔十九韵送魏广》:"信陵贵公子,仁义不挂口,犹有三千客,名声极~。"明朱右《潜溪大全集序》:"予获与编纂,日读制作,时接绪论,知其蕴乎中者富,发乎外者~而该博。"胡应麟《始入州谒宣尼庙》之一:"猗与大圣人,树建实~。道苞羲农前,业擅尧舜右。" ❹ 指数量多密度大。宋王令《梦蝗》:"一蝗百儿月两孕,渐恐~塞九垓。" ❺ (恩德)深厚。宋李光《论孙觌札子》:"陛下贷而不诛,又使复典郡寄,于觌恩~矣。"明葛昕《请告疏》:"仰兹~之恩,真捐麋不足以报也。"清李渔《怜香伴》三一出:"三日赐淹留,深感荷圣恩~。" ❻ 指恩德。宋周必大《谢致仕表》:"职崇秘殿,爵极诸公。初终尽出于遭逢,~莫胜于戴履。"明胡应麟《奉大司空朱公书》:"父子晨昏,顶戴~,非言所既。"清李玉《一捧雪》一一出:"重蒙恩兄提拔超升,使末弟铭心刻骨,无以少酬。"

【高甲】 gāo jiǎ 指科举殿试录取在第一等级(一甲)。唐贯休《送卢舍人朝觐》:"洪才传出世,一得高荣。"宋佚名《张协状元》二一出:"朱紫骈,不若荷衣一状元。况兼奴家是豪贵,若非~,怎生攀羡。"明唐顺之《春坊中允方泉李君墓表》:"昔官翰林者,进士~与庶吉士两途而已。"

【高肩】 gāo jiān 一种货担、轿舆肩负的样式。扁担、舆杠高度略低于肩,担抬时人不必弯腰,只略蹲即可担(抬)起。宋苏泂《金陵杂兴》之一〇二:"小盖~翼蔽无,钟山寺里换篮舆。"元明《水浒传》七四回:"扮做出东货郎,腰里插着一把串鼓儿,挑一条~杂货担子。"明谭元春《载龙涡剪石往寒河文》:"门人辈拥~舆,至涟、泗、洪,寻石于所谓龙涡者。"

【高脚】 gāo jiǎo ❶ 器物底端有一定高度的座架。《太平广记》卷三三九引《博异记》:"唯墙后有古殡宫,东厂前有搭鞍木马,西侧中有~木马。"明《金瓶梅词话》一三回:"银~葵花钟,每人一钟。"清《二度梅》三九回:"挂了代天巡狩的执事,访拿贪官污吏的~牌,办理军民冤枉的吊筒,一对对列队两行。" ❷ 即"高跷"。清《野叟曝言》一三回:"一簇人围在那里,看走~的女人。"

【高捷】 gāo jié ❶ 指科举高中。宋苏轼《与潘明彦》:"不见黄榜,未敢驰贺,想~也。"明《拍案惊奇》卷二九:"我们是湖北帅府,特来报秀才~。"清蒲松龄《聊斋志异·钟生》:"君既~,太夫人又增寿数,此皆盛德所致。" ❷ (才能)高超敏捷。元刘诜《萧德翁墓表》:"公上之供给,不能使之困;乡里之机井,不能使之伤。由是勃黠者避其锋,~者避其善。"明《石点头》卷一二:

众秀才一齐称快,鼓教谕也道他才调~,他人莫及。" ❸ 高高占据。捷,及;达。明张旭《喜迁莺·柏上蜂窠》:"珍重花房小巧,却把龙头~。人都道,是科第消息,经纶事业。"

【高进】 gāo jìn 美称考取生员。进,进学,通过考试取得进入公立学校读书的资格。清《醒世姻缘传》三七回:"连春元夸他认得文章,见了程乐宇,说:'薛如卞合相于廷必然~。'"《儒林外史》一七回:"赵爷虽差着一个进士,而今他大公郎已经~了,将来名登两榜,少不得封诰乃尊。"

【高科】 gāo kē ❶ 选拔士人的最高科目。唐穆质《贤良方正能直言极谏策》:"则制策之举,最为~。以臣言之,不得无弊。"李奕《登科记序》:"武德五年,帝诏有司,特以进士为选士之目……所谓选才授爵之~,求仕滥觞之捷径也。" ❷ 分科取士考取的高名次。唐李隆基《诫牧宰敕》:"朕本求牧宰,务在理人。前所策试,恐有遗逸,载令中书门下铨择,得卿等~,副朕旁求之意。"颜真卿《唐故通议大夫颜君碑铭》:"又选授洛州温县、永昌二尉,每选皆判入~。侍郎苏味道以所试示介众曰:'选人中乃有如此书判!'嗟叹久之。"许孟容《唐故侍中裴公神道碑铭》:"王父睿,皇朝举秀才,授许州司户,登明经~。" ❸ 科举乡试、会试考取的高名次。六十种曲本《琵琶记》二四出:"来此赴选,本拟一擢~,拜授当职。"明《古今小说》卷三四:"待至开榜,李元果中~。"清李渔《比目鱼》二五出:"如今得中~,选了汀州司李。" ❹ 科举乡试、会试考取高名次。明李昌祺《剪灯余话》卷三:"后数年,生果~要职。"李开先《宝剑记》一八出:"一举已十春,年年衣染帝京尘。"清《儒林外史》八回:"不日~鼎甲,老先生正好做封翁享福了。"

【高奎】 gāo kuí 同"高魁"。清陈端生《再生缘》二四回:"少年豪杰喜非常,独点~拜圣皇。"

【高魁】 gāo kuí 美称科举乡试、会试、殿试考取的高名次。元陶宗仪《送乡贡进士赴京会试》:"圣世设科罗俊彦,春闱较艺夺~。"清沈起凤《谐铎》卷一二:"榜发,抢~,……视其乡墨,面发赪,背流汗如雨下。"《平山冷燕》二〇回:"探花已占~,为着何事,忽言及斧柯?"

【高乐】 gāo lè ❶ 喜于;乐于。唐王伟《唐故宣功参军钜鹿魏君夫人赵氏墓志铭》:"祖宾,父朝隐,皆敦儒术,谅识弘深,~园林,自求野逸。" ❷ 恣意寻欢作乐。清《红楼梦》二回:"这珍爷那里肯读书,只一味~不了,把宁国府竟翻了过来。"又二六回:"好呀!也不出门了,在家~罢。"

【高了】 gāo liǎo ❶ 敏悟。宋陶穀《清异录》卷上:"僧酒令讴吟吹弹,莫不~,见煜明俊酝藉,契合,相爱重。"楼钥《送万耕道帅琼管》:"使君吏事素~,明若古镜摩青铜。"元吴澄《答田副使第三书》:"恐是不通文理之人,看澄《洪范注》而误,因对明公说,而明公不自参详,以致错误。不然明公之~,何缘如此昏谬邪?" ❷ 指悬梁自尽。明《拍案惊奇》卷二:"发声喊打将进去,急得王婆悬梁~。"

【高骂】 gāo mà 大骂。元《三国志平话》卷中:"却说周瑜碎其琴,众官:'我一时醉,走了猎房刘备。'"清《聊斋俚曲·禳妒咒》:"我的天,~人,他将人~。"沈起凤《谐铎》卷一一:"继阅至囊提剑斫,箕踞~,严更笑不可抑,曰:'是真不更事汉。'"

【高迈】 gāo mài ❶ 远超;超越。唐李百药《化度寺故僧邕禅师舍利塔铭》:"然雅有志尚,~俗情。"宋文彦博《观文殿学士高公神道碑》:"若夫本经术以熙治,载清静以镇浮,翊我昌运,~于三五。"元金履祥《祭王立斋先生文》:"长为文章,~流俗。" ❷ 指归隐或出世,也指这样的人。唐柳宗元《上大理崔大卿应制

举不敏启》:"阁下以鲲鳞之势,不容尺泽,悠尔而自放,廓然而~。"明汤式《一枝花·赠会稽吕周臣》:"将古今吏稳都穷究。慕谢安~,羡陶令归休,爱戴逵洒落,学贺老风流。"余霈《壬子春仲同家不远游焦山》:"古来大隐传焦公,今时~孰与同。" ❸(年纪)老迈。唐孟棨《本事诗·事志》:"年既~,而小蛮方丰艳。"《元曲选·谢金吾》一折:"元来你倚着丈人行的气概,就待欺负咱年华~。"清《二度梅》二七回:"本院年纪~,两目昏花。" ❹高举;高升。元胡祗通《送张肯堂教授广平》:"升腾~藤依柏,中正方圆泥在钧。"明王绅《嘉猷以诗言志故亦本予志》:"自惭鹪鹩质,栖栖恋茅茨。岂不欲~,明命那忍违?"

【高扳】 gāo pān ❶谦称跟比自己地位高的人结谊或结亲。明沈受先《三元记》三六出:"多承俯就,深愧~。"清《绿野仙踪》四三回:"温大爷与我初会,我实不敢~。"《飞龙全传》五回:"怎敢~,有辱令爱。" ❷指科举考中。明谢谠《四喜记》一六出:"等闲间丹桂~,又还期首登金殿。"徐霖《绣襦记》五出:"但愿龙门一跳,月桂~,此去必夺锦标。"

【高攀】 gāo pān ❶同"高扳❶"。明朱载堉《山坡羊·富不可交》:"守本分,切不可与他~。"孙仁孺《东郭记》二六出:"同朝臭味偏无妒,结了一番党与。而今显者是谁? 索与~去。"清《聊斋俚曲·禳妒咒》:"尊宅甚么人家,梦也不敢~。" ❷同"高扳❷"。宋佚名《张协状元》二七出:"桃花已透三层浪,桂子~第一枝。"明王玉峰《焚香记》一五出:"上林丹桂花开遍,幸然独步~。"《金瓶梅词话》五八回:"三年叫案,而小考尚难,岂望月桂之~。" ❸指超然处于某种环境。元陈草庵《山坡羊》:"林泉~,商盐贫过,官囚身虑皆参破。"

【高强】 gāo qiáng ❶坚固的高处,或处在坚固的高处。唐易静《兵要望江南·占蛇》:"长蛇见,饮水近营傍。抽退还乡方始吉,不然移寨向~。营垒布旌幢。"宋苏颂《次韵阳孝本游翟家湾书院》之一:"淮上陂陁百亩冈,谁言形势占~。"明归有光《与沈敬甫简》之四:"人来言,西乡极恛扰。非是此地~,此间人耐荒,西乡人不耐荒耳。" ❷高超;卓越。宋司马光《乞罢保甲状》:"若一人阙额,有二人以上争投者,即委本县令拣选武艺~者充。"明《欢喜冤家》一一回:"还幸喜手艺~,不是结网挽人去卖,便是打草鞋易米度日。"清方成培《雷峰塔》二六出:"我和他争斗,奈他法力~,险被擒拿。" ❸指高超的手段、才智、技能等。宋佚名《西江月·打双陆例》:"掷得么三采出,填胲此处~。"《元曲选·风光好》三折:"当年玉殿逞~,为爱娇容悔这场。"明陈铎《小梁州·针铺》:"女娘每乞巧南楼上,夜深时赌斗~。" ❹(家产)富厚。宋尹洙《奏论户等状》:"今臣欲乞于逐州第一等户中,推排上户家产,比类次下。同等人户家产一倍以上者,定作富强户;三倍以上者,定作~户;五倍以上者,定作极~户。"苏辙《三论分别邪正札子》:"上户以家产~,出钱无艺,下户昔不充役,亦遭出钱,故此二等人户不免咨怨。"张方平《论率钱募役事》:"今令五等一概输钱,是率贫细不足之民,而资~有餘之户也。" ❺卓越坚强。宋周必大《与桃源李宰汝工书》:"闻太守公文字回避宪车,两公性皆~,理固应尔。"佚名《庆东泽》:"孤根占得春前俊,笑雪霜、漫欺容貌。况此花~,终待和羹,肯饶芳草。"清《红楼梦》一〇回:"大奶奶是个心性~聪明不过的人。" ❻兴旺绵长;旺相。宋陈人杰《沁园春·庚子岁自寿》:"但吕公来说,风神清怪;甘公来说,寿禄~。"明戚继光《练兵实记》卷三:"运好任中人马死,改任终须有一场。若是寓官知此日,官升职显气~。"清《蜃楼志》二三回:"足下三光明旺,六府~。骨格清奇,必须显达。" ❼强大;强盛。元《秦并六国平话》卷下:"朕践祚以来,国势~,兵威将勇。"明张凤翼《灌园记》二五出:"将军福分~,管教金帛盈箱,盈箱。"

清李渔《慎鸾交》五出:"索性把这几处的太岁撞他到底。或者时运~,件件都凑着了,也未见得。" ❽(年纪)长(德望)高。清李玉《永团圆》七出:"扶身闲却灵鸠杖,尽钦齿德~。" ❾(境界)高;高级。清《白雪遗音·玉液琼浆》:"人生有酒须当醉,奉劝君,莫饮过量最~。"

【高墙】 gāo qiáng 指监狱、冷宫等囚禁之所。明张瀚《松窗梦语》卷七:"废伊王为庶人,遣发~禁锢。"清邵廷采《东南纪事》卷一:"福王初立,大赦。聿键出~,封南阳王。"《野叟曝言》一〇九回:"太子令将各妃嫔肘锁,发入~,待皇上回銮,请旨正法。"

【高跷】 gāo qiāo 有踏脚装置的木棍,可以绑在小腿上助人大步行走。后成为一种民间舞蹈表演。清《野叟曝言》六六回:"~秧歌各色演扮,足有半个时辰,方才过完。"

【高蹻】 gāo qiāo 同"高跷"。清李斗《扬州画舫录》卷一一:"置丈许木于足下,可以超乘,谓之蹻。"《镜花缘》三八回:"这是长股国,又名有乔国。我们天朝以双木续足,叫作~,就是仿他作的。"

【高橇】 gāo qiāo 同"高跷"。明贾仲明《醉花阴·灯词》:"乔三教喜动清乐,醉八仙快霭~。"曹学佺《蜀中广记》卷三六:"踏~,上下山坂如奔鹿。"清《隋唐演义》五三回:"吾虽练彪形~神兵,怎能够胜他人强马壮?"

【高撬】 gāo qiào 同"高跷"。明《金瓶梅词话》四二回:"一壁厢舞迓鼓,一壁厢踯~。"又六三回:"地吊~,锣鼓细乐吹打。"

【高仁】 gāo rén 同仁的敬称。唐杨元操《集注难经序》:"昔皇甫元晏总三部为甲乙之科,近世华阳陶贞白广肘后为百一之制,皆以留情极虑,济育群生者矣。余今所演,盖亦远慕~,迩尊盛德。"《祖堂集》序:"仍命余为序,坚让不获,遂援毫直书,庶同道~,勿以讥诮。"

【高洒】 gāo sǎ 高超洒脱。唐陆龟蒙《渔具》序:"矢民之具也如彼,谁其嗣之? 鹿门子有~之才,必为我同作。"宋《朱子语类》卷四〇:"世间自有一样人如此~,见得底,学不得也。"姜特立《大笑菊》:"玉瓣金心磊落花,天姿~出常葩。"

【高上】 gāo shàng ❶高尚。唐道宣《上雍州牧沛王论沙门不应拜俗启》:"天人仰福田之路,幽明怀正道之仪,清信之士林蒸,~之宾云结。"《祖堂集》卷一九《香严和尚》:"观夫参道不虚然,脱去形骸甚~。"明贾仲明《凌波仙·吊徐德可》:"交游~文章士,习经书,看鉴史。" ❷(地位)至高无上。多用作尊神或帝王的封号。唐史崇《妙门由起序》:"然元始天尊太上道君~老子,应号虽异,本源不殊。"五代杜光庭《真圣生辰贺词》之二:"惟功行圆成之久,故威严变化之神,宜民庶之皈依,拱帝尊之~。"清《说岳全传》六九回:"金阙玄穹~玉皇帝君诏曰:赏善锄奸,乃天曹之法。" ❸高妙绝伦。唐佚名《请加应道尊号表》:"陛下经~之理,复帝先之淳源,九巟生真,二合成德。"辽宋璋《广济寺佛殿记》:"今汝交祠众中玄识~,虽勤修慧炬,谅堪称兴。"清毛奇龄《越绝书后》:"《越绝》,春秋亡名氏书也。辞文~,纪志荒衍,近先秦间所为。" ❹崇尚清高,超然物外。唐佚名《唐故高府君墓志铭》:"曾祖考燕,~不仕,时号徵君焉。"元杨维桢《水竹亭记》:"夫~于野,以草木水泉骄其君而不出者,狷者之为也。"清《蝴蝶缘》一二回:"其旧绅子弟,亦该查明,令赴试,有违避~者,亦以叛逆定罪。" ❺高贵。元虞集《送吴真人序》:"人有以公夫人之居于家,仍年八十,借老而康强。其子在天子左右,甚尊显~。" ❻地处高处或上方。元朱升《书性理字训后》:"故孔子指其统会者而名之曰太极。极者,屋之脊栋,中正~,众材之所菁合者也;太者,大大之谓也。"明《徐霞客游记》卷三:"后倚峰顶,地愈~,独

当中干,平临两腋。"清解鉴《益智录》卷三:"时雨之降,半沉于地;沉地之水,半出于泉。是以~之原水少,下隰之地泉多。" ❼高迈;(年纪)高大。清《聊斋俚曲·禳妒咒》:"我想翁婆年纪~,生了一个儿子,娶了一个媳妇,到躲的远远的,整盘几日不见个影儿。"

【高上衣】 gāo shàng yī　僧服;缁衣。《祖堂集》卷八《云居和尚》:"身被~,须取高事道。"

【高升】 gāo shēng　❶祝贺人升职晋级的套话。元陶宗仪《送贡士蒋时俊之京》:"贤关上舍一日~,泮水西斋静学功。"明汤显祖《牡丹亭》五四出:"爹爹~,柳郎高中。小旗儿报捷,又是平安贴。"清《儒林外史》二五回:"太老爷~,小的多不知道,不曾叩得大喜。" ❷加价。清《幻中游》一回:"峻峰道:'这书纸板虽好,却不甚新鲜了。从来残物不过半价,给你二百钱罢。'那人道:'还求太爷。'"《品花宝鉴》五一回:"又听得缝穷婆道:'快快的~,不要耽搁我。'嗣徽道:'这是什么缘故,一样的人,我就要加钱?'" ❸请人离开的婉词。清《歧路灯》一〇一回:"希瑗柱,燕窝,是钉碟子东西么?……'店小二道:'老爷只管起身~。事不干己,棒不打腿,多管闲事做什么哩?'"

【高手】 gāo shǒu　❶指技艺、手段高超。唐郑亚《会昌一品集序》:"而轩鼎将成,禹书就掩,然犹进先尝之药,献~之医。"元明《水浒传》五六回:"放着有~弟兄在此,今次却用着鼓上蚤时迁去走一遭。"清《东周列国志》五八回:"将三叶次第认,你次次射中,方见~。" ❷指高超的手段、技艺的人。明吴宽《送顾生伯谦应举》:"少年云路呈~,未论秋风折桂枝。"清《绿野仙踪》二三回:"若讲到赢他,必须得你去,别人也没这~。"《荡寇志》一一五回:"这些猎户纵有~,如何近得?"

【高堂】 gāo táng　❶指父母。唐刘禹锡《送李友路秀才赴举》:"伫俟明年桂,~开笑颜。"元高明《琵琶记》五出:"悲岂断弦,愁非分镜。只虑~,风烛不定。"清《十二楼·拂云楼》三回:"两位~恐蹈覆辙,今后只以听命为主,推命合婚的时节,要小姐自家过耳,省得后来埋怨。" ❷偏指母亲。明无心子《金雀记》九出:"〔净〕丝幕牵红,同上花毡,先拜天地三界!〔拜介〕拜!兴。次拜泰山~。"李开先《宝剑记》二二出:"奈天涯人远,塞鸿信断,锦鲤书迟。况~病染,惆怅泪偷垂。"《警世通言》卷一一:"当日拜别了老母,嘱咐兄弟苏雨:'好生侍养~。'"

【高挑子】 gāo tiāo zi　身材细长的人。清《儒林外史》四三回:"内中有一个~出来跪禀道:'小的认得。'"又:"吩咐~道:'你明日看见冯君瑞,即便捉住,重重有赏!'"

【高下】 gāo xià　❶抬高和贬低;区别或衡定其高低。唐马总《意林》卷一:"不布施以求德,不~以相倾。"宋蔡絛《铁围山丛谈》卷五:"大凡沉水、婆菜、笺香,此三名常出于一种,而每自~。"明《杜骗新书·衙役骗》:"特被访者,出入于问官之心,~于权书之手,其情得罪当者亦少矣。" ❷指高度。明《西游记》六四回:"念个咒语,把腰躬一躬,叫:'长!'就长了有二十丈~的身躯。"《醒世恒言》卷一〇:"那运河内的水,暴涨有十来丈~。"清《绿野仙踪》九回:"石堂门却用一块木板堵着,也不过三尺~,二尺来宽。"

【高心】 gāo xīn　❶高傲;自大。唐王梵志《在乡须下意》:"在乡须下意,为客莫~。相见作先拜,膝下没黄金。"《敦煌变文校注》卷一《李陵变文》:"直为~欺我国,长交(教)北海牧低(羝)羊。"明袁宏道《送刘学博序》:"而所为弟子员者,又多~阔步,方领大带,仰面而视,如所不屑。" ❷超越常俗的见识。宋苏辙《巫山庙乌》:"巫庙真人古列仙,~独爱玉炉烟。"程俱《延康殿学

士王公行状》:"然其~独见,常糠粃文词,有不足为之意,故应酬落纸,初不留顾。"苏籀《次韵洪谷瑞摸临皋亭四画》:"刻舟事往何嗟及,拙目~付黠痴。" ❸高尚的情意。明《杏花天》一一回:"此门户中之妇,只可取乐忘怀,那有~待人。财多情厚,银稀意绝。"

【高兴】 gāo xìng　❶愉快而兴奋。唐储光羲《敬酬陈掾亲家翁秋夜有赠》:"清秋忽~,震藻若有神。"明袁于令《西楼记》六出:"一时~,都把他新曲涂坏了,怎么处?"清《绿野仙踪》四三回:"几句话说得如玉~起来,一蹶劣扒起,将桌子一拍。" ❷很高的兴致。唐高适《东平旅游奉赠薛太守》:"~陪登陟,嘉言忝献酬。"明《金瓶梅词话》七八回:"哥,你今日没~,怎的只打睡?"清孔尚任《桃花扇》一八出:"老夫一天~,却早灰冷一半也。" ❸欢庆;喜庆。唐李邕《贺感梦圣祖表》:"耆艾衢陌,工贾旗亭。~太平之时,欢言上古之化。" ❹恣意;肆情。唐钱起《送马明府赴江陵》:"清风~得湖山,门柳萧条双翟闲。"贯休《送沈侍郎》:"山多~乱,江直好风生。" ❺指性欲或性行为。《元曲选·争报恩》一折:"恰好两处都吃不成酒,只不如靠着壁上,做些勾当,也消遣了这场儿。"明《禅真逸史》七回:"晚上已蒙娘子慨允,脱衣就寝,因病受阻了~。今已无恙,正好与小僧一乐。"清《白雪遗音·忽闻冤家》:"一见冤家瘦脱了形,见了奴,还要与奴高~。年轻人,自己不顾自己命。" ❻愿意;喜欢(做某事)。明王錂《寻亲记》三三出:"〔外〕你怎么私置牢狱?〔净〕禁治而已。〔外〕你怎么强占人妻?〔净〕~而已。"清《歧路灯》六四回:"这些门户子弟在咱手里,要一杀他时,不过是瓮中捉鳖;要懒于杀他时,不过是项上寄来。"《荡寇志》一二〇回:"更兼这个朋友最~画山水。" ❼凑趣;有兴致。明《西游记》七四回:"你这老公公不~,有些儿好褒贬人。"《醒世恒言》卷二一:"却有张骘伯与刘取之,都是极~的朋友,心上只是要住。"清孔尚任《桃花扇》一二出:"杨兄~,也来消夜?" ❽兴头;兴趣;意愿。清《儒林外史》八回:"蓬太守道:'令兄宦况也还觉得~么?'二位道:'通政司是个清淡衙门,家兄在那里浮沉着,绝不曾有甚么建白。'"《红楼梦》一七至一八回:"宝玉道:'好妹妹,明儿另替我作个香袋儿罢。'黛玉道:'那也只瞧我~罢了。'"《歧路灯》八五回:"若是银子在家里放着,人心似水,水涨船高的,有一个钱便有两个钱。" ❾形容程度高。清《醒世姻缘传》二〇回:"那些人打抢得~,梦也不晓得县官进到厅前。"《歧路灯》三九回:"哭的~,肚里又有了半壶酒,一发放声大嚎起来。"《荡寇志》一一四回:"孔厚正骂得~,刘广不听则已,一听孔厚这番言事,便叫军官:'去锁那两个名医来。'"

【高选】 gāo xuǎn　❶(科举)高中。宋洪迈《夷坚志》乙卷三:"适梦明日榜出,樊光远为第一人,刘若虚次之。梦中了然,主公必~。"明孙仁孺《东郭记》一四出:"闻子敖~,未及趋贺,何当辱顾。"清《痴娇丽》六回:"白哥既有探花手段,必有折桂才能。此行决应~。" ❷高榜;(科举)高名次。宋王辟之《渑水燕谈录》卷六:"及试礼部《严父莫大于配天赋》,廷试《圆丘象天》,皆中~。"明谢谠《四喜记》一六出:"一战胜群贤,独占鳌头。"清陈廷敬《郭先生逸事记》:"为诸生,以~贡于国学。" ❸泛指选拔或选官。金赵可《望海潮》:"三馆俊游,百街~,翩翩老阮才名。"明汤显祖《南柯记》一三出:"这姻缘不浅,金穴名姝,绛台~。"毕自严《与张宪松》:"~乌台,卓冠群伦,而弟漫无一函为候为贺。"

【高言】 gāo yán　❶高声说话,指怒言或吵嘴。明《西游记》七三回:"又不曾有个,那里闯下其祸?"《金瓶梅词话》一四回:"且是好个恩实妈妈儿,~儿也没句儿。" ❷美称对方的言论。明谢谠《四喜记》三五出:"若得老爹~,奴家没齿不忘。"

【高涨】 gāo zhàng　(水位、价格、声望等)猛升。宋《朱子语

类》卷七一:"今泽水～,乃至浸没了木。"元刘时中《端正好·上高监司》:"一日日物价～,十分料钞加三倒,一斗粗粮折四量。"清《续西游记》二二回:"我等离了风管、鸾箫多年,闻他近日势焰～。"

【高招】 gāo zhāo 高悬照明兼起指示作用的灯。明《西洋记》二二回:"兵分水陆二营,大张旗帜,昼则擂鼓摇旗,夜则～挂起,朗唱更筹。"又三三回:"昼则大张旗帜,擂鼓摇铃;夜则挂起～,数筹定点。"

【高着】 gāo zhāo ❶ 高妙的弈棋着数。明吴宽《三答刘道亨》:"弈场莫谩夸能事,～还当恼醉魂。"清《聊斋志异·棋鬼》:"然癖嗜如此,尚未获一～,徒之九泉下,有长死不生之弈鬼也。"和邦额《夜谭随录》卷三:"措大心思如此,尚何著低棋者,虽穷思极算,又岂有～出耶?" ❷ 借指手段、计策等。清《歧路灯》六五回:"赌博场中闹出事,只有个闻风远扬是～。"《姑妄言》二一回:"史奇来了,不知尚智用何～御敌。"

【高照】 gāo zhào ❶ 尊称对方知会。《元曲选外编·黄鹤楼》一折:"俯赐降临,幸勿间阻。伏惟～,不宣。"明《金瓶梅词话》六六回:"谨此预报,伏惟～,不宣。" ❷ 即"高灯"。明《西洋记》一三回:"那丹墀中～点了一百二十对。那～又有些妙处,也不知是生来的好,也不知是制作得好,风越大灯越明。"清《红楼梦》五三回:"一路正门大开,两边阶下一色朱红大～,点得两条金龙一般。" ❸ 犹"高装❷"。清《隋唐演义》二三回:"把单二哥的尊席前这些～果顶,连桌围都掇去了。我们相厚朋友,不以虚礼为尚。"

【高枝】 gāo zhī ❶ 比喻较高的地位或地位高的人。唐罗隐《广陵秋夜读修所赋三篇》:"景物也知输健笔,时情谁不许～。"明《古今小说》卷五:"先生前程远大,宜择～栖止,以图上进。"清《醒世姻缘传》一〇回:"咱做女人的人不占个～儿,这嘴也说的响,也敢降汉子么?" ❷ 比喻高贵的门第或这样门第的子弟。《敦煌愿文集·亡文范本等》:"伏惟故都衙令望～,英猷盛族。"宋佚名《张协状元》二七出:"翔鸾尽有梧桐树,又何苦殢～。"清毛奇龄《姜兆祯昆仲觐从兄侍御维扬官署》:"聪花并辔趋公府,琼树～接郡台。" ❸ 比喻科举高名次。宋梅尧臣《重送祖择之北使》:"文章世德已能传,得桂～二十年。"《元曲选外编·陈母教子》三折:"月中失却攀蟾手,～留与状元郎。"清《玉楼春》一四回:"我看邵生一表非凡,兼又青年博学,蟾桂～,我意欲把女儿配他。"

【高重】 gāo zhòng ❶ 高尚令人敬重。《祖堂集》卷八《云居和尚》:"锺陵大王,仰德～,殷勤异常,为奏紫衣师号。"明李昌祺《剪灯馀话·听经猿记》:"送入龙济为僧,名宗鉴。其后道价～,虎侍猿随,变幻神奇,不可胜述。"清《续西游记》一六回:"瞻仰老师父中华圣僧,道德～,灵山会上亲见如来,传与真经。" ❷ 格调高而厚重。宋黄庭坚《答洪驹父书》:"诸稚子长茂、慰喜,无量寄诗,语意～,数过读不能去手。" ❸ 地位高而重要。宋叶适《陈同甫王道甫墓志铭》:"所历虽知名胜人,或官序～,逆占其无忧当世意,直嬉笑视,不与为宾主礼。"

【高装】 gāo zhuāng ❶ 按一定样式高高地装载。宋吴自牧《梦粱录》卷六:"后妃殿阁蒙颁犒,饼裁～数百重。"明吴宽《次韵济之招仲山酌别》:"园蔬从懒摘,山果更～。" ❷ 指这样装饰形成的样式。明陈继儒《唐李公子传》:"宾既散,时与绿丝掬桃～骏马,踏入深山中。"《金瓶梅词话》四九回:"次又拿了一道汤饭出来,……一大盘裂破头～肉包子。"清雍正五年十一月初八日潘之善奏文:"此项贼夷若是厄鲁特,并未带有～帽子。"

【高斫】 gāo zhuó 犹"高选❷"。宋王迈《送朱典卿履常上舍西上》:"月里一枝～处,向来我已为君留。"

【高足】 gāo zú ❶ 捷足,指良马。唐李白《鲁中送二从弟赴举之西京》:"平衢骋～,逸翰凌长风。"皎然《送裴判官赴商幕》:"看君策～,自此烟霄期。"清彭孙遹《睦州尹俞再李赠歌》:"丈夫胡不策～,长驱直上黄金台。" ❷ 功行高厚或才能卓异。《法苑珠林》卷六一:"洛中沙门竺法行者,～僧也。"明邹元标《纪善新编序》:"先生在,君颖敏视～者稍逊;先生没后,使人不疑于学则君是己。"清毛奇龄《啸隐偶吟录序》:"奕公以息慈之年,受平阳记莂,为乘门～弟子。" ❸ 功行高厚或才能卓异的人。也用作对这样人的敬称。《法苑珠林》卷八四:"时有长安沙门释昙弘,秦地～,隐在此山。"明张泰《赠别蔡时中温州佐府》:"未应别驾淹～,汉署人多识蔡邕。"清姜宸英《与王白民》:"笔诀是旧来相传本子,因～专精摹古,故备为写致,非敢以拙札为英俊准格也。" ❹ 高徒;出色的弟子。唐张怀瓘《书断列传》卷三:"书学褚,尤尚绮丽媚好,肤肉得师之半矣,可谓河南公之～。"明孙仁孺《东郭记》六出:"惭余辈未获门墙躬请,私幸～非凡,讲席齐推,玄风嗣听。"清《荡寇志》一〇七回:"东方贤弟丹张师兄～,岂是我可以遣发的。" ❺ 驰骋;飞黄腾达。唐王维《秋夜独坐怀内弟崔兴宗》:"～在旦暮,肯为南亩俦。"宋宋庠《诏下有感》:"荣路争～,孤生最滥巾。"明王世贞《又答陆汝陈》:"仆受委凡陋,筋力散懒,待罪以来,颇少～之念。" ❻ 高抬脚。宋华镇《上湖南运判张朝散书》:"而某策名七八岁,从仕四三年,曾不能一阔视,取先等夷。"明《英烈传》三八回:"恰好军师～大步的出来,与太祖分宾主行礼讫。"清《豆棚闲话》三则:"兴哥上前将欲迎他,他却～阔步,全不相照。" ❼ 犹"高脚❶"。宋吴则礼《阿堋以歃钵供太希先偶成》:"君不见上公之鼎烹养牛,～巨耳谁与俦?"明陈贞慧《秋园杂佩》:"余友问卿家藏鹦鹉啄金杯,～磐口,亭亭玉立。"清阮葵生《茶馀客话》卷九:"季野踞一床上坐,钱就炕几前执笔,随问随答,如瓶泻水。"

【高作】 gāo zuò ❶ 对对方著述的美称。唐李观《与张宇侍御书》:"见足下,奇之又奇。"宋《五代史平话·梁上》:"如门下～末句,愿学黄石公兵法,觇贤丈志气不凡,非小生所敢与闻。"清《姑妄言》一二回:"贾老爷这样才人的～,也是轻易难得听的。" ❷ 高招;高明之处。明《西游记》四二回:"与他交战几合,也只如此,不见甚么～。"又七四回:"那妖精与我后生小厮为兄弟、朋友,也不见十分～。"

【篙榜】 gāo bàng 撑船划船的工具。榜,船桨。宋魏庆之《诗人玉屑》卷五:"如人操舟入蜀,穷极艰阻,则曰:'吾至矣。'于中流弃去～,不施维缆,不特其退甚速,则将倾覆矣。"

【篙竿】 gāo gān 撑船的竹木杆。五代花蕊夫人《宫词》:"旋刺～令过岸,满池春水蘸红妆。"宋苏轼《西山戏题武昌王居士》:"～系舸菰茭隔,笳鼓过军鸡狗惊。"周必大《渔父四时歌》之三:"有时闲看飞鸿字,斜倚～不掉头。"

【篙工】 gāo gōng 撑篙的船工。唐元稹《遭风》:"湘南贾伴乘风信,夏口～厄溯洄。"宋张耒《离黄州》:"～起鸣鼓,轻橹健于马。"清《雪月梅》三八回:"你有这般勇力,岂可埋没在这～队里。"

【篙痕】 gāo hén 撑篙留下的痕迹。宋阳枋《和王季行制干昌溪即事》之二:"岩重稀鸟道,石劲少～。"元吴莱《南海山水人物古迹记》:"浮丘山在海南西,本罗山朱明之门户,浮在水中,～宛然。"清高层云《韶阳道中》:"翠壁千篙攒,岁久石受创。"自注:"崖壁间～深三四寸者,不可胜数。"

【篙楫】 gāo jí ❶ 犹"篙榜"。唐宋申锡《义成军节度李公德政碑铭》:"公引寿春金痍之旅,杂淮阴～之师,与五诸侯,分疆

夹击。"明章懋《议处盐法事宜奏状》："其船多置～,满载私盐,沿江上下,卖与往来客旅百杂人等。"清周仪暐《中宿峡》："扁舟溯春涨,～竞分寸。"　❷ 比喻手段。唐苏冕《麟台碑铭序》："鼓仁义为舟航,权褒贬为～,乘横流之波,济天下之溺。"宋金君卿《寄所知》："愿持仁义为～,敏手中流救覆舟。"

【篙橹】 gāo lǔ　犹"篙榜"。宋道潜《和子由彭蠡湖遇风雪》："暂停～喧,却着登山屐。"明《西湖二集》卷八："到得清早,就有数千头鱼共曳一只船来,～都备。"清施闰章《从制府江行》之三："上滩折～,缘岸愁虎豹。"

【篙人】 gāo rén　即"篙工"。《新唐书·杜亚传》："使～衣油彩衣,没水不濡。"明方孝孺《告风伯文》："～橹工,流汗成雨;白浪涌腾,抑退轩举。"清施闰章《自浔阳至长沙舟中杂咏》之四："野鹤偏知雨,～自唤风。"

【篙梢】 gāo shāo　篙工与艄公,泛指船工。宋周必大《思陵录下》："御舟赖～善其事,遂得入闸。"明陆深《诗话》："众异而拈'蕉'字与之。噩应声吟曰:'平明饭罢促～,缆解五云门外桥。'"

【篙稍】 gāo shāo　同"篙梢"。宋《建炎以来繫年要录》卷五六："应公私舟船悉令于南岸深港内隐藏,如违,～并行军法。"

【篙师】 gāo shī　撑船的老手。唐杜甫《早发》："早行～怠,席挂风不正。"明汤式《小梁州·扬子江阻风》："把酒问～。他迎头儿便说干戈事,待风流再莫追思。"清《聊斋志异·贾奉雉》："隶命～荡舟,且追且号。"

【篙手】 gāo shǒu　即"篙工"。宋江休复《醴泉笔录》卷下："川峡呼梢工～为长年三老。"宋元《古今小说》卷二四："路至盱眙,不幸箭穿～,刀中梢公。"清吴贯勉《满江红》："湍激矶湾忙舻背,风催舵尾停～。"

【篙头】 gāo tóu　船篙的端头。宋杨万里《过显济庙前石矶竹枝词》之二："大矶愁伤小矶愁,篙稍宽时舸即流。撑得～都是血,一矶又复在前头。"明陈子龙《女儿子》之一："盐崖上水悲莫啼,～裹布双竿齐。"清《雪月梅》三九回:"刘电使着力大了,只听豁喇一声,那～折断了二尺有馀。"

【篙眼】 gāo yǎn　撑篙留下的孔眼。宋苏轼《百步洪》之一:"君看岸边苍石上,古来～如蜂窠。"清查慎行《石钟山》:"蜂窠挂～,鸟卵破瓮缶。——皆下垂,中空无一有。"

【篙舟】 gāo zhōu　撑船。唐韩愈《宿曾江口示侄孙湘》之一:"～人其家,暝闻屋中唈。"宋韩维《和晏相公湖上》之二:"获水登红稻,～割紫菱。"清厉鹗《回舟经石潭口至秦亭山下作》:"～人翠微,枉渚何知返。"

【篙子】 gāo zǐ　另见 gāo zi。犹"篙工"。宋郭祥正《送袁殿丞》:"云飞洞阆君遂起,～催行趁潮水。"明刘基《过闽》之三:"～踏歌浑不畏,行人遥望替生愁。"

【篙子】 gāo zi　另见 gāo zǐ。撑船的竹竿或木杆。《元曲选·冯玉兰》三折:"快把～垫住,着上流头那里俍将下一只船来,不要撞坏了我家的船那!"清《红楼梦》四〇回:"船小人多,凤姐只觉乱晃,忙把～递与驾娘。"《白雪遗音·情人哄我》:"上了船,拔了～离了岸。"

【羔儿】 gāo er　❶ 小羊。《太平广记》卷四三九引《玉堂闲话》:"忽转身超起～,见刀在羔之腹下。"《元曲选·曲江池》一折:"姨姨,无甚么孝顺,只宰的一个小小～,请姨在曲江池上,开怀畅饮数杯。"清《醒世姻缘传》六七回:"他穿的是件～皮袄子,还新新的没曾旧哩。"　❷ 指羔儿酒。宋李曾伯《水龙吟》:"～满泛,狮儿低唱,飘风过耳。"明《金瓶梅词话》六九回:"黄昏误入销金帐,且把～独斟。"清尤侗《玉蝴蝶·雪窗忆卿谋》:"闭门高卧,

～无分,且吃团茶。"　❸ 犹"羔子"。清《歧路灯》五一回:"这窎家小短命～,输不起钱,就休要赌。"

【羔儿酒】 gāo er jiǔ　即"羊羔酒"。宋朱肱《北山酒经》卷下:"一法,将一半麹于酸饭内分,使气味芳烈,却须并为细末也。惟～尽于脚饭内着麹。"韩元吉《鹧鸪天·雪》:"凭君细酌～,倚遍琼楼十二阑。"明田狩龙《山中示诸子》:"晚醉～,闲簪柳椰子冠。"

【羔子】 gāo zi　小羊,也泛称动物幼子,常用作詈称或昵称,指年轻人。清《醒世姻缘传》三三回:"万劫不得人身的臭忘八杂种～!"《续金瓶梅》四一回:"两人原是要惯了的,搂着脖子,一递一口,亲嘴咂舌,一片声响。这个叫声:'我的亲哥哥! 亲～!'那个也答应,叫道:'我的心肝姐姐!'"《醒世姻缘传》四〇回:"你多大点～,掐了头没有疤的,知道做这个勾当!"

【糕饼】 gāo bǐng　糕类、饼类面食。唐李筌《太白阴经》卷五:"面一十五石斗二升五合,～一人三合。"明《醒世恒言》卷一八:"门首开个～、馒头等物点心铺子,日常用度有馀。"清《锦香亭》三回:"又见几个官妓家的龟子,买了些～儿拿在手里。"

【糕点】 gāo diǎn　糕饼和点心的总称。清《红楼梦》一七至一八回:"一个太监托着一金盘～之属进来。"《野叟曝言》六回:"素臣早晨吃了些～,一日竟没吃饭。"

【糕店】 gāo diàn　卖糕饼的店铺。清《野叟曝言》八回:"这四十两算不得聘金,你存下做本钱,随分经营,不要开这～了。"《粉妆楼》五四回:"人是俺打死了的,不与～相干。"

【糕饵】 gāo ěr　犹"糕饼"。明徐光启《农政全书》卷三八:"榆钱可羹,又可蒸～。"《明史·列女传三》:"刘有女,甫一岁,啼甚惨。刘乳之,复以一～器置女侧,乃死。"清袁枚《子不语》卷四:"其夫启门,见女尼持裤来还,并篮贮～为谢。"

【糕干】 gāo gān　一种用米粉制成的干糕。加水调成糊状,可充婴儿乳食。清《续金瓶梅》三回:"此时午斋,在方丈先吃了茶,就是两碟红枣,两碟柿饼,两碟～,两盘炉饼。"《白雪遗音·婆媳顶嘴》:"他不会喝粥,我买～给他吃。"

【糕工】 gāo gōng　制糕饼的工人。清顾禄《清嘉录》卷一二:"富家或雇～至家,磨粉自蒸。"

【糕糜】 gāo mí　糕和粥。❶ 偏指糕。宋《大广益会玉篇·食部》:"糕糜,糕饼也。"《太平广记》卷一四九引《逸史》:"今日京兆尹进新糯米,得～,卿且唯吃。"《元曲选·鲁斋郎》一折:"我只得破步撩衣走到跟前,少不的把屎做～咽。"清陈廷灿《续茶经》卷下之四:"湘人以四月四日摘杨桐草,捣其汁拌米而蒸,犹～之类。"　❷ 偏指粥。元明《水浒传》四六回:"一行人跪下告道:'这老子挑着一担糕粥,泼翻在地下……'老子告道:'老汉每日常卖～营生。'"又四七回:"那老人筛下两碗白酒,盛一碗～,叫石秀吃了。"

【糕糜】 gāo méi　即"糕糜❶"。金《刘知远诸宫调》一:"掇坐善能饮醉酒。冲席整顿吃～。"

【糕铺】 gāo pù　即"糕店"。清李斗《扬州画舫录》卷九:"米景泉住河东岸,于天宁门街开～。"《野叟曝言》六回:"后面落着年月日期,并实贴'刘大～'字样。"

【糕胜】 gāo shèng　糕。胜,定胜糕,一种制成元宝(元宝以锭为计数单位)样的糕品。明《续欢喜冤家》一八回:"儿童借问,不知几个炉头;～相遗,自是三家村里。"

【糕肆】 gāo sì　即"糕店"。明刘侗、于奕正《帝京景物略》卷二:"面饼种枣栗其面,星星然,曰花糕。～标纸彩旗,曰花糕旗。"清顾禄《清嘉录》卷一二:"春前一二十日,～门市如云。"

【糕团】 gāo tuán　糕饼团子之类。明袁于令《西楼记》四〇

出："结亲诗句有千般,喊得喉咙铁屑干。讨尽花红并赏赐,收些糖果共～。"《海上竹枝词·糕团铺》："桃形锭式并莲圆,各种～列案前。调合粉糖嵌百果,点心可口不论钱。"

gǎo

【稿】 gǎo ❶ 诗文图画的底本,比喻风范;样子。元王元和《小桃红·题情》："不敢展文公家教,但只是磨香翰,挽兔毫,才下笔了便写出风情,翰林旧～。"明汤显祖《牡丹亭》一四出："有一个曾同笑,待想像生描著,再消详邈人其中妙,则女孩家怕漏泄风情～。"清《聊斋俚曲·翻魇殃》："合二相公到了那院里,一眼看见那煖云窝,笑了笑说:'这小厮又嚼抄了人家的～来了?'" ❷ 指原来的或别的方法。清《聊斋俚曲·姑妇曲》："每日里是降人,日头又倒照,才知道抄不的家里的～。"又《襄妒咒》："一样汉子有一样降法,怎么抄的～呢?"

【稿案】 gǎo àn 官府的公文案卷。清雍正六年二月二十五日李卫奏文："吏书日行～,每事必取具'实系斟酌妥协,不敢受贿作弊,如虚甘罪'之押结。"《歧路灯》六五回："早有刑房掌～的邢敏行打算谭绍闻这宗肥钞,使人向王象荩说署中走线的话。"《二度梅》三一回："穆相公如此大才,任上一应大小～,件件都亏他料理。"

【稿本】 gǎo běn 诗文图画的底本。宋曾敏行《独醒杂志》卷一："尝有～数册,在其婿陈良器处。"明文震亨《长物志》卷五："宋画院众工凡作一画,必先呈～,然后上真。"清李光地《御制性理精义序文发示恭谢札子》："除另缮稿谨藏外,应将原发～恭缴。"

【稿窆】 gǎo biǎn 草草埋葬。《新唐书·柳泽传》："况臣之伯祖无辜被诛,今～未还,后嗣侨处。"

【稿殡】 gǎo bìn 犹"稿窆"。唐苏颂《扬子寺聱隅先生祠堂记》："未几其子某自南方来,挈旅榇载遗书以去,过江都,～于扬子寺后圃。"元苏天爵《元故少中大夫董公神道碑铭》："金将亡,父母俱卒,～永宁之野。"清汪琬《祭季给事文》："捐身沙碛,悬棺～。"

【稿草】 gǎo cǎo ❶ 稻麦等的秆。唐温庭筠《题贺知章故居叠韵作》："老姬宝～,愚儒输逋租。"明缪希雍《神农本草经疏》卷二二："乃用熟～细缠蒸过,曝干售之。"清汪琬《颜中和事略》："尝取析薪斧斫之,复束～如人形,书昌姓名其上以试斧。" ❷ 指草料。唐赵元一《奉天录》卷一："城中虽有云梯之捷,素无～,粮储罄竭。"

【稿底】 gǎo dǐ 底稿;草稿。明陈汝元《金莲记》一四出："〔章昨日下官所嘱之事,不知稿已完否?〔舒〕～已完,呈上求正。"清《荡寇志》七四回："孙高当时起了～,出名的是孙高、薛玉。"

【稿副】 gǎo fù 底稿的副本。宋王安石《与王逢原书》："所示～,辄留传玩,不审定复枉顾否?"陈鹄《耆旧续闻》卷四："宋氏～尚存,顷获观之,乃具录焉。"

【稿儿】 gǎo er ❶ 诗文图画的底本。也指写成的诗文、文书等。元《三遂平妖传》一二回："央做公的草了～,讨一张纸,亲笔誊了真。"明徐霖《绣襦记》三一出："郑元和当日拜师,传与俺莲花落的～。抱柱杖走尽了烟花市,挥笔写就了龙蛇字。"清《歧路灯》三八回："只为我的诗不佳,所以不肯刻～,现存着哩。" ❷ 比喻主意;打算。清《红楼梦》六二回："他心里已有～,自有头绪。"《绿野仙踪》六回："他今日做这般刀斩斧断的事,可知他平日～……"

心中也不知打过几千回～。"《歧路灯》六八回："总是我的老婆,极不省人事,极不晓理,这分家,实从他娘家起的～。"

【稿荐】 gǎo jiàn 用稻草、麦秸等编成的垫子。唐王梵志《草屋足风尘》："客来且唤入,地铺～坐。"明佚名《明宫史》："冬至河冻可拖床,以木作平板,上加交床或～。"清《笑林广记》卷九："衣衾棺椁,俱不敢用,但具～一条,送于郊外,谓之火葬而已。"

【稿书】 gǎo shū 主管稿奏文书的吏员。明孙传庭《再请斥革疏》："臣竟莫悉其故,反致误责陕西携来~—名。"《清史稿·兵志六》："总兵以下各官,设～、书识,自七人至一人不等。"

【稿套】 gǎo tào 文稿的封套。清《歧路灯》六五回："因到师爷房中送签押～,闲中说:'今日赌犯一案,老爷大怒。'"

【稿头】 gǎo tóu 稻麦秆的端头。稿头有脱谷未尽的餘粒,可供鸡鸭等食用。宋陈造《寄陈居仁》："野店樽罍醅脚酽,比邻鸡鹜～肥。"

【稿瘞】 gǎo yì 犹"稿窆"。宋洪迈《夷坚志》丁卷九："言终而亡。比晓,妻举尸～于水滨。"

【稿纸】 gǎo zhǐ 写有文稿的纸张。明王世贞《张伯雨书诸公赠言》："第此～不经意而结法极遒俊,得晋诸贤意。"清李渔《怜香伴》三出："就是～也要谨密收藏,不可只字落人之手。"

【稿子】 gǎo zi ❶ 犹"稿儿❶"。宋朱熹《答林择之》："复以书叩之扩之,录得～奉呈。"元锺嗣成《醉太平》："俺是悲田院下司,俺是刘九儿宗枝,郑元和俺当日拜为师,传留下莲花落～。"清《镜花缘》六八回："少时先画个～,俟姐姐改正定了,我再慢慢去画。" ❷ 犹"稿儿❷"。清《红楼梦》六二回："若不闹出来,大家乐得丢开手;若犯出来,他心里已有～。" ❸ 即"稿❶"。清《红楼梦》二九回："我看见哥儿的这个形容身段,言谈举动,怎么就同当日国公爷一个～。"

【薨】 gǎo 主意。字或作"薧"。明《警世通言》卷二五："谁知桂迁自见了施小官人之后,却也腹中打～,要厚赠他母子回去。"

【薧本】 gǎo běn 同"稿本"。唐波仑《陀罗尼神咒经序》："于是赍～出内,将显宏福。大德元谟法师一见此文,嗟称不已。"明宋濂《题桂隐遗文后》："濂尝受业公门,见公追念先德,日搜坠逸,手录成编。此盖其～也。"清汪由敦《跋旧搨圣教序》："此亦儿童之见,六经诸史,岂待得涂乙～始据为真耶?"

【薧窆】 gǎo biǎn 同"稿窆"。唐柳涣《请还葬伯祖爽表》："～尚隔故乡,后嗣遂编蛮服。"

【薧殡】 gǎo bìn 同"稿殡"。唐张说《唐元城府左果毅赠郎将葛公碑》："神功二年某月,终于洛师,～邙阜。"明程敏政《祭亡弟文》："嗟嗟吾弟,～僧房,卜窆三年,未有定所。"清施闰章《书王旦华扶榇归蜀册》："盖副使之～于吉,二十年所矣。"

【薧草】 gǎo cǎo 同"稿草❶"。清《东周列国志》一回："朕杀杜伯,如去～。"《野叟曝言》六六回："明日黎明,把几口猪束在～中,到教场里去砍掉了,就完了事了。"

【薧底】 gǎo dǐ 同"稿底"。明王世贞《史乘考误》卷四："朝廷旨意出,内阁臣条进～居阁中,谓之丝纶簿。"叶盛《水东日记》卷二〇："一贡士纸卷,为风所扬半空去。呼之至,乃潜县王越也,云文已成,尚有～在。"清浦起龙《史通通释》卷一二："正如王隐之《晋书》,……为后来史局之～耳,非完书也。"

【薧副】 gǎo fù 同"稿副"。宋王安石《与郭祥正大博帖》："许诗不惜,多以～见借为幸。"

【薧谷】 gǎo gǔ 草料。唐张说《大唐开元十三年陇右监牧颂德碑》："且如停西南两使六顿人夫～,计八十万工。"郑昂《岐邠

泾宁四州八马坊颂碑》:"今则以三月中候,阳崖坟盈,春草先长,便停,俾逐川原。"

【薨荐】　gǎo jiàn　同"稿荐"。唐段成式《酉阳杂俎》卷一一:"寡妇～草节,去小儿霍乱。"元古本《老乞大》:"这般精土炕上怎生睡? 有甚么～将几个来。"明邵璨《香囊记》三九出:"日里化斋粮,夜间眠～。"

【薨书】　gǎo shū　草书。唐张怀瓘《书断》:"王愔云'～者,若草非草草行之际',非也。案,薨亦草也。……盖取流浑沌天造草昧之意也。"宋黄庭坚《题李白诗草后》:"予评李白诗如黄帝张乐于洞庭之野,无首尾,不主故常,……及观其～,大类其诗。"

【薨头】　gǎo tóu　同"稿头"。宋黄庭坚《送吴彦归番阳》:"家鸡～肥,寒鱼受罾网。"邓深《三伏中一雨更生旱》:"处处香瓮面,村村肥～。"

【薨瘗】　gǎo yì　同"稿瘗"。唐张说《河州刺史冉府君神道碑》:"蘅叶则落,～城隅。"明胡翰《赵氏大墓表》:"听其二子之议论,未尝不以前人～为疚。"

【薨札】　gǎo zhá　信函草稿。唐尚理《对赐告养病乙父在丧母立凶门判》:"三削～,十扪蓬心。恨流落之多年,辱清通之此问。"

gào

【告】　gào　❶告身;官诰。唐郑处海《明皇杂录》卷上:"韦嗣立拜中书令,瑰署官～,颋为之辞,薛稷书。时人谓之三绝。"宋《吏部条法·差注门一》:"有收使循资恩例～未下,乞先注,而候～下日钞。"明宋濂《题顾拙轩告命后》:"故事,修职郎满三考,关升令录,先以合入阶官给～,公遂人从政郎。"❷封赠。唐元稹《故万州刺史刘君墓志铭》:"朝廷忠之,以平州刺史～其第。"❸央求;请求。唐来鹄《鄂渚除夜书怀》:"难归故国干戈后,欲～何人雨雪天。"《元曲选·金钱池》四折:"韩辅臣,你与我一～儿。"清《红楼梦》六九回:"可巧邢夫人过来请安,秋桐便哭～邢夫人说:'……太太好歹开恩。'"❹问;卜问;请问。金《刘知远诸宫调》二:"三娘洒泪～曰:'夫往太原,如何过日?'"《元曲选·燕青博鱼》二折:"拿着这常占胜不占输只愁富不愁穷,明丢丢的几个头钱问。钱那,我若是～一场响豁,便是我半路里落的这殷勤。"又《谢天香》二折:"教谢天香唱一曲调咱。〔正旦云〕～宫调。〔钱大尹云〕商角调。〔正旦云〕～曲子名。〔钱大尹云〕定风波。"❺祝;愿。宋刘燾《满庭芳》:"～你高飞远举,前程事,永没磨折。"

【告罢】　gào bà　❶结束;停止。《敦煌愿文集·愿文等范本》:"～此筵,恻怆何极!"金王寂《题高敬之所藏云溪独钓图》:"疏帘留著昼偏长,茗碗～新炉香。"明孙传庭《两邑拙政乞言述》:"议者欲复流税以佐宗禄,辄力言其不便者四,深切利害,旋获～。"❷去职。唐李皋《祭从祖弟秘书少监文》:"周历南宫,连刺三郡。得风～,人贰秘书。"宋苏轼《祭史彦辅文》:"庆历丁亥,诏策～,予将西辕。"清陈廷敬《通议大夫崔公墓碑》:"公自再侍起居又四年,得疾以～归,家居五年而卒。"

【告白】　gào bái　对公众的声明或启事。明孙传庭有《派就壮丁晓示阖城～》。清《绿野仙踪》三九回:"具报单人冷秀才,为周济贫民事,……定在三日内收齐,后期投送者概不收。专此～。"《济公全传》二九回:"没人找,我们四门贴起～,也不算瞒昧这东西。"

【告百备儿】　gào bǎi bèi er　即"走百病"。明《金瓶梅词话》四四回:"明日请姑娘众位好歹往我那里,大节坐坐,晚夕～来家。"

【告拜】　gào bài　诉告祭拜。宋钱易《宋故枢密直学士张公墓志铭》:"历四年归阙,得～坟域于濮上。"明梁辰鱼《浣纱记》一〇出:"不免～天地山川,社稷宗庙,怜我困苦,阴求护持。"《西湖二集》卷一六:"汝怨气冲天,日日～天地,玉帝将汝投词救下缯绻司。"

【告报】　gào bào　邸报;官府下达的文告。宋司马光《乞开讲筵札子》:"臣伏睹讲筵所～,依乾兴年故事,讲《论语》,读《史记》。"《三朝北盟会编》卷七七:"上皇所出内人,虽已嫁者,亦径取以往,～下,如鹅鸭赴汤火。"陆游《老学庵笔记》卷三:"绍兴末,史魏公为参政,始命书吏镂版从邸吏～,不受双书,后来者皆循为例。"

【告毕】　gào bì　完毕;结束。唐高彦修《阙史》卷上:"暨石工～,百步夷然。"金李俊民《高平县宣圣庙上梁文》:"今则奋锸具陈,斧斤～。谨差谷旦,爰举虹梁。"明袁裒《田家》:"岁功已～,蜡社聚一方。"

【告窆】　gào biǎn　告知亲友下葬日期。唐权德舆《唐故太常卿韦公墓志铭序》:"以冬十一月甲子,著与蔡叶,～于某原。"宋魏了翁《中奉大夫李公墓志铭》:"别仅旬时,其孤当楫、当炜以状～于泸,且乞铭,为之瞿然失声。"

【告便】　gào biàn　告方便,如厕的婉词,也用作暂时离开的婉词。明许潮《龙山宴》:"〔净〕诸公以楚囚笑我、看我、劝我、叹我,我殊不解其意。待我～来酬答。〔净告入厕科〕"《西洋记》三〇回:"贫僧～,但凭元帅调兵遣将就是。"清《聊斋俚曲·磨难曲》:"小弟～,去去就来。"

【告辨】　gào biàn　诉告辨别。宋江少虞《事实类苑》卷三:"夫禁止～,则人之曲直邪正,无以辨明。"宋元《古今小说》卷三九:"察其本谋,实非得已,但不合不行～,纠合凶徒,擅杀职官郭择及士兵数人。"清李渔《怜香伴》一九出:"不知汪学官听了那个的谗言,竟将我申为'行劣',……我今写下呈词,前来～。"

【告辩】　gào biàn　诉告申辩。明谢肇淛《五杂组》卷一四:"况转详又有京驳审录,又有矜疑恤刑,至部又纷纷～,卒有元凶未正典刑,而中正亲属相望告毙者。"《拍案惊奇》卷一一:"随你那里～,出不得县间初案,他也不肯认错翻招。"

【告禀】　gào bǐng　禀告;向长辈或上级报告。元李士瞻《与燕平章书》:"于是先遣都事程忠偕文郎中前去～会次相见日期,拱俟回报。"明梁辰鱼《浣纱记》二三出:"～母知,请尊官进中堂坐。"清《聊斋俚曲·磨难曲》:"写了张投首的状,～老父师。"

【告病】　gào bìng　❶患病;染病。《太平广记》卷一三引《神仙传》:"比及二年,先生～,四宿而殒。"元王恽《茹野菊赋序》:"丙寅春三月,予以司明～,避忌食物。"❷因病或告称有病辞职。唐颜师古注《汉书·高纪上》"高祖尝告归之田":"今官吏因病乞休曰～,始此。"宋元《警世通言》卷四:"荆公从夫人之言,一连十来道表章,～辞职。"清叶舟《兵部职掌疏》:"文职京官,查验明白,准其回籍,病痊起用。"❸称病;推说有病。《旧五代史·晋书·张彦泽传》:"式乃～寻医,携其妻子将奔衍州。"元胡祗遹《大元故怀远大将军蒙古公神道碑》:"四年大举南伐,所过官吏～。公以忠勤预备,供给不匮。"清《红楼梦》四七回:"贾赦无法,又含愧,自此便～,且不敢见贾母。"❹因受害或受灾而不堪。唐常衮《放京畿丁役及免税制》:"今县内～,流亡不已,失于抚育之道。"宋牟巘《祈雨未获申诸司状》:"本军今岁苗稼茂盛,但自六

月以来一向缺雨,高下之田,率皆～。"清顾炎武《钱粮论》:"今若于通都大邑行商云集之地,虽尽征之以银,而民不～。" ❺ 向神明诉告疾病祈禳佑护。明《西游记》六回:"他坐中间,点查香火,见李虎拜还的三牲,张龙许下的保福,赵甲求子的文书,钱丙～的良愿。"又一○○回:"还有那～的,保安的,求亲许愿,求财求子的,无时无日不来烧香祭赛。"

【告茶】 gào chá 敬词。奉茶;请喝茶。六十种曲本《琵琶记》三四出:"〔丑〕几从林深处日徘徊,特来看佛会。官人请坐～。"明《二刻拍案惊奇》卷四:"金宪收了,设坐～。"清李渔《奈何天》九出:"请夫人、小姐,到禅堂里面～。"

【告陈】 gào chén ❶ 诉告;诉求。唐李旦《劳毕构玺书》:"粗杖大枷,动倾性命。怀冤抱痛,无所～。"元苏天爵《建言刑狱五事》:"所犯罪有轻重,家赀为之一空,甚至取其赃仗。其家因为得罪,盖亦不敢～,有司亦不受理。"明《拍案惊奇》卷一四:"正恐累及平人,故不避幽明,特来～。" ❷ 告知;陈述。《敦煌变文校注》卷五《佛说阿弥陀经讲经文(一)》:"行时不离三依(衣)眠,出宿还须普～。"元李士瞻《与赵金院书》:"其详之嘱,前已～照磨,今元凯能悉也。"清《八洞天》卷七:"然后从头至尾,把改装避难的缘故,细细～。" ❸ 寒暄;应酬。清《情梦柝》一回:"那些妇女,老成的,说老公,认媳妇,～亲眷;骚发的,穿僧房,入静室,引惹阇黎。"

【告称】 gào chēng 告诉;报告说。唐赵不疑《对无鬼论判》:"～谋杀,未达幽明。"元明《水浒传》三一回:"飞云浦地里保正人等～:'杀死四人在浦内。'"清洪昇《长生殿》二○出:"闻得一月前,京中有人～禄山反状。"

【告呈】 gào chéng 呈告。明刘虞夔《拟越裳献雉赋》:"天启谋,惟人甚。羌物瑞之～,繄葵心其肇企。"清《万花楼》四九回:"岂料李成妻沈氏,不守妇道,胆敢前来～御状,冒犯天颜。"

【告敕】 gào chì ❶ 敕告;敕谕。《法苑珠林》卷七:"阎罗王大声～曰:'痴人狱种。汝在世时不孝父母,邪慢无道。'"《敦煌变文校注》卷五《维摩诘经讲经文(七)》:"文殊蒙佛～,起立筵中,欲申师资之恩,谦让自己之事。" ❷ 即"告身"。五代孙光宪《北梦琐言》卷一八:"掌书记王惟吉夸历任～,配绥州长流百姓。"明《古今小说》卷九:"却是历任文簿和那～,是赴任的执照,也失去了,连官也做不成。"清袁枚《随园随笔》卷七:"唐告身即今之～。天宝初官爵滥而米粟贵,所以有'将军告身易一醉'之语。"

【告词】 gào cí ❶ 诰敕的文词。宋苏轼《缴词头奏状》:"所有～,臣未敢撰。谨录奏闻,伏候敕旨。"元梅应发《重刊祠山事要指掌集序》:"庙中古碑,或断或弃或徙去,完者无从考校,皆以封爵一刻板于庙。"明王世贞《浙三大功臣传·王守仁》:"隆庆初,用谏官言,赠守仁新建侯,谥文成,赐葬予祭及赠～,推明为元勋圣学。" ❷ 讼词;状词。明归有光《贺潮审单》:"～虽涉于半诬,据律当从于末减。"《二刻拍案惊奇》卷二:"当下写就了一纸～,竟到幽州路总管府来。"清刘馀佑《请革投充疏》:"况藉势武断,民怨日丛,～日繁。" ❸ 祭告的文词。明王慎中《祭郭生父母文》:"～不文,聊见通家悼实之情,庶其鉴哉。"佚名《花神三妙传》:"锦先制姊妹三人～,遂命拜参,当天焚奏。"

【告辞】 gào cí ❶ 宣告祭词;投告讼词。唐孙樵《祭高谏议文》:"辒车其东,归骨洛川。远备醪馔,～柩前。呜呼哀哉,尚飨。"清《醒世姻缘传》四二回:"来到侯小槐家,杀鸡置酒,款待差人。临行送了三两纹银,许他投状。侯小槐忙了手脚,拿了几两银子进城,到县门口寻人写了辩状。" ❷ 上报的词状;告谕或祭告的文词。唐范鸣鹤《对典同度管判》:"先无～,后有推过。此

而获宥,何以用刑。"元王恽《谕平阳路官吏文》:"社稷人民,莫非王事,视如私家,无不修理。推广此意,又何俟～之丁宁,公移之督责也。"明程敏政《送济文》:"乌有先生觊偶与奇,投策攘袂,仰哂俯嘻曰:'……载祓载禳,可以无殃。'居士曰:'唯。请制～,速俾召走。'" ❸ 同"告词❶"。宋韩琦《韩氏家集序》:"因感其事,取五代祖而下及诸亲属所为文章,编为六十卷。仍以墓志、行状及授官～冠于首篇。"明王世贞《徐文贞公行状》:"公拜诵之,感激涕下,因谒诸祖茔,勒所锡～于石。" ❹ 推辞;辞谢。《宋高僧传》卷二八《周五台山真容院光屿传》:"山门僧官与大众坚命临坛,～不允。"《元曲选·鸳鸯被》三折:"你父亲这一向也还做官么?〔正旦唱〕官封左丞,～老病。"清《康熙起居注·康熙十九年》:"宜哈齐、达赖年俱老迈,前当有事之时,尚欲努力自效,不敢～。今已事平,故请辞任。" ❺ 结束;离开。《元曲选·对玉梳》四折:"～了春风歌宛转,夜月舞蹁跹。俺如今禄禄双全,稳拍拍的绿窗下做针线。"《金线池》一折:"～了鸣珂巷,待嫁那韩辅臣。"

【告殂】 gào cú 死亡。宋王辟之《渑水燕谈录》卷七:"未几主～,国主悲悼不胜。"明《二刻拍案惊奇》卷一○:"莫翁一病～,家里成服停丧。"清《红楼梦》一四回:"近闻宁国公冢孙妇～。"

【告贷】 gào dài 求借。元吴澄《元赠承务郎熊君墓表》:"～之人,或不能悉偿者,勿问。"明《醒世恒言》卷三○:"昨到亲戚处～,为雨阻于云华寺中。"清纪昀《阅微草堂笔》卷一一:"资斧匮竭,无可～。"

【告倒】 gào dǎo 告状使对方获咎。清《红楼梦》七七回:"原来王夫人自那日着恼之后,王善保家的去趁势～晴雯。"《歧路灯》七○回:"那悄悄的话,真正是叫人听不得的,要我生法写起状来,竟把兄弟～了。"

【告牒】 gào dié ❶ 状牒;告发的文书。唐张鷟《朝野佥载》卷五:"鷟取吕元～,括两头,惟留一字,问:'是汝书,即注是,以字押;不是,即注非,亦以字押。'"《新唐书·姚崇传》:"臣以一门百口保内外官无复反者。陛下以～置弗推,后若反端,臣请坐知而不告。"又《酷吏传》:"试取～判无验者,使推其情,有司必上下其手,希合盛旨。" ❷ 官员、僧道等证明身分的文书。《唐律疏议》卷六:"诸道士、女官时犯奸,还俗后事发,亦依犯时加罪,仍同白丁配徒,不得以～当之。"宋魏了翁《辞免督视军马乞以参赞军事奏》:"如叶义问遣虞允文趣李显忠交军,允文赍金银楮币～以行,故得以便宜纠合将士。"清顾炎武《日知录》卷一○:"且景定之君臣,其买此田者,不过予以～会子虚名。不售之物,逼而夺之。" ❸ 通报或祭告的文书。元李灏《王宏基碑铭》:"尤精明法理,语政事得失成败,如烛照数计著卜然。故凡有司文移～,及断狱有大疑,皋咨其裁度而后定。"清章学诚《文史通义》卷八:"谥则称公,号则先生、处士,或如上寿祝辞,或似荐亡～,其体不知从何而来。" ❹ 申请文牒。明乌斯道《丁孝子传》:"又二十载,道日通,即～还武昌。"

【告斗】 gào dǒu 礼拜星斗祈禳。宋《五代史平话·晋上》:"这课主人心下忧疑,宜命道士～禳度。"元刘将孙《戴勉斋墓志铭》:"中年母病,建楼北向,～祈命,良有应。"清屈大均《广东新语》卷六:"每逢灾疾,乃至禳星～,作诸无益,其伤民财甚矣。"

【告发】 gào fā ❶ 检举揭发。《唐律疏议》卷二四:"人有犯罪,身在囚禁,唯为狱官酷己者得告,自馀他罪,并不～。"明陈铎《沉醉东风·歇家》:"陷了人常遭～,揽了粮不肯交纳。"清《儒林外史》三五回:"因卢信侯家藏《高青邱文集》,乃是禁书,被人～。" ❷ 告别离去。《旧唐书·仆固怀恩传》:"怀恩将酬其觊,奉先遽～。怀恩曰:'明日端午,请宿为令节。'"《太平广记》卷二

○○引《抒情诗》:"一日～,李敦旧分,游河祖送。"

【告乏】 gào fá ❶ 申告匮乏。宋吕祖谦《与周丞相书》:"朱元晦境内大歉,闻～于朝。"王恽《僮喻》:"今日炊烟晨冷,庖人～,计口而食,月得粟五釜可足。"明归有光《隆庆元年浙江程策》:"今天下宴然,而大司农往往～。岁一不登,议改折带征。" ❷ 申告困顿;呈现疲惫。宋石介《庆历圣德颂》:"六月酷日,大冬积雪。汝暑汝寒,同于士卒。予闻辛酸,汝不～。"清李渔《奈何天》一七出:"若待雪消路现之后,又是他精还力复之时。彼势方张,我军～,天下事不可为矣。"《姑妄言》二回:"同他弄时,我正兴浓,他已～。" ❸ 匮乏;亏空。《元曲选·救孝子》一折:"你家里丁产多?〔正旦唱〕虽然是丁产多时也～。"明许自昌《水浒记》一○出:"不要说劫将来可以肥家,就是供我们的酒资,亦是好的。我每苦杖头～,取供潦倒。"清《十二楼·鹤归楼》四回:"又兼两边～,为数不赀,纵有点金之术也填补不来。" ❹ 告贷的婉词。元同恕《故张君彦谌墓志铭》:"国中耆儒孙敬礼之子伯明远游不能归,～于君。君念此老无他子姓备养,分橐镪千五百缗畀之。"蒲道源《讷庵处士任君行状》:"来～者,资之使还。"清《歧路灯》三三回:"将欲问自己的房户铺家,借欠累累不好开口;要寻面生铺家,也难于突然～。"

【告废】 gào fèi 废止。《元曲选外编·西游记》五本一八出:"他父母非良,兄弟参商,～了人伦大纲,因此上自主张。"明李东阳《赠文林郎广西道监察御史陆君墓表》:"郡县廉其贤,推长乡赋。事不～而以身为民庇者尤多。"

【告奉】 gào fèng ❶ 奉告。明陆深《中宪大夫瞿公墓志铭》:"因念往岁乙亥冬,深将起,～吾三族之尊老于江东之新堂。" ❷ 奉请。明《二刻拍案惊奇》卷三八:"此是小人家下,大姐途中口渴了,可进里面～一茶。"

【告覆】 gào fù ❶ 知会;告知。宋朱熹《按唐仲友第四状贴黄》:"先凭冲虚～十八宣教,后再托弟子王静关节。据王静供:丁全凭邓十二付官会三十贯文托王静入宅打嘱十八宣教。"又:"去年十二月,因张应龙载糯谷二十石过浮桥捉住,系黄勉嘱托丁志取受张应龙钱六十贯文九十六陌。丁志～仲友,遂得疏放。"元许衡《辞免京兆提学状》:"该廉宣抚保奏,令某充本府提学者。某自惟非才,不敢祗受,即于宣抚相公及以次官员处～,至今未蒙允纳。" ❷ 告发。宋朱熹《社仓事目》:"其餘并在门外,不得近前挨拶搀夺人户所请米斛。如违,许被扰人当厅～,重作施行。"《元典章·刑部十九》:"各处官司遇有～赌博犯人,往往信从扳指,或有风闻告言,亦为受理。"明《梼杌闲评》八回:"把黄同知父子拿来收禁,把家财抄没入官,田地房产仰均州变价,侵占的田地准人～。" ❸ 禀告;回复。宋《五代史平话·周上》:"唤左右将一卮酒赐与壮士饮唻。郭威～相公:'一卮酒怎能醉我?'"元《秦并六国平话》卷上:"秦将洪定已死,小兵抢得尸首回阵～王将招讨。"明邵璨《香囊记》二出:"～母亲,且喜萱花无恙,棠棣联芳。"

【告官】 gào guān ❶ 向官府告状。《太平广记》卷二一六引《异苑》:"妇人反疑辂,～按验,乃知是术数所推。"《元曲选·救风尘》四折:"明有王法,我和你～去来。" ❷ 控告官员。明祁彪佳《莆阳谳牍》卷上:"此中～告竟成套习,盖有绝不相涉而祇以图其词之准行者。"清于成龙《条陈粤西二事上金抚军》:"百姓知状之未有准行也,必俯首归家,不敢居～之名。"《康熙起居注·康熙五十三》:"即如百姓告秀才,百姓必胜。秀才～,秀才必胜。所行不度事理,惟以己所知者为是。"

【告归】 gào guī 告辞回去。唐杜甫《梦李白》之二:"～常局促,苦道来不易。"元《三国志平话》卷上:"吕布大喜,天晚～。"清李玉《永团圆》一七出:"各处寻觅到了,并无消耗,小人要～了。"

【告害】 gào hài ❶ 申告受害或受陷害。元虞集《歙士吴宁之以宁墓志铭》:"其至徽也,坐狱者皆在,而被害讼于官者已前死,召宁之问状,及所以独不～之故,曰:'兵兴,卒求贿耳,无杀人意。'"明何孟春《题为地方事》:"后来被劫者,困无衙门责任;地方又每～,临访守哨之人描陪赃物。" ❷ 控告以陷害。明李贤《天顺日录》:"即出榜禁约,不许与京官交通,馈送土物,亦不许下人挟雠～。"《二刻拍案惊奇》卷七:"定是你终日宿娼,被他家～了。"《禅真逸史》一七回:"昔年为一友落难,不顾家业,起身救之。后来这友负义,反唆人～。"

【告喝】 gào hè 呼喝令人回避。宋沈括《梦溪笔谈》卷二:"三司、开封府、外州长官升厅事,则有衙吏前导～。"

【告化】 gào huà ❶ 仙化,讳称道士死亡。唐李渤《梁茅山贞白先生传》:"大同二年～,时年八十五。颜色不变,屈伸如常。"《太平广记》卷二六引《集异记》:"是岁庚申六月三日甲申,～于上都景龙观。" ❷ 即"告化子"。清《合欢图》二○回:"偌看先生吃肉圆,一筷两个,～相。"

【告化子】 gào huà zi 即"叫化子"。清《文武香球》四一回:"小生并不是～,乃暂时落难的。"

【告荒】 gào huāng 报告灾荒。宋吕中《大事记讲义》卷二一:"今公帑垂罄,籴不得增;外郡～,粟无所办,将何以堪耶。"明《警世通言》卷一五:"虽不至全灾,却也是个半荒,乡间人纷纷的都来～。"清《五色石》卷八:"是年河东饥馑,百姓流离,祝公屡疏～。"

【告回】 gào huí ❶ 犹"告归"。宋苏轼《与陈传道》:"来使立～,区区百不尽一。"《元曲选·红梨花》一折:"这等无缘,既如此,小生～。"清《警寤钟》六回:"因将好言劝他婆媳和睦,说罢,就要～。" ❷ 请求退职离去或回籍。宋程大昌《演繁露》续集卷一:"明道二年,怀安军判官熊文雅乞以三任～。"元明《水浒传》四五回:"今日哥哥既是收了铺面,小人～。帐目已自明明白白,并无分文来去。"清《金石缘》一六回:"老夫病躯,本欲～养闲,蒙圣上命我在此静养一月。" ❸ 报告归来。清《九云记》一六回:"却说平秀突,是夜不见剑娘之～,始知见卖,愤恨不胜。"

【告寂】 gào jì 圆寂,讳称僧人死亡。《祖堂集》卷五《道吾和尚》:"师曰:'与摩则打钟。'打钟三下便～,春秋六十七。"宋觉范《禅林僧宝传》卷六《云居宏觉膺禅师》:"师云:'三十年后,但云只这是。'乃端然～。"清汪琬《昆山选佛场性空臻禅师塔铭》:"康熙十七年冬,临济宗三十二世性空臻禅师,～于京师之龙泉寺。"

【告假】 gào jiǎ 另见 gào jià。告借。宋叶适《太孺人唐氏墓志铭》:"凡辈幼长师友笔砚,觅举近远,虽费而给,未尝～。"明张丑《清河书画舫》卷三:"右帖全仿右军,风神散朗,品在宋思陵上,屡欲～刻石,卒未得。"

【告假】 gào jià 另见 gào jiǎ。请假。宋洪迈《夷坚志》三辛卷七:"舒怆然,即～于总卿,乘小舟而东。"金《董解元西厢记》卷七:"前者才初得封书信,～驱驰,远来就亲。"清《红楼梦》四二回:"都是老太太昨儿一句话,又叫他画什么园子图儿,惹得他乐～了。"

【告戒】 gào jiè 同"告诫"。唐独孤及《直谏表》:"天意之丁宁～,以此警陛下。陛下宜反躬罪己,求求贤良。"明佚名《鸣凤记》二四出:"明公命我曹,去吏部时呵,叮咛～,掌记须牢。"清《绿野仙踪》一五回:"吾从此永无相见之期,数语～,临颖怆然。"

【告诫】 gào jiè 警告劝诫。唐权德舆《唐故宝应寺大律师多宝塔铭》:"将灭之夕,备申～。中夜累足,如期顺化。"宋许翰

《故朝奉大夫沈公墓志铭》:"骑从传呼,公来反室,有所～,从容如平生。"清《二度梅》二〇回:"于是,更换贵人的服色,大家又～了一番,方才一齐上马,拔寨起程。"

【告借】 gào jiè 求借。宋欧阳修《与吴正肃公》:"孙明复《春秋》文字,知在彼传录,欲～一两册。"明《醒世恒言》卷三〇:"别口气撞出门去,指望寻个相识～。"清李玉《人兽关》四出:"我桂薪因官府追比,勉往浒关亲戚～。"

【告进】 gào jìn 通报请求进入。明沈璟《义侠记》一九出:"〔小生扮皂上〕投文人～。〔净〕进来。"沈采《千金记》三〇出:"报声息事将官～。告元帅,李左车已曾拿下了。"清方成培《雷峰塔》一〇出:"正值坐堂,不免报门。捕快李仁～。"

【告究】 gào jiū 申告究治。《元曲选·朱砂担》二折:"单只被几颗朱砂,送了我头。挤的向阎罗～,着铁幡竿等候。"明祁彪佳《莆阳谳牍》卷上:"若志远另绁有真赃真盗,不妨续于有司～。"

【告酒】 gào jiǔ 接受人奉酒的谢词。《元曲选·东坡梦》一折:"〔旦儿云〕师父满饮此杯。〔正末云〕贫僧～了。"

【告举】 gào jǔ 告发检举。《唐律疏议》卷二四:"诸被囚禁,不得～他事。"元苏天爵《建言刑狱五事》:"照得旧例,诸被囚禁,不得～他事。"明张宁《汀洲府行六县榜》:"各仓收支止许应纳应关者在内,若无故擅入,及不将原降斛斗调厫更用,许拿获～。"

【告诀】 gào jué 告言诀别。唐孙逖《祭亡弟故左羽林军兵曹参军文》:"壮年殒命,暴疾罹瘝。无一言以～,有万恨于冥茫。"明史鑑《祭张子静文》:"旱归待兑,怡然易箦。书来～,托我以铭。"清《九云记》一〇回:"有一纸落在庭前,翰林拾取视之,乃张娘～之诗。"

【告绝】 gào jué ❶ 宣告完毕;了结。宋文莹《玉壶清话》卷九:"唐祚～,江南始有国。" ❷ 告罄;罄尽。明宋濂《故诸暨陈府君墓碣》:"食或～,躬事杵臼,市米以遗之。"清陈之兰《授田论》:"虽有饥岁,未闻菽粟,尽填沟壑。"袁枚《子不语》卷一六:"柩行至此,资斧～,遂寄寺中。" ❸ 衰竭;死亡。明李时勉《赠户部尚书王公墓志铭》:"副枢翁既老遭疾,热极思冰饮。时暑月不可得,遣人远致之,比至,已～矣。"林俊《南京国子监丞林海峰墓志铭》:"亟理后事,以予深衣履来,顷～矣。"清喻昌《尚论后篇》卷一:"脏病而府未有不病,脏伤则府先～也。"

【告竣】 gào jùn ❶ 完毕;结束。宋杨万里《福荣堂记》:"是日寿皇肆前,皇帝拜后,嘉王又拜后。四世重庆,三宫欢浃,怡怡愉愉如也。缛礼～,慈颜有喜。"清《女仙外史》四九回:"那传染瘟疫的地方,共有二十九处。鲍姑遍处救疗,两月有餘,方得～。"《姑妄言》一二回:"正在高兴,只见单于学抽了不到十数下,早已～。" ❷ 完工;完成。元赵文昌《孟阳泊闸记》:"河工～,几二十年,霖潦浸淫,不无淤塞。"明叶春及《应诏书·励圣治》:"饬戒不勤,则释斧斤而嬉;省验不时,则过期而工不～。"清陈端生《再生缘》七三回:"建府第,画图全,算来～要冬天。" ❸ 告罄;罄尽。清《镜花缘》四四回:"被小山盘根问底,今日也谈,明日也谈,腹中所有若干故典,久已～。"

【告考】 gào kǎo ❶ 未获得正式科举考试资格的考生申报参加录遗才、大收等同等资格考试,以取得参加乡试的资格。明毕自严《顺天府尹霞城吴公墓志铭》:"已取余第三,尚未发案。外无从知,恐不获隽,复赴～。"汤显祖《牡丹亭》五一出:"生员陈最良告揖。〔净惊介〕又是遗才～么?"清《野叟曝言》六一回:"我们老秀才却是要考的,正考不取,还要赶遗才,赶大收,沿街～。" ❷ 泛指报名参加科举考试。明俞汝楫《礼部志稿》卷二四:"近来有等奸徒,利他人才寡少,往往许冒籍贯投充入学,及有诡写两名,随处～。"《大清会典则例》卷七〇:"诈冒籍贯投充入学及诡写两名随处～,……等弊访出,严行究革。" ❸ 借指再一次的考试机会。明《拍案惊奇》卷二五:"谁知投去的,好歹多选不中。这些人还指望出张续案,放遣～,把一个长安的子弟,弄得如醉如狂的。文姬只是冷笑。"

【告恳】 gào kěn 恳求;求告。宋洪迈《夷坚志》支庚卷七:"我有母在,元未知此一段因缘。明当邀他来,汝自～。"明沈鲸《双珠记》一六出:"我只索将情～,且不必发愤。"清《后水浒传》三九回:"我二人也投入甚多,哥哥何不～神明借用。"

【告空】 gào kōng ❶ 清空。宋田画《祭王和甫文》:"曾未百日,狴犴～。夷人骇观,邦史奏公。"史浩《代人谢曹知府举试刑法启》:"尽衣冠而不犯,扫图圄以～。" ❷ 告罄;罄尽。辽李万《韩橁墓志铭》:"深入达妒,□囊～,糇粮不继。"元姚燧《道中即事》之五:"金穰已应田家卜,储粟瓶知不～。"明毕自严《请还楚赋疏》:"题为楚赋尽改黔饷,留计毫未与闻。庚藏～,庚癸可虑。" ❸ 疏朗空旷。明陶安《柏山赋》:"尔其霜鏖白晓,雪酷玄冬。万木既脱,千林～。"

【告苦】 gào kǔ 叫苦;诉说苦情。唐杜牧《唐故宣州观察使韦公墓志铭》:"东征天下兵,西出禁兵,陕当其冲。公抚民供事就,不两～。"明《拍案惊奇》卷三五:"我如今到东岳大帝面前,～一番。"清于成龙《请增驿站工料疏》:"日需料草势难减少,而额银不足。各州县驿赔垫应用,日难一日,纷纷～。"

【告宽】 gào kuān 请求宽限。清《聊斋俚曲·富贵神仙》:"那钱粮是加三火耗,十分数要七月里全完。有个范秀才,只封了七分数,便去～。"《后水浒传》一〇回:"早有杨得星夫妇以及本村人接着,买求解差～片刻。"

【告匮】 gào kuì 匮乏;竭尽。宋赵鼎臣《游山录》:"囊辄～,以金缯鬻于市,皆不售。"明徐复祚《投梭记》二出:"厨中～,已把小弟所穿袍服,情邻家小厮换酒去了。"清《隋唐演义》九四回:"因此睢阳城中粮少,到那时渐已～,每人日只给米一二合。"

【告拦】 gào lán 原告申告官府撤销诉状,与被告私了。《元典章·刑部四》:"徐斌殴死张驴儿,伊母～,不曾检尸,受讫私和钱物。"又《刑部十五》:"纵有元告被论初到自愿～,在后稍有违意,知称抑勒为由,后兴讼端。"

【告理】 gào lǐ 申告官府或上司,请求处理。宋元《清平山堂话本·合同文字》:"明日去开封府包府尹处,～被晚伯母、亲伯父打伤事。"明戚继光《练兵实纪》卷二:"如未散到手而本管官私克,并不禀鍪包封而径散者,通坐以边海钱粮论,径听～。"清《聊斋志异·仇大娘》:"幸大娘执析产书,锐身～,新增良沃若干顷,悉挂福名,母女始得安居。"

【告论】 gào lùn 控告理论。唐元稹《同州刺史谢上表》:"不料奸人疑臣杀害裴度,妄有～,尘黩圣聪,愧羞天地。"《元典章·刑部六》:"今后有殴詈人者,～到官,不许拦告。"明《杜骗新书·婚娶骗》:"我前夫被这贼谋死,谋我作妾,我必经官～,为前夫报仇。"

【告麻】 gào má 宣读诏书。唐宋时诏书用白、黄麻纸写成,故用麻指诏书。《新唐书·崔沆传》:"听旦～,大雾塞廷中,百僚就班修庆,大风雨雹,时谓不祥。"宋林希逸《贺叶右相》:"及此～,闻者举笏,问朝问左右,孰不属心。"

【告卖】 gào mài 求售。明丘濬《大学衍义补》卷二八:"不分民丁灶户,皆许其私煮,既已成盐,具数赴官～,量为定价,给与见钱。"清《醒梦骈言》三回:"我死后,你可把我这些书籍～与钱琢成相公。"

【告密】gào mì 告发他人的机密。唐朱敬则《请除滥刑疏》:"杜～之源,绝织之迹。"明许三阶《节侠记》一六出:"你终日与宾客往来,只恐那～的奉承奸佞,不说你结客论交,反说你招亡纳叛。"清吴绮《题画枕》:"扁舟仰睡桃花下,不怕槐安～人。"

【告免】gào miǎn ❶ 请求免去职务;因请求而免去职务。《旧唐书·卢迈传》:"～之诚,虽为恳至,俯从来奏,良用忧然。"宋契嵩《谢杭州宝月僧正》:"比者以衰恙～住持,特蒙垂访,过形存恤。"明俞汝楫《礼部志稿》卷七二:"今次会试所取副榜举人,凡在监五年以下并未入监,及新科年岁相应者,俱令就教职,不许～。" ❷ 否定;不允许。唐佚名《对折指判》:"虽折一枝,幸祛数外之累;即图三疾,便为非分之求。理不可依,宜从～。"又《对权衡判》:"将科违令,事乃近于深文,诉以非辜,理亦宜从～。" ❸ 请求免罪、免赋或免做某事。元惟则《答刘鹤翁》:"急买舟并日至杭,以苦情告笑隐,如困乏之家～恶役,告再三而后获免。"明《山歌·酒钟》:"郎要干时奴～,小阿奴奴年幼吃弗得介一大钟。"清《隋唐演义》五二回:"将三人即欲斩首,亏得祖君彦、贾润甫等再三～,权禁南牢。" ❹ 去掉;免去。金马钰《酬于天锡弯和杖》:"筇杖厌华当～,一枝弯竹却还元。"元黄一桂《与陈栎书》:"今后惠书,～'师席'二字。"明陆采《明珠记》二〇出:"～了踢打扯惣之苦,忽上抬盘;只闻得油盐酱醋之香,曾磨灶角。"

【告灭】gào miè ❶ 寂灭,讳称僧人死亡。《敦煌愿文集·愿文范本》:"茌苧于堤河之侧,缠绵于双树之间。夜中子时,殷勤～。"《宋高僧传》卷八《唐蕲州东山弘忍传》:"以高宗上元二年十月二十三日～,报龄七十有四。"元月峰《重修大妙乐寺碑记》:"应誓愿心,化质终归于鹤树;受波旬请,一真～于双林。" ❷ 灭亡。明张景《飞丸记》一七出:"仇家～,正宜快心。"

【告命】gào mìng ❶ 告谕;赐命。唐玄奘《大唐西域记》卷六:"净饭王乃～臣庶,扫洒衢路,储积香花,与诸群臣四十里外仁驾奉迎。"《敦煌变文校注》卷五《妙法莲华经讲经文(一)》:"佛向灵山说此经,～诸人令赞重。"又《维摩诘经讲经文(四)》:"又见世尊～弥勒上人,授(受)记于祇树园中,成佛于龙花会里。" ❷ 诏令。唐权德舆《唐使君盛山唱和集序》:"谈者谓翰飞密侍,润色～,如取诸怀之易也。"宋司马光《上皇帝谢转正议大夫表》:"伏奉～,授臣正议大夫。上表辞免,奉批答不允。"苏轼《缴词头奏状》:"所有～,不敢依例撰词。谨录奏闻,伏候敕旨。" ❸ 告身;授官或诰封文书。宋洪迈《容斋随笔》卷三:"唐人重～,故颜鲁公自书告身,今犹有存者。"元方回《校尉方君墓志铭》:"予为郡时,剞章赏功官也。～上吏部换注,永报。"明胡翰《刘公亮告命跋》:"昔王昭远能藏其先四世~,君子称之。"

【告牌】gào pái 衙门开厅时挂出的告示牌,告示开始对外办公。明佚名《女真观》四折:"左右挂起～,但有告状的,着他进来。"《金瓶梅词话》九四回:"当日守备升厅坐下,放了～出去,各地方解进人来。"《二刻拍案惊奇》卷三九:"须臾,府尹升堂,放～出。"

【告乞】gào qǐ 告求;求乞。《法苑珠林》卷五七:"朱即乡间,得绢送还其母。"《元曲选·风光好》二折:"学士,～珠玉。"清《隋唐演义》三回:"李靖走得困倦,下马向一老农～茶汤解渴。"

【告启】gào qǐ ❶ 启坟迁葬时向亡者告言开启。宋范祖禹《故魏王拆攒祭文》:"龟筮吉吉,葬涂～。心焉孔疚,侑以羞醴。"文天祥《启攒慰皇亲表》:"翼室七月,同轨毕至。～葭涂,远日戒严。"明祝允明《告殇穴从叔弟侄迁葬文》:"叔等于原产之南十餘步许,用先～,其毋震惊,往即新宅。" ❷ 启告;告诉。金《刘知远诸宫调》一一:"三娘～刘知远:'伊自参详。'"明佚名《四朝元》:

"听良言～:是必清晓加餐,薄暮添衣。" ❸ 启动。明卢柟《为浚诸生留贤令陆侯启》:"公车～,攀辕若在;骊驹戒路,截镫如存。"

【告罄】gào qìng 罄尽。宋洪迈《夷坚志》支乙卷五:"久之,辄不及期而～。主僧责其干没,屡遭鞭棰。"明刘嵩《别焦瑜》:"邻酒忽～,虚觞但空持。"清《野叟曝言》九回:"可惜瓶已～,到明日补贺十觥罢。"

【告取】gào qǔ ❶ 告言。取,助词,无实义。宋佚名《湖海新闻夷坚续志》后集卷二:"近午有二人率入,将华友执了。华友告云:'～王二相公,我当死在你手。一死不争,容我诵了一卷经,便得就死。'军问:'你何以得知我为王二?'华友以梦实告。" ❷ 申告求取。明王錂《寻亲记》三四出:"思昔日困危,被官差去筑堤,只为无钱支应,将空约张家去～。"《杜骗新书·牙行骗》:"你将还人的及各店买去的,都登上帐,只说他揭借去,俱未还银。我将帐去～,你硬作证,怕他各店不再还我。"

【告禳】gào ráng 禳告;祈告。五代杜光庭《胡璠尚书地网醮词》:"恐成厄会,无所～,更虑宿曜加临,飞旗应变。"明邵璨《香囊记》三三出:"斋心礼上苍,听奴～:亲姑老年无倚傍。"

【告饶】gào ráo 求饶;请求宽免或饶恕。《元曲选外编·西游记》三本一〇出:"你念紧箍儿咒,他头上便紧。若不～,须臾之间便刺死这厮。"明陆采《明珠记》一一出:"〔净〕没奈何,～这等吃苦差使。〔丑〕贴我十万贯,顾我做替身去了罢。"清《红楼梦》九〇回:"岫烟见婆子跪在地下～,便忙请凤姐到里边去坐。"

【告扰】gào rǎo ❶ 控告被烦扰。《宋史·赵雄传》:"江陵无险可恃,雄请城江陵。城成,民不～。"明何孟春《积年草贼疏》:"张打旗号,杀死哨军,抢夺官马,以致失主纷纭～。"清韩大章《遵化厂夫料奏》:"后大户累次～,复于弘治十六年照旧金解人夫。" ❷ 告状滋扰。元明《水浒传》二二回:"父亲可使人暗暗地送些金银与朱仝处,央他上下使用,及资助阎婆些少,免得他上司去～官府。"明边贡《复张宪副书》:"童子入学不得越境～,违者有责。"清《醒世姻缘传》九七回:"得他过江去了不来,目下倒也罢了。" ❸ 受人招待表示客套之辞。清《野叟曝言》一三六回:"素臣刚用午膳,因请至日升堂左边房内,怀恩不辞一声'～',即便共桌而食。"《荡寇志》一〇三回:"酒饭毕,张公～,三人重复散坐。"

【告人】gào rén ❶ 控告者;也指诬告者。唐刘悚《隋唐嘉话》卷上:"太宗闻留守有表送～,大怒,使人持长刀于前,而后见之。"明佚名《精忠记》一八出:"〔生〕你既要我招,何不叫那～来对理?〔丑〕那～吃多了海蜇,停食而死了。"清《荡寇志》一二九回:"现有～在此,说你与主人同相商了,私通梁山。" ❷ 向人求告;乞讨。元贯云石《醉太平》:"长街上～,破窑里安身。"明《二刻拍案惊奇》卷二六:"伯伯留些防老,省得似前番缺乏了,～便难。"清周亮工《胡三元润征裘歌》:"开口～岂吾徒,逝将去此登天都。"

【告上】gào shàng ❶ 上告;向长上告诉。明《西游记》二回:"众猴叩头,～大王,那厮自称混世魔王。"《西游补》八回:"那六贼心胆俱碎,跪在道傍,哀哀～:'大圣慈悲菩萨!'"清《五凤吟》九回:"铁头将枣核钉买嘱之情,直言～,自己宁甘伏罪。" ❷ 在诉状中写上。清《醒世姻缘传》一三回:"人既～你做证见了,我说这事也还要仗赖他。"又八〇回:"你就拿着女儿卖钱使,我连你都～。"

【告舌】gào shé 搬弄唇舌;状告别人说的言辞。明《禅真逸史》二〇回:"你在城读书不曾回庄时,我也镇日价遍处闲耍,为何不曾有一个人来～?自你回来,日逐引我去打搅东邻西合,就有许多唇舌。"《醋葫芦》一一回:"那先生见你父亲到馆～,决定又加严紧。"清《红楼梦》七七回:"宝玉又恐他们去～,恨的只瞪着

他们。"

【告舌头】 gào shé tou 即"告舌"。元佚名《红绣鞋》:"轻轻的鞋底儿放,脚不敢把地皮儿汤,又早被这~门扇儿响。"又《一枝花》:"莫不是～风月所卷上金名?莫不是受王法翠红乡科场里应举?"

【告身】 gào shēn 授官或诰封的文凭。唐王梵志《当官自慵懒》:"啾唧被人言,御史秉正断。除名仍解官,~夺入案。"明陆采《明珠记》二二出:"敕中书门下,除王仙客做富平县尹。下官将带～在此。"清《续金瓶梅》三四回:"又用了许多新人充京营都督等官,各领札付,并无衙门兵马。真是一张～不能博得一醉,大家上下胡混。"

【告声】 gào shēng 说一声。清《绿牡丹》二回:"我们撇马哩。晚生先来～:倘有不小心者,恐被马冲倒,莫怪我事前不言明。"《玉楼春》二回:"欧生又把投宿的话嚷与他听,～相扰……解开被套倒身便睡。"《后红楼梦》九回:"好妹妹,替我请请嫂子们、妹妹们的安,～简慢。"

【告示】 gào shì ❶ 布告;公告。五代石重贵《禁选人妄陈文状敕》:"敕厘革而不遵,帖～而不退。"明谢谠《四喜记》七出:"欲率概县里老前去城隍庙祈雨,昨日已出～。"清《红楼梦》九九回:"凡有新到任的老爷,～出得愈利害,愈是想钱的法儿。" ❷ 即"告身"。五代后唐天成元年七月中书门下省《请停赐庶僚官告及朝对奏》:"至于令录,悉是放敕后本官自于吏部出给～,中书不更管系。"宋王明清《挥麈馀话》卷二:"为章遘云:'己即右班殿直康倬也。'尹曰:'诚倬也,取文书来。'为章探怀中取吏部～文字以呈之。" ❸ 招贴;启事。《元曲选·潇湘雨》一折:"如今沿途留下～,如有收留小女翠鸾者,赏他花银十两。"

【告事】 gào shì ❶ 控告;诉讼。《唐律疏议》卷二四:"其伍保之家,唯有妇女及男年十五以下,不堪～,虽知不纠,亦皆勿论。"《元史·世祖纪九》:"其敢以匿名书～,重者处死,轻者流远方。"明叶宪祖《团花凤》二折:"白生反覆鸣冤,不为无理;符氏揣摩～,委属可疑。" ❷ 报告情况。宋沈焕《承奉郎孙君行状》:"家政虽细事薄物,动有绳约,独米盐出入用费赢缩,～而已,不苟诘。"元《前汉书平话》卷下:"忽一日～急马,有番军入界。"

【告首】 gào shǒu 出首告发。宋洪迈《夷坚志》支丁卷八:"事干人命,万一败露,打一场官司不小。汝若入狱,我一家如何存活?合经官～。"《元曲选·赵氏孤儿》二折:"等老宰辅～与屠岸贾去,只说程婴藏着孤儿。"清《东周列国志》八六回:"乃暴其尸于市中,悬千金之赏,购人～,欲得贼人姓名来历,为相国报仇。"

【告寿】 gào shòu 告求寿数。《元曲选·桃花女》二折:"我依着你女儿扯住他～,七位星官与了我三十岁。"

【告水】 gào shuǐ 即"告水灾❶"。元许有壬《文过集序》:"浙人号饥,中州～,官瘵民疲,财殚粟耗。"明孙一俊《三吴水考后序》:"然夏驾新洋之役未几,而吴中又～矣。"

【告水灾】 gào shuǐ zāi ❶ 报告水灾,或因遭水灾而到处求告。元方回《喜刘伯宣尚书至》之三:"汉今更泉币,吴侬～。" ❷ 用以打趣人乞求或告饶。《元曲选·对玉梳》二折:"你与我打眊,有甚不瞅科,恰便似～今岁淹了田禾,怎觑那王留般做作。"明《金瓶梅词话》二〇回:"他说你老人家会告的好水灾。"又三二回:"把俺每笑的要不的,只像～的,好个涎脸的行货子。" ❸ 禳除水灾。元王仲安《重修崔府君庙记》:"至于除虎害,～,绝飞蝗,远强暴,凡如是者皆出于公之至诚,非高明识达者不能也。"

【告睡】 gào shuì 向人告辞去睡觉。《元曲选·东坡梦》二折:"大人满饮一杯,贫僧～去也。"△清《海上花列传》五七回:"既

【告说】 gào shuō ❶ 陈述;述说。唐锺辂《前定录》:"忽于牖中见一小儿,手招沈氏曰:'无惧,无惧。某几郎子也。'～事状,历然可听。"元明《水浒传》二七回:"武松怀中取出胡正卿写的口词,从头至尾,～一遍。" ❷ 告诉;报告;通知。《敦煌变文校注》卷四《太子成道变文(四)》:"散后～父王夫人:'只此耶殊彩女纳眷戚。'"元《通制条格》卷一四:"通州河西务的仓官每,俺根底～有:'仓里收来的粮内,前省官人每定的鼠耗分例少的上头,卖了媳妇、孩儿、家缘陪纳不起。'"清《儒林外史》二二回:"也不到卜家～,竟搭了江船。恰好遇顺风,一日一夜就到了南京燕子矶。" ❸ 告发;告舌。唐李昂《诛王涯等德音》:"如知去处隐藏,密来～者,必加赏赐。"宋《三朝北盟会编》卷九:"后永休县进纳人傅遵说,随郭药师入燕被擒,～李处温父子常遭易州富户赵履仁、刘耀赍文字通童贯。"清《林兰香》四二回:"香儿在耿朗面前～,请三娘移居东一所照看顺哥,是爱娘阻止。" ❹ 分诉;央求。《大宋宣和遗事》前集:"高俅见婆子苦苦～,遂放了贾奕。"元明《水浒传》一二回:"众人亦替杨志～,分诉了一回。"清《姑妄言》三回:"亏我苦哀求,再三、三:'今日衙门里有要紧公事,恐怕误了。'才饶了起来。" ❺ 诉讼;告状。元徐元瑞《吏学指南》卷八:"民间多招女婿,其夫懦弱者,女多好淫,父母反索休离,送官～。"元明《水浒传》二六回:"知县见了,问道:'都头告什么?'武松～:'小人亲兄武大,被西门庆与嫂通奸,下毒药谋杀性命。'"明《古今小说》卷二六:"其时沈昱径到临安府～:'是我的儿子,昨日五更入城拖画眉,不知怎的被人杀了。'" ❻ 说明;阐述。明尹台《送官允范君竣试还朝序》:"故士诚不失累黍尺度,因常制以自奋其长,而恢邦家之利,用必其伦择者,得取士微要,此不可为众人～也。"又《衡岳二贤祠记》:"精微之施用,其心之精神所寓托者,岂能一二为众人～哉!"

【告讼】 gào sòng ❶ 告状诉讼。《唐律疏议》卷二一:"《斗讼律》者,首论斗殴之科,次言～之事。"明凌濛初《宋公明闹元宵》九折:"宋公明翠乡一梦,杨太尉伤司~。俺呵,一班儿弟兄逞雄,脱离着祸丛。"清张甄陶《论渔户私盐状》:"先纳票钱,后清标价,商家赖之,不无所补。既免巡丁工费,又省～纷纭。" ❷ 告诉。清《醒世姻缘传》七五回:"狄大叔虽是今日才～咱,这事我从那一遍就知道了。"又九一回:"若果有甚么该愁人的事,正该对我～,怎反不出来相见?"《白雪遗音·捐功名》:"你病你病只管病,何必对于奴～。"

【告诵】 gào sòng ❶ 告诉。明《西游记》三七回:"我将那梦中话～那太子,他若肯信,就去拿了那妖魔。"清《歧路灯》六三回:"我今儿听说你很不成人,我若不～学生几句正经话,我就是没良心的人。" ❷ 申告。清《聊斋俚曲·翻魇殃》:"一口屋住不成,一火烧的干净净,……四口人守着破屋,俺可去何处～?"

【告诉】 gào sù 说给人,使人知道。唐杜甫《山寺》:"使君骑紫马,捧拥从西来,……山僧衣蓝缕,～栋梁摧。"金《董解元西厢记》卷八:"今日他来,先曾～:君瑞待把莺莺娶。"明《西游记》一八回:"这人无奈,只得以实情～道:'我是高太公的家人。'"清《霓裳续谱·一更里盼郎》:"他有什么好处,你～我说。"

【告宿】 gào sù 求告借宿。金丘处机《无漏子·乐道》:"到处逍遥无事,昏～,馁求餐。"宋元《警世通言》卷三九:"夜深无止宿处,万望庄主暂借庄上～一宵。"明《西游记》一五回:"天色将晚,特投圣祠,～一宵,天光即行。"

【告讨】 gào tǎo 申告讨要。明张永明《乞处补禄粮疏》:"乃至积欠多岁,而复当此凶荒之岁,其势不得不苦苦～。"杨一清

《为急处边储以防虏患事奏》："内开欠少本镇官军月粮二十三万，每每～，无从补给。"徐元《八义记》六出："卖酒王婆，扭一醉汉～酒钱。"

【告停】 gào tíng 停息，不再进行。宋王炳《惠应庙记》："于是鸠工市材，揆日蒇事，岁时未易，斤斧～。"明毕自严《答袁熙宇》："疾呼不应，最难无米之炊；海运～，岂能不胫而走。"

【告投】 gào tóu ❶告求投靠。五代孙光宪《北梦琐言》卷一五："以堂叔母在孟州济源私庄抱疾加甚，无兄弟奉养，无强近～。"《五代会要》卷九："顷使鳖甲车殡送者，……或值炎郁所拘，偶缘留驻利便，须期于时日，贫穷旋俟于～。"明《列国志传》五四回："今顷王已崩，阅与苏争政，不立新君，国中无主，故吾来～，乞盟主继文公之业，兴师以定周乱。" ❷控告投诉。宋洪迈《夷坚志》三壬卷八："及得到此，但沾斋食钱物，至于经文分俵，不过殆成虚设。不免再来～，愿为补足欠缺。"明柯丹邱《荆钗记》三七出："若有人～社长，一件件并不容情。被告诈他十贯五贯，原告吃他三瓶五瓶。"《警世通言》卷二九："今张浩忽背前约，使妾呼天叩地，无所～。" ❸申告投送。明杨博《会议复爵疏》："为此除给批付本官亲赍赴部～外，今将前项缘由同原来结状理合备送咨呈施行等因，到部送司。"《拍案惊奇》卷一四："府中起了解批，连人连卷，解至督抚军孙门案下～。"清《隋唐演义》二五回："仰本职督领本州骑兵五百名，并花名文册，前至钦差河道大总管麻处～。"

【告退】 gào tuì ❶告辞离去。《法苑珠林》卷九四："饮讫～，老公送元宝出。"宋佚名《张协状元》四八出："〔净〕耆卿～。〔丑〕容送。"清袁枚《子不语》卷一："城隍～，肃愍命陈送之至门。" ❷退出；罢手。明毕自严《奉差中途疏》："臣父前病大作，转加沉重，坐卧必倩人扶。诸医束手～。"《梼杌野史》一六回："那巫臣原是个长胜将军，公主那里敌得过，弄到二更天时候，就怯阵～。" ❸申告解除契约或职事。清李渔《十二楼·三与楼》二回："玉川父子气不过，只得把官势压他，写了一张状词，当堂～，指望通些贿赂，买嘱了官府，替他归并过来。"《醒世姻缘传》七一回："误了草料，被那管草料的官节次打了几遭，方才再三苦缠，哀辞～。"袁枚《上陈抚军辨保甲状》："无论良民不肯为，必纷纷～，就令拘迫万方，应其名而任其事，邻里乡党亦将怪而叱之。" ❹过去；度过。清方桑者《多丽·旅馆岁暮辞别》："旧时春、才方～；来年节、倏又旋回。"

【告托】 gào tuō 告诉嘱咐；告诉托咐。宋程垓《雪狮儿》："花娇柳弱，渐倚醉，要人搂著。低～：早把被香熏却。"宋元《警世通言》卷二〇："爹娘见不成模样，又与女夺休，～官员，封过状子，去所属看人情面给状判离。"清《飞花艳想》一三回："做人又慷慨，常有鲍叔、陶朱公之风，可将此事～他。"

【告脱】 gào tuō 申告脱卸（职事）。明史鉴《论郡政利弊书》："若子之言，则粮长皆乐充矣，何以恒有～者乎？"《拍案惊奇》卷三："年三十餘，觉得心里不耐烦做此道路，～了，在本县去别寻生理。"

【告完】 gào wán 完成；完毕。宋苏颂《国子博士陆君墓志铭》："于是使人有罪非重故者，皆得赎金以助费，不日而工～。"明佚名《四贤记》八出："且待丁香收拾行李～，只索起程分手。"清雍正四年九月二十九日田文镜奏文："大工已竣，只有堤顶堤边再加修整，便可～。"

【告文】 gào wén ❶祭告神灵的文字。五代钱镠《投龙文》："谨诣太湖水府金龙驿传于吴越国苏州府吴县洞庭乡东皋里太湖水府～，宝正三年岁在戊子三月丁未朔二十六日壬申投。"明皇甫汸《赠安人沈氏行略》："晨日迁柩，例有～，询诸婿，默无敢应者。"清《九云记》二〇回："焚了三香，袖出～，挥涕低声，展读其文。" ❷官诰文字。宋胡宿《两浙运使谢上表》："幸蒙曲慈，往俞更郡，俯邻州里之境，通治闺门之私。申锡～，听归襄事。"元王恽《玉堂嘉话》卷一："季札回，得李绅唐武宗朝自淮南节度使人相告，以遗昊。昊欲夸诧其事，结彩为楼，置告于中，……详阅～，正昊所诧之告也。" ❸告求撰文。元定岩《通宗英德大师挥公碑记》："小师觉初来，以炷香而～于我，欲铭以寿塔之记同图，庶见于将来，不湮师行。"

【告闻】 gào wén 告知。宋周敦颐《与仲章手帖》："汝备酒果香茶，诣坟前～先公谏议大夫也。"明汤显祖《邯郸记》五出："只这些是小弟机密事，不敢～。"清《女仙外史》七五回："示我未来，当应在十年之后。俟临期～，今不敢预汇。"

【告陷】 gào xiàn ❶陷落。明刘宗周《条列风纪疏》："会广宁～，人多迂之者。从吾曰：'今日正不可不讲学。'"《明史·吕维祺传》："世臣溃走，南京震动，凤阳亦旋～。"清张玉书《侍直恭纪》："自是蕲黄诸寇皆争附闯，而楚省诸郡以次～矣。" ❷诬告陷害。明佚名《鸣凤记》三七出："今因老爷归了，被人～在狱。"《续欢喜冤家》一六回："如今要谋死了你，要～令正窃取资财罪名，定要图他到家。"清《康熙起居注·康熙四十五年》："筐儿者乃儒富家奴，而～儒富之女。"

【告行】 gào xíng 行前告辞。唐于邵《送赵评事之东都序》："迫此王命，曾是公器与时共之，追锋～，惜别而已。"明《二刻拍案惊奇》卷三七："程宰记得临别之言，慌忙向叔父～。"清施闰章《送冯永丰归山阴序》："予闻之叹息陨涕，而冯君～，慨然就道。"

【告休】 gào xiū ❶告示吉祥；报告吉庆。唐卢藏用《景星寺碑铭》："日月～，风雨时若。人是用息，化臻俾人。"宋胡宿《黄离元吉赋》："既章明之在御，又冲和而守正，故得百祥由是而～。"周孚《庆七十赦书到祭诸庙祝文》："典者守臣，咸致礼焉。敬以兹日，～于神。" ❷退休。唐李翱《唐故金紫光禄大夫杨公墓志铭》："既三年，方将～，会以疾而罢。"元袁桷《翰林学士承旨》："遽～而还里，终辞征以善年。"清《锦香亭》一四回："小弟已经～林下。" ❸停止；罢休。唐邵琼之《对百神判》："属岁阴云暮，田畯至喜，农事不作，役车～。"宋梅尧臣《王德言自后圃来问疾》："客怪苦荒秽，谁与持锄钩？虽然自薅薙，抱痾方～。"明倪元璐《冯二酉先生传》："有召之饮，虽甚久不～。" ❹完成；报告完成。唐刘禹锡《武陵北亭记》："九月壬午，工～，亭长受成。"宋曾巩《太子宾客致仕陈公神道碑铭》："有归墓隧，丰碑螭首，勤辞～，尚慰尔后。" ❺休憩；休息。宋王炎《雨晴出田间》："去年龟兆生田皋，今年龙骨挂屋敖。乌牛～卧篱落，夫耕妇馌亦既劳。" ❻通告解除婚姻契约。元杨维桢《青眼道人志》："又有某人既娉妻，妻恶疾。妻父～，乞聚曰：'我之妻当疾耳。'"

【告言】 gào yán 通告；告诉；报告。《敦煌变文校注》卷二《前汉刘家太子传》："汉帝有敕晓示，～道：'刘家太子逃逝他州，谁人捉得，封邑万户。'"明佚名《四贤记》一〇出："他父母俱亡，孤身无主，老妾已会其意，故敢斗胆～。"清汪霦《圣德神功诗》："谍来～，贼窜近数。"

【告养】 gào yǎng 辞职归养父母。唐柳宗元《故试大理评事裴君墓志》："马牛既宁，～于京。"明孙承恩《送张君仲立擢守顺德序》："未几，予以～南归，与张子别。"清《醒名花》一六回："～虽出其孝思，但陶杞自有嫡子侍奉，定国着照旧供职。"

【告谒】 gào yè ❶参谒神坛或宗庙，申告事由或祈愿。唐

于公异《代李令公乞朝觐南郊表》:"国家以来年正月五日,～宗庙,柴燎南郊。"明胡翰《新修广济庙碑》:"郡守吏至者,既视事则必～,有故则必为民祈请。"清《隋唐演义》九八回:"车驾即日至太庙～,因见太庙残毁,仰天大哭。" ❷ 拜谒;谒见。唐欧阳詹《送杨据见漳州李使君序》:"杨夫子是日之～漳浦李太守之行,行儒之事也。"佚名《灵应传》:"九娘子自郊墅特来～,故先使下执事致命于明公。"明胡俨《题胡学士长林书屋图》:"几回梦绕长林下,修竹千竿翠盈把。揭来～归沧洲,流水依然山更幽。" ❸ 干求;求告。宋苏洵《上仁宗皇帝书》:"今法不可以相往来,意将以杜其～之私也。"明徐畈《杀狗记》一二出:"如今天色已晚,～也不济事了。且回窑去,等明日风止雪晴,再出来求告罢。" ❹ 申告;报告。宋苏轼《与钱穆父书》:"数日以热毒发疮数处,且～休养,以备坤成终日之劳也。"张方平《乞免三司使不允谢诏表》:"而臣心之精微,比顷年而亦耗;目之瞭眊,迪近岁而有加。或苦劳疼,乃移～。"

【告揖】 gào yī ❶ 见面或告别时作揖,表示恭敬。明徐榜《济南纪政》:"当道艴然,太守一～而退。"汤显祖《牡丹亭》五一出:"〔末作挽冠服介〕二位老先生,～。〔外、净贺介〕恭喜,恭嘉。"《金瓶梅词话》七一回:"领到席上,随即回奉一杯,安在何千户并何太监席上,彼此～过,坐下。" ❷ 作揖告诉,表示客气。明罗洪先《奠亡室曾孺人》:"寻常有往,必来～。舟车治装,悉出经纪。"

【告饮】 gào yǐn ❶ 请饮;奉饮。请人饮酒的敬词。元明《水浒传》四五回:"无物相酬贤妹娘子,胡乱～一杯。"又:"难得贤妹到此,再～几杯。" ❷ 奉告饮酒。席上饮酒或受人敬酒而饮的敬词。明佚名《月儿高》:"阶下笙歌奏,席间翠红绕。～琼杯尽,莫惜金樽倒。"清《玉娇梨》二回:"父执之前,小侄一～杯,不敢放肆。" ❸ 乞酒;请人赐酒。清张潮《虞初新志》卷一三:"灵每过一处,辄执书向客曰:'刘伶～。'客见其美丈夫,不类丐者,竟以酒馔赗之。"

【告冤】 gào yuān 申告冤情。唐张鷟《朝野佥载》卷二:"百姓破家者十而九,～于天,吁嗟满路。"元苏天爵《元故参知政事王宪穆公行状》:"清子成潜出～,兵民异属,文移往来,数年不能正。"清《万花楼》四五回:"包爷上了台,焚香叩祝一番……昂昂然坐定,听候～。"

【告陨】 gào yǔn ❶ (星辰)陨落,讳言人死亡。元李庭实《赵敦武先茔记》:"壬子,从戍涟海,尝充山东行省帐前百户。方当推锋,忽营星～。"清蔡世远《祭李讱庵先生文》:"文贞还朝,大星～。" ❷ 死亡的讳语。明叶春及《惠州重建汉寿侯庙记》:"奈何芳仁启衅,蒙逊致螫,啮足兆成,临沮～,岂不伤哉?"

【告殒】 gào yǔn ❶ 同"告陨❶"。明沈明臣《明故少保胡公诔》:"三台中坼,大星～。夷夏同悲,黄稚走哭。"杨时伟《诸葛忠武书·北伐》按语:"若夫营星～,遗恨未酬,英雄襟泪,千载扼腕。" ❷ 同"告陨❷"。明王世贞《开国功臣赞》:"蒲类北填,遂夺燕支,河魁～,百身曷追。"杨柔胜《玉环记》二八出:"欲断魂,休痛心,半生母子前世因,有命在天当～。"陈子龙《蔽冤抄杀事》:"黑夜掩归,声言胸痛,药下随呕,越两日～矣。"

【告赃】 gào zāng 诉告贪赃或被盗取的钱物。《唐会要》卷六〇:"黔中监察御史崔穆,为部人～二十七万贯及他犯,遣监察御史李直方往黔州覆按。"明《二刻拍案惊奇》卷二一:"及到说所许银两物件之类,又与～不差。"清《都是幻·写真幻》六回:"不料他贪污之极,……那百姓们到敝厂来～的,约有千张状纸了。"

【告札】 gào zhá 即"告身"。宋汪藻《乞修日历状》:"若除受差遣黜陟与臣僚出处始终,则有所授～或家集状行。"岳珂《金

佗续编》卷七:"契勘今来蒙朝廷给降到空名～,如日后书填,飞欲于～背后题写阶御,押字用印,以为照凭。"宋元《警世通言》卷三六:"大尹再三不决,猛省思量:有～文凭是真的。"

【告债】 gào zhài ❶ 求告借债。明柯丹邱《荆钗记》七出:"求亲犹如～,须是登门相请才可。"《警世通言》卷三一:"只愿浑家出去～,告得来便好。"《禅真后史》三四回:"枉活了多大年纪,岂不知求亲～之说乎?" ❷ 以债务事由诉告。明《型世言》三〇回:"他直口道乡官凶暴,不肯完纳钱粮,又狠盘算百姓,日日～告租。"《梼杌闲评》三八回:"出入衙门,包揽词讼,～追租,生事诈钱。"

【告整】 gào zhěng ❶ 敕告;诉告惩治。《新唐书·十一宗诸子传》:"太子稍事燕豫,不能壹循法保傅戒,～不纳。"《元曲选·陈州粜米》一折:"拣一个清耿耿明朗朗官人每～,和那害民的贼徒折证。" ❷ 整理完备。清《平定两金川方略》卷五〇:"且彼等亦不知簇拉角克在何方向,倘官兵裹粮～,后任未到,所关非细。"

【告知】 gào zhī 告诉使知道。唐李仲和《对津吏告下方伤水判》:"津吏之言虽陈,水工之志难对。既不合毁,咸宜～。"《元曲选·倩女离魂》四折:"小生不合私带小姐上京,不曾～。"清《红楼梦》六七回:"被小丫头们听见,～薛姨妈。"

【告执】 gào zhí 坚执诉告。《元曲选·勘头巾》四折:"刘平远果被杀死东门外柳树下。伊妻～王小二,追得芝麻罗头巾、减银环子到官,问成抵命。"又《魔合罗》四折:"那老子我亲身的问他是实。张千,你只道见有人当官来～。"明《二刻拍案惊奇》卷一八:"幸喜春花是甄家远方讨来的,没有亲戚,无人生端～人命。"

【告职】 gào zhí 辞职;退职。元徐进《耿公墓道碑记》:"后际平康之世,欲～旋里,上又以委田留任。"清《梦中缘》一一回:"完了他的姻事,你我之愿便足。那时便～回家。"

【告止】 gào zhǐ ❶ 告知停止。宋廖行之《代回定书》:"发币鼎来,占龟～。"明王直《员外郎沈君墓志铭》:"当去时欲为子彬娶妇,已有日,会闻国哀,即～于女氏。"清《野叟曝言》一五〇回:"素臣恐水夫人劳乏,因向众客～,请俟明天再演。" ❷ 请求停止。宋秦观《游汤泉记》:"又驰四十里,宿黄公店,从者以雨～焉。"明沈周《戏人短视》:"对酒妄～,既酡徒拒斟。"清《姑妄言》一回:"别的妇人经我采到三四次,再没有不哀求～的,他竟全不在意。" ❸ 停止。宋杨简《诸庙祈雨》:"檐溜已鸣,忽复～。农事甚急,过此无及。"清《春柳莺》一回:"到次日,广陵之行～,写了两书。"

【告致】 gào zhì ❶ 告言致意。宋朱熹《答尤尚书》:"尚书程公垂问曲折,……罗亦承～鄙怀,皆未敢拜书也。"周必大《曾无逸寺丞三聘书》:"察院会次～未及专状之意,某皇恐。"清吴伟业《郊庙考》:"奉先之时享,景神之～,玉芝之藏主,于外朝则已远,于四时则已疏。" ❷ 犹"告休❷"。致,致仕。官员退休。清《豆棚闲话》一〇则:"官至通政,～回家。"

【告终】 gào zhōng 生命终结;去世。唐李轸《泗州刺史李君神道碑》:"先府君贬南州也,以正直忤物,为邪丑正,辛巳～于官舍。"明沈德符《万历野获编》卷一二:"杨太宰乞身时,其母夫人尚在堂,年百十四岁始～。"清《姑妄言》二四回:"庞周利忙摸他嘴鼻时,只有微微冷气,已～了。"

【告周】 gào zhōu ❶ 完成。五代杜光庭《汉州王宗藥尚书安宅醮词》:"慕剪茅筑土之风,佩山节藻棁之戒。坮墁云毕,土木～。"又《修杭城山诸观功德记》:"工以子来,用以农隙,曾不越月,巨绩～。"元郑玉《心田道院设醮诗序》:"醮事～,坛墠斯彻,神人

喜欢,形于歌咏。" ❷ 周期完满。宋黄裳《谢再任宫观表》:"三载～,将违道馆;一封得请,复荷皇恩。"李曾伯《茅山为亡弟小祥》:"对晦朔之～,顾形影而相吊。"

【告助】　gào zhù　求助。元赵存义《博望侯露台记》:"谋及乡人,～资费。"清《聊斋俚曲·姑妇曲》:"问他丈人～,那生意人割舍不的多给,只给了五两。"《醒世姻缘传》四一回:"再要不够,我问徒弟们家～,高低赶五七出了这瘟。"

【告祝】　gào zhù　祝告;祷告。宋刘挚《坤成节疏》:"湛恩下逮,欢颂举同。爰集祕章,恭陈～:伏愿太皇太后陛下,凭无边之力,建不拔之基。"《元曲选外编·九世同居》一折:"再拜虔诚～,保护一家儿上下无虞。"清《万花楼》一三回:"～一番,起来仰观星斗,正应武曲星显现。"

【告状】　gào zhuàng　❶ 诉状;申告文书。唐刘肃《大唐新语》卷六:"御史知其诬罔,与告事者行数驿,佯失～,惊惧,鞭挞台典,乃祈求于告事者曰:'……今失～,幸救其命,更请状。'告事者乃疏状与御史。"明杨一清《一为计处官军保障地方官马事》:"欲待有被掳各军～到苑之日申报,诚恐迟误,理合先将被掳缘由申禀等因,备申到臣。"清《醒世姻缘传》一七回:"～诉状,手本呈词,无一不为刮金之具;原告被告,干证牵连,有则尽为纳赎之人。" ❷ 当事人向官府提出控告,请求审理案件。宋元《警世通言》卷三六:"赵再理听说,叫苦连天:'罢,罢! 死去阴司～理会。'"宋佚名《湖海新闻夷坚续志》后集卷二:"来日有妖狐化作七妇人～,以惑汝子,可治之。"清《聊斋俚曲·翻魇殃》:"我要去伸冤～,也叫他不得从容。" ❸ 功状。宋沈遘《太常少卿葛宫可光禄寺卿制》:"以尔具官某,文学之第,自底厥躬,更职于外,具有～,遂贰卿列。"

【告子】　gào zi　启事。明《朴通事谚解》卷下:"门前拴着带鞍的白马来,不知怎生走了,不知方向。你写与我,各处桥上角头们贴去。"

【告罪】　gào zuì　❶ 诉告罪行。《唐律疏议》卷二四:"隐匿姓字,投书～。投书者既合流坐,送官者法处徒刑。"《元典章·刑部十五》:"诸人～者,皆须明注年月,指陈实事,不得称疑。"清《续金瓶梅》一回:"就中有一鬼,头戴长枷,腰缠铁索,自称是西门庆,在阴司被冤魂～未结,愿求超度。" ❷ 请罪;因罪过请求谅解。元大䜣《祭暎石室文》:"为位设奠,书缓中。先师讳日,期子克配。"明《醒世恒言》卷一七:"你这几日在那里顽耍,气坏了爹爹,还不跪着～。"清李渔《风筝误》二九出:"是下官错认了人,冒犯小姐,～了。" ❸ 用作表示歉意的谦词。a) 表示失礼。明邵宝《柬侯明府世卿》:"会有斋事,斯未之能行。知礼者愧之,某亦愧之,敢不～,惟明府重亮之。"屠隆《彩毫记》一一出:"〔生〕下官就此别,多谢华筵。〔净〕多慢从者,小将另日～。"清《歧路灯》七九回:"彼此各谦逊了半晌,少不得怕晚上戏上关目,团团作了一个～的揖。"b) 表示辞谢或辞谢。明《二刻拍案惊奇》卷一四:"官人慢坐,奴家家无夫主,不便久陪,～则个。"清李渔《风筝误》二九出:"岳母快请回,小婿暂且～,明日还要负荆。"《镜花缘》八五回:"印巧文道:'……往日妹子原喜说笑话,今日只好～了。'青钿道:'今日为何不说?'"c) 表示僭越。清《娱目醒心编》卷二:"媳妇今日回去,已为公公擅专定一头亲事,故特来～。"《万花楼》一五回:"韩爷道:'千岁有旨,你且试乘何妨?'狄青听了道:'如此小人～了。'"

【告醉】　gào zuì　醉酒;申告醉酒。唐陈子昂《为河内王等论军功表》:"然则箪醪投河,三军～;刿印在手,万夫以失。"明程敏政《饮林亨大祭酒家观闹灯》:"弩窥伏道朱旗闪,车簇名园锦障

归。入眼未真先～,却疑东壁坐腾辉。"清《红楼梦》五回:"那宝玉忙止歌姬不必再唱,自觉朦胧恍惚,～求卧。"

【告坐】　gào zuò　❶ 被告发而连坐。《唐律疏议》卷二三:"若因推劾,事不获免,随辩注引,不当～。"宋《庆元条法事类》卷八〇:"与人和奸,不许告捕。因与奸人争竞致彰露,事相连及者,不从～。"清姚鼐《李斯论》:"商鞅教孝公燔《诗》《书》,明法令,设～之过,而禁游宦之民。" ❷ 谢坐;就坐前说谦让的话,表示客气。元施惠《幽闺记》三九出:"〔外〕状元请坐,……〔生〕～了。"明《金瓶梅词话》五八回:"令仆从领下去,～坐下。"清孔尚任《桃花扇》三出:"常言'秀才会课,点灯～'。天生文官,再不能爽快的。"

【诰敕】　gào chì　同"告敕❷"。唐陈元光《喜雨次曹泉州》之二:"～常佩吟,酒色难涵溺。"《元曲选外编·升仙梦》二折:"今日个受～,做通判到江西。"清吴伟业《周氏家藏三代诰命记事》:"死忠谏经郴荫者,其父母妻室俱准给封赠,予以应得。"

【诰词】　gào cí　同"告词❶"。《唐会要》卷六四:"此事久废,史官不复得闻,唯写～记除授而已。"明解缙与权《送宋承旨还金华》:"～御制焕奎文,子孙簪笔当朝立。"清毛奇龄《明少傅谨身殿大学士文正谢公传》:"自处方幅,众莫之挠,故忠诚敦悫,始终不渝。此当时～所称'清白之操,百炼愈精;刚毅之气,万人必往'者。"

【诰辞】　gào cí　同"诰词"。唐李肇《国史补》卷上:"玄宗至蜀,每思张曲江则泣下,遣使韶州祭之,兼赍货币以恤其家。其～刻于白石山屋壁间。"元来复《端志堂记》:"公既归里第,感遇不能自已,于是恭取～'端志'二字以名其堂。"清汪琬《陈文庄公祠堂碑》:"会逆阉魏忠贤父子冒功求给铁券,公当草～。"

【诰赐】　gào cì　犹"诰封"。清陈端生《再生缘》二九回:"话说元天子封了诸侯,又召上皇甫敬封为武宪亲王,妻尹氏～元顺王妃。"

【诰牒】　gào dié　同"告牒❷"。唐张籍《送李馀及第后归蜀》:"归去唯将新～,后来争取旧衣裳。"宋《建炎以来繫年要录》卷五四:"自军兴以来,朝廷所降类多～,非强以民则莫售。"明吴宽《梅友处士墓表》:"一日家人不戒于火,闻～犹存,餘无所问。"

【诰封】　gào fēng　对官员及其先祖、妻室,以皇帝诰命封赐爵号,也指这样的封号。宋王庭珪《挽张氏安人》:"彩服旧儿戏,锦囊新～。"明汤显祖《牡丹亭》三九出:"敢你七香车稳情载,六宫宜有你朝拜。五花～你非分外。"清《红楼梦》五三回:"次日,由贾母有～者,皆按品级着朝服,先坐八人大轿,带领着众人进宫朝贺。"

【诰花】　gào huā　即"诰敕"。诰用五花纸,故称。宋卢祖皋《临江仙》:"未问～金五色,新来乐事难量。"阳枋《寿邓提干母》:"冀紫烂连庭桂紫,橘香浓引～香。"元胡炳文《题叶氏烈女卷》:"烈女夫天不载移,～犹忆被恩时。"

【诰笺】　gào jiān　即"诰敕"。明马汝骥《过玄明宫故址有伤往事》:"～垂彩凤,颂笔著雕虫。"

【诰局】　gào jú　❶ 掌管诰牒制作的机构。宋代称造官诰局。明黄佐《翰林记》卷七:"今议于诰尾添织某字号以为关防,及取工部神帛敕～已造完诰命书写用宝,颁于文武官。" ❷ 撰写诰命的机构。明梁寅《赠徐大章序》:"肇寔三局,一曰律局,以定律令,……二曰礼局,以究礼仪,……三曰～,以撰诰命。"清钱谦益《列朝诗集》甲集卷一八上:"选入～,例移濠,召修礼乐书,擢应奉翰林文字,兼国史院编修官。"

【诰令】 gào lìng 犹"诰命❶"。唐元稹《论追制表》:"况陛下肇临黎庶,教化惟新,～之间,四方所仰,小有得失,天下必闻。"明《西湖二集》卷三二:"爱其文词华丽,从此专掌～。"清弘历《日知荟说序》:"布诸纪纲,为巍巍之帝业;颁诸～,成洋洋之圣谟。"

【诰弯】 gào luán 天子封赠之辞。元王恽《平湖乐·寿李夫人》之二:"白发儿孙羡康健,～鲜,彩云扶下长生殿。"又《赛乎章国夫人诰》:"德容尚肃于旧仪,～有焕,脂泽载光于故垅,世祚弥昌。"明顾清《淑人迁柩至祖送还书感》之五:"伴我一生成底事,～空印紫泥深。"

【诰命】 gào mìng ❶ 帝王或神仙发布的命令。多指诰封之命。唐常衮《李采访贺收西京表》:"～俯临,三让而登九五;师徒走集,一呼而逾百万。"明《古今小说》卷一三:"真人奉老君～,佩《盟威秘录》,往青城山,置琉璃高座。"清《聊斋俚曲·增补幸云曲》:"拿着万岁御笔～,着天下的州县给他拿税。" ❷ 称受过诰封的人。清《红楼梦》一三回:"尤氏又犯了旧疾,不能料理事务,惟恐各～来往,亏了礼数。"《白雪遗音·罗成托梦》:"恐怕惊醒了老～,门外把礼行。"

【诰墨】 gào mò 犹"诰文❷"。宋王之道《送安丰判官江叔夜用菊花韵》:"乡味纯羹美,皇恩～香。"郑元秀《醉蓬莱》:"况是新闻,日边增秩,～方妍,玉符将剖。"明胡直《乐处士十松翁墓志铭》:"其增益祭田,宝袭世～,至老犹尽心焉。"

【诰券】 gào quàn 诰书铁券的合称,泛指诰命文书。明朱长祚《玉镜新谭》卷四:"锡之～,与国同休,誓以山河,永世无斁。"《梼杌闲评》四八回:"忠贤没奈何,只得将～田券等缴进。"清孙承泽《春明梦馀录》卷三四:"凡公侯伯勋戚外戚恩泽及阙里大宗,各征其～适孽功罪封号,以第其世流降除之等。"

【诰身】 gào shēn 同"告身"。宋龚明之《中吴纪闻》卷六:"劻死,又窜其家于海岛。前日之受～者,尽褫之。"明《石点头》卷九:"兵部差人赍～,直送至家中。"清毛奇龄《靖海侯德配王夫人生日》:"铜屏射雀留神臂,玉轴装花写～。"

【诰书】 gào shū ❶ 诰命文书。宋范仲淹《续家谱序》:"追思祖宗既失前谱未获,复惧后来昭穆不明,乃于族中索所藏～集考之。"吕陶《赠平羌狄尉》:"～家牒光炳炳,照出往事如目前。"明刘嵩《公文傒尚书由参政山西入拜礼部》之二:"～飞下九重天,同日承恩拜御前。" ❷ 书写诰命文书。元王恽《题石曼卿手书古桧行后》:"今视继先侍御家藏《古桧行》,所谓字愈大而愈奇者也,然风格修整,类唐人～手,岂公早年书耶?"

【诰体】 gào tǐ 诰命文书的书体。元王恽《题云麾帖后》:"《兰亭》在古今为真行之祖,自太宗宸尚,一代学者争师宗之,然如徐季海辈,尚未免～之俗,况馀人乎?"

【诰文】 gào wén ❶ 同"告文❷"。宋叶梦得《石林燕语》卷六:"旧有～又有敕。……王元之《代王侍郎辞官表》云:伏蒙圣慈赐臣诰一道,敕牒一道,……近世诰敕不并行。"明《英烈传》七四回:"那铁券制度,宛如大瓦一片,面刻～,背镌免罪减死俸禄之数,字画俱用金嵌成。"清毛奇龄《周文忠公传》:"为翰林时曾撰故左都高攀龙～,有'年矣至是',谓失当,降其官。" ❷ 同"告文❶"。明《杨家将演义》一六回:"帝祝罢,主典僧宣读～毕。是夕,太宗宿斋于元和宫。"

【诰言】 gào yán 诏言;诏诰的言语。唐李峤《高宗天皇大帝谥议》:"每听览馀暇,侍奉。论道德则洞启玄枢,语忠孝则广通心极。"刘禹锡《上杜司徒书》:"七月礼毕,一朝庆行。～扬之,授以显秩。"明方良永《与方伯席原山公书》:"恐有馀怨,宜大布～,以安其心,无使疑虑。"

【诰语】 gào yǔ 犹"诰言"。宋真德秀《西山读书记》卷一八:"味其～之严密,可见其察之精也。"明王祎《故孙君墓碣铭》:"归复故宇以养亲,蜀名卿史公绳祖为取承奉公～,扁其堂曰'志乐'。"清沈嘉辙《南宋杂事诗》卷四:"镂将书印散中都,七宝犹藏～无?"

【诰谕】 gào yù ❶ 含告诫惩劝意思的诏诰。唐李儇《谕秦宗权制》:"大耻既雪,小康可期。须申～之勤,用致绥怀之旨。"宋吕大防《卜英宗乞如两制礼官所议》:"臣荷陛下非次拔擢,置于言路,亲加训奖,形于～。"清《隋唐演义》九七回:"并着该地方官厚赏罗素姑,仍候上皇～褒奖。" ❷ 告诫;谕示。明王直《少师泰和杨公传》:"太皇太后遂～公等,专以择讲臣为务。"程敏政《青宫直讲》:"洛邑已定,要～殷民。其根本,乃自尔御事。"清雍正三年四月十六日上谕:"则朕一人之是非,即有关于圣祖之得失,故不得不谆谆～,以白朕之初。"

【诰赠】 gào zèng 犹"诰封"。宋刘宰《前室安人陶氏焚黄祝文》:"以某尝叨误恩,缀名朝籍,君其元配,～孺人。"明吾邱瑞《运甓记》四〇出:"喜气蔼门楣,～焚黄,泉壤增辉。"清《聊斋志异·褚生》:"君先世福薄,悭吝之骨,～所不堪也。"

【诰札】 gào zhá 同"告札"。宋赵雄《韩忠武王世忠中兴佐命定国元勋之碑》:"今以获敌资财物帛尽与将士,并降空名～二百道,用资激赏。"洪迈《夷坚志》三壬卷六:"是夜寨内火起,到屋一空,延及官舍。说仅救得出身以来～而已。"

【诰诏】 gào zhào ❶ 犹"诰命❶"。唐权德舆《独孤氏亡女墓志铭》:"其后为侍臣史官,更掌中外～。"宋郭祥正《酬颖叔见寄》:"落笔逾万言,严密若～。" ❷ 诏告;以诏书告示。宋柳开《润州重修文宣王庙碑文》:"当明天子,以文求士,～八纮,宁弗如此。" ❸ 报告。宋佚名《湖海新闻夷坚续志》后集卷二:"鼠乃呼傧旅,绕瓶侧,不能得食,须臾皆散。久之共舁一大鼠至,鼠附耳唧唧,若相～之状。"

【诰轴】 gào zhóu 书写诰命的卷轴。宋刘安上《方潭展墓示子侄》:"清酹奠墓隧,～焚金朱。"明李梅实《精忠旗》三七折:"从前御赐～一一简还,第宅土田一一赐予。"清陈端生《再生缘》五五回:"待我展开来你看,可念念封着什么夫人。说罢就把～拉开,叫千金观看。"

gē

【戈十贝】 gē shí bèi "贼"的拆字隐语。明孟称舜《娇红记》五出:"我祖号为～,我父号是驴册。"佚名《鱼儿佛》三出:"〔副末点介〕驴册!〔净应介〕～!〔丑应介〕"

【忔登】 gē dēng 忽然;猛然。元刘庭信《折桂令·忆别》之一:"～的人在心头,没揣的愁来枕上,契抽的恨接眉梢。"王元和《小桃红·题情》:"他道我风流性如竹摇,～的在咱心上,默地拴牢。"

【忔憎】 gē zēng 即"忔登"。《元曲选·金线池》二折:"这厮懒散了虽离我眼底,～着又在心头。"

【忔㤰】 gē zhòu 同"扢皱"。明《金瓶梅词话》三〇回:"那李瓶儿在酒席上,只是把眉头～着。"又五一回:"头里一来时,把眉头～着,焦的茶儿也吃不下去。"

【忔皱】 gē zhòu 同"扢皱"。《元曲选·陈母教子》二折:"则被这气堵住咽喉,眉头儿～。"

【圪塔】 gē da 同"扢搭❷"。元关汉卿《单刀会》一折:"那

汉酒中火性显英豪，～的腰间揝住宝带，项上按着钢刀。”

【扢搭】 gē da ❶ 即“扢挞”。明梁辰鱼《浣纱记》一七出：“东施妹子没挞煞，鼻子上也生～，人见走千里，鬼见了活惊杀！” ❷ 形容扭结。犹指动作迅速。《元曲选外编·西厢记》二本三折：“急攘攘因何，～地把双眉锁纳合。” ❸ 比喻心中不易解开的问题。明《二刻拍案惊奇》卷二七：“知县心里方才放下一个大～。” ❹ 系成块状的结子。清《红楼梦》程乙本三一回：“说着，拿出绢子来，挽着一个～。”

【扢挞】 gē tà 结聚或突起的块状物。也用作修饰语，形容块状物。明《西游记》七〇回：“心腹小校一名，有来有去。五短身材，～脸，无须。”又九一回：“一个使钺斧，一个大刀能；但看第三个，肩上横担～藤。”《梼杌闲评》四六回：“钢叉浑似雪，匕首利如银，～齐眉棍，阎王扣子绳。”

【扢扎帮】 gē zhā bāng 形容动作行为迅疾。《元曲选外编·西厢记》三本二折：“到那里～便倒地。”

【扢皱】 gē zhòu 皱(眉)。《元曲选·黑旋风》楔子：“眉儿镇常～。”《元曲选外编·西厢记》三本二折：“厌的～了黛眉，忽的低垂了粉颈，氲的呵改变了朱颜。”

【吃答】 gē da 同“扢搭❷”。元锺嗣成《骂玉郎过感皇恩采茶歌·四别》之二：“子剌地搅娄离肠，扑速地淹残眼泪，～地锁定愁眉。”

【屹落】 gē luò 即“角落”。明杨柔胜《玉环记》一七出：“田舍翁住在山～，恃老无端多凶恶。”

【纥繨】 gē da 即“扢挞”。明《西游记》三回：“忽然拌着一个草～，跌了个躘踵。”

【纥纥繨繨】 gē gē da da 横头强脑，不平顺的样子。明《西洋记》一一回：“歇会儿街坊上走出几个硌硌确确、～的地方来，到不去劝闹，且加上个破头楔。”

【纥络】 gē luò 即“角落”。明《西游记》四六回：“须臾，剃下发来，窝作一团，塞在那柜脚～里。”

【肐膊】 gē bo 同“胳膊”。《元曲选·燕青博鱼》二折：“哥也，你便博一千博，我这～也无一些儿困。”清《红楼梦》程乙本二八回：“宝玉在傍边看着雪白的～，不觉动了羡慕之心。”

【肐瞅】 gē chǒu 皱。明《金瓶梅》五四回：“不想这一下打重了，把金钏疼的要不的，又不敢哭，～着脸。”又：“那小娘真个依了他，不想被那砚涩得疼了，不好过，～着立在门前。”

【肐膌】 gē da ❶ 肌肤上凸显的肿块或硬块。元明《水浒传》六回：“当中坐着一个胖和尚，生的眉如漆刷，眼似黑墨，～的一身横肉，胸脯下露出肚皮来。”明《金瓶梅词话》五回：“郓哥道：‘你要得知，把手来摸我头上的～。’武大道：‘却怎的来有这～？’” ❷ 结子。明《平妖传》二〇回：“将一条索子穿着一文铜钱，打个～放在地上，用物掩盖。” ❸ 球状或块状物。清《醒世姻缘传》七〇回：“儿子们，你去把那童伙计交下的乌银～儿，挑牙三事儿，你尽情取来给我。”

【肐膸】 gē da 面粉类做成的、放在水里煮的食品。宋孟元老《东京梦华录》卷四：“又有菜面、胡蝶虀～，及卖随饭、荷包、白饭……之类。”

【肐胆账】 gē dǎn zhàng 比喻麻烦不易解决的问题。明《金瓶梅词话》八回：“六姨，自吃你卖粪团的撞见了敲板儿蛮子，叫冤屈麻饭肐胆的账。”

【肐蒂儿】 gē dì er 疙瘩。明《金瓶梅词话》三五回：“如今这家中，他心肝～事，偏喜欢的这两个人。”按，“心肝肐蒂儿”犹今言“宝贝疙瘩”。

【肐拉子】 gē là zi 即“角落”。子，词尾。清《醒世姻缘传》七〇回：“拉到个屋～里，悄悄从袖中取出够一两多的一块银子递与他说：‘你买炒栗子炒豆儿吃。’”

【肐落】 gē luò 角落。宋佚名《张协状元》一二出：“老汉虽然是个村～里人，稍通得些个人事。”《元曲选·玉镜台》四折：“正是黑～里欺你男儿。”

【肐膝】 gē xī 膝盖。《元曲选·杀狗劝夫》二折：“将这双乞量曲律的～儿罚他去直僵僵跪。”《元典章·刑部四》：“将本人用～于不便处踢死。”明赵南星《锁南枝带过罗江怨》：“凭着俺～儿下殷勤，咱两个终须着一阵。”

【肐肢】 gē zhi 用手触别人某个部位使人感到痒。清《醒世姻缘传》七五回：“狄希陈～他的脖子，拉他的肐膊。”

【肐皱】 gē zhòu 同“扢皱”。明陆采《西厢记》二四出：“双眉～口难开，想是被人打坏。”

【砝砠帐】 gē dan zhàng 同“肐胆账”。清《野叟曝言》二五回：“这般人如此好睡，夜来必定警醒；昨晚已经脱空，今日多分又是～哩。”

【疙搭】 gē da 比喻难解的心事。明《拍案惊奇》卷二：“姚公是两年间官司累怕了他，见说女儿来了，心里放下一个大～，那里还辨得仔细。”《二刻拍案惊奇》卷二七：“柯陈兄弟如梦初觉，如醉方醒，才放下心中～。”

【疙瘩】 gē da ❶ 同“肐膌❶”。清《聊斋俚曲·增补幸云曲》：“翻身磕头如捣蒜，头上硼了些大～。” ❷ 结子。也用来比喻仇结。清《飞龙全传》五回：“一面取了一个缠袋，把金银倾在里面，两头打了～。”《绿野仙踪》八十回本六一回：“你若说半个‘不’字，我与你这老怪结斗大的～，誓不两立。” ❸ 比喻不易解开的心事，顾虑。明《拍案惊奇》卷二九：“幼谦望去，见惜惜在轿中，晓得那晚不曾死，心中放下了一个大～。”清《后水浒传》二三回：“兄弟为他担着老大～，只白日满村闲撞，多时没处出力。” ❹ 麻烦；别扭。清《儒林外史》三〇回：“又说他娶了王太太这些～事，杜慎卿大笑了一番。”△《锦香亭》三回：“你的还好，我的差更加～哩！”

【疙瘩账】 gē da zhàng 很麻烦而不易算清的账。清《儒林外史》三二回：“那个耐烦你算这些～！即拿来，又总甚么，收了进去就是了！”

【疙瘩】 gē da ❶ 同“肐膌❸”。元柯丹邱《荆钗记》一七出：“橘子生来耀日光，……后来结成一个大～，剖开来到有七八囊。” ❷ 同“肐膌❷”。明佚名《贫富兴衰》二折：“外边不知那里来的一个穷子，穿着一领布衫，上面有一二百个～。”

【疙疸】 gē dan ❶ 即“肐膌❶”。元王大学士《点绛唇》：“一个膊项上瘿～，一个唇缺丑势煞。”元明《水浒传》五三回：“你不是要，若跌下来，好大个～。” ❷ 同“肐膌❸”。明《西游记》二四回：“但知见窗棂上挂着一条赤金，有二尺长短，有指头粗细，底下是一个蒜～的头子。”汤显祖《牡丹亭》三五出：“猪尿泡～偌卢胡，没裤。” ❸ 用作修饰语，形容块状物。《元曲选·渔樵记》三折：“我如今且着孩儿在家中炰下个那～茶儿，烙下些椽头烧饼儿，等张懒古那老儿来，问他一声，便知道个好歹。”

【疙疸账】 gē dan zhàng 即“疙瘩账”。清《野叟曝言》六七回：“如今又有这许多～，真要急杀人了！”

【疙皱】 gē zhòu 皱眉；发愁。金《董解元西厢记》卷六：“一双儿心意两相投，夫人白甚闲～？休～，常言道：女大不中留。”

【疙滓】 gē zǐ 疮痂。明《朴通事谚解》卷下：“你去更鼓楼北边王舍家里，买将一两疥药来搽一遍，便成～都吊了。”

【疙褡】 gē da 同"疙瘩❷"。明陈铎《水仙子·织凉帽》："费工夫都休论,结冤仇不是耍,解不开千万～。"

【疙鲍皮】 gè bào pí 即"疙蜋皮"。明《金瓶梅词话》三三回:"自从西门庆家做了买卖,手里财帛从容,新做了几件～,在街上虚飘说诈。"

【疙蜋皮】 gè láng pí 对华丽外衣的讽刺说法,意谓徒有其表。疙蜋,俗名屎壳郎。《元曲选·救风尘》一折:"那厮虽穿着几件～,人伦事晓得甚的!"明徐复祚《投梭记》五出:"看你穿一件～,迎风只觉寒酸气。"

【疙蜽皮】 gè liǎng pí 即"疙蜋皮"。《元曲选外编·裴度还带》二折:"比小生剩趱浮财润自己,比吾师身穿几件～。"

【疙蚤】 gè zǎo 跳蚤。《元曲选·桃花女》一折:"你这阴阳是哈叭狗儿咬～——也有咬着时,也有咬不着时。"清《聊斋俚曲·增补幸云曲》:"二月里月儿高,合煞眼睛睡不着,～咬的心焦燥。"

【圪踏】 gē da ❶同"肐膝❶"。明《拍案惊奇》卷二〇:"奶子疾忙近前看时,只见跌了老大一个～。" ❷同"挖搭❹"。清《红楼梦》庚辰本三一回:"说着,拿出帕子来,挽着一个～。"

【咯气撩生】 gē qì liáo shēng 生气烦恼。清《聊斋俚曲·襄妒咒》:"这两日不大好,像犯了从前的病,～,～,俺家终日闹烘烘。"又一六回:"为甚么咯气又撩生,只因着汉子好弄鬼。"

【咯噪】 gē zào 吵嚷。清《聊斋俚曲·磨难曲》:"丢打几个钱给他罢,天已小晌了,只顾～甚么?"

【胳膊】 gē bo 手臂。清蒲松龄《日用俗字》:"～有窝名胛胫,胸膛上骨号顶心。"

【胳肢窝】 gē zhi wō 腋窝。清《醒世姻缘传》八四回:"一条借的红绢裙子,系在～里。"《红楼梦》一九回:"将两只手呵了两口,便伸手向黛玉～内两胁下乱挠。"

【搁】 gē ❶放;放置。元《三遂平妖传》一二回:"只见那李二坐的凳子望空便起,去那相国寺十丈长的幡竿顶上,不歪不偏,端端正正～一个住。"清《红楼梦》一六回:"我又年轻,不压人,怨不得不把我～在眼里。" ❷紧靠。明王士性《广志绎》卷四:"若入番江,则船尾可～城垛上,而舟中人俯视城中。"《拍案惊奇》卷二二:"郭七郎……才把个船头凑在岸上,～得住,急在舱中水里,扶起个母亲,挽到得岸上来,逃了性命。" ❸加入;添加进去。清《红楼梦》六〇回:"晚饭的素菜要一样凉凉的酸酸的东西,只别～上香油弄腻了。"《说岳全传》一三回:"不道那厨司因晚了,手脚忙乱,菜蔬内多～了些盐。" ❹经受;承受。清《红楼梦》九六回:"如此连三接二都不是随意的事,那里～的住。"《蜃楼志》一四回:"莫说他令尊是五日京兆,就是实授了这八九品的官,～得住什么风吹草动?" ❺同"硌"。因触硬物而不舒服。清《醒世姻缘传》二回:"这册叶硬,～的手慌,你另寻本软壳的书来。"

【搁笔】 gē bǐ (写作)停笔。宋文莹《湘山野录》卷中:"诸生皆不谕,固请之,不说。凡月馀,检经、史殆百家,会最小说,俱无见者。～以听教,师曰:'闻诸君笑老僧酷嗜《唐韵》,兹事止在"东"字韵第二版,请详阅。'诸生检之,果见'枫'字注中云:'黄帝杀蚩尤,弃其桎梏,变为枫木,脂入地千年,化为虎魄。'"明文秉《烈皇小识》卷一:"封疆失事,累累有徒,而当日之议,乃欲独杀一廷弼,岂平论哉!此狱之所以～也。"清《歧路灯》一三回:"但果然如此,作者便至此～了。"

【搁不住】 gē bu zhù 禁不起;挡不住。清《杨家将演义》一八回:"老母今日一见,勿觉痛上心来,～腮边泪也。"《红楼梦》四六回:"老太太虽不依,～他愿意。常言人去不中留,自然这就妥了。"

【搁起】 gē qǐ 搁置。明《醒世恒言》卷二〇:"到把行聘的事～,收拾五百两银子,将拜匣盛了,教个心腹的家人拿着,自己悄悄送与张权,教他置买一所房子,弃了木匠行业,另开别店,然后择日行聘。"清《东周列国志》一三回:"因鲁侯夫妇将至齐国,且将郑事～,亲至洙水迎候。"

【搁浅】 gē qiǎn 船进入水浅的地方,不能行驶。明《拍案惊奇》卷五:"只是船重得紧,所以只管～。"清《儒林外史》四三回:"盐船搁了浅了!我们快帮他去起拨!"

【哥】 gē ❶唐代称父亲曰哥。《旧唐书·王琚传》:"玄宗泣曰:'四～仁孝,同气唯有太平,言之恐有违犯,不言忧患转深,为臣为子,计无所出。'"按,"四哥"指唐睿宗。又《棣王琰传》:"惟三～辩其罪人。"按,"三哥"指李琰父亲唐玄宗。 ❷对兄长的称呼。唐白居易《祭浮梁大兄文》:"再拜跪奠大～于座前,伏惟～孝友慈惠,和易谦恭。"清《聊斋俚曲·姑妇曲》:"臧姑吩咐二成,把文书给他～。" ❸对和自己年龄相近的男子的尊称。宋佚名《张协状元》一二出:"〔丑揖〕〔生〕小～是谁家令嗣?〔丑〕小～?我是大～,今年四十一岁了!"清《醒世姻缘传》五〇回:"如老～们替人讨这廪生名色,约要多少谢礼?" ❹女子对所爱男子的称呼。明《挂枝儿·花开》:"约情～,约定在花开时分,他情真,他义重,决不做失信人。"浮白主人《不道人间》:"悠悠咽咽听得唱山歌,看蚕娘子忆情～。守蚕辛苦,未约曾～。"清《白雪遗音·一棵椒》:"情～门前一棵椒,二八佳人从此过,摇上两摇,哎哟眼儿往上瞧,花椒刺儿扎了奴的手,莺声燕语唤郎瞧,快些儿与奴挑,哎哟快些与奴挑仔细瞧。" ❺妻妾对丈夫的称呼。明《金瓶梅词话》五六回:"那妇人陪着笑道:'我的～!端的此是那里来的这些银子?'"清《聊斋俚曲·富贵神仙》:"天喜相逢在一么窝,夫妻恩爱似山河。我合～,从此百年琴瑟和。" ❻对地方小官的尊称。明冯惟敏《胡十八·刘麦有感》:"五月半间便过仓,里正～过堂。"又:"但撞着里正～,一万声可怜见。" ❼仆婢称小主人。清《聊斋俚曲·襄妒咒》:"春香,请您大～来的。" ❽语气词。相当于"啊""呵"。明汤显祖《牡丹亭》八出:"扛酒去前坡,几乎破了～。"《挂枝儿·性急》:"兴来时,正遇我乖亲过。心中喜,来得巧,这等着意～。"

【哥儿】 gē er ❶哥哥;兄长。明《金瓶梅词话》五七回:"因那老师傅七八岁的时节,有个～从军边上,音信不通。"清《红楼梦》七九回:"如今太爷也没了,只有老奶奶带着一个亲生的姑娘过活,也并没有～兄弟。" ❷男孩。明《金瓶梅词话》三二回:"良久,薛内相要请出～来看一看。"清《续金瓶梅》二回:"月娘抱着～,黑暗地里那里藏躲得及。"《红楼梦》六一回:"好容易怀了一个～,到了六七个月还掉了。" ❸弟兄合称。后接表示人数的数量词。元明《水浒传》三七回:"'他兄弟两个还未归去。'李俊道:'你说兀谁弟兄两个?'张横道:'便是镇上那穆家～两个。'"清《红楼梦》六五回:"你们～俩拿着我们姐儿两个权当粉头来取乐儿。" ❹对男子的谑称。有亲热意。明《金瓶梅词话》一二回:"这桂姐反手向西门庆脸上一抹,说道:'没羞的～,你就打他!'"又五八回:"董娇儿道:'～!恁便益衣饭儿,你也入了籍罢了。'"

【哥哥】 gē ge ❶对父亲的称呼。宋《淳化阁帖·唐高宗书》:"～敕"。按,此条中"哥哥"是唐高宗对唐太宗的称呼。《元曲选·墙头马上》三折:"接不着你～,正撞见你爷爷。" ❷对兄长的称呼。宋佚名《张协状元》五出:"～去也,妹妹来辞你。"清《聊斋俚曲·姑妇曲》:"二成果然到他～那里,照老婆的言说了。" ❸对年龄相近的男子的尊称。宋佚名《张协状元》一二出:"又感

~冒雪至,出言语话忒无知。"金《董解元西厢记》卷八:"君瑞道:'~自别无恙!'"明梁辰鱼《浣纱记》二六出:"~,若国家安辑了,你就可来领令郎去。" ❹ 戏称自己。金《董解元西厢记》卷七:"觑了俺学士~,少年登第,才貌过人,文章超世,于人更美满。"

❺ 妻妾称夫。宋佚名《朝野遗记》:"光宗既愈,后泣谓曰:'尝劝~少饮,不相听。'"明《金瓶梅词话》八九回:"月娘插在香炉内,深深拜下去,说道:'我的~,你活时为人,死后为神。'"明李梅实《精忠旗》八出:"我的心肝,今夜该我下班,要出来和~好睡一觉了。" ❻ 女子对所爱男子的称呼。五代孙光宪《浣溪沙》:"醉后爱称娇姐姐,夜来留得好~,不知情事久长么。" ❼ 仆婢对男主人或少主人的称呼。元佚名《错立身》二出:"~听拜禀:它是伶伦一妇人,何须恁用心。"《元曲选·神奴儿》三折:"〔正末唱〕俺~死尽七,不曾把灵除。……〔正末云〕~要傀儡耍,老汉说:我买去。"清《聊斋俚曲·禳妒咒》:"春香,你书房里请您~来的。" ❽ 父母对儿子的称呼。《元曲选·蝴蝶梦》二折:"第三个~休言语,你偿命正合去。"明《金瓶梅词话》五二回:"李瓶儿方才放心,只顾拍哄他,说道:'小周儿恁大胆,平白进来把~头来剃了去了。'"清《聊斋俚曲·慈悲曲》:"婆后婆,前边撒下了小~,你说是咱的儿,他拿着当拾来的货。" ❾ 年长者对年轻男子的称呼。《元曲选·蝴蝶梦》一折:"~,俺老的怎生撞着你,你就打死他。"明《金瓶梅词话》五八回:"不瞒~说,老汉今年痴长六十一岁。"《西游记》四一回:"行者道:'~,是你也不晓得,当年我与你令尊做弟兄时,你还不知在那里。'" ❿ 语气词,相当于"啊""呵"。元曾瑞《山坡羊过青哥儿·过分水关》:"无甚亲戚,谁肯扶持? 行不动~! 鹧鸪啼,人心碎。"

【哥哥儿】 gē ge er　对年轻晚辈(包括男性、女性)的称呼。清《红楼梦》四五回:"前儿在家里为我磕头,我没好话,我说:'~,你别说你是官儿了,横行霸道的。'"又五四回:"小丫头便说:'好奶奶,过来给我倒上。'那婆子道:'~,这是老太太泡茶的,劝你走了罢去,那里就走大了脚!'"

【哥子】 gē zi　❶ 哥哥;兄长。明《金瓶梅词话》五九回:"落后,老爹那里又差人来了,他~郑奉又说:'你若不去,一时老爹动意怒了。'"《型世言》三七回:"小的~李良雨,隆庆元年四月间与吕达同往邵阳生理。"清《聊斋志异·阎王》:"嫂怒曰:'小郎若好男儿,又房中娘子贤似孟姑姑,任郎君东家眠,西家宿,不敢一作声。自当小郎大乾纲,不到得代~降伏老媪!'" ❷ 称男孩或男性青少年。明《金瓶梅词话》五二回:"桂姐道:'六娘,不妨事,我心里要抱抱~。'"清《儒林外史》五回:"严监生慌忙叫奶妈抱起~来,拿一搭麻替他披着。" ❸ 父称子。清《樵史》一七回:"这新学台的~,就是今科状元,亦只十六岁。"

【歌调】 gē diào　曲调。唐岑参《醉后戏与赵歌儿》:"秦州歌儿~苦,偏能立唱濮阳女。"宋《朱子语类》卷九二:"今日到詹元善处,见其教乐,又以管吹习古诗二南、七月之属,其~却用太常谱。然亦只做得今乐,若古乐必不恁地美。"元王仲元《斗鹌鹑·咏雪》:"乐府杂,~雅。"

【歌儿舞女】 gē ér wǔ nǚ　以歌舞娱乐主人的小童和侍女。明《金瓶梅词话》六九回:"只成房头穿袍袍儿的也有五六个,以下~得宠侍妾不下数十。"

【歌歌】 gē ge　同"哥哥❶"。《敦煌变文集·搜神记》:"其田章始五岁,乃于家啼哭,唤~娘娘。"

【歌郎】 gē láng　旧时专为丧家唱挽歌的男青年;也泛指男青年歌手。《五灯会元》卷三《盘山宝积禅师》:"又一日出门,见人异丧,~振铃云:'红轮决定沉西去,未委魂灵往那方。'"清《儒林

外史》二六回:"吹手、亭彩、和尚、道士、~,替鲍老爹出殡,一直出至南门外。"屈大均《广东新语》卷一二:"黎人集会,则使~开场,每唱一句,以两指下击鼓,听者齐鸣小锣和之。……~唱毕,歌姬乃徐徐唱,击鼓亦如之。其歌大抵言男女之情,以乐神也。"

【歌卖】 gē mài　唱着歌曲吸引买主。宋吴自牧《梦粱录》卷一六:"今之茶肆,列花架,安顿奇松异桧等物于上,装饰店面,敲打响盏~。"又:"此果未遇时,则有~。"

【歌谱】 gē pǔ　曲谱。宋张炎《词源》卷下:"此词按之~,声字皆协,惟'扑'字稍不协,遂改为'守'字,乃协。"明沈德符《万历野获编》卷二五:"沈工~,每制曲必遵《中原音韵》《太和正音》诸书,欲与金元名家争长。"

【歌谣】 gē yáo　歌颂。唐[朝]崔致远《初投献太尉启》:"伏以岳之高与海之深,物所归而人所仰,回拔千仞,平吞百川,其如巉嵲擎天,波澜蘸日,豁四方之眼,醒万族之魂,是宇内之所~,匪毫端之能赞咏。"《敦煌愿文集·愿文等范本》:"县宰扇百里之风,怀澄(□)之气;亲垂天泽,~帝乡。"《元曲选外编·周公摄政》三折:"先帝升遐,当今嗣国,宗犯明堂,~圣德。"

【歌者】 gē zhě　谓歌妓、妓女。《元曲选·曲江池》一折:"这~是刘桃花,与我作伴。"又《对玉梳》一折:"此间有个~顾玉香,我有心与他作伴,夜来见了那妈妈,今日使着个梅香来请,事必谐矣。"

【歌子】 gē zi　同"哥子❶"。《敦煌变文校注》卷二《舜子变》:"与阿耶三条荆杖来,与打前家~。"

【割】 gē　❶ 指菜肴。宋元《清平山堂话本·李翠莲》:"烧卖匾食有何难,三汤两~我也会。"明《金瓶梅词话》三一回:"须臾,酒过五巡,汤陈三献,厨役上来~了。头一道小~烧鹅。" ❷ 分;聚。今口语音 gǎ。清《醒世姻缘传》九○回:"万一后来同住不好的,好~好散,别要叫他过不得日子。"

【割爱分恩】 gē ài fēn ēn　舍弃夫妻恩爱。明梁辰鱼《浣纱记》四五出:"为国主撇夫妻,~送与谁? 负娘行心痛悲,望姑苏泪沾臆!"

【割包】 gē bāo　割衣袋囊包以行窃。明《隋史遗文》一一回:"话说叔宝未到皂角林时,那皂角林夜间有响马割了包去。"

【割别】 gē bié　割舍;分离。清《聊斋俚曲·翻魇殃》:"定不就何时再见,怎忍的一旦~!"

【割道】 gē dào　筵席上,厨役亲自割切讨赏的那一道主菜。泛指菜肴。明《金瓶梅词话》四九回:"西门庆递酒安席已毕,下边呈献~。"又五一回:"吃罢汤饭,厨役上来~了。西门庆唤玳安拿赏赐赏了厨役。"

【割蹬】 gē dēng　以踏足声状单足跳行的样子。清《醒世姻缘传》三六回:"小和尚拿着他奶母的一只鞋,飞也似的跑了来。奶子跷着一只脚,~着赶。"

【割肚牵肠】 gē dù qiān cháng　形容非常挂念,放心不下。《元曲选外编·西厢记》四本四折:"似这般~,倒不如义断恩绝。"明《金瓶梅词话》六二回:"宁教我西门庆口眼闭了,倒也没这等~。"

【割过】 gē guò　交割;转移。《宋会要辑稿·食货一》:"如日前曾将肥土轻税田与豪富人,今止将瘠地,即指挥见佃户全业收买,~户籍。"

【割衿】 gē jīn　割下衣襟交给对方,作为儿女许婚的信物。《元史·刑法志二》:"诸男女议婚,有以指腹~为定者,禁之。"明《金瓶梅词话》八一回:"这来保妻惠祥有个五岁儿子,名僧宝,韩道国老婆王六儿有个侄女四岁,二人~做了亲家。"

【割据】 gē jù 分占。宋《朱子语类》卷三："蜀中灌口二郎庙，当初是李冰因开离坊有功，立庙。……利路又有梓潼神，极灵。今二个神似乎～了两川。"

【割拉】 gē lā 闲扯；琐碎地说。清《醒世姻缘传》四回："拿茶来，吃了睡觉，休要～老鼠嫁女儿。"

【割绺】 gē liǔ 割衣囊行窃。清《醒世姻缘传》三六回："那里有甚银子？从道袍一条大缝直透到着肉的布衫，方知是过浮桥的时节被人割了绺去。"又九三回："众人都说：'这分明是峰方圣母的显录，说我等至诚，又远来进香，你却因何将他割了绺去？'"

【割切】 gē qiē 指菜肴。明《金瓶梅词话》五八回："下边就是汤饭～，一道添换拿上来。"又九六回："月娘主位，筵前递了酒，汤饭点心～上席。"

【割杀】 gē shā 交代；解释。《元曲选外编・村乐堂》三折："则被这金晃的我这眼睛儿花腊搽，唬的我这手脚儿软剌答，可若是官司知道怎～？"

【割衫衿】 gē shān jīn 即"割衿"。明《金瓶梅词话》八七回："那日吃酒，遂两家～做了儿女亲家。"清《醉醒石》四回："老徐不知那里寻出一付衫衿来，道：'小人当日与程翁同为商，两下俱妻子有孕，曾～为定。'"

【割衫襟】 gē shān jīn 即"割衿"。《元曲选外编・西游记》四本一五出："自小～为定，家里做媳妇。"

【割舍】 gē shě ❶花费。《元曲选・桃花女》楔子："我如今不免寻彭大公去，～几文钱，算其一卦，看我孩儿几时回家，可不好也？"又《盆儿鬼》楔子："遇着一个打卦先生，叫做贾半仙，人都说他灵验的紧。只得～一分银子，也去算一卦。" ❷脱离；离开。《敦煌愿文集・愿文范本・佛堂》："厥今有信士某公晓知坯患，深悟光[隙]难留；～烦喧，希求未来之佑。" ❸拼着；豁出去。宋赵长卿《鹧鸪天・荼醾》："风流别有千般韵，～昏沉入醉乡。"又《虞美人・清婉亭赏酴醾》："玉容消得仙源惜，满架香堆白，檀心应共酒相宜。～花前猛饮、倒金卮。"《元曲选・燕青博鱼》二折："我～的发会村，怒吽吽使会狠。" ❹副词，干脆。宋佚名《张协状元》四五出："你～随我去任所，与你医教手好，教你嫁个官人去。" ❺忍心。明《拍案惊奇》卷二："我们只是爱惜娘子人材，不～得你吃苦。"清《聊斋俚曲・慈悲曲》："仅仔剩了人一个，～的出来受颠连，那后娘的心肠，这也就摘下帽子看见纂。"清《醒世姻缘传》九六回："零碎扇你两耳瓜子是有的，身上挝两把也是常事，从～不的拿着棒椎狠打恁样一顿。"

【割献】 gē xiàn 宴会中厨役亲自上席割切整猪整鹿等以讨赏，谓"割献"。明《金瓶梅词话》六五回："厨役～烧鹿花猪，百宝攒汤，大饭烧卖。"又六八回："说笑中间，厨下～豕蹄一领，又是四碗下饭。"

gé

【阁】 gé ❶架起；垫在下面；支撑；架。唐刘恂《岭表录异》卷上："又到野义国，船抵暗石而损，遂搬人物上岸，伺潮落，～船而修之。"又："康州悦城县北百餘里山中，有樵石穴。每岁乡人琢为烧食器。但烧令热彻，以物衬～，置之盘中，旋下生鱼肉及葱韭齑俎腌之类，顷刻即热，而终席煎沸。"宋苏轼《谪居三适・午窗坐睡》："蒲团蟠两膝，竹儿～双肘。"明《醒世恒言》卷一八："朱恩寻扇板门，把凳子两头～着，支个铺儿在堂中右边。"清《醒世姻缘传》四五回："他悄悄的上了床，把被子轻轻的揭了，慢慢的拨他仰面睡着，与他解了裤带，渐渐的褪了下来，把两只白腿～在自己的肩上。" ❷放置。唐张鷟《朝野佥载》卷二："五溪蛮父母死，于村外～其尸，三年而葬。"《元曲选外编・西厢记》五本一折："我这里开时和泪开，他那里修时和泪修，多管～着笔尖儿未写早泪先流，寄来的书泪点儿兀自有。"明汤显祖《牡丹亭》三〇出："你便打睃，有甚着科？是床儿里窝？箱儿里那？袖儿里～？"清《醒世姻缘传》九回："等了个把月，不见动静，把红本高高的～在一个所在放着。" ❸搁置；搁浅。宋苏轼《龙虎铅汞录》："不读书著文，且一时～起，以待异日。"杨万里《兰溪解舟》之三："只愁滩浅～行舟，到得江深又不流。"明《警世通言》卷九："此事～过不题。"清《巧联珠》一三回："宰相看了本道：'闻友新进翰林，怎么就参起言官来？'欲待批坏他的本，又见皇上十分殊遇，只得将本～着，不发下来。" ❹阻住；留住。《全唐诗》卷八七五《古棺石铭》："欲陷不陷被藤缚，欲落不落被沙～。"明《梼杌闲评》二一回："天上清光留此夕，人间和气～春阴。" ❺含；噙。参见"阁泪"。唐王维《书事》："轻阴～小雨，深院昼慵开。"元佚名《寿阳曲》："杯擎玉，泪～珠，心间事尽情儿倾诉。"明《金瓶梅》一一回："那李瓶儿～着泪道：'路上小心保重。'"

【阁部】 gé bù ❶明清内阁的别称。明朱长祚《玉镜新谭》卷三："若夫庶务殷烦，则内有心膂重臣，公忠体国，外有～大臣，协力赞襄，似不烦圣心轸虑也。"清徐锡龄、钱泳《熙朝新语》卷一四："钦遵，由～移咨督抚，行据司府县结报详题，请将姒恒甸世袭八品官奉祀等因到部具题。奉旨准行。" ❷借指内阁大臣。明王世贞《皇明奇事述》卷三："……凡十二人，仅谢琏至侍郎，林文太常少卿，仁杰祭酒，张显宗曾为侍郎终交阯布政而已。无论～、一品，俱不可得。"清邵廷采《东南纪事》卷一一："并系前～黄景昉、国佐在城中，多杀立威，泉民日夜惴息。"

【阁不住】 gé bu zhù 同"搁不住"。《元曲选・救孝子》四折："重囚们两眼泪滴在枷锁上，～落于地上。"明《警世通言》卷三〇："又愁又怕，都～泪汪汪地，又怕员外看见，急急拭了。"

【阁臣】 gé chén 明清入阁大学士的别称。明文秉《烈皇小识》卷一："后又召对，上特携李实原疏示～曰：'此李实参问周起元等原疏，卿等可详观之，看是朱在墨上，墨在朱上。'"清徐锡龄、钱泳《熙朝新语》卷一："本朝最重易名之典，京朝官惟～、尚书、总宪得赐谥，侍郎以下不得与。"

【阁儿】 gé er 大房间内部间隔的小房间；单间。宋吴自牧《梦粱录》卷一六："诸店肆俱有厅院廊庑，排列小小稳便～。"元明《水浒传》二五回："何九叔跟着西门庆，来到转角头一个小酒店里，坐下在～内。"明汤显祖《牡丹亭》二四出："到了观中，且安置～上，择日展礼。"

【阁栏头】 gé lán tou 建于山坡的木屋。唐元稹《酬乐天》："平地才应一顷餘，阁栏都大似巢居。"自注："巴人多在山坡架木为居，自号～也。"

【阁老】 gé lǎo 唐代称中书、门下两省的属官及中书舍人资深者为阁老；明清称宰相及掌诰敕的学士为阁老。唐李肇《国史补》卷下："两省相呼为～。"《新唐书・杨绾传》："故事，舍人年久者为～。"明朱载堉《十不足》："一攀攀到～位，每日思想要登基。"清《聊斋俚曲・磨难曲》："真么个英雄，怎么不着他做～丞相呢！"

【阁泪】 gé lèi 含着眼泪。宋夏竦《鹧鸪天》："尊前只恐伤郎意，～汪汪不敢垂。"元刘时中《端正好・上高监司》："一丝好气沿途创，～汪汪。"明《古今小说》卷四："急得夫人～汪汪，不敢回头。"

【阁楞】 gé léng 在房间上部间隔出的小房间，类似阁楼。

清《野叟曝言》六回："素臣问璇姑睡处，石氏道：'在～上。'素臣抬头，果见上有～。"

【阁溜】 gé liū　檐溜，檐头承顺屋瓦水溜的长槽。明《西洋记》八六回："堂里面沉香木为梁栋、栎科之类，镀金椽子，一年一镀，黄金为～，四面八方都是蔷薇露和龙涎香为壁。"

【阁路】 gé lù　栈道。唐樊绰《蛮书》卷一："西崖亦是石壁。傍崖亦有～，横阔一步，斜亘三十餘里。"《旧唐书·牛徽传》："父蔚方病，徽与其子自扶篮舆，投窜山南。～险狭，盗贼纵横，谷中遇盗，击徽破首，流血被体，而捉舆不辍。"宋乐史《太平寰宇记》卷一三三："西北取斜谷桥～至凤州三百八十里。"

【阁落】 gé luò　❶ 墙隅；器隅。《元曲选外编·西厢记》三折："黑～甜活儿将人和，请将来着人不快活。"明《朴通事谚解》卷中："该管的外郎也受了些钱财，把我的文书卷来彫在柜子～里，不肯家启禀，知他是几时的勾当?"《山歌多少工夫》："墙门～里结识子个有情人。"　❷ 偏僻的地方。《元曲选·荐福碑》一折："我左右来无一个去处，天也，则索～里韫椟藏诸。"

【阁气】 gé qì　斗气；憋气。明《西游记》二六回："我们走脱了，被他赶紧上，把我们就当汗巾儿一般，一袖子都笼了去，所以～。"又八三回："你那索儿颇重，一时捆坏他，～。"

【阁浅】 gé qiǎn　同"搁浅"。宋陈渊《钱清待潮》："江潮来去自有时，扁舟～心如飞。"明胡宗宪《筹海图编》卷一二："愚考海中山沙，南起舟山，北至崇明，或断或续，暗沙连伏，易于～。"《钦定大清会典》卷六五："凡沿海弁兵之禁海船，有被风飘至近岸，或触礁～者。"

【阁下】 gé xià　对人的敬称。唐李肇《国史补》卷中："韦相贯之，为尚书右丞，入内，僧广宣赞门曰：'窃闻～不久拜相。'贯之叱曰：'安得不轨之言!'"清顾炎武《日知录》卷一九："未见有赤心事上，忧国如家如～者。"

【阁子】 gé zi　即"阁儿"。五代孙光宪《北梦琐言》卷一〇："少年及期赴之，延于～内，且令从容，俟客退后方得攀接。"《元曲选·岳阳楼》二折："这个～里无有，这个～里也无有。"清洪昇《长生殿》一四出："打听的那～，恰好临着宫墙，声闻于外。"

【合不住】 gé bu zhù　同"搁不住"。元高栻《集贤宾·怨别》："赤紧的关山路远，一去无音，～双眸泪垂。"

【茖茪】 gé lǎo　即"栲栳❶"。宋元《古今小说》卷三三："韦义方着眼看生药铺厨里：四个～三个空，一个盛着西北风。"

【挌】 gé　同"格❷"。《祖堂集》卷八《云居和尚》："洞山大师，～高调古，言简旨玄。"

【挌外】 gé wài　❶ 同"格外❶"。《祖堂集》卷八《龙牙和尚》："初参翠微、香严、德山、白马，虽请益已劳，而机缘未契。后闻洞山言玄～，语峻时机，遂乃桀笻而造其席。"　❷ 分外。《祖堂集》卷二〇《后鲁祖和尚》："问：'～事如何?'师云：'化道缘终后，虚空更那边。'"

【挌志】 gé zhì　格调志向。《祖堂集》卷一〇《镜清和尚》："～异，气骨高，森萝咸会一灵毫。"

【格】 gé　❶ 战格，军营防御用的木栏。《敦煌变文校注》卷一《王昭君变文》："毡裘之帐，每日调弓，孤～之军，终朝错箭。"明高启《从军行》："扬旌三道出，列～五连营。"　❷ 格调；风范。《祖堂集》卷二《阇夜多尊者》："阇夜多祖，～高貌古。"又卷一三《福先招庆和尚》："与摩则～高难凑泊。"元辛文房《唐才子传》卷一《储光羲》："工诗，～高调逸，趣远情深，削尽常言，挟风雅之道，养浩然之气。"　❸ 句末助词。明《西游记》八〇回："这件事却亏你～，如何处置?"△《负曝闲谈》一七回："舍故歇辰光，勿作兴打茶围～?"

【格尺】 gé chǐ　尺度；标准。宋《法演和尚语录》卷下："坐一须走七，古圣留踪迹。此土与西天，个个明～。"《续资治通鉴》卷一五一："祖宗时有西北马可用，黎马只是羁縻，今则黎民分作战马，不可不及～也。"

【格当】 gé dàng　意图；意思。宋《朱子语类》卷六七："读古人书，看古人意，须是不出古人本来～。"

【格调】 gé diào　❶ 品格；风范。《太平广记》卷四八七引唐蒋防《霍小玉传》："故霍王小女名小玉，……咋遣某求一好儿郎～相称者。"《祖堂集》卷四《丹霞和尚》："～孤峻，少有攀者。"清汪景祺《西征随笔》："明月雕弓挽铁胎，风流～小身材。儿家生长云中郡，曾向恒山射虎来。"　❷ 风貌；景象。唐张乔《宿刘温书斋》："不掩盈窗月，天然～高。"元方回《瀛奎律髓》卷二〇载宋张道洽《梅花二十首》之二："影落寒溪水也香，自倚风流高～，唯消质素淡衣裳。"明倪岳《焚香联句三十韵》："畹兰～绝，阁梅风味添。"❸ 诗歌的格律声调。也泛指作品的艺术风格。《旧唐书·高锴传》："郑覃曰：'陛下改诗赋～，以正颓俗，然高锴亦能励精选士，仰副圣旨。'"元辛文房《唐才子传》卷七《许浑》："(许)浑乐林泉，亦慷慨悲歌之士。登高怀古，已见壮心，故为～豪丽。"清昭梿《啸亭杂录》卷九："履端亲王永城有孔王祠长律一首，～遒劲。"❹ 乐曲；律调。永乐大典本《错立身》四出："曲按宫商知～，词通大道如禅机。"明《金瓶梅》一一回："高低紧慢按宫商，轻重疾徐依～。"　❺ 指某种生活状况。宋佚名《张协状元》三出："每甘分粗衣布裙，寻思另般～。"

【格范】 gé fàn　❶ 古代剧本中动作、表情的规范。宋佚名《张协状元》一出："教坊～，绯绿可全声。"又《错立身》四出："把梨园～尽番腾，当场敷演人钦敬。"元明《水浒传》五一回："轻重疾徐依～，铿金戛玉。"　❷ 律调风格；格调风范。元辛文房《唐才子传》卷五《朱昼》："(朱昼)慕孟郊之名，为诗～相似，曾不远千里而访之，不厌勤苦。"明许潮《同甲会》："近访得西京有一个会演传奇的子弟，殊有梨园～，唤他来演一桩故事，侑酒解醒何如!"❸ 格调样式。元明《水浒传》五一回："今日秀英招牌上，明写这场话本，是一段风流韫籍的～，唤作'豫章城双渐赶苏卿'。"

【格化】 gé huà　格杀。明吕天成《齐东绝倒》四出："丛脍、胥敖，闻帝逃去，随即为叛，今已～了。"

【格局】 gé jú　❶ 命相家指定格和合局，即人的富贵、贫贱、寿夭等。《宋史·艺文志五》载唐李虚中有《命书～》二卷。明万民英《三命通会》卷五："徐子平识破此理，故只论财、官、印、食，分为六格，而人命之富贵、贫贱、寿夭，穷通举不外是其餘～，不过自此而推之耳。"清《幻中游》二回："相法按八卦，分九宫。命理讲～，论官禄。"　❷ 指政治体制。宋《朱子语类》卷九五："又闻：'如为朝廷有朝廷之体，为一国有一国之体，为州县有州县之体否?'曰：'然。是个大体有～当做处。如做州县，便合治告讦，除盗贼，劝农桑，抑末作；如朝廷，便须开言路，通下情，消朋党；如为大吏，便须求贤才，去赃吏，除暴敛，均力役，这个都是定底～，合当如此做。'"清黄宗羲《明夷待访录·奄宦》："汉、唐、宋之奄宦，乘人主之昏而后可以得志。有明则～已定，牵挽相维，以毅宗之哲王，始而疑之，终不能舍之，卒之临死而不能与廷臣一见，其祸未有若是之烈也!"　❸ 指人的品格、气度。宋《朱子语类》卷五二："伯夷～更高似柳下惠。"明陈继儒《狂夫之言》卷一："余尝看项羽规模～，也不是端冕凝旒南面的人，又不是垂绅正笏北面的人。"　❹ 指诗文的风格、结构、格式等。元盛如梓《庶斋老学丛谈》卷二："文字且要体面，平时习为绨绘工夫，气象浅促，手段拘

挈。他日宦达,凡议论奏疏代言,则不能脱此~矣。"明冯汝弼《祐山杂说》:"此是晚唐~,极卑弱,诗家所谓下乘禅者,公且勿作,且看古选,及盛唐人诗。"清《蜃楼志》二二回:"~不必谨严,心思不必曲折,典故只好用习见,切不可引《荀》《列》诸书。" ❺指小说的情节。清《红楼复梦自序》:"凡小说中,舍此数项,无从设想。此书百回,另成~。" ❻指演戏的规矩或布置。清李渔《闲情偶寄》卷二:"此剧只因改北成南,遂变尽词场~。"又卷三:"传奇~,有一定而不可移者,有可仍可改,听人自为政者。"钱泳《履园丛话》卷一三:"演戏如作时文,无一定~,只须酷肖古圣贤人口气,……形容得像,写得出,便为绝构,便是名班。" ❼指官场恶习。明《型世言》二四回:"所以有司识得这~,只是恐吓诈他些钱罢了。"

【格目】 gé mù ❶登记表格;登记册。《宋会要辑稿·刑法六》:"江西提刑徐以道言:推鞫大辟之狱,自检验伤痕始,其间有因检验官指轻作重,以有为无,……人命所系,岂不利害!伏见湖广广西宪司见行刊印正背人形,随~给下检验官司,令于损伤去处,依样朱红书画,横斜曲直,仍仰检验之时,唱喝伤痕,令众人同共看所画图本。"《续资治通鉴》卷一三九:"今将显著战功十三处,立定~。" ❷表格中的项目。元明《水浒传》二七回:"把这一干人押到紫石街检验了西门庆身尸,明白填写尸单~。"明《金瓶梅词话》一〇回:"押到狮子街,检验李外传身尸,填写尸单~。"

【格式】 gé shì ❶法令;也指法令的具体条款。唐王梵志《代天理百姓》:"代天理百姓,~亦须遵。"宋《五代史平话·晋史上》:"定律令~,除肉刑笞背,如五刑之禁暴。"清徐锡龄、钱泳《熙朝新语》卷六:"志刑法者,前史第陈律令~而已,明则必兼厂卫、诏狱、廷杖。" ❷规格样式。宋朱熹《答蔡季通》:"平江磬材闻不难致,此见有的便告。考定~,剪纸作样,一两日间示及,当往属相识求之。"周密《齐东野语》卷六:"应搜访到法书,多系青阑道,绢衬背。唐名士多于阑道前后题跋。令庄宗古裁去上下阑道,拣高格者,随法书进呈,取旨拣用。依绍兴~装裱。"清赵翼《廿二史札记》卷七:"案王莽篡位已先受九锡,然其文不过五百馀字,非如潘勖为曹操撰文~也。"

【格是】 gé shì 既是;已是。唐白居易《听夜筝有感》:"如今~头成雪,弹到天明亦任君。"韩偓《夜坐》:"~厌厌饶酒病,终须忍忍学渔歌。"宋洪迈《容斋随笔》卷二:"乐天诗云……元微之诗云:'隔是身如梦,频来不为名。'格与隔二字义同,~犹言已是也。"

【格外】 gé wài ❶禅家称超越通常的知识见解与格局规范为格外。《五灯会元》卷一四《光孝思彻禅师》:"所以劫前消息,非口耳之所传;~真规,岂思量之能解?"又卷一八《大沩祖珤禅师》:"雨下阶头湿,晴干水不流。鸟巢沧海底,鱼跃石山头。众中大有商量:前头两句是平实话,后头两句是~谈。"宋克勤《碧岩录》一则:"祖师西来,单传心印,直指人心,见性成佛,那里如此葛藤!须是斩断语言,~见谛。" ❷限度外;法外。明赵钑《鹨林子》卷四:"士者往往恃故旧,望人以~相容,不惟难行,抑且自损。"清《聊斋俚曲·富贵神仙》:"衣服典尽牛驴卖,未到秋成小麦完,钱粮目下实难办。老父师开恩~,望迟迟打下秋天。" ❸分外;超出本分。清《聊斋俚曲·增补幸云曲》:"好酒好菜都吃光了,又~生事,又要作乐佳人陪伴。" ❹副词。特别;异乎寻常。宋侯寘《风入松》:"少年心醉杜韦娘,曾~疏狂。"清《醒世姻缘传》四九回:"能在那两个奶子中独拣这个丑妇,在~识人。"

【格文】 gé wén 有关法令或规定的条文。《旧唐书·刑法志》:"十九年,侍中裴光庭、中书令萧嵩,又以格后制敕行用之后,

与~相违,于事非便,奏令所司删撰《格后长行敕》六卷,颁于天下。"五代王定保《唐摭言》卷二:"况礼部~,本无等第,府解不合区分。"《旧五代史·庄宗纪六》:"前件~,本朝创立,检制奸滥,伦叙官资颇谓精详,久同遵守。"

【格眼】 gé yǎn 标准规格的状纸。也指状子。清《醒世姻缘传》一二回:"那计巴拉也写了一张~,随了牌进去,将状放在桌上,走到丹墀下听候点名。"又八一回:"赵哑子铺开~,研墨操笔,不加思索,往上就写。"

【格样】 gé yàng 式样;格式。宋程大昌《感皇恩·某蒙惠和鄙作谨再次韵》:"此去汉庭,春光骀荡,亲见子虚不惆怅。鸢肩捷上,自有唐家~。"《朱子语类》卷二一:"及以《閟宫》《殷武》末章观之,诚恐古人作文,亦须有个~递相祖述。"元陶宗仪《辍耕录》卷九:"《尚书叙》《毛诗叙》,古今作序大~。"

【格子】 gé zi ❶格式。宋《朱子语类》卷七九:"如《君陈》《周官》《蔡仲之命》《微子之命》等篇,亦是当时此等文字自有个~,首呼其名而告之,末又为'呜呼'之辞以戒之。" ❷指具体的规定、条款。宋《朱子语类》卷一一一:"赈济之策,初且大纲;……一细碎,便生病。屯田亦然,且理会大处。如薛士龙辈皆有一定~,细细碎碎,皆在我手,尚得。一只出一使委人,如何了得!" ❸即"槅子❶"。唐戴孚《广异记·韦延人》:"厅如今县令厅,有两行屋,屋间悉是房,房前有斜眼~,~内板床坐人,典令延之坐板床对事。"明《西游记》五五回:"这行者轻轻的飞上去,钉在那花亭~上。"清《儒林外史》三〇回:"杜慎卿叫掩上了中门,让戏子走过桥来,一路从回廊内转去,进东边的~,一直从亭子中间走出西边的~去。"

【格子眼】 gé zi yǎn 窗或隔扇上由木格构成的孔洞。明《西游记》五五回:"行者在~听着两个言语相攀,恐怕师父乱了真性。"又八二回:"行者一头撞破~,飞在唐僧光头上丁着。"

【革】 gé ❶革除;废除。唐元稹《招讨镇州制》:"而枭音未~,狼顾犹存。"《元典章·刑部二》:"向者绳缚罪人及磁芒刺膝、鞭背等刑,已蒙上司~去。"《续资治通鉴》卷八:"今朕躬亲临试,以可否进退,尽~前弊矣。" ❷开除;撤销职务。元明《水浒传》六七回:"当日~了赵鼎官爵,罢为庶人。"清《聊斋俚曲·磨难曲》:"从今把您衣巾~,叫您下回再不消。" ❸扣除。清《红楼梦》一四回:"说与来升,~他一月银米。"又七三回:"从者每人二十大板,~去三月月钱。"

【革罢】 gé bà 取消;撤销;革除。《元曲选·墙头马上》四折:"吏部里注定迁移,户部里~了俸禄,枉教他遥授着尚书。"明沈德符《万历野获编》卷六:"近太医院降职院使方贤,奏求复职任,及太常寺请复~传奉司乐徐端起,本部俱执奏不可。"《明史·程启充传》:"既又极陈冗官、冗兵、冗费之弊,乞通行~。"

【革拨】 gé bō ❶使不算数;使原来有联系的失去联系。《金史·白华传》:"合达枢密使所言,此间一面~恐亦未尽,乞至同议可否。"《元典章·圣政二》:"在先若有免役圣旨懿旨,并行~。"又《刑部十九》:"转行乞养过房及作驱使唤的,都交~了。" ❷赦免;免罪。《元典章·刑部三》:"即系卑幼有罪,尊长殴击致死,例应杖断,钦遇诏恩,合行~。"又《刑部七》:"今后僧人有犯罪,若奸所捕获者,依例断罪;外据转指又非奸所捕获者,例~。"

【革除】 gé chú ❶去除;废除。唐李绛《李相国论事集》卷一:"所以特降鸿恩,大拯颓俗,罢方镇不时之贡,禁天下无艺之费,苏息下民,~宿敝。"《明史·礼志一》:"若厘正祀典,凡太皇、太乙、六天、五帝之类,皆为~。"清赵慎畛《榆巢杂识》卷上:"民间

交完粮米,即截给印串归农,军民两不相见,一切浮费概行～。"
❷ 开除。清昭梿《啸亭杂录》卷八:"又设司匠、领催以督率之,缺则取补,惰则取～。" ❸ 明成祖夺取建文帝位后,下诏革除 建文年号,又称洪武,后人为避免记载混淆,便称建文年间为"革除"。明杨循吉《苏谈》:"～年间,太守姚公最为重士,尝礼俞贞木于布衣之中,数数馈以薪米。"清顾炎武《日知录》卷二〇:"明朝《太宗实录》上书'四年六月己巳',下书'洪武三十五年六月庚午',正是史臣实书,与前代合,但不明书建文年号,后人因谓之～耳。"

【革顶】 gé dǐng　摘除顶子,即革职或取消秀才、举人等名分。顶,顶子,清代官员冠顶饰物,官员的品级不同,顶子的颜色、质料也就不同。清《聊斋俚曲·富贵神仙》:"一群秀才问了诬告,打板问罪,～充军。"

【革风】 gé fēng　改变风气。唐韩愈《唐故东南西道观察使王公神道碑铭》:"逋滞攸除,奸讹～。祛蔽于目,释负于躬。"

【革爵】 gé jué　削去爵位。明郑晓《今言》卷四:"岷王彦汰,简王子。……坐荒淫败度,抗制擅权,幽囚嫡母焚死,迫逼多官称臣,亦～为庶人。"《明史·食货志六》:"宗室有罪～者曰庶人。"

【革乱】 gé luàn　变乱。唐赵元一《奉天录》卷一:"时圣上行幸,群臣疑贰,～之间,段公以戎服见泚,共议匡复。"

【革面】 gé miàn　比喻彻底悔改。也指暂时悔改。宋《朱子语类》卷七〇:"如舜汤举伊、皋陶,不仁者远,自是小人皆不敢为非,被君子夹持得,皆～做好人了。"明田汝成《炎徼纪闻》卷二:"今渠帅仅已剪除,肆孽尚遗千数,顷虽～,终包野心。"清顾炎武《日知录》卷一:"君子之于小人也,有知人则哲之明,有去邪勿疑之断,坚如金石,信如四时,使憸壬之类皆知上志之不可移,岂有不～而从君者乎!"

【革任】 gé rèn　撤职。明文秉《烈皇小识》卷五:"唯嘉革职,蒙麻～。原参六款再严鞫确情具奏。"沈德符《万历野获编》卷六:"其先得罪者,亦唯司寇刑尚智谪戍,及弟张书绅～而已。"

【革退】 gé tuì　撤职不用;摈弃不用。明于慎行《穀山笔麈》卷一〇:"近时,中贵请托宰相,如取如携,纵遇事发,不过～,未闻杖死,亦未有连坐宰相者也。"清赵慎畛《榆巢杂识》卷下:"俄罗斯学生向例五年考试一次,即系管学之人及大学士等在内阁考试后,将列一等者授为八品官,列为二等者授为九品官,三等者留学行走,不入等者～。"

【革闲】 gé xián　革除官职,在家闲居。《元典章·吏部六》:"今据各路申到～典史,多系路吏差充,本府除将今次～典史元系考满路吏,照依前例于吏目内委用。"《式古堂书画汇考》卷一六载元赵孟頫《乡人莘昇帖》:"乡人莘昇昨因事～,今欲援年再叙例告状,望吾兄以孟頫之故,持与主张改正。"明佚名《土官底簿》卷上:"又查董节～之后,已于洪武二十六年另除知州。"

【革职】 gé zhí　撤职。明朱长祚《玉镜新谭》卷八:"所当～为民,仍夺诰命示戒者也。"清《聊斋俚曲·磨难曲》:"圣上说,孤且从宽,～免死。"

【革子】 gé zi　皮衣。宋佚名《张协状元》一九出:"莫是～衣裳?"又:"不是番罗、～,便是大绫。"

【革作】 gé zuò　重新修建;重新制造。唐韦表微《翰林学士院新楼记》:"而庭宇逼仄,屋室卑陋,非圣朝待贤之意,岂群彦养德之所,于是梧桐高则可以栖灵凤,岩岭秀则可以韫美玉,是宜～,以新其居。"杜牧《李讷除浙东观察使兼御史大夫制》:"今者兵为农器,～轩车,言于共理,在择循吏。"宋觉范《潭州开福转轮藏灵验记》:"吾成此藏,魔事极多,不踰二百年,有吾宗法子～转轮,此其基也。"

【葛藤】 gé téng　葛、藤均为蔓生植物,用以比喻纠缠不清或言语烦冗。《大正藏》卷四七《云门匡真禅师广录》卷上:"问:'如何是兄弟添十字?'师云:'我共汝说～。'"宋克勤《碧岩录》一则:"祖师西来,单传心印,直指人心,见性成佛,那里如此～! 须是斩断语言,格外见谛。"清《野叟曝言》一四回:"若随着吾兄与他争执,～到几时?"

【葛藤露布】 gé téng lù bù　即"露布葛藤"。《五灯会元》卷一六《灵曜訔良禅师》:"有个～,与诸人共相解摘看。"

【隔】 gé　❶ 隔子,建筑物内分隔出的空间。《敦煌变文校注》卷六《大目乾连冥间救母变文》:"狱主闻语,却入狱中高楼之上,迢白幡杆铁鼓:弟一～中有青提夫人已否?" ❷ 窗槅。参见"槅子❶"。唐李贺《荣华乐》:"瑶姬凝醉卧芳席,海素笼窗空下～。"元刘壎《恋绣衾·城南净凉亭赋》:"轻风吹雾月满廊。芙蕖香、飘人～窗。"清赵翼《陔餘丛考》卷二二:"窗户之有疏棂可取明者,古曰绮疏,今曰槅子。按槅当作～,谓隔限内外也。" ❸ 器具的间隔或隔层,以储存物品。唐郑还古《博异志·杨知春》:"发一冢,……其冢有四房阁。东房皆兵器,……南房皆缯彩,中龛皆锦绮,……下一～皆金玉器物。" ❹ 植物籽实的间隔。唐段成式《酉阳杂俎》卷一八:"波斯皂荚,……不花而实,其荚长二尺,中有～。～内各有一子,大如指头。"又卷一九:"蔓胡桃,出南诏。大如扁螺,两～,味如胡桃。" ❺ 界限。唐武则天《臣轨》卷上:"朋党比周,以蔽主明。入则辩言好辞,出则更复异其言语,使白黑无别,是非无间。"原注:"间,犹～也。言能点白作黑,饰非为是,使白黑是非无隔别也。"魏玄同《请史部各择寮属疏》:"褒贬不甚明,得失无大～。"《祖堂集》卷二〇《五冠山瑞云寺和尚》:"何处愚智有～? 是故当知,凡圣不～,根有利钝。" ❻ 相差。清《聊斋俚曲·寒森曲》:"阎王的牌日是逢五排十,还～着二三日。" ❼ 筛。清《红楼梦》二八回:"我没法儿,把两枝珠花儿现拆了给他。还要了一块三尺上用大红纱去,乳钵乳了,～面子呢。"

【隔碍】 gé ài　阻隔;阻碍;隔阂。《祖堂集》卷四《丹霞和尚》:"山河无～,光明处处透。"《太平广记》卷三三二引唐陈邵《通幽记》:"倘是十娘子之灵,何惜一相见叙也? 勿以幽冥～宿昔之爱。"清《水浒后传》三〇回:"务使门当户对,两相情愿,彼此一家,阴阳合德,自此再无～。"

【隔岸】 gé àn　河对岸。唐皇甫冉《沣水送郑丰鄠县读书》:"孤烟远树动离心,～江流若千里。"清屈大均《广东新语》卷一七:"～有百货之肆,五都之市,天下商贾聚焉。"

【隔壁】 gé bì　❶ 隔墙。《敦煌变文校注》卷五《金刚般若波罗蜜经讲经文》:"佛与众生虽不远,无缘～镇长聋。"明沈德符《万历野获编》卷二一:"镇抚司狱,亦不比法司,其室卑人地,其墙厚数仞,即～嗥呼,悄不闻声。" ❷ 左右相连的房子或人家。元孟汉卿《魔合罗》一折:"～儿熟食店,对门儿生药铺。"清《聊斋俚曲·禳妒咒》:"～老头终日闷央也么央,娶了个媳妇甚不良。"

【隔壁账】 gé bì zhàng　比喻与己无关的事。清《儒林外史》一七回:"景兰江道:'你们都说的是～。'"又四四回:"这余有达、余有重兄弟两个,守着祖宗的家训,闭门读书,不讲这些～的势利。"

【隔壁抓痒】 gé bì zhuā yǎng　隔着墙壁搔痒,喻虚妄徒劳的行为。宋《如净和尚语录》卷下:"方丈:横一丈,竖一丈,文殊摩～,尽大地人不钓自上。"

【隔别】 gé bié　❶ 离别;分开。《敦煌变文校注》卷一《伍子胥变文》:"从此一～,俱作越乡人。"明孟称舜《娇红记》四五出:"分离一月,恰胜数年～。" ❷ 相隔一段距离;隔离。五代杜光

庭《怀古今》:"朔漠幽囚兮天长地久,潇湘~兮水阔烟深。"明朱长祚《玉镜新谭》卷一〇:"于十一月二十九日在于都城隍庙内,行提良卿等一干人犯,再三~研审,各供前情明白。"清袁枚《续子不语》卷一:"临期,公唤两女,~细鞫,并其父母庚甲产业陈设,一一盘诘。"

【隔从】 gé cóng 血缘关系远。从(今音cóng),同一宗族次于至亲者,如叔、伯、堂兄等。又次者,叫再从,三从。明《金瓶梅词话》七回:"老身便是他亲姑娘,又不~,就上我一个棺材本,也不曾要了你家的。"又:"我是他的亲姑娘,又不~,莫不没我说去?"

【隔断】 gé duàn 隔开;分开。唐司空图《河湟有感》:"一自萧关起战尘,河湟~异乡春。"明何孟春《馀冬序录》卷六外篇:"吾家住在蓬莱山之阳,~三千弱水万顷之汪洋。"清《聊斋俚曲·磨难曲》:"亲戚~十馀载,今日相逢笑口开。"

【隔房】 gé fáng 分房居住。清《红楼梦》二一回:"一面命平儿打点铺盖衣服与贾琏~,一面又拿大红尺头与奶子、丫头亲近人等裁衣。"袁枚《子不语》卷一八:"孙某年十七,文学颇佳,相随读书。祖孙~而寝。"

【隔话】 gé huà 说话有所回避。明《老乞大谚解》卷上:"我们不会体例的人,亲弟兄也不~,姑舅、两姨更那里问!"

【隔火】 gé huǒ 香炉上盖火的用具。明屠隆《香笺·隔火》:"以火浣布如钱大者,银镶周围,作~,尤难得。凡盖~,则炭易灭,须于炉四围用筋直搠数十眼,以通火气。"清弘历《雨中焚香泛卧游书室》:"宣铜乳炉乌卿炽,深深~安古钱。"

【隔架】 gé jià 招架;抵挡。明《西游记》四一回:"妖精虽不败降,却只是遮拦~,全无攻杀之能。"《封神演义》八六回:"枪刺来,刀~,纯是精神。"

【隔勒】 gé lè 限制;阻止。《敦煌变文校注》卷二《庐山远公话》:"当时有敕:'要听道安讲者,每人纳钱一百贯文,方得听讲一日。'如此,逐不破三五千人,来听道安于东都开讲。"

【隔离】 gé lí ❶ 隔住;遮挡。唐杜牧《阿房宫赋》:"覆压三百馀里,~天日。" ❷ 断绝;隔开;分开。《明史·四川土司一》:"地势并在蜀之东南,与滇、黔壤土相接,皆据险阻深,与中土声教~。"清《东周列国志》九回:"从来男女慎嫌微,兄妹如何不~。" ❸ 距离。元汤式《哨遍·新建构栏教坊求贤》:"这壁厢酒肆里笙歌聒耳矣,那壁厢瑄房中麝兰扑鼻吹,~五云宫阙无多地。"

【隔落头】 gé luò tou 即"角落"。头,词尾。元明《水浒传》七四回:"店小儿指道:'那~房里便是。'"

【隔门】 gé mén 隔着城门,指住在城外。明《金瓶梅词话》五八回:"吃至日暮时分,先是任医官~去的早,西门庆送出来。"又七八回:"韩姨夫与花子油~,先起身去了。"

【隔命】 gé mìng 生死隔绝。唐王梵志《吾家多有田》:"配罪别受苦,~绝相觅。"

【隔陌】 gé mò 指对问题并不真正理解。宋《朱子语类》卷一八:"胡文定宛转归之己之说,这是~多少!"

【隔暮】 gé mò 彼此不相通。宋《朱子语类》卷四〇:"问:'使子路知礼,如何便得似曾晳?'曰:'此亦似乎~,然亦只争个知不知、见不见耳。若达得,则便是这气象也。'"又卷七三:"然而某这个例,只是一爻互换转移,无那~两爻底。"

【隔年】 gé nián 去年;旧年。元陶宗仪《辍耕录》卷三〇:"触药,即铁浆沫,用~米醋煎此物,干为末,入漆中,名为黑光。"清《红楼梦》四一回:"~蠲的雨水那有这样轻浮,如何吃得?"

【隔墙有耳】 gé qiáng yǒu ěr 谓说话有人听到。明徐畈

《杀狗记》二四出:"〔生〕委付你,委付你,今夜亲身去,快到得城内窖内,但见小官人,便将刀杀取。……〔合〕魆魆魆离门儿,便须防~。"史槃《鹣钗记》二〇出:"悄地潜行,防~。"

【隔阙】 gé quē 离别;久别。《祖堂集》卷五《道吾和尚》:"树云:'~来多时也?'"

【隔日】 gé rì ❶ 隔一天。唐刘肃《大唐新语》卷一一:"开元初,左常侍褚无量与光禄卿马怀素~侍读。"清《聊斋志异·刘姓》:"二人既去,入门遂苏,时气绝已~矣。" ❷ 差一天。宋杨无咎《水调歌头·韩倅九月八日生辰》:"~醉重九,千岁似今年。" ❸ 过几日。清《聊斋俚曲·翻魇殃》:"到后日结婚,~就去倒踏门。"

【隔生】 gé shēng ❶ 隔世。《太平广记》卷三八八引唐佚名《会昌解颐录》:"女适看花,忽若暴卒。既苏,自言前身乃公之妻也,今虽~,而情爱未断。"《敦煌愿文集·愿文等范本》:"关山可望,生死难明。子怀泣血之悲,母作~之料。"宋苏轼《狄韶州煮蔓菁芦菔羹》:"我昔在田间,寒庖有珍烹。常支折脚鼎,自煮花蔓菁。中年失此味,想像如~。" ❷ 犹"隔命"。唐元稹《悼僧如展》:"重吟前日他生句,岂料逾旬便~。"王梵志《天下恶官职》之一:"有缘重相见,业薄即~。"

【隔世】 gé shì 隔了一世。唐李益《入华山访隐者经仙人石坛》:"~闻丹经,悬泉注明玉。"宋苏轼《与王庠书三首》之二:"老朽废学久矣,近日尤不近笔砚,见少时所作之文,如~事、他人文也。"清沈复《浮生六记》卷一:"余笑曰:'幼时一粥犹谈不了;若来世不昧今生,合卺之夕,细谈~,更无合眼时矣。'"

【隔是】 gé shì 同"格是"。唐元稹《古决绝词》:"天公~炉相怜,何不便教相决绝。"《敦煌变文校注》卷一《李陵变文》:"~虏庭须决命,相杀无过死即休。"

【隔屋撺椽】 gé wū cuàn chuán 比喻勉强做力所不及的事。《元曲选·两世姻缘》一折:"有那等花木瓜长安少年,他每不斟量~。"

【隔斜】 gé xié ❶ 斜;插斜;侧斜的方向。宋张九韶《数学九章》卷三上:"问有方中古圆池埋圮,北馀一角,从外方~至内圆边,七尺六寸,欲就古迹修之,欲求圆方,方斜各几何?"《元曲选·燕青博鱼》四折:"你去那大北坡跟跄走,咱则去那小道儿上~抄。"元明《三国演义》四八回:"张南随后大叫赶来。~里周泰船出。张南挺枪立于船头,两边弓矢乱射。" ❷ 侧斜方向而又相隔一段距离。清弘历《秀起堂》:"爱处宜四季,周流观六虚。鹿踪来近砌,鸟语~疏。"

【隔靴爬痒】 gé xuē pá yǎng ❶ 隔着靴子搔痒,喻虚妄徒劳的行为。宋宗绍《无门关自序》:"怎么说话,大似无风起浪,好肉剜疮,何况滞言句,觅解令,掉棒打月,~,有甚交涉!" ❷ 比喻没有抓住问题的关键。宋《朱子语类》卷五:"杨子鹘鹘突突,荀子又所谓~。"

【隔眼】 gé yǎn ❶ 窗眼。宋佚名《五国故事》卷上:"尝于宫以销金红罗幂其壁,以白银钉璃瑁而押之,又以绿钿刷~,糊以红罗。" ❷ 表格上的栏目。宋吴泳《知宁国府丐祠状》:"今月又发下~清册,并要岁终取足。"《元典章新集·兵部》:"各处司官如遇承接文书到铺,毋得停滞,即便于~上填写时刻,责付递传。"《元文类》卷四一《急递铺》:"又有号牌锁匣印帖长引~之法,可谓密矣。" ❸ 眼睛好像被遮挡住,谓看不清楚。宋高翥《市桥晚坐》:"~风尘寝,闲心照水清。"元贯云石《君山行》:"蓬莱~不盈拳,碧落香销吹不起。"明李东阳《春在二首》之一:"风光~不相见,春在西涯旧草亭。"

【隔夜】 gé yè ❶ 隔了一夜。唐韩愈《感春五首分司东都作》之三:"音容不接才~,凶讣讵可相寻来。"清《聊斋志异·紫花和尚》:"诸城丁生,野鹤公之孙也。少年名士,沉病而死,~复苏。" ❷ 连夜;当夜。明《金瓶梅词话》三六回:"一面叫陈经济来,~修了回书。次日下书人来到,西门庆亲自出来问了备细。"《续欢喜冤家》一三回:"未免~整治酒肴,次日唤下轿夫,一径抬到长桥,下了湖船,各人相见。"

【隔辙】 gé zhé "隔辙雨"的省称。夏季降雨往往限于局部,分界处有时仅一辙之隔,这种情况北方谓之隔辙雨,南方谓之分龙雨。参见"分龙"条。宋庄绰《鸡肋编》卷中:"二浙四时皆无巨风,……以五月二十日为分龙,自此雨不周遍,犹北人呼~也。"元王恽《问雨》:"从来暑雨多~,且喜一概苏焦枯。"明谢肇淛《五杂组》卷一:"濯枝也,~也,泼水也,霢霂也,皆雨之别名也。"

【隔子】 gé zi ❶ 建筑物中分隔出的空间。《太平广记》卷四四八引唐戴孚《广异记》:"其女睡食顷方起,惊云:'本在城中一里,何得至此?'" ❷ 窗隔。唐皇甫松《竹枝》:"芙蓉并蒂一心连,花侵~眼应穿。"清《儒林外史》五五回:"两人进去,三四个乡间的老妇人,在那丹墀里挑荠菜。大殿上~都没有了。"

【槅子】 gé zi ❶ 上半部装有格眼的落地长窗、门扇或屏风等。唐李德裕《次柳氏旧闻》:"禄山梦见殿中~倒,幡绰曰:'革故从新。'"元明《水浒传》一回:"洪太尉看时,另外一所殿宇:一遭都是捣椒红泥墙,正面两扇朱红~。"明俞汝楫《礼部志稿》卷一八:"又令官员床面、屏风、~,并用杂色漆饰,不许雕刻龙凤文并金饰朱漆。"清《儒林外史》五五回:"大殿上~都没了。" ❷ 一种类似书架的器具,供陈设器皿、玩具。清《红楼梦》三七回:"袭人回至房中,拿碟子盛东西与湘云送去,却见~上碟子槽儿空着。"又:"你再瞧,那~尽上头的一对联珠瓶还没收来呢。"

【膈肢】 gé zhi 搔人腋窝使人奇痒发笑。清《红楼梦》七〇回:"晴雯和麝月两个人按住芳官,在那里~呢。"又:"说着,也上床~晴雯。"

【瓣】 gé 抱,拥抱。明《浪史》四回:"妇人急了,双手连忙~住。"《拍案惊奇》卷一八:"不由他肯不肯,~到一只醉翁椅上。"清《野叟曝言》一三二回:"乌乌胀红了脸,被素臣~住,不得动弹下来。"

gè

【个】 gè ❶ 指示代词。这,那。《旧唐书·李密传》:"帝曰:'~小儿视瞻异常,勿令宿卫。'"宋佚名《张协状元》一二出:"~丫头到官司,直是会供状。"清《聊斋志异·天宫》:"~男子容貌温雅,此物何不文也!" ❷ 量词。a) 用作抽象名词的单位。宋《朱子语类》卷一:"太极只是一~'理'字。"又卷六:"诚是~自然之实,信是~所为之实。"b) 用在动词和宾语之间,有表示动量的作用。《祖堂集》卷四《药山和尚》:"沙弥才得~消息,便到药山。"清《红楼梦》三九回:"姑娘们天天山珍海味的也吃腻了,这吃~野意儿,也算是我们的穷心。"c) 表示动量,相当于"次"。《元曲选·扬州梦》一折:"我央了他十~千岁,他才咽了三次半口。"明《古今小说》卷三二:"我们一年常发三四~昏儿。"d) 用在动词性词语前面,使"个"后面的成分名词化。金《董解元西厢记》卷二:"待觅~身亡命夭,又恐贼军,不知缕细,葫芦提把寺院焚烧。"清《红楼梦》二五回:"正闹的天翻地覆~开交,只闻得隐隐的木鱼声响。"e) 用在动词和补语之间,使补语兼有宾语的性质。金《董解元西厢记》卷五:"料来想必是些儿闲气,白瘦得~清秀脸儿不戏。"

明《金瓶梅词话》一二回:"我这一到家,都打~臭死。"f) 用在约数前。清《红楼梦》一〇回:"不拘听见什么话儿,都要度量~三日五夜才罢。"△《小额》:"没有一千八百的,您不用打算行。" ❸ 助词。a) 犹"底""地(de)❸",多用于双音节形容词后。《祖堂集》卷一〇《镜清和尚》:"问:'如何是皮?'师云:'分明~底。''如何是骨?'师云:'绵密~。'"b) 犹"的❸"。宋佚名《张协状元》一六出:"〔丑〕神道不吃肥~。〔净唱〕肥~我不嫌,精~我最饮。"c) 用在量词"些(儿)"后面,表示量少。五代李煜《一斛珠》:"晓妆初过,沈檀轻注些儿~。"明梁辰鱼《浣纱记》四五出:"些~事抱杞忧天,都来难逢笑□。"清《霓裳续谱·读书未就》:"我是宁可买卖经营,要去学肩挑,在街坊赚些~钱和钞,将将就就度昏朝。"d) 用于形容词"好"和名词之间,表示强调。《敦煌变文校注》卷五《佛说观弥勒菩萨上生兜率天经讲经文》:"堂堂好~丈夫儿,头面才皆整断。"清《红楼梦》四六回:"好~没脸的丫头,亏你不怕牙碜!"e) 用于定语和名词之间,表示领属。宋佚名《张协状元》四出:"你~爹和娘数千年浑没孩儿,千方百计觅你归来养。"元明《水浒传》二四回:"你~叔叔在这里,且来厮见。"明《金瓶梅词话》九回:"我~嫂子被他娶了多少日子?"f) 用在句末,表示肯定。《元曲选·窦娥冤》四折:"委实是屈招~。"明《西洋记》三回:"原来占课又弗吉~。"g) 用在某些名词后,表示比况。《元曲选·杀狗劝夫》楔子:"铜斗~家私你独自掌,咱须是一父母又不是两爷娘。"h) 用于某些介词之后,有突出"个"后名词的作用。元明《水浒传》一〇二回:"老婆已被牛丈人接到家中去了,把一门儿锁着。"清《红楼梦》二九回:"他外头好,里头弱,又搭着他老子逼着他念书生生的把~孩子逼出病来了。" ❹ 形容词、名词、代词、副词的后缀。唐吕岩《七言》:"寻常水火三回进,真一夫妻一处收。"《敦煌变文校注》卷六《大目乾连冥间救母变文》:"此~狱中无青提夫人。"元乔吉《春闺怨》:"瘦呵也不似今春~。"明《西洋记》五回:"碧峰长老照旧~登台说法,四众弟子们照旧一听讲皈依。" ❺ 各自。金《董解元西厢记》卷一:"自从人~别,何曾考五经三传!"

【个把】 gè bǎ 约略之词。一两个。元明《水浒传》一四回:"敝村曾拿得~小贼么?"明《拍案惊奇》卷一三:"六老呆呆的等了~时辰。"清孔尚任《桃花扇》一五出:"〔净〕勋、卫、科、道,都有~,也就好了。"

【个把月】 gè bǎ yuè 一个多月。明《西游记》二二回:"兄弟,实不瞒你说,自从降了黄风怪,下山来,这~不曾要棍,我见你和他战的甜美,我就忍不住脚痒,故此跳将出来耍耍的。"清《儒林外史》三回:"汶上县的人,不是亲的也来认亲,不是相与也来认相与。忙了~。"

【个般】 gè bān 这般;如此。宋赵令畤《浣溪沙·王晋卿筵上作》:"翠被任熏终不暖,玉杯慵举几番温。~情事与谁论。"郭应祥《念奴娇》:"城郭山川都一样,那得一清气。"《五灯会元》卷一四《天章枢禅师》:"上堂召大众云:'春将至,岁已暮。思量古往今来,只是~调度。'"

【个边】 gè biān 那边;这边。明张岱《陶庵梦忆》卷一:"大父在日,园极华缛。有二老盘旋其中,一老曰:'竟是蓬莱阆苑了也!'一老咈之曰:'~那有这样。'"清《豆棚闲话》一〇则:"我向来在你~走动,却不晓得你生子一双干脚。"

【个处】 gè chù 这里。宋贺铸《鹤冲天》:"~频回首,锦坊西去,期约武陵溪口。"

【个底】 gè dǐ ❶ 为什么。唐杜牧《寄杜子》之二:"武牢关吏应相笑,~年年往复来?" ❷ 如此。明汤显祖《紫钗记》四出:

"旧家门户无人到,鸳鸯被半香销。～韶华,阿谁心绪? 禁得恁无聊!"

【个个】 gè gè ❶ 每个;人人。唐李商隐《行至金牛驿寄兴元渤海尚书》:"诸生～王恭柳,从事人人庾杲莲。"清李玉《清忠谱》二二折:"人人切齿,～咬牙。" ❷ 逐个;一个一个。五代黄滔《省试一一吹竽》:"齐竽今历试,真伪不难知。欲使声声别,须令～吹。"《祖堂集》卷七《岩头和尚》:"若俗得播扬大教去,一一～从自己胸襟间流将出来,与他盖天盖地去摩。"

【个今】 gè jīn 从今。《祖堂集》卷一〇《镜请和尚》:"叹汝景禅去何速,虽不同道当眼目。～永却不曾亏,地水火风还故国。"

【个里】 gè lǐ 这里;其中。唐骆宾王《代女道士王灵妃赠道士李荣》:"个时无数并妖妍,～无穷总可怜。"宋克勤《碧岩录》一则:"即今～匝地风。"明《西游记》九三回:"不记成仙成佛,须从～安排。"

【个男只女】 gè nán zhǐ nǚ 犹言一男半女。宋元《清平山堂话本·花灯轿》:"老拙兀～,在百厮求院子里住。"

【个能】 gè néng 这样;如此。宋贺铸《浣溪沙》:"不拼尊前泥样醉,～痴。"

【个侬】 gè nóng 此人;那人。唐韩偓《赠渔者》:"～居处近诛茅,枳棘篱兼用荻梢。"宋廖莹中《个侬》:"恨～无赖,卖娇眼春心偷掷。"清纳兰性德《临江仙·水平道中》:"械书欲寄又还休,～憔悴,禁得更添愁。"

【个人】 gè rén 此人;那人。唐颜师古《大业拾遗记》:"帝乃嘲之曰:～无赖是横波,黛染隆颅簇小蛾。幸得留依伴成梦,不留依住意如何?"宋晏几道《菩萨蛮》:"～轻似低飞燕。春来绮陌时相见。"清纳兰性德《锦堂春·秋海棠》:"彷佛～睡起,晕红不着铅华。"

【个时】 gè shí 这时。唐骆宾王《代女道士王灵妃赠道士李荣》:"～无数并妖妍,个里无穷总可怜。"宋郑元秀《菩萨蛮》:"红绿若为新。～生玉人。"

【个事】 gè shì ❶ 此事。唐德诚《船子和尚拨棹歌·续机缘集》:"毕竟诚师成～,自惭名合祖师名。"《五灯会元》卷二〇《慧通清旦禅师》:"须知:～如天普盖,似地普擎。"明《清平山堂话本·张子房》:"梦中富贵梦中贫,梦里欢娱梦里嗔;闹热一场无～,谁人不是梦中人。" ❷ 一件事。唐德诚《船子和尚拨棹歌·续机缘集》:"我亦年来无～,晴时布袖雨时蓑。"宋苏轼《洞仙歌·咏柳》:"断肠是,飞絮时,绿叶成阴,无～一成消瘦。"明《西游记》九回:"困卧芦洲无～,三竿日上还捱。"

【个些】 gè xiē 这些。明贾凫西《木皮词》:"自古圣人手段能,他会呼风唤雨,撒豆成兵,见一伙乱臣无礼教歌舞,使了～小方法,弄的他精打精。"

【个样】 gè yàng 这样。宋韩淲《少年游·玉蜡梅枝》:"明窗玉蜡梅枝好,人物淡、物华浓。～风光,别般滋味,无梦听飞鸿。"佚名《万年乐》:"拥瓘仙冰玉洁,梅花～精神。"明《山歌·添得黄鹂》:"～寂寞空房,教我那坐身?"

【个月】 gè yuè 个把月。《元曲选外编·五侯宴》四折:"数日个个抱成鸭子,雌鸡终日引领众鸭趁食,～期程,渐渐毛羽长成。"明《西游记》九二回:"住经～,犹不得起身。"《二刻拍案惊奇》卷三九:"今已～期程,不见声息。"

【个中】 gè zhōng ❶ 此中;其中。唐王梵志《无事何须读文字》:"～种种劳筋骨,不如林下睡兀兀。"《祖堂集》卷三《懒瓒和尚》:"心是无事心,面是娘生面,劫石可移动。～难改变。"清《九云记》二八回:"～一人道:'你且认我么?'" ❷ 指妓家。《元曲

选·扬州梦》三折:"此女原是～之人,先与豫章太守张尚之为侍儿。"明《二刻拍案惊奇》卷七:"见他标格如野鹤在鸡群,据下官看起来,不像～之人,心里疑惑。"清沈复《浮生六记》卷一:"余此时初无痴想,且念一杯之叙非寒士所能酬,而既入～,私心忐忑,强为酬答。"

【个中人】 gè zhōng rén ❶ 局内人;指深悟其理或深有体验、熟知内情的人。宋苏轼《李顾秀才善画山以两轴见寄仍有诗次韵答之》:"平生自是～,欲向渔舟便写真。"明《拍案惊奇》卷二五:"兄弟,你是～,怎学别人说淡话?"清《红楼梦》五回:"若非～,不知其中之妙。" ❷ 指行院中人,即言妓女。元张可久《锦橙梅》:"料应他,必是～,打扮的堪描画。"《元曲选·还牢末》一折:"他原是～。我替他礼案上除了名字,弃贱从良,就嫁我做个次妻。"明《金瓶梅词话》四二回:"不十分搽铅粉,学～打扮,耳边带着丁香儿。" ❸ 彀(牢笼)中人。《元曲选外编·贬夜郎》一折:"小生姓李名白,字太白,曾梦跨白鹤上升,吾非～也。"

【个中人家】 gè zhōng rén jiā 指妓院。《元曲选·两世姻缘》一折:"老身许氏,夫主姓韩,是这洛阳城～。"

【各白】 gè bái 各别;互不相干。白,"别"的音转。《元曲选·老生儿》四折:"那女夫便是～的人,那女儿也该把俺刘家认。"

【各白世人】 gè bái shì rén 即"各别世人"。《元曲选·合同文字》四折:"他是～,你不认他罢了,却拿着甚些器仗打破他头,做了破伤风身死。"又《东堂老》楔子:"这隔壁东堂老叔叔,他和我是～。"

【各别】 gè bié ❶ 不同;特别。《祖堂集》卷二〇《五冠山瑞云寺和尚》:"若论见性迟疾～者,与食忍草牛,与露地白牛,谁迟谁疾耶?"《元曲选·金钱记》三折:"此酒香味～。"清《红楼梦》三回:"细看形容,与众～。" ❷ 另外。《祖堂集》卷二《菩提达摩和尚》:"吾灭度后六十七年,～著人,此国难留。"

【各别世人】 gè bié shì rén 互不相干的人。《元曲选·渔樵记》二折:"你当初不与我休书,我和你是夫妻;你既与了我休书,我和你便是～。"

【各不定】 gè bù dìng 忍不住。元萧德祥《小孙屠》一四出:"奔行程,哀哀不曾住声,～珠泪如倾。"

【各各】 gè gè ❶ 各自。唐元稹《出门行》:"凄凄分歧路,～营所为。" ❷ 个个;件件。唐张籍《妾薄命》:"人生～有所欲,讵得将心入君腹。"孟郊《寿安西渡奉别郑相公》:"绵绵无穷事,～驰绕身。"清《红楼梦》一九回:"且说荣、宁二府中因连日用尽心力,真是人人力倦,～神疲。" ❸ 分散的样子。唐元稹《松树》:"株株遥～,叶叶相重重。"

【各家】 gè jiā 各人;各自。宋佚名《张协状元》二〇出:"〔旦又唱〕君今去时奴阿好闷。有些钱,怎知奴便揍来助慈。〔生〕落得一个瘦损阿好闷。〔合〕～把这泪偷揾。"又二八出:"两个半斤八两,～归去不须嗔。"

【各门另户】 gè mén lìng hù 各立门户,意即各不相干。清《醒世姻缘传》六四回:"这是俺姐姐请你,～的,有甚么碍处?"《红楼梦》六三回:"～,谁管谁的事?"

【各闹】 gè nào 指垃圾之类。清《聊斋俚曲·慈悲曲》:"到了第二清晨,张诚早来上书房开开那角门子,见哥哥已把咱～打扫了一大堆,还在那里扫。"

【各人】 gè rén ❶ 每个人。《五灯会元》卷一六《黄檗志因禅师》:"这二老汉,～好与三十棒。"清沈复《浮生六记》卷二:"～交卷毕,誊录启匣,并录一册,转呈主考,以杜狗私。" ❷ 各自。

宋吴处厚《青箱杂记》卷三："岭南风俗，相呼不以行第，唯以～所生男女小名呼其父母。"清《聊斋俚曲·磨难曲》："咱从此散了，～顾～罢。"　❸ 自己；本人。明《金瓶梅词话》三一回："虽然蒙你招顾他往东京押生辰担，蒙太师与了他这个前程，就是你抬举他一般，也是他～造化。"清《红楼梦》六七回："一会子你再～打你那嘴巴子还不迟呢。"

【各色】　gè sè　各种；各样。《旧五代史·晋书·少帝纪》："大赦天下，诸道州府～罪犯，除十恶五逆、杀人强盗、官典犯赃、合作毒药、屠牛铸钱外，其餘罪犯，咸赦除之。"清《红楼梦》四五回："宝钗等选了一回，～东西可用的只有一半。"

【各什各物】　gè shí gè wù　各种东西。清《红楼梦》七七回："我才已将他素日所有的衣裳以至～总打点下了，都放在那里。"

【各头】　gè tou　犹言各自。头，词缀。唐王梵志《生时不共作荣华》："齐头送到墓门回，分你钱财～散。"

【各姓他人】　gè xìng tā rén　犹"各别世人"。《元曲选·杀狗劝夫》一折："俺哥哥眼内无珍，看的我做～，动不动棍棒临身。"

【各衣另饭】　gè yī lìng fàn　各家各立门户。明《金瓶梅词话》一六回："休说～，当官写立分单，已倒断开了的勾当。只我先嫁由爹娘，后嫁由自己。"

【各自】　gè zì　❶ 分开；单另。明《老乞大谚解》卷下："休总写，总写时，怎么转卖与人？你～写着。"　❷ 每个人。明《朴通事谚解》卷下："咱～尽饱吃。"　❸ 自己。清《红楼梦》四七回："薛蟠百般央告，又命他不要告诉人，贾蓉方依允了，让他～回家。"又六七回："这是爷～买的，不在货帐里面。"

【硌】　gè　触着凸起的硬物使人感觉不舒服或受到损伤。清《聊斋俚曲·富贵神仙》："自己铺下草，找了一块半头砖，嫌～头又使衣服垫。"《红楼梦》一六回："凤姐又道：'妈妈很嚼不动那个，没的倒～了他的牙。'"

gěi

【给】　gěi　❶ 发给；给予。唐温大雅《大唐创业起居注》卷二："官之大小，并帝自手注，量才叙效，咸得厥宜。口问功能，笔不停辍，所司唯～告food而已，尔后遂为恒式。"《吐鲁番出土文书》第六册唐贞观十八年匠康始延等请给物牒："请～上休。"清纪昀《阅微草堂笔记》卷一："凡客死于此者，其棺归籍，例～牒，否则魂不得入关。"　❷ 让；叫；使。清《儒林外史》五三回："邹师傅是从来不～人赢的，今日一般也输了。"《红楼梦》五二回："千万别～老太太、太太知道。"　❸ 介词。a) 引进行为的间接宾语。清《红楼梦》七回："王夫人道：'留着～宝玉丫头戴也罢了，又想着他们！'"又三七回："～三姑娘送荔枝去了，还没送来呢。"b) 引进服务的对象，相当于"为""替"。清《红楼梦》四三回："这么些婆婆婶子来凑银子～你过生日。"又四九回："不如咱们大家凑个热闹，又～他们接风，又可以做诗。"c) 表示动作的方向。清《红楼梦》五二回："你女儿在屋里一场，临去时也～姑娘们磕个头。"又六三回："我竟也不知道。若知道，～你脸上抹些黑墨。"

【给脸】　gěi liǎn　赏脸；给面子。清《红楼梦》六二回："二奶奶说了，多谢姑娘们给他脸。"

【给由】　gěi yóu　❶ 发给解由；带上解由。元《通制条格》卷六："诸官员虽已任满得代，本身若有侵借系官钱粮，见任官司直须追纳到官，方许～，听其求仕。"明尹直《謇斋琐缀录》卷八："朕仿古制，绶以爵，给尔以符，惟尽乃心，勤恪乃事，～来觐，朕将

合焉，以考尔绩，其敬之哉！"《明史·选举志三》："考满之法，三年～，曰初考，六年曰再考，九年曰通考。"　❷ 发给的解由。《金史·选举志四》："承安三年，敕监察～必经部而后呈省。泰和四年，制以～具所察事之大小多寡定其优劣。"又《食货志三》："上遣近侍谕旨尚书省：'今既以按察司钞法通快为称职，否则为不称职，仍于州府司县官～内，明书所犯之数，但犯钞法者虽监察御史举其能干，亦不准用。'"

gēn

【根】　gēn　❶ 比喻后代子孙；用作量词，犹言种。清《聊斋俚曲·蓬莱宴》："孩子岁两周，家里无命既休；没了这条～，怕绝了先人后。"又《富贵神仙》："咱儿小保才三岁，你我只有这条～。"又："打你打你无良心，劈着腿生出你那杂毛～。"　❷ 根性。清《聊斋俚曲·蓬莱宴》："相公到底是神仙～的，斩钢截铁，并不留恋，便叫书童：'你家去罢，我待出家了。'"又："到底是有仙～的，这几年就成就了道业。"　❸ 通"跟"。a) 追寻。《元典章·刑部十一》："直候～到脏物，然后令原告事主当官一同开封下验。"b) 跟随。宋《五代史平话·晋史上》："敬瑭～着庄宗做李存勖，出入行阵间，多立了奇功，在李存审帐下充马军总管。"c) 连词。表示并列关系。宋《五代史平话·汉史上》："买臣到任，其妻～后夫同治桥道。"

【根挨】　gēn āi　追查。《元典章·户部十》："若有湿润或带糠土不净粮数，定是～究治。"又《兵部四》："为各路不时于急递铺内转递丝货钱数弓箭军器茶墨等物，往往遗失短少，行下～不见。"

【根绊】　gēn bàn　❶ 指亲缘、家业、姻缘等。明《金瓶梅词话》二五回："枣胡儿生的，也有个仁儿；泥人合下来的，他也有灵性儿；靠着石头养的，也有个～。为人就没有个亲戚六眷？"《拍案惊奇》卷二二："此处既无～，明日换过大船，就做好日，开了罢。"《二刻拍案惊奇》卷三〇："一向说易家亲事是前缘，既已～在此，怎肯放去？"　❷ 指子嗣。明《金瓶梅词话》六二回："他身上不方便，早晚替你生下个～儿，庶不散了你家事。"　❸ 指同伴，伙伴。明《二刻拍案惊奇》卷七："大凡出路之人，长途寂寞，巴不得寻～，图个往来。"

【根瓣】　gēn bàn　指因由、关系。明《二刻拍案惊奇》卷三："他们母子俱认我是白大，自然是钿盒上的～了。"

【根本】　gēn běn　❶ 根源；最主要的(原因)。《敦煌变文校注》卷七《故圆鉴大师二十四孝押座文》："佛身尊贵何得？～曾行孝顺来。"　❷ 原委；来由；底细。唐刘肃《大唐新语》卷四："怀古穷其～，释净满而坐者，以闻，则天惊怒，色动声战，责怀古宽纵。"明《金瓶梅词话》九九回："臣耐这厮这几次在我身上欺心，敢说我是他寻得来，知我～出身。"清《聊斋俚曲·翻魔殃》："包搭起来找他师傅，细诉那～来由。"　❸ 指嫡亲，本家。清《醒世姻缘传》四六回："你虽是在晁家，一定你那嫡母也恩养得你好，但毕竟不是你真正的～。"　❹ 资产；本钱。明《醒世恒言》卷三五："不如回去商议买些田产，做了～，将餘下的再出来运算。"《二刻拍案惊奇》卷二八："若有得一两二两赢餘，便也留着些做～，而今只好绷绷拽拽，朝升暮合过去，那得赢餘？"

【根捕】　gēn bǔ　同"跟捕"。宋《建炎以来繫年要录》卷九："甲寅，诏行在及东京百司，官如擅离任所，并停官～。"《大宋宣和遗事》前集："宋江天晓，却将文字呈押，差董平引手三十人，至石

615

碥村～。"《续资治通鉴》卷九五:"其馀民户,多隐山谷,闻已见者相继遣前,未见者方行～。"

【根底】 gēn dǐ ❶ 植物的根部;物体的底部。宋苏辙《石盆种菖蒲甚茂忽开八九华赋此》:"心中本有长生药,～暗添无限须。"《元曲选·后庭花》四折:"你下井去井～,那时节有谁人见你?" ❷ 寻根究底。元萧德祥《小孙屠》九出:"身靠着屏围,魂梦谁～?" ❸ 究竟;原委。明于慎行《榖山笔麈》卷一二:"今虽不觉其扰,直为文具,无益于国计,而相沿日久,不究其～,亦付之文具而已。" ❹ 跟前;旁边。根,通"跟"。金《刘知远诸宫调》一一:"他心疑忌,唤到～,问伊因甚者麻衣,青丝发剪得眉齐?"《元曲选外编·三夺槊》一折:"咱两个欲待篡位,争奈秦王～有尉迟无人可敌。"明《朴通事谚解》卷中:"你也不买便罢,钱是你上有,物在我～,你为甚么骂人?" ❺ 那儿;那里。明《朴通事谚解》卷上:"官人们文书分付管酒的署官～:支与竹叶酒十五瓶,脑儿酒五瓶。" ❻ 底细;来历。明《英烈传》七四回:"却说军师刘基听了红罗山三宝,不胜叹息,被李文忠定要问个～。"清《绿野仙踪》八十回本六六回:"又细问妇人～,妇人照前应答。"

【根柢】 gēn dǐ ❶ 以……为根本;依据;来自。唐符载《淮南节度使灊陵公杜佑写真赞并序》:"公之为政也,～于诚信。"《元史·刘诜传》:"诜为文,～《六经》,躏跞诸子百家,融液今古,而不露其踔厉风发之状。"《四库总目提要·字李》:"故其说悉～《说文》,毫厘辨析于偏旁点画,分别了然。"又《易精蕴大义》:"其义虽多～前人,而诠释明晰,亦殊有裨于后学。" ❷ 根自。清傅以渐、曹本荣《易经通注》卷一:"贞于时为冬,于人则为智。静正不摇,万事万变,莫不～于此焉。"赵翼《廿二史札记》卷二六:"王安石以新法害天下,……人皆咎安石为祸首,而不知实～于神宗之有雄心也。" ❸ 副词。总归;终究。金《董解元西厢记》卷七:"有些儿好弱,你～不舍!"

【根蒂】 gēn dì ❶ 喻根基。《太平广记》卷二九○引唐郭廷海《妖乱志》:"用之等因大行威福,傍若无人,岁月既深,～遂固。"宋《朱子语类》卷一四:"只缘本来都是天地所生,共这～,所以大率都同。"明《金瓶梅词话》二三回:"人生虽未有前知,富贵功名岂力为?枉将财帛为～,岂容人力敌天时?" ❷ 来历。明《二刻拍案惊奇》卷一八:"又是个无～的,没个亲戚朋友与他辨诉一纸状词。"清《红楼梦》九九回:"老爷是有～的,说到那里是要办到那里。" ❸ 指子嗣;后代。明《金瓶梅词话》六二回:"娘到明日好生看养着,与他爹做个～儿。"清屈大均《广东新语》卷八:"庚寅冬,广州城拔,天濠街有妇襁负婴儿,以长绳系腰,接于树,赴池而死。事定,引绳出之,色如生。予为之歌曰:'妾身不随波,岂必长绳系。所虑黄口儿,一去无～。'"

【根儿】 gēn er ❶ 比喻人的出身。明《金瓶梅词话》九一回:"陶妈妈问:'他原先嫁这里,～是何人家的女儿?嫁这里是再婚儿?'" ❷ 根由;原因。明《金瓶梅词话》七六回:"还是前日分付那～,下首里只是有些怪疼。我教你参对任医官说,捎带两服丸子药来我吃。"

【根赶】 gēn gǎn 追赶。"根",同"跟"。《元典章·刑部四》:"有乔令史前面紧行,三丑随行～。"《七国春秋平话》卷中:"次日,乐毅、石丙诸处。齐王家小、邹国姨,苏夫人将着一同寻齐王。"

【根勾】 gēn gōu 责令罪犯或与案件有关的人到官。宋丁特起《靖康纪闻》:"其在外者,亦别作～去讫。"《元典章·刑部四》:"当司除已省会本县～张烨等到官,问向明白,申覆合干上司详断,……仍多出文榜禁治。"又《刑部八》:"若因事在外,立限～

违限不到者,依上赔偿。"

【根骨】 gēn gǔ 比喻为学的基础。宋《朱子语类》卷一二:"今看来诸公所以不进,缘是但知说道格物,却自家～上煞欠阙。"

【根基】 gēn jī ❶ 比喻家世身分。明《金瓶梅词话》二五回:"老娘不是那没～的货,就欺负死也拣个干净地方。"清《聊斋俚曲·增补幸云曲》:"你自家估量估量,我那点不如你?我就合你比比～。" ❷ 比喻家产;家业。元锺嗣成《骂玉郎过感皇恩采茶歌·四福·富》:"祖宗积德合兴旺,居富室住高堂,钱财广盛～壮。"明《金瓶梅词话》九三回:"我家积祖～儿重,说声卖松槁陈家,谁不怕名姓?"清《聊斋俚曲·俊夜叉》:"诓借钱赌起来,没～不成才,倾家败产还开外。" ❸ 底细;缘由。清《醒世姻缘传》四八回:"只怕俺丈母的～我不知道,要是说那姓龙的,笑吊大牙罢了。"陈端生《再生缘》四七回:"娘子含欢说慢些,少不得,妾身细细数～。"

【根缉】 gēn jī 追寻缉拿。《元典章·刑部十三》:"在先遇有失盗,其各官府司为无罪赏,并不严行～。"元孟汉卿《魔合罗》四折:"忒晓蹊,交俺交俺难～。"

【根脚】 gēn jiǎo ❶ 植物的根部;物体的底部;建筑物的基础。唐李咸用《小松歌》:"庭闲土瘦～狞,风摇雨拂精魂醒。"《远公亭牡丹》:"庐山～含精灵,发妍吐秀丛君庭。"明徐光启《农政全书》卷四五:"仓屋根基须掘地实筑,有石者石为～,无石者用熟透大砖磨边对缝,务极严匝。"清《醒世姻缘传》三三回:"看那树橛,却是被人削细了那～,追究起来再没别人,单单的就是狄希陈一个告诉了狄员外。" ❷ 比喻事物的根基;基础。宋《朱子语类》卷八:"学者立得～阔,便好。"元许衡《直说大学要略》:"于内有个徒弟唤作曾子,那个述孔子的言语,做成《大学》,的确是～起处。"明《型世言》二二回:"他后来累当变故,能镇定不动,也都是这厢打的～。" ❸ 本来;初始。元贯云石《孝经直解》九:"是他～里元有那个孝顺的心来。"《元典章·刑部十四》:"普照小名的和尚～里造伪经来,……又印写的其间,向前做伴当来的两个和尚,这三个罪过的重有。"又《刑部八》:"这李光弼先招了底却番了,说道:'我的祗候要了来。'～里文书里觑呵,他要了肚皮的明白有。" ❹ 家世;身世;身分。元关汉卿《拜月亭》三折:"从今后休从俺娘家～排,只做俺儿夫家亲眷者。"睢景臣《哨遍·高祖还乡》:"你须身姓刘,你妻须姓吕,把你两家儿～从头数。"明邵璨《香囊记》三八出:"被他剥下蓝衫,打做粮房司吏,～虽是低微,门多少豪气。" ❺ 籍贯。《元典章·刑部十一》:"贼人张不花状招,年二十五岁,～女直人氏。" ❻ 底细;秘密;本来面目。明《西洋记》三一回:"兵法有云:'知己知彼,百战百胜。'这个我和你还不知他的～,故此不得其妙。"《封神演义》四九回:"他不知～,那箭射在我身上,箭咫尺成为灰末。"冯惟敏《朝天子·感述》:"行浊言清,机深见浅,到头来难挣展。一年,两年,～终须现。" ❼ 求仕人员或在任官吏的资格履历。元张可久《水仙子·归兴》:"淡文章,不到紫薇郎,小～难登之玉堂。"《元典章·刑部十四》:"王容诈雕行省并中书省印信,学画省官押字,行省保官咨示,卖与无～求仕人等。"

【根节】 gēn jié ❶ 关键;关节。唐孔颖达《春秋正义序》:"其经注易者,必具饰以文辞,其理致难者乃不入其～。"宋郑獬《枢密直学士刑部郎中何公行状》:"公之为治多类此。约而不繁,易而可行,事无巨细,必先破其～,而使众理自析。"清洪昇《长生殿》四七出:"怎忘得定情盒那～。" ❷ 根由。明汤显祖《牡丹亭》三二出:"柳衙内听～,杜南安原是俺亲爹。" ❸ 比喻繁剧的

事务。宋王禹偁《监察御史米府君墓志铭》："于时陕郊有逋民,本府有咸务,左冯有旱灾,皆别敕委公,按覆其事,操刀沛滞,～迎解。"郑獬《户部侍郎致仕周公墓志铭》："公浑厚有气节,勤而敏于事。初补胶州,治文案,穿陷～,已若宿吏。" ❹ 比喻勾结在一起的坏人、恶势力。宋黄庭坚《次韵吴可权题馀干县白云亭》："弦歌解民愠,～去吏蠹。"清顾炎武《日知录之馀》卷三："子烈少游其地,委曲知其俗,蠹人者剔削其～,断其脉络,不数月,人随化之。"

【根茎】 gēn jīng 即"根基❷"。清《聊斋俚曲·增补幸云曲》："万岁爷怒冲冲,骂王龙小畜生,我还比你有～。"《醒世姻缘传》八六回："素姐是有～人家,丈夫见在成都到任。"

【根究】 gēn jiū ❶ 彻底追究。唐易静《兵要望江南·占天》："长子建谋兴大逆,速当～莫蹉跎,迟便举干戈。"宋《朱子语类》卷一〇八："若以为罪,则前后之为首者皆一样,又何从～?"清《水浒后传》四回："若是放他走了,日后～起来,晓得在你家里,推不得干净。" ❷ 即"跟寻"。《元曲选·潇湘雨》一折:"父亲别后难～。"

【根勘】 gēn kān 查究。宋范仲淹《再奏辩滕宗谅张亢》:"又有上言:张亢骄僭不公。臣亦乞～辩明,或无深过。如有大段乖越,侵欺入己,臣甘同受贬黜。"《金史·马肩龙传》:"宰相侯挚与语不契,留数月罢归,将渡河,与排岸官纷竞,搜箧中,得军马粮料名数及利害事数,疑其为奸人侦伺者,系归德狱～。"清吴广成《西夏书事》卷三七:"其所分之地与大朝熙秦路接境,恐自分地以来别有生事,已～禁约,乞朝廷亦行约束。"

【根括】 gēn kuò 清查;搜求。宋陈襄《乞均排等第出役钱状》:"今来监司惟是选差官员下本州诸县～物力税产,催促重排等第次。"金佚名《大金吊伐录》卷三:"金帛已令严切,接续供纳。"清邵廷采《东南纪事》卷七:"馀姚当绍宁山海冲,军将往来剽夺,市贩朝得扎付,暮入～民舍。"

【根利】 gēn lì 人的根性聪慧灵敏。《景德传灯录》卷二《第十九祖》:"以法胜故升于梵天,以～故善说法要,诸天尊以为导师而继祖。"宋陈师道《后山谈丛》卷三:"唐人～,一闻千悟。"

【根买】 gēn mǎi 挑选购买。《元典章·兵部三》:"须要～年小肥壮无病而骑坐者,无得听从站户止图价少,滥买年老有病瘦弱马匹。"元《通制条格》卷一八:"下番使臣在前托以采取药材,～希罕宝货,巧取名分,徒费廪给,今后并行禁止。"

【根觅】 gēn mì 犹"根寻❷"。元《武王伐纣书》卷下:"忽于法物上不见二人,不知何往,～不见,……太公见道,令将士寻觅。"

【根苗】 gēn miáo ❶ 植物的根和苗。唐寒山《有人畏白首》:"有人畏白首,不肯舍朱绂。采药空求仙,～乱挑掘。"清李光地《周濂溪爱莲诗同翰林作》:"～同结果,花叶异抽枝。" ❷ 比喻事物的根源或起因。宋《朱子语类》卷五:"盖道只是合当如此,性则有一个～,生出君臣之义,父子之仁。"《元曲选·灰阑记》二折:"厅阶下,膝跪着,听贱妾说～。"清洪昇《长生殿》一三出:"望吾皇立赐罢斥,除凶恶,早绝祸～。" ❸ 指往事。明梁辰鱼《浣纱记》四二出:"王孙大夫,若提起旧日～,不由人不泪雨空抛。" ❹ 指女子。明梁辰鱼《浣纱记》二八出:"念平生买欢追笑,再没一个可意～。" ❺ 指后代。《元曲选·梧桐叶》三折:"一来是先王礼教,二来是唐宰相。"清《白雪遗音·打胎》:"奴家一朵含花蕊,被你这游蜂采几遭。不转经期三个月,腰粗乳大又胸高。腹中定有你的～在。"

【根攀】 gēn pān 根基,指亲属及社会关系等。明陈铎《赛鸿秋·灶户》:"正当着煎造为公干,只凭着海水供衣饭,常担着罪

过充囚犯,远离着乡井无～。"

【根盘】 gēn pán 指生活的根基,家产、家业、钱财等。清《聊斋俚曲·翻魇殃》:"我这一年有一百两银子的～,咱两下里积攒攒就彀了。"

【根襻】 gēn pàn 同"根盘"。明陈铎《朝天子·保儿》:"在家生怕受饥寒,脚下无～。"

【根器】 gēn qì ❶ 佛教指人的禀赋、气质。唐李华《润州鹤林寺故径山大师碑铭》:"群生～,各各不同,唯最上乘,摄而归一。"宋赞宁《宋高僧传》卷八《唐郢州大佛山香育传》:"育有道性,常研习庄老,～奋发。"清查慎行《次灌园浔阳唱和赋感见赠二十四韵》:"学禅～钝,斗韵笔锋铦。" ❷ 比喻来历、出身。清《醒世姻缘传》五回:"当日只说是个唱旦的戏子,谁知他是这样的～。"又六五回:"这狄希陈毕竟是有～的人,不等素姐与他几分颜色,便就要染大红,时时如临深渊,刻刻如履薄冰。" ❸ 指男子性器官。宋文莹《湘山野录》卷下:"嵩童体完洁,至死无犯,火讫,～不坏。"清《野叟曝言》一一三回:"飞娘一刀已到,～削断,鲜血直喷。"

【根前】 gēn qián 根,通"跟"。❶ 同"跟前❶"。金《董解元西厢记》卷一:"大踏步走至～,欲推户。"元许衡《直说大学要略》:"一件事到～,心里知有处置便心定。"明薛论道《沉醉东风·妓怨》:"往日温存送那家? 我～偏都是假。" ❷ 同"跟前❷"。明《朴通事谚解》卷中:"待到～来,那冤家们打关节时,内中一两个官人受他钱财当住,还不肯发落。"《金瓶梅词话》二五回:"常言道'一不做,二不休',到～再说。"

【根取】 gēn qǔ ❶ 犹"跟捉"。宋《三朝北盟会编》卷一五:"只是有变更姓名,或在远地;或闻得～,因而逃窜;或藏匿山谷,或走过山西,如此之类,如何决要取足?" ❷ 征取;收取。金佚名《大金吊伐录》卷一:"窃缘大议已定,岂可因兹细故,不终恩意,乃于金内特减一万锭,准五十万两,兼为讲和已后大军～粮草,虽经严切钤束不得非分,其间不无侵耗,亦合约量更减银一十万锭,准五十万两。"

【根刷】 gēn shuā 清查;搜查。《宋会要辑稿·食货五》:"人民所佃官田,其间佃人逃死,往往违法只勒四邻或本保代纳,显属违法害民。仰诸县令佐,～如有似此田产,量减租课,依法召人承佃。"金佚名《大金吊伐录》卷一:"累月下令于民间～金银,告谕之法,不问奴婢亲戚,隐藏之罪,至于籍没家赀。"《元典章新集·兵部》:"军户气力消乏逃避他处,圣旨到日,限五十各处管奥鲁官人每多出榜文,排门粉壁～。"

【根思】 gēn sī 深思;苦思。《祖堂集》卷一三《招庆和尚》:"问:'浑仑提唱,学人～迟回,曲运慈悲,开一线道。'"《景德传灯录》卷二二《凤凰从琛》:"问:'学人～迟回,方便门中乞师傍瞥。'师曰:'傍瞥。'僧曰:'深领师旨,安敢言乎?'"《古尊宿语录》卷一五云门文偃匡真禅师广录上》:"你若～迟回,且向古人建化门头东觑西觑,看是什么道理。"

【根索】 gēn suǒ ❶ 查访;追寻、追查。宋苏舜钦《投匦疏》:"沉沦高蹈者,则令诸郡守宰,～其名而籍奏之。"《元典章·刑部十一》:"如与元告相同,即是真赃;如有差异,别行～。" ❷ 犹"根刷"。《宋史·梅执礼传》:"金人质天子,邀金帛以数百千万计,……执礼与同列陈知质、程振、安扶皆主～。"《元史·崔彧传》:"明年,自江南回,首言忽都带儿～亡宋财货,烦扰百姓。"

【根头】 gēn tou ❶ 筋斗。明《西游记》四四回:"这圣像都推在地下,倘有起早的道士来撞钟扫地,或绊一个～,却不走漏消息?"又六六回:"翻～,竖蜻蜓,任他在里面摆布。" ❷ 根底;旁

边。元明《水浒传》一六回:"众人看这岗子时,但见:顶上万株绿树,～一派黄沙。"明《西游记》一六回:"有的在墙筐里,苦搭窝棚;有的赤壁～,支锅造饭。"《古今小说》卷三〇:"不知甚人家将个五七个月女孩儿,破布包着,撇在山门外松树～。"

【根蔓】 gēn wàn ❶ 植物的根和蔓。宋张杲《医说》卷八:"盖山多断肠草,人食之辄死,而舟师所取药,为～所缠结,醉不暇择,径投酒中,是以及于祸。"清陈梦雷《周易浅述》卷五:"小草～难除,必夬之。" ❷ 比喻勾结在一起的恶势力。宋李邦直《议兵策下》:"陛下玩而不为之图。其耳目熟习,其气熖完就,其～盘织,其角觡愈刚,几世之后,必将豪夺闾里,钟系老幼,俘取金帛,使百姓不得宁。"明张岳《报柳州捷音疏》:"顷年以来,～延引,占据庆远,水陆二路,敌杀官军。"伊策《官军平海寇》:"昔为横海鲸,今为鼎中鱼。巢穴于以空,～于以除。" ❸ 比喻血缘关系。明柯丹邱《荆钗记》三出:"待招赘百岁姻亲,承继我一脉～。" ❹ 株连。明焦竑《玉堂丛话》卷五:"嘉靖乙丑,邃庵杨公为首相,上依注甚切。……尚书霍文敏公韬时为詹事,忌公尤切,特疏劾公,上大怒,削秩赐罢。文敏犹欲一～公门下士,一网打尽。" ❺ 牵动。《新唐书·郑畋传》:"巢之乱本于饥,其众以利合,故能兴江、淮间,～天下。"

【根问】 gēn wèn 查问;追问。宋《三朝北盟会编》卷三三:"寻遣人～,止约至暮,乃知是姚平仲统诸路军马作过。"《元曲选外编·西游记》三本一二出:"行者,与我驮着,前面有人家,教～,送还他请赏。也是好事。"清《聊斋俚曲·增补幸云曲》:"说的大姐心里恍惚,巴着南楼听了听,果然美耳。遂～丫环。"

【根寻】 gēn xún ❶ 进一步询问;追究。《敦煌变文校注》卷一《张议潮变文》:"仆射闻言,心生大怒,……向陈元弘道:'使人且归公馆,便与～。'"又卷四《降魔变文》:"妄说地狱天堂,～无人的见。" ❷ 查访;调查;寻找。唐韩愈《论捕贼行赏表》:"今下手贼等,四分之内,已得其三,其馀两人,盖不足计。～踪迹,知自承宗,再降明诏,绝其朝请。"《旧唐书·窦参传》:"臣面承德音,幸奉密旨,皆以社稷为言,又知～已审,敢不上同忧愤,内绝狐疑,岂愿迟回,更贻念虑。"金《刘知远诸宫调》二:"觉来后,不见牛驴,半坡泊,～到天晚。"清《说岳全传》八回:"现今杀了这许多尸首在此,地方上岂不要追究～,终是了不了之事。" ❸ 求取。《元典章·户部八》:"近来,忙兀台沙不丁等自己～利息上头,船每来呵,教军每看守着,将他每的船封了,好细财物选拣要了。" ❹ 指负责跟踪寻捕的差役。明《二刻拍案惊奇》卷二一:"李彪、张善,一为～,一为店主,动辄牵连,肯杀人以自累乎?"

【根芽】 gēn yá ❶ 即"根苗❷"。元张国宾《薛仁贵》四折:"子听得说～,一回家没乱杀。"清洪昇《长生殿》二五出:"这钗和盒,是祸～。" ❷ 即"根苗❺"。《元曲选·合汗衫》二折:"那一个无子嗣,缺～,妆了些高駔细马,和着金纸银钱将火化。"明贾凫西《木皮词》:"你看青丝丝的天理报应,五国城捉去是谁的～!"清《绿野仙踪》八十回本二三回:"我父做官一场,止留我这一点～,那里不是积阴德处,饶我这条小命罢。"

【根涯】 gēn yá ❶ 边际。宋欧阳修《答朱寀捕蝗诗》:"始生朝亩暮已顷,化一为百无～。" ❷ 湖北一带方言,谓勤苦为根涯。宋王铚《代胡仓进圣德惠民诗》:"坎豆皆勤作,～悉勉旃。"原注:"楚语以种物为坎豆,勤苦为～。"

【根因】 gēn yīn 根源;缘故。《元典章·刑部十九》:"应卖人口,依例于本处官司陈告来历～,勘令是实,明白给据,方许成交。"明陈铎《醉太平·开赌》:"讨主儿放本,作东主窝人,官司拿去问～,几椿儿要紧。"清洪昇《长生殿》八出:"贵妃,你逢薄怒,其

中有甚～?"

【根引】 gēn yǐn 牵连。《新唐书·裴度传》:"大贾张陟负五坊息钱亡命,坊使杨朝汶收其家簿,阅货钱虽已偿,悉钩止,～数十百人,列棰挺胁不承。"明张元祯《种德堂记》:"然廷臣之镇巡总治于兹,方岳之奠系统治于兹,十三郡之有讼事者俱集于兹,株连～,实繁有徒。南昌之狱难乎其画地矣。"

【根由】 gēn yóu ❶ 缘故;原由。唐智昇《开元释教录》卷一〇:"自前诸录,但列经名,至于品类时代盖阙,而不纪后人披览,莫测～。"《敦煌变文校注》卷一《张议潮变文》:"陈元弘拜跪起居,具述～,立在帐前。"清《聊斋俚曲·翻魇殃》:"我在家,昼夜愁,待来看你说～。" ❷ 指人的身分来历。清方成培《雷峰塔》一一出:"后来接得姐夫书信,备陈白氏妖变～。"《绿野仙踪》八十回本八回:"我也不必问你的名姓居住,你也不必问我住处～。"

【根原】 gēn yuán ❶ 原因;缘故。唐颜师古《匡谬正俗》卷八:"近者俗人作鬓发字,讹舛妄改作颐,人因以为替代之字,相承行之。寻问～,莫能解说。"明孟称舜《娇红记》三四出:"有马下三戈小十两个,专一跟他走动,定知病起～。"清《聊斋俚曲·慈悲曲》:"那张诚来到马前,一字字诉说～,马上不住连声叹。" ❷ 起先;初始。《元典章新集·户部》:"～百姓典卖地时分,明白立着文契。" ❸ 罪状;罪行。清《聊斋俚曲·磨难曲》:"我今日诚然是一个凶犯,揣断起也不是必死的～。虽然杀了人我还有辩:夜深无故入人家,登时打死不相干。"

【根源】 gēn yuán ❶ 根由;来历。《敦煌愿文集·儿郎伟》:"昨使曹光献捷,表中细述～。"《元曲选·碧桃花》三折:"告师父那雷霆怒息听分辨,待妾身细说～。"清《红楼梦》一一五回:"贾政略略一看,知道此玉有些～。" ❷ 根本;基础。唐李华《扬州功曹萧颖士文集序》:"干宝著论,近乎王化。"宋《朱子语类》卷三四:"不是不去观他,又不是不足观。只为他～都不是了,更把甚么去观他!"明《西游记》二回:"弟子近来法性颇通,～亦渐坚固矣。"清方苞《送官庶常覲省序》:"虽然,所以务学之～,辨之尤不可不审。"

【根治】 gēn zhì 彻底查处。宋韩维《程伯淳墓志铭》:"先生至,密捕一人,使列其党与,得数十辈,不复～。旧犯分地而处之,使以挽舟为业。"《宋史·兵志七》:"稍涉欺罔,～不赦。"明程敏政《遗爱亭记》:"而近世长民者务姑息,盗以滋蔓,无敢发者。君毅然因其发～之。"

【根捉】 gēn zhuō 同"跟捉"。宋《三朝北盟会编》卷一五:"所有合要户口,宣抚司见行～,才获时即发遣过来。"《元典章·刑部十三》:"其间若有失盗,勒令本处巡防弓手立限～。"《三国志平话》卷上:"次日天晓,大小军官请县尉商议,如何捉拿杀人贼。刘备情愿～,即时申报朝廷得知。"《明会典》卷一二五:"其有在逃,即便～,仍送法司问罪。"

【根子】 gēn zi ❶ 根。清《聊斋俚曲·寒森曲》:"见有一株大榆树扫那屋檐,便叫人斫了;还怕再发,又叫人刨那～。"《红楼梦》六一回:"别说这个,有一年连草～还没了的日子还有呢。" ❷ 此喻事情的根源、原由。宋《朱子语类》卷二五:"仁义礼智是四个～。"清《醒世姻缘传》六五回:"你只说是那里见来,或是听见谁说,我好到那里刨着～。" ❸ 底子;根性。清《儒林外史》二七回:"你到底是那种穷人家的～,开口就要说穷,将来少不的要穷断你的筋!"《红楼梦》五七回:"你又知道他有个呆～,平白的哄他作什么?" ❹ 指祖籍。清《红楼梦》八七回:"就是我们这几个人就不同,也有本来是北边的,也有～是南边,生长在北边的。"

【跟】 gēn ❶ 跟随;随行。《元曲选·冯玉兰》一折:"您何须

紧厮~,挡咽喉强劫人。"清《红楼梦》一回:"士隐意欲也~了过去。" ❷指奴仆侍奉主人。明孟称舜《娇红记》七出:"俺小慧专~在小姐身畔,今小姐去看奶奶,老爷又不在家,且向堂上要了去!"清《红楼梦》三〇回:"我~了太太十来年,这会子撵出去,我还见人不见呢?" ❸陪伴。明汤显祖《牡丹亭》七出:"则要你守砚台,~书案,伴'诗云',陪'子曰',没的争差。" ❹指女子嫁人。《元曲选·金线池》楔子:"我怎肯~将那贩茶的冯魁去!"清《红楼梦》六五回:"不是我女孩儿家没羞耻,必得我拣个素日可心如意的人,才~他。" ❺关;牵涉。清《聊斋俚曲·慈悲曲》:"两个正在那里挣,他娘知道了,出来吃喝说:'~你嘎事? 不快上学里去?'" ❻鞋后跟。元陶宗仪《辍耕录》卷一八:"西浙之人,以草为履,而无~。" ❼介词。a) 与;同。《元曲选·窦娥冤》一折:"我家里无银子,你~我庄上去取银子还你。"清《红楼梦》八二回:"我们只在太太屋里看屋子,不太~太太姑娘出门。" b) 向。清《红楼梦》二五回:"你们这起人不是好人,不知怎么死,再不~着好人学,只~着凤姐贫嘴烂舌的学。" ❽连词。与;同。《元曲选·谢天香》二折:"奉老爷的命,使我~他两个到一个小酒务儿里钱别。"又《神奴儿》楔子:"哥哥,你~老汉长街市上要去来。"

【跟捕】 gēn bǔ 跟踪追捕。《大宋宣和遗事》前集:"那王成~不获,只将宋江的父亲拿去。"《元曲选外编·西游记》三本九出:"西池王母失去仙衣一套,银丝长春帽一顶,仙桃一百颗,不知被何妖怪盗去,着令某追寻~。"《明史·职官志一》:"以~、纪录、开户、给除、勾勒之法,核其召募、垛集、罪谪、改调营丁尺籍之数。"

【跟从】 gēn cóng ❶随行所带。宋《三朝北盟会编》卷一五一:"俄报,郭进已得关,为第一功。(岳)飞喜之,解金束带并随行~物赏之。" ❷跟随;随从(侍候)。明朱长祚《玉镜新谭》卷九:"其经过地方,着该抚按等官,多拨官兵沿途护送,所有~群奸,即时擒拿具奏,勿得纵容遗患。"清《红楼梦》二五回:"宝玉见了贾母,虽然自己承认是自己烫的,不与别人相干,免不得贾母又把~的人骂一顿。" ❸跟随的人。清《歧路灯》九四回:"果然观察三更时起来,庙祝伺候盥漱。衙役,~,轿夫,马匹,俱已齐备。"

【跟搭】 gēn dā 跟随。清《聊斋俚曲·富贵神仙》:"此时闹动了合庄,教来磕头,连那李大的老婆,在家里也坐不住了,~着也跑了来,捣了顿头去了。"

【跟底】 gēn dǐ 跟前;旁边。《元曲选·青衫泪》三折:"相公呵,怕你要做好事,兴奴尽依得,你则休渐渐来~。"又《誶范叔》四折:"我与你揣在怀里,放在~,请先生服毒自吃,我这里别无甚好饭食。"

【跟赶】 gēn gǎn ❶追赶。元王仲文《王祥卧冰》:"我今~家兄去,急急登程休停住,迟又恐成差误。"明王世贞《与徐常冯》:"三更时分,将一只解军需的船撑去,随时跟捕,去龙湾发快船,必是可获。"清胤禛《朱批谕旨》卷一三一:"把总李良策随带兵二十名~。" ❷驱赶。《元典章·刑部四》陈氏校补:"~本使马群五十四匹上道行。"

【跟脚】 gēn jiǎo ❶踪迹;脚步(喻指所走的路子)。明《二刻拍案惊奇》卷三五:"忽见士人揭开来,只道抄他~的,也自老大吃惊,急忙奔窜,不知去向了。"清《豆棚闲话》七则:"若是我趁着他的面皮,随着他的~,即使成得名来,也要做个趁闹帮闲的饿鬼。" ❷随从(侍奉)。元施惠《幽闺记》三二出:"妹子,和你比先前又亲,自今越更着疼热,你休随着我~,久后是我男儿那枝叶。" ❸指物体的底部。清李渔《闲情偶寄》卷八:"至于泥墙土壁,贫富皆宜,有萧疏雅淡之致,惟怪~过肥,收顶太窄,有似尖山。"《红楼复梦》五四回:"金山上大而下小,浮在水中并无~。" ❹喻指立场或立足点、出发点。明罗伦《与刘显仁》:"今为士者,杀之使为穿窬,有不可得者,知之真也。一日不死,须做一日是。目下便立定~,以此律身,以此教子,便不枉一生矣。"李贽《答澹然师》三:"学道人大抵要~真耳,若始初以怕死为~,则必以得脱生死、离苦海、免恐怕为究竟。"清张次仲《周易玩辞困学记》卷七:"苏君禹曰:吾人起初学问,最要根脚立得定。初六在感之初,是一念初起,而即逐乎外,一事初感,而即役于中,~不定,如拇之欲动然。" ❺比喻事物的基础。明《古今小说》卷三九:"(汪革)却也自恃没有反叛实迹,~牢实,放心得下。" ❻底细;出身;来历。《元曲选·王粲登楼》二折:"我盘盘他的~,把文溜他一溜。"明《拍案惊奇》卷二七:"那王夫人虽是所遭不幸,却与人为妾,已失了身,又不曾查得奸人~出,报得冤仇。"清《绿野仙踪》八十回本一八回:"率领多人,日夜在城乡堡镇闲荡,采访富家大户的~。" ❼比喻事先安排好的关节。明《隋史遗文》一一回:"次后须在参军处做了~,这些衙官不过是钱米。后在蔡刺史处打一关节,关节到,大家便葫芦提出门了。"

【跟究】 gēn jiū 追究;查问。明《古今小说》卷一:"你丈夫回来,~出情由,怎肯干休?"《拍案惊奇》卷二六:"只有小沙弥怪道不见这妇人,却是娃子家,不来~。"清胤禛《朱批谕旨》卷二一八上:"凡伊伙内之人,有犯事潜逃者,即向伊伙内~。"

【跟前】 gēn qián ❶附近;面前;身边。金《董解元西厢记》卷一:"到~,方知道,觑牌额分明是敕赐,写着簸箕来大六个浑金字。"《元曲选外编·哭存孝》一折:"阿妈心内想,忽然到~。"清《聊斋俚曲·富贵神仙》:"小举人虽然在他娘~,强为欢笑,到底那模样带着悲来。" ❷临期;未来的某一时候。清《红楼梦》一六回:"我们这爷,只是嘴里说得好,到了~就忘了我们。"又四七回:"你不知道我的心事,等到~,你自然知道。"

【跟前人】 gēn qián rén 侍妾,即婢女出身的妾。清《红楼梦》三六回:"如今作了~,那袭人该劝的也不敢十分劝了。"又七三回:"你是大老爷~养的,这里探丫头也是二老爷~养的,出身一样。"

【跟随】 gēn suí ❶跟从(侍卫);跟从(侍候)。《元曲选外编·渑池会》三折:"公子既来赴会,怎生不引将军,则一人~。"明汤显祖《牡丹亭》九出:"俺春香日夜~小姐。"清《醒世姻缘传》二七回:"一个太爷太奶奶,岂可没人~。" ❷做侍从;侍从。《元曲选·丽春堂》二折:"我不觑大人面皮,直赢的他与我~。"明《金瓶梅词话》一三回:"于是打选衣帽齐整,叫了两个,预备下骏马,先径到花家。"清《后水浒传》四三回:"殷尚赤使屠俏去收拾包裹,自己扮作~。"

【跟头】 gēn tou ❶筋斗。明《西游记》二回:"悟空弄本事,将身一耸,打了个连扯~跳离地有五丈。"清《聊斋俚曲·禳妒咒》:"猴打~,并猴人下。" ❷身体跌翻的动作。明《西游记》七二回:"我被那厮将丝绸罩住,放了绊脚索,不知跌了多少。"清《聊斋俚曲·富贵神仙》:"又是醉,又是慌,就绊了个~。" ❸跟前;附近。明《警世通言》卷一一:"到义井~,看见一双女鞋,原是他先前老婆的旧鞋。"清《儒林外史》一六回:"匡超人将被单拿来,在太公脚~睡。"

【跟尾】 gēn wěi 尾随。清《后水浒传》二九回:"如今只消将这骡纵放,任其奔逸,~看他住脚,便有下落。"

【跟问】 gēn wèn 追问。元明《水浒传》五四回:"吴学究道:'叫唤集高唐州押狱、禁子。'~时,数内有一个禀道:'小人是当牢节级蔺仁……'。"明《西洋记》九回:"护从的~那个人,那个人已

自不见踪迹了。"清《后红楼梦》二回:"王夫人从黛玉处回来,听说宝玉身上不好,便吓慌了,连忙摸了一摸,走出来～莺儿。"

【跟寻】 gēn xún 跟踪寻找;查寻。宋吴自牧《梦粱录》卷一九:"如有逃闪,将带东西,有元地脚保识人前去～。"《元曲选·潇湘雨》一折:"待到了江州,再遣人慢慢～。"清《聊斋俚曲·磨难曲》:"众人说:'老爷还是～毛老爷的下落。'"

【跟由】 gēn yóu 同"根由❷"。明《古今小说》卷三六:"小人是有碗饭吃的人家,钱大王府中玉带～,小人委实不知。"

【跟捉】 gēn zhuō 追捕;捉拿。元明《水浒传》一七回:"已经差缉捕的人～贼人,未见踪迹。"清《醒世姻缘传》五一回:"差人察验,知是走了程谟,四下差人～,那有程谟的踪影?"

gěn

【艮】 gěn 牙齿为硬物所硌。《元曲选·来生债》一折:"阿哟,～了牙也!"

【艮头】 gěn tóu 称朴实耿直的人。明田汝成《西湖游览志馀》卷二五:"《辍耕录》言:杭州人好为隐语,以欺外方。……扑实曰～。"

gèn

【亘道】 gèn dào 在道路上排成长长的行列;满道。《敦煌愿文集·回向发愿范本等》:"素盖翩翩,钱凶仪而～。"又《临旷(圹)文》:"凶缘～,翳源(原)野而愁云;哀响盈衢,咽荒郊而雨泪。"

【亘古今】 gèn gǔ jīn 从古到今。宋《朱子语类》卷三三:"'中'只是个恰好道理。为是不得是,～不可变易底,故更着个'庸'字。"明朱长祚《玉镜新谭》卷四:"～拥祐之勋,有谁足与比者?"张纶言《林泉随笔》:"圣贤名穷天地,～而不磨者,虽云待书而传,然其所以传者,是果待于书邪?"

【亘天】 gèn tiān 连天;满天。唐张读《宣室志·萧昕》:"旋有白龙才尺馀,摇鬣振鳞自水出,俄而身长数丈,状如曳素,倏忽～。"宋丁特起《靖康纪闻》:"或光～,达旦不灭。"清屈大均《广东新语》卷三:"有界水三分,与白虹～而下。"

gēng

【更】 gēng 另见 gèng。❶指夜晚。宋克勤《碧岩录》一则:"至夜间入室,侍立～深。" ❷量词。明代外国的计时单位,昼夜分为十更。明费信《星槎胜览》卷一:"占城国(今越南中部)……月日之定,但看月生为初,月晦为满,如此十次盈亏为一岁,昼夜以善鼓十～为法。"马欢《瀛涯胜览》:"占城国……日月之定,无闰月,但以十二个月为一年。昼夜分十～,用鼓打记。"明清又用作计算水路里程的单位。《明史·外国四·鸡笼》:"水道,顺风,自鸡笼淡水至福州港口。五～可达。自台湾港至彭湖屿,四～可达。自彭湖至金门,七～可达。东北至日本,七十更可达。南至吕宋,六十更可达。盖海道不可以里计,舟人分一昼夜为十～,故以～计道里云。"清梁章钜《浪迹丛谈》卷四:"对马岛与登州直,萨峒马与温,台直,长崎与普陀东,西对峙,水程四十～。厦门至长崎,北风由五岛入,南风由天堂入,水程七十二～。海道以～计里,一昼夜为十～云。"

【更把天】 gēng bǎ tiān 一更过后;或指一更过后的两个多小时。清《儒林外史》二三回:"牛玉圃在万家吃酒,直到～才回来。"《醒世姻缘传》二五回:"说了～的话,薛教授方别了回到下处。"

【更变】 gēng biàn 更换;改变。唐李贺《梦天》:"黄尘清水三山下,～千年如走马。"元施惠《幽闺记》二二出:"你这酒保只依我就罢了,有这许多～。"清《聊斋俚曲·磨难曲》:"他待朋友信义坚,从来出口无～。"

【更筹】 gēng chóu 计更用的竹签,也泛指更次。唐杜甫《不寐》:"瞿塘夜未黑,城内改～。"元萧德祥《小孙屠》九出:"误我良宵寂寞守孤灯,数尽～夜长人初静,教人恨杀活受命。"明《西洋记》二二回:"昼则擂鼓摇旗,夜则高招挂起,朗唱～,务在缜密。"清王士禛《山花子·秋闺》:"斗帐初垂懒卸头。任他紫栈减秦篝。帘外银河天似水,数～。"

【更次】 gēng cì 指夜间的一个更时。元明《水浒传》二六回:"到两个～,安排得端正。"清《红楼梦》七七回:"宝玉又翻转了一个～,至五更方睡去。"

【更番】 gēng fān 变换;轮流。多用作副词。唐王建《霓裳词》之二:"自直梨园得出稀,～上曲不教归。"宋《三朝北盟会编》卷二〇一:"盖缘节次出战,～守御,分ע功过,不容或差。"《朱子语类》卷一三六:"只管如此～,则士常饱健,而不至于困乏。"清洪昇《长生殿》一四出:"早暮趣承,上直～入内廷。"

【更夫】 gēng fū 值夜打更的人。明《醒世恒言》卷二三:"一晚,维舟傍岸,大雨倾盆,两下正欲安眠,忽闻歌声聒耳。迪辇阿不虑有穿窬,坐而听之。乃岸上～倡和山歌。"清李玉《清忠谱》一七折:"少刻点派～入监,教他充作～进来。"

【更共】 gēng gòng 副词。轮流共同。唐玄奘《大唐西域记》卷一一:"人谓之曰:'尔曹何国人?'曰:'我本此国,流离异域。子母相携,来归故里。'人皆哀愍,～资给。"

【更鼓】 gēng gǔ 夜晚报更的鼓声。宋苏轼《夜过舒尧文戏作》:"先生骨清少眠卧,长夜默坐书～。"清《聊斋俚曲·增补幸云曲》:"玉兔东升,龙楼起鼓,只听的～齐忙,皇爷心绪撩乱。"

【更号】 gēng hào 军队夜间巡更时的信号。《敦煌变文校注》卷一《汉将王陵变》:"王陵脱著体汗衫,缀一标记,……撺(至)紫离门探听～。"《资治通鉴》卷一八六:"至暮,与贼比肩而入,负担巡营,知其虚实,得其～。"

【更换】 gēng huàn ❶替换。唐徐夤《忆长安行》:"钟鼓煎催人自急,侯王～恨难胜。"元关汉卿《调风月》二折:"直到个天昏地黑,不肯～衣袂。"清《聊斋俚曲·寒森曲》:"二郎爷怒冲天,骂一声贼判官,你把簿子全～。" ❷交换。《旧唐书·韩充传》:"朝廷以王承元有冀卒数千在滑州,恐封疆相接,复相劝诱。命充与承元～所守,检校左仆射。"

【更换门户】 gēng huàn mén hù 犹"改换门闾"。宋佚名《张协状元》九出:"从小里蒙严父,教六艺通文武,直欲～。"

【更鸡】 gēng jī 夜间鸡鸣的次数和更次大体相当,也可以用来掌握时间,故称更鸡。清《聊斋俚曲·禳妒咒》:"刚才听的～鸣叫,那谯楼上钟鼓乱敲,卷行装里外都着银灯照。"

【更阑】 gēng lán 夜深更尽。唐祖咏《七夕》:"闺女求天女,～意未阑。"宋晏幾道《南乡子》:"百媚也应愁不睡,～。恼乱心情半被闲。"清方成培《雷峰塔》二七出:"便话到～未休,有烛更秉。"

【更漏】 gēng lòu ❶漏刻,计时器。古代根据刻漏报更,故

称刻漏为更漏。唐李肇《国史补》卷中:"授行秦州刺史,理普润,军中不置~,不设音乐,士卒疾者,策杖问之,死者哭之。"宋刘一止《夜行船》:"高城近,怕听~。"清方成培《雷峰塔》一八出:"灯昏暗守,心恻恻数尽了谯楼~。"❷ 指夜晚。唐戎昱《长安秋夕》:"八月~长,愁人起常早。"宋晏殊《蝶恋花》:"~乍长天似水。银屏展尽遥山翠。"元贯酉信《寨儿令·戒嫖荡》:"夜未央,步回廊,春宵画堂~长。"❸ 指更次。《敦煌变文校注》卷二《叶净能诗》:"皇帝专心求长生不死之术,忽闻大内打四下鼓,~分明。"明沈德符《万历野获编》卷二五:"向年曾见刻本《太和记》,按二十四气,每季填词六折,用六古人故事,每事必具始终,每人必有本末。出既曼衍,词复冗长,若当场演之,一折可了一~。"清昭梿《啸亭杂录》卷六:"神武门钟楼,凡上驻跸圆明园,则每夕鸣钟记~,上在宫日则已。"

【更年】 gēng nián 连年;年年。金《董解元西厢记》卷八:"有子有牢房地匣,有子有栏军夹画,有子有铁果榆枷,~没罪人戴他、犯他。"

【更仆】 gēng pú ❶ 轮流替代。唐杜甫《行官张望补稻畦水归》:"~往复塘,决渠当断岸。"宋陆游《岁暮感怀诗》:"谁令名置党,~而迭起,中更夷狄祸,此风犹未已。"清《聊斋志异·辛十四娘》:"至日,除舍扫途,~眺望。"❷ 形容很多。宋曾巩《戏呈休文屯田》:"已闻清论至~,更读新诗谈焚砚。"明张瀚《松窗梦语》卷八:"餘秉铨日,荐进大寮与所弃置,~未易数已。"清刘献廷《广阳杂记》卷一:"经略图海围平凉,据高原以临城中,日发巨炮,历半载餘始克。城中人拾炮子十三斤者万餘,小者~不能数也。"❸ 计算。明宋濂《复古堂记》:"古今人物,其优劣不伦,虽~未能尽也,欲师古者,宜取则于上。"清王士禛《分甘馀话》卷四:"明末崇祯己卯、庚辰间,为济南新城令,慈以惠民,严以弭盗,敬礼绅士,弹压吏胥,悬鱼捕蝗,善政不可~。"又《香祖笔记》卷六:"唐人作集序,例叙其人之道德功业,如碑版之体,后则历举其文,某篇某篇如何如何,不胜~,如独孤及、权德舆诸序及《英华》《文粹》所载皆然,千第一律,殊厌观德。"

【更夜】 gēng yè 深夜。宋袁去华《兰陵王·次周美成韵》:"那堪檐外,~雨,断有滴。"金《董解元西厢记》卷六:"问莺莺~如何背游私地,有谁存活?"宋元《古今小说》卷二四:"我家奴婢,~之间,怎敢引诱?"

【庚】 gēng 年龄。宋周辉《清波杂志》卷八:"先人三弟,季字德绍,与辉同~同月。"清《聊斋俚曲·蓬莱宴》:"今~十七尚孤单。"

【庚符】 gēng fú 兵符。调兵遣将的凭据。宋岳珂《桯史》卷五:"~下,统府调兵三千人以往。"佚名《朝野遗记》:"乘舆初涉镇江,羽卫介胄间止一黄扇存耳。欲发羽檄于四方,而~不可得。"

【庚牌】 gēng pái 犹"庚符"。宋王明清《挥麈后录》卷二:"及握兵之日,受~不即出者凡十三次。"李心传《建炎以来繫年要录》卷八一:"顷之,流星~沓至,世忠出示良臣等,乃得旨令移屯守江。"

【庚帖】 gēng tiě 写有某人生辰干支的帖子,合婚或结义时所用。也叫八字帖。元高明《琵琶记》六出:"左右,不拣甚么~,都与我扯破;把那两个吊起,各打十八。"清纪昀《阅微草堂笔记》卷一七:"其父早年与一友订婚姻,一诺为定,无媒妁,无婚书,~亦无聘币。"

【庚唱】 gēng chàng 以诗相赠答。宋卫宗武《摸鱼儿·咏小园晚春》:"剪裁妙语频~,巧胜郢斤般斧。"元辛文房《唐才子传》卷一〇《廖图》:"与同时刘昭禹……释虚中,俱以文藻知名,~

迭和。"清王弈清《历代词话》卷一〇:"石塘曾铣,夏之内戚,作渔家傲词,互相~,遂起河套之议。"

【庚酬】 gēng chóu 犹"庚唱"。宋吕胜己《临江仙·同王侯二公登裴公亭》:"爱竹子猷参杖履,能诗侯喜同登。~不尽古今情。"明郎瑛《七修类稿》卷三三:"今君臣后妃外及夷人,杂然~,恬不为怪,不知当时何无世南者也。"清钱泳《履园丛话》:"今年三月动佳兴,颇乏知己相~。"

【庚和】 gēng hè 依对方原韵或题意唱和。宋曾巩《和孙少述侯职方同燕席》:"周召二南皆绝唱,抑扬~愧非材。"元周文质《蝶恋花·悟迷》:"鼓盆歌,寂寞,天差我从新~。"清黄永溪《一剪梅·雪阻义井》:"多才~属谁家,谢是诗家,李是词家。"

【庚续】 gēng xù 继续。《敦煌曲校录·皇帝感·新集〈孝经〉》:"始皇无道焚书尽,赖得仙人壁里藏。拾得故文多损坏,孔生~巧相当。"宋苏轼《寄周安孺茶》:"邂逅天随翁,篇章互~。"清蔡世远《重修漳州府志序》:"有宋朱文公莅郡以后,陈北溪王东湖两先生亲承其统绪,道术既一,礼法大明。胜朝陈剩夫、蔡鹤峰诸贤又起而~之。"

【庚咏】 gēng yǒng 相继吟咏唱和。宋吕陶《和孔毅甫州名五首》之二:"~酬真乐,聊以歌化日。"明王鏊《姑苏志》卷四一:"博学,工诗词,与邑士~,文采可观。"清弘历《重阳》:"景光随处赏,~有仙曹。"

【羹饭】 gēng fàn 特指祭祀用的饭菜。明郎瑛《七修类稿》卷四九:"辞灵~哭金钱,哭出先天与后天。"清《水浒后传》二四回:"每日清晨烧一道符,晚上奠一分~,再持秘咒。"

【羹果】 gēng guǒ 菜肴果品。明《金瓶梅词话》九六回:"春梅和周守备说了,备一张祭桌,四样~,一坛南酒,差家人周仁送与吴月娘。"《醒世恒言》卷八:"刘公备了八盒~礼物并吉期送到孙家。"

gěng

【耿饼】 gěng bǐng 一种柿饼,个小而厚,以山东菏泽耿庄所产最为著名,故称。清查慎行《院长饷柿霜饼兼示长律十二韵次谢》:"~佳名著,梁柈上品充。"《儒林外史》一回:"他慌忙打开行李,取出一匹茧绸,一包~。"

【耿耿于怀】 gěng gěng yú huái 谓心事萦绕心怀,不能忘记。宋文天祥《贺前人正》:"某迹廉俗驾,心绕贺星,遥指于轸中,拳拳公寿,雪立于门外,~。"清汤斌《答沈芷岸书》:"去冬匆匆一晤,未得馨展积恫。别后企望云帆,不禁~也。"

【哽】 gěng ❶ 气塞;哽咽。宋曹勋《北狩见闻录》:"此外吾不多致语言,气已~吾颈矣。"清方成培《雷峰塔》二七出:"忆当时心头暗~,忆当时心头暗~。"❷ 愁绪缠结。元侯正卿《醉花阴》:"伤情处,故人别后。黯黯愁云锁凤城。心绪~,新愁易积,旧约难凭。"又佚名《愿成双》:"半江秋影月偏明,满腹愁烦心自~,一雁哀鸣水云冷。"

【哽支】 gěng zhī 又硬又韧。《元曲选·举案齐眉》三折:"恰捧着个破不剌碗内,呷了些淡不淡白粥,吃了几根儿~杀黄齑。"

【梗碍】 gěng ài 阻塞;阻碍。宋《朱子语类》卷九五:"不可如此类泥着,但见~耳。某旧见伊川说仁,令将圣贤所言仁处类聚看,看来恐如此不得。古人言语,各随所说见意,那边自如彼说,这边自如此说。要一一来比并,不得。"

【梗化】gěng huà 顽固,不服从教化。唐李豫《复田承嗣官爵诏》:"其或有阻兵～,未从纪律,将畏刑以纾祸,俟文诰於斯怀,则明恕之道,宥过为大,其来久矣。"《宋史·蛮夷传一》:"乃欲揭上腴之征以取不毛之地,疲易使之众而得～之氓,诚何益哉!"清佚名《康雍乾间文字之狱》:"浙江逆贼吕留良凶顽～,肆为诬与谤,极尽悖逆,乃其逆徒严鸿逵者,实为吕留良之羽翼。"

【梗令】gěng lìng 抗拒命令。清《聊斋俚曲·寒森曲》:"那远近人家,都是要一奉十,谁敢～。"又《磨难曲》:"县官大怒道:'奴才,你要梗老爷的令么?'"

【梗直】gěng zhí 刚直。《北齐书·厍狄干传》:"干～少言,有武艺。"《旧唐书·李绛传》:"同列李吉甫便僻,善逢迎上意;绛～,多所规谏,故与吉甫不协。"宋佚名《张协状元》二出:"论～,最怕人。"清《聊斋俚曲·磨难曲》:"他为人～义气,不比那邪僻奸贪。"

【鲠论】gěng lùn ❶ 刚直的言论。《新唐书·张玄素传赞》:"始唐有天下,惩刈隋敝,敷内谠言,而世长等仇然献忠,时主方褒听,借以劝天下,虽触禁忌,而无忤情。及祸乱已平,君位尊安,后者视前人之为,犹以～期荣,故时时遭斥让,为所厌苦。"宋俞国宝《水调歌头》:"忠肝义胆,曾将～破天颜。"明陶安《寄罗复仁咨议》:"前席咨询处,遥知～陈。" ❷ 刚直地发表议论。宋沈作喆《寓简》卷九:"予观颜平原书,凛凛正色,如在廊庙直言～,天威不能屈。"李正民《中大夫起居舍人赵纶除右文殿修撰知庆元府兼沿海制置副使制》:"豸冠正色,纠察官邪。～犯颜,维持国是。"金王若虚《滹南遗老集》卷二九:"公处昏邪臣间,直言～,未尝有所屈。"

【鲠切】gěng qiè 刚正率直。《新唐书·李义琰传》:"帝每顾问,必～不回。"宋《三朝北盟会编》卷二一四:"曾孝序之来,其言～,并为三省所沮,未几,果以言落职。"《四库总目提要·清献集》:"范有公辅才,正色立朝,议论～。"

gèng

【更】gèng 另见 gēng。❶ 副词。a) 岂。唐杜甫《绝句》:"群盗相随剧虎狼,食人～肯留妻子?"宋周紫芝《永遇乐·五日》:"榴花半吐,金刀犹在,往事～堪数。"元冯子振《庞隐图》:"利名心不挂丝毫,～肯沾风粘雨。"b) 绝。唐李商隐《王十二兄与畏之员外相访》:"～无人处帘垂地,欲拂尘时簟竟床。"宋晁补之《惜分飞》:"人共荷花丽。～无一点尘埃气。"清《聊斋志异·连城》:"儿已委身乔郎矣,～无归理。"c) 还。《敦煌变文校注》卷一《汉将王陵变》:"见有三十六人研营,捉得三十四人,～少二人,便须捉得。"《元典章·刑部九》:"地不勾呵,保人根底交赔者;～不勾呵,本人根底交配役。"清《聊斋俚曲·增补幸云曲》:"有花无酒不成乐,有酒无花不成欢。如今两般都有,不乐～待何时?"d) 就;便。《敦煌变文校注》卷一《伍子胥变文》:"其妇知谋大事,～亦不敢惊动。"又:"君子怀抱可知,～亦不须分雪。"《祖堂集》卷三《慧忠和尚》:"王咏问:'如何得解脱?'师曰:'诸法不相到,当处得解脱。'咏曰:'若然者即是断,岂是解脱!'师便喝曰:'这汉,我向你道不相到,谁向汝道断?'王咏～无言。"e) 重新。《祖堂集》卷九《落浦和尚》:"从上座对云:'于此二途,请师不问。'师云:'～道。'对云:'某甲道不尽。'师云:'我不管你尽不尽,～道。'"宋《朱子语类》卷一〇七:"某云:'若作之,何辞? 止缘某前日已入文字,今作出,又止此意思。得诸公～作,庶说得更透切。'"f) 越。五代李煜《清平

乐》:"离恨恰如春草,～行～远还生。"g) 暂且。《旧唐书·德宗纪上》:"本冀便人,翻成敛怨。事仍旧贯,以适时宜,～待事平,然后经度。"宋《朱子语类》卷一〇七:"他说须要山是如何,水须从某方为盘转,经过某方位,从某方为环抱,方可用。不知天地恰生这般山,依得这般样子,～莫管他也。"h) 可能。宋《朱子语类》卷一〇七:"依他说,为臣子也须尽心寻求,那知不有如此样? 驀忽～有,也未可知,如何便住得!"i) 千万;可。宋《朱子语类》卷一三:"学者如行路一般,要去此处,只直去此处,～不可去路上左过右过,相将一齐到不得。"元萧德祥《小孙屠》一〇出:"〔生〕我如今,相送娘行出外去,侧车先回故里。〔末〕～莫待迟。"钱南杨校注:"耳,疑是'身'的形误。侧身,即转身。"j) 全;根本。金《刘知远诸宫调》一:"～不由二人洪信洪义。"又:"三娘全～不羞惨。待结识天子,望他居宫苑。"k) 简直。宋佚名《张协状元》一〇出:"五鸡山下,有一强人。把张协尽劫,～没分文。"l) 也。宋洪迈《容斋随笔》卷三:"起今以后,纵有此类,台府～不要举奏。"明史仲彬《致身录》:"诸人愿随,固也。但随行不必多,～不可多,就中无家室累并有膂为足打卫者,多不过五人,餘俱遥为应援为便。"明梁辰鱼《浣纱记》二四出:"假如原宪、颜子之贫,或者他常时周济,～不可知;或者二子却之,亦未可晓。" ❷ 连词。a) 与;和。唐皇甫冉《杂言月洲歌送赵冽还》:"流聒聒兮湍与濑,草清清兮春～秋。"宋张先《山亭宴慢》:"故宫池馆～楼台,约风月、今宵何处。"姜夔《卜算子·吏部梅花八咏夔次韵》之六:"绿尊～横枝,多少梅花样。"原注:"绿尊、横枝,皆梅别种。"清董以宁《烛影摇红·为王阮亭题余氏女子绣洛神图》:"离合神光,有人分得陈思绣。流风回雪～惊鸿,髣髴还重觏。"b) 却。《旧唐书·马周传》:"臣伏以东宫皇太子之宅,犹处城中,大安乃至尊所居,～在城外。"c) 即使;纵然。《祖堂集》卷五《云岩和尚》:"师云:'汝只今还作不?'对曰:'～有胜妙亦不作。'"金《刘知远诸宫调》一二:"两条扁檐向前颩,洪信洪义,～强怎措手。"《元曲选·㑳梅香》二折:"我～不中呵,须是相国之家。"d) 同样。《祖堂集》卷三《司空山本净和尚》:"智者会悟梦,迷人信梦闹。会梦无两般,一悟无别悟。富贵与贫贱,～亦无别道。"e) 用"更"领起的部分补充前文未尽的内容。《元典章·刑部八》:"合罢的、合降等的、～他每合得的罪名里,依例行呵,使见识的人每少些者。"《武王伐纣书》卷中:"姬昌具说前七年囚牢之苦,～醮了伯邑考。"

【更不】gèng bù ❶ 副词。a) 并不。宋沈括《梦溪笔谈》一:"待制以上见,则言'请某官',～屈揖。"叶隆礼《辽志·族姓始》:"番法,王族惟与后族通婚,～限以尊卑,其王族、后族二部落之家,若不奉北主之命,皆不得与诸部族之人通婚。"明《醒世恒言》卷二七:"几遍暗地打听,冷眼偷瞧,～见有甚别样做作。"b) 就不。宋孟琪《蒙鞑备录》:"鞑人之俗,主人执盘盏以劝客,若少留涓滴,则主人者～接盏。见人饮尽,乃喜。"叶隆礼《辽志·岁时杂记·正旦》:"候五更三点,国主等各于本帐内窗中掷米团,在帐外如得双数,当夜动番乐,饮宴;如得只数,～作乐,便令师巫十二人,外边绕帐撼铃执箭唱叫,于帐内诸火炉内爆盐,并烧地拍鼠,谓之'惊鬼祟'。"c) 为什么不;怎不。金张师颜《南迁录》:"一日,谢世云、完颜世卿奏之,上始骇,顾问内侍直秘殿李汝回曰:'汝辈～说?'"d) 毫不;一点也不。宋孔平仲《续世说》卷三:"裴行俭平敌,大获环宝。蕃酋将士愿观之,行俭设宴出之。有玛瑙盘,广二尺餘,文彩殊绝。军吏王休烈捧盘历阶,足跌,碎之。休烈惶恐,叩头流血。行俭笑曰:'尔非故也。'～形颜色。"张齐贤《洛阳缙绅旧闻记》卷一:"忽有蜘蛛于檐前垂丝而下,正对少师与僧前,云辨笑谓歌者曰:'试嘲此蜘蛛。如嘲得着,奉绢两匹。'歌者～待思虑,应声嘲,意全不离蜘蛛,而嘲戏之辞,正讽云辨。"明《西游

记》五六回："他双手举钯,上前赶马。那马～惧他,凭那呆子嗒嗒答答的赶,只是缓行不紧。"e) 再不;再没有。唐张鹭《朝野金载》卷二："周补阙乔知之有婢碧云,姝艳能歌舞,有文华,知之时幸,为之不婚。伪魏王武承嗣暂借教姬人妆梳,纳之,～放还知。"元《武王伐纣书》卷中："门子仍然倒地,～起来,口中无气致命。"明《醒世恒言》卷一七："仰后便倒,～做声。" ❷ 连词。要不,表示选择。明《朴通事谚解》卷上："你是佛家弟子,……拣那清净山庵瑞安禅悟法却不好? ～时,归佛敬法看经念佛也好。"

【更待】 gèng dài　还要;还打算。《元曲选·灰阑记》四折："一壁厢夫主身亡,～教生各札母子分离。"明《西游记》七七回："这孽畜还不皈正,～怎生?"

【更待干罢】 gèng dài gān bà　岂肯善罢甘休。《元曲选·窦娥冤》二折："你把我老子药死了,～!"《元曲选外编·千里独行》四折："哥哥,不想二哥文长,投降曹操,全不想桃园结义之心,～!"明《二刻拍案惊奇》卷三八："别人拐去了,却冤我坐了几年监,～!"

【更发】 gèng fā　副词。表示程度更进一步,更加;越发。清《醒世姻缘传》三六回："如知道了,～不好。"△《官场现形记》四五回："区奉仁～怒道:'你们这些人真正不通! 不靠着宪眷,怎么能够升官呢?'"

【更复】 gèng fù　副词。又,再。复,后缀。唐王方庆《魏郑公谏录》卷一："陛下设法,与天下共之,今若改张,人将法外罪罚,～有重者,又何以加焉。"金佚名《大金吊伐录》卷三："圣谕丁宁,而辄言及赵氏,虽不忘旧君,其违命之罪已深矣,以后不宜～如此。"清纪昀《阅微草堂笔记》卷一五："或谓古人所及,～精思,故已到竿头。"

【更后年】 gèng hòu nián　从当年算起,第四年为"更后年"。宋《法演禅师语录》卷中："前年去年也怎么,明年后年～也怎么。"

【更加】 gèng jiā　副词。表示程度更进一层。《敦煌变文校注》卷四《太子成道经》："太子还宫,～愁闷。"清《红楼梦》一一二回："众人～小心,不敢睡觉。"

【更兼】 gèng jiān　连词。表示更进一层;再加上。《大宋宣和遗事》元集："当初只为五代时分,天下荒荒离乱,朝属梁而暮属晋,干戈不息;～连岁灾蝗,万民遭涂炭之灾,百姓受倒悬之苦。"明张岱《陶庵梦忆》卷八："特以烹茶非法,向来葛灶生尘;～鉴赏无人,致使羽《经》积蠹。"清《红楼梦》一○回："学问最渊博的,～医理极深。"

【更没】 gèng méi　副词,表示最大程度的否定。一点也不。明《西游记》三九回："前日事,老孙～稽迟,将你那五种宝贝当时交还,你反疑心怪我?"

【更那堪】 gèng nǎ kān　连词,表示进一层。更加上;再加上。宋柳永《雨霖铃》："多情自古伤别离。～、冷落清秋节。"《元曲选外编·锁魔镜》一折："俺这里人如虎,～马似龙。"清《红楼梦》五回："镜里恩情,～梦里功名。"

【更怕】 gèng pà　❶ 连词。哪怕。《元曲选外编·西游记》五本一九出："～我杨柳腰肢袅娜,耀武扬威越逞过;～我桃脸风吹得破,弯弓蹬弩,拈枪使棒,摇鼓筛锣。" ❷ 副词。a) 岂。《元曲选外编·拜月亭》三折："您这些富产业～我顾恋情意,俺向那笔尖上自闺阃得些豪奢。"又《东窗事犯》三折："送的俺酪子里遭诛,～我葫芦罢手!"b) 恐怕。《元曲选·谢天香》三折："相公的言语～不中,委付妾身教我转转猜疑。"

【更且】 gèng qiě　❶ 副词。a) 还应。宋欧阳修《与苏编礼五通》之四："孙兆药多凉,古方难用于今,～参以他医为善也。"

b) 将。《新唐书·严善思传》："若别攻隧入其中,即往昔葬时神位前定,～有害。"宋《朱子语类》卷一一五："正淳～静坐思之,能知所以欠阙,则斯有进矣。" c) 又。宋蔡绦《铁围山丛谈》卷五："昭陵晚岁开内宴,盖数与大臣侍从从容谈笑,尝亲御飞白书以分赐,仍命内相王岐公吴玉各题其上,～以香药名墨遍赉焉。" ❷ 连词。表示更进一层,而且;况且;并且。宋苏轼《南乡子·赠田叔通家舞鬟》："久立香车催欲上,还留。～檀唇点杏油。"元明《水浒传》六一回："亦是说的诸路乡谈,省的诸行百艺的市语,～一身本事,无人比的。"《三国演义》三一回："刘景升坐镇九郡,兵强粮足,～与公皆汉室宗亲,何不往投之?"清《醒世姻缘传》七三回："不惟惯唱吴歌,～善于昆曲。"

【更饶】 gèng ráo　❶ 连词。a) 表示让步,即使。敦煌词《十二时·普劝四众依教修行》："～富似石崇家,谁免身为填下土。"《五灯会元》卷一三《瑞龙幼璋禅师》："～善巧,终不得指东为西。"b) 表示更进一层,再加上。明杨慎《升庵诗话》附录:"暗香素蕊,横枝疏影,月淡风斜。～红烛枝头挂,粉蜡闻香夺得。" ❷ 副词,表示程度更进一层。更加;更添。明《石点头》卷一:"朱唇低劝绽樱丹,笑声掩啼痕,～妩媚。"清《聊斋志异·鸦头》:"唐太宗谓魏徵～妩媚,吾于鸦头亦云。"清屈大均《广东新语》卷二:"风土～南北估,荔支龙眼致豪华。"

【更若】 gèng ruò　连词,表示假设。假如;如果。敦煌词《十二时·普劝四众依教修行》:"～夫妻气不和,乞求得病谁相救。"《太平广记》卷九四引唐皇甫氏《原化记》:"适此来者,欲杀此沙弥。～杀之,当堕大地狱,无出期也。"宋《大唐三藏取经诗话》六则:"～踌躇不言,杵灭微尘粉碎。"

【更未】 gèng wèi　副词。并没有。明《西游记》六回:"昨日与那猴王战了一场,止捉得他虎豹狮象之类,～捉得他一个猴精。"

【更无】 gèng wú　再没有;再不;毫无;一点也不。《祖堂集》卷三《牛头和尚》:"～别法,可得成佛。"又卷一二《报慈和尚》:"便驻湘江,～他往。"明《西游记》三七回:"他当时在花园内摇身一变,就变做朕的模样,～差别。"《醒世恒言》卷九:"此事已与拙荆再三商量过了,～翻悔。"

【更亦】 gèng yì　副词,跟否定词"没""不"连用,相当于"全无""一点也不"。《敦煌变文校注》卷一《伍子胥变文》:"津傍～没男夫,唯见轻盈打沙(纱)女。"又:"其妇知谋大事,～不敢惊动。"

【更又】 gèng yòu　副词。更加;还要。明《西游记》六回:"昨朝混战还犹可,今日争持～凶。"《拍案惊奇》卷三一:"这个后生比这两个女子～标致,献与赛儿。"清《红楼梦》一二回:"倏又腊尽春回,这病～沉重。"

【更知何道】 gèng zhī hé dào　又怎么办。唐人叫苦的习语。《太平广记》卷二五九引唐《御史台记》:"本立曰:'鸡不比人,不可加笞杖,正合杀。'张以手再三拍案曰:'勃公子,有案时,～!'"《敦煌变文校注》卷一《伍子胥变文》:"子尚临死之前,仰面向天叹而言曰:'吾当不用弟语,远来就父同诛,奈何奈何,～!'"

【更诸】 gèng zhū　其馀。指示词。《敦煌变文校注》卷二《舜子变》:"我等只识一家,～姚姓,不知谁也。"

【更则道】 gèng zé dào　即"更做道❶"。《元曲选·秋胡戏妻》二折:"～你住家每葫芦提没见识,我既为了张郎妇,又着我做李郎妻,那里取这般道理!"

【更自】 gèng zì　副词。更加;越发。自,词尾。明《古今小说》卷一四:"明宗从其言,于宫中选二八女子三人美丽无比,装束华整,～动人。"清《醒世姻缘传》四回:"童山人比昨日～奉承。"

《霓裳续谱·心腹事儿常常梦》：“心腹事儿常常梦，醒后的凄凉～不同。”

【更做】 gèng zuò 让步连词。纵然；即使。金《董解元西厢记》卷四：“明日告州衙，教贤分别。官人每～担饶你，须监守得你几夜。”元佚名《粉蝶儿·阅世》：“～八字拙难和我命争，怎生二十年一事无成？”

【更做到】 gèng zuò dào ❶ 让步连词。纵然；即使。元关汉卿《调风月》二折：“～你好处，打换来的，却怎看得非轻，看得值钱，待得尊贵！”《元曲选·两世姻缘》四折：“温太真～情性乖，怎敢向晋明行大惊小怪。” ❷ 副词。更加上。《元曲选·蝴蝶梦》二折：“你都官官相为依亲属，～国戚皇族。”又《救风尘》三折：“你则是忒现新，忒忘昏，～你眼钝。”

【更做道】 gèng zuò dào ❶ 同“更做到❶”。《元曲选外编·西厢记》五本四折：“俺姐姐～软弱囊揣，怎嫁那不值钱人样虾胊。”元汤舜民《小梁州·代人寄情》：“～姐姐奸，恁须是婆婆惯，少甚么南来鱼雁，直不得两字问平安。” ❷ 同“更做到❷”。《元曲选·救风尘》三折：“你则是忒现新，忒忘昏，～你眼钝。”

gōng

【工】 gōng ❶ 干活儿；从事体力劳动。唐崔蠡《义激》：“唯是织纴絍缊，妇人当～者，皆不为。”宋晓莹《罗湖野录》卷一：“十二时中莫住～，穷来穷去到无穷。”清赵吉士《寄园寄所寄》卷二引《苏谭》：“日使诸妇女各聚一室为女工，～毕敛贮一所，无私藏。” ❷ 工作；事情。唐段成式《酉阳杂俎》续集卷六：“有僧杨法成，自言能画，意儿常合掌仰祝，然后指授之。以近十稔，～方毕。”宋周密《武林旧事》卷二：“亦有专其～者，外人罕知。”清蒲松龄《戏三出·闹馆》：“教一日算一日长支不许，束脩钱年对年～满价完。” ❸ 指工程费用。唐张读《宣室志·袁生》：“既归，将计其～，然贫甚，无以为资。”宋王君玉《国老谈苑》卷一：“昔年夏侯峤为宛丘令，田赋充而迁，督刑之血，日沃于庭，此山之～，实倍彼赋，非聚血而何？”清《歧路灯》九五回：“单说谭观察回署，到签押房，梅克仁禀说，修坟估～，约费二百内外。” ❹ 指建筑物、堤坝等。唐沈亚之《解县令厅壁记》：“至于公堂便馆，葺饰者凡十餘，构～不劳民，又何多方也！”宋苏轼《与程正辅四十七首》之八：“但邓君肯管，其～必坚久也。”清胤禛《朱批谕旨》卷二上：“盖堤以柳为骨，柳多则～坚而帑省。” ❺ 工地。元姚桐寿《乐郊私语》：“忽一日巡～，至缪所辖地分，时日已虞渊，而工犹未辍。”明《金瓶梅词话》一八回：“西门庆下马，迳进门先到前边～上观看了一遍，然后趋到潘金莲房中来。”清昭梿《啸亭杂录》卷三：“又曰荒储荡地，未运至～，此自河道不通之故，岂得以为采柴罪过？” ❻ 工日。唐韦安仁《谏幸同州校猎表》：“今既供承猎事，兼之修理桥道，纵大简略，动费一二万～。”宋苏洵《上皇帝十事书》：“譬如佣力之人，计～而受直，虽与之千万，岂知德其主哉！”清叶梦珠《阅世编》卷九：“然而新亲贵客仍用专席，水果之高，或方或圆，以极大磁盘盛之，几及于栋，小品添案之精巧，庖人一～，仅可装三四品。” ❼ 相当于人、名。明沈榜《宛署杂记》卷一五：“会试场上下马二宴赁办卓椅、盒担、人夫等项，……粘果匠三百七十一～，……厨子二百四十～。”又：“礼部住宿床帐家火，……糊房裱褙匠一百二十一～。” ❽ 工作效率；工程进度。唐段成式《酉阳杂俎》续集卷一：“县界接山，土中多石，有力葬者，率皆凿石为穴。谊之所卜亦凿焉。积日倍～，忽透一穴。”宋孔平仲《谈苑》卷三：“唐三百年，惟薛苹为

滑帅，田弘正为魏帅，兴河役力省～倍，它时未尝略为患也。”清袁枚《子不语》卷四：“桥洞故有百数，辛卯年圯其三，郡丞范公捐俸倡修，见此人能独挽巨石，费省～速，遂命尽挽其餘，赏钱数十千。” ❾ 器物的做工；建筑物的造型。唐段成式《酉阳杂俎》续集卷三：“又王相内斋有禅床，柘材丝绳，～极精巧。”宋苏轼《成都大悲阁记》：“复作大阁以覆菩萨，雄伟壮峙，～与像称。”清佚名《啁啾漫记》：“其幕下某客用古人澄泥之法，手自埏埴，土细～精。” ❿ 指做成的器物或饰品。明《西游记》一九回：“此是锻炼神冰铁，磨琢成～光皎洁。”《型世言》六回：“银匠道：‘成～不毁，这样极时的！’” ⓫ 工夫。唐韦应物《杂体五首》之一：“自非磨莹～，日日空叹息。”宋《朱子语类》卷一四：“只怕人不下～，虽多读古人书，无益。”清《补红楼梦》二九回：“已知二位老仙长不茹荤酒，特备纯素蔬食，不过少顷之～，也不敢久留的。” ⓬ 渊博。宋《朱子语类》卷一三：“读书亦不须牵连引证以为～。” ⓭ 学习。通“攻”。敦煌词《菩萨蛮》：“数年学剑～（攻）书苦，也曾凿壁偷光路。”

【工本】 gōng běn ❶ 成本。宋李心传《建炎以来朝野杂记》甲集卷一四：“山矾则官自煎，以十分为率，四分充～，六分赴榷货务焉。”元孔齐《至正直记》卷一：“必公议铜价～轻重，定为则例可也。”清屈大均《广东新语》卷一四：“而筑田筑灶，～繁多，往往仰资外人。” ❷ 本钱；资本。明《醒世恒言》卷一八：“那后生连把脚跌道：‘这是我的种田～，如今没了，却怎么好？’”清陆世仪《思辨录辑要》卷一一：“予有薄田二十亩在廿三都，佃甚贫，不能具种。予乃出～买牛具，自往督而佐之。”《豆棚闲话》一二则：“即如豆棚上生了几个豆荚，或早或晚，采些自吃；或多或少，卖些与人。不费～，不占地方。” ❸ 指工钱。清《儒林外史》六回：“我把你这些奴才，三十板一个，还要送到汤老爷衙门里追～饭米哩！” ❹ 指劳动成果。清刘献廷《广阳杂记》卷一：“未几国变，田仍归胡，官价半原直耳。田中秋成已熟，马氏之～也。” ❺ 指底本。宋桑世昌《兰亭考》卷六：“羲之醉中所书，醒后屡作，皆不及之。诏十八学士摹写，又不知用何～，孰为精到。”董逌《广川书跋》卷六：“蜀本《黄庭经》，笔墨粗，～皆非可贵，第以其名存之。”

【工程】 gōng chéng ❶ 指土木施工等大型工作。《北史·李崇祖传》：“齐文宣营构三台，材瓦～，皆崇祖所算也。”宋吴自牧《梦粱录》卷五：“躬督～无弊蠹，不惟省费又晶荧。”清《绮楼重梦》四一回：“无奈～浩大，那得十分迅速？” ❷ 指工程的期限。宋廖刚《论造军器札子》：“臣愚，欲望圣慈特降处分，稍宽其～，则人力裕而器械精矣。”《宋史·食货志下三》：“臣愚以为抄撩之际，增添纸料，宽假～，务极精致，使人不能为伪者，上也。” ❸ 泛指各种劳作。唐德诚《船子和尚拨棹歌·拨棹歌》：“钓竿斫尽重栽竹，不计～得便休。”宋柳永《鬻海歌》：“官租未了私租逼，驱妻逐子课～。”清《红楼梦》二四回：“他许了我，说明儿园里还有几处要栽花木的地方，等这个～出来，一定给你就是了。” ❹ 读书学习以及其他事情的日程。宋胡宏《张良》：“望于经史内，严自作～。”张杲《医说》卷七：“但得大竹管，长尺许，钻一窍，系一绳，挂于腰间，每坐则置地上，举足搓滚。勿计～，久当有效。”明夏尚朴《娄一斋先生行实》：“成化丁亥，始有日录册子，纪其为学～。”清蔡世远《先考武湖府君行状》：“经传子史及宋儒诸书，各以次授，每日限以作～，而使之体认。” ❺ 指努力的目标。宋阳枋《纪年录》：“以求道为～，以贪名为深耻。”王柏《定海县丞杨公墓志铭》：“其间乡评之所取重，虽不能以～业者，然躬行之实，讲说之正，固已大异于习俗。” ❻ 工夫；时间。明《西洋记》三四回：“我和你来看了有十昼夜多～，他怎么得这等快？”清《荡寇志》一三九回：“原来希真于金丹一道，已有一半～。”

【工次】 gōng cì 工地。明李颐《条陈河漕先务疏》:“臣又查核～,分别犒赏,严行申饬,定限闰二月内完工。”清胤禛《朱批谕旨》卷二上:“臣在～,又据盐城县报称,七月十九日卯刻海中飓风陡作。”《四库总目提要·河上草》:“此编皆其四年之中,在～所作。”

【工房】 gōng fáng ❶明清时州县仿中央官制六部之制而设的六房之一,掌管营造修葺工程和经办军需等事。明沈榜《宛署杂记》卷一五:“二县～、礼房吏书腌鱼四十斤。”闵文振《涉异志》:“又见府中～某吏两手俱钉,公问之,神曰:‘此人先为刑房屈法杀人,今当抵罪。’” ❷指工房的办事人员。清《醒世姻缘传》一四回:“典史带了～逐一估计,要从新垒墙翻盖。”《儒林外史》四回:“那庙正修大殿,有县里～在内监工。”

【工费】 gōng fèi 工钱。唐陈子昂《为乔补阙论突厥表》:“又甘州诸屯,犬牙相接,见所聚粟麦,积数十万。田因水利,种无不收,运到同城,甚省～。”权德舆《大唐银青光禄大夫杜公淮南遗爱碑铭》:“又潴雷陂,以溉穑地酾引新渠,汇于河流,皆省～,而宏利泽。”宋周煇《清波杂志》卷一〇:“时待制张公守郡,益加板筑,不计～,唯取坚实。”清《八洞天》卷六:“晏敖吝惜～,竟不肯另掘,便将两柩葬在石上。”

【工夫】 gōng fū 另见 gōng fu。❶夫役;工匠。《唐六典》卷二二:“凡教诸杂作工,业金银铜铁铸鍮凿镂错镞所谓～者,限四年成。”宋法贤《众许摩诃帝经》卷一二:“长者即退录其姓名,遣作～,例与其直。”清傅泽洪《行水金鉴》卷一一一:“凡役～三万人,经始于三年之夏,五月至秋八月而毕。” ❷劳动力。《册府元龟》卷七五二:“又自卖～,以供众费。” ❸工程。宋叶梦得《石林燕语》卷八:“黄河庆历后,初自横陇,稍徙趋德博,后又自商胡趋恩冀,皆西流北入海。朝廷以～大,不复塞。”《宋史·食货志上三》:“靖康初,汴河决口有至百步者,塞之,～未讫,干涸月餘,纲运不通。”《元史·河渠志一》:“～浩大,动用丁夫千百,柬薪十万之餘。” ❹佛、道、理学谓修行、悟道、体理为工夫。《古尊宿语录》卷四八《佛照禅师奏对录》:“雪峰问其徒曰:‘灵光在日如何指示学者?’其徒曰:‘但云莫起第二念。’至尊云:‘这一则语,可以指示人做～。’”《云笈七籤》卷一〇三:“汝有词言慕上天,其如心意隔关山。仙宫不远如指掌,内外～全未圆,……依吾所语合吾道,要复三清应不难。”宋《朱子语类》卷九:“如穷格～,亦须铢积寸累,～到后,自然贯通。”清刘献廷《广阳杂记》卷四:“畇滋辈遂以畇斋为师,讲东林之学,以默认天理为宗旨,主静存养为～。” ❺指大自然化育万物的能力。唐罗隐《隋堤柳》:“春风未借宣化意,犹费～长绿条。”宋吴文英《朝中措》:“木落秦山清瘦,西风几许～。”元杨公远《十二月二十九夜大雪》:“未言造化～巧,且看乾坤景象奢。”清弘历《桃蹊春霭》:“谷神能蕴藉,春色有～。” ❻奥妙;秘密。清《聊斋志异·书痴》:“女笑曰:‘君日读书,妾固谓无益。今即夫妇一章,尚未了悟,枕席二字有～。’”

【工夫】 gōng fu 另见 gōng fū。❶做事所花费的时间和精力。唐秦韬玉《燕子》:“曾与佳人并头语,几回抛却绣～。”宋张抡《诉衷情》:“潜心要游阃奥,须是下～。”清《歧路灯》三八回:“我一向就没在诗上用～。” ❷空闲时间;时间。唐元稹《琵琶》:“使君自恨常多事,不得～夜夜听。”宋张继先《满庭芳》:“闲里～,无中妙用,切休拟议参详。”清《红楼复梦》二回:“罢呀,今日偶然相聚,说说别的罢,别耽搁～。” ❸工作;事情。宋楼钥《送刘仲起主簿》:“公餘黄卷频卷舒,艺圃～日加葺。”《续资治通鉴》卷一七一:“正好乘暇作～。”清《醒世姻缘传》二四回:“到了冬里得时节,晚了围了炉,点了灯烛,儿子读书,自己也做些～。” ❹才能;技能;技巧;本领。唐张鷟《朝野佥载》卷一:“更有挽郎、辇脚、营田、当屯,无尺寸～,并优与处分。”宋蔡戡《点绛唇·百索》:“纤手～,采丝五色交相映。”明宋应星《天工开物·陶埏》:“～精熟者视器大小掐泥,不甚增多少,两人扶泥旋转,一捏而就。”清《红楼复梦》一二回:“自此柳绪尽心尽意学打弹子,后来倒也学了些～。” ❺指文字或艺术水平高。宋杨杰《登南楼》:“唯凭诗老写奇胜,纵有画笔难～。”杨万里《诚斋诗话》:“洪景伯贺表云:‘宣王复文武之土,可谓中兴;齐人归郓讙之田,不失旧物。’属联～,然去一境字,便觉难读。”俞成《萤雪丛说》:“尤喜陈舜申三策,第三道策题问屯田,乃先生撰也,最是答得～。”明朱淛《梦剑绪言后序》:“思不苦,诗不～。”

【工顾钱】 gōng gù qián 雇用费。宋佚名《张协状元》四〇出:“〔丑〕～?〔生〕一日各支三两。”

【工伎】 gōng jì ❶指厨师。宋袁褧《枫窗小牍》卷上:“旧京～固多奇妙,即烹煮盘案亦复擅名,如王楼梅花包子、曹婆肉饼、薛家羊饭、……之类,皆声称于时。” ❷造型;工艺;技巧。元虞集《开元宫碑》:“公主,宋理宗女,有司护作,唯恐规制～甲于当时。”郑元佑《李早马图》:“外甥似舅明昌帝,取法宣和尚～。”明张宇初《志学说》:“今夫造父善御,羿善射,师旷之律,倕之弓,奚仲之车,杜之乘,虽～之小,且犹志彀而后中焉。” ❸指谱曲的工作。元左克明《清商曲歌辞上》:“至武后长安已后,朝廷不重古曲,～废弛,于吴音转远矣。”

【工价】 gōng jià ❶工钱;工资。唐李诵《即位赦文》:“诸有费用,先给～,仍以见钱,更不折物,不得辄令科配。”《元史·河渠志二》:“人日采石积方一尺,～二两五钱。”清《聊斋俚曲·增补幸云曲》:“认着我这一年～,也该二十两多银子。” ❷工程、制作等在人工方面的费用。唐[朝]崔致远《求化修大云寺疏》:“大云寺募缘求化重修建瓦木～等,详夫教列为三,佛居其一。”宋《三朝北盟会编》卷三三:“内官梁师成举起一玉杯,外碾成螭龙形,云:‘此盏只碾作～几千缗。’”清傅泽洪《行水金鉴》卷五一:“然土方～虽题有定额,亦举大概而言。”

【工课】 gōng kè ❶在规定的时间内要完成的工作或劳动任务。宋张詠《奏郑元佑事自陈状》:“昨见荆朗造船～不等,归峡纳木,人户怨咨,遂具奏章乞行磨勘。”欧阳修《乞罢刈白草札子》:“惟荒闲草地去人绝远,兼又不多,兵士收刈般担,地里阔远,～不办。”曹彦约《故利州路提点刑狱陈君墓志铭》:“当开禧用兵,敌人郡境,朝廷增铸缗钱,十万倍于旧额,区处铁炭,于此时最难分别,～并有条理。” ❷指学生在规定的时间内应完成的诵习、写作等作业。宋王钦臣《王氏谈录·好学》:“大人在家,逐日须作文字,而于经史间亦各有～耳。”明《老乞大谚解》卷上:“你每日做甚么～?”清蒲松龄《逃学传》:“怨爹娘见识浅,恨师傅～严。” ❸指佛道徒做法事。元张可久《汉东山》:“纸帐梅花病维摩,奈老何? 学坐钵,做～。”明王士性《广志绎》卷三:“然其中戒律齐整,佛土庄严,打七降魔,开单展钵,手持贝叶,口诵弥陀,六时～,行坐不辍。”清《红楼复梦》一一回:“此时还有几个道姑在内,早晚做个～而已。” ❹指经常做的事情。宋王谌《病起》:“日长自有闲～,汲水铜瓶浸古梅。”元曾瑞《四块玉·闺情》:“髻乱窝,钗横堕,膳减愁添怎存活。抽签摆卦为～。”《四库总目提要·政学合一集》:“所定告天～,俨然释、道家忏诵章咒之属,非儒者立言之道也。”

【工力】 gōng lì ❶工程、生产等体力劳动所需的人力;也指一项大的工作所需的人力。唐徐惠《谏太宗息兵罢役疏》:“虽复因山藉水,非无架筑之劳;损之又损,颇有～之费。”明何良俊《四

友斋丛说》卷三：“余以为《十三经注疏》板头既多，一时～恐难猝办。”清屈大均《广东新语》卷二：“又在在设重兵以守，筑墩楼，树桩栅，岁必修葺，所费不赀，钱粮～，悉出闾阎。” ❷ 工夫；工夫力气。唐阴真君《还丹歌》：“收取气候若差错，万般～徒劳施。”元陈栎《问杨诚斋易传大概如何》：“其作《易传》用二十餘年之～，亦勤矣。”清法式善《陶庐杂录》卷六：“倘又谓大营乏磨，独不思巴里坤久住之兵，一队各制一磨，只一匠三数日之～乎？” ❸ 工夫力气折算的成本。明谢肇淛《五杂组》卷一〇：“今朝廷进御，常有不时之花，然皆藏土窖中，四周以火逼之，故隆冬时即有牡丹花。计其～，一本至十数金。” ❹ 夫役；工匠。唐郑还古《博异志·岑文本》：“文本命～掘之三尺，至一古墓，墓中了无馀物，唯得古钱一枚。”宋陈师道《陈留市隐者》诗引：“陈留市有～，随其所得，为一日费。父子日饮于市，醉负以归。”明柯尚迁《周礼全经释原》卷四：“役，～之事。”清汪琬《栴檀观世音菩萨像赞》：“若说是菩萨，此是栴檀木。～加雕镂，赤金为外饰。” ❺ 技巧；技能。宋法护等译《如来不思议秘密大》卷四：“而彼楼阁，巧施～，妙好严成。”明王守仁《兴国守胡孟登生像记》：“射御～，展也不器。” ❻ 指佣作。宋惟净译《金色童子因缘经》卷九：“是时女使自后日日诣于他舍，自竭微力，为彼营办日中所食。～既增，酬直亦厚。” ❼ 指工程；也指大的工作。宋魏岘《四明它山水利备览》卷下：“合石为之柜，植石为之楔，规抚宏壮，～缜密。”《宋史·河渠志三》：“其南筑大堤，～浩大，乞下各属官司，躬往相度保明。”元李志常《长春真人西游记》卷下：“戊子春三月朔，清和建议为师构堂于白云观。或曰：‘～浩大，粮储鲜少，恐难成功。’”明蒋悌生《五经蠡测》卷三：“盖朱子校雠九经，～宏浩。凡若此者，容或未改其原。”清胤禛《朱批谕旨》卷七之二：“因堤长三千丈，闸大小二十餘座，～浩繁，未得修筑。” ❽ 指文学艺术等的素养。宋尤袤《全唐诗话》卷一：“及闻其评曰：‘二诗～悉敌。’”元甘复《书罗尊闻先生遗稿后》：“余于兴安学舍得君遗稿若干篇读之，俊丽雅正，视壮岁之作，～尤倍。”明张以宁《春秋春王正月考辨疑》：“而况著书立言于千载辽邈之后，众言混殽之中，而详考深究以求真是之归者，其～为尤难。”清《四库总目提要·书法雅言》：“轼、芾加以～，可至古人。”也指有艺术素养。宋董逌《广川画跋》卷四：“此图虽极～，不能终备写其制。” ❾ 指思想或道德品质的修养。宋朱熹《宋名臣言行录后集》卷一三：“俱于十二时中，看自家一念从何处起，即点检不放过，便见～。”清黄宗羲《明儒学案》卷一八：“有不良者，果孰为之？人品不齐，～不等，未可尽以解缚语，增他人之纵肆也。” ❿ 指大自然化育万物的能力。宋赵温之《踏青游》：“最风流，生来处处尽好，别得造化～。”

【工粮】 gōng liáng ❶ 给工匠的粮食。唐刘重约《再修敬亭府君庙宇记》：“兼出俸金米物等，资助～。”元蒲道源《翻修城隍庙化疏》：“用是发心，缘化木植砖瓦，未免更添～，货财岂容或缺。” ❷ 国家供给民工的口粮。《宋史·河渠志三》：“叔献言：‘昨疏浚汴河，自南京至泗州，概深三尺至五尺。惟虹县以东，有礓石三十里餘，不可疏浚，乞募民开修。’诏检计～以闻。”《元史·河渠志一》：“所用石灰石铁诸物，夫匠～，官为供给，力省功多，可永久无害。”清《四川通志》卷一三上：“是役也，……徒三千九百人，而边军居其二。～为石千有奇。” ❸ 主人付给雇工作报酬的粮食。清《聊斋俚曲·禳妒咒》：“主人家若不嫌，把良心放一边，～每年七八石。”《醒世姻缘传》四八回：“我没有稻地，这是主人家支与我的～。”

【工料】 gōng liào 人力和材料。宋欧阳修《论代州开壕事宜札子》：“又～极大，去年大役乡兵，所料未及三二分。”《文献通考》卷九：“高宗尝谕近臣，欲复如旧制，不较～之费。”清《红楼复

梦》五回：“他因受过咱们老爷恩典，情愿将石头报效老爷做功德好事，只要我出～银二千五百两。”也偏指材料。宋熊朋来《经说》卷四：“攻金之工，如筑冶凫桌段桃，以今～言之，宜用铜铁等物。”明潘季驯《条议钱法疏》：“且以十文计之，铜质～与分银价值不甚参差。”清《四库总目提要·漕书》：“又以漕船～不坚，入水易破，欲采木川湖，大冶万餘艘，斥餘材以支数十年用。”

【工墨】 gōng mò 印制的工本。宋陈宓《龙图陈公文集》卷二三：“阜陵之始造会子也，出内府钱三百万，开会子务六，所书之弊则曰：‘就某处兑换，收～直二十文。’此信足以行其权，名足以副其实也。”

【工钱】 gōng qián ❶ 做工的报酬。宋苏轼《与南华辩老九首》之九：“示谕，恐传者之过，材料～，皆分外供给，无毫发干挠官私者。”明《禅真逸史》一〇回：“一日所得～几何？”清戴璐《藤阴杂记》卷二：“家人的～怪少，这一只空锅儿等米淘，那一座冷炉儿待炭烧。” ❷ 加工费。宋包拯《请断销金等事》：“盖是匠人等故违条制，厚取～，上下相蒙，无敢言者。”明《古今小说》卷一：“大娘，你道这样首饰，便～也费多少。”清《醒世姻缘传》七〇回：“戴坏了的，不过是兑换新货，还要另加～。”

【工巧】 gōng qiǎo ❶ 指诗文精美巧妙。宋胡仔《苕溪渔隐丛话前集》前集卷一四：“时山谷尚少，乃曰：‘若论～，则《北征》不及《南山》。’”明贾仲明《凌波仙·吊尚仲贤》：“弃官归去捻《渊明》，～《王魁负桂英》。”清《幻中游》一回：“长至一十五岁，不惟文章～，诗赋精通，亦且长于书画。” ❷ 指对偶工整巧妙。清《野叟曝言》三五回：“万年天子，对得～出色，实是奇才！”《梦中缘》一回：“风乃实字，片乃虚字，以虚对实，如何凑的～。”

【工人】 gōng rén 受雇为人做工者。唐李商隐《井泥四十韵》：“昨日主人氏，治井堂西陲。～三五辈，辇出土与泥。”宋司马光《涑水纪闻》卷九：“城中无井，凿地百五十尺始遇石，而不及泉，～告不可凿。”清《聊斋志异·局诈》：“见～掘土得古琴，遂以贱直得之。”

【工食】 gōng shí ❶ 人工方面的费用和口粮。宋罗愿《徽州新城记》：“郡凡木石瓦甓之材，匠夫～之费，廪钱以缗计者，四万五千；米以石计者，二千四百。”元程端礼《庆元绍兴等处海运千户朱奉直去思碑》：“经涉沙潭礁岛之险，修补船器，～之用费倍常运。”明倪岳《新建督储北馆记》：“凡木石～之费为缗钱九百有奇，皆部运官吏赎罪所入贮之公帑者，一毫弗以及民。”清胤禛《朱批谕旨》卷一〇上：“伏查各汛添设营房，每间需工料银四两，臣帮银一半，严饬不许派扰。其木料等物均系价买，惟人夫～量给米。” ❷ 工钱；工资。宋洪迈《夷坚志》丁卷四：“绍熙二年春，金陵民吴廿九将种稻，从其母假所著皂绸袍，曰：‘明日插秧，要典与雇夫～费。’”《元史·世祖纪四》：“运司官吏俸禄，宜与民官同，其院务官量给～，仍禁所司多取于民，岁终，较其增损而加黜陟。”明《二刻拍案惊奇》卷三七：“沈一夫妻多气得不耐烦，重新唤了匠人，逐件置造，反费了好些～。”清《平定金川方略》卷七：“马夫～每日支银五分。” ❸ 国家供给差役、士兵、工匠、民工等的口粮。宋苏辙《论衙前及诸役人不便札子》：“诸处乡户衙前役满，有人抵替者，并且依见行招募法，雇支～酬钱。”元许衡《中庸直解》：“既禀是～。”明郑纪《救荒五事》：“如或不敷，两淮运司相去亦未甚远，则募江南之商以米易米，而补给河饥民～亦可。”清法式善《陶庐杂录》卷五：“盖兵无饷则无以资饱腾，官无俸则无以养廉德，役无～则无以糊口腹效奔走。” ❹ 主人付给雇工作报酬的粮食。清《聊斋俚曲·禳妒咒》：“就是我罢，每日领着主人家～月粮，也尽够费的。”《红楼梦》七七回：“只知有个姑舅哥哥，专能

庖宰,也沦落在外,故又求了赖家的收买进来吃～。" ❺ 主人供给为自己家做活的工匠的饭食。明韩邦奇《王安人墓志铭》:"昼则外应宾客樽姐～,内供翁姑羞膳。"

【工头】 gōng tóu ❶ 监督工人劳动的人。明《古今小说》卷一八:"丁丞相起大治第,分明是替杨仁杲做个～,每一人管领女工九十九人,住在驿中操演,伺候驾到便了。"清《红楼梦》八八回:"那贾芸听见了,也要插手弄一点事儿,便在外头说了几个～,讲了成数,便买了些时新绣货,要走凤姐儿门子。"昭梿《啸亭杂录》卷八:"久之为～某告发,始置书常于法,大吏降黜有差。" ❷ 工地。明张内蕴、周大韶《三吴水考》卷一三:"千长人等务要常在～催督工程,但有放肆游荡饮酒赌博妨误职业者,许巡视官访拿送院重治。"张国维《吴中水利全书》卷一五:"在逃人夫径行该管官司提解枷号示众,仍追～银钱还官。每逃一名,罚本户人夫二名,解赴～着役。" ❸ 工程的一端。清《南巡盛典》卷四七:"应自高堰厅～起向南至山盱厅蒋家坝工尾止,凡有石工,酌量加高。"又卷四八:"臣随照原估宽深丈尺,自～至工尾七千二百餘丈之内,逐段量验,俱属相符,并无草率偷减。"

【工新】 gōng xīn 工稳清新。宋陈师道《后山集》卷二三:"王介甫以工,苏子瞻以新,黄鲁直以奇。杜子美之诗奇,常～易陈,莫不好也。"洪迈《容斋四笔》卷一六:"'及以泽芥对溪苹',可谓～。"葛立方《韵语阳秋》卷一:"孟郊诗'楚山相蔽亏,日月无全辉。万株古柳根,挐此磷磷溪。大行横偃脊,百里方崔嵬'等句,皆造语～,无一点俗韵。"袁燮《亡弟木叔墓志铭》:"诗语尤～,字画亦清逎可爱。"

【工银】 gōng yín ❶ 兴建工程所用银两。明谭纶《再议增设重险以保万世治安疏》:"又加赏过各台,～六千一百八十两。"《明史·南土司二》:"高进助殿～二千八百两,诏加文职三品服色,给诰命。"清邵廷采《东南纪事》卷五:"山东饥,米石八两,而三吴石三两,以应天所属河～,尽籴米输济宁,每石水脚加五钱,得羡米倍饶。" ❷ 干活的报酬。明倪岳《灾异陈言疏》:"军民人匠班匠共六百五十五名,外雇～二千八百五十餘两。"《醒世恒言》卷二九:"他年年在你家做长工,何不耐到发～时,一并扣清,可不干净?"《明史·兵志二》:"故事,失班脱逃者,罚～,追月糧。"清《红楼梦》一四回:"领取裁缝～若干两。"

【工制】 gōng zhì ❶ 指建筑物或一般物品的式样、质量。《法苑珠林》卷一四:"乃得金菩萨,坐像通跌,高一尺,～殊巧。"宋苏轼《和连雨独饮二首序》:"吾谪海南,尽卖酒器以供衣食,独有一荷叶杯～美妙,留己自娱。"清高士奇《金鳌退食笔记》卷下:"更于殿后造白塔一座,设鎏金顶,神光壮丽,～甚精。" ❷ 巧妙。唐侯冽《貂蝉冠赋》:"冠表朝容,饰崇～。"

【工作】 gōng zuò ❶ 工程。五代巩伯壎《奇石山磨崖记》:"～之兴也,先于南坡下取土,以供其用。"宋李攸《宋朝事实》卷七:"大中祥符八年正月丁酉,始兴太极观～。"明梁辰鱼《浣溪沙》三一出:"他必定更起楼台,大兴～,如此则吴国之财货不竭矣。"清叶梦珠《阅世编》卷三:"甲寅春冬,余曾两经其地,积石填塘,～犹未兴也。" ❷ 修建;建筑。唐李柷《皇太后册礼再改期敕》:"再奉慈旨,以宫殿未停～,蒸暑不欲劳人,宜改吉辰,固难从命。"宋沈括《梦溪笔谈》卷一一:"于是诸寺～鼎兴。"明张瀚《松窗梦语》卷一:"某官起盖牌坊第宅,遍役州民～。"清《开国方略》卷二四:"得旨暂停今年～,餘照议修筑。" ❸ 施工;动工。明潘季驯《河防一览》卷一〇:"预定工料,以便～。"又卷一二:"臣窃惟治河之法,莫要于岁修,而岁修之工,必资于草料。草料不预,则～必迟。" ❹ 指建筑物或一般物品的式样或质量;做工。《旧唐书·

武宗纪》:"敕曰:'上州合留寺,～精妙者留之;如破落,亦宜废毁。'"宋张舜民《上徽宗论进筑非便》:"以致～苦窳,守御缪悠,若夏人一来,不攻自破。"《宋史·舆服志六》:"印方寸,以龟为钮,～精巧。"清叶梦珠《阅世编》卷一〇:"涂金染采,丹垩雕刻,极～之巧。" ❺ 制作;制造。《唐律疏议》卷一六:"～,谓在官司造作。"宋欧阳修《准诏言事上书》:"诸路州军,分造器械,～之际,已劳民力。"明张瀚《松窗梦语》卷四:"夫农桑,天下之本业也,～淫巧,不过末业。"清赵翼《陔餘丛考》卷四三:"俗语相沿,凡文字之无所本者曰杜撰,～之不经匠师者曰杜做。" ❻ 加工。宋惟净译《海意菩萨所问净印法门》卷一四:"又如妙好真金,未经～,即不能得庄严具名,但名真金;若经～,得成熟已,乃可得诸庄严具名。"明章潢《图书编》卷九一:"山西有解盐称海眼,不假～,名曰盐盐。" ❼ 做工;劳作。唐李世民《帝范》卷三"如此则徭役烦"唐人注:"徭役,～征戍也。"宋《五代史平话·梁史上》:"和那二个哥哥同往徐州录事押司刘崇家,驱口受佣～。"《元典章·刑部十一》:"应配役人,逐有金银铜铁冶,……一切工役去处,听就～。"清纪昀《阅微草堂笔记》卷一五:"董家庄佃户丁锦,生一子曰二牛。又一女赘曹宁为婿,相助～,甚相得也。" ❽ 事务;业务;活儿。宋张方平《兵器》:"臣谓宜严立新条,务屏此弊,外使州郡守倅通领～。"明《醒世恒言》卷一五:"陆氏道:'你在庵中共做几日～?'"清弘历《络丝》:"缲丝甫报毕,络丝应及时。～有次序,此风盛吴越。"《荡寇志》九四回:"细作回来报道:'宋江等领一万多人马来厮杀也。'希真便传令先将砖城～停了。" ❾ 从事各种技艺的工匠。唐义净译《根本说一切有部毘奈耶》卷一八:"长者使女,于寺中为女～。"宋《靖康稗史·呻吟语》:"十九日,斡离送去婉容婕妤才人八人,闻贡三千人,吏役～三千家,器物二千五十车。"明《英烈传》六〇回:"这些僧人与那诸般～,拍手大笑。"清谈迁《谈氏笔乘·逸典》:"～胥隶并缘为奸,一匹有费白金百两者。"也指民工。《钦定热河志》卷二〇:"若屡弛屡茸,虽无力役劳民之事,而縻金钱,疲～,非计也。"

【功】 gōng ❶ 功用。唐李世民《帝范》卷一:"故舟航之绝海也,必假楫楫之～。"宋罗大经《鹤林玉露》丙编卷一:"故尝谓槟榔之～有四:一曰醒能使之醉……"明朱国祯《涌幢小品》卷六:"堤之～,莫利于下乡之田。" ❷ 功果。唐戴孚《广异记》:"乃知修道不可思议,所延二十载,以偿～也。"宋苏轼《去今独盘鼎在耳二首》之一:"可怜九转～成后,却把飞升忘内芝。"清方成培《雷峰塔》三〇出:"今已～成行满,吾奉佛旨,同众诸天,前去接引,不免走一遭者。" ❸ 指劳作者,工匠和民工。通"工"。《唐律疏议》卷一六:"计人功多少,申尚书省听报,始合役～。"唐薛用弱《集异记·嘉陵江巨木》:"制到,详其授官之日,即高役～之辰也。"《新唐书·百官志》:"凡京都营缮,皆下少府、将作共其用,役千～者先奏。" ❹ 学习;钻研。通"攻"。唐于季友《育王寺碑后记》:"剡越间隐逸之士曰范的,业文～书,未遇于时,常萍泊云水间。"敦煌词《定风波》:"～书学剑能几何,争如沙塞骋偻罗。"明《警世通言》卷四〇:"史老来馆中,看孙子～书。"

【功不浪施】 gōng bù làng shī 功夫没有白花。宋《方会和尚语录》:"百草树木作大狮子吼,演说摩诃大般若,三世诸佛在你诸人脚跟下转大法轮。若也会得,～;若也不会,莫道杨歧山势险,前头更有高峰。"《密安和尚语录》:"百味具足,其中只欠一味,且道是油是酱?若检得出,华藏～;其或未然,更听重下注脚。"《五灯会元》卷一九《石霜圆禅师法嗣》:"若也会得,～;若也不会,莫道杨岐山势险。"

【功曹】 gōng cáo 道教传说为玉皇大帝传递人间呈文的神,分年、月、日、时值班,又称四值工曹。《云笈七籤》卷四一:"太

上玄元五灵老君,当召～使者,左右龙虎君,捧香使者,三气正神,急上关启三天太上玄元道君。"《元曲选·张天师》三折:"有劳当日神将,直日～,直去花苑中,勾将桂花仙子来者。"明《西游记》三三回:"当时日值～报信,说有五件宝贝。"清李斗《扬州画舫录》卷四:"其彩画廊墙……一为四值～。"

【功程】 gōng chéng ❶ 任务,工作量。《唐律疏议》卷一五:"所利之钱,一非彼此俱罪,二非乞索之赃,既用～而得,不合没官、还主。"《新唐书·百官志二》:"凡课写～,皆分判。"《续资治通鉴长编》卷六七:"异时比较～,等第酬奖,庶分勤惰。"明丘濬《大学衍义补》卷一五:"今之使民,虽少壮,但责以老者之～。" ❷ 工程的期限。唐李世民《缓力役诏》:"常申戒作之司,令其宽大～,务从闲逸。" ❸ 功绩;功效;功劳。唐吕岩《七言》:"摆动乾坤知道力,逃移生死见～。"宋袁甫《陈时事疏》:"不去浮淫之蠹,舍虚就实,则～必不着。"明《西洋记》三九回:"君子,你见差了!我前面的～俱废了,不是前公、后母的前公。" ❹ 功夫。唐道镜、善道《念佛镜》:"如贫人少乏财宝,学他王家造立舍宅,虽办得少分材木,从生至死终不能成。后时材木烂坏,虚费～无有成就。"《五灯会元》卷五《船子德诚禅师》:"三十年来海上游,水清鱼现不吞钩。钓竿斫尽重栽竹,不计～得便休。"清张次仲《周易玩辞困学记》卷一:"所谓紧着～,宽着意思。"袁枚《随园食单·羽族单》:"将鸡斩块放锅内,滚去沫,下甜酒、清酱,爆八分～,下蘑菇,再煨二分～,加笋、葱、椒起锅。" ❺ 同"工程❹"。宋《朱子语类》卷八:"严立～,宽着意思,久之,自当有味。"明朱橚《普济方》卷一五:"每坐则以脚踏竹筒上,用脚搓滚之。勿计～,两日便觉骨宽畅。"清李光地《榕村语录》卷二:"余力是就逐日～说。" ❻ 指僧道修行。唐吕岩《西江月》之二:"若遇高人指引,都来不费～。"《敦煌变文校注》卷五《妙法莲华经讲经文(三)》:"只用恒沙为数目,更将身意作～。"《元曲选·岳阳楼》二折:"我已安排下玉砌雕阑,则要你早回头静坐把～办,参透玄关,勘破尘寰。"元佚名《一枝花》:"澄澄湛湛～做,独坐忘言默语。" ❼ 功德。清《绿野仙踪》一一回:"～完满,我自送你们托生富贵人家。"《荡寇志》七三回:"再挨到几日,～圆满,得空就走他娘。"

【功德】 gōng dé ❶ 借指佛像、神像。《太平广记》卷一○四引唐牛肃《纪闻》:"唐开元十五年有敕:'天下村坊佛堂小者并拆除,～移入侧近佛寺堂大者,皆令封闭。'"又二一三引五代王仁裕《玉堂闲话》:"曾游洪州信果观,见三官殿里塑～像。"《宋史·舆服志五》:"应寺观装～用金箔,须具殿位真像显合增修创造数。"清厉鹗有《同丁龙泓过潮鸣寺访大圆上人观戴进画～诸像立轴残本》。 ❷ 法事;有时指做法事时悬挂的旗幡等。元明《水浒传》四五回:"明日请下报恩寺僧人来做～,就要央叔叔管待个。"明《西游记》四四回:"呼的吹去,便是一阵狂风,径直卷进那三清殿上,把他些花瓶烛台,四壁上悬挂的～,一齐刮倒,遂而灯灭无光。" ❸ 指果报,免祸得福。《旧唐书·傅奕传》:"遂使愚迷,妄求～。" ❹ 作用;功效。唐孔颖达疏《周易·离卦》"重明以丽乎正":"此卦象,说离之～也。"又疏《诗大序》"故正得失,动天地,感鬼神,莫近于诗":"上言播诗于音,音从政变,政之善恶皆在于诗,故又言诗之～也。"元王好古《医垒元戎》卷九:"诸药本草及诸书异传臭载,久服皆能成仙,不为虚语。"清王子接《绛雪园古方选注》卷一○:"鼠取其外肾,以油线缝之,放去犹活,其～较胜。" ❺ 泛称所做的好事。宋张世南《游宦纪闻》卷四:"圣者作大～,又自可无一颂语?"明郑仲夔《耳新》卷七:"张氏仆本不应死,渠曾于三十九都某处建一七星桥,其～可折此灾。"清《绿牡丹》二二回:"成婚助嫁,～甚大。" ❻ 用作动词,对……有功劳恩德;对……有好处。明顾宪成《赠中丞怀鲁周公晋秩总河序》:

"公之～我吴,既章章如此;其立朝大节,又卓卓如此。"胡应麟《诗薮外编·六朝》:"～词林,故自匪浅。" ❼ 反语,指惩罚。明《金瓶梅词话》二三回:"看我到明日对他说不说,不与你个～也不怕!"又三八回:"这少死的花子,等我明日到衙门里与他做～!"

【功夫】 gōng fū 另见 gōng fu。 ❶ 心得;收获。宋《朱子语类》卷九七:"伊川问和靖:'近日看大学～如何?'和靖曰:'只看得"心广体胖"处意思好。'"又卷一一七:"若是泛滥看过,今次又见是好,明次又见是好,终是无～。"朱熹《答曾光祖》:"如得一分,更有一分～。" ❷ 指思想、品德修养。唐罗隐《谢刑部萧郎中启》:"藏豹之～不至,屠龙之事业愈疏。"宋卫湜《礼记集说》卷一五○:"独非必暗室屋漏之谓,虽大庭广众,而一念之动,我自知耳。于此致谨,正是做不自欺～也。"明季本《诗说解颐正释》卷一九:"'惴惴小心,如临于谷。'盖恭人之～也。"清毛奇龄《四书剩言》卷四:"《中庸》'内省不疚'与《论语》'内省不疚',都是～。" ❸ 同"工夫(gōng fū)❹"。唐强名子《真气还元铭序》:"余自后尝依次第,不辍～,但是微言,无不神验。"《景德传灯录》卷一五《清平令遵》:"诸人幸值色身安健,不值诸难,何妨近前着些～,体取佛意好。"宋《朱子语类》卷二八:"所谓～者,不过居敬穷理以修身也。"清《野叟曝言》一回:"目下探讨程、朱,于主敬二字,稍有把持;倘得～纯熟,不至如野马无缰,便是弟的进境了。" ❹ 活计;活路。唐白居易《绣妇叹》:"自觉逢春饶怅望,谁能每日趁～。"宋佚名《张协状元》一一出:"每常问缉麻做布,那贫女赶得些～。" ❺ 力气。明戚继光《纪效新书》卷一二:"但凡打敌采洗,俱用后手～。" ❻ 同"工夫(gōng fū)❺"。宋韩丕《菊》:"造化～岂异端,自缘开晚少人看。"金赵沨《留题西溪三绝》之三:"总道西溪不如,岂知造物用～。"明王象晋《群芳谱》引佚名《红蔷薇》:"九天碎霞明泽国,造化～潜蓊刻。"

【功夫】 gōng fu 另见 gōng fū。 ❶ 用功;下功夫;付出劳动。唐不空译《菩提场所说一字顶轮王经》卷四:"所问皆指示,念诵极～。"《祖堂集》卷九《肥田伏禅师》:"修多妙用勿～,返本还原是大愚。"宋法天译《妙臂菩萨所问经》卷一:"譬如农夫务其稼穑,于肥壤地而下焦种,虽～以时雨泽滂需,以种子焦故无由得生。" ❷ 有功夫,有讲究。唐吕岩《大云寺茶诗》:"玉蕊一枪称绝品,僧家造法极～。" ❸ 同"工夫(gōng fu)❹"。唐崔融《吏部兵部选人议》:"比来乃有不论德行,惟据～,奖劝之道,未为折衷者。"宋欧阳修《渔家傲》:"正月斗杓初转势。金刀剪彩～异。"元佚名《仙吕·点绛唇》:"调停火候～细,久全阴静养神龟。"清《说唐三传》二五回:"完了,我一生～,如今休矣!" ❹ 造诣。唐王涯《广宣上人以诗贺发榜》:"延英面奉入春闱,亦选～亦选奇。"宋《朱子语类》卷七八:"才老于考究上极有～,只是义理上自是看得有不子细。"明严从简《殊域周咨录》卷三:"昔年曾见画湖图,不意人间有此湖。今日打从湖上过,画工犹欠～。"清《歧路灯》一四回:"绍闻笑道:'我实在没读书,像世兄～纯笃。'" ❺ 功业;功绩。唐薛廷珪《赠太尉葛从周神道碑》:"平生气豪,命世～。"宋邵雍《观书》:"唐虞事业谁能继,汤武～世莫传。"明程敏政《青宫直讲》:"比如为山一般,积累到九仞高,～只欠一篑之土,岂可惜。"

【功果】 gōng guǒ ❶ 即"功德❶"。宋包拯《请安置鹿皮道者》:"且佛者,觉也。在乎方寸,假有万像之广,不出五蕴之中。但平等慈悲,即成正道;有为～,非所崇尚。" ❷ 即"功德❷"。元明《水浒传》四五回:"今得二周年,做些～与他。"清《霓裳续谱·俺双亲看经念佛把阴功作》:"众生法号,不住手击磬摇铃,擂鼓吹螺,平白的与地府阴曹把～作。" ❸ 喻指功业、善行等。唐苏拯《断火谣》:"谁谓之推贤,于世何～?"明丘濬《论厘革时政奏》:"古人著书垂教,欲人诵读讲习,以为身心家国之用,非取其口诵通数

多少以为～也。"清《醒世姻缘传》二一回:"把这积谷济贫的～千万要成他始终。"

【功绩】 gōng jì ❶ 产品制造或粮食生产所花费的劳动。唐白居易《缭绫》:"缭绫织成费～,莫比寻常缯与帛。"元王恽《勤锄》:"果使锄头～到,结多得米更精良。"高安道《哨遍·皮匠说谎》:"又不是倒钩针背衬上加些～,又不是三垂云银线分花样。" ❷ 功用;功效。唐王贞白《述松》:"岁寒虚胜竹,～不如桑。"明卢之颐《本草乘雅半偈》卷八:"所治之证,谨守水中顿冷饮法,亦未暇诘其饮法之宜忌,失却香薷几多～矣。"清王子接《绛雪园古方选注》卷八:"再使以当归、牛膝导姜桂附下行,入络而奏驱阴,～更为劲捷。"

【功价】 gōng jià ❶ 工钱。唐阿地瞿多译《陀罗尼集经》卷三:"其匠～任索多少,不得酬还。"元稹《修堤请种树判》:"乙修堤毕,复请种树～。"《册府元龟》卷八九:"桥道置顿,并以内库钱充诸有费用,先给～。" ❷ 价钱。《云笈七籖》卷七三:"只如世间所用金、银、珊瑚、玛瑙、真珠之类,并量其～,以贵贱论之。"

【功课】 gōng kè ❶ 佛教语,指日常诵经拜佛的事;也指按规定程序所做的焚拜、礼佛、诵经等事。唐寒山《语你出家辈》:"终是礼道场,持经置~~。"《元曲选·忍字记》二折:"这早晚不见到来,刘均佐误了～也。"清《红楼梦》八〇回:"吉时已到,请宝玉出去化钱粮,散福。～完毕,宝玉方进城。" ❷ 指日常劳作。《敦煌变文校注》卷二《秋胡变文》:"汝今得贵,不是汝学问勤劳,是我孝顺新妇～。"《元曲选·鸳鸯被》一折:"小姐,老相公去后,你每日做甚么～?〔正旦云〕我绣着一床锦被哩。" ❸ 指事迹,或所做的、应做的事情。唐李绛《李相国论事集》卷五:"上曰:'王锷太原～,朝廷远近备知。宰臣亦数言其～为诸镇之最。'"《元曲选·竹叶舟》四折:"打数声愚鼓向尘寰中坐,这便是俺闲～。"清焦循熹《此木轩四书说》卷一:"'工夫'二字,朱子《集注》亦有之,不知'夫'字义云何。按魏齐王芳诏,'当以十九日亲祠,而昨出已见治道,得雨当复更治,徒弃工夫'。据此则恐是人夫之夫,而其后承用,遂以一切～谓之工夫也。" ❹ 指规定的学习、读书任务;也指学生按规定应完成的课业。宋《朱子语类》卷一二:"人做～若不专一,东看西看,则此心先已散漫了,如何看得道理出。"金《董解元西厢记》卷一:"难睹莺莺面,更有甚身心,书帏里做～?"清《红楼梦》八二回:"宝玉答应了,也只得天天按着～去。" ❺ 指所写的文章。《元曲选·渔樵记》一折:"〔孤云〕贤士,你平日之间,曾做下甚么～来?〔正末云〕小生有做下的万言常策。"又《荐福碑》一折:"兄弟,你身边有何～。〔正末云〕您兄弟积下万言长策,哥哥你试看咱。"

【功劳】 gōng láo ❶ 工夫、辛劳。唐智昇《开元释教录》一七:"但以年岁久淹,共传讹替,徒盈卷帙,有费～。"明《西洋记》五五回:"枉费了这一日的～,全然不曾得用。"清袁枚《子不语》卷一:"若贵人,文人学仙,较凡人又省三百年～。"也偏指工夫。《古尊宿语录》卷一八《云门匡真禅师广录下》:"才施少许～。" ❷ 劳苦。也指劳苦之事或可以立功之事。《敦煌变文校注》卷二《秋胡戏妻》:"见新妇来至,愧谢九年孝养。"金《刘知远诸宫调》一二:"这些～,余当仗伊两个,不得有些辞怠。"明汤显祖《牡丹亭》四六出:"军中仓卒,无以为情。我把一大～,先生干去。"清《说唐全传》四六回:"不过激他去与主公平立一件～,使他将功折罪。" ❸ 功效。明宋应星《天工开物·乃粒》:"盖去水非取水也,不适济旱。用桔槔、辘轳,～又其细已。" ❹ 指事情。宋邵雍《偶得吟》:"林间无事可装怀,昼睡～酒一杯。"苏轼《戏书吴江三贤画像》之二:"浮世～食与眠,季鹰真得水中仙。"朱继芳《溪

寺》:"休夏～眠与食,谁能展卷看楞伽。" ❺ 指战果,如俘馘等。清《聊斋俚曲·快曲》:"前边下马歇雕鞍,大小三军都把～献。"又:"俺把死人割耳级,跟来帐前献～。" ❻ 指变化的本领。清《聊斋俚曲·蓬莱宴》:"叫道童你听言:今日娘娘在上边,何不把你～献?"

【功力】 gōng lì ❶ 功夫精力。唐李隆基《停源乾曜侍中制》:"虽～在公,而暮年微疾,俾司端揆,罢剧中枢。"明徐光启《新法算书》卷六六:"用表则远邈唐虞,下沿万禩,开卷了然,不费～。"清齐召南《尚书注疏考证跋》:"蔡沈生诸儒之后,又亲承朱子绪言,竭其生平～,以为《集传》,宜毫发无憾矣。" ❷ 功夫能力。宋《朱子语类》卷二五:"自刘汉而下,高祖太宗亦是如此,都是自智谋～中做来,不是自圣贤门户来。"明徐光启《新法算书》卷三〇:"从上两食,两名士～悉敌,秒分不爽。"张萱《疑耀》卷五:"余尝欲取二氏书删之,佛藏拟所存者不能十之一,道藏拟所存者不能百之一,未审～能及此否?" ❸ 本领。五代杜光庭《神仙感遇传》卷五:"思邈曰:'仆之无堪,遁弃山野,以何～,济于人也?'"宋陶穀《清异录》卷下:"张君亦有艺也。彼日夕差使齐肩大士,～如神。" ❹ 技术,做工。唐孔颖达疏《礼记·月令》"功致为上":"言作器不须靡丽华侈,必～密致为上。"明胡广《礼记大全》卷六:"致读为致,谓～密致也。" ❺ 同"工力❽"。唐欧阳询《用笔论》:"盖与天挺之性,～尚少,用笔运神,未通其趣,可不然欤?"宋叶适《习学记言》卷四七:"杜甫强仆近体,以～气势掩夺众作。"明董其昌《画禅室随笔》卷一:"宋高宗于书法最深。观其以兰亭赐太子,令写五百本,更换一本,即～可知。"清《四库总目提要·斗南老人集》:"彝尊谓其～既深,格调未免太熟,诵之若古人集中所已有者。" ❻ 功德。宋王禹偁《济州众等寺新修大殿碑》:"厥师经始,因果如彼。弟子善嗣,～若此。"洪迈《夷坚志》丙卷七:"李始叹异,访诸妪婢,此媪平日险忍,有何～致然?" ❼ 指某项大的工作。宋汪藻《进书札子》:"本欲毕区区之愚,每类各为一书,以备史官采择。既～浩渺,非岁月可成。又恭闻近开史院,修徽宗皇帝实录。"高斯得《经筵故事·十月二十三日进故事》:"惟兵财二者,乃百餘年建国之实政,本末闳阔,～浩瀚,非可凿空为之者,岂数月之所能办乎?"清杨开基《松阳钞存序》:"岁辛未,馆清献文孙令嘉书塾,拟辑陆子全书。而～浩烦,未能猝就。" ❽ 指武力。唐颜师古注《汉书·高帝纪上》"遣武臣张耳陈余略赵地":"凡言略地者,皆谓行而取之,用～少。"王晳《春秋皇纲论》卷三:"是故王者之兵,……加用～曰伐,若文王伐崇,武王伐纣是也。"明胡居仁《居业录》卷四:"欧阳永叔言:'秦以～取天下。'力则是,功则非。秦以兵力攻取,使生民肝脑涂地,罪莫大焉,何功之有?"按,所引非欧阳修原话。 ❾ 威力。明胡宗宪《筹海图编》卷一三:"参将戚继光云:'海沧稍小福船耳,吃水七八尺,风小亦可动,但其～皆非福船比。'"郑若曾《福船论》:"此皆福船之别名而异用也,～之大莫如福船矣。" ❿ 佛道的法力。唐段成式《酉阳杂俎》卷三:"玄宗又尝召术士罗公远与不空同祈雨,互挍～。"五代杜光庭《神仙感遇传》卷五:"谓三藏曰:'师之～,当得自在,既使其入,能为出乎?'"敦煌词《十二时·夜半子》:"弥陀佛,～大,能为劳生除障盖。"宋吴曾《能改斋漫录》卷一八:"师之未灭,与灭之后,屡显～,以御水灾,涟人尤德之。" ⓫ 同"工力❿"。唐方干《陈式水墨山水》:"造化有～,平分归笔端。"宋吕陶《文与可画墨竹枯木记》:"近见群物之情状,远造造化之～。"梅尧臣《和张民朝谒建隆寺二次用写望试笔韵》:"乾坤～大,默诵易中爻。"

【功令】 gōng lìng ❶ 表彰令,嘉奖令。唐权德舆《唐故山南西道节度营田观察处置等使赠太保严公墓志铭》:"事业焯于～,形容绘于麟阁。"李宗闵《马公家庙碑》:"朕初即位,汝适报政。畴

汝爵邑,书于～。"清《飞龙全传》一回:"圣主垂裳,勋业昭～。" ❷ 国家对官员进行考核、嘉奖、晋升、降级的法规。宋胡宿《毛维藩可大理寺丞制》:"迨满岁而终,更及有司之钩覆,审如～,宜信赏条擢任法卿之丞。"朱熹《郑景明》:"破贼受赏,果应～。"明刘宗周《申饬宪纲疏》:"于是考其殿最登报,一一及格为上等,有举有遗为平常,不全举者为不称职,而次第按以～,姑酌为改调、降级、罚俸三等。"《大清会典则例》卷三五:"养民之本,莫要于务农。州县考成,固应用是为殿最。而向来～,不专以此课吏。" ❸ 功劳。宋魏了翁《监成都府钱引务邓君应午墓志铭》:"详刑使者应君懋之,茶马使者邹君孟卿闻之,竞荐其才,乃以～关升从事郎。"金元好问《长庆泉新庙记》:"然古人之乎祷祠,不幸而不见答,自咎而已;幸而应焉,则亦不敢以为～也。"明王世贞《通奉大夫都察院右副都御史赠兵部右侍郎张公神道碑铭》:"方议广武～,以旌赏公,而公病矶卒矣。" ❹ 法令;命令。《续资治通鉴长编》卷四三三:"居厚等被先帝诏旨,按临一道,曾不少留意于究宣恩泽,循问疾苦,以苛切聚敛为事,～之下,人人无所措其手足。"明文秉《烈皇小识》卷二:"又次日,调守良乡。～:初到之日,不准开粮。"清孔尚任《桃花扇》二九出:"目下访拿逆党,～森严。"

【功名】 gōng míng 指科举称号或官职名位。宋苏洵《上韩丞相书》:"及长,知取士之难,遂绝意于～,而自托于学术。"明陈铎《南风入松·怨别》:"想当初张琪为～,普救寺内撞见个莺莺。"清《歧路灯》五二回:"况你颇有聪明,实指望掇青拾紫,我问你,至今～何如?"

【功名人】 gōng míng rén 指教书先生。清蒲松龄《戏三出·闹馆》:"待自己请先生,这本处～多装腔弄款,如何照应的起?"

【功钱】 gōng qián ❶ 同"工钱❶"。唐李翱《徐襄州碑》:"比每年配诸将官健,出力营种,率岁出～,人不下六七百,例入屯将所由。"金王喆《渔家傲·赠寄生》:"儿愿室家女原嫁,舅姑修葺何时罢?日日～难答谢,听余话,长行孝顺酬斯价。"明《朴通事谚解》卷上:"你再和他商量,假如明年倒了时,管的三年不要～打。" ❷ 治疗费。明《朴通事谚解》卷上:"我的赤马害骨眼,不住的卧倒了打滚,一宿不吃草,将那里治去来。就蹄子放血,他要多少～?"

【功人】 gōng rén 即"工人"。《太平广记》卷二四三引唐温庭筠《乾馔子》:"坊门外买诸堆弃碎瓦子,令～于流水洞洗其泥滓,车载积于厕中。"《敦煌愿文集·亡考妣文范本等》:"磐赤仄以召～,割珍财而说妙幻。"

【功效】 gōng xiào ❶ 效验;成效;作用。唐封演《封氏闻见记》卷六:"楚人陆鸿渐为《茶论》,说茶之～并煎茶炙茶之法,造茶具二十四事,以都统笼贮之。"宋《朱子语类》卷九:"看道理,须是见得实,方是有～处。"清《红楼梦》六二回:"宝钗笑道:'小心没过逾的。你瞧你们那边,这几日七事八事,竟没有我们这边的人,可知是这门关的有～了。'" ❷ 功利;好处。宋吕祖谦《左氏传说》卷二:"桓公计功谋利比文公时便少。桓公不急～胜文公,桓公却做得王者事。"《朱子语类》卷四二:"今人做事,未论此事当做不当做,且先计较此事有甚～。"又:"但做自家合做底事,不必望他～。"

【功勋力】 gōng xūn lì 威力;极强的力量。《敦煌变文校注》卷五《维摩诘经讲经文(一)》:"信心喻似水精珠,浊水偏能令变易。直使流泉染浑时,方知珠宝～。"

【功业】 gōng yè ❶ 偏指功劳、功勋。唐杜甫《后出塞五首》之一:"战伐有～,焉能守旧丘。"宋晁补之《金盏倒垂莲·依韵和

次膺寄杨仲谋观察》:"也莫话书生豪气,更铭～燕然。"清《隋唐演义》七一回:"忆昔滕王元婴,东征西讨,做下多少～。" ❷ 指功课学业。清《红楼梦》一七至一八回:"原来众客心中早知贾政试宝玉的～进益如何,只将些俗套来敷演。"

【功用】 gōng yòng ❶ 用处;用途。唐曹唐《小游仙》:"因驾五龙看较艺,白鸾～不如妻。"宋谢采伯《密斋笔记》卷五:"土蜂子去风毒,久服令人悦白,～甚多。"明邓玉函《奇器图说》卷三:"此水铳可以灭火,可以御火,可以防火,乃新有之器。其能力最便、最大、最奇,诸器所难比其～者也。"清翟均廉《海塘录》卷首二:"朕惟沧海,含纳百川,际天无极,～盛大。" ❷ 工程。也指某项大的工作。《周书·贺兰祥传》:"乃命祥修造富平堰,开渠引水,东注于洛。～既毕,民获其利。"宋楼钥《参知政事郑侨辞免权监修国史日历不允诏》:"朕惟史事至重,～浩博,惟以事系日,谨而书之。"明胡应麟《太子太保工部尚书食正一品俸万安焦公墓志铭》:"未有如公之排众独往,手县官金钱米粟巨万,数划厚地为长河,而～竟成,泽垂永世。" ❸ 活路。明张宁《方洲杂言》:"五谷莫贵于稻,然著土辄生,得水便长,耘耨之际,～甚粗,而秀实盛倍他物。" ❹ 人工。唐实叉难陀译《大方广佛华严经》卷三七:"世间所有经书技术,如五地中说,皆自然而行,不假～。"菩提流志译《大宝积经》卷一一一:"愿我所施物,不假～生。"清弘历《岩柏》:"是乃出天然,曾弗劳～。" ❺ 用力;用功。《初学记》卷一七引王褒《圣主得贤臣颂》:"器用利则～少而就效众。按,此出《汉书》本传,但《汉书》作"用力"。宋陈文蔚《与徐子融书》:"近来～如何,想益修增进。"明陆深《前承德郎刑部主事张君墓志铭》:"然自是～过苦,得寒疾。" ❻ 谓能力。《北齐书·张纂传》:"史臣曰:张纂等并趋事霸朝,申其～,皆有齐之良臣也。"孟郊《投所知》:"自惭所业微,～如鸠拙。"宋胡寅《自便谢政府及中司启》:"既揽时髦,俾咸输其～;又矜沉屈,使各遂其飞潜。" ❼ 工夫。唐柳宗元《叠后》:"劝君火急添～,趁取当时二妙声。"宋翁葆光《悟真篇注》卷中:"主修真者,若非同类,～徒劳。" ❽ 修养;造诣。唐白居易《咏怀》:"自从委顺任浮沉,渐觉年来～深。"宋陈师道《赠田从先》:"意气有馀～少,相望千里定能勤。"清方成培《雷峰塔》二三出:"红尘念重,怎不去巴蜀山中?忘却前修～。"

【功展】 gōng zhǎn 功劳。明朱纨《茂边纪事》:"伟哉,主帅之～也!"《西洋记》二六回:"番王道:'爱卿出马,～何如?'姜金定道:'今日撞着对手了。'"

【攻击】 gōng jī ❶ 批评;批驳;抨击。宋苏颂《扬子寺聱隅先生祠堂记》:"郑康成象数,极天地之缊,学者校量～,终莫能穷奥突。"佚名《群书会元截江网》卷四:"迩者～奸邪,凡几章奏,即十八疏之去竦也。"明李志光《高太史本传》:"为文尚气,多辨难～之体。"《四库总目提要·伤寒论注》:"国朝喻昌作《尚论篇》,于叔和编次之舛,序例之谬,及无己所注,林亿等所校之失,～尤详。" ❷ 撞击;碰击。五代贯休《冬末病中作》之二:"胸中有一物,旅拒复～,向下还上来,唯疑是肺石。"《太平广记》卷一二四引五代王毂《报应录》:"唐洪州司马王简易者,常暴得疾,腹中生物如块大,随气上下,～脏腑。" ❸ 冲击;侵袭。宋祝穆《古今事文类聚前集》卷一五:"凡再升再降,故一日之间潮汐皆再焉。然昼夜之～,乘日升降,如应乎月。"明朱橚《普济方》卷三一二:"治伤折后,或人脚膝腰胯被冷风～疼痛,行履不得。"清徐彬《金匮要略论注》卷一二:"气不行而欲行,相～,故引痛。" ❹ 医治(疾病)。多指用猛药或有毒性的药治疗。唐李商隐《代仆射濮阳公遗表》:"忽自今月某日,疾生腹藏,弊及筋骸。药剂之～愈深,神祇之祷祠无益。"宋黄庶《述药》:"药大有毒,其性专～,不得已始用之。"清徐彬《金匮要略论注》卷一四:"病本在肾,故当先以～冲气,令止。"

❺指性能强烈或有毒性的。宋黄庭坚《与郑彦能帖》:"病中闻苦下痢,……但少服~之剂,调饮食之味,日向痊矣。"元朱震亨《格致餘论》:"大凡~之药,有病则病受之。病邪轻而药力重,则胃气受伤。"清魏之琇《续名医类案》卷一八:"即畏参,不用~之剂,决不可投也。" ❻指药性相反而相融合。清魏之琇《续名医类案》卷二一:"或问:'甘遂与甘草,其性相反,用之无害,而反奏效,何也?'曰:'正取其性之相反,使自相~,以成疏瀹决排之功。'" ❼谓出力做。唐颜师古注《汉书·叔孙通传》"吕后与陛下攻苦食啖":"言共~勤苦之事,而食无味之食也。" ❽指钻研学问。宋《朱子语类》卷一二一:"而今只从一处去~他,又不曾着力,济得甚事!"黄榦《与李敬子司直书》:"此事未易言。相聚时只说闲话过了,都不曾得~也。"明黄道周《榕坛问业》卷一:"某云:此义前人都~去了。毕竟事体不同,声律迥别。"

【攻苦】 gōng kǔ ❶刻苦。唐佚名《大唐传载》:"杨京兆凭,兄弟二人,皆能文学,甚~。"宋刘克庄《题蔡炷主簿诗卷》:"由来作者皆~,莫信人言七步成。"清《红楼复梦》:"从小儿就不多言多语,只知道~念书。" ❷麻烦辛苦。明李日华《六研斋三笔》卷三:"若沉晦之极者,以纸性暗塞,不能暎取,则摊之热熨斗上,以蜡薄涂之,令纸发明如明角鱼枕之坚透,而后用牛毛勾法极意取之,俟大模糊而徐以墨填之,谓之硬黄。是揭法之极~者也。"

【攻书】 gōng shū ❶读书。唐王贞白《赠刘凝评事》:"谈史曾无滞,攻书已造微。"宋佚名《张协状元》一六出:"灵神听启:成都府住,奈张协自幼~。"清《红楼梦》四回:"幸存一子,取名耿兰,今方五岁,已入学~。" ❷学习书法。唐颜真卿《张长史十二意笔法记》:"自此得~之术,于兹五年,真草自知可成矣。"《宋史·王著传》:"著善~,笔迹甚媚,颇有家法。"清《佩文斋书画谱》卷二:"卫氏三世~,善乎隶体,温故求新。"

【攻习】 gōng xí ❶努力学习和钻研;练习。《太平广记》卷一〇一引唐李复言《续玄怪录》:"长大执外舅之论,次夫则反之,常敬佛奉教,~其文字。"《续资治通鉴》卷一:"步不足以胜骑,而骑不足以胜车。乃请以车制颁于京东西路,使制造而~之。"清《说岳全传》六〇回:"幼日~诗书,壮年掌握军兵。" ❷学习书法。《周书·赵文渊传》:"后知好尚难反,亦~褒书。"

【攻心】 gōng xīn 冲击思想情绪。宋秦观《蔡氏哀词》:"俨遗迹以盱衡兮,纷百忧而~。"明海瑞《乞终养疏》:"忧思衰病,百端~。老人风前烛也,气血几何,可堪此苦!"清《绮楼重梦》二八回:"淡如止不住醋气~,只是碍着小钰的脸,不敢发作。"

【攻字】 gōng zì 认字。清蒲松龄《逃学传》:"爹娘见我有些人气,长到八九岁时也说出话来了,就动了个妄想的念头,受了一个先生,将我送在学里,~读书,指望日后登科及第,更改寒门。"

【髦松】 gōng sōng 头发蓬松散乱的样子。宋黄机《摸鱼儿》:"~不理金钗溜,鸾镜一奁香雾。"

【弓兵】 gōng bīng 宋元明清负责地方治安的武装人员。宋华镇《上天京运使李龙图书》:"为~者皆途巷之人,惟利是嗜。"《元曲选·渔樵记》二折:"狼虎也似~两下排。"清孔尚任《桃花扇》一一出:"俺们是武昌营专管巡逻的~,不拿你,拿谁呀?"

【弓长】 gōng cháng "张"的拆字隐语,指姓张的人。宋晁补之《张亮养子五百》:"右张亮传第十九。亮延术士,问~之谶。"宋元《清平山堂话本·刎颈鸳鸯会》:"我辈且容你至五五之间,待同你一会之人,却假~之手,与你相见。"

【弓儿】 gōng er ❶弓。唐李义《夏日都门送司马员外逸客孙员外佺北征》:"坐闻关陇外,无复引~。" ❷弹棉花的弓子。明陈铎《红绣鞋·弹棉花》:"你笑我~慢,则为你子儿多。"

【弓儿扯满】 gōng er chě mǎn 比喻做事达到极限。明《金瓶梅词话》五九回:"你这丫头也跟着他恁张眉瞪眼六说白道的,将就些儿罢了,怎的要~了?"

【弓弓】 gōng gōng ❶形容缠足妇女所穿的鞋弯曲如弓。也指妇女的小脚。唐李隆基《妃子所遗罗袜铭》:"窄窄~,手中弄新月。"明《警世通言》卷八:"莲步半折小~,莺啭一声娇滴滴。"清朱彝尊《朝中措》:"细草~袜印,微风叶叶衣香。" ❷借指女子。宋张元幹《春光好》:"六幅裙窣轻风,见人遮尽行踪。正是踏青天气好,忆~。"

【弓级】 gōng jí 即"弓手❶"。《五灯会元》卷一二《冶父际道川禅师》:"无为军冶父实际道川禅师,昆山狄氏子。初为县之~,闻东斋谦首座为道俗演法,往之,习坐不倦。"《宋史·许应龙传》:"盗逼境上,应龙急调水军,禁卒、士兵、~,分扼要害。"元佚名《东南纪闻》卷二:"淳熙间有张氏者尉广之增城,时黜盗刘花五聚党劫掠,官捕之累载不获。张任内,~陈某捕得之。"

【弓箭社】 gōng jiàn shè 北宋边境的群众自卫武装组织。宋苏轼《乞增修弓箭社条约状》:"以此知~户户骁勇敢战,缓急可用。"《宋史·兵志七》:"知定州滕甫乞下本路依旧制募~,以为边备。"

【弓箭手】 gōng jiàn shǒu 即"弓手❶"。宋李攸《宋朝事实》卷一〇:"在渭州,始置~,其所措置后皆为法云。"《三朝北盟会编》卷二一九:"少为~,初从泸州兵讨南弯,有功。"

【弓匠】 gōng jiàng 做弓的匠人。唐李亢《独异志》卷下:"其造器,射入甲者,杀铠匠;不入者,杀~。莫知所措。"明《朴通事谚解》卷上:"丑厮你来,叫将那斜眼的~王五来。"清《八旗通志》卷三五:"八旗……骁骑一千二百五十六名,~铁匠二十四名。"

【弓脚】 gōng jiǎo 妇女经裹缠后的小脚,其形如弓,故称。金《董解元西厢记》卷三:"~小,绣鞋儿是红罗。"

【弓马所】 gōng mǎ suǒ 宋代制造弓箭、饲养军马的地方。宋《三朝北盟会编》卷二〇六:"田师中字吉甫,以~子弟补官。"《宋史·兵志七》:"又诏:'募武举及第有材武方略,或有战功、曾经边任大小使臣不以罪犯已发未叙,及武学有方略智谋,及曾充~子弟,及诸色有胆勇敢战之人,度许赴亲征行营司。'"

【弓手】 gōng shǒu ❶宋元明负责地方治安的士兵。宋《三朝北盟会编》卷二一五:"大谅本贯雄州归义县,父成先,系雄州~。"元刘时中《端正好·上高监司》之一:"官攒库子均摊要,~门军那一个无?"清王士禛《香祖笔记》卷八:"后充本州捕盗,少无赖,为乡里所恶。" ❷军中弓箭射手。《新五代史·梁臣传·张归霸》:"太祖从高丘望见,甚壮之,赏以金帛,并以其马赐之。使以~五百人伏湟中。"《元曲选·争报恩》二折:"我是宋江手下第十三个头领,~花容。"清《野叟曝言》一〇一回:"阵里早拥出二百名~,施放火箭药箭,如飞蝗一般射去。"

【弓弯】 gōng wān ❶弓。宋方夔《感兴二十七首》之二:"婉婉马上女,两颊莹寒玉。~镫踏,侧立纷相逐。"明朱元璋《思老拙壮》:"试将旧日~看,箭入弦来月样齐。"清叶方蔼《短发》:"思枯笔秃排千管,臂弱~罢六钧。" ❷向后弯腰如弓形。唐沈亚之《异梦录》:"美人曰:'君必欲传之,无令过一篇。'凤即起,从东庑下几上,取彩笺,传《春阳曲》,其词曰:'长安少女踏春阳,何处春阳不断肠?舞袖~浑忘却,罗帷空度九秋霜。'凤卒吟,请曰:'何谓~?'……美人乃起,整衣张袖,舞数拍,为~状以示凤。"宋洪适《选冠子》:"舞态~,一声低唱,蛾笑绿分烟岫。"明《梼

机闲评》四五回:"一片清音响佩环,腰肢回处似～。" ❸ 形容舞袖弯曲如弓形。宋王千秋《临江仙》:"寿杯须斗酌,舞袖正～。"元倪瓒《知王子明韵》:"从容浮沉多厚颜,醉筵舞袖作～。"清厉鹗《悼吴中歌者》:"花前偷回娇盼,赏知音,舞袖～。" ❹ 形容新月或残月如弓形。也借指新月或残月。宋薛季宣《雁荡山赋》:"水帘眩日以舒耀,新月～而出谷。"元孔文卿《一枝花·禄山谋反》:"怕的是孤灯荧暗,残月～,戍楼人静,梅帐更阑。"清毛奇龄《看月》:"秋来三度看,两度见～。" ❺ 形容江河弯曲如弓形。元刘仁本《上虞兰芎山葛井》:"山势蜿蜒双带夹,江流盘曲两～。"明刘嵩《江上闻莺》:"宣华西上是敬城,江水～复镜平。" ❻ 称缠足女子的纤足。也形容其所着之鞋。宋觉范《次韵新化道中》:"恰如红妆女,～双屈曲。"元白仁甫《红芍药》:"羯鼓声繁,罗袜～,玉佩丁东响珊珊。"清李渔《闲情偶寄》卷七:"可见男女之履,同一形制,非如后世女子之～细纤,以小为贵也。" ❼ 借指女子。宋史达祖《玲珑四犯》:"卖花门馆生秋草,怅～、几时重见。"陈允平《法曲献仙音》:"寂寞燕楼空,想～、眉黛慵妩。"

【弓鞋】 gōng xié　缠足妇女所穿的鞋。宋赵令畤《浣溪沙》:"稳小～三寸罗。歌唇清韵一樱多。"元刘庭信《新水令·春恨》:"穿着对窄窄～,刚行出绣帘外。"清《红楼复梦》五二回:"王夫人们看去,果然不错,一双小金莲上穿着红绣～。"

【弓子】 gōng zi　弓。五代王仁裕《开元天宝遗事·射团》:"宫中每到端午节,造粉团角黍,贮于盘中,以小角造～,纤妙可爱。"

【弓子铺】 gōng zi pù　辽军行进途中所设的屯驻军马的处所。宋叶隆礼《契丹国志·兵马制度》:"戎主吹角为号,众则顿舍,环绕穹庐,以近及远。折木稍屈之,为～,不设枪营堑栅之备。"《辽史·国语解》:"～:辽军马顿舍,不设营堑,折木梢为弓,以为团集之所。"

【弓足】 gōng zú　❶ 缠足。明杨慎《丹铅馀录》卷一一:"《墨庄漫录》载妇人～始于五代李后主,非也。"清赵翼《陔餘丛考》卷三一:"妇女～,不知起于何时。" ❷ 即"弓脚"。明沈德符《万历野获编》卷二三:"惟大历中夏侯审咏被中睡鞋云:'云里蟾钩落凤窝,玉郎沉醉也摩挲。'盖～始见此。"清汪景祺《西征随笔》云:"至～,言其形弯断如弓也。"

【躬身】 gōng shēn　俯身行礼或表示恭敬。唐裴铏《传奇·封陟》:"使者～与路左,曰:'上元夫人游太山耳。'"金《刘知远诸宫调》一:"连忙土榻边,施礼问当。"清《九云记》三回:"行不多路,南岳八仙娥罗立路侧,～候着了元君,向前请了安。"

【公】 gōng　❶ 称父亲。清《聊斋俚曲·磨难曲》:"十六方才认乃～,对面还不识颜容,我儿呀,今宵一刻千金重!" ❷ 公公,丈夫的父亲。清《聊斋俚曲·翻魇殃》:"若有婆若有～,或者有嫂并有兄,还怕他不大通人性。" ❸ 丈夫。唐张鷟《游仙窟》:"娘子既是主人母,少府须作主人～。"唐临《冥报记》卷中:"回马入修巷,屈曲至一家,叩门命主人。主人～年老,走出拜谒。" ❹ 雄性。唐戴孚《广异记·斑子》:"雄者谓之'山～',必求金钱,遇雌者谓之'山姑',必求脂粉。"清《聊斋俚曲·慈悲曲》:"古时有一家人家,屋里有一窝燕子。那小燕方才抱出,那母燕被猫咬去。待了二日,那～燕又合了一个来,依旧打食喂他。"

【公案】 gōng àn　❶ 官府案牍、档案;公务。《唐律疏议》卷五:"其官文书稽程,应连坐者,一人自觉举,餘人亦原之,主典不免。……议曰:'文书',谓～。"宋《三朝北盟会编》卷一〇:"如失去～,无可照据,许取见任告敕照验。"清戴璐《藤阴杂记》卷二:"可有急公文特地查行,与那紧差使横空派下?所言～无多寡,将

依样葫芦便画。" ❷ 案件。五代李亶《申严覆勘狱案救》:"如防御团练刺史州有合申节使～,亦仰本处录问过,即得申送。"《元曲选·合汗衫》四折:"今有金狮子张员外,被贼徒陈虎图财陷害,是老夫体察真实,奏过圣人,今日亲身到此,判断这桩～。"清赵翼《廿二史札记》卷三一:"于是～尽翻,至颁刻《钦定大狱录》以示天下。" ❸ 案件的卷宗。宋洪迈《容斋随笔》卷四:"无以遣日,因取架阁陈年～,反覆观之,见其枉直乖错不可胜数,以无为有,枉为直,违法徇情,灭亲害义,无所不有。"王铚《默记》卷上:"狱事之作,范公知庆州,忽台狱问:'皇祐年,范公与逢相见,语言不顺。'范公仓卒无以为计。忽老吏云:'是年,文正方守庆州。'检架阁库,有文正差兵士送范公赴举,～尚在。据其年月,则范公方在庆州侍下。其月日不同,安得语言与逢相见也?遂据～录白申台中乃止。向非～,则无以解纷矣。"明周瑛有《宣州夜坐阅～有作二首》。清江永《礼书纲目》卷首中:"又修书之式,只可作草卷,疏行大字,每段空纸一行,只似～,折叠成沓,逐卷各以纸索穿其腰背。" ❹ 话本小说、说书演剧的一种题材类型。宋耐得翁《都城纪胜·瓦舍众伎》:"说～,皆是搏刀赶棒,及发迹变泰之事。"吴自牧《梦粱录》卷二〇:"凡傀儡,敷演烟粉、灵怪、铁骑、～、史书历代君臣将相故事话本,或讲史,或作杂剧,或如崖词。"清《续金瓶梅》三八回:"今日宣的卷是一部花灯轿莲女成佛～。" ❺ 指因果报应的事情,或离奇、隐秘的事情。明《续欢喜冤家》一九回:"他丈夫用计陷我,他妻子上门来凑。岂不是个报应～?"清《红楼梦》六七回:"我才听说,正在这里和你妹妹说这件～呢。"纪昀《阅微草堂笔记》卷二二:"此种～,竟无以断其是非。" ❻ 指同一内容的诗作。宋洪迈《容斋五笔》卷七:"乐天云:'醉貌如霜叶,虽红不是春。'坡则曰:'儿童喜朱颜在,一笑那知是酒红。'……正采旧～而机杼一新。前无古人,于是为至。"明董其昌《画禅室随笔》卷三:"文有翻意者,翻～意也。……且如马嵬驿诗,凡万首,皆刺明皇宠贵妃,只词有工拙耳。最后一人乃云:'尚是圣明天子事,景阳宫井又何人。'便翻尽从来巢臼。"《四库总目提要·梅花字字香前集》:"南宋以来,遂以咏梅为诗家一大～。" ❼ 指对历史人物或事件的看法和评价。宋陆九渊《与胡季随二》:"王文公祠记,乃是断百餘年未了底大～。自谓圣人复起,不易吾言。"明李乐《见闻杂记》卷三:"'学贯天人,才兼文武。'……可惜王阳明先生不在,这八个字加在他身上去,可作千载～。"清王士禛《分甘馀话》卷一:"洪觉范云:'远公拒谢康乐入社,而与卢循执手言笑。谓远知人,则何暗于循? 谓不知人,则何明于灵运?'余于此段～,固常疑之。" ❽ 指学者们讨论的某一学术问题。宋陈大猷《书集传或问》卷上:"以敬律心,则敬与心为二物交战而不相入,而心反病矣。是添却一重～也。"元赵汸《与朱枫林先生允升论正书》:"其一《春秋》随事笔削,决无凡例,前辈言此亦多,至丹阳洪氏之说出,则此段～不容再举矣。"清赵翼《陔餘丛考》卷一:"于是孔颖达直斥此篇为伪,而以孔传所出为真,此一重～久定矣。" ❾ 禅家将典型的机缘语句、禅机施设称为公案。唐德成《船子和尚拨棹歌·续机缘集》:"千载留将～在,至今人尚问推蓬。"宋《碧岩录》一则:"且据雪窦颂此～,一似善舞太阿剑相似,向虚空中盘礴,自然不犯锋芒。"清徐锡龄、钱泳《熙朝新语》卷七:"此章与宗门某～相发明。" ❿ 官府办公的几案。元陶宗仪《辍耕录》卷二〇:"孔某者,皇庆癸丑间,为江浙省掾史。身躯短小,仅与堂上～相等。"明郑仲夔《耳新》卷四:"次早江公至,偕各官诣拜。随请至县堂设～,上坐江公,取盗出严刑拷问。"清《聊斋俚曲·磨难曲》:"马知县大发威,把～捶又捶,像生员犯了弥天罪。"

【公办私办】 gōng bàn sī bàn　全部解决,一切完成。办,完成。宋《法演和尚语录》卷上:"上堂举:宝寿作街坊时,见两人相

净。一人以手打一拳云：‘你得恁无面目！宝寿因而得入。’若人于此知落处，可谓～。"

【公参】 gōng cān 依例参拜上司。也指官吏上任后到上司处参拜。五代朱瑱《令御史台点检诸道入奏官诏》："诸道入奏判官，宜令御史台点检，各从正衙退后，便于中书门下～辞谢。"宋苏轼《到惠州谢表》："续奉告命，责授臣宁远军节度副使惠州安置，已于今月二日到惠州～讫者。"明《警世通言》卷一九："有一司法，姓罗名公适，以新到任来～。"

【公差】 gōng chāi ❶ 官府差遣。《唐会要》卷一九："今章怀太子等，乃以陵庙，分署官寮，八处修营，四时祭享，物须官给，人必～，合乐登歌，咸同列帝。"《元曲选·扬州梦》一折："小官杜牧之是也。前年～至豫章，今又～至扬州。"清《东周列国志》五一回："赵穿借此～，遣开了屠岸贾。" ❷ 国家的使命。《元曲选·谇范叔》三折："引你去亲登相府，完却～。" ❸ 临时派去办理的公务。元朱德润《外宅妇》："上司前日有～，事力单微无所恃。"明徐复祚《红梨记》二八出："奉～奔走如流，溯长江千里悠悠。"清《荡寇志》一一五回："阿哥，是何～，如此火急？" ❹ 官府的差役。《元曲选·墙头马上》三折："老夫常是～，多在外，少在里。"明杨仪《高坡异纂》卷上："明日吾有小事，诣武进县，有～二人至，汝可预备钱二百为赠，慎勿多与。"清《红楼复梦》二回："众人见大门内有两个～站在那里说话。"

【公呈】 gōng chéng 大家联名呈递的状子。用作动词，指大家联名呈递状子。明《醒世恒言》卷二七："若死了，我们就具个～，不怕那姓焦的不偿命！"倪元璐《与左巡按光先》："向见有里老～，未投稿子，嫌其未畅。"清《歧路灯》五四回："俱集孔耘轩家，写了连名～。"

【公出】 gōng chū ❶ 公开外出；公然贴出；公然跑出。唐慧立、彦悰《大慈恩寺三藏法师传》卷一："自是不敢～，乃昼伏夜行，遂至瓜州。"宋苏轼《奏淮南闭粜状》之二："况提刑司明知《编敕》：'虽遇灾伤，不得禁止贩卖斛斗。'乃敢～榜示，立赏禁绝。"明陆粲《庚巳编》卷八："铁瓶巷陈举人家，有黄鼠豺数十，逐逐成群，白昼～，搏食鸡畜，啮坏衣案。" ❷ 因公外出。元仇远《长昼》："闲官少～，长日足高眠。"明《续欢喜冤家》一六回："本县～，凡一应投文人役，候回日投递。"清俞蛟《乡曲枝辞·吏目决囚记》："游击某大言曰：'文武一体，州牧～，予独不可任此事乎？'"

【公道】 gōng dào ❶ 公平；公正；合理。唐杜牧《送隐者一绝》："～世间唯白发，贵人头上不曾饶。"宋《朱子语类》卷一三〇："胡文定谓龟山云：'当时若早用其言，也须救得一半。'说极～。"清《九云记》三〇回："拈阄儿，竟是～。" ❷ 副词。的确；实在。明《西游记》一七回："却说那怪苏醒多时，～难禁疼痛，只得跪在地下哀告。"又二八回："那呆子走得辛苦，心内沉吟道：'当年行者在日，老和尚要的就有；今日轮到我的身上……～没去化处。'"

【公断】 gōng duàn ❶ 公平裁断。宋韩琦《丁未秋乞罢相》四："乃陛下示～而存私恩也。臣不胜区区，昧死固请激切之至。"元张之翰《读朱节度碑》："盖因己载作，而复有子泚。我意殊未然，正要～耳。"清《绣戈袍》三二回："臣只知有国法，安知有妻儿？公审～，此乃事之平常，何足当我主挂齿？" ❷ 官府的判决。元胡祗遹《郑千户棣花堂记》："抵官健讼，连月蔓岁，达部及省。～弗服，必至唐突而后已。"明倪元璐《雍务急切疏》："无问班拨监生，凡有事端兴讼及被人告诉者，曲直听其～。"清《开国方略》卷五："自贝勒大臣以下有罪，当静听～，执拗不服者，加等治罪。"《聊斋俚曲·寒森曲》："老王一见，便说：'你怎么不听～，把春元

【公费】 gōng fèi ❶ 官府的费用；国家的开支。唐宋申锡《义成军节度郑滑颍等州观察处置等使李公德政碑铭并序》："公之分阃灵武也，兵三覆以败戎虏，田万亩以实仓箱，地搜遗利百千计，岁省～二十万。"《宋史·食货志下七》："崇宁二年，知涟水军钱景允建立学舍，请以承买醋坊钱给用。诏常平司计无害～如所请，仍令他路准行之。"明于慎行《穀山笔麈》卷三："此在必所当革而别议～可也。"清刘献廷《广阳杂记》卷三："有明时，州县之吏，俸薪而外，杂项～，不一而足。" ❷ 国家拨给的费用；国家发放给官员的费用。《续资治通鉴长编》卷六〇："先是印书裁截餘纸，皆鬻之以供监中杂用，昺请归此钱于三司，裨国计。自是学者～不给，讲官亦厌其寥落云。"明王世贞《议处本镇军饷以资边用改添实力以固地方疏》："所知者，襄阳卫、竹山所及郧阳、南阳等卫，合卫所官兵廪粮一应～外，餘出子粒，将来随岁丰歉，征收到官。"清赵慎畛《榆巢杂识》下卷："新进士简用内阁中书，在阁行走，给与～，自嘉庆五年始。" ❸ 指大伙凑起来作为某件事开支的费用。明《拍案惊奇》卷三九："若相公恐怕供给烦难，百姓们情愿照里递人丁派出做～，只要相公做主，求得天师来，便莫大之恩了。"清《东周列国志》八五回："父老曰：'巫觋主祝祷之事，三老廷掾有科敛奔走之劳，分用～，固所甘心。'"《醒世姻缘传》六九回："家中带了二十两银暗自送与侯张两个师傅做入会的～。" ❹ 作为大伙儿开支的费用。清《东周列国志》九四回："文食客三千人，俸食不足，故贷钱于薛，冀收餘息，以助～。" ❺ 指大家族中用于公共开支的费用，也指大家庭成员按规定数目从公账中支出的费用。宋楼钥《敷文阁学士宣奉大夫致仕赠特进汪公行状》："凡公所得，尽为诸院～，又以及女弟之贫者。"明郑岳《世祠祭田纪范》："公篋所贮，主者司其数，富而知义者司其财。凡以备修祠墓及一切～。"清《红楼梦》三九回："他的～月例又使不着，十两八两零碎攒了放出去，只他这体己利钱，一年不到，上千的银子呢。"

【公分】 gōng fēn 另见 gōng fèn。公平分割；共同分配。清《绿野仙踪》一七回："将来不但田产，即此外家中所有器物、银钱、衣帛等类，虽寸丝断线，亦须眼同亲友～，以免骨肉争端。"△吴趼人《九命奇冤》九回："听他同众人说，等新稻熟了，叫那一班人到府上北沙一段田上去抢割稻谷，还说：'抢了来，你们只管大众～，我是一颗都不要的。'"

【公分】 gōng fèn 另见 gōng fēn。❶ 同别人共有的份额。清《红楼梦》一〇〇回："你二哥哥天天在外头要账，料着京里的账已经去了几万银子，只好拿南边～里银子并住房折变才够。"《歧路灯》六九回："你那六个元宝，不知是你几十个兵丁～的粮饷。"《后红楼梦》四回："现今呢，～也缺了。怎么样有三五千银子且拉过二十边去。" ❷ 众人共送礼各自出的份额。也指共同凑的份子。明《古今小说》卷一〇："多承列位亲邻斗出～，替小人赛神。"清《后水浒传》九回："因大主母生子，今夜是众帮闲～，叫优人扮戏，与主子贺喜。"《红楼复梦》二三回："我正愁着明日芳姑娘的生日，咱们院子的人商量着～，每人出三百大钱。"

【公愤】 gōng fèn 公众的愤怒。宋晁说之《达言》："究祸乱之原，实在群阉则取戕之。以我之～，谕彼之私仇，相去万里而远也。"明朱长祚《玉镜新谭》卷八："朝廷之大法既伸，神人之～亦泄矣。"清《歧路灯》四六回："假李逵到谭宅放肆一回，惹出合街～，几乎挨打。"

【公干】 gōng gàn ❶ 公正干练。唐独孤及《唐故范阳郡仓曹参军京兆韦公墓志铭》："人皆筮仕，必以廉平～称于州里。"《旧

五代史·梁书·赵玭传》:"玭～之才,播于远迩。"元王恽《振武屯田》:"今体访得振武与丰州界河两旁,地广民稀,除营帐牧放百姓耕垦外,其餘闲荒地甚多。若差一官僚踏视,其宜留兵营田。" ❷ 公正干练的品质和才能。清《霓裳续谱·临潼山》:"山东秦琼有～,押解二犯,身上雕鞍。"又《高君保有公干》:"高君宝有～,单人独骥,闯出了汴梁城的高关。" ❸ 公务;公事。唐李咸用《秋日疾中寄诸同志》:"闲居无胜事,～卧来心。"《元曲选·谢金吾》楔子:"父亲,唤你孩儿,有甚么～?"清《红楼梦》一一二回:"门官只是有～出城的,也不及查诘。" ❹ 办理公事。宋李昭玘《荣起之墓志铭》:"余尝以～过任,候其起居,久之杖而出,以指啄膺欲大叫者数四,竟不能吐一言。"《元曲选·荐福碑》三折:"老夫今奉圣人的命,差老夫饶州～。"清《说岳全传》六四回:"不知二位过江到何处去～?" ❺ 公家的活儿。明陈铎《赛鸿秋·灶户》:"正当着煎造为～,只凭着海水供衣饭。"

【公公】 gōng gōng ❶ 称丈夫的父亲。《元曲选·柳毅传书》楔子:"～,非关媳妇儿事,这都是小龙听信婢仆,无端生出是非。"六十种曲本《琵琶记》一一出:"婆婆日夜埋怨着～,当初不合教孩儿出去。"清《白雪遗音·婆媳顶嘴》:"～一天家糊里糊涂的,光听我婆婆的话。" ❷ 称祖父或祖父辈亲长。宋曾敏行《独醒杂志》卷八:"年至七八岁,厥祖与客对弈而败,卓明忽从旁指曰:'～误此一着耳。'其祖败而不平,怒谓曰:'小子何知!'"《元曲选·合汗衫》四折:"～婆婆受坐,受孙儿几拜。"明《醒世恒言》卷九:"那学生正是陈青的儿子,……将书包放下椅子之上,先向王三老叫声'～'。"清赵翼《陔餘丛考》卷三六:"有孙呼祖为公者,……此皆古人以祖为公之故实也,今江南人犹称祖为～。" ❸ 犹言堂上;或称某一位先祖。明汤显祖《牡丹亭》六出:"比如我～柳宗元,与你～韩退之,他都是饱学才子,却也时运不济。"清郑燮《道情》:"自家板桥道人是也,我先世元和～流落人间,教歌度曲。" ❹ 对老年人的尊称。宋佚名《张协状元》一二出:"〔旦〕不靠～又靠谁!"明郎瑛《七修类稿》卷七:"有一道士,长须朱衣,排闼直入,遽揖仁祖曰:'好个～,八十三当大贵!'"清《万花楼》五回:"忽然来了一位年老～,扯着小公子问道:'你这小小年纪,是何方来此?'" ❺ 称太监。明何良俊《四友斋丛说》卷九:"这巡抚十分敬重～,与王某不同。"于慎行《穀山笔麈》卷六:"今内监权珰管事者,内家呼之为爷,皇亲驸马见之皆拜,呼为～。"清《聊斋俚曲·增补幸云曲》:"张～恼心怀,把江彬夹起来,拢了一拢无计奈。" ❻ 僧人对师祖的敬称。明《西游记》一六回:"有一个小和尚,名唤广智,出头道:'～,要得长远也容易。'"又:"众僧抢入里面,叫道:'～,唐僧乃是神人,未曾烧死。'"

【公共】 gōng gòng ❶ 众臣;公众。唐王棨《手署三剑赐名臣赋》:"锋芒不自其手署,颁赐尽归其～。"《旧五代史·晋书·高祖纪四》:"皇图革故,庶政惟新,宜设规程,以谐～。"《旧五代史·选举志》:"伏以悬科取士,有国常规,沿革之道虽殊,～之情难失。" ❷ 公开;公正;公平。唐高元裕《请将贺兰进兴等重付台司覆勘疏》:"然狱宜～,刑贵正名,今刑部、大理,皆是陛下掌狱之官,都不关知,便成其狱,三尺之法无所凭依。"《太平广记》卷一八七引《传载》:"御史天下之持平也。摧刚直枉,唯在～。所言之事,贵人知之,奈何求请便殿,避人窃语,以私国家之法。"五代徐铉《持权论》:"诚令人君用法～,接下均一,善善而能用之,恶恶而能去之,不以己之私妨天下之义,虽复体非圣贤,盖亦思过半矣。" ❸ 共同。或用作副词。唐元稹《奏制试乐为御赋》:"若此,则宇宙盖由乎一马,牵制尽在于四维。虽质文更变,而～操持。"宋《朱子语类》卷四四:"若见得本来道理,亦不待说与人～,不。"清《皇朝通典》卷六一:"元旦乃天下臣民～之大节。"

【公馆】 gōng guǎn ❶ 驿站的馆舍。唐李白《夏日奉陪司马武公与群贤宴姑熟亭序》:"通驿～南有水亭焉,四甍翚飞,巉绝浦屿。"宋计敏夫《唐诗纪事》卷四五:"匡物……家贫,徒步应举,至钱塘,乏艑舡之资,久不得济,乃题诗一云……"清《八洞天》卷一:"且说吴良拜别家主,领了家书,又在驿中住了一日。恐～内不便养病,只得挨回旧路,投一客店住下,将息身体。" ❷ 泛指旅馆。明《醒世恒言》卷五:"我家不是～,柴火不便,别处去利市。"

【公伙的】 gōng huǒ de 兄弟共同的。清《聊斋俚曲·墙头记》:"我才恍然大悟:一个达是～的情受的东西,我何苦都费了?"又《翻魇殃》:"我寻思着,～里的钱,他拿着花费,不如分了好。"

【公介】 gōng jiè 公正;耿直。宋《朱子语类》卷一三二:"三山黄明陟登,是黄传正之父。其人朴实～。"

【公据】 gōng jù ❶ 官府所出的凭据。或仅为凭据而非官府所出。宋司马光《上哲宗乞置经明行修科》:"各分逐路抄录本人姓名,注举主官位姓名于其下,仍下本州出给～,付本人收执。"《元典章·刑部十二》:"有司不得出给货卖坟地～,依理迁葬者不拘此例。"明罗玘《跋陆氏家藏东坡玉鼻驿公据卷》:"东坡恐李方叔卖所遗玉鼻驿,为之立～以便之。～,券也。"清吴广成《西夏书事》卷一九:"宋制:官给商人公据,方听与夏国交易。" ❷ 事实根据;证据。宋欧阳修《与孙威敏公书》之二:"便将请谥、议官文书,有凭据以为议,大是一重～,请早挥笔。"《三朝北盟会编》卷二三三:"大金皇帝行仁德,不须惧怕。今给汝～,可以互相说谕。"明吴之鲸《武林梵志》卷八:"公每出入,必携阿弥陀佛一轴,曰:'此吾征西方～也。'" ❸ 明代乡试,士子三试墨卷誊写送部称为"公据"。明王世贞《弇山堂别集》卷八三:"为照士子三试墨卷誊写送部,名为～。"俞汝楫《礼部志稿》卷七〇:"如有仍前离经叛道、诡辞邪说,定将监临考试等官罪黜;取中举人,辨验～得实,革退为民。" ❹ 公论,定评。清谈迁《谈氏笔乘·李梦阳何景明》:"李何衾然四杰之首,冠冕当代,人无异喙,……近常熟钱牧斋选明诗,论李何最严,不啻输公矣。虽非定论,录娭～。"

【公郎】 gōng láng 公子。清《聊斋俚曲·蓬莱宴》:"这到不妨,那～已是有痴仙看着他,愁他怎的。"清《儒林外史》一七回:"赵爷虽差着一个进士,而今他大～已经高进了,将来名登两榜,少不得封诰乃尊。"《歧路灯》三回:"'这学生是谁?'孝移道:'是娄兄～。'"

【公吏】 gōng lì 指衙门役吏。《元曲选·蝴蝶梦》二折:"咚咚衙鼓响,～两边排。"元明《水浒传》七四回:"殿门外月台上,本州太守坐在那里弹压,前后皂衣～环立七八十对。"明《警世通言》卷九:"速令～人等拿至厅前审问。"清《九云记》二三回:"太常寺～书役们,一时迎候。"

【公令】 gōng lìng 命令;成文的规定。宋王安石《鲁国公赠太尉中书令王公行状》:"武康为～于军曰:'至阵而乱行者斩。'公亦令曰:'至背阵而乱行者,吾亦如～。'"《朱子语类》卷九一:"今著～,从事郎以下,庭参不拜,则以上者不庭参可知。"清《聊斋俚曲·富贵神仙》:"老马听说大怒,便说:'你这奴才,要梗老爷的～么!'"

【公论】 gōng lùn ❶ 朝臣的议论。明申时行《召对录》:"但臣等因鉴前人覆辙,一应事体,上则禀皇上之独断,下则付外廷之～,所以不敢擅自主张。"《明史·汝梅传》:"大臣奏事,近多留中,请悉付之～。" ❷ 公允地评论;公正地谈论。唐窦臮《述书赋》:"今记前后所亲见者,并今朝自武德以来迄于乾元之始,翰墨之妙可入品流者,咸亦书之。并错综优劣,直道～。"宋欧阳修《论贾昌朝除枢密使札子》:"今昌朝身为大臣,见事不能～,乃结交中贵,

因内降以起狱讼,以此规图进用。"清《补红楼梦》二六回:"依我～,兰大奶奶第三,邢姐姐第四。"　❸ 公开地谈论;公开、共同谈论、议论。唐李德裕《论田群状》:"臣若于中书～,必外为人传说。"元明《三国演义》三回:"今日饮宴之处,不可谈国政;来日向都堂～未迟。"《明史·神宗纪二》:"大学士叶向高请发群臣相攻诸疏,～是非,以肃人心。"

【公们】 gōng men　敬称,犹言诸位。宋《三朝北盟会编》卷五五:"国相曰:'～不去劝谏贵朝皇帝,教早割与他三镇土地人民,便是好事。却来这里弄唇舌,相捎空,恐他不得。"《朱子语类》卷一一:"今～自正月至腊月三十日,管取无一日专心致志在书上。"

【公明】 gōng míng　❶ 公正明达;公正明察;公正廉明。唐苏颋《授唐先择左金吾卫将军等制》:"右金吾卫将军唐先择,名公之胤,识力～。"按,此例中"公明",一作"通明"。宋苏轼《李南公知沧州穆珣知庐州王子韶知寿州赵扬知润州》:"尔等皆尝奉使,督察官吏,～之称,达于朕听。"清《绮楼重梦》二〇回:"一向承办官员,见小钰赏罚～,宽严并用,也各自竭力尽心。"　❷ 副词。公然。元《通制条格》卷二八:"不畏公法官吏人等,每因差使去处,～轮差娼妓寝宿。"

【公母】 gōng mǔ　❶ 夫妻(指年老的)。明《金瓶梅词话》九九回:"嘱咐他父母:'你老～回去罢,我跟奶奶和姐姐府中去也。"清《聊斋俚曲·禳妒咒》:"有的说道:这话却差。那高家～,也不是傻巴。"《醒世姻缘传》七回:"晁凤本日掌灯时候回到衙门,回了老晁～两个的话,说晁大舍同新取的那位姨明日就来,叫收拾东院的书房住。"　❷ 父母;公婆。清《聊斋俚曲·磨难曲》:"他原来是施家大姑,名叫舜花,十七八岁还没出嫁。太太～俱不在,惟只撇下姊妹仁。"《醒世姻缘传》八回:"怎么我四双八拜的磕了一顿头,～两个伙着拿出二两银来丢己人?"　❸ 雄雌的俗称。宋严用和《济生方》卷七:"～羊粪(烧灰各半钱)。"清蒲松龄《日用俗字》:"厚薄不分茧大小,～只看顶尖圆。"

【公凭】 gōng píng　官府所发的凭证。《文献通考》卷一〇载唐武宗会昌元年制:"自今以后,二年不归复者,即仰县司召人给付承佃,仍给～,任为永业。"宋洪迈《夷坚志》支乙卷四:"一僧乞给～游方,视其戒牒,则元祐三年者。"《元史·刑法志三》:"诸舶商、大船给公验,小船给～,每大船一,带柴水船、八橹船各一,验凭随船而行。"

【公婆】 gōng pó　❶ 丈夫的父母。敦煌词《云谣集·捣练子》:"君去前程但努力,不敢放慢向～。"明高攀龙《申严宪约责成州县疏》:"妇人非犯奸及人命及被～夫男所讼,俱不许拘。"清《聊斋俚曲·翻魇殃》:"且是上无～,下无妯娌。"　❷ 夫妻(指年长的)。宋佚名《张协状元》一四出:"我～看时,精神恁磊落,一对好夫妻。"《元曲选·合汗衫》三折:"可道哩饿纹在口角头,食神在天涯外。不似俺这两口儿～每便穷的来煞,直恁般运拙也时乖。"明《拍案惊奇》卷三一:"对沈老儿～两个说:'亏了干爷、干娘,瞒倒瞒得好了,只是衣衾棺椁无从料办,怎生是好?'"　❸ 对年长夫妻的尊称。宋佚名《张协状元》一六出:"〔生旦白〕谢荷～,又成聒扰。"又四一出:"～且住,待奴家款款松口气说。"

【公券】 gōng quàn　官府发给的旅差费凭证。也指官府发给的领救济粮的凭证。唐李肇《国史补》卷下:"宝应二年,大夫严武奏,在外新除御史,食宿私舍非宜。自此乃给～。"宋王栐《燕翼诒谋录》卷一:"诏西川、山南、荆湖等道,所荐举人并给来往～,令枢密院定例施行。"元陆文圭《送乔州尹序》:"得粟若干,令饥民无出乡,乡为设局,～给之,犹不赡。"

【公然】 gōng rán　❶ 公开,不掩饰。唐赵嘏《悼亡二首》之一:"虽知不得～泪,时泣阑干恨更多。"《旧唐书·仆固怀恩传》:"臣欲～进发,虑恐将士留连。"清纪昀《阅微草堂笔记》卷一六:"娘子甚悦君,然此何等事,乃～致祝!"　❷ 随意;随便。《旧唐书·文宗纪下》:"今有司止于罚俸,便委内臣葺修,是许百司之官～废职。"金佚名《大金吊伐录》卷一:"曾未逾月,弃德背惠,手诏逆贼张觉,害我四执政大臣,邀我百官更易姓名,～任使。"　❸ 当然;自然。《敦煌变文校注》卷一《捉季布传文》:"寡人若也无天分,～完事不言论。"宋《朱子语类》卷八:"今人不肯做功夫,有先觉得难,后遂不肯做;有自知不可为,～逊于他人。"　❹ 竟然。唐戴孚《广异记·韦明府》:"死野狐魅!你～魅我一女不足,更恼我儿。"《元曲选·虎头牌》三折:"老完颜心粗胆大,元帅令～不怕。"清《聊斋俚曲·寒森曲》:"那远近人家,都是要一奉十,谁敢梗令。独商员外要了几回,～不理,心中怀恨,就安排着给他点左道给众人看看。"　❺ 仍然。《旧五代史·食货志》:"或有已曾违犯,不至死刑,经断后～不惧条流再犯者,不记斤两多少,所犯人并处极法。"　❻ 定然;必然。元明《水浒传》六九回:"我们自来不曾搅扰他那里百姓,今去问他借粮,～不肯。"明徐𤱻《杀狗记》六出:"明日到官,三拷六问,问出真情,我和你都是假的,孙二～无事,可不是这头官司打在我每身上来了。"　❼ 全然;俨然。明《西游记》三五回:"好大圣～无惧,使一条棒左冲右撞,后抵前遮。"清《聊斋俚曲·翻魇殃》:"又看了看房舍规矩,～就是大家。"袁枚《子不语》卷五:"董拜命出,自视足下云生,闪电环绕,～一雷公矣。"　❽ 动词。明目张胆地做;无所顾忌。唐李隆基《诛王钧诏》:"又府县寮案,上下相承,犯法～,无闻按诘。"明陈宏绪《寒夜录》卷中:"近时奔竞,最甚无如铨选考试两端,督学试士已不免竿牍纷沓。若郡邑之试,请嘱～,更不复略为讳忌。"清《歧路灯》五四回:"到了次日,夏逢若早使白鸽嘴来叫。巫翠姐撺掇取那银镯,谭绍闻此番去的更觉～。"

【公人】 gōng rén　官府差役。五代杜辖《大唐推诚翊戴功臣郭公屏盗碑铭》:"～临事以自惩,贪吏因时而变态。"宋欧阳修《乞免蒿头酒户课利札子》:"其衙前～差遣重难,百倍往日,而酬奖场务有利处,官已夺之。"元孟汉卿《魔合罗》四折:"虎狼似恶～,扑鲁推拥厅前跪。"清《红楼梦》四回:"便发签差～立刻将凶犯家属拿来拷问。"

【公式】 gōng shì　❶ 指法令制度。《唐六典》卷六:"凡《令》二十有七。……十七曰《～》。"宋高晦叟《珍席放谈》卷上:"～,旧唯中书门下,今唯尚书省发敕书曰故牒,诸州出补牒亦称故牒,自馀省台寺监支移皆云谨牒,不易之制也。"《明史·刑法志一》:"《吏律》二卷,曰职制十五条,曰～十八条。"　❷ 指通常的做法。唐苏颋《谢弟诜除给事中自求改职表》:"遂使联事披垣,同趋陛,或累～,必招私议。"　❸ 指通行的书写格式或制作格式。宋徐度《却扫编》卷上:"'札子'是中书行遣小事文字,犹京百司有符牒关刺与此相似,别无～文字可指挥常事。"《元典章·诏令一》:"自今以后,凡有玺书颁降并用蒙古新字,仍以其国字副之,所有～文书咸遵其旧。"清谈迁《谈氏笔乘·逸典》:"'铁券～二:高一尺,博尺有六寸五分;次高九寸五分,博尺有六寸。"

【公事】 gōng shì　❶ 指公文。《旧五代史·梁书·太祖纪二》:"中书印已送相国,中书～权用中书省印。"宋《三朝北盟会编》卷四:"昨来再过上京,把契丹墓坟宫室庙像一齐烧了,已教契丹断了通和底～,而今契丹更有甚面目来和也。"《辽史·兵卫志上》:"于诸军每部,量众寡,抽十人或五人,合为一队,别立将领,以备勾取兵马,腾递～。"　❷ 事件。《续资治通鉴长编》卷二

六五:"昨来蔚、应、朔三州地界～,朝廷两遣使人诣南朝理办。"又:"臣括答云:'括等只是差来回谢,此等～不敢预闻。'" ❸ 案件。《旧五代史·明宗纪六》:"或遇国忌,应行事官受誓戒,并不赴行香,并不奏覆刑杀～。"《宋会要辑稿·刑法三》:"昨差推官郭伸锡往庆州华池县置院,勘马佑。勘官自二年十二月到彼,马佑至次年三月方勾追到院。"《元典章·刑部一》:"今后断底～,合打底早打者,和重判底早施行者。"清纪昀《阅微草堂笔记》卷一四:"潭州一件～,妇杀夫,密埋之。后为祟。事已发觉,当时便不为祟。" ❹ 案犯;犯人。宋孟元老《东京梦华录》卷三:"每坊巷三百许步,有军巡铺屋一所。铺兵五人,夜间巡警,收领～。"元明《水浒传》三四回:"我都是上司取～的都监,有甚么买路钱与你?"明《古今小说》卷一五:"圣帝降辇升殿,众神起居毕,传圣旨,押过～来。" ❺ 使命。《元曲选·谇范叔》楔子:"凭喉舌,决雄雌;休战阵,免兴师。管成就这～。" ❻ 大家共同的事。也指大家相约,按一定规矩办的事。清《聊斋俚曲·磨难曲》:"娘子说的极是!……这是阖学的～,小弟极该奉陪。"《女仙外史》一一回:"问众百姓道:'祈雨是地方～,你们舆论心服何人?'"《红楼复梦》一八回:"代酒是私情,这是～。" ❼ 指机巧曲折之事。《元曲选·马陵道》三折:"这～则除天知地知。"《元曲选外编·黄鹤楼》三折:"你休看手梢儿。我手心里～。" ❽ 指男女情爱之事。《元曲选·救风尘》二折:"想当日他暗成～,只怕不相投,我当初作念你的言词今日都应口。"又《扬州梦》一折:"他不比寻常间墙花路柳,这～怎肯甘心便索休,强风情酒病花愁。"

【公事人】 gōng shì rén 犯人。宋黄震《按新城县令塞雄申省状》:"即令当厅实供。乃称本县使宅库丁定胁,使县市诸行每家出钱一贯,每行遣人二名。又买使久居县前打话。～饶伦为引领投状,以冀解释。"元明《水浒传》三四回:"莫说你是上司一个都监,便是赵官家驾过,也要三千买路钱;若是没有,且把～当在这里,待你取钱来赎。"

【公私】 gōng sī 指家庭内部的大家和个人。清《聊斋俚曲·襄妒咒》:"恨男儿大来不通,时时妄想在心中,松松手就去睢胡弄。锁在他间房一月久,没可思想才咕哝,把书本才有了清闲空。这个策～两得,也不怕婆婆公公。"

【公堂】 gōng táng ❶ 官署处理政事的厅堂。唐韦应物《崔亭西陂燕赏》:"～日为倦,幽襟自兹旷。"宋谢泌《论宰执不许接客》:"设若杜～谒见之礼,岂当无私室乎?"清汪景祺《西征随笔》:"万泉令瞿某,常熟人,以私派扰民,聚数千人围城,斩关而入,焚其～。" ❷ 官吏审理案件的厅堂。《元曲选·风光好》四折:"～上坐着相公,阶直下列着武士。"明陈铎《天净沙·牢子》:"当官侍立～,归家欺侮街坊,仗势浑如虎狼。"清《歧路灯》三一回:"一派胡说。先问你个咆哮～。打嘴!" ❸ 祠堂。明《醒世恒言》卷二:"～钱库田产,都是伯伯掌管,一出一入,你全不知道。"

【公同】 gōng tóng 副词。共同。《金史·完颜亮传》:"如有天象,乞令诸监官～陈奏,所见或异,则各以状闻,不宜偏听也。"明朱长祚《玉镜新谭》卷八:"其行李,该地方官～查点,与他见搜赃物进奏。"清孔尚任《桃花扇》一二出:"又一面知会各处督抚,及在城大小文武,齐集清议堂,～计议。"

【公徒】 gōng tú ❶ 指繁重的家庭及照顾病人的事务。宋周密《癸辛杂识》别集卷下:"余其嘉其廉谨,且方盛年,肯在七十多病老翁身傍,日夕担负大～,此世间最难事。" ❷ 干系;人命关天的大事。元孟汉卿《魔合罗》三折:"俺倒大来担～利害,笔尖上定生死存亡。"《元曲选外编·周公摄政》二折:"便教臣身居家宰为阿保,这一遍～也不小。知他蒙先君寄命托微臣,不知的道

有心待窥伺皇朝。"《元曲选·蝴蝶梦》二折:"这公事不比寻俗,就中间担负～。"

【公婿】 gōng xù 岳父和女婿。清《聊斋俚曲·襄妒咒》:"高姐夫,高姐夫,～相别一年余。"

【公衙】 gōng yá 衙门;官府。唐武则天《改元光宅赦文》:"诸州县长官,在～准此。"封演《封氏闻见记》卷五:"近代通谓府庭为～。～即古之公朝也,字本作'牙'。……近俗尚武,是以通呼公府为公牙,府门为牙门,字稍讹变,转而为'衙'也。"清《野叟曝言》一二〇回:"花园以后,朝北是中军左右各将弁的～门。"

【公揖】 gōng yī 向众人遍行的或众人间互相遍行的揖礼。清《儒林外史》一八回:"严贡生认得,便上前道:'卫先生、隋先生都在这里,我们～。'当下作过了揖。"《绿野仙踪》六五回:"温如玉到朝房,先向丞相、元帅二人致谢,又与众文武～。"梁恭辰《北东园笔录》三编卷一:"向例:州县官送主司,去肩舆前及丈,～。"

【公移】 gōng yí 没有隶属关系的官署间的公文。宋郑獬《尚书都官郎中吴君墓志铭》:"选知开封县。中贵人尝遣吏持～诉某事,君曰:'中贵人诚贵重,然所诉乃私事,尚得为～耶?'棰其吏遣之。"明刘元卿《贤奕编》卷二:"大宰孟山杨公为北边兵宪时,有将官名将子也,因事被勘,公勘得其宾,酌处之。将官心德公,假～邮筒中具揭,托名蔬菜,具中缄银币若干致谢公。公即移中批发不收,且告诫之。"清王士禛《香祖笔记》卷一一:"'急急如律令'五字,本汉～常语。"

【公议】 gōng yì ❶ 共同的议论;共同的意见。明《禅真逸史》二一回:"右禁约乃众社长之～也。凡我同盟,互相劝勉,学做好人。"清《东周列国志》三五回:"今日之事,实出吾等～,非子犯一人之谋。" ❷ 大家议定的公平的(价格)。明陈铎《赛鸿秋·架户》:"评梁估柱无～,折楼毁树搬兴废。"

【公正】 gōng zhèng 光明磊落;壮烈。宋《朱子语类》卷四:"虎遇药箭二死,也直去不回。虎是刚劲之物,便死得也～。"

【公支】 gōng zhī 公家开支;公共开支。宋黄震《黄氏日抄》卷七四:"修仓照康知军元约,于仓谷支遣数内～,分明出豁。"元明《水浒传》四一回:"戴宗那里肯要? 定教收放库内～使用。"清胤禛《朱批谕旨》卷五一:"据此,臣随即分委各官备办,～在案。"

【公执】 gōng zhí 可作公证的凭据。五代何光远《鉴诫录》卷六:"唐大中初,有任士元与宇文错争田俱无～,虽经检勘,难定是非。"

【公中】 gōng zhōng ❶ 属于公众或大家庭公有的。清《儒林外史》三二回:"像臧三爷的廪,是少爷替他补,～看祠堂的房子,是少爷盖,眼见得学院不日来考,又要寻少爷修理考棚。"《红楼梦》一一三回:"如今老太太的还短了四五千银子,老爷叫我拿～的地帐弄银子,你说有么?" ❷ 共同。清《野叟曝言》一二二回:"二母亲不要说,该齐集亲来的内监宫女,做了证见,并齐集先赐的内监宫女,做了～证见;请母亲取出衣饰原匣,然后逐件说出比对,才见得不是假冒哩!"

【公众】 gōng zhòng 大家;众人。宋《朱子语类》卷一六:"比如一事,若系～,便心下不大段管;若系私己,便只管横在胸中,念念不忘。"明洪应明《菜根谭·闲适》:"道是一件～的物事,当随人而接引;学是一个寻常的家饭,当随事而警惕。"《型世言》二回:"自古私己的常是齐整,～的便易坍损。"

【公子哥儿】 gōng zǐ gē er 称富贵人家的子弟。清《红楼梦》六三回:"还亏你是大家～,每日念书学礼的。"《补红楼梦》一九回:"你不知道,他本来是大家子的～,他可知道什么叫个媳妇儿呢?"

【公祖】gōng zǔ　明清时乡绅对知府以上地方官或地位尊贵者的尊称。元明《水浒传》三四回："红头子敢如此无礼！不须～忧心，不才便起军马，不拿了这贼，誓不再见～。"明李乐《见闻杂记》卷九："其他种种欲言，统俟面竭右启尚少府。"清李玉《清忠谱》一四折："徐～，徐～！不枉了轩轩衣绣，峨峨冠豸。"

【公罪】gōng zuì　因公务上的过失而获的罪。《唐律疏议》卷二："～，谓缘公事致罪而无私曲者。"宋王栐《燕翼诒谋录》卷二："大中祥符五年二月，诏贡举人曾预省试，～听纳赎，而所赎止于～徒，其后私罪杖亦许赎论。"清《绿野仙踪》九八回："于冰道：'心人幻境，也不止你一人，此系～，何况你毫末道行，焉能着你静守？'"

【公座】gōng zuò　❶官员办公的座位。《梁书·刘季连传》："会多所愤忽，于～与遥欣竞侮季连。"《资治通鉴》卷二三四："海州团练使张昇璘……尝于～骂王武俊，武俊奏之。"清《儒林外史》八回："玉太守到任，升了～，各属都禀见过了。"❷教师的座位。清《醒世姻缘传》三三回："先生上了～，与他们上书。"又九二回："先生不在，这师娘拿些生活，坐在先生～上，替先生权印，管得学生们牢牢地坐定读书。"❸办公或祭祀的房子、房间。宋晁公遡《尽心堂记》："因得故平羌县废廨材，为堂于～之东偏，以尽心名之。"明《太常续考》卷一："署建于广利门外之右，房十间，中为～，傍为官舍。"清《国子监志》卷二六："明国子监在城东北，……中一间车驾幸学，设座于此，上悬敕谕五通。东一间祭酒～。"❹到办公的座位上办理公务；也泛指办理公务。元明《水浒传》一三回："当下知县时文彬升厅～，左右两边排着公吏人等。"明刘麟《久病妨政悬乞休致疏》："正德十一年二月内得患痔漏脾泄等病，至本月二十九日，因病颇甚，不能～。"清《女仙外史》二五回："次日清晨，出堂～。"❺指工作。明何孟春《治贪疏》："本官不顾～久虚，水程久误，岂独迁延躲避，或将希企升除。"陆深《玉堂漫笔》："己亥南巡还，有旨各衙门俱严，～仍许礼部都察院参勘。"戚继光《练兵实纪》卷九："独处则无愧于神明，自思则无愧于此心，上无愧于上司，中无愧于僚友，升堂无愧于～，庶几乎！"❻尊称对方。宋晁公遡《札子·上汪制置》之三："某末由参诣，敢乞尽珍重。"又《札子·王安抚》："某自去，不得自闻起居状，敢问台用比何如？"

【共惟】gōng wéi　同"恭惟"。宋佚名《张协状元》五○出："〔净〕即刻～台候万福！〔生〕有小事冒渎节使大尉。"

【共维】gōng wéi　同"恭惟"。宋佚名《张协状元》四八出："〔净唱〕洒家即日～！〔丑〕间阔不见你多时。"

【供】gōng　另见gòng。赠送。清《聊斋俚曲·富贵神仙》："想我流落在西东，想you愁闷在房中，夫人呀，要饮杯酒何人～？"

【供备】gōng bèi　指供给的东西，如衣食之类。清《醒世姻缘传》四三回："若奶奶信的真了，如今也就不送～来了。"

【供承】gōng chéng　另见gòng chéng。供应，供给。唐李渊《罢差科徭役诏》："自今以后，非有别敕，不得辄差科徭役，及迎送～。"《旧唐书·代宗纪》："其学员人数，所习经业，～粮料，增修学馆，委本司条奏以闻。"《资治通鉴》卷二二九："朱滔引兵入赵境，王武俊大具犒享。入魏境，田悦～倍丰，使者迎候，相望于道。"

【供看】gōng kàn　❶给人看；供人欣赏。宋司马光《正月二十四日夜雪》："即为花卉夺，犹得暂～。"林昉《赠张高士》："短发蓬蓬戴小冠，客来欢喜爱～。"清弘历《得真斋》："佳景～谓得真，试思能此所究谁亲。"❷供给看顾。明沈鲸《双珠记》一一出："又蒙李营长朝夕～，得免困乏。"《型世言》一一回："问女儿道：'你一

向～他何如？'芳卿道：'极好。想为馆谷少，一个学生坐不住他身子。'"❸供状，供词。清胤禛《朱批谕旨》卷八下："臣经批司道会审，前来检阅从前～，未尝不为诧异。"又卷一四二下："窃照钦部案件以及命盗重情，州县审招解府之时，一面将～开造方册，先行通报，名曰样招。"

【供送】gōng sòng　❶供应；送。唐刘肃《大唐新语》卷九："尹伊尝为坊州司户，尚药局牒省索杜若，省符下坊州～。"宋祖无择《救书一十三件》之四："有人～茶饭者，亦须画时转送，不得邀难减克。"清《醒世姻缘传》一四回："此后一日三餐，茶水、果饼，往里面～不迭。"❷上交；贡纳；交纳。《续资治通鉴长编》卷三九："仍详定诸州～二十四司载籍之式。"宋周必大《文忠集》卷一七二："今年春冬，各～德寿宫罗五百匹，绫五百匹，绢三千匹，加绵一万两。"元佚名《庙学典礼》卷六："若夫束脩，如其父兄有乐教子弟之心，随宜多寡～，各从其便。"❸指供给的衣食等生活资料。宋司马光《上哲宗乞尽罢诸处保甲》："其保丁习于游惰，不复务农，……～不办，箕敛无穷，赀产耗竭，无以为生。"❹护送；送行。唐道世《诸经要集》卷一○："渴时与浆，饥时给食，风雨时～。"《宋史·理宗谢皇后传》："会元夕，县有鹊来巢灯山，众以为后妃之祥。攀伯能不能止，乃～后就道。"明胡世宁《计开》："今后此等罪犯，宜令原籍官司，务要审解其真正妻小，而家属随行～者，不必禁绝。"❺运送。明胡世宁《乞怜民困议》："又沿途人夫～，需索不知又费几何。"《明史·职官志》："凡舟车之制，……曰马船，曰风快船，以～官物。"清《钦定石峰堡纪略》卷八："从前金川用兵，臣曾雇备长骡～京兵。"

【供应】gōng yìng　另见gòng yīng。供给所需物资、食物。唐李亨《命郭子仪充诸道兵马都统诏》："兵马既众，恐路次难为～，仍备六十程粮驮遣发。"宋李幻《青溪寇轨》："今赋役繁重，官吏侵渔，农桑不足以～。"清《红楼复梦》一三回："若是这点子薪水用度，我还～得起。"

【供造】gōng zào　制作供应。《唐会要》卷六六："其醢鱼肉，据用数依限送光禄寺令～。"《宋史·职官志四》："奶酪院，掌～酥酪。"明王世贞《弇山堂别集》卷九九："云南膳桌朱漆器皿及铜铁诸品，皆坚久可行，亦宜会计量省，不必每年～者也。"

【恭】gōng　粪便的讳语。明《醒世恒言》卷二○："桌边摸不着净桶，那～又十分紧急，叫苦连连。"清《聊斋俚曲·寒森曲》："那心已变狗，再要他没处生，殊非是陶那狗黄腚。"

【恭候】gōng hòu　等候的敬词。唐高彦休《阙史》卷上："～夜分，乃从一仆，乘一马，驰往横梁，怯于无觊。"宋丁特起《靖康纪闻》："十四日，官吏、士庶、僧道～大驾者又云集于南薰门。"清《荡寇志》九八回："义士来也，本师～久矣。"

【恭敬】gōng jìng　礼数。明梁辰鱼《浣纱记》二三出："〔旦〕尊官，念蜗居窄狭无～。"

【恭然】gōng rán　同"公然❹"。清《聊斋俚曲·俊夜叉》："他的时运又顺当，年年家道好兴旺，有了钱银包腊弹，就～大弄通堂。"

【恭人】gōng rén　❶高官妻母的一种封号。宋丁特起《靖康纪闻》："十九日，督责金银甚峻，御史台、大理寺、开封府勾捕纳愆数逾限者拷治，虽戚里权贵家属，官至承宣、留后，妇人封爵至～、夫人，皆荷项拷掠，期于必纳而后已。"清《红楼梦》一三回："灵牌疏上皆写'大朝诰授贾门秦氏～之灵位。'"❷也用作对官员妻子的尊称。元明《水浒传》三二回："宋江道：'你恰才说是清风寨知寨的～。'"明《清平山堂话本·救朱蛇》："不一日，至陈州，参见～，呈上家书。"清袁枚《续子不语》卷一："又未几，其嫂黄～

下世。'"

【恭惟】 gōng wéi 表示尊敬的问候词。宋《如净和尚语录》卷上:"冬至上堂:'今朝日南长至,黑豆生芽。大众!～欢庆!'"《古尊宿语录》卷四八《佛照禅师奏对录》:"即日仲春,谨时～至尊圣躬,万岁万万岁。"宋元《清平山堂话本·简帖和尚》:"某皇恐再拜,上启小娘子妆前:即日孟春时,谨～懿候起居万福。"

【恭喜】 gōng xǐ ❶ 应酬语。表示问候或庆贺。《警世通言》八卷:"崔大夫～了!你却在这里住?"《元曲选·金线池》三折:"～哥哥复任名邦!"清《白雪遗音·新春元旦》:"这个说～,那个说岂敢,新春吉庆,大发共财源。" ❷ 指可喜可贺的吉庆事。明《西洋记》四〇回:"这如今灯残烛尽,天师还不见回来,不知国师有什么～见教?"清《儒林外史》二〇回:"一切～费用俱是家老爷备办,不肖匡爷费心。" ❸ 指科举得中。清《歧路灯》九〇回:"念老县试首取,这番大考,定是～的。"又一〇二回:"还说某道题省的,某道题一时恍惚;某一篇一挥而就,某一篇艰涩而成。谭、盛二人说:'一定～。'娄朴道:'万分无望。'" ❹ 特指结婚。清《红楼复梦》九回:"智能笑道:'不为别事,为的是张大姑娘明日～,咱们相处一场,同妙空师兄两个备一席款待新人,又替他备桌素斋,供老师父。'"又:"老刘听见明日柳大爷～,他备点儿礼送来,要求赏收。"

【宫】 gōng ❶ 建造建筑物。《新唐书·张玄素传》:"臣闻东都始平,太上皇诏宫室过度者焚之,陛下谓瓦木可用,请赐贫人,事虽不从,天下为之盛德,今复度而～之,是隋役又兴。"宋王安石《扬州龙兴讲院记》:"吾将除此而～之。虽然,其成也,不以私,吾后必将时之能行吾道者付之。"清吴伟业《旧学庵记》:"予梅村西偏有地数弓,盖废屋之址,予斥而～之,缭以土垣,而筑室三楹,名之曰旧学庵。" ❷ 栖息;居住。唐韩愈《燕喜亭记》:"蝯狖所家,鱼龙所～。"宋李觏《常语上》:"不～于亳而～于桐,近先王墓,使其思念,名之曰放,徽之之至也。"胡铨《二友堂记》:"公山林十有三年,穷厓怪壑,家猿狖而～鱼龙。"叶适《瑞安县重修县学记》:"若但竖数十屋而～,群数十士而饭,而曰教养尽是矣,何其易也!"清卞三元《重修盘江铁桥碑记》:"鱼鳖弗窟,蛟龙弗～。"又为使居住,使栖息。 ❸ 称道教庙宇。宋吴自牧《梦粱录》卷一五:"外有在城及附郭女冠宫观者九:曰福田、新兴、明贞、神仙、承天、西靖、灵耀、长清等～。餘外七县,首以餘杭大涤洞天,即洞霄～也。"元虞集《玉笥山清真宫碑》:"其后继作日废不懈,而～皆新成者矣。"清赵吉士《寄园寄所寄》卷三:"即之茂林平野,间巷井舍,仙—梵宇,星布棋列。"

【宫宷】 gōng cǎi 太子属官。宫,东宫,指太子。宷,僚属。唐吴兢《贞观政要》卷四:"陛下不可以亲教,～无因以进言,虽有具寮,竟将何补?"宋蔡襄《大理寺丞梅州许士廉可特授太子中舍依旧知梅州制》:"合于迁格,进陪～,仍荐方州。"明王世贞《山西第一问》:"德宗之末,～无择,王伾叔文进而永贞之治损矣。"

【宫曹】 gōng cáo 太子属官。唐张籍《送白宾客分司东都》:"病辞省闼归闲地,恩许～作上宾。"

【宫词】 gōng cí 描写宫廷生活琐事的诗歌,一般为七言绝句。唐王建首以《宫词》为题,后世仿效者甚多。宋赵与时《宾退录》卷一〇:"首卷书王平甫所云花蕊～三十二首,今考王恭简《续成都集》记才二十八首,尽笔于此。庶真赝了然。"陆游《老学庵笔记》卷四引薛许昌《～》,卷五引宋文安公《～》、王广津《～》。清纪昀《阅微草堂笔记》卷九:"自言十五六时,偶为从父侍姬以～书扇。从父疑之,致侍姬自经死。"

【宫祠】 gōng cí 官名,"宫观使"的别称。宋代为安排闲散官员而设。《续资治通鉴长编》卷四八二:"颂既罢相,以观文殿大学士～便居。"唐庚《次韵幼安留别》:"力请～知竟否,渐谋归老锦江滨。"《四库总目提要·范村菊谱》:"宋范成大撰……盖其以资政殿学士领～家居时作。"

【宫点】 gōng diǎn 宫中刻漏的水滴。借表时间。宋范成大《夜宴曲》:"花楼促箭春宵寒,二十五声～阑。"元陈孚《吴宫子夜歌》:"玉蝉笑拥霞绡裳,星河不堕～长。"

【宫娥】 gōng é 宫女。唐王建《宫词一百首》之八三:"遍教～唱遍词,暗中头白没人知。"宋姚宽《西溪丛语》卷下:"越王栖于会稽,～避于此。"清《聊斋俚曲·增补幸云曲》:"坤宁宫摆御筵,接皇爷共成欢,～彩女两边站。"

【宫额】 gōng é 宫中妇女用黄色涂额作为装饰,因称妇女的前额为宫额。唐李商隐《又效江南曲》:"扫黛开～,裁裙约楚腰。"《元曲选·墙头马上》二折:"我推粘翠靥遮～,怕绰起罗裙露绣鞋。"明薛涛《落花联句》:"冶态宜～,痴情妬舞腰。"

【宫粉】 gōng fěn 化妆用的白粉。宋刘辰翁《扫花游》:"漫～堆黄,髩妆啼旧。"明张凤翼《相逢狭路间》:"～各殊别,婉娈芙蓉姿。"清《聊斋俚曲·禳妒咒》:"杭州～搽面俊,胭脂如血点唇香。"

【宫官】 gōng guān ❶ 宫中女官。《旧唐书·王锷传》:"唐法沿于周、隋,妃、嫔、～,位有尊卑,亦随其品而给授,以供衣服铅粉之费,以奉于宸极。"明沈德符《万历野获编补遗》卷一:"凡诸宫女曾受内臣教习,读书通文理者,先为女秀才,递升女史,～。"《明史·太祖纪二》:"丁丑,定～女职之制。" ❷ 宦官;太监。唐刘肃《大唐新语》卷一三:"高宗干封初,封禅岱宗。行初献之礼毕,执事者趋下,而～执帷。"宋邵博《邵氏闻见后录》卷一:"少时,～奏宫女已出内东门,帝动容而起。"清《飞龙全传》三三回:"李太后听了这席言语,信以为真,领了～,含着眼泪,回进安乐宫去了。"

【宫观】 gōng guàn ❶ 泛称道教庙宇。唐郑綮《开天传信记》:"上乃潜以物色,令于诸～求之。异日,于东门观得其屏风,手文尚在,道士已遁矣。"宋吴自牧《梦粱录》卷一五:"今撼～在杭者,除御前十一外,编次于后。"清刘献廷《广阳杂记》卷三:"郴州城东橘井观,为苏耽故里,道书中第十八福地也。～规模,稍存古意。" ❷ 官名。"宫观使"的简称。宋崇道教,大中祥符五年始置宫观使,后为安排闲散官员之职。宋王林《燕翼诒谋录》卷四:"王安石创之,以处新法之异议者,非泛施之士大夫也。"宋李纲《靖康传信录》卷二:"李税罢左丞,除资政殿学士、予～。"清王士禛《池北偶谈》卷三:"宋士大夫多领～,食其祠禄。"

【宫后】 gōng hòu 皇后。唐薛能《孔雀》:"天仙黼黻毛应是,～屏帏尾忽开。"宋赵彦卫《云麓漫钞》卷四:"晏元献公《鹿葱花诗》云:'～扇开青雉尾,羽人衣剪赭霜文。'"

【宫户】 gōng hù 照管行宫及其他宫殿的民户。辽代常以宫户赏赐臣下。唐王建《行宫词》:"官家乏人作～,不泥宫墙斫宫树。"《旧唐书·王玙传》:"请于昭应县南三十里山顶置天华上宫露台、大地婆父、三皇、道君、太古天皇、中古伏羲娲皇等祠堂,并置扫洒～一百户。"《辽史·耶律洼传》:"世宗即位,赐～五十,拜于越。"

【宫花】 gōng huā ❶ 皇宫庭苑中的花。唐杨炯《唐左将军魏哲神道碑》:"～如锦,还临拜将之坛;槐叶成帷,复对阅军之市。"宋晃元礼《鹧鸪天》:"～御柳年年好,万岁声中过一春。"清洪昇《长生殿》三八出:"野鹿儿乱跑,苑柳～一半儿凋。" ❷ 科举考试中选士子在皇帝于宫中赐宴时所戴的花。宋文莹《玉壶清话》卷四:"杨大年二十一岁为光禄丞,赐及第。太宗极称爱。三

月,后苑曲宴,未贴职不得预,公以诗贻馆中诸公,曰:'闻戴～满鬓红,上林丝管侍重瞳。蓬莱咫尺无因到,始信仙凡迥不同。'"元卢挚《沉醉东风·举子》:"今日男儿得志秋,会受用～御酒。"清《二度梅》三四回:"天子一见新科状元、榜眼、探花,人貌双全超群,龙颜大喜。亲赐三杯御酒,两朵～,一齐赴琼林宴。" ❸ 宫中特制戴在头上作为装饰的花。宋张先《减字木兰花》:"舞彻《伊州》,头上～颤未休。"《三朝北盟会编》卷一八:"九月六日乙卯,御明堂集英殿大宴,御手亲制～幞头,赐太傅王黼。"明朱长祚《玉镜新谭》卷六:"丁卯春三月,魏忠贤年六十,上赐彩段四表里,～二枝,金玉、羊酒甚厚。"清《都是幻》三回:"一个彩女,将～两朵,插在南斌的乌纱帽边。"

【宫黄】 gōng huáng ❶ 妇女额上涂饰的黄色。参见"宫额"条。宋康与之《舞杨花》:"轻笑淡拂～,浅拟飞燕新妆。"元张可久《折桂令·梅友元帅席间》:"额点～,眉横晚翠,脸晕春红。"清王士禛《龙女祠》:"冰绡雾縠映回波,半额～蹙黛蛾。" ❷ 形容嫩柳或花的黄色。宋葛立方《满庭芳》:"相逢,春正好,梅舒香白,柳曳。"元锺嗣成《花》:"院粉～,国色天香。逞娇柔,增秀媚,竞芬芳。"清厉鹗《蜡梅》:"匀掠～鬓朵鲜,斜门疏竹映便娟。"

【宫籍】 gōng jí 宫女的名册。唐张籍《送宫人入道》:"名初出～,身未称霞衣。"《旧唐书·若宪传》:"敬宗复令若宪代司。"《元史·刘秉忠传》:"诏以翰林侍读学士窦默之女妻之,赐第奉先坊,且以少府～监户给之。"

【宫髻】 gōng jí 妇女仿皇宫发式的发髻。唐李敬方《太和公主还宫》:"～怜新样,庭柯想旧围。"元姚燧《凭栏人》:"～高盘铺绿云,仙袂轻飘兰麝熏。"明张含《无题》:"颓云～笼香界,纤月城眉照玉杯。"

【宫监】 gōng jiān ❶ 太监。唐王建《宫词》之七八:"裹头～堂前立,手把牙鞘竹弹弓。"宋王明清《挥麈后录》卷九:"太后复遣老～宣喻,乃出。"清《绮楼重梦》三二回:"太监头儿也传齐了,四百名～摆列在两廊檐前。" ❷ 宫禁。《旧唐书·刘文静传》:"晋阳之地,士马精强,～之中,府库盈积,以兹举事,可立大功。"清顾炎武《孝陵图》:"祠署并～,羊房暨酒库。" ❸ 指宫娥。元《武王伐纣书》卷上:"礼毕,置酒待宴,有众～梳妆完备来迎。" ❹ 官名。隋唐离宫设宫监、副监。明代陵庙设宫监。《旧唐书·职官志三》:"～掌检校宫树供进炼饵之事,副监为之贰。"又《刘文静传》:"且公为～,而以宫人侍客,公死可尔,何误唐公也?"清《钦定续通志》卷一一三:"正德间,定长陵以下诸陵,各设神宫～并卫及祠祭署。"

【宫眷】 gōng juàn 后妃的统称。宋《三朝北盟会编》卷一八三:"何苦不念父母之仇,不思宗庙之耻,不痛～之辱,不恤百姓之冤,逆天违人,以事强敌乎?"明文秉《烈皇小识》卷二:"凡召幸～,至第一间,则尽卸裙裳,裸体至第二间,取衾绸被身,所谓抱衾与绸也。"清邵廷采《东南纪事》卷五:"若恋恋～,遽返旌旆,思为退保之图,久成日蹙之势。"

【宫寮】 gōng liáo ❶ 宫僚,太子属官。唐刘肃《大唐新语》卷五:"太子勇之废也,隋文帝切责～,以其不存辅导。"宋晁说之《奏审覆皇太子所读孝经论语尔雅札子》:"今皇太子初就外傅之时,命～讲《孝经》而读《孟子》。盖《孟子》不当先诸《论语》者也。"《明史·赵简王高燧传》:"于是太子～多得罪。" ❷ 宫廷。清弘历《德胜门外作》:"逾月园居宜视朝,清晨鸣跸返～。"又《西直门外作》:"回跸御园驻数朝,川零斋戒返～。"

【宫人斜】 gōng rén xié 宫人的墓地。唐王建《宫人斜》:"未央城西青草路,～里红妆墓。一边载出一边来,更衣不减寻常

数。"宋周辉《清波杂志》卷四:"唐内人墓谓之～,四时遣人祭之。"清宋荦《自玉泉至卧佛寺宿用东坡次正辅同游白水山韵》:"耶律孤坟竟何在,荒烟一抹～。"

【宫使】 gōng shǐ ❶ 皇宫的使者,谓宦官。唐白居易《江南遇天宝乐叟》:"唯有中官作～,每年寒食一开门。"元刘一清《钱塘遗事》卷九:"二十八日,太后、嗣君、官人、～至昭德门里官舍小歇。"清屈大均《广东新语》卷八:"刘钦时,宦者有为三师三公者,其官号加内字诸～字,不啻二百。" ❷ 某宫的主管者。类似于宫监。《册府元龟》卷五四:"臣等谬列台司,幸叨～,感悦之极,实万忭常情,无任忭跃之至。"宋魏泰《东轩笔录》卷二:"丁谓……启导真宗以神仙之事,又作玉清昭应宫,耗费国帑,不可胜计。谓既为～,夏竦以知制诰为判官。"明沈德符《万历野获编》卷七:"宋之盛时,宰相有兼译经润文使者,盖崇释教也;有领玉清、昭应得～者,则以奉天书,崇道教也。"

【宫竖】 gōng shù 指太监。《旧唐书·昭宗纪》:"迫至逆连～,构结奸凶,致刘季述幽朕于下宫,韩全诲劫予于右辅。"《资治通鉴》卷一七二:"武平屠弱,政由～。"明《醒世恒言》卷二三:"知其欲心炽也,乃托～市角先生一具以进。"

【宫娃】 gōng wá 宫女。唐卢纶《天长久词》:"天子方清暑,～起夜妆。"《元曲选·汉宫秋》一折:"车碾残花,玉人月下,吹箫罢,未遇～,是几度添白发。"清《隋唐演义》三四回:"娇羞十五小～,慧性灵心实可夸。"

【宫线】 gōng xiàn 皇宫中用细绳量日影以计时,称宫线。宋欧阳修《渔家傲》:"十一月新阳排寿宴。黄钟应管添～。"元程端礼《王元戴宪金分案至四明过慈溪遇冬日作诗见寄次韵并呈宪副》:"日长测景添～,腊近看春上柳梢。"清王沛思《南郊瑞雪赋》:"授时而土圭测影,占候则～添长。"

【宫鞋】 gōng xié 妇女穿的绣鞋。宋詹玉《锦堂春·中秋》:"早是～鸳小,翠鬟蝉轻。"元胡天游《续丽人行》:"江头女儿踏春阳,～蹀躞双鸳鸯。"明洪贯《宫词二首》之一:"隔花女伴笑呼名,新试～月下行。"

【宫学】 gōng xué 专为皇族宗室子弟所办的学校。宋范祖禹《右武卫大将军秀州团练使葛志铭》:"每闻昕鼓,必先至学馆,族人无敢后者。英宗建～,取以为法。"《宋史·高宗纪》:"命广～,教内外宗子。"《四库总目提要·静修集》:"至元十九年,用荐为右赞善大夫,教～近侍子弟。"

【宫样】 gōng yàng 内庭宫人化妆、服饰的式样。唐刘禹锡《赠李司空妓》:"高髻云鬟～妆,春风一曲杜韦娘。"宋晏几道《六么令》:"晚来翠眉～,巧把远山学。"清《红楼复梦》五四回:"有一位绝美的夫人,～装束。"

【宫仗】 gōng zhàng 皇帝的仪仗。唐张说《惠文太子挽歌二首》之二:"～传驰道,朝衣送国门。"明刘炳《歌风台赋》:"～璀璨,仙班琳琅。"清毛奇龄《仁孝皇后孝昭皇后挽歌词十四章》之二:"帷宫晓度慢吹箫,卤簿开时～遥。京兆寝园须有护,君王且辍未央朝。"

【宫制】 gōng zhì ❶ 宫殿的规模、式样。唐孔颖达疏《诗经·鲁颂·泮水》笺"'芹水'至'形然'":"天子之宫,形既如璧,则诸侯当异矣。"宋赵瞻《上英宗论皇子三位今示降差》:"窃见皇子三位,兴造大备,岁岁夏疫,作已为讥。况～院名,居非其所。"明萧洵《元故宫遗录》:"又后为清宁宫,～大略亦如前。" ❷ 按照宫廷做法制作;按照宫廷做法制作的。清周亮工《闽小记》卷四:"时闻弹棉花声,因指为题,九成援笔立就,云:'声声何处响丁东,想在秦楼燕市中。休问孤弦无古调,轻弹白雪卷春风。软随

蜀锦宜～,暗度金针趁夜工。纵旧莫令抛掷易,绯袍怜取故人穷。'"《红楼梦》七回:"开匣看时,原来是～堆纱新巧的假花儿也。"昭梿《啸亭续录》卷三:"又有暗纹蟒服,如～蟒袍而却组绣者,余少时犹服之。"

【宫主】　gōng zhǔ　❶公主。皇帝的姐妹。唐王建《宫词一百首》之五七:"东风泼火雨新休,昇尽炉泥扫雪沟。走马犊车当御路,汉阳～进鸡球。"按,此句中"宫主"又作"公主"。宋《三朝北盟会编》卷七九:"太上皇及太上皇后、诸王王妃～驸马都尉等,出宫幸青城虏寨。"钱易《南部新书》丙集:"玉真～玉叶冠,时人莫计其价。"明《西游记》一一回:"只见那二微微有气。唐王……叫道:'御妹苏醒苏醒。'"清《隋唐演义》一九回:"待启过太子,举哀发丧,这些～嫔妃,都猜疑。"❷高丽国臣民称后妃为宫主。《宋史·高丽传》:"王出,乘车驾牛,历山险乃骑,……臣民呼之曰圣上,私谓曰严公,后妃曰～。"

【宫妆】　gōng zhuāng　宫女的装束。唐殷尧藩《宫人入道》:"卸却～锦绣衣,黄冠素服制相宜。"宋佚名《张协状元》一三出:"家父当朝号赫王,几番宣唤也～。"清《红楼梦》一一六回:"廊檐下立着几个侍女都是～打扮。"

【宫装】　gōng zhuāng　同"宫妆"。宋方千里《红林檎近》:"多情天孙罢织,故与玉女穿窗。素脸浅约～。风韵胜笙簧。"元王士熙《竹枝词十首》之二:"～騕褭锦障泥,百两毡车一字齐。"清《飞龙全传》四五回:"又见两旁立着许多彩女,中间坐着一位～打扮的人,甚是华丽。"

gǒng

【巩固】　gǒng gù　❶稳固;坚固。五代杜光庭《皇帝周天醮词》:"伏冀八表乂安,黎民清泰,邦家～,社稷永宁。"宋吴文英《宴清都·寿荣王夫人》:"南山寿石,东周宝鼎,千秋～。"清《绣戈袍》二回:"主仆进城,果见城楼金汤～,轨道康庄。"❷使稳固。宋宋祁《去邪勿疑赋》:"又安得恢明治本,～洪图。"明吕毖《明朝小史》卷三:"封建诸子,～宗社,为盘石之安。"清《女仙外史》四九回:"乘此天气融和之日,正宜扫清妖寇,～皇图。"

【贡】　gǒng　另见gòng。同"拱❷"。元高明《琵琶记》二五出:"何用挖墙～壁,强如黑夜偷儿。"

【唝唝】　gǒng gǒng　向前;向上。形容努力、奋力。唐寒山《唝唝买鱼肉》:"～买鱼肉,担归喂妻子,何须杀他命,将来活汝己。"

【窘】　gǒng　❶动物用头或嘴顶推。《元曲选·柳毅传书》二折:"钱塘龙逆水忙截,泾河龙淤泥里便～。"❷人用工具打洞。《元曲选·金线池》三折:"我比那一墙贼蝎螫索自忍,我比那俏郎君掏摸须嗫声。"《元曲选外编·圯桥进履》一折:"闲来时打家截盗,剜墙～窟,盗马偷牛。"

【拱】　gǒng　❶隆起或弯曲成弧形。宋梅尧臣《逢羊》:"予晨过北郭,见群羊有牴处前,其首卬然而伟脰,其角～然而耸。"清弘历《咏痕都斯坦白玉杯六韵》:"耳叶翻而～,身花匀且停。"❷人用头、动物用头或嘴推顶。唐杜甫《北征》:"鸱鸟鸣黄桑,野鼠～乱穴。"元张养浩《普天乐》:"～出无边功名赛,我直待要步走上蓬莱。"明《西游记》二七回:"他不容分说,一嘴把个罐子～倒,就要动口。"❸钻入。明《西游记》三六回:"那和尚在窗眼里看见,就吓得骨软筋麻,慌忙往床下～。"❹比喻排挤。明《金瓶梅词话》四六回:"你心地好了去了,虽有小人也～不动你。"

【拱伏】　gǒng fú　❶敬服。宋《三朝北盟会编》卷二〇九:"二主持法无所纵贷,而国势尊荣,胡夷～,此不夺之义也。"元戴表元《送铅山王亦洗归乡序》:"渔人网江得大龟,长一寻,楗之以进。蓄水聚小鱼千百,楗中鱼凑集龟口旁,若～听令不敢言。"清《后西游记》一回:"又学成七十二般变化,雄霸此山。四境的妖魔,尽皆～。"❷环绕。宋葛绍体《江心长句》:"郭郭聚～,烟云散呈献。"元唐元《皇甫德刚黄山送别图跋》:"其所谓菡萏金芙蓉者,横陈天际,千冈万岭皆所～而子焉孙焉者也。"清弘历《天成寺》:"名山结四邻,～礼能仁。"

【拱服】　gǒng fú　同"拱伏❶"。宋吕祖谦《左氏传说》卷一一:"当其未亡之际,见得甲兵之众,土地之广,四方诸侯,莫不～。"明陈全之《蓬窗日录》卷七引朱元璋《御制劝世文》:"元运俱衰,总归至主。国号大明,万邦～。"清《后水浒传》六回:"那两条牛恰似～般立着不动。"

【拱候】　gǒng hòu　同"恭候"。宋陈著《代求彰叔钿朱益仲札》:"拜问三神山上,五云楼中,月璧星珠,霞裙风袂,内外均燕,福禄攸同,凡有驱役,～颁示。"《元曲选·张天师》一折:"仙子,你道定着,小生也不进取功名去,专等来年此夜,在书房中～仙子,是必休失信也。"清《醒世姻缘传》五〇回:"如用得不急,明日早上我家～。"

【拱身】　gǒng shēn　同"躬身"。宋佚名《渔家傲·赞净土序》:"～誓水,坐断爱河。"明《西游记》四七回:"话毕,收了家火桌席,三藏～,谢了斋供。"李贽《定林庵记》:"盖周安本随周生执巾屦之任,乃周生不力学,而周安供茶设馔,时时窃听,或独立檐端,或～柱侧,不敧不倚,不退不倦,卒致斯道。"

【拱伺】　gǒng sì　拱手等候。明《金瓶梅词话》六五回:"西门庆青衣冠冕,望尘～。良久人马过尽,太尉落下轿进来。"朱国祯《涌幢小品》卷二:"鸿胪出班中跪,赞礼毕,两班官俱转身北向,～玉音。"

【拱听】　gǒng tīng　恭敬听取。宋曹勋《寄张達道》:"他年芒屦谒凝神,洗心～无上道。"《元曲选·渔樵记》一折:"我就问你前贤有那几个受窘来,你试说一遍,小官～。"清纪昀《阅微草堂笔记》卷四:"某公以道学自任,夷然弗信也。酒酣耳热,盛谈《西铭》万物一体之理,满座～,不觉入夜。"

gòng

【共】　gòng　❶副词。a) 表示程度高。犹言深、仔细。唐李嘉祐《答泉州薛播使君重阳日赠酒》:"～知不是浔阳郡,那得王弘送酒来?"宋陈与义《陈叔易赋王秀才所藏梁织佛图诗邀同赋因次其韵》:"～惟此事不思议,细看众巧无遗踪。"b) 表示总括。总共;一共。五代刘崇远《金华子杂编》卷上:"涓微笑曰:'竞渡船～有多少?'"《元曲选·冯玉兰》四折:"那厮你在黄芦荡,夜间将冯太守父子、梅香、家童、梢公～六人,都被杀死在船上,怎生还推不知哩?"清《红楼梦》七一回:"前儿这些人家送礼来的,～有几家有围屏?"❷介词。同;跟。唐张鷟《游仙窟》:"今～娘子相配,天下唯有两人耳。"金《董解元西厢记》卷二:"不～你摇嘴掉舌,不～你斗争斗合。"明《古今小说》卷三六:"哥哥!这禁魂张员外,不近道理,不要～他争。"❸连词。a) 联结两个名词、动词、形容词、代词,相当于"和"。《大正藏》卷四七《镇州临济慧照禅师语录》:"我～你入净妙国土中。"金《刘知远诸宫调》一:"蛇通鼻窍来～往,三娘时下好欢欣。"明刘效祖《锁南枝》:"好～歹也是你着迷,长和短

自有人傍观。"清《聊斋俚曲·学究自嘲》："鸡鱼蹄肚～馍馍,烧黄酒尽着吃的过。"b) 连接选择问句的两项,略同"还是"。《元曲选·勘头巾》三折："则他那身材儿长～短? 面皮儿瘦～肥?"又《魔合罗》四折："那厮身材长～短? 肌肉儿肥和瘦?" ❹ 依随。唐韩愈《送湖南李正字归》："人随鸿雁少,江～兼葭远。"

【共该】 gòng gāi　总括副词。总共。宋李复《乞罢造船》:"一船所载,不过五马二十人。五百船～马二千五百匹,一万人。"《元史·河渠志二》:"归勘任少监元料,开运河夫万五百十三人,六十日毕,浚练湖夫三千人,九十日毕,人日支钞一两、米三升,～钞万八千一十四锭二十两,米二万七千二十一石六斗。"清《飞龙全传》一六回:"那匡胤掷下盆中,却是个顺水鱼儿,开先到底,三七～输了二两一钱。"

【共乳同胞】 gòng rǔ tóng bāo　谓同一个母亲所生。《元曲选·杀狗劝夫》四折:"长的孙大,叫做孙荣,次的孙二,叫做孙华,本是～的亲兄弟。"又《燕青博鱼》四折:"我有甚犯法违条,只为那淫妇奸夫,险送了你个～。"

【共事】 gòng shì　本指夫妇共同生活,也指非夫妻而姘居者。《敦煌变文校注》卷五《佛说阿弥陀经讲经文(二)》:"儿夫出后便私行,只是街头觅～。"

【共通】 gòng tōng　❶ 互通;相通。《祖堂集》卷一五《归宗和尚》:"理既～,何不自会?" ❷ 副词。总共。宋卫湜《礼记集说》卷三六:"方千里者,为方百里者百。乃万里之地,封方百里者三十国乃三千里,其餘方百里者七十乃七里,～计万里之地,乃公侯之国。"《金史·选举志一》:"大定二十二年定制,会试每场十五题,三场～三十六条以上,文理优、拟断当、用字切者,为中选。"明《朴通事谚解》卷上:"咱们三十个人,各人出一百个铜钱,～三千铜钱。"

【共总】 gòng zǒng　副词。❶ 一共;合在一起。宋夏僎《尚书详解》卷五:"不同孔氏,谓一州用三万人,～九州岛计二十七万。"《元曲选·谢金吾》二折:"我手下有火结义兄弟,自岳胜、孟良而下,～二十四员挂印指挥使。"清《红楼梦》四五回:"主子奴才～没有十个人,吃的穿的仍旧是官中的。" ❷ 终究;到底。清《儒林外史》三二回:"王胡子摇手道:'这事～没中用。我家少爷,从不曾替学里相公讲一句话。'"又五三回:"陈木南肚里气得生疼,拉着他只管下了去。一直让到十三,～还是下不过。"

【供】 gòng　另见 gōng。❶ 供品;祭品。《敦煌变文校注》卷五《佛说阿弥陀经讲经文(二)》:"有一商人来献～,请问如来往昔因;毫光远照幼若须弥,因地之中持何戒?"明汤显祖《牡丹亭》二七出:"小姐,你受此～,教你肌骨凉,魂魄香。肯回阳,再住这梅花帐?"清《聊斋俚曲·翻魇殃》:"慧娘说:'我带了～来,上了坟,回来吃饭罢。'" ❷ 受审者交待案情;招供。宋王铚《默记》卷下:"缚其僧,棰而送郡,其～出事目如牛腰,即械送狱。"《元曲选·魔合罗》三折:"有小叔叔说玉娘与奸夫同谋,合毒药药杀丈夫。所～是实,并无虚揑。"清《聊斋俚曲·富贵神仙》:"大老爷怒冲冲,骂贼徒众衙丁,夹打要你从实～。" ❸ 供词。明陈洪谟《治世餘闻》下篇卷一:"有司即集众邻取～呈解,李觉俱证杨二因奸杀死人命。"《西游记》一八回:"等我把那妖精拿来,对众取～,替你除了根罢。"清《红楼梦》八四回:"你说你亲眼见的,怎么今日的～不对?" ❹ 设置;陈设以供观赏。宋欧阳修《奉使道中五言长韵》:"初旭瑞霞烘,都门祖帐～。"明《警世通言》卷九:"桌上花瓶内～一支碧桃花。"清《红楼梦》三七回:"相对而兴有餘,故折来～瓶为玩。"

【供案】 gòng àn　❶ 供佛龛或向神佛陈设祭品用的案子。

【供承】 gòng chéng　另见 gōng chéng。供奉。唐孔颖达疏《诗经·周颂·清庙》"於穆清庙":"此明著诸侯与威仪众士长奔走而来,在文王之庙,后世常然,～不绝,则文王之德,岂不显于天,岂不承于人?"《太平御览》卷二九七引唐李筌《太白阴经》:"古之诸侯畋猎者,为田除害也。上所以～宗庙,下所以闲习武事。"宋孙觉《春秋经解》卷四:"则叔姬又归于鄁,以～祀事焉。"

【供床】 gòng chuáng　神佛像前放置香烛供品等物的案桌。宋洪迈《夷坚志》甲卷一:"见陆后塑像一指折,血淋漓弗止,而首饰臂钏及～黄白器皆亡失。"金《董解元西厢记》卷一:"佛前的～金间玉,香烟袅袅喷瑞兽。"元明《水浒传》七三回:"当晚两个且向山边一个古庙中～上宿歇。"

【供词】 gòng cí　受审者口头或书面交待的内容。元明《水浒传》四六回:"知府随即取了～,行下公文。"明都穆《都公谭纂》卷下:"御史潘洪据岳氏四邻及医～,系百户杨安污痢经半年死,其召术士沈荣,因家不宁,身日操练,令妻岳氏借邻妇郭氏请至,并无谋害等情。"清纪昀《阅微草堂笔记》卷一七:"婿家鸣官,捕得邻子,～与女同。"

【供奠】 gòng diàn　供献祭奠。《南史·陶子锵传》:"初,子锵母嗜莼,母没后,恒以～。"明[朝]佚名《朝鲜史略》卷一二:"祸妻崔氏大哭,……不食十餘日,昼夜哭泣,得粒辄精舂,时人怜之。"清《红楼梦》六四回:"～举哀已毕,亲友渐次散回,只剩族人分理迎宾送客等事。"

【供奉】 gòng fèng　❶ 特指贡献给帝王。《唐律疏议》卷九:"应～之物阙乏者,徒一年。"宋周辉《清波杂志》卷五:"越上秘色器,钱氏有国日～之物,不得臣下用,故曰'秘色'。"《续资治通鉴》卷九四:"京西提举官及京东州县吏皆助彦为虐,民不胜忿痛。发物～,大抵类朱勔。" ❷ 以某种技艺或姿色侍奉帝王。唐张怀

宋洪迈《夷坚志》乙卷三:"见妙辨从壁中徐徐而来,貌如生时,手拍～,弹指长吁。"元明《水浒传》五九回:"帐设黄罗,～畔列九卿四相;扇开丹凤,御榻边摆玉女金童。"清《聊斋志异·荷花三娘子》:"乃携～上,焚香再拜而祝之。" ❷ 供状;保证书。明杨一清《关中奏议》卷六:"蒙巡按察御史将统等行提取～,发按察司掌印副使张黻究问。"《金瓶梅词话》二七回:"写了一纸～,再不许到西门庆家缠扰。"清《醒世姻缘传》九回:"不消三心二意,明日就递上状! 他那立的文书就是～!"

【供办】 gòng bàn　❶ 供给备办。唐孔颖达疏《诗经·公刘》笺"'跄跄'至'升坐'":"落室之礼,则是公家所为,筵几酒豕,当是公家之物,而云群臣相为公刘设几筵,使之升坐者,为礼之物实出于公,但使掌～群臣之职。"宋《三朝北盟会编》卷一○九:"振举百度,以图中兴,非常赋之所能～。"清胤禛《朱批谕旨》卷二○三上:"今所属各员,率多～军需,非平时可比。" ❷ 指供给备办的物资、饮食等。《旧唐书·马燧传》:"供饩小不如意,恣行杀害。抱玉具～,宾介皆惮不敢行,燧自赞请主邮驿。"明刘元卿《贤弈编》卷一:"谢太傅尝造陆祖言,祖言都无～。"

【供报】 gòng bào　呈报;报告。《旧五代史·唐书·马绍宏传》:"既而州郡～,辄滋烦费,议者以为十羊九牧,深所不可。"《元曲选·冯玉兰》四折:"着俺们～巡视地方,却是甚的主见?"《大清律例》卷一三:"若停塌沿港土商牙侩之家不报者,杖一百;虽～而不尽实,罪亦如之。"

【供陈】 gòng chén　供献陈列。唐佚名《牛头山瑞圣寺碑》:"讲辟虚堂,则龙王听法;～广殿,则天女献花。"《敦煌愿文集·亡考妣文范本》:"念捻六铢,～百味。"清陆陇其《灵寿志论》:"凡百～,尽托仆隶,师生不躬亲,有司不省视。"

瓘《书断列传》卷三:"帝命～榻书人赵摸、韩道政、冯承素、诸葛贞等四人,各榻数本,以赐皇太子、诸王、近臣。"宋魏泰《东轩笔录》卷七:"时又有随州僧智缘,尝以医术～仁宗、英宗。"清纪昀《阅微草堂笔记》卷五:"徐之画品,本居黄上。黄恐夺～之宠,巧词排抑,使沉沦困顿,衔恨以终。" ❸ 以某种技艺侍奉君王、高官的人。唐吴融《李周弹筝歌》:"～～且听语,自昔兴衰看乐府。"五代孙光宪《北梦琐言》卷六:"某曾为中朝宰相～,今日与健儿弹而不蒙我听,何其苦哉!"清洪昇《长生殿》二八出:"自家雷海青是也。蒙天宝皇帝隆恩,在梨园部内做一个～。" ❹ 祭祀祖先;祭祀神佛。唐孔颖达疏《诗经·召南·采蘋》序"《采蘋》三章章四句'至'祭祀矣'":"言既能循法度,即可以承事夫之先祖,～夫家祭祀矣。"刘肃《大唐新语》卷一二:"太子谕德张元一以斋谐～,时中桥新成,则天问元一在外有何好事?元一对曰:'洛桥成而郭霸死,即是好事也。'"宋曾敏行《独醒杂志》卷一〇:"维扬有石塔院者,特以塔之制作精妙得名。龙德幸维扬时,尝欲往观,先遣人排办～。"清《红楼梦》二五回:"再那经上还说,西方有位大光明普照菩萨,专管照耀阴暗邪祟,若有善男子善女人虔心～者,可以永佑儿孙康宁安静,再无惊恐邪祟撞客之灾。" ❺ 指祭品。清李玉《清忠谱》四折:"厂爷神像前的～摆设,一一也少不得。"《二度梅》三八回:"只见有三间经房,上面设立一香案,～甚是丰满。"

【供过】 gòng guò 服侍;伺候。宋吴自牧《梦粱录》卷一六:"更有百姓入酒肆,见富家子弟等人饮酒,近前唱喏,小心～,使人买物命妓,谓之闲汉。"耐得翁《都城纪胜·四司六局》:"排办局,专掌挂画、插花、扫洒、打渲、拭抹、～之事。"明《古今小说》卷二四:"三儿常上楼～伏事,常得夫人赏赐钱钞使用。"

【供攀】 gòng pān 在供词中牵连别人。《元曲选·冯玉兰》四折:"你道平白地把你来、把你来～定,只我这官司里世不曾经。"明王守仁《剿平安义判党疏》:"其馀党恶,悉不根究外,后因解京逆党刘吉、陈贤等～不已,朝廷之意:将复发兵加诛,则恐失信于下;将遂置而不问,则一般从逆之人乃至极刑抄没,而子桥等独不略加惩创,亦何以警戒将来。"清《荡寇志》九七回:"那鸟教头原呈抹煞,县里不许～,竟是事外之人。"

【供事】 gòng shì ❶ 犹言帮助。唐孔颖达疏《尚书·酒诰》传"往当使妹土之人,……奔走事其父兄":"故令往当使妹土之人,……当勤于耕种黍稷,奔驰趋益～其父与兄。" ❷ 指服役;为主人劳作。唐孔颖达疏《诗经·小雅·十月之交》"'抑此'至'然矣'":"今汝彻墙废田,～我者,于理则当然矣。"宋张禹偁《累赠太子洗马王府君墓志铭》:"府君始去兵即农,厚自封植。僮奴数百指,奔走～。树桑垦土,衣食以丰。"明张内蕴、周大韶《三吴水考》卷一三:"或令十排年出夫有每里三十名、六十名之例。而劳力者多非有田之家,享利者反无～之役。" ❸ 用于公事。唐贾公彦疏《周礼·春官·巾车》郑玄注"'辇车'至'为翟'":"此无所～,直是后居宫中从容所乘车也。" ❹ 供给。《册府元龟》卷九四二:"高骈镇淮南,为秦彦幽辱,计口给食。自五月至八月,外围益急,～遂阙。"明苏伯衡《补范宣子复郑子产轻币书》:"或者君其苟靡时作,庶民罢敝,土地所生,不足,~以异日之加币也。"《续资治通鉴》卷一〇八:"公尝患诸路兵不得尽合,及财物不足以～。""供事"此句中按,一作"供军"。 ❺ 职官名。明王恕《议传奉官升职奏状》:"至于在京堂上五六品职事,处于禁密之地,后虽降级,仍存,已为幸矣。"王世贞《弇山堂别集》卷七:"天顺中,岳修撰正为钦州同知。后复官,止于翰林～。"清姚元之《竹叶亭杂记》卷五:"此物自何来,人亦不知。堂上中书、～等群见之而不敢言。"

【供通】 gòng tōng ❶ 呈报;上报。《旧五代史·唐书·明

宗纪一》:"丙申,下敕:'今年夏苗,委人户自～顷亩五家为保,本州具帐送省,州县不得差人检括。'"《太平广记》卷一七二引五代王仁裕《玉堂闲话》:"遍勘在城仵作行人,令各～近来应与人家安厝坟墓多少去处文状。"《续资治通鉴长编》卷二五四:"五等丁产簿,旧凭书手及户长～,隐漏不实。" ❷ 上缴;交出。宋苏轼《应诏论四事状》:"往往苟逃罪戾,巧为文致,诱导无知之民,以陷欠负破荡之祸,如许人～自己或借他人产业当酒是也。"《续资治通鉴长编》卷二八〇:"其全席盐,限十日内经官自陈,点印贴纳,委所差官点数,用印号,毁抹旧引,给与新引,其贴纳钱,许～抵当。" ❸ 陈述。宋张咏《奏郑元佑事自陈状》:"除奉敕取问,匿住敕文四个月,及改差令狐穆缘由,已具～外,臣有情血,合具伸陈。" ❹ 供述。宋佚名《靖康要录》卷七:"时深为御史中丞,与开封府林摅,皆京死党也。京以怀素事付之,狱中～,事有于京者,深、摅二人力为掩覆。"《五灯会元》卷二〇《天童县华禅师》:"玉皇大帝恶发,追东海龙王,向金轮峰顶鞠勘。顷刻之间,追汝诸人作证见也。且各请依实～,切忌回避。傥若不实,表汝性命!"郑克《折狱龟鉴》:"而去后半年,县获强盗,因纵令妄乱～,有赃寄某家。" ❺ 串供。《文献通考》卷一七〇:"且行凶之时相助协力,到官后自相～,谓之有佐可也,何必更求有证。"

【供吐】 gòng tǔ ❶ 招供;供出实情。也指说出实情。宋欧阳守道《与王吉州论郡政书》:"男子奔走逃避,老弱被其捽缚,妾颜情不怯挠,曰:'乞给一幅纸,俟得～。'"洪迈《夷坚志》三辛卷七:"丘唤杖将棰妾,明祝允明《前闻记·奸狱》:"然而男子也,达亦骇怪,又逮恶少来,恶少～如达词。"清袁枚《子不语》卷二三:"讯以三木,始～。" ❷ 表述。宋林希逸《庄子口义》卷一三:"此便是参差处,是实～了尧舜且如此。"

【供物】 gòng wù 祭祀用的物品,包括香烛、瓜果酒食等。宋洪迈《夷坚志》三辛卷一〇:"乐平梅浦胡逢原,以淳熙十年于家厅建水陆大斋三日。临罢之夕,有执事者果缘院程慧新,盗佛前～,仍就用荐土地疏包裹,将以遗母。"《元史·张珪传》:"凡所～,悉为己有。"清胤禛《朱批谕旨》卷一三九:"臣思既至其地,理应与祭。祭后细阅～牺牲,前后殿豕羊尚备,～则简略之至矣。"

【供席】 gòng xí 放置香烛、祭品的席位。五代陈守中《大汉韶州云门山大觉禅寺大慈云匡圣宏明大师碑铭》:"日陈～,夜奏笙歌,施亿宝贝,舍万绮罗。"宋洪迈《夷坚志》三辛卷二:"于是就助国院斋戒,设坛诵咒,呼三童子考照,然后置～迎神。"清《红楼复梦》四七回:"承瑛堂设了三老爷坐位,摆上～,卧房内外地下筛上细灰,香烛、酒饭预备守夜。"

【供献】 gòng xiàn ❶ 献祭品。唐不空译《大圣文殊师利菩萨》卷下:"即往十方无量无数诸佛刹中,以食～诸佛世尊并声闻众。"宋《三朝北盟会编》卷一〇一:"仰礼部勘会,除缘天地宗庙陵寝～所须外,餘并罢哥。"清毛奇龄《武宗外纪》:"又传旨礼部总督军务威武大将军总兵官太师镇国公朱寿,令往南北两直隶、山东泰安州等处公干兼尊奉圣像,～香帛,祈福安民。" ❷ 特指献于帝王。唐李儇《平杨师立宣示中外诏》:"及逆节萌露,又劫诸～,及掠剽行路衣冠,将谓朝廷力不能制。"《册府元龟》卷五六:"癸酉,诏减服物～之属以千数。"清玄烨《哈蜜瓜》:"自彼国臣服以来,每岁常充～,中土始尝此味,前此所未有也。" ❸ 陈设。宋孟元老《东京梦华录》卷三:"殿廷～乐部马队之类。" ❹ 奉献;奉送。宋龙衮《江南野史》卷三:"后主使赏～,偁为不受。"明《金瓶梅词话》一五回:"今日来到奴这湫窄之处,虽无甚物～,也尽奴一点劳心。"清《绿野仙踪》一五回:"次早,不换买了许多梨、枣、桃子、苹果等类,～于冰。" ❺ 指所献的物品。《册府元龟》

卷五四六：“又访问当时进奉，亦兼用盐铁羡馀，～繁多，自后莫及。”清《醒世姻缘传》一六回：“晁书又押送了许多～，并斋僧的物事，出到寺中，不必细说。” ❻ 指供品。敦煌词《十二时·普劝四众依教修行》：“纯陀供，香积饮。法会斋筵陈～。”明《西游记》四五回：“没有歹人，如何把～都吃了？”清蒲松龄《穷神答文》：“宰猪羊，买果品，设～，把香焚，立一座祠堂，叫我做正尊。”

【供须】　gòng xū　同“供需”。唐李隆基《条制番夷事宜诏》：“所谓文武并用，国之大经，团结十万众兵，别令训习，分割数万匹马，皆有～。”宋李攸《宋朝事实》卷一七：“朕取今月内幸扬州，凡所～务令省约。”明韩雍《庆大司寇杨公序》：“史载窦禹钧有阴德，尝建书院，聚书延师，以教四方孤寒之士。无～者，咸给之。”

【供需】　gòng xū　供给所需。五代郭威《令所司备南郊仪注札》：“凡有～，并用官物，府县不得因便差配。”《宋史·史嵩之传》：“自开督府，东南民力，困于～。”明于慎行《穀山笔麈》卷一一：“汉武、唐高征讨四夷，发兵动数十万，不知粮饷军装若为～。”

【供养】　gòng yǎng　❶ 照料。《新唐书·李希烈传》：“然我为守，得失在主人，今士创重者须～，有如弃城去，则伤生死内，逃者死外，吾众尽矣。” ❷ 奉献。《敦煌变文校注》卷二《韩擒虎话本》：“蕃家弓箭为上，射雕洛（落）雁，～天使。”又：“但某乙愿请弓箭，射雕～单于。” ❸ 招待。《敦煌变文校注》卷四《破魔变》：“遇吉祥之长者，广铺草座，～殷勤。”清《聊斋俚曲·富贵神仙》：“欢喜的店主笑哈也么哈，服事殷勤十倍多。无处抓，～只得用葱花，杀鸡又赶饼，烧水又烹茶。” ❹ 享用。宋孟元老《东京梦华录》卷八：“八月秋社，各以社糕、社酒相赍送贵戚。宫院以猪羊肉、腰子、奶房、肚肺、鸭饼、瓜姜之属，切作棋子片样，滋味调和，铺于饭上，谓之‘社饭’，请客～。” ❺ 像佛像一样供奉。五代何光远《鉴诫录》卷六：“有《题大慈寺芍药》云：‘好是芳馨堪～，天教生在释门中。’”金《董解元西厢记》卷三：“宜淡玉，称梅妆，一个脸儿堪～。”清《白雪遗音·戏芳》：“只因奉小姐之命，命我到书院前，折奴素心腊梅，瓶中～。” ❻ 作为学费的钱财。明戚继光《练兵实纪》卷二：“但教师之类，皆血气小人，一技在身，如藏至宝，便不肯尽其法以诲人，且或需索～，以厚薄为是非。”朱国祯《涌幢小品》卷一：“我辈初做秀才时，馆谷每岁束脩不下五六十金，又受人非常～。”

【供应】　gòng yìng　另见 gōng yīng。❶ 指供给或被支使的人。唐李隆基《巡幸东都赐赉从官敕》：“令鸿胪据蕃望高下节级分付，供顿州百姓所据缘顿差科及夫匠杂役～等人，宜放今年地税。”《宋史·仪卫志二》：“皇后仪卫……～六十三人。”清《隋唐演义》一九回：“皇爷前自有带来内侍～，你等也暂去休息，要用来宣你。” ❷ 伺候，供人役使。宋范镇《东斋记事》卷四：“有王有者，州将每令赵昌画，则遣有服事～。久之，其画遂亚于昌。”明梁辰鱼《浣纱记》二二出：“夜间侍宴宫中，早来～殿上，我且歇息一回。”清《红楼梦》四四回：“平儿并无父母兄弟姊妹，独自一人，～贾琏夫妇二人。” ❸ 艺人以技艺侍奉。《文献通考》卷一四七：“诏诸乐章，令岘修撰教习～。”明沈德符《万历野获编》卷一〇：“按宋世学士赴院，开封府点集优伶，至用女妓。”清《后红楼梦》一五回：“又有这女乐的～是前门外一座字号店。” ❹ 指所供给的物资、食物；也指自己所需的物资、食物。宋陈次昇《上哲宗论理财》：“然而额外上供之数未除，窃恐异日～不办，官司则有失职之责。”明《梼杌闲评》三九回：“一到即忙迎接，预备下齐整公馆安插，日逐送的都是上等～。”清《女仙外史》四七回：“月君别了鲍、曼二师，止带素英，……及女真等二十名，自备～，前往蒲台。”

【供招】　gòng zhāo　❶ 人犯招供。宋朱熹《按唐仲友第四

状》：“据叶志等供草簿内，仲友以公库钱六百九十九贯五十二文买暗花罗等，与弟子严蕊等制造衣服，其严蕊等亦已～件数，在案分明。”元明《三国演义》二三回：“吾今熬刑不过，只得～。”清袁枚《子不语》卷二三：“且诸女子与通奸，毕暗昧不明之事，尽可覆盖，何必逼我～，宣诸章奏，各拟重杖，使数十郡县富贵人家女子，玉雪肌肤困于朱木乎？” ❷ 指供词；供状。宋周密《癸辛杂识》别集卷上：“于是始伏，自书～，极其详悉。”《元曲选·虎头牌》四折：“他道你结下的冤仇大，伤了他旧叔侄美情怀。一任你昨日的～依然在，休想他低头做小心肠改。”清《野叟曝言》一二七回：“因掷与纸笔，自写～，画了花押，方才放绑。”

【供职】　gòng zhí　担任公职。宋欧阳修《赐宣徽南院使淮康军节度使张尧佐乞知西京不允诏》：“未满任，蒙诏即～。”《元曲选·望江亭》四折：“白士中照旧～，赐夫妻偕老团圆。”清《红楼梦》九九回：“昨岁～来都，窃喜常依座右。”

【供指】　gòng zhǐ　供述；招供。《续资治通鉴长编》卷四七三：“其间贫困扫地无可蚕食者，则县胥教令～平人。”《元典章·刑部十八》：“更兼被套卖人口自幼离乡、经来年深，不能省记元籍住贯、父母亲属姓名，多有～争差，无可着落。”清蓝鼎元《平台纪略》：“知县汪绅文缉获叶枕、廖猛、赖兴、赖勤等，～同谋聚众群贼。”

【供众】　gòng zhòng　供养寺院的僧众。宋宗杲《宗门武库》：“福严直和尚，东川人。初游方见真如和尚，发明正见。在沩山知客寮立僧，因言语过失，乞退作园头，以赎其罪。真如云：‘汝福薄，事园～，乃所宜也。’”《宋高僧传》卷八《康韶州今南华寺慧能传》：“愿竭力抱石而舂，～而已。”

【供状】　gòng zhuàng　❶ 书面供词。宋苏辙《言蔡京知开封府不公事第五状》：“今但勾到证左，信令虚妄～，称不是召人承买手分。王士安乞送所司，京执不肯，只以所供虚妄状词为凭，显是情弊。”《元曲选·勘头巾》四折：“赵仲先，将取过～来，读与他听者。”清《说岳全传》六〇回：“岳飞受了多少严刑，今日写下一张～在此。” ❷ 招供；呈交供状。宋司马光《涑水纪闻》卷七：“齐贤坐相府，召讼者曰：‘汝非以彼所分财多，汝所分财少乎？’皆曰：‘然。’即命各～结учни，乃召两吏趣徙其家，令甲家入乙舍，乙家入甲舍，货财皆按堵如故，分书则交易之，讼者乃止。”明《西游补》一五回：“唐僧道：‘孙悟幻，你是什么出身，快～来，饶你性命。’”清纪昀《阅微草堂笔记》卷一二：“田白岩说一事曰：某继室少艾，为狐所媚，劾治无验。后有高行道士，檄神将缚至坛，责令～。” ❸ 泛指自陈事实或自陈事实、道理的文字。五代石重贵《勒停李鼎现任敕》：“李鼎方居宪府，合禀朝章，岂可八月中丧妻，十月后～？欺公冒宠，以死为生，既彰罔上之愆，难处触邪之地。”元辛文房《唐才子传》卷二《李白》：“白～不书姓名，曰：‘曾令龙巾拭吐，御手调羹，贵妃捧砚，力士脱靴。天子门前，尚容走马，华阴县里，不得骑驴？’”清《说岳全传》七三回：“阎王道：‘汝好议论古今之人臧否，我今令你写一～上来，若写得有理，便放你还阳，与妻孥完聚。’” ❹ 立下保证书。也指保证书。宋司马光《涑水纪闻》卷一〇：“顾谓直省官曰：‘引都知等至中书，令～，今后禁中事如不令两府知，甘伏军令。’”《宋史·食货志上三》：“州县欲其速过，但令～，以钱给之，沿流乡保递送骚扰，公私横费百出。”清《十二楼·拂云楼》五回：“就取一副笔砚、一张绵纸，放在七郎面前，叫他自具～。”

【供桌】　gòng zhuō　同“供桌”。宋王明清《挥麈后录馀话》卷二：“偶邂逅金坛士子郭珣瑜者，因与共处于天宁寺佛殿之～下。”《元曲选·魔合罗》二折：“下的这头口，进的这庙来，怎么不见李

大？原来在这～底下，病重了也。"明佚名《太常续考》卷一："两庑神龛九座，～一张。"

【供桌】　gòng zhuō　陈设供品的桌子。元明《水浒传》一〇回："把刀尖插了，将三个人头发结做一处，提入庙里来，都摆在山神面前～上。"明沈德符《万历野获编》卷二七："京牛首山寺塔，其影独照伽蓝殿上～，倒立甚分明。"清《红楼梦》五四回："第二日便到阎王庙里烧了香，九个人都在～底下睡着了。"

【贡】　gòng　另见 gǒng。❶ 贡举，科举考试。明陈全之《蓬窗日录》卷五："鄱阳张公琬，字宗琰。洪武初，以～入太学试高等，拜给事中，调户部主事。"清赵吉士《寄园寄所寄》卷六："洪武二十二年应～，庚午试南畿，五经题兼作，以违式取旨。"❷ 选送廪生升入国子监肄业。明袁袠《世纬》卷上："其年耄昏及暗于经术者，毋得滥～。～则督学者连坐焉。"清李斗《扬州画舫录》卷一〇："王士禛……父与敉，～入太学。"❸ 成为贡生。也指贡生。明《二刻拍案惊奇》卷四："恰值宗师考贡，张廪生已自～出了学门。"《明史·选举志一》："诸生上者中式，次者廪生，年久充～，或选拔为贡生。"清《儒林外史》二〇回："我如今～了，要到京里去做官。"

【贡场】　gòng chǎng　❶ 犹"贡院"，考贡士的场所。唐张籍《祭退之》："一来遂登科，不见苦～。"宋李昂英《送广帅赵平斋汝暨解印趋朝》："～宏敞拓，庇士千间厦。"❷ 进贡物资的场地。宋佚名《两朝纲目备要》卷一三："与白塔坦皆臣属于金，每岁其王自至金界～，亲行进奏。金人亦量行答赐，不使入其境也。"

【贡诚】　gòng chéng　输诚；表示诚意。唐陆贽《论裴延龄奸蠹书》："事关兴亡，固不可忽，希旨顺默，浸已成风，奖之使言，犹惧不暇，若又阻抑，谁当～？"宋苏轼《赐河西军节度使西蕃邈川首领阿里骨进奉回诏》："果因物以～，愿洗心而效顺。"明程敏政《与尚书琼山丘公》："计仁人汪度，必加亮察。因刘掌教有斯文之好，辄此～。"

【贡官】　gòng guān　❶ 贡举的主考官。《元曲选·潇湘雨》二折："妾身是今场～的女孩儿，父亲呼唤，须索见去。"又四折："待老夫写表申朝，问他一个交结，停妻再娶，纵容泼妇，枉法成招。"❷ 送贡物的官员。明李梦阳《道逢黑豹鹰狗进贡十韵》："～驰马尘埋面，驿吏遭棰泪满眶。"

【贡媚】　gòng mèi　献媚。明蒋冕《太学生丘君行状》："浊乱天下，弗受其责，非可以相与佞子～。"朱长祚《玉镜新谭》卷五："总督刘则魏忠贤之私人也，居官劣状，姑不缕陈，惟是屈膝而叩喜容之前，大帽而尾行边之后，五经扫地，～堪羞。"清《四库总目提要·东窗集》："是扩本因桧得进，故假草制以～。"

【贡生】　gòng shēng　科举时代，府、州、县生员成绩或资格优异者，升入国子监（太学）肄业，称为贡生。贡生分恩贡、拔贡、副贡、岁贡、优贡等。宋吴自牧《梦粱录》卷一五："礼部贡院在观桥西。中兴纪年，诸郡～，类试各路转运所在州府就试。"明文秉《烈皇小识》卷六："次必首荐先生也，不然，必是老～。"清蒲松龄《戏三出·闱窘》："我曾听得朋友说：曾有一个人，叫做甚么袁了凡，曾行其功过格，把一个冷冷落落的～，自做了热秃秃的进士。"

【贡声】　gòng shēng　❶ 以唱歌为业的人。宋王灼《碧鸡漫志》卷二："业唱歌者，沈亚之目为'声家'，又曰'声党'，又曰'～中禁'。"❷ 唱歌；贡献乐章。唐沈亚之《歌者叶记》："然以莒能善人，而优曹亦归之，故卒得不～中禁。"元辛文房《唐才子传》卷七《刘驾》："恨愚且贱，不得拜舞上前，作诗十篇，虽不足～宗庙，容盛德，愿与耕稼陶渔者，歌江湖田野间，亦足自快。"

【贡实】　gòng shí　❶ 表达诚意。宋司马光《辞免翰林学士第二状》："人虽不言，能不内愧，是用输肝沥胆，～自归。"明王廷陈《七申》："用情者无嫌于细，～者不务于夸。"❷ 上贡充实。元姚燧《中奉大夫荆湖北道宣慰使赵公墓志铭》："闻令下，采民女姿德宜者，～掖庭。"

【贡文】　gòng wén　❶ 举子参加礼部考试时所作的诗文。唐卢纶《送尹府令狐楚及第后归觐》："～齐受宠，献礼两承欢。"❷ 献上所作的诗文。柳宗元《故殿中侍御史柳公墓表》："观艺灵台，～有司。"

【贡务】　gòng wù　贡举事务。五代王定保《唐摭言》卷一四："常思惕厉，粗免悔尤，已尘铨衡，复忝～；昨虽有过，今合具陈。"又："伏以近年～，皆自阁下权知，某叨历清崇，不掌纶诰，去冬遽因铨衡，叨主丈柄，珥貂载笔，忝幸实多。"

【贡馀】　gòng yú　❶ 进奉宫廷所馀下的。唐皎然《送顾处士歌》："禅свой有情非世情，御舛～聊赠行。"宋王栐《燕翼诒谋录》卷一："天圣六年四月庚戌，诏三州不得以～为名饷遗近臣，犯者有罚。"清厉鹗《敬身用山谷韵乞高丽墨于功千而墨仅二枚一赠尺凫一以赠仆竟无以应也次韵答之仆亦同作》："～入手竞分藏，主不吝留等穷子。"❷ 宋代对待补太学生的嘲戏语。宋张世南《游宦纪闻》卷二："淳熙丁酉，议者以混补太学，人数狠冗，逐立待补太学生之法。以终场人数定其额，百人取三，继又倍之。预选者，是亦薄收场屋之效。时多嘲谑之语。独司业计公衡，名之曰'～'，尤觉隽永。"❸ 御膳赐给民间的称贡馀。元杨允孚《滦京杂咏》之九〇："御馔官厨不较馀，金门掌膳意勤如，更分光禄瓶中酒，烂醉归时月上初。"原注："凡御膳及民间者谓之～。"❹ 蜀中纸名。宋陆游《老学庵笔记》卷一："谢景鱼名沧涤砚法：用蜀中～纸，先去墨，徐以丝瓜磨洗，馀渍皆尽，而不损砚。"明何宇度《益部谈资》卷中："蜀笺，古已有名，至唐而后盛，至薛涛而后精。据谱云：笺之名不一，有曰玉版，曰麦光，曰～，曰经屑。"

【贡谀】　gòng yú　阿谀；献媚。宋胡铨《遗表》："相如草封禅以～，切所不敢；张巡为厉鬼以杀贼，死亦不忘。"明朱长祚《玉镜新谭》卷七："窃观一刑馀之人，而天下～献媚，忍心昧理之徒，翕然附和而尊崇之，称其功如周、召，颂其德如禹、汤，以至遍地立祠，设像而祝釐焉。"清法式善《陶庐杂录》卷五："噫，心乎为国者，随事献忠。意在阿君者，百计～。忠佞之分途如此。"

【贡元】　gòng yuán　贡生的尊称。宋傅察《回贡元启》："窃以～先辈，字量宏深，风猷邃雅。潜神默记，颇通诸家之书；博物洽闻，多识前世之载。"明柯丹邱《荆钗记》三出："老夫姓钱，名流行，温城人也。昔在鸿门，忝考～。"清《醒世姻缘传》五〇回："县公依允，即时分付做'成均升秀'的扁，'～'的旗，彩亭羊酒，差礼工二房下到明水与狄希陈行贺。"

【贡院】　gòng yuàn　科举时代举行乡试、会试的场所。唐高彦休《阙史》卷上："是冬，主文者将莅事于～，谒于相门。"宋沈括《梦溪笔谈》卷一："礼部～试进士日，设香案于阶前，主司与举人对拜，此唐故事也。"《明史·选举志二》："试士之所，谓之～。"

【贡主】　gòng zhǔ　贡举的主考官。《元曲选·潇湘雨》二折："小生崔通，揎过卷子，今场～呼唤，须索走一遭去。"又《生金阁》一折："小的每，便写个帖儿，寄与今场～去。说是我说来，就捎一个官儿与他。"

gōu

【勾】　gōu　另见 gòu。❶ 肢体弯曲勾挂或勾绊。明《醒世恒

言》卷一五:"一手～着颈项儿,百般旖旎。"《挂枝儿·眼里火》:"看上了妙人儿,不能勾成就,背地里只将那小脚儿～。"清《后水浒传》四三回:"王摩急要跳起,早被一脚～翻,霎时吃了两跌。" ❷ 用笔画钩,表示除掉、注销、删除或标记。宋朱熹《五朝名臣言行录》卷七:"公取班簿,视不才监司,……一笔～之,……富公……谓公曰:'十二丈则是一笔,焉知一家哭乎?'公曰:'一家哭何如一路哭耶?'"明《醒世恒言》卷二六:"莫不是我出城这几日,我的官被～了?"《西游记》三回:"悟空拿过簿子,把猴属之类,但有名者,一概～之。"清《红楼梦》三八回:"便蘸笔至墙上把头一个《忆菊》～了。" ❸ 勾销;抛撒。元孔文卿《东窗事犯》二折:"想微臣盖世功劳,到今日一笔都～。"佚名《错立身》一二出:"〔且〕噤,一击尽都～,免吃偏偬。"清《聊斋俚曲·翻魔殃》:"谁想他绺头夜猫,已是成了下流,把正经事一笔全～。" ❹ 描画。清孔尚任《桃花扇》二四出:"〔副净〕琼瑶楼阁朱微抹。〔末〕金碧峰峦粉细。〔净〕好一派雪景也。"俞蛟《潮嘉风月记》:"稍长辄～眉敷粉,撅管调丝。" ❺ 查考审理。唐颜师古《匡谬正俗》卷八:"今之官书文按检覆得失谓之为～,音褠,何也? 答曰:……其讫了者,即以朱笔钩之,钩字去声,故为褠音耳。" ❻ 罚酒。唐王梵志《敬他保自贵》:"你若敬他,他还敬算你。～他一盏酒,他～十巡至。"《敦煌变文校注》卷四《难陀出家缘起》:"饮满～巡一两杯,徐徐慢怕(拍)管弦催。" ❼ 征召;征调。宋《三朝北盟会编》卷一六二:"来时韩世忠要出皇帝圣旨文字,教绘等看,已～回韩世忠,令往镇江府驻札。"《元曲选·救孝子》一折:"老夫亲自～军,来到此开封府西军庄。"《三国志平话》卷下:"刘璋捎坏张松,荒速令人远赴巴州,～太守严颜。" ❽ 传唤;传讯。《元典章·吏部六》:"～到本主,当官认过,委是本家在逃驱奴。"《元曲选·勘头巾》三折:"张孔目～将我来,三推六问,诉出实情。" ❾ 捉拿;拘收。《元典章·刑部二》:"被～到官,罪无轻重,即监入禁,动经旬月。"元明《水浒传》二二回:"我们凭书请客,奉贴～人。" ❿ 勾摄(魂灵)。《元曲选·冤家债主》三折:"我仔细想来,不干别人事,都是这当境土地和这阎神,～将俺婆婆和两个孩儿去了。"明《拍案惊奇》卷三五:"我这两个业种是东岳求来的,不争被你阎君～去了。"清《聊斋俚曲·襄妒咒》:"像是那江城做的魔殃,魂儿～去,那大夫也是无方。" ⓫ 圈送。《元典章·吏部六》:"州司有阙,县司吏内～补;路司吏有阙,州司内～补。" ⓬ 勾引;引动。宋黄庭坚《丑奴儿》:"口沙得过口儿嘛。直～得、风了自家。"元张可久《醉太平·金华山中》:"数枝黄菊～诗兴。"清《聊斋俚曲·襄妒咒》:"昨日冒雨,到了他家,旁里没人,俺俩闲吧!吧了半日,不敢～他;勾搭不上,怕他发渣。" ⓭ 勾结。明《古今小说》卷四〇:"沈鍊等到因失职怨望,教浩等煽妖作幻,～虏谋逆。"

【勾剥】 gōu bō　搜括;剥夺。《旧唐书·宇文融传》:"所由殊不知陛下爱人至深,务以～为计。"宋张方平《食货论·轻重》:"有司徒能张其空簿,多设科禁,～奇赢。"明胡广《唐宪宗读国史》:"用一皇甫镈为相,聚敛～,奸妄巧媚,以进妖人贻身祸,何其所为先后之盭乎?"

【勾除】 gōu chú　❶ 勾销;消除。也指勾画,表示除去(处决)。元萧德祥《小孙屠》一三出:"从今契合非容易,把闲愁从此～,办坚心休题是共非。"《元曲选·谢天香》二折:"小人便关节煞,怎生～籍不做娼,弃贱得为良。"《大清律例》卷三七:"其情实者,俟命下之日,刑科三次覆奏,经御笔～者正法,其馀仍监固。" ❷ 免去(职务)。明《警世通言》卷三:"天下官员到京表章,升降～,各自安命。"清洪昇《长生殿》三三出:"待将咱这卑职来～。"

【勾串】 gōu chuàn　勾结串通。清于成龙《严禁略卖檄》:"如有外来奸徒～地棍,兴贩人口者,立行严拿究解。"胤禛《朱批谕

旨》卷四三上:"闽省讼师多有～各衙门胥役,舞文滋弊,殊为闾阎大害。"《儒林外史》一九回:"～提学衙门,买嘱枪手代考。"

【勾搭】 gōu da　引诱;多指男女间引诱或有私情。《元曲选·黑旋风》四折:"从来白衙内,做事忒狡滑。拐了郭念儿,一步一～。"明《型世言》二六回:"因与一个赌行中人往来,相好得紧,见他妻子美貌,他便乘机～,故意叫妇人与他首饰,着他彻夜去赌,自己得停眠整宿。"清《聊斋俚曲·襄妒咒》:"昨日冒雨,到了他家,旁里没人,俺两闲吧;吧了半日,不敢勾他,～不上,怕他发渣。"

【勾牒】 gōu dié　拘票。清《聊斋志异·杜翁》:"不知何事,但有～。"蒲松龄《戏三出·南吕调九转货郎儿》:"参可差吊牌忽到,这一场惊魂不小,一盆冰水顶门浇,似阎罗王～至,把狂魂儿惊吊了。"

【勾断】 gōu duàn　❶ 表示暂且不说。宋《朱子语类》卷一二九:"今则所谓负刚大之气者,且先一笔～。" ❷ 表示到此为止。宋钱世昭《钱氏私志》:"二三十年功名富贵,转盼成空,何不一笔～,寻取自家本来面目。"元吕止庵《风入松》:"再不将风月参,欠馀滥。"陶宗仪《辍耕录》卷一五:"哭相思两手托空,意难忘一笔～。" ❸ 勾销;抹去。宋胡宏《与僧吉甫书三首》:"大抵入道,自有圣人所指大路,吾辈但当笃信力行,其它异同一笔～。"元《三国志平话》卷下:"倘人我朝,曹公仁德,则一笔～。"清《性理大全书》卷六〇:"伊川生平不喜人用智,独喜子房此着,具见《易传》,可玩味。自是转移君心一道理,未可以一笔～。" ❹ 判断,下断语。宋陈武《考古论·封建》:"子厚不知封建之法,只缘诸儒纷纷异同,故子厚一笔～,曰:'非圣人意也。'此正如王嗣辅说《易》,一笔～:'交象而专空谈也。'"

【勾管】 gōu guǎn　❶ 管理。宋范仲淹《陈乞颍亳一郡状》:"自臣抱病,～不前,上无以分宵旰之忧,下无以逃尸素之消。"明唐寅《和沈石田落花诗》之十:"绕树百回心语口,明年～是何人?" ❷ 拘管;管束。明汤显祖《牡丹亭》五五出:"桃条打,罪名加,做尊官～了廉下。" ❸ 指管家。元高明《琵琶记》六出:"告～哥得知,老媳妇特来与枢密的舍人求亲。"

【勾合】 gōu hé　串通;勾结。明《禅真后史》四四回:"的系潘屿见财起意,于路～凶汉羊雷,杀死潘屿,劫去银两无疑。"《梼杌闲评》四九回:"拿了些金珠细软,～了几个孩儿下人,只说忠贤黑夜脱逃。"清《补红楼梦》二五回:"这鲍二因头里撺了出去,便～了周瑞的干儿子,约了一起强盗,趁老太太出殡的时候,弄了上房多少东西去。"

【勾唤】 gōu huàn　召唤;传唤。《旧五代史·世宗纪五》:"候彼中起揭逐处将员及军家口丁毕,只请差人～在彼将校割州城。"《元曲选·后庭花》四折:"开封府～你咿!"明《禅真后史》四二回:"蒙老爷差公人～恶犯,为义男伸冤。"

【勾会】 gōu huì　核算;计算。唐柳宗元《馆驿使壁记》:"列其田租,布其货利,权其入而用其积,于是有出纳奇赢之数,～考校之政。"又《祭李中丞文》:"进为正郎,～是专。"

【勾集】 gōu jí　召集;聚集。宋范仲淹《奏乞拣沿边年高病患军员》:"臣等欲乞朝廷于都知押班及近上内臣内选差谙历边事者三员,内二员往陕西路,一员往河东路,计会逐处经略部署司,～管下屯驻驻泊就粮诸军人员司共拣选。"金佚名《大金吊伐录》卷一:"并据边臣累奏,夏国见～重兵,广备粮食,借助昏主,军声甚大,用意非浅。"《元史·食货志五》:"每至十二月初,差人～各处提举司官吏,关领次年据引。"

【勾栏】 gōu lán　❶ 栏杆。唐张鷟《朝野佥载》卷五:"赵州

石桥甚工,……上有～,皆石也,～并有石狮子。"《金史·舆服志上》:"明远车,制如屋,锐顶,重檐,～。"清袁枚《随园诗话》卷一五:"今人动称'～'为教坊,《甘泽谣》辨云:'汉有顾成庙,设～以扶老人。非教坊也。'教坊之称,始于明皇,因女伎不可隶太常,故别立教坊。" ❷ 艺人表演百戏、杂剧的固定场所。宋《西湖老人繁盛录》:"瓦市:南瓦、中瓦、大瓦、北瓦、蒲桥瓦。惟北瓦大,有～一十三座。"《元曲选外编·紫云庭》一折:"我～里把戏得四五回铁骑,到家来却有六七场刀兵。"明《警世通言》卷二一:"俺在汴京,为打了御花园,又闹了御～,逃难在此。"清钮琇《觚賸》卷一:"土谷灵祠高树帜,建十～呈百戏。" ❸ 指妓院。明杨珽《龙膏记》二一出:"就是那些～中娼妓,都是驸马爷看见的,都得中驸马爷意的?"《禅真逸史》一三回:"昔日同房一友,往～中行过,见一垂发女子,万分美貌,特意去梳拢他。"清《聊斋志异·鸦头》:"～原无情好,所绸缪者,钱耳。君依恋不去,将掇奇祸。"

【勾阑】 gōu lán 同"勾栏❷"。元佚名《错立身》四出:"〔旦〕奴家今日身已不快,懒去～里去。"陶宗仪《辍耕录》卷二七:"胡仲彬,乃杭州～中演说野史者,其妹亦能之。"

【勾勒】 gōu lè ❶ 用刀、笔刻、画出事物的轮廓或大致情况。宋米芾《书史》:"欧阳询书道林之寺牌,在潭州道林寺。笔力劲险,～而成,有刻复本。"明张岱《陶庵梦忆》卷一:"其竹器,一帚一刷,竹寸耳,～数刀,价以两计。"清弘历《右桃花》:"墨惟～无渲染,卉物为之恐失真。" ❷ 曲尽描写。明张岱《陶庵梦忆》卷八:"然其所打院本,又皆主人自制,笔笔～,苦心尽出,与他班卤莽者又不同。"

【勾连】 gōu lián ❶ 连接;交织。唐李白《蜀道难》:"地崩山摧壮士死,然后天梯石栈相～。"明刘元卿《贤弈编》卷三:"织草为履,～相属也。"清洪昇《长生殿》四六出:"楼阁蜿蜒,门闼～。" ❷ 勾结。唐李渊《曲赦凉甘等九州诏》:"而河湟之表,比罹寇贼,～凶丑,壅隔朝风。"宋赵令畤《侯鲭录》卷七:"老种太尉师道预知金人反覆,上进二诗,……诗曰:'外塞胡儿里党臣,～数众赴京城。'"明朱长祚《玉镜新谭》卷五:"慨自权珰擅政,窃弄威福,群邪密布,内外～。"清《飞龙全传》三一回:"况你～郭威谋反,兵犯皇都,身带弥天大罪。" ❸ 关涉;牵扯;牵绕。五代彭晓《周易参同契分章通真义叙》:"内有歌鼎器一篇,谓其词理～,字句零碎。"宋欧阳修《论内臣冯承用与外任事札子》:"今若未行远黜,则言事臣寮不免再有论奏,～狱讼,生事转多。"晏几道《与团圆》:"眼是心媒,心为情本,里外～。" ❹ 联络;联合。明《型世言》一七回:"前日看的石城山,是个天险,我们且据住了,再着人～一套房,做个应手。"清《聊斋俚曲·磨难曲》:"～了蒙古骚达子,大家杀去杀杨蕃。"《东周列国志》五回:"冯怨父而嫉与夷,出奔于郑。郑伯纳之,常欲为冯起兵伐宋,夺取与夷之位。今日～伐郑,正中其怀。" ❺ 招致;遭遇;染上。明万民英《三命通会》卷二:"如相克合者,难事而易悦,多是定计,动多招损,更有凶煞相兼,横事～,惊暴之灾,不致深咎。"金堡《八声甘州》:"只使君青鬓,霜雪又～。"

【勾留】 gōu liú ❶ 扣留;稽留;拘留。唐牛僧孺《玄怪录》卷一:"景生未合来,固非冥间之所～,奈何私欲而有所害?"戴孚《广异记·六合县丞》:"门吏以色美,曲相留连。……便呼吏问:'何得一谭家女子?'决吏二十。"《敦煌变文校注》卷一《伍子胥变文》:"子胥见兄所说,遥知父被～。逆委事由,书当多为(伪)。" ❷ 停留;逗留。唐白居易《春题湖上》:"未能抛得杭州去,一半～是此湖。"《敦煌变文校注》卷三《燕子赋(二)》:"急手还他窟,不得更～。"明卜大同《楚中思归》:"五斗何为者,三湘安所如。～犹未去,岂羡武昌鱼。"清《儒林外史》一八回:"四人高兴,一路说笑,～玩耍,进城迟了,已经昏黑。" ❸ 挽留。唐章孝标《上浙东元相》:"雪晴山水～客,风暖旌旗计会春。" ❹ 吸引流连;流连。唐白居易《春江》:"莺声诱引来花下,草色～坐水边。"宋张先《醉垂鞭》:"～风月好。平湖晓。翠峰孤。此景出关无。西州空图画。"清赵慎畛《榆巢杂识》卷下:"每值九秋,过晚香亭,寒香满室,耐可～。"

【勾罗】 gōu luó 勾引招惹。元尚仲贤《气英布》一折:"他待要使见识斯～,不由我按不住心上火。"

【勾抹】 gōu mǒ 涂掉;勾销。宋沈括《梦溪笔谈》卷一:"状检瀛王亲笔,甚有改窜一处。"《元曲选·桃花女》二折:"我受了你香灯祭祀,与你名下～了该死的册籍,注上三十岁,有九十九岁寿。"明刘效祖《锁南枝》:"与俺二人权作贺,万种相思一笔～。"

【勾牌】 gōu pái 迷信传说中冥府勾捉生人的拘票。明汤显祖《牡丹亭》二三出:"脱了狱省的～,接着活兔的投胎。"清《儒林外史》二二回:"话说卜老爷睡在床上,亲自看见地府～,知道要去世了。"

【勾批】 gōu pī 经长官用朱笔批过的勾牌或勾牌上的文字。明《金瓶梅词话》六二回:"潘道士观看,却是地府～,上面有三颗印信。"清《儒林外史》二二回:"即把两个儿子、媳妇叫到跟前,都吩咐了几句遗言,又把方才看见～的话说了。"

【勾牵】 gōu qiān ❶ 牵引;牵拉固定。唐王梵志《平坐歌舞处》:"生坐七宝堂,死入土角触。丧车相～,鬼朴还相哭。"清黄叔璥《台海使槎录》卷二:"盖以木为之,如屋顶式,可以避风雨剥蚀。两边用环～,然炮时掀下极易。" ❷ 牵挂。唐白居易《睡觉》:"五欲已消诸念息,世间无境可～。"杨巨源《寄江州司马》:"莫谩～雨花社,青云依旧是前途。" ❸ 交织;牵连。宋韦骧《咏草》:"～碧成阵,蒙葺密如丝。"《朱子语类》卷六五:"所谓得五成六者,一才～着五,便是个六。"明田汝成《西湖游览志馀》卷三:"桥上少年郎竞纵纸鸢,以相～,剪截线绝者为负。" ❹ 吸引。唐白居易《题卢秘书夏日新栽竹二十韵》:"撑拨诗人兴,～酒家欢。"《古尊宿语录》卷四五《宝峰云庵真净禅师偈颂》:"不得空王真妙诀,动随声色被～。"宋王炎《右清水岩》:"尚有诗魔降未得,不禁物色巧相～。" ❺ 招引;勾起;招惹;引入。宋强至《走笔依韵和酬王彦霖》:"今朝偶负寻春约,诗思～未肯休。"杨无咎《玉烛新》:"吟安个字。判不寐、～幽思。"朱熹《答吕伯恭》:"科举之教无益,诚如所喻。然谓欲以此致学者而告语之,是乃释氏所谓先以欲～,后令入佛智者,无乃枉寻直尺之甚,尤非浅陋之所敢闻也。"清汪琬《读宋人诗五首》之五:"平生不拾江西唾,枉被～入社中。" ❻ 牵缠。《元曲选·曲江池》一折:"那怕你堆积黄金到北斗边,他自有锦套儿腾掀,甜唾儿粘连,俏泛儿～。" ❼ 拉拢;勾结。唐李昂《禁园户盗卖私茶奏》:"今则事须私卖,苟务隐欺,皆是主人牙郎中里诱引,又被贩茶奸党分外～。"五代刘守光《上梁祖状》:"昨者兄守文遘于明时,擅兴兵革,坚贮吞并之志,全无友爱之情。诳惑宸聪,即言迎侍。～戎房,内退他图。"

【勾取】 gōu qǔ ❶ 征召;征取。《辽史·兵卫志上》:"又于诸军每部,量众寡,抽十人或五人,合为一队,别立将领,以备～兵马,腾逐公事。"《金史·选举志一》:"明昌五年,以学士院撰文字人少,命枢密省访有文采者～权试之。"明陆粲《庚巳编》卷一:"后广孝以高僧选入燕邸,预密谋,言忤于王,王亦素闻其人,乃以珙名隶尺籍,遣旗～。" ❷ 按勾批拘捕。也指鬼使勾摄人的灵魂。元佚名《挂金索》:"免教阎王、鬼使来～。"元明《水浒传》四二回:"本县差了这两个赵都头,每日来～。"清李玉《清忠谱》九折:"只消几行字,～一员官。"

【勾却】 gōu què　勾销。明范晶山《宫怨》:"鸾衾乍冷。蝶使不来。甚时～相思债。"清《聊斋俚曲·蓬莱宴》:"受欢乐也受悲伤,我从今要静养,一笔～从前账。"

【勾惹】 gōu rě　诱惑;招惹;引逗。宋《朱子语类》卷三五:"如今人才富贵,便被他～。此乃为物所役,是自卑了。"明陈洪谟《继世纪闻》卷六:"又以写亦虎仙知土鲁番入寇,不行劝阻,及先年许土鲁番段一千五百,～边患,与失拜烟答皆谋背本国,潜从他国,以叛逆论。"清《白雪遗音·玉美人》:"玉美人儿才十六,挽了挽乌云,欲搽油头,露出了,鲜红的兜兜雪白的肉,～的年轻的玉郎望上凑。"

【勾摄】 gōu shè　❶拘捕犯人、勾取兵丁等。《元典章·刑部十五》:"凡官吏取受不公等罪,虽已告发到官,对未定、或～追问未完及承伏未曾与决者,不幸罹父母之丧,合令依例奔讣丁忧。"明王士性《豫志》:"民壮、弓兵之设,止备郡邑～。"清刘献廷《广阳杂记》卷四:"有总祠一人,族长八人职之,举族人之聪明正直者四人为评事,复有职～行杖之役者亦八人。"❷处理诉讼案件。也指科派差役。元王恽《论复立博野县事状》:"至于送纳赋税,～聚集词讼等事,不惟往复远劳,其沙淴磁三河,经值秋夏水发泼漫,相接抵祁州迤东,一概流行,阻滞人难。"明周瑛《锦江赠别诗序》:"及官府有事,皆责成里甲,不遣舆隶下乡。"清赵吉士《寄园寄所寄》卷一引《臣鉴录》:"出知泗州,车驾既发,郡邑旁徨～,为其民,至塞户逃匿。"❸摄取灵魂。宋日称等译《诸法集要经》卷一:"是死力坚强,贵贱皆～。"《元曲选·张天师》四折:"我想陈秀才患病在床,若不将他魂魄～前来,看见这个境头,怎得有痊可之日?"明施显卿《奇闻类记》卷四:"吾某鬼也,来～汝子耳。"清《后西游记》三回:"凡人之生,南斗注生,北斗注死,阴司不过按其年月日时～奉行,片刻不敢差易,岂容临时斟酌。"❹比喻吸引。清《补红楼梦》二二回:"这一夜枕席的风流,便把魂灵都被他～住了。"

【勾使】 gōu shǐ　另见 gòu shǐ。❶官府派出的征收财物的使者。唐张鷟《朝野佥载》卷二:"建昌王武攸宁别置～,法外枉征财物,百姓破家者十而九,告冤于天,呼嗟满路。"《新五代史·郭崇韬传》:"崇韬因置内～,以绍宏领之。凡天下钱谷出入于租庸者,皆经内勾。"❷本指官府捕役。也指一般传递消息的使者。《元曲选外编·西厢记》五本二折:"这上面若签个押字,使个令史,差个～,则是一张忙不及印赴期的咨示。"❸勾引。明《金瓶梅词话》二一回:"吴月娘扫雪烹茶,应伯爵替花～。"《新刻绣像批评金瓶梅》一回:"你也便别要说起这干人,那一个是那有良心的行货! 无过每日来～的游魂撞尸。"

【勾使鬼】 gōu shǐ guǐ　阎王派出勾取人灵魂的小鬼,比喻勾引人的人。明《金瓶梅词话》二一回:"两个～又不知来做什么,你亦发吃了出去。"又七九回:"干净一家子都养汉,是个明王八,把个王八花子也裁派将来,早晚好做～。"

【勾思】 gōu sī　回想。元亢文苑《一枝花·为玉叶儿作》:"到如今抛闪得人独自,你那点至诚有谁似? 休把那山海盟言不～,相会何时。"

【勾肆】 gōu sì　即"勾栏❷"。宋孟元老《东京梦华录》卷七:"街东皆酒食店舍,博易场户,艺人～。"明贾仲明《凌波仙·吊赵明道》:"茶坊中嗑,～里嘲,明明德道泰歌谣。"

【勾索】 gōu suǒ　❶求取。《宋史·吕蒙正传》:"蒙正初为相时,张绅知蔡州,坐赃免。或言于上曰:'绅家富,不至此,特蒙正贫时～不如意,今报之尔。'"❷勾魂索命。清《豆棚闲话》七则:"当今国运新旧交接之时,那～的与填还,正在归结之际。"

【勾探】 gōu tàn　侦探;侦察。宋《三朝北盟会编》卷五〇:"潜遣人～,止有轻兵,乃以兵趋之。"

【勾填】 gōu tián　偿还。《敦煌资料》第一辑《唐大中五年僧光镜负偊布契》:"如过十月已后至于二月～,更加贰拾尺。"

【勾挑】 gōu tiāo　勾引挑逗。明《隋炀帝艳史》一二回:"今日这院留宿,明日在那院盘桓,或是私自～,或是暗中打合。"清《平山冷燕》二〇回:"普惠道:'小僧不寻相公,是吏部尚书张老爷有疏参二位相公与山小姐做诗～,伤了风化,奉旨拘拿御审。'"

【勾头】 gōu tóu　拘票;勾牌。《元曲选·鲁斋郎》楔子:"那一个官司敢把～押,题起他名儿也怕。"又《岳阳楼》三折:"～文书原着我协同着你拿这胡道人,我帮你,我帮你。"明《西游记》一七回:"这盘儿后面刻的四个字,说'凌虚子制',便是我们与那妖魔的～。"

【勾线】 gōu xiàn　勾引诱骗人的东西。元《前汉书平话》卷中:"我王不可去,此带乃是～,取大王之命,真乃陈平之计。"

【勾消】 gōu xiāo　❶注销。宋周辉《清波杂志》卷一一:"番江寓客赵叔简编修,宣和故家,所藏东坡亲书历数纸。盖坡为郡日,当直司日生公事,必著于历,当晚～,唯其事无停滞。故居多暇日,可从诗酒之适。"❷同"勾销❷"。明《拍案惊奇》卷一〇:"我们不少的是银子,拼得将来买上买下,再央一个乡宦在太守处说了人情,婚约一纸,只须一笔～。"清《聊斋俚曲·姑妇曲》:"泪珠儿抛,泪珠儿抛,恩情一笔尽～!"

【勾销】 gōu xiāo　❶注销。宋欧阳修《乞条制催纲司》:"如合毁拆变转,即先具合拆数目上簿,候拆了,赴造船场纳毕,取到收附,于催纲司呈验,开落～。"《宋史·陈恕传》:"凡支拨官物,便给除破文凭,却于所司置簿记录,催到收附文记,即乃～簿书取捷之门,亦为允当。"清孔尚任《桃花扇》四〇折:"怎知道鸳鸯簿久已～,翅楞楞鸳鸯梦醒好开交,碎纷纷团圆镜不坚牢。"❷取消;抹掉。元佚名《蟾宫曲·赞西域吉诚甫》:"检旧曲梨园架阁,举新声乐府～。"清《聊斋俚曲·磨难曲》:"我不肯伤天害理,该我账怎么～!"

【勾押】 gōu yā　❶在公文上批示、签字。唐白居易《酬别周从事》之一:"腰痛拜迎人客倦,眼昏～簿书难。"❷勾取扣押;勾取押送。宋苏轼《与林天和长官》之一八:"丰乐桥数木匠请假暂归,多日不至,敢烦指挥～送来为幸。"《宋史·兵志七》:"不可～至州者,差官就阅,期以同日究见的实。"❸职官名。《唐会要》卷三一:"准今年六月敕,令三司官典,及诸色场库所由等,其孔目、勾检、勾覆、支对、～、权造、指引进库官、门官等,请许服细葛布折造,及无纹绫充彩及袍袄。"《册府元龟》卷八四四:"及帝即位,鹘时为租庸院～,擢为客省副使、枢密院承旨,当年为三司副使。"

【勾引】 gōu yǐn　❶勾结串通。唐陈子昂《上蜀川安危事》:"然松茂等州诸羌首领,二十年来利得此军财帛粮饷,以富己润屋。今一旦停废,失其大利,必是～生羌,诈作警问,以恐动茂翼等州,复使国家征兵镇守。"宋龙衮《江南野史》卷四:"故周世宗初征淮南诏书云:'结连并寇与我为仇,～契丹至今未已。'"清《聊斋俚曲·增补幸云曲》:"或有奸臣下一封反书,～胡人困了北京,那时万岁有家难奔,有国难投。"❷引诱;挑逗。宋赵鼎《建炎笔录》卷二:"世忠之意,不欲张俊筑城,便欲令向前,～金人近前,我得地利,合军一击,便见得失。"《元曲选·墙头马上》二折:"都是这梅香小奴才～来的。"清《聊斋俚曲·增补幸云曲》:"众佳人貌如仙,帝心下露脚尖,时时～男儿汉。"❸招引;吸引。唐白居易《杨柳枝》:"依依袅袅复青青,～清风无限情。"宋辛弃疾《念奴

娇》："丁宁黄菊,未消～蜂蝶。"清《聊斋俚曲·增补幸云曲》："这一番君妃欢乐,～出作死的冲霄。" ❹ 引发触动。宋周邦彦《水龙吟·越调梨花》："亚帘栊半温,一枝在手,偏～、黄昏泪。"杨无咎《蝶恋花》："扑漉文禽飞不定。～离人,分外添归兴。"清《红楼梦》一七至一八回："固然系人力穿凿,此时一见,未免～起我归农之意。" ❺ 引领;介绍。《敦煌变文校注》卷一《董永变文》："家里贫穷无钱物,所买(卖)当身殡耶娘。便有牙人来～,所发善原便商量。"宋张伯端《西江月》之四："木金间隔会无因,须仗媒人～。" ❻ 挽留。唐姚合《送别友人》："独向山中觅紫芝,山人～住多时。"

【勾越】 gōu yuè 即越,今浙江一带。勾,前缀。宋梅尧臣《餘姚陈寺丞》："试邑来～,风烟复上游。江潮自迎客,山月亦随舟。"清屈大均《广东新语》卷二："曰～者,《淮南子》云:吴人语不正,言吴而加以勾也。勾,夷俗之发声也。颜师古云:吴与越音声多同,太伯自号曰勾吴,故越亦曰～也。"

【勾账】 gōu zhàng ❶ 勾销旧账。清《红楼梦》五七回："宝钗忙说:'是一张死了没用的,不知那年勾了账的。'" ❷ 比喻了结夙愿。明《拍案惊奇》卷一七："小奴才,我有意久了,前日不曾成得事,今且先勾了账。"又卷三二:"铁生从来心愿,赔了妻子多时,至此方才～。"

【勾拽】 gōu zhuài 勾引;引诱。《元曲选·百花亭》一折:"他把我先～,引的人似痴呆。我和他四目相窥两意协。"

【勾追】 gōu zhuī 传讯;追捕,拘。宋蔡襄《乞商税院不用赃吏》:"切见李寿明监商税院,为无名收税,非理～市肆之间,号为搔扰。"元郑廷玉《冤家债主》二折:"无官司～不请客,有关节临危却相待。"元明《水浒传》二二回:"他父亲宋太公并兄弟宋清,见在宋家村居住,可以～到官。"清陈鼎《东林列传》卷一五:"如元之末年,……其问人讨钱立,各有名目:下属始参曰见面钱,……～曰赍发钱。"

【勾捉】 gōu zhuō 拘捕;捉拿。宋赵鼎《建炎笔录》卷一:"一职官权州,遣吏追俱复回,托以押米赴阙。寻为宣司～,几为所斩,已而放出之。"元明《水浒传》九四回:"押纸公文,差人～凶身乔冽对问。"清徐锡龄、钱泳《熙朝新语》卷八:"秀水周青士笃嗜学工诗,吟诵不辍。有郡丞行署与周为邻,闻其声达旦不寐,恚甚,遣吏～,将加扑挞。"

【沟车】 gōu chē 水车。宋王安石《元丰行示德逢》:"四山翛翛映赤日,田背坼如龟兆出。湖阴先生坐草室,看踏～望秋实。"元曹文晦《水车歌》:"老农呼妇呼孙子,齐上～踏河水。"

【沟门】 gōu mén 营门。因营门前常掘沟以防御,故名。《元曲选·梧桐雨》楔子:"左右!～觑者,等来时报复我知道。"

【沟主】 gōu zhǔ 广西方言,官吏。宋周去非《岭外代答》卷四:"方言古人有之,乃若广西之蒌语,如称官为～。"

【抅搭】 gōu da 同"勾搭"。明《金瓶梅词话》一回:"这妇人见～武松不动,反被他抢白了一场好的。"又九四回:"话说陈经济自从陈三儿引到谢家大酒楼见了冯金宝,两个又～上前情。"

【抅卷】 gōu juǎn 勾引;引诱。抅,同"勾"。《敦煌资料》第一辑《癸卯年慈惠乡百姓吴庆顺典身契》:"比至还得物日,不许左右,或若到家被恶人～,盗切(窃)他人牛羊园菜麦粟,一仰庆顺祇当。"

【抅栏】 gōu lán ❶ 同"勾栏❷"。《元典章·刑部十九》:"于娼优～酒肆之家乞取酒食钱钞。"元明《水浒传》三三回:"那清风镇上,也有几座小～并茶坊酒肆。"明《金瓶梅词话》七七回:"玳安琴童跟随,径进～往郑爱月儿家来。" ❷ 指勾栏所表演的技

艺。明《二刻拍案惊奇》卷二:"你道如何叫得社火?凡一应吹箫、打鼓、踢球、放弹、～、傀儡、五花爨弄,诸般戏具,尽皆施逞。" ❸ 同"勾栏❸"。《元曲选外编·紫云庭》四折:"则教你住～,不交你住监房。"明《金瓶梅词话》二回:"又常与～里的李娇儿打熟,今也娶在家里。"

【抅绳】 gōu shéng 一头有钩子便于捆东西的绳子。《元曲选·渔樵记》一折:"两个人冲着我马头,被祇从人打将一个去了,只有这一个放下他那～匾担,立在道傍。"又二折:"正末拿～匾担上云。"

【抅肆】 gōu sì 同"勾肆"。《元典章·户部五》:"张德荣见以娼妓为生,合近～与同巷排列居止。"《元曲选·货郎担》四折:"虽则是打牌儿出野村,不比那吊名儿临～。"元周德清《中原音韵》卷下:"此体不可无,亦不可专意作而歌之,但可～中自念耳。"

【构栏】 gōu lán ❶ 栏杆。宋苏颂有《景灵宫石桥安～子动土祭告里域真官祝文》。元吴景奎《四月》:"轻红流烟香雨足,新槐影转～曲。"清徐乾学《读礼通考》卷九二:"周回襻风箐共一百二十扇,并～子一十七间。" ❷ 同"勾栏❷"。元詹时雨有《哨遍·新建一教坊求赞》。明《古今小说》卷一五:"因去瓦里看,杀了～里的弟子,连夜逃走。"汤式《哨遍·新建构栏教坊求赞》:"这～领莺花独镇着乾坤内,便一万座梁园也到不得。"《朴通事谚解》卷中:"～里看杂技去来。" ❸ 同"勾栏❸"。清《白雪遗音·穷妓》:"过一人,一把拉到～院。不当是调情,只当你是可怜。"

【构阑】 gōu lán 同"构栏❷"。元杜仁杰有《耍孩儿·庄家不识》。又睢玄明有《耍骇儿·咏鼓》:"开山时挂些纸钱,庆棚时得些赏贺,争～把我来妆标垛。"

【构惹】 gōu rě 招致。明《封神演义》一〇回:"只恐内传音信,～姜桓楚兵来,必生祸乱。"

【构肆】 gōu sì ❶ 宋元时艺人表演百戏、杂剧的固定场所。宋孟元老《东京梦华录》卷八:"～乐人,自过七夕,便般'目连救母'杂剧,直至十五日止,观者增倍。" ❷ 指妓院。《元曲选·百花亭》四折:"从今后美恩情一似调琴瑟,波生涯再不窥～。"明汤式《新水令·送王姬往钱塘》:"春残小洞房,门掩闲～,不是我愁红怨紫。"孟称舜《娇红记》四七出:"依门卖俏闲～,真憋的无终始。"

【构肆语】 gōu sì yǔ 勾栏中常说的戏曲俗语、套语。元周德清《中原音韵》卷下:"～:不必要上纸,但只要好听,俗语、谑语、市语,皆可。"

【钩剥】 gōu bō 同"勾剥"。《新唐书·韩滉传》:"然覆治案牍,深文～,人亦咨怨。"

【钩察】 gōu chá 探察。宋苏轼《应诏论四事状》:"今乃中道废格,以开奸吏乞取之路,反使朝廷之恩,独与夺于州县庸人之手,省部既不～,官吏亦恬不为虑,甚非所以仰称仁圣焦劳爱民之意也。"潘自牧《记纂渊海》卷二七:"王信字成之,权考功郎。有选人张公选,初一年免铨,至是秩改,吏妄引,复令梐之。公～其故,吏怖服。"明张元忭《沈束墓铭》:"当是时,上常居斋宫,好～外事,即狱中一语,动曰录以闻,谓之监帖。"

【钩窗】 gōu chuāng 一种内有托柱、外有钩阑的方格眼隔扇窗。宋李诫《营造法式》卷七:"造～阑槛之制:其高七尺至一丈,每间分作三扇,用四直方格眼。槛面外施云栱鹅项,内用托柱,各四枚,其名件广厚各取出跳窗槛每尺之高积而为法。"金《董解元西厢记》卷一:"药栏儿边,～儿外,妆点新晴。"明陈宪章《追和白石马教授奉寄其玄孙马竹隐》:"一榻清风明月夜,闲对紫薇花。"

【钩搭】 gōu da 同“勾搭”。《元曲选·争报恩》一折：“这早晚王腊梅还不到房里歇息，多咱又和丁都管～去了。”明《拍案惊奇》卷一八：“只是见放着这等美色，在自家庄上，不知可有些缘法否？若一发～得上手，方是心满意足的事。”清《续金瓶梅》二〇回：“女儿家没受这个滋味，只为玉卿吹箫点板，～了几番，倒叫李妈先收在手里，就和吃醋的一般。”

【钩逮】 gōu dài 牵连。《新唐书·徐有功传》：“捕将相，俾相～，掩捌护送，楚掠凝惨。”

【钩戟】 gōu jǐ 手势令称拇指为钩戟。一说食指。唐佚名《酒令·招手令》：“以～差玉柱之旁。钩戟，头指。玉柱，中指也。”明于慎行《榖山笔麈》卷一四：“五代朝贵宴集，为手势令，其法以手掌为虎鹰，指节为松根，大指为蹲鸱，食指为～，中指为玉柱，名指为潜虬，小指为奇兵，腕为三洛，五指为奇峰，亦谓之招手令。”

【钩联】 gōu lián 交织连接；交叉连接。唐韩愈《庭楸》：“庭楸止五株，共生十步间。各有藤绕之，上各相～。”宋苏轼《管仲论》：“夫以万二千五百人而均之八阵之中，宜其有奇而不齐者，是以多为之曲折，以尽其数，以极其变。～蟠踞，各有条理。”清翟均廉《海塘录》卷一五：“又无锭锔～，率用零星碎石逐层堆垛，一经雨水淋漓，处处渗漏胀裂。”

【钩连】 gōu lián ❶ 勾结；勾结联络。五代刘言《收复湖湘状》：“边镐暗赍金帛，密与～。计料加兵，欲谋攻逼。”宋张方平《大宋故推诚保德李公神道碑铭并序》：“孽臣专朝，僻讹奸骄，～日嚣，我心郁焦。”清《红楼梦》九九回：“李十儿便自己做起威福，～内外一气的哄着贾政办事。” ❷ 牵连。金元好问《创开滹水渠堰记》：“农民以盗水致讼，有避罪而就死者。事出于暧昧，甲乙～，无从开释。”清王士禛《古夫于亭杂录》卷一引《建文钟》：“普天尽易洪武年，何处还称建文岁。其时～尽十族，断支交首盈衢市。”蔡世远《夏宛来小传》：“适有奇祸～，事颇急，比部遣吏督索，君怡然就道，神色自若。” ❸ 拉拢关系；夤缘。元马祖常《送简管勾序》：“其交于人，非有～濡沫之巧也。”贡师泰《果啰罗易之诗序》：“仆于世甚拙。知焉不能出奇于时，～强近以有禄爵。” ❹ 招引。宋曾巩《庭木》：“亦有爱搏击，～枭与鸱。”

【钩娄】 gōu lóu 弯曲。元乔吉《折桂令·风雨登虎丘》：“怪石于菟，老树～。”

【钩索】 gōu suǒ ❶ 一端系钩的绳索。也指铁索。唐高彦休《阙史》卷下：“山上有巨牛怒斗者，哮吼争力，声达数里。邻人虑其奔北退走，则有蹂践冲触之患，相谋备～为制拒之计。”宋李纲《乞教车战札子》：“其两旁以铁为～，止则联属以为营，体制简而运转速，真御戎之利器。”清《野叟曝言》四六回：“中间绑着一人，却是匡义；后面马上，驮着火器～。” ❷ 钩取；用钩索钩吊。宋韩彦直《橘录》卷下：“木间时有蛀屑流出，则有虫蠹之。相视其穴，以物～之，则虫无所容。”元佚名《保越录》：“彼军负薪积筱于城外，填河接路，东连延不绝，四面并进。运载竹梯，～至城下。” ❸ 探索，探究。唐李豫《新翻护国仁王般若经序》：“曩者讹略，刊定较然；昔之沈隐，～焕矣。”宋《朱子语类》卷六三：“《汉艺文志》引《中庸》云：‘素隐行怪，后世有述焉。’‘素隐’作‘索隐’，似亦有理，～隐僻之义。‘素索’二字相近，恐误作‘素’，不可知。”清《四库总目提要·水经注集释订讹》：“至虽不能尽出前人范围，而～考证之功亦未可没也。” ❹ 搜求；搜寻。《新唐书·韦坚传》：“林甫遣使江淮，～坚罪。捕治舟夫漕史，所在狱皆满。”《宋史·蹇周辅传》：“善于讯鞫，～微隐。”清王士禛《醴泉谒志公像观唐碑》：“沦弃多名珍，何惮穷～。” ❺ 摸底；摸清。《续资治通鉴长编》卷一四九：“臣在延州，见王正伦伴送元昊，使人缘路巧意～贼情。”又卷四七二：“臣近尝建明乞选官，～六曹行遣、蠲除弊事、裁立法式等事，未蒙施行。”《钦定续通志》卷六一九：“自今御史台非白省，毋擅召仓库吏，亦毋～钱谷数。” ❻ 想，考虑；求取。宋张九成《孟子传》卷一：“是惠王耳目之所观听，心思之所～，家庭之所晏语，臣下之所讲究者，无非利而已矣。”又卷二七：“岂有为士大夫明经稽古，而意在于邀取青紫，～车马乎？” ❼ 比赛。唐符载《上巳日陪刘尚书宴集北池序》：“观夫水嬉之伦，储精蓄锐，天高日晏，思奋餘勇，实有赤县，两为朋曹，献奇较艺，～胜负。”

【钩引】 gōu yǐn ❶ 联系。唐柳宗元《唐故秘书监陈公行状》：“其学自圣人之书以至百家诸子之言，推黄、炎之事，涉历代洎国朝之故实，～贯穿，举大苞小，若太仓之蓄，崇山之载，浩浩乎不可知也，岂扬子所谓仲尼驾说者耶？”宋王安礼《资政殿学士太子少保致仕赠太子少师谥章简元公墓志铭》：“落笔为文，醇雅深茂，属辞比事，～贯穿，为一时推重。”元许有壬《敕赐故光禄大夫大司徒释源宗主洪公碑铭》：“而于孔老百氏之书，又能～贯穿，纵横出入乎其间。” ❷ 同“勾引❹”。五代薛昭蕴《离别难》：“红蜡烛，青丝曲，偏能～泪阑干。”宋石孝友《满庭芳·次范倅忆洛阳梅》：“瘦枝疏萼，特地破寒开。～天涯旧恨，双眉锁、九曲肠回。”明徐溥《大塘渔乐为韩司训大父题》：“世间大钓本不钓，直～得旁人笑。” ❸ 诱发；引诱。宋胡寅《再论遣使札子》：“庚戌后不遣使，敌兵亦不来。及癸丑遣使，则～金使人国，熟视而去。曾不旋踵，而淮南之警奏至矣。”明王士性《广志绎》卷五：“府江两岸六百里湍流悍激，林木翳暗，徭僮执戈戟窜伏，～商船，劫夺盐米，甚至杀官伤吏，屡剿不止。”《禅真后史》一〇回：“话说张氏～丈夫吐出真情来，呵呵冷笑道：‘大丈夫不能轩昂成立，反思量妻子的财物，岂是长进汉子？’” ❹ 勾结；拉拢。《敦煌变文校注》卷四《降魔变文》：“岂有未闻天斑(庭)，外国～胡神，幻惑平人，自称是佛！”宋佚名《靖康要录》卷五：“奸计即行，～支党，同恶相济，萧墙之祸起于意外。”明解缙《刘君象贤墓志铭》：“先是，贼首欲～刘氏，相表里作乱。” ❺ 笼络，拉关系。明王世贞《史乘考误》卷一〇：“一清与李公俱湖广人，少亦与神童举。二人最相得，同心推挽，互相标榜，而皆善～笼络之术，故士亦翕然称之。” ❻ 牵扯；牵连。元念常《佛祖历代通载》卷二一：“此则务成子乃东方朔，非干老子明矣。何得妄加～，称老子为人师乎？”清汪琬《贞宪先生墓志铭》：“是时庚氏祸患踵至，死丧狼籍，而官吏且络绎交驰于门，亲知相率惊窜，其它株连～者尤众。” ❼ 分出，引出。明归有光《水利论》：“则古三江并称无疑，故治松江，则吴中必无白水之患，而从其旁～以溉田，无不治之田矣。”又《水利后论》：“江流既正，则随其所在，可～以溉田亩。”清《南巡盛典》卷五四：“惟唐家湾地势稍高，向有倒～河，可以减泄漫滩之水。”

【钩致】 gōu zhì ❶ 招致使来。唐韩愈《试大理评事王君墓志铭》：“卢从史既节度昭义军，张甚，奴视法度士，欲闻无顾忌大语，有以君生平告者，即遣客～。”宋《朱子语类》卷一二三：“子静只是人未从，他便不说；及～得来，便直是说，方始与你理会。”《明史·倪瓒传》：“张士诚累欲～之，逃鱼舟以免。” ❷ 征求。《新唐书·王涯传》：“家书多与秘府侔，前世名书画，尝以厚货～，或私以官，凿垣纳之，重复秘固，若不可窥者。” ❸ 招引；引诱；勾引。宋陆游《家世旧闻》卷下：“政和中，蔡京致仕，谢日，凡曲谢者十五六，其实眷遇已衰，惧为人所乘，故曲为词说，～上语，仅得一语，则亟拜，示之以上眷不替。其奸如此。”《宋史·邢恕传》：“导确约珪入问疾，阳～珪语，使知开封府蔡京伏剑士于外，须珪小持异则执而诛之。”明《情史·情累·章子厚》：“我主翁行迹，多不循道理，宠婢多而无嗣息。每～年少之徒，与群婢合，久则毙之。”

❹召集。明杨循吉《吴中故语》："许道师，尹山之小民也，善房中术，以白莲教惑人，欲～妇人为乱。"　❺侦探；刺探；探知。《宋史·王质传》："宗旦得盗铸钱者百餘人，下狱治，退告质曰：'吾以术～得之。'"又《兵志七》："北边州军主管刺事人乞给钱三千，选募使臣职员或百姓为之，以～敌情。"清胤禛《谕巡抚》："或先～藩司短长，继以威制勒索，分肥入己。"　❻罗织。《宋史·师爇传》："尝～民罪，没其家赀，谄事权贵，人以是鄙之。"明尹直《謇斋琐缀录》卷三："正犹狱官不据人原发之案，而深文巧诋，--其罪，偶有刻吏见而喜之，又从而和之，此太宗之事所以不能自解于今日也。"清徐开任《明名臣言行录》卷四三："时重妖言，禁逻卒多～微功，有真惠为妖书株连，百辈坐死。"　❼拘捕。《金史·完颜伯嘉传》："孝懿皇后妹晋国夫人家奴买漆不酬直，伯嘉～晋国用事奴数人系狱。"清王夫之《永历实录》卷一九："彭年中崇祯甲戌进士，授淮安推官，以法～陈启新，褫衣杖之，启新恚死。"　❽勾结串通。《宋史全文》卷二四上："汤思退、王之望、尹穑～敌人，宜斩之以谢天下。"《明史·蜀王椿传》："前代两川之乱，皆因内地不逞者～为患。"　❾用钩子钩取。宋周密《齐东野语》卷一八："既至隘口，守卒见积草颇多，～欲为焚爇用。"元徐勉之《保越录》："公命海军于河北岸，～其舟，助以火箭，顷刻焚爇而尽。"明马愈《马氏日抄》："沙狗小若彭蜞，见人辄走入沙穴，～不可得。"

【钩子】gōu zi　❶悬挂、牵引或探取东西的工具，形状弯曲。宋佚名《靖康要录》卷一○："将士以钩竿拄之，使不得进，近则～取之。"元陶宗仪《辍耕录》卷一二："不比寻常～，曾经老大钳锤。"清《荡寇志》七六回："姊姊既这般说，这一～送与你罢。"　❷钓鱼钩。明《醒世恒言》卷二六："我明知道他饵上有个～。若是吞了这饵，可不被他钓了去?"清《红楼梦》八一回："探春把丝绳抛下，没十来句话的工夫，就有一个杨叶窜儿吞着～把漂儿坠下去。"

【篝灯】gōu dēng　❶用笼子将灯罩住。宋苏颂《中书舍人孔公墓志铭》："于是昼则据案以稽参程衡，夜则～以点定朱墨。"明《型世言》一八："极热天气，小姐自～绩麻，伴他读书。"清盛时彦《阅微草堂笔记序》："～手校，不敢惮劳。"　❷也指罩在笼中的灯。宋梅尧臣《书窨诗》："比比双莲花，～戴心出。"明王士性《广志绎》卷二："内设～百四十四，雨夜舍利光间绕塔，人多见之。"清昭梿《啸亭杂录》卷一○："清宁宫为列圣后燕寝处，其壁间悬以～，纯皇曾纪以诗。"

gǒu

【苟合】gǒu hé　指男女间不正当的结合。《元曲选·风光好》三折："小官陶学士，昨夜晚间，不意驿吏之妻，与我～。"明文秉《烈皇小识》卷八："费氏绐曰：'我帝家人也，义难～，惟将军择吉成礼，死生惟命。'"清《说岳全传》七九回："若不通知，便是～了，这断断使不得。"

【苟简】gǒu jiǎn　❶马虎，不认真。五代王定保《唐摭言》卷五："夫'绘事后素'，既谓之文，岂～而已哉!"宋周辉《清波杂志》卷四："前辈观书，不～类如此，虽一览亦记篇目，后生岂可不勉。"《明史·余珊传》："事乐因循，政多～，名实乖谬。"　❷随便。宋周辉《清波杂志》卷一："前代人主在禁中，冠服～。祖宗以来，燕居必以礼。"　❸因循。《新唐书·乐志一》："及三代已亡，遭秦变古，后之有天下者，自天子百官名号位序、国家制度、宫车服器一切用秦，其间虽有欲治之主，思所改作，不能超然远复三代之

上，而牵其时俗，稍即以损益，大抵安于～而已。"　❹简陋；简单。《宋史·仪卫志三》："大驾舆辇、仗卫仪物，兼历代所用，其间情文讹舛甚众。或规模～而因循已久；或事出一时而不足为法。"元周达观《真腊风土记》："至若嫁娶，则虽有纳币之礼，不过～从事。"清《醒世姻缘传》五三回："晁思才见得出殡甚是～，棺木甚是不堪。"

【苟且】gǒu qiě　❶轻率。清《后水浒传》二七回："作事不可造次。我杨么胸中已具定见，今乃有心事未完，此地亦非展足之地，岂可～?"　❷勉强；将就。明郑晓《今言》卷四："麓川之役，大费air力，骚动半天下。再比再出兵，益复虚耗。～奏捷，铁券金书，至今不绝。威宁、新建止终其身，岂不舛哉!"清《醒世姻缘传》二五回："这几年积下些微束修，倒～过的日子。"　❸男女间不正当的结合。明孟称舜《娇红记》一○出："兄既有情，当归告尊亲，遣媒说合，安得聊为目前～之计!"清《绿野仙踪》八十回本三三回："又想起当年与谢二混女儿～，虽系前生夫妇，到底有亏品行。"

【苟延残喘】gǒu yán cán chuǎn　勉强地拖延一口没断的气，比喻勉强活着。元黎崱《安南志略》卷六："惟陛下哀此茕独，念其困穷，察微臣之苦衷，原微臣之重罪，俾微臣得以～，以竭事天之诚。"清《绿野仙踪》一○回："我两日夜水米未曾入口，在此～。"

【狗唉荒】gǒu ái huāng　狗哼哼。詈词，喻人呻吟的样子。唉荒，呻吟。清《聊斋俚曲·墙头记》："第二年全然不打拢，跟着腔上～，他还说我絮叨样。"

【狗唉黄】gǒu ái huáng　同"狗唉荒"。清《聊斋俚曲·快曲》："两个翻身都落马，欹在地上～。"

【狗嗌黄】gǒu ài huáng　同"狗唉荒"。清《醒世姻缘传》五三回："把个晁老七打的哼哼的象～一般，又捆缚的手脚不能动弹。"

【狗背石】gǒu bèi shí　詈词。祸害。明《金瓶梅词话》七六回："原来是他把我的事透泄与人，我怎得晓的这样～东西，平白养在家做甚么?"

【狗不识】gǒu bù shí　指稀罕物。挖苦别人见识少，不曾见过某东西。清《红楼梦》七三回："这痴丫头，又得了什么～儿这么欢喜?"又："太太真个说的巧，真个是～呢?"

【狗才】gǒu cái　詈词。犹言狗东西。元施惠《幽闺记》二六回："你这～! 一夜不睡，啼哭怎么?"清方成培《雷峰塔》一九出："～! 你每诬陷良民，当得何罪?"

【狗材】gǒu cái　同"狗才"。《元曲选·东堂老》三折："大嫂，你也说的是，我受用，你不曾受用。你在窑中等着，我如今寻那两个～去。你便扫下些干驴粪，烧的罐儿滚滚的，等我寻些米来，和你熬粥汤吃。"明《金瓶梅词话》六七回："你这～，忒不象模样!"

【狗吃蒺藜】gǒu chī jí lí　比喻做事不计后果。明贾凫西《木皮词》："常言道：～病在后，准备着你出水方知两腿泥。"

【狗吃屎】gǒu chī shǐ　形容身体扑地、嘴巴磕在地上的戏谑语。明《西游记》三二回："挣起来正走，又被小妖，睡倒在地，扳着他脚跟，扑的又跌了个～。"佚名《李云卿》三折："看我采将来，一交翻倒，一个～。"

【狗臭铳】gǒu chòu chòng　詈词，狗臭屁。❶骂人说话。清《聊斋俚曲·墙头记》："单单指望他一句话，他低头子挺了尸，全不放个～。"　❷极言轻贱不值钱。清《聊斋俚曲·姑妇曲》："这命不值个～! 娶了来不像婆媳，见了面就像仇敌。"

【狗呆】 gǒu dāi 詈词,骂人。明《禅真后史》一七回:"也是这~的缘法,医着的便好。"《醋葫芦》一四回:"适间这套言语,是我门户人家的旧规套子,不过是入门好看,谁知~认为真话,连老张都不做声了。"

【狗颠儿】 gǒu diān er 狗小步快跑,形容人献殷勤的样子。清《红楼梦》六一回:"赶着洗手炒了,~似的亲捧了去。"又七一回:"你们争着~似的传去的,不知谁是谁呢。"

【狗掇腿】 gǒu duō tuǐ 詈词,女子性交的讳语。明《金瓶梅词话》六七回:"那贼~的奴才!谁教你要他来,叫叫老娘还抱怨。"

【狗骨髅】 gǒu gǔ lóu 詈词,也是戏谑语,狗头。清《聊斋俚曲·磨难曲》:"李先生笑说:'哈哈!造化低,我这白胡子硼着~。'王丙说:'李二哥,你这不骂起我来了么?'李先生说:'怎么骂你?'王丙说:'甚么是~?'"

【狗骨头】 gǒu gǔ tou 詈词,骂人。《元曲选外编·独角牛》三折:"那露台上便是独角牛,你看那~生的那个模样。"清《醒世姻缘传》二二回:"这伙~,叫我往乌牛村去寻他,这等奚落人,可恶!"

【狗骨秃】 gǒu gǔ tū 即"狗骨头"。明《金瓶梅词话》五二回:"今日造化了这~了。"又七六回:"你这~儿,干净来家就学舌。"

【狗刮头】 gǒu guā tóu 詈词,骂人。《元曲选·小尉迟》二折:"小子道宗,听的刘季真那~下将战书来,气的我酒肉也吃不的。"

【狗官】 gǒu guān 詈词,骂坏官、贪官。明梁辰鱼《浣纱记》一三出:"你这~,不得无理!"清《聊斋俚曲·磨难曲》:"可惜路途太远,不能去杀那~儿!"

【狗鬼听提】 gǒu guǐ tīng tí 形容循规蹈矩、驯服听从的样子。清《醒世姻缘传》六二回:"惟独一个二不棱登的妇人,制伏你~,先意承志,百顺百从。"又九七回:"后来贱荆到了,就~的都不敢了。"

【狗急跳墙】 gǒu jí tiào qiáng 比喻人走投无路时采取不顾后果的行动。清《红楼梦》二七回:"今儿我听了他的短儿,一时人急造反,~,不但生事,而且我还没趣。"《荡寇志》一〇五回:"但人急悬梁,~,我们抑勒他太甚,万一失机,悔之晚矣。"

【狗急缘墙】 gǒu jí yuán qiáng 犹"狗急跳墙"。明《西洋记》九七回:"捉得摩伽罗没处藏躲,正叫做:人急悬梁,~。他就尽着平生的本领一变,变做这等一个大鱼。"

【狗拘的】 gǒu jū de 詈词,犹"狗攮的"。明《金瓶梅词话》七七回:"若论这~,膂力尽有,拨轻服重都去的。"

【狗獭皮】 gǒu lài pí 戏谑语,称能狡辩、能抵赖的人。清《聊斋俚曲·磨难曲》:"众人哈哈大笑说:你绰号'~',不这样说的,是个忘八!"

【狗毛】 gǒu máo 詈词。❶指头发。宋元《清平山堂话本·简帖和尚》:"皇甫殿直一只手揪着僧儿~,出这枣槊巷。" ❷指胡子。明《金瓶梅词话》四三回:"汉子家脸上有~,不知好歹,只顾下死手的。""脸上有狗毛",指人脸急,好变脸。清《醒世姻缘传》二二回:"你当我嘴上长的是胡子哩?都是些~!"

【狗毛雨】 gǒu máo yǔ 蒙蒙细雨。明《平妖传》三回:"出门看时,又在下着蒙蒙的细雨。赵壹道:'这些~,却不湿衣服,怕怎地?'"

【狗男女】 gǒu nán nǚ 詈词,骂心地不善的人。明《金瓶梅词话》九四回:"眼看这~道士就是个骗钱的,只许你白要四方施

主钱粮。"清李玉《清忠谱》一八折:"这些~不知死活,还不快走!"

【狗攮的】 gǒu nǎng de 詈词,狗入的。清《聊斋俚曲·翻魇殃》:"~!你每日吃俺的饭,这点事就求不动你?"又《寒森曲》:"大相公说:'这~!还待指望我的钱么?'"《绿野仙踪》八十回本二五回:"我有日遇着~,定打他个稀烂。"

【狗年】 gǒu nián 十二生肖之一狗所代表的年份,即戌年。《元曲选·杀狗劝夫》三折:"这等人~间发迹来峥嵘。"

【狗奴】 gǒu nú 詈词,多见于官吏指斥臣下。明梁辰鱼《浣纱记》一三出:"你那~!怎么一向不对我说?如今却怎么好?"清《儒林外史》四回:"叫将老师夫上来,大骂一顿'大胆~',重责三十板。"

【狗跑儿浮】 gǒu páo er fú 像狗划水的游泳姿式。《元曲选·来生债》一折:"~,观音浮,躧水浮,仰蛙儿浮。"

【狗跑门】 gǒu páo mén 狗抓门,比喻声音难听。清《聊斋俚曲·增补幸云曲》:"皇爷说:'好什么!不过是胡乱拨几点子,合~那是的。'"

【狗皮膏药】 gǒu pí gāo yào 中医外用膏药,将药膏涂在小片狗皮上制成,能消痈止痛。清《醒世姻缘传》五七回:"俺那头有极好的~,要一帖来与他贴上,情管好了。"

【狗屁】 gǒu pì 詈词,指荒谬、无价值的言词等。清《醒世姻缘传》五八回:"狄希陈笑道:'你说的~!'"《儒林外史》二三回:"放你的~!你弄的好乾坤哩!"

【狗屁蛋】 gǒu pì dàn 自嘲之词,极言轻贱不值钱。清《聊斋俚曲·墙头记》:"没儿霎想着要做老,叫一声爹爹酥半边,谁想这老不值个~。"

【狗屁圈】 gǒu pì quān 詈词。❶指别人欺骗自己的话。清《聊斋俚曲·墙头记》:"你说的~,今早晨送去把门关,大嚷叫只推听不见。" ❷指毫无道理的话。清《聊斋俚曲·慈悲曲》:"回头便对老婆言:书修多添两吊钱,您娘呀,着他两个也好作伴。老婆说:~!不如留着做觅汉,您达呀,念阵子书来也看的见。"

【狗沁歌】 gǒu qìn gē 詈词,形容歌声像狗嚎一样。《元曲选·两世姻缘》一折:"~嚎了几声,鸡爪风扭了半边。"

【狗入的】 gǒu rì de 詈词,犹言狗杂种。明《古今小说》卷二六:"这小~,忒也嘴尖。"清《醒世姻缘传》一一回:"伍圣道这两个~也作贱的我们够了!"

【狗肉】 gǒu ròu 詈词。❶骂妇女。明《金瓶梅词话》二五回:"我刚走到花园前,只见玉箫那~在角门首站立。"又三三回:"孩子才好些,你这~又抱他在风里!" ❷指人的身体。清《聊斋俚曲·翻魇殃》:"几宿把钱都骗去,哄着全把家业丢,准备捶你乜~!"

【狗杀才】 gǒu shā cái 詈词,犹言该杀的。明《禅真后史》四回:"单恨那瞿子良~,先将我妹夫谋死他乡。"清《聊斋俚曲·富贵神仙》:"再给我打起来,叫他捎给~。"

【狗塌皮】 gǒu tā pí 骂人不长进,不可造就。明佚名《南极登仙》二折:"师父每日家与清风明月为知友,茶药琴棋相识,端的是自在无拘系,则你便是~,是好快活也。"

【狗探汤】 gǒu tàn tāng 狗遇热水以爪试探,比喻前途危险、畏缩不前。《元曲选·谢天香》二折:"则您这秀才每活计似鱼翻浪,大人家前程似~。"又《抱妆盒》二折:"死推得我脚难抬,恰便似~不敢望前迈。"

【狗头】 gǒu tóu 詈词,骂人。清《聊斋俚曲·磨难曲》:"好~!那里走!"《儒林外史》二三回:"万雪斋这~,如此可恶!"

【狗头狗】 gǒu tóu gǒu "狗头狗脑"的歇后,歇"脑"字。以

"脑"谐"恼",谓恼怒。《元曲选·伍员吹箫》一折:"我家老子一日不杀人也杀好几个,希罕你家这两个儿,做这等~怎的?"元施惠《幽闺记》二二出:"依了官儿,不依娘子,娘子也~起来。"

【狗头狗脑】　gǒu tóu gǒu nǎo　犹言贼头贼脑,形容行动鬼鬼祟祟。明汤显祖《邯郸记》四出:〔捉生低介,老〕俺这朱门下,穷酸怎的无高下,敢来行踏,敢来行踏!……〔旦〕家中有什么人?〔生〕自嗟呀,也无妻小无爹妈,长则是向孤灯守岁华。〔老〕你没有妻子,在这里~。"

【狗突】　gǒu tū　狗洞。唐张鷟《游仙窟》:"兔入~里,知复欲何如!"《敦煌变文校注》卷四《降魔变文》:"兔入~,熟食谁能久耐?"

【狗腿】　gǒu tuǐ　即"狗腿差"。清《聊斋俚曲·磨难曲》:"问我是甚么官衔?衙门里一~一根。"

【狗腿差】　gǒu tuǐ chāi　对衙役的蔑称。清《儒林外史》五回:"他为了出一个贡,拉人出贺礼,把地方都派分子,县里~是不消说,弄了有一二百吊钱。"

【狗心肠】　gǒu xīn cháng　歹心肠。清《聊斋俚曲·富贵神仙》:"又搭上方仲起,试也尊重,弄发了岂能饶人?重则掉了脑袋,轻则打个发昏!老子生儿一个,死了无人上坟。只因着寻思到这里,~方才忍了好几忍。"

【狗心狗行】　gǒu xīn gǒu xíng　比喻坏心劣行。《元曲选·杀狗劝夫》三折:"这等人玩的是狗气狗声,这等人使的是~。"

【狗行狼心】　gǒu xíng láng xīn　比喻行为卑劣,心肠狠毒。元白樸《恼煞人》:"恨冯魁,趋恩夺爱,~,全然不怕天折挫。"《元曲选·灰阑记》一折:"普天下有的婆娘,谁不待要占些独强?几曾见这~,搅肚蛆肠。"

【狗血喷头】　gǒu xuè pēn tóu　形容骂得很厉害。明《金瓶梅词话》六四回:"一清早辰吃他骂的狗血喷了头。"清《绿野仙踪》八十回本六七回:"被我把他主仆骂了个~。"

【狗蝇】　gǒu yíng　狗身上的一种寄生虫,可以入药。宋周密《齐东野语》卷八:"其法用~七枚,擂细,和醲酒少许调服。"《元曲选·杀狗劝夫》三折:"怎么的口边头拔了七八根家狗毛,脸儿上拿了三四个~。"

【狗油】　gǒu yóu　谓不务正业、好吃懒做、整天游荡。《元曲选外编·遇上皇》一折:"〔正末唱〕前日是瞎王三上梁,昨日是村李胡赛羊,今日是酒留屠贵降。〔搽旦云〕好朋友都是伙不上台盘的~东西。"明《金瓶梅词话》五八回:"老汉前者丢下个儿子,二十二岁,尚未娶妻,专一~,不干生理。"

【狗蚤】　gǒu zǎo　跳蚤。唐李贞白《咏~》:"与虱都来不较多,撺挑筋斗太喽啰,忽然管着一篮子,有甚心情奈你何!"明《朴通事谚解》卷下:"大仙徒弟名鹿皮,拔下一根头发,变做~,唐僧耳门后咬,要动禅。"

【狗仗人势】　gǒu zhàng rén shì　比喻依仗主人的权势抖威风。清《红楼梦》七四回:"我不过看着太太的面上,你又有年纪,叫你一声妈妈,你就~,天天作耗,专管生事。"

【狗脂】　gǒu zhǐ　詈词,狗儿子。清《聊斋俚曲·磨难曲》:"~,如今不过是银钱世界,甚么是公道良心?"又:"~,你弄就弄,或者你不敢杀了我!"

【狗挝脸】　gǒu zhuā liǎn　比喻脸色难看。明《金瓶梅词话》四六回:"怪小淫妇儿,如何狗挝了脸似的?人家不请你,怎的和俺每使性儿?"

【狗挝门】　gǒu zhuā mén　比喻声音难听。明《金瓶梅词话》三二回:"翻来吊过去,左右只是这两套~的,谁待听你?"

【狗贼】　gǒu zéi　詈词,狗东西,奸贼。明梁辰鱼《浣纱记》四三出:"伯嚭!你那欺君误国的奸贼!你那贪财好色的~!叫左右的拶起来!"

【狗子】　gǒu zi　詈词。明《古今谭概·汰侈部·厨娘》:"汝辈真~也。"清《聊斋俚曲·富贵神仙》:"骂声~你枉长十三四!"按,此处"狗子"指骂孩子。

gòu

【勾】　gòu　另见 gōu。❶够。a)表示可能。宋秦观《满园花》:"从今后,休道共我,梦见也不能得~。"明《拍案惊奇》卷三〇:"又恐怕因此惹恼了他,连自家身子立不~。"b)用于时间词语前,表示达到某个时段。《元曲选·谢天香》一折:"立地刚一饭间,心战~两炊时。"明《醒世恒言》卷二〇:"教来曲子,那消儿遍,却就会了。不~数日,便能登场。"清《聊斋俚曲·增补幸云曲》:"金墩劝~多时。二姐说:'谁教你那不值钱的货!'"c)用于数量词语前,表示达到一定数量。《元曲选·汉宫秋》一折:"遍行天下,刷选宫女,已选~九十九名。"《前汉书平话》卷上:"陈豨收军还于代州,点检兵数,约折~一百兵人。"清《聊斋俚曲·富贵神仙》:"走了~三十里,天就晌午了。"d)用于小数量类词语或小物体类名词前,表示只有那么一点、只差那么一点或只有那么大。《元曲选外编·西厢记》四本一折:"绣鞋儿刚半拆,柳腰儿~一搦。"清《聊斋俚曲·蓬莱宴》:"华山的景致尽堪么么夸,左是玉女右莲花,高搓椏耸头隔着星辰~一搽。"又《富贵神仙》:"福星老祖去袖里取出一个小瓶儿,~核桃大小。"e)数量上满足需要。也指一般的满足。《元典章·刑部九》:"地不~呵,保人根底交赔者,更不~呵,本人根底交配役。"《元曲选·陈州粜米》楔子:"论咱的官位可也~了,止有家财略略少些。"明孟称舜《娇红记》三一出:"看来画中的美人也都不如他,娶老婆似此也~了,别的管什么!"清《聊斋俚曲·墙头记》:"张老说:'我酒饭都~了,您收拾家伙,天色已晚,歇息去罢。'"f)用于动词和它的结果补语或程度补语之间,相当于"到""得"。明《醒世恒言》卷一五:"不出三杯两盏,吃~半酣。"又卷二〇:"丫鬟站~腿酸脚麻,只得进去回覆。"又卷二九:"教狱卒蔡贤拿卢柟到隐僻之处,遍身鞭扑,打~半死。"g)用于动词后作程度补语,有的相当于"完""尽"。宋元《清平山堂话本·柳耆卿》:"是夜周月仙被舟人淫,不敢明言。"清《聊斋俚曲·墙头记》:"想是这罪没受~,又着我活了一年。"h)表示达到相当的程度。清《聊斋俚曲·增补幸云曲》:"刘志远也是穷家,景儿作的~天那么大。"《红楼梦》庚辰本四二回:"我也是个淘气的,从小七八岁上也~个人缠的。"i)有。清《聊斋俚曲·磨难曲》:"讲招安这计差,那山贼井底蛙,不知天~多大。"j)罢休。《元曲选·看钱奴》二折:"我不要他还饭钱也~了,倒要我的宝钞?"k)接触;挨着;伸展肢体使达到。清《聊斋俚曲·磨难曲》:"着他肚皮朝地。休高了,看那臭虫~不着,休光了便宜那芦盐。"《红楼梦》六二回:"豆官见他要~来,怎容他起来,便忙连身将他压倒。"❷圈套。通"彀"。《元曲选·单鞭夺槊》三折:"若不是我尉迟恭来的早呵,险些落在他~中。"又《争报恩》一折:"他两个数次寻我的不是,则怕久后落在他~中。"

【勾当】　gòu dàng　❶料理;办理;做、干。唐张鷟《游仙窟》:"新妇向来专心为~,已后之事,不敢预知。"宋《朱子语类》卷五九:"某尝见一种人汲汲营利求官职,不知是~甚事。"明《拍案惊奇》卷二五:"院判~丧事了毕,带了灵柩,归葬临安。"清袁枚《续

x

子不语》卷一○:"但子得钱后,我在此～一二事,自后毋得再阻我。" ❷ 做事;供职。《金史·高德基传》:"卿公直果敢,今委卿南京行者～。"《元典章·刑部十三》:"诸斡脱商贾凡行路之人,先于见住处司县官司具状招保,给公凭,方许他处～。"元明《水浒传》二回:"我一心要去延安府,投着种经略处～。"明《朴通事谚解》卷下:"伏乞于今月某日某时已来,前去街上～。" ❸ 负责;掌管。唐韩愈《潮州请置乡校牒》:"赵德秀才……请摄海阳县尉,为衙推官,专～州学,以督生徒。"《旧唐书·顺宗纪》:"其军国政事,宜令皇太子～。"《宋史·石元孙传》:"仁宗即位,改文思副使,～法酒库。" ❹ 事情;案子。《太平广记》卷三八二引唐戴孚《广异记》:"王令检簿,检讫,云:'甚善,甚善。既无～即宜还家。'"《元曲选·魔合罗》:"揽这场不分明的腌～。"清孔尚任《桃花扇》三七出:"你们两个要干这～,我黄闯子怎么容得?" ❺ 罪行。《元曲选·还牢末》一折:"李孔目,有首告你结交强贼,受了匾金环一双。你是执法的人,怎生犯下这等～?" ❻ 特指打劫之类的活动。清《水浒后传》二八回:"招集几个闲汉,做些小～,郑哥也入了伙。" ❼ 特指男女间做不正当的行为或指这种不正当的行为。《元曲选·后庭花》一折:"他浑家和我有些不伶俐的～。"明《欢喜冤家》一三回:"一夜,张杨宿在芳卿书馆,与芳卿～。"清《醒世姻缘传》四二回:"他或有时不在,魏氏与侯小槐偷做些～。" ❽ 情势;架势。清《醒世姻缘传》三○回:"昨日黑夜也梦见俺妹妹,醒过来哭了一场,越发动不得,看来也只是等日子的～。"《绿野仙踪》八十回本四四回:"只是见不的这一个穷字,听到耳朵里,真是锥心刺骨,势不两立的～。" ❾ 想;思考。宋《朱子语类》卷一五:"只是常教此心存,莫教他闲没～处。"又卷一二○:"静坐只是恁静坐,不要闲～,不要闲思量,也无法。" ❿ 道理;理由。元高文秀《遇上皇》一折:"打骂您孩儿有甚～?又不曾游手好闲惹下祸殃。"《元曲选·冻苏秦》三折:"百般装模作样,讪笑寒酸魍魉,甚～?"《元曲选外编·介子推》四折:"小人虽是个庄家汉,也省的些个小～。" ⓫ 本领;胆识。宋《朱子语类》卷一:"某谓天地别无～,只是以生物为心。一元之气,运转流通,略无停间,只是生出许多万物而已。"明《西游记》一九回:"三藏道:'他有些什么～?'八戒道:'他倒也有些道行。'"清《醒世姻缘传》九一回:"这吴推官若是个有～的男子,扭起鼻子,竖起须眉,拿出那做主人公的纲纪。"

【勾干】 gòu gàn　营谋;办理。宋黄庭坚《与明叔少府书》之五:"或不欲自行,即欲县中投一～人状,并乞责人取口词耳。"明《拍案惊奇》卷二二:"儿子向张客取债,他本利俱还,钱财尽多在身边,所以将钱数百万,～得此官。"郎瑛《七修类稿》卷二三:"张诗有引云:宋押衙何立,秦太师差往东南第一峰,恍惚一人引至阴司,见秦与岳事,令归告夫人东窗事犯矣。"

【勾使】 gòu shǐ　另见 gōu shǐ。形容达到难以容忍的程度。清《红楼梦》庚辰本八○回:"两个人的腔调儿都～了,别打谅谁是傻子。"

【拘】 gòu　伸手拿东西。清《聊斋俚曲·增补幸云曲》:"跳了一跳,贪慌～那汗巾,把桌子上酒壶拐倒。"

【拘兵】 gòu bīng　指政坛斗争。明沈德符《万历野获编》卷九:"后来孙富平但循陆故事,不能授意于昇卒,卒遣张新建,下舆欲辑,张拥扇遮面,不顾而去,遂成仇隙。盖两家～,自有大局,然此亦其切齿之一端也。"

【拘干】 gòu gàn　同"勾干"。明《隋史遗文》二九回:"他在京中为岳翁～甚事,谈起拜寿,他就欣然。"

【拘求】 gòu qiú　征求。明梁辰鱼《浣纱记》二三出:"今吴王

荒淫无度,恋酒迷花。主公欲～美女,以逞其欲。"

【拘讼】 gòu sòng　诉讼;打官司。宋陈襄《仙居劝学文》:"每刑一身,若伤肤发。而汝邑民不知予心,乃相扇炽,～成狱。"元戴良《重修甫里书院记》:"而豪民怙势,竞擅其利为己有,～连数岁不决。"清毛奇龄《折客辨学文》:"而兄弟各执,反挑衅成隙,两相～,以至于死。"

【构】 gòu　❶ 勾结。唐王梵志《男年十七八》:"男年十七八,莫遣倚街衢。若不行奸盗,相～即樗蒲。" ❷ 设;举行。《敦煌愿文集·亡文范本等》:"于日,血垂红脸(脸),雨(两)行之泪落清珠,身挂素衣,一行之肝肠剖者,即有厶氏为亡夫～斯香会者也。"又:"今者将临厶七,～此大斋;福善无涯,总扶冥寞。"按,"厶"为"某"之俗字。

【构疾】 gòu jí　生病;成疾。宋张齐贤《洛阳缙绅旧闻记》第五:"今上方知其有才力,欲擢用之,忽～于路。"明郎瑛《七修类稿》卷四九:"吾友吏会主政丰存礼坊,鄞人也,寓杭。～舟中,势将危,恍惚见老子于帐外,为丰取手针,愈。"清《红楼梦》一回:"当时封氏孺人也因思女,日日请医疗治。"

【构架】 gòu jià　建筑。引申指:❶ 构思。《敦煌变文校注》卷三《燕子赋(二)》:"亦是穷奇鸟,～足词章。" ❷ 编造、诬陷。唐李治《申理冤屈制》:"其有虚相～,浪扰官方,若经处分,喧诉不绝者,宜即科决,使知惩厉。"陈子昂《申宗人冤狱书》:"今乃遭诬罔之罪,被～之词,陷见疑之辜,困无验之告,幽穷诏狱,吏不见明,肝血赤心,无所控告。"元程端学《三传辨疑》卷六引刘氏宋刘敞曰:"说者不知其故,谓曹、秦以下,悉无大夫,患其时有见者害其臆说,因复～无端,以饰其伪,然此不足怪也。"

【构结】 gòu jié　❶ 建造。用作名词指建筑物。宋夏僎《尚书详解》卷一八:"父欲作室家,既以底定其高下向背之法矣,其子乃不肯为之堂基,况肯～其屋乎?"元李存《德义堂铭》:"繄尔蔡君,企景先哲,不私乃力,为此～。"清胤禛《圆明园记》:"因高就深,傍山依水,相度地宜,～亭榭。"也指建筑物的规模或结构。明李东阳《改建忻州庙学记》:"有来自西,谈太原忻州庙学之美者,谓其地势高爽,～闳壮。"李梦阳《玄明宫行》:"～拟绝天下巧,搜剔遂尽输倕工。"朱朝瑛《读诗略记》卷一:"中菁,谓室中～深密之处。" ❷ 指文字的间架结构。宋佚名《宣和书谱》卷七:"婚事一帖,尤为人所知。流传至今,观其布置婉媚,～有法,定非虚得名。"明赵宧光《寒山帚谈》卷上:"世降而为篆,曰大,曰小,曰缪,从一法生。负抱俯仰,～不离,犹之地天否泰阴阳,涵合莫可分坼。"王世贞《艺苑卮言》附录二:"羲、献之书,谓之今草;～微眇者,谓之小草。" ❸ 构思。明何景明《与李空同论诗书》:"仆则欲富于材积,领会神情,铸景～,不仿形迹。" ❹ 结成一股势力。《北齐书·苏琼传》:"平原郡有妖贼刘黑狗,～徒侣,通于沧海。"明郑晓《皇明土官志论》:"彭氏富强,雄胁诸司,自宋迄今,～滋广,骄横益坚。"清雍正十二年《山西通志》卷一三五:"妖僧起京口,～甚众,光佑歼渠魁,馀置不问。" ❺ 制造;结下。宋《五代史平话·晋史下》:"往者奸臣赵德钧父子,～奸谋,睥间大国。"清玄烨《谕大学士马齐等》:"当时东与我朝～深仇,西不能扑灭闯贼,以致君亡父戮,全不知孟子所云'以天下与人易,为天下得人难'之义。" ❻ 诬陷。《旧唐书·李德裕传》:"四月,帝于蓬莱殿召王涯、李固言、路随、王璠、李汉、郑注等,面证其事。璠、汉加诬～,语甚切至。"明杨基《感怀》五:"三人乃成虎,众口能烁金。流言虽不多,足移君子心。……奈何形似间,～已骎骎。" ❼ 遭遇,遭受。元梁寅《诗演义》卷一二:"观泉水有时而清,有时而浊,其浊者可以复清也,而我之祸患～,日复一日,何时而能善乎?"

【构堂】 gòu táng 厅堂。《敦煌愿文集·建窟发愿文两篇》："又于窟宇～后，建此普净之塔。"

【构馔】 gòu zhuàn 烹饪饭菜。《敦煌愿文集·阳都衙斋文》："是知精心～，恳志延僧，希垂鉴照之恩，愿降慈悲之念。"

【购】 gòu ❶ 购买。唐郑处海《明皇杂录》卷下："于是竞～名马，以黄金为衔笼，组绣为障泥。"明谢肇淛《五杂组》卷一二："其后吴人有知之者，微行以贱直～之。"清屈大均《广东新语》卷一三："卒后，有～其一纸，辄山数金。" ❷ 买通。《南史·孝义下·成景俊》："普通六年，邕和为鄱阳内史，景俊～人刺杀之。未久，重～邕和家人，鸩杀其子弟，嚓类俱尽。"《明史·黄道周传》："嗣昌惧道周轻，则论它者将无已时也，亟～人劾道周者。" ❸ 求取。宋江休复《醴泉笔录》卷下："赵安玉客长安，～唐太宗骨葬昭陵。一豪姓凿脑骨，比求得甚艰。"明于慎行《穀山笔麈》卷七："永乐间，亦尝遣使四～，不知所得几何，乃今秘阁之藏，不及士人积书之半，天禄石渠之奥，空虚等此，亦大缺典矣。"清吴伟业《鹿樵纪闻》卷上："盖大钺阴狡，虽附珰，心知不可久恃；凡书币往来，随～其名刺出，故籍珰时无片纸可据。" ❹ 寻求；寻找。《北史·魏本纪一》："十二月己酉，诏河东、河内～泓子弟播越人间者。"《宋史·边居谊传》："丞相伯颜壮其勇，～得其尸烬中。"明沈德符《万历野获编》卷二："邱福北征失律，并印亦亡，屡～不得，后于沙漠夜吐光怪，始踪迹得之。"

【购收】 gòu shōu 收购。明李日华《六研斋笔记》卷二："惟淳化帖让得两卷，则知～不尽者多矣。"清王毓贤《绘事备考》卷八："字画经人转售者，辄以厚价～之。"

【购私】 gòu sī 私下买通。明蒋一葵《长安客话》卷一："有一人以银一锭五两～越关。"

【购线】 gòu xiàn 悬赏破案的眼线。清《野叟曝言》八六回："披县禀请带回一千人，细讯情节，以便～出赏。"《钦定石峰堡纪略》卷一二："其马达弟子一犯，仍令冯光熊选派精细兵役，设法～，严拿务获。"

【觏晤】 gòu wù 会面；见面。宋刘敞《回通判某郎中启》："近者斋骖粤趋，便道幸缘～，良副倾依。"韦骧《谢权梁山王朝奉》："尚遥～，更祝保调，谨奉状谢。"元揭傒斯《城南宴集诗后序》："京师天下游士之汇，其适然～，为千载谈者之资，定百世通家之本，代有之矣。"

【够】 gòu ❶ 数量上满足需要。清《聊斋俚曲·慈悲曲》："一日吃了两碗冷糊突，没人问声～了没。"袁枚《子不语》卷一五："予有一书授子，～一生衣食矣。" ❷ 用于表示小的数量词前，相当于"仅""只"。清《聊斋俚曲·磨难曲》："问流徒上边关，才离家～一年，回家定是真逃犯。" ❸ 用于动词后作程度副词补语。清《聊斋俚曲·增补幸云曲》："奴才大胆忒无礼，走的慢了把筋抽，若还回来打你个～！"

【詢詈】 gòu lì 责骂；斥骂。唐高彦休《阙史》卷上："又尝命其子松求诗数首，一字小误，～且跃，呼杖不及，则擒啮其臂，血流及肘而止。"宋司马光《涑水纪闻》卷一○："己亥，三司吏五百餘人诣宰相第喧哗，又诣衙门～，乱投瓦砾。"清纪昀《阅微草堂笔记》卷二："后遇劫盗，身受七刃，犹～，卒不污而死。"

【诟】 gòu 怒。《旧唐书·史思明传》："朝义筑城毕，未泥，思明至，～之。"宋岳珂《桯史》卷一四："其迁马帅也，船发琵琶亭，涂人咸～而提击之。"明敖英《东谷赘言》卷上："太守闻之，以亭长不诚于远人，乃～而杖之。"清王士禛《香祖笔记》卷五："既至，大～，以死虎示神曰：'今竟何如！'"

【诟怒】 gòu nù 嗔怒。唐张读《宣室志》卷八："其始甚谨，后

乃不恭，往往～，若发狂之状。"宋孔仲平《续世说》卷一一："叔文～，遂成仇怨。"清纪昀《阅微草堂笔记》卷九："家人请进内午餐，大遭～。"

【诟辱】 gòu rǔ 辱骂。唐高彦休《阙史》卷下："见妻及杨肆目门首，欲为揖认，则诃詈～，仅以身免。"宋文莹《玉壶清话》卷九："从诸军围安仁义于润州，诸军见仁义皆慢骂～，惟德诚执礼，未尝以一语辱之。"清袁枚《子不语》卷二："王疑其痴，大被～。"

【彀】 gòu ❶ 比喻圆、满的形状。唐韩愈《祭郴州李使君文》："辍行谋于俄顷，见秋月之三～。"宋李弥逊《代伯氏祭蔡侍郎文》："弦月三～，尺书再通。谓当还家，乐与昔同。如何讣来，失声拊胸。"清陆奎勋《三峡桥次东坡韵》："问涂涉九洪，指月满三～。" ❷ 比喻圆满。唐殷潜之《题筹笔驿》："算成功在～，运去事矛亏。" ❸ 圈套。宋陶岳《五代史补》卷三："盖遭此计，必至破灭，今汝诛郁，正落其～中，慎勿言也。"《元曲选外编·三战吕布》二折："兀的不气堵住我咽喉，哥也，赤紧的君子落在您这小儿～。"清吴广成《西夏书事》卷二五："资粮于敌，自古难之。况以宪、谔等言诞而夸，兵行鲜序，宜其入夏人～中也。" ❹ 通"够"。a) 表示达到相当的程度。金《董解元西厢记》卷三："天，天闷得人来～。"《元曲选外编·破窑记》三折："〔吕蒙正云〕你骂的我～也。"清《聊斋俚曲·增补幸云曲》："叫声薄命的小冤家，几时捱～打合骂？" b) 数量可以满足需要。《元曲选·忍字记》楔子："你来，我和你说，你休打多了，则打两钟儿来～了。"清《聊斋俚曲·翻魇殃》："我这一年有一百两银子的根盘，咱两下里积攒就～了。" c) 表示达到些微的数量或相当的数量。《元曲选·楚昭公》二折："俺只道他两个一般状貌搊搜，都一般武艺滑熟，管杀的惨迷离神嚎鬼愁。可原来半合儿不～，早一个先纳了输筹。"清《聊斋俚曲·富贵神仙》："家里～多少人伺候，四面庄农～多少人迎接！" d) 足够；满足；满意。《元曲选·留鞋记》楔子："你若自用，我取上等的与你；若送人，只消中样也～了。"清《聊斋俚曲·墙头记》："想是前生欠他债，又把他害命割了头，不知何日填还～？"又《翻魇殃》："二相公点点头，说慧娘你好歹，做了奶奶还不～。" e) 能。元高明《琵琶记》三六出："缃帙缥囊，数起看何止一万卷；牙签犀轴，乘将来～有三十车。" f) 尽。清《聊斋俚曲·富贵神仙》："多亏了你昂昂的志气，报复了冤仇，若不然受到何时～！" g) 犹云就算好的。清孔尚任《桃花扇》三出："唓！你坛户不偷就～了，倒赖我们。" h) 伸展肢体使达到。明《西游记》二回："你量我无兵器，我两只手～着天边月哩！"清《红楼梦》庚辰本五七回："黛玉便～上来要抓他，口内笑说：'你越发疯了！'"

【彀当】 gòu dàng ❶ 做、干。清陆陇其《四书讲义困勉录》卷一九："得亦不专是好利，凡一生～可便身图者皆得也。" ❷ 事情，多指坏事。《元曲选外编·绯衣梦》二折："你家庆安的好～，见俺悔了亲事，今夜晚间把梅香杀了。"清陆陇其《四书讲义困勉录》卷一："吴因之曰：明德新民不是判然两路径，知止能得不是截然两～。"《霓裳续谱·屈死了大郎》："武松回家金莲着了慌，就是隔壁儿王妈妈也着忙，金莲开言，叫了声干娘，这都是你老作出来。"

【彀使】 gòu shǐ 同"勾使"。清《红楼梦》庚辰本六三回："各门另户，谁管谁的事，都～了！"

gū

【古拐】 gū guǎi 脚踝骨。参见"孤拐❶"条。《元曲选·燕

青博鱼》三折："我若负了你的心呵，灯草打折脚～。"

【估】 gū ❶ 物价。唐张鷟《导官署令姚泰盗用进米二十石上米倍四十五价次绢估三十价断绞不伏》："但平赃定律，必依高～；供进所须，宜从极价。"宋文莹《湘山野录》卷中："在仕无不垂涎而爱之，太守而下轻其～，悉自售焉。"清梁恭辰《北东园笔录》三编卷五："某果赴厦门，置货度洋，其地适值瘟疫，诸伙折本求售，某独以药材抬～及梨枣什物，多争购之，获利无算而归。" ❷ 租金。唐李隆基《禁赁店干利诏》："自今已后，其所赁店铺，每闲月～不得过五百文。" ❸ 估计；揣测。《旧唐书·王忠嗣传》："先是，忠嗣之在朔方也，每至互市时，即高～马价以诱之，诸蕃闻之，竞来求市，来辄买之。"宋《大宋宣和遗事》前集："青苗在田，已～其直；收敛未毕，已促其偿。"清《聊斋俚曲·增补幸云曲》："不想那军家的衣服，件件出奇，再～不出他是个什么人来。" ❹ 瞪；睁大。清《儒林外史》一八回："卫先生～着眼道：'前科没有文章！'"

【估倒】 gū dǎo 鼓捣；弄。明《西游记》三一回："你把我浑家～在何处，却来我家诈诱我的宝贝？"清《醒世姻缘传》四一回："他也为我才来，又为我年小，凡是银钱出入，拿着我当贼似的防备，瞒着我，爷儿两个～。"

【估捣】 gū dao 鼓捣。性交的讳语。清《醒世姻缘传》四三回："不想他在房里合那囚妇～，小珍哥走出门外与禁子递了局。"

【估定】 gū dìng 盯住；注视。明《拍案惊奇》卷一八："富翁一眼～这小娘子。"又卷三四："庵主一眼不霎，～了看他。"

【估堆】 gū duī 蹲。清《聊斋俚曲·寒森曲》："大相公没奈何，常在旁～着，夜儿也在旁里卧。"

【估度】 gū duó 估量；测度。宋佚名《异闻总录》卷一："王提举～曰：'止直三千。'"明《禅真后史》一三回："以我～，若非秃厮藏机，必定另寻售主。"清《皇朝通志》卷九二："是时经理回部，大功未竣，从前兆惠，～伊犁情形，尚未通行。"

【估估】 gū gū 估计估计；猜猜。明《真本金瓶梅》四五回："西门庆道：'谢子纯，你过来，～这座屏风儿，值多少价？'"清《缀白裘》十一集卷一《请师》："〔副〕周大爷，你看这件法衣好么？〔旦〕好。〔副〕你可晓得我多少银子买的？〔旦〕不晓得。〔副〕你～看。"

【估计】 gū jì 估量(价值、数量等)。唐陆贽《请依京兆所请折纳事状》："京兆府所请将大豆替豌豆，望令据～钱数折纳。"《旧唐书·宪宗纪下》："出内库罗绮、犀玉、金带之具，送度支～供军。"清屈大均《广东新语》卷二五："～者，视其花以知其实而判之也。"

【估价】 gū jià 评定物品的价格。唐陆贽《议减盐价诏》："应江淮并峡内榷盐，宜令中书门下及度支商议，裁减～，兼厘革利害。"《旧唐书·皇甫镈传》："时内出积年库物付度支～，例皆陈朽，尽以善价买之，以给边军。"清袁枚《子不语》卷二〇："因～不合，置之柜上。"

【估价行】 gū jià háng 为买卖双方评定物价的商行。《元曲选外编·陈母教子》三折："母亲，您孩儿往西川绵州过，那里老老送与我一段孩儿锦，将来与母亲做衣服穿。〔正旦云〕大哥，将的去～里，看值多少钱钞。"

【估拣】 gū jiǎn 摆一摆，蘸一蘸。清《聊斋俚曲·慈悲曲》："床上炕上揉搓，尿里屎里～，争来争去济着擇，弄的翻边卷沿。"

【估看】 gū kàn 打量；观察。明《拍案惊奇》卷四〇："饮间，主僧熟视李君，上上下下～了一回。"

【估谅】 gū liàng 同"估量"。清《红楼梦》三〇回："～着宝玉这会子再不回来的，袭人笑道：'谁这会子叫门？'"

【估量】 gū liàng 掂量；估计。清《聊斋俚曲·增补幸云曲》："你自家～～，我那点不如你？"《红楼梦》八一回："我～着二爷就是在这里。"

【估料】 gū liào 估量；推测。清《红楼梦》五四回："因不及抬箱，～着贾母爱听的三五出戏的彩衣包了来。"《绿野仙踪》八三回："你是极聪明的人，你～烦他们说，也有个中用？"

【估纽】 gū niǔ 估算；估定。《宋会要辑稿·食货一四》："绍兴府诸县自旧一来，将小民百工技艺、巫师渔猎、短趁杂作，琐细～家业，以凭科敷官物、差募充役。"

【估人】 gū rén 商人；卖主。唐沈亚之《喜子传》："喜子者，饥年女子小字也。且困时，蒙活于～刘承家女使。"宋庄绰《鸡肋编》卷中："徒步至市中买鱼，酬价未谐，～呼为保仪。"清宗渭《浦城下水》："舟子下滩常斗水，～遇险只呼神。"

【估算】 gū suàn 大致地计算。《明史·刑法志一》："其后法令益宽，听其折纳，而～事力，亦略相当，实不为病也。"清康熙五十二年《内务府总管赫奕等题孙文成请兼盐差应勿庸议本》："除万法宗坛真人张继宗所住房屋不修外，大上清宫、龙虎观两座庙宇，～共用银一万八千八百餘两。"

【估销册子】 gū xiāo cè zi 估算工程费用的册子，相当于现在的预算书。清《红楼梦》九四回："因堂上发下两省城工～立刻要查核，一时不能回家。"

【估着】 gū zhe 估计；猜测。明《西游记》四九回："～他钻出来，却使个捣蒜打，照他顶门上着着实实一下。"清《聊斋俚曲·翻魇殃》："骂畜生太欺心，自～成了人，要舍病娘全不问。"

【沽】 gū 买。一般指买酒。唐李亢《独异志》卷中："齐有二烈士别于路，相与～酒共饮。"宋张齐贤《洛阳缙绅旧闻记》卷一："明日同行，沿路州将买食同餐，老人亦不辞让，同过渡至汴州，老人～酒，请州将同饮，始款狎无间然矣。"清纪昀《阅微草堂笔记》卷二三："沧州酒，阮亭先生谓之'麻姑酒'，然土人实无此称。著名已久，而论者颇有异同。盖舟行来往，皆～于岸上肆中，村酿薄漓，殊不足辱杯斝。"

【沽激】 gū jī 矫情求誉。唐钱珝《代史馆相公让官第三表》："伏望陛下以所奏之书，静赐睿览，察其陈让之悬，匪以～为名。"《宋史·李知孝传》："士大夫汲汲好名，正救之力少而附和～之意多，扶持之意微而诋訾扇摇之意胜。"清吴绮《为熊邑侯建书院疏》："清矣不为～，故其清常湛冰壶。"

【沽饮】 gū yǐn 买酒喝。明《古今小说》卷一四："共是三人，在酒肆饮酒，先生亦入肆～。"清沈复《浮生六记》卷四："余口渴思饮，邀其人就野店～三杯。"

【咕嘬】 gū chuài 叮咬；噬食。《元典章·刑部五》："遇有身死不明之人，……将尸移棚树栈阁，以致风日曝吹，蛄蛞～。"清《醒世姻缘传》八八回："报了州官，将尸从牢洞里拖将出去，拉到万人坑边，猪拖狗嚼，蝇蚋～。"

【咕嘟】 gū du ❶ 撅着嘴，不高兴的样子。清《红楼梦》八五回："说的两个人都～着嘴坐着去了。"又九二回："二爷上学去了，你又该～着嘴想着，巴不得二爷早一刻回来，就有说有笑的了。" ❷ 小声自语。清《红楼梦》一〇回："他母亲胡氏听见他咕咕嘟嘟的说，因问道：'你又要争什么闲气？'"又六〇回："当下蝉儿也不敢十分说他，一面～着去了。"

【咕唧】 gū ji ❶ 小声交谈或小声说话。清《红楼梦》七回："他师父一来，余信家的就赶上来，和他师父～了半日，想是就为这事了。"又七九回："你哥哥一进门，就咕咕唧唧求我们奶奶去求

亲。" ❷角口;指责。清《红楼梦》三回:"总然他没趣,不过出了二门,背地里拿着他两个小幺儿出气,~一会子就完了。"又六〇回:"姑娘们罢呀,天天见了就~。"

【咕哝】 gū nong 小声自语、说话或读书。《元曲选·张天师》一折:"我则为报德酬恩要始终,不索你不索你这个咕那个哝,哎,只你个十八姨口是风。按,"这个""那个"是衬字。清《聊斋俚曲·翻魇殃》:"待要坐坐没点空,拿书本暖云窝里去,对着娘子~。"又《禳妒咒》:"锁在他间房一月久,没可思想才~,把书本才有了清闲空。"

【咕嚷】 gū rǎng 小声唱。清《聊斋俚曲·磨难曲》:"每日打痴~,半日挣了七八十个钱。"

【姑待】 gū dài ❶宽容等候。元明《水浒传》一一四回:"若是众位肯~李俊,容待收伏方腊之后,李俊引两个兄弟,径来相投,万望带挈。" ❷姑且;将就。明《金瓶梅词话》一三回:"拙夫不才贪酒,多累。看奴薄面,~来家,官人休要笑话。"

【姑爹】 gū diē 姑母的丈夫。明梁辰鱼《浣纱记》二八出:"〔净〕若是越王的姑姑,范大夫,你家主公就叫我~了。"清方成培《雷峰塔》三三折:"~,姑母请上,待侄儿拜谢。"

【姑儿】 gū er 姑娘;小姐。明《醒世恒言》卷三五:"三娘同~们,也做些活计,将就度日。"清《绿牡丹》五六回:"上号的二人一见三位应考的~,皆有沉鱼落雁之容,闭月羞花之貌。"

【姑负】 gū fù ❶同"辜负❷"。宋黄机《清平乐》:"未africa春长恨春迟,春来生怕春归。办取揭天箫鼓,莫教~荼蘼。"清朱彝尊《叨叨令》:"一年一梦空愁思,六张五角难成事。千呼万唤无由至,~了烧春酒美文君市。" ❷同"辜负❶"。明王守仁《答论年谱书》:"数十年来,因循岁月,~此翁。所幸吾兄得手,今又得水洲共学,师道尚有赖也。"

【姑父】 gū fu 姑母的丈夫。明《老乞大谚解》卷下:"公公、婆婆、父亲、母亲、……姑姑、~……都请将来,拦门盏儿都把了,请家里坐的。"清《红楼梦》五七回:"苏州是原籍,因没了~姑母,无人照看,才就来的。"

【姑夫】 gū fu ❶称丈夫的姐夫或妹夫。唐赵璘《因话录》卷三:"李使婢传语曰:'新妇有哀迫之事,须面见~。'" ❷岳家称女婿。《新五代史·王淑妃》:"王淑妃谓太后曰:'事急矣,宜且避匿,以俟~。'"明《西游记》二三回:"一只手扯住妇人道:'亲家母,带你女婿进去。'……那妇人即唤童子:'展抹桌椅,铺排晚斋,管待三位亲家,我领~房里去也。'" ❸丫环称男主人。清《醒世姻缘传》四五回:"狄希陈着实推叫。那陪嫁来丫头小玉问说:'~在外头推门叫唤哩,咱开了门放他进来罢?'"

【姑姑】 gū gu ❶父亲的姐妹。宋王偁《东都事略》卷六五:"时贾氏用事,宫中谓之贾夫人,而昌朝以姑事之,谓之贾~。"按,此非真的父亲的姐妹,而是视为父亲的姐妹。元古本《老乞大》:"又婶母、姨姨、~、姑夫、姨夫、姐夫、妹夫。"清《红楼梦》一一八回:"宝玉接在手中看了,便道:'你三~回来了。'" ❷丈夫的姐妹。宋元《清平山堂话本·李翠莲》:"公婆利害由自可,怎当姆姆与~。"元关汉卿《拜月亭》三折:"你又是我妹妹、~,我又是你嫂嫂、姐姐。" ❸对女子的敬称。宋周密《齐东野语》卷九:"堡主曰杨安儿,……有妹曰小姐姐,或云其女,其后称曰~。"明朱国祯《涌幢小品》卷二九:"术既屡验,号称~,其父母皆受重赏。" ❹称道姑、尼姑。《元曲选·鸳鸯被》一折:"我李玉英是闺中女,你~是个出家儿。"清洪昇《长生殿》三六出:"〔小生〕~何来?〔丑〕贫道乃金陵女贞观主。" ❺对未婚年轻女子的敬称,犹姑娘。明《禅真后史》五一回:"家主张爷,向托沈鬼、孟大慧二人为

媒,往程望云家说合第二位~,与我家大叔为妻。程家回复不允,反出了许多不逊言语,家主怀恨,乘丈夫病势怜仃,下药毒死,移尸程家,希图诈害泄忿。"清《聊斋志异·邵女》:"登门,故与邵妻絮语,睹女,惊赞曰:'好个美~!假使居昭阳院,赵家姊妹何足数得!'" ❻对主人家小姐的敬称。清《聊斋志异·封三娘》:"婢捉袂曰:'三姑过我。我家~盼欲死。'" ❼元代贵族妇女所戴的一种帽子。明叶子奇《草木子》卷三下:"元朝后妃及大臣之正室,皆带~,衣大袍,……高圆二尺许,用红色罗,盖唐金步摇冠之遗制也。"萧大亨《夷俗记》:"俗无三年之丧,唯于七日内自妻子至所部诸夷,皆去其~帽顶而已。"

【姑姑庵儿】 gū guān er 尼姑寺。明《金瓶梅词话》六八回:"转过石桥儿,紧靠着个~,旁边有个小胡同儿。"又:"他儿子镇日在院里,他专在家,只外卖假托,在个~打斋。"

【姑舅】 gū jiù 姑表。宋欧阳修《滁州谢上表》:"方今公私嫁娶,皆行~婚姻。况晟于臣宗,已隔再从;而张非己出,因谓无嫌。"金《董解元西厢记》卷八:"是他的亲~要做夫妻,倚仗是宰臣家有势力。"清《红楼梦》七九回:"叙起亲是~兄妹,又没嫌疑。"

【姑老】 gū lǎo 同"孤老❶"。《元曲选·对玉梳》一折:"我这嘴脸也不俗,偏生不入婆娘目。妈妈若还做的~成,怕道你家没得棉花褥。"清《续金瓶梅》四一回:"倒像表子~情热了要死的一般。"《绿野仙踪》四九回:"你若说~、婊子有什么大小,你就把题目做到大西洋呱爪国去了。"

【姑妈】 gū mā ❶称婢女。《元典章·刑部七》:"又弟邓四与本官~赵海棠通奸。"按,赵海棠为本官刘提举躯妇(女佣)。 ❷姑母。明《山歌·烧香娘娘》:"姐儿道个样也算来是个小事,我先脱个小衣裳洗洗浆浆,打发两人转背,就央个~外甥,收捉铜杓注子两件,同两领补打个衣裳,替我拿来典当里去当当。"清《红楼梦》三回:"因为你~世时,舍不得你妹妹,无法可处,遂将他的玉带了去了。"

【姑母】 gū mǔ 父亲的姐妹。清《聊斋俚曲·禳妒咒》:"石庵云:'我无以为敬,他~给他做了珠篏一顶,绸衣一件奉送。'"《红楼梦》五七回:"苏州虽是原籍,因没了~,才接了来的。"

【姑奶奶】 gū nǎi nai ❶姑母。明《金瓶梅词话》七回:"近边一个财主敬来门外,和大娘子说亲,我说一家只~是大,先来觌面。"孟称舜《娇红记》二二出:"你去拜覆~呵,休得快相情,做姻亲,还要端详仔细问神明。" ❷娘家人称已经出嫁的女儿。清《红楼梦》一〇回:"这都是我的嘴快,告诉了~了,求~别去,别管他们谁是谁非。" ❸仆婢称主人家已经出嫁或成婚的女儿。清《聊斋俚曲·富贵神仙》:"~说,天晚了,你宿了去罢。"方成培《雷峰塔》二七出:"〔贴〕姑爷、~在上,青儿叩头。" ❹称未婚女子。表示责怪或亲热。清《红楼梦》五七回:"袭人定了一回,哭道:'不知紫鹃~说了些什么话。'"△《儿女英雄传》九回:"十三妹纳了半天的闷儿忽然明白了,说:'我的~,你不是要撒尿哇?'"

【姑娘】 gū niáng 另见 gū niang。 ❶姑母。《元曲选外编·西厢记》五本三折:"自家姓郑名恒,……先人在时,曾定下俺~的女孩儿莺莺为妻。"明梁辰鱼《浣纱记》三九出:"美人,烦你传示与你家勾践佳儿,只说看你做~的面,饶了这老头儿罢。"清《聊斋俚曲·姑妇曲》:"一个巴掌拍不响,~自家退了神。" ❷通家间妇女的敬称。明《金瓶梅词话》四一回:"听见月娘众姊妹和吴大妗子到了,连忙出仪门首迎接,后厅叙礼,赶着月娘呼~,李娇儿众人都排行叫二~、三~。" ❸婢仆称主人家已出嫁的女儿。明《金瓶梅词话》八二回:"经济体己与了他一方手帕,安付他看守房中:'我往你五娘那边请我下棋去,等大~进来,你快叫我去。'"

清《聊斋俚曲·磨难曲》:"丫头跑回来说:'了不的了！老马差了一大些人来,说姑爷没在家,还拿～去哩！'" ❹ 小妻的别称。清俞正燮《癸巳类稿》卷七:"小妻:曰妾,曰嬬,……曰～。" ❺ 指尼姑。清《聊斋俚曲·寒森曲》:"他娘说孩子有风,叫～白黑弄吧。"又:"二相公脱生了正死不的,那家子叫了个～来,掐了半宿,就鸣呼哀哉了。"

【姑娘】 gū niang 另见 gū niáng。❶ 称未婚的年轻女子。《元曲选·桃花女》三折:"周公家有个小～,叫做腊梅,今年十三岁了。"清《红楼梦》三回:"一面听得人说林～来了,……贾母又叫:'请～们。今日远客来了,可以不必上学去。'" ❷ 特指女儿。清《红楼梦》六回:"我们～年轻的媳妇子,也难卖头卖脚的,倒还是舍着我这副老脸去碰一碰。"△《官场现形记》三〇回:"人家养～,早晚总得出阁的。" ❸ 小姑;丈夫的妹妹。宋元《清平山堂话本·李翠莲》:"诸亲眷闹丛丛,～小叔乱哄哄。"又:"翠莲见～与婆婆说,就道:'小姑你好不贤良,便去房中唆调娘。'" ❹ 称侍妾。明《金瓶梅词话》一四回:"良久,只见孙雪娥走过来,李瓶儿……问道:'此位是何人？奴不知,不曾请见的。'月娘道:'此是他～哩。'"清《红楼梦》三一回:"明公正道,连个～还没挣上去呢,也不过和我似的,那里就称上'我们'了！" ❺ 奴婢称主人家未婚的女子。明汤显祖《牡丹亭》四〇出:"你说～和柳秀才那事干得好,又走得好！"清《红楼梦》三一回:"湘云笑道:'你知道什么？'翠缕道:'～是阳,我就是阴。'" ❻ 奴婢称地位较高的丫鬟。明《金瓶梅词话》七五回:"春鸿道:'是俺前边春梅～那里叫你。'"清《红楼梦》五五回:"只见秋纹走来,众媳妇忙赶着问好,又说:'～也且歇一歇,里头摆饭呢。'"

【姑且】 gū qiě 副词。暂且。宋魏泰《东轩笔录》卷七:"言必无失,～俟之。"元盛如梓《庶斋老学丛谈》卷四:"各合究断,～从恕,仰遵照使府所行。"清袁枚《子不语》卷二三:"吾本欲立索汝命,因王法增加,死期已近,～饶汝。"

【姑容】 gū róng 宽容。《元曲选·抱妆盒》四折:"刘氏滔天计已穷,恐伤先帝且～。"明焦竑《玉堂丛语》卷五:"刘忠宣居官接物,虽称从容和易,至属官之不才者,一裁以法,未尝一苟免。"清纪昀《阅微草堂笔记》卷二:"新神性严重,汝善事之,恐不似我～也。"

【姑恕】 gū shù 宽恕。《元曲选·谇范叔》四折:"丞相在上,须贾罪过虽重,但他绨袍恋恋,也还有故人之情,望丞相～。"明陆粲《庚巳编》卷一〇:"他日,公以事经其地,梦神恳曰:'公～我。'"清《赛花铃》一一回:"今承老先生见教,～不究。"

【姑太太】 gū tài tai 娘家人称已经出嫁的长辈女子。清《红楼梦》六回:"姥姥既如此说,况且当年你又见过这～一次,为什么不你老人家明日就去走一遭,先试试风头儿去？"又:"刘姥姥道:'他没甚说的,不过来瞧瞧～姑奶奶,也是亲戚们的情份。'"《歧路灯》一〇六回:"彼时簧初到道署,～一见心许。"

【姑息】 gū xī 过分宽容、纵容。唐赵璘《因话录》卷二:"自艰难以来,朝廷～方镇武臣,求无不得。"宋邵博《邵氏闻见后录》卷二一:"荆公则～以长奸,非法也。"清顾炎武《日知录》卷八:"然观其答书之指,考其行事,由羽林之变既～于前,武人之除复滥开于后,不得已而为此例。"

【姑爷】 gū ye ❶ 岳家称女婿。明陈汝元《金莲记》六出:"报与太太奶奶知道,……～也中了。"清《聊斋俚曲·磨难曲》:"二爷差小的凑了十两银细,给～盘费。" ❷ 姑母的丈夫,姑父。清《儒林外史》二八回:"这舍亲姓鲍,是我的贱内的～,是小弟的姑丈人。"《隋唐演义》一三回:"罗老爷就是他嫡亲的～,老太太就是

姑母,已认做一家了。"

【姑丈】 gū zhàng 姑夫。宋晁公遡《札子·张待制》:"某生十一年而孤,为孙～所教育,已恨不及其存时报之。"清沈复《浮生六记》卷四:"余有～袁万九,在盘溪之仙人塘作酿酒生涯,余与施心耕附资合伙。"

【姑丈人】 gū zhàng rén 妻子的姑夫。清《儒林外史》二七回:"那少年道:'我便是王老爹的孙女婿,你老人家,可不是我的～么？'"又二八回:"这舍亲姓鲍,是我的贱内的姑爷,是小弟的～。"

【姑子】 gū zi 尼姑。明《金瓶梅词话》三三回:"留下吴大妗子潘姥姥杨姑娘两个～住两日,晚夕宣诵唱佛曲儿。"清《醒世姻缘传》六四回:"众～们每日掌灯时分,关闭了庵门,故意把那响器敲动,鼓钹齐鸣,梵咒经声,彻于远近。"

【辜】 gū 辜负。唐崔颋《和张荆州九龄晨出郡舍林下》:"坐啸应无欲,宁～济物情。"清洪昇《长生殿》三三出:"就是情可～,意可～,则那金钗、钿盒的信难～。"

【辜恩】 gū ēn 辜负他人的恩德。唐陈子昂《为建安王贺破贼表》:"固作孽以招诛,自～而取灭。"金《刘知远诸宫调》一二:"生下个孩儿曾送与,那～世上谁过。"向岳司公宅里,又就了个娇娥。"清洪昇《长生殿》三三出:"狼子野心难料,看跋扈渐肆咆哮,挟势～更堪恼,索假忠言入告。"

【辜恩薄幸】 gū ēn bó xìng 负恩薄情。元谷子敬《集贤宾·闻情》:"谁想这～负心贼,自相别数年无信息。"明陈铎《南风入松·怨别》:"说来话儿全不应,谁不似你～。"

【辜恩负命】 gū ēn fù mìng 违抗命令,辜负恩情。《敦煌愿文集·结坛发愿文》:"所有～、宿对雠怨,今日今时,来于此会,领斯功德,发欢喜心,绝迹人寰,隐居他界。"又《父患文》:"～之辈,并愿来过此场,领受布施资财,发欢解怨雠语。"

【辜恩负义】 gū ēn fù yì 犹言忘恩负义。《景德传灯录》卷二八《玄沙宗一》:"天魔外道是～,天人六趣是自欺。"明薛论道《水仙子·佳人才子》:"～谁之过,远嫦娥近素娥。"

【辜负】 gū fù ❶ 错过;虚度。唐岑参《初授官题高冠草堂》:"只缘五斗米,～一竿鱼。"元萧德祥《小孙屠》三出:"长吁嗟～朱颜枉度春,愁听得别苑垂杨,黄鹂数声。"清方成培《雷峰塔》一三出:"如此月色,岂可～。" ❷ 违背;背弃。唐吕温《友人邀听歌有感》:"～壮心羞欲死,劳君费买断肠声。"元萧德祥《小孙屠》九出:"好姻缘间阻武陵溪,～花前月下期。"《元曲选·梧桐雨》楔子:"常将事设权谋,收猛将,保皇图,分铁券,赐丹书,怎肯便～了你这功名簿。"明梁辰鱼《浣纱记》一一出:"〔小生〕勾践罪重恶深,～天地,不知时势,得罪大王,蒙不即诛,俯赐宽宥,得保些须之命,难报罔极之恩。"

【辜命】 gū mìng 指自己害死的人。《敦煌愿文集·修造伽蓝发愿文》:"灾障永除,延年益算,怨家领福,～转生。"

【辜命负财】 gū mìng fù cái 指自己害死的人,欠钱财的人的灵魂。《敦煌愿文集·结坛发愿文》:"～,领斯福分。"又:"～,因舍施调慈福分。"

【辜侥】 gū jiǎo 辜负恼乱。侥,通"娆"。唐慧琳《一切经音义》卷四七:"娆,恼也。"《敦煌变文校注》卷五《父母恩重经讲经文(一)》:"皆因不孝于慈父,～向母亲。"又:"不念二亲恩养力,～弃背也唱将来。"

【辜外】 gū wài "辜限外"的省略语。参见"辜限"条。《旧唐书·裴潾传》:"有前率府仓曹阎元衡者,杖杀百姓柏公成母。法官以公成母死于～,元衡父任军使,又以父荫征铜。柏公成私受

657

元衡资货,母死不闻公府,法寺以经恩免罪。"《元典章·刑部四》:"错于刘外女头上打伤,～身死。"

【辜限】 gū xiàn 官府规定期限,责令伤人者为被伤者治疗,其期限称为"辜限"。《五代会要》卷九:"长兴二年四月大理寺剧可久奏,……起今已后若因而致死,无故即请减一等;别增病症而死者,从～正贼减本罪五等。"《元史·刑法志四》:"诸殴伤人,～外身死者,杖七十七。"《明史·刑法志一》:"嘉靖十五年,时有以手足殴人伤重,延至～外死者,部拟杀人论绞。"

【酤坊】 gū fáng 酒铺;酒店。宋阮阅《诗话总龟后集》卷一二:"尝恨王子猷作'此君'语,轻以难名者告人,遂使庸夫俗子,妄意其间,～茗肆,适以污累之。"明《古今小说》卷三九:"又占了本处～,每岁得利若干。"

【孤】 gū ❶片面;偏废。宋《朱子语类》卷九:"有人专要会躬行,此亦是～。" ❷宋元戏曲名词,指剧中属于官员一类的角色。元高文秀《遇上皇》一折:"等孛老扯见～科。等～上,云。"孤,指剧中人物赵光普。明朱权《太和正音普·古之善歌者》:"～,当场妆官者。" ❸"孤老❶"的省称。《元曲选·百花亭》一折:"小二哥,你也知道我妆～爱女,你肯与我做个落花的媒人,与那贺家姐姐做一程儿伴,我便与你换上盏也。"明朱有燉《继母大贤》四折:"他只效金谷花间乐,爱毕卓瓮头糟,气冲牛斗,心尚奢豪,难教,更懆暴,赡表装～一划瓢。"

【孤辰】 gū chén 古代卜者用语。天干为日,地支为辰,六甲中无天干相配之地支称孤辰。如甲子旬中无戌亥,戌亥即孤辰。迷信者认为人的生辰八字犯孤辰,即主孤寡。《元曲选·梧桐雨》四折:"则俺这～限难熬,更打着苦恨天最高。"明孟称舜《娇红记》三三出:"鸳鸯簿上,簿上把～注。"

【孤雏】 gū chú 失去母鸟的幼鸟,喻孤儿。清姚炳《诗识名解》卷三:"武庚本为～,乃能挟奄、徐诸国以叛,事理之难测如此也。"《绿野仙踪》八十回本一回:"亏得一老家人陆芳,深明大义,一边营办丧葬大事,一边抚恤～。"《野叟曝言》一三四回:"覆巢之下,遗此～,故宫禾黍之怀,谁能遣得?"

【孤答】 gū dā ❶蒙古语 quda 的记音,指姻亲、亲家,引申指官人、官员。明汤式《一枝花·劝妓女从良》:"招一个莽庄家便是良人,嫁一个穷书生便是儒人,苫一个俊～便是夫人。" ❷嫖客。脉望馆抄本《曲江池》二折:"俺如今再不偕(惹)他去了,别寻个有钱的～讨些生活。" ❸犹"骨都❷"。(嘴)噘。清《聊斋俚曲·富贵神仙》:"你妈妈有儿子望上进,弄的俺没儿嘴～。"

【孤单】 gū dān ❶孤独寂寞。《敦煌变文校注》卷五《佛说阿弥陀经讲经文(二)》:"妻若邪淫抛儿婿,来生还感没丈夫。朝朝独自守空房,日日～无倚托。"清《聊斋俚曲·禳妒咒》:"哄我自家日日受～,你可给人家夜夜做心肝。" ❷单一;少。宋《朱子语类》卷一一:"《集注》解此,谓'守所得而心不广,则德孤',如何?曰:'孤,只是～。所得只是这些道理,别无所有,故谓之德孤。'" ❸单薄。宋《朱子语类》卷五二:"道义是虚底物,本自～;得这气帖起来,便自张主,无所不达。"又卷一〇五:"若只读此,则道理～,如顿兵坚城之下。" ❹简单;概括。宋《朱子语类》卷一四:"傅敬子说'明明德'。曰:'大纲也是如此。只是说得恁地～,也不得。'"

【孤丁丁】 gū dīng dīng 孤零零。明《醒世恒言》卷二一:"又转了一个弯角儿,却是一所人家,～住着,板缝内尚有火光。"

【孤堆】 gū duī ❶平地上隆起的土堆;也特指坟堆;还指其他平坦处堆积成的隆起部分。《元曲选·李逵负荆》二折:"休怪我村沙样势,平地上堆起～。"又《老生儿》三折:"我嫁的鸡随鸡飞,嫁的

嫁的狗随狗走,嫁的～坐的守。"明贾仲明《凌波仙·吊狄君厚》:"有平阳狄君厚,捻《火烧介子推》,只落得三尺～。"佚名《彩楼记》一二出:"我那铺盖下面有一个～,……好东西!白米!火腿!锦被!好东西!"清《续金瓶梅》四九回:"我把你这讨饭吃的本钱打碎了,丢开这根拄杖,看你有甚本领,也钻不出这个土～去。" ❷蹲。清《聊斋俚曲·禳妒咒》:"我可也不依你出去这院落,也不依你进这屋门,你就在这门外～着,好思想那美人。"又:"走了一回,两脚少热,只是身上冰冷,不得已出门边～下略略的避风。"

【孤负】 gū fù 错过;虚度。唐白居易《负春》:"～春风杨柳曲,去年断酒到今年。"金《董解元西厢记》卷五:"拍愁担恨,～了赏花时。"清《聊斋俚曲·蓬莱宴》:"夜色迢迢,夜色迢迢,可怜好良宵;嫦娥也孤单,合奴心相照。"

【孤高】 gū gāo ❶孤特高洁;孤傲自许。唐陈子昂《唐故袁州参军李府君妻清河张氏墓志铭》:"青松摧折,哀断女萝之心;丹节～,终守柏舟之誓。"宋罗大经《鹤林玉露》卷四:"夫以德报怨,可论慈悲广大,～卓绝,过人万万矣。"吴自牧《梦粱录》卷一七:"盖杭之高僧散圣,弃儒成道,戒行精洁,学问～,博习教典,以训诸衲。"清《红楼梦》五回:"而且宝钗行为豁达,随分从时,不比黛玉～自许。" ❷高超;无与伦比。《太平广记》卷二三二引唐冯翊《桂苑丛谈》:"唐润州甘露寺僧某者道行～,名重江左。"元曾瑞《哨遍·秋扇》:"样制～,停分无偏,圆成不缺。"

【孤孤儿】 gū gū er 形容孤单。明《金瓶梅词话》六八回:"爹乍没了娘,到房里～的,心中也想。"

【孤寡】 gū guǎ 孤贫。明梁辰鱼《浣纱记》二出:"问莺花肯嫌～,一段娇羞,春风无那,趁晴明溪边浣纱。"

【孤拐】 gū guǎi ❶脚踝骨。也指膝关节以下的部分。《元曲选·范张鸡黍》一折:"你每说到几时?早不是腊月里,不冻下我～来!"明《西洋记》七二回:"快走,走迟了些,连你的～打折你的!"清《聊斋俚曲·禳妒咒》:"若还做衙官,伺候正堂,搔～,骂淫娼,好似阎王,那可摆划的俺出了滚汤,又到火床。" ❷指脚。清《野叟曝言》二六回:"想起中间屋里切皮的刀儿甚是快利,因光着～出来,摸那皮刀。" ❸刑罚。以杖击腿。明《西游记》三一回:"小的们!选大棍来,先打二十个见面～,再打二十个背花,然后等我使铁棒与他送行。"《古今小说》卷二八:"男子汉在家时,瞧见了,好歹一百～奉承你,还不快走?"《醒世恒言》卷二〇:"快快出门,饶你一顿～。若再迟延,我就要打了。" ❹颧骨。清《红楼梦》六一回:"高高～,大大的眼睛,最干净爽利的。"《飞龙全传》四回:"青丝发,金线盖,黑肉丰颐,横生～。" ❺疖子。《元曲选外编·降桑椹》二折:"我会医胸膛上生着～。"

【孤寂】 gū jì 孤单寂寞;孤独寂静。五代黄滔《退居》:"老归江上村,～欲何言。"《祖堂集》卷四《尸梨和尚》:"时人见守～,为言一生无所益。余则闲吟～章,始知光阴不虚掷。"清纪昀《阅微草堂笔记》卷一五:"余性耽～,而不能自闲。"

【孤家】 gū jiā 帝王自称。家,词缀。《元曲选·气英布》一折:"姓刘名邦字季,沛人也。"清洪昇《长生殿》二八出:"～安禄山。自从范阳起兵,所向无敌,长驱西入,直抵长安。唐家皇帝,逃入蜀中去了,锦绣江山,归吾掌握。"

【孤峻】 gū jùn ❶高峻;孤立高耸。唐阎伯玙《函谷关赋》:"洞开一轨,壁立千仞;径荟双合,梯苔～。"《册府元龟》卷七七〇:"亭亭,～之貌。"明《西游记》三二回:"巍巍峻岭,削削尖峰。湾环深涧下,～陡崖边。" ❷孤高严正。唐李昂《授陈夷行平章事制》:"贞己滋洁,遇物能容,虽墙岸～,而襟抱夷旷。"《旧唐书·崔

慎由传》："从气貌～,正色立朝,弹奏不避权幸。"清俞蛟《潮嘉风月》："性情～,每日晨起梳洗毕,辄闭户焚香,或临窗刺绣,不喜见人。"❸孤高;超出一般。唐克符道者《赵州关》："～南泉派,师机已得闲。三衣传祖域,一句动人寰。"《祖堂集》卷四《丹霞和尚》："格调～,少有攀者。"宋克勤《碧岩录》一则："雪窦头上太～生,末后也漏逗不少。"

【孤老】 gū lǎo ❶嫖客;姘夫。元明《水浒传》四回："我女儿常常对他～说提辖大恩。"明汤式《一枝花·子弟每心寄青楼爱人》："恁如今模样非娇,年纪儿又小,则不如觅个知心俊～。"清《聊斋俚曲·增补幸云曲》："要婊子可没有,不弃嫌,有～哩,给你几个要耍罢!"❷商贩称主顾。元明《水浒传》二一回："众人道:'你的～是谁?'唐牛儿道:'便是县里宋押司。'"

【孤老院】 gū lǎo yuàn ❶收容贫苦孤独老人的机构。宋洪迈《夷坚志》甲卷一："尽散其奴婢从良,竭家资建～。"《元史·刘秉忠传》："鳏寡孤独废疾者,宜设～,给衣粮以养之。"清《儒林外史》三二回："他昨晚还赖在衙门里,明日再不出,就要讨没脸面。那个借屋与他住?只好搬在～。"❷妓院。清《聊斋俚曲·增补幸云曲》："这花子除赢了咱的银子,还着咱陪他,我唦他往～里走走何如?"《野叟曝言》三三回："再歇几天,只好打入～去了,谁来嫖你灶君皇帝?"

【孤冷】 gū lěng ❶孤单寂寞;孤单。宋欧阳修《卜算子》："莫是前生负你来,今世里、教～。"佚名《张协状元》一八出："去则依然,奴还～。"明文秉《烈皇小识》卷五："臣～自守,于考选何与?"❷缺乏激情;孤僻。清王士禛《分甘馀话》卷四："吴嘉纪……地滨海,无交游,而独喜为诗,其诗～,亦自成一家。"钮琇《觚賸》卷一："孙僖……诗古文简洁有法度,性～,不喜谐俗。"

【孤伶伶】 gū líng líng 孤独无伴。清《聊斋俚曲·禳妒咒》："～一个人,懒进那轻纱帐。"《白雪遗音·望白云》："只落得,～的身子。"

【孤零】 gū líng 同"孤另"。宋曹组《忆瑶姬》："争奈无缘相见,有分～。"清《聊斋俚曲·禳妒咒》："天上也有团圆,可怜奴～!"

【孤另】 gū lìng 孤单;孤独。宋韩玉《贺新郎》："犹未归来何处也,日长时、不念人～。"《元曲选·红梨花》二折："你休愁我衾寒枕剩人～,我则怕你酒醒灯昏梦不成。"清洪昇《长生殿》二二出："云寒露冷,又趱上经年～。"

【孤令】 gū lìng 同"孤另"。宋杜安世《端正好》："双欢未经成～。奈厚约、全无定。"佚名《张协状元》二六出："一去更无音耗,使双双～。"元佚名《快活年》："眼角眉尖送春情,直憨志诚。款步轻移暗传情,不能够相得近。两下里成～,成～。"

【孤旅】 gū lǚ ❶孤立无援的军队。也指弱小的军队。唐李靖《李卫公问对》卷下："吴汉为光武所任,兵不遥制,故汉果平蜀,此不陷～之谓乎?"宋王明清《挥麈三录》卷二："苻坚以百万之师,衄于淝水之～。"清王夫之《读通鉴论》卷一七："元颢且倚梁七千之～,相谋相猜之陈庆之,高拱雒阳,为两月之天子,卒以奔窜而死。"❷孤单的外乡人。宋周邦彦《解蹀躞》："夜寒霜月,飞来伴～。"李心传《旧闻证误》卷三："河间府乐寿县,初,县客户六十八人,而误作六百八人以报。后尼堪不容诉,于是县官驱致民～五百四十人以补数。"清彭孙遹《夜泊大稍口月始望皎如白昼与士伟臣飓百龄儿晓孙坐玩久之喟然兴感》："～多艰辛,安从谋斗酒。"

【孤命负恩】 gū mìng fù ēn 犹"辜恩负命"。《敦煌愿文集·发愿文范本》："惟愿孤(辜)命负恩之背(辈),愿功德以证明;

怀怨使恨之酬(俦),领福分而欢喜。"

【孤凄】 gū qī 孤单;凄凉。宋佚名《张协状元》一四出："独步廊西魂欲断,自觉～,奈眼前尽成怨忆。"元佚名《红绣鞋》："孤雁叫教人怎睡,一声声叫的～,向月明中和影一双飞。"清《红楼梦》八七回："不知前生作了什么罪孽,今生这样～!"

【孤恓】 gū qī 悲伤;孤单凄凉。《敦煌变文校注》卷一《伍子胥变文》："阿姊抱得弟头,……叹言:'……共弟前身何罪,受此～!'"《元曲选·青衫泪》三折："怎知道如今命运低,长独自托冰蓝两头儿偎,恁的般受～。"清《红楼梦》一三回："宝玉因近日林黛玉回去,剩得自己～,也不和人顽耍。"

【孤人】 gū rén 孤单一人。清《聊斋俚曲·磨难曲》："一个～天又晚,荒崦前来到贵村,告妈妈求他把门儿进。"

【孤身】 gū shēn 单身;一个人。唐韩愈《唐故中散大夫少府监胡良公墓神道碑》："公始以进士～旅长安,致官九卿为大家。"《景德传灯录》卷二七《布袋和尚》："一钵千家饭,～万里游。"清《聊斋俚曲·慈悲曲》："他遇着后娘灾,～儿跑出来。"

【孤孀】 gū shuāng 寡妇。唐牛僧孺《玄怪录》卷一："子春以～多寓淮南,遂转资扬州,买良田百顷,郭中起甲第,要路置邸百餘间,悉召～分居第中。"《元曲选·冤家债主》三折："拼的守～一世,断不肯向他人再画蛾眉。"明《醒世恒言》卷五："我女儿还不认得女婿的面长面短,却教他活活做～不成?"

【孤条条】 gū tiáo tiáo 犹言孤零零。明梁辰鱼《浣纱记》四三出："谁知到半路里,被这些乱军把我金银抢去分了,夫人背去用了,干单单剩得～一个身子。"

【孤土堆】 gū tǔ duī 坟堆。《敦煌变文校注》卷六《目连变文》："早被妻儿送坟冢,独卧荒郊～。"

【孤帏】 gū wéi 孤单的帏帐,形容独居无偶。唐周仲美《书壁》："三载无明昏,～泪如洗。"宋佚名《张协状元》一九出："〔旦白〕谢荷公婆妾且归。〔净〕明朝依旧守～。"清《红楼复梦》六回："此女虽非所出,不亚亲生,先曾配婚,未期岁而独处～,此时与未亡人形影相依,暂延朝夕,细思之亦非良策也。"

【孤遗】 gū yí 孤单。《敦煌愿文集·发愿文范本等》："少无男女,老复～,莫保百年。"《敦煌变文校注》卷一《伍子胥变文》："自从逃逝镇怀忧,使我～无所投。"

【孤掌难鸣】 gū zhǎng nán míng 比喻一个人或单方面力量单薄,难以成事。《元曲选外编·七里滩》三折："虽然你心明圣,若不是云台上英雄并力,你独自个～。"清《东周列国志》五八回："只有一个韩厥,～,是以不敢为赵氏伸冤。"

【孤枕】 gū zhěn 形容独宿无偶,独宿无伴。唐骆宾王《艳情代郭氏答卢照邻》："独坐伤～,春来悲更甚。"宋晏幾道《玉楼春》："醉中同尽一杯欢,归后各成～恨。"清《绣戈袍》七回："明日刁老回来,教小生回去,罗帏～,想起我娇美意,如何能捱此寒更?"

【孤只】 gū zhī 孤独。宋程垓《好事近》："万重离恨万重山,无处说思忆。只有路傍双堠也随人～。"

【孤坐】 gū zuò 独坐。唐崔珏《孤寝怨》："灯暗愁～,床空怨独眠。"宋苏轼《江神子》："～冻吟谁伴我,揩病目,捻衰髯。"明敖英《东谷赘言》卷下："虽然,忘之一字,以之却七情之疾实为妙方,是故欧阳文忠公暮年有小疾,不服药,只～忘心以却之。"

【骨董】 gū dǒng 另见 gǔ dǒng。❶即"骨都❷"。明《西湖二集》卷二○："有了钱,便眉开眼笑;没了钱,便～了这张嘴。"❷象声词。形容落水声。唐孙棨《北里志·张住住》："住住终不舍佛奴,指阶井曰:'若逼我不已,～一声即了矣。'"清《聊斋志异·庚娘》："便闻～一声,遂哗言妇溺矣。"

【骨都都】　gū dū dū　形容水或气体一股股或一团团地冒出、升腾。《元曲选·黑旋风》一折:"我喝一喝～海波腾,撼一撼赤力力山岳崩。"明《西游记》八〇回:"忽然见林南下有一股子黑气,～的冒将上来。"

【骨笃】　gū dǔ　同"骨都❷"。明《醒世恒言》卷四:"众人团团围坐,猜拳行令,大呼小叫,十分得意,只有秋公～了嘴,坐在一边。"《石点头》卷一二:"今日为何红了半边面皮,气愤愤,～了嘴,不言不语,莫非与那个合口嘴么?"

【骨都】　gū du　❶疙瘩。《元曲选外编·村乐堂》三折:"开了牢门,则怕磕你一个～。"　❷(噘)嘴。《元曲选·金钱记》二折:"对着的都是些嘴～乳莺娇燕。"明汤显祖《牡丹亭》五五出:"怎的起状元、小姐嘴～站一边?"清《聊斋俚曲·磨难曲》:"常恨那科道～着嘴儿,该把那眼抠。"

【骨嘟】　gū du　同"骨都❷"。明《醒世恒言》卷二〇:"两个眉头蹙作一堆,～了嘴,口也不开。"《醋葫芦》一回:"那些主管也有嘻嘻笑的,也有～嘴的,不知为着何事。"

【骨朵】　gū duǒ　另见 gǔ duǒ。❶一种兵器。长柄,一端呈瓜状或蒜头状。后只做仪仗用具。宋孟元老《东京梦华录》卷六:"两边皆禁卫排立,锦袍,幞头簪赐花,执～子。"《元曲选·渔樵记》三折:"那一衙仗、水灌银盆,茶褐罗伞下五马上,端然坐着个相公。"清纪昀《阅微草堂笔记》卷一二:"尔再妄传,当裔尔舌,命从神以～击之。"　❷球状或瓜状物;疙瘩。宋周密《武林旧事》卷一:"水晶～。"元明《水浒传》一三回:"两人领了言语,向这演武厅后去了枪尖,都用毡片包了,缚成～。"　❸一种面制圆形点心。《元曲选·罗李郎》二折:"小哥说,我四五日不曾吃饭,那边有卖的油炸～儿,你买些来我吃。"　❹花蕾。《元曲选外编·玩江亭》二折:"阿阿,努嘴儿了,放嫩叶儿了。阿阿,打～了。阿阿,开花儿了。"明《西游记》四九回:"九瓣攒成花～,一竿虚孔万年青。"清《红楼梦》九四回:"昨日宝玉先去瞧,见枝头上好像有了～儿似的。"　❺即"骨都❷"。清《女仙外史》七回:"翠云～着嘴走了,红云亦随后走到屋内。"

【骨朵嘴】　gū duo zuǐ　噘嘴。明金銮《北胡十八·风情嘲戏》:"～挂油瓶,谁是你眼中钉?"

【骨拐】　gū guǎi　同"孤拐❸"。清《醒世姻缘传》九四回:"谁知不惟不能遂意,反差一点点没叫一伙管家娘子捞着挺顿～。"

【骨怪】　gū guài　同"孤拐❶"。清《聊斋俚曲·襄妒咒》:"拿鞭子打俺那膝盖儿,棒槌敲俺这～儿,拳头打这脑袋儿。"

【骨碌碌】　gū lū lū　❶眼珠转动的样子。《元曲选·单鞭夺槊》四折:"忽地将钢鞭疾转,～怪眼圆睁。"清《后水浒传》一七回:"那乐汤坐在轿上昂昂得意,两只眼睛～斜看四下。"　❷滚动或滚落的样子。元《三遂平妖传》一一回:"却说那和尚在楼上拿起面来却待要吃,只见那和尚的头从腔子上～滚将下来。"清《儒林外史》五四回:"被丁言志撂了一交,～就滚到桥底下去了。"

【骨碌】　gū lu　❶翻滚的样子。唐刘恂《岭表录异》卷上:"涧中有石鳞次,水流其间,……或有乘牛过者,牛皆促驱四蹄,跳跃而过。或失,则随流而下。见者皆以为笑。彼人谚曰:'跳石牛～,好笑好笑。'"《元曲选·朱砂担》一折:"那厮见了我便走,我就～一个翻身,跳起来跟着他后面,急急的赶。"清《蜃楼志》二三回:"～滚下马来,又不见了。"　❷圆形或圆筒形。明《警世通言》卷一三:"只见人家屋檐头,一个人舒着幞头,绯袍角带,抱着一～文字。"清《隋唐演义》一七回:"李贤弟,圆～的东西,叫做什么?"　❸和衣而卧。清《聊斋俚曲·襄妒咒》:"只得去盖毡条,～到五更尽。"

【骨冗】　gū rǒng　蠕动的样子。明《西游记》五三回:"他两个疼痛难禁,渐渐肚子大了,用手摸时,似有血团肉块,不住的～～乱动。"

【骨突】　gū tū　另见 gǔ tū。❶即"骨都❷"。清《续金瓶梅》二五回:"樱桃把嘴～着道:'没在前头,往阁子上去了这一会了。'"《聊斋俚曲·富贵神仙》:"常恨那科道们,～着嘴儿,该把他眼挖!"　❷突起的结节;疙瘩。明《西游记》三六回:"左边的拳头～如生铁,右边的手掌嶙嶒赛赤铜。"

【家翁】　gū wēng　另见 jiā wēng。婆婆;公公。家,姑,婆婆。《敦煌变文校注》卷五《父母恩重经讲经文(一)》:"若是～在上,伯叔性难,昼夜不惮劬劳,且夕常怀忧惧。"元陶宗仪《辍耕录》卷六:"唐代宗谓郭子仪曰:'鄙语有云:不痴不聋,不做～。'"

【榖碌】　gū lu　❶跌滚在地。明《西洋记》七回:"非幻走得快些,……照地下就是一～。"又八七回:"就像脚底下绊着甚么,跌一～,连忙的爬将起来。"　❷形容大口吞咽。明《西洋记》三回:"是小僧将佛前供果掫破些与他吃,他就是一口一～吞将下去。"又七三回:"叫听事官取过一肩生肉来,赏与老虎。老虎抓过来,一口一捻,一口一～。"

【榖辅】　gū lu　❶车轮子。五代谭用之《贻费道人》:"碧玉蜉蝣游客酒,黄金～钓鱼车。"　❷滚倒或滚动的样子。明《西游记》三二回:"他一头钻得进去,使钯钯扑个地铺,～的睡下。"又九三回:"那球～滚在他衣袖之内。"

【箍】　gū　❶围束。宋《朱子语类》卷二七:"如一个桶,须是先将木来做成片子,却将一个箍来～敛。"明顾起元《客座赘语》卷四:"又以金丝绕而～之曰'缠子'。"清《醒世姻缘传》四八回:"罢呀怎么! 你就使铁箍子～着头?"　❷围束器物的圈儿。宋《朱子语类》卷二七:"如一个桶,须是先将木来做成片子,却将一个～来箍敛。"元陶宗仪《辍耕录》卷三〇:"俭讫,用黄金为～四条以束之。"清《野叟曝言》九六回:"仔细看去,见额上勒着银～,鼻孔穿有五个金环,项上套有银圈。"

【箍儿】　gū er　围束器物的圈儿;束发的宽带。明陈铎《雁儿落带过得胜令·油坊》:"槽边厢打撅,～里使楔,石滚碾牛拖拽。"《金瓶梅词话》六三回:"爱月儿下了轿子,穿着白云绢对衿袄儿,蓝罗裙子,头上勒着珠子～。"清《九云记》一回:"我在西天路上做大王,要吃唐僧时,菩萨抛下一个～,将我两手合住,再不得开。"

【箍桶】　gū tǒng　用铁箍、竹篾等束缚木片制作木桶或修补木桶。唐段成式《酉阳杂俎》前集卷九:"鞍驮已失,遂返前店,见老人方～,韦意其异焉,拜之,且谢有误也。"明叶盛《水东日记》卷二:"又独石苦寒处,素不产藤竹,人家～等用,则取绵柳条为之,不异藤竹也。"清袁枚《子不语》卷三:"匠曰:'是日也,涌金门内杨姓家唤我～。'"

gǔ

【古板】　gǔ bǎn　❶固执守旧;不变通。明王鏊《震泽纪闻》:"刘学士,～人也。"《醋葫芦》六回:"况且老人家昨宵一度,足了春情,何必定拘～?"清《歧路灯》一四回:"张类村是个～学究,坚执不肯。"　❷指文章按一定的程式。清《醒世姻缘传》七四回:"所以小人把这状词的格式也变他一变。那知道老爷不好新奇,只爱那～。"《红楼梦》一七至一八回:"贾政笑道:'你们不知,我自幼于花鸟山水题咏上就平平,如今上了年纪,且案牍劳烦,于这怡悦性文章上更生疏了。纵拟了出来,不免迂腐~,反不能使花柳园

亭生色。'"

【古懪】 gǔ biē 固执;执拗。《元曲选·风光好》二折:"他则是惯受用玉堂金马,不思量月户云窗,则他那～心甚的唤做鸣珂巷!"又《陈州粜米》一折:"父亲,……你平日间是个性儿～的人,倘若到的那买米处,你休言语则便了也。"清《水浒后传》八回:"只是这尹文和～得可厌,必须先遣开,方好做事。"

【古道】 gǔ dào 热心肠,尚侠义。清《儒林外史》三八回:"这是一位～人,他家离成都二十里住。"袁枚《续子不语》卷六:"我系被罪之人,一路人情冷落,虽我所提拔属吏,待我如冰,何以尔主如此隆情～耶?"

【古德】 gǔ dé ❶ 古代贤人,后多为佛教徒对年高有道僧人的尊称。唐贯休《施万病丸》:"曾闻～有深言,由来大士皆如此。"《祖堂集》卷三《慧忠国师》:"～曰:'青青翠竹,尽是真如。'"明《拍案惊奇》卷二八:"若非仙官谪降,便是～转生。" ❷ 有高尚道德的。清《水浒后传》一四回:"萧让道:'兄是～君子,正可托妻寄子。若是恁的,我们到沙门岛也安心了。'"

【古丢丢】 gǔ diū diū 副词。眼看着,表示事情很快发生。清《聊斋俚曲·增补幸云曲》:"～死还不觉,呲着牙喜的是甚么?"

【古董】 gǔ dǒng ❶ 古代留传下来的珍贵文物。《元曲选·陈州粜米》楔子:"见了人家的好玩器好～,不论金银宝贝,但是值钱的,我和俺父亲的性儿一般,就白拿白要,白抢白夺。"明王士性《广志绎》卷三:"今三吴所尚～,皆出于洛阳。"清《聊斋俚曲·增补幸云曲》:"这才是真正～,拿出去百两也值。" ❷ 指古董商。明沈德符《万历野获编》卷二六:"一日,偶与诸曾董家谈及剔红香盒,……诸～默不能对。"又:"又近日一友亦名家子,为～巨擘,曾蓄一宋刻《新唐书》,索价甚高,云此真宋初刻板也,坐客皆诮之以为然。" ❸ 比喻迂腐守旧的。清孔尚任《桃花扇》一出:"～先生谁是我,非玉非铜,满面包浆裹。"《女仙外史》四回:"到只怕这～丈人,又要请酒吟诗,露出丑来,不好看相。"《歧路灯》六二回:"那年在你这书房里,撞着一起～老头子,咬文嚼字的厌人。"

【古都】 gǔ dū 同"骨都❷"。元张国宾《薛仁贵》三折:"只是你抹皱眉,～着嘴,全不似昨来村村棒棒,叫天吖地。"李爱山《集贤宾·春日伤别》:"嘴～钗头玉燕,面波罗镜里青鸾。"

【古堆邦】 gǔ duī bāng 形容重重地坐下。《元曲选·曲江池》二折:"走到衙门前,～坐的。"

【古朵】 gǔ duǒ 同"骨朵❶"。明《朴通事谚解》卷下:"车马、茶褐罗伞,……金瓜、～……对对皂吏摆着四、五里喝道,大小官员,一行部从,那气象是气象。"

【古格】 gǔ gé 成法;旧规。《祖堂集》卷一二《紫陵和尚》:"千机千凑空王曲,无丝～妙难穷。"元《水浒传》六四回:"宣赞慌张,刀法不依,被秦明一棍搠下马来。"

【古怪】 gǔ guài ❶ 特别;不同寻常。宋欧阳修《周伯著碑》:"其文字～,而摩灭无首尾,了不可读。"明郎瑛《七修类稿》卷二七:"人物～,不与外人通。"清《红楼梦》三六回:"袭人深知宝玉性情～,听见奉承吉利话,又厌虚而不实。" ❷ 奇怪;表示出乎意料之外。明汤显祖《牡丹亭》四〇出:"你说好不～!柳相公在家,一株树上摘百十来个果儿;自柳相公去后,一株树上生百十来个虫。"《古今小说》卷三七:"却不是～? 不开船,便无风;一要开船,风就发起来,还是中国天子福分。"清《儒林外史》一三回:"这事就有些～了。" ❸ 怪僻;偏执。宋《朱子语类》卷一二九:"陈烈,字季慈行甚高,然～太甚。"

【古怪刁钻】 gǔ guài diāo zuān ❶ 稀奇;奇怪。清《聊斋俚曲·增补幸云曲》:"丫头从头说一遍:二姐昨日接了客,帽子破来

衣又残,那人是个军家汉。那王龙听说不信,这事儿～。" ❷ 指稀奇古怪的事物。明《西洋记》九回:"到了西牛贺洲,说不尽的～,数不了的跷蹊怠懒。"

【古话】 gǔ huà ❶ 故事,过去的事情。《祖堂集》卷九《罗山和尚》:"记举～,系惑言侣。"宋苏轼《东坡志林》卷一:"途巷中小儿薄劣,其家所厌苦,辄与钱,令聚坐听说～。"清《豆棚闲话》三则:"天色才晴,就有人在豆棚下等说～哩。" ❷ 古代流传下来富有哲理的话。明《拍案惊奇》卷五:"正合着～两句道:有缘千里能相会,无缘对面不相逢。"清《说唐后传》二二回:"擒贼擒王～传,后唐今见小英贤。救民除暴威风布,平静樊庄老安小。"

【古货】 gǔ huò 古物。宋欧阳修《水谷夜行寄子美圣俞》:"梅穷我独知,～今难卖。"明陈洪谟《治世餘闻》下篇卷二二:"闻徐首相溥好～,可通。其人素雄于赀,乃购古琴古画并珍品投之。首相遂许。"

【古记】 gǔ jì 旧话;故事。清《醒世姻缘传》二四回:"或是与儿子讲说些读过的书文,或是与女儿说些甚么贤孝的～。"《红楼梦》五二回:"你不早来听说～,这会子来了自惊自怪的。"

【古迹】 gǔ jì ❶ 古代遗迹。唐李白《登广武古战场怀古》:"战争有～,壁垒颓层穹。"清袁枚《子不语》卷二二:"镇江西门,旧在唐颓山,国初迁于北城外卧彭山。有佛寺,殿宇廊庑修洁,即丽春台～也。" ❷ 古事。《祖堂集》卷二〇《五冠山瑞云寺和尚》:"欢看教典,推寻～。"又:"即今行与～相应。" ❸ 记号;纪念。清《飞龙全传》一八回:"谁知越擦越黑,如印板印就的一般,那监局的老者道:'不必力,留了在此,做个～儿罢。'"

【古教】 gǔ jiào 古代佛教教典。《祖堂集》卷一四《江西马祖和尚》:"汝四十年来作口业,不入地狱作什摩? ～自有明文。"《五灯会元》卷八《报慈从瑰禅师》:"僧问:'承古有言,今人看～,未免心中闹。欲免心中闹,应须看～。如何是～?'师曰:'如是我闻。'"

【古来】 gǔ lái 从古以来。唐骆宾王《帝京篇》:"～荣利若浮云,人生倚伏信难分。"清《红楼梦》一回:"痴心父母～多,孝顺儿女谁见了?"

【古老】 gǔ lǎo ❶ 旧;年头久。五代何光远《鉴诫录》卷九:"梁朝彭城王刘中令制置同州日,因筑营墙掘得一物,重八十餘斤,状若油囊。召宾幕诸将问之,或曰地囊,或曰飞廉,或曰金神七杀,独刘参谋曰:'此冤辱也。～围困之地即有此焉。'"清《醒世姻缘传》七五回:"问了几家～街坊,才知童七乌银倾倒了灶,报了草商被累,自缢身死。" ❷ 故老;老年人。唐刘禹锡《同白二十二赠王山人》:"～相传见来久,岁年虽变貌常新。"宋龙衮《江南野史》卷六:"县之北有山名絮芋,源下有古台,～传为聪明台,其下有涌水曰聪明泉。"明《醒世恒言》卷三四:"看官,你可晓得,～有几句言语的?" ❸ 形容诗文古朴。唐柳宗元《唐故秘书少监陈公行状》:"公有文章若干卷,深茂。"明王慎中《寄道原弟书》七:"若一时诸作,惟荆川时时能出此妙意,然句语遒得亦有未到雅健～处。"冯惟讷《古诗纪》卷一五二:"十九首云:'胡马嘶北风,越鸟巢南枝。'属对虽切,亦自～。"

【古力普鲁】 gǔ lì pǔ lǔ 形容听不懂或听不清楚的说话声。清《载花船》七回:"金兵一见大笑,也不知～的说些甚么。"

【古邻】 gǔ lín 故邻;老邻居。元明《水浒传》四回:"随路望北来,撞见一个京师～,来这里做买卖。"

【古楼子】 gǔ lóu zi 食品名。一种肉饼。宋王谠《唐语林》卷五:"时豪家食次,起羊肉一斤,层布于巨胡饼,隔中以椒豉,润以酥,入炉迫之,候肉半熟,食之,呼为'～'。"

【古路】 gǔ lù 指佛祖的行为准则或事迹。《祖堂集》卷九《罗山和尚》："佛与祖师,明明～。"《五灯会元》卷一八《寿宁道院禅师》："恁么则动容扬～,不堕悄然机。"

【古门】 gǔ mén "古门道"的省称。《元曲选·黑旋风》三折："〔做向～问科,云〕大哥,那里是那牢哩?"清洪昇《长生殿》三七出："作向～扶杂,照旦妆饰,扮旦尸锦褥包裹上。"

【古门道】 gǔ mén dào 即"鬼门道"。《元曲选·铁拐李》四折："〔正末上,云〕……向～问科,云〕兀那人哥,那里是岳孔目住处。"《元曲选外编·独角牛》二折："〔旦儿云〕好也,你打倒我父亲也,我唤我叔叔去。叔叔出来!〔折拆驴在～云〕孩儿,唤我做甚么?"

【古圣】 gǔ shèng 古代圣人。《祖堂集》卷一〇《长庆和尚》:"汝于～已来,有什摩言教时节?"宋李攸《宋朝事实》卷四:"域中四大,常师～之言;天下一家,幸接隆平之运。"清顾炎武《日知录》卷九:"～垂法,下戒将来,盖其慎也。"

【古往】 gǔ wǎng 时间副词。过去;往昔。唐张九龄《登荆州城楼》:"～山川在,今来郡邑殊。"宋吴礼之《瑞鹤仙·秋思》:"论～,英雄斗智。在当时,唤作功名,到此尽成闲气。"元明《三国演义》一二〇:"或问:～能以弱胜强者,其术何如?"清弘历《杭州孤山寺三用张祐诗韵》:"孤山自有岑,佛寺照湖心。～今何在,山阳水却阴。"

【古先生】 gǔ xiān sheng 传说老子西游化胡为佛,自号"古先生",以佛为其弟子,故以"古先生"指代佛或佛像。唐王维《过乘如禅师萧居士嵩邱兰若》:"深洞长松何所有,俨然天竺～。"姚合《闲居》:"何当学禅观,依止～。"宋晁公武《群斋读书后志》卷二:"其首称老君西升,闻道竺乾有～,是以就有道。说者以～,佛也。"清方成培《雷峰塔》三四出:"只为你有报春晖佳儿叫冤,感动那～将伊里原。"

【古意】 gǔ yì ❶ 思古之情。唐李频《赋得长城斑竹杖》:"细看生～,闲倚动边思。"宋倪偁《朝中措》:"无限凄凉～,白蘋红蓼斜阳。" ❷ 古人的情趣或风范。唐陈子昂《酬李参军崇嗣旅馆见赠》:"摧藏多～,历览各艰辛。"宋李弥逊《水龙吟·上巳》:"江山影里,泰阶星聚,重寻～。"清赵慎畛《榆巢杂识》卷下:"内府拓帖,多用乌金拓,独此仿蝉翼拓,犹存～。" ❸ 犹言拟古、仿古。多用作诗题,意谓仿照前人作品,吟咏前代故事,实际是托古讽今。唐卢照邻有《长安～》、宋苏轼、契嵩有《～》。

【古月】 gǔ yuè "胡"字的隐语,多借指胡人。唐李白《司马将军歌》:"狂风吹～,窃弄章华台。"《元曲选外编·存孝打虎》一折:"万里平如掌,～独为尊。"清王士禛《池北偶谈》卷二〇:"～头陀,歙人,胡姓,名明勋,字半庵。"

【古执】 gǔ zhí 固执;古板固执。明汤显祖《牡丹亭》四八出:"〔老旦〕儿,不曾广超度你,是你父亲。"《醋葫芦》一五回:"先生终是～君子,岂不闻事因世变,昔是今非。"清《飞花艳想》四回:"况李念台与小弟虽然也是年家,为人甚是～,既在宦途不得不如此。"

【古自】 gǔ zì 同"故自"。《元曲选·黄粱梦》四折:"瓢～放在灶窝,驴～映着树科。"曾瑞《一枝花·买笑》:"肯的你舒心儿便许俺,我～未敢道真假。"

【古作】 gǔ zuò 古文。明清时跟时艺(八股文)相对而言。金刘祁《归潜志》卷三:"其论为文,以为近代文章为习俗所蠹,为能遍洗其陋,非有绝世之人奋然以～者自任,不能唱起斯文。"元陶宗仪《辍耕录》卷九:"宋文章尤多。老欧之雅粹,老苏之苍劲,长苏之神俊,而～甚不多见。"明《警世通言》二六回:"你时艺如

此,想～亦可观也。"清《绿野仙踪》八十回本二回:"年兄八股自然是好的了,不知也学过～没有?"

【钴钉】 gǔ dīng 方言。指手掌用力向下拍击的动作。清《聊斋俚曲·慈悲曲》:"劈头一～,几乎把那孩子头来搔了腔子里去了。"

【钴镆】 gǔ mò 即"钴鉧"。宋姚宽《西溪丛语》卷下:"《宜都山水记》:'佷山溪有釜滩,其石大者如釜,小者如～。'"

【钴鉧】 gǔ mǔ 熨斗。宋范成大《骖鸾录》:"溪上愚亭,以祠子厚。路傍有钴鉧潭,～,熨斗也。"明李时珍《本草纲目》卷八:"铜～,一作钴鏻,熨斗也。"

【钴鏻】 gǔ mǔ 大口锅。《大唐三藏取经诗话》一七则:"家中有一～,可令痴那入内坐上,将三十斤铁盖盖定,下面烧起猛火烧煮,岂愁不死。"元杨维桢《和卢养元书事》:"蕃斯夜歌铜～,蛮酋春醉锦屠麻。"明朱谋垏《骈雅》卷四:"～……釜也。"

【汩】 gǔ ❶ 浑浊。明《徐霞客游记》卷六下:"其水不甚大,而清澈不汩,为清水沟云。" ❷ 牵涉。宋《朱子语类》卷九六:"但义理不精,则思之再三;或～于利害,却悔了,此所以为难。" ❸ 沉溺;迷惑;或乱。唐韦承庆《灵台赋》:"无半刻而恬想,乃终年而～欲。"宋《朱子语类》卷一四:"若徒知这个道理,至于事亲之际,为私欲所～,不能尽其孝;事君之际,为利禄所～,不能尽其忠,这便不是能得矣。"《元史·世祖纪九》:"蒙古人为利所～,亦异往年矣,其择可任者使之。" ❹ 冲刷;冲垮。明《徐霞客游记》卷九下:"而突嵂之槽上为水所～,高虽丈馀,腻滑不可著足。"又卷一二上:"从束崖坠涧间架桥以渡。自桥为水～,乃取道翁溪。"

【汩董】 gǔ dǒng 指琐杂的事情。宋《朱子语类》卷七:"今人既无本领,只去理会许多闲～,百方措置思索,反以害心。"又卷一〇八:"如公所说,只是要去理会许多～了,方牵入这心来,却不曾有从这里流出在事物上底意思。"

【汩汩】 gǔ gǔ ❶ 盛多貌。唐寒山《汝为埋头痴兀兀》:"不肯信受寒山语,转转倍加业～。"元结《咸池》:"至德～兮,顺之以先。" ❷ 不安貌。唐杜甫《自阆州领妻子却赴蜀山行》:"～避群盗,悠悠经十年。" ❸ 忙碌貌。唐杜牧《忆齐安郡》:"格卑常～,力学强悠悠。"宋欧阳修《又答宋咸书》:"某区区于此,无补当时,徒于京师大众中,～人事,旧学都废,耳不闻仁义之言久矣。"明刘元卿《贤奕编》卷三:"有僧居尝诵经不辍,其徒旁方参悟,归思度其师。一日指棂间蝇曰:'咄汝!不向寥廓奋飞,而日日～然钻此故纸,安得出头?'其师乃有省。"

【汩乱】 gǔ luàn 混乱。宋欧阳修《本末论》:"若《诗》之所载,事之善恶,言之美刺,所谓诗人之意,幸其具在也。然颇为众说汩之,使其义不明,今去其～之说,则本义粲然而出矣。"《朱子语类》卷九五:"盖众人虽具此心,未发时已自～了,思虑纷扰,梦寐颠倒,曾无操存之道;至感发处,如何得会如圣人中节。"

【汩没】 gǔ mò ❶ 淹没;泯没。唐李白《日出行》:"羲和羲和,汝奚～与荒淫之波。"《祖堂集》卷一八《仰山和尚》:"达摩特来,为汝诸人贪著三乘五性教义,～在诸义海中。所以达摩和尚救汝诸人迷情。"清纪昀《阅微草堂笔记》卷一:"凡人白昼营营,性灵～。惟睡时一念不生,元神朗彻。" ❷ 沉沦;沦落。唐杜甫《赠陈二补阙》:"世儒多～,夫子独声名。"宋魏泰《东轩笔录》卷一四:"贫之为累亦大矣,倘因循索米至老,则虽人才如孙明复者,犹将～而不见也。"明《拍案惊奇》卷二八:"倘若恐怕浊界～,一时记不起,到得五十年后,我来指你个境头,等你心下洞彻罢了。" ❸ 比喻陷入(事务)。宋苏轼《二公再和再答之》:"纪明本贤将(一本作"将家"),～事堆案。"《朱子语类》卷一一:"日间常读书,

则此心不走作;或只去事物中羁,则此心易得～。"又卷一二一:"若说家事,又如何～得自家?" ❹ 遮蔽;掩映。宋《朱子语类》卷一四:"人本来皆具此明德,德内便有此仁义礼智四者。只被外物～了不明,便都坏了。"清李斗《扬州画舫录》卷一二:"花在后山,故游人不多见。每逢山溪水发,急趋保障湖,一片红霞,～波际。"

【谷板】 gǔ bǎn 小木板上傅土,种上谷物。宋代七夕时民间流行的一种摆设。宋孟元老《东京梦华录》卷八:"又以小板上傅土,旋种粟,令生苗,置小茅屋花木,作田舍家小人物,皆村落之态,谓之～。"

【谷草】 gǔ cǎo ❶ 谷子的秸秆,可作饲料。《金史·胥鼎传》:"况北路禾稼早熟,其野既清,兵无所掠,则势当自止。不然,南路虽清,而～委积于北,是资兵而召之南也。"清纪昀《阅微草堂笔记》卷一一:"时方纳稼,豆秸～,堆秫篱茅屋间,袤延相接。" ❷ 稻草。明刘若愚《明宫史》卷二:"浙江等处岁供糯米、小麦、黄豆及～、稻皮、白面有差,以备御前宫眷及各衙门门官之用。"

【谷道】 gǔ dào 肛门。明都穆《都公谭纂》卷下:"盖猿见牛即跨其背,以掌入牛～,尽取肠胃以出,牛痛甚奔,猿坐自若,竟不肯下,牛虽有力,无如何也。"清纪昀《阅微草堂笔记》卷一三:"惟遗矢从刀伤处出,～闭矣。"

【谷道锤】 gǔ dào chuí 肛门外端。清《豆棚闲话》九则:"将他颠倒绑在马上,用小刀把他～割出来,再用绳子拴在树上,把马一鞭挥去,马跑肠出。"

【谷道沟】 gǔ dào gōu 臀沟;两臀相连处。明《醋葫芦》六回:"把手径向那杜家村下,～边用心一探。"

【谷都】 gǔ dū 同"骨都❷"。明《金瓶梅词话》二九回:"那秋菊把嘴～着,口里喃喃呐呐。"清《醒世姻缘传》八二回:"寄姐在旁里也～着嘴奶小京哥。"

【谷都都】 gǔ dū dū 血涌流貌。清《醒世姻缘传》九三回:"把一只小膊一条小腿都跌成了两截。头上～从头发里冒出鲜红血来。"

【谷干】 gǔ gàn 谷物的秸秆。《敦煌愿文集·儿郎伟》:"～大于牛腰,蔓菁贱于马齿。"

【谷谷农农】 gǔ gǔ nóng nóng 即言咕咕哝哝。小声说话,带有不满情绪。清《醒世姻缘传》一三回:"他却喃喃呐呐,～,暴怨个不了。"

【谷碌碌】 gǔ lū lū 同"骨碌碌❷"。明《醒世恒言》卷二〇:"那老儿着了急,走到楼梯中间,一脚踏错,～滚下去。"又卷三九:"又赶上一步,举起尖趫趫小脚儿一蹴,～直滚开在半边。"

【谷稞】 gǔ luó 谷子割倒后,捆成捆,堆积成垛,谓之谷稞。清蒲松龄《日用俗字》:"速倒～耕种麦,炕土搓筛粪可搀。"

【谷树皮】 gǔ shù pí 形容人皮肤粗糙,相貌丑陋。元明《水浒传》二四回:"清河县人见他生得短矮,起他一个诨名,叫做三寸钉～。"明《金瓶梅词话》一回:"人见他为人懦弱,模样猥衰,起了他个浑名,叫做三寸钉～。俗语言其身上粗躁,头脸窄狭故也。"

【股】 gǔ ❶ 钗股。唐白居易《长恨歌》:"钗留一～合一扇,钗擘黄金合分钿。"金《刘知远诸宫调》一:"三娘遂取头上金钗,分其一～,等得潜龙觉来,两手度与。"清洪昇《长生殿》四九出:"枉自想同心再合,双～重俦。" ❷ 资金或财产的一份。明朱载堉《山坡羊·做好梦》:"些须出几～本钱,置地土,买下庄院。"清《醒世姻缘传》七六回:"你不来家,不着我破死拉活把拦着这点子家事,邪神野鬼都要分一～子哩。" ❸ 量词。用于成条的东西或气流。宋陈从古《浯溪》:"浯溪一～寒流碧,耸起双峰如削壁。"明《金瓶梅词话》五一回:"一～热气直透丹田。"清《聊斋俚曲·增补幸云曲》:"山下头有一座石桥,桥西头有两条路,南～正冲着大同府的去路。"

【股子】 gǔ zi 一气;一伙。清《醒世姻缘传》八六回:"狄周这翻江祭海的,拧成～哄我。"又九六回:"别要合他拧成～。"

【骨】 gǔ ❶ 扇子的架子。宋《朱子语类》卷六:"譬如此扇子,有～,有柄,用纸糊,此则体也;人摇之,则用也。"《元曲选外编·西游记》五本一八出:"使一柄铁扇子,重一千餘斤,上有二十四～。" ❷ 比喻事物中重要的部分。《祖堂集》卷二《菩提达摩和尚》:"大师语诸人言:有三人得我法,一人得我髓,一人得我～,一人得我肉。"又卷一九《香严和尚》:"古人语,语中～。" ❸ 副词。"骨自"的省略语。尚;还。宋李莱老《倦寻芳》:"绣压垂帘,～有许多寒在。" ❹ 唐代少数民族新罗族按皇室、贵族的血统区分等级的名称。不同骨的人不得通婚,骨品世袭不变。《新唐书·新罗传》:"其建官,以亲属为上,其族名第一～、第二～以自别。兄弟女、姑、姨、从姊妹,皆聘为妻。王族为第一～,妻亦其族,生子皆为第一～,不娶第二～女,虽娶,常为妾媵。官有宰相、侍中、司农卿、太府令,凡十有七等,第二～得为之。"

【骨把】 gǔ bǎ 扇子的把柄。《元曲选外编·西游记》五本一九出:"这扇子柄长面阔,锁铁贯嵌金磨,～握薄,妖气罩冷风多。"

【骨槽风】 gǔ cáo fēng 病名,腮颊骨溃。比喻入骨的相思病。宋元《清平山堂话本·花灯桥》:"若女子无心,男子执迷了,害的不叫做相思病,唤做～。"

【骨查脸】 gǔ chá liǎn 颧骨突凸的面孔。元明《水浒传》三五回:"那人生得八尺来长,淡黄～。"清《水浒后传》一回:"阮小七定睛一看,那个官儿模样生得:～,鹰眼深眍,绰略口,鼠须倒卷。"

【骨叉脸儿】 gǔ chà liǎn er 即"骨查脸"。元明《水浒传》二七回:"生得三拳～,唯有几根髭髯,年近三十五六。"

【骨梓】 gǔ chèn 同"骨榇"。梓,通"榇"。明《西游记》三八回:"他但有言语,就将～与他看,说:'你杀的是这个人。'"

【骨榇】 gǔ chèn 尸骨。《元曲选外编·刘弘嫁婢》一折:"你那亡父的灰榇儿在那里?……你便与我南熏门外将那李克让的～儿取将来。"

【骨朏】 gǔ chū 树干上长的疙瘩。唐韩鄂《岁华纪丽·元日》:"烧～:岁除夜烧～,为熙庭助阳气。"

【骨董】 gǔ dǒng 另见 gū dǒng。❶ 同"古董❶"。宋《三朝北盟会编》卷二〇八:"良史到县,乃搜求京城乱后,遗弃古器、书画、古今～,买而藏之。"明沈德符《万历野获编》卷二六:"～自来多赝,而吴中尤甚,文士皆借以糊口。" ❷ 借指收藏、买卖或鉴赏古物的人。明徐渭《跋书卷尾》之一:"董丈某,老～也,高直收之,讵堕误赏?"清梁章钜《称谓录》卷二八:"明人说部,货古玩者为～。俗作古董,非。" ❸ 杂物,细碎的器物。唐郑綮《开天传信记》:"～虽短,技艺能长。" ❹ 指琐杂的事物和技能。宋朱敦儒《西江月》:"被我不扇不捉,廓然总是虚空。寺钟官角任东西,别弄些儿～。"沈瀛《行香子》:"屏除人事,闭却门儿。于其中、别有儿戏。几般～,衮过年时。"《朱子语类》卷三六:"今若只去学多能,则只是一个杂～底人,所以说:'君子多乎哉?不多也。'" ❺ 指过时的旧知识或陈腐的内容、文辞等。《五灯会元》卷一五《云门文偃禅师》:"若是一般掠虚汉,食人涎唾,记得一堆一担～,到处驰骋。"宋《朱子语类》卷一三二:"若如耿说,却是圣人学得些～,要把来使,全不自心中流出。"严羽《沧浪诗话·诗法》:"最忌～,最忌趁贴。" ❻ 形容古板迂腐。明王衡《郁轮袍》四折:"唐

天子,汉百官,皇帝忒时样,百官忒~些。"

【骨董饭】 gǔ dǒng fàn 里面放有鱼肉诸菜等的饭。明陈士元《俚言解》卷二:"以鱼肉诸物埋饭中,谓之~。"

【骨董羹】 gǔ dǒng gēng 用鱼肉蔬菜等混合烹制的羹。宋苏轼《仇池笔记》卷下:"罗浮颖老取饮食杂烹之,名曰~。"范成大《素羹》:"毡芋凝酥敌少城,土酥割玉胜南京。合和二物归藜糁,新法依家~。"明李东阳《谢邵地官汝学馈陶鼎次韵》:"茅柴火底春风软,~中滋味长。"

【骨堆】 gǔ duī 同"孤堆❶"。唐韩愈《饮城南道边古墓上逢中丞》:"偶上城南土~,共倾春酒三五杯。"《五灯会元》卷一六《临安智才禅师》:"诸禅德,直饶汝翻得转,也是平地~。"《元曲选·盆儿鬼》三折:"呀,呆老子也,却原来是一个土~。"

【骨咄】 gǔ duō 兽名,即言骒驼,属马类,角可制器物。《敦煌变文校注》卷二《韩擒虎话本》:"拜舞既了,遂拣细马百匹,明驼千头,~、源羝、㸿(麖)鹿、麝香,盘缠天使。"

【骨骶】 gǔ duō 同"骨咄"。《太平广记》卷三三六引唐戴孚《广异记》:"今奉药一丸,此能点化杂骨为~刀把之良者。"

【骨朵】 gǔ duǒ 另见 gū duǒ。骨头。明《金瓶梅词话》一二回:"奴一身~肉儿都属了你,随要什么,奴无有不依随的。"又八三回:"我这几日没曾打你,这奴才~痒了。"清《水浒后传》五回:"郭京和汪五狗还未吃完,把鸡~咬得罄尽。"

【骨杜】 gǔ duò 木柴疙瘩。宋朱辅《溪蛮丛笑》:"瑶佬睡不以床,冬不覆被,用三叉木支阔板,旁然~火炙背,终夜不绝。"明《西游记》四八回:"柳絮漫桥,桥边鱼叟挂蓑衣;梨花盖舍,舍下野翁煨~。"

【骨格】 gǔ gé ❶ 即言骨骼,人或动物的骨头架子。也指体格。《宋史·兵志十二》:"明年,诏府州、岢岚军自今省马三岁、四岁者不以等第,五岁已上十二岁已下、~良、善行者,悉许纲送估马司,馀非上京省马并送并州拣马司。"明万英明《三命通会》卷七:"丰资秀丽,~修长。" ❷ 仪态风度;体态风度。明张瀚《松窗梦语》卷七:"胡端敏公……与先大夫友善,时通往来,因得侍公仪范。~奇古,不类寻常。"清《绿野仙踪》八十回本一一回:"那妇人,年纪不过十八九岁,~儿甚俊雅。"又二一回:"见他年纪不过二十五六岁,五短身材,白净面皮,~生的有些俊俏。" ❸ 骨气;品格;人格。唐吴融《赴阙次留献荆南成相公三十韵》:"~凌秋耸,心源见底空。"清李玉《清忠谱》一折:"夫人,我自冰雪肝肠,坚冰~,生平不肯附势趋炎。"《醒世姻缘传》七三回:"这些招僧串寺的婆娘,本来的~不好,又乘汉子没正经,干出什么好事?" ❹ 指诗文的风格。唐元稹《唐故工部员外郎杜君墓系铭序》:"律切则~不存,闲暇则纤秾莫备。"宋觉范《禅林僧宝传》卷二九《云居佛印元禅师》:"讷惊其翰墨曰:'~已似雪窦,后来之俊也。'"元辛文房《唐才子传》卷七《陈上美》:"以诗鸣当时,间作悉佳制。论其~本峭,但少气耳。" ❺ 指物体的架子。《古尊宿语录》卷一四《赵州从谂真际禅师语录之馀》:"屏风虽破,~犹存。"

【骨肋】 gǔ lè 骨气。宋《朱子语类》卷六一:"狂狷是个有~底人。乡原是个无~底人,东倒西擂,东边去取奉人,西边去周全人,看人眉头眼尾,周遮掩蔽,惟恐伤触了人。"又卷一二五:"也不似东汉文人,东汉文人有~。"

【骨雷】 gǔ léi 鳄鱼的别名。《太平广记》卷四六四引唐郑遂《洽闻记》:"鳄鱼别号忽雷,熊能制之。……一名~。"

【骨力】 gǔ lì ❶ 毅力;骨气。宋《朱子语类》卷三四:"为学要刚毅果决,悠悠不济事。且如'发愤忘食,乐以忘忧',是甚么精神!甚么样~!"《明史·张鲸传》:"冯公前辈,且有~,不宜去

之。" ❷ 体力。唐韩愈《寄崔二十六立之》:"我虽未耄老,发秃~羸。"明《二刻拍案惊奇》卷一八:"所以服了此药,身中水火不能自炼,故能~坚强,长生不死。" ❸ 指竹子的骨节。宋高观国《瑞鹤仙·筇枝》:"自清癯~,岁寒心性。"

【骨脸】 gǔ liǎn 即"骨查脸"。元明《水浒传》一三回:"第四个~阔腮,扇圈胡须。"

【骨路】 gǔ lù 修补铜铁器的工匠。宋陆游《老学庵续笔记》卷一:"市井中有补治故铜铁器者,谓之'~'。莫晓何义。《春秋正义》曰:'锢,塞也。'铁器穿穴者,铸铁以塞之,使不漏。禁人使不得仕宦,其事亦似之,谓之禁锢。'余案:'~'正是'锢'字反语。"

【骨仑】 gǔ lún 即言昆仑,指出自南洋诸国的奴仆。唐慧琳《一切经音义》卷八一:"昆仑语,上音昆,下音论,时俗语便一曰~。"《敦煌变文校注》卷五《维摩诘经讲经文(七)》:"师子~前后引,翻身却坐宝莲花。"

【骨轮】 gǔ lún 和衣而卧。清《聊斋俚曲·富贵神仙》:"着两个丫头,一闹一个三更尽,才歇片还~子,才打了一个盹。"

【骨牌】 gǔ pái 一种用兽骨或竹、木、象牙等制作的娱乐品,上面分别刻以不同形式排列的二个至十二个点子。也用作赌具。明谢肇淛《五杂组》卷六:"博戏之盛于时者,尚有~。"清《聊斋俚曲·襄妒咒》:"江城云:'咱抹~罢。'"

【骨牌副儿】 gǔ pái fù er 玩骨牌时,按规定的张数、花色、点数组成的一副牌。多数为三张一副,各有不同名称。清《红楼梦》四〇回:"如今我说~,从老太太起,顺领说下去,至刘姥姥止。"

【骨窍儿】 gǔ qiào er 诀窍;窍门。清《绿野仙踪》八十回本三九回:"你在风月行还是一年半载的人? 什么~你不知道?"又六〇回:"你真是初世为人,不知~。"

【骨软筋麻】 gǔ ruǎn jīn má ❶ 形容极其疲乏。明《二刻拍案惊奇》卷五:"王吉心慌撩乱,将身子尽力挨出。挨得~,才到得稀松之处。" ❷ 形容极其害怕。明《西游记》三六回:"那和尚在窗眼儿里看见,就吓得~,慌忙往床下拱。"清《聊斋俚曲·增补幸云曲》:"二姐见皇爷恼了,只谑的~。"

【骨拾】 gǔ shí 尸骨。清《醒世姻缘传》一一回:"若没有伤,我把那私窠子的~烧成灰撒了。"又三〇回:"如吊死的脖子拖了那根送命的绳,自刎的血糊般搭拉着头,投崖的拖拉着少七没八的~。"

【骨殖】 gǔ shi ❶ 尸骨。宋龙衮《江南野史》逸文:"然其~,卒赖其子而收葬焉。"明汤显祖《牡丹亭》六出:"那湘子恰在云端看见,想起前诗,按下云头,收其~。" ❷ 骨灰。《元典章·户部四》:"媒人陈一嫂、撒扬~人赵百三各断四十。"明《金瓶梅词话》六回:"烧得干干净净,把~撒在池子里。"《古今小说》卷二六:"沈昱叫人将棺木烧了,就撒了~,不在话下。"

【骨瘦如柴】 gǔ shòu rú chái 形容消瘦到极点。《元曲选·碧桃花》四折:"俺也只为情重如山,恩深似海,险害的你~。"清袁枚《续子不语》卷一〇:"医治不效,延请僧道修斋祈祷,一无灵效。如此数月,其子~。"

【骨甜肉净】 gǔ tián ròu jìng 形容长得漂亮可爱。元关汉卿《调风月》四折:"姐姐~,堪描堪画。"

【骨头】 gǔ tou ❶ 人或动物的骨架。宋《朱子语类》卷七九:"大抵读书须求其要处,如人食肉,毕竟肉中有滋味。有人却要于~上咀嚼,纵得些肉,亦能得多少?"明《二刻拍案惊奇》卷一八:"老翁才想起前日吃的光景,果然是大家生咳,不见~出来,方

信是实。"　❷指躯体。《元曲选·老生儿》三折:"婆婆,原来你这把～也属了俺刘家也。"明梁辰鱼《浣纱记》三〇出:"不但姿容娇媚,更兼性格温柔,我这几根老～,必定断送在他手里。"　❸指尸骸。元高明《琵琶记》二一出:"这糠呵,尚兀自有人吃,奴家的～,知他埋在何处?"又二三出:"媳妇,我死呵,你将我～休埋在土。"　❹詈词,骂人低贱、顽劣。亦以自贬。《祖堂集》卷一八《陈亘太夫》:"臭～打八十。"五代何光远《鉴诫录》卷八:"深宫富贵事风流,莫忘生身老～。因其太师欢笑处,为吾方便觅彭州。"清李玉《清忠谱》一折:"况我一介寒儒,十年清宦,这几根穷～是冻惯了,何借炎威熏灼。"

【骨头骨脑】　gǔ tou gǔ nǎo　指略微带些肉的骨头。清《情梦柝》七回:"终三买两碗酒,街上讨些～下酒的。"《儒林外史》一八回:"胡三公子叫家人取了个盒,把剩下来的～和些果子装在里面。"

【骨头肉儿】　gǔ tou ròu er　比喻本事、能力。明《金瓶梅词话》七一回:"他是那九条尾的狐狸精,把好的乞他弄死了,且稀罕我能有多少～。"又七五回:"一句话儿出来,他就是十句顶下不来,嘴一似淮洪一般,我拿甚么～拌的他?"

【骨秃】　gǔ tū　骨头。明《金瓶梅词话》二〇回:"就是你这么小狗～儿的鬼,你几时往后边去,就来哄我?"又二一回:"只许他家拿黄杆等子秤人的,人问他要,只相打～出来一般。"

【骨突】　gǔ tū　另见 gū tū。糊涂。清《后水浒传》二六回:"怎个～! 敢是不走!"又三七回:"少年健将,眼捷手快得便宜;衰老隋兵,～糊涂终费力。"

【骨突子】　gǔ tū zǐ　珠子项链。清《聊斋志异·夜叉国》:"又顾徐云:'～何短?'众曰:'初来未备。'物于项上摘取珠串,脱十枚付之,俱大如指顶,圆如弹丸,雌急接代徐穿挂,徐亦交臂作夜叉语谢之。"

【骨尾】　gǔ wěi　指龟尾。龟尾坚硬如骨,故云。宋《三朝北盟会编》卷二一三:"得异龟,……有～九条,甲色正黄如蜜蜡。"

【骨相】　gǔ xiàng　❶富贵之相。《祖堂集》卷一《释迦牟尼佛》:"善贤夫人,唯生一子,名曰长寿,端严可喜,世间小双。唯无～,不堪绍位。"按,此句中的"小",疑"少"之误。　❷比喻人的内质。明《醒世恒言》卷一:"世人眼孔浅得多,只有皮相,没有～。"

【骨血】　gǔ xuè　比喻后嗣。《元曲选·合同文字》三折:"是他嫡亲～,又不比房分的家奴。"清《儒林外史》五回:"他爷四十多岁只得这点～,再娶个大娘来,各养的各疼。"

【骨崖崖】　gǔ yá yá　瘦骨嶙峋貌。唐王梵志《身体骨崖崖》:"身体～,面皮千道皱。"敦煌词《烛》:"罗衣被剥～,直为甘泉相逼催。"元张可久《殿前欢·秋思》:"～人比山容瘦。"

【骨岩岩】　gǔ yán yán　即"骨崖崖"。《元曲选·两世姻缘》二折:"到如今玉肌骨减了九停,粉香消没了半星,……～瘦不胜,闷恹恹扮不成。"又《谢天香》四折:"你休问我可怎生～脸儿黄瘦!"

【骨眼】　gǔ yǎn　马眼病名。眼内闪骨生瘀之症。明《朴通事谚解》卷上:"我的赤马害～,不住的卧倒打滚,一宿不吃草,将那里治去来。"

【骨在】　gǔ zài　羹。宋陈造《房陵》之八:"农闲闾里有逢迎,白饮傍边～羹。老稚不妨顽过日,边头难得是升平。"原注:"俗谓戏曰顽,羹曰～。"

【骨揸脸】　gǔ zhuā liǎn　即"骨查脸"。明《西游记》六七回:"你这厮,～,磕额头,塌鼻子,凹颓腮,毛眼毛睛,痨病鬼!"

【骨揸腮】　gǔ zhuā sāi　瘦削无肉之腮。清《醒世姻缘传》四九回:"晁夫人看得那个黑的虽是颜色不甚白净,也还不似那乌木形骸;皂角色头发,洼跨脸,～,塌鼻子,半篮脚,是一个山里人家。"

【骨子】　gǔ zǐ　另见 gǔ zi。同"骨自"。五代何光远《鉴诫录》卷一〇:"怪来唤作浑家乐,～猫儿尽唱歌。"金《董解元西厢记》卷五:"红娘觑了吃地笑,俺～不曾移动脚,这急性的郎君三休饭饱。"又卷七:"仆使官前忙应诺,～气喘不迭,满面征尘。"

【骨子】　gǔ zi　另见 gǔ zǐ。❶物体里起支撑作用的架子。宋《朱子语类》卷六:"且如扇子有柄,有～,用纸糊,此便是体;人摇之,便是用。"清李渔《闲情偶寄》卷四:"用木条纵横作槅,如围屏～然。"　❷比喻事物的核心或重要部分。宋《朱子语类》卷一二六:"吾儒只认得一个诚实底道理,诚便是万善～。"何仲孟春《馀冬序录》卷六外篇:"卧病寄弟云:'半生多病里,天下庇穷儒。药有寻方苦,钱无卖俸馀。暗消闲岁月,久废旧诗书。却幸身长在,愁怀且破除。'自注云:首两句,是～。第三句贴'病'字,四句贴'穷'字,五句贴'半生'字,六句贴'儒'字。末两句,又以见天终庇之之意,而用以自慰也。作诗不可全拘此,亦不可不存此意。"　❸比喻内质、实质。宋《朱子语类》卷六五:"只是皮不好,～却好。"又卷六四:"'至圣、至诚',只是以表里言。至圣,是其德之发见乎外者,……至诚,则是那里面～。"

【骨自】　gǔ zì　同"故自"。宋佚名《张协状元》一二出:"〔旦〕作怪! 我嫁你! 看牛～不中,三分像人,七分像鬼。"又二三出:"燕衔泥,寻旧垒～成双。"元高明《琵琶记》一九出:"前番～有些鲜菜,这几番只得些淡饭,教我怎的吃?"

【骨醉】　gǔ zuì　沉醉。宋苏轼《老饕赋》:"各眼滟于秋水,咸～于春醪。"王质《笛家弄》:"又似江都酺夜延秋,建业望仙结绮。月下心飞,风前～。"

【馉饳】　gǔ duò　一种圆形、有馅、油炸的食品。宋孟元老《东京梦华录》卷四:"卖随饭、荷包白饭、旋切细料～儿、瓜齑、萝卜之类。"吴自牧《梦粱录》卷一六:"沿街巷陌盘卖点心:……油炸虾鱼划子、常熟糍糕、～、瓦铃儿。"明《平妖传》二七回:"卖～的唤作油熟。"

【榾柮】　gǔ duò　❶树根疙瘩(可代炭用);树枝叉;短木头。五代韦庄《宜君县北卜居不遂留题》:"本期同此卧林丘,～炉前拥布裘。"宋《虚堂和尚语录》卷一:"～火,村田乐,露地牛。"明《西洋记》六一回:"树上分枝分叶,～蓬松,蓬松里面挂着四个道长。"清《后水浒传》三一回:"轰的一声,粉墙忽变颓垣;爆得一响,画栋尽成～。"　❷花蕾。明佚名《墨娥小录》卷一四《行院声嗽》:"蕊,～。"

【贾舶】　gǔ bó　商船。《太平广记》卷二八六引唐房千里《投荒杂录》:"凡～经海路,与海中五郡绝远,不幸风漂失路,入振州境内,振民即登山披发以咒诅。"清纪昀《阅微草堂笔记》卷一二:"是祆教至宋之末年,尚由～达广州。"

【贾帆】　gǔ fān　商船。元袁桷《延佑四明志》卷一五:"～天际,命寄鲸波。乘危一呼,恃以无恐。"清陈元龙《南巡圣德诗》:"商舶～羁滞少,水邮山驿踏歌连。"

【贾奴】　gǔ nú　对商人的贱称。宋佚名《李师师外传》:"姥语师师曰:'赵人礼意不薄,汝何落落乃尔?'师师怒曰:'彼～耳,我何为者?'"

【贾肆】　gǔ sì　商店;店铺。宋孙觌《抚州宜黄县兴造记》:"流通四归,乐生兴事。市区～,民间客邸,闾巷相接,渐复其故。"元陈旅《逊敏斋记》:"而心诚好学,虽处～,常持书观之。"清刘岩

《杂诗》:"书多弗能读,～浪奢侈。"

【贾舟】 gǔ zhōu　商船。宋《建炎以来繫年要录》卷五四:"论者恐～为伪地所拘,则榷工柁师悉为贼用,故有是旨。"《宋史·兵志七》:"有司莫能体上意,执民为兵。或甘言诳诱,或诈名～,候负贩者群至,辄载之去。"

【贾资】 gǔ zī　做买卖的资金。明张瀚《松窗梦语》卷一:"娄索租急,王夜令妇往潜娄所,且持刃入,大呼:'富豪强奸良人!'乃索取衣饰～以去。"

【贾作】 gǔ zuò　鼓励。贾,通"鼓"。宋《三朝北盟会编》卷二〇一:"遇临敌,则躬亲鼓旗,～士气。"

【鼓】 gǔ　❶胀;也指气得肚子胀。唐高彦休《阙史》卷上:"试期有日,因食面之寒者,一夕腹～而死。"清《聊斋俚曲·慈悲曲》:"又～肚子又害器,油煎火燎好难熬。"又《磨难曲》:"当日空把肚子～,济着横眼又竖眉。"　❷鼓动。唐刘肃《大唐新语》卷一:"释义探系表之微,英词～天下之动。"明敖英《东谷赘言》卷上:"此其所以终唐之世,不能～河北忠臣义士之气也。"　❸蛊惑;煽动。唐韩愈《与孟尚书书》:"于是时也,而倡释老于其间,～天下之众而从之。"明王士性《广志绎》卷二:"北人习懒,不任督责,几～众成乱,幸被参而其事中止也。"清颜元《存人编》卷一:"不应妄为大言,～天下之愚民而立教门。"　❹鼓吹;抬高。唐孙棨《北里志·天水仙哥》:"其姿容亦常常,但蕴藉不恶,时贤雅尚之,因～其声价耳。"五代王定保《唐摭言》卷七:"苟华而不实,以比周～誉者,不为君子腹诽,鲜矣!"　❺罩在髻外的发饰,以铁丝、假发为之。明顾起元《客座赘语》卷四:"以铁丝织为圆,外编以发,高视髻之半,罩于髻,而以簪绾之,名曰～。"

【鼓钵儿】 gǔ bō er　本为乐器和钵盂,借指丧葬的乐队、超度亡灵的和尚。明陈铎《醉太平·司丧》:"亭子铺对面胡说话,棺材行唆弄高抬价,～顾觅也凭他,都捞上一把。"

【鼓步】 gǔ bù　阔步。《太平广记》卷一三一引唐窦维鋈《广古今五行记》:"方欲共食,忽见山下有一神人,长三丈许,～而来。"

【鼓倡】 gǔ chàng　鼓动;煽动。宋《三朝北盟会编》卷三〇:"乃～诸人,将王倅并家小并杀之。"《宋史·高宗记八》:"近者无知之辈,～浮言,以惑众听,至有伪撰诏命,召用旧臣,抗章公车,妄议边事,朕甚骇之。"

【鼓唱】 gǔ chàng　同"鼓倡"。宋《三朝北盟会编》卷三一:"京措置无术,小人乘机～,争入瀦第。"丁特起《靖康纪闻》:"往往各家私造,官司复虑其事,乃捕造言～者十七人,戮于市。"《宋史·乔执中传》:"怨深结蔡确,～扇摇,今复其官,惧疑中外。"

【鼓吹】 gǔ chuī　吹嘘;吹捧。明王世贞《艺苑卮言序》:"后得于鳞所与殿卿书云:'姑苏梁生出《卮言》以示,大较俊语辨博,未敢大尽。英雄欺人,所评当代诸家,语如～,堪以捧腹矣。'"

【鼓捶儿】 gǔ chuí er　击鼓的木棒。明冯惟敏《雁儿落带得胜令·旅夕不眠》:"～发发敲,云板儿连声报。"

【鼓槌】 gǔ chuí　即"鼓捶儿"。《景德传灯录》卷一四《木卓树慧省》:"药山斋时自打鼓。高沙弥捧钵作舞入堂。药山便掷下～云:'是第几和。'"明冯梦龙《梧蓼金罗·客枕偶成》:"～儿都打在我心头上。"清彭桂《夜饮阎再彭席上听孙良侯挝鼓歌》:"听君击鼓悲无那,好歌～来入坐。"

【鼓唇摇舌】 gǔ chún yáo shé　说话时嘴唇开合,舌头摇动。形容大发议论,卖弄口舌。《五灯会元》卷一六《岳林真禅师》:"～,宛如钟磬笙竽。"清《红楼梦》六三回:"你们～的,自己开心作戏,却说是称功颂德呢。"

【鼓荡】 gǔ dàng　激荡;猛吹。《法苑珠林》卷二五:"大舟随波～,俄得达岸也。"宋梅尧臣《次韵和王平甫见寄》:"文章革浮浇,近世无如韩。健笔走霹雳,龙蛇奋潜蟠。飚风何端倪,～巨浸澜。"清徐锡龄、钱泳《熙朝新语》卷一三:"每板离尺许,满则恐为狂风～。"

【鼓捣】 gǔ dao　摆弄;折腾。明《金瓶梅词话》六三回:"月娘道:'成精～人,也不知死到那里去了,又描起影儿来了,画的那些儿像!'"清《红楼梦》六三回:"一坛酒我们都～光了,一个个吃的把臊都丢了。"

【鼓动】 gǔ dòng　❶用语言文字激发人的情绪,使行动起来。宋《朱子语类》卷一二五:"无人理会得《老子》通透,大段～的人,恐非佛教之比。"清《东周列国志》一〇一回:"西周已灭,而东周一线若存,自谓文、武之子孙,欲以～天下,不如尽灭之,以绝人望。"　❷煽动。《旧唐书·王玙传》:"盖以道士李国祯等众则得人,兴工则获利,祭祀则受胙,主执则弄权。是以～禁中,荧惑天听。"清顾炎武《日知录》卷一八:"盖自弘治、正德之际,天下之士厌常喜新,风气之变,已有所来。而文成以绝世之姿,倡起新说,～海内。"　❸引动;影响。唐张鷟《朝野佥载》卷三:"张昌仪为洛阳令,借易之权势,属官无不允者。风声～,有一人姓薛,赍金五十两遮而奉之。"清洪昇《长生殿》一八出:"我到那里,看他如何逞媚妍,如何卖机变,取次把君情～,颠颠倒倒,暗中迷恋。"　❹颠簸。清纪昀《阅微草堂笔记》卷三:"又有风穴在南山,其大如井,风不时从中出。每出,则数十里外先闻波涛声,迟一二刻风乃至。所横径之路,阔不过三四里,可急行而避。避不及,则众车以巨绳连缀为一,尚～颠簸,如大江浪涌之舟。"

【鼓儿词】 gǔ er cí　一种说唱艺术。以小鼓为主要伴奏器具,说唱故事。清《红楼梦》一一九回:"你这样一个伶俐姑娘,没听见过～么?"《红楼复梦》九七回:"将各班子弟清吹、十番、南词、八角鼓、像声儿、说平话、～、莲花落,间段位置。"《歧路灯》四五回:"明日我奉拜。要说场子～,万望老兄作个榷官主儿。"

【鼓风】 gǔ fēng　用风箱等装置煽风。唐元稹《有鸟二十章·庚寅》:"当时幸有燎原火,何不～连夜烧。"明《徐霞客游记》卷九:"东北开一穴,如仰口而张其上腭,其中缩如喉,水与气从中喷出,如有炉橐～煽焰于下。"

【鼓合】 gǔ hé　鼓动纠合。宋陈亮《甲辰秋答朱元晦秘书熹书》:"最好笑者,狱司深疑其挟监司之势,～州县以求赂。"《如净和尚语录》卷下:"者汉走从何处来?临济白拈贼。铎声摇撼动风雷,至今大地俱狼藉。"

【鼓惑】 gǔ huò　煽动蛊惑。宋李攸《宋朝事实》卷三:"自今有敢妄议朝政,～众听,意在朋比为奸,及奉承诏令观望稽滞违戾者,有官职人并以编置,餘杖脊流配。"明《封神演义》八七回:"姜尚以虚言巧语,纠合天下诸侯,～黎庶作反。"

【鼓令】 gǔ lìng　怂恿挑动。清《醒世姻缘传》五七回:"我那日若不是听了嫂子的好话,几乎叫他～的没了主意,却不也就伤了天理。"又九五回:"素姐远来寻闹,也都是他两个的～。"

【鼓门道】 gǔ mén dào　同"古门道"。明朱权《太和正音谱·词林须知》:"拘拦中戏房出入之所,谓之鬼门道。鬼者,言其所扮者皆已往昔人,故出入谓之鬼门道也。愚俗无知,因置鼓于门,讹唤为～,于理无宜。亦曰古门道,非也。东坡诗曰'扮演古今事,出入鬼门道',正谓此也。"

【鼓脑争头】 gǔ nǎo zhēng tóu　形容极力抬高自己或占据优势地位。《元曲选·任风子》一折:"怕不待～,争奈他赤手空拳。"《元曲选外编·哭存孝》三折:"则俺那阿妈醉也,心中乖劣,

他两个巧语花言，～，损坏英杰。”元佚名《柳营曲·风月担》：“勤儿每正～，斗喧呼谢馆秦楼。”

【鼓弄】 gǔ nòng　挑动；鼓动。《五灯会元》卷一三《白水本仁禅师》：“老僧寻常不欲向声前色后，～人家男女。”明贾凫西《木皮词》：“庖牺氏人首蛇身古而怪，～着百姓们结网打净了湾。”清《醒世姻缘传》二一回：“今日～，明日挑唆，把俺那老斫头的挑唆转了，叫他像哨狗的一般望着狂咬。”

【鼓蓬蓬】 gǔ péng péng　形容凸起的样子。明《金瓶梅词话》四回：“犹如白馥馥、～发酵的馒头。”又二一回：“西门庆又在桌上拿了一碟～白面蒸饼。”

【鼓扇】 gǔ shān　❶ 用风箱煽风。明陆容《菽园杂记》卷一四：“次用烰银炉积炭，投铅于炉中，候化，即投窖团入炉，用鞴～不停手，盖铅性能收银尽归炉底，独有滓浮于面。”　❷ 鼓动；煽动。唐孙棨《北里志序》：“由是仆马豪华，宴游崇侈，以同年俊少者为两街探花使，～轻浮，仍岁滋甚。”宋《三朝北盟会编》卷一一三：“陛下既即位，乃宴安南京，四方闻之，怀疑胥动，递相～。”《宋史·蛮夷传二》：“其地绵亘郡邑，非一州得专约束，故游民恶少之弃本者，商旅之避征税者，盗贼之亡命者，往往由之以入。萃为渊薮，交相～，深为边患。”

【鼓煽】 gǔ shān　用风箱煽风。明《徐霞客游记》卷九：“环崖之下，平沙一围，中有孔数百，沸水丛跃，亦如数十人～于下者。”

【鼓舌摇唇】 gǔ shé yáo chún　即“鼓唇摇舌”。《元曲选·连环计》三折：“你这里～说短长，则俺那新媳妇在车儿上，盼不见画戟雕鞍旧日郎，咒骂杀王丞相。”明周履靖《锦笺记》二二出：“引线针儿，伐柯斧具，～，婚男嫁女，花红羊酒是常仪。”

【鼓手】 gǔ shǒu　仪仗乐队中打鼓的人。也泛指乐手。明叶盛《水东日记》卷一：“王忠毅公为京兆尹时，公退即坐后堂，召～打得胜鼓以为乐。”《警世通言》卷五：“众人那里管三七二十一，抢上轿时，～吹打，轿夫飞也似抬去了。”清《红楼梦》九九回：“吹鼓亭的～，只有一个打鼓，一个吹号筒。”

【鼓率】 gǔ shuài　❶ 擂鼓率领。宋《三朝北盟会编》卷一二〇：“知军州事王复死于庭下，有将校赵立者，为州衙排将军，发愤～将兵，杀退金人。”又卷一八〇：“非特荆襄川陕有以为援，且将～一路军马，径趋河东。”《建炎以来繫年要录》卷二一：“徐州武卫都虞候赵立，闻金兵北归，知城中弛备，～残兵邀击于外，断其归路，夺舟船金帛以千计，军声复振。”　❷ 鼓励；勉励。宋《三朝北盟会编》卷一一〇：“不假黄榜，无以～群众。”又卷二〇一：“且言措置守御，～将佐，犒赏战士，遂至成功。”《宋史·曹彦传》：“由皂郊以至宕昌，即陇西天水之地，其忠义民兵利在战斗，缓急之际固易～，若其恃勇贪利，犯上作乱，则又不止于大军而已。”　❸ 鼓动。宋《建炎以来繫年要录》卷一六八：“罪人李光之子名孟津者，其继母乃镐之妹，故～士民，举镐为知州，镐纵而不禁。”又卷一六九：“诚恐一旦奸夫～，千百为群，别致生事，可因其嫉愤无聊之心而招集之。”

【鼓司】 gǔ sī　宋代设于禁中掌臣民章奏的官署。以置鼓于禁门外，故名。宋王林《燕翼诒谋录》卷二：“太宗皇帝淳化三年五月辛亥，诏置理检司，以钱若水领之。其后改曰登闻院，又置鼓于禁门外，以达下情，名曰～。真宗景德四年五月戊申，诏改～为登闻鼓院。”《宋史·周莹传》：“会李继隆讨西夏，诏莹诣军前，授以机事，还拜客省使，签书枢密院诸房公事，俄兼提点宣徽诸房、～、登闻院，与刘承珪并任。”

【鼓吻】 gǔ wěn　说话时嘴唇一开一合。形容大发议论。《宋史·刘黻传》：“自吕大防用杨畏为御史，初意不过信用私人，牢护局面，不知小人得志，摇唇～，一时正人旋被斥逐，继而章惇复柄用，虽大防亦不能安其身于朝廷之上。”元萨都剌《鬻女谣》：“冷官傲兀苏与黄，提笔～趋文场。”

【鼓舞】 gǔ wǔ　❶ 臣子朝见皇帝的一种礼仪。唐元稹《贺圣体平复御紫宸殿受朝贺表》：“臣以守符外郡，不获称庆明庭，空怀～之心，有阻赓歌之末，无任跳跃欢欣瞻望徘徊之至。”宋蔡絛《北狩行录》：“群臣皆再拜称庆，……皆～再拜受赐。”元佚名《隽永录·来岁状元赋》：“二子素聪警，尽记其赋，亟写于书帙后，无一字忘。相与拜赐～而去。”　❷ 起舞；舞动。唐李益《大礼毕皇帝御丹凤门改元建中大赦》：“灵鸡～承天赦，高翔百尺垂朱幡。”《新五代史·前蜀世家》：“昔舜治天下，政成而民悦，命夔作乐，乐声和，鸟兽闻之皆～。”清屈大均《广东新语》卷二二：“海上多怪鱼，大小不一，开洋时，随风～，往往飞入舟中。”　❸ 飞舞。唐刘禹锡《聚蚊谣》：“喧腾～喜昏黑，昧者不分听者惑。”　❹ 腾涌；翻腾。清屈大均《广东新语》卷三：“洪涛～不因风，一出鸿门成浩渺。”又卷六：“溟海吞吐百粤，崩波～百十丈。”　❺ 振作；使振作；鼓起劲来。宋杨万里《袁和仲通鉴本末序》：“今读广袁子此书，如生乎其时，观乎其事，使人喜，使人悲，使人～。”明袁袠《世纬》卷下：“刑赏若此，殆非所以～士气而变移宿习也。”清《红楼梦》三七回：“这是一件正经大事，大家～起来，不要你谦我让的。”又七〇回：“如今正是初春时节，万物更新，正该～另立起来才好。”　❻ 鼓励；激励。宋苏轼《转对条上三事状》：“若爱惜名器，则斗升之禄，足以～豪杰。”元许衡《大学直解》：“人君于那百姓能迁善改过自新的，要～振作之，使他常常为善。”清赵慎畛《榆巢杂识》卷上：“今学臣于诸生中材器尤异者举荐一二，以示～。”
❼ 煽惑；鼓动。宋范仲淹《上执政书》：“既挠之以征战，或加之以饥馑，生灵穷匮，奸雄奋迅，～群小，血视千里，此五代之鉴昭昭焉。”《资治通鉴》卷四五元胡三省注：“赵延寿为契丹主愚弄～，至死不悟，嗜欲深者天机浅也。”明《型世言》一五回：“争奈那沈刚见糜丽穿了几件齐整衣服，花纹一嘴～他去做，便也不顾价钱，做来披挂。”

【鼓行】 gǔ xíng　盛行；风行。唐柳宗元《答贡士萧纂欲相师书》：“详视所贶，旷然以喜，是何旨趣之博大，词采之蔚然乎！～于秀造之列，此其戈矛矣。”元李治《敬斋古今黈》卷七：“然则公、谷乃道听之学也，道听之学而～，几何而不为伪也。”

【鼓拥】 gǔ yōng　蠕动。清蒲松龄《东郭箫鼓儿词》：“只听的良人～打了个哈歇，便问道：‘小娘子你为何起来的这样早呢？’”

【鼓诱】 gǔ yòu　鼓动诱惑。宋华岳《翠微先生北征录》卷一：“二曰亡命，谓漂泛淮海，～溪洞。”《元典章·户部三》：“有妻因夫亡听人～买嘱以为子者，有夫妻俱亡族人利其货产争愿为义子者，由是民间氏族失真，宗盟乱叙，争夺衅作，迭兴词讼。”

【鼓掌】 gǔ zhǎng　拍手，表示忧愤的动作，后多表示赞赏、高兴。金《刘知远诸宫调》二：“～揞指，那知远月下长吁气。”《元曲选外编·陈母教子》一折：“等我明日得了官，你就从贡院里鼓着掌，掴着手，叫到我家里来。”清蒲松龄《逃学传》：“及至看到批语，一发～大笑。”

【鼓子】 gǔ zi　鼓。宋曾公亮等《武经总要》前集卷六：“或击小～、铜盂子。”清《聊斋俚曲·增补幸云曲》：“只怕石头钻的～不中打，籴的二升秕芝麻打了没油水。”

【鼓子花】 gǔ zi huā　比喻容貌不佳的妓女。宋陈师道《后山诗话》：“张子野老于杭，多为官妓作词，与胡而不及靓。靓献诗云：‘天与群芳十样葩，独分颜色不堪夸。牡丹芍药人题遍，自分身如～。’子野于是为作词也。”《元曲选·扬州梦》三折：“你题情

休写香罗帕,我寄恨须传~。"明俞弁《山樵野语》卷一○:"诗人以妓女无颜色者谓之~。"

【鼓子卯】 gǔ zǐ mǎo 船的模型。《金史·张中彦传》:"舟之始制,匠者未得其法。中彦手制小舟才数寸许,不假胶漆而首尾自相钩带,谓之'~'。"

【皷扇】 gǔ shān 鼓动。煽动。皷,同"鼓"。宋《朱子语类》卷一二一:"而江西一种学问,又自善~学者,其于圣贤精义皆不暇深考。"

【瞽惑】 gǔ huò 蛊惑。宋苏辙《劾许将第三札子》:"如此推究,而将与宰臣以下率皆无过,则臣等职在耳目,而诬罔大臣,~圣听,国有常宪,不敢逃。"《朱子语类》卷一○六:"侍坐诸公各言诸处淫巫~等事,先生蹙頞嗟叹而已。"明王守仁《传习录》卷中:"圣人之学,日远日晦,而功利之习,愈趋愈下,其间虽尝~于佛老,而佛老之说,卒亦未能有以胜其功利之心。"

【瞽目】 gǔ mù 盲,失明。《古尊宿语录》卷二三《广教勘辩语并行录偈颂》:"两堂上座齐下喝,~之人无分别。"明都穆《都公谭纂》卷下:"真六者,京师人,~,善说评话,而家甚贫。"

【瞽目人】 gǔ mù rén 盲人。明《金瓶梅词话》一二回:"他虽是个~,倒会两三桩本事。"清《绿野仙踪》八十回本二回:"人以类聚,物以群分,晚生和~一般,海内名士,谁肯下交于我?"

【瞽目先生】 gǔ mù xiān sheng 盲卦师或盲说唱艺人。明《拍案惊奇》卷一:"恰遇一个~敲着报君知走将来。"清《红楼梦》三九回:"他们何曾见过这些话,自觉比那些~说的书还好听。"

gù

【固】 gù ❶ 结实;健康。《敦煌愿文集·愿文范本》:"愿身而(如)玉树,恒净恒明;体类金刚,常坚常~。"又《亡文范本等》:"伏愿福深禄厚,命~荣长。" ❷ 故意。通"故"。《祖堂集》卷一五《五泄和尚》:"倘遵此命,真报我恩;若~违言,非吾弟子。"

【固济】 gù jì 盖严;密封;粘结。《太平广记》卷四五引唐皇甫氏《原化记》:"食顷,鹤乃擒得白兔来,令投釜中,~炼之。"宋欧阳修《憎苍蝇赋》:"又如醯醢之品,酱齑之制,及时月而收藏,谨瓶罂之~,乃众力以攻钻,极百端而窥觎。"明李时珍《本草纲目》卷九:"此物性粘,~炉鼎甚良。"

【固角子】 gù jiǎo zi 拐角。宋元《清平山堂话本·杨温传》:"杨温随员外人来后地,推开了一个~门进去。"

【固然】 gù rán ❶ 副词。表示理所当然;自然。宋唐庚《三国杂事》:"彼藩国~无足怪者,一不从命,则王师致讨有词矣。"清《红楼梦》三二回:"姨娘是慈善人,~这么想。"又三四回:"太太事情多,一时~想不到。" ❷ 连词。既然。明冯梦龙《精忠谱》二折:"老爷~精忠报国,何苦忍此疼痛?" ❸ 连词。表示确认某一事实,同时引起下文转折。略似"虽然"。清《红楼梦》二二回:"'无可云证,是立足境',~好了,只是据我看来还未尽善。"又三四回:"诗~怕说熟话,更不可过于求生。"

【固是】 gù shì 副词。固然;自然。五代何光远《鉴诚录》卷七:"其次一人出行,百司参从。千群雾拥,万众星驰。当路州县凋残,所在馆驿临小。止宿尚犹不易,供须~极难。"宋《朱子语类》卷三:"问:'人之死也,不知魂魄便散否?'曰:'~散。'"清《醒世姻缘传》一回:"无奈其母~溺爱,这个晁秀才爱子更是甚于妇人。"

【固逊】 gù xùn 固让;过于推让。明孟称舜《娇红记》四二

出:"你不必~,岂不知俺爷威势。"清《说岳全传》三五回:"二人听了,心中大喜,只得假意道:'极承老伯不弃!但恐粗鄙武夫,怎敢仰攀高门闺秀?'樊瑞道:'不必~……今贤婿们军粮急务,难于久留,趁今日黄道吉辰,便行合卺。'"

【锢闭】 gù bì 锁;关闭。清《聊斋志异·大力将军》:"查醉起迟,将军已于寝门三问矣。查不自安,辞欲返,将军投辖下钥,~之。"又《云梦公主》:"~三年而孝廉捷。"

【锢鉴】 gù jiàn 焊补铜盆的裂缝和漏洞。宋《朱子语类》卷七三:"'小补之'者,谓扶衰救弊,逐些补缀,如~家事相似。"

【锢露】 gù lòu 焊补金属器皿。宋《朱子语类》卷七三:"如炉鞴相似,补底只是~,圣人却是浑沦铸过。"

【锢路】 gù lù ❶ 即"锢露"。宋孟元老《东京梦华录》卷三:"其~,钉铰、箍桶、修整动使,……则管定铺席、人家牌额,时节印施佛像等。" ❷ 指焊补匠。宋吴自牧《梦粱录》卷一三:"若欲唤~钉铰修补锅铫、箍桶修鞋、修幞头帽子、……时时有盘街者,便可唤之。"

【锢束】 gù shù 捆绑;封闭。宋何薳《春渚纪闻》卷四:"数转之后,胶秆丛身,牢不可脱,至于尾足头目,蒙暗无视,体间如被~。"明沈德符《万历野获编》卷二六:"一日过赵,时正以督师征饷糜至,其锒皆~桶中,罗列庭下,未及屏藏。"

【故】 gù ❶ 亡故;去世。《敦煌愿文集·佛说无常经等翟奉达题记愿文》:"显德五年岁次戊午三月一日夜,家母阿婆马氏身~,至七日是开七斋。"清《聊斋俚曲·墙头记》:"老汉今年八十二岁,老婆子又~去了,一切饥寒谁问?" ❷ 副词。a) 时常。唐杜甫《闷》:"猿捷长难见,鸥轻~不还。"宋黄庭坚《次韵知命永和道中》:"虚舟不受怒,~在蓼滩横。"b) 长久。宋陈师道《寄太州曾侍郎》:"八年门第~违离,千里河山费梦思。"杨万里《明发三衢》之三:"雨无多落泥偏滑,溪不胜深岸~颓。"c) 故意。《祖堂集》卷一一《保福和尚》:"师曰:'汝亦知而~犯。'"明《徐霞客游记》卷四上:"为互相推委计,谓余必得梁来乃可。而梁~坚不肯来。"

【故便】 gù biàn 因果连词。因此;所以。明《金瓶梅词话》八回:"你原来这等量窄,我~不对你说。对你说,便就如此。"

【故此】 gù cǐ 连词。表示因果关系,相当于"所以"。唐刘𫗧《隋唐嘉话》卷中:"乃悉解衣投于地,见所伤之处,帝对之流涕,曰:'卿衣矣,朕以不疑卿,~相告,何反以为恨?'"《宋史·刘汉弼传》:"及为言官,帝奖谕曰:'以卿纯实不欺,~亲擢,宜悉心以告。'"清《红楼梦》七四回:"约同迎春讨情,比自己独去单为柳家说情又更妥当,~前来。"

【故村】 gù cūn 家乡;故乡。《太平广记》卷一一六引唐唐临《冥报记》:"忽忆于武德初年,在黍地里打雀,于~佛室,取维摩经裂破,用系杖头吓雀。"清蒲松龄《学究自嘲》:"清明时节雨纷纷,老先生归~。"

【故典】 gù diǎn 典故;故事。明郎瑛《七修类稿》卷三九:"然其文之~、人名、古诗、程语,丝纷网结,虽错杂网络,而音律畅协,反复成章也已。"清《红楼梦》一九回:"我因为闻见你的香,忽然想起这个~来。"

【故尔】 gù ěr 因果连词。因此;所以。唐王方庆《魏郑公谏录》卷三:"臣闻炀帝,特不信齐王,常有中使察之,奏其饮宴,则曰:'经营何事称意。'若其忧悴,则曰:'彼将有他念。'~父子之间且犹至是,而况他人乎?"宋赵与时《宾退录》卷八:"盖建自有宫词百篇,传其集者,但得九十篇。蜀本《建集序》可考,后来刻梓者,以他人十诗足之,~混淆。"清方成培《雷峰塔》一六出:"官人,奴家身子不快,~少睡片时。"

【故故】gù gù　副词。❶屡次;常常。唐张鷟《游仙窟》:"无情明月,～临窗;多事春风,时时动帐。"王梵志《愚人痴淀淀》之二:"广贪世间乐,～招枷棒。"清《红楼梦》三八回:"睡去依依随雁断,惊回～恼蛩鸣。"❷故意;特意。唐韩偓《懒卸头》:"侍女动妆奁,～惊人睡。"宋王喆《卜算子·谒又不遇》:"囊者见张公,索写词中信。王喆今朝～来,甚没个人相近?"清《红楼梦》三八回:"携锄秋圃自移来,篱畔庭前～栽。"

【故欢】gù huān　旧好;故友。唐韦应物《答崔主簿倬》:"～良已阻,空宇澹无情。"清《红楼梦》八七回:"何去何从兮,失我～。"

【故家】gù jiā　❶故乡;老家。唐韦应物《答僴奴重阳二甥》:"重阳守～,僴子旅湘沅。"清《聊斋俚曲·蓬莱宴》:"娘娘笑说:'南康府是你的～?'彩鸾说:'是。'"❷时间副词。从前。宋李曾伯《沁园春·送章漕赴诏》:"伟～风烈,激扬手段,平生践履,精密工夫。"周密《武林旧事》卷一〇:"圣朝中兴七十馀载,～风流,沦落几尽。"元王恽《感皇恩·赠提刑曹仲明》:"把酒爱髯卿,～风度,不为临江宅能赋。"

【故里】gù lǐ　故乡;老家。唐玄奘《大唐西域记》卷一一:"子母相携,来归～。"明冯惟敏《玉江引·纪笑》:"堪嗟枉费心,可惜干淘气,总不如望云山归～。"

【故例】gù lì　故事;旧例。宋庄绰《鸡肋编》卷中:"建炎之后,以国用窘匮,凡～群臣赐予,多从废省。"《元史·乌古孙泽传》:"～,圭田至秋乃入租,后遂订月受之。"清邵廷采《东南纪事》卷三:"～可循,而边隙不塞,不可撤。"

【故年】gù nián　往年。唐李商隐《关门柳》:"永定河边一行柳,依依长发～春。"《敦煌愿文集·愿文范本等》:"吾君～仲秋,率有佳宜,问于同寮。"

【故然】gù rán　本来;必然。明《警世通言》卷一四:"你道事有凑巧,物有～,就那岭上云生东北,雾长西南,下一阵大雨。"《醒世恒言》卷三一:"事有斗巧,物有～,却来到迟些,都散了。"

【故人】gù rén　❶指丈夫。唐邱光庭《兼明书》卷五:"妇人谓夫为～,非谓往人逢遇也。"宋佚名《张协状元》三五出:"遍寻觅,浑不见～。"❷死去的人。明《古今小说》卷二四:"我在生之时,他风流性格,难以拘管,今妾已作～,若随他去,怜新弃旧,必然之理。"清《儒林外史》二六回:"我陡见回来,从这里过,正要会会你父亲,不想已做～。"

【故杀】gù shā　故意杀害(别于误杀)。唐牛僧孺《玄怪录》卷三:"当是产后虚弱,见某惊怖自绝,非～。"《元典章·刑部十六》:"为本贼越墙在逃,赶至官山岭上,因林圣护拒捕,用棍将本人殴伤身死,事本因公情,非～。"清纪昀《阅微草堂笔记》卷二三:"官廉得其情,百计开导,卒不吐实,竟以～论抵。"

【故世】gù shì　去世。明《二刻拍案惊奇》卷一六:"尊翁～,家中有什么影响否?"清《珍珠舶》九回:"海棠一时错愕,已忘着二人是～的了,慌忙问道:'你们那得知我在此,莫非央你来唤我回去么?'"

【故事】gù shì　❶有人物情节、供讲说描绘的传说或事件。《元曲选·渔樵记》四折:"倒与他后世流传,道这风雪渔樵也只落的做一场～儿演。"清《聊斋俚曲·慈悲曲》:"我有一件～说给你听听。"❷往事。《元曲选外编·五侯宴》四折:"不因此事感起一桩～。"清《红楼梦》二七回:"你提起鞋来,我想起个～:那一回我穿着,可巧遇见了老爷,老爷就不受用,问是谁作的。"❸事端;事故。清《红楼梦》六二回:"我说你太淘气了,足的淘出个～来才罢。"《花月痕》二八回:"天理昭彰,他要害我们闹出一场～,不想他自己却闹出一场笑话了。"❹形式;礼仪。宋王栐《燕翼

诒谋录》卷一:"后因铨部姑应～,不分臧否,虽文纰缪、书不成字者,亦令注官。"明《警世通言》卷一五:"众官不过拜几拜,应了～,都到后堂饮酒。"清孔尚任《桃花扇》三八出:"太平门外哭奠先帝之日,那些文武百官,虚应～。"❺缘故;理由。宋元《清平山堂话本·三怪记》:"在西京罗城外县内有一座山,唤作寿安山,其中有万种名花异草。今时临安府官巷口花市唤作寿安坊,便是这个～。"明《金瓶梅词话》九八回:"那王六儿见他两个说得入港,看见关目,推个～,也走出去了。"❻指有来由的名称。清《聊斋俚曲·增补幸云曲》:"拿起那箭来颠了一颠,使了个'苏秦背剑'～,挖喳一声,投在壶里。……万岁道:'你看我投个～。'那万岁拿过箭来,照东墙上一摔,舞了几个花,一投,插在壶里。王龙大惊说:'是什么～?'万岁说:'这是珍珠倒卷帘。'王龙说:'从来没见。你再投一个～我看看。'万岁取过箭来,捻的滴滴溜的转,往上一撩落下来,又插在那壶里。王龙道:'这是什么～?'万岁道:'这是野鹁鸽寻窝。'"❼花样;变化。清《照世杯·掘新坑》:"谷树皮正在那里打出许多～来,听得妖滴滴声气在耳根边相劝,抬头一看,却是一位美貌小娘子。"《红楼梦》六一回:"吃腻了膈,天天又闹起～来了,鸡蛋、豆腐,又是什么面筋、酱萝卜炸儿,敢自倒换口味。"❽诡计。清《聊斋俚曲·寒森曲》:"叫一声商相公,你这话倒也通,只怕你又把～弄。"❾勾当;坏事情。清《红楼梦》九回:"我只问你们,有话不明说,许你们这样鬼鬼祟祟的干什么～!"❿取笑;戏弄。清《聊斋俚曲·增补幸运曲》:"大姐斟上一盅酒,分明待给王龙,他就～万岁说道:'二姐夫酒到了。'"又:"'……你斟酒待给大姐夫,就给大姐夫;给二姐夫,就给二姐夫;你分明待给大姐夫,可怎么～二姐夫?'"

【故事尖】gù shì jiān　❶事端;事情。清《聊斋俚曲·姑妇曲》:"媳妇三日不动弹,惹的婆婆不耐烦,还是初来和乍到,只得再等他两三天;两三天,往后看,只怕还弄出个～。"❷女阴的讳语。清《聊斋俚曲·增补幸云曲》:"多拜上老长官:俺不过玩了玩,你就拿着象马蛋。搂了搂腰儿做了个嘴,不曾汤着那～,纵不然也少不了边沿。"

【故虽】gù suī　让步连词。虽然。明《金瓶梅词话》四六回:"你不知他这行人,～是当院出身,小优儿比乐工不同。"

【故所以】gù suǒ yǐ　因果连词。所以。明《石点头》卷一〇:"只因贪他貌美,奸他的心肠有十分,卖他的心肠更有十分,～不放出虎势,只得缓缓的计较。"

【故套】gù tào　老一套;一贯做法。明文秉《烈皇小识》卷二:"不知外廷止沿～,只是一二个人把持定了,诸臣都不敢开口。"清《聊斋俚曲·磨难曲》:"大王哈哈大笑说:'这是秀才们的～:一张呈状呈到堂上;及至官府替他打人,他又讲起情来。'"

【故物】gù wù　遗物。宋周密《齐东野语》卷一五:"耿听声者,兼能嗅衣物以知吉凶贵贱,……上奇之,呼为北宫,又取妃嫔珠冠十数示之。至一冠,奏曰:'此有尸气。'时张贵妃薨,此其～也。"元陶宗仪《辍耕录》卷一三:"睹言瞻～,恻怆内不任。"清纪昀《阅微草堂笔记》卷八:"先外祖母有一苍玉扇坠,云是曹化淳～,自明内府窃出。"

【故衣】gù yī　本指旧衣,也借指出售旧衣的店铺。明陈铎《小桃红·～》:"不分剪与新裁,一例都收在。……吉凶货卖,减价买将来。"《金瓶梅词话》一六回:"次后投入大人家做家人,把人家奶子拐出来做了浑家,却在～行做经纪。"

【故衣铺】gù yī pù　出售旧衣的店铺。清《醒世姻缘传》五五回:"狄元外又与他扎刮衣裳,到～内与他买了一件没大旧的布铺陈。"《绿野仙踪》八十回本五二回:"再说金不换先生到东猪市口

儿～内,买了几件皮夹棉衣。"

【故依然】 gù yī rán 依然如旧。宋王安石《与宝觉寺龙华院绝句》之三:"世间投老断攀缘,忽忆东游已十年。但有当时京口月,与公随我～。"苏轼《浣溪沙》:"一梦江湖费五年。归来风物～。"

【故意】 gù yì ❶有意;存心。《敦煌变文校注》卷五《佛说阿弥陀经讲经文(二)》:"若人～偷他物,必感当来贫贱因。作驴作马负偿他,衔铁带鞍多饥渴。"清《聊斋俚曲·寒森曲》:"那判官都是买透了的,～把假簿子拿来,试试二郎爷受与不受。" ❷着意;用心。明《金瓶梅词话》八回:"气的奴似醉似痴,斜傍帏屏,～儿猜,不明白,怎生丢开?"

【故园】 gù yuán ❶旧家园(的)。唐骆宾王《晚憩田家》:"唯有寒潭菊,独似～花。"岑参《行军九日思长安故园》:"强欲登高去,无人送酒来。遥怜～菊,应傍战场开。"明孟称舜《娇红记》二六出:"自是～花树好,飞来宿鸟尽依依。" ❷故乡。唐岑参《逢人入京》:"～东望路漫漫,双袖龙钟泪不干。"清《聊斋俚曲·富贵神仙》:"近～,近～,马上踌躇左右难。"

【故纸】 gù zhǐ 旧纸,民间或用以止血。《敦煌变文校注》卷三《燕子赋(一)》:"口里便灌小便,疮上还贴～。"金《董解元西厢记》卷五:"叠了舒开千百次,念得熟如本传,弄得软如～。"清纪昀《阅微草堂笔记》卷二二:"诗文皆散佚,惟此篇偶得于～中,附录于此。"

【故自】 gù zì 副词。仍然;还。宋元以后常与"尚""犹"(尤、由)连用。唐佚名《嘲伛偻人》:"城门尔许高,～匍匐入。"敦煌本《启颜录·昏忘》:"偷我麦饭者,只是此人。此贼犹不知足,～仰面看我。"《元曲选外编·西厢记》四本二折:"欢郎见你去来,尚～推哩!"

【顾爱】 gù ài 关心爱护。《新唐书·李德裕传》:"逢吉位宰相,而～凶回,以累陛下,亦罪人也。"宋苏轼《与蔡景繁十四首》之五:"违阔数日,凄恋不去心。窃惟～之厚,想时亦反顾也。"明梁辰鱼《浣纱记》三〇出:"好知心腹趣的美人,怎的般～我,好人!好人!"

【顾揣】 gù chuāi 蠕动。清《聊斋俚曲·蓬莱宴》:"这梦儿我再好生做做,休要待霎～醒。"

【顾管】 gù guǎn 照顾;照管。《元曲选外编·西游记》五本二〇出:"往西天取得经完,再重来此处难,奏天庭仍把诸佛唤,着火令休撺。"元明《水浒传》二四回:"那等人伏侍叔叔,怎地～得到?"

【顾后瞻前】 gù hòu zhān qián 照顾前后左右。明《封神演义》一一〇回:"你往我来,遭着兵刃命随倾,～,错了心神身不保。"

【顾唤】 gù huàn 雇请;雇用。宋吴自牧《梦粱录》卷一九:"如富豪士庶吉筵凶席,合用椅桌、陈设书画、器皿盘合动事之数,则一局分人员,俱可完备,凡事毋苟。"明《警世通言》卷二:"叫苍头～近山庄客,扛抬庄生尸柩,停于后面破屋之内。"

【顾惠】 gù huì 照顾关怀。唐李翱《论故度支李尚书事状》:"翱于李尚书,初受～。及其选也,客主之义,亦不得如初欢矣。"

【顾见】 gù jiàn 看见。唐李德裕《次柳氏旧闻》:"及上至,～宫中庭宇不洒扫,而乐器又屏,尘埃积其间,左右使命,无有妓女。"宋司马光《涑水纪闻》卷三:"会车驾至,仓卒出迎,不及屏。上～,问何物,韩王以实对。"清徐锡龄、钱泳《熙朝新语》卷一:"徐文桑……廷试时为文敏捷,上～起草,奇之。"

【顾借】 gù jiè 顾请。宋吴自牧《梦粱录》卷二〇:"至迎亲

日,男家刻定时辰,……～官私妓女乘马,及和倩乐官鼓吹,引迎花檐子或粽檐子、藤轿,前往女家,迎取新人。"

【顾览】 gù lǎn 观看。《景德传灯录》卷二八《罗汉探柱》:"忽然见我拈个槌子槌背,便作意度～。"又:"是汝寻常打柴,何不～,招呼便悟去。"

【顾赁】 gù lìn 租赁。明陈铎《小梁州·盒担铺》:"有人～先标账,完事时照数还偿。"

【顾录】 gù lù 眷顾。《敦煌变文校注》卷五《双恩记》:"饭盈盘,衣满复,无问高低垂～。"《旧五代史·胡装传》:"而羁旅累年,执事者不垂～。"

【顾卖】 gù mài 犹"过卖"。明《金瓶梅词话》五五回:"四人坐下,唤～打上两角酒来。"

【顾觅】 gù mì 雇用;租用。宋吴自牧《梦粱录》卷一九:"～大夫、书表、司厅子、虞候、押番、门子。"清《醒世姻缘传》七六回:"即忙收拾行李,叫狄周往骡店里～长骡,托丈母将寄姐合珍珠并一切带不了的衣服俱照管回去。"

【顾眄】 gù miàn ❶顾视;相认。《敦煌变文校注》卷一《伍子胥变文》:"贫贱不相～,富贵何暇提携?" ❷照顾;照应。宋苏轼《与曾子宣十首》之三:"损亦守家法,令子弟也。与之久故,幸得在左右,想蒙～。"元明《水浒传》一九回:"我等小生不才,非为草木,岂不见头领错爱之心,～之意,感恩不浅。"明《老乞大谚解》卷下:"亲热和顺时,便是一个父母生的弟兄一般,相待相～着行。"

【顾募】 gù mù 雇用征募。顾,通"雇"。《宋史·苏辙传》:"出卖坊场,～衙前,免民间破家之患。"《元史·河渠志二》:"诸色户内一丁夫万人,日支盐粮钱二两,计用钞二万锭,于运司盐课及减驳船钱内支用。"清黄宗羲《明夷待访录·田制三》:"嘉靖末行一条鞭法,通府州县十岁中夏税、秋粮、存留、起运之额,均徭、里甲、土贡、～、加银之例,一条总征之。"

【顾睦】 gù mù 照顾;关照。明《金瓶梅词话》一三回:"多亏隔壁西门大官人,两次三番～你来家。"

【顾乃】 gù nǎi 连词。却;反而。宋苏轼《东坡志林》卷三:"后主既为樊若水所卖,举国与人,故当恸哭于九庙之外,谢其民而后行,～挥泪宫娥,听教坊离曲!"明敖英《东谷赘言》卷下:"莱公既决策亲征矣,固当临事而惧,劳心竭力,以济艰难可也。～偃然耽乐,如在宴安无事之秋,身系安危者,固如是乎?"清顾炎武《日知录》卷二〇:"岂有旧君尚在,当时之人皆禀其正朔,而后之为史者～追夺之乎!"

【顾盼】 gù pàn ❶欣赏;观看。金《董解元西厢记》卷一:"尽人～,手把花枝捻。" ❷眷顾。唐张谓《寄李侍御》:"价以吹嘘长,恩从～深。"《元曲选·王粲登楼》三折:"此处有一人许安道,幸垂～,时与小生尊酒论文,稍不寂寞。"元明《水浒传》二八回:"武松道:'最是兄长好心～小弟。'" ❸眷恋;爱慕。《太平广记》卷四八六《长恨传》:"虽有三夫人、九嫔、二十七世妇、八十一御妻,暨后宫才人、乐府妓女,使天子无～意。"《元曲选·留鞋记》:"这相国寺西有座胭脂铺儿,一个小娘子生得十分娇色,与小生眼去眉来,大有～之意。"清纪昀《阅微草堂笔记》卷二四:"顷蒙～,意不自持,故从墙缺至君处。" ❹照顾;呼应;照应。《元朝秘史》卷二:"纳忽伯彦说:'你两个年纪小的,常相～,明后休相弃!'"元明《三国演义》四七回:"先邀统同观旱寨,统与操并马登高而望。统曰:'傍山依林,前后～,出入有门,进退曲折。虽孙吴再生,穰苴复出,亦不过此矣。'"又一〇三回:"且说孔明正在山上,望见魏兵或三五千行,或一二千行,队伍纷纷,前后～,料

必来取祁山大寨。"❺ 照料；牵挂。明《西游记》三二回："看师父是坐，巡山去是走。终不然教我坐一会又走，走一会又坐？两处怎么～得来？"清《红楼梦》三回："今依傍外祖母及舅氏姊妹去，正好减我～之忧。"

【顾聘】gù pìn　眷顾聘用。明《封神演义》六八回："姜尚何用，蒙先王～，未效涓埃之报。"

【顾倩】gù qiàn　雇用。顾，通"雇"。宋吴自牧《梦粱录》卷一九："凡～人力及干当人，……俱各有行老引领。"《元史·河渠志二》："河长二千三百五十里，有司差濒河有田之家，～丁夫，开修一千八百六十九里。"明郑晓《今言》卷三："自正德以来，边方多故，土官征调，皆～此苗以为先锋，用能克敌称强。"

【顾示】gù shì　看着对方。"示"同"视"。《祖堂集》卷一一《睡龙和尚》："雪峰～玄沙云：'和尚何得自犯？'"又卷一四《江西马祖》："师乃～云：'左右人多，且去。'"

【顾视】gù shì　探试。明瞿佑《剪灯新话·滕穆醉游聚景园记》："临安，妾乡也。从君至此已阅三秋，今愿得偕行，以～翘翘。"

【顾虽】gù suī　让步连词。虽然。宋王安石《除雾中允崇政殿说书谢表》："为官择人，～成命而宜改。"又《常州谢上表》："～无用于当世，尝以有闻于先臣。思报所蒙，敢忘尽瘁！"《三朝北盟会编》卷二○一："～力诋，奈此公议何？"

【顾眺】gù tiào　向四周眺望。唐段成式《酉阳杂俎》卷一二："魏仆射收临代，七月七日登舜山，徘徊～。"李绅《忆登栖霞寺峰》："～匪恣适，旷襟怀卷舒。"

【顾养】gù yǎng　❶ 顾念、赡养（父母）。宋张载《西铭》："恶旨酒，崇伯子之～。"《明史·蒋钦传》："臣骨肉都销，涕泗交作，七十二岁老父，不～矣。臣死何足惜，但陛下覆国丧家之祸起于旦夕，是大可惜也！"❷ 长期雇用。宋吴自牧《梦粱录》卷一九："置塌房家，月月取索假赁者管巡廊钱会，～人力，遇夜巡警，不致疏虞。"

【顾役】gù yì　雇用夫役。顾，通"雇"。《宋史·苏轼传》："自古役人，必用乡户。今者徒闻江、浙之间，数郡～，而欲措之天下。"《金史·刘敏行传》："县城圮坏久不修，大盗横恣，掠县镇不能御。敏行出己俸，率僚吏出钱～缮治，百姓欣然从之，凡用二千人，版筑遂完。"明焦竑《玉堂丛话》卷二："势家假驿传搬私货者，皆自～，于是声震远迩。"

【顾意】gù yì　顾及情义；够意思。明《金瓶梅词话》七二回："昨日夏大人甚是不～。在京不知什么人走了风，投到俺每去京中，他又早使了钱。"清《红楼梦》一六回："阎王叫你三更死，谁敢留人到五更，我们阴间上下都是铁面无私的，不比你们阳间瞻情～，有许多的关碍处。"

【顾瞻】gù zhān　❶ 思维；考虑。《旧唐书·马周传》："是以徒步二千里而自归于陛下，陛下不以臣愚瞽，过垂齿录。窃自～，无阶答谢，辄以微躯丹款，惟陛下所择。"宋范仲淹《上时相议钊举书》："然必～礼义，执守规矩，不犹愈于学非而博者乎？"❷ 眷顾、照顾；照看。唐韩愈《苦寒》："天王哀无辜，惠我下～。"《元曲选·蝴蝶梦》二折："教我两里难～，百般的没是处。"明《金瓶梅词话》八六回："你是我老婆，不～我，反说我雌你家饭吃！"

【顾照】gù zhào　照顾。宋元《清平山堂话本·李翠莲》："年老爹娘无依靠，早起晚些望～。"

【顾主】gù zhǔ　雇用雇工的人。清蒲松龄《戏三出·闹馆》："寻着～有盘缠。"

【顾瞩】gù zhǔ　❶ 注意瞩目。《旧唐书·袁谊传》："门户须历代人贤，名节风教，为衣冠～，始可举，老夫是也。"❷ 观

看。《资治通鉴》卷一八一："帝无日不治宫室，两京及江都，苑囿亭殿虽多，久而益厌。每游幸，左右～，无可意者，不知所适。"❸ 同情。宋法护译《金色童子因缘经》卷一○："即时商主长吁而言：我于曩昔不植福田，复不修作诸福力事，今招如是种种破坏。我于今时当何营作，复何适宜，当有何人而相～，谁人悲愍斯贫困苦。"

【雇】gù　卖。唐卢携《乞蠲租赈给疏》："虽撤屋伐木，～妻鬻子，止可供所由酒食之费，未得至于府库也。"宋苏轼《乞不给散青苗钱斛状》："二十年间，因欠青苗至卖田宅～妻女投水自缢者，不可胜数，朝廷忍复行之欤！"《元史·英宗纪二》："庚戌，申禁江南典～妻妾。"

【雇工】gù gōng　❶ 雇用工人或农民。清钱泳《履园丛话》卷七："大凡种田者，必需亲力自作，方能有济，若～种田，不如不种。"❷ 受雇出卖劳力或技术的工人。明沈榜《宛署杂记》卷一七："主人呼～曰汉每。～称主曰当家的。"陆容《菽园杂记》卷一四："每烊铜一料，用矿二百五十箩，炭七百担，柴一千七百段，～八百餘。"清《红楼梦》七四回："那香袋是外头～仿着内工绣的，带子穗子一概是市卖货。"

【雇工人】gù gōng rén　即"雇工❷"。明沈德符《万历野获编》补遗卷三："天顺二年九月，有湖广常德卫指挥使夏瑄，杀依己以居者妻子三人，俱焚之，按察司冯诚奏鞫凌迟处死，刑部郎中许振，以审刑上，辨所杀为～，减论绞。"《警世通言》卷三三："你这个贱人，好没志气！我女儿招～为婿？"

【雇唤】gù huàn　雇用。明《古今小说》卷九："等有了告敕，收拾行李，～船只出京。"《拍案惊奇》卷一九："时常要到江湖上做生意，家里止是些女人，无个得力男子看守，所以～。"

【雇脚】gù jiǎo　雇用脚夫。宋司马光《涑水纪闻》卷一二："窃缘人户请搬粮草、雇赁脚乘，所费至重，臣取得人户～契帖，每搬随军草一束、粮一斗，不以远近日数，计钱一贯文省。"苏辙《申本省论处置川茶未当状》："运茶既多，递铺役兵及州郡～劳费与顷年无异。"清《续金瓶梅》二七回："过了海州是青口地方，起旱是～，水路有船去。"

【雇赁】gù lìn　雇用。宋司马光《涑水纪闻》卷一二："窃缘人户请搬粮草、～脚乘，所费至重，臣取得人户雇脚契帖，每搬随军草一束、粮一斗，不以远近日数，计钱一贯文省。"明《警世通言》卷四："相公陆行，必用脚力，还是拿钧帖到县驿取讨，还是自家用钱～？"

【雇卖】gù mài　贩卖；拐卖。明《二刻拍案惊奇》卷五："原来这婆子是个牙婆，专一走大人家、～人口的。"

【雇觅】gù mì　❶ 物色；雇用。宋孟元老《东京梦华录》卷三："凡～人力、干当人、酒食、作匠之类，各有巷老供雇。"《五代史平话·汉史上》："～一人，写着一封书，将这孩儿送去太原府还刘知远。"清《聊斋俚曲·磨难曲》："您不是每日串通衙门，打诈百姓，必定是～了来的。"❷ 租用。明陆容《菽园杂记》卷一一："然南中亦有无驴马～外，纵有之，山岭峻崎局促外，非马驴所能行。"张岱《陶庵梦忆》卷一："天启壬戌六月二十四日，偶至苏州，见士女倾城而出，毕集于葑门外之荷花宕。楼船画舫至鱼艫小艇，～一空。远方游客，有持数万钱无所得舟，蚁旋岸上者。"

【雇募】gù mù　花钱招募。宋苏轼《辩试馆职策问札子二首》之二："时臣弟辙为谏官，上疏具论，乞将见在宽剩役钱～役人，一年为期，令中外详议，然后立法。"明王士性《广志绎》卷四："城市从未见一妇人，即奴隶之妇他往，亦必～肩舆自蔽耳。"清顾炎武《日知录》卷一三："士大夫之家所用仆役，并令出资～，

如江北之例。"

【雇倩】 gù qiàn ❶ 雇用。《唐律疏议》卷四:"或自造告身,或～人作,或得他人告身而自行用。"宋欧阳修《条约举人怀挟文字札子》:"亦有十数人共敛钱一二百千,～一人,虚作举人名目,依例下家状,入科场,只令怀挟文字,入至试院,其程试则他人代作。"清纪昀《阅微草堂笔记》卷二〇:"急使～,则曰风雨将来,非五千钱人不往。" ❷ 出租。明《醒世恒言》卷三五:"那牛儿可以耕田,马儿可～与人,只拣两件有利息的拿了去,却推两个老头儿与我。"

guā

【瓜】 guā ❶ 刮刷;爬梳。《元曲选外编·敬德不伏老》一折:"想我主在御科园有难之时,我在澄清涧～马,有军士来报,某即划马单鞭,直赶至御科园。" ❷ 挂住;挂碍。明冯惟敏《步蟾宫·剪发》:"整犀梳生怕齿儿～,摘凤髻常忧翅膀划。" ❸ 裁剪。明陈铎《折桂令·裁剪铺》:"～尺丈轻纱细葛,配短长彩段香罗。" ❹ 兵器。长柄,一端如瓜状。也作仪仗用具。元明《三国演义》一一九回:"叱武士将张节乱～打死于殿下。"明《西游记》二九回:"我这里有的是鞭、简、～、锤……随你选称手的拿一件去。"

【瓜搭】 guā dā ❶ 下垂;脸往下沉。清《醒世姻缘传》五九回:"素姐正喜喜欢欢的,只看见狄婆子就把脸～往下一放。"△《儿女英雄传》二七回:"往日那脸一沉就绷住了,此刻只管往下～,那两个孤拐他自己会往上逗。" ❷ 形容嘴一开一合。清《聊斋俚曲·襄妒咒》:"卖婆子真是贼,～着嘴儿搬是非,原该问个凌迟罪。"

【瓜答】 guā dā 嘴一开一合,引申指乱说;乱议论。清《聊斋俚曲·磨难曲》:"明明知道不中用,还要买他胡～。"又《蓬莱宴》:"娘子说我嘱咐你一句话:拿到街上可休说是奴家,那秀才们嘴臭,看他再～。"

【瓜打】 guā dǎ ❶ 敲打;拍打。明冯惟敏《僧尼共犯》一折:"铙钹儿拍打的光光乍,木鱼儿～的膨膨乍。"清《聊斋俚曲·墙头记》:"了吊儿乱～,拾石头把门砸,全不听的人说话。" ❷ 死。清《聊斋俚曲·墙头记》:"一口气不来～了,竹篮打水落了空,可才大家没啥弄。"

【瓜葛】 guā gé ❶ 比喻社会关系。宋苏轼《书赠王十六二首》之一:"王十六秀才禹锡,好蓄余书,相从三年,得两牛腰。既入太学,重不可致,乃留文甫许分遗。然缄锁牢甚。文甫云:'相与有～,那得尔耶?'"王灼《碧鸡漫志》卷二:"江南某氏者,解音律,时时度曲,周美成与有～,每得一解,即为制词,故周集中多新声。"清《聊斋俚曲·磨难曲》:"他和鸿老有些～,前日他去都中望他,说他要合鸿老说说,到如今不曾回来。" ❷ 比喻牵连。明《醒世恒言》卷三一:"别的员外没甚事,你却有些～,莫待我说出来不好看。"清李渔《玉搔头》一八出:"只是这枝簪子既在奴家头上顶戴多时,也就有些～了。"

【瓜黎脸】 guā lí liǎn 指脸凹凸不平。清蒲松龄《东郭箫鼓儿词》:"拾了块石灰抹了个～,头顶里插上茅弓一大窝。"

【瓜连蔓引】 guā lián wàn yǐn 比喻案件涉及的人事辗转相连。明刘若愚《酌中志》卷二:"四明借此挑激圣怒,～,是以挨李太宰,逮周嘉庆。"

【瓜萝亲戚】 guā luó qīn qi 拐弯抹角的亲戚。瓜萝犹言瓜葛,形容如瓜蔓藤萝一样相连。《敦煌变文校注》卷三《燕子赋

(一)》:"野雀是我表丈人,鹁鸠是我家伯。州县长官,～。"

【瓜牛】 guā niú 蜗牛。宋陆游《幽兴》:"身如海燕不逢社,家似～仅有庐。"明朱谋㙔《骈雅》卷七:"蜗牛……～也。"

【瓜甜柿蜜】 guā tián shì mì 比喻感情融洽甜蜜。明《金瓶梅词话》七四回:"我这里玉洁冰清,你那里～。"

【瓜子】 guā zǐ ❶ 瓜籽。炒熟作为食品。宋苏轼《与王元直》:"或圣恩许归田里,得款段一仆,与子众丈、杨宗文之流,往还瑞草桥,夜还何村,与君对坐庄门吃～炒豆,不知当复有此日否?"清《聊斋俚曲·增补幸云曲》:"王孙公子来找我,买些～闲嗑牙。" ❷ 傻子。清黎士宏《仁恕堂笔记》:"不慧之子曰～,殊不解所谓。后读《唐书》,贺知章有子,请名于上,上笑曰:'可名为孚。'知章久乃悟上谑之曰不慧,故破'孚'字为～。则是～之呼,自唐以前即已有之。" ❸ 块状肌肉。清《红楼梦》程乙本四一回:"要吃的时候儿,拿出来,用炒的鸡～一拌就是了。"又四九回:"宝玉却等不得,只拿茶泡了一碗饭,就着野鸡～,忙忙的爬拉完了。" ❹ 指臂上肌肉。参见"打瓜子"。明《金瓶梅词话》二四回:"那小玉把玉箫骑在底下,笑骂道:'贱淫妇,输了～不教我打。'"清《聊斋俚曲·襄妒咒》:"这一回你打交,我先翻;翻错了的打十个～。" ❺ 眼泪。清《聊斋俚曲·襄妒咒》:"又搭上江城眼里又吊下～来,娇滴滴的声儿问官人好么。"

【瓜子金】 guā zǐ jīn 沙金的一种,形如瓜子。宋司马光《涑水纪闻》卷三:"会车驾至,仓卒出迎,不及屏也。上顾见,问何物,韩王以实对。上曰:'此海物必佳。'即命启之,皆满贮～也。"清屈大均《广东新语》卷一五:"开建有金庄水焉,其源出金鸡涌,二百里间为大泷小泷者二,皆有～、麸金。"

【瓜子脸儿】 guā zǐ liǎn er 指狭长而窄,上部略圆,下部略尖的面庞。明《金瓶梅》九回:"第三个,就是新娶的孟玉楼,约三十年纪,生得貌若梨花,腰如杨柳,长挑身材,～。"清《珍珠舶》一六回:"～,梨花淡白;弓样眉儿,柳叶新青。"

【刮】 guā ❶ 用勺子将贴在锅、盆上的饭弄下来。清《聊斋俚曲·慈悲曲》:"都吃停当了,才着他～那冷眵块吃。"又:"吃毕了才把碗敦,叫他来～那饭盆。" ❷ 搜刮。明周履靖《锦笺记》一三出:"～他的,吃他的,也勾了。"清李玉《清忠谱》一一折:"驾上差来天也塌。推托穷官没钱～,恼得咱家心性发,嗼!拿到京中活打杀。" ❸ 洗。《元曲选·秋胡戏妻》二折:"多亏了我那媳妇儿,与人家缝联补绽,洗衣～裳,养蚕择茧,养活着老身。"《元曲选外编·剪发待宾》一折:"母亲与人家缝联补绽,洗衣～裳。" ❹ 男女间勾搭。元明《水浒传》二六回:"他在紫石街王婆茶坊里,和卖炊饼的武大老婆在处;如今～上了他,每日只在那里。"明《金瓶梅词话》二二回:"来旺儿早晚到蒋聪家叫蒋聪去,看见这个老婆,两个吃酒刮言,就把这个老婆～上了。"《醒世恒言》卷一五:"天赐这几个妙人在此,少不得都～上他,轮流儿取乐快活。" ❺ 用棍棒顺地打腿脚。明《西游记》三四回:"让那小怪前走,即取出铁棒,走上前,着脚后一～,可怜忒不禁打,就把两个小妖一作一团肉饼。" ❻ 聒噪;吵闹。明《古今小说》卷一:"也只是接些珠宝客人,每日的讨酒讨浆,～的人不耐烦。"《平妖传》三四回:"今日我们都去,索性结果了他,省得终日来～得俺们不自在。" ❼ 风吹。唐岑参《冬夕》:"浩汗霜风～天地,温泉火井无生意。"清《聊斋俚曲·磨难曲》:"人都说他大风～了下颏嘴,也难赶。"

【刮打】 guā dǎ 同"瓜搭❷"。清《聊斋俚曲·增补幸云曲》:"鸨儿本是爱财货,见了银子花了眼,～着嘴儿笑呵呵,我不收下恐见错。"

【刮地】 guā dì 形容声音卷地而来。《敦煌变文校注》卷五

《维摩诘经讲经文(一)》:"况当时景已深秋,~蝉声出晚林。"

【刮骨】 guā gǔ 喻深刻。《祖堂集》卷六《洞山和尚》:"师示众云:'诸方有惊人之句,我这里有~之言。'"又:"西峰问:'某甲只闻洞山~之言,不得周旋,请上座与某举者。'"

【刮刮匝匝】 guā guā zā zā 燃烧时发出的爆裂声。《元曲选·黑旋风》二折:"我恨不得一把火~烧了你这村房舍。"

【刮拉】 guā lā 牵连;牵扯。清《红楼梦》程乙本三三回:"袭人好意来劝,你又~上他。"

【刮剌】 guā lā ❶ 勾搭;勾引。明《金瓶梅词话》四回:"西门庆~上卖炊饼的武大老婆,每日只在紫石街王婆茶房里坐的。"又三九回:"不料西门庆外边又~上了韩道国老婆王六儿。" ❷ 挣脱。明《金瓶梅词话》九二回:"家中所有的都干净了,房儿也典了,刚~出个命儿来。"

【刮喇】 gā lā 吝啬;小气。清《聊斋俚曲·磨难曲》:"现如今家家~,可那里挣出钱来!"

【刮落】 guā luò 砍削掉。宋《朱子语类》卷八:"~枝叶,栽培根本。"

【刮马】 guā mǎ 比喻迅疾。《元曲选·竹叶舟》四折:"你看那蜗角名,蝇头利,多多少少,我则待夜睡到明,明睡到夜,睡直到觉。呀!早则似~儿光阴过了。"《元曲选外编·三夺槊》二折:"~似三十年过去了。"

【刮磨】 guā mó 琢磨;切磋。明《梼杌闲评》二五回:"若果能于此一明之后,日日加功~,方有进益。"

【刮取】 guā qǔ 收取;搜刮。明《警世通言》卷三三:"不觉半年有餘,乔俊~人头帐目,及私房银两,还够做本钱。"

【刮去】 guā qù 除去。明李贤《天顺日录》:"不然,以伯生之贤,果能~词章之习,一力从事道学,岂不得哉!"清《聊斋俚曲·磨难曲》:"朝廷在梦中,忽然间把眼睁,把俺~心头病。"

【刮刷】 guā shuā 搜刮。宋《朱子语类》卷一〇八:"介甫只是~太甚,凡州郡禁兵阙额,尽令勿补填。"明陈铎《满庭芳·相面》:"胡厮缠流星斗打,胡厮缠冷帐~。"清《绿野仙踪》八十回本三四回:"平凉百姓皆小弟儿女,小弟何忍从他们身上~?"

【刮土儿】 guā tǔ er 刮扫土地。极言彻底、净尽。用作副词。《元曲选·杀狗劝夫》一折:"从亡化了双亲,便思营运,寻资本,怎得分文,落可便~收拾尽。"又《来生债》一折:"我恨不的罄囊儿舍与人些钱,恨不的~可便散与人些银。"

【刮涎】 guā xián 用言语挑逗;厚着脸皮纠缠。明《金瓶梅词话》一五回:"在家中也闲,到处~,生理全不干,毛球儿不离在身边。"《古今小说》卷三:"吴山初然只道好人家,容他住,不过砑光而已。谁想见面倒来~,才晓得是不停当的。"清《续金瓶梅》四一回:"一个叫杜梅轩,绰号画皮脸,到处~,极没廉耻。"

【刮躁】 guā zào 即"聒噪❶"。元商衟《新水令》:"被凄凉一弄儿相~,画檐间铁马儿晚风敲,纱窗外促织儿频频叫。"

【括】 guā 勾搭。明《金瓶梅词话》五六回:"后来不想被几个坏事的丫头小厮,见是一个圣人一般,反去日夜~他。"《平妖传》一二回:"贾似道欲心如炽,又与他调戏,不几日就~上了。"

【括率】 guā shuài 搜刮。《旧唐书·马燧传》:"建中三年,燧讨田悦于山东,时岁旱,京师~商户,人心甚摇。"《旧五代史·少帝纪二》:"是日,分命文武臣僚三十六人往诸道州府~钱帛,以资军用。"宋《五代史平话·晋下》:"朝廷因契丹入寇,国用愈竭,复遣使者三十六人分道~民财。"

【咶喇】 guā lā 即"瓜搭❷"。清蒲松龄《东郭箫鼓儿词》:"齐人吃了,小婆子接过茶盅去,他两口子就~起话来了。"

guǎ

【呙】 guǎ 另见 wāi。同"剐"。《元史·民安图传》:"十四年,贼兵复至,民安图迎战,力竭,贼执而~之。"又《李齐传》:"士诚怒,扼之跪,齐立而诟之,乃曳倒,捶碎其膝而~之。"

【剐】 guǎ 将人慢慢割死的酷刑。又称凌迟。宋司马光《涑水纪闻》卷九:"彦博请斩则于北京,夏竦奏言所获贼魁恐非真,遂槛车送京师,~于马市。"清徐锡龄、钱泳《熙朝新语》卷一五:"试思尔之父母,生而获罪,为王法所加,或斩或~,其子尚为哀痛。"

【寡爱】 guǎ ài ❶ 爱好少。宋苏轼《寄周安孺茶》:"伊予素~,嗜好本不笃。" ❷ 缺少爱情。明孙柚《琴心记》二七出:"既有今日钟情,何必当初~。"

【寡薄】 guǎ bó 薄。明《醒世恒言》卷二七:"不道那孩子头皮~,他的手儿又老辣,一顿乱打,那头上却如酵到馒头,登时肿起几个大疙瘩。"

【寡薄嘴】 guǎ bó zuǐ 言辞尖酸刻薄。明《金瓶梅词话》五三回:"敬神如神在,不要是这样的~,调笑的他苦。"

【寡茶】 guǎ chá 淡茶。清《豆棚闲话》一〇则:"咱不吃那撞门~,到就去船上呷酒罢。"

【寡醋】 guǎ cù 在男女关系上不应有的嫉妒情绪。《元曲选·百花亭》二折:"难道你不见,我几曾调他来?皆是他心上自爱上我,你吃这等~做甚么?"明孟称舜《娇红记》四四出:"大爷又吃~哩。不说大娘那话儿,大家有分,却要你谢媒哩。"

【寡妇失业】 guǎ fù shī yè 形容寡妇无依无靠。清《红楼梦》四三回:"你~的,那里还拉你出这个钱?我替你出了罢!"又四五回:"老太太、太太还说你~的,可怜,不够用,又有个小子,足的又添了十两,和老太太,太太平等。"

【寡骨脸】 guǎ gǔ liǎn 颧骨高而尖削的面孔。清《醒世姻缘传》五七回:"那人惨白胡须,打着辫子,寡骨瘦脸,凸暴着两个眼,一个眼是瞎的。"又七二回:"~上落腮胡,长疱疱冒东坡丰致。"

【寡寡】 guǎ guǎ 副词。单单;只。明《型世言》三三回:"田荒了,家中什物换米吃、当柴烧了,~剩得三个人,仔么挨?"

【寡汉】 guǎ hàn 单身汉。明陆采《怀香记》一八出:"女孩儿家不该与~往来。"《拍案惊奇》卷一九:"小娥既是男扮了,申兰如何肯留他一个~伴着妻子在家?"

【寡合】 guǎ hé 孤高;不易与人投合。唐皮日休《江南书情二十韵寄秘阁韦校书贻之》:"~无深契,相期有至诚。"《太平广记》卷二七四引唐孟棨《本事诗》:"博陵崔护资质甚美,而孤洁~,举进士第。"清纪昀《阅微草堂笔记》卷一七:"后以语槐亭,槐亭怃然曰:'吾乃知孤介~,即作鬼亦难。'"

【寡话】 guǎ huà 无意义的话;淡话。明《西洋记》六一回:"我扯这一番~,原只为了耸动国王。"清《醒世姻缘传》一四回:"一片没良心的~,奉承得那典史抓耳挠腮。"

【寡欢】 guǎ huān 少欢悦。唐元稹《张旧蚊帱》:"平生贫~,夭枉劳苦忆。"宋苏轼《和移居二首序》:"余去岁三月,自水东嘉祐寺迁居合江楼,迨今一年,多病~,颇怀水东之乐也。"清《聊斋志异·仙人岛》:"数日不瘳,忧闷~。"

【寡将】 guǎ jiàng 势单力孤之将。元明《水浒传》六九回:"量你这个~,怎敢当吾!"

【寡酒】 guǎ jiǔ 没有菜肴,单饮酒。《元曲选·燕青博鱼》二

折:"酒便有了,可没些看馔,这～如何吃得?"元明《水浒传》二七回:"大娘子,我从来吃不得～。你再切些肉来,与我过口。"清孔尚任《桃花扇》续四〇出:"〔副末让介〕请干此酒。〔净哑舌介〕这～好难吃也。〔丑〕愚兄倒有些下酒之物。"

【寡拉】 guǎ lā 吝啬;刻薄。清《醒世姻缘传》六七回:"那艾回子好～儿,叫他鳖这们件皮袄来?"

【寡刺】 guǎ lā 同"寡拉"。清《儒林外史》四五回:"大清早上,水米不沾牙,从你家走到这里,就是办皇差,也不能这般～。"

【寡辣】 guǎ lā 同"寡拉"。明顾起元《客座赘语》卷一:"用财之吝曰'拮掏',曰'～'。"

【寡力】 guǎ lì 无偿的力气。清《隋唐演义》五〇回:"吾想你当初也曾在绿林中做过这个道路儿的,如今何苦替夏家出这样～?"

【寡默】 guǎ mò 沉默少言。五代孙光宪《北梦琐言》逸文卷二:"颜亦异之。然夫甚少,而妇容色过之,状貌毅然而～。"明刘元卿《贤弈编》卷二:"吕荣公希哲,父申国公居家,简重～,不以事物经心。"清《聊斋志异·青娥》:"女为人温良,一日三朝其母,餘惟闭门寂坐。"

【寡气】 guǎ qì 闲气;闷气。明《古今小说》卷四〇:"今早空肚皮进城,就吃了这一肚～。"《醒世恒言》卷三:"这丫头抵死不肯接他,惹出这场～。"又卷七:"把镜子向桌上一撒,叹了一口～,呆呆而坐。"

【寡情】 guǎ qíng ❶ 不太注重感情;缺乏感情。宋欧阳修《与师鲁第三书》:"修尝失一五岁小儿,已七八年,至今思之,痛苦初失时。修素谓诸君自为～而善忘世事者,尚如此,况师鲁素自谓有情而子长又贤哉!"苏轼《杭州牡丹开时仆犹在常润周令作诗见寄次其韵复次一首送赴阙》:"羞归应为负花期,已是成阴结子时。与物一怜我老,遣春无恨赖君诗。"元辛文房《唐才子传》卷六《李约》:"尝使江南,于海门山得双峰石及绿石琴荐,并为好事者传阅。然亦寓意,未尝戛然～,豪夺吝与。" ❷ 薄情;无情。元汤舜民《对玉环带清江引·闺怨》:"恨天涯～游荡子,堕却青云志。"明孟称舜《娇红记》一〇出:"我看申生,料不是～薄幸的人,果得和他半晌绸缪,我也拼着三生守。"清纪昀《阅微草堂笔记》卷一一:"狐乃披衣欲辞去,少年泣涕挽留,狐殊不顾。怒责其～,狐亦怒曰:'与君本无夫妻义,特为采补来耳。君膏髓已竭,吾何所取而不去!'"

【寡趣】 guǎ qù 淡薄的情趣;没有实际好处的趣味。明《拍案惊奇》卷二六:"又恐怕他去了,连～多没绰处。"《二刻拍案惊奇》卷八:"他心里只要多插得一会～便好,不在乎财物输赢,那里肯住?"又卷三八:"我若厮赶着他们去闲荡一番,不过插得些～,落得个眼饱,没有实味。"

【寡狭】 guǎ xiá 少。《新唐书·常衮传》:"百官俸～,议增给之。"

【寡尟】 guǎ xiǎn 鲜少(的东西)。《敦煌愿文集·僧亡》:"谨将生前受用～,投仗福门。"又《亡僧尼舍施文》:"谨将生前受用～,感触三尊。"

【寡鲜】 guǎ xiǎn 少。唐刘知幾《史通》卷二三:"史氏自迁固作传,始以品汇相从。然其中或以年世迫促,或以人物～,求其具体必同,不可多得。是以韩非、老子,共在一篇,董卓、袁绍,无闻二录。"宋天息灾译《分别善恶报应经》卷下:"贪爱所获,库藏～。"

【寡约】 guǎ yuē 少;俭省。《新唐书·姜公辅传》:"唐安之葬,不欲事茔垅,令累甓为浮图,费甚～,不容宰相关预,苟欲固眹

过尔!"宋曾巩《太子右司御率副率致仕沈君墓志铭》:"虽饶财为大家,而衣服饮食,自与尤～。"

【寡嘴】 guǎ zuǐ ❶ 说大话或耍贫嘴。明《梼杌闲评》一一回:"田尔耕本是个～夸诈之人,那里真有这许多产业?"清《续金瓶梅》三六回:"叫人唱就唱罢,偏有这～,众人都笑成一块。"《聊斋俚曲·增补幸云曲》:"妈儿自思:这花子尽是～,薄厚在那里。" ❷ 犹言薄嘴。明《西洋记》一九回:"只见水里走出一个花子,摇头摆尾,一张～。近处打一瞧,原来是个大头鬼。"

guà

【卦】 guà 穿。通"挂"。《敦煌变文校注》卷二《庐山远公话》:"身～短褐,一随他后。"

【卦盒儿】 guà hé er 卜卦者装卦具的盒子。明冯惟敏《朝天子·卜》:"～在手,花打算胡将就。"

【卦角】 guà jiǎo 卦具。清《聊斋俚曲·磨难曲》:"忙取～,望空祷祝:'周公、周母、孔父、孔子……袁天罡地煞,有灵有应。'"又:"将～丢去,看了看说:'这个靠山之卦好的紧!'"

【卦金】 guà jīn 给算卦先生的酬金。元明《水浒传》六一回:"能算皇极先天数,知人生死贵贱。～白银一两,方才算命。"明《金瓶梅词话》六一回:"径到北边真武庙门首抄寻,有黄先生家门上贴着'抄算先天易数,每命～三星'。"清《红楼梦》一〇二回:"贾蓉奉上～,送了出去。"

【卦盘】 guà pán 算卦用的盘。明《警世通言》卷三九:"当下女娘却取出一个天圆地方～来。"又:"我今日却用着这～,可同顾一郎出去寻个浮铺,算命起课,尽可度日。"

【卦铺】 guà pù 算卦的铺子。《元曲选·桃花女》楔子:"彭祖,今日开开～,挂起招牌,将这一个银子挑出去,看有什么人来。"明《警世通言》卷一三:"押司听说,不觉怒从心上起,恶向胆边生,把那先生摔出～去。"

【卦数】 guà shù 《易》有六十四卦,指六十四之数。明《西游记》九七回:"窝洪阳寿,止该～,命终,不染床席。"

【卦肆】 guà sì 卖卦的铺子或摊位。宋蔡絛《铁围山丛谈》卷三:"太上皇帝端邸时多征兆,心独自负。一日呼直省官者谓之曰:'汝于大相国寺迟其开寺时,持我命八字往,即诣～,遍问以吉凶来。第言汝命,勿谓我也。'"元陶宗仪《辍耕录》卷一三:"又将心肝肺各割一块,干捣末,装于小葫芦内,至正三年九月内,来到察罕脑儿平易店安下,开张～,与王弼相争挟雠。"明《金瓶梅词话》七九回:"如今吴神仙见在门外土地庙前,出着个～,又行医,又卖卦。"

【卦影】 guà yǐng 卜卦者为隐喻卦意以证明应验所绘制的图形和书写的文字。宋王辟之《渑水燕谈录》卷六:"术士李某者,亦传管略轨革法,画～颇有验。今丞相顷尝问之,～画水边一月,中有十口。未几,除知湖州。又卢龙图果使占,～亦同,乃除知渭州。"《五代史平话·周上》:"费博古且将～来检了,写着四句诗,……郭威一见费博古写了这诗,心中道是咱名唤做郭雀儿,他这～上分明提出咱姓名,极是灵验。"《明史·方述学传》:"自历以外,图书、皇极……风角、鸟占、兵符、阵法、～、禄命、建除、葬术……莫不各有成书,凡一千餘卷,统名曰《神道大编》。"

【卦子】 guà zi 算卦用的签筹。五代何光远《鉴诫录》卷一〇:"蜀有曹孝廉第十九名晦,因游彭州道江县灌口,谒李冰相公庙,睹土塑三女俨然而艳,遂指第三者祝曰:'愿与小娘子为冥婚,

某终身不嫌凡庶矣。'遂呵～掷之,相交而立。"明《警世通言》卷一三:"那人和金剑先生相揖罢,说了年月日时,铺下～。"

【挂】 guà ❶披;穿。《敦煌愿文集·亡文范本等》:"身～素衣,一行之肝肠剖者,即有厶代为亡夫构斯香会者也。"按,此句中的"厶"为"某"之俗字。金《刘知远诸宫调》一一:"体～布衣番做锦绣,拢头草索变作金冠。"清《聊斋俚曲·禳妒咒》:"到得悍妇回头日,还向如来～锦袍。" ❷佩戴。《元曲选·马陵道》楔子:"一朝身～元戎印,方表男儿大丈夫。"又《薛仁贵》一折:"射不着罢官也那卸职,射着的玉带上～金鱼。"清洪昇《长生殿》一三出:"小爷左梦庚,亦～总兵之印。" ❸挂念;惦念。唐韩愈《送灵师》:"灵师不一怀,冒涉道转延。"五代李珣《渔歌子》:"酒盈杯,书满架,名利不将心～。"清《聊斋俚曲·慈悲曲》:"不见了孩子你全不～,暗暗的骂了声狼心人。" ❹搁置;放。唐杜甫《投赠哥舒开府二十韵》:"青海无传箭,天山早～弓。"《祖堂集》卷六《洞山和尚》:"'如何是虚空之心?'师曰:'不～物。'"清《聊斋俚曲·姑妇曲》:"屡屡鬼神警戒你,依然全不～心怀。" ❺题写。参见"挂名❶"。宋佚名《张协状元》三一出:"一朝名字～金榜,此身端若无价珠。"《元曲选·㑇梅香》二折:"有一日名～在白玉楼前头龙虎榜,愁什么碧桃花下凤鸾交。" ❻将门扇上的链环挂在门框上方的小铁环上,即从外面把门拴上。清《聊斋俚曲·翻魇殃》:"大姐吃干了盅,往外就跑,说:'你两个吃盅合劝合劝罢。'出来把角门～了。" ❼牵连;挂连。明《金瓶梅词话》一九回:"若稍用机关,也要连你～了到官,弄到一个田地。" ❽牵扯住,使不能离开。《元曲选外编·西厢记》四本三折:"柳丝长玉骢难系,恨不倩疏林～住斜晖。"明《金瓶梅词话》二六回:"谁知倒把我来～了,不得脱身。"《平妖传》一三回:"话说贾道士留看瘸子,指望～住那老婆子一条心肠。" ❾涂。清《醒世姻缘传》九回:"午后做完了,里面～了沥青。" ❿垂;落。明《古今小说》卷一:"兴哥把衣袖替他揩拭,不觉自己眼泪也～下来。" ⓫量词。用于长条形或成串的东西。明《西洋记》八八回:"两个鬼拽着一张锯,从头上锯到脚跟下止,皮开肉破,也有两半的,也有三～的,也有四截的。"《金瓶梅词话》二〇回:"每个凤嘴衔着一～珠子。"清《红楼梦》五八回:"我昨夜做了一个梦,梦见杏花神和我要一～白纸钱。"

【挂碍】 guà ài ❶牵挂。《元曲选·来生债》三折:"待把我这一寸心田无～,大道的事着你世人不解。"明《西游记》八五回:"你死只是一身,无甚～,我却死得不甚干净。"《古今小说》卷三〇:"自入空门,心无～。" ❷牵扯;牵掣。清《聊斋俚曲·慈悲曲》:"我今说一件兄弟贤孝的故事,给那世间的兄弟做个样子。但只是里边～着那做后娘的。"《红楼梦》一〇〇回:"贾政心想薛蟠的事到底有什么～,在外头信息不通,难以打点。"

【挂白】 guà bái 穿孝。清《后水浒传》二五回:"许蕙娘母子一时～,两个僧人在堂中诵经超荐。"又:"夫君不幸,未亡人欲死不能,但凶信无凭,亦不敢骤然～。"

【挂绊】 guà bàn 牵挂。清《醒世姻缘传》一九回:"他便走到自己睡的房内收拾干净,却又酒醉饭饱了,还有甚么～?"

【挂榜】 guà bǎng ❶张榜公布考试名次。《元曲选·两世姻缘》一折:"如今朝廷～招贤,选用人材,对门王大姐家张姐夫,间壁李二姐家赵姐夫,都赶赴登科去了,你还只在俺家缠,俺家爱你那些来?"明《古今小说》卷二〇:"不数日,去赴选场,偕众伺候～。旬日之间,金榜题名。" ❷做法事时悬挂文榜。明《醒世恒言》卷二一:"行到马行街,只见扬幡～做好事。"清孔尚任《桃花扇》四〇出:"丑、小生铺设三坛,供香花茶果,立幡～介。"

【挂钵】 guà bō 即"挂搭❶"。《五灯会元》卷一九《枢密徐府居士》:"靖康初,为尚书外郎,与朝士同志者～于天宁寺之择木堂,力参圆悟。"又卷二〇《待制潘良贵居士》:"年四十,回心祖闱,所至～,随众参扣。"

【挂彩】 guà cǎi 遇喜庆事披挂彩绸。也指迎接官员悬挂彩幅。元明《三国演义》五四回:"玄德牵羊担酒,先往拜见,说吕范为媒、娶夫人之事。随行五百军士,俱披红～。"清袁枚《续子不语》卷六:"阿公大惊,以为素未谋面,又非属员,何以有此礼文。既而进公馆,则～张灯,牲牢夫役,无不齐全,喜出望外。"

【挂齿】 guà chǐ 谈到;提及。元乔吉《满庭芳·渔父词》:"扁舟棹短,名休～,身不属官。"清方成培《雷峰塔》七出:"些须小事,何足～。"

【挂搭】 guà dā ❶游方僧尼或居士经寺院住持和尚同意,住入僧堂,与僧众一起参习。因悬衣钵于僧堂的钩上,故称挂搭。《五灯会元》卷一九《五祖表自禅师》:"衲子四至不可遏,师榜侍者门曰:'东山有三句,若人道得,即～。'衲子皆披靡。"元明《水浒传》六回:"师兄在大相国寺里～,如何却来这里?"清《聊斋志异·画壁》:"惟一老僧～其中,见客入,肃衣出迓。" ❷悬挂;遮蔽。宋《三朝北盟会编》卷五九:"毡有五百餘领,但可以～四门敌楼。"孟元老《东京梦华录》卷八:"又以竹竿斫成三脚,高三五尺,上织灯窝之状,谓之盂兰盆,～衣服冥钱在上焚之。" ❸挂靠;依存。宋《朱子语类》卷一:"然理又非别为一物,即存乎气之中。无是气,则是理亦无～处。" ❹勾搭;牵扯。清《醒世姻缘传》一九回:"如今我还多着李成名媳妇,李成名媳妇还多着我,再要～上他,可说'有了存孝,不显彦章。'" ❺犹言挂名。指不是正式在编的。清《醒世姻缘传》七九回:"再说小珍珠的老子姓韩名芦,是东城兵马司的～皂隶,母亲戴氏,是个女篦头的。"

【挂搭僧】 guà dā sēng ❶游方和尚。明《西游记》五三回:"我是个过路的～,不曾办得来。"《平妖传》三〇回:"有～到,寺中有知客,不曾敢收留过夜。" ❷替身。明沈榜《宛署杂记》卷一七:"代替人曰～。"

【挂褡】 guà dā 同"挂搭❶"。宋葛长庚《云游歌》:"未相识前来～,知堂嫌我身褴褛。"

【挂打】 guà dǎ 捶打。清《聊斋俚曲·禳妒咒》:"我问人怎么是槌被石? 说是老婆棒槌常常～的。"

【挂单】 guà dān 即"挂搭❶"。宋刘克庄《真隐寺》:"奴敲小店牢扃户,僧借虚堂径～。"清纪昀《阅微草堂笔记》卷一:"无云和尚,不知何许人。康熙中,～河间资胜寺,终日默坐,与语亦不答。"

【挂胆】 guà dǎn 担心;提心吊胆。明《禅真逸史》一四回:"乘今夜无人知觉,车干池水,除了这孽畜,也省得住持与我等悬悬～。"《禅真后史》一九回:"我老景不幸,生此冤孽,每虑有人妒害,未免悬肠～。"

【挂肚牵肠】 guà dù qiān cháng 极言牵挂。清《醒世姻缘传》五二回:"狄希陈虽有丈夫之名,时怀鬼见阎王之惧,遇着孙兰姬这等一个窈窕佳人,留连爱惜,怎怪得他不～?"

【挂儿】 guà er 用来挂门或锁门的铁环儿。清《聊斋俚曲·墙头记》:"岂有日高还没醒,必是人儿不在家,门外又没把～挂。"

【挂幡】 guà fān 往寺庙里送经幡供张挂。清《珍珠舶》一六回:"因此人人喜爱,都来施助。也有点烛～的,也有求取法名的。"《醒世姻缘传》七八回:"后日早辰,太太合恭顺吴太太待往皇姑寺～去哩。"

【挂佛】 guà fó 悬挂的佛像。明《朴通事谚解》卷中:"我在

村里,稻熟蟹肥鱼正美,满山果子以为食,堂上～端然坐,亦看楼外满池荷。"

【挂勾子】 guà gōu zi 把货物挂在秤钩上,犹言一笔生意成交。元明《水浒传》二六回:"我从今年正月十三日,提得一篮儿雪梨,我去寻西门大郎挂一勾子。"明《金瓶梅词话》五回:"我今日将这篮雪梨寻西门大官,挂一小勾子,一地里没寻处。"

【挂号】 guà hào ❶ 悬挂号令。《元曲选·黑旋风》四折:"小偻罗,将此两个首级～梁山泊前,警谕众庶。" ❷ 按次序编号登记。明《古今小说》卷四〇:"次日,沈襄将奏本往通政司～投递。"《明史·刑法志二》:"刑部尚书孙丕扬言:'折狱之不速,由文移牵制故耳。议断既成,部、寺各立长单,刑部送审,次日即送大理。大理审允,次日即还本部。'"

【挂红】 guà hóng 遇喜庆之事,亲友送红布张挂以示庆贺。《元曲选外编·金凤钗》楔子:"你若得了官,我便准备着果盒酒儿,与你～。"明陆容《菽园杂记》卷三:"故事,士子中小试赴举者,插花～,鼓乐道送。"清屈大均《广东新语》卷一八:"次日五胜者又与五胜者斗,其一得全胜者,是为三场最。于是主者与以状头标,张伎乐,簪花～,为四六语送之还埠。"

【挂怀】 guà huái 惦念;牵挂。唐韩愈《送灵师》:"同行二十人,魂骨俱坑填;灵师不～,冒涉道转延。"明高明《琵琶记》三〇出:"敢只是楚馆秦楼,有个得意人儿也,闷恹恹常～。"清《绿野仙踪》八十回本五八回:"着老爷不必～。"

【挂幌子】 guà huǎng zi 挂招牌。比喻隐情外露。清《红楼梦》二六回:"这脸上又和谁挥拳的?挂了幌子了。"

【挂肩】 guà jiān 坎肩。清《醒世姻缘传》五七回:"那人惨白胡须,打着辫子,寡骨瘦脸,凸暴着两个眼,一个眼是瞎的,穿着海蓝布～,白毡帽,破快鞋。"

【挂口】 guà kǒu 挂齿;谈到。宋苏轼《答虔倅俞括奉议书》:"使君斯文,未必售于世。然售不售,岂吾侪所当一～哉,聊以发一笑耳。"《元曲选·谢天香》三折:"近新来下雨的那一日,你输与我绣鞋儿一对,～不曾题。"清孔尚任《桃花扇》三五出:"无耻之言,再休～。"

【挂里子】 guà lǐ zi 成殓时在棺木内壁装挂丝绸衬里。清《红楼梦》一〇九回:"头一件,先请出板来瞧瞧,好～。"

【挂恋】 guà liàn 挂念依恋。《元曲选·青衫泪》二折:"到如今鹤归华表,人老长沙,海变桑田,别无些～。"清《醒世姻缘传》八三回:"如不依此数,内中选一个没家业无有～的,死在你家,除抢了家事,还合你打人命官司。"

【挂落】 guà luò 圆社市语。赏赐;酬谢。明《隋史遗文》二一回:"烦二位爷通禀一声,尽今朝一日之欢,我也重重的～。"

【挂虑】 guà lù 担心牵挂。唐司空图《华帅许国公德政碑》:"王恭勤备至,浣濯必亲,临敌唯恐贻忧,居常未曾～,怡颜侍膳,踽影修墙,此又力行之难也。"元明《三国演义》一〇一回:"吾已知得,不必～。"清《聊斋俚曲·翻魇殃》:"慧娘说:'嫂嫂不必～,只怕咱有三月的别离,相会的日子正长。'"

【挂绿】 guà lù 穿上绿色官服,多指科举中第后担任官职。宋佚名《张协状元》三〇出:"它既然,立见富豪。"又三三出:"〔末〕你郎今～在京华。"明郎瑛《七修类稿》卷二六:"俗言白衣秀士,又士子出身后则曰脱白～,正谓是也。"

【挂绿袍】 guà lù páo 即"挂绿"。宋佚名《张协状元》一九出:"归来后称怀抱,除非异时,归古庙。"又二六出:"未知甚日～?使奴家称心。"

【挂面】 guà miàn ❶ 照面。明《西游记》五二回:"丢了架

子,轮着拳,斜行拘步,望妖魔使个～。" ❷ 悬挂晾干的面条。元明《水浒传》四五回:"押司周年,无甚罕物相送,些少～,几包京枣。"清《红楼梦》六二回:"王子腾那边,仍是一套衣服,一双鞋袜,一百寿桃,一百束上用银丝～。"

【挂名】 guà míng ❶ 题名。宋佚名《张协状元》二七回:"从教金榜～时。"明沈德符《万历野获编》卷二六:"久旱逢甘雨,他乡遇故知。洞房花烛夜,金榜～时。"清纪昀《阅微草堂笔记》卷一:"尔读圣贤书,一恕字尚不能解,何以～桂籍耶?" ❷ 名字隶属于。清《聊斋志异·陈云栖》:"借此一度,～君籍,当为君奉事老母,作内纪纲,若房闱之乐,请别与人探讨之。" ❸ 犹"挂号❷"。清《红楼梦》七九回:"这门亲原是老亲,且又和我们是同在户部～行商也是数一数二的大门户。"

【挂念】 guà niàn ❶ 在意。唐杜牧《奉送中丞姊夫俦自大理卿出镇江西》:"流年休～,万事至无言。"清《聊斋俚曲·慈悲曲》:"更有一种光棍,借去全不送还,张兄李弟济着传,有无全不～。" ❷ 牵挂。金《董解元西厢记》卷一:"没一个时辰不～,没一个夜儿不梦见。"清《聊斋俚曲·禳妒咒》:"近来媳妇异常的孝,一家老少喜平安,就是常把儿～。" ❸ 纪念。明《平妖传》六回:"干娘、贤妹一去不知几时回转,拣得两匹精布,各做件衫儿穿去,也当个～。"

【挂牌】 guà pái ❶ 都市茶楼供音乐爱好者聚会,奏乐练唱,称为挂牌。宋吴自牧《梦粱录》卷一六:"大凡茶楼,多有富室子弟、诸司下直等人会聚,习学乐器、上教曲赚之类,谓之～儿。"耐得翁《都城纪胜·茶坊》:"茶楼多有都人子弟占此会聚,习学乐器或唱叫之类,谓之～儿。" ❷ 佛寺中住持和尚正式说法,也称挂牌。宋《密庵和尚语录·普说》:"此者有数人新发心菩萨到来,不免与他东说西说。凡遇～,诸旧不劳访及;新发心兄弟有长处,大家相布施不妨,如不来,亦无固必。"《五灯会元》卷二〇《资寿尼妙总禅师》:"～次,师入室,慧问:'古人不出方丈,为甚么却去庄上吃油糍?'" ❸ 悬挂告示牌。元陶宗仪《辍耕录》卷七:"江右胡存斋参政,能折节下士,宾客至如家焉。……每虞阍人不为通刺,苟不出日,即于门首挂一牌云:'胡存斋在家。'"清《儒林外史》四四回:"初九日宗师行香,初十日～收词状,十一日～考凤阳八属儒学生员。"袁枚《续子不语》卷九:"天目山多猴。要往斋猴,先往韦陀庙,烧香祷祝,某日来山斋猴。寺僧为～晓示。" ❹ 悬挂在门楣上方或门旁、门柱上写有吉祥字样的木牌。清《红楼梦》五三回:"已到了腊月二十九日了,各色齐备。两府中都换了门神、联对、～,新油了桃符。"

【挂袍】 guà páo 向寺庙神像施舍衣袍。清《醒世姻缘传》三六回:"小和尚方与母亲说知土地庙显灵,要去～。"又:"母亲好了,神前～,吃三年长素。"

【挂瓶杯】 guà píng bēi 谓行脚僧人在某处栖止休息。瓶杯,行脚僧人饮食器具。《五灯会元》卷一四《投子义青禅师》:"孤村陋店,莫～。"

【挂瓶囊】 guà píng náng 犹"挂瓶杯"。瓶囊,行脚僧人饮食器具及行囊。《祖堂集》卷一二《龙光和尚》:"罗山叱之,师便～,盘泊数载。"

【挂牵】 guà qiān 牵挂;惦记。《元曲选·红梨花》四折:"我和他邂逅春风甚可怜,只道是有情人偏得多情眷。怎知他别后些儿没～,竟不记得梨花面。"清《聊斋俚曲·翻魇殃》:"咱娘有病,不能动弹,姐姐陪着,不用心～。"

【挂钱】 guà qián 在丧家门外悬挂纸钱祭奠死者。也指在死者坟上悬挂纸钱以祭奠。明沈榜《宛署杂记》卷一七:"初丧三

日,出丧牌～门外,计死者之寿,岁一张,曰挑钱。"《二刻拍案惊奇》卷二三:"防御念兴娘新亡,合家到他家上,～祭。"

【挂欠】 guà qiàn ❶ 惦记。明《醒世恒言》卷一八:"心中止～无子,见其清秀,欲要他做个干儿。"《平妖传》一一回:"连日辛苦,奶奶十分～。" ❷ 赊欠。明张瀚《松窗梦语》卷八:"宜通查各总军丁,除预给半年月粮外,见以四月给散安家,将两月每石折银五钱,申解司府,转发该总解京,完补积年～。"《二刻拍案惊奇》卷二二:"况且一向处了不足之乡,未免房钱柴米钱之类,～些在身上。"

【挂人唇齿】 guà rén chún chǐ 被人议论。宋《密安和尚语录》:"乾峰摇头,云门摆尾,亘古亘今,～。"

【挂舌】 guà shé 提;说。唐陆龟蒙《奉酬袭美先辈吴中苦雨》:"喧哗不入耳,谗佞不～。"

【挂体】 guà tǐ ❶ 穿在身上。敦煌词《谒金门》:"仙境美,满洞桃花渌水。宝殿琼楼霞阁翠,六铢常～。"《太平广记》卷一五引《十二真君传》:"于时官吏与兰公对开三冢,其所明验,一一并同。兰公乃诣冢间,躬取仙衣～,又取金丹服之,招邀卧冢二真人,同共耸身而轻举。"元高明《琵琶记》三七出:"看你紫袍～,金带垂腰。" ❷ 遮蔽身体。《五灯会元》卷一三《曹山本寂禅师》:"纸衣道者来参,师曰:'莫是纸衣道者否?'者曰:'不敢。'师曰:'如何是纸衣下事?'者曰:'一裘才～,万法悉皆如。'"明《金瓶梅词话》七一回:"忧则忧当站的身无～衣,忧则忧家无隔宿粮。"《警世通言》卷三七:"才～,皱双眉,出门羞赧见相知。邻家女子低声问,觅与奴糊隔帛儿。" ❸ 犹言缠身。元杜仁杰《耍孩儿·喻情》:"我当初不合鬼擘口和你言盟誓,惹得你鬼病厌厌～。"

【挂误】 guà wù ❶ 连累;牵连。清《红楼梦》六二回:"他倒有心给你们一瓶子油,又怕～着打盗窃官司。"钱泳《履园丛话·丛话五·景贤》:"长洲蒋宇均字理平,父延宣,名辉,由庠生官贵州巡检,借补龙里县典史,民心颇洽。缘事～,谪戍新疆。" ❷ 失误。明《西洋记》九五回:"职授天仓左大使,历任千百多年,并无～。"清《绣戈袍全传》二回:"先君曾为顺天府尹,因～犯罪,被张德龙部议发遣。" ❸ 因受连累而受处分或失官。明《梼杌闲评》四七回:"凡一应有因公～的官员,斥革者准给还原职,闲住者准与致仕;只有因忤忠贤削夺者,不在加恩之例。"清《红楼梦》六一回:"虽然这柳家的没偷,到底有些影儿,人才说他。虽不加贼刑,也革出不用。朝廷原有～的,倒也不算委曲了他。"《绿野仙踪》一九回:"谁料文炜走了否运,只三天后,便将县官因公～,新署印官漠不相关。"

【挂锡】 guà xī 游方僧投宿寺院。因投宿时把衣钵锡杖挂在僧堂钩上,故称。《祖堂集》卷三《一宿觉和尚》:"师却去东廊下～。"《五灯会元》卷一一《首山省念禅师》:"僧便问:'～幽岩时如何?'师曰:'错。'"明《醒世恒言》卷一二:"其时佛印游方转来,仍旧在相国寺～。"

【挂箱】 guà xiāng 有带可挎的箱子。明《隋史遗文》五回:"叔宝床头取皮～开了,伸手进去拿银子。"清《情梦柝》一六回:"清书背一只～,放在若素床上。"

【挂孝】 guà xiào 戴孝。《元曲选·范张鸡黍》二折:"小生持服～,便索奔丧去也。"清袁枚《子不语》卷三:"严听半惊醒,则身卧在床,家人皆～。曰:'相公已死三日矣,因心头未冷,故相守。'"

【挂心】 guà xīn ❶ 牵挂;担心。宋欧阳修《论河北守备事宜札子》:"然臣窃怪在朝之臣,尚偷安静,自河以北,绝无处置,因循弛慢,谁复～?"清《聊斋俚曲·翻魇殃》:"你走罢,看你娘家里

～。" ❷ 在意;重视。宋欧阳修《论孙抃不可使契丹札子》:"臣谓朝廷新遭契丹侮慢陵辱之后,必能发愤,每事～,凡在机宜,合慎措置。"又《与大寺丞(发)十一通》之六:"韦保屋必已下手也,如前所说,甚好。只是郭天锡不可专委,须自～。"《云笈七籖》卷一〇三:"与吾洗雪黎民,与吾～刑狱。"

【挂眼】 guà yǎn 留意;放在眼里。唐韩愈《赠张籍》:"吾老著读书,餘事不～。"《元曲选外编·追韩信》二折:"说着汉天子由心困,量着楚重瞳怎～。"清唐孙华《寿郭雄先七十》之二:"尘土功名那～,角巾先世旧风范。"

【挂意】 guà yì 在意;挂心。唐王方庆《魏郑公谏录》卷三:"朕则不然,但虑公等不遵法式,致有冤滞,每见告密之徒,殊不～,宜体此心,务以德养人,即是勿毁之道。"《元曲选·赵氏孤儿》四折:"您孩儿听的说有个赵盾丞相,倒也不曾～。"清《聊斋俚曲·姑妇曲》:"我儿你道不曾怨,听说我病常～,买上东西去问安,日久才把人心见。"

【挂印】 guà yìn ❶ 把印悬起,表示离任。唐白居易《效陶潜体诗十六首》之十一:"尝为彭泽令,在官才八旬。愀然忽不乐,～著公门。"元辛文房《唐才子传》卷四《刘商》:"后出为汴州观察判官,辞疾,～归旧业。"清《儒林外史》八回:"只说是～逃走,并不曾带得一点盘缠。" ❷ 掌管帅印。《元曲选·单鞭夺槊》一折:"韩信弃项归刘,萧何举荐,～登坛。"明王世贞《皇明盛事述》卷四:"吴元年徐中山达以中书左相国挂大将军印平吴,……三年正月复～西讨还。"清洪昇《长生殿》三一出:"谬承新命陟崇阶,～催登上将台。惭愧出群才,敢自许安危全赖。"

【挂招】 guà zhāo 招牌。清《野叟曝言》九一回:"素臣开看,见药料俱备,一个～,上写'江南吴玉函男妇大小方脉'十一个大字。"

【挂轴】 guà zhóu 装裱成轴、可悬挂的书画。宋周密《齐东野语》卷六:"唐、五代、皇朝等名画～,并同六朝装褫,轴头旋取旨。"明陈洪谟《治世餘闻》下篇卷二:"南京守备太监钱能与太监王锡皆好古物,收蓄甚多,且奇。……～若山水名翰,俱多晋、唐、宋物,元氏不暇论矣。"清纪昀《阅微草堂笔记》卷一四:"吴惠叔携一小幅～,纸色似百年外物,云得之长椿寺市上。"

【挂轴子】 guà zhóu zi 张挂装裱成轴的字幅,以示庆贺或颂扬。明《金瓶梅词话》七六回:"众同僚都说了要与他～,少不的教温葵轩做两篇文章,早些买轴子写下。"

【罣】 guà ❶ 牵挂。元马致远《青杏子·悟迷》:"兀的不快活煞,乔公事,心头再不～。" ❷ 受牵连。宋苏轼《次韵孔平仲见寄》:"因缘～罪罟,未许即潜伏。"

【罣导】 guà ài 同"挂碍❶"。《祖堂集》卷三《慧忠国师》:"佛身无为,无所～。"又:"色既是空,宁有～?"

【罣得】 guà ài 同"挂碍❶"。《祖堂集》卷六《石霜和尚》:"任境逐缘无～。"

【罣碍】 guà ài ❶ 同"挂碍❶"。《五灯会元》卷一二《石霜楚圆禅师》:"本来无～,随处任方圆。"清《红楼梦》七一回:"谁像你?真是一心无～,只知道和姊妹们顽笑。" ❷ 同"挂碍❷"。清《聊斋俚曲·寒森曲》:"立文契是赵歪,只因贫少钱财,就将自己庄田卖。时值价银三千两,四至分明细细开,一面全管无～。"

【罣念】 guà niàn 同"挂念❶"。明汤显祖《牡丹亭》四四出:"女婿老成些不妨,则路途孤恓,使奴～。"清《聊斋俚曲·富贵神仙》:"娘子说:'你只管去罢,不必～。'"

【罣牵】 guà qiān 同"挂牵"。清《白雪遗音·金石良言》:"每日去顽耍,败露了精神有谁怜? 不好对人言,倒惹的一家大小

都～，终日在心间。"

【罣误】 guà wù　同"挂误❸"。《宋史·郑清之传》："诸路亏盐，执其事者破家以偿，清之核其犯科者追理，～者悉蠲之，全活甚众。"明沈德符《万历野获编》卷一一："又锺文陆，初以御史一谪行人司正，寻升光禄寺丞兼御史，赈济河南，则再入台班矣，尤为异事。"清《聊斋志异·细侯》："生即弃馆南游，至则令已免官，以～居民舍。"

【褂】 guà　北方人称外衣曰褂。明方以智《通雅》卷三六："《仪礼》'中带'注：'若今之禅裌。'盖衬通裁之中衫也。今吴人谓之衫，北人谓之～。"清赵慎畛《榆巢杂识》卷下："女衣裙、衫、裳、～，如汉装，但不缠足耳。"

【褂子】 guà zi　❶ 军服的外套。明方以智《通雅》卷三六："戎衣有罩甲，所谓重衣在上而短者，前似桂衣，或肩有袖，至臂臑而止，今曰齐肩，边关号曰褂（音朵）裸，又谓之～。" ❷ 外衣。明《二刻拍案惊奇》卷三五："一日，贾闰娘穿了淡红～，在窗前刺绣。"清《聊斋俚曲·墙头记》："～过了两冬夏，不过穿了三年多。"

guāi

【乖】 guāi　❶ 背理；乖戾；悖逆。宋《朱子语类》卷一二四："谢说更～：'孝弟非仁，乃近仁也。'"金《刘知远诸宫调》一一："对我曾道道俺娘～，子母间别十二载，道你呆着人见他伴不采。"《元曲选·连环计》一折："有一个新巨君，他篡汉室狂～出丑。" ❷ 执拗。清《聊斋俚曲·富贵神仙》："莫学俊来莫学～，相逢只要吃三杯，……明朝自有明朝在。" ❸ 强悍。《元曲选·单鞭夺槊》一折："则要你扫荡云霾，肃靖尘埃，将勇兵～。" ❹ 不顺利；不如意。唐元稹《遣悲怀》："谢家最小偏怜女，嫁与黔娄百事～。"宋欧阳修《重读徂徕集》："昔也世人事～，相从常苦难。"清《聊斋俚曲·襄妒咒》："踧踧脚胡说小子生来命运也么～，怎么娶了个祸根来？" ❺ 错误；谬误。《敦煌变文校注》卷一《伍子胥变文》："统领无～，驱驰合契。"宋《朱子语类》卷一二三："如陈同父议论却～，乃不知正。曹丕既篡，乃曰：'舜禹之事，吾知之矣！'" ❻ 聪明伶俐；机警。唐李廓《上令狐舍人》："宿客嫌吟苦，～童恨睡迟。"《元曲选·百花亭》二折："早是俺～，倘或这妮子跟着王焕走了，可怎了也！"清《聊斋俚曲·富贵神仙》："殊不知这正是方二爷的他那～处。" ❼ 心计；狡狯。《元曲选·老生儿》三折："人生虽是命安排，也要机谋会使～。"又《抱妆盒》二折："哎，这其中有甚的计策？承御也，不是我使～，好也啰，只要您心平可也过的海。"又《李逵负荆》四折："你顶着鬼名儿会使～，到今日当天败。" ❽ 使心计。清《聊斋俚曲·襄妒咒》："樊亲家你好～，仍崩一去不回来，再找那得个影儿在？" ❾ 敏锐。明《西游记》一五回："行者的眼～，见他房檐下有一条搭衣的绳子，走将去一把扯断，将马脚系住。" ❿ 讨人喜欢。明《金瓶梅词话》八回："奴家又不曾爱你钱财，只爱你可意的冤家，知轻知重性儿～。"清《聊斋俚曲·襄妒咒》："〔猴作勋斗介〕再来连十个始算～，再来再来！'" ⓫ 处事的巧妙或因经验、教训而变得乖巧。明《西游记》二二回："原来那怪～了，再不肯上岸，只在河沿和八戒闹哄。"清《红楼梦》四八回："到是你说的是，花两个钱叫他学些～，也值了。" ⓬ 特别；与众不同。宋《朱子语类》卷八〇："独曹操爱说周公，其诗中屡说。便是那曹操意思也是较别，也是～。"又卷八三："杨至之问晋悼公。曰：'甚次第。他才大段高，观当初人去迎他时，只十四岁，他说几句话便～，便有操有纵。才归晋，做得便别。'"

❸ 碰；撞击。明贾凫西《木皮词》："古板正传的方孝孺，金銮殿上把孝棒儿拖；血淋淋十族拐上了朋友，是他那世烧了棘子～了锅！"清《聊斋俚曲·襄妒咒》："连年来作践非常，孩儿入阁又穿房，跳圈儿～破了红纱帐。"

【乖变】 guāi biàn　狡猾多变。清《聊斋俚曲·磨难曲》："生死参间在我手，尽他～也难逃。"

【乖度】 guāi dù　❶ 失当。《旧唐书·裴漼传》："若号令～，役使不时，则加疾疫之危，国有水旱之灾，此五行之必应也。"《新唐书·裴潾传》："夫寒暑为贼，节宣～，有资于医，尚当重慎。" ❷ 不正常，不合礼仪法度；不合制度。唐赵璘《因话录》卷六："张昙为汾阳王从事，家尝有怪，……其后昙言语～，公颇衔之。"宋许洞《虎钤经》卷二："夜传刁斗，怠而不振，更筹～，声号不明，此谓懈军。如是者斩之。"

【乖讹】 guāi é　乖戾。金《刘知远诸宫调》二："说这汉意～，黄巢真佛行。"又一二："为人刚硬，性气～。"

【乖乖】 guāi guāi　❶ 表示亲昵的称呼。《元曲选·留鞋记》二折："我这里一双柳叶眉儿皱，他那里两朵桃花上脸来，说～。"明《西游记》四三回："我那～，菩萨恐你养不大，与你戴个颈圈镯头哩。"清《聊斋俚曲·富贵神仙》："又叫一声俏～，端相了模样看绣鞋，～呀，那一点不叫人心爱！" ❷ 顺从的样子。清《儒林外史》二四回："况且你停妻娶妻，在那里骗了卜家女儿，在这里又骗了黄家女儿，该当何罪！你不～的拿出几两银子来，我就同你到安东县去讲！"《红楼梦》四四回："我今儿没什么疼你的，亲自斟杯酒，～儿的在我手里喝一口。"

【乖滑】 guāi huá　❶ 乖巧；伶俐。明《金瓶梅词话》一二回："生的眉目清秀，～伶俐。"清《聊斋俚曲·增补幸云曲》："小六哥～伶俐，万岁爷件件随心。" ❷ 嘴甜，说话讨人喜欢。清《醒世姻缘传》八五回："先是他的嘴又～，开口叫人爷，人有话谁不合他说句？"《红楼梦》二三回："凤姐因见他素日嘴头儿～，便依允了。" ❸ 敏锐。明《西游记》三〇回："不知孙大圣坐得高，眼又～，看明白。" ❹ 狡狯。明《西游记》二三回："不是我女儿～，他们大家谦让，不肯招你。"清《醒世姻缘传》八八回："素姐～，将那大块多的银子扁在自己腰间，不过将那日逐使的那零星银子交他使用。"《红楼梦》七一回："周锐家的心性～，专惯各处献勤讨好。"

【乖角】 guāi jiǎo　❶ 分离；分散。唐韩愈《食曲河驿》："亲戚顿～，图史弃纵横。" ❷ 乖僻而不近情理。唐罗隐《焚书坑》："祖龙算事浑～，将谓诗书活得人。"《太平广记》卷五四引五代杜光庭《仙传拾遗》："唐吏部侍郎韩愈外甥……元和中，忽归长安，知识阔荦，衣服滓弊，行止～。"金《刘知远诸宫调》二："两个姐姐更～，待你久后身荣并奋发，把三斗咸盐喫他。" ❸ 不懂事。明郎瑛《七修类稿》卷二四："～，不晓事意，……今反以为聪明意，错矣。"

【乖觉】 guāi jué　❶ 聪明；机警。《元曲选·㑇梅香》楔子："他好生的～，但是他姐姐书中之意，未解呵他先解了。"明陆容《菽园杂记》卷一："《水东日记》云：世称警悟有局干人曰～，于兵部奏内常用之，然未见所出。"清《红楼梦》八七回："况且又是很风流的人品，很～的性灵，以后不知飞在谁手里，便宜谁去呢。" ❷ 狡狯；鬼诈。明《二刻拍案惊奇》卷四："这两个承差是衙门老溜，好不～。"清《聊斋俚曲·磨难曲》："恨世人～，光说那牙疼咒。"

【乖亏】 guāi kuī　差错；失误。唐易静《兵要望江南·占委任》："统军帅，不可比盐梅，相政～犹可救，朝纲虽失亦能回，兵败国倾危。"

【乖戾】 guāi lì 违逆;反常;背理。宋《朱子语类》卷三:"皆是气之杂柔～所生,亦非理之所无也,专以为无则不可。"又卷六二:"至如和,亦有大纲唤做和者,比之大段～者,谓之和则可,非能极其和。"又卷九五:"盖无～,便是生意。"

【乖劣】 guāi liè ❶ 执拗;不驯服。《元曲选·柳毅传书》楔子:"父亲,你与我娶了个媳妇,他性儿～,至今不与我相和。"《元曲选外编·五侯宴》二折:"能骑～马,善着四时衣。" ❷ 悖逆违礼。金《董解元西厢记》卷四:"君瑞好～,半夜三更来人家院舍。" ❸ 颠倒昏乱。《元曲选外编·哭存孝》三折:"则俺那阿妈醉也,心中～,他两个巧语花言,鼓脑争头,损坏英杰。"清《东周列国志》七七回:"王耶王耶何～? 不顾宗庙听谗孽!" ❹ 狠毒;凶顽。金《刘知远诸宫调》二:"洪义心肠,倒大来～。"《元曲选·百花亭》一折:"他狠毒呵恰似两头蛇,～呵浑如双尾蝎。"《元曲选外编·遇上皇》四折:"此人言说,有丈人丈母很毒,妻儿～,私通本处府尹。"

【乖陋】 guāi lòu 疏谬;违反传统。宋《朱子语类》卷八七:"绍兴初,为乡饮酒礼,朝廷行下一仪制极～。"

【乖能】 guāi néng 才能机巧。明《西游记》七回:"伏逞豪强大势兴,降龙伏虎弄～。"又六五回:"拙蠢～君怎学? 两般还是无心药。"

【乖僻】 guāi pì 古怪。明《西湖二集》卷八:"那宋朝王安石生性极其～自用。"清纪昀《阅微草堂笔记》卷一六:"董曲江前辈言:有讲学者,性～,好以苛礼绳生徒。"

【乖巧】 guāi qiǎo ❶ 聪明机灵。明《西游记》三二回:"只看你腾那～,运动神机,仔细保你师父。"清《水浒后传》二三回:"燕青道:'这个人倒也～用得,便带了他去。'" ❷ 世故;老练。明《拍案惊奇》卷二:"那月娥是个久惯接客、～不过的人,看此光景,晓得有些尴尬,只管盘问。" ❸ 狡狯。元明《三国演义》六八回:"于是操疑植～,诚心不及也。"明谢肇淛《五杂组》卷三:"姑苏虽霸国之馀习,山海之厚利,然其人～而俗侈靡,不惟不可居,亦不可居也。"

【乖人】 guāi rén 聪明乖巧的人。明《金瓶梅词话》六九回:"这一个叫做真人不露相,露相不是真人。若明使函了,逗了脸,就不是～人了。"《隋炀帝艳史》一六回:"然萧后终是个～,晓得炀帝的意思。"

【乖伤】 guāi shāng 伤害;损害。金《刘知远诸宫调》二:"陌地观占,抬头仰视,这雨多应必暵～苗稼,荒荒是处,饥馑民灾。"

【乖疏】 guāi shū 乖戾疏误;乖戾疏懒;乖剌疏误。《祖堂集》卷一四《大珠和尚》:"有行者问:'即心即佛,那个是佛?'师云:'汝疑那个不是? 指出看。'行者无对。师云:'达则遍境是,不悟则永～。'"《元曲选·荐福碑》一折:"出来的越顽愚,忒～,便有文宣王哲剑难拘束。"清陈启源《毛诗稽古编》卷一二:"独不思诗以石喻贤者,程以石喻小人,义正相反。爱其词之美,而忘其义之～矣。"

【乖眼】 guāi yǎn 乖戾凶狠的眼。金《董解元西厢记》卷二:"一双～,果是杀人不斩。"

【乖慵】 guāi yōng 懒惰。唐王梵志《家贫从力贷》:"家贫从力贷,不得懒～。"白居易《六年春赠分司东都诸公》:"老子苦～,希君数牵率。"

【乖张】 guāi zhāng ❶ 不合;抵牾。唐韩愈《崔十六少府摄伊阳以诗及书见投因酬三十韵》:"前计顿～,居然见真膺。"邱光庭《兼明书》卷二:"不知沈朗自谓新添四篇为风乎,为雅乎? 为风也,则不宜歌帝王之道。为雅也,则不宜置关雎之前。非惟首尾

～,实谓自相矛盾。"《明史·李应昇传》:"今动议增官,为人营窟,纷纭迁徙,名实～。" ❷ 失误;失当。五代刘崇远《金华子杂编》卷下:"王回、崔程、郎幼复等三人,到任之后,政事～,并勒停见任,天下为之岌业。"《明史·王洽传》:"本兵备御疏忽,调度～。" ❸ 过分;背离情理。明《二刻拍案惊奇》卷四:"去年云南这五个被害,忒煞～了。外人纷纷扬扬,也多晓得。" ❹ 执拗、古怪,不合常情。《元曲选·秋胡戏妻》四折:"非是我假,做出这乔模样,也则要整顿我妻纲。"又《柳毅传书》三折:"则为你假～不就我这门亲,害的来两下里憔悴损。"清《红楼梦》三回:"行为偏僻性～,那管世人诽谤?"

【乖争】 guāi zhēng 相争;纷争。唐玄奘译《大般若波罗蜜多经》卷五五二:"我应和解一切有情令相敬爱,何容复起勃恶语言与彼～。"宋《朱子语类》卷二二:"如诸公在此坐,都恁地收敛,这便是和。若是退去自放肆,或～,便是不和。"《明史·赤斤蒙卫传》:"既还,其兄弟～,部众携贰。"

【乖子】 guāi zi 蝈蝈儿。比喻狡猾的人。清《聊斋俚曲·快曲》:"这个～,看看你那里逃!"又《磨难曲》:"会跳的～,看你那里走!"《儒林外史》四四回:"这两家不顾祖宗脸面的有两种人:一种是呆子,……一种是～。"

【乖嘴】 guāi zuǐ 巧嘴;好口才。明《西游记》六〇回:"牛王骂道:'这个～的猢狲! 害子之情,被你说过,你才娶我爱妾,打上我门何也?'"清《红楼梦》五四回:"叫我们托生人,为什么单单的给那小蹄子一张～,我们都是笨的?"

【瘑】 guāi 怪痒。宋赵叔向《肯綮录·俚俗字义》:"恶痒曰～。"

【掴】 guāi ❶ 用手掌打。《敦煌变文校注》卷三《燕子赋（一）》:"火急离我门前,少时终须吃～。"清纪昀《阅微草堂笔记》卷一:"近前诃之,妻嬉笑如故。某愤气潮涌,奋掌欲～其面。" ❷ 量词。一巴掌。《五灯会元》卷一五《云门文偃禅师》:"尽乾坤一时将来着汝眼睛上,你诸人闻恁么道,不敢望你出来,性燥把老汉打一～,且缓缓子细看,是有是无,是个甚么道理,直饶你向这里明得。"

【掴搭】 guāi dā 同"掴打"。《旧五代史·唐书·庄宗敬皇后刘氏传》:"先是,庄宗自为俳优,名曰李天下,杂于涂粉优杂之间,时为诸优扑扶～。"

【掴打】 guāi dǎ 用手掌打;抽打。《元曲选·紫云庭》三折:"无明火怎收撮,～会看是如何?"又《神奴儿》四折:"你为甚么将这李德义来揪掯～? 必然官报私仇。"《元典章·刑部十二》:"每问事之际,私情暴怒,辄遣凶徒驱于公厅之下,恣情以杀～。"

【掴手】 guāi shǒu 拍手。《元曲选外编·单刀会》二折:"推台不换盏,高歌自～。"元薛昂夫《端正好·高隐》:"举头山隐隐,～笑呵呵。"

【掴榻】 guāi tà 即"掴打"。明《古今谭概·贪秽部·贪位》:"王怒,令左右～。"

guǎi

【拐】 guǎi ❶ 拐杖。《新五代史·汉高祖纪》:"木～,虏法贵之如中国几杖,非优大臣不可得。"元岳伯川《铁拐李》四折:"屠户家脚趔全凭着～。"清《红楼梦》一三回:"贾珍此时也有些病症在身,二则过于悲痛了,因拄个～踉了进来。" ❷ 瘸;跛行。明《西游记》一回:"猴王纵身跳起,～呀～的走了两遍。"清《醒世姻

缘传》五八回:"那狗死过去了半日,蹬歪蹬歪的渐渐的还性过来,趴起一~一跌的走了。"《天豹图》六回:"花子能爬了起来叫痛连天,一步一~~进书房。"　❸ 拐骗;拐带。《元典章·刑部十二》:"王在兴所犯,即系奴~主财,如主人求免即听。"《元曲选·合汗衫》二折:"奶奶,陈虎~的小大哥嫂嫂两口儿去了也。"清《聊斋俚曲·增补幸云曲》:"这马是我的,被人~出来了。"　❹ 拐弯。宋元《清平山堂话本·简帖和尚》:"从里面交~将出来,两个狱子押出一个罪人来。"元关汉卿《斗鹌鹑·女校尉》:"打的个桶子臁特顺,暗总窝妆腰不揪,~回头。不要那看的每侧面,子弟每凝眸。"清《幻中游》二回:"从这条街上东去,见一个小胡同,往北直走,走到尽北头,向东一~,又是一条东西街,名为贤孝坊。"　❺ 连累;牵连。明贾凫西《木皮词》:"大可笑古板正传方孝孺,金銮殿上把孝棒儿拖;血沥沥的十族~上了朋友,是那世里烧了棘子乖了锅!"清《醒世姻缘传》一九回:"我们一个穷匠人,怎耽得起这些银子?若生出别的事来,连老本都要~去哩。"　❻ 撞。清《聊斋俚曲·增补幸云曲》:"跳了一跳,贪慌拘那汗巾,把桌子上酒壶一~倒。"

【拐棒】　guǎi bàng　拐杖。元明《水浒传》六一回:"卢俊义送到门首,李逵拿了~儿走出外。"明《金瓶梅词话》二六回:"你干净是个球子心肠,滚上滚下,灯草~儿,原挂不定。"《型世言》四〇回:"变作一个老妇模样,……持着一根~,乞食市上。"

【拐带】　guǎi dài　拐走妇女。《元典章·刑部七》:"于中统二年十月初六日~张兴妻阿丁在逃。"《元曲选·罗李郎》三折:"老爹在官府告下状来,说你~金银财物,使人捉拿你哩。"清《醒世姻缘传》五三回:"晁思才从二三十步外看得真切,吆喝一声,说道:'~了人的老婆走!'"

【拐儿】　guǎi er　❶ 拐骗人口或财物的人。元高明《琵琶记》二六出:"~阵里先锋,哄局门中大将。"明《拍案惊奇》卷一六:"如今且说一个~,拐了一世的人,倒后边反着了一个道儿。"　❷ 拐角。明《金瓶梅词话》五三回:"金莲独自后边出来,只见转一~,蓦见了陈经济。"　❸ 拐杖。《元曲选·岳阳楼》四折:"〔郭云〕这位拿着~的不是皂隶?〔正末唱〕这一个是铁拐李发乱梳。"明《拍案惊奇》卷一:"便双脚走不动,也拄个~随他同去一番,也不枉的。"

【拐孤】　guǎi gū　乖僻;古怪。清《红楼梦》七回:"他虽腼腆,却脾气~,不大随和儿。"又二二回:"众人都笑说:'天生的牛心~!'"

【拐棍】　guǎi gùn　❶ 拐杖。明《西游记》七九回:"铁棒当着实凶,~迎来堪喝采。"清《红楼梦》二〇回:"说毕走来,只见李嬷嬷拄着~在当地骂袭人。"　❷ 拐骗的恶棍;地痞。清《野叟曝言》三六回:"那装幌子,支空头、偷天换日的~,历任以来,也不知夹死了多少。"

【拐角】　guǎi jiǎo　转弯处。明《西游记》九六回:"转过~,果见一条南北大街。"清《红楼梦》一六回:"会芳园本是从北一墙下引来一段活水。"

【拐借】　guǎi jiè　假借……之名,行拐骗之实。《元典章·刑部一》:"为崇法院僧游慧元~钱谷不还,挟仇用挑牙篦子故将游慧元刺损双眼。"

【拐老】　guǎi lǎo　即"拐子❸"。明顾起元《客座赘语》卷一:"拐,拄杖也,今为诱略之用,曰'拐带',其略人之人,俗曰'~'。"

【拐骗】　guǎi piàn　以欺骗手段弄走。《元曲选·黑旋风》四折:"回来早不见了他的浑家,元来是被白衙内~去了。"清《红楼梦》四回:"各省中所有的买卖承局、总管、伙计人等,见薛蟠年轻不谙世事,便趁时~起来。"

【拐占】　guǎi zhàn　以欺骗的手段占有。明《石点头》卷一〇:"这一桩事若是平民犯了,重则论作强奸,轻则只算~。"

【拐杖】　guǎi zhàng　走路时手拄的木棍。明汤显祖《牡丹亭》五三出:"〔净将~打外介〕拼老命打这平章。"清《红楼梦》二六回:"说着,拄着~一径去了。"

【拐子】　guǎi zi　❶ 拐杖。明《金瓶梅词话》九一回:"轮起~,雨点打将下来。"　❷ 一种弯头的兵器,状似拐杖。明《西游记》九七回:"都带了短刀、蒺藜、~、闷棍、麻绳、火把,冒雨前来。"　❸ 拐骗人口或财物的人。明《醒世恒言》卷六:"所以至今吴越间称~为野狐精,有所本也。"清《红楼梦》四回:"那日买了一个丫头,不想是~拐来卖的。"　❹ 瘸子;跛足者。明朱载堉《山坡羊·钱是好汉》:"~有钱,走歪步合款。"清邵廷采《东南纪事》卷一二:"机跛,号江~。"　❺ 即"栀子城"。宋《三朝北盟会编》卷六六:"故急攻二~,矢石如雨,楼橹皆坏。"

【拐子马】　guǎi zi mǎ　以精锐骑兵为大阵左右翼的一种阵形。一说三人战马联结在一起的马队。宋《三朝北盟会编》卷二〇二:"以铁骑为左右翼,号~。"元明《水浒传》八四回:"皂雕旗展一派乌云,~荡半天杀气。"《明史·刘锜传》:"韩世忠破兀术~,用五百人执长斧,上揕人胸,下斫马足。"

【拐子头】　guǎi zi tóu　❶ 小孩儿头上梳的翘起的小辫。明沈榜《宛署杂记》卷一七:"总角曰~。"　❷ 指童仆,因主人常扶着他当拐棍使用,故名。清《醒世姻缘传》七〇回:"却好一个~小承恩儿出来说:'叫看门的有唱插秧歌的过来叫住他,老太太待听唱哩。'"又七八回:"前边开着棕棍,后边抗着大红柄金掌扇,跟着丫头、家人、媳妇并虞候管家小厮~,共有七八十个。"

【栀子】　guǎi zi　同"拐子❶"。敦煌本《字宝》:"人拄杖~。"唐慧琳《一切经音义》卷六〇:"拐行,乖买反,上声俗字也。即老人把头杖,名为~。患脚行不得者拄双拐策腋行,名曰拐行。一切字书并无此字。"

【栀子城】　guǎi zi chéng　护城河上的水门建筑物。宋孟元老《东京梦华录》卷一:"其门跨河,有铁裹窗门,遇夜如闸垂下水面,两岸各有门通人行路,出~,夹岸百餘丈。"

guài

【怪】　guài　❶ 副词。怪不得。《敦煌变文校注》卷四《降魔变文》:"六师频频输失,心里转加懊恼:'今朝~不如他,昨夜梦想颠倒。'"元宫天挺《范张鸡黍》三折:"~几日前长星落大如斗,流光射地如昼,元来是丧贤人地惨共天愁。"清洪昇《长生殿》一〇出:"~私家恁偕窃,竞豪奢,夸土木。一班儿公卿甘作折腰趋,争向权门如市附。再没有一个人呵,把舆情向九重分诉。"　❷ 嫌。明《朴通事谚解》卷中:"你敢~我的模样?"　❸ 不循规矩的行为。元明《水浒传》四三回:"宋公明哥哥只怕你惹事,不肯教人和你同来。又怕你到这里做出~来,续后特使我赶来探听你的消息。"　❹ 讨厌。明《二刻拍案惊奇》卷一二:"同甫虽~道学,却与朱晦庵相好。"　❺ 詈词。犹言坏、不规矩。明《金瓶梅词话》四八回:"~短命,谁和你那等调嘴调舌的!"又六〇回:"~狗才,休要胡说!"　❻ 副词。a) 表示程度深,甚,很。明单本《蕉帕记》一〇出:"呀!相公身上怎么~香的?"清《聊斋志异·公孙九娘》:"神情意致,~似九娘。"b) 不断地;一个劲地。《后水浒传》二八回:"黑魆魆好跳,偌早晚没调停,熬得人满嘴清水~淌。"《醒世姻

缘传》七六回:"狄员外在床上气的象牛一般～喘。"　❼ 不正常的;不同寻常的。明《醒世恒言》卷五:"只听得林中咭喇的一阵～风,忽地跳出一只吊睛白额虎。"清《后水浒传》三一回:"怎日忙乱,也没心觑哥哥面脸,兀地较当日～白。"

【怪不道】 guài bu dào　即"怪不得"。明《西游记》七〇回:"这等说,是你吃亏了,～问你更不言语。"清《歧路灯》八回:"这茶饭早早晚晚最难伺候。若请侯先生,就省事了。～咱姐极愿意。"

【怪不得】 guài bu dé　另见 guài bu de。不能责怪。宋《朱子语类》卷一三二:"某尝说,～今日士大夫,是他心里无可作做,无可思量,'饱食终日,无所用心',自然是只随利欲走。"清李渔《意中缘》一二出:"若还果有此情,也～老先生发恼。"

【怪不的】 guài bu de　同"怪不得"。《元曲选·窦娥冤》一折:"遇时辰我替你忧,拜家堂我替你愁,梳着个霜雪般白鬏髻,怎戴那销金锦盖头?～大大不中留。"清《红楼梦》六七回:"～前日我们在店里仿仿佛佛也听见人吵嚷说,有一个道士三言两语把一个人度了去了,又说一阵风刮了去了。"

【怪不得】 guài bu de　另见 guài bu dé。副词。表示明白了原因,对发生之事便不以为奇了。《元曲选外编·西厢记》一本二折:"～小生疑你,偌大一个宅司,可怎生别没个儿郎,使梅香来说勾当。"清洪昇《长生殿》二七出:"～四下愁云裹,都是俺千声怨声啊。"

【怪不着】 guài bu zháo　❶ 即"怪不得(guài bu de)"。《元曲选·范张鸡黍》一折:"你道是文章好立身,我道今人都为名利引。～赤紧的翰林院那伙老子每钱上紧。"　❷ 划不来。《元曲选·东坡梦》二折:"好便好,则为一首《满庭芳》贬上黄州,也～。"

【怪怖】 guài bù　惊异恐惧。唐李景亮《李章武传》:"王家亡妇感郎恩情深,将见会。恐生～,故使相闻。"《太平广记》卷三二二引唐陆勋《志怪录》:"有一小屋,兄弟共寝,板床荐席数重。夜眠及晓,床出户外,宿昔如此。兄弟～,不能得眠。"

【怪差】 guài chā　奇特;怪异。宋《朱子语类》卷一三:"'臣之视君如寇仇',孟子说得来～,却是那时得说。"又卷三七:"如'舜不告而娶',是个～底事。然以孟子观之,却也是常理。"宋《密安和尚语录》:"生铁铸牛头,牵犁还拽把。智者笑忻忻,愚者惊～。"

【怪歹歹】 guài dǎi dǎi　形容奇特、不寻常的样子。清《聊斋俚曲·增补幸云曲》:"那万岁别了六哥,心中自思:这丫头～的,休着他看破行藏。我只得装作痴颠,瞒他一瞒。"

【怪道】 guài dào　即"怪得(guài de)"。宋文天祥《出真州》:"～使君无见解,城门前日不应开。"明《老乞大谚解》卷下:"～今日早起喜鹊儿噪,又有嚏喷来,果然有亲眷来。"清《醒世姻缘传》五五回:"～童奶奶合爷说的上话来,都是一样性儿。"

【怪得】 guài dé　另见 guài de。❶ 能责怪。《祖堂集》卷八《龙牙和尚》:"洞山云:'怎～专甲?'"又卷一三《报慈和尚》:"还～某甲摩?'"元明《水浒传》七五回:"吴用道:'哥哥你休执迷!招安须自有日,如何～众弟兄们发怒。'"　❷ 惊异;奇怪。唐陆畅《惊雪》:"～北风急,前庭如月辉。"宋京镗《念奴娇》:"～骄阳回避晚,犹去新秋两日。"元高明《琵琶记》三〇出:"相公,我～你终朝锁暗,只道你缘何愁闷深。教咱猜着哑谜,为你沉吟,那筹儿没处寻。"

【怪得】 guài de　另见 guài dé。副词。怪不得;难怪。唐白居易《戏题木兰花》:"～独饶脂粉态,木兰曾作女郎来。"宋王之道《临江仙·和刘南伯》:"～举头闻鹊喜,果然都骑相过。"清《续金瓶梅》七五回:"此僧小小年纪,这样胆气,其实可敬,～女孩儿和

夫人说他是个好男子。"

【怪的】 guài de　同"怪得(guài de)"。明孟称舜《娇红记》二三出:"～将人看做闲花比,你果然是逢神女巫山那壁。"《西洋记》二三回:"～临阵之时,他儿子说道预备宝贝,原来就是九口飞刀的宝贝。"

【怪底】 guài dǐ　❶ 惊异;奇怪。唐杜甫《奉先刘少府新画山水障歌》:"堂上不合生枫树,～江山起烟雾。"宋张孝祥《鹊桥仙·邢少连送末利》:"不知何处有花来,但～、清香无数。"吴潜《暗香》:"可～,屈子离骚,兰蕙独前席。"　❷ 即"怪得(guài de)"。宋张纲《凤栖梧》之二:"～烘堂添语笑。姮娥此夜来蓬岛。"吴激《满庭芳》:"～眉间好色,灯花报,消息刀头。看看是,珠帘暮卷,天际识归舟。"杨炎正《秦楼月》:"断肠芳草萋萋碧,新来～相思极。"

【怪恨】 guài hèn　嗔怪怨恨。《元曲选·看钱奴》一折:"今阳世间有一贾仁,每日在吾庙中埋天怨地,～俺神灵。你与我问他去。"明《二刻拍案惊奇》卷二五:"小女前日开面,也是他,因见他轻薄态度,正心里～。不想宅上茶酒也用着他。"

【怪见】 guài jiàn　副词。难怪;怪不得。元明《三国演义》一三回:"～他经宿不归,却干出如此无耻之事。"明《警世通言》卷三八:"～终日请你不来,你何轻贱我之甚!"《禅真后史》四四回:"原来你是个江湖上老作家,～的与强盗言语声色不动哩!"

【怪叫】 guài jiào　❶ 惊叫;嚷叫;大叫。明《金瓶梅词话》二五回:"那李瓶儿见秋千起去了,唬的上面一道:'不好了!'"又五八回:"把那狗没高低只顾打,打的～起来。"清《醒世姻缘传》四三回:"那因妇只道是打他,～起来。"　❷ 发出奇怪的叫声。明《二刻拍案惊奇》卷四:"史应道:'我每趁着酒兴,斟杯热酒儿,到他那堆里浇他一浇,叫他晚间不要这等～。'"

【怪哭】 guài kū　大哭;痛哭。明《金瓶梅词话》五三回:"这官哥儿呱的声～起来,月娘连忙引逗了一番就住了。"清《醒世姻缘传》二一回:"正说着,春莺疼的～。"

【怪来】 guài lái　❶ 惊奇;奇怪。唐王维《班婕妤》之三:"～妆阁闭,朝下不相迎。总向春园里,花间语笑声。"宋秦观《念奴娇》:"万缕银须,一枝铁杖,信是人中杰。此翁八十,～精彩殊绝。"　❷ 副词。怪不得;难怪。唐白居易《竹枝词》之四:"～调苦缘词苦,多是通州司马诗。"五代何光远《鉴诫录》卷六:"和尚看之,欣然抚其目曰:'～近日贫道所居之山气色稍微,其山之神孕灵于此。此子麒麟之精也,必为王者之瑞焉。'"《元曲选·金线池》楔子:"～喜鹊迎头噪,济上如今有故人。"

【怪模怪样】 guài mú guài yàng　❶ 模样奇特难看。明《金瓶梅词话》二二回:"这媳妇子怎么红袄配着紫裙子,～。"清《儒林外史》二九回:"你还不把那些衣服脱了,人看着～!"　❷ 与众不同。清《儒林外史》一二回:"伴着两公子的雍容尔雅,蓬公孙的俊俏风流,杨执中古貌古心,权勿用,真乃一时胜会。"

【怪恼】 guài nǎo　恼火怨恨。清《后水浒传》九回:"我向来实晓得你是条汉子,要来结识拜做哥哥,再不能够。如今却有了臭名,被人说坏,我听了甚是不服,有些～。"《醒世姻缘传》一一回:"揪拔了头面,卸剥了衣裳,长咛短气～。"

【怪僻】 guài pì　❶ 奇怪、罕见;奇怪、冷僻。唐柳宗元《宥蝮蛇文》:"蝮蛇形甚～,气甚祸贼。"高彦修《阙史》卷上:"乘醉挥毫,黄绢立就。又明日,洁本以献,文思日睿,字复～。公寻绎久之,目瞪舌涩,不能分其句。"明谢肇淛《五杂组》卷一四:"我朝吴沉等进千家姓,以'朱承天运'为始,其中有～不经见者,而海内之人又有出千家之外者,惜当时儒臣未能遍行天下广搜之也。"　❷ 怪

诞;怪诞涩僻。唐柳宗元《与僧浩初序》:"浮图者,反不及庄、墨、申、韩之～险贼耶?"宋王辟之《渑水燕谈录》卷九:"元老之强记如此,虽～小说,无不该览。"明焦竑《玉堂丛语》卷四:"古人文章明道德,通世务,如典谟,皆明白简易,无深险～之语。" ❸孤僻。清《红楼梦》四一回:"黛玉知他天性～,不好多话,亦不好多坐,吃完茶,便约着宝钗走了出来。"赵慎畛《榆巢杂识》卷下:"张广泗复劾其～乖方,遂罢职、削爵,付法司鞫讯,拟大辟,疏留中。"

【怪乔叫】 guài qiáo jiào 装腔作势地高声叫喊。明《金瓶梅词话》二一回:"刚走到仪门首,不想李瓶儿被地滑了一交,这金莲遂～起来。"

【怪生】 guài shēng ❶即"怪得(guài de)"。宋晁端礼《清平乐》:"早来帘下逢伊。～频整衫儿。元是那回欢会,齿痕犹在凝脂。"史弥宁《郑中卿惠蜡蛛》:"食指～连夜动,敲门郭索送诗来。"杨万里《舟过安仁》:"～无雨都张伞,不是遮头是使风。" ❷程度副词。很;非常。宋杨万里《清明雨雪来朝晴霁》:"清明一雪～寒,逗晓新晴雪未残。"又《下横山滩头望金华山》:"道是兰溪水较宽,兰溪欲到却～难。"

【怪是】 guài shì ❶原来是。清丁绍仪《听秋声馆词话》卷九:"绕篱香韵,黄菊伴人幽。～重阳佳节。凭阑处,吹帽风稠。" ❷副词。怪不得;难怪。清《野叟曝言》二三回:"～这两个客人辣气,定是有大靠背的,咱们自替他担忧。"又三六回:"～服药进膳,呷汤饮酒,俱增病势,其用巴豆等药无疑。"

【怪头】 guài tóu 责怪。清《野叟曝言》八〇回:"若不体面,便是小觑了他,连我媒人也招着～。"又一六回:"白作掉了好盆口,还招他们～哩。"

【怪物劳】 guài wù láo 詈词。丑八怪。明《金瓶梅词话》七六回:"这个骂他怪门神白脸子,撒根基的货,那个骂他是丑冤家,～,猪八戒,坐在冷铺里贼。"又七七回:"谁教他～在酒席上尿口儿伤俺每来!"

【怪笑】 guài xiào 讥笑;嘲笑。《祖堂集》卷一一《保福和尚》:"若道趁不着,招人～。"又卷一三《福先招庆和尚》:"若不是学人,招得和尚～。"

【怪雨盲风】 guài yǔ máng fēng 预料之外、突然而来的风雨。宋刘克庄《满江红·次韵徐使君癸亥灯夕》:"～稀发作,华星秋月争光耀。"又《满江红·和王实之韵送郑伯昌》:"～,留不住,江边行色。"

【怪着】 guài zhe 责怪;埋怨。《祖堂集》卷六《石霜和尚》:"汝向后不得～我。"

【怪只道】 guài zhī dào 同"怪知道"。清《红楼梦》四〇回:"我看你们这些人都只吃这一点儿就完了,亏你们也不饿。～风儿都吹的倒。"

【怪知道】 guài zhī dào 副词。怪不得;难怪。明《西洋记》八五回:"黄凤仙真心为国,有这许多银子,不可胜当,怎么还有这两个金娃娃、银娃娃? ～他说是要到我们中国去看世界。"

【怪知得】 guài zhī dé 犹"怪知道"。明《西洋记》九六回:"原来此人是个鼠窃之辈,～我这国中半年中间多鼠侵害。"

guān

【关】 guān ❶比喻重要的转折点。宋《朱子语类》卷一五:"致知、诚意是学者两个～。致知乃梦与觉之～,诚意乃恶与善之～。透得致知之～则觉,不然则梦;透得诚意之～则善,不然则

恶。"又:"知至、意诚,是凡圣界分关隘。未过此～,虽有小善,犹是黑中之白;已过此～,虽有小过,亦是白中之黑。" ❷系,使人牵挂。唐李白《杨叛儿》:"何许最～人,乌啼白门柳。"皇甫松《摘得新》:"管弦兼美酒,最～人。" ❸沾带;存有。明《拍案惊奇》卷三三:"兀那杨氏,那小厮是你甚么人? 可与你～甚亲么?"《二刻拍案惊奇》卷六:"今幸得舅舅到此,既然知书达礼,就在我门下做个记室,我也便当了好些。况～至亲,料舅舅必不弃嫌的。舅舅心下何如?" ❹因。唐李白《猛虎行》:"肠断非～陇头水,泪下不为雍门琴。"宋苏辙《次韵李简夫因病不出》:"鹤形自瘦非～老,僧定端居不计年。"明徐咸《徐襄阳西园杂记》卷上:"不～恩爱无姻缘,亦非两情相弃捐。" ❺参;领会。宋《朱子语类》卷一三七:"后世之所以不如古人者,以道义功利～不透耳。" ❻领取。宋《三朝北盟会编》卷二八:"是时仓卒,更不暇往国信所～鞍马袍带。"明《朴通事谚解》卷上:"～米么? 我有两个月俸米～。"清《红楼梦》三六回:"这个分例只管～了来,不用补人,就把这一两银子给他妹妹玉钏罢。" ❼发放。《元曲选外编·存孝打虎》二折:"你用甚么衣袍铠甲,我～与你。"元明《水浒传》一三回:"李成传下言语,叫两个比箭好汉,各～与一面遮箭牌,防护身体。"清孔尚任《桃花扇》一一出:"闻得九江助饷,不日就到,今日暂免点卯,各回汛地,静候～粮。" ❽关提;官府间行文询事或提审案犯。宋《朱子语类》卷一〇七:"其吏房有事涉刑狱,则一过刑房;刑房有事涉财赋,则一过户房。"《宋史·职官志一》:"宣和四年,宰臣王黼主伐燕之议,置于三省,不复以～枢密院。六年,罢。"清《续金瓶梅》一一回:"吊着张一才审,清河县张小桥事发,来～张一才偷金子的事。" ❾关文;平行官府间往来的公文。《旧唐书·职官志二》:"诸司自相质问,其义有三:～、刺、移。～,谓关通其事。"明《型世言》五回:"巧巧儿锦衣卫差耿埴去崇文税课司讨～,往城下过。"又三七回:"县里竟出了一张～,差了两个人,来到鄂县关提。" ❿禁闭;关押。明汤显祖《牡丹亭》七出:"俺衙内一着个斑鸠儿,被小姐放去,一去去在何知州家。"清《红楼梦》三六回:"你们家把好好的人弄了来,～在这牢坑里学这牢什子。"

【关爱】 guān ài 关心爱护。清《绿野仙踪》八十回本一回:"又见他在小主人身上,一饮一食,寒暑冷暖,处处～。"

【关隘】 guān ài ❶险要关口。宋华岳《翠微先生北征录》卷四:"靖康、绍兴之间,淮、汉不守山水两寨,千里之民辐凑渡江,内则阻于～之不得通,外则绝于津渡之不可过。"清《说岳全传》一六回:"有汴梁节度孙浩,奉旨领兵前来助守～。" ❷比喻重要的转折点。宋《朱子语类》卷一五:"知至、意诚,是凡圣界分～。"明姚士粦《见只编》卷上:"刹那炎冷能转善为败,如此乃知炎冷二字是一进退～。"

【关碍】 guān ài ❶阻挡。唐颜真卿《论百官论事疏》:"臣闻太宗勤于听览,庶政以理,故著《司门式》云:'其有无门籍人有急奏者,皆令监门司与仗家引对,不许～。'所以防壅蔽也。"明于慎行《穀山笔麈》卷一〇:"第彼时有门籍者,皆得出入殿廷,直至御前,如其无门籍者,如有急奏,许门司仗家引奏,无得～。" ❷关系;牵涉。《元典章·刑部十》:"今后那般寻出来的钱物,您每追出来的您根底有者,～人众的,中书省尚书省枢密院官人每追下呵,分付与您们,您们收拾下呵数目,我跟前奏者。"清《红楼梦》一六回:"我们阴间上下都是铁面无私的,不比你们阳间瞻情顾意,有许多的～处。"

【关白】 guān bái ❶通知;告诉。《新唐书·陆贽传》:"边书告急,方使～用兵,是谓从容拯溺,揖让救焚矣。"宋《朱子语类》卷一二七:"后太上感其事,以为车驾是即位之兆,不曾～中书,只

令内官就玉津园路口造崔府君庙,令曹咏作记。"明郑晓《今言》卷四:"直文渊阁入……不得专制九卿事,九卿奏事亦不得相～。"❷日本平安时代称主持政务的太政大臣。明于慎行《穀山笔麈》卷一一:"四夷封略在礼部客司,大司马石公徒欲取效目前,不暇深考,竟不知日本为何国、～为何人,盈庭之言,皆如嘲哢,以此御难,何以为国?"沈德符《万历野获编》卷一七:"而朝鲜、日本,向为与国,且世通婚姻,特～一人黩武,近已宁帖,寂不闻交兵事矣。"

【关榜】 guān bǎng 发榜。明《警世通言》卷二四:"到了二十九日～之日,公子想到三更以后,方才睡着。"

【关报】 guān bào ❶用文书通知或报告。宋苏轼《论叶温叟分擘度牒不公状》:"今温叟并不计会两司及转运判官,直自一面任意分擘,牒送诸州,更不～钤辖司。"《三朝北盟会编》卷三〇:"宣抚司所欲行者,托以机密,往往不复～。"明《隋史遗文》三七回:"一面～来总管道:'丽贼抗拒天兵,国中必虚。'"❷通知情况的文书。宋欧阳修《与大寺丞(发)十一通》之八:"吾已出厅五六日,本为西贼惊传,今得诸处～,皆云招捉,溃散无多也。"《三朝北盟会编》卷二三:"本朝与辽人文移皆在,两界对境谓之～。"《宋史全文》卷二四下:"退而执笔,欲行编次,而考诸起居注,皆据诸处～,始加修纂,虽有日历、时政记,亦莫得书,使洋洋圣谟,无所传信。"

【关抱】 guān bào 关怀;思念。明冯梦龙《挂枝儿》卷一:"有侍儿惠柔,慕公丰标,密解手帕子为赠,约牡丹开时再集,何亦甚～。"

【关本】 guān běn 上交官府的本钱。元刘时中《端正好·上高监司》之二:"他那想赴京师～时,受官差在旅途,耽惊受怕过朝暮。"

【关闭】 guān bì 机关;关口。明《古今小说》卷三六:"宋四公道:'小娘子,我这里做不是,我问你则个,他这里到土库有多少～?'"

【关拨】 guān bō ❶调拨;发放。宋岳珂《桯史》卷一〇:"兼鱼关签厅,所备金帛钱物,充满府藏,宣抚不住～,岂是无椿办也。"《明律·兵律》:"凡将帅～一应军器,征守事讫,停留不回纳官者,十日杖六十,每十日加一等。"❷领取。宋俞文豹《吹剑录外集》:"而修内司又逐时于左帑,数尤不少。"

【关牒】 guān dié ❶关牒本是两种公文的名称,组合成复音词,泛指关文、文书。《旧唐书·职官志二》:"凡京师诸司,有符、移、～下诸州者,必由于都省以遣之。"又《礼仪志四》:"二年正月四日,太常礼院奏:准监察御史～:'今月十三日,祀九宫贵神,已敕宰相崔珙摄太尉行事,合受誓诫,及有司徒、司空否?'"《元史·刑法志四》:"有司失觉察,辄凭无信～倒给者,判署官笞三十七,首领官吏四十七。"明《梼杌闲评》二九回:"这一道是上奏后土皇都地祇～……这一宗是开发书～。"❷用文书通知。宋苏轼《相度准备赈济第一状》:"右谨件如前。本司已具上项事件,～本路转运、提刑司,照会相度施行去讫。"又《奏淮南闭粜状二首》之二:"其逐州、县、镇官吏,亦明知有上条及臣已坐～,并不施行,宁违朝廷《编敕》条贯,不敢违监司乖戾指挥。"

【关顶】 guān dǐng 用条状物插入绾起的头发中使固定。明《金瓶梅词话》一三回:"妇人便向头上～的金簪儿拔下两根来,递与西门庆。"又九四回:"身上衣服都扯碎了,那得钱来,止有头上～一根银簪儿,拔下来与二位管事的罢。"

【关洞】 guān dòng 门扇上开的洞。清《五色石》二回:"自此仇氏把羽娘封禁密室,只从～中递送饮食,就和监禁一般。"又:"仍旧把房门锁闭,只留一个～,送些饮食与他。"

【关赌】 guān dǔ 即"关扑"。宋孟元老《东京梦华录》卷六:"正月一日年节,开封府放关扑三日,……向晚贵家妇女,纵赏～。"

【关发】 guān fā ❶交付。《元典章·户部七》:"旧官具数～,新官验数收管。"《元史·选举志一》:"其受卷官具受到试卷,逐旋～弥封官,将家状草卷,腰封用印,蒙古、色目、汉人、南人分卷,以三不成字撰号。"❷发放。清《说岳全传》五七回:"王俊禀道:'钱粮虽是卑职管,却都是吏员钱自明经手～,卑职实不知情。'"❸发送;签发。元明《水浒传》七一回:"公孙胜作高功,主行斋事,～一应文书、符命,不在话下。"明《金瓶梅词话》六六回:"然后高功系令焚香,荡秽净坛,飞符召将,～一应文书符命。"

【关防】 guān fáng ❶关隘。唐杜甫《塞芦子》:"延州秦北户,～犹可依。"罗隐《定远楼》:"近日～虽弛柝,旧时栏槛尚侵云。"明郎瑛《七修类稿》卷七:"遂立建业,四守～。"❷禁止;防范;限制。唐周墀《贺王仆射放榜》:"欲到龙门看风雨,～不许暂离营。"宋《朱子语类》卷一〇六:"郑云:'保伍之中,其弊自难～,如保头等,易得挟势为扰。'"元关汉卿《普天乐·崔张十六事》二:"母亲呵,怕女孩儿春心荡,百般巧计～。"明《西游记》三四回:"见他在里边吃酒,有几个小妖拿盘拿盏,执壶酾酒,不住的两头乱跑,～的略松了些儿。"❸严封。《元曲选外编·西游记》一本二出:"将匣缝儿塞,匣盖儿缚,包袱儿紧扣,我须～得来水屑不漏。"❹官箴所规定的防闲、回避等措施。《金史·术虎高琪传》:"若人使入国,私通言语,说知本国事情,宿卫、近侍官、承应人出入亲王、公主、宰执之家,灾伤阙食,体究不实,致伤人命,转运军储,而有私载,及考试举人～不严者,并的杖。"明文秉《烈皇小识》卷七:"乡试大典,虽曰矢公,然黄缘未能尽绝。至～溃裂,显行无忌,则莫若壬午时宜兴弟肖儒、子弈封以及亲识子弟,无不入彀。"清《儒林外史》一九回:"这位学道的～又严,须是想出一个新法子来。"❺一种长方形的阔边朱文关印,始于明初。明谢肇淛《五杂组》卷一二:"国家之制,天子玉玺,侯王大将军皆金印,二品以银,三品之下以铜。其非掌印而给者,谓之～。印方而～长,以此为别耳。"沈德符《万历野获编》卷六:"自方印颁行之外,事寄稍关钱粮及军务机要者,俱得给～,用之奏章,用之文移,与方印等。"清赵慎畛《榆巢杂识》卷上:"雍正时,广东设观风整俗使,有额外教职,按季巡试,由江西拨至广东十二名。乾隆三年,裁汰湖南观风整俗使,～亦于是年十一月缴销。"❻官司。《元曲选·魔合罗》三折:"多则是没来由葫芦提打～,待推辞早承向。"明汤显祖《牡丹亭》四九出:"扶同歇宿,罪连主家,为此须至～者。"

【关房】 guān fáng 僧人坐关的房间。明《古今小说》卷三七:"这普能前世原是一条白颈曲蟮,生在千佛寺大通禅师～前天井里面。"《型世言》三五回:"如今现夹锁着一所～,是他旧日的。"

【关访】 guān fǎng 征询。《新唐书·王绍传》:"主计凡八年,每政事多所～,绍亦未尝一言漏于人。"

【关分】 guān fèn 听天由命。关,由。唐司空图《漫书》三:"爱憎止竟须～,莫把微才望所知。"李洞《乙酉岁自蜀随计趁试》:"文昌一试应～,岂校褒斜两日程。"

【关风】 guān fēng ❶即"观风❶"。明《西游记》七二回:"八戒道:'师兄好不通情!师父在马上坐得困了,也让他下来关关风是。'三藏道:'不是～,我看那里是个人家,意欲自去化些斋吃。'"❷有关风化。明《警世通言》卷一二:"话须通俗方传远,语必～始动人。"

【关隔】 guān gé 阻隔;梗阻。唐司马贞《史记·梁孝王世

家》"大臣及袁盎等有所关说于景帝"索隐:"一云关者,隔也。引事而~,其说不得行也。"《云笈七籖》卷三六:"勿食大蒜,令人气雍,~不通。"《宋史·赵景纬传》:"择忠鲠敢言之士,置之台谏以通~之雍。"

【关合】 guān hé ❶ 关闭。《元曲选·酷寒亭》三折:"他将那门户~,怎生结磨。"又《盆儿鬼》二折:"我将这门去推,他那里紧~。" ❷ 关联照应。清《野叟曝言》一二四回:"水夫人及素臣也爱二女相貌,又见二女之名与两儿俱有~,便一口许下。"《绿野仙踪》八十回本一回:"我再与他起个字,若必再拈住冷于冰三字做~,未免冷上添冷字,可号为不华,亦黜浮尚实之意也。"

【关会】 guān huì ❶ 官府间行文知会。宋《三朝北盟会编》卷八六:"宜相~,犄角前进。"《宋史·舆服志六》:"城砦分屯军马,事须往来~之处,亦如数给与。"明《二刻拍案惊奇》卷三九:"又写下关子,~一长、吴二县,必要拿那懒龙到官。" ❷ 呈报;禀报。元明《水浒传》八八回:"只得写了申呈奏本,~省院,打发来的人伴回京去了。"明《隋炀帝艳史》三回:"争奈杨素一心只想着晋王的事体,欲要开口,又未曾~太后;欲不开口,又怕失了机会,心中十分踌躇。" ❸ 以目示意。明《封神演义》九三回:"金吒见夫人言语真切,乃以目送情与木吒。木吒已解其意,只在临机应变而已,亦以目两相~。"清《绿野仙踪》八〇回:"妇人最好是秋波,况把秋波代话多。试看临行~处,怎教周子不情魔?" ❹ 关系到;牵涉。宋陶穀《清异录》卷下:"赤帻紫衣人隶蓬莱下宫西台。此来南岳,~一人阴德增减耳。"清《红楼梦》一〇一回:"这会子替奶奶办了一点子事,又~着好几层儿呢,就是这么拿糖作醋的起来,也不怕人家寒心。" ❺ 一种货币。宋吴自牧《梦粱录》卷一:"州牧自收灯后,例于点检所开支~二十万贯,委官属差吏倅雇唤工作,修葺西湖南北二山。"《宋史·瀛国公纪》:"应编配、拘锁人,除伪造~、强盗放火者,馀悉纵之。"元陶宗仪《辍耕录》卷一:"世杀下江南檄,枚举贾似道无君之罪,……夺土田而无地可耕,变~而物价溢涌。"

【关机】 guān jī ❶ 计谋;机变。唐易静《兵要望江南·占飞禽》:"群鸟噪,队队远营飞。防有贼兵来劫寨,早须备设~,稽慢致灾危。"宋《朱子语类》卷一二六:"~巧便,尽天下之术数者,老氏之失也。"明张瀚《松窗梦语》卷七:"学本渊源,守极贞肃。~不爽,商旅之传颂烨然;宪度克裁,讼狱之清平金若。" ❷ 机关;奥秘。清《醒世姻缘传》一六回:"那李成名是他一路的人,他未必肯说,泄了~,被他追究起那透漏的人来,反教那梁胡两个住不稳,晁书也活不停当了。"

【关给】 guān jǐ 发放;发给。《宋史·职官志三》:"甲库掌受制敕黄、~签符优牒,选人改名废置之事。"元明《水浒传》八四回:"皇甫端亦要~官局内喂马的药材、物料,都委萧让、宋清去了。"《明史·食货志》:"又从太监张永言,发天财库及户部布政司库钱,~征收,每七十文征银一钱,且申私铸之禁。"

【关检】 guān jiǎn 审核检查。宋王谠《唐语林》卷八:"举人应及第者,~无籍者,不得与第。"

【关节】 guān jié ❶ 事物的关键;重要环节。唐韩愈《殿中侍御史李君墓志铭》:"其说汪洋奥美,~开解,万端千绪,参错重出。"宋《朱子语类》卷一三:"死生是大~处。"明张岱《陶庵梦忆》卷五:"朱楚生,女戏耳,调腔戏耳。其科白之妙,有本腔不能得十分之一者,盖四明姚益城先生精音律,尝与楚生辈讲究,妙入情理。"清袁枚《子不语》卷一〇:"举头见柱上一联云:'人鬼只一关,~一丝不漏,阴阳无二理,理数二字难逃。'" ❷ 事件。明李贤《天顺日录》:"祖宗时,每有重大~,必设牌示警。" ❸ 通过请

托或行贿而寻到的门路。唐李肇《国史补》卷下:"造请权要,谓之~。"明汤显祖《牡丹亭》四出:"乡邦好说话,一也;通~,二也。" ❹ 动词。通关节,打关节。《元曲选·谢天香》二折:"小人便~,怎生勾除籍不做娼,弃贱得为良。"明陆容《菽园杂记》卷五:"巧宦者率预结僧官,俟其出,则往见之,有所请托结纳,皆僧官为之~,近时大臣多与僧官交亲者以此。"王世贞《艺苑卮言》卷四:"甚乃津私禁脔,自比优伶,~幸旃,身为军吏,下第之后,尚尔乞怜士司,冀其复进。" ❺ 暗号。《元曲选·黑旋风》二折:"那妇人呵,他唱一句为~;那乔人呵,他应一句到来也。" ❻ 暗中做的事情;秘密。宋王栐《燕翼诒谋录》卷一:"盖自初起程以至还乡费皆给于公家,如是而挟商旅于~,绳之以法,彼亦何辞。"明《拍案惊奇》卷一七:"那儿子刘达生未知事体,正好去看神看佛,弄神弄鬼,那里晓得母亲这些~。" ❼ 暗中以为标记。明文秉《烈皇小识》卷二:"体仁乃上《直发盖世奸贪疏》,即举千秋~事参谦益。"沈德符《万历野获编》卷一五:"辛卯南京乡试,中式李应杰者,误书'从谏如转圜'为转镮。礼科给事胡汝宁驳之,谓当为'转环',而此子荒谬乃写作'镮',此必~语。"清毛枝《子不语》卷一三:"皇上有密旨,谓诸生~,都放在破承、领题、出题三处,今岁将此三处尽行弥封。" ❽ 巧妙的计谋。《元曲选·望江亭》三折:"你为公事做到这些,不知你怎生做兀的~?"又《渔樵记》四折:"明明的这~有何难见,险些儿把一家恩多成怨。" ❾ 嘱咐。元张可久《沉醉东风·春晚酬史楚甫》:"~得荼蘼且慢开,春已听榆钱断买。" ❿ 调解;说情。明刘兑《娇红记》卷上:"若不是你~得尊堂把咱来厮觑付,到如今心恍惚,眼模糊,醉得没个是处。" ⓫ 与……有关。明汤显祖《牡丹亭》五四出:"人语闹吱嗻,听风声似是女孩儿~。"

【关解】 guān jiě 行文解送(案犯或物证)。明《醒世恒言》卷三四:"到了五月间,料得尸首已是腐烂,大大送个东道与婺源县该房,起文~。"

【关借】 guān jiè 借;借给;行文征借。宋《三朝北盟会编》卷一一〇:"郎君来日,就行府准备相见。托馆伴~枱桌共三十,以两桌载朝廷礼物,二十八桌载使人私觌。"吴自牧《梦粱录》卷三:"帅司差拨六局人员,安抚司~银器等物,差拨妓乐,就丰豫楼开鹿鸣宴。"明《二刻拍案惊奇》卷二〇:"本府中要排天中节,是合府富家大户,金银器皿绢段绫罗,尽数~一用。"

【关禁】 guān jìn ❶ 关押;禁闭。明《禅真后史》五〇回:"人命事大,将程望云、胡三郎且~大狱,再行拟罪。"清《照世杯·走安南》:"只为安抚把他~在书房里,又请一位先生陪他读书。" ❷ 禁止。明沈德符《万历野获编》卷四:"向来诸名公,如弇州辈,屡议~,未有敢任之者。"

【关聚】 guān jù 概括;归纳。宋《朱子语类》卷一二:"因问敬。曰:出门如见大宾,圣人言语,当初未曾~。如说'出门如见大宾,使民如承大祭'等类,皆是敬之目。到程子始~说出一个'敬'来教人。"又卷一二〇:"孔子言'出门如见大宾'云云,也是散说要人敬。但敬便是个~底道理,非专是闭目静坐,耳无闻,目无见,不接事物,然后为敬。"

【关连】 guān lián ❶ 牵连。五代严子休《桂苑丛谈》:"乃立从召兜子数乘,命~僧人对事。"《旧唐书·宣宗纪》:"诸色刑狱有~朝官者,尚书省四品已上、诸司三品已上官,宜先奏请进止。"《旧五代史·食货志》:"其不知情~人,临时酌情定罪。" ❷ 相通;相连。《旧唐书·魏抃传》:"伏以州县侵屈,只合上闻。中外~,须存旧制。"《云笈七籖》卷一三:"百窍~总有神,由子驱除归我身。"《元曲选·蝴蝶梦》二折:"一壁厢大哥行牵挂着娘肠肚,一

壁厢二哥行～着痛肺腑。" ❸ 相关。《旧五代史·食货志》:"其犯盐人经过处,地分门司、厢界巡检、节级所由并诸色～人等,不专觉察,委本州临时断讫报省。" ❹ 关系。《元曲选·望江亭》三折:"一霎恩情,片时云雨,～着宿缘前注。"又《陈州粜米》四折:"从来个人命事～天大,怎容他杀生灵似虎如豺。"又《谢金吾》二折:"这书上已明开,休的胡猜,就儿里～着大利害。"

【关粮】　guān liáng　发放或领取粮食。《金史·完颜仲德传》:"四月,仲德阳以～往邳州,州官出迎,就执德全并其子杀之。"明张瀚《松窗梦语》卷一:"癸丑关中同、华饥,请发粟。余时为兵道,即日行县,为约曰:'某日至某里,里老率饥民～,报遗而实饥者,听相随来。'"清《聊斋俚曲·增补幸云曲》:"叫江彬:'你晓谕那大同知县知道,等朕回京,这虔婆给他一所宅子,按月～,叫他受用。'"

【关捩】　guān liè　❶ 机关;机械的开关装置。唐苏鹗《杜阳杂编》卷中:"飞龙卫士韩志和,本倭国人也,善雕木作鸾鹤鸦鹊之状,……以～置于腹内,发之则凌云奋飞。"《五灯会元》卷一四《嘉州东汀和尚禅师》:"扇车～断。"明《醒世恒言》卷三七:"子春见说原与他银子,又像一个跳虎拨着一～子直竖起来,急松松跟着老者径到西廊下第一间房内。"清纪昀《阅微草堂笔记》卷一四:"手足与目与舌,皆施～,能屈伸运动。" ❷ 比喻事物的关键处。《祖堂集》卷一六《黄檗和尚》:"横说竖说未知有向上一～子。"宋克勤《碧岩录》七则:"雪窦识得法眼～。"《朱子语类》卷一〇:"读书,须是知贯通处,东边西边,都触着这～,方得。"明沈德符《万历野获编》卷二五:"其中有巧孙者,故马氏粗婢,貌奇丑而声遏云。于北词～窍妙,备得真传。" ❸ 比喻语言中所含的机巧。明《金瓶梅词话》七三回:"参透赵州～子,好姻缘做恶姻缘。"《古今小说》卷二九:"自到川中数十年,曾在毗卢顶上眠。欲透赵州～子,好姻缘做恶姻缘。" ❹ 比喻道理。宋曾季狸《艇斋诗话》:"后山论诗说换骨,东湖论诗说中的,东莱论诗说活法,子苍论诗说饱参,入处虽不同,然其实皆一～,要知非悟不可。"陆游《上执政书》:"夫文章小技耳,然与至道同一～。"

【关领】　guān lǐng　支取;领取。元明《水浒传》一一九回:"部下偏将,亦各请受恩赐,听除管军管民,护境为官,～诰命,各人赴任,与国安民。"明陆容《菽园杂记》卷一:"予奉命犒师宁夏,内府乙字库～军士冬衣,见内官手持数珠一串,色类象骨而红润过之。"《明史·舆服志四》:"凡公差,以军情重务及奉旨差遣给驿者,兵部既给勘合,即赴内府,～符验,给驿而去,事竣则缴。"

【关楼】　guān lóu　城墙上用以瞭望的小楼。唐苗晋卿《奉和圣制早登太行山中言志》:"～前望远,河邑下观平。"《资治通鉴》卷二五四:"夜,纵火焚～俱尽。"

【关虑】　guān lǜ　关心。唐于邵《为柳州郑郎中谢上表》:"牙管一双,未尝～;竹书兼两,何敢经怀。"

【关门状】　guān mén zhuàng　官府不受理的状子。《元曲选·黑旋风》三折:"原来他便是白衙内,我告了～,可着谁人救我那?"明《醋葫芦》一四回:"其实这张状子他人做不来的,那些后辈们不知世务,一为只晓狠话,做些～,收放不得。"

【关目】　guān mù　❶ 戏曲小说的情节、手法。明汤式《一枝花·卓文君花月瑞仙亭》:"传奇无准绳,～是捏成。"张岱《陶庵梦忆》卷八:"阮圆海家优,讲～,讲情理,讲筋节,与他班孟浪不同。"清《聊斋志异·鼠戏》:"歌声甫动,则有鼠自囊中出,蒙假面,被小装服,自背登楼,人立而舞。男女悲欢,悉合剧中～。" ❷ 指戏剧剧目和戏剧演出。明《金瓶梅词话》六四回:"子递鼓板响动,递上～揭帖。两位内相看了一回,拣了一段《刘知远红袍记》。"又六

三回:"下边鼓乐响动,～上来。生扮韦皋,净扮包知水。" ❸ 比喻关窍、隐含的内情。明《金瓶梅词话》九八回:"那王六儿见他两个说得入港,看见～,推个故事,也走出去了。"《古今小说》卷一:"那妇人听得说着了他紧要的～,羞的满脸通红,开不得口,一发号啕大哭起来。"《警世通言》卷三五:"凡事直言无隐,今日这件私房～,也去与他商议。"

【关念】　guān niàn　关心挂念。唐张子明《孤雁》:"江南塞北俱～,两地飞归是故乡。"《宋史·陈亮传》:"三十年之餘,虽西北流寓皆抱孙长息于东南,而君父之大仇一切不复～,自非海陵送死淮南,亦不知兵戈为何事也。"明李梅实《精忠旗》三三出:"老先儿千万保重,皇爷十分～哩。"

【关扑】　guān pū　以赌博的方式进行买卖。宋《西湖老人繁胜录》:"～螺钿交椅、螺钿投鼓、螺钿鼓架、螺钿玩物。"吴自牧《梦粱录》卷一三:"大街～,如糖糕、灌藕、时新果子、像生花果、鱼鲜猪羊蹄肉。"《元典章·刑部十九》:"禁约诸人不得赌博钱物并～诸物。"

【关窍】　guān qiào　❶ 身体的关节孔窍。唐罗隐《谗书》卷四:"士人以为不可:'神尚洁也,通七窍应胸藏,必有尘滓之物,点入其中,不若吾立块而瞠,不通～。'"清《红楼梦》五〇回:"取鼻烟来,给他嗅些,通打几个嚏喷,就通了～。" ❷ 比喻道理或事情的关键。宋《朱子语类》卷二一:"如这五事,众人岂不见得。但说时定自是别有～,决不及圣人也。"明赵钲《晏林子》卷一:"今人常虚怀物外,雅慕向公曰:'嫁娶未毕,尚滞佳期。夫嫁娶何与吾事?吾人自为儿女作驵僧耳。俗缘难断,终阻遐踪。儿女催人,何能了了?终是透此～不得尔。'" ❸ 机关;圈套;诀窍。明《西游记》三一回:"我却还害酒哩,假若被他筑上一耙,却不灭了这个威风,识破了那个～。"《古今小说》卷一〇:"那倪太守是读书做官的人,这个～怎么不明白。"清《聊斋志异·梦狼》:"弟子居衡茅,故不知仕途之～耳。"

【关切】　guān qiè　❶ 关系;牵涉。明朱长祚《玉镜新谭》卷二:"窃见今太监魏忠贤,性狡而贪,胆粗而大,口衔天宪,手握王爵,如盗利权,误陵工,为通天第一大罪,而～于臣之职掌者。"清《聊斋志异·珠儿》:"母曰:'何不一归宁?'曰:'人既死,与骨肉无～。'" ❷ 与事情密切相关、切近。明沈德符《万历野获编》卷一五:"其年之三月,将遣主考,巡按浙江御史王世扬,条陈科场事宜数款,其语俱～可行。" ❸ 距离近。清《聊斋志异·雹神》:"天师曰:'适奉旨雨雹,故告辞耳。'公问:'何处?'曰:'章丘。'公以接壤～,离席乞免。天师曰:'此上帝玉敕,雹有额数,何能相徇?'" ❹ 关心;关照。清沈复《浮生六记》卷三:"时余痴心不昧,强对曰:'死生有命。君果～,伴我何如?'"《红楼梦》一〇四回:"贾政吐舌道:'吓死人!吓死人!倒蒙各位大人～,且喜没什么事。'" ❺ 关系密切。清《红楼梦》一〇四回:"各大人有与贾政～的,都在里头等着。"《醒世姻缘传》七四回:"兄弟同枝夫并穴,赤绳紫荆相结。恩义俱～,今古不渝如石铁。"

【关亲】　guān qīn　❶ 亲属。金《董解元西厢记》卷八:"杜太守端的是何人? 与自家是旧友、～?"清胡文英《吴下方言考》卷四:"～,犹言通痒相关之亲也,今吴中凡有丝萝皆曰～。" ❷ 沾亲;有亲戚关系。《金史·世宗纪中》:"己卯,制纠弹之官知有犯法而不举者,减犯人罪一等科之,～者许回避。"《元曲选外编·西厢记》二本一折:"虽然是不～,可怜见命在逡巡,济不济权将秀才来尽。"明《二刻拍案惊奇》卷七:"董家～的,莫如祝氏最切。他两世嫁与董家。"

【关情】　guān qíng　❶ 动情;牵惹情怀。唐张鹭《游仙窟》:

"天生素面能留客,发意～并在渠。"《元曲选·张生煮海》一折:"海岸东头信步行,听琴女子最～。"清《聊斋俚曲·襄妒咒》:"仲笑说:'这是那表兄弟～处。'" ❷ 注意;重视。唐姚岩杰《报颜标》:"眼前俗物一少,醉后青山入意多。"宋米友仁《醉春风》:"万事莫～,月夕风前,依旧须豪放。"明刘基《鹧鸪天·冬暖》:"尘劳事,莫～,清风皓月共忘形。"

【关请】 guān qǐng ❶ (官府)发放或(从官府)领取。《宋史·兵志七》:"今欲依押送逃军格,每二十人各差使臣一员付与系押送人,各踏逐稳便官屋安泊,依易养法～钱米存养,候晴和,管押前去。"元明《水浒传》一一九回:"愿为民者,～银两,各各还乡为民当差。" ❷ 行文呈请。《元典章·户部八》:"以望刑法得中,不失恤刑之意,～会议施行。"《元史·河渠志二》:"本县准言,至八月三十日差夫二千四百二十,～郝承务督役。"

【关取】 guān qǔ ❶ 领取。宋苏辙《乞裁损待高丽事件札子》:"每三日或五日买时物花果之类送进奉使副,并上中下节,阙即再～。"洪迈《夷坚志》甲卷六:"左司理陈燿,梦朱衣吏着平上帻揖庭下曰:'设醮钱已符右院～。'" ❷ 行文提取。明《二刻拍案惊奇》卷四:"待本院廉访得实,当有移文至彼知会,～尔等到此明冤。"清《续金瓶梅》五回:"来提一干人犯,上柱死城～潘金莲、王婆去审。"

【关券】 guān quàn ❶ 合同文书;契约。明《禅真后史》一回:"况这纸～乃无用之物,要他何干?" ❷ 邮传凭证。《明史·职官志一》:"凡邮传,在京师曰会同馆,在外曰驿,曰递运所,皆以符验～行之。"

【关煞】 guān shà 迷信指命中注定遭逢的灾难或厄运。明《古今小说》卷二八:"幼年间爹娘与我算命,说有～难养,为此穿破两耳。"清《说岳全传》一回:"要看看孩儿,若有～,好与他解除消灾。"《飞龙全传》二六回:"他的命里,该有这一遭～大难。"

【关涉】 guān shè ❶ 关联;牵涉。《唐律疏义》卷六:"尚书省虽管州、府,文案若无～,不得常为监临。"宋《朱子语类》卷一一:"问:'读《通鉴》与正史如何?'曰:'好且看正史,盖正史每一事～处多。'"清《红楼梦》八一回:"就是好了,也不过是风云月露,与一生的正事毫无～。" ❷ 关系;对人或事物的影响、作用或后果。唐刘知几《史通》卷二二:"此则才行事迹,莫不阙如,而言有～,事便显露,所谓因言语而可知者。"宋周密《癸辛杂识》前集:"此事～尤大。"

【关试】 guān shì 唐宋时吏部对进士的考试,合格者方可任官。《太平广记》卷一七八引唐李肇《国史补》:"近年及第,未过～,皆称新及第进士。"《宋史·选举志一》:"登科之人,例纳朱胶绫纸之直,赴吏部南曹试判三道,谓之～。"

【关送】 guān sòng 递送,发送;送达。《太平广记》卷二〇引唐郑怀古《博异志》:"门人曰:'此皆诸仙初得仙者,～此国,修行七十万日,然后得至诸天。'"宋陈均《九朝编年备要》卷八:"及准为枢密使,中书事有～枢密院,碍诏格者,准奏之。"《宋史·礼志二十七》:"今后并令礼官取行状定谥,送考功详覆,～史馆,永为定式。"

【关锁】 guān suǒ ❶ 门锁。也指能关闭或锁住的东西。《旧唐书·天文志上》:"皆于柜中各施轮轴,钩键交错,～相持。既与天道合同,当时共称其妙。"《五灯会元》卷二〇《教忠弥光禅师》:"龟毛拈得笑吩吩,一击万重～开。"清郑燮《道情》之三:"山门破落无～,斜日苍黄有乱松。" ❷ 关闭上锁。《敦煌变文校注》卷四《太子成道经》:"据是圣力取来,其房门～,宫人不睡,此者有何之计?"《元曲选·救孝子》楔子:"今去取春香,归家拆旧

裳。～门和户,亲自到西庄。"清袁枚《续子不语》卷五:"太守官浙中,宅久～,留仆守之。" ❸ 禁闭;关押。《古尊宿语录》卷三《黄檗断际禅师宛陵录》:"千重～锁不得。万丈绳索索他不住。"明《醒世恒言》卷一七:"太公～小官人,也不是长法。"《隋史遗文》五回:"这两名人犯是我解来的,有谨慎的去处,替我～好了。" ❹ 尘封。《五灯会元》卷六《茶陵郁山主》:"遂有颂云:'我有神珠一颗,久被尘劳～。'" ❺ 指诗歌的关键处。宋吴可《藏海诗话》:"'白鸥没浩荡,万里谁能驯?''没'若作'波'字,则失一篇之意。如鸥之出没万里,浩荡而去,其气可知。又'没'字当是一篇暗～也,盖此诗只论浮沉耳。"明郎瑛《七修续稿》卷五:"吾友丰考功坊《纳凉碧汌》诗曰:'此诗流丽畅逸,而第七句～处,即景生情,警拔深契云卿家法。'"

【关提】 guān tí 行文拘提逃匿异地的人犯。宋苏轼《与程正辅四十九首》之二九:"访闻诸路转运司,有折科二税过重,致民间输纳倍费涉于搉买者,令提举司察～,转先次改正,依条折科讫奏。"明《醒世恒言》卷三四:"那时朱常儿子朱太已在按院告准状词,批在浮梁县审问,行文到婺源县～人犯尸棺。"清袁枚《子不语》卷一:"乃移文专差～至济南,果有其人。"

【关天】 guān tiān ❶ 由天决定。唐李白《中山孺子妾歌》:"一贵复一贱,～岂由身。"《太平广记》卷一四九引唐柳祥《会昌解颐录》:"夫人生死有命,富贵～。"《敦煌变文校注》卷一《伍子胥变文》:"自古人情有别离,生死富贵总～。" ❷ 要命;危及生命。唐张鷟《游仙窟》:"面非他舍面,心是自家心,何处～事,辛苦漫追寻。"《敦煌变文校注》卷三《燕子赋(一)》:"杖十以上～,去死不过半寸。" ❸ 关系重大。《元曲选·留鞋记》四折:"人命～非细事,举头岂可没神明。"明《封神演义》一六回:"人命～,岂容恶党!"

【关通】 guān tōng 串通;勾结。五代孙光宪《北梦琐言》卷一四:"时同列崔昭纬与韦昭度及碛素不相协,王行瑜专制朝廷,以判官崔铤入阙奏事,与昭纬～,因托铤致意,由是行瑜率三镇胁君,碛亦遇害。"宋孔仲平《续世说》卷一二:"孟简佞佛,镇襄阳,以腹心吏陆翰如上都进奏,委以～中贵。"《明史·食货志五》:"长澳诸大侠林恭等勾引夷舟作乱,而巨奸～射利,因为向导,蹯我海滨,宜正典刑。"

【关头】 guān tóu ❶ 边关。唐贾驰《入关》:"河上微风来,～树初湿。"李端《关山月》:"露湿月苍苍,～榆叶黄。" ❷ 即"关顶"。明《金瓶梅词话》八三回:"既无此事,还把这根簪子与你～,我不要你的。" ❸ 重要时机;关键时刻。明文秉《烈皇小识》卷四:"业风吹破进贤冠,生死～着脚难。"清李玉《清忠谱》九折:"患难～存意气。" ❹ 关口;要害处。明《新刻绣像批评金瓶梅》一回:"单道世上人营营逐逐,急急巴巴,跳不出七情六欲～。"《拍案惊奇》卷四〇:"此时虽无非常急事,却是住与不住是我一生了当的事,～所差不小。"

【关透】 guān tòu 相关而相通。宋《朱子语类》卷一九:"二先生说,自有相～处,如伊川云:'有主则实。'又云:'有主则虚。'如孟子云:'生于其心,害于其政;发于其政,害于其事。'……自当随文、随时、随事看,各有通彻处。"

【关亡】 guān wáng 一种能与亡灵沟通的巫术。清《五色石》五回:"我家老苍头认得两个女巫,一个姓赵的,极会～。"又:"如今且说韦氏因梦中所见,心怀疑忌,与喜家老妪商量,要寻个～召神的女巫来问问。"

【关文】 guān wén ❶ 通关文书;证明身分供关口查验的文书。《元史·刑法志二》:"使还人员,除军情急务外,日不过三驿,

驿官仍于～标写起止程期,违者各笞二十七,再犯罢役。"明张瀚《松窗梦语》卷七:"革泛滥之～,驿地苏困。"《明史·土司·施州》:"忠孝安抚司把事田春者数十人称入贡,伪造～,骚扰驿传,应天巡抚以闻。"❷官府间查询、通报的平行文书。《元典章·兵部三》:"各处所设脱脱禾孙,止凭前站～即行应付,并不盘当,习成此弊。"明《警世通言》卷二四:"却说公子行下～,到北京本司院提到苏州一秤金依律判罪。"清李玉《清忠谱》四折:"这工程,岂泛常。你急催银,莫待商。〔末〕共有几项～?"

【关系】guān xì　❶关联;牵涉。《大宋宣和遗事》前集:"这个阴阳,都～着皇帝一人心术之邪正是也。"清顾炎武《日知录》卷二八:"乃近日上官苦役苛责甚于奴仆,官之辱,法之屈也,此事～世道。"❷对相关事物造成的作用和影响。《宋史·选举志四》:"狱官～尤重,新及第人为司理参军,固未精习,令长吏察视,不胜任者,奏判、司、簿、尉易其官。"《金史·宗浩传》:"惟是名分之谕,今昔事殊,本朝皇帝本无佳兵之意,况～至重,又岂臣子之所敢言?"清纪昀《阅微草堂笔记》卷三:"漂荡间,闻人语曰:'可救起福建学院,此有～,勿草草。'"❸干系;牵涉到的后果或责任。宋周密《癸辛杂识》前集:"若然,则～甚大,恐妖异所为,非人力能措手,惟有祈哀所事香火,或可徼神明之庇耳。"《元曲选·誶范叔》二折:"但此事～非小,今日难得老相国降临,乞差人召来与须面对,审问一个明白。"清《聊斋俚曲·磨难曲》:"设或他受招安了,他再有差池,这个～不小。"

【关限】guān xiàn　关隘;防御工事。宋《朱子语类》卷一二一:"如攻寨,须出万死一生之计,攻破了～,始得。而今都打寨未破,只循寨外走。"

【关厢】guān xiāng　❶城门外街道和附近的居民地区。《元史·刑法志三》:"诸大都南北两城～,设立盐局,官为发卖,其余州县乡村并听盐商兴贩。"明刘元卿《贤弈编》卷二:"多差兵士,以钱锢分佐～铺店,赁借楼屋腰檐瓦若干。旬月新瓦到,如数陪还。"清《醒世姻缘传》三一回:"四～立了四个保婴局,每局里养了十数个妇人。"❷城郭附近的亭舍。清顾炎武《日知录》卷二二:"其都亭则如今之～。司马相如往临邛舍都亭,严延年至都亭,不肯入府。"

【关心】guān xīn　❶牵动情怀;牵惹情绪;触动心事。五代顾敻《荷叶杯》:"我忆君诗最苦,知否? 字字尽～。红笺写寄表情深,吟摩吟,吟摩吟?"宋赵汝鐩《怀亭父》:"久雨天山秋得意,西风一雁客～。"明《二刻拍案惊奇》卷一二:"岂知姊妹行中心路最多,一句～,陡然疑变。"❷忧心;挂心。《旧唐书·柳泽传》:"臣实愚朴,志怀刚励,或闻政事之不当,事之不直,常慷慨～,梦寐怀愤。"明孟称舜《娇红记》四二出:"白头失偶最堪伤,儿女～愁断肠。"《石点头》卷二:"处处游之不迩,观之不尽,妙惠有事～,勉强应承而已。"❸常放在心上。宋欧阳修《与梅圣俞四十六通》之二〇:"他事非独不挂口,亦不～,固无浅深可示人也。"明梁辰鱼《浣纱记》二三出:"别来岁月更,两下成孤另。我日夜～,奈人远天涯近。"

【关眼】guān yǎn　❶放在眼里。唐杜甫《回棹》:"巾拂那～,瓶罍易满船。"陆龟蒙《记事》:"图书筐箧外,～皆剩长。"❷事物的关键处。《古尊宿语录》卷四八《佛照禅师奏对录》:"上曰:'莫便是昨日道谛当甚谛当,敢保老兄未彻'么?'师云:'陛下须具透～始得。'"《五灯会元》卷一四《长芦清了禅师》:"只么承当,自是平常快活。还有具透～底么?"❸物体上用来穿插拴系的洞孔。元明《水浒传》贯华堂本二七回:"见纸炉边一个青石墩,有个～,是缚竿脚的。"△清《儿女英雄传》二八回:"那井口边

也堆着一个碌碡,那碌碡上也有个～儿。"

【关宴】guān yàn　唐宋进士关试后举行的宴会。五代王定保《唐摭言》卷三:"进士题名,自神龙之后,过～后,率皆期集于慈恩塔下题名。"宋王禹偁《初拜拾遗游琼林苑》:"～曾游此绶行,五年为吏别仙乡。"

【关由】guān yóu　❶关涉;有关联。《太平广记》卷三〇八引唐薛用弱《集异记》:"佑之此官,亦人世之中书令耳,六合之内,靡不～。"❷经过;经由。《资治通鉴》卷一九三:"朕则不然。择天下贤才,置之百官,使思天下之事,～宰相,审熟便安,然后奏闻。"又卷二七七:"至是,汉琼直以中宫之命取府库物,不复～枢密院及三司,亦无语文书,所取不可胜纪。"宋沈括《梦溪笔谈》卷一:"至后唐庄宗复枢密使,使郭崇韬、安重海为之,始分领政事,不～中书直行下者谓之'宣',如中书之敕。"❸官府发给的凭证。《元典章·户部八》:"将前项禾货赴永州在城商税务投税,就纳中统钞五两,给到印信～二纸。"

【关于】guān yú　介词。❶引进某种事物的关系者,组成介词结构(后面常加"者")作定语。宋司马光《请建储副或进用宗室第一状》:"臣窃惟陛下天性纯孝,振古无伦,事无大小,～祖宗者,未尝不勤身苦体,小心翼翼,以奉承之。"《宋史·职官志三》:"旌节章服之颁,祥瑞表奏之进,凡～礼乐者,皆掌之。"❷引进某种行为的关系者,组成介词结构作状语。明宋濂《辛亥京畿乡闱纪录序》:"而～考功,复课试其可者而第之,此其初制也。"

【关约】guān yuē　契约;合同文字。明《禅真后史》一回:"他如今在这里安身不稳,就欲起程回去,因无盘缠,将这张～押弟五钱银子。"清《珍珠舶》六回:"崔生道:'吾兄文誉,久已噪人两耳。若果见允,即刖以～相订。'"

【关照】guān zhào　口头通知。宋胡太初《昼帘绪论·催科》:"民户之受害者,莫甚于已纳重追,皆由案吏不相～,乡胥不与销豁。"《元典章·户部八》:"本部主事张承直～,得钦奉圣旨,节该商税三十分取一。"

【关着】guān zháo　关系到。《元曲选·陈州粜米》一折:"俺看承的一合米～八九个人的命,又不比山麋野鹿众人争。"明《拍案惊奇》卷三八:"～许多骨肉亲疏的关目在里头,听小子从容地表白出来。"《二刻拍案惊奇》卷二〇:"纵是至亲骨肉,～财物面上,就换了一条肚肠,使了一番见识,当面来弄你,算计你。"

【关支】guān zhī　❶由官府发放,或从官府领取。《元曲选·勘头巾》二折:"这的是远仓粮犹未～。"《元史·顺帝纪八》:"御史台臣言:'先是召募义兵,费用银钞一百四十万锭,多近侍、权幸冒名～,率为虚数。'"清赵慎畛《榆巢杂识》卷上:"乾隆五十一年夏间,京城米价稍昂,又遇闰月,特降旨将京员应领秋季俸米移前一月,于闰七月～。"❷糟蹋;拱手让给人。明李梅实《精忠旗》三六出:"你使尽了无端狂肆,那锦江山一任你莽～!"

【关咨】guān zī　征求意见。《新唐书·董晋传》:"方窦参得君,裁可大事不～晋,晋循谨无所驳异。"《资治通鉴》卷一三九:"乃谋出鸾于西州,中敕用事,不复～于鸾。"

【关字】guān zì　上级给下级的公文。明《朴通事谚解》卷上:"小人也得了札付～便上马。"

【关子】guān zi　❶谓界限。宋《朱子语类》卷一五:"物格、知至,是一截事;意诚、心正、身修,是一截事;家齐、国治、天下平,又是一截事。自知至交诚意,又是一个过接～;自修身交齐家,又是一个过接～。"❷关节,指权贵周围的亲信。以其请托必得,故称。《新唐书·李逢吉传》:"其党有张又新,……及训八人,而傅会者又八人,皆任剧要,故号'八关十六子'。有所求请,先略

~，后达于逢吉，无不得所欲。" ❸ 南宋的一种纸币。宋《三朝北盟会编》卷七三："何献更携御前降到榷货务，兑便盐钱空头~三十万缗。"吴自牧《梦粱录》卷一三："官司又印造会~，自十五界至十八界行使。至咸熙年间，贾秋壑为相日，变法增造金银~，以十八界三贯准一贯~，天下通行。"元陶宗仪《辍耕录》卷一九："归附后，入京上书言相，并献至元钞样。此样在宋时尝进呈，请以代~。朝廷不能用，故今别改年号复献之。"明陆容《菽园杂记》卷八："宋有交子、会子、~、钱引、度牒、公据等名，皆所以权变钱货，以趋省便。" ❹ 某些凭证。宋苏轼《论河北京东盗贼状》："欲乞特敕两路，应贩盐小客，截自三百斤以下，并与权免收税，仍官给印本空头~，与灶户及长引大客，令上历破使逐旋书填月日姓名斤两与小客，限十日内更不用行。"《宋会要辑稿·食货一》："三年五月七日诏止蔡州客户请射田，追收已给~。"陆游《老学庵笔记》卷一："宣和间，亲王、公主及他近属戚里，入宫辄得金带~。得者旋填姓名卖之。" ❺ 即"关文❷"。《元曲选·潇湘雨》四折："昨日打将前路~来，道廉访使大人在此经过。"明《二刻拍案惊奇》卷三九："知县即唤书房写下捕盗批文，差下捕头两人，又写下~，关会长、吴二县，必要拿见懒龙到家。"清《醒世姻缘传》八九回："前日扬州府江都县没行~到老爷县里查么？"

【观察】guān chá ❶ 称缉捕人犯的衙吏。宋周密《癸辛杂识》前集："汤~以其为好手，不过一酒徒耳。"元明《水浒传》六二回："回复梁中书，着落大名府缉捕~，限了日期，要捉凶身。"明《古今小说》卷三六："做公的看了壁上四句言语，数中一个老成的叫做周五郎周宣，说道：'告~，不是别人，是宋四。'" ❷ 称禁军教师或内廷侍卫。元明《水浒传》五六回："到得班门口，邻舍说道：'娘子在家失盗，等候得~不见回来。'"又七二回："原来那班直姓王，燕青道：'莫非足下是张~？'"

【观场】guān chǎng ❶ 看热闹。明张岱《陶庵梦忆》卷八："如矮人~，仅见鞋靸而已。"清毛奇龄《西河词话》卷二："或者在栏外~，可妄引孺子心中无伎以自尉。" ❷ 参加科举考试的委婉说法。明《警世通言》卷一八："年年科举，岁岁~，不能得朱衣点额，黄榜标名。"清《醒世姻缘传》三七回："提学道行文岁考，各州县出了告示考试童生。狄宾梁也要叫儿子出去~。"

【观风】guān fēng ❶ 观赏风景。唐张九龄《送广州周判官》："~犹未尽，早晚使回车。"明《西游记》二八回："想是老和尚坐不住，往那里~去了。" ❷ 为进行秘密活动的人观察动静。明《金瓶梅词话》二五回："只见玉箫那狗肉，在角门首站立，原来替他两个~。"《石点头》卷四："先把两个银戒指赏着春来，教他~做脚，防守门户。" ❸ 指学政或御史每到一地考试生员。明《型世言》四〇回："每府都去考察官吏，审录狱囚，~生员。"清《醒世姻缘传》三三回："渐渐地与他贺节令，庆生辰，成了熟识，或遇~，或遇岁考，或遇类试，都可以仗他的力量，考在前边。"《绿野仙踪》八十回本四回："此人最重斯文，一到任就~课试，总не见个真才。"

【观局】guān jú 看人下棋。明《西游记》二六回："见白云洞外，松阴之下，有三个老儿围棋，~者是寿星，对局者是福星、禄星。"清《红楼梦》六二回："探春便和宝琴下棋，宝钗、岫烟~。"

【观绝】guān jué 看尽；看完。元马致远《赏花时·弄花香满衣》："猛~，宜簪带，行不顾香泥绿苔。"周文质《新水令·思忆》："柳青青，竹亭亭，~楼头潇潇景，想尽花间怯怯情。"

【观看】guān kàn 阅读。《祖堂集》卷二〇《五冠山瑞云寺和尚》："~教典，推寻古迹，通观一人成佛方样，应知三遍成佛耳。"明《醒世恒言》卷六："他在林中把册书儿~，被我一弹，打了

执书这狐左眼，遂弃书而逃。"《封神演义》六回："将本献上，两边侍御官接本在案。纣王展开~。"

【观窥】guān kuī 观察。《元曲选·魔合罗》四折："枉塑你似观音像仪，怎无那半点儿慈悲面皮？空着我盘问你，你将我不应对，我彻上下细~到底。"又《盆儿鬼》三折："那里每汪汪犬吠，隐隐疏篱。俺这里举目~，原来是竹坞人家傍小溪。"

【观论】guān lùn 圆社市语。观看别人踢球（圆情）。明《隋史遗文》二一回："公子也离了座位，立到牌楼下来。那座下各处抛场子弟，把持行头，尽来看美女圆情。"

【观盼】guān pàn 四下观望。明《金瓶梅词话》一三回："这潘金莲单单把眼四下~，影影绰绰，只见一个白脸在墙头上探了探就下去了。"

【观觑】guān qù 窥探；观察，阅览；观赏；观看。金《刘知远诸宫调》二："去移时不至，知远自来~。"《大宋宣和遗事》前集："又把开天书一卷仔细~。"《五代史话·梁上》："太宗皇帝一日宣唤袁天纲入司天台~天文，推测世运。"元佚名《新水令》："宜~，堪画图，可人意要知音律。"明《西游记》九四回："国王听言，胆战心惊，不敢~。"

【观玩】guān wán 观览玩味；观赏玩味；参观赏玩。宋《朱子语类》卷一〇一："无可如何，遂回入书室中作小册，尽写经传中文有宽字者于册上以~，从此后遂不性兢矣。"周密《武林旧事》三："俗以是日为马本命，凡骑厩邸第上乘，悉用五彩为鬃尾之饰，奇鞯宝辔，充满道途，亦可~也。"清《红楼梦》二九回："这里贾母带着众人，一层一层的瞻拜~。"

【观席】guān xí 陪席。明《金瓶梅词话》六五回："黄太尉便是肘件大饭簇盘、定胜方糖、五老锦丰堆高顶吃看大插桌。~两张小插桌，是巡府、巡按陪坐。"

【观相】guān xiàng ❶ 看相；相面。明《金瓶梅词话》二九回："周老总兵相约，看他老夫人目疾，特送来府上~。"又："神仙道：'贫道未曾~，岂可先要赐斋。'" ❷ 观察；端详。明《金瓶梅词话》二九回："神仙道：'请先观贵造，然后~尊容。'"

【观音扭】guān yīn niǔ 武术招式。双拳或双拳相并格击的姿势。明《西游记》四三回："只见他丢了枪，一双手合掌当胸，再也不能开放。至今留了一个~，即此意也。"

【观占】guān zhān 观看。《敦煌变文校注》卷四《太子成道经》："父王闻道太子归宫，遣人~太子喜与不喜？"金《刘知远诸宫调》二："陌地~，抬头仰视，这雨多应必瞇。"又一二："九州经略~罢，不知有何事交加，叫声苦不知高下。"

【观政】guān zhèng 进士出身分到六部任主事，叫观政。明刘元卿《贤奕编》卷一："周中丞公延初第时，与其里中进士曾某同~刑部，共僦一寓，共赁一马，更乘出入。"《明史·选举志二》："使进士~于诸司，其在翰林、承敕监等衙门者，曰庶吉士。"

【观坐】guān zuò 道家的一种修炼法。宋庄绰《鸡肋编》卷中："一日方~，为妹夫蔡交以杖击户，神惊不归，自尔遂失心。"

【官】guān ❶ 对男子的尊称。明《警世通言》卷二八："小乙~，着了雨，不知要何处上岸？"又："老陈，把伞来与小乙~去。" ❷ 仙官的简称，道教用以指称神仙。唐包佶《宿庐山赠白鹤观刘尊师》："苍苍五老雾中坛，杳杳三山洞里~。"《太平广记》卷五八引五代杜光庭《集仙录》："须臾司命神仙诸隶属，及南岳迎~并至。"

【官媪】guān ào 即"官媒婆"。明《拍案惊奇》卷一九："太守越敬他知礼，点一~伴送他到家，另自差人旌表。"

【官罢】guān bà 即言罢官，指解除或辞去官职。唐李嘉佑

《送韦邕少府归锺山》:"祈门～后,负笈向桃源。"明谢肇淛《五杂组》卷二:"余乡有一二缙绅,凡事必择日。裁衣、宴会之类,无不视历。然而～、子死,家居杳无吉岁也。"清屈大均《广东新语》卷一六:"今为官,昔为民,～乃还其真。"

【官班】 guān bān　官职的等级。唐刘禹锡《送李友路秀才赴举》:"荣亲在名字,好学弃～。"《旧五代史·梁书·太祖纪四》:"如能枭斩温韬,或以镇寨归化,必加厚赏,仍奖～,兼委本界招复人户,切加安存。"清屈大均《广东新语》卷九:"陈文忠在刑部狱,值履端及万寿圣节。圜中故事,是早,依～向天北拜。"

【官报私仇】 guān bào sī chóu　假借公事以发泄私愤。《元曲选·神奴儿》四折:"你为甚么将这李德义来揪捽捆打? 必然～。"元明《水浒传》三四回:"量花荣如何肯背反朝廷? 实被刘高这厮无中生有,～,逼迫得花荣有家难奔,有国难投。"

【官本】 guān běn　❶ 官府刻印或收藏的书本。唐封演《封氏闻见记》卷二:"开元以来,省司将试举,又皆先纳所习之本,文字差互,辄以习本为定。义或可通,虽与～不合,上司务于收奖即放过。"宋欧阳修《晋贤法帖》:"后有尚书郎潘师旦者,又择其尤妙者别为卷第,与刘氏本并行。至余集录古文,不敢辄以～参入私集,遂于师旦所传,又取其尤者,散入录中。"元陶宗仪《辍耕录》卷一五:"淳化～法帖,今不复多见。"❷ 官府向百姓贷款的本钱。《唐会要》卷九三:"前件捉钱人等,比缘皆以私钱添杂～,所防耗折,禅补官利。"《新唐书·食货志五》:"初,捉钱者私增公廨本,以防耗失,而富人乘以为奸,可督者私之,外以逋官钱迫蹙闾里,民不堪其扰。御史中丞崔从奏增钱者不得逾～。"❸ 官府所付出的本钱。宋苏轼《乞赐州学书版状》:"今若赐与州学,除已收净利外,只是实破～六十一贯五百一十二文,伏乞详酌施行。"沈括《梦溪笔谈》卷一二:"国朝茶利,除～及杂费外,净入钱禁榷时取一年最中数,计一百九万四千九百九十三贯八百八十五,内六十四万九千六十九贯茶净利,四十四万五千二十四贯六百七十茶税钱。"《元史·太平传》:"时粟贵而金银贱,太平请出～,委官收市之,所得不赀,其后兵兴,卒获其用。"❹ 官钱,国家印发的钞票。《宋史·食货志下四》:"然自皇佑以来,屡下诏书辄及之,命给亭户～,皆以实钱;其售额外盐者,给粟帛为粮;……而有司罕有承顺焉。"❺ 官府刻印纸币的版式。元刘时中《端正好·上高监司》之二:"配成五对为～,工墨三分任削除,设制久无更故。"

【官捕】 guān bǔ　即"捕快"。明《警世通言》卷一五:"江南人说阴捕,就是北方叫番子手一般,其有官有名者谓之～,帮手谓之白捕。"

【官舱】 guān cāng　旧时客船中的正舱或轮船中的高级舱位。明《古今小说》卷一九:"喊天叫地,各舱人听得,都走来看,也惊动了～里周、杨二公。"清《醒世姻缘传》一五回:"临要上岸,又与小班鸠在～后面,却不知做了些甚么事件,端吁吁的出来。"

【官槽】 guān cáo　❶ 公家养马的地方。唐白居易《想东游五十韵》:"驿舫妆青雀,～饫紫骝。"宋龙衮《江南野史》卷八:"见～有马,因问之,左右对曰:'昔部民竞之,穷按道理,各有所据,前政未能区别,遂系于官,且二年矣。'"❷ 官府酿造的酒。宋范成大《次韵徐廷献机宜送自酿石室酒》之二:"清绝仍香如橘露,甘馀小苦似松肪。～重浊那知此,付与街头白面郎。"《宋史·食货志下七》:"明年,遍下其法于四路,岁递增至六百九十馀缗,凡～四百所,私店不预焉,于是东南之酒额日增矣。"

【官差】 guān chāi　❶ 官方差遣。唐赵璘《因话录》卷五:"宝历中,余下第还家,于京洛途中,逢～递夫张骞槎。"清袁枚《续子不语》卷一〇:"我实奉～拘犯人。"❷ 官府的差事。《五

灯会元》卷一八《天童普交禅师》:"林下无情客,～逼杀人。"元刘时中《端正好·上高监司》之二:"他那想赴京师关本时,受～在旅途,耽惊受怕过朝暮。"❸ 官府所派劳役。明王錂《寻亲记》五出:"筑堤～紧,缺少钞支吾。"又:"～只不过费财,得钱儿夫事解。"❹ 在公家担任的职务。《元曲选·汉宫秋》二折:"虽然似昭君般成败都皆有,谁似这做天子的～不自由。"❺ 在衙门当差的人。清《聊斋俚曲·磨难曲》:"小荒村不大远,您坐一坐,替你把～谢一谢,再凑几两银子与哥哥。"

【官场】 guān chǎng　❶ 官府设立的市场。唐杜甫《寄张十二山人彪三十韵》:"～罗镇碛,贼火近洮岷。"《宋史·食货志下五》:"淳化三年,监察御史薛映、秘书丞刘式等请罢诸榷务,令商人就出茶州军～算买,又大省辇运,而商人皆就新茶得。"明姜清《姜氏秘史》卷三:"辛巳,淮安分司置东～盐课司。"❷ 官府划定的种植场所。《旧唐书·食货志下》:"岂有令百姓移茶树就～中栽,摘茶叶于～中造作? 有同儿戏,不近人情。"《新唐书·食货志五》:"其后王涯判二使,置榷茶使,徙民茶树于～,焚其旧积者,天下大怨。"❸ 官府所设立的铸造场所。宋龙衮《江南野史》卷三:"诸郡之民复盗铸者颇多,而轻小,环外芒刺不及～圆净。"元陶宗仪《辍耕录》卷一七:"句容器非古物,盖自唐天宝间,至南唐后主时,于升州句容县置～以铸之,故其上多有监官花押,其轻薄漆黑款细虽可爱,要非古器。"❹ 三人踢球的游戏。《元曲选·扬州梦》一折:"看～,惯弹袖,垂肩蹴踘。"明王志坚《表异录·言动》:"白打,蹴踘戏也。两人对踢为白打,三人角踢为～。"❺ 指官吏阶层及其办公、交际等活动范围。清《红楼梦》六八回:"这会子被人家告我们,我又是个没脚蟹,连～中都知道我利害吃醋,如今指名提我,要休我。"《绿野仙踪》八十回本五七回:"私际让大猷中坐,～办公文炜中坐。"

【官钞】 guān chāo　官府发行的钱钞。《元史·世祖纪八》:"两淮转运使阿里瓦丁坐盗～二万一千五百锭,盗取和买马三百四十四匹,朝廷宣命格而弗颁,又以官员所佩符擅与家奴往来贸易等事,伏诛。"《明史·周忱传》:"七年,江南大稔,诏令诸府县以～平籴备振贷,苏州遂得米二十九万石。故时公侯禄米,军官月俸皆支于南户部。"

【官程】 guān chéng　❶ 官员赴任、离任或出差的行程。《云笈七籤》卷一二一:"某远道行役,脚疾忽甚,～有限,又难驻留,欲寄船后,聊歇三五十里,不知可否?"戴昺《十日取野菊丛酒》:"～难久驻,风雨暮山斜。"❷ 在旅途中的官员及其随从等。宋佚名《张协状元》八出:"假使～担仗,结队火劫了均分;纵饶挑贩客家,独自个担来做已有。"又九出:"吾乃一方壮士,此处强人。便是～,不放它下山;若是车仗,岂容它空过?"❸ 官府颁布的章程。《元史·朱国保传》:"移琼州,立～,更弊政,训兵息民,具有条制。"《明史·职官志一》:"以～督吏治,以宁假悉人情。"

【官楮】 guān chǔ　纸币;钞票。宋吴自牧《梦粱录》卷二〇:"更有媒氏媒箱,段匹、盘盏、～、花红礼合惠之。"《宋史全文》卷三四:"十二月辛巳,诏以隆冬严寒,军人不易,出封桩库十八界,～二十万令交衢赈之。"

【官攒】 guān cuán　官员与攒典。元刘时中《端正好·上高监司》之二:"把官钱视同己物,更狠如盗跖之徒。～库子均摊着要,弓手军门那一个无。"《明史·食货志六》:"岁出之数,……仓库、草场、～、甲斗,光禄、太常诸司及内府监局匠役本色米八万六千馀石,折色银一万三千馀两。"

【官道】 guān dào　官修大道,也泛指公共大道。《敦煌变文校注》卷一《汉将王陵变》:"左将丁腰,右将雍氏,各领军马百骑,

把却～,水切(楔)不通。"金《刘知远诸宫调》一:"举步如飞来到,见庄院景堪题。前临～,新开酒务,一竿斜刺出疏篱。"清《红楼梦》一六回:"然这小巷亦系官地,并非～,故可以连属。"

【官灯】 guān dēng 有官家标志的灯笼。宋文天祥《出巷难序》:"先是有一酋忽入沈颐家,予问:'何人?''刘百户。'问:'何职?''管夜禁。'问:'官勾当何如?'曰:'～提照,往来从便。'"明《警世通言》卷一四:"问到陈干娘时,十字儿竹竿封着门,一碗～在门前,上面写着'人心似铁,官法如炉'。"

【官典】 guān diǎn ❶ 指低级官吏。《旧唐书·睿宗纪》:"～主司枉法受赃一匹已上,先决杖一百。"《续资治通鉴长编》卷九六:"除十恶已杀人、～犯赃、盗官物、持仗放火、伪造符印外,咸除之。" ❷ 朝廷典礼仪式。《元史·礼乐志一》:"冬十有一月戊寅,秉忠等奏请建～朝仪,帝命与尚书省论定以闻。"

【官店】 guān diàn ❶ 官营店铺。也租给商贾。《旧唐书·食货志下》:"扬州等八道州府,置榷曲,并置～沽酒,代百姓纳榷酒钱,并充资助军用,各有榷许限。"《续资治通鉴》卷二一七:"丁卯,吴命减取～钱。先是设～以征商,吴王以税重病民,故减之。"《明史·食货志五》:"又听福府承奉谢文铨请,设～于崇文门外,以供福邸。" ❷ 官营的旅店。明《老乞大谚解》卷上:"咱们往顺城门～里下去来,那里就便投马市里去却近些。"又卷下:"在顺城门～街北一个车房里下着。" ❸ 捕役拷问嫌犯的地方。清纪昀《阅微草堂笔记》卷一〇:"献县捕役樊九,与其侣捕一剧盗。盗跳免,絷其妇于。捕役拷盗之所,谓之～,实私居也。"

【官度】 guān dù ❶ 官府规定的标准。宋庄绰《鸡肋编》卷上:"单州成武县织薄缣,修广合于～。" ❷ 官府发给出家僧道凭证。《唐律疏义》卷四:"道士、女官,僧、尼同,不因～者,是名私入道。"《资治通鉴》卷二四九:"若～僧、尼有阙,则择人补之,仍申祠部给牒。"

【官断】 guān duàn 官府审断。明《古今小说》卷二:"那客人已经～,如何敢争?"清纪昀《阅微草堂笔记》卷一八:"会有挟妓诱博者讼于官,～妓押归原籍。"

【官顿】 guān dùn 供官员外出食宿的馆舍。唐封演《封氏闻见记》卷九:"狄仁杰为度支员外郎,车驾将幸汾阳宫,仁杰奉使先修～。"按,此句中的"官顿"一作"宫顿"。

【官儿】 guān er ❶ 对官员的称呼。《元曲选·伍员吹箫》一折:"～,你休惹事,如今兵马司正寻这等盘子头的哩。" ❷ 指官员。又《神奴儿》四折:"做叔叔的图谋了家私,婶子儿勒杀了侄儿。～糊突,令史贪赃,等包待制大人下马呵,……挤的个接马头一气儿叫道有二千声屈。"明李梅实《精忠旗》一七出:"拿出那守城～来哈喇了。"清孔尚任《桃花扇》闰二〇出:"别个～走的走,藏的藏,或被杀,或下狱,或一身殉难,或阖门死节。" ❸ 指官职;官品。《元曲选·连环计》三折:"我道你为甚么请我,可原来则是这个～。"明《西游记》四回:"这样～,最低最小,只可与他看马。"清李玉《清忠谱》二折:"你主将多大的～,不来迎接?" ❹ 对男子的称呼。《元曲选·曲江池》一折:"梅香,你去请赵～来。"明《西游记》七四回:"那公公闻说道:'阿弥陀佛! 这和尚说了过头话,莫想再长得大了。'行者道:'～,似我这般在也够了。'" ❺ 称丈夫。明《金瓶梅词话》三七回:"只教你家与孩儿做生活鞋脚儿就是了,到明日还教～送到那里。"又:"你家～不在,前后去的惩空落落的,你晚夕一个人儿不害怕么?" ❻ 称呼奴仆。明《金瓶梅词话》六七回:"保～那个亏了太师老爷那边文书上注过去,便不敢缠扰。" ❼ 小孩;孩子。明《金瓶梅词话》二〇回:"你既收了他许多东西,又买了房子,今日又图谋他老婆,着～

也看乔了。"又七一回:"何太监道:'我两个名下～。第二个侄儿何永福见在庄子上,叫他来住了罢。'" ❽ 对皇帝不敬的称呼。清《水浒后传》一六回:"这宋～这等孩子气! 两军对垒,不去挑兵选将,却行邪术,真是死活不知的。" ❾ 称太监。清《樵史》一四回:"魏忠贤道:'结交徐～,这是第一件事了。'"

【官法如炉】 guān fǎ rú lú 形容官家刑律十分严厉。元萧德祥《小孙屠》一一出:"假饶人心似铁,怎逃～?"《元曲选·蝴蝶梦》二折:"这个便是铁阿,怎当那～。"明《警世通言》卷七:"常言道～,谁肯容情?"

【官饭】 guān fàn ❶ 官府供给官员的饭食,借指担任官职。宋文天祥《中秋》:"旧夺宫袍空独步,新食～饱孤眠。"明张以宁《次张祭酒雨后即事》:"一笑广文～窄,论文那得酒盈杯。" ❷ 官府供给犯人的饭食。明《禅真后史》四七回:"拼着犯出事端,尚好狱中享受～。"《欢喜冤家》二回:"二嫂不须啼哭,二哥成了狱,有～吃的。"

【官方】 guān fāng 官府。《敦煌变文校注》卷三《燕子赋(二)》:"一虎虽然猛,不如众鸟强。窠臼被夺去,吓我作～。"宋洪迈《夷坚志》三壬卷三:"正拟奉告,又恐做成～,不料值此怪物,汝去矣,毋污我好店舍。"明于慎行《谷山笔麈》卷一二:"民间无贱卖之累,～有羡余之积,亦赋役中之平准也。"

【官防】 guān fáng 诉讼之事;官司。金《董解元西厢记》卷八:"我去后必定有～,君莫怕,我待做头抵。"又:"你死后教人打～,我寻思着甚来由?"《元曲选·还牢末》四折:"哀告你个刘唐,可怜我媳妇先亡,儿女凄惶,我又遭着～。"

【官房】 guān fáng ❶ 招待客人住的房舍。宋佚名《异闻总录》卷一:"黄好静,每过曾,必假寓其居傍僧舍,僧每扫～待之。"明李梅实《精忠旗》四出:"太子有令,先请秦夫人到宫中,辞了娘娘,方请秦爷一齐上辞太子。〔净〕这等说,我且在～伺候。" ❷ 旅店;客舍。宋佚名《张协状元》四四出:"此庙虽无敕额,且是威灵。比着～,到有些阔阔。"明《拍案惊奇》卷二三:"驿馆中先有敕使住下了,只得讨个～歇宿。"清《醒世姻缘传》七五回:"狄周已在外边另寻下处,就在翰林院里边一个长班家的～。" ❸ 政府办事处;公家的房舍。《金史·食货志四》:"诏从之。二年,诏减南京出赁～及地基钱。"明沈德符《万历野获编》卷一三:"李晋江相公为少宗伯时,节省署中羡余,置买～,自三堂、四司、司务厅,皆有宁宇,春曹自始免僦居之费。"清赵慎畛《榆巢杂识》卷上:"正统时,户部尚书王佑请增税课,置彰仪门～,收商税课钞。" ❹ 同"官防"。《元曲选外编·延安府》四折:"也不索用长词短状,直和你銮舆打一会～。"

【官封】 guān fēng 盖有官府印记的缄封。元刘诜《万户酒歌》:"城中禁酿五十年,目断吹秼江东烟。～始运桑落瓮,官隶方载稽山船。"清《红楼梦》九九回:"签押上呈进一封书子,外面～上开着:'镇守海门等处总制一角。'"

【官俸】 guān fèng 官员的俸禄。唐白居易《书事咏怀》:"将生计,虽贫岂敢闲?"《明史·食货志五》:"天顺中,始弛其禁。宪宗令内外课程钱钞兼收,～军饷亦兼支钱钞。"

【官符】 guān fú ❶ 官府下行的文书。唐[日]圆仁《入唐求法巡礼行记》卷四:"十九日,太政～来太宰府:'圆仁五人速令人京。唐人金珍等四人仰太宰府量加支给者。'"清唐孙华《发粟行》:"～火急催租忙,鞭笞流血尽成疮。" ❷ 犹言传票。元刘时中《端正好·上高监司》之二:"你道是成家大宝,怎想是取命～。"

【官府】 guān fǔ 指官员。《旧唐书·姜抃传》:"抃至州,抚以恩信,州人相谓曰:'吾辈复见太平～矣。'"元明《水浒传》六回:

"那苏州太守是清正～。"清《聊斋俚曲·磨难曲》:"～说你实言,我看着明是奸,如何当的贼情断?"

【官府家】guān fǔ jiā 即官府。家,词缀。清《聊斋俚曲·富贵神仙》:"忽听的窗外有人走的响,两个都挣了一挣,只当是～又来拿张鸿渐的。"

【官告】guān gào 官吏的委任状。唐郑处诲《明皇杂录》卷上:"韦嗣立拜中书令,璟署～,颋为之辞,薛稷书,时人谓之'三绝'。"宋周辉《清波杂志》卷一:"顷见唐人～,印文细如丝发。"《元曲选·陈州粜米》二折:"老府尹说的是年纪老了,如今弃了～致仕闲居,倒快活也。"

【官诰】guān gào 皇帝拜官授爵的诏令。唐杜荀鹤《贺顾云侍御府主与子弟奏官》:"《孝经》始向堂前彻,～当从幕下迎。"宋文莹《玉壶清话》卷一○:"补天长县令,以～示之曰:'授告罢,与君无宾友之容。'"清《聊斋俚曲·襄妒咒》:"又早见五花～,封赠数十遭。"

【官估】guān gū 官定价格。《宋史·食货志下四》:"江、湖运盐既杂恶,～复高,故百姓利食私盐。"又:"请裁～,罢盐纲,令铺户衙前自趋山场取盐,如此则盐善而估平。"《金史·食货志四》:"今日与向不同,况太平日久,户口蕃息,食盐岁课宜有羡增,而反无之,何哉? 缘～高,贫民利私盐之贱,致亏官课尔。"

【官官】guān guān 对男孩或年轻男子的称呼。清《野叟曝言》一一八回:"那全先生的娘子,却才生一位～。"袁枚《子不语》卷一九:"奉嘱者,七月七日,切勿抱～到红梅园嬉戏。其日恐有恶鬼在园作祟。"

【官官相护】guān guān xiāng hù 官吏和官吏之间互相庇护。明《醒世恒言》卷二○:"就准下来,他们～,必不自翻招。"清《红楼梦》九九回:"如今就是闹破了,也是～的。"

【官官相为】guān guān xiāng wéi 即"官官相护"。《元曲选·百花亭》四折:"这妇人明明是我娶到的媳妇哩,怎让他～,强断与王节使去,可不冤屈也!"又《鸳鸯被》四折:"好也,你两个～,我死也。"

【官河】guān hé 运河。五代韦庄《过扬州》:"二十四桥空寂寂,绿杨摧折旧～。"《明史·地理志一》:"东有～,即古邗沟,今运河也。"

【官堠】guān hòu 道旁标志里程的土墩。唐白居易《社日关路作》:"愁立驿楼上,厅行～前。"宋辛弃疾《玉楼春·用韵答叶仲治》:"心如溪上钓矶闲,身似道旁～懒。"

【官户】guān hù ❶罪犯及其家属没入官府服役,并编入特殊户籍,称官户。《唐律疏义》卷三:"～者,亦谓前代以来,配隶相生,或有今朝配没,州县无贯,唯属本司。"《辽史·礼志一》:"凡征伐叛国俘掠人民,或臣下进献人口,或犯罪没,皇亲亲覆闲田,建州县以居之,设官治其事。"《金史·食货志一》:"凡没入官良人,隶宫籍监为监户,没入官奴婢,隶太府监为～。"❷官员的家属和后代。宋苏辙《制置三司条例司论事状奏乞外任状附》:"奈何至于～则又将役之,……必用丁,则州县有不能知,必不用丁,则～之役比民为重。"《宋史·高宗纪三》:"诏～名田过制者与民均科。"《明史·庞嵩传》:"留都民苦役重,力为调剂,凡优免户及寄居客户、诡称～寄庄户、女户、神帛堂匠户,俾悉出以供役,民困大苏。"

【官话】guān huà 元明以来泛指通行较广的北方话。其中心是北京话。因官场中广泛使用,故称。明谢榛《四溟诗话》卷三:"及登甲科,学说～,便作腔子,昂然非复在家之时。"清《醒世姻缘传》三五回:"他平日假汝了老成,把那眼睛瞅了瞅的鼻子,口里说～着蛮不蛮侉不侉的～。"

【官宦】guān huàn 泛指官员。《敦煌变文校注》卷二《秋胡变文》:"吾纵放汝寻师,起(岂)即立成? 汝不如忍意在家,深耕浅种,广作蚕功,三馀读书,岂不得达?"元吴弘道《金字经·道情》:"海棠秋千架,洛阳～家,燕子堂深竹映纱。"清《聊斋俚曲·俊夜叉》:"住着楼房骑大马,～都和他有往还,这几年全把人家变。"

【官黄】guān huáng 正黄色。借指正黄色的花。宋苏轼《游太平寺净土院观牡丹中有淡黄一朵》:"一朵～微拂掠,鞓红魏紫不须看。"陈师道《清平乐·咏柑子菊》:"重重叠叠,娜袅裙千褶,时样～香百叶,一岁相逢两节。"向子谔《鹧鸪天·赏桂》:"露下风前处处幽。～如染翠如流。"

【官会】guān huì 宋代发行的一种纸币。宋吴自牧《梦粱录》卷二○:"或下等人家,所送一二匹,～一二封,加以鹅酒茶饼而已。"《宋史·食货志上一》:"九年,王之奇奏增定力田赏格,募人开耕荒田,给官告绫纸以备书填,及～十万缗充农具等用。"明《二刻拍案惊奇》卷三六:"看官,你道住持偌大家私,况是金银体重,岂是一车载得尽的? 不知宋时尽行官钞,又叫得纸币,又叫得～子,一贯止是一张纸。"

【官妓】guān jì 侍奉官员的妓女。唐宋时官场应酬宴会,有官妓侍候。明代官妓隶属教坊司,不再侍候官吏。清初废官妓制。唐高彦休《阙史》卷上:"至郡旬日,继以洪饮,睨观～曰:'善则善矣,未称所传也。'"宋孔平仲《续世说》一一:"大历末,李晟成剑南,御吐蕃。及师回,以成都～高氏随行。张延尝为成都尹,追取之,晟颇衔之,形于词色。"清邵廷采《东南纪事》卷七:"会京返,而孝卿假商舶留,耽～,轻其国,日本卒不发兵。"

【官家】guān jiā ❶对皇帝的称呼。唐李冗《独异志》卷上:"符坚三年,凤凰集于东阁,坚欲救国中,时无有知者。忽有一童儿,绯帕幕首言于市曰:'～有赦。'"宋《三朝北盟会编》卷一○七:"番人国相立张相公做～,呼为大楚皇帝。"明《醒世恒言》卷一三:"单说保和殿西南,有一座玉真轩,乃是～第一个宠幸安妃娘娘妆阁。"❷官府;公家。《太平广记》卷三八四引唐戴孚《广异记》:"博士笑曰:'汝是新死鬼,～捉汝,何得有官乎?'"宋苏轼《初到黄州》:"只惭无补丝毫事,尚费～压酒囊。"清《聊斋俚曲·俊夜叉》:"年前～来拿赌,舍死逃命爬墙头,吊下来几乎跌坏了前槽子肉。"❸官客;男客人。明《金瓶梅词话》三二回:"吴银儿先问月娘:'爹今日请那几位～吃酒?'月娘道:'你爹今日请的都是亲朋。'"又四八回:"然后才把堂客轿子起身,～骑马在后。"

【官价】guān jià 官府规定的价格。宋苏轼《论给田募役状》:"如～低小,即便卖与其馀人户,不得抑勒。"清《红楼梦》四八回:"把这扇子抄了来,作了～送了来。"

【官健】guān jiàn 唐代称士兵为官健。官谓公家供给资粮;健指健儿。《敦煌变文校注》卷一《汉将王陵变》:"若捉他知更～不得,火急出营,莫洛(落)他楚家奸便。"唐〔日〕圆仁《入唐求法巡礼行记》卷一:"相从～亲事八人。"《新唐书·张万福传》:"元甫将厚赏将士,万福曰:'～常虚费衣粮,无所事。今乃一小赖之,不足过赏,请用三分之一。'"

【官脚】guān jiǎo 官府的脚力。《太平广记》卷四九○引唐王洙《东阳夜怪录》:"念佛社屋下,有数日前,河阴～过,有乏驴一头,不任前去,某哀其残命未舍,以粟斛易留之。"

【官酒】guān jiǔ 官酿专卖的酒。唐韩翃《送高员外赴淄青使幕》:"山驿尝～,关城度客衣。"宋魏了翁《念奴娇》:"我被五斗红陈,三升～,驱到郡城北。"明张羽《送金秀才归侍》:"金陵～如

乳香,酌君送君朱雀坊。"

【官酒库】 guān jiǔ kù 官办的酿酒卖酒机构,并拥有酒楼。宋吴自牧《梦粱录》卷一〇:"点检所~,各库有两监官,下有专吏、酒匠掌其役。"

【官客】 guān kè ❶ 官府的人。《太平广记》卷三六五引唐段成式《酉阳杂俎》:"贞观中,望苑驿西有民王申手植榆于路旁,成林,构茅屋。夏月,常馈浆于行人,~即延憩具茗。"《云笈七籖》卷一一二:"既坐,有樵叟倚檐于壁,亦坐焉。主人连叱之,曰:此有~,何忽唐突!"《元曲选·吴天塔》四折:"〔正末见科,云〕~问讯!〔杨景云〕好一个莽和尚也。" ❷ 男客。明《金瓶梅》三一回:"次日,西门庆在大厅上锦屏罗列,绮席铺陈,请~饮酒。"清《儒林外史》五回:"~并堂客,共摆了二十多桌酒席。"《红楼梦》七一回:"宁国府中单请~,荣国府暂请堂客。"

【官库】 guān kù "官酒库"的简称。宋耐得翁《都城纪胜·酒肆》:"西子库曰丰乐楼,在今涌金门外,乃旧杨和王之耸翠楼,后张定叟兼领库事,取为~,正跨西湖,对两山之胜。"周密《武林旧事》卷六:"和乐楼、和丰楼、中和楼、春风楼……已上并~,属户部点检所。每库设官妓数十人,各有金银酒器千两,以供饮客之用。"

【官况】 guān kuàng 居官的境况。唐杜荀鹤《赠秋浦张明府》:"他日亲知问~,但教吟取杜家诗。"宋管鉴《念奴娇》:"~全如秋淡薄,枉却尘侵乌帽。"明叶盛《水东日记》卷六:"若有乡情须记我,便生~也从渠。"

【官里】 guān lǐ ❶ 官府里。宋苏轼《东坡志林》卷二:"朴曰:惟臣妾有一首云:'更休落魄耽杯酒,且莫猖狂爱咏诗。今日捉将~去,这回断送老头皮。'"明谢肇淛《五杂组》卷一六:"又云:'~料朱砂,半眼供一国。'又答云:'磨公小拇指,涂得太社比。'"清纪昀《阅微草堂笔记》卷一四:"生太息曰:'乡中人传~事,果若斯乎!'" ❷ 对皇帝的称呼。宋周密《武林旧事》卷七:"太上邀~至清心堂进泛索。"《元曲选外编·三夺槊》一折:"我有一计,将美良川图子献与~,道的不是反臣那甚么? 教坏了尉迟,哥哥便能勾一做也。"清《后水浒传》四〇回:"秦桧遂密奏道:'若迎请二帝还朝,陛下之身居何地?'~听了,因又问道:'若不恢复,岂无日逼之忧?'"

【官吏债】 guān lì zhài 放债给官吏,以求请托卖法,把持关节,叫作放官吏债。明《金瓶梅词话》三回:"也有犀牛头上角,大象口中牙,又放~,结识人。"《拍案惊奇》卷二二:"在京都开几处解典库,又有几所缣段铺,专一放~,打大头脑的。"

【官联】 guān lián ❶ 谓官职。宋苏轼《谢除侍读表二首》之一:"今月一日蒙恩除臣兼侍读者。学术本疏,老复加于謇讷;~愈近,职专在于讨论。退省其愚,莫知所措。"《宋史·孔宜传》:"文宣王四十四代孙、司农寺丞宜服勤素业,砥砺廉隅,亟历~,洽闻政绩,圣人之后,世德不衰,俾登朝伦,以光儒青。"《明史·职官志二》:"二十二年,以~无统,始置詹事院。" ❷ 谓官员。金佚名《大金吊伐录》卷四:"谅国相元帅特扩大度,深矜至衷,资之南还,择六宫而偕行,无留宗族,并承天地好生之心,俯慰黎元愿息之意。"又:"今阁下身既脱网,亦合守分,辄敢窃人汴邑,僭称王号,遣使诣府,一无逊辞,反求父兄、宗亲、~,而阴遣军兵,频来战斗。"

【官粮】 guān liáng ❶ 公家粮仓中的粮或公家发放的粮食。唐刘肃《大唐新语》卷四:"张玄素为侍御史,弹乐蟠令刘奴婢盗~。太宗大怒,特令处斩。"元王鹗《汝南遗事》卷四:"妖人乌古论先生因阉竖白上,乞入城军民皆服元气,不费可以经久抗

敌。"明陈洪谟《治世餘闻》上篇卷四:"王府又奏郡王、将军妾媵数及冒支~之类,皆非所以待宗室,将示与庶民无异,要行革去。" ❷ 交给官府的税粮。元陶宗仪《辍耕录》卷二三:"官司八月受灾状,我恐征粮吃官棒。相随邻里去告灾,十石~望全放。"明冯惟敏《红绣鞋》:"又不是~科派,动不动折变田宅。"清徐锡龄、钱泳《熙朝新语》卷一五:"知老妇有子,为催科役,亏~三十餘金,限甚追。其妻计无所出,将自鬻以偿,是以悲耳。"

【官料】 guān liào ❶ 做官的薪水,唐代官员除俸禄外,另有食料钱。《太平广记》卷三八一引唐戴孚《广异记》:"吾先将一置得一庄子,今将此造佛经。" ❷ 公家的建筑材料。《明史·河渠志六》:"嗣后有所兴筑,或役本境,或资邻封,或支~,或采山场,……终明世水政屡修,可具列云。"

【官柳】 guān liǔ 公共大道上的柳树。唐岑参《送张升卿宰新滏》:"~叶尚小,长安春未浓。"清纪昀《阅微草堂笔记》卷一三:"是于中途遇少妇,靓妆独立~下。"

【官路】 guān lù ❶ 大路;大道。唐牛峤《杨柳枝》:"无端袅娜临~,舞送行人过一生。"清《绿野仙踪》八十回本一三回:"又将众书役兵丁指了几指,便颠三倒四,皆横卧在~上。" ❷ 指从大道上劫来的财物。元明《水浒传》五回:"这个不是把~当人情,只苦别人。" ❸ 比喻大的学术问题。宋《朱子语类》卷一二三:"金溪之学虽偏,然其初犹是自说其私路上事,不曾侵过~来。"

【官绿】 guān lù 正绿;深绿。宋陆游《遣兴》:"风来弱柳摇~,云破奇峰涌帝青。"元陶宗仪《辍耕录》卷一一:"~,即枝条绿是。"清《醒世姻缘传》四四回:"到了吉时,请素姐出去,穿着大红装花吉服,~装花绣裙,环佩七事,恍如仙女临凡。"

【官马】 guān mǎ 官府配备的马。唐张鷟《朝野金载》卷五:"孝和临朝,常乘~,往还宫掖。"明郑晓《今言》卷一:"己巳,赐有司方面~。"清孔尚任《桃花扇》三〇出:"园中窄狭,把这匹~,牵回喂养。"

【官卖】 guān mài 官府专卖;由官府卖出。宋欧阳修《论矾务利害状》:"许六户管认,即不当更自~,与其争利。若云~有利,则六户便合除免年额。"《元史·食货志五》:"当时置局设官,但为民食贵盐,殊不料~之弊,反不如商贩之贱,岂忍徒费国家,而使百物贵也。"清纪昀《阅微草堂笔记》卷一八:"妓所供乃母家籍,实县民某妻。宜究其夫。盖觊悉愿,自买之也。"

【官满】 guān mǎn 官员任职期满。唐白居易《江楼早秋》:"匡庐一步地,~更何之。"《元曲选·竹坞听琴》一折:"老夫三年~,还到京师。"明何孟春《餘冬序录》卷四外篇:"按之我朝,考课一本诸古。~三年,乃一考。"

【官媒】 guān méi 即"官媒婆"。《元曲选·玉镜台》三折:"自家是个~。温学士着我去老夫人家说知:选吉日良辰,娶小姐过门。"清《红楼梦》七二回:"前日~拿了个庚帖来求亲。"

【官媒婆】 guān méi pó 以做媒为职业的妇女。《元曲选·㑇梅香》四折:"老夫如今唤个~来,着他就提这门亲事去。"高明《琵琶记》一二出:"你就去唤府前~来,同去蔡状元处说亲。"清《红楼梦》七七回:"且又有~来求说探春等事,心绪正烦,那里着意在这些小事上。"

【官媒人】 guān méi rén 即"官媒婆"。《元曲选·玉镜台》二折:"别使~来通信,央您侄儿替那学士谢了亲者。"明《金瓶梅词话》九一回:"来昭听了走到后边如此这般告儿娘说:县中使了个~在外面,倒把月娘吃了一惊。"清《醒世姻缘传》一三回:"有不在~龙舟往来说合,晁源用财礼银八百两买氏为妾。"

【官名】 guān míng 乳名以外的正式名字。唐薛渔思《河东

记·萧洞玄》:"贵郎～慎微,一生自矜快乐。"《元曲选·隔江斗智》二折:"在下～是刘封,表德唤做真油嘴。"清《绿野仙踪》八十回本一回:"我今日就与我儿取个～叫做冷于冰。"

【官奴】　guān nú　官妓。宋欧阳修《渔家傲·与赵康靖公》:"今日一觞难得共,聊对捧,～为我高歌送。"王铚《默记》卷中:"章子厚作宰相日,齐州奏孙耿镇监监武臣私～,乃本镇富民所创也。一夕,诣～,为富民结客殴之,伤重垂尽而逸,且阴遣人诉于州。"元陶宗仪《辍耕录》卷七:"宋端平二年,荣全据高邮城叛,召～毛惜佐酒。"

【官票】　guān piào　❶ 官府签发的文书牌票。明《英烈传》四九回:"不知要办什么酒席,发出～来,要取鲥鱼二十尾。"《醒世恒言》卷一:"李牙婆取出朱批的～来看:养娘十六岁,只判得三十两,月香十岁,到判了五十两。"《二刻拍案惊奇》卷七:"忙下乡来,敲进史家门去,将朱笔～与看。"❷ 签发文书牌票的人。清《聊斋俚曲·增补幸云曲》:"修路的～是老江。"

【官旗】　guān qí　指锦衣卫缉捕官吏。明代兵制,十人为一小旗,五十人为总旗,锦衣卫同。旗即旗官。《明史·邵捷春传》:"捷春为人清谨,治蜀有惠政。士民哭送者载道,舟不得行,竞逐散～。"清《樵史》一〇回:"即传内旨,周起元……黄尊素俱系邪党,并缪昌期、周宗建,俱遣～逮问。"

【官钱】　guān qián　❶ 官府铸造的钱币。《旧唐书·食货志上》:"其能纠告者,每一贯赏五千文,不满贯者,准此计赏,累至三百千,仍且取当处～给付。"宋王栐《燕翼诒谋录》卷三:"然川蜀、陕西用之如故,川蜀每铁钱一贯重二十五斤,铜钱一当十三,小民熔为器用,卖钱二千,于是～皆为小民盗销,不可禁止。"❷ 官断的身价。明《警世通言》卷七:"今日只去问他讨钱来用,并还～。我一个身子被他骗了,先前说过的话,如何赖得?"❸ 即言官身钱。匠作职役人等纳银代替出官身。明《金瓶梅词话》六七回:"我央任后溪到府中替你和王奉承说,把你官字注销,常远纳～罢。"

【官腔】　guān qiāng　❶ 犹"官话"。宋仇远《西江月》:"犹记春风庭院,桃花初识刘郎。绿腰传得旧～。自向花前学唱。"❷ 官场中的门面话。清《醒世姻缘传》一回:"相见时,大模大样,冷冷落落,……拿～说了两句淡话,自先起身,往外一拱。"《绿野仙踪》六九回:"你看这个失了魂的小厮,从早起跑入我们园子里来,在地下放倒头睡了半天,此刻冒冒失失的站起,又拿～叫唤起我们来了。"《隋唐演义》二二回:"尉迟南不好动手帮兄弟,自展他的～,叫酒保:'这个地方是什么衙门管的?'"

【官券】　guān quàn　即"官会"。宋周密《武林旧事》卷三:"并于内藏库支拨～数百岁,以犒诸军,及令临安府分给贫民,或皇后殿别自支犒。"《宋史·食货志下八》:"商人出海外蕃国贩易者,令并诣两浙市舶司请给,违者没入其宝货。"明《二刻拍案惊奇》卷七:"太守叫库吏取出一百道～来与他,道:'昨闻你买薛情身价,止得钱七十千。今加你价三十千,共一百道,你可领着。'"

【官人】　guān rén　❶ 对男子的尊称。宋吴自牧《梦粱录》卷一三有"张～诸史子文籍铺""徐～幞头铺""漆器墙下李～双行解毒丸"。明《朴通事谚解》卷中:"我再没高的了,～十分休驳弹。"清方成培《雷峰塔》六出:"～,我家娘娘多多致谢!"❷ 称家庭的主人。宋《三朝北盟会编》卷一七八:"可惜～备历险阻以取天下,而今为数小子坏之。"原注:"粘罕之家呼粘罕为～。思谋,粘罕家人也。数小子者,谓金虏主亶也。"❸ 奴婢称主人。元明《水浒传》七回:"只见女使锦儿慌慌急急,红了脸,在墙缺边叫道:

'～休要坐地,娘子在庙中和人合口。'"清方成培《雷峰塔》一五出:"倘～不念夫妇恩义,听那贼道言语,将如之何?"❹ 妻子称丈夫;女子称情人。宋大慧普觉禅师《宗门武库》:"夜坐书院中,研墨吮笔,凭纸长吟,中夜不眠。向氏呼曰:'～,夜深何不睡去?'"元萧德祥《小孙屠》一三出:"[旦]～,休听世上相思曲,且尽樽前不老杯。"清《聊斋俚曲·蓬莱宴》:"娘子说:'依～说,该怎么处?'"❺ 官府的办事吏员;官府当差的人。《太平广记》卷二七五引五代王定保《摭言》:"纵其不然,堂头～,丰衣足食,所往无不克。"原注:"此辈谓堂吏为～。"明《金瓶梅词话》九一回:"小媳妇是本县～,不比外边媒人快说谎,我有一句,说一句,并无虚假。"

【官衫】　guān shān　❶ 官妓到官厅供奉时,穿规定的服装,称官衫。《元曲选·酷寒亭》楔子:"我当了三年王母,如今纳了～帔子,改嫁良人去也。"又《还牢末》一折:"我原是此处一个上厅行首,为当不过官身,纳了～帔子,礼案上除了名字,脱贱为良,嫁了李孔目。"❷ 官服。明高启《送赵使君致仕归别业》:"家篨已添新着药,～未歇旧熏香。"

【官身】　guān shēn　❶ 有官职或公务在身。也指担任官职的人。宋晏幾道《生查子》:"～几日闲,世事何时足?"《元曲选·勘头巾》二折:"原来是个牛鼻子,我不是～忙,赶上打他一顿。"明《醒世恒言》卷二七:"他本是个～,顾着家里,便耽阁了公事。"❷ 在官府当差。也指在官府当差的人。明《古今小说》卷三:"拙父姓韩,与小儿在衙门跟官,早去晚回,～不得相会。"《警世通言》卷一三:"将牌挂于县门,烘动县前县后～、私身,挨肩擦背,只为贪那物赏,都来赌先争看。"《平妖传》二九回:"当日无事,众人都自散也。次日,～、私身、闲汉都来唱喏。"❸ 指官职。明《金瓶梅词话》九一回:"且说你衙内……乡贯何处?地里何方?有～无～?"❹ 官妓到官府供奉,或匠人投托公侯人家出官差,都称官身。元佚名《错立身》四出:"莫是我的孩儿,想是～出去。"佚名《赏花时·赠妓》:"唤～无了期,做排场抵暮归。"明《金瓶梅词话》四六回:"吴惠今日东平府～也没去,在家害眼。"❺ 指官妓列入乐籍,没有人身自主权。明《拍案惊奇》卷二五:"此时太学固然得第,盼奴还是个～,却就要他不得。"《二刻拍案惊奇》卷一二:"两个商量了几番,彼此乐意。只是是个～,必须落籍方可从良嫁人。"

【官使】　guān shǐ　官府皂吏、差役。清《聊斋志异·伍秋月》:"女大惊曰:'杀～,罪不宥!迟则祸及。'"

【官使妇人】　guān shǐ fù rén　官妓。《旧唐书·韦坚传》:"及此潭成,陕县尉崔成甫以坚为陕郡太守凿成新潭,又致扬州铜器,翻出此词,广集两县～唱之。"

【官事】　guān shì　诉讼;官司。《敦煌变文校注》卷三《燕子赋(一)》:"若得～解散,验写《多心经》一卷。"元明《水浒传》三五回:"且喜～已遇赦了,必是减罪了。"清《聊斋俚曲·磨难曲》:"我且问你,那～怎么样来?"

【官收】　guān shōu　❶ 官府没收或征收。唐白居易《杏为梁》:"高其墙,大其门,谁家第宅卢将军?素泥朱板光未灭。今岁～别赐人。"《旧唐书·杨慎矜传》:"慎矜兄弟并史敬忠庄宅～,以男女配流岭南诸郡。"宋苏辙《三论分别邪正札子》:"及元佑之初,务于复旧,一例复差,～坊场之钱,民出衙前之费,四方惊顾,众议沸腾,寻知不可,旋又复雇。"《明史·食货志四》:"请于西宁、河西、洮州三茶马司召商中茶,每引不过百斤,每商不过三十引,～其十之四,餘者始令货卖,可得茶四十万斤,易马四千匹,数足而止。"❷ 国家征收的赋税。《新唐书·食货志四》:"贞元四年,淮南节度使陈少游奏加民赋,……江淮豪贾射利,或时倍之,～不

能过半,民始怨矣。"《金史·陈规传》:"臣谓宜于大阳、孟津等渡委官阅视,过河之物,每石～不过其半,则富有之家利其厚息,辐凑而往,庶几公私俱足。"

【官司】 guān sī ❶ 官府。《敦煌变文校注》卷三《燕子赋(二)》:"～有道理,正敕见明宣。"宋佚名《张协状元》一二出:"个丫头到～,直是会供状。"清纪昀《阅微草堂笔记》卷一:"中间有验有不验,则如各～文移章奏,或准或驳,不能一一必行耳。" ❷ 指官府的官员。唐张鷟《朝野佥载》卷四:"其日传有赦,～诘其来,云路逢玄衣衣衿人所说。"宋《朱子语类》卷一○四:"比如一个～,本自是鹘突了,少间又取得许多鹘突的证见来证对;却成一场无理会去,又有取后面未曾理会底来说。"《明史·毛吉传》:"锦衣卫……公行请属,狎侮～。" ❸ 诉讼。《元曲选外编·西游记》四本一四出:"自从摄将这女子来,他两家打～。打不打不干我事,每夜快活受用。"清袁枚《子不语》卷三:"此场～,我包汝必胜,可烧锡锞二千谢我。"

【官所】 guān suǒ 官员办公的处所。《太平广记》卷三八一引唐戴临《冥报记》:"唐武德中,遂州总管府记室参军王恪暴病死,一日而苏。自说,被收至～,问:'何故杀牛两头?'恪云:'不杀。'官曰:'汝弟证汝杀,何故不承?'"宋欧阳修《与十二侄(通理)二通》之一:"吾在～,除饮食物外,不曾买一物,汝可安此为戒也。"《朱子语类》卷一一四:"数日病,只管梦解书。向在～,只梦为人判状。"

【官塘】 guān táng 官道;大道。《元曲选·对玉梳》三折:"这里是大道～,怎么没个行人?"明采九德《倭变事略》:"此贼既胜,由海盐～直犯嘉兴,所过皆以火为号。"清《说岳全传》三四回:"又表那张立错打了谢昆粮寨,当夜下土山,行了半夜,到得～上。"

【官体】 guān tǐ ❶ 官吏所应遵循的规章制度;官府做事的规矩。明《醒世恒言》卷二九:"欲得教从人将花木打个希烂,又想不是～,忍着一肚子恶气,急忙上轿,分付回县。"《禅真后史》四五回:"众解人只求留命,那管的疼痛,一齐爬向案前,磕头道:'谢大王爷教训!'羊雷欢喜道:'才合～。'" ❷ 官吏的身分;居官的体面。明《警世通言》卷一:"俞伯牙是晋国大臣,眼界中那有两接的布衣,下来还礼,恐失了～,既请下船,又不好叱他回去。"清《后水浒传》三八回:"夏不求被缚,只得说道:'卑职进京,自当面陈功绩,乞列位屈全。'"《后西游记》六回:"那山中人家,都是茅檐草舍,恐亵～。" ❸ 官派;官样。用作动词,谓有官派,像官样。明文秉《烈皇小识》卷五:"又纠薹与中书汪机昼夜醋饮,女优侑酒,都无～。"清《情梦柝》一八回:"今日中了进士,妻子已到手,大红袍,犀角带,心安意适,讲话也自在了,举动也～了。"李玉《清忠谱》三折:"一个吏部,不抬轿子,只管乱奔,岂不坏了～?"

【官帖】 guān tiě 指经官认定的土地证。清《聊斋俚曲·翻魇殃》:"魏名也认了十亩地,押的那～即时退出,倒把他生了一肚子气。"

【官厅】 guān tīng ❶ 指政府机关。宋孔平仲《冬晓》:"城上犹吹角,～已罢更。"明《禅真后史》二四回:"你看世上见多恶少,倚着父兄势耀,戴了一顶儒巾,穿了一领公服,出入～。"清《红楼梦》九九回:"正在纳闷,只见李十儿进来:'请老爷到一伺候去,大人衙门已经打了二鼓了。'" ❷ 指官府的厅堂。《元曲选·杀狗劝夫》四折:"就～上拖出那狗皮儿,这是俺嫂嫂暗把计谋施,劝哥哥放开怀抱莫嗟咨,那王婆须是俺的正名师。"明陆粲《庚巳编》卷一:"即于一召此妇依前烹治,而出重囚令食之,食毕引入狱,及门已化尽矣,所存衣发皆与百姓同。" ❸ 指神庙里供官员

祭祀临时休息的厅堂。元明《水浒传》五九回:"左右人等扶策太尉上轿,径到狱庙里～内歇下。" ❹ 明代军队的一种编制。明郑晓《今言》卷三:"今又于团营中选官军,别名东西～。"《明史·职官志五》:"正德中,又选团营精锐,置东西两～,另设总兵、参将统领。"

【官蛙】 guān wā 蛤蟆的别称。宋方岳《感风谢客》:"合合～鸣,呴呴老牛喘。"王令《和束熙之雨后》:"如何农亩三时望,只得～一饷鸣?"按,晋惠帝有"官蛤蟆、私蛤蟆"的笑话,见《晋书·惠帝纪》,后世因戏称蛤蟆为官蛙。

【官娃】 guān wá 官妓。唐白居易《洛桥寒食日作十韵》:"府酝休教送,～岂要迎?"

【官文】 guān wén ❶ 公文。明王士性《广志绎》卷五:"云、贵土官各随流官行礼,禀受法令,独左、右江土府州县不谒上司,惟以～往来。"清《醒世姻缘传》四七回:"徐宗师把他的详文扯将下来,用了一封袋封了,批上写道'原详带回'四字,当时打发了差人回去。" ❷ 入关的凭证。明《二刻拍案惊奇》卷三七:"因为大同反乱,恐有奸细混入京师,凡是在大同来进关者,不是公差吏人有～照验在身者,尽收入监内,盘诘明白,方准释放。"

【官务】 guān wù 官办的酿酒醋、售酒醋机构。宋欧阳修《乞不配卖醋糟与人户札子》:"臣欲乞特降朝旨下转运司,今后醋糟只许～造醋沽买,及令百姓取便买糟酝醋,不得抑配人户。"庄绰《鸡肋编》卷上:"二浙造酒,皆用石灰,云无之则不清。尝在平江常熟县,见～有烧灰柴,历漕司破钱收买。"《金史·梁肃传》:"宜禁天下酒曲,自京师及州郡,仍旧不得酤贩出城。"

【官衔】 guān xián 官员历任职位名称和当前职位名称统称官衔。唐赵璘《因话录》卷一:"殿中丞草祭文,其～之首称:'驸马都尉郭暧父。'"清《聊斋俚曲·磨难曲》:"问我是甚么～? 衙门里狗腿一根。"

【官项】 guān xiàng ❶ 公家的款项。清《红楼梦》一○八回:"那二舅太爷是个小气的,又是～不清,也是打饥荒。" ❷ 指用来赔补任内亏空或纳赎的款项。清《绿野仙踪》一七回:"立卖契人林岱,新都县人,因亏欠～银三百五十两,无可交纳,情愿将原配妻室严氏,出卖于本城胡监生。"又三九回:"他儿除将平凉所得物事尽行拿出来变卖赔补～,尚欠一万五千有馀。" ❸ 指欠公家的款项。清袁枚《续子不语》卷一○:"盘剥私债,凶恶如此,设欠～,又将如何?"

【官刑】 guān xíng 指官府的刑法、刑罚。元陶宗仪《辍耕录》卷一七:"恼天公,降下灾。犯～,系在囚。"元明《水浒传》七五回:"以臣愚意,此等山间亡命之徒,皆犯～,无路可避,遂乃啸聚山林,恣为不道。"明《拍案惊奇》卷一三:"老儿昨日一口气上到府告官,过了一夜,又见儿子已受了,只这一番说话,心肠已自软了。"清《儒林外史》四三回:"可怜这朝奉是花月丛中长大的,近年有了几茎胡子,主人才差他出来押船,娇皮嫩肉,何曾见过这样～!"

【官休】 guān xiū ❶ 官员退休。唐白居易《履道西门》之二:"履道西门独掩扉,～病退客来稀。" ❷ 经官了结。《元曲选·望江亭》一折:"〔姑姑云〕你要～也私休?"明汤显祖《邯郸记》四出:"老妈妈则问他～私休,私休不许他家去,收他在俺门下,成其夫妻,～送清河县去。"

【官绪】 guān xù 官职;官位。五代孙光宪《北梦琐言》卷三:"相国果诣骑省,高阳公惭谢曰:'某～极闲冷,不足发君子声采。'"《旧五代史·唐书·明宗纪三》:"近日州使奏请从事,本无～,妄结虚衔,不计职位高卑,多是请兼朱紫,不惟紊乱,实启挠

求。"宋龙衮《江南野史》卷九:"张翊,其先京兆人,世绵～。"

【官衙】　guān yá　官府;衙门。《元曲选·汉宫秋》一折:"俺官职颇高如村社长,这宅院刚大似县～。"明汤显祖《牡丹亭》四九出:"不教子侄到～,从无女婿亲间杂。"清《聊斋俚曲·寒森曲》:"我老爷自有公断,怎么该闹动～?"

【官样】　guān yàng　❶ 宫女式样。唐于鹄《送唐大夫让节归山》:"侍女休梳～髻,蕃童新改道家名。"王涯《宫词三十首(存二十七首)》之七:"一丛高鬓绿云光,～轻轻淡淡黄。"宋陈师道《南乡子》:"花样腰身～立,婷婷。"❷ 官家式样;富丽、精致时新的式样。《旧唐书·舆服志》:"玄宗开元十九年十月,赐供奉官及诸司长官罗头～巾子,迄今服之也。"宋陆游《试茶》:"银瓶铜碾俱～,恨欠纤纤为捧瓯。"明《金瓶梅词话》三二回:"小的们无不用心,明日多是～新衣服来答应。"❸ 官家气派;官僚气派。宋刘克庄《念奴娇》:"自填曲,自歌之,岂是行家～。"元睢玄明《耍孩儿·咏西湖》:"排果桌随意置,有百十等异名按酒,数千般～茶食。"明陈铎《小梁州·盒担铺》:"朝出暮入不着忙,依～,女轿四人扛。"❹ 典雅。宋《朱子语类》卷八一:"至若周官蔡仲等篇,却是～文字,必出于当时有司润色之文,非纯周公语也。"明贾仲明《凌波仙·吊秦简夫》:"文章～有绳规,乐府中和成墨迹。"《西游记》三〇回:"言语多～,行藏正妙龄。"❺ 体面。明《金瓶梅词话》九六回:"门你一把锁锁了,家都交与你好不好? 强如你在那冷铺中替花子摇铃打梆子,这个还～些。"❻ 指黄色菊花。参见"官黄"。宋陈师道《临江仙·送叠罗菊与赵使君》:"～初黄过闰九,鲜妍时更宜寒,挽回人意不成阑。"谢逸《西江月·筝》:"朱弦隔叶莺声,风生玉指晚寒清。～轻裳袖冷。"

【官役】　guān yì　❶ 官职。明《金瓶梅词话》三〇回:"太师因问来保说道:'累次承你主人费心,无物可伸,如何是好? 你主人身上可有甚～?'来保道:'小的主人,一介乡民,有何～?'"❷ 官府差役。清《聊斋志异·董公子》:"忽有～叩门,公子出见,役愕然,但言怪事。"《红楼梦》一〇五回:"我们进内复旨去了,这里有～看守。"

【官音】　guān yīn　❶ 即言观音。唐赵义成《造像记》:"敬造～像一铺。"❷ 即"官话"。清李渔《闲情偶寄》卷二:"花面声音,亦如生旦外末,悉作～。"

【官银】　guān yín　❶ 政府铸造的、质量上乘的银锭。明《老乞大谚解》卷下:"咳,低银我也没,我的都是细丝～。"《朴通事谚解》卷上:"京都在城庆坊住人赵宝儿,今为缺钱使用,情愿立约于某财主处,借到细丝～五十两整,每月利息几分,按月送纳,不致拖欠。"❷ 官府的银钱。《宋史·真宗纪一》:"五月庚子,减河北冗官。壬寅,知荣州褚德臻坐盗取～,弃市。"《元曲选·货郎旦》四折:"律上,凡欺侵～五十两以上者,即行处斩,这罪是决不待时的。"清《红楼梦》四八回:"谁知那雨村没天理的听见了,便设了个法子,讹他拖欠～,拿他到了衙门里去,说:'所欠～,变卖家产赔补。'"

【官员祗候】　guān yuán zhī hòu　官妓的标识。宋元时官妓衣帽上缝有"官员祗候"字样。《元曲选·风光好》四折:"他许我夫人位次,妄除了烟花名字,再不曾披着带着'～'褙子冠儿。"《元曲选外编·紫云庭》三折:"这一件又得歇心,此一桩又得解脱,暂不见那～闲差拨。"

【官院】　guān yuàn　王子住的地方。宋赵彦卫《云麓漫抄》卷七:"皇子之居曰某王宫,王子则分院,世俗目之曰～。"

【官中】　guān zhōng　大家庭所共有的。官,公共。清《红楼梦》三五回:"把你乖的! 拿着～钱做人!"又三六回:"袭人的～一份都从我的分例上匀出来,不必动～的就是了。"

【官租】　guān zū　公家征收的租税。唐韩愈《县斋有怀》:"～日输纳,村酒时邀迎。"宋曾敏行《独醒杂志》卷五:"刘丞相在位时,族人偶有逋负～数十万,丞相不知也,前后官吏望风不敢问。"清顾炎武《日知录》卷一〇:"～颇繁重,在昔盖有因。"

【官座】　guān zuò　即"官座船"。明《警世通言》卷一一:"此去是水路,该用船只,偶有顺便回头的～,老爷坐去稳便。"

【官座船】　guān zuò chuán　官府征用的有座位的船只。明《古今小说》卷四〇:"到了张家湾,只换了～,驿递起人夫一百名牵缆。"清《醒世姻缘传》六回:"打叠申文书,造交代册籍,辞院道,写了两只～,择四月初一日离任,不到家,一直往通州上任。"

【棺材】　guān cái　装殓尸体的木制器具。唐孔颖达《礼记正义·曲礼下》"凶器"疏:"'凶器'者,～及棺中服器也。"清《聊斋俚曲·寒森曲》:"我隔着二十多里,还着我去买～。"

【棺材本】　guān cái běn　买棺材的钱。谓送丧之资。元明《水浒传》二四回:"端的说的成时,便送十两银子与你做～。"明《金瓶梅词话》六二回:"这银子你收着,到明日做个～儿。"

【棺材行】　guān cái háng　卖棺材的店铺。明陈铎《醉太平·司丧》:"～咳弄抬高价,敲钵儿顾觅也凭他,都捞上一把。"

【棺材楦子】　guān cái xuàn zi　棺材瓢子。比喻将死之人。清《醒世姻缘传》三六回:"再不想自己七老八十的个～,他那身强火盛的妖精,却是恋你那些好处?"

【棺材鞭】　guān cái xuàn　即"棺材楦子"。《元曲选外编·降桑椹》二折:"你若到家中,奶奶不死也气断,存的性命活,也是～。"

【冠朵】　guān duǒ　帽花,冠帽上的饰品。宋周密《武林旧事》卷二:"又命小珰内司列肆,关扑珠翠、～、篦环绣段、……闹竿龙船等物。"《宋史·礼志十八》:"冠笄、～、九翚四凤冠,各置于盘,蒙以帕。"

【冠冕】　guān miǎn　体面;光彩。明《金瓶梅词话》五四回:"常时节假～道:'这怎么处? 我还有一条汗巾,送与金钏姐。'"《醒世恒言》卷三七:"这人好混账,吃透了许多东西,到说这样～话!"清《绿野仙踪》八十回本五〇回:"若异日会诸天岛洞道友,带在身上,殊欠～。"

【冠子】　guān zi　帽子。宋李攸《宋朝事实》卷三:"比闻臣僚士庶人家多以鹿胎制造～,及有命妇亦戴鹿胎～入内者,以致处处采捕,杀害生牲。宜严行禁绝。"孟元老《东京梦华录》卷五:"其媒人有数等,……中等戴～,黄包髻背子,或只系裙手,把青凉伞儿,皆两人同行。"清《儒林外史》四〇回:"头上戴了～,身上穿了大红外盖,拜辞了父亲,上了轿。"

【鳏对】　guān duì　指诗歌对仗中的句中自对。明《古今谭概·专愚部·迂仙别记》:"'烟锁池塘柳',五字寓五行,昔称～。"

【鳏居】　guān jū　男子独居无妻室。唐孙棨《北里志·郑合敬先辈》附录:"余倾年往长安中,～侨寓,颇有介静之名。"《旧五代史·汉书·苏逢吉传》:"父悦,逢吉母早丧,而悦～,旁无侍者。"清蒲松龄《学究自嘲》:"算今生大半是～,红颜娇妻,有夫守寡他怎知?"

guǎn

【馆】　guǎn　学馆;私塾。《元曲选外编·东墙记》楔子:"足下既要安住,老夫有一小顽,名曰山寿,就托足下教训攻书。老夫

东墙下有一花木堂,先生就在其中设～,如何?"明汤显祖《牡丹亭》七出:"这早晚了,还不见女学生进～。却也娇养的凶。"清《红楼梦》三回:"雨村领其意作别,回至～中。"

【馆伴】 guǎn bàn ❶ 负责接待陪伴外宾。宋叶梦得《石林燕语》卷七:"国朝～契丹,例用尚书学士。元丰初,高丽入贡,以毕仲衍为～,仲衍时为中书舍人,……高丽自海州来朝,遂差余～。"《三朝北盟会编》卷六七:"以太师杨天吉拥千兵～昌往河东,太师王汭以千兵～耿南仲往河北。"按,此例中"馆伴"实表押送。《明史·职官志一》:"凡审言事,译文字,送迎～,考稽四夷馆译字生、通事之能否,而禁伤其交通漏泄。" ❷ 负责接待陪伴外宾的官员。宋《三朝北盟会编》卷六七:"是夜召大金～杨天吉。"岳珂《桯史》卷四:"有请当语～,此岂献书启处耶?"《明史·王直传》:"使者谓～曰:'中国关外十四城皆为我有。前阿剌知院使来,尚遣人偕往。今亦必得大臣同行,庶有济。'"

【馆宾】 guǎn bīn ❶ 门客;幕宾。明《古今小说》卷一一:"在下姓苗名秀,就此赵大官人门下做个～。"《平妖传》一四回:"那朱能正在王钦若门下做个～,晓得他有这件事在心。"清赵慎畛《榆巢杂识》卷上:"陈文简公辑《格致镜原》,相传为～范武功所纂。" ❷ 馆师;私塾先生。《元曲选·萧淑兰》一折:"所有萧山县友人萧公让有二子,命小生作～,到此两月馀矣。"明《二刻拍案惊奇》卷一七:"访得附郭一个大姓张氏,要请一～。"又卷二四:"吾家主张员外送米与～的,你问他则甚?"

【馆次】 guǎn cì 馆舍。唐吴少微《和崔侍御日用游开化寺阁》:"～厌烦歊,清怀寻寂寞。"《明史·吴与弼传》:"贤请赐召问,且与～供具。……赐文绮酒牢,遣中使送～。"

【馆待】 guǎn dài 同"管待"。宋欧阳修《与尹师鲁第三书》:"而大暑惧烦,往复亦须三四日,又不欲久在陕,使郡人有～之劳。"明《老乞大谚解》卷下:"这们时,你却休怪,小人没甚么～。"清袁枚《续子不语》卷一:"王善之,～如礼。"

【馆地】 guǎn dì ❶ 先生教书或学生读书的地方。明《醒世恒言》卷七:"钱青虽知不是同调,却也借他～,为读书之资,每事左凑着他。"清《儒林外史》二回:"向和尚说定,～就在后门里这两间屋内。"《八洞天》卷六:"晏敖便去请他到来,又不肯自出馆谷,独任供膳,却去调拉邻家小儿来附学,要他们代出束脩,轮流供给,自己只出一间～,只供一顿早粥。" ❷ 指幕宾或塾师的职事。明《警世通言》卷一七:"德称闻此消息,长叹数声,无面回乡,意欲觅一～,权且教书糊口,再作道理。"《野叟曝言》一一回:"观水道:'你们俱是空手,如何能作归计?待我遍托门生,寻一～,暂且安身,以圆际遇罢了。'"

【馆夫】 guǎn fū 馆舍中的役夫。《元史·刑法志四》:"诸出使从人,殴死～者,以殴杀论。"明《朴通事谚解》卷上:"光禄寺里着姓李的～讨去,内府里着姓崔的外郎讨去。"《明史·食货志二》:"凡役民,自里甲正办外,如粮长、解户、马船头、～、祗候、弓兵、皂隶、门禁、厨斗为常役。"

【馆谷】 guǎn gǔ ❶ 款待食宿。唐张读《宣室志·俞叟》:"因戒曰:'吕乃汝之表侄也。家苦贫,无以给旦夕之赡,故自渭北不远而来。汝宜厚给～,尽亲亲之道。'"宋周煇《清波杂志》卷四:"顷在泰州,偶倭国一舟飘泊在境上,一行凡二、三十人,至郡～之。"清《聊斋志异·刘夫人》:"过数日,～丰盛,待若子侄。" ❷ 指付给幕宾或塾师的酬金。明沈德符《万历野获编》卷三〇:"初亦礼为上客,其言渐不验,遂廪留不遣,托以训子授～,畀夷婢四人侍之。"清蒲松龄《学究自嘲》:"～渐渐衰,～渐渐衰,早饭东南晌午歪,粗面饼卷着曲菜。"纪昀《阅微草堂笔记》卷九:"正

为受人～而疏于训课,冥司谓无功窃食,即属虚糜,……故寿未尽而禄尽也。" ❸ 东家出资雇请幕宾或塾师。也指就任宾或塾师的工作。明《醒世恒言》卷七:"高赞请个积年老教授在家～,教着两个儿女读书。"《拍案惊奇》卷二九:"只是家道不足,靠着人家聘出来,随任做书记,～为生。"

【馆客】 guǎn kè 聘请在家中教儿童的教师。宋吴自牧《梦粱录》卷一九:"食客者,有训导蒙童子弟者,谓之'～'。"陆游《老学庵笔记》卷一:"嘉兴人闻人茂德,名滋,老儒也。……郡任求～者,多就谋之。"明《拍案惊奇》卷九:"那府中事体烦杂,宣徽要请一个～做记室,代笔札之劳。"

【馆券】 guǎn quàn 宋代政府发给官员的免费食宿凭证。宋曾巩《秘书丞知成都府双流县事周君墓志铭》:"其在仕也,嫁姊之贫者,君常分月俸三一以奉之,餘以与诸弟,君与妻子或止食～而已。"《续资治通鉴长编》卷一二一:"癸卯,元昊请遣人供佛五台山,乞令使臣引护,并给～;从之。"《宋史·职官志十二》:"车驾巡幸,群臣扈从者,中书、枢密、三司使给～,餘官给仓券。"

【馆舍】 guǎn shè 塾师教书的地方。明沈德符《万历野获编》卷二四:"宇内男色有出于不得已者数人。按院之身辞闺阁,阇黎之律禁奸通,塾师之客羁,皆托物比兴,见景生情,理势所不免。"清蒲松龄《学究自嘲》:"七月有七夕,织女本是牛郎妻,他二人也有团圆期。～孤寂,～孤寂,白面书生正惨凄。"

【馆师】 guǎn shī 学馆的教师。明焦竑《玉堂丛语》卷一:"吴公少年介行,闻于乡隅。百里外一富家,主方幼,有母在,延公为～。"清袁枚《续子不语》卷一〇:"绍兴有徐姓者,新典巨宅。书屋三间,台榭俱备,为～章生设帐所。"

【馆使】 guǎn shǐ 即言馆伴使,负责接待外国来使的官员。宋秦观《高无悔跋尾》:"～谓诏使曰:'虏众十倍于我,若其尽至,不可当也。'"《宋史·不忍传》:"金使从者旧见～,皆对揖,不忍不为礼。"明《西游记》六八回:"那两个～听言,屏退左右,一个个整冠束带,下庭迎上相见。"

【馆童】 guǎn tóng 书童。明《醒世恒言》卷三二:"忽一日问～道:'此间何处可以散闷?'～道:'一墙之隔,便是本府后花园中,亭台树木,尽可消遣。'"清纪昀《阅微草堂笔记》卷一九:"赵鹿泉前辈言:孙虚船先生未第时,馆于某家。主人之母适病危。～具晚餐至。以有他事,尚未食,命置别室几上。"

【馆驿】 guǎn yì 供邮传行旅食宿的旅舍驿站。五代何光远《鉴诫录》卷七:"当路州县凋残,所在～隘小。"宋吴处厚《青箱杂记》卷八:"唐以前～并给传往来,开元中,务从简便,方给驿券,之给券,自此始也。"清纪昀《阅微草堂笔记》卷三:"公卒时不在乡里,不在官署,不在道途～,亦不殒于战阵,时至自知耳。"

【馆约】 guǎn yuē 塾馆聘约。明《二刻拍案惊奇》卷一七:"众人遂将孟沂力荐于张氏,张氏送了～,约定明年正月元宵后到馆。"

【馆职】 guǎn zhí 指史馆、翰林院等处的修撰、编修、检讨等职。宋文莹《玉壶清话》卷七:"钱熙,泉南才雅之士,进《四夷来王赋》万餘言。太宗爱其才,擢～。"《明史·杨士奇传》:"授吴王府审理副,仍供～。成祖即位,改编修。"

【馆资】 guǎn zī 即"馆谷❷"。明《二刻拍案惊奇》卷一七:"要在地方上寻一个馆与儿子坐坐,一来可以早晚读书,二来得些～。"清《珍珠舶》六回:"金生已交七十,谁料年纪渐老,则生徒渐幼,～渐轻,金生居恒快快。"

【管】 guǎn ❶ 管辖;负责。唐韩愈《京尹不台参答友人书》:"京尹郡国之首,所～神州赤县,官带大夫,岂得却不如。"《元曲选

外编·西游记》五本一九出:"那壁是灵鹫山交界～。"清《聊斋俚曲·磨难曲》:"张相公可也待养腿哩,我～伏侍他。" ❷ 统辖指挥;管理;操持。《敦煌变文校注》卷二《韩擒虎话本》:"衾虎闻语,惚(忽)然大怒,问:'你属甚人所～?''某乙属大王所～。'"宋《朱子语类》卷一〇六:"主簿就职内大有事,县中许多簿书皆当～。"清《聊斋俚曲·姑妇曲》:"～家三日狗也嫌,惹的人人埋怨。" ❸ 管束;管教。清《聊斋俚曲·俊夜叉》:"不成人可也是前生造就,就是他老子娘也～不回头。"又《襄妒咒》:"满城说:'他二姨夫都这么做法,还是你那～法不济。'" ❹ 顾及;理睬;过问。唐唐彦谦《柳》:"晚来飞絮如霜鬓,恐为多情～别离。"《祖堂集》卷七《严头和尚》:"疎山参见师,师才见,却伍头伴伴而睡。疎山近前立久,师并不～。"清《聊斋俚曲·翻魇殃》:"二相公只把书来念,全不～星星闲事,但求那父子团圆。" ❺ 照管;保护。五代何光远《鉴诫录》卷一〇:"一旦翅翼成,分飞不相～。"《元曲选外编·西游记》五本二〇出:"天地水三官,敕令着咱将唐僧～。"清《聊斋俚曲·翻魇殃》:"哥哥逃了嫂子去,床头又有病婆婆,满家只有你一个人。你看这宅里宅外,谁～那穿布烧锅?" ❻ 款待;招待;供给;给。元伏名《错立身》二出:"咱家是老都管,吃饭便要满。要我做皮条,酒肉要你～。"明《金瓶梅词话》一四回:"我这里常～他些衣裳儿。"清《聊斋俚曲·增补幸云曲》:"他若无钱,我认着我这一年工价,也该二十多两银子,也还～的他顿饭了。"又《磨难曲》:"鸿渐说:'无钱雇驴。'店主说:'我一面招管。'即时叫了个赶脚的来,说:'脚钱我～。'" ❼ 有效;起作用。《元曲选·虎头牌》三折:"情知你便是快行兵的姜太公齐管仲越范蠡汉张良,可也～着些其的?" ❽ 关涉;涉及。明《金瓶梅词话》二〇回:"见他房里两个丫头,你替他走,～你腿事?"又三五回:"那怕蛮奴才到明日把一家子都收拾了,～人吊脚儿事?"清《红楼梦》二八回:"凭他谁教我裁,也不～三爷的事!" ❾ 覆盖。唐李贞白《咏狗蚤》:"与虮都来不较多,撮挑筋斗太喽啰,忽然～着一篓子,有甚心情奈你何?" ❿ 允许。金《刘知远诸宫调》一二:"有一事最大,救取夫人,不～分毫有损害。"又:"吾令精严休不采,咱都是丈夫慷慨,只～擒贼不～败。" ⓫ 固定。清沈复《浮生六记》卷二:"如患梗倒,敲一二钉以～之,即枫叶竹枝,乱草荆棘,均堪入选。" ⓬ 赌资;赌本。明《型世言》三二回:"钮胜道:'没兴,我们掷一掷,詹老兄也来。'詹博古道:'没～。'包秀才道:'鼎就是～了。'" ⓭ 副词。a) 表示确实无疑、坚决,一定;保证;包管。唐雍陶《春咏》:"殷勤最是章台柳,一树千条～带春。"金《刘知远诸宫调》一一:"收则收着,一个～无失,一个限三日,将金冠霞帔,依法取你来。"清《聊斋俚曲·翻魇殃》:"你只管放心回去,若不好我～承当。"b) 表示推测,怕是;莫非。《元曲选·曲江池》一折:"他～初逢着路柳丝,他一乍见着墙花片,多应被花柳牵缠。" ⓮ 量词。用于笔等管状物。唐杜牧《寄唐州李玭尚书》:"书功笔秃三千～,领节门排十六双。"宋单锷《吴中水利书》:"干之始则以锷言为狂,终则然之,遂率民军四十二～,车梁溪之水以灌运河,五日河水通流,舟楫往来。"清蒲松龄《逃学传》:"眼看一本书,手拿一～笔,真正是死囚牢,只当做活生计。" ⓯ 介词。a) 相当于"把",有的跟动词"叫"配合使用。明陈铎《水仙子·灰帽儿》:"窄和宽都料理,～旧的认做新的。"清《红楼梦》三一回:"怪道人都～着日头叫太阳呢,算命的～着月亮叫什么太阴星。"b) 用在代词前,与"相干"配合,相当于"跟""同"。清《红楼梦》二二回:"他还不还,～谁什么相干?"又三五回:"我吃不吃,～你什么相干?" ⓰ 连词。表示让步,相当于"尽管"。宋叶适《送戴料院》:"西风～摇落,黄菊别有春。"

【管办】 guǎn bàn 经管办理。《元史·选举志二》:"十铨以

下,从各路差人～。"明《西游记》九六回:"一壁厢又叫庖人安排饯行的筵宴,一壁厢又叫～的做二十对彩旗,觅一班吹鼓手乐人。"清《红楼梦》二三回:"芹儿倒大大的出息了,这件事竟交他去～。"

【管包】 guǎn bāo 副词。包管;管保。清《儒林外史》二六回:"我到家叫我家堂客同他一说,～成就。"《红楼梦》五五回:"他有这一次,～脚上的筋早折了根。"

【管保】 guǎn bǎo 副词。准保;保证。明《西游记》一〇回:"陛下宽心,臣有一事,～陛下长生。"清《红楼梦》二三回:"楼底下还叫种些花草,等这件事出来,我～叫芸儿管这件工程。"

【管必】 guǎn bì 副词。管保。清《红楼梦》一三回:"我荐一个人与你,权理这一个月的事,～妥当。"

【管不得】 guǎn bù dé 顾及不到;不能顾。明梁辰鱼《浣纱记》三五出:"今日到此呵!～老母孤单,说甚爹爹远离。"清《红楼梦》七七回:"我们只知遵太太的话,～许多。"

【管成】 guǎn chéng 副词。管保。明《古今小说》卷一:"在老身身上,～你夜夜欢娱,一些事也没有。"清《续金瓶梅》二〇回:"凭着我三寸不烂之舌,～有几分准。"

【管城子】 guǎn chéng zǐ 唐韩愈《毛颖传》称笔为管城子,后因以为笔的别称。宋蔡絛《铁围山丛谈》卷五:"宣州诸葛氏素工～,自右军以来,世其业。"明汤式《一枝花·题友田老窝》:"～进取,孔方兄做主。"清《女仙外史》五三回:"遂于里衣夹袋内取出玉蟾蜍小砚一枚,并三寸许～来,题诗于削壁上。"

【管待】 guǎn dài 招待;款待。宋孟元老《东京梦华录》卷五:"至迎娶日,儿家以车子或花檐子发迎客,引至女家门。女家～迎客,与之彩段。"《元曲选·东坡梦》一折:"行者,看素斋～学士。"清蒲松龄《戏三出·闹馆》:"我是贫寒之家,～不到,怕先生怪,如何是好?"

【管当】 guǎn dāng 掌管;管理。宋洪迈《容斋续笔》卷一一:"自余所领,又有～租庸、铸钱等使。"《宋史·傅尧俞传》:"内侍李允恭、朱晦屈法任其子,赵继宠越次～天章阁,蔡世宁掌内藏,而以珠私示内人。"

【管定】 guǎn dìng ❶ 负责承包;包下。宋吴自牧《梦粱录》卷一三:"且如供香印,盘者各一铺席人员,每日印香而去,遇月支请香钱而已。"孟元老《东京梦华录》卷三:"日供打印香者,则～人家牌额,时节日印施佛像等。" ❷ 准保;准定。《宋诗纪事》卷九一无梦《书木牌诗》:"身为客兮心为主,主人平和客安堵。若还主客不康宁,精神～辞君去。"明《金瓶梅词话》四〇回:"对他们只说他爹又寻了个丫头,唬他们唬,～就信了。"清《红楼梦》二九回:"心里想:'……只是昨日千不该万不该铰了那玉上的繸子。'～他再不带了,还得我穿了他才带。'" ❸ 锁定;固定。《古尊宿语录》卷二《大鉴下三世百丈怀海大智禅师语录之餘》:"倘要烧且不可得烧,他被量数～。"宋《朱子语类》卷六七:"三百八十四爻～那许多数,说得太密了。"明沈德符《万历野获编》卷二六:"宫中所用,又有以纸绢叠成折扇,张之如满月,下有短柄,居扇之半,有机敏之,用牡笋～,阔仅寸许,长尺馀。" ❹ 看管住;管住。元明《水浒传》四二回:"本县差下这两个赵都头,每日来勾取,～了我们,不得转动。"明戚继光《纪效新书》卷四:"今番连坐法已定,号令已明,进前退后都有个法子,连坐～,军法决条内施行,你们既无躲身之法,不想学武艺,不是与性命有仇的人,不是呆子,是何物?"

【管多】 guǎn duō 副词。多半。元朱庭玉《夜行船·春晓》:"纵不为五更风,～因半夜雨。"

【管饭】 guǎn fàn 供给饭食。明《西游记》六七回:"须是还

从旧胡同过去,只恐无人～。"清《聊斋俚曲·墙头记》:"老头子在这边,你怕他把我偏,死活争着去～。"《醒世姻缘传》一八回:"晁源恐怕～不周,每日每人折钱二百,逐日见支。"

【管干】 guǎn gàn 主管;管理。宋吴曾《能改斋漫录》卷一四:"奉圣旨,权发遣汝州邓忠臣,差～南京庆鸿宫。"《宋会要辑稿·道释一》:"三年二月二十七日诏,解州防御史郑明之特与剃度为僧,充僧职,与师号,～敎门公事,法名善因。"《元史·食货志一》:"或盗官田为民田,指民田为官田,及僧道以囗作弊者,并许诸人首告。十亩以下,其田主及～佃户皆杖七十七。"

【管勾】 guǎn gōu ❶ 管理;主管;处理。《旧五代史·梁书·朱延寿传》:"行密度其计必中,谓妻曰:'吾不幸临老两目如此,男女辈幼,苟不讳,则国家为他人所有。今昼夜思忖,不如召泗州三舅来,使～军府事,则吾虽死无恨。'"《宋会要辑稿·食货一》:"如有不尽事,即别委官复检,各具利害,牌送～官。"宋《三朝北盟会编》卷三一:"令从随少宰专行～交拨疆界。" ❷ 负责审理。明许浩《复斋日记》卷上:"御史台～宇文桂犯罪,搜其衣箧中,得私书百封,皆浙右人奖诱之言。"

【管顾】 guǎn gù ❶ 招待;款待。宋《法演禅师语录》卷上:"结夏无可供养大众,作一家宴～众人。"元明《水浒传》三一回:"每日好酒好肉～我。"明《警世通言》卷二二:"刘翁刘妪见他小心得用,另眼相待,好衣好食的～他。" ❷ 照顾;照管。元萧德祥《小孙屠》一三出:"恨分离,家中无人～奴。"《元曲选·张天师》三折:"来到此洛阳,幸遇陈太守,十分的～贫道。"清《醒世姻缘传》五二回:"这两个儿子,一个在家中照管个客店,一个在田中照管几亩庄田,单着两个媳妇在家～婆婆。" ❸ 照应。元明《水浒传》六三回:"李成急急进兵十四五里,首尾不能～。" ❹ 过问,为之奔走。元萧德祥《小孙屠》一一出:"兄弟未归谁～?娘亲谁把信音传?"明徐畯《杀狗记》二四出:"信他脱空弄虚,空教你通今博古,你杀人坐狱,那时不～。" ❺ 掌管;管理。《元曲选·冤家债主》四折:"我如今有家私谁～?有钱财谁做去?"元明《水浒传》六一回:"卢俊义救了他性命,养他家中。因见他勤谨,写的算的,教他～家间事务。" ❻ 供给。明《金瓶梅词话》三〇回:"又把老冯叫来暗房中使唤,每月与他五钱银子,～他衣服。"《古今小说》卷三八:"早晚饭食,有人～。" ❼ 管束。清《绿野仙踪》八十回本二〇回:"这一月余,被弟妇～,实没吃个饱饭。" ❽ 理睬。明《拍案惊奇》卷二九:"及至肉眼愚眉,见了穷酸秀才,谁肯把眼稍来～他?" ❾ 顾忌。元明《水浒传》四五回:"那妇人淫心起来,那里～?"

【管家】 guǎn jiā ❶ 为主人管理家务的地位较高的仆人。也用于对一般仆人的敬称。明《金瓶梅词话》七〇回:"朱太尉亲送出来,回到庭,乐声暂止,～禀事。"清《聊斋俚曲·寒森曲》:"一伙人闹吵吵,捶窗户把门敲,～又把主人叫。"《飞龙全传》二回:"当下匡胤别了父亲,带了两名～,含泪出门。" ❷ 掌管家务。明陆采《怀香记》一五出:"如今老爷不在,小姐～,但凭分付。"许自昌《水浒记》一一出:"你尊嫂在宅上～,又到这儿来不得。"清《红楼梦》六回:"如今太太竟不大管事,都是琏二奶奶～了。"

【管家婆】 guǎn jiā pó ❶ 为主人管理家务的地位较高的女仆。元高明《琵琶记》六出:"老姥姥你年纪大矣,你做～,倒哄着女使每闲耍,是何所为!"明《警世通言》卷一九:"院子先来覆～,便来覆了相公。" ❷ 明代宫中管事的年龄较大的宫女,俗称管家婆。明沈德符《万历野获编》卷五:"公主下降,例遣老宫人掌阁中事,名～。"清佚名《秋灯录·董姓妻》:"崇祯帝每晨起盥漱,……宫女与帝枰发者为最尊,称～。"

【管叫】 guǎn jiào 同"管教❶"。清《聊斋俚曲·俊夜叉》:"你从此往前去看,～你擎吃擎穿。"又《磨难曲》:"请饮酒不必忧虑,～你一路平安。"《红楼梦》二四回:"这三街六巷,凭他是谁,有人得罪了我醉金刚倪二的街坊,～他人离家散!"

【管教】 guǎn jiào ❶ 定使;准让。宋佚名《张协状元》二五出:"因缘因缘,心坚～石也穿。"《元曲选·谇范叔》楔子:"大人放心,小生自今日人齐为使,～公子无事还国也。"清《聊斋俚曲·磨难曲》:"只凭着至诚相待,～他解甲归降。" ❷ 副词。只管。宋《五代史平话·晋上》:"学士～闻奏,若财谷之事,老夫自当措办。" ❸ 管束教导。清《聊斋俚曲·俊夜叉》:"为汉子着老婆～,就死了难见祖宗。"《红楼梦》一一七回:"姐儿心里也明白,只是性气比他娘还硬些,求太太时常～～他。"

【管界】 guǎn jiè 犹"管境"。《敦煌愿文集·回向发愿》:"更愿府主大王,夫人万福,～安宁。"《太平广记》卷四二九引唐薛用弱《集异记》:"今杀一虎,不足禳群辈之暴,况与试约,乞舍之,冀其率侣四出,～获宁耳。"

【管境】 guǎn jìng 管辖的区域。《敦煌愿文集·愿文》:"致得岁口丰稔,～谧宁。"又《结坛散食回向发愿文》:"～土地神祇、……地水火神等并诸眷属来降道场。"

【管就】 guǎn jiù 副词。管保;肯定。明《金瓶梅词话》六九回:"小媳妇有个门路儿,～打散这干人。"清《红楼梦》三四回:"方才我拿了药来交给袭人,晚上敷上～好了。"

【管理】 guǎn lǐ ❶ 料理;照管。《元曲选·冻苏秦》三折:"那陈用孩儿,家私里外,都是他～。"清《红楼梦》二三回:"因贾蔷又～着文官等十二个女戏并行头等事,不大得便。" ❷ 负责安排某项工作,使之顺利进行。元明《水浒传》六〇回:"宋江每日领众举哀。无心～山寨事务。"清赵慎畛《榆巢杂识》卷上:"先是,领兵之指挥并千、百户等官,子孙承袭～屯饷;至坐签长运以后,以世袭军丁运粮。" ❸ 过问;理会。清陈端生《再生缘》四一回:"你若嫌烦,休～,我和媳妇会铺排。"

【管领】 guǎn lǐng ❶ 管辖统领。唐李群玉《赠人》:"云雨无情难～,任他别嫁楚襄王。"宋《五代史平话·周上》:"拨营田的民户属州县～。"《明史·云南土司一》:"元宪宗取云南,至大理,段智兴降附,乃设都元帅,封智兴为摩诃罗嵯,～八方。" ❷ 负责;管理。宋张齐贤《洛阳缙绅旧闻记》卷三:"群盗惊叹,留坐与语。且曰:'仆射于此且住三两日否,容弟兄辈～。'"《元曲选·东堂老》楔子:"扬州奴,你如今成人长大,～家私,照觑家小,省使俭用。我眼见的无那活的人也。"清袁枚《子不语》卷五:"阎王以此事分派诸牛头～,故我代夫洗之。" ❸ 教导。宋程节斋《清平乐·寿伯母》:"吾家三母,先后为寿。～诸郎尽用秀,都是婺女星宿。" ❹ 款待;招待。《敦煌变文校注》卷二《韩擒虎话本》:"衾虎闻语:'且赐酒饭～,且在一边。'" ❺ 管顾;照顾。五代孙光宪《北梦琐言》卷四:"梁祖甚喜,以其不相轻薄,甚蒙～,常预宾次,或陪褻戏。" ❻ 领略;领受。唐翁承赞《柳》:"长条细叶无穷尽,～春风不计年。"宋周密《武林旧事》卷一〇:"得诗凡数百。纲举而言之,东寺为报上严先之地,西宅为安身携幼之所,南湖则风月,北园则娱燕宾亲。"元高明《琵琶记》四二出:"这隆恩美誉,从教～无所愧,万古青编记。" ❼ 过问;理会。唐白居易《早春晚归》:"金谷风光依旧在,无人～石家春。"宋刘克庄《满江红》:"落日登楼,谁～、倦游狂客。"

【管内】 guǎn nèi 管辖的区域内。唐赵元一《奉天录》卷三:"坊州刺史窦觎,征召百姓防城,拟充行役,～铁钟铸为戎器。"明皇甫录《皇明纪略》:"洪德二年辛卯秋八月,集～士试之。"

【管你】guǎn nǐ　表示不管;任凭。清《红楼梦》二八回:"好没意思,白白的说什么誓? ～什么金的玉的呢!"

【管情】guǎn qíng　副词。准定;保管。《元曲选外编·降桑椹》四折:"若奶奶嚷下这桑椹子去,～百病消除了也。"明《西游记》一七回:"既有下落,～拿住这厮,还你原物。"清蒲松龄《戏三出·钟妹庆寿》:"～此去,酒饭之外,还赏银钱。"

【管情取】guǎn qíng qǔ　即"管情"。《元曲选·墙头马上》二折:"他凭着满腹文章七步才,～日转千阶。"明陈大声《一枝花·集曲名寿使痴》:"天仙子赠图,圣约王赐福,～八百庄椿岁年足。"

【管请】guǎn qǐng　同"管情"。《元曲选·陈州粜米》楔子:"哥哥,今日父亲呼唤,要着俺两个那里办事去,～就做下了。"明《古今小说》卷一三:"假如你在闲居独宿之际,偶遇个妇人,不消一分半分颜色,～你失魂落意,求之不得。"

【管取】guǎn qǔ　❶副词。准定;管保。唐易静《兵要望江南·占怪象》:"戈矛上,忽有火光明。兆主三军轻命战,～交战我军赢,青焰不宜兵。"宋张继先《喜迁莺·题郭南仲庵壁》:"莫问地久天长,～收因结果。"清《聊斋俚曲·磨难曲》:"奉圣上旨意,领兵十万,去征任义,～手到擒来。"❷定教;定使。元萧德祥《小孙屠》二一出:"日判阳间夜判阴,～人人无屈,定教个个无冤。"《元曲选·柳毅传书》二折:"忙将水卒点,不索告龙王;～泾河岸,翻作汉洋江。"明梁辰鱼《浣纱记》二一出:"～国破家亡人何在,和你同上姑苏百尺台。"

【管涉】guǎn shè　照管;关涉。宋《朱子语类》卷六四:"'肫肫其仁'者,人伦之间若无些仁厚意,则父子兄弟皆不相～矣。"

【管摄】guǎn shè　管辖统摄。《唐律疏义》卷六:"其职非统典者,谓非～之司,临时被遣监主者,亦是。"宋《朱子语类》卷一二七:"太祖公案,乃是蜀中一州军变,复申来乞差～军马。"清《醒世姻缘传》四二回:"先生～那四大部洲的事体,有多少侍从?"

【管事】guǎn shì　❶担任职务。明陆容《菽园杂记》卷四:"都指挥本在外方面官。京师各卫指挥有功,升都指挥而未得外选者,或在京营～,或在各处守备,仍于原卫支俸。"文秉《烈皇小识》卷二:"申用懋着解任回籍,梁廷栋着回部～。"清顾炎武《日知录》卷九:"臣请自今以后,一不许内官与国政,二不许外官与内官私相交结,三不许内官弟侄在外～并置立产业。"❷管闲事。明《西游记》六三回:"你原来是取经的和尚,没要紧织～! 我偷他的宝贝,你取佛的经文,与你何干,却来厮斗?"❸管家。明《金瓶梅词话》九四回:"他们是厅上动刑的,一班十二人,随你罢。正经两位～的,你倒不可轻视了他。"清《红楼梦》五八回:"荣府只容得赖大并几个～照管家务。"袁枚《续子不语》卷七:"你家无人～,并不打点一些行装犒赏,所以告与汝知。"

【管是】guǎn shì　准是;定是。宋石孝友《清平乐》:"醉红宿翠。髻軃乌云坠。～夜来不得睡。那更今朝早起。"金《刘知远诸宫调》一一:"昨日打水处,见个小秃厮儿,身上一领布衫似打鱼网,那底～。"《元曲选·荐福碑》二折:"～我眼睛花,将他错认了。"

【管束】guǎn shù　管理约束。五代钱惟演《木兰花》:"嫩似春荑明似玉,一寸芳心谁～。"清《红楼梦》六二回:"这些人因贾母王夫人不在家,没了～,便任意取乐。"

【管他】guǎn tā　不管;任凭怎样。明《西游记》一六回:"只是借此罩,护住了唐僧无伤,其馀～,尽他烧去。"李梅实《精忠旗》二七出:"〔丑〕还没有到午时?〔杂〕还没有。〔丑〕～是午时不是午时,斩了罢!"

【管榻】guǎn tà　笔架。宋欧阳修《圣俞惠赠宣州笔戏书》:"京师诸笔工,牌榜自称述,……但能装～,有表曾无实。"

【管头】guǎn tóu　❶赌资;赌本。明《型世言》三六回:"～少,不够赌,必至缩手缩脚没胆,自然越输。"❷本钱;资本。清《醒世姻缘传》七〇回:"童七那里有甚见银? 支吾了些赊帐,四五百两打就的首饰,二三百两退回的残物,正经～还少二百八九十两,差一二十两不到三百。"❸比喻能够成为诱饵,使人不得上钩的东西。清《醒世姻缘传》六七回:"且是那三两买药的银子是个～,怕他再往那去?"

【管辖】guǎn xiá　❶管理统辖。《旧唐书·职官志二》:"左丞掌～诸司,纠正省内,勾吏部、户部、礼部十二司,通判都省事。"明《西游记》三回:"我老孙超出三界之外,不在五行之中,已不服他～。"❷管束。明金銮《北胡十八·风情嘲戏》:"拼了个遣发,谁服你～?"《古今小说》卷二一:"爹娘若说他不是,他就彆着气,三两日出去不归,因是～他不下,只得由他。"清《红楼梦》四回:"我正愁进京去有舅舅～,不能任意挥霍,偏如今又升出去,可知天从人愿。"

【管闲】guǎn xián　即言管闲事。清《后水浒传》八回:"公子听了,一时高兴,只得着人送了月仙归家。街坊人已知其事,俱畏怕势力,谁敢～?"又二五回:"亏你两个做老了媒婆,今夜来是抢抬亲事。可知没脚蟹,谁敢～? 便就～,员外可是怕事的?"

【管须】guǎn xū　定要。宋苏轼《殢人娇·戏邦直》:"别驾来时,灯火荧煌无数。向青琐隙中偷觑,元来便是,共彩鸾仙侣。方见了,～低声说与。"

【管押】guǎn yā　押运;率领;管理;护送。宋欧阳修《再乞不放两地供输人色役》:"为臣寮请着沿边乞减放两地供输衙前,及系自京支下官物,并令三司差军大将～前去。"汤璹《守城录》卷三:"差拨军民弓手,分作四队,及选差弓手节级、长行,每二人共～一队,内马立、马政一四百一十五人,李全、许进～三百一十六人,郭政、田全管～三百六十五人,刘德、李清～三百五十人,各分布城下,准备出战。"《朱子语类》卷一一二:"主簿～一县簿,凡事尽与之知。"明《古今小说》卷一五:"刘太尉先同帐下官属带行亲随起发,前往太原府,留郭牙将在后～钧眷。"

【管业】guǎn yè　管理产业;管理经营。宋《朱子语类》卷一〇六:"又有讼望乡复业者,是身不回乡,而寄状～也。"《元曲选·勘头巾》四折:"一行人听我下断:奸夫淫妇市曹中明正典刑,将刘员外家私给付王小二～。"清《醒世姻缘传》五七回:"议将晁夫人原先的五十亩地仍归还晁夫人,将晁思才自己置添的地与那城里宅子都卖了,众人均分。"

【管营】guǎn yíng　宋代牢城管理流配犯人的官吏。元明《水浒传》九回:"此间～、差拨,十分害人。只是要诈人钱物。"又一〇回:"今日～拨我去大军草场管事,却如何?"

【管运】guǎn yùn　管理营运。明《二刻拍案惊奇》卷二二:"我把这所房子与你夫妻两个住下,再拨一百亩田与你～,做起人家来。"

【管账】guǎn zhàng　管理;过问。元明《水浒传》六一回:"留你在家看守,自有别人～,只教你做个桩主。"清《野叟曝言》九六回:"这峰是无主荒山,没人～。"

【管整】guǎn zhěng　包管;担保。明《西游记》一六回:"教他拿了去看,但有疏虞,尽是老孙～。"

【管着】guǎn zhuó　准让;定使。《元曲选·陈州粜米》楔子:"多谢了众位大老爷抬举! 我这一去冰清玉洁,干事回还,～你们喝采也。"又《刘行首》四折:"三日后向城西传取长生诀,～你跨凤"

乘鸾赴仙阙。”

【管总】 guǎn zǒng 总管各种事务。清《儒林外史》九回：“先年东家因他为人正气，所以托他～。”《红楼梦》一〇六回：“那～的家人将近年支用簿子呈上。”

guàn

【丱角】 guàn jiǎo ❶ 儿童束发成两角形。唐康骈《剧谈录》卷下：“船后有小灶，安桐甑而炊，～仆烹鱼煮茗。”明都穆《都公谭纂》卷下：“为江西考官，夜阅卷，倦甚，忽坐睡，梦有～书生揖于前。” ❷ 指少年时期。唐方干《孙氏林亭》：“～相知成白首，而今欢笑莫咨嗟。”宋王安石《王平甫墓志》：“自～未尝从人受学，操笔为戏，文理皆成。”元姚文奂《竹枝词》：“家住西湖第四桥，自从～学吹箫。”

【丱岁】 guàn suì 少年；少年时期。唐杨炯《后周明威将军梁公神道碑》：“～腾芳，髫年超靄。”温庭筠《乾膜子·李丹》：“棹小舟，唯领一～女僮。”《祖堂集》卷五《德山和尚》：“～从师，依年受戒。”

【冠年】 guǎn nián 举行加冠礼的年龄，即二十岁。《敦煌愿文集·亡考妣文范本等》：“经文髻齿之前，囗武～之后。”

【观家】 guàn jiā 道观。家，词缀。《敦煌变文校注》卷二《叶净能诗》：“～奴婢，往往潜看，不见庖厨，亦无餐啜之处。”《云笈七籤》卷一二〇：“～铜钟，不合妄刻佛咒。”

【贯】 guàn 照射。《祖堂集》卷二《婆舍斯多尊者》：“其火炽然，光明～天。”又卷一八《仰山和尚》：“其夜有白光二道，从曹溪发来，直～其舍。”

【贯百】 guàn bǎi 纸币上面标明币值的文字。贯，千文；百，百文。借指钱钞；或指不多的钱钞。《旧唐书·昭宗纪上》：“缗钱则～不入，缯帛则尺寸难求。”元明《水浒传》三七回：“有那一等客人，贪省～钱的，又要快，便来下我船。”明王錂《寻亲记》四出：“受饥寒，甘岑寂，要钱时那取～？”

【贯伯】 guàn bǎi 同“贯百”。宋王安石《画一申明常平新法奏》：“言者谓上三等户及城郭有物力户即从来兼并之家，今乃立定～，许之贷借，非抑兼并之意。”元董君瑞《哨遍·硬谒》：“则要完全～，分晓边阑。”元明《水浒传》二四回：“我家也颇有～钱财，虽不及邓通，也颇得过。”

【贯彻】 guàn chè ❶ 刺透。唐玄奘《大唐西域记》卷一：“因以长戟～胸背。”戴孚《广异记·王乙》：“女云：‘非不尽心，但适出门闭，逾垣而来，墙角下有铁爬，爬齿刺脚，～心痛，痛不可忍。’” ❷ 透彻地理解、领会。宋《朱子语类》卷六四：“‘居上不骄，为下不倍。国有道，其言足以兴；国无道，其默足以容’。举此数事，言大小精粗，一齐理会过，～了后，盛德之效自然如此。”明方孝孺《答林子山书》：“兹辱书，展诵徐绎，自旦至午，不能～大旨。”清方苞《答程起生书》：“乃知卦爻之辞，皆有确乎不可易者，特后儒之心不能～焉耳。” ❸ 贯通。《云笈七籤》卷三四：“拔发，摩面，转腰，令四肢节、皮肉、骨髓、头面～，腹中即空。”《宋史·五行志三》：“至道六年，修昭应宫，有木断之，文如点漆，～上下，体若梵书。”清顾炎武《日知录》卷一八：“愚按，心不待传也，流行天地间，～古今而无不同者，理也。”

【贯城】 guàn chéng ❶ 贯索星主刑狱，故别称刑部曰贯城。明沈德符《万历野获编》卷二一：“即东厂所获大小不法，亦拿送北司，再鞫情由，方得到～中，法官非胆力大于身者，未易平反也。”《明史·刑法二》：“十七年，建三法司于太平门外钟山之阴，命之曰～。” ❷ 监狱。明黄淳耀《拟上念岁祲狱繁颁诏中外悉蠲》：“是以农政修而蚕茧被于山谷，驯致断狱少而鹊巢依于～。”清邵廷采《东南纪事》卷五：“因条上附会律文之谬数十事，会清狱，石麒尽心明允，理出冤滞近万人，～几空。”

【贯穿】 guàn chuān ❶ 连贯。宋《朱子语类》卷七四：“乍读似不～，细看来不胜其密。” ❷ 关联；联系。宋《朱子语类》卷五：“心、性、理，拈着一个，则都～，惟观其所指处轻重如何。” ❸ 串连。《宋史·吴潜传》：“沈炎实赵与簒之腹心爪牙，而任台臣，甘为之搏击。奸党盘据，血脉～，以欺陛下。” ❹ 熟悉。宋苏轼《邵茂诚诗集叙》：“其为人笃学强记，恭俭孝友，而～法律，敏于吏事。”《宋史·吕夏卿传》：“夏卿学长于史，～唐事，博采传记杂说数百家，折衷整比。”

【贯串】 guàn chuàn ❶ 从头到尾穿过每一个事物或一系列事物。五代贯休《上冯使君水晶数珠》：“泠泠瀑滴清，～有规程。”清李渔《闲情偶寄》卷二：“欲唱好曲者，必先求明师讲明曲义。师或不解，不妨转寻文人，得其义而后唱，唱时以精神～其中。” ❷ 贯通；通达。宋陈鹄《耆旧续闻》卷一：“有问刘元城先生，吾犹及史之阙文也，有马者，借人乘之，今亡矣夫。先儒说此多矣，但难得经旨～。”元高明《琵琶记》二出：“蔡邕沉酣六籍，～百家。”《明史·舒芬传》：“其学～诸经，兼通天文律历，而尤精于《周礼》。”

【贯戴】 guàn dài 穿衣戴巾。宋司马光《涑水纪闻》卷二：“西蕃犯塞，候骑报虏将至，炜方饮啖自若；倾之，报虏去城数里，乃起～，以帛缠身，令数人引之，身停不动。”

【贯联】 guàn lián ❶ 连接。唐李宗闵《故丞相尚书左仆射太尉王公神道碑》：“首尾～，已二十年。”宋曾公亮等《武经总要》后集卷一四：“延伯夹淮为营，遂取车轮，去辋削锐，其辐两两接对，揉竹为緪，～相属，并十餘道，横水为桥，两头施大辘轳，出没任情，不可烧斫。” ❷ 关联。宋曾巩《上欧阳舍人书》：“然九经言数十万餘，注义累倍之，旁又～他书，学而记之乎？虽明者不能尽也。”

【贯列】 guàn liè 排列。唐丁居晦《重修承旨学士壁记》：“遂召工赋程，不日而成，峭丽齐平，粉绘耀目，玉翠云轻，随顾而生，～豪英，使千万龄无缺无倾。”

【贯满】 guàn mǎn 恶贯满盈。元萧德祥《小孙屠》二〇出：“李琼梅，料造恶，～当诛。”明文秉《烈皇小识》卷一：“乃若维垣之持论，臣心未安者三：维垣以为真小人，待其～，可攻而去之，而臣以为非训也。”清《醒世姻缘传》六四回：“恶人造孽眼无天，～灾生法网悬。”

【贯洽】 guàn qià 博洽贯通。宋叶绍翁《四朝闻见录》卷一：“留以使酒任气，为言者屡以闻，然该敏～，近代相门子弟未有也。”刘克庄《江西诗派小序》：“予尝从叔用商近朝人物，嘉言善行，朝章国典，礼文损益，靡不～。”

【贯射】 guàn shè 照射。元袁桷《沉香石记》：“受成而不可变者木与石，至积之岁月，则～于日星，磅礴于霜露，光怪骇愕，充然黝然，为珀为玉，有不可悉名者矣。”

【贯世】 guàn shì 盖世。贯，通“冠”。《元曲选·铁拐李》四折：“汉钟离有正一心，吕洞宾有～才。”又《赵礼让肥》三折：“只我这七尺身躯本～才，你划的将我似牛羊般看待？”明崔时佩、李日华《西厢记》二四出：“我爱他风流才俊，～聪明。”

【贯熟】 guàn shú 熟悉。贯，通“惯”。明汤显祖《紫钗记》四七出：“你敢也承受俺～的文鸳，又蘸上那现成钗燕。”

【贯索】 guàn suǒ ❶ 绳索。唐刘禹锡《和乐天秋凉闲卧》："荷珠一断，竹粉残妆在。"清袁枚《续子不语》卷七："令更遣壮役数人，持～器械随之入；则僧已醒。" ❷ 钱串。宋陶毅《清异录》卷下："子华因言前世惑骏逸者马癖，泥～者为钱癖。"明刘元卿《贤弈编》卷二："尝闻刘文靖诮丘琼山'有散钱而少～'，琼山还诮曰：'公有～而却欠散钱。'虽然，世博综者，恃此休休本心为～更妙也。" ❸ 借指钱。清《聊斋志异·赌符》："视局中则叫号浓焉，技痒英雄之臆；顾囊底而～空矣，灰寒壮士之心。"又《梅女》："贪鄙贼！坏我家钱树子！三十一～要偿也！"

【贯通】 guàn tōng ❶ 连接相通。《宋史·吴渊传》："朝廷付渊以光、丰、蕲、黄之事，凡创司空山燕家山金刚台三大砦，嵯峨山膺山什子山等二十二小砦，团丁壮军，分立队伍，星联棋布，脉络～，无事则耕，有警则御。"《明史·河渠志五》："自西北至东南，长五百三十里，比之黄河近八十里，河渠、河塘十居八九，源头活水，脉络～，此天子所以资漕也。" ❷ 穿通。清袁枚《续子不语》卷五："木四边有孔窍，悉用缌穿，～于足。" ❸ 贯穿相通。宋《朱子语类》卷五："问：'心是知觉，性是理。心与理如何得～为一？'曰：'不须去着实通，本来～。'"又卷八："若是寻究得这个道理，自然头头有个着落，～浃洽，各有条理。" ❹ 连贯叙述。《宋史·袁枢传》："枢常喜诵司马光《资治通鉴》，苦其浩博，乃区别其事而～之，号《通鉴纪事本末》。" ❺ 透彻；深刻。宋《朱子语类》卷三："横渠曰：'物之初生，气日至而滋息；物生既盈，气日反而游散。至之谓神，以其伸也；反之谓鬼，以其归也。'横渠将屈伸说得～。"

【贯系】 guàn xì 束缚。《祖堂集》卷九《落浦和尚》："所以是非折獄～，不得脱折自由。"

【贯狱】 guàn yù 监狱。明庄元臣《叔苴子内篇》卷一："王子晋弃万乘而仙举缑山之上，以不生为生者也；累囚服桎梏而偷延～之中，以死为不死者也。"

【贯址】 guàn zhǐ 籍贯；籍贯和住址。元明《水浒传》三回："行开个海捕急递的文书，各路追捉，出赏钱一千贯，写了鲁达的年甲、～、形貌，到处张挂。"明戚继光《纪效新书》卷一："编立队伍、籍记年貌～之法，必在选时一日内了当，若待次日，则我所选中之人又更换一半矣。"《明史·唐枢传》："崞县在城坊既有李伏答，乃于左厢都追察，又以李午为真名，求其～，何可得也？"

【惯】 guàn ❶ 习惯；积久成习。宋佚名《张协状元》七出："不～行程，愁闷怎消遣？"清《聊斋俚曲·富贵神仙》："那里有甚腥臊，住～了也不觉臭。" ❷ 熟悉；擅长（做某事）。《元曲选·谢天香》一折："能吹弹，好比人每日常看伺；～歌讴，好比人每日常差使。"明《古今小说》卷三九："程彪回头看，认得是府内～绲事的，浑名叫做张光头。"清《红楼梦》五四回："那女先儿们皆是～的，或紧或慢，或如残漏之滴，或如进豆之疾，……恰恰至贾母手中，鼓声忽住。" ❸ 副词。惯于；一贯地。《元曲选·救孝子》三折："兀那婆子，你是个～打官司，刁狡不良的人也！"明薛论道《桂枝香·嘲作媒》："全凭斧柯生涯，～做作伐买卖。"清《聊斋俚曲·磨难曲》："～捣鬼，～撒谎，因此人人叫瞎谤。" ❹ 放任；纵容。宋晏几道《六幺令》："日高春睡，唤起懒装束。年年落花时候，得娇眠足。"清《聊斋俚曲·襄妒咒》："这二日，只是叫我放出他来，～着他悠游放荡，不成个人品。"

【惯便】 guàn biàn 习以为常。元高明《琵琶记》三三出："不妨，我出路～，自有分晓。"明《金瓶梅词话》二四回："金莲道：'贼短命，得其～了，头里蹐了我的脚儿，我不言语，如今大胆又来问我要衣服穿。'"

【惯常】 guàn cháng 习以为常；（向来）如此。清《白雪遗音·醉归》："劝君此地休来到，此处是，弃旧迎新是～。"《红楼复梦》五六回："那些家人、小子是每日宾客盈门，伺候～的，奔走甚不费力。"《说唐后传》二六回："张环道：'元帅又来了，海内风浪，年年～，叫末将怎生平法？'"

【惯串】 guàn chuàn 穿过。惯，通"贯"。明冯梦龙《挂枝儿》卷八："靴儿靴儿，谁不爱，记当初行双双～花街。"

【惯搭】 guàn dā 纵容。清《聊斋俚曲·墙头记》："～的不通人性，到如今待说甚么？"

【惯会】 guàn huì 专会；擅长；习惯于。《元曲选外编·西厢记》五本三折："自小京师同住，～寻章摘句，姑夫许我成亲，谁敢将言相拒。"明孟称舜《娇红记》二二出："媒婆～使花唇，我做媒婆更有名。"清《儒林外史》一二回："只是一生性气不好，～路见不平，拔刀相助。"

【惯家】 guàn jiā 行家；老手。《元曲选·百花亭》一折："委的俺官人是～。"明孟称舜《娇红记》二八出："什么红娘！乖儿子，你是～的张君瑞，也不消的我红娘了。"清《醒世姻缘传》四二回："这魏氏一遭生，两遭熟，三遭就会，四遭也就成了～。"

【惯见】 guàn jiàn 习见；常见。宋苏轼《东阳水乐亭》："～山僧已厌听，多情海月空留照。"吴曾《能改斋漫录》卷一七："见伊底尽道独步江南，便江北也何曾～。"清洪昇《长生殿》四二出："田舍业桑麻，～弄泥沙。"

【惯捷】 guàn jié 熟练敏捷。唐杜甫《大云寺赞公房》之四："童儿汲井华，～瓶上手。"

【惯经】 guàn jīng 习惯；惯常经历；经历过。元佚名《集贤宾》："丽春园曾～，教坊司也惯行。"明沈德符《万历野获编》卷一七："大学士嵩乃言，今岁调遣到边兵，以其～战阵，全赖入卫京师。"《石点头》五回："是夜成就好事，总然未曾～，少不得瓜熟蒂落。"

【惯历】 guàn lì 惯常经历，已经习惯。元高明《琵琶记》三四出："相公，多与我盘缠添气力，万水千山路，曾～。"明王錂《寻亲记》二九出："我辛勤，吃尽万千，你若挂心，怎得爹见。"《明史·广西土司一》："臣以为桂平、平南二县，旧附瑶民，皆便习弓弩，～险阻。"

【惯能】 guàn néng 擅长；专能。明《封神演义》三六回："善能移山倒海，～撒豆成兵。"清《醒世姻缘传》八一回："铺纸～说谎，挥毫便是刁言。"《红楼梦》九回："宝玉又是天生成～作小服低，赔身下气，情性体贴。"

【惯觑】 guàn qù 惯于偷看。明《金瓶梅词话》二回："那一双积年招花惹草，～风情的贼眼，不离这妇人身上。"

【惯熟】 guàn shú ❶ 娴熟；熟练。宋耐得翁《都城纪胜·四司六局》："凡四司六局人祗应～，便省宾主一半力。"《元典章·兵部一》："阅习武艺，教练阵势进退如法，各要精锐。"明《二刻拍案惊奇》卷一六："但是风吹草动，有些个赚得钱的所在，他就钻的去了，所以囊钵充盈，经纪～。" ❷ 熟悉；习惯。《元典章·刑部五》："仍差委正官将引首领官吏、～忤作行人，就赍元降尸帐三幅，速诣停尸去处。"明徐霖《绣襦记》二出："荥阳三家村有个儒士，姓乐名道德，屡次科举，京都～，若请此人陪去到好。"清《绿野仙踪》八十回本五回："想是为京城地方，怕你们不～，和人口角不便。"

【惯习】 guàn xí ❶ 习惯于；习惯；熟悉。唐孟浩然《送张祥之房陵》："我家南渡头，～野人舟。"宋孟元老《东京梦华录》卷六："向晚，贵家妇女纵赏关赌，入场观看，入市店饮宴，～成风。"《明

史·兵志三》："且宜修饬海舟,大小相比,或百或五十联为一艞,募～水工领之,而充以原额水军,于诸海口量缓急置防。"　❷ 副词。惯于。明沈德符《万历野获编》卷二九:"时有赵古元者,本名一平,浙之山阴人,～妖妄。"

【惯养娇生】　guàn yǎng jiāo shēng　娇生惯养;宠爱娇惯(儿童)。清《红楼梦》一回:"～笑你痴,菱花空对雪澌澌。"

【惯要】　guàn yào　副词。总爱;总要。元高明《琵琶记》一七出:"李社长,李社长。〔净〕谁叫老爷?〔丑〕咦,你～做大,且出来。"清《醒世姻缘传》二回:"往人家走动,～说人家闺门是非,所以人都远他。"

【惯一】　guàn yī　副词。一贯;总是。明《金瓶梅词话》五三回:"他～不着的,晓得甚么来?"《古今小说》卷三九:"有我们这样老无知,老禽兽,不守本分,～招引闲神野鬼,上门闹炒。"《拍案惊奇》卷六:"乃是静乐院主慧澄,～在狄夫人家出入的。"

【惯纵】　guàn zòng　放纵;纵容。宋秦观《满园花》:"我当初不合苦拦就,～得软顽,见底心先有。"元王和卿《蓦山溪·闺情》:"枉了教人深闺候,疏狂性～的来自由。"

【掼】　guàn　❶ 使跌倒。明《西游记》三〇回:"见妖精凶恶之甚,把公主～倒在地,持刀要杀。"　❷ 摔;扔。元明《水浒传》二六回:"武松……把那妇人头望西门庆脸上～将来。"清方成培《雷峰塔》二二出:"我方才正要欢娱,只看见一个大头青胖鬼,拿我得来一～,亏唔来救了我,勿然一命休矣!"

【灌涤】　guàn dí　灌洗;洗手脸。《大宋宣和遗事》后集:"四人方掬水洗面～,相视哽咽不胜。"

【灌溉】　guàn gài　犹言充实。宋《朱子语类》卷九:"学者须常存此心,渐将义理只管去～。"

【灌浆】　guàn jiāng　疱疹中的液体变成脓,使疱疹在皮肤表面凸起,多见于天花或接种的牛痘。清《儒林外史》六回:"药里用了犀角、黄莲、人牙,不能～,把赵氏急的到处求神许愿。"《红楼梦》四六回:"什么喜事!状元痘儿灌的浆儿又满是喜事!"

【灌丧】　guàn sāng　"喝"的贬义说法。清《红楼梦》四四回:"我昨日～了酒,你别愤怨,打了那里,让我瞧瞧。"又四五回:"那黄汤难道～了狗肚子里去。"

【灌水】　guàn shuǐ　赌博市语。谓以作弊手法把赢家的筹码加大,犹如灌入水分。明《醋葫芦》一一回:"更兼赛绵驹代开筹码,若见张煊赢了,假意要强做个头,张煊趁手一夺,赛小便趁手灌下大筹,算来就是无数,俗话叫做～。"

【灌澡】　guàn zǎo　洗澡。《法苑珠林》卷四五:"洗沐是清升之本,～为澄洁之原。"

【礶】　guàn　❶ 罐子。《元曲选·盆儿鬼》一折:"我离汴梁城四十里,在这破瓦村居住,开着一座瓦窑,卖些盆～。"佚名《锦衣香》:"他将楚馆焚,秦楼来拽,洛浦填,泾河截,梅家庄水～汤瓶,打为磁屑。"　❷ 量词。清王士禛《池北偶谈》卷一二:"从人有自市中买得古刺水者,上镂'永乐十八年熬造古刺水一～,净重八两,～重三十斤'。"

【罐子】　guàn zi　❶ 一种大腹的圆形容器(多为陶质)。宋周煇《清波杂志》卷二:"旧见说汴都细车,前列数人持水,旋洒路过车,以免埃塎蓬勃。"清《红楼梦》六一回:"琏二奶奶打发平姑娘和玉钏姐姐要些玫瑰露,谁知也少了一～。"　❷ 特指熔化金银的熔罐。明《金瓶梅词话》三三回:"叫着你把那挺脸儿高扬着不理,空教我拨着双火同儿顿着～等你到更深半夜。"《二刻拍案惊奇》卷一八:"被这些人弄了几番喧头,提了几～,只是不知懊悔。"

guāng

【光】　guāng　❶ 血的别称。宋王说《唐语林》卷七:"僖宗幸蜀回,改元光启。俗谚云:军中名血为'～',又字体:户口负戈为'啓',其未宁乎? 俄而未久乱作,长安复陷。"　❷ 光景;功夫。隐指偷情所下的功夫与见到的效果。参见"挨光""做光"。元明《水浒传》二四回:"若见你入来,不动身时,这～便有四分了。"明《金瓶梅词话》三回:"王婆看着西门庆,把手在脸上摸一摸,西门庆已知有五分～了。"　❸ 精光;净尽。明冯惟敏《河西六娘子·知止》:"两袖清风精利儿～,抵多少衣锦还乡。"又《朝天子·拔白》:"嘴儿～,鬓儿秃,再锄,越疏。"清《红楼梦》六八回:"银子到手,一旦～了,他又寻事故讹诈。"　❹ 裸露;无遮盖。清《醒世姻缘传》七五回:"童奶奶道:'～着屁股看大的娃娃,又支起女婿架子来了!'"《红楼梦》九七回:"难道他个女孩儿家,你还叫他赤身露体,精着来,～着去吗?"《白雪遗音·闲来无事》:"一男一女～着腔,口对着口儿,不住的哼哼。"　❺ 副词。仅;只;只顾;一味。明《金瓶梅词话》一五回:"今日他爹不在家,家里无人,～丢着些丫头们,我不放心。"清《聊斋俚曲·墙头记》:"听着他事事弄整齐,又称漆来漆了棺,～粮食桀有五十石。"又《翻魇殃》:"那人～磕头,唬的不敢響。"又《禳妒咒》:"你从小～好赖人,那一年翻交,你该我那瓜子,也该还我了。"　❻ 沾光;占便宜。清《醉醒石》八回:"年纪儿青,到处有人搭伴。～得着,～人些,～不着,也被人～些。"

【光彩】　guāng cǎi　❶ 焕发的容颜与神采。《祖堂集》卷九《罗山和尚》:"只如岩头和尚道:'洞山好个佛,只是无～。'未审洞山有何亏阙,便道无～。"宋觉范《禅林僧宝传》卷一四《神鼎湮禅师》:"僧曰:忽忆少年曾览照,十分～脸边红。"　❷ 光亮,比喻理论上的亮点。宋《朱子语类》卷一二六:"只是他磨擦得来精细,有～,不如此粗糙尔。"　❸ 犹言出色。宋《朱子语类》卷一一四:"谓文蔚曰:'公却是见得一个物事,只是无～。'一日,呈所送崇甫序。观毕,曰:'前日说公不～,且如这文字,亦不～。'"　❹ 犹言精华。宋《朱子语类》卷七:"古人于小学存养已熟,根基已深厚,到大学,只就上面点化出些精彩。……大学只出治～。"　❺ 光荣;体面。元明《水浒传》一三回:"不惟坏了宋公明一生忠义,连我们面上也少了～。"清《醒世姻缘传》三〇回:"把这样一个极好的醮事,临了被那一个歪和尚弄得没有～。"

【光灿灿】　guāng càn càn　光彩耀眼的样子。《元曲选·生金阁》一折:"～玻璃盏,明丢丢水晶盘,那一件宝物是无有的?"清《红楼梦》五回:"～胸悬金印,威赫赫爵禄高登。"

【光晗晗】　guāng cāng cāng　亮堂堂;明亮的样子。宋《朱子语类》卷一五:"且如我两眼～,又白日里在大路上行,如何会被别人引去草中!"又卷一一五:"遇无事则静坐,有书则读书,以至接物处事,常教此心～地,便是存心。"

【光赤条】　guāng chì tiáo　赤裸的样子。明《金瓶梅词话》五二回:"见妇人脱得～身子,坐在床沿。"又九九回:"那经济～身子没处躲,搂着被,吃他拉被一边,向他身上就扎一刀子来。"

【光赤条条】　guāng chì tiáo tiáo　即"光赤条"。明《金瓶梅词话》一二回:"又见妇人脱的～花朵般儿身子,娇啼嫩语,跪在地下,那怒气早已钻入爪哇国去了。"

【光出律】　guāng chū lù　光滑。《元曲选·灰阑记》三折:"脚稍天腾的吃个仰剌叉,……须是这～的冬凌田地滑。"

【光绰绰】guāng chuò chuò 光鲜簇新。《元曲选·梧桐叶》三折："列翠袖金钗两行，～从人争导。"

【光打光】guāng dǎ guāng 精光；一无所有。明赵南星《喜连声·为柏乡赵妓作》："成什乖？哄的那破拉沾，精打精，～，又去合谁热？"清《歧路灯》八四回："大哥若失了肥业厚产，与我一样儿～，揭账揭不出来，他们怕大哥做甚么？"

【光地】guāng dì 白地；空地。元明《水浒传》三五回："山上都收拾停当，装上车子，放起火来，把山寨烧做～。"明《金瓶梅词话》二六回："尸横～下半响，不知精爽逝何处，疑是行云秋水中。"

【光腚】guāng dìng 裸体。清《聊斋俚曲·穷汉词》："绰号名为'大起灵'，一起满床～。"

【光访】guāng fǎng 称客人来访的敬词。五代孙光宪《北梦琐言》卷一〇："复有一丞郎，马上内逼，急诣一空宅，径诣湢轩，斯乃大优穆刀绫空屋也。优忽至，丞郎惭谢之。优曰：'侍郎他日内逼，但请～。'"按，此处"光访"，为戏谑语。《五灯会元》卷一八《正法希য禅师》："诸上善人得得～。"

【光顾】guāng gù 光临。唐薛能《郊居答客》："远劳才子骑，～野人门。"清方成培《雷峰塔》二二出："多蒙娘子～，与老荆祝寿，只是多多简慢。"

【光光】guāng guāng ❶ 空无所有。《元曲选·货郎旦》三折："家缘家计，都被火烧的～了。"清《儒林外史》二七回："就是老太要赶他出去，也分些本钱与他做生意，叫他两口子～的怎样出去过日子？" ❷ 副词。仅仅；只。清《聊斋俚曲·慈悲曲》："姐姐休要瞎胡明，而今～的把我罩。"

【光光荡荡】guāng guāng dàng dàng 空空荡荡，一无所有。《元曲选·合汗衫》三折："可怜见俺许来大家私，被一场天火烧的～。"明《拍案惊奇》卷三五："家私到手，正如汤泼瑞雪，风卷残云，不上一年，使得～了。"

【光光乍】guāng guāng zhà ❶ 孤身一人；孤身无助。明《西洋记》二八回："你今身无寸甲，手无寸铁，旁无一人，～儿前临劲敌，岂不是个暴虎冯河？" ❷ 光秃的样子。指和尚或尼姑。明汤显祖《牡丹亭》二一出："一领破袈裟，香山噢里巴。多生多宝多菩萨，多多照证～。"《西洋记》四回："和那徒弟剃下了那一头的青丝细发，～一个好弥陀。" ❸ 空荡无物。明《醒世恒言》卷三七："我生来是富家，从幼的喜奢华，财物撒漫贱如沙。觑着囊资渐寡，看看手内～，看看身上丝丝挂。"

【光棍】guāng gùn ❶ 地痞；流氓。《元曲选·冤家债主》二折："被那两个～抢了我台盏去，我死也怎么舍得？"清《聊斋俚曲·磨难曲》："奴才可恨，把本院胡混！并不是买卖庄农，分明是一伙～。" ❷ 江湖骗子或指没有真才实学而靠大话哄人的医生、术士等。明《醒世恒言》卷二八："司户还道愁女儿病体，反宽慰道：'那医者说，只在数日便可奏效，不消烦恼。'夫人道：'听那老～花嘴！'"清《儒林外史》四六回："恐怕是外方的甚么～，打着太尊的旗号，到处来骗人的钱。" ❸ 单身汉。明冯惟敏《僧尼共犯》一折："哄俺弟子都做～，一世没个老婆。"清《聊斋俚曲·墙头记》："老～最可怜，谁知饥谁知寒，一口屋剩下个老扯淡。" ❹ 好汉；有本事或识时务的人。清《绿野仙踪》八十回本二回："乌纱官帽幌动时，使尽～威风，青缎补袍摇摆后，羞杀文人气象。"《歧路灯》二四回："谭兄聪明出众，才学会赌，就把人赢了，真正天生～儿。" ❺ 空；光；尽。清《照世杯·七松园》："及至囊橐用尽，渐渐要拿衣服去编字号。老鸨手也～了，眼也势利了，口也零碎了。"

【光华】guāng huá ❶ 光泽。《云笈七籤》卷一〇六："治腹

内弦实上气，心胸结塞，益肌肤，令体轻有～。"明陈铎《小桃红·墨铺》："玉堂翰苑传佳致，～似漆。" ❷ 有光泽。《太平广记》卷一一引《神仙传》："老人状如五十许人，面有童子之色，肌肤～，不与俗同。"《云笈七籤》卷七八："满千日，骨髓坚强，夕御百女，终无所卷，若生男女，聪慧如神，颜色～若童子。"

【光滑】guāng huá ❶ 光溜；细腻；平滑。唐玄奘译《大般若波罗蜜多经》卷三八一："世尊首安～殊妙尘垢不着。"明《古今小说》卷一："你老人家许多年纪，身上恁般～。"清屈大均《广东新语》卷一五："东莞出蜜香纸，以蜜香木皮为之。色微褐，有点如鱼子，其细者～而韧，水渍不败。" ❷ 体面；排场。清《聊斋俚曲·墙头记》："唠着年年费家当，发丧又要弄～，百石粮食费不下。"又《磨难曲》："骑上马上方家，自觉着不～，待不去心里放不下。"

【光辉】guāng huī ❶ 光彩；荣耀。《敦煌愿文集·儿郎伟》："大王福如山岳，门兴壹宅，～。"明汤显祖《牡丹亭》三出："他日到人家，知书知礼，父母～。"清《红楼梦》四五回："热闹三天，也是托着主子的洪福一场，～～。" ❷ 使生辉。《元曲选·玉梳记》三折："显耀杀姜本云间住，～了君家准甸居。" ❸ 动词。熠熠闪光。宋佚名《张协状元》一出："张协抬头一看，不是猛兽，是个人。如何打扮？虎皮磕脑虎皮袍，两眼～志气豪。"

【光火贼】guāng huǒ zéi 明火执仗的强盗。唐段成式《酉阳杂俎》前集卷九："李廊在颍州，获～七人。"王梵志《世间乱浩浩》："逢着～，大堡打小堡。"《旧唐书·冯元常传》："剑南先时～夜掠居人，昼潜山谷。"

【光霍霍】guāng huò huò 明晃晃。宋佚名《张协状元》一出："右手扯住一把～冷搜搜鼠尾样刀，番过刀背，去张协左肋上劈。"

【光降】guāng jiàng ❶ 光临。元明《水浒传》一〇二回："二位～，有何见教？"明汤显祖《牡丹亭》九出："姐姐为甚事～小园？"清《聊斋俚曲·穷汉词》："我那亲亲的爷爷！你到几时合伙你那众兄弟们，一当踏凶，二来散闷，～～来舍下走走？" ❷ 沾光；得到钱财。清《聊斋俚曲·墙头记》："若还到了百年后，拿将出来按分分，大家～情理顺。"

【光教】guāng jiào 只让。清《聊斋俚曲·磨难曲》："我原就安排着自己投县，为个人怎么～老婆出官？"

【光洁】guāng jié 光亮洁净；光滑洁净。唐玄奘译《大般若波罗蜜多经》卷三八一："世尊指爪狭长薄润，～鲜净如花赤铜。"宋张齐贤《洛阳缙绅旧闻记》卷五："有儒家子李元者，得一石，长四寸馀，阔厚，称之重于常石，～温润，众谓之玉。"清沈复《浮生六记》卷四："入门经韦陀殿，上下～，纤尘不染，知为好静室。"

【光晶】guāng jīng 光辉；明亮。唐张鷟《朝野佥载》卷四："有人见竖子在洛水中洗马，顷之，见一物如白练带，极～。"吴筠《舟中夜行》："阴云正飘飘，落月无～。"明汤式《端正好·题梧月堂》："滴溜溜挂雕檐一轮宝镜，明闪闪映珠箔万叶～。"

【光景】guāng jǐng ❶ 光阴；时光。唐陈陶《游子吟》："穷通在何日，～如跳丸。"宋佚名《张协状元》一出："韶华催白发，～改朱颜。"清《聊斋俚曲·富贵神仙》："一年的～夏日最天长，惟奴的香汗合泪都成行。" ❷ 日子。借指生命或生活。唐冯贽《云仙杂记》卷一："王施避巢寇，入天台山，主人贺理，给以牛粥。施谢曰：'公乃司命，延我～，当为扫露明轩，永为明公下吏。'"明梁辰鱼《浣纱记》一四出："天子之下第一，诸侯之上无双。～无多，天下山河也无用；富贵已极，不图欢乐待何时？"清《儒林外史》三二回："不然我还要多给你些银子——因我这娄太爷病重，要料理他的～——我好打发你回去。" ❸ 风光景色；景象。唐张九龄《奉

和圣制途次陕州作》:"行看洛阳陌,～丽天中。"金《董解元西厢记》卷一:"国家修造了数载餘过,其间盖造的非小可,想天宫上～,赛他不过。"元明《水浒传》二四回:"小人也自不曾到东京,就那里观看～一遭。" ❹ 情况;状况;情景;细节。宋《朱子语类》卷一〇一:"自此一年间,只理会得个蔡京。这后面～迫促了,房人之来,已不可遏矣。"《元曲选外编·紫云庭》一折:"怎想俺这月馆风亭,竹溪花径,变得这般黑。"清《聊斋俚曲·富贵神仙》:"又见那窗儿里灯光,合那一夜～点儿不曾改。"又《快曲》:"咱大家斟上酒,着一个起去做手着,各人说那杀曹操的～。" ❺ 犹言世面。清《聊斋俚曲·增补幸云曲》:"万岁说:'我自来没见～。你嫌我辱没你时,你教些乖给我,早晚给你支架子如何?'" ❻ 隐指偷情的对象或可能性。参见"光❷"。明《醒世恒言》卷一四:"女孩儿道:'借问则个,范二郎在那里么?'酒博士思量道:'你看二郎,直引得～上门。'"又卷一五:"大卿见说请到里面吃茶,料有几分～,好不欢喜!"《二刻拍案惊奇》卷一四:"宣教听得此言,不胜之喜,道既留下吃酒,必有～了。" ❼ 样子;模样。明《醒世恒言》卷二二:"这班随从的人打扮出路～。"《拍案惊奇》卷一五:"贾秀才走到后窗缝里一张,见对楼一个年少妇人坐着做针指,看～是一个大户人家。"清《聊斋俚曲·磨难曲》:"又指着自己的眼,比着淌泪的～。" ❽ 用于带数量的时间词语或数量词语后,表示在某段时间前后,或表示在某数量上下。《元曲选·窦娥冤》四折:"自离了我那端云孩儿,可早十六年～。"明《二刻拍案惊奇》卷三六:"只见一辆车子倒在地上,内有无数物件,金银钞币,约莫数十万～。"清《红楼梦》五八回:"如今请灵至此,还要停放数日方入地宫,故得一月～。" ❾ 指有情节、可欣赏的内容。明《二刻拍案惊奇》卷一九:"不必逐日夜夜件件细述,但只拣有些～的,才把来做话头。" ❿ 指财产。清《醉醒石》三回:"众朋友道:'钱兄,闻得尊嫂妆资甚厚,想是不下千金,……'钱秀才道:'～自是有些,那里得到千金?'"《豆棚闲话》四则:"此是敝檀越阁痴之宅。这些～,都是痴子自挣来的。"

【光明】 guāng míng ❶ (心里)明亮、清楚。宋《朱子语类》卷九:"能常常警觉,久久自能常存,自然～矣。"又卷一二:"他本自～,自家只是着些子力去提省照管他便了。" ❷ 坦白;磊落。唐李翱《谢杨郎中书》:"窃惟当兹之士,立行～,可以为后生之所依归者,不过十人焉。"明刘仕义《新知录摘抄·古今人品相类》:"盖此三人者,～俊伟,倜傥磊落,三代而下所仅见者也。"

【光明磊落】 guāng míng lěi luò 形容胸怀坦白无私心。宋《朱子语类》卷七四:"比如人,～的便是好人,昏昧迷暗的便是不好人。"清纪昀《阅微草堂笔记》卷一一:"此妇子孙,颇讳此语。余亦不敢举其氏族。然其言～,如白日青天,所谓皎然不自欺也,又何必讳之!"

【光明正大】 guāng míng zhèng dà 襟怀坦白;行为正派。宋《朱子语类》卷一二八:"只缘自来立法建事,不肯～,只是如此委曲回护。"清李玉《清忠谱》一四折:"直谅公忠,作九重之喉舌;～,宣万姓之隐忧。"

【光前绝后】 guāng qián jué hòu ❶ 犹言空前绝后。《祖堂集》卷一七《岑和尚》:"昨日答那个师僧一转因缘,只是～,古今罕闻。"明叶盛《水东日记》卷二:"广西守将韩都督观,英武有文,颇喜诛杀。山忠毅公继之,则～矣。" ❷ 事前事后不留痕迹。元明《水浒传》六二回:"今晚夜间,只要～,无甚孝顺,五十两蒜条金在此,送与节级。"

【光前耀后】 guāng qián yào hòu 光耀祖先及后代。元元文苑《一枝花·为玉叶儿作》:"大丈夫峥嵘恁时候,扶汤佐周,～,"

直教万古清名长不朽!"明《古今小说》卷二一:"你骨法非常,必当大贵,～,愿好生自爱。"

【光荣】 guāng róng 光彩。唐张籍《酬浙东元尚书见寄绫素》:"便令裁制为时服,顿觉～上病身。"

【光容】 guāng róng 形容人容颜有光彩;也用作对人仪容的敬称。唐裴铏《传奇·孙恪》:"良久,忽闻启关者,一女子,～鉴物,艳丽惊人。"又《封陟》:"所以慕其真朴,爱以孤标,特谒～,愿持箕帚。又不知郎君雅旨如何?"明袁宏道《途中怀大兄诗》:"～若平昔,天服綮游戏。"

【光闪闪】 guāng shǎn shǎn 光芒闪烁貌。宋吕渭老《渔家傲》:"～,何须更把茶林撼。"明尹直《謇斋琐缀录》卷六:"宋张子颜晚年,尝见目前～,中有白衣人如佛者,信之弥谨,不食肉饮酒,体因瘠而多病。"

【光身子】 guāng shēn zi 只身一人,别无餘物。《元曲选·灰阑记》一折:"你要私休,将一应家财房廊屋舍带孩儿都与了我,只把这个～走出门去。"明《醒世恒言》卷三〇:"李勉又吃了一惊,半句话也应答不出,弃下行李,～,同着路信跟跟跄跄抢出书院。"《禅真后史》四回:"若依兄将二人混告做一状时,他两家决并力坚持,小瞿拼着～和你打阵,耿家不过浪费资财,一鼓一锣的行事,暗中贿嘱了官吏,还要扭捏做诬告人命及坐你的罪哩!"

【光塌塌】 guāng tā tā 光秃秃。《元曲选·老生儿》三折:"你觑那～的坟墓前,湿津津的田地上。"

【光挞挞】 guāng tà tà 同"光塌塌"。元高明《琵琶记》三出:"你不闻东村有个李太婆,年纪七八十岁,头～的,也只要嫁人。"明《金瓶梅词话》一回:"远远望见乱树林子,直奔过树林子来,见一块～地大青卧牛石。"

【光天化日】 guāng tiān huà rì 大白天。比喻太平日子或公开场合。明《西游记》三回:"果然那厢有座城市,六街三市,万户千门,来来往往,人都在～之下。"清《红楼梦》二回:"彼残忍乖僻之邪气,不能荡溢于～之中,遂凝结充塞于深沟大壑之内。"

【光头】 guāng tóu ❶ 不戴帽不蓄发的头。明《西游记》三四回:"那怪将绳一扯,扯将下来,照～上砍了七八过剑,行者头皮儿也不曾红了一红。"又五九回:"老孙伸着～,任意砍上多少,但没气力便罢。" ❷ 头发梳得精光的人。清《醒世姻缘传》三七回:"县官看了这等一个俊俊的～,揭开卷子,满满的一卷子字,又是头一个交卷,求那县官面试。" ❸ 指僧尼。宋洪迈《夷坚志》支景卷一〇:"武陵民张二嫁女,招邻里会饮,郑二夫妇预焉。郑妻素与王和尚者通,人多知之。酒酣后,偶堕箸于地,张妻曰:'定有好事。'郑妻笑问故,曰:'别无事,只是个～子。'"清《醒世姻缘传》一二回:"只见一个雄起起的人,戴了唐巾,穿了道袍,又一个大身材白胖的～,打我门前走过,一时误认了是和尚、道士,后来方晓得是两个姑子。"

【光头净面】 guāng tóu jìng miàn ❶ 梳理头发,洗净面容。《元曲选·青衫泪》一折:"要早起些,～,打扮的娇媚着些。" ❷ 头发梳得精光发亮,面容洁净。清《醒世姻缘传》三〇回:"一夜晁夫人睡去,梦见计氏穿了天蓝段大袖衫子,白罗地洒线连裙,～,只是项上托了一根红带。"

【光隙】 guāng xī 日光过隙。形容时间过得很快。用作名词,指飞逝的时光。《敦煌愿文集·愿文范本·佛堂》:"厥今有信士某公晓知坏患,深悟～难留;割舍烦喧,希求未来之佑。"

【光鲜】 guāng xiān ❶ 鲜艳;鲜明;漂亮。唐地婆诃罗译《方广大庄严经》卷二:"二者从雪山中众鸟来集。异类杂色毛羽～。"清《聊斋俚曲·禳妒咒》:"丝绸十匹,彩缎百端,花裙红袄,罗

褉纱衫，枕头百幅，耀眼～。" ❷ 明亮洁净；光亮洁白。明《金瓶梅词话》三七回："妇人洗手剔甲，又烙了一箸面饼，明间内搭抹桌椅～。"清《聊斋俚曲·磨难曲》："何况有白银五两，看了看耀眼～。" ❸ 光滑红润。宋刘辰翁《法驾导引·寿治中》："比似相公年正少，朱颜绿尊锦蝉连。肉色更～。"清沈复《浮生六记》卷一："暗计吃斋之初，正余出痘之期，因笑调曰：'今我～无恙，姊可从此开戒否？'" ❹ 油光发亮。清《醒世姻缘传》一九回："自从与晁源有了话说，他那些精神丰采自是发露出来，梳得那头比常日更是～，扎缚得双脚比往日更加窄小。"

【光眼】　guāng yǎn　❶ 有神而明亮的大眼睛。元明《水浒传》三二回："左边一个五短身材，一双～。"明《醒世恒言》卷三七："两袖清风飘瑞霭，一双～露朝星。"《平妖传》三八回："今日虽然丑陋，却衣冠整饰，只有一双～。" ❷ 瞪眼；张大眼睛。元明《水浒传》一四回："刘唐光着眼看吴用道：'不干你秀才事！'"明《古今小说》卷三六："婆娘只光着眼，不知那里说起。"《拍案惊奇》卷一三："赵聪光着眼，啐了一声道：'你莫不见鬼了？'"

【光艳】　guāng yàn　光彩艳丽；光彩鲜艳。宋洪迈《夷坚志》丁卷一八："饶郊、胡质夫同入京，暮宿道店，见老媪以黄罗帕发，执青盖过门外，类庄家人。别有少女绝姝美，相逐而去，且行且昐，～动人。"明张瀚《松窗梦语》卷六："近南中有大红者，毛羽～，亦不能言。"清《聊斋志异·小谢》："一日晨兴，有少女搴帘入，明眸皓齿，～照人。"

【光焰】　guāng yàn　比喻势焰。明沈德符《万历野获编》卷二六："赵幼女甫笄，才而艳，……适会元蔡茂春室人亦亡，慕赵～，托媒为道地，赵喜甚，蔡遂委禽为赘婿。"

【光阴】　guāng yīn　❶ 指月光。唐王度《古镜记》："见龙驹持一月来相照，～所及，如冰着体，冷彻腑脏。" ❷ 时光；岁月。唐岑参《西蜀旅舍春叹寄朝中故人呈狄评事》："功业悲后时，～叹虚掷。"清蒲松龄《逃学传》："想人生有几个青春年少？一世～有多少？" ❸ 日子；生活。明《金瓶梅词话》三九回："闪得俺姊妹们无处归落，好教我一个个怎过～？"清方成培《雷峰塔》一九出："江胡浪荡过～，巧语花言无比伦。" ❹ 指青春年华。清《聊斋俚曲·翻魇殃》："就说日月如梭催人老，错过了～悔后迟，不如早嫁还如意。" ❺ 景象。金《董解元西厢记》卷一："普救～，出尘离世。"

【光阴似箭】　guāng yīn sì jiàn　形容时间快速逝去。元高明《琵琶记》六出："～催人老，日月如梭趱少年。"清《醒世姻缘传》三六回："～，日月如梭，春莺年长三十岁。"

【光影】　guāng yǐng　时间；时光。《敦煌愿文集·临旷（圹）文》："～难留，魂归逝水。"宋净圆《望江南》："娑婆苦，～急如流。"明袁宏道《龚惟长先生》："转盼之间，～已失。"

【光油油】　guāng yóu yóu　光滑明亮貌；光泽明亮貌；乌黑发亮貌。《元曲选外编·西厢记》二本三折："下工夫将额颅十分挣，迟和疾擦倒苍蝇，～耀花人眼睛，酸溜溜螯得人牙疼。"又《存孝打虎》二折："雁翎刀摆明晃晃耀日争光，绣旗下列～檀子棒。"明沈德符《万历野获编》卷二六："帽套一去不复返，此头千载～。"清《说岳全传》四二回："宋朝将士，程支支咬碎口中牙；金国平章，～睁圆眉下眼。"

【光韵】　guāng yùn　指容颜、容貌。《敦煌愿文集·发愿文》："次用庄严则我天公主贵位：伏愿～转茂，若桃李之芬芳。"按，此句中"则"字疑衍。

【光皂头巾】　guāng zào tóu jīn　黑而发亮的头巾，为富贵人所戴。金《刘知远诸宫调》二："～缀耍钱，皮靸鞋兔儿先愁。"又一

一："～，絮扎鹅黄。"

【光壮】　guāng zhuàng　光大；弘扬。宋《密安和尚语录》："一言札住万机通，自然～少林风。"清《绣戈袍》七回："日后自家虽不能上进，亦可赖他一班兄弟们～一番。"

【光子】　guāng zi　❶ 市语。血。明佚名《墨娥小录》卷一四《行院声嗽》："血，～。"按，唐时，军中称血为光，后加词缀成"光子"。参见"光❶"。 ❷ 土老头儿。《元曲选外编·延安府》一折："你个无运智的～忒村沙，有甚么不明白冤枉咱行诉。"

【光宗耀祖】　guāng zōng yào zǔ　使祖宗荣耀。清《红楼梦》三三回："为儿的教训儿子，也为的是～。"

【恍】　guāng　另见 huǎng。俊俏。明汤式《一枝花·赠钱塘镊者》："摘得些俊女流两叶眉娇娇媚媚，镊得些～郎君一字额整整齐齐。"

【垙】　guāng　量词。用于田地。《敦煌愿文集·愿文范本》："芳苗万倾（顷），金结锦川；稼穑千～，恰如化出。"

【胱】　guāng　洸。发怒。唐王梵志《佐使非台补》："火急捉将来，险语唯须～。"

guǎng

【广】　guǎng　另见 yǎn。多。《敦煌变文校注》卷一《伍子胥变文》："于是～杀牛羊，城南宴设。"元李伯瑜《小桃红·磕瓜》："兀的般砌末，守着个粉脸儿色末，浑～笑声多。"明《朴通事谚解》卷中："怎么这般蝇子～？将蝇拂子来都赶了。"

【广遍】　guǎng biàn　副词。广泛；普遍。《敦煌愿文集·父患文》："伏闻慈尊本行，～哀悲；救苦植衰，罔不获差。"

【广捕】　guǎng bǔ　❶ 到处搜捕。《新唐书·王旭传》："崔湜败，其妇翁卢崇道自岭外逃归东都，为雠家上变，诏旭讯覆。旭亲党，穷极惨楚。" ❷ 通缉令；不限时间地点的缉捕令。明《醒世恒言》卷三六："待我先教舍亲出个～，到处挨缉，一面同你到淮安告官。"《拍案惊奇》卷一六："只得告了一纸状子，出个～，却是渺渺茫茫的事了。"

【广敞】　guǎng chǎng　宽敞。唐杜牧《雪中书怀》："明庭开～，才隽受羁维。"清屈大均《广东新语》卷三："又前有童真人骑赤豹处，曰赤豹洞，～得龙蜕之半。"

【广疮】　guǎng chuāng　杨梅疮。据说这种病最先由外国传入广州，故称。明《警世通言》卷一七："终日穿花街过柳巷，在院子里表子家行乐。常言道：乐极悲生，嫖出一身～。"清《聊斋志异·翩翩》："无何，～溃臭，沾染床席，逐而出。"

【广额】　guǎng é　增加考试录取名额。《明史·选举志一》："举人屡～，科举之数亦日增。"清顾炎武《日知录》卷一七："今人论科举，多以～为盛，不知前代可以减数为美论。"

【广泛】　guǎng fàn　远航。唐韩愈、孟郊《远游联句》："～信缥缈，高行恣浮游。"

【广化】　guǎng huà　广泛劝化。《祖堂集》卷二《婆舍斯多尊者》："行化至中天竺国，～群迷。"又卷一三《报慈和尚》："问：'如何是和尚～？'师云：'非但一人，更有来者。'"

【广会】　guǎng huì　❶ 广大繁华的都会。唐王勃《九成宫颂序》："名都～，闾阎万室。" ❷ 大庭广众。《资治通鉴》卷一七一："孝言凡所进擢，非贿则旧，求仕者或于～膝行跪伏，公自陈请。"元吴师道《吴礼部诗话》："因知褚季野于～中识孟万年。" ❸ 盛大的宴会。元明《水浒传》八九回："再命丞相褚坚，将牛羊、

马匹、金银、彩段等礼物,直至宋先锋军前寨内,大设～,犒劳三军,重赏众将。"明焦竑《玉堂丛语》卷八:"缅想旧游,稠人～,一饮百十钟,挥毫数千字。"❹广泛邀集。《新唐书·裴冕传》:"性豪侈,既素贵,舆服食饮皆光丽珍丰,枥马直数百金者常十数,每～宾客,不能名其馔,自制巾子工甚,人争效之。"❺广泛聚集。明《西游记》五八回:"汝等法力广大,只能普阅周天之事,不能遍识周天之物,亦不能～周天之种类也。"

【广货】　guǎng huò　❶旧称广东出产的货物。清《情梦柝》八回:"弟若要问信,可到府前～店汪景成家便知,他不时有人来往。"屈大均《广东新语》卷一五:"东粤之货,其出于九郡者,曰～。"❷指广疮。参见"广疮"条。明周履靖《锦笺记》三五出:"谁想身上又染上了～,囊里又缺了盘缠,要归不得,无可奈何!"《明珠缘》四八回:"我不去,常言道:'少不入广'。莫贩一身～来罢。"

【广阔】　guǎng kuò　❶扩大;扩展。宋《朱子语类》卷一二一:"须是大作规模,阔开其基,～其地,少间到逐处,即看逐处都有顿放处。"清《后水浒传》三九回:"杨幺等在山裁度,将一应旧厅新舍尽行拆毁,只留轩辕庙、湘妃亭不毁。遂将基址～,盖起五间宽大厅堂。"❷指面积。《宋史·河渠志七》:"东钱湖容受七十二溪,方圆～八百顷,傍山为固,叠石为塘八十里。"清纪昀《阅微草堂笔记》卷一七:"其地～不盈亩,中有二冢,两家各以为祖茔。"

【广里】　guǎng lǐ　指广州或广东沿海一带地方。明《西游记》七五回:"老孙保唐僧取经,从～个过,带了折叠锅儿,进来煮杂碎吃。"《古今小说》卷一九:"我且不上武当去了,陪你去～去。"《二刻拍案惊奇》卷一四:"我在～来,带得许多珠宝在此,最是女人用得着的。"

【广流】　guǎng liú　广泛、长期流传。《祖堂集》卷一一《惟劲禅师》:"编《续宝林》《镜灯》《澥渡》《防邪论》并《插释赞》,～于世。"又卷一二《报慈和尚》:"六祖传衣血脉,～于百代。"

【广文】　guǎng wén　即"广文先生"。宋欧阳修《送曾巩秀才序》:"～曾生来自南丰,入太学,与其诸生群进于有司。"明谢肇淛《五杂组》卷一五:"国初各省,试官临期,所命不拘资次。洪武初,吾闽中一老～家居,忽命主某省试,事毕归家,犹一～也,亦不知主试之为荣,所取士子以为门生也。"《二刻拍案惊奇》卷一七:"张家主人曾为运使,家道饶裕,见是老～带了许多时髦到家,甚为欢喜。"

【广文先生】　guǎng wén xiān sheng　唐置广文馆,设博士、助教等职。郑虔曾为广文馆博士,杜甫称之为"广文先生"。后代称儒学教官。宋梅尧臣《裴直讲得润州通判周仲章咸豉遗一小瓶》:"我今老病寡肉食,～分遗微。"明《二刻拍案惊奇》卷二六:"这首诗乃是～所作,道他做清官苦况。"《石点头》卷一二:"大凡初进学的秀才,～每月要考,课其文艺,申报宗师。"

【广席】　guǎng xí　众多座席。《太平广记》卷四九〇引唐裴铏《传奇》:"锐金退而逡巡曰:'敢不赔～一噱乎?'"宋周密《武林旧事》卷六:"虽～盛设,亦可咄嗟办也。"明陆容《菽园杂记》卷一四:"家颇饶,然夸豪奢无节。每设～,看饤如鸡鹅之类,每一人前,必欲具头尾。"

【广行】　guǎng xíng　❶广泛施行。《祖堂集》卷二〇《五冠山瑞云寺和尚》:"～悲智而自利利他,……～大悲,同断化物。"❷广泛流行。《祖堂集》卷八《龙牙和尚》:"凡歌行偈颂,～于世。"又卷一五《庞居士》:"平生乐道偈颂,可近三百餘首,～于世。"

【广宣流布】　guǎng xuān liú bù　广泛传播。《祖堂集》卷一

《胁尊者》:"得付法已,～,次第游化。"又卷二《慧可禅师》:"得付法已,～,度诸有情。"

【广有】　guǎng yǒu　❶多有。《旧唐书·卢怀慎传》:"～除拜,无所裨益,俸禄之费,岁巨亿万,空竭府藏而已,岂致理之基哉!"《元朝秘史》卷一:"烦恼了,听得不儿罕山野物～,全家起来,投奔不儿罕山的主人名唦赤伯颜。"明马欢《瀛涯胜览·忽鲁谟斯国》:"驼、马、驴、骡～。"❷大量拥有;富有。元明《水浒传》二回:"那里人民丰富,钱粮～。"清《水浒后传》二七回:"岛中钱粮～,无求于外。"

【广张】　guǎng zhāng　❶广泛张设;多处张挂。唐李白《梁甫吟》:"～三千六百钓,风期暗与文王亲。"赵元一《奉天录》卷三:"时检校右仆射李公晟,以怀光进军于东北,李公晟严于西南,以卒五千～旗帜,列阵于浐水之阳,灞水之阴,游骑至于望春楼下。"薛渔思《河东记·萧洞玄》:"三日满月,其家大会亲宾,～声乐,乳母抱儿出,众中递相怜抚。"❷夸大。唐韩愈《华山女》:"街东街西讲佛经,撞钟吹螺闹宫庭;～罪福资诱胁,听众狎恰排浮萍。"《旧唐书·王铮传》:"既为户口色役使,时有敕给百姓一年复。铮即奏征其脚钱,～其数,又市轻货,乃甚于不放。"《续资治通鉴》卷五五:"昨开先殿只因两柱损,遂换一十三柱,～工料,以图酬奖恩泽。"

【广彰】　guǎng zhāng　广泛宣传,使之昭彰。《祖堂集》卷一九《临济和尚》:"自余应机对答,～别录矣。"

guàng

【纩子】　guàng zi　成束的线。清《聊斋俚曲·慈悲曲》:"那李氏就是净了包袱的线匠,——没零卖,发了～了。"

【横】　guàng　来回抹平。清蒲松龄《日用俗字》:"漫墙泥版～三遍,擎炕宽刀压几回。"

【逛荡】　guàng dàng　游荡;闲逛。清《红楼梦》三七回:"单表宝玉每日在园中任意纵性的～,真把光阴虚度,岁月空添。"△《二十年目睹之怪现状》二八回:"在马路上～着,走了好一会儿,再回到升平楼。"

guī

【归】　guī　❶归回;使回到原处。明《金瓶梅词话》五一回:"那王六儿连忙～到壶里,交锦儿炮热了,倾在盏内,双手递与来保。"❷归于;走向。《祖堂集》卷九《洛浦和尚》:"万法～一,一～何所?"又卷一五《五泄和尚》:"一刹那间便～圆寂。"❸给。元《秦并六国平话》卷上:"号曰《吕氏春秋》。布咸阳市门,悬千金其上,召诸侯游士宾客,有能增损一字者,～千金。"❹介词。引进动作涉及的对象或受益者,相当于"给"。宋《五代史平话·周上》:"您也不是个买剑人,咱这剑也不卖～你。"又:"您且在此闲耍几时,却讨个生活～您做。"❺结算。清《儒林外史》二一回:"到晚,牛浦回家,问着他,总～不出一个清账。"又:"～一～店里本钱,只抵得棺材店五两银子。"

【归崇】　guī chóng　归依;崇敬。《敦煌愿文集·发愿文范本等》:"西天现其佛而群圣翼之。其处世也,名称周于十方,其归寂也,声教流于人(八)极。百蛮尚为信向,万国曷无～?"

【归除】　guī chú　❶珠算中除数在两位或两位以上的除法。

泛指珠算或算术。明《警世通言》卷二二:"叩其所长,果然书通真草,算善～。" ❷指盘算;打算。明《西洋记》五回:"他只是还他一个不答应。口儿里须然不答应,他心儿里却自有个～。"

【归大梦】 guī dà mèng 死亡的婉词。明《醒世恒言》卷三五:"病了数月,也～。"

【归断】 guī duàn 审理断决。《元碑·一三一四年周至重阳万寿宫圣旨牌》:"先生每与俗人每有折证的词讼呵,孙真人委付来的先生头目与管城子官人每一同～者。"《元典章·刑部三》:"为无定例,难便～。"《元史·刑法志一》:"若事关民户者,从有司约会归问,并从有司追逮,三约不至者,有司就便～。"

【归对】 guī duì 审问;受审。《元典章·刑部二》:"其餘杖罪以下细事,依理～,毋得似前非法拷讯,酷虐无辜。"佚名《通制条格》卷一三:"被问官吏,但离本职,其禄停给。才候～了毕,除枉被赃诬,或为指证于己无招涉私罪及辨证公罪者,验旷阙月日禄秩全给;若所犯私罪曾任勒停者,虽是在任不曾离职,合验被问月日为始不给俸禄。"《元史·刑法志一》:"诸职官在任犯赃,被问赃状已明而称疾者,停其职～。"

【归风】 guī fēng 犹言信服。《敦煌愿文集·发愿文范本等》:"伏惟当今皇帝圣德广,神谋深。故得残寇～,忠良辅我。"

【归伏】 guī fú 信奉;信服。《敦煌愿文集·维摩诘经阁硕题记愿文》:"圣僧行教,众生无不～。"《五灯会元》卷一《十五祖迦那提婆尊者》:"时众中犹互兴问难,祖折以无碍之辩,由是～。"

【归根结果】 guī gēn jié guǒ 归根到底。归结到根本上。明《拍案惊奇》卷三八:"侄儿又不如儿子,纵是前妻后的,偏生庶养,～,嫡亲瓜葛,终久是一派,好似别人多哩。"

【归贯】 guī guàn 返回原籍。唐王梵志《天下浮逃人》:"天下浮逃人,不啻多一半。南北踯纵横,诳他暂～。"

【归黄沙】 guī huáng shā 死亡的婉词。明《警世通言》卷三四:"可怜铁甲将军家,玉闺养女娇如花。只因颇识琴书味,风流不久～。"

【归计】 guī jì 回乡的打算。唐薛渔思《河东记·李敏求》:"柳谓敏求曰:'非故人莫能致此,更欲奉留,恐误足下～。'"宋王辟之《渑水燕谈录》卷七:"及罢官,无以为～,卖所乘马办装,跨驴以归。"清沈复《浮生六记》卷三:"留住两日,天已晴暖,即作～。"

【归寂】 guī jì 犹言圆寂。称僧人去世。《敦煌愿文集·发愿文范本等》:"西天现其佛而群圣翼之。其处世也,名称周于十方,其～也,声教流于人(八)极。"《祖堂集》卷八《龙牙和尚》:"至龙德三年癸未岁,九月十三日～矣。"明王世贞《宛委余编》八:"公宋开宝中,八十老僧道价为丛林所重,临当～,从容示偈。"

【归结】 guī jié ❶归总。宋《朱子语类》卷六四:"然而细密中却自有光明发出来。《中庸》一篇,始只是一,中间却事事有,末后却复～于一。" ❷了结;处断。《元典章·刑部十五》:"诸系因听讼事理,当该官司自始初勾问,及中间施行,至末后～,另置簿朱销。"明《警世通言》卷二八:"王主人使用了些钱,保出在外,伺候～。"清袁枚《子不语》卷一五:"邱老笑曰:'美则过于美,恶则过于恶,情形反覆,极似目下人情世态。看汝辈到底作何～耳。'" ❸归宿。清《红楼梦》六五回:"如今姐姐也得了好处安身,妈也有了安身之处,我也要自寻～去,方是正理。"

【归勘】 guī kān 审讯;审理。元萧德祥《小孙屠》一一出:"枷收了,明日要～,将就理,实说早周全。"《元史·刑法四》:"诸谋故杀人年七十以上,并枷禁～结案。"

【归窠】 guī kē 比喻凋谢。宋《朱子语类》卷一:"且如四时,到得冬月,万物都～了。"

【归流】 guī liú 归属;归向。《敦煌愿文集·道家为皇帝祝愿文范本二篇》:"愿以是功德,～皇帝。七庙尊灵,九祖昭穆,即得开度,身入光明。"又《道家为皇帝皇后祈福文》:"愿以是功德,～皇帝、皇后:伏愿应紫微而出震,御绿错而登朝。"

【归拢】 guī lǒng 把分散的东西集中到一处。清《红楼梦》七七回:"成日家我说叫你们查一查,都～在一处,你们白不听,就随手混撂。"

【归落】 guī luò ❶归依;安身。明《金瓶梅词话》三九回:"闪得俺姐妹们无处～,好教我一个个怎过光阴?" ❷归宿。清《续金瓶梅》四八回:"刘瘸子在店随着丈母度日,妻子又出了家,自己又无～,一身残疾。"《醒世姻缘传》八六回:"妇人没了～,我只得送他到尼姑庵住在那里。"

【归忙】 guī máng 急急归来。《敦煌变文教注》卷二《庐山远公话》:"望运山而迢递,睹寒雁之～。"

【归迁】 guī qiān 指死亡。《敦煌愿文集·亡文范本》:"是以长男、中子,同化～;离秽土之难望,逝净方而隔别。"

【归山】 guī shān ❶退隐。唐白居易《寄隐者》:"青青东郊草,中有～路。"宋司马光《涑水纪闻》卷六:"明年,放上表请～,上令暂归,三两月复来赴阙。"《元曲选·范张鸡黍》二折:"贤士,你只学那张子房功成之后,弃职～也不迟哩。" ❷指死亡。唐于鹄《古挽歌》之二:"见此切肺肝,不如～好。"贾岛《听乐山人弹易水》:"嬴氏～陵已掘,声声犹带发冲冠。"

【归世】 guī shì 逝世。元《前汉书平话》卷上:"大汉十年十一月十一日,韩信～。"明《西游记》四〇回:"我祖公姓红,只因广积金银,家私巨万,混名唤作红百万,年老～已久,家产遗于我父。"

【归寿】 guī shòu 寿终;送终。元《水浒传》二一回:"你百年～时,我再与你些送终之资。"明《金瓶梅词话》三回:"那妇人道:'～衣服,正用破日便好。'"

【归天】 guī tiān 死亡的婉词。宋张师正《括异志》卷一:"天上宫阙成,玉锁开,十月二十日陛下当～。"清《儒林外史》二八回:"大太爷着了这一急,得了重病,不多几日就～了。"

【归问】 guī wèn 犹"归勘"。元《通制条格》卷一九:"河南省宣使张从政关拨到钞本,于彰德路唐宋站界不见讫至元折中统钞叁拾陆定壹拾两,～间,钦遇诏赦。"《元典章·刑部十五》:"探马赤每,百姓每根底不拣有甚么争竞呵,与探马赤每头一处～者。"《元史·刑法志一》:"诸僧人但犯奸盗诈伪,致伤人命及诸重罪,有司～。"

【归西】 guī xī 死亡的婉词。宋元《警世通言》卷七:"今日是重午,～何太速?"清《红楼梦》五二回:"我活一千岁后,等老祖宗归了西,我才死呢。"

【归心】 guī xīn 归依;信奉(佛教)。《敦煌愿文集·愿文范本》:"大师住此,能降二虎,～。"又:"太师灵骨金函,永镇于嵯峨,写影流刑(留形),作万人～之地。"《五灯会元》卷一《二十四祖师子尊者》:"吾素～三宝,何乃构害,一至于斯!"

【归省】 guī xǐng 回家探望父母和家人。唐王建《送张籍归江东》:"回车远～,旧宅江南厢。"明刘元卿《贤弈编》卷二:"罗念庵先生会试时,父双泉君命每名第后,须求～,以为汝尽忠之日长,而吾见汝之日短也。"清纪昀《阅微草堂笔记》卷二三:"山西人多商于外,十余岁辄从人学贸易。俟蓄积有资,始归纳妇,纳妇后仍出营利,率二三年一～,其常例也。"

【归一】 guī yī 统一;一致的标准。或用作副词。宋司马光《涑水纪闻》辑佚:"臣顾陛下深察光言,苟光言为是,则当从之;若光言为非,陛下亦将播告之,修不匿厥旨,召光诘问,使议论～。"

沈括《梦溪笔谈》卷一一：“夏秋沿纳之物，如盐曲钱之类，名件烦碎。庆历中，有司建议并合，～名为省帐钞。”《元典章·刑部二》：“伏惟圣朝车书万里，四海为家，刑狱之制，理宜～。”清顾炎武《日知录》卷二六：“史家之文多据原本，或两收而不觉其异，或并存而未及～。”

【归依】 guī yī ❶ 佛教的入教仪式。因对佛、法、僧三宝表示归顺、依附，故称。《敦煌变文校注》卷五《佛说阿弥陀经讲经文（二）》：“～三宝福难陈，免落三途受苦辛。”明《西游记》四五回：“诚惶诚恐，稽首～。臣等兴教，仰望清虚。” ❷ 将死者的灵柩运向坟墓。《敦煌愿文集·临旷（圹）文一本》：“是以谏释（拣择）良日，严驾龙车，选此吉晨（辰），～冥（墓）所。”

【归义】 guī yì 金国对叛归者的考试名称。宋岳珂《桯史》卷一：“虏有附试畔归之士，谓之～，试连捷。”

【归阴】 guī yīn 死亡。迷信认为人死后灵魂返归阴间。明《西游记》四六回：“自从受戒拜禅林，护我西来恩受深。指望同时成大道，何期今日你～？”清李玉《清忠谱》二折：“锤着人，半天霹雳，锤着马，一命～。”

【归真】 guī zhēn 皈依佛教。《敦煌愿文集·愿文范本》：“师乃道风清宿（肃），步步独明。……当以（于）安禅山顶，澄思～。”

【归正】 guī zhèng ❶ 宋代称沦于外国者返回本朝为归正。宋赵昇《朝野类要》卷三：“～，谓元系本朝军人，因陷蕃，后来归本朝。”《宋史·高宗纪五》：“乙卯，赐岳飞军钱十万缗。招～复业人耕湖北、京西闲田。” ❷ 明清称归顺朝廷为归正。《明史·乐志三》：“四夷率土归王命，都来仰大明。万邦千国皆～，现帝庭，朝仁圣。”清赵慎畛《榆巢杂识》卷上：“既而之信、精忠穷迫～，均正刑章。” ❸ 归依。明《西游记》五〇回：“自从～禅门，这一向也学了些礼教，不比那村莽之夫也。”

【归着】 guī zhuó 着落；归宿。宋欧阳修《乞推究李昭亮》：“当司为要见李昭亮处私取叛兵士女口～，遂勾追冯博文处许秀女一人及转送兵士等，于真定府差官置院根勘，本为要李昭亮私取手下叛兵妻女人。”《朱子语类》卷四：“且如一勺水，非有物盛之，则水无～。”元白樸《恼煞人》：“天涯海角，身心无个～。”清《后水浒传》二：“你我万幸，已得真人指明，须去各寻～，休得在此停留。”

【归著】 guī zhuó 同“归着”。宋洪迈《夷坚志》三己卷二：“被妈妈严切，每日定要钱五千。如不及数，必遭棰打。吃受不过，不免将身逃窜，未有～。”《朱子语类》卷一一四：“若识得个头上有源，头下有～，看圣贤书，便句句为自家身己设，如此方可以讲学。”

【归宗】 guī zōng ❶ 出嗣别支或流落在外的人以及与夫离异的妇女归还本宗。《旧唐书·高宗诸子·泽王上金传》：“因是，诸宗室非本宗袭爵，自中兴已后继为嗣王者，皆令～，削其爵邑也。”《元典章·刑部七》：“拟合将阿孙并彭鸾哥与夫离异，俱断～相应。”清《后水浒传》四三回：“闻得本地人说，他小时失散，叫什么王摩，如今回来～。” ❷ 佛教各支派归于佛祖。《祖堂集》卷四《石头和尚》：“然于一一法，依根叶分布。本末须～，尊卑用其语。” ❸ 物归原主。明《二刻拍案惊奇》卷一七：“环为归物，箭亦～。”

【归总】 guī zǒng 把分散的归结在一起。清《红楼梦》二一回：“只将四围短发编成小辫，往顶心发上归了总，编成一根大辫。”

【圭角】 guī jiǎo 玉圭的楞角。比喻破绽、痕迹。明《金瓶梅

词话》一二回：“岂知这小厮不守本分，常常和同行小厮在街吃酒要钱，颇露出～。”清《水浒后传》九回：“安道全恐露～，只在书房静坐，再不出门。”《女仙外史》五二回：“要探确了心中所为何事，来助一臂之力，其奈绝无～，不能揣测。”

【龟】 guī ❶ 詈词。讥称妻子有外遇的男子。元陶宗仪《辍耕录》卷二八：“‘宅眷皆为撑目兔，舍人总作缩头～。’……夫兔撑目望月而孕，则妇女之不夫而妊也。”清《绿野仙踪》四九回：“接了何大爷，他就像看他当了～的一般。” ❷ 男性外生殖器。明《金瓶梅词话》三回：“我小时在三街两巷游串，也曾养得好大～。”清《载花船》九回：“夫妻反目，借～而生欢喜之心；男女萍逢，交～而忘生死之见。”

【龟背】 guī bèi ❶ 形如龟甲的六角形图案。《宋史·舆服志传》：“檀香～红纱窗四扇，红罗缘红篆门帘一。”《元曲选·气英布》四折：“柳叶砌成的～猊猊铠。”元明《水浒传》七二回：“琉璃瓦砌鸳鸯，～帘垂翡翠。” ❷ 形容路光滑似龟背。元明《水浒传》四二回：“宋江行着，觉道两边松树，香坞两行，夹种着都是合抱不交的大松树，中间平坦一条～大街。”明《醒世恒言》卷三八：“也行了十四五里，都是～大路，两傍参天的古树。”

【龟背钱】 guī bèi qián 形状像龟背的钱币。元武汉臣《老生儿》四折：“因贪财心一片，为～几文，险送的我剪草除根。”

【龟儿】 guī ér 妓女的假父或妓院的男佣。明《拍案惊奇》卷二：“那～鸨儿不管好歹，动不动非刑拷打。”△《英云梦传》一三回：“白从就上岸到院中来会～，讲定身价银一百二十两。”

【龟儿卦】 guī ér guà ❶ 用灵龟占卦。圆盘上画十二宫，各置卦帖。灵龟放盘中间使旋转，停下时以龟首所指之帖为卜。也有以龟行卦帖上或用龟壳盛钱掷爻的。元佚名《红绣鞋》：“七八遍买～，久已后见他么，十分的憔悴煞。”明刘效祖《朝天子》：“眼巴，盼他，买个～。”清《醉醒石》九回：“卜尽～，刀头杳无期。” ❷ 指占卜的结果；凶兆。《元曲选·盆儿鬼》一折：“一只手揪住咱头发，一只手就把刀拔，眼见得血光灾正应着～。”

【龟卦】 guī guà 即“龟儿卦❶”。元奥敦周卿《一枝花·远归》：“～何须再卜，料灯花已报先知。”白樸《点绛唇》：“自从绝雁书，几度结～。”

【龟镜】 guī jìng 龟可卜吉凶，镜能辨美恶，比喻榜样或教训、借鉴。《敦煌愿文集·二月八日文等范本·三周》：“朝夜（野）羽仪，人伦～。”宋孔仲平《续世说》卷一〇：“则天玺书慰谕之曰：‘卿玉：吕后见嗤于后代，禄产贻祸于汉朝。初闻此语，宁不惘然，静而思之，是为～。’”清王鸣盛《十七史商榷》卷三八：“两汉风俗之变，上下四百年间，了如指掌，下之风俗成于上之所好，此可为百世之～。”

【龟龙】 guī lóng 比喻杰出人物。《敦煌愿文集·发愿文范本等》：“可谓轩冕～，文章杞梓。”《新唐书·崔液传》：“液字润甫，尤工五言诗，湜叹，因字呼曰：‘海子，我家～也！’”

【龟脑】 guī nǎo 乌龟头。戏谑语。宋佚名《张协状元》五出：“〔丑〕亚哥，有好膏药买一个归。〔生〕作甚用？〔丑〕与妹妹贴个～驼背。”

【龟奴】 guī nú 犹“龟儿”。清李渔《慎鸾交》四出：“好朋友不见到来，反受～这场呕气。”△《楼中月》二回：“正在那里取乐，忽听下面的～高喊一声‘客来’。”

【龟婆】 guī pó 称鸨母。明《型世言》一回：“话说铁小姐圣旨发落教坊，……那～见了，真好一对女子。”清《绿野仙踪》六〇回：“萧麻指引一闹，闹得温郎把状告。”

【龟算】 guī suàn 犹言龟寿，谓长寿。算，寿命。《敦煌愿文

集·亡文范本等》:"将延～之年,永保欢怤(娱)之福。"

承罪。"

【龟窝】　guī wō　指妓院。清《绿野仙踪》八十回本七五回:"为什么牡丹花,卖不上山桃价?～里遭逢淫妇,酒席上欺负穷爷。"又:"这姑子庵须不是你家试马坡～,我爱来就来。"

【龟胸】　guī xiōng　胸骨突起如龟背。金《董解元西厢记》卷七:"甚娘身分!驼腰与～,包牙缺上边唇。"明刘绩《霏雪录》:"其家产子四五人,皆一伛偻。"

【龟子】　guī zǐ　❶即"龟儿"。明徐复祚《红梨记》二七出:"我平头昨日还是小娘子身边烧汤的～,今日做状元家里打站的鼻头。"清《五色石》七回:"宿习便将二百两白银交付仁宇,随即唤鸨儿、～到来,说知就里。"　❷称和已有外遇的女子结婚的男子。明孟称舜《娇红记》三〇出:"这等公子甘心做～了。"　❸称小儿。金周昂《即事》之一:"新得家书来报喜,旧时～绕床行。"

【规】　guī　❶规范。宋《朱子语类》卷七:"某当思欲做一小学～,使人自小教之便有法,如此亦须有益。"　❷作为规范的条款。宋《朱子语类》卷一二八:"今之《学规》,非胡安定所撰者。仁宗置州县学,取蹑学规矩颁行。湖学之～,必有义理,不如是其陋也。"　❸助动词。想要;打算。《太平广记》卷一二三引唐皇甫牧《三水小牍》:"某虽小吏,慎密未尝有过,反招残贱,～夺赤子,已诉于天。"宋苏轼《宥老楮》:"颣之得舆薪,～以种松菊。"明陆容《菽园杂记》卷一:"池底又有盐根如石,土人取之,～为盘盂。"

【规避】　guī bì　躲避;逃避。《旧唐书·食货志上》:"如闻百姓之内,有户高丁多,苟为～,父母见在,乃别籍异居。宜令州县勘会。"《元典章·刑部三》:"诈称母死,求假奔丧,～官事,即系不忠不孝。"明《隋史遗文》四二回:"只该合兵追捕,怎么分兵?分明秦琼～,把这干系推与你。"

【规程】　guī chéng　规矩章程。《旧唐书·崔彦昭传》:"尔其坚持正直,允执～。但畏幽阴,必归公当。"《元史·何荣祖传》:"荣祖条中外百官,欲矫时弊,僧格抑不为通。"

【规处】　guī chǔ　筹划安排。宋叶適《叶君墓志铭》:"然后～其祭丧婚嫁,使有经用。"

【规刺】　guī cì　讽谏。唐白居易《采诗官》:"郊庙登歌赞君美,乐府艳词悦君意。若求兴谕～言,万句千章无一字。不是章句无,渐及朝廷绝讽议。"邱光庭《兼明书》卷二:"知非燕游之宫诗者,以燕游之宫,多不如礼,其诗必当～。～之作,是为变雅,享宾不用变雅故也。"明郎瑛《七修类稿》卷三三:"冲雅～,皆有诗人餘意。"

【规措】　guī cuò　筹划处理。《辽史·食货志下》:"然而辽自初年,农谷充羡,振饥恤难,用不少靳,旁及邻国,沛然有餘,果何道而致其利欤?此无他,劝课得人,～有法故也。"《金史·河渠志》:"若令沿河京、府、州、县长贰官皆为名衔管勾河防事,如任内～有方能御大患,或守护不谨以致疏虞,临时闻奏,以议赏罚。"《元曲选外编·蒋神灵应》二折:"初间布置张罗,次后往来～。"

【规定】　guī dìng　❶对某一事物的价格、数量、时间、格式等作出有约束力的决定。《续资治通鉴长编》卷七六:"丁巳,上以江南、淮南接壤,而盐酒之价不等,令三司与江淮制置发运使李溥～以闻。"明谢肇淛《滇略》卷五:"凡云南贡赋法令坛祠公署与夫典仪程度,皆所～。夷民心乎,远近莫安。"清《钦定礼记义疏》卷一九:"下是～王畿,而因计畿内之地,应得田多少之数。"　❷规定的具体条款。清康熙四十五年《内务府总管赫奕等奏曹寅呈请借银给韩楚安经营贸易折》:"我愿担保,请借给韩楚安银四千两,由我亲身监督其经营,将本利银按照～交纳,如有耽误,我甘情

【规夺】　guī duó　想要夺取;谋划夺取。《太平广记》卷一二三引唐皇甫牧《三水小牍》:"某虽小吏,慎密未尝有过,反招残贱,～赤子,已诉于天。"《宋会要辑稿·刑法三》:"颍昌府百姓盖渐遮执政马首声冤,称侍御史来之邵灭绝本家祭祀,～父祖财产。"《明史·诸王传四·孝宗子》:"见潋母有宠于祁镁,～嫡,不得,窃世子金册以去。"

【规范】　guī fàn　❶规矩;规定的或习惯上的做法。明许浩《复斋日记》卷上:"其所载奏议,皆系一代政治之大节。祖宗二百年～,与后来中变之意思,尽在其中。"清《红楼梦》一七至一八回:"贾妃虽不忍别,怎奈皇家～,违错不得。"　❷合乎规范。《旧唐书·归崇敬传》:"所择博士,兼通《孝经》《论语》,依凭章疏,讲解分明,注引旁通,问十得九;兼德行纯洁,文词雅正,仪形～,可为师表者。"

【规仿】　guī fǎng　模仿。宋洪迈《容斋随笔》卷七:"枚乘作《七发》,创意造端,丽旨腴词,上薄《骚》些,盖文章领袖,故为可喜。其后继之者,如傅毅《七激》、张衡《七辩》,……张协《七命》之类,～太切,了无新意。"清朱彝尊《报李天生书》:"仆少时为文,好～古人字句。"

【规格】　guī gé　指脸形、相貌。宋佚名《张协状元》四五出:"大抵须还～好,不搽红粉也风流。"

【规构】　guī gòu　规模结构。唐段成式《酉阳杂俎》续集卷六:"翊善坊宝寿寺,本高力士宅,天宝九载舍为寺,……藏经阁～危巧。"宋欧阳修《登绛州富公嵩巫亭示同行者》:"群峰拥轩槛,竹树阴漠漠。公胡苦思山,～自心作。"

【规划】　guī huà　筹划;计划。宋文莹《玉壶清话》卷五:"雷宣徽有终,李顺乱,为峡曹,调发兵食,～戎事,大有纪律。"《续资治通鉴》卷一三四:"存中闻北事有萌,乃上疏言金人年来～有异,虽信好未渝,而养食之心已露,宜及未然,于沿边冲要之地,置堡列戍,峙粮聚财,滨海沿江,预具斗舰。"

【规矩】　guī ju　❶指文章的结构、内容。宋《朱子语类》卷一一:"凡人看文字,初看时尚要走作,道理尚见得未定,犹没奈他何。到看得定时,方入～,又只是在印板上说相似,都不活。"　❷格式;规格。清《聊斋俚曲·富贵神仙》:"仔细端详,错的点了添在傍,大～不要差,就是有些胡指望。"《红楼梦》八回:"故今只按其形式,无非略展些～,使观者便于灯下醉中可阅。"　❸局面;圈套。明《古今小说》卷三:"怎地男儿汉不见一个?但看有人来,父子们都回避过了,做成的～。"　❹照例;按常规。清《红楼梦》三八回:"老祖宗只管迈大步走,不相干的,这竹子桥～是略吱咯喳的。"又三九回:"不是成精,～这样人是虽死不死的。"

【规例】　guī lì　成规;定例。《旧五代史·唐书·末帝纪下》:"准阁门分析内外官辞见谢～:诸州判官、军将进奉到阙,旧例门见门辞;今后只令朝见,依旧门辞。"明文秉《烈皇小识》卷五:"黄应恩既充正字,又充侍书,则以淄川从外入,不谙衙门～。"清《飞龙全传》七回:"那贩伞的柴荣,勾引了一个红脸大汉,违拗了我们桥梁上的～。"

【规模】　guī mó　❶式样、大小;规格。明陈铎《雁儿落带过得胜令·篦匠》:"细巧由心妙,～随手法。"《醒世恒言》卷一二:"方丈中铺设御座,一切～,务要十分齐整。"　❷指诗文所涉及的范围、内容、风格等。也指书法的风格。宋《朱子语类》卷一三九:"韩退之议论正,～阔大,然不如柳子厚较精密,如《辨鹖冠子》及说列子在庄子前《非国语》之类,辨得皆是。……柳文是较古,但却易学,学便似他,不似韩文～阔。"曾季狸《艇斋诗话》:"人

问韩子苍诗法，苍举唐人诗：'打起黄莺儿，莫教枝上啼。几回惊妾梦，不得到辽西。'予尝用子苍之言，遍观古人作诗～，全在此矣。"明陆时雍《诗镜总论》："诗有六义，《颂》简而奥，敻哉尚矣。《大雅》宏远，非周人莫为。《小雅》婉娈，能或庶几。《风》体优柔，近人可仿。然体裁各别，欲以汉魏之词，复兴古道，难以冀矣。西京崛起，别立词坛，方之于古觉意象蒙茸，～逼窄，望湘累之不可得，况《三百》乎？"焦竑《玉堂丛语》卷一："吴文定为文，不事雕琢……作书，姿润中时出奇倔，虽～似苏，而多所自得者。" ❸ 气度。宋《朱子语类》卷三："因说人心不可狭小，其待人接物，胸中不可先分厚薄，有所别异，……放令～宽阔，使人人各得尽其情，多少快活！"又卷一二九："忠宣固是贤者，然其～广狭，与乃翁不能无间。"明《金瓶梅词话》一三回："人生虽未有千全，处世～要放宽。" ❹ 气质；模样；样子。元关汉卿《朝天子·从嫁媵婢》："鬓鸦，脸霞，屈杀将陪嫁。～全是大人家，不在红娘下。"又佚名《集贤宾·秋怀》："且看他俊俏～，香软肌肤，巧妙妆束。"元明《水浒传》六三回："此人乃汉末三分，义勇武安王嫡子派子孙，姓关名胜，生的～与祖上云长相似。" ❺ 法则；程序。宋曾敏求《独醒杂志》卷八："客曰：'胡秀才野战自得，而某以教习不离～，是以不胜。'" ❻ 规矩；行为标准。清《后西游记》二四回："见了人不作揖，何曾有诗礼～？"《飞龙全传》三回："他出外多年，年纪也大了些，安知不学些礼数，习些～，焕然改观。" ❼ 典范；楷模。唐刘肃《大唐新语》卷一："今之丽正，即是圣主礼乐之司，永代～，不易之道。"宋陆游《贺谢提举启》："明诏始传，吾党相庆，以为名流之施设，当有前辈之～。"明《西游补》九回："行者道：'谁叫你做现今秦桧的师长，后边秦桧的～。'" ❽ 模仿；效法。唐刘知幾《史通》卷一："所在史官，记其国事，为纪传者则～班、马，创编年者则议拟荀、袁。"宋欧阳修《与乐秀才第一书》："又其为辞不～于前人，则必屈曲变态以随时俗之所好，鲜克自立。"清方苞《储礼执文稿序》："今之人亦知理之有所宗矣，乃杂述先儒之陈言而无所阐也；亦知辞之尚于古也，乃～古人之形貌而非其真也。" ❾ 志向；目标。也指狭小的志向。宋《朱子语类》卷七："学者于文为度数，不可存终理会不得之心。须立个大～，都要理会得。"又卷一五："如何先立一个不解做得便休底～放这里了，如何做事！"又卷一〇六："某今日也等不得了，～素不立，才出便败。"

【规劝】 guī quàn 劝勉；告诫。唐权德舆《祗役江西路上以诗代书寄内》："笑言思暇日，～多远度。"清赵慎畛《榆巢杂识》卷下："臣已开诚～，谓设施易，妥当难，勇往易，坚定难。"

【规训】 guī xùn 规戒教训。明《醒世恒言》卷三〇："今见房德乃是他表举的官职，恐其后来党逆，故就他请教上，把言语去～道：'做官也没甚难处，但要上不负朝廷，下不害百姓。'"清《红楼梦》一回："背父兄教育之恩，负师友～之德。"

【规引】 guī yǐn 规劝引导。清《红楼梦》五回："虽聪明灵慧，略可望成，无奈吾家运数合终，恐无人～入正。"

【规圆】 guī yuán ❶ 圆。规可画圆，故规和圆组成复音词，仍指圆。宋文天祥《和曹倅岩山赋别》："晓岩云壁立，晚棹浪～。"吴文英《沁园春》："试摩挲劲石，无令角折，丁宁明月，莫浣～。" ❷ 弄圆。唐冯翊《桂苑丛谈》："公请出观之，则老僧～而漆之矣！"明《二刻拍案惊奇》卷一二："正是：～方竹杖，漆却断纹琴。"

【规院】 guī yuàn 指禅院。僧徒守戒修炼，故云。唐王湾《奉和贺监林月清酌》："净林新霁人，～小凉通。"

【规造】 guī zào 计划制作；规划建造。明张凤翼《红拂记》九出："我素有大志，见天下将乱，昔广蓄资财，～缧券，或龙战二三十载，意欲建少功业。"清《东周列国志》八〇回："范履乃观天文，察地理，～新城。"

【规则】 guī zé ❶ 仪范。唐李群玉《湘中别成威阇黎》："至哉彼上人，冰霜凛～。" ❷ 规章；制度。明戚继光《练兵实纪》卷三："一切军马钱粮强弱等第数目，钱粮出入缘由，边塞城池地里形势，驭军防边方略～，应兴应革事宜，一一于到任一月之内务要取勘明白，画图贴说，具一手册随身，以便次第举行。"徐光启《农政全书》卷九："在京各衙门，仍照军民粮运现行～，刊刷易知单册，给与纳户，以便交纳扣除。"

【规章】 guī zhāng 楷模；榜样。《敦煌愿文集·亡文范本等》："伏闻贤兄问望昭著，清白遐称；为国家之～，作人伦之冰镜。"

【规争】 guī zhēng 谏争。《新唐书·常山王承干传》："宫臣若孔颖达、令狐德棻、……等皆天下选，每～承干，帝必厚赐金帛，欲以厉其心。"

【规正】 guī zhèng 校正；改正。《新唐书·曹宪传》："炀帝令与诸儒撰《桂苑珠丛》，～文字。"明沈德符《万历野获编》卷八："然代言视草，尚须存稿，岂有圣断处分，寄草创于近弼，而条拟本案不留一字，他日谁为将顺，谁为～，又从何辨之？"

【规制】 guī zhì ❶ 指城市建设、建筑物的规模形制。唐刘知幾《史通》卷一〇："都邑簿，志～也。"金刘祁《归潜志》卷一三："院～宏敞，柱皆文石，佛像如新。"《明史·礼志二》："永乐十八年，京都大祀殿成，～如南京。" ❷ 指器物、舟船等的式样。《旧唐书·天文志上》："古人知有其事，竟无其器，遂使太阳陟降，积岁有差。月及五星，亦随日度出入，～不知准的，斟量为率，疏阔尤多。臣今创置此环，置于赤道环内，仍开合使随转运，出入四十八度，而极画两方，东西列周天度数。"清赵慎畛《榆巢杂识》卷上有"漕船～"。 ❸ 指著作的框架结构。《旧唐书·徐坚传》："坚独与说构意撰录，以《文思博要》为本，更加《姓氏》《亲族》二部，渐有条汇。诸人依坚等～，俄而书成，迁司封员外郎。"《宋史·职官志四》："咸平初，命赵安易、梁周翰编属籍，始创～。" ❹ 指某项事务的设施、措施。《宋史·兵志十二》："国马之牧，历五代浸废，至宋而～备具。"又《杨允恭传论》："允恭有心计，好言事，是时摘山煮海，方舟之漕，～未备，故因其建白而从之，利甚博焉。"清赵慎畛《榆巢杂识》卷下："永顺一路设立寨堡，概仿古人防边～：五里一大堡，十里一城，屯兵罗居城中。" ❺ 就某件事情提出方案。《宋史·戚纶传》："二年，与赵安仁、晁迥、陈充、朱巽同知贡举，纶上言取士之法，多所～，并纳用焉。"又《魏廷式传》："时初较廷臣殿最，命廷式与枢密都承旨赵镕、李著同勾当三班，多所～。" ❻ 指政治体制、官制、地方行政体制、学校体制等。《新唐书·韦述传》："及萧嵩引述撰定，述始摹周六官领其属，事归于职，～遂定。"宋曾公亮等《武经总要》前集卷二〇："其领郡者，或以土豪，或补以牙职，而一方恬然，此中朝～之得也。"《元史·孟祺传》："祺至，首以兴学为务，创立～。"明尹直《謇斋琐缀录》卷四："今内阁～，皆自公创。" ❼ 法规；制度；规定。《旧唐书·宣宗纪》："刺史只禁科率官吏抑配人户，至于使州公廨及杂利润，天下州府皆有～，不敢违越。"宋文莹《湘山野录》卷上："凡巾栉椸架及男女授受通向婚葬，悉有～。"《明史·食货志二》："条鞭法行十餘年，～顿紊，不能尽遵也。" ❽ 典章制度。明于慎行《穀山笔麈》卷一："古今～大略相仿。自汉以来，奏事得请辄报曰'可'，即今之'是'也。江左诏书画'诺'，唐时画'闻'，即今之'知道'也，其称'奉圣旨'，则自宋然矣。"

【珪训】 guī xùn 女子应遵守的道德规范。珪，通"闺"。《敦煌愿文集·亡考文》："母仪秀发，～流芳。"

【闺爱】 guī ài 称大家闺女。元陶宗仪《辍耕录》卷二八:"公年少时,尝馆授巨室,其~中夜来奔,坚拒不纳。明旦,托以他故,敛书告别。"清《歧路灯》二八回:"孔耘轩久已自冠县回来,料理~出阁的事体。"《凤凰池》一二回:"闻老磻卿令~,四德优娴,兄与家宰令嗣相当。下官特作月下老人,以为秦晋系丝之使。"

【闺娥】 guī é 闺女。《敦煌愿文集·燃灯文》:"伏愿闺俄(娥)保朗,常荣松柏之贞。"

【闺阁】 guī gé ❶ 特指女子居室。唐刘希夷《捣衣篇》:"燕山游子衣裳薄,秦地佳人~寒。"《敦煌愿文集·亡小娘子文》:"小娘子乃仙娥比质,素玉同芳;长播淑德于宫围,永传嘉猷于~。"清《红楼梦》五五回:"更添了一个探春,也都想着不过是个未出~的年轻小姐。" ❷ 借指女性。宋袁褧《枫窗小牍》卷上:"汴京~妆抹凡数变。"明杨慎《词品》卷二:"宋人中填词,李易安亦称冠绝。使在衣冠,当与秦七、黄九争雄,不独雄于~也。"清《红楼梦》七八回:"~习武,任其勇悍,怎似男人?" ❸ 洞房。清《聊斋俚曲·襄妒咒》:"~清闲无个事,想起弓鞋未绣完,纤手便拈针和线。"又《富贵神仙》:"书斋冷落无音信,~喧嚷有是非。" ❹ 借指妻室。唐白居易《闺怨词》:"关山征战远,~别离难。"明《警世通言》卷三二:"兄飘零岁馀,严亲怀怒,~离心,设身以处兄之地,诚寝食不安之时也。"清《聊斋俚曲·富贵神仙》:"~忽开愁眉鬓,芙蓉已破满山鬟。"

【闺合】 guī hé ❶ 特指女子居室。明谢肇淛《五杂组》卷三:"处子谓之闺女,以其处门内也,今人~概作闺阁。" ❷ 借指女子。《敦煌愿文集·结坛散食回向发愿文》:"拥护我一群(郡)含生及我太傅,公主长幼、合宅枝罗,并受无疆之福;九横不侵于宝体,十善常增于闺合(阁)。"

【闺门】 guī mén ❶ 借指妻室。宋蔡梦弼《草堂诗话》卷二:"其数致意于~如此,其亦谢庄之意乎?"清《聊斋俚曲·磨难曲》:"我只该在家受罪,断不可连累~!" ❷ 指阴门。明《醋葫芦》六回:"院君,你莫怪他年纪大了,~其实严紧,真是过火地道货哩。"

【闺女】 guī nǚ 未婚女子。唐祖咏《七夕》:"~求天女,更阑意未阑。"清《红楼梦》六五回:"弟兄两个本是风月场中耍惯的,不想今日反被这~一席话说住。"

【闺人】 guī rén 特指妻子。唐李白《拟古十二首》之一:"~理纨素,游子悲行役。"清屈大均《广东新语》卷二〇:"予有《代寄远曲》云:'鹈鹕一赤一青衣,比翼多年在翠微。南海有禽皆不北,如何夫婿不归飞。'"

【闺闱】 guī wéi 本指女子居室。借指妇女。《敦煌愿文集·结坛散食回向发愿文》:"加护我一方境土、人民、姻罗、宗族、福荫~。"清俞正燮《癸巳类稿》卷一五:"其事非~文笔自记者莫能知。"

【闺秀】 guī xiù 对女子的美称,多指未婚女子。明孟称舜《娇红记》三一出:"说与您知心韩寿,要结鸳俦,怕少甚好人家的~。"清李玉《清忠谱》七折:"四德称~,三从识女英。"

【闺颜】 guī yán 指年轻女子的容颜。《敦煌愿文集·结坛发愿文》:"夫人应祥,保~而永春。"

【闺玉】 guī yù 犹"闺秀"。清《水浒后传》三〇回:"余晟道:'蒙继父教育之恩,又将~见许,岂敢拒却?'"

【皈依】 guī yī ❶ 同"归依❶"。《敦煌愿文集·愿文等范本》:"夫大慈愍众生,故令我~口。"清方成培《雷峰塔》二五出:"你丈夫已~三宝了。"单本《蕉帕记》一七出:"他年幼小,假迷痴,用温存,〔跪介〕你看,便跪

一跪,他定~。"沈德符《万历野获编》卷一九:"盖二公品誉原不同,张虽捐馆,正为物情所~。" ❸ 遵守。清《说岳全传》一回:"既归我教,怎不~五戒?"

【皈正】 guī zhèng ❶ 同"归正❸"。明《西游记》四四回:"惯使金箍铁棒,曾将天阙攻开。如今~保僧来,专救人间灾害。"又七三回:"行者道:'正是好事不出门,恶事传千里,象我如今~佛门,你就不晓的了!'" ❷ 从良。明《醋葫芦》一四回:"但老身虽落烟花,小女实是完璧,有心~,必要永偕白首才妙。"

guǐ

【庋】 guǐ 另见 guì。用木板做的放东西的架子。《新唐书·文艺传下·李华》:"因著《吊古战场文》,极思研揣,已成,污为故书,杂置梵书之~。"明郎瑛《七修续稿》卷七:"昨闻会稽季通判本云:嘉靖甲午在宝庆时,有事于所属新宁县,未至县五十里,宿于山中民家,堂前架一~,置木匣其上,中有老人,长可尺馀,立则露首,声唧唧如燕子语。"清赵慎畛《榆巢杂识》卷上:"我朝渊海缥缃,储藏实富,每岁按三、六、九月,由提举阁事大臣会同领阁事大臣,定期奏请曝书,直阁、校理各员咸集,公同翻晾。其排次清厘,列~原架,则文渊阁检阅所司。"

【庋阁】 guǐ gé ❶ 放东西的架子。特指书架。元陶宗仪《辍耕录》卷二:"不过启乎牖,以顺清燠,树~,以栖图书而已。"明胡应麟《经籍会通》卷四:"关中非无积书之家,往往束置~,以饱蠹鱼。" ❷ 收藏。清纪昀《阅微草堂笔记》卷二三:"其新者不甚佳,必~至十年以外,乃为上品。"又:"验新陈法:凡~一二年者,可再温一次;十年者,温十次如故,十一次则味变矣。"

【诡】 guǐ 骗。明《西洋记》八三回:"王明得了他的详细,却来~他。"

【诡词】 guǐ cí 假话。明《禅真后史》四四回:"片纸~诒令尹,等闲活却釜中鱼。"清《飞龙全传》五回:"匡胤初时只道果是两脚羊,生平从未见着,心中奇异,所以设为~,要他牵来一看。"

【诡猾】 guǐ huá 奸诈狡猾。《新唐书·突厥传下》:"然~,不纯臣于唐,天子羁系之。"宋陈亮《蔡元德墓碣铭》:"使~暴横者不得自肆,平民安之,而官事赖以省。"

【诡冒】 guǐ mào 冒充;假冒。宋苏轼《应诏论四事状》:"余欠八千二百馀贯,共二百八十二户,并是贫民下户,无所从出,与~逃移不知头主及干系均纳之人,连延至今,终不能足。"明沈德符《万历野获编》卷六:"嘉靖八九年间,革各省镇守内臣,兵部尚书李承勋,因及腾骧四卫~依附者。"《明史·李承勋传》:"而请以腾骧四卫属部,核~,制可。"

【诡秘】 guǐ mì 诡诈隐秘。唐韩愈《顺宗实录》卷五:"交游踪迹~,莫有知其端者。"清《后水浒传》一一回:"同难一名邰元,递解~,不及救护。"

【诡名】 guǐ míng 捏造姓名;假名。宋司马光《涑水纪闻》卷一四:"又诸村多~,税存户亡,每岁户长代纳,亦不可差。"明沈德符《万历野获编》卷一八:"其子六一者,后为御史王汝正所劾,云且亡入日本,与汪直馀党入犯。诏亟收之,亦亡命江湖,~王延年。"清《隋唐演义》二一回:"从来再无强盗大胆,敢通姓名的,明是故说~,将人眩惑。"

【诡特】 guǐ tè 奇异;特别。唐柳宗元《晋问》:"唯良工之指顾,丛台、阿房、……昭阳之隆丽,皆是之自出。"宋苏轼《跋与可竹》:"余得其摹本以遗玉册官祁永,使刻之石,以为好事者动心骇

目～之观,且以想见亡友之风节,其屈而不挠者,盖如此云。"清方文《庐山诗·上霄峰》:"九峰信已奇,上霄尤～。"

【诡信】　guǐ xìn　相信。元《三国志平话》卷下:"刘巴、大夫秦宓言刘备图其川,吾不～,怎知二贼里应外合,有意献川与滑虏刘备。"

【鬼】　guǐ　❶对人的蔑称、贬称。唐张祜《感归》:"乡人笑我穷寒～,还似襄阳孟浩然。"《元曲选外编·西厢记》三本二折:"你哄着谁哩,你把这个饿～弄得他七死八活,却要怎么?"清《儒林外史》一三回:"那差人一脚把门踢开,走进来骂道:'你这倒运～!放着这样大财不发,还在这里受瘟罪!'"❷暗中使用的欺骗手段或不正当行为。明《金瓶梅词话》二〇回:"就是你这小狗骨秃的～,你几时往后边去?就来哄我!"清《红楼梦》九三回:"你别瞒我,你干的～儿,你打量我都不知道呢!"❸欺骗;哄骗。清《巧联珠》一〇回:"哥哥又有了亲事,如今又不知下落,难道做了亲,～我们不成?"《绿野仙踪》八十回本七四回:"我们素日又在厚间,随你怎样～我,我须和你实说。"

【鬼败口】　guǐ bài kǒu　即"鬼擘口"。元佚名《集贤宾》:"想当初打哄儿说了个别离,作耍儿真果行程,～话儿只恁般灵。"

【鬼病】　guǐ bìng　❶怪病。明《金瓶梅词话》五三回:"李瓶儿道:'是便这等说,没有这些～来缠扰他便好。'"❷相思病。金《董解元西厢记》卷五:"十分来的～,九分来痉瘵。"元杜仁杰《耍孩儿·喻情》:"我当初不合鬼擘口和你言盟誓,惹得你～厌厌挂体。"明《二刻拍案惊奇》卷三:"～侵寻,闷对秋光冷透襟,最伤心,静夜闻砧。"

【鬼擘口】　guǐ bò kǒu　后悔说了不该说的话。元杜仁杰《耍孩儿·喻情》:"我当初不合～和你盟誓,惹得你鬼病厌厌挂体。"《元曲选外编·金凤钗》三折:"见一个粗豪士扯住个英才,我不合～审问的明白。"

【鬼缠】　guǐ chán　鬼混;胡乱敷衍。明冯惟敏《玉抱肚·题情》:"冤家心变,这些时谁家～?"又《朝天子·感述》:"～,苟全,反把清名荐。"

【鬼吵】　guǐ chǎo　胡乱吵闹。清《醒世姻缘传》二一回:"今日是孩子的好日子,请将你来是图喜欢,叫你都～来?"《儒林外史》五四回:"这个是什么要紧的事,你两人也这样～!"

【鬼扯腿】　guǐ chě tuǐ　❶形容不由自主。明《西洋记》七回:"奔便是奔到长老面前来,及至见了长老的金身,也自有三分儿～。"❷形容暗中争夺。清《醒世姻缘传》二二回:"你这一伙子没有一个往大处看的人,～儿分不匀,把我这场好事反叫您争夺违碍不好。"

【鬼聪明】　guǐ cōng míng　形容小巧的聪明和机灵。清《红楼梦》七一回:"凤丫头仗着～儿,还离脚踪儿不远,咱们是不能的了。"又八一回:"城里的孩子,个个踢天弄井,～倒是有的,可以搪塞就搪塞过去了。"

【鬼促促】　guǐ cù cù　鬼鬼祟祟。《元曲选·桃花女》四折:"伯伯,你这般～的,在这里自言自语,莫不要出城砍那桃树么?"

【鬼撮脚】　guǐ cuō jiǎo　比喻虚假的讨好行为。明《醋葫芦》一回:"那都院君偏又不喜侄儿别的,刚只是喜的虚奉承,～。"又三回:"这般孝顺,谁不会做?也是都院君自己爱了些虚奉承,不免受了～。"

【鬼打钹】　guǐ dǎ bó　❶搅闹;扰害。明沈榜《宛署杂记》卷一七:"扰害曰鬼浑,又曰～。"❷比喻打哈哈;开玩笑。明《西洋记》二四回:"番王道:'好丞相!国事通不知,只晓得～。'"

【鬼打更】　guǐ dǎ gēng　比喻徒有虚名,并无其实。元明《水浒传》二四回:"老身不瞒大官人说,我家卖茶,叫做～。三年前六月初三下雪的那一日,卖了一个泡茶,直到如今不发市。专一靠些杂趁养口。"明《金瓶梅词话》二回:"老身不瞒大官人说,我家卖茶,叫做～。"

【鬼打扑】　guǐ dǎ pū　比喻用假话打动人。清《醉醒石》一回:"却又一道:'去不打紧,把这话当在这边,等家中银子来讨,一来耽搁,怕错过二三月行情,怎处?'"

【鬼樊楼】　guǐ fán lóu　盗贼藏匿的地方。宋陆游《老学庵笔记》卷六:"京师沟渠极深广,亡命多匿其中,自名为'无忧洞'。甚者盗匿妇人,又谓之'～'。"

【鬼斧神斤】　guǐ fǔ shén jīn　比喻技艺精巧,非人力所可为。明《隋炀帝艳史》三〇回:"又制得精工富丽,都用金玉珠翠缀饰上面,其实是一件～的妙物。"

【鬼盖】　guǐ gài　人参的别名。唐陆龟蒙《奉和袭美谢友人惠人参》:"名参～须难见,材似人形不可寻。"

【鬼鬼祟祟】　guǐ guǐ suì suì　形容行动诡秘,不光明正大。清《红楼梦》三一回:"便是你们～干的那事儿,也瞒不过我去。"《九云记》七回:"修河方与儿子～的说了科场事,见了魏忠贤名帖,便大喜道:'魏太监今来,必有好事。'"

【鬼胡缠】　guǐ hú chán　即"鬼胡由❸"。明康海《王兰卿》一折:"你看那南来北往～,等不的移宫换征三杯后,却又早颠鸾倒凤先寻凑。"

【鬼胡伶】　guǐ hú líng　鬼狐狸。喻指难以捉摸其心里的妓女。明冯惟敏《朝天子·嘲诮》:"黄毛儿黑尾～,口儿里无干净。"

【鬼胡延】　guǐ hú yán　即"鬼胡由❷"。《元曲选外编·替杀妻》一折:"呀,不睹时搂抱在祭台边,这婆娘色胆大如天,……往日贤,都做了～。"

【鬼胡由】　guǐ hú yóu　❶飘忽的鬼魂。《元曲选·黑旋风》四折:"专等待来追究,便将他牢监固守。只落得尽场儿都做了～。"明汤显祖《牡丹亭》三二出:"俺三光不灭,～,还动迭,一灵未歇。"清洪昇《长生殿》三〇出:"苦变做了～,谁认得是杨玉环的行径!"❷比喻虚假的手段、隐秘的难以捉摸的心术。元曾瑞《梧叶儿》:"秋波溜,眉黛愁,施展会～。"又《红绣鞋·风情》:"假认义做哥哥般亲厚,行人情似妹妹般追逐,着小局断儿包藏着～。"❸比喻轻浮、感情不专一的妓女。元商衟《夜行船》:"都是些钞儿根底假恩情,那里有倘买的真诚。～眼下俺光阴,终不是久远前程。"明佚名《点绛唇·雨约云情》卷五:"～,劣柳青,将人来哄的轻。"

【鬼胡油】　guǐ hú yóu　同"鬼胡由❷"。明《金瓶梅词话》八二回:"假认做女婿亲厚,往来和丈母歪偷,人情里包藏～。"

【鬼狐涎】　guǐ hú xián　即"鬼胡由❸"。《元曲选外编·庄周梦》四折:"划的你牵缠顾恋～!"

【鬼狐由】　guǐ hú yóu　同"鬼胡由❸"。元赵彦晖《点绛唇·省悟》:"谁信你～,误了我谈笑封侯。"

【鬼狐犹】　guǐ hú yóu　同"鬼胡由❸"。《元曲选·货郎旦》二折:"断不得哄汉子的口,都是些即世求食～。"

【鬼话】　guǐ huà　❶假话;谎话。明《西游记》三三回:"你这般～儿,只好瞒唐僧,又好来瞒我?"《拍案惊奇》卷三二:"我前日亲眼看见,却被他们把～遮掩了。"❷胡话;没根据乱说的话。明孟称舜《娇红记》四〇出:"我真个疑心起来,敢你们说的都是～?我今也不去,只在此间罢。"《古今小说》卷四〇:"这门上都是我的干纪,出入都是我通禀,你却说这等～!"清《红楼梦》一九回:"宝玉有一搭没一搭的说些～,黛玉只不理。"

【鬼画符】 guǐ huà fú ❶书法的贬义说法。金元好问《论诗绝句》之一三:"真书不入今人眼,儿辈从教~。"清《醉醒石》八回:"那中贵瞧了道:'画得冷淡,这~,咱一字不认得。'" ❷形容乱涂乱抹。清《醒世姻缘传》二八回:"冶陶有个店家婆,年纪只好二十多岁,脏得那脸就如~一般,手背与手上的泥土积得足足有寸把厚。" ❸比喻并不高强的本领或武艺。明《西洋记》二三回:"人不可貌相,水不可斗量。这番狗奴也有三分~,不免用个奇计胜他。"清《后西游记》一九回:"你这小猴倒也有三分~,还不辱没了你老祖。" ❹犹言鬼点子。清方成培《雷峰塔》二三出:"那秋菊小丫头,倒有点~个,等我叫渠出来商量商量看。"

【鬼慌】 guǐ huāng 慌张。明《古今小说》卷一五:"~盘上去人家萧墙,吃一滑,攧将下去。"又卷三六:"王秀和婆子吃了一惊,~起来。"

【鬼浑】 guǐ hún 同"鬼混❶"。明沈榜《宛署杂记》卷一七:"扰害曰~,又曰鬼打钹。"

【鬼诨】 guǐ hùn 同"鬼混❶"。明李开先《宝剑记》三〇出:"不离虎群,终朝~,酒馆花门,闻风赶趁。"《醒世恒言》卷一六:"张荩被众人~,勉强酬酢,心不在焉。"清《珍珠舶》二回:"蒋云觉有几分光景,心内暗喜,就把些闲话~了一会。"

【鬼混】 guǐ hùn ❶搅闹;扰害。明《金瓶梅词话》一六回:"晚夕空落落的,我害怕,常有狐狸~的慌。"清《醒世姻缘传》四六回:"晁凤道:'叫你~的着姜爷家把亲都退了,你还说这个?'"《绿野仙踪》八十回本六三回:"你如此~我,我也没办法。" ❷厮混;搅和在一起。明《金瓶梅词话》五六回:"我明日把银子去买些衣服穿好,自去别处过活,却再不和你~了。"《隋炀帝艳史》二三回:"那时与他~熟了,再随机应变,或多送他些银子,……却不怕他不肯。"清《醒世姻缘传》七六回:"除了在家~,就在庵观寺院里打成了战场。" ❸戏耍;蒙混骗人。明《金瓶梅词话》五六回:"西门庆笑道:'恁地说的他好。都是~。'"《警世通言》卷一五:"却又听别人言语,请什么道人来召将。那贼道今日~,哄了些酒肉吃了,明日少不得还要索谢。"

【鬼精】 guǐ jīng ❶狡猾;贼精。《元曲选·东堂老》二折:"你便有那降魔咒,度人经,也出不的这厮们~。" ❷即"鬼精灵❶"。《元曲选·燕青博鱼》三折:"眼见的八九分是奸情,是谁家~、~,做出这乔行径?"

【鬼精灵】 guǐ jīng líng ❶狡猾而心怀鬼胎的人。《元曲选·儿女团圆》一折:"哎,你一个~会魔障这生人意。" ❷形容人聪明伶俐。明《金瓶梅词话》三七回:"缠得两只脚儿一些些,搽的浓浓的粉脸儿,又一点小小嘴儿,~是的。"清《三侠五义》四一回:"你小人家又不明白了! 你想想,跟都堂的,那一个不是~是的。"

【鬼谲】 guǐ jué 诡秘。清《绿野仙踪》八十回本三四回:"这冷秀才举动~,你四个可在他庙前庙后,昼夜轮流看守。"

【鬼力】 guǐ lì 迷信谓在阴间充当仆役的鬼卒。《元曲选·看钱奴》一折:"~,与我摄过贾仁来者!"明佚名《闹钟馗》一折:"一个秀才,在此睡着了,如今着~且偷了他这唐巾者。"

【鬼脸】 guǐ liǎn ❶假面具。明李梅实《精忠旗》八出:"是小碧戴~吓坏了老奶子。"清《醒世姻缘传》三三回:"这一年十二月十五,早早的放了年下的学,回到家中,叫人捍炮仗,买~,寻琉璃喇叭,踢天弄井,无所不至。" ❷比喻丑陋面孔。元明《水浒传》四七回:"因为他面颜生得粗莽,以此人都叫他~儿。"明《醒世恒言》卷一一:"又闻的他容貌不扬,额颅凸出,眼睛凹进,不知是何等~。" ❸比喻滑稽或丑陋的面部表情。明《警世通言》卷一五:"内中单喜欢得那几个不容他管库的令史,一味说清话,做~,喜谈乐道。"清《红楼梦》一一三回:"到了第二天,也不言语,只装~。" ❹比喻羞臊难堪的表情。明《梼杌闲评》七回:"当日谁叫你来的! 如今又带着~子去求人。"

【鬼灵】 guǐ líng 聪明伶俐。清《红楼梦》六三回:"豆官身量年纪皆极小,又极~,故曰豆官。"

【鬼灵精】 guǐ líng jīng ❶狡猾鬼诈。明冯惟敏《僧尼共犯》三折:"假若是瞒神昧鬼~,跳不出审刑厅,便叫你死倒在埃尘。" ❷形容人聪明伶俐。清《聊斋俚曲·增补幸云曲》:"你这妮子,就合一个~那是的! 我只为一时赌气,你就参透机关。"《红楼梦》二八回:"你是个刁钻古怪~。"

【鬼路】 guǐ lù ❶指人迹不到的偏僻小路。《敦煌变文校注》卷一《伍子胥变文》:"昼即途中寻~,蹑(匿)影藏形恒夜游。" ❷形容走路没有声音。明《金瓶梅词话》七三回:"你在那里来? 猛可说出句话,倒唬我一跳,单爱行~儿。"又七五回:"他单为行~,脚上只穿毡底鞋,你可知听不见他脚步儿响。"

【鬼乱】 guǐ luàn ❶瞎胡闹。宋《朱子语类》卷一二〇:"人心存亡之决,只在出入息之间。岂有截自今日今时便~,已后便悄悄之理?"佚名《张协状元》八出:"〔净〕他打我一拳,被我闪过,踢了一脚。〔末〕~一和!" ❷指调情、性交。明《古今小说》卷三六:"婆子道:'你许多年纪了,兀自~!'……原来赵正见两个醉,摋开门,躲在床底下。听得两个~,把尿盆去房门上打一扊。"

【鬼门】 guǐ mén "鬼门道"的省略语。明汤显祖《牡丹亭》二三出:"净做向~嘘气吷声介"。清洪昇《长生殿》一五出:"〔外跌脚向~哭介〕天啊,你看一片田禾,都被那厮踏烂,眼见的没用了。"

【鬼门道】 guǐ mén dào 戏曲舞台两侧的上场门和下场门,因所扮演之人皆已故去,故名。也称"古门道"。清姚燮《今乐考证》引元柯九思《论曲》:"苏东坡有诗云:'搬演古人事,出入~。'"《元曲选外编·西厢记》二本四折:"〔红朝~唤云〕老夫人后堂待客,请小姐出来哩!"明沈璟《双鱼记》二六出:"出入~,搬演古人形。"

【鬼门关】 guǐ mén guān ❶迷信谓阴阳交界处的关。《元曲选·谢金吾》一折:"被他推倒当街,跌损形骸。直从~上孩儿每喳喳的叫回来。"明汤显祖《牡丹亭》五四出:"一般儿轮回路,驾香车,爱河边题红叶。便则到~逐夜的望秋月。" ❷比喻危险的地方。明汤显祖《牡丹亭》四六出:"羽檄场中无雁到,~上有人来。"

【鬼秘】 guǐ mì 隐秘。清《绿野仙踪》八十回本四五回:"下场读书是个正大题目,我们也不敢强留,但是走的太~了。"

【鬼拿挝】 guǐ ná zhuā 指张牙舞爪的恶鬼形象。明《西湖二集》卷一六:"乌铁包面金裹牙,十指擂槌满脸疤。如此形容难匹敌,城隍门首~。"

【鬼念】 guǐ niàn 默念。清《绿野仙踪》五四回:"自己~道:'不同,不同。'"又六一回:"心中~道:'这人才算的个有情人。'"

【鬼捏诀】 guǐ niē jué 形容虚张声势的掐诀念咒。清《醒世姻缘传》九三回:"又把城隍、土地、社伯、山神、龙王、河伯都编写了名字,挂了白牌,~,一日一遍点卯。"

【鬼捏青】 guǐ niē qīng 皮肤上无端出现青肿,迷信以为鬼捏所致,故云。有动词、名词两种用法。《元曲选·燕青博鱼》三折:"〔正末〕谁捏的你这腮斗儿的青?〔搽旦云〕我恰才睡着了,是~来。"又《金线池》三折:"最不爱打揉人七八道猫煞爪,掐扭的三十驮~。"

【鬼弄】 guǐ nòng 做假;哄骗。明《古今小说》卷四〇:"一般筛锣击鼓,扬旗放炮,都是～,那曾看见半个鞑子的影儿?"清《绿野仙踪》八十回本四七回:"好借买坟地安葬话插入,～他几十两银子。"

【鬼判】 guǐ pàn 判官。迷信传说中阎王手下管生死簿的官。泛指阴司鬼吏。明《西游记》六回:"～不能相认,一个个磕头迎接。"清《醒世姻缘传》二八回:"新近湖广蕲州城隍庙内的泥身～白日青天在街上行走。"

【鬼劈口】 guǐ pī kǒu 即"鬼擘口"。宋王明清《挥麈后录餘话》卷一:"穆父既出国门,蔡攸度钱别,因诵其前联,云'公知子厚不可撩拨,何故诋之如是?'穆父愀然曰:'～矣!'"

【鬼朴】 guǐ pǔ 将要死去变鬼的人。唐王梵志《暂出门前观》:"前死后人埋,～悲声送。"又《父母怜男女》:"～哭真鬼,连夜不知休。"

【鬼人】 guǐ rén 鬼魂。《祖堂集》卷九《九峰和尚》:"师云:'若不如是,髑髅前见～无数。'"

【鬼尸】 guǐ shī 活尸。明冯惟敏《朝天子·嘲诮》:"有的些歪样子,叫你声妮子,笑你个～,再休得胡行事。"

【鬼师】 guǐ shī 巫师。唐张鷟《朝野佥载》卷三:"中宗之时,有见～彭君卿被御史所辱。他日,对百官总集,诈宣孝和敕曰:'御史不检校,去却巾带。'"明田汝成《炎徼纪闻》卷四:"谓其巫曰～,死丧无服,或葬不葬。"清袁枚《子不语》卷一七:"其可救者,设一坛挂神鬼像数十幅,～作妇人妆,步罡持咒,锣鼓齐作。"

【鬼使】 guǐ shǐ 迷信谓阴司中供役使的小鬼。唐戴孚《广异记·李及》:"自云,初有～,追他人,其家房中先有女鬼,以及饮酒不浇漓,乃引～追及。"《祖堂集》卷六《洞山和尚》:"大限将至,见～来取僧。"清《聊斋俚曲·寒森曲》:"回头说两个～,不劳你送我还乡。"

【鬼使神差】 guǐ shǐ shén chāi 比喻事出巧合或偶然,好像有神鬼差遣一般。《元曲选·碧桃花》四折:"这一场悄促促似～。"清《红楼梦》四九回:"这是你一高兴起诗社,所以～来了这些人。"

【鬼市】 guǐ shì ❶夜集晓散的集市。唐郑熊《番禺杂记》:"海边时有～,半夜而合,鸡鸣而散,人之多得异物。"宋孟元老《东京梦华录》卷二:"又东十字大街,曰从行裹角,茶坊每五更点灯,博易买卖衣物图画花环领抹之类,至晓即散,谓之'～子'。"❷指买卖双方不见面的交易,或虚幻的集市。《新唐书·西域传下·拂菻》:"西海有市,贸易不相见,置直物旁,名～。"金元好问《续夷坚志》卷二"～"所记载的情景是虚幻的集市。清《聊斋志异·山市》:"又闻有早行者,见山上人烟市肆,与世无别,故又名'～'云。"

【鬼随邪】 guǐ suí xié 鬼迷心窍。《元曲选·百花亭》一折:"只索央及你撮合山花博士,休使俺没乱煞做了～。"明汤显祖《牡丹亭》三二出:"一点心怜念妾,不着俺黄泉恨你,你只骂的俺一句～。"

【鬼祟】 guǐ suì 鬼怪。《太平广记》卷三〇〇引唐戴孚《广异记》:"开元中,张嘉祐为相州刺史,使宅旧凶,嘉祐初至,便有～回佑家,备极扰乱,祐不之惧。"清袁枚《子不语》卷三:"其兄名正中者,刚正士也。以为庙乃神灵所栖,不应居～。"

【鬼胎】 guǐ tāi 比喻不可告人的心事。《元曲选·抱妆盒》二折:"盒子里藏的是储君,我肚皮里怀的是～。"清《红楼梦》九五回:"袭人等怀着～,又不敢去招惹他,恐他生气。"

【鬼头】 guǐ tóu ❶比喻人机灵,或称机灵的人。多为昵称。

《元曲选·东坡梦》三折:"今有佛印禅师,密遣花间四友,前去玉春堂魔障东坡学士,恐上帝知道,必然责罪小圣,须索追赶那四个～去也呵。"明《金瓶梅词话》二〇回:"我正使他做活儿,他想伏实,只不他爹使他行,～儿,听人的话儿。"清《红楼梦》五三回:"好个～孩子,可怜见的。" ❷即"鬼脸❶",鬼形面具。清《续金瓶梅》二七回:"下得山来,买了几个～儿,红棒槌儿、货郎鼓儿,给安郎耍。"

【鬼头风】 guǐ tóu fēng 来去突然的怪风,喻行踪飘忽、不可靠的人。宋佚名《张协状元》二六出:"两相底逢,穷合穷。一去不见踪,脚踏浮萍手拿空。劝你莫图它做老公,它毕竟是个～。"又三二出:"当初只道是个状元迎出似喜相逢,刺起丝鞭两不管,谁知道状元似～。"

【鬼推】 guǐ tuī 犹"鬼弄"。明《西洋记》七四回:"若要国师,除非还是我自己到南船上,～一番,得他收了银钱去才好。"又九〇回:"把个崔判官吓得只是抖战。阎罗王也荡了主意。那五个鬼今番却也不敢～。"

【鬼推磨】 guǐ tuī mò 形容被人指使得团团转。明《金瓶梅词话》二〇回:"今日拿出一顶鬏髻来,使的你狗油嘴～。"清李玉《清忠谱》三折:"正是:有钱使得～。"

【鬼酉】 guǐ yóu "醜"(今简化作"丑")的拆字。丑陋。明《金瓶梅词话》三二回:"这应二花子,今日～上车儿,推丑;冬瓜花儿,丑的没时了。"

【鬼子】 guǐ zi 小鬼。《敦煌愿文集·儿郎伟》:"适从远来至宫门,正见～一郡郡(群群)。"元明《水浒传》六〇回:"村中壮汉,出来的勇似金刚;田野小儿,生下地便如～。"

guì

【庋】 guì 另见 guǐ。撑起;垫起。明《徐霞客游记》卷二上:"寺后岩石中虚,两旁迥突,～以一轩,即为叫岩。"清屈大均《广东新语》卷七:"夜以高物～首而卧,下亦跣足,婚姻不辨同姓。"

【柜坊】 guì fāng 唐宋都市中替客人保管金银财物的店铺。宋时许多柜坊实际已成为无赖之徒赌博、铸钱等非法活动的场所。《新唐书·田令孜传》:"令孜语内园小儿尹希复、王士成等,劝帝籍京师两市蕃旅、华商宝货举送内库,使者监阅～茶阁,有来诉者皆杖死京兆府。"宋王栐《燕翼诒谋录》卷二:"相聚蒲博,开～屠牛马驴狗以食,私销铜钱为器用,并令开封府严戒坊市捕之,犯者定行处斩,引匿不以闻与同罪。"

【柜身】 guì shēn 柜台。宋元《清平山堂话本·杨温传》:"欲待转身出～来捉那厮,三步近两步远,那厮马快走了。"元明《水浒传》二九回:"郑屠正在门前～内坐定,看那十来个刀手卖肉。"明《警世通言》卷八:"一路尾着崔宁到家,正见秀秀坐在～子里。"

【柜头】 guì tou 柜台。明《警世通言》卷二〇:"若撰不来,庆奴只得去到处熟酒店里～上借几贯归家。"

【柜子】 guì zi 收藏衣服等物的家具。元刘时中《端正好·上高监司》之二:"检块数几曾详数,止不过南新吏贴相符。那问他料不齐,数不足,连～一时扛去,怎教人心悦诚服?"清《红楼梦》一九回:"黛玉道:'连我也不知道。想必是～里头的香气,衣服上熏染的也未可知。'"

【剑子】 guì zi 即"刽子手❶"。宋《三朝北盟会编》卷二〇六:"范琼领兵在京东,(王)俊为～。"《元曲选·谢金吾》三折:

"〔～云〕行动些,时辰到了。"清《水浒后传》三回:"我兄弟两个是北京行刑～,没甚才具。"

【刽子手】 guì zi shǒu ❶ 执行死刑的役人。宋严羽《答出继叔临安吴景仙书》:"其间说江西诗病,真取心肝～。"清《醒世姻缘传》五三回:"我看你那老婆斩眉多校眼的,象个杀人的～一般。" ❷ 指杀人凶手。明朱长祚《玉镜新谭》卷八:"其参'五彪'各犯,有谓田尔耕、许显纯、孙云鹤、杨寰、狐假鸱张,戕害多命,皆忠贤门下～。"《醒世恒言》卷三五:"那李林甫混名叫做李猫儿,平昔不知坏了多少大臣,乃是杀人不见血的～。"

【贵】 guì ❶ 须;要。唐杜甫《李潮八分小篆歌》:"苦县光和尚骨立,书～瘦硬方通神。"张籍《寄王六侍御》:"～得药资将助道,肯嫌家计不如人。"《敦煌变文校注》卷三《燕子赋(一)》:"雀儿已愁,～在淹留。迁延不去,望得脱头。" ❷ 用作对人的尊称。唐王梵志《善劝诸～等》:"善劝诸～等,□□□□□。火急造桥梁,运度身得过。"《敦煌变文校注》卷一《孟姜女变文》:"劳～远道故相看,冒涉风霜损气力。"明徐渭《致沙滨先生书》:"候少退必勉效一章,或此别之序,或～号之诗,二者必居一也。"

【贵表】 guì biǎo 询问他人表字的敬词。元高明《琵琶记》七出:"〔丑云〕动问老兄尊姓?〔末云〕小子姓李。〔丑云〕～?〔末云〕群玉。"明《醒世恒言》卷七:"此位就是令亲颜大官人? 前日不曾问得～。"清李玉《清忠谱》二折:"〔净向末介〕请问尊姓～?〔末〕小弟杨念如也。"

【贵村】 guì cūn 尊称对方的村庄。清《聊斋俚曲·磨难曲》:"一个孤人天又晚,荒窜前来到～,告妈妈求他把门儿进。"

【贵珰】 guì dāng 位势显贵的太监。宋周密《武林旧事》卷三:"仕宦恩赏之经营,禁省台府之嘱托,～要地,大贾豪民,买笑千金,呼卢百万。"明于慎行《穀山笔麈》卷二:"世庙久在西内,朝夕御膳,不用大官所供,皆以左右～输直供应,取其精洁便适也。"

【贵邸】 guì dǐ ❶ 富贵人家。宋周密《武林旧事》卷二:"都城自旧岁孟冬驾回,则已有乘肩小女、鼓吹舞绡者数十队,以供～豪家幕次之玩。"又:"自东华门至期集所,豪家～,竞列彩幕纵观,其有少年未有室家者,亦往往于此择婿焉。" ❷ 指王公贵人。宋周密《武林旧事》卷三:"大臣～,均被细葛、香罗、蒲丝、艾朵、彩团、巧粽之赐。"又:"旋亦分赐亲王～宰臣巨珰。"

【贵府】 guì fǔ ❶ 尊称对方所主事的官府。唐〔朝〕崔致远《别纸·湖南闵琐尚书》:"远垂示书,深荷眷私,兼将《尚书弄马图》及～祥瑞事迹相示,阅览忘倦,欣仰有馀。"宋苏轼《与蒲城之六首》之六:"为本府带将接新戍兵士数十人,比谓到京,却中途逢本官行李颇阙事,欲告～,添差防护厢军十馀人。"清《聊斋俚曲·磨难曲》:"我料杨蕃不敢分辨,果然不差。今日竟成了～的属官,看他来参见那不参见。" ❷ 尊称对方家乡所在的州府。明《古今小说》卷四〇:"小的是奉宣大总督李公文来的,到绍兴拿得钦犯沈襄,经由～。"清《聊斋俚曲·富贵神仙》:"～有一个徐员外认的么?" ❸ 尊称对方的家宅。元高明《琵琶记》三五出:"人人道我丈夫在～廊下住。"清《聊斋俚曲·慈悲曲》:"张老爷说:'我也是山东人。～是那一府呢?'"

【贵干】 guì gàn 称人做事的敬词。《元曲选外编·遇上皇》二折:"敢问那壁君子,姓甚名谁,何处人氏? 有何～,到于此处?"清《聊斋俚曲·襄妒咒》:"请坐,有什么～?"

【贵庚】 guì gēng 敬称对方的年龄。《元曲选·王粲登楼》三折:"〔许达云〕仲宣,今年～了?"清《聊斋俚曲·襄妒咒》:"江城云:'你～?'兰芳云:'痴长一十九岁。'"

【贵降】 guì jiàng 敬称对方的生辰。《元曲选·儿女团圆》

一折:"今日是你～之日,故请你来吃杯寿酒。"明《金瓶梅词话》一四回:"因问:'大娘～在几时?'月娘道:'贱日早哩。'"

【贵脚】 guì jiǎo 尊称对方光临时的用语。《元曲选·金线池》二折:"今日个何劳你～儿又到咱家走?"清《聊斋俚曲·襄妒咒》:"蒙～到寒门,我是主来你是宾,姐夫姐夫休见怪,那个东西不是人。"

【贵居】 guì jū ❶ 贵位。《祖堂集》卷一一《齐云和尚》:"及诸高班君子等,犹在～。" ❷ 敬称对方宅居。明《平妖传》一〇回:"～去此不远,列位休散了,大家去做个证见。"

【贵门】 guì mén 尊称对方的家门。明陆采《明珠记》二〇出:"没亲人,只采苹,要皇娇姿造～。"清《聊斋俚曲·富贵神仙》:"少年不曾出远门,走的错了路,晚来到～。"

【贵偶】 guì ǒu 嘉偶。《祖堂集》卷一《大迦叶尊者》:"虽为～,乃无欲情。"

【贵气】 guì qì ❶ 富贵气象;富贵的运气。宋刘昌诗《芦浦笔记》卷五载《念奴娇》:"疏眉秀目,向尊前,依旧宣和装束。～盈盈,风韵爽,举止知非凡俗。"明朱国祯《涌幢小品》卷二〇:"门为邻树所蔽,术者曰:'伐之,则～弗阕,斯利举子。'"清《隋唐演义》一〇回:"我观天像,真人已生,大乱将起,子相带～,有公卿之骨,无神仙之分。" ❷ 高贵的气韵;高贵的气质。宋胡仔《苕溪渔隐丛话前集》卷二五:"此语落落有～,何人诗也?"陈鹄《耆旧续闻》卷三:"盖禹玉仕早达,所与唱和无四品以下官,同朝名臣,非欧阳公与王荆公铭其葬者,往往出高二手,而～粲然。"明《西游记》九二回:"似那辟寒、辟暑、辟尘之类,都是角有～,故以此为名而称大王也。"清纪昀《阅微草堂笔记》卷一二:"为贵女则尊重其心,虽微服而～存。" ❸ 娇贵;娇宠。清《红楼梦》八四回:"尽着孩子～,偏有这些琐碎。"△《大红袍》八回:"我当日亦是父母把我～,教我读书识字,只望我后来不知怎的带挈他。" ❹ 珍贵。明《封神演义》一二回:"孩儿想龙筋最～,因此上抽了他的筋来,在此打一条龙筋绦,与父亲束甲。"

【贵冗】 guì róng 称对方忙碌的敬词。明《金瓶梅词话》五五回:"爷爷～,孩儿就此叩谢,后日不敢再来求见了。"《禅真遗史》六回:"妈妈,你是个～的人,我怎的怪你?"

【贵寿】 guì shòu 问人(多问老人)年龄的敬词。明《老乞大谚解》卷上:"大哥,你～? 小人年纪三十五岁。"《古今小说》卷三三:"恭人问张公道:'公公～?'大伯言:'老拙年已八十岁。'"

【贵图】 guì tú 希望;希求。宋《汾阳禅师语录》卷下:"西河水阔难逢信,善卷山深易隐贤。今日遇僧驰片纸,～记得个中玄。"《密庵和尚语录》:"道眼不明宗师,胡说乱道,将古今言句,妄意穿凿,以为极则,～称他会禅,此是第一等大病。"金佚名《大金吊伐录》卷三:"今日之咎,自知悲明,今准割黄河为界,～两朝安便。"

【贵惜】 guì xī 珍惜。宋张邦基《墨庄漫录》卷三:"北人方物不过玫瑰油一合,～如此,而贵近之家,赠遗若此之多,足知其侈靡之甚也。"陈傅良《跋胡文定公帖》:"晚官湖湘间,每过士大夫家,辄见公遗帖,皆甚～。"

【贵细】 guì xì ❶ 高价;精美。宋孟元老《东京梦华录》卷二:"卖～下酒,迎接中贵饮食,则第一白厨,州西安州巷张秀。" ❷ 珍贵;精致之物。《元典章·户部八》:"如有进呈希罕～,亦仰经由市舶司见数,泉府司具呈省。"

【贵享】 guì xiǎng 贵显。金《刘知远诸宫调》一二:"今知吾兄～,特来相投。"

【贵姓】 guì xìng 问他人姓的敬词。《祖堂集》卷四《药山和

715

尚》:"便问:'将军是什么处人?'曰:'锺陵建昌人也。''~什么?'对曰:'姓王。'"清《聊斋俚曲·磨难曲》:"鸿渐问:'~?'老者说:'贱姓徐。'"

【贵要】 guì yào 希望;希求。宋《法演禅师语录》卷上:"白云也要露个消息,~众人共知。"《慧南禅师语录》:"此二父子相见,递相唱和,~话行。"按,话行:机缘语句传播流行。

【贵由赤】 guì yóu chì 蒙古语。赛跑。元陶宗仪《辍耕录》卷一:"~者,快行是也。每岁一试之,名曰放走,以脚力便捷者膺上赏。……先至者赐银壹饼,餘则缎匹有差。"

【贵欲】 guì yù 打算;想要。唐曹松《山中》:"樵夫岂解营生业,~自安麋鹿间。"汪遵《升仙桥》:"题桥~露先诚,此日人皆笑率情。"《太平广记》卷二三九引唐胡琚《谭宾录》:"但~张名目,以惑上听。其实钱物更无增加,唯虚费簿书人吏。"

【贵斋】 guì zhāi 尊称他人书斋。清《聊斋俚曲·磨难曲》:"鸿渐说:'晚生荒疏的久了,只怕见笑大方。既蒙吩咐,敢不从命。饭已饱了,就到~。'"

【贵宅】 guì zhái 尊称他人家宅。《大宋宣和遗事》前集:"俺是殿试秀才,欲就~饮几杯,未知娘子雅意若何?"明梁辰鱼《浣纱记》二三出:"今日特到~来呵,奉君王的命,江东百姓全是赖卿卿。"

【贵重】 guì zhòng ❶ 看重;重视。《敦煌变文校注》卷一《伍子胥变文》:"君虽一相辞谢,儿意惭君亦不轻。"宋王辟之《渑水燕谈录》卷七:"后人以二公诗笔故,题咏极多,而花亦为人~,护以朱栏,不忍采折。"明孟称舜《娇红记》二三出:"妓家门径,常则把财相~,钱为亲戚。" ❷ 价格高;值钱。元许衡《大学直解》:"'宝'是~的物。"高明《琵琶记》三七出:"昆山是地名,产得好玉,价值连城,若有些儿瑕玷,便不~了。"

【贵族】 guì zú 对人宗族的敬称。唐李商隐《祭徐姊夫文》:"始者仲姊有行,获托~。"清蒲松龄《聊斋俚曲·慈悲曲》:"~先世曾有乡绅么?"

【櫃】 guì 收藏衣物食物的家具。唐苏鹗《杜阳杂编》卷下:"又以金银为井栏、药臼、食~、水槽、釜铛、盆瓮之属。"明《朴通事谚解》卷上:"衣裳、帽子、靴子都放在这~里头。"

【桂籍】 guì jí 科举考试及第者的名籍。宋佚名《张协状元》一〇出:"特降祥云,为强人劫那路人。路人是张协有佳名,~之中有姓名。"清徐锡龄、钱泳《熙朝新语》卷一〇:"钱文端公典庚午江西乡试,写榜吏陈巨儒须鬓如雪,求公手书以为荣。自陈年七十,手写文武三十二榜矣。公赠诗云:'~凭伊腕力传,白头从事地行仙。'"

【桂林】 guì lín 比喻贵族阶层。《敦煌愿文集·患文》:"惟患者乃~毫(豪)族,确(嫡)派灵苗。"

【桂露】 guì lù 酒名。宋佚名《李师师外传》:"良酝则有~、流霞、香蜜等名。"

【桂芰】 guì zhī 同"桂枝"。《敦煌愿文集·愿文等范本》:"花容始发,玉貌初开。何期~□凋,芳兰罢秀。"

【桂枝】 guì zhī 比喻美女。《敦煌愿文集·愿文范本等·亡女文》:"始欲~盛茂,皎皎于晨昏;……何图……埋玉帛(貌)于黄泉,殒红颜于灰壤。"

【桂质】 guì zhì 年轻女子身体的美称。《敦煌愿文集·亡文范本等》:"落~于长坟,埋花容于(旷)野。"又《结坛发愿文》:"小娘子~弃垢而贞。"

【跪伏】 guì fú 跪膝伏地。引申为臣服。《敦煌愿文集·儿郎伟》:"四方总皆~,只是不绝汉仪。"

【跪炉】 guì lú 跪在炉前烧香。《旧五代史·晋书·高祖纪五》:"国忌日,宰臣~焚香,文武百僚列坐。窃惟礼例,有所未安。今欲请宰臣仍旧~,百僚依班序立。"《续资治通鉴长编》卷二八七:"忌日神御殿行香,自今令群臣班殿下,宰相一员升殿,上香~。"

【跪膝】 guì xī 膝盖跪在某处。唐慧能《六祖坛经·机缘品》:"师一日欲濯所授之衣,而无美泉,因至寺后五里许,见山林郁茂,瑞气盘旋,师振锡卓地,泉应手而出,积以为池,乃~浣衣石上。"《元典章·刑部二》:"精~铁索上、石头砖上、田地上,一两日跪着问。"清徐锡龄、钱泳《熙朝新语》卷五:"一日怒甚,云一~前,作小儿嬉戏状,持母手拊其面,母笑而罢,自是不复怒。"

gǔn

【衮】 gǔn ❶ 同"滚❶"。《宋史·河渠志七》:"每受潮水,演溢奔突,出于石缝,以致咸潮~入上河。"元赵天锡《雁儿落过清江引碧玉箫》:"南接黄河,一线~金波。" ❷ 滚动;翻转。宋洪迈《夷坚志》甲卷一二:"绍兴十六年夏,镇江大雨,雷电发屋撤木,火球数十~于地。"元佚名《塞鸿秋》:"柳絮香~绵,花落闲庭院,恨鸳鸯不锁黄金殿。"明刘基《送葛元哲归江西》:"江南二月草未秀,雪阵如涛~清昼。" ❸ 液体沸腾。后多作"滚"。宋大隐翁《北山酒经》卷下:"取一瓶开看,酒~即熟矣。"《朱子语类》卷八:"譬如煎药:先猛火煎,教百沸大~,直至涌坌出来,然后却可以慢火养之。" ❹ 即"衮遍"。用作动词指用衮遍曲演奏。参见"衮遍"。宋晏殊《酒泉子》:"红绦约束琼肌稳,拍碎香檀催急~。"苏轼《读开元天宝遗事三首》之三:"琵琶弦急~梁州,羯鼓声高舞臂韝。"王灼《碧鸡漫志》卷三:"曲十一段,起第四遍、第五遍、第六遍、正攧、入破、虚催、~、实催、衮、歇拍、杀衮,音律节奏,与白氏歌注大异。" ❺ 指某种风气对后代造成影响。宋《朱子语类》卷一二九:"此只是正理不明,相~将去,遂成风俗。"又:"相~到齐梁,又不复此,只是作一般艳辞。" ❻ 融合。宋《朱子语类》卷一〇:"讲论一篇书,须是理会得透。把这一篇书与自家~作一片,方是。" ❼ 犹言忙。宋《朱子语类》卷一二一:"若时往应事,亦无害,较之一向在事务里~,是争那里去!" ❽ 副词。同;一起。表示同时或一次做几次才可以做的事情。宋《朱子语类》卷一〇:"不可都要~去,如人一日只吃得三碗饭,不可将十数日饭都一齐吃了。一日只看得几段,做得多少工夫,亦有限,不可~去都要了。"又卷六七:"今人心性褊急,更不待先说他本意,便将道理来~说了。"

【衮遍】 gǔn biàn 唐宋大曲中某一遍的名称。每套大曲由十多遍祖成,每遍各有名称,唱全各遍称大遍。宋王灼《碧鸡漫志》卷三:"凡大曲,有散序、靸、排、遍、攧、正攧、如破、虚摧、实摧、~、歇拍、杀衮,始成一曲,此谓大遍。"王观《减字木兰花》:"正当~,休唱阳关人肠断。"

【衮缠】 gǔn chán 即"衮❺"。宋《朱子语类》卷一二九:"进士科至不成科目,故遂~至唐,至本朝此理复明。"又:"某问:'已前皆~成风俗。本朝道学之盛,岂是~?'"

【衮刀】 gǔn dāo 窄长而有长柄的刀。元明《水浒传》一一回:"拣一处坐下,倚了~,解放包裹,抬了毡笠,把腰刀也挂了。"

【衮肚】 gǔn dù 辔具,系于马腹固定鞍具的带子。清《醒世姻缘传》六八回:"狄希陈知道自己有了不是,在家替素姐寻褥套,找搭连,缝~,买辔头,装酱斗,色色完备,单候素姐起马。"

【衮衮】 gǔn gǔn ❶ 旋转、转动的样子。唐元稹《小胡笳引桂府王推官出蜀匠雷氏金徽琴请宣姜弹》："泛徽胡雁咽萧萧，绕指辘轳圆～。"宋张孝祥《蝶恋花·送刘恭父》："～锋车还急诏。满眼潇湘，总是恩波渺。" ❷ 大水奔腾的样子。唐张为《谢别毛仙翁》："黄河浊～，别泪流涟涟。"宋向子諲《浣溪沙》："～大江前后浪，娟娟明月短长亭。"清纳兰性德《金缕曲·姜西溟言别赋此赠之》："～长江萧萧木，送遥天、白雁哀鸣去。" ❸ 形容说话滔滔不绝。唐严维《夏日纳凉》："～承嘉话，清风纳晚凉。"宋郭应祥《西江月》："主宾和气敌春温。雄辩高谈～。"清钮琇《觚賸》卷六："剧谈上下古今，～不少休，意气闲放，旁若无人。" ❹ 接连不断的样子。唐韩愈《嘲鼾睡》："迥然忽长引，万丈不可忖。谓言绝于斯，继出方～。"宋郭应祥《临江仙·庆源操生子》："～庆源真未艾，谢兰还茁新枝。" ❺ 纷繁、众多的样子。唐王涯《游春辞》之二："鸟度时时冲絮起，花繁～压枝低。"宋丁特起《靖康纪闻》："官呼点兵催上门，居民～闾巷奔。"元《大唐三藏取经诗话》八则："一时三五道火裂，深沙～，雷声喊喊，遥望一道金桥，两边银线，尽是深沙神。" ❻ 形容忙忙碌碌。唐李中《春晚招鲁从事》："～利名役，常嗟聚会稀。"宋《朱子语类》卷一二一："在家～，但不敢忘书册，亦觉未免间断。"卢祖皋《满江红》："万古悠悠惟月在，浮生～空白头。" ❼ 形容很快逝去。宋方千里《南乡子》："心随年华～流。"韩疁《高阳台·除夜》："频听银签，重燃绛蜡，年华～惊心。" ❽ 尘雾翻腾升起的样子。宋吴文英《风池吟》："万丈巍台，碧罘罳外，～野马游尘。"元张鸣善《小令》："门外红尘～飞，飞不到鱼鸟清溪。"明汤式《醉高歌带红绣鞋·客中题壁》："落花天红雨纷纷，芳草坠苍烟～。"谢肇淛《五杂组》卷三："～马头尘，匆匆驹隙影耳。" ❾ 形容读书速度快。宋《朱子语类》卷一〇："今人读书，只～读去。假饶读得十遍，是读得十遍不曾理会得的书。"

【衮龙袍】 gǔn lóng páo ❶ 皇帝的朝服。上面有龙的图案，故称。《元曲选·连环计》四折："我到银台门内，便当换了～，要那旧朝服何用？"明郎瑛《七修类稿》卷一二："款段久忘飞凤辇，袈裟新换～。" ❷ 借指皇帝。明何景明《驾入》："九天灯烛里，齐拜～。"

【衮球】 gǔn qiú 可放在被褥中取暖的炉子。宋赵令畤《侯鲭录》卷一："《西京杂记》云：'长安巧工丁缓者，为卧褥香炉，一名被中炉，本出房风，其法后绝。至缓始更为机环，转运四周，炉体常平，可置之被褥，故取被中为名。'今谓之～。"

【衮说】 gǔn shuō 混为一谈。宋《朱子语类》卷六："而今别把仁做一物事认，也不得，～鹘突了，亦不得。"

【衮同】 gǔn tóng ❶ 副词。一起；共同。宋欧阳修《乞再定夺减放应役人数》："臣等今欲乞特降朝旨申明元定人数，许本司遍取辖下州军见管人数及已减放之人，～依人事年月上名下次排连，从上据敕额元定人数存留外，截下额外之人，不问户第高下，一时减放。"《朱子语类》卷八："自开辟以来，生多少人，求其尽己者，千万人中无一二，只是～枉过一世！" ❷ 同处；依存；混同于。宋《朱子语类》卷四："所谓天命之与气质，亦相～。才有天命，便有气质，不能相离。"《宋史·职官志五》："别置赤历，提领官结押，不许～司农寺收支经常米数。"

【衮头】 gǔn tóu 竖在门两旁的木桩。宋《朱子语类》卷三八："桄，如今～相似。"

【滚】 gǔn ❶ 大水奔腾；流泻。唐王昌龄《上马当山神》："直为猛风波～骤，莫怪昌龄不下船。"《元曲选·黄粱梦》一折："上昆仑，摘星辰，觑东洋海则一掬寒泉～。"元明《水浒传》五五回："水底下早钻四五十水军，尽把船尾楔子拔了，水都～入船里来。"

清《歧路灯》六一回："十年前黄河南徙，把胡家村～作沙滩。" ❷ 翻滚；翻转。唐郑愔《折杨柳》："风光～成雪，罗绮乱斑斑。"清《儒林外史》二七回："灌醒过来，大哭大喊，满地乱～，～散头发。" ❸ 尘雾翻滚升腾。唐姚合《恶神行雨》："龙喷黑气翻腾～，鬼掣红光劈划损。"清孔尚任《桃花扇》二出："人都说养马成群，～尘不定；他怎知立君由我，杀人何妨。" ❹ 奔向前。元明《水浒传》一一二回："四个齐发一声喊，～过village阵。"明《西游记》九二回："行者也不顾师父，一路棒，～向前来。"《封神演义》七四回："夫妻二人出营，见陈奇坐金睛兽，提荡魔杵，～至阵前。" ❺ 滴；落。明孟称舜《娇红记》四九出："免为他感劳梦魂，免为他悲伤泪～。"清《红楼梦》一三回："说着～下泪来。" ❻ 液体受热后沸腾。宋史浩《粉蝶儿·咏圆子》："火方然，汤初～，尽浮锅面。"清《聊斋俚曲·寒森曲》："那油锅大又高，两个鬼把火烧，二相公就往锅里跳。一霎忽然沉下去，一霎忽然往上漂，～处都是油星爆。" ❼ 量词。用于水沸的次数。明《西游记》二五回："师父不济，他若到了油锅里，一～就死，二～就焦，到三五～，他就弄做个稀烂的和尚了！"清《醒世姻缘传》五四回："他绝不管天热天冷，成了旧规：头一日先煮一～，撩将出来泡在冷水盆内，次日然后下锅，直待晌午方才吃。" ❽ 混合；混同。宋《朱子语类》卷一四："此一卷书甚分明，不是～作一块物事。"又卷三〇："若只管恁地鹘突不分别，少间一齐都～做不好处去，都不解知。" ❾ 形容生活在一起。明《醒世恒言》卷一六："可怜张荩从小在绫罗堆里～大的，就捱着线结也还过不去，如何受得这等刑罚。"又卷三七："你想杜子春自幼在金银堆里～大起来，使滑的手，若一刻没得银用，便过不去。" ❿ 加在一起。明《老乞大谚解》卷下："你这马，好的歹的，大的小的，相～着要多少价钱？" ⓫ 指干功夫或专心致志地做事。宋《朱子语类》卷一〇："看文字，须要入在里面，猛～一番。"明方以智《一贯问答》："《燕居》纵言，子贡越席，而此中提出即事之治，古之君子不必亲相与言，以礼乐示之而已。知此顺从物格，全身～入事中，事即是理。" ⓬ 詈词。使离开。清《红楼梦》八八回："因向鲍二说道：'快～罢。'"又九六回："快快地～罢，还等窝心脚呢！"

【滚白水】 gǔn bái shuǐ 白开水。清《红楼梦》六〇回："第一用人乳和着，每日早起吃一钟，最补人的；第二用牛奶子；万不得，～也好。"《绿野仙踪》八十回本七回："段祥拿出一大碗～来，说道：'连个茶叶也没有。'"

【滚缠】 gǔn chán 糊涂。宋《朱子语类》卷一〇六："今日诸公正是如此～过，故做到公卿。则少有所思，则必至触碍，安得身如此之安！"

【滚灯】 gǔn dēng 可放在地上滚动的灯。明田汝成《西湖游览志餘》卷三："以纸灯内置关捩，放地下，以足沿街蹴转之，谓之～。"

【滚跌】 gǔn diē ❶ 翻滚着跌落。清袁枚《子不语》卷一三："方瞠视间，有黑气冲起，厨人自楼巅～于地，颤汗交作，仅能言所见。"《野叟曝言》一二七回："只苦了范夫人，～出丑，眼耳鼻舌俱是粪灰，又脏又臭，又羞又苦。"《歧路灯》七二回："绍闻定了一会，慢慢温存住马，方才～下来。" ❷ 翻滚；打滚。清《聊斋志异·晚霞》："舟末为龙尾高丈餘，以布索引木板下垂。有童坐板上，颠倒～，作诸巧剧。"《醒世姻缘传》一七回："晁源那里肯听，在那枕头上～叫唤。"《野叟曝言》一〇八回："定睛看时，妇女们～满地，阿唷之声不绝。" ❸ 犹言连滚带爬。《野叟曝言》一一〇回："被大众一逼，再有素臣、虎臣、飞霞等神狮猛虎在内，便如粪蛆乱搅，都向墙头壁角处～而去。"

【滚肚】 gǔn dù 即"滚肚索"。明《西游记》九七回:"可怜把四众捉将进去,一个个都推入辖床,扣拽了～,敂脑、攀胸。"

【滚肚索】 gǔn dù suǒ 将犯人腹部固定于辖床上的带子。《元曲选·黑旋风》三折:"且入牢去,将军柱上拴了头发,上了脚镣手扭,抬入匣床,使上～,拽、拽、拽。"又《还牢末》二折:"将军柱钉头发梢,十字下～,紧邦邦匣定脚。"

【滚沸】 gǔn fèi 沸腾;翻滚。《元曲选·张生煮海》四折:"不想秀才遇着上仙,受他三件法宝,被他烧的海水～,使某不堪其热。"明《西游记》五九回:"若到申酉时,国王差人上城,擂鼓吹角,混杂～之声。"

【滚瓜烂熟】 gǔn guā làn shú 形容读书或背书极其纯熟。清《儒林外史》一一回:"十一二岁就讲书读文章,先把一部王守溪的稿子读的～。"△《官场现形记》一回:"一部'仁在堂文稿'他却是～记在肚里。"

【滚滚】 gǔn gǔn ❶ 形容大水奔腾。唐杜甫《登高》:"无边落木萧萧下,不尽长江～来。"清赵慎畛《榆巢杂识》卷下:"闻山阳县学明伦堂联云:'黄河水～而来,文应如是;韩信兵多多益善,学亦宜然。'" ❷ 翻滚、旋转的样子。唐何敬《题吉州龙溪》:"奔流百折银河通,落花～浮霞红。"清纪昀《阅微草堂笔记》卷四:"村人随观之,至林木荫映处,转瞬不见,惟旋风～,向西南去。" ❸ 形容尘烟翻腾。明汤式《醉太平·约游春友不至效张鸣善句里用韵》:"芳尘～,香雾氤氲,东风何地不精神?"元明《水浒传》六回:"浓烟～,烈焰腾腾。"清《飞龙全传》九回:"回头一看,只见灯火荧荧,烟尘～。" ❹ 源源不断;连续不断。宋《朱子语类》卷五七:"取之无穷,用之不竭,只管取,只管有,～地出来无穷。"明《封神演义》二四回:"画鼓咚咚,一似雷声～。" ❺ 形容说话滔滔不绝。宋陆游《老学庵笔记》卷一:"谈经义～不倦,发明极多,尤邃于小学云。"明归有光《赠医士张云厓序》:"自轩岐以来百七十九家之言,靡不洞彻,谈论～,治人生死立效。" ❻ 形容很快逝去。明陈霆《渚山堂词话》卷二:"虚名枉误身世。流年～长江逝。"唐顺之《天宁寺尘外楼》之二:"俯视百年成～,乾坤只眼更谁曾?" ❼ 滴落的样子。清《聊斋志异·巧娘》:"二女相向,容颜悲侧。而巧娘尤不可堪,泪～如断贯珠,殊无已时。"《红楼梦》一一〇回:"想到这里,不觉的心酸起来,那泪珠便直～的下来了。" ❽ 犹言纷纷。元明《水浒传》八〇回:"只听得芦苇中金鼓大振,舱内军士一齐喊道:'船底漏了!'～走入水来。"明《古今小说》卷一六:"尘世～,岁月匆匆,不觉又是一年。"《警世通言》卷四〇:"好一个铁杵!一变作十,十变作百,百变作千,千变作万,半天之中,就如那纷纷柳絮颠狂舞,～蜻蜓上下飞。" ❾ 犹言阵阵。明《西游记》一〇回:"那壁厢又有一桥,寒风～,血浪滔滔,号泣之声不绝。"又一三回:"怒气纷纷,狂风～。" ❿ 液体受热后沸腾。《元曲选·青衫泪》二折:"有一日你无常到九泉,只愿火炼了你教镬汤～煎,礁捣罢教牛头磨磨研。"又《铁拐李》楔子:"望着番～热油叉。"

【滚滚的】 gǔn gǔn de 沸滚的样子。《元曲选·东堂老》三折:"你便扫下些干驴粪,烧的罐儿～,等我寻米来,和我熬粥汤吃。"清《红楼梦》八回:"命人倒～茶来。"

【滚滚沸沸】 gǔn gǔn fèi fèi 即"滚滚❿"。《元曲选·救孝子》四折:"锅中水被这盖定,～,不能出气。"

【滚滚碌碌】 gǔn gǔn lù lù 忙忙碌碌。明史玄《旧京遗事》:"上尝登台,而望见小民担负～,悯之,损其市税十分之七。"

【滚滚蹡蹡】 gǔn gǔn qiāng qiāng 跌跌撞撞。明《西游记》三六回:"爬起来看见脸,又是一跌;吓得～,跑入方丈里,报道:'老爷,外面有个和尚来了。'"

【滚滚团团】 gǔn gǔn tuán tuán 翻滚成团。明《西游记》四〇回:"～平地暗,遍山禽兽发哮声。"

【滚锅溜油】 gǔn guō liū yóu 犹"滚瓜烂熟"。清蒲松龄《东郭萧鼓儿词》:"话说这齐人早知有这个题目,就从八十年打下一个草稿伺候着,做的有枝有蔓,念的～。"

【滚合】 gǔn hé 混合。宋《朱子语类》卷一六:"事过便当依前恁地虚,方得。若事未来,先有一个忿懥、好乐、恐惧、忧患之心在这里,及忿懥、好乐、恐惧、忧患之事到来,又以此心相与～。"又卷九四:"五行阴阳,七者～,便是生物底材料。"

【滚来滚去】 gǔn lái gǔn qù ❶ 变来变去。宋《朱子语类》卷一二〇:"只是其风俗之变,～,自然如此。……郑子上问:'风俗～,如何到本朝程先生出来,便理会发明得圣贤道理?'" ❷ 反复地将本来有区别的事物混同在一起。宋《朱子语类》卷三七:"程先生'权即经'之说,其意盖恐人离了经,然一～,则经与权都鹘突没理会了。"

【滚乱】 gǔn luàn 搞混乱。宋《朱子语类》卷五九:"人之贫富贵贱寿夭不齐处,都是被气～了,都没理会。有清而薄者,有浊而厚者。颜夭而跖寿,亦是被气～汩没了。"

【滚落】 gǔn luò 翻滚掉下;翻滚掉出。元明《水浒传》三二回:"只一戒刀,那先生的头～在一边。"明《金瓶梅词话》四回:"那篮雪梨四分五落～了开去。"戚继光《练兵实纪》卷二:"如照子铳制子,则子小母铳腹大,药气先出,子必～,即发去亦不远不中。"清纪昀《阅微草堂笔记》卷五:"如是数夕,至移碡碌于房上,砰然～,火焰飞腾,击捣衣砧为数段。"

【滚纳】 gǔn nà 再交纳;还要交纳。《元典章·户部八》:"本道概管民户,除纳商税、酒、醋、课程外,每户一年～门摊地亩一两二钱。"

【滚捏】 gǔn niē 按摩。明《金瓶梅词话》五二回:"他有滚身上一弄儿家活,到处都与西门庆～过。"

【滚球】 gǔn qiú 同"衮球"。明周祈《名义考》卷一二:"银囊,帐中炉也;～,被中炉也。"

【滚热】 gǔn rè ❶ 非常热。《元曲选·汉宫秋》二折:"你有甚事疾忙奏,俺无那鼎镬边～油。"清《儒林外史》一四回:"柜台上盘子里盛着～的蹄子、海参、糟鸭鲜鱼。" ❷ 心里热乎乎的。清《聊斋俚曲·襄妒咒》:"着我说的～,他就心痒难抓。" ❸ 谓男女调情得手。明《拍案惊奇》卷三四:"奈何平人见个美貌女子,便待偷鸡吊狗,～了又妄想永远做夫妻。"

【滚水】 gǔn shuǐ 正在开着的水;热水;刚开过的水。元马致远《寿阳曲·洞庭秋月》:"一锅～冷定也,再撺红几时的热?"明《金瓶梅词话》五四回:"李瓶儿吃了叫苦,迎春就拿～来,过了口。"清《说岳全传》五二回:"旁边家将忙忙的倒了一碗～来。"

【滚说】 gǔn shuō ❶ 笼统地解说。宋《朱子语类》卷二四:"程先生也只～将去。"又卷三四:"今人都只粗浅～过,也自说得,只是圣人本意不如此。" ❷ 混为一谈。宋《朱子语类》卷七五:"周子康节说太极,和阴阳～。"又卷九四:"气自是气,质自是质,不可～。"

【滚算】 gǔn suàn 利上加利地计算。清《续金瓶梅》六回:"或是良家私窝,看上眼就假发放账,不消半年～了来。"

【滚汤】 gǔn tāng ❶ 即"滚水"。《元曲选·渔樵记》三折:"他全不想在我家这二十年,把冷水温做热水,热水烧作～与他吃。"明《梼杌闲评》四回:"小厮忙起来开门,去了一会儿才送上～来。" ❷ 热汤。清《红楼梦》五四回:"小孩子们可怜见的,也给

他们些～热菜的吃了再唱。"❸ 比喻受煎熬的境地。清《聊斋俚曲·禳妒咒》："那可才摆划的俺出了～，又到火床。"

【滚同】　gǔn tóng　混同。宋《朱子语类》卷五六："如今理会一处未得，却又牵一处来～说，少间愈无理会处。"郭熙《林泉高致》："以水墨再三而淋之谓之渲，以水墨而泽之谓之刷。"

【滚窝】　gǔn wō　结伙。明臾兇西《木皮词》："天启朝又兴了个不男不女的二尾子货，和他那奶母客氏滚成窝。"

【滚杂】　gǔn zá　混杂。宋《朱子语类》卷一三九："所以做古文自是古文，四六自是四六，却不～。"

【辊】　gǔn　❶ 混日子。《五灯会元》卷一一《长兴满禅师》："问：'大用现前时如何？'师曰：'闹市里～。'"宋朱熹《与林伯井书》："然明年便七十矣，来日能复几何？不知不觉～到此穷极处，亦可笑也。"❷ 躺。金元好问《醉猫图》之一："窗边痴坐费功夫，侧～横眼却自如。"

【辊辊】　gǔn gǔn　苟且混世。《五灯会元》卷一五《德山缘密禅师》："若辨得出，有参学分；若辨不出，长安路上～地。"元陶宗仪《辍耕录》卷一〇："君子终日～，厉无咎。"

【辊辗】　gǔn niǎn　即言碾子。明徐光启《农政全书》卷二二："夫江淮之间，凡漫种稻田，其草木齐生并出，则用此～，使草禾俱入泥内。"

gùn

【棍】　gùn　量词。用于用棍打的次数。《元曲选·谇范叔》三折："想着你折磨我那一场，我吃了你那一顿，你打到我有二三百～。"清袁枚《子不语》卷一七："无情种子，留他作甚。大众闪开，领吾一～。"

【棍脚】　gùn jiǎo　拐杖。清《聊斋俚曲·翻魇殃》："幸喜疾病渐渐好，拄着～也能蹓。"

【棍精】　gùn jīng　老光棍。明佚名《东篱赏菊》一折："因陶潜广有才能，俺两个一对～，偷稻子换了酒吃，若醉了打丁利丁。"

【棍头】　gùn tóu　执棍开路的仪卫头目。清《绿野仙踪》八十回本二三回："又一会，见～喝着长声道子，直入大院内。"

【棍徒】　gùn tú　恶棍；无赖。《元曲选·李逵负荆》四折："我如今放你去，若拿得这两个～，将功折罪。"明汤显祖《牡丹亭》五三出："前日有个～，假充门婿。"《禅真逸史》一回："都是你这伙无籍～引诱公子，明日对丞相面讲，把你这干人尽行驱逐，方豁俺胸中之忿。"

【棍子】　gùn zi　❶ 木棒。《元曲选·窦娥冤》二折："左右，与我选大～打着。"清《聊斋俚曲·禳妒咒》："但见江城随后怒冲冲的，拿着一根～，赶进房中。"❷ 犹"棍徒"，称游手好闲的人。明《金瓶梅词话》九〇回："一生风流博浪，懒习诗书，专好鹰犬走马，打球蹴踘，常在三瓦两巷中走，人称他为李～。"❸ 男性外生殖器的讳语。明《拍案惊奇》卷三四："小尼热痒难熬，打一个寒噤，腾的一条～直统出来，众尼与稳婆掩面不迭。"

guō

【活活】　guō guō　另见 huó huó。象声词。流水声；在泥水中行走时发出的声音。唐李白《江上寄元六林宗》："凉风何萧萧，流水鸣～。"杜甫《九日寄岑参》："所向泥～，思君令人瘦。"清钱谦益《后饮酒》之一："涂潦泥～，僮仆互持抱。"

【咶】　guō　频繁地说。明《古今小说》卷四〇："北方人性直，被沈经历一～得热闹了，不虑及严家知道。"

【咶噪】　guō zào　❶ 同"聒噪❶"。明杨柔胜《玉环记》八出："〔小旦云〕爹娘又来～了。〔唱〕免熬煎，韦郎学问应非浅。"《古今小说》卷五："这伙三邻四舍被他～的不耐烦，没一个不厌他。"清《绿野仙踪》一〇回："我不过吃了几个点心，身子未尝卖与你，你若此～我，与你吐出来何如？"❷ 同"聒噪❺"。明《古今小说》卷一："薛婆进了典铺，与管典的相见了，叫声～。"《警世通言》卷一五："有这好酒好肉到此与秀童吃了，还替我爹出得些气力。斋了这贼道的嘴，'～'也可谢你一声么？"

【聒】　guō　烦扰。唐杜甫《北征》："翻思在贼愁，甘受杂乱～。"宋陆游《老境》："宁将垂老耳，更受世事～。"

【聒吵】　guō chǎo　即"聒噪❶"。《元曲选·两世姻缘》一折："这些时～到三百遍，要成合只除是九千年。"清《歧路灯》八一回："只现在屠行、面房、米店里，天天来～，好不急人。"

【聒地】　guō de　声音动地。唐皎然《从军行》之一："汉鞞秋～，羌火昼烧云。"《敦煌变文集·秋吟》："吟～之清音，飒绕梁之雅韵。"明张岱《陶庵梦忆》卷八："笙箫～，竹椽出自柯亭；花草盈街，褉帖携来兰渚。"

【聒聒】　guō guō　❶ 嘈杂吵嚷。唐王梵志《命运满悠悠》："命运满悠悠，人生浪～。"《敦煌愿文集·儿郎伟》："□□音声～，旦暮便作一□。"❷ 絮叨不止。宋苏轼《与文玉十二帖》之九："累日～阔烦，仰荷眷与，不见瑕疵，又饮食之，及其行，饷酒分醅，蒙被无已之惠，益多愧耳。"金《刘知远诸宫调》一："更怎禁旁边两个妻，～地向耳边咬送，快与凌持。"❸ 象声词。流水声；禽虫鸣声。唐杜甫冉《杂言月洲歌送赵洌还襄阳》："流～兮湍与濑，草青青兮春更秋。"宋欧阳修《感春杂言》："雄雌相呼和，日夕～不得闲。"明《金瓶梅词话》五八回："暮云轩，～蝉鸣，晚风轻，点点萤飞。"

【聒聒焦焦】　guō guō jiāo jiāo　吵吵闹闹。《元曲选·谢金吾》四折："只见那孩儿每闹闹嚷嚷，～，簇捧着法场前去。"

【聒七】　guō qī　叨叨。《元曲选·杀狗劝夫》二折："我也则是嫂嫂行闲～，我不是买来的奴婢，又不是结下的相知。"

【聒气】　guō qì　淘气。《元曲选·酷寒亭》二折："有你，我便不敢打？两次三番～。"

【聒扰】　guō rǎo　打扰。宋佚名《张协状元》一六出："谢荷公婆，又成～！"明陆粲《庚巳编》卷五："秀才沈銮弟妇，以失意死。死后见光怪，自云在五圣部下，在家通昼夜～。"

【聒天】　guō tiān　声音震天。宋史浩《喜迁莺》："满城绣帘珠幌，暖响～丝竹。"元明《水浒传》五五回："三通画角鸣处，～般擂起战鼓来。"

【聒厅】　guō tīng　❶ 谓通宵狂欢。宋周密《武林旧事》卷三："至除夕……至夜贲烛糁盆，红映霄汉，爆竹鼓吹之声，喧阗彻дня，谓之'～'。"❷ 声振殿厅。元明《水浒传》六〇回："打起～鼓来，且做庆贺筵席。"

【聒絮】　guō xù　❶ 啰唆；絮叨。《元曲选·竹叶舟》三折："怎当这鱼翁攀今揽古，只管里盘问我这许多，好生～！"明冯梦龙《玉抱肚·赠书》："你便一日间千遍书来，我心中也不嫌～。"清《聊斋志异·田子成》："好客相逢，不理筋政，～如此，厌人听闻！"❷ 麻烦；打扰。清《红楼梦》七回："因这里又事忙，不好为这点小事来～的。"

【聒噪】　guō zào　❶ 嘈杂、吵闹使人心烦。也重叠为"聒聒

噪噪"。宋吴曾《能改斋词话》卷一："或问曰：'归梦浓于酒，何以在晓鸦啼后。'公曰：'无奈这一队畜生～何。'"《元曲选外编·飞刀对箭》一折："他那里嘴不刺的，他也聒聒噪噪。"清蒲松龄《闺窘》："听了无穷的抱屈，耳边～。" ❷ 喧闹；喧腾。明《朴通事谚解》卷上："咳，小厮们倒～，按四时耍子。"清《樵史》一六回："进羊羔，斟美酒，笙歌～。" ❸ 搅扰。宋《朱子语类》卷八七："能廉者，多是峻刻、悍悻、～人的人。"又卷二一："'泛爱'，不是人人去爱他。如群居不将一等相扰害底事去～他，及自占便宜之类是也。" ❹ 啰唆；絮叨。《元曲选·隔江斗智》楔子："一心望把荆州勒要，不想又曹兵来到。早放他玄德渡江，也免得借兵～。"元明《水浒传》三回："鲁达道：'问甚么！但有，只顾卖来，一发算钱还你。这厮只顾来～！'"明《朴通事谚解》卷中："不要，连忙掷。" ❺ 客套话。麻烦；打扰。元明《水浒传》一六回："那七个客人从松树林里推出这七辆江州车儿，把车子上枣子丢在地上，将这十一担金珠宝贝却装在车子内，遮盖好了，叫声'～'，一直望黄泥冈下推了去。"明《金瓶梅词话》四回："郓哥道：'～老叔，教我去，寻得他见，撰得三五十钱。'"《警世通言》卷五："将四个饼子装作一袖，叫声～，出门回庵而去。" ❻ 烦恼。明《石点头》卷七："那知时运不到，日穷一日，虽不懊悔几十年空行方便，然到得事体艰难，未免生出许多～。" ❼ 争吵。明《金瓶梅词话》八三回："春梅道：'成精奴才，屋里放着枓子，溺不是！'秋菊道：'我不知枓子在屋里。'两个后边～。"

【郭郎】 guō láng 傀儡的俗名，即今之提线木偶。唐段安节《乐府杂录》："后乐家翻为戏，其引歌舞有～者，发正秃，善优笑，闾里呼为～，凡戏场必在俳儿之首也。"王梵志《古来皆有死》："造化成为我，如人弄～。"宋刘克庄《无题》之一："～线断事都休，卸了衣冠返沐猴。"

【郭索】 guō suǒ 本状蟹行声，借指螃蟹。唐陆龟蒙《酬袭美见寄海蟹》："自是扬雄知～，且非何胤敢餦餭。"宋方岳《满庭芳·擘蟹醉题》："草泥，行～，横戈曾怒，张翰浮夸。"明田汝成《西湖游览志餘》卷二一："仁和沈明德宣，文辞赡富，……尝有诗咏蟹云：'～横行逸气豪，秋来兴味满江皋。玉缸十斛醁醽酒，不待先生赋老饕。'"

【嘓都】 guō dū 犹言咕噜，小声说话貌。清《野叟曝言》一八回："那些人都向他打着市语，内差～～的说些什么，只见众人一齐开口道：'就是明讲也好！'"

【嘓哝】 guō nóng 小声嘟哝。明《西游记》七七回："那八戒口里嘓嘓哝哝报怨行者。"《型世言》五回："苦是一个邓氏，有了汉子，不得在身边，翻来复去不得成梦，只嘓嘓哝哝把丈夫出气。"清《醒世姻缘传》三九回："那小献宝背后～，说道：'那狄宗禹合程英才怎么的你来？'"

【锅】 guō 弯。清《聊斋俚曲·襄妒咒》："～着腰，勒着头，只有丝丝气儿抽。"

【锅巴】 guō bā ❶ 焖米饭或做糊状饭食时因火候稍大焦糊在锅底的一层饭。《元曲选外编·刘弘嫁婢》一折："你家当初有甚么来？支着个破芦席棚，安着个破沙锅，常煮着～吃。"清《儒林外史》二八回："他本是在家里泡了一碗～吃了，才到面店去的。" ❷ 比喻衣服上的脏污所结成的硬甲。清《聊斋俚曲·墙头记》："前年做的布衫子，如今～有千层，脏呵呵宜量甚么静？"

【锅边秀】 guō biān xiù 俏皮话。指上灶的粗使女佣。明《型世言》三七回："一连闯了几家，为因生人，推道：'有人接在外边'的，或是有客的，或是几个'～'在那厢应名的。"

【锅铲】 guō chǎn 炒菜用的铲子。明沈榜《宛署杂记》卷一

五："铁～二十五把，菜刀三十八把。"清《红楼梦》四二回："黛玉忙道：'铁锅一口，～一个。'"

【锅户】 guō hù 宋代盐户之一。《宋史·食货志下四》："故环海之湄，有亭户，有～，有正盐，有浮盐。正盐出于亭户，归之公上者也；浮盐出于～，鬻之商贩者也。"

【锅炉】 guō lú 锅和炉灶。《云笈七籤》卷六九："其砂灵而难鼓铸，若欲熔之，先于洁净之处，取净土为～，绝诸秽杂，用盐花和灵砂等入锅，鼓之二千鞴，始得消熔。"清《聊斋俚曲·慈悲曲》："支上几个～，下上几斗粗粮。"

【锅台】 guō tái 灶台。清《聊斋俚曲·襄妒咒》："看梁柱庭阶，坑沿～，住你三年外。"《儒林外史》二七回："钱麻子老婆正站在～旁边看他收拾鱼，被他这一掼，便溅了一脸的热水。"

【锅头】 guō tóu 锅灶；灶台。明陈铎《雁儿落带过得胜令·厨子》："整日价口粮，一家儿赡养，脱不了～上。"《醒世恒言》卷三七："怎当得子春这个大手段，就是热～上，洒着一点水，济得甚事！"

【锅头灶脑】 guō tóu zào nǎo 锅台灶边。指炊事。明《金瓶梅词话》九四回："这位娘子大人家出身，不拘粗细都做的，针指女工～自不必说。"清《聊斋俚曲·翻魇殃》："～，米面柴薪，小小事儿，不必留心问。"

【锅灶】 guō zào 锅和灶台。《元曲选·救孝子》四折："俺这衙门如～一般，因人如锅内之水，祗候人比着柴薪，令史比着锅盖，怎当他柴薪爨炙，锅中水被这盖定，滚滚沸沸，不能出气，蒸成珠儿，在那锅盖上滴下，就与那因人衔着冤枉滴泪一般。"明《老乞大谚解》卷上："我们自做饭吃时，～碗碟都有么？"

【锅子】 guō zi 锅。子，词缀。宋周密《武林旧事》卷六有"补～"。清《聊斋俚曲·墙头记》："我说罢这么分开他，各支～把饭吃，每人给他几亩地。"

guó

【国宝】 guó bǎo 特指国玺。《旧唐书·昭宗纪》："即于御前取～付季述，即时帝与皇后共一辇，并常所侍从十馀内人赴东宫。"《旧五代史·晋书·少帝纪》："臣与太后并妻冯氏及举家戚属，见于郊野面缚俟罪次。所有～一面、金印三面，今遣长子陕府节度使延煦、次子曹州节度使延宝管押进纳，并奉表请罪，陈谢以闻。"明沈德符《万历野获编》补遗卷四："本朝自玉玺外，凡～及亲王或赐番王俱用金。"

【国朝】 guó cháo 君主时代对本朝的称呼。唐李肇《国史补》卷中："张氏嘉贞生延赏，延赏生弘靖。～已来，祖孙三代为相，惟此一家。"宋王辟之《渑水燕谈录》卷二："～享国百三十餘年，人臣为太师者，惟赵忠献、文潞公二人耳。"清《红楼梦》五回："吾家自～定鼎以来，功名奕世，富贵流传。"

【国府】 guó fǔ 国家的乐府机关。唐顾况《李供奉弹箜篌歌》："～乐手弹箜篌，赤黄绦索金钅昔头。"

【国工】 guó gōng 指一国之中能发现人才的人。唐韦应物《赠冯著》："善蕴岂轻售，怀才希～。"又《寄中书刘舍人》："忽睹九天诏，秉纶归～。"

【国号】 guó hào ❶ 朝廷命妇"国夫人"的封号。唐元稹《为萧相国谢太夫人国号告身状》："恩赐臣母～告身一通。"五代孙光宪《北梦琐言》卷四："尔后周除浙右，其内亦至～。"宋张齐贤《洛阳缙绅旧闻记》卷三："张相讳从恩，夫人～，访其姓氏未获，河东

人。" ❷ 称有此封号的夫人。五代孙光宪《北梦琐言》卷九："杨相女适裴坦长子,嫁资丰厚,什器多用金银。坦尚俭,闻之不乐。一日与～及女儿辈到新妇院。"

【国计民生】 guó jì mín shēng 国家经济和人民生活。明张瀚《松窗梦语》卷四:"至西北互市与东南海市,其于～损益利病,试两持而并较之,不啻天壤易判、黑白易分也。"清纪昀《阅微草堂笔记》卷一:"至～之利害,则不可言命。"

【国舅】 guó jiù 指皇帝母亲的兄弟或妻子的兄弟。唐赵璘《因话录》卷六:"及太和以来,文宗欲崇树外戚,而诈称～者数辈。"清洪昇《长生殿》四出:"启万岁爷:～杨丞相,遵旨试验安禄山,在宫门外回奏。"

【国君】 guó jūn 命妇的封号,位次公主。宋马令《南唐书》卷一:"降吴公主为～,……封女弟杞国君为广德长公主。"《元曲选·连环计》四折:"其妻貂蝉亦为～,随夫之爵身荣贵。"清《红楼梦》七一回:"二十八日,请皇亲、驸马、王公、诸王、郡主、王妃、公主、～、太君、夫人等。"

【国老】 guó lǎo ❶ 称国家重臣。唐张祜《读狄梁公传》:"上保储皇位,深然～勋。"宋龙衮《江南野史》卷二:"～宋齐丘智谋宏远,机变如神,指授师徒,坐制之勇,乃王猛、谢安之徒。"《明史·李希孔传》:"假令如坚等不死争,不责让,将并封之事遂以定,而子以母贵之说,且徐邀论策～之勋。" ❷ 甘草的别名。唐柳宗元《从崔中丞过卢少府郊居》:"莳药闲庭延,开樽虚室值贤人。"明《古今小说》卷三三:"好甘草,性平无毒,能随诸药之性,解金石草木之毒,市语叫做～。"

【国母】 guó mǔ ❶ 帝王的母亲。五代孙光宪《北梦琐言》卷一八:"契丹入中原,石氏乞降,宰相冯道尊册契丹主,大张宴席,其～后妃列坐同宴,王嫱、蔡姬之比也。"《明史·霍韬传》:"于～之迎,得正天子之母之礼。" ❷ 皇后。清《聊斋俚曲·增补幸云曲》:"话说那万岁御驾回宫,～接至坤宁宫,摆开御筵,君妃对饮。"又:"万岁说:'御妻,朕有一句话待说,不知你意下如何?'～说:'朝中有事君臣论,家有事父子商。似这宫中无人,有话君妻不说,还合谁说?'"

【国论】 guó lùn 女真语。尊贵之义。《金史·百官志一》:"其官长,皆称曰勃极烈,……其次曰～忽鲁勃极烈。～言贵,忽鲁犹总帅也。"又《金史语解·官称》:"～勃极烈,尊礼优崇得自由者。"

【国棋】 guó qí 国手,一国内棋艺最高的人。唐段成式《酉阳杂俎》前集卷一二:"一行公不解弈,因会燕公宅,观王积薪棋一局,遂与之敌,笑谓燕公曰:'此但争先耳,若念贫道四句乘除语,则人人为～。'"《旧唐书·新罗国传》:"又闻其人多善弈棋,因令善棋人率府兵曹杨季鹰为璹之副。璹等至彼,大为蕃人所敬。其～者皆在季鹰之下,于是厚赂璹等金宝及药物等。"宋刘克庄《贺新郎·傅相生日壬戌》:"低局从头错。解危机,除非唤取,～来着。"

【国色】 guó sè 国中最美丽的花,多指牡丹。唐罗隐《牡丹》:"当庭始觉春风贵,带雨方知～寒。"明张瀚《松窗梦语》卷二:"～种种,以姚黄、魏紫为最。"

【国色天香】 guó sè tiān xiāng 本指牡丹花色不凡,也用以形容女子之美。宋范成大《与至先兄游诸园看牡丹三日行遍》:"欲知一句,须是倚栏烧烛看。"明《警世通言》卷三二:"值十娘梳洗方毕,纤纤玉手,揭起珠帘短窗,自泼盂中残水,粉容微露,却被孙富窥见了,果是～。"

【国奢】 guó zhē 对帝后乳母丈夫的称呼。《旧唐书·窦怀

贞传》:"庶人微时乳母王氏本蛮婢也,特封莒国夫人,嫁为怀贞妻。俗谓乳母之婿为阿奢。怀贞每因谒见之次及进表疏,列在官位,必曰'皇后阿奢',时人或以'～'呼之,初无惭色。"《新唐书·窦怀贞传》:"时语曰:'前作后～,后为主邑丞。'言事公主如邑官属也。"

【国师】 guó shī 帝王对高僧的封号。《敦煌变文校注》卷四《破魔变》:"又将称赞功德,奉用庄严我都僧统和尚:伏愿长承帝泽,为灌顶之～。"《祖堂集》卷四《航源和尚》:"航源和尚嗣忠～。"明《西游记》四五回:"又见黄门官来奏:'三位～来也。'"

【国手】 guó shǒu 技艺在全国出众的人。唐张读《宣室志》卷九:"兴福寺西北隅有隋朝佛堂,其北壁有画十光佛者,笔势甚妙,为天下之标冠。有识者云,此～蔡生之迹也。"清纪昀《阅微草堂笔记》卷一一:"程念伦,名思孝,乾隆癸酉甲戌间,来游京师,弈称～。"

【国太】 guó tài 帝王之母的俗称。元明《三国演义》四三回:"吴～见权如此,问曰:'何事在心,寝食俱废?'"又五四回:"～曰:'有何喜事?'乔国老曰:'令爱已许刘玄德为夫人,今玄德已到,何故相瞒?'"

【国泰】 guó tài 国家太平。唐司马贞《史记·袁盎晁错列传》索隐述赞:"晁错建策,屡陈利害。尊主卑臣,家危～。悲彼二子,名立身败!"永乐大典本《错立身》一四出:"公心正直遍采访,治国安民,但愿得～岁时丰富。"《明史·武宗传赞》:"假使承孝宗之遗泽,制节谨度,有中主之操,则～而名完,岂至重后人之訾议哉!"

【国泰民安】 guó tài mín ān 国家太平,人民生活安定。宋龙衮《江南野史·逸文》:"应用善写细字,微如毛发。尝于一钱上写《心经》,又于粒麻上写'～'四字。"清《醒世姻缘传》六二回:"这乌大王是我这几庄的福德正神,保护我们庄上风调雨顺,～。你怎将我们的尊神杀害?"

【国太人安】 guó tài rén ān 即"国泰民安"。唐人避太宗讳,改"民"为"人"。《敦煌愿文集·二月八日文等范本·印砂佛文》:"故于三春上律、四序初晨(辰)、脱塔印砂启加(嘉)愿者,先奉为～,槵枪永灭,次为己身,共保清吉之福会也。"

【国信】 guó xìn ❶ 出使别国时所带的符节文书。唐张籍《送金少卿副使归新罗》:"通海便应将～,到家犹自著朝衣。"宋路振《乘轺录》:"二十六日,持～自东掖门入至第三门,名曰武功门。"《大宋宣和遗事》前集:"虽无～,谅不妄言。" ❷ "国信使"的简称。宋《三朝北盟会编》卷六:"晚抵涿州,入小使驿,祗接如～礼。"《建炎以来繋年要录》卷一二四:"秦桧奏大金使名未正,乞令人与计议,改江南为宋,诏谕为～。" ❸ 国家间互相赠送的礼品。《太平广记》卷二四三引唐牛肃《纪闻》:"唐江夏李邕之为海州也。日本国使至海州,凡五百人,载～。有十船,珍货数百万。"《旧唐书·回纥传》:"可汗等出迎郊野,陈郭峰所送～器币。"《旧五代史·唐书·明宗纪五》:"契丹遣使特苏巴摩琳等贡献,帝遣指挥使奔托山押～赐契丹王妻。"

【国信使】 guó xìn shǐ 宋元时称国家的外交使臣为国信使。《旧五代史·晋书·高祖纪三》:"戊子,以右金吾大将军马从斌为契丹～,考功郎中刘知新副之。"宋叶梦得《石林燕语》卷七:"契丹馆于都亭驿,使命往来,称'～';高丽馆于同文馆,不称'国信',其恩数、仪制皆杀于契丹,……高丽用学士馆伴,出于一时之命,而升为'～',亦宣和有为为之也。"《明史·礼志十》:"唐使外国,谓之入蕃使,宋谓之～。"

【国信所】 guó xìn suǒ 国家负责外交事务的政府机构。宋

曾巩《英宗实录院申请札子》:"乞下管勾往来～,契勘嘉祐八年四月至治平四年正月末以来,所差入国接伴馆伴官等,正官借官簿等册并语录,权借赴当院,照证修纂,仍不妨彼此使用。"《三朝北盟会编》卷二八:"是时仓卒,更不暇往～关鞍马袍带。"《宋史·职官志五》:"其官属十有二:往来～,掌大辽使介交聘之事。"

【国姓】 guó xìng 指本朝帝王的姓。唐温大雅《大唐创业起居注》卷一:"案:李为～,桃当作陶,若言陶唐也。"宋陆游《老学庵笔记》卷八:"祖宗囚唐故事,必以～为之。"清邵廷采《东南纪事》卷一一:"唐王立,召见,奇其状貌,赐～及今名,封忠孝伯。"

【国乐】 guó yuè ❶ 宫廷的乐队。唐孟棨《本事诗·事感》:"因为《杨柳》之词以托意曰:'一树春风万万枝,嫩于金色软于丝。永丰坊里东南角,尽日无人属阿谁。'及宣宗朝,～唱是词。"《太平广记》卷二二七引唐苏鹗《杜阳编》:"上召～,以举其曲。而虎子盘回宛转,无不中节。" ❷ 宫廷音乐。唐李讷《命妓盛小丛歌饯崔侍御还阙》:"曾向教坊听～,为君重唱盛丛歌。"《太平广记》卷二〇四引唐卢言《卢氏杂说》:"歌曲之妙,其来久矣。元和中,～有米嘉荣、何戡,近有陈不嫌。" ❸ 国家创制的音乐。《旧唐书·骠国传》:"十八年春正月戊午朔,大雨雪,罢朝贺。乙丑,骠国王遣使悉利移来朝贡,并献其～十二曲与乐工三十五人。"《宋史·乐志五》:"此～之用尤大者,故具载于篇。"《辽史·乐志》:"辽有～,有雅乐,有大乐,有散乐,有铙歌、横吹乐。"

【国珍】 guó zhēn 指国家的宝贵人才。《敦煌愿文集·发愿文范本等》:"器为～,才重人宝。"

【国字】 guó zì 辽、金、元、清四朝统治者称本族的文字为国字。《辽史·礼志六》:"十五日,天子与群臣望祭木叶山,用～书状,并焚之。"《元史·武宗纪一》:"辛亥,中书右左丞字罗铁木儿以～译《孝经》进。"

【虢】 guó 击打。唐窦昉《嘲许子儒》:"瓦恶频蒙～,墙虚屡被抆。"按,疑此句中"虢"为"掴"的异体。

guǒ

【果】 guǒ ❶ 决定,已有结果。《太平广记》卷四五引唐戴孚《广异记》:"丁曰:'去计已～,不可留也。'" ❷ 实现。唐杜甫《忆昔行》:"秘诀隐文须内教,晚岁何功使愿～。"《祖堂集》卷六《石霜和尚》:"某甲身侧僧伦,已～夙志。"又卷一〇《鼓山和尚》:"年十七梦一胡僧告云:'出家时至,后果辞亲爱,方～其愿。'" ❸ 副词。a)肯定,表示推断。《太平广记》卷四二引唐卢肇《逸史》:"深山无人,何处得有棋道士,～是谩语。"b)究竟;到底。表示询问。唐韩愈《与冯宿论文书》:"不知其人～如何耳。"宋《三朝北盟会编》卷四:"我闻南朝人只会文章,不会武艺,～如何?"丁特起《靖康纪闻》:"二十一日,金人移文,令议迁徙事,御史台经集百官于都堂聚议,后竟不知所议～如何。"c)真;真是。唐刘商《琴曲歌辞·胡笳十八拍》:"梦魂几度到乡国,觉后翻成哀怨深。如今～是梦中事,喜过悲来情不任。"金《董解元西厢记》卷八:"君瑞休劳问。～贵人多忘,早不记得贼党临门。"明梁辰鱼《浣纱记》一六出:"闻你适尝寡人之粪,～有此事乎?" ❹ 词缀。相当于"个"。元佚名《集贤宾》:"想当初打哄儿说了个别离,作要儿真～行程,鬼败口话儿只恁毂觫。"明贾凫西《木皮词》:"武二郎手刃西门庆,黑旋风法场劫宋江,说到这个去处,要使人欢呼鼓掌,真～要替他操刀。"清《聊斋俚曲·慈悲曲》:"他姑说:'你真～待要他么?'"

【果报】 guǒ bào 因果报应。《敦煌愿文集·儿郎伟》:"便是乐营～,必合寿命延长。"《祖堂集》卷三《牛头和尚》:"一切～本来自有。"清纪昀《阅微草堂笔记》卷二:"此事韩公不自讳,且举以明～,故人知其详。"

【果必】 guǒ bì ❶ 副词。必定;一定。宋宝云《佛本行经》卷七:"即往至佛所,～蒙解脱。"元王修甫《斗鹌鹑》:"吃紧有统镘的姨夫,～是个风流俊人物。" ❷ 副词。果真。元刘时中《新水令·代马诉冤》:"～有征敌,这驴每怎用的?"

【果饼】 guǒ bǐng 糕饼之类的食品。明焦竑《玉堂丛语》卷六:"于是太师率诸侯、伯至日到监,始携茶汤～之类甚丰。"清蒲松龄《闹窘》:"净扮儒衣巾持卷子～笔砚上。"

【果不其然】 guǒ bù qí rán 果然不出所料。清《醒世姻缘传》六六回:"～,不消十日,齐割札的把个头来烂吊一边。"《儒林外史》三回:"我说:'姑老爷今非昔比,少不得有人把银子送上门来给他用,只怕姑老爷还不希罕。'今日～。"

【果不然】 guǒ bù rán 犹"果不其然"。清《后水浒传》一〇回:"只因我小时便喜吃酒肉,肚腹里遂生了一个硬块,再医不好。有人说是酒癖,需要酒肉医它。～是个酒癖。"《醒世姻缘传》三四回:"一个说成十个,瞎话说是真言。～动了那二位约守的膻心。"

【果的】 guǒ de 副词。果然;真的。宋苏轼《与谢民师推官》之二:"某是蒙录示近报,若～免湖外之行,衰羸之幸,可胜言哉!"明《杨家府》卷三:"僚属曰:'问人传说已久,但知的否。'王钦曰:'～有之。'"

【果点】 guǒ diǎn 果品点心。清《情梦柝》一五回:"少顷茶来。一个大丫环,体态轻盈,年可十七八,托八色～摆在桌上。"《红楼梦》七〇回:"说着,一面吩咐预备了几色～之类,一面就打发人分头去请众人。"

【果儿】 guǒ er ❶ 果品点心。元明《水浒传》一〇四回:"前日范全哥哥把与我买柴薪的一锭银在此,将来做个梢儿,与那厮撇几撇,赢几贯钱回去买～吃。"明《二刻拍案惊奇》卷六:"再把出百来个钱与他道:'我央你走走,与你这钱买～吃。'" ❷ 比喻心计,鬼胎。清《野叟曝言》六一回:"大姐怎信他胡话,不知又藏着甚～哩。"

【果否】 guǒ fǒu 是否;是不是。宋陆游《老学庵笔记》卷五:"晁子止云:曾见东坡手书《四州环一岛》诗,其间'茫茫太仓中'一句,乃'区区魏中梁',不知～。"《金史·张仲轲传》:"又曰:'闻秦桧已死,～?'"清《醒世姻缘传》四二回:"也不知那汪为露在魏氏身上～曾有好处。"

【果决】 guǒ jué ❶ 果断;决断。宋欧阳修《奉答子华学士安抚江南见寄之作》:"迟疑与～,利害反掌间。"明张瀚《松窗梦语》卷六:"盖世宗英明～,每每如此。"清纪昀《阅微草堂笔记》卷七:"贫无归计,复理旧业,则精明～,又判断如流矣。" ❷ 果断决定。五代闾丘光远《鉴诫录》卷九:"～生涯向洛中,西投知己误恩容。"宋苏轼《奏论八丈沟不可开状》:"乞早赐～不开指挥,以安颍、寿之间百姓惊疑之心,不胜区区。"苏辙《论吏额不便二事札子》:"其间二事,最为不便,人情不悦,是致六曹寺监吏人前后经御史台论诉者不一,本台亦曾为申请,终未见～行下。"

【果木】 guǒ mù 果树的果实;水果。宋孟元老《东京梦华录》卷三:"如～亦集于朱雀门外及州桥之西,谓之果子行。"《元曲选外编·贬夜郎》三折:"更做～丛中占了第一,量这厮有多少甜滋味。"元明《水浒传》八一回:"且说当时铺下盘馔酒肴～,李师师亲自相待。"

【果品】 guǒ pǐn 水果;水果与糕点之类。《元曲选·抱妆盒》四折:"恰值奴婢奉先帝之命,抱妆盒到后花园采办～。"明

《水浒传》二一回:"老身有一瓶儿好酒在这里,买些~来与押司陪话。"

【果然】 guǒ rán ❶ 副词。a) 表示事实与所说或所料相符;果真。《敦煌变文校注》卷三《燕子赋(一)》:"古语分明,~不错。"清《聊斋俚曲·翻魇殃》:"到了那里,~不收。把大姐话说了一遍,他才收了。"b) 表示对事实或情况的肯定;真是;确实;真个。宋克勤《碧岩录》一则:"满面惭惶强惺惺,~摸索不着。"元高明《琵琶记》二三出:"正是药医不死病,~佛度有缘人。"清《聊斋俚曲·增补幸云曲》:"只有宜武院的姑娘,~颜色出奇。"c) 表示真做某件事情或某种动作;真的。《旧五代史·晋书·张彦泽传》:"其状云:'上疏请杀太尉李涛,谨随状纳命。'彦泽览之,欣然降阶迎之。然涛犹未安,复曰:'太尉~相恕乎?'"《元朝秘史》卷二:"'论来呵,可将这母子每撇下在营盘里,休将他行!'第二日起行时,塔儿忽吉乞邻秃黑、脱朵延吉儿帖等,~将他母子每撇下了。"清《聊斋俚曲·墙头记》:"张大说:'多高大哩,过来你试试。'~把张老挟起,往上一搁。"d) 表示追问;究竟;到底。清《醒世姻缘传》三五回:"侯小槐也递了诉状,说他的房子住了两世,汪秀才是新买的,只问他的卖主,~墙是谁的。" ❷ 真的;表示询问真假。清《聊斋俚曲·禳妒咒》:"兰芳云:'奶奶若是抬举贱人,情愿服事奶奶,一辈子不要丈夫。'江城云:'是~么?'"又:"太公云:'亲家拿甚么极呢!近来令爱竟变了贤人了。'子正云:'是~么?'" ❸ 连词。假定事实与所料相符;如果真;若是。宋《朱子语类》卷一四:"~下功夫,句句字字,涵咏切己,看得透彻,一生受用不尽。"元高明《琵琶记》一一出:"莫道是非终日有,~不听自然无。"清《红楼梦》五五回:"~招他动了大气,不过说他个粗糙就完了,你们就现吃不了的亏。"

【果然道】 guǒ rán dào 果真是;的确是。用于描写的总括语前。《元曲选·货郎旦》四折:"~:福无双至日,祸有并来时。"元明《水浒传》八二回:"~:百宝妆腰带,珍珠络臂鞲,笑时花近眼,舞罢锦缠头。"

【果若】 guǒ ruò 即"果然❸"。金侊名《大金吊伐录》卷三:"今既疑惑,肯忍必也,~听命不违,据见去人使所谕事宜并望依前。"《元曲选外编·西厢记》二本四折:"小生非图哺啜而来,此事~不谐,小生即当告退。"明《西游记》五一回:"~能擒得他,是老孙之幸;若不能,那时再作区处。"

【果食】 guǒ shí 一种用作祭品的面制食品。宋代拌入油、糖,也是民间欢度"七夕"节的节令食品。宋孟元老《东京梦华录》卷八:"又以油面糖蜜造为笑靥儿,谓之'~',花样奇巧百端,如捺香方胜之类。"吴自牧《梦粱录》卷四:"又于数日前,以红熬鸡、~、时新果品互相赠送。"

【果是】 guǒ shì 副词。的确;确实。宋史浩《迎仙客·洞天》:"玉蕊楼台,~无尘到。"元明《水浒传》九回:"~这人症候在身,权且寄下。"明《西游记》三五回:"八戒道:'阿弥陀佛!那是位哥哥积阴德的? ~不好蒸。'"

【果味】 guǒ wèi 果品。唐慧立、彦悰《大慈恩寺三藏法师传》卷一:"又以绫绡五百匹,~两车献叶护可汗。"

【果系】 guǒ xì 果是;究竟是。明文秉《烈皇小识》卷六:"徐检讨汧取文阅之,曰:'此必首蓿先生也,不然,必是老贡生。'及拆号填榜,~教谕,合堂愕然。"清《红楼梦》五八回:"从头至尾,细细的告诉他一遍,又问他祭的~何人?"

【果真】 guǒ zhēn 确实;当真。多用为副词。明郎瑛《七修类稿》卷一七:"但二句固即本经,而其义又似释氏禅教,此亦不可知耳。~有所谓佛耶?"朱长祚《玉镜新谭》卷五:"皇上~有此事,我有处。"

从来乱臣贼子,只争一念放肆,遂致收拾不住,奈何尚可养虎儿于肘腋间乎?"清纪昀《阅微草堂笔记》卷一〇:"夫房帏秘地,男女幽期,暧昧难明,嫌疑易起。一犬吠影,每至于百犬吠声。即使~,何关外人之事?"

【果桌】 guǒ zhuō 陈放果品的桌子。《元曲选·望江亭》三折:"李稍,抬~过来。"清《红楼梦》一九回:"花自芳母子两个百般怕宝玉冷,又让他上炕,又忙另摆~,又忙倒好茶。"

【果子】 guǒ zi ❶ 水果;瓜果。唐张鷟《朝野佥载》卷三:"大帝盛夏须雪及枇杷、龙眼,俨坐顷间,往阴山取雪,岭南取~并到。"明《老乞大谚解》卷下:"这~,枣儿、干柿、核桃、干葡萄、龙眼、荔支、杏子、西瓜、甜瓜,……蜜栗子。"清《红楼梦》三七回:"这都是今年咱们这园里新结的~。" ❷ 糕点之类食品。宋《三朝北盟会编》卷一一〇:"又过~来,皆油面、煎果。"孟元老《东京梦华录》卷八:"端午节物:百索艾花、银样鼓儿花、花巧画扇、香糖~、粽子、白团。"清《醒世姻缘传》五八回:"跟着老侯婆合老张婆子坐着连椅,靠着条桌,吃着那杂油炸的~。"

【果子话】 guǒ zi huà 表面好看的话。明《隋史遗文》三三回:"柴嗣昌看了,叹一口气道:'……大意要这干捕盗身上赔赃,说给与执照,待拿着贼时追给。'单雄信道:'这也是~!'"

【果子酒】 guǒ zi jiǔ 以果实为原料酿制的酒。清《红楼梦》九三回:"我今日带些~,大家吃着乐一夜好不好?"

【果子局】 guǒ zi jú 备办宴席的"四司六局"之一,负责准备、摆设果品点心等。宋吴自牧《梦粱录》卷一九:"且谓四司六局所掌何职役,开列于后,……~,掌装簇钉盘看果、时新水果、南北京果、海腊肥脯、筲切、像生花果、劝酒果品等。"耐得翁《都城记胜·四司六局》:"~专掌装簇钉盘看果时果,准备劝酒。"元陶宗仪《辍耕录》卷一九:"六局者,~、蜜煎局、菜蔬局、油烛局、香药局、排办局也。"

【果足】 guǒ zú 盘缠。宋《五代史平话·汉上》:"收拾些~,往太原去投军。"《大宋宣和遗事》前集:"那杨志为等孙立不来,又值雪天,旅途贫困,缺少~,未免将一口宝刀出市货卖。"

【菓品】 guǒ pǐn 同"果品"。清蒲松龄《穷神答文》:"宰猪羊,买~,设供献,把香焚,立一座祠堂,叫我做正尊。"

【菓子】 guǒ zi ❶ 同"果子❶"。水果。宋《虚堂和尚语录》卷一:"但只吃~,谁管树曲录。"清《聊斋俚曲·磨难曲》:"王丙接过来说:'这是甚么~?'李二说:'好乡瓜子,这是龙眼。'" ❷ 同"果子❷"。清《聊斋俚曲·增补幸云曲》:"干烧饼拾一盘,咸~黑菜篮,盛上一碗温水面。"又《蓬莱宴》:"些须吃了几个~,那东西又嫌腥气。"

【裹布】 guǒ bù 裹脚布。清《绿野仙踪》八十回本六四回:"蕙娘将两只脚用~紧紧拴缚停当。"

【裹缠】 guǒ chán 盘缠;作为盘缠。宋欧阳修《与十三侄奉职一通》:"十四郎,此中与绵袄子两领,并~钱三索省。只十七、八程,可到,恐伊别乱破钱也。"元赵孟頫《送高仁卿还湖州》:"太仓粟陈未易籴,中都俸薄难~。"

【裹肚】 guǒ dù ❶ 宋元时男子束于袍服之外的围腰,用于紧束腰腹,便于活动。金《刘知远诸宫调》二:"~是三尺绯花,布衫是粗麻织就。"元《通制条格》卷二七:"咱每根底行的祗候,系着只孙~系腰,定当外头民户每有。"明《金瓶梅词话》九〇回:"那李贵浑名号为山东夜叉,头戴万字巾,脑后扑圆金环,身穿紫窄衫,销金~,脚上鞴蹋腿绷,干黄鞴靴。" ❷ 南方妇女夏日束于腹胸的布片,类似肚兜,也束于衣外做装饰,称为肚看带。明《警世通言》卷八:"适来郡王在轿里看见令爱系着一条绣~。" ❸ 即"主

腰"。金《董解元西厢记》卷七:"一领汗衫与～,非足取,取是俺咱自做。"元关汉卿《拜月亭》一折:"……和我那压铏笾三对,都绷在我那箪～薄绵套里,我紧紧的着身系。"元明《水浒传》二七回:"红裙内斑斓～,黄发边皎洁金钗。钏镯牢笼魔女臂,红衫照映夜叉精。" ❹ 腰包;束于腰腹的窄囊,内装钱物。明《古今小说》卷二:"一日挑了油担出门,中途因里急,走上茅厕大解,拾的一个布～,内有一包银子,约摸有三十两。"《拍案惊奇》卷三:"将银子紧缚在～内,扎在腰间。"

【裹饭家】 guǒ fàn jiā 开饭铺的。五代何光远《鉴诚录》卷一〇:"西日颜回宅,今为～。不闻吟秀句,只见鲕油麻。"

【裹费】 guǒ fèi 盘费;盘缠。宋欧阳修《乞罢刘白草札子》:"百姓备见远般辛苦,～又多,遂只将秆草送纳军次,更成一种科配。"《宋会要辑稿·刑法二》:"官员使命往来差防,送人常一二百人,止在道路。兵士虽给口食二升,～不足。"

【裹腹】 guǒ fù 即"裹肚❶"。明《拍案惊奇》卷三:"黄衫毡笠,短剑长弓。箭房中新矢二十餘枝,马额上红缨一大簇。～闹装灿烂,是个白面郎君。"

【裹合】 guǒ hé ❶ 包围。《敦煌变文校注》卷一《张议潮变文》:"兵分两道,～四边。"又《张淮深变文》:"恰到平明兵～,始排精锐拒先冲。" ❷ 裹胁纠合。元明《水浒传》五一回:"不是小弟～上山,端的晁、宋二公仰望哥哥久矣。"

【裹角】 guǒ jiǎo ❶ 卷裹;捆束。角,束也。唐王梵志《富贵办棺木》:"富者办棺木,贫穷席～。" ❷ 墙拐角。《元曲选·后庭花》四折:"我出的这衙门来,转过隔大,抹过～,来到李顺家。"又《冤家债主》楔子:"转过隔头,抹过～,可早来到张家了。"

【裹脚】 guǒ jiǎo ❶ 妇女缠足。明《醒世恒言》卷三:"袖中带得有白绫汗巾一条,约有五尺多长,取出劈半扯开,奉与美娘～,亲手与他拭泪。"清《儒林外史》二六回:"当下揭开门帘进房,只见王太太坐在床沿上～。" ❷ 缠脚布(男女皆用)。《元曲选外编·刘弘嫁婢》一折:"～放在锅里,牵过那驴子来套上。"清《聊斋俚曲·襄妒咒》:"托我做媒,许与我裂半尺布的～。'"

【裹脚头子】 guǒ jiǎo tóu zi 即言裹脚布。清《聊斋俚曲·增补幸云曲》:"二姐放着琵琶不弹给我听,弄那块臭～怎的?"

【裹送】 guǒ sòng ❶ 以囊盛物随身携带送往某处。《宋史·宋琪传》:"更以牙官子弟,戮力津擎～,则一月之粮,不烦馈运。" ❷ 护送。宋司马光《涑水纪闻》卷二:"玮问军中谁善射者,众言李超,玮即呼绍指示之,曰:'汝能取彼否?'对曰:'凭太保威灵,愿得十五骑～至虏阵前,可以取之。'"《三朝北盟会编》卷四七:"先是,师中被诏以兵～大金,令归至大名府。"又卷二〇一:"俄闻王德者申宣抚司云:'某以全军～刘太尉老小出颍河矣。'"

【裹条】 guǒ tiáo 即言裹脚布。清《情梦柝》一回:"没到暑天,去了～,露出两脚,拖着一双胡椒凉鞋,与男人一般。"

【裹头】 guǒ tóu ❶ 男子成丁之后裹头巾,犹古之加冠礼。唐杜甫《兵车行》:"去时里正与～,归来头白还成边。"杜荀鹤《友人赠舍弟依韵戏和》:"不觉一成大汉,昨来竹马作童儿。" ❷ 指额外索要的财物。《旧唐书·韦嗣立传》:"凡是封户,不胜侵扰,或输物多索～,或相知要取中物,百姓怨叹,远近所知。"《太平广记》卷一二六《崔进思》:"唐虔州参军崔进思,恃郎中孙尚容之力,充纲入都,送五千贯,每贯取三百文～。"

【裹头内人】 guǒ tóu nèi rén 唐代宫中杂役,因其头上裹巾,故称。《资治通鉴》卷二三一:"上命陆贽草诏赐浑瑊,使访求奉天所失～。"明于慎行《谷山笔麈》卷一五:"唐时,宫中给使令者,皆在冠巾,谓之～,今宫中亦有女官给冠带者,即其遗制也。"

【裹药】 guǒ yào 买药。宋陆游《家风》:"买鱼日待携篮女,～时从挟篓翁。"自注:"俗谓买药为～。"《元曲选·罗李郎》二折:"你唤医人忙～,请大夫把病来调。"

【裹足】 guǒ zú ❶ 盘缠;盘费。宋《朱子语类》卷一三〇:"垌初欲言时,就曾鲁公借钱三千。以言荆公了,必见逐。贫,用以作～。"佚名《张协状元》三〇出:"是没～,婆婆相助。"又三七出:"争奈相辜负,～全无,怎生底回归乡里!" ❷ 特指妇女缠足。清沈复《浮生六记》卷四:"其粉头衣皆长领,颈套项锁,前发齐眉,后发垂肩,中挽一鬏似丫髻,～者著裙,不一者短袄,亦著蝴蝶履,长拖裤管,语音可辨。"袁枚《子不语》卷九:"常笑谓夫人曰:'毋为吾女儿～,恐害李后主在阴司又多织一双屦也。'"

【裹足布】 guǒ zú bù 男子的裹腿布。明李时珍《本草纲目》卷三八:"妇人欲回乳,用男子～勒住,经宿即止。"清《聊斋志异·陆判》:"醒而视之,则陆危坐床前,破腔出肠胃,条条整理。愕曰:'夙无仇怨,何以见杀?'陆笑云:'勿惧!我与君易慧心耳。'从容纳肠已,复合之,末以～束朱腰。"

guò

【过】 guò ❶ 行走。宋《朱子语类》卷一三:"学者如行路一般,要去此处,只直去此处,更不可路上左～右～,相将一齐到不得。" ❷ 过访;交往;相处。唐张说《钱唐州高使君》:"常时好闲独,朋旧少相～。"《旧唐书·齐浣传》:"严挺之……与浣皆朝廷旧德,既废居家巷,每园林行乐,则杖屦相～,谈宴终日。"元明《水浒传》三〇回:"施恩道:'见今当牢节级姓康,和孩儿最～得好。只得去求浼他如何?'"明《醒世恒言》卷三三:"他平白与我没半句言语,大娘子又～得好,怎么便下得这等狠心辣手?" ❸ 渡过;过活。唐李白《来日大难》:"今日醉饱,乐～千春。"清《聊斋俚曲·姑妇曲》:"这日子往后怎么～?" ❹ 递给;交给。唐杜甫《夏日李公见访》:"墙头～浊醪,展席俯长流。"元关汉卿《拜月亭》二折:"则我独自一个婆娘,与他无明夜～药煎汤。"清《红楼梦》六三回:"说着,便吃酒,将骰～与黛玉。" ❺ 贿赂;送给。《元典章·刑部八》:"县尉李瑞所招,李德元因事令邓令史～到钞四定,明知伊妻阿王收讫,不行理问。"元关汉卿《调风月》二折:"明日索一般供与他衣袂穿,一般～与他茶饭吃。" ❻ 通过;批准。唐韦绚《刘宾客嘉话录》:"时有赵山人言事多中,崔问之曰:'地主奏某为副使,且得～否?'对曰:'不～。'" ❼ 通。五代刘崇远《金华子杂编》卷上:"牧庐陵日,常游山寺,读一碑文,不识其间两字,谓宾客曰:'此碑无用于世矣,成式读之不～,更何用乎?'" ❽ 指过堂接受审理。《太平广记》卷三八二引唐戴孚《广异记》:"梦见二黄衣吏来追,行至一所,有城壁,入城之后,欲～判官,属有使至,判官出迎。"《敦煌变文校注》卷六《大目乾连冥间救母变文》:"一切罪人于此～,伏愿将军为检看。" ❾ 过去;结束。唐杜甫《阻雨不得归瀼西甘林》:"三伏适已～,骄阳化为霖。"宋晁补之《永遇乐》:"麦天已～,薄衣轻扇,试起绕园徐步。"清袁枚《续子不语》卷三:"心知劫数已～,仍理举子业,两年举孝廉。" ❿ 过目;阅读;晒过。宋《朱子语类》卷一〇:"圣贤之言,须常将来眼头～,口头转,心头运。"明张岱《陶庵梦忆》卷六:"漏仲容为帖括名士,常曰:'吾辈老年读书做文字,与少年不同。少年读书,如快刀切物,眼光逼注,皆在行墨空处,一～辄了。'"清袁枚《子不语》卷二一:"来文端公自言伯乐转世。眸子炯炯有光,相马独具神解。兼管兵部及上驷院时,每值挑马,百十为群,瞥眼一～,其毛病纤悉,

无不一一指出。"　⑪ 水位超过。《祖堂集》卷一一《保福和尚》："两手扶犁水～膝。"宋苏轼《西新桥》："后来勿忘今，冬涉水～脐。"　⑫ 过恶，指佛教所反对的"宰杀众生""酒坊娼淫"等事。《敦煌变文校注》卷四《降魔变文》："此园非但今世堪住我佛，贤劫一千如来皆向此中住止。吉祥最胜，更亦无～。"　⑬ 用在数量词后表示余数。金《董解元西厢记》卷一："国家修造了数载余～，其间盖造非小可，想天宫上光景，赛他不～。"又卷六："君瑞与莺莺，来往半年～，夜夜偷期不相度。"　⑭ 传染；沾染。明《金瓶梅词话》七回："就认俺这门穷亲戚，也不～上你穷。"清《照世杯·七松园》："莫不是小弟身上有俗人气，怕～了你了么?"《红楼梦》五一回："不叫他在这屋里，怕～了病气。"　⑮ 过口；帮助下咽。明《金瓶梅词话》五三回："先将符药一把罨在口内，急把酒来，大呷半碗，几乎呕将出来，眼都忍红了，又连忙把酒一～下去。"又五四回："吴典恩又接手斟一大碗酒来了，慌得那伯爵子不的，嚷道：'不好了，呕出来了，拿些小菜我～～便好。'"　⑯ 泄精或指性欲达到高潮。明《金瓶梅词话》三七回："原来那妇人有一件毛病，但凡交媾，只要教汉子干他后庭花，在下边揉着心子才～。"又五一回："两个足缠一个更次，西门庆精还不～。"　⑰ 涮；在液体中浸过。清《红楼梦》程乙本五一回："然后向茶桶上取了茶碗，先用温水～了，向暖壶中倒了半碗茶，递给宝玉吃了。"　⑱ 生（小猪）。清《儒林外史》五回："严贡生家一口才～下来的小猪，走到他家去。"　⑲ 助词。用于动词之后，表示动作完成或曾经有过某件事情。唐王建《赠华州郑大夫》："报状折开知足雨，敕书宣～喜无因。"宋《朱子语类》卷一○："看文字须仔细，虽是旧曾看～，重温亦须仔细。"清《聊斋俚曲·快曲》："曹操说：'我在将军身上也有好处来!'关爷说：'我已是报答～了。'"　⑳ 助词。用在动词或形容词（多加"得""的"或"不"，早期例句还带有宾语）之后，表示能否或输赢。金《董解元西厢记》卷一："国家修造了数载余～，其间盖造非小可，想天宫上光景，赛他不～。"《元曲选·薛仁贵》一折："若杀的俺家～，俺家情愿随着一十六国，与大唐年年进贡；若杀俺家不～，俺为上邦，他为下邦，要反过来进贡于俺。"明《古今小说》卷三六："王恺羞惭而退，自思国中之宝，敌不得他～，遂乃生计嫉妒。"清《聊斋俚曲·增补幸云曲》："他拿的这把扇也看的～。"　㉑ 助词。用于动词之后，表示动作的趋向，相当于"到""来""去"等。明《西游记》一回："看罢多时，跳～桥中间，左右观看。"《古今小说》卷三："踱到门前，向一个店家借～等子，将身边买丝银子秤了二两，放在轴中。"《警世通言》卷六："童子取～瑶琴，二人入席饮酒。"

【过案】 guò àn　过堂；审理。《敦煌变文校注》卷三《燕子赋（一）》："你是王法罪人，凤凰命我责。明日早起～，必是更着一顿。"

【过不去】 guò bu qù　❶ 过意不去；歉疚。《元曲选·冻苏秦》二折："苏秦，我待不与你些茶饭吃来，争奈俺那夫妻肠肚，又～；待与你些吃来，又怕公婆怪我。"明《二刻拍案惊奇》卷二三："我和你住在此处，虽然安稳，却是父母生身之恩，竟与他永绝了，毕竟不是个收场，心里也觉～。"清《聊斋俚曲·蓬莱宴》："孤苦无依，并无兄弟与亲戚；舍了他不回头，心里也～。"　❷ 日子难过；不好受。《元曲选·东堂老》一折："我平日间使惯了的手，吃惯了的口，一二日不使得几十个银子呵，也～。"清《红楼梦》六三回："你这个人，一天不挨他两句硬话村你，你再～。"　❸ 为难；作梗。清《白雪遗音·睡眠迟》："你睡一夜，奴坐一宿，等你醒了，我合你～。"《红楼梦》六五回："若大家好，取和便罢；倘若有一点叫人～，我有本事先把你两个的牛黄狗宝掏了出来。"　❹ 不好意思；难为情。清《红楼梦》七二回："至此日见了鸳鸯，自是脸上一

红一白，百般～。"

【过茶】 guò chá　送订婚的礼物。参见"下茶"。清《绿野仙踪》八十回本一回："陆芳大喜，先择吉～通信，然后定日完婚。"

【过处】 guò chù　❶ 错处；不妥的地方。宋《朱子语类》卷二一："谢先生解《论语》有～。"明王守仁《传习录》卷下："若要指摘他是非，反去激他恶性，舜初时致得象要杀己，亦是要象好的心急，此是舜之～。"　❷ 词的上片转入下片的地方。宋张侃《拙轩词话》："苏文忠赤壁赋不尽语，裁成大江东去词，～云：'人道是三国周郎赤壁。'"明《古今小说》卷一五："～第五句道：'数声呜咽青霄去。'偷了朱淑真作《雁》诗中第四句。"

【过从】 guò cóng　❶ 交往；往来。唐刘禹锡《和仆射牛相公见示长句》："流辈近来多叹息，官班高后少～。"清袁枚《子不语》卷六："熊太史本，僦居京师之半截胡同，与庄编修令舆居相邻。每夜置酒，互相～。"　❷ 应接；应酬。元商衟《一枝花·远寄》："待勉强～枉费神思，是他惯追陪济楚高人，见不得村沙谎厮。"《元曲选·青衫泪》四折："是他百般地奶奶行～不下，怎当那獠姨夫物抬高价。"　❸ 奉承；夸奖。元佚名《博望烧屯》四折："您兄弟谁待随着龙王打哄? 谁待搬着虎将争功? 怎禁咱徐庶向人前把我强～。"明陈大声《粉蝶儿·效杨景言一点情牵怀》："附着耳低低的～，举着案谦谦的陪奉。"　❹ 央求。《元曲选·马陵道》一折："他那里一一问行踪，俺兄弟悄悄的厮～，好教我意踌躇两下里可兀的难趋奉。"　❺ 搬唇递舌，从中挑拨。《元曲选·村乐堂》二折："相公若不信呵自觑当，不是我私～硬主张。"

【过当】 guò dàng　❶ 过分；失当。宋欧阳修《与人一通》："小疾不足过疑，却恐～服药，致生疾耳。"清顾炎武《日知录》卷一七："于是后来之受举为参佐者，报恩之分往往～，或挠我王宪，舍其亲戚之罪负，举其不令子孙以窃名位，背公死党，兹或近之。"　❷ 过誉。《太平广记》卷二○○引唐康骈《剧谈录》："智兴览之笑曰：'褒饰之词，可谓～矣。'"　❸ 有家当；家道殷实。明《西游记》二三回："八戒牵了马匹道：'这个人家，是～的富实之家。'"

【过道】 guò dào　传统建筑中的通道。《元曲选外编·村乐堂》二折："正天炎似火，地热如炉，～里不索开窗，洒家道来则这的便似天堂。"清《红楼梦》一二回："你在我这房后小～子里那间空屋里等我，可别冒撞了。"

【过得】 guò dé　❶ 走过；越过；渡过。《祖堂集》卷八《雪峰和尚》："自从～石桥后，即此浮生不再生。"《旧五代史·外国列传一·契丹》："闻西有剑阁，兵马由何～?"宋《朱子语类》卷一五："格物是梦觉关。格得来是觉，格不得只是梦。诚意是善恶关，诚得来是善，诚不得只是恶。～此二关，上面工夫却一节易如一节了。"清屈大均《广东新语》卷三："峡中复多怪石，或有两两相抄，状如牛头者，曰牯牛滩，则歌曰：'～牯牛，舟子自头。'"　❷ 超过；高过。《祖堂集》卷一四《杉山和尚》："某甲讲四十一本经论，将谓无人～。"宋《朱子语类》卷二一："在我者～他一二分，便足以胜之。"明戚继光《纪效新书》卷六："凡立牌要高阔，～后面持枪之人。每人利长腰刀一把。"　❸ 过生死关，指如何看待生死。《祖堂集》卷四《石头和尚》："师与邓隐峰划划草次，见蛇，师过锹子与隐峰，隐峰接锹子了，怕，不敢下手。师却拈锹子，截作两段，谓隐峰曰：'生死尚未～，学什么佛法?'"　❹ 通过。《古尊宿语录》卷二二《黄檗东山（法）演和尚语录》："师云：'大众，须是～祖师关，会鸟道玄路，始会此般说话。'"《云笈七签》卷七六："或有暴亡，不问疾状，但肢体未变者，可破棺打齿，热醋调下一粒，～咽喉即活，十救八九。"《元曲选·魔合罗》四折："听了你一篇话，全无有半星实，我跟前怎～。"　❺ 过了。《祖堂集》卷六《洞山和尚》："～两

年,院主见他孝顺,教伊念《心经》。未～一两日,念得彻,和尚又教上别经。"《元曲选·窦娥冤》四折:"～几日,他到小的铺中讨服毒药,小的是念佛吃斋人,不敢做昧心的事,说道:'铺中只有官料药,并无什么毒药。'"清《醒世姻缘传》七四回:"～两日,果然济南府行下一张牌来,严禁妇女上庙。" ❻ 过活;可以过活(指生活过得去)。《元曲选·灰阑记》一折:"海棠,你这小贱人,则等送了员外出去,我慢慢的摆布你,看你好在我家里一那!"明《二刻拍案惊奇》卷一五:"那江老儿名溶,是个忠厚老实的人,生意尽好,家道将～。"清《红楼梦》一一三回:"这两年姑奶奶还时常给一些衣服布匹,在我们村里算～的了。" ❼ 过得去。宋佚名《永遇乐》:"幸有衣食,随缘～,着甚干劳攘。"元魏初《人月圆·为细君寿》:"但教康健,心头～,莫论无钱。" ❽ 受得了。明《禅真后史》四九回:"少顷,病人道:'苦耶,脊梁骨中如锥刺一般,怎生～?'"

【过得去】 guò dé qù ❶ 过意去;安心。明《二刻拍案惊奇》卷一五:"这是我不仔细上害了他,心下怎么～?"清《红楼梦》六二回:"只是今儿倒要替你过个生日,我心才～。" ❷ 好意思;不难为情。清《红楼梦》四六回:"这二位姑娘并没惹着你,小老婆长小老婆短,人家脸上怎么～?"又三二回:"他也不管人脸上～过不去,他就哼了一声,拿起脚走了。" ❸ 行得通;不妨。清《红楼梦》六六回:"我们坐着卧着,见了他也不理,他也不责备,因此没人怕他,只管随便都～。"

【过顶】 guò dǐng 透顶;达到极端。清《红楼梦》七四回:"他本是个聪敏～的人,见问宝玉可好些,便不肯以实话对。"

【过度】 guò dù ❶ 给予;送。《元曲选·铁拐李》二折:"旧官行揩勒些东西,新官行～些钱。"《元典章·刑部十》:"有勾当的人,将着钱物转托他人～有。" ❷ 经过。《元曲选·任风子》三折:"要往人口里～的茶饭,打当的干净。" ❸ 过渡。度,通"渡"。宋《朱子语类》卷一四:"真知所止,则必得所止,虽若无甚间隔,其间亦少有～处。"又卷三四:"公且看查底人意思,俭底人意思。那奢底人便有骄敖底意思,须必至于～僭上而后已。"清洪昇《长生殿》一二出:"这声调虽出月宫,其间转移～,细微曲折之处,须索加细审。" ❹ 过活度日。清《聊斋俚曲·俊夜叉》:"他有个小小家当,尚可～。"《绿野仙踪》八十回本五回:"过了三年后,始绝了念头,一心教养儿子,～日月。" ❺ 生计。清《绿野仙踪》八十回本一六回:"又将家中所存所用,详细开写清账,安顿下一年的～,交与他嫂嫂管理。"又五〇回:"回想自己家中,还有什么～?"

【过儿】 guò er 量词。来回反复的次数。清《红楼梦》程乙本五五回:"你这小蹄子儿,要掂多少～才罢。"又六五回:"虽然平姑娘在屋里,大约一年两个有一次在一处,他还要嘴里掂十来个～呢。"

【过犯】 guò fàn 犯错误;过错;罪恶。唐赵元一《奉天录》卷二:"身有～,罪减三等。"元刘时中《端正好·上高监司》之二:"有～驵侩徒,倚仗着几文钱百般胡做。"明《梼杌闲评》四一回:"你可开他些～来,咱好差人去拿他。"

【过犯公私】 guò fàn gōng sī 本指公罪私犯,"公私过犯"的倒装,曲文中用为"过犯"的同义词。《元曲选·蝴蝶梦》一折:"他又不曾身耽疾病,又无甚～。"又《张天师》三折:"你可也要推辞,那并头莲就是你～。"

【过房】 guò fáng ❶ 把自己的儿子给没有儿子的兄弟、堂弟或亲戚做儿子叫"过房"。给没有这几种关系的人做儿子也说"过房"。宋周煇《清波杂志》卷一一:"乃撝曾～,后归宗,在法合

追所授恩泽。"《元典章·户部三》:"临江路军人刘贵,将男刘贤弟于至元十七年～于民户杨四五为男。"明《拍案惊奇》卷三五:"因家业凋零,无钱使用,将自己亲生儿子情愿～与人为子。" ❷ 指转卖给行院做假女。元明《水浒传》二一回:"有几个上行首,要问我～几次,我不肯。只因我两口儿无人养老,因此不～与他。"

【过房儿子】 guò fáng ér zi ❶ 过继的儿子。明《拍案惊奇》卷三三:"张元外看见人家小官人,十二分得意,有心要把他做个～。"△清《官场现形记》八回:"倪格娘有个～,算倪格阿哥。" ❷ 比喻货币中的子钱(轻钱)。《元史·食货志》:"中统、至元自有母子,上料为母,下料为子。比之达达人乞养汉人为子,是终为汉人之子而已,岂有故纸为父,而以铜为～者乎!"

【过费】 guò fèi ❶ 过分开支;过于破费。宋欧阳修《原弊》:"古之为政者,上下相移用以济,下之用力者甚勤,上之用物者有节,民无遗力,国不～,上爱其下,下给其上,使不相困。"何薳《春渚纪闻》卷一〇:"而寺有僧,日出坐其肆,凡十二年。察其翁媪日用之物,而纯质如一。"清《红楼梦》一七至一八回:"且说贾妃在轿内看此园内外如此豪华,因默默叹息～。" ❷ 辜负。清《红楼梦》一一〇回:"我们看那宝二爷除了和奶奶姑娘们混混,只怕他心里也没有别的事,白～了老太太的心。"

【过分】 guò fèn ❶ 超过一定的程度或限度。《太平广记》卷三四八引康骈《剧谈录》:"王氏性俭约,所费未常～。"《元曲选·老生儿》一折:"我想人生在世,凡事不可～。"清《聊斋俚曲·磨难曲》:"以上临下,不过如此,俺今日叫你,才不为～。" ❷ 过轻。宋《朱子语类》卷一二二:"罪大责轻,迁客得如此,～矣。"

【过付】 guò fù ❶ 中人经手交付钱财。多指行贿。明文秉《烈皇小识》卷六:"于是锦衣卫提韩城杨、马二长班鞫问,供吐～之赃甚详。"清陆圻《纤言》上篇:"壬戌,刑部司官会审马三道等,先期郑国泰行贿间官胡士相、吴尔埍辈,～者中书吴中秀、千户陈纪也。" ❷ 指过付的人。清《樵史》二二回:"如何得了我银子,又问我徒罪,我到上司那里去告,说有丁门子是～。"《绿野仙踪》八十回本七二回:"罗龙文系与阎年做～,与世蕃无干涉,也不敢拟他罪名,请旨定夺。" ❸ 传递;输送。明《西洋记》五八回:"连忙唤了个老公公,递出一根大红线丝来。张躜躜接在万岁爷的脉上抚摩,九重宫里,龙颜大喜,百病消除,……这佛爷爷的运用妙不妙?张三峰的～高不高?"

【过寒】 guò hán 过冬;御寒。明《西游记》八九回:"落他二三两银子,买件棉衣～。"《醒世恒言》卷三〇:"这两匹布,老娘要做件衣服～的。"

【过河拆桥】 guò hé chāi qiáo 比喻达到目的后,便把帮助自己的人推开。《元史·彻里铁木儿传》:"治书侍御史普化诮有壬曰:'参政可谓～者矣。'"清《绿野仙踪》八十回本七一回:"你却不可～。"

【过后】 guò hòu 事后;往后;以后。《太平广记》卷一五一引唐钟辂《前定录》:"此非细事,不可显之。请疏于纸,～为验。"宋丘崈《念奴娇》:"着意新词,于人好语,～应难必。"清袁枚《子不语》卷四:"此处向不平静,自豁达先生～,永无为祟者。"

【过会】 guò huì 一种游艺性的民间会社活动。由人扮演各种角色,或做高跷、秧歌等表演,沿街游行,称过会。清《红楼梦》一回:"甄士隐便伸手接来,抱在怀内,斗他玩耍一回,又带至街前看那～的热闹。"

【过活】 guò huó ❶ 生活;过日子。《元曲选·青衫泪》二折:"白侍郎一去杳无音信,咱家柴没米没,怎生～?"清洪昇《长生殿》一五出:"老汉是金城县东乡一个庄家。一家八口,单靠着这

几亩薄田～。" ❷赖以生存的财产；家业。元刘时中《端正好·上高监司》之一："有钱的贩米谷置田庄添生放，无钱的少～分骨肉无承望。"《元曲选·曲江池》四折："俺如今有～，你兀自难存坐。"清《红楼梦》四八回："家中也有二三千金的～。" ❸活计。《元曲选外编·蓝采和》三折："从今后我独自个，休想我做～。再不去乔妆打扮拍撺掇。"

【过火】 guò huǒ ❶过分；过度。宋杨泽民《满路花》："上梢恩共爱，忒～。一床锦被，将为都包裹。"明《西湖二集》卷二九："又恐怕饥饿～之人，一顿吃上十馀碗，反害了性命。" ❷犹言泄火，指发泄性欲。明《醋葫芦》六回："院君，你莫怪他年纪大了，闺门其实严紧，真是～地道货哩。"

【过给】 guò jǐ 过继。清《醒世姻缘传》九〇回："你再生个儿，～你哥，你偏偏的不肯生。"

【过继】 guò jì 没有儿子的人把兄弟、堂兄弟或他人之子认做自己的儿子。《元曲选·赵氏孤儿》四折："有程婴的孩儿，因为～与我，唤做屠成。"清《红楼梦》九一回："前月我妈没有人管家，把我～来的。"

【过家】 guò jiā 赴家；回家。《太平广记》卷四四九引唐戴孚《广异记》："后数载，罢官～，……遥见桑林下有贵人从南方来，前后十馀骑，状如王者。"金刘祁《归潜志》卷四："到郡莅官才九日，～上冢正重阳。"明焦竑《玉堂丛语》卷八："吾以某日赴，自阁出，即造公，不～矣。"

【过奖】 guò jiǎng 谦词。过分夸奖。宋欧阳修《乞罢政事第三表》："方其与儒学文章之选，居言语侍从之流，每蒙～于群公，常愧虚名之浮实。"清《聊斋俚曲·磨难曲》："蒙老爷～了。"

【过接】 guò jiē 过渡衔接。宋《朱子语类》卷四："他以仁义礼智为性，以喜怒哀乐为情，只是中间～处少个'气'字。"又卷一五："自知至交诚意，又是一个～关子。"清顾炎武《日知录》卷一六："成化二十三年，会试《乐天者保天下》文，起讲先提三句，即讲乐天，四股；中间～四句，复讲保天下，四股；复收四句，再作大结。"

【过街桥】 guò jiē qiáo 谓仅一街之隔，亦坐轿以代步。宋周密《武林旧事》卷六："或欲更招他妓，则虽对街，亦呼肩舆而至，谓之'～'。"

【过酒】 guò jiǔ ❶（以菜肴）下酒。元明《水浒传》一六回："就送这几个枣子与你们～。"清《醒世姻缘传》二三回："一日铺中没有～的菜蔬，叫人家去取来。" ❷饮酒过量。清《东周列国志》一三回："寡人以鲁侯～，命尔扶持上车，何不小心伏侍，使其暴薨?"

【过口】 guò kǒu ❶用菜肴等下酒。元明《水浒传》一六回："七个人立在桶边，开了桶盖，轮替换着舀那酒吃，把枣子～。"又三二回："店主人便去打两角酒，大碗价筛来，教武行者吃。将一碟熟菜与他～。" ❷吃药或刺激性食物后，用水或另一种食物改变口感。明《金瓶梅词话》五四回："李瓶儿吃了叫苦，迎春就拿滚水来过了口。"《平妖传》四回："婆子将瓶瓶烧得滚热，把这九灵续命丹用酒薄薄的调在瓷瓯里面，扶起黜儿将药灌下去，又把酒与他～。"

【过来】 guò lái 出来。宋《朱子语类》卷四："天地之气与物相通，只借从人躯壳里～。"又："或问：'人禀天地五行之气，然父母所生，与是气相值而然否?'曰：'便是这气须从人身上～。'"

【过来过去】 guò lái guò qù 来回徘徊。《祖堂集》卷三《牛头和尚》："四祖乃往庵前，～，谓曰：'善男子莫入甚深三昧。'"又卷六《渐源和尚》："将锹子向法堂前～。"

【过来人】 guò lái rén 对某事有体验或经历的人。元明《水浒传》一〇四回："段三娘从小出头露面，况是～，惯家儿。"清孔尚任《桃花扇》续四〇出："歌舞丛中征战里，渔翁都是～。"

【过了】 guò le 助词。用于动词后，表示动作已经进行或完成。明《古今小说》卷三〇："东坡到五凤楼下，谢恩，便来大相国寺。"《二刻拍案惊奇》卷三八："只依稀影响，认做已约定杨二郎日子～。收拾停当，只待起身。"

【过礼】 guò lǐ ❶举行婚礼。金《刘知远诸宫调》一："选定吉日良时，请诸亲相见。磨麦造酒，排喜庆筵席。至天晚，二人～。"又三："司公作宴待亲，六营皆庆。至天晚，潜龙与皇后～。" ❷订婚后，男方送聘礼到女方家。明汤显祖《紫箫记》一三出："你且在东厢坐地，待俺回了夫人话来，请出老夫人～。"清《红楼梦》九一回："明春再，过了老太太的生日，就定日子婆。"

【过量】 guò liàng 超出一般定量。《祖堂集》卷二《菩提达摩和尚》："伏愿师指示大道，通达佛心，修行用心何名法祖? 师以偈答曰：'亦不睹恶而生嫌，亦不睹善而勤措。亦不舍愚而近贤，亦不抛迷而就悟。达大道兮～，通佛心兮出度。不与凡圣同躔，超然名之曰祖。'"又："隔水受心灯，号过诸量。"原注："～者，弘字也。"

【过龙】 guò lóng 过付贿赂。明《二刻拍案惊奇》卷四："要廪生又换了小服，随着～的到私衙门首，当面交割。"《型世言》六回："打听得县官是个掌印通判，姓毛，极是糊涂，况且手长，寻了他一个～书手陈爱泉，是一名水手。"清《水浒后传》九回："臭味相投，两个最称莫逆，说事～，彼此纳贿。"

【过路】 guò lù 路过；途经某处。元陶宗仪《辍耕录》卷二三："后有一～道人诣门，偶以始末诉之。"清李玉《清忠谱》六折："观看的闭口无言，还怕死临头上；～的低头疾走，尚愁祸当身。"

【过论】 guò lùn ❶来商量。明《金瓶梅词话》二回："王婆道：'由他。伏惟安置，来日再请。'" ❷圆社（踢气球组织）术语。指三人场中担任主踢。明《西游记》七二回："拿头～有高低，张泛送来真又楷。"《隋史遗文》二一回："圆情近前道：'请老爹～，小弟丢头，伙家张泛，伏侍你老人家。'"清《隋唐演义》一七回："小弟不敢。还是诸兄内那一位上去，小弟～。"

【过马】 guò mǎ 唐时特指太监备马供皇帝骑用。过，交献。唐韩偓《苑中》："外使进鹰初得按，中官～不教嘶。"自注："五方按使以鹰隼初调习能擒获谓之得按。上乘马，必阉官取以进，谓之～。既乘之，而后蹀躞嘶鸣。"

【过买】 guò mǎi 同"过卖"。宋吴自牧《梦粱录》卷一九："凡顾倩人力及干当人，如……酒肆食店博士、铛头、行菜、～，……俱各有行老引领。"

【过卖】 guò mài 酒楼食店中的伙计。宋周密《武林旧事》卷六："凡下酒羹汤，任意索唤，虽十客各欲一味，亦自不妨。～、铛头记忆数十百品，不劳再四传喝，如流便即制造供应。"明《老乞大谚解》卷上："～，先将一碗温水来，我洗面。"清《水浒后传》三回："杜兴叫～添上几些肴馔来，～认得杜兴，只管搬出。"

【过谩】 guò màn 瞒过；隐瞒。金《刘知远诸宫调》一："三娘子背着庄院，把嫂嫂，分钗股与了一半。"元尚仲贤《气英布》四折："虚里着实，实里着虚，厮～各自依法度。"

【过门】 guò mén 男子入赘妻家；女子出嫁到夫家。宋佚名《张协状元》一六出："〔生旦〕一村只有君～。〔合〕前生已结今生分。"《元曲选·桃花女》三折："两旁摆着鼓乐，吹打将去，准要今日取那桃花女～。"清《聊斋俚曲·姑妇曲》："珊瑚自从～，无所不

做,且是性情又好。"

【过明路】 guò míng lù　事情已经公开,不需要遮掩。清《红楼梦》八〇回:"薛蟠自为是过了明路的,除了金桂,无人可怕。"又九二回:"明日不上学是过了明路的。"

【过目】 guò mù　辨认;验看;观看。明都穆《都公谭纂》卷下:"是日,文人命商人立于门仓,脚夫一一~,果获其人,遂服辜。"《拍案惊奇》卷一:"价银现在里面阁儿上,都是向来兑过的,一毫不少,只消请客长一两位进去,将一包过一~,兑一兑为准。"清《绿野仙踪》八十回本二三回:"各位大人皆在此,你可将上好的顽几个与众大人~。"

【过钱】 guò qián　犹"过龙"。元明《水浒传》二四回:"近来暴发迹,专在县里管结公事,与人放刁把滥,说事~,排陷官吏。"明郎瑛《七修类稿》卷九:"洪武初年,沈留公差自杭州赴京,奏称:杭州市民不务生理,专服美丽衣服,出入公门,结交官吏,说事~,坏法害民。"徐咸《徐襄阳西园杂记》卷下:"某既得选,即有造飞语帖于公门曰:'白银一百两,监生选司务。要问~人,寡妇与寡妇。'"

【过遣】 guò qiǎn　❶ 过日子。金《刘知远诸宫调》一:"波波漉漉驱驱,受此般饥寒怎~?"《元曲选·合汗衫》四折:"直闪的俺这两口儿可也难~。"清洪昇《长生殿》五〇出:"抹月批风随~,痴云腻雨无留恋。收拾钗和盒旧情缘,生生世世消前愿。"❷ 嫖客送给妓家的钱财。《元曲选·青衫泪》二折:"情知普天下虔婆那一个不爱钱,他便是贵公子赵平原,你也要~。"又《对玉梳》四折:"老鸨儿那个不爱钱,谁似你坐钱眼中间转,只争他少共多,再不问良和贱。也还比他二十载绵花好~。"

【过去】 guò qù　❶ 现在以前的时期。《敦煌变文校注》卷四《降魔变文》:"~百千诸佛,皆曾止住其中。"清《儒林外史》一八回:"冢宰么,是~的事了!他眼下又没人在朝,自己不过是个诸生。"❷ 逝去;死去。《祖堂集》卷三《鹤林和尚》:"过去已~,未来更莫算。"金元好问《续夷坚志》卷二:"此岁复一男一女。其母从旁叹讶云:'汝必不活,得早~亦好。'"《元曲选外编·三夺槊》二折:"我暗约,慢慢的想度,嗨,刮马似三十年~了。"❸ 指已经死去的。《敦煌愿文集·大般涅盘经吐知勤明题记愿文》:"建德二年岁次癸巳正月十五日,清信弟子大都督吐知勤明,发心普为法界众生、~七世父母、亡灵眷属,逮及亡儿亡女,并及现在妻息、亲戚知识,敬造《大涅盘》《大品》并杂经等。"❹ 昏厥。清《红楼梦》八三回:"不知何人指使这老婆子来这般辱骂,那里委屈得来?因此肝肠崩裂,哭的~了。"❺ 过意得去。明《醒世恒言》卷二三:"你倘或又被人凌辱,你心里~得否?"清《醒世姻缘传》五三回:"人家从三朝养活起来,费了多少辛勤哩。你白白夺来,心上也~的么?"❻ 犹"过门"。清《红楼梦》五七回:"偏梅家合家在任上,后年才进来。若是在这里,琴儿~了,好再商议你事。"❼ 通过或事情完结,多用在动词后。《元曲选·桃花女》三折:"再休提天文地理星家历,周公也你在我桃花女根前如何~得。"元明《水浒传》二一回:"你这般道儿只好瞒魍魉,老娘手里说不~。"明《二刻拍案惊奇》卷一七:"为此,内外大小却像忘记他是女儿一般的,凡事尽是他支撑。"清《红楼梦》二七回:"这件事算遮~了,不知他二人是怎样。"❽ 用在动词后,表示动作趋向。《元曲选·潇湘雨》三折:"我如今走~,滑呵,万事罢论。若不滑呵,我将你两条腿打做四条腿。"清洪昇《长生殿》三七出:"待我飞~。"❾ 用在动词后,表示失去原来的、正常的状态。清《红楼梦》六九回:"于是血行不止,二姐就昏迷~。"又九八回:"却说宝玉成家的那一日,黛玉白日已昏晕~。"

【过却】 guò què　❶ 过去;过了。唐刘言史《赠成炼师》之三:"大罗~三千岁,更向人间魅阮郎。"宋张元幹《满江红》:"寒食清都~,最怜轻负年时约。"明郎瑛《七修类稿》卷三三:"~春光独掩门,浇愁漫有酒盈樽。"❷ 度过;经过。唐杜荀鹤《下第东归道中作》:"一回落第一宁亲,多是途中~春。"《祖堂集》卷七《雪峰和尚》:"是你从西禅与摩来,到这里,~多少林木,总是境。"宋曹勋《法曲·道情》:"今世~,来生何处觅。"❸ 超过。唐方干《赠夏侯评事》:"棋功~杨元宝,易义精于梅子真。"宋刘辰翁《霜天晓角·寿康曜仙》:"如此男儿五十,又、~、孔融二。"

【过扰】 guò rǎo　打扰。谦词。清《珍珠舶》四回:"小弟与兄,均系寒士,乃荷蒙雅爱,时时~,深愧无以寸芹为答。"《聊斋俚曲·禳妒咒》:"即时饭到,子正说:'忒也~了。'"《醒世姻缘传》九六回:"正待开船过江,狄老爷爷家差的人就到了,俺又不好不进来的。已~的久了,俺就告辞罢。"

【过日】 guò rì　❶ 过日子。唐戎昱《江城秋霁》:"万事无成空~,十年多难不还乡。"《元曲选·窦娥冤》一折:"老身姓蔡,在城人氏,止有个寡媳妇儿,相守~。"清李玉《清忠谱》二二折:"身上这样打扮,可不被人看破了,不免脱下衣帽,扯下胡须,面上涂些泥污,逃到他州外府,讨饭~罢。"❷ 过几天;改日;日后。明郎瑛《七修类稿》卷二:"其日,扬子江水下数十丈,金山露其脚,~,闻扬州水害,正前日之涸时也,始知随风拥之而去扬也。"清《聊斋俚曲·禳妒咒》:"等到~来,再领丈人的教。"又《富贵神仙》:"小娘子贵姓高名?扰取了,~也好思念。"❸ 打发时光;消遣。明《古今小说》卷二六:"不想这沈秀不务本分生理,专好风流闲耍,养画眉~。"❹ 超过一天。清屈大均《广东新语》卷一:"朝三晚七,半夜下风无~。"

【过日子】 guò rì zi　❶ 度日;过活。宋《朱子语类》卷一五:"大抵是不曾立得志,枉~。"清《红楼梦》六二回:"饶这么样,我还听见常说你们不知~,只会糟蹋东西。"❷ 特指过家庭生活。清《红楼梦》一一八回:"邢姑娘是我们作媒的,配了你二大舅子,如今和和顺顺的~。"

【过如】 guò rú　超过;胜似。宋文莹《玉壶清话》卷一:"及设旧学百餘楹,~庠序之盛。"宋元《清平山堂话本·合同文字》:"父亲母亲之恩~生身父母,孩儿怎敢忘恩?"元陶宗仪《辍耕录》卷二九:"古法用楮树汁、飞面、白笈末三物调和如糊,以之粘接纸缝,永不脱解,~胶漆之坚。"

【过山】 guò shān　酒店广告用语,谓有楼座、美酒可供畅饮。参见"卖过山"。宋耐得翁《都城纪胜·酒肆》:"酒阁名为厅院,若楼上则又或名为山,一山、二山、三山之类。牌额写'~',非特有山,谓酒力高远也。大凡入店,不可轻易登楼上阁,恐饮燕浅短。"

【过商】 guò shāng　过往商人。清《后水浒传》一五回:"幸喜这个女儿还有些好处,不肯劫夺穷善人家,又不劫寅卯~。"又二二回:"火牛皋带领娄啰夜间打家劫舍,日里来波皮埕邀截~,官军不敢奈何他。"

【过舌】 guò shé　传话;搬弄口舌。明李开先《宝剑记》一一出:"朝廷欲造宝剑十口,高太尉要我这剑做个比样。我若不去,又恐他在驾前~;要将剑去,人言宝器玩物不可示于权豪。"《金瓶梅词话》四六回:"这个也没人,就是画童儿过的舌。"清《醒世姻缘传》八九回:"后来一个跟狄监生的厨子吕祥,不知怎么过了舌。"

【过生】 guò shēng　过生活。《祖堂集》卷五《华亭和尚》:"三人同议,持少多种粮家具,拟隐于澧源深邃,绝人烟处,避世养道~。"又:"两个师兄与某甲三人,隐于深邃绝人烟处,避世养道~。"《景德传灯录》卷二八《江西道一》:"不造诸业,随分~。一衣

一纳,坐起相随。"

【过生日】 guò shēng rì 度过生日;多指庆贺生日。宋苏辙《张公生日》:"高秋~,真气兹一周。"清《红楼梦》四三回:"这么些婆婆姊子来凑银子给你~,你还不足。"

【过时】 guò shí 度时日。《祖堂集》卷一一《保福和尚》:"招庆续起问:'如今作摩生?'师代云:'近日老迈,且摩~。'"又卷一四《江西马祖》:"若体此意,但可随时,着衣吃饭,长养圣胎,任运~,更有何事?"明郎瑛《七修类稿》卷四五:"疏懒真如梦,繁华易~。"

【过世】 guò shì ❶ 过日子。宋《朱子语类》卷一三〇:"今世说佛,也不曾做得他工夫;说道,也不曾做得此边工夫;只是虚飘飘地,沙魇~。"《元曲选·窦娥冤》四折:"俺婆婆惧怕,不得已含糊许了。只得将他父子两个领到家中,养他~。"清李渔《奈何天》二三出:"俗语道得好,红颜妇人多薄命。你这女子,正该配这样男人。若在我家~,这句旧话就不验了。" ❷ 死亡。明《金瓶梅词话》六四回:"俺这~的六娘性格儿,这一家子都不如他。"《醒世恒言》卷三五:"公公乃~的人了,他的说话,那里做得准?"

【过手】 guò shǒu ❶ 伸手。《祖堂集》卷八《曹山和尚》:"俗士问:'古人道:人人尽有,弟子在尘黦,还有也无?'师~来,遂点头指云:'一二三四五足。'" ❷ 顺手而过,顺便。明贾凫西《木皮词》:"只是他伦常宫闱,七颠八倒;今日排说他几句,~接入了大宋、金、元。" ❸ 经手(办理或检查)。宋陈师道《送高推官》:"~无难事,逢人有异称。"明沈德符《万历野获编》卷二六:"南管北关,北管南关,一~,再~,受尽四方八面商商贾贾辛苦东西。"清《红楼梦》五五回:"只三四日后,几件事~,渐觉探春精细之处不让凤姐。" ❹ 指支付钱财或贿赂。明《警世通言》卷三二:"未得恩卿之诺,金尚留彼处,未曾~。"清《蜃楼志》一回:"只是要打点他,怕不是数万金,还要寻一个着当人~。" ❺ 转手;改换人手。清《东周列国志》一回:"英雄五霸闹春秋,顷刻兴亡~。" ❻ (酒杯)从手中传过。指连续地饮酒。明《西游记》四七回:"那唐僧一卷经还未完,他已五六碗~了。然后却才同举箸,一齐吃斋。"《二刻拍案惊奇》卷二七:"汪秀才即取大卮~,一气吃了三巡。"

【过似】 guò sì 胜过;超过。宋程垓《满江红·忆别》:"愁绪多于花絮乱,柔肠~丁香结。"李曾伯《水调歌头·暑中得雨》:"今岁渝州热,~岭南州。"

【过送】 guò sòng ❶ 奉承;夸奖。元汪元亨《醉太平·警世》之二〇:"听人着冷话来调弄,由人着死句相讥讽,任人着假意厮~,老先生不懂。" ❷ 搬唇递舌,从中挑拨。元朱庭玉《青杏子·思忆》:"咱不曾人前卖弄,人不曾将咱~,是他家命限孤穷。"

【过堂】 guò táng ❶ 指新及第进士随座主拜见宰相。五代王定保《唐摭言》卷一:"郎君亦及第,然须待崔家郎君拜相,当于此时~。"《旧五代史·唐书·庄宗纪六》:"今后新及第人,候~日委中书门下精加详覆。"《宋史·选举志一》:"既谢恩,诣国学谒先圣先师,进士~阁下告名。" ❷ 对被审查对象逐一当堂验看。明张瀚《松窗梦语》卷八:"然大察~,部中视为虚文,不知察言观人,亦可验考语虚实,才品高下。"沈德符《万历野获编》卷一:"惟遇外吏考察之年,则吏部都察院、及吏科当事者,不得休假。盖外僚~,正值放灯之时,不可妨公务耳。"清孔尚任《桃花扇》二四出:"传你们到礼部~,送入内庭教戏。" ❸ 地方在公堂上审理刑事或诉讼案件。清《红楼梦》九七回:"哥哥的事,上司已经准了误杀,一~就要题本了。"袁枚《续子不语》卷二:"逢收呈日,又亲点名~,并无替者。"

【过帖】 guò tiè 指男女两家通婚前互相交换议亲文帖。这种文帖写着议亲人及其家庭情况。宋吴自牧《梦粱录》卷二〇:"其伐柯人两家通报,择日~,各以色彩衬盘,安定帖送过,方为定论。"

【过头】 guò tóu ❶ 出头,比某一数量或时段有所超出。明汤显祖《牡丹亭》二出:"喜的是今日成人长大,二十~,志慧聪明,三场得手。"清《载花船》五回:"目今七十~,精力衰颓,止生一子,年尚幼小。" ❷ 过分;过度。明《二刻拍案惊奇》卷三:"才晓得昨夜许他五花官诰做夫人,是有来历的,不是~说话。"清《红楼梦》四六回:"你们且收着些儿,别乐过了头儿。" ❸ 超过限额。清《红楼梦》七三回:"如今他偏要说姑娘使过了头儿,他赔出许多来了。"

【过头话】 guò tóu huà 超过分寸的话;夸大的话。明《西游记》七四回:"阿弥陀佛!这和尚说了~,莫想再长得大了。"《隋史遗文》一五回:"我也不该说~。方才我姑爹问,我道'会射箭'。"

【过头杖】 guò tóu zhàng ❶ 高过头的拐杖。《元曲选·岳阳楼》一折:"我见他拄着条~,恰便似老龙王。"明俞弁《逸老堂诗话》卷上:"扶衰每藉~,食肉先寻剔齿签。" ❷ 借指老人。《元曲选·老生儿》三折:"俺两口儿须大如您爹娘,哎,你个莲子花,放了我这~。"

【过外】 guò wài 犹言分外。宋欧阳修《论葬荆王一行事札子》:"州县官吏不得~供须以邀名誉,四也。"《朱子语类》卷八:"圣贤只是做得人当为底事,今做到圣贤,止是恰好,又不是~。"

【过往】 guò wǎng ❶ 已经死去的。《敦煌愿文集·回向发愿》:"~先灵,神生净土;宿业旧过,总愿消除。"又《翟奉达发愿文》:"次□(为)我~慈父、兄、长,勿溺幽间苦难,长遇善因;兼为见在老母、合家子孙,无诸灾障,报(保)愿平安。" ❷ 经过;通过;往来;路过。宋欧阳修《奏洺州盗贼事》:"臣离洺州,至故城马铺,又闻前面马铺有贼四人,白日骑马带甲群行~,向东鸡泽县。"孟元老《东京梦华录》卷一:"每遇早晚进膳,自殿中省对凝晖殿,禁卫成列,约栏不得~。"明何孟春《馀冬序录》卷四:"而有司又得以为送遗、钱宴~官员支费。"清纪昀《阅微草堂笔记》卷一:"后在旅馆,符摄一~贵人妾魂。" ❸ 指过往的行人。宋苏轼《与滕达道二十三首》之一六:"黄当江路,~不绝,语言之间,人情难测,不若称病不见为良计。"又《与张君子五首》之一:"湖山虽胜游,而浙民饥歉,公帑窘迫,到郡但闭阁清坐而已,甚不为~所悦。"清《后水浒传》一六回:"自此殷尚赤与屠俏日日同去巡山,劫取~,十分强横。"

【过为】 guò wéi ❶ 副词。表示程度过分。唐刘肃《大唐新语》卷一:"开元中,陆坚为中书舍人,以丽正学士,或非其人,而所司供拟,~丰赡,谓朝列曰:'此亦何益国家,空致如此费损。'"宋孔仲平《续世说》卷二:"隋,库狄士文为贝州刺史,~严肃。"明王鏊《震泽纪闻》:"及弘治初,言路大开,进言者~激切,或指内臣为刀锯之馀。" ❷ 副词。表示程度最高;极力。明《二刻拍案惊奇》卷一一:"吾与你本一面不曾相识,怜你客途,~拯救,岂知你所为不义如此!"

【过午】 guò wǔ ❶ 过了正午;下午。宋晁补之《诉衷情》:"小园~,便觉凉生翠柏。"清孔尚任《桃花扇》二一出:"天已~,快去请客。"《聊斋俚曲·翻魇殃》:"到了~,趁着姜娘子没在屋里,自己有几两私房银子,拿着二三两去了。" ❷ 吃午饭。明《西洋记》一七回:"忽一日,三位老爷坐在厂里,正是午牌时分,众匠人都在~。"《隋唐演义》九回:"不如在这店中过了午去,还了饭钱,讨了行李起身。"

【过误】 guò wù ❶ 过失犯罪。唐赵璘《因话录》卷六:"所在擒之以告,智兴讯问,但称～,本无恶意。"《元典章·刑部四》:"隐见袁层二夫妻睡卧未起,用铁棍于被上敲打一下,以致将袁戌娘打伤身死,即系～。"《元曲选·争报恩》楔子:"这也只是拳头无眼,～打死了人。" ❷ 弄错;失误;错误。唐王方庆《魏郑公谏录》卷一:"李靖、王珪皆知礼法,必不许移动宫人自取好处,此或言者～,发陛下嗔怒。"宋司马光《涑水纪闻》卷二:"录事诣若水叩头愧谢,若水曰:'狱情难知,偶有～,何谢也?'"《明史·耿通传》:"太子事无大～,可无更也。"

【过幸】 guò xìng 过信;传递信息。明《醒世恒言》卷一四:"对面范二郎道:'他既～与我,如何我不～?'"

【过夜】 guò yè ❶ 度过一夜。指在外住宿。《太平广记》卷八五引五代徐铉《稽神录》:"乃曰:'寒雪如此,何以～?'答曰:'君但卧,无以见忧。'"清《醒世姻缘传》四三回:"谁知这晃住还要想那旧梦,要在里边～。" ❷ 经过一夜时间。宋张世南《游宦纪闻》卷二:"若白衣为油污,石膏火煅研细,掺污处,以重物压～,则如初。"清袁枚《子不语》卷二四:"病三日死矣。家人欲殓,胸前尚温,～而苏。"

【过意不去】 guò yì bù qù 心中不安;歉疚。元明《水浒传》二四回:"那妇人顿羹顿饭,欢天喜地伏侍武松,武松倒～。"清《聊斋俚曲·磨难曲》:"有甚么～呢?"

【过意得去】 guò yì dé qù 心安,也作"过意的去"。清《聊斋俚曲·蓬莱宴》:"虽是娘子不嫌穷,我可怎样～!"又《磨难曲》:"但只是做个汉子,惹下祸不敢承当,家里惊动女人,可怎么～!"

【过阴】 guò yīn ❶ 迷信谓灵魂离开躯体到阴司去。清《聊斋俚曲·慈悲曲》:"正走中间,忽遇着庄里的吴妈妈子,每日～,这一日正待还家。"《醒世姻缘传》六四回:"拘那无善无恶的平人,不过差个阴间～的无常到他家叫他一声,他自然依限来见,不消费力。" ❷ 比喻昏聩糊涂。明《金瓶梅词话》一四回:"还说有也没,你～,有你写来的帖子见在。没你的手字儿,我擅自拿出你的银子寻人情,抵盗与人便难了。"又五二回:"你～去来?谁知道你讨保头钱,分与那个一分儿使也怎的?"

【过于】 guò yú 副词。表示程度过分。唐刘肃《大唐新语》卷一〇:"比来多着帷帽,遂弃幂䍦;曾不乘车,只坐檐子。～轻率,深失礼容。"清纪昀《阅微草堂笔记》卷八:"仆之罹祸,以太夫人～溺爱,养成骄恣之性,故蹈陷阱而不知耳。"

【过逾】 guò yú 过甚;过分。宋吕惠卿《建宁军节度使谢表》:"分既～,理宜颠越。"清《红楼梦》六二回:"小心没有～的。"

【过与】 guò yǔ ❶ 交给;递给;献给。唐孟郊《自惜》:"倾尽眼中力,抄诗～人。"宋吴自牧《梦粱录》卷一:"舞旋搭箭,～使人,彼窥得端正,止令使人发牙。"元陶宗仪《辍耕录》卷一二:"又花蕊夫人宫词:'种得海柑才结子,乞求自～君王。'"清《红楼梦》六三回:"将骰～黛玉。黛玉一掷,是个十八点。" ❷ 给予;踢。《祖堂集》卷一〇《长庆和尚》:"僧曰:'和尚如何?'师与一掴,云:'～一脚,不解拈出。'"

【过誉】 guò yù 过于称美。多用作谦词。宋欧阳修《答孙正之侔第一书》:"今又岂足下所取信者丁元珍爱我而～邪?"明梁辰鱼《浣纱记》二八出:"太宰推卜,虽然有理,恐～些。"

【过斋】 guò zhāi 赴斋。《敦煌变文校注》卷四《降魔变文》:"分身百亿,处处～。"《太平广记》卷一〇〇引唐牛肃《纪闻》:"请我～,施钱半于众僧,污我座具,苦老身自浣之。"

【过盏】 guò zhǎn 递盏;给人敬酒。宋《朱子语类》卷一二七:"且如驾过景灵宫,差从官一人～子,有甚难事?"元贯云石《水仙子·田家》:"邀邻翁为伴,使家僮～,直吃的老瓦盆干。"《三国志平话》卷下:"夫人即便当与皇叔～。"

【过中】 guò zhōng 犹言个中。谓同在门中。明《隋史遗文》一三回:"二位不必太谦,适才单员外华翰上亦有尊字,都是～的朋友。"又二一回:"郡马道:'我也不惜缠头之赠……'圆情道:'原来是～的相公。'"

【过子】 guò zi ❶ 即"过儿"。清《红楼梦》五五回:"你这小蹄子,要掯多少～才罢?"又六五回:"虽然平姑娘在屋里,大约一年二年之间两个有一次到一处,他还要口里掯十个～呢。" ❷ 相对的位置。清《红楼梦》四五回:"你们两个,只该换一个～才是。"